Loth

Gebrauchsmustergesetz

Gebrauchsmustergesetz

Kommentar

von

Dr. Hans-Friedrich Loth
Rechtsanwalt in München

unter Mitarbeit von

PD Dr. Ronny Hauck, München

Dr. Ricarda Pantze, Rechtsanwältin, München

Johanna Stock, Rechtsanwältin, München

2. Auflage 2017

C.H.BECK

Zitiervorschlag:
Loth, GebrMG, 2. Aufl., § 1 Rn. 10

www.beck.de

ISBN 978 3 406 69708 1

Wilhelmstraße 9, 80801 München

Druck: Beltz Bad Langensalza GmbH
Neustädter Straße 1–4, 99947 Bad Langensalza

Satz: Jung Crossmedia Publishing GmbH
Gewerbestraße 17, 35633 Lahnau

Umschlaggestaltung: Druckerei C. H. Beck Nördlingen

Gedruckt auf säurefreiem, alterungsbeständigem Papier
(hergestellt aus chlorfrei gebleichtem Zellstoff)

Vorwort zur 2. Auflage

125 Jahre Gebrauchsmuster – 125 Aktualität: dieses Jubiläum gab Anlass, eine Neubearbeitung des in 1. Auflage vor 15 Jahren erschienenen Kommentars in Angriff zu nehmen. In diesem Zeitraum hat sich das Gebrauchsmusterrecht immer mehr – und zu Recht – zu einem hoch effektiven Strategie-Werkzeug entwickelt, das seinem parallelen Schutzsystem des Patentrechts in nichts nachsteht. Die seit der Erstauflage erfolgte Entwicklung auf diesem Gebiet hat freilich eine komplette Neubearbeitung notwendig gemacht. Diese wäre mir aufgrund meiner beruflichen Verpflichtungen alleine nicht mehr möglich gewesen, so dass ich mich freue, mit meinen Kolleginnen, Frau Johanna Stock und Frau Dr. Ricarda Pantze, sowie mit Herrn PD Dr. Ronny Hauck eine großartige Unterstützung gefunden zu haben. Ihnen möchte ich an dieser Stelle meinen tief empfundenen Dank für die Übernahme der Kommentierung wesentlicher Vorschriften des Gebrauchsmustergesetzes zum Ausdruck bringen.

Schlussendlich bedanke ich mich herzlichst bei meiner langjährigen Sekretärin, Frau Daniela Leonhardt, die mit großer Geduld, Sorgfalt, aber auch Nachdruck das Manuskript betreut und die Koordinierung mit dem Verlag übernommen hat und die hierbei einen Großteil der ihr zustehenden Freizeit geopfert hat.

München, im Juni 2016

Dr. Hans-Friedrich Loth

Inhaltsverzeichnis

Anhang

Literaturverzeichnis

Kommentare

Beck'scher Online-Kommentar Patentrecht (Hrsg. Fitzner/Lutz/Bodewig), 1. Edition, Stand 15.10.2015

Benkard, Patentgesetz, Gebrauchsmustergesetz, bearbeitet von *Asendorf, Bacher, Bruchhausen, Deichfuß, Engel, Fricke, Geobel, Grabinski, Hall, Kober-Dehm, Melullis, Nobbe, Rogge, Schäfers, Scharen, Schmidt, Schramm, Schwarz, Tochtermann, Ullmann, Zülch,* 11. Aufl. 2015

Bühring/Braitmayer/Schmid, Gebrauchsmustergesetz, 8. Aufl. 2011

Busse (Hrsg. Keukenschrijver), Patentgesetz unter Berücksichtigung des Europäischen Patentübereinkommens und des Patentzusammenarbeitsvertrages mit Patentkostengesetz, Gebrauchsmustergesetz und Gesetz über den Schutz der Topographien von Halbleitererzeugnissen, Gesetz über Arbeitnehmererfindungen und Gesetz über internationale Patentübereinkommen, bearbeitet von *Baumgärtner, Brandt, Engels, Hacker, Kaess, Keukenschrijver, Schuster,* 7. Aufl. 2013

Fitzner/Lutz/Bodewig, Patentrechtskommentar 4. Auflage 2012

Hirsch/Hansen, Der Schutz von Chemieerfindungen (Chemie-Kommentar zur Rechtsprechung nach dem deutschen Patentgesetz und dem europäischen Übereinkommen), 1995

Mes, Patentgesetz, Gebrauchsmustergesetz, 4. Auflage 2015

Schulte, Patentgesetz mit Europäischem Patentübereinkommen, 9. Aufl. 2014

Lehrbücher, Handbücher

Kraßer/Ann, Lehrbuch des Patentrechts, 7. Aufl. 2016

Gaul/Bartenbach, Handbuch des gewerblichen Rechtsschutzes, 4. Aufl. 1993

Kühnen, Handbuch der Patentverletzung, 8. Auflage 2016

Schramm, Der Patentverletzungsprozess (Patent- und Prozessrecht), bearbeitet von *Kilchert, Oldekop, Schneider, Donle, Kaess, Ebner,* 7. Aufl. 2013

Europäisches Patentübereinkommen

Benkard, Europäisches Patentübereinkommen, bearbeitet von *Adam, Beckedorf, Birken, Dobrucki, Ehlers, Grabinski, Günzel, Irmscher, Jestaedt, Joos, Karamanli, Kinkeldey, Kolle, Melullis, Osterrieth, Pignatelli, Rogge, Schäfers, Scharen, Thums, Ullmann, van Raden,* 2. Auflage 2012

Münchner Gemeinschaftskommentar, herausgegeben von Beier, Haertel und Schricker

Singer/Stauder, Europäisches Patentübereinkommen, Kommentar 7. Aufl. 2016

Arbeitnehmererfinderrecht

Bartenbach/Volz, Arbeitnehmererfindungsgesetz, 5. Auflage 2013

Hilfsmittel

Beck'sches Prozessformularbuch, herausgegeben von Mes, 13. Auflage 2016

Beck'sche Formularsammlung zum gewerblichen Rechtsschutz mit Urheberrecht, 5. Auflage 2015

Taschenbuch des gewerblichen Rechtsschutzes (Tabu), herausgegeben vom Deutschen Patentamt

Abkürzungsverzeichnis

a.	auch
aA	andere Ansicht
aaO	am angegebenen Ort
abgedr.	abgedruckt
abl.	ablehnend
ABl.	Amtsblatt
Abs.	Absatz
Abschn.	Abschnitt
Abt.	Abteilung
abw.	abweichend
aE	am Ende
AEUV	Vertrag über die Arbeitsweise der Europäischen Union
Änd.	Änderung
ÄndG	Gesetz zur Änderung
aF	alte Fassung
AG	Aktiengesellschaft; Amtsgericht; Ausführungsgesetz
AGB	Allgemeine Geschäftsbedingungen
AGBG	Gesetz zur Regelung des Rechts der Allgemeinen Geschäftsbedingungen
AktG	Aktiengesetz
AktO	Aktenordnung
allg.	allgemein
allgM	allgemeine Meinung
Alt.	Alternative
AIPPI	Association Internationale pour la Protection de la Propriété Industrielle = Internationale Vereinigung für gewerblichen Rechtsschutz
aM	anderer Meinung
amtl.	amtlich
AnfG	Anfechtungsgesetz
Anh.	Anhang
Anm.	Anmerkungen
AnwBl.	Anwaltsblatt (Jahr u. Seite)
Anz.	Anzeiger
AO	Anordnung
ArbEG	Gesetz über Arbeitnehmererfindungen
ArbG	Arbeitgeber; Arbeitsgericht
ArbGG	Arbeitsgerichtsgesetz
ArbN	Arbeitnehmer
arg.	argumentum (siehe zum Beweis)
Art.	Artikel
Aufl.	Auflage
AusfG	Ausführungsgesetz
AWD	Außenwirtschaftsdienst des Betriebs-Beraters
Az.	Aktenzeichen
AZO	Arbeitszeitordnung
B	Bundes-
BW	Baden-Württemberg
BAG	Bundesarbeitsgericht, auch Entscheidungen des Bundesarbeitsgerichts

Abkürzungsverzeichnis

BAGGS	Bundesarbeitsgericht Großer Senat
BAnz.	Bundesanzeiger
Bartenbach/Volz	Bartenbach/Volz, Arbeitnehmererfindungsgesetz, 5. Auflage 2013
Baumbach/Lauterbach/ Albers/Hartmann	Baumbach/Lauterbach/Albers/Hartmann, Zivilprozessordnung, 74. Aufl. 2016
Bay	bayerisch, Bayern
BayObLG	Bayerisches Oberstes Landesgericht, auch Entscheidungssammlungen in Zivilsachen
BayVBl.	Bayerische Verwaltungsblätter
BB	Der Betriebs-Berater (Jahr u. Seite)
BBG	Bundesbeamtengesetz
Bd.	Band
BeckOK PatR/ *Bearbeiter*	Beck'scher Online-Kommentar Patentrecht
begl.	beglaubigt
Begr.	Begriff, Begründung
Beil.	Beilage
BekM.	Bekanntmachung
Benkard/*Bearbeiter*	Benkard, Patentgesetz, Gebrauchsmustergesetz, 11. Aufl. 2015
Ber.	Berufung
bes.	besonders
Beschl.	Beschluss
Beschw.	Beschwerde
bestr.	bestritten
BestVerz.	Bestandsverzeichnis
Betr.	Der Betrieb (Jahr u. Seite)
BGB	Bürgerliches Gesetzbuch
BGBl.	Bundesgesetzblatt
BGH	Bundesgerichtshof
BGHZ	Entscheidungen des Bundesgerichtshofs in Zivilsachen
BGH/BPatGERVV	Verordnung über den elektronischen Rechtsverkehr beim Bundesgerichtshof und Bundespatentgericht
BioMatHintV	Verordnung über die Hinterlegung von biologischem Material in Patent- und Gebrauchsmusterverfahren
BKartA	Bundeskartellamt
Bl.	Blatt
BLN	Berlin
BlPMZ	Blatt für Patent-, Muster- und Zeichenwesen (herausgegeben vom Deutschen Patent und Markenamt, Jahr, Seite)
BMinJ	Bundesministerium der Justiz
BMWi	Bundesministerium für Wirtschaft
BR	Bundesrat; Brandenburg
BRAO	Bundesrechtsanwaltsordnung
BRAGO	Bundesrechtsanwaltsgebührenordnung
BR-Drs.	Bundesrat-Drucksache
BRE	Freie Hansestadt Bremen
BSHG	Bundessozialhilfegesetz
BSozG	Bundessozialgericht
Bsp.	Beispiel(e)
BT	Bundestag
BT-Drs.	Bundestag-Drucksache
Buchst.	Buchstabe

Bülow/Böckstiegel/
Geimer/Schütze . . . Der Internationale Rechtsverkehr in Zivil- und Handelssachen,
Bühring/*Bearbeiter* . . Bühring/Braitmayer/Schmid, Gebrauchsmustergesetz, 8. Aufl. 2011
Büro . . . . Das Juristische Büro (Jahr u. Seite)
BayVBl. . . . . Bayerische Verwaltungsblätter (Jahr u. Seite)
BKArtA . . . . Bundeskartellamt
BPatG . . . . Bundespatentgericht
BPatGE . . . . Entscheidungen des Bundespatentgerichts
BPatGERVV . . . . . Verordnung über den elektronischen Rechtsverkehr beim Bundesgerichtshof und Bundespatentgericht
Brüssel I . . . . Verordnung (EG) Nr. 44/2001 über die gerichtliche Zuständigkeit und die Anerkennung und Vollstreckung von Entscheidungen in Zivil- und Handelssachen
bspw . . . . beispielsweise
BVerfG . . . . Bundesverfassungsgericht
BVerfGE . . . . Entscheidungen des Bundesverfassungsgerichts
BVerfGG . . . . Bundesverfassungsgerichtsgesetz
BVerwG . . . . Bundesverwaltungsgericht
BVerwGE . . . . Bundesverwaltungsgerichtsentscheidungen
BVFG . . . . Bundesvertriebenengesetz
BVG . . . . Bundesversorgungsgesetz
BW . . . . Baden-Württemberg
BY . . . . Freistaat Bayern
bzgl. . . . . bezüglich
bzw. . . . . beziehungsweise

ca. . . . . circa
Co. . . . . Compagnie

DBG . . . . Deutsches Beamtengesetz
DDR . . . . Deutsche Demokratische Republik
DE-AS . . . . Deutsche Auslegeschrift
DE-BP . . . . Deutsches Bundespatent
DE-GM . . . . Deutsche Bundesgebrauchsmuster
DE-OS . . . . Deutsche Offenlegungsschrift
DE-PS . . . . Deutsche Patentschrift
DesignG . . . . Designgesetz
dgl. . . . . dergleichen
ders. . . . . derselbe
DE-WZ . . . . Deutsches Warenzeichen
DIN . . . . Deutsche Industrienorm
dingl. . . . . dinglich
Dipl.-Ing. . . . . Diplom-Ingenieur
DJ . . . . Deutsche Justiz (Jahr u. Seite)
DM . . . . Deutsche Mark
DNotZ . . . . Deutsche Notar-Zeitschrift (Jahr u. Seite)
DÖV . . . . Die Öffentliche Verwaltung
DPA . . . . Deutsches Patentamt
DPMA . . . . Deutsches Patent- und Markenamt
DPMA-Prüfungs-
richtlinien . . . . Richtlinien für die Prüfungen von Patentanmeldung
DPMAV . . . . Verordnung über das Deutsche Patent- und Markenamt
DPMAVwKostV . . . Verordnung über Verwaltungskosten beim Deutschen Patent- und Markenamt

Abkürzungsverzeichnis

DRiG	Deutsches Richtergesetz
DVBl	Deutsches Verwaltungsblatt
DVO	Durchführungsverordnung
e.	eines
EA	Einstweilige Anordnung
EAPatV	Verordnung über die elektronische Aktenführung bei dem Patentamt, dem Patentgericht und dem Bundesgerichtshof
ebd.	ebenda
EDV	Elektronische Datenverarbeitung
EG	Einführungsgesetz; Europäische Gemeinschaft
EGBGB	Einführungsgesetz zum Bürgerlichen Gesetzbuch
EGGVG	Einführungsgesetz zum Gerichtsverfassungsgesetz
eGmbH	Eingetragene Genossenschaft mit beschränkter Haftung
EGV	Vertrag zur Gründung der Europäischen Gemeinschaft
Einf.	Einführung
Einheitspatent	Europäisches Patent mit einheitlicher Wirkung
Einl.	Einleitung
einschl.	einschließlich
einstw.	einstweilig
EntlG	Entlastungsgesetz
entspr.	entsprechend, entspricht
EP	Europäisches Patent
EPA	Europäisches Patentamt
EPatÜbersVO	Verordnung (EU) Nr. 1560/2012 vom 17.12.2012 über die Umsetzung der Verstärkten Zusammenarbeit im Bereich der Schaffung des einheitlichen Patentschutzes im Hinblick auf die anzuwendenden Übersetzungsregelungen
EPatVO	Verordnung (EU) Nr. 1257/2012 vom 17. Dezember 2012 über die Umsetzung der Verstärkten Zusammenarbeit im Bereich der Schaffung eines einheitlichen Patentschutzes
EPGÜ	Übereinkommen vom 19.2.2013 über ein Einheitliches Patentgericht, ABl. 2013 C 175, 1
E-PS	Europäische Patentschrift
EPÜ	Europäisches Patentübereinkommen
ER	Einzelrichter
ERVDPMAV	Verordnung über den elektronischen Rechtsverkehr beim Deutschen Patent- und Markenamt
etc	et cetera
EU	Europäische Union
EuG	Gericht der Europäischen Union
EuGH	Gerichtshof der Europäischen Union
EuGÜbk	Übereinkommen der Europäischen Gemeinschaft über die gerichtliche Zuständigkeit und die Vollstreckung gerichtlicher Entscheidungen in Zivil- und Handelssachen (BGBl. 1972 II 774)
EuGVÜ	Übereinkommen über die gerichtliche Zuständigkeit und die Vollstreckung gerichtlicher Entscheidungen in Zivil- und Handelssachen vom 27. September 1968
EuGVVO	Verordnung (EU) Nr. 1215/2012 vom 12. Dezember 2012 über die gerichtliche Zuständigkeit und die Anerkennung und Vollstreckung von Entscheidungen in Zivil- und Handelssachen
EUIPO	Amt der Europäischen Union für geistiges Eigentum
EUR	Euro
EuRAG	Gesetz über die Tätigkeit europäischer Rechtsanwälte in Deutschland

eV.	eingetragener Verein
EV	Einstweilige Verfügung; Einigungsvertrag vom 31.8.1990 (BGBl. II 889)
evtl.	eventuell
EWG	Europäische Wirtschaftsgemeinschaft
f., ff.	folgende, fortfolgende
Fa.	Firma
FG	Finanzgericht
FGG	Gesetz über die Angelegenheiten der freiwilligen Gerichtsbarkeit
FGO	Finanzgerichtsordnung
Fitzner/Lutz/Bodewig/*Bearbeiter*	Patentrechtskommentar 4. Auflage 2012
Fn.	Fußnote
FR-PS	Französische Patentschrift
Form.	Formular
G	Gesetz
GBl.	Gesetzblatt
GebrM-AnmV	Gebrauchsmuster-Anmeldeverordnung
GebrMG	Gebrauchsmustergesetz
GebrMV	Verordnung zur Ausführung des Gebrauchsmustergesetzes
Geimer/Schütze	Europäisches Zivilverfahrensrecht, 3. Aufl. 2010
gem.	gemäß
GemSOGB	Gemeinsamer Senat der Obersten Gerichtshöfe des Bundes
GenG	Genossenschaftsgesetz
GerNov	Gerichtsstandsnovelle
Gerold/Schmidt RVG	Gerold/Schmidt, Rechtsanwaltsvergütungsgesetz: RVG, 22. Aufl. 2015
GerVollz.	Gerichtsvollzieher oder Der Gerichtsvollzieher (Jahrgang u. Seite)
GesBl.	Gesetzblatt
GeschmMG	Geschmacksmustergesetz
GewO	Gewerbeordnung
gez.	gezeichnet
GG	Grundgesetz
ggf.	gegebenenfalls
GGV	Verordnung (EG) Nr. 6/2002 vom 12.12.2001 über das Gemeinschaftsgeschmacksmuster
GKG	Gerichtskostengesetz
GmbH	Gesellschaft mit beschränkter Haftung
GmbHG	Gesetz betr. die Gesellschaften mit beschränkter Haftung
GMV	Verordnung (EG) Nr. 207/2009 vom 26.2.2009 über die Gemeinschaftsmarke
grds.	grundsätzlich
Grdz.	Grundzüge
GRUR	Gewerblicher Rechtsschutz und Urheberrecht (Jahr u. Seite)
GRUR Ausl	GRUR Auslands- und Internationaler Teil
GRUR Int.	Gewerblicher Rechtsschutz und Urheberrecht (Jahr u. Seite) – (Internationale Ausgabe)
GRUR-RR	Gewerblicher Rechtsschutz und Urheberrecht Rechtsprechungs-Report (Jahr u. Seite)
GRUR-Prax	Gewerblicher Rechtsschutz und Urheberrecht, Praxis im Immaterialgüter- und Wettbewerbsrecht
GrZS	Großer Senat in Zivilsachen
GS	Großer Senat
GStW	Gebührenstreitwert

GVBl.	Gesetz- und Verordnungsblatt
GVG	Gerichtsverfassungsgesetz
GVGA	Geschäftsanweisung für Gerichtsvollzieher
GVKostG	Gerichtsvollzieherkostengesetz
GVOBl.	Gesetz- und Verordnungsblatt
GV NW	Gesetz- und Verordnungsblatt für das Land Nordrhein-Westfalen
GVO	Gerichtsvollzieherordnung; Gruppenfreistellungsverordnung
GWB	Gesetz gegen Wettbewerbsbeschränkungen
hA	herrschende Auffassung
HABM	Harmonisierungsamt für den Binnenmarkt
HaftPflG	Haftpflichtgesetz
HE	Hessen
HH	Freie und Hansestadt Hamburg
HalblSchG	Gesetz über den Schutz der Topographien von mikroelektronischen Halbleitererzeugnissen
Hs.	Halbsatz
HandwO	Handwerksordnung
Hartmann	Kostengesetze, KurzKomm., 30. Aufl. 2000
HdB	Handbuch
HGB	Handelsgesetzbuch
Hillach/Rohs	Hillach/Rohs, Handbuch des Streitwertes in bürgerlichen Rechtsstreitigkeiten, 8. Aufl. 1992
hins.	hinsichtlich
hL	herrschende Lehre
hM	herrschende Meinung
HR/HReg.	Handelsregister
HRR	Höchstrichterliche Rechtsprechung (Jahr u. Nr.)
	HZPA
(HZPrAbk)	Haager Zivilprozeßabkommen (1905)
HZPÜ	Haager Übereinkommen über den Zivilprozeß (1954)
idÄnd.	in der Änderung
idF	in der Fassung
idR	in der Regel
IHK	Industrie- und Handelskammer
iL.	In Liquidation
insb./insbes.	Insbesondere
InsO	Insolvenzordnung
InstGE	Entscheidungen der Instanzgerichte zum Recht des geistigen Eigentums
IntPatÜG	Gesetz über internationale Patentübereinkommen
IPrax.	Praxis des Internationalen Privat- und Verfahrensrechts (Jahr u. Seite)
iRd.	im Rahmen des
iS.	im Sinne
iSd	im Sinne des, der
iSv	im Sinne von
iÜ	im Übrigen
iVm	in Verbindung mit
iW.	in Worten
JBeitrO	Justizbeitreibungsordnung
jew.	jeweils
JMBl.	Justizministerialblatt
JR	Juristische Rundschau (Jahr u. Seite)

jur. . . . . juristisch
JurA . . . . Juristische Analysen (Jahr u. Seite)
JuS . . . . Juristische Schulung (Jahr u. Seite)
Justiz . . . . Die Justiz (Jahr u. Seite)
JVBl. . . . . Justizverwaltungsblatt (Jahr u. Seite)
JVEG . . . . Gesetz über die Vergütung von Sachverständigen, Dolmetscherinnen, Dolmetschern, Übersetzerinnen und Übersetzern sowie die Entschädigung von ehrenamtlichen Richterinnen, ehrenamtlichen Richtern, Zeuginnen, Zeugen und Dritten
JW . . . . Juristische Wochenschrift (Jahr u. Seite)
JZ . . . . Juristen-Zeitung (Jahr u. Seite)

Kfb . . . . Kostenfestsetzungsbeschluss
KfH . . . . Kammer für Handelssachen
Kfv . . . . Kostenfestsetzungsverfahren
Kfz . . . . Kraftfahrzeug
KG . . . . Kammergericht; Kommanditgesellschaft
KGaA . . . . Kommanditgesellschaft auf Aktien
KGJ . . . . Jahrbuch für Entscheidungen des Kammergerichts
kläger. . . . . klägerisch(es)
KO . . . . Konkursordnung
Köhler/Bornkamm . Köhler/Bornkamm, Gesetz gegen den unlauteren Wettbewerb, 34. Aufl. 2016
Komm. . . . . Kommentar
KostO . . . . Kostenordnung
KRsp. . . . . Rechtsprechung zum Kostenrecht, Entscheidungssammlung
KSchG . . . . Kündigungsschutzgesetz
KTS . . . . Konkurs-, Treuhand- und Schiedsgerichtswesen (Jahr u. Seite)
KV . . . . Kostenverzeichnis (Anlage zum GKG)

LAG . . . . Landesarbeitsgericht
lfd. . . . . laufend
LG . . . . Landgericht
lit. . . . . litera (= Buchstabe)
Lit. . . . . Literatur
LJM . . . . Landesjustizministerium
LJV . . . . Landesjustizverwaltung
LKartB . . . . Landeskartellbehörde
LM . . . . Das Nachschlagewerk des Bundesgerichtshofs in Zivilsachen, herausgegeben von Lindenmaier und Möhring (Gesetzesstelle u. Entscheidungsnr.)
LPG . . . . Landespressegesetz
LSA . . . . Sachsen-Anhalt
LSG . . . . Landessozialgericht
LuftfzRG . . . . Gesetz über Rechte an Luftfahrzeugen
LuftVG . . . . Luftverkehrsgesetz

m. . . . . mit
MarkenG . . . . Gesetz über den Schutz von Marken und sonstigen Kennzeichen (Markengesetz – MarkenG) vom 25. 10. 1994
MarkenR . . . . Zeitschrift für deutsches, europäisches und internationales Kennzeichenrecht (Jahr, Seite)
MDR . . . . Monatsschrift für Deutsches Recht (Jahr u. Seite)
ME . . . . Miteigentum

Abkürzungsverzeichnis

Mes	Patentgesetz, Gebrauchsmustergesetz, 4. Auflage 2015
Min.	Ministerium
Mio.	Millionen
Mitt.	Mitteilungen der deutschen Patentanwälte (Jahr u. Seite)
MittPräsEPA	Mitteilungen des Präsidenten des Europäischen Patentamts
MittPräsDPMA	Mitteilungen des/r Präsidenten(in) des Deutschen Patent- und Markenamts
MittPräsPA	Mitteilung des/r Präsidenten(in) des Deutschen Patentamts
MuW	Markenschutz und Wettbewerb (Jahr, Seite)
M-V	Mecklenburg-Vorpommern
mwN	mit weiteren Nachweisen
MWSt	Mehrwertsteuer
Nachf.	Nachfolger
Nachw.	Nachweise
NDS	Niedersachsen
nF	neue Fassung
NJW	Neue Juristische Wochenschrift
NJW-RR	Neue Juristische Wochenschrift – Rechtsprechungs-Report Zivilrecht (Jahr u. Seite)
Nr.	Nummer
NRW	Nordrhein-Westfalen
NZI	Neue Zeitschrift für Insolvenz- und Sanierungsrecht (Jahr u. Seite)
NZB	Nichtzulassungsbeschwerde
o.	oben
oa.	oben angegeben(en)
oä.	oder ähnlich
OGH	Oberster Gerichtshof (Österreich)
OGHbrZ	Oberster Gerichtshof für die britische Zone
OHG/oHG	Offene Handelsgesellschaft
OLG	Oberlandesgericht
OLGZ	Entscheidungen der Oberlandesgerichte in Zivilsachen
OPM	Österreichisches Patentamt
OVG	Oberverwaltungsgericht
PA	Patentamt (Kaiserliches Patentamt, Reichspatentamt, Deutsches Patentamt); Patentanwalt
Palandt/*Bearbeiter*	Palandt, Bürgerliches Gesetzbuch, 75. Aufl. 2016 (§§, Rn.)
PatÄndG	Gesetz zur Änderung des Patentgesetzes
PatAnm	Patentanmeldung
PatAnmVO	Verordnung über die Anmeldung von Patenten (Patentanmeldeverordnung)
PatAnwO	Patentanwaltsordnung vom 7. 9. 1966
PatBl.	Patentblatt (Jahr u. Seite)
PatG	Patentgesetz
PatKostG	Gesetz über die Kosten des Deutschen Patent- und Markenamts und des Bundespatentgerichts
PatKostZV	Verordnung über die Zahlung der Kosten des Deutschen Patent- und Markenamts und des Bundespatentgerichts
PatV	Verordnung zum Verfahren in Patentsachen vor dem Deutschen Patent- und Markenamt
PCT	Patent Cooperation Treaty (Vertrag über die internationale Zusammenarbeit auf dem Gebiet des Patentwesens)

PIZ	Patentinformationszentrum
PräsPA	Präsident(in) des Patentamts
PräsDPMA	Präsident(in) des Deutschen Patent- und Markenamts
PrPG	Produktpirateriegesetz vom 7.3.1990
PrüfRichtl./ Prüfungsrichtlinien	Richtlinien für die Prüfungen von Patentanmeldung
PVÜ	Pariser Verbandsübereinkunft zum Schutz des gewerblichen Eigentums
RA	Rechtsanwalt
RabelsZ	Rabels Zeitschrift für ausländisches und internationales Privatrecht
RBerG	Rechtsberatungsgesetz
RBÜ	Revidierte Berner Übereinkunft zum Schutze von Werken der Literatur und Kunst
RdA	Recht der Arbeit (Jahr u. Seite)
RDG	Rechtsdientleistungsgesetz
Rn.	Randnummer
Rdz.	Randziffer
RegEntw.	Regierungsentwurf
RegNr.	Registernummer
Rev.	Revision
RG	Reichsgericht
RGBl.	Reichsgesetzblatt
RGZ	Entscheidungen des Reichsgerichts in Zivilsachen
Riedel/Sußbauer RVG	Riedel/Sußbauer, Rechtsanwaltsvergütungsgesetz: RVG, 10. Aufl. 2015
RL	Richtlinien
RLEPA	Richtlinien für die Prüfung im Europäischen Patentamt (Loseblattausgabe)
RIW/AWD	Recht der internationalen Wirtschaft, Außenwirtschaftsdienst des „Betriebsberater" (Jahr u. Seite)
RMBeschrG	Rechtsmittelbeschränkungsgesetz
Rpfleger	Der Deutsche Rechtspfleger (Jahr u. Seite)
RPF	Rheinland-Pfalz
RPflG	Rechtspflegergesetz
Rspr.	Rechtsprechung
RsprEinhG	Gesetz zur Wahrung der Einheitlichkeit der Rechtsprechung der Obersten Gerichtshöfe des Bundes vom 19.6.1968 (BGBl. I 661)
RVG	Rechtsanwaltsvergütungsgesetz
RVO	Reichsversicherungsordnung
S.	Seite; Satz
s.	siehe
SchadErsAnspr.	Schadensersatzanspruch
SchlH	Schleswig-Holstein
Schulte, PatG	Patentgesetz mit Europäischem Patentübereinkommen, 9. Aufl. 2014
SGB	Sozialgesetzbuch
SGG	Sozialgerichtsgesetz
SGVBl.	Sächsisches Gesetz- und Verordnungsblatt
SGV NW	Sammlung des bereinigten Gesetz- und Verordnungsblattes für das Land Nordrhein-Westfalen
SJZ	Süddeutsche Juristenzeitung (Jahr u. Seite)
so	siehe oben
sog	sogenannt

SortenSchG . . . . . . Sortenschutzgesetz vom 11.12.1985
SozR. . . . . Sozialrecht, Rechtsprechung und Schrifttum, bearbeitet von den Richtern des Bundessozialgerichts
Sp. . . . . Spalte
spät. . . . . spätestens
städt. . . . . städtisch(e)
StPO . . . . Strafprozessordnung
streitgen. . . . . streitgenössisch
str. . . . . strittig
stRspr. . . . . ständige Rechtsprechung
StraÜ . . . . Straßburger Übereinkommen zur Vereinheitlichung gewisser Begriffe des materiellen Rechts der Erfindungspatente vom 27.11.1996

Tabu . . . . Taschenbuch des gewerblichen Rechtsschutzes, herausgegeben vom Deutschen Patent- und Markenamt (Loseblatt)
TH . . . . Freistaat Thüringen
teilw. . . . . teilweise
Thomas/Putzo . . . . Thomas/Putzo, Zivilprozessordnung, 37. Aufl. 2016 (§§, Rn.)
TRIPS . . . . Agreement on trade-related aspects of intellectual property rights = Übereinkommen über handelsbezogene Aspekte der Rechte des geistigen Eigentums, vom 15.4.1994 (BGBl. II Seite 1730)
Tz. . . . . Textziffer

u. . . . . unten; und
ua . . . . unter anderem
uä . . . . und ähnliche
Überbl. . . . . Überblick
Übers. . . . . Übersicht
Übk. . . . . Übereinkommen
UMV . . . . Verordnung (EG) Nr. 207/2009 vom 26.2.2009 über die Unionsmarke
UmwG . . . . Umwandlungsgesetz
unstr. . . . . unstreitig
UPOV . . . . Internationales Übereinkommen zum Schutz von Pflanzenzüchtungen, GRUR Int. 1991, 538
UrhG . . . . Urheberrechtsgesetz
UR . . . . Urkundenrolle
URNr. . . . . Urkundenrollennummer
Urt. . . . . Urteil
usw . . . . und so weiter
uU . . . . unter Umständen
UWG . . . . Gesetz gegen den unlauteren Wettbewerb

v. . . . . von
VBl. . . . . Verordnungsblatt
VereinfNov . . . . . . Gesetz zur Vereinfachung und Beschleunigung gerichtlicher Verfahren (Vereinfachungsnovelle)
VerfGH . . . . Verfassungsgerichtshof
VerglO . . . . Vergleichsordnung
VerlG . . . . Verlagsgesetz
VersU . . . . Versäumnisurteil
VG . . . . Verwaltungsgericht
VGH . . . . Verwaltungsgerichtshof
vgl. . . . . vergleiche
vH . . . . vom Hundert

VO	Verordnung
vollst.	vollständig
Vorb.	Vorbemerkung
VU	Versäumnisurteil
VV	Vergütungsverzeichnis (RVG)
VwGO	Verwaltungsgerichtsordnung
VwVfG	Verwaltungsverfahrensgesetz
VwVG	Verwaltungsvollstreckungsgesetz
VwZG	Verwaltungszustellungsgesetz
VZS	Vereinigte Zivilsenate
WIPO	Weltorganisation für geistiges Eigentum (auch: OMPI)
WM	Wertpapier-Mitteilungen (Jahr u. Seite)
WRP	Wettbewerb in Recht und Praxis (Jahr u. Seite)
WTO	World Trade Organisation
WuW/E	Wirtschaft und Wettbewerb. Entscheidungssammlung zum Kartellrecht
WZG	Warenzeichengesetz (außer Kraft)
zB	zum Beispiel
Ziff.	Ziffer
ZIP	Zeitschrift für die gesamte Insolvenzpraxis
ZPO	Zivilprozeßordnung
ZRHO	Rechtshilfeordnung in Zivilsachen
ZSEG	Gesetz über die Entschädigung von Zeugen und Sachverständigen
zT	zum Teil
zus.	zusammen
ZVG	Zwangsversteigerungsgesetz
zwh	zweifelhaft
ZZP	Zeitschrift für Zivilprozeß (Band u. Seite)
zzgl.	zuzüglich
zzt.	zur Zeit

Gebrauchsmustergesetz

in der Fassung der Bekanntmachung vom 28.8.1986 (BGBl. I, S. 1455)

geändert durch das Gesetz zur Stärkung des Schutzes des geistigen Eigentums und zur Bekämpfung der Produktpiraterie (Produktpirateriegesetz) vom 7.3.1990 (BGBl. I S. 422), das Zweite Gesetz über das Gemeinschaftspatent vom 20.12.1991, Art. 8 (BGBl. II S. 1354, 1356), das Gesetz zur Änderung des Patentgesetzes und anderer Gesetze vom 23.3.1993, Art. 3 (BGBl I S. 366, 367), das Gesetz vom 2.9.1994 (BGBl I, S. 2278), das Zweite Gesetz zur Änderung des Patentgesetzes und anderer Gesetze vom 16.7.1998 (2. PatG ÄndG, BGBl. I, S. 1827ff.) Gesetz zur Modernisierung des Schuldrechts vom 26.11.2001 (SchuldrechtsmodernisierungsG), Art. 5 Abs. 21 (BGBl. I, S. 3138), Gesetz zur Bereinigung von Kostenregelungen auf dem Gebiet des geistigen Eigentums vom 13.12.2001 (Geistiges Eigentum-Kostenregelungs-Bereinigungsgesetz), Art. 8 (BGBl. I, S. 3656), Gesetz zur weiteren Reform des Aktien- und Bilanzrechts, zu Transparenz und Publizität vom 19.7.2002 (Transparenz- und Publizitätsgesetz), Art. 4 Abs. 2 (BGBl. I, S. 2681), Gesetz zur Änderung des Rechts der Vertretung durch Rechtsanwälte vor den Oberlandesgerichten vom 23.7.2002 (OLG-Vertretungsänderungsgesetz), Art. 4 (BGBl. I, S. 2850), Gesetz zur Reform des Geschmacksmusterrechts vom 12.3.2004 (Geschmacksmusterreformgesetz), Art. 2 Abs. 8 (BGBl. I, S. 390), Gesetz zur Modernisierung des Kostenrechts vom 5.5.2004 (Kostenrechtsmodernisierungsgesetz), Art. 4 Abs. 42 (BGBl. I, S. 718), Gesetz zur Umsetzung der Richtlinie über den rechtlichen Schutz biotechnologischer Erfindungen vom 21.1.2005, Art. 2 (BGBl. I, S. 146), G esetz zur Änderung des patentrechtlichen Einspruchsverfahrens und des Patentkostengesetzes vom 21.6.2006, Art. 4 (BGBl. I, S. 1318), Zweites Gesetz zur Änderung des Finanzverwaltungsgesetzes und anderer Gesetze vom 13.12.2007, Art. 12 Abs. 2 (BGBl. I, S. 2897), Gesetz zur Verbesserung der Durchsetzung von Rechten des geistigen Eigentums vom 7.7.2008 (Durchsetzungsgesetz), Art. 3 (BGBl. I, S. 1191), Gesetz zur Reform des Verfahrens in Familiensachen und in den Angelegenheiten der freiwilligen Gerichtsbarkeit (FGG-Reformgesetz) vom 17.12.2008, Art. 83b (BGBl. I, S. 2586), Gesetz zur Vereinfachung und Modernisierung des Patentrechts vom 31.7.2009, Art. 2 (BGBl. I, S. 2521), Gesetz über den Rechtsschutz bei überlangen Gerichtsverfahren und strafrechtlichen Ermittlungsverfahren vom 24.11.2011, Art. 14 (BGBl. I, S. 2302), Gesetz zur Modernisierung des Geschmacksmustergesetzes sowie zur Änderung der Regelungen über die Bekanntmachungen zum Ausstellungsschutz vom 10.10.2013, Art. 3 (BGBl. I, S. 3799), Gesetz zur Novellierung patentrechtlicher Vorschriften und anderer Gesetze des gewerblichen Rechtsschutzes vom 19.10.2013, Art. 2 (BGBl. I, S. 3830), Zehnte Zuständigkeitsanpassungsverordnung vom 31.8.2015, Art. 205 (BGBl. I, S. 1474), das Gesetz vom 3.12.2015, Art. 8 Abs. 5 (BGBl. I, S. 2178), zuletzt geändert durch das Gesetz zur Änderung des Designgesetzes und weiterer Vorschriften des gewerblichen Rechtsschutzes vom 4.4.2016, Art. 3 (BGBl. I, S. 558).

Vorbemerkungen zum Gebrauchsmustergesetz

Inhaltsübersicht

A. Entwicklung, Rechtsquellen und Schutzzweck des Gebrauchsmusterrechts

I. Entwicklung, Rechtsquellen

Literatur: *Kraßer,* Die Entwicklung des Gebrauchsmusterrechts, Festschrift „Gewerblicher Rechtsschutz und Urheberrecht in Deutschland", Bd. I, 1991, S. 617 ff.; *Benkard/Goebel/Engel,* Kommentar zum PatentG/GebrauchsmusterG, 11. Aufl., 2015, Vorbemerkung zum Gebrauchsmustergesetz.

1 Die rechtliche Grundlage für den Gebrauchsmusterschutz in Deutschland besteht seit 1891. Das Gebrauchsmuster feiert im Jahre 2016 sein 125-jähriges Bestehen.

2 Das Gebrauchsmusterrecht entwickelte sich im letzten Drittel des 19. Jahrhunderts. Vor dem Gebrauchsmustergesetz beruhte die Möglichkeit eines Schutzes für Neuerungen auf gewerblichem Gebiete auf dem Patentgesetz vom 25.5.1877 und dem Gesetz, betreffend das Urheberrecht an Mustern und Modellen, vom 11.1.1876. Der Ausdruck „Muster" für technische Modelle erklärt sich historisch, weil zunächst zweifelhaft war, ob unter das Gesetz vom 11.1.1876 auch technische Merkmale eines Musters fielen. Mit der Entscheidung des Reichs-Oberhandelsgerichts vom 3.9.1878 (ROHG 24, 109) wurde diese Frage verneint.

3 Diese Gerichtsentscheidung hatte weitreichende Konsequenzen. Unternehmen, die sich nicht mit einer im Zweifelsfalle unwirksamen Eintragung in das Geschmacksmusterregister begnügen wollten, blieb demzufolge nur die Erlangung eines Patentschutzes übrig. Das Patentamt sah sich seit dieser Zeit häufig mit „kleinen" Erfindungen konfrontiert, die den an die Patentfähigkeit gestellten Ansprüchen nicht völlig genügten. Dem Patentamt blieb häufig nichts anderes übrig, diesen „kleinen" Erfindungen den Schutz versagen zu müssen, obwohl ihre Schutzbedürftigkeit durchaus anerkannt wurde. Das Bedürfnis nach Schaffung eines besonderen Gesetzes für Gebrauchsmuster wurde schließlich durch das erste deutsche Gebrauchsmustergesetz vom 1.6.1891 anerkannt.

4 Ursprünglich stellte das Gebrauchsmustergesetz „Modelle" unter Schutz. Hiermit wollte der Gesetzgeber zum Ausdruck bringen, dass mit diesem Schutzrecht Gegenstände kleineren handlichen Formats erfasst werden sollten. Auf Grund nachfolgender Gesetzesänderungen wurde die Begrenzung des gebrauchsmusterrechtlichen Schutzes auf „Modelle" aufgegeben und später Arbeitsgerätschaften und Gebrauchsgegenstände als schutzfähig angesehen. Damit war der Gebrauchsmusterschutz auch Maschinen zugänglich (vgl. RGZ 41, 74, 75 mwN; BPatGE 15, 172, 174 – *Demontierbares Gebäude*). Das gegenwärtige Gebrauchsmustergesetz stellt – wie das Patentgesetz – allgemein „Erfindungen" unter Schutz.

Ein von Anfang an bestehender **Unterschied** zum **Patentrechtssystem** besteht darin, dass das Gebrauchsmustersystem ein sachliches Prüfungsverfahren nicht vorsah, sondern dem Anmeldesystem folgte, so dass die angemeldete Erfindung vom Patentamt einzutragen war, wenn bestimmte formale Erfordernisse erfüllt waren. **5**

Mit der historischen Gesetzeslage, wonach Gebrauchsmusterschutz nur für eine neue Gestaltung, Anordnung oder Vorrichtung an einer Arbeitsgerätschaft oder einem Gebrauchsgegenstand zur Verfügung stand, eng verbunden ist das Erfordernis, dass sich der Erfindungsgedanke in einer **Raumform** verkörpern müsse (vgl. lediglich BGH GRUR 1965, 239, 242 – *Verstärker; Asendorf,* Herkunft und Entwicklung des Raumformerfordernisses im Gebrauchsmusterrecht, GRUR 1988, 83ff.). Eine weitere Voraussetzung im historischen GebrM-Recht war das Erfordernis der **gegenständlichen Einheit,** die insbesondere bei aus mehreren Teilen bestehenden Arbeitsgerätschaften und Gebrauchsgegenständen zu subtilen Abgrenzungskünsten führte (vgl. BPatGE 19, 139). Das frühere gesetzliche Erfordernis, dass sich die Gebrauchsmustererfindung auf einen **Gebrauchsgegenstand** oder eine **Arbeitsgerätschaft** beziehen musste, bedeutete ebenfalls einen erheblichen Abstand vom Schutzsystem des Patentgesetzes (vgl. hierzu *Tronser,* Auswirkungen des Produktpirateriegesetzes vom 7.3.1990 auf das Gebrauchsmusterrecht, GRUR 1991, 10, 13). **6**

Eine bedeutende Annäherung an das Patentrecht erfuhr das Gebrauchsmusterrecht durch das Gesetz zur Änderung des Gebrauchsmustergesetzes vom 15.8.1986 (BGBl. I, S. 1446), durch welches das GebrMG an die verschiedenen Neuregelungen des Patentgesetzes angeglichen worden war. Zuvor hatte der BGH eine generelle ergänzende Heranziehung der patentrechtlichen Vorschriften auf Lücken des Gebrauchsmustergesetzes abgelehnt (vgl. BGH GRUR 1983, 243 – *Drucksensor*). Das Gebrauchsmusteränderungsgesetz aus dem Jahre 1986 hat jedoch die jahrelangen Diskussionen über die Reform des Gebrauchsmusterrechts nicht beenden können. Eine Beendigung erfolgte in weiten Bereichen erst durch das Gesetz zur Bekämpfung der Produktpiraterie vom 7.3.1990 (ProduktpiraterieG), mit dem der Gesetzgeber das Raumformerfordernis für Gebrauchsmuster beseitigte; andererseits hat er Verfahren vom Gebrauchsmusterschutz ausgeschlossen (vgl. BT Drucksache 10/3903; BGH GRUR 2004, 495, 497 – *Signalfolge*). Wesentlich ist, dass für den Schutzbereich des Gebrauchsmusters der Inhalt der Schutzansprüche für maßgebend erklärt wurde; wirtschaftlich bedeutend war die Verlängerungsmöglichkeit der Laufzeit des Gebrauchsmusters auf insgesamt zehn Jahre. Hinzu kommen als wichtige Regelungen die Aufnahme eines Vernichtungs- und Auskunftsanspruchs sowie die Regelung über die Grenzbeschlagnahme. **7**

Das GebrMG 1990 hat durch das 2. Patentrechtsänderungsgesetz vom 16.7.1998 (BGBl. I, S. 1827) vor allem verfahrensrechtliche Änderungen in §§ 4, 4a, 6, 8, 10, 20 und 25a erfahren. Auf Grund des am 1.1.2002 in Kraft getretenen Geistiges Eigentum-Kostenregelungs-Bereinigungsgesetz (BGBl. I, S. 3656) wurden Gebührenpflichten für bestimmte Verfahrenshandlungen und die Aufrechterhaltung sowie der Eintritt von bestimmten gesetzlichen Rücknahme- und Erlöschungsfiktionen in das Patentkostengesetz (PatKostG) überführt. Weitere Änderungen erfolgten unter anderem auf Grund der Umsetzung der Richtlinie über rechtlichen Schutz biotechnologischer Erfindungen (1998/44/EG), welche gebrauchsmusterrechtlichen Schutz für biotechnologische Erfindungen ausschließt, § 1 Abs. 2 Nr. 5. Auf Grund der Umsetzung der Richtlinie zur Durchsetzung der Rechte des geistigen Eigentums (2004/48/EG) im Jahre 2008 erfuhr das GebrMG Änderungen der Regelungen zur Rechtsdurchsetzung. Weitere Änderungen wurden unter anderem durch das Gesetz zur Vereinfachung und Modernisierung des Patentrechts (BGBl. I, S. 2521), das Gesetz zur Novellierung patentrechtlicher Vorschriften und anderer Gesetze des gewerblichen Rechtsschutzes (BGBl. I, S. 3830) und Art. 205 Zehnte ZuständigkeitsanpassungsVO (BGBl. I, S. 1474) vor allem zu verfahrensrechtlichen Vorschriften sowie in §§ 21 und 28 eingeführt. **8**

9 Durch den Beschluss des BGH vom 20.6.2006 (GRUR 2006, 842 – *Demonstrationsschrank*) erfuhr das Gebrauchsmusterrecht eine weitere bedeutende Annäherung an das Patentrecht. Der BGH legte in dieser Entscheidung fest, dass für die Beurteilung des erfinderischen Schritts die im Patentrecht entwickelten Grundsätze anzuwenden sind unter Berücksichtigung der Unterschiede, die sich daraus ergeben, dass der Stand der Technik im Gebrauchsmusterrecht abweichend definiert ist. Diese Rechtsprechung hat der BGH mit der Entscheidung *Installiereinrichtung II* vom 20.12.2011 (GRUR 2012, 378) bestätigt. Diese Rechtsprechung wurde teilweise kritisiert. Teilweise wird sie mit einem vermeintlichen Bedeutungsverlust des Gebrauchsmusters und der sinkenden Anzahl von Gebrauchsmusteranmeldungen in Verbindung gebracht.

II. Schutzzweck des Gebrauchsmusterrechts

10 Ebenso wie das Patentgesetz bezweckt das Gebrauchsmustergesetz den Schutz von Erfindungen (mit Ausnahme derjenigen, die ausdrücklich vom Gebrauchsmusterschutz ausgeschlossen sind, wie zum Beispiel Verfahrenserfindungen und biotechnologische Erfindungen). Er erstreckt sich auf alle Erfindungen, die sich auf Erzeugnisse beziehen, mag es sich um „kleine" oder bedeutende Erfindungen handeln. Gebrauchsmuster sind eingetragene Rechte, die ihren Inhabern einen ausschließlichen Schutz für technische Erfindungen gewähren. Ebenso wie im Patentrecht müssen schutzfähige technische Erfindungen neu sein und ein gewisses Maß an Erfindungshöhe aufweisen. Die Rechtsprechung stellt seit der Entscheidung *Demonstrationsschrank* des BGH (GRUR 2006, 842) bei Patenten und Gebrauchsmustern dieselben Anforderungen an die Erfindungshöhe. Dies ist zum Teil kritisiert worden (vgl. *Mes*, GebrMG § 1 Rr. 1). Im Gegensatz zu Patenten werden Gebrauchsmuster ohne Überprüfung der Neuheit und des erfinderischen Schrittes eingetragen. Das Gebrauchsmuster ist ein „Registerrecht". Der Schutz entsteht durch Eintragung und nicht durch Erteilung nach einem Erteilungsverfahren. Dadurch können diese Schutzrechte schneller und kostengünstiger erlangt werden als Patente, bieten jedoch in gewisser Weise weniger Rechtssicherheit.

11 Der Gebrauchsmusterschutz zielt darauf, ausreichenden Anreiz für technische Kreationen zu schaffen und diese über die Veröffentlichung der Eintragung durch das Patentamt der Allgemeinheit zu offenbaren. Den an der Erfindung Interessierten wird hierdurch die Weiterentwicklung der Technik ermöglicht; dem Erfinder wird ein zeitlich begrenztes Monopolrecht (der Gebrauchsmusterschutz beträgt im Höchstfall 10 Jahre, § 23 Abs. 1) für seine schaffende Tätigkeit eingeräumt. Nach Ablauf dieses Monopols steht die technische Lehre der Allgemeinheit frei zur Verfügung.

B. Gebrauchsmusterrecht im nationalen Recht

I. Gebrauchsmusterrecht und Grundgesetz

12 Das Grundgesetz legt den Gesetzgeber nicht auf eine bestimmte Wirtschaftsordnung fest. Es ist wirtschaftspolitisch „neutral" und räumt dem Gesetzgeber eine weitgehende wirtschaftspolitische Gestaltungsfreiheit ein. Diese ist jedoch an die Grundrechte gebunden, die die Freiheit der wirtschaftlichen Betätigung des einzelnen schützen. Dies gilt insbesondere für Art. 2 Abs. 1, 3 Abs. 1, 5, 12 Abs. 1 und 14 Abs. 1 GG.

13 Ob es verfassungsrechtlich geboten ist, ein lückenloses Schutzrechtssystem zur Verfügung zu stellen, ist umstritten. Diese Frage kann nicht ohne Berücksichtigung der Sozialbindung des Eigentums und des verfassungsrechtlich gesicherten Grundsatzes der allgemeinen Handlungsfreiheit beantwortet werden. Das gebrauchsmusterrechtliche Schutzsystem stellt deshalb im Ergebnis – ebenso wie das Patentrechtssystem –

den gesetzgeberischen Ausgleich zwischen den Interessen der Erfinder einerseits und der Wettbewerber sowie der Allgemeinheit andererseits dar.

Die Eigentumsgarantie des Art. 14 Abs. 1 GG umfasst nicht nur das Sacheigentum, sondern auch das geistige Eigentum, einschließlich Patente und Gebrauchsmuster (BVerfGE 36, 281, 290). Ungeachtet der Sozialbindung des Eigentums gemäß Art. 14 Abs. 1 GG hat der Gesetzgeber im Rahmen der ihm vorbehaltenen Inhalts- und Schrankenziehung der eigentumsrechtlichen Gewährleistung gemäß Art. 14 Abs. 1 Satz 2 GG einen vernünftigen Ausgleich zwischen dem Ausschließlichkeitsinteresse des Schutzrechtsinhabers einerseits und dem Interesse der Allgemeinheit sowie von Forschung und Lehre an der Weiterentwicklung geschützter Erfindungen andererseits zu berücksichtigen (vgl. BGHZ 107, 46, 57, 58). Dieses Spannungsfeld wird zum Beispiel deutlich bei der Frage, wie weit das patent- und gebrauchsmusterrechtlich geregelte Versuchsprivileg (vgl. §§ 11 Nr. 2 PatG, 12 Nr. 2 GebrMG) reicht, das unter anderem Ausdruck der Grundrechtsgarantie des Art. 5 Abs. 3 GG ist. **14**

Da die gebrauchsmusterrechtlichen Vorschriften grundrechtsbeschränkend sind, müssen sie ihrerseits wieder unter Berücksichtigung des beschränkten Grundrechts ausgelegt werden, damit der Vorrang der Grundrechte auch auf der Rechtsanwendungsebene gewahrt bleibt (vgl. BVerfG GRUR 1993, 751 – *Großmarkt-Werbung I* mwN). **15**

II. Gebrauchsmusterrecht und Kartellrecht

Das Kartellrecht (GWB) schützt die Freiheit des Wettbewerbsrechts. Es zielt damit auf die Verhinderung von Wettbewerbsbeschränkungen. Damit tritt ein schwer auflösbarer Zielkonflikt zum Gebrauchsmusterrecht ein, dessen Ziel die Begründung von Ausschließlichkeitsrechten zur Förderung der technischen Innovation ist. Beide Rechtssysteme sind daher auf ein jeweils „duldendes" Nebeneinander angewiesen. Das Kartellrecht erkennt die mit dem Patent- bzw. Gebrauchsmusterschutz entstehenden Ausschließlichkeitsrechte an und wendet sich gegen den Missbrauch dieser Monopolrechte zu Lasten der Wettbewerbsfreiheit. **16**

III. Gebrauchsmusterrecht und Immaterialgüterrecht

Das Gebrauchsmusterrecht gehört – ebenso wie das Patentrecht – zum bürgerlichen Recht im weiteren Sinn. Es ist Teil des gewerblichen Rechtsschutzes und bildet zusammen mit diesem und dem Urheberrecht sowie den verwandten Schutzrechten das sog Immaterialgüterrecht. Die Rechtsordnung gewährt dabei bestimmten schöpferischen Leistungen Schutz vor Nachahmung durch Zuerkennung von Ausschließlichkeitsrechten. Die gewerblichen Schutzrechte bilden einen Sonderrechtsschutz, der an bestimmte Voraussetzungen anknüpft und zeitlich befristet ist. Ihm liegt die Abwägung zwischen dem Interesse des Einzelnen, das von ihm Geschaffene ausschließlich und umfassend zu nutzen und zu verwerten, und dem Interesse der Allgemeinheit, auch andere an solchen Leistungen und damit am Fortschritt teilnehmen zu lassen, zu Grunde. **17**

1. Verhältnis zum Patentrecht. Das Gebrauchsmusterrecht stellt ein vom Patentschutz unabhängiges Schutzrechtssystem zur Verfügung, mit dem technische Erfindungen geschützt werden sollen. Es ist dem Patentrecht insoweit inhaltlich und gegenständlich ähnlich, als der Schutz von Erfindungen bezweckt wird. **18**

Die Schutzrechtssysteme nach Gebrauchsmustergesetz und Patentgesetz stimmen in vielen Einzelvorschriften überein. Teilweise finden sich gesetzliche Verweisungen auf das Patentgesetz. **19**

Diese inhaltlichen und gegenständlichen Übereinstimmungen gelten im Wesentlichen auch in Bezug auf das europäische Patent (nach EPÜ) und das geplante europäische Patent mit einheitlicher Wirkung („Einheitspatent") (nach VO (EU) 1257/ **20**

2012 vom 17.12.2012 über die Umsetzung der Verstärkten Zusammenarbeit im Bereich der Schaffung des einheitlichen Patentschutzes, ABl. 2012 L 361, 1 (EPatVO) sowie nach VO (EU) Nr. 1560/2012 vom 17.12.2012 über die Umsetzung der Verstärkten Zusammenarbeit im Bereich der Schaffung des einheitlichen Patentschutzes im Hinblick auf die anzuwendenden Übersetzungsregelungen, ABl. 2012 L 361, 89 (EPatÜbersVO) und nach Übereinkommen vom 19.2.2013 über ein Einheitliches Patentgericht, ABl. 2013 C 175, 1 (EPGÜ)). Das Einheitspatent knüpft an das auf Grundlage des EPÜ erteilte europäische Patent an. Der Anmelder erhält die Möglichkeit, die einheitliche Wirkung für das erteilte Patent zu beantragen. In diesem Fall tritt das Einheitspatent mit auf das Gebiet der Europäischen Union beschränkten einheitlichem Schutz für die Staaten, welche an dem Schutzsystem teilnehmen, an die Stelle des „klassischen" europäischen Patents (Art. 3, 5 EPatVO). Mit dem EPGÜ soll zudem eine gesonderte Verletzungs- und Nichtigkeitsgerichtsbarkeit nicht nur für Einheitspatente sondern für alle europäischen Patente eingeführt werden (Art. 1, 3, 32, 83 EPGÜ).

21 Das Gebrauchsmuster unterscheidet sich vom Patent dadurch, dass es ohne Überprüfung der Neuheit und des erfinderischen Schrittes registriert wird. Es wird nicht – wie das Patent – nach Durchlaufen eines amtlichen Prüfungsverfahrens „erteilt". Darüber hinaus sind Verfahrenserfindungen und biotechnologische Erfindungen gebrauchsmusterrechtlich nicht schützbar. Das Gebrauchsmuster unterscheidet sich vom Patent ferner durch die unterschiedliche Schutzdauer. Des Weiteren sieht das GebrMG anders als das Patentrecht eine Neuheitsschonfrist (§ 3 Abs. 1 S. 3 GebrMG), eine Ausstellungspriorität (§ 6a GebrMG) und die Außerachtlassung mündlicher Vorbeschreibungen oder Vorbenutzungen im Ausland (§ 3 Abs. 1 S. 3 GebrMG) bei der Beurteilung der Neuheit von Erfindungen vor. Ein weiterer Unterschied besteht darin, dass das „Trennungsprinzip" für das ungeprüfte Gebrauchsmuster keine Anwendung findet. Die fehlende Schutzfähigkeit des Gebrauchsmusters kann im Verletzungsprozess – anders als nach deutschem Recht bei einem deutschen Patent oder einem europäischen Patent mit Wirkung für die Bundesrepublik Deutschland – geltend gemacht werden, BGH GRUR 1969, 184 – *Lotterielos;* § 19 GebrMG. Für das Einheitspatent ist hingegen die Geltendmachung der fehlenden Schutzfähigkeit sowohl im Verletzungsverfahren (im Wege der Widerklage) als auch in einem gesonderten Nichtigkeitsverfahren vorgesehen. Insofern besteht eine Gemeinsamkeit mit dem Gebrauchsmuster. Weiter unterscheidet sich das GebrM vom Patentschutz durch seine leichte und kostengünstige Erreichbarkeit.

22 Patent- und Gebrauchsmusterschutz schließen sich nur in besonders geregelten Fällen aus, § 15 Abs. 1 GebrMG. § 14 GebrMG sieht eine Regelung für das Verhältnis eines jüngeren Patents und eines älteren Gebrauchsmusters vor. Strategisch stellt das Gebrauchsmuster ein hervorragendes ergänzendes Schutzrechtsinstrumentarium dar. Einzelheiten hierzu unter → Rn. 35ff.

23 **2. Verhältnis zum Design/Gemeinschaftsgeschmacksmuster.** Designschutz bzw. Gemeinschaftsgeschmacksmusterschutz und Gebrauchsmusterschutz können parallel nebeneinander bestehen. Das Design erstreckt sich jedoch dabei auf die ästhetischen Formschöpfungen, die ausdrücklich vom Gebrauchsmusterschutz ausgeschlossen sind, § 1 Abs. 2 Nr. 2. Dabei sind objektiv ausschließlich technisch bedingte Formgestaltungen dem Geschmacksmuster- bzw. Designrechtsschutz nicht zugänglich (vgl. § 1 Abs. 1 Nr. 1, Abs. 2 DesignG; BGH GRUR 1981, 269, 271 – *Haushaltsschneidemaschine*). Nicht objektiv bedingte oder nicht ausschließlich technisch notwendige Formgebungen, die neu sind (§ 2 Abs. 1, Abs. 2 DesignG, Art. 4, 5 GGV) und Eigenart (§ 2 Abs. 1, Abs. 3 DesignG, Art. 4, 6 GGV) haben, können designfähig bzw. geschmacksmusterfähig sein, § 3 Abs. 1 Nr. 1, Nr. 2 DesignG, Art. 8 Abs. 1, Abs. 2 GGV. Hieraus folgt, dass ein und derselbe Gegenstand sowohl durch ein Gebrauchsmuster als auch ein Design geschützt werden kann.

3. Verhältnis zum Halbleiterschutzrecht. Die Leistungsfähigkeit eines Computers wird maßgeblich von integrierten Schaltungen beeinflusst. Mit Hilfe der Halbleitertechnologie werden auf diesen Schaltungen logische Verknüpfungen mit nicht linearen Bauelementen realisiert. Ziel der Halbleitertechnologie ist es, diese Bauelemente so klein wie möglich auf (Silicium-)Chips zu integrieren, um immer leistungsfähigere integrierte Schaltungen produzieren zu können. Dem Schutz dieser Technologie dient das Gesetz über den Schutz der Topografien von elektronischen Halbleitererzeugnissen – Halbleiterschutzgesetz (HalblG) – vom 22.10.1987, zuletzt geändert durch Art. 215 der Verordnung vom 31.8.2015 (BGBl. I, S. 1474). 24

Hierdurch ist ein neues gewerbliches Schutzrecht **sui generis** eingeführt worden, das Elemente urheberrechtlichen Schutzes mit solchen des gewerblichen Rechtsschutzes verbindet. Mit ihm ist die Wirkung eines Nachbildungs- und Verwertungsverbotes verbunden; das „reverse engineering" fällt nicht hierunter. Verfahrensrechtlich ist es an das Gebrauchsmusterrecht angelehnt; inhaltlich orientiert es sich am Designrecht. Durch das Gesetz werden dreidimensionale Strukturen von mikroelektronischen Halbleitererzeugnissen (Topografien) nicht wegen ihrer erfinderischen Qualität, sondern wegen der Eigenart der dreidimensionalen Struktur geschützt, wenn und soweit sie Eigenart aufweisen. Eigenart liegt nach der Legaldefinition vor, wenn die Topografien ein Ergebnis geistiger Arbeit und nicht durch bloßes Nachbilden hergestellt und nicht alltäglich sind, § 1 Abs. 2 HalblG. Dies kann auch bei einer eigenartigen Gesamtheit alltäglicher Teile vorliegen, § 1 Abs. 3 HalblG. Schutzfähig ist die Topografie als solche, dh in ihrer dreidimensionalen Struktur, nicht wegen der in ihr verkörperten Lehre und nicht wegen des mit ihr erreichten technischen Erfolges. Erfinderische Qualität ist nicht Voraussetzung. Eigenart genügt. Halbleiterschutz schließt Gebrauchsmusterschutz nicht aus. Die Abgrenzung beider Schutzrechte erfolgt wie beim Design. Einzelheiten bei Busse/*Keukenschrijver* Einl HlSchG Rn. 11). 25

4. Verhältnis zum materiellen Markenrecht. Das Markenrecht ist ein Ausschlussrecht für die insbesondere wörtliche, bildliche, gegenständliche Kennzeichnung für einen bestimmten Wettbewerber. Mit dem Markenrecht wird nicht eine technische, schöpferische und gestalterische Leistung geschützt, sondern es ist Unterscheidungskriterium des Wettbewerbers von anderen Wettbewerbern. Hinzu treten insbesondere die Vertrauensfunktion (Garantie- oder Qualitätsfunktion) sowie die Werbefunktion. Nach materiellem und registerrechtlichem Markenrecht können dreidimensionale Gestaltungen einschließlich der Form der Ware geschützt sein; die Abgrenzungsproblematik stellt sich dabei nicht nur im Verhältnis der dreidimensionalen Marke sondern auch im Verhältnis der zweidimensionalen Bildmarken zu Gebrauchsmustern. Beide Schutzrechtssysteme schließen sich aus. Eine durch den Gebrauchszweck der Ware technisch bedingte Gestaltung kann grundsätzlich nicht Gegenstand des materiellen oder registerrechtlichen Markenrechtes sein, da es hier um die Ware selbst und nicht um ihre Ausstattung, Kennzeichnung etc geht. Mit dem Markenrecht kann jedoch kein die Ware selbst betreffendes Schutzrecht erworben werden. 26

5. Verhältnis zum Wettbewerbsrecht. Das Gebrauchsmusterrecht ist Sonderrechtsschutz, das in einem Spannungsverhältnis zum wettbewerbsrechtlichen Schutz steht, bei dem die Frage zu beantworten ist, inwieweit das Wettbewerbsrecht neben dem Sonderrechtsschutz gegen Nachahmung herangezogen werden kann. Das Wettbewerbsrecht ist kein Auffangbecken für den Schutz technischer Lehren. Vielmehr gilt der **Grundsatz der Nachahmungsfreiheit,** soweit der Sonderrechtsschutz nicht eingreift (BGH GRUR 1990, 528, 529 – *Rollen-Clips*). Die Nachahmung als solche ist nicht per se wettbewerbswidrig (BGH GRUR 1984, 597, 598 – *vitra programm*). Wettbewerbsrechtliche Ansprüche gegen Nachahmung kommen jedoch unter dem Gesichtspunkt des **ergänzenden Leistungsschutzes** gemäß § 4 Nr. 3 UWG in Betracht. Allerdings befasst sich das Wettbewerbsrecht nicht mit der Nach- 27 ahmung als solcher sondern mit der Art und Weise, in der diese Verwendung erfolgt. Nicht die Nachahmung als solche ist daher auf der Grundlage von § 3, 4 Nr. 3 UWG angreifbar, sondern die Wettbewerbshandlung, die zu ihr führt oder sie begleitet.

28 Vor diesem Ausgangspunkt erklärt sich die in § 4 Nr. 3 UWG kodifizierte höchstrichterliche Rechtsprechung (BGH GRUR 1996, 211 – *Vakuumpumpen;* BGH GRUR 1999, 751 – *Güllepumpen;* BGH GRUR 1999, 1106 – *Rollstuhlnachbau;* BGH GRUR 2000, 521 – *Modulgerüst I*), wonach die Nachahmung, selbst die sklavische, nur unlauter ist, wenn **besondere Umstände** hinzutreten, die spezifisch wettbewerbsrechtlicher Natur sind, § 4 Nr. 3 lit. a–c UWG. Das UWG führt als solche besonderen Umstände an, wenn die Nachahmung zu einer vermeidbaren Herkunftstäuschung führt, den Ruf des nachgeahmten Produkts ausnutzt oder die für die Nachahmung erforderlichen Kenntnisse oder Unterlagen unredlich erlangt wurden. Diese Aufzählung ist jedoch nicht abschließend (vgl. BGH GRUR 2007, 795, 799 – *Handtaschen*). Der Verstoß gegen § 4 Nr. 3 UWG erfordert vielmehr eine Gesamtschau, die das gesamte Verhalten des Nachahmers vor dem ganz konkreten Hintergrund würdigt. Bei der wettbewerbsrechtlichen Beurteilung sind deshalb auch Umstände heranzuziehen, die im Gebrauchsmusterverletzungsprozess außer Betracht bleiben müssen, zB die Etikettierung, die Form, ihre Farbe, die Größe, die Verwendung ähnlicher oder abweichender Wortmarken, die Marktverhältnisse etc (vgl. OLG Frankfurt a. M. NJW WettbR 2000, 41 – *Standbeutel*). Letztlich entscheidet über die Frage der Unlauterkeit eine Interessenabwägung unter Berücksichtigung sämtlicher Umstände.

29 Ein ergänzender Leistungsschutz kommt nach ständiger Rechtsprechung, gleichgültig unter welchem Gesichtspunkt, nur dann in Betracht, wenn das nachgeahmte Produkt **wettbewerbliche Eigenart** aufweist. Die wettbewerbliche Eigenart kann sich auch aus technischen Merkmalen ergeben, solange diese nur Abweichungsmöglichkeiten zulassen. Zumindest einzelne Merkmale müssen also nicht technisch notwendig, sondern willkürlich und austauschbar sein (vgl. BGH GRUR 1996, 210, 211 – *Vakuumpumpen;* BGH GRUR 2013, 1052 – *Einkaufswagen III*). Dies gilt auch bei gemeinfreien technischen Lösungen. Die höchstrichterliche Rechtsprechung stellt an die wettbewerbliche Eigenart auch technisch bedingter Gestaltungen in aller Regel keine allzu hohen Anforderungen (vgl. nur BGH GRUR 2000, 521 – *Modulgerüst I:* wettbewerbliche Eigenart eines Baugerüsts bejaht; BGH GRUR 2013, 1052 – *Einkaufswagen III*).

30 Als besonderer Umstand kann eine Unlauterkeit unter dem Gesichtspunkt der **Herkunftstäuschung** (§ 4 Nr. 3 lit a UWG) in Betracht kommen. Diese setzt voraus, dass für das maßgebliche Publikum der Eindruck entstehen könnte, die sich gegenüberstehenden Produkte seien gleichen betrieblichen Ursprungs. Darüber hinaus müssen Abweichungen dem Nachahmer zumutbar sein. Es sind alle Umstände der konkreten Vermarktung zu berücksichtigen. Zu berücksichtigen sind daher insbesondere auch Etiketten, Farben und die jeweiligen Marken (vgl. BGH GRUR 1999, 751 – *Güllepumpen*). Grundsätzlich ist der Nachahmende verpflichtet, die Gefahr einer Herkunftstäuschung durch ihm **zumutbare** Maßnahmen auszuschließen oder jedenfalls zu minimieren (BGH GRUR 2015, 909, 913 – *Exzenterzähne*). Der BGH hat jedoch hiervon eine Ausnahme gemacht, wenn für die Kompatibilität des nachgebauten Produktes unverzichtbare Gestaltungselemente die Gefahr einer betrieblichen Herkunftsverwechslung begründen; hier könne es zumutbar sein, dass der Nachahmer auf die Kompatibilität verzichtet, um jede Gefahr einer betrieblichen Herkunftstäuschung zu vermeiden. Dies gilt freilich nur, wenn es um die Frage einer Abweichung bei den für die Kompatibilität zwingend notwendigen Gestaltungselementen geht. Bezüglich aller anderen Gestaltungselemente gelangt demgegenüber der allgemeine Grundsatz zur Anwendung, dass es dem Nachahmenden zugemutet werden kann, durch Abweichungen die Gefahr der Herkunftstäuschung auszuschließen (BGH GRUR 2000, 521 – *Modulgerüst I;* BGH GRUR 2012, 1155, 1157 – *Sandmalkasten*).

Als weiteres Unlauterkeitsmoment kann das **Ausbeuten eines fremden Leistungserfolges** in Form der unangemessenen Ausnutzung oder Beeinträchtigung der Wertschätzung des nachgeahmten Produkts (§ 4 Nr. 3 lit b UWG) in Betracht kommen. Hier tritt häufig die Abgrenzung zwischen dem Ersatz- und Zubehörgeschäft einerseits und dem sog Einschieben in die fremde Serie andererseits auf. Ersteres gilt nämlich grundsätzlich als wettbewerbskonform, während letzteres von der Rechtsprechung als Ausbeutung fremder Leistung wenigstens für einen zeitlich begrenzten Zeitraum als unlauter angesehen worden ist. Die Befriedigung eines **Zubehör- und Ersatzteilbedarfs** für fremde Erzeugnisse ist grundsätzlich erlaubt (stRspr, vgl. etwa BGH GRUR 1990, 528 – *Rollen-Clips;* BGH GRUR 1996, 781 – *Verbrauchsmaterialien;* BGH GRUR 2013, 952, 955 – *Regalsystem*). Der Grund liegt darin, dass den Herstellern von Zubehör und Ersatzteilen häufig ein Zugang zum Markt erst eröffnet wird, wenn sie mit den Original-Ersatzteilen identische oder zumindest mit einer Hauptware kompatible Erzeugnisse anbieten (vgl. BGH GRUR 2000, 521 – *Modulgerüst I;* BGH GRUR 2013, 952, 955 – *Regalsystem*). Des Weiteren wird vom Hersteller der Hauptware eine größere Toleranz deshalb erwartet, weil er in der Regel bereits mit dem erstmaligen Inverkehrbringen seinen Markterfolg verwirklicht hat. Auf eine exakte Abgrenzung zwischen dem, was Hauptware einerseits und Ersatz und Zubehörgeschäft einschließlich Verbrauchsmaterialien andererseits ist, muss stets geachtet werden (vgl. beispielsweise OLG Celle Mitt. 1998, 477, für das Verhältnis von Disketten zu einem Computer). In Abgrenzung zum grundsätzlich zulässigen Ersatzteil- und Zubehörgeschäft wurde es für unlauter angesehen, wenn ein Nachahmer sein Produkt **in eine fremde Produktserie,** die von vornherein auf den fortgesetzten Bedarf gleichartiger Erzeugnisse zugeschnitten ist, **einschiebt** (BGH GRUR 1992, 619 – *Klemmbausteine II*). Die diese Fallgruppe charakterisierende Besonderheit ist dadurch präzisiert worden, dass das fragliche Erzeugnis das Bedürfnis nach Ergänzung, Erweiterung oder Vervollständigung durch Erzeugnisse derselben Art in sich trage; seinem Wesen und der Zweckbestimmung nach müsse das zunächst gelieferte Ausgangserzeugnis, das den Anreiz für eine als fortlaufend gedachte Serie von Ergänzungen und Erweiterungen bilde, erst mit Hilfe dieser Ergänzungen den angestrebten vollkommenen Gebrauchszweck entfalten; der beabsichtigte wettbewerbliche Erfolg erschöpfe sich dann nicht schon in dem ersten Umsatzgeschäft, sondern umfasse auch den sich aus der Natur des Produktes ergebenden Ergänzungsbedarf; unter diesen Umständen sei es sittenwidrig, wenn ein Nachahmer ein Produkt gleichsam in die fremde Serie einschiebt und dadurch den Erfolg der fremden Leistung auf sich ableitet und für sich ausbeutet, obgleich ihm eine Fülle von Ausweichmöglichkeiten zur Verfügung stehen (BGH GRUR 2000, 521 – *Modulgerüst I*). Ein zeitlich unbeschränkter Schutz ist aber nicht zu gewähren (BGH GRUR 2005, 349, 352 – *Klemmbausteine III*). 31

6. Verhältnis zum Urheberrecht. Das Urheberrecht schützt Werken der Literatur, Wissenschaft und Kunst in seiner konkreten Gestaltung, soweit es sich um persönliche geistige Schöpfungen handelt (§§ 1, 2 UrhG). Das GebrM schützt Erfindungen. Der Gegenstand des Schutzes unterscheidet sich erheblich, insbesondere durch die individuelle Prägung des urheberrechtlichen Werkes. Überschneidungen können sich insbesondere bei Computerprogrammen (§ 2 Abs. 1 Nr. 1 UrhG) und Darstellungen wissenschaftlicher oder technischer Art, wie Zeichnungen, Pläne, Karten, Skizzen, Tabellen und plastische Darstellungen (§ 2 Abs. 1 Nr. 7 UrhG) ergeben, vgl. hierzu eingehend *Kraßer/Ann,* § 2 Rn. 63 ff. 32

7. Gebrauchsmuster und Arbeitnehmererfinderrecht. Für das Arbeitnehmerfinderrecht sind Patente und GebrM gleichgestellt, § 2 ArbnErfG. Dem Arbeitgeber steht bei Inanspruchnahme einer Erfindung jedoch kein freies Wahlrecht dahin zu, ob ein Patent oder ein Gebrauchsmuster angemeldet wird, vielmehr ist für eine patentfähige Erfindung ein Patent anzumelden (Bartenbach/Volz, § 13 Rn. 10). Dies steht der parallelen Anmeldung eines GebrM, der Inanspruchnahme der inneren 33

Priorität für ein GebrM oder der Abzweigung eines GebrM nicht entgegen. Die Schutzfähigkeit eines Gebrauchsmusters kann – unabhängig von der Prüfung der Schutzfähigkeit des GebrM im Löschungsverfahren (§ 15) bzw. Verletzungsverfahren (§ 19) – durch Vereinbarung zwischen Arbeitnehmer und Arbeitgeber (nur) für diese verbindlich festgelegt werden (vgl. Bartenbach/Volz, § 2 Rn. 14ff.).

IV. Bedeutung des Gebrauchsmusters

34 **1. Wirtschaftliche Bedeutung des Gebrauchsmusters.** Dem Gebrauchsmuster kommt in der Praxis große Bedeutung zu. Anmeldestatistiken werden jährlich in BlPMZ veröffentlicht. In den letzten Jahren sind die Anmeldezahlen leicht rückläufig; sie haben sich in einem Bereich von 14.000–15.000 Anmeldungen jährlich eingependelt. Im Jahr 2013 standen 15.470 Gebrauchsmusteranmeldungen 154 Löschungsanträgen gegenüber. Ende des Jahres 2013 waren 90.095 Gebrauchsmuster in Kraft. 2014 standen 14.738 Gebrauchsmusteranmeldungen 130 Löschungsanträgen gegenüber. Ende des Jahres 2014 waren 87.770 Gebrauchsmuster in Kraft. Im Jahr 2015 wurden 14.277 Gebrauchsmusteranmeldungen und 109 Löschungsanträge beim DPMA eingereicht. Ende des Jahres 2015 standen 85.180 Gebrauchsmuster in Deutschland in Kraft (BlPMZ 2016, 88, 102). Die meisten Gebrauchsmusteranmeldungen stammten aus dem Inland. Gebrauchsmusteranmeldungen aus dem Ausland nehmen jedoch zu. Die Gefahr einer nachträglichen Löschung eines Gebrauchsmusters ist in Anbetracht der recht geringen Anzahl von Löschungsanträgen relativ gering. Von der EU durchgeführte Untersuchungen haben ergeben, dass in der EU vor allem bei bestimmten Wirtschaftszweigen (zB Spielzeugindustrie, Uhrenindustrie, Optik, Mikrotechnik und Mikromechanik) sowie bei kleinen und mittleren Unternehmen ein echter Bedarf an einem Gebrauchsmusterschutz besteht, da sich der Patentschutz für bestimmte Arten von Erfindungen wie beispielsweise technischen Erfindungen mit geringerer Erfindungshöhe nicht eignet. Darüber hinaus darf die Bedeutung des Gebrauchsmusterschutzes für „schnelllebige" Erfindungsbereiche mit rasantem Entwicklungstempo, wie zB in der Computerindustrie, nicht unterschätzt werden. Das Gebrauchsmuster ist einfach und mit niedrigen Gebühren zu erlangen und bietet einen wirksamen Schutz gegen unbefugte Benutzung durch Dritte. Hieraus ergibt sich, dass das Gebrauchsmuster nicht nur für die „kleinen Alltagserfindungen" eine bedeutende Rolle spielt, für die es ursprünglich konzipiert war. Auch bei hoch komplexen Erfindungen gewinnt das Gebrauchsmuster zunehmend Bedeutung, wobei der Komplementärschutz zum Patent besondere Beachtung verdient (vgl. → Rn. 35ff.).

35 **2. Gebrauchsmuster und Patent – flankierender Schutz – Vorzüge des Gebrauchsmusterrechts.** Ein (schutzfähiges) GebrM wird in relativ kurzer Zeit eingetragen und entfaltet mit der Eintragung nach § 11 GebrMG die dem Patent entsprechenden Schutzwirkungen. Demgegenüber bedarf es beim Patentschutz (auf Grund nationaler Patente, europäischer Patente und des geplanten Einheitspatents) erst der Erteilung des Patents nach einem unter Umständen langen Prüfungsverfahren. Der parallele GebrM-Schutz bewirkt infolgedessen eine Absicherung der faktisch schutzfreien Zeit zwischen Patentanmeldung und -erteilung, insbesondere durch Unterlassungs- und Schadenersatzansprüche. Wird überdies ein Rechercheantrag für die zum Patent angemeldete Erfindung gestellt (§ 43 PatG), kann der daraufhin ermittelte Stand der Technik bei einer nachfolgenden GebrM-Anmeldung abgrenzend berücksichtigt werden. Ungeachtet dessen kann die nach Eintragung eines entsprechenden GebrM verbleibende Zeit der Abklärung dienen, ob und inwieweit sich die zu Grunde liegende Erfindung wirtschaftlich und/oder technisch bewährt. Mit der Einreichung eines Prüfungsantrages für die parallele (nationale) Patentanmeldung kann (im Rahmen der einschlägigen Fristen) bis zu dieser Abklärung demzufolge gewartet werden.

Bei der Prüfung, ob ein paralleles GebrM-Schutzrecht nachgesucht werden soll, ist ferner von Bedeutung, ob eine **unabhängige** oder **abgezweigte** GebrM-Anmeldung tunlich ist. Bei einer unabhängigen GebrM-Anmeldung wird der Erfindungsgegenstand in relativ kurzer Zeit veröffentlicht, so dass damit eine Stand der Technik bildende sog Sperrveröffentlichung eintritt. Zum Zeitpunkt der Veröffentlichung sind nämlich dann nur noch erfinderische Weiterbildungen der veröffentlichten technischen Lehre schutzfähig (dies gilt auch für den Anmelder bzw. Rechtsvorgänger nach Ablauf der sogenannten Neuheitsschonfrist). Nichterfinderische Weiterentwicklungen können im Fall einer zunächst erfolgten GebrM-Anmeldung nur noch als Patentanmeldung unter **Inanspruchnahme der Priorität** des eingetragenen GebrM erreicht werden. Unabhängige GebrM-Anmeldungen lassen den Inhalt einer entsprechenden Patentanmeldung für den Zeitraum ihrer Nichtveröffentlichung nicht erkennen – was unter Wettbewerbsgesichtspunkten häufig erwünscht sein kann. 36

Die **Abzweigung** eines GebrM aus einer Patentanmeldung oder einem erteilten Patent ermöglicht die Anpassung der Schutzansprüche auf in der Zwischenzeit bekannt gewordene Tatsachen, zum Beispiel Stand der Technik, potenzielle Verletzungsformen, aktuelle Weiterentwicklungen etc. Die Möglichkeiten hierzu sind bei einer abgezweigten GebrM-Anmeldung größer als bei einem bereits eingetragenen GebrM. Die Abzweigung eines GebrM kommt insbesondere dann in Betracht, wenn der Anmelder gegen Schutzrechtsverletzungen vorgehen möchte, bevor ein paralleles Patent erteilt wurde. Das gegebenenfalls während des Verletzungsrechtsstreits erteilte Patent kann im Wege der Klageerweiterung ergänzend geltend gemacht werden. 37

Die Abzweigung eines GebrM kann sich auch dann anbieten, wenn zwar bereits ein Patent erteilt ist, dieses aber zum Beispiel wegen der inzwischen eingetretenen technischen oder sonstigen Weiterentwicklung aufgrund der Jahresgebühren zu teuer erscheint. Möchte der Patentinhaber gleichwohl nicht auf einen gewissen Mindestschutz verzichten, bietet sich die Abzweigung an; in diesem Fall kann das Patent zum Beispiel durch Nichtzahlung der Jahresgebühren aufgegeben werden. Längere Schutzfristen des Patents und die für das jeweilige Schutzrecht anfallenden Kosten sind zu berücksichtigen. Bei großen wirtschaftlichen Erfindungen empfiehlt sich allemal ein zusätzlicher GebrM-Schutz, der nicht nur eine Verstärkung der Schutzrechtsposition gegenüber Verletzern, sondern auch eine Absicherung im Hinblick möglicher Einspruchs- oder Nichtigkeitsverfahren gegen das Patent, beispielsweise durch Ausnutzung der Neuheitsschonfrist (§ 3 Abs. 1 S. 3 GebrMG), der Ausstellungspriorität (§ 6a GebrMG) oder der Außerachtlassung mündlicher Vorbeschreibungen oder Vorbenutzungen im Ausland (§ 3 Abs. 1 S. 3 GebrMG)bewirken kann. 38

Für GebrM-Anmeldungen innerhalb eines Prioritätsjahres ist Folgendes zu berücksichtigen: Eine unabhängige Gebrauchsmuster-Nachanmeldung unter Inanspruchnahme der inneren Priorität ermöglicht Weiterentwicklungen des Nachanmeldegegenstandes. Ist für die Voranmeldung bereits eine Priorität für dieselbe Erfindung beansprucht, kommt die Inanspruchnahme der Priorität nicht mehr in Betracht. Mit einer abgezweigten GebrM-Anmeldung, die keinen Schutz für eine Weiterentwicklung ermöglicht, geht hingegen die für eine frühere Patentanmeldung beanspruchte Priorität nicht verloren. 39

Auf Grund der Annäherungen des GebrM an das Patent, insbesondere auf Grund der Rechtsprechung des BGH (GRUR 2006, 842 – *Demonstrationsschrank*), wurden vereinzelt Bedenken gegen die Existenz des Gebrauchsmusterschutzes erhoben (vgl. *Kraßer* in Festschrift U. Loewenheim S.158; *Königer* in Festschrift für Josef Strauss 2009, S. 17). Diese Bedenken erscheinen im Hinblick auf die wirtschaftliche Bedeutung und die Flexibilität des Gebrauchsmusters nicht gerechtfertigt. Das Gebrauchsmuster hat seine Daseinsberechtigung in vergangenen 125 Jahren durchaus unter Beweis gestellt. 40

V. Europäische Entwicklung

41 Bislang ist das Gebrauchsmusterschutzrechtssystem auf die jeweilige nationale Ebene beschränkt. Unter den großen Industrienationen war Deutschland zunächst das einzige Land, das diesen Schutzrechtstypus einführte. Ihm sind in der Zwischenzeit zahlreiche Staaten des europäischen Auslands gefolgt. Gebrauchsmusterschutz besteht dabei zum Beispiel in Dänemark, Finnland, Frankreich, Griechenland, Irland, Italien, Polen, Portugal, Slowenien, Spanien und Ungarn. Das Vereinigte Königreich, Schweden, Luxemburg, die Schweiz verfügen über keinen Gebrauchsmusterschutz. Inhaltlich divergieren die Gebrauchsmustergesetze der verschiedenen Staaten ebenfalls, so dass der freie Warenverkehr zwischen den Mitgliedsstaaten der EU behindert werden kann. Bemühungen, einen einheitlichen Gebrauchsmusterschutz einzuführen, haben in der Vergangenheit nicht zu einem Erfolg geführt. Anders als im Fall des geplanten Einheitspatents, dessen Grundsteine gelegt wurden und das wohl frühestens im Jahre 2017 in Kraft treten könnte, bestehen derzeit keine Bestrebungen für eine europaweite Rechtsangleichung oder Rechtsvereinheitlichung.

42 Die EU-Kommission legte im Juni 1995 ein **Grünbuch** zum Gebrauchsmusterschutz im Binnenmarkt vor (KOM(95) 370 endg. vom 19.7.1995). Dieses Grünbuch sollte als Grundlage für eine umfassende Konsultation zu der Frage dienen, ob wegen der Auswirkungen der divergierenden nationalen Rechtssysteme auf die Funktionsfähigkeit des Binnenmarkts in diesem Bereich ein gemeinschaftlicher Handlungsbedarf besteht, und verschiedene Alternativen aufzeigen. Ein „europäisches Gebrauchsmuster" eröffne demnach die Möglichkeit, den freien Warenverkehr der auf diesen Schutzrechten basierenden Waren innerhalb der EU transparenter zu machen und Wettbewerbsverzerrungen zu vermeiden, die durch die unterschiedlichen oder nicht bestehenden innerstaatlichen Rechtsvorschriften hervorgerufen werden. Das Europäische Parlament hat sich am 22.10.1996 für die Einführung eines „europäischen Gebrauchsmusters" auf Grund EU-Verordnung und für eine administrative Zusammenlegung mit dem Gemeinschaftsgeschmacksmuster ausgesprochen (*Busse/Keukenschrijver* Einl GebrMG Rn. 18). Das Grünbuch versprach sich ferner eine Verbesserung der rechtlichen Rahmenbedingungen für Unternehmen aus der Gemeinschaft, die sich für den Weg der Innovation und Anpassung entschieden haben und ihre Wettbewerbsfähigkeit auf den Weltmärkten mit Hilfe des Gebrauchsmusterschutzes stärken wollen, wobei diese Hilfestellung besonders den kleinen und mittleren Unternehmen zu Gute kommen sollte. Die Initiative der Kommission war eingebettet in einen Aktionsplan für Innovation in Europa vom November 1996 „Innovation im Dienste von Wachstum und Beschäftigung" (KOM(96) 589 endg. vom 20.11.1996) zur Schaffung günstiger Rahmenbedingungen für Innovationen. Die befragten Wirtschaftskreise haben sich auf die mit dem Grünbuch verbundene Initiative der Kommission mehrheitlich für eine Angleichung der diesbezüglichen nationalen Rechtsvorschriften und der Einführung eines Gebrauchsmusterschutzes in den Mitgliedsstaaten ausgesprochen, in denen es ein solches Recht bislang nicht gibt. Diese Tätigkeit der EU-Kommission hat dazu geführt, dass sie am 12.12.1997 dem Parlament und dem Rat einen Vorschlag für eine Richtlinie über die Angleichung der Rechtsvorschriften betreffend den Schutz von Erfindungen durch Gebrauchsmuster vorgelegt hat (ABl. 1998 C 36, 13 = GRUR Int. 1998, 245; zur Stellungnahme der deutschen Vereinigung für gewerblichen Rechtsschutz vgl. GRUR 1998, 554). Der Wirtschafts- und Sozialausschuss hatte am 27.5.1998 eine Stellungnahme zu dem Vorschlag angenommen (ABl. 1998 C 235, 26).

43 In seiner auf der Plenarsitzung vom 8. bis 12.3.1999 verabschiedeten Stellungnahme hat das Europäische Parlament den Vorschlag der Kommission vorbehaltlich 34 Änderungen gebilligt. Daraufhin hat die Kommission unter dem Datum des 25.6.1999 einen „Geänderten Vorschlag für eine Richtlinie des Europäischen Parlaments und des Rates über die Angleichung der Rechtsvorschriften betreffend den

Schutz von Erfindungen durch Gebrauchsmuster" vorgelegt (KOM(1999) 309 endg.; vgl. hierzu die Eingabe der Deutschen Vereinigung für gewerblichen Rechtsschutz an den Bundesjustizminister, GRUR 2000, 134). Auf europäischer Ebene ist die Entwicklung eines Gemeinschaftsgebrauchsmusters seitdem ins Stocken geraten, da die Mitgliedsstaaten sich unter anderem nicht zu der Frage verständigen konnten, ob an die Erfindungshöhe für den Gebrauchsmusterschutz geringere Anforderungen als beim Patentschutz zu stellen seien. Mit Wirkung zum 17.3.2006 hat die Kommission den Richtlinien-Vorschlag zurückgezogen (KOM(2005) 462 endg).

Überlegungen für ein „europäisches Gebrauchsmuster" waren ferner durch eine Arbeitsgruppe des Max-Planck-Instituts für ausländisches und internationales Patent-, Urheber-, und Wettbewerbsrecht in München angestoßen worden, welches im Jahre 1994 einen Diskussionsentwurf veröffentlicht hat (vgl. GRUR Int 1994, 569). Auch dieser Ansatz wurde nicht weiterverfolgt. 44

VI. Gebrauchsmuster und Internationales Recht

Auch einige außereuropäische Länder gewähren Schutzrechte mit Ähnlichkeiten zum deutschen Gebrauchsmuster, beispielsweise Australien, Südafrika, Südkorea, China, Japan, Taiwan, Brasilien, Mexiko und die Vereinigten Arabischen Emirate. Hier ist, ebenso im europäischen Vergleich, jedoch ein weites Spektrum an Schutzvoraussetzungen und Schutzwirkungen gegeben (vgl. *Benkard/Goebel/Engel* GebrMG Vor § 1 Rn. 3c; BeckOK PatR/*Einsele* GebrMG § 1 Rn. 5). 45

Auf Gebrauchsmuster finden, soweit sie im jeweiligen nationalen Recht anerkannt sind, die Vorschriften der Pariser Verbandsübereinkunft **(PVÜ),** des **TRIPS**-Übereinkommen sowie des Patent Cooperation Treaty **(PCT)** Anwendung. PVÜ und TRIPS gewähren Staatsangehörigen der Vertragsstaaten Gleichstellung und Anwendung der jeweiligen nationalen Vorschriften wie gegenüber den eigenen Staatsangehörigen (Inländerbehandlung), Art. 2 PVÜ, Art. 1 Abs. 3 TRIPS. Zudem wird den Staatsangehörigen der Mitgliedstaaten insbesondere ein Prioritätsrecht (Unionspriorität) gewährt, Art. 4 PVÜ, Art. 2 TRIPS. Artt. 11 Abs. 3, 43 PCT ermöglichen internationale GebrM-Anmeldungen, soweit das Bestimmungsland GebrM-Schutz kennt. Nach Art. 44 PCT kommt, abhängig vom jeweiligen nationalen Recht, auch ein Doppelschutz in Betracht. In Deutschland ist ein solcher Doppelschutz nicht möglich, § 15 Abs. 1 Nr. 2. Überblick bei *Benkard/Ullmann/Tochtermann,* PatG Internationaler Teil; Kraßer/Ann, § 8 Rn. 22). 46

Auch das **EPÜ** erkennt Gebrauchsmuster als Anmeldungen und ältere Rechte an, soweit sie im nationalen Recht eines Vertragsstaates vorgesehen sind, Art. 140 EPÜ. 47

Die internationale Harmonisierung des Gebrauchsmusterschutzes ist auch Gegenstand zahlreicher Erörterungen der Internationalen Vereinigung für gewerblichen Rechtsschutz (AIPPI) gewesen. Auf die AIPPI-Berichte zu Frage 117 wird verwiesen (GRUR Int. 1994, 1031; 1995, 214 und 1996, 1039). 48

§ 1 [Schutz als Gebrauchsmuster]

(1) Als Gebrauchsmuster werden Erfindungen geschützt, die neu sind, auf einem erfinderischen Schutz beruhen und gewerblich anwendbar sind.

(2) Als Gegenstand eines Gebrauchsmusters im Sinne des Absatzes 1 werden insbesondere nicht angesehen:

1. **Entdeckungen sowie wissenschaftliche Theorien und mathematische Methoden;**
2. **ästhetische Formschöpfungen;**

3. Pläne, Regeln und Verfahren für gedankliche Tätigkeiten, für Spiele oder geschäftliche Tätigkeiten sowie Programme für Datenverarbeitungsanlagen;
4. die Wiedergabe von Informationen
5. biotechnologische Erfindungen (§ 1 Abs. 2 des Patentgesetzes).

(3) **Absatz 2 steht dem Schutz als Gebrauchsmuster nur insoweit entgegen, als für die genannten Gegenstände oder Tätigkeiten als solche Schutz begehrt wird.**

Literatur (Auswahl): *Asendorf,* Gesetz zur Stärkung des Schutzes geistigen Eigentums und zur Bekämpfung der Produktpiraterie, NJW 1990, 1283, 1285; *Beyer,* Der Begriff der Information als Grundlage für die Beurteilung des technischen Charakters von programmbezogenen Erfindungen, GRUR 1990, 399; *Tronser,* Auswirkungen des Produktpirateriegesetzes vom 7. März 1990 auf das Gebrauchsmusterrecht, GRUR 1991, 10; *Ensthaler,* Produktpirateriegesetz, GRUR 1992, 273, 281; *U. Krieger,* Das deutsche Gebrauchsmusterrecht – eine Bestandsaufnahme, GRUR Int. 1996, 354; *Pietzcker,* Gebrauchsmusterrecht – Das technische Schutzrecht der Zukunft?, GRUR Int. 1996, 380; *Breuer,* Der erfinderische Schritt im Gebrauchsmusterrecht, GRUR 1997, 11; *Kraßer,* Neuere Entwicklungen des Gebrauchsmusterrechts in Europa, GRUR 1999, 527; *Quodbach,* Mittelbarer Gebrauchsmusterschutz für Verfahren?, GRUR 2007, 357; *Hüttermann/Storz,* Jüngere Änderungen auf dem Gebiet des Gebrauchsmusterrechts, GRUR 2008, 230; *Goebel,* Nicht gangbare Differenzierung? – Zur gebrauchsmusterrechtlichen Erfindungshöhe nach der BGH-Entscheidung „Demonstrationsschrank“, GRUR 2008, 301; *Eisenführ,* Heraus aus dem Demonstrationsschrank!, Mitt. 2009, 165; *Bunke,* 40 Jahre „Rote Taube“ – Die Entwicklung des Erfindungsbegriffs, Mitt. 2009, 169; *Haedicke,* Absoluter Stoffschutz – Zukunftskonzept oder Auslaufmodell?, GRUR 2010, 94; *Schrader,* Identität des „Stands der Technik“ im Patent- und Gebrauchsmusterrecht, Mitt. 2013, 1; *Wenzel,* Rechtliche Bedenken gegen die BGH-Entscheidung „Demonstrationsschrank“, GRUR 2013, 140; *Bühling,* Gebrauchsmusterschutz für Verwendungserfindungen, GRUR 2014, 107; *Kühnen/Grunwald,* Hat der Stoffschutz Löcher?, GRUR 2015, 35; *May,* Das Wesen der Erfindung Mitt. 2016, 111.

Inhaltsübersicht

1. Vorbemerkung. § 1 Abs. 1 ist durch das ProduktpiraterieG vom 7. 3. 1990 neu gefasst worden und gilt für alle seit dem 1. 7. 1990 beim Deutschen Patentamt eingereichten Gebrauchsmusteranmeldungen und für die darauf eingetragenen Gebrauchsmuster (Art. 12 Nr. 3 ProduktpiraterieG). Diese Neuregelung hatte ferner Auswirkungen auf die Vorschriften der §§ 2, 4 Abs. 1 und Abs. 2 Nr. 4, 5 Abs. 1 S. 1 und S. 3, 6 Abs. 1 S. 1, 12a und 23 Abs. 2 S. 1, S. 3, S. 6. Das GebrMG 1987 blieb hingegen nur noch für die vor dem 1. 7. 1990 eingereichten Gebrauchsmusteranmeldungen sowie die darauf eingetragenen Gebrauchsmuster anwendbar (wegen der 8-jährigen Schutzdauer maximal bis 30. 6. 1998). Es ist weiter nach Ablauf der Schutzdauer der hierunter fallenden Gebrauchsmuster maßgeblich für (nachträgliche) Feststellungsanträge (Nichtbestehen eines Gebrauchsmusters infolge Löschungsreife). In 1

Folge des Zeitablaufes hat das GebrMG 1987 keine Bedeutung mehr, so dass die nachfolgende Kommentierung hierauf nur noch Bezug nimmt, soweit dies zur Erläuterung des neuen Gebrauchsmusterrechts sachdienlich erscheint. Die Tatbestandsmerkmale der gebrauchsmusterrechtlichen Vorschriften entsprechen in begrifflicher Hinsicht und in den Anforderungen vielfach denen des Patentgesetzes, so dass die Rechtsprechung hierzu auch für die Auslegung des GebrMG herangezogen werden kann. Im Allgemeinen werden diese patentrechtlichen Entscheidungen als solche gekennzeichnet. Eine weitere Änderung hat § 1 GebrMG durch das Gesetz zur Umsetzung der RL über den Schutz biotechnologischer Erfindungen vom 21.1.2005 erfahren, mit welchem die Regelung in § 1 Abs. 2 Nr. 5 eingeführt wurde. Der Schutz biotechnologischer Erfindungen ist damit ausschließlich durch Patente möglich.

2 **2. Zweck der Vorschrift.** § 1 umschreibt, was Gegenstand des Schutzes sein kann. Die Vorschrift stellt klar, dass der Gebrauchsmusterschutz ein **Schutz von Erfindungen** ist. Das Gebrauchsmuster stellt ein subjektives Sonderrecht für technische Erfindungen dar und gewährt dessen Inhaber ein befristetes, ausschließliches Benutzungs- und Ausschließungsrecht, weil dieser die Erfindung im Gegenzug der Allgemeinheit zugänglich macht und das technische Wissen in für die Allgemeinheit zugänglicher Weise bereichert. Geschützt können nur solche Erfindungen werden, die **neu** und **gewerblich anwendbar** sind. Weitere Schutzvoraussetzung ist, dass sie auf einem **erfinderischen Schritt** beruhen. Zudem muss die Erfindung fertig, ausführbar, wiederholbar und (technisch) brauchbar sein. Wenn keiner der Ausnahmetatbestände des § 1 Abs. 2 und des § 2 vorliegt und im Übrigen die Anforderungen des § 1 Abs. 1 erfüllt sind, sind die Gebrauchsmuster geschützt. Dieser **Schutz** setzt zwar die **Anmeldung** der Erfindung beim Deutschen Patentamt voraus; jedoch setzt der Gebrauchsmusterschutz im Gegensatz zum Patentschutz keine Prüfung auf die Schutzfähigkeit der technischen Lehre und damit **keinen Erteilungsakt** voraus. Es bedarf insoweit nur der Eintragung (§ 4 Abs. 1 und Abs. 5). Der Schutz kann maximal 10 Jahre betragen (§ 23 Abs. 1).

3 Wie beim Patent liegt der Zweck des Gebrauchsmusters im Wesentlichen darin, eine besondere Leistung des Erfinders im Bereich der Technik anzuerkennen und diesem für die Bereicherung des technischen Fortschritts und Wissens der Allgemeinheit eine **Belohnung** zukommen zu lassen. Diese Gegenleistung soll des Weiteren als **Ansporn** für weitere erfinderische Leistungen dienen (BGH GRUR 1997, 892, 894 – *Leiterplattennutzen;* zum Patentrecht BGH GRUR 1996, 109, 114 – *Klinische Versuche I*).

3. Erfindung

4 **3.1 Anforderungen/Technikbegriff.** Der Begriff der **Erfindung** wird vom GebrMG ebenso wenig wie vom PatG definiert. Auch wenn die Formulierung in § 1 Abs. 1 insoweit anders lautet („Als Gebrauchsmuster werden Erfindungen geschützt,...") als im PatG („Patente werden für Erfindungen auf allen Gebieten der Technik erteilt,..."), besteht kein Grund zur Annahme, dass der Begriff der Erfindung im GebrMG nicht vollständig dem Erfindungsbegriff des PatG entspreche. Die unterschiedliche Formulierung bringt lediglich zum Ausdruck, dass das Gebrauchsmuster im Gegensatz zum Patent ein ungeprüftes Schutzrecht ist und keinen Erteilungsakt voraussetzt (→ Rn. 2). Zur Begriffsbestimmung und zu den Anforderungen an „Erfindungen" iSd GebrMG kann deshalb insoweit uneingeschränkt auf die patentrechtliche Literatur und Rechtsprechung Rückgriff genommen werden (vgl. auch *Mes* GebrMG § 1 Rn. 4).

5 Das Vorliegen einer Erfindung ist die sachliche Grundlage für die Gewährung des Gebrauchsmusterschutzes. Auch wenn begrifflich für die Beurteilung des Vorliegens einer Erfindung nicht alle übrigen Schutzvoraussetzungen (Neuheit, erfinderischer Schritt und gewerbliche Anwendbarkeit) vorliegen müssen, ist dem Begriff der „Erfindung" ein **schöpferischer Charakter** immanent. Eine Erfindung setzt also die

Schaffung von etwas Neuem voraus, wobei die schöpferische Leistung nicht als qualitatives Kriterium im Sinne einer besonders hohen Leistung oder eines großen Aufwandes an geistiger Arbeit zu verstehen ist. Insbesondere kann eine **Zufallserfindung** schöpferischen Charakter aufweisen. Das Zur-Verfügungstellen von etwas Neuem, bislang Unbekanntem, hat die Erfindung mit der **Entdeckung** gemein; sie unterscheidet sich von letzterer dadurch, dass die Entdeckung etwas an sich Vorhandenes, dem menschlichen Bewusstsein bis dahin Unbekanntes „neu" zugänglich macht, während eine **Erfindung** nicht ohne die **Schaffung** von etwas Neuem angenommen werden kann (zur Abgrenzung zur Entdeckung vgl. → Rn. 45 ff.).

Der Wortlaut des § 1 GebrMG enthält nicht die Voraussetzung, dass die beanspruchte Lehre **technischen Charakter** aufweisen muss. Andere Regelungen (insbesondere § 3 GebrMG, wonach der Gebrauchsmustergegenstand am dort definierten Stand der Technik zu messen ist), lassen aber den Willen des Gesetzgebers erkennen, den Gebrauchsmusterschutz (ebenso wie den Patentrechtsschutz) auf das Gebiet der Technik zu beschränken. Das Gebrauchsmusterrecht hat ebenso wie das Patentrecht die Aufgabe, schöpferischen Leistungen auf dem Gebiet der Technik Schutz zu gewähren. Das Kriterium des technischen Charakters einer beanspruchten Lehre erscheint überdies als das einzig brauchbare Abgrenzungskriterium gegenüber andersartigen geistigen Leistungen des Menschen, für die ein Gebrauchsmusterschutz weder geeignet noch vorgesehen ist. Der **Begriff der Technik** dient damit insbesondere der Grenzziehung zu anderen Arten des Leistungsschutzes, insbesondere zum Urheberrechtsschutz (vgl. zum Patentrecht BPatG Mitt. 2007, 562 – *Gehäuse für eine Computer-Maus;* BGH GRUR 1992, 36, 38 – *Chinesische Schriftzeichen;* BGH GRUR 1977, 96, 99 – *Dispositionsprogramm*). 6

Dabei besteht spätestens seit der Entscheidung „Rote Taube" (BGH GRUR 1969, 672, 673) weitgehend Einigkeit darüber, dass der Begriff des Technischen nicht auf die „klassischen" Gebiete der Physik oder der Chemie beschränkt ist, sondern auch andere Gebiete, zB der Biologie, der Biotechnologie, umfasst und insoweit umfassend zu verstehen ist. Der Begriff der Technik ist damit von der **menschlichen Verstandestätigkeit** abzugrenzen, deren Wesen und Begrenzung nicht zu erkennen und zu überschauen ist und damit nicht als Kriterium zur Bestimmung einer schützbaren Erfindung dienen kann (zum Patentrecht BGH GRUR 1977, 96, 98 – *Dispositionsprogramm*). 7

Infolgedessen muss eine Erfindung technischen Charakter aufweisen, dh einen technischen Beitrag zum Stand der Technik leisten. Dieses Erfordernis ist insbesondere dann nicht erfüllt, wenn sich die zum Gebrauchsmusterschutz vorgesehene Erfindung auf mathematische Methoden, Regeln und Verfahren für gedankliche oder geschäftliche Tätigkeiten, auf die Wiedergabe von Informationen oder auf Programme für Datenverarbeitungsprogramme **als solche** bezieht (§ 1 Abs. 2, Abs. 3). 8

Da die bisherigen Gebrauchsmusteränderungsgesetze insoweit keine Änderung der Rechtspraxis – auch im Vergleich zum Patentrecht – bewirkt haben, kann auch auf die zum „alten" Recht ergangenen höchstrichterlichen Begriffsbestimmungen zu dem Merkmal der Lehre zu technischem Handeln zurückgegriffen werden (vgl. zum Patenrecht BGH GRUR 1992, 36, 38 – *Chinesische Schriftzeichen;* BGH GRUR 2000, 1007, 1008, 1009 – *Sprachanalyseeinrichtung*). Nach einer weitgehend gebräuchlichen **Definition** gehört eine Lehre zum planmäßigen Handeln dem Bereich der Technik nur dann an, wenn sie sich zur Erreichung eines kausal übersehbaren Erfolges des Einsatzes beherrschbarer Naturkräfte außerhalb der menschlichen Verstandestätigkeit bedient (vgl. zum Patentrecht lediglich BGH GRUR 1986, 531, 533 – *Flugkostenminimierung;* BGH GRUR 1992, 33, 35 – *Seitenpuffer*). Die Abgrenzung zur menschlichen Verstandestätigkeit, die nicht zu den beherrschbaren Naturkräften gehört, ist im Einzelfall, insbesondere bei der Beurteilung des technischen Charakters von „Programmerfindungen" (dazu im Einzelnen → Rn. 62 ff.) schwierig. In Anbetracht des **unbestimmten Rechtsbegriffs** des Schutzes für „Erfindungen", der von der Recht- 9 sprechung in einem umfassenden und infolge des Fortschreitens der technischen Entwicklung anpassungsfähigen Sinne verstanden wird (zum Patentrecht BGH GRUR 1969, 672 – *Rote Taube*), war die Rechtsprechung häufig zu restriktiv in der Bejahung des technischen Charakters einer Erfindung (vgl. hierzu auch zum Patentrecht BGH GRUR 1980, 849 – *Antiblockiersystem;* BGH GRUR 1992, 33 – *Seitenpuffer*). **Im Zweifel** ist deshalb von der Erfüllung des Kriteriums des technischen Charakters einer Erfindung auszugehen. Insbesondere bedarf es eindeutiger negativer Bestimmungen, wenn einzelne Erfindungsgegenstände von dem Gebrauchsmusterschutz ausgenommen werden sollen. Dies folgt auch aus dem Grundsatz-Ausnahmeverhältnis des § 1 Abs. 1 im Vergleich zu § 1 Abs. 2, zumal die in § 1 Abs. 2 Nr. 1 bis 5 beispielhaft aufgeführten Gegenstände und Tätigkeiten nur insoweit vom Gebrauchsmusterschutz ausgenommen sind, als für sie „als solche Schutz begehrt wird", § 1 Abs. 3.

10 Eine **Verknüpfung** einer **untechnischen menschlichen Verstandestätigkeit mit technischen Merkmalen** kann nur anhand der Umstände des Einzelfalls beurteilt werden (vgl. zum Patentrecht BGH GRUR 1978, 420, 422 – *Fehlerortung*). Eine isolierte Betrachtung der einzelnen Merkmale eines auf eine Kombination gerichteten Anspruchs ist dabei der Gefahr ausgesetzt, dass der gerade in der Kombination aller Merkmale liegende Erfindungsgedanke nicht erfasst wird (zum Patentrecht BGH GRUR 1978, 420, 421 – *Fehlerortung;* BGH GRUR 1992, 430 – *Tauchcomputer*). Hierbei entstand eine verästelte, zu restriktive Rspr, die sich wie folgt zusammenfassen lässt: Es wurde als nicht ausreichend angesehen, dass technische Mittel (lediglich) gelegentlich der Anwendung einer untechnischen Lehre verwendet werden. Vielmehr wurde verlangt, dass die Verwendung technischer Merkmale **Bestandteil der Problemlösung selbst** sein müsse, dh sie müsse die Erzielung des kausal übersehbaren Erfolgs bezwecken und dürfe nicht entfallen, ohne dass zugleich der angestrebte Erfolg entfiele (zum Patentrecht BGH GRUR 1978, 102 – *Prüfverfahren;* BGH GRUR 1978, 420, 421 – *Fehlerortung;* BGH GRUR 1986, 531, 533 – *Flugkostenminimierung*). Entscheidend sei auch nicht, dass für die Durchführung des erfindungsgemäßen Verfahrens technische Mittel sinnvoll seien oder gar allein in Betracht kämen (zum Patentrecht BGH GRUR 1981, 39, 40 – *Walzstabteilung*). Die **Mitursächlichkeit** der eingesetzten Naturkräfte soll – jedenfalls bei Mitteln **üblicher Art** bzw. **dienender Funktion** – nicht ausreichen, der Gesamtheit der Lehre einen technischen Charakter zu geben (zum Patentrecht BGH GRUR 1986, 531, 534 – *Flugkostenminimierung*). Das BPatG stellte darauf ab, ob die gegenständlichen Merkmale von untergeordneter Bedeutung seien (zum Patentrecht BPatG GRUR 1998, 35, 36 – *CAD/CAM-Einrichtung*). Die Rspr. der Beschwerdekammern des EPA war hier zu Recht großzügiger. Bediene sich eine Erfindung sowohl technischer als auch nichttechnischer Mittel, so könne die Verwendung nichttechnischer Mittel nicht der gesamten Lehre ihren technischen Charakter nehmen; die Schutzfähigkeit könne auch bei Erfindungen bestehen, die aus einer Mischung technischer und nichttechnischer Bestandteile bestünden (vgl. lediglich T 208/84; ABl. 1984, 14; T 38/86, ABl. 1990, 384; T 26/28, ABl. 1988, 19; vgl. auch zum Patentrecht BPatG GRUR 1990, 261, 262, 263 – *Seismische Aufzeichnungen;* BPatGE 36, 92, 95, 96). Der BGH prüfte ua, ob ein **unmittelbar** in Erscheinung tretendes Ergebnis ohne Zwischenschaltung der menschlichen Verstandestätigkeit erreicht werde (zum Patentrecht BGH GRUR 1980, 849, 850 – *Antiblockiersystem;* BGH GRUR 1986, 531, 533 – *Flugkostenminimierung*). Das bedeutete, dass der technische Charakter regelmäßig zu bejahen ist, wenn die technische Lehre die **Funktion** des Ergebnisses (zB der Datenverarbeitungsanlage) **unmittelbar** betrifft (zum Patentrecht BGH GRUR 1992, 33, 35 – *Seitenpuffer;* GRUR 2015, 660, 662 – *Bildstrom*). Trugen hingegen die im Anspruch angeführten gegenständlichen Merkmale nur **mittelbar** zum angestrebten Erfolg bei, so reicht das nach der Rechtsprechung für den technischen Charakter der beanspruchten Lehre nicht aus (zum Patentrecht BGH GRUR 1992, 36, 38 – *Chinesische Schriftzeichen*). Nach der aktuellen Rechtsprechung des BGH genügt es für die Bejahung der Technizität, wenn der Gegenstand des Anspruchs neben technischen Merkmalen auch nichttechnische Merkmale aufweist, dass die Erfindung eine Anweisung zum technischen Handeln gibt und zumindest ein Teilaspekt der im Patentanspruch unter Schutz gestellten Lehre ein technisches Problem bewältigt (zum Patentrecht BGH GRUR 2011, 125 – *Wiedergabe topografischer Informationen*).

Bei allem darf aber nicht außer Acht gelassen werden, dass der Bereich der Technik nicht erst dann erreicht werden darf, wenn die eigentliche Problemlösung bereits abgeschlossen ist (zum Patentrecht BGH GRUR 1981, 39, 41 – *Walzstabteilung*). Der Annahme einer Lehre zum technischen Handeln steht jedoch nicht entgegen, dass der **Erfolg der technischen Problemlösung** auf **nichttechnischem Gebiet** liegt, zB ein kaufmännisch organisatorisches Ergebnis zeitigt (zum Patentrecht BGH GRUR 1981, 39, 40 – *Walzstabteilung;* BGH GRUR 1986, 531, 532 – *Flugkostenminimierung*) oder sich zB in einem besonderen Geschmack äußert (zum Patentrecht BGH GRUR 1966, 249 – *Suppenrezept*). Infolgedessen steht auch nicht entgegen, wenn als Folge des unmittelbaren technischen Ergebnisses **zusätzlich** eine nichttechnische Wirkung erzielt wird, die zur vorteilhafteren weiteren Auswertung (zB einer gespeicherten Information für einen anderen Zweck) den Einsatz menschlicher Verstandestätigkeit erfordert (zum Patentrecht BPatG GRUR 1992, 681 – *Herstellungsverfahren für ein elektronisches Gerät*). Selbstverständlich entscheidet nicht die sprachliche Einkleidung einer Lehre im Gebrauchsmusteranspruch darüber, ob eine Lehre technischer Natur ist oder nicht, sondern ihr sachlicher Gehalt (zum Patentrecht BGH GRUR 1978, 102 – *Prüfverfahren;* BGH GRUR 1981, 39, 40 – *Walzstabteilung;* BGH GRUR 2009, 479 – *Steuerungseinrichtung für Untersuchungsmodalitäten;* stRspr). 11

Für die Beurteilung des technischen Charakters einer Lehre zum Handeln ist ohne Bedeutung, ob die Lehre neu, fortschrittlich und erfinderisch ist (zum Patentrecht BGH GRUR 2002, 143 – *Suche fehlerhafter Zeichenketten;* BGH GRUR 1992, 33, 35 – *Seitenpuffer;* BGH GRUR 2000, 498, 500 – *Logikverifikation;* missverständlich zum Teil die frühere Rechtsprechung). Sie richtet sich allein nach dem Inhalt der **Ansprüche**, dh weder nach der angegebenen „Aufgabe" noch nach der angegebenen Wirkung. Eine Prüfung der **Unteransprüche** dahin, ob sie anders als der Hauptanspruch eine technische Lehre zum Inhalt haben, erfolgt (zB im Löschungsverfahren) nur dann, wenn sich der Anmelder hierauf beruft und die Gewährung eines Gebrauchsmusters für einen der Gegenstände der Unteransprüche zumindest hilfsweise beantragt (vgl. zum Patentrecht BGH GRUR 1992, 36, 38 – *Chinesische Schriftzeichen*). 12

Eine Abkehr von der bisherigen restriktiven Rspr. lässt der BGH – zu Recht – jedenfalls bei sog programmbezogenen Erfindungen erkennen, wenn er wie die Praxis der Beschwerdekammern des EPA eine **ganzheitliche Sicht** anstellt und danach urteilt, ob die Erfindung als Ganzes betrachtet einen technischen Beitrag zum Stand der Technik leistet. Diese Gesamtbetrachtung bedeutet damit eine Bewertung des im angemeldeten Anspruch definierten Gegenstandes, was die Möglichkeit einschließt, bei Vorliegen sachgerechter Gründe einzelne Anspruchsmerkmale unter Berücksichtigung ihres nach fachmännischem Verständnis gegebenen Zusammenhangs unterschiedlich zu gewichten (zum Patentrecht BGH GRUR 2000, 498, 500 – *Logikverifikation;* BGH GRUR 2011, 125, 128 – *Wiedergabe topografischer Informationen*). 13

Ob eine Erfindung auf dem Gebiet der Technik vorliegt, wird im Eintragungsverfahren nicht geprüft (*Bühring/Braitmayer* § 1 Rn. 39; BPatG Beschluss vom 11.1.2010, Az. 35 W (pat) 14/08). Diese Frage kann jedoch in einem Löschungsverfahren gemäß § 15 Abs. 1 Nr. 1 geprüft werden (vgl. zum Patentrecht BGH GRUR 2011, 125, 127 – *Wiedergabe topografischer Informationen;*→ § 15 Rn. 42). 14

3.2 Aufgabe (technisches Problem) und Lösung. Ein weiteres Kriterium für das Vorliegen einer Erfindung ist, dass sie das schöpferische Neue der Allgemeinheit in Form einer **Lehre** zur Verfügung stellt, mit der eine praktische Anweisung gegeben 15 wird, ein bislang nicht überwundenes technisches Problem (sog Aufgabe) mit bestimmten konkreten Mitteln einer Lösung zuzuführen. **Aufgabe** und **Lösung** sind mithin als Gegenstand einer Lehre zur praktischen Handlung Grundelemente der Erfindung. Gerade in der Wechselwirkung zwischen Aufgabe und Lösungsmitteln liegt der eigentliche Kern einer jeden Erfindung, nämlich der **Erfindungsgedanke** begründet. Trotzdem sind beide Begriffe – wie im Patentrecht – streng voneinander zu trennen, da andernfalls die Konturen des Erfindungsgedankens verwischt werden. *Benkard/Bacher* PatG § 1 Rn. 54 beschreibt dies zutreffend dahingehend, dass ein technisches Problem ohne Lösung keinen Wert und eine Lösung ohne Problem kaum denkbar ist. Bereits hieraus folgt, dass der Problemlösung die wesentliche Bedeutung bei der Erfindung zukommt.

16 **3.2.1 Aufgabe (technisches Problem).** Der Sinn der Ermittlung der sogenannten **Aufgabe** ist es zunächst, die das Wesen der Erfindung bestimmende Problemlösung zu erfassen (zum Patentrecht BGH GRUR 1991, 811, 814 – *Falzmaschine*). Dabei darf die Aufgabe nicht als die allgemeine Lehre missverstanden werden, ein Problem mit ungenannten Mitteln zu lösen, die dem Fachmann auf Grund seines Fachkönnens sowie auf Grund des Standes der Technik zur Verfügung stehen, wenn ihm das erstrebte Ziel bzw. die zu erreichende Wirkung genannt wird. Unter Aufgabe ist vielmehr eine auf Veränderung einer Ausgangslage gerichtete Zielvorstellung zu verstehen, die inhaltlich durch das im Verhältnis zur Ausgangslage Erreichte bestimmt wird; die Erfindung, nämlich die Lehre zum technischen Handeln, besteht in der Lösung der Aufgabe, so dass die Aufgabe das Problem ist, das durch die Erfindung tatsächlich, dh **objektiv** bewältigt wird (zum Patentrecht BGH GRUR 1991, 522, 523 – *Feuerschutzabschluss;* GRUR 1991, 811, 814 – *Falzmaschine*). Nicht entscheidend ist deshalb die subjektive Zielvorstellung des Erfinders. Das technische Problem allein, das dem Fachmann nicht die Mittel an die Hand gibt, es zu lösen, ist keine Lehre zum technischen Handeln, dh keine Erfindung. Folglich dürfen sich die im Gebrauchsmusteranspruch enthaltenen Angaben nicht in einer Umschreibung der der Erfindung zu Grunde liegenden Aufgabe erschöpfen, sondern müssen die Lösung der Aufgabe umschreiben. Andernfalls erhielte die Erfindung durch das Gebrauchsmuster einen Schutz, der auch alle anderen Wege und Mittel erfassen würde, die zum selben Ziel führen und zum anderen wäre eine solche Art der Anspruchsformulierung mit einer erheblichen Verminderung des Anreizes verbunden, neue und erfinderische Wege und Mittel zur Erreichung desselben Ziels zu suchen, was aber ein wesentlicher Sinn der Gewährung technischer Monopolschutzrechte ist (vgl. zum Patentrecht BGH GRUR 1985, 31, 32 – *Acrylfasern*). Die Frage, was nicht die zur Erfindung gehörende Aufgabenstellung und was die Erfindung darstellende Lösung ist, bedarf einer jeweils auf den konkreten Einzelfall abgestellten Prüfung. Die Formulierung der Aufgabe ist infolgedessen ebenso aus dem tatsächlich Erfundenen abzuleiten. Das nicht erreichte Ziel leistet keinen Beitrag zur Formulierung der Aufgabe. Die sog Aufgabe darf nichts enthalten, was Teil der Lösung ist oder auf sie hindeutet, wie zum Beispiel Lösungsansätze, Lösungsprinzipien, Lösungsgedanken oder subjektive Vorstellungen des Erfinders, so dass ihr Einbeziehen in die Beurteilung der erfinderischen Leistung unzulässig ist (vgl. zum Patentrecht BGH GRUR 1991, 522, 523 – *Feuerschutzabschluss;* EPA ABl. 1987, 349). Auf Schutzfähigkeit ist daher allein der Gegenstand des Gebrauchsmusteranspruchs zu prüfen, so dass es unrichtig ist, aus dem Unterschied zwischen dem, was die beanspruchte Erfindung tatsächlich leistet, und dem, was als Leistungsergebnis in der Beschreibung angegeben ist, auf eine nicht gebrauchsmusterfähige Erfindung zu schließen (vgl. zum Patentrecht BPatG GRUR 1997, 523 – *Faksimile-Vorrichtung*).

17 Der **Stand der Technik** ist für die Beurteilung der Aufgabe insoweit ohne Bedeutung, als für dieselbe Aufgabe mehrere schutzfähige Lösungen denkbar sind. Ein **nach** der Gebrauchsmustereintragung gefundener Stand der Technik hat auf die Auf-

gabe der geschützten Erfindung keinen Einfluss; das ihr zu Grunde liegende technische Problem verändert er nicht (vgl. zum Patentrecht BGH GRUR 1991, 811, 813 – *Falzmaschine*). Er ist nur für die Prüfung der Neuheit und erfinderischen Tätigkeit des Schutzrechts von Belang.

Die **Relevanz der Aufgabe** kann insbesondere in ihrer klaren Trennung von der Problemlösung in der Beurteilung des Schutzbereichs des Gebrauchsmusters liegen, ebenso für die Auslegung der Offenbarung wichtig sein (zum Patentrecht BGH GRUR 1990, 33, 34 – *Schüsselmühle*) sowie in der Ausführbarkeit und Identität (zum Patentrecht BGH GRUR 1991, 811, 813, 814 – *Falzmaschine;* GRUR 1988, 444, 445 – *Betonstahlmattenwender*) sowie als Beweisanzeichen für das Vorliegen eines erfinderischen Schrittes liegen. 18

3.2.2 Lösung. Die **Lösung** ist die Angabe mit technischen Mitteln, mit denen das technische Problem zu dem angestrebten technischen Erfolg geführt wird. Es genügt dabei, die Lösung mit dem alle vorgeschlagenen Mitteln kennzeichnenden Prinzip im Anspruch (in den Ansprüchen) zu umschreiben, wenn der Fachmann die Erfindung auf Grund des Gesamtinhalts der Anmeldungsunterlagen anhand seines Fachkönnens ohne weiteres verwirklichen kann (zum Patentrecht BGH GRUR 1980, 849, 851 – *Antiblockiersystem*). In diesem Fall kann die Lösung abstrakt gehalten werden, indem zum Beispiel nur das Lösungsprinzip angegeben wird oder die Lösung durch Wirkungsangaben bestimmt wird. 19

3.3 Fertige Erfindung. Nach der früheren Rechtsprechung musste eine **fertige Erfindung** vorliegen, das heißt, die Erfindung muss technisch ausführbar sein und der Fachmann muss nach den Angaben des Erfinders mit Erfolg arbeiten können (zum Patentrecht BGH GRUR 1971, 210, 212 – *Wildverbissverhinderung*). Es ist dabei ausreichend, aber auch erforderlich, wenn näher benötigte Anweisungen nicht im Gebrauchsmusteranspruch sondern in der Beschreibung enthalten sind. Vage Vorstellungen der technischen Lösung können keine fertige Erfindung begründen (vgl. zum Patentrecht BGH GRUR 1992, 430, 432 – *Tauchcomputer*). Nicht erforderlich ist, dass die Erfindung schon einmal in die Tat umgesetzt wurde und eine verkaufsreife Konstruktion vorliegt (zum Patentrecht BGH GRUR 1992, 430, 432 – *Tauchcomputer*). Für die Beurteilung des Vorliegens einer fertigen Erfindung ist auf den **Durchschnittsfachmann** und nicht auf die subjektive Vorstellung des Erfinders abzustellen. Denn der Schutzzweck des Gebrauchsmustergesetzes gebietet es, eine Erfindung vor der Gefährdung durch Dritte zu schützen, sobald sie derart verlautbart ist, dass sie dem Durchschnittsfachmann bei objektiver Betrachtung eine konkrete ausführbare Lehre zum technischen Handeln offenbart. Aus diesem Grunde muss die Entstehung des Rechts an der Erfindung an diesen Zeitpunkt festgelegt werden (vgl. zum Patentrecht BGH GRUR 1971, 210, 213 – *Wildverbissverhinderung*). Das Kriterium deckt sich im Wesentlichen mit der Ausführbarkeit der Erfindung (vgl. *Benkard/Bacher* PatG § 1 Rn. 51). Zur Ausführbarkeit → Rn. 22 ff. 20

Bei der Durchführung von **Versuchen** ist zu unterscheiden zwischen solchen, 21

- die erst im Auffinden einer Lösung der gestellten Aufgabe dienen, so dass noch keine fertige Erfindung vorliegt,
- die lediglich noch ein Ausprobieren der gegebenen Lehre (zB auf Fabrikationsreife) darstellen, so dass diese der Annahme einer fertigen Erfindung nicht entgegenstehen, wenn die Erfindung für den Durchschnittsfachmann ohne Aufwand weiterer erfinderischer Überlegungen ausführbar ist.

3.4 Ausführbarkeit/Wiederholbarkeit. Ungeachtet der unterschiedlichen Ansatzpunkte zur rechtlichen Einordnung der Ausführbarkeit (vgl. → § 4 Rn. 55 ff.) und der mit ihr zusammenhängenden Fragen der fertigen Erfindung, der Wiederholbarkeit und der Brauchbarkeit (vgl. hierzu zum Patentrecht BPatG GRUR 1995, 394, 395 – *Perfluorcarbon*) ist dieses in § 1 GebrMG nicht genannte Merkmal notwen- 22 dige Voraussetzung einer gebrauchsmusterfähigen Erfindung (vgl. lediglich zum Patentrecht BGH GRUR 1993, 651, 653 – *tetraploide Kamille*). Eine nicht ausführbare technische Lehre vermag nämlich einen technischen Erfolg nicht kausal herbeizuführen. Die fehlende Ausführbarkeit kann zum Beispiel in der Verkennung oder in der mangelnden Beherrschung naturgesetzlicher Grundlagen begründet liegen.

23 Eine fertige Erfindung wird grundsätzlich ausführbar sein. Wird das technische Ergebnis mit den angegebenen Mitteln nicht erzielt, so ist die Erfindung nicht ausführbar (zum Patentrecht BGH GRUR 1965, 298, 301 – *Reaktions-Messgerät*). Hingegen kommt es für die Frage der Ausführbarkeit nicht darauf an, ob die beanspruchte technische Lehre unter jeglichem Gesichtspunkt oder mit jeglichen Mitteln ausgeführt werden kann. Entscheidend ist vielmehr, dass sie von einem Fachmann überhaupt mit Erfolg angewendet werden kann (zum Patentrecht BGH GRUR 1989, 899, 900 – *Sauerteig;* BGH GRUR 2013, 487 – *Fixationssystem;* BGH GRUR 2015, 472 – *Stabilisierung der Wasserqualität*). Jedoch genügt es nicht, wenn der Erfolg lediglich möglicherweise unter günstigen Umständen eintritt (*Benkard/Bacher* PatG § 1 Rn. 72). Andererseits wird nicht verlangt, dass die technische Lehre in jedem Einzelfall zum Erfolg führt; es reicht aus, wenn dies in aller Regel der Fall ist und damit dem Fachmann ein Weg gezeigt wird, wie er bei zielgerichtetem Vorgehen das erfindungsgemäße Ergebnis hinreichend zuverlässig erreichen kann (zum Patentrecht BGH GRUR 1991, 518, 520 – *Polyesterfäden*). Nach der insoweit durchaus großzügigen Rechtsprechung ist es ausreichend, wenn dem Fachmann die entscheidende Richtung angegeben wird, in der er – ohne Aufwendung erfinderischer Tätigkeit, aber auch ohne am Wortlaut zu haften, allein auf Grund seines dem Durchschnitt entsprechenden Fachkönnens – mit Erfolg weiterarbeiten kann (zum Patentrecht BGH GRUR 1972, 704, 705 – *Wasseraufbereitung;* BGH GRUR 2010, 916, 918 – *Klammernahtgerät*). Selbst die Notwendigkeit von **Versuchen** zur Ermittlung der im konkreten Fall günstigsten Lösung steht der Ausführbarkeit nicht entgegen, sofern diese Versuche das übliche Maß nicht überschreiten und keine erfinderischen Überlegungen erfordern (vgl. zum Patentrecht BGH GRUR 1991, 518, 520 – *Polyesterfäden*). Ferner genügt es regelmäßig, wenn der erstrebte Erfolg nur bei einigen wenigen, aber vom Fachmann auf Grund seines Fachwissens und Fachkönnens nach den Angaben der Gebrauchsmusterschrift zuverlässig und auch ohne unzumutbaren Aufwand zu ermittelnden Arten der einzusetzenden Ausgangsstoffe eintritt (vgl. zum Patenrecht BGH GRUR 1976, 213, 214 – *Brillengestelle;* BGH GRUR 2010, 414, 415 – *Thermoplastische Zusammensetzung*).

24 Ausführbarkeit liegt auch vor, wenn die allgemein umschriebene technische Lehre auch **Ausführungsformen** umfasst, die bei ihrer Anmeldung der Fachwelt noch nicht zur Verfügung standen, sondern erst entwickelt oder erfunden werden müssen. Dadurch wird nur der Anwendungsbereich der sonst ausführbaren Lehre erweitert (zum Patentrecht BGH GRUR 1991, 518, 519 – *Polyesterfäden*). Enthält die technische Lehre **taugliche** und **untaugliche** Mittel oder Ausgangsbedingungen, kann von einer Ausführbarkeit nicht mehr ausgegangen werden, wenn das Verhältnis der tauglichen zu den untauglichen Mitteln derart ist, dass es für den nacharbeitenden Fachmann zu schwierig ist, die tauglichen Mittel herauszufinden; auch dies ist eine Frage des Einzelfalls (vgl. zum Patenrecht BGH GRUR 1991, 518, 520, 521 – *Polyesterfäden*).

25 Auf die theoretische Begründung der technischen Lehre kommt es nicht an. Dementsprechend ist ein vom Anmelder geäußerter **Irrtum** in der Beurteilung der Ursachen für die Schutzfähigkeit der Lehre unschädlich (zum Patenrecht BGH GRUR 1994, 357, 358 – *Muffelofen*). Wenn jedoch eine „Irrlehre“ gegeben ist, auf Grund derer der erstrebte technische Erfolg mit den angegebenen Mitteln nicht erreicht werden kann oder wenn eine irrige Vorstellung der technischen Lehre den Fachmann hindert, mit den vorgeschlagenen Lösungsmitteln den erstrebten Erfolg zu erreichen, fehlt es an der Ausführbarkeit der Lehre.

Im Gebrauchsmusterlöschungsverfahren ist die Ausführbarkeit glaubhaft zu machen. Sie wird im Löschungsverfahren im Rahmen der Schutzfähigkeit geprüft → § 15 Rn. 36. Die Frage der Ausführbarkeit ist nach der Rspr des BGH zum Patentrecht eine Rechtsfrage (BGH GRUR 2015, 472 – *Stabilisierung der Wasserqualität*). Dies muss auch für das GebrM gelten. Zu **Beweisfragen** siehe → § 15 Rn. 36. 26

Das ebenfalls in § 1 nicht ausdrücklich erwähnte Merkmal der **Wiederholbarkeit** der Erfindung betrifft einen Teilaspekt zur Ausführbarkeit der Erfindung. Die Wiederholbarkeit ist die nur von zufälligen Ergebnissen freie und beliebige Ausführbarkeit (zum Patentrecht BGH GRUR 1987, 231, 232 – *Tollwutvirus;* BGH GRUR 1993, 651, 653 – *tetraploide Kamille*). Die Allgemeinheit soll nicht auf den Erfinder angewiesen sein. Wiederholbarkeit bei **Erzeugniserfindungen** ist gegeben, wenn für den Fachmann die Sache oder der Stoff herstellbar ist. Dafür genügt in der Regel die Beschreibung der neuen Beschaffenheit der Sache, sofern dem nacharbeitenden Fachmann nur irgendein beliebiger Weg zu ihrer Herstellung zur Verfügung steht; ist dies nicht der Fall, genügt für die Erlangung eines umfassenden Sachschutzes die Angabe eines einzigen Herstellungsweges (zum Patentrecht BGH GRUR 1987, 231, 232 – *Tollwutvirus*). Bei Erfindungen im Bereich der **belebten Natur** bedarf es regelmäßig einer kritischen Hinterfragung der Reproduzierbarkeit. 27

3.5 Offenbarung. Eng mit den Merkmalen der Ausführbarkeit bzw. Wiederholbarkeit verbunden ist die sachlich rechtliche Bedeutung der Gebrauchsmusteranmeldung, die sich in der **Offenbarung** der unter Schutz zu stellenden Neuerung dokumentiert. Das Erfordernis, dass die Gebrauchsmusteranmeldung die Erfindung so deutlich und vollständig offenbart, dass ein Fachmann sie ausführen kann, wird aus § 4 abgeleitet (→ § 4 Rn. 55ff.). Die Frage der ausreichenden Offenbarung wird im Eintragungsverfahren nicht geprüft; sie kann in einem Löschungs- oder Verletzungsverfahren geprüft werden (vgl. *Bühring/Schmid* § 4 Rn. 117). 28

3.6 Mikroorganismen. Ungeachtet des Ausschlusses von Pflanzensorten und Tierarten (§ 2 Nr. 2) und der biotechnologischen Erfindungen (§ 1 Abs. 2 Nr. 5) von dem Gebrauchsmusterschutz ist die Bereitstellung eines neuen **Mikroorganismus** per se nicht vom Gebrauchsmusterschutz ausgeschlossen (aA *Bühring/Braitmayer* § 1 Rn. 106; § 2 Rn. 21). § 1 Abs. 2 Nr. 5 verweist nur auf § 1 Abs. 2 PatG, nicht jedoch auf § 2a Abs. 2, Abs. 3 PatG, welcher zwischen biologischen Material und mikrobiologischem Material differenziert. Die Wissenschaft betrachtet einen Mikroorganismus nicht als Pflanze oder als ein Tier, sondern als eine davon verschiedene Art von Lebewesen (vgl. *Benkard/Melullis* PatG § 2 Rn. 109ff.). Unter Mikroorganismen werden unter anderem Bakterien, Hefen, Pilze, Algen, Protozoen verstanden. Auch der Gesetzgeber ging von der Gebrauchsmusterschutzfähigkeit von Mikroorganismen aus, indem er durch das 2. PatGÄndG in Art. 3 in dem § 4 Abs. 7 angefügten Abs. 8 die Ermächtigung des BMJV aufgenommen hat, durch Rechtsverordnung Bestimmungen über die Hinterlegung, den Zugang einschließlich des zum Zugang berechtigten Personenkreises und die erneute Hinterlegung von biologischem Material zu erlassen (vgl. Begründung zum 2. PatGÄndG, BlPMZ 1998, 408). Das Gebrauchsmuster bietet damit einen Komplementärschutz zu einer entsprechenden Patentanmeldung, bei der trotz des mit der Anmeldung hinterlegten und damit Dritten zugänglichen Mikroorganismus ein vorläufiger Schutz erst nach Offenlegung eintritt. Soweit es sich bei den Mikroorganismen nicht um biologisches Material (Material, das genetische Informationen enthält und sich selbst reproduzieren oder in einem biologischen System reproduziert werden kann, vgl. Art. 2 Abs. 1 lit. a BioPatRL) handelt, sie also insbesondere keine vermehrbaren genetischen Informationen enthalten, sind sie weiterhin dem Gebrauchsmusterschutz zugänglich. So nimmt auch die Verordnung über die Hinterlegung von biologischem Material in Patent- und Gebrauchsmusterverfahren 29

(BioMatHintV) weiterhin ausdrücklich auch auf das Gebrauchsmusterverfahren Bezug (aA *Bühring/Braitmayer* § 1 Rn. 107). Siehe auch → § 2 Rn. 60ff.

30 Einzelheiten: Erläuterungen zu § 2 Nr. 2 → § 2 Rn. 28ff.; → § 2 Rn. 39ff.; zum Ausschluss des GebrM-Schutzes bei **„biotechnologischen Erfindungen"** vgl. → Rn. 56ff.

31 **3.7 (Technische) Brauchbarkeit.** Die **technische Brauchbarkeit** als besonderer Gesichtspunkt der Ausführbarkeit (vgl. zum Patentrecht BPatG GRUR 1997, 523, 524 – *Faksimile-Vorrichtung*) fehlt, wenn sich der patentgemäße Erfolg mit den angegebenen Mitteln nicht erreichen lässt (BGH BlPMZ 1985, 117, 118). Die technische Brauchbarkeit (Leistungsfähigkeit) ist von der „sozialen Nützlichkeit" zu unterscheiden (dazu → Rn. 32).

3.8 Soziale Nützlichkeit. Literatur (Auswahl): *Beier,* Zukunftsprobleme des Patentrechts, GRUR 1972, 214; *Preu,* Die patentierbare Erfindung und der Fortschritt, GRUR 1980, 444; *Beyer,* Patent und Ethik im Spiegel der technischen Evolution, GRUR 1994, 551.

32 Unter diesem Begriff wird der Wert einer Erfindung für die Allgemeinheit und damit ihre Brauchbarkeit im soziologischen Sinne bezeichnet. Obwohl dieses Merkmal als Voraussetzung für eine Schutzrechtsgewährung weder vom Patentgesetz noch vom Gebrauchsmustergesetz gefordert wird, nimmt ein Teil der Literatur an, dass die soziale Nützlichkeit dem Begriff der Erfindung immanent sei (zB *Schulte* PatG 5. Aufl. 1994, § 1 Rn. 4; vgl. *Mes* PatG § 1 Rn. 90). Ungeachtet der Problematik, ob diese Auffassung mit dem – allerdings teilweise durchbrochenen – Grundsatz der Wertneutralität des Gebrauchsmustersystems in Einklang gebracht werden kann, kann ihr schon deshalb nicht gefolgt werden, weil als schutzfähige, technische Erfindung nicht das Ergebnis einer erstrebten Befriedigung eines allgemeinen sozialen, wirtschaftlichen Bedürfnisses in Betracht kommt, sondern nur die technische Lösung einer technischen Aufgabe, die erst ihrerseits einem derartigen Ziel zu dienen in der Lage sein kann (vgl. zum Patentrecht BGH GRUR 1955, 29, 32 – *Nobelt-Bund*). Infolge der gesonderten Regelung in § 2 über die Nichtschützbarkeit von Erfindungen, die gegen die öffentliche Ordnung oder die guten Sitten verstoßen würden (§ 2 Nr. 1), bedarf es bei einer Prüfung der Schutzvoraussetzungen des § 1 dieses Merkmales im Ergebnis nicht. Erfindungen, die für die Gesellschaft nutzlos oder gar sozialschädlich sind, können durch eine flexible Auslegung dieses Schutzhindernisses gemäß § 2 Nr. 1 gehandhabt werden (vgl. zum Patentrecht BPatGE 29, 39 – *Scheintotenentlarvungssystem:* Verfahrenshindernis, fehlendes Rechtsschutzbedürfnis). Eine relevante soziale Nützlichkeit kann hingegen Bedeutung als **Beweisanzeichen** für das Vorliegen eines erfinderischen Schrittes haben (vgl. zum Patentrecht BPatG GRUR 1995, 397, 398, 399 – *Außenspiegel-Anordnung;* → Rn. 186ff.).

33 **3.9 Technischer Fortschritt.** Technischer Fortschritt ist ebenso wie im Patentrecht (vgl. BPatG GRUR 1996, 866, 867 – *Viterbi-Algorithmus;* BPatG GRUR 1997, 523, 524 – *Faksimile-Vorrichtung*) auch nach dem Gebrauchsmusterrecht keine eigenständige Schutzvoraussetzung, so dass ein Gebrauchsmuster nicht allein deshalb versagt werden kann, weil die Erfindung keinen technischen Fortschritt aufweist. Andererseits ist ein Grund für die Verleihung des Ausschließlichkeitsrechts „Gebrauchsmuster" die auch als Ansporn für weitere Leistungen zu verstehende Gewährung einer Gegenleistung dafür, dass der Erfinder den technischen Fortschritt und das technische Wissen der Allgemeinheit bereichert (vgl. zum Patentrecht BGH GRUR 1996, 109 – *Klinische Versuche I*). Wohl aus diesem Grunde spielt das Kriterium des technischen Fortschritts **faktisch** gleichwohl nicht selten eine Rolle bei der Beurteilung der **Erfindungshöhe** der technischen Lehre, jedenfalls in dem Sinn, dass bei seiner Bejahung das Vorliegen einer erfinderischen Tätigkeit nicht mehr mit der erforderlichen Sicherheit ausgeschlossen werden kann (vgl. zum Patentrecht BGH GRUR 1996, 757, 763 – *Zahnkranzfräser;* BPatG GRUR 1995, 397 – *Außenspiegel-Anordnung*). **Beweis-**

anzeichen: Dieses Merkmal wird von der Rechtsprechung des Weiteren als ein von mehreren Faktoren im Rahmen einer Gesamtschau bei der Berechnung des **Schadenersatzes** nach der Lizenzanalogie im Falle einer Schutzrechtsverletzung berücksichtigt (vgl. zum Patentrecht OLG Düsseldorf Mitt. 1998, 27, 30 – *Schadensersatz nach der Lizenzanalogie*).

4. Beispiele schützbarer Erfindungen

– **Unbewegliche Sachen** 34

Unbewegliche Sachen, die auf einem gewerblichen Gebiet hergestellt oder benutzt werden können, werden nunmehr entgegen der früheren Rechtslage und Auslegung als gebrauchsmusterfähig angesehen. Ihrer sachenrechtlichen Einordnung unter § 93 BGB steht die Schutzfähigkeit nicht entgegen. Denn das Gebrauchsmuster gibt kein Recht an einer Sache; Schutzgegenstand ist vielmehr ein Immaterialgüterrecht, das sich in der unter Schutz gestellten Sache verkörpert (vgl. zum Patentrecht BPatG GRUR 1984, 39 – *Durchsickerter Deich*). Schutzfähig können deshalb beispielhaft sein: Gebäude (PA GRUR 1939, 750), Deiche, Dämme, Kanäle (BPatG GRUR 1984, 39 – *Durchsickerter Deich*), ein Unterbau für Straßendecken (vgl. zum Patentrecht BGH GRUR 1979, 48 – *Straßendecke I*), Talsperren, Brücken, Tanks oder Silos (*Tronser* GRUR 1991, 10, 11). Es wird in diesem Zusammenhang in der Literatur die Empfehlung ausgesprochen, den aufnehmenden Gegenstand mit dem neuen Merkmal des aufgenommenen Gegenstandes zu beanspruchen, wenn die Identität eines Bauteils bei einem Einbau in einen anderen Gegenstand untergeht (*Tronser,* GRUR 1991, 10, 11). Insoweit ist aber auch auf die Möglichkeit des Schutzes nach § 11 Abs. 2 hinzuweisen (mittelbare Verletzung).

– **Bestandteile unbeweglicher Sachen** 35

Im Hinblick auf die grundsätzliche Schutzfähigkeit unbeweglicher Sachen sind auch deren Bestandteile bei Vorliegen der übrigen Voraussetzungen ohne weiteres schutzfähig. Auf Differenzierungen in der früheren Rechtspraxis, ob zum Beispiel die Bestandteile sich von einer unbeweglichen Sache trennen und erneut verwenden lassen, ob sie selbständig marktfähig sind (vgl. hierzu etwa BPatGE 3, 179, 181; BPatGE 21, 8, 9) etc, kommt es nach neuem Recht nicht mehr an. Schutzfähig können deshalb zum Beispiel sein: ein demontierbares zwei- oder mehrgeschossiges Gebäude in Stahl-Holz-Verbundweise (BPatGE 15, 171, 173); Vorrichtungen innerhalb einer Stranggießanlage (BPatGE 3, 179).

– **Zusammengehörige Gegenstände** 36

Da der Gebrauchsmusterschutz nicht mehr auf Neuerungen an Arbeitsgerätschaften oder Gebrauchsgegenständen beschränkt ist, entfällt die nach früherem Recht bestehende, teilweise zu denkwürdigen Abgrenzungen zwingende, Schutzvoraussetzung der „gegenständlichen Einheit". Wenn auch nach früherem Recht eine Anmeldung eingetragen werden konnte, wenn der Gegenstand des Gebrauchsmusters aus mehreren zusammengehörigen Bestandteilen bestand, war dennoch Schutzvoraussetzung das Bestehen des sogenannten technischen Zusammenhangs (vgl. hierzu insgesamt *Bühring/Braitmayer* § 1 Rn. 151ff.). Damit sind zusammengehörige Gegenstände bei Vorliegen der übrigen Voraussetzungen gebrauchsmusterschutzfähig. Infolgedessen ist nicht nur der in der Literatur viel erörterte Dübel mit eingeschlagenem Drahtstück als Anker- und Haltemittel schutzfähig (vgl. BPatG GRUR 1988, 201 – *Halte- und Ankermittel*). Der Wegfall des Erfordernisses der gegenständlichen Einheit führt nunmehr zur eindeutigen Schutzfähigkeit von **mehrteiligen Gebilden** sowie **Verkaufseinheiten** und **Verpackungseinheiten,** ferner **Bausätzen** und sonstigen **komplizierten Vorrichtungen** etc. Ungeachtet dessen ist die **Einheitlichkeit** der Erfindung auch nach neuem Recht hinsichtlich einer Gebrauchsanmeldung eine weiterbestehende, formelle (vgl. BGH GRUR 1965, 234 – *Spannungsregler*) Eintragungsvoraussetzung, vgl. § 4 Abs. 1 S. 2.

37 – **Anlagen und Anordnungen**
Gebrauchsmusterschutz kann für komplexe Gesamtanlagen, zum Beispiel Kernkraftwerke, Müllverbrennungs- und -verwertungsanlagen, Befestigungsvorrichtungen, Transferstraßen, Förderanlagen etc in Anspruch genommen werden. Damit steht für den gesamten industriellen Bereich ein preiswertes, schnelles Schutzrechtsinstrumentarium zur Verfügung.

38 – **Schaltungen**
Siehe hierzu → Rn. 79 ff.

39 – **Nahrungs- und Genussmittel**
Der gebrauchsmusterrechtliche Schutz von Lebensmitteln ist nicht mehr auf vor dem Verzehr liegende Eigenschaften beschränkt, zum Beispiel auf eine Erleichterung der Handhabung durch eine neue Formgebung oder die Verbesserung der Eignung als Handelsware (vgl. zB BGH GRUR 1975, 367 – *Schokoladentafel;* BPatGE 1, 145, 148) beschränkt. Vielmehr sind Nahrungs-, Futter- und Genussmittel, Tiefkühlkost, Diät- und Sportlernahrung, Getränke als solche gebrauchsmusterfähig. Zwar kann der Erfolg auch in der geschmacklichen Wirkung begründet liegen (wie er sonst auch nicht notwendigerweise auf technischem Gebiet, sondern zum Beispiel auf wirtschaftlichem oder ästhetischem Gebiet liegen kann). Jedoch dürften bloße geschmackliche Nuancierungen nicht die materiell-rechtlichen Schutzvoraussetzungen erreichen, zumal Geschmacksnuancen nicht eindeutig und allgemein gültig bezeichnet werden können (vgl. zum Patentrecht BGH GRUR 1966, 249, 250, 251 – *Suppenrezept*). Bei der Schutzbeanspruchung ist deshalb auf deutlich definierte Eigenschaften oder (Inhalts-)Stoffe zu achten; der Eintragung als Gebrauchsmuster steht nicht entgegen, dass ein durch technische Maßnahmen verändertes Lebensmittel außerdem geschmacklich verbessert wird. Da nach § 2 Nr. 3 **Verfahren** (und damit bei Nahrungs- und Genussmitteln insbesondere **Herstellungsverfahren,** zB Rezept) von der Eintragung ausgeschlossen sind, ist ein **Erzeugnisschutz** anzustreben. Ohne dass das Verfahren zu ihrer Herstellung als solches zum Schutzgegenstand erhoben wird, können Erzeugnisse gegebenenfalls durch eine sogenannte **product-by-process-Fassung** charakterisiert werden (vgl. zu den Voraussetzungen → Rn. 154; vgl. ferner *Tronser* GRUR 1991, 10, 12; BPatG Beschluss vom 14.3.2013, Az. 35 W (pat) 3/10). Soweit bei Nahrungs- und Genussmitteln „biotechnologische Erfindungen“ zum Einsatz kommen, ist der Ausschluss des GebrM-Schutzes hierfür zu beachten, vgl. → Rn. 56 ff.

40 – **Halbfabrikate**
Halbfabrikate oder **Zwischenprodukte** sind Erzeugnisse bzw Stoffe, die dazu bestimmt sind, zu Endprodukten weiterverarbeitet zu werden, die ihrerseits besondere Eigenschaften aufweisen, die auf den Zwischenprodukten beruhen. Dabei ist es unerheblich, ob die Halbfabrikate auf chemischem oder nichtchemischem Wege hergestellt werden. Im Hinblick auf den allgemeinen Ausschluss von Verfahrenserfindungen bei Gebrauchsmustern (§ 2 Nr. 3) können derartige Zwischenprodukte nicht in Form von Herstellungsansprüchen geschützt werden (zB bestimmte Gas-Plasma-Ätzung von Aluminium und Aluminumoxyd zur Herstellung von Platinen, die ihrerseits Bestandteil von Halbleiterbau-Elementen sind), es sei denn, es liegen die Voraussetzungen für sogenannte **product-by-process-Ansprüche** vor. Ungeachtet dessen sind Zwischenprodukte ohne Rücksicht auf das Ausmaß der verschiedenen Schritte bei ihrer Weiterverarbeitung als Gebrauchsmuster schutzfähig. Bei der Beurteilung der Schutzfähigkeit sind nicht nur der das Zwischenprodukt selbst betreffende relevante Stand der Technik sondern auch der das **Endprodukt** betreffende Stand der Technik zu berücksichtigen. Der Anmelder hat die Wahl, ob er den Schutz für das Zwischenprodukt oder für das Endprodukt beanspruchen möchte. Die **Offenbarung** in den ursprünglichen Unterlagen muss sich nicht nur auf das Erzeugnis bzw den Stoff des Zwischenpro-

dukts, sondern auch auf die Weiterverarbeitung zum Endprodukt erstrecken, es sei denn, dass diese dem Fachmann geläufig ist (vgl. zum Patentrecht BGH GRUR 1972, 642 – *Lactame*). Die Eigenschaften des Zwischenprodukts müssen für die Eigenschaften des Endprodukts mindestens mitursächlich sein (vgl. zum Patentrecht BGH GRUR 1974, 718, 720 – *Chinolizine*). Auf Halbfabrikate eingetragene Erzeugnisgebrauchsmuster entfalten einen umfassenden Schutz, der unabhängig davon ist, ob die geschützte Gestaltung als Halbfabrikat oder als Fertigerzeugnis Verwendung findet (vgl. zum Patentrecht OLG Karlsruhe GRUR 1987, 892, 896 – *Rohrleitungsverteileranlage*).

– **Kombinationserfindungen:** 41

– **Kombination von technischen Merkmalen**
Eine technische Lehre, nach der mehrere Elemente zur Erreichung eines technischen Gesamterfolgs zusammenwirken sollen, ist gebrauchsmusterfähig, zB aus mehreren Elementen bestehende Vorrichtungen, Mischungen, Lösungen, Legierungen, Arzneikombinationsmittel (vgl. zB LG Hamburg Mitt. 1996, 315 ff. zur blutdrucksenkenden Substanz Captopril in Kombination mit den Diuretika Hydrochlorothiacid oder Furosemid), die aus verschiedenen Stoffen bestehen und Gegenstand von Schutzrechten sein können. Wegen des Ausschlusses von Verfahrenserfindungen kann die Kombination aber nicht in Verfahrensmaßnahmen liegen. Den kombinierten Elementen muss eine gewisse Selbständigkeit eigen sein, so dass das Zusammenfügen bloßer Einzelteile (zB Räder, Schrauben) nicht von dieser Fallgestaltung erfasst wird. Ausreichend, aber auch erforderlich ist das **funktionelle Zusammenwirken** der Einzelmerkmale zur Erreichung eines einheitlichen Gesamterfolges im Sinne einer gegenseitigen Unterstützung, Förderung oder Ergänzung der Erfindungsmerkmale in gleicher Richtung, dass ein einheitlicher technischer Erfolg, ein einheitlicher Endeffekt erreicht wird (vgl. zum Patentrecht lediglich BGH GRUR 1956, 317, 318 – *Waschmittel*). Die Erfindung spiegelt sich in der Kombination wider, die gebrauchsmusterrechtlich ein **selbständiges Ganzes** ist und den **Gegenstand des Gebrauchsmusters** darstellt (vgl. zum Patentrecht BGH GRUR 1981, 732, 734 – *First- und Gratabdeckung*). Die bloße „Summierung" der Wirkung der einzelnen angewandten Elemente ist deshalb nicht ausreichend. Auf Grund der Verknüpfung verschiedener Merkmale würde die Erfindung eine wesentliche Veränderung erfahren, wenn man einzelne Merkmale deswegen eliminieren würde, weil sie für sich genommen bereits bekannt waren oder Gegenstand einer anderen geschützten Erfindung sind (BGH GRUR 1992, 432, 433 – *Steuereinrichtung I*). Die **Gesamtheit** der Merkmale der Kombinationserfindung ist auf **Neuheit** und **erfinderische Tätigkeit** zu prüfen (vgl. BGH GRUR 1997, 272, 274 – *Schwenkhebelverschluss*). Auch bei der **Offenbarung** muss der Kombinationsgedanke ersichtlich sein.

– **Kombination zwischen technischen und nichttechnischen Mitteln** 42
Nach einer früher weit verbreiteten Meinung sollte eine derartige Kombination nicht schutzfähig sein (vgl. *Benkard/Goebel/Engel* GebrMG § 1 Rn. 5; *Bühring/Braitmayer* § 1 Rn. 128). Eine Kombination im rechtlichen Sinn könne zwischen technischen und nichttechnischen Merkmalen nicht vorliegen (BPatGE 1, 151, 153). Gegebenenfalls sei der Anmelder zu veranlassen, die Ansprüche auf die technischen Merkmale des Anmeldungsgegenstandes abzustellen (BGH GRUR 1977, 152, 153 – *Kennungsscheibe*). Dieser Auffassung kann aus den in → Rn. 6 ff. genannten Gründen allenfalls nur eingeschränkt gefolgt werden (vgl. im Einzelnen dort). Das Bundespatentgericht ist von dieser Auffassung mittlerweile abgewichen (vgl. BPatG Mitt. 2002, 463, 465 – *Klasse für eine objektorientierte Programmiersprache*).

– **Stofferfindungen** 43
Stofferfindungen haben vor allem im Bereich der Chemie Bedeutung. Bei Stofferfindungen wird ein neuer Stoff bereitgestellt (vgl. *Benkard/Bacher* PatG § 1 Rn. 83). Zu Naturstoffen → Rn. 46. Der Schutz des GebrM erstreckt sich auf den

Stoff als solchen und jede Verwendung des Stoffs, selbst wenn im GebrM eine besondere Art der Herstellung beschrieben wird (vgl. zum Patentrecht BGH GRUR 1987, 231, 232 – *Tollwutvirus; Benkard/Bacher* § 1 Rn. 85). Stoffe sind im Anspruch so mitzuteilen, dass sie eindeutig identifizierbar sind, beispielsweise durch ihre chemische Strukturformel, Umschreibung von zuverlässig feststellbaren (messbare) Charakteristiken (Parameter) oder des Verfahrens oder die Vorrichtung, mit denen sie hergestellt sind (sog **product-by-process** oder **product-by-apparatus**-Ansprüche → Rn. 154; → § 12a Rn. 250ff.; → § 2 Rn. 43, → § 2 Rn. 59, → § 2 Rn. 65; → § 3 Rn. 216) (*Benkard/Bacher* PatG § 1 Rn. 85; zum Patentrecht BGH GRUR 1985, 31, 32 – *Acrylfasern;* BGH GRUR 2013, 1210, 1211 – *Dipeptidyl-Peptidase-Inhibitoren*). **Legierungserfindungen** unterfallen Stoffkombinationen und sind somit schutzfähig (*Benkard/Bacher* PatG § 1 Rn. 79).

5. Ausgeschlossene Erfindungen, § 1 Abs. 2 und 3

44 **5.1 Interpretation des § 1 Abs. 3: Bedeutung des Merkmals „als solche“.** Die in Abs. 2 Nr. 1 bis 5 beispielhaft aufgeführten Gegenstände und Tätigkeiten sind nur insoweit vom Gebrauchsmusterschutz ausgeschlossen, als für sie „als solche Schutz begehrt wird“, § 1 Abs. 3. Die Rechtsprechung des BGH, des BPatG und der Beschwerdekammern des EPA hatte sich bisher diesbezüglich überwiegend mit Erfindungen zu befassen, bei denen **Programme** einen Bestandteil der beanspruchten Lehre bildeten. Insoweit wird deshalb auf die Ausführungen zu Computerprogrammen → Rn. 62ff. verwiesen. Von diesem spezifischen technischen Bereich abgesehen, bedeutet die Regelung in § 1 Abs. 3, dass eine gebrauchsmusterschutzfähige Erfindung anzunehmen ist, wenn eine technische Lehre mit einem Tatbestand aus der Negativliste des § 1 Abs. 2 jedenfalls mit einer nicht völlig untergeordneten Bedeutung verbunden ist (zB auf einer an sich nicht schutzfähigen Entdeckung aufbaut, eine besondere Geschmacksrichtung zum Ziel hat, etc). Aus der Einschränkung in § 1 Abs. 3 folgt auch, dass die Negativliste in § 1 Abs. 2 **Ausnahmecharakter** hat, auch wenn durch die Formulierung „insbesondere“ klargestellt ist, dass die dort genannten Kategorien nicht abschließend aufgezählt sind mit der Folge, dass auch andere Lehren nicht zu einem schutzfähigen Gebrauchsmuster führen können, wenn diese keinen technischen Charakter haben (vgl. zum Patentrecht BPatGE 29, 24; EPA ABl. 1990, 379, 383).

45 **5.2 Entdeckungen (§ 1 Abs. 2 Nr. 1).** Entdeckungen mangelt es an einer Lehre zum technischen Handeln, da sie sich auf das Auffinden von etwas Vorhandenem, das bisher nicht bekannt war, beschränken (vgl. zum Patentrecht BPatG GRUR 1978, 238, 239 – *Naturstoffe*). Entdeckung ist deshalb Erkenntnis; gleichgültig ist, welches Gebiet davon betroffen ist. Entdeckungen sind jedoch häufig Basis von Erfindungen, die aber eine Umsetzung der Erkenntnis in eine zweckgerichtete Anweisung zu einem bestimmten technischen Handeln voraussetzen. Nicht gebrauchsmusterfähig ist auch die sogenannte **Funktionsentdeckung,** nämlich das Auffinden einer neuen Brauchbarkeit eines an sich bekannten Erzeugnisses/Stoffes oder einer vorhandenen technischen Lehre (vgl. zum Patentrecht BGH GRUR 1996, 753, 756 – *Informationssignal;* zum Patentrecht GRUR 2014, 54 – *Fettsäuren*). Nach der Rspr des BGH ist aber eine Lehre zum technischen Handeln, welche die Nutzung einer Entdeckung zur Herbeiführung eines bestimmten Erfolgs lehrt, dem Patentschutz unabhängig davon zugänglich, ob die Lehre über die zweckgerichtete Nutzung des aufgedeckten naturgesetzlichen Zusammenhangs hinaus einen „erfinderischen Überschuss“ enthält (BGH GRUR 2016, 475, 481 – *Rezeptortyrosinkinase*). Dies muss, soweit eine Lehre dem Gebrauchsmusterschutz im Übrigen zugänglich ist, auch für GebrM gelten.

46 **Naturstoffe** sind vom Gebrauchsmusterschutz ausgeschlossen, wenn ihre Bereitstellung lediglich auf einer Entdeckung beruht; denn diese sollen jedermann frei verfügbar bleiben (vgl. zum Patentrecht BPatG GRUR 1978, 238, 239 – *Naturstoffe*). Bei Bereitstellung nicht bekannter Erscheinungsformen oder Isolierungen derartiger Na-

turstoffe können bei Vorliegen der übrigen Schutzvoraussetzungen schutzfähige Gebrauchsmuster gewährt werden. Dies gilt insbesondere für **synthetisch** hergestellte Naturstoffe. Das BPatG hat infolgedessen Sachansprüche sowohl für synthetisch hergestellte wie auch für durch selektive Züchtung gewonnene Naturstoffe, insbesondere Mikroorganismen gewährt (vgl. lediglich zum Patentrecht BPatG GRUR 1978, 238 – *Naturstoffe;* BPatG GRUR 1978, 586 – *Lactobacillus bavaricus;* BPatG GRUR 1978, 702 – *Menthonthiole*). Die bloße Tatsache der Existenz des Naturstoffes stellt kein Schutzhindernis dar, sofern nicht die Kenntnis und Zugänglichkeit der Öffentlichkeit hinzukommen (vgl. BPatG GRUR 1978, 586, 587 – *Lactobacillus bavaricus;* BPatG GRUR 1978, 238, 239 – *Naturstoffe*). In Bezug auf die Beurteilung des erfinderischen Schrittes gelten die allgemeinen Grundsätze; ebenso für die Herstellbarkeit des Naturstoffes in wiederholbarer Weise. Verfahren zur Herstellung (Synthese) oder zur Gewinnung (Isolierung) eines Naturstoffes sind wegen § 2 Nr. 3 nicht als Gebrauchsmuster schützbar. Wie ein Vergleich von § 2 Abs. 2 Nr. 1 mit § 2a Abs. 2 Nr. 2 PatG erkennen lässt, kommt jedoch Gebrauchsmusterschutz für unter Zuhilfenahme von Naturstoffen gewonnene Erzeugnisse in Betracht. Zum Ausschluss des GebrM-Schutzes für „biotechnologische Erfindungen", vgl. → Rn. 56ff.

5.3 Wissenschaftliche Theorien, § 1 Abs. 2 Nr. 1. Ebenso wie Entdeckungen beinhalten diese keine Lehre zum technischen Handeln, sondern beruhen auf reiner Erkenntnis. Auch sie können jedoch Grundlage für Erfindungen sein. 47

5.4 Mathematische Methoden, § 1 Abs. 2 Nr. 1. Diese betreffen Anweisungen an den menschlichen Geist und sind damit vom Gebrauchsmusterschutz ausgeschlossen. Eine mathematische Methode, die sich jedoch nicht in einem Algorithmus als solchem erschöpft, sondern einen Algorithmus mit technischem Inhalt betrifft (zB die Verarbeitung von Signalen, die über einen gestörten Kanal übertragen werden) soll die erforderliche Technizität aufweisen (zum Patentrecht BPatG GRUR 1996, 866, 867 – *Viterbi-Algorithmus;* vgl. auch zum Patentrecht BPatGE 36, 77, 81, 92 – *Computergestützte Einparkhilfe;* BGH GRUR 2015, 983 – *Flugzeugzustand*). Zu den Erklärungsversuchen, was „Mathematik" bedeutet, vgl. *Benkard/Bacher* PatG § 1 Rn. 98). 48

5.5 Ästhetische Formschöpfungen, § 1 Abs. 2 Nr. 2. Diese Leistungen sollen den Formen- und Farbensinn ansprechen, nicht jedoch eine Lehre zum technischen Handeln vermitteln. Bei Vorliegen der entsprechenden Voraussetzungen kann Urheberrechtsschutz und/oder Geschmacksmusterrechtsschutz bzw. Designschutz bestehen. Die zu diesem Normensystem nicht abgegrenzte Wortwahl der „ästhetischen Formschöpfung" lässt den Anwendungsbereich dieser Regelung als unklar erscheinen, zum Beispiel, ob von ihr auch klangliche Empfindungen erfasst werden (so *Benkard/Bacher* PatG § 1 Rn. 99). Unter Berücksichtigung allgemeiner Auslegungsgrundsätze sollte dieser Ausnahmetatbestand jedoch eng bemessen werden. Soll mit einer technischen Lehre eine Wirkung auf ästhetischem Gebiet erreicht werden, steht dies einem Gebrauchsmusterschutz nicht entgegen (vgl. zum Patentrecht BGH GRUR 1988, 290, 293 – *Kehlrinne;* vgl. auch EPA ABl. 1990, 395, 400: Das Merkmal einer bestimmten Farbgebung stelle als solches kein technisches Merkmal eines Gegenstands oder einer Vorrichtung dar, die ganz oder teilweise diese Farbe trage; ob es technischer Natur sei oder nicht, könne jedoch davon abhängen, welche Wirkung es entfaltet, wenn es einem Gegenstand hinzugefügt werde, der dieses Merkmal vorher nicht aufgewiesen habe). Die zu § 1 PatG weiter aufgestellte Forderung, dass nicht jede ästhetische Wirkung einen patentbegründenden Fortschritt darstelle, es sich vielmehr, wenn ein Fortschritt auf ästhetischem Gebiet die Patentfähigkeit begründen solle, um eine besondere, dh nennenswerte, in die Augen fallende ästhetische Wirkung handeln müsse (zum Patentrecht BGH GRUR 1967, 590, 591 – *Garagentor*), kann im Hinblick auf einheitlichen Anforderungen der Schutzvoraussetzung des „erfinderischen Schritts" bei Gebrauchsmustern übernommen werden. 49

50 **5.6 Pläne, Regeln und Verfahren für gedankliche Tätigkeiten, für Spiele oder geschäftliche Tätigkeiten sowie Programme für Datenverarbeitungsanlagen, § 1 Abs. 2 Nr. 3.** Hierunter sind nur die rein gedanklichen, nicht-technischen Lehren zu verstehen. Der Ausschluss dieser Kategorie von „Erfindungen" vom Gebrauchsmusterschutz liegt darin begründet, dass diese keine Lehren zum technischen Handeln, sondern Anweisungen an den menschlichen Geist beinhalten. Ihre Abgrenzung zu technischen Erfindungen ist häufig schwierig. Soweit hierzu teilweise darauf abgestellt wird, dass es bei ihnen einer „Umsetzung" durch den Benutzer und Anwender bedürfe, bevor der erstrebte kausale Erfolg eintrete, dass der Benutzer sie begreife und befolge, ihren Bedeutungsgehalt richtig erkenne und erst durch diese geistige Tätigkeit der bezweckte Erfolg eintrete (vgl. hierzu *Bühring/Braitmayer* § 1 Rn. 53; *Mes* PatG § 1 Rn. 110), erscheinen diese Abgrenzungskriterien in den meisten Fällen kaum geeignet zu sein, weil derartige gedankliche Tätigkeiten des Benutzers auch bei technischen Erfindungen jedenfalls häufig „mittelbar" vorausgesetzt sein werden. Es ist letztlich kein überzeugender Grund ersichtlich, diese Abgrenzung bei den Merkmalen dieser Negativliste nicht in einer Weise vorzunehmen, wie sie bei computer- und computerprogrammbezogenen Erfindungen (dazu → Rn. 62ff.) sich zunehmend durchsetzt. Dies gilt umso mehr, als auch bei den „Erfindungen" dieser Negativliste elektronische Bereiche eine große Rolle spielen können (vgl. lediglich EPA ABl. 93, 669 – *Elektronischer Kartenleser*). Die veröffentlichte Rechtspraxis ist jedenfalls ein Beleg für das große Interesse an dem Schutz „kleiner" Erfindungen durch das Gebrauchsmusterrecht (vgl. die zahlreichen Beispiele bei *Bühring/Braitmayer,* § 1 Rn. 54ff.).

51 **5.6.1 Gedankliche Tätigkeiten.** Hierzu gehören **Gebrauchsanweisungen/ Bedienungsanleitungen,** die aufzeigen, wie eine Vorrichtung ihrer Bestimmung entsprechend benutzt werden soll. Auch wenn die Rechtsprechung diesen unter Umständen technischen Charakter zubilligt (vgl. zum Patentrecht BGH GRUR 1977, 96 – *Dispositionsprogramm*), so ist deren Gebrauchsmusterschutz jedenfalls wegen § 2 Nr. 3 ausgeschlossen (vgl. *Tronser* GRUR 1991, 10, 14). Material und Form von **Skalen,** die Art der Anbringung, die Anzeigevorrichtung können gebrauchsmusterschutzfähig sein, nicht hingegen ihr Inhalt oder ihr Symbolgehalt (vgl. BPatGE 13, 101; BPatGE 15, 175; zum Patentrecht BPatGE 4, 3; BPatGE 6, 145). **Farbige Markierungen** können eine technische Lehre beinhalten und damit schutzfähig sein, wenn sie ihrer Art und der Methode ihrer Anordnung nach geeignet sind, als Bedeutungsträger zu dienen (vgl. zum Patentrecht BGH GRUR 1977, 152 – *Kennungsscheibe;* BPatGE 2, 109). Symbole, Beschreibungen oder bildliche Darstellungen, Notenschriften, Preislisten, Rastereinteilungen auf Zeichenpapier, Farbgebungen mit bestimmter Bedeutung etc beruhen hingegen nicht auf naturgesetzlicher technischer Lehre, sondern sprechen den menschlichen Geist an. Sog **Flächenmuster,** die sich in einer bestimmten Anordnung von Linien, Schriftzeichen, Farbanordnungen beschränken, die ohne symbolischen Bedeutungsgehalt regelmäßig nicht zu nutzen sind (wie zum Beispiel bei Formularen, Brettspielen, Buchungsblättern, Aufdrücken auf Verpackungen) sind nicht gebrauchsmusterschutzfähig (vgl. zB BPatGE 1, 151; BPatGE 1, 156; BGH GRUR 1969, 184 – *Lotterielos*).

52 **5.6.2 Spiele.** Pläne, Regeln und Verfahren für Spiele sind vom Gebrauchsmusterschutz ausgeschlossen, weil sie keine technischen Erfindungen darstellen (vgl. zum Patentrecht BPatG GRUR 2005, 493 – *Jackpotzuwachs*). Denn Spiele können regelmäßig ohne Kenntnis der betreffenden Spielregeln nicht durchgeführt werden (vgl. BPatGE 18, 170, 173; BGH GRUR 1975, 549 – *Buchungsblatt*). **Technisches Spielzeug** kann hingegen bei Erfüllung der übrigen Schutzvoraussetzungen gebrauchsmusterfähig sein.

5.6.3 Geschäftliche Tätigkeiten. Hierunter fallen insbesondere Neuerungen auf kaufmännischem oder wirtschaftlichem Gebiet, zum Beispiel Werbung, Buchhaltung, Finanzierung, Organisation, Geschäftsführung (vgl. zB BGH GRUR 1975, 549 – *Buchungsblatt;* zum Patentrecht BPatG Mitt. 1964, 97, 98, 99; zum Patentrecht BPatG GRUR 1990, 261, 262 – *Seismische Aufzeichnungen*). 53

5.6.4 Programme für Datenverarbeitungsanlagen. Hierzu wird auf die Ausführungen zu Computer- und computerprogrammbezogenen Erfindungen verwiesen, → Rn. 67ff. 54

5.7 Wiedergabe von Informationen, § 1 Abs. 2 Nr. 4. Lehren, die die Wiedergabe von Informationen zum Inhalt haben, vermitteln Kenntnisse, Tatsachen und Begebenheiten. Ihnen fehlt als eine Anweisung an die menschliche Verstandestätigkeit infolgedessen die Lehre zum technischen Handeln. Unter dieses Merkmal werden unter anderem Tabellen, Formulare, Schriftanordnungen etc subsumiert. Sie überschneiden sich mit dem ebenfalls vom Gebrauchsmusterschutz ausgeschlossenen „gedanklichen Mitteilungen" iSd § 1 Abs. 2 Nr. 3. Der Ausschluss vom Gebrauchsmusterschutz wird umso eher anzunehmen sein, je abstrakter der Sachverhalt ist, also je weniger er gegenständlich technische Merkmale beinhaltet (vgl. EPA ABl. 1990, 379, 383). Eine Information, zum Beispiel in Form eines Fernsehsignals, die inhärent die technischen Merkmale des Systems, zum Beispiel des Fernsehsystems, aufweist, in dem es vorkommt, fällt nicht unter den Ausschlusstatbestand (EPA, ABl. 1990, 379, 383). Auch etwa eine automatische optische Fehlermeldung eines Gerätes mit zugeordneten fehlerspezifischen Texten weist die erforderliche Technizität auf (EPA ABl. 1990, 30, 33). Dagegen dient die Nummerierung von Noten und Tasten zum leichteren Erlernen eines Instruments der Verbesserung einer Unterrichtsmethode und damit der Verbesserung eines Verfahrens für eine gedankliche Tätigkeit (EPA ABl. 1992, 230) und ist mithin dem Gebrauchsmusterschutz nicht zugänglich. Gleiches gilt für ein Fernsehprogrammsystem, welches einem Fernsehzuseher ermöglicht, auf Fernsehprogramm-Auflistungen auf einer Schirmansicht zuzugreifen, und die Programmauflistungen in einer einfachen und vorteilhaften Weise zu verwenden, um den Betrieb eines Videokassetten-Recorders (VCR) oder anderer Aufzeichnungsgeräte zu steuern (zum Patentrecht BPatG Urt. v. 26.11.2014 5 Ni 69/11). Bei der Beurteilung ist zu unterscheiden zwischen (gebrauchsmusterfähigen) Gegenständen und den ihnen zugeschriebenen (nicht gebrauchsmusterfähigen) Bedeutungsinhalten (vgl. *Bühring/Braitmayer* § 1 Rn. 100). 55

5.8 Biotechnologische Erfindungen (§ 1 Abs. 2 des Patentgesetzes), § 1 Abs. 2 Nr. 5. Der Ausschluss gemäß § 1 Abs. 2 Nr. 5 betrifft die in § 1 Abs. 2 PatG genannten biotechnologischen Erfindungen. Biotechnologische Erfindungen iSd § 1 Abs. 2 PatG haben Erzeugnisse, die aus biologischem Material bestehen oder dieses enthalten, oder Verfahren, mit dem biologisches Material hergestellt oder bearbeitet wird oder bei dem es verwendet wird, zum Gegenstand, vgl. auch Art. 3 Abs. 1 RL 98/44 EG über den Schutz biotechnologischer Erfindungen vom 6.7.1998. 56

Die Regelung wurde durch das Gesetz zur Umsetzung der RL 98/44 EG über den Schutz biotechnologischer Erfindungen vom 21.1.2005 eingeführt. Die RL 98/44 EG vom 6.7.1998 über den rechtlichen Schutz biotechnologischer Erfindungen (BioPatRL) gibt harmonisierte Regelungen für die Patentierung von Innovationen auf dem Gebiet der belebten Natur vor. Ziel der BioPatRL ist es nicht, ein neues Patentrecht für biotechnologische Erfindungen zu schaffen. Vielmehr baut sie auf dem Patentrecht der Mitgliedsstaaten auf, nach dem es bereits möglich war, biotechnologische Erfindungen zu patentieren. Daneben sollen eindeutige Vorschriften zu Patentierungsverboten im Zusammenhang mit biotechnologischen Erfindungen geschaffen werden (vgl. ua Erwägungsgründe 3, 8, 12 und 15 der RL 98/44 EG). Zur Begründung des Ausschlusses biotechnologischer Erfindungen vom GebrM-Schutz führt die 57

Gesetzesbegründung des Gesetzes zur Umsetzung der RL über den rechtlichen Schutz biotechnologischer Erfindungen (BT Drucksache 14/5642) lediglich aus, dass sich biotechnologische Erfindungen nicht für den Schutz durch ein bloßes Registerrecht wie das GebrM eigneten (vgl. Gesetzesbegründung B.7, BT Drucksache 14/5642). Diese Kurzbegründung erfasst die sedes materiae nicht und bedeutet einen bedauerlichen Rückschritt auf dem Weg zu einem effektiven GebrM-Schutz. Vor allem wird verkannt, dass ein GebrM-Schutz für derartige Erfindungen in der Regel notwendiger Komplementärschutz für parallele Patentanmeldungen ist, so dass die Gesetzesbegründung auch nicht den wirtschaftlichen Hintergrund der Notwendigkeit eines solchen Schutzes erkennt. Die technischen Schwierigkeiten biologischer Erfindungen sind jedenfalls nicht prinzipiell anders zu bewerten als Schwierigkeiten von Erfindungen auf anderen Gebieten, für die ein GebrM-Schutz offen steht. Zu beachten ist aber, dass nach § 1 Abs. 3 das Schutzhindernis dem Gebrauchsmusterschutz nur insoweit entgegensteht, als für die genannten Gegenstände oder Tätigkeiten als solche Schutz begehrt wird. Hieraus folgt, dass Gebrauchsmusterschutz nicht schlechthin ausgeschlossen ist (so auch *Benkard/Goebel/Engel* GebrMG § 1 Rn. 24; aA *Bühring/Braitmayer,* § 1 Rn. 103: es sei davon auszugehen, dass der Verweis auf Abs. 2 Nr. 5 in Abs. 3 versehentlich erfolgte, weil das PatG eine entsprechende Ausnahme nicht enthält; hiergegen ist einzuwenden, dass das PatG den Schutz von biotechnologischen Erfindungen gerade ermöglicht). Überdies sind Auslegungsschwierigkeiten und Abgrenzungsprobleme im Hinblick auf die vom Gesetzeber des 2. PatGÄndG anerkannte GebrM-Schutzfähigkeit von Mikroorganismen (vgl. → Rn. 29) gegeben.

58 Die Definition biotechnologischer Erfindungen nach BioPatRL ist in § 1 Abs. 2 iVm §§ 1a, 2a PatG umgesetzt. Biologisches Material ist gemäß § 2a Abs. 3 Nr. 1 PatG ein Material, das genetische Informationen enthält und sich selbst reproduzieren oder in einem biologischen System reproduziert werden kann. Dem Gebrauchsmusterschutz zugänglich sind im Umkehrschluss (§ 1 Abs. 2 Nr. 5) alle Erfindungen, die keine Reproduktion von biologischem Material zum Gegenstand haben (vgl. *Bühring/Braitmayer* § 1 Rn. 104). Erfindungen, welche die **Verwendung** von biologischem Material zum Gegenstand haben, sollten dem Gebrauchsmusterschutz entsprechend der neueren Rspr des BGH zu Verwendungsgebrauchsmustern (BGH GRUR 2006, 135 – *Arzneimittelgebrauchsmuster*) jedoch zugänglich sein, da sie keine biotechnologische Erfindung „als solche" zum Gegenstand haben (so auch *Bühring/Braitmayer* § 1 Rn. 105). Einzelheiten zur Schutzfähigkeit von Verwendungsansprüchen: → § 2 Rn. 67 ff.; → § 2 Rn. 57 ff.; → § 12a Rn. 312 ff.

59 § 1 Abs. 2 Nr. 5 gilt nicht für Anmeldungen, welche vor dem Inkrafttreten des Gesetzes zur Umsetzung der RL über den Schutz biotechnologischer Erfindungen vom 21.1.2005 angemeldet und eingetragen wurden (vgl. *Bühring/Braitmayer,* § 1 Rn. 102). Der Löschungsgrund des § 15 Abs. 1 Nr. 1 findet sowohl im Löschungsverfahren als auch im Verletzungsverfahren auf biotechnologische Erfindungen Anwendung, die nach Inkrafttreten des Gesetzes als Gebrauchsmuster eingetragen wurden (vgl. *Bühring/Braitmayer* § 1 Rn. 102).

60 **5.9 Schutz für Erfindungen betreffend chemische oder pharmazeutische Stoffe oder Verfahren.** In ihrem „Vorschlag für eine Richtlinie des Europäischen Parlaments und des Rates über die Angleichung der Rechtsvorschriften betreffend den Schutz von Erfindungen durch Gebrauchsmuster" vom 12.12.1997 (ABl. 1998 C 36, 13) sah die Kommission der Europäischen Gemeinschaften einen Ausschluss von Erfindungen betreffend **chemische oder pharmazeutische Stoffe oder Verfahren** vom GebrM-Schutz vor. Mit „chemische Stoffe" sind wohl auf chemischen Wege hergestellte Stoffe gemeint. Trotz Kritik an diesem Richtlinienvorschlag (vgl. Stellungnahmen der Deutschen Vereinigung für gewerblichen Rechtsschutz und Urheberrecht, GRUR 1998, 554, 555 sowie GRUR 2000, 134; *Kraßer* GRUR 1999, 527, 531) hat die Europäische Kommission bei ihrem geänderten,

letztendlich aber zurückgezogenen Vorschlag vom 25.6.1999 für die Richtlinie den vorgesehenen Schutzausschließungsgrund beibehalten (KOM(1999) 309 endg. 97/0356 (COD); http://europa.eu.int/comm/dg15). Diese Beibehaltung kann nur als bedauerlicher Rückschritt im Bemühen der Schaffung eines effektiven GebrM-Schutzes empfunden werden. Der Rückzug des Vorschlags kann daher nur begrüßt werden. Zum Stoffschutz → Rn. 147 ff., → § 12a Rn. 208 ff.

5.10 Keine Prüfung im Erteilungsverfahren. Nach der neueren Rechtspre- 61
chung des Bundespatentgerichts dürfen die **absoluten Schutzhindernisse** nach § 1 Abs. 2 im Erteilungsverfahren nicht geprüft werden (vgl. BPatG Beschluss vom 29.10.2009, Az. 35 W (pat) 6/07 – *eCD elektronisches Clearing;* BPatG Beschluss vom 21.1.2010, Az. 35 W (pat) 35/09 – *Individualisierungssystem*). Sie können im Löschungs- und Verletzungsverfahren geltend gemacht werden.

6. Computer- und computerprogrammbezogene Erfindungen

Literatur (Auswahl): *Betten,* Patentschutz von Computerprogrammen, CR 1986, 311; *Brandi-Dohrn,* Der Schutz von Computersoftware in Rechtsprechung und Praxis, GRUR 1987, 1; *Betten,* Patentschutz für software-bezogene Erfindungen, GRUR 1988, 248; *Anders,* Die Patentierbarkeit von Programmen für Datenbearbeitungsanlagen: Rechtsprechung im Fluss? GRUR 1989, 861; *Kindermann,* Software-Patentierung, CR 1992, 577 und 658; *Ullmann,* Urheberrechtlicher und patentrechtlicher Schutz von Computerprogrammen, CR 1992, 641; *Engel,* Über „Computerprogramme als solche", GRUR 1993, 194; *Jander,* Die derzeitige Situation in Sachen Technizität von Computersoftware, Mitt. 1993, 72; *Teufel,* Schutz von Software durch Patent- und Urheberrecht, Mitt. 1993, 73; *Hübner,* Zum Schutz für software-bezogene Erfindungen in Deutschland, GRUR 1994, 883; *Van Raden,* Die informatorische Taube/Überlegungen zur Patentfähigkeit informationsbezogener Erfindungen, GRUR 1995, 451; *Betten,* Patentschutz von Computerprogrammen, GRUR 1995, 775; *Tauchert,* Zur Beurteilung des technischen Charakters von Patentanmeldungen aus dem Bereich der Datenverarbeitung unter Berücksichtigung der Rechtsprechung, GRUR 1997, 149; *Tauchert,* Elektronische Speicherelemente als Erzeugnisschutz für Computer-Programme?, Mitt. 1997, 207; *Tauchert, Melullis,* Zur Patentfähigkeit von Programmen für Datenverarbeitungsanlagen, GRUR 1998, 843; Patentschutz für Computerprogramme – Sachstand und neue Entwicklungen, GRUR 1999, 829; *Schmidtchen,* Zur Patentfähigkeit und zur Patentwürdigkeit von Computerprogrammen und von programmbezogenen Lehren, Mitt. 1999, 281; *Teufel,* Neues (?) zur Patentierbarkeit von computerimplementierten Erfindungen und Geschäftsmethoden in Europa und USA, Mitt. 2010, 405; *Schwarz,* Rechtfertigen rechtsdogmatisch schwierige Fragen die Abschaffung von „Software-Patenten"?, GRUR 2014, 224.

6.1 Allgemeines/Abgrenzung. Außerhalb der technischen Schutzrechte Pa- 62
tentrecht und Gebrauchsmusterrecht ist der Schutz geistiger Leistungen im Zusammenhang mit Programmen für Datenverarbeitungsanlagen nach den Grundsätzen des **Urheberrechts** (§§ 69a ff. UrhG; RL 91/250/EWG iVm RL 97/55/EG) möglich. Daneben kommt ein **ergänzender Leistungsschutz** nach wettbewerbsrechtlichen Grundsätzen in Betracht. Vorliegend wird nur der Schutz nach dem Gebrauchsmusterrecht behandelt, wobei insoweit ohne weiteres auf die patentrechtliche Entwicklung zurückgegriffen werden kann, da das Gebrauchsmusterrecht in diesem Bereich mit dem Patentrecht inhaltlich und gegenständlich identisch ist. Damit sind für die Beurteilung der Gebrauchsmusterschutzfähigkeit von Erfindungen im EDV-Bereich über die anerkannten Grundsätze des Gebotes einer harmonisierenden Auslegung auch die Entscheidungen der Beschwerdekammern des EPA von Bedeutung.

Computer- und computerprogrammbezogene Erfindungen sind ua an dem Re- 63
gelungssystem in § 1 Abs. 2 Nr. 2 und Abs. 3 zu messen, das – ebenso wie das entsprechende System gemäß § 1 Abs. 2 PatG und Art. 52 Abs. 2 EPÜ – zahlreiche Probleme insbesondere zu den softwarebezogenen Erfindungen aufwirft. Die nachfolgenden Ausführungen stehen unter dem Vorbehalt, dass insbesondere programmbezogene

Erfindungen weiterhin an **§ 2 Nr. 3** zu messen sind. Soweit nach § 1 Abs. 2 Programme für Datenverarbeitungsanlagen (dh Computer-Programme bzw. Software-Programme) nicht gebrauchsmusterfähig sein sollen, wird dies in **§ 1 Abs. 3** dahingehend modifiziert, dass der Ausschluss vom Gebrauchsmusterschutz nicht schlechthin, sondern lediglich für Computer-Programme **als solche** gilt. In dieser Modifikation liegt die besondere Auslegungsschwierigkeit, da der Begriff des Programms näher zu definieren und in das System des Schutzes einer **technischen** Lehre einzuordnen ist. Schon der **Begriff des Computerprogramms** ist vielschichtig und wird in unterschiedlicher Bedeutung gebraucht. Erst recht lässt sich häufig faktisch nicht zwischen dem Programm und seinen Wirkungen scharf trennen, zumal Computer-Programme regelmäßig eine komplexe Einheit darstellen.

64 Auch wenn angesichts der enormen wirtschaftlichen Bedeutung von EDV und Software die hM zu Recht bestrebt ist, insbesondere auch der Software den Schutz der technischen Schutzrechte in dem größtmöglichen Umfang zukommen zu lassen, dürfen Wortlaut und Systematik des Ausschlusses von Computerprogrammen vom Gebrauchsmusterschutz nicht negiert werden. Deshalb sind Versuche in der Literatur, die Definition des Technikbegriffs (vgl. hierzu auch → Rn. 4ff.) zu verändern und zu den Naturkräften auch die **Information** und ihre Verarbeitung zu zählen, wegen der faktisch damit verbundenen Schutzfähigkeit nahezu jeder Form von Software ebenso wenig gesetzeskonform wie die Beschränkung der Definition des Computerprogramms als solchem nur auf das sogenannte Programmlisting, dh die Abfolge der Befehle an den Computer vor ihrer Kompilierung. Demgegenüber ist der gedankliche Ansatzpunkt zwischen dem (außertechnischen) Konzept, dh die der Umsetzung in seine Handlungsanweisung an den Rechner vorausgehende Konzeption einerseits und der nachfolgenden (technischen) Umsetzung in eine Handlungsanweisung für den Computer und dessen Ansteuerung, wie sie ihren Niederschlag in dem fertigen Programm findet, andererseits zu unterscheiden (so *Melullis* GRUR 1998, 843, 850–853), rechtssystematischer zutreffender. Es wird aber die Praxis zeigen müssen, ob auch diese Interpretation für die gesetzliche Grundregelung des Ausschlusses von Computer-Programmen als solchen überhaupt noch einen relevanten Anwendungsbereich belässt und ob sie angesichts der komplexen Einheit bei programmbezogenen Erfindungen genügend Differenzierungsspielraum ermöglicht.

65 In Anbetracht einer mangelnden, allgemein akzeptierten Abgrenzung der Regelungsinhalte in § 1 Abs. 2 Nr. 2 und § 1 Abs. 3 ist eine pragmatische Auslegung geboten. Für die Bejahung des **technischen Charakters** einer programmbezogenen Entwicklung muss es genügen, dass sie jedenfalls **auch** eine Lehre zum technischen Handeln enthält (vgl. hierzu auch → Rn. 4ff.). Hierbei kann es nicht auf deren Umfang bzw. Bedeutung ankommen oder, ob sie sonst wie im Vergleich zu der jeweiligen Gesamtentwicklung „im Vordergrund" steht. Die hiermit verbundenen Fragestellungen betreffen vielmehr die weiteren Kriterien der Neuheit bzw – wohl primär – des erfinderischen Schrittes. Bei der Prüfung auf Technizität ist eine Beurteilung aller für die Erfindung wesentlichen Merkmale in ihrer **Gesamtheit** vorzunehmen (zum Patentrecht so schon BGH GRUR 1992, 430, 431, 432 – *Tauchcomputer;* BPatGE 36, 92, 95, 96).

66 Soweit der BGH in seinen Entscheidungen auf die sog **Kerntheorie** bzw. darauf abgestellte, was bei der zu prüfenden Lehre **„im Vordergrund"** stand (vgl. hierzu im Einzelnen → § 1 Rn. 67ff.), kann dieser Praxis nicht gefolgt werden (ebenso *Melullis* GRUR 1998, 843, 851; aA BPatG GRUR 1998, 656, 658 – *CAD/CAM-Einrichtung – Verifikationsverfahren,* aufgehoben durch BGH GRUR 2000, 498 – *Logikverifikation;* so auch zum Patentrecht BGH GRUR 2009, 479, 480 – *Steuerungseinrichtung für Untersuchungsmodalitäten*). Denn diese Betrachtung lässt außer Acht, dass die Beurteilung des Vorliegens einer Technizität nicht davon abhängen kann, ob der technische Beitrag zur Gesamtlehre den „Kern" ausmacht oder nicht; auch bei lediglich geringem Beitrag bleibt sie technisch (vgl. → Rn. 4ff.; → Rn. 71). Technizität liegt somit (auch) dann vor, wenn Gegenstand des GebrM (auch) der Einsatz technischer

Vorrichtungen ist (vgl. zum Patentrecht BGH GRUR 2010, 613, 616 – *Dynamische Dokumentengenerierung;* BGH GRUR 2011, 610, 612 – *Webseitenanzeige*). Die Bejahung der Technizität allein sagt jedoch noch nichts darüber aus, ob der Gegenstand des GebrM auch neu und erfinderisch ist (vgl. zum Patentrecht BGH GRUR 2010, 613, 616 – *Dynamische Dokumentengenerierung;* BGH GRUR 2011, 125, 127 – *Wiedergabe topografischer Informationen;* GRUR 2015, 1184, 1185 – *Entsperrbild*).

6.2 Programmbezogene Erfindungen/Software (vgl. § 1 Abs. 2 Nr. 3). 67
Aus den vorstehenden Ausführungen folgt, dass die ältere höchstrichterliche Rechtsprechung darauf zu überprüfen ist, ob sie jeweils zu restriktiv bei der Bejahung der Schutzfähigkeit von computerbezogenen Erfindungen war. Dies gilt nicht zuletzt bei einem Vergleich mit der Entwicklung der Rechtsprechung der Beschwerdekammern des EPA. Insbesondere die zeitlich vor den Entscheidungen „Seitenpuffer" (GRUR 1992, 33) und „Tauchcomputer" (GRUR 1992, 430) ausgeübte Rechtspraxis ist kritisch zu hinterfragen, was bei der nachfolgenden zusammenfassenden Darstellung der Entwicklung der Rechtsprechung berücksichtigt werden muss.

Hierbei darf auch nicht das Ziel außer Acht gelassen werden, dass die Schnelllebig- 68
keit insbesondere von Computerprogrammen für deren Zulassung zum Gebrauchsmusterschutz spricht, zumal für sie ein patentrechtlicher oder insbesondere urheberrechtlicher Schutz häufig nicht lohnend bzw. adäquat ist. Ein grundsätzlicher Ausschluss von Patentrechtsschutz für Computerprogramme ist wohl auch mit Art. 27 TRIPS nicht vereinbar; es bestehen keine Gründe, dies für Patente und GebrM unterschiedlich zu handhaben, soweit nicht Verfahrenserfindungen betroffen sind (so auch *Bühring/Braitmayer* § 1 Rn. 94, 97).

Bei der näheren Herausarbeitung der Kriterien der Begriffsbestimmung des techni- 69
schen Charakters zu Entwicklungen nichttechnischen Gehalts sind vielfach Unsicherheiten aufgetreten, die häufig dem Anmelder zum Nachteil gereichten. Die jüngere Rechtsprechung hat dabei ihren Ausgangspunkt in der Entscheidung des BGH (zum Patentrecht GRUR 1977, 96 – *Dispositionsprogramm*), in der es um die Frage ging, ob die Verknüpfung einer untechnischen Rechenregel mit technischen Merkmalen den technischen Charakter einer Erfindung begründen könne. In dieser Entscheidung wurde kein Zweifel daran gelassen, dass die Anweisung, wie mit einem technischen Gerät umzugehen sei, welches Verfahren bei dem zweckmäßigen Einsatz einer EDV zu befolgen sei, technischer Natur sein könne. Abzustellen sei dabei insbesondere, ob die Erfindung auf den nichttechnischen Teil der Lehre, nämlich auf den Algorithmus, beschränkt bleibe. Die Grundsätze dieser Entscheidung wirken in allen zu „Programmerfindungen" ergangenen nachfolgenden Entscheidungen des BGH fort, haben aber eine unterschiedliche Ausprägung erfahren. Diese Entwicklung lässt sich wie folgt zusammenfassen:

Es gibt keinen Rechtssatz des Inhalts, dass Computerprogramme schlechthin nicht 70
schutzfähig seien (zum Patenrecht BGH GRUR 1978, 102, 103 – *Prüfverfahren;* GRUR 1980, 849, 851 – *Antiblockiersystem;* BGH GRUR 2004, 667, 668 – *elektronischer Zahlungsverkehr*). Vielmehr gibt es sowohl Computerprogramme, die technischer Natur sind, als auch Programme, die nichttechnischer Natur sind (zum Patentrecht BGH GRUR 1980, 849, 851 – *Antiblockiersystem;* BPatG GRUR 1996, 866 – *Viterbi-Algorithmus;* BPatG GRUR 1998, 35, 37 – *CAD/CAM-Einrichtung;* BGH GRUR 2005, 141, 142 – *Anbieten interaktiver Hilfe*).

Programmerfindungen und Technik stellen deshalb **keine Gegensatzpaare** dar, 71
die einander ausschließen (zum Patentrecht BGH GRUR 1980, 849, 851 – *Antiblockiersystem*). Wesentlich ist vielmehr der Einsatz beherrschbarer Naturkräfte zur Erreichung des Erfolgs, womit solche Naturkräfte gemeint sind, die außerhalb der menschlichen Verstandestätigkeit liegen (zum Patentrecht BGH GRUR 1977, 96, 98, 99 – *Dispositionsprogramm*).

In allgemeinerer Formulierung stellte die frühere Rechtsprechung darauf ab, wo- 72
rin der **Kern,** dh der sachliche Gehalt, der Lehre zu sehen ist (zum Patentrecht BGH

GRUR 1981, 39, 41 – *Walzstabteilung;* BGH GRUR 1986, 531, 533 – *Flugkostenminimierung*), sog **Kerntheorie.** Ohne sachliche Änderung war es, wenn die Rechtsprechung die Forderung aufstellt, dass die eingesetzten Naturkräfte **im Vordergrund** stehen müssen (zum Patentrecht BGH GRUR 1986, 531, 534 – *Flugkostenminimierung;* GRUR 1992, 430, 431 – *Tauchcomputer*). Dasselbe gilt für die Prüfung, ob mit den gedanklichen Maßnahmen (zB des Ordnens der verarbeiteten Daten) die Lehre **steht und fällt** bzw. ob die gegenständlichen Merkmale (zB der Datenverarbeitungsanlage) der Lehre das **entscheidende Gepräge** geben (zum Patentrecht BGH GRUR 1992, 36, 38 – *Chinesische Schriftzeichen;* BPatG GRUR 1998, 35, 36, 37 – *CAD/CAM-Einrichtung*).

73 Nach anderer Formulierung wird danach differenziert, ob zB in Folge einer in den Patentanspruch aufgenommenen Zweckangabe (zB zum Empfang von über einen gestörten Kanal übertragenen Signalen) ein Algorithmus in **so enger Beziehung** zu technischen Vorgängen stehen kann, dass er inhaltlich Bestandteil einer insgesamt technischen Lehre ist (zum Patentrecht BGH GRUR 1992, 430, 431 – *Tauchcomputer;* BPatG GRUR 1996, 866, 867 – *Viterbi-Algorithmus;* BPatGE 36, 92, 95, 96). Ob diese Abgrenzung eine **Aufgabe** der **„Kerntheorie“** bedeutet, wie das BPatG gelegentlich meint (zum Patentrecht BPatGE 36, 92, 95, 96; aA BPatG GRUR 1998, 656, 658 – *CAD/CAM-Einrichtung – Verifikationsverfahren,* aufgehoben durch BGH GRUR 2000, 498 – *Logikverifikation*), erscheint **zweifelhaft,** weil der BGH auch in seiner Tauchcomputer-Entscheidung nach wie vor prüfte, was bei der in Anspruch genommenen Erfindung „im Vordergrund“ steht und was nicht. Der BGH geht von einer Abweichung aus (zum Patentrecht BGH GRUR 2009, 479, 480 – *Steuerungseinrichtung für Untersuchungsmodalitäten*).

74 Bei zu Grundelegung eines systematischen Ansatzes lässt sich zusammenfassend erkennen, dass Programme mit einem unmittelbar wirkenden technischen Effekt als prinzipiell schutzfähig angesehen werden. Hierzu gehören insbesondere Anwendungsprogramme, die den Ablauf von technischen Einrichtungen überwachen oder eine steuernde bzw. regelnde Funktion nach außen aufweisen oder die Messergebnisse aufarbeiten, bearbeiten etc. Als prinzipiell ebenso schutzfähig wird Software angesehen, die unmittelbar regelnd auf die Arbeitsweise eines technischen Gerätes Einfluss nimmt und dieses irgendwie steuert. Mit *Melullis* (GRUR 1998, 843, 852) sollte aber auch die Schutzfähigkeit der Ansteuerung des Computers durch das fertige Programm möglich sein. Vgl. aber weiterhin **§ 2 Nr. 3** (→ § 2 Rn. 66 ff.).

75 Des Weiteren ist mit der Rechtsprechung der Beschwerdekammern des **EPA** von der grundsätzlichen Schutzfähigkeit eines Computerprogramms auszugehen, wenn es als **Ganzes** betrachtet einen technischen Beitrag zum Stand der Technik liefert, gleichgültig, ob es technische oder nichttechnische Bestandteile aufweist. Von einer Schutzfähigkeit ist ferner auszugehen, wenn die eingesetzten Naturkräfte und nichttechnischen Informationen (Kenndaten, Rechenregel etc) in so enger Beziehung zueinander stehen, dass ohne Zwischenschaltung menschlicher Verstandestätigkeit ein technisches Ergebnis erzielt wird.

76 Dieser „ganzheitlichen“ Betrachtungsweise des EPA hat sich der BGH zunächst jedenfalls für den Bereich der Entwicklung von **integrierten Schaltungen** angeschlossen. Ob ein Programm für Datenverarbeitungsanlagen die erforderliche Technizität aufweist, beurteilt sich auf Grund wertender Betrachtung des im Schutzanspruch definierten Gegenstandes, so dass bei Vorliegen sachgerechter Gründe einzelne Anspruchsmerkmale durchaus unterschiedlich gewichtet werden können; betrifft danach der Lösungsvorschlag einen Zwischenschnitt im Prozess, der mit der Herstellung von (Silizium-)Chips endet, kann er nicht lediglich deshalb vom Schutzsystem des GebrMG ausgenommen sein, weil er auf den unmittelbaren Einsatz von beherrschbaren Naturkräften verzichtet und die Möglichkeit der Fertigung tauglicher Erzeugnisse anderweitig durch auf technischen Überlegungen beruhende Erkenntnisse voranzubringen sucht (vgl. zum Patentrecht BGH GRUR 2000, 498, 500, 501 – *Logikverifikation*).

Nach der jüngeren Rechtsprechung des BGH ist maßgebend für die Schutzfähigkeit, ob die Lehre bei der gebotenen Gesamtbetrachtung der Lösung eines über die Datenverarbeitung hinausgehenden konkreten technischen Problems dient (zum Patentrecht BGH GRUR 2002, 143, 144, 145 – *Suche fehlerhafter Zeichenketten;* BGH GRUR 2009, 479 – *Steuerungseinrichtung für Untersuchungsmodalitäten*). Für das Technizitätserfordernis ist unerheblich, ob der Gegenstand des GebrM neben technischen Merkmalen auch nichttechnische Merkmale aufweist. Ob Kombinationen von technischen und nichttechnischen bzw. vom Gebrauchsmusterschutz ausgeschlossenen Merkmalen im Einzelfall schutzfähig sind, hängt, abgesehen den gesetzlichen Ausschlusstatbeständen, allein davon ab, ob sie neu sind und auf einer erfinderischen Tätigkeit beruhen. Eine Anmeldung, die ein Computerprogramm oder ein durch Software realisiertes Verfahren zum Gegenstand hat, muss über die für die Schutzfähigkeit unabdingbare Technizität hinaus Anweisungen enthalten, welche die Lösung eines konkreten technischen Problems mit technischen Mitteln zum Gegenstand haben (zum Patentrecht BGH GRUR 2009, 479, 480 – *Steuerungseinrichtung für Untersuchungsmodalitäten*). Das hat zur Folge, dass bei der Prüfung von Neuheit und erfinderischer Tätigkeit diese Problemlösung in den Blick zu nehmen ist. Außerhalb der Technik liegende Anweisungen genügen hierzu grundsätzlich nicht; sie sind nur in dem Umfang von Bedeutung, in dem sie auf die Lösung des technischen Problems mit technischen Mitteln Einfluss nehmen (zum Patentrecht BGH GRUR 2009, 479 – *Steuerungseinrichtung für Untersuchungsmodalitäten;* GRUR 2015, 1184, 1185 – *Entsperrbild*). 77

Vom Gebrauchsmusterschutz ausgeschlossen ist hingegen der bloße **Algorithmus,** da er eine dem Programm zu Grunde liegende Rechenregel darstellt und keinen technischen Charakter besitzt; er wendet sich nur an die menschliche Verstandestätigkeit. Ebenfalls nicht schutzfähig sind **Organisationsregeln,** sofern sie sich in einer Regel zur Auswahl, Gliederung und Zuordnung bestimmter Bedeutungsinhalte erschöpfen (so auch zum Patentrecht BPatG Mitt. 2002, 76, 77, 78 – *SOM II*). 78

6.3 Schaltungen und Anordnungen, Layouts. Für **Schaltungen** und **Anordnungen** gelten bei computer- bzw. computerprogrammbezogenen Erfindungen keine rechtlichen Besonderheiten (→ § 12a Rn. 222). Soweit infolgedessen keine feste Schaltungsanordnung betroffen ist, kommt ein Schutz unter dem Gesichtspunkt der programmbezogenen Erfindung in Betracht (vgl. BGH GRUR 2004, 495, 796 – *Signalfolge;* siehe hierzu → Rn. 67 ff.). 79

Das sog **Layout (Topographie)** betrifft in der Elektronik im allgemeinen Sinn die Anordnung von Bauelementen und ihre Verbindungen zu einer Schaltung. Beim Entwurf integrierter Schaltungen befasst es sich mit der geometrischen Anordnung von Strukturen in den verschiedenen Ebenen im Verlauf des Herstellungsprozesses solcher Schaltungen. Soweit das Layout den Aufbau eines auf einem Chip ausgebildeten integrierten Mikrocomputers, dh einer als Computer zu verwendenden integrierten Halbleiterschaltung und/oder das Verfahren zum Zusammenstellen der Topographie einer solchen integrierten Schaltung betrifft, steht ihm der Gebrauchsmusterschutz bei Vorliegen der übrigen Schutzvoraussetzungen prinzipiell offen (vgl. zum Patentrecht BPatG GRUR 1997, 619, 620 – *Mikrocomputer;* vgl. zur Abgrenzung des Schutzes nach dem Halbleiterschutzgesetz → Vorb § 1 Rn. 24 ff.). Das dem Layout vorgelagerte sogenannte **Logikdesign** bezieht sich hingegen regelmäßig auf das zu Grunde liegende gedankliche Konzept; ihm fehlt in der Regel der technische Charakter. 80

6.4 Hardware. Die Hardware eines Computersystems repräsentiert alle sichtbaren Bestandteile. Dazu gehören Ein-/Ausgabegeräte, externe Speicher und Erweiterungskarten. Sie ist ohne weiteres dem Gebrauchsmusterschutz zugänglich. Die Schutzfähigkeit bemisst sich nach den allgemeinen Kriterien. 81

82 **6.5 Beispiele.** Ja: = gebrauchsmusterfähig (beachte aber zusätzlich **§ 2 Nr. 3!**) Nein: = nicht gebrauchsmusterfähig

83 – Datenverarbeitungsanlage, die zum Betrieb eines bestimmten Rechenprogramms einen bestimmten Aufbau erfordert: ja (zum Patentrecht BGH GRUR 1977, 96, 98 – *Dispositionsprogramm*);

84 – Veränderung der Gestaltung von maschinellen Einrichtungen, deren Tätigkeit durch einen Rechner gesteuert oder ausgewertet wird oder der Einsatz neuer Steuerungsmittel (Rechner) bzw. deren Nutzung (Verwendung) zur Beeinflussung eines Produktionsvorgangs: ja (zum Patentrecht BGH GRUR 1981, 39, 41 – *Walzstabteilung*);

85 – Betreiben technischer Einrichtungen (Tiefenmesser, Zeitmesser, Datenspeicher, Wandler etc) nach einer Rechenregel (Programm) zur Anzeige von Messgrößen ohne Einschaltung der menschlichen Verstandestätigkeit: ja (zum Patentrecht BGH GRUR 1992, 430, 431, 432 – *Tauchcomputer*);

86 – Programmbezogene Lehre, welche die Funktionsfähigkeit der Datenverarbeitungsanlage als solche betrifft und damit das unmittelbare Zusammenwirken ihrer Elemente ermöglicht: ja (zum Patentrecht BGH GRUR 1992, 33, 35 – *Seitenpuffer*);

87 – Rechnerisches Programm im Bereich der Regeltechnik mit einer Aufeinanderfolge technischer Einzelmaßnahmen, die durch den planmäßigen Einsatz berechenbarer und beherrschbarer Naturkräfte unmittelbar ein bestimmtes Ergebnis erreichen: ja (zum Patentrecht BGH GRUR 1980, 849, 851 – *Antiblockiersystem*);

88 – Neue Art, mit einer elektronischen Datenverarbeitungsanlage umzugehen, um sie einem neuen Zweck dienstbar zu machen: ja (zum Patentrecht BGH GRUR 1977, 98, 99 – *Dispositionsprogramm*);

89 – Computergestützte Vorrichtung, bei dem ein Computertomograph mit spezieller Auswerteschaltung verwendet wird: ja (zum Patentrecht BPatG CR 1987, 366);

90 – Steuerung elektrischer Verbraucher mit in einem Speicher eines Rechners abgelegten Programmen (speicherprogrammierte Steuerung), die Informationen erkennen, unterscheiden und Steuersignale erzeugen kann: ja (zum Patentrecht BPatG GRUR 1989, 42 – *Rollladen-Steuerung*);

91 – Ein elektronisches Stellwerk, das eine flexible Fahrstraßenbildung mit Hilfe eines Programms für einen Computer ermöglicht: ja (zum Patentrecht BPatG GRUR 1987, 799, 800 – *Elektronisches Stellwerk*);

92 – Eine Lehre zur Darstellung von (Erd-)Schichteneigenschaften unter Einsatz einer Messvorrichtung sowie einer Verfahrensschrittabfolge, mit der die Eingabe von aus beherrschbaren Naturkräften abgeleiteten Messgrößen und deren sinnvolle Verknüpfung ohne Zwischenschaltung der menschlichen Verstandestätigkeit ermöglicht, reale Amplitudenänderungen besser von ähnlich aussehenden Reflektionen anderer Strukturen zu unterscheiden, wodurch erstrebte Erkenntnisse zuverlässiger erkannt werden können: ja (zum Patentrecht BPatG GRUR 1990, 261, 262 – *Seismische Aufzeichnungen*);

93 – Programm für ein elektronisches Gerät, bei dem eine Information, die den jeweiligen Prüfungsschritt dokumentiert, in dem für die spätere Funktion des Gerätes vorgesehenen Speicherelement dauerhaft abgespeichert wird und zur Steuerung nachfolgender Herstellungs- und Prüfungsschritte dient: ja (zum Patentrecht BPatG GRUR 1992, 681, 682 – *Herstellungsverfahren für ein elektronisches Gerät*);

94 – Datenverarbeitungsbezogene Lehre, die sich nicht allein in programmiertechnischen Maßnahmen erschöpft, sondern bei der eine Auseinandersetzung mit dem strukturellen Aufbau und der Arbeitsweise der Datenverarbeitungsvorrichtung erforderlich ist: ja (zum Patentrecht BPatG GRUR 1997, 617, 618 – *Vorbereitung von Musterdaten*);

95 – Algorithmus mit technischem Inhalt, nämlich zum Empfang von über einen gestörten Kanal übertragenen Signalen: ja (zum Patentrecht BPatG GRUR 1996, 866, 867 – *Viterbi-Algorithmus*);

- Einparkhilfe für ein Kraftfahrzeug, umfassend einen Mikro-Computer zur Berechnung der für den ausgewählten Parkmodus erforderlichen Parameter, die insbesondere gemäß den angegebenen mathematischen Gleichungen zu ermitteln sind, sowie zur Erzeugung der entsprechenden Anweisungssignale für den Fahrer: ja (zum Patentrecht BPatGE 36, 77, 81, 82); **96**
- Eine technische und nicht technische Merkmale enthaltende Lehre zur Verdrahtung in einer integrierten Halbleiterschaltungsanordnung nach einem Algorithmus, bei der die Gesamtlehre eine so enge Beziehung der Rechenregel mit den beanspruchten technischen Merkmalen zur Lösung einer technischen Aufgabe bildet, dass durch die Verknüpfung der Rechenregel mit den technischen Mitteln ohne Zwischenschaltung menschlicher Verstandestätigkeit ein technisches Ergebnis erzielt wird: ja (zum Patentrecht BPatGE 36, 92, 95, 96); **97**
- Einrichtung zur Überwachung von Mikroprozessoren, durch Vergleich der bei der Ausführung eines Prüfprogramms erzeugten Signale mit in einem nicht flüchtigen Speicher vorhandenen Muster: ja (EPA ABl. 1995, 305); **98**
- Röntgeneinrichtung mit einer nach einem Ablaufprogramm arbeitenden Datenverarbeitungseinheit, die die Steuerung so vornimmt, dass eine optimale Belichtung bei hinreichender Überlastungssicherheit der Röntgenröhren erzielt wird: ja (EPA ABl. 1988, 19); **99**
- Programm zur Aufnahme von Steuerzeichen in digitaler Form in einem von einer Textverarbeitung erzeugten Text, mit denen das Verhalten eines angeschlossenen Druckers und die von diesem ausgegebenen Zeichen beeinflusst werden sollen: ja (EPA ABl. 1994, 157); **100**
- Eine Lehre zur optischen Darstellung einer aus mehreren Wörtern bestehenden Meldung aus einem Satz vorgegebener Meldungen, wobei jede Meldung ein konkretes Ereignis betraf, das in einer Ein-/Ausgabevorrichtung einer Textverarbeitungsanlage vorkommen konnte, die außerdem eine Tastatur, eine Anzeige und einen Speicher umfasste: ja (EPA ABl. 1990, 30); **101**
- Programm für ein Verfahren zur Koordinierung und Steuerung der internen Kommunikation zwischen Programmen und Dateien, die in einem Dateiverarbeitungssystem mit einer Vielzahl von in einem Telekommunikationsnetz miteinander verbundenen Prozessoren bei verschiedenen Prozessoren geführt werden, und deren Merkmale nicht auf die Art der Daten und die Art und Weise gerichtet sind, wie ein bestimmtes Anwendungsprogramm auf diese einwirkt: ja (EPA ABl. 1990, 5); **102**
- Eine Lehre zur digitalen Verarbeitung von Bildsignalen mit dem Ziel einer vereinfachten Darstellung auf dem Bildschirm: ja (EPA ABl. 1987, 14); **103**
- Mit Mitteln der Software gelöste Bereitstellung eines für verschiedene Teile eines Buchhaltungsprogramms benötigten Buchungsbeleges in der Form einer einheitlichen Bildschirmmaske: ja (EPA ABl. 1995, 525); **104**
- Eine Lehre, mit der eine mit einem im Stapelbetrieb arbeitenden Textverarbeitungssystem erstellte erste aufbereitungsfähige Dokumentenform in eine zweite aufbereitungsfähige Dokumentenform zur Verwendung in einem im Dialog- oder im Stapelbetrieb arbeitenden Textverarbeitungssystem umgewandelt wird: ja (EPA ABl. 1994, 557); **105**
- Organisations- und Rechenregel für die Lösung von Dispositions- und ähnlichen Aufgaben, die Aussagen darüber macht, in welcher Weise die zu verarbeitenden Daten zu ordnen und zu kennzeichnen sind, in welcher Reihenfolge sie zu verarbeiten sind und wie Zwischen- und Endergebnisse gesammelt werden: nein (zum Patentrecht BGH GRUR 1977, 96, 97, 98 – *Dispositionsprogramm*); **106**
- Rechenprogramme für elektronische Datenverarbeitungsanlagen, bei deren Anwendung lediglich von einer in Aufbau und Konstruktion bekannten Datenverarbeitungsanlage der bestimmungsgemäße Gebrauch gemacht wird, und bei denen das in Anwendung der Programme erzielte Ergebnis auf technischem Gebiet verwendbar ist: nein (zum Patentrecht BGH GRUR 1977, 657 – *Straken*); **107**

108 – Rechenprogramme für elektronische Datenverarbeitungsanlagen, bei deren Anwendung lediglich von einer in Aufbau und Konstruktion bekannten Datenverarbeitungsanlage der bestimmungsgemäße Gebrauch gemacht wird, und bei denen mit Hilfe des Rechners ein Herstellungs- oder Bearbeitungsvorgang mit bekannten Steuerungsmitteln unmittelbar beeinflusst wird: nein (zum Patentrecht BGH GRUR 1981, 39, 41 – *Walzstabteilung*);

109 – Programm zur Eingabe chinesischer Zeichen in Textsysteme, das mit gedanklichen Maßnahmen des Ordnens der zu verarbeitenden Daten steht und fällt: nein (zum Patentrecht BGH GRUR 1992, 36, 38 – *Chinesische Schriftzeichen*);

110 – Programm (zur Minimierung von Flugkosten), bei dem sowohl von Naturkräften abgeleitete Messwerte als auch betriebswirtschaftliche Faktoren rechnerisch in der Weise miteinander verknüpft wird, dass das Ergebnis der Rechnung einen Steuervorgang auslöst (Änderung des Trübstoffdurchsatzes), und bei dem die markt- und betriebswirtschaftlichen Faktoren den entscheidenden Beitrag zur Erreichung des erstrebten Erfolgs liefern: nein (zum Patentrecht BGH GRUR 1986, 531, 533, 534 – *Flugkostenminimierung*);

111 – Abwandlung eines Programms zur Fehlerkontrolle bei der Abwicklung des Programms einer programmgesteuerten EDV-Anlage: nein (zum Patentrecht BGH GRUR 1978, 102, 103 – *Prüfverfahren*);

112 – Einspeicherung von Daten in eine Datenverarbeitungsanlage und damit verbundene Änderung des Magnetisierungszustandes sowie durch den Programmablauf bewirkte Änderung von Schaltzuständen in Anlageteilen: nein (zum Patentrecht BPatGE 19, 102, 103; BPatGE 30, 85, 90);

113 – Datenflussplan und Programmablaufplan, aus dem sich nicht zwangsläufig ein bestimmter hardwaremäßiger schaltungstechnischer Aufbau ergibt: nein (zum Patentrecht BPatGE 24, 187);

114 – Betriebs- und Anwenderprogramm für ein elektronisches Übersetzungsgerät, die nur eine geschriebene Folge von Anweisungen darstellen: nein (zum Patentrecht BPatG CR 1987, 94);

115 – Elektronisches Kurvenzeichengerät, bei dem die angegebenen Zahlenwerte nach bestimmten Kriterien auszuwählen, die ausgewählten Werte mit gespeicherten Werten zu vergleichen und entsprechend dem Vergleichsergebnis die für die jeweilige Skaleneinteilung maßgeblich gespeicherten Werte für die Einteilung der Skala zu verwenden sind: nein, zum Patentrecht BPatG GRUR 1987, 800, 801, 802 – *Kurvenzeichengerät*);

116 – Vorrichtung zur automatischen Ermittlung von Postgebühren mit Hilfe einer üblichen EDV-Anlage: nein (zum Patentrecht BPatG GRUR 1991, 816 – *Postgebührenrechnung*);

117 – Erstellen von Programmen auf Rechnern im Wege eines in einem Flussdiagramm aufgezeigten Algorithmus, Umwandlung unterschiedlicher Programme unter Zuhilfenahme des Rechners auf Grund des Flussdiagramms in ein fertiges ablauffähiges Programm: nein (zum Patentrecht BPatG GRUR 1987, 354, 357 – *Programmiereinrichtung*);

118 – CAD/CAM-Einrichtung, ausgestattet mit Eingabeeinrichtungen zur Eingabe der Darstellung von dreidimensionalen Körpern, einem Figuraufbereitungsmodul zum Erzeugen von Figurdaten aus den eingegebenen Darstellungen und einer Schichttabelle, insbesondere zur Erstellung von Datensätzen und Befehlen für eine NC-Maschine, bei der die Arbeitsweise des Dateiverwaltungssystems nur von den bei der Eingabe zugeordneten zusätzlichen Informationen und den für die hierarchische Datenverwaltung benutzten Ordnungs- und Suchalgorithmen abhängt: nein (zum Patentrecht BPatG GRUR 1998, 35, 36, 37 – *CAD/CAM-Einrichtung;* vgl. aber jetzt BGH GRUR 2000, 498 – *Logikverifikation*);

119 – Programm zur Ordnung und Darstellung von Schriftzeichen, die aus dem Spei-

cher des Rechners abgerufen und gegebenenfalls durch andere Zeichen ersetzt werden können: nein (EPA ABl. 1991, 566);

- Steuerung eines herkömmlichen Computers durch ein Programm mit dem Ziel, dass dieser Dokumente nach Vorgaben zusammenfasst, speichert und wiederfindet: nein (EPA ABl. 1990, 12); **120**
- Programm zur Textverarbeitung, bei dem alle Funktionen und Programmbestandteile sich auf die sprachliche Bedeutung von Worten und Texten beziehen, insbesondere Thesaurus-Programm, das sprachliche Ausdrücke erkennt und sprachliche Alternativen zur Auswahl bereitstellt: nein (EPA ABl. 1990, 384; ABl. 1994, 557); **121**
- Programm zur Darstellung arabischer Schriftzeichen auf einem Datensichtgerät: nein (EPA ABl. 1991, 566); **122**
- Verfahren zur Erstellung einer Druckvorlage mittels eines zentralen Rechners, der über ein Datennetz mit Computern von Anwendern in Verbindung steht, wobei an Stelle von hochauflösenden grafischen Daten an den Computer des Anwenders Darstellungselemente übertragen werden, die in ihrer Auflösung soweit reduziert sind, dass die Übertragungskapazität des Netzes für die Übertragung ausreicht, andererseits aber auch den Entwurf der Druckvorlage am Bildschirm des Computers zulassen: ja (zum Patentrecht BPatG Urt. v. 13.11.2008, Az. 2 Ni 30/07); **123**
- Webbasiertes Anwenderinterface für einen Onlineladen, mit dem ein Computersystem über das Internet nach den Wünschen eines Kunden konfiguriert und bestellt werden kann: nein, wenn objektiv betrachtet dem Anspruch keine Anweisungen entnommen werden können, die darüber Auskunft geben, ob eine aktuell ausgewählte Option mit den bereits ausgewählten Optionen so zusammenarbeiten kann, dass sich ein funktionsfähiges Computersystem ergibt (zum Patentrecht BPatG Beschluss vom 28.6.2011, Az. 17 W (pat) 166/05); **124**
- Verwaltung von Plattenspeicher-Arrays (DASD: disk array storage devices) in Großrechenanlagen und insbesondere die Abtrennung von mehreren als Spiegel eingesetzten Speichergeräten: nein, weil es sich um einen optimierten Programmablauf und nicht um die Lösung eines Problems mit technischen Mitteln handelt (zum Patentrecht BPatG Beschluss vom 15.11.2011, Az. 17 W (pat) 114/07); **125**
- Verfahren zur Wiedergabe topografischer Informationen mittels eines technischen Geräts: ja (BGH GRUR 2011, 125 – *Wiedergabe topografischer Informationen*); **126**
- Verfahren zur Erzeugung einer Darstellung für das Wiederfinden einer bereits von der Startseite eines Informationsanbieters aus aufgerufenen und inzwischen verlassenen Informationsseite in einer Klienten-Server-Struktur, welche über das Internet, ein Intranet oder ein Extranet aufrufbar ist, wobei das Hypertext-Transfer-Protocol (HTTP) verwendet wird: ja, weil es sich um typische Schritte der Verarbeitung, Speicherung und Übermittlung von Daten mittels technischer Geräte handelt (zum Patentrecht BGH GRUR 2011, 610 – *Webseitenanzeige*); **127**
- Anweisungen zur Auswahl von Daten, deren technischer Aspekt sich auf die Anweisung beschränkt, hierzu Mittel der elektronischen Datenverarbeitung einzusetzen, können jedenfalls bei der Beurteilung der erfinderischen Tätigkeit nicht berücksichtigt werden (GRUR 2013, 275 – *Routenplanung*); **128**
- Verkehrsfluss-Simulationssystem: nein, wenn es keine Lösung eines technischen Problems beinhaltet, sondern nur ein in Form eines Simulationsprogramms und kein mit Hilfe einer Hardware verwirklichtes System (vgl. zum Patentrecht BPatG Beschluss vom 26.5.2014, Az. 23 W (pat) 8/10). **129**
- Dateimanagement-Vorrichtung, bei der durch eine Leseeinrichtung biometrische Information erfasst werden sollen und mit einer Beurteilungsvorrichtung ermittelt werden soll, ob die gelesene biometrische Information mit einer in einer Speichervorrichtung bereits hinterlegten biometrischen Information übereinstimmt, nein: weil das erfindungsgemäße Suchen und Auffinden von Dateien, das durch einen logischen Vergleich von einzelnen Dateimerkmalen bewerkstelligt wird, dem Gebiet der mathematischen Logik und nicht etwa einem Gebiet der Technik zu- **130**

zurechnen ist (zum Patentrecht BPatG Beschluss vom 17.3.2015, Az. 17 W (pat) 24/11).

131 – Such- und Auswerteverfahren zur Auswertung von elektronisch gespeicherten Texten mittels eines Computersystems und neuronaler Netze unter Verwendung von vorgebbaren oder zuvor ermittelten Suchbegriffen, sowie ein entsprechendes Such- und Auswertesystem: nein (zum Patentrecht BPatG Beschluss vom 19.3.2015, Az. 17 W (pat) 4/12).

132 **6.6 Europäische Harmonisierungsbemühungen.** Die Kommission der Europäischen Gemeinschaften hatte in ihren (im Jahre 2006 zurückgezogenen) Bemühungen für einen vereinheitlichen europäischen Gebrauchsmusterschutz noch im ursprünglichen Richtlinienvorschlag betreffend den Schutz von Erfindungen durch Gebrauchsmuster vom 12.12.1997 (ABl. 1998 C 36, 13) Computerprogramme vom GebrM-Schutz ausschließen wollen. In ihrem geänderten Vorschlag zu dieser Richtlinie vom 25.6.1999 (KOM(1999) 309 endg. 97/0356 (COD)) hatte sie sich insoweit den Änderungsvorschlägen des Europäischen Parlaments auf Grund dessen Plenarsitzung vom 8.-12.3.1999 angeschlossen und Computerprogramme als schutzfähig angesehen. Vgl. auch → Vorb § 1 Rn. 43. Auch in Bezug auf die Patentierbarkeit von computerimplantierten Erfindungen sind europarechtliche Harmonisierungsbemühungen gescheitert (vgl. *Benkard/Bacher* PatG § 1 Rn. 106). Nachdem die Regelungen zum Einheitspatent keine Bestimmungen zu den Schutzvoraussetzungen vorsehen, ist auch insoweit keine Vereinheitlichung zu erwarten.

7. Gebrauchsmusterkategorien

133 **7.1 Erzeugnisgebrauchsmuster.** Entgegen § 9 S. 2 Nr. 1 und Nr. 2 PatG stellt § 11 bei den allein dem Inhaber des Gebrauchsmusters vorbehaltenen Handlungen auf **Erzeugnisgebrauchsmuster** ab. Bei diesen ist es jedem Dritten verboten, ohne Zustimmung des Gebrauchsmusterinhabers ein Erzeugnis, das Gegenstand des Gebrauchsmusters ist, herzustellen, anzubieten, in Verkehr zu bringen oder zu gebrauchen oder zu den genannten Zwecken entweder einzuführen oder zu besitzen. Der Begriff der Erzeugniserfindung deckt sich mit dem des Patentrechts. Bei dem Erzeugnisgebrauchsmuster werden die besonderen Merkmale eines Erzeugnisses unter Schutz gestellt. Erzeugnisse können sein: Sachen, Vorrichtungen, Maschinen, Geräte, Stoffe, Gemische, Fertig- oder Halbfabrikate. Auch wenn das Erzeugnisgebrauchsmuster aus mehreren Bestandteilen, zum Beispiel den Elementen einer Kombination, bestehen kann, muss es zur Erfüllung der formellen Anmeldevoraussetzungen eine **technische Einheit** bilden (vgl. auch § 4 Abs. 1 und → Rn. 41). Der Fachmann muss das unter Schutz gestellte Erzeugnis eindeutig identifizieren und vom Stand der Technik unterscheiden können. Bei Erzeugnisgebrauchsmustern werden die körperlichen Merkmale einer Sache, dh die äußere oder innere Beschaffenheit der Sache, geschützt (vgl. BGH GRUR 1985, 31, 32 – *Acrylfasern*). Ihr Gegenstand kann durch räumlich-körperliche Merkmale gekennzeichnet sein (vgl. BGH GRUR 1991, 436, 441 – *Befestigungsvorrichtung II*). **Zweck-, Wirkungs- und Funktionsangaben** sind im Gebrauchsmusteranspruch regelmäßig nicht erforderlich. Ihnen kommt in der Regel keine schutzbeschränkende Wirkung zu. Vielmehr dienen derartige Angaben meistens dem besseren Verständnis einer Erfindung und umschreiben die räumlich-körperliche Ausgestaltung der betreffenden Merkmale des Erzeugnisses (vgl. BGH GRUR 1991, 436, 441 – *Befestigungsvorrichtung II;* BPatG GRUR 1996, 866, 867 – *Viterbi-Algorithmus;* vgl. im Einzelnen → § 12a Rn. 208, 212, 229ff., 233ff., 289ff., 312ff.). Darstellung und Erläuterung der technischen Einzelheiten anhand ihrer Funktion sind im GebrM-Recht grundsätzlich zulässig (BGH GRUR 1997, 892, 893 – *Leiterplattennutzen*). Im Patentrecht haben Zweck-, Wirkungs- und Funktionsangaben regelmäßig die Aufgabe, den durch das Patent geschützten Gegenstand dahin zu definieren, dass er nicht nur die räumlich-körperlichen Merkmale erfüllen, sondern auch so ausgebildet sein muss, dass er für den im Patentanspruch angegebenen

Zweck verwendbar ist (BGH GRUR 2009, 837, 838 – *Bauschalungsstütze*). Dies muss auch für GebrM Anwendung finden (vgl. auch *Benkard/Goebel/Engel* GebrMG § 1 Rn. 8). Zur Problematik von Zweckangaben, die zur Wertung eines Erzeugnisanspruchs als **Verwendungserfindung** führen, vgl. → Rn. 155; → § 2 Rn. 75 ff.; → § 12a Rn. 312 ff.

Man kann folgende **Arten** von Erzeugnisgebrauchsmustern unterscheiden (eingehend hierzu auch → § 12a Rn. 208 ff., → § 12a Rn. 229 ff., → § 12a Rn. 233 ff., → § 12a Rn. 250 ff.): **134**

7.1.1 Sachgebrauchsmuster. Diese Kategorie bezieht sich auf bewegliche oder unbewegliche körperliche Gegenstände. **135**

7.1.2 Vorrichtungsgebrauchsmuster. Vorrichtungsgebrauchsmuster beziehen sich auf Arbeitsmittel (Maschinen, Geräte) mit dem für sie in der Gebrauchsmusterschrift aufgezeigten bestimmten Funktionszweck und den entsprechenden körperlichen Merkmalen. Die Kategorie ändert sich nicht, wenn die Vorrichtung eine bestimmte Arbeitsweise voraussetzt oder diese anwendet. Vorrichtungen verfügen regelmäßig über bestimmte Arbeitsorgane, die in bestimmter Art und Reihenfolge in Wirkung treten (Funktionsablauf, Arbeitsweise). Maschinen und Geräte betreffende technische Lehren dienen in der Regel der Ausführung von Arbeiten oder der Bewältigung technischer Aufgaben; ihr Gegenstand ist gleichwohl die Vorrichtung und nicht die mit ihrer Hilfe vorgenommene Handlung (BGH GRUR 1997, 892, 893 – *Leiterplattennutzen*). Ein Abgrenzungskriterium ist, ob die Handlung lediglich das Ergebnis der beanspruchten Lehre ist oder ihr Gegenstand. **136**

7.1.3 Anordnungs- oder Schaltungsgebrauchsmuster. Diese gehören ebenfalls in die Kategorie der **Vorrichtungsgebrauchsmuster.** Anordnungen sind regelmäßig körperlich und wirken unmittelbar, das heißt ohne Hinzutreten menschlicher Verstandestätigkeit, funktionell, um einen technischen Erfolg herbeizuführen. Schaltungen (elektrische, elektronische, mikrominiaturisierte integrierte Halbleiterschaltungen etc) beinhalten Anordnungen von Schemata, wie bestimmte Elemente schaltungstechnisch miteinander verbunden sind; sie beinhalten damit zumindest mittelbar räumlich-körperliche Merkmale (vgl. zB BGH GRUR 2004, 495, 796 – *Signalfolge;* zum Patentrecht BPatG GRUR 1997, 619, 620 – *Microcomputer*). **137**

7.1.4 Stoffgebrauchsmuster. Gebrauchsmusterschutzfähig sind auch Stoffe **ohne feste Gestalt,** insbesondere pharmazeutische Produkte als solche, also Präparate, Arzneimittel, Diagnosemittel etc, ferner Stoffgemische sowie synthetisch hergestellte Stoffe (auch wenn diese an sich in der Natur vorkommen, vgl. zum Patentrecht BPatG GRUR 1978, 238, 239) sowie **Flüssigkeiten** und **Legierungen** (vgl. *Bühring/Braitmayer* § 1 Rn. 153). Der Stoffschutz ist **absolut,** dh er ist nicht auf die offenbarte Verwendung begrenzt, sondern umfasst jedweden gewerbsmäßigen Gebrauch, unabhängig davon, ob der Gebrauchsmusterinhaber eine derartige Anwendung bereits erkannt hatte (vgl. zum Patentrecht BGH GRUR 1987, 231, 232 – *Tollwutvirus*). Bei einem Stoffanspruch mit einer Zweckbindung, die den Grund für die Schutzfähigkeit bildet, wird der Schutzbereich auf den beanspruchten Effekt begrenzt (vgl. zum Patentrecht BGH GRUR 1992, 305 – *Heliumeinspeisung*). Die Lösung des technischen Problems bei Stofferfindungen liegt darin, dass der neue Stoff, das heißt die neue chemische Verbindung oder neue Legierung geschaffen (bereitgestellt) wird. **138**

Angaben über den technischen, zum Beispiel chemischen Effekt der beanspruchten Stoffe gehören nicht zum Gegenstand der Stofferfindung (vgl. zum Patentrecht BPatG GRUR 1978, 696, 697 – *Aminobenzylpenicillin*). Hieraus folgt, dass entweder für den neuen Stoff ein **Herstellungsweg** genannt oder die **Herstellbarkeit** für den Fachmann ohne weiteres erkennbar sein muss. Der beanspruchte Stoff muss „eindeutig identifiziert", dh von anderen nicht beanspruchten Stoffen unterschieden werden können (zum Patentrecht BGH GRUR 1985, 31, 32 – *Acrylfasern*). Ausgehend von **139** der Forderung der präzisesten Identifizierung ist der Stoff regelmäßig in folgender Reihenfolge zu kennzeichnen: durch Angabe der **chemischen Strukturformel,** seiner (allgemeingültigen) **wissenschaftlichen Bezeichnung** oder seiner **Summenformel;** bei Stoffen, bei denen diese Bezeichnungen nicht angegeben werden können, kann die Kennzeichnung auch durch die Angabe von **physikalischen und chemischen Eigenschaften** („Parameter") erfolgen, wenn und soweit diese Eigenschaften einzeln oder gemeinschaftlich eine eindeutige Identifizierung des Stoffes ermöglichen (zum Patentrecht BGH GRUR 1985, 31, 32 – *Acrylfasern;* BGH GRUR 2000, 591 592 – *Inkrustierungsinhibitoren*). Ein Stoff unbekannter Konstitution, der sich auch durch Parameter nicht zuverlässig beschreiben lässt, kann gegebenenfalls durch sein Herstellungsverfahren oder durch die Vorrichtung, durch die er gewonnen wird, gekennzeichnet werden (**product-by-process-Anspruch/product-by-apparatus-Anspruch;** vgl. hierzu → Rn. 154; → § 12a Rn. 250 ff.; → § 2 Rn. 49, → § 2 Rn. 57, → § 2 Rn. 60; → § 3 Rn. 216; vgl. BGH GRUR 1985, 31, 33 – *Acrylfasern*). Auch im letztgenannten Fall ist der Schutz auf ein Erzeugnis gerichtet, nicht auf ein Herstellungsverfahren. Ein Stoffschutz ist auch für eine **Gruppe von chemischen Stoffen,** dh für einen **Stoffbereich** oder Stoffbereiche möglich (zum Patentrecht BPatG GRUR 1976, 697 – *Disclaimer*). Dies setzt jedoch eine repräsentative Anzahl von Beispielen mit konkreten Angaben zu den geltend gemachten Eigenschaften voraus, um eine Verifizierung zu ermöglichen. Der Stoffschutz für chemische Stoffe setzt auch die Angabe des Anwendungsgebietes voraus, sofern dieses nicht aus sich heraus ersichtlich ist. Ebenso ist der Herstellungsweg anzugeben (was auch lediglich in der Beschreibung erfolgen kann).

140 Der Stoff ist **neu,** wenn er als solcher nicht bekannt war. Wirkung, Verwendung und Zweck sind angesichts des absoluten Stoffschutzes bei der Neuheit nicht zu prüfen. Eine neuheitsschädliche Vorveröffentlichung liegt nicht nur dann vor, wenn der Stoff als Individuum ausreichend beschrieben ist, sondern wenn ein Fachmann auch durch die Angaben in dem vorbekannten Dokument ohne weiteres in die Lage versetzt wird, die chemische Verbindung auszuführen, mithin den betreffenden Stoff zu erlangen; die bloße Tatsache, dass der Stoff unter eine veröffentlichte Formel fällt, ist für sich allein jedoch nicht neuheitsschädlich (vgl. zum Patentrecht BGH GRUR 1988, 447 – *Fluoran;* BGH GRUR 2009, 382, 384, 385 – *Olanzapin*). Eine Vorbenutzung eines chemischen Stoffes ist ebenfalls nur neuheitsschädlich, wenn die Benutzung den Stoff als solchen für den Fachmann zugänglich gemacht hat; hieran kann es fehlen, wenn der Stoff zum Beispiel Bestandteil einer Verbindung ist und für den Fachmann keine relevante Veranlassung zu einer Analyse gegeben war (vgl. zum Patentrecht BGH GRUR 2015, 1091 – *Verdickerpolymer I;* Einzelheiten: → § 3 Rn. 143, → § 3 Rn. 182, → § 3 Rn. 206, → § 3 Rn. 208 ff., → § 3 Rn. 220 ff.).

141 Das Vorliegen eines **erfinderischen Schritts** ist regelmäßig zu bejahen, wenn überraschende Eigenschaften und Wirkungen des neuen Stoffes im Vergleich zu bekannten Stoffen gegeben sind und der Fachmann diese Effekte nicht erwarten konnte (vgl. zum Patentrecht BGH GRUR 1970, 408 – *Anthradipyrazol*). Aus der (bloßen) Struktur eines Stoffes kann dies nicht ohne weiteres abgeleitet werden. Ein (gegenüber dem nächstkommenden Stand der Technik durchzuführender) **Vergleichstest** muss grundsätzlich die Überlegenheit gegenüber allen konstitutionell vergleichbaren Stoffen und allen bekannten Mitteln gleicher Wirkungsrichtung zeigen (vgl. zum Patentrecht BGH GRUR 1972, 541 – *Imidazoline*). Die Überlegenheit gegenüber allen bekannten Stoffen kann ausreichend glaubhaft sein, wenn der Vergleich nur mit einem anerkannt gut wirkenden bekannten Mittel gleicher Wirkung durchgeführt wird (vgl. zum Patentrecht BGH GRUR 1970, 408 – *Anthradipyrazol*).

142 Der im Jahre 2006 zurückgezogene „Vorschlag für eine Richtlinie des Europäischen Parlaments und des Rates über die Angleichung der Rechtsvorschriften betreffend den Schutz von Erfindungen durch Gebrauchsmuster" vom 12.12.1997 (ABl. 1998 C 36, 13) sah einen Ausschluss von Erfindungen betreffend **chemische oder**

pharmazeutische Stoffe oder Verfahren vom GebrM-Schutz vor. Mit „chemische Stoffe“ waren wohl auf chemischen Wege hergestellte Stoffe gemeint. Dieser nur als bedauerlicher Rückschritt im Bemühen der Schaffung eines effektiven GebrM-Schutzes anzusehende Vorschlag wurde nicht weiterverfolgt (vgl. → Vorb § 1 Rn. 43, → Vorb § 1 Rn. 60). Erfindungen betreffend chemische oder pharmazeutische Stoffe sind somit prinzipiell dem GebrM-Schutz zugänglich. Zum Schutzausschluss biotechnologischer Erfindungen siehe → Rn. 56ff.

7.1.5 Mittelgebrauchsmuster. Mittelansprüche werden definiert durch die Angabe des Verwendungszwecks des als zum Beispiel therapeutisch wirksam gefundenen Stoffes im Gebrauchsmusteranspruch. Dieses auch als „zweckgebundener Sachanspruch“ bezeichneten Anspruchs bedarf es nicht, wenn der Erfinder Stoffschutz oder Verwendungsschutz beanspruchen kann und diesen beansprucht (vgl. BGH GRUR 1982, 548, 549 – *Sitosterylglykoside;* Einzelheiten nachfolgend unter „Arzneimittelgebrauchsmuster“ → Rn. 151; → § 12a Rn. 289f.). **143**

7.1.6 Arzneimittelgebrauchsmuster

Literatur (Auswahl): *Utermann,* Verwendungsanspruch neben Stoffanspruch, GRUR 1981, 537; *Vossius,* Die Patentierbarkeit der zweiten medizinischen Indikation nach deutschem und europäischem Patentrecht, GRUR 1983, 483; *Hansen,* Zur Bedeutung der EPA-Entscheidung über die zweite Indikation für pharmazeutische Erfindungen, GRUR Int. 1985, 557; *Utermann,* Der zweckgebundene Verfahrensanspruch für Arzneimittel, GRUR 1985, 813; *Wolfrum,* Verfassungsrechtliche Fragen der Zweitanmeldung von Arzneimitteln, Pflanzenbehandlungsmitteln und Chemikalien – zugleich ein Beitrag zum Schutz technischer Innovationen, GRUR 1986, 512; *Hansen,* Neue Probleme der zweiten Indikation in der europäischen und nationalen Patentpraxis, GRUR Int. 1988, 379; *Spada,* Erzeugnis, Verfahren und Anwendung zwischen technologischer Realität und dem Patentrecht, GRUR Int. 1991, 416; *Hirsch/Hansen,* Der Schutz von Chemieerfindungen, 2. Aufl. 1995; *Beier/Ohly,* Was heißt „unmittelbares Verfahrenserzeugnis“?, GRUR Int. 1996, 973; *Bühling,* Gebrauchsmusterschutz für Verwendungserfindungen, GRUR 2014, 107; *Kühnen/Grunwald,* Hat der Stoffschutz Löcher?, GRUR 2015, 35.

Wegen der häufig längere Zeit in Anspruch nehmenden (arzneimittelrechtlichen sowie patentrechtlichen) Prüfung und Zulassung kommt ein gebrauchsmusterrechtlicher Schutz vor allem als Komplementärschutz zum Patent in Betracht, der insbesondere in dem schutzrechtsfreien Zeitraum zwischen Patentanmeldung bzw. deren Offenlegung und deren Erteilung wirksam ist. Es kann davon ausgegangen werden, dass mit dem am 1.7.1990 in Kraft getretenen Verzicht auf das Raumformerfordernis im deutschen Gebrauchsmustergesetz die Eintragung von Gebrauchsmustern insbesondere für gestaltlose Stoffe und Stoffmischungen wie Arzneimittel sowie unkörperliche Erzeugnisse ermöglicht werden sollte (*Benkard/Goebel/Engel* GebrMG § 1 Rn. 6, 10). Demgegenüber sollten nach dem Vorschlag der Kommission der Europäischen Gemeinschaften für eine EU-Richtlinie über die Angleichung der Rechtsvorschriften betreffend den Schutz von Erfindungen durch GebrM chemische sowie pharmazeutische Stoffe bzw. Verfahren vom GebrM-Schutz ausgeschlossen werden (vgl. → Vorb § 1 Rn. 4ff.). **144**

Im Vergleich zum **Patentrecht,** wonach **Arzneimittel** Schutz in Form von Erzeugnis- und Verfahrenspatenten erhalten können, wobei als Verfahrensansprüche sowohl Herstellungs- als auch Verwendungsansprüche möglich sind, müssen im **Gebrauchsmusterrecht** weitere Besonderheiten beachtet werden. Im GebrMG fehlt eine den §§ 3 Abs. 3, Abs. 4, 2a Abs. 1 Nr. 2 S. 2 PatG entsprechende Regelung. Nach § 3 Abs. 3, Abs. 4 PatG wird die Patentfähigkeit von Stoffen oder Stoffgemischen nicht dadurch ausgeschlossen, dass sie zum Stand der Technik gehören, sofern sie zur Anwendung in einem der in § 2a Abs. 1 Nr. 2 S. 2 PatG genannten Verfahren bestimmt sind und ihre Anwendung zu einem dieser Verfahren nicht zum Stand der **145**

Technik gehört. Diese Vorschrift ergänzt mithin § 2a Abs. 1 Nr. 2 S. 1 PatG, der Verfahren zur chirurgischen oder therapeutischen Behandlung des menschlichen oder tierischen Körpers ausschließt, von diesem Verbot jedoch Erzeugnisse, insbesondere Stoffe oder Stoffgemische ausnimmt, wenn diese zur Anwendung in einem der genannten Verfahren angewandt werden. Diese Gesetzesregelung wird als „Einfallstor für den Erzeugnisschutz im pharmazeutischen Bereich" bezeichnet (*Benkard/Melullis* PatG § 3 Rn. 375); sie ist Ausgangspunkt differenzierter Rechtsprechung insbesondere zum patentrechtlichen Schutz der sogenannten ersten medizinischen sowie der zweiten oder weiteren medizinischen Indikation. Dieser Regelungskomplex befasst sich im Grunde nicht mit einem **Erzeugnisschutz** mit absoluter Wirkung, sondern mit einem **zweckgebundenen Stoffschutz** im Sinne einer erfinderischen **Verwendung** (vgl. zum Patentrecht BGH GRUR 1987, 794, 795, 796 – *Antivirusmittel;* → § 12a Rn. 295ff.; → § 12a Rn. 330). Hieraus kann jedoch nicht deren Schutzunfähigkeit im Gebrauchsmusterrecht auf Grund des Ausschlusses der Kategorie der Verfahrenserfindung in § 2 Nr. 3 geschlossen werden, zumal bei Verwendungserfindungen regelmäßig auch kein „mittelbarer Schutz" in Betracht kommt; denn der Gegenstand der Erfindung verdankt seine Verwirklichung nicht einem Verfahrensvorgang, sondern der Erkenntnis einer anderen Verwendungsfähigkeit eines bekannten Stoffes. Für die grundsätzliche Schutzfähigkeit von unter diesen patentrechtlichen Regelungskomplex fallenden Erfindungen auch im Gebrauchsmusterrecht spricht vielmehr die Tatsache, dass die beiden in § 2a Abs. 1 Nr. 2 PatG enthaltenen Regelungen als Verdeutlichungen und Klarstellungen des § 1 Abs. 1, 5 PatG anzusehen sind, nicht aber als Einschränkung des darin enthaltenen Grundsatzes (vgl. zum Patentrecht BGH GRUR 1983, 729, 730 – *Hydropyridin*). Mit § 3 Abs. 2 enthält das GebrMG eine § 5 PatG entsprechende Vorschrift. § 2 Nr. 3 schließt eine **analoge Anwendung des § 3 Abs. 3 PatG** nicht aus (so jetzt auch *Bühring/Braitmayer* § 1 Rn. 173; → § 2 Rn. 57). Denn zwischen sogenannten eingeschränkten Erzeugnisschutzansprüchen, die Schutz für bekannte Stoffe und bekannte Stoffgemische gewähren, sofern ihre Anwendung zur chirurgischen oder therapeutischen Behandlung des menschlichen Körpers oder bei Diagnostizierverfahren noch nicht zum Stand der Technik gehört (*Benkard/Asendorf/Schmidt* PatG § 2a Rn. 97) und den Verwendungsansprüchen (siehe dazu sogleich), die neue, als solche bekannte oder als Heil- oder Diagnosemittel bekannte Stoffe oder Stoffgemische zu einem neuen therapeutischen Zweck zum Inhalt haben (vgl. *Benkard/Asendorf/Schmidt* PatG § 2a Rn. 99), besteht kein qualitativ relevanter Unterschied. Bei Zugrundelegung eines praktisch vernünftigen Maßstabs (vgl. hierzu BGH GRUR 1987, 794, 795 – *Antivirusmittel*) stellt nämlich die Beschränkung des Schutzes auf eine bestimmte Verwendung letztlich nur die Reduzierung des Erzeugnisschutzes auf eine der in Betracht kommenden Verwendungen dar, die (inhaltlich) weder an der Patentkategorie noch an dem, von dem eingeschränkten Verwendungszweck abgesehen, vollen Schutzumfang etwas ändert (*U. Krieger* GRUR Int. 1996, 353, 355). Ob ungeachtet der vorerwähnten Auslegung für diese Kategorie der Erfindungen eine „Reaktivierung" sogenannter **Mittelansprüche** geboten erscheint, die in der Rechtsprechung als Auffangtatbestand zugelassen wurden, sofern sich im Nachhinein ergeben sollte, dass nicht der Stoff, sondern nur die bestimmte Verwendung des Stoffes oder der Stoff als Mittel zur Erreichung eines bestimmten Zwecks schutzfähig ist (zum Patentrecht BGH GRUR 1977, 212, 213 – *Piperazinoalkylpyrazole*), kann vor dem Hintergrund der jüngeren Rechtsprechung des BGH zum Schutz von Arzneimittelgebrauchsmustern in Frage gestellt werden.

146 In seiner Entscheidung „Arzneimittelgebrauchsmuster" hat der BGH (GRUR 2006, 135, 136) entschieden, dass § 2 Nr. 3 die Eintragung eines Gebrauchsmusters für die **Verwendung bekannter Stoffe** (→ § 2 Rn. 67ff., → § 2 Rn. 75ff., → § 2 Rn. 90ff.) im Rahmen einer neuen medizinischen Indikation nicht ausschließt. Dies wurde mit den Erwägungen begründet, dass die Verwendung eines bekannten Stoffs zur Erzielung einer bestimmten therapeutischen oder präventiven Wirkung am menschlichen oder tierischen Körper nicht schlechterdings als auf die Erzeugung eines Stoffs oder einer Sache ausgerichtetes Herstellungsverfahren angesehen werden kann, da sie die Verwendung in einem Handlungserfolg erschöpft. Ebenso wenig handelt es sich um ein Arbeitsverfahren, durch das an einem Objekt Arbeitsschritte vollzogen werden, ohne dass dabei eine Veränderung der behandelten Sache eintritt (zum Patentrecht BGH GRUR 1998, 130 – *Handhabungsgerät*). Bei der medizinischen Indikation dagegen wird zur Erzielung einer therapeutischen oder präventiven Wirkung auf einen menschlichen oder tierischen Körper eingewirkt. Der Gegenstand eines solchen Verwendungsanspruchs wird charakterisiert durch einen Stoff in einer bestimmten Verwendung (zum Patentrecht BGH GRUR 2005, 845, 847 – *Abgasreinigungsvorrichtung;* → § 12a Rn. 208, → § 12a Rn. 212, → § 12a Rn. 229 ff., → § 12a Rn. 233 ff., → § 12a Rn. 289 ff., → § 12a Rn. 312 ff.). Verwendungsansprüche dieser Art weisen jedenfalls Elemente von Erzeugnisansprüchen auf. Ihre Verwandtschaft mit Erzeugnisansprüchen wird auch dadurch deutlich, dass der BGH im Patentrecht die eingeschränkte Verteidigung eines Erzeugnisanspruchs in Form eines Verwendungsanspruchs zulässt. Dies wird mit der Erwägung begründet, dass dies nur zu einer Einschränkung, nicht aber einer Verlagerung des Patentschutzes führe. Denn ein Anspruch für ein Erzeugnis als solches umfasst alle Verwendungsmöglichkeiten (vgl. zum Patentrecht BGH GRUR 1988, 287 – *Abschlussblende*). Nach Auffassung des BGH sprechen diese Erwägungen dagegen, den für Verfahren in § 2 Nr. 3 vorgesehenen Ausschlusstatbestand auch auf Schutzansprüche anzuwenden, deren Gegenstand die Verwendung bekannter Stoffe für bestimmte medizinische Indikationen ist. Zudem sei den Gesetzesmaterialien nicht zu entnehmen, dass Verwendungsansprüche für bestimmte medizinische Indikationen vom Gebrauchsmusterschutz ausgenommen werden sollten. Der nach Wegfall des Raumformerfordernisses erweiterte Schutz für GebrM sollte lediglich dort eine Grenze haben, wo das ungeprüfte Schutzrecht die Rechtssicherheit erheblich gefährden würde und der Gebrauchsmusterschutz auf Grund seiner dann mangelnden Bestandskraft praktisch ins Leere liefe. Diese Grenze sei bei Verfahrenserfindungen überschritten (Gesetzesbegründung ProduktpiraterieG BlPMZ 1990, Seite 195). Diese Begründung erfasst nicht Verwendungsansprüche für medizinische Indikationen, die sich darauf beschränken, einen bekannten Stoff in einer beliebigen, bekannten Darreichungsform dem menschlichen oder tierischen Körper zuzuführen, um in diesem eine bestimmte Wirkung zu erzielen. Schwierigkeiten der Darstellung des Schutzanspruchs sind hier nicht zu erkennen. Ein Grund für eine hinsichtlich ihrer Schutzfähigkeit als Gebrauchsmuster unterschiedliche Behandlung von neuen Stoffen, die Arzneimittel sind, und bekannten Stoffen, deren Wirkung als Arzneimittel in einem erfinderischen Schritt gefunden wurde, sei nicht ersichtlich. Dies trage dem überragenden Interesse der Öffentlichkeit an der Entwicklung neuer Arzneimittel Rechnung. Die Entwicklung solcher Innovationen würde nicht gefördert, sondern gehemmt, wenn Arzneimittel zwar als neue Stoffe, nicht jedoch als neuartige Verwendungen bekannter Stoffe Gebrauchsmusterschutz beanspruchen könnten. Denn häufig wird bemerkenswerter medizinischer Fortschritt durch die innovative Verwendung bereits bekannter Stoffe erzielt (zum Vorstehenden: BGH GRUR 2006, 135, 136 – *Arzneimittelgebrauchsmuster*). Im Einzelnen:

7.1.6.1 Erzeugnisschutz/Stoffschutz. Ein Stoffanspruch gewährt Schutz für den im Gebrauchsmusteranspruch jeweils näher definierten Stoff und darüber hinaus für alle Verwendungsmöglichkeiten des Stoffes, unabhängig davon, ob der Patentinhaber die einzelne Verwendungsmöglichkeit erkannt und in der Gebrauchsmusterschrift mitgeteilt hat – **„absoluter Stoffschutz"** (vgl. zum Patentrecht BGH GRUR 1996, 190 – *Polyferon;* LG Hamburg Mitt. 1996, 315 – *Patentverletzung durch ärztliche Verschreibung;* Einzelheiten: → § 12a Rn. 208 ff., → § 12a Rn. 229 ff., → § 12a Rn. 236 ff.). Unter „Stoff" sind auch solche pharmazeutischen Produkte zu verstehen, 147 bei denen verschiedene Stoffe, Stoffmischungen oder Stofflösungen in einer Verpackungs- bzw. Applikationseinheit räumlich getrennt konfektioniert sind (zum Patentrecht BPatG GRUR 1980, 169, 170 – *Zweiphasenremineralisierung*). Hilfsstoffen (Zusatzstoffen) kommt dabei sowohl im Hinblick auf die Schutzfähigkeit als auch den Schutzumfang grundsätzlich keine andere Bedeutung zu, als den beanspruchten Stoff (für den erstrebten Erfolg) gebrauchsfertig zu machen (zum Patentrecht BGH GRUR 1977, 212, 214 – *Piperazinoalkylpyrazole*). Absoluter Stoffschutz ist für bekannte Stoffe mangels Neuheit nicht erreichbar; eine neue Verwendungsweise begründet nicht die Neuheit eines bereits bekannten Stoffes (BGH GRUR 1982, 548, 549 – *Sitosterylglykoside*).

148 Ein sogenannter **zweckgebundener Stoffschutz** (Einzelheiten: → § 12a Rn. 289ff., → § 12a Rn. 312ff.) kommt entsprechend den einleitenden Ausführungen in dieser Anmerkung auch im Rahmen eines Gebrauchsmusterschutzes nicht nur für Arzneimittel auf der Basis bekannter Stoffe in Betracht, wenn diese Stoffe oder Stoffgemische zwar allgemein, aber nicht zur Anwendung in chirurgischen, Therapie- oder Diagnostizierverfahren zum Stand der Technik gehören (§ 3 Abs. 3 PatG analog; vgl. zum Schutz der „ersten medizinischen Anwendung" im Patentrecht BGH GRUR 1983, 729, 731 – *Hydropyridin;* BGH GRUR 1987, 794, 795 – *Antivirusmittel*). Der „zweckgebundene Stoffschutz" ist durch eine bestimmte Zweckverwirklichung gekennzeichnet, die den wesentlichen Bestandteil der unter Schutz gestellten Erfindung bildet und die nur durch die Verwirklichung des ihr innewohnenden Zwecks in einem praktisch erheblichen Umfange realisiert wird; eine Benutzung des Schutzgegenstandes scheidet aus, wenn dieser Zweck weder angestrebt noch zielgerichtet erreicht, sondern ein anderer als der im Anspruch genannte Zweck verwirklicht wird (vgl. BGH GRUR 1987, 794, 795 – *Antivirusmittel,* auch zu der Frage, inwieweit im Patentrecht für diese Art der Erfindungen die Formulierung eines Verwendungsanspruches gewählt werden soll, BGH GRUR 1987, 794, 796 – *Antivirusmittel*). Geschützt wird nur das Anbieten, Inverkehrbringen, Gebrauchen, Einführen und Besitzen zur Anwendung im therapeutischen Verfahren (kein „absoluter Stoffschutz"); ungeachtet dessen erstreckt sich der Schutz bereits auf die **sinnfällige Herrichtung,** was nicht nur durch eine besondere Gestaltung des Stoffes oder des Stoffgemisches, sondern auch durch eine ihm beim Vertrieb beigegebene Gebrauchsanleitung in Form eines Beipackzettels, die Konfektionierung, gebrauchsfertige Verpackung oder in sonstiger Weise geschehen kann (vgl. zum Patentrecht BGH GRUR 1990, 505, 506 – *Geschlitzte Abdeckfolie;* BGH GRUR 2007, 404, 405 – *Carvedilol II*). Vgl. zum zweckgebundenen Anspruch → § 12a Rn. 329ff.

149 **Kein** Stoffschutz, auch kein zweckgebundener Stoffschutz kommt für die neue, erfinderische Formulierung von Stoffen/Stoffgemischen in Betracht, deren „medizinische Anwendung" bereits zum Stand der Technik gehört (zum Patentrecht BGH GRUR 1982, 548, 549 – *Sitosterylglykoside;* BGH GRUR 1983, 729, 731 – *Hydropyridin;* → § 3 Rn. 208ff.). Ein zweckgebundener Stoffschutz bei der sogenannten zweiten medizinischen Indikation scheidet infolgedessen aus; insoweit kommt (nach hier vertretener Auffassung) ein Verwendungs- bzw. Mittelanspruch in Betracht (vgl. dazu → Rn. 145, → Rn. 152).

150 Zur Schutzrechtsverletzung durch ärztliche Verschreibung sowie zur mittelbaren Verletzung einer geschützten Kombination aus zwei Wirkstoffen, wenn der Anbieter einen der beiden Wirkstoffe mit einem Beipackzettel versieht, bei dem die Einnahme dieses Wirkstoffs zusammen mit dem anderen Wirkstoff empfohlen wird: LG Hamburg Mitt. 1996, 315 – *Patentverletzung durch ärztliche Verschreibung.*

151 **7.1.6.2 Mittelansprüche.** Mittelansprüche werden definiert durch die Angabe des Verwendungszwecks des als therapeutisch wirksam gefundenen Stoffes im Schutzanspruch (vgl. zum Patentrecht BGH GRUR 1977, 652, 653 – *Benzolsulfonylharnstoff*). Sie wurden insbesondere auf Grund ihrer Erleichterung der Rechtswahrung und -verfolgung durch die genauere Umschreibung des dem Anmelder zustehenden

Schutzes ursprünglich zugelassen (zum Patentrecht BGH GRUR 1977, 212, 213 – *Piperazinoalkylpyrazole*) und als „zweckgebundene" Sachansprüche bezeichnet. Ferner wurden sie gewährt für Arzneimittel als solche, das heißt für Zubereitungen des Wirkstoffs im Sinne einer formulierten Spezialität (vgl. zum Patentrecht BGH GRUR 1982, 548, 549 – *Sitosterylglykoside*). Die Schutzfähigkeit dieses Gegenstands konnte in der Neuheit sowie erfinderischen Leistung des Wirkstoffes selbst, der Gestaltung (Formulierung) des Wirkstoffs als Arzneimittel oder in der Verwendung des Wirkstoffs als Arzneimittel zur Behandlung einer bestimmten Krankheit oder der Stoff als Mittel zur Erreichung eines bestimmtes Zwecks liegen (BGH GRUR 1982, 548, 549 – *Sitosterylglykoside*). Nach Inkrafttreten des Patentgesetzes 1968, durch das ein absoluter Stoffschutz für Arzneimittel anerkannt wurde, bestand für Mittelansprüche im Patentrecht jedenfalls dann kein Rechtsschutzbedürfnis mehr, wenn der Erfinder auch Stoffschutz beanspruchen konnte und diesen beansprucht hat (BGH GRUR 1982, 548, 549 – *Sitosterylglykoside*). Ebenso sollte im Patentrecht kein Mittelanspruch möglich sein, wenn ein **Verwendungsanspruch** in Betracht kam (BGH GRUR 1982, 548, 549 – *Sitosterylglykoside;* BGH GRUR 1977, 652, 653 – *Benzolsulfonylharnstoff*). Im Hinblick auf die Rechtsprechung des BGH (GRUR 2006, 135 – *Arzneimittelgebrauchsmuster*) zur Zulassung von Verwendungsansprüchen für Arzneimittel im Rahmen des GebrM-Schutzes besteht für GebrM keine Grundlage für die Zulassung von Mittelansprüchen, wenn die Voraussetzungen eines Verwendungsanspruches vorliegen (vgl. → Rn. 145, Rn. 152). Ein Rückgriff auf Mittelansprüche, wenn die Voraussetzungen eines absoluten Stoffschutzes nicht vorliegen, ist vor diesem Hintergrund auch für GebrM nicht mehr notwendig.

7.1.6.3 Verwendungsansprüche. Er betrifft die Verwendung eines neuen, als solchen bekannten oder als Heil- oder Diagnosemittel bekannten Stoffes oder Stoffgemisches zu einem neuen therapeutischen Zweck. Verwendungsansprüche werden nach hM der Kategorie der Verfahrenserfindungen zugeordnet, so dass diese unter den Ausschlussfortbestand des § 2 Nr. 3 fallen. Nach der hier vertretenen Auffassung und der jüngeren Rechtsprechung des BGH (vgl. die einleitenden Bemerkungen → Rn. 146; → § 2 Rn. 67ff.; → § 2 Rn. 7; → § 12a Rn. 312ff.) ist die Gewährung von Verwendungsansprüchen bei Gebrauchsmustern jedoch nicht ausgeschlossen. Insbesondere kommt analog zum Patentrecht (vgl. hierzu BGH GRUR 1983, 729, 731 – *Hydropyridin*) der Schutz der Verwendung einer bereits als Arzneimittel bekannten Substanz auch zur Behandlung einer mit dieser Substanz noch nicht behandelten Krankheit – sogenannte **zweite und weitere medizinische Indikation** – in Betracht (*U. Krieger* GRUR Int. 1996, 354, 355; so auch BGH GRUR 2006, 135, 136 – *Arzneimittelgebrauchsmuster*). Gegenstand eines solchen Anspruchs ist allein die Verwendung des Mittels zum Zweck der Vorbeugung gegen und der Bekämpfung von bestimmten Krankheiten – kein absoluter Stoffschutz (vgl. zum Patentrecht BGH GRUR 1987, 794, 796 – *Antivirusmittel*). Eine Kumulierung mit einem Stoffanspruch ist zulässig (vgl. zum Patentrecht BGH GRUR 1977, 652, 653 – *Benzolsulfonylharnstoff*). Alle der ärztlichen Anwendung vorausgehenden Handlungen werden von dem Verwendungsanspruch erfasst (zum Patentrecht BGH GRUR 1987, 794, 796 – *Antivirusmittel*), insbesondere erstreckt sich analog zum Patentrecht der Gebrauchsmusterschutz sowohl auf die durch die Gebrauchsanleitung sinnfällig gewordene neue Anwendung als auch auf die Formulierung, Konfektionierung des Medikaments, seine Dosierung und gebrauchsfertige Verpackung, die sämtlich bereits im gewerblichen Bereich liegen (vgl. lediglich zum Patentrecht BGH GRUR 1982, 548, 549 – *Sitosterylglykoside;* BGH GRUR 1983, 729, 731 – *Hydropyridin*). Dem Arzt ist es bei einem Verwendungsanspruch verboten, solche Erzeugnisse zu erwerben, zu verordnen oder zu verabreichen, die ohne Erlaubnis des Schutzrechtsinhabers konfektioniert und in den Verkehr gebracht worden sind (vgl. zum Patentrecht BGH GRUR 1977, 652, 654 – *Benzolsulfonylharnstoff;* LG Hamburg Mitt. 1996, 315 – *Pa-* 152 *tentverletzung durch ärztliche Verschreibung*). Die Herstellung des vorbekannten Stoffes ist grundsätzlich frei. Der Verwendungsschutz beginnt erst, wenn der Stoff objektiv in einer Weise hergestellt wird, die ihn nur für die geschützte Verwendung geeignet macht, oder mit der sinnfälligen Herrichtung des bekannten Stoffs für den geschützten Zweck (GRUR 2006, 135, 136 – *Arzneimittelgebrauchsmuster;* zum Patentrecht BGH GRUR 1982, 548, 549 – *Sitosterylglykoside*).

153 **7.1.6.4 Herstellungsverfahren.** Die Herstellung von Stoffen oder Stoffgemischen zur Anwendung in therapeutischen Verfahren sowie die Herstellung von Arzneimitteln sind im Hinblick auf den Regelungsgehalt des § 2 Nr. 3 nicht gebrauchsmusterschutzfähig.

154 **7.1.7 Product-by-process-Anspruch.** Diese Art der Anspruchsfassung betrifft ein „Erzeugnis", das durch das Verfahren seiner Herstellung gekennzeichnet wird. Ein solcher Anspruch ist zulässig, wenn das Erzeugnis nicht durch spezifische Merkmale definiert werden kann oder eine Kennzeichnung des Erzeugnisses durch Parameter seiner Eigenschaften unmöglich oder gänzlich unpraktisch ist. Diese Kennzeichnungsmöglichkeit beschränkt sich nicht nur auf chemische Stoffe, sondern gilt auch für auf andere Weise hergestellte (zB auch biologische) Erzeugnisse (vgl. lediglich zum Patentrecht BGH GRUR 1979, 461 – *Farbbildröhre;* BGH GRUR 1985, 31, 32 – *Acrylfasern;* BGH GRUR 1993, 651, 655 – *tetraploide Kamille;* BGH GRUR 2005, 749, 751 – *Aufzeichnungsträger*). Trotz der Beschreibung durch das Herstellungsverfahren ist Gegenstand des Schutzrechtes das Erzeugnis als solches, das auch selbst die Schutzvoraussetzungen für ein Gebrauchsmuster erfüllen muss (zum Patentrecht BGH GRUR 1993, 651, 655 – *tetraploide Kamille*). Ein product-by-process-Anspruch beschränkt den Schutz für das Erzeugnis nicht auf solche Stoffe/Erzeugnisse, die auf dem angegebenen Verfahrensweg hergestellt worden sind; die Beschreibung des Herstellungsweges dient nur der eindeutigen Kennzeichnung des Erzeugnisses/Stoffes. Trotz unterschiedlicher Herstellung ist folglich ein in den Merkmalen übereinstimmendes Erzeugnis als Gebrauchsmusterverletzung anzusehen. Unter denselben Voraussetzungen kann ein Erzeugnis auch durch eine zu seiner Herstellung benutzte Vorrichtung **(product-by-apparatus-Anspruch)** gekennzeichnet werden (zum Patentrecht BGH GRUR 1985, 31, 32 – *Acrylfasern*). Diese Arten der Anspruchsfassung werden somit insgesamt nicht durch den Ausschluss von Verfahrenserfindungen tangiert. Die Entscheidung über die Zulässigkeit eines Gebrauchsmusterschutzbegehrens (hierzu gehört auch die Prüfung auf Technizität) fällt in den Zuständigkeitsbereich des nichttechnischen Dienstes des Patentamts. Die spätere Durchsetzung eines eingetragenen Gebrauchsmusters hängt deshalb insbesondere bei diesen Arten der Anspruchsfassung in weit größerem Maße als bei der Patentanmeldung von der Sorgfalt der eingereichten Anmeldungsunterlagen ab (vgl. *Tronser* GRUR 1991, 10, 14). Siehe auch → § 12a Rn. 250ff., → § 2 Rn. 49, → § 2 Rn. 57, → § 2 Rn. 60; → § 3 Rn. 216.

155 **7.1.8 Anwendungs- und Verwendungsgebrauchsmuster.** Gegenstand von Anwendungs- oder Verwendungserfindungen sind Zweckbindung, Verwendung oder Brauchbarkeit von Stoffen oder Sachen (vgl. *Benkard/Bacher* PatG § 1 Rn. 75). Verwendungsansprüche werden nach hM der Kategorie der Verfahrenserfindungen zugeordnet, so dass diese unter den Ausschlussfortbestand des § 2 Nr. 3 fallen. Es fehlt jedoch an einer Rechtfertigung für den Ausschluss von Verwendungsansprüchen für GebrM. Dies gilt insbesondere nach der Rechtsprechung des BGH zur Zulässigkeit von Verwendungsansprüchen bei Arzneimittelgebrauchsmustern (BGH GRUR 2006, 135 – *Arzneimittelgebrauchsmuster*). Es besteht kein Anlass, die Zulässigkeit von Verwendungsansprüchen auf andere technische Gebieten zu verneinen (ähnlich jetzt auch *Bühring/Braitmayer* § 1 Rn. 170; *Benkard/Goebel/Engel* GebrMG § 1 Rn. 7). In diesem Sinne hat auch das BPatG festgestellt, dass für die Einordnung einer Erfindung als Erzeugnis oder als Verfahren zwar grundsätzlich nicht die sprachliche Fassung der

Ansprüche maßgebend ist, sondern der nach objektiven Gesichtspunkten zu beurteilende Inhalt der Erfindung, wie er sich nach dem sachlichen Offenbarungsgehalt der Anmeldungsunterlagen darstellt. Wird eine der beanspruchten Vorrichtung innewohnende Eignung für einen bestimmten Funktionsablauf zur Herstellung beschrieben, handelt es sich um gegenständliche Merkmale, welche zugleich auch die Vorrichtung (Herstellungsvorrichtung) kennzeichnen. Ein solcher Vorrichtungsanspruch ist nach herkömmlicher Definition ein Erzeugnis- und kein Verfahrensanspruch (zum Vorstehenden: BPatG Beschluss vom 8.3.2012, Az. 35 W (pat) 469/09). Zu Einzelheiten → § 2 Rn. 67 ff., → § 2 Rn. 75 ff.; → § 12a Rn. 312 ff.

7.2 Verfahren. Verfahren können nicht durch Gebrauchsmuster geschützt werden. Aus dem Fehlen eines beständigen körperlichen Substrats folgt nicht notwendig, dass eine Erfindung als Verfahren iSd § 2 Nr. 3 anzusehen ist (BGH GRUR 495, 497 – *Signalfolge*). Hinsichtlich der Einzelheiten vgl. die Kommentierung zu § 2 Nr. 3, → § 2 Rn. 2, → § 2 Rn. 67 ff. 156

8. Neuheit. Die Legaldefinition des Neuheitsbegriffes findet sich in § 3 Abs. 1. Im Unterschied zum Neuheitsbegriff des § 3 PatG ist 157

– nur die im Geltungsbereich des Gebrauchsmustergesetzes erfolgte offenkundige Vorbenutzung neuheitsschädlich; 158
– eine (nur) mündliche Beschreibung nicht neuheitsschädlich; 159
– eine Generalklausel neuheitsschädlicher Vorbenutzung „in sonstiger Weise" nicht vorgesehen. 160

Zu den Einzelheiten vgl. die Kommentierung zu § 3 Abs. 1 (→ § 3 Rn. 3 ff.). 161

9. Erfinderischer Schritt

Literatur (Auswahl): *Bruchhausen,* Die Revisibilität der Begriffe „Persönlich geistige Schöpfungen", „Eigentümliche Erzeugnisse", „Auf einer erfinderischen Tätigkeit beruhen" und „Auf einem erfinderischen Schritt beruhen", Festschrift für *Frhr. von Gamm* 1990, S. 353; *Kraßer,* Berichte der deutschen Landesgruppe für den Kongress der AIPPI in Montreal 1995: Einführung neuer und Harmonisierung bestehender Systeme zum Schutz von Gebrauchsmustern (Q 117), GRUR Int. 1995, 214 ff.; *Breuer,* Der erfinderische Schritt im Gebrauchsmusterrecht, GRUR 1997, 11; *Bardehle,* Erfinderische Tätigkeit, erfinderischer Schritt – „Ist unser Maßstab änderungsbedürftig"?, GRUR Int. 2008, 632; *König,* Die erfinderische Leistung – Auslegung oder Rechtsfortbildung, Mitt. 2009, 159; *Eisenführ,* Heraus aus dem Demonstrationsschrank!, Mitt. 2009, 165; *Smolinski,* Der „Demonstrationsschrank" – eine Rechtsfortbildung als erforderlicher Systembruch?, Mitt. 2011, 58; *Wenzel,* Rechtliche Bedenken gegen die BGH-Entscheidung „Demonstrationsschrank", GRUR 2013, 140.

9.1 Allgemeines/Zweck. Das GebrMG macht seit seiner Fassung vom 15.8.1986 den Gebrauchsmusterschutz ausdrücklich vom Vorliegen einer erfinderischen Leistung, eines „erfinderischen Schritts", abhängig. § 1 Abs. 1 enthält **keine Legaldefinition,** im Unterschied zu § 4 S. 1 PatG. Damit wollte der Gesetzgeber ua der Gefahr entgegentreten, dass mit jeder von den in Art. 5 StrÜ und Art. 56 EPÜ sowie § 4 PatG abweichenden Formulierung im GebrMG, aus der sich das geringere Maß an „Erfindungshöhe" eindeutig ergäbe, die „Erfindungshöhe" als selbständige Schutzvoraussetzung vollständig aufgegeben würde. Das GebrMG, das Schutz für technische Erfindungen gewährt, setzt zwingend eine technische Lehre mit **Erfindungsqualität** voraus, da andernfalls rein handwerkliche oder konstruktive Verbesserungen des Standes der Technik mit einem Ausschließlichkeitsrecht bedacht würden. 162

Streitig ist, ob an die erfinderische Qualität beim Gebrauchsmuster **geringere Anforderungen** als beim **Patent** zu stellen sind (vgl. *Bühring/Braitmayer* § 3 Rn. 73 ff.). So wird vertreten, dass die Anforderungen an die erfinderische Leistung unterschiedlich sein können, auch wenn der Erfindungsbegriff ein einheitlicher ist 163 (vgl. *Mes* § 1 Rn. 1, Rn. 13; BPatG GRUR 2006, 489 – *Schlagwerkzeug*). Prinzipiell sind vergleichbare Differenzierungskriterien wie bei den unterschiedlichen Anforderungen an die Gestaltungshöhe von Werken der angewandten bzw. der bildenden Kunst oder wie bei urheberrechtlichen im Vergleich zu geschmacksmusterrechtlichen Schöpfungen nach altem Geschmacksmusterrecht (vgl. hierzu BGH GRUR 1995, 581, 582 – *Silberdistel*) anwendbar. Dementsprechend hatte die Rechtsprechung in der Vergangenheit für den Gebrauchsmusterschutz geringere Anforderungen an die erfinderische Tätigkeit als im Patentrecht gestellt (vgl. BGH GRUR 1957, 270 – *Unfall-Verhütungsschuh;* BGH GRUR 1962, 575, 576 – *Standtank*). Der Gesetzgeber von 1986 wollte dieser Praxis dadurch Rechnung getragen, dass er die bis dahin im Gesetzeswortlaut fehlende Schutzvoraussetzung mit der Formulierung „erfinderischer Schritt" umschrieben hat, womit das im Verhältnis zum Patent geringere Maß an erfinderischer Leistung hervorgehoben werden sollte (vgl. amtl. Begründung zum GebrMÄndG 1986, BlPMZ 1986, 320, 322). Aus der Verlängerung der maximalen Schutzdauer des Gebrauchsmusters auf Grund des GebrMG in der Fassung des ProduktpiraterieG vom 7.3.1990 lässt sich allein ebenfalls keine Rechtfertigung entnehmen, die im Wortlaut unverändert gebliebene Schutzvoraussetzung nach strengeren Maßstäben zu beurteilen (BGH NJW-RR 1998, 761, 762 – *Induktionsofen*). Eine derartige Abstufung setzt jedoch zumindest faktisch voraus, dass im Patentrecht die Anforderungen für das Beruhen auf erfinderischer Tätigkeit nicht zu niedrig angesetzt werden.

164 Demgegenüber wendet der BGH seit der Entscheidung „Demonstrationsschrank" (GRUR 2006, 842) denselben **Maßstab bei der Bewertung der erfinderischen Leistung** bei GebrM und Patenten an. Dies wird wie folgt begründet: Auch beim Gebrauchsmuster sei ein erfinderischer Überschuss über das Bekannte verlangt worden. Im GebrMG selbst sei das Erfordernis einer erfinderischen Leistung erst mit dem GebrMÄndG 1986 ausdrücklich verankert worden. Mit der Kodifizierung des § 4 PatG seien im Patentrecht ohne jegliche Differenzierung alle Erfindungen schutzfähig, die neu und gewerblich anwendbar sind und für den Fachmann nicht naheliegen. Die Anforderungen an die Schutzfähigkeit seien damit derart herabgesetzt worden, dass sie alle nicht nur durchschnittlichen Leistungen erfassen. Verallgemeinerungsfähige Kriterien, mit denen diese Anforderungen noch unterschritten werden können, andererseits aber eine Monopolisierung trivialer Neuerungen vermieden wird, bei denen ein Ausschluss Dritter von der Benutzung auch vor dem Hintergrund höherrangigen Rechts nicht zu rechtfertigen wäre, seien bislang noch nicht entwickelt worden; für sie seien auch hinreichend sichere Kriterien nicht zu erkennen. Gegen die unterschiedliche Bewertung im Hinblick auf die Schutzvoraussetzung einer erfinderischen Leistung im Patent- und GebrM-Recht spreche darüber hinaus, dass die Schutzwirkungen des Patents nach §§ 9, 10 PatG und des Gebrauchsmusters nach §§ 11, 12a GebrMG jedenfalls im Wesentlichen die gleichen seien. Wenn auch Gebrauchsmusterschutz nicht auf allen dem Patentschutz zugänglichen Gebieten erlangt werden könne, sei das GebrM aber, wo ein entsprechender Schutz eröffnet ist, kein minderes Recht, sehe man von der kürzeren Höchstlaufzeit gemäß §§ 16 Abs. 1 PatG, 23 Abs. 1) ab. Dem Anliegen des Gesetzgebers, eine Unterscheidung vorzunehmen, sei zudem dadurch Rechnung getragen, dass der zu berücksichtigende Stand der Technik, und zwar nicht nur für die Neuheitsprüfung, sondern auch für die Beurteilung der erfinderischen Leistung, abweichend vom Patentrecht bestimmt sei (§ 3 Abs. 1 GebrMG, vgl. → § 3 Rn. 20ff.). Die verschiedenen Ansätze, die erfinderische Leistung im Gebrauchsmusterrecht anders als im Patentrecht zu bemessen, hätten insoweit allesamt keinen überzeugenden Ansatz aufgezeigt, dass und gegebenenfalls wie von der wertenden Betrachtung wie im Patentrecht über die unterschiedliche Bestimmung des Stands der Technik hinaus abgegangen werden könnte. Das Kriterium des erfinderischen Schritts sei im Gebrauchsmusterrecht wie das der erfinderischen Tätigkeit im Patentrecht ein qualitatives, für welches kein „Maß" existiere. Zudem unterschieden sich die Wertungskriterien beim Patent und beim Gebrauchsmuster lediglich marginal. Daher erscheine die Annahme, Ausschließlichkeit könne an eine „geringere" erfinderische Leistung anknüpfen als das Patent, ja sich letztlich sogar auf Naheliegendes gründen, als Systembruch; das Gebrauchsmusterrecht liefe Gefahr, auf diese Weise zum Auffangbecken für nach Patentrecht gerade nicht Schutzfähiges zu werden. Es verbiete sich aber, Naheliegendes etwa unter dem Gesichtspunkt, dass es der Fachmann nicht bereits auf der Grundlage seines allgemeinen Fachkönnens und bei routinemäßiger Berücksichtigung des Stands der Technik ohne weiteres finden kann, als auf einem erfinderischen Schritt beruhend zu bewerten mit der Folge, dass seine Benutzung allein dem Inhaber unter Ausschluss aller anderen am geschäftlichen Verkehr Teilnehmenden vorbehalten wäre. Eine solche Ausdehnung der Rechte sei vor dem Hintergrund der auch verfassungsrechtlich geschützten Handlungsfreiheit Dritter nicht zu rechtfertigen (zum Vorstehenden: BGH GRUR 2006, 842, 844, 845 – *Demonstrationsschrank*).

Diese Rechtsprechung ist kritisiert worden (vgl. lediglich *Bühring/Braitmayer* § 3 Rn. 91 ff.). Sie steht auch im Widerspruch zu den in → Rn. 163 genannten Anforderungen an die Schutzfähigkeit von GebrM. Gleichwohl erscheint die Rechtsprechung gefestigt. **165**

Die Beurteilung der erfinderischen Qualität einer technischen Lehre ist eine **wertende** Entscheidung. Es handelt sich nicht um eine Frage des Ermessens oder Beurteilungsspielraums, vielmehr um einen **unbestimmten Rechtsbegriff,** der seiner Natur nach weit gefasst ist und nach der Intention des Gesetzgebers auf eine Vielzahl verschiedener Einzelfälle angewandt werden soll. Es handelt sich um eine Frage des Einzelfalls, deren Beantwortung eine Gesamtbetrachtung aller maßgeblichen Sachverhaltselemente erfordert (vgl. zum Patentrecht BGH GRUR 2014, 647, 649 – *Farbversorgungssystem*). Nach der früheren Rechtsprechung des BGH lag diese Beurteilung im Wesentlichen auf tatsächlichem Gebiet und oblag entsprechend dem Tatrichter; eine Rechtsbeschwerde konnte infolgedessen nur eingeschränkt darauf überprüft werden, ob gegen prozessuale Vorschriften, die Lebenserfahrung oder die Denkgesetze verstoßen worden ist oder ob bei der Entscheidungsfindung wesentliche Umstände außer Acht gelassen wurden (BGH NJW-RR 1998, 761, 762 – *Induktionsofen*). Seit seiner Entscheidung *Demonstrationsschrank* (GRUR 2006, 842) sieht der BGH die Beurteilung der erfinderischen Tätigkeit in Anlehnung an seine Rechtsprechung zum Patentrecht als **Rechtsfrage** an, die mittels wertender Würdigung der tatsächlichen Umstände zu beurteilen ist, die unmittelbar oder mittelbar geeignet sind, etwas über die Voraussetzungen für das Auffinden der erfindungsgemäßen Lösung auszusagen (vgl. BGH GRUR 2012, 378, 379 – *Installiereinrichtung II;* zum Patentrecht BGH GRUR 2006, 663, 665 – *vorausbezahlte Telefongespräche*). Diese Rechtsfrage ist im Verfahren der zugelassenen Rechtsbeschwerde gegen eine Entscheidung im Gebrauchsmusterlöschungsverfahren oder nach Erlöschen des Gebrauchsmusters im Verfahren zur Feststellung der Unwirksamkeit des Gebrauchsmusters nach revisionsrechtlichen Grundsätzen zu überprüfen. Die ihr zu Grunde liegenden tatsächlichen Feststellungen sind für das Rechtsbeschwerdegericht grundsätzlich bindend, soweit sie nicht gegen die Lebenserfahrung oder die Denkgesetze verstoßen oder bei der Entscheidungsfindung wesentliche Umstände außer Acht gelassen wurden (BGH GRUR 2006, 842, 844, 845 – *Demonstrationsschrank*). Zum Umfang der Prüfung im Rechtsbeschwerdeverfahren vgl. auch → § 18 Rn. 74. Die tatsächlichen Feststellungen, welche Grundlage dieser wertenden Beurteilung sind, betreffen den Fachmann, sein durchschnittliches Wissen und Können und den maßgeblichen Stand der Technik (vgl. *Benkard/Asendorf/Schmidt* PatG § 4 Rn. 18). **166**

Nach § 11 Abs. 1 hat die Eintragung eines Gebrauchsmusters die Wirkung, dass allein der Inhaber befugt ist, den Gegenstand des Gebrauchsmusters zu benutzen. Diese Wirkung tritt, wie § 13 Abs. 1 bestimmt, (nur) dann nicht ein, wenn und soweit gegen den als Inhaber Eingetragenen für jedermann ein Löschungsanspruch besteht, insbesondere weil der Gegenstand des Gebrauchsmusters die gesetzlichen Schutzvo- **167** raussetzungen nicht erfüllt, § 15 Abs. 1 Nr. 1. Auf Grund dieses **Regel-Ausnahme-Verhältnisses** ist die **Schutzfähigkeit** eines Gebrauchsmusters zunächst zu **vermuten.** Dies ist nicht eine Frage des geprüften bzw. ungeprüften Schutzrechts. Wenn **Zweifel** daran bestehen oder wenn die mit einem Löschungsbegehren befassten Behörden bzw. Gerichte jedenfalls nicht davon überzeugt sind, dass eine Erfindung für den Fachmann in naheliegender Weise aus dem Stand der Technik folgt, so ergibt sie sich ersichtlich nicht in naheliegender Weise aus dem Stand der Technik und hat damit als auf einem erfinderischen Schritt beruhend zu gelten (vgl. zum Patentrecht BGH GRUR 1997, 272, 274 – *Schwenkhebelverschluss;* BPatG GRUR 1997, 523, 524 – *Faksimile-Vorrichtung;* BGH GRUR 1996, 757, 761 – *Zahnkranzfräser*). Das Fehlen der Schutzvoraussetzungen und damit den Nichteintritt der gesetzlichen Wirkungen der Eintragung hat deshalb derjenige **darzulegen** und zu **beweisen,** der sich hierauf beruft.

168 Da für die Beurteilung des erfinderischen Schritts auf das Wissen und Können des Durchschnittsfachmanns abzustellen ist, können allein **objektive** Gesichtspunkte maßgeblich sein; subjektive Bewertungen nach der Person des Erfinders, nach den von ihm verübten Anstrengungen, etc haben hierbei auszuscheiden (vgl. zB zum Patentrecht BGH GRUR 1994, 357 – *Muffelofen*). Dies gilt auch für die im GebrM formulierte (subjektive) Aufgabe, sondern das objektiv gelöste technische Problem (vgl. *Benkard/Asendorf/Schmidt* PatG § 4 Rn. 24; zum Patentrecht BGH GRUR 2011, 607, 608 – *Sonnenschutzmittel III;* zum Patentrecht GRUR 2015, 356 – *Repaglinid*).

169 **9.2 Reform- und Harmonisierungsbemühungen.** Internationale Harmonisierungsbestrebungen lassen verstärkt den Wunsch nach einem „abgeschwächten Nichtnaheliegen" erkennen (vgl. *Kraßer* GRUR Int. 1995, 214, 218; *Grünbuch* S. 79ff.). Nach dem zurückgezogenen Diskussionsentwurf für ein europäisches Gebrauchsmuster sollte die Beurteilung der erfinderischen Tätigkeit von einem Vorliegen eines im Vergleich zum Stand der Technik praktisch bedeutsamen Vorteils abhängen (vgl. *Kern* GRUR Int. 1994, 549, 557, 558). Die in Art. 6 des EU-Richtlinienvorschlags vorgesehene Regelung wurde weitgehend abgelehnt (vgl. hierzu die Stellungnahme der Deutschen Vereinigung für gewerblichen Rechtsschutz und Urheberrecht, GRUR 1998, 554, 555). Demgegenüber hat der Bundesgerichtshof in seiner Entscheidung vom 20.6.2006 (GRUR 2006, 842 – *Demonstrationsschrank*) die Hürde für das Vorliegen eines erfinderischen Schritts angehoben. Die Praxis in Österreich hat sich dieser Rechtsprechung des BGH angeschlossen (vgl. OPM Mitt. 2011, 476 – *Teleskopausleger*).

170 **9.3 Zu berücksichtigender Stand der Technik.** Der Umfang des Standes der Technik, der bei der Prüfung auf Vorliegen des erfinderischen Schritts zu berücksichtigen ist, ergibt sich aus § 3 Abs. 1 (vgl. → § 3 Rn. 20ff.). Erfinderischer Schritt und Neuheit sind daher nach dem gleichen Stand der Technik zu beurteilen (vgl. BGH GRUR 1969, 271, 272 – *Zugseilführung*). Hieraus folgt, dass im Vergleich zur Prüfung der erfinderischen Tätigkeit nach dem Patentgesetz ein eingeschränkter Stand der Technik zu berücksichtigen ist. Vorgänge, die in der sogenannten **Neuheitsschonfrist** stattfinden, haben infolgedessen auch bei der Prüfung des erfinderischen Schritts außer Betracht zu bleiben.

171 Im Gegensatz zu der Neuheitsprüfung, bei der ein Einzelvergleich der Entgegenhaltungen mit dem Gegenstand der Erfindung stattfindet, ist bei der Beurteilung des erfinderischen Schritts zu bewerten, ob sich die Erfindung in naheliegender Weise aus dem Stand der Technik ergibt. Das erfordert die Betrachtung des Standes der Technik in seiner **Gesamtheit** (sog **mosaiksteinartige** Betrachtungsweise, vgl. BGH GRUR 1962, 518, 519 – *Blitzlichtgerät;* zum Patentrecht BGH GRUR 1953, 120, 123 – *Rohrschelle;* BGH Mitt. 2011, 26, 29 – *Gleitlagerüberwachung*). Ein erfinderischer Schritt liegt vor, wenn der Gegenstand des GebrM dem Fachmann auf Grund seines durchschnittlichen Könnens auf dem betreffenden Fachgebiet aus der Gesamtheit der ihm vom Stand der Technik vermittelten Kenntnisse und Anregungen nicht nahe gelegen hat (vgl. BGH GRUR 2012, 378, 379 – *Installiereinrichtung II*). Stand der Technik, der zu einem **entfernten** Fachgebiet gehört, dessen Entwicklung von dem relevanten Fachmann nicht mitverfolgt wird, hat bei der Prüfung dieser Schutzvoraussetzung (regelmäßig) außer Betracht zu bleiben (vgl. zum Patentrecht BPatG GRUR 1997, 619, 621 – *Mikrocomputer;* BGH Mitt. 2011, 26, 29 – *Gleitlagerüberwachung*).

Neben dem Stand der Technik ist das **allgemeine Fachwissen** des Fachmanns zu berücksichtigen, das sich als allgemeiner Wissensstand der Fachleute charakterisieren lässt; es umfasst die Summe der Fachkenntnisse und Fertigkeiten im Anmeldezeitpunkt. Dieses allgemeine Fachwissen findet zum Beispiel in der Fachliteratur oder den allgemeinen Erfahrungen des Fachmanns Niederschlag; es verkörpert allgemein die intellektuellen Kenntnisse und Fähigkeiten des Fachmanns und ist damit ua ein komplementärer Bestandteil jeglicher Offenbarung des Standes der Technik und mithin in diesem nicht notwendigerweise aufzudecken (vgl. zum Patentrecht BGH GRUR 1984, 272, 273 – *Isolierglasscheibenrandfugenfüllvorrichtung*). Was der Fachmann erst durch umfangreiche Recherchen auffindet, gehört nicht zu seinem allgemeinen Fachwissen. Ein Herumexperimentieren ist unschädlich, wenn die Beschreibung oder das Fachwissen den Fachmann mit einer gewissen Erwartungsquote zwangsläufig und ohne Umweg zum Erfolg führt. Bei der Beurteilung des erfinderischen Schritts ist ebenso das gleiche Niveau des allgemeinen Fachwissens anzuwenden wie bei der Frage der ausreichenden Offenbarung. **172**

Maßgebender **Zeitpunkt** für die Beurteilung des Offenbarungsgehaltes des vorbekannten Standes der Technik ist der **Anmelde- bzw. Prioritätstag** der Erfindung. Hingegen ist für die Beurteilung des Offenbarungsgehaltes einer Entgegenhaltung nicht auf den Zeitpunkt ihrer (erstmaligen) Veröffentlichung abzustellen; denn der Inhalt einer technischen Lehre wird nicht auf den Zeitpunkt ihrer erstmaligen Veröffentlichung eingefroren, er wird vielmehr durch den allgemeinen Wissensstand des Fachmanns auf Grund der sich entwickelnden Technik „belebt". Allerdings dürfen Kenntnisse, die erst aus der Gebrauchsmusteranmeldung gewonnen werden können, nicht zum Verständnis der Entgegenhaltung berücksichtigt werden – unzulässige rückschauende Betrachtungsweise (vgl. zum Patentrecht BGH GRUR 1989, 901 – *Sauerteig*). Eine **ex post-Betrachtung** (in Kenntnis der Erfindung) ist unzulässig (vgl. zum Patentrecht BGH GRUR 1980, 100, 103 – *Bodenkehrmaschine*). Die Erfindung darf nicht auf Grund späterer Erkenntnisse bewertet werden (vgl. zum Patentrecht BGH GRUR Mitt. 2003, 116, 120 – *Rührwerk*). **173**

Folgt aus der Gesamtschau des Standes der Technik, dass ein Fachmann ohne erfinderische Überlegung zu der angemeldeten Erfindung kommen kann, so beruht sie nicht auf einem erfinderischen Schritt. Insbesondere bei rückschauend einfach erscheinenden Lösungen darf nicht der erste Eindruck entscheiden, den man in Kenntnis der Erfindung gewonnen hat. Erfahrungsgemäß ist es weitaus schwieriger, statt einer komplizierten Lösung eine einfache zu entwickeln, mit der das gleiche Ergebnis erzielt wird (vgl. EPA GRUR Int. 1985, 580, 582). Trotz der gebotenen Gesamtschau wird aus Gründen der Verfahrensökonomie häufig die nächstliegende Entgegenhaltung (regelmäßig sog **gattungsbildender** Stand der Technik) als erstes geprüft. Ergibt sich aus ihr schon das Naheliegen der Erfindung, bedarf es keiner weiteren Prüfung mehr. Ist dieser nächstliegende Stand der Technik jedoch nicht geeignet, das Naheliegen der Erfindung zu begründen, bedarf es der Prüfung auch des entfernteren Standes der Technik. Nach der Rechtsprechung des BGH zum Patentrecht kann nicht stets der „nächstkommende" Stand der Technik als alleiniger Ausgangspunkt der Beurteilung des Naheliegens zu Grunde gelegt werden. Die Wahl eines Ausgangspunkts (oder auch mehrerer Ausgangspunkte) bedarf vielmehr einer besonderen Rechtfertigung, die in der Regel aus dem Bemühen des Fachmanns abzuleiten ist, für einen bestimmten Zweck eine bessere – oder auch nur eine andere – Lösung zu fin- **174** den, als sie der Stand der Technik zur Verfügung stellt (vgl. BGH GRUR 2009, 1039, 1040 – *Fischbissanzeiger;* BGH GRUR 2009, 382 – *Olanzapin*).

175 **9.4 Der Fachmann.** Ob dem Gebrauchsmuster die vom Gesetz erforderliche Erfindungsqualität zukommt, ist – trotz seiner Nichterwähnung im Gesetz – vom Standpunkt eines **Durchschnittsfachmanns** auf dem betreffenden technischen (dh einschlägigen) Fachgebiet zu beantworten (BGH NJW-RR 1998, 761, 762 – *Induktionsofen;* BGH GRUR 2005, 233, 235 – *Paneelelemente*). Die „Kunstfigur des Fachmanns" (*Benkard/Asendorf/Schmidt* PatG § 4 Rn. 34) wird zur Auslegung des GebrM und bei der Frage des erfinderischen Schritts herangezogen, um zu prüfen, ob der Fachmann den beanspruchten Gegenstand mit Hilfe seines Fachwissens und Fachkönnens auf Grundlage der Betrachtung des Standes der bestimmen wieweit der Stand der Technik Vorbilder und Anregungen für die vorgeschlagene Gestaltung bot (*Benkard/Asendorf/Schmidt* PatG § 4 Rn. 37). Maßgeblicher Fachmann ist, wer üblicherweise mit den einschlägigen technischen Entwicklungsarbeiten betraut ist, nicht der Anwender, Interessent oder Auftraggeber, der dem Fachmann zwar Anregungen geben kann und keinesfalls der tatsächliche Erfinder ist (vgl. zum Patentrecht BGH Mitt. 2003, 116, 117 – *Rührwerk;* BGH GRUR 2006, 663, 665 – *vorausbezahlte Telefongespräche*). Der maßgebliche Fachmann wird von der prüfenden Behörde oder dem prüfenden Gericht festgelegt (zum Patentrecht BPatG Mitt. 2008, 326 – *Scharnierkonstruktion*). Zu dem relevanten Wissen des Fachmanns gehört:

176 – der gesamte Stand der Technik seines **Fachgebietes** (auch einschließlich des sog papierenen Standes der Technik);

177 – das fachmännische **Können,** mit dem er sich in seinem Fachgebiet weiterentwickeln kann;

178 – das **allgemeine Fachwissen,** über das jeder Techniker verfügt; vgl. → Rn. 172;

179 – das Wissen auf technischen **Nachbargebieten** und auf einem **übergeordneten allgemeinen technischen Gebiet,** auf dem sich in größerem Umfang gleiche oder ähnliche Probleme stellen (vgl. insgesamt zum Patentrecht BGH GRUR 1986, 372, 374 – *Thrombozyten-Zählung;* BGH BlPMZ 1989, 133 – *Gurtumlenkung;* BGH GRUR 2010, 712, 717 – *Telekommunikationseinrichtung;* BGH GRUR 2010, 41, 43 – *Diodenbeleuchtung:* ggf. auch Wissen auf Grund der Einholung von Erkundigungen und Hinzuziehung von Experten, wenn das zu lösende Problem sich in einem sachlich naheliegenden Fachgebiet in ähnlicher Weise stellt); vgl. auch → Rn. 171.

180 Auch wenn danach in der Grundkonzeption nicht auf den überragenden, hervorragenden bzw. gewieften Fachmann, also den **Experten,** abzustellen ist, wird sich eine derartige Unterscheidung auf manchen hochtechnologischen Gebieten (zB Biotechnologie) nicht stringent durchführen lassen; hier werden beide Beurteilungsmaßstäbe häufig zusammenfließen. Bei einfacheren technischen Gebieten kann Fachmann zum Beispiel auch ein qualifizierter Handwerker sein. Die Zuziehung eines **zweiten Fachmanns** hat zu erfolgen, wenn das zu lösende Problem ersichtlich ein zweites Fachgebiet berührt (vgl. zum Patentrecht BGH GRUR 1988, 290, 294 – *Kehlrinne*) oder wenn der zuständige Fachmann erkennen konnte, dass er eine Lösung auf einem anderen Gebiet finden kann (zum Patentrecht BGH BlPMZ 1989, 133 – *Gurtumlenkung*). Bei gebietsübergreifenden Entwicklungen kann der Durchschnittsfachmann auch aus einem **Team** von Fachleuten bestehen (vgl. zum Patentrecht BGH GRUR 1986, 372 – *Thrombozyten-Zählung*); dasselbe gilt bei hochtechnologischen Gebieten.

181 **9.5 Erfinderischer Schritt – Abstand zum Stand der Technik.** Bei der Frage des erfinderischen Schritts ist zu prüfen, wieweit bereits der Stand der Technik Vorbilder und Anregungen für die vorgeschlagene Gestaltung bot. Nachdem die Anforderungen an die Schwelle der Schutzwürdigkeit bei Patenten und GebrM nach der

Rechtsprechung des BGH identisch sind, können die zum Patentrecht entwickelten Grundsätze auch für das Gebrauchsmusterrecht übernommen werden.

Ausgangspunkt für die Beurteilung des erfinderischen Schritts ist das technische Problem, das aus dem zu entwickeln ist, was die Erfindung gegenüber dem Stand der Technik tatsächlich leistet (vgl. zum Patentrecht BGH GRUR 2009, 382, 388 – *Olanzapin;* BGH GRUR 2012, 803, 805 – *Calcipotriol-Monohydrat;* BGH GRUR 2015, 352 – *Quetiapin;* BGH GRUR 2015, 356 – *Repaglinid*). Der für die Prüfung des erfinderischen Schritts maßgebliche Gegenstand bestimmt sich allein nach den **Schutzansprüchen,** §§ 4 Abs. 2 Nr. 3, 12a, § 5 Abs. 1 GebrMV (vgl. OLG Karlsruhe Beschluss vom 9.9.2015, Az. 6 U 78/14; BGH GRUR 1997, 360, 361 – *Profilkrümmer;* vgl. zum Patentrecht BPatG GRUR 1997, 275, 276 – *Logikgatter*). Dabei ist der **gesamte** Erfindungsgegenstand unter Einschluss auch der nichttechnischen Merkmale zu berücksichtigen, wenn die Erfindung technische und nichttechnische Merkmale enthält (vgl. zum Patentrecht BGH GRUR 1992, 430, 432 – *Tauchcomputer;* BPatG GRUR 1997, 275, 276 – *Logikgatter;* aA BPatG Mitt. 2005, 363, 366 – *Transaktion im elektronischen Zahlungsverkehr II;* BGH GRUR 2010, 613, 616 – *Dynamische Dokumentengenerierung:* Außerhalb der Technik liegende Anweisungen genügen in diesem Zusammenhang grundsätzlich nicht; sie sind nur in dem Umfang von Bedeutung, in dem sie auf die Lösung des technischen Problems mit technischen Mitteln Einfluss nehmen). Eine zum Beispiel nach Oberbegriff und Kennzeichen oder nach einzelnen Merkmalen zergliedernde Betrachtungsweise ist grundsätzlich nicht angebracht (vgl. zum Patentrecht BGH GRUR 1981, 736, 738 – *Kautschukrohlinge:* für Kombinationserfindung; BGH Mitt. 2002, 176, 178 – *Gegensprechanlage*). Die Beschreibung und die Zeichnungen sind bei der Auslegung der Ansprüche hinzuzuziehen (vgl. → § 12a Rn. 132ff.). Merkmale, die den Gegenstand der Anmeldung erweitern (§ 4 Abs. 5), werden bei der Prüfung des erfinderischen Schritts nicht berücksichtigt (vgl. → § 4 Rn. 58ff.; → § 13 Rn. 15ff.; → § 15 Rn. 60ff.). Die Betrachtung erfolgt nach qualitativen, nicht nach quantitativen Kriterien. Ferner ist zwischen dem technischen Problem (sog Aufgabe) einerseits und den Lösungsmerkmalen andererseits zu unterscheiden (siehe hierzu → Rn. 15ff., → Rn. 168). Das einem Gebrauchsmuster zu Grunde liegende technische Problem ist aus der Gebrauchsmusterschrift zu ermitteln. Wie beim Patent ist es von allen Elementen der Lösung (Lösungsansätzen, Lösungsprinzipien oder Lösungsgedanken) freizuhalten; insbesondere ist ein nach der Gebrauchsmustereintragung aufgefundener Stand der Technik ohne Einfluss auf das einer geschützten Erfindung zu Grunde liegende technische Problem (vgl. zum Patentrecht BGH GRUR 1991, 811 – *Falzmaschine;* BGH GRUR 1991, 522 – *Feuerschutzabschluss;* BGH GRUR 2004, 47, 49, 50 – *blasenfreie Gummibahn I*). **182**

Die Erfindung darf sich nicht in naheliegender Weise aus dem Stand der Technik ergeben. **Nicht naheliegend** ist eine das normale Maß technischer Gestaltungskraft des Fachmanns übersteigende schöpferische Tätigkeit (vgl. *Bühring/Braitmayer* § 3 Rn. 79ff., 96ff.; vgl. zum Patentrecht BGH Mitt. 2003, 116, 119 – *Rührwerk*). Rein handwerkliche Maßnahmen bzw. Routinemaßnahmen (vgl. BPatG Mitt. 2001, 361, 362 – *Innerer Hohlraum;* BPatG GRUR 2004, 852 – *Materialstreifenpackung;* BPatG Beschluss vom 9.6.2010, Az. 35 W (pat) 429/09; zum Patentrecht BPatG GRUR 1998, 37, 38 – *Videowiedergabegerät*), rein konstruktiven Maßnahmen (BGH GRUR 1987, 351 – *Mauerkasten II*) oder sich aufdrängenden Maßnahmen und Lösungen, welche zum typischen Aufgabenkreis des Fachmanns gehören (zum Patentrecht BGH GRUR 2003, 693, 694 – *Hochdruckreiniger*) reichen nicht aus. Dass die Kenntnis eines technischen Sachverhalts zum allgemeinen Fachwissen gehört, belegt jedoch noch nicht, dass es für den Fachmann nahegelegen hat, sich bei der Lösung eines bestimmten technischen Problems dieser Kenntnis zu bedienen (zum Patentrecht GRUR 2009, 743, 475 – *Airbag-Auslösesteuerung*). **183**

Bei der Beurteilung können auch die Grundsätze der ständigen Rechtsprechung der Beschwerdekammern des EPA zur Beurteilung der Voraussetzungen des Art. 56 **184**

EPÜ herangezogen werden. Nach dem sogenannten **could-would-Test** ist nicht ausschlaggebend, ob ein Fachmann den Gegenstand des Streitpatents **hätte** ausführen **können,** sondern vielmehr, ob er es in der Hoffnung auf eine Lösung der zu Grunde liegenden technischen Aufgabe auch **getan hätte.** Die technische Möglichkeit und das Fehlen von Hindernissen sind nur notwendige Voraussetzungen für die Ausführbarkeit, sind aber nicht hinreichend, um das für den Fachmann tatsächlich Realisierbare nahezulegen. Auch wenn die deutsche Rechtspraxis formal nicht auf diesen Ansatz abstellt, bedient sie sich seiner häufig faktisch (vgl. beispielsweise OLG Karlsruhe Beschluss vom 9.9.2015, Az. 6 U 78/14; zum Patentrecht BGH GRUR 2013, 363, 365 – *einteilige Öse*). Zum Beispiel, wenn das BPatG die Frage stellt, welchen Anlass ein durchschnittlicher Fachmann haben könnte, ein bauliches Teilmerkmal aus dem Stand der Technik zu übernehmen und auf eine andere technische Lösung zu übertragen (vgl. zum Patentrecht GRUR 1998, 653, 656 – *Regelbarer Schwingungsdämpfer für Kfz;* GRUR 1998, 661, 662 – *Näherungsschalter II*). Auch der BGH zieht bei dieser Frage in Erwägung, ob das Naheliegen der Erfindung oder lediglich deren Realisierung in Frage gestellt ist (vgl. zum Patentrecht BGH GRUR 1996, 857, 860 – *Rauchgasklappe*). Stehen dem Fachmann im Rahmen seines Wissens mehrere Möglichkeiten zur Verfügung, so richtet sich nach den zu erwartenden Vor- und Nachteilen, welche von diesen er realisiert (vgl. zum Patentrecht BGH GRUR 2005, 145, 148 – *elektrisches Modul*); das Fehlen einer ausdrücklichen Erwähnung im Stand der Technik stellt daher nicht das Naheliegen der beanspruchten Erfindung in Frage, sondern lediglich deren Realisierung (vgl. zum Patentrecht BPatG GRUR 1998, 37, 39 – *Videowiedergabegerät;* BGH GRUR 2001, 813, 817 – *Taxol;* zu „Vorurteilen" siehe unten). Besteht zwischen unterschiedlichen Teilbereichen eines Fachgebiets eine fachliche Kluft, kann es für den Fachmann dennoch naheliegend sein, Prinzipien aus beiden Bereichen für die Lösung einer Aufgabe anzuwenden, wenn diese Prinzipien in beiden Bereichen zu ähnlichen Zwecken eingesetzt werden (vgl. BGH GRUR 2010, 712, 718 – *Telekommunikationseinrichtung*).

185 Die Fähigkeit des Fachmanns, mittels seines Fachwissens und -könnens aus dem Stand der Technik die erfindungsgemäße Lösung zu entwickeln, ist notwendige aber nicht hinreichende Bedingung des Naheliegens einer Erfindung. Entscheidend ist vielmehr die Anregung oder Veranlassung zu einer solchen Lösung (*Meier-Beck,* GRUR 2014, 1033, 1034 unter Hinweis auf GRUR 2009, 746 – *Betrieb einer Sicherheitseinrichtung*). Nach der Rechtsprechung des BGH lässt sich keine allgemeine Aussage darüber treffen, in welchem Umfang und mit welcher Konkretisierung der Fachmann Anregungen im Stand der Technik benötigt, um eine bekannte Lösung in bestimmter Weise weiterzuentwickeln. Vielmehr handelt es sich um eine Frage des Einzelfalls, für deren Beantwortung alle maßgeblichen Sachverhaltselemente betrachtet werden müssen. Beachtlich sind hierfür nicht nur ausdrückliche Hinweise an den Fachmann sondern auch die Eigenarten des technischen Fachgebiets, insbesondere Ausbildungsgang und Ausbildungsstand der auf diesem Gebiet tätigen Fachleute zum Prioritätszeitpunkt und die auf diesem Gebiet übliche Vorgehensweise bei der Entwicklung von Neuerungen, technische Bedürfnisse, die sich aus der Konstruktion oder der Anwendung des erfindungsgemäßen Gegenstands ergeben, sowie nicht-technische Vorgaben, die geeignet sind, die Überlegungen des Fachmanns in eine bestimmte Richtung zu lenken oder Gesichtspunkte, die dem Fachmann **Veranlassung** geben könnten, die technische Entwicklung in eine andere, von der Erfindung wegweisende Richtung voranzutreiben (BGH GRUR 2012, 378, 379 – *Installiereinrichtung II;* BPatG Beschluss vom 30.6.2013, Az. 35 W (pat) 423/10; zum Patentrecht BGH GRUR 2014, 461, 463 – *Kollagenese I;* BGH GRUR 2014, 349 – *Anthocyanverbindung;* BGH GRUR 2012, 803, 805 – *Calcipotriol-Monohydrat;* BGH GRUR 2015, 356 – *Repaglinid;* BGH Mitt. 2015, 506 – *Steinkorb*). Dabei sind nicht etwa nur ausdrückliche Hinweise an den Fachmann beachtlich. Vielmehr können auch Eigenarten des in Rede stehenden technischen Fachgebiets, insbesondere betreffend die Ausbildung von Fachleuten, die übliche Vorgehensweise bei der Entwicklung von Neuerungen, technische Bedürfnisse, die sich aus der Konstruktion oder der Anwendung des in Rede stehenden Gegenstands ergeben und auch nichttechnische Vorgaben eine Rolle spielen (vgl. zum Patentrecht BGH GRUR 2014, 647 – *Farbversorgungssystem*). Beispielsweise lässt der Umstand, dass der Fachmann eine komplexe Vorrichtung gedanklich in unterschiedliche Module oder Komponenten zerlegen lässt und für die technische Funktion der Vorrichtung nur eine beschränkte Anzahl an Möglichkeiten der Relativbewegungen der Module oder Komponenten zueinander möglich ist, nicht den Schluss zu, dass es für den Fachmann nahelag, zur Lösung eines Problems von Relativbewegungen der Module oder Komponenten, Bewegungsalternativen in Betracht zu ziehen, welche eine erhebliche Umgestaltung der Module oder Komponenten erfordert (vgl. BGH GRUR 2011, 37, 39 – *Walzgerüst II*). Nach der Rspr des BGH hat beispielsweise der Fachmann, der mit einer punktuellen Verbesserung einer in einem internationalen Standard vorgesehenen Datenstruktur befasst ist, in der Regel Veranlassung, zur Lösung des technischen Problems auf Mechanismen zurückzugreifen, die im Standard bereits vorgesehen sind. Ergibt sich aus dem Standard eine überschaubare Zahl von möglichen Lösungsansätzen, von denen jeder spezifische Vor- und Nachteile hat, gibt dies in der Regel Veranlassung, jeden dieser Lösungsansätze in Betracht zu ziehen (zum Patentrecht BGH GRUR 2012, 261 – *Patentfähigkeit eines Verfahrens zur Übertragung elektronischer Postnachrichten*). Aber auch ein Handeln, dass nicht mit der Erwartung des erfindungsgemäßen Erfolgs verbunden ist, kann naheliegen (vgl. zum Patentrecht BGH GRUR 2012, 1130, 1132 – *Leflunomid*). Gehört eine maschinenbautechnische Lösung als ein generelles, für eine Vielzahl von Anwendungsfällen in Betracht zu ziehendes Mittel seiner Art nach zum allgemeinen Fachwissen des angesprochenen Ingenieurs, kann Veranlassung zu seiner Heranziehung bereits dann bestehen, wenn sich die Nutzung seiner Funktionalität in dem zu beurteilenden Zusammenhang als objektiv zweckmäßig darstellt und keine besonderen Umstände feststellbar sind, die eine Anwendung aus fachlicher Sicht als nicht möglich, mit Schwierigkeiten verbunden oder sonst untunlich erscheinen lassen (zum Patentrecht BGH GRUR 2014, 647 – *Farbversorgungssystem*).

9.6 Beweisanzeichen und Einzelfälle. In Folge der Notwendigkeit einer wertenden Beurteilung zur Ausfüllung des unbestimmten Rechtsbegriffs des erfinderischen Schrittes haben sich bei der praktischen Prüfung sogenannte „Beweisanzeichen" (Indizien, Anhaltspunkte, Hilfstatsachen, Hilfserwägungen, **Hilfskriterien**) als hilfreich herauskristallisiert, wenn in ihnen das zuverlässige Urteil der Fachwelt zum Ausdruck kommt. Diese Beweisanzeichen können jedoch die Abwägung aller Elemente des komplexen Sachverhalts für ein abschließendes Urteil, ob der Fachmann Veranlassung hatte, den Stand der Technik erfindungsgemäß weiterzuentwickeln, nicht ersetzen; sie erleichtern jedoch die Entscheidung (vgl. zum Patentrecht BGH GRUR 1991, 120, 121 – *Elastische Bandage;* BPatG GRUR 1995, 397, 398 – *Außenspiegel-Anordnung; Meier-Beck,* Die Rechtsprechung des BGH zum Patent- und Gebrauchsmusterrecht im Jahr 2010, GRUR 2011, 857: Beweisanzeichen verlieren immer mehr an Bedeutung für die Bewertung des erfinderischen Schritts). 186

Die folgenden Beweisanzeichen können für oder gegen das Naheliegen einer Erfindung sprechen und werden entsprechend mit „Ja" oder „Nein" gekennzeichnet; sie werden ebenso wie weitere **Einzelfälle** aus Gründen der Übersicht alphabetisch zusammengefasst: 187

– **Abkehr vom technisch Üblichen:** Nein, wenn die Kritik an dem in einer Vorveröffentlichung offenbarten Lösungsweg für den Fachmann darauf hindeutet, eine Weiterentwicklung des Stands der Technik außerhalb dieses Lösungsweges zu suchen, sofern sich diese Kritik nicht als rückschauend nach Auffinden der erfindungsgemäßen Lösung gewonnene Analyse darstellt (zum Patentrecht BGH NJOZ 2010, 2503, 2506 – *Gleitlagerüberwachung*; allgemein: *Benkard/Asendorf/Schmidt* PatG § 4 Rn. 104). 188

189 – **Abstand:** Ein großer Abstand von vorbekannten Lösungen im Sinne eines deutlichen Unterschiedes: Ja.

190 – **Analoger Ersatz:** Siehe unter „Stoffaustausch".

191 – **Andere Lösungen:** Die Tatsache, dass solche nähergelegen hätten oder erfolgversprechender gewesen wären: Nein (vgl. zum Patentrecht BGH GRUR 1996, 857, 858 – *Rauchgasklappe;* BGH GRUR 2009, 746, 748 – *Betrieb einer Sicherheitseinrichtung*).

192 – **Arzneimittel:** Siehe → Rn. 144ff.

193 – **Aufgabenstellung:** Nein, da die Aufgabe selbst keine Erfindung und von allen Verknüpfungen mit Lösungsmerkmalen freizuhalten ist (vgl. zum Patentrecht BGH GRUR 1991, 811 – *Falzmaschine*); Maßnahmen, die schon aus der Problemstellung vorgegeben sind, begründen keinen erfinderischen Schritt (vgl. zum Patentrecht BPatG GRUR 1997, 617, 619 – *Vorbereitung von Musterdaten*).

194 – **Auswahlerfindung:** Sie stellt eine Lehre dar, die aus einem größeren Bereich einen nicht ausdrücklich erwähnten Teilbereich gezielt auswählt, für den im Vergleich zum größeren Bereich besondere Wirkungen, Eigenschaften, Vorteile oder Effekte geltend gemacht werden. Das Vorhandensein anderer Lösungsalternativen allein vermag einen erfinderischen Schritt regelmäßig nicht zu begründen, auch wenn diese nähergelegen hätten oder erfolgversprechender gewesen wären (vgl. zum Patentrecht BGH GRUR 2008, 56, 59 – *Injizierbarer Mikroschaum*); dies ist keine Frage des Übersteigens des Könnens und Fähigkeiten des Durchschnittsfachmanns (vgl. zum Patentrecht BGH GRUR 1996, 857, 860 – *Rauchgasklappe;* BGH Mitt. 2010, 194 – *Ophthalmische Linse*); allenfalls dann erfinderischer Schritt, wenn eine vorhandene Alternativlösung den Fachmann von der gewählten Entwicklung hätte abhalten können.

195 – **Automatisierung:** Nein, da zum allgemeinen Bestreben eines Fachmanns gehörend.

196 – **Befriedigung** eines seit langem bestehenden, von der Fachwelt jedoch nicht gelösten Bedürfnisses: Ja (vgl. zum Patentrecht BGH GRUR 1970, 289, 294 – *Dia-Rähmchen IV*). Aus Veröffentlichungen *nach* dem Prioritätstag kann ein Bedürfnis *vor* der Anmeldung geschlossen werden (zum Patentrecht BGH BlPMZ 1973, 257, 259 – *Herbicide*). Bei Entstehen des Bedürfnisses erst kurz vor der Anmeldung: eher nein (vgl. zum Patentrecht BGH GRUR 1978, 98 – *Schaltungsanordnung*). Bei Produktionsaufnahme kurz vor Anmeldung ohne Verwirklichung dieser Lehre: eher ja (vgl. zum Patentrecht BGH GRUR 1953, 120 – *Rohrschelle*).

197 – **Bemessungen** allein: Nein (zum Patentrecht BPatG Mitt. 1984, 75); anders nur bei Hinzutreten anderer Beweisanzeichen (vgl. zum Patentrecht BPatGE 3, 153, 156).

198 – **Bemühungen der Fachwelt:** Ja, wenn sich die Fachwelt um die Lösung eines Problems bisher vergeblich bemüht hat (vgl. zum Patentrecht BGH GRUR 1953, 120 – *Rohrschelle*); dies gilt umso mehr, wenn es sich um ein viel bearbeitetes Gebiet handelt (vgl. zum Patentrecht BPatG GRUR 1998, 661, 662 – *Näherungsschalter II*) oder wenn die Lehre ein seit längerem drängendes Problem betrifft (vgl. zum Patentrecht BGH GRUR 1996, 757, 762, 763 – *Zahnkranzfräser*).

199 – **Bereicherung** des Standes der Technik: Ja, jedenfalls wenn sprunghaft bzw. überraschend (vgl. zum Patentrecht BGH GRUR 1991, 120, 121 – *Elastische Bandage*).

200 – **Bonus-Effekt:** Erwartbare Vorteile, die sich aus der Befolgung einer Lehre ergeben, die selbst auf Grund des Standes der Technik naheliegend ist: Nein.

201 – **Chemische Stoffe:** Siehe → Rn. 141.

202 – **Einfachheit:** Frage des Einzelfalls, da Vereinfachung grundsätzlich von jedem Fachmann erstrebt wird. Gerade einfache Erfindungen können ein hohes Maß an erfinderischer Leistung beinhalten und lediglich ex post naheliegend erscheinen (vgl. EPA GRUR Int. 1985, 580, 582; vgl. ferner zum Patentrecht BGH GRUR 1996, 757, 762, 763 – *Zahnkranzfräser;* BGH GRUR 2001, 232, 234 – *Brieflocher*).

Ferner Ja: wenn mit Robustheit, Sicherheit und erheblicher Aufwandsminderung verbunden (vgl. zum Patentrecht BGH Mitt. 1978, 136, 137 – *Erdölröhre*).

– **Entwicklung der Technik in andere Richtung:** Ja (vgl. zum Patentrecht BGH BlPMZ 1989, 215 – *Gießpulver;* BGH GRUR 1996, 757, 763 – *Zahnkranzfräser*). Vereinzelte Dokumente des Standes der Technik begründen aber nicht notwendigerweise eine andere technische Richtung. 203

– **Erfolg:** Wirtschaftlicher Erfolg: Ja, wenn er auf technischen Ursachen beruht (vgl. zum Patentrecht BGH GRUR 1994, 36, 38 – *Messventil*). Beruht der Erfolg auf anderen Umständen wie Reklame, Marketing, besonders niedriger Preis, Marktmonopol des Schutzrechtsinhabers oder kluge kaufmännische Entscheidung: Nein (vgl. zum Patentrecht BGH GRUR 1991, 120, 121 – *Elastische Bandage;* BGH GRUR 1994, 36, 38 – *Messventil*). Die Kausalität zwischen wirtschaftlichem Erfolg und technischen Ursachen bedarf eingehender Substantiierung und Würdigung. 204

– **Forschung** oder sonstiges methodisches Vorgehen: Die Notwendigkeit einer Forschung deutet darauf hin, dass die Lösung nicht nahegelegt haben kann, insbesondere wenn erhebliche finanzielle Mittel eingesetzt wurden oder die Entwicklung längere Zeit benötigte; eine übliche große Zahl von Versuchen, insbesondere auf dem Gebiet der Chemie, reicht für sich allein nicht; die Forschung auf einem bisher wenig erforschten Gebiet kann Beweisanzeichen für erfinderischen Schritt sein. 205

– **Fortschritt:** Siehe → Rn. 33; ferner unter „Vorteile". 206

– **Gang der technischen Entwicklung:** Die Tatsache, dass die gleiche oder eine ähnliche Erfindung mehrfach innerhalb kurzer Zeit gemacht wurde, spricht nicht gegen einen erfinderischen Schritt, da das „Race to the Patent Office" systemimmanent ist; ferner Ja, wenn die technische Entwicklung eine andere Richtung als mit der Erfindung verfolgt, eingeschlagen hat (zum Patentrecht BGH Mitt. 1972, 18, 19 – *Elektrischer Rasierapparat*), insbesondere bei zeitnahen Erfindungen (zum Patentrecht BGH GRUR 1960, 427, 428 – *Fensterbeschläge*). 207

– **Glücklicher Griff:** Kombination vorteilhafter Maßnahmen, die als glückliche Lösung des Problems erscheint: Ja (vgl. zum Patentrecht BGH GRUR 1996, 757, 762, 763 – *Zahnkranzfräser*), insbesondere ja bei einem kaum übersehbaren Stand der Technik (zum Patentrecht BGH GRUR 1965, 473, 478 – *Dauerwellen I*); Kombinationserfindungen: siehe → Rn. 212; chemische Verbindung, die aus einer Vielzahl möglicher Verbindungen mit einer vorteilhaften Wirkung ermittelt wurde: Ja (vgl. zum Patentrecht BGH GRUR 1984, 580, 582 – *Chlortoluron*). 208

– **Handwerkliches Können:** siehe unter „Routine" → Rn. 224. 209

– **Imitation:** siehe unter „Nachahmung" → Rn. 219. 210

– **Kinematische Umkehrung:** Sie ist idR ein Unterfall der Äquivalenz (vgl. *Benkard/Scharen* PatG § 14 Rn. 104). Der Fachmann ist in der Regel gewohnt, nach Bedarf eine kinematische Umkehr vorzunehmen, so dass regelmäßig kein erfinderischer Schritt vorliegt (anders, wenn zum Beispiel ganz andere Massenkräfte auftreten, vgl. zum Patentrecht BPatG GRUR 1998, 659, 660 – *Kinematische Umkehrung*). 211

– **Kombinationserfindungen:** vgl. hierzu → Rn. 41 f.; hierbei ist nicht danach zu fragen, ob der Fachmann die Einzelelemente zum Gegenstand der Erfindung in naheliegender Weise im Stand der Technik auffinden konnte; auch wenn die Einzelmaßnahmen jede für sich nahegelegen haben mögen, ist zu prüfen, ob die den Erfindungsgegenstand ausmachende Kombination der Einzelmerkmale ohne erfinderische Überlegungen aufgefunden werden konnte (vgl. zum Patentrecht BGH GRUR 1997, 272, 274 – *Schwenkhebelverschluss*); eine willkürliche, durch nichts angeregte Kombination der Merkmale zweier Entgegenhaltungen kann die Erfindung jedenfalls dann nicht nahe legen, wenn diese Kombination erst mit zusätzlichen grundlegenden Änderungen der bekannten Ausführungsform zu der 212

Erfindung führt (vgl. zum Patentrecht BPatG GRUR 1998, 653, 655 – *Regelbarer Schwingungsdämpfer für Kfz*).

213 – **Konstruktive Maßnahmen:** IdR nein, da sie zum Durchschnittskönnen eines fachlich ausgebildeten Konstrukteurs gehören (vgl. zum Patentrecht BGH GRUR 1987, 351 – *Mauerkasten II*).

214 – **Lizenzeinräumung:** Ja, sofern sie entgeltlich erfolgt (und Entgelt nicht zu niedrig ist; vgl. *Mes* PatG § 4 Rn. 71).

215 – **Massenartikel:** Der Gebrauchsmusterschutz ist für derartige Erfindungen, bei denen ein erhöhtes Bedürfnis nach fortschrittlichen Lösungen regelmäßig unterstellt werden kann, geradezu prädestiniert. Bereits ein geringer Fortschritt in Form eines neuen, einfacheren Artikels kann einen erfinderischen Schritt begründen (vgl. zum Patentrecht BPatG GRUR 1998, 661, 662 – *Näherungsschalter II*). Ebenso kann die Verbesserung der Brauchbarkeit ein Beweisanzeichen für das Vorliegen dieser Voraussetzung sein (vgl. zum Patentrecht BGH GRUR 1974, 715, 717 – *Spreizdübel*.

216 – **Mehrfacherfindung:** Siehe unter „Gang der technischen Entwicklung" → Rn. 207.

217 – **Mehrere Schritte:** Ja, wenn sich nach einer Analyse des Standes der Technik ergibt, dass mehrere Überlegungen erforderlich sind, um zur Erfindung zu gelangen (vgl. zum Patentrecht BGH GRUR 1985, 369, 370 – *Körperstativ*).

218 – **Molekülstruktur:** In der Fachwelt ist es gängig, Ausgangsverbindungen einzusetzen, deren Molekülstruktur derjenigen der gewünschten Endprodukte weitgehend angeglichen ist, weil dadurch zum Beispiel Umlagerungs- und Isomerisierungsreaktionen vermieden werden (vgl. zum Patentrecht BPatG GRUR 1996, 44, 45 – *Tetrafluorathan*).

219 – **Nachahmung:** Eine umfangreiche Nachahmung durch Mitbewerber kann ein Indiz für das Vorliegen des erfinderischen Schritts sein, wenn sie darauf zurückzuführen ist, dass das neue Produkt dem bisher am Markt angebotenen technisch deutlich überlegen ist und zurückverfolgt werden kann, dass die einschlägigen Fachfirmen überkommenen technischen Vorstellungen verhaftet geblieben sind und einen etwa zeitlich weit zurückliegenden Stand der Technik nicht aufgegriffen haben (vgl. zum Patentrecht BGH GRUR 1991, 120, 121 – *Elastische Bandage*). Nicht ausreichend ist, wenn sich die Mitbewerber nur einem kaufmännischen Markterfolg anhängen wollen.

220 – **Nachteile:** Die Erfindung muss nicht in jeder Hinsicht im Vergleich zum Stand der Technik besser sein; Nachteile stehen der Annahme eines erfinderischen Schritts jedenfalls nicht entgegen, wenn die Vorteile überwiegen (vgl. zum Patentrecht BPatG GRUR 1983, 240, 241 – *Technischer Fortschritt;* BGH GRUR 2006, 930 – *Mikrotom*); eine technische Fehlvorstellung wird nicht überwunden, wenn gegenüber der vorgeschlagenen Lösung zu Recht bestehende Bedenken lediglich ignoriert und mit ihr tatsächlich und vorhersehbar verbundene Nachteile einfach in Kauf genommen werden, dann handelt es sich nicht um ein Vorurteil oder eine Fehlvorstellung, sondern um fortbestehende Bedenken, die lediglich unter Abwägung mit Vorteilen neu bewertet werden (vgl. zum Patentrecht BGH GRUR 1996, 857, 860 – *Rauchgasklappe*).

221 – **Naturstoffe:** Erfinderischer Schritt kann in den wertvollen und überlegenen Eigenschaften eines neuen Naturstoffes liegen (vgl. BGH GRUR 1969, 531 – *Geflügelfutter*). Sie können jedoch vom GebrM-Schutz gemäß § 1 Abs. 2 Nr. 1, Nr. 5 ausgeschlossen sein (→ Rn. 46; → Rn. 56 ff.).

222 – **Optimierung:** IdR nein, da zum Handwerkszeug eines Technikers gehörend.

223 – **Rechenregel:** Da es auf die Beurteilung des gesamten Anspruchsgegenstandes unter Einschluss einer etwaigen Rechenregel ankommt, kann der erfinderische Schritt bereits ausschließlich durch eine Rechenregel begründet sein (vgl. zum Patentrecht BPatG GRUR 1996, 866, 868 – *Viterbi-Algorithmus*).

- **Routine:** Nein, da ein Vorgehen, das sich im Rahmen des Üblichen bewegt, nicht erfinderisch sein kann (vgl. zum Patentrecht BPatG GRUR 1998, 37, 38 – *Videowiedergabegerät*). 224
- **Schwierigkeiten:** siehe unter „Bemühungen der Fachwelt" → Rn. 198. 225
- **Stoffaustausch:** Die Zurverfügungstellung eines weiteren Stoffes für ein bereits bestehendes oder für ein neues Bedürfnis ist ein Anzeichen für technischen Fortschritt (vgl. BGH GRUR 1969, 184, 185 – *Lotterielos;* zum Patentrecht BGH GRUR 1972, 541, 544, 545 – *Imidazoline*) und kann folglich Beweisanzeichen für einen erfinderischen Schritt sein; der bloße Austausch eines neuen Stoffes gegen den bisher verwendeten ist nicht erfinderisch, wenn die Eigenschaften des neuen Stoffs bekannt sind (vgl. zum Patentrecht BGH GRUR 1970, 408 – *Anthradipyrazol;* BGH GRUR 2010, 814, 816 – *Fugenglätter*). 226
- **Synergetische Effekte:** Synergistische Effekte, die über die bloße Summenwirkung einer aus mehreren Stoffen zusammengesetzten Mischung hinausgehen, können als Anzeichen für eine erfinderische Tätigkeit gewertet werden. Wenn die Kombination dem Fachmann durch den Stand der Technik nahegelegt wird, kann aber ein zusätzlicher, wenn auch unerwarteter und überraschender Effekt die erfinderische Leistung der Kombination nicht begründen (vgl. zum Patentrecht BGH GRUR 2003, 317, 320 – *kosmetisches Sonnenschutzmittel*). 227
- **Übertragung:** Einen Lösungsvorschlag von einem technischen Sachgebiet auf ein anderes zu übertragen kann die Schutzfähigkeit einer Erfindung begründen, nicht jedoch, wenn keine Gründe gegen eine Übertragung sprachen (vgl. *Bühring/Braitmayer* § 1 Rn. 130; zum Patentrecht BGH GRUR 2010, 322, 329 – *Sektionaltor*). 228
- **Verbilligung:** Das Bestreben, Kosten, Zeit, Material, Energie, etc zu reduzieren, stellt sich als übliche Aufgabe des Technikers dar; ein Beweisanzeichen für einen erfinderischen Schritt kann deshalb nur angenommen werden, wenn besondere (technische) Schwierigkeiten zu überwinden waren; insbesondere bei Massenartikeln kann jedoch die Verbilligung einen relevanten Umstand darstellen. 229
- **Versuche:** IdR nein, wenn sie nur der Ermittlung der günstigsten Lösung einer offenbarten Erfindung, der experimentellen Feststellung der Eignung eines bekannten Mittels, der praktischen Erprobung etc dienen (vgl. zum Patentrecht BGH GRUR 1968, 311, 313 – *Garmachverfahren;* BGH BlPMZ 1966, 234, 235 – *Abtastverfahren;* BGH GRUR 2001, 813, 817 – *Taxol*). Allein aus dem Bestreben des Fachmanns, erkannte Probleme bereits in ihrer Entstehung zu vermeiden und sie nicht, wenn sie aufgetreten sind, zu beseitigen, kann nicht hergeleitet werden, dass vom Fachmann Versuche in einer bestimmten Richtung zu erwarten sind (BGH GRUR 2006, 666, 672 – *Stretchfolienhaube*). 230
- **Vorteile:** Eine vorteilhafte oder überraschende Wirkung kann eine Hilfserwägung sein, das Vorliegen des erfinderischen Schritts zu bejahen; ein Umkehrschluss aus dem Umstand, dass die dem Anspruchsgegenstand zugeschriebene Wirkung nicht erreicht wird, ist jedoch nicht zulässig (vgl. zum Patentrecht BPatG GRUR 1997, 523, 524 – *Faksimile-Vorrichtung;* BGH GRUR 2003, 317, 320 – *Kosmetisches Sonnenschutzmittel;* aA BPatG GRUR 1996, 868, 870 – *Knochenzellenpräparat*). Nein: Vorteile, die weder im GebrM ursprünglich offenbart, noch dem Fachmann zum maßgeblichen Zeitpunkt bekannt waren (vgl. BGH GRUR 1972, 541, 543 – *Imidazoline:* dies gilt nicht für Stofferfindungen; BGH GRUR 2005, 145, 147 – *elektronisches Modul*). 231
- **Vorurteil/Fehlvorstellung:** Die Überwindung eines bestehenden technischen Vorurteils spricht regelmäßig für einen erfinderischen Schritt (vgl. zum Patentrecht BGH BlPMZ 1973, 257, 258 – *Herbicide*), jedenfalls, wenn das Vorurteil in der einschlägigen Fachwelt tatsächlich und allgemein bestand. Ebenso kann die Überwindung einer allgemeinen, fest eingewurzelten technischen Fehlvorstellung ein Beweisanzeichen sein (vgl. zum Patentrecht BPatG GRUR 1997, 521, 522 – 232

Näherungsschalter I; BGH GRUR 1996, 857, 860 – *Rauchgasklappe*); gerechtfertigt ist dieser Schluss allerdings nur dann, wenn die Fehlvorstellung in dem Sinne technisch begründet gewesen ist, dass die geschützte Lehre aus der Sicht der Fachwelt im Prioritätszeitpunkt entweder für technisch nicht ausführbar oder der mit ihr erzielte technische Erfolg für nicht erreichbar gehalten und dieser Irrtum durch die Erfindung widerlegt worden ist (vgl. BGH GRUR 1996, 857, 860 – *Rauchgasklappe*); keine Überwindung einer technischen Fehlvorstellung, wenn bestehende Bedenken lediglich ignoriert und Nachteile einfach in Kauf genommen werden (BGH GRUR 1996, 857, 861 – *Rauchgasklappe*). Die Überwindung rein wirtschaftlicher Vorurteile hat außer Betracht zu bleiben (vgl. zum Patentrecht BGH GRUR 1994, 36, 38 – *Messventil*); die **Darlegungs- und Beweislast** für das Bestehen eines Vorurteils liegt beim Anmelder. Kein Vorurteil in der Regel auch bei bloßen unverbindlichen Fachregeln oder Industrienormen.

233 – **Zahl der Entgegenhaltungen:** Die Notwendigkeit der „Kombination" technischen Lehren aus einer Vielzahl von Entgegenhaltungen kann faktisch ein Beweisanzeichen für das Vorliegen des erfinderischen Schrittes sein.

234 – **Zeit:** Ein insbesondere langer Zeitraum bis zur Erfindung kann Beweisanzeichen für einen erfinderischen Schritt sein (vgl. zum Patentrecht BGH GRUR 1996, 757, 762, 763 – *Zahnkranzfräser;* BPatG GRUR 1998, 659, 660 – *Kinematische Umkehrung*), insbesondere wenn damit ein Abgehen von einer lange bestehenden begründeten technischen Vorstellung verbunden ist oder sich die Fachwelt bereits lange um die Lösung bemühte. Der Zeitfaktor dürfte aber weniger bedeutend sein bei langlebigen, teueren Wirtschaftsgütern (zB Einsatz und Weiterentwicklung der bereits in den 50er Jahren erfundenen berühmten Rossi-Kokille zum Gießen von Dünnbrammen, in den sogenannten Ministahlwerken zu Beginn der 80er Jahre, weil erst dann weitere gießtechnische Parameter, wie zum Beispiel Gießpulver etc zur Verfügung standen; vgl. auch BGH GRUR 2010, 992, 994 – *Ziehmaschinenzugeinheit II*); ebenso kein Indiz, wenn lange bekannte Maßnahmen im Rahmen einer jungen Technologie eingesetzt werden (vgl. zum Patentrecht BGH GRUR 1981, 42, 45 – *Pfannendrehturm*); ebenfalls kein Indiz, wenn der zeitliche Abstand für die spezielle technische Lehrezu gering ist (vgl. zum Patentrecht BGH GRUR 1986, 798, 800 – *Abfördereinrichtung für Schüttgut;* BGH GRUR 1982, 289, 290 – *Massenausgleich*).

235 **9.7 Keine Prüfung im Erteilungsverfahren.** Das Vorliegen eines erfinderischen Schritts wird im Löschungs- oder Verletzungsverfahren überprüft, §§ 13 Abs. 1, 15 Abs. 1 Nr. 1.

236 **10. Gewerbliche Anwendbarkeit.** Zu den Einzelheiten vergleiche die Kommentierung zu § 3 Abs. 2 (→ § 3 Rn. 236ff.).

§ 2 [Schutzausschließungsgründe]

Als Gebrauchsmuster werden nicht geschützt:

1. **Erfindungen, deren Verwertung gegen die öffentliche Ordnung oder die guten Sitten verstoßen würde; ein solcher Verstoß kann nicht allein aus der Tatsache hergeleitet werden, daß die Verwertung der Erfindung durch Gesetz oder Verwaltungsvorschrift verboten ist.**
2. **Pflanzensorten oder Tierarten;**
3. **Verfahren.**

Inhaltsübersicht

1. Vorbemerkung. § 2 ist durch das PrPG neu gefasst worden. Bei der Auslegung der Nr. 1 und Nr. 2 der Vorschrift sind insbesondere die Regelungen des Übereinkommens über handelsbezogene Aspekte der Rechte des geistigen Eigentums – TRIPS (das mit Gesetz vom 15.4.1994, BGBl. II 1730, ratifiziert worden ist), die Richtlinie 98/44/EG des Europäischen Parlaments und des Rates vom 6.7.1998 über den rechtlichen Schutz biotechnologischer Erfindungen – sogenannte Biotechnologie-Richtlinie (ABl. 1998 L 213, 13 = GRUR Int. 1998, 675 = BlPMZ 1998, 448ff.; hierzu: Ref.-Entwurf eines Gesetzes zur Umsetzung dieser Richtlinie vom 17.4.2000), das Gentechnikgesetz vom 20.6.1990 (BGBl. I 1080), das Embryonenschutzgesetz vom 13.12.1990 (BGBl. I 2746) sowie das Tierschutzgesetz vom 24.7.1972 in der Fassung der Bekanntmachung vom 25.5.1998 (BGBl. I 1106) sowie der Vorschlag für eine Richtlinie des Europäischen Parlaments und des Rates über die Angleichung der Rechtsvorschriften betreffend den Schutz von Erfindungen durch Gebrauchsmuster (KOM(1999) 309 endg. 97/0356(COD)) zu berücksichtigen. Die geltende Formulierung greift Art. 2 Nr. 2 des Gesetzes zur Umsetzung der Richtlinie über den rechtlichen Schutz biotechnologischer Erfindungen (BioTRichtlinienG) vom 21. Januar 2005 (BGBl. I, 146) auf, wonach der früher geregelte Schutzausschließungsgrund des Verstoßes gegen die öffentliche Ordnung oder gegen die guten Sitten infolge der Veröffentlichung von Erfindungen gestrichen wurde. 1

2. Allgemeines/Zweck der Vorschrift. Die Vorschrift enthält Regelungen für drei sachlich nicht zusammengehörige Bereiche, wobei jedoch insbesondere die Nr. 1 und Nr. 2 inhaltlich Überschneidungen aufweisen. § 2 ergänzt § 1 Abs. 2. Während § 1 Abs. 2 regelt, in welchen Fällen keine Erfindung vorliegt, setzt § 2 das Vorliegen einer Erfindung voraus, verneint aber deren Gebrauchsmusterfähigkeit. Nr. 1 entspricht § 2 Nr. 1 PatG, so dass in toto auf die diesbezügliche patentrechtliche Praxis zurückgegriffen werden kann, zumal es zu § 2 Nr. 1 keine geschlossene veröffentlichte Rechtspraxis gibt. § 2 Nr. 1 betrifft ein Gebrauchsmusterverbot aus Gründen 2 des Sittenverstoßes, zur Wahrung der öffentlichen Ordnung und beinhaltet damit letztlich ethische Wertvorstellungen. § 2 Nr. 2 befasst sich mit biotechnologischen Erfindungen und entspricht teilweise § 2 Nr. 2 PatG, der darüber hinaus eine Regelung über Züchtungsverfahren für Pflanzen und Tiere sowie für mikrobiologische Verfahren und die mit Hilfe dieser Verfahren gewonnenen Erzeugnisse enthält.

3 Die Vorschrift in Nr. 1 und in Nr. 2 ist redundant. Das GebrM verleiht dem Rechtsinhaber in erster Linie ein Verbotsrecht. Ein positives Benutzungsrecht des gebrauchsmustergemäßen Gegenstands besteht ohnehin sowohl mit Blickrichtung auf andere Gebrauchsmusterinhaber wie auch mit Blickrichtung auf die Allgemeinheit nur im Rahmen der bestehenden Gesetze. Umgekehrt bedeutet die Nicht-Eintragung oder Nicht-Gewährbarkeit eines Gebrauchsmusters kein Nutzungsverbot per se, sondern nur, dass kein Ausschließlichkeitsrecht gewährt wird. Stattdessen steht die Erfindung dann der Allgemeinheit zur Verfügung, dh jeder Dritte könnte die Erfindung – wiederum aber nur im Rahmen des geltenden Rechts – verwenden, ohne dass dem Erfinder ein Verbotsrecht zur Seite stünde.

4 Durch die Nr. 3 sollen Verfahren vom Schutz des Registerrechtes ausgeschlossen werden. Denn nach der Gesetzesbegründung können Verfahrenserfindungen von Dritten mangels konkreter Darstellbarkeit nicht zuverlässig auf Schutzfähigkeit und Schutzumfang geprüft werden (BlPMZ 1990, 199) – diese Gesetzesbegründung greift angesichts der jedermann zur Verfügung stehenden Recherchemöglichkeiten jedenfalls heutzutage nicht (mehr). Es dürfte deshalb auch ein offenes Geheimnis sein, dass zum Ausschluss der Verfahrenserfindungen vom Gebrauchsmusterschutz in besonderem Maße die Sorge der chemischen Großindustrie beigetragen hat. Denn sie befürchtete, dass insbesondere kleine pharmazeutische Unternehmen schneller als die Großchemie weitere ungeschützte Indikationen herausfinden könnten, um sie infolge ersparter Entwicklungskosten billiger anbieten zu können.

5 Die Vereinbarkeit des § 2 Nr. 3 mit Art. 27 Abs. 1 TRIPS, wonach sich die Mitgliedsstaaten verpflichtet haben, Patente auf **alle** Erfindungen zu erteilen, die neu, gewerblich anwendbar und erfinderisch sind, erscheint fraglich. Da die Schutzrechtskategorie „Patent" in TRIPS nicht als Gegensatz zu einem Gebrauchsmusterschutz sondern stellvertretend für technische Schutzrechte steht, muss die Grundentscheidung des TRIPS auch für Gebrauchsmuster gelten. Nach wohl überwiegender Auffassung ist das TRIPS-Abkommen jedoch kein unmittelbar geltendes Recht dergestalt, dass sich die Parteien eines Rechtsstreits auf dieses Abkommen als unmittelbar geltende Rechtsnorm berufen könnten (vgl. hierzu *Schäfers* GRUR Int. 1996, 763, 774). Soweit in der Rechtsprechung (BGH GRUR 2004, 495, 497 – *Signalfolge*) und in der Literatur (vgl. etwa *Bühring/Braitmayer,* § 2 Rn. 30) die Vereinbarkeit mit höherrangigem Recht unter Hinweis auf die Ausweichmöglichkeit zu einem Patentschutz begründet wird, vermag dies nicht zu überzeugen. Denn damit wird nicht erklärbar, weshalb das Gebrauchsmustersystem für nicht verfahrensbezogene Erfindungen zur Verfügung steht, ebenso wie etwa das ebenfalls als Registerrecht ausgestaltete Geschmacksmustersystem, also Systeme, die gleichermaßen in Gesetzesform gegossene Ausgestaltungen des Art 14 GG sind. Ungeachtet dieser Bedenken zeitigt das TRIPS-Abkommen bereits Auswirkungen in der Rechtsprechung (vgl. lediglich BGH GRUR 1996, 190, 192 – *Polyferon*).

6 Nach Auffassung des BPatG – anders jedoch die herrschende Meinung in der Literatur – ist § 2 GebrMG jedoch aus praktischen Gründen im **Eintragungsverfahren** nicht zu beachten, da die personelle Ausstattung der Gebrauchsmusterstelle die Einbindung von technischem Sachverstand faktisch nicht erlaube, so dass die Prüfungskompetenz im Eintragungsverfahren grundsätzlich auf die rein formalen Voraussetzungen beschränkt bleiben müsse. Nur in Ausnahmefällen kann nach dieser rein pragmatischen Herangehensweise diese Prüfungskompetenz bejaht werden, wenn sich die fehlende Gebrauchsmusterfähigkeit gemäß §§ 1 und 2 GebrMG durch die eindeutige Formulierung der Anmeldung auch ohne den erforderlichen technischen Sachverstand offensichtlich erkennen lässt; die Auseinandersetzung mit der Frage, ob ein Gebrauchsmuster nach den §§ 1 bis 3 GebrMG schutzfähig ist oder nicht, hat danach gemäß § 15 Abs. 1 Nr. 1 GebrMG (allein) im Löschungsverfahren zu erfolgen, für das § 10 Abs. 3 S. 1 GebrMG eine kompetente personelle Ausstattung vorsieht (BPatG BeckRS 2010, 22071; BPatG BeckRS 2011, 14890; s. hierzu auch → § 8 Rn. 3 ff.).

3. Verstoß gegen die öffentliche Ordnung oder die guten Sitten (§ 2 Nr. 1)

Literatur (Auswahl): *Bayer,* Patent und Ethik im Spiegel technischer Evolution, GRUR 1994, 541; *Goebel,* Ist der Mensch patentierbar? Zur Frage der Patentfähigkeit von Humangenen, Mitt. 1995, 153; *Keil,* Umweltschutz als Patenthindernis, GRUR 1993, 705; *Straus,* Patentrechtliche Probleme der Gentherapie, GRUR 1996, 10; *Rogge,* Patente auf genetische Informationen im Lichte der öffentlichen Ordnung und der guten Sitten, GRUR 1998, 303; Busche, Patentrecht zwischen Innovation und ethischer Verantwortung, Mitt. 2001, 4; Burdach, Patentrecht: Eine neue Dimension in der medizinischen Ethik, Mitt. 2001, 9; Calame, Öffentliche Ordnung und gute Sitten als Schranken der Patentierbarkeit gentechnologischer Erfindungen: Eine Untersuchung des Europäischen Patentübereinkommens und des schweizerischen Patentgesetzes unter Berücksichtigung des internationalen Rechtsumfelds, 2001,vgl. ferner die umfassende Literaturauswahl bei *Busse/Keukenschrijver* vor § 2 PatG.

3.1 Prüfungsgegenstand. Die Regelung entspricht § 2 Nr. 1 PatG und setzt voraus, dass die Verwertung von Erfindungen gegen die öffentliche Ordnung oder die guten Sitten verstoßen würde. **7**

Bei der Prüfung auf Verstoß gegen die öffentliche Ordnung bzw. gegen die guten Sitten sind beispielsweise die in der Europäischen Menschenrechtskonvention, im TRIPS-Abkommen, in der sog Biotechnologie-Richtlinie, im Gentechnikgesetz bzw. Embryonenschutzgesetz, Stammzellengesetz, Tierschutzgesetz, aber auch etwa in § 2 Abs. 2 PatG, zum Ausdruck gekommenen gesetzlichen Wertungen zu berücksichtigen. Im Falle der Verwirklichung eines der Beispiele des § 2 Abs. 2 PatG wäre jedenfalls ein Verstoß gegen die öffentliche Ordnung gegeben. Die dortige Aufzählung ist nicht abschließend, sondern es sollen nur die herausragenden Fälle beispielhaft festgeschrieben werden. Die Auflistung ist offen und insbesondere soll die Rechtsentwicklung nicht durch eine abschließende Regelung behindert werden. **8**

Bei den nachfolgend wiedergegebenen Beispielen des § 2 PatG **9**
- Verfahren von Klonen von menschlichen Lebewesen (§ 2 Abs. 2 Nr. 1 PatG), **10**
- Verfahren zur Veränderung der genetischen Identität der Keimbahn des menschlichen Lebewesens (§ 2 Abs. 2 Nr. 2 PatG), **11**
- Verwendung menschlicher Embryonen (§ 2 Abs. 2 Nr. 3 PatG), **12**
- Verfahren zur Veränderung der genetischen Identität von Tieren (§ 2 Abs. 2 Nr. 4 PatG), **13**

ist freilich zusätzlich zu berücksichtigen, dass die dort angesprochenen Verfahren nach § 2 Nr. 3 GebrMG ohnehin dem Gebrauchsmusterschutz nicht zugänglich wären. Deshalb wird zu den damit verbundenen rechtlichen Bewertungen auf die hierzu veröffentlichte patentrechtliche Literatur verwiesen (vgl. *Mes,* § 2 PatG Rn. 13 ff.; *Benkard/Melullis,* PatG § 2 Rn. 58 ff.; *Schulte/Moufang,* § 2 Rn. 29 ff.). **14**

Für die Beurteilung der Frage, ob ein Verstoß gegen die öffentliche Ordnung oder die guten Sitten vorliegt, ist nicht auf den Anmelde- oder Prioritätstag, sondern auf den für die Entscheidungsfindung maßgeblichen **Zeitpunkt** (BGH GRUR 2010, 212, 214 [20] – *Neurale Vorläuferzellen,* mwN) abzustellen. Dies ist im Gebrauchsmusterlöschungsverfahren sowie im Verletzungsverfahren der Schluss der letzten mündlichen Verhandlung oder der Tag der Beschlussfassung, wenn, was im Löschungsverfahren möglich ist, nur ein schriftliches Verfahren durchgeführt wird. **15**

3.2 Verstoß. Aus der Zielsetzung des Gesetzes, einen **Verstoß** gerade zu vermeiden *(„verstoßen würde"),* folgt, dass dieser jedenfalls nicht eingetreten sein muss. Es **16**

muss eine ernsthafte, konkrete Gefahr der Verletzung der zu schützenden Rechtsgüter drohen; eine abstrakte Gefährdung reicht angesichts des Ausnahmecharakters der Vorschrift nicht aus. Die in der Vorauflage vertretene Auffassung, Voraussetzung für die Anwendbarkeit dieser Regelung sei, dass praktisch jede bestimmungsgemäße oder vernünftigerweise in Betracht kommende Verwertung als Verstoß gegen die guten Sitten oder die öffentliche Ordnung gewertet werden müsste, wird in dieser kategorischen Formulierung nicht mehr aufrecht erhalten; sie wird komplexen Situationen der Abwägung nicht ausreichend gerecht.

17 Auch wenn § 2 Nr. 1 – anders als § 2 Abs. 1 PatG, der nur noch die **gewerbliche** Verwertung nennt – keinen Hinweis auf das Gewerbliche enthält, wird eine teleologische Reduktion der Auslegung zu einem identischen Ergebnis kommen müssen, zumal der patentrechtliche Gesetzgeber diese Beschränkung erst nachträglich aufgenommen hat. Diese gesetzgeberische Wertung gilt gleichermaßen im GebrMG.

18 Unter **Verwertung** ist jede Benutzungshandlung nach §§ 11 ff. zu verstehen. Nicht erfasst sind Handlungen, die zu nicht gewerblichen Zwecken im privaten Bereich vorgenommen werden (§ 11 Nr. 1; BGH GRUR 2010, 212 [27] – *Neurale Vorläuferzellen*). Da die GebrM-Anmeldung als solche regelmäßig „wertneutral" sein dürfte, ergibt sich, dass eine Prognoseentscheidung in Bezug auf die Gefahren für öffentliche Ordnung und gute Sitten durch die Verwertung der Erfindung in der Zukunft getroffen werden muss.

19 Die Beurteilung wird man vielfach aus der Formulierung des Gebrauchsmusteranspruchs heraus vornehmen müssen. Dass etwa ein geschütztes Gerät auch missbräuchlich im Sinne dieser Vorschrift eingesetzt werden kann, führt nicht zur prinzipiellen Anwendbarkeit der Vorschrift. Um langwierige Diskussionen zu vermeiden, kann sich für den Schutzrechtsanmelder anbieten, eine in Betracht kommende zu vermeidende Verwertung durch einen **Disclaimer** auszuschließen

20 Ist ungeachtet dieser pragmatischen Betrachtung denkbar, dass die Verwertung einer Erfindung zwar einen Verstoß gegen die öffentliche Ordnung bzw. gegen die guten Sitten mit sich bringen würde, kann sie jedoch auch ohne einen derartigen Verstoß verwertet werden, gilt § 2 Nr. 1 nicht (BGH GRUR 2013, 272, 273 [16] – *Neurale Vorläuferzellen II*). Dann ist es auch nicht gemäß § 2 Nr. 1 geboten, in das Gebrauchsmuster einen Hinweis aufzunehmen, dass die geschützte Lehre nicht als Grundlage für unerlaubte Verwaltungshandlungen dienen darf (BGH GRUR 2013, 272, 273 [16] – *Neurale Vorläuferzellen II*). Bei Betonung einer Ausführungsform in dem Gebrauchsmuster hingegen, deren Verwertung mit § 2 Nr. 1 in Widerspruch steht und bei Erweckung des Eindrucks mithin, derartige Verwertungsformen seien durch das nachzusuchende oder eingetragene Gebrauchsmuster gebilligt, ist eine ausdrückliche Beschränkung im Gebrauchsmusteranspruch geboten.

21 Dies alles ist aber immer eine Frage des Einzelfalls und kann nicht generalisierend beantwortet werden (zB dürften synthetische „harte" Drogen, die in Fällen schwerster Sucht unter ärztlicher Aufsicht erlaubterweise verabreicht werden, dennoch nicht gebrauchsmusterschutzfähig sein; vgl. etwa auch zum Beispiel die Herstellung von Kriegswaffen oder Vorrichtungen der Atomkraft, deren Herstellung und Export unter bestimmten gesetzlichen Voraussetzungen erlaubt sein kann).

22 Bei der praktischen Prüfung ist zweckmäßigerweise zunächst zu prüfen, ob ein gesetzliches Verbot besteht; hierbei ist zunächst dessen Gewicht und danach die Frage eines etwaigen Verstoßes gegen die öffentliche Ordnung zu prüfen; der Feststellung eines Verstoßes gegen die guten Sitten bedarf es dann im Fall der Bejahung nicht mehr. Besteht ein solches gesetzliches Verbot nicht, bedarf es der weiteren Prüfung eines Verstoßes gegen die guten Sitten, der jedoch nur bei Vorliegen besonders schwerwiegender Gründe angenommen werden kann.

23 **3.3 Öffentliche Ordnung.** Die Verwertung von Erfindungen verstößt gegen die öffentliche Ordnung, wenn sie **tragenden Grundsätzen** der Rechtsordnung wider-

spricht. Ob der kollisionsrechtliche Begriff des ordre public ein geeignetes Abgrenzungskriterium bildet, erscheint fraglich. Nicht jeder Verstoß gegen ein Gesetz oder eine Verwaltungsvorschrift stellt bereits einen Verstoß gegen die öffentliche Ordnung dar (§ 2 Nr. 1 S. 1 Hs. 2). Ein Verstoß liegt erst dann vor, wenn tragende Grundsätze der Rechtsordnung berührt sind (BGH GRUR 2010, 212, 214 [28] – *Neurale Vorläuferzellen*). Hierzu gehören die Grundlagen des staatlichen, gesellschaftlichen oder wirtschaftlichen Lebens in der Bundesrepublik Deutschland und die wesentlichen Verfassungsgrundsätze, die eine unverrückbare Grundlage des staatlichen oder sozialen Lebens bilden (BGH GRUR 2010, 212, 214 [28] – *Neurale Vorläuferzellen*). Tragende Grundsätze der Rechtsordnung werden verletzt insbesondere bei Verfassungsverstößen und Verletzungen von Grund- und Menschenrechten sowie bei wesentlichen Verstößen gegen Bestimmungen aus dem Bereich des Tierschutzes, des Natur- und Umweltschutzes (vgl. auch die Aufzählung in Art. 27 Abs. 2 TRIPS). Verstöße gegen das Embryonenschutzgesetz widersprechen per se der öffentlichen Ordnung; dasselbe dürfte für wesentliche Vorschriften des Gentechnikgesetzes gelten. Für den gesamten Gentechnik-Bereich ergeben sich auch jeweils wichtige Hinweise aus der sogenannten Biotechnologie-Richtlinie und anderen EU-Richtlinien. Bloße Vertriebs- und/oder Ordnungsvorschriften fallen hingegen nicht unter die tragenden Grundsätze der Rechtsordnung.

3.4 Gute Sitten. Ein Sittenverstoß ist gegeben, wenn die bestimmungsgemäße Verwertung einer Erfindung objektiv dem Anstandsgefühl aller billig und gerecht Denkenden widerspricht. Die Verwirklichung dieses Tatbestandsmerkmals ist ebenfalls auf einen Verstoß gegen elementare Regelungen und Wertvorstellungen beschränkt. Da die Anschauungen fließend sind und sich insbesondere mit den Jahren und Jahrzehnten ändern und eine zunehmende Globalisierung eintritt, sind trotz der territorialen Beschränkung des Gebrauchsmusterschutzes Anschauungen außerhalb des Gebietes der Bundesrepublik Deutschland mit zu berücksichtigen; dies gilt jedenfalls für solche Anschauungen innerhalb (zumindest West-)Europas. **24**

3.5 Biotechnologische Erfindungen. Insbesondere im Zusammenhang mit biotechnologischen Erfindungen ist die Frage der sittenwidrigen Verwertung bzw. des Verstoßes gegen die öffentliche Ordnung (beide Regelungsbereiche überschneiden sich) zu stellen. **25**

Biotechnologische Erfindungen, wie sie § 1 Abs. 2 PatG in Bezug nimmt, sind jedoch ohnehin nach § 1 Abs. Nr. 5 GebrMG vom Gebrauchsmusterschutz ausgeschlossen. **26**

3.6 Klarstellungen. Ein Verstoß gegen die öffentliche Ordnung oder gegen die guten Sitten ist nicht allein daraus herleitbar, dass die Verwertung der Erfindung durch Gesetz oder Verwaltungsvorschrift verboten ist; der Gebrauchsmusterschutz ist grundsätzlich in allen Bereichen der Technologie zu gewähren. **27**

4. Schutzausschlüsse für Pflanzensorten und Tierarten (§ 2 Nr. 2)

Literatur (Auswahl): *Beier,* Gewerblicher Rechtsschutz für moderne biotechnologische Verfahren und Produkte, GRUR Int. 1990, 219; *Di Cerbo,* Die Patentierbarkeit von Tieren, GRUR Int. 1993, 399; *Goebel,* Ist der Mensch patentierbar? Zur Frage der Patentfähigkeit von Humangenen, Mitt. 1995, 153; *Gorny,* Zum Schutz neuartiger Lebensmittel, GRUR 1995, 721; *Lange,* Patentierungsverbot für Pflanzensorten, GRUR Int. 1996, 586; *Kinkeldey,* Die Patentierung von Tieren, GRUR Int. 1993, 394; *Moufang,* Genetische Erfindungen im Gewerblichen Rechtsschutz, 1988; *Rogge,* Zur Anwendbarkeit der Grundsätze des Tollwutvirus-Beschlusses des Bundesgerichtshofs auf makrobiologische Erfindungen; insbesondere im Bereich der Pflanzenzüchtungen, GRUR 1988, 653; *Schatz,* Zur Patentierbarkeit gentechnischer Erfindungen in der Praxis des Europäischen Patentamts, GRUR Int. 1997, 588; *Straus,* Ethische, rechtliche und wirtschaftliche Probleme des Patent- und Sortenschutzes für die biotechnologische Tierzüchtung und Tierproduktion, GRUR Int. 1990, 913; *ders.* Biotechnologische Erfindungen – ihr Schutz und seine Grenzen, GRUR 1992, 252; *ders.* Patentrechtliche Probleme der Gentherapie, GRUR 1996, 10; *ders.* Völkerrechtliche Verträge und Gemeinschaftsrecht als Auslegungsfaktoren des europäischen Patentübereinkommens, GRUR Int. 1998, 1; *Goldbach/Vogelsang-Wenke/Zimmer,* Protection of Biotechnological Matter under European and German Law, 1997; *Oser,* Patentierung von (Teil-) Gensequenzen unter besonderer Berücksichtigung der EST-Problematik, GRUR Int. 1998, 648; *Busche,* Die Patentierung biologischer Erfindungen nach Patentgesetz und EPÜ, GRUR Int. 1999, 299; Hüttermann/Storz, Zur Patentierbarkeit von Pflanzenzuchtverfahren, Mitt. 2009, 277; Krauß, Aktuelles aus der Biotechnologie – von Brokkoli und Sonnenblumen, Wann sind Pflanzen „natürlich" hergestellt?, Mitt. 2008, 254; Seitz/Kock, Wettbewerbsrechtliche Aspekte von Sortenschutz- und Patentlizenzen im Saatgutbereich. Schutzrechtslizenzen zwischen sortenschutzrechtlichen, patentrechtlichen und kartellrechtlichen Vorgaben, GRUR Int. 2012, 711; Wolfram, Aktuelle Entwicklungen zur Patentierung von Lebewesen und Naturgesetzen, GRUR Prax 2012, 502

28 **4.1 Regelungsgehalt.** Pflanzensorten oder Tierarten können nicht als Gebrauchsmuster geschützt werden. Die Regelung ist § 2a Abs. 1 PatG ähnlich. Der Ausschluss der Pflanzensorten ergibt sich aus der Verfügbarkeit des Sortenschutzes hierfür. Eine gebrauchsmusterspezifische Rechtsprechungspraxis hat sich zu dem Regelungskomplex des § 2 Nr. 2 bislang nicht gebildet; es können jedoch diesbezüglich die Grundsätze der Rechtspraxis zu §§ 2 Abs. 2, 2a PatG herangezogen werden, soweit sich diese Regelung mit biologischen Erfindungen befasst und einen Teil von ihnen vom Patentschutz ausschließt, nämlich Pflanzensorten oder Tierarten bzw. Tierrassen. Soweit in § 2a Abs. 1 Nr. 1 PatG ein Ausschluss von im wesentlichen biologischen Verfahren zur Züchtung von Pflanzen oder Tieren stipuliert wurde (mit Ausnahme mikrobiologischer Verfahren und der mit ihrer Hilfe gewonnenen Erzeugnisse), bedurfte es im GebrMG im Hinblick auf den Ausschluss von Verfahren keiner gesonderten Regelung. Gerade im Bereich der Biotechnologie werden häufig **Verfahrenserfindungen** getätigt, die als solche nach § 2 Nr. 3 vom Gebrauchsmusterschutz ausgeschlossen sind. Dies schließt jedoch nicht den sog **mittelbaren Verfahrensschutz** aus (*Tronser* GRUR 1991, 10 [13]; *Bühring/Braitmayer* § 2 Rn. 18 sowie → § 1 Rn. 29ff., → § 1 Rn. 56ff., → § 1 Rn. 145ff. sowie → Rn. 31ff.).

29 Seit langem ist anerkannt, dass Neuerungen auf dem Gebiet der belebten Natur Lehren zum technischen Handeln beinhalten können (vgl. → § 1 Rn. 4ff., → § 1 Rn. 29ff., → § 1 Rn. 56ff.). Die Neuerungen können sich auf Pflanzen, Tiere und Menschen beziehen. „Biologische" oder besser „biotechnologische Erfindungen" können aus der heutigen Zeit nicht mehr hinweggedacht werden; bahnbrechende Entwicklungen beruhen auf dem Einsatz von biologischen bzw. biotechnologischen Erfindungen. Dies gilt nicht zuletzt für die rasante Entwicklung der **Gentechnik** in den letzten Jahrzehnten. Alle gentechnischen Methoden dienen der gezielten Veränderung von Erbgut und dem Einbringen des neu kombinierten (rekombinierten) genetischen Materials in lebende Zellen, um es dort wirken zu lassen. Auf dem medizinischen Sektor gilt die Gentechnik mittlerweile als unverzichtbares „Werkzeug" sowohl bei der Produktion von neuen Medikamenten als auch bei der einfachen und schnellen Diagnose von Erb- und Infektionskrankheiten. Eine ganze Reihe von pharmazeutisch wirksamen Proteinen wird mit Hilfe gentechnisch veränderter Mikroorganismen in großen Anlagen produziert. Gentechnische Methoden werden ferner bei der Produktion von Lebensmittelhilfsstoffen eingesetzt (zB das Enzym Chymosin als Labferment) sowie bei Nutzpflanzen mit neuen Eigenschaften verwirklicht, die beispielsweise gegen Krankheiten und Herbizide resistent sind oder als nachwachsende Rohstoffe von der Industrie verwertet werden können (zB „Anti-Matsch-Tomate"). Die Bioverfahrenstechnik, die zum Beispiel im Bergbau, bei der Rohstoffaufbereitung, in der Chemieindustrie, Lebensmitteltechnik, Umwelt- und Entsorgungstechnologie eingesetzt wird, ist ohne die Prozesse der Biotechnologie nicht mehr denkbar; sie arbeitet mit Mikroorganismen (Bakterien, Hefen ua, Pilzen), wobei es keine Rolle spielt, ob sie gentechnisch verändert sind oder ihre natürlichen Eigenschaften genutzt werden.

Gerade rasante Technologien erfordern ein schnell verfügbares Schutzrechtssystem, das das GebrMG zur Verfügung stellt. Bei § 2 Nr. 2 handelt es sich um eine Ausnahmevorschrift; diese ist infolgedessen eng auszulegen (ebenso *Schulte/Moufang,* § 2a Rn. 18; vgl. auch EPA GRUR Int. 1993, 865, 870 – *Patent für pflanzliche Lebensformen/GREENPEACE;* Art. 27 Abs. 1 TRIPS; aA wohl EuGH GRUR 2011, 1104 – *Brüstle/Greenpeace* – zur Ausnahmebestimmung des § 2a Abs. 1 Nr. 3 PatG im Hinblick auf den Begriff „menschlicher Embryo"). **30**

Die **Wiederholbarkeit** ist für biologische Erfindungen wie für jede andere Erfindung erforderlich. Wenn sich die Erfindung beispielsweise auf einen Mikroorganismus bezieht, so muss dieser selbst wiederholbar sein (vgl. BGH GRUR 1987, 231, 232 – *Tollwutvirus*). Die Wiederholbarkeit kann dabei durch die **Hinterlegung** des Mikroorganismus und dessen Freigabe entsprechend den Grundsätzen des sog Budapester Hinterlegungsvertrages erfolgen (weitere Einzelheiten unter → Rn. 29). **31**

Bei der Auslegung der Bereichsausnahmen der Pflanzensorten und Tierarten sind die Wertungen der sogenannten **Biotechnologie-Richtlinie** zu berücksichtigen. Diese definiert **„biologisches Material"** als ein Material, das genetische Informationen enthält und sich selbst reproduzieren oder in einem biologischen System reproduziert werden kann; **„mikrobiologisches Verfahren"** ist jedes Verfahren, bei dem mikrobiologisches Material verwendet, ein Eingriff in mikrobiologisches Material durchgeführt oder mikrobiologisches Material hervorgebracht wird (Art. 2 Abs. 1 RL). Ein **„Verfahren zur Züchtung von Pflanzen und Tieren"** ist danach **im Wesentlichen biologisch,** wenn es vollständig auf natürlichen Phänomenen wie Kreuzung oder Selektion beruht (Art. 2 Abs. 2 RL). Der Begriff der **Pflanzensorte** wird durch Art. 5 der Verordnung (EG) Nr. 2100/94 definiert (Art. 2 Abs. 3 RL). § 2a Abs. 3 PatG gibt zu diesen Begriffen eine Legaldefinition dahingehend, dass im Sinne dieses Gesetzes **32**

1. „biologisches Material" ein Material, das genetische Informationen enthält und sich selbst reproduzieren oder in einem biologischen System reproduziert werden kann; **33**
2. „mikrobiologisches Verfahren" ein Verfahren, bei dem mikrobiologisches Material verwendet, ein Eingriff in mikrobiologisches Material durchgeführt oder mikrobiologisches Material hervorgebracht wird; **34**
3. „im Wesentlichen biologisches Verfahren" ein Verfahren zur Züchtung von Pflanzen oder Tieren, das vollständig auf natürlichen Phänomenen wie Kreuzung oder Selektion beruht; **35**
4. „Pflanzensorte" eine Sorte im Sinne der Definition der Verordnung (EG) Nr. 2100/94 des Rates vom 27. Juli 1994 über den gemeinschaftlichen Sortenschutz (ABl. EG Nr. L 227 S. 1) in der jeweils geltenden Fassung **36**

bedeutet. Diese durch das BioTRichtlinienG 2005 eingeführte Legaldefinition ist inhaltlich selbstredend auch für § 2 Nr. 2 GebrMG zu berücksichtigen, auch wenn das GebrMG insoweit keine harmonisierte Anpassung erhalten hat, was eher als gesetzgeberische Nachlässigkeit denn als Ausdruck einer bewusst different ausgestalteten Regelung angesehen kann. **37**

Entsprechend den Grundsätzen dieser Richtlinie ist ein Gebrauchsmusterschutz nicht für eine Erfindung ausgeschlossen, die einen isolierten Bestandteil des menschlichen Körpers oder einen auf andere Weise durch ein technisches Verfahren erzeugten Bestandteil betrifft und gewerblich anwendbar ist, selbst wenn der Aufbau dieses Bestandteils mit dem eines natürlichen Bestandteils identisch ist, wobei sich die Rechte aus dem Schutzrecht nicht auf den menschlichen Körper und dessen Bestandteile in seiner natürlichen Umgebung erstrecken können (Erwägungsgrund 20). Ein solcher isolierter oder auf andere Weise erzeugter Bestandteil des menschlichen Körpers ist von der Schutzgewährung nicht ausgeschlossen, da er – zum Beispiel – das Er- **38** gebnis technischer Verfahren zu seiner Identifizierung, Reinigung, Bestimmung und Vermehrung außerhalb des menschlichen Körpers sein kann, zu deren Anwendung nur der Mensch fähig ist und die die Natur selbst nicht vollbringen kann (Erwägungsgrund 20). Sequenzen oder Teilsequenzen von Genen können bei Vorliegen der übrigen Schutzvoraussetzungen gebrauchsmusterfähig sein (vgl. Erwägungsgrund 22). Ein einfacher DNA-Abschnitt ohne Angabe einer Funktion enthält keine Lehre zum technischen Handeln und ist deshalb nicht gebrauchsmusterfähig (vgl. Erwägungsgrund 23). Vgl. zu den Einzelheiten Art. 3, Art. 4, Art. 5 RL. Dies alles steht – selbstverständlich – unter dem Vorbehalt des Ausschlusses von Verfahrenserfindungen, § 2 Nr. 3; darüber hinaus sollen nach dem Willen des Gesetzgebers de lege ferenda biotechnologische Erfindungen vom GebrM-Schutz ausgeschlossen werden.

39 **4.2 Pflanzensorten/Pflanzen.** Unter Berücksichtigung des Art. 27 Abs. 1 TRIPS, wonach sich die Mitgliedsstaaten verpflichtet haben, Patente auf **alle** Erfindungen zu erteilen, die neu, gewerblich anwendbar und erfinderisch sind, sowie unter Berücksichtigung der Biotechnologie-Richtlinie, ergibt sich – de lege lata – in besonderem Maße der **Ausnahmecharakter** des § 2 Nr. 2. Dem Gebrauchsmusterschutz sind danach **nur Pflanzensorten** entzogen, **nicht einzelne Pflanzen** (Art. 2 Abs. 2 Biotechnologie-Richtlinie; aA wohl *Bühring/Braitmayer,* § 2 Rn. 12, 13; wie hier *Benkard/Goebel/Engel,* GebrMG § 2 Rn. 6, nach denen Lehren anderer taxonomischer Einheiten nicht vom Schutzausschluss erfasst sind). Generell können Erfindungen, auch wenn sie ein Erzeugnis, das aus biologischem Material besteht oder dieses enthält, als Gebrauchsmuster geschützt werden. **Biologisches Material** ist ein Material, das genetische Informationen enthält und sich selbst reproduzieren oder in einem biologischen System reproduziert werden kann (Art. 3 Abs. 1, Art. 2 Abs. 1 lit. a Biotechnologie-Richtlinie).

40 Der Begriff der **Pflanzensorte** wird einerseits durch das Sortenschutzrecht und durch § 2a Abs. 3 Nr. 4 PatG definiert, der auf die Definition der Verordnung (EG) Nr. 2100/94 des Rates vom 27. Juli 1994 über den gemeinschaftlichen Sortenschutz (ABl. EG Nr. L 227 S1) in der jeweils geltenden Fassung Bezug nimmt, die ihrerseits den diesbezüglichen Regelungsgehalt des UPOV-Übereinkommens aufgreift. Die zurzeit geltende Fassung der Verordnung vom 20. Dezember 2007 iVm Art. 1 Änderungsverordnung (EG) 15/2008 vom 20. Dezember 2007 (ABl. 2008 Nr. L 8, S. 2 definiert die Voraussetzungen für die Erteilung des gemeinschaftlichen Sortenschutzes wie folgt:

„Art 5. Gegenstand des gemeinschaftlichen Sortenschutzes

(1) Gegenstand des gemeinschaftlichen Sortenschutzes können Sorten aller botanischen Gattungen und Arten, u. a. auch Hybriden zwischen Gattungen oder Arten sein.

(2) Eine „Sorte“ im Sinne dieser Verordnung ist eine pflanzliche Gesamtheit innerhalb eines einzigen botanischen Taxons der untersten bekannten Rangstufe, die, unabhängig davon, ob die Bedingungen für die Erteilung des Sortenschutzes vollständig erfüllt sind,

- *durch die sich aus einem bestimmten Genotyp oder einer bestimmten Kombination von Genotypen ergebende Ausprägung der Merkmale definiert,*
- *zumindest durch die Ausprägung eines der erwähnten Merkmale von jeder anderen pflanzlichen Gesamtheit unterschieden und*
- *in Anbetracht ihrer Eignung, unverändert vermehrt zu werden, als Einheit angesehen werden kann.*

(3) Eine Pflanzengruppe besteht aus ganzen Pflanzen oder Teilen von Pflanzen, soweit diese Teile wieder ganze Pflanzen erzeugen können; beide werden im Folgenden „Sortenbestandteile“ genannt.

(4) Die Ausprägung der Merkmale nach Abs. 2 erster Gedankenstrich kann bei Sortenbestandteilen derselben Art variabel oder invariabel sein, sofern sich der Grad der Variation auch aus dem Genotyp oder der Kombination von Genotypen ergibt.

Art. 6. Schützbare Sorten

Der gemeinschaftliche Sortenschutz wird für Sorten erteilt, die
a) unterscheidbar,
b) homogen,
c) beständig und
d) neu
sind.

Zudem muss für jede Sorte gemäß Art. 63 eine Sortenbezeichnung festgesetzt sein.

Art. 7. Unterscheidbarkeit

(1) Eine Sorte wird als unterscheidbar angesehen, wenn sie sich in der Ausprägung der aus einem Genotyp oder einer Kombination von Genotypen resultierenden Merkmale von jeder anderen Sorte, deren Bestehen an dem gemäß Art. 51 festgelegten Antragstag allgemein bekannt ist, deutlich unterscheiden lässt.

(2) Das Bestehen einer anderen Sorte gilt insbesondere dann als allgemein bekannt, wenn an dem gemäß Art. 51 festgelegten Antragstag
a) für sie Sortenschutz bestand oder sie in einem amtlichen Sortenverzeichnis der Gemeinschaft oder eines Staates oder einer zwischenstaatlichen Organisation mit entsprechender Zuständigkeit eingetragen war;
b) für sie die Erteilung eines Sortenschutzes oder die Eintragung in ein amtliches Sortenverzeichnis beantragt worden war, sofern dem Antrag inzwischen stattgegeben wurde.

In der Durchführungsordnung gemäß Art. 114 können beispielhaft weitere Fälle aufgezählt werden, bei denen von allgemeiner Bekanntheit ausgegangen werden kann.

Art. 8. Homogenität

Eine Sorte gilt als homogen, wenn sie – vorbehaltlich der Variation, die aufgrund der Besonderheiten ihrer Vermehrung zu erwarten ist – in der Ausprägung derjenigen Merkmale, die in die Unterscheidbarkeitsprüfung einbezogen werden, sowie aller sonstigen, die zur Sortenbeschreibung dienen, hinreichend einheitlich ist.

Art. 9. Beständigkeit

Eine Sorte gilt als beständig, wenn die Ausprägung derjenigen Merkmale, die in die Unterscheidbarkeitsprüfung einbezogen werden, sowie aller sonstigen, die zur Sortenbeschreibung dienen, nach wiederholter Vermehrung oder im Fall eines besonderen Vermehrungszyklus am Ende eines jeden Zyklus unverändert ist.

Art. 10. Neuheit

(1) Eine Sorte gilt als neu, wenn an dem nach Art. 51 festgelegten Antragstag Sortenbestandteile bzw. Erntegut dieser Sorte
a) innerhalb des Gebiets der Gemeinschaft seit höchstens einem Jahr,
b) außerhalb des Gebiets der Gemeinschaft seit höchstens vier Jahren oder bei Bäumen oder Reben seit höchstens sechs Jahren vom Züchter oder mit Zustimmung des Züchters im Sinne des Art. 11 verkauft oder auf andere Weise zur Nutzung der Sorte an andere abgegeben worden waren bzw. war.

(2) Die Abgabe von Sortenbestandteilen an eine amtliche Stelle aufgrund gesetzlicher Regelungen oder an andere aufgrund eines Vertrags oder sonstigen Rechtsverhältnissen zum ausschließlichen Zweck der Erzeugung, Vermehrung, Aufbereitung oder Lagerung gilt nicht als Abgabe an andere im Sinne von Abs. 1, solange der Züchter die ausschließliche Verfügungsbefugnis über diese und andere Sortenbestandteile behält und keine weitere Abgabe erfolgt. Werden die Sortenbestandteile jedoch wiederholt zur Erzeugung von Hybridsorten verwendet und findet eine Abgabe von Sortenbestandteilen oder Erntegut der Hybridsorte statt, so gilt diese Abgabe von Sortenbestandteilen als Abgabe im Sinne von Abs. 1.

Die Abgabe von Sortenbestandteilen durch eine Gesellschaft im Sinne von Art. 58 Abs. 2 des Vertrags an eine andere Gesellschaft dieser Art gilt ebenfalls nicht als Abgabe an andere, wenn eine von ihnen vollständig der anderen gehört oder beide vollständig einer dritten Gesellschaft dieser Art gehören und solange nicht eine weitere Abgabe erfolgt. Diese Bestimmung gilt nicht für Genossenschaften.

(3) Die Abgabe von Sortenbestandteilen bzw. Erntegut dieser Sorte, die bzw. das aus zu den Zwecken des Art. 15 Buchstaben b) und c) angebauten Pflanzen gewonnen und nicht zur weiteren Fortpflanzung oder Vermehrung verwendet werden bzw. wird, gilt nicht als Nutzung der Sorte, sofern nicht für die Zwecke dieser Abgabe auf die Sorte Bezug genommen wird.

Ebenso bleibt die Abgabe an andere außer Betracht, falls diese unmittelbar oder mittelbar auf die Tatsache zurückgeht, dass der Züchter die Sorte auf einer amtlichen oder amtlich anerkannten Ausstellung im Sinne des Übereinkommens über internationale Ausstellungen oder auf einer Ausstellung in einem Mitgliedstaat, die von diesem Mitgliedstaat als gleichwertig anerkannt wurde, zur Schau gestellt hat.“

41 Danach wird eine Sorte durch ihr gesamtes Genom geprägt und besitzt deshalb Individualität. Sie ist von anderen Sorten deutlich unterscheidbar (vgl. Erwägungsgrund 30 der EU-Biotechnologie-Richtlinie; vgl. Art. 1 vi UPOV-Übereinkommen, GRUR Int. 1991, 538).

42 Prinzipiell schützbar sind also:

43 – Pflanzen als solche;

44 – eine **Pflanzengesamtheit,** die durch ein bestimmtes Gen (und nicht durch ihr gesamtes Genom) gekennzeichnet ist, unterliegt nicht dem Sortenschutz. Sie ist deshalb von dem Gebrauchsmusterschutz nicht ausgeschlossen, auch wenn sie Pflanzensorten umfasst (vgl. Erwägungsgrund 31 EU-Biotechnologie-Richtlinie). Da nach Art. 4 Abs. 2 der EU-Richtlinie ein Schutz für Erfindungen vorgesehen sein soll, wenn die Ausführung der Erfindung technisch nicht auf eine bestimmte Pflanzensorte (oder Tierrasse) beschränkt ist, konnte sich hieraus eine Diskrepanz zu den Grundsätzen der Beschwerdekammern des EPA im Hinblick auf die Auslegung des Art. 53 (b) Halbsatz 1 EPÜ ergeben: Danach fielen unter das Patentierungsverbot für Pflanzensorten auch Ansprüche, die zwar allgemein auf Pflanzen gerichtet sind, aber auch Pflanzensorten erfassen (EPA GRUR Int. 1995, 978 – *Pflanzenzellen/PLANT GENETIC SYSTEMS;* jedoch aufgehoben durch Beschluss der Großen Beschwerdekammer des EPA vom 20.12.1999, GRUR Int. 2000, 431 – *Transgene Pflanze/NOVARTIS II,* die eine Entscheidung in Übereinstimmung mit Art. 4 Abs. der RL Nr. 98/44/EG getroffen hat);

45 – **Teile des Genoms von Pflanzen,** zB pflanzliche Gene, Chromosomen;

46 – **Pflanzenteile,** zB Zellen, Samen, Früchte – auch hier darf aber letztlich nicht eine Pflanzensorte angestrebt werden;

47 – **Pflanzengruppen,** denen die pflanzensorten-immanente Homogenität fehlt;

48 – **Pflanzenarten, Pflanzengattungen,** die Pflanzensorten mit umfassen.

49 Im Hinblick auf den Ausschluss von **Verfahrenserfindungen** stellt sich im Gebrauchsmusterrecht die in § 2 Nr. 2 PatG erforderliche Abgrenzung zwischen dem wesentlichen biologischen Verfahren zur Züchtung von Pflanzen und mikrobiologischen Verfahren regelmäßig nicht. Biotechnologische Erfindungen, wie sie § 1 Abs. 2 PatG in Bezug nimmt, sind ebenfalls nach § 1 Abs. Nr. 5 GebrMG vom Gebrauchsmusterschutz ausgeschlossen, auch soweit sie Tiere, Pflanzen oder Teile davon betreffen, selbst wenn sie an sich nicht von § 2 Nr. 2 GebrMG erfasst sein sollten. Ein **Erzeugnisschutz** mittels sogenannten **Product-by-Process-Anspruchs** ist allerdings nicht ausgeschlossen (vgl. hierzu → § 1 Rn. 139, → § 1 Rn. 154 ff. sowie → § 12a Rn. 250 ff.). Der danach grundsätzlich denkbare mittelbare Verfahrensschutz darf aber nicht zu einer Umgehung des in § 2 Nr. 2 PatG sowie Art. 53b) niedergelegten Grundsatzes des Ausschlusses von im Wesentlichen biologischen Verfahren zur Züchtung führen.

50 Zu den Unterschieden des **Sortenschutzes:** *Schulte/Moufang,* § 2a Rn. 15.

4.3 Tierarten/Tiere. Tierarten können nicht als Gebrauchsmuster geschützt werden. Die Regelung ist § 2a Abs. 1 PatG ähnlich, wobei dort der nach der Gesetzesbegründung zum BioTRichtlinienG 2005 exaktere Begriff der Tierrasse verwendet wird. Unter Tierart wird unter Berücksichtigung der RL Nr. 98/44/EG, Art. 4 Abs. 1, auch bei § 2 Nr. 2 GebrMG eine Beschränkung auf Tierrasse anzunehmen sein (wie hier *Benkard/Goebel/Engel*, GebrMG § 2 Rn. 7, aA wohl *Bühring/Braitmayer*, § 2 Rn. 17). 51

Prinzipiell schützbar sind also: 52

- **Tiere als solche** sind infolgedessen vom GebrM-Schutz nicht ausgeschlossen (unter der – selbstverständlichen – Einhaltung der Voraussetzungen nach § 2 Nr. 1; vgl. das Beispiel der transgenen Krebsmaus: EPA GRUR Int. 1993, 240, 241 – *Krebsmaus/HARVARD III*). Tiere sind von Tierarten dahingehend abzugrenzen, dass sie eine höherrangige Klassifikationseinheit darstellen (zB die taxonomische Klassifikationseinheit der Nager oder auch Säuger). Entsprechend → Rn. 28ff., → Rn. 39ff. darf ein grundsätzlich denkbarer mittelbarer Verfahrensschutz nicht zu einer Umgehung der in § 2a Abs. 1 Nr. 1 PatG und Art. 53b) EPÜ getroffenen Grundentscheidung des Ausschlusses von im Wesentlichen biologischen Verfahren zur Züchtung von Tieren führen. Anders als bei Pflanzensorten stehen für Tiere keine anderen gewerblichen Schutzrechte zur Verfügung, was bei der Auslegung dieser Ausnahmebestimmung berücksichtigt werden muss; 53
- **Teile und Produkte von Tieren;** 54
- **höhere taxonomische Einheiten.** 55

Biotechnologische Erfindungen, wie sie § 1 Abs. 2 PatG in Bezug nimmt, sind ebenfalls nach § 1 Abs. Nr. 5 GebrMG vom Gebrauchsmusterschutz ausgeschlossen, auch soweit sie Tiere oder Teile davon betreffen, selbst wenn sie an sich nicht von § 2 Nr. 2 GebrMG erfasst sein sollten. 56

4.4 Biotechnologische Erfindungen und der Mensch. Prüfungsgegenstand bei der Beurteilung der Gewährbarkeit eines Gebrauchsmusterschutzes nach § 2 Nr. 1, 2 ist häufig der medizinische Nutzen im Bereich der Forschung, der Vorbeugung, der Diagnose oder der Therapie für den Menschen (Biotechnologie-Richtlinie, Art. 6 Abs. 1 d) und Erwägungsgrund 45). Soweit der Mensch **Objekt** biotechnologischer (einschließlich gentechnologischer) Maßnahmen ist, wird auf die Anmerkungen → Rn. 16, → Rn. 23f. verwiesen. Aus den Grundsätzen des Art. 5 EU-Biotechnologie-Richtlinie folgt im Übrigen, dass der menschliche Körper in den einzelnen Phasen seiner Entstehung und Entwicklung sowie die bloße Entdeckung eines seiner Bestandteile einschließlich der Sequenz oder Teilsequenz eines Gens auch nicht Grundlage für einen Gebrauchsmusterschutz sein können. Unter Beachtung des Ausschlusses von Verfahrenserfindungen kann nach Art. 5 ein isolierter Bestandteil des menschlichen Körpers oder ein auf andere Weise durch ein technisches Verfahren gewonnener Bestandteil, einschließlich der Sequenz oder Teilsequenz eines Gens, eine gebrauchsmusterfähige Erfindung sein, selbst wenn der Aufbau dieses Bestandteils mit dem Aufbau seines natürlichen Bestandteils identisch ist. Selbstverständlich muss die gewerbliche Anwendbarkeit einer Sequenz oder Teilsequenz eines Gens konkret beschrieben werden. 57

Ungeachtet dessen sind biotechnologische Erfindungen, wie sie § 1 Abs. 2 PatG in Bezug nimmt, ebenfalls nach § 1 Abs. Nr. 5 GebrMG vom Gebrauchsmusterschutz ausgeschlossen, auch wenn sie an sich nicht von § 2 Nr. 1, 2 GebrMG erfasst sein sollten. 58

4.5 Züchtungsverfahren. Diese sind als solche gemäß § 2 Nr. 3 vom Gebrauchsmusterschutz ausgeschlossen. Soweit ein **mittelbarer Verfahrensschutz** denkbar ist, darf sich dieser nicht in Widerspruch zur Grundregelung in § 2a Abs. 1 Nr. 1 PatG setzen, wonach Züchtungsverfahren für Pflanzen und Tiere von der Patentierbarkeit ausgeschlossen sind, soweit sie im wesentlichen biologisch sind (der Ausschluss her- 59 kömmlicher biologischer Züchtungsverfahren nach dem PatG beruht im Wesentlichen darauf, dass ihnen das patentrechtliche Merkmal der Wiederholbarkeit fehlt, vgl. etwa EPA GRUR Int. 1993, 865, 870 – *Patent für pflanzliche Lebensformen/GREENPEACE*). Ein Erzeugnisanspruch als **product-by-process** ist möglich.

4.6 Mikrobiologische Erfindungen

Literatur (Auswahl): *Baumbach,* Mikroorganismusschutz per se – eine Brücke zwischen Patentschutz und Sortenschutz, Mitt. 1991, 13; *Marterer,* Die Patentierbarkeit von Mikroorganismen per se, GRUR Int. 1987, 490; *Straus,* Rechtsfragen der Anerkennung der Hinterlegung von Mikroorganismen nach dem Budapester Vertrag, GRUR Int. 1986, 601; *Goldbach/Vogelsang-Wenke/Zimmer,* Protection of Biotechnologicial Matter under European and German Law, 1997; Verordnung über die Hinterlegung von biologischem Material in Patent- und Gebrauchsmusterverfahren (Biomaterial-Hinterlegungsverordnung – BioMatHintV) vom 24. Januar 2005 (BGBl. I S. 151; BlPMZ 2005, 102); Köster, Stoffschutz bei Bio-Tech-Erfindungen, GRUR 2002, 833.

60 **4.6.1 Grundsätze. Erzeugnisse,** die aus **Mikroorganismen** gewonnen oder durch sie erzeugt sind, zB Antibiotika, können gebrauchsmusterrechtlich geschützt werden. Auch Mikroorganismen **per se** können als Gebrauchsmuster geschützt werden (vgl. → § 1 Rn. 29f.; BGH GRUR 1987, 231 – *Tollwutvirus*). Die Nichterwähnung mikrobiologischer Erfindungen in § 2 im Gegensatz zu deren Erwähnung in § 2a Abs. 2 Nr. 2 PatG führt also nicht zum Ausschluss dieser Schutzrechtskategorie. Ausgeschlossen sind sie hingegen, wenn sie eine genetische Information aufweisen iSd §§ 1 Abs. 2 Nr. 5 GebrMG; 1 Abs. 2, 2a Abs. 3 PatG. Als mit Hilfe der nachfolgenden Verfahren gewonnene Erzeugnisse sind durch Mikroorganismen hergestellte oder veränderte Erzeugnisse sowie neue Mikroorganismen als solche anzusehen und damit prinzipiell gebrauchsmusterfähig (vgl. EPA ABl. 1995, 545, 546 – *Pflanzenzellen/PLANT GENETIC SYSTEMS* – zu Art. 53b Hs. 2 EPÜ).

61 **Verfahrenserfindungen** sind ausgeschlossen, Nr. 3 (vgl. zum zweckgebundenen Stoffschutz und der hier vertretenen weitergehenden Auffassung → § 1 Rn. 138ff.; → § 12a Rn. 233ff., → § 12a Rn. 287, → § 12a Rn. 289ff.). § 2a Abs. 3 Nr. 2 PatG definiert als ein mikrobiologisches Verfahren *„jedes Verfahren, bei dem mikrobiologisches Material verwendet, ein Eingriff in mikrobiologisches Material durchgeführt oder mikrobiologisches Material hervorgebracht wird“*. Unter die ausgeschlossenen mikrobiologischen Verfahren fallen also diejenigen, in denen Mikroorganismen (oder Teile derselben) zur Herstellung oder Veränderung von Erzeugnissen verwendet oder für bestimmte Anwendungszwecke neue Mikroorganismen entwickelt werden. Weiterhin werden unter dem Begriff „mikrobiologisch“ technische Tätigkeiten unter unmittelbarem Einsatz derartiger Mikroorganismen verstanden, wozu nicht nur traditionelle Fermentations- und Biotransformationsverfahren, sondern auch die Manipulation von Mikroorganismen durch gentechnische oder Fusionsverfahren, die Herstellung oder Veränderung von Erzeugnissen in rekombinanten Systemen gehören. Mikrobiologische Verfahren nach Maßgabe des § 2a Abs. 2 Nr. 2 u. Abs. 3 Nr. 2 PatG gehören nicht zu den biologischen Verfahren des § 2a Abs. 1 u. Abs. 3 Nr. 3 PatG; auch letztere sind wegen § 2 Nr. 3 GebrMG dem Gebrauchsmusterschutz nicht zugänglich.

62 Unter „Mikroorganismen“ werden **Bakterien, Hefen, Pilze, Algen, Protozoen** sowie menschliche, tierische und pflanzliche Zellen, also alle für das bloße Auge nicht sichtbaren, im allgemeinen einzelligen Organismen, die im Labor vermehrt und manipuliert werden können, verstanden. Dieser Definition werden auch **Plasmide** und **Viren** zugerechnet (vgl. EPA GRUR Int. 1995, 978, 983 – *Pflanzenzellen/PLANT GENETIC SYSTEMS*).

63 Für die **Neuheit** sowie den **erfinderischen Schritt** gelten die allgemeinen Grundsätze. Der Mikroorganismus darf nicht mit einem anderen öffentlich zugänglichen Mikroorganismus identisch sein. Es gelten insoweit die allgemeinen Beweisregeln. Das Vorliegen eines erfinderischen Schritts kann sich vor allen Dingen aus den

unvorhersehbaren Eigenschaften des Mikroorganismus, insbesondere seinen Stoffwechselprodukten ergeben. Ebenso muss **gewerbliche Anwendbarkeit** gegeben sein.

Zu den Einzelheiten des Schutzes von **niedermolekularen biotechnologischen Produkten, Nukleinsäuren** (DNA, RNA) sowie **Proteinen** vgl. grundsätzlich *Goldbach/Vogelsang-Wenke/Zimmer* S. 63ff., 77ff., 134ff., die jedoch entgegen der hier vertretenen Auffassung aufgrund des Fehlens von den §§ 3 Abs. 3, 5 Abs. 2 PatG entsprechenden Vorschriften im GebrMG insbesondere bei zweckgebundenen Ansprüchen eine eingeschränkte Auslegung vertreten). Ungeachtet dessen gelten auch für diese biotechnologischen Erfindungen die allgemeinen Grundsätze. **64**

4.6.2 Hinterlegung. Hinsichtlich der Offenbarung des Mikroorganismus und seiner Wiederholbarkeit gelten die allgemeinen Grundsätze mit folgender Besonderheit: Grundsätzlich muss bei mikroorganismusbezogenen Erfindungen die technische Lehre durch Wort und Bild so deutlich beschrieben werden, dass ein Fachmann sie ausführen kann. Kann der Gegenstand der Erfindung jedoch weder durch unmittelbar wahrnehmbare Merkmale noch durch eindeutig feststellbare und unterscheidbare Parameter seiner Eigenschaften noch durch den Herstellungsweg (product-by-process) eindeutig beschrieben werden, so reicht für die Erlangung von Sachschutz die Hinterlegung einer Probe dieses Mikroorganismus aus. Vektoren, wie zum Beispiel Plasmide, müssen nicht hinterlegt werden, wenn entweder ein wiederholbares Herstellungsverfahren oder eine vollständige Sequenz angegeben wird. Es genügt auch für die Zwecke der Erlangung eines GebrM, wenn der Erfinder nach Maßgabe des Budapester Vertrages über die internationale Anerkennung über die Hinterlegung von Mikroorganismen für die Zwecke von Patentverfahren vom 28.4.1977 (in Kraft für die Bundesrepublik Deutschland seit 20.1.1991, Bekanntmachung vom 11.12.1980, BGBl. II 1531) einen vermehrungsfähigen Mikroorganismus hinterlegt und dieser infolge einer Freigabeerklärung durch den Anmelder für die Fachwelt zugänglich geworden ist (vgl. BGH GRUR 1987, 231 – *Tollwutvirus;* Biomaterial-Hinterlegungsverordnung – BioMatHintV vom 24. Januar 2005 (BGBl. I S. 151; BlPMZ 2005, 102)). Dem Bundesministerium der Justiz bzw. dem Präsidenten des DPMA wird die Möglichkeit eingeräumt, die Voraussetzungen, unter denen die Hinterlegung von biologischem Material, der Zugang zu diesem, die Beschränkung des Zugangs und die erneute Hinterlegung zum Zwecke der Offenbarung möglich sind, zu regeln. Dies ist geschehen. Das DPMA fasst die Erfordernisse der erfolgreichen Hinterlegung in seinem online abrufbaren *„Merkblatt für die Hinterlegung von biologischem Material für die Zwecke von Patent- und Gebrauchsmusterverfahren“* aktuell zusammen. Eine Codifizierung der vom BGH und BPatG entwickelten Regeln für das Beschreibungssurrogat der Hinterlegung bei Erzeugnisansprüchen wie auch für (nur für das PatG relevante) Verfahrensansprüche findet sich in der EU Biotechnologie-Richtlinie (Art. 13, 14; vgl. auch die Kommentierung bei *Schulte/Moufang,* PatG, 9. Aufl. 2014, § 34 Rn. 465ff.). **65**

5. Verfahren (§ 2 Nr. 3)

Literatur (Auswahl): *Quodbach,* Mittelbarer Gebrauchsmusterschutz für Verfahren?, GRUR 2007, 357; *Eisenführ,* Zur Rechtsnatur von Verwendungsansprüchen (Verfahren oder Erzeugnis?), FS Schilling, 2007, 99; *Féaux de Lacroix,* Was ist ein Arbeitsverfahren?, Mitt. 2007, 10; *Bühling,* Gebrauchsmusterschutz für Verwendungserfindungen, GRUR 2014, 107.

5.1 Allgemeines. Zur Abgrenzung von Erzeugniserfindungen vgl. → § 1 Rn. 133ff. **66**

Aus den in → Rn. 2ff. dargelegten Gründen sind Verfahren vom Gebrauchsmusterschutz ausgeschlossen. Der in § 2 Nr. 3 GebrMG verwendete Verfahrensbegriff entspricht dem herkömmlichen Verfahrensbegriff, wie er sich für technische Schutz- **67** rechte des gewerblichen Rechtsschutzes über Jahrzehnte herauskristallisiert hat und der insbesondere Arbeitsverfahren und Herstellungsverfahren einschließt.

68 Als Ausnahmevorschrift ist § 2 Nr. 3 überdies eng auszulegen (vgl. auch *Mes* PatG § 2 Rn. 6; aA *Bühring/Braitmayer* § 2 Rn. 2). Nach § 2 Nr. 3 GebrMG können nur solche Verfahren nicht als Gebrauchsmuster geschützt werden, die der herkömmlichen Verfahrensdefinition bei den technischen Schutzrechten des gewerblichen Rechtsschutzes entsprechen, was insbesondere Arbeitsverfahren und Herstellungsverfahren einschließt. Der Ausschluss des Verfahrensschutzes im GebrMG bedeutet im Übrigen nicht, dass der GebrM-Inhaber in jedem Fall auf Verfahrensschutz verzichten muss. Denn er wird sich gegebenenfalls auf den sog **mittelbaren Verfahrensschutz** berufen können (*Benkard/Goebel/Engel,* GebrMG § 2 Rn. 13; *Beier/Ohly* GRUR Int. 1996, 973). Hierbei muss zwischen den verschiedenen Verfahren und Verwendungen unterschieden werden.

69 Häufig werden bei einem auf ein Erzeugnis gerichteten Gebrauchsmusteranspruch auch Herstellungsschritte oder Arbeitsschritte erwähnt, die mit einem entsprechenden Verb, Adjektiv oder Adverb, nicht selten verknüpft mit der Endung *„... bar“,* zum Ausdruck gebracht werden. Bringen sie nicht die (zeitliche) Verfahrensabfolge als entscheidendes Kriterium zum Ausdruck, sondern sind sie als (zB mittelbare) Umschreibung eines räumlich-geometrischen oder konstruktiven Merkmals eines Erzeugnisses zu verstehen, so führen sie nicht dazu, dass auf eine derartige Erfindung kein Gebrauchsmusterschutz erlangt werden könnte.

70 Die Bestimmung der angestrebten Kategorie eines Schutzes ist Sache des Anmelders. Stehen ihm nach Art und Umfang der offenbarten technischen Lehre verschiedene Möglichkeiten offen, kann er sie gebrauchsmusterrechtlich nicht gleichermaßen nutzen, sondern er muss sich auf einen Schutz zurückziehen, der nicht zu einer Kollision mit § 2 Nr. 3 GebrMG führt. Maßgeblich ist, was der Anmelder unter Schutz gestellt wissen will und wie er dementsprechend die Erfindung in den Anmeldungsunterlagen offenbart. Er kann – anders als bei einem Patent – nicht sowohl den Schutz eines Erzeugnis- wie auch eines Verfahrens gleichzeitig nebeneinander wählen (vgl. zum PatG: BGH GRUR 1998, 130 – *Handhabungsgerät;* BGH GRUR 2006, 748, 749 [16] – *Mikroprozessor*). Jedoch kann er – im Rahmen der ursprünglichen Gesamtoffenbarung – auf ein Erzeugnis oder eine Vorrichtung ausweichen, also einen Anspruch hierauf formulieren (wie hier: BPatG BeckRS 2012, 14406)

71 Unter der gegenwärtigen Praxis dürften danach Bedenken gegen die Zulässigkeit eines gebrauchsmuster-bezogenen **Systemsanspruchs** bestehen. Ein solcher liegt patentrechtlich vor, wenn der Patentanspruch ein System betrifft, das den Gegenstand eines anderen Sachanspruchs enthält, im übrigen aber auf ein Verfahren oder eine Verwendung Bezug nimmt; das Rechtschutzbedürfnis für ein entsprechendes Nebeneinander wird angenommen, sofern der Schutzbereich der Ansprüche nicht identisch ist, auch wenn Übereinstimmungen im Schutzbereich der Ansprüche untereinander bestehen sollten (BGH GRUR 2006, 748, 749/750 [16, 17] – *Mikroprozessor*). Bei einem Gebrauchsmuster wird man einen solchen Schutz nebeneinander wohl nur dann bejahen können, wenn der Systemanspruch in der Gesamtheit seiner Merkmale als Erzeugnisanspruch oder als Verwendungsanspruch iSd unten erfolgenden Erläuterungen angesehen werden kann (→ Rn. 75 ff.).

72 In der **praktischen** Prüfung eines Löschungsverfahrens kann die Frage dahinstehen, ob ein auf ein Verfahren gerichteter Anspruch durch § 2 Nr. 3 GebrMG von vornherein vom gesetzlichen Schutz als Gebrauchsmuster ausgeschlossen ist, wenn der Anspruch, zB wegen fehlender Neuheit, nicht schutzfähig ist (vgl. BPatG BeckRS 2015, 18601 – *Rodungsmesser*). Weiter kann es sich in der Praxis empfehlen, bei im Anspruch aufgenommenen Verfahrensmerkmalen in der Beschreibung klarzustellen, dass trotz ihrer Verwendung der Schutz (nur) auf das Erzeugnis gerichtet ist.

5.2 Herstellungsverfahren. Herstellungsverfahren sind dadurch gekennzeichnet, dass aus einem bestimmten Ausgangsstoff mit Hilfe von definierten Verfahrensschritten ein vom Ausgangsprodukt abweichendes, nicht notwendigerweise neues Endprodukt entsteht; dies gilt auch für chemische Analogieverfahren. Sie können ein Erzeugnis hervorbringen (BGH GRUR 2006, 135 – *Arzneimittelgebrauchsmuster*) oder ein Erzeugnis lediglich in der äußeren Gestaltung oder der inneren Beschaffenheit ändern. Für die Einordnung einer Erfindung als ein Erzeugnis oder als ein Verfahren betreffend ist grundsätzlich nicht die sprachliche Fassung der Ansprüche maßgebend, sondern der nach objektiven Gesichtspunkten zu beurteilende Inhalt der Erfindung, wie er sich nach dem sachlichen Offenbarungsgehalt der Anmeldungsunterlagen darstellt. Bei Herstellungsverfahren besteht die Lehre zum technischen Handeln regelmäßig in der Beschreibung der beiden eigentlichen Verfahrensmaßnahmen, nämlich der Wahl der Ausgangsstoffe und der Art der Einwirkung auf diese Stoffe (BGH GRUR 1986, 163 – *Borhaltige Stähle*). In gebrauchsmusterrechtlicher Hinsicht ist aber erforderlich, den Schutz auf das Verfahrenserzeugnis auszurichten (bei dem die materiellen Schutzvoraussetzungen vorliegen müssen). Führt das Herstellungsverfahren wiederholbar immer wieder zu dem identischen Erzeugnis, kann der Schutzrechtsinhaber über ein Erzeugnisgebrauchsmuster auch mittelbar das Verfahren schützen. Der Schutz versagt, wenn die Erfindung darin besteht, das Verfahren als solches zu verbessern, also ohne dass das Erzeugnis eine Änderung erfährt (*Tronser* GRUR 1991, 10 [13]). 73

5.3 Arbeitsverfahren. Arbeitsverfahren beziehen sich auf eine technische Betätigung, durch die Arbeitsschritte vollzogen werden, die nicht auf die Schaffung eines Erzeugnisses gerichtet sind. Sie können im Einzelfall mittelbaren Schutz genießen, wenn für das betreffende Arbeitsmittel ein Gebrauchsmuster eingetragen wird. Regelmäßig sind Arbeitsverfahren jedoch nicht dazu bestimmt, unmittelbar ein Erzeugnis hervorzubringen (vgl. BPatG Mitt. 1976, 239) oder ein bereits bestehendes Erzeugnis zu verändern (vgl. EPA GRUR Int. 1988, 941, 942). In aller Regel wird derartigen Arbeitsverfahren, zum Beispiel Untersuchungsverfahren, Verfahren des Messens, Zählens, Reinigens etc, ein mittelbarer Schutz nicht zukommen können. Ein auf ein Computerverfahren gerichteter Schutzanspruch, der im Wesentlichen einen prozessualen Ablauf zur Erzeugung einer Datenbank zum Gegenstand hat, betrifft danach ein vom Gebrauchsmusterschutz ausgeschlossenes Arbeitsverfahren (BPatG Mitt. 2006, 30 (LS) – *Digitales Speichermedium*). Hingegen wurde eine Signalfolge, die ein Programm zum Ablauf auf einem Rechner darstellt, ungeachtet des § 2 Nr. 3 GebrMG als gebrauchsmusterschutzfähig angesehen (BGH GRUR 2004, 495, 497 – *Signalfolge*). 74

5.4 Verwendungsansprüche. Verwendungsansprüche (vgl. auch → § 4 Rn. 23; → § 12a Rn. 229, → § 12a Rn. 312ff.) sind häufig darauf gerichtet, eine 75
- „Verwendung von … bei/zur …" oder 76
- „Verwendung von … zur Herstellung von …" 77

zu beanspruchen. 78

Verwendungsansprüche sind mithin auf die **Verwendung eines Erzeugnisses zu einem bestimmten Zweck** ausgerichtet. Sie bilden keine eigene Anspruchskategorie. Das Patentgesetz unterscheidet insoweit lediglich zwischen Erzeugnis- und Verfahrensansprüchen, § 9 PatG; das GebrMG enthält ohne ausdrücklichen Hinweis auf die Kategorie eines Erzeugnisanspruchs lediglich die Regelung des Ausschlusses von Verfahrenserfindungen in § 2 Nr. 3 GebrMG. In ihrer speziellen Form von zweckgebundenen Sachansprüchen sind sie insbesondere im Pharmaziebereich häufig anzutreffen. Die inhaltliche Abgrenzung zu zweckgebundenen Sachansprüchen ist im Einzelfall schwierig, weil auch bei Verwendungsansprüchen letztlich die dem Erzeugnis immanente Funktion, Beschaffenheit, sein Charakteristikum die Grundlage für seine Verwendung oder Anwendung ist (ebenso *Benkard/Goebel/Engel,* GebrMG § 2 Rn. 15). 79

80 Wann ein Verwendungsanspruch vorliegt, kann nur durch Auslegung ermittelt werden. Vereinfachend lässt sich sagen, dass die Verwendungsansprüche formal durch die **Formulierung „Verwendung von ...“** als solche beschrieben werden. Ist der Begriff der Verwendung nicht ausdrücklich enthalten, sondern sind Formulierungen wie zB **„für, zum Zweck, damit ...“** aufgeführt, so ist herauszufinden, ob damit lediglich eine bloße Zweck-, Funktions- oder Wirkungsangabe gemeint ist oder ob eine Verwendung des Erzeugnisses angestrebt ist. Bei einem zweckgebundenen Sachanspruch wird im Allgemeinen zunächst das Erzeugnis charakterisiert, in dessen Rahmen dann die Zweckangabe aufgenommen wird. Von dieser im Allgemeinen brauchbaren Regelbetrachtung abgesehen, kommt es immer auf den Gesamtinhalt des Gebrauchsmusters an.

81 Von der rechtsverwandten Ausgestaltung als **zweckgebundene Sachansprüche** abgesehen, werden sie nach überwiegender Meinung der Kategorie der **Verfahrensansprüche** zugeordnet (BGH GRUR 2004, 495 – *Signalfolge*), mit der Folge, dass insoweit kein Gebrauchsmusterschutz in Betracht kommt. Dies gilt insbesondere für reine Arbeitsverfahren, die nicht auf die Schaffung eines Erzeugnisses oder auf dessen Veränderung gerichtet sind, aber auch für Verfahren zur Herstellung eines Erzeugnisses.

82 Erfasst ein „Verwendungsanspruch“ jedoch mit seiner Formulierung im Ergebnis einen Stoff oder eine einem **Erzeugnis innewohnende Funktion, Beschaffenheit,** so bezieht sich der Anspruch faktisch auch auf den Stoff oder das Erzeugnis selbst. Wesentlich ist dabei jedoch, dass die Verwendung einen Handlungserfolg anstrebt und sich hierauf auch beschränkt. Die Verwendung bildet also den Gegenstand der Erfindung. Ein solcher Verwendungsanspruch wird nach der hier vertretenen Auffassung als zulässig angesehen (ebenso: bereits Vorauflage, § 2 Rn. 30; *Benkard/Scharen* GebrMG § 2 Rn. 15; *Busse/Keukenschrijver,* GebrMG § 1 Rn. 7; *Bühring/Baitmayer,* § 2 Rn. 47), und zwar unabhängig von dem Gebiet ihres Einsatzes. Nach der hier vertretenen Auffassung geht der Anwendungsbereich zulässiger gebrauchsmusterrechtlicher Verwendungsansprüche schon aus verfassungsrechtlichen Gründen, Art. 14, 3 GG, über Medizinprodukte bzw. Arzneimittel hinaus (aA BPatG BeckRS 2013, 04559).

83 Ihr Erfindungsgegenstand bezieht sich mithin auf eine bestimmte

84 – Anwendung, Brauchbarkeit oder Verwendung

85 – eines Stoffes oder Produkts,

86 – der/das bereits bekannt sein kann (BGH GRUR 1987, 794 – *Antivirusmittel*).

87 Während zum Schutzbereich eines Erzeugnisanspruchs grundsätzlich davon ausgegangen wird, er sei nicht auf bestimmte Zwecke eingeschränkt, ist dieser bei einem Verwendungsgebrauchsmuster auf die bestimmte Verwendung/Anwendung einer Sache/Vorrichtung, eines Stoffes beschränkt (vgl. BGH GRUR 1987, 794 – *Antivirusmittel;* BGH GRUR 2005, 845, 847 – *Abgasreinigungsvorrichtung;* BGH GRUR 2006, 135 [10] – *Arzneimittelgebrauchsmuster*), auch wenn der Verwendungsanspruch Elemente eines Erzeugnisanspruchs beinhaltet (BGH GRUR 2006, 135 [10] – *Arzneimittelgebrauchsmuster*).

88 Damit bedeutet die Verwendungsangabe – wie beim zweckgebundenen Sachanspruch – eine schutzbeschränkende Wirkung (BGH GRUR 1987, 794 – *Antivirusmittel*), dh es greifen an sich nur Handlungen in einen derartigen Schutzbereich ein, die unmittelbar die geschützte Anwendung betreffen. Es werden also nicht die Handlungen des Herstellens, Anbietens, Inverkehrbringens, Einführens oder Besitzens des Erzeugnisses, das Gegenstand der gebrauchsmustergeschützten Verwendung ist, erfasst, selbst wenn die Herstellung in der Absicht erfolgt, das hergestellte Erzeugnis später für die geschützte Verwendung benutzen zu wollen; zu den insoweit differierenden zweckgebundenen Sachansprüchen (→ § 12a Rn. 312ff.). Aus dieser unterschiedlichen Rechtsfolge ergibt sich auch das Rechtsschutzbedürfnis dafür, ggfs. einen Gebrauchsmusteranspruch als zweckgebundenen Sachanspruch und den anderen Anspruch als Verwendungsanspruch zu formulieren.

Zu den Einzelheiten des gebrauchsmusterrechtlichen Schutzes bei für zulässig erachteten Verwendungsansprüchen: siehe → § 12a Rn. 312ff. 89

5.5 Gebrauchsmusterkategorie. Die **Bestimmung** der **Gebrauchsmusterkategorie** obliegt dem Anmelder. Er wird zweckmäßigerweise gerade beim GebrM auf ein Erzeugnisgebrauchsmuster hinwirken. Maßgebend ist der nach objektiven Kriterien zu bestimmende Anmeldungsgegenstand und die hierauf angepasste Offenbarung der Erfindung in den Anmeldungsunterlagen. Strebt der Anmelder einen mittelbaren Verfahrensschutz an, muss sich in den Ansprüchen und der Beschreibung eindeutig entnehmen lassen, dass das Schutzbegehren nur auf das betreffende Erzeugnis gerichtet ist. Enthält ein Anspruch Zweck-, Wirkungs- oder Funktionsangaben, so sollen mit ihnen in der Regel nur ein besseres Verständnis der Erfindung vermittelt bzw. die räumlich körperlichen Merkmale des Erzeugnisses näher umschrieben werden (vgl. lediglich BGH GRUR 1991, 436, 441/442 – *Befestigungsvorrichtung II*). Gerade bei derartigen zusätzlichen Angaben ist aber der Anschein zu vermeiden, dass für ein Verfahren oder ein Verfahrensmerkmal Schutz begehrt wird. Angaben wie „einführbar, auseinandergedrückt, aufliegt, geschaltet, steuerbar, bewegbar, gekoppelt, gesteuert, ortsfest angebracht, einrastbar, zugeordnet" oder dergleichen beinhalten gerade nicht derartige räumlich konstruktive Angaben. 90

Zum **Product-by-Process-Anspruch** vgl. → § 1 Rn. 139, → § 1 Rn. 154 sowie → § 12a Rn. 250ff. 91

Aufgrund des Ausschlusses von Verfahrenserfindungen ist beim GebrM ein **Wechsel der Gebrauchsmusterkategorie,** wie er im Patentrecht unter bestimmten Voraussetzungen für zulässig erachtet wird (vgl. BGH GRUR 1988, 287 – *Abschlussblende;* GRUR 1990, 508 – *Spreizdübel*) nur soweit denkbar, als ein Wechsel zu einem Verwendungsanspruch in Betracht kommt. Bei einem offensichtlich irrtümlichen Vergreifen in der Bezeichnung des Gegenstandes der Erfindung kann gegebenenfalls eine Umdeutung in eine (zulässige) GebrM-Kategorie ausnahmsweise in Betracht kommen. 92

§ 3 [Neuheit; gewerbliche Anwendbarkeit]

(1) **Der Gegenstand eines Gebrauchsmusters gilt als neu, wenn er nicht zum Stand der Technik gehört. Der Stand der Technik umfasst alle Kenntnisse, die vor dem für den Zeitraum der Anmeldung maßgeblichen Tag durch schriftliche Beschreibung oder durch eine im Geltungsbereich dieses Gesetzes erfolgte Benutzung der Öffentlichkeit zugänglich gemacht worden sind. Eine innerhalb von sechs Monaten vor dem für den Zeitrang der Anmeldung maßgeblichen Tag erfolgte Beschreibung oder Benutzung bleibt außer Betracht, wenn sie auf der Ausarbeitung des Anmelders oder seines Rechtsvorgängers beruht.**

(2) **Der Gegenstand eines Gebrauchsmusters gilt als gewerblich anwendbar, wenn er auf irgendeinem gewerblichen Gebiet einschließlich der Landwirtschaft hergestellt oder benutzt werden kann.**

Literatur (Auswahl): *Bühring,* Der patentrechtliche Neuheitsbegriff im Wandel der jüngeren Rechtsprechung, GRUR 1984, 246; *Singer,* Der Neuheitsbegriff in der Rechtsprechung der Beschwerdekammern des Europäischen Patentamts, GRUR 1985, 789; *Loth,* Neuheitsbegriff und Neuheitsschonfrist im Patentrecht, 1988; *Bossung,* „Das der Öffentlichkeit zugänglich Gemachte" als Stand der Technik, GRUR Int. 1990, 960; *Günzel,* Die Vorbenutzung als Stand der Technik im Sinne des Europäischen Patentübereinkommens, Amtspraxis und Rechtsprechung der Beschwerdekammern, FS für Nirk, 1992, 441; *Vossius,* Der Beurteilungsmaßstab für die Neuheit einer Erfindung nach deutschem und europäischen Patentrecht, FS für Nirk, 1992, 1033; *Lederer,*

Die offenkundige Vorbenutzung nach neuem Recht, FS für Vieregge 1995, 547; *Rogge,* Gedanken zum Neuheitsbegriff nach geltendem Patentrecht, GRUR 1996, 931; *Gramm,* Der Stand der Technik und das Fachwissen, GRUR 1998, 240; *Reimann,* Einige Überlegungen zur Offenkundigkeit im Rahmen des § 17 ff. UWG und des § 3 PatG, GRUR 1998, 298; *Maiwald,* Rechtsprechung zur Neuheit im EPA und in Deutschland, Mitt. 1997, 272; *Breith,* Sind die gesetzlichen Regelungen über die Geheimhaltung von Patenten und Gebrauchsmustern noch zeitgemäß?, GRUR 2003, 587; *Niedlich,* Veröffentlichungen im Internet, Mitt. 2004, 349; *Ohly,* Zur Wirkung prioritätsgleicher Patente, Mitt. 2006, 241; *Kurz,* Vertraulichkeitsvereinbarungen, 3. Aufl. 2013; *Grunewald,* Fern der Quelle – Geheimnisschutz und Outsourcing, WRP 2007, 1307; *McGuire/Joachim/Künzel/Weber,* Der Schutz von Geschäftsgeheimnissen durch Rechte des Geistigen Eigentums und durch das Recht des unlauteren Wettbewerbs, GRUR Int. 2010, 829; *Mayer,* Geschäfts- und Betriebsgeheimnis oder Geheimniskrämerei?, GRUR 2011, 884; *Enders,* Know How Schutz als Teil des geistigen Eigentums, GRUR 2012, 25; *Sander,* Schutz nicht offenbarter betrieblicher Informationen nach der Beendigung des Arbeitsverhältnisses im deutschen und amerikanischen Recht, GRUR Int. 2013, 217; *Schrader,* Identität des „Stands der Technik" im Patent- und Gebrauchsmusterrecht, Mitt. 2013, 1;*Brüntjen/Ruttekolk/Teschemacher,* Zur Vertraulichkeit von Internetrecherchen, GRUR 2013, 897; *Ohly,* Der Geheimnisschutz im deutschen Recht: heutiger Stand und Perspektiven, GRUR 2014, 1; *Ann,* Geheimnisschutz – Kernaufgabe des Informationsmanagements im Unternehmen, GRUR 2014, 12.

Inhaltsübersicht

1 **1. Allgemeines/Zweck der Vorschrift.** Die geltende Bestimmung des § 3 ist durch das Gesetz zur Änderung des Gebrauchsmustergesetzes vom 15.8.1986 (BlPMZ 1986, 310) eingefügt worden und gilt für alle seit dem 1.1.1987 eingereichten Anmeldungen (Art. 4 Nr. 1 ÄndG). Dieses Gesetz bewirkte keine inhaltliche Angleichung an die neuheitsrechtliche Legaldefinition des § 3 PatG; insoweit fand lediglich eine Anpassung an den durch das IntPatÜG eingeführten Sprachgebrauch statt.

Auch in dieser Vorschrift kommt – wie in § 3 PatG – der Grundgedanke zum Ausdruck, dass das Gebrauchsmuster dazu dient, dem Erfinder den ihm gebührenden **Lohn** für seine **Erfindung** zukommen zu lassen, wenn er – im Gegenzug – seine Erfindung im Interesse des technischen Fortschritts der Allgemeinheit zur Verfügung stellt. Auch das Gebrauchsmuster schützt den Berechtigten vor dem Nachbau von aufgrund seiner Lehre hergestellten Produkten und gewährt ihm insoweit einen **weitergehenden Schutz,** als er ihn mit einer **bloßen Geheimhaltung** seiner Lehre erreichen könnte. Eine solche Privilegierung ist jedoch nur dann gerechtfertigt, wenn er der Allgemeinheit mit der beanspruchten Lehre bisher nicht Vorhandenes zur Verfügung stellt, die Allgemeinheit also mit etwas bereichert, was bislang noch nicht Allgemeingut geworden ist (BGH GRUR 1997, 892, 894 – *Leiterplattennutzen*). **2**

Der im Vergleich zum Patentgesetz **eingeschränkte Neuheitsbegriff** stellt einen rechtlichen und wirtschaftlichen **Vorzug** gegenüber dem **Patentrecht** dar, was rechtspolitisch letzten Endes nur mit der im Vergleich zum Patent kürzeren Laufzeit des Gebrauchsmusters erklärt werden kann. Die **Unterschiede** zum Neuheitsbegriff des § 3 PatG sind wie folgt zusammengefasst: **3**

- nur schriftliche Beschreibungen gehören zum Stand der Technik **4**
- ebenso nur inländische Benutzungshandlungen **5**
- keine Vorbenutzung „in sonstiger Weise" **6**
- kein fiktiver Stand der Technik in Form nachveröffentlichter älterer Anmeldungen **7**
- keine Schutzmöglichkeit für vorbekannte Erzeugnisse, Stoffe und Vorrichtungen **8**
- echte „Neuheitsschonfrist", dh keine Ausgestaltung als bloßer Missbrauchstatbestand **9**
- weiterhin Ausstellungsschutz. **10**

Ferner wurde durch das Gebrauchsmusteränderungsgesetz die Schutzvoraussetzung der „gewerblichen Anwendbarkeit" eingeführt. Die die Legaldefinition enthaltene Neuregelung in § 3 Abs. 2 GebrMG entspricht der Regelung in § 5 Abs. 2 PatG. **11**

Für die Prüfung des § 3 GebrMG und Anwendung der sich daraus ergebenden Konsequenzen müssen im Wesentlichen drei Hauptschritte ausgeführt werden, nämlich **12**

- die Abklärung, welcher Stand der Technik (etwa welche Dokumente, welche Benutzungshandlungen) überhaupt für die Prüfung auf Neuheit heranziehbar ist; siehe dazu → Rn. 17ff.; **13**
- die Herausarbeitung des Inhalts bzw. des Offenbarungsgehalts des identifizierten Standes der Technik, der dem zu überprüfenden Gebrauchsmuster zum Zwecke des Vergleichs gegenüber zu stellen ist; siehe dazu nachfolgend unter → Rn. 140ff.; sowie **14**
- die Bestimmung des Gegenstands, also der „Erfindung", des Gebrauchsmusters, der mit dem nach den beiden genannten Schritten feststehenden Stand der Technik zu vergleichen ist; siehe dazu → Rn. 198ff. **15**

Die vorstehend wiedergegebene Reihenfolge ist nicht als logisch zwingende Prüfungsrangfolge zu verstehen – insoweit würde man wohl mit der Prüfung nach dem letzten Hauptschritt beginnen müssen –, sondern folgt rein pragmatischen Darstellungszwecken. **16**

2. Stand der Technik. Während §§ 1 Abs. 2, 2 GebrMG die absoluten Eintragungsvoraussetzungen bzw. Schutzausschließungsgründe regeln und damit die Gebrauchsmusterfähigkeit zum Inhalt haben, betrifft § 3 GebrMG die fehlende Schutzfähigkeit und damit relative Schutzvoraussetzungen, zu denen auch das Erfordernis des erfinderischen Schritts gehört. Ein Gebrauchsmusterschutz tritt erst dann ein, wenn auch die relativen Schutzvoraussetzungen gegeben sind. Erst dann ist das Registerrecht auch materiell beständiges Recht (vgl. § 15 Abs. 1 Nr. 1 GebrMG). Das Vorliegen der Schutzvoraussetzungen der Neuheit, des erfinderischen Schritts sowie der gewerblichen Anwendbarkeit wird nicht im Eintragungsverfahren überprüft (vgl. § 8 Abs. 1 S. 2 GebrMG). Diese Voraussetzungen sind erst im Löschungsverfahren (§ 15 **17**

Abs. 1 Nr. 1 GebrMG) und/oder im Verletzungsprozess von Bedeutung (§§ 13 Abs. 1, 19 GebrMG).

18 **2.1 Begriff.** Eine Erfindung ist gebrauchsmusterrechtlich neu, wenn sie nicht zum Stand der Technik gehört. Die **Legaldefinition** des **Standes der Technik** weist diesem Kenntnisse zu, die der Öffentlichkeit durch eine vor dem für den Zeitrang der Anmeldung maßgeblichen Tag durch eine schriftliche Beschreibung oder eine im Geltungsbereich des Gesetzes erfolgte Benutzung zugänglich gemacht wurden. Mit Blickrichtung auf diesen Zeitrang hat sich in der Praxis auch der Begriff der **Vorverlautbarung** als Oberbegriff für die ebenfalls verwendeten Ausdrücke der (schriftlichen) Vorveröffentlichung und der (tatsächlichen) Vorbenutzung herauskristallisiert. Entgegen § 3 Abs. 1 PatG sind danach nur schriftliche Vorveröffentlichungen (weltweit) und Vorbenutzungen im Inland neuheitsschädlich. Mündliche Beschreibungen der beanspruchten Lehre schaden der Neuheit ebenso wenig wie Benutzungen im Ausland (BGH GRUR 1997, 892, 894 – *Leiterplattennutzen*). § 3 liegt danach ein **relativer Neuheitsbegriff** zugrunde (anders der sog. absolute Neuheitsbegriff des § 3 Abs. 1 PatG). Ebenso wie § 3 Abs. 1 PatG fordert das GebrMG für die Neuheit, dass die betreffende Kenntnis nicht der **Öffentlichkeit zugänglich** gemacht worden ist. Aufgrund dieser übereinstimmenden Wortwahl ist insoweit ein sachlich übereinstimmendes Verständnis mit der Interpretation dieser Voraussetzung gemäß § 3 Abs. 1 PatG geboten (BGH GRUR 1997, 892, 894 – *Leiterplattennutzen*), so dass diesbezüglich die Rechtspraxis zum PatG ohne Einschränkungen übernommen werden kann.

19 Die Formulierung, wonach der Gegenstand eines Gebrauchsmusters als neu gilt, wenn er nicht zum relevanten Stand der Technik gehört, enthält nach einer Auffassung eine **Fiktion** und nach einer anderen Meinung eine unwiderlegliche Vermutung (ebenso wie die Formulierung in § 3 Abs. 1 S. 1 PatG). Hieraus folgt, dass ein Gegenbeweis nicht statthaft ist; die Fiktion dessen, was nicht neu ist, ist unwiderleglich (BGH GRUR 1962, 642 – *Drahtseilverbindung*). Ob der Erfinder den Stand der Technik kannte oder überhaupt kennen konnte, ist unerheblich. Da es für die Relevanz des Standes der Technik bei der Neuheitsprüfung auf die tatsächlichen Umstände ankommt, ist die **Rechtmäßigkeit** der Vorverlautbarung grundsätzlich ohne Bedeutung, anders als dies nach § 3 Abs. 5 PatG für auf einem offensichtlichen Missbrauch beruhende Vorverlautbarungen geregelt ist. Dafür nimmt § 3 Abs. 1 Satz 2 GebrMG bestimmte tatsächlich erfolgte Vorverlautbarungen von Gesetzes wegen aus dem Stand der Technik aus, was mit dem Begriff der **Neuheitsschonfrist** verbunden ist.

20 **2.2 Verhältnis der Neuheit zum erfinderischen Schritt.** Die Neuheitsprüfung erfolgt nach der objektiven Sachlage. Der Gebrauchsmusterschutz setzt eine objektive Bereicherung der Technik voraus. Die Erfordernisse der Neuheit und des erfinderischen Schritts sind deshalb komplementäre Voraussetzungen. Sie bewerten sich jeweils nach demselben relevanten Stand der Technik (vgl. → Rn. 18).

21 § 3 schließt das, was objektiv im Stand der Technik bereits vorhanden ist, vom Gebrauchsmusterschutz aus. Die Voraussetzung des erfinderischen Schritts bezweckt komplementär, dass nicht jeder noch so geringfügige Unterschied zum Stand der Technik zu dem zeitlich befristeten Monopol eines Einzelnen führen soll. Die Prüfung auf **Neuheit** ist deshalb primär ein **reiner Erkenntnisakt,** wohingegen die Prüfung des **erfinderischen Schritts** im Wesentlichen eine **wertende Entscheidung** darstellt.

22 Neuheitsschädlich ist eine Erfindung nach dem Wortlaut des § 3 Abs. 1 GebrMG nur vorweggenommen, wenn sie zum Stand der Technik **gehört.** Da der „Gegenstand eines Gebrauchsmusters" auf Neuheit zu prüfen ist, folgt aus dem Wortlaut der Vorschrift, dass das zum Stand der Technik gehörende Material jeweils **einzeln** mit dem Gegenstand des Gebrauchsmusters (vgl. hierzu → Rn. 198 ff.) zu vergleichen ist (vgl. im Einzelnen → Rn. 140 ff., → Rn. 151 ff.). Das zum Stand der Technik gehö-

rende Material wird regelmäßig auch als **„Entgegenhaltung“** bezeichnet, insb. wenn es sich um eine schriftliche Dokumentation handelt. Nur wenn also eine einzige Entgegenhaltung sämtliche Merkmale des Gegenstands des Gebrauchsmusters offenbart (zum Umfang der Offenbarung vgl. → Rn. 151 ff.), ist eine neuheitsschädliche Vorwegnahme gegeben. Anders als bei der Schutzvoraussetzung des erfinderischen Schritts findet also bei der Neuheitsprüfung keine mosaiksteinartige Zusammensetzung des Standes der Technik aus zwei oder mehr Entgegenhaltungen statt.

2.3 Maßgeblicher Zeitpunkt. Als neuheitsschädlich gilt nur der Stand der Technik, der **vor** dem für den Zeitrang der Anmeldung maßgeblichen Tag der Öffentlichkeit zugänglich gemacht worden ist. Maßgebend ist dabei der Tag des Eingangs der Gebrauchsmusteranmeldung beim Patentamt (§ 4a Abs. 1). Der Tag ist – wie im PatG – auch im GebrMG die kleinste Zeiteinheit. Eine an diesem Tag eingetretene neuheitsschädliche Tatsache gehört damit nicht zum Stand der Technik. Anmeldungen mit gleichem Zeitrang stehen infolgedessen einander nicht entgegen (vgl. zum Doppelschutz aufgrund einer früheren Patent- oder Gebrauchsmusteranmeldung: → § 15 Rn. 51 ff.). 23

Bei einer **Inanspruchnahme** einer **Priorität** wird der Zeitrang vor denjenigen des Anmeldetages vorverlagert. Welcher Tag insoweit maßgeblich ist, bemisst sich nicht nach § 3 GebrMG, sondern nach den jeweiligen Prioritätsregelungen (vgl. §§ 5, 6 GebrMG). Die Priorität kann zum Beispiel in Anspruch genommen werden aufgrund der Regelungen nach Art. 4 PVÜ, dem Ausstellungsgesetz sowie nach § 6. Bei einer Anmeldung nach § 5 GebrMG – Abzweigung – ist der Tag der früheren Patentanmeldung, gegebenenfalls deren Prioritätstag maßgebend, § 5 Abs. 1 S. 1 und 2 GebrMG (vgl. BPatG GRUR 1991, 42, 43). Aus § 13 Abs. 3 GebrMG folgt, dass eine Entnahmepriorität nach § 7 Abs. 2 PatG nicht in Betracht kommt. 24

Mithin können zwischen Einreichung der Prioritätsanmeldung und Anmeldetag der Nachanmeldung eingetretene Veröffentlichungen, Benutzungshandlungen, Patent- oder Gebrauchsmusteranmeldungen etc der Nachanmeldung als Stand der Technik nicht entgegen gehalten werden, soweit 25

- eine wirksame Inanspruchnahme einer älteren Priorität vorliegt und 26
- eine Identität der Erfindung nach Prioritätsanmeldung und Nachanmeldung besteht. 27

Folglich sind bei Unwirksamkeit der Inanspruchnahme der Priorität (zB weil die frühere und die Nachanmeldung nicht dieselbe Erfindung betreffen) im Prioritätsintervall liegende Tatsachen bei der Beurteilung der Neuheit zu berücksichtigen (vgl. EPA G 3/93, GRUR Int. 1995, 336 – *Prioritätsintervall;* BGH GRUR 2000, 1018, 1020 – *Sintervorrichtung*). 28

Gleichermaßen sind Tatsachen, die zwischen einer älteren und einer jüngeren Priorität liegen, zu berücksichtigen, wenn eine mehrfache Priorität in Anspruch genommen und der Gegenstand nur durch die jüngere gedeckt wird. Näheres hierzu bei § 6 GebrMG. 29

Aus dem Umstand, dass die relativen Schutzvoraussetzungen im Löschungsverfahren und im Verletzungsrechtsstreit zu überprüfen sind (siehe → Vorb § 15 Rn. 12.; → § 15 Rn. 41 ff.; → § 19 Rn. 2; → § 24 Rn. 1, → § 24 Rn. 4, → § 24 Rn. 20), folgt, dass insbesondere das **Verletzungsgericht** auch eine **Prüfungskompetenz** zur Frage der **Wirksamkeit** der Inanspruchnahme der **Priorität** hat (vgl. BGH GRUR 1963, 563, 566 – *Aufhängevorrichtung*). 30

2.4 Der Öffentlickeit zugängliche Informationen. Relevanter Stand der Technik ist nur dasjenige, was der Öffentlichkeit zugänglich gemacht worden ist. 31

2.4.1 Begriff der Öffentlichkeit. Die Vorschrift des § 3 GebrMG setzt nicht voraus, dass eine Vorverlautbarung **in** der Öffentlichkeit stattgefunden haben muss. Die 32

Vorverlautbarung muss nur Auswirkungen gegenüber der Öffentlichkeit haben können, indem sie dieser zugänglich gemacht worden ist. Der Gegenbeweis, dass niemand von der relevanten Entgegenhaltung Kenntnis genommen hat, ist rechtlich unbeachtlich, da es nur auf die Möglichkeit der Kenntnisnahme ankommt, eine solche also nicht stattgefunden haben muss. Freilich kann damit im spezifischen Einzelfall eine Indizwirkung einhergehen, dass die Vorverlautbarung nicht geeignet war, für die Öffentlichkeit zugänglich zu werden.

33 Unter Öffentlichkeit ist ein nicht überschaubarer, unbegrenzter Personenkreis (BGH Mitt. 2013, 189, 190 [20] – *Messelektronik für Coriolisdurchflussmesser*), darunter auch Fachleute, zu verstehen, der die Möglichkeit zur Kenntnisnahme in einer Weise hat, dass ein Fachmann die technische Lehre unter Zuhilfenahme seines Fachwissens ausführen kann (vgl. BPatG GRUR 1994, 107 – *Tauchcomputer II*). Dem Begriff der Öffentlichkeit wohnt ein **quantitatives,** ein **finales** und ein **qualitatives** Moment inne.

34 In quantitativer Hinsicht kann die (tatsächliche) Kenntniserlangung (als solche) durch eine einzelne Person, durch einen überschaubaren oder durch einen – wie auch immer zu bestimmenden – begrenzten Personenkreis danach das gesetzliche Tatbestands(teil-)merkmal der Öffentlichkeit noch nicht erfüllen. Es muss vielmehr eine Vervielfältigung dieser Kenntnis dergestalt möglich sein, dass ein nicht überschaubarer, unbegrenzter Personenkreis hiervon profitieren kann. Ob dies der Fall ist, bemisst sich nach dem Tatbestands(teil-)merkmal des Zugänglichmachens. Insoweit kann natürlich die Kenntnisnahme durch eine einzige Person, die ihre Kenntnis weitergeben kann, genügen, wenn dadurch die Fachwelt dergestalt Informationen über die Erfindung erhält, dass sich die verbreitete Kenntnis nicht mehr eingrenzen lässt. So kann die offenkundige Vorbenutzung auch **mittelbar** erfolgen, wenn nur einzelne Personen von der Benutzung Kenntnis erlangen, sofern die Möglichkeit besteht, dass sie die Kenntnis an Dritte weitergeben (BGH GRUR 1953, 384 – *Zwischenstecker I*). Deshalb muss die offenkundige Vorbenutzung nicht denknotwendigerweise in der Öffentlichkeit erfolgen, sondern kann auch zum Beispiel durch Gebrauch in einer Privatwohnung eintreten (BGH GRUR 1953, 384 – *Zwischenstecker I*).

35 Das finale Moment kommt zum Ausdruck, wenn die Kenntniserlangung auf einen – möglicherweise zahlenmäßig durchaus relevanten – Personenkreis beschränkt ist, aber sichergestellt ist, dass die Kenntnis dieses Personenumfeld nicht verlassen wird. Dies kann etwa der Fall sein aufgrund arbeitsrechtlicher, sonstiger vertraglicher Regelungen oder Zweckbestimmungen, aufgrund derer der Personenkreis eingrenzbar bleibt; dann fehlt es an der Öffentlichkeit i. S.d § 3 GebrMG. Als Beispiele können die Stichworte Lizenznehmer, Teamkollegen, Forschungsinstitute etc. dienen.

36 In qualitativer Hinsicht umfasst die Öffentlichkeit den **(Durchschnitts-)Fachmann** auf dem einschlägigen, nämlich betroffenen Gebiet der Technik (vgl. BGH GRUR 1995, 330, 331 – *Elektrische Steckverbindung;* BPatG GRUR 1994, 107 – *Tauchcomputer II*). Trotz seiner Nichterwähnung im GebrMG – wie im PatG – fokussiert sich der Begriff der Öffentlichkeit in qualitativer Hinsicht auf denjenigen des Fachmanns. Denn über das rein quantitative Moment hinaus wohnt dem Begriff der öffentlichen Zugänglichkeit auch ein qualitativer Aspekt inne, der auf den Informationsinhalt, d. h. die „Offenbarung" der im Stand der Technik vorhandenen Entgegenhaltung abstellt („Kenntnisse"). Erforderlich ist also, dass der Durchschnittsfachmann die objektive Möglichkeit hat, von der neuheitsschädlichen Tatsache in der Weise Kenntnis zu nehmen, dass er das Wesen der Erfindung erkennt und mit seinem Fachwissen die technische Lehre ausführen kann. Denn jede auf Neuheitsschädlichkeit zu prüfende Offenbarung richtet sich an einen bestimmten Empfängerkreis, an seine Kenntnisse und sein Fachverständnis. Für diesen Kreis muss die Offenbarung der technischen Lehre verständlich sein. Andernfalls zählt sie nicht zum relevanten Stand der Technik (vgl. BGH GRUR 1995, 330, 331 – *Elektrische Steckverbindung*).

Gemeint ist immer der (fiktive) Durchschnittsfachmann auf dem maßgeblichen Gebiet.

Ist die (tatsächliche) Kenntnis der Erfindung über einen überschaubaren, begrenzten Personenkreis hinaus verbreitet worden und einem nicht überschaubaren, unbegrenzten Personenkreis zugegangen, ist das gesetzliche Tatbestands(teil-)merkmal der Öffentlichkeit selbst dann erfüllt, wenn die **Veröffentlichung durch Vertrauensbruch** oder sonst rechtswidrig erfolgte. Hierdurch wird die Kenntnis öffentlich. Eine bloße Wahrscheinlichkeit reicht hingegen nicht aus. Umgekehrt kann Öffentlichkeit anzunehmen sein, wenn zwar der einzelne Mitteilungsempfänger, etwa aufgrund vertraglicher Regelung, allgemein oder im besonderen zur Geheimhaltung verpflichtet ist, sich aber die Zahl der Mitteilungsempfänger nicht eingrenzen lässt, weil sich die Information unschwer von jedem Interessenten besorgen lässt. **37**

2.4.2 Begriff des Zugänglichmachens. Nach dem Gesetzeswortlaut ist lediglich erforderlich, dass alle Kenntnisse aus dem Stand der Technik der Öffentlichkeit „zugänglich gemacht worden sind". Es wird nicht gefordert, dass diese Kenntnisse der Öffentlichkeit „zugegangen" sind (BGH Mitt. 2013, 189, 190 [20] – *Messelektronik für Coriolisdurchflussmesser*), die objektive Zugänglichkeit im Sinne möglicher Kenntnis reicht aus (BGH GRUR 1997, 892, 894 – *Leiterplattennutzen*). Bereits hieraus lassen sich zwei für die rechtliche Beurteilung wesentliche Grundkonstellationen ableiten: die neuheitsschädlichen Tatsache tritt **38**

- **unmittelbar** dadurch ein, dass ein unbegrenzter Personenkreis sie direkt selbst wahrnimmt oder wahrnehmen kann, oder **39**
- **mittelbar** dadurch ein, dass sie nur Einzelne wahrnehmen, unter denen sich nicht zur Geheimhaltung verpflichtete Personen befinden und bei denen die Möglichkeit besteht, dass ihre Kenntnis an beliebige Dritte weiter dringt. **40**

Auf eine tatsächliche Kenntnisnahme kommt es mithin nicht an. Hieraus erhellt, dass eine technische Lehre zB auch dann der Öffentlichkeit zugänglich gemacht worden sein kann, wenn lediglich **eine** Person Kenntnis von dem Inhalt der Entgegenhaltung erlangt hat und wenn eine anhand der Einzelumstände festzustellende – nachfolgend weiter erläuterte – Möglichkeit und/oder Wahrscheinlichkeit der Weitergabe dieser Information an Dritte gegeben ist, so dass ein Durchschnittsfachmann die technische Lehre ausführen kann. Umgekehrt folgt hieraus, dass die bloße Existenz der Kenntnisse diese noch nicht zum Stand der Technik macht; erforderlich ist weiterhin, dass die Öffentlichkeit von ihnen Kenntnis nehmen kann. Aus dem Gesetzeswortlaut folgt ferner, dass es auch nicht auf die Person des Kundgebenden, zB auf seinen Kundgebungswillen oder seine Geschäftsfähigkeit, ankommt, vielmehr lediglich darauf abzustellen ist, ob eine Vorverlautbarung als Realakt **objektiv** der Öffentlichkeit zugänglich gemacht worden ist. **41**

Mithin wird auch die durch den Erfinder selbst erfolgende Vorverlautbarung, dh sogenannte **Selbstkollision** nicht von dem Stand der Technik ausgenommen (zur sog Neuheitsschonfrist siehe → Rn. 227 ff.). **42**

Auch der sogenannte **„papierene"** Stand der Technik, also die in der Zwischenzeit vergessene technische Lehre, ist bei der Neuheitsprüfung zu berücksichtigen. **43**

Zur Frage der öffentlichen Zugänglichkeit hat sich aufgrund dieses Spannungsfelds eine umfangreiche patentrechtliche, auch für das GebrMG relevante (vgl. → Rn. 18 ff.) Kasuistik in nationaler und europäischer Rechtsprechung gebildet, die zwar von denselben Grundsätzen ausgeht, aber im Einzelfall durchaus zu unterschiedlichen Ergebnissen kommt. So soll nach dem EPA beispielsweise die Zugänglichmachung ausreichend sein, wenn die bloße Möglichkeit besteht, von einer Information Kenntnis zu nehmen, unabhängig davon, auf welche Weise die Erfindung zugänglich gemacht worden ist (EPA G 1/92, ABl. 1993, 277, 279). **44**

Auch wenn generalisierende Betrachtungen mit Zurückhaltung anzustellen sind, gebietet der funktionell zu verstehende Neuheitsbegriff (siehe hierzu → Rn. 20 ff.) – **45** auch im Interesse der **Rechtssicherheit** –, lediglich darauf abzustellen, ob eine **tatsächliche Möglichkeit** der Kenntnisnahme der beanspruchten Lehre durch die Öffentlichkeit besteht. In praktischer Hinsicht besteht das nicht einfach zu lösende Problem, eine Richtschnur für eine Auslegung zu bieten, die dem Gebot der Rechtssicherheit genauso genügt wie dem Erfordernis, praktikable, vernünftige Ergebnisse zu liefern.

46 Nach früherer Auffassung des BGH wurde die Richtschnur so gelegt, dass eine bloße theoretische Möglichkeit der Kenntniserlangung nicht ausreichend sei, vielmehr müsse die Weitergabe an beliebige Dritte mit einer „gewissen Wahrscheinlichkeit" erwartet werden können (BGH GRUR 1997, 892, 984 – *Leiterplattennutzen*). Hieran fehle es, wenn die Information ausschließlich an zur Verschwiegenheit verpflichtete Dritte (vgl. hierzu → Rn. 84ff.) gelange und keine Anhaltspunkte für einen Bruch der Geheimhaltungsvereinbarung bestünden (BGH GRUR 1997, 892, 984 – *Leiterplattennutzen*). Diese Auffassung begegnet Bedenken, weil das Erfordernis der „gewissen Wahrscheinlichkeit" der Weitergabe der Information nicht dem Wortlaut der Vorschrift, aber auch nicht der Funktion des Neuheitsbegriffs entnommen werden kann.

47 Nach aktuellerer Formulierung reicht es aus, dass

48 – ein nicht begrenzter Personenkreis nach den gegebenen Umständen in der Lage war, von der technischen Information Kenntnis zu erlangen und

49 – die Weiterverbreitung an beliebige Dritte durch den Empfänger nach der Lebenserfahrung nahegelegen hat (BGH Mitt. 2013, 189, 190 [20, 21] – *Messelektronik für Coriolisdurchflussmesser;* BGH GRUR 2015, 463 [34, 39] – *Presszange*).

50 Diese Formulierung entspricht der hier und bereits in der Vorauflage vertretenen Auffassung. Mit der Einbeziehung der Lebenserfahrung sollen praktikable Lösungen auch zu möglicherweise lange zurückliegenden Sachverhalten ermöglicht werden.

51 Eine neuheitsschädliche Vorverlautbarung kann folglich dann nicht angenommen werden (BGH Mitt. 2013, 189, 190 [20, 21] – *Messelektronik für Coriolisdurchflussmesser*), wenn

52 – zwischen den Beteiligten

53 – im Zeitpunkt der Lieferung der technischen Information

54 – eine Geheimhaltungspflicht (siehe dazu nachfolgend → Rn. 83ff.)
  - o ausdrücklich oder
  - o stillschweigend vereinbart wurde oder
  - o sich aus Treu und Glauben ergibt oder
  - o ob zu erwarten war, dass der Empfänger der Information diese wegen eines eigenen geschäftlichen Interesses geheimhalten werde (sonstige Umstände der Lieferung).

55 Ungeachtet des letztgenannten Aspekts soll es aber auf die (eher rein faktischen) Gegebenheiten in dem die Information empfangenden Unternehmen, insbesondere

56 – eine bestimmte Übung, wie und unter welchen Voraussetzungen Besucher in die einzelnen Abteilungen des Unternehmens gelangen und von dessen Einrichtungen Kenntnis nehmen können, oder

57 – interne Gepflogenheiten bei der Kommunikation zwischen den einzelnen Abteilungen des Unternehmens

58 nicht ankommen (BGH Mitt. 2013, 189, 190 [21] – *Messelektronik für Coriolisdurchflussmesser*).

59 Beispielsfälle

– Lieferung einer Vorrichtung, mittels derer der Aufbau und die maßgeblichen technischen Merkmale der Vorrichtung grundsätzlich ersichtlich werden,

– Übersendung der schriftlichen Beschreibung oder eines Angebots einer Maschine, mittels derer der Aufbau und die maßgeblichen technischen Merkmale der Vorrichtung gezeigt werden,

– Überlassung eines Handbuchs als Begleitunterlage an den Erwerber einer Vorrichtung; der Offenkundigkeit der darin enthaltenen technischen Informationen steht auch nicht entgegen, dass die Informationen nach dem Willen des Veräußerers nur für einen bestimmten Zweck verwendet werden dürfen und eine Vervielfältigung zu anderen Zwecken untersagt sein soll; diese Zweckbindung kann nach der Entscheidung des BGH nicht mit einem Vertraulichkeitsvermerk gleichgesetzt werden (BGH GRUR 2014, 251, 253 [27, 28] – *Bildanzeigegerät*)

Geht es um die Beurteilung, ob nach der (allgemeinen) Lebenserfahrung die Annahme gerechtfertigt ist, beliebige Dritte und damit auch Fachkundige können zuverlässige, ausreichende Kenntnis von der Erfindung erhalten, mit der Folge, dass eine **offenkundige Vorbenutzung** angenommen werden kann, so muss zunächst etwa ein tatsächliches Angebot, eine tatsächliche Lieferung oder eine sonstige Kundgabe des Gegenstands der Erfindung, zB eine Erläuterung, erfolgt sein, da sich nur bei Vorliegen eines derartigen Umstands eine Prognoseentscheidung anhand der Lebenserfahrung treffen lässt (BGH GRUR 2015, 463 [39] – *Presszange*). **60**

Auch wenn nach den vorstehenden und den nachfolgenden Kriterien eine Angebotshandlung oder eine Lieferung nicht zu einer neuheitsschädlichen Vorwegnahme führen sollte, kann ein solcher außerhalb dieses Angebots oder der Lieferung liegender und diesem/dieser zeitlich nachfolgender Umstand, natürlich dann relevant werden, wenn sich aus ihm selbst eine offenkundige Vorbenutzung oder Vorveröffentlichung der erfindungsgemäßen Lehre ableiten lässt (vgl. BGH GRUR 2015, 463 [37] – *Presszange*). **61**

Da zwischen der Zugänglichkeit als solcher und der Zugänglichkeit der Information selbst (Erkennen und Verstehen der technischen Lehre) streng zu unterscheiden ist, kann es zu Abgrenzungsschwierigkeiten kommen, ob eine öffentliche Zugänglichkeit vorliegt, wenn die in einem Gegenstand verkörperte technische Lehre **durch bloßen Augenschein nicht zu erkennen** ist (weitere Einzelheiten → Rn. 75 ff., → Rn. 151 ff., → Rn. 204 ff.). **62**

Diese Grundsätze gelten für alle Arten von Erfindungen. Die Tatbestandsvoraussetzung der öffentlichen Zugänglichkeit erstreckt sich nicht nur auf das Offenbarungsmittel sondern auf den Inhalt der Offenbarung. Die durch die Offenbarung vermittelte Information muss so ausgestaltet sein, dass dritte Sachverständige die objektive Möglichkeit haben, die bekannte Information nicht nur zur Kenntnis zu nehmen, sondern sie ihrem Wesen nach zu erkennen und mit Hilfe ihres allgemeinen Fachwissens die darin enthaltene technische Lehre ausführen zu können (Einzelheiten unter → Rn. 151 ff.). **63**

2.4.3 Die einzelnen Entgegenhaltungen

2.4.3.1 Schriftliche Beschreibungen, § 3 Abs. 1 GebrMG. Nach § 3 Abs. 1 S. 2 GebrMG rechnet eine „Beschreibung" nur dann zum Stand der Technik, wenn zusätzlich die Voraussetzung ihrer schriftlichen Fixierung erfüllt ist (vgl. auch BGH GRUR 1997, 360, 362 – *Profilkrümmer*). Ein Vergleich mit der Regelung in § 3 Abs. 1 PatG, der auch mündliche Beschreibungen und eine Kundbarmachung „in sonstiger Weise" regelt, lässt den Schluss zu, dass die in § 3 Abs. 1 genannten Offenbarungsmittel in ihrer Aufzählung nicht lediglich beispielhaften Charakter aufweisen. Der gesetzgeberische Zweck, mündliche Beschreibungen als Stand der Technik wegen der kürzeren Laufzeit des Gebrauchsmusters nicht zu berücksichtigen, scheint verfehlt zu sein, zumal seit langem die durchschnittliche Lebensdauer von Patenten die Maximal-Schutzdauer von Gebrauchsmustern nur unwesentlich überschreitet. Deshalb erscheint generell eine allgemein weite Auslegung des Tatbestandsmerkmals der schriftlichen Beschreibung geboten. Nur auf diese Weise kann die Strukturgleichheit des Gebrauchsmusters zum Patent gewährleistet werden, wie sie im übrigen von der Praxis auch in anderen Teilbereichen schon garantiert wird, etwa bei der inhaltlichen Anforderung an eine erfinderische Tätigkeit. **64**

Schriftliche Beschreibungen können jede Art schriftlicher Äußerungen sein. Hierzu zählen beispielsweise Offenlegungsschriften, Auslegeschriften, Patent- oder **65**

Gebrauchsmusterschriften, sonstige schriftliche Veröffentlichungen wie zB Bedienungshandbücher, Bücher, Magazine, Manuskripte, Mikrofilme, Werbeunterlagen, Zeichnungen mit und ohne erläuternde Zusätze, Zeitschriften. Dabei ist es unerheblich, in welcher Sprache diese Offenbarungsmittel gehalten sind. Ohne Bedeutung ist ferner, wo diese Beschreibungen erschienen sind, ob im Inland oder im Ausland. Auf die Art des Informationsträgers (Papier, Film, CD-ROM etc.), die Art der Wiedergabe und Vervielfältigung (fotografisch, mechanisch, chemisch), des Inhalts (Text, Bild, Zeichnung) kommt es ungeachtet der nachfolgenden Besonderheiten prinzipiell nicht an. Ebenso, ob das jeweilige Dokument noch existent ist.

66 Schriftliche Beschreibungen sind nicht auf Druckschriften und Schriftdokumente begrenzt. Letztlich geht es um eine rechtssichere Nachweisbarkeit öffentlich zugänglicher technischer Informationen vor dem Anmelde- oder Prioritätstag des jeweiligen Gebrauchsmusters. Eine rechtssichere Nachweisbarkeit liegt jedenfalls vor, wenn die technische Information in (öffentlich zugänglich) abrufbarer Weise vorhanden, also reproduzierbar war, etwa druckbar oder sonst visualisierbar, zB mittels (Vortrags-)Folien. Dies erscheint (noch) mit dem Erfordernis der Schriftlichkeit in Einklang. Informationen, die lediglich hörbar, riechbar waren, können von dem Tatbestandsmerkmal nicht erfasst sein.

67 Folglich müssen **Ton- oder Datenträgeraufzeichnungen** unter Berücksichtigung des Gesetzeszwecks als schriftliche Beschreibungen charakterisiert werden; dies gilt für Datenträgeraufzeichnungen ohne weiteres, da diese ohne Schwierigkeiten regelmäßig in „schriftlicher" Form ausdruckbar sind; angesichts der heutigen Spracherkennungs-Technologie kann dann aber auch nichts anderes für Tonträgeraufzeichnungen gelten, die heutzutage mittels Texterkennungssoftware ohne weiteres in eine schriftliche Form überführt werden können.

68 **Radiobeiträge,** die beispielsweise über sog. Podcasts, Mediatheken zumindest zeitweise jederzeit und beliebig oft via Internet herunterladbar, abspielbar waren, werden nach der hier vertretenen Auffassung als schriftliche Beschreibung angesehen, weil mit ihnen technische Information in (öffentlich zugänglich) abrufbarer Weise vorhanden, also reproduzierbar war, zB mittels heutiger Spracherkennungs-Technologie druckbar war.

69 Bei diesen Entscheidungen darf jedoch nicht die Grundentscheidung des Gesetzgebers umgangen werden, wonach neben der „Benutzung" nur die „Beschreibung" in schriftlicher Form als relevanter neuheitsschädlicher Offenbarungstatbestand geregelt wird (vgl. hierzu auch BGH GRUR 1997, 360, 362 – *Profilkrümmer*). Im einzelnen ist hier vieles ungeklärt und streitig. Ein wichtiges Abgrenzungskriterium wird die Art der Fixierung sein (dauerhaft und reproduzierbar). In dem genannten Beispiel eines Radiobeitrags wird man nicht von einer schriftlichen Beschreibung ausgehen können, wenn dieser Betrag nur einmal gesendet und nicht über sog. Podcasts, Mediatheken zumindest zeitweise jederzeit und beliebig oft via Internet herunterladbar, abspielbar war. Im Einzelfall können sich erhebliche Abgrenzungsschwierigkeiten ergeben, zum Beispiel wenn die Information sich erst durch das gleichzeitige Zusammenwirken mehrerer Informationsträger (zB Vortrag oder **Fernsehsendung** mit schriftlichen Unterlagen, Schaubildern und mündlichen Erläuterungen) ergibt. Hier wird gegebenenfalls danach zu differenzieren sein, ob sich etwa der Kreis der Zuhörer aus einem bedeutenden Teil einer hoch spezialisierten, internationalen wissenschaftlichen Gemeinschaft zusammensetzt, so dass diese ergänzenden Erläuterungen als in das allgemeine Fachwissen eingegangen angesehen werden können; in diesem Fall würde das nicht explizit Beschriebene von dem Fachmann erfasst, sozusagen als sich zwangsläufig einstellendes Ergebnis. Da es auf die Rechtmäßigkeit der Vorverlautbarung nicht ankommt, kann ein ggfs. nicht erlaubter Mitschnitt eines öffentlichen Vortrags jedenfalls dann zu einem neuheitsschädlichen Ereignis werden, wenn er ausgedruckt etwa einem nicht begrenzter Personenkreis nach obiger Definition zugänglich gemacht wird.

Im **Internet** zur Verfügung stehende technische Information können gebrauchsmusterrechtlich – anders als nach § 3 PatG – nicht als Vorveröffentlichung „in sonstiger Weise" (siehe → Rn. 74) angesehen werden, da diese Verlautbarungsart nicht in § 3 GebrMG erwähnt ist. Nach der hier vertretenen Auffassung können sie aber unschwer als schriftliche Beschreibungen klassifiziert werden. Das Internet kann wie eine sonstige schriftliche Beschreibung als Informationsträger technischer Lehren dienen und geeignet sein, die für die Neuheitsprüfung erforderliche Information bereitzustellen. Derartige Offenbarungen im Internet sind weiterverbreitbar und stellen damit Vervielfältigungsstücke dar, die nach gefestigter Rechtsprechung keine Erzeugnisse der Druckerpresse zu sein brauchen. Das Internet ist geradezu prädestiniert zur Verbreitung und damit auch zur Vervielfältigung technischer Informationen. Da ein Gegenstand, der einmal der Öffentlichkeit zugänglich gemacht worden ist, zum Stand der Technik unabhängig davon gehört, ob er zugänglich bleibt oder nicht (vgl. BGH GRUR 1985, 1035 – *Methylomonas*), reicht ein einmaliger Nachweis über den (frühesten) Zugriffszeitpunkt und den Inhalt der Information, zB durch Herunterladen oder über sog way back-machines, aus. Der Nachweis über das Veröffentlichungsdatum muss eindeutig sein; insoweit bestehen aber prinzipiell keine Unterschiede zu den herkömmlichen Offenbarungsarten. 70

Nach dem Vorstehenden sind **mündliche** Beschreibungen jedenfalls dann kein neuheitsschädlicher Faktor, wenn es bei dieser Art der Informationsübermittlung geblieben ist, zB Ausstellung auf Messen, Erläuterungen bei Werksbesichtigungen, Führungen, mündliche Diskussionen bei Zusammenarbeit zwischen Firmen, Vorlesungen, Vorträge. 71

Die Beurteilung der öffentlichen Zugänglichkeit von schriftlichen Beschreibungen hängt von den Einzelfallumständen ab (vgl. zur Kasuistik beispielsweise *Schulte/Moufang,* § 3 Rn. 45, 46). Veröffentlichte Druckwerke werden mit dem Zeitpunkt ihrer Veröffentlichung relevanter Stand der Technik. Die Einsendung von Manuskripten bei einem Verlag, einer Redaktion usw. wird regelmäßig nicht als Tag des Zugangs dort gelten, weil die Adressaten nicht beliebige Dritte sind. Das Einstellen einer Dissertation in eine öffentliche Bibliothek wird regelmäßig ausreichen (vgl. BPatG GRUR 1989, 189), ebenso die Kundbarmachung in einem Schriftsatz mit Zustellung an den Prozessgegner (vgl. BPatG GRUR 1986, 604, 605). Eine Diplomarbeit, die nur kurze Zeit vor dem Anmeldetag bei einem Hochschulinstitut abgegeben wird, soll nach der Lebenserfahrung nicht vor dem Anmeldetag der Öffentlichkeit zugänglich gemacht worden sein, wenn es Gepflogenheit war, eingereichte Arbeiten erst in späteren Institutsberichten mitzuteilen und Zugang zur Lehrstuhlbibliothek nur auf Antrag zu gewähren (BPatG GRUR 1996, 866, 868 – *Viterbi-Algorithmus*). Maßgebend für den **Offenbarungsgehalt** ist, was der Durchschnittsfachmann dem Inhalt der schriftlichen Beschreibung unmittelbar entnehmen kann. In dieser ist alles das unmittelbar offenbart, was sie dem Durchschnittsfachmann an Kenntnissen vermittelt, ohne dass er sich nähere Gedanken machen muss. Bei der Ermittlung des Offenbarungsgehaltes einer Druckschrift dürfen deshalb einzelne Aussagen einer Druckschrift nicht aus dem Zusammenhang gerissen werden, in dem sie nach dem Gesamtinhalt der Druckschrift stehen (vgl. BGH GRUR 1979, 148, 149 – *Stromversorgungseinrichtung;* Einzelheiten unter → Rn. 151 ff.). 72

2.4.3.2 Mündliche Beschreibung und Beschreibung in sonstiger Weise. Im Gegensatz zu § 3 Abs. 1 S. 2 PatG umfasst der Stand der Technik im gebrauchsmusterrechtlichen Sinn keine mündlichen „Beschreibungen". Vorträge oder zum Beispiel in Unkenntnis der erfinderischen Qualität erfolgte mündliche Mitteilungen etc. stehen damit der Neuheit des Anmeldungsgegenstandes jedenfalls nicht entgegen, solange der Gegenstand der Erfindung nicht gleichzeitig offenkundig vorbenutzt wurde (vgl. zu einer solchen Fallgestaltung etwa BGH GRUR 1997, 360, 361 – *Profilkrümmer*). Allerdings soll es nach der Rechtsprechung nicht ausgeschlossen erscheinen, Hand- 73 lungen als relevant anzusehen, die einer schriftlichen Beschreibung „derart nahe stehen", dass eine Ungleichbehandlung gegenüber einer schriftlichen Beschreibung nicht zu rechtfertigen wäre (BGH GRUR 1997, 360, 362 – *Profilkrümmer*). Was hiermit letztlich gemeint ist, lässt sich aus dieser Entscheidung nicht entnehmen. Regelmäßig dürfte es sich jedoch hierbei um Fallgestaltungen handeln, die unter Berücksichtigung der technischen Entwicklung auch als „schriftliche Beschreibungen" verstanden werden können (vgl. zu derartigen Fallgestaltungen → Rn. 64). Allerdings darf hierbei nicht – wie der BGH zutreffend betont – die Grundentscheidung des Gesetzgebers außer Acht gelassen werden, die eine Privilegierung des Anmelders bei mündlichen Beschreibungen oder Beschreibungen in „sonstiger Weise" im Vergleich zur patentrechtlichen Regelung bezweckt. Insbesondere in prozessualer Hinsicht stellt diese Regelung für den Anmelder einen erheblichen Vorteil im Vergleich zum Patent dar, zumal es insbesondere nach der Offenbarung brauchbarer Erfindungen nicht selten vorkommt, dass andere Personen behaupten, schon Ähnliches mitgeteilt oder mitgeteilt bekommen zu haben; mühsame und langwierige Beweisaufnahmen im Löschungsverfahren oder im Verletzungsstreit erübrigen sich infolgedessen.

74 Entgegen § 3 Abs. 1 PatG fehlt in § 3 Abs. 1 S. 2 GebrMG eine generalklauselartige Formulierung, dass eine Offenbarung gegenüber der Öffentlichkeit „in sonstiger Weise" relevanten neuheitsschädlichen Stand der Technik begründen kann.

75 **2.4.3.3 „Offenkundige" Vorbenutzungen.** Diese Vorverlautbarungsart begründet gemäß § 3 Abs. 1 S. 2 GebrMG neuheitsschädlichen Stand der Technik.

76 Die Rechtsprechung knüpft bei der Auslegung des Merkmals der „Benutzung" an die frühere Praxis an (BGH GRUR 1997, 360, 362 – *Profilkrümmer*), die durch den Begriff der „offenkundigen Vorbenutzung" geprägt war. Der Begriff der Offenkundigkeit entspricht dabei im Wesentlichen dem des „der Öffentlichkeit zugänglich gemachten". Es kommt deshalb im Wesentlichen auf die **Kundbarmachung** der in einer Benutzungshandlung liegenden Offenbarung an, wobei aber die Gesetzesfassung zu berücksichtigen ist, nach der neben der „Benutzung" nur die „Beschreibung" in schriftlicher Form als relevanter neuheitsschädlicher Offenbarungstatbestand bezeichnet wird. Diese enger gewählte Gesetzesfassung darf nicht dadurch umgangen werden, dass jede öffentlich zugängliche Kundmachung eine rechtlich relevante Benutzung darstellt (BGH GRUR 1997, 360, 362 – *Profilkrümmer*).

77 Wie bereits dargelegt (→ Rn. 38 ff.) setzt bei dieser Vorverlautbarungsart die Schlussfolgerung, es habe nach der allgemeinen Lebenserfahrung die nicht nur entfernte Möglichkeit bestanden, dass beliebige Dritte und damit auch Fachkundige durch eine Vorbenutzung zuverlässige Kenntnis von der Erfindung erhalten, voraus, dass – wie etwa bei einem Angebot oder einer Lieferung – mindestens ein Kommunikationsakt feststeht, an den ein Erfahrungssatz anknüpfen kann; für eine offenkundige Vorbenutzung reicht es deshalb nicht aus, dass ein Erfindungsbesitzer bereit gewesen ist, den Gegenstand der Erfindung der Öffentlichkeit zugänglich zu machen; vielmehr ist es erforderlich, dass eine solche Kundgabe auch tatsächlich erfolgt ist (BGH GRUR 2015, 463 [39] – *Presszange*).

78 Der Begriff der Benutzung in § 3 GebrMG geht über die Benutzungshandlungen des § 11 GebrMG (= Herstellen, Inverkehrbringen, Anbieten, Gebrauchen) hinaus und erstreckt sich auch auf solche Kundgaben, die, ohne Verletzungshandlung nach § 11 GebrMG zu sein, den Erfindungsgedanken erkennen lassen (zB private Ausstellung, Vorführung zu Versuchszwecken etc.). Daraus folgt, dass als Benutzung jedenfalls solche Handlungen angesehen werden können, die auch die Voraussetzungen einer Benutzung iSd Verletzungstatbestände der § 9 PatG bzw. § 11 GebrMG erfüllen oder die eine Vorbenutzung iSd § 13 Abs. 3 GebrMG, § 12 PatG darstellen. Die Kundbarmachung einer technischen Lehre durch eine Benutzungshandlung ist anzunehmen, wenn die (nach BGH: nicht zu entfernte) Möglichkeit vor dem Anmelde- bzw. Prioritätstag bestand, dass beliebige Dritte und damit auch Fachkundige zuverlässige Kenntnis von der Erfindung erhalten (BGH Mitt. 1996, 160, 164 – *Lichtbogen-Plasma-Beschichtungssystem;* BGH GRUR 2015, 463 [39] – *Presszange*).

Als relevante Benutzungshandlung kann die auch einmalige, vorbehaltlose **Lieferung** einer Vorrichtung anzusehen sein. Mithin muss die tatsächliche Vorbenutzung nicht gewerbsmäßig erfolgt sein. Die Lieferung eines Gegenstandes an einen einzelnen weiterverarbeitenden Betrieb ohne Geheimhaltungsvorkehrungen begründet jedenfalls dann öffentliche Zugänglichkeit der in ihm verkörperten technischen Lehre, wenn der Gegenstand zur Weiterverarbeitung in dessen für Dritte bestimmter Produktion vorgesehen ist (BGH GRUR 1999, 976, 977 – *Anschraubscharnier*). 79

Selbst das **Anbieten** eines körperlich noch nicht hergestellten Gegenstandes kann jedenfalls dann relevant sein, wenn das Angebot in eindeutiger Weise alle Einzelheiten enthält, die für die Herstellung durch andere Fachleute notwendig sind. Die Übersendung von **Zeichnungen** an nicht zur Geheimhaltung verpflichtete Empfänger stellt ein weiteres Beispiel für eine Vorbenutzungshandlung dar (vgl. BGH GRUR 1962, 86 – *Fischereifahrzeug*). Weitere Beispiele für die Vorbenutzung sind: **Ausstellung** auf Messen, Leistungsschauen (vgl. BGH GRUR 1970, 358, 359 – *Heißläuferdetektor*); **Vorführung** zu Demonstrationszwecken; ungehinderte **Augenscheinseinnahme.** 80

Inwieweit **mündliche Verlautbarungen** als „offenkundige Vorbenutzungen" angesehen werden können, sofern sie geeignet sind, das Wesen der Erfindung kundbar zu machen, hat der BGH unentschieden gelassen (BGH GRUR 1997, 360, 362 – Profilkrümmer; ablehnend BPatG BlPMZ 1996, 467 Ls.). Eine generalisierende Antwort wird sich kaum finden lassen, da es immer auf die Umstände des Einzelfalles ankommt; aus den unter → Rn. 64 ff. dargelegten Gründen dürfte diese Fragestellung aber nicht mehr so virulent wie zum früheren Recht sein. 81

Eine **Vorbenutzung** ist nur dann **„offenkundig"**, also „der **Öffentlichkeit zugänglich gemacht**", wenn durch sie das Wesen der Erfindung kundbar gemacht wird. Die Beurteilung dieser Frage richtet sich nach den konkreten Umständen des Einzelfalles. Der Durchschnittsfachmann muss zuverlässige, ausreichende Kenntnis vom Gegenstand der Vorbenutzung erhalten können (BGH Mitt. 1996, 160, 164, 165 – *Lichtbogen-Plasma-Beschichtungssystem*). 82

Neuheitsschädlich sind Vorbenutzungshandlungen nur, wenn sie **im Geltungsbereich des GebrMG** erfolgt sind. Diese vom Patentrecht abweichende Voraussetzung bewahrt den Gebrauchsmusterinhaber vor allen im Ausland erfolgten Benutzungshandlungen mit ihrer häufig schwierigen Beweislage. Durch die Gesetzesformulierung wird ferner deutlich, dass es nicht auf die völker- und staatsrechtliche Zugehörigkeit des jeweiligen Gebiets alleine ankommen kann. Mit *Busse/Keukenschrijver* (→ Rn. 16) ist davon auszugehen, dass das Gebiet der DDR vor dem 3. 10. 1990 nicht als „Inland" angesehen werden kann (aA BGH GRUR 1969, 38 – *Schwenkverschraubung* zu dem damals im Gebrauchsmusterrecht wie im Patentgesetz gleichlautenden Inlandsbegriff; das LG Düsseldorf (GRUR Int. 1988, 594, 595) stellt insoweit auf die Ratifizierung des Grundlagenvertrags ab; *Bühring* § 3 Rn. 2, 8, 22, nimmt die DDR nur für die Zeit seit Inkrafttreten des GebrMÄndG 1986 vom Inlandsbegriff aus). Ungeachtet dessen ist nicht der zollrechtliche Begriff maßgebend, dh Zollausschlüsse zählen zum Geltungsbereich des GebrMG; Zolleinschlüsse gehören jedoch nicht hierzu. Auch Konsulate und Botschaften etc. gehören zum Geltungsbereich des GebrMG; hier ist aber jeweils in besonderem Maße die Frage der „Offenkundigkeit" zu prüfen. 83

2.4.4 Geheimhaltungsverpflichtung. Da das Gesetz auf die für die Öffentlichkeit bestehende **Zugänglichkeit** (siehe → Rn. 38 ff.) und nicht auf den tatsächlichen Zugang der technischen Lehre vor dem jeweiligen Anmelde- oder Prioritätstag abstellt, bedarf es diesbezüglich einer retrospektiven Prognoseentscheidung, die aufgrund **widerlegbarer Anhaltspunkte** zu treffen ist. 84

85 Ein wichtiger Anhaltspunkt bei der Beurteilung, ob die Weiterverbreitung der vor dem Anmelde- oder Prioritätstag an Dritte vermittelten Kenntnisse möglich erschien, ist, ob für den betreffenden Mitteilungsempfänger die Pflicht zur Geheimhaltung der erlangten Kenntnis bestand oder wenigstens zu erwarten war, dass er sie geheim halten werde, vorausgesetzt, dass diese Verpflichtung dann auch tatsächlich eingehalten wurde (BGH GRUR 1978, 297, 298 – *Hydraulischer Kettenbandantrieb*). Da die Rechtsordnung davon ausgehen darf, dass sich die beteiligten Personen rechtstreu verhalten, besteht – vorbehaltlich anderer Erkenntnisse im Einzelfall – die **Vermutung** der Einhaltung einer eingegangenen Pflicht zur Geheimhaltung.

86 Eine Geheimhaltungspflicht kann

87 – ausdrücklich oder

88 – stillschweigend vereinbart sein oder

89 – sich aus Treu und Glauben ergeben.

90 Hat der Verfügungsberechtigte die Kenntnis vom Gegenstand der Erfindung hingegen in einer Weise weitergegeben, die den Empfänger weder zur Geheimhaltung ausdrücklich verpflichtete, noch eine solche erwarten ließ, ist die Information öffentlich zugänglich gemacht worden. Ohne Geheimhaltungspflicht oder -erwartung ist regelmäßig davon auszugehen, dass der Berechtigte durch ein Angebot oder eine Lieferung die Kenntnis von der Erfindung der Öffentlichkeit preisgab und die Möglichkeit eröffnete, dass jeder beliebige Dritte von ihr Kenntnis nehmen konnte (BGH Mitt. 1996, 164, 165 – *Lichtbogen-Plasma-Beschichtungssystem*). Es gelten dieselben Regeln für alle Fälle der Offenbarung der Erfindung. Allerdings stellt sich das Problem öfter bei „offenkundigen Vorbenutzungen" als bei anderen Arten der Vorveröffentlichung.

91 Ergibt sich die Geheimhaltungsverpflichtung aus einer **ausdrücklichen Vereinbarung** und wurde die Geheimhaltungsverpflichtung beachtet, dann ist die Information nicht öffentlich zugänglich gemacht worden.

92 Der **Vertrauensbruch** oder Geheimnisverrat macht die Kenntnis jedoch öffentlich (BGH Mitt. 1996, 164, 165 – *Lichtbogen-Plasma-Beschichtungssystem*). Hierdurch möglicherweise entstehende Schadenersatzansprüche ändern an dem eingetretenen Ergebnis fehlender Neuheit nichts. Auch auf die Gut- oder Bösgläubigkeit des die geheimzuhaltende technische Lehre Verlautbarenden kommt es nicht an. Der Geheimnisbruch stellt in tatsächlicher Hinsicht den für die Beurteilung als neuheitsschädliches Ereignis maßgebenden Zeitpunkt dar.

93 Problematisch sind in der Regel die Fälle der **stillschweigenden Geheimhaltungsvereinbarung** oder die Fälle, in denen sich die Geheimhaltungsverpflichtung nach **Treu und Glauben** aus den Umständen ergibt.

94 Von einer stillschweigend einverständlichen Geheimhaltungspflicht soll nach der Rechtsprechung – selbstverständlich vorbehaltlich der Besonderheiten im Einzelfall – ausgegangen werden können, wenn aufgrund eines besonderen Vertrauensverhältnisses die berechtigte Erwartung entsteht, die Mitteilung werde vertraulich behandelt (BGH GRUR 1978, 297, 298 – *Hydraulischer Kettenbandantrieb*). Vorrangig sind dabei die zwischen den Beteiligten bestehenden Vereinbarungen; besondere Gegebenheiten bei dem, der die Informationen erhält, können dann eine Rolle spielen, wenn der Informierende von dieser Übung ausgeht und sie so Eingang in die gemeinsame Überzeugung und damit die vertragliche Beziehung gefunden hat (BGH Mitt. 2013, 189, 190/191 [21] – *Messelektronik für Coriolisdurchflussmesser*).

95 Wenn der Mitteilungsempfänger seinerseits an einer Geheimhaltung objektiv ein Interesse hat, kann ebenfalls von einer stillschweigenden Geheimhaltungsabrede ausgegangen werden (BGH GRUR 1978, 297, 298 – *Hydraulischer Kettenbandantrieb*).

96 Sofern ein eigenes oder gemeinsames geschäftliches Interesse an einer technischen Entwicklung besteht, erscheint die Annahme gerechtfertigt, dass jeder der Beteiligten die erlangten Informationen nicht ohne weiteres Dritten offenbaren wird. Deshalb kann der die Erfindung Mitteilende grundsätzlich darauf vertrauen, sein entsprechen-

des Wissen werde vertraulich behandelt. Wenn also keine besonderen Umstände hinzukommen, wird daher in der Regel eine Geheimhaltungspflicht des Dritten bestehen (BGH Mitt. 1996, 164, 165 – *Lichtbogen-Plasma-Beschichtungssystem*). Das Bestehen eines Wettbewerbsverhältnisses zwischen den Beteiligten ändert an dieser gemeinsamen Interesselage an der Geheimhaltung nichts.

Hierzu existiert eine reiche Kasuistik, insbesondere zu den patentrechtlichen Vorschriften, die im Gegensatz zum GebrMG dadurch gekennzeichnet sind, dass eine Regelung über eine angemessene Neuheitsschonfrist fehlt. Soweit diese Kasuistik **erfindereigene Vorverlautbarungen** betrifft, ist aufgrund des Fehlens einer geeigneten Neuheitsschonfristregelung vielfach das unausgesprochene Bestreben erkennbar, den Erfinder oder seinen Rechtsnachfolger vor an sich patentschädlichen Vorverlautbarungen durch Annahme eines nach den Umständen bestehenden Geheimhaltungsinteresses zu schützen. Die diesbezügliche patentrechtliche Praxis kann deshalb infolge des Bestehens einer gebrauchsmusterrechtlichen Neuheitsschonfristregelung nicht unbesehen übernommen werden, zumal auch das im Interesse der Allgemeinheit bestehende Gebot der Rechtssicherheit hinreichend zu beachten ist. Die nachfolgenden Beispiele aus der Rechtspraxis sollten daraufhin überprüft werden. 97

Auch wenn sich angesichts der Vielfalt von Einzelfallumständen allgemeingültige Aussagen für derartige Fallgestaltungen verbieten, sind gleichwohl häufig wiederkehrende Konstellationen und Interessenlagen erkennbar, die gewisse typisierende Betrachtungen erlauben oder sogar geboten erscheinen lassen (vgl. BGH GRUR 2001, 819, 822 – *Schalungselement*). In den nachfolgenden **Beispielen** werden zunächst solche wiedergegeben, in denen eine stillschweigende oder eine sich aus Treu und Glauben ergebende Geheimhaltungsverpflichtung häufig zu bejahen ist. Danach werden Beispiele genannt, bei denen dies häufig zu verneinen ist. 98

2.4.4.1 Geheimhaltungsverpflichtung zu bejahen. Die **Anbahnung** von Geschäftsbeziehungen dürfte häufig so zu interpretieren sein, dass technische Informationen, die damit im Zusammenhang stehen, nicht für Dritte bestimmt sind, so dass der Empfänger der Information von ihrer Vertraulichkeit ausgehen muss. Jedoch ist bei dieser Bewertung Vorsicht geboten, wenn Anhaltspunkte dafür bestehen können, dass der Erklärungsempfänger die erhaltene Information dazu nutzen könnte, bei Dritten etwa billigere Angebote einzuholen. 99

Bei einem **Angebot auf die Herstellung** eines **erst noch zu entwickelnden Gegenstands** wird man ebenfalls nicht von einer naheliegenden Weiterverbreitung der dem Angebotsempfänger damit übermittelten Kenntnis an beliebige Dritte nach der Lebenserfahrung auszugehen haben, da auf Seiten des Entwicklers sowie auf Seiten seines Vertragspartners, der von der Entwicklung in irgendeiner Weise profitieren will, ein Interesse daran bestehen kann, dass das Entwicklungsprojekt nicht bekannt wird, bevor das Produkt auf den Markt gelangt (BGH GRUR 2015, 463 [34] – *Presszange*); siehe jedoch → Rn. 106, → Rn. 115. 100

Auch bei Fehlen ausdrücklicher Vereinbarungen zur Verschwiegenheit kann sich eine solche aus einer Beteiligung an der Erfindung ergeben. Ein **Arbeitnehmererfinder** ist verpflichtet, die von ihm entwickelte technische Lehre nicht vor deren Anmeldung durch den Geschäftsinhaber Dritten zugänglich zu machen. Selbiges gilt allgemein für in die Entwicklung eingeschaltete Arbeitnehmer und dritte Mitarbeiter. 101

Die Lieferung von Vorrichtungen im Rahmen von **Auftrags- und Entwicklungsverhältnissen** wird ebenfalls regelmäßig unter stillschweigender Vereinbarung einer Geheimhaltungsverpflichtung erfolgen. Denn bei gewerblicher Entwicklungs- oder Erprobungstätigkeit besteht ein betriebliches Interesse daran, die dabei entstehenden Kenntnisse nicht nach außen dringen zu lassen; besteht ein solches Interesse, ändert sich hieran grundsätzlich auch nichts, wenn die Herstellung aller oder einzelner Teile auf Dritte übertragen wird (BGH Mitt. 1999, 362, 364 – *Herzklappenprothese;* BGH GRUR 1999, 920, 922 – *Flächenschleifmaschine*). Dementsprechend kann 102 von einem solchen Auftragnehmer auch ohne besondere Abrede nach Treu und Glauben regelmäßig erwartet werden, die im Zusammenhang mit der Produktion erlangten Kenntnisse nicht an Dritte weiterzureichen.

103 Bei **Besuchergruppen,** die eine Besichtigung des Werksgeländes vornehmen, ist gesondert festzustellen, ob und inwieweit diese Zugang zur Informationsquelle selbst hatten und inwieweit sich eine Zugänglichkeit der Information selbst, dh das für ihr Erkennen und Verstehen erforderliche Wissen, hieraus ergab (BGH GRUR 1997, 892, 895/896 – *Leiterplattennutzen*). Dies ist anhand der Einzelfallumstände zu beurteilen, zum Beispiel danach, ob die Erfindung bloß aus größerer Entfernung betrachtet werden konnte, wie intensiv die Betrachtung vorgenommen werden konnte, ob es sich um eine einfache oder komplexe Erfindung handelte etc.

104 Nach der Rechtsprechung scheidet öffentliche Zugänglichkeit aus, wenn zwar keine Geheimhaltungsverpflichtung begründet wurde, aber nach der Lebenserfahrung zu erwarten war, dass der nicht zur Geheimhaltung verpflichtete Dritte trotzdem, zum Beispiel wegen eines eigenen geschäftlichen **Geheimhaltungsinteresses,** die Benutzungshandlung tatsächlich geheim halten werde (BGH Mitt. 1996, 160, 164 – *Lichtbogen-Plasma-Beschichtungssystem*).

105 Selbst wenn man eine sich aus den Umständen ergebende Geheimhaltungsverpflichtung annimmt, bedarf es weitergehender Feststellungen, wie lange eine solche **„wirkt".** Hier wird man nur von der allgemeinen Erfahrung ausgehen können, dass eine solche (stillschweigende oder nach den Umständen bestehende) Vereinbarung zumindest solange eingehalten wird, als ein gemeinsames Interesse der beteiligten Personen an einer Geheimhaltung besteht. Hinsichtlich des Zeitraums wird man gegebenenfalls zwischen der Phase der Zusammenarbeit, der sich unter Umständen daran anschließenden Phase des Nichtbestehens eines gesetzlichen Schutzes oder des Zeitraums der gemeinsamen Weiterentwicklung nach den Einzelfallumständen differenzieren müssen.

106 Bei **gemeinsamer Entwicklungstätigkeit** mit mehreren Beteiligten ist auch ohne Geheimhaltungsabrede regelmäßig davon auszugehen, dass die Beteiligten ein gemeinsames Interesse an der Geheimhaltung der Neuentwicklung haben; dieser gegenseitige Vertrauensschutz reicht unter Umständen bis zum Beginn der Serienanlieferung, zumindest aber so lange eine vertragliche Absicherung oder ein gesetzlicher Schutz zum Beispiel durch eine Gebrauchsmusteranmeldung noch fehlt (BPatG GRUR 1998, 653, 654 – *Regelbarer Schwingungsdämpfer für Kfz*).

107 Deshalb fehlt der Lieferung von **wenigen Versuchsmustern** in dieser Phase regelmäßig die Offenkundigkeit (BPatG GRUR 1998, 653, 654 – *Regelbarer Schwingungsdämpfer für Kfz*). Die Offenkundigkeit soll nach Auffassung des BPatG (BPatG GRUR 1998, 653, 654 – *Regelbarer Schwingungsdämpfer für Kfz*) selbst dann fehlen, wenn die belieferte Beteiligte die Entwicklungstätigkeit zu einem späteren Zeitpunkt ausschließlich mit einer anderen Beteiligten fortsetzt, da auch hierdurch die Ergebnisse der ursprünglichen Entwicklungstätigkeit nicht an beliebige Dritte weitergegeben würden, vielmehr der Personenkreis eng begrenzt bleibe und das selbstverständliche Interesse an der Geheimhaltung der Neuentwicklung bei den Beteiligten fortbestehe (sehr weitgehend).

108 Mitarbeiter in **Forschungs-** und **Entwicklungsabteilungen** unterliegen der arbeitsrechtlichen Treuepflicht, die Ergebnisse ihrer Arbeit nicht durch eine vorzeitige Preisgabe zu entwerten.

109 **Forschungsaufträge, Gutachten** oder wissenschaftliche bzw. technische **Beratung** setzen – für den Beauftragten erkennbar – in der Regel ebenfalls eine Geheimhaltung auch ohne besondere Vereinbarung voraus, (BGH GRUR 1964, 259 – *Schreibstift*). Hiervon ist zumindest solange auszugehen, wie die Kenntnisse nur solchen Personen zugänglich sind, die an den damit einhergehenden Arbeiten beteiligt sind.

110 **Geschäfts- und Betriebsgeheimnisse** sind nach gängiger Definition jede im Zusammenhang mit einem Betrieb stehende Tatsachen, die nicht offenkundig, sondern nur einem begrenzten Personenkreis bekannt sind und nach dem bekundeten Willen des Betriebsinhabers, der auf einem ausreichenden wirtschaftlichen Interesse beruht, geheim gehalten werden sollen (zB BGH GRUR 2006, 1044, 1046 [19] – *Kundendatenprogramm*). Unter diese Definition können selbstverständlich auch Erfindungen fallen. Entsprechend den Regeln der **§§ 17, 18 UWG** begründen sie schon wegen der damit verbundenen möglichen Strafandrohungen regelmäßig ein ausreichendes Geheimhaltungsinteresse. Häufig wird aber die Prüfung, ob und inwieweit Geschäfts- und Betriebsgeheimnisse bestehen, mit der Prüfung eines nach Treu und Glauben anzunehmenden Geheimhaltungsinteresses zusammenfallen.

Insoweit kann es aber bei diesen allgemeinen Feststellungen nicht bleiben, sondern es müssen weitere Fakten-Klärungen vorgenommen werden. Denn von einem (fortbestehenden) Betriebsgeheimnis kann nur gesprochen werden, solange dieses tatsächlich geheim und nicht offenkundig ist. Offenkundigkeit wird bejaht, wenn die Tatsache entweder allgemein bekannt oder zumindest doch leicht zugänglich ist. Letzteres wird angenommen werden können, wenn die Information derart leicht zugänglich ist, dass für jeden Interessierten die Möglichkeit der Kenntnisnahme ohne größere Schwierigkeiten und Opfer unter Zuhilfenahme lauterer Mittel besteht (BGH GRUR 2009, 603, 604 – *Versicherungsuntervertreter;* BGH GRUR 2006, 1044, 1046 [19]– *Kundendatenprogramm;* OLG Hamburg GRUR-RR 2001, 137, 139 – *PM-Regler*). In diesem Zusammenhang ist es ohne Belang, ob tatsächlich Kenntnis genommen wird. Ausreichend ist bereits die bloße Möglichkeit zur Kenntniserlangung. **111**

Ferner setzt ein Geschäfts- und Betriebsgeheimnis einen entsprechenden Geheimhaltungswillen des Unternehmers voraus, der das Geheimnis vom bloßen Unbekanntsein einer Tatsache unterscheidet. Das Vorhandensein eines solchen Willens kann sich aus den äußeren Umständen oder aus der Natur der Sache selbst ergeben (BGH GRUR 2006, 1044, 1046 [19]– *Kundendatenprogramm*). Zu diesem subjektiven Willen muss (als Korrektiv und Willkürausschluss) ein objektives Geheimhaltungsinteresse hinzutreten dergestalt, dass der Unternehmer ein berechtigtes wirtschaftliches Interesse an der Geheimhaltung der Tatsache hat; dieses liegt vor, wenn die geheimzuhaltende Tatsache für die Wettbewerbsfähigkeit seines Unternehmens relevant ist, zB weil durch Offenbarung des Betriebsgeheimnisses ein Schaden entstehen, die Wettbewerbsposition des Unternehmens verschlechtert oder die des Konkurrenten verbessert werden kann (BGH GRUR 2006, 1044, 1046 [19]– *Kundendatenprogramm*). **112**

Vorverlautbarungen innerhalb einer **Gesellschaft** werden regelmäßig als vertraulich eingestuft werden können, wenn sich im Einzelfall aus den Gesamtumständen nichts anderes ergibt. **113**

Die **Herstellung** durch Unternehmen, die mit dem Rechtsinhaber **wirtschaftlich verbunden** sind, bedeutet ohne Hinzutreten besonderer Umstände keine offenkundige Vorbenutzung (BGH GRUR 1999, 976, 977 – *Anschraubscharnier*) **114**

Bei **Konstruktionsunterlagen** lassen sich häufig gute Argumente für, aber auch gegen die Annahme einer Pflicht zur Geheimhaltung finden (siehe → Rn. 126). **115**

Konstruktionszeichnungen oder -Dateien werden vielfach als **Betriebsgeheimnis** einzuordnen sein. Die Zeichnungen enthalten regelmäßig Angaben zum Material, zur Reihenfolge des Einbaus, zu den Maßen etc. Ob ihnen Schutz nach § 17 UWG zukommt, bemisst sich nicht danach, inwieweit das dargestellte Bauteil seinerseits ein Betriebsgeheimnis darstellt. Sie sind mithin selbständig zu beurteilen. Da solche Zeichnungen oder Dateien regelmäßig nur mittels finanziellen Aufwands angefertigt werden, besteht auch ein berechtigtes sowie erkennbares wirtschaftliches Interesse daran, dass sie als Betriebsgeheimnis behandelt werden (vgl. OLG Frankfurt, InstGE 7, 152 – *„PET Spritzwerkzeug I"*). **116**

Das Vorstehende muss erst recht gelten, wenn auf diesen Unterlagen ein deutlich sichtbarer **Geheimhaltungsvermerk** enthalten ist, so dass davon ausgegangen werden kann, dass etwa Angebotsempfänger diesen zur Kenntnis nehmen können **117** und – wenn sie an einer weiteren Zusammenarbeit mit dem Anbieter interessiert waren – sich darüber nicht ohne weiteres hinweggesetzt hätten (EPA BK T 0887/1990 v. 6.10.1993).

118 Vorverlautbarungen im Rahmen von **Lizenzverhandlungen** werden regelmäßig als vertraulich eingestuft werden können, wenn sich im Einzelfall aus den Gesamtumständen nichts anderes ergibt.

119 In Bezug auf **Mitarbeiter** des Erfinders oder seines Rechtsnachfolgers bedarf es ebenfalls besonderer Feststellung, ob und inwieweit diesen in den Arbeitsverträgen oder auf andere Weise generell die Pflicht auferlegt wurde, aufgrund ihrer Betriebszugehörigkeit erlangte Kenntnisse vertraulich zu behandeln. Gegebenenfalls bedarf es der Feststellung einer Geheimhaltungsvereinbarung in Bezug auf die konkrete Erfindung. Hier spricht viel dafür, dass die Mitwirkung an einer Erfindung die Beteiligten regelmäßig zur Geheimhaltung verpflichten wird. Jedoch lässt sich dieser Grundsatz nicht ohne weiteres auf jedes **Arbeitsverhältnis** übertragen; vielmehr wird eine Abwägung jeweils nach den Umständen des Einzelfalls erforderlich sein (BGH GRUR 1997, 892, 895 – *Leiterplattennutzen*); für das Bestehen einer nebenvertraglichen Geheimhaltungspflicht spricht, wenn der Arbeitnehmer mit geheim zu haltendem technischen Know How befasst ist. Bei gehobenen Positionen des Beschäftigten wird umso eher eine Verpflichtung zur Geheimhaltung anzunehmen sein.

120 Der Abschluss eines **Joint Venture-Vertrages** stellt einen Anhaltspunkt für das Bestehen einer Geheimhaltungsverpflichtung auch ohne ausdrückliche Vereinbarung dar.

121 Zum **„reverse engineering"** siehe → Rn. 217.

122 Die Kundgabe der Erfindung zu **Testzwecken, Feldversuchen** lässt sich nur durch sorgfältige Abklärung der Einzelfallumstände rechtlich einordnen. Je weniger Lieferungen, Teilnehmer involviert sind, desto eher kann man annehmen und erwarten können, dass sie die Produkte und die in ihnen enthaltenen technischen Informationen – wie bei gemeinsamen Entwicklungen – nicht weitergeben werden, mit der Folge, dass hierdurch (noch) keine Offenkundigkeit eintritt. Je grösser jedoch der Kreis der Beteiligten oder je umfangreicher etwa Lieferungen im Rahmen der Tests ausfallen, desto höher wird die Wahrscheinlichkeit einer öffentlichen Zugänglichkeit.

123 **2.4.4.2 Geheimhaltungsverpflichtung zu verneinen.** Bei **Anbahnung** oder bei **Beginn** von **Geschäftsbeziehungen** im Rahmen normaler Lieferbeziehungen wird man ohne besondere, sich gegebenenfalls aus den Umständen ergebende stillschweigende Geheimhaltungsvereinbarung, eher von der öffentlichen Zugänglichkeit der Information ausgehen müssen, da von diesem Zeitpunkt an nämlich damit gerechnet werden kann, dass eine weitere Verbreitung erfolgen wird und folglich Fachleute in einer Weise von der Erfindung Kenntnis nehmen können, die ihnen die Ausführung erlaubt, siehe aber → Rn. 99.

124 Nach ihrem **Ausscheiden** sind **Arbeitnehmer** ohne besondere, mit einer gesonderten Vergütung für sie verbundene Absprache regelmäßig nicht zur Geheimhaltung verpflichtet; eine Verwendung und Weitergabe der Informationen, die sie aufgrund ihres (früheren) Beschäftigungsverhältnisses erlangt haben, ist danach grundsätzlich rechtlich zulässig (BGH GRUR 2002, 91, 92 – *Spritzgießwerkzeuge*)

125 Bei der **Durchführung von Versuchen,** an denen zum Beispiel der Erfinder und Mitarbeiter eines anderen Unternehmens beteiligt sind, wird zu differenzieren sein: Eine stillschweigend vereinbarte Geheimhaltungsverpflichtung wird regelmäßig dann nicht angenommen werden können, wenn zwischen den Unternehmen weder ein Entwicklungs- noch ein Auftragsverhältnis bestand, aufgrund dessen ein besonderes Interesse an der Geheimhaltung angenommen werden könnte.

126 **Konstruktionszeichnungen** führen zur öffentlichen Zugänglichkeit der technischen Lehre, wenn sie keinen Geheimhaltungsvermerk beinhalten (BPatG GRUR 1998, 659, 660 – *Kinematische Umkehrung*). Der Geheimhaltungsvermerk kann auch

mittelbar durch Hinweis auf die die Pflicht zur Verschwiegenheit regelnden DIN- bzw. EN-Normen oder etwa auf die Vorschriften der §§ 17, 18 UWG erfolgen. Ob in einem bloßen Copyright-Vermerk ein entsprechender Geheimhaltungswille zum Ausdruck kommt, erscheint hingegen zweifelhaft. Der Austausch von Konstruktionszeichnungen oder sonstigen schriftlichen Darstellungen ohne derartige Geheimhaltungsvermerke dürfte deshalb lediglich in besonderen Fällen wie zum Beispiel denen eines Auftrags- und Entwicklungsverhältnisses nicht gebrauchsmusterschädlich sein.

Geschäftsbeziehungen mit **Kunden, Lieferanten und Mitarbeitern von Drittfirmen,** denen keine ausdrückliche Vereinbarungen über eine Geheimhaltungsverpflichtung zugrunde liegen, sind in Bezug auf die Neuheitsschädlichkeit kritisch zu bewerten. Es bedarf eindeutiger Feststellungen dahingehend, dass stillschweigende Geheimhaltungsvereinbarungen getroffen wurden oder eine sonstige Fallkonstellation vorliegt, aus der sich die Geheimhaltungsverpflichtung aus den Umständen ergibt (vgl. auch BGH GRUR 1997, 892, 895 – *Leiterplattennutzen*). Generell gilt, dass von derartigen, die Neuheitsschädlichkeit ausschließenden Umständen nicht ausgegangen werden kann, je mehr Personen mit der technischen Lehre befasst sind. Allein aus der Erlaubnis, dass diese Personen zum Beispiel das Gelände des Berechtigten betreten, lässt sich eine solche stillschweigende Pflicht zur Geheimhaltung nicht ableiten (BGH GRUR 1997, 892, 895 – *Leiterplattennutzen*). Soweit vorhandene Einrichtungen an die besonderen Bedürfnisse des Unternehmens angepasst sind und darin ein Know How enthalten ist, an dessen Vertraulichkeit dem Geschäftsinhaber aus der Sicht des mit der Überarbeitung betrauten Unternehmens selbst dann gelegen sein muss, wenn es sich ursprünglich um ein Gerät aus einer laufenden Serie handelt (BGH GRUR 1997, 892, 895 – *Leiterplattennutzen*), bedarf es aber gesonderter Feststellungen, welche Personen mit diesen Aufgaben betraut waren und ob nur solche Personen Zugang zu der betreffenden Erfindung hatten. Die etwa durch Zeugenaussage bestätigte Einschätzung, dass man selbstverständlich davon ausgegangen sei, dass eine Geheimhaltungsverpflichtung bestanden habe, ist als solche nicht ausreichend, um eine Neuheitsschädlichkeit zu verneinen; insoweit bedarf es weiterer Feststellungen anhand konkreter Umstände. 127

Die vorbehaltlose **Lieferung von Vorrichtungen** an Kunden oder sonstige Dritte eröffnet regelmäßig die Möglichkeit zur ausreichenden Kenntnisnahme durch Fachkundige, so dass ohne Hinzutreten weiterer besonderer Umstände von einer Neuheitsschädlichkeit ausgegangen werden muss (vgl. BPatG GRUR 1998, 659, 660 – *Kinematische Umkehrung;* vgl. auch BGH GRUR 1997, 892, 894 – *Leiterplattennutzen*). Bereits eine Lieferung eines Gegenstands an einen einzelnen weiterverarbeitenden Betrieb ohne Geheimhaltungsvorkehrungen begründet jedenfalls dann öffentliche Zugänglichkeit der in ihm verkörperten technischen Lehre, wenn der Gegenstand zur Weiterverarbeitung in dessen für Dritte bestimmter Produktion bestimmt ist; von diesem Zeitpunkt an kann nämlich damit gerechnet werden, dass eine weitere Verbreitung erfolgen wird und folglich Fachleute in einer Weise von der Erfindung Kenntnis nehmen können, die ihnen die Ausführung erlaubt (BGH GRUR 1999, 976, 977 – *Anschraubscharnier*). 128

Bei **Markttests** ist in der Regel davon auszugehen, dass mit der Lieferung der Muster die Kenntnis von der Erfindung der Öffentlichkeit preisgegeben und die Möglichkeit geschaffen worden ist, dass beliebige Dritte von ihr Kenntnis nehmen können. 129

Die Kundbarmachung der technischen Lehre auf **Tagungen** etc. wird üblicherweise die öffentliche Zugänglichkeit begründen, da Konferenzteilnehmer in der Regel keinen Geheimhaltungsverpflichtungen unterliegen. 130

Die **Verteilung von Prospekten, technischen Beschreibungen** etc. an Kunden oder sonstige Dritte wird regelmäßig die öffentliche Zugänglichkeit begründen. 131

Die **Zurschaustellung** oder **Vorführung** der (hierdurch offenbarten) Erfindung dürfte im Rahmen normaler Kundenbeziehungen, denen keine besondere Bezie- 132 hung etwa aufgrund eines Auftrags- und Entwicklungsverhältnisses zugrunde liegt, regelmäßig die Möglichkeit schaffen, dass beliebige Dritte von ihr Kenntnis nehmen können. Die Möglichkeit des potenziellen Kunden, die Erfindung mit Mitbewerbern des Erfinders zu besprechen und sich eventuell Alternativangebote einzuholen, ist evident. Erst recht gilt dies bei einer der Öffentlichkeit gegenüber erfolgenden Offenbarung, der keinerlei Sonderbeziehungen zugrunde liegen.

133 Die **Zusammenarbeit** zwischen einem **Produzenten** und einem potenziellen **Anwender, Auftraggeber** des Produkts genügt für sich genommen regelmäßig ebenfalls nicht, eine stillschweigende Geheimhaltungsvereinbarung anzunehmen, zumal es nicht außerhalb jeder Wahrscheinlichkeit liegt, dass ein potenzieller Anwender sogar ein finanzielles oder technisches Interesse daran hat, die Erfindung gegenüber Konkurrenten des Erfinders zu offenbaren.

134 **2.4.5 Darlegungs- und Beweisfragen.** Die **Schutzfähigkeit** (genauer: Rechtsbeständigkeit) eines Gebrauchsmusters ist aufgrund seiner Eintragung zu vermuten (vgl. das Regel-Ausnahme-Verhältnis der §§ 11, 13 GebrMG). Bei einem Gebrauchsmuster gilt insoweit nicht anderes als bei einem ebenfalls nur als reines Registerrecht ausgestalteten Design (Geschmacksmuster), zu dem der insoweit aktuellere Gesetzgeber im DesignG ausdrücklich die Vermutung der Rechtsbeständigkeit aufgenommen hat.

135 Dieser Rechtsfolge kann nicht entgegengehalten werden, dass ein Gebrauchsmuster nur als „Scheinrecht" qualifiziert werden könne, wenn es ihm an den Schutzvorraussetzungen der Neuheit, des erfinderischen Schrittes und der gewerblichen Anwendbarkeit fehle, aus dem also gem. §§ 13 Abs. 1, 15 Abs. 1 S. 1 GebrMG keine Rechte hergeleitet werden können. Denn diese Feststellung kann erst getroffen werden, wenn bereits feststeht, dass die Vermutungswirkung überwunden ist und das GebrMG zu Unrecht eingetragen wurde.

136 Ungeachtet des im Löschungsverfahren geltenden Amtsermittlungsgrundsatzes (§ 18 Abs. 3 S. 1 GebrMG iVm § 87 Abs. 1 S. 1 PatG) trifft im Löschungs- und im Verletzungsverfahren grundsätzlich den Antragsteller bzw. Verletzungsbeklagten die (materielle) Beweislast für das Fehlen der Gebrauchsmusterfähigkeit (*Bühring/Braitmayer* § 3 Rn. 15). Aufgrund der vorerwähnten Vermutungsregelung gehen Zweifel bei der Beurteilung der Schutzunfähigkeit zu Lasten des Darlegungs- und Beweisverpflichteten. Beruft sich der Gebrauchsmusterinhaber im Löschungsverfahren auf die **Vertraulichkeit** von Benutzungshandlungen, so trägt er die Beweislast hierfür, wenn insoweit aufgrund der prozessrechtlichen Situation eine Beweislastumkehr anzunehmen ist; denn grundsätzlich ist es nicht Aufgabe des Gebrauchsmusterinhabers darzulegen, die erforderlichen Geheimhaltungsmaßnahmen getroffen zu haben. Ebenso muss den Informationsgehalt einer Vorbenutzung derjenige darlegen, der sich auf diese Vorverlautbarung beruft. Der Darlegungsverpflichtete hat für die von ihm behaupteten Tatsachen ordnungsgemäß Beweis iSd Vorschriften der ZPO anzutreten; eine eidesstattliche Versicherung genügt regelmäßig nicht (BPatGE 22, 63, 64). Zur Berücksichtigung von Zweifeln an der Schutzfähigkeit eines Gebrauchsmusters in einem einstweiligen Verfügungsverfahren bei der vorzunehmenden Gesamtabwägung im Rahmen des Verfügungsgrundes siehe → § 7 Rn. 3; → § 24 Rn. 287 ff.

137 Bei der Vorverlautbarungsart der **schriftlichen Beschreibungen** dürften hinsichtlich des Offenbarungsgehaltes, des Zugänglichkeitszeitpunktes und der Zugänglichkeit regelmäßig keine besonderen Schwierigkeiten auftreten. Druckschriften werden nach der Lebenserfahrung in der Regel in unmittelbarem Anschluss an die Herstellung verteilt (BPatG GRUR 1991, 821). Bei Prospekten oder dergleichen ist auch von deren Verteilung an einen unbestimmten Personenkreis auszugehen. Ob die Erfindung durch **Benutzung** der Öffentlichkeit zugänglich gemacht worden ist, bedarf regelmäßig sorgfältiger Prüfung. Nach der Offenbarung brauchbarer Erfindungen wird erfahrungsgemäß nicht selten von anderen Personen behauptet, schon Ähnliches gemacht zu haben (BGH GRUR 1963, 311, 312 – *Stapelpresse*). Zur **Substantiierung**

der Behauptung einer „offenkundigen" Vorbenutzung gehören daher ganz konkrete Angaben über die näheren Umstände, aus denen sich nicht nur im Einzelnen die Vorbenutzung, sondern auch die Offenkundigkeit mit der Möglichkeit der Nachbenutzung durch andere Sachverständige ergibt. Es sind daher bestimmte Angaben in dreierlei Hinsicht erforderlich: Es muss ein bestimmter Gegenstand bezeichnet werden, damit überprüft und festgestellt werden kann, ob und gegebenenfalls inwieweit er den Gegenstand des Gebrauchsmusters vorwegnimmt. Ferner ist die Angabe bestimmter Umstände der Benutzung dieses Gegenstandes erforderlich, damit überprüft und festgestellt werden kann, ob er der Öffentlichkeit zugänglich gemacht worden ist. Schließlich bedarf es einer nachprüfbaren Angabe dazu, wann der Gegenstand in dieser Weise benutzt worden ist, weil nur dann ermittelt werden kann, ob er zum Stand der Technik gehört (vgl. BGH GRUR 1997, 740 – *Tabakdose;* BPatG Mitt. 1999, 374, 376). Für den Nachweis der „Offenkundigkeit" kommt es hingegen nicht auf die Feststellung an, ob tatsächlich die Allgemeinheit von der Vorbenutzung Kenntnis erlangt oder gar von der vorbenutzten Lehre Gebrauch gemacht hat. Es genügt die Feststellung einer (BGH: nicht zu entfernten) Möglichkeit, dass beliebige Dritte und damit auch andere Sachverständige zuverlässige, ausreichende Kenntnis vom Gegenstand der Vorbenutzung erhalten haben (vgl. BGH GRUR 1963, 311, 312 – *Stapelpresse*).

Für die **Ausführbarkeit** einer in einer **Entgegenhaltung** niedergelegten techni- 138
schen Offenbarung wird man angesichts der Vermutung der Rechtsbeständigkeit des eingetragenen Gebrauchsmusters analog zur Darlegungs- und Beweislastverteilung bei einer behaupteten mangelnden Ausführbarkeit eines Patents (vgl. hierzu BGH GRUR 2015, 472, 476 [43] – *Stabilisierung der Wasserqualität*) die Darlegungs- und Beweislast bei demjenigen verorten müssen, der sich auf die Entgegenhaltung und die Ausführbarkeit der in ihr enthaltenen technischen Offenbarung beruft, also beispielsweise bei dem Löschungsantragsteller. Denn wie bei einem Patent darf auch ein Gebrauchsmuster nur gelöscht werden, wenn feststeht, dass es zu Unrecht eingetragen wurde.

2.5 Kein fiktiver Stand der Technik. Entgegen § 3 Abs. 2 PatG sind ältere, aber 139
nachveröffentlichte Anmeldungen nicht neuheitsschädlich. Führt die ältere Anmeldung zu einem Schutzrecht, kann der Löschungsgrund der Identität geltend gemacht werden (§§ 13 Abs. 1, 15 Abs. 1 Nr. 2 GebrMG).

3. Neuheit

3.1 Neuheitsbegriff/Einzelvergleich. Eine Offenbarung ist nur dann als Stand 140
der Technik neuheitsschädlich, wenn die beanspruchte Erfindung in einer **einzelnen** Vorveröffentlichung vorweggenommen wird, in der die Erfindung als solche beschrieben wird. Nur wenn eine einzige Entgegenhaltung **sämtliche Merkmale** des Gebrauchsmusteranspruchs offenbart, liegt eine neuheitsschädliche Vorwegnahme vor (BGH GRUR 2000, 296, 297 – *Schmierfettzusammensetzung;* BGH GRUR 2015, 472, 476 [45] – *Stabilisierung der Wasserqualität*).

Aufgrund der Eintragung des GebrM besteht eine **widerlegliche Vermutung** 141
(→ Rn. 134), dass dieses auch schutzfähig ist. Auf mangelnde Neuheit kann deshalb nur dann erkannt werden, wenn der Gegenstand der jüngeren Erfindung für den Fachmann eindeutig in der Vorverlautbarung offenbart ist. In Zweifelsfällen muss das GebrM also als rechtsbeständig behandelt werden.

Neu ist eine Erfindung, wenn die beanspruchte Lehre bereits in **einem** Merkmal 142
von den Merkmalen einer Entgegenhaltung abweicht; es bedarf dann keiner Feststellung aller weiteren Unterschiede (vgl. BGH GRUR 1984, 797 – *Zinkenkreisel*).

Diese für die Neuheit an sich ausreichende Unterscheidung der beanspruchten 143
Lehre bereits in **einem** Merkmal von den Merkmalen einer Entgegenhaltung soll jedoch nicht ausreichen und demzufolge die Neuheit fehlen, wenn als **Bestandteile einer Stoffzusammensetzung** mehrere Stoffe oder Stoffgruppen alternativ beansprucht werden und wenn einer dieser Stoffe oder eine dieser Stoffgruppen als Be-

standteil einer solchen Zusammensetzung bekannt war; dann soll es dem Gegenstand des Schutzrechts bereits dann an der erforderlichen Neuheit in der gesamten beanspruchten Bandbreite fehlen, und zwar auch dann wenn die übrigen Stoffe oder Stoffgruppen unstreitig nicht vorverlautbart und in Form von alternativen Stoffen im Anspruch aufgeführt waren (BGH GRUR 2015, 1091, 1094 [31] – *Verdickerpolymer I*). Zur Begründung wird darauf hingewiesen, dass ein solcher Anspruch nicht in seiner Gesamtheit gewährt werden könne. Dieser Bewertung kann nicht gefolgt werden, weil eben nur eine Alternative als neuheitsschädlich wegfällt, während die übrigen Stoffe schutzfähig sein können. Das (neuheitsschädliche) Wegfallen einer einzigen Stoffgruppe führt gerade zu einer Einschränkung eines solchen „Alternativen“-Anspruchs, weil eine solche Schutzkombination, die diese vorweggenommene Stoffgruppe, unter Schutz stellen würde, nicht mehr existiert. Überdies kann der eher als Zufälligkeit einzustufende Umstand, dass diese verschiedenen alternativen Stoffgruppen nicht als Nebenansprüche formuliert wurden, sondern in einen einzigen Anspruch aufgenommen wurden, inhaltlich keinen Unterschied ausmachen; wären sie als Nebenansprüche formuliert worden, hätte an ihrer Rechtsbeständigkeit kein Zweifel bestanden.

144 **Zahlenwerte** und **Bereiche** innerhalb eines umfassenderen beanspruchten Bereichs gelten als vorbeschrieben (BGH GRUR 1990, 510 – *Crackkatalysator I*).

145 Die Beurteilung der Neuheit bemisst sich dabei bei allen Erfindungen nach denselben Grundsätzen; insbesondere gelten auf dem Gebiet der **Chemieerfindungen** keine anderen Beurteilungsgrundsätze als in anderen Bereichen (vgl. BGH GRUR 1988, 447, 449 – *Fluoran*).

146 Dabei können bei der Neuheitsprüfung unterschiedliche Passagen eines Dokuments miteinander kombiniert werden, sofern der Fachmann eine solche Kombination nicht aus irgendwelchen Gründen unterlassen würde. Die bloße Tatsache, dass sämtliche Merkmale in einer einzigen Entgegenhaltung offenbart sind, besagt für sich genommen nichts, wenn diese Merkmale zum Beispiel zwei spezifische Gebilde betreffen, die zwei voneinander unabhängige Vergleichsgrundlagen darstellen (vgl. das Beispiel in EPA ABl. 1991, 429: Zwei verschiedene Scheren, die in einem Katalog beschrieben sind, ohne dass dieser deren Verbindung nahegelegt hätte). Die Merkmale müssen in einem gewissen inneren technischen Zusammenhang in einem einzigen Dokument enthalten sein. Hieraus folgt auch, dass eine Vorverlautbarung nur diejenigen Merkmale umfasst, die ein Fachmann des betreffenden technischen Gebietes dem Gesamtdokument **widerspruchsfrei** entnimmt (vgl. auch *Rogge* GRUR 1996, 931, 936/937).

147 Wird in einer Druckschrift auf eine andere ausdrücklich hingewiesen, so können beide als eine einzige Entgegenhaltung zu bewerten sein (BGH GRUR 1980, 283 – *Terephthalsäure;* BGH GRUR 1987, 280 – *Befestigungsvorrichtung I*). Dies erscheint jedenfalls dann vertretbar, wenn der Gesamtoffenbarungsgehalt des in in Bezug genommenen Dokuments ausdrücklich von dem in Bezug nehmenden Dokument als dessen eigener Offenbarungsbestandteil angesprochen ist. Denn die Bezugnahme dient in einem solchen Fall lediglich der Vermeidung ansonsten notwendiger Wiederholungen.

148 Dieses für die Neuheitsprüfung geltende Gebot des Einzelvergleichs wird aber nach hier vertretener Auffassung ausgehöhlt, wenn im Rahmen der Ermittlung des Offenbarungsgehalts einer vorverlautbarten Patentschrift auf dort nicht erwähnte oder wiedergegebene Produktinformationen zu einem dort lediglich als vorbenutzt bezeichneten Produkt zurückgegriffen wird und sich erst aus dieser Zusammenschau eine neuheitsschädliche Offenbarung ergibt (so BGH GRUR 2015, 1091, 1094 [30] – *Verdickerpolymer I*). Der Offenbarungsgehalt eines Dokuments kann ersichtlich nicht über seinen Inhalt hinausgehen. Dies gilt umso mehr, wenn sich nach diesem Offenbarungsgehalt – und nur um diesen kann es gehen – nicht einmal die Existenz eines weiteren Dokuments vermuten lässt.

Ebenso fraglich ist es, ob Verweise in Dokumenten wie etwa auf „herkömmliche Verfahren" durch Heranziehen von Nachschlagewerken konkretisiert werden können (*Busse/Keukenschrijver,* PatG, 7. Aufl., § 3 PatG Rn. 83). 149

Für die Beurteilung der Neuheit sind objektive Gegebenheiten am Anmeldetag oder Prioritätstag maßgebend, nicht die subjektiven Vorstellungen des Anmelders (vgl. lediglich BGH GRUR 1994, 357 – *Muffelofen*). Geäußerte Fehlvorstellungen des Anmelders sind deshalb für diesen nicht unbedingt bindend; es bedarf insoweit jedoch dann einer besonders kritischen Verifizierung und Würdigung. Da eine Erfindung nur dann neuheitsschädlich vorweggenommen ist, wenn durch eine **einzige** Entgegenhaltung sämtliche Merkmale bekannt sind, bedeutet dies, dass ein Anmelder zum Beispiel im Löschungsverfahren häufig die Neuheit „retten" kann, indem er ein in der relevanten Entgegenhaltung nicht erwähntes Merkmal, in der beanspruchten Erfindung jedoch offenbartes Merkmal seiner im Anspruch niedergelegten technischen Lehre hinzufügt (häufig bleibt dann allerdings die Schutzvoraussetzung des erfinderischen Schritts zweifelhaft). Muss eine technische Lehre aus mehreren Druckschriften „kombiniert" werden, ist diese nicht neuheitsschädlich vorweggenommen; dies muss aus Gründen der Rechtssicherheit auch dann gelten, wenn diese Druckschriften jeweils denselben Gegenstand betreffen (zweifelnd *Busse/Keukenschrijver* PatG § 3 Rn. 82). 150

3.2 Offenbarungsgehalt

3.2.1 Zeitpunkt für die Beurteilung. Zur Feststellung des Offenbarungsgehalts einer Entgegenhaltung muss zunächst geklärt werden, auf welchen **Zeitpunkt für die Beurteilung** des Verständnisses zu einem früheren Dokument abzustellen ist – nur auf das Verständnis, das der Fachmann diesem Dokument am Tage seiner Veröffentlichung entnehmen kann, oder nur oder auch auf das Verständnis, das er diesem Dokument zum Prioritäts- oder Anmeldetag des Gebrauchsmusters entnehmen kann? Die Frage ist deshalb relevant, weil die Entwicklung der Technik und damit auch der Erkenntnis- und Verständnishorizont voranschreiten und eine isolierte rückschauende Betrachtung etwas Elfenbeinturmmäßiges an sich hat. 151

Deshalb wird man zutreffender Weise zunächst von dem Verständnishorizont ausgehen müssen, den ein Fachmann **am** Tag der Erstveröffentlichung des zu überprüfenden Dokuments diesem zugrunde legt. Ist dieses vorveröffentlichte Dokument entweder von dem Autor selbst oder von Dritten **nach** seiner Veröffentlichung öffentlich erörtert oder interpretiert worden, so kann das in dieser Nachveröffentlichung zum Ausdruck kommende Verständnis bei der Beurteilung der Vorveröffentlichung mit berücksichtigt werden, wenn diese Nachveröffentlichung jedenfalls **vor** dem Anmelde- oder Prioritätstag des Gebrauchsmusters liegt. Da diese Nachveröffentlichung hierdurch ihrerseits nicht Gegenstand der Überprüfung auf Neuheit des Gebrauchsmusters wird, bedeutet die Vorgehensweise auch keinen Verstoß gegen den weiter unten erörterten Grundsatz des Einzelvergleichs von Dokumenten. 152

Diese Vorgehensweise scheint weiter gerechtfertigt, wenn sich auch ohne eine schriftliche Nachveröffentlichung eine Weiterentwicklung im Verständnis der vorveröffentlichten Entgegenhaltung aufgrund des sich laufend entwickelnden Wissens bis zum Anmelde- oder Prioritätstag des Gebrauchsmusters sicher feststellen lässt. Andernfalls würde dies bedeuten, dass man etwa in dem vorveröffentlichten Dokument erkennbar enthaltene Fehler oder Irrtümer nicht ausblenden dürfte. Für den Offenbarungsgehalt einer Vorverlautbarung kommt es also nicht nur darauf an, wie ein Fachmann diese vor dem **Zeitpunkt** der Gebrauchsmusteranmeldung, insbesondere im Zeitpunkt der (erstmaligen) Veröffentlichung der Entgegenhaltung verstanden hat. Letztlich maßgebend ist in den genannten Fällen das Verständnis zum Prioritätszeitpunkt der Anmeldung, da zum einen der Anmeldetag bzw. Prioritätstag der Stichtag für die Beurteilung der Bereicherung des Standes der Technik ist. Nur so lässt sich auch eine Kongruenz mit dem Prioritätsgrundsatz herstellen (vgl. *Held/Loth* GRUR Int. 1995, 220, 224). 153

154 In **praktischer Hinsicht** werden freilich häufig Restzweifel nicht ausgeräumt werden können, wenn Weiterentwicklungen auf dem betreffenden Gebiet erfolgten und es bei der Nacharbeitung eines vorverlautbarten Dokuments darauf ankommt, den Einfluss solcher Weiterentwicklungen auf die Verfahrensergebnisse verlässlich zu beurteilen, weil andernfalls nicht zuverlässige Schlüsse dazu gezogen werden können, welche Ergebnisse ein Fachmann am Prioritätstag bei der Nacharbeitung der betreffenden Entgegenhaltung erhalten hätte. In einem solchen Fall ist die Möglichkeit nicht ausgeräumt, dass die Versuche nicht in jeder Hinsicht der Vorgehensweise entsprechen, die der Fachmann am Prioritätstag gewählt hätte; dies geht zu Lasten desjenigen, der sich auf die Rechtsunbeständigkeit des Gebrauchsmusters beruft (BGH BeckRS 2010, 06688 [33, 34] – *Thermoplastische Zusammensetzung,* zum Patent)

155 Problematisch erscheint es aber im Allgemeinen, wenn Erläuterungen aus einem im Vergleich zum Anmelde- oder Prioritätstag des Gebrauchsmusters **nachveröffentlichten** Dokument zum Beleg des Verständnishorizonts des Fachmanns in Bezug auf die zu überprüfende Vorveröffentlichung Berücksichtigung finden können sollten (so aber BGH GRUR 2012, 1130 [24] – *Leflunomid;* BGH GRUR 2015, 1051 [25] – *Verdickerpolymer I*). Die hierfür gegebene Begründung, es solle damit kein Stand der Technik dokumentiert werden, sondern, zB chemische, Zusammenhänge, die unverändert bestehen, erscheint schon deshalb angreifbar, weil dies zunächst voraussetzen würde, dass genau ein derartiges Verständnis schon vor dem Anmelde- oder Prioritätstag des Gebrauchsmusters bestanden hat und dies auch festgestellt wurde. Vor allem werden aber damit tatsächlich doch die gesetzlich eindeutigen Parameter, dass etwas zum Stand der Technik vor dem maßgeblichen Tag gehören muss, verwischt, und der nach Art 14 GG verfassungsrechtlich geschützte öffentlich-rechtliche Anspruch des Anmelders auf ein Schutzrecht ausgehöhlt.

156 **3.2.2 Inhaltliche Anforderungen an die Vorverlautbarung.** Die inhaltlichen Anforderungen an die Vorverlautbarung sind bei schriftlichen Beschreibungen und Benutzungen prinzipiell gleich. Faktisch ergeben sich aufgrund der unterschiedlichen Offenbarungsweise jedoch häufig unterschiedliche Problemstellungen, weshalb die nachfolgenden Anmerkungen zwischen diesen Vorverlautbarungsarten differenzieren.

157 **3.2.2.1 Schriftliche Beschreibungen.** Zum nationalen und europäischen **Patentrecht** hat sich eine lebhafte Kontroverse dazu gebildet, ob in der Beurteilung eines Standes der Technik ein **„enger“** oder **„weiter“** Neuheitsbegriff zugrunde zu legen ist. Der sogenannte enge Neuheitsbegriff erfasst nur das ausdrücklich Vorbeschriebene als neuheitsschädlich, während der weite Neuheitsbegriff den gesamten Äquivalenzbereich einer Vorverlautbarung bei der Neuheitsprüfung mit berücksichtigt. Zwischen diesen Positionen sind vermittelnde Auffassungen angesiedelt, die entweder nur sog glatte Äquivalente in die Prüfung einbeziehen oder dasjenige mit erfassen, was sich dem Fachmann mühelos aus einer Entgegenhaltung erschließt (vgl. die Nachweise bei *Busse/Keukenschrijver* PatG § 3 Rn. 70ff.). Dabei ist die Praxis des EPA in der Beurteilung eines Standes der Technik als neuheitsschädlich im Vergleich zum deutschen Rechtsverständnis wesentlich zurückhaltender. Das EPA folgt grundsätzlich dem „engen“ Neuheitsbegriff (auch als sog fotografischer Neuheitsbegriff bezeichnet). Nur das, was identisch vorbeschrieben ist, soll neuheitsschädlich sein (vgl. EPA Abl. 1984, 401 – *Spiroverbindungen/CIBA-Geigy;* vgl. *Busse/Keukenschrijver,* PatG § 3 Rn. 75 mwN). Handelt es sich bei der Offenbarung zum Beispiel um eine Patentschrift, lehnt der BGH die Einbeziehung des gesamten Schutzbereichs des älteren Schutzrechts als neuheitsschädlich ab; für den Fachmann soll alles als offenbart und damit als neuheitsschädlich vorweggenommen anzusehen sein, was für ihn als selbstverständlich oder nahezu unerlässlich zu ergänzen ist oder was er bei deren aufmerksamer Lektüre ohne weiteres erkennt und in Gedanken gleich mitliest (vgl. BGH GRUR 1995, 330, 332 – *Elektrische Steckverbindung*). Die Auslegungsgrundsätze

zu § 3 Abs. 1 S. 2 PatG sind wesentlich durch das Ziel der Vermeidung von Doppelpatentierungen geprägt.

Für das **GebrMG** hat sich bislang noch keine höchstrichterliche Rechtsprechung sowie herrschende Literaturmeinung dazu gebildet, inwieweit die Auslegungsgrundsätze zum PatG zu übernehmen sind. Aus der Zulassung der zum PatG begründeten sogenannten „Formstein"-Einrede auch im Gebrauchsmusterverletzungsverfahren, bei der eine Prüfung erfolgt, ob der Fachmann die das Schutzrecht (lediglich) mit Abwandlungen verwirklichende angegriffene Ausführungsform ohne erfinderische Tätigkeit dem Stand der Technik entnehmen kann (vgl. BGH GRUR 1997, 454. 457 – *Kabeldurchführung;* BGH GRUR 1986, 803 – *Formstein*), lässt sich diese Frage nicht beantworten. Eine Übernahme der patentrechtlichen Grundsätze ist jedoch trotz des im GebrMG weniger „brisanten" Themas der Vermeidung eines Doppelschutzes angesichts des normativen Charakters des Neuheitsbegriffes geboten. 158

Entgegenhaltungen sind mit ihrem **Gesamtoffenbarungsgehalt** zu berücksichtigen (BGH GRUR 2014, 758, 761 [38] – *Proteintrennung*); dieser sog **„Whole Contents Approach"** beansprucht auch im GebrMG Geltung. Die Beurteilung der Neuheitsschädlichkeit einer Vorveröffentlichung erfordert – wie im Patentrecht – die Ermittlung des Gesamtinhalts dieser Vorveröffentlichung. Maßgeblich ist, welche technische Information dem Fachmann offenbart wird. Der bei dieser Prüfung verwendete Offenbarungsbegriff unterscheidet sich nicht von demjenigen, soweit er auch sonst im Gebrauchsmuster- oder Patentrecht herangezogen wird (BGH GRUR 2014, 758, 761 [38] – *Proteintrennung;* BGH GRUR 2009, 382, 384 [25] – *Olanzapin;* BGH GRUR 2004, 407, 411 – *Fahrzeugleitsystem*). 159

In der Praxis haben sich folgende **Fallgestaltungen** von zum Stand der Technik gehörenden und nicht zum Stand der Technik gehörenden Offenbarungen herauskristallisiert: 160

Zum Stand der Technik gehörende Offenbarung: 161

Zu einer Offenbarung gehört zunächst dasjenige, was im **Wortlaut** der Veröffentlichung ausdrücklich erwähnt wird.

Über diese Selbstverständlichkeit hinausgehend wird auch diejenige Information einer schriftlichen Beschreibung als vom Gesamtoffenbarungsgehalt umfasst angesehen, die sich als **Sinngehalt** der Veröffentlichung, also als diejenige technische Information, die der fachkundige Leser der jeweiligen Quelle vor dem Hintergrund seines Fachwissens entnimmt, bezeichnen lässt (BGH GRUR 2014, 758, 761 [38] – *Proteintrennung*). 162

Der Gesamtoffenbarungsgehalt wird aber für die Neuheitsprüfung inhaltlich dadurch begrenzt, dass er ausschließlich dasjenige erfasst, was der Fachmann der Vorveröffentlichung als deren Inhalt der gegebenen (allgemeinen) Lehre **„unmittelbar und eindeutig"** entnimmt (BGH GRUR 2013, 912, 914 [40] – *Walzstraße;* BGH BeckRS 2013, 17571 – *Kuppeleinrichtungen mit Medienanschlüssen;* BGH GRUR 2004, 133, 135 – *Elektronische Funktionseinheit;* auch EPA [GrBK] GRUR Int 2002, 80; EPA GRUR Int 2008, 511– *Traction sheave elevator/KONE*). Zu ermitteln ist deshalb nicht, in welcher Form der Fachmann etwa mit Hilfe seines Fachwissens eine gegebene allgemeine Lehre ausführen kann oder wie er diese Lehre gegebenenfalls abwandeln kann (BGH GRUR 2014, 758, 761 [38] – *Proteintrennung*). 163

Diese letztgenannte, wiederholt in der jüngeren Rechtsprechung verwendete Formulierung der Unmittelbarkeit und Eindeutigkeit ist für sich genommen nicht ausreichend für die hier relevante Beurteilung, weil sie keine Auskunft dazu gibt, „wie inhaltlich weit" denn die unmittelbare und eindeutige Offenbarung reicht. Da sich die jeweilige Entgegenhaltung insbesondere an den Fachmann wendet, kann der Offenbarungsgehalt einer einzigen Entgegenhaltung nämlich durchaus Erkenntnisse umfassen, die über die Entgegenhaltung selbst hinausgehen. 164

Daraus lässt sich bereits die rechtliche Folgerung ziehen, dass der Offenbarungsgehalt eines Dokumentes des Standes der Technik zumindest nicht auf dasjenige be- 165 schränkt sein muss, was etwa expressis verbis ausgeführt ist. Deshalb wird in der Rechtsprechung regelmäßig weiterhin zum Ausdruck gebracht, dass auch dasjenige offenbart sein kann, was im Schutzanspruch und in der Beschreibung nicht ausdrücklich erwähnt ist, aus der Sicht des Fachmanns jedoch für die Ausführung der unter Schutz gestellten Lehre selbstverständlich ist und deshalb keiner besonderen Offenbarung bedarf, sondern **„mitgelesen"** wird (BGH GRUR 2010, 123, 125 [31] – *Escitalopram*); BGH BeckRS 2013, 17571 – *Kuppeleinrichtungen mit Medienanschlüssen*). Nach etwas älterer Diktion galt – ohne dass damit ein essentieller Unterschied angesprochen sein sollte – in einer Entgegenhaltung alles das als offenbart und damit neuheitsschädlich vorweggenommen, was für den Fachmann als selbstverständlich oder nahezu unerlässlich zu ergänzen ist oder was er bei deren aufmerksamer Lektüre ohne weiteres erkennt und in Gedanken gleich mitliest (vgl. BGH GRUR 1995, 330, 332 – *Elektrische Steckverbindung*).

166 Da sich aber auch mittels dieser Definition die inhaltliche Weite des „Mitlesens" häufig nicht bestimmen lassen wird, bedarf es nach der hier vertretenen Auffassung einer zusätzlichen normativen Grenzziehung zu dem, was inhaltlich noch als „mitgelesen" gelten könnte.

167 Diese Grenzziehung muss durch den in § 3 GebrMG verwendeten Gesetzesbegriff der **„Kenntnisse"** erfolgen. Der Begriff „Kenntnis" erfasst zunächst ganz klar nicht dasjenige, was sich dem Fachmann erst durch eine nähere Überlegung, durch eine von einem verhaltenssteuernden System ausgeführte Informationsverarbeitung oder gar erst Informations-Umgestaltung, also durch kognitive Leistungsfähigkeit, erschließt.

168 Weiter kann man unter „Kenntnis" noch die Einbeziehung von Selbstverständlichem subsumieren; dieser Auslegungsschritt erlaubt jedoch **keine Ergänzung** der Offenbarung durch das **allgemeine Fachwissen** mehr, sondern dient nicht anders als die Ermittlung des Wortsinns eines Anspruchs lediglich der vollständigen Ermittlung des Sinngehalts, dh derjenigen technischen Information, die der fachkundige Leser der Quelle vor dem Hintergrund seines Fachwissens entnimmt (BGH BeckRS 2013, 17571 [22] – *Kuppeleinrichtungen mit Medienanschlüssen;* BGH GRUR 2014, 758, 761 [38] – *Proteintrennung*). Dadurch wird freilich die **Berücksichtigung** von allgemeinem Fachwissen nicht ausgeschlossen. Es bedarf aber hierzu besonderer Sorgfalt. Denn das allgemeine Fachwissen ergibt sich erst aus einer Zusammenschau des Standes der Technik; eine mosaikartige Betrachtung dieses Standes der Technik ist jedoch bei der Neuheitsprüfung nicht zulässig. Zum allgemeinen Fachwissen gehört all das, was dem Fachmann im Anmeldezeitpunkt an Fachkenntnissen und Fertigkeiten bereits zur Verfügung stand. Das allgemeine Fachwissen als solches sollte deshalb nicht bei der Beurteilung des Standes der Technik sondern erst dann herangezogen werden, wenn dieser vollständig ermittelt ist und es darauf ankommt zu bewerten, was diese Kenntnisse offenbaren und ob die beanspruchte technische Lehre gegenüber diesem Offenbarungsgehalt neu ist. Danach darf also das allgemeine Fachwissen zum **Verständnis** des offenbarten Inhalts der einzelnen Entgegenhaltung herangezogen werden.

169 Die Grenzen zwischen dem, was der Fachmann aus einer Vorverlautbarung noch „mitliest" und dem, was des Einsatzes äquivalenter Überlegungen (vgl. → Rn. 175, → Rn. 182) bedarf, sind jedoch nicht starr sondern fließend, so dass eine flexible Beurteilung notwendig ist. Mit *Rogge* (GRUR 1996, 931, 936) wird deshalb die Auffassung vertreten, dass sich der Umfang der neuheitsschädlichen Offenbarung in den Äquivalenzbereich hinein erstreckt, ohne diesen voll zu erfassen. Diese Auffassung dürfte etwas weiter als die früher vom BPatG vertretene Meinung sein, nach der sich der Offenbarungsgehalt auch auf die sog **„fachnotorisch austauschbaren"** Mittel erstreckt (vgl. BPatGE 30, 6; 35, 172, 176).

170 Im Ergebnis entspricht die hier vertretene Auffassung der Einbeziehung dessen in den Stand der Technik, was sich dem Fachmann als **Austauschmittel aufdrängt**

(BGH GRUR 1995, 330, 332 – *Elektrische Steckverbindung*). Die Abgrenzung zu einer impliziten Offenbarung (vgl. → Rn. 178) ist häufig schwierig, so dass die Beurteilung dieser Fallgestaltungen nicht immer zu einheitlichen Ergebnissen führen wird.

Mit diesen vorstehenden Anmerkungen soll nicht eine abweichende Meinung zu der wiedergegebenen höchstrichterlichen Rechtsprechung entwickelt werden. Sie dienen allein dazu, eine weitere praktische Hilfestellung in der Rechtsanwendung zu geben und einen pragmatischen Weg bei der Neuheitsprüfung unter hinreichender Vorhersehbarkeit vernünftiger Ergebnisse aufzuzeigen. **171**

Ohne Belang für die Neuheitsschädlichkeit ist, ob der Erfindungsgedanke in der Entgegenhaltung nur **beiläufig** enthalten ist; ebenso unwesentlich ist die „Erfindungswesentlichkeit", dh die Offenbarung als zur Erfindung gehörend (vgl. BGH GRUR 1981, 812 – *Etikettiermaschine*). Unerheblich ist auch, ob neben der Vorverlautbarung in derselben Entgegenhaltung noch andere technische Möglichkeiten angesprochen sind. Bei einer zufälligen Vorwegnahme der Offenbarung ist der Offenbarungsgehalt besonders sorgfältig zu verifizieren. Gleichermaßen müssen die **naturwissenschaftlichen Zusammenhänge** nicht mit offenbart sein (BGH GRUR 2012, 373, 376 [55] – *Glasfasern*). **172**

Ein **fehlerhaftes** Dokument gehört mit seinem Fehler zum Stand der Technik, sofern der Fachmann den Fehler nicht erkennt und richtig stellt; **Lücken wird er in der Regel ergänzen** (vgl. BGH GRUR 1974, 148 – *Stromversorgungseinrichtung;* BGH GRUR 2001, 140, 141/142 – *Zeittelegramm*). Ein **Irrtum** über den Stand der Technik ist unerheblich; infolge der objektiven Beurteilung wird ein in den Anmeldeunterlagen irrtümlich als vorbekannt bezeichnetes, in Wirklichkeit aber neues Merkmal nicht zum Stand der Technik (vgl. BGH GRUR 1994, 357, 358 – *Muffelofen*) gezählt. **173**

Ebenso zählen zum Offenbarungsgehalt des Standes der Technik **Zahlenwerte** und **engere Bereichsangaben** gegenüber bekannten weiteren Bereichsangaben, ohne dass eine Abstufung in der Wertigkeit der Offenbarungsmittel Platz greift, etwa in der Art, dass bestimmte Teilbereiche als vorteilhaft, zweckmäßig oder bevorzugt offenbart sein müssen (vgl. BGH GRUR 1990, 510 – *Crackkatalysator I;* BGH GRUR 1992, 842, 844 – *Chrom-Nickel-Legierung;* BGH GRUR 1993, 651, 654 – *Tetraploide Kamille*). **174**

Nicht zum Stand der Technik gehörende Offenbarung: **175**

Ist der gesetzlich relevante Offenbarungsgehalt einer Vorverlautbarung durch das beschränkt, was der Gesetzgeber mit dem Begriff der „Kenntnis" zum Ausdruck bringt, fällt hierunter mithin auch **nicht** mehr das, was sich erst aufgrund von **Äquivalenzüberlegungen** ergibt, zumal andernfalls der der Schutzvoraussetzung des erfinderischen Schritts vom Gesetzgeber zugedachte Anwendungsbereich zu gering wäre. Auch Äquivalenzüberlegungen beruhen auf kognitiver Leistungsfähigkeit, können mithin nach normativer Betrachtung nicht infolge bloßen „Mitlesens" zustande kommen. Eine exakte Grenze zwischen beidem gibt es aber nicht.

Besonderer Aufmerksamkeit bedarf die Abgrenzung insbesondere in Fällen, in denen sich die Entgegenhaltung auf die Darstellung eines **Konstruktionsprinzips** beschränkt, das der Fachmann aufgrund seines Fachkönnens zur Erreichung des erstrebten Erfolges praktisch verwirklichen kann. Die Heranziehung des auch im GebrMG geltenden einheitlichen Offenbarungsbegriffs (siehe → Rn. 198 ff.), der bei der Ausführbarkeit einer technischen Lehre nicht verlangt, dass das zu wiederholen ist, was dem Fachmann geläufig und mithin ihm zuzurechnen ist (vgl. hierzu BGH GRUR 1984, 272, 273 – *Isolierglasscheibenrandfugenfüllvorrichtung;* zur dennoch unterschiedlichen Funktion der Offenbarung bei der Prüfung der Neuheit und der Ausführbarkeit, vgl. *Busse/Keukenschrijver* PatG § 3 Rn. 88), könnte zu einer zu weiten Berücksichtigung des allgemeinen Fachwissens führen. Dem ist schon wegen der Abgrenzungsschwierigkeiten entgegenzutreten. Eine der Grenzen ist sicherlich, dass dasjenige, was der Fachmann nur nach Überlegung als Weiterbildung der vorbeschriebe- **176** nen Lehre aus einer Entgegenhaltung ableiten kann, bei der Neuheitsprüfung auszuscheiden hat.

177 Ebenso können Angaben nicht neuheitsschädlich sein, die nur eine bloße **Anregung** zur Erlangung bestimmter Erkenntnisse, nicht aber selbst die Erkenntnis vermitteln.

178 Zwar sind Entgegenhaltungen der **Auslegung** zugänglich (zB bei einem vorverlautbarten Patentdokument im Wege der Erläuterung des Hauptanspruchs durch die Beschreibung und die Zeichnungen). Nach den erörterten Abgrenzungskriterien wird jedenfalls häufig eine **implizite** Offenbarung nicht mehr zu berücksichtigen sein (vgl. BGH BeckRS 2013, 17571 [22] – *Kuppeleinrichtungen mit Medienanschlüssen*). Jedenfalls ist – wie bei der Berücksichtigung des allgemeinen Fachwissens – bei diesen Punkten eine sorgfältige Abgrenzung zur Überprüfung des erfinderischen Schritts im Auge zu behalten.

179 Nach der hier vertretenen Auffassung gehören Fallgestaltungen der **kinematischen Umkehr** oder der **Inversion** regelmäßig nicht mehr zum relevanten Offenbarungsgehalt einer Vorverlautbarung, weil mit ihnen typischerweise Äquivalenzüberlegungen einhergehen.

180 Eine Anwendung oder Ausführung, die von der im Stand der Technik beschriebenen Lehre **abweicht** oder ihr gar **widerspricht,** ist aus der Sicht des Fachmanns regelmäßig nicht Bestandteil ihrer Offenbarung, wird also nicht vorweggenommen (vgl. BGH GRUR Int. 2010, 1065, 1071 [62] – *Fälschungssicheres Dokument*).

181 Ebenso gehören **Abwandlungen** nicht zum Offenbarten, selbst wenn sie naheliegend sein sollten (BGH GRUR 2009 390, 392 [23] – *Lagerregal*).

182 Auch die Offenbarung nur einer **allgemeinen chemischen Formel** kann nicht mehr als neuheitsschädlicher Stand der Technik angesehen werden, wenn ein Fachmann durch die Angaben einer vorveröffentlichten Druckschrift über eine chemische Verbindung nicht ohne weiteres in die Lage versetzt wird, die diese chemische Verbindung betreffende Erfindung auszuführen, dh den betreffenden Stoff in die Hand zu bekommen, (BGH GRUR 2009, 382 – *Olanzapin;* BGH GRUR 2000, 296 – *Schmierfettzusammensetzung;* BGH GRUR 1988, 447, 450 – *Fluoran*).

183 Bezeichnet der Anmelder Merkmale als bekannt, so kann das dafür sprechen, dass ihm ein entsprechender Stand der Technik vorlag. Auch wenn sich der Anmelder an seinen Angaben nicht festzuhalten lassen braucht (vgl. BGH GRUR 1971, 115, 117 – *Lenkradbezug*), wird man ihn wohl dafür als darlegungspflichtig ansehen müssen, dass er einem Irrtum unterlegen ist. Denkbar ist auch, dass sich das Schutzbegehren nicht auf das als bekannt bezeichnete Merkmal erstrecken soll (vgl. zum „Verzicht" BGH Mitt. 1998, 98 – *Scherbeneis*).

184 Nicht zum Offenbarungsgehalt einer einzigen Entgegenhaltung gehört dasjenige, was sich dem Fachmann erst als **Folge aufeinander aufbauender Gedankenschritte** erschließt, wobei dieser sogar noch wertend zu entscheiden hat (vgl. BPatG GRUR 1998, 661, 662 – *Näherungsschalter II*) oder was sich erst aus **weiterführenden Überlegungen** ergibt, für die die Vorveröffentlichung allenfalls einen Anhaltspunkt bietet (BGH GRUR 2012, 373, 376 – *Glasfasern*).

185 **3.2.2.2 Vorbenutzungen.** Die vorstehenden Anmerkungen beschäftigen sich mit der Frage, wie der Offenbarungsgehalt bei schriftlichen Beschreibungen zu bestimmen ist. Auch wenn insoweit viele Abgrenzungsprobleme in rechtlicher Hinsicht zu lösen sein mögen, so bereitet ein Aspekt hierbei in aller Regel keine Schwierigkeiten, nämlich die zu überprüfende inhaltliche Grundlage zu identifizieren. Diese steht aufgrund ihrer schriftlichen (siehe dazu die obigen Erläuterungen) Fixierung in aller Regel fest. Bei Benutzungshandlungen kann dies im Einzelfall viel schwieriger festzustellen sein, zB wenn zwar die Vorbenutzung einer gebrauchsmustergeschützten Maschine dokumentiert ist, aber die geschützte technische Lehre nur im verborgenen Inneren der Maschine angesiedelt ist. Auch auf damit zusam-

menhängende Fragestellungen muss das GebrMG praktikable Antworten geben können.

Auch insoweit ist zunächst von dem Grundsatz auszugehen, dass eine Vorbenutzung ist nur dann **„offenkundig"**, also „der **Öffentlichkeit zugänglich gemacht**" ist, wenn durch sie das Wesen der Erfindung kundbar gemacht wird. Die Beurteilung dieser Frage richtet sich nach den konkreten Umständen des Einzelfalles. Der Durchschnittsfachmann muss zuverlässige, ausreichende Kenntnis vom Gegenstand der Vorbenutzung erhalten können (BGH Mitt. 1996, 160, 164/165 – *Lichtbogen-Plasma-Beschichtungssystem*). Ob und wann diese Voraussetzung als erfüllt anzusehen ist, wird von der aktuellen Rechtsprechung des BGH teilweise anders beurteilt als dies früher der Fall war. 186

Aus einer **Herstellung** gebrauchsmustergemäßer Gegenstände durch ein Drittunternehmen ergibt sich ohne Hinzutreten besonderer Umstände eine öffentliche Zugänglichkeit der Benutzung nicht (BGH Mitt 1999, 362, 364 – *Herzklappenprothese;* BGH GRUR 1999, 976, 977 – *Anschraubscharnier;* BGH GRUR 2001, 819, 822 – *Schalungselement*). 187

Die Frage der offenkundigen Vorbenutzung stellt sich deshalb häufiger bei **Lieferungen** an Dritte. Lieferungen an Dritte begründen dann eine hinreichende Offenkundigkeit, wenn die Weiterverbreitung der von dem Empfänger der Lieferung erhaltenen Kenntnis an beliebige Dritte nach der Lebenserfahrung nahe liegt (BGH Mitt. 2013, 189, 191 [21] – *Messelektronik für Coriolisdurchflussmesser*). Die Lieferung von Gegenständen in der Absicht der **Weiterveräußerung** an beliebige Dritte macht die in ihnen verkörperte Lehre regelmäßig öffentlich (BGH GRUR 2008, 885 [21] – *Schalungsteil*). 188

Nach **früherer** und herkömmlicher Auffassung konnte ein relevanter Faktor sein, ob eine die Erfindung verkörpernde Vorrichtung einfach oder kompliziert aufgebaut ist, ob die erfindungswesentlichen Merkmale klar zu erkennen sind und ob der Betrachter Verständnis für das Vorgezeigte aufweist (BGH Mitt. 1996, 160, 164/165 – *Lichtbogen-Plasma-Beschichtungssystem*). Abhängig von den Einzelfallumständen ist es Voraussetzung, dass der Durchschnittsfachmann zu jeder Zeit in der Lage ist, Einzelheiten der technischen Lehre zu erkennen, zB bei einer präsentierten Maschine die erfinderischen Merkmale wahrzunehmen (BGH GRUR 1963, 311, 313 – *Stapelpresse*). Kann die vorbenutzte technische Lehre durch **bloßen Augenschein** nicht erkannt werden, so ist sie nur dann der Öffentlichkeit zugänglich gemacht, wenn eine (nach der Terminologie des BGH: nicht zu fern liegende) Möglichkeit besteht, dass andere Fachkundige eine die technische Lehre enthüllende nähere Untersuchung des vorbenutzten Gegenstands vornehmen, gegebenenfalls die Sache also auseinandernehmen oder sogar zerstören (vgl. BGH Mitt. 1996, 160, 164/165 – *Lichtbogen-Plasma-Beschichtungssystem;* BGH GRUR 1966, 484, 486 – *Pfennigabsatz;* vgl. hierzu ferner → Rn. 38 ff., → Rn. 204 ff.). Ein ausreichendes Zugänglichmachen liegt vor, wenn zum Beispiel interessierte Fachkreise (insbesondere Mitbewerber) Gelegenheit und Anlass haben, ein Erzeugnis auf seine Zusammensetzung und seine Eigenschaften zu untersuchen (vgl. BGH GRUR 1986, 372, 373 – *Thrombozyten-Zählung;* vgl. auch EPA GRUR Int. 1996, 244 – *Vorbenutzung/PACKARD*). Kein Zugänglichmachen war nach dieser früheren Praxis wohl anzunehmen, wenn die Erfindung so versteckt gehalten ist, dass niemand auf die Idee kommt, sie in dem benutzten Gegenstand zu vermuten oder auch nicht in der Lage ist, sie dort zu erkennen (vgl. BPatG GRUR 1993, 808, 811 – *Abschlussblende II;* BGH Mitt. 1996, 160, 164/165 betreffend das Beispiel einer komplexen, nicht ohne weiteres durchschaubaren Lichtbogen-Plasma-Beschichtungsanlage). Nicht-Offenkundigkeit war zum Beispiel auch anzunehmen, wenn sich die technische Lehre lediglich in vereinzelten „Ausreißern" verkörperte (vgl. hierzu BPatGE 40, 104, 113). Ebenso konnte danach der Offenkundigkeit entgegenstehen, dass ein Gegenstand nur aus der Ferne betrachtet werden konnte. Der BGH forderte also zunächst, dass eine „nicht zu fern liegende Möglichkeit" bestand, 189 dass andere Fachkundige eine die technische Lehre enthüllende **nähere Untersuchung** des Gegenstandes vornehmen (BGH GRUR 1998, 382, 385 – *Schere*). In diesem Fall war das vom BGH gefundene Ergebnis, dass eine Geschmacksmusterhinterlegung jedenfalls das nicht offenbart, was erst durch solche Untersuchungen am hinterlegten Gegenstand erkannt werden kann, bei denen die Gefahr einer Veränderung dieses Gegenstandes besteht, die aber nicht erforderlich sind, um einen ausreichenden ästhetischen Eindruck von dem Gegenstand zu gewinnen (BGH GRUR 1998, 382, 385 – *Schere*).

190 In der **aktuellen** Rechtsprechung hat sich der BGH – so scheint es – sukzessive von diesem Ansatz gelöst, wenn er nunmehr allein auf das Vorhandensein eines Produkts abstellt und es für die Neuheitsschädlichkeit ausreichend sein lässt, dass ein auf dem Markt erhältliches Produkt die Merkmale dieses Erzeugnisses tatsächlich aufweist; danach ist nicht erforderlich, dass der Fachmann die konkreten Eigenschaften des Produkts kannte oder in der Lage war, diese analytisch zu bestimmen und danach das Produkt herzustellen (BGH GRUR 2015, 1091, 1094 [32] – *Verdickerpolymer I*). Wenn es danach gar nicht mehr Voraussetzung für die Annahme einer neuheitsschädlichen Vorbenutzung ist, ob das vorbenutzte Produkt überhaupt analysierbar ist, dann kann es nach dieser Judikatur auch nicht mehr entscheidend sein, ob der Fachmann es überhaupt hätte untersuchen wollen.

191 Bei der Gesetzesauslegung darf einerseits nicht außer Acht gelassen werden, dass der Wortlaut des § 3 Abs. 1 GebrMG auch den durch Benutzungshandlungen geschaffenen Stand der Technik dahingehend definiert, dass mit ihm eine **„Kenntnis"** einer technischen Lehre für die Öffentlichkeit einhergehen muss. Die Frage zu stellen, wie „Kenntnis" bei einer nur im Verborgenen eines Produkts erfolgten Benutzungshandlung entstehen kann, scheint legitim. Dabei unterscheidet das Gesetz in inhaltlicher Hinsicht gerade auch nicht zwischen den „Kenntnissen", die aufgrund einer Benutzung und die aufgrund einer schriftlichen Beschreibung entstehen. Bei letzteren lässt sich aber der relevante Inhalt der Offenbarung regelmäßig ohne weiteres identifizieren (siehe → Rn. 134).

192 Nach der hier vertretenen Auffassung ist die Auffassung des BGH, wie sie in der erwähnten Entscheidung *Verdickerpolymer I* zum Ausdruck gebracht wird, in dieser Allgemeinheit zu weitgehend. Durch den Gesetzeswortlaut mehr gedeckt zu sein, ist die Auffassung, dass die in einem Gegenstand verkörperte technische Lehre jedenfalls dann zum Stand der Technik gehört, wenn der Fachmann **ohne unzumutbaren Aufwand** den Gegenstand, seine Zusammensetzung, seinen Aufbau etc. feststellen und reproduzierbar ausführen kann. Gerade unter Berücksichtigung des Zweckes der Vorschrift, Bekanntes nicht noch einmal monopolisieren zu dürfen, kommt es nicht darauf an, ob der Fachmann Veranlassung hat, nach diesen „verborgenen" Merkmalen zu suchen. Dies muss jedenfalls bei **frei verfügbaren,** insbesondere im Handel befindlichen Gegenständen gelten.

193 Aber auch hier können nach der hier vertretenen Auffassung freilich generalisierende Betrachtungen nicht ohne weiteres angestellt werden. Deshalb muss es weitgehend der Beurteilung des Einzelfalls vorbehalten bleiben, ob zum Beispiel die Notwendigkeit einer **Beschädigung** oder gar **Zerstörung** eines Gegenstandes Auswirkungen auf die Bejahung oder Verneinung der Neuheit hat. Als Grundregel wird man hierbei sicherlich davon ausgehen können, dass diese Möglichkeit bei einfacheren oder billigeren Geräten ohne weiteres besteht, während diese Möglichkeit bei hoch komplex-technologischen Gegenständen eingehenderer Feststellungen bedarf. Generell lässt sich beobachten, dass in der Industrie allgemein gute Kenntnis über die Produkte und Neuerungen der jeweiligen Wettbewerber herrscht.

194 Weitere Einzelheiten und Beispiele, siehe → Rn. 204 ff.

195 **3.3 Nacharbeitbarkeit.** Die Ausführbarkeit einer **Erfindung,** also deren Offenbarung in einer so deutlichen und vollständigen Art und Weise, dass ein Fachmann sie ausführen kann, ist eine Rechtsfrage; die Prüfung dieser Rechtsfrage darf daher nicht einem gerichtlichen Sachverständigen überlassen werden, so dass die Inanspruchnahme sachverständiger Beratung vielmehr nur dazu dienen kann, etwa das mit dieser Frage befasste Gericht in die Lage zu versetzen, den für die Bejahung oder Verneinung der Ausführbarkeit maßgeblichen (technischen) Sachverhalt festzustellen und zu verstehen (BGH GRUR 2015, 472, 474 [34] – *Stabilisierung der Wasserqualität*).

Da insoweit eine parallele Fragestellung bei der Beurteilung einer **Entgegenhaltung** entsteht, müssen diese Grundsätze auch hier Anwendung finden. Eine Entgegenhaltung ist also nur dann neuheitsschädlich, wenn sie eine **nacharbeitbare Offenbarung** enthält (vgl. BGH GRUR 1980, 283 – *Terephtalsäure*). Bei dem Nacharbeiten einer bekannten Lehre muss sich ein bestimmtes Ergebnis unmittelbar und zwangsläufig einstellen. Wissenschaftliche Diskussionen müssen sich zu einer technischen Lehre verdichtet haben. Bei der Offenbarung einer Vorbenutzung ist darauf abzustellen, welche Information diese dem sachverständigen Betrachter vermitteln kann (BGH GRUR 1997, 892, 896 – *Leiterplattennutzen*). Kann bei einer Nacharbeitung einer technischen Offenbarung eines Dokuments nicht ausgeschlossen werden, dass die Versuche nicht in jeder Hinsicht der Vorgehensweise entsprechen, die der Fachmann am Prioritätstag gewählt hätte, geht dies zu Lasten desjenigen, der sich auf die Rechtsunbeständigkeit des Gebrauchsmusters beruft (BGH BeckRS 2010, 06688 [33, 34] – *Thermoplastische Zusammensetzung,* zum Patent). Zu Untersuchungsmöglichkeiten siehe → Rn. 75 ff.). 196

Während es für die Beurteilung der Ausführbarkeit einer Erfindung jedoch auf die in den Ansprüchen umschriebene technische Lehre ankommt, die für den Fachmann in der Gebrauchsmusterschrift so deutlich und so detailliert offenbart sein muss, wie er dies benötigt, um mit Hilfe seiner als vorhanden vorausgesetzten Fachkenntnisse diese technische Lehre der Erfindung zumindest auf einem praktisch gangbaren Weg auszuführen und hierdurch den technischen Erfolg der Erfindung zu erzielen (BGH GRUR 2015, 472, 474 [34] – *Stabilisierung der Wasserqualität*), wird man entsprechend der Relevanz des Gesamtoffenbarungsgehalts einer Entgegenhaltung im allgemeinen auf diesen ebenso bei der Beurteilung der Ausführbarkeit der Entgegenhaltung abstellen müssen. 197

4. Die beanspruchte Lehre

4.1 Allgemeines. Der für die Prüfung der Neuheit maßgebliche **Gegenstand** des GebrM (§ 3 Abs. 1 Satz 1 GebrMG) bestimmt sich allein nach den **Schutzansprüchen** (§§ 4 Abs. 3 Nr. 3, 12a GebrMG, 5 Abs. 1 S. 1 GebrAnmV; BGH GRUR 1997, 360, 361 – *Profilkrümmer*). Die Prüfung, ob der Gegenstand des GebrM neu ist, setzt immer die Auslegung des GebrM-Anspruchs voraus. Für die Auslegung der Schutzansprüche kommt es auf die Vorstellung des Fachmanns unter Heranziehung der Beschreibung, der Zeichnung, des allgemeinen Fachwissens und des als bekannt beschriebenen Standes der Technik an; die Ansprüche bleiben jedoch die allein maßgebliche Grundlage für die Bestimmung der Tragweite der geschützten Erfindung (vgl. BGH GRUR 1998, 1003, 1004 – *Leuchtstoff*). Deshalb muss ermittelt werden, was sich aus der Sicht des angesprochenen Fachmanns aus den Merkmalen der Ansprüche im Einzelnen und in ihrer Gesamtheit als unter Schutz gestellte technische Lehre ergibt (BGH GRUR 2007, 859 – *Informationsübermittlungsverfahren I*). Eine Auslegung unter den Sinngehalt eines Anspruches ist nicht zulässig (BGH GRUR 2007, 309 – *Schussfädentransport*). Technische Lehren, die nur in der Beschreibung oder der Zeichnung enthalten sind, aber keinen Niederschlag in den Ansprüchen gefunden haben, bleiben mithin für die Neuheitsprüfung unberücksichtigt. 198

Es gelten prinzipiell die gleichen Grundsätze, wie sie bei der Feststellung des Sinngehalts und bei der Auslegung des Gebrauchsmusters zum Beispiel im Verletzungsstreit anzuwenden sind (BGH GRUR 2009, 837, 838 [15] – *Bauschalungsstütze;* BGH GRUR 2008, 887 – *Momentanpol II*). Denn unabhängig davon, ob der Gegen- 199 stand eines GebrM für die Beurteilung seiner Rechtsbeständigkeit oder zur Prüfung, ob das betreffende GebrM verletzt wird, ermittelt wird, sind nach gefestigter Rechtsprechung stets gleiche Maßstäbe anzulegen. Insoweit wird auf die detaillierten Anmerkungen zu § 12a GebrMG verwiesen.

200 **Breite Ansprüche** und sehr allgemein gefasste Lehren können dabei nicht etwa mit Hilfe der Beschreibung enger interpretiert werden (vgl. etwa den Sachverhalt zu § 4 PatG in BGH GRUR 1998, 895, 896ff. – *Regenbecken;* BPatG GRUR 2008, 600 – *Garprozessfühler*). Eine einengende Auslegung zur Festlegung des Gegenstandes des GebrM ist solange nicht möglich als er etwa Prüfungsmaßstab in einem Löschungsverfahren ist; für die Beurteilung der Rechtsbeständigkeit des GebrM ist von dem Gegenstand in seiner beanspruchten Breite auszugehen, auch wenn er nicht in dieser Allgemeinheit rechtsbeständig ist, sondern beispielsweise nur in der Form eines spezifischen Ausführungsbeispiels. Es ist dann Aufgabe des Gebrauchsmusterinhabers, gegebenenfalls für eine Einschränkung dieses breiten Anspruchs in Abgrenzung zu dem betreffenden Stand der Technik zu sorgen.

201 Analog zur patentrechtlichen Beurteilung – und aufgrund des rein registerrechtlichen Ansatzes des Gebrauchsmusterschutzes – ist es bei diesem sogar noch viel mehr allein Sache des GebrM-Inhabers, den eingetragenen GebrM-Anspruch in einer von ihm formulierten eingeschränkten Fassung zu verteidigen, wenn er dessen vollständige Löschung vermeiden will (vgl. zum PatG: BGH GRUR 2007, 309, 313 [41] – *Schussfädentransport;* BPatG BeckRS 2016, 04350). Es besteht in einer derartigen Situation grundsätzlich kein Anlass für das DPMA oder das BPatG, von Amts wegen in eine nähere Prüfung darüber einzutreten, ob in dem insgesamt nicht schutzfähigen GebrM-Anspruch eine Lehre enthalten ist, mit der das GebrM aufrecht erhalten werden könnte.

202 Ist Gegenstand des angemeldeten Gebrauchsmusters eine **Kombinationserfindung,** so ist diese im Stand der Technik nur vorweggenommen, wenn sämtliche Kombinationsmerkmale durch eine einzige Entgegenhaltung bereits offenbart waren. Das Bekanntsein der Einzelmerkmale für sich genommen, bewirkt infolgedessen keine Neuheitsschädlichkeit. Ebenso ist es auch unerheblich, ob einzelne Merkmale zugleich Gegenstand einer anderen Erfindung gemäß einem älteren Schutzrecht sind. Die Lehre einer Kombinationserfindung liegt nämlich entscheidend in der Verknüpfung verschiedener Merkmale, und die Erfindung würde eine wesentliche Veränderung erfahren, wenn man einzelne Merkmale deswegen eliminieren würde, weil sie für sich genommen bereits bekannt waren oder Gegenstand einer anderen geschützten Erfindung sind (insg. st. Rspr. vgl. BGH GRUR 1992, 599, 600 – *Teleskopzylinder*).

203 Wird ein **„Satz"** von Bauteilen oder Geräten beansprucht, so wird darunter in der Regel nicht eine Mehrheit von Einzelgegenständen, die in beliebiger Weise zusammengestellt sind, zu verstehen sein; vielmehr wird der Fachmann hierunter eine Zusammenstellung unter technischen Gesichtspunkten verstehen, bei der gleichartige Gegenstände unterschiedlichen, aufeinander abgestimmten Ausmaßes zu einem Zweck funktionsbestimmt zusammengefügt werden. Neuheit bei einer solch funktional zusammenwirkenden Anordnung ist folglich selbst dann anzunehmen, wenn im Stand der Technik eine Mehrzahl von Einzelteilen eines solchen Satzes oder ein Sortiment, etwa nach verkaufsorientierten Gesichtspunkten, aber ohne funktionale Abstimmung, bekannt sind (BGH GRUR 2011, 707, 710 [29] – *Dentalgerätesatz*).

204 **4.2 Erfindungskategorien (Beispiele).** Die nachfolgenden Beispiele lassen – leider – keine allgemeingültige, jeden Fall gleichermaßen abdeckende Praxis erkennen. Sie sind häufig durch Besonderheiten im Einzelfall oder schlicht durch fortschreitende Entwicklungen in der Judikatur geprägt (vgl. → Rn. 185ff.) und müssen hieraufhin überprüft werden. Weiter geben sie angesichts der Konzeption des vorliegenden Kommentars auch nur eine subjektive Auswahl aus einem ungleich größeren Fundus an gerichtlichen Entscheidungen wieder.

Bei einem **Sachanspruch** ist zu prüfen, ob der betreffende Gegenstand im Stand der Technik vorbekannt ist; auf die Art seiner Herstellung kommt es nicht an, so dass jede Herstellung, die im Zeitpunkt der Anmeldung des Gebrauchsmusters ohne erfinderische Überlegung auf der Hand lag, neuheitsschädlich getroffen ist. Ein bekannter Gegenstand wird nicht dadurch neu, dass er besondere Eigenschaften aufweist, die man bisher nicht festgestellt hat oder nicht feststellen konnte (vgl. BGH GRUR 1998, 899, 900 – *Alpinski*). 205

Ebenso wird ein an sich bekanntes Erzeugnis nicht dadurch neu, dass mit ihm nunmehr ein neuer (Verwendung-)Zweck oder eine neue Wirkung oder Funktion verbunden wird (vgl. BGH GRUR 1984, 644, 645 – *Schichtträger;* vgl. aber andererseits BGH GRUR 2012, 373, 376 [55] – *Glasfasern:* keine Neuheitsschädlichkeit für das Schutzrecht, wenn dort eine zusätzliche Verwendungsmöglichkeit offenbart ist, die durch objektive Merkmale von den im Stand der Technik bekannten Verwendungsmöglichkeiten abgegrenzt werden kann) oder wenn er lediglich durch bisher nicht bekannte Eigenschaften oder Wirkungen charakterisiert werden kann. Gleiches gilt bei einem Einsatz einer gleichen Vorrichtung auf einem weiteren, bisher nicht gebräuchlichen Fachgebiet, jedenfalls wenn damit keine Veränderung der Vorrichtung selbst einhergeht. Auch wenn ein anderes technisches Problem gelöst werden soll, stellt eine identische Vorwegnahme im Stand der Technik eine neuheitsschädliche Vorwegnahme dar. Denn in all diesen Fällen ist die Vorrichtung selbst Stand der Technik. Jedoch kann eine bisher unbekannte Verwendung etwa eines chemischen Stoffes neu sein, wenn der Sachanspruch als zweckgebundener Anspruch formuliert ist. 206

Die Beurteilung der Neuheit bemisst sich dabei bei allen Erfindungen nach denselben Grundsätzen; insbesondere gelten auf dem Gebiet der **Chemieerfindungen** keine anderen Beurteilungsgrundsätze als in anderen Bereichen (vgl. BGH GRUR 1988, 447, 449 – *Fluoran*). 207

Ein **chemischer Stoff** kann nicht geschützt werden, wenn er bereits bekannt war. Ein bekannter Stoff wird nicht dadurch zu einem neuen Stoff, dass ein neuer Weg zu seiner Herstellung oder Auswahl aufgezeigt wird (vgl. BGH GRUR 1998, 1003, 1004 – *Leuchtstoff*). 208

Die Neuheit ist zu bejahen, wenn sich der Stoff von solchen gleicher chemischer Zusammensetzung in einem zuverlässig feststellbaren Parameter unterscheidet (vgl. BGH GRUR 1972, 80 – *Trioxan*). 209

Die Fähigkeit des Fachmanns, mit Hilfe bekannter Verfahren und seines sonstigen Fachwissens eine mehr oder weniger große Anzahl von Einzelverbindungen herzustellen, die unter eine offenbarte Strukturformel fallen, kann nicht mit der Offenbarung dieser Einzelverbindungen gleichgesetzt werden (BGH GRUR 2010, 123, 125 [31] – *Escitalopram*). Durch die Mitteilung einer Strukturformel sind die darunter fallenden einzelnen Verbindungen als solche nicht offenbart (BGH GRUR 2009, 382 – *Olanzapin*). Um sie dem Fachmann iSd Neuheitsprüfung „in die Hand zu geben", bedarf es in der Regel weitergehender Informationen insbesondere zu ihrer Individualisierung (BGH GRUR 2010, 123, 125 [31] – *Escitalopram*). Eine nicht ausdrücklich genannte Einzelverbindung kann danach „mitgelesen", werden, etwa weil sie ihm als die übliche Verwirklichungsform der genannten allgemeinen Formel geläufig ist und sich ihm daher sofort als jedenfalls auch gemeint aufdrängt, wenn er die allgemeine Formel liest; hierzu reicht nicht aus, dass der Fachmann die Einzelverbindung durch Schlussfolgerungen ermitteln kann; der Offenbarungsgehalt einer Schrift umfasst vielmehr nur das, was ihr aus fachmännischer Sicht unmittelbar und eindeutig zu entnehmen ist (BGH GRUR 2010, 123, 125 [31] – *Escitalopram*). 210

Solche technischen Lehren sind neuheitsschädlich, die den Stoff als zwangsläufiges Ergebnis eines vorbeschriebenen Verfahrens oder in spezifischer, dh individualisierter Form offenbaren. Eine wissenschaftliche Begründung dafür, weshalb der Einsatz eines solchen Materials den patentgemäßen Erfolg eintreten lässt, ist nicht erforderlich 211

(BGH GRUR 2011, 129 – *Fentanyl-TTS;* BGH GRUR 2012, 373, 376 [55] – *Glasfasern*).

212 Ist eine Stoffzusammensetzung auf dem Markt erhältlich, so ist sie nicht neu, wenn ihre Zusammensetzung vom Fachmann analysiert und ohne zumutbaren Aufwand reproduziert werden kann (BGH GRUR 2013, 51, 52 [15] – *Gelomyrtol*). Bei einer nicht ohne Weiteres identifizierbaren komplexen Zusammensetzung reicht es für Neuheitsschädlichkeit aus, wenn der Fachmann eine überschaubare Möglichkeit plausibler Hypothesen über die Beschaffenheit der Zusammensetzung entwickeln kann, von denen er eine mit den ihm zur Verfügung stehenden Analysemöglichkeiten durchführen kann; ein in jeder Hinsicht eindeutiges Ergebnis, das jede andere denkbare Zusammensetzung mit Sicherheit ausschließt, ist dazu nicht erforderlich. Es genügt, wenn der Fachmann keine vernünftigen Zweifel an dem Ergebnis seiner Analyse hat (BGH GRUR 2013, 51, 52 [15] – *Gelomyrtol*).

213 Noch weitergehend als vorstehend wiedergegeben soll eine Offenbarung auch dann neuheitsschädlich sein, wenn ein auf dem Markt erhältliches Produkt die Merkmale dieses Erzeugnisses tatsächlich aufweist; danach ist nicht erforderlich, dass der Fachmann die konkreten Eigenschaften des Produkts kannte oder in der Lage war, diese analytisch zu bestimmen und danach das Produkt herzustellen (BGH GRUR 2015, 1091, 1094 [32] – *Verdickerpolymer I*).

214 Das nachträgliche Auffinden der biologischen Zusammenhänge, die der Wirkung eines Arzneimittels zu Grunde liegen, offenbart keine neue Lehre zum technischen Handeln, sofern der verabreichte Wirkstoff, die Indikation, die Dosierung und die sonstige Art und Weise, in der der Wirkstoff verwendet wird, mit einer bereits beschriebenen Verwendung eines Wirkstoffs zur Behandlung einer Krankheit übereinstimmen (BGH GRUR 2011, 999 [44] – *Memantin;* BGH GRUR 2014, 54, 57 [57] – *Fettsäuren*).

215 Zugänglichkeit ist zu bejahen bei einem als solchem nicht beschriebenen Stoff, der sich beim **Nacharbeiten eines beschriebenen Verfahrens** ergibt; der Stoff ist impliziert offenbart (EPA ABl. 1984, 401 – *Spiroverbindungen/CIBA GEIGY;* vgl. EPA ABl. 1982, 296, 302 – *Diastereomere/BAYER;* vgl. auch BGH GRUR 1980, 285 – *Terephtalsäure*).

216 Wird ein Stoff durch ein **Herstellungsverfahren** gekennzeichnet, reicht die Änderung des Herstellungsverfahrens allein nicht zur Begründung der Neuheit, wenn damit keine Änderungen des Ergebnisses verbunden sind. Dementsprechend wird ein Stoff auch nicht dadurch neu, dass er erstmals mittels eines product-by-process-Anspruches formuliert wird. Weitere Einzelheiten siehe → § 1 Rn. 139, → § 1 Rn. 153; → § 12a Rn. 250ff.

217 Ein in einem Mikrochip inkorporiertes Steuerprogramm ist nicht zugänglich, wenn dessen Rekonstruktion durch **reverse engineering** einen unverhältnismäßigen Aufwand (= mehrere Mannjahre) erfordert (EPA GRUR Int. 1993, 689, 691ff. – *Mikrochip/HEIDELBERGER DRUCKMASCHINEN*).

218 Die Beantwortung der Frage, ob eine Kenntnisnahme ohne größere Schwierigkeiten und Aufwand möglich ist, hat von den Kenntnissen und Fähigkeiten des Durchschnittsfachmanns auszugehen. Kann das **reverse engineering** ohne große Mühe aufgrund des vorbekannten und jedermann zugänglichen Fachwissens durchgeführt werden, so wird Offenkundigkeit anzunehmen sein (BGH GRUR 2008, 727, 728/729 – *Schweißmodulgenerator;* OLG Hamburg GRUR-RR 2001, 137 – *PM-Regler*). Setzt hingegen das reverse engineering schwierige technische Untersuchungen, das Vorhandensein von Deailkenntnissen oder mühsamen Nachbau voraus, so spricht viel dafür, Offenkundigkeit zu verneinen.

219 Mit zunehmender technischer Fähigkeit wird das reverse engineering mit immer geringerem Aufwand, Schwierigkeiten und Kosten möglich sein. Gerade beim reverse engineering wird sich die hier vorliegende Fragestellung mit fortschreitender Technik-Kompetenz nicht statisch nach heute gültigen Maßstäben beantworten lassen. Folglich werden eine Vielzahl von Betriebsgeheimnissen und damit Geheimnissen aus dem technischen Bereich als „offenkundig" zu bewerten sein.

Unter der – eingehend zu §§ 2, 12a GebrMG erörterten – Voraussetzung der Zulassung von **Verwendungsansprüchen** bei einem Gebrauchsmuster kann bei Neuheitsschädlichkeit eines Erzeugnisanspruchs ein Übergang zu einem Verwendungsanspruch auch bei einem Gebrauchsmuster zulässig sein. Es ist nämlich häufig gerechtfertigt, nicht nur einem Patentinhaber sondern auch dem Gebrauchsmusterinhaber, der infolge der Eintragung zu weitgehenden Sachschutz erhalten hat, dessen erfinderische Leistung aber darin begründet ist, eine neue und nicht naheliegende Verwendung der an sich bekannten Sache aufgezeigt zu haben, den ihm gebührenden Schutz zukommen zu lassen. Sofern und soweit dabei, etwa bei der Einbeziehung des sinnfälligen Herrichtens, einer Erstreckung auf Verfahrenserzeugnisse oder bei der mittelbaren Patentverletzung, die Gefahr einer Ausweitung des Schutzumfangs in Betracht kommen sollte, kann und muss dem bei der Bestimmung des Schutzumfangs insbesondere im Verletzungsstreit Rechnung getragen werden (BGH BeckRS 2011, 28627 – *Notablaufvorrichtung*). Die **Verwendung** eines Stoffs für einen bestimmten Zweck ist jedoch dann offenbart, wenn nicht bekannt ist, welche naturwissenschaftlichen Zusammenhänge für die Erzielung der angestrebten Wirkung maßgeblich sind (BGH GRUR 2011, 999 [43, 44] – *Memantin;* BGH GRUR 2012, 373, 376 [55] – *Glasfasern*). Durch eine Veröffentlichung, in der hinsichtlich einer bestimmten Gruppe von Produkten die Vermutung einer bestimmten Wirkung geäußert wird, ist die Verwendung eines dieser Produkte für Zwecke, bei denen diese Wirkung nicht vorhanden sein darf, jedoch nicht neuheitsschädlich (BGH GRUR 2012, 373, 376 [55] – *Glasfasern*). 220

Die bloße Existenz des beanspruchten **Naturstoffs** ist für sich allein nicht neuheitsschädlich. Die Existenz muss vielmehr dem Fachmann am Anmeldetag bekannt gewesen sein. Die Verwendung eines Naturproduktes, das unter anderem einen bisher unbekannten chemischen Stoff enthält, stellt keine neuheitsschädliche Benutzung dar (vgl. BPatG GRUR 1978, 702 – *Menthonthiole*). 221

Spezifische DNA-Sequenz in einer genomischen Genbank ist nicht zugänglich, wenn es erheblicher Nachforschungen zu ihrer Identifizierung bedarf (EPA ABl. 1990, 335, 349 – *Alphainterferone/BIOGEN*); 222

Die Neuheit von **Legierungen** ist zu bejahen, wenn der Stand der Technik zwar allgemein Legierungsgruppen nennt, die Stoffanteile der einzelnen Legierungen aber nicht offenbart (BGH BlPMZ 1973, 170 – *Schmelzrinne*). Die Legierung wird durch bestimmte Mengenbereiche ihrer Komponenten definiert. Die große Zahl der Einzellegierungen innerhalb der angegebenen Grenzwerte erfordert einen strengen Maßstab an die Offenbarung. Alle innerhalb der Bereiche liegenden Variationen gelten als offenbart und damit als nicht mehr neu, sofern die charakteristischen Eigenschaften der Legierung gewahrt bleiben. Grenzwertangaben eines Mengenbereichs von Komponenten einer Legierung haben für einen Techniker häufig die Bedeutung eines kritischen Werts in dem Sinne, dass bestimmte technische Eigenschaften außerhalb des Bereichs nicht mehr gegeben sind; im Patentrecht haben sie nur die Bedeutung, den beanspruchten Schutzbereich abzugrenzen (vgl. BGH GRUR 1992, 842 – *Chrom-Nickel-Legierung*). Ungeachtet dessen ist bei Legierungserfindungen der Ausschluss eines Verfahrensschutzes zu beachten. 223

Bereichsdefinitionen wie **„bis zu … %"** oder aber **„weniger als … %", „höchstens …%"** umfassen den Gehaltsbereich abwärts bis 0% (Spiekermann, Mitt.1993, 178; Entscheidung der Technischen Beschwerdekammer 3.3.10 vom 9. Juni 2015, Az.: T 0508/11; Entscheidung der Technischen Beschwerdekammer 3.3.06 vom 03. Juli 2013, Az.: T 2529/10), so dass ein Dokument neuheitsschädlich wirken kann, das alle Merkmale des Anspruchs aufweist, hingegen das mit einer solchen Bereichsdefinition umschriebene Merkmal vermissen lässt. 224

225 **4.3 Auswahlerfindungen.** Hierunter ist eine Lehre zu verstehen, die aus einem größeren Bereich einen nicht ausdrücklich erwähnten Teilbereich oder ein Individuum gezielt auswählt, für den/das im Vergleich zum größeren Bereich besondere Wirkungen, Vorteile, Effekte oder Eigenschaften geltend gemacht werden. Sie kommt insbesondere bei Chemieerfindungen in Betracht.

226 Für die Neuheit sagt es noch nichts aus, dass eine chemische Verbindung unter eine bekannte Formel fällt. Maßgebend ist danach allein, ob ein Fachmann durch die Angaben einer vorveröffentlichten Druckschrift über eine chemische Verbindung ohne weiteres in die Lage versetzt wird, die diese chemische Verbindung betreffende Erfindung auszuführen, dh den betreffenden Stoff in die Hand zu bekommen (vgl. BGH GRUR 1988, 447, 449 – *Fluoran*).

5. Neuheitsschonfrist

Literatur (Auswahl): *Loth,* Neuheit und Neuheitsschonfrist im Patentrecht, 1988; *Eisenführ,* Die Schonfrist-Falle des Art. 55 (1) a) EPÜ, Mitt. 1997, 268, *Bardehle,* Der WIPO-Harmonisierungsvertrag und die Neuheitsschonfrist, Mitt. 1991, 146ff.; *Pagenberg,* Zur Harmonisierung des Patentrechts im Rahmen der WIPO, GRUR 1990, 267; *Götting,* Die Neuheitsschonfrist im Patentrecht, Mitt. 1999, 81; *Bardehle,* Die Neuheitsschonfrist – Rechtssicherheit für wen?, Mitt. 2003, 245.

227 Nach § 3 Abs. 1 S. 3 bleibt eine innerhalb von sechs Monaten vor dem für den Zeitrang der Anmeldung maßgeblichen Tag erfolgte Beschreibung oder Benutzung außer Betracht, wenn sie auf der Ausarbeitung des Anmelders oder seines Rechtsvorgängers beruht. Durch diese sogenannte **Neuheitsschonfrist** soll die Erfindung gegen beabsichtigte oder unbeabsichtigte Vorveröffentlichungen oder Vorbenutzungshandlungen geschützt werden, die im Rahmen der Entwicklung der Erfindung erfolgen. Die Vergünstigung der Schonfrist soll insbesondere die Möglichkeit sichern, vor einer Anmeldung die Erfindung Dritten zu offenbaren, um zB schon die wirtschaftlichen Erfolgschancen zu ermitteln und auf diese Weise einen Geldgeber zu finden, wodurch insbesondere der unerfahrene Einzelerfinder geschützt werden soll (vgl. Gesetzesbegründung, BlPMZ 1986, 320, 324). Deshalb ist es auch unschädlich, wenn die fragliche Vorveröffentlichung auf der Ausarbeitung des Rechtsvorgängers des Anmelders beruht. Der Gesetzgeber hat damit die aus dem früheren deutschen Patent- und Gebrauchsmusterrecht bekannte Neuheitsschonfrist, die aufgrund des Straßburger Übereinkommens gestrichen und in § 3 Abs. 4 PatG eine völlig unzulängliche Regelung erfahren hat (vgl. hierzu im Einzelnen *Loth,* Neuheitsbegriff und Neuheitsschonfrist im Patentrecht, 1988) aufrechterhalten und damit im Vergleich zum Patentrecht eine sachlich gebotene Bevorzugung des Anmelders oder seines Rechtsvorgängers bewirkt, der innerhalb des 6-monatigen Zeitraums zum Beispiel nur in der Öffentlichkeit vorzunehmende Tests der Erfindungen oder Prüfungen ihrer Ausführbarkeit vornehmen kann, ohne deswegen mit dem Verlust eines Schutzrechts rechnen zu müssen. Die Regelung reicht weiter als diejenige in § 3 Abs. 5 PatG.

228 Solche Handlungen dürfen, wenn sie innerhalb der Neuheitsschonfrist stattfinden, auch nicht bei der Beurteilung des **erfinderischen Schritts** berücksichtigt werden (*Bühring/Braitmayer* § 3 Rn. 58; *Benkard/Goebel/Engel* GebrMG § 3 Rn. 14).

229 Die Neuheitsschonfrist begründet **kein Prioritätsrecht.** Die 6-Monatsfrist beginnt mit dem Tage der Neuheitsschädlichkeit einer Druckschrift oder einer Vorbenutzung (vgl. §§ 187, 188 BGB). Da § 3 Abs. 1 S. 3 GebrMG auf den **Zeitrang** der Anmeldung abstellt, berechnet sich die 6-Monatsfrist bei Anmeldungen seit dem 1.1.1987 vom Prioritätszeitpunkt und nicht vom (späteren) Anmeldezeitpunkt (vgl. *Benkard/Goebel/Engel* GebrMG § 3 Rn. 15). Damit kommt eine etwaige Nachanmeldung in den Genuss der Neuheitsschonfrist der Voranmeldung. Insoweit wird von einer **Kumulierung** von Priorität und Neuheitsschonfrist gesprochen (vgl. *Benkard/*

Goebel/Engel GebrMG § 3 Rn. 14; aA *Eisenführ* Mitt. 1997, 268, 270). Dieselbe Vorveröffentlichung kann damit wegen des geringeren Schutzes in § 3 Abs. 4 PatG zwar der prioritätsbegründenden Patentanmeldung als Stand der Technik entgegenstehen, jedoch aufgrund der Rechtswohltat des § 3 Abs. 1 Satz 3 GebrMG für die nachfolgende Gebrauchsmusteranmeldung ohne Nachteil sein. Dies ist einer der strategischen Vorteile des GebrM im Vergleich zum Patent.

Bei einer **Abzweigungsanmeldung,** bei der der Anmeldetag einer früheren Patentanmeldung in Anspruch genommen wird, kann sich die Schonfrist – ohne weiteres – sogar noch weiter vorverlegen, wenn für die Patentanmeldung ihrerseits eine Priorität beansprucht wird, die auch für die Abzweigung maßgeblich ist (§ 5 Abs. 1 S. 2 GebrMG; vgl. BPatGE 31, 217, 219; 37, 23). Die Neuheitsschonfrist des § 3 Abs. 1 S. 3 GebrMG bemisst sich auch dann gemäß § 5 GebrMG nach der beanspruchten Priorität einer wirksamen Patentanmeldung, wenn die Patentanmeldung wegen einer nicht den Voraussetzungen des § 3 Abs. 4 PatG entsprechenden vorzeitigen Offenbarung der Erfindung nicht zu einem wirksamen Patent führen kann; erforderlich, aber auch genügend zur Inanspruchnahme der Priorität ist eine wirksame frühere Anmeldung eines Patents (BGH Mitt. 1996, 118, 120 – *Flammenüberwachung*). Das Gesetz verlangt keine Patentanmeldung, die später zu einem wirksamen Patent führt. Lediglich die Anmeldung als solche muss ordnungsgemäß erfolgt sein und zur Festlegung eines vor dem Anmeldetag der Gebrauchsmusteranmeldung liegenden Zeitpunkts ausgereicht haben. **230**

Die **materielle Berechtigung** ist keine Voraussetzung für die Inanspruchnahme der Neuheitsschonfrist, d. h. Dritte können nicht geltend machen, der Anmelder habe die zugrunde liegende Erfindung widerrechtlich entnommen (vgl. BGH GRUR 1992, 157 – *Frachtcontainer*). **231**

Die Neuheitsschonfrist bewahrt den GebrM-Inhaber jedoch nicht vor **eigenen älteren Rechten,** die im Neuheitsschonfrist-Intervall angemeldet oder erteilt worden sind. Dem steht der Löschungsgrund gemäß § 15 Abs. 1 S. 1 Nr. 2 GebrMG entgegen, mit dem auch eine Mehrfachbeanspruchung desselben Gegenstandes durch den Berechtigten, mithin eine Verlängerung der Gebrauchsmusterdauer vermieden werden soll. **232**

Zwischen der Ausarbeitung des **Anmelders** oder seines **Rechtsvorgängers** und der Vorveröffentlichung muss eine **ununterbrochene Kette** tatsächlicher Wissensvermittlung bestehen (vgl. BPatG GRUR 1978, 637 – *Lückenlose Kette*). Der Schutzfähigkeit des Gebrauchsmusters steht eine innerhalb der Schonfrist erfolgte Veröffentlichung oder offenkundige Benutzung, die auf der Erfindung des Anmelders oder seines Rechtsvorgängers beruht, auch dann nicht entgegen, wenn sie sich nicht voll mit dem Gegenstand der späteren Anmeldung deckt; gleiches gilt, wenn die frühere Veröffentlichung eine ältere Anmeldung betrifft (BGH GRUR 1969, 271, 273 – *Zugseilführung*). Beweispflichtig für das Vorliegen der Wissenskette ist der GebrM-Inhaber. Die Erfindung braucht im Zeitpunkt der Vorbeschreibung oder Vorbenutzung noch nicht fertig zu sein (vgl. BGH GRUR 1969, 271, 272 – *Zugseilführung*). Eine Wiedereinsetzung in den vorigen Stand kommt bei versäumter GebrM-Anmeldung innerhalb des Schonfrist-Intervalls nicht in Betracht. Hingegen kommt die Schonfrist nicht auch Vorveröffentlichungen zugute, die auf den **Rechtsnachfolger** des Anmelders zurückzuführen sind; sie ermöglicht es also nicht, eine durch eine fremde Vorverlautbarung neuheitsschädlich (oder erfindungshöheschädlich) getroffene Anmeldung eines Dritten dadurch zu heilen, dass der Dritte sie auf den Urheber der Vorverlautbarung als seinen Rechtsnachfolger überträgt (BPatG BeckRS 2004, 17355). **233**

6. Ausstellungsschutz. Ausstellungsschutz ist in § 6a GebrMG gesondert geregelt. Die Bestimmung ist durch Art. 2 Abs. 8 des Geschmacksmusterreformgesetzes vom 12.3.2004 Bl. 2004, 207 ff., eingefügt worden; das bisher insoweit geltende AusstellungsG 1904 wurde zugleich aufgehoben worden (Art. 4 Nr. 1). Die amtl. Be- **234**

gründung ist in Bl. 2004, 222ff. abgedruckt. § 6a GebrMG ist am 1.6.2004 in Kraft getreten und zwischenzeitlich geringfügig modifiziert worden. Zu Einzelheiten vgl. → § 6a Rn. 1ff.

235 Zum früheren Ausstellungsschutz nach dem Gesetz betreffend den Schutz von Mustern auf Ausstellungen vom 18.3.1904 (geändert durch das MarkenRRefG vom 25.10.1994) siehe die Vorauflage, § 3 GebrMG Rn. 90, 91.

236 **7. Gewerbliche Anwendbarkeit.** Der Gegenstand eines Gebrauchsmusters gilt als gewerblich anwendbar, wenn er auf **irgendeinem gewerblichen Gebiet** einschließlich der Landwirtschaft **hergestellt** oder **benutzt** werden kann, § 3 Abs. 2. Dieses Merkmal ist ausdrückliche Tatbestandsvoraussetzung für den GebrM-Schutz, § 1 Abs. 1 S. 1. Die **Legaldefinition** der gewerblichen Anwendbarkeit in § 3 Abs. 2 GebrMG entspricht derjenigen in § 5 Abs. 1 PatG. Wegen des gebrauchsmusterrechtlichen Ausschlusses des Verfahrensschutzes entfällt eine dem § 5 Abs. 2 PatG entsprechende Vorschrift (§ 5 Abs. 2 PatG ist als Verdeutlichung und Klarstellung des § 5 Abs. 1 PatG anzusehen, nicht aber als Einschränkung des darin enthaltenen Grundsatzes: BGH GRUR 1983, 729, 730 – *Hydropyridin*).

237 Die Erfindung muss ihrer Art nach geeignet sein, auf irgendeinem gewerblichen Gebiet hergestellt oder benutzt zu werden (vgl. BGH BlPMZ 1985, 117 – *Anzeigevorrichtung*). Dieser weite Begriff der gewerblichen Anwendbarkeit erfasst dementsprechend auch private Verwendungsmöglichkeiten, wenn gewerbliche Herstellbarkeit gegeben ist (zB Sportgeräte). Auch unbewegliche Sachen, die nunmehr dem Gebrauchsmusterschutz zugänglich sind, können gewerblich anwendbar sein. Dasselbe gilt für medizinische Apparate, Instrumente, Arzneimittel. Bei wissenschaftlichen Erkenntnissen ist die gewerbliche Anwendbarkeit genau zu prüfen.

238 Der Begriff der **Landwirtschaft** hat lediglich klarstellende Bedeutung. Infolge des umfassenden Begriffs des Gewerbes ist die gesamte Urproduktion mit Land- und Forstwirtschaft, Fischerei, Jagd, Gartenbau, Bergbau eingeschlossen. Auch auf dem Gebiet der freien Berufe können gewerblich anwendbare Erfindungen getätigt werden, soweit sie sich nicht in verfahrensrechtlichen Regeln erschöpfen (*Bühring/Braitmayer* § 3 Rn. 123 mwN). Nicht gewerbliche Anwendungsmöglichkeiten, die neben einer gewerblichen Anwendungsart bestehen, schließen GebrM-Schutz nicht aus (BGH GRUR 1977, 652).

239 Die gewerbliche Anwendbarkeit wird im Eintragungsverfahren **nicht geprüft,** § 8 Abs. 1 S. 2 GebrMG. Auch diese Schutzvoraussetzung ist erst im Löschungsverfahren (§ 15 Abs. 1 Nr. 1) und/oder im Verletzungsrechtsstreit von Bedeutung (§§ 13 Abs. 1, 19).

Einleitung vor § 4

Literatur (Auswahl): *Witte/Vollrath,* Praxis der Patent- und Gebrauchsmusteranmeldung, 6. Aufl., 2008

Inhaltsübersicht

1. DPMA zuständig für Eintragung und Löschung. Das GebrMG enthält im Gegensatz zum PatG keinen zusammenhängenden Abschnitt über das Eintragungs- sowie Löschungsverfahren (vgl. §§ 34–64 PatG). Ebenso wie das Patenterteilungs- und Einspruchsverfahren ist auch das gebrauchsmusterrechtliche Anmelde- und Löschungsverfahren als behördliches Verfahren ausgestaltet, dessen Regelungen in den §§ 4, 4a, 6, 7, 8, 9, 15ff. in weiten Bereichen den patentrechtlichen Vorschriften nachgebildet sind, unter Berücksichtigung der Besonderheit, dass es sich beim GebrM um ein ungeprüftes Registerrecht handelt, bezogen auf die sog relativen Schutzvoraussetzungen. **1**

Die §§ 4ff. regeln zunächst das Verfahren zur Erlangung des Gebrauchsmusters, das **Gebrauchsmustereintragungsverfahren** vor dem DPMA. Es wird durch die Gebrauchsmusteranmeldung (§§ 4, 4a), mit der eine Anmeldegebühr zu zahlen ist, in Gang gesetzt. Das DPMA überprüft dabei die **formellen** Voraussetzungen der Anmeldung, ferner die sog **absoluten materiellen** Schutzvoraussetzungen, nämlich **2**

- Einheitlichkeit der Erfindung **3**
- Technizität des Anmeldungsgegenstands **4**
- ausreichende Offenbarung der technischen Lehre (vgl. jedoch → § 4 Rn. 49ff.) **5**
- kein Schutz für Verfahrenserfindungen **6**
- Abwesenheit von Schutzausschließungsgründen **7**

(Einzelheiten bei § 8). Sind diese Voraussetzungen insgesamt gegeben, erfolgt die Eintragung. **8**

2. Wege zum Gebrauchsmusterschutz. Gebrauchsmusterschutz kann für die Bundesrepublik Deutschland auf drei Wegen erlangt werden: **9**

- aufgrund einer **nationalen** Anmeldung nach §§ 4, 4a beim DPMA; **10**
- im Wege einer **Abzweigung** (§ 5) einer Gebrauchsmusteranmeldung aus einer **deutschen** oder **europäischen** bzw. **PCT**-Patentanmeldung. Aufgrund dieser einfacheren Möglichkeit kann in der Praxis regelmäßig dahinstehen, ob Gebrauchsmusterschutz auch durch **Umwandlung** einer europäischen Patentanmeldung nach Art. 135, 140 EPÜ entstehen kann (befürwortend: *Bühring/Bühring,* § 4 Rn. 6; vgl. ferner; *Benkard/Goebel/Engel* GebrMG § 5 Rn. 15). Dies würde eine analoge Anwendung des Art. II, § 9 IntPatÜG voraussetzen. Hierbei ist zu berücksichtigen, dass insbesondere von der nach Art. 135 Abs. 1 lit. b EPÜ eröffneten Umwandlungsmöglichkeit unter anderem bei Zurückweisung oder Widerruf der europäischen Anmeldung seitens des Gesetzgebers bewusst kein Gebrauch gemacht wurde, da die nationalen Schutzrechte keinen Auffangtatbestand für fehlge- **11**

schlagene europäische Anmeldungen darstellen sollten (Begr. BlPMZ 1976, 322, 328).

12 – aufgrund einer **internationalen** Anmeldung nach dem **PCT:**
Nach Art. 43 PCT kann der Anmelder bei der Bestimmung oder Auswahl eines Staates, dessen Recht – wie in der Bundesrepublik Deutschland – die Eintragung von Gebrauchsmustern vorsieht, mit seiner internationalen Anmeldung in diesem Staat – neben oder anstelle einer Patentanmeldung – die Eintragung eines Gebrauchsmusters beantragen, Art. 4 (3), R 4.1 b), iii) PCT. Ist das DPMA Anmeldeamt für die PCT-Anmeldung, entsteht neben der Übermittlungsgebühr keine weitere Anmeldegebühr. Die Antragserfordernisse bemessen sich nach Art. 3 ff. PCT iVm Regel 4 ff. AOPCT. Zum Fall der Inanspruchnahme des Anmeldetags einer früheren PCT-Anmeldung im Wege einer Abzweigung gemäß § 5 vgl. BGH GRUR 1998, 913, 914 – *Induktionsofen,* die Frage offen lassend, ob die förmlichen Voraussetzungen der Abzweigung und der Zuerkennung des Anmeldetages der PCT-Anmeldung zu prüfen sind, wie dies vom BPatG für erforderlich gehalten wurde. Vgl. hierzu auch *Ann* in *Kraßer/Ann* Patenrecht § 22 Rn. 56 f.

13 **3. Recht auf das Gebrauchsmuster.** Das Gebrauchsmustergesetz gewährt Schutz durch ein Gebrauchsmuster mit dem Recht auf das Gebrauchsmuster, dem Recht an dem Gebrauchsmuster und dem Recht aus dem Gebrauchsmuster. Wie beim Patent entsteht das **Recht auf das GebrM** mit der Vollendung der Erfindung. Die Geltendmachung dieses Anspruches erfolgt durch die Anmeldung der Erfindung zur Eintragung beim DPMA. Das mit der Vollendung der Erfindung entstehende Recht auf das GebrM ist ein sog absolutes Immaterialgüterrecht, das sich gegen jeden Dritten (mit Ausnahme eines zweiten Erfinders) richtet, und das ohne entsprechende Eintragung kein ausschließliches Benutzungs- und Verbietungsrecht gegenüber dritten Benutzern gewährt. Wenngleich es ein echtes Vermögensrecht darstellt, das zum einen dem Schutz des Art. 14 GG unterstellt ist, und das zum anderen als sonstiges Recht iSd § 823 Abs. 1 BGB anzusehen ist (vgl. BPatG Mitt. 1970, 47, 55; OLG Frankfurt a. M. GRUR 1987, 886), begründet es keine unentziehbare Anwartschaft auf eine – bei Vorliegen der sachlichen Schutzvoraussetzungen – Eintragung eines GebrM (Einzelheiten bei → § 13 Rn. 1 ff.).

14 **4. Gebrauchsmuster und Patent – flankierender Schutz (Verweis).** Bei Erfindungen, die kein Verfahren betreffen, kommt ein paralleler Schutz von Patent und GebrM in Betracht. Die zusätzlichen Kosten des GebrM-Schutzes können unter wirtschaftlichen Gesichtspunkten wegen des damit gesteigerten Schutzpotenzials in vielfacher Hinsicht gerechtfertigt sein. Einzelheiten unter → Vorb § 1 Rn. 35 ff.

5. Anmeldeverfahren

15 **5.1 Grundsätze.** Das GebrMG regelt lediglich einige Grundsätze zu den Anmeldeerfordernissen. Näheres regelt die **Gebrauchsmusterverordnung** (GebrMV) vom 11.5.2004 (BGBl. I 890 = BlPMZ 2004, 314), zuletzt geändert durch VO vom 10.12.2012, BGBl. S. 2630. Die GebrMV ist eine RechtsVO, also materielles Gesetz (vgl. BPatGE 18, 177, 182). Die Gesetzesgrundlage ist § 4 Abs. 4, wonach der Bundesminister der Justiz ermächtigt ist, durch Rechtsverordnung über die sonstigen Erfordernisse der Anmeldung entweder selbst oder durch den Präsidenten des Patentamts – nach entsprechender Rechtsverordnung – Bestimmungen zu erlassen. Zur gleichmäßigen Handhabung der Anmeldeerfordernisse und Einhaltung gleicher Grundsätze bei der Behandlung von Rechercheanträgen sind „Richtlinien für die Eintragung von Gebrauchsmustern **(Gebrauchsmuster-Eintragungsrichtlinien)**" vom 25.4.1990 (BlPMZ 1990, 211), mit Änderungen vom 12.5.1992 (BlPMZ 1992, 261) und vom 12.8.1996 (BlPMZ 1996, 389) sowie „Richtlinien für die Durchführung der Druckschriften-Ermittlungen nach § 7 GebrMG **(Gebrauchsmuster-Recherchenrichtlinien)**" vom 25.3.1996 (BlPMZ 1996, 193), mit Änderungen vom 2.9.2009 (BlPMZ

2009, 363ff.) und vom 31.3.2015 (BlPMZ 2015, 145) erlassen worden. Lediglich der Information dient das vom DPMA herausgegebene „Merkblatt für GebrM-Anmelder" (Tabu 156). Zur Vergabe des Aktenzeichens vgl.: *Cohausz,* Neue Kurzbezeichnungen für Patente, Gebrauchsmuster und Geschmacksmuster, GRUR 1992, 296.

Die Grundsätze des Patenterteilungsverfahrens betreffend die Verfahrensbeteiligung (Parteifähigkeit sowie Prozessfähigkeit und deren Mängel), die Schriftlichkeit des Verfahrens, etwaig zu gewährendes rechtliches Gehör, Aufklärungs- und Hinweispflichten, Parteiöffentlichkeit des Verfahrens, intertemporales Verfahrensrecht und Dispositionsmaxime gelten auch im GebrM-Anmeldeverfahren entsprechend (*Mes* GebrMG § 4 Rn. 3; Einzelheiten unter → Rn. 33ff.). **16**

5.2 Gang des Anmeldeverfahrens. Das Eintragungsverfahren beginnt mit dem **Antrag** des Anmelders in schriftlicher oder in elektronischer Form. Hierfür ist das vom DPMA herausgegebene Anmeldeformular zu verwenden. Nach Einreichung durchläuft die Anmeldung Vorstufen im behördlichen Ablauf. Diese beginnen mit dem Versehen des Eingangsdatums, der Überprüfung der Anlagen anhand des Antrags durch die Annahmestelle und setzen sich mit der Vergabe des Aktenzeichens, Erfassung, Speicherung der Daten, bibliografische Erfassung, Rücksendung des Empfangsbekenntnisses, Dokumentierung nach der Internationalen Patentklassifikation (IPCl) fort. Die Prüfung der Anmeldung beginnt erst nach Entrichtung der Anmeldegebühr, die innerhalb von drei Monaten nach Einreichung zu zahlen ist, anderenfalls die Anmeldung als zurückgenommen gilt. Dabei wird die Anmeldung zunächst auf formelle Mängel geprüft. **17**

Ferner wird geprüft, ob die angemeldete Erfindung als GebrM eingetragen werden kann, dh ob „absolute" Schutzausschließungsgründe vorliegen (§ 4 iVm §§ 1, 2; BGH GRUR 1965, 234, 235/236 – *Spannungsregler,* insoweit auch zur rechtshistorischen Entwicklung, zur Praxis jedoch vgl. → § 2 Rn. 3). Eine Beurteilung einer ausreichenden Offenbarung ist im Anmeldeverfahren nicht vorgesehen (PräsPA Bl. 52, 154; *Benkard/Goebel/Engel* GebrMG § 4 Rn. 11), obwohl dies gesetzlich nicht geregelt ist. Eine derartige Prüfung scheitert aber idR schon an der Art der Organisation der Gebrauchsmusterstelle (so jetzt auch: *Bühring/Schmid* GebrMG § 4 Rn. 117 aE mit Hinweis auf die neueste Rechtsprechung; aA *Busse/Keukenschrijver* GebrMG § 8 Rn. 4). Weist die Anmeldung (erkennbare) Mängel auf, so teilt die GebrM-Stelle dies dem Anmelder in einem **Mängelbescheid** mit (Ziff. II 2 EintragungsRL). Dieser muss die zu rügenden Mängel nach Art und Umfang konkret angeben. Bloße allgemeine Hinweise genügen unter keinen Umständen, §§ 42, 45 PatG sind analog anwendbar (*Bühring/Schmid* GebrMG § 8 Rn. 11). Enthält die Anmeldung **nicht behebbare Mängel,** so wird dem Anmelder anheimgestellt, innerhalb einer von der Gebrauchsmusterstelle zu bestimmenden, angemessenen Frist die Anmeldung zurückzunehmen. Der Anmelder ist zugleich darauf hinzuweisen, dass im Falle der Nichtbeseitigung des Mangels die Zurückweisung der Anmeldung durch Beschluss droht. Erfolgt die Zurücknahme nicht, erfolgt die Zurückweisung der Anmeldung durch Beschluss. Weist die Anmeldung **behebbare** Mängel auf, werden diese unter Angabe der Gründe gerügt. Die Gebrauchsmusterstelle gibt dem Anmelder Gelegenheit, die beanstandeten Mängel innerhalb einer bestimmten Frist zu beseitigen. Ein Zustellungsnachweis des Bescheides ist erforderlich. Erfolgt eine Beseitigung der Mängel nicht, wird die Anmeldung durch Beschluss zurückgewiesen. Sämtliche erkennbaren Mängel sollen in einem Bescheid gerügt werden. Widerspricht der Anmelder der Beanstandung, so wird die Anmeldung durch Beschluss zurückgewiesen, falls der Mangel fortbesteht (vgl. ferner zur Zurückweisung → § 8 Rn. 32ff.). Unter Widerspruch ist jegliche Kundmachung des Nichteinverstandenseins zu werten, zB auch eine abweichende technische Stellungnahme. Widerspricht der Anmelder einem ordnungsgemäßen und richtigen Bescheid nicht, erfolgt ebenfalls eine Zurückweisung durch Beschluss. Bestehen Anhaltspunkte, dass die Äußerung versehent- **18** lich unterblieben ist, kann bei behebbaren Mängeln an die Erledigung erinnert werden (Ziff. II 2 EintragungsRL).

19 Eine **Anhörung** des Anmelders hat gemäß § 46 PatG analog zu erfolgen, wenn dieser eine solche beantragt. Die Anhörung dient der Aufklärung des Sachverhalts und der Erörterung aufgetretener Sach- und Rechtsfragen. Von der Sachdienlichkeit ist grundsätzlich auszugehen (Ziff. II 8 EintragungsRL). Sie wird idR nur dann abgelehnt, wenn sie von vornherein keine Aussicht auf Erfolg verspricht (Ziff. II 8 EintragungsRL). Dem Antrag des Anmelders ist dadurch zu entsprechen, dass Termin zur Anhörung bestimmt und der Anmelder schriftlich geladen wird. Die Ladung ist zuzustellen (BPatG GRUR 1979, 704, 705 – *Ordnungsgemäße Zeichnung*).

20 Der Anmelder hat insbesondere die Möglichkeit der Inanspruchnahme des Anmeldetages einer früher mit Wirkung für die Bundesrepublik Deutschland eingereichten Patentanmeldung, die dieselbe Erfindung betrifft **(Abzweigung),** § 5. Der Zeitrang der Anmeldung wird durch den Tag ihres Eingangs beim DPMA bestimmt. Der Zeitrang einer früheren Anmeldung kann für eine spätere Anmeldung als inländische, ausländische oder Ausstellungspriorität in Anspruch genommen werden (vgl. § 6). Bei uneinheitlichen Anmeldungen ist die Einheitlichkeit herzustellen, was durch Teilung der Anmeldung **(Ausscheidung)** oder **Verzicht** auf einen Anmeldungsteil geschehen kann. Andernfalls ist die Anmeldung zurückzuweisen. Wird die Anmeldung geteilt, so entsteht die neue Anmeldung mit dem Eingang der Teilungserklärung beim DPMA.

21 Weist die Anmeldung keine Mängel auf oder sind ihre Mängel behoben, so wird die **Eintragung** wegen der Erklärungsfristen für den Zeitrang (Abzweigung, Priorität) jedoch nicht vor Ablauf von zwei Monaten nach Eingang der Anmeldung beim DPMA vorgenommen (Ziff. II 10 EintragungsRL). Die Eintragung ist **konstitutiv.** Mit der rechtsbegründenden Eintragung „entsteht" das GebrM (zur Eintragung sowie zur Differenzierung zwischen dem Entstehen als formales bzw. materielles Recht vgl. → § 8 Rn. 9 ff.).

22 Eine **Erfinderbenennung** erfolgt beim Gebrauchsmuster in der Regel nicht.

23 Weitere Einzelheiten zum Verfahrensablauf: vgl. Ziff. II 1, 2 EintragungsRL; weitere Einzelheiten zu den Anmeldeerfordernissen vgl. → § 4 Rn. 1 ff.

24 **5.3 Rechtsnatur der Anmeldung sowie der Eintragung.** Die Anmeldung zur Eintragung weist verfahrensrechtliche und materiell-rechtliche Aspekte auf. Die **materiell-rechtliche** Wirkung besteht darin, dass der Anmelder gegen das Patentamt einen (veräußerlichen, übertragbaren und pfändbaren) **Anspruch** (→ § 4 Rn. 33; vgl. die ausdrückliche Regelung in § 33 Abs. 2 MarkenG) auf Eintragung des GebrM bei Vorliegen der Eintragungsvoraussetzungen erwirbt. Darüber hinaus bestimmt der Eingang der Anmeldung den **Altersrang** (Priorität) des Gebrauchsmusters, der seinerseits für den Stand der Technik und für das Verhältnis des GebrM zu anderen Schutzrechten maßgebend ist. Die Anmeldung stellt eine Sicherung des Rechts auf das GebrM dar (vgl. BPatGE 24, 194, 200). Insoweit äußert der erst durch die Eintragung begründete Schutz Rückwirkungen für die Zeit zwischen Anmeldung und Eintragung.

25 In **verfahrensrechtlicher** Hinsicht bringt die Anmeldung das Rechtsschutzinteresse des Anmelders auf Eintragung des GebrM zum Ausdruck. Die Anmeldung verleiht ausschließlich ihrem Anmelder oder dessen Rechtsnachfolger jegliche Legitimation (**Anmeldergrundsatz;** zur Insolvenz: → Rn. 41 ff.). Die Berechtigung des Anmelders wird unwiderleglich vermutet **(Anmelderfiktion).** Im Erbfall und in Fällen gesellschaftsrechtlicher Gesamtrechtsnachfolge sind auch ohne Umschreibung in der Rolle die Erben bzw. der Gesamtrechtsnachfolger für alle die Anmeldung betreffenden Verfahrenshandlungen legitimiert. In der (patentrechtlichen) Literatur besteht Uneinigkeit, ob die Differenzierung zwischen materiell-rechtlicher und verfahrensrechtlicher Wirkung als weitgehend „gekünstelt" angesehen werden muss (so zB:

Mes PatG § 34 Rn. 25f.; aA *Busse/Keukenschrijver,* vor PatG § 34 Rn. 83; differenzierend, vgl. auch EPA GRUR Int. 2007, 146, 147). Der Streit entzündet sich insbesondere daran, wie versehentliche oder sonst wie ungewollte Erklärungen mit nachteiligen Folgen ungeschehen gemacht werden können. Entsprechend der zum PatG ergangenen Rechtspraxis ist die **vollständige Rücknahme** der Anmeldung möglich. Die herrschende Meinung bejaht die **Anfechtbarkeit** der Rücknahme einer Patentanmeldung (BGH BlPMZ 1977, 171; BGH BlPMZ 1992, 352, 355 – *Akustische Wand*); entsprechendes muss auch für das GebrM gelten. Hingegen kann der Anmelder eine einmal getätigte Anmeldung nicht mehr (teilweise) zurücknehmen (zur wirksamen Rücknahmeerklärung vgl. BPatGE 45, 4 – *Neuronales Netz*). Ihm steht insoweit nur frei, auf den Gegenstand seiner Anmeldung (teilweise) **zu verzichten** (BPatGE 24, 194, 202). Der Verzicht ist als einseitige amtsempfangsbedürftige Willenserklärung (BPatGE 5, 6, 7) gegenüber dem Patentamt schriftlich zu erklären und muss diesem zugehen, BGH GRUR 1962, 294, 295 – *Hafendrehkran;* BPatGE 3, 172, 173). Zur Annahme eines Verzichts bedarf es einer klaren und eindeutig objektiv feststellbaren Erklärung, zB dass die Rechte aus der Anmeldung sofort und endgültig aufgegeben werden sollen (vgl. BPatGE 23, 113, 116). Bei einem (materiell-rechtlichen) Verzicht auf eine Anmeldung oder einen Anmeldungsteil kann der Anmelder insoweit keine neue Anmeldung mehr einreichen. Diesbezügliche Erklärungen des Anmelders sind auslegungsfähig und oft auslegungsbedürftig. Die Erklärung, einen Schutzanspruch nicht weiterzuverfolgen, vielmehr die Eintragung der Anmeldung unter Zugrundelegung der übrigen Schutzansprüche zu beantragen, bedeutet regelmäßig keinen Verzicht auf den nicht weiterverfolgten Schutzanspruch, jedenfalls wenn der Anmelder nicht außerdem eine ausschließlich den übrigen Schutzansprüchen angepasste neue Beschreibung und ggfs Zeichnung vorlegt (BPatGE 23, 113, 116/117). Der Anmelder kann deshalb auch nach antragsgemäßer Eintragung des GebrM den zunächst nicht weiterverfolgten, in der Stammanmeldung verbliebenen Schutzanspruch abtrennen und selbständig weiterverfolgen (BPatGE 23, 113, 117). Denn ein Verzicht wurde nicht erklärt, eine Zurückweisung liegt nicht vor und die Anmeldung ist in Bezug auf diesen Schutzanspruch noch anhängig. In derartigen Fällen hat das DPMA auf eindeutige Erklärungen des Anmelders hinzuwirken (im Beispielsfall: entweder eindeutige Erklärung des Teilverzichts oder Vornahme einer Trennanmeldung). Kommt der Anmelder einer entsprechenden Aufforderung nicht nach, ist die gesamte Anmeldung ggfs wegen Verstoßes gegen die GebrMV zurückzuweisen (BPatGE 23, 113, 117). Ein Teilverzicht kann sich nur auf Gegenstände in Form eines Anspruchs oder einer Anspruchskombination beziehen, ein Verzicht auf Anspruchsteile ist nicht möglich (BGH GRUR 1998, 910, 912 – *Scherbeneis;* BGH GRUR 1997, 213, 214 – *Trennwand;* BGH BLPMZ 2002, 55 – *Teilverzicht*). Ein Wiederaufgreifen verzichteter Teile ist nicht nur wegen seiner materiell-rechtlichen Wirkungen des Verzichts nicht mehr möglich, sondern auch weil dies eine unzulässige Erweiterung bedeutete. Als **Rücknahme** ist zum Beispiel die Erklärung zu werten, die Anmeldung nicht weiterzuverfolgen oder nicht aufrechtzuerhalten. Bei unbestimmten Erklärungen ist im Zweifel zugunsten des Anmelders nur von einer Rücknahme und nicht von einem Verzicht auszugehen, da bei ersterer eine Neuanmeldung mit neuem Zeitrang möglich ist, bei letzterem nicht. Mit der Rücknahme entfällt die Anmeldung; eine dennoch erfolgte Eintragung begründet kein Schutzrecht (BPatG Mitt. 2002, 150 – *Nutmutter*). Streitig ist, ob die trotz Rücknahme erfolgte Eintragung von Amts wegen zu löschen und die Bekanntmachung zu widerrufen ist (so BPatGE 8, 188, 189). Soll die Rücknahme **widerrufen** werden, so muss der Widerruf vor oder mit der Rücknahmeerklärung eingehen (vgl. BGH GRUR 1977, 485 – *Rücknahme*). Zur Rücknahme befugt ist der Anmelder, dessen Erklärung auch ohne materielle Berechtigung wirksam ist (BPatGE 3, 38). Eine Rücknahmeerklärung wird mit Zugang beim DPMA oder beim BPatG wirksam (BPatGE 8, 188, 189).

26 **5.4 Voraussetzungen der Verfahrensbeteiligung.** Das Anmeldeverfahren vor dem DPMA ist Verwaltungsverfahren (vgl. BPatG BeckRS 2011, 00189; BVerfG GRUR 2003, 723 – *Rechtsprechungstätigkeit;* zum Patentanmeldeverfahren: BGH GRUR 1997, 615 – *Vornapf*), nicht Gerichtsverfahren (zu den Besonderheiten beim GebrM-Löschungsverfahren vgl. →Vorb § 15 Rn. 4ff.). Dennoch bestimmt § 2 Abs. 2 Nr. 3 des Verwaltungsverfahrensgesetzes (VerwVerfG), dass dieses Gesetz nicht für Verfahren vor dem DPMA und den bei diesen errichteten Schiedsstellen gilt. Für das Patenterteilungsverfahren ist weitgehende Uneinigkeit in Literatur und Rechtsprechung festzustellen, ob trotzdem die im Verwaltungsverfahrensrecht, der Abgabenordnung (AO) und dem Zehnten Buch des Sozialgesetzbuches (SGB X) enthaltenen allgemeinen Grundsätze heranzuziehen sind bzw. ob von einer allgemeinen Heranziehung zivilprozessualer Grundsätze auszugehen ist (vgl. eingehend und befürwortend: *Busse/Keukenschrijver,* vor PatG § 34 Rn. 25f. mwN); nach einem Teil der Literatur und Rechtsprechung soll das Patenterteilungsverfahren weitgehend justizförmig ausgestaltet sein (*Mes,* vor PatG § 34 Rn. 7 mit Hinweisen auf die Rspr.). Die aktuelle gebrauchsmusterrechtliche Literatur übergeht diese parallele Frage beim Gebrauchsmusteranmeldeverfahren im wesentlichen bzw. wendet auf einzelne Teilbereiche ohne weiteres zivilprozessuale Vorschriften an (vgl. zB *Bühring/Schmid* § 4 Rn. 7ff.). Der Sachzusammenhang zwischen Eintragungs-, Löschungs- und Beschwerdeverfahren lässt die Anwendung jedenfalls folgender zivilprozessualer Regelungsbereiche für sinnvoll erscheinen:

27 **5.4.1 Parteifähigkeit.** Anmelder kann nur sein, wer parteifähig ist, vgl. § 50 Abs. 1 ZPO. Die Regelung der Parteifähigkeit folgt derjenigen der Rechtsfähigkeit. Rechtsfähig sind alle natürlichen Personen, ferner juristische Personen der öffentlichen Hand und privaten Rechts, Gesellschaften, die nicht juristische Personen sind, zB oHG (§ 124 Abs. 1 HGB), KG (§ 161 Abs. 2 HGB), die Reederei (§ 493 Abs. 3 HGB), die Partnerschaft (§ 7 Abs. 2 PartnerschaftsG) sowie die politischen Parteien und ihre Gebietsverbände der höchsten Stufe (§ 3 PartG). Eine Gesellschaft bürgerlichen Rechts wird als solche als parteifähig angesehen (BGH NZG 2001, 311). Bei ausländischen Anmeldern bestimmt sich die Beteiligtenfähigkeit nach ihrem Heimatrecht.

28 **5.4.2 Prozessfähigkeit.** Das Anmeldeverfahren betreiben kann ferner nur derjenige, der prozessfähig ist. Gemäß § 52 ZPO ist eine Person insoweit prozessfähig, als sie sich durch Verträge verpflichten kann (weitere Einzelheiten: §§ 52ff. ZPO). Prozessfähig ist nur der Vollgeschäftsfähige. Juristische Personen und Gesellschaften handeln durch ihre Vertreter bzw. Organe; deren Prozessfähigkeit ist maßgebend.

29 **5.4.3 Mängel der Parteifähigkeit bzw. Prozessfähigkeit.** Entsprechend § 56 Abs. 1 ZPO sind Mängel der Partei- bzw. Prozessfähigkeit von Amts wegen zu beachten. Ist mit dem Verzug Gefahr verbunden, können nicht oder beschränkt Geschäftsfähige einstweilen zugelassen werden (entsprechend § 56 Abs. 2 S. 1 ZPO); hiervon wird man bei Anmeldungen grundsätzlich ausgehen müssen. Die Wirksamkeit der Verfahrenshandlung hängt von der Genehmigung des gesetzlichen Vertreters ab. Bei Verweigerung der Genehmigung ist die Verfahrenshandlung von Anfang an unwirksam. Bereits gezahlte Gebühren sind zurückzuerstatten (*Bühring/Schmid* GebrMG § 4 Rn. 9; zum Patentanmeldeverfahren: BPatG BeckRS 2013, 17666; ebenso BPatG BeckRS 2013, 15747 – *Nationale Gebühr einer internationalen Anmeldung;* BPatG BeckRS 2013, 17845).

30 **5.4.4 Mehrere Beteiligte.** Personenmehrheiten können eine Anmeldung gemeinsam tätigen, zB wenn sie Miterfinder sind und in dieser Eigenschaft eine Bruchteilsgemeinschaft oder Gesellschaft bürgerlichen Rechts bilden. Ihr Antragsbegehren muss identisch sein; Abweichungen führen andernfalls zur Zurückweisung der Anmeldung. Über die aus der Anmeldung fließenden Rechte können sie nur gemein-

schaftlich verfügen; Rücknahme der Anmeldung sowie Verzicht können ebenfalls nur gemeinschaftlich erklärt werden. Sind mehrere Anmelder vorhanden, sind diese **notwendige Streitgenossen,** § 62 ZPO analog. Die Entscheidung über die Eintragung kann ihnen gegenüber nur einheitlich erfolgen. Säumige Mitanmelder gelten als durch die nicht Säumigen vertreten (*Bühring/Schmid* GebrMG § 4 Rn. 12).

5.5 Vertretung. Der inländische Anmelder kann, der ausländische Anmelder muss sich im Eintragungsverfahren durch einen Rechtsanwalt oder Patentanwalt (ggf. Patentassessor, Erlaubnisscheininhaber, §§ 155 Abs. 2, 178 PatAnwO) vertreten lassen. Erfolgt eine gewillkürte Vertretung, bedarf es der Vorlage einer schriftlichen Vollmacht bzw. des Nachweises der Vollmacht (Verfahrenshandlungsvoraussetzung: vgl. BGH GRUR 1995, 333, 334 – *Aluminium-Trihydroxid*). Die Vollmachtsvorlage wird durch § 18 DPMAV geregelt (Einzelheiten bei → § 28 Rn. 1 ff.). Ein Nachweis der Vollmacht erfolgt durch Vorlage einer Vollmachtsurkunde (zur Hinterlegung allgemeiner Vollmachten und sogenannter Angestellten-Vollmachten vgl. MittPräsDPA Nr. 9/94, BlPMZ 1994, 301). Das DPMA muss den Mangel der Vollmacht von Amts wegen berücksichtigen. Ausnahme: Als Bevollmächtigter tritt ein Rechts- oder Patentanwalt auf, § 18 Abs. 3 S. 2 DPMAV. Die Vollmacht **erlischt** bei der Anzeige der Bestellung eines neuen Bevollmächtigten; zum Insolvenzverfahren vgl. → Rn. 41 ff. Die Vollmacht erlischt nicht mit der Auflösung der vollmachtgebenden Handelsgesellschaft (vgl. BPatGE 31, 146). 31

Durch einen **vollmachtlosen Vertreter** vorgenommene Verfahrenshandlungen führen grundsätzlich zu deren Unwirksamkeit. Ein vollmachtloser Vertreter kann entsprechend § 89 ZPO einstweilen zugelassen werden (BGH GRUR 1995, 333, 334 – *Aluminium-Trihydroxid,* zum Patenterteilungsverfahren). Von einem vollmachtlosen Vertreter vorgenommene Verfahrenshandlungen können nachträglich genehmigt und somit geheilt werden (BGH GRUR 1995, 333, 334 – *Aluminium-Trihydroxid;* BGH NJW 2014, 1242). Wegen der Rückwirkung braucht die Genehmigung nicht innerhalb der Frist erklärt zu werden, die für die genehmigte Verfahrenshandlung gilt ((BGH GRUR 1995, 333, 334 – *Aluminium-Trihydroxid;* BGH NJW 2014, 1242). Die Genehmigung kann nur für die Verfahrenshandlungen des vollmachtlosen Vertreters insgesamt erteilt oder versagt werden (vgl. BGH GRUR 1984, 870 – *Schweißpistolenstromdüse*). 32

6. Verfahrensprinzipien

6.1 Rechtsschutzbedürfnis; rechtliches Interesse. Zu den zu berücksichtigenden Verfahrensprinzipien zählt auch das (verfahrensrechtliche) **Rechtsschutzbedürfnis** sowie das (materiell-rechtliche) **rechtliche Interesse** (vgl. lediglich BPatG GRUR 1996, 873; BGH GRUR 1997, 615 – *Vornapf;* BGH GRUR 1995, 342 – *Tafelförmige Elemente*). Das Bestehen eines Rechtsschutzbedürfnisses oder eines rechtlichen Interesses ist jeweils großzügig auszulegen; von einem Fehlen kann nur bei offensichtlich nicht schutzwürdiger Rechtsverfolgung ausgegangen werden (BPatG GRUR 1996, 873, 875; zum Rechtsschutzinteresse im Löschungsverfahren bei abgelaufenen Schutzrechten vgl. → § 15 Rn. 15 ff.; → § 16 Rn. 27). Das Rechtsschutzbedürfnis für die Anmeldung der technischen Lehre zur Eintragung folgt aus dem dargestellten Anspruch auf das Schutzrecht, sofern die materiellen und formellen Voraussetzungen hierfür vorliegen (vgl. auch BGH GRUR 1998, 130, 131 – *Handhabungsgerät*). Ob die Frage des Rechtsschutzbedürfnisses tangiert ist, wenn für eine weitere, mit der ersten inhalts- und prioritätsgleichen GebrM-Anmeldung des Anmelders eine Eintragung begehrt wird oder ob in diesen Fällen dogmatisch das Bestehen eines öffentlich-rechtlichen Anspruchs auf Entstehung eines weiteren inhalts- und prioritätsgleichen Schutzrechts für denselben Anmelder zu verneinen ist (vgl. zum patentrechtlichen Meinungsstand: *Busse/Keukenschrijver* vor § 34 Rn. 44), kann wegen derselben Rechtsfolgen letztlich dahinstehen. 33

34 **6.2 Dispositions-/Offizialmaxime.** Das GebrM-Eintragungsverfahren wird nicht von Amts wegen eingeleitet, sondern nur auf schriftlichen Antrag, § 4 Abs. 3 Nr. 2. Der Anmelder formuliert die Ansprüche (§ 4 Abs. 3 Nr. 3) sowie die Beschreibung des Gegenstands des GebrM einschließlich der Zeichnungen, auf die sich die Schutzansprüche oder die Beschreibung beziehen, § 4 Abs. 3 Nr. 3, 4. Das DPMA und nachfolgend das Bundespatentgericht sowie der Bundesgerichtshof sind hieran gebunden (vgl. BGH GRUR 1997, 120, 122 – *Elektrisches Speicherheizgerät;* BGH GRUR 2010, 87, 88 – *Schwingungsdämpfer*). Sofern die formellen und materiellen Voraussetzungen für die Eintragung des GebrM gegeben sind, hat der Anmelder darauf einen öffentlich rechtlichen Anspruch. Die **Dispositionsmaxime** wird durch den durch die Antragstellung in Gang gesetzten **Amtsbetrieb** eingeschränkt, was insbesondere in der Prüfung der Anmeldung auf formelle Mängel und Schutzausschließungsgründe zum Ausdruck kommt (vgl. hierzu → § 4 Rn. 17; zum Löschungsverfahren siehe → § 15 Rn. 1 ff.). In diesem Rahmen muss das DPMA von Amts wegen, soweit dies geboten erscheint, die zur Aufklärung der Sache erforderlichen Ermittlungen anstellen (BPatG GRUR 1980, 997 – *Haupt- und Hilfsantrag*). Zu diesem Zweck kann das DPMA auch eine Anhörung durchführen, bei der die GebrM-Anmeldung mündlich erörtert wird. Die Anhörung dient der Aufklärung des Sachverhalts und der Erörterung aufgetretener Sach- und Rechtsfragen. Mit ihr sollen auftauchende Probleme ohne zeitraubenden Schriftwechsel erkannt und behoben werden. Fernmündliche Rücksprachen können ebenfalls ein tunliches Mittel seitens des DPMA sein, um Unklarheiten zu beseitigen. Sie können jedoch kein Ersatz für Bescheide sein, mit denen formelle oder sachliche Beanstandungen von erheblicher Tragweite ausgesprochen werden. Sie bieten sich vornehmlich bei der Behebung und Klärung von sprachlichen Unstimmigkeiten bei der Fassung der Schutzansprüche vor der Eintragung an; ebenso bei Zweifelsfragen, die durch neue Unterlagen auftauchen oder etwa bei der Anforderung fehlender Unterlagen etc.

35 **6.3 Schriftlichkeit des Verfahrens.** Eine der wesentlichen Änderungen des 2. PatGÄndG vom 16.7.1998 betrifft das bisherige Erfordernis der Schriftform von GebrM-Anmeldungen. Das Schriftlichkeitserfordernis für GebrM-Anmeldungen als einzige zulässige Anmeldeform hat der Gesetzgeber durch Streichung des Wortes „schriftlich" in § 4 Abs. 1 S. 1 aF aufgegeben, um Anmeldern die Möglichkeit zu eröffnen, sich zur Übermittlung der Anmeldung sowie der dazugehörigen Anmeldungsunterlagen auch **moderner Kommunikationsmittel** bedienen zu können. Die Einreichung der Anmeldung ist gemäß § 2 Satz 1 GebrMV schriftlich und gemäß § 2 Satz 2 GebrMV nunmehr auch elektronisch möglich (amtliche Begründung, BlPMZ 1998, 408 zu Art. 3, § 4 GebrMG Abs. 1). Einzelheiten hierzu regelt § 12 DPMAV, die Vorschrift verweist auf die Verordnung über den elektronischen Rechtsverkehr beim Deutschen Patent- und Markenamt (ERVDPMAV). Die ERVDPMAV regelt in den §§ 1–4 die signaturgebundene und die signaturfreie elektronische Kommunikation, die Form der Einreichung elektronisch übermittelter Dokumente und die Bekanntgabe von Bearbeitungsvoraussetzungen über die Internetseite www.dpma.de. Gemäß § 1 ERVDPMAV ist im Gebrauchsmusterverfahren die signaturgebundene Einreichung für Anmeldungen und Rechercheanträge zwingend, weitere Verfahrenshandlungen können durch das Bundesministerium der Justiz und für Verbraucherschutz bestimmt werden und sind im Bundesanzeiger bekanntzumachen. Eine signaturfreie Kommunikation findet im Gebrauchsmusterverfahren gemäß § 2 ERVDPMAV nicht statt. Für die signaturgebundene Einreichung ist die elektronische Annahmestelle des Deutschen Patent- und Markenamts bestimmt, über die auch die Zugangs- und Übertragungssoftware zur Verfügung gestellt wird und erreichbar ist, § 3 Abs. 1 ERVDPMAV, ebenfalls zulässig ist die Nutzung der Software epoline des EPA, § 3 Abs. 4 ERVDPMAV. Ebenfalls möglich ist die Einreichung elektronischer Dokumente über einen Datenträger, § 3 Abs. 2 ERVDPMAV, wobei die Formvor-

schriften auch hier über die Internetseite des DPMA bekannt gegeben werden. Die Qualifizierung der Signatur richtet sich nach dem Signaturgesetz oder muss eine qualifizierte elektronische Signatur darstellen, die von einer auf dem Gebiet des gewerblichen Rechtsschutzes tätigen Organisation herausgegeben wird. Einzelheiten zur Form der Anmeldung enthalten § 4 Abs. 3 (Notwendigkeit eines Antrags und dessen formwirksamen Unterzeichnung, § 4 Abs. 3 Nr. 2 und Nr. 5) sowie §§ 3ff. GebrMV. Bedenken gegen die Übermittlung per Telefax bestehen nicht mehr, sie ist in § 11 DPMAV sogar ausdrücklich geregelt (vgl. auch bereits MittPräsDPMA Nr. 1/97, BlPMZ 1997, 69; BlPMZ 2004 296, 298). Insoweit reicht aus, dass die Kopie formwirksam unterschrieben ist und die Unterschrift auf dem Fax wiedergegeben ist.

Gemäß § 21, der auf § 125a PatG verweist, ist die elektronische Verfahrensführung auch für Gebrauchsmustersachen anzuwenden. Die darin bisher enthaltene Regelung des elektronischen Schriftverkehrs für das Verfahren vor dem Patentamt wurde in dem neu gefassten § 125a Abs. 1 PatG durch einen Verweis auf § 130a ZPO ersetzt, wonach die Aufzeichnung als elektronisches Dokument zur Erfüllung der Schriftform in den dort genannten Fällen genügt und mit einer qualifizierten elektronischen Signatur nach dem Signaturgesetz versehen sein soll. Der Schriftform ist demgemäß nunmehr mit der Aufzeichnung als elektronisches Dokument für Anmeldungen, Anträge oder sonstige Handlungen in Verfahren vor dem DPMA Genüge getan. Die eigenhändige Unterschrift kann damit durch eine qualifizierte elektronische Signatur ersetzt werden. Änderungen des § 130a ZPO sollen durch den Verweis in § 125a PatG miterfasst werden (vgl. Begr. PatRModG, BlPMZ 2009, 317). § 125a Abs. 1 PatG lässt die Anwendung des elektronischen Verfahrens allerdings nur für Anmeldungen, Anträge und sonstige Handlungen zu. Weiter eröffnet § 125a Abs. 2 Satz 1 PatG die Möglichkeit der elektronischen Aktenführung für das übrige Verfahren und die Verfahren beim BPatG und BGH (EAPatV). § 125a Abs. 2 Satz 2 PatG enthält einen allgemeinen Verweis auf die Vorschriften der ZPO betreffend die elektronischen Dokumente, die elektronische Akte und die elektronische Verfahrensführung. § 125a Abs. 3 enthält überdies einen erneuten Verweis auf die ERVDPMAV für den elektronischen Rechtsverkehr beim DPMA. 36

6.4 Rechtliches Gehör. In den gerichtlichen Verfahren vor dem PatG und dem BGH gilt das in Art. 103 Abs. 1 GG verankerte Prinzip des rechtlichen Gehörs uneingeschränkt. Im Verfahren vor dem DPMA ist terminologisch korrekter von einem Recht auf Äußerung zu sprechen. Eine ausreichende Berücksichtigung dieses Prinzips findet letztlich im Rechtsstaatsprinzip gem. Art. 20 GG seine Grundlage (vgl. auch §§ 45, 46 PatG, § 59 Abs. 1 MarkenG). Im schriftlichen Verfahren ist das rechtliche Gehör in schriftlicher Weise, bei mündlicher Anhörung mündlich zu gewähren. Das GebrMG enthält ebenso wenig wie das PatG Einzelheiten zur Ausgestaltung des rechtlichen Gehörs. Den Verfahrensbeteiligten ist aufgrund des Rechts auf das GebrM in umfassender Weise die Möglichkeit zu eröffnen, ihre jeweiligen Argumente und Behauptungen vorzutragen. Diese Äußerungen sind zu berücksichtigen, nicht notwendigerweise jedoch sämtlich zu verbescheiden. Auch insoweit ist hinreichend zu berücksichtigen, dass der Antragsteller gegenüber dem DPMA nicht Bittsteller ist, sondern bei Vorliegen der formellen und materiellen Voraussetzungen einen öffentlich-rechtlichen Anspruch auf Eintragung des GebrM hat (so auch ausdrücklich für das Patentrecht: *Mes,* PatG § 34 Rn. 26). Der Grundsatz erfordert auch, den Beteiligten ausreichend Zeit zur Stellungnahme zu lassen (BPatG GRUR 1965, 601). 37

6.5 Aufklärungs- und Hinweispflicht. Das DPMA ist verpflichtet, durch Aufklärungsmaßnahmen und Hinweise die am Verfahren Beteiligten zur Beibringung aller erheblichen **Tatsachen** anzuhalten (vgl. lediglich BPatGE 24, 241, 245/246). Eine derartige Verpflichtung in Bezug auf rechtliche Umstände besteht nicht (vgl. BPatG GRUR 1987, 286 – *unvollständige Anmeldung*). Der Verpflichtung des DPMA entspricht spiegelbildlich die Wahrheitspflicht des Anmelders. 38

39 **6.6 Parteiöffentlichkeit.** Das Verfahren ist für Dritte bis zur Eintragung geheim. Erst danach ergibt sich ein Akteneinsichtsrecht (§ 8 Abs. 5 S. 1; Einzelheiten bei → § 8 Rn. 1 ff.).

40 **6.7 Intertemporales Verfahrensrecht.** Das Verfahrensrecht findet regelmäßig in der Form Anwendung, wie es zum Zeitpunkt der Entscheidung gilt (BPatG GRUR 1983, 737). Es besteht keine einheitliche Rechtsprechung, ob Lücken in entsprechender Anwendung der ZPO oder des VerwVerfG zu schließen sind (vgl. hierzu → Rn. 26).

41 **7. Gebrauchsmuster und Insolvenz.** Das durch die Eintragung oder das durch die Anmeldung begründete Recht fällt in der Insolvenz des Inhabers oder Anmelders in die Insolvenzmasse, § 35 InsO. Der Inhaber bzw. Anmelder verliert mit der Eröffnung des Insolvenzverfahrens über sein Vermögen nicht die Gebrauchsmusterrechtsfähigkeit, jedoch verliert er hinsichtlich der zur Insolvenzmasse gehörenden Rechte die **Verfügungs-** und **Verwaltungsbefugnis;** diese Rechte stehen dem Insolvenzverwalter nach § 80 Abs. 1 InsO zu. Der Gebrauchsmusterinhaber bzw. -anmelder bleibt Inhaber an den durch die Eintragung bzw. Anmeldung begründeten Rechten. Nach der Eröffnung des Insolvenzverfahrens vorgenommene Rechtshandlungen des Schuldners hinsichtlich des Gebrauchsmusterrechts sind gegenüber Jedermann unwirksam, § 81 InsO. Der Insolvenzverwalter wird Beteiligter des Anmeldeverfahrens und hat ggf. einem bestellten Bevollmächtigten eine neue Vollmacht zu erteilen. Das Recht zur Benutzung des zur Insolvenzmasse gehörenden Gebrauchsmusters steht als Teil des Gebrauchsmusterverwaltungsrechts dem Insolvenzverwalter zu. Insbesondere kann dieser Ansprüche aus einer Gebrauchsmusterverletzung nach §§ 11 ff. geltend machen. Diese Rechte stehen dem Insolvenzverwalter unabhängig von einem Untergang des zur Insolvenzmasse gehörenden Unternehmens zu.

42 Nach der Eröffnung des Insolvenzverfahrens nimmt der Insolvenzverwalter die Verwaltung der Insolvenzmasse auf, § 148 InsO. Ferner hat er die Masse nach Entscheidung über die Verwertung durch die Gläubigerversammlung zu verwerten, § 159 InsO. Die durch die Gebrauchsmusteranmeldung bzw. -eintragung entstandenen Rechte sind nach ihrem voraussichtlichen Liquidationserlös zu bewerten. Über die Art der Verwertung entscheidet der Insolvenzverwalter nach pflichtgemäßem Ermessen. Insbesondere können die Gebrauchsmusterrechte veräußert werden.

§ 4 [Anmeldung; Änderungen; Teilung]

(1) **Erfindungen, für die der Schutz als Gebrauchsmuster verlangt wird, sind beim Patentamt anzumelden. Für jede Erfindung ist eine besondere Anmeldung erforderlich.**

(2) **Die Anmeldung kann auch über ein Patentinformationszentrum eingereicht werden, wenn diese Stelle durch Bekanntmachung des Bundesministeriums der Justiz im Bundesgesetzblatt dazu bestimmt ist, Gebrauchsmusteranmeldungen entgegenzunehmen. Eine Anmeldung, die ein Staatsgeheimnis (§ 93 StGB) enthalten kann, darf bei einem Patentinformationszentrum nicht eingereicht werden.**

(3) **Die Anmeldung muß enthalten:**
1. **den Namen des Anmelders;**
2. **einen Antrag auf Eintragung des Gebrauchsmusters, in dem der Gegenstand des Gebrauchsmusters kurz und genau bezeichnet ist;**
3. **einen oder mehrere Schutzansprüche, in denen angegeben ist, was als schutzfähig unter Schutz gestellt werden soll;**
4. **eine Beschreibung des Gegenstands des Gebrauchsmusters;**
5. **die Zeichnungen, auf die sich die Schutzansprüche oder die Beschreibung beziehen.**

(4) Das Bundesministerium der Justiz wird ermächtigt, durch Rechtsverordnung Bestimmungen über die Form und die sonstigen Erfordernisse der Anmeldung zu erlassen. Es kann diese Ermächtigung durch Rechtsverordnung auf das Deutsche Patent- und Markenamt übertragen.

(5) Bis zur Verfügung über die Eintragung des Gebrauchsmusters sind Änderungen der Anmeldung zulässig, soweit sie den Gegenstand der Anmeldung nicht erweitern. Aus Änderungen, die den Gegenstand der Anmeldung erweitern, können Rechte nicht hergeleitet werden.

(6) Der Anmelder kann die Anmeldung jederzeit teilen. Die Teilung ist schriftlich zu erklären. Für jede Teilanmeldung bleibt der Zeitpunkt der ursprünglichen Anmeldung und eine dafür in Anspruch genommene Priorität erhalten. Für die abgetrennte Anmeldung sind für die Zeit bis zur Teilung die gleichen Gebühren zu entrichten, die für die ursprüngliche Anmeldung zu entrichten waren.

(7) Das Bundesministerium der Justiz wird ermächtigt, durch Rechtsverordnung Bestimmungen über die Hinterlegung, den Zugang einschließlich des zum Zugang berechtigten Personenkreises und die erneute Hinterlegung von biologischem Material zu erlassen, sofern die Erfindung die Verwendung biologischen Materials beinhaltet oder sie solches Material betrifft, das der Öffentlichkeit nicht zugänglich ist und das in der Anmeldung nicht so beschrieben werden kann, daß ein Fachmann die Erfindung danach ausführen kann, dass ein Fachmann die Erfindung danach ausführen kann (Abs. 3). Es kann diese Ermächtigung durch Rechtsverordnung auf das Deutsche Patent- und Markenamt übertragen.

Literatur (Auswahl): *Flad,* Aus der Praxis des Prüfungsverfahrens vor dem DPA, insbesondere Erfahrungen mit einteiligen Patentansprüchen, GRUR 1994, 478; *Goebel,* Schutzansprüche und Ursprungsoffenbarung – Der Gegenstand des Gebrauchsmusters im Löschungsverfahren, GRUR 2000, 477.

Inhaltsübersicht

1 **1. Allgemeines/Zweck der Vorschrift.** Die durch das Gebrauchsmusteränderungsgesetz vom 15.8.1986 (BlPMZ 1986, 310) und das Produktpirateriegesetz vom 7.3.1990 (BlPMZ 1990, 161) im Wesentlichen neu gestaltete Fassung des § 4 ist wiederum durch das 2. PatGÄndG (1.11.1998) wesentlich geändert worden. Das 2. PatGÄndG hat eine weitere Annäherung des GebrMG an das PatG bewirkt. Die Neuregelung ist im Zusammenhang mit dem neu eingefügten § 4a) zu sehen, dessen korrespondierende Vorschrift im PatG § 35 nF ist. Der Verweis in § 4 Abs. 7 auf Abs. 4 stellt ein Redaktionsversehen dar; insoweit wurde der Gesetzestext des § 34 nF identisch übernommen mit dem dort zutreffenden Verweis auf Abs. 4. § 4 Abs. 4 Satz 2 sowie § 4 Abs. 7 Satz 2 wurde durch Art. 8 Nr. 1 KostRegBerG vom 13. Dezember 2001 (BlPMZ 2002, 14, 25) dahingehend geändert, dass „Präsident des Patentamtes" durch „Deutsches Patent- und Markenamt" ersetzt wurde; Abs. 5 a. F. wurde gänzlich aufgehoben.

2 Die Neufassung gilt jedenfalls für alle seit dem 1.11.1998 angemeldeten Gebrauchsmuster (weitergehend anscheinend *Busse/Keukenschrijver* GebrMG § 4 Rn. 2).

3 Die Neuregelung in § 4 entspricht in weiten Bereichen den Vorschriften der §§ 34 nF, 35 aF, 38, 39 PatG. Die Vorschrift des § 4a) korrespondiert darüber hinaus mit der Vorschrift des § 35 PatG nF. Die patentrechtlichen Regelungen über die Zusammenfassung (§ 36 PatG) und die Erfinderbenennung (§ 37 PatG) fehlen hingegen. Ein wesentlicher Unterschied zum Patentanmeldungsverfahren besteht ferner darin, dass im Gebrauchsmusterrecht eine Prüfung der sachlichen (relativen) Schutzvoraussetzungen der angemeldeten Erfindung nicht stattfindet.

4 Abs. 1 Satz 1 statuiert die selbstverständliche Voraussetzung, dass die Erfindung beim Patentamt anzumelden ist. Satz 2 beinhaltet den Grundsatz der Einheitlichkeit. Abs. 2 regelt die Möglichkeit der Einreichung von Gebrauchsmusteranmeldungen über Patentinformationszentren. Abs. 3 nennt die inhaltlichen Anforderungen der Anmeldung. Abs. 4 ermächtigt den Bundesminister der Justiz, durch Rechtsverordnung über die sonstigen Erfordernisse der Anmeldung entweder selbst oder durch das Deutsche Patent- und Markenamt – nach entsprechender Rechtsverordnung – Bestimmungen zu erlassen. Hiervon ist durch die GebrMV Gebrauch gemacht worden. Abs. 5 n. F. regelt die Zulässigkeit und Schlussfolgerung der Vornahme von Änderungen. In Abs. 6 n. F. sind die Möglichkeit von Teilungen und ihre Gebührenfolgen geregelt. Abs. 7 n. F. enthält eine Regelung über die Hinterlegung biologischen Materials.

5 **2. Gebrauchsmusterverordnung.** Die in Ermächtigung des § 4 Abs. 4 am 11.5.2004 in Kraft getretene Gebrauchsmusterverordnung (GebrMV), zuletzt geändert durch Artikel 2 der VO vom 26.5.2011 (BGBL I S. 996) ersetzt die am 1.1.1987 in Kraft getretene GebrauchsmusteranmeldeVO (GebrMAnmV), die mehrfach in der Zwischenzeit geändert wurde (vgl. hierzu *Busse/Keukenschrijver* § 4 Rn. 8). Sie ist materielles Gesetz, mithin nicht lediglich bloße verwaltungsinterne Vorschrift. Ihr Anwendungsbereich ist in § 1 geregelt. Inhaltlich entspricht die GebrMV weitestgehend den Regelungen der PatV im Patentrecht. Einzelheiten der GebrMV werden bei den einzelnen Tatbestandsmerkmalen erörtert. Die GebrMV findet für alle seit dem 1.6.2004 eingereichten Gebrauchsmusteranmeldungen Anwendung.

3. Anmeldeerfordernisse

3.1 Allgemeines, Form. Die diesbezüglichen Regelungen entsprechen weitgehend denjenigen der PatV. Des Weiteren wird auf → Vorb § 4 Rn. 15 ff. verwiesen. Das Zusammenspiel der Regelungen in §§ 4 und 4a) lässt eine Differenzierung zwischen Anmeldeerfordernissen als Mindestvoraussetzung zur Begründung eines **Anmeldetages** und denjenigen, die als **zusätzliche Eintragungsvoraussetzungen** bezeichnet werden können, erkennen. 6

Damit von einer anmeldetagsbegründenden Schutzrechtsanmeldung ausgegangen werden kann, muss diese mindestens enthalten: 7

– den Namen des Anmelders (§ 4 Abs. 3 Nr. 1) 8
– einen Antrag auf Eintragung, in dem der Gegenstand des Gebrauchsmusters kurz und genau bezeichnet ist (§ 4 Abs. 3 Nr. 2) und 9
– eine Beschreibung des Gegenstandes des Gebrauchsmusters (§ 4 Abs. 3 Nr. 4), wobei jedenfalls Angaben enthalten sein müssen, die eine Beschreibung erkennen lassen (§ 4a Abs. 2 S. 1). 10

Die Erfüllung der Mindesterfordernisse für die Zuerkennung eines Anmeldetages bedeutet jedoch noch nicht, dass die Anmeldung den **Eintragungsvoraussetzungen** entspricht. Die Anmeldung muss vielmehr neben den vorerwähnten Mindesterfordernissen enthalten: 11

– einen oder mehrere Schutzansprüche, in denen angegeben ist, was als schutzfähig unter Schutz gestellt werden soll (§ 4 Abs. 3 Nr. 3, § 5 GebrMV); 12
– Zeichnungen, sofern darauf in der Beschreibung und/oder in den Schutzansprüchen Bezug genommen ist (§ 4 Abs. 3 Nr. 5, § 6 GebrMAnmV). 13

3.2 Einreichungsort. Nach § 4 Abs. 1 S. 1 sind GebrM-Anmeldungen (grundsätzlich) beim **Patentamt** (München, Jena oder Berlin) einzureichen. 14

Um den Zugang zu Anmeldungen zu erleichtern, hat das 2. PatÄndG in dem damit neu eingefügten Abs. 2 daneben die Möglichkeit eröffnet, unter Wahrung des Anmeldetages Anmeldungen über ein **Patentinformationszentrum (PIZ)** einzureichen. Das BMJV gibt die zur Entgegennahme und Weiterleitung von Anmeldungen autorisierten Patentinformationszentren im BGBl. bekannt (vgl. auch die jährlichen Informationen des DPMA in BlPMZ). Die Patentinformationszentren sind jedoch nur zur Entgegennahme, Dokumentation der Anmeldungen sowie ihrer Weiterleitung an das DPMA befugt. Sie sind weder Zahlstellen des DPMA oder deren Dienststellen iSd § 3 PatentgebührenzahlungsVO, noch findet bei ihnen irgendeine Prüfung statt. Ausgeschlossen sind nach § 4 Abs. 2 S. 2 Anmeldungen, deren Gegenstand ein Staatsgeheimnis iSd § 93 StGB enthalten kann. Ob eine entgegen § 4 Abs. 2 S. 2 bei einem PIZ eingereichte Anmeldung nicht zum Verlust des Anmeldetages führt, ist dem Wortlaut der Vorschriften nicht entnehmbar. Nach der durch das 2. PatGÄndG vorgenommenen Änderung des IntPatÜG und hierzu getroffenen Regelung zur Einreichung von internationalen Patentanmeldungen (Gesetzesbegründung, BlPMZ 1998, 409 re. Sp.) soll dies nicht der Fall sein (zweifelhaft).

3.3 Antrag. Das für den Umfang und Inhalt maßgebende Begehren des Anmelders wird durch den Antrag und die mit ihm eingereichten Unterlagen bestimmt (BPatG GRUR 1980, 997). Die nach § 3 Abs. 2 Nr. 3 GebrMV vorgesehene Erklärung, dass für die Erfindung die Eintragung eines Gebrauchsmusters beantragt wird, muss nicht wörtlich wiederholt werden, wenn sich aus den Umständen die Tatsache eines Antrages eindeutig ergibt. Der Antrag ist **bedingungsfeindlich.** Zur Schriftform und zu den Vertretungsbefugnissen vgl. die Anmerkungen zur Einleitung zu § 4, → Vorb § 4 Rn. 31, → Vorb § 4 Rn. 33. Zweifel hinsichtlich des Vorliegens eines Antrages sind zugunsten des Einreichenden zu berücksichtigen (*Bühring/Schmid* § 4 Rn. 42). Der Antrag soll auf vorgeschriebenen Formblättern (G 6003, BlPMZ 1990, 218) erfolgen. Eine zwingende Voraussetzung ist dies jedoch nicht. 15

16 **3.4 Name des Anmelders.** Nach § 3 Abs. 2 Nr. 1 GebrMV sind anzugeben: Vor- und Zuname, Firma oder sonstige Bezeichnung des Anmelders, Anschrift des Wohnsitzes oder Sitzes des Geschäftsbetriebes (zu ausländischen Orten: § 3 Abs. 3 GebrMV). Es muss ersichtlich sein, ob das GebrM für ein oder mehrere Personen oder Gesellschaften, für den Anmelder unter seiner Firma oder unter seinem bürgerlichen Namen beantragt wird. Handelsregistereintragungen sind zu berücksichtigen. Ebenso sind der Name und die Anschrift des Vertreters bekannt zu geben. Falls mehrere Personen über einen gemeinsamen Vertreter anmelden oder mehrere Vertreter mit verschiedenen Anschriften bestellt sind, ist die Angabe erforderlich, wer als Zustellungsbevollmächtigter zum Empfang amtlicher Schriftstücke befugt ist.

17 **3.5 Bezeichnung.** Nach § 3 Abs. 2 Nr. 2 GebrMV ist eine kurze und genaue Bezeichnung des Gegenstands des Gebrauchsmusters vorzunehmen, die einen Überblick über den Gegenstand der Anmeldung geben soll. Diese Angabe dient insbesondere der Erleichterung von Recherchen. Marken oder sonstige Phantasiebezeichnungen sind unzulässig. Die Bezeichnung nach § 3 Abs. 2 Nr. 3 GebrMV ist auch am Anfang der Beschreibung (§ 4 Abs. 3 Nr. 4) als Titel anzugeben, § 6 Abs. 1 GebrMV. Die Bezeichnung braucht nicht dem Oberbegriff zu entsprechen (*Bühring/Schmid* § 4 Rn. 44 mwN). Angaben, die die Erfindung selbst betreffen, sind nicht in die Bezeichnung aufzunehmen (*Benkard/Schäfers* GebrMG § 4 Rn. 18). Die Anmeldung kann wegen mangelhafter Bezeichnung nur zurückgewiesen werden, wenn diese den Gegenstand der Anmeldung nicht trifft (BPatGE 18, 15, 19). Im Übrigen kann eine fehlende Bezeichnung zwar einen Zurückweisungs-, nicht aber einen Löschungsgrund bilden (*Bühring/Schmid* § 4 Rn. 44 mwN). Aufgrund ungenügender Bezeichnung kann die Anmeldung zurückgewiesen werden, wenn die vom Anmelder gewählte Bezeichnung keine treffende Zusammenfassung des Gegenstandes der Anmeldung enthält (PA Mitt. 1960, 16).

18 **3.6 Erklärungen zur Teilung, Ausscheidung oder Abzweigung.** Falls die Anmeldung eine Teilung (§ 4 Abs. 6) oder eine Ausscheidung aus einer Gebrauchsmusteranmeldung betrifft, muss der Antrag die Angabe des Aktenzeichens und des Anmeldetages der Stammanmeldung enthalten, § 3 Abs. 2 Nr. 6 GebrMV. Falls der Anmelder für dieselbe Erfindung mit Wirkung für die Bundesrepublik Deutschland bereits früher ein Patent beantragt hat und dessen Anmeldetag in Anspruch nehmen will, bedarf es einer entsprechenden Abzweigungserklärung mit der Gebrauchsmusteranmeldung, § 3 Abs. 2 Nr. 7 GebrMV.

19 **3.7 Schutzansprüche.** Die Anmeldung muss einen oder mehrere Schutzansprüche enthalten, in denen angegeben ist, was als schutzfähig unter Schutz gestellt werden soll. Die formale Gestaltung der Schutzansprüche regelt § 5 GebrMV.

20 Die Schutzansprüche haben **Bedeutung** sowohl für die **Gebrauchsmusterfähigkeit** iSd §§ 1–3 als auch für den **Schutzumfang** gemäß § 12a. Der Prüfung eines Gebrauchsmusters auf Schutzfähigkeit ist der im Schutzanspruch umschriebene Gegenstand zugrunde zu legen. Dass die Beschreibung eine bestimmte Anwendung dieses Gegenstands offenbart, hat außer Betracht zu bleiben, §§ 4 Abs. 2 Nr. 3 GebrMG, 5 Abs. 1 Satz 1 GebrMV; BGH GRUR 1997, 360, 361/362 – *Profilkrümmer*). Wie beim Patent (vgl. hierzu lediglich BGH GRUR 1995, 330, 331 – *Elektrische Steckverbindung;* BGH GRUR 1998, 1003, 1004 – *Leuchtstoff*) sind auch beim Gebrauchsmuster die Ansprüche nicht mehr nur der Ausgangspunkt, sondern die maßgebliche Grundlage für die Bestimmung dessen, was vom Schutzbereich des Gebrauchsmusters umfasst ist. Auch wenn – ebenso wie im Patentgesetz – nach geltendem Recht zur Auslegung der Schutzansprüche die Beschreibung und die Zeichnungen heranzuziehen sind, so bleiben doch allein die Ansprüche die maßgebliche Grundlage für die Bestimmung der Tragweite der geschützten Erfindung (→ § 12a Rn. 1 ff.). Der exakten Formulierung der Schutzansprüche kommt daher in jeder Hinsicht eine entschei-

dende Bedeutung zu. Die Schutzansprüche enthalten mithin die offenbarte und beanspruchte Erfindung, dh den unmittelbaren Gegenstand des Schutzrechts (vgl. BGH GRUR 1993, 651, 653 – *tetraploide Kamille*).

Die **Anspruchskategorien** werden herkömmlich in abhängige und unabhängige Ansprüche bzw. in Hauptansprüche, Nebenansprüche sowie (sog echte oder unechte) Unteransprüche unterteilt. **21**

Hauptanspruch ist der erste Schutzanspruch, in dem die wesentlichen Merkmale der Erfindung anzugeben sind (§ 5 Abs. 4 GebrMV). Dieser Hauptanspruch ist (soweit eine Prüfung des GebrM im Löschungs- oder Verletzungsverfahren erfolgt) immer selbständig auf Schutzfähigkeit zu überprüfen. **22**

Eine Anmeldung kann mehrere unabhängige Schutzansprüche **(Nebenansprüche)** enthalten, soweit der Grundsatz der Einheitlichkeit gewahrt ist (§ 5 Abs. 5 GebrMV). Ansprüche, die nicht auf einen anderen Schutzanspruch rückbezogen sind, sind Nebenansprüche. Soweit nach der patentrechtlichen Praxis auch der auf einen Patentanspruch einer anderen Erfindungskategorie rückbezogene Patentanspruch als Nebenanspruch eingeordnet wird (vgl. hierzu *Busse/Keukenschrijver* PatG § 34 Rn. 36), dürfte diese Fallgestaltung im Gebrauchsmusterrecht im Hinblick auf den Ausschluss von Verfahrenserfindungen kaum praktisch werden, es sei denn, es wird der hier vertretenen Auffassung der Zulässigkeit eines **Verwendungsanspruches** gefolgt (nach BPatG GRUR 1981, 122 ist ein Verwendungsanspruch ein Nebenanspruch neben einem Stoffanspruch). Einzelheiten bei → § 1 Rn. 138, → § 1 Rn. 144; → § 3 Rn. 143, → § 3 Rn, 182, → § 3 Rn. 206ff.; → § 12a Rn. 228, → § 12a Rn. 294, → § 12a Rn. 312ff. **23**

Hauptanspruch und Nebenanspruch zählen damit zu den sog „unabhängigen" Ansprüchen. Inhaltlich sind Nebenansprüche dahingehend zu charakterisieren, dass sie nicht lediglich eine besondere Ausgestaltung, sondern eine demselben technischen Problem dienende, gegenüber der im Hauptanspruch niedergelegten Erfindung selbständige Lösung enthalten (vgl. lediglich BGH GRUR 1979, 461 – *Farbbildröhre*). Ebenso wie der Hauptanspruch sind auch Nebenansprüche im Falle der Prüfung des Gebrauchsmusters auf Schutzfähigkeit gesondert auf die Schutzfähigkeit zu überprüfen (BPatG GRUR 1981, 122). **24**

Gemäß § 5 Abs. 6 GebrMV können zu jedem Haupt- bzw. Nebenanspruch ein oder mehrere Schutzansprüche **(Unteransprüche)** aufgestellt werden, die sich auf besondere Ausführungsarten der Erfindung beziehen. Sie müssen eine Bezugnahme auf mindestens einen der vorangehenden Schutzansprüche enthalten. Der Inhalt der in Bezug genommenen Gebrauchsmusteransprüche gilt als Oberbegriff. Sie können den Erfindungsgedanken nicht einschränken, sondern wiederholen ihn lediglich in einer besonders zweckmäßigen Ausgestaltung. Dabei ist es unerheblich, ob Merkmale aus dem Oberbegriff oder dem kennzeichnenden Teil durch Unteransprüche besonders ausgestaltet werden (vgl. BPatGE 28, 24/25). Ist ein Unteranspruch selbständig schutzfähig, bezeichnet man ihn als **„unechten"** Unteranspruch; andernfalls als **„echten"** Unteranspruch. „Echte" Unteransprüche rechtfertigen sich, wenn sie eine zweckmäßige Maßnahme, die nicht ohne einiges Nachdenken gefunden werden kann, enthalten, mithin nicht „platt" selbstverständlich sind. Unteransprüche sind soweit wie möglich und auf die zweckmäßigste Weise zusammenzufassen; sie dürfen, wenn dies nicht unbedingt erforderlich ist, im Hinblick auf die technischen Merkmale der Erfindung keine Bezugnahmen auf die Beschreibung oder die Zeichnungen enthalten, zB „wie beschrieben in Teil … der Beschreibung" oder „wie in Abbildung … der Zeichnung dargestellt", § 5 Abs. 6, 8 GebrMV. **25**

Gemäß § 4 Abs. 3 Nr. 3 muss die Anmeldung einen oder mehrere Schutzansprüche enthalten, in dem/denen angegeben ist, was **als schutzfähig unter Schutz gestellt** werden soll. Trotz des Wortlautes ist es keine unabdingbare, nicht nachholbare Voraussetzung zur Begründung des Anmeldetags, dass die Ansprüche zugleich mit der Anmeldung eingereicht werden (vgl. BPatGE 29, 117, 118). Sie können – ebenso wie **26** die übrigen Anmeldungsunterlagen – bis zur Verfügung über die Eintragung des GebrM inhaltlich geändert werden, vorausgesetzt, dass sie nicht zu einer unzulässigen Erweiterung des Gegenstands der Anmeldung führen (§ 4 Abs. 5). Eine Verschiebung der Priorität ist damit nicht verbunden. Der im Schutzanspruch umschriebene Gegenstand ist für die Prüfung auf Schutzfähigkeit maßgeblich (BGH GRUR 1997, 360, 362 – *Profilkrümmer*). Die Funktion des Schutzanspruchs ist es, den **wesentlichen Kern** der Erfindung zu offenbaren. Hingegen braucht der Anspruch keine lückenlose Konstruktionsanweisung zu beinhalten.

27 Regelungen über die formale Gestaltung der Schutzansprüche beinhaltet § 5 GebrMV, dessen Absatz 1 sowohl die **ein-** als auch die **zweiteilige** Formulierung erlaubt (vgl. auch *Flad,* GRUR 1994, 478). Weitgehend üblich ist die sog zweiteilige Fassung mit **Oberbegriff** und **kennzeichnendem Teil**, wobei diese Aufteilung für die Beurteilung des Gegenstands des GebrM ohne Bedeutung ist. Nach § 5 Abs. 2 GebrMV sind bei einer zweiteiligen Anspruchsfassung in den Oberbegriff die Merkmale der Erfindung aufzunehmen, von denen die Erfindung als Stand der Technik ausgeht; in dem kennzeichnenden Teil sind die Merkmale der Erfindung aufzunehmen, für die in Verbindung mit den Merkmalen des Oberbegriffs Schutz begehrt wird. Der kennzeichnende Teil ist mit den Worten „dadurch gekennzeichnet, dass" oder „gekennzeichnet durch" oder einer sinngemäßen Wendung einzuleiten. Diese Unterteilung folgt Zweckmäßigkeitserwägungen. Nach dem Wortlaut des § 5 Abs. 2 GebrMV kann die Aufnahme des „nächstliegenden" oder eines „besonders geeigneten" Standes der Technik in den Oberbegriff nicht verlangt werden; regelmäßig dürfte sich dies aber empfehlen. Werden Schutzansprüche nach Merkmalen oder Merkmalsgruppen gegliedert, so ist die Gliederung dadurch äußerlich hervorzuheben, dass jedes Merkmal oder jede Merkmalsgruppe mit einer neuen Zeile beginnt. Den Merkmalen oder Merkmalsgruppen sind deutlich vom Text abzusetzende Bezugszeichen voranzustellen, § 5 Abs. 3 GebrMV.

28 Die **einteilige** Fassung kann sich anbieten, wenn die zweiteilige zu allzu komplexen Formulierungen führt.

29 Auch wenn – wie im PatG – keine ausdrückliche gesetzliche Regelung im GebrMG oder in der GebrMV enthalten ist, folgt mindestens aus § 5 Abs. 4 GebrMV („die wesentlichen Merkmale"), dass die Schutzansprüche **deutlich, klar** und **knapp** gefasst sein müssen. Der Anmelder ist gehalten, präzise das zu formulieren, was er unter Schutz gestellt haben möchte. Widersprüche zwischen den Gebrauchsmusteransprüchen sowie den übrigen Unterlagen sind zu vermeiden; auf die Verwendung einheitlicher Terminologie und Zeichen ist zu achten. Weitergehend als unter dem PatG ist bei einer Gebrauchsmusteranmeldung im Hinblick auf den Ausschluss von Verfahrenserfindungen darauf zu achten, dass **kategoriefremde Merkmale** in den Schutzansprüchen vermieden werden.

30 **Disclaimer,** mit denen bestimmte Bereiche ausgenommen werden, sind zulässig, wenn sie sachdienlich sind, insbesondere wenn sie zur Abgrenzung gegenüber dem Stand der Technik dienen. Im Übrigen wird der Anmelder bestrebt sein, Ansprüche auf Eintragung eines GebrM in der **allgemeinsten Form** zu formulieren, die die Erfindung noch in erfinderischer Weise vom Stand der Technik abhebt. Dabei ist jedoch darauf zu achten, dass die angegebene technische Lehre mindestens in aller Regel zum Erfolg führt und damit dem Fachmann einen Weg zeigt, wie er bei zielgerichtetem Vorgehen das erfindungsgemäße Ergebnis hinreichend zuverlässig erreichen kann; Versuche, die im Rahmen des Angemessenen liegen, sind zumutbar. Allgemein gefasste Gebrauchsmusteransprüche dürfen nur Bereiche umfassen, die durch eine entsprechende Anzahl von Beispielen gedeckt sind (vgl. BGH GRUR 1992, 842 – *Chrom-Nickel-Legierung*). In dem durch das GebrMG gesetzten Rahmen infolge des Ausschlusses von Verfahrenserfindungen ist es zulässig, Schutzansprüche verschiedener Erfindungskategorien in eine einzige Anmeldung aufzunehmen; Grenze ist insoweit die Einheitlichkeit der Anmeldung. Der Anmelder hat dabei nicht das Bestehen eines Rechtsschutzinteresses nachzuweisen; von diesem ist vielmehr grundsätzlich auszugehen; das Fehlen des Rechtsschutzbedürfnisses, nicht sein Bestehen, muss festgestellt werden (zu den einzelnen Erfindungskategorien vgl. → § 1 Rn. 133ff.).

3.8 Beschreibung. Nach § 4 Abs. 3 Nr. 4 ist eine Beschreibung des Gegenstands des GebrM notwendig. Die formalen Voraussetzungen ergeben sich aus § 6 GebrMV, der weitgehend der entsprechenden Vorschrift des § 5 PatV entspricht. Er wird ergänzt durch die Vorschrift in § 4a) Abs. 2 Satz 1, wonach eine anmeldetagsbegründende Anmeldung nur dann vorliegt, wenn sie Angaben über den Anmeldungsgegenstand enthält, die jedenfalls dem Anschein nach als Beschreibung anzusehen sind (vgl. hierzu → § 4a Rn. 5). Die Beschreibung ist der Teil der Anmeldeunterlagen, in dem in der Regel die Erfindung detaillierter offenbart wird. Sie bestimmt den materiellen Altersrang (vgl. Einzelheiten unter → Rn. 49). 31

Am Anfang der Beschreibung ist als Titel die im Antrag angegebene Bezeichnung des Gegenstands des Gebrauchsmusters anzugehen (§ 6 Abs. 1 GebrMV). Gemäß § 6 Abs. 2 Nr. 1 GebrMV ist das technische Gebiet, zu dem die Erfindung gehört, soweit es sich nicht aus den Schutzansprüchen oder den Angaben zum Stand der Technik ergibt, anzugeben. Des Weiteren hat die Beschreibung Angaben über den dem Anmelder bekannten Stand der Technik zu enthalten, der für das Verständnis der Erfindung und deren Schutzfähigkeit in Betracht kommen kann, und zwar unter Angabe der dem Anmelder bekannten Fundstellen, § 6 Abs. 2 Nr. 2 GebrMV. Diese Regelung postuliert die Pflicht zu vollständigen und wahrheitsgemäßen Angaben des (relevanten) Standes der Technik, nicht aber zu seiner Würdigung. Diese Verpflichtung dient dazu, das Wesen der Erfindung klar darzustellen. 32

Des Weiteren enthält die Beschreibung das der Erfindung zugrunde liegende **technische Problem** (sog **Aufgabe**) und dessen (deren) **Lösung,** nämlich die Lehre zum technischen Handeln = Erfindung, § 6 Abs. 2 Nr. 3, 4 GebrMV. Bloße Angaben zur sog Aufgabe genügen nicht (vgl. BGH GRUR 1991, 522, 523 – *Feuerschutzabschluss*). Diese mögen zwar dem Verständnis der Erfindungslehre dienen, haben jedoch keine von den Merkmalen der Schutzansprüche losgelöste selbständige Bedeutung (vgl. BGH GRUR 1991, 522, 523 – *Feuerschutzabschluss;* BGH GRUR 1990, 33, 34 – *Schüsselmühle*). Die Angaben zur Lösung des technischen Problems genügen für die Offenbarung der Erfindung, wenn die objektiven kausalen Voraussetzungen des technischen Erfolgs angegeben werden. Ein vom Anmelder geäußerter Irrtum in der Beurteilung der Ursachen der Erfindung ist unschädlich (vgl. BGH GRUR 1994, 357 – *Muffelofen*). 33

Dem Fachmann muss dabei nicht in allen Einzelheiten angegeben werden, welche Schritte er im Einzelnen vornehmen muss, um den technischen Erfolg zu erreichen (vgl. BGH GRUR 1966, 201, 205 – *ferromagnetischer Körper*). Die Angabe der chemischen Formel (Strukturformel) kann zum Beispiel zur Kennzeichnung des Stoffes ausreichend sein. Die vollständige und exakte Aufklärung zum Beispiel der Struktur eines erstmals hergestellten Stoffs ist nicht notwendig, wenn dieser auf andere Weise eindeutig identifiziert werden kann (vgl. BGH GRUR 1972, 80 – *Trioxan*). Notwendig, aber auch ausreichend ist, dass der durch die Beschreibung erläuterte Schutzanspruch soviele Angaben zur Kennzeichnung enthält, wie erforderlich sind, um seine Eigenart durch zuverlässig feststellbare Parameter von zuverlässig feststellbaren Charakteristiken anderer Stoffe zu unterscheiden (vgl. EPA ABl. 1984, 75, 79 – *Zahnradgekräuseltes Garn*). Die Angabe bestimmter physikalischer und chemischer Eigenschaften kann ausreichen (vgl. BGH GRUR 1985, 31 – *Acrylfasern*). Bei einem unter Schutz zu stellenden chemischen Zwischenprodukt ist etwa zu offenbaren, wie es zum Endprodukt weiterzuverarbeiten ist, falls dies dem Fachmann nicht geläufig ist (vgl. BGH GRUR 1972, 642, 644 – *Lactame*). Die Beschreibung durch Messwerte und Messwertrelationen ist ebenfalls für ausreichend erklärt worden (vgl. BGH GRUR 1998, 899, 900 – *Alpinski*). In den Fällen, in denen ein Erzeugnis (zB ein Stoff) nicht durch innere oder 34 äußere unmittelbar wahrnehmbare Merkmale zu kennzeichnen ist oder sich eine derartige Kennzeichnung als unpraktikabel erweist, kann das Erzeugnis durch das **Herstellungsverfahren (product-by-process)** (Einzelheiten bei → § 12a Rn. 193ff.) oder durch die zu seiner Herstellung benutzte Vorrichtung gekennzeichnet werden (vgl. BGH GRUR 1985, 31, 32 – *Acrylfasern*). Dies gilt auch für **biologische Erzeugnisse** (vgl. lediglich BGH GRUR 1993, 651 – *tetraploide Kamille*).

35 In der Beschreibung ist ferner anzugeben, in welcher Weise die Erfindung **gewerblich anwendbar** ist, wenn es sich aus der Beschreibung oder der Art der Erfindung nicht offensichtlich ergibt, § 6 Abs. 2 Nr. 5 GebrMV. Die Beschreibung kann ferner **vorteilhafte Wirkungen** der Erfindung unter Bezugnahme auf den in der Anmeldung genannten Stand der Technik beinhalten, § 6 Abs. 2 Nr. 6 GebrMV. Schutzrechtsbegründende Vorteile müssen ursprünglich offenbart sein; solche, die die Erfindung nicht verändern, können auch nachträglich geltend gemacht werden. Schließlich muss die Beschreibung wenigstens einen Weg zum Ausführen der beanspruchten Erfindung im Einzelnen, gegebenenfalls erläutert durch Beispiele und anhand der Zeichnungen unter Verwendung der entsprechenden Bezugszeichen, beinhalten, § 6 Abs. 2 Nr. 7 GebrMV. Durch dieses Erfordernis soll die **Ausführbarkeit** sichergestellt werden.

36 **3.9 Zeichnungen.** Zeichnungen gehören nicht zu den notwendigen Bestandteilen der Anmeldung. Sie sind nur dann vorgeschrieben, wenn die Anmeldung eine Bezugnahme auf die Zeichnung enthält, § 4 Abs. 3 Nr. 5. Die formal einzuhaltenden Voraussetzungen sind in § 7 GebrMV eingehend dargelegt, die im Wesentlichen der Vorschrift des § 6 PatV nachgebildet ist. Zur Nachreichung von Zeichnungen und damit verbundene Auswirkungen auf den Anmeldetag sowie den Prioritätstag: vgl. → § 4a Rn. 1ff.) und die Anmerkungen dort. Zeichnungen, die den Stand der Technik wiedergeben, sind zulässig, müssen jedoch deutlich mit dem Vermerk „Stand der Technik" gekennzeichnet sein. Neben Ansichten und Schnittzeichnungen können auch perspektivische Ansichten oder Explosionsdarstellungen verwendet werden. Die Zeichnungen sollen mit Bezugzeichen versehen werden, die in der Beschreibung und/oder in den Schutzansprüchen erläutert worden sind. Die Zeichnungen dürfen keine Erläuterungen erhalten, ausgenommen sind kurze unentbehrliche Angaben, wie zB „Schnitt nach A – B", sowie in elektrischen Schaltplänen und Blockschaltbildern kurze Stichworte, die für das Verständnis notwendig sind, § 7 GebrMAnmV. Unzulässig sind insbesondere Kurzbeschreibungen der Zeichnungen (vgl. BPatG Beschl. v. 30.04.15, 35 W (pat) 15/13).

37 **3.10 Einheitlichkeit.** § 4 Abs. 1 S. 2 bestimmt, dass **für jede Erfindung eine besondere Anmeldung** erforderlich ist. Das hierin zum Ausdruck kommende Erfordernis der Einheitlichkeit dient der Übersichtlichkeit der Anmeldung und der Patent-/Gebrauchsmusterdokumentation. Darüber hinaus wird auch das staatliche Gebühreninteresse tangiert, da sich das Gebührenaufkommen bei mehrfachen Anmeldungen erhöht. Durch dieses Erfordernis soll verhindert werden, dass in einer Anmeldung mehrere Erfindungen aufgenommen werden, die offensichtlich nichts miteinander zu tun haben. Einheitlichkeit ist anzunehmen, wenn zwischen einer Gruppe von Erfindungen, die eine einzelne, allgemeine erfinderische Idee verwirklichen, ein technischer Zusammenhang besteht, der in gleichen oder gleichwirkenden, besonderen technischen Merkmalen zum Ausdruck kommt. Für die Feststellung einer Uneinheitlichkeit ist darauf abzustellen, ob nach dem technologischen Zusammenhang unter Berücksichtigung der Praktikabilität des Anmeldeverfahrens und der Übersichtlichkeit des Erfindungskomplexes eine Behandlung in verschiedenen Verfahren geboten erscheint (vgl. BGH GRUR 1979, 461 – *Farbbildröhre*). Dient etwa ein Komplex von Erfindungen der Lösung eines **Gesamtproblems** oder ist er auch nur geeignet, dessen Lösung zu fördern, kann dennoch eine einheitliche Erfindung bestehen (vgl. lediglich BGH GRUR 1971, 512, 514 – *Isomerisierung*). Die Einteilung

eines solchen Komplexes etwa in unterschiedliche Klassen des Schutzrechtsklassifizierungssystems steht der Bejahung dieser Voraussetzung nicht notwendigerweise entgegen. Das Erfordernis gilt auch für abhängige Schutzrechtsansprüche. Die Aufnahme eines sog Disclaimers gegenüber dem Stand der Technik ist zulässig, wenn hierdurch dieses Erfordernis nicht in Frage gestellt wird.

Maßgeblich für die Beurteilung der Frage der Einheitlichkeit ist der **Inhalt der Gebrauchsmusteransprüche.** Soweit gebrauchsmusterrechtlich Schutzansprüche verschiedener Kategorien überhaupt zulässig sind, stehen diese nicht notwendig dem Gebot der Einheitlichkeit entgegen. Wenn eine Anmeldung mehrere Ausführungsformen desselben Erfindungsgedankens unter Schutz stellt, steht dies dem Gebot der Einheitlichkeit nicht entgegen (BPatGE 7, 125, 128/129). Dasselbe gilt auch bei Alternativmerkmalen (BPatGE 6, 203, 206). Bei chemischen Verbindungen wird es etwa darauf ankommen, inwieweit ein gemeinsames Strukturprinzip den Schutzansprüchen entnehmbar ist. Zwischenprodukte und Endprodukte werden im Regelfall ebenfalls das Gebot der Einheitlichkeit erfüllen. Entscheidend sind aber jeweils die Umstände des Einzelfalles. 38

Die Einhaltung des Gebots der Einheitlichkeit gehört zu den Prüfungskriterien der Gebrauchsmusterstelle des DPMA. Die Einheitlichkeit der Erfindung ist dabei keine Schutzvoraussetzung, sondern lediglich eine ordnungsrechtliche Eintragungsvoraussetzung, deren Fehlen **keinen Löschungsanspruch** begründet (vgl. lediglich *Bühring/Schmid* GebrMG § 4 Rn. 75; vgl. insoweit auch den abschließenden Katalog der Löschungsgründe in § 15 sowie → § 15 Rn. 24ff., → § 15 Rn. 40ff.). 39

Bei beanstandetem Fehlen der Einheitlichkeit kann der Anmelder entweder auf den Gegenstand des uneinheitlichen Anspruchs oder Anspruchsteils **verzichten** oder eine **Ausscheidungsanmeldung,** jeweils unter Anpassung der Unterlagen, vornehmen. Unterbleibt dies, so ist die Anmeldung mangelhaft und insgesamt von Amts wegen zurückzuweisen (BGH GRUR 1962, 398 – *Atomschutzvorrichtung*). Ferner bestehen keine Bedenken, dem Anmelder – wie im Patentrecht (vgl. hierzu *Busse/Keukenschrijver* PatG § 34 Rn. 131) – die Möglichkeit zur Formulierung eines einheitlichen, eingeschränkten Gebrauchsmusterbegehrens einzuräumen, anstatt ihn auf die Notwendigkeit eines Verzichts oder einer Ausscheidungsanmeldung zu verweisen; hierdurch wird häufig eine flexiblere Handhabung insbesondere mit Blickrichtung auf den Schutzumfang ermöglicht. 40

3.11 Anmeldegebühr. Die Gebührenpflicht ergibt sich aus dem PatKostG (§ 2). 41

Die Anmeldegebühr beläuft sich auf EUR 30,00 bei elektronischer Übermittlung und auf EUR 40,00 in ausgedruckter Form. Die Gebühren sind dem Gebührenverzeichnis (GebVerz Nr. 321 000; 321 300). Hinzu kommen im Verfahren vor dem DPMA die Erstattung von Kosten (Gebühren und Auslagen), die nach der „Verordnung über Verwaltungskosten beim Deutschen Patent- und Markenamt" (DPMAVwKostV) vom 15.10.1991 (BGBl. I 2013 = BlPMZ 1991, 363), zuletzt geändert durch die 6. ÄnderungsVO vom 13.11.1998 (BGBl. I 3426) für Amtshandlungen des DPMA in Gebrauchsmustersachen (Gebühren für Beglaubigungen, Bescheinigungen, Akteneinsicht, Auskünfte, Auslagen für Register- und Rollenauszüge etc) zu erstatten sind; diese im Verfahren vor dem BPatG anfallenden Kosten bemessen sich nach dem GKG. Zu dem allgemeinen Kostenrecht wird verwiesen auf die Kommentierung bei *Busse/Keukenschrijver* vor § 17 PatG). 42

Die **Fälligkeit** der Anmeldegebühr nach dem GebrMG iVm PatKostG entsteht mit Einreichung des Antrages (Wortlaut: „Mit der Anmeldung ist … eine Gebühr … zu zahlen"). Sie ist innerhalb von 3 Monaten nach Eingang der Anmeldung zu entrichten. Im Falle der Versäumnis oder der Zahlung in zu geringer Höhe gilt die Anmeldung als zurückgenommen, § 6 Abs. 2 PatKostG. **Teilzahlungen** sind Nichtzahlungen, vgl. § 366 BGB. Die Anmeldegebühr verfällt darüber hinaus mit dem Fälligwerden, das heißt, sie kann mit Rücknahme der Anmeldung weder ganz noch teilweise erstattet 43 werden. Geht die Rücknahmeerklärung vor oder gleichzeitig mit der Anmeldung ein, ist eine Rückzahlung möglich. Dasselbe gilt bei Vornahme einer unwirksamen Anmeldung, zum Beispiel durch einen Geschäftsunfähigen (*Bühring/Schmid* GebrMG § 4 Rn. 102). Bei einer **Ausscheidungs- oder Teilungsanmeldung** wird die Gebühr mit Eingang der Teilungserklärung fällig (vgl. BPatGE 13, 47, 52).

44 Hinsichtlich der Zahlungsarten ist auf § 1 PatGebZV zu verweisen. Zahlungsempfänger ist gemäß § 2 PatGebG das DPMA, wobei Leistungsort iSd § 193 BGB München bzw. Berlin oder Jena ist. Die Frist zur Zahlung der Gebühr ist gewahrt, wenn der Betrag bei der Kasse des DPMA bzw. die Gutschrift auf dessen Bankkonten eingeht.

45 Nach Versäumung der Frist kommt gegebenenfalls **Wiedereinsetzung** gemäß § 21 iVm § 123 PatG in Betracht.

46 Die Rechtsgrundsätze der **Verfahrenskostenhilfe** sind anwendbar, § 21 Abs. 2 iVm §§ 129–138 PatG. Verfahrenskostenhilfe kann folglich nicht von der Anmeldegebühr befreien, § 130 PatG.

47 Für **PCT-GebrM-Anmeldungen** ist ebenfalls eine Anmeldegebühr nach § 4 Abs. 5 S. 1 innerhalb der Frist des Art. 22 Abs. 1 PCT von 20 Monaten seit dem Prioritätsdatum einzubezahlen. Dies ergibt sich nunmehr ausdrücklich aus Art. III § 4 Abs. 2 IntPatÜG infolge der Änderung durch das 2. GPatG (vgl. Begründung BlPMZ 1992, 45, 53). Dies entspricht der bereits vor dieser Gesetzesänderung durch die Rechtsprechung erfolgten Auslegung des Art. III § 4 Abs. 2 IntPatÜG aF (vgl. lediglich BPatG GRUR 1984, 108, 110). Eine Benachrichtigung nach § 4 Abs. 5 S. 2 ist für eine internationale GebrM-Anmeldung ausgeschlossen (BPatG GRUR 1984, 108, 110), zumal eine Gebührenbenachrichtigung sinnlos wäre, da diese eine Anmeldung beträfe, deren Wirkung bereits geendet hat. Die Versäumung der Frist nach Art. 22 Abs. 1 PCT führt gemäß Art. 24 Abs. 1 iii) PCT zur Beendigung der Wirkung gemäß Art. 11 Abs. 3 PCT (Beendigung der Wirkung einer vorschriftsmäßigen nationalen Anmeldung mit dem internationalen Anmeldedatum und damit Eintritt der gleichen Folgen wie die Zurücknahme einer nationalen Anmeldung). Die Pflicht zur Zahlung der Anmeldegebühr entfällt, wenn das DPMA bereits **Anmeldeamt** war; die Gebühr ist dann durch die Übermittlungsgebühr abgegolten, Art. III § 4 Abs. 2 S. 2 IntPatÜG. In diesem Fall ist gemäß Art. III § 1 Abs. 3 IntPatÜG mit der Anmeldung außer den nach dem PCT durch das DPMA als Anmeldeamt einzuziehenden Gebühren eine Übermittlungsgebühr nach dem Tarif zu zahlen. Nach Satz 2 dieser Vorschrift kann die Übermittlungsgebühr noch innerhalb eines Monats nach dem Eingang der Anmeldung beim DPMA entrichtet werden.

48 Gegen die Versäumung der Frist zur Zahlung der nationalen Gebühr für die internationale GebrM-Anmeldung besteht die Möglichkeit der **Wiedereinsetzung** in den vorigen Stand, Art. 48 Abs. 2 lit. a PCT iVm § 123 PatG (vgl. BPatG GRUR 1984, 108, 111). Über einen solchen Antrag auf Wiedereinsetzung in die Frist nach Art. 22 Abs. 1 PCT hat im Fall einer internationalen GebrM-Anmeldung die Gebrauchsmusterstelle des DPMA durch ihren rechtskundigen Leiter zu entscheiden (BPatG GRUR 1984, 108 – *Internationale Gbm-Anmeldung*).

4. Offenbarung

49 **4.1 Allgemeines.** Eine ausdrückliche Bestimmung entsprechend § 34 Abs. 4 PatG nF (§ 35 Abs. 2 PatG aF) fehlt im GebrMG. Dennoch ist auch für das GebrMG anerkannt, dass die Erfindung in der Anmeldung so **deutlich** und **vollständig zu offenbaren** ist, dass ein Fachmann sie **ausführen** (→ Rn. 55 ff.) kann. Die „Belohnung" mit einem Schutzrecht setzt voraus, dass der Anmelder die Öffentlichkeit im Gegenzug in einer Weise informiert, dass ein Fachmann die technische Lehre praktisch verwirklichen kann.

50 Maßgeblich für die Beurteilung sind die gesamten Gebrauchsmuster-Unterlagen (Gebrauchsmusteransprüche, Beschreibung, Zeichnung, Bezeichnung der Erfin-

dung). Entsprechend der nunmehr im Patentrecht zugrunde gelegten Praxis muss auch bei der Frage des Offenbarungsgehalts einer GebrM-Anmeldung auf all dasjenige abgestellt werden, was in der **Gesamtheit** der **ursprünglichen Unterlagen** schriftlich niedergelegt ist und sich dem Fachmann ohne weiteres aus dem Gesamtinhalt der Unterlagen am Anmeldetag erschließt. Es spielt für die Frage der Offenbarung der Erfindung deshalb weder eine Rolle, ob etwas in der Beschreibung gegenüber gleichzeitig offenbarten anderen Lösungen als vorteilhaft, zweckmäßig oder bevorzugt bezeichnet ist, noch gibt es eine Abstufung in der Wertigkeit der für die Beschreibung der Erfindung benutzten Offenbarungsmittel. Die besondere Hervorhebung einer Ausführungsform oder eines Beispiels oder die Kennzeichnung als vorteilhaft, zweckmäßig oder bevorzugt, erleichtern lediglich die Erkenntnis, dass das betreffende Merkmal oder die engere Lehre zu der beanspruchten Erfindung gehörend offenbart ist (vgl. lediglich BGH GRUR 1990, 510, 511/512 – *Crackkatalysator I*).

Soweit in der Literatur für das Gebrauchsmusterrecht eine andere Auffassung vertreten wird mit dem Hinweis, dass Merkmale, die nur der **Zeichnung** entnehmbar sind, zwar neuheitsschädlich wirken, jedoch keine prioritätsbegründende Offenbarung beinhalten könnten, es sei denn, dass ein ausdrücklicher wörtlicher, sich auf die Merkmale der Zeichnung erstreckender Hinweis in den Unterlagen befinde (so *Bühring/Schmid* GebrMG § 4 Rn. 73 iV.m. 109), kann dem nicht gefolgt werden. Denn die GebrM-Anmeldung richtet sich an den Fachmann, der für die Beurteilung des Offenbarungsgehaltes auf den Gesamtinhalt der Unterlagen abstellen wird und nicht einzelne Teile bevorzugen bzw. aus seiner Betrachtung ausnehmen wird. Die nach objektiven Kriterien erfolgende Betrachtung wird sich dabei nicht zuletzt an dem mit der Erfindung im Hinblick auf die Nachteile des Standes der Technik verfolgten Zweck und an dem Lösungsvorschlag mit seinen einzelnen Elementen orientieren (BGH GRUR 1990, 510, 511/512 – *Crackkatalysator I*). Überdies ist eine Aufspaltung des Gesamtinhalts einer Anmeldung in einzelne Offenbarungsgehalte mit dem anzustrebenden einheitlichen Offenbarungsbegriff nicht in Einklang zu bringen. Entscheidungen, wie etwa in BPatG GRUR 1979, 316; 1979, 704, wonach Zeichnungen früher als nicht gleichwertiges Offenbarungsmittel angesehen wurden, müssen deshalb als überholt angesehen werden. 51

Einen **Widerspruch** zwischen einzelnen Offenbarungsteilen wird der Fachmann unter Ermittlung des Gesamtinhalts der Offenbarung in der Regel auflösen können. Zum Gesamtinhalt einer Offenbarung gehören auch **Verweisungen, Bezugnahmen** auf weitere Unterlagen. Nach BGH (GRUR 1998, 901, 903/904 – *Polymermasse*) soll der bloße Hinweis auf eine unveröffentlichte ausländische Patentanmeldung unter Nennung ihrer Nummer genügen, wenn die Unterlagen dem DPMA und interessierten Dritten zugänglich sind. Bei der Beurteilung des Offenbarungsgehaltes ist das am Prioritätstag vorhandene **allgemeine Fachwissen** zu berücksichtigen. Ein mosaikartiges Zusammensuchen von in den Unterlagen verstreuten Angaben kommt jedoch nicht in Betracht, insbesondere, wenn deren Einbeziehung in die Anmeldungsunterlage für den Fachmann eher zufälligen Charakter aufweist. 52

4.2 Offenbarung als zur angemeldeten Erfindung gehörend. Materiellrechtlicher Gebrauchsmusterschutz kann ferner nur entstehen, wenn der in den Anmeldungsunterlagen enthaltene Lösungsgedanke **als zur angemeldeten Erfindung gehörend** („Gegenstand der Anmeldung", vgl. § 4 Abs. 6 S. 2) offenbart ist (BGH GRUR 1968, 86, 89 – *Ladegerät I;* BGH GRUR 1990, 510 – *Crackkatalysator I*). Die Forderung, dass nur solche Merkmale und Ausführungsformen als zur Erfindung gehörig entnehmbar sind, die „als eine in Betracht kommende Lösung, also differenziert, beschrieben worden sind", mithin eher zufällig wirkende Merkmale nicht umfasst werden sollen (so *Bühring/Schmid* GebrMG § 4 Rn. 113), erscheint hingegen zu sehr an der äußeren Gestaltung sowie am Wortlaut der Unterlagen verhaftet. 53

54 **4.3 Grenzwerte, Bereichsangaben, allgemeine Formeln. Besondere Fallgestaltungen,** die sich durch eine Offenbarung mittels **Grenzwerten, Bereichsangaben** oder **allgemeinen Formeln** ergeben können, sind nach den o. a. Grundsätzen zu beurteilen. Dementsprechend wird ein Fachmann regelmäßig durch Grenzwerte definierte Bereiche dahingehend verstehen, dass alle innerhalb der angegebenen Grenzen liegende Werte erfasst sind, so dass die Grenzwertnennung in der Regel nur eine vereinfachte Schreibweise auch für die Zwischenwerte darstellt (vgl. BGH GRUR 1990, 510 – *Crackkatalysator I;* BGH GRUR 1992, 842, 844 – *Chrom-Nickel-Legierung*). Andernfalls müsste der Anmelder bereits bei seiner Anmeldung alle nur denkbaren Bereiche zahlenmäßig abgrenzen, die möglicherweise in Zukunft eine Rolle spielen könnten, was letzten Endes nur spekulativ sein kann (BGH GRUR 1990, 510 – *Crackkatalysator I;* BGH GRUR 1992, 842, 844 – *Chrom-Nickel-Legierung*). Zur ursprünglichen Offenbarung einer allgemeinen chemischen Strukturformel, vgl. etwa BPatG GRUR 1983, 735; zu biologischen Erfindungen mit Angaben von Wirkstoffmengenbereichen vgl. etwa BGH GRUR 1993, 651 – *tetraploide Kamille;* zur Offenbarung einer Aminosäuresequenz eines Proteins als echtes technisches Merkmal vgl. etwa EPA GRUR Int. 1997, 258; zur Offenbarung eines Elements in einfacher oder mehrfacher Anordnung, vgl. etwa BGH GRUR 1995, 113 – *Datenträger.*

55 **4.4 Offenbarung und Ausführbarkeit.** Die Offenbarung muss **so deutlich** und **vollständig** sein, dass ein Fachmann die angemeldete technische Lehre **ausführen** kann. Mangelnde Ausführbarkeit bedeutet mangelnde Schutzfähigkeit (BGH Mitt. 1999, 372, 373 – *Flächenschleifmaschine;* vgl. ferner bei → § 15 Rn. 1 ff.). Diese Voraussetzung ist gegeben, wenn der in dem Gebrauchsmusterdokument anvisierte Erfolg unter Einhaltung des dort angegebenen Lösungswegs in einem praktisch ausreichenden Maß erreicht werden kann. Die Anmeldung muss diejenigen Angaben enthalten, die der Fachmann benötigt, um die Lehre auszuführen. Eine für die Ausführbarkeit ausreichende Offenbarung ist nicht gegeben, wenn die technische Lehre nur mit großen Schwierigkeiten oder nur durch Zufall gelingt (vgl. BGH GRUR 1980, 166, 168 – *Doppelachsaggregat*). Dass es gelegentlich zu „Ausreißern" kommt oder die technische Lehre in Einzelfällen nicht verwirklichbar ist, steht einer ausreichenden Offenbarung nicht entgegen (vgl. BGH GRUR 1989, 899 – *Sauerteig*). Allerdings muss mindestens ein Weg zum Ausführen eindeutig aufgezeigt werden, wobei für den Fachmann nur diejenigen Maßnahmen aufzuzeigen sind, die ihn in den Stand versetzen, die Lehre praktisch auszuführen. Was er aufgrund seines Fachwissens an **Fachkenntnissen** und **Fertigkeiten** bereits zur Verfügung hat, bedarf keiner Wiederholung (vgl. BGH GRUR 1984, 272, 273 – *Isolierglasscheibenrandfugenfüllvorrichtung*). Eine konkrete „Bau- und Betriebsanleitung" ist nicht erforderlich; jedoch muss dem Fachmann die entscheidende Richtung angegeben werden, in der er – ohne Anwendung eigener erfinderischer Tätigkeit, aber auch ohne am Wortlaut des Gebrauchsmusterdokuments zu haften – mit Erfolg weiterarbeiten und jeweils die günstigste Lösung auffinden kann (vgl. BGH GRUR 1998, 1003, 1005 – *Leuchtstoff*). Dies impliziert auch, dass dem Fachmann durchaus die Vornahme von **Versuchen** zugemutet werden kann, vorausgesetzt, dass diese nicht das übliche Maß übersteigen und keine erfinderischen Überlegungen erfordern (vgl. BGH GRUR 1980, 166 – *Doppelachsaggregat*). Auf die theoretisch zutreffende Begründung des Anmeldegegenstandes kommt es nicht an (vgl. BGH GRUR 1994, 357 – *Muffelofen*). Weitere Einzelheiten: → § 1 Rn. 22 ff.

56 Als besonderer Aspekt der Ausführbarkeit stellt sich die **technische Brauchbarkeit** dar, die fehlt, wenn die mit dem Gebrauchsmuster angestrebten Wirkungen nicht erreicht werden bzw. das zugrunde liegende technische Problem mit den vorgeschlagenen Mitteln unter Einbeziehung des allgemeinen Fachwissens nicht gelöst werden kann (vgl. BGH BlPMZ 1985, 117 – *Energiegewinnungsgerät*). Für die Prüfung

der Ausführbarkeit ist auf den **Anmelde- oder Prioritätszeitpunkt** abzustellen; ob dies auch im Falle eines Löschungsverfahrens gilt, ist zweifelhaft, aber zu bejahen (BGH Mitt. 1999, 372, 373 – *Flächenschleifmaschine;* vgl. zu der parallelen patentrechtlichen Fragestellung bei einem Einspruchs- oder Nichtigkeitsverfahren: *Busse/Keukenschrijver* PatG § 34 Rn. 299).

Für das Gebrauchsmusterrecht kann die Frage unentschieden bleiben, ob die weitere Voraussetzung, dass eine **fertige Erfindung** vorliegen muss, unter den Aspekt der Ausführbarkeit oder der Gebrauchsmusterfähigkeit einzuordnen ist, da – wie oben dargelegt – auch die Ausführbarkeit rechtsdogmatisch unter den Komplex der Schutzfähigkeit fällt (vgl. zu den Voraussetzungen des Vorliegens einer fertigen Erfindung → § 1 Rn. 20f.). 57

5. Änderung der Anmeldung. Der Frage der Änderungsmöglichkeiten für Gebrauchsmusterunterlagen kommt sowohl für den Zeitraum **vor** als auch **nach** der Eintragungsverfügung eine große praktische Rolle zu. Es kommt häufig vor, dass der Anmelder vor oder nach Eintragung des Gebrauchsmusters erfährt, dass Teile desselben in schutzrechtshindernder Weise vorweggenommen sind. In diesen Fällen hat der Anmelder das Interesse, beschränkte Schutzansprüche, die auf den als schutzfähig übrig bleibenden Teil bezogen sind, weiterzuverfolgen. Ferner ist es nicht selten, dass die Gebrauchsmusterunterlagen im Hinblick auf bestimmte Verletzungsformen, die von Dritten herausgebracht werden, einer Präzision bedürfen. § 4 Abs. 5 regelt in Anlehnung an § 38 PatG die Möglichkeit von Änderungen der Anmeldung bis zur Verfügung über die Eintragung; für Änderungen nach der Eintragungsverfügung enthält § 4 keine Regelung. 58

5.1 Änderungen vor Eintragungsverfügung. Sie sind zulässig, soweit sie den **Gegenstand** der Anmeldung nicht erweitern. Die gesetzliche Einführung dieses Regelungstatbestandes erfolgte zum Zwecke der Rechtsklarheit (amtl. Begr., BlPMZ 1986, 310, 324). Soweit Änderungen den Anmeldegegenstand erweitern, können Rechte hieraus nicht hergeleitet werden, § 4 Abs. 5 S. 2. Es dient der Rechtssicherheit, die Eintragung einer Anmeldung zu versagen, aus deren Gegenstand keine Rechte hergeleitet werden können (*Bühring/Schmid* § 4 Rn. 142 mwN). Zum „Gegenstand" der Erfindung im Zusammenhang mit der Schutzbereichsbestimmung, vgl. → § 12a Rn. 10. 59

Was unter **„Gegenstand der Anmeldung"** zu verstehen ist, lässt sich weder dem GebrMG noch dem PatG unmittelbar entnehmen. Vielmehr löst die in § 4 Abs. 5 enthaltene Formulierung in Zusammenschau mit anderen Vorschriften offene Fragen aus, die von der Rechtsprechung noch nicht vollständig beantwortet worden sind. Das Problem kann etwa auftauchen, wenn ein Merkmal neu in den GebrM-Anspruch aufgenommen wird, das in den ursprünglichen Anmeldungsunterlagen zum Beispiel lediglich in der Beschreibung enthalten war. Die Aufnahme eines neuen Merkmals in den GebrM-Anspruch bedeutet nicht automatisch eine (zulässige) Beschränkung; hiermit kann auch eine (unzulässige) Erweiterung verbunden sein (vgl. lediglich BGH GRUR 1977, 598, 599 – *Autoskooter-Halle*). Hinzu kommt eine nicht einheitliche Gesetzesterminologie, wenn zB in Abs. 3 Nr. 2, 4 vom „Gegenstand des Gebrauchsmusters" gesprochen wird; in Abs. 3 Nr. 3 wiederum wird auf Schutzansprüche abgestellt, in denen angegeben ist, was als schutzfähig unter Schutz gestellt werden soll. Als „Gegenstand der Anmeldung" sollte nicht der in § 12a geregelte Schutzbereich des Gebrauchsmusters angesehen werden, da die Anmeldung als solche keinen Schutzbereich festlegen kann und darüber hinaus zum Beispiel eingereichte Unterlagen nicht anwaltlich vertretener (Einzel-)Erfinder vielfach nur als Formulierungsversuch angesehen werden können. Auch die in § 8 Abs. 1 enthaltene Regelung führt nicht zu einer Klärung, was unter dem „Gegenstand der Anmeldung" zu verstehen ist. Während Satz 1 lediglich statuiert, dass eine den Anforderungen der §§ 4, 4a entsprechende Anmeldung in die Rolle für Gebrauchsmuster einzutragen ist, regelt 60

Satz 2, dass eine Prüfung des „Gegenstandes der Anmeldung“ auf die relativen Schutzvoraussetzungen nicht stattfindet. Jedenfalls bedeutet dies nach der höchstrichterlichen Rechtsprechung, dass der Prüfung auf Schutzfähigkeit (nur) der im Schutzanspruch umschriebene Gegenstand zugrunde zu legen ist (BGH GRUR 1997, 360, 361/362 – *Profilkrümmer,* unter Bezugnahme auf § 4 Abs. 2 Nr. 2 aF = § 4 Abs. 3 Nr. 2 nF). Im Kontext der Prüfung einer unzulässigen Erweiterung stellt der BGH ebenfalls auf die Überprüfung des **Gegenstandes des Gebrauchsmusters** anhand der eingetragenen Schutzansprüche ab (BGH Mitt. 1998, 98, 101 – *Scherbeneis:* ob sich diese Entscheidung aufgrund der speziellen Sachverhaltskonstellation verallgemeinern lässt, bleibt jedoch fraglich). Für das Löschungsverfahren hat das BPatG festgehalten, dass ein „Erfindungsbereich“, der nur in der GebrM-Schrift dargestellt, nicht aber hinreichend in die Schutzansprüche einbezogen sei, in dem GebrM nicht unter Schutz gestellt sei und auch nicht nachträglich durch eine einschränkende Verteidigung im Löschungsverfahren unter Schutz gestellt werden könne; auch das Gebot der Rechtssicherheit, das Ziel einer angemessenen Belohnung des Erfinders sowie die Homogenität von Löschungs- und Verletzungsverfahren würden es verbieten, für die Offenbarung der gesamten Erfindung auch den vom Schutzanspruch nicht erfassten „Erfindungsbereich“ als mit offenbart anzusehen (BPatG Mitt. 1999, 271, 273). Auch wenn eine Aufspaltung eines einheitlich verwendeten Gesetzesbegriffs vermieden werden sollte, darf die unterschiedliche Funktion der Prüfung der relativen Schutzvoraussetzungen nicht außer Acht gelassen werden. Während es bei der Zurechnung einer Offenbarung zum Stand der Technik nicht darauf ankommt, ob sie eher beiläufig oder als „zur Erfindung gehörig“ erfolgte, stellt sich bei der Beurteilung des „Gegenstandes der Anmeldung“ nach § 4 Abs. 5 die Frage, ob der Fachmann der ursprünglichen Anmeldung entnehmen kann, dass der geänderte Lösungsvorschlag von vornherein von dem Schutzbegehren umfasst sein sollte. Des Weiteren lässt der Wortlaut des § 4 Abs. 5 den Schluss zu, dass mit „Gegenstand der Anmeldung“ die „in der Anmeldung enthaltenen Angaben“ gemäß Abs. 3 gemeint sind (vgl. auch die ausdrückliche Regelung in § 38 PatG mit dort erfolgter Bezugnahme auf § 34 Abs. 3 PatG), die nicht auf die Schutzansprüche beschränkt sind. Zudem lässt sich das ungeprüfte Gebrauchsmuster durchaus mit einer offengelegten Patentanmeldung vergleichen (BGH GRUR 1977, 598, 601 – *Autoskooter-Halle*). Dementsprechend werden für das Gebrauchsmustereintragungsverfahren auch die für das Patent-Prüfungsverfahren geltenden Grundsätze insoweit angewendet (BPatG GRUR 1984, 112, 114 – *Palettenloser Kolli*). Hier ist aber in herkömmlicher Rechtsprechung anerkannt, dass im Prüfungsverfahren die in der Anmeldung enthaltenen Angaben bis zum Patenterteilungsbeschluss geändert werden können, soweit dadurch der Gegenstand der Anmeldung nicht erweitert wird. Bis dahin kann alles, was ursprünglich offenbart war, zum Gegenstand des Schutzbegehrens gemacht werden, wobei sich die ursprüngliche Offenbarung nicht allein nach der ursprünglichen Anspruchsfassung sondern nach dem **Gesamtinhalt** der ursprünglichen Unterlagen (Bezeichnung der Erfindung, Beschreibung, Zeichnung und Ansprüche) richtet (BGH GRUR 1988, 197 – *Runderneuern;* ebenso *Busse/Keukenschrijver* PatG § 38 Rn. 8 mwN). Einzelheiten:

61 Ob Änderungen der Anmeldung deren Gegenstand erweitern, ist anhand der ursprünglichen Gebrauchsmusterunterlagen in ihrer Gesamtheit (s. o.) zu beurteilen. Findet das neu gefasste Schutzbegehren in den ursprünglichen Unterlagen bereits eine Grundlage, dann liegt keine Änderung oder Erweiterung des Anmeldungsgegenstandes vor. Maßgebend ist das Verständnis des Durchschnittsfachmanns. Dass das neue Schutzbegehren aus lediglich beiläufigen Bemerkungen und aus einer für den Durchschnittsfachmann nicht erkennbaren Bedeutung genannter Merkmale „herausgelesen“ werden kann, genügt nicht (vgl. hierzu BGH GRUR 1968, 68 – *Ladegerät I* mwN). Ein Gebrauchsmusteranmelder, der ursprünglich für eine für zwei Verwendungsarten geeignete Erfindung Schutz begehrt hat, kann dieses Schutzbegehren vor der Eintragung auf eine Ausführungsform, die für beide Verwendungsarten geeignet ist, richten, wenn diese Ausführungsform in den ursprünglichen Unterlagen als iSd Erfindung in Betracht kommend offenbart wird (BGH GRUR 1968, 86, 89 – *Ladegerät I*).

Die Änderungen können sich – soweit sie zulässig sind – sowohl auf Ansprüche, Beschreibung, als auch Zeichnungen der Anmeldung beziehen. In Ergänzung zu den nachfolgenden Anmerkungen sei auf → § 15 Rn. 60ff. verwiesen. 62

Ob eine Änderung eine (unzulässige) Erweiterung darstellt, ist durch **Vergleich** des als geschützt Beanspruchten mit der Gesamtheit der Anmeldungsunterlagen, als deren Inhalt alles anzusehen ist, was der Fachmann ihnen (ohne weiteres Nachdenken und ohne nähere Überlegungen) als zur Erfindung gehörend entnehmen kann, vorzunehmen (vgl. lediglich BGH GRUR 1995, 113, 114/115 – *Datenträger;* BPatGE 23, 59, 60; vgl. aber BGH GRUR 1997, 360, 361/362 – *Profilkrümmer;* BPatG Mitt. 1999, 271, 273). Hierzu gehört die Prüfung, ob die ursprüngliche Offenbarung für den Fachmann erkennen ließ, dass der geänderte Lösungsvorschlag von vornherein von dem Schutzbegehren umfasst werden solle. Eine implizite Offenbarung reicht aus, wenn sie den Gegenstand klar und eindeutig erkennen lässt. Eine unzulässige Erweiterung kann vorliegen, auch wenn der Anspruchswortlaut selbst nicht geändert wird, weil zum Beispiel der sonstige Inhalt der Anmeldung so geändert wird, dass der Schutzanspruch in einem weiteren Sinn zu verstehen ist. Andererseits kann sich eine Änderung dahingehend als zulässig erweisen, bei der etwas zum Gegenstand eines Gebrauchsmusteranspruchs gemacht wird, worauf in den ursprünglichen Unterlagen kein Gebrauchsmusteranspruch gerichtet war, da sich die ursprüngliche Offenbarung eben nicht allein nach der ursprünglichen Anspruchsfassung sondern nach dem Gesamtinhalt der ursprünglichen Unterlagen ergibt (vgl. BGH GRUR 1988, 197, 198 – *Runderneuern,* zum PatG; aA BPatG Mitt. 1999, 271, 273, s. o.). 63

Zulässige Änderungen (immer vorausgesetzt, dass damit keine Erweiterung verbunden ist) sind danach insbesondere die **Berichtigung offensichtlicher Unrichtigkeiten** (zB Schreibfehler, Flüchtigkeitsfehler, Verstöße gegen die Regeln des technischen Zeichnens etc). Der Austausch der gesamten Gebrauchsmusteranmeldungs-Unterlagen kann nicht als „Berichtigung" angesehen werden. Ferner sind zulässig Änderungen, die lediglich eine **Klarstellung** oder **Beschränkung** enthalten. Eine Klarstellung wird beispielsweise angenommen werden können, wenn die offenbarte Definition eines Stoffes durch eine andere, präzisere (zB exakte chemische Bezeichnung oder Formel) ersetzt wird (vgl. BPatG GRUR 1973, 463). Die Präzisierung des Schutzanspruchs zum Beispiel durch Vertauschen eines Merkmals vom Oberbegriff in den kennzeichnenden Teil – oder – erst recht umgekehrt – wird je nach Sachlage ebenfalls in der Regel zulässig sein (vgl. BGH GRUR 1971, 115, 117 – *Lenkradbezug*). Die präzisere Beschreibung der offenbarten technischen Lehre ohne Änderung des Inhalts wird ebenfalls in der Regel zulässig sein. Keine Erweiterung wird grundsätzlich bei einer Beschränkung auf den kleineren, aus einem ursprünglich größeren beanspruchten Bereich (vgl. BGH GRUR 1990, 510 – *Crackkatalysator I*) oder auf ein Ausführungsbeispiel (BGH GRUR 1990, 432 – *Spleißkammer*) oder auf eine von mehreren Möglichkeiten (BGH GRUR 1968, 86, 89 – *Ladegerät I*) anzunehmen sein. Dasselbe gilt grundsätzlich bei der Aufnahme eines weiteren Merkmals aus der Beschreibung in den Anspruch (vgl. BGH GRUR 1991, 307 – *Bodenwalze*). Nicht erweiternd ist ferner grundsätzlich die Zusammenfassung von Merkmalen aus den Schutzansprüchen. So bedeutet die Streichung einer einem Merkmal innewohnenden Angabe oder einer Wirkungsangabe in der Regel keine unzulässige Erweiterung. Die Einfügung eines weiteren Merkmals aus der Beschreibung in den Anspruch ist nicht zulässig, wenn es dort zwar erwähnt, in seiner Bedeutung für die im Anspruch umschriebene Erfindung jedoch nicht zu erkennen ist (vgl. BGH GRUR 1990, 432, 433 – *Spleißkammer*). Ferner wird es als unzulässig angesehen, aus der Beschreibung einen Ausschnitt in den Schutzanspruch zu übernehmen, der sich nur unter Aufbie- 64 tung schöpferischer Tätigkeit der Beschreibung entnehmen lässt (vgl. BGH GRUR 1990, 432, 433 – *Spleißkammer*).

65 Zum Gegenstand der ursprünglichen Anmeldung zählt hingegen nicht allein das dort ausdrücklich Beschriebene, sondern auch das, was der Fachmann **quasi mitliest** oder was als **fachnotorisch austauschbares Mittel** bezeichnet werden könnte; inhaltlich dürften diese (aus dem Bereich der Neuheitsprüfung herrührenden) Begriffe das wiedergeben, was der BGH als (zulässige) Berücksichtigung „glatter Äquivalente" der in den ursprünglichen Unterlagen beschriebenen Erfindung (BGH GRUR 1978, 699, 700 – *Windschutzblech*) gemeint hat. In diesem Zusammenhang weist der BGH zutreffend darauf hin, dass das **Gebot der Rechtssicherheit** klare Verhältnisse verlangt, die bei der Zulassung der Nachreichung von – unter Verwendung der damals gebräuchlichen Terminologie – nicht glatten Äquivalenten oder Unterkombinationen nicht mehr gewährleistet sind (BGH GRUR 1978, 699, 701 – *Windschutzblech*).

66 Werden Ansprüchezulässigerweise geändert, so bedarf es der Anpassung der Beschreibung (BPatG GRUR 1981, 350, 351 – *Bohrstange*); andernfalls droht die Zurückweisung der Anmeldung.

67 **Unzulässige Änderungen** sind solche, die eine Erweiterung über die ursprüngliche Offenbarung hinaus beinhalten. Diese Situation ist dann anzunehmen, wenn der ursprüngliche Anmeldungsgegenstand die Änderungen nicht umfasst, weil sie vom Durchschnittsfachmann nicht ohne Weiteres aus den ursprünglichen Unterlagen zu entnehmen sind. Eine Erweiterung liegt vor, wenn das Schutzbegehren nachträglich auf etwas gerichtet ist, das nicht ursprünglich offenbart bzw. in den Unterlagen nicht als „erfindungswesentlich" erkennbar war (BGH GRUR 1968, 86 – *Ladegerät I*). Eine Zurückweisung der Anmeldung ist sogar dann möglich, wenn eine Erweiterung lediglich nicht ausgeschlossen werden kann (vgl. BPatGE 18, 56, 62). Grundsätzlich erweiternd sind ferner Verallgemeinerungen (vgl. BPatG GRUR 1982, 364 – *Kofferraumstrebe*). Ist zum Beispiel in der ursprünglichen Offenbarung die Kombination zweier Merkmale gelehrt, so stellt es eine unzulässige Erweiterung des Gegenstands der Anmeldung dar, wenn später eine Merkmalskombination zum Gegenstand der Anmeldung gemacht wird, die zwar das eine Merkmal, aber nicht das zweite Merkmal enthält (vgl. BPatGE 36, 192). Dasselbe gilt, wenn ein in einer ursprünglichen Offenbarung zwingend vorgesehenes Merkmal nunmehr als fakultativ, zB vorzugsweise, bezeichnet wird (vgl. BGH GRUR 1970, 289, 293 – *Dia-Rähmchen IV*).

68 **Veränderungen** (die nicht notwendigerweise Erweiterungen darstellen müssen) haben in § 4 Abs. 5 (ebenso in § 38 PatG) keine Regelung gefunden. Dennoch wird davon ausgegangen, dass auch solche Änderungen unzulässig sind. Dies gilt insbesondere für die Fallgestaltung, dass eine offenbarte Lehre gegen eine andere ausgetauscht wird (sog **aliud**). Andernfalls würde sich der Schutz nicht mehr auf die ursprünglich beanspruchte Erfindung beziehen; dies ist mit dem Gesichtspunkt der Rechtssicherheit nicht mehr vereinbar (vgl. BGH GRUR 1990, 432, 433 – *Spleißkammer*).

69 Zu den **gesetzlichen Folgen** gehört, dass aus einer unzulässigen Änderungen Rechte nicht hergeleitet werden können. Eine Überprüfung, ob ein geändertes Schutzbegehren in den Unterlagen seine Stütze findet, erfolgt im Löschungsverfahren gemäß § 15 Abs. 1 Nr. 3, der eine Folgeregelung zu § 4 Abs. 5 darstellt, vgl. hierzu → § 15 Rn. 60ff. Die im Patentrecht aufgrund der Existenz eines entsprechenden Widerrufs- bzw. Nichtigkeitsgrundes umstrittene, in der Literatur überwiegend (vgl. lediglich beispielhaft *Mes* PatG § 38 Rn. 14) verneinte Frage, ob im Verletzungsrechtsstreit die unzulässige Erweiterung geltend gemacht werden kann, muss im Gebrauchsmusterrecht trotz eines entsprechenden Löschungsgrundes in § 15 Abs. 1 Nr. 3 bejaht werden. Denn dem Verletzungsgericht kommt im Verletzungsrechtsstreit aufgrund des nicht geprüften Gebrauchsmuster-Schutzrechts ohnehin eine andere Funktion als im Verletzungsstreit aufgrund eines geprüften Patents zu. Dies gilt jedenfalls, solange zwischen den Parteien des Verletzungsrechtsstreits kein zugunsten des Schutzrechtsinhabers und Verletzungsklägers ergangener Bescheid in einem parallelen Löschungsverfahren ergangen ist (Bindungswirkung). Bei erfolgter unzulässiger Erweiterung ist die Anmeldung zurückzuweisen, wenn die Erweiterung nicht beseitigt wird. Das DPMA kann von sich aus Erweiterungen von der Eintragung ausschließen, auch wenn aus dieser Rechtsmöglichkeit keine Pflicht des DPMA zum Ausschluss von Erweiterungen hergeleitet werden kann (*Bühring/Schmid* § 4 Rn. 149). Eine Prüfung auf Erweiterungen findet im Eintragungsverfahren praktisch aber nicht statt (vgl. BPatG GRUR 1966, 208). Sollte ein unzulässig erweitertes Gebrauchsmuster dennoch eingetragen werden, so soll dies nach früherer Rechtsprechung (BGH GRUR 1968, 86 – *Ladegerät I*) der Wirksamkeit der GebrM-Eintragung als solcher nicht entgegenstehen (so auch *Busse/Keukenschrijver* GebrMG § 4 Rn. 24; derselbe aber ablehnend in § 8 Rn. 11). Dieser Auffassung kann angesichts des nunmehrigen Wortlauts in § 4 Abs. 5 nicht gefolgt werden. Ein derart eingetragenes GebrM ist eine inhaltsleere Hülse; hier kann prinzipiell nichts anderes gelten als bei dem Fehlen der materiell-rechtlichen Schutzvoraussetzungen. Die nach früherem Recht hinzunehmende Eintragung einer erweiterten Anmeldung, die nach § 7 GebrMG aF keinen Löschungsgrund darstellte, mit der Möglichkeit einer Prioritätsverschiebung (vgl. hierzu BGH GRUR 1968, 86, 88 – *Ladegerät I;* BGH GRUR 1968, 360 – *Umluftsichter*) besteht nach geltendem Recht nicht mehr. Auch die Ausscheidung einer Erweiterung mit dem Anmeldetag der erstmaligen Offenbarung ist nicht zulässig. Dem Anmelder bleibt insoweit nur die Neuanmeldung mit einem neuen Anmeldetag (*Bühring* GebrMG § 4 Rn. 152).

5.2 Änderungen nach Eintragungsverfügung. Derartige Änderungen sind gesetzlich nicht geregelt. Der Gesetzgeber hat im Hinblick auf die diesbezüglich gefestigte Rechtsprechung von einer Normierung abgesehen (amtl. Begr., BlPMZ 1986, 320, 324/325). Auch bei den nachfolgenden Gesetzesänderungen wurde diesbezüglich keine Regelung aufgenommen. Insbesondere fehlt im GebrMG ein der Vorschrift des § 64 PatG vergleichbares Beschränkungsverfahren – trotz paralleler Interessenlage. Bei zum Beispiel nachträglich aufgefundenem Stand der Technik besteht ein legitimes Interesse des Gebrauchsmusterinhabers, sein Schutzrecht diesem Stand der Technik „anzupassen". Der Inhaber hat dabei die Möglichkeit des **Verzichts.** Ein Verzicht kann sich aber nur auf das Schutzrecht insgesamt oder auf volle Ansprüche beziehen. Auf Anspruchsteile kann ebenso wenig verzichtet werden wie bestehende Ansprüche durch Verzicht geändert oder durch andere ersetzt werden können; ferner ist ein Verzicht auf eine weitergehende Fassung eines Anspruchs nicht möglich (BGH Mitt. 1998, 98, 101 – *Scherbeneis*). Diese engen gesetzlichen Gestaltungsmöglichkeiten haben deshalb seit langem zu der anerkannten Praxis geführt, dass der Gebrauchsmusterinhaber nachträglich eingeschränkte Schutzansprüche zur Gebrauchsmusterakte reicht und erklärt, dass sich das Schutzbegehren auf die neuen Ansprüche beschränke. Die nachgereichten Schutzansprüche sind Bestandteil der Gebrauchsmusterakte und können durch jedermann infolge Einsicht in die Akte festgestellt werden. 70

Sollten diese neu eingereichten Schutzansprüche ihrerseits eine unzulässige Erweiterung beinhalten, so erweist sich die Anpassung der Schutzansprüche als insgesamt unwirksam (BGH Mitt. 1998, 98, 101 – *Scherbeneis*). Derartig unzulässig erweiterte oder geänderte Ansprüche können weder Grundlage von Ansprüchen gegen Dritte sein noch die Rechtsbeständigkeit des GebrM begründen. Im Falle eines Löschungsverfahrens können derart erweiterte Ansprüche nicht berücksichtigt werden (BPatGE 20, 133, 134). 71

In der Praxis lässt das BPatG eine Beseitigung der unzulässigen Erweiterung durch ein Zurückgehen auf die Eintragungsfassung zu, jedenfalls solange dies ohne sprachliche Schwierigkeiten und ohne die Gefahr inhaltlicher Änderungen möglich ist. Die Beseitigung einer derartigen Erweiterung kann zum Beispiel durch Wiederaufnahme eines aus dem Anspruch weggelassenen Merkmals erfolgen (weitere Einzelheiten 72 siehe → § 17 Rn. 1ff.). Auch im Feststellungsverfahren über ein zwischenzeitlich abgelaufenes Gebrauchsmuster können noch derartige neue Ansprüche vorgelegt werden (BPatG BlPMZ 1988, 20), auch wenn sie nur noch für die Vergangenheit Auswirkungen haben.

73 Die GebrM-Stelle prüft die nachgereichten Schutzansprüche inhaltlich nicht, sondern diese werden lediglich zu den Akten genommen. Im GebrM-Register wird lediglich die Tatsache der Nachreichung und das Datum eingetragen (Mitt. Präs DPA BlPMZ 1985, 277). Ist ein Löschungsverfahren anhängig, ist gleichwohl die Einreichung der neuen Schutzansprüche zu den Gebrauchsmusterakten und nicht etwa zu den Akten des Löschungsverfahrens notwendig.

74 Da der durch die Eintragung festgelegte und durch die eingetragenen Schutzansprüche umrissene Gegenstand des Gebrauchsmusters nur durch Hoheitsakt und nicht durch die Vorlagen neuer, geänderter Schutzansprüche durch den Gebrauchsmusterinhaber inhaltlich verändert werden kann, sieht die Rechtsprechung hierin eine lediglich schuldrechtlich bindende Erklärung des GebrM-Inhabers an die Allgemeinheit, Schutz gegenüber jedermann nur noch im Umfang der neu gefassten Ansprüche geltend zu machen (BGH Mitt. 1998, 98, 101 – *Scherbeneis*). Die rechtliche Konstruktion einer schuldrechtlichen Verpflichtung gegenüber der Allgemeinheit durch einseitige Erklärung wird in der neueren Literatur kritisiert (*Busse/Keukenschrijver* GebrMG § 4 Rn. 27). Praktische Auswirkungen hat dieser dogmatische Streit aber nicht (vgl. im Übrigen zur Frage des Verzichts und der Rücknahme auch → Rn. 6ff.). Im Löschungsverfahren wird die Erklärung regelmäßig als bindender, vorweggenommener Verzicht auf Widerspruch im Sinne von § 17 Abs. 1 gegen einen Löschungsantrag verstanden, soweit sich dieser auf einen Gegenstand bezieht, der über die eingeschränkten neuen Schutzansprüche hinausgeht (vgl. hierzu BGH Mitt. 1998, 98, 101 – *Scherbeneis,* sowie die Anmerkungen zu → § 17 Rn. 1ff.).

75 **5.3 Änderungen zwischen Eintragungsverfügung und Eintragung.** Beschreibungen und Ansprüche, die zwischen Erlass der Eintragungsverfügung und der Eintragung beim DPMA eingehen, sind als Änderung der Anmeldung nicht zulässig. Dies folgt aus dem eindeutigen Wortlaut des § 4 Abs. 5. Eine Regelung entsprechend § 38 S. 1 zweiter Halbsatz PatG fehlt im GebrMG. Da sie bei der Eintragungsverfügung nicht berücksichtigt werden können, werden sie auch nicht eingetragen und nicht bekannt gemacht; eine Schutzwirkung tritt für sie nicht ein (BPatGE 6, 207, 210). Ein dahingehender Vertrauensschutz besteht nicht. Der Anmelder ist hierüber zu informieren. Zur formal zulässigen Beschwerde aufgrund der Eintragung des Gebrauchsmusters in einem zuletzt nicht mehr weiterverfolgten Umfang vgl. *Bühring/Schmid* § 4 Rn. 183.

6. Teilung

76 **6.1 Allgemeines/Zweck der Vorschrift.** Die Regelung in Abs. 6 nF wurde erstmals durch das GebrMÄndG mit Wirkung zum 1. 1. 1987 eingeführt. Die Regelung ist der Vorschrift des § 39 PatG angepasst. Die Trennung der Anmeldung kann aus verschiedenen Gründen veranlasst sein (vgl. auch § 7 GebrM-Eintragungsrichtlinie):

77 – Im Falle **mangelnder Einheitlichkeit** (siehe hierzu → Rn. 37) ist die Einheitlichkeit wieder herzustellen. Die Frage der Einheitlichkeit gehört zum Prüfungskatalog der Gebrauchsmusterstelle des DPMA. Die Einheitlichkeit kann dadurch hergestellt werden, dass einer der verschiedenartigen Gegenstände in einer abgetrennten Anmeldung weiterverfolgt wird (sog **Ausscheidungsanmeldung**) oder auf diesen **verzichtet** wird. Dabei ist darauf zu achten, dass entsprechende Erklärungen des Anmelders eindeutig sind. Erfolgt weder ein Verzicht noch eine Ausscheidung, so ist die Anmeldung zurückzuweisen. Ein Beschluss der Gebrauchsmusterstelle kann seitens des Anmelders im Wege einer Beschwerde zum BPatG angegriffen werden.

– Dem Anmelder steht es aber nach § 4 Abs. 6 frei, auch eine **einheitliche** Anmeldung zu **teilen,** zB um hierdurch einen breiteren Schutz zu erlangen oder weil diese selbständigen Schutzrechte für die Gebrauchsmusterverwertung besser geeignet sind. 78

Trotz der in der Begründung (BlPMZ 1986, 320, 325) zum Ausdruck gebrachten Auffassung, dass auch im Falle der Uneinheitlichkeit die in Anlehnung an § 39 PatG formulierte Vorschrift des § 4 Abs. 6 nF sowohl für die Teilung wegen Uneinheitlichkeit (Ausscheidung) wie auch in Ausübung des freien Teilungsrechts bei Einheitlichkeit eingreifen soll, wird in der Lit. als im Widerspruch zur Rechtsprechung des BGH stehend abgelehnt (vgl. BGH GRUR 1986, 877 – *Kraftfahrzeuggetriebe*; zur Begründung vgl. *Benkard/Goebel/Engel* GebrMG § 4 Rn. 58). Soweit für das GebrMG die Auffassung vertreten wird, dass eine Unterscheidung zwischen Ausscheidung und freier Teilung wegen der hier andersartigen Regelung des Teilungsverfahrens im Vergleich zum Patentgesetz nicht geboten sei (so *Busse/Keukenschrijver* GebrMG § 4 Rn. 30), kann dieser Auffassung nicht gefolgt werden. Denn die mangelnde Einheitlichkeit gehört zum Prüfungskatalog der Gebrauchsmusterstelle des DPMA, die auf dessen Beseitigung hinzuwirken hat. Hieraus ergeben sich in der Praxis durchaus auch unterschiedliche Verfahrensabläufe im Vergleich zur freiwilligen Teilung bei gegebener Einheitlichkeit (vgl. auch *Bühring/Schmid* § 4 Rn. 182f.). 79

6.2 Ausscheidungsanmeldung. Die Ausscheidungsanmeldung dient der Beseitigung der ursprünglichen oder nachträglichen **Uneinheitlichkeit** der Anmeldung (§ 4 Abs. 1 S. 2), die der Weiterverfolgung der Anmeldung entgegensteht. Sie setzt aus diesem Grunde denknotwendigerweise mindestens gegeneinander abgrenzbare Teile der Anmeldung voraus. Die rechtliche Möglichkeit der Ausscheidung beruht auf analoger Anwendung des Art. 4 G Abs. 2 PVÜ; das Verfahren der Ausscheidung findet letztlich seine gedankliche Grundlage in der die Prozesstrennung betreffenden Vorschrift des § 145 ZPO (vgl. *Busse/Keukenschrijver* PatG § 39 Rn. 47). 80

Eine Ausscheidungsanmeldung kommt erst **nach** der Beanstandung der mangelnden Einheitlichkeit durch das DPMA in Betracht (vgl. BGH GRUR 1972, 474 – *Ausscheidungsanmeldung*). Eine „Ausscheidungsanmeldung" **vor** einer Beanstandung wird regelmäßig als Teilungserklärung umgedeutet werden müssen. Weitere Voraussetzung ist, dass das Anmeldeverfahren noch **anhängig** ist, also insoweit noch nicht in irgendeiner Weise erledigt (durch Verzicht, Eintragung, Zurückweisung oder Rücknahme der Stammanmeldung) ist (BPatG GRUR 1981, 350 – *Bohrstange*), da in diesem Fall das Anmeldeverfahren abgeschlossen ist. Soweit die Anmeldung Gegenstand eines Beschwerdeverfahrens ist, muss die Ausscheidung gegenüber dem BPatG erklärt werden. Für die Erklärung gelten die allgemeinen Grundsätze über Verfahrenshandlungen (→ Vorb § 4 Rn. 17-38). 81

Ob der Anmelder eine **Ausscheidung** oder einen **Verzicht** erklärt, ist häufig nicht eindeutig zu beantworten; deshalb hat das DPMA auf die Eindeutigkeit der Äußerung hinzuwirken. Erklärungen etwa, dass ein Anspruch „nicht weiterverfolgt und die Eintragung der Anmeldung unter Zugrundlegung der übrigen Schutzansprüche beantragt", „fallen gelassen" oder dergleichen, werde, lassen in der Regel nicht mit der erforderlichen Klarheit und Eindeutigkeit den Willen des Anmelders erkennen, vorbehaltlos und endgültig auf die Weiterverfolgung eines Anspruchs zu verzichten. Das Gebot der Rechtssicherheit wird in der Regel als weiteres wesentliches Indiz für einen endgültigen und vorbehaltlosen Verzicht auf einen Schutzanspruch verlangen, dass der Anmelder eine den verbleibenden Schutzansprüchen angepasste neue Beschreibung sowie Zeichnung vorlegt, in denen alle Beschreibungsteile bzw. Figuren eliminiert sind, die auf den gestrichenen Schutzanspruch Bezug nehmen (BPatG GRUR 1981, 350, 351 – *Bohrstange*). Kommt der Anmelder einer entsprechenden Aufforderung des DPMA zur Anpassung von Beschreibung und Zeichnung nicht nach, so ist die Anmeldung in toto zurückzuweisen, § 7 Abs. 1 S. 3 GebrM-Eintra- 82 gungsrichtlinie. Hat die Gebrauchsmusterstelle des DPMA unter Verstoß durch die Eintragung der Stammanmeldung unter Zugrundelegung der übrigen Ansprüche nur eine Teileintragung vorgenommen, so bleibt der „fallen gelassene" Schutzanspruch als unerledigter Teil der Stammanmeldung anhängig, so dass er von dem Anmelder selbst nach antragsgemäßer Eintragung des Gebrauchsmusters abgetrennt und weiterverfolgt werden kann (BPatG GRUR 1981, 350, 352 – *Bohrstange*). Die Ausscheidungserklärung wird als rein verfahrensrechtliche Erklärung ohne materiellrechtliche Bedeutung angesehen (*Bühring/Schmid* GebrMG § 4 Rn. 171 f.). Aus diesem Grund wird eine hilfsweise erfolgte Ausscheidung als zulässig angesehen, wenn über die gesamte Anmeldung im Rahmen eines Hauptantrages ablehnend entschieden wird (BPatG GRUR 1981, 350 – *Bohrstange;* aA BGH GRUR 1980, 716, 718 – *Schlackenbad*). Auch wenn der auszuscheidende Gegenstand in der Stammanmeldung nicht enthalten ist, wird verfahrensrechtlich eine selbständige Anmeldung begründet; die Ausscheidungsanmeldung genießt materiell-rechtlich den Prioritäts- und Anmeldetag der Stammanmeldung (BPatG GRUR 1981, 350, 352 – *Bohrstange*). Über die ausgeschiedene Anmeldung wird in einem gesonderten Eintragungsverfahren befunden. Zur Frage der Auswirkung einer unzulässigen Erweiterung der ausgeschiedenen Patentanmeldung auf die aus ihr abgezweigte GerbrM-Anmeldung vgl. BPatG Mitt. 1996, 211 – *Plattenaufnahmeteil.*

83 **6.3 Teilung.** Auch die Teilung setzt **Anhängigkeit** der Anmeldung voraus (BPatG GRUR 1981, 350 – *Bohrstange*). Sie setzt eine eindeutige schriftliche Erklärung durch den Anmelder voraus, in der unzweideutig zum Ausdruck gebracht wird, welcher Gegenstand in dem einen Verfahren bleibt und was Gegenstand der getrennten Anmeldung ist. Neben dem verfahrensrechtlichen Charakter der Teilungsanmeldung, der diese bedingungsfeindlich, nicht anfechtbar, jedoch hilfsweise erklärbar macht, wird ihr materiell-rechtlicher Charakter beigemessen. Entsprechend der Rspr. zum PatG wird auch für das Gebrauchsmuster zu fordern sein, dass der Gegenstand der Anmeldung in mindestens zwei Teile getrennt werden kann (vgl. BGH GRUR 1998, 458, 459 – *Textdatenwiedergabe*). Dieses im Wesentlichen aus dem Begriff der Teilung hergeleitete Erfordernis der Unterschiedlichkeit des Erfindungsgegenstandes der Stammanmeldung und der Teilungsanmeldung bewirkt, dass eine Teilung begrifflich schon dann nicht vorliegt, wenn in dem einen Verfahren kein Rest verbleibt oder nichts abgetrennt wird (BPatG GRUR 1992, 377, 379 – *Kabelbaum;* vgl. BGH GRUR 1996, 753, 754/755 – *Informationssignal*). Bleibt der Anmeldungsgegenstand unangetastet, weil der Inhalt der Teilungsanmeldung nicht Bestandteil der Stammanmeldung ist, kommt eine Teilung nicht in Betracht (BGH GRUR 1996, 753, 754/755 – *Informationssignal*). Dies ist allerdings nicht schon dann der Fall, wenn der abgetrennte Teil nicht vollständig in der geteilten Anmeldung enthalten ist; er darf nur nicht vollständig außerhalb liegen (vgl. BGH GRUR 1998, 458, 459 – *Textwiedergabe*). Fehlt es an der wirksamen Teilung einer Gebrauchsmusteranmeldung, kommt der Teilanmeldung nicht die Priorität oder der Anmeldetag der ursprünglichen Anmeldung zu (BPatG GRUR 1992, 377, 379 – *Kabelbaum*); ein anderer Zeitrang als derjenige des Tags der Einreichung der Teilungserklärung kommt nicht in Betracht. Diese Rechtspraxis schließt die Rechtswirksamkeit einer Teilungserklärung bei Überschneidungen nicht aus (vgl. BGH GRUR 1998, 458, 459 – *Textdatenwiedergabe*). Ebenso kann eine Teilanmeldung ihrerseits geteilt werden (vgl. BGH GRUR 1998, 458, 459 – *Textdatenwiedergabe*). Zur Wirksamkeit der Teilungserklärung bedarf es einer eindeutigen Aussage über den Teil, der abgetrennt werden soll; diese ist im Hinblick auf die Rechtssicherheit zur Stammanmeldung zu erklären, da Dritte nur dann zuverlässig den Umfang des in ihr noch beanspruchten Gegenstands feststellen können. Es muss eindeutig klargestellt werden, was abgetrennt wird und was Inhalt der Stammanmeldung bleibt (vgl. BGH GRUR 1996, 747 – *Lichtbogen-Plasma-Beschichtungssystem*); dies schließt nicht aus, den Offenbarungsgehalt der Stammanmeldung

auszuschöpfen. Die Teilung setzt weiter voraus, dass der abzutrennende Teil ursprünglich als zur Erfindung gehörend offenbart war (BPatGE 20, 1, 5). Mithin kann eine unzulässige Erweiterung nicht im Wege einer Teilungsanmeldung weiterverfolgt werden. Entsprechend der Rspr. zum PatG, bei der die Erweiterung schon im Rahmen der Wirksamkeit der Teilungserklärung geprüft wird (vgl. BGH GRUR 1999, 41, 43 – *Rutschkupplung;* BPatG GRUR 1998, 370, 373 – *Schwungrad*) ist die GbrM-Stelle an einer entsprechenden Prüfung jedenfalls nicht gehindert (vgl. lediglich BPatGE 18, 56, 62), auch wenn im Eintragungsverfahren eine Prüfung auf Erweiterungen tatsächlich regelmäßig nicht stattfindet (vgl. BPatGE 6, 207, 211).

Wie bei der patentrechtlichen Praxis kann über die Wirksamkeit der Teilungserklärung im Verfahren über die Stammanmeldung entschieden werden (vgl. BPatG GRUR 1992, 684). Die Zulässigkeit der Teilung ist auch im Verfahren über die Teilanmeldung zu prüfen (vgl. BGH GRUR 1999, 41, 43 – *Rutschkupplung*). **84**

Die vorerwähnte, auch im GebrMG heranzuziehende patentrechtliche Rechtsprechung, wonach die Teilung einen anderen Erfindungsgegenstand voraussetzt, ist in der Literatur auf Kritik gestoßen (vgl. lediglich *Busse/Keukenschrijver* PatG § 39 Rn. 25; im Einzelnen ist hier Vieles streitig). Die Kritik fußt darauf, dass der Wortlaut der die historische Basis bildenden Vorschrift des Art. 4 G PVÜ lediglich auf eine rein verfahrensrechtliche Aufspaltung des bisher einheitlichen Anmeldeverfahrens in mehrere Verfahren abstellt. Die hM müsse ferner dazu führen, dass der Anmelder seine Möglichkeiten vorsorglich bis zum letzten ausschöpfe und versuche, möglichst nahe zu den gesamten oder sogar den gesamten Inhalt der Anmeldung in die Teilanmeldung zu retten. Die Teilung solle deshalb nicht mehr und nicht weniger als die Aufspaltung des ursprünglich einheitlichen Eintragungsverfahrens in mehrere selbständige Verfahren bedeuten, in denen jeweils für sich die Frage zu prüfen sei, ob den in ihnen enthaltenen Anträgen entsprochen werden könne; durch die Teilung werde also nach dieser Auffassung lediglich das Verfahren, nicht hingegen der Gegenstand der Anmeldung geteilt (*Busse/Keukenschrijver* PatG § 39 Rn. 28). Auch wenn für diese Auffassung Gründe der Einfachheit sprechen mögen, lässt sie sich jedenfalls nicht mit dem Wortlaut der Vorschrift des § 4 Abs. 7 in Einklang bringen, wonach die „Anmeldung" geteilt werden kann. Durch diesen Begriff wird – wie auch im Übrigenim Übrigen Gesetzeskontext – der Anmeldungsgegenstand, jedoch nicht das Anmeldeverfahren angesprochen. **85**

Nach hM kommt der Teilungserklärung mithin Gestaltungswirkung dahingehend zu, dass zumindest klargestellt wird, was aus der Stammanmeldung als herausgelöst anzusehen ist. Verfahrensrechtlich entsteht mit der formell wirksamen Teilungserklärung einer Stammanmeldung die Teilanmeldung. Der Altersrang der ursprünglichen Anmeldung bleibt erhalten. Dies gilt nicht, wenn die Teilung unwirksam ist (BGH GRUR 1992, 377, 379 – *Kabelbaum*). **86**

6.4 Gebühren. Für die Teilanmeldung sind für die Zeit bis zur Teilung die gleichen Gebühren zu entrichten, die für die ursprüngliche Anmeldung zu entrichten waren, § 4 Abs. 6 S. 3. Dies gilt für jede (weitere) Teilanmeldung. Sofern die Gebühren nicht fristgerecht eingezahlt werden, wird die Teilung ex tunc unwirksam (vgl. BGH GRUR 1993, 890, 891 – *Teilungsgebühren*). Eventuell nachträglich gezahlte Teilungsgebühren sind zurückzuerstatten, weil die Teilungsgebühren wegen rückwirkend entfallenden Rechtsgrundes nicht angefallen sind. Bei der Ausscheidungsanmeldung entsteht die Gebührenpflicht hinsichtlich Anmeldegebühr und Jahresgebühr mit der Ausscheidungserklärung. Die Gebührenpflicht kann nicht rückwirkend entfallen, weil bei der Ausscheidung ein Mangel der Anmeldung behoben wird, im Gegensatz zur Teilung (vgl. BGH GRUR 1993, 890 – *Teilungsgebühren*). **87**

7. Hinterlegung biologischen Materials. § 4 Abs. 7 enthält keine Regelung über die Hinterlegung biologischen Materials; vielmehr ist nur eine Verordnungsermächtigung (wie in § 34 PatG) vorgesehen. In der Gesetzesbegründung soll dem Bun- **88**

desministerium der Justiz bzw. dem Präsidenten des DPMA die Möglichkeit eingeräumt werden, die Voraussetzungen, unter denen die Hinterlegung von biologischem Material, der Zugang zu diesen, die Beschränkung des Zugangs und die erneute Hinterlegung zum Zwecke der Offenbarung möglich sind, auch gebrauchsmusterrechtlich zu regeln, da Erfindungen, die mikrobiologisches Material beinhalten, gelegentlich als Gebrauchsmuster angemeldet würden (BlPMZ 1998, 393, 408). Es wird weiter Bezug genommen auf die nähere Begründung zur entsprechenden Neuregelung in § 34 Abs. 9 PatG (BlPMZ 1998, 393, 403). Die Ermächtigungsregelung soll eine Anpassung der nationalen Rechtsgrundsätze an die sich ändernden Gegebenheiten sowie die Übernahme der Regelungen im EPÜ (Regeln 28, 28a AOEPÜ) und der EG-Biotechnologie-Richtlinie (Art. 13, 14 EG-BiotRL) ermöglichen (BlPMZ 1998, 393, 403).

89 Nach nationalem Recht wurde zwischen zwei Arten der Hinterlegung unterschieden. Diese basieren auf der Leitentscheidung des BGH vom 11.3.1975 (GRUR 1975, 430 – *Bäckerhefe*) sowie den Regelungen des Budapester Vertrages vom 28.4.1977 über die Internationale Anerkennung der Hinterlegung von Mikroorganismen für die Zwecke von Patentverfahren (Zustimmungsgesetz vom 25.8.1980, BGBl. II 1104 = BlPMZ 1981, 350).

90 Die Hinterlegung biologischen Materials gewinnt vor allen Dingen dann an Bedeutung, wenn eine Beschreibung durch Wort und Bild, auch mittels sogenannter process-by-process-Ansprüche nicht (oder nicht vollständig) möglich ist. In diesem Fall ist die Möglichkeit der Hinterlegung des nicht beschreibbaren Teils eröffnet. Die Hinterlegung eines Gegenstandes, nämlich biologischen Materials, insbesondere eines Mikroorganismus, sichert im Zusammenhang mit seiner Freigabe die freie Verfügbarkeit und damit die Wiederholbarkeit der Erfindung. Die Hinterlegung ergänzt danach die Anmeldeunterlagen als besondere Form eines Offenbarungsmittels (ob eine ausreichende Offenbarung tatsächlich durch eine Hinterlegung ermöglicht ist, bedarf aber immer einer eingehenden Prüfung). Die Hinterlegung als solche reicht danach jedoch nicht aus; vielmehr muss sie eine Stütze in der Beschreibung haben. Darüber hinaus hat die Hinterlegung Bedeutung für die Ausführbarkeit der Erfindung, indem sie zugleich vermehrungsfähiges Material zur Verfügung stellt. Einzelheiten der Hinterlegung und der Freigabe regeln der Budapester Vertrag sowie die EG-Biotechnologie-Richtlinie.

91 Die Hinterlegung einer mikrobiologischen Erfindung bei einer anerkannten Hinterlegungsstelle bewirkt damit nicht nur eine Erleichterung der Beschreibung, sondern dient gleichzeitig dem Nachweis der Wiederholbarkeit durch Reproduktion (vgl. lediglich BGH GRUR 1993, 651 – *Tetraploide Kamille*). Zur Erfüllung ihrer Funktion muss jedes für eine Hinterlegung geeignete, durch Beschreibung nicht ausreichend zu offenbarende Material als hinterlegungsfähig angesehen werden. Im Hinblick auf den Ausschluss von Verfahrenserfindungen nach dem GebrMG gewinnt die Hinterlegung vor allen Dingen Bedeutung für den Sachschutz, also für den Gebrauchsmusterschutz zB eines neuen Mikroorganismus oder Virus als solchen, wenn durch die Hinterlegung und Freigabe einer vermehrbaren Probe die Offenbarung und Reproduzierbarkeit gesichert sind (vgl. BGH GRUR 1987, 231 – *Tollwutvirus*). Identität zwischen Anmelder und Hinterleger ist nicht erforderlich; ausschlaggebend ist die Sicherung der Zugänglichkeit. Ausreichend ist die Hinterlegung bei einer „wissenschaftlich anerkannten Stelle", die jedoch nicht eine solche iSd Budapester Vertrages sein muss. Die Hinterlegung muss zum Anmelde- oder Prioritätszeitpunkt erfolgt sein (vgl. lediglich BGH GRUR 1978, 162, 164–167-*Chlor-6-demethyltetracyclin*). Die Anmeldeunterlagen müssen Nachweise über die Hinterlegung beinhalten.

92 Der Anmelder muss durch unwiderrufliche Erklärung gegenüber der Hinterlegungsstelle die Zugänglichkeit des Materials gegenüber dem DPMA gewährleisten. Die Zugänglichkeit gegenüber Dritten wurde beim Patentschutz dahingehend geregelt, dass der Anmelder bei der Hinterlegung durch unwiderrufliche Erklärung gegenüber der Hinterlegungsstelle sicherzustellen hat, dass der Mikroorganismus spätestens im Zeitpunkt der Offenlegung der Patentanmeldung von der Hinterlegungsstelle an Interessenten ausgehändigt wird, damit diese den Gegenstand der angemeldeten Erfindung ermitteln können. Zum Gebrauchsmusterrecht ist – soweit ersichtlich – keine veröffentlichte Entscheidung hierzu ergangen. Aufgrund der damit verbundenen Funktion wird man die Zugänglichkeit bereits mit der Anmeldung gewährleisten müssen. Das biologische Material muss der Fachwelt noch angemessene Zeit nach Ablauf des GebrM-Schutzes zur Verfügung stehen.

Zu den internationalen Hinterlegungsstellen vgl. Art. 7 des Budapester Vertrages. 93

§ 4a [Anmeldetag; Nachreichung von Unterlagen]

(1) **Der Anmeldetag der Gebrauchsmusteranmeldung ist der Tag, an dem die Unterlagen nach § 4 Abs. 3 Nr. 1 und 2 und, soweit sie jedenfalls Angaben enthalten, die dem Anschein nach als Beschreibung anzusehen sind, nach § 4 Abs. 3 Nr. 4**
1. **beim Patentamt,**
2. **oder, wenn diese Stelle durch Bekanntmachung des Bundesministeriums der Justiz im Bundesgesetzblatt dazu bestimmt ist, bei einem Patentinformationszentrum**

eingegangen sind.

(2) **Wenn die Anmeldung eine Bezugnahme auf Zeichnungen enthält und der Anmeldung keine Zeichnungen beigefügt sind oder wenn mindestens ein Teil der Zeichnung fehlt, so fordert das Patentamt den Anmelder auf, innerhalb einer Frist von einem Monat nach Zustellung der Aufforderung entweder die Zeichnungen nachzureichen oder zu erklären, dass die Bezugnahme als nicht erfolgt gelten soll. Reicht der Anmelder auf diese Aufforderung die fehlenden Zeichnungen oder die fehlenden Teile nach, so wird der Tag des Eingangs der Zeichnungen oder der fehlenden Teile beim Patentamt Anmeldetag; anderenfalls gilt die Bezugnahme auf die Zeichnungen als nicht erfolgt.**

(3) **Absatz 2 gilt entsprechend für fehlende Teile der Beschreibung.**

1. Allgemeines/Zweck der Vorschrift. Die Vorschrift enthält Regelungen über die Einreichung fremdsprachiger Anmeldungsunterlagen, die Nachreichung von Zeichnungen und regelt – erstmals – die Voraussetzungen für die Zuerkennung eines Anmeldetages. Sie ist inhaltsgleich mit § 35 nF PatG und ebenso wie dieser durch das 2. PatGÄndG eingefügt worden (vgl. Gesetzesbegründung BlPMZ 1998, 393, 403/404, 408). 1

2. Zeichnungen. Nach § 4a Abs. 1 S. 2 und Abs. 2 S. 3 hat das Patentamt den Anmelder, der es versäumt hat, Zeichnungen einzureichen, die in den übrigen Anmeldungsunterlagen in Bezug genommen sind, aufzufordern, innerhalb einer Frist von einem Monat nach Zustellung der Aufforderung entweder die Zeichnungen nachzureichen oder zu erklären, dass jede Bezugnahme auf die Bezeichnungen als nicht erfolgt gelten soll. Die Nachreichung der Zeichnungen bedeutet eine Altersrangverschiebung auf den Zeitpunkt ihres Eingangs beim DPMA (Eingang bei anderen Stellen ist nicht fristwahrend). Dies kann Vorteile für den Anmelder haben, wenn der Offenbarungsgehalt der Zeichnungen weitergehend ist als derjenige der ursprünglichen Anmeldungen; hierdurch wird verhindert, dass die Nachreichung der Zeichnungen eine unzulässige Erweiterung der Anmeldung bedeutet. Der Anmelder kann sich aber auch entscheiden, auf die Nachreichung von Zeichnungen zu verzich- 2 ten und damit den ursprünglichen Anmeldetag mit den ursprünglichen Unterlagen ohne Zeichnungen beizubehalten. In diesem Fall verzichtet er jedoch auf ein wichtiges Mittel zur Auslegung der Schutzansprüche, § 12a.

3 Die Nachreichung von Zeichnungen führt auch dann zu einem Altersrangnachteil, wenn deren Inhalt im Vergleich zu den ursprünglichen Unterlagen keinen weitergehenden Offenbarungsgehalt aufweist. Die Verschiebung des Altersrangs hat Auswirkungen unter anderem auf den Prioritätszeitpunkt, die Laufzeit des Gebrauchsmusters, die Frist zur Inanspruchnahme einer früheren Schutzrechtsanmeldung, die Frist zur Inanspruchnahme des Anmeldetages einer früheren Patentanmeldung (§ 5 Abs. 1 S. 1), sowie auf den Beginn als „älteres Recht".

4 Die wiedereinsetzungsfähige Monatsfrist beginnt erst mit der förmlichen Zustellung der Aufforderung zu laufen. Fristberechnung nach §§ 186ff. BGB.

5 3. **Anmeldetag.** Nach § 4a Abs. 2 S. 1 sind die Mindestvoraussetzungen für den Anmeldetag:

6 – Namen des Anmelders, § 4 Abs. 3 Nr. 1 (siehe → § 4 Rn. 6, 16);

7 – Antrag auf Eintragung, in dem der Gegenstand des Gebrauchsmusters kurz und genau bezeichnet ist, § 4 Abs. 3 Nr. 2 (siehe → § 4 Rn. 17);

8 – Beschreibung des Gegenstands des Gebrauchsmusters, § 4 Abs. 3 Nr. 4 (siehe → § 4 Rn. 31ff.), wobei jedenfalls Angaben enthalten sein müssen, die den Anschein einer Beschreibung rechtfertigen;

9 – Einreichung einer fristgerechten Übersetzung im Falle einer fremdsprachigen Anmeldung.

10 Die Bestimmung des Anmeldetages, der die Wirkung einer nationalen Hinterlegung iSd Art. 4 A Abs. 2, 3 PVÜ hat, ist von essentieller Bedeutung. Nach dem Anmeldetag bemessen sich nicht nur die Rechtsstellung des Anmelders sondern auch die Rechte der am Eintragungsverfahren nicht beteiligten Dritten, welcher Stand der Technik zu berücksichtigen ist, das Recht auf das Gebrauchsmuster durch den Erstanmelder, die Schutzdauer etc. Seine eindeutige Bestimmbarkeit ist deshalb auch ein Gebot der **Rechtssicherheit.** Infolgedessen ist auch auf die objektive Lage abzustellen. Der Anmeldetag ist der Verfügungsbefugnis des Anmelders bzw. des DPMA entzogen (BPatGE 9, 57, 61). Die Voraussetzungen für die Bestimmung des Anmeldetages gelten auch für den Tag der Hinterlegung einer früheren Patentanmeldung im Falle einer wirksam erfolgten Abzweigung. Da der **Eingang** der Anmeldungsunterlagen beim DPMA oder einem dazu bestimmten PIZ (§ 4a Abs. 2; nicht Datum des Absendens, vgl. hierzu BVerfG BlPMZ 1990, 247) maßgebend ist, liegt das Zugangsrisiko beim Absender.

11 Erfüllt die Anmeldung diese Anforderungen nicht, hat die Gebrauchsmusterstelle des DPMA deren Rechtsunwirksamkeit durch **Beschluss** festzustellen. Ob das DPMA dem Anmelder die vorherige Möglichkeit einräumen muss, die Mängel zu beseitigen, lässt sich nicht einheitlich beantworten. Diese Frage wird bei eher formalen Mängeln zu bejahen sein, wie zum Beispiel solchen in Bezug auf den Namen des Anmelders. Auch dann kommt aber als Anmeldetag nur derjenige in Betracht, an dem die beseitigten Mängel beim DPMA oder bei einem PIZ eingehen. Eine „Mängelbeseitigung" zum Beispiel in Bezug auf die Beschreibung des Gegenstandes ist nicht möglich (wie sich auch aus einem Umkehrschluss der Ausnahmeregelung der Zulässigkeit der Nachreichung von Zeichnungen ergibt). Die vor Inkrafttreten des 2. PatGÄndG zu diesem Problemkreis ergangenen Entscheidungen des BPatG, in denen eine wirksame (Patent-)Anmeldung auch dann angenommen wird, wenn deren Mindesterfordernisse nicht gleichzeitig, sondern nacheinander erfüllt worden sind (BPatG GRUR 1986, 50 – *Flusswasserkraftwerk*; vgl. auch BPatGE 19, 96) können nach dem nunmehr eindeutigen Wortlaut des § 4a Abs. 2 insbesondere im Hinblick auf das Gebot der Rechtssicherheit keine Gültigkeit mehr beanspruchen. Dies gilt auch für die in der Gesetzesbegründung (BlPMZ 1990, 393, 403) in Bezug genom-

mene Entscheidung des BPatG (BPatG GRUR 1989, 906), die entgegen der Einschätzung in der Gesetzesbegründung vereinzelt geblieben ist. Insbesondere das Gebot der Rechtssicherheit lässt eine derartige sukzessive Nachreichung der einzelnen Unterlagen nicht zu.

Die Anmeldung ist zurückzuweisen, wenn ein unzutreffender Anmeldetag beansprucht wird; eine fehlerhafte Angabe im GebrM-Register ist nicht bindend (BPatGE 22, 248, 249/250). 12

Die Wirksamkeit des Anmeldetages kann sowohl im Löschungs- wie im Verletzungsverfahren überprüft werden. 13

§ 4b [Fremdsprachige Unterlagen; Frist zur Übersetzung]

Ist die Anmeldung nicht oder teilweise nicht in deutscher Sprache abgefasst, so hat der Anmelder eine deutsche Übersetzung nicht innerhalb der Frist eingereicht, so gilt die Anmeldung als zurückgenommen.

1. Allgemeines/Zweck der Vorschrift. Die Vorschrift enthält Regelungen über die Einreichung fremdsprachiger Anmeldungsunterlagen. Sie ist inhaltsgleich mit § 35a PatG und ebenso wie dieser durch das PatGÄndG vom 19.10.2013 eingefügt worden (vgl. BGBl. I S. 3830), in Kraft getreten am 1.4.2014. Ihr Zweck ist die Verselbständigung der Regelung über die Nachreichung von Übersetzungen. Die Vorschrift verdrängt § 126 PatG und geht diesem damit vor (BGH GRUR 2003, 226 – *Lägeünnerloage;* aA *Bühring,* § 4a Rn. 12). 1

2. Fremdsprachige Anmeldeunterlagen. Mit der Neuregelung ist beabsichtigt, ausländischen Anmeldern die Nachanmeldung einer Erfindung während der Prioritätsfrist zu erleichtern. Hierdurch hat der Anmelder ferner den Vorteil, dass keine Bestandteile der Offenbarung durch die Übersetzung verloren gehen, da sich der Offenbarungsgehalt nach der Anmeldung in der Originalsprache und nicht nach der Übersetzung richtet (Begr. BlPMZ 1998, 393, 403). Die Gesetzesregelung ist nach dem Wortlaut aber nicht auf Nachanmeldungen beschränkt; sie gilt auch für Erstanmeldungen – ganz oder teilweise – in fremder Sprache. Auch für die fremdsprachige Anmeldung gelten die Voraussetzungen des § 4a Abs. 1 zur Begründung des Anmeldetages. 2

Den Schutz begründende Unterlagen sind damit in jeder Hinsicht die fremdsprachigen (vgl. BPatG v. 30.7.2003, 5 W (pat) 12/00; zwd *Bühring,* § 4a Rn. 12). Fremdsprachige Schriftstücke in englisch, französisch, italienisch oder spanisch müssen nur auf Anforderung übersetzt werden(§ 9 Abs. 2, 3 GebrMV). Die Anforderungen an die Übersetzungen sind nicht höher als die Anforderungen, die an die Zuerkennung des Anmeldetags zu stellen sind (vgl. BGH GRUR 2012, 91 – *Polierendpunktbestimmung;* BGH Mitt. 2012, 30 – *Tafelbearbeitungsmaschine*). Fremdsprachige Schriftstücke in allen anderen Sprachen sind in deutscher Übersetzung binnen eines Monats ab Eingang nachzureichen (§ 9 Abs. 4 GebrMV). Bei Säumnis gelten die Schriftstücke als zum Zeitpunkt des Eingangs der Übersetzung eingereicht (§ 9 Abs. 5 GebrMV). 3

Eine Privilegierung von englisch- und französischsprachigen Anmeldungen ist anders als im PatG (§ 35a) nicht vorgesehen. 4

Die Übersetzungen von Unterlagen der GebrM-Anmeldung sind von einem Rechts- oder Patentanwalt zu beglaubigen oder von einem öffentlich bestellten Übersetzer anzufertigen. Die Unterschrift des öffentlich bestellten Übersetzers und seine öffentliche Bestellung sind ebenfalls zu beglaubigen (§ 9 Abs. 1 GebrMV). 5

3. Rücknahmefiktion. Mit der Neuregelung tritt die die Rücknahmefiktion an die Stelle der Fiktion der Nichteintragung (vgl. § 35a PatG). 6

Bisher war die fremdsprachige Anmeldung schwebend unwirksam, wenn die Voraussetzungen der Zuerkennung des Anmeldetags erfüllt waren. Nach der Neurege- 7 lung des § 4b entfällt die Wirksamkeit rückwirkend, wenn nicht rechtzeitig eine dt Übersetzung beim DPMA eingegangen ist. Das DPMA gibt idR keine Hinweise. Nach Fristablauf besteht nun die Möglichkeit, eine neue Anmeldung mit späterem Zeitrang einzureichen. Ggf. bedeutet dies den Verlust der Möglichkeit der Prioritätsbeanspruchung (ungenau noch: Begr. 2. PatÄndG BLPMZ 1998, 393, 404).

§ 5 [Abzweigung]

(1) **Hat der Anmelder mit Wirkung für die Bundesrepublik Deutschland für dieselbe Erfindung bereits früher ein Patent nachgesucht, so kann er mit der Gebrauchsmusteranmeldung die Erklärung in Anspruch nehmen, daß der für die Patentanmeldung maßgebende Anmeldetag in Anspruch genommen wird. Ein für die Patentanmeldung beanspruchtes Prioritätsrecht bleibt für die Gebrauchsmusteranmeldung erhalten. Das Recht nach Satz 1 kann bis zum Ablauf von zwei Monaten nach dem Ende des Monats, in dem die Patentanmeldung erledigt oder ein etwaiges Einspruchsverfahren abgeschlossen ist, jedoch längstens bis zum Ablauf des zehnten Jahres nach dem Anmeldetag der Patentanmeldung ausgeübt werden.**

(2) **Hat der Anmelder eine Erklärung nach Abs. 1 Satz 1 abgegeben, so fordert ihn das Patentamt auf, innerhalb von zwei Monaten nach Zustellung der Aufforderung das Aktenzeichen und den Anmeldetag anzugeben und eine Abschrift der Patentanmeldung einzureichen. Werden diese Angaben nicht rechtzeitig gemacht, so wird das Recht nach Abs. 1 Satz 1 verwirkt.**

Literatur (Auswahl): *Schennen,* Innere Gebrauchsmusterpriorität und Abzweigung, GRUR 1987, 222; *Vollrath,* Abgezweigte Gebrauchsmusteranmeldung nach Patenterteilung, Mitt. 1989, 28; *Rentzsch,* Frist für eine Gebrauchsmusterabzweigungserklärung, GRUR 1993, 23; *Kraßer,* Wirksamkeitsvoraussetzungen der Inanspruchnahme des Anmeldetags einer Patentanmeldung für eine spätere Gebrauchsmusteranmeldung („Abzweigung"), GRUR 1993, 223; *Brandt,* Die Gebrauchsmusterabzweigung – gelöste und ungelöste Probleme, Mitt. 1995, 212; *Goebel,* Der abgezweigte Gegenstand – Zum Begriff „derselben Erfindung" nach § 5 I 1 GebrMG, GRUR 2001, 604.

Inhaltsübersicht

1 **1. Allgemeines/Zweck der Vorschrift.** Die durch das Gesetz zur Änderung des Gebrauchsmustergesetzes vom 15.8.1986 mit Wirkung zum 1.1.1987 aufgenommene und durch das PrPG vom 7.3.1990 und zuletzt durch das PatÄndG vom

16. Juli 1998 (BlPMZ 1998, 382, 386) geänderte Vorschrift des § 5 ersetzt die frühere Gebrauchsmusterhilfsanmeldung. Ein Anmelder, der mit Wirkung für die Bundesrepublik Deutschland für seine Erfindung ein Patent angemeldet oder ein solches bereits erhalten hat, kann bis zum Ablauf einer bestimmten Frist nach Abschluss des Patenterteilungs- oder Einspruchsverfahrens eine GebrM-Anmeldung einreichen und den im Patentverfahren beanspruchten Anmeldetag auch für die GebrM-Anmeldung in Anspruch nehmen. Hierfür wurde der Begriff „Abzweigung" gewählt. Diese ist eine selbständige GebrM-Anmeldung unter Inanspruchnahme des Anmelde- oder Prioritätstages der Patentanmeldung. Sie ist in gewisser Weise mit der **inneren Priorität** vergleichbar, wobei sie im Vergleich zu dieser den Vorteil hat, dass der Anmelder nicht an die Frist für die Inanspruchnahme der Priorität gebunden ist.

Das Rechtsinstitut der Abzweigung ist ein wesentliches Element der **Attraktivität** 2
des **GebrM-Schutzes.** Es begründet einen flankierenden Schutz zum Patent und kann darüber hinaus in vielen Fällen als schutzrechtsrettende Maßnahme eingesetzt werden, zB in der Fallgestaltung, dass eine Patentanmeldung bzw. ein erteiltes Patent wegen des weiterreichenden Standes der Technik (zB Vorverlautbarung in Form einer Benutzung im Ausland durch den Erfinder) patentschädlich vorverlautbart ist. Ist die Patentanmeldung durch Offenlegung oder Veröffentlichung der Öffentlichkeit zugänglich gemacht und kommt beispielsweise eine Gebrauchsmusteranmeldung unter Inanspruchnahme der Priorität wegen Überschreitens der 12-Monatsfrist nicht mehr in Betracht, bleibt dem Erfinder/Anmelder der Ausweg, durch die Abzweigung ein Gebrauchsmuster anzumelden und dafür den Anmeldetag der Patentanmeldung in Anspruch zu nehmen. Die Abzweigung bietet darüber hinaus im Falle des nur eingeschränkten patentrechtlichen Schutzes nach **Offenlegung** einer Patentanmeldung (vgl. § 33 PatG) komplementären Schutz, der neben einem Unterlassungsanspruch einen vollen Schadenersatzanspruch zum Inhalt hat, im Gegensatz zum betragsmäßig regelmäßig geringer ausfallenden Entschädigungsanspruch nach § 33 PatG.

Weitere **Einzelheiten** sind in § 8 GebrMV sowie Ziff. II 4 der GebrM-Eintra- 3
gungsrichtlinien geregelt.

2. Voraussetzungen der Abzweigung

2.1 Frühere Patentanmeldung. Die Abzweigung setzt eine frühere Patentan- 4
meldung voraus, wobei es sich sowohl um eine **nationale, europäische,** wie auch **internationale** Patentanmeldung handeln kann (vgl. zu letzterer: BGH GRUR 1998, 913, 914 – *Induktionsofen*). Ob die Patentanmeldung bereits **zurückgewiesen** oder noch **anhängig** ist, spielt keine Rolle (BGH Mitt. 1996, 118, 120 – *Flammenüberwachung*). Aus dem Wortlaut folgt ferner, dass die Abzweigung nicht gleichzeitig mit einer Patentanmeldung vorgenommen werden kann („… bereits früher ein Patent nachgesucht …"). Ebenso kann eine vorangegangene Gebrauchsmusteranmeldung keine Basis für eine Abzweigung darstellen. Eine nach Art. 135 Abs. 1 EPÜ, Art. II § 9 IntPatÜG in eine nationale Patentanmeldung umgewandelte europäische Patentanmeldung kann ebenfalls Basis für eine Abzweigung nach § 5 Abs. 1 sein.

2.2 Wirkung für die Bundesrepublik Deutschland. Die Patentanmeldung 5
muss mit Wirkung für die Bundesrepublik Deutschland erfolgt sein. Damit können auch europäische oder internationale oder Euro-PCT-Trennanmeldungen Grundlage für eine Abzweigung sein, wenn sich aus ihnen ergibt, dass die Bundesrepublik als Bestimmungsland wirksam benannt ist (vgl. zB Art. 3, 79 EPÜ; Art. 43, 44 PCT; Art. III § 4 IntPatÜG). Ob die Bundesrepublik Deutschland in der internationalen Anmeldung bestimmt ist, ist in jedem Einzelfall durch Auslegung des Erteilungsantrages zu ermitteln; fehlerhafte Angaben auf dem PCT-Formblatt stehen dem nicht entgegen (vgl. BGH GRUR 1998, 913, 914 – *Induktionsofen*). Wird die Bundesrepublik Deutschland in europäischen oder internationalen Anmeldungen nicht benannt, gewähren diese keinen Abzweigungsanspruch. Die Fremdsprachigkeit derartiger An-

meldungen steht der Abzweigung grundsätzlich nicht entgegen (zur Wahrung des Erfindungsidentitäts-Erfordernisses siehe → Rn. 6 ff.).

6 **2.3 Identität der Erfindung.** Durch das PrPG vom 7.3.1990 wurde anstelle der Formulierung „denselben Gegenstand" das Merkmal „dieselbe Erfindung" mit Wirkung zum 1.7.1990 und alle danach erfolgenden Anmeldungen aufgenommen (Begr. BlPMZ 1990, 361).

7 Bei der Auslegung des Begriffs „dieselbe Erfindung" kommt es auf den **Zeitpunkt** der Einreichung der Gebrauchsmusteranmeldung an, mit der die Abzweigung erklärt wird. Hierfür spricht bereits der Wortlaut, wonach „dieselbe Erfindung" nur am (tatsächlichen) Anmeldetag des Gebrauchsmusters vorhanden sein muss, da der Anmelder gleichzeitig mit der Gebrauchsmusteranmeldung die Abzweigung aus einer früheren Patentanmeldung erklären muss. Entscheidend sind deshalb die mit der Anmeldung eingereichten ursprünglichen Unterlagen; spätere Änderungen der GebrM-Anmeldung sind unbeachtlich (BPatG GRUR 1991, 44, 45 – *Abschlussvorrichtung II*).

8 In Lit. und Rspr. ist umstritten, was unter **„dieselbe Erfindung"** zu verstehen ist. Nach einer Meinung in der Lit. soll es sich um eine wörtliche Übereinstimmung und damit um eine Unterlagenidentität handeln (*Bühring/Bühring* § 5 Rn. 25 ff.). Dies wird im Wesentlichen mit Praktikabilitätserwägungen begründet, insbesondere damit, dass schwierige tatsächliche Fragen nicht durch Beamte des gehobenen Dienstes in der Gebrauchsmusterstelle des DPMA entschieden werden dürften. Nach einer weiten Auffassung (*Benkhard/Goebel/Engel* GebrMG § 5 Rn. 5) sollen die zur Identitätsprüfung bei der Inanspruchnahme einer Priorität entwickelten Grundsätze gelten. Diese Streitfrage hat eine erhebliche praktische Relevanz, weil sich bei der Unwirksamkeit der Inanspruchnahme des Anmeldetags der früheren Patentanmeldung der für die Beurteilung der Gebrauchsmusteranmeldung maßgebende Stand der Technik nach dem Einreichungstag dieser Anmeldung richtet, was häufig dazu führen kann, dass die Erfindung mangels Neuheit oder erfinderischen Schritts, insbesondere wegen der Vorveröffentlichung der zugrunde liegenden Patentanmeldung, nicht mehr schutzfähig ist. Der engeren Auffassung der Lit. kann nicht gefolgt werden. Bei dem Erfordernis einer wörtlichen Übereinstimmung würden fremdsprachige europäische oder PCT-Anmeldungen als Grundlage für eine Abzweigung entfallen, was spätestens der durch die Erleichterung fremdsprachiger Unterlagen zum Ausdruck gebrachten Intention des Gesetzgebers zuwider liefe. Darüber hinaus erfordert das System des einheitlichen Offenbarungsbegriffs eine Beurteilung unter inhaltlichen Gesichtspunkten. Wegen des Ausschlusses von Verfahrenserfindungen (§ 2 Nr. 3) wäre es nicht möglich, auf der Grundlage eines auch Verfahrensansprüche enthaltenen Patents eine Gebrauchsmusteranmeldung abzuzweigen. Das BPatG vertritt dementsprechend eine vermittelnde Auffassung, wenn es überprüft, ob der Gegenstand in der früheren Anmeldung, wenn zwar nicht wörtlich, so jedoch **ohne weiteres erkennbar offenbart** ist (BPatG GRUR 1995, 486 – *Scheibenzusammenbau*). Danach reicht es allerdings nicht aus, wenn sich der Gegenstand der GebrM-Anmeldung im Gesamtinhalt der Unterlagen der zugrunde liegenden Patentanmeldung lediglich wieder finden lässt. Eine wirksame Abzweigung könne nur im Umfang dessen erfolgen, was bei Einreichung der Patentanmeldung mit dem erkennbaren Willen, dafür ein Patent zu beantragen, offenbart worden sei. Nach dieser Auffassung ist für die Bestimmung des Gegenstands der Patentanmeldung die **Gesamtheit der Anmeldeunterlagen** heranzuziehen, so dass ein zum Beispiel lediglich in der Beschreibung enthaltener Erfindungsbestandteil mit einzubeziehen ist. **Abwandlungen** sind danach eingeschlossen, wenn sie sich dem Fachmann bei aufmerksamer, an ihrem Sinn orientierten Betrachtung ohne weiteres erschließen, so dass er sie gewissermaßen in Gedanken gleich als zur Erfindung gehörend und daher mit beansprucht mitliest (so insgesamt *Busse/Keukenschrijver* GebrMG § 5 Rn. 9). Danach stehen also einer wirksamen Abzweigung

solche Abwandlungen in der GebrM-Anmeldung nicht entgegen, die im Patentprüfungsverfahren in zulässiger Weise vorgenommen werden könnten (vgl. BGH GRUR 1988, 197 – *Runderneuern;* vgl. insoweit auch → § 4 Rn. 59ff.).

Dieser vermittelnden Auslegung ist zu folgen. Auch wenn sich aufgrund des inhaltlich übereinstimmenden Wortlauts „dieselbe Erfindung" eine Übernahme der Grundsätze zum Identitätsbegriff bei der inneren und ausländischen Priorität anzubieten scheint, muss der Begriff „dieselbe Erfindung" in § 5 **eigenständig** bestimmt werden. Gemessen an dem Schutzzweck des Prioritätsrechts verlangt dieser Begriff dort, wo die Gegenstände der zu vergleichenden Erfindungen auf dem gleichen Gedanken beruhen, dass die spätere Ausbildung der Erfindung die Aufgabe und Lösung der Voranmeldung zwar weiterentwickeln, aber den Erfindungsgedanken selbst nicht in seiner Substanz verändern darf. Auch bietet das Prioritätsrecht Differenzierungen in Bezug auf Mehrfach- und Teilprioritäten sowie den Umfang der Priorität. All dies ist aber nicht Gegenstand der Regelung des § 5. Da § 5 dies nach seinem Wortlaut nach nicht ausschließt und eine teleologische Reduktion in der Auslegung auch nicht zwingend erscheint, steht der Wirksamkeit der Abzweigungserklärung als solcher auch nicht entgegen, wenn die abgezweigte GebrM-Anmeldung über die Patentanmeldung inhaltlich hinausgeht. Natürlich können entsprechend allgemeinen Grundsätzen aus einer solchen **unzulässigen Erweiterung** keine Rechte abgeleitet werden, § 4 Abs. 5 Satz 2 analog (BGH GRUR 2003, 867 – *Momentanpol I*). 9

Erfolgt eine Abzweigung aus einer **Ausscheidungsanmeldung** einer Patentanmeldung, so ist das Vorliegen der Voraussetzung „derselben Erfindung" durch Vergleich der Gebrauchsmusteranmeldung mit der ausgeschiedenen Patentanmeldung zu beantworten (BPatG Mitt. 1996, 211, 212 – *Plattenaufnahmeteil*). Ist die Ausscheidungsanmeldung ihrerseits **unzulässig erweitert,** kann keine wirksame Abzweigung erfolgen, da dies eine Umgehung der Zurückweisungs-, Widerrufs- und Nichtigkeitsfolgen infolge unzulässiger Erweiterung bedeuten würde (unentschieden gelassen in BPatG Mitt. 1996, 211, 212 – *Plattenaufnahmeteil*). Die vorerwähnte Problematik kann entstehen, wenn eine Abzweigung aus der Stammanmeldung zum Beispiel wegen Verfristung nicht mehr möglich ist. 10

Einem abgezweigten Gebrauchsmuster kommt der für die frühere Patentanmeldung maßgebende Anmeldetag dann nicht zu, wenn der Gegenstand der Gebrauchsmusteranmeldung über den der Patentanmeldung hinausgeht. Die Inanspruchnahme des Anmeldetags der Patentanmeldung ist auch insoweit unwirksam, soweit beide Anmeldungen sich hinsichtlich des Gegenstandes decken (BPatG GRUR 1993, 963, 967 – *Werkzeugmaschine*). Da nicht die (erstmalige) durch Abzweigung entstehende Gebrauchsmusteranmeldung erweitert wird, kommt auch keine analoge Anwendung der Vorschrift des § 15 Abs. 1 Nr. 3, Abs. 3 dergestalt in Betracht, dass das GebrM teilweise gelöscht wird, soweit dieses über den inhaltlichen Offenbarungsgehalt der in Bezug genommenen Patentanmeldung hinausgeht, während für den nicht erweiterten Teil des GebrM der in Anspruch genommene Anmeldetag der Patentanmeldung gelten würde (BPatG GRUR 1993, 963, 967 – *Werkzeugmaschine*); aA *Busse/Keukenschrijver* GebrMG Vor § 15 Rn. 9). 11

2.4 Personenidentität. Anmelder des GebrM und Inhaber der Patentanmeldung (des Patents) müssen personenidentisch sein. Die Identität muss bis zur Eintragung des GebrM bestehen. Bei Umschreibung der Patentanmeldung auf einen Dritten kann nur der im Register eingetragene Berechtigte die Abzweigung vornehmen. Bei einer Gesamtrechtsnachfolge kommt es hingegen lediglich auf die materielle Berechtigung an. 12

Ist eine Patentanmeldung zum Beispiel durch den Berechtigten in an sich patentschädlicher, aber nicht gebrauchsmusterschädlicher Weise neuheitsschädlich vorverlautbart (zB durch eine Vorverlautbarung, für die die gebrauchsmusterrechtliche Neuheitsschonfrist in Anspruch genommen werden kann) und wurde diese Erfindung im 13

Wege einer **widerrechtlichen Entnahme** durch einen Nichtberechtigten zum Patent angemeldet, das in der Zwischenzeit veröffentlicht wurde, so ist der Berechtigte in einem Dilemma: Der bei einer widerrechtlichen Entnahme vorgesehene Vindikationsanspruch (§ 8 PatG, § 13 Abs. 3 GebrMG) scheitert formal an der eigenen neuheitsschädlichen Vorverlautbarung, dh eine neuheitsschädlich vorweggenommene Erfindung kann nicht widerrechtlich entnommen werden. Dem Berechtigten nützt es also nichts, dass es für die Wirksamkeit einer Gebrauchsmusterabzweigung nicht auf das weitere Schicksal der Patentanmeldung ankommt. Er kann andererseits mangels Personenidentität nicht selbst ein Gebrauchsmuster abzweigen, obwohl dieses im Gegensatz zum Patent materiell-rechtlich schutzfähig wäre. Er kann in diesem Fall wohl nur eine zivilrechtliche Klage gegen den Entnehmenden auf Einwilligung in die Abzweigung eines Gebrauchsmusters entsprechend dem Gesamtoffenbarungsinhalt der Patentanmeldung erheben, §§ 988 BGB analog, 894 ZPO.

14 **2.5 Erklärung/Frist.** Die Abzweigung muss gegenüber dem DPMA **erklärt** werden. Inhalt der Erklärung ist, dass der für die in Bezug genommene Patentanmeldung geltende Anmeldetag für die Gebrauchsmusteranmeldung in Anspruch genommen wird, § 5 Abs. 1 S. 1. Die Erklärung muss **mit** der Gebrauchsmusteranmeldung erfolgen, dh **gleichzeitig** mit den Unterlagen der Gebrauchsmusteranmeldung eingereicht werden. Eine andere Auslegung der Präposition „mit" wäre systemwidrig, weil der der GebrM-Anmeldung zukommende Anmeldetag angesichts der Intention des Gesetzgebers, Gebrauchsmuster möglichst frühzeitig in die Rolle einzutragen, von vornherein bestimmt sein muss (BPatG GRUR 1990, 434, 436/437 – *Zuführvorrichtung für Extruder*). Bei verspäteter Abzweigungsanmeldung ist **keine Wiedereinsetzung** möglich, da § 5 Abs. 1 S. 1 dem Anmelder **keine Frist** im Sinne von § 21 Abs. 1 GebrMG iVm § 123 Abs. 1 S. 1 PatG gewährt. Insoweit ist lediglich ein Termin versäumt worden (BPatG GRUR 1991, 833, 834 – *Betonpflasterstein mit Splitteinlage*).

15 Eine **mehrfache Abzweigung** ist nach dem Wortlaut des Gesetzes nicht ausgeschlossen. Sie kann im Hinblick auf die vorerwähnte unterschiedliche Auslegung des Merkmals der „derselben Erfindung" auch geboten sein. Dies gilt insbesondere, wenn der Anmelder GebrM-Unterlagen einreicht, die mit denjenigen der Patentanmeldung darstellungsidentisch sind. Anschließend ist der Anmelder nicht gehindert, im Rahmen des § 4 Abs. 6 die Anmeldung an den zwischenzeitlich zum Beispiel im Patentprüfungsverfahren aufgefundenen Stand der Technik anzupassen oder das zu entfernen, was nicht gebrauchsmusterschutzfähig ist. Es ist kein Grund ersichtlich, dem Anmelder die gegenüber dem Patentrecht bestehenden Vorteile des Gebrauchsmusterschutzes zu nehmen und ihn von vornherein zu einer gegenüber der Patentanmeldung eingeschränkten Abzweigung zu zwingen. Ob eine mehrfache identische Abzweigung unter dem Gesichtspunkt des Verbrauchs des Eintragungsanspruchs unzulässig ist (so *Busse/Keukenschrijver* GebrMG § 5 Rn. 17), erscheint mangels entgegenstehenden Wortlauts zweifelhaft, aber in den seltensten Fällen relevant.

16 Nimmt der Gebrauchsmuster-Anmelder bei der Anmeldung die Priorität der betreffenden Anmeldung in Anspruch, kann er nicht gleichzeitig auch eine Abzweigung erklären, er muss sich zwischen beiden Rechtsinstituten entscheiden. Entsprechendes gilt auch im umgekehrten Fall. Eine **Umdeutung** einer **Prioritätserklärung** in eine Abzweigungserklärung ist selbst dann **nicht** möglich, wenn die Prioritäts-Inanspruchnahme wegen Fristablaufs nicht mehr möglich ist. Für eine Umdeutung fehlt es an der wirtschaftlichen Vergleichbarkeit der Abzweigung mit der Inanspruchnahme einer Priorität im Hinblick auf die unterschiedlichen Auswirkungen dieser beiden Rechtsinstitute auf die Laufzeit des Schutzrechtes. Darüber hinaus muss die Prioritätserklärung als **Verfahrenshandlung** eindeutig und bestimmt sein (BPatG GRUR 1990, 435, 437/438 – *Zuführvorrichtung für Extruder*).

17 Die Abzweigungserklärung ist als Verfahrenshandlung nicht frei widerruflich (BPatG GRUR 1995, 486, 487 – *Scheibenzusammenbau*).

Die Abzweigungsmöglichkeit besteht längstens bis zum **Ablauf des 10. Jahres** nach dem Anmeldetag der Patentanmeldung (nicht deren Prioritätstag), § 5 Abs. 1 S. 3. Die **Fristberechnung** bemisst sich nach den §§ 186ff. BGB. Vor Ablauf dieser 10-Jahresfrist muss die Abzweigungserklärung innerhalb von **zwei Monaten** nach dem Ende des Monats, in dem die Patentanmeldung **erledigt** oder ein etwaiges **Einspruchsverfahren abgeschlossen ist,** vorgenommen werden. Die Art der Erledigung der Patentanmeldung oder des Abschlusses des Einspruchsverfahrens sind gleichgültig. In Betracht kommen insbesondere die **Erteilung** des Patents, die **Zurückweisung** der Patentanmeldung, die **Rücknahme** oder **fiktive Rücknahme** gemäß § 40 Abs. 5 PatG (BPatG GRUR 1991, 46 – *Ausscheidungsvorrichtung*). Das Verhältnis der beiden Tatbestandsvoraussetzungen „Erledigung der Patentanmeldung" einerseits und „Abschluss eines etwaigen Einspruchsverfahrens" andererseits ist nach der gegenwärtigen patentrechtlichen Praxis unklar. Das Problem wird bei der Frage virulent, wie lange das Abzweigungsrecht ausgeübt werden kann, wenn die Patentanmeldung durch Erteilung erledigt ist und ein Einspruchsverfahren nicht stattgefunden hat, ob also das Abzweigungsrecht nur bis zum Ablauf von zwei Monaten nach dem Ende des Monats, in dem der Erteilungsbeschluss rechtskräftig geworden ist, besteht. Das Problem hängt damit zusammen, dass der BGH bisher die Frage nach dem Wesen des der Patenterteilung nachgeschalteten Einspruchsverfahrens noch nicht eindeutig und abschließend geklärt hat. Einerseits soll nach dem BGH das Erteilungsverfahren mit der Veröffentlichung des Erteilungsbeschlusses noch nicht abgeschlossen sein; vielmehr endet das Erteilungsverfahren danach erst mit der Bestandskraft des Erteilungsbeschlusses nach Ablauf der Einspruchsfrist oder rechtskräftiger Entscheidung über den Einspruch (BGH GRUR 1994, 439, 441 – *Sulfonsäurechlorid*). Andererseits hat der BGH die Auffassung vertreten, dass es beim Einspruchsverfahren nicht mehr um die Erteilung des Patents, sondern nach der Patenterteilung nur um dessen Widerruf oder dessen Aufrechterhaltung gehe (BGH GRUR 1993, 466, 467 – *Preprint-Versendung*). Die letztgenannte Auffassung verdient den Vorzug, da das Einspruchsverfahren ein eigenständiges, der Patenterteilung nachgeschaltetes Verfahren ist, das nur die Entscheidung über das Vorliegen bestimmter Widerrufsgründe zum Gegenstand hat (§ 59 Abs. 1 PatG; Art. 99 EPÜ). Hieraus folgt, dass für den Zeitpunkt der Erledigung einer Patentanmeldung durch Patenterteilung auf den **Zeitpunkt** der **Bestandskraft des Erteilungsbeschlusses** abzustellen ist. Mit der Bestandskraft wird der Erteilungsbeschluss unanfechtbar und allgemein verbindlich; die Anmeldung ist nicht mehr anhängig. Andernfalls würde sich die Frist zur Anmeldung eines abgezweigten GebrM auf mindestens neun Monate nach Bekanntmachung des Hinweises auf die Patenterteilung belaufen. Dementsprechend stellt auch das BPatG auf den Zeitpunkt der Bestandskraft des Erteilungsbeschlusses ab (BPatG GRUR 1992, 380, 381 – *Sammeltasche;* GRUR 1993, 739, 740 – *Überlastungsschutzeinrichtung für Drucksensoren*). Diese Auffassung kann im Einzelfall zu dem Nachteil führen, dass sich eine vorsorglich abgezweigte Gebrauchsmusteranmeldung im Hinblick auf einen später eingelegten Einspruch als verfrüht erweist und durch eine neue ersetzt werden muss (BPatG GRUR 1993, 739, 740 – *Überlastungsschutzeinrichtung für Drucksensoren,* in einem obiter dictum für zulässig erachtet). **18**

Gilt die Patentanmeldung infolge der **Inanspruchnahme** einer **inneren Priorität** für eine Patentanmeldung als erledigt, § 40 Abs. 5 Satz 1 PatG, so ist maßgeblicher Zeitpunkt für den Beginn der Abzweigungsfrist der Eingang der Prioritätserklärung beim DPMA. **19**

Was den Zeitpunkt der Erledigung der früheren Patentanmeldung im Falle der **Rücknahmefiktion** gemäß Art. III § 4 Abs. 3 IntPatÜG anbelangt, ist auf Art. 6 Nr. 6 Buchst. d des 2. PatGÄndG vom 16.7.1998 (Begr. BlPMZ 1998, 393, 409) zu verweisen. Danach wurde Art. III, § 4 Abs. 3 IntPatÜG dahin ergänzt, dass die Rücknahmefiktion gemäß § 40 Abs. 5 PatG erst eintritt, wenn die in Art. 22, 39 PCT vorgesehenen Fristen abgelaufen sind. Es soll nach der Gesetzesbegründung sichergestellt werden, **20** dass der Anmelder bis zum Eintritt der internationalen Anmeldung in die nationale Phase auf der Grundlage des inzwischen erstellten internationalen Rechercheberichts die Möglichkeit habe zu entscheiden, ob es sich lohnt, die internationale Anmeldung oder die nationale Anmeldung weiterzuverfolgen (vgl. zur Rücknahmefiktion des Art. III § 4 Abs. 3 IntPatÜG auch BPatG GRUR 1998, 566, 567 – *Rücknahmefiktion*).

21 Bei den Fristen gemäß § 5 Abs. 1 S. 3 und Abs. 2 handelt es sich um solche, deren Versäumung den Verlust des Abzweigungsrechts bzw. dessen Verwirkung zur Folge hat. Mithin ist bei Vorliegen der entsprechenden Voraussetzungen eine **Wiedereinsetzung** möglich.

22 Zur Bemessung der **Neuheitsschonfrist** im Rahmen einer Abzweigung vgl. → § 3 Rn. 227 ff.

3. Verfahren

23 **3.1 Generelles.** Hat der Anmelder mit der Gebrauchsmusteranmeldung gleichzeitig die Abzweigung erklärt, so folgt das weitere Verfahren der Regelung in Abs. 2, die § 41 Abs. 1 S. 3, 4 PatG nachgebildet ist. Vgl. auch §§ 8, 9 GebrMV. Danach wird der Anmelder vom DPMA aufgefordert, innerhalb von zwei Monaten nach Zustellung der Aufforderung das Aktenzeichen und den Anmeldetag der Patentanmeldung anzugeben sowie eine Abschrift einzureichen.

24 Str. ist, ob das DPMA nach Eingang dieser Unterlagen die **formellen** und/oder **materiellen** Erfordernisse der Abzweigungserklärung überprüfen darf bzw. überprüfen zu hat. Dies ist höchstrichterlich bislang nicht entschieden. Das BPatG hat in mehreren Entscheidungen dem Patentamt die Befugnis zugesprochen, vor der Eintragung **alle** Erfordernisse der Inanspruchnahme des Anmeldetags einer früheren Patentanmeldung zu prüfen (BPatGE 34, 87; BPatG GRUR 1994, 111, 113 – *Vorrichtung zur Kathodenzerstäubung;* GRUR 1994, 274, 276 – *Haarwickler,* unter Aufgabe von BPatG GRUR 1990, 435 – *Zuführvorrichtung für Extruder*). Wie bei allen GebrM-Anmeldungen habe das Patentamt den der Anmeldung zukommenden Anmeldetag festzustellen und zum Gegenstand der Eintragungsverfügung zu machen, was sich auch aus § 8 Abs. 2 ergebe; danach müsse die Eintragung die Zeit der Anmeldung angeben. Bei der Feststellung des Anmeldetages komme es nicht nur auf die zeitrangwahrende Wirkung an, also diejenige des Prioritätsschutzes. Vielmehr diene sie auch dazu, den Beginn der Schutzdauer des GebrM zu bestimmen. Diese Funktion sei gerade auch im Fall einer Abzweigungsanmeldung maßgeblich. Darüber hinaus seien sowohl die Verletzungsgerichte als auch die Löschungsinstanzen an den in der Rolle eingetragenen Anmeldetag gebunden, wenn es um die Frage gehe, ob der Schutz des GebrM noch bestehe oder ob das GebrM infolge Ablaufs der Schutzdauer erloschen sei. In der Entscheidung *„Scheibenzusammenbau"* (GRUR 1995, 486, 487) heißt es demgegenüber zu diesem Komplex, die GebrM-Stelle sei befugt, die Abzweigung „nur beschränkt auf die formellen Erfordernisse zu prüfen". Danach ist die Löschungsinstanz an den eingetragenen Anmeldetag nicht gebunden. Das BPatG ist folglich zur Prüfung der Wirksamkeit der Beschwerde im Löschungsbeschwerdeverfahren befugt (BPatG GRUR 1995, 486 – *Scheibenzusammenbau*); Entsprechendes muss auch für das Verletzungsgericht gelten. In der Praxis bedeutet dies, dass seit Mai 1995 eine Prüfung der materiellen Voraussetzungen für die Bestimmung des Anmeldetages nicht mehr stattfindet (*Brandt,* Mitt. 1995, 212, 218). Damit ist aber nicht geklärt, welche Voraussetzungen formeller oder materieller Art sind. Die Prüfung auf Identität ist unzweifelhaft materiell-rechtlicher Natur. Problematisch kann dies aber bereits bei der Beurteilung der Frist nach § 5 Abs. 1 S. 3 sein. Im Hinblick auf die Rechtssicherheit bietet sich an, die Abgrenzung analog den Voraussetzungen der PVÜ (insbesondere Art. 4 A, Art. 4 C und Art. D) zu treffen: Alles, was in Art. 4 D PVÜ geregelt ist, ist „formeller" Natur; alles andere ist „materieller" Art.

25 **3.2 Prüfung der Wirksamkeit.** Nach den vorstehenden Ausführungen prüft das DPMA nicht (mehr) die materiell-rechtlichen Voraussetzungen. Die Verletzungsge-

richte und Löschungsinstanzen sind mithin nicht an den gemäß § 8 Abs. 2 zuerkannten Anmeldetag gebunden. Das BPatG hält sich dementsprechend auch für befugt, die förmlichen Voraussetzungen der Abzweigung und der Zuerkennung des Anmeldetags (auch einer PCT-Anmeldung) zu prüfen: (Offen gelassen in BGH GRUR 1998, 913, 914 – *Induktionsofen*). Die Überprüfbarkeit gilt im Eintragungsbeschwerdeverfahren (BPatGE 39, 10), im Löschungsbeschwerdeverfahren (BPatG GRUR 1995, 486 – *Scheibenzusammenbau*). Für das Löschungsverfahren vor der GebrM-Abteilung kann nichts anderes gelten (ebenso *Busse/Keukenschrijver* GebrMG § 5 Rn. 21).

Nach der Rechtspraxis des BPatG erfolgt auch **keine Vorabentscheidung** über die Wirksamkeit der Inanspruchnahme des Anmeldetags einer früheren Patentanmeldung (BPatGE 34, 87). Denn bei einem Streit hierüber muss es zu einer Zurückweisung der Anmeldung kommen (ebenso BPatG GRUR 1994, 111, 113 – *Vorrichtung zur Kathodenzerstäubung;* GRUR 1994, 274, 276 – *Haarwickler*). 26

Werden die gemäß § 5 Abs. 2 S. 1 erforderlichen Angaben gegenüber dem DPMA nicht rechtzeitig gemacht, so ist das Recht der Abzweigung **verwirkt,** § 5 Abs. 2 S. 2. Dies gilt nicht nur für den Fall der Nichtangabe, sondern auch der unrichtigen oder unvollständigen Angabe. Sind die Angaben bereits gemacht, bedarf es gleichwohl einer entsprechenden Aufforderung durch das DPMA, um die Frist für Änderungen in Lauf zu setzen. 27

Bei einer fremdsprachigen früheren Patentanmeldung muss die Abzweigungsanmeldung in deutscher Sprache eingereicht werden, § 8 Abs. 2 GebrMV. Zudem ist neben der Abschrift gemäß § 5 Abs. 2 S. 1 eine deutsche Übersetzung der Patentanmeldung einzureichen, § 8 Abs. 2 GebrMV. 28

3.3 Gebühren. Da es sich bei der Abzweigung um eine selbständige Gebrauchsmusteranmeldung handelt, ist sie auch gebührenrechtlich eigenständig zu behandeln. Insoweit gelten also die allgemeinen Voraussetzungen. 29

4. Wirkung

4.1 Prioritätstag. Der für die Patentanmeldung maßgebende Anmeldetag ist der Prioritätstag der abgezweigten Gebrauchsmusteranmeldung. Ist für die Patentanmeldung ein Prioritätsrecht beansprucht, so gilt dies auch für die abgezweigte Gebrauchsmusteranmeldung. Die ungenaue Formulierung „beanspruchtes Prioritätsrecht" (beim Prioritätsrecht handelt es sich um ein mit der Ersthinterlegung einer Anmeldung ohne weiteres Zutun entstehendes Recht) ist zwanglos dahin zu verstehen, dass damit eine „beanspruchte Priorität" oder eine „in Anspruch genommene Priorität" gemeint ist. Die für die Patentanmeldung wirksam in Anspruch genommene Priorität geht durch die Erklärung der Abzweigung ohne weiteres auf die Gebrauchsmusteranmeldung über (BPatG GRUR 1991, 42, 43 – *Abschlussvorrichtung I*). 30

4.2 Schutzdauer. Da die GebrM-Anmeldung so behandelt wird, als wäre sie am Hinterlegungstag der Patentanmeldung eingereicht worden, ist die Schutzfrist des GebrM vom Anmeldetag der früheren Patentanmeldung zu berechnen (Beginn mit dem Tag, der auf die Anmeldung folgt, § 23 Abs. 1 Hs. 2). Mithin wird die Schutzdauer verkürzt (BPatG GRUR 1990, 435, 438 – *Zuführvorrichtung für Extruder*), wodurch sie sich von der Inanspruchnahme einer Priorität unterscheidet. Der abzweigende Anmelder wird aus diesem Grunde gegebenenfalls eine Recherche nach dem Stand der Technik in dem zwischen dem in Anspruch zu nehmenden Anmeldetag und dem Eingangstag der Gebrauchsmusteranmeldung durchführen. 31

§ 6 [Priorität]

(1) Dem Anmelder steht innerhalb einer Frist von zwölf Monaten nach dem Anmeldetag einer beim Patentamt eingereichten früheren Patent- oder Gebrauchsmusteranmeldung für die Anmeldung derselben Erfindung zum Gebrauchsmuster ein Prioritätsrecht zu, es sei denn, daß für die frühere Anmeldung schon eine inländische oder ausländische Priorität in Anspruch genommen worden ist. § 40 Abs. 2 bis 4, Abs. 5 Satz 1, Abs. 6 des Patentgesetzes ist entsprechend anzuwenden, § 40 Abs. 5 Satz 1 mit der Maßgabe, daß eine frühere Patentanmeldung nicht als zurückgenommen gilt.

(2) Die Vorschriften des Patentgesetzes über die ausländische Priorität (§ 41) sind entsprechend anzuwenden.

Literatur (Auswahl): *Schennen,* Innere Gebrauchsmusterpriorität und Abzweigung, GRUR 1987, 222; *Goebel,* Die innere Priorität, GRUR 1988, 243; *ders.,* Der Schutz der Weitentwicklung einer bereits zum Schutz angemeldeten Erfindung, Mitt. 1989, 185, *Tönnies,* Ist die Identität der Erfindung Voraussetzung für die Wirkung des Prioritätsrechts? GRUR Int. 1998, 451.

Inhaltsübersicht

1 **1. Allgemeines/Zweck der Vorschrift.** Die durch das Gebrauchsmusteränderungsgesetz vom 15.8.1986 aufgenommene und mit Wirkung zum 1.1.1987 (BlPMZ 1986, 310) geltende Vorschrift des § 6 Abs. 1 enthält zusammen mit dem in Bezug genommenen § 40 PatG Regelungen über die sog innere Priorität. § 6 Abs. 2 ist an die Stelle des früheren § 2 Abs. 1 S. 2 GebrMG 1968 getreten und betrifft die sog ausländische (äußere) Priorität.

2 Abs. 2 verweist auf § 41 PatG, der die entsprechende patentrechtliche Regelung zur ausländischen Priorität enthält.

3 Der Grundgedanke der Prioritätsregelung ist, einer Anmeldung einen bestimmten **Altersrang** einer früheren Patent- oder Gebrauchsmusteranmeldung für eine spätere Gebrauchsmusteranmeldung zu sichern. Dem Anmelder soll damit eine angemessene

Behandlung von Weiterentwicklungen schon angemeldeter Erfindungen ermöglicht werden.

§ 6 Abs. 1 bedeutet ebenso wie § 40 PatG eine Angleichung nationaler Anmeldungssachverhalte an die seit langem gemäß Art. 4 A und Art. 4 C PVÜ bestehende Unionspriorität, die § 41 PatG in nationales Recht umsetzt. Vor der Schaffung des § 40 PatG konnte ein Anmelder – anders als bei einer ausländischen früheren Anmeldung – nicht seine Anmeldung beim DPMA einreichen, die Erfindung weiterentwickeln und diese Weiterentwicklung ihrerseits innerhalb der Prioritätsfrist in eine weitere Anmeldung einbeziehen (Begr. zum GPatG, BlPMZ 1979, 276, 284/285). Dies hatte insbesondere Nachteile für kleine und mittlere Unternehmen, deren Interessen gerade das GebrMG dienen soll. Die Aufnahme des § 6 Abs. 1 in das GebrMG war deshalb eine logische Folge. 4

Auch wenn sich § 40 PatG (und damit mittelbar § 6 Abs. 1) an die Prioritätsregelungen in Art. 87–89 EPÜ anlehnt (vgl. lediglich BPatG Mitt. 1998, 430, 431 – *Luftverteiler*) und diese ihrerseits PVÜ-konform auszulegen sind (Große Beschwerdekammer des EPA ABl. EPA 1995, 18, 22/23 – *Prioritätsintervall*) gibt es dennoch in zahlreichen Detailfragen unterschiedliche Ansatzpunkte und Regelungen zu diesen Rechtsordnungen (vgl. lediglich *Joos* GRUR Int. 1998, 456 ff.), deren eingehende Darstellung den Rahmen dieses Werkes sprengen würde (vgl. deshalb auch die Erläuterungen bei *Benkard/Schäfers* PatG §§ 40, 41; *Busse/Brandt* PatG §§ 40, 41). 5

§ 41 PatG (und damit § 6 Abs. 2) regelt die ausländische (äußere) Priorität und enthält eine Rechtsgrundverweisung, dh Tatbestand und Wirkungen der Priorität sind in Art. 4 PVÜ geregelt. Den Verbandsländern steht es frei, Fristen und formelle Voraussetzungen für die Prioritätserklärung zu bestimmen, Art. 4 D PVÜ. Dies ist durch § 41 Abs. 1 PatG geschehen. § 41 Abs. 2 PatG erfasst Anmeldungen in Staaten, die nicht der PVÜ angehören oder Vertragspartei eines anderen Staatsvertrags mit Prioritätsregelungen sind; auch solche Anmeldungen sollen ein Prioritätsrecht begründen können, wenn nach einer Bekanntmachung des BMJV Gegenseitigkeit gegeben ist. Dies wird in BlPMZ veröffentlicht. 6

Für europäische Anmeldungen gelten Art. 87, 88 EPÜ. Vgl. ferner II 5 GebrM-Eintragungsrichtlinien. 7

2. Innere Priorität

2.1 Personenidentität. Zwischen dem Anmelder der früheren und der nachfolgenden Anmeldung muss Identität bestehen, § 6 Abs. 1 S. 1 GebrMG, § 40 Abs. 1 PatG. Einzel- oder Gesamtrechtsnachfolge in Bezug auf die frühere Anmeldung genügt. 8

2.2 Dieselbe Erfindung. Ältere und jüngere Anmeldung müssen „dieselbe Erfindung" zum Gegenstand haben, § 6 Abs. 1 GebrMG iVm § 40 Abs. 1 S. 1 PatG. Ob eine Hinterlegung unter dem Gesichtspunkt der Erfindungsidentität als (prioritätsbegründende) erste Hinterlegung anzusehen ist, kann sich sinnvollerweise nur nach dem Offenbarungsgehalt der Gesamtheit der früheren Anmeldeunterlagen, der sich als eine nacharbeitbare Lehre zum technischen Handeln darstellen muss (BPatG GRUR Int. 1995, 338, 340 – *Erythropoietin*), beurteilen. Insoweit können die Grundsätze herangezogen werden, inwieweit ein Merkmal als zur Erfindung gehörend offenbart ist (vgl. → § 4 Rn. 55 ff.). Es kommt auf die Kenntnisse und Fähigkeit des Fachmanns durchschnittlichen Könnens an. Kann der Durchschnittsfachmann den Vorschlag nur mit großen Schwierigkeiten verwirklichen, ist die technische Lehre nicht ausreichend offenbart (BGH GRUR 1980, 166, 186 – *Doppelachsaggregat*). Dies setzt ferner voraus, dass der erstrebte Erfolg sich in zumutbarem Aufwand realisieren lassen muss (BPatG GRUR Int. 1995, 338 – *Erythropoietin*). 9

Die Interpretation des Bedeutungsgehalts des Merkmals „dieselbe Erfindung" ist nicht einheitlich. Während beispielsweise das EPA das Maß der Offenbarung nach dem „Neuheitstest" bestimmt (vgl. EPA ABl. 1993, 318 – *Priorität/AIR PRODUCTS* 10

AND CHEMICALS) und insoweit Äquivalente nicht mit einbezieht, liegt nach der (bisherigen) höchstrichterlichen deutschen Rechtsprechung zu Art. 4 PVÜ derselbe Gegenstand auch dann vor, wenn in der Nachanmeldung äquivalente Ausführungsformen beansprucht werden (BGH GRUR 1975, 131 – *Allopurinol*). Im Hinblick hierauf wird in der Literatur dementsprechend auch teilweise von einer „Art" Neuheitsprüfung gesprochen (*Mes* PatG § 40 Rn. 5). Im Hinblick auf die durch die §§ 6 GebrMG, 40 PatG angestrebte Angleichung der rechtlichen Bewertung nationaler Anmeldungssachverhalte an das Unions-Prioritätsrecht gemäß Art. 4 A und C PVÜ ist der Begriff „derselben Erfindung" **autonom** zu interpretieren (so auch BPatG Mitt. 1998, 430, 432 – *Luftverteiler*). Danach kann eine „wortwörtliche" Übereinstimmung zwischen erster Anmeldung und Nachanmeldung nicht verlangt werden, da damit der Zweck der Prioritätsregelungen, Weiterentwicklungen zu ermöglichen, vereitelt würde. Letztlich wird die Frage unter Berücksichtigung der Einzelfallumstände danach zu beurteilen sein, ob die Gegenstände beider Anmeldungen auf dem gleichen Gedanken beruhen. Die spätere Ausbildung der Erfindung darf die Aufgabe und Lösung der Voranmeldung weiterentwickeln, den Erfindungsgedanken selbst aber nicht in seiner Substanz verändern (BPatG Mitt. 1998, 430, 432 – *Luftverteiler*). Ist danach Identität zu bejahen, kommt der Neuanmeldung die Priorität der Erstanmeldung zu; für neue Merkmale gilt deshalb die Priorität der Neuanmeldung; insoweit können verschiedene Teilprioritäten entstehen (vgl. hierzu BPatG GRUR 1995, 667 – *Hakennagel;* BPatG Mitt. 1998, 430, 432/433 – *Luftverteiler*).

11 Ungeachtet dessen kann die Priorität mehrerer beim Patentamt eingereichter Patent- und/oder Gebrauchsmusteranmeldungen in Anspruch genommen werden, § 6 Abs. 1 S. 2 GebrMG iVm § 40 Abs. 2 PatG (vgl. auch Art. 4 F PVÜ, Art. 88 Abs. 2 EPÜ).

12 **2.3 Frühere Anmeldung.** Frühere Anmeldung kann nur eine Patent- oder GebrM-Anmeldung sein, die beim DPMA eingereicht wurde, § 6 Abs. 1 S. 1 GebrMG iVm § 40 Abs. 1 S. 1 PatG. Hierunter fällt auch eine gemäß Art. 135 EPÜ iVm Art. II § 9 IntPatÜG in eine deutsche Anmeldung umgewandelte europäische Patentanmeldung (vgl. BGH GRUR 1982, 31 – *Roll- und Wippbrett*). Aus der Wortwahl „frühere Patent- oder Gebrauchsmuster**anmeldung**" ist nicht herzuleiten, dass nur Anmeldungen und nicht erteilte Schutzrechte Grundlage für das Entstehen des Gebrauchsmusterrechts sein können. Denn gerade GebrM werden oftmals vor Ablauf der Inanspruchnahmefrist von § 40 Abs. 4 eingetragen. Hierdurch soll der Anmelder aber nicht das Prioritätsrecht verlieren. Die gesetzlich gewährte Inanspruchnahmefrist geht insoweit organisatorischen Belangen des DPMA vor (BPatG GRUR 1991, 752, 753 – *Kochstellen-Kindersicherung;* BPatG GRUR 1993, 31 – *Imprägnierverfahren*). Zur Rücknahmefiktion als Institut zur Vermeidung von Doppelschutz: vgl. Anmerkungen → Rn. 20. Dementsprechend ist es für das Prioritätsrecht ohne Einfluss, was aus der ersten Anmeldung geworden ist. Deshalb ist es auch gleichgültig, ob zum Beispiel die Rücknahmefiktion aufgrund der Nichtzahlung der Anmeldegebühren bei der Erstanmeldung eingetreten ist.

13 Unter einer inländischen Priorität iSd § 6 Abs. 1 S. 1 wird nicht nur die für eine Gebrauchsmustervoranmeldung geregelte innere Priorität, sondern jede für die jeweilige Schutzrechtsart gesetzlich vorgesehene nationale Priorität verstanden, wozu auch die **Ausstellungspriorität** und die **Entnahmepriorität** gehören (BPatG GRUR 1988, 911, 912 – *Farbkasten*). Hingegen kann aus einer **Geschmacksmusteranmeldung** kein Prioritätsrecht abgeleitet werden; insoweit kommt auch eine analoge Vorschrift des § 6 Abs. 1 nicht in Betracht (BPatG GRUR 1991, 47, 48 – *Dekorations- und Bewässerungsset*).

14 **2.4 Keine Kettenpriorität.** Nach dem eindeutigen Wortlaut (Abs. 1 Satz 1 Hs. 2) kann nur eine Patent- oder GebrM-Anmeldung Grundlage eines Prioritätsrechts sein, die selbst keine Priorität in Anspruch nimmt. Deshalb sind Kettenprioritäten ausge-

schlossen. Dies gilt auch, wenn für die frühere Anmeldung bereits eine Ausstellungspriorität in Anspruch genommen worden war (BPatG GRUR 1988, 911, 912 – *Farbkasten*). Innere Priorität, Ausstellungs- sowie Unionspriorität können infolge dessen **nicht kumuliert** werden. Hingegen steht dem Eintritt der Rücknahmefiktion nach § 6 Abs. 1 Satz 2 nicht entgegen, dass die Inanspruchnahme der Priorität in der Nachanmeldung eventuell gegen das Kettenverbot verstößt (BPatG GRUR-RR 2015, 273, 274).

2.5 Nachanmeldung – Fristen und weitere tatbestandliche Erfordernisse. 15
Das Gesetz unterscheidet zwischen zwei Fristen: Zum einen die **Prioritätsfrist** (§ 6 Abs. 1 S. 1; § 40 Abs. 1 PatG), die 12 Monate seit Anmeldetag der früheren Anmeldung beträgt. Die Berechnung folgt den §§ 187 Abs. 2, 188 Abs. 2 BGB. Wiedereinsetzung ist ausgeschlossen (§ 123 Abs. 1 S. 2 PatG). Zum anderen die **Erklärungsfrist,** die gemäß § 6 Abs. 1 S. 2 iVm § 40 Abs. 4 PatG zwei Monate nach dem Anmeldetag der späteren Anmeldung beträgt. Aufgrund der Bedeutung der Erklärung muss diese inhaltlich eindeutig gegenüber dem DPMA schriftlich abgegeben werden. Fristberechnung gemäß §§ 187 Abs. 1, 188 Abs. 2, 193 BGB. Wiedereinsetzung ist möglich (*Benkard/Schäfers* PatG § 40 Rn. 14).

Darüber hinaus enthält § 40 Abs. 4 Hs. 2 weitere Voraussetzungen: Die Abgabe der 16
Prioritätserklärung wird erst für den Zeitpunkt fingiert, zu dem das **Aktenzeichen** der früheren Anmeldung angegeben ist. Eine Abschrift der früheren Anmeldung braucht nach dem 2. PatGÄndG nicht mehr eingereicht zu werden. Die Wirkung der Prioritätserklärung tritt auch dann nicht ein, wenn das Patentamt es versäumt hat, den Anmelder auf die Unrichtigkeit des angegebenen Aktenzeichens hinzuweisen (vgl. BPatG GRUR 1987, 286 – *Unvollständige Anmeldung*). Um zu gewährleisten, dass für Dritte, die den materiellen Umfang der Offenbarung der Erstanmeldung überprüfen wollen, auch eine Akteneinsicht in die Anmeldungsunterlagen der Erstanmeldung möglich ist, bestimmt § 6 Abs. 1 S. 2 iVm § 40 Abs. 6 PatG, dass das DPMA eine Abschrift der früheren Patent- oder Gebrauchsmusteranmeldung zu den Akten der späteren Anmeldung zu nehmen hat (vgl. auch Ausschussbericht BlPMZ 1998, 416, 418).

2.6 Wirkungen der Priorität. Die Berechtigung, eine innere Priorität in An- 17
spruch zu nehmen, ist eine Frage der **materiellen Wirksamkeit** des Prioritätsanspruchs. Die materielle Berechtigung der Inanspruchnahme der Priorität ist im Löschungsverfahren sowie Verletzungsverfahren selbständig nachprüfbar (vgl. BPatG Mitt. 1998, 430 – *Luftverteiler* zum Patentnichtigkeitsverfahren; BGH GRUR 1963, 563, 566 – *Aufhängevorrichtung* zum Verletzungsverfahren). Ungeachtet dessen ist die materielle Berechtigung der Prioritäts-Inanspruchnahme erst zu prüfen, wenn hierzu Anlass besteht (zB bei der Frage über die Rechtsnachfolge). Regelmäßig wird die Prüfung im Rahmen einer Sachentscheidung möglich sein, so dass separate Vorabentscheidungen nicht angezeigt sind.

2.6.1 Prioritätsintervall. Die Priorität bedeutet eine Sicherung des **Altersrangs** 18
der Voranmeldung für die Nachanmeldung. Im **Prioritätsintervall** eintretende Entgegenhaltungen bleiben als Stand der Technik sowohl für die Prüfung der Neuheit als auch des erfinderischen Schritts unberücksichtigt. Die Nachanmeldung gilt auch im Verhältnis zu anderen Anmeldungen, § 15 Abs. 2 S. 3, zur Neuheitsschonfrist und zum Beginn der Aussetzungsfrist, § 49 Abs. 2 PatG, als im Prioritätszeitpunkt eingereicht. Nach dem Prioritätstag eintretende Tatsachen können auch **keine Rechte Dritter,** insbesondere keine persönlichen Benutzungsrechte begründen.

2.6.2 Rücknahmefiktion. § 6 Abs. 1 S. 2 verweist auf § 40 Abs. 5 PatG (Rück- 19
nahmefiktion), jedoch mit komplementärem Inhalt. Die Rücknahmefiktion dient dem **Ausschluss** eines **Doppelschutzes.** Durch die Einschränkung der Verweisung in § 6 Abs. 1 S. 2 wird aber klargestellt, dass die Fiktion der Rücknahme **nur** für jeweils

dieselbe Schutzrechtsform gelten soll (Begr. BlPMZ 1986, 320, 326). Die Rücknahmefiktion soll deshalb lediglich verhindern, dass zwei Anmeldungen derselben Schutzrechtsart nebeneinander geprüft werden müssen. Durch das 2. GPatG ist ferner die Frage geklärt worden, ob eine GebrM-Nachanmeldung zur Fiktion der Rücknahme der früheren Patentanmeldung führt. Die Rücknahmewirkung für die frühere Patentanmeldung tritt nicht ein, wenn die Nachanmeldung eine GebrM-Anmeldung ist. § 40 Abs. 5 S. 2 PatG regelt den umgekehrten Fall der GebrM-Voranmeldung im Vergleich zur Patent-Nachanmeldung. Die Rücknahmefiktion gilt nicht für eine frühere GebrM-Anmeldung, die für eine spätere Patentanmeldung in Anspruch genommen wird, § 40 Abs. 5 S. 2 PatG. Dagegen gilt die Rücknahmefiktion bei einer früheren GebrM-Anmeldung im Verhältnis zur GebrM-Nachanmeldung (*Bühring/Bühring* § 6 Rn. 28). Die Fiktion der Rücknahme tritt auch nicht bei einem Gebrauchsmuster ein, das im Zeitpunkt der Inanspruchnahme der Priorität für eine Gebrauchsmusternachanmeldung bereits eingetragen ist (*Busse/Brandt* PatG § 40 Rn. 24). Gemäß neuester Rspr. steht dem Eintritt der Rücknahmefiktion nach § 6 Abs. 1 S. 2 in Verbindung mit § 40 Abs. 5 PatG nicht im Wege, dass die Inanspruchnahme der Priorität in der Nachanmeldung möglicherweise gegen das so genannte Verbot der Kettenpriorität verstößt (BPatG GRUR-RR 2015, 273 - *Schwingungsabsorbierende Aufhängung*).

20 **3. Ausländische (äußere) Priorität.** § 6 Abs. 2 GebrMG iVm § 41 Abs. 1 PatG regelt die **Rechtsgrundverweisung** für die Voraussetzungen der Inanspruchnahme einer sich aus einem Staatsvertrag ergebenden Prioritätsregelung. Dies betrifft vor allen Dingen die Unionspriorität nach dem PVÜ-Regelungskomplex. Zum anderen bezieht sich diese Regelung auf Art. 66 EPÜ, der ein von der Unionspriorität unabhängiges Prioritätsrecht für die Nachanmeldung in den EPÜ-Vertragsstaaten unabhängig von der Benennung eines bestimmten Vertragsstaats in der europäischen Erstanmeldung regelt (vgl. auch Art. 11 PCT). Nach Art. 4 A Abs. 2 PVÜ und Art. 87 Abs. 5 EPÜ kann Voranmeldung auch eine europäische oder internationale Patentanmeldung sein. Ungeachtet der Frage seiner unmittelbaren Anwendbarkeit ist das TRIPS-Übereinkommen als Staatsvertrag iSd § 41 Abs. 1 PatG anzusehen, dh den PVÜ-Verbandsländern stehen solche Staaten gleich, auf die über Art. 2 Abs. 2 TRIPS-Übk. die Grundsätze der internationalen Priorität anwendbar sind. Die in § 6 Abs. 2 GebrMG iVm § 41 Abs. 2 PatG geregelte Priorität aufgrund sogenannter Bekanntmachung ist durch Art. 13 Abs. 1 Markenrechtsreformgesetz (BlPMZ 1994, Sonderheft, S. 36) in das PatG eingefügt worden (vgl. auch § 34 Abs. 2 MarkenG). An die Stelle des fehlenden Staatsvertrages tritt die Bekanntmachung des Bundesministeriums der Justiz im Bundesgesetzblatt, dass der Staat der Erstanmeldung ein Prioritätsrecht gewährt, das nach Voraussetzungen und Inhalt dem Prioritätsrecht der PVÜ vergleichbar ist; diese Mitteilungen werden in BlPMZ veröffentlicht. Im Falle der Abtretung des Prioritätsrechts vor der Anmeldung darf nicht bis kurz vor Ablauf der Frist nach § 6 Abs. 2 gewartet werden (OLG Karlsruhe GRUR-RR 2009, 286, 289 – *Haltevorrichtung*).

3.1 Priorität aufgrund Staatsvertrages

21 **3.1.1 Hinterlegung in einem Verbandsland.** Nur aus einer ersten Hinterlegung in einem Verbandsland kann ein Prioritätsrecht begründet werden, Art. 4 C Abs. 2 PVÜ. Erste Hinterlegung ist grundsätzlich die zeitlich früheste, sofern nicht die Ausnahmeregelung in Art. 4 C Abs. 4 PVÜ, Art. 87 Abs. 4 EPÜ, Art. 8 Abs. 2 PCT eingreift. Durch diese Vorschriften soll insbesondere der Fall erfasst werden, dass sich eine ältere (übereilte) Anmeldung als so mangelhaft erweist, dass sie vor der Veröffentlichung zurückgenommen wird; der Anmelder soll nach Rücknahme nicht an die ältere, mangelhafte Anmeldung gebunden sein, vielmehr dann eine jüngere (verbesserte) Anmeldung als prioritätsbegründende „erste Anmeldung" in Anspruch nehmen können, auch wenn diese denselben Gegenstand betrifft wie die ältere. Diese Erweiterung des Begriffs der ersten Anmeldung gilt nur, wenn die ältere Anmeldung vor ihrer Veröffentlichung zurückgenommen oder zurückgewiesen wurde und keine Rechte

aus ihr bestehen geblieben sind. Zu europäischen oder internationalen Anmeldungen als Voranmeldung siehe → Rn. 20.

Im Gegensatz zur Regelung in der PVÜ setzen Art. 8 Abs. 2b PCT und Art. 87 EPÜ nicht eine Anmeldung in einem anderen Verbandsland voraus. Vor dem PCT-Anmeldeamt und EPA können somit die Priorität einer Anmeldung auch des Landes beansprucht werden, das als Vertragsstaat benannt ist (BGH GRUR 1982, 31 – *Roll- und Wippbrett*), sog **Selbstbenennungsrecht.** 22

Die Voranmeldung kann betreffen: Ein Patent, GebrM (Art. 4 E Abs. 2 PVÜ), Erfinderschein (vgl. Art. 4 Abs. 1 PVÜ, Art. 87 Abs. 1 EPÜ); jedoch kein Geschmacksmuster (str. aA BPatGE 9, 211; wie hier: BPatG GRUR 1991, 47, 48 – *Dekorations- und Bewässerungsset;* EPA ABl. 1981, 213). 23

Eine Übereinstimmung in der Schutzrechtskategorie ist – wie bei § 40 PatG – nicht erforderlich (BPatG GRUR 1981, 816 – *Thermoschalter*). Die Erstanmeldung muss lediglich die Anforderungen erfüllen, die nach dem Recht des **Anmeldestaates** erforderlich sind, um einen Anmeldetag zu begründen. Das weitere Schicksal der Anmeldung ist ohne Bedeutung. Eine spätere Erweiterung der ausländischen Anmeldung kann unter deren Datum eine prioritätsbegründende Anmeldung darstellen (vgl. BGH GRUR 1977, 483, 485 – *Gardinenrollenaufreiher*). 24

3.1.2 Personenidentität. Zwischen Anmelder der Vor- und Nachanmeldung muss Personenidentität bestehen; das Prioritätsrecht ist als verselbständigtes Teilrecht des Erfinderrechts auch ohne die Grundanmeldung auf einen Dritten übertragbar durch Abtretung gemäß §§ 413, 398 BGB (BPatG GRUR Int. 1982, 452, 453 – *Metallschmelzvorrichtung*). 25

Weitere Voraussetzung ist, dass die Anmeldung von **Verbandsangehörigen** vorgenommen wird (Verbandszugehörigkeit bereits zur Zeit der ersten Anmeldung erforderlich; bei Mehrheit von Anmeldern muss diese bei allen vorliegen). 26

3.1.3 Dieselbe Erfindung. Das Prioritätsrecht kann nur für „dieselbe Erfindung" in Anspruch genommen werden. Das bedeutet, dass die Voranmeldung ausreichend ausführbar in der Gesamtheit der Unterlagen offenbart sein muss. Die Frage der **Ausführbarkeit** bemisst sich nach dem Recht des Nachanmeldestaates (BGH GRUR 1975, 131 – *Allopurinol;* BPatG GRUR Int. 1995, 338, 340 – *Erythropoietin*). Dasselbe gilt auch für die Frage der **Offenbarung,** Art. 4 H PVÜ (BGH GRUR Int. 1960, 506, 508 – *Schiffslukenverschluss*), deren Umfang von den Behörden und Gerichten zu bestimmen ist, die mit der Nachanmeldung befasst sind. Es gelten insoweit die allgemeinen Grundsätze; auf die Erläuterung in → § 4 Rn. 49ff. wird verwiesen. 27

Erfindungsidentität, dh die Übereinstimmung der Nachanmeldung mit der früheren Anmeldung wird nach Art. 4 C Abs. 4 PVÜ vorausgesetzt; ebenso Art. 87 Abs. 1 EPÜ; Art. 8 Abs. 2a PCT. Auf eine wortlautidentische Ausgestaltung kommt es nicht an. Die rechtliche Behandlung von **Abweichungen,** insbesondere **Weiterentwicklungen,** die in der Nachanmeldung über die frühere Anmeldung hinausgehen, ist umstritten. Die unterschiedlichen Auswirkungen der hierzu vertretenen Meinungen sind erheblich. Geht die Nachanmeldung über die frühere Anmeldung hinaus, versagt nach der Praxis des EPA das Prioritätsrecht ganz mit der Folge, dass auch das Prioritätsdokument als Stand der Technik zu berücksichtigen sein kann (EPA ABl. EPA 1995, 18): Danach ist es prioritätsschädlich, wenn in der späteren Anmeldung Gegenstände beansprucht werden, die in der ersten Hinterlegung nicht offenbart waren. Nach der Rspr. des BGH würde das Prioritätsrecht in diesem Fall lediglich nicht den weiterentwickelten Überschuss erfassen (BGH GRUR 1963, 563, 566 – *Aufhängevorrichtung*). Nach BPatG Mitt. 1998, 430, 432 – *Luftverteiler* – ist darauf abzustellen, ob der Gegenstand der Erstanmeldung weiterentwickelt wird, ohne dass sein Wesen verändert wird. Dementsprechend ist auch streitig, ob die Einbeziehung von Äquivalenten in die Nachanmeldung prioritätsschädlich ist. Nach der Praxis des EPA ist eine Prioritätsbeanspruchung bei unterschiedlichen Lösungswegen in der Vor- und Nachanmeldung 28 nicht möglich (EPA GRUR Int. 1993, 425 – *Avalanche-Photodioden/FUJITSU*). Das EPA folgt dabei dem sog Neuheitstest (EPA ABl. 1993, 318, 321 – *Priorität/AIR PRODUCTS AND CHEMICALS*). Darüber hinaus ist danach wesentlich, ob in der Voranmeldung alle **wesentlichen** Merkmale des Anspruchs der Nachanmeldung offenbart sind (EPA, ABl. 1990, 20 – *Prä-Pro-Rennin/COLLABORATIVE*). Ein wesentliches Merkmal liegt nicht vor, wenn es nicht mit der Funktion und Wirkung und damit nicht mit dem Wesen und der Art der Erfindung in Zusammenhang stehe; sein Fehlen in der Voranmeldung sei daher unschädlich, sofern sich der Anspruch der Nachanmeldung im Wesentlichen auf dieselbe Erfindung wie in der Voranmeldung offenbart richte (EPA ABl. 1992, 557 – *Snack-Product/HOWARD*). Werde in den Anspruch der Nachanmeldung ein schutzumfangbeschränkendes Merkmal aufgenommen, das in der Voranmeldung nicht offenbart sei, so liege dennoch dieselbe Erfindung vor, wenn das Merkmal Wesen und Art der Erfindung nicht berühre (EPA ABl. 1992, 557 – *Snack-Product/HOWARD;* ABl. 1993, 318). Werden hingegen wesentliche Bestandteile der Erfindung, die in der früheren Anmeldung nicht erwähnt sind, erst später als wesentlich erkannt, so sind sie danach nicht Bestandteil der Offenbarung der Voranmeldung, so dass kein Prioritätsanspruch besteht (EPA ABl. 1990, 250; ABl. 1990, 335). Toleranzbereiche können danach unter Umständen in der Nachanmeldung beansprucht werden, ohne dass sich das Wesen der Erfindung gegenüber der Voranmeldung ändere (vgl. EPA ABl. 1992, 28). Bei der Angabe unterschiedlicher Grenzwerte in der Vor- und Nachanmeldung sei in besonderem Maße eine einzelfallbezogene Betrachtungsweise geboten.

29 Zu **Teil- und Mehrfachprioritäten** nach Art. 4 F PVÜ, Art. 88 Abs. 2, 3 EPÜ vgl. lediglich beispielhaft BPatG Mitt. 1998, 430, 432/433 – *Luftverteiler; Benkard/Ullmann/Tochtermann,* Einl. Intern. Teil, Rn. 57; *Busse/Brandt* § 41 Rn. 60–62. Der deutsche Gesetzgeber hat die Regelung des Art. 88 Abs. 2 EPÜ in § 40 PatG über die innere Priorität nicht aufgenommen (Begr. BlPMZ 1979, 285; BPatG GRUR Int. 1982, 452, 453 – *Metallschmelzvorrichtung*).

30 **3.1.4 Keine Kettenpriorität.** Ebenso wie bei der inneren Priorität muss die Voranmeldung eine sogenannte „erste Anmeldung" iSd Art. 4 C Abs. 4 PVÜ sein. Eine nachfolgende Anmeldung kann nur dann eine Prioritätsgrundlage sein, wenn eine Voranmeldung zurückgenommen, fallen gelassen oder zurückgewiesen ist, und zwar bevor sie öffentlich ausgelegt worden ist und ohne dass Rechte bestehen geblieben sind. Insbesondere darf für die ältere Anmeldung eine Priorität nicht schon in Anspruch genommen worden sein.

31 **3.1.5 Fristen und weitere tatbestandliche Erfordernisse.** Die Nachanmeldung muss innerhalb der **Prioritätsfrist** vorgenommen werden, die für alle Verbandsländer einheitlich zwölf Monate beträgt, Art. 4 C Abs. 1 PVÜ. Die Einhaltung der Vorschriften über die Prioritätsfrist gehört nicht zu den formellen Erfordernissen der Prioritäts-Inanspruchnahme, sondern ist ein materiell-rechtliches Erfordernis (BPatG Mitt. 1997, 86, 87 – *Inanspruchnahme einer Priorität*). Wiedereinsetzung ist ausgeschlossen, vgl. § 123 Abs. 1 S. 2 PatG. Eine mehrfache Inanspruchnahme der Priorität ist möglich, zB für eine Patent- und GebrM-Anmeldung oder für eine nationale oder europäische Anmeldung etc.

32 Die formellen Voraussetzungen des § 6 Abs. 1 GebrMG iVm § 41 PatG gelten sowohl für Abs. 1 als auch für Abs. 2 des § 41 PatG. Von der 12-monatigen, nicht wiedereinsetzungsfähigen **Prioritätsfrist** (zur Fristenberechnung vgl. Art. 4 C Abs. 2, 3 PVÜ iVm §§ 187 Abs. 1, 188 Abs. 2 BGB) zu unterscheiden ist die **Frist** zur **Prioritätserklärung.** Durch das 2. PatGÄndG ist insoweit eine Erleichterung geschaffen worden, dass alle erforderlichen Angaben einheitlich (aber auch nacheinander) bis zum **Ablauf** des **16. Monats** nach dem Prioritätstag eingereicht werden können; die Fristberechnung folgt den allgemeinen Regeln der §§ 187 Abs. 2, 188 Abs. 2, 193 BGB. Wiedereinsetzung ist möglich, vgl. § 123 Abs. 1 S. 1 PatG.

Die erforderliche **Inanspruchnahmeerklärung** muss wegen ihrer Bedeutung schriftlich und eindeutig sein. Des Weiteren sind in deutscher Sprache Zeit und Land der früheren Anmeldung anzugeben; ferner ist das **Aktenzeichen** der früheren Anmeldung anzugeben, Art. 4 D Abs. 5 PVÜ. Weiter ist eine vollständige Abschrift der früheren Anmeldung einzureichen, Art. 4 D Abs. 3 PVÜ, damit geprüft werden kann, ob die Priorität zu Recht in Anspruch genommen wurde. Die Abschrift muss mit der früheren Anmeldung vollständig übereinstimmen (vgl. BGH GRUR 1979, 626, 627 – *Elektrostatisches Ladungsbild,* zur Miteinreichung von Zeichnungen). Bezugnahmen auf zu anderen Anmeldungen eingereichte Unterlagen sind nicht ausreichend (BGH GRUR 1979, 626, 627 – *Elektrostatisches Ladungsbild*). 33

3.1.6 Prioritätsverwirkung. Die Nichteinhaltung der Fristerfordernisse führt zur Verwirkung des Prioritätsrechts für die Anmeldung, § 6 Abs. 2 GebrMG iVm § 41 Abs. 1 S. 3 PatG. Die Anmeldung ist in diesem Fall nur mit ihrem Nachanmeldetag zu prüfen. Weitergehende Rechtsfolgen treten nicht ein (BPatG Mitt. 1997, 86, 87 – *Inanspruchnahme einer Priorität*). Der Prioritätsanspruch wird des Weiteren bei Nichteinreichung der Abschrift der Voranmeldung innerhalb der Frist verwirkt (vgl. BGH GRUR 1973, 139 – *Prioritätsverlust*). Die Verwirkung des Prioritätsanspruchs tritt auch dann ein, wenn das DPMA es versäumt hat, den Anmelder auf die Unrichtigkeit/Unvollständigkeit von Angaben hinzuweisen (BPatG GRUR 1987, 286 – *Unvollständige Anmeldung*). 34

3.1.7 Prüfung der förmlichen Voraussetzungen und der materiellen Berechtigung. Die Prüfung der **formellen** Voraussetzungen der Priorität für eine Gebrauchsmusteranmeldung soll durch das DPMA im GebrM-Eintragungsverfahren erfolgen können; dies soll im Wege eines Vorab- bzw. Zwischenbescheids möglich sein (BPatG Mitt. 1997, 86, 87 – *Inanspruchnahme einer Priorität*). Eine derartige Entscheidung sei für das Gebrauchsmusterlöschungsverfahren und für den Verletzungsstreit bindend, da in diesen Verfahren nur die materiellen Erfordernisse einer Prioritätsbeanspruchung nachgeprüft werden könnten (BPatG Mitt. 1997, 86, 87 – *Inanspruchnahme einer Priorität;* vgl. auch BGH GRUR 1979, 621, 622/623 – *Magnetbohrständer*). Es sei demgemäss im Patenterteilungs- wie im Gebrauchsmustereintragungsverfahren grundsätzlich nur zu prüfen, ob die Beanspruchung einer ausländischen Priorität den durch Art. 4 D PVÜ der besonderen innerstaatlichen Regelung zugewiesenen Vorschriften entspricht (BPatG Mitt. 1997, 86, 87 – *Inanspruchnahme einer Priorität*). Dieser Auffassung kann jedenfalls im Hinblick auf die daraus abgeleitete Bindungswirkung für den Verletzungsrechtsstreit oder das Gebrauchsmusterlöschungsverfahren nicht gefolgt werden. Gerade die Abgrenzung, was formelle und materielle Voraussetzungen sind, kann im Einzelfall schwierig sein, so dass eine Bindung der vorerwähnten Organe schon deshalb nicht angezeigt ist. Darüber hinaus können auch Fragen der förmlichen Voraussetzungen schwierige Rechtsfragen aufwerfen, die vom DPMA nicht in einer höhere Instanzen bindenden Weise entschieden werden können (zweifelnd auch *Busse/Brandt* PatG § 41 Rn. 50). 35

Unzweifelhaft können die **materiell-rechtlichen** Regelungen nicht seitens des DPMA im Eintragungsverfahren in bindender Weise geprüft werden. Die Vorschriften über den Prioritätszeitraum gehören zu den materiell-rechtlichen Problemstellungen, deren Prüfung die nachfolgenden Instanzen (Löschungsabteilung, Beschwerdegericht, Verletzungsgericht) vorbehalten ist (BPatG Mitt. 1997, 86, 87 – *Inanspruchnahme einer Priorität*). Die materielle Berechtigung wird darüber hinaus nur bei Anlass geprüft (vgl. BGH GRUR 1985, 34 – *Ausstellungspriorität;* BPatG GRUR 1986, 607 – *Schallsonde*). Zu den materiell-rechtlichen Fragen gehört auch die Übereinstimmung von Vor- und Nachanmeldung, sowie die Rechtsnachfolge. Ebenso die Frage, zu welchem Zeitpunkt die Prioritätsanmeldung erfolgt ist (BPatG GRUR 1986, 607 – *Schallsonde*). Anlass zur Prüfung besteht jeweils bei begründeten Zweifeln sowie bei Fragen der Priorität, insbesondere wenn im Prioritätsintervall relevanter 36

Stand der Technik vorliegt (BGH GRUR 1973, 139 – *Prioritätsverlust;* (BPatG GRUR 1986, 607 – *Schallsonde;* BPatG GRUR 1992, 377, 378 – *Kabelbaum*). Die materielle Berechtigung ist im Löschungsverfahren (BPatG GRUR Int. 1995, 338, 340 – *Erythropoietin* zum Patentnichtigkeitsverfahren) selbständig nachprüfbar. Dasselbe gilt für die Nachprüfbarkeit im Verletzungsrechtsstreit (vgl. BGH GRUR 1963, 563, 566 – *Aufhängevorrichtung*).

37 **3.1.8 Wirkungen der Priorität.** Diese ergeben sich aus Art. 4 B PVÜ. Hierzu gehören insbesondere die Sicherung des Altersrangs der Voranmeldung für die Nachanmeldung. Nach dem Prioritätstag eingetretene Tatsachen können keine Rechte Dritter und kein persönliches Benutzungsrecht begründen. Der Zeitrang der Anmeldung ist einerseits von Bedeutung für den Stand der Technik. Der Anmelder kann durch sachgerechte Handhabung der Prioritätsregelung eine sog **Selbstkollision** infolge einer eigenen früheren inländischen oder ausländischen Anmeldung vermeiden. Entsprechendes gilt auch für jeglichen sonstigen, zwischenzeitlich eingetretenen Stand der Technik. Der Priorität kommt damit auch eine Defensivwirkung dahingehend zu, dass im Prioritätszeitpunkt erfolgte Anmeldungen Dritter gegenüber dem Anmelder keinen Erfolg haben können, §§ 13 Abs. 1, 15 Abs. 1 Nr. 2.

38 **3.2 Priorität aufgrund Bekanntmachung.** Vgl. hierzu → Rn. 1 f. Die förmlichen und tatbestandlichen Voraussetzungen der Prioritäts-Inanspruchnahme gemäß § 41 Abs. 2 richten sich nach § 41 Abs. 1. Auf diese Erläuterungen wird verwiesen.

§ 6a [Austellungspriorität]

(1) **Hat der Anmelder eine Erfindung**

1. auf einer amtlichen oder amtlich anerkannten internationalen Ausstellung im Sinne des am 22. November 1928 in Paris unterzeichneten Abkommens über internationale Ausstellungen oder

2. auf einer sonstigen inländische oder ausländischen Ausstellung

zur Schau gestellt, kann er, wenn er die Erfindung innerhalb einer Frist von sechs Monaten seit der erstmaligen Zurschaustellung zum Gebrauchsmuster anmeldet, von diesem Tag an ein Prioritätsrecht in Anspruch nehmen.

(2) **Die in Absatz 1 Nummer 1 bezeichneten Ausstellungen werden vom Bundesministerium für Justiz und für Verbraucherschutz im Bundesanzeiger bekannt gemacht.**

(3) **Die Ausstellungen nach Absatz 1 Nummer 2 werden im Einzelfall vom Bundesministerium der Justiz und für Verbraucherschutz bestimmt und im Bundesanzeiger bekannt gemacht.**

(4) **Wer eine Priorität nach Absatz 1 in Anspruch nimmt, hat vor Ablauf des 16. Monats nach dem Tag der erstmaligen Zurschaustellung der Erfindung diesen Tag und die Ausstellung anzugeben sowie einen Nachweis für die Zurschaustellung einzureichen.**

(5) **Die Ausstellungspriorität nach Absatz 1 verlängert die Prioritätsfristen nach § 6 Abs. 1 nicht.**

Literatur (Auswahl): *Hüttermann, Storz,* Jüngere Änderungen auf dem Gebiet des Gebrauchsmusterrechts, GRUR 2008, 230; *dies.,* Die BGH-Entscheidung „Demonstrationsschrank" – eine Revolution im gewerblichen Rechtsschutz, NJW 2006, 3178.

1 **1. Allgemeines/Zweck der Vorschrift.** In Umsetzung des Art. 11 PVÜ ist an die Stelle des *Gesetzes betreffend den Schutz von Mustern auf Ausstellungen,* zuletzt geän-

dert durch Art. 17 des Gesetzes vom 25. Oktober 1994 (BlPMZ 1904, 181f.), § 6a getreten. Die Vorschrift wurde durch das Geschmacksmusterreformgesetz vom 12. März 2004 (BlPMZ 2004, 207, 217), wirksam zum 1. Juni 2004, neu eingefügt und durch das Gesetz zur Modernisierung des Geschmacksmustergesetzes sowie zur Änderung der Regelung über die Bekanntmachungen zum Ausstellungsschutz vom 10. Oktober 2013, in Kraft zum 1. Februar 2014, geändert (BGBl. I 2013, 3799).

Die Formulierung des § 6a ist an § 35 MarkenG angelehnt. 2

2. Regelungsgehalt

2.1 Ausstellung. Die Zurschaustellung auf Ausstellungen nach Maßgabe des Absatzes 1 Nr. 1 oder Nr. 2 begründet ein Prioritätsrecht iSd § 6. Die Gebrauchsmusteranmeldung muss allerdings innerhalb von sechs Monaten seit der ersten Zurschaustellung beim Deutschen Patent- und Markenamt eingereicht werden. Der Tag der ersten Zurschaustellungen bestimmt damit den Zeitrang der Anmeldung. 3

Die Ausstellungspriorität kann nur für Ausstellungen beansprucht werden, die vom Bundesministerium für Justiz und für Verbraucherschutz im Bundesanzeiger bekanntgemacht worden ist. 4

Eine Ausstellungen nach Absatzes 1 Nr. 1 ist eine amtliche oder amtlich anerkannte internationale Ausstellung iSd am 22. November 1928 in Paris unterzeichneten Abkommens über internationale Ausstellungen. Solche Ausstellungen werden gem. § 6a Abs. 2 vom Bundesministerium der Justiz und für Verbraucherschutz im Bundesanzeiger bekannt gemacht. 5

Eine Ausstellung nach § 6a Abs. 1 Nr. 2 ist eine „sonstige inländische oder ausländische Ausstellung". Auch diese werden gem. § 6a Abs. 3 vom Bundesministerium der Justiz und für Verbraucherschutz bestimmt und im Bundesanzeiger bekannt gemacht. 6

2.2 Erklärungsfrist, § 6a Abs. 3 und Abs. 4. Prioritätsfristen werden gemäß § 6a Abs. 4 durch die Ausstellungspriorität gemäß § 6a Abs. 1 nicht verlängert. Bei Inanspruchnahme der Priorität hat der Anmelder demgemäß vor Ablauf des 16. Monats nach dem Tag der erstmaligen Zurschaustellung der Erfindung den Tag der erstmaligen Zurschaustellung und die Ausstellung anzugeben und einen Nachweis für die Zurschaustellung einzureichen. 7

2.3 Wirkung. Bei Vorliegen der vorstehenden Voraussetzungen stellt die Ausstellung des Erfindungsgegenstandes keine neuheitsschickliche offenkundige Vorbenutzung dar. Ebenso wird hierdurch die Schutzvoraussetzung des Vorliegens eines erfinderischen Schrittes nicht tangiert. Der Erfinder wird also gegenüber den Rechtsnachteilen geschützt, die an sich mit der Offenbarung der Erfindung vor der Anmeldung auf einer öffentlichen Ausstellung einhergehen. 8

Da es sich hierbei um eine Regelung handelt, die als Prioritätsrecht ausgestaltet ist und sich damit von dem Grundgedanken einer Neuheitsschonfrist unterscheidet, schadet auch eine der Ausstellung nachfolgende anderweitige Offenbarung der Erfindung, sei es in Form einer schriftlichen Veröffentlichung oder einer Vorbenutzung, der späteren Gebrauchsmusteranmeldung nicht. Eine solche Offenbarung bleibt als Stand der Technik außer Betracht und tangiert mithin weder die Schutzvoraussetzung der Neuheit noch der erfinderischen Tätigkeit. 9

Freilich reicht die Priorität inhaltlich nur so weit, wie eine Übereinstimmung zwischen dem auf der Ausstellung vorverlautbarten Erfindungsgegenstand und dem Gegenstand der Gebrauchsmusteranmeldung gegeben ist. Denn die Rechtswohltat der Priorität besteht nur im Umfang der ursprünglichen Offenbarung. Da das Gesetz insoweit keine Differenzierung zwischen den einzelnen Verlautbarungsarten vornimmt, müssen diese Grundsätze nach der hier vertretenen Auffassung gleichermaßen im Falle einer der Ausstellung des Erfindungsgegenstandes nachfolgenden Anmeldung desselben gelten. Eine Kumulierung der Ausstellungspriorität mit der Neuheitsschonfrist ist allerdings möglich. 10

§ 7 [Stand der Technik]

(1) **Das Patentamt ermittelt auf Antrag den Stand der Technik, der für die Beurteilung der Schutzfähigkeit des Gegenstandes der Gebrauchsmusteranmeldung oder des Gebrauchsmusters in Betracht zu ziehen ist (Recherche).**

(2) **[1]Der Antrag kann von dem Anmelder oder dem als Inhaber Eingetragenen und jedem Dritten gestellt werden. [2]Er ist schriftlich einzureichen. [3]§ 28 ist entsprechend anzuwenden.**

(3) **[1]Der Eingang des Antrags wird im Patentblatt veröffentlicht, jedoch nicht vor der Eintragung des Gebrauchsmusters. [2]Hat ein Dritter den Antrag gestellt, so wird der Eingang des Antrags außerdem dem Anmelder oder dem als Inhaber Eingetragenen mitgeteilt. [3]Jedermann ist berechtigt, dem Patentamt Hinweise zum Stand der Technik zu geben, der für die Beurteilung der Schutzfähigkeit des Gegenstandes der Gebrauchsmusteranmeldung oder des Gebrauchsmusters in Betracht zu ziehen ist.**

(4) **[1]Ist ein Antrag nach Absatz 1 eingegangen, so gelten spätere Anträge als nicht gestellt. [2]§ 43 Absatz 4 Satz 2 und 3 des Patentgesetzes ist entsprechend anzuwenden.**

(5) **Erweist sich ein von einem Dritten gestellter Antrag nach der Mitteilung an den Anmelder oder den als Inhaber Eingetragenen als unwirksam, so teilt das Patentamt dies außer dem Dritten auch dem Anmelder oder dem als Inhaber Eingetragenen mit.**

(6) **Das Patentamt teilt den nach Absatz 1 ermittelten Stand der Technik dem Anmelder oder dem als Inhaber Eingetragenen und, wenn der Antrag von einem Dritten gestellt worden ist, diesem und dem Anmelder oder dem als Inhaber Eingetragenen ohne Gewähr für die Vollständigkeit mit und veröffentlicht im Patentblatt, dass diese Mitteilung ergangen ist.**

1 **1. Allgemeines/Zweck der Vorschrift.** Rechtspolitisch ist als Nachteil des reinen Registrierverfahrens bei Gebrauchsmustern häufig darauf hingewiesen worden, dass dieses Schutzrechtssystem von vornherein für den Inhaber hohe finanzielle Risiken berge, weil es ohne Prüfung auf Neuheit, erfinderischen Schritt und gewerbliche Anwendbarkeit eingetragen werde und sich die Schutzbeständigkeit in der Regel erst im Löschungsverfahren oder im Verletzungsstreit herausstelle. Die in § 7 vorgesehene Recherchemöglichkeit ermöglicht es dem GebrM-Inhaber, das einem ungeprüften Schutzrecht innewohnende Risiko zu reduzieren. Die Recherche kann für die GebrM-Anmeldung und für das eingetragene GebrM durchgeführt werden. Auf diese Weise können die Erfolgsaussichten eines Angriffs bzw. der Rechtsverteidigung im Verletzungs- oder Löschungsverfahren besser eingeschätzt werden. Die Vorschrift des § 7 ist durch das Gesetz zur Änderung des Gebrauchsmustergesetzes vom 15. August 1986 mit Wirkung zum 1.1.1987 eingeführt worden (BlPMZ 1986, 310, 326). Die geltende Vorschrift ist an die Fassung des § 43 PatG angepasst worden, Art. 2 Nr. 3 PatNovG vom 19. Oktober 2013 (BGBl. I S. 3830). Sie ist seit dem 1. April 2014 in Kraft und regelt die Recherche im Gebrauchsmustergesetz nunmehr eigenständig. Ein Verweis auf § 43 PatG ist nur noch in § 7 Abs. 4 enthalten. Die Gebrauchsmusterrecherche beinhaltet keine vorläufige Beurteilung der Schutzfähigkeit der angemeldeten Erfindung; anders § 43 Abs. 1 PatG.

2 Einzelheiten des Verfahrensablaufes der Recherche sind in den „Richtlinien für die Durchführung der Druckschriftenermittlung nach § 7 GebrMG vom 31.3.2015", BlPMZ 2015, 145 (GebrM-RechercheRL) festgeschrieben. Die Neufassung der Recherchrichtlinien ist am 1. Mai 2015 in Kraft getreten. Die Richtlinien richten sich an die Prüfungsstellen des Deutschen Patent- und Markenamts (DPMA). Der Text der

Richtlinien kann als Formblatt G 6183 kostenlos beim Deutschen Patent- und Markenamt bezogen oder unter der Homepage des DPMA abgerufen werden.

2. Recherche und Verletzungsrechtsstreit. Ungeachtet der Vermutung der Schutzfähigkeit des Gebrauchsmusters aufgrund seiner Eintragung, §§ 11, 13, ist vor Einleitung einer Gebrauchsmusterverletzungsklage dringend die Durchführung einer Recherche zu empfehlen, da dies für den GebrM-Inhaber eine geeignete Möglichkeit ist, Hinweise auf die Schutzfähigkeit seines Gebrauchsmusters zu erhalten (vgl. auch § 19). Diese (sicherlich zur anwaltlichen Beratungspflicht gehörende) Empfehlung gilt erst recht für ein **einstweiliges Verfügungsverfahren.** Dabei kann dahinstehen, ob bei einem solchen Verfahren die Darlegungs- und Glaubhaftmachungslast zur Schutzfähigkeit dem Antragsteller obliegt (so OLG Düsseldorf GRUR 1958, 183, 184 – *Verkaufshilfe;* Mitt. 1982, 230, 231 – *Warmhaltekanne*) oder ob sie im Hinblick auf § 13 Abs. 1 bei dem Antragsgegner liegt (vgl. LG Düsseldorf, Mitt. 1988, 14, 15 – *Polohemd,* zu Geschmacksmusterverletzung). Denn nur durch eine derartige ergänzende Recherche wird der Antragsteller in die Lage versetzt, die Schutzfähigkeit seines Schutzrechtes zu begründen, den relevanten Stand der Technik vorzulegen und zu erörtern und damit das Gericht in die Lage zu versetzen, eine ausreichend tragfähige Grundlage für seine Entscheidung zu erhalten. Legt erstmals der Antragsgegner (zB in der mündlichen Verhandlung) Material vor, das die Schutzfähigkeit des Verfügungsgebrauchsmusters zweifelhaft erscheinen lässt, so wird der Erlass einer einstweiligen Verfügung in der Regel von vornherein immer fraglicher. Die Einholung der Recherche wird sinnvollerweise Auswirkungen auf die Handhabung der Dringlichkeitsvoraussetzung durch die Verletzungsgerichte haben müssen. Allerdings sollte der Antragsteller auf eine Beschleunigung der Recherche dringen. 3

3. Tatbestandsvoraussetzungen

3.1 Antrag. Für die Durchführung einer Recherche bedarf es eines **Antrages.** Dieser kann von dem Anmelder oder dem als Inhaber des Gebrauchsmusters Eingetragenen sowie von jedem Dritten gestellt werden, § 7 Abs. 2 Satz 1. Er kann zurückgenommen werden. Eines besonderen Rechtsschutzbedürfnisses bedarf es für den Antrag grundsätzlich nicht, vgl. aber unter → Rn. 8. Liegt ein früherer, wirksam gestellter Rechercheantrag vor, kann ein neuerlicher Antrag nicht mehr gestellt werden, § 7 Abs. 4 i. V. m. § 43 Abs. 4 Satz 2 und 3 PatG: Das DPMA teilt dem Gebrauchsmusteranmelder mit, wann der Antrag des Dritten eingegangen ist. Gleiches gilt für den Fall, dass zu einer parallelen Patentanmeldung Prüfungsantrag nach § 44 PatG gestellt worden ist; auch hier teilt das DPMA dem Gebrauchsmusteranmelder mit, zu welchem Zeitpunkt dieser Prüfungsantrag eingegangen ist. Die für die Recherche bezahlte Gebühr nach dem Patentkostengesetz wird in diesem Fall zurückgezahlt. Der Antrag ist schriftlich beim Patentamt einzureichen, was Unterschriftform voraussetzt, § 7 Abs. 2 Satz 2. Wer im Inland weder Wohnsitz noch Niederlassung hat, kann den Rechercheantrag nur stellen, wenn er im Inland einen Rechtsanwalt oder einen Patentanwalt als Vertreter bestellt hat, § 7 Abs. 2 Satz 3 iVm § 28. Diese Verpflichtung gilt unabhängig davon, ob für die Anmeldung des Gebrauchsmusters selbst ebenfalls eine Vertreterpflicht nach § 28 besteht. Als Vertreter kann auch ein Staatsangehöriger eines Mitgliedstaates der Europäischen Union oder eines anderen Vertragsstaates des Abkommens über den Europäischen Wirtschaftsraum bestellt werden, wenn er seine berufliche Tätigkeit unter einer bestimmten, mit deutschen Rechts- oder Patentanwälten vergleichbaren Berufsbezeichnung ausüben darf, § 28 Abs. 2. Der Antrag ist nicht anfechtbar. Erfolgt die Antragstellung durch einen Dritten, wird dieser nicht Verfahrensbeteiligter (kein Umkehrschluss aufgrund ausdrücklicher Erwähnung in § 43 Abs. 2 Satz 1 PatG). 4

3.2 Frist. Die Recherche setzt nach dem Wortlaut des § 7 eine anhängige Gebrauchsmusteranmeldung oder ein eingetragenes Gebrauchsmuster voraus; eine darüber hinausgehende zeitliche Begrenzung enthält § 7 nicht. Nach BPatG GRUR 5

1990, 513, 514/515 – *Recherchenantrag* soll eine wirksam beantragte Recherche weiter durchgeführt werden, wenn die dem Rechercheantrag zugrunde liegende Gebrauchsmusteranmeldung nach § 6 Abs. 1 Satz 1, 2 iVm § 40 Abs. 5 PatG vor Beginn der Recherche als zurückgenommen gilt. Zumindest im Fall der Rücknahmefiktion wegen Inanspruchnahme der Priorität soll die Verpflichtung der weiteren Durchführung der Recherche gelten, weil diese für die Nachanmeldung, die „dieselbe Erfindung" betreffe, weiter Bedeutung habe (vgl. auch GebrM-RechercheRL Ziff. 2). Ist ein Gebrauchsmuster durch Schutzablauf erloschen, wird die Recherche trotz des Wortlauts des § 7 jedenfalls dann durchzuführen sein, wenn der betreffende Antragsteller ein Rechtsschutzbedürfnis hierfür geltend machen kann (ebenso *Mes* GebrMG § 7 Rn. 4). Ein solches Rechtsschutzbedürfnis wird beispielsweise bestehen, wenn das Rechercheergebnis Eingang in ein Löschungsverfahren (Antrag auf Feststellung der Unwirksamkeit des Gebrauchsmusters nach dessen Löschung) finden soll.

6 **3.3 Gebühr.** Der Antrag ist gebührenpflichtig, was sich aus § 2 Abs. 1 PatKostG iVm Gebührenverzeichnis Nr. 321200 ergibt. Die Gebühr für den Antrag auf Ermittlung der in Betracht zu ziehenden Druckschriften (Recherchegebühr) beträgt für die GebrM-Recherche zur Zeit € 250,- (Anlage zu § 1 PatKostG, GebVerz. Nr. 321200). Die Gebühr wird mit Einreichung des Rechercheantrags fällig, § 3 Abs. 1 PatKostG und ist innerhalb von 3 Monaten nach Fälligkeit zu zahlen, § 6 Abs. 1 Satz 2 PatKostG. Gegebenenfalls kommt eine Beitreibung nach § 10 Abs. 2 Satz 1 PatKostG bei trotz Nichtzahlung durchgeführter Recherche zum Tragen. Es handelt sich hierbei eher um eine Benutzungsgebühr als um eine reine Verwaltungsgebühr (vgl. hierzu BPatG GRUR 1990, 513, 515 – *Recherchenantrag*). Ist die Recherchegebühr fällig geworden und gezahlt, ist sie verfallen und kann grundsätzlich nicht zurückgefordert werden, auch wenn es nicht zur Durchführung der Recherche kommt (BPatG Mitt. 2004, 76 – *Recherchenantragsgebühr*); gegebenenfalls sei diese aber weiterhin durchzuführen (BPatG GRUR 1990, 513, 515 – *Recherchenantrag*), allerdings zu dem Sonderfall des Eintritts der Rücknahmefiktion gemäß § 6 Abs. 1 Satz 1 GebrMG iVm § 40 Abs. 5 PatG. Wird die Antragsgebühr nicht oder nicht vollständig gezahlt, gilt der Antrag als zurückgenommen, § 6 Abs. 2 PatKostG. (Keine Verfahrenskostenhilfe für den Antragsteller oder Dritte, vgl. § 130 Abs. 2 Satz 1, Abs. 6 PatG). Eine Ermäßigung der Gebühr entsprechend Art. III § 7 IntPatÜG kommt nicht in Betracht, da es sich nicht um eine Prüfungsgebühr handelt.

7 **3.4 Formelle Behandlung des Rechercheantrags.** Der Antrag gilt als nicht gestellt, wenn bereits ein früherer, wirksam gestellter Rechercheantrag vorliegt, § 7 Abs. 4. Zuständig ist die GebrM-Stelle, die den Rechercheantrag zur tatsächlichen Durchführung an die Prüfungsstelle weiterleitet, in deren Aufgabenbereich die gem. IPC angegebene Hauptklasse fällt (GebrM-RechercheRl, Ziff. 3). Ist der Rechercheantrag zurückgenommen worden, kann ein neuer Antrag gestellt werden. Ermittelte Druckschriften können dem GebrM-Inhaber/Anmelder und dem Recherche-Antragsteller gebührenpflichtig geliefert werden (zB gemäß Nr. 301310 der Anlage zu § 2 Abs. 1 DPMA-VwKostV). Die Mitteilung der öffentlichen Druckschriften, die das Patentamt nach § 7 ermittelt hat (Auskunft gegenüber Dritten, denen die Druckschriften auf Antrag genannt, aber nicht in Kopien geliefert werden) beträgt zur Zeit € 90,– (Nr. 301410 DPMA-VwKostV). Die Öffentlichkeit wird über den Rechercheantrag durch die Veröffentlichung im Patentblatt informiert, § 7 Abs. 3. Hat ein Dritter den Antrag gestellt, so wird dies dem Anmelder bzw. GebrM-Inhaber mitgeteilt, § 7 Abs. 3 Satz 2. Eine ebensolche Unterrichtung erfolgt, wenn sich der Antrag des Dritten als unwirksam erweist, § 7 Abs. 5. Jedermann steht es frei, dem Patentamt Druckschriften anzugeben, die der Schutzfähigkeit eines Gebrauchsmusters entgegenstehen könnten, § 7 Abs 3 Satz 3. Das DPMA könnte ohnehin keinen Dritten hindern, derartige Angaben zu machen. Hierdurch erhält dieser Dritte allerdings keine Beteiligtenstellung, mithin keinen Anspruch auf Auskunft oder Bescheidung.

Akteneinsicht ist möglich. Eingaben dieser Art sind dem Anmelder bzw. dem als Inhaber Eingetragenen und während eines anhängigen Recherche-Verfahrens auch der zuständigen Prüfungsstelle umgehend zuzuleiten. Dieser Stand der Technik wird in den Rechercheberichtt aufgenommen, wenn die zuständige Prüfungsstelle ihn als relevant ansieht, Ziff. 3 GebrM-RechercheRL.

3.5 Umfang der Recherche; Recherchenbericht. Der Umfang der Recherche ergibt sich nicht unmittelbar aus dem Gesetz. Die Prüfungsstelle ermittelt nach den GebrM-RechercheRl den einschlägigen Stand der Technik **umfassend, vollständig** und **abschließend,** so dass sich die Behandlung der GebrM-Recherche und derjenigen nach § 43 PatG nicht mehr unterscheiden (MittPräsDPMA BlPMZ 1999, 49) Einzelheiten finden sich in den Rechercherichtlinien, auf die verwiesen wird. Auf ausdrücklichen Wunsch des Antragstellers, der in dem Antrag zum Ausdruck kommen muss, ist die Recherche unverzüglich – also gegebenenfalls bereits vor dem Zeitpunkt, zu dem die erst kurz vor dem Anmeldetag erschienenen Druckschriften dem Prüfstoff zugeführt werden konnten – durchzuführen. In der Mitteilung über die ermittelten Druckschriften wird dann deutlich darauf hingewiesen, dass sich die Recherche auf die zum Zeitpunkt der Recherche im Prüfstoff vorhandene Schriften beschränkt. Eine Nachrecherche zu einem späteren Zeitpunkt aufgrund des vervollständigten Prüfstoffs findet nicht statt. **Gegenstand** der Recherche ist die in den Schutzansprüchen angegebene Erfindung; Beschreibung und Zeichnungen sind soweit heranzuziehen, wie es zum Verständnis und zur Auslegung der Schutzansprüche erforderlich ist, Ziff. 5 RecherchenRl. Der **Umfang** der Recherche erstreckt sich auf den in den öffentlichen Druckschriften enthaltenen einschlägigen Stand der Technik, der so ermittelt werden soll, dass damit die Neuheit und das Vorliegen eines erfinderischen Schritts beurteilt werden können. Für jeden Schutzanspruch sind innerhalb vernünftiger Grenzen die ermittelten öffentlichen Druckschriften anzugeben. Regelmäßig braucht jeweils nur ein Mitglied einer Patentfamilie berücksichtigt zu werden. Die Recherche hat ihre Grenzen dort, wo sie in Beziehung auf den Aufwand und auf den Umfang der technischen Gebiete, die für den Gegenstand der Anmeldung oder des Gebrauchsmusters in Betracht gezogen werden, vom Standpunkt der Wirtschaftlichkeit her nicht weiter zu vertreten ist. Es gilt der Grundsatz der gründlichen, aber nicht übertriebenen Recherche (GebrM-RechercheRL, Ziff. 5). Sie kann jedoch auch auf den der Erfindung zugrunde liegenden allgemeinen Stand der Technik ausgedehnt werden (technologischer Hintergrund). Als Bezugszeitpunkt für die Recherche wird der Anmeldetag, nicht der gegebenenfalls beanspruchte Prioritätstag gewählt, vgl. insgesamt Ziff. 5 RecherchenRL. 8

Im Anschluss hieran erstellt das DPMA den Recherchenbericht, für den keine Gewähr für die Vollständigkeit übernommen wird, § 7 Abs. 6 Satz 1 PatG. Die Tatsache der Mitteilung der Druckschriften wird im Patentblatt veröffentlicht, § 7 Abs. 6. Die Kosten des Recherchenberichts sind in der Antragsgebühr enthalten. Der Recherchenbericht beschränkt sich auf eine reine Materialzusammenstellung und enthält keine rechtliche Würdigung. Im Recherchenbericht sind anzugeben die ermittelten **Druckschriften,** gegebenenfalls mit Erläuterungen und Hinweisen auf relevante Textstellen, die bei der Recherche herangezogenen **Klassifikationseinheiten,** die **Referatsblätter** oder **Spezialkarteien,** die bei der Recherche, insbesondere auf chemischem Gebiet, benutzt worden sind, die Kategorie, dh Relevanz der ermittelten Druckschriften in Buchstaben: Einzelheiten Ziff. 6 RecherchenRL. Wegen weiterer Einzelheiten hierzu wird auf die Kommentierung zu § 43 PatG verwiesen. 9

§ 8 [Eintragung; Register]

(1) **Entspricht die Anmeldung den Anforderungen der §§ 4, 4a, 4b so verfügt das Patentamt die Eintragung in das Register für Gebrauchsmuster. Eine Prüfung des Gegenstands der Anmeldung auf Neuheit, erfinderischen Schritt und gewerbliche Anwendbarkeit findet nicht statt. § 49 Abs. 2 des Patentgesetzes ist entsprechend anzuwenden.**

(2) **Die Eintragung muss Namen und Wohnsitz des Anmelders sowie seines etwa nach § 28 bestellten Vertreters und Zustellungsbevollmächtigten sowie die Zeit der Anmeldung angeben.**

(3) **Die Eintragungen sind im Patentblatt in regelmäßig erscheinenden Übersichten bekannt zu machen. Die Veröffentlichung kann in elektronischer Form erfolgen. Zur weiteren Verarbeitung oder Nutzung zu Zwecken der Gebrauchsmusterinformation kann das Patentamt Angaben aus dem Patentblatt an Dritte in elektronischer Form übermitteln. Die Übermittlung erfolgt nicht, soweit eine Einsicht nach Absatz 7 ausgeschlossen ist.**

(4) **Das Patentamt vermerkt im Register eine Änderung in der Person des Inhabers des Gebrauchsmusters, seines Vertreters oder seines Zustellungsbevollmächtigten, wenn sie ihm nachgewiesen wird. Solange die Änderung nicht eingetragen ist, bleiben der frühere Rechtsinhaber und sein früherer Vertreter oder Zustellungsbevollmächtigter nach Maßgabe dieses Gesetzes berechtigt und verpflichtet.**

(5) **Die Einsicht in das Register sowie in die Akten eingetragener Gebrauchsmuster einschließlich der Akten von Löschungsverfahren steht jedermann frei. Im übrigen gewährt das Patentamt jedermann auf Antrag Einsicht in die Akten, wenn und soweit ein berechtigtes Interesse glaubhaft gemacht wird.**

(6) **Soweit die Einsicht in das Register und die Akten nach Absatz 5 Satz 1 jedermann freisteht, kann die Einsichtnahme bei elektronischer Führung des Registers und der Akten auch über das Internet gewährt werden.**

(7) **Die Einsicht nach den Absätzen 5 und 6 ist ausgeschlossen, soweit eine Rechtsvorschrift entgegensteht oder soweit das schutzwürdige Interesse des Betroffenen im Sinne des § 3 Absatz 1 des Bundesdatenschutzgesetzes offensichtlich überwiegt.**

Literatur (Auswahl): *Rogge,* Die Legitimation des scheinbaren Patentinhabers nach § 30 Abs. 3 Satz 3 PatG, GRUR 1985, 734; *Reinelt,* Die unverbindliche Lizenzinteresseerklärung, GRUR 1986, 504; *Werner,* Prüfungsbescheide im Verfahren vor dem Deutschen Patentamt, Mitt. 1988, 6; *Repenn,* Umschreibung von gewerblichen Schutzrechten, 1994; *Pitz,* Aktivlegitimation in Patentstreitsachen, GRUR 2010, 688; *Kühnen,* Patentregister und Inhaberwechsel GRUR 2014, 137; *Seiler,* Patentregistereintragung: Bedeutung für den Verletzungsprozess, GRUR-Prax 2015, 164.

Inhaltsübersicht

1. Allgemeines/Zweck der Vorschrift. § 8 regelt in unsystematischer Weise Aspekte der Eintragung und Teilaspekte des Anmeldeverfahrens, Abs. 1. Abs. 2 bestimmt die zwingenden Bestandteile der Eintragung. Abs. 3 schreibt die Unterrichtung der Öffentlichkeit durch regelmäßig erscheinende Übersichten vor. Abs. 4 befasst sich mit Änderungen, die in das Gebrauchsmusterregister einzutragen sind. Abs. 5 regelt die Akteneinsicht. 1

§ 8 in der geltenden Fassung fußt auf Art. 3 Nr. 4 2.PatÄndG vom 16.7.1998 (BlPMZ 1998, 382, 387) und auf Art. 8 Nr. 3 KostRegBerG vom 13.12.2001 (BlPMZ 2002, 14, 25, 26). Abs. 1 Satz 2 wurde durch das GebrMGÄndG (BlPMZ 1986, 310) eingefügt (klarstellend iSd ständigen Rechtspraxis). Ferner wurde die Verweisung auf den jetzigen § 49 Abs. 2 PatG geregelt. Das 2. PatGÄndG hat eine Änderung der Verweisung in Abs. 1 Satz 1 mit sich gebracht. 2

2. Eintragung/Zurückweisung der Anmeldung

2.1 Gang des Anmeldeverfahrens. Hinsichtlich des Verfahrensablaufs, der der Anmeldung folgt, wird auf → Vorb § 4 Rn. 17 ff. verwiesen. 3

2.2 Prüfung der formellen und materiellen Schutzvoraussetzungen. Die GebrM-Stelle (§ 10 Abs. 1) prüft zunächst die Einhaltung der **formellen** Voraussetzungen der Anmeldung. Hierbei ist die Gebrauchsmusterstelle grundsätzlich an die Anträge des Anmelders gebunden (BGH GRUR 2003, 226, 227 – *Läägeünnerloage*). Dabei sind die Willenserklärungen des Anmelders unter Zugrundlegung des objektiven Empfängerhorizonts auszulegen und sein wirklicher Wille zu erforschen (BPatG Mitt 2003, 311). Des Weiteren übernimmt die GebrM-Stelle die Prüfung der sog **absoluten materiellen** Schutzvoraussetzungen (gebrauchsmusterfähige Erfindung und keine Schutzausschließungsgründe nach § 1 Abs. 2 oder § 2). Zur historischen Entwicklung wird auf die eingehenden Ausführungen des BGH in GRUR 1965, 234, 235 ff. – *Spannungsregler* – verwiesen. 4

Neuheit, erfinderischer Schritt und **gewerbliche Anwendbarkeit** werden nicht geprüft, § 8 Abs. 1 S. 2. Dieser Ausschluss der materiell-rechtlichen Prüfung wird seit jeher damit begründet, dass eine Prüfung der Anmeldungen in dieser Richtung zum einen nicht mit der für die Bearbeitung von Gebrauchsmustersachen vorgesehenen Behördenorganisation des Patentamts zu bewältigen sei. Zum anderen solle der Industrie ein schnell und einfach zu erlangender Schutz zur Verfügung gestellt werden. Dass das Patentamt gleichwohl seit jeher die Voraussetzungen der **Gebrauchsmusterfähigkeit** zu überprüfen hatte, steht zu dem in Abs. 1 Satz 2 nunmehr geregelten Ausschluss der Prüfungsbefugnis nicht in Widerspruch. Historisch war diese Prüfung der Musterfähigkeit besonders einfach, da nach dem Gesetz vom 5

1.6.1891 die Einreichung des Modells, dessen Schutz begehrt wurde, zwingend vorgeschrieben war, so dass die Prüfung der „Modellfähigkeit" besonders einfach war. Jedenfalls nach jetziger Rechtslage ist die Überprüfung des Vorliegens der absoluten Schutzvoraussetzungen in der Regel einfach gelagert, da der Gebrauchsmusterschutz faktisch mit Ausnahme der Verfahrenserfindungen den wesentlichen Schutzrechtskategorien offen steht und die Überprüfung der Schutzausschlüsse nach § 1 Abs. 2 und § 2 in der Regel keine übermäßigen Schwierigkeiten aufwerfen dürfte. Ungeachtet dessen ist die Regelung in § 8 Abs. 1 S. 2 eindeutig; ihr erkennbarer Sinngehalt verbietet es auch, die Prüfung dieser Voraussetzungen in „offensichtlichen" Fällen vorzunehmen (so nun auch *Bühring/Schmid* § 10 Rn. 37; *Busse/Keukenschrijver* GebrMG § 8 Rn. 5). Abgesehen davon, dass derartige „offensichtliche" Fallgestaltungen angesichts der damit verbundenen Fragen der Erkenntnisse und der Wertungen kaum vorkommen dürften, hat der Gesetzgeber die Möglichkeit, dass nicht schutzfähige Gegenstände eingetragen werden, bewusst hingenommen, und diese Problematik dem geeigneteren Löschungs- bzw. Verletzungsverfahren überlassen. Von den Abgrenzungsschwierigkeiten zwischen offensichtlichen und nicht offensichtlichen Fallgestaltungen abgesehen, würde eine Prüfungsbefugnis des DPMA zu Zeitverzögerungen führen, die gerade in der heutigen Zeit eines schnellen technologischen Wandels dem Schutzrechtsinstitut des Gebrauchsmusters abträglich wären. Deshalb hat das DPMA auch keine Rechtskompetenz zur Überprüfung einer „offensichtlichen" Identität des Gebrauchsmusters mit einem älteren Recht (*Busse/Keukenschrijver* GebrMG § 8 Rn. 5; aA *Bühring/Braitmayer* § 13 Rn. 13, § 14 Rn. 4).

6 Vgl. im Übrigen zum Prüfungsumfang des DPMA §§ 4, 4a und Anmerkungen dort.

7 **2.3 Aussetzung des Eintragungsverfahrens.** Gemäß § 8 Abs. 1 S. 3 GebrMG iVm § 49 Abs. 2 PatG wird **auf Antrag** des Anmelders die Eintragung (nicht notwendigerweise das Eintragungsverfahren) bis zum Ablauf einer Frist von 15 Monaten **ab dem Anmelde- oder Prioritätstag** ausgesetzt (vgl. EintragungsRL II 3). Der Antrag muss nicht begründet werden. Die Regelung ermöglicht es dem Anmelder, Auslandsanmeldungen in Nicht-PVÜ-Staaten vorzubereiten, ohne die Neuheitsschädlichkeit einer inländischen Vorveröffentlichung befürchten zu müssen. Diese Vorschrift dient dem Ausgleich widerstreitender Interessen: Der die Aussetzung begehrende Anmelder möchte die Eintragung und Bekanntmachung seiner zum Gebrauchsmusterschutz angemeldeten Erfindung hinauszögern; demgegenüber ist die Allgemeinheit daran interessiert, dass die technische Lehre in Gebrauchsmusteranmeldungen innerhalb möglichst kurzer Zeit veröffentlicht wird (BPatG GRUR 1980, 786 – *Unzulässige Vorabentscheidung*). Als Ausnahmevorschrift ist sie deshalb eng auszulegen, so dass eine über diesen Zeitraum hinausgehende Verzögerung der Eintragung nicht möglich ist. Dem Anmelder ist es deshalb verwehrt, einen (weiteren oder über den Zeitrahmen hinausgehenden) Aussetzungsantrag zu stellen und lediglich hierüber einen selbständig anfechtbaren Beschluss der Gebrauchsmusterstelle herbeizuführen (BPatG GRUR 1980, 786 – *unzulässige Vorabentscheidung*). Deshalb hat die GebrM-Stelle auch in einem solchen Fall in der Sache selbst eine Entscheidung zu treffen, dh die Anmeldung unter gleichzeitiger Zurückweisung des Aussetzungsantrags entweder einzutragen oder zurückzuweisen; ungeachtet dessen hat die GebrM-Stelle den Anmelder in diesem Fall auf die Unzulässigkeit des Antrags hinzuweisen und diesem rechtliches Gehör zu gewähren (BPatG GRUR 1980, 786 – *unzulässige Vorabentscheidung*). Dieser Zwischenbescheid muss deshalb rechtzeitig vor einer gegebenenfalls verfügten Eintragung erfolgen. Hinsichtlich des Weiteren formalen Ablaufs wird auf die EintragungsRL verwiesen. Da der Aussetzungsantrag kein Ruhen des Eintragungsverfahrens selbst bewirkt, ist eine Zurückweisung der Anmeldung durch Beschluss auch vor Ablauf der Aussetzungsfrist möglich. Nach Ablauf der Aussetzungsfrist wird die Eintragung verfügt, sofern der Anmelder die Anmel-

dung aufrecht erhält und die Anmeldung die gesetzlichen Voraussetzungen erfüllt (BPatGE 9, 57). Der Anmelder wird sich frühzeitig Gedanken über einen solchen Aussetzungsantrag machen müssen, da der Zeitpunkt der Eintragung eines Gebrauchsmusters nicht eindeutig vorhersehbar ist, die Gebrauchsmusterstelle aber bereits aus technischen Gründen einen Zeitvorlauf des Aussetzungsantrages von drei Wochen bis zur Eintragung benötigt (BlPMZ 1991, 146).

2.4 Zuständigkeit innerhalb des DPMA. Für die Eintragung oder Zurückwei- 8
sung der GebrM-Anmeldung ist die **Gebrauchsmusterstelle** (§ 10 Abs. 1) zuständig. Sie gehört zur Abteilung 1.1. des DPMA (Referat 1.1.3; vorher Referat 3.6.1). Durch die Verordnungsermächtigung gemäß § 10 Abs. 2 sind einzelne, der Gebrauchmusterstelle obliegende Aufgaben, die nach der Neuregelung durch das 2. PatGÄndG ihrer Art nach keine besonderen technischen und rechtlichen Schwierigkeiten bieten, auf Beamte des gehobenen Dienstes und vergleichbare Angestellte übertragen worden (siehe zu Einzelheiten Erläuterungen bei § 10; vgl. Ausschussbericht zum 2. PatGÄndG, BlPMZ 1998, 416, 418). Die Übertragung ist geregelt in der „Verordnung über die Wahrnehmung einzelner den Prüfungsstellen, der Gebrauchsmusterstelle, den Markenstellen und den Abteilungen des Patentamts obliegender Geschäfte (Wahrnehmungsverordnung, WahrnV)" vom 14. 12. 1994 (BGBl. I 3812 = BlPMZ 1995, 51; vgl. **Anhang 3**). Danach ist Beamten des gehobenen Dienstes und vergleichbaren Angestellten die Zurückweisung der Anmeldung aus formellen Gründen, denen der Anmelder nicht widersprochen hat und die Zurückweisung der Anmeldung aus sachlichen Gründen, denen der Anmelder nicht widersprochen hat, sofern der Leiter der Gebrauchsmusterstelle der Zurückweisung zugestimmt hat, sowie die Verfügung der Eintragung des Gebrauchsmusters übertragen worden (§ 2 Abs. 1 S. 1 f, g, h WahrnV). Rechtfertigt eine Anmeldung die Zurückweisung aus formellen und sachlichen Gründen, kann der Beamte des gehobenen Dienstes die Zurückweisung allein aus formellen Gründen veranlassen; er hat dies in seinem Bescheid jedoch klarzustellen (*Bühring/Schmid* § 8 Rn. 15). Ebenso ist die erforderliche Zustimmung des Leiters der GebrM-Stelle oder seines Vertreters kundzumachen (*Bühring/Schmid* § 8 Rn. 16). Der Ermächtigungsadressat ist seit dem KostRegBerG das DPMA (früher Präsident).

2.5 Eintragung. Weist die Anmeldung keine Mängel auf oder sind ihre Mängel be- 9
hoben (Eintragungsreife), so wird die Eintragung unverzüglich, wegen der Erklärungsfristen für den Zeitrang (Abzweigung, Priorität) jedoch nicht vor Ablauf von zwei Monaten nach dem Eingang der Anmeldung beim DPMA, verfügt (EintragungsRL II 10). Die **Eintragungsverfügung** geht der Eintragung in das Register voraus.

2.5.1 Eintragung und Antrag; Hilfsantrag. Die Anmeldung ist ein (abgesehen 10
etwa von der Trennung) **unteilbares Ganzes** (BPatG GRUR 1982, 555, 558 – *Sensoranordnung*). Die aus Antrag mit Anlagen bestehende Anmeldung bildet ein Ganzes, das nicht von Amts wegen geteilt werden kann. Maßgebend ist der auf die Eintragung des Gebrauchsmusters schlechthin gerichtete Antrag nebst Anlagen (BPatG GRUR 1980, 997, 998 – *Haupt- und Hilfsantrag;* BPatG GRUR 1982, 555 – *Sensoranordnung*). Mithin hat die GebrM-Stelle über die gesamte Anmeldung mit ihren verschiedenen geltend gemachten Schutzbegehren in einer **einzigen** Entscheidung zu befinden (BPatG GRUR 1982, 367, 368 – *Hilfsantrag;* BPatG GRUR 1982, 555 – *Sensoranordnung*). Über die Eintragung kann nur in Übereinstimmung mit dem Eintragungsantrag und nicht abweichend von diesem entschieden werden (BPatGE 7, 265, 266/267; BPatGE 50, 275, 277). Der Inhalt des Schutzrechts und der Eintragungsantrag müssen auf dasselbe gerichtet sein (BGH GRUR 2003, 226, 227 – *Läägeünnerloage*).

Das hindert den Anmelder nicht, sein Eintragungsbegehren in Form eines **Haupt-** 11
und eines (oder mehrerer) **Hilfsanträge** zu verfolgen. Auch dann ist es aber aus den vorerwähnten Gründen nicht zulässig, etwa nur zunächst über den Hauptantrag zu

entscheiden; eine Teilentscheidung ist nicht möglich (BPatG GRUR 1980, 997, 998 – *Haupt- und Hilfsantrag;* BPatG GRUR 1982, 367, 368 – *Hilfsantrag;* BPatG GRUR 1982, 555, 558 – *Sensoranordnung*). Nach der Rechtsprechung des BPatG liegt in der Zurückweisung des Hauptantrags auch nicht eine Zurückweisung der Gebrauchsmusteranmeldung, da der Hauptantrag nicht (die oder eine) Anmeldung, sondern ein im Rahmen der (einen) Anmeldung gestellter, zu ihr gehörender Antrag ist. Das hauptsächlich und das hilfsweise geltend gemachte Schutzbegehren sind danach nicht zwei Anmeldungen, sondern bilden zusammen nur eine Anmeldung. Wird der Hauptantrag zurückgewiesen bei gleichzeitiger Verfügungder Eintragung gemäß Hilfsantrag, liegt danach eine teilweise Zurückweisung der Anmeldung nicht vor. Ebenso kann danach nicht von einer lediglich den „Überschuss" des Hauptantrages betreffenden Zurückweisung der Anmeldung gesprochen werden, zumal eine vom Schutzbegehren abweichende Gebrauchsmusteranmeldung nicht eingetragen werden kann. Vielmehr sind danach die verschiedenen Schutzbegehren in der sich aus den „Anträgen" ergebenden Reihenfolge jeweils für sich zu prüfen, was bedeutet, dass der eine Anmeldungsgegenstand nach dem sich aus den „Anträgen" jeweils ergebenden Umfang auf Eintragungsfähigkeit zu untersuchen ist (so insgesamt BPatG GRUR 1982, 555, 557 – *Sensoranordnung*). Das Eintragungsbegehren unter Zugrundelegung eines Hilfsantrages setzt voraus, dass die Unterlagen an die vorgenommene Beschränkung angepasst werden; dies betrifft sowohl die neue Anspruchsfassung als auch die neue Beschreibung (BPatG GRUR 1982, 555, 558ff. – *Sensoranordnung*). Auch im Falle eines Eintragungsantrags in Form eines Haupt- und Hilfsantrages ist es der GebrM-Stelle verwehrt, zunächst lediglich (negativ) über den Hauptantrag zu entscheiden; vielmehr muss gleichzeitig aus den vorerwähnten Gründen über die Eintragungsfähigkeit entsprechend dem Hilfsantrag entschieden werden. Dies gebietet nicht nur das Interesse der Öffentlichkeit, von der Anmeldung möglichst frühzeitig Kenntnis zu erlangen, sondern dient auch dem Schutz des Anmelders, der andernfalls entsprechend der Zahl der geltend gemachten Anspruchsfassungen mehrmals und mit entsprechendem Zeitverlust zur Einlegung eines gebührenpflichtigen Rechtsmittels genötigt wäre (BPatG GRUR 1980, 997, 998 – *Haupt- und Hilfsantrag*).

12 Die Eintragung wirkt (nur) bei Vorliegen der nicht geprüften relativen materiellen Schutzvoraussetzungen **rechtsbegründend,** das GebrM entsteht als formelles Recht; fehlt es hingegen an den materiellen Schutzanforderungen nicht vor, entsteht kein materielles Recht, sondern nur ein **Scheinrecht,** das auf Antrag gelöscht wird (ebenso *Busse/Keukenschrijver* GebrMG § 8 Rn. 11, der auch zutreffend darauf hinweist, dass die frühere Rechtsprechung (zB BGH GRUR 1968, 86 – *Ladegerät I*), nach der die Eintragung auch dann wirksam sei, wenn sie auf Änderungen der ursprünglichen Anmeldeunterlagen beruht, die den Gegenstand der Anmeldung erweitern oder verändern, wohl keine Gültigkeit mehr beanspruchen kann; ebenso *Bühring/Schmid* § 8 Rn. 33ff.). Der **Gegenstand** des Gebrauchsmusters wird durch die Eintragung in das Gebrauchsmusterregister bestimmt. Folglich kann er nicht nachträglich durch einen anderen ersetzt werden. Einzelheiten bei → § 13 Rn. 16ff.

13 **2.5.2 Form; Rechtscharakter.** Eintragungen werden nach dem Wortlaut des § 8 Abs. 1 S. 1 **„verfügt".** Die parallele Vorschrift des § 49 PatG spricht hingegen von der Erteilung eines Patents in Beschlussform. Die gesetzgeberische Diktion ist sowohl im GebrMG als auch im PatG ungenau. Ungeachtet des eigentlich ausschließlich für gerichtliche Verfahren vorbehaltenen Terminus „Beschluss" erscheint im patentrechtlichen Verfahren einigermaßen gesichert zu sein, dass der Erteilungsbeschluss Verwaltungsakt ist (vgl. BGH GRUR 1968, 447, 449 – *Flaschenkasten*). Dementsprechend lässt sich auch der Begriff „verfügt" als Hinweis auf den Erlass eines **Verwaltungsaktes** verstehen, zumal die Regelung des § 8 Abs. 1 nicht eine (verwaltungsinterne) die Eintragung des Gebrauchsmusters erst vorbereitende Verfügung im Auge haben kann (aA *Bühring/Schmid* § 8 Rn. 32, § 18 Rn. 15). Die Frage ist, ob die

Eintragungsverfügung in **Form** einer (bloßen) Verfügung oder in Form eines Beschlusses zu ergehen hat (zu trennen hiervon ist das Problem, dass es für den Eintritt der Schutzwirkungen iSd § 11 auch eines Vollzuges der wie immer zu charakterisierenden „Verfügung" bedarf, der erst durch die Eintragung bewirkt wird). Die GebrM-Stelle prüft darüber hinaus zum Beispiel auch das Vorliegen der sog absoluten materiellen Schutzvoraussetzungen, wie dies ebenfalls im Patenterteilungsverfahren der Fall ist. Darüber hinaus regelt § 18, dass gegen die Beschlüsse der GebrM-Stelle die Beschwerde an das Patentgericht stattfindet. Eine solche Beschwerde muss auch gegen eine „Eintragungsverfügung" möglich sein, durch die der Anmelder beschwert ist, etwa weil sie seinem Antrag nicht voll entspricht, insbesondere wenn sie unvollständig ist (tw. bejahend *Benkard/Goebel/Hall/Nobbe* GebrMG § 8 Rn. 13; vgl. zu dem entsprechenden Beschwerderecht gegen einen solchen Patenterteilungsbeschluss: *Benkard/Schäfers* PatG § 49 Rn. 7 mwN). Bereits hieraus folgt, dass die „Verfügung" der Eintragung in Form eines „Beschlusses" zu ergehen hat (zum Beschlusscharakter der Eintragungsverfügung: BPatG v. 17.6.2013 – 35 W (pat) 1/11; *Bühring/Schmid* § 8 Rn. 32, § 18 Rn. 15). Dieser Bewertung steht auch nicht entgegen, dass ein Beschlussverfahren möglicherweise das Eintragungsverfahren verlängern und damit im Widerspruch dazu stehen könnte, dass das GebrM ein schnell zu erwirkendes Schutzrecht sein soll (zu diesem Argument BPatG GRUR 1982, 367, 368 – *Hilfsantrag*). Denn es ist kein Grund ersichtlich, den Verwaltungsverfahrensablauf beim DPMA nicht so zu gestalten, dass auch ein Erteilungsbeschluss in der Zeit der Eintragungsverfügung möglich wäre. Kritisch auch zum gegenwärtigen Eintragungsverfahren: *Bühring/Schmid* § 8 Rn. 33ff.

Die Eintragungsverfügung beinhaltet die in das GebrM-Register **einzutragenden Angaben** gemäß § 8 Abs. 2 und muss damit mindestens die Eintragung des Namens und Wohnsitzes des Anmelders sowie des bestellten Vertreters sowie des Zustellbevollmächtigten anordnen; ebenso die Eintragung des Anmeldetags und die Bezeichnung des Gebrauchsmustergegenstands (§ 4 Abs. 2 Nr. 2), den Eintragungs- und Bekanntmachungstag sowie die Klassifikation nach der IPCl. Die Eintragungsverfügung beinhaltet ferner die der Eintragung zugrunde zu legenden Unterlagen. Nur solche Unterlagen dürfen zugrunde gelegt werden, mit denen der Anmelder einverstanden ist (BPatGE 9, 57, 58; BPatGE 50, 275, 277). **14**

Die Eintragung eines Gebrauchsmusters kann auch noch später als zum Beispiel 6 Jahre, nachdem die Anmeldung eingereicht worden ist, erfolgen (zB infolge Schutzrechtsablaufs nach Abschluss eines langjährigen Beschwerdeverfahrens nach erfolgter Zurückweisung der Anmeldung). Denn der Anmelder hat zum Beispiel ein erhebliches Interesse daran, dass er in der Benutzung seiner Erfindung nicht durch den Inhaber eines jüngeren, eingetragenen Gebrauchsmusters behindert wird. Ferner gebietet dies das Interesse der Allgemeinheit, da eine jüngere Anmeldung sonst zu deren Nachteil einen zeitlich über das zuerst angemeldete Gebrauchsmuster hinausgehenden Schutz erlangen könnte (BGH GRUR 1967, 477, 480/481 – *UHF-Empfänger II*). Eine solche Eintragung ist im Beschlusswege vorzunehmen (vgl. auch *Benkard/Goebel/Hall/Nobbe* GebrMG § 8 Rn. 13). In diesem Fall darf – im Übrigen – die Eintragung nicht von der Zahlung einer Verlängerungsgebühr abhängig gemacht werden (vgl. BPatG GRUR 1962, 91). **15**

Aus der Bekanntmachung des Zeitpunkts der Anmeldung ergibt sich, welche Schutzwirkung den Gebrauchsmustern zugrunde liegt (BGH GRUR 1967, 477, 481 – *UHF-Empfänger II*). Ohne Bekanntmachung des Anmeldedatums ist die Eintragung in das Gebrauchsmusterregister unzulässig (BPatGE 9, 211, 213). **16**

Ungeachtet der vorstehend erörterten Zweifelsfragen besteht Einigkeit darüber, dass eine Eintragungsverfügung als **förmlicher,** dh begründeter, schriftlich ausgefertigter, mit Rechtsmittelbelehrung versehener und zugestellter **Beschluss** ausgestaltet sein muss, wenn mit der Eintragung gleichzeitig ein Antrag zurückgewiesen wird, wie dies bei einer Eintragung nach Hilfsantrag unter Zurückweisung des Hauptantrages der **17**

Fall ist (BPatG GRUR 1982, 367, 368 – *Hilfsantrag;* ebenso *Bühring/Schmid* § 8 Rn. 31). Denn mit der Eintragung gemäß Hilfsantrag wird gleichzeitig negativ über den Hauptantrag mit entschieden. Die Ablehnung des Hauptantrages ist in demselben Beschluss zu bescheiden und zu begründen (BPatG GRUR 1982, 367, 368 – *Hilfsantrag*).

18 In dem **Gebrauchsmusterregister** wird der Inhalt der Eintragung dahingehend bestimmt, dass Name und Wohnsitz des Anmelders und seines etwa bestellten Vertreters sowie die Zeit der Anmeldung angegeben werden müssen. Die EintragungsRL bestimmt, dass über die Eintragung des Gebrauchsmusters in das Register für den Inhaber eine **Urkunde** ausgefertigt werden muss. Die Angaben in der Urkunde und in dem Register müssen übereinstimmen (BPatGE 19, 136). Zu den Kosten einer sog Schmuckurkunde: vgl. KV 301 320 DPMAVwKostV.

19 Aus **PCT-Anmeldungen** herrührende Gebrauchsmuster, bei denen das DPMA zwar nicht Anmeldeamt, aber Bestimmungsamt ist, trägt es auf Antrag ein, ohne die Mitteilung des Internationalen Büros der WIPO über die Existenz der internationalen Anmeldung abzuwarten (MittPräsDPMA Nr. 12/91, BlPMZ 1991, 173).

20 **2.5.3 Legitimationswirkung.** Während Eintragungen in das Patentregister keine konstitutive, sondern lediglich deklaratorische Wirkung haben (das Patent entsteht nicht durch den Registereintrag, sondern unabhängig davon durch den Erteilungsbeschluss), ist die **Eintragung** eines Gebrauchsmusters nach Maßgabe der vorstehenden Ausführungen **rechtsbegründend.** Sie begründet insbesondere das Alleinrecht des Rechtsträgers gemäß § 11. Nach **§ 8 Abs. 4** werden entsprechend § 30 Abs. 3 PatG **Änderungen** in der **Person** des Inhabers des Gebrauchsmusters oder seines Vertreters in dem Register vermerkt. Gemäß Satz 2 dieser Bestimmung bleiben der frühere Rechtsinhaber und sein früherer Vertreter nach Maßgabe dieses Gesetzes berechtigt und verpflichtet, solange die Änderung nicht eingetragen ist. Die Grundsätze der zu der parallelen Vorschrift des § 30 Abs. 3 S. 3 PatG ergangenen Rechtspraxis können für das Gebrauchsmusterrecht vollinhaltlich übernommen werden (*Rogge* GRUR 1985, 734; *Pitz* GRUR 2010, 688, 689 f.). Dies bedeutet, dass auch dem Gebrauchsmusterregister keine Gewähr für ihre inhaltliche Richtigkeit zukommt (vergleichbar etwa dem Grundbuch oder dem Handelsregister). Dementsprechend gibt es auch keinen gutgläubigen Erwerb von einem eingetragenen Nichtberechtigten. Aus Abs. 4 Satz 2 folgt vielmehr, dass der **Eingetragene** bzw. dessen eingetragener Vertreter gegenüber Dritten **formell legitimiert** ist, und zwar als der an dem Schutzrecht Berechtigte bzw. Vertretungsberechtigte, und als solcher zur Geltendmachung von Rechten aus dem Schutzrecht ermächtigt ist. Unabhängig vom Registereintrag kann das GebrM Gegenstand von Rechtsgeschäften sein, etwa auf einen Dritten übertragen werden. Die **Umschreibung** ist für den materiellen Rechtserwerb infolge dessen ohne Bedeutung; sie hat lediglich **Bekanntmachungs- und Legitimationsfunktion** (BPatG BlPMZ 1999, 370, 371 – *Umschreibung/rechtliches Gehör*). Das bedeutet, dass die sachliche und die formelle Berechtigung auseinanderfallen können. § 8 Abs. 3 S. 4 dient damit einer einfachen und eindeutigen Zuordnung, wer im Außenverhältnis zu Dritten auf Seiten des Gebrauchsmusterinhabers zuständig sein soll (*Rogge,* GRUR 1985, 734, 735; *Pitz* GRUR 2010, 688, 692). Auch wenn der Regelungsbereich des § 8 Abs. 4 S. 2 auf das Verhältnis des Eingetragenen zu dem DPMA ausgerichtet ist, wurde sein Anwendungsbereich auch auf andere Fälle der formellen Legitimationswirkung erstreckt. Die Eintragung legitimiert den Eingetragenen für

21 – die **Antragstellung beim DPMA** (BGH GRUR 1979, 145, 146 – *Aufwärmvorrichtung*);

22 – den **Verzicht** auf das Schutzrecht (BGH GRUR 1979, 145, 146 – *Aufwärmvorrichtung*);

23 – die **Vindikationsklage** (BGH GRUR 1979, 145, 146 – *Aufwärmvorrichtung*); der frühere GebrM-Inhaber bleibt trotz einer zwischenzeitlich erfolgten Übertragung

des GebrM, die in dem Register aber noch nicht eingetragen wurde, auch in Ansehung etwaiger Vindikationsansprüche nach Maßgabe des GebrMG berechtigt und verpflichtet (OLG Karlsruhe Mitt. 1998, 101, 102).

- die **Zustellung** von Bescheiden des DPMA (BPatGE 17, 14, 16); 24
- die **Verfahrensbeteiligung** an Löschungsverfahren sowie Beschwerdeverfahren; 25
- die Erhebung einer **negativen Feststellungsklage;** 26
- Ansprüche gemäß §§ 24, 11 aus **Gebrauchsmusterverletzung** (BGH GRUR 27 1979, 145, 146 – *Aufwärmvorrichtung*); hierzu werden auch die sog Folgeansprüche (auf Rechnungslegung oder Auskunft, gegebenenfalls Abgabe der eidesstattlichen Versicherung, Schadenersatzleistung, Bereicherungsanspruch sowie auf Beseitigung) gezählt (*Rogge* GRUR 1985, 735, 737); hierbei ist aber zu differenzieren – worauf in der Praxis häufig nicht geachtet wird: Soweit derartige Ansprüche in einem Gerichtsverfahren geltend gemacht werden, handelt es sich um einen Fall gesetzlicher Prozessstandschaft (*Rogge* GRUR 1985, 735, 738), dh der noch Eingetragene, nicht mehr materiell berechtigte Kläger muss den Klageantrag der auf seiner Seite eingetretenen Rechtsnachfolge anpassen: Die Auskunft, Rechnungslegung sowie Schadenersatzleistung muss an den Rechtsnachfolger geleistet werden (vgl. *Pitz* GRUR 2010, 688, 689), da § 8 Abs. 4 S. 2 zwar eine einfache und eindeutige Regelung schaffen, nicht aber zu einem sachlich unrichtigen Urteil führen soll;
- Geltendmachung der in seiner Person vorliegenden Umstände für eine **Wieder-** 28 **einsetzung** (BPatGE 1, 126);
- **Strafantrag, Grenzbeschlagnahme** etc. 29

Welche Rechtsfolgen die Änderung der legitimierenden Eintragung nach Eintritt 30 der Rechtshängigkeit hat, ergibt sich aus der Vorschrift des § 265 Abs. 2 ZPO, wonach die Veräußerung oder Abtretung des streitbefangenen Gegenstands auf den Prozess keinen Einfluss hat. Im Hinblick auf die besonderen Auswirkungen des § 8 Abs. 4 S. 2 ist die Anwendung des § 265 Abs. 2 ZPO auf die Fälle der **Legitimationsänderung nach Eintritt der Rechtshängigkeit** geboten (BGH GRUR 1979, 145, 147 – *Aufwärmvorrichtung;* OLG Karlsruhe Mitt. 1998, 101, 102). Ein Urteil wirkt dann gemäß § 325 Abs. 1 ZPO für und gegen den nunmehr in dem Register eingetragenen Rechtsnachfolger. Eine Partei, die geltend macht, die materielle Rechtslage weiche vom Registerstand ab, muss hingegen konkrete Anhaltspunkte aufzeigen, aus denen sich die Unrichtigkeit ergibt (BGH GRUR 2013, 713, 717 – *Fräsverfahren*). Welche Anforderungen hierbei zu stellen sind, hängt von den Umständen des Einzelfalls ab. So wird der Vortrag, ein im Patentregister eingetragener Rechtsübergang habe einige Wochen oder Monate vor dessen Eintragung stattgefunden, in der Regel keiner näheren Substantiierung oder Beweisführung bedürfen (BGH GRUR 2013, 713, 717 – *Fräsverfahren*). Der Vortrag, der eingetragene Inhaber habe das Patent nicht wirksam oder zu einem anderen Zeitpunkt erworben, erfordert demgegenüber in der Regel nähere Darlegungen dazu, woraus sich die Unwirksamkeit des eingetragenen Rechtsübergangs ergeben soll (BGH GRUR 2013, 713, 717 – *Fräsverfahren*).

Keine Legitimationswirkung tritt jedoch ein, wenn der in dem Register zu- 31 nächst Eingetragene GebrM-Inhaber zu keinem Zeitpunkt materiell Berechtigter gewesen ist (zB wenn kurz vor der Eintragung des GebrM die Rechte an der Anmeldung an einen Dritten veräußert werden, der Anmelder aber infolge der kurzfristigen Rechtsänderung als Inhaber eingetragen wird; oder wenn das Erfordernis der Personenidentität bei einer Abzweigungsanmeldung iSd § 5 nicht strikt eingehalten wird). Dann kann die Eintragung keinen Beweis für die materielle Rechtslage liefern; sie ist für die Entstehung von Rechten ohne Bedeutung (*Rogge* GRUR 1985, 735; BGH GRUR 1952, 564, 566/567 – *Wäschepresse*). Der Registerstand ist insoweit lediglich als ein (widerlegbares) Beweisanzeichen neben anderen zu bewerten (vgl. BGH GRUR 2013, 713, 717 – *Fräsverfahren;* dazu kritisch *Kühnen,* GRUR 2014, 137, 138f. und *Seiler,* GRUR-Prax 2015, 164, 165). Die Rechtsinhaberschaft ist beispielsweise in einem solchen Fall vom Verletzungsgericht zu prüfen.

32 **2.6 Zurückweisung der Anmeldung.** Entspricht die Anmeldung den an sie zu stellenden Anforderungen nicht und wird dieser Mangel vom Anmeldenden trotz einer Aufforderung nicht beseitigt, weist die GebrM-Stelle die Anmeldung zurück, § 48 PatG analog.

33 **2.6.1 Inhalt.** Die **Anmeldung** als solche, **nicht** lediglich der **Eintragungsantrag,** ist Gegenstand der Zurückweisung. Liegt bereits keine wirksame Anmeldung vor, ist jedoch nur der Eintragungsantrag, nicht die Anmeldung zurückzuweisen (BPatG GRUR 1987, 114, 115 – *Fremdsprachige Patentanmeldung*). Der Eintragungsantrag ist neben Beschreibung, Schutzansprüchen und Zeichnungen nur ein Bestandteil der Anmeldung. Die Anmeldung kann nur zurückgewiesen werden, wenn sie den formellen Anmeldeerfordernissen und den sogenannten absoluten materiellen Schutzvoraussetzungen nicht genügt (Einzelheiten → Rn. 4ff.). Sowohl bei behebbaren wie nicht behebbaren Mängeln ist der Anmelder aber zuvor zu hören. Der Anmelder kann sich nicht darauf berufen, dass andere ähnliche Anmeldungen von der GebrM-Stelle eingetragen worden sind (BPatGE 8, 168, 171). Ein Anspruch auf „Gleichbehandlung im Unrecht" besteht nicht.

34 **2.6.2 Formelle Aspekte.** Die Zurückweisung der Anmeldung hat durch förmlichen, begründeten, schriftlich ausgefertigten, mit Rechtsmittelbelehrung versehenen **Beschluss** zu erfolgen. Der Zurückweisungsbeschluss ist durch die Person zu unterschreiben, die die Entscheidung erlassen hat, und darf auch nicht durch eine andere Person „i. V." oder „i. A." unterschrieben werden (ebenso *Bühring/Schmid* § 8 Rn. 26). Die Gründe, die zur Zurückweisung führen, sind nach Art und Umfang genau und konkret anzugeben. Hat der Anmelder einem Mängelbescheid nicht widersprochen, so kann in dem Zurückweisungsbeschluss auf die Gründe des Bescheids Bezug genommen werden (*Bühring/Schmid* § 8 Rn. 15). Der Zurückweisungsbeschluss bedarf der förmlichen **Zustellung** (BPatG Mitt. 1979, 178). Erst durch die Zustellung wird er gegenüber dem Anmelder wirksam (BPatG Mitt 1979, 178). Mit Zustellung wird der Beschluss auch im Verhältnis zum DPMA bindend, dh es kann den Beschluss ohne zulässige Beschwerde und im dafür vorgesehenen Verfahren nicht mehr eigenständig abändern. Der Beschluss ist **erlassen** mit Abgabe der zuzustellenden Beschlussausfertigung an die Postabfertigungsstelle, wodurch er die tatsächliche Verfügungsgewalt der GebrM-Stelle verlässt. Danach beim DPMA eingehendes Vorbringen braucht nicht mehr berücksichtigt zu werden (vgl. BGH GRUR 1967, 435, 436 – *Isoharnstoffäther;* BGH GRUR 1982, 406 – *Treibladung*). Vor dem Zeitpunkt des Erlasses des Beschlusses ist dieser rechtlich nicht existent, selbst wenn er unterschrieben ist, und kann deshalb jederzeit geändert werden. Kann die Zustellung eines Zurückweisungsbeschlusses nicht nachgewiesen werden und erfüllt der Anmelder vor der erneuten Zustellung **(Wiederholungszustellung)** die an ihn gestellten Anforderungen, so ist das Anmeldeverfahren entsprechend der neuen Lage fortzusetzen (DPMA Mitt. 1958, 55). Durch einen Zurückweisungsbeschluss ist der Anmelder nicht gehindert, die zurückgewiesene Anmeldung (mit neuer Priorität) zu wiederholen. Im Einzelfall kann die Wiederholung der als nicht-gebrauchsmusterfähig befundenen Anmeldung allerdings als rechtsmissbräuchlich erachtet werden (BPatGE 29, 76, 79). Ist der Zurückweisungsbeschluss zugestellt und der Nachweis dafür beim DPMA eingegangen, beginnt die **Rechtsmittelfrist** zu laufen, § 18 Abs. 1, 2 GebrMG, § 73 Abs. 2 PatG. Wird fristgerecht Rechtsmittel eingelegt, ist das Beschwerdeverfahren eröffnet, § 18. Wird kein Rechtsmittel eingelegt, wird die Anmeldeakte im Archiv des DPMA abgelegt (*Bühring/Schmid* § 8 Rn. 30).

35 **3. Gebrauchsmusterregister; Patentblatt.** Aus § 8 ergeben sich zwei gesetzliche Bekanntmachungsmittel, nämlich das Register für Gebrauchsmuster (Abs. 1, 2, 4, 5) sowie das Patentblatt (Abs. 3).

Das **Gebrauchsmusterregister** ist ein vom DPMA geführtes **öffentliches Register,** in das die Eintragung des Gebrauchsmusters erfolgt. Das Register wurde zunächst als Rolle, später auch noch in Karteiform geführt und seit dem 12.3.1981 in Form einer elektronischen Datei (vgl. Mitt-PräsPA 3/81, Bl. 81, 1). Das Register dient unter anderem der Informationsfunktion nach dem System der technischen Schutzrechte und bietet die Möglichkeit für jedermann, sich Kenntnis vom Schutzrechtsbestand zu verschaffen und damit die Fortentwicklung der Technik anzuregen. Am **Tag der Eintragung** legt das DPMA in ihren Recherchesälen Listen aus, die die neu eingetragenen Gebrauchsmuster aufführen (PräsDPMA Mitt Nr 5/07, BlPMZ 2007, 305). Den aufgelisteten Gebrauchsmustern sind Klassifikationsnummern zugeordnet, die die Recherche vereinfachen, die zugewiesenen Gebrauchsmuster-Nummern vereinfachen die kostenfreie Einsichtnahme in das Register. Die Herausgabe einer **„Gebrauchsmusterschrift"** ist trotz ihrer Erwähnung in den EintragungsRL gesetzlich nicht vorgesehen. Auf deren Titelseite wird (seit dem 7.10.1999) der Hauptanspruch und ggf. die Hauptzeichnung wiedergegeben (MittPräsDPMA BlPMZ 1999, 269). Mit der Veröffentlichung der Daten der Eintragung gehören diese zum **Stand der Technik.** Zwingend vorgeschrieben für die Eintragung sind die Angaben gemäß § 8 Abs. 2, nämlich 36

- Namen und Wohnsitz des Anmelders, 37
- Namen und Wohnsitz des etwa bestellten Vertreters des Anmelders und ggf. eines Zustellbevollmächtigten, 38
- Zeit der Anmeldung; die Voraussetzungen für die Bestimmung des Anmeldetags ergeben sich nunmehr aus § 4a (vgl. → § 4a Rn. 5ff.). Ohne Bekanntmachung des Anmeldedatums ist die Eintragung in das Gebrauchsmusterregister unzulässig (BPatGE 9, 211, 213). 39

Darüber hinaus enthält das Register für Gebrauchsmuster folgende Angaben: 40

- Registernummer (GebrM-Nummer); Aktenzeichen der Anmeldung unter Fortlassung der nach dem Punkt folgenden Prüfziffer (vgl. MittPräsDPA BlPMZ 1990, 3), 41
- Klassifizierungsangaben nach Klasse, Gruppe, Untergruppe und etwaigen Nebenklassen (nach EPC), 42
- Prioritätsangaben, dh Unionspriorität, Ausstellungspriorität sowie innere Priorität, nach Land, Zeit, Aktenzeichen, 43
- Bezeichnung gemäß § 4 Abs. 3 Nr. 2, 44
- Angaben über Löschung und Erlöschen mit Angabe des Löschungsgrundes, 45
- Eintragungsdatum, 46
- nachgereichte Schutzansprüche (MittPräsDPA BlPMZ 1986, 349), 47
- Umschreibungen, 48
- Vertreterwechsel, 49
- Lizenzinteresseerklärung, 50
- Verlängerungsvermerk. 51

Nicht eingetragen wird hingegen eine Generallizenz sowie die Lizenzbereitschaftserklärung (vgl. § 23 PatG, diese unterscheidet sich von einer Lizenzinteresseerklärung (→ Rn. 50) durch die Verbindlichkeit als rechtliches Angebot zum Abschluss eines Lizenzvertrages an jedermann, vgl. BPatG GRUR 1996, 477 – *Lizenzbereitschaftserklärung*). Im Übrigen bestimmt der Präsident des DPMA durch Mitteilung, was außerdem in das Register eingetragen werden kann (vgl. PräsPA BlPMZ 1998, 401). 52

Nach Abs. 3 werden die Eintragungen im **Patentblatt** in regelmäßig erscheinenden Übersichten bekannt gemacht. Das vorher in gedruckter Form erschienene Patentblatt wird seit dem 1.1.2004 im Internet unter http://www.dpma.de/service/veroeffentlichungen/veröffentlicht (PräsDPMA Mitt Nrn 22/03, 12/03 un 15/03, BlPMZ 2003, 353, 354). Das Patentblatt dient ebenfalls der Information der Öffentlichkeit und damit der Fortentwicklung der Technik. Das Patentblatt gliedert sich in 53 sechs Teile, Teil IV betrifft die Gebrauchsmuster. Die Angaben beschränken sich auf die formalen Angaben; die Gebrauchsmusterunterlagen selbst werden nicht veröffentlicht. Ohne Bekanntmachung soll die Eintragung unzulässig sein – rechtsbegründende Wirkung (BPatGE 9, 211, 213; kritisch: *Bühring/Schmid* § 8 Rn. 56). Anmelde- und Prioritätstag müssen in der Bekanntmachung enthalten sein. Aus der Bekanntmachung des Zeitpunkts der Anmeldung ergibt sich, welche Schutzwirkung das Gebrauchsmuster noch zeitigt (BGH GRUR 1967, 477, 481 – *UHF-Empfänger II*).

4. Änderungen im Register

54 **4.1 Umschreibung.** § 8 Abs. 4 regelt in inhaltlicher Übereinstimmung mit der Vorschrift des § 30 Abs. 3 PatG das Verfahren zur Änderung des Registers bei einer nachträglichen **Divergenz** zwischen **materieller Rechtsinhaberschaft** und **formeller Registerposition** (Abs. 4 Satz 1) sowie die Rechtsfolgen dieser Divergenz (Satz 2). Zum Übergang des Gebrauchsmusterrechts ist die Umschreibung im Register nicht Voraussetzung; jedoch fehlt dem Erwerber die formelle Legitimation (vgl. BPatG GRUR 1984, 40, 41 – *Umschreibung auf den Rechtsnachfolger;* BPatG BlPMZ 1999, 370, 371 – *Umschreibung/rechtliches Gehör*) und mithin die Klagebefugnis in Rechtsstreitigkeiten nach dem GebrMG, solange das GebrM nicht auf ihn umgeschrieben ist. Auch bleibt bis zur Umschreibung der als Inhaber des GebrM Eingetragene in gerichtlichen Verfahren nach dem GebrMG aktiv- und passivlegitimiert. Abs. 4 Satz 2 beinhaltet die Rechtsfolgen bei Divergenz; dem DPMA gegenüber gilt bis zur Umschreibung der im Register Eingetragene als berechtigt und verpflichtet (→ Rn. 20). Durch dieses Auseinanderfallen von materieller und formeller Rechtsposition können sowohl dem materiell Berechtigten und dem eingetragenen Nichtberechtigten erhebliche rechtliche Probleme entstehen, so dass ein zeitnahes Nachführen der Registerlage an die materielle Rechtsposition von nicht zu unterschätzender Bedeutung ist.

55 Ohne eine derartige Umschreibung kann der noch Eingetragene beispielsweise auf das eingetragene Gebrauchsmuster verzichten (BGH GRUR 1979, 145, 146 – *Aufwärmvorrichtung;* unklar BGH GRUR 2009, 42 [14] – *Multiplexsystem;* aA *Bühring/Schmid* § 8 Rn. 89). Um derart unberechtigte Verfügungen des früheren Gebrauchsmusterinhabers zu verhindern, kann der neue Rechtsinhaber gegebenenfalls eine einstweilige Verfügung erwirken (regelmäßig dürfte aber wegen Vorwegnahme der Hauptsache nur eine Sequestrierung in Betracht kommen). Hiergegen erfolgende Verfügungen sind relativ unwirksam, §§ 135, 136 BGB. Um die Umschreibung zu erreichen, muss der Erwerber gegebenenfalls im ordentlichen Rechtsweg die Verurteilung des Veräußerers zur Einwilligung in die Umschreibung einklagen (vgl. § 894 ZPO).

56 Umschreibungstatbestände sind nach Abs. 4 Satz 1 Änderungen in der Person des Inhabers des Gebrauchsmusters oder seines Vertreters. Unter **„Änderung in der Person"** ist jeder Wechsel der Rechtsinhaberschaft, mithin jeder Übergang des Rechts auf eine andere Rechtsperson zu verstehen. Hierunter fallen in **materiellrechtlicher Hinsicht** folgende Tatbestände:

57 – rechtsgeschäftliche Übertragung, § 22 GebrMG iVm §§ 413, 398 BGB (vgl. DPA BlPMZ 1954, 262; BPatG GRUR 1999, 982 – *Umschreibung/rechtliches Gehör*);

58 – Übertragung auf einen Treuhänder oder Sequester (auch im Wege einer einstweiligen Verfügung, vgl. DPA BlPMZ 1961, 82);

59 – Versteigerung;

60 – Umwandlung (also Änderung der Rechtspersönlichkeit), zB einer Einzelfirma in eine oHG (BPatGE 5, 71) oder einer Kapitalgesellschaft in eine Personalgesellschaft (AG, GmbH in KG oder oHG) oder umgekehrt (BPatGE 32, 153);

61 – Verschmelzung durch Neubildung nach § 393 Abs. 1 Nr. 2 (nicht durch Aufnahme nach Nr. 1) AktG (BPatGE 7, 91);

62 – Vermögensübergang nach §§ 359–361 AktG;

- Umwandlung nach §§ 362ff. AktG oder dem UmwandlungsG, wenn das GebrM im Wege der Gesamtrechtsnachfolge von einer GmbH auf eine andere (BPatGE 25, 126) oder von einer GmbH auf eine KG übergeht (BPatGE 32, 153); **63**
- Erbfolge; **64**
- Verzicht eines Mitinhabers zugunsten der übrigen (DPA BlPMZ 1954, 262). **65**

In **formeller Hinsicht** regelt § 8 Abs. 4, dass die Umschreibung einen **Antrag** voraussetzt. Zum Zwecke der Verfahrensvereinheitlichung hat das DPMA „Richtlinien für die Umschreibung von Schutzrechten und Schutzrechtsanmeldungen in der Patentrolle, der Gebrauchsmusterrolle, dem Markenregister, dem Musterregister und der Topografierolle" (im Folgenden: UmschreibungsRL) erlassen, die in BlPMZ 1996, 426ff., geändert seit 1.1.2002, abgedruckt sind. Der Antrag kann von dem eingetragenen Inhaber, dem Rechtsnachfolger, ggf auch dem Vertreter und Zustellungsbevollmächtigten (in eigenem Namen) gestellt werden. Für die Antragstellung (schriftlich oder per Telefax, nicht via E-Mail) sind die vom DPMA zur Verfügung gestellten Vordrucke zu verwenden. Da Umschreibungsantrag und Umschreibungsbewilligung verfahrensbestimmende Erklärungen darstellen, sind diese zuzustellen (vgl. BPatG GRUR 1999, 982, 983 – *Umschreibung/rechtliches Gehör*) und stets in deutscher Sprache einzureichen. Fremdsprachig eingereichte Schriftstücke sind spätestens einen Monat nach Einreichung der Schriftstücke in deutscher Sprache und beglaubigt von einem Rechtsanwalt oder Notar nachzureichen, § 9 Abs. 4, Abs. 5 GebrMV). **66**

Nach dem Wortlaut des § 8 Abs. 4 S. 1 erfolgt die Änderung im Register, wenn der Änderungstatbestand dem DPMA **„nachgewiesen"** ist. Dieser erhält eine nur eingeschränkte Anwendbarkeit der **beweis**rechtlichen Vorschriften der § 284ff. ZPO. Die mit der Prüfung von Umschreibungsanträgen befassten Beamten müssen nicht die Befähigung zum Richteramt besitzen. Die Wirksamkeit der GebrM-Übertragung kann aber von schwierigen Tat- und Rechtsfragen abhängen (vgl *Bühring/Schmid* § 8 Rn. 89). Es wäre unangebracht, in einem Registerverfahren eine Behörde mit den damit verbundenen materiell-rechtlichen Fragestellungen zu belasten und dieser auch das vollständige Beweisinstrumentarium der ZPO (einschließlich Zeugenbeweis) aufzubürden (vgl. hierzu BGH GRUR 1969, 43, 45 – *Marpin,* zum WZG; vgl. auch LG Düsseldorf v. 1.3.2011 – 4b O 124/08). In Übereinstimmung hiermit fordert die Praxis deshalb zum Nachweis der Rechtsänderung in der Regel **urkundliche** Nachweise (vgl. BPatG v. 23.4.2001 – 10 W (pat) 711/00). Die UmschreibungsRL führen im Einzelnen auf, bei welcher Änderung welche Urkunden im Regelfall für den Nachweis ausreichen (BGH GRUR 1969, 43, 45– *Marpin*). Sofern dort nicht gesondert vermerkt (zB bei besonderen öffentlichen Urkunden wie Erbschein, Urteil, Vergleich, Insolvenzverwalterbestellung) genügt grundsätzlich die Einreichung von unbeglaubigten Kopien. Telefaxübermittlung reicht aus, nicht jedoch in elektronischer Form. Ergeben sich im Einzelfall begründete Zweifel, bleibt die Anforderung weiterer Nachweise einschließlich beglaubigter Abschriften vorbehalten. Bei zu Nachweiszwecken eingereichten fremdsprachigen Urkunden, die in englischer, französischer, italienischer oder spanischer Sprache abgefasst sind, kann das DPMA verlangen, dass eine Übersetzung der Urkunde oder von Auszügen aus der Urkunde vorgelegt wird. Im Einzelfall kann Beglaubigung der Übersetzung von einem Rechtsanwalt oder Patentanwalt oder einem öffentlich bestellten Übersetzer verlangt werden. Über die Richtigkeit der geltend gemachten Änderungen entscheidet das DPMA in freier Beweiswürdigung. Der Umfang der Prüfung ist jedoch limitiert (BGH GRUR 1969, 43 – *Marpin;* BPatGE 46, 42, 44). **Gewillkürte Vertreter** haben ihre Bevollmächtigung schriftlich nachzuweisen, vgl. § 15 DPMAV. Bei **gesetzlichen Vertretern** genügt die schlüssige Darlegung der Zeichnungsbefugnis durch Angabe von Stellung/Funktion des Unterzeichners unter Hinzufügung seines Namens in Druck- oder Maschinenschrift. Bei der Übertragung des Anteils eines **Mitinhabers** hat das DPMA dessen Berechtigung zu überprüfen. Ergibt sich aus den Gesamtumständen nichts Gegenteiliges, ist von einer Bruchteilsgemeinschaft gemäß **67**

§ 747 BGB auszugehen, wonach jeder Mitinhaber über seinen Anteil verfügen kann. Bei Änderungen der **Gemeinschaft zur gesamten Hand** (zB BGB-Gesellschaft oder Erbengemeinschaft) bedarf es der Zustimmung der anderen Gemeinschafter für die Umschreibung.

68 Im **Ausland** eintretende „Änderungen in der Person der Inhabers des Gebrauchsmusters oder seines Vertreters" richten sich nach dem jeweils betroffenen ausländischen Recht. Ausländische Urkunden bedürfen gegebenenfalls der Legalisation.

69 Die **Prüfungskompetenz** des DPMA zur Wirksamkeit der Rechtsübertragung ist im Hinblick auf das Wesen des Registerverfahrens nicht zu weit zu ziehen. Rechtsfragen sind zu prüfen, soweit das aufgrund der vorgelegten Urkunden möglich ist. Führt diese Prüfung zu Zweifeln an der Rechtswirksamkeit der Übertragung und lassen sich diese Zweifel nicht durch registerverfahrenstaugliche Beweismittel (zB durch gemeinsame Umschreibungserklärungen) beheben, so muss das DPMA die Umschreibung versagen, da dann der Rechtsübergang nicht „nachgewiesen" ist (BGH GRUR 1969, 43, 46 – *Marpin;* BPatG GRUR 1999, 982, 983 – *Umschreibung/rechtliches Gehör;* BPatG BlPMZ 2001, 190; BPatG Mitt 2001, 379).

70 Anträge auf Eintragung von Änderung sind **gebührenfrei.** Die früher in § 8 Abs. 4 Satz 2 enthaltene Gebührenpflicht ist mit der Neufassung des Abs. 4 durch Art. 8 Nr. 3 d KostRegBerG ersatzlos gestrichen worden.

71 Zur **Legitimationsfunktion** bereits → Rn. 20 ff. Der Rechtsnachfolger rückt in die formelle Rechtsstellung des Gebrauchsmusterinhabers erst mit dem Vollzug der Umschreibung im Register ein; der Eingang eines mit den notwendigen Nachweisen versehenen Umschreibungsantrages reicht hierfür nicht aus (vgl. BPatG GRUR 1984, 40, 41 – *Umschreibung auf den Rechtsnachfolger;* vgl. BPatGE 26, 126 für das Gebrauchsmusterlöschungsverfahren). Eine Ausnahme gilt insoweit bei Gesamtrechtsnachfolgern. § 8 Abs. 4 S. 2 ist auf den **Erben** nicht anwendbar, da die Vorschrift den früheren Rechtsinhaber als noch existierendes Rechtssubjekt voraussetzt (BPatG GRUR 1988, 906, 907 – *Erbenstellung*). Da im Übrigen die Wahrnehmung der Rechte an dem eingetragenen Gebrauchsmuster gewährleistet sein muss, bedarf es zum Übergang der Legitimation des Eingetragenen auf den Erben keiner vorherigen Umschreibung (BPatG GRUR 1988, 906, 907 – *Erbenstellung*). Gleiches gilt für Fälle der Gesamtrechtsnachfolge im Allgemeinen (vgl. BPatGE 32, 153, 157).

72 Unter welchen Umständen eine **Umschreibung rückgängig** (ex nunc) gemacht werden kann, regelt das Gesetz (auch in § 30 PatG) nicht. Die inhaltliche Unrichtigkeit der Umschreibung allein kann keine Grundlage für ein Rückgängigmachen sein, da der wahre Rechtsinhaber lediglich seine formelle Legitimation einbringt; er kann jederzeit durch Klage vor den ordentlichen Gerichten die formelle Legitimation wiedererlangen. Ein Rückgängigmachen kann aber ausnahmsweise in Betracht kommen, wenn die Voraussetzungen vorliegen, unter denen die Rechtskraft einer gerichtlichen Entscheidung im Wege der Wiederaufnahme beseitigt werden kann, oder – auf Antrag des zu Unrecht nicht Gehörten –, wenn das rechtliche Gehör nicht in ausreichender Weise gehört wurde und die Umschreibung auf diesem Verfahrensmangel beruht (BGH GRUR 1969, 43 – *Marpin;* BPatG GRUR 1999, 982, 983 – *Umschreibung/rechtliches Gehör;* BPatGE 49, 136; BPatG BlPMZ 2007, 337 (zum Markenrecht). Dies ist zB der Fall, wenn der die Umschreibung Beantragende eine Vereinbarung mit dem Eingetragenen vorlegt, aus der sich der Rechtsübergang nicht ergibt und daraufhin die Umschreibung vorgenommen wird, ohne den Eingetragenen gehört zu haben (BPatG GRUR 1999, 982, 983 – *Umschreibung/rechtliches Gehör*).

73 **4.2 Berichtigung; sonstige Änderungen.** § 8 Abs. 4 regelt nicht den Fall eines von Anfang an oder aufgrund Änderung fehlerhaften Registereintrags. Ungeachtet der Frage, ob für das Eintragungsverfahren verwaltungsverfahrensrechtliche und/oder zivilprozessuale Grundsätze anzunehmen sind, erscheint die **Berichtigung** offenbarer Unrichtigkeiten analog § 319 ZPO zulässig (ebenso *Busse/Keukenschrijver*

PatG § 30 Rn. 38, der eine solche offenbare Unrichtigkeit zutreffend auch im Falle der nicht eingetragenen Gesamtrechtsnachfolge annimmt).

Keine Änderung in der Person liegt bei folgenden Tatbeständen vor: 74

- Änderung des Namens oder Firmennamens (die Person des Rechtsinhabers bleibt dieselbe, es ändert sich nur die Bezeichnung); 75
- Umwandlung in eine andere Rechtsform oder Änderung der Rechtspersönlichkeit (BPatGE 5, 71); 76
- Verschmelzung einer GmbH mit der eingetragenen AG gemäß § 249 AktG, selbst wenn zugleich die Firma der AG geändert wurde (BPatGE 7, 91, 93); 77
- Liquidation einer GmbH (BPatGE 31, 146); 78
- Insolvenz (die Rechtsinhaberschaft wird hierdurch nicht tangiert). 79

Eingetragen in das Register wird auch die Änderung des **Wohnsitzes** (nur Änderung des Wohnortes; keine Berücksichtigung der Änderung innerhalb des Wohnortes). Falls sich insoweit die Identität des eingetragenen Inhabers nicht ändert, gilt für die vorerwähnten Tatbestandsgruppen § 8 Abs. 4 S. 2 nicht. Infolge dessen kann ein Löschungsantrag auch ohne vorherige Änderungseintragung gegen den Inhaber unter dem neuen Namen gestellt werden (BPatG GRUR 1979, 634, 635 – *Kfz-Rüttelprüfstand*). 80

5. Änderung der Unterlagen. Zu den Möglichkeiten der Änderungen vor Eintragung, nach Eintragung sowie zwischen Eintragungsverfügung und Eintragung wird verwiesen auf → § 4 Rn. 58ff. 81

6. Akten- und Registereinsicht

6.1 Freie Akteneinsicht. Abs. 5 Satz 1 regelt die **freie** Einsicht in das Gebrauchsmusterregister, die Akten eingetragener Gebrauchsmuster und die Akten des Löschungsverfahrens, dh auch in die Akten von Beschwerde- und Rechtsbeschwerdeverfahren, die im Zusammenhang mit einem Löschungsverfahren stehen (vgl. BGH GRUR 2005, 270 – *Akteneinsicht XVI*). 82

Die Einsicht in das **GebrM-Register** ermöglicht das DPMA online über das Internet mit dem digitalen Register „DPMAregister". 83

Die Einsicht in die **Akten eingetragener Gebrauchsmuster** erstreckt sich auf alle diesbezüglichen Unterlagen (vgl. BPatGE 13, 33, 35). Die Akteneinsicht ist umfassend. Ob das betreffende GebrM durch Zeitablauf erloschen oder im Löschungsverfahren gelöscht worden ist, ist ohne Relevanz. Für die Akteneinsicht bedarf es keines förmlichen Antrages (*Bühring/Schmid* § 8 Rn. 115) und ist auch nicht von der Benennung des Auftraggebers des begehrenden Anwalts oder der Glaubhaftmachung eines berechtigten Interesses abhängig (BGH GRUR 2005, 270 – *Akteneinsicht XVI*). Der Gebrauchsmusterinhaber muss vorher auch nicht gehört werden, was sich aus dem klaren Wortlaut der Vorschrift ergibt (BPatGE 6, 216). Die Frage, ob das Patentamt dann, wenn die Akten außer der Anmeldung weitere Unterlagen enthalten – zB Unterlagen, die das formelle Anmeldeverfahren betreffen – wegen dieser weiteren Unterlagen ein formelles Akteneinsichtsverfahren durchführen muss, in dem der Gebrauchsmusterinhaber gehört werden und der Antragsteller ein berechtigtes Interesse an einer Einsichtnahme glaubhaft machen muss, lässt das Bundespatentgericht offen (BPatGE 6, 216, 219/220). Nach dem in der Zwischenzeit geänderten Wortlaut der Vorschrift des Abs. 5 ist auch insoweit von einer freien Akteneinsicht auszugehen. Soweit die Akteneinsicht nach Abs. 5 Satz 1 jedermann freisteht, bedarf es nicht der Benennung eines etwaigen Auftraggebers des Antragstellers (BGH GRUR 1999, 226 – *Akteneinsicht XIV*). 84

Ebenso ist das Einsichtsrecht in die **Akten aller Löschungsverfahren** unabhängig von deren Inhalt und Instanz (vgl. BPatGE 11, 242) umfassend. Die Akteneinsicht soll sich jedoch nicht auf die Akten eines sich an ein Löschungsverfahren anschließendes Kostenfestsetzungsverfahren erstrecken (BPatGE 25, 123, 124; zwh., da das Kostenfestsetzungsverfahren Bestandteil der jeweiligen Instanz ist). 85

86 Eine **freie Akteneinsicht** in die Akten eingetragener GebrM sowie in die Akten aller Löschungsverfahren besteht **nicht,** wenn es sich um rechtlich selbständige Verfahrensvorgänge handelt. Hierzu gehören etwa Angaben des Anmelders dazu, in welchem anderen Land er die gleiche Erfindung angemeldet hat (BPatGE 13, 33, 41,]). Bestandteil der Akten sind ebenfalls nicht Anträge auf Akteneinsicht (BPatGE 13, 33, 35) über Armenrechtsgesuche, Vermerke über ausschließliche Lizenzen, die Ausstellung von Prioritätsbelegen, die Mitteilung an Euratom. Ferner erfolgt eine Einschränkung der Akteneinsicht bei Geheimgebrauchsmustern (vgl. → § 9 Rn. 1 ff.). Die Akteneinsicht kann ferner aus übergeordneten Grundsätzen (ausnahmsweise) eingeschränkt sein, wenn besonders wichtige, übergeordnete Interessen dem Bekanntwerden von bestimmten Teilen des Akteninhalts entgegenstehen. Hierzu kann der Schutz der Menschenwürde und der persönlichen Intimsphäre uU Anlass geben (vgl. BPatGE 17, 18, 21 ff.). Hierzu können auch ferner **Betriebs- oder Geschäftsgeheimnisse** gehören, die zB unbewusst oder versehentlich mit Anmeldungsunterlagen eingereicht worden sind, aber für sich genommen für die technische Lehre des Gebrauchsmusters ohne Bedeutung sind; in diesem Fall ist der betreffende Teil von der Akteneinsicht auszunehmen (vgl. BPatG GRUR 1979, 697, 698 – *Schaltskizze*).

87 Die Einsicht ist gebührenfrei (Anlage § 2 KV 301 410 und KV 302 100 DPMAVwKostV). Ebenso gebührenfrei ist die Erteilung von Abschriften (Ablichtungen) und Auszügen aus frei einsehbaren Akten und aus dem Register durch das DPMA, die eine besondere Art der freien Akteneinsicht darstellt. Hierzu sind jedoch **Auslagen** und **Gebühren** zu entrichten (Anlage § 2 Abs. 1 KV 301 410 und KV 302 100 DPMAVwKostV). Zu den Auslagen für die im Wege der Gebrauchsmusterrecherche ermittelten Druckschriften vgl. KV 302 100 (3) DPMAVwKostV. Für schriftliche Auskünfte vgl. KV 301 310.

88 **6.2 Eingeschränkte Akteneinsicht.** Die Einsicht in **andere Akten** als die eingetragenen Gebrauchsmuster, also zB in die Akten von Gebrauchsmusteranmeldungen, die noch nicht zur Eintragung geführt haben, wird nach **Abs. 5 Satz 2** gewährt, wenn der Anmelder zustimmt oder wenn und soweit ein **berechtigtes Interesse** glaubhaft gemacht wird. Das Interesse des Antragstellers an der Kenntnisnahme vom Akteninhalt muss das ggf. vorhandene Geheimhaltungsinteresse des Anmelders überwiegen. An den Nachweis des berechtigten Interesses sind strenge Anforderungen zu stellen, da bei der Gewährung der Einsicht in Akten noch nicht erledigter Gebrauchsmusteranmeldungen davon auszugehen ist, dass grundsätzlich jede Anmeldung vor Eintritt des Gebrauchsmusterschutzes im Interesse des Anmelders geheimzuhalten ist (vgl. zu den Anforderungen BGH GRUR 1966, 698, 700 – *Akteneinsicht IV;* BGH GRUR 1970, 623 – *Akteneinsicht VII;* BGH GRUR 1973, 154 – *Akteneinsicht XII;* BPatGE 6, 220, 221; 20, 15, 16). Ist der Gegenstand der Anmeldung bereits über andere Kanäle der Öffentlichkeit zugänglich gemacht worden, wird das Interesse des Antragstellers das Geheimhaltungsinteresse des Anmelders idR überwiegen (vgl. BPatGE 14, 147).

89 Die von der Akteneinsicht Betroffenen müssen über den Einsichtsantrag informiert werden. Erklären Sie sich mit der Akteneinsicht ausdrücklich einverstanden, kann diese ohne weiteres gewährt werden (BPatGE 3, 20). Widersprechen sie oder äußeren sie sich zu dem Antrag nicht, hat das DPMA das Interesse des Antragstellers auf Akteneinsicht zu überprüfen. Die Tatsachen, aus denen das berechtigte Interesse folgen soll, sind darzulegen und **glaubhaft** zu machen (insbesondere mittels Urkunden und eidesstattlicher Versicherung, § 294 ZPO). Die an dem Akteneinsichtsverfahren Beteiligten sind über den Antrag und seine Begründung zu informieren (§ 14 DPMAV; aA für die Herausgabe „neutralisierter" Beschlüsse des BPatG: BPatG GRUR 1992, 54 – *Neutralisierte Beschlussabschrift II*). Die Entscheidung über die Akteneinsicht ergeht in schriftlich auszufertigender, mit Rechtsmittelbelehrung zu versehender, zuzustellender Beschlussform; sie ist beschwerdefähig, dh die Durchfüh-

rung der Akteneinsicht setzt den Ablauf der Beschwerdefrist voraus. Wird der Einsichtsantrag von einem Patent- oder Rechtsanwalt (gegebenenfalls von einem Patentrechercheur) im eigenen Namen gestellt, so ist er nur zulässig, wenn der Auftraggeber genannt oder ein eigenes persönliches Interesse an der Akteneinsicht dargelegt wird (BPatGE 26, 53). Ein allgemeiner „Strohmann-Einwand" besteht für das Akteneinsichtsverfahren jedoch nicht (BPatGE 33, 101).

Das **berechtigte Interesse** folgt aus einer Abwägung des Geheimhaltungsinteresses des (der) Betroffenen gegen das Akteneinsichtsinteresse des Antragstellers (BGH GRUR 1994, 104 – *Akteneinsicht XIII*) und ist daher an strengen Maßstäben zu messen (BPatGE 6, 220, 221; BPatGE 20, 15; BPatGE 23, 278). Der Begriff des „berechtigten Interesses" ist aber weitergehend als der des „rechtlichen Interesses" in § 299 Abs. 2 ZPO. Es braucht sich nicht auf ein vorhandenes Recht zu stützen und ist auch nicht durch den Gegenstand desjenigen Verfahrens begrenzt, in dessen Akteneinsicht begehrt wird. Insbesondere kann es anzunehmen sein, wenn ein künftiges Verhalten des Antragstellers durch die Kenntnis der Akteneinsicht beeinflusst werden kann (BGH GRUR 1994, 104, 105 – *Akteneinsicht XIII*). Das berechtigte Interesse kann auch bestehen, wenn es auf andere Weise befriedigt werden könnte und deshalb die Einsichtnahmen in die Akten nicht notwendig ist (BGH GRUR 1994, 104, 105 – *Akteneinsicht XIII*). Ferner ist das berechtigte Interesse nicht durch den Gegenstand desjenigen Verfahrens begrenzt, in dessen Akteneinsicht begehrt wird (BGH GRUR 1994, 104, 105 – *Akteneinsicht XIII,* aA *Bühring/Schmid* § 8 Rn. 127 ff.). **90**

Das berechtigte Interesse wurde beispielsweise **bejaht:** wenn der Antragsteller aus einer Gebrauchsmusteranmeldung verwarnt wurde (BPatG GRUR 1986, 57, 58: Eine auf Untersagung der Verwarnung aus oder der Berühmung mit dieser Anmeldung lautende gerichtliche Entscheidung schließt die Gewährung der Akteneinsicht wegen der erfolgten Berühmung nicht aus). Ferner bei Verwarnung aus einem Gebrauchsmuster (BGH GRUR 1972, 725 – *Akteneinsicht XI;* BPatGE 12, 98, jetzt bereits durch Abs. 5 Satz 1 abgedeckt); bei einem Löschungsantrag (BPatG GRUR 1965, 81; BPatGE 9, 181); bei Prüfung der Stammanmeldung zur Feststellung des Umfangs der Ausscheidungsanmeldung (BPatG GRUR 1976, 721); bei Behinderung des Antragstellers durch ausländisches Schutzrecht, für das die Priorität der betreffenden deutschen Anmeldung in Anspruch genommen ist (BPatG GRUR 1973, 196); wenn Akteneinsicht der Verteidigung gegen den Vorwurf der widerrechtlichen Entnahme dient (DPA BlPMZ 1955, 359; aA BPatGE 8, 4); bei wissenschaftlichem Interesse (BPatG GRUR 1978, 531, 532 – *Raterteilung;* BPatG v. 15.1.2001- 10 W (pat) 55/99). **91**

Das berechtigte Interesse wurde **verneint:** bei behaupteter widerrechtlicher Entnahme (BPatGE 8, 4); bei rein abstraktem beruflichem Interesse ohne konkreten Sachbezug (BPatG 32, 268, 269); bei Tätigkeit auf demselben Fachgebiet (BPatGE 13, 167); bei Pfändungspfandrecht; bei Akteneinsichtsantrag des Pfändungspfandgläubigers ist das Patentamt im Rahmen des Akteneinsichtsverfahrens nicht für die Prüfung zuständig, ob und inwieweit der Pfändungspfandgläubiger der Gebrauchsmusteranmeldung einen Anspruch auf Einsicht in die Anmeldeakten hat, einen dahingehenden Anspruch kann der Pfändungspfandgläubiger vielmehr nur durch Klage gegen den Anmelder vor den ordentlichen Gerichten durchsetzen (BPatGE 6, 220, 222); ungeachtet dessen ist streitig, ob und inwieweit das Bestehen eines materiell-rechtlichen Anspruchs auf Bewilligung der Akteneinsicht (zB aufgrund §§ 1, 3, 13 UWG, §§ 823, 1004 BGB), der vor den ordentlichen Gerichten geltend zu machen ist, nicht gleichzeitig im Wege des Akteneinsichtsverfahrens vor dem DPMA geltend gemacht werden kann (vgl. hierzu BPatG GRUR 1976, 721). Eine Gesetzeskonkurrenz in dem Sinn, dass ein materiell-rechtlicher Akteneinsichtsanspruch den patentamtlichen Akteneinsichtsanspruch gemäß § 8 Abs. 5 ausschließt, kann dem GebrMG, ebenso wie § 31 PatG, nicht entnommen werden; darüber hinaus würde in einem solchen Fall ein bestehender Akteneinsichtsanspruch schon aus Zeitgründen häufig „totlaufen". **92**

93 Bei einer Ausscheidungsanmeldung, für die noch keine Unterlagen vorliegen, kann Akteneinsicht in die Stammanmeldung notwendig sein. Einsicht in Rechtsbeschwerdeakten wird gemäß § 99 Abs. 3 S. 1 PatG gewährt (BGH GRUR 1983, 365 – *Akteneinsicht-Rechtsbeschwerdeakten*).

94 Über den **Akteneinsichtsantrag** in die Akten gemäß § 8 Abs. 5 S. 2 entscheidet die Stelle des Patentamts, die für die Bearbeitung der Akte zuständig ist. In diesen Fällen und jenen, in denen die Akteneinsicht jedermann freisteht, wird, soweit der Inhalt von Akten des Patentamts auf Mikrofilm aufgenommen ist, Einsicht in die Akten dadurch gewährt, dass der Mikrofilm zur Verfügung gestellt wird (§ 15 DPMAV). Diese Unterlagen werden in den Recherchesälen des DPMA zur Verfügung gestellt (MittPräsDPA BlPMZ 1980, 297; zu Aktenkopien oder Kopien von Aktenauszügen vgl. MittPräsDPA BlPMZ 1992, 62).

95 Akteneinsicht gemäß § 8 Abs. 5 S. 2 ist **gebührenpflichtig:** Die Gebühr beträgt EUR 90,00 KV 301 400; KV 301 410 DPMAVwKostV). Daneben werden Auslagen gesondert berechnet (KV 302 100 (3) DPMAVwKostV).

96 **7. Lizenzinteresseerklärung.** Inhaber oder Anmelder von Gebrauchsmustern können durch sog unverbindliche Lizenzinteresseerklärungen ihr Interesse an einer Lizenzvergabe mitteilen. Diese Erklärung wird in das GebrM-Register eingetragen sowie im Patentblatt veröffentlicht (vgl. *Reinelt* GRUR 1986, 504).

§ 9 [Geheimgebrauchsmuster]

(1) **Wird ein Gebrauchsmuster angemeldet, dessen Gegenstand ein Staatsgeheimnis (§ 93 des Strafgesetzbuches) ist, so ordnet die für die Anordnung gemäß § 50 des Patentgesetzes zuständige Prüfungsstelle von Amts wegen an, daß die Offenlegung (§ 8 Abs. 5) und die Bekanntmachung im Patentblatt (§ 8 Abs. 3) unterbleiben. Die zuständige oberste Bundesbehörde ist vor der Anordnung zu hören. Sie kann den Erlaß einer Anordnung beantragen. Das Gebrauchsmuster ist in ein besonderes Register einzutragen.**

(2) **Im übrigen sind die Vorschriften des § 31 Abs. 5, des § 50 Abs. 2 bis 4 und der §§ 51 bis 56 des Patentgesetzes entsprechend anzuwenden. Die nach Abs. 1 zuständige Prüfungsstelle ist auch für die in entsprechender Anwendung zum § 50 Abs. 2 des Patentgesetzes zu treffenden Entscheidungen und für die in entsprechender Anwendung von § 50 Abs. 3 und § 53 Abs. 2 des Patentgesetzes vorzunehmenden Handlungen zuständig.**

Literatur (Auswahl): *Trüstedt,* Der Schutz von Staatsgeheimnissen im Patent- und Gebrauchsmusterrecht, BB 1960, 1141; *Kelbel,* Die Geheimerfindung, GRUR 1969, 155; *Kumm,* Probleme der Geheimhaltung von technischen Erfindungen im Interesse der Staatssicherheit, GRUR 1979, 672; *Breith,* Patente und Gebrauchsmuster für Staatsgeheimnisse, München 2002; *Breith,* Sind die gesetzlichen Regelungen über die Geheimhaltung von Patenten und Gebrauchsmustern noch zeitgemäß?, GRUR 2003, 587.

Inhaltsübersicht

1. Allgemeines/Zweck der Vorschrift. Die Regelung über Geheimgebrauchsmuster wurde durch das 6. ÜberlG neu eingefügt und durch das Gebrauchsmusteränderungsgesetz aus dem Jahre 1986 sowie das KostRegBerG geändert. Die Regelung gemäß § 9 GebrMG entspricht im Wesentlichen den Regelungen der §§ 50–56 PatG. § 9 Abs. 1 korrespondiert mit § 50 Abs. 1 PatG. § 9 Abs. 2 erklärt die Vorschriften der §§ 31 Abs. 5, 50 Abs. 2–4, 51–56 PatG für entsprechend anwendbar. Die Vorschriften über Geheimerfindungen stellen Ausnahmetatbestände zu dem Grundsatz der Veröffentlichung der technischen Lehre und damit der Bereicherung der Allgemeinheit durch Weiterentwicklung technischen Wissens dar. § 9 Abs. 1 durchbricht diesen Publizitätsgrundsatz für Erfindungen, die ein Staatsgeheimnis sind bzw. der Bundesregierung von einer fremden Regierung als Geheimnis zu Verteidigungszwecken anvertraut sind. Die Vorschriften gewähren damit einen Schutz der Erfindungen gegen Ausspähung. Erfindungen, die Staatsgeheimnis sind, dürfen nicht veröffentlicht werden. § 93 Abs. 1 StGB definiert **Staatsgeheimnisse** als „Tatsachen, Gegenstände oder Erkenntnisse, die nur einem begrenzten Personenkreis zugänglich sind und vor einer fremden Macht geheimgehalten werden müssen, um die Gefahr eines schweren Nachteils für die äußere Sicherheit der Bundesrepublik Deutschland abzuwenden". § 93 Abs. 2 StGB enthält eine Ausnahmeregelung, wonach „Tatsachen, die gegen die freiheitliche demokratische Grundordnung oder unter Geheimhaltung gegenüber den Vertragspartnern der Bundesrepublik Deutschland gegen zwischenstaatliche vereinbarte Rüstungsbeschränkungen verstoßen" keine Staatsgeheimnisse darstellen (vgl. BPatGE 22, 136, 137). Der materielle Geheimnisbegriff erfasst mithin alles dasjenige nicht, was offenkundig, nämlich einem nicht begrenzten Personenkreis zugänglich ist (vgl. BPatGE 21, 112, 115). 1

2. Verfahren

2.1 Zuständigkeit der Prüfungsstelle. Seit Inkrafttreten des GebrMGÄndG 1986 ist nicht mehr die GebrM-Stelle sondern die nach § 50 PatG zuständige Prüfungsstelle zuständig, damit die technische Sachkunde sichergestellt wird (vgl. Begr. BlPMZ 1986, 320, 325). Die Patentprüfungsstelle ist auch zuständig für die Überprüfungen und Entscheidungen nach §§ 50 Abs. 2, 3, 53 Abs. 2 PatG iVm § 9 Abs. 2 S. 2 GebrMG. Die Prüfung erfolgt von Amts wegen unverzüglich nach Eingang der Anmeldung. Die Anmeldung wird im Falle der Bejahung dem Sachverständigen des Bundesministers der Verteidigung (BMV) als zuständiger Behörde vorgelegt. Übt der BMV das ihm zustehende Antragsrecht aus, wird er Verfahrensbeteiligter. Die Prüfungsstelle beschließt nach Anhörung des BMV und des Anmelders in eigener Zuständigkeit und Verantwortlichkeit darüber, ob ein Staatsgeheimnis vorliegt (vgl. auch BPatGE 21, 112). Die Auffassung des BMV hat dabei keine Bindungswirkung. 2

2.2 Anordnung der Geheimhaltung. Die Geheimhaltungsanordnung ergeht durch zu begründenden, schriftlichen, mit einer Rechtsmittelbelehrung zu versehenden und an die Beteiligten zuzustellenden formellen **Beschluss.** Wegen § 53 Abs. 1 PatG analog sollte die Entscheidung über die Anordnung innerhalb einer Frist von vier Monaten seit der Anmeldung der Erfindung beim DPMA erfolgen. Sofern eine Zustellung nicht innerhalb dieser Frist von vier Monaten erfolgt, ist idR vom fehlenden Geheimnischarakter auszugehen (vgl. *Bühring/Schmid* § 9 Rn. 3). Der BMV erhält eine formlose Mitteilung der Anordnung, wenn er nicht beteiligt ist. Liegen die Voraussetzungen für eine Geheimhaltungsanordnung und auch ein Antrag nicht vor, so wird lediglich eine entsprechende interne Feststellung getroffen. 3

4 **2.3 Keine Anordnung der Geheimhaltung, § 53 PatG.** Die Beurteilung der Geheimhaltungsbedürftigkeit kann für den Anmelder im Einzelfall mit Schwierigkeiten verbunden sein. § 53 PatG iVm § 9 Abs. 2 S. 1 GebrMG ergänzt deshalb § 50 PatG iVm § 9 GebrMG: Der Anmelder und jeder Dritte können davon ausgehen, dass die Erfindung nicht geheimhaltungsbedürftig ist, wenn dem Anmelder nicht innerhalb der in § 53 PatG genannten Fristen die vorerwähnte Anordnung zugestellt wird. § 53 PatG begünstigt nicht denjenigen, der den Geheimnischarakter kennt oder als sicher davon ausgeht, dass es sich um ein Staatsgeheimnis iSd § 93 StGB handelt. War die Geheimhaltungspflicht positiv bekannt, so verbleibt es bei der Strafbarkeit. Dies gilt insbesondere vom Zeitpunkt der Kenntnisnahme einer Anordnung nach § 50 PatG an, die auch nach dem viermonatigen und um zwei Monate verlängerbaren Fristablauf ergehen kann.

5 **3. Wirkung der Anordnung.** Die Wirkung der Anordnung nach § 9 Abs. 1 ist **deklaratorisch.** Durch die Anordnung wird die Erfindung nicht zum Staatsgeheimnis (dies bemisst sich allein nach den §§ 93ff. StGB). Die Anordnung gibt dem betroffenen Erfinder lediglich Kenntnis davon, dass es sich bei seiner Erfindung um ein Staatsgeheimnis iSd § 93 StGB handelt. Sie nimmt dem Anmelder insbesondere nichts von seinem (eingetragenen) Schutzrecht. Er erhält ein **vollwirksames Schutzrecht** (BPatGE 22 136, 137). Die Anordnung begründet auch kein Verwertungsverbot. Dieses ergibt sich allein aus den allgemeinen Gesetzen, nämlich §§ 93ff. StGB, § 52 PatG (vgl. BGH GRUR 1973, 141, 142 – *Kernenergie*). Damit stellt die Anordnung auch keine Enteignung oder einen enteignungsgleichen staatlichen Eingriff dar (BGH GRUR 1973, 141, 142 – *Kernenergie*).

6 Die Anordnung hat das Unterbleiben jeder **Veröffentlichung** (§ 9 Abs. 1 S. 1), die Beschränkung der **Akteneinsicht** für Dritte (§ 9 Abs. 2 S. 1 GebrMG iVm § 31 Abs. 5 PatG, § 51 PatG), die Eintragung des Gebrauchsmusters in ein **besonderes Register** für Geheimgebrauchsmuster (§ 9 Abs. 2 S. 1 GebrMG iVm § 54 PatG) sowie einen eventuellen **Entschädigungsanspruch** gemäß § 9 Abs. 2 S. 1 GebrMG iVm § 55 PatG zur Folge. Der Anmelder ist verpflichtet, sich an diese aus dem Staatsgeheimnis ergebenen Pflichten zu halten (BPatGE 24, 218).

7 Ungeachtet dessen entfaltet das eingetragene Gebrauchsmuster Rechtswirkungen wie jedes andere Gebrauchsmuster. Insbesondere gewährt es Ansprüche bei Verletzung (wegen der Nichtveröffentlichung ist das Verschulden eingehend zu prüfen; deshalb unter Umständen keine Auskunfts- bzw. Rechnungslegungs- und Schadenersatzansprüche). Aufgrund der öffentlichen Belange zum Schutz von Geheimnissen steht dem Anmelder kein Antragsrecht auf Geheimhaltung und auch kein Anspruch zu, sich gegen die Maßnahme der Aufhebung einer Geheimhaltung zu beschweren (vgl. BGH GRUR 1972, 535, 536 – *Aufhebung der Geheimhaltung*).

8 **4. Aufhebung der Anordnung.** Die Prüfungsstelle hat die nach § 9 Abs. 1 S. 1 ergangene Anordnung von Amts wegen oder auf Antrag eines Antragsberechtigten (BMV, Anmelder oder Gebrauchsmusterinhaber) wieder aufzuheben, wenn deren Voraussetzungen entfallen sind (§ 9 Abs. 2 S. 1, 2 GebrMG iVm § 50 Abs. 2 PatG). Dies gilt auch, wenn die Anordnung zu Unrecht angenommen wurde (vgl. BPatGE 21, 112; vgl. zu den Einzelheiten § 50 Abs. 2, 3 PatG). Die Aufhebung der Anordnung oder die Ablehnung der Aufhebung ist durch Beschluss auszusprechen. Die Aufhebung ist dem BMW auch dann zuzustellen, wenn es nicht beteiligt war. Nach Aufhebung der Anordnung wird die Anmeldung/das Gebrauchsmuster wie üblich behandelt; die entsprechenden Eintragungen in das Register, Bekanntmachung etc sind nachzuholen. Akteneinsicht ist nach Eintragung möglich.

9 **5. Rechtsmittel.** Beschwerdemöglichkeit des Anmelders/Gebrauchsmusterinhabers bei Anordnung der Geheimhaltung nach § 9 Abs. 1 (vgl. BGH GRUR 1972, 535, 536 – *Aufhebung der Geheimhaltung*). Die gebührenfreie Beschwerde hat keine

aufhebende Wirkung (§ 75 Abs. 2 PatG analog; *Bühring/Schmid* § 9 Rn. 7). Das Gleiche, wenn ein Antrag auf Aufhebung der Anordnung zurückgewiesen wird. Die Beschwerdemöglichkeit des BMV ergibt sich aus § 74 Abs. 2 PatG analog.

Durch die Ablehnung oder Aufhebung einer Anordnung gemäß § 9 Abs. 1 kann **10** nur der BMV beschwert sein, auch dann, wenn er vorher am Verfahren nicht beteiligt war (§ 74 Abs. 2 PatG analog; vgl. BGH GRUR 1972, 535, 536 – *Aufhebung der Geheimhaltung*). Der Anmelder/Gebrauchsmusterinhaber ist hierdurch nicht beschwert (vgl. → Rn. 5 ff.). Nach Ablauf der Beschwerdefrist werden die Verfahrensbeteiligten darüber informiert, dass ggf. gegen die Ablehnung der Geheimhaltungsanordnung oder ihre Aufhebung kein Rechtsmittel eingelegt wurde. Erledigt sich während eines anhängigen Rechtsmittelverfahrens die Geheimhaltungsanordnung zB durch Aufhebung, kann der Rechtsmittelantrag umgestellt werden auf Feststellung der Rechtswidrigkeit der Anordnung; das Bestehen des Feststellungsinteresses wird sich regelmäßig aus der Erwägung der Geltendmachung eines Staatshaftungsanspruches ergeben, der neben der Entschädigungsregelung des § 55 PatG geltend gemacht werden kann (vgl. BPatGE 21, 112). Ein derartiger Feststellungsanspruch wird auch ohne Anhängigkeit eines Rechtsmittelverfahrens zulässig sein.

6. Akteneinsicht. § 9 Abs. 2 S. 1 erklärt die Vorschriften der §§ 31 Abs. 5 PatG **11** sowie 51 PatG für entsprechend anwendbar. § 51 PatG ergänzt § 31 PatG und gibt dem BMV das Recht der Akteneinsicht. Der Zustimmung des Anmelders bzw. Gebrauchsmusterinhabers hierzu bedarf es nicht. Das Akteneinsichtsrecht beschränkt sich auf diejenigen Aktenteile, die sich auf den Inhalt der Anmeldung beziehen, nicht auf sonstige Aktenteile, die auch bei einer Akteneinsicht gemäß § 31 PatG auszunehmen wären. § 31 Abs. 5 PatG sichert das Geheimhaltungsinteresse gegen Umgehung durch Akteneinsichtsnahme. Geheimgestellte Anmeldungen und Gebrauchsmuster unterliegen der Akteneinsicht nur unter den besonderen Voraussetzungen, dass nach Anhörung der zuständigen obersten Bundesbehörde ein besonderes schutzwürdiges Interesse des Antragstellers die Akteneinsicht geboten erscheinen lässt und die Gefahr eines schweren Nachteils für die äußere Sicherheit der Bundesrepublik nicht zu erwarten ist.

7. Anmeldung außerhalb der Bundesrepublik Deutschland. Gemäß § 9 **12** Abs. 2 S. 1 darf keine ein Staatsgeheimnis enthaltende Erfindung außerhalb der Bundesrepublik Deutschland zum GebrM angemeldet werden. Der BMV kann jedoch schriftlich eine Genehmigung (auch unter Auflagen) aussprechen: Verbot mit Erlaubnisvorbehalt. § 52 Abs. 2 PatG regelt den Straftatbestand.

8. Eintragung des Geheimgebrauchsmusters. Geheimgebrauchsmuster werden in ein besonderes Register eingetragen, § 9 Abs. 1 S. 4, Abs. 2 S. 1 iVm § 54 PatG. **13** Dieses „Geheimregister" stellt eine Unterabteilung des allgemeinen GebrM-Registers dar und wird wie dieses geführt. Die Eintragung in dieses Register wird nicht veröffentlicht. Einsicht wird nur gewährt, wenn die Voraussetzungen des § 31 Abs. 5 S. 1 für die Einsichtnahme in Akten von Geheimgebrauchsmustern erfüllt sind. Mangels Veröffentlichung wird ein rechtlich an sich zulässiges Löschungsverfahren faktisch nicht in Betracht kommen. Das Geheimgebrauchsmuster hat dieselben Wirkungen wie ein normales Gebrauchsmuster. In Verletzungsverfahren, Löschungsverfahren bedingt die Geheimhaltung den Ausschluss der Öffentlichkeit gemäß § 172 Nr. 1 GVG. Bei Verwertung durch Veräußerung oder Lizenzvergabe muss die Geheimhaltung gewahrt bleiben (Geheimhaltungsverpflichtung).

9. Entschädigung für Unterlassung der Verwertung. Die Vorschrift des § 55 **14** PatG ist über § 9 Abs. 2 S. 1 entsprechend anwendbar. Derjenige, der eine als Staatsgeheimnis eingestufte Erfindung wirtschaftlich nicht verwerten kann (insbesondere wenn sie militärisch und zugleich zivil nutzbar ist), soll aus Billigkeitsgründen bei Vorliegen bestimmter Voraussetzungen einen Ausgleich hierfür erhalten; dadurch soll der Anreiz für Erfinder erhalten bleiben, die Technik fortzuentwickeln (BGH GRUR 1973, 141, 142 – *Kernenergie*). Das Entstehen des Anspruchs setzt voraus:

15 – Erstanmeldung beim DPMA;

16 – die Erfindung war nicht schon vor dem Erlass einer Anordnung nach § 9 Abs. 1 von einem fremden Staat aus Verteidigungsgründen geheimgehalten worden (vgl. die in § 50 Abs. 4 PatG erwähnten Erfindungen: Es besteht kein Anlass, nicht verwertete Staatsgeheimnisse fremder Länder zu entschädigen);

17 – Anordnung nach § 9 Abs. 1 S. 1;

18 – Gebrauchsmusterfähigkeit der Erfindung;

19 – Unterlassung der Verwertung für friedliche Zwecke (Verwertbarkeit lediglich im militärischen Bereich nicht ausreichend);

20 – Kausalität zwischen Anordnung nach § 9 Abs. 1 und Verwertungsverzicht: Mitursächlichkeit muss nach dem Sinnzusammenhang ausreichen; dasselbe gilt für die Unterlassung der Verwertung bereits aufgrund der Geheimhaltungsbedürftigkeit und nicht lediglich erst aufgrund einer Anordnung nach § 9 Abs. 1, da diese ohnehin nur deklaratorischen Charakter hat;

21 – Eintritt eines Vermögensschadens: Schadensermittlung und -berechnung erfolgen nach allgemeinen zivilrechtlichen und zivilprozessualen Grundsätzen;

22 – Unzumutbarkeit der Schadenstragung: Eine Gesamtbetrachtung aller zu berücksichtigenden Umstände und ihre Abwägung ist vorzunehmen. Abwägungskriterien in § 55 Abs. 1 S. 2 sind nicht abschließend; Rechtsfolge: Entschädigungsanspruch, kein Schadenersatzanspruch;

23 – Zeitgrenzen und Zeiträume: § 55 Abs. 1 S. 3, 4 PatG.

24 Der Anspruchsinhaber (Anmelder, GebrM-Inhaber oder sein Rechtsnachfolger) hat den Anspruch gegen die Bundesrepublik Deutschland, vertreten durch den BMV, geltend zu machen. Vorherige Geltendmachung bei der zuständigen Obersten Bundesbehörde (BMV) ist keine Klagevoraussetzung. Das gerichtliche Verfahren ist GebrM-Streitsache iSd § 27. Örtlich zuständig ist in I. Instanz das Landgericht Düsseldorf, solange der Bundesminister für Verteidigung seinen Sitz in Bonn hat.

25 **10. Bestimmung der zuständigen Obersten Behörde.** Zuständig ist der Bundesminister für Verteidigung (VO vom 24.5.1961, BGBl. I 595 = BlPMZ 1961, 210).

§ 10 [Gebrauchsmusterstelle]

(1) **Für Anträge in Gebrauchsmustersachen mit Ausnahme der Löschungsanträge (§§ 15 bis 17) wird im Patentamt eine Gebrauchsmusterstelle errichtet, die von einem vom Präsidenten des Patentamts bestimmten rechtskundigen Mitglied geleitet wird.**

(2) **[1]Das Bundesministerium der Justiz wird ermächtigt, durch Rechtsverordnung Beamte des gehobenen und des mittleren Dienstes oder vergleichbare Angestellte mit der Wahrnehmung von Geschäften zu betrauen, die den Gebrauchsmusterstellen oder Gebrauchsmusterabteilungen obliegen und die ihrer Art nach keine besonderen technischen oder rechtlichen Schwierigkeiten bieten; ausgeschlossen davon sind jedoch Zurückweisungen von Anmeldungen aus Gründen, denen der Anmelder widersprochen hat. [2]Das Bundesministerium der Justiz kann diese Ermächtigung durch Rechtsverordnung auf das Deutsche Patent- und Markenamt übertragen.**

(3) **[1]Über Löschungsanträge (§§ 15 bis 17) beschließt eine der im Patentamt zu bildenden Gebrauchsmusterabteilungen, die mit zwei technischen Mitgliedern und einem rechtskundigen Mitglied zu besetzen ist. [2]Die Bestimmungen des § 27 Abs. 7 des Patentgesetzes gelten entsprechend. [3]Inner-**

halb ihres Geschäftskreises obliegt jeder Gebrauchsmusterabteilung auch die Abgabe von Gutachten.

(4) [1]**Für die Ausschließung und Ablehnung der Mitglieder der Gebrauchsmusterstelle und der Gebrauchsmusterabteilungen gelten die §§ 41 bis 44, 45 Abs. 2 Satz 2, §§ 47 bis 49 der Zivilprozessordnung über Ausschließung und Ablehnung der Gerichtspersonen sinngemäß.** [2]**Das gleiche gilt für die Beamten des gehobenen und des mittleren Dienstes und Angestellten, soweit sie nach Absatz 2 mit der Wahrnehmung einzelner der Gebrauchsmusterstelle oder den Gebrauchsmusterabteilungen obliegender Geschäfte betraut worden sind.** [3]**§ 27 Abs. 6 Satz 3 des Patentgesetzes gilt entsprechend.**

1. Allgemeines/Zweck der Vorschrift. § 10, zuletzt geändert durch Artikel 2 der Verordnung vom 1. November 2013 (BGBl. I S. 3906; BlfPMZ 2013, 378) aufgrund 1

- des § 27 Abs. 5, der §§ 28, 29 Abs. 3, des § 34 Abs. 6 und 8, des § 43 Abs. 8 Nr. 2 und des § 63 Abs. 4 des Patentgesetzes in der Fassung der Bekanntmachung vom 16. Dezember 1980 (BGBl. 1981 I S. 1), von denen § 27 Abs. 5 zuletzt durch Artikel 7 Nr. 10, § 29 Abs. 3 durch Artikel 7 Nr. 12, § 34 Abs. 6 und 8 durch Artikel 7 Nr. 16 Buchstabe a bis c sowie § 63 Abs. 4 zuletzt durch Artikel 7 Nr. 27 Buchstabe b Doppelbuchstabe bb des Gesetzes vom 13. Dezember 2001 (BGBl. I S. 3656) und § 28 durch Artikel 2 Abs. 7 Nr. 1 des Gesetzes vom 12. März 2004 (BGBl. I S. 390) geändert worden sind,
- des § 4 Abs. 4 und 7, § 10 Abs. 2 und des § 29 des Gebrauchsmustergesetzes in der Fassung der Bekanntmachung vom 28. August 1986 (BGBl. I S. 1455), von denen § 4 Abs. 4 und 7 durch Artikel 8 Nr. 1 Buchstabe a, c und d sowie § 10 Abs. 2 durch Artikel 8 Nr. 5 des Gesetzes vom 13. Dezember 2001 (BGBl. I S. 3656), § 29 durch Artikel 2 Abs. 8 Nr. 3 des Gesetzes vom 12. März 2004 (BGBl. I S. 390) geändert worden sind,
- des § 65 sowie des § 138 Abs. 2 des Markengesetzes vom 25. Oktober 1994 (BGBl. I S. 3084, 1995 I S. 156), von denen § 138 Abs. 2 durch Artikel 9 Nr. 32 des Gesetzes vom 13. Dezember 2001 (BGBl. I S. 3656) und § 65 Abs. 1 Nr. 1 durch Artikel 2 Abs. 9 Nr. 7 des Gesetzes vom 12. März 2004 (BGBl. I S. 390) geändert worden sind,
- des § 3 Abs. 3 und des § 4 Abs. 4 des Halbleiterschutzgesetzes vom 22. Oktober 1987 (BGBl. I S. 2294) in Verbindung mit § 10 Abs. 2 des Gebrauchsmustergesetzes in der Fassung der Bekanntmachung vom 28. August 1986 (BGBl. I S. 1455), von denen § 3 Abs. 3 durch Artikel 2 Abs. 15 des Gesetzes vom 12. März 2004 (BGBl. I S. 390) geändert worden ist, und
- des § 26 Abs. 1, 2 und 4 des Geschmacksmustergesetzes vom 12. März 2004 (BGBl. I S. 390)
- sowie in Verbindung mit Artikel 28 des Gesetzes vom 16. Juli 1998 (BGBl. I S. 1827) und Artikel 29 des Gesetzes vom 13. Dezember 2001 (BGBl. I S. 3656)

regelt die Organisation des Deutschen Patent- und Markenamts (DPMA) in Gebrauchsmustersachen. Die Hauptabteilung 1/I des in fünf Hauptabteilungen gegliederten DPMA umfasst die GebrM-Stelle sowie die beiden Gebrauchsmusterabteilungen 3.4 und 3.5. Seit dem GebrMG vom 1.7.1891 ist das DPMA auch auf dem Gebiet des Gebrauchsmusterrechts zuständig. Sein Sitz ist München. Das DPMA gehört dem Geschäftsbereich des Bundesministeriums der Justiz und für Verbraucherschutz (BMJV) als selbständige Bundesoberbehörde an. Es ist Verwaltungsbehörde, kein Gericht; seine Mitglieder üben öffentliche Gewalt im Sinn von Art. 19 Abs. 4 GG aus. Sein Verfahren ist jedoch justizförmig ausgebildet. §§ 1 ff. DPMAV (Verordnung über das Deutsche Patent- und Markenamt) regeln – wie andere Bestimmungen des GebrMG oder des PatG – teilweise die Organisation des DPMA. Soweit eine gesetzliche Regelung nicht erfolgt ist, wird die Organisation des DPMA durch seinen

Präsidenten bzw. durch seine Präsidentin bestimmt (§§ 1 – 6 DPMAV). Auch wenn der Präsident des DPMA keine originäre Rechtssetzungsbefugnis hat, sind ihm nach §§ 10 Abs. 2, 27 Abs. 5 PatG und anderen Bestimmungen Verordnungsermächtigungen übertragen worden. Hierzu gehört die Ermächtigung zur Übertragung der Wahrnehmung einzelner Geschäfte auf Beamte des gehobenen und des mittleren Dienstes bzw. vergleichbare Angestellte.

2 Ebenso wie das PatG verwendet auch das GebrMG für die in den Gebrauchsmusterstellen und Gebrauchsmusterabteilungen tätigen Beamten die Bezeichnung „Mitglied", die vorwiegend bei Behörden mit Kollegialverfassung gebräuchlich ist (*Benkard/Schäfers,* vor § 26 PatG Rn. 2ff.). § 26 PatG regelt die Besetzung des Patentamts, das danach aus dem Präsidenten/der Präsidentin und weiteren Mitgliedern besteht. Weitere Mitglieder sind nicht nur der Vizepräsident/die Vizepräsidentin, die Abteilungsleiter/die Abteilungsleiterin, sondern auch der Leiter/die Leiterin der Gebrauchsmusterstelle, § 10 Abs. 1. Dieser/diese ist sog. rechtskundiges Mitglied. Die rechtskundigen Mitglieder müssen die Befähigung zum Richteramt nach §§ 5–7 DRiG besitzen (§ 26 Abs. 1 Satz 2 PatG). Die technischen Mitglieder müssen in einem Zweig der Technik sachverständig sein (vgl. § 26 Abs. 2 PatG).

3 § 10 entspricht sachlich § 27 PatG. § 10 Abs. 1 und 3 enthalten die Regelungen über die GebrM-Stelle und die GebrM-Abteilungen. Abs. 4 entspricht § 27 Abs. 6 PatG. Der Regelung zur Übertragung von Aufgaben der GebrM-Stelle und der GebrM-Abteilung auf Nichtmitglieder gemäß § 10 Abs. 2 liegen dieselben gesetzgeberischen Erwägungen der Neuregelung des § 27 Abs. 5 PatG zugrunde (Beschlussempfehlung und Bericht des Rechtsausschusses, BlPMZ 1998, 416, 418 Nr. 4a), nämlich die stetig steigenden Anmeldezahlen zu bewältigen. Der für die Zulässigkeit der Übertragung der Aufgaben relevante Maßstab, ob eine zu übertragende Aufgabe rechtliche oder technische Schwierigkeiten aufweist, soll nicht mehr anhand des konkreten Einzelfalls berücksichtigt werden. Vielmehr soll lediglich zu prüfen sein, ob die zu übertragende Aufgabe „ihrer Art nach" häufig (besondere) rechtliche oder technische Schwierigkeiten beinhaltet. Die Grenze zur Übertragbarkeit der Aufgaben wird erst dort gezogen, wo generell „besondere" rechtliche oder technische Schwierigkeiten gegeben sind. Das bedeutet zugleich, dass selbst dann, wenn der Einzelfall durch eine besondere rechtliche Schwierigkeit gekennzeichnet sein sollte, die Aufgabe von einem Beamten des gehobenen oder mittleren Dienstes wirksam wahrgenommen werden kann. (Beschlussempfehlung und Bericht des Rechtsausschusses, BlPMZ 1998, S. 417). Diese rechtliche Möglichkeit ist durch die Wahrnehmungsverordnung (WahrnV), zuletzt geändert 2014, umgesetzt worden. Gemäß § 2 Abs. 1 Nr. 2a) WahrnV können auch Beamte des gehobenen Dienstes etwa damit betraut werden, zur Beseitigung sachlicher und formeller Mängel ohne Rücksicht auf deren Schwere aufzufordern.

2. Gebrauchsmusterstelle

4 **2.1 Zuständigkeit.** Die GebrM-Stelle (es gibt zur Zeit nur eine) ist für sämtliche Anträge in GebrM-Sachen zuständig, ausgenommen Löschungsanträge (§§ 15–17), Geheimanmeldungen (§ 9 Abs. 1). Die Zuständigkeit umfasst mithin die Prüfung von Anmeldungen, die Vornahme der Eintragungen in die Rolle, Ausstellung der GebrM-Urkunden, Zurückweisung nicht eintragungsfähiger Anmeldungen, Überwachung der Schutzfristen und Gebührenzahlung, Verlängerungsverfahren und Führung des GebrM-Registers. Zu den GebrM-Sachen gehören auch die internationalen (PCT-) Gebrauchsmusteranmeldungen, Art. 43, 44, 2 PCT.

5 **2.2 Besetzung.** Die GebrM-Stelle wird von einem rechtskundigen Mitglied des Patentamts geleitet. Vertreter ist ebenfalls ein rechtskundiges Mitglied. Daneben können seitens des Präsidenten des DPMA weitere Mitglieder der GebrM-Stelle zugewiesen werden (*Benkard/Goebel/Hall/Nobbe* GebrMG § 10 Rn. 2). Technische Mit-

glieder können aber nicht die dem rechtskundigen Mitglied vorbehaltenen Geschäfte wahrnehmen, da an die Befähigung zum Richteramt besondere rechtliche Anforderungen gestellt werden. Das Verfahren der GebrM-Stelle entspricht dem der Prüfungsstelle gem. § 27 PatG.

3. Gebrauchsmusterabteilung

3.1 Zuständigkeit. Die (beiden) GebrM-Abteilungen sind zur Entscheidung über Löschungsanträge, §§ 15–17, sowie das Löschungsverfahren betreffende Anträge zuständig; ebenso für die Erstellung von Gutachten auf Antrag eines Dritten (§ 10 Abs. 3 Satz 3). Weitere Regelungen: § 3 DPMAV. 6

3.2 Besetzung. Die GebrM-Abteilungen sind mit einem rechtskundigen und zwei technischen Mitgliedern besetzt. Das rechtskundige Mitglied führt in der Regel den Vorsitz, da sich das Löschungsverfahren an das (gerichtliche) Nichtigkeitsverfahren anlehnt. Die technischen Mitglieder wechseln je nach betroffenem technischem Fachgebiet. Die Besetzung der GebrM-Abteilung bezieht sich auf die konkrete Angelegenheit; die einzelnen GebrM-Abteilungen können allgemein aus mehr Mitgliedern bestehen; in dem jeweiligen Löschungsverfahren sind aber nur drei Mitglieder tätig. § 27 Abs. 7 PatG gilt entsprechend: Sachverständige können zu den Beratungen der GebrM-Abteilung ohne Recht zur Teilnahme an Abstimmungen hinzugezogen werden. § 3 Abs. 2 DPMAV bestimmt, dass für die GebrM-Abteilungen im Wesentlichen die gleichen Vorschriften wie für die Prüfungsstellen gelten. Der Vorsitzende leitet danach die Geschäfte der GebrM-Abteilung. Im Regelfall übernimmt das für die Sache zuständige Mitglied vor der Abteilung die Berichterstattung; es hält den Vortrag in der Sitzung und entwirft die Beschlüsse und Gutachten. Der Vorsitzende prüft die Entwürfe und stellt sie fest. Über sachliche Meinungsverschiedenheiten entscheidet die GebrM-Abteilung. Die GebrM-Abteilung entscheidet nach der Mehrheit der Stimmen der mitwirkenden Abteilungsmitglieder in einer Sitzung. Wegen des justizförmig ausgestalteten Verfahrens sind die zivilprozessualen Vorschriften ergänzend heranziehbar (vgl. zum Einspruchsverfahren BGH GRUR 1994, 724 – *Spinnmaschine*). Von einer Sitzung kann ausnahmsweise abgesehen werden, wenn die jeweils zuständigen Vorsitzenden sie nicht für erforderlich halten, § 3 Abs. 3 Satz 2 DPMAV. In allen übrigen Fällen, in denen eine Sitzung nicht vorgeschrieben ist, können förmliche Beratungen und Abstimmung im Umlaufverfahren erfolgen. Eine Entscheidung ist in Beschlussform zu treffen. Die GebrM-Abteilung hat das Beratungsgeheimnis zu beachten (vgl. BPatG GRUR 1983, 503 – *Vorangegangene Prüfertätigkeit,* unter Hinweis auf BVerwG NJW 1977, 312). Die Gebrauchsmusterabteilungen entscheiden nach Stimmenmehrheit; bei Stimmengleichheit gibt die Stimme des Vorsitzenden den Ausschlag, § 3 Abs. 4 DPMAV. 7

4. Wahrnehmungsverordnung. § 10 Abs. 2 GebrMG entspricht § 27 Abs. 5 PatG. Das Bundesministerium der Justiz hat die ihm eingeräumte Ermächtigung durch § 1 Abs. 2 DPMAV auf das DPMA übertragen. Dieses hat von der Ermächtigung durch die sog. Wahrnehmungsverordnung (WahrnV) vom 14.12.1994, geändert durch die VO zur Ausführung des Designgesetzes vom 2.1.2014, BGBl. I, S. 18, zuletzt durch Artikel 208 der Verordnung vom 31. August 2015 (BGBl. I S. 1474) geändert, Gebrauch gemacht. 8

Die nach § 10 Abs. 2 Satz 1 vorgesehene Delegationsmöglichkeit, Aufgaben der GebrM-Stellen sowie der GebrM-Abteilungen auf Nichtmitglieder, nämlich Beamte des gehobenen und des mittleren Dienstes oder vergleichbare Angestellte zu übertragen, stellt klar, dass die zu übertragende Aufgabe **ihrer Art nach,** also im allgemeinen frei von rechtlichen oder technischen Schwierigkeiten sein muss. Die Beurteilung des Einzelfalls ist nicht entscheidend. Nach der Gesetzesformulierung können Geschäfte, die ihrer Art nach rechtlich oder tatsächlich schwierig sind, an derartige Nichtmitglieder übertragen werden, wenn nur diese Schwierigkeit keine besondere 9 ist. Im Einzelfall kann durchaus eine besondere rechtliche oder technische Schwierigkeit gegeben sein. Die zu diesem Gesamtkomplex ergangene frühere Rechtsprechung kann deshalb nach der Neuregelung des Gesetzes nicht mehr ohne weiteres herangezogen werden. Bei Überschreiten der einem Beamten oder einem Angestellten danach zustehenden Entscheidungsbefugnis ist die Handlung (nur) anfechtbar und auf entsprechende Beschwerde ohne Sachprüfung aufzuheben. Das BPatG kann die Sache zur erneuten Verhandlung und Entscheidung an das DPMA zurückverweisen oder bei Entscheidungsreife eine abschließende Sachentscheidung treffen (vgl. BPatG GRUR 1964, 256; BPatG GRUR 1987, 354).

10 **5. Ausschließung und Ablehnung.** § 10 Abs. 4 entspricht § 27 Abs. 6 PatG. Die Ausschließung und Ablehnung von Mitgliedern der GebrM-Stelle und GebrM-Abteilung richten sich nach den §§ 41–44, 45 Abs. 2 Satz 2, 47–49 ZPO. Dieser Verweis gilt nach § 10 Abs. 4 Satz 2 auch für die Beamten des gehobenen und des mittleren Dienstes und Angestellte, soweit ihnen einzelne Geschäfte, die der GebrM-Stelle oder GebrM-Abteilung obliegen, zur Wahrnehmung übertragen worden sind.

11 Die Anwendbarkeit der zivilprozessualen Vorschriften rechtfertigt sich daraus, dass insbesondere das Verfahren vor den GebrM-Abteilungen justizförmigen Charakter aufweist. Zum Anwendungsbereich dieser zivilprozessualen Vorschriften muss auf die allgemeine ZPO-Kommentarliteratur verwiesen werden.

12 Die **Ausschließungsgründe** sind in § 41 Nr. 1–6 ZPO abschließend geregelt. Den Ausschließungsgründen des § 41 ZPO liegt der Grundgedanke der fehlenden Neutralität und Distanz des Amtsträgers aufgrund einer Beziehung zu Parteien oder zur Sache selbst zugrunde. Mit dieser Grundvorstellung unvereinbar ist die Parteistellung des Amtsträgers, seines Ehegatten oder bestimmter naher Verwandter und Verschwägerter (§ 41 Nr. 1–3). Unvereinbar mit seiner „Neutralität" ist die Stellung des Beamten als Interessenvertreter einer Partei (§ 41 Nr. 4 ZPO). Aus beweiswürdigenden Gründen unvereinbar sind die Funktionen von Amtsträger und Beweismittel (wenn der Beamte in der von ihm mit bearbeiteten Sache als Zeuge oder Sachverständiger einvernommen wurde, § 41 Nr. 5 ZPO). Der Ausschlussgrund der Vorbefassung des Richters in einem vorangegangenen Verfahren gemäß § 41 Nr. 6 ZPO passt für die Verfahren vor der GebrM-Stelle nicht, wohl aber bei der Mitwirkung eines Beamten in der GebrM-Abteilung bei nachinstanzlichen Verfahren (vgl. BPatG GRUR 1983, 503 – *Vorangegangene Prüfertätigkeit,* zur Ablehnung eines Mitglieds der Patentabteilung im Einspruchsverfahren im Zusammenhang mit seiner vorangegangener Prüfertätigkeit). Nach BPatGE 9, 3, 5 soll § 41 Nr. 6 ZPO im patentamtlichen Verfahren praktisch unanwendbar sein (zwh.). Für ein Mitglied der GebrM-Abteilung stelle es keinen Ausschließungsgrund dar, wenn es als Prüfer über die dem Gebrauchsmuster entsprechende Patentanmeldung entschieden habe (DPA Mitt. 1958, 242).

13 Eine **Ablehnung** ist bei Vorliegen eines Ausschließungsgrundes iSd § 41 ZPO oder im Falle der **Besorgnis der Befangenheit** möglich. Letztere ist anzunehmen, wenn ein Grund vorliegt, der geeignet ist, Misstrauen gegen die Unparteilichkeit zu rechtfertigen (§ 42 Abs. 2 ZPO). Dies ist vom Standpunkt des Betroffenen aus bei vernünftiger Würdigung aller Umstände zu entscheiden. Die Besorgnis der Befangenheit muss mindestens glaubhaft sein (vgl. § 294 ZPO). Die Gründe der Besorgnis der Befangenheit können im Verhältnis zur Partei (zB persönliche Freundschaft, entferntere Verwandtschaft, Feindschaft etc.), im Verhältnis zu dem anwaltlichen Vertreter des Verfahrensbeteiligten (zB Verwandtschaft, persönliche Spannungen etc.), im Verhalten des Beamten (Häufung von Verfahrensfehlern mit dem Anschein unsachgemäßer Verfahrensleitung; unsachliche, auf Voreingenommenheit deutende Äußerungen; offensichtlich abwegige Argumentation; Häufung vertrauensschädigender Handlungen und Äußerungen; in wesentlichen Punkten falsche Tatsachendarstellung in dienstlicher Äußerung etc.) liegen. Die Ablehnung der Mitglieder einer Gebrauchsmusterabteilung im Löschungsverfahren wegen Besorgnis der Befangenheit nach

§ 10 Abs. 4 S. 1 GebrMG iVm § 42 I ZPO kann auf Grund eines einseitig zu Gunsten der Antragsteller begründeten Zwischenbescheides, welcher ohne Bezugnahme auf die Argumente der Widerspruchsbegründung die Löschung in Aussicht stellt, wenn der Zwischenbescheid auf Bitten der Antragsteller unmittelbar vor der mündlichen Verhandlung im parallelen Verletzungsprozess den Beteiligten per Telefax mitgeteilt wurde, begründet sein (BPatG BeckRS 2002, 11793). **Kein** Ablehnungsgrund ist in der Regel bei einer irrigen Rechtsauffassung für sich allein, bei fehlender Sachkenntnis, bei Hinweisen im Rahmen von § 139 ZPO (insbesondere Vorschlag eintragungsfähiger Schutzansprüche) gegeben; allerdings können derartige Äußerungen sehr schnell in Richtung der Besorgnis der Befangenheit ausfallen, so dass die Beurteilung immer nur eine Frage des Einzelfalls sein kann. Im Übrigen ist Ablehnung durch den betroffenen Beamten selbst möglich, § 48 ZPO, oder auf Antrag einer der Parteien, § 42 ZPO. Das Ablehnungsrecht geht jedoch verloren, wenn sich die Parteien rügelos in eine mündliche Verhandlung eingelassen oder Anträge gestellt haben, obgleich sie den Ablehnungsgrund kannten, § 43 ZPO. Das Ablehnungsgesuch ist im jeweiligen Verfahren (vor der GebrM-Stelle, vor der GebrM-Abteilung) geltend zu machen, § 44 Abs. 1 ZPO. Der betroffene Beamte oder Angestellte muss sich dienstlich äußern, § 44 Abs. 3 ZPO. In jedem Fall entscheidet über das Ablehnungsgesuch die GebrM-Abteilung, § 10 Abs. 4 Satz 3 GebrMG iVm § 27 Abs. 6 Satz 3 PatG.

§ 11 [Wirkung der Eintragung]

(1) **Die Eintragung eines Gebrauchsmusters hat die Wirkung, daß allein der Inhaber befugt ist, den Gegenstand des Gebrauchsmusters zu benutzen. Jedem Dritten ist es verboten, ohne seine Zustimmung ein Erzeugnis, das Gegenstand des Gebrauchsmusters ist, herzustellen, anzubieten, in Verkehr zu bringen oder zu gebrauchen oder zu den genannten Zwecken entweder einzuführen oder zu besitzen.**

(2) **Die Eintragung hat ferner die Wirkung, daß es jedem Dritten verboten ist, ohne Zustimmung des Inhabers im Geltungsbereich dieses Gesetzes anderen als zur Benutzung des Gegenstands des Gebrauchsmusters berechtigten Personen, die sich auf ein wesentliches Element des Gegenstands des Gebrauchsmusters beziehen, zu dessen Benutzung im Geltungsbereich dieses Gesetzes anzubieten oder zu liefern, wenn der Dritte weiß oder es aufgrund der Umstände offensichtlich ist, daß diese Mittel dazu geeignet und bestimmt sind, für die Benutzung des Gegenstands des Gebrauchsmusters verwendet zu werden. Satz 1 ist nicht anzuwenden, wenn es sich bei den Mitteln um allgemein im Handel erhältliche Erzeugnisse handelt, es sei denn, daß der Dritte den Belieferten bewußt veranlaßt, in einer nach Absatz 1 Satz 2 verbotenen Weise zu handeln. Personen, die die in § 12 Nr. 1 und 2 genannten Handlungen vornehmen, gelten im Sinne des Satzes 1 nicht als Personen, die zur Benutzung des Gegenstands des Gebrauchsmusters berechtigt sind.**

Literatur (Auswahl): *U. Krieger,* Die Benutzungsarten, GRUR 1980, 687; *Preu,* Die unmittelbare und die mittelbare Benutzung, GRUR 1980, 697; *Sefzig,* Feilhalten und Anbieten als selbständige Patentverletzung, GRUR 1992, 413; *Kowal-Wolk/Schuster,* Patentverletzung im Reparatur-, Ersatzteil- und Altteilgeschäft – eine Bestandsaufnahme, FS F.-K. Beier (1996) 87; *Pagenberg,* Ausstellung und Anbieten auf internationalen Messen – eine Verletzung gewerblicher Schutzrechte?, GRUR Int. 1983, 560; *Stauder,* Patentverletzung im grenzüberschreitenden Wirtschaftsverkehr, 1975; *Bucher,* Gebrauchsmuster und abhängiges Patent nach § 6 GMG, GRUR 1940, 73; *Schnabel,* Gebrauchsmuster und abhängiges Patent nach § 6 GMG, GRUR 1939, 455; *König,* Patentverletzung durch erfinderische Abwandlung, Mitt. 1996, 75; *Loth,* Aspekte zur sogenannten abhängigen Erfindung bzw. zur erfinderischen Weiterentwicklung im Patentverletzungsprozess,

FS F.-K. Beier (1996), 113; *Villinger,* Anmerkungen zu den §§ 9, 10 und 11 des neuen deutschen Patentgesetzes über die Verbietungs- und Benutzungsrechte des Patentinhabers und die mittelbare Patentverletzung, GRUR 1981, 541; *Zeller,* Älteres Gebrauchsmuster, jüngeres Patent und Weiterbenutzung, GRUR 1953, 235; *Baeumer,* Anmerkungen zum Territorialitätsprinzip im internationalen Patent- und Markenrecht, FS W. Fikentscher (1998), 803; *Beier/Stauder,* Weltraumstationen und das Recht des geistigen Eigentums, GRUR Int. 1985, 6; *Beier,* Zur Zulässigkeit von Parallelimporten patentierter Erzeugnisse, GRUR Int. 1996, 1; *Ebenroth,* Gewerblicher Rechtsschutz und europäische Warenverkehrsfreiheit. Ein Beitrag zur Erschöpfung gewerblicher Schutzrechte, 1992; *Heath,* Zur Paralleleinfuhr patentierter Erzeugnisse RIW 1997, 541; *Loewenhein,* Nationale und internationale Erschöpfung von Schutzrechten im Wandel der Zeit, GRUR Int. 1996, 207; *Mes,* Die mittelbare Patentverletzung, GRUR 1998, 281; *Nieder,* Zur Antrags- und Verbotsfassung bei mittelbarer Patentverletzung, GRUR 2000, 272; *Ohly,* Zur Wirkung prioritätsgleicher Patente, Mitt. 2006, 241; *Kaess,* Die Schutzfähigkeit technischer Schutzrechte im Verletzungsverfahren, GRUR 2009, 276; *Stjerna,* Die Einrede des älteren Rechts im Patent- und Gebrauchsmusterverletzungsstreit, GRUR 2010, 202; *Stjerna,* Die Reichweite der Einrede des älteren Rechts – Zum Umfang des Benutzungsrechts aus Patenten und Gebrauchsmustern, GRUR 2010, 795.

Inhaltsübersicht

1 **1. Allgemeines/Zweck der Vorschrift.** Die Vorschrift ist durch das GebrMG-ÄndG 1986 neu gefasst worden (BlPMZ 1986, 310). Sie entspricht nahezu wörtlich § 9 Satz 1 und Satz 2 Nr. 1 PatG. Die in Abs. 2 verankerte mittelbare Gebrauchsmusterverletzung lehnt sich an § 10 PatG an. Die Vorschrift des § 11 hat Geltung seit dem 1.1.1987. Das Gebrauchsmuster ist ein **Ausschließlichkeitsrecht,** das als Verbotsrecht maßgeblich negatorische Wirkung hat. Die §§ 11, 12, 12a, 13 Abs. 3 regeln die sog **absoluten Wirkungen** und **Grenzen** gegenüber jedermann; sie lassen rein schuldrechtliche Vereinbarungen (vorbehaltlich ihrer kartellrechtlichen Zulässigkeit) unberührt. Die **Rechtsfolge** der GebrM-Verletzung wird hingegen allein durch die §§ 24, 24a, 24b, 24c, 25, 25a geregelt. (Zusätzlich können hierzu deliktsrechtliche, wettbewerbsrechtliche Ansprüche bestehen.)

2. Benutzungsrecht

2 **2.1 Allgemeines.** Die Eintragung des Gebrauchsmusters hat konstitutive Wirkung und unterscheidet sich darin vom Patentrecht. Nach Satz 1 wird dem GebrM-Inhaber ein **alleiniges** Benutzungsrecht hinsichtlich des „Gegenstandes" des Gebrauchsmusters zugewiesen. Satz 2 zählt abschließend (vgl. *U. Krieger* GRUR 1980, 687, 688 zu § 9 PatG) die Verbietungstatbestände auf. Ebenso wie § 9 PatG erkennt § 11 GebrMG das Bestehen eines **positiven Benutzungsrechts** gegenüber einem jüngeren Patent- oder Gebrauchsmusterinhaber an (RGZ 159, 11, 12; BGH GRUR 1963, 563, 565 – *Aufhängevorrichtung;* BGH GRUR 1964, 606, 610 – *Förderband;* BGH GRUR 2009, 655, 657 – *Trägerplatte;* → § 14 Rn. 3; zur Gleichwertigkeit des jüngeren Gebrauchsmusters und des jüngeren Patent vgl. RGZ 169, 289, 291). Dieses steht neben dem Schutzrechtsinhaber auch dem (ausschließlichen oder einfachen) Lizenznehmer zu (BGH GRUR 2009, 655, 657 [26] – *Trägerplatte* zum Patentrecht). Das Gebrauchsmuster positiv zu benutzen bedeutet, seinen Gegenstand herzustellen, anzubieten, in Verkehr zu bringen, zu gebrauchen oder zu diesen Zwecken entweder einzuführen oder zu besitzen. Das positive Benutzungsrecht gilt aber nicht uneingeschränkt, sondern kann zB durch gewerbe- und polizeirechtliche oder sonstige, im öffentlichen Interesse erlassene Gesetze eingeschränkt werden (zB Handelsembargo).

3 Neben dem positiven Benutzungsrecht besteht spiegelbildlich ein **negatives Verbietungsrecht,** mit dem die Benutzung des Gegenstands des Gebrauchsmusters durch andere untersagt wird. Das Verbietungsrecht nach § 11 ist in Verbindung mit § 24 zu betrachten. § 24 gewährt dem Gebrauchsmusterinhaber Ansprüche auf Unterlassung und (bei Verschulden) Schadensersatz. Zugleich steht dem Berechtigten aus dem älteren GebrM ein Abwehrrecht gegen die Rechte aus einem jüngeren GebrM zu, da er mit dem älteren GebrM nach dem Prioritätsprinzip die besseren Rechte innehat (vgl. BGH GRUR 2009, 655, 657 [26] – *Trägerplatte* zum Patentrecht). Das Abwehrrecht bezieht sich dabei auf einen Vergleich des älteren Rechts mit einer tatsächlichen Ausführungsform, die von der technischen Lehre eines jüngeren GebrM

Gebrauch macht. Insoweit gelten also die allgemeinen Regelungen zu den Schutzwirkungen eines Patents bzw. Gebrauchsmusters. Einzelheiten bei → § 24 Rn. 4ff.

4 Das Benutzungsrecht erfasst den **Gegenstand** des Gebrauchsmusters. Was unter „Gegenstand" zu verstehen ist, definiert das GebrMG nicht (zu den unterschiedlichen Bedeutungsgehalten dieses Begriffs vgl. lediglich → § 4 Rn. 59ff.; → § 12a Rn. 12f.; → § 13 Rn. 15ff.). Hierunter ist – nach der Rechtsprechung zu § 14 PatG bzw. § 12a GebrMG – die durch die Ansprüche definierte technische Lehre zu verstehen, wobei Beschreibung und Zeichnungen ergänzend heranzuziehen sind. Das Benutzungsrecht erstreckt sich aber jedoch nur auf denjenigen Bereich, der im Falle einer Verletzungshandlung durch einen Dritten als unmittelbar gegenständlich beschrieben werden kann; es erstreckt sich **nicht** auf den **Schutzumfang** des GebrM. (Der Begriff „Schutzumfang" wird streng genommen erst bei der Prüfung eines Verletzungstatbestandes relevant und betrifft damit das Verbietungsrecht). Der Schutzumfang kann inhaltlich weitergehen als das Benutzungsrecht. Das positive (alleinige) Benutzungsrecht **endet** mit Erlöschen des GebrM (anders jedoch bei noch bestehendem parallelem Patent). Ein GebrM, das erst nach Ablauf der ersten Schutzdauer in die Rolle eingetragen und für das die Verlängerungsgebühr noch nicht gezahlt ist, begründet kein Verbietungsrecht, sondern lässt durch seine Eintragung nur Prioritätsschutz entstehen (BPatG GRUR 1993, 113, 114 – *Thermostat*).

5 Freilich ist mit der Feststellung des Bestehens eines **positiven Benutzungsrechts** (→ Rn. 2) noch nichts über dessen **Reichweite** ausgesagt, soweit es um die Beurteilung der aus einem älteren und jüngeren **Schutzrecht** fließenden Rechte im Verhältnis zueinander geht. Hierzu wird auf → § 14 Rn. 5ff. verwiesen.

6 Nach dem Wortlaut des § 11 ist allein der **Inhaber** des GebrM berechtigt, dessen Gegenstand zu benutzen. Auf dessen materiell-rechtliche Berechtigung kommt es nicht an (vgl. jedoch → § 8 Rn. 20). Neben dem Inhaber sind auch dessen **Rechtsnachfolger** sowie der (ausschließliche oder nicht ausschließliche) **Lizenznehmer** berechtigt. Der Inanspruchnahme eines positiven Benutzungsrechts steht die (zB Form-)Unwirksamkeit eines Lizenzvertrages nicht entgegen. Entscheidend ist allein das Vorliegen einer **tatsächlichen** Zustimmung des Rechtsinhabers (vgl. BGH GRUR 2009, 655, 657 [26] – *Trägerplatte*). Die Einräumung einer Lizenz bedeutet die Zustimmung des Rechtsinhabers zu den jeweiligen Benutzungshandlungen des Lizenznehmers. Dieser handelt bei der Benutzung des Schutzrechts rechtmäßig, soweit er sich an die Grenzen der Benutzungserlaubnis hält. Dies gilt nicht nur im Verhältnis zum Lizenzgeber, sondern auch zwischen Inhaber oder Lizenznehmer eines älteren Schutzrechts im Verhältnis zum Verbietungsrecht des Inhabers eines jüngeren Schutzrechtes. Darüber hinaus kann sich auch der **Abnehmer** einer vom GebrM-Inhaber bzw. vom Lizenznehmer bezogenen Vorrichtung auf das positive Benutzungsrecht berufen. Hierbei kann es nicht darauf ankommen, ob der Bezug unmittelbar oder nur mittelbar vom Schutzrechtsinhaber bzw. Lizenznehmer erfolgt. Ausschlaggebend ist nur, ob die Vorrichtung aufgrund des prioritätsälteren Schutzrechtes erlaubt in den Verkehr gebracht wurde.

7 Die **Pfändung** des Rechts aus dem GebrM nimmt dem GebrM-Inhaber und Schuldner zwar die Berechtigung zu allen gegen die Verstrickung gerichteten Verfügungen, soweit diese zu einer Beeinträchtigung des Pfandrechts führen. Der Pfandgläubiger erlangt durch die Pfändung auch die Stellung eines dinglichen Berechtigten, jedoch kein eigenes ausschließliches Benutzungsrecht an der Erfindung oder an dem GebrM. Das Recht zur Eigennutzung des GebrM durch den GebrM-Inhaber wird bis zu einer etwaigen Pfandverwertung des gepfändeten GebrM-Rechts ebenso wenig eingeschränkt wie der Fortbestand der bereits vor der Pfändung begründeten Lizenzrechte (vgl. BGH GRUR 1994, 602, 604 – *Rotationsbürstenwerkzeug*). Der (öffentlich-rechtliche) Anspruch auf Erteilung eines Patents ist ebenfalls als pfändbar anzusehen (vgl. BGH NJW-RR 2008, 1219, 1220 [30] zum Patentrecht).

8 Die in § 11 aufgeführten Benutzungsarten sind – ebenso wie diejenigen in § 9 PatG – abschließend und voneinander unabhängig, so dass hinsichtlich der einzelnen

Benutzungsarten eine durchaus unterschiedliche Rechtslage gegeben sein kann. **Mehrere** GebrM-Inhaber können das GebrM-Recht gleichzeitig gesamthaft oder nach den einzelnen Benutzungsarten differenziert ausüben. Die Eigentums- oder Besitzverhältnisse sind für die Frage des Bestehens eines Benutzungsrechts ohne Bedeutung; ebenso die Frage, ob zum Beispiel eine Arzneimittel-Zulassung besteht. Gutgläubiger Erwerb des Benutzungsrechts ist nicht möglich.

Die Lieferung eines GebrM-verletzenden Gegenstandes kann eine Verletzung der **Rechtsverschaffungspflicht** gemäß **§ 434 BGB** darstellen; uU sind Schadenersatzansprüche wegen Nichterfüllung, §§ 440 Abs. 1, 325 BGB (Streitverkündung gegenüber dem Lieferanten im Rechtsstreit des GebrM-Inhabers gegen den Käufer zu beachten; bei Dauerschuldverhältnissen ferner uU Kündigungsrecht). Zur Darlegungs- und Beweislast: § 442 BGB. Die rechtliche Einordnung von **vertraglichen Beschränkungen** entweder des Rechtsinhabers oder des Erwerbers/Lizenznehmers wird nicht einheitlich beurteilt. Nach BGH (GRUR 1959, 232, 234 – *Förderrinne*) können Einschränkungen des Rechtsinhabers im Einzelfall nur rein schuldrechtliche Bedeutung haben. Nach OLG Karlsruhe (GRUR 1980, 784, 785 – *Laminiermaschine* zum Patentrecht) kann die Zuwiderhandlung des Rechtsinhabers gegen eine die eigentliche Nutzungsbefugnis betreffende Beschränkung in einem ausschließlichen Lizenzvertrag nicht nur eine Vertragsverletzung sondern darüber hinaus eine Patent- oder Gebrauchsmusterverletzung darstellen (vgl. *Busse/Keukenschrijver* PatG § 9 Rn. 20; Einzelheiten hierzu bei → § 22 Rn. 42). **9**

Auch **hoheitlich** handelnde öffentliche Stellen sind nicht befugt, den Gegenstand der geschützten Erfindung ohne Zustimmung des GebrM-Inhabers zu gebrauchen, auch wenn dies in Verfolgung öffentlich-rechtlicher Interessen zum Wohle der Allgemeinheit geschieht (vgl. BGH GRUR 1990, 997, 999 – *Ethofumesat*). **10**

2.2 Kollision von Schutzrechten (Verweis). Zum Verhältnis des eingetragenen GebrM zu prioritätsälteren oder prioritätsjüngeren Patenten oder Gebrauchsmustern siehe → § 14 Rn. 3ff., → § 14 Rn. 11ff. sowie → Rn. 3, → Rn. 5. **11**

2.3 Abhängigkeit (Verweis). Das positive Benutzungsrecht erstreckt sich nur auf den Gegenstand des GebrM (→ Rn. 2ff.). Kann eine technische Lehre nach einem jüngeren GebrM nur benutzt werden, wenn gleichzeitig von einem älteren GebrM Gebrauch gemacht wird, so ist das jüngere GebrM vom älteren Schutzrecht abhängig, dh der jüngere GebrM-Inhaber kann sein Schutzrecht nur mit Zustimmung des älteren Rechtsinhabers ausüben, da dieser gegenüber dem jüngeren GebrM-Inhaber das bessere Recht hat. Einzelheiten unter → § 12a Rn. 208, → § 12a Rn. 460ff. **12**

3. Unmittelbare Benutzung gemäß § 11 Abs. 1

3.1 Vorbehaltene Benutzungshandlungen/Allgemeines. § 11 regelt das **Verbietungsrecht** durch abschließende Auflistung der **Benutzungsarten** des Herstellens, Anbietens, Inverkehrbringens, Gebrauchens, Einführens oder Besitzens. Jede Verwirklichung dieser Benutzungsarten unter Einsatz der geschützten technischen Lehre stellt jeweils für sich eine Benutzung des GebrM dar, die der GebrM-Inhaber verbieten kann. Es steht danach in seiner Rechtsmacht, seine Ansprüche differenzierend nach den verschiedenen Herstellungs- und Vertriebswegen geltend zu machen. Aufgrund des Ausschlusses von Verfahrenserfindungen im GebrM-Recht regelt § 11 – entgegen § 9 PatG – nur den Schutz von Erzeugnissen. Insoweit ist dem GebrM-Inhaber jedoch ein umfassendes Verwertungsrecht vorbehalten, das sich freilich mit dem Inverkehrbringen erschöpft. **13**

Keine Benutzung iSd § 11 Abs. 1 S. 2 sind solche Handlungen, die unter keine der aufgezählten Benutzungsarten fallen. Hierzu gehören **Vorbereitungshandlungen,** die insbesondere aus Gründen der Rechtssicherheit vom GebrM-Schutz ausgeschlos- **14** sen sind. Denn eine so weitgehende Ausdehnung des Tatbestands der unmittelbaren Gebrauchsmusterverletzung auf alle notwendigen Bedingungen der Anwendung des patentgemäßen Verfahrens würde die durch § 11 Abs. 2 gezogenen Grenzen der Verantwortlichkeit für bloß mittelbare Verursachungsbeiträge unterlaufen (BGH GRUR 2007, 313, 314/315 – *Funkuhr II;* LG Mannheim InstGE 12, 70, 72 – *Handover*). Ungeachtet dessen hat es der Anmelder in der Hand, durch entsprechende Fassung der GebrM-Ansprüche dafür zu sorgen, dass gegebenenfalls ein schon in die Vorbereitungsphase hinein verlegter GebrM-Schutz entsteht, sofern das nach dem Gegenstand der jeweiligen Erfindung gerechtfertigt ist; versäumt er es, muss er sich mit einem entsprechend eingeschränkten Schutz zufrieden geben (vgl. BGH GRUR 1992, 305, 307/308 – *Heliumeinspeisung*). Vorbereitende Maßnahmen, zB zur Markteinführung eines Produktes können aber bereits ein zB relevantes „Gebrauchen" iSd § 11 sein (vgl. BGH GRUR 1990, 997, 999/1000 – *Ethofumesat*). Nicht erfasste Vorbereitungshandlungen sind zB der Entwurf und die Herstellung von Modellen des geschützten Erzeugnisses; der Abschluss von Lieferverträgen, solange damit noch kein Anbieten verbunden ist; der Bau oder die Beschaffung von Werkzeugen, mit denen das geschützte Produkt hergestellt werden soll. Zulassungsanträge (zB nach dem AMG oder PflSchG) können je nach den Umständen vorbereitende Handlungen sein oder aber bereits eine Benutzungsart, zB des Gebrauchens, verwirklichen.

15 Das Verbietungsrecht **beginnt** mit Vollzug der Eintragung des GebrM, § 8, und wirkt damit nur für die Zukunft. Es erfolgt keine Rückwirkung auf den Anmeldetag (*Busse/Braitmayer* § 11 Rn. 32). Es **endet** mit Ablauf der Zahlungsfrist(en) für die Aufrechterhaltungsgebühren (6-monatige Zuschlagsfrist) bzw. mit Ablauf der zehnjährigen Schutzfrist iSd § 23 oder mit Verzicht auf das GebrM. Ein vor Ablauf des GebrM erfolgendes Anbieten der Herstellung oder Lieferung nach Beendigung des GebrM-Schutzes gehört jedoch zu dem dem Inhaber vorbehaltenen Benutzungsrecht.

16 Der **Erzeugnisschutz** des GebrM ist umfassend. Einzelheiten bei → § 12a Rn. 208ff. Es gilt der Grundsatz, dass das Erzeugnisschutzrecht **sämtliche Verwendungsmöglichkeiten** der erfindungsgemäß gestalteten Sache dem Rechtsinhaber vorbehält, und zwar unabhängig davon, ob dieser die einzelnen Möglichkeiten bereits erkannt hat (vgl. BGH GRUR 1996, 109, 115 – *Klinische Versuche I*). Erfasst wird grundsätzlich jeder Gegenstand, der die gleichen Eigenschaften besitzt und damit alle Funktionen, Wirkungen, Zwecke, Brauchbarkeiten und Vorteile der Vorrichtung ohne Rücksicht darauf, ob der die Schutzfähigkeit gegebenenfalls allein begründende neue Verwendungszweck genutzt wird, selbst wenn der Verletzer die Verwendungsmöglichkeit nicht in seine Überlegungen einbezogen hat (vgl. BGH GRUR 1996, 190, 193 – *Polyferon;* BGH Mitt. 1996, 160, 163 – *Lichtbogen-Plasma-Beschichtungssystem;* BGH GRUR 1998, 1003, 1004 – *Leuchtstoff*). Etwas anderes kann nur dann gelten, wenn eine Zweckangabe in dem GebrM-Anspruch den Fachmann anweist, wie die einzelnen Merkmale der Vorrichtung räumlich-körperlich ausgestaltet sind (vgl. BGH GRUR 1981, 259, 260 – *Heuwerbungsmaschine*). Der umfassende Schutz gilt auch für die **Stoff**-Gebrauchsmuster (vgl. BGH GRUR 1996, 109 – *Klinische Versuche I*). Trotz Angaben des Herstellungsweges oder -verfahrens ist der Schutz nicht auf die danach hergestellten Erzeugnisse begrenzt; Gegenstand des GebrM ist das Erzeugnis als solches, das unabhängig von seinem Herstellungsweg auch die materiell-rechtlichen Schutzvoraussetzungen erfüllen muss. Diese Grundsätze gelten auch, wenn der Schutzanspruch als **„product-by-process"**-Anspruch formuliert ist, da die Beschreibung des Herstellungsweges nur der eindeutigen Kennzeichnung des Erzeugnisses dient. Durch Auslegung ist zu ermitteln, ob im GebrM-Anspruch enthaltene Worte, wie zum Beispiel „erhältlich durch" oder „erhalten durch" nur ein Beispiel für einen möglichen Herstellungsweg geben, so dass allein die Anwendung eines abweichenden Herstellungsverfahrens nicht aus dem Schutz des GebrM herausführt. Einzelheiten hierzu bei → § 12a Rn. 250ff. Das Gebot der Rechtssicherheit (vgl. hierzu BGH GRUR 1989, 903, 905 – *Batteriekastenschnur*) ist zu beachten, so dass insbesondere bei der letztgenannten Formulierung Vorsicht geboten ist (vgl. aber BGH GRUR 1993, 651, 655 – *tetraploide Kamille*).

17 **Verwendungsgebrauchsmuster** stellen – soweit sie als zulässig angesehen werden – einen vorbekannten Stoff oder eine vorbekannte Sache für einen neuen und erfinderischen Zweck unter Schutz. Bei ihnen wird mithin der Schutz vorverlagert auf im Vorfeld der Verwendung liegende Handlungen. Geschützt wird bereits die so genannte **sinnfällige Herrichtung** des Stoffs bzw. der Sache, vorausgesetzt, dass dies zu dem angegebenen Zweck erfolgt (BGH GRUR 1990, 505, 506 – *geschlitzte Abdeckfolie;* BGH GRUR 2005, 845, 846 – *Abgasreinigungsvorrichtung:* jedoch nicht auf Verfahrensansprüche anwendbar). Ebenso verboten ist bereits die Aufnahme des Erzeugnisses in eine Gebrauchsanweisung, wenn dort die gebrauchsmustergeschützte Verwendung empfohlen wird. Neben dieser sinnfälligen Herrichtung ist auch das Anbieten, Inverkehrbringen, Gebrauchen oder zu den genannten Zwecken Einführen oder Besitzen untersagt. Bei **Verwendungsansprüchen** kann nur die konkret geschützte Verwendung des Erzeugnisses Schutz erlangen, nicht jedoch das Erzeugnis an sich. Einzelheiten hierzu bei → § 12a Rn. 312ff.

18 Die vorerwähnten Grundsätze gelten für alle Arten von Erzeugnisgebrauchsmustern, also zum Beispiel auch für Schaltmittel etc. Bei der **Weiterverarbeitung** eines Erzeugnisses ist zu differenzieren: Ist das geschützte Erzeugnis in einem durch Weiterverarbeitung gewonnenen Endprodukt unverändert enthalten, so verletzt auch das Inverkehrbringen des Endproduktes das Erzeugnis-GebrM. Die Frage ist, ob der Schutz eines Erzeugnisses mit jeder Weiterverarbeitung endet, bei der der geschützte Gegenstand nicht unverändert erhalten bleibt. Die Gefahr, dass der Schutz wegen **allzu leichter Umgehungsmöglichkeit** ausgehöhlt wird, gebietet auf der einen Seite eine weite Auffassung, so dass bei geschützten Zwischenprodukten und Halbfabrikaten der Schutz auch die Endprodukte erfasst, deren Eigenschaften wesentlich durch die Zwischenprodukte oder Halbfabrikate beeinflusst sind. Die Grenze wird dort zu ziehen sein, wo das Erzeugnis, insbesondere ein chemischer Stoff, in seiner bestimmten Konstitution verwirklicht wird. An einer solchen Verwirklichung dürfte es regelmäßig fehlen, wenn das Erzeugnis/der Stoff als solches(r) nicht mehr vorhanden ist, sondern in ein Produkt, neuen Stoff umgewandelt ist, dessen (zB physikalischen oder chemischen) Eigenschaften und dessen technische Verwendbarkeit andere als denjenigen des Ausgangserzeugnisses/Stoffes sind.

19 **3.2 Herstellen.** Dieser Benutzungstatbestand erstreckt sich auf die **gesamte** Tätigkeit des Herstellens von ihrem Beginn an und beschränkt sich nicht auf den letzten, die Vollendung unmittelbar herbeiführenden Teilakt; er beginnt schon mit der Herstellung wesentlicher Einzelteile für das geschützte Erzeugnis (vgl. BGH GRUR 1995, 338, 341 – *Kleiderbügel*).

20 Dabei ist es gleichgültig, ob die Gebrauchsmusterbenutzung durch eigene Handlungen oder durch die eines Dritten bewirkt wird, der für den Auftraggeber handelt (BGH GRUR 1990, 997, 999 – *Ethofumesat*). Bei der gebotenen wirtschaftlichen Betrachtungsweise ist auch derjenige Hersteller, der nach seinen Angaben herstellen lässt und dabei eine bestimmende Überwachung vornimmt. Hingegen sind „vorbereitende" Maßnahmen, wie zB die Anfertigung von Konstruktionszeichnungen idR noch kein Herstellen. Herstellen kann auch die Montage einer komplexen Gesamtanlage sein. Die sukzessive Lieferung aller Teile zum Zusammenbau genügt (vgl. OLG Düsseldorf GRUR 1984, 651). Ebenso die Herstellung eines unfertigen Erzeugnisses, wenn dessen fehlende Teile überall erhältlich sind und hinzugefügt werden können. Dessen ungeachtet liegt eine Benutzungshandlung jedoch grundsätzlich nur vor, wenn von der Gesamtheit aller Merkmale Gebrauch gemacht wird. Allgemein verwendbare und ersetzbare **neutrale Teile** reichen damit in der Regel nicht aus.

21 Eine unmittelbare Verletzung eines **Kombinationsgebrauchsmusters** kommt nur in Betracht, wenn die Verletzungsform von der Gesamtheit der Kombinations-

merkmale Gebrauch macht. Von diesem Grundsatz können allenfalls dann eng begrenzte Ausnahmen zugelassen werden, wenn die mit dem Gebrauchsmuster zu vergleichende Ausführungsform alle wesentlichen Merkmale des geschützten Erfindungsgedankens aufweist und es zu ihrer Vollendung allenfalls noch der Hinzufügung selbstverständlicher, für den Erfindungsgedanken nebensächlicher Zutaten bedarf. Nur dann kann es gleichgültig sein, ob der letzte, für die erfinderische Leistung unbedeutende Akt des Zusammenfügens der Gesamtvorrichtung von Dritten vorgenommen wird (BGH GRUR 2007, 313, 314 [16] – *Funkuhr II*).

22 Abgesehen von dem Vorstehenden kann die zum vormaligen Patentrecht ergangene Rechtsprechung, wonach in der Herstellung angepasster, dh sog **erfindungsfunktionell individualisierter Teile** ein Herstellen des geschützten Erzeugnisses liegen kann, für das geltende Recht grundsätzlich nicht mehr herangezogen werden (vgl. bereits die zurückhaltende Bewertung in BGH GRUR 1982, 165, 166 – *Rigg;* und nun eindeutig BGH GRUR 2007, 1059 – *Zerfallszeitmessgerät*). Denn die Benutzungstatbestände sind abschließend geregelt und Teilschutz kommt regelmäßig nicht in Betracht. Darüber hinaus wird eine derartige Vorverlagerung des Schutzes von § 11 Abs. 2 (mittelbare Gebrauchsmusterverletzung) erfasst (vgl. auch *Busse/Keukenschrijver* PatG § 9 Rn. 68). Es ist jedoch zu beachten, dass bei dieser Konstellation eine Schutzlücke auftreten kann, wenn derart erfindungsfunktionell individualisierte Teile im Geltungsbereich dieses Gesetzes hergestellt werden und im schutzrechtsfreien Ausland zu der vom inländischen Schutzrecht geschützten Gesamtvorrichtung zusammengefügt werden: In diesem Fall muss auf die hergebrachten Rechtsprechungsgrundsätze zurückgegriffen werden können, da andernfalls wegen Nichteingreifen des § 11 Abs. 2 eine allzu leichte Umgehungsmöglichkeit bestünde. Der **Umbau** eines vom Gebrauchsmusterinhaber oder mit seiner Zustimmung in Verkehr gebrachten Erzeugnisses ist aufgrund des damit verbundenen Erschöpfungsgrundsatzes (vgl. hierzu → Rn. 99ff.) allenfalls dann unzulässig, wenn er einer Neuherstellung gleich kommt (BGH GRUR 1972, 518, 520 – *Spielautomat II*).

23 Ob **Ausbesserungen** den Tatbestand des Herstellens erfüllen, muss ebenfalls unter Berücksichtigung des Erschöpfungsgrundsatzes beurteilt werden. Der Erwerber eines gemeinfrei gewordenen Erzeugnisses muss über dieses in jeder Hinsicht frei verfügen und es demgemäß auch ungehindert gebrauchen dürfen. Hierzu gehören alle üblichen Maßnahmen zur Inbetriebnahme, zum Inbetriebhalten und zur Pflege des Erzeugnisses. Ausbesserungen sind damit zulässig, soweit sie nicht wirtschaftlich einer Neuherstellung gleich kommen. Unter Berücksichtigung der og Grundsätze zur Herstellung von erfindungsfunktionell individualisierten Teilen können die Wiederherstellung oder der Austausch eines erfindungswesentlichen Teils in der Regel kein gebrauchsmusterverletzendes Herstellen sein (BGH GRUR 2004, 758 – *Flügelradzähler;* OLG Karlsruhe Mitt. 2004, 416, 417; zu weitgehend LG Düsseldorf-E 1997, 25, 29/39 – *Klemmhalter*). Die Entscheidung dieser Fragen kann nur einzelfallabhängig erfolgen unter Berücksichtigung des angemessenen Interesses des Schutzrechtsinhabers und des Interesses der Allgemeinheit an einer uneingeschränkten Nutzung (BGH GRUR 2004, 758 – *Flügelradzähler*). Beginn bis zur Vollendung ohne Beschränkung auf den letzten Tätigkeitsakt. Einbau, Reparatur und Ausbesserung von geschützten Gegenständen ist aber ein „Herstellen", wenn die Maßnahmen über übliche Pflegearbeiten und Reparaturarbeiten hinausgehen (vgl. hierzu → Rn. 99ff.). Diese Grundsätze haben auch für den **Austausch** von Teilen zu gelten; ob es sich dabei um Verschleißteile handelt, ist allerdings gebrauchsmusterrechtlich unerheblich (vgl. LG Düsseldorf-E 1997, 25, 29/39 – *Klemmhalter*). **Recycling** ist ein dem Schutzrechtsinhaber vorbehaltenes Herstellen, wenn zuvor die Eigenschaften des Produktes verlorengegangen sind.

24 Ist es zu einer Herstellungshandlung gekommen, folgt daraus in der Regel eine **Begehungsgefahr** für die Benutzungsformen des Anbietens, Inverkehrbringens, Gebrauchens, Einführens und Besitzens.

3.3 Anbieten. Das Anbieten ist eine selbständige Benutzungshandlung, nicht lediglich eine dem Inverkehrbringen vorausgehende Vorbereitungshandlung (vgl. BGH GRUR 1955, 87, 89 – *Bäckereimaschine;* BGH GRUR 2007, 221, 222 – *Simvastatin*). Grund hierfür ist, dass das Ausschließlichkeitsrecht auch im Vorfeld der anderen Verletzungshandlungen greifen soll (BGH GRUR 2003, 1031, 1032 – *Kupplung für optische Geräte*). Das Verbot des Anbietens soll der bereits im Angebot selbst liegenden Gefährdung der wirtschaftlichen Chancen des Rechtsinhabers entgegentreten (BGH GRUR 2007, 871, 873 [23] – *Wagenfeld-Leuchte* zum Urheberrecht); es umfasst mithin jegliche Offerten zum Erzielen der tatsächlichen Verfügungsgewalt. Ein Anbieten im Sinne von § 11 setzt kein Angebot im Sinne von § 145 BGB voraus. Im Interesse des nach dem Gesetzeszweck gebotenen effektiven Rechtsschutzes für den Schutzrechtsinhaber ist der Begriff des Anbietens im wirtschaftlichen Sinne zu verstehen. Entscheidend ist, ob eine im Inland begangene Handlung nach ihrem objektiven Erklärungsgehalt einen das Schutzrecht verletzenden Gegenstand der Nachfrage zur Verfügung stellt. 25

Das Anbieten erfasst deshalb sämtliche Handlungen, durch die das geschützte Erzeugnis in die Verfügungsgewalt einer anderen Person übergeht oder übergehen soll. Gleichgültig ist, ob dies zum Erwerb oder lediglich zur Benutzung erfolgen soll, ob die Überlassung im Wege der Eigentumsübertragung oder miet-, leih- oder pachtweise erfolgen soll (vgl. BGH GRUR 1970, 358, 360 – *Heißläuferdetektor;* BGH GRUR 2007, 221 [10] – *Simvastatin*). Ein Einzelangebot ist ausreichend (vgl. BGH GRUR 1991, 316 – *Einzelangebot*). Es kann schriftlich, mündlich, telefonisch, durch Ausstellen, Vorführen oder auf andere Art und Weise verwirklicht werden. Die Übergabe von Zeichnungen, Angebotsbeschreibungen, Mustern, Modellen, Fotografien stellt ebenso ein Anbieten dar, wie die Werbung oder das Ausstellen in einem Verkaufsraum (bloßes Ausstellen auf einer Leistungsschau soll jedoch nicht ausreichend sein, vgl. BGH GRUR 1970, 358, 360 – *Heißläuferdetektor;* genauso wenig das Aufzeigen von Bezugsmöglichkeiten, vgl. OLG Düsseldorf Mitt. 2006, 428, 432). Bedeutungslos ist, ob der Anbieter das Erzeugnis selbst herstellt oder von einem Dritten bezieht (OLG Karlsruhe GRUR 1986, 892, 895), oder ob das Erzeugnis schon vorrätig ist oder erst hergestellt werden muss (*Busse/Keukenschrijver* PatG § 9 Rn. 75). Ist der Gegenstand noch nicht vorhanden, so kann dies eine Patentverletzung darstellen, wenn dem Angebot die patentverletzenden Merkmale des angebotenen Erzeugnisses zu entnehmen sind; Anpreisung in der Werbung, Anzeigen, Vorführungen, Vorlage eines Musters können also ein Anbieten sein (BGH GRUR 1969, 35, 36 – *Europareise;* vgl. auch BGH GRUR 2007, 221 – *Simvastatin*). Auch das erfolglose Angebot begründet eine Gebrauchsmusterverletzung (BGH GRUR 2007, 221, 222 [10] – *Simvastatin*). Es ist auch nicht erforderlich, dass der Anbietende durch den Hersteller oder ein anderes Unternehmen bevollmächtigt oder beauftragt ist, für den Abschluss von Geschäften über den schutzrechtsverletzenden Gegenstand mit diesen zu werben (BGH GRUR 2006, 927 [14] – *Kunststoffbügel;* OLG Karlsruhe InstGE 11, 15, 18 – *SMD-Widerstand*). Hyperlinks auf mit dem werbenden Unternehmen verbundene Gesellschaften und deren Produkte werden vom Verkehr regelmäßig als ein eigenes Angebot angesehen werden (OLG Karlsruhe InstGE 11, 15, 19 – SMD-Widerstand). Nicht erforderlich ist auf Seiten des Anbietenden eine tatsächliche Herstellungs- oder Lieferbereitschaft (BGH GRUR 2003, 1031, 1032/1033 – *Kupplung für optische Geräte;* OLG Karlsruhe InstGE 11, 15, 19 – *SMD-Widerstand*). 26

Erfasst werden auch in das **Internet** eingestellte Angebote, gleichgültig, ob sie mit einer Bestellmöglichkeit versehen oder in deutscher oder zB in englischer **Sprache** abgefasst sind (um sog. **Disclaimer** im Wettbewerbsrecht: KG GRUR Int. 2002, 448; ferner BGH GRUR 2006, 513 – *Arzneimittelwerbung im Internet*), letzteres jedenfalls, wenn die betreffende Sprache auf dem Fachgebiet üblich ist oder zB auf eine deutsche Vertriebstochter hingewiesen wird. Gleiches gilt für die Verteilung eines englisch-sprachigen Prospektes auf einer internationalen Messe (LG Düsseldorf 27

InstGE 9, 18, 21 [10] – *Beleghalter für Scheibenbremse*). Wenn das Angebot als solches im Inland erfolgt, kommt es nicht darauf an, ob die spätere Lieferung im Inland oder im – selbst schutzrechtsfreien – Ausland erfolgen soll (LG München I, InstGE 5, 13 – *Messeangebot ins Ausland I;* OLG München, InstGE 5, 15 – *Messeangebot ins Ausland II*). Ein gebrauchsmusterverletzendes Anbieten liegt also auch vor, wenn im Inland zum Erwerb im Ausland aufgefordert wird und der im Auslandsstaat stattfindende Veräußerungsvorgang dort kein Schutztrecht verletzt (BGH GRUR 2007, 871, 873 [23] – *Wagenfeld-Leuchte* zum Urheberrecht). Denn das Ausschließlichkeitsrecht des inländischen Schutzrechtsinhabers wird durch das an Inländer gerichtete Angebot beeinträchtigt, da es ihm Kunden entziehen und sich dadurch auf die wirtschaftliche Verwertung des Gebrauchsmusterrechts im Schutzland auswirken kann (BGH GRUR 2007, 871, 873 [31] – *Wagenfeld-Leuchte* zum Urheberrecht). Auch bei einer Internetseite, die ein im Ausland ansässiges Unternehmen veröffentlicht hat, kommt es nicht auf die Lieferbereitschaft an, sondern darauf, wie das Angebot aus Sicht der interessierten Verkehrskreise im Inland zu verstehen ist (OLG Karlsruhe InstGE 11, 15, 19 – *SMD-Widerstand*).

28 Anders jedoch bei **mittelbarer Gebrauchsmusterverletzung:** hier müssen sowohl das Anbieten des Mittels als auch dessen vom Angebotsempfänger vorgesehener Gebrauch im Rahmen einer unmittelbaren Benutzung im Inland stattfinden bzw. beabsichtigt sein, weil andernfalls der Gefährdungstatbestand der unmittelbaren Verletzung im Inland nicht eintreten kann (BGH GRUR 2005, 845, 846 – *Abgasreinigungsvorrichtung*). Hierunter können freilich auch Sachverhalte des Reimports fallen (BGH GRUR 2007, 313 – *Funkuhr*).

29 Häufig sind in der Werbung die **einzelnen Merkmale** der angegriffenen Ausführungsform **nicht erkennbar;** die Rechtsprechung nimmt gleichwohl ein gebrauchsmusterverletzendes Anbieten an, wenn deren Vorliegen aus sonstigen, objektiven Gesichtspunkten zuverlässig geschlossen werden kann (BGH GRUR 2007, 221, 222 – *Simvastatin;* LG Düsseldorf InstGE 11, 41, 43 [9] – *Zwei-Achsen-Drehkopf*) etwa wenn der fragliche Gegenstand bereits existiert und den von dem Angebot ange-sprochenen Verkehrskreisen bekannt oder für sie (zB anhand der Typenbezeichnung oder dergleichen) ermittelbar ist (BGH GRUR 2003, 1031 – *Kupplung für optische Geräte;* BGH GRUR 2005, 665 – *Radschützer*). Der Anbietende muss den Gegenstand nicht selbst herstellen, sondern kann ihn von dritter Seite beziehen (BGH GRUR 2006, 927 – *Kunststoffbügel*).

30 Problematisch sind die Fälle, in denen zwischenzeitlich zwar eine **neue,** nicht gebrauchsmusterverletzende Ausführungsform existiert, aber noch mit der „alten" geworben wird, etwa nach Abgabe einer Unterlassungserklärung. Kann diese Werbung objektiv nur so verstanden werden, dass nach wie vor mit dem früheren gebrauchsmusterverletzenden Produkt geworben wird, dann liegt – nach wie vor – ein gebrauchsmusterverletzendes Anbieten vor; kann die neue Werbung jedoch – trotz Beibehaltung des früheren Bildes objektiv als Anpreisung des neuen Produktes angesehen werden – etwa weil es als „neu" oder dgl. bezeichnet wird, eine neue Artikelnummer hat, etc. –, so kommt es auf die Einzelfallumstände an (vgl. hierzu insgesamt: BGH GRUR 2003, 1031 – *Kupplung für optische Geräte;* BGH GRUR 2005, 665 – *Radschützer*).

31 Ein **Angebot** bleibt auch dann i. S. des § 11 Abs. 1 ein solches, wenn es allein den Abschluss von Geschäften oder Lieferungen in der **Zeit nach Schutzrechtsablauf** betrifft und stellt mithin eine Gebrauchsmusterverletzung dar. Dem Schutzrechtsinhaber soll während der Laufzeit des Schutzrechts der für Erzeugnisse gewährte Schutz hinsichtlich aller Verletzungstatbestände und damit auch hinsichtlich des Anbietens ungeschmälert zur Verfügung stehen. Jegliche schutzrechtsverletzende Handlung wird ohne weitere Differenzierung, etwa in Vorfeldhandlungen wie das Anbieten und Verletzungshandlungen in einem engeren Sinn wie das Herstellen oder das Inverkehrbringen während der gesamten Laufzeit des Schutzrechts von allen in § 11 normierten Verboten erfasst, sofern sie über das Stadium einer Vorbereitungshandlung hinausgeht. Eine funktionsbezogene Betrachtung des Verbots des Anbietens während der Schutzdauer, wonach sich das Angebot auf ein weiteres Verhalten bezieht, das für sich, etwa als Herstellen, Inverkehrbringen oder Einfuhr, unter den zeitlich begrenzten Schutz des Patents fällt, kommt nicht in Betracht (vgl. insg. BGH GRUR 2007, 221, 222 [7, 10] – *Simvastatin*).

Ist es zu einer Angebotshandlung gekommen, folgt daraus in der Regel eine **Begehungsgefahr** für die Benutzungsformen des Inverkehrbringens, Gebrauchens, Einführens und Besitzens (OLG Karlsruhe InstGE 11, 15, 23 – *SMD-Widerstand*). 32

3.4 Inverkehrbringen. Hierunter ist jede Handlung zu verstehen, die einem Dritten die **tatsächliche Verfügungsmacht** zur Benutzung des Erzeugnisses verschafft. Der Übergang einer Verfügungsgewalt auf den Erwerber ist entscheidend, aber auch ausreichend. Die Einräumung einer rechtlichen Verfügungsmacht ist nicht erforderlich, so dass ein Eigentumsübergang nicht erforderlich ist. Abzugrenzen sind dagegen nicht den Gegenstand des freien Handelsverkehrs bildende Veräußerungsgeschäfte **innerhalb eines Konzerns** (OLG Hamburg GRUR 1985, 923 – *Imidazol*). Besitzverschaffung ist notwendig, wozu auch die Überlassung eines funktionsfähigen Musters an einen anderen zur Absatzwerbung (LG Düsseldorf Mitt. 1999, 271) und der sich an den Import anschließende Export (OLG Karlsruhe GRUR 1982, 295, 300) zu zählen ist. Der **Export** von im Inland hergestellten geschützten Erzeugnissen ist ein inländisches In-Verkehr-Bringen. Nur der **Veräußerer,** nicht der Erwerber bringt in Verkehr (vgl. BGH GRUR 1987, 626, 627 – *Rundfunkübertragungssystem*). Die Übergabe an den **Spediteur** oder Lagerhalter genügt. Ein Verkaufsangebot, die im Rahmen eines **Gewährleistungsanspruchs** erfolgte Rückgabe verletzender Gegenstände (OLG Karlsruhe Mitt. 1998, 302) sowie die **Durchfuhr** einer Ware aus dem Ausland in das Ausland über das Gebiet der Bundesrepublik Deutschland (OLG Düsseldorf GRUR 1934, 302) sind kein Inverkehrbringen im Inland, jedoch hingegen der Import mit sogleich anschließendem Export (vgl. OLG Karlsruhe GRUR 1982, 295, 300 – *Rollwagen*). 33

3.5 Gebrauchen. Dies ist die **bestimmungsgemäße Verwendung** des Gegenstands des GebrM, wobei der Erzeugnisschutz grundsätzlich alle möglichen Verwendungen umfasst. Hierdurch werden Benutzungshandlungen – auch gutgläubiger – Abnehmer rechtsverletzend hergestellter Gegenstände erfasst. Beispiele sind der Betrieb einer Vorrichtung, die Verwendung einer Sache, die Verarbeitung eines chemischen Stoffes, der Verbrauch etc. Die Vorführung einer Maschine auf einer allgemeinen Leistungsschau stellt ein Gebrauchen dar (RG GRUR 1933, 292, 294; aA BGH GRUR 1970, 358, 360 – *Heißläuferdetektor*); die bloße Schaustellung dort wird jedoch nicht erfasst (BGH GRUR 1970, 358, 360 – *Heißläuferdetektor*). Für den Gebrauch von Teilen ist entsprechend auf die Grundsätze zur Herstellung von Teilen zu verweisen (vgl. → Rn. 19f.). 34

3.6 Einführen. Das Einführen geschützter Erzeugnisse ist ihr **Verbringen ins Inland;** eine Durchfuhr bzw. ein Verbleiben des Erzeugnisses im Freihafen reicht nicht aus. Das Einführen muss zu einem der unter 3.3 bis 3.5 genannten Zwecke erfolgen. Die Einfuhr zu einem der in § 12 genannten Zwecke reicht infolgedessen nicht aus; jedoch ein Import zum Zwecke des Exports. 35

3.7 Besitzen. Wie die Einfuhr ist auch hier das finale Element des Anbietens, Inverkehrbringens oder Gebrauchs erforderlich. Auch hier gilt ein Inlandsbezug. Das Tatbestandsmerkmal des Besitzens ist rechtlich nicht notwendigerweise gleichbedeutend mit den bürgerlich-rechtlichen Besitzarten des unmittelbaren, mittelbaren Besitzes und der Besitzdienerschaft, jedoch faktisch im Wesentlichen deckungsgleich. 36

3.8 Territoriale Geltung. Die Wirkungen der Eintragung des GebrM beschränken sich auf den Schutz im Geltungsbereich des GebrMG (RG BlPMZ 1913, 225; 37

BGH GRUR 1960, 423 – *Kreuzbodenventilsäcke*); der räumliche Geltungsbereich entspricht mithin dem des § 9 PatG. Die Anknüpfung des Benutzungs- wie des Verbietungsrechts an das GebrM enthält eine implizite Beschränkung auf das Gebiet der Bundesrepublik Deutschland, da das GebrM nur hier in Kraft steht, sog **territoriale Beschränkung.** Für Handlungen vor dem 1.5.1992 ist das Bundesgebiet in den territorialen Grenzen vor dem 3.10.1990 maßgeblich, §§ 1, 55 ErstrG (Einzelheiten bei *Bühring/Braitmayer* § 11 Rn. 19/20). Die Veröffentlichung der **internationalen Gebrauchsmusteranmeldung** nach Art. 21 PCT enthält keine schutzbegründende Wirkung (trotz Art. III § 8 Abs. 1 IntPatÜG), da das GebrMG anders als § 33 PatG keinen einstweiligen Schutz begründet (ebenso *Busse/Keukenschrijver* GebrMG § 11 Rn. 9).

38 Auszugehen ist von dem **staatsrechtlichen Inlandsbegriff,** der auch Zollausschluss- und Freihafengebiete sowie Grundstücke ausländischer Botschaften, jedoch nicht Zolleinschlussgebiete (Jungholz und Kleines Walsertal) umfasst. Infolge des Gebots eines effektiven Rechtsschutzes werden auch Handlungen auf deutschen Schiffen in fremden Gewässern und auf hoher See, in deutschen Flugzeugen, Satelliten und Weltraumstationen erfasst (*Busse/Keukenschrijver* PatG § 9 Rn. 122f.).

39 Benutzungshandlungen, die nur im Ausland erfolgen, werden von dem GebrM-Schutz nicht erfasst. Da die Benutzungshandlungen untereinander selbständige Verbietungsrechte begründen, kann der **Auslandsbezug** unterschiedliche Resultate nach sich ziehen. Der (frühen) Rechtsprechung zum Patentgesetz, wonach die **Herstellung** von **Teilen** einer geschützten Vorrichtung im Inland zum Zwecke des **Zusammenbaus im Ausland** patentverletzend sein soll, kann nach Maßgabe der Erläuterungen zum Schutz von erfindungsfunktionell individualisierten Teilen (→ Rn. 19ff.) nur noch im Ergebnis, nicht in der Begründung gefolgt werden → Rn. 19ff.). Die Herstellung einer Vorrichtung mit anschließendem Export ins Ausland ist dessen ungeachtet gebrauchsmusterverletzendes Herstellen. Bei einem **Anbieten im Inland** ist es gleichgültig, ob dies zum Zwecke einer Benutzungshandlung im Ausland erfolgt; die Vornahme eines Teils einer Gesamtangebotshandlung im Inland ist ausreichend. Das Angebot **aus dem Ausland** an einen Empfänger im Inland zu einer Benutzungshandlung im Inland ist gebrauchsmusterverletzend. Das Anbieten zum Beispiel auf einer Verkaufsmesse im Inland zur Lieferung des gebrauchsmustergeschützten Gegenstandes vom Ausland ins Ausland stellt ebenso eine Rechtsverletzung dar. Einzelheiten → Rn. 25ff.

40 Der **Export** ins Ausland stellt ein dem Gebrauchsmusterinhaber vorbehaltenes Inverkehrbringen im Inland dar (zur Übergabe an den Spediteur etc vgl. → Rn. 33f.; vgl. auch *Busse/Keukenschrijver* PatG § 9 Rn. 132f.). Der **Import** ins Inland begründet ein unzulässiges Inverkehrbringen, sobald dem Dritten die Verfügungsmöglichkeit im Inland verschafft wird. Die Verbringung ins Freihafenlager ist auch dann ausreichend, wenn das Erzeugnis im Ausland gekauft und ins Ausland weiterverkauft werden soll. Die **Durchfuhr** eines Erzeugnisses aus dem Ausland ins Ausland durch die Bundesrepublik Deutschland ist hingegen kein Inverkehrbringen (vgl. → Rn. 33f.; vgl. auch *Busse/Keukenschrijver* PatG § 9 Rn. 135 mwN).

41 **3.9 Schutzumfang (Verweis).** Die dem alleinigen Benutzungsrecht des GebrM-Inhabers unterliegenden Benutzungshandlungen iSd § 11 erstrecken sich auf dasjenige, was **Gegenstand** des GebrM ist. Was hierunter zu verstehen ist, definiert das GebrMG nicht. Die Rechtsprechung subsumiert hierunter die durch die Gebrauchsmusteransprüche definierte Lehre unter Heranziehung der Beschreibung und Zeichnungen zur Auslegung (Einzelheiten unter → § 12a Rn. 10ff., → § 12a Rn. 15ff.). Das Verbietungsrecht wird hingegen durch den (weitergehenden) **Schutzumfang** beeinflusst, der gerade mit Blickrichtung auf den Verletzungsgegenstand zu bestimmen ist (vgl. → Rn. 2f.). Ob und inwieweit die geringeren Anforderungen an die erfinderische Leistung bei einem GebrM im Vergleich zum Patent Auswirkungen auf den Schutzumfang bzw. auf die Beurteilung der Äquivalenz haben, ist dogmatisch

ungeklärt; in der Praxis wird hierauf jedenfalls in der Regel nicht ausdrücklich abgestellt.

4. Mittelbare Benutzung gemäß § 11 Abs. 2 S. 1, 2

4.1 Vorbehaltene Benutzungshandlungen/Allgemeines. § 11 Abs. 2 regelt **42** den Tatbestand der mittelbaren Gebrauchsmusterbenutzung entsprechend § 10 PatG. Er entspricht vollinhaltlich dem Schutz eines Erzeugnispatentes gegen mittelbare Benutzung. Die mittelbare Gebrauchsmusterverletzung hat mit den Begehungsformen der Täterschaft bzw. Teilnahme an fremder Gebrauchsmusterverletzung nichts zu tun (vgl. hierzu → Rn. 134f.). Bereits frühzeitig hat die Rechtsprechung des Reichsgerichts (im Wesentlichen zum Patentrecht), der der Bundesgerichtshof gefolgt ist, die Beteiligungsform der mittelbaren Patent- bzw. Gebrauchsmusterverletzung entwickelt. Der Schutzrechtsinhaber sollte nicht nur auf die Inanspruchnahme der unmittelbaren Verletzer angewiesen sein, sondern er sollte auch gegenüber dem Lieferanten von Erzeugnissen, die von Abnehmern in schutzrechtsverletzender Weise benutzt werden, in bestimmter Weise geschützt werden. Insbesondere der Inhaber von **Kombinations**- und Verwendungsgebrauchsmustern soll die Möglichkeit haben, bereits gegen einen Lieferanten von wesentlichen Elementen der Erfindung vorgehen zu können und nicht gegen eine Vielzahl von gewerblichen Abnehmern vorgehen zu müssen. Häufig können unmittelbare Schutzrechtsverletzungen nicht festgestellt werden; die Zugriffsmöglichkeit gegen den Lieferanten ermöglicht es, bereits die Quelle der Rechtsverletzungen zu schließen. Dadurch wird es dem Schutzrechtsinhaber auch ermöglicht, statt eine unter Umständen Vielzahl von Rechtsstreitigkeiten gegen (kleinere) Abnehmer führen zu müssen, den „eigentlichen" Rechtsverletzer anzugreifen (vgl. *Meier-Beck* GRUR 1993, 1).

Tatsächlich stellt der Tatbestand der mittelbaren Patentverletzung ein erhebliches **43** Gefahrenpotenzial insb. für **Zulieferer** dar, das selbst den gutgläubigen Lieferanten in einen Verletzungsstreit hineinzuziehen vermag, nämlich dann, wenn er weiß oder es auf Grund der Umstände offensichtlich ist, dass die von ihm an einen Kunden gelieferte – an sich schutzrechtsfreie – Ware anschließend bestimmungsgemäß in rechtsverletzender Weise verwendet werden soll. Die Hoffnung, der GebrM-Inhaber werde sich im Zweifelsfall doch eher direkt an den unmittelbaren Verletzer halten, erweist sich häufig als unberechtigt, insb. wenn der GebrM-Inhaber nicht unmittelbar gegen den eigenen Konkurrenten nach § 11 Abs. 1 vorgehen möchte. Im Ergebnis bedeutet dies, dass insb. Lieferanten von **Zwischen- und Halbfertigprodukten** eine **gesteigerte Sorgfaltspflich**t auferlegt wird, da sie beim Vertrieb ihrer Waren auch das Endprodukt des Kunden, also die eigentliche Nutzung durch den Kunden, mit prüfen und mit berücksichtigen müssen, was freilich nicht immer einfach, aber auf jeden Fall regelmäßig mit zusätzlichem Zeitaufwand und Kosten verbunden ist. Allerdings wird durch § 11 Abs. 2 dem GebrM-Inhaber kein ausschließliches Recht dahin eingeräumt, dass nur er Mittel anbieten und liefern darf, die geeignet sind, bei der Benutzung der Erfindung verwendet zu werden, wenn sie auch gebrauchsmusterfrei benutzt werden können (BGH GRUR 2007, 679, 684 [44] – *Haubenstretchautomat*).

Im Gegensatz zum früheren Recht (vgl. hierzu zB *Busse/Keukenschrijver* PatG § 10 **44** Rn. 4) ist § 11 Abs. 2 eine **selbständige** verbotene Benutzungsart; sie setzt also nicht mehr eine durch einen Dritten verübte unmittelbare (akzessorische) Rechtsverletzung voraus. Die mittelbare Patentverletzung ist eine selbständige Benutzungsart. § 11 Abs. 2 kann neben § 11 Abs. 1 erfüllt sein (LG Mannheim, InstGE 5, 179, 182). § 11 Abs. 2 begründet deshalb einen **einstufigen Gefährdungstatbestand** (vgl. BGH GRUR 1992, 40, 42 – *beheizbarer Atemluftschlauch*), der auch dann verwirklicht sein kann, wenn keine unmittelbare Gebrauchsmusterverletzung nachfolgt. § 11 Abs. 2 beinhaltet infolgedessen eine Vorverlagerung des Schutzes, so dass schon das Anbieten oder Liefern von Mitteln, die den Belieferten in die Lage versetzen, die geschützte Erfindung unberechtigt zu benutzen, verboten ist (vgl. BGH GRUR 2015,

467, 469 [34] – *Audiosignalcodierung*). Jedoch hat der Gesetzgeber davon abgesehen, die mittelbare Gebrauchsmusterverletzung in Anlehnung an die unmittelbare Gebrauchsmusterverletzung als Straftatbestand auszugestalten, vgl. § 25 Abs. 1. Eine mittelbare Gebrauchsmusterverletzung vor Eintragung des Gebrauchsmusters scheidet mangels Verbietungsrechts aus.

45 Abzugrenzen ist dieser Sachverhalt von der Fallgestaltung dass der benutzte Gegenstand eines oder mehrere Merkmale des Gebrauchsmusteranspruchs nicht verwirklicht. Eine GebrM-Verletzung nach § 11 scheidet hier aus, da der Schutzbereich eines Gebrauchsmusters keine **Unter- oder Teilkombinationen** der Merkmale der beanspruchten technischen Lehre umfasst (BGH GRUR 2007, 1059 – *Zerfallszeitmessgerät*). Ein Fall des § 11 liegt ebenfalls nicht vor.

46 **4.2 Gegenstand des Gebrauchsmusters.** Während § 10 PatG es jedem Dritten verbietet, ohne Zustimmung des Patentinhabers im Geltungsbereich des PatG Mittel, die sich auf ein wesentliches Element der „Erfindung" beziehen, anderen als zur Benutzung der patentierten Erfindung berechtigten Personen anzubieten oder zu liefern, müssen sich nach § 11 Abs. 2 die Mittel auf ein wesentliches Element des „Gegenstands" des Gebrauchsmusters beziehen. Der Begriff „Gegenstand" wird von dem Gesetzgeber leider nicht einheitlich gebraucht (vgl. zB → § 4 Rn. 59ff.; → § 12a Rn. 10, → § 12a Rn. 13; → § 13 Rn. 14ff.). Aus dem Kontext der Regelung, insbesondere ihrer Stellung im Gesetz, folgt jedoch, dass damit – entsprechend § 10 PatG (vgl. hierzu BGH GRUR 1992, 40, 42 – *Beheizbarer Atemluftschlauch;* BGH GRUR 2015, 467, 469 [34] – *Audiosignalcodierung*) – der unmittelbare Gegenstand, der sich aus Anspruch, Beschreibung, Zeichnung ergibt, gemäß § 12a umfasst ist.

47 **4.3 Normadressat; notwendiger Teilnehmer.** § 11 Abs. 2 erfasst **jeden Dritten,** der die Tathandlungen des § 11 Abs. 2 ohne Rechtfertigungsgrund vornimmt (zur Fassung von Unterlassungsanträgen BGH GRUR 2005, 407 – *T-Getriebe;* BGH GRUR 2005, 569 – *Blasfolienherstellung*). Derjenige, an den die in § 11 Abs. 2 umschriebenen Mittel geliefert werden, und der nicht zur Benutzung der als Gebrauchsmuster geschützten Erfindung berechtigt ist, ist als **notwendiger Teilnehmer** der mittelbaren Gebrauchsmusterverletzung anzusehen. Da es sich bei § 11 Abs. 2 jedoch um einen Gefährdungstatbestand handelt, kommt es auf die tatsächliche Durchführung dieser Tathandlung nicht an.

48 **4.4 Mittel, die sich auf ein wesentliches Element des Gegenstands des Gebrauchsmusters beziehen.** Mittel im Sinne dieser Vorschrift sind körperliche Gegenstände. Der Aggregatzustand ist gleichgültig, so dass auch flüssige oder gasförmige Stoffe hierunter fallen. Ferner fallen hierunter auch Vorrichtungen, Ersatzteile, Stoffe, Beschreibungen, schriftliche Ausarbeitungen, Modelle, Zeichnungen (*Mes* PatG § 10 Rn. 11). Die objektive Eignung zur Benutzung der Erfindung reicht aus. Die Mittel müssen sich auf ein **wesentliches Element** des Gegenstands des Gebrauchsmusters beziehen. Auf die zum früheren PatG vorgenommene Abgrenzung zu den sog erfindungswesentlich individualisierten Teilen (vgl. hierzu → Rn. 19) kommt es nicht mehr an, auch wenn solche Teile faktisch als wesentliches Element eingestuft werden können. Aus der ansonsten nicht notwendigen Abgrenzung in § 11 Abs. 2 S. 2 („allgemein im Handel erhältliche Erzeugnisse") folgt, dass sogar solche Teile sich auf ein wesentliches Element der Erfindung beziehen können (einschränkender: *Bühring/Braitmayer* § 11 Rn. 22).

49 Wesentliche Mittel sind prinzipiell alle diejenigen, die – wortsinngemäß oder äquivalent – ein oder mehrere Merkmale des betreffenden GebrM-Anspruchs bei einer (gedachten) Gebrauchsmusternutzung verwirklichen. Diese (quasi unmittelbare) „Beteiligung" an der Verwirklichung der Gebrauchsmusternutzung ist der eigentliche Rechtfertigungsgrund für § 11 Abs. 2.

Sämtliche Anspruchsmerkmale sind grundsätzlich gleichwertig; sie sind im Zweifel allein deshalb „wesentlich" iSv § 11 Abs. 2, weil sie Eingang in den GebrM-Anspruch gefunden haben (vgl. BGH GRUR 2004, 758, 761 – *Flügelradzähler;* BGH GRUR 2007, 773, 775 [14] – *Rohrschweißverfahren*), es sei denn, dass diese ausnahmsweise zum Leistungsergebnis nichts beitragen (BGH GRUR 2007, 769, 771 [18] – *Pipettensystem;* BGH GRUR 2007, 773, 774 [14] – *Rohrschweißverfahren*). Ein Merkmal, das für die technische Lehre der Erfindung **von völlig untergeordneter Bedeutung** ist, kann als nicht-wesentliches Element der Erfindung anzusehen sein; eine solche Irrelevanz für den Erfindungsgedanken kann aber nicht mit der Bekanntheit dieser Merkmale im **Stand der Technik** begründet werden (BGH GRUR 2004, 758 – Flügelradzähler; BGH GRUR 2007, 769, 771 [20] – *Pipettensystem*). Ob das entsprechende Produkt „handelsüblich" ist, ist folglich irrelevant. Fehlende „Wesentlichkeit" kann sich nur daraus ergeben, dass ein Merkmal zu dem Leistungsergebnis der Erfindung, dh zu der erfindungsgemäßen Lösung des dem Patent zu Grunde liegenden technischen Problems, nichts beiträgt, wobei auch ein Beitrag, der praktisch ohne Bedeutung ist, außer Betracht bleiben kann. Dies kommt etwa dann in Betracht, wenn bei einer Erfindung, die sich mit der Fortbildung einer bestimmten Funktion einer als solchen bekannten Vorrichtung befasst, in den Gebrauchsmusteranspruch Merkmale aufgenommen worden sind, die sich mit einer anderen, von der Erfindung nicht betroffenen Funktion der Vorrichtung befassen. Leistet ein Mittel dagegen einen solchen Beitrag, kommt es grundsätzlich nicht darauf an, mit welchem Merkmal oder welchen Merkmalen des Patentanspruchs das Mittel zusammenwirkt. Denn was Bestandteil des Gebrauchsmusteranspruchs ist, ist regelmäßig bereits deshalb auch wesentliches Element der Erfindung (BGH GRUR 2007, 769, 771 [18] – *Pipettensystem*). **50**

Da andererseits durch § 11 Abs. 2 nicht der durch den Gebrauchsmusteranspruch definierte Schutzgegenstand erweitert wird, muss das wesentliche Element geeignet sein, mit einem oder mehreren Merkmalen des Patentanspruchs bei der Verwirklichung des geschützten Erfindungsgedankens **funktional zusammenzuwirken** (BGH GRUR 2005, 848, 849 – *Antriebsscheibenaufzug;* BGH GRUR 2007, 769, 771 [18] – *Pipettensystem*). Hierbei kommt es aber nicht darauf an, worin der Kern der Erfindung liegt (BGH GRUR 2007, 769, 771 [20] – *Pipettensystem*). Eine sog. erfindungsfunktionelle Individualisierung ist folglich nicht zu fordern. **51**

Die Mittel müssen somit **objektiv geeignet** sein, für die Benutzung der Erfindung verwendet zu werden. Ob das Mittel hierfür geeignet ist, beurteilt sich nach der objektiven Beschaffenheit des Gegenstands, der angeboten oder geliefert wird (BGH GRUR 2005, 848 – *Antriebsscheibenaufzug;* BGH GRUR 2007, 773, 775 [18] – *Rohrschweißverfahren;* BGH GRUR 2007, 679, 683 [28, 29] – *Haubenstretchautomat*). Das Mittel muss so ausgebildet sein, dass eine unmittelbare Benutzung der geschützten Lehre mit allen ihren Merkmalen durch die Abnehmer möglich ist (BGH GRUR 1992, 40 – *beheizbarer Atemluftschlauch;* BGH GRUR 2007, 773, 775 [18] – *Rohrschweißverfahren*). Ob mit den angegriffenen Maschinen die patentgemäßen Wirkungen besonders oder weniger gut erreicht werden, ist unerheblich, solange sie sich tatsächlich einstellen; deshalb steht der Bejahung des Merkmals „objektiv geeignet" auch nicht entgegen, dass etwa in der Bedienungsanleitung eine Verfahrensweise beschrieben wird, bei dessen Befolgung keine (unmittelbare) Gebrauchsmusterverletzung anzunehmen wäre (BGH GRUR 2007, 679, 683 [29] – *Haubenstretchautomat*). **52**

Die objektiven und subjektiven Voraussetzungen des § 11 Abs. 2 müssen im Zeitpunkt des Angebots oder der Lieferung vorliegen (BGH GRUR 2007, 679, 684 [36] – *Haubenstretchautomat*). **53**

4.5 Tathandlungen – Territorialer Geltungsbereich. Tathandlungen sind das **Liefern** und **Anbieten** im Inland. Die Aufzählung ist abschließend. Hier können im Wesentlichen die Grundsätze zu § 11 Abs. 1 herangezogen werden. Dem Liefern entspricht das dort genannte Inverkehrbringen. Das Anbieten erstreckt sich auf alle **54**

Handlungen, die zu erkennen geben, dass eine Veräußerung oder Gebrauchsüberlassung beabsichtigt ist. Das Anbieten muss jedoch zur Benutzung der Erfindung erfolgen. Bloße Mitteilungen oder Beschreibungen sind nicht ausreichend. Der Begriff des Anbietens in § 11 Abs. 2 deckt sich mit demjenigen in § 11 Abs. 1.

55 § 11 Abs. 2 enthält eine doppelte Beschränkung auf Handlungen im **Inland.** Zum einen müssen sich die Tathandlungen des Anbietens bzw. Lieferns auf das Inland beziehen. Zum anderen müssen sie zur Benutzung der gelieferten Mittel im Geltungsbereich des GebrMG erfolgen (zum Inlandsbegriff vgl. → Rn. 38 sowie *Bühring/Braitmayer* § 11 Rn. 19f.). Bei Lieferung von wesentlichen Teilen, die im schutzrechtsfreien Ausland zu einer Gesamtvorrichtung zusammengebaut werden, kann eine Schutzrechtslücke entstehen (vgl. hierzu → Rn. 21). Die bloße Lieferung vom Inland ins Ausland fällt nicht unter § 11 Abs. 2, wenn die Benutzung im Ausland erfolgen soll, da dann nicht das Verbietungsrecht des Gebrauchsmusterinhabers gefährdet ist (BGH GRUR 2007, 313, 315 [22] – *Funkuhr II*). Daraus folgt, dass umgekehrt im Fall des beabsichtigten **Reimports** durchaus § 11 Abs. 2 erfüllt sein kann. Die Rechtsprechung ist zu diesem Tatbestandsmerkmal noch nicht gefestigt. Um ein weitgehendes „Leerlaufen" dieser Vorschrift zu vermeiden, wird die Rechtsprechung wohl nicht darauf abstellen, dass festgestellt werden müsse, welchen Zweck der Anbieter bzw. Lieferant verfolgt. Vielmehr muss es ausreichend sein, dass tatsächlich eine Benutzung der patentgemäßen Lehre im Inland unter Verwendung des angebotenen oder gelieferten Mittels droht. Man wird das Tatbestands-merkmal „zur Benutzung der Erfindung im Inland" dahin auszulegen haben, dass das Vorliegen objektiver Umstände, zum Zeitpunkt des Angebots oder der Lieferung ausreicht, wenn sich aus ihnen objektiv die Befürchtung ergibt, dass das Mittel nach der Lieferung an einen Nichtberechtigten im Inland als Teil einer hier gebrauchsmustergeschützten Sache verwendet wird.

56 **4.6 Berechtigung, Nichtberechtigung, Erschöpfung.** Verboten ist nur jedes Anbieten oder Liefern an Personen, die zur Benutzung der patentierten Erfindung **nicht berechtigt** sind. Eine **Berechtigung** kann sich zB aus einem **Lizenzvertrag,** einem **Vorbenutzungsrecht** oder einer **Erschöpfung** (vor allem im Rahmen von Lieferungen von Ersatzteilen bei geschützten Vorrichtungen) ergeben (BGH GRUR 2004, 758, 761/762 – *Flügelradzähler*). Zur Benutzung der patentierten Erfindung berechtigt sind also Personen,

- denen der Patentinhaber die Benutzung der Erfindung erlaubt hat und
- denen sonst ein Recht zur Benutzung der Erfindung (= Vornahme der in § 11 Abs. 1 genannten Handlungen) zusteht. Um den Tatbestand einer mittelbaren GebrM-Verletzung auszuschließen, ist danach erforderlich, aber auch ausreichend, wenn sich die Berechtigung der Angebotsempfänger und Belieferten auf die Benutzung der Erfindung, wie sie im Gebrauchsmusteranspruch niedergelegt ist, bezieht (BGH GRUR 2007, 773, 776 [24] – *Rohrschweißverfahren*).

57 Denn: § 11 Abs. 2 gewährt dem GebrM-Inhaber kein ausschließliches Recht zum Anbieten oder Liefern von Mitteln zur Erfindungsbenutzung (BGH GRUR 2004, 758 - *Flügelradzähler;* BGH GRUR 2005, 848 – *Antriebsscheibenaufzug;* BGH GRUR 2007, 773, 776 [24] – *Rohrschweißverfahren*) und damit keine Erweiterung des durch den Gebrauchsmusteranspruch definierten Schutzgegenstands oder seines Schutzbereichs. Eine Nutzungsberechtigung am gebrauchsmustergemäßen Gegenstand muss dabei nicht unbedingt ausdrücklich ausgesprochen werden; sie kann sich auch aus den Umständen des Falls ergeben. Deshalb sind geschützte Vorrichtungen, die von dem Gebrauchsmusterinhaber geliefert wurden, frei. Ihre Benutzung durch Dritte, auch durch die Abnehmer, bedarf daher als solche keiner auf sie bezogenen Erlaubnis des GebrM-Inhabers (BGH GRUR 2007, 773, 776 [24] – *Rohrschweißverfahren*).

58 Eine **Nichtberechtigung** kann auch gegeben sein, wenn beispielsweise eine gebrauchsmustergemäße Vorrichtung an sich rechtmäßig erworben wurde. Insoweit ist

jedoch nur jeder **bestimmungsgemäße Gebrauch** des erworbenen gebrauchsmustergemäßen Gegenstands erlaubt. Wird der bestimmungsgemäße Gebrauch überschritten, so kann das Angebot oder Lieferung nach § 11 Abs. 2 verboten sein. Von Relevanz sind hier insb. die Fälle der **Wiederherstellung,** des **Ersatzbedarfs** für ein gebrauchsmustergemäßes Gerät oder der **Neuherstellung,** vergleiche zur selben Problematik bei § 11 Abs. 1, → Rn. 99ff.

Als **Faustregel** wir man Folgendes sagen können: Zu dem gestatteten bestimmungsgemäßen Gebrauch gehört grundsätzlich auch der Austausch eines Teils, welches während der gewöhnlichen Lebensdauer der gebrauchsmustergemäßen Vorrichtung aus Verschleiß- oder anderen Gründen regelmäßig erneuert wird. Ausnahme: Es sei denn, die technischen Wirkungen der Erfindung treten gerade in dem ausgetauschten Teil in Erscheinung. **Empfohlene Prüfungsfolge:** **59**
- Ist das angebotene oder gelieferte Mittel ein typisches Verschleißteil oder soll es regelmäßig gewechselt werden?
- Auslegung des Gebrauchsmusteranspruchs: was sind die technischen Wirkungen der Erfindung und wie treten sie in Erscheinung? Hat die Erfindung Auswirkungen auf Funktionalität oder Lebensdauer des Ersatzteils, benutzt der Angebots- oder Lieferempfänger unberechtigt. Ergibt sich, dass nach Aufgabe und Lösung der technische Vorteil in der Gestaltung anderer Elemente der Erfindung besteht, wird das Angebot oder die Lieferung hingegen von § 11 Abs. 2 nicht erfasst.

4.7 Subjektive Voraussetzungen. Neben der Erfüllung der objektiven Tatbestandsmerkmale müssen nach § 11 Abs. 2 auch subjektive Voraussetzungen erfüllt sein, deren Feststellung in der Praxis Schwierigkeiten bereiten kann. Denn die Regelung der mittelbaren Gebrauchsmusterverletzung stellt einen Gefährdungstatbestand dar, an den sich nicht notwendigerweise eine unmittelbare Gebrauchsmusterverletzung anschließen muss. Das Anbieten oder Liefern muss „zur Benutzung" des Gegenstands des GebrM erfolgen. Erste Tatbestandsvoraussetzung ist das Vorhandensein des **Wissens** des Dritten, dass die von ihm angebotenen bzw. gelieferten Mittel dazu geeignet und bestimmt sind, für die Benutzung des Gegenstands des GebrM verwendet zu werden. Diese positive Kenntnis des Dritten wird häufig nur schwer nachzuweisen sein; insgesamt ist auf eine Würdigung der Gesamtumstände des Einzelfalls abzustellen. Der Gesetzgeber hat zur Vermeidung ungerechtfertigter Schutzrechtslücken deshalb eine **Beweiserleichterung** dahingehend aufgenommen, dass es ausreichend ist, wenn Eignung und Bestimmung der Mittel für die Benutzung aufgrund der Umstände **offensichtlich** sind (BGH GRUR 2006, 839 – *Deckenheizung;* BGH GRUR 2007, 679, 683 [35] – *Haubenstretchautomat*). Der Vorsatz bzw. die Beweiserleichterung müssen sich sowohl darauf erstrecken, dass die Mittel nicht nur objektiv geeignet, sondern auch bestimmt sind, zur Benutzung der Erfindung verwendet werden zu können. Ferner müssen sich diese subjektiven Voraussetzungen auch auf die Benutzung im Inland beziehen. Handelt es sich beispielsweise um speziell nach Kundenvorgaben gefertigte Teile, liegen diese subjektiven Voraussetzungen vor. Ungeachtet dessen muss der Angebots- bzw. Lieferempfänger die Bestimmung zur Benutzung treffen. Der Liefernde bzw. Anbietende muss infolgedessen wissen oder es muss aufgrund der Umstände offensichtlich sein, dass die angebotenen/gelieferten Mittel für die Benutzung der Erfindung bestimmt sind. Dies kann zB der Fall sein, wenn der Dritte später Kenntnis von einem erfindungsgemäßen Gebrauch erlangt und dennoch weiterliefert (BGH GRUR 2007, 679 [40] – *Haubenstretchautomat*). Liegen diese subjektiven Voraussetzungen nicht vor, ist der Tatbestand der mittelbaren GebrM-Verletzung nicht erfüllt. **60**

Kenntnis und **Offensichtlichkeit** sind damit **zwei Wege,** einen Tatbestand festzustellen, der es – bei Vorliegen der übrigen Voraussetzungen der mittelbaren GebrM-Verletzung – rechtfertigt, dem Dritten die in dem Angebot oder der Lieferung liegende objektive Gefährdung des Ausschließlichkeitsrechts des GebrM-Inha- **61**

bers auch subjektiv als Verletzungshandlung zuzurechnen (BGH GRUR 2007, 679, 684 [36] – *Haubenstretchautomat*). Deshalb wird der **wissentlichen** Gebrauchsmustergefährdung nach der ersten Alternative des § 11 Abs. 2 (Wissen von der Eignung und der Bestimmung) die aus der Sicht des Anbieters oder Lieferanten hinreichend sichere Erwartung gleichgestellt, dass der Abnehmer die gelieferten Mittel in gebrauchsmusterverletzender Weise verwenden wird (BGH GRUR 2006, 839 – *Deckenheizung*).

62 Der Tatbestand der mittelbaren GebrM-Verletzung greift also bereits dann ein, wenn eine Bestimmung der Mittel zur gebrauchsmusterverletzenden Verwendung für den Dritten iSd gesetzlichen Tatbestands, dh den Anbieter oder Lieferanten der für eine gebrauchsmustergemäße Benutzung geeigneten Mittel, den Umständen nach **offensichtlich** ist (OLG Düsseldorf InstGE 9, 66, 71).

63 Der Lieferant muss also nach dieser Rechtsprechung zur zweiten Alternative kein positives Wissen von der Eignung und Bestimmung haben. Als objektive Gegebenheiten, die die erforderliche Erwartung zulassen, kommen verschiedene Umstände in Betracht. Ein wesentlicher Gesichtspunkt ist vor allem aber die **Eignung** des angebotenen oder vertriebenen Mittels (BGH GRUR 2007, 679, 684 [40] – *Haubenstretchautomat*).

64 Oder infolge einer **Beweiserleichterung** ist es für die Eignung und Bestimmung des Mittels, vom Abnehmer für die Benutzung der Erfindung verwendet zu werden, offensichtlich, wenn sich dies für den unbefangenen Betrachter der Umstände von selbst ergibt und vernünftige Zweifel an der Eignung und Bestimmung des Mittels zur gebrauchsmusterverletzenden Benutzung nicht bestehen (BGH GRUR 2001, 228, 231 – *Luftheizgerät*). Für die Offensichtlichkeit ist daher maßgeblich, ob zum Zeitpunkt des Angebots oder Lieferung nach den gesamten Umständen des Falls die drohende Verletzung des Ausschließlichkeitsrechts aus der objektivierten Sicht des Dritten so deutlich erkennbar ist, dass ein Angebot oder eine Lieferung unter diesen objektiven Umständen der wissentlichen Gebrauchsmustergefährdung gleichzustellen ist (BGH GRUR 2007, 679, 684 [36] – *Haubenstretchautomat*). Offensichtlichkeit verlangt ein hohes Maß an Voraussehbarkeit der Bestimmung der Mittel zur unmittelbar gebrauchsmusterverletzenden Verwendung seitens der Angebotsempfänger oder Abnehmer der Mittel (BGH GRUR 2005, 848, 851 – *Antriebsscheibenaufzug;* OLG Düsseldorf InstGE 9, 66, 71).

65 Insbesondere bei einem **unaufgeforderten ersten Angebot** wird der Abnehmer bzw. Angebotsempfänger in der Regel noch keine Entscheidung darüber getroffen haben, ob er das angebotene Mittel zur Ausübung der geschützten technischen Lehre verwenden will. Die entsprechende Zweckbestimmung wird auch in der Folge vielfach schon objektiv fehlen und jedenfalls nach dem maßgeblichen Kenntnisstand des Anbieters fraglich erscheinen. Seiner Natur als Gefähr-dungstatbestand entsprechend soll § 11 Abs. 2 den GebrM-Inhaber auch in diesem Fall vor einer drohenden Verletzung seiner Rechte schützen (OLG Düsseldorf InstGE 9, 66, 71). Die Vorschrift muss deshalb schon dann eingreifen, wenn aus der Sicht des Dritten **hinreichend sicher zu erwarten** ist, dass der Abnehmer die gelieferten Mittel in gebrauchsmustergemäßer Weise verwenden wird (BGH GRUR 2006, 839, 841 – *Deckenheizung*).

66 Der notwendige hohe **Grad der Erwartung** liegt vor, wenn der Anbieter oder Lieferant selbst eine solche Benutzung vorgeschlagen hat (OLG Düsseldorf InstGE 9, 66, 72). Können die Mittel **nur** ausschließlich **gebrauchsmustergemäß** verwendet werden, ist dies sicherlich immer zu bejahen; ebenso in der Regel, wenn der Lieferant in einer **Gebrauchsanweisung, Bedienungsanleitung** oder dergleichen auf die Möglichkeit gebrauchsmustergemäßer Verwendung hinweist oder diese gar empfiehlt (BGH GRUR 2006, 839 – *Deckenheizung;* GRUR 2005, 848, 850 – *Antriebsscheibenaufzug;* BGH GRUR 2007, 679, 684 [37] – *Haubenstretchautomat*). Hier muss allgemein ein gebotenes Maß an Sicherheit – und zwar im Zeitpunkt des Angebots oder der Lieferung – vorliegen (BGH GRUR 2007, 679, 684 [38] – *Haubenstretchautomat;* OLG Düsseldorf InstGE 9, 66, 71). Ist die Gebrauchsanweisung oder Bedienungsanleitung des Dritten hingegen auf einen nicht gebrauchsmustergemäßen Einsatz der Mittel ausgerichtet, kann Offensichtlichkeit i. S. des § 11 Abs. 2 nur angenommen werden, wenn sich auf Grund konkreter Umstände die Gefahr aufdrängt, dass der Abnehmer nicht nach der Anweisung verfahren wird (BGH GRUR 2007, 679, 684 [37] – *Haubenstretchautomat*). Wenn eine schutzrechtsfreie Verwendung zwar wirtschaftlich möglich, für den Abnehmer aber untypisch ist, muss den allgemeinen Umständen nach davon ausgegangen werden, dass der Kunde diese Verwendung auch nicht anstrebt (bloße theoretische Möglichkeit). Gleiches gilt für technische Alternativen, die objektiv wirtschaftlich wenig Sinn machen oder noch weit entfernt von jeder Marktrealisierung sind.

Die objektiven und subjektiven Voraussetzungen des § 11 Abs. 2 müssen im Zeitpunkt des Angebots oder der Lieferung vorliegen (BGH GRUR 2007, 679, 684 [36] – *Haubenstretchautomat*). **67**

Kann ein Mittel sowohl in das Gebrauchsmuster verletzender Weise als auch nicht verletzender Weise verwendet werden, so ist ein gerichtliches Verbot dahingehend, dass Angebot und Lieferung beanstandeter Mittel unbedingt zu unterlassen sind, nicht gerechtfertigt; eine Einschränkung ist vielmehr dahingehend vorzunehmen, dass der Anbieter/Lieferant nicht durch geeignete Maßnahmen dafür in ausreichendem Umfang sorgt, dass seine Abnehmer die angebotenen/gelieferten Mittel nicht in gebrauchsmusterverletzender Weise benutzen. Dies ist letztlich eine Folge der als Tatbestandsmerkmale des § 11 Abs. 2 aufgenommenen subjektiven Voraussetzungen. Dem Anbieter/Lieferanten muss es deshalb möglich sein, durch geeignete **Maßnahmen** dafür Sorge zu tragen, dass die betreffenden Mittel nicht zu einer Gebrauchsmusterverletzung führen können. Ob sich derartige Vorkehrungen auf bloße Hinweispflichten beschränken können oder (unter Umständen strafbewehrte) Unterlassungsvereinbarungen notwendig sind, lässt sich nicht generalisierend beantworten; dies ist vielmehr eine Frage der Umstände des Einzelfalls (vgl. zB BGH GRUR 2006, 839 [27] – *Deckenheizung;* BGH GRUR 2007, 679 [50–52] – *Haubenstretchautomat*). Auf die Stellung sachgerechter Klageanträge ist zu achten. **68**

Zu den subjektiven Voraussetzungen im Rahmen des **§ 11 Abs. 2 S. 2** vgl. → Rn. 60 ff. **69**

4.8 Allgemein im Handel erhältliche Erzeugnisse. § 11 Abs. 2 S. 1 ist nicht anzuwenden, wenn es sich bei den Mitteln um allgemein im Handel erhältliche Erzeugnisse handelt, es sei denn, dass der Dritte den Belieferten bewusst veranlasst, in einer nach § 11 Abs. 1 S. 2 verbotenen Weise zu handeln. Hierunter fällt nur Ware, die nicht durch den Verwendungszweck des geschützten Erzeugnisses geprägt ist. Es wird sich hierbei letztlich entsprechend der Gesetzesbegründung zum EPÜ (BlPMZ 1979, 325 [333]) nur um Produkte handeln, die in Großmengen hergestellt werden, also als Massenware oder alltägliche Artikel qualifiziert werden können (vgl. auch *Benkard/Scharen* PatG § 10 Rn. 21). Derartige Erzeugnisse sollen im Interesse eines möglichst unbeeinflussten und unbeschränkten Warenverkehrs nicht dem Verbotstatbestand der mittelbaren Gebrauchsmusterverletzung unterfallen. Eine Ausnahme gilt, wenn der Dritte den Belieferten bewusst veranlasst, in einer nach § 11 Abs. 1 S. 2 verbotenen Weise zu handeln, mithin den Tatbestand der unmittelbaren Gebrauchsmusterverletzung zu begehen. Vorausgesetzt ist ein bewusstes Veranlassen, was faktisch mit einer Täterschaft, Mittäterschaft oder Anstiftung gleichgesetzt werden kann. Bloßes Wissen oder gar bloßes Damit-Rechnen-Müssen, dass diese Mittel für eine Gebrauchsmusterverletzung verwendet werden, reicht nicht aus. Zwischen der Veranlassung und der Gebrauchsmusterverletzung des Belieferten muss ein Kausalzusammenhang bestehen, dh die Vorschrift ist ebenfalls nicht erfüllt, wenn dieser Belieferte bereits seinerseits die Absicht hatte, die Verletzung zu begehen. Ferner setzt § 11 Abs. 2 S. 2 das Begehen einer Gebrauchsmusterverletzung voraus (Akzessorietät). **70**

71 **4.9 Fallgestaltungen des § 12 Nr. 1 und 2.** Eine mittelbare Gebrauchsmusterverletzung kommt auch in Betracht, wenn der unmittelbare Benutzer nach § 12 Nr. 1 und 2 Handlungen im privaten Bereich zu nicht gewerblichen Zwecken oder zu Versuchszwecken vornimmt, die ihrerseits privilegiert und damit nicht tatbestandsmäßig sind. Für den privaten Bereich bzw. Erprobungszweck soll nicht seitens des Dritten geliefert oder angeboten werden dürfen. Nach dem klaren Wortlaut erfasst § 11 Abs. 2 S. 3 nicht Handlungen nach § 11 Abs. 2 S. 2, so dass ein Anbieten bzw. eine Lieferung von allgemein erhältlichen Erzeugnissen an die nach § 12 Nr. 1, 2 privilegierten Personen keine mittelbare Gebrauchsmusterverletzung darstellt, auch wenn die weiteren subjektiven und objektiven Voraussetzungen vorliegen.

72 **4.10 Rechtsfolgen.** Folgende **Ansprüche bei mittelbarer Gebrauchsmusterverletzung** kommen in Betracht (Einzelheiten bei → § 24 Rn. 1 ff.):

73 – **Gemeinsame GebrM-Verletzung:**
Liegt eine unmittelbare sowie eine mittelbare Verletzung vor → Ansprüche auf Unterlassung und Schadensersatz gem. § 24 Abs. 1 und 2; → Ansprüche auf auf Auskunft bzw. auf Rechnungslegung aus § 242 BGB; → kein Anspruch auf Bereicherungsausgleich (BGH GRUR 2006, 570 – *extracoronales Geschiebe*) und Vernichtung; → Gesamtschuldnerische Haftung von unmittelbarem und mittelbarem GebrM-Verletzer;

74 – **Mittelbare GebrM-Verletzung durch Zusammenwirken verschiedener Parteien:**
Eignung zur unmittelbaren Benutzung auch dann, wenn bei einer mehrstufigen Vorrichtung ein Teil der gebrauchsmustergemäßen Teile, auf deren verkörperten Ergebnis die weiteren Teile aufbauen, nicht von den Abnehmern des Anbietenden oder dem Lieferanten ausgeführt werden; → Begehung einer unmittelbaren GebrM-Verletzung nicht nur in Alleintäterschaft unter Verwirklichung aller Verfahrensschritte sondern auch in Mit- und Nebentäterschaft;

75 – **Mittelbare GebrM-Verletzung ohne unmittelbare GebrM-Verletzung:**
Schon das Bewerben oder Anbieten des Produktes für die gebrauchsmustergeschützte Vorrichtung erfüllt den Tatbestand des § 11 Abs. 2: → Unterlassungsanspruch (BGH GRUR 2005, 848, 853 – *Antriebsscheibenaufzug*); → Schadenersatzanspruch nur, wenn Nachweis einer rechtswidrigen Verletzung (auch: mittelbar) gegeben (BGH GRUR 2005, 848, 853 – *Antriebsscheibenaufzug*).

76 **5. Einwendungen.** Das Verletzungsgericht hat in tatrichterlicher Bewertung festzustellen, ob eine Gebrauchsmusterverletzung vorliegt. Der in Anspruch Genommene kann dabei prinzipiell dieselben Einwendungen wie bei einer Patentverletzung erheben (gelöschtes Schutzrecht; Schutzunfähigkeit; widerrechtliche Entnahme; Erschöpfung; Privilegierung; Stand der Technik; behördliche Benutzungsanordnung; Verwirkung; unzulässige Rechtsausübung; Vor- und Weiterbenutzungsrecht; Zwangslizenz; et.al.); Unterschiede ergeben sich daraus, dass das GebrM ein ungeprüftes Schutzrecht ist. Prozessrechtlich handelt es sich hierbei in der Regel um **Einreden.**

77 **5.1 Fehlender Rechtsbestand.** Die Verletzungsgerichte sind grundsätzlich befugt, dem Einwand der **Schutzunfähigkeit** nachzugehen und dem GebrM den Schutz zu versagen, wenn sich seine Rechtsunwirksamkeit herausstellt (vgl. → § 13 Rn. 14). Wegen des engen inneren Zusammenhangs aller Schutzvoraussetzungen ist die **Prüfungsbefugnis** des Verletzungsrichters **umfassend** (vgl. BGH GRUR 1969, 184 – *Lotterielos*). Somit tritt **keine Bindung des Verletzungsrichters** ein; dies gilt nicht nur hinsichtlich der Erfordernisse der Neuheit und des erfinderischen Schritts, die im Eintragungsverfahren nicht überprüft werden, und deshalb ohnehin im Verletzungsprozess (bei entsprechender Einrede) nachzuholen sind, sondern auch für die im Eintragungsverfahren überprüften absoluten Schutzvoraussetzungen (vgl. insgesamt BGH GRUR 1969, 184, 185 – *Lotterielos*). Dies ergibt sich auch aus einem

Vergleich mit § 19, dessen Regelung über die Bindung des Gerichts des Verletzungsprozesses an im Löschungsverfahren ergangene Entscheidungen nur dann verständlich ist, wenn das Verletzungsgericht im Übrigen in der Beurteilung der Wirksamkeit des Schutzrechtes frei ist; der Einwand der fehlenden Schutzfähigkeit wird also nicht dadurch ausgeschlossen, dass der Beklagte auch ein Löschungsverfahren in die Wege leiten könnte. Der Einwand kann – anders als im Patentverletzungsverfahren – mithin nicht nur zur Begründung einer Aussetzung des Verletzungsverfahrens mit Rücksicht auf ein selbständiges Verfahren zur Prüfung der Schutzfähigkeit erhoben werden (BGH GRUR 1997, 892, 893 – *Leiterplattennutzen*). Jedoch ist die **Schutzfähigkeit** eines Gebrauchsmusters aufgrund seiner Eintragung zunächst zu **vermuten** (widerlegbare Vermutung: vgl. das Regel-Ausnahme-Verhältnis der §§ 11, 13; wie hier: ÖOGH GRUR Int. 1997, 164, 165 – *Spielautomat;* aA *Busse/Keukenschrijver* vor GebrMG Vor § 15 Rn. 2). Aus diesem Grunde wird man in der Geltendmachung der Rechte aus einem Gebrauchsmuster regelmäßig die konkludente Behauptung der Schutzfähigkeit entnehmen können, auch wenn grundsätzlich den Kläger die Darlegungslast für diese anspruchsbegründende Tatsache trifft. Äußert der Beklagte in diese Richtung keine Bedenken, wird das Verletzungsgericht im Regelfall keine Veranlassung haben, sich mit dieser Frage ausdrücklich auseinander zu setzen (vgl. BGH GRUR 1964, 221, 223 – *Rolladen*). Im allgemeinen bedarf es deshalb einer besonderen Substantiierung der Schutzfähigkeit als anspruchsbegründende Tatsache schon deshalb nicht, weil der Schutzrechtsinhaber das Fehlen von Schutzhindernissen nicht positiv darlegen kann; die Schutzfähigkeit folgt für das Verletzungsverfahren vielmehr aus dem Fehlen schutzhindernden Standes der Technik. Die Darlegungs- und Beweislast für die mangelnde Schutzfähigkeit muss deshalb entsprechend den allgemeinen Regeln der Verletzer tragen (vgl. hierzu kritisch *Busse/Keukenschrijver* GebrMG § 24 Rn. 4; weitere Einzelheiten bei → § 24 Rn. 1 ff.). Im Zweifel ist von der Schutzfähigkeit auszugehen. Zu der Darlegungs- und insbesondere Glaubhaftmachungslast bei einstweiligen Verfügungsverfahren: *Meier-Beck* GRUR 1988, 861, 864/865; *Kaess* GRUR 2009, 276, 280 sowie → § 24 Rn. 1 ff. Die Schutzfähigkeit ist soweit zu prüfen und festzustellen, wie die Einrede reicht. Ihre Prüfung hat der Ermittlung des Schutzumfangs vorauszugehen, weil bei mangelnder Schutzfähigkeit des Schutzgegenstandes für eine Auslegung kein Raum ist (BGH GRUR 1957, 270, 271 – *Unfall-Verhütungsschuh*). Die Feststellung der Schutzfähigkeit bzw. Schutzunfähigkeit im Verletzungsverfahren wirkt nur **inter partes.** Eine Entscheidung über die Rechtswirksamkeit des GebrM **inter omnes** kann nur im Wege eines Löschungsverfahrens erzielt werden (zur Wechselwirkung zwischen Verletzungsverfahren und Löschungsverfahren vgl. → § 19 Rn. 1 ff.).

5.2 Erlöschen. Das „Erlöschen" des GebrM betreffende Einwendungen sind erheblich. Die einzelnen Erlöschungsgründe sind die Löschung (vgl. §§ 15–17), Ablauf der Schutzdauer (vgl. § 23 Abs. 1 und Abs. 2 iVm Abs. 3 Nr. 2) sowie der Verzicht (vgl. § 23 Abs. 3 Nr. 1). Die Erlöschungsgründe des Verzichts und des Ablaufs der Schutzdauer wirken nur für die Zukunft; die Löschung gemäß § 15 wirkt ex tunc. Die Erlöschungsgründe können sich auf das gesamte GebrM oder einen Teil davon erstrecken. Sie stellen im Verletzungsverfahren von Amts wegen zu berücksichtigende **Einwendungen** dar, die Unterlassungsansprüchen in jedem Fall die Basis nehmen, den sog Folgeansprüchen jedoch nur, wenn der Erlöschungsgrund auch rückwirkend ist. **78**

5.3 Zustimmung des Gebrauchsmuster-Inhabers – Benutzungsrecht. Die Zustimmung begründet ein **Benutzungsrecht** (ob sie bereits zum Tatbestandsausschluss oder lediglich zum Fortfall der Rechtswidrigkeit führt, ist dogmatisch ungeklärt). Die Zustimmung kann zum Beispiel aufgrund einer **Übertragung** oder eines **Lizenzvertrages** erfolgen. Bei tatsächlicher Zustimmung steht die Nichtigkeit des Lizenzvertrages nicht entgegen (vgl. → Rn. 2 ff.). Rechtmäßige Benutzung kann **79**

auch aufgrund der Zustimmung eines ausschließlichen Lizenznehmers gegeben sein. Im Falle einer Zwangslizenz wird die Zustimmung des GebrM-Inhabers durch die gerichtliche Entscheidung ersetzt, die die Rechtswidrigkeit der Benutzungshandlungen beseitigt (§ 24 Abs. 1 PatG iVm § 20). Eine **mittelbare** GebrM-Verletzung kommt ebenfalls nicht in Betracht, wenn und soweit der Abnehmer der Mittel zur Benutzung der Erfindung befugt ist. Zur Benutzung der geschützten Erfindung nicht berechtigt sind Personen, denen der GebrM-Inhaber die Benutzung der Erfindung nicht erlaubt hat und denen auch sonst kein Recht zur Benutzung der Erfindung (= Vornahme der in § 11 S. 2 genannten Handlungen) zusteht (BGH GRUR 2007, 773, 776 [28] – *Rohrschweißverfahren*). Im Zusammenhang mit derartigen Benutzungsrechten können komplexe Fragestellungen auftreten, von denen nachfolgend eine Auswahl immer wiederkehrender Aspekte angesprochen wird:

80 **5.3.1 Voraussetzungen.** Die Beurteilung von Bestand und Schutz der Rechte am geistigen Eigentum und damit auch die Beurteilung der Wirksamkeit von Verfügungshandlungen unterliegen der Anknüpfung nach dem Schutzlandprinzip und damit vorliegend deutschem Sachrecht (Art. 32, Art. 31, Art. 8 Abs. 1 VO (EG) Nr. 864/2007 des Europäischen Parlaments und des Rates über das auf außervertragliche Schuldverhältnisse anzuwendende Recht „ROM II").

81 Als Verfügungen über das GebrM kennt die deutsche Rechtsordnung aber ausschließlich
- die Übertragung des GebrM, § 22 Abs. 1 S. 2 iVm §§ 413, 398 BGB,
- die Belastung und Inhaltsänderung des Gesamtrechts durch Lizenzerteilung, § 22 Abs. 2,
- die Bestellung eines Nießbrauchs, §§ 1068, 1069 BGB, § 22 Abs. 1 S. 2,
- die Bestellung eines Pfandrechts, §§ 1273, 1274 BGB, § 22 Abs. 1 S. 2 und
- den Verzicht über das Recht aus dem GebrM insgesamt, also am GebrM selbst durch schriftliche Erklärung an das Patentamt, § 23 Abs. 3 Nr. 1.

82 Einen über ein schuldrechtlich wirkendes **„pactum de non petendo"** hinausgehenden teilweisen dinglichen Verzicht auf Rechte aus dem GebrM kennt die Rechtsordnung hingegen nicht; dieser ist nach der Systematik des GebrM-Rechts ähnlich dem sachenrechtlichen numerus clausus auch ausgeschlossen. Die Rechtsnatur eines pactum de non petendo ist dogmatisch noch nicht aufgearbeitet. Eine Spielart des pactum de non petendo ist das aus dem angelsächsischen Rechtsraum bekannte **covenant not to sue**-Rechtsinsitut, das eine vergleichbare schuldrechtliche Wirkung äußert. Häufig wird eine solche Rechtskonstruktion auch mit dem Begriff der **negativen Lizenz** verbunden.

83 Voraussetzungfür die erfolgreiche Berufung auf einen **Lizenzvertrag** (§ 22 Abs. 2) ist
- dessen rechtswirksames Zustandekommen,
- sein Bestehen zum Zeitpunkt der relevanten Benutzungshandlungen und
- die Einhaltung der lizenzvertraglichen Bestimmungen durch den Lizenznehmer.

84 Das **Verschweigen** von Tatsachen **bei Abschluss eines Lizenzvertrags** kann ggfs. eine Haftung (Gesichtspunkt des Verschuldens bei Vertragsverhandlungen als Grundlage für ein eventuelles Anfechtungs-, Widerrufs- oder Kündigungsrecht) begründen, wenn der andere Vertragspartner nach Treu und Glauben redlicherweise Aufklärung erwarten durfte. In Vertragsverhandlungen, in denen die Beteiligten entgegengesetzte Interessen verfolgen, muss nicht jeder Umstand, der für den anderen Teil nachteilig sein kann, offenbart werden (BGH GRUR 2007, 963, 964 [18, 19] – *Polymer-Lithium-Batterien*). Eine Offenbarungspflicht hinsichtlich einer eigenen (noch nicht veröffentlichten) GebrM-Anmeldung des Lizenznehmers, in der sich dieser kritisch (Behauptung der Unbrauchbarkeit oder Nichtausführbarkeit einer Erfindung) mit dem Gegenstand des GebrM des Lizenzgebers (Lizenzvertragsrecht) auseinandersetzt, hat der BGH unter Hinweis auf § 34 Abs. 7 PatG zu einer patentrechtlichen

Fallgestaltung verneint. Offen gelassen für den Fall, dass der kritischen Auseinandersetzung mit Stand der Technik eine innere Rechtfertigung fehlt, weil sie weder für das Verständnis der Erfindung und deren Schutzfähigkeit noch zur Abgrenzung gegenüber dem Stand der Technik erforderlich ist.

Eine **Nichtangriffsklausel** in einem GebrM-Lizenzvertrag kann im Einzelfall den Wettbewerb beschränken. Dies ist jedoch nicht der Fall, wenn mit dem Vertrag eine kostenlose Lizenz erteilt wird und der Lizenznehmer daher nicht die mit der Gebührenzahlung verbundenen Wettbewerbsnachteile zu tragen hat (BGH GRUR 2007, 963, 964 [21] – *Polymer-Lithium-Batterien*). 85

Eine Benutzungsberechtigung an dem GebrM kann sich auch unabhängig hiervon daraus ergeben, dass die Benutzung des lizenzierten Rechts die des GebrM notwendig einschließt. Setzt nämlich die dem Nutzer erteilte Lizenz die Benutzung des GebrM voraus, dann erfordert es der Zweck des Lizenzvertrags, auch die Benutzung dieses Schutzrechts zu gestatten. Erfordert bei einem Lizenzvertrag die Benutzung der lizenzierten Erfindung die **Mitbenutzung einer weiteren Erfindung** des Lizenzgebers, gilt allgemein, dass diese im Zweifel mit lizenziert ist. Wer einem anderen eine Benutzungsberechtigung an einem Schutzrecht einräumt, ist schon nach **Treu und Glauben** (§ 242 BGB) in der Regel gehalten, das ihm Mögliche und Zumutbare zu tun, um dem anderen Vertragsteil die Ausübung der vertraglichen Berechtigung zu ermöglichen; das gilt um so mehr, als es bei der vertraglichen Einräumung einer Benutzungsberechtigung in der Regel das Ziel der Rechtseinräumung sein wird, die Berechtigung auch auszuüben (BGH GRUR 2005, 406, 407 – *Leichtflüssigkeitsabscheider*). 86

Ungeachtet dessen wird jedoch im Zweifel bei einer GebrM-Lizenz die vereinbarte Lizenzgebühr für **alle** diejenigen, aber auch nur diejenigen **Handlungen** versprochen, die sich als GebrM-Verletzung darstellten, wenn sie nicht durch die Lizenz gestattet wären (BGH GRUR 2005, 845, 846 – *Abgasreinigungsvorrichtung*). 87

Der Lizenzgeber hat für die **Brauchbarkeit** – die von der Eintragungsbehörde beim GebrM anders als bei der Patentierungsvoraussetzung nicht geprüft ist – der lizenzierten Schutzrechte einzustehen (BGH GRUR 1979, 768, 769 – *Mineralwolle*), wobei den Lizenznehmer die Beweislast dafür trifft, dass das GebrM nicht ausführbar ist; der Lizenznehmer trägt das Risiko der wirtschaftlichen Verwertbarkeit. Die Beweislast richtet sich nach dem Recht der Sachmängelhaftung, also § 363 BGB. Auch wenn der Vertrag eine Ausübungspflicht enthält, ergeben sich hieraus für die Beweislast und die Risikoverteilung keine Abweichungen gegenüber den genannten allgemeinen Grundsätzen. 88

Im Falle der Vereinbarung einer **Mindestlizenz** entspricht es der Rechtsprechung des BGH, dass der Lizenznehmer vertraglich das Risiko eines Fehlschlags bei den erwarteten Umsätzen trägt (BGH GRUR 1974, 40, 43 – *Bremsrolle;* BGH GRUR 2001,223,225 – *Bodenwaschanlage*) Dies gilt jedenfalls bei Fehlen anderweitiger Abreden. 89

Grundsätzlich trägt ein GebrM-Lizenzvertrag einen **Wagnischarakter.** Dieser Wagnischarakter ergibt sich auf der Seite des Lizenznehmers insbesondere daraus, dass weder mit Sicherheit der Bestand des Schutzrechts während dessen Laufzeit vorausgesagt noch die wirtschaftliche Verwertbarkeit im Voraus abgeschätzt werden kann (BGH GRUR 1975, 598, 600 – *Stapelvorrichtung*). 90

Hält sich der Nutzer **nicht** an die **lizenzvertraglichen Bestimmungen,** so ist zu prüfen, ob lediglich eine **Vertragsverletzung** vorliegt (dann liegt keine GebrM-Verletzung vor, zB bei Verstoß über Buchführungspflichten) oder ob das Schutzrecht selbst betreffende Verstöße vorliegen, (dann liegt eine **GebrM-Verletzung** vor, zB bei einem Verstoß in sachlicher oder räumlicher Hinsicht). 91

Letzteres gilt im Zweifel auch bei einer **Übertragung** einer **einfachen Lizenz** ohne Zustimmung des Lizenzgebers. Die einfache Lizenz beinhaltet die (lediglich) schuldrechtliche Erlaubnis zur Benutzung der Erfindung. Sie ist im Regelfall in dem Sinne personenbezogen, dass das Benutzungsrecht nur für die Person des Vertrags- 92 partners und nicht (auch) für Dritte gilt. Daraus folgt nicht nur der Ausschluss des Rechts des Lizenznehmers zur Vergabe von Unterlizenzen sondern auch, dass die einfache Lizenz vom Lizenznehmer grundsätzlich nicht in rechtsgeschäftlicher Weise auf einen Dritten übertragen werden kann. Mit der Übertragung der Erlaubnis ist nämlich eine gegen §§ 399, 413 BGB verstoßende Inhaltsänderung verbunden, wenn der Lizenzgeber entgegen dem Vereinbarungsinhalt nunmehr einem Dritten gegenüber zur Benutzungsgestattung verpflichtet sein soll. Eine Übertragbarkeit setzt mithin eine entsprechende Vereinbarung voraus (LG Düsseldorf InstGE 5, 168, 170/171 – *Flaschenkasten,* mwN; LG Düsseldorf InstGE 8, 2, 8 – *Dekorplatten*); dies gilt auch für eine Unterlizenzierung (LG Düsseldorf InstGE 8, 2, 8 – *Dekorplatten*).

93 Ist im Lizenzvertrag **nicht ausdrücklich** geregelt, ob es sich um eine ausschließliche handeln soll, ist **im Zweifel** lediglich von der Einräumung einer **einfachen Lizenz** auszugehen, weil der Rechtsinhaber keine Veranlassung hat, sich seiner Rechte über das hinaus zu begeben, was für die Durchführung der Vertragszwecks notwendig ist (BGH GRUR 2010, 62, 63 [16] – *Nutzung von Musik für Werbezwecke*); sog Zweckübertragungslehre. Dies ist ein Begriff aus dem Urheberrecht, der durch § 31 Absatz 5 UrhG (teilweise) gesetzlich geregelt ist. Sind bei der Einräumung eines Nutzungsrechts die Nutzungsarten nicht ausdrücklich einzeln bezeichnet, so bestimmt sich gem. § 31 Absatz 5 Satz 1 UrhG nach dem von beiden Partnern zugrunde gelegten Vertragszweck, auf welche Nutzungsarten es sich erstreckt. Entsprechendes gilt nach § 31 Absatz 5 S. 2 UrhG unter anderem für die Frage, ob ein Nutzungsrecht eingeräumt wird. Unter Nutzungsart ist jede übliche, technisch und wirtschaftlich eigenständige und damit klar abgrenzbare Verwendungsform eines Werkes zu verstehen (BGH GRUR 2010, 62, 63 [18] – *Nutzung von Musik für Werbezwecke*).

94 Bei **Übertragung** des Schutzrechtes auf einen Dritten: **Sukzessionsschutz** des Lizenznehmers gemäß § 22 Abs. 3. Allerdings kein Eintritt des GebrM-Erwerbers in den Lizenzvertrag (3-seitiges Rechtsgeschäft notwendig; jedoch im Zweifel Abtretung der vertraglichen Ansprüche auf den neuen Erwerber). Eine **negative Lizenz** unterliegt nicht dem Sukzessionsschutz nach § 22 Abs. 3 so dass ein GebrM-Inhaber an eine solche „negative Lizenz" nicht gebunden ist (LG Mannheim InstGE 11, 9, 12 – *UMTS-fähiges Mobiltelefon*). Lizenz nach § 22 Abs. 2, Abs. 3 ist nur die eingeräumte Befugnis zur positiven Nutzung der lizenzierten technischen Lehre (OLG Karlsruhe GRUR Int. 1987, 788, 789 – Offenendspinnmaschinen; LG Mannheim InstGE 11, 9, 12 – *UMTS-fähiges Mobiltelefon*).

95 **5.3.2 Beendigung des Benutzungsrechts.** Schließt ein Erfinder einen Lizenzvertrag über eine als GebrM eingetragene Erfindung ab, hat er gegenüber seinem Vertragspartner eine entsprechende **Aufklärungspflicht,** sofern nicht er, sondern ein Dritter Anmelder des GebrM ist. Verschweigt der Erfinder diesen Umstand arglistig und täuscht er daher seinen Vertragspartner darüber, ist dieser zur Anfechtung des Lizenzvertrags gem. § 123 Abs. 1 BGB berechtigt. Dies gilt auch für den Fall, dass der Erfinder gegenüber dem Dritten hinsichtlich der GebrM-Eintragung im Rahmen eines Treuhandverhältnisses verfügungsberechtigt ist Die Anfechtung ist nicht wegen Verstoßes gegen Treu und Glauben gem. § 242 BGB ausgeschlossen, wenn im Zeitpunkt der Anfechtungserklärung der Erfinder nach wie vor nicht Anmelder der Erfindung ist und daher der Anfechtungsgrund fortwirkt (LG München I InstGE 11, 134, 139/140 – *Elektrolysefussbäder*).

96 Die **Kündigung** eines Lizenzvertrages **aus wichtigem Grund** ist ein immer wiederkehrender Sachverhalt, bei dem sich die Frage der Beendigung eines Benutzungsrechts ergibt. Ein wichtiger Grund für die Kündigung eines Dauerschuldverhältnisses liegt vor, wenn dem kündigenden Vertragsteil unter Berücksichtigung aller Umstände des Einzelfalls und unter Abwägung der beiderseitigen Interessen die Fortsetzung des Vertragsverhältnisses bis zur vereinbarten Beendigung oder bis zum Ablauf einer Kündigungsfrist nicht zugemutet werden kann, § 314 Abs. 1 Satz 2 BGB.

Die Kündigung eines Lizenzvertrages aus wichtigem Grund ist gerechtfertigt, wenn der Lizenznehmer trotz Fristsetzung nicht abrechnet, §§ 273, 314 Abs. 1, 314 Abs. 2 S. 1 BGB – Kündigungsvoraussetzung „erfolgloser Ablauf einer zur Abhilfe der vertraglichen Pflichtverletzung bestimmten Frist“ (vgl. § 314 Abs. 2 Satz 1 BGB. Die **Missachtung von Abrechnungspflichten** durch einen Lizenznehmer (BGH GRUR 2004, 532, 533 – *Nassreinigung;* OLG München InstGE 12, 27, 30 – *Abrechnungsverweigerung*) – bei der Abrechnungspflicht handelt es sich in der Regel um eine Hauptpflicht des Lizenznehmers – kann eine außerordentliche Kündigung eines Lizenzvertrags seitens des Lizenzgebers rechtfertigen. Bei der vorstehend genannten Abwägung sind auch frühere Verstöße des Gekündigten zu berücksichtigen, die seinerzeit nicht zum Anlass einer eigenen Kündigung genommen worden sind (BGH GRUR 2002, 703, 705 – *VOSSIUS;* OLG München InstGE 12, 27, 30 – *Abrechnungsverweigerung*). **97**

Hat sich der **Vertragspartner selbst vertragswidrig** verhalten, bedarf es einer Abwägung. Diese fällt zu Lasten des Lizenznehmers aus, wenn er schon früher seine Abrechnungspflichten verletzt hat, auch wenn er selbst aufgrund der Vertragsverstöße des Lizenznehmers ein Kündigungsrecht hätte. Dann entfällt der Kündigungsgrund auch nicht durch eine Aufrechnung des Lizenznehmers mit einer Gegenforderung, da diese die Abrechnungspflicht nicht beseitigt (OLG München InstGE 12, 27, 33 – *Abrechnungsverweigerung*). **98**

5.4 Erschöpfung des Gebrauchsmusterrechts. Nach dem Grundsatz der **Erschöpfung** des Gebrauchsmusterrechts wird jedes gebrauchsmustergeschützte Erzeugnis, das einmal berechtigterweise in den Verkehr gelangt ist, gemeinfrei benutzbar. Das Inverkehrbringen kann dabei durch den Rechtsinhaber oder mit seiner Zustimmung durch einen Dritten erfolgen. Ist das geschützte Erzeugnis auf diese Weise in den Verkehr gelangt, besteht nach Sinn und Zweck des Gebrauchsmusterrechts kein Anlass mehr, dem Schutzrechtsinhaber über diese erste Veräußerung hinaus eine Einflussnahme auf das weitere Schicksal des geschützten Gegenstands vorzubehalten. Der Gebrauchsmusterinhaber soll die Rechte aus seinem Schutzrecht nur einmal geltend machen können. Der Erwerber einer **gemeinfrei** gewordenen Vorrichtung kann über sie in jeder Hinsicht frei verfügen und sie demgemäß auch ungehindert gebrauchen. Das Recht zum bestimmungsgemäßen Gebrauch und zur ungehinderten Nutzung der mit Zustimmung des Schutzrechtsinhabers in den Verkehr gelangten geschützten Erzeugnisse umfasst dabei alle „üblichen Maßnahmen“ zur Inbetriebnahme, zum Inbetriebhalten sowie zur Pflege der geschützten Vorrichtung (vgl. BGH GRUR 1997, 116, 117 – *Prospekthalter;* BGH GRUR 1998, 130, 132 – *Handhabungsgerät;* BGH GRUR 2006, 837 – *Laufkranz*). Zur Abgrenzung zwischen Ausbesserung, Austausch und Neuherstellung vgl. → Rn. 101–103. Die Grundsätze der Erschöpfung haben gewohnheitsrechtlichen Rang. Die Gemeinfreiheit tritt bereits infolge der ersten Veräußerung ein; erfolgt das Inverkehrbringen durch einen Dritten mit Zustimmung des Schutzrechtsinhabers, so kommt es auf die Art der Berechtigung nicht an (zB einfache Lizenz oder ausschließliche Lizenz, Herstellungs- oder Vertriebslizenz etc). Die Berechtigung kann auch durch eine wirksame Annahme einer Lizenzbereitschaftserklärung erfolgen (vgl. OLG Nürnberg GRUR 1996, 48, 49). Ebenso wenig die Deckung erwartbaren Ersatzbedarfs mit einem Austauschteil (OLG Karlsruhe, GRUR-Prax 2016, 198 – *Bremspads*). Es ist mithin anerkannt, dass jedes gebrauchsmustergeschützte Erzeugnis, das berechtigterweise in den Verkehr gelangt ist, gemeinfrei benutzbar wird, ohne dass es hierzu noch einer besonderen, auch nur **stillschweigenden Lizenzerteilung** des GebrM-Inhabers bedarf (BGH GRUR 1997, 116, 117 – *Prospekthalter;* BGH GRUR 1998, 130, 132 – *Handhabungsgerät;* BGH GRUR 2000, 299, 301 – *Karate*). **99**

Die Frage der Erschöpfung knüpft immer an das Inverkehrbringen des Erzeugnisses, also der Herstellung nachgeordnete Vertriebsstufen an; dem Inverkehrbringen **100** vorgelagerte Stufen erfasst sie nicht. Rein konzerninterne Warenbewegungen oder innerbetriebliche Vorgänge führen hingegen nicht zu einer Erschöpfung, da die Erzeugnisse hierdurch nicht in den Verkehr gelangen (BGH GRUR 1982, 100 – *Schallplattenexport;* OLG Hamburg GRUR 1985, 923 – *Imidazol*). Besteht ein Warenlager aus sog. erschöpfter und nicht erschöpfter Ware, so stellt das einem Dritten unterbreitete Angebot jedenfalls dann eine Patent-verletzung dar, wenn und solange nicht objektiv wahrnehmbare und verlässliche Vorkehrungen dafür getroffen sind, dass es im Falle einer dem Angebot nachfolgenden Bestellung ausschließlich zur Auslieferung derjenigen Ware kommen kann, an der die Patentrechte erschöpft sind (LG Düsseldorf InstGE 8, 2, 11 – *Dekorplatten*).

101 Der Erwerber darf sich etwa im Falle eines nicht mehr funktionsfähigen Erzeugnisses nicht zum „Neu-Hersteller“ aufschwingen. Hier treten zum Teil schwierige Abgrenzungsfragen auf. Die Rechtsprechung wendet dabei folgende Grundsätze an, die auch für die Beurteilung einer mittelbaren Verletzung iSd § 11 Abs. 2 gelten (vgl. BGH GRUR 2007, 769, 772 [26] – *Pipettensystem*).

102 Zum bestimmungsgemäßen Gebrauch eines gebrauchsmustergeschützten Erzeugnisses gehört auch die **Erhaltung** und **Wiederherstellung** der **Gebrauchstauglichkeit,** wenn die Funktions- oder Leistungsfähigkeit des konkreten Erzeugnisses ganz oder teilweise durch Verschleiß, Beschädigung oder aus anderen Gründen beeinträchtigt oder aufgehoben ist. Von der Wiederherstellung einer aufgehobenen oder beeinträchtigten Gebrauchstauglichkeit eines mit Zustimmung des Gebrauchsmusterinhabers in den Verkehr gelangten Erzeugnisses kann indessen dann nicht mehr gesprochen werden, wenn die getroffenen Maßnahmen darauf hinauslaufen, tatsächlich das patentgemäße Erzeugnis erneut herzustellen. Für die Abgrenzung zwischen (zulässiger) zum bestimmungsgemäßen Gebrauch zu rechnender Reparatur und (unzulässiger) Neuherstellung ist dabei maßgeblich, ob die getroffenen Maßnahmen noch die Identität des bereits in den Verkehr gebrachten konkreten gebrauchsmustergeschützten Erzeugnisses wahren oder der Schaffung eines neuen erfindungsgemäßen Erzeugnisses gleichkommen. Zur Beurteilung dieser Frage bedarf es einer die Eigenart des gebrauchsmustergeschützten Erzeugnisses berücksichtigenden Abwägung der schutzwürdigen Interessen des Gebrauchsmusterinhabers an der wirtschaftlichen Verwertung der Erfindung einerseits und des Abnehmers am ungehinderten Gebrauch des in den Verkehr gebrachten konkreten erfindungsgemäßen Erzeugnisses andererseits, die grundsätzlich Aufgabe des Tatrichters ist. Denn die Abgrenzung zwischen identitätswahrender Reparatur und Neuherstellung kann sachgerecht nicht ohne Berücksichtigung der spezifischen Eigenschaften, Wirkungen und Vorteile der Erfindung erfolgen, die aus patentrechtlicher Sicht einerseits die Identität des Erzeugnisses prägen und andererseits Anhaltspunkte dafür liefern, inwieweit bei diesem Erzeugnis die einander widerstreitenden Interessen der Beteiligten zu einem angemessenen Ausgleich des Schutzes bedürfen. Vielmehr kann die Identitätsfrage nicht beantwortet werden, ohne in den Blick zu nehmen, worin die technischen Wirkungen der Erfindung bestehen und wo sie in Erscheinung treten (vgl. insg. BGH GRUR 2006, 837, 838 [16] – *Laufkranz;* BGH GRUR 2004, 758 – *Flügelradzähler;* BGH GRUR 2007, 769, 772 [28] – *Pipettensystem;* BGH GRUR 2012, 1118 – *Palettenbehälter II;* BGH GRUR 2012, 1230 – MPEG-2-*Videosignalcodierung;* OLG Karlsruhe GRUR 2014, 59 – *MP2-Geräte;* LG München I BeckRS 2011 20643; LG Düsseldorf BeckRS 2012, 17607; OLG Düsseldorf BeckRS 2013, 05152).

103 Bei der Abwägung kann zum einen Bedeutung gewinnen, ob es sich bei den betreffenden Teilen um solche handelt, mit deren Austausch während der Lebensdauer der Vorrichtung üblicherweise zu rechnen ist. Zum anderen kommt es aber auch darauf an, inwieweit sich gerade in den ausgetauschten Teilen die technischen Wirkungen der Erfindung widerspiegeln. Demgemäß liegt in dem Austausch eines Verschleißteils, das während der zu erwartenden Lebensdauer einer Maschine – gegebenenfalls mehrfach – ersetzt zu werden pflegt, regelmäßig keine Neuherstellung. Verkörpert gerade dieser Teil wesentliche Elemente des Erfindungsgedankens, kann es jedoch anders liegen. Denn wenn gerade durch den Austausch dieses Teils der technische oder wirtschaftliche Vorteil der Erfindung erneut verwirklicht wird, kann nicht gesagt werden, dass der Patentinhaber bereits durch das erstmalige Inverkehrbringen der Gesamtvorrichtung den ihm zustehenden Nutzen aus der Erfindung gezogen hätte.

Fraglich ist, ob es eine Erschöpfung des Gebrauchsmusterrechts ist, wenn der GebrM-Inhaber den durch die Verletzung seines GebrM entstandenen Schaden ersetzt erhalten hat (vgl. OLG Düsseldorf Mitt. 1998, 358, 362 – *Durastep*), jedenfalls soweit der **Schadenersatz** nach der so genannten Lizenzanalogie berechnet und ersetzt worden ist, da der Verletzer weder besser noch schlechter stehen soll als derjenige, der sich korrekt verhält, indem er einen Lizenzvertrag schließt. Ob und inwieweit dieser Erschöpfungsgrundsatz analog auch dann heranzuziehen ist, wenn der GebrM-Inhaber nach einer der anderen Berechnungsmethoden seinen Schaden vollständig ersetzt erhalten hat, ist bislang – soweit ersichtlich – nicht hinreichend geklärt. **104**

Der unter dem Stichwort **internationale Erschöpfung** erörterte Sachverhalt des **Inverkehrbringens in Drittstaaten** bewirkt keine Erschöpfung, wobei dies unabhängig davon ist, ob der Schutzrechtsinhaber im Ausland über ein Parallelschutzrecht verfügt oder nicht (vgl. BGH GRUR 1976, 579, 582 – *Tylosin;* OLG Karlsruhe GRUR 2014, 59, 64 – *MP2-Geräte*). Gegebenenfalls führen die Vertriebshandlungen in diesem jeweiligen Vertriebsstaat zur Erschöpfung, nicht aber zur Erschöpfung der inhaltsgleichen, parallelen Schutzrechte in allen anderen Ländern. Ist die geschützte Sache im Ausland vom Schutzrechtsinhaber in Verkehr gebracht worden, so berechtigt dies nicht zur Einfuhr in ein Land, in dem der Schutzrechtsinhaber über parallele Schutzrechte verfügt. Die Einfuhr oder der Reimport bedarf daher der Zustimmung des Schutzrechtsinhabers (vgl. BGH GRUR 1976, 579, 582 – *Tylosin*). Die Frage der Erschöpfung hat nichts mit dem Territorialitätsgrundsatz zu tun; sie ist eine dem Schutzrecht immanente Inhaltsbeschränkung. **105**

Bei Vertriebshandlungen des Schutzrechtsinhabers oder solcher, die mit seiner Zustimmung in einem **Vertragsstaat der EU** erfolgten, tritt Erschöpfung ein. Dasselbe gilt, wenn der Vertrieb durch ein mit dem Schutzrechtsinhaber verbundenes Unternehmen erfolgt. Gleichgültig ist, ob in dem Vertragsstaat der EU ein Parallelschutzrecht bestand oder nicht (vgl. *Busse/Keukenschrijver* PatG § 9 Rn. 164, 165 mwN). Die Zustimmung ist durch den zu beweisen, der sich auf sie beruft. **106**

5.5 Privilegierungstatbestände des § 12 (Verweis). Kraft Gesetzes sind gemäß § 12 iVm § 11 PatG die dort beschriebenen Nutzungshandlungen (im privaten Bereich zu nichtgewerblichen Zwecken (§ 12 Nr. 1), zu Versuchszwecken (§ 12 Nr. 2), in Luft-/Wasser-/Landfahrzeugen (§ 12 Nr. 3)) keine tatbestandsmäßigen Gebrauchsmusterverletzungen Einzelheiten vgl. → § 12 Rn. 1 ff.). **107**

5.6 Vorbenutzungsrecht (Verweis). Ein Vorbenutzungsrecht gemäß § 13 Abs. 3 iVm § 12 PatG schließt die Rechtswidrigkeit aus (vgl. BGH Mitt. 2009, 566 – *Füllstoff* und → § 13 Rn. 1 ff.). Zur Frage des Rechts an einem älteren Patent oder Gebrauchsmuster vgl. → § 14 Rn. 1 ff. **108**

5.7 Weiterbenutzungsrecht. § 21 Abs. 1 GebrMG iVm § 123 Abs. 5 und 6 PatG schützt den gutgläubigen Benutzer des Gegenstands eines erloschenen Gebrauchsmusters, das infolge einer späteren Wiedereinsetzung wieder in Kraft getreten ist, durch die Gewährung eines **Weiterbenutzungsrechts.** Das ErstrG kennt ebenfalls Weiterbenutzungsrechte desjenigen, der vor der territorialen Erstreckung eines Schutzrechts die geschützte Erfindung in Benutzung genommen hat, § 28 ErstrG. Habe der wegen Gebrauchsmusterverletzung in Anspruch Genommene den Gegenstand des Klagegebrauchsmusters bereits **vor** dessen **Abzweigung** aus dem Stammpatent in Benutzung genommen und habe er zum Zeitpunkt der Benutzungsaufnahme nicht damit rechnen können, ein Schutzrecht zu verletzen, handle er gutgläubig, so **109**

dass ihm in analoger Anwendung von § 123 Abs. 5 PatG ein Weiterbenutzungsrecht zustehe (vgl. LG München Mitt. 1998, 33; zwh.).

110 Ein vergleichbares Weiterbenutzungsrecht besteht für einen Gebrauchsmusterinhaber, der eine ältere, aber nicht vorveröffentlichte Gebrauchsmusteranmeldung in Bezug auf eine jüngere Patentanmeldung besitzt. Diese ältere Anmeldung stellt keinen patenthindernden Stand der Technik im Sinne von § 3 Abs. 2 PatG, Art. 54 Abs. 3 EPÜ dar. Nach Ablauf der Schutzdauer des älteren Gebrauchsmusters wäre der Gebrauchsmusterinhaber den Ansprüchen aus dem jüngeren Patent ausgesetzt. Deshalb erhält er ein Weiterbenutzungsrecht, falls er mit der Benutzung der Erfindung oder mit diesbezüglichen Veranstaltungen noch innerhalb der Schutzdauer des Gebrauchsmusters, wenn auch nach der Anmeldung des jüngeren Patents, begonnen hat (BGH GRUR 1992, 692, 693 – *Magazinbildwerfer*).

111 **5.8 Behördliche Benutzungsanordnung (Verweis).** Behördliche Anordnung gemäß § 13 Abs. 3 iVm § 13 PatG beseitigt die Rechtswidrigkeit (vgl. § 13 Abs. 3).

112 **5.9 Inanspruchnahme.** Die beschränkte Inanspruchnahme einer gebrauchsmustergeschützten Arbeitnehmererfindung beseitigt die Rechtswidrigkeit der Benutzung (§ 7 Abs. 2 ArbErfG). Bei unbeschränkter Inanspruchnahme tritt Rechtserwerb ein (§ 7 Abs. 1 ArbErfG).

113 **5.10 Freier Stand der Technik.** Mit dem Einwand des **freien Stands der Technik** beruft sich der Verletzer darauf, dass sein Verhalten schon vor der Anmeldung des Schutzrechts zum Allgemeingut der Technik gehört habe und nicht mehr monopolisiert werden könne. Bei **wortsinngemäßer** Benutzung durch die angegriffene Ausführungsform kommt nach den Grundsätzen der **patentrechtlichen** Praxis die Verteidigung, die angegriffene Ausführungsform stelle mit Rücksicht auf den Stand der Technik keine patentfähige Erfindung dar, nicht in Betracht. Eine solche Verteidigung liefe auf eine inzidente Feststellung der Nichtigkeit des Klagepatents im Rahmen des Patentverletzungsverfahrens hinaus, was mit der Kompetenzverteilung zwischen Nichtigkeits- und Patentverletzungsverfahren nicht vereinbar sei; die Patenterteilung könne nur mit der Nichtigkeitsklage angefochten werden (vgl. BGH GRUR 1999, 914, 916 – *Kontaktfederblock*). Mit dieser Begründung jedenfalls kann der Einwand des freien Standes der Technik im **Gebrauchsmusterverletzungsverfahren** nicht zurückgewiesen werden, weil die Schutzvoraussetzungen im Verletzungsrechtsstreit ohnehin nachgeprüft werden können bzw. müssen (vgl. → Rn. 77). Mangels Bindungswirkung des Verletzungsrichters an die Eintragung des Gebrauchsmusters ist die Zulässigkeit dieses Einwands auch bei **wortsinngemäßer** Verletzung grundsätzlich zu bejahen; sie darf sich jedoch nicht mit der Bindungswirkung der Entscheidung in einem GebrM-Löschungsverfahren nach § 19 S. 3 GebrMG in Widerspruch setzen. Wird gleichzeitig aus einem parallelen Patent geklagt, können gegebenenfalls unterschiedliche Ergebnisse eintreten. Allerdings hat der BGH einem Beklagten, dessen angegriffene Ausführungsform sämtliche Merkmale des GebrM verwirklicht, den Einwand auf den freien Stand der Technik abgeschnitten (BGH GRUR 1997, 454, 456 – *Kabeldurchführung*). Soweit sich der BGH zum Beleg seiner Ansicht auf sein Urteil *„Schienenschalter II"* (GRUR 1972, 597, 599) beruft, erscheint dies zumindest fragwürdig, weil jene Entscheidung die Bindung des ordentlichen Gerichts an die teilweise Aufrechterhaltung des GebrM im Löschungsverfahren zwischen denselben Parteien des Verletzungsrechtsstreits betraf, so dass damit ein nicht verallgmeinerungsfähiger Sachverhalt betroffen war.

114 Der Einwand, die als **äquivalent** angegriffene Ausführungsform stelle mit Rücksicht auf den Stand der Technik keine patentfähige Erfindung dar (sog Formstein-Einwand), wird im Gebrauchsmusterverletzungsprozess ebenfalls zugelassen (BGH GRUR 1997, 454, 456 – *Kabeldurchführung*). Denn der Erfinder kann nur für eine erfinderische Weiterentwicklung des Standes der Technik eine Belohnung durch ein

Gebrauchsmuster beanspruchen. Der Allgemeinheit muss es möglich sein, eine sich in naheliegender Weise aus dem Stand der Technik ergebende Lehre zu benutzen, die zwar nicht wortsinngemäß die geschützte Lehre einsetzt, ohne einschränkende Berücksichtigung des Standes der Technik in deren Schutzbereich aber einbezogen werden könnte. Der interessierte Dritte kann auch nicht auf die Durchführung eines Löschungsverfahrens verwiesen werden, da dort nur die Schutzwürdigkeit der wortsinngemäßen Lehre der Schutzansprüche geprüft würde (BGH GRUR 1997, 454, 456 – *Kabeldurchführung;*vgl. zur Parallelproblematik des positiven Benutzungsrechts → Rn. 2ff.). Der Einwand ist auch nicht ausgeschlossen, wenn ein Löschungsverfahren zwischen **denselben Parteien** zur (vollständigen oder teilweisen) Aufrechterhaltung des Klagegebrauchsmusters geführt hat (der Einwand wäre bei unterschiedlichen Parteien ohnehin nicht ausgeschlossen). Ist ein Löschungsantrag des Beklagten zurückgewiesen worden, darf sich die Prüfung, ob die als äquivalent angegriffene Ausführungsform mit Rücksicht auf den vorbekannten Stand der Technik keine gebrauchsmusterfähige Erfindung darstellt, aber nicht in Widerspruch zu der im Löschungsverfahren ergangenen Entscheidung setzen (BGH GRUR 1997, 454, 457/458 – *Kabeldurchführung*). Dieser Stand-der-Technik-Einwand ist nur zu berücksichtigen, wenn der entgegengehaltene Stand der Technik überhaupt die äquivalente Abwandlung und nicht ausschließlich solche Merkmale des Gebrauchsmusteranspruchs betrifft, die bei der angegriffenen Ausführungsform wortsinngemäß verwirklicht sind (vgl. LG Düsseldorf GRUR 1994, 509, 511 – *Rollstuhlfahrrad*). Die Darlegungs- und Beweislast liegt bei dem Verletzungsbeklagten. Weitere Einzelheiten zum Einwand des Standes der Technik bei → § 12a Rn. 170ff., → § 12a Rn. 479ff.; → § 19 Rn. 19.

5.11 Widerrechtliche Entnahme (Verweis). Sie begründet einen Einwand gegen die Inanspruchnahme wegen vermeintlicher Gebrauchsmusterverletzung dahingehend, dass die Rechte aus dem Gebrauchsmuster gegenüber dem Beklagten unberechtigt erlangt seien (→ § 13 Rn. 37ff.). **115**

5.12 Unzulässige Erweiterung (Verweis). Bei einer unzulässigen Erweiterung tritt ebenfalls keine Schutzwirkung ein (vgl. § 15 Abs. 1 Nr. 3). Aus einer unzulässigen Erweiterung können Rechte nicht hergeleitet werden, § 4 Abs. 6 S. 2. Dies gilt auch im Falle der Einreichung neuer (beschränkter) Schutzansprüche zu den Gebrauchsmusterakten; nur diese können Grundlage der Ermittlung des Schutzumfangs sein (BPatGE 29, 8). Dies gilt auch für den Fall von nach dem Erlöschen des GebrM zu den Akten gereichten eingeschränkten Schutzansprüchen. Einzelheiten bei → § 13 Rn. 15ff., → § 15 Rn. 52ff. **116**

5.13 Verjährung, Verwirkung. Der – nicht von Amts wegen zu prüfende – Einwand der Verjährung ist auch im Verletzungsprozess möglich. **117**

§ 24f, der § 141 PatG entspricht, verweist hinsichtlich aller Ansprüche wegen Verletzung des GebrM-Rechts auf die allgemeine Verjährungsregelung des BGB. **118**

§ 24f, weitere Sonderregelungen und somit folgende Verjährungsfristen gelten für den: **119**

- Schadensersatzanspruch gemäß § 24 Abs. 2: 3 Jahre; der rechtskräftig festgestellte Schadenersatzanspruch, unterliegt er der 30 jährigen Verjährung nach § 197 Nr. 3 BGB;
- Unterlassungsanspruch gem. § 24 Abs. 1 PatG: 3 Jahre; jede neue Zuwiderhandlung setzt eine neue Verjährungsfrist in Lauf, vgl. § 199 Abs. 5 S. 2 BGB; Verjährung ist auch bei Fortbestehen der Wiederholungsgefahr möglich;
- Ansprüche aus einer vertraglichen Unterlassungsverpflichtung in Erfüllung eines gebrauchsmusterrechtlichen Unterlassungsanspruchs wegen ihrer Parallelität zum gesetzlichen Unterlassungsanspruch analog § 24 Abs. 1: 3 Jahre; die Verpflichtung tritt an die Stelle des Unterlassungsanspruchs – Novation;
- Vertragsstrafeanspruch, §§ 195, 199 Abs. 1, 5 BGB: 3 Jahre;

- Auskunftsanspruch/Rechnungslegungsanspuch: 3 Jahre = Hilfsanspruch zum Schadensersatzanspruch;
- Beseitigungsanspruch: 3 Jahre;
- Vernichtungsanspruch aus § 24a: 3 Jahre;
- Anspruch auf Drittauskunft, § 24b: 3 Jahre;

120 Keine Anwendung findet § 24f auf sonstige Ansprüche, die nach den allgemeinen Regelungen verjähren. Hierzu gehören:
- Ansprüche aus Lizenzverträgen: 3 Jahre, § 195 BGB;
- Ursprüngliche Bereicherungsansprüche gemäß § 812 BGB: 3 Jahre, § 195 BGB;
- Ansprüche wegen unberechtigter Verwarnung: 3 Jahre, § 195 BGB;
- Übertragungs- und Abtretungsansprüche nach § 13 GebrMG, § 8 PatG: 30 Jahre, § 197 Abs. 1 Nr 1 BGB.

121 Beginn der Verjährung:

Jeder Anspruch unterliegt einer **kenntnisabhängigen** Verjährungsfrist von 3 Jahren, die mit dem Schluss des Jahres beginnt, in dem der Anspruch entstanden ist. Weiter setzt dies voraus, dass der Gläubiger von den anspruchsbegründenden Tatsachen und der Person des Schuldners Kenntnis erlangt hat. Auf grober Fahrlässigkeit beruhende Unkenntnis steht der positiven Kenntnis gleich, §§ 195, 199 Abs. 1 BGB.

122 Weiterhin ist die **absolute Verjährungsfrist** zu beachten, die unterschiedlich lang ist und 10 oder 30 Jahre beträgt, § 199 Abs. 3, 4 BGB:
- Für Schadenersatzansprüche, einschließlich vorbereitender Auskunfts- und Rechnungslegungsansprüche: 10 Jahre von der Entstehung des Anspruchs an, sowie – unabhängig von der Anspruchsentstehung – 30 Jahre von der Verletzungshandlung, Pflichtverletzung etc. an, § 199 Abs. 3 BGB.
- Ansprüche auf Unterlassung, Vernichtung, Auskunft nach § 140b, originären Bereicherungsausgleich: 10 Jahre seit ihrer Entstehung, § 199 Abs. 4 BGB.

123 Verjährungseintritt mit dem Ablauf derjenigen Frist, die im konkreten Einzelfall als erste endet, § 199 Abs. 3 S. 2 BGB.

124 Kenntnis oder grob fahrlässige Unkenntnis von den **anspruchsbegründenden Umständen** und dem **Schuldner** ist erforderlich. Grundsätzlich muss ein Kenntnisstand in dem Umfang gegeben sein, dass rechtliche Schritte, zB in Form einer Abmahnung oder Erhebung einer Klage, möglich sind. Der konkrete, relevante Sachverhalt muss bekannt sein. Verdachtsmomente sind nicht ausreichend. Jedoch ist die Kenntnis des Umfangs des Schadens ist nicht erforderlich.

125 Es kommt auf die **Kenntnis** des verletzten **Rechtsinhabers** an. Das Wissen seines **Lizenznehmers** oder rechtsgeschäftlichen **Vertreters** genügt (nur), wenn er ist mit der Geltendmachung von Rechten aus dem Patent beauftragt, so dass sich der Rechtsinhaber dessen Kenntnis als eigene Kenntnis zurechnen lassen muss (BGH GRUR 1998, 133, 137 – *Kunststoffaufbereitung*).

126 **Entstehung** des Anspruchs setzt grundsätzlich dessen **Fälligkeit** voraus. Bei **wiederholten** oder **fortgesetzten Handlungen** beginnt für jede einzelne schadenverursachende Handlung eine neue, gesonderte Verjährungsfrist sowohl für den Unterlassungsanspruch wie auch für den aus ihm fließenden Schadensersatzanspruch (BGH GRUR 1984, 820, 822 – *Intermarkt II;* BGH GRUR 1978, 492, 495 – *Fahrradgepäckträger II;* BGH GRUR 1999, 751, 754 – *Güllepumpen*). Bei **Dauerhandlungen** beginnt die Verjährung nicht, solange der Eingriff noch andauert (BGH GRUR 1974, 99, 100 – *Brünova*).

127 **Hemmung** der Verjährung nach §§ 203–211 BGB:
- **Wirkung:** die Verjährungsfrist wird um die Zeit der Hemmung verlängert wird, § 209 BGB.
- Bei **schwebenden Vergleichsverhandlungen:** Mindestverjährungsrestfrist von 3 Monaten nach dem Ende der Hemmung, § 203 S. 2 BGB. Schwebende Verhandlungen über den Anspruch oder die anspruchsbegründenden Umstände:

Hemmung der Verjährung, bis eine Partei die Fortsetzung der Verhandlungen verweigert, § 203 BGB. Der Begriff der Verhandlung ist weit auszulegen.

- Hemmung bei **Erhebung einer Leistungs- oder Feststellungsklage,** § 204 BGB; eine isolierte **Auskunftsklage** hemmt nicht die Verjährung des zugrunde liegenden Hauptanspruchs auf Entschädigung oder Schadenersatz.
- Hemmung bei Zustellung des Antrags auf Durchführung eines **selbständigen Beweisverfahrens** soweit der zugrunde liegende Anspruch betroffen ist.
- Hemmung bei Zustellung eines Antrages auf Erlass einer **einstweiligen Verfügung** für den Anspruch, der gesichert oder – bei Unterlassungsverfügungen – erfüllt werden soll.

Neubeginn der Verjährung, § 212 BGB (= Unterbrechung der Verjährung): 128

- durch **Anerkenntnis** des Schuldners, auch in Form einer **Unterlassungserklärung** mit oder ohne
- durch Antrag auf oder die Vornahme von **Vollstreckungshandlungen.**

Restschadenersatzanspruch, § 24f S. 2: 129

Selbst nach Eintritt der Verjährung des Schadenersatzanspruchs gemäß § 24 Abs. 2 ist der Schuldner verpflichtet, dem Berechtigten dasjenige nach den Vorschriften des **Bereicherungsrechts** herauszugeben, was er durch die gebrauchsmusterverletzenden Handlungen auf dessen Kosten erlangt hat. Geschuldet ist **Wertersatz** nach den Grundsätzen der Lizenzanalogie. Str. ist, ob ein Anspruch auf Herausgabe des Verletzergewinns besteht, weil der Restschadenersatzanspruch an sich nicht weiter gehen kann als der originäre Bereicherungsanspruch, auf dessen Rechtsfolgen verwiesen wird (diesen trotzdem bejahend LG Mannheim InstGE 4, 107, 111/112 – *Mitnehmerorgan;* LG Düsseldorf Mitt. 2000, 458, 462 – *Dämmstoffbahn*). Der Restschadenersatzanspruch verjährt gemäß § 852 S 2 BGB binnen 10 Jahren seit der Entstehung des Anspruchs, dh der Verletzungshandlung und dem Schadenseintritt, unabhängig von der Anspruchsentstehung binnen 30 Jahren seit der Verletzungshandlung.

130 Die verspätete Geltendmachung des **Unterlassungsanspruchs** aus dem GebrM gegen einen GebrM-Verletzer kann im Einzelfall zu einer **Verwirkung** der Ansprüche des Berechtigten führen (jedoch sehr selten). Der Einwand der Verwirkung ist zwar gegenüber Ansprüchen wegen Gebrauchsmusterverletzung möglich, jedoch nur in ganz besonderen Ausnahmefällen durchgreifend (vgl. BGH GRUR 1953, 29, 31 – *Plattenspieler*), was damit zusammenhängt, dass das Gebrauchsmuster seinem Inhaber ohnehin nur ein zeitlich begrenztes Ausschließlichkeitsrecht gewährt und sich die Verletzung des Gebrauchsmusters als fortlaufende unberechtigte Nutzung geistiger Leistungen des Schutzrechtsinhabers darstellt. Neben dem im Einzelfall zu bestimmenden Zeitablauf – **Zeitmoment** – (drei bis vier Jahre reichen regelmäßig nicht) muss noch das weitere Merkmal hinzu kommen, dass die verspätete Geltendmachung von Ansprüchen infolge besonderer Umstände gegen Treu und Glauben verstößt. Der Patentverletzer muss aus dem Verhalten des GebrM-Inhabers entnehmen können, dass dieser keine Ansprüche mehr geltend macht und er muss sich auch gutgläubig darauf eingerichtet haben, dass er nicht mehr mit Ansprüchen des Berechtigten zu rechnen brauchte. Bösgläubigkeit des Verletzers kann deshalb keine Verwirkung eintreten lassen. Des Weiteren muss regelmäßig ein **wertvoller Besitzstand** bei dem gutgläubigen Verletzer eingetreten sein – **Umstandsmoment** –. Zeit- und Umstandsmoment stehen in einer **Wechselbeziehung** und können nicht voneinander unabhängig betrachtet werden: je gewichtiger das etwaige Umstandsmoment wiegt, um so kürzer ist der für die Verwirkung erforderliche Zeitablauf = typische Frage des Einzelfalls.

131 Die Frage der Verwirkung kann ggf. bei den geltend gemachten **einzelnen Ansprüchen unterschiedlich** zu beurteilen sein. Unter der gebotenen Abwägung aller Umstände des Einzelfalles kann zB zwar der Unterlassungsanspruch verwirkt sein kann, nicht aber auch die Verpflichtung zur Zahlung von Schadensersatz. Die Verwirkung des Schadensersatzanspruchs setzt keinen derartigen schutzwürdigen Besitzstand

voraus, sondern nur, dass der Schuldner auf Grund eines hinreichend lang dauernden Duldungsverhaltens des Rechtsinhabers darauf vertrauen durfte, dieser werde nicht mehr mit Schadensersatzansprüchen wegen solcher Handlungen an ihn herantreten, die er auf Grund des geweckten Duldungsanscheins vorgenommen hat (BGH GRUR 2001, 323, 325/326 – *Temperaturwächter*).

132 **5.14 Unzulässige Rechtsausübung.** Auch der Einwand der unzulässigen Rechtsausübung ist grundsätzlich möglich (vgl. BGH Mitt. 1997, 364 – *Weichvorrichtung II*). Hierbei ist aber nicht schon jeder Widerspruch der Erklärungen des Gebrauchsmusterinhabers zum Beispiel in einem Löschungsverfahren und im Verletzungsverfahren relevant. Es bedarf der Schaffung eines Vertrauenstatbestandes oder eines treuwidrigen Verhaltens. Ein Vorgehen gegen Abnehmer stellt für sich genommen keine unzulässige Rechtsausübung dar. Angestellte und Arbeiter eines Unternehmens haften regelmäßig für von ihnen verübte Gebrauchsmusterverletzungen auf Unterlassung; die Inanspruchnahme kann im Einzelfall jedoch rechtsmissbräuchlich sein (vgl. LG Düsseldorf GRUR Int. 1986, 807, 808 – *Feldversuche*).

133 **5.15 Älteres Recht (Verweis).** Ein derartiger Einwand kann sich aufgrund der Kollision von Schutzrechten ergeben und deren zeitliche Rangordnung zueinander, die sich grundsätzlich entsprechend dem Prioritätsprinzip regelt (vgl. Einzelheiten bei → § 14 Rn. 3ff., → § 14 Rn. 11ff.).

134 **6. Täterschaft/Teilnahme.** § 11 Abs. 1 S. 2 untersagt es jedem Dritten, die dort genannten Benutzungshandlungen vorzunehmen. Hiervon wird jede natürliche und juristische Person erfasst. Gebrauchsmusterverletzungshandlungen sind ferner unerlaubte sowie gegebenenfalls strafbare Handlungen, § 25. Als Täter kommt deshalb nur eine natürliche Person in Betracht. Bei Unternehmen, Handelsgesellschaften und juristischen Personen richtet sich die Täterschaft im Wesentlichen nach § 14 StGB. Anstiftungs- und Beihilfehandlungen sind möglich; ebenso Mittäterschaft. Juristische Personen handeln nicht selbst, sondern durch ihre Organe. Folglich sind diese täterschaftlich handelnden Organe der Gesellschaft ebenso wie diese selbst für den gebrauchsmusterrechtlichen Unterlassungsanspruch passivlegitimiert (vgl. BGH GRUR 1986, 248, 250 – *Sporthosen*).

135 **7. Werbung mit Gebrauchsmusterschutz (Verweis).** Vgl. hierzu → § 30 Rn. 12ff.

§ 12 [Beschränkung der Wirkung]

Die Wirkung des Gebrauchsmusters erstreckt sich nicht auf
1. **Handlungen, die im privaten Bereich zu nicht gewerblichen Zwecken vorgenommen werden;**
2. **Handlungen zu Versuchszwecken, die sich auf den Gegenstand des Gebrauchsmusters beziehen;**
3. **Handlungen der in § 11 Nr. 4 bis 6 des Patentgesetzes bezeichneten Art.**

Literatur (Auswahl): *Chrocziel,* Die Benutzung patentierter Erfindungen zu Versuchs- und Forschungszwecken, 1996; *Pagenberg,* Das Versuchsprivileg des § 11 Nr. 2 PatG, GRUR 1996, 736; *Scheil,* Klinische Versuche, Mitt. 1996, 345; *Stauder,* Die Freiheit des internationalen Verkehrs im Patentrecht, GRUR 1993, 305; *Thums,* Patentschutz für Heilverfahren? GRUR 1995, 277; *von Meibom/Pitz,* Klinische Versuche – eine transatlantische Betrachtung vor dem Hintergrund der Entscheidung des BGH „Klinische Versuche II", Mitt. 1998, 244.

1 **1. Allgemeines/Zweck der Vorschrift.** Mit der durch das GebrMGÄndG 1986 aufgenommenen Regelung soll eine weitgehende Übereinstimmung mit derje-

nigen in § 11 PatG hergestellt werden (Begr. BlPMZ 1986, 320, 327). Die Regelung soll einen Ausgleich zwischen den Interessen des Schutzrechtsinhabers und denjenigen der Allgemeinheit schaffen. Aus § 11 ergibt sich der Grundsatz, dass sich die **Wirkung** des GebrM auf **alle Benutzungshandlungen** erstreckt. § 12 nimmt hiervon bestimmte Benutzungshandlungen tatbestandsausschließend aus. **§ 12 Nr. 1** entzieht Handlungen in der **privaten Sphäre** dem Gebrauchsmusterschutz. **§ 12 Nr. 2** ist Ausdruck eines Ausgleiches zwischen der Anerkennung einer besonderen Leistung im Bereich der Technik und der als Ansporn für weitere Leistungen zu verstehenden Gewährung eines zeitlich beschränkten Ausschließlichkeitsrechts einerseits und den Auswirkungen der Grundsätze der Freiheit, der Forschung und der Sozialbindung des Eigentums andererseits. Der uneingeschränkte Schutz eines Ausschließlichkeitsrechts ist dort nicht gerechtfertigt, wo die Weiterentwicklung der Technik gehindert wird; deshalb sind Handlungen zu **Versuchszwecken** freigestellt (vgl. BGH Mitt. 1997, 253, 256 – *Klinische Versuche II;* Verfassungskonformität bestätigt BVerfG GRUR 2001, 43 – *Klinische Versuche*). **§ 12 Nr. 3 iVm § 11 Nr. 4–6 PatG** begrenzt die Schutzwirkungen des Gebrauchsmusters bei bestimmten Handlungen des **internationalen Verkehrs.** Interessanterweise nimmt § 12 Nr. 3 **nicht** Bezug auf **§ 11 Nr. 3 PatG,** der die Rezepturfreiheit des Arztes im Interesse der Gesundheitsförderung gewährleisten will. Darüber hinaus begrenzen – im Gesetz nicht geregelte – **allgemeine Rechtfertigungsgründe** die Schutzwirkungen des Gebrauchsmusters.

2. § 12 Nr. 1: Handlungen im privaten Bereich zu nicht gewerblichen Zwecken. Die Wirkung des Gebrauchsmusters greift nicht ein, wenn eine **doppelte** Voraussetzung erfüllt ist: Die Handlungen müssen sowohl im privaten Bereich als auch zu nicht gewerblichen Zwecken vorgenommen sein. Ist eine der beiden Voraussetzungen nicht erfüllt, greift die Ausnahmeregelung des § 12 Nr. 1 nicht ein (vgl. BGH GRUR 1990, 997 – *Ethofumesat*). 2

Der **private Bereich** betrifft die rein persönliche oder private Sphäre des Menschen, zu der auch bloße Studienzwecke gerechnet werden können (BGH GRUR 1990, 997, 999 – *Ethofumesat*). Erfasst werden sollen insbesondere Handlungen des Menschen im Bereich seiner Familie, seines Haushalts, bei Sport, Spiel und Unterhaltung (*Mes* PatG § 11 Rn. 3). Über eine Privatsphäre können in der Regel nur persönliche Personen verfügen, so dass die Benutzung in juristischen Personen, Vereinen, Schulen, Kirchen etc nicht von dem Privilegierungstatbestand erfasst werden. 3

Weitere Voraussetzung ist, dass die Handlung im privaten Bereich **zu nicht-gewerblichen Zwecken** vorgenommen worden sein darf. Der nicht gewerbliche Zweck ist nicht gleichzusetzen mit der gewerblichen Anwendbarkeit (§§ 1 Abs. 1, 3 Abs. 2); ebenfalls nicht mit dem handels- und gewerberechtlichen Gewerbebegriff. Freiberufliche Tätigkeiten sind gewerblich im Sinne dieser Vorschrift (OLG München Mitt. 1996, 312, 314 – *Patentverletzung durch ärztliche Verschreibung*). Gewerblich ist jede Benutzungshandlung außerhalb der privilegierten Zwecke und Sphären, auch wenn dies nicht für die Zwecke eines Gewerbes geschieht. Zu Feldversuchen mit dem Ziel, eine Zulassung für ein Mittel zu erlangen: vgl. BGH GRUR 1990, 997, 999 – *Ethofumesat;* Zurschaustellung zu bloßen Lehrzwecken oder zu wissenschaftlichen Zwecken: vgl. BGH GRUR 1970, 358, 360 – *Heißläuferdetektor.* 4

3. § 12 Nr. 2: Handlungen zu Versuchszwecken. Die Regelung erstreckt sich allgemein auf Handlungen zu Versuchszwecken, die sich auf den „Gegenstand des Gebrauchsmusters" beziehen; soweit in der vergleichbaren Vorschrift des § 11 Nr. 2 PatG von Versuchshandlungen gesprochen wird, die sich auf den „Gegenstand der patentierten Erfindung" beziehen, kann aus dieser unterschiedlichen Formulierung, die wohl aus rein sprachlichen Gründen erfolgte, keine unterschiedliche Interpretation hergeleitet werden. Auf die Grundsätze der Rechtsprechung zu § 11 Nr. 2 PatG kann deshalb uneingeschränkt zurückgegriffen werden. 5

6 Diese Vorschrift hat in der jüngeren Vergangenheit vor allen Dingen bei der Behandlung **klinischer, pharmazeutischer** oder **agrotechnologischer Versuche** Bedeutung erlangt – die hierzu entwickelten Grundsätze sind aber auf alle Arten von Erfindungen zu übertragen. Die Zulassung zum Beispiel pharmazeutischer Produkte erfordert grundsätzlich klinische Versuche. Unabhängig davon verbindet sich häufig auch mit Marketingfragen das Erfordernis, ein Produkt vor Einführung im betroffenen Markt testen zu lassen. Diese Erfordernisse kollidieren häufig mit bestehenden Schutzrechten. Dies gilt umso mehr, wenn es sich um Basisschutzrechte oder um solche mit weitem Schutzumfang handelt, wie sie zunehmend im biotechnologischen Bereich vorkommen. Zunächst hat der BGH lediglich Maßnahmen zum Auffinden einer unterschiedlichen Indikation dem Versuchsprivileg unterstellt. Zweck der klinischen Versuche durften auch allein die Erlangung neuer Informationen und wissenschaftlicher Versuchsergebnisse sein, wobei die Verwendung derartiger Versuchsergebnisse für wirtschaftliche Zwecke zugelassen wurde (vgl. BGH GRUR 1996, 109 – *Klinische Versuche I*).

7 Diese Rspr. hat der BGH weiterentwickelt und **zulässige** Handlungen zu **Versuchszwecken** angenommen, wenn durch **planmäßiges Vorgehen** Erkenntnisse gewonnen werden sollen, um eine bestehende Unsicherheit über die Wirkungen und die Verträglichkeit eines Arzneimittel-Wirkstoffes zu beseitigen. Klinische Versuche, bei denen die Wirksamkeit und die Verträglichkeit eines den geschützten Wirkstoff enthaltenden Arzneimittels an Menschen geprüft wird, sind danach auch zulässig, wenn die Erprobungen mit dem Ziel vorgenommen werden, Daten für die **arzneimittelrechtliche Zulassung** einer pharmazeutischen Zusammensetzung zu gewinnen. Die gewerbliche Ausrichtung von Versuchen und die Intention, die gewonnenen Ergebnisse zu gewerblichen Zwecken zu verwerten, machen die Versuchshandlungen selbst nicht zu unzulässigen Handlungen (vgl. BGH Mitt. 1997, 253, 256/257 – *Klinische Versuche II*). Zulässig ist danach jedes planmäßige Vorgehen zur Gewinnung von Erkenntnissen über den Gegenstand der geschützten Erfindung. Nicht entscheidend ist der finale Zweck der Versuchshandlungen. Versuche, die mit dem letztendlichen Ziel durchgeführt werden, eine arzneimittelrechtliche Zulassung zu erhalten, sind danach zulässig. Es ist eine Einzelfallbetrachtung vorzunehmen, bei der nicht nur die Art des geprüften Wirkstoffs und die Gegebenheiten im klinischen Umfeld, sondern vor allem die Intentionen der beteiligten Personen und Unternehmen zu berücksichtigen sind. Lediglich vorgeschobene Forschungsziele bzw. bloße Willensäußerungen werden kein maßgebliches Abgrenzungskriterium im Einzelfall sein können. Zulässig sind infolgedessen Versuche, die sich auf die Gestaltung des geschützten Stoffes beziehen, etwa um seine Zusammensetzung, Herstellbarkeit, technische Brauchbarkeit und Wirkungsweise zu untersuchen. Einbezogen sind mithin „Verwendungsversuche" sowie „Indikationsversuche". Versuche zum Auffinden von Indikationen und Kontraindikationen innerhalb und außerhalb bekannter Anwendungsbereiche von geschützten Arzneimittelwirkstoffen sind danach zulässig. Zulässig ist insofern auch der Einsatz des geschützten Wirkstoffs mit dem Ziel zu erfahren, ob und gegebenenfalls mit welcher Darreichungsform und Dosierung der Stoff in der Lage ist, bestimmte Krankheiten zu heilen oder zu lindern. Erlaubt sind ferner Versuche, die dem Nachweis dienen, dass ein Konkurrenzprodukt gegenüber dem geschützten Produkt Vorteile, zB bessere Eigenschaften, habe, sofern dabei planmäßig vorgegangen wird und es um das Auffinden klinisch relevanter Unterschiede zu anderen Produkten, insbesondere deren Wirksamkeit und Verträglichkeit geht. **Unzulässig** sind nach wie vor Versuche mit dem geschützten Erzeugnis, die nicht auf technische Erkenntnisse gerichtet sind, sondern ausschließlich kaufmännische bzw. unternehmerische Entscheidungen betreffen. Wenn es nur noch um die Klärung wirtschaftlicher Fakten wie Marktbedürfnis, Preisakzeptanz und Vertriebsmöglichkeiten geht, ist das Versuchsprivileg ausgeschlossen. Nichts anderes gilt, wenn die Erlangung weiterer technisch-wissenschaftlicher Erkenntnisse nur Nebenzweck der

Versuchshandlung darstellt und primär unternehmerische Marktstrategien verwirklicht werden sollen. Werden Versuchsreihen in einem vom Versuchszweck nicht mehr zu rechtfertigenden großen Umfang vorgenommen, liegt ebenfalls keine zulässige Versuchshandlung mehr vor (BGH Mitt. 1997, 253, 256/257 – *Klinische Versuche II*). Damit wird verhindert, dass durch groß angelegte Versuchsreihen verschiedener Indikationsbereiche der Markt mit geschützten Stoffen überschwemmt und für die identisch geschützten Original-Produkte des Schutzrechtsinhabers verstopft wird. Verhindert werden soll darüber hinaus die missbräuchliche Berufung auf das Versuchsprivileg, sofern Versuche mit der Absicht durchgeführt werden, den Absatz des Erfinders mit seinem Produkt nachhaltig zu stören.

4. § 11 Nr. 3 PatG analog: Einzelzubereitung von Arzneimitteln. § 11 Nr. 3 PatG (iVm § 2 AMG) ist nicht in den Verweisungskatalog des § 12 Nr. 3 GebrMG aufgenommen. Durch § 11 Nr. 3 PatG soll die Ausübung der ärztlichen Tätigkeit erleichtert und die mit der Herstellung und Verabreichung von Arzneimitteln in Einzelfällen befassten Personen von der Wirkung des PatG freigestellt werden. Danach darf der Arzt im Einzelfall im Interesse seines Patienten unabhängig von der jeweiligen Schutzrechtslage Arzneimittel verschreiben, die in Apotheken hergestellt werden dürfen. Als Grund für die Nichtübernahme dieser patentrechtlichen Regelung führt der Gesetzgeber des GebrMÄndG 1986 an, dass Stoff- und Verfahrenserfindungen ohnehin nicht als GebrM geschützt werden könnten (BlPMZ 1986, 320, 327). Diese Begründung trifft für stoffbezogene Erfindungen nicht mehr zu, so dass sich die Frage der **analogen Anwendbarkeit** des § 11 Nr. 3 PatG insoweit stellt. Streng genommen müsste die Analogie nach den Grundsätzen der juristischen Methodenlehre verneint werden, da es sich nicht um eine unbewusste Gesetzeslücke handelt und überdies nachfolgende Gesetzesänderungen zum GebrMG die Möglichkeit der Regelung dieses Punktes hatten. Andererseits dürfen die diesbezüglichen Maßstäbe an den heutigen Gesetzgeber nicht mehr zu hoch angesetzt werden; vor allem aber erfordert der Normzweck des § 11 Nr. 3 PatG eine analoge Anwendung im Rahmen des § 12 Nr. 3 GebrMG, soweit Stofferfindungen und damit Arzneimittel betroffen sind (ebenso *Busse/Keukenschrijver* GebrMG § 12 Rn. 3). Danach gilt Folgendes: 8

Der **Begriff des Arzneimittels** ist eigenständig auszulegen. Anhaltspunkte hierfür sind jedoch der Arzneimittelbegriff des § 2 AMG, wonach es sich um Stoffe und Zubereitungen aus Stoffen handelt, die dazu bestimmt sind, durch Anwendung am oder im menschlichen oder tierischen Körper Krankheiten, Leiden, Körperschäden oder krankhafte Beschwerden zu heilen, zu lindern, zu verhüten oder zu erkennen. Nur solche Arzneimittel sind freigestellt, die unmittelbar in **Apotheken** im Wege der **Einzelzubereitung** hergestellt werden. Aus § 11 Nr. 3 PatG lässt sich kein allgemeiner Rechtsgedanke betreffend die Rezepturfreiheit des Arztes herleiten; die Vorschrift betrifft einen **eng umgrenzten Ausnahmefall** und privilegiert allein die Herstellung eines Arzneimittels in der Apotheke aufgrund eines ärztlichen Rezepts. Keine Privilegierung läge danach vor, wenn die Zubereitung nicht durch den Apotheker in der Apotheke, sondern beispielsweise durch den Arzt oder in einem Labor erfolgte. **Vorratszubereitungen** sind ebenfalls unzulässig. Die Zubereitung muss aufgrund konkreter, auf den Einzelpatienten bezogener Verordnung seitens des Arztes erfolgen (vgl. LG Hamburg Mitt. 1996, 315 – *Patentverletzung durch ärztliche Verschreibung*). Privilegiert unter den Voraussetzungen des § 11 Nr. 3 sind auch die damit im Zusammenhang stehenden Handlungen des Verschreibens, Herstellens und der Anwendung, soweit sie nicht ohnehin wegen des Ausschlusses von Verfahrenserfindungen frei ausführbar sind. 9

5. § 12 Nr. 3 iVm § 11 Nr. 4 PatG: Handlungen an Bord von Schiffen. Von der Wirkung des Gebrauchsmusters ausgenommen sind ferner der Gebrauch seines Gegenstands an Bord des Schiffes eines anderen Mitgliedstaats der Pariser Verbandsübereinkunft (vgl. Art. 5ter PVÜ), wenn das Schiff vorübergehend oder zufällig in 10 die nationalen Gewässer der Bundesrepublik Deutschland gelangt. Der Gegenstand muss ausschließlich für die Bedürfnisse des Schiffs, seiner Besatzung und seiner Passagiere verwendet werden. Nicht privilegiert ist infolge dessen die Herstellung von Erzeugnissen an Bord des Schiffes oder das Inverkehrbringen solcher Erzeugnisse.

11 **6. § 12 Nr. 3 iVm § 11 Nr. 5 PatG: Handlungen im Zusammenhang mit Luft- und Landfahrzeugen.** Auch diese Vorschrift dient der Freiheit des internationalen Verkehrs (vgl. Art. 5ter PVÜ). Danach ist eine Gebrauchsmusterverletzung durch Gebrauch des Gegenstands des Gebrauchsmusters in der Bauausführung (zB Kupplung) oder für den Betrieb von Luft- und Landfahrzeugen ausgeschlossen; erfasst werden alle Fahrzeuge, zB ausländische Eisenbahnen, Flugzeuge, Kraftfahrzeuge, Rolltrailer, etc (vgl. LG Hamburg GRUR Int. 1973, 703, 704 – *Rolltrailer*). Fahrzeuge der in § 11 Nr. 5 PatG beschriebenen Art dürfen vorübergehend (zB ein Jahr seit Grenzübertritt) ins Inland gebracht werden. Diese Voraussetzung ist zB erfüllt, wenn sich die Fahrzeuge bestimmungsgemäß nur für einige Tage – ggf. wiederholt – auf einer Messe im Inland befinden (vgl. OLG Düsseldorf GRUR 1994, 105, 107 – *Stapelbarer Transportwagen*).

12 **7. § 12 Nr. 3 iVm § 11 Nr. 6 PatG: Handlungen im Zusammenhang mit privatem Luftverkehr.** Art. 27 des in § 11 Nr. 6 PatG genannten Abkommens sieht eine Befreiung von der Beschlagnahme wegen einer Schutzrechtsverletzung vor, wenn bei einem genehmigten Einflug oder Durchflug Bauart, Mechanismus, Teile, Zubehör oder der Betrieb des Luftfahrzeuges das Schutzrecht verletzen; die Befreiung gilt auch für die Lagerung von Ersatzteilen und die Ersatzausrüstung.

13 **8. Allgemeine Rechtfertigungsgründe.** Die Benutzung des geschützten Gebrauchsmusters im Notstandsfall unter den Voraussetzungen des § 904 BGB ist rechtmäßig (vgl. BGH GRUR 1992, 305, 309 – *Heliumeinspeisung*). Die Notwendigkeit der Einhaltung öffentlich-rechtlicher Vorschriften (zB des AMG) bedeutet hingegen keinen patent- oder gebrauchsmusterrechtlichen Rechtfertigungsgrund; denn im Patent- und Gebrauchsmusterrecht geht es allein darum, den Schutzrechtsinhaber für die Bereicherung der Technik zu belohnen und entsprechend vor einer unerlaubten Ausnutzung durch Dritte zu schützen; dieser Schutz ist sehr weitgehend (vgl. OLG München Mitt. 1996, 312, 314/315 – *Patentverletzung durch ärztliche Verschreibung*). Ebenso kann die bloße Tatsache der Mitwirkung des Schutzrechtsinhabers an der Aufstellung von Normen (zB **DIN-Normen**) allein niemals die Annahme rechtfertigen, er sei mit einer bei Beachtung der Normvorschrift unumgänglichen Benutzung der ihm geschützten Erfindung einverstanden (so bereits RG GRUR 1939, 910, 914 – *Schmiergeräte;* BGH GRUR 1953, 175, 177 – *Kabel-Kennzeichnung, WZ-Angelegenheit*).

§ 12a [Schutzbereich]

Der Schutzbereich des Gebrauchsmusters wird durch den Inhalt der Schutzansprüche bestimmt. Die Beschreibung und die Zeichnungen sind jedoch zur Auslegung der Schutzansprüche heranzuziehen.

Literatur (Auswahl): *Bühling,* Anpassung der Ansprüche an die angegriffene Ausführungsform im Patent- und Gebrauchsmusterverletzungsprozess – Gedanken nach „Momentanpol", FS Mes, 2009, 47; *Goebel,* Schutzansprüche und Ursprungsoffenbarung – Der Gegenstand des Gebrauchsmusters im Löschungsverfahren; GRUR 2000, 477; *Hellwig,* Zur Änderung der Schutzansprüche eingetragener Gebrauchsmuster, Mitt. 2001, 102; *U. Krieger,* Das deutsche Gebrauchsmusterrecht – Eine Bestandsaufnahme, GRUR Int. 1996, 354; *Loewenheim,* Wirksamkeit und Schutzumfang einer von einer Patentanmeldung abgezweigten Gebrauchsmusteranmeldung, LMK 2003, 193; *Nieder,* Anspruchsbeschränkung im Gebrauchsmusterverletzungsprozess, GRUR 1999, 222; Scharen, „Product-by-process"-Anspruch und Gebrauchsmusterschutz, FS Mes, 2009, 319; *Tron-*

ser, Auswirkungen des Produktpirateriegesetzes vom 7. März 1990 auf das Gebrauchsmusterrecht, GRUR 1991, 10; *Ullmann,* Die Verletzung von Patent- und Gebrauchsmustern nach neuem Recht, GRUR 1988, 333; *Allekotte,* „Räumschild" – Neuschnee in der Diskussion über Patentverletzung und erfinderischer Abwandlung, GRUR 2002, 472; *Anders,* Die unwesentlichen Merkmale im Patentanspruch – Die wesentlichen Merkmale der Erfindung, GRUR 2001, 867; *Ann,* Der Schutzbereich des Patents – Erteilungsakten als Auslegungshilfsmittel?, Mitt. 2000, 181; *Cepl,* Zur Durchsetzung von product-by-process-Ansprüchen im Patentverletzungsverfahren, Mitt. 2013, 62; *Engel,* Zur Beschränkung des Patents und deren Grenzen, GRUR 2009, 248; *ders.,* Über den Wortsinn von Patentansprüchen, GRUR 2001, 897; *Grabinski,* „Schneidmesser" vs. „Amgen". Zum Sinn oder Unsinn patentrechtlicher Äquivalenz, GRUR 2006, 714; *ders.,* Kann und darf die Bestimmung des Schutzbereichs eines europäischen Patents in verschiedenen Ländern zu unterschiedlichen Ergebnissen führen?, GRUR 1998, 857; *Haedicke,* Schutzbereich und mittelbare Verletzung von Verwendungspatenten, Mitt. 2004, 145; *v. Hellfeld,* Zweckangaben in Sachansprüchen, GRUR 1998, 243; *Heyers,* Auswirkungen numerischer Angaben auf den Schutzbereich von Patenten, GRUR 2004, 1002; *Hoffmann,* Patent Construction, GRUR 2006, 720; Hüttermann, Überlegungen zur äquivalenten Patentverletzung, Mitt. 2013, 490; *Kaess,* Die Merkmalsanalyse als Maßstab für die Eingriffsprüfung im Patentverletzungsprozess, GRUR 2000, 637; *Keukenschrijver,* Änderungen der Patentansprüche erteilter Patente im Verfahren vor dem Bundespatentgericht und vor dem Bundesgerichtshof, GRUR 2001, 571; *Körner,* Äquivalenz und abhängige Erfindung, GRUR 2009, 97; *Kühnen,* Die Reichweite des Verzichtsgedankens in der BGH-Rechtsprechung zum Äquivalenzschutz, GRUR 2013, 1086; *ders.,* Die Erteilungsakte. Verbotenes oder gebotenes Auslegungsmittel bei der Schutzbereichsbestimmung europäischer Patente?, GRUR 2012, 664; *ders.,* Äquivalenzschutz und patentierte Verletzungsform, GRUR 1996, 729; *Lederer,* Zur Äquivalenz beim chemischen Stoffpatent, GRUR 1998, 272; *Letzelter/Kilchert/Rupprecht,* Anmerkungen zu BGH-Okklusionsvorrichtung, Mitt. 2012, 110; *Lippich/Knospe,* Alternativen in Patentansprüchen, GRUR 2005, 25; *Loth,* Zur Bindung des Verletzungsgerichts an die Entscheidungsgründe eines ein Patent teilvernichtendes Nichtigkeitsurteils des Bundespatentgerichts – oder: Die zweite Teilvernichtung, VPP-Rundbrief, 2007, 1; *Luginbühl,* Die neuen Wege zur einheitlichen Auslegung des Europäischen Patenrechts, GRUR Int. 2010, 97; *Meier-Beck,* Gegenstand und Schutzbereich von product-by-process-Ansprüchen, FS König 2003, 323; *Meier-Beck,* Aktuelle Fragen der Schutzbereichsbestimmung im deutschen und europäischen Patentrecht, GRUR 2003, 905; *Meier-Beck.,* Patentanspruch und Merkmalsgliederung, GRUR 2001, 967; *Meier-Beck,* Aktuelle Fragen des Patentverletzungsverfahrens, GRUR 2000, 355; *Popp,* Formstein-Einwand – Reine Theorie?, GRUR 2009, 318; *Reimann/Köhler,* Der Schutzbereich europäischer Patente zwischen Angemessenheit und Rechtssicherheit. Anmerkungen zu den Entscheidungen des BGH „Kunststoffrohrteil", „Custodiol I", „Custodiol II", „Schneidmesser I", „Schneidmesser II", GRUR 2001, 931; *v. Rospatt,* Die Bestimmung des Schutzbereichs von Patentansprüchen, die Maß- und Zahlenangaben enthalten, GRUR 2001, 991; *Schar,* Einige allgemeine Gedanken zu Fragen der Patentverletzung, Mitt. 2000, 58; *Scharen,* Der Schutzbereich des Patents im Falle verschiedener Einwände des Beklagten eines Verletzungsprozesses, GRUR 1999, 285; *Schick,* Die Patentverletzung nach Art. 69 EPÜ, Mitt. 1999, 41; *Schiuma,* Formulierung und Auslegung von Patentansprüchen nach europäischem, deutschem und italienischem Recht, 2000; *Schrell/Heide,* Zu den Grenzen des „product-by-process"-Patentanspruchs im Erteilungs- und Verletzungsverfahren, GRUR 2006, 383.

Inhaltsübersicht

1. Schutzbereich

1.1 Grundsatz

1.1.1 Zweck und Methodik. Die Vorschrift ist durch das Produktpirateriegesetz vom 7.3.1990 eingefügt worden. Nach der Ausdehnung des Anwendungsbereichs der als Gebrauchsmuster schützbaren Erfindungen sollte auf eine nähere Umschreibung des Schutzbereichs nicht verzichtet werden (Begr. PrPG BlPMZ 1990, 173 [200]). Die Regelung entspricht § 14 PatG und rückt das Gebrauchsmusterrecht auch insoweit näher an das Patentrecht. In Befolgung der sich aus dem Protokoll über die Auslegung des Art. 69 EPÜ folgenden Regel legt auch das GebrMG eine „vermittelnde" Auslegung zugrunde. 1

2 § 12a GebrMG befasst sich nicht damit, welche Benutzungshandlungen, wie etwa das Herstellen, Anbieten, dem Gebrauchsmusterinhaber vorbehalten sind. Hierzu enthalten die §§ 11, 12 GebrMG eine Regelung. Die Vorschrift des § 12a GebrMG zum Schutzbereich definiert die Grundlagen zur Bestimmung des Ausmaßes der dem Ausschließlichkeitsrecht unterliegenden Ausführungsformen der technischen Lehre des Gebrauchsmusters, also „wie weit" der Schutz geht.

3 Die Regelung des § 12a GebrMG entspricht derjenigen des § 14 PatG und damit der des Art. 69 EPÜ. Alle drei Vorschriften sind in gleicher Weise auszulegen (vgl. BGH GRUR 2007, 1059, 1063 [29] – *Zerfallszeitmessgerät*). Dies rechtfertigt es, in der Folge die Praxis zur Auslegung von Patentansprüchen, die bei weitem überwiegt, auch für die Auslegung von Gebrauchsmusteransprüchen heranzuziehen, soweit nicht ausdrücklich etwas anderes erwähnt ist. Auch soweit § 12a GebrMG von Schutzansprüchen und nicht von Gebrauchsmusteransprüchen spricht – analog zu dem in § 14 PatG verwendeten Terminus der Patentansprüche – ist damit keine inhaltliche Änderung verbunden, so dass in den nachfolgenden Erläuterungen von dem – in der Praxis wohl gebräuchlicheren – Begriff des Gebrauchsmusteranspruchs analog zu der Terminologie des § 14 PatG ausgegangen wird.

4 Das vorerwähnte Protokoll über die Auslegung des § 14 PatG und damit § 12a GebrMG entsprechenden Art. 69 Abs. 1 EPÜ (BGBl. 1976/II, 1000) ist mit seinen darin niedergelegten Grundsätzen auch für das deutsche Recht maßgeblich (BT-Drucks. 7/3712, 30). Denn nur so ist das mit der Einfügung der neuen Vorschrift angestrebte Ziel einer möglichst einheitlichen Bestimmung des Schutzbereichs von Gebrauchsmustern in Europa zu erreichen. Dieser Gesetzeszweck gebietet es, bei der Bemessung des Schutzbereichs deutscher Gebrauchsmuster die Auslegungsgrundsätze zu beachten, auf die sich die Vertragsstaaten des EPÜ in dem Auslegungsprotokoll zu Art. 69 EPÜ geeinigt haben. Aus diesem Grund ist es nicht nur lohnenswert sondern auch wichtig, den Blick auf die Rechtspraxis in den Ländern der Mitgliedstaaten des EPÜ zu werfen.

5 Die Regelung zum Schutzbereich eines Gebrauchsmusters dient dem Ausgleich eines grundsätzlichen Interessenwiderstreits zwischen dem Gebrauchsmusterinhaber an einem möglichst umfassenden Monopolschutz und der Allgemeinheit, die die in einem Gebrauchsmuster umschriebene technisch Lehre möglichst frei nutzen möchte. § 12a GebrMG und der in gleicher Weise auszulegende Art 69 EPÜ gehen hierzu einen Mittelweg, wonach für den Schutzbereich der Inhalt der Gebrauchsmusteransprüche maßgebend ist, also weder die Gebrauchsmusterschrift in ihrer Gesamtheit, bei der die Gebrauchsmusteransprüche lediglich als eine Art Richtlinie fungieren würden, noch der buchstäbliche Wortlaut der Ansprüche.

6 Der Schutzbereich ist das Ergebnis einer im Einzelfall schwierigen Gratwanderung zwischen

7 – dem Ziel eines angemessenen Schutzes für den Gebrauchsmusterinhaber, dem der **gerechte Lohn** für die Offenbarung seiner Erfindung gebührt, und

8 – andererseits einer ausreichenden **Rechtssicherheit** für die Allgemeinheit, die voraussetzt, dass der Inhalt des relevanten Gebrauchsmusteranspruchs mit einiger Zuverlässigkeit festgestellt werden kann. Jeder Dritte muss also hinreichend rechtssicher erkennen können, in welchem Umfang das Gebrauchsmuster von ihm

beachtet werden muss. Ein überraschendes Ergebnis einer Schutzbereichsbestimmung ist also tunlichst zu vermeiden.

9 Beide Aspekte sind gleichgewichtig zueinander (BGH GRUR 1989, 903, 904 – *Batteriekastenschnur;* BGH GRUR 2002, 511, 512 – *Kunststoffrohrteil*).

10 Die **Bestimmung** des Schutzbereichs muss nach dem Wortlaut des § 12a GebrMG von
- den Gebrauchsmusteransprüchen,
- der Beschreibung sowie von
- den Zeichnungen

ausgehen.

11 Die Gebrauchsmusteransprüche sowie die Beschreibung und Zeichnungen stehen in einem weiter unten erläuterten Vorrang- bzw. Nachrangverhältnis zueinander.

12 Die Bestimmung des Schutzbereichs – oder gleichbedeutend: Schutzumfangs – eines Gebrauchsmusters setzt dabei zunächst voraus, dass der Inhalt des Gebrauchsmusteranspruchs „verstanden", „erfasst" und – gedanklich hiervon zu unterscheiden – (dann) in eine Festlegung seiner inhaltlichen Tragweite umgesetzt wird. Dazu muss zunächst der **unmittelbare Gegenstand** des Gebrauchsmusters, nämlich die in den Gebrauchsmusteransprüchen offenbarte und beanspruchte Erfindung im Lichte der Gesamtoffenbarung der Gebrauchsmusterschrift bestimmt werden (BGH BeckRS 2015, 12105 [25] – *Polymerschaum II*).

13 Der Begriff **„Gegenstand"** – auch in Wortzusammensetzungen, wie zB unmittelbarer Gegenstand, Erfindungsgegenstand, Gegenstand des Anspruchs – wird von dem Gesetz nicht im Zusammenhang mit dem Schutzbereich eines Gebrauchsmusters verwendet; ein Hinweis hierauf findet sich lediglich im Rahmen der Änderung der Anmeldung gem. § 4 Abs. 5 vgl. hierzu eingehend → § 4 Rn. 59ff.; → § 13 Rn. 10ff. Soweit der Begriff im Zusammenhang mit der Schutzbereichsbestimmung eines GebrM verwendet wird, handelt es sich um einen in der Judikatur gerne genutzten Terminus zur Klarstellung, dass es die Ansprüche sind, die die offenbarte und beanspruchte Erfindung und damit den unmittelbaren Gegenstand des Schutzrechts erhalten (vgl. BGH GRUR 2004, 47 – *blasenfreie Gummibahn I*). Soweit also zB in den nachfolgenden Randnummern dieser Begriff erwähnt wird, sollte diese Erläuterung berücksichtigt werden.

14 Der erstgenannte Schritt geschieht mittels **Auslegung** des Gebrauchsmusters und dabei insbesondere der Gebrauchsmusteransprüche.

15 **Bestimmung** des Schutzbereichs eines Gebrauchsmusters und **Auslegung** der Gebrauchsmusteransprüche sind also voneinander zu unterscheiden. Die Auslegung ist also eine Art Vehikel für die letztendlich nach dem Gesetz vorzunehmende Bestimmung des Schutzbereichs eines Gebrauchsmusters.

16 Die Bestimmung des Schutzbereichs ist vor allem von Bedeutung um festzulegen, wie weit das dem Gebrauchsmusterinhaber nach §§ 11, 12 GebrMG vorbehaltene Exklusivrecht des alleinigen Herstellen, Anbietens, In-Verkehr-Bringens etc. gegenüber Konkurrenten reicht, die gleiche oder ähnliche Produkte herstellen, anbieten, einsetzen, etc.

17 Auch wenn **Bestimmung** des Schutzbereichs eines Gebrauchsmusters und Auslegung der Gebrauchsmusteransprüche gedanklich unterschiedliche Aspekte im Rahmen des Schutzes von Gebrauchsmustern betreffen, werden sie in der Praxis häufig miteinander verquickt sein. Sie werden in vielen Gerichtsentscheidungen, Artikeln als einheitlicher Komplex erörtert.

18 Die Auslegung ist mithin eine Vorstufe zur Bestimmung, wie der Gebrauchsmusteranspruch nach objektiven Kriterien aus fachlicher Sicht zu bewerten ist. Der Gebrauchsmusteranspruch ist seiner Funktion nach eine kondensierte, mithin regelmäßig verallgemeinernde, vereinfachte, abstrahierende oder beispielhafte Umschreibung dessen, was die Erfindung ist und was sie gegenüber dem Stand der Technik ausmacht.

19 Die Auslegung der in den Ansprüchen umschriebenen Erfindung dient folglich
- der Behebung etwaiger Unklarheiten;

– der Klarstellung verwendeter technischer Begriffe;
– der Klärung der Bedeutung der Erfindung;
– der Beurteilung der Einbeziehung etwaiger Abwandlungen der Erfindung, dh der Erstreckung auf äquivalente Ausführungsformen.

Die unter → Rn. 75 ff. näher erläuterte Auslegung bedeutet die Ermittlung des Wortsinns oder Ermittlung des technischen Sinngehalts des Gebrauchsmusteranspruchs. Zu ermitteln ist, was sich aus der Sicht des angesprochenen Fachmanns aus den Merkmalen des Gebrauchsmusteranspruchs im Einzelnen und in ihrer Gesamtheit als unter Schutz gestellte technische Lehre ergibt (BGH GRUR 2007, 859, 860 [14] – *Informationsübermittlungsverfahren I*). 20

Die Auslegung des Gebrauchsmusteranspruchs ist stets geboten und darf auch dann nicht unterbleiben, wenn der Wortlaut des Anspruchs eindeutig zu sein scheint (BGH GRUR 2015, 875, 876 [16] – *Rotorelemente*). Sie darf nicht aus dem Grund unterbleiben, dass sie im Einzelfall schwierig ist und der Erfindungsgegenstand nur mit Mühe zu bestimmen ist (BGH BeckRS 2015, 12105 [25] – *Polymerschaum II*) – ein Ergebnis, das geradezu selbstverständlich ist. 21

In praktischer Hinsicht wird zu dem betreffenden Gebrauchsmusteranspruch eine **Merkmalsanalyse** erstellt, der Anspruch also in funktionell zusammenhängende **Merkmale gegliedert.** Durch – absolut sorgsamsten – Vergleich des unmittelbaren Gegenstands des Gebrauchsmusters – in der Praxis: der Einzelmerkmale dieser so gegliederten Merkmalsanalyse – mit der zu überprüfenden Ausführungsform kann beurteilt werden, ob und gegebenenfalls welche Art eines Gebrauchsmustereingriffs gegeben ist. Hierbei soll festgestellt werden, ob überhaupt, und wenn ja, ob von einer wortsinngemäßen Verwirklichung, also von einem wortsinngemäßen Gebrauchmachen sämtlicher Merkmale, oder von einer äquivalenten Verwirklichung, bei der ein oder mehrere Merkmale durch ein Ersatzmittel ausgetauscht werden, ausgegangen werden muss. Im US-amerikanischen Rechtskreis wird recht plastisch häufig davon gesprochen, ob sich die angegriffene Ausführungsform auf den Anspruch „lesen lässt" („read on"). Die Auslegung darf aber nicht bei dem Gebrauchsmusteranspruch halt machen. Wie der Gesetzeswortlaut fordert, **„sind"** die Beschreibung und die Zeichnungen bei der Auslegung zu berücksichtigen. Die Beschreibung und Zeichnungen dienen im Ergebnis der Erörterung und Plausibilisierung der Gebrauchsmusteransprüche. Sie sind damit ihrerseits ein (wesentlicher) Bestandteil 22

– der Auslegung der Gebrauchsmusteransprüche selbst und damit (mittelbar)
– der Bestimmung des Schutzbereichs des Gebrauchsmusters.

Keinen Unterschied macht es dabei, ob der Gebrauchsmusteranspruch im Verletzungsprozess oder im Löschungsverfahren beurteilt wird. Denn unabhängig davon, ob der Gegenstand eines Gebrauchsmusters für die Beurteilung seiner Gebrauchsmusterfähigkeit oder zur Prüfung, ob das betreffende Gebrauchsmuster verletzt wird, ermittelt wird, sind nach gefestigter Rechtsprechung stets gleiche Maßstäbe nach objektiven Kriterien aus fachlicher Sicht anzulegen (BGH GRUR 2007, 859 – *Informationsübermittlungsverfahren I;* BGH GRUR 2001, 231, 233 – *Brieflocher;* BGH GRUR 2009, 837, 838 [15] – *Bauschalungsstütze;* BGH GRUR 2010, 858, 859 [13] – *Crimpwerkzeug III*). 23

1.1.2 Schutzbereich und Offenbarung. Schutzbereich und Offenbarung sind unmittelbar nicht miteinander verknüpft. 24

Die Begriffe **„Offenbarung"** bzw. **„offenbart"** werden in § 12a GebrMG (und § 14 PatG sowie Art. 69 EPÜ) nicht verwendet. Der Gesetzgeber des GebrMG greift auf diese Begriffe überhaupt nicht zurück und der Gesetzgeber des PatG verwendet sie nur in anderem Zusammenhang. So ist es ein Nichtigkeitsgrund nach § 21 Abs. 1 Nr. 2 PatG, wenn die Erfindung in dem Patent nicht so deutlich und vollständig offenbart ist, dass sie auch ausführbar ist. Gemäß § 40 PatG kann bei einer Nachanmeldung die Priorität der Erstanmeldung nur für solche Merkmale in Anspruch genommen werden, die in dieser deutlich offenbart sind. Der Begriff der Offenbarung wird wei- 25 terhin von § 3 Abs. 5 PatG im Zusammenhang mit der Gewährung einer Neuheitsschonfrist bei missbräuchlichen Vorverlautbarungen oder etwa von § 36 PatG für die Zusammenfassung der in der Anmeldung enthaltenen Offenbarung verwendet.

26 Gleichwohl werden diese Begriffe von der Rechtsprechung regelmäßig auch im Zusammenhang mit dem Schutzbereich eines Patents und eines Gebrauchsmusters verwendet. Denn der Sinngehalt eines Merkmals kann von der Offenbarung des Gebrauchsmusters oder des Gebrauchsmusters abhängen, indem nämlich der Fachmann

27 – den Sinngehalt und die Bedeutung eines fraglichen Merkmals zu ermitteln sucht,

28 – dazu wird verstehen müssen, was mit dem streitigen Merkmal im Hinblick auf die Erfindung erreicht werden soll,

29 – sich deshalb entscheidend an dem in der Gebrauchsmusterschrift zum Ausdruck gekommenen Zweck des einzelnen Merkmals orientieren wird,

30 – dabei nicht nur den Wortlaut aller Gebrauchsmusteransprüche, sondern den gesamten Inhalt der Gebrauchsmusterschrift zu Rate ziehen wird,

31 – dadurch in die Lage versetzt wird herauszufinden, ob der Inhalt einer Gebrauchsmusterschrift den Offenbarungsgehalt eines Gebrauchsmusters begrenzt, wenn der Gesamtheit der Gebrauchsmusterschrift eine engere Lehre zu entnehmen ist, als diejenige, die der Wortlaut eines Merkmals aus dem Gebrauchsmusteranspruch zu vermitteln scheint,

32 – etwa weil sein allgemeines Fachwissen ihn darüber belehrt, dass eine Auslegung in dieser oder jener Richtung nicht in Betracht kommen kann, etwa deshalb, weil die betreffende Vorrichtung nicht ausführbar wäre, mit der Folge, dass er eine solche Auslegungsmöglichkeit verwerfen wird, auch wenn sie nach dem Wortlaut an sich in Betracht käme; bei solcher Sachlage ist die durch das Gebrauchsmuster gekennzeichnete Lehre auf die verbleibende Ausführung beschränkt, die ausführbar ist und die der Fachmann allein in Betracht zieht (BGH GRUR 1999, 909, 911/912 – *Spannschraube*).

33 **„Offenbarung", „Offenbarungsgehalt"** und **„Gesamtoffenbarung"** werden insoweit also als Synonyme gebraucht und bringen ein wertendes Verständnis des Fachmanns zum Gesamtinhalt einer Patent- oder Gebrauchsmusterschrift zum Ausdruck, das dieser nicht nur dem eigentlichen, wörtlichen Text des Schutzrechts, sondern der Zusammenschau mit dem in ihm genannten Stand der Technik und seinem allgemeinen Fachwissen entnimmt.

34 Inhaltlich Gleiches wird im Ergebnis zum Ausdruck gebracht, wenn bei der Auslegung auf das „sinnvolle Verständnis" des Fachmanns mit Blick auf den Anspruch abgestellt wird, das unter Berücksichtigung von Beschreibung und Zeichnung zu dem Ergebnis führen kann, dass dasjenige den Gegenstand des Gebrauchsmusteranspruchs nicht kennzeichnen könne, was nicht so deutlich in den Anspruch einbezogen sei, dass es vom Fachmann als zur Erfindung gehörend erkannt werde (BGH GRUR 2004, 1023, 1024 – *Bodenseitige Vereinzelungseinrichtung*).

35 Der Begriff „Offenbarung" wird auch dann von Bedeutung, wenn es um die Beurteilung von Äquivalenz geht, die gerade außerhalb des Offenbarungsgehalts der Gebrauchsmusterschrift angesiedelt ist.

36 **1.1.3 Bestimmung des Schutzbereichs und fiktiver Durchschnittsfachmann.** Eine Erfindung betrifft eine neue und erfinderische technische Entwicklung. Ob eine solche vorliegt, ob also ein – auf seine materiellen Schutzvorraussetzungen nicht geprüftes, mithin nicht durch den Verwaltungsakt der Erteilung entstehendes – eingetragenes Gebrauchsmuster rechtsbeständig ist, bemisst sich nach dem Verständnis des sog. Durchschnittsfachmanns, der eine rein fiktive Figur ist. Die Funktion dieses Durchschnittsfachmanns hört aber mit der Beurteilung dieser Fragestellung nicht auf. Seine Sicht ist auch maßgeblich, wenn der Schutzbereich eines eingetragenen Gebrauchsmusters zu bestimmen ist.

37 Das von ihm zugrunde zu legende Verständnis ist die Basis für die Auslegung (BGH GRUR 2002, 511, 512 – *Kunststoffrohrteil*). Hierbei wird auf einen Fachmann auf dem betreffenden technischen Gebiet der Erfindung abgestellt. Dieser soll nicht die Qualifikation eines hochspezialisierten Experten sondern die eines Durchschnittsfachmanns besitzen.

Da sich die Gebrauchsmusterschriften an alle Fachleute richten und aus Gründen der Rechtssicherheit nicht auf einen individuellen, existierenden Fachmann abgestellt werden kann, wird die Kunstfigur eines Durchschnittsfachmanns herangezogen, um das maßgebliche fachmännische Denken, Erkennen und Vorstellen auf der Grundlage des auf dem betreffenden Gebiet üblichen allgemeinen Fachwissens sowie der dort vorhandenen durchschnittlichen Kenntnisse, Erfahrungen und Fähigkeiten zu erfassen (BGH GRUR 2004, 1023, 1025 – *Bodenseitige Vereinzelungsvorrichtung*). Kriterien für die Bestimmung dieses Fachmanns sind insbesondere: **38**

– seine berufliche Ausbildung bzw. Qualifikation, zB Meister, Ingenieur, Biologe, **39**
– seine praktische berufliche Erfahrung, zB in der Industrie über einen gewissen Zeitraum, **40**
– sein typisches fachliches Wissen aufgrund seiner betrieblichen oder industriellen Praxis auf demjenigen Fachgebiet, **41**
– sein allgemeines Grundlagenwissen sowie sein Wissen auf technischen Nachbargebieten. **42**

Derjenige, der die Auslegung vornimmt, zB das Zivilgericht, hat die Sicht des Fachmanns festzustellen und unter deren Applikation diejenigen Tatsachen zu eruieren, die dann freilich in die Erkenntnis und in das Verständnis des Beurteilenden zu einzelnen Begriffen und Merkmalen des Gebrauchsmusteranspruchs einzufließen haben. Die damit verbundene Auslegung kann sinnvollerweise nicht ohne Berücksichtigung **43**

– eines bestimmten Vorverständnisses eines Sachkundigen auf dem betreffenden Fachgebiet, **44**
– seiner Kenntnisse, **45**
– seiner Fertigkeiten, **46**
– seiner Erfahrungen und **47**
– seiner methodischen Herangehensweisen **48**

erfolgen.

All dies ist zu ermitteln und mit diesem Kenntnisstand des Fachmanns dann die Auslegung eigenverantwortlich vorzunehmen (BGH GRUR 2006, 962, 964 [22] – *Restschadstoffentfernung*). Im Revisionsverfahren kann das Klagegebrauchsmuster vom BGH eigenverantwortlich interpretiert werden. Eine Bindung besteht allerdings an diejenigen für die Auslegung relevanten tatsächlichen Feststellungen, die das Berufungsgericht nach Maßgabe des Vorstehenden ordnungsgemäß getroffen hat (BGH GRUR 2006, 962, 964 [22] – *Restschadstoffentfernung*). **49**

1.1.4 Maßgeblicher Zeitpunkt. Die Beurteilung des betreffenden Gebrauchsmusteranspruchs durch den fiktiven Fachmann und sein Verständnis müssen auf den Anmelde- bzw. der Prioritätstag des Gebrauchsmusters bzw. der Gebrauchsmusteranmeldung zurückversetzt werden. Keine Rolle spielen demnach **50**

– spätere Erkenntnisse **51**
– später aufgefundener Stand der Technik (BGH GRUR 1988, 444, 445 –*Betonstahlmattenwender;* BGH GRUR 1991, 811, 813 – *Falzmaschine;* vgl. auch BGH GRUR 2015, 356, 357 [9] – *Repaglinid*) – dieser ist nur für die Beurteilung von Neuheit und erfinderischer Tätigkeit bedeutend; vgl. → Rn. 170ff. **52**

1.1.5 Gebot der Rechtssicherheit. Wie bereits dargelegt, müssen die Auslegung und die Bestimmung des Schutzbereichs neben dem Bestreben einer angemessenen Belohnung des Erfinders bzw. Gebrauchsmusterinhabers immer das gleichgewichtige Gebot der Rechtssicherheit im Auge haben. **53**

Das Gebot der Rechtssicherheit ist eine dogmatisch tragende Säule für die Herausarbeitung des in ständiger Rechtsprechung angewandten Prinzips, wonach der durch Auslegung zu ermittelnde Sinngehalt der Gebrauchsmusteransprüche nicht nur den **54**

Ausgangspunkt, sondern die maßgebliche Grundlage für die Bestimmung des Schutzbereichs bildet; diese hat sich an den Gebrauchsmusteransprüchen auszurichten (BGH GRUR 1989, 205 – *Schwermetalloxidationskatalysator;* BGH GRUR 2002, 515 – *Schneidmesser I;* BGH GRUR 1989, 903, 904 – *Batteriekastenschnur;* BGH GRUR 2002, 519, 521 – *Schneidmesser II;* BGH GRUR 2002, 527, 528 – *Custodiol II;* BGH GRUR 2007, 1059, 1062 – *Zerfallszeitmessgerät;* BGH GRUR 2011, 701, 705 – *Okklusionsvorrichtung*), siehe nachfolgend im einzelnen unter → Rn. 72ff. Das Gebot der Rechtssicherheit bezweckt,

55 – den Schutzbereich eines Gebrauchsmusters für Außenstehende hinreichend sicher vorhersehbar zu machen; sie sollen sich darauf verlassen können, dass der im Gebrauchsmuster unter Schutz gestellte Gegenstand mit den Merkmalen des Gebrauchsmusteranspruches vollständig und hinreichend deutlich umschrieben ist (BGH GRUR 1992, 594, 596 – *Mechanische Betätigungsvorrichtung;* BGH GRUR 1992, 305, 307 – *Heliumeinspeisung*);

56 – den Anmelder zu veranlassen, in den Gebrauchsmusteransprüchen alles aufzunehmen, wofür er Schutz begehrt (BGH GRUR 1989, 903, 905 – *Batteriekastenschnur;* BGH GRUR 1992, 594, 596 – *mechanische Betätigungsvorrichtung;* BGH GRUR 2002, 511, 512 – *Kunststoffrohrteil;* BGH GRUR 2002, 519, 522 – *Schneidmesser II;* BGH GRUR 2002, 527, 528/529 – *Custodiol II*);

57 Unterlässt es der Anmelder, in den Gebrauchsmusteransprüchen alles aufzuführen, wofür er Schutz begehrt, muss er einen entsprechend engeren Schutzbereich hinnehmen und ist an die technische Lehre gebunden, die er unter Schutz hat stellen lassen. Auf die Gründe, weshalb dies so ist, kommt es dabei nicht an. Andernfalls würden dem Wettbewerber die Aufgabe und das Risiko aufgebürdet, den Schutzbereich des betreffenden Gebrauchsmusteranspruchs zutreffend zu umreißen, was aber originäre Obliegenheit des Anmelders ist. Die Verantwortung dafür, einen Gebrauchsmusteranspruch zu formulieren, der den Schutzgegenstand zutreffend erfasst, liegt beim Anmelder, während sich jeder Dritte darauf verlassen kann, dass unter den Schutz des Gebrauchsmusters nur dasjenige fällt, was vom Anmelder in den Gebrauchsmusteranspruch aufgenommen worden ist. Aus einer Nicht-Erfüllung dieser Obliegenheit und Verantwortung kann ein Gebrauchsmusterinhaber nicht Vorteile erzielen.

58 **1.2 Rechtsfrage – Sachverständiger.** Ein erteilter Patentanspruch hat Rechtsnormcharakter (BGH GRUR 2009, 653, 654 [16] – *Straßenbaumaschine;* BGH GRUR 2008, 887, 889 [13] – *Momentanpol II;* BGH BeckRS 2015, 12105 [25] – *Polymerschaum II*). Seine Auslegung/Anwendung ist mithin Rechtsanwendung (BVerfG GRUR-RR 2009, 441, 442 – *Nichtberücksichtigung eines Beweisangebots*). Hinter der Bewertung als Rechtsnormcharakter steht die Ausgestaltung des Erteilungsbeschlusses des Patentamts als Verwaltungsakt. Ob man eine solche Gleichsetzung bei einem („nur") eingetragenen, nicht erteilten Schutzrecht vornehmen kann, mag doch etwas zweifelhaft sein, obgleich die Eintragung ebenfalls zu prinzipiell denselben Rechtsfolgen wie bei einem erteilten Patent führt. Jedenfalls wird man aber auch bei einem Gebrauchsmusteranspruch der Bewertung zustimmen müssen, dass seine Auslegung/ Anwendung mithin Rechtsanwendung ist.

59 Im Fall eines Rechtsstreits ist allein das **Verletzungsgericht** und/oder das **Patentamt** bzw. das Bundespatentgericht als **Gericht der Löschungsklage** zuständig für die Ermittlung des Schutzbereichs, den es mit seinem Fachwissen und unter Berücksichtigung des gesamten Standes der Technik bestimmt, wobei die Frage, wie ein Gebrauchsmuster auszulegen ist, eine **Rechtsfrage** ist, die folglich vom Revisionsgericht – soweit es etwa im Verletzungsverfahren mit einem Gebrauchsmuster befasst wird – in vollem Umfang nachprüfbar ist (vgl. BGH GRUR 2007, 410, 412 [18] – *Kettenradanordnung I;* BGH GRUR 2007, 679, 681 [18] – *Haubenstretchautomat;* BGH GRUR 2007, 959, 961 [20] – *Pumpeneinrichtung;* BGH GRUR 2007, 1059, 1063 [34] – *Zerfallszeitmessgerät;* BGH GRUR 2008, 779, 782 [30] – *Mehrgangnabe;* BGH

BeckRS 2015, 12105 [25] – *Polymerschaum II*); die Auslegung ist Rechtserkenntnis und demgemäß richterliche Aufgabe (BGH GRUR 2007, 859, 860 [14] – *Informationsübermittlungsverfahren I*); der Tatrichter darf daher die Auslegung nicht dem gerichtlichen Sachverständigen überlassen, der von einem Gericht in Zweifelsfragen der Tatsachenfeststellung heranzuziehen ist (BGH GRUR 1994, 597, 599 – *Zerlegvorrichtung für Baumstämme;* BGH GRUR 1997, 116, 117 – *Prospekthalter;* BGH GRUR 1999, 909, 911 – *Spannschraube;* BGH GRUR 1982, 286 – *Fersenabstützvorrichtung;* BGH GRUR 2006, 131, 133 – *Seitenspiegel;* BGH GRUR 2006, 962 – *Restschadstoffentfernung;* BGH GRUR 2007, 410, 412 [18] – *Kettenradanordnung I;* BGH GRUR 2007, 959, 961 [20] – *Pumpeneinrichtung*). Denn tatsächlich sind tatrichterliche Feststellungen zum fachmännischen Verständnis bestimmter Begriffe eines konkreten Gebrauchsmusteranspruchs regelmäßig nicht möglich, da der Durchschnittsfachmann eine fiktive Person ist, und ein allgemein übliches Verständnis eines konkreten Gebrauchsmusteranspruchs (im Kontext seiner Beschreibung und der zugehörigen Zeichnungen) sich praktisch niemals herausgebildet hat. Was gegebenenfalls festgestellt werden kann, ist, wie der betreffende Begriff, falls er nicht vom Gebrauchsmusteranmelder geschaffen wurde, auf dem Fachgebiet der Erfindung sonst im Allgemeinen verstanden wird.

60 Wird die technische Lehre des Gebrauchsmusteranspruchs nicht ermittelt, fehlt es a priori an der erforderlichen Grundlage, um sachgerecht prüfen können, ob eine angegriffene Ausführungsform wortsinngemäß oder äquivalent in den Schutzbereich eines Klagegebrauchsmusters fällt (BGH GRUR 2007, 410, 413 [18] – *Kettenradanordnung I;* BGH GRUR 2008, 779, 783 [35] – *Mehrgangnabe*). Hat der Tatrichter also versäumt, eine solch umfassende Auslegung des Anspruchs vorzunehmen, wird dem Revisionsgericht in aller Regel die Basis für eine eigene Auslegung fehlen und dies im Ergebnis mit einer Verkürzung der Rechtsposition für die Parteien verbunden sein, so dass der BGH die Sache in einem solchen Fall zurückverweisen wird (BGH GRUR 2007, 1059, 1063 [38, 39] – *Zerfallszeitmessgerät;* BGH GRUR 2008, 779, 783 [35] – *Mehrgangnabe*).

61 Soweit die Auslegung eines Merkmals, dessen Verständnis das Revisionsgericht bei einer Zurückverweisung offen gelassen hat, von der rechtlichen Beurteilung anderer Merkmale abhängt, deren Bedeutung das Revisionsgericht abschließend festgestellt hat, ist das Berufungsgericht an diese Feststellungen gebunden, § 563 Abs. 2 ZPO.

62 Bereits hieraus folgt, dass eine isolierte, zergliedernde Betrachtungsweise eines einzelnen Merkmals der Beurteilung eines Gesamt-Anspruchs nicht gerecht werden kann (siehe dazu → Rn 68 ff.).

63 Die relevanten Tatsachen, also die objektiven technischen Gegebenheiten, ein bestimmtes Vorverständnis auf dem betreffenden Gebiet, Kenntnisse, Fertigkeiten, Erfahrungen und methodische Herangehensweisen des Fachmanns sind folglich von dem Gericht eigenverantwortlich – freilich ggfls. mittels sachverständiger Hilfe, weil sich der Gebrauchsmusteranspruch an die Fachleute eines bestimmten Gebiets der Technik richtet – zu ermitteln (BGH GRUR 2006, 131 – *Seitenspiegel;* BGH GRUR 2007, 410, 412 [18] – *Kettenradanordnung I;* BGH GRUR 2007, 859, 860 [14] – *Informationsübermittlungsverfahren I*). Das auf dieser Grundlage zu klärende richtige Verständnis des Gebrauchsmusteranspruchs selbst ist hingegen unmittelbarer Feststellung regelmäßig entzogen (BGH GRUR 2007, 410, 413 [18] – *Kettenradanordnung I;* BGH GRUR 2008, 779, 782 [30] – *Mehrgangnabe*), denn es ist das Ergebnis richterlicher Auslegung vor dem Hintergrund des – gegebenenfalls mit sachverständiger Hilfe – festgestellten technischen Sachverhalts (BGH GRUR 2007, 410, 413 [18] – *Kettenradanordnung I;* BGH GRUR 2008, 779, 782 [32] – *Mehrgangnabe*). Die primäre Aufgabe des Sachverständigen ist die Vermittlung von Fachwissen zur richterlichen Beurteilung von Tatsachen; darüber hinaus kann dem Sachverständigen die Ermittlung von Anknüpfungstatsachen überlassen werden, wenn schon dafür eine dem Richter fehlende besondere Sachkunde erforderlich ist (§ 404 a V ZPO). Den Sachverständigen bedarf es mithin nicht zur Auslegung des Klagegebrauchsmusters, sondern um dem Gericht den technischen Sachverhalt als Grundlage der Verletzungsprüfung und der Schutzbereichsbestimmung für die eigene Auslegung zu erläutern, falls die Parteien hierzu nicht in der Lage sind (BGH GRUR 2008, 779, 782 [32] – *Mehrgangnabe*).

64 Das Gericht ist deswegen gehindert, die Ergebnisse eines Sachverständigengutachtens einfach zu übernehmen; sachverständige Äußerungen sind vom Tatrichter vielmehr eigenverantwortlich daraufhin zu untersuchen, ob und inwieweit sie Angaben enthalten, die Aufklärung im Hinblick auf entscheidungserhebliche und allein von dem erkennenden Gericht zu beantwortende Fragen zu bieten vermögen (BGH GRUR 2007, 410, 413 [18] – *Kettenradanordnung I;* BGH GRUR 2008, 779, 782 [32] – *Mehrgangnabe*); zumal sich der Sachverständige häufig auf die plastischeren Ausführungsbeispiele als auf den eher abstrakten Anspruch fokussieren wird (BGH GRUR 2008, 779, 782 [32] – *Mehrgangnabe*).

65 Zu der dem Tatrichter gem. § 286 Abs. 1 Satz 1 ZPO obliegenden Beweiswürdigung gehört insbesondere, sich auch mit solchen Umständen und Beweismitteln auseinander zu setzen, die zu einer anderen als der getroffenen Beurteilung führen können (BGH GRUR 1998, 366, 368 – *Ladewagen*). Das schließt ein, auch das in Erwägung zu ziehen, was einem vorgelegten Privatgutachten über einen entscheidungserheblichen Punkt zu entnehmen ist. Denn jede widersprüchliche Begutachtung kann Anlass zu Zweifeln geben, ob die von Gerichtsseite eingeholte Begutachtung eine ausreichende Grundlage für die Überzeugungsbildung bietet (BGH GRUR 2001, 771, 772 – *Kabeldurchführung II*).

66 Diese Prüfungspflicht gilt generell, also auch dann, wenn sich die Erläuterungen des Sachverständigen mit der Beschreibung der Ausführungsbeispiele decken sollten. Denn andernfalls bestünde die Gefahr, dass sich das Gericht in Widerspruch zu dem anerkannten Grundsatz setzen würde, dass ein die Erfindung allgemein kennzeichnender Anspruch nicht durch ein Ausführungsbeispiel eingeschränkt werden darf (BGH GRUR 2008, 779, 783 [34] – *Mehrgangnabe*).

67 Das Verständnis des Sachverständigen vom Gebrauchsmusteranspruch genießt als solches bei der richterlichen Auslegung grundsätzlich ebenso wenig Vorrang wie das Verständnis einer Partei (BGH GRUR 2007, 410, 413 [18] – *Kettenradanordnung I;* BGH GRUR 2007, 959, 961 [20] – *Pumpeneinrichtung;* BGH GRUR 2008, 779, 782 [32] – *Mehrgangnabe*). Damit wird freilich nicht zum Ausdruck gebracht, dass Sachverständigengutachtachten ohne Wert seien, aber das Gericht ist vielmehr aufgefordert, selbst mittels eines wertenden Akts zu bestimmen, wie der Gebrauchsmusteranspruch zu verstehen ist (BGH GRUR 2007, 959, 961 [20] – *Pumpeneinrichtung*).

68 Selbst wenn hierbei, was nicht der Fall sein muss, ein eindeutiges Ergebnis erzielbar ist, ist damit die Auslegung indessen nicht am Ende, sondern sie beginnt erst. Denn nun ist aus dem Kontext zu klären, ob dieses Verständnis auch im Zusammenhang des Gebrauchsmusteranspruchs gilt.

69 Das erfordert eine Wertung, die richterliche Aufgabe ist. In diese Wertung können freilich wiederum weitere tatsächliche Gesichtspunkte allgemeinerer Natur einfließen, wie sonstige Kenntnisse, Fähigkeiten und Methodik des jeweils berufenen Fachmanns.

70 Dies alles ist eine deutliche Neuabgrenzung zwischen Tat- und Rechtsfrage, die Konsequenzen für alle Instanzen des Verletzungsprozesses wie auch des Löschungsverfahrens hat.

71 Zur Tatsachenfeststellung gehört nur noch dasjenige, was wirklich Gegenstand der Feststellung tatsächlicher Gegebenheiten sein kann. Der „Durchschnittsfachmann" und sein Verständnis des jeweils in Rede stehenden Gebrauchsmusteranspruchs gehören nicht dazu. Daran muss sich nicht nur der Parteivortrag im Verletzungsprozess ausrichten, in dem mit dem Beweisantritt „Sachverständigengutachten" für die schlichte (Rechts-)Behauptung, „der Fachmann" verstehe das Klagegebrauchsmuster in bestimmter Weise, nichts mehr zu gewinnen ist (Meier-Beck GRUR 2003, 905).

1.3 Maßgeblichkeit des Gebrauchsmusteranspruchs

1.3.1 Grundsatz. Für den Schutzbereich kommt den Gebrauchsmusteransprüchen hierbei die maßgebliche und bestimmende Bedeutung zu; sie sind nicht nur der Ausgangspunkt der Überlegungen. **72**

Nach §§ 12a S.2 GebrMG, 14 S. 2 PatG bestimmen Beschreibung und Zeichnungen mithin den Schutzbereich nicht, sie „sind“ (also zwingend) aber zur Auslegung der Gebrauchsmusteransprüche heranzuziehen, mithin selbst dann, wenn der Gebrauchsmusteranspruch aus sich heraus allein klar und verständlich ist. **73**

Geht es um die Auslegung eines in Deutschland nachangemeldeten Gebrauchsmusters eines prioritätsbegründenden ausländischen Patents, dessen Ansprüche und Beschreibung in einer fremden Amtssprache abgefasst sind, so kann die Gebrauchsmusteranmeldung zunächst in dieser Fremdsprache beim Patentamt eingereicht werden; es muss jedoch eine Übersetzung in die deutsche Sprache nachfolgen. Die deutsche Sprachfassung geht im Zweifel gegenüber Abweichungen in der fremdsprachigen Ursprungsfassung vor, da es an einer Art. 70 EPÜ – mit umgekehrter Rechtsfolge – entsprechenden Vorschrift im GebrMG fehlt. **74**

Die **Bestimmung** des Schutzbereichs beginnt mit der **Auslegung** des **Gebrauchsmusteranspruchs,** → Rn. 10ff. **75**

Die Auslegung des Gebrauchsmusteranspruchs **dient** dazu, **76**

– das technische Problem zu ermitteln, **77**
  - o das aus dem zu entwickeln ist, was die Erfindung tatsächlich leistet (BGH GRUR 2010, 602, 605 [27] – *Gelenkanordnung;* BGH GRUR 2011, 607, 608 [12] – *Kosmetisches Sonnenschutzmittel III;* BGH GRUR 2012, 1122, 1123 [22] – *Palettenbehälter III;* BGH GRUR 2012, 1130 [9] – *Leflunomid*),

– sowie (insgesamt) die technische Lehre zu erfassen, **78**
  - o die mit dem Wortlaut des Anspruchs zum Ausdruck gebracht wird.

Die Auslegung **bedient** sich dazu **79**

– einer fachmännischen Sicht **80**
  - o unter Berücksichtigung des Vorverständnisses des von der Erfindung angesprochenen Fachmanns,
  - o das sich aus dessen Fachwissen und Fachkönnen ergibt,

– sowie der Beschreibung und Zeichnungen, **81**
  - o die die durch den Gebrauchsmusteranspruch geschützte technische Lehre erläutern und typischerweise anhand eines oder mehrerer Ausführungsbeispiele verdeutlichen – ständige höchstrichterliche und instanzgerichtliche Rechtsprechung (vgl. lediglich BGH GRUR 2010, 602, 604, 605 [20, 27] – *Gelenkanordnung*).

Bei der **Ermittlung des technischen Problems** muss die Funktion der einzelnen Merkmale aus dem Gesamtinhalt des Gebrauchsmusteranspruchs heraus analysiert werden. Es muss also herausgearbeitet werden, welches technische Problem das betreffende Merkmal für sich und in seiner Zusammenschau mit den übrigen Merkmalen des Gebrauchsmusteranspruchs tatsächlich löst. **82**

Dabei kann das als **Aufgabe** der Erfindung Bezeichnete einen Hinweis auf das richtige Verständnis enthalten, wobei jedoch auch insoweit der Vorrang des Gebrauchsmusteranspruchs nicht außer Acht gelassen werden darf (BGH GRUR 2010, 602, 605 [27] – *Gelenkanordnung*). Auslegung und Bestimmung des Schutzbereichs haben also im Kontext von **Aufgabe und Lösung** zu erfolgen (BGH GRUR 2016, 169, 170 [16] – *Luftkappensystem*). **83**

Nach dem Vorstehenden hat also die **Beurteilung des technischen Problems** im Zusammenhang mit der Auslegung und Bestimmung eines Schutzbereichs eines Gebrauchsmusters eine etwas andere Bedeutung als im Zusammenhang mit der Beurteilung der Schutzfähigkeit einer technischen Entwicklung bzw. Rechtsbeständigkeit eines eingetragenen Gebrauchsmusters. Danach dient die Bestimmung des technischen Problems nämlich dazu, den Ausgangspunkt der fachmännischen Bemühungen um eine Bereicherung des Stands der Technik ohne Kenntnis der Erfindung zu loka- **84** lisieren, um bei der anschließenden und davon zu trennenden Prüfung auf Gebrauchsmusterfähigkeit zu bewerten, ob die dafür vorgeschlagene Lösung durch den Stand der Technik nahegelegt war oder nicht. Elemente, die zur gebrauchsmustergemäßen Lösung gehören oder die sich bei ihrer Erarbeitung herausgestellt haben, sind deshalb bei der Bestimmung des technischen Problems nicht zu berücksichtigen (BGH GRUR 2015, 356, 357 [9] – *Repaglinid;* BGH GRUR 2010, 44, 45 [14] – *Dreinahtschlauchfolienbeutel;* BGH GRUR 1991, 811, 814 – *Falzmaschine*).

85 Die Auslegung eines Gebrauchsmusteranspruchs darf sich jedoch nicht auf den **Wortlaut** und dessen allgemeine Bedeutung beschränken. Vielmehr ist der Sinngehalt des Anspruchs zu ermitteln, dh der **Sinn,** den der Fachmann dem Anspruchswortlaut beilegt (BGH GRUR 2002, 515, 516 – *Schneidmesser I,* BGH GRUR 2008, 779 [30] – *Mehrgangnabe*) und zwar unter Berücksichtigung von Aufgabe und Lösung, wie sie sich objektiv aus dem Gebrauchsmuster ergeben (BGH GRUR 2016, 169, 170 [16] – *Luftkappensystem*). Zwar bildet der Wortlaut insoweit eine Grenze, als es nur in Ausnahmefällen in Betracht kommt, dem Gebrauchsmusteranspruch einen engeren Sinn beizulegen, als es dessen Wortlaut nahelegt (BGH GRUR 2008, 779, [37] – *Mehrgangnabe*). Umgekehrt darf die Heranziehung von Beschreibung und Zeichnungen auch nicht zu einer inhaltlichen Erweiterung des durch den Wortlaut des Gebrauchsmusteranspruchs festgelegten Gegenstands führen (BGH GRUR 2004, 1023, 1024 – *Bodenseitige Vereinzelungseinrichtung*). Auch in diesem Zusammenhang hat die Analyse des Wortlauts jedoch nicht allein mit philologischen Mitteln zu erfolgen. Vielmehr ist zu prüfen, was bei sinnvollem Verständnis des Wortlauts so deutlich einbezogen ist, dass es vom Fachmann als zur Erfindung gehörend erkannt wird (BGH GRUR 2004, 1023, 1025 – *Bodenseitige Vereinzelungseinrichtung;* OLG Düsseldorf InstGE 11, 203, 209 – *Prepaid-Telefonkarte*). Ebenso ist nicht die logisch-wissenschaftliche Bedeutung der im Gebrauchsmusteranspruch verwendeten Begriffe maßgeblich (BGH GRUR 2016, 169, 170 [16] – *Luftkappensystem*).

86 Allgemein dieselben zur Auslegung von erteilten, mithin geprüften Patenten herausgearbeiteten Grundsätze gelten zu Recht auch für das reine Registerrecht des **Gebrauchsmusters** (BGH GRUR 2005, 754 – *werkstoffeinstückig;* BGH GRUR 2007, 1059, 1062 [24] – *Zerfallszeitmessgerät*) sowie für die Feststellung des Offenbarungsgehalts einer Gebrauchsmusteranmeldung (BGH GRUR 2008, 887, 889 [13] – *Momentanpol II;* BGH GRUR 2010, 1081, 1082 – *Bildunterstützung bei Katheternavigation*). Denn eine im Einzelfall erforderliche inhaltliche Korrektur kann von einem Verletzungsgericht im Regelfall unschwer vorgenommen werden, wenn sich ein potentieller Verletzer (auch) auf die fehlende Rechtsbeständigkeit des eingetragenen Gebrauchsmusters berufen sollte. Wenn sich nämlich herausstellen sollte, dass eine angegriffene Ausführungsform (nur) bei einer jeweiligen weiten Auslegung eines Gebrauchsmusteranspruchs unter dessen Schutzbereich fällt, der Anspruch aber bei einem solchen Verständnis durch den Stand der Technik vorweggenommen ist, wird diese breite Auslegung im Ergebnis nicht zum Tragen kommen.

87 Vorrichtungsansprüche enthalten oft die Wendung, dass ein Produkt bestimmte konstruktive Merkmale **„umfasst"**, **„aufweist"** oder **„enthält"** (im engl. **„comprises"**, **„contains"**). Mit diesen Verben ist nicht ausgeschlossen, dass sich der Schutzbereich eines solchen Anspruchs auch auf eine Ausführungsform einer Vorrichtung erstreckt, die neben den erwähnten Merkmalen auch noch ein oder mehrere weitere konstruktive Merkmale aufweisen kann. Weist also ein angegriffenes Verletzungsprodukt die im Gebrauchsmusteranspruch solchermaßen eingekleideten Merkmale auf, aber darüber hinaus noch zusätzliche Merkmale, führt dies nicht aus einer Verletzung heraus.

88 Anders ist dies hingegen regelmäßig, wenn die Wendung **„besteht aus"**, **„bestehend aus"** (**„consists of"**, **„consisting of"**) lautet. Dann wird dies in der Regel als abschließende Aufzählung derjenigen Merkmale zu verstehen sein (BGH GRUR 2011, 1109, 1111 [37] – *Reifenabdichtmittel;* BGH GRUR 2015, 1051 [9] – *Verdickerpolymer I*). Verfügt also ein als gebrauchsmusterverletzend angesehenes Produkt weitergehende Merkmale, so wird dies in aller Regel aus dem Schutzbereich des Gebrauchsmusteranspruchs herausführen.

89 Bei der Auslegung eines sogar im kennzeichnenden Teil verwendeten Begriffs darf nicht einfach unterstellt werden, dass damit in technischer Hinsicht gleichsam automatisch etwas über rein Triviales Hinausgehendes zum Ausdruck gebracht ist. Da es nämlich der Erfinder in der Hand hat, wie er seine Erfindung mittels eines Gebrauchsmusteranspruchs umschreibt, kann er zur zutreffenden Kennzeichnung der Neuerung im Gebrauchsmusteranspruch auch Selbstverständliches aufgenommen haben (BGH GRUR 2010, 602, 605 [29] – *Gelenkanordnung*).

90 Da der **Schutzbereich** eines Gebrauchsmusters **nie rein theoretisch-abstrakt,** sondern immer mit Blick auf die jeweils angegriffene Ausführungsform zu bestimmen ist, bedarf es der Festlegung des Inhalts der im Hauptanspruch niedergelegten Merkmale. Dabei kann der (sicherlich eine Ausnahme darstellende) Fall eintreten, dass der Fachmann aufgrund zB der Beschreibung und aufgrund des dort genannten Standes der Technik einem Begriff des Anspruchs einen engeren Bedeutungsgehalt beimisst, als dies nach den im allgemeinen Bedeutungsgehalt betrachteten Wortlaut möglich wäre. Andererseits ist der Schutz natürlich nicht auf die im Gebrauchsmusterdokument genannten konstruktiven Ausgestaltungen beschränkt, so dass auch bei einer Nichterwähnung einer bestimmten Ausführungsform der Schutz sich durchaus hierauf erstrecken kann (vgl. OLG Karlsruhe InstGE 11, 15 – *SMD-Widerstand*).

91 Eine **Auslegung unterhalb des Wortlauts** (Sinngehalts) der Gebrauchsmusteransprüche ist generell nicht zulässig; dies gilt insbesondere, wenn der Beschreibung eine Schutzbegrenzung auf bestimmte Ausführungsformen nicht zu entnehmen ist (BGH GRUR 2007, 309, 311 [17] – *Schussfädentransport;* BPatG GRUR 2008, 600, 602 – *Garprozessfühler;* vgl. auch BGH GRUR 2008, 887, 889 [21] – *Momentanpol II*). Dieser Grundsatz gilt auch dann, wenn sich die Beschreibung und die Ausführungsbeispiele ausschließlich auf bestimmte beschriebene Lösungen beschränken, die lediglich einen Teil des weiter zu verstehenden Sinngehalts des Gebrauchsmusteranspruchs abdecken. Dies wird mit der Erwägung begründet, dass es grundsätzlich Aufgabe des Gebrauchsmusterinhabers sei, gebotene Einschränkungen des Schutzes zu veranlassen (etwa in einer beschränkten Verteidigung im Löschungsverfahren) (BGH GRUR 2007, 309, 311 [17] – *Schussfädentransport;* BGH GRUR 2008, 887, 889 [22] – *Momentanpol II*).

92 Damit ist ein für die Auslegung wichtiger Teilaspekt angesprochen, der mit der von der Rechtsprechung geprägten, plastischen Umschreibung verbunden ist, wonach die Gebrauchsmusterschrift ihr **eigenes Lexikon** begründet. Auf diesen Aspekt wird zusammenfassend unter → Rn. 147 ff. eingegangen.

93 Freilich gibt der erwähnte Grundsatz, dass eine Auslegung unterhalb des Wortlauts (Sinngehalts) der Gebrauchsmusteransprüche generell nicht zulässig ist, häufig keine wirkliche Hilfestellung. Denn dieser Grundsatz darf nicht dahingehend missverstanden werden, dass damit eine von dem Anspruch und der Gesamtoffenbarung losgelöste, quasi autonome Interpretation eines gewählten Begriffs gemeint ist. Denn dies würde gegen das Grundprinzip der Auslegung verstoßen, wonach auch bei scheinbar klaren Begriffen diese immer im Kontext mit dem Gesamtanspruch und der Gesamtoffenbarung ausgelegt und die technische Lehre, der technische Sinn des Gebrauchsmusters verstanden werden müssen. Hieraus kann sich ohne weiteres einleuchtend ein von dem allgemeinen Begriffsverständnis abweichender, engerer Bedeutungsgehalt ergeben. Deshalb ist dieser erwähnte Grundsatz häufig so zutreffend wie unbehelflich.

94 **1.3.2 Auslegung des Anspruchs in seiner Gesamtheit.** Im Rahmen der Auslegung sind

- der Sinngehalt des Gebrauchsmusteranspruchs in seiner **Gesamtheit** und 95
- der Beitrag, den die einzelnen Merkmale zum Leistungsergebnis der Erfindung 96 liefern, zu bestimmen (BGH GRUR 2007, 410 [18, 19] – *Kettenradanordnung I;* BGH GRUR 2007, 859 [13, 14] – *Informationsübermittlungsverfahren I;* BGH

GRUR 2007, 1059 [38] – *Zerfallszeitmessgerät;* BGH GRUR 2010, 858 [13] – *Crimpwerkzeug III;* BGH GRUR 2012, 1124, 1126 [27] – *Polymerschaum*).

97 Die Frage, ob eine bestimmte Anweisung zum Gegenstand eines Anspruchs des Gebrauchsmusters gehört, entscheidet sich deshalb danach, ob sie in dem betreffenden Gebrauchsmusteranspruch Ausdruck gefunden hat (BGH GRUR 2004, 1023 – *Bodenseitige Vereinzelungseinrichtung;* BGH GRUR 2007, 778, 779 [14] – *Ziehmaschinenzugeinheit;* BGH GRUR 2007, 1059, 1062 [25] – *Zerfallszeitmessgerät*). Der Sinngehalt eines Gebrauchsmusteranspruchs in seiner **Gesamtheit** und der Beitrag, den die einzelnen Merkmale zum Leistungsergebnis der Gebrauchsmusterierten Erfindung beitragen, sind unter Heranziehung der Beschreibung und der Zeichnungen durch Auslegung zu ermitteln (BGH GRUR 2007, 410, 412 [18] – *Kettenradanordnung I;* BGH GRUR 2007, 778, 779 [14] – *Ziehmaschinenzugeinheit;* BGH GRUR 2007, 1059, 1062 [22] – *Zerfallszeitmessgerät;* BGH GRUR 2016, 169, 170 [16] – *Luftkappensystem*). Dies bedeutet natürlich zunächst einmal, dass bei der Bestimmung von Gegenstand und Schutzbereich weder räumlich-körperlich oder funktional definierte Merkmale noch Zahlen- und Maßangaben außer Acht gelassen werden dürfen, da damit ein fiktiver Anspruch Beurteilungsgrundlage würde (BGH GRUR 2007, 1059, 1063 [29] – *Zerfallszeitmessgerät*). Selbiges gilt für Merkmale, die den Wirkungsgrad eines Elements der geschützten Lehre näher bestimmen (BGH GRUR 2007, 1059, 1063 [32] – *Zerfallszeitmessgerät*).

98 Eine **isolierte, zergliedernde Betrachtungsweise** eines einzelnen Merkmals kann der Beurteilung eines Gesamt-Anspruchs nicht gerecht werden. Die Beurteilung der einzelnen Merkmale dient allein dazu, sukzessive den allein maßgeblichen Wortsinn des Gebrauchsmusteranspruchs als Einheit zu ermitteln (BGH GRUR 2007, 959, 961 [21] – *Pumpeneinrichtung;* BGH GRUR 2011, 129, 131 [29] – *Fentanyl*). Aus der Beurteilung eines Merkmals aus dem Gesamtkontext des jeweiligen Anspruchs heraus kann sich deshalb durchaus ein anderes Begriffsverständnis eines gewählten Begriffs im Vergleich zu dessen Inhalt nach dem Stand der Technik ergeben (BGH GRUR 2012, 1124, 1126 [27] – *Polymerschaum*).

99 Gleiches gilt auch dann, wenn die Parteien aufgrund übereinstimmender Auffassung etwa in einem Verletzungsprozess einige Merkmale als unstreitig ansehen und sie nicht näher behandeln (BGH GRUR 2004, 845, 846 – *Drehzahlermittlung*). Auch hier kann aus den erwähnten Gründen der Gesamtzusammenhang des Gebrauchsmusteranspruchs verloren gehen.

100 Solange nicht ermittelt ist, welche **Funktion** das betreffende Merkmal im Zusammenhang des Gebrauchsmusteranspruchs – gerade auch unter Berücksichtigung der Lösung der gestellten Aufgabe – hat, wird eine Aussage über den Sinngehalt dieses Merkmals kaum möglich sein (BGH GRUR 2012, 1124, 1126 – *Polymerschaum*).

101 Der BGH versucht dabei im übrigen bei „unglücklich“ vom Originaldokument, etwa einer fremdsprachigen Prioritätsanmeldung, übersetzten Merkmalen den Ursprungstext zur Auslegung heranzuziehen.

102 In der Praxis der Auslegung ist es gangbar, vom allgemeinen Wortsinn auszugehen, für dessen Bestimmung es auf die sprachliche Bedeutung ankommt. Es reicht aber nicht aus, ein insoweit aufgefundenes Auslegungsergebnis dann nur noch dahingehend „abzuklopfen“, ob sich der Gebrauchsmusterschrift Anhaltspunkte für ein abweichendes Verständnis entnehmen lassen. Vielmehr muss weiter ermittelt werden, ob ein solches Auslegungsergebnis mit dem maßgeblichen technischen Sinn des Merkmals im Rahmen der Lösung der gestellten Aufgabe vereinbar ist. Ergibt sich etwa nach Ausführung der ersten Auslegungsschritte, dass ein im Anspruch gewählter Begriff sprachlich unvollkommen nur etwas umschreibt, was seinen herkömmlichen Synonymen entspricht, soll er aber nach seinem technischen Sinn unter Berücksichtigung von Aufgabe und Lösung etwa genereller einen bestimmten Wirkungsmechanismus zum Ausdruck bringen, dann ist dies maßgeblich (BGH GRUR 2016, 169, 170 [16, 18] – *Luftkappensystem*). Natürlich stellt eine derartige Auslegung immer eine Gratwanderung dar mit der Folge, dass bei einer insoweit vielleicht weniger unterstützenden Gesamtoffenbarung des Schutzrechts auch ohne weiteres ein anderes Auslegungsergebnis denkbar ist. Immerhin gibt es auch zahlreiche Beispiele der Rechtsprechung, die aus der in einem Anspruch getroffenen Auswahl eines von zwei in der Beschreibung zu einem technischen Problem gewählten Begriffen eine entsprechende Einschränkung des Schutzumfangs herleiten unter Hinweis darauf, dass es der Anmelder in der Hand gehabt habe, durch sorgsamere Formulierung des Wortlauts für einen breiteren Schutz Sorge zu tragen, → Rn. 56.

Die Merkmale des Oberbegriffs stellen Merkmale der Erfindung dar. Für den Gegenstand eines aus mehreren Merkmalen bestehenden Gebrauchsmusteranspruchs ist belanglos, ob ein Merkmal im Oberbegriff oder im kennzeichnenden Teil des Anspruchs steht. Die Einordnung des einen oder anderen Merkmals in den kennzeichnenden Teil des Gebrauchsmusteranspruchs ist kein Beweis dafür, dass gerade hierin das Erfinderische zu erblicken ist. Ein vermeintlicher Widerspruch zwischen Angaben im kennzeichnenden Teil und Merkmalen des Oberbegriffs darf deswegen nicht dahin aufgelöst werden, dass den Merkmalen des Oberbegriffs keine Bedeutung beigemessen wird, obwohl der Wortsinn des Gebrauchsmusteranspruchs eine widerspruchsfreie Auslegung zulässt (BGH GRUR 2011, 129, 131 [31] – *Fentanyl-TTS*). **103**

1.3.3 Zahlen und Maßangaben. Soweit in Gebrauchsmusteransprüchen Zahlen-, Bereichs- oder Maßangaben aufgeführt sind, unterliegen sie prinzipiell denselben Auslegungskriterien wie Umschreibungen der Erfindung mit allgemeinen Worten. Insbesondere Beschreibung und Zeichnungen sind also heranzuziehen. **104**

Für sie gilt also auch der Grundsatz des Gebrauchsmusteranspruchs als maßgeblicher Grundlage für die Bestimmung des Schutzbereichs. **105**

Gleichwohl ist ihnen – wenngleich nicht per se, so aber wohl in den meisten Fällen – eine Präzisierung des Gegenstands des Gebrauchsmusters immanent, die häufig mit einer rein wörtlichen Umschreibung eines technischen Merkmals nicht oder nicht in gleichem Maße möglich ist. **106**

Dies kann für den Gebrauchsmusterinhaber Vorteile, aber auch Nachteile mit sich bringen. Denn Zahlen-, Bereichs- oder Maßangaben verdeutlichen einerseits den Schutzgegenstand des Gebrauchsmusters und bestimmen diesen folglich mit, andererseits begrenzen sie ihn aber auch. Sie werden deshalb nicht als eher beispielhafte Angaben angesehen, deren Vorliegen oder Nicht-Vorliegen je nach technischer Lehre im Einzelfall gleichgültig sein könnte (BGH GRUR 2002, 527 – *Custodiol II;* BGH GRUR 2007, 1059, 1062 [26] – *Zerfallszeitmessgerät*). **107**

Die Auslegung darf also nicht zu dem Ergebnis führen, dass etwa ein Teilmerkmal an sich für den gebrauchsmustergemäßen Erfolg nicht nötig wäre und ohne weiteres durch ein anderes konstruktives oder stoffliches Merkmal ersetzt werden könnte. **108**

Ebenso wenig kann es bei der Bestimmung des Schutzbereichs darauf ankommen, ob etwa ein in dem Gebrauchsmusteranspruch angegebener Stoff das erfinderisch Neue gegenüber dem Stand der Technik ausmacht, während ein anderer aufgeführter Stoff dazu nichts beiträgt. Denn ebenso wie bei in Worten beschriebenen Merkmalen eines Gebrauchsmusteranspruchs gilt auch bei Zahlen-, Bereichs- oder Maßangaben, dass sie nicht zum Stand der Technik in Beziehung zu setzen und mit diesem dahingehend zu vergleichen sind, ob und inwieweit sie ihm gegenüber das Neue und Erfinderische bewirken. Dies schließt natürlich – wie oben unter → Rn. 50ff. erläutert – nicht aus, den im Gebrauchsmuster selbst genannten Stand der Technik für die Auslegung mit zu berücksichtigen. **109**

Zahlen- und Maßangaben werden auch dann häufig in dieser begrenzenden Weise auszulegen sein, wenn sie etwa mit dem Wort **„umfasst"** oder **„enthält"** verbunden sind, was an sich eine Umschreibung für eine nicht abschließende Aufzählung ist (siehe → Rn. 87f.). **110**

Die den Schutzbereich eines Gebrauchsmusteranspruchs begrenzende Wirkung von Zahlen-, Bereichs- oder Maßangaben stützt sich dabei im Wesentlichen auf zwei Grundüberlegungen: **111**

112 – der Anmelder hat es in der Hand, in den Gebrauchsmusteransprüchen alles niederzulegen, wofür er Schutz begehrt, zumal der Anmelder bei Zahlenangaben besonderen Anlass hat, sich über die Konsequenzen der Anspruchsformulierung für die Grenzen des nachgesuchten Gebrauchsmusterschutzes klar zu werden, so dass der objektive, erfindungsgemäß zu erreichende Erfolg genauer und gegebenenfalls enger eingegrenzt wird, als dies bei bloß verbaler Umschreibung der Fall wäre (BGH GRUR 2002, 527, 529 – *Custodiol II*).

113 – selbst wenn der Anmelder nicht immer den vollen technischen Gehalt einer Erfindung erkennt und ausschöpft und er deshalb – vielleicht sogar unnötiger Weise – sein technisches Schutzrecht bei objektiver Betrachtung auf eine engere Anspruchsfassung beschränkt, als dies vom technischen Gehalt der Erfindung und gegenüber dem Stand der Technik geboten wäre, müssen Wettbewerber darauf vertrauen können dürfen, dass der Schutz entsprechend beschränkt ist. Dem Schutzrechtsinhaber ist es folglich verwehrt, nachträglich Schutz für etwas zu beanspruchen, was er nicht unter Schutz hat stellen lassen – Gebot der Rechtssicherheit (BGH GRUR 1989, 903, 905 – *Batteriekastenschnur;* BGH GRUR 2007, 1059, 1063 [28] – *Zerfallszeitmessgerät*).

114 Die Über- oder Unterschreitung von Zahlen-, Bereichs- oder Maßangaben ist daher in aller Regel nicht mehr zum Gegenstand des Gebrauchsmusteranspruchs zu rechnen (BGH GRUR 2007, 1059, 1062 [26] – *Zerfallszeitmessgerät*). Ausnahmen sind – natürlich – hiervon denkbar, weil jeder Gebrauchsmusteranspruch unabhängig von allgemeinen Erfahrungswerten oder üblichen Herangehensweisen mit seinen möglichen Besonderheiten zu erfassen ist. Folglich ist nicht ausgeschlossen, dass der Fachmann gewisse Abweichungen – zB im Rahmen üblicher Toleranzen – als mit dem technischen Sinngehalt der Zahlenangabe vereinbar ansieht. Die Beantwortung dieser Grundfrage und bejahendenfalls, in welchem Umfang dies anzunehmen ist, hängt davon ab, wie der Fachmann die Zahlenangabe im Gesamtzusammenhang des Gebrauchsmusteranspruchs – dh im Kontext von Aufgabe und Lösung (BGH GRUR 2016, 169, 170 [16] – *Luftkappensystem*) – versteht. Diese einzelspezifische Auslegung kann aber umgekehrt auch dazu führen, dass der Fachmann das Verständnis gewinnt, einen angegebenen Wert genau einhalten zu müssen, weil es sich bei diesem um einen „kritischen" Wert handelt (BGH GRUR 2002, 511, 513 – *Kunststoffrohrteil*).

115 Es macht insoweit keinen Unterschied, ob die Zahl numerisch dargestellt oder mit Worten umschrieben ist (zB rechter Winkel statt 90 Grad) (BGH GRUR 2002, 523, 525 – *Custodiol II*).

116 Das Vorstehende gilt insbesondere auch für **„Ca."**-Angaben von Zahlen, Bereichen oder Maßen (BGH GRUR 2002, 515 – *Schneidmesser I*).

117 Die Verwendung des unbestimmten **Artikels** „ein" oder des bestimmten Artikels „der, die, das" wird vorbehaltlich des Einzelfalls im allgemeinen nicht als Zahlenangabe – Einzahl – im vorerläuterten Sinn zu verstehen sein, dh der Schutzbereich wird insoweit auch Bauteile in einer mehrfachen Anzahl erfassen.

118 Umgekehrt führt die anspruchsgemäße Bezeichnung eines Bauteils im Plural in der Regel nicht zu der Annahme einer bloßen Gattungsbezeichnung, und zwar selbst dann nicht, wenn der Fachmann erkennt, dass die Erfindung auch mit ihrer Einzahl ausgeführt werden kann.

119 **Bereichsdefinitionen** wie **„bis zu ...%"** oder aber **„weniger als ... %"** umfassen den Gehaltsbereich abwärts bis 0%". Dieses Ergebnis wird in einem Verletzungsrechtsstreit für die Frage seiner Aussetzung nach § 148 ZPO aufgrund eines Löschungsverfahren von Bedeutung sein können, wenn ein relevanter Stand der Technik lediglich dieses so beschriebene Merkmal nicht aufweist. Dies wird nicht nur für Legierungen (vgl. hierzu Spiekermann, Mitt 1993, 179, 185) zu gelten haben, bei denen solche Formulierungen nicht selten verwendet werden, sondern auch für andere chemische Gemische (vgl. etwa Entscheidung der Technischen Beschwerdekammer 3.3.10 vom 9. Juni 2015, Az.: T 0508/11 zum EPÜ).

Ebenso schließt die Bereichsdefinition **„höchstens ... Gew.-%"** den Wert „0 Gew.-%" ein (vgl. Entscheidung der Technischen Beschwerdekammer 3.3.06 vom 3. Juli 2013, Az.: T 2529/10 zum EPÜ). **120**

1.3.4 Unteransprüche. Die Unterscheidung zwischen Hauptanspruch und Unteranspruch ist bedeutsam. **121**

Sind mehrere Gebrauchsmusteransprüche formuliert, so sollen und werden regelmäßig in einem ersten Gebrauchsmusteranspruch (Hauptanspruch) die wesentlichen Merkmale der Erfindung angegeben werden/sein (vgl. § 9 Abs. 4 PatV). Besondere, insbesondere vorteilhafte Ausführungsarten der Erfindung werden in Unteransprüchen erfasst; diese müssen eine Bezugnahme auf mindestens einen der vorangehenden Gebrauchsmusteransprüche enthalten (vgl. § 9 Abs. 6 PatV). **122**

Bei der Prüfung, welches Verständnis einem im Hauptanspruch verwendeten Begriff zugrunde zu legen ist, können Unteransprüche ein besonderes Erkenntnismittel sein, da sie insbesondere im Falle ihrer Rückbeziehung auf den Hauptanspruch spezielle Ausführungsformen des im Hauptanspruch regelmäßig eher allgemein formulierten Gegenstandes darstellen. Dies hat im wesentlichen zwei Konsequenzen: **123**

- ein im Hauptanspruch verwendeter allgemeinerer, breiterer Begriff erfasst im Zweifel auch eine in einem Unteranspruch verwendete spezieller oder enger beschriebene Ausführungsform des Erfindungsgedankens; **124**
- ein im Hauptanspruch verwendeter allgemeinerer, breiterer Begriff ist nicht auf ein Verständnis zu beschränken, das dem in einem Unteranspruch verwendeten spezielleren oder engeren Merkmal entspricht. **125**

1.3.5 Nebenansprüche. Gleichermaßen ist die Unterscheidung zwischen Hauptanspruch und Nebenanspruch zu beachten. **126**

Eine Anmeldung kann mehrere unabhängige Gebrauchsmusteransprüche (Nebenansprüche) enthalten, soweit der Grundsatz der Einheitlichkeit der Anmeldung gewahrt ist (vgl. § 34 Abs. 5; § 9 Abs. 5 PatV). **127**

Lässt sich die Erfindung in mehrere (gebrauchsmusterrechtlich zulässige) Kategorien einordnen, hat der Anmelder das Recht, unter den in Betracht kommenden Anspruchsformen jede Kategorie zu wählen, die er wünscht, solange der Eintragungsantrag nicht auf eine mehrfache Gebrauchsmusterregistrierung ein und desselben Gegenstands gerichtet wird (vgl. BGH GRUR 2006, 748, 749/750 [16, 17] – *Mikroprozessor*). Kommt es zu überschneidenden Nebenansprüchen, können diese natürlich – soweit die Überschneidung reicht – ebenfalls wie Unteransprüche gegenseitige Erkenntnismittel in der Auslegung sein. **128**

Ansonsten sind Nebenansprüche gegenüber dem Hauptanspruch selbständig und lassen folglich vergleichbare Schlussfolgerungen jedenfalls nicht ohne weiteres zu. Nebenansprüche sind also nach jeweils denselben Kriterien auszulegen. **129**

Häufig bezieht sich ein Gebrauchsmuster auf einen Vorrichtungsteil einer Gesamtmaschine und stellt diesen in Anspruch 1 unter Schutz, wobei Unteransprüche vorteilhafte Ausgestaltungen erfassen, während in einem Nebenanspruch dann die Gesamtmaschine beansprucht wird, die den erfindungsgemäßen Vorrichtungsteil umfasst, wobei insoweit auf den Hauptanspruch und die Unteransprüche Bezug genommen wird (vgl. BGH GRUR 2014, 650 – *Reifendemontiermaschine*). **130**

Es ist durch Auslegung des Gebrauchsmusteranspruchs unter Heranziehung der Beschreibung und der Zeichnungen zu ermitteln, ob die Kennzeichnung des Gegenstands eines Nebenanspruchs dahin, dass er eine in Übereinstimmung mit den vorangehenden Ansprüchen ausgebildete Vorrichtung umfasst, die Verwirklichung der Merkmale sämtlicher vorangehender Unteransprüche oder lediglich eines oder mehrerer derselben erfordert. Während der Wortlaut wohl beide Auslegungsmöglichkeiten zuließe, legt eine Bezugnahme des Nebenanspruchs auf die Unteransprüche zu besonders zweckmäßigen oder vorteilhaften Ausgestaltungen der im Hauptanspruch geschützten Vorrichtung inhaltlich nahe, dass der Nebenanspruch eine Vorrichtung erfassen können soll, die die **131** vorteilhafte Ausgestaltung des einzelnen Unteranspruchs oder eines oder mehrerer Unteransprüche in Kombination verwirklicht. Dies jedenfalls dann, wenn die Unteransprüche in differenzierter Weise aufeinander rückbezogen sind und eine Vielzahl von Kombinationen der in den Unteransprüchen enthaltenen Ausstattungsmerkmale ermöglichen (BGH GRUR 2014, 650, 652 [24] – *Reifendemontiermaschine*).

132 **1.3.6 Beschreibung und Zeichnungen.** Ungeachtet des dargestellten Vorrangs der Gebrauchsmusteransprüche bei der Ermittlung des Schutzbereichs des betreffenden Gebrauchsmusters stellen **Beschreibung** und **Zeichnungen** ein ebenso entscheidendes Auslegungsmittel dar.

133 Im vorliegenden Kontext kommt diesem in § 12a S. 2 GebrMG normierten Verhältnis zu einem Gebrauchsmusteranspruch freilich eine andere Bedeutung zu, als dies in einem Löschungsverfahren der Fall ist, in dem es etwa um die Zulässigkeit eines aus der Beschreibung oder Zeichnung entnommenen und in den Gebrauchsmusteranspruch aufgenommenen Merkmals zur Abgrenzung gegenüber dem Stand der Technik geht. Hier geht die Rechtsprechung zu Recht von dem Grundsatz aus, dass Gebrauchsmusteransprüche, Beschreibung und Zeichnungen der Anmeldeunterlagen gleichwertige Offenbarungsmittel sind, wenn die rechtliche Zulässigkeit zu beurteilen ist, ob ein aus der Beschreibung oder Zeichnung entnommenes Merkmal als zur erfindungsgemäßen Lehre gehörend zu erkennen ist (BGH GRUR 2010, 599, 601 [22] – *Formteil*). Die kognitive Erfassung des Offenbarungsgehalts ist in beiden Fallgestaltungen zwar dieselbe, jedoch schließt sich bei der der Beurteilung des Schutzbereichs eines erteilten Gebrauchsmusters aufgrund der gesetzlichen, die Rechtssicherheit betonenden Vorgabe des § 12a GebrMG noch eine gesonderte Rasterprüfung an, die den Vorrang des Gebrauchsmusteranspruchs im Auge hat.

134 Beschreibung und Zeichnungen dienen der Ermittlung des Sinngehalts des Gebrauchsmusteranspruchs (BGH GRUR 2011, 701, 703 [23] – *Okklusionsvorrichtung*). Die Gebrauchsmusterschrift stellt sich regelmäßig als Formulierung eines einheitlichen Ganzen dar, bei der der Gebrauchsmusterinhaber als Verfasser des Dokuments im Zweifel auf Widersprüche oder Diskrepanzen zwischen Gebrauchsmusteranspruch einerseits und Beschreibung und Zeichnungen andererseits verzichten möchte. Deshalb wird man bei der praktischen Prüfung auch festzustellen haben, ob in der Gebrauchsmusterbeschreibung erwähnte Ausführungsformen als Ausdruck der Erfindung nicht auch vom Anspruchswortlaut erfasst werden, der seiner Funktion nach eine zusammenfassende, abstrahierende Umschreibung der Erfindung ist. Freilich kommt es in der Praxis aus den verschiedensten Gründen immer wieder zu solchen unerwünschten Diskrepanzen. In einem solchen Fall geht dann der Gebrauchsmusteranspruch vor.

135 Soweit es die Heranziehung der Beschreibung in ihrer Gesamtheit für die Anspruchsauslegung betrifft, ist grundsätzlich ein Verständnis des Anspruchs angezeigt, das im Einklang mit den Erläuterungen in der Beschreibung insgesamt steht (BGH BeckRS 2015, 12105 [26] – *Polymerschaum II*). Eine in der Beschreibung zB erfindungswesentlich oder gebrauchsmustergemäß genannte Ausführungsvariante wird nach dem Ausgeführten also regelmäßig von einem im Anspruch genannten Begriff erfasst sein (OLG München InstGE 10, 203, 208 – *mehrstufige Kettenanordnung*).

136 Eine Auslegung, dass keines der in der Gebrauchsmusterschrift geschilderten Ausführungsbeispiele vom Gegenstand des Gebrauchsmusters erfasst würde, ist zwar nicht schlechthin ausgeschlossen. Sie käme aber nur dann in Betracht,

137 – wenn andere Auslegungsmöglichkeiten, die zumindest zur Einbeziehung eines Teils der Ausführungsbeispiele führen, zwingend ausscheiden oder

138 – wenn sich aus dem Gebrauchsmusteranspruch hinreichend deutliche Anhaltspunkte dafür entnehmen ließen, dass tatsächlich etwas beansprucht wird, das so weitgehend von der Beschreibung abweicht, dass es im Ergebnis nicht mehr beansprucht werden soll (BGH GRUR 2015, 159, 161 [26] – *Zugriffsrechte;* BGH BeckRS 2015, 12105 [26] – *Polymerschaum II*).

Die Beschreibung gestattet jedoch regelmäßig **keine einschränkende Auslegung** eines die Erfindung allgemein kennzeichnenden Gebrauchsmusteranspruchs (BGH GRUR 2004, 1023, 1024/1025 – *Bodenseitige Vereinzelungseinrichtung;* BGH GRUR 2007, 309, 311 [17] – *Schussfädentransport;* BGH GRUR 2007, 778, 779 [20] – *Ziehmaschinenzugeinheit;* BGH GRUR 2008, 779, 783 [34] – *Mehrgangnabe;* BGH GRUR 2011, 701, 703 [23] – *Okklusionsvorrichtung*). Die Einbeziehung von Beschreibung und Zeichnungen des betreffenden Gebrauchsmusters darf nicht zu einer sachlichen Einengung oder inhaltlichen Erweiterung des durch seinen Wortlaut festgelegten Gegenstands führen (BGH GRUR 2004, 1023, 1024 – *Bodenseitige Vereinzelungseinrichtung;* BGH GRUR 2007, 778, 779 [14] – *Ziehmaschinenzugeinheit;* BGH GRUR 2011, 701, 703 [23] – *Okklusionsvorrichtung*). **139**

Allgemein lässt sich daraus ableiten, dass ein Widerspruch zwischen Beschreibung und Zeichnungen einerseits und Gebrauchsmusteranspruch andererseits grundsätzlich zu Lasten der Erstgenannten geht (BGH GRUR 2011, 701, 703 [23] – *Okklusionsvorrichtung*). Anders ausgedrückt: Nur wenn und soweit sich daraus ein Verständnis des Anspruchs ergeben würde, das eindeutig nicht dem entsprechen kann, was unter Schutz gestellt werden soll, ist der Schluss gerechtfertigt, dass aus Teilen der Beschreibung keine Schlussfolgerungen in Bezug auf den geschützten Gegenstand gezogen werden dürfen (BGH BeckRS 2015, 12105 [26] – *Polymerschaum II*). **140**

Andererseits ergibt sich der anspruchsermittelte Schutzbereich freilich unter Berücksichtigung von Beschreibung und Zeichnungen (BGH GRUR 2004, 1023, 1024 – *Bodenseitige Vereinzelungseinrichtung*), was ein geschultes juristisches Abstraktionsvermögen voraussetzt (vgl. BGH BeckRS 2014, 21431 [12, 13] – *Fixationssystem*). **141**

Mithin hat ein zusätzlicher Offenbarungsgehalt von Beschreibung und Zeichnungen für den Schutzbereich keine Bedeutung, wenn er im Gebrauchsmusteranspruch keinen Niederschlag gefunden hat (BGH GRUR 2011, 701, 703 [23] – *Okklusionsvorrichtung*). **142**

Was – gegebenenfalls unter Berücksichtigung der Erläuterungen in Beschreibung und Zeichnungen – im Anspruch nicht so deutlich enthalten ist, dass es als zur Erfindung gehörend erkannt wird, kann den Gegenstand dieses Gebrauchsmusteranspruchs nicht kennzeichnen (BGH GRUR 2007, 959, 962 [31] – *Pumpeneinrichtung;* BGH GRUR 2008, 779, 783 [37] – *Mehrgangnabe*). **143**

Auf der anderen Seite kann sich im Einzelfall aus der Beschreibung und der Zeichnungen ein **engeres Verständnis** des Gebrauchsmusteranspruchs ergeben, als es dessen Wortlaut für sich genommen nahelegt (BGH GRUR 1999, 909, 911/912 – *Spannschraube* (siehe hierzu unter → Rn. 24ff.), BGH GRUR 2008, 779, 783 [37] – *Mehrgangnabe*). Dies muss aber angesichts des oben erwähnten Grundsatzes des Vorrangs des Gebrauchsmusteranspruchs kritisch und sorgfältig geprüft werden und darf nicht lediglich einfach damit begründet werden, dass Beschreibung und Abbildungen lediglich einige der unter den Wortlaut des Gebrauchsmusteranspruchs fallenden möglichen Ausführungsformen betreffen. Maßgeblich ist vielmehr, ob die Auslegung des Gebrauchsmusteranspruchs unter Heranziehung der Beschreibung und der Zeichnungen ergibt, dass nur bei Befolgung einer solchen engeren technischen Lehre der erfindungsgemäße technische Erfolg erzielt wird. Hierbei können nicht im Gebrauchsmuster erwähnte, jedoch zum (allgemeinen Fach-) Wissen gehörende objektive technische Gegebenheiten von Bedeutung sein und daher das Verständnis des Gebrauchsmusteranspruchs beeinflussen, etwa weil aus der Sicht des Fachmanns nur eine bestimmte Ausgestaltung geeignet erscheint, den erfindungsgemäßen Erfolg herbeizuführen oder sich umgekehrt eine bestimmte Ausgestaltung von vornherein zur Erreichung des erfindungsgemäßen Erfolges ungeeignet darstellt (BGH GRUR 2008, 779, 783 [37, 43] – *Mehrgangnabe*). **144**

Während sich im Einzelfall eine engere Auslegung eines Gebrauchsmusteranspruchs aufgrund von Beschreibung und Zeichnungen ergeben kann, ist umgekehrt ein weiteres Verständnis angesichts des Primat des Anspruchs nicht vorstellbar: Nur in Beschreibung und Zeichnung, nicht aber im Anspruch enthaltene Merkmale können einen Schutz nicht begründen. **145**

146 **Schematische Darstellungen,** wie sie üblicherweise in Gebrauchsmusterschriften zu finden sind, offenbaren regelmäßig nur das Prinzip der beanspruchten Vorrichtung, nicht aber exakte Abmessungen (BGH GRUR 2012, 1242, 1243 [9] – *Steckverbindung*); folglich sind Abmessungen regelmäßig für die Auslegung eines Gebrauchsmusteranspruchs ohne entscheidende Bedeutung.

147 **1.3.7 „Eigenes Lexikon" – funktionsorientierte Auslegung.** Bei Fachbegriffen aus einem Fachgebiet, zu dem die Erfindung gehört, mag eine gewisse Vermutung bestehen, dass der diesem Fachgebiet zugrunde zu legende Verständnisgehalt auch in dem Gebrauchsmusteranspruch gemeint ist.

148 Bei **Fachbegriffen,** die nicht spezifisch erfindungsbezogen sind, kann aber a priori nicht von einem derartigen Erfahrungssatz ausgegangen werden. Diese werden – leider – häufig zum einen nicht präzise und zum anderen nicht in einem auf diesen spezifischen Bedeutungsgehalt beschränkten Sinn gemeint.

149 Dies gilt nicht zuletzt für selbst allgemeine Fachbegriffe aus der Geometrie oder aus der geometrischen Konstruktionslehre.

150 Selbst scheinbar **klare Begriffe** sind deshalb nicht nur der Auslegung zugänglich sondern auch auslegungsbedürftig.

151 Es muss beachtet werden, dass das Gebrauchsmuster den Ausdruck möglicherweise nicht in diesem geläufigen, sondern in einem davon abweichenden (zB weitergehenden oder engeren) Sinne verwendet. Dies ergibt sich folgerichtig daraus, dass

152 – der Anspruch als Ganzes zu verstehen ist und eine zergliedernde Betrachtung der einzelnen Merkmale vermieden werden muss,

153 – der Anspruch im Licht der Gesamtoffenbarung zusammen mit Beschreibung und der Zeichnungen auszulegen ist und

154 – eine widerspruchsfreie Auslegung anzustreben ist, die dem Anspruch und der Beschreibung ein sinnvolles Ganzes gibt.

155 Da bei der Formulierung einer Gebrauchsmusterschrift Begriffe andererseits in der überwiegenden Zahl der Fälle in einem Sinne verwendet werden, der dem allgemeinen Verständnis dieses Begriffs entspricht, wird man im Sinne einer **praktischen Abfolge** der vorzunehmenden Auslegung zunächst davon ausgehen können. Es ist aber immer im Wege einer Einzelfallprüfung der Frage nachzugehen, ob und inwieweit sich der Anmelder dieses üblichen Sprachgebrauchs ausnahmsweise nicht bedient hat und deshalb das Merkmal im Zusammenhang mit der Erfindung auch in einem anderen Sinne zu verstehen ist (BGH GRUR 1999, 909, 912 – Spannschraube).

156 Das Vorstehende gilt in besonderer Weise, wenn in dem Gebrauchsmusteranspruch ein „Kunstwort" oder allgemein eine **Wortneuschöpfung** gewählt wurde, das es in dieser Weise im allgemeinen (Fach-) Sprachgebrauch nicht gibt. Weichen Begriffe vom allgemeinen technischen Sprachgebrauch ab, ist nicht dieser, sondern der sich aus den Ansprüchen und der Beschreibung ergebende Begriffsinhalt maßgebend. Hier ist anhand der Gesamtoffenbarung der Gebrauchsmusterschrift in einer umfassenden Weise herauszuarbeiten, was mit einem solchen Begriff gemeint ist (vgl. BGH GRUR 2005, 754/755 – *werkstoffeinstückig*)

157 Da eine Gebrauchsmusterschrift quasi ihr **eigenes Lexikon** (vgl. BGH GRUR 1999, 909, 911- *Spannschraube;* BGH GRUR 2005, 754, 755 – *werkstoffeinstückig;* BGH GRUR 2008, 887, 889 [22] – *Momentanpol II;* BGH BeckRS 2015, 13347 [22] – zusammenklappbarer Wagen; BGH GRUR 2015, 875, 876 [16] – *Rotorelemente*) darstellt, können auch aus dem technischen Fachsprachgebrauch entnommene Begriffe nach dem Gebrauchsmuster durchaus eine andere, ggf. weitere, aber auch engere, Auslegung erfahren. Erst recht gilt dies, wenn die Gebrauchsmusterschrift nicht exakt fachspezifische Begriffe verwendet. Für einen Rückgriff auf den allgemeinen Sprachgebrauch ist um so weniger Raum, je mehr der Inhalt der Gebrauchsmusterschrift auf ein abweichendes Verständnis hindeutet (BGH BeckRS 2015, 12105 [26] – *Polymerschaum II*).

158 Da auf den Gesamtinhalt der Gebrauchsmusterschrift und insbesondere auf den mit der offenbarten technischen Lehre verfolgten **Zweck** abzustellen ist, kann sich ohne weiteres ergeben, dass der angesprochene Fachmann einen im Anspruch fehlerhaft benutzten Begriff korrigierend auslegt (BGH Mitt. 2002, 176, 178 – *Gegensprechanlage*).

159 Der Fachmann wird dabei bestrebt sein, die Gebrauchsmusterschrift in einem sinnvollen Zusammenhang zu lesen und ihren Gesamtinhalt im Zweifel so zu verstehen, dass der Anspruch einen in sich und im Gesamtzusammenhang schlüssigen Sinn ergibt, mithin **widerspruchsfrei** ist (BGH BeckRS 2015, 13347 [20] – *zusammenklappbarer Wagen;* OLG Düsseldorf Mitt. 1998, 179, 181 – *Mehrpoliger Steckverbinder*). Es ist anzustreben, einem Gebrauchsmuster einen sinnvollen Gehalt zu entnehmen (BGH GRUR 2008, 887, 889 [21] – *Momentanpol II;* BGH GRUR 2011, 701, 703 [23] – *Okklusionsvorrichtung,* → Rn. 167). Ein bestimmtes Verständnis von einem Merkmal hat deswegen regelmäßig auszuscheiden, wenn damit der gebrauchsmustergemäß angestrebte technische Effekt nicht erreicht werden könnte (vgl. BGH GRUR 2010, 602, 604 [24, 25] – *Gelenkanordnung*). Aber auch dies kann an dem Grundsatz des Vorrangs des Gebrauchsmusteranspruchs gegenüber Beschreibung und Zeichnungen nichts ändern (BGH GRUR 2011, 701, 703 [24] – *Okklusionsvorrichtung;* BGH GRUR 2015, 875, 876 [16] – *Rotorelemente*).

160 Das Bestreben, eine widerspruchsfreie, schlüssige Interpretation des Gebrauchsmusters zu erzielen, schließt auch eine **funktionsbezogene Deutung** des Sinngehalts der Merkmale des Gebrauchsmusteranspruchs ein, wonach u. a. die zwingenden Vorteile gegenüber dem Stand der Technik bzw. dessen Nachteile, die zwingend vermieden werden sollen, herausgearbeitet werden (BGH GRUR 2001, 232, 233 – *Brieflocher*). Die funktionsorientierte Auslegung ist jedenfalls dann sachgerecht, wenn die Wortwahl des Gebrauchsmusteranspruchs für sich kein fest umrissenes Verständnis erlaubt (BGH GRUR 2001, 232, 233 – *Brieflocher;* BGH GRUR 2005, 41, 42 – *Staubsaugersaugrohr*).

161 Funktionsorientiert bedeutet auch, eine mit dem offenbarten Erfindungsgedanken verbundene technische Funktion herauszuarbeiten (BGH GRUR 2009, 655, 657 [28] – *Trägerplatte*).

162 **Räumlich-körperlich definierte Merkmale** eines Gebrauchsmusteranspruchs dürfen jedoch nicht von einer funktionsorientierten Auslegung in ihrer Bedeutung nivelliert werden, dh ihr Inhalt auf die bloße Funktion reduziert und lediglich in diesem Sinne verstanden werden, der mit seiner räumlich-körperlichen Ausgestaltung nicht mehr übereinstimmt (so erstmals Meier-Beck, GRUR 2003, 905, 907; OLG Düsseldorf GRUR-RR 2014, 184, 188 – *WC-Sitzgelenk*). Würde nur allein auf die Funktion eines räumlich-körperlich bestimmten Merkmals abgestellt, besteht die Gefahr, dass die Grenzen zwischen wortsinngemäßer und äquivalenter Verletzung eines Gebrauchsmusters verwischt würden, was aber schon wegen der Zulässigkeit des Formstein-Einwandes nur bei einer äquivalenten Benutzung vermieden werden muss. Eine äquivalente Gebrauchsmusterverletzung kommt nur dann in Betracht, wenn eine wortsinngemäße Verletzung nicht gegeben ist.

163 **1.3.8 Zweck-, Funktions- und Wirkungsangaben.** Derartige Angaben stellen vielfach lediglich eine den Gebrauchsmusteranspruch einleitende Zweckbestimmung des jeweils geschützten Gegenstands dar. Einer Zweckangabe kommt regelmäßig die Aufgabe zu, den durch das Gebrauchsmuster geschützten Gegenstand dahin zu definieren, dass er nicht nur die räumlich-körperlichen Merkmale erfüllen, sondern auch so ausgebildet sein muss, dass er für den im Gebrauchsmusteranspruch angegebenen Zweck verwendbar ist (BGH GRUR 1979, 149, 151 – *Schießbolzen;* BGH GRUR 1981, 259, 260 – *Heuwerbungsmaschine II;* BGH GRUR 2006, 923, 925 [15] – *Luftabscheider für Milchsammelanlage;* BGH GRUR 2009, 837, 838 [15] – *Bauschalungsstütze;* BGH BeckRS 2010, 00634 – *Hundefutterbeutel*).

164 Weitere Einzelheiten zu Zweck-, Funktions- und Wirkungsangaben werden unter → Rn. 233 ff., → Rn. 312 ff. zum Schutz von Erzeugnisgebrauchsmustern erläutert.

165 **1.3.9 Ausführungsbeispiele.** Ausführungsbeispiele erlauben ebenso wie Beschränkungen, die sich lediglich aus der Beschreibung und Zeichnungen ergeben, **regelmäßig keine einschränkende Auslegung** des insgesamt allgemein kennzeichnenden Anspruchs unter seinen Wortlaut (BGH GRUR 2008, 779, 783 [34] – *Mehrgangnabe*). Sie dienen einer rein beispielhaften Erläuterung des geschützten Gegenstands und lassen damit regelmäßig keine Schlussfolgerung dahingehend zu, dass sie abschließend gemeint sind.

166 Umgekehrt gilt auch insoweit – analog zu den Ausführungen zu der Bedeutung von Beschreibung und Zeichnungen unter → Rn. 132 ff. –, dass Angaben zu der Erfindung, die im allgemeinen oder besonderen Beschreibungsteil als gebrauchsmustergemäß bezeichnet sind, regelmäßig auch unter den betreffenden, im Hauptanspruch verwendeten allgemeinen Begriff fallen.

167 Wie bei der Erläuterung im Zusammenhang mit der Beschreibung und den Zeichnungen dargelegt, gilt aber auch für die Berücksichtigung von Ausführungsbeispielen allgemein, dass der angesprochene Fachmann den Inhalt der Gebrauchsmusterschrift in einem sinnvollen Zusammenhang lesen wird und einen widerspruchsfreien Gesamtinhalt herauszuarbeiten versucht (BGH GRUR 2009, 653 [16] – *Straßenbaumaschine;* BGH GRUR 2008, 887 [21] – *Momentanpol II;* OLG Düsseldorf, InstGE 13, 129 – *Synchronmotor;* Mitt. 1998, 179, 181 – *Mehrpoliger Steckverbinder,* → Rn. 159).

168 **1.3.10 Bezugszeichen.** Die Beschreibung muss wenigstens einen Weg zum Ausführen der beanspruchten Erfindung im einzelnen, gegebenenfalls erläutert durch Beispiele und anhand der Zeichnungen unter Verwendung der entsprechenden Bezugszeichen enthalten. Insgesamt ist die Erfindung in der Anmeldung so deutlich und vollständig zu offenbaren, dass ein Fachmann sie ausführen kann. Bezugszeichen dienen damit der Nachvollziehbarkeit der Erfindung anhand der Gesamtheit von Anspruch, Beschreibung und Zeichnung. Ihnen kommt damit faktisch eine große Relevanz zu.

169 Dennoch nehmen sie nicht an der Auslegung selbst und an der Schutzbestimmung teil. Bezugszeichen im Anspruch beschränken diesen nicht, ebenfalls nicht auf ein Ausführungsbeispiel (BGH GRUR 2006, 316 – *Koksofentür*).

170 **1.3.11 Stand der Technik.** Eine weitere wichtige Auslegungshilfe ist (nur) der **im Gebrauchsmuster genannte Stand der Technik,** soweit auf ihn in der Beschreibung Bezug genommen wird (deren Bestandteil er damit ist) (BGH GRUR 2007, 410, 414 [25] – *Kettenradanordnung I*). Nicht erwähnter Stand der Technik ist nur zu berücksichtigen, wenn er als zum allgemeinen Fachwissen auf dem betreffenden Gebiet gehörend anzusehen ist. Unabhängig davon darf sich die Auslegung des Gebrauchsmusteranspruchs nicht nach demjenigen beurteilen, was sich als gebrauchsmusterfähig gegenüber dem Stand der Technik erwiesen hat (BGH GRUR 2012, 1124, 1126 [28] – *Polymerschaum*). Auch nach der Eintragung aufgefundener Stand der Technik kann für die Auslegung von Begriffen in einem Gebrauchsmusteranspruch keine Bedeutung haben, da er sich nur auf die Rechtsbeständigkeit des Schutzrechts, nicht aber auf das einem Gebrauchsmuster zugrundeliegende technische Problem und dessen Lösung beziehen kann (BGH GRUR 1991, 811, 813 – *Falzmaschine*) (vgl. → Rn. 50 ff., → Rn. 72 ff.).

171 Da aber das Gebrauchsmuster nicht auf seine materiellen Schutzvoraussetzungen geprüft ist, hat der Verletzungsrichter auf einen entsprechenden Einwand des Verletzungsbeklagten hin den Stand der Technik zu berücksichtigen; vgl. zB → § 13 Rn. 14), letzterer hat also im Ergebnis einen viel unmittelbareren Einfluss (vgl. → Rn. 72 ff.) als dies bei einem Patent der Fall ist, das die Grundlage für ein Verletzungsverfahren bildet. Im Patentverletzungsverfahren spielt der – sowohl in der Patentschrift genannte wie nicht genannte – Stand der Technik eine eher indirektere Rolle, weil sein Einfluss auf die Rechtsbeständigkeit im dafür vorgesehenen Einspruchs- oder Nichtigkeitsverfahren geltend zu machen ist. Ein Verletzungsgericht

wird sich im Gebrauchsmusterverletzungsverfahren schon aus praktischen Gründen Gedanken machen (müssen), ob es in Anbetracht des Standes der Technik, der nur bei einer bestimmten Auslegung eines Merkmals der Rechtsbeständigkeit dem Streitgebrauchsmuster nicht löschungsreif entgegensteht, der Auslegung dieses betreffenden Merkmals im Verletzungsstreit einen anderen, nämlich weiteren, Bedeutungsgehalt beimessen möchte, um dann (noch) eine angegriffene Ausführungsform erfassen zu können.

Unabhängig davon kann ein Gebrauchsmuster eine bestimmte zum Stand der Technik gehörende Konstruktion als Basis für die eigene Entwicklung nehmen und diese zu verbessern suchen. Hier wird man das Verständnis eines bestimmten Merkmals im Einklang mit dem Verständnis hierzu nach dem Stand der Technik zugrunde legen können, soweit die Annahme gerechtfertigt ist, dass sich das Gebrauchsmuster diesen Begriffsinhalt zu eigen gemacht hat. Wird hingegen im Gebrauchsmuster ein Stand der Technik zitiert, der eher nur „äußerlich" etwas mit der geschützten Technologie zu tun hat, wird ein solches Verständnis häufig nicht möglich sein. **172**

1.3.12 Parallele nationale oder ausländische Schutzrechte und Gerichtsentscheidungen. Bei der Auslegung geht es zwar immer nur um ein deutsches Gebrauchsmuster und nicht um ein möglicherweise paralleles ausländisches Patent. Daraus schließen zu wollen, dass deshalb solche Parallelschutzrechte oder gar ausländische gerichtliche Entscheidungen nicht berücksichtigt werden müssten, ist aber mehr als verfehlt. **173**

Denn von diesen Schutzrechten wird ein und derselbe (fiktive) Fachmann angesprochen, den alle Gerichte gleichermaßen annehmen und zugrunde legen, so dass daraus folgende Erkenntnisse jedenfalls in faktischer Hinsicht nutzbar gemacht werden können. Ein Paradebeispiel hierzu ist der erste paneuropäische, nämlich der sog. Epilady-Rechtsstreit zur Frage einer Verletzung mehrerer nationaler Bündelpatente eines europäischen Patents durch ein in allen Ländern gleiches Verletzungsprodukt (siehe hierzu die Entscheidungen Epilady I bis XII verschiedener in- und ausländischer Gerichte, veröffentlicht in GRUR Int. 1990, 471 (Deutschland), 474 (Großbritannien), 477 (Hongkong), 478 (Niederlande), GRUR Int. 1992, 53 (Österreich), 66 (Schweiz), 385 (Belgien), GRUR Int. 1993, 242 (Deutschland), 245 (Großbritannien), 248 (Hongkong), 249 (Italien), 252 (Niederlande)). **174**

Dementsprechend hat sich der Bundesgerichtshof bereits mehrfach wie selbstverständlich und vollkommen zu Recht mit der Auslegung desselben Merkmals eines Anspruchs in parallelen ausländischen Schutzrechten durch ausländische Gerichte auseinandergesetzt (vgl. lediglich BGH GRUR 2011, 701, 703 [19] – *Okklusionsvorrichtung*) – was genauso selbstredend divergierende Entscheidungen im Einzelfall nicht ausschließen muss. **175**

1.3.13 Eintragungsakten – ursprüngliche Anmeldungsunterlagen. Die Erteilungsakten zu einem Patent sowie der ursprüngliche Anmeldetext als Auslegungsmittel werden weder in § 14 PatG noch in Art. 69 erwähnt. Hieraus und aufgrund der Tatsache, dass jedenfalls die Erteilungsakten nicht veröffentlicht würden und damit dem Gebot der Rechtssicherheit entgegenstehen könnten, wird für die Auslegung von Patentansprüchen abgeleitet, dass beide Arten von Erkenntnishilfen bei der Auslegung des Schutzbereichs nicht berücksichtigt werden dürften (vgl. hierzu ausführlich BeckOK PatG/*Loth,* § 14 PatG Rn. 129 ff.). **176**

Da es beim Gebrauchsmuster ein derartiges Erteilungsverfahren nicht gibt, dieses vielmehr bei Vorliegen der formalen Voraussetzungen ohne materiellrechtliche Prüfung eingetragen wird, spielt diese bei Patenten diskutierte Frage bei Gebrauchsmustern keine Rolle. **177**

1.3.14 Beschränkungen. Hingegen sind Beschränkungen, die **in der Gebrauchsmusterschrift** ihren **Niederschlag** gefunden haben, schutzbegrenzend zu **178**

berücksichtigen. Denn soweit sie, insbesondere durch beschränkte Aufrechterhaltung, in der Gebrauchsmusterschrift ihren Niederschlag gefunden haben, ergibt sich ihre Beachtlichkeit unmittelbar aus der Regelung in § 12a GebrMG. Die Beschränkung des Schutzumfangs ist so zu beachten, wie sie der Leser den Gebrauchsmusteransprüchen entnimmt. Insoweit gelten also keine prinzipiellen Unterschiede zur Auslegung eines nicht beschränkten Anspruchs (BGH GRUR 2002, 511, 514 – *Kunststoffrohrteil*) bzw. zur diesbezüglichen Berücksichtigung bei der Auslegung von Patenten.

179 Diese Grundsätze gelten gleichermaßen für Beschränkungen, die im Löschungsverfahren aufgenommen wurden. Der Grund für die Beschränkung ist allenfalls von inzidentieller Bedeutung, soweit etwa nicht die Entscheidungsgründe eines teillöschenden Löschungsurteils an die Stelle der Beschreibung treten (→ Rn. 188ff.).

180 Da es allein auf die im Gebrauchsmusteranspruch zum Ausdruck kommende Beschränkung ankommt, dürfen alle diejenigen Ausführungsformen nicht in den Schutzbereich des Gebrauchsmusters einbezogen werden, die – unabhängig vom jeweiligen Grund – im Löschungsverfahren aus dem Schutzbegehren herausgefallen sind. Dies folgt bereits aus dem Gebot der Rechtssicherheit, das andernfalls zu einer Leerformel verkäme.

181 Die Aufnahme von Zweck-, Wirkungs- und Funktionsangaben in den Anspruch wird unter Berücksichtigung der unter → Rn. 233ff., → Rn. 312ff. erfolgenden Ausführungen sehr häufig nicht als Beschränkung angesehen können.

182 Selbstverständlich sind auch beschränkte Ansprüche ihrer Erstreckung auf Äquivalente zugänglich, wenngleich man hierbei den technischen Effekt der Beschränkung mit Blick auf die mögliche Äquivalenz nicht aus dem Auge verlieren darf. Letztlich aus rechtspolitischen Gründen, nämlich aus Gründen des Schutzes des Wettbewerbs, wird eine Ausdehnung des Schutzbereichs eines Anspruchs unter Äquivalenzgesichtspunkten auf etwas Weitergehendes versagt, was im Löschungsverfahren als nicht gewährbar angesehen worden ist (vgl. OLG Düsseldorf BeckRS 2015, 05649 [77]).

183 **1.3.15 Verzichte.** In der patentrechtlichen Praxis wurde eine Ausnahme zu dem vorerwähnten Grundsatz der Nicht-Berücksichtigung der Patent-Erteilungsakten als zugelassenes Auslegungsmittel aufgrund einer insoweit bestehenden Sonderbeziehung für das Verhältnis zwischen Patentinhaber und Einsprechendem zugelassen, wenn der Patentinhaber gegenüber letzterem einschränkende Erklärungen abgegeben hatte, auf die sich dieser guten Glaubens verlassen durfte (BGH GRUR 1993, 886 – *Weichvorrichtung I;* BGH NJW 1997, 3377 – *Weichvorrichtung II;* BGH GRUR 2006, 923, 926 [25]-[27] – *Luftabscheider für Milchsammelanlage*). Analog hierzu wird man dies auch im Verhältnis zwischen Gerbrauchsmusterinhaber und etwa einem Löschungsantragsteller annehmen können, wenn ersterer im Löschungsverfahren entsprechende Erklärungen abgibt.

184 Bei der Prüfung des Einwands aus Treu und Glauben geht es nicht um den durch Auslegung des Gebrauchsmusteranspruchs gem. § 12a GebrMG zu bestimmenden (objektiven) Schutzbereich des Gebrauchsmusters gegenüber jedermann, sondern ausschließlich um das Verhältnis der am Löschungsverfahren und an dem Verletzungsstreit beteiligten Parteien zueinander. (Nur) in diesem Verhältnis gelten die allgemeinen Grundsätze des Verbots treuwidrigen Handelns. Zeichnet sich also bereits ein Verletzungsstreit zwischen den Beteiligten eines Löschungsverfahrens ab und wird in diesem Verfahren eine entgegengehaltene konkrete Ausführungsform des Löschungsantragsstellers erörtert und gibt der Gebrauchsmusterinhaber ernsthaft in einer Vertrauen begründenden Weise die Erklärung ab, diese Ausführungsform werde von dem begehrten Schutz nicht erfasst, so kann er sich hiervon im späteren Verletzungsprozess nicht mehr lossagen.

185 Die Feststellung des Sachverhalts kann mittels aller prozessual zulässigen Beweismittel erbracht werden. Solche Umstände, die gegenüber sonstigen Dritten ohnehin keine Bedeutung haben können und folglich auch nicht die Bestimmung des Schutzbereichs des Gebrauchsmusters an sich relativieren können, sind sicherlich sehr sorgsam zu analysieren. Sie betreffen einen Ausnahmesachverhalt und lassen deshalb keine verallgemeinerungsfähige Erkenntnisse zu.

1.3.16 Gebrauchsmusteransprüche abändernde Entscheidungen – Entscheidungsgründe einer Löschungsentscheidung. Dieser Abschnitt der Kommentierung befasst sich mit der/den sich **inhaltlich** auf die Auslegung eines Gebrauchsmusters auswirkenden Entscheidung einerseits und Entscheidungsgründen des DPMA oder BPatG andererseits, die insbesondere zu einer Teillöschung des Gebrauchsmusters geführt haben, durch das Verletzungsgericht. Der Abschnitt erörtert hingegen nicht die zivilprozessuale Verknüpfung zwischen Verletzungsrechtsstreit und Löschungsverfahren, die aufgrund einer – nicht-rechtskräftigen oder rechtskräftigen – Entscheidung in einem Löschungsverfahren über die Löschung, über die Abweisung des Löschungsantrags und über die Teillöschung als solche eintritt; diese Verknüpfung wird im Zusammenhang mit der Kommentierung zu § 19 GebrMG erörtert. **186**

Bei einem Patent ist grundsätzlich immer die **geltende Fassung,** bei einer Änderung im Einspruchs- oder Nichtigkeitsverfahren die geänderte Fassung maßgebend (BGH GRUR 2010, 904, 908 [47] – *Maschinensatz*). Mit einer Beschränkung der Patentansprüche durch ein Nichtigkeitsurteil geht eine rechtsgestaltende Rückwirkung der geänderten Anspruchsfassung einher. Das gilt auch für den Fall, dass der Patentinhaber es nur beschränkt verteidigt hat (BGH GRUR 2007, 778, 780 [20] – *Ziehmaschinenzugeinheit*); in diesem Fall führt dies ohne weitere Sachprüfung zur Nichtigkeit in entsprechendem Umfang (BGH GRUR 2006, 666, 667 [20] – *Strechfolienhaube*). Diese patentrechtlichen Grundsätze können uneingeschränkt auf entsprechende Ergebnisse im gebrauchsmusterrechtlichen Löschungsverfahren übertragen werden. **187**

Eine davon zu unterscheidende, aber gleichwohl damit zusammenhängende Frage ist, ob und inwieweit ein Verletzungsrichter an die eventuelle **Entscheidungsgründe** der teil-löschenden Entscheidung gebunden ist. Diese Frage ist schon für den Bereich des Patentschutzes nach wie vor nicht rechtsdogmatisch sauber aufgearbeitet und hängt dort zu einem gewissen Teil mit der sogenannten Tatbestandswirkung eines Verwaltungsakts, nämlich der Patenterteilung, zusammen. Die Praxis bevorzugt dementsprechend eine eher pragmatische Herangehensweise. Im Gebrauchsmusterrecht gibt es zwar auch den Verwaltungsakt der Eintragung, dieser beinhaltet aber keine Aussage über das Vorliegen insbesondere der materiellen Schutzvoraussetzungen der Neuheit oder des erfinderischen Schrittes; insoweit fehlt es an einer entsprechenden Tatbestandswirkung wie bei der Erteilung eines Patents. Der Verletzungsrichter ist im Gebrauchsmusterverletzungsverfahren – anders als im Patentverletzungsverfahren – folglich an die (bloße, also nicht durch eine Löschungsentscheidung des DPMA bestätigte – letzteres bemisst sich nach § 19 GebrMG) Eintragung des Gebrauchsmusters nicht gebunden, § 13 Abs. 1 GebrMG. Gebrauchsmusterschutz tritt trotz der Eintragung nicht ein, soweit gegen den als Inhaber Eingetragenen für jedermann ein Anspruch auf Löschung des Gebrauchsmusters besteht, § 13 Abs. 1 iVm. § 15 Abs. 1 und 3 GebrMG. Welche Unterschiede sich hieraus zwischen Patent und Gebrauchsmuster ergeben, bedarf der eingehenderen Untersuchung, die zunächst mit einer Zusammenfassung der **patentrechtlichen** Besonderheiten beginnt: **188**

Eine Justierung der patentrechtlichen Praxis mit einer jüngeren höchstrichterlichen Rechtsprechung, nach der Grundlage der Auslegung allein die Patentschrift ist (BGH GRUR 2012, 1124, 1126 [28] – *Polymerschaum*), steht – soweit ersichtlich – noch aus. Dies ist bei der nachfolgenden Darstellung hinreichend zu beachten. **189**

Nach höchstrichterlicher Rechtsprechung treten grundsätzlich die die Abweichungen der Anspruchsfassung von der Patentschrift behandelnden Entscheidungsgründe an die Stelle der ursprünglichen Patentbeschreibung (BGH GRUR 1999, 145, 146 – *Stoßwellen-Lithotripter*) und bilden für das Verletzungsgericht den maßgeb- **190** lichen Text der Patentbeschreibung (BGH GRUR 1979, 308, 309 – *Auspuffkanal für Schaltgase*).

191 Aber schon diese Grundsätze können nicht mehr uneingeschränkt Anwendung finden, ohne dass die Rechtspraxis zur Nicht-Hinzuziehung von Erteilungsakten/Eintragungsakten bzw. ursprünglichen Anmeldungsunterlagen bei der Auslegung des Anspruchswortlauts (→ Rn. 176) berücksichtigt wird.

192 Nach der hier vertretenen Auffassung ersetzen und ergänzen die Entscheidungsgründe der Einspruchs- und Nichtigkeitsentscheidung die Beschreibung nur dann, wenn der Wortlaut des Anspruchs durch teilweisen Widerruf oder teilweise Nichtigerklärung geändert worden ist und die Beschreibung dementsprechend in einem neuen B5- bzw. B9-Dokument beim DPMA angepasst wurde.

193 Ungeachtet dessen ist zu berücksichtigen, inwieweit die Entscheidungsgründe eines etwa das Klagepatent teilvernichtenden Urteils überhaupt ihrem Inhalt nach Teil der Beschreibung werden können (BGH GRUR 2007, 778, 780 [20] – *Ziehmaschinenzugeinheit*). Denn wird das Klagepatent im Nichtigkeitsverfahren nicht mehr verteidigt, führt dies in entsprechendem Umfang ohne weitere Sachprüfung zur Nichtigkeit (BGH GRUR 2006, 66 – *Stretchfolienhaube;* BGH GRUR 2007, 778, 780 [20] – *Ziehmaschinenzugeinheit*). Für diesen Teil der Entscheidung weisen die Gründe des Nichtigkeitsurteils dementsprechend keine Begründung auf, die zur Auslegung der Patentansprüche herangezogen werden könnte.

194 Im Einspruchsverfahren treten die gleichen Wirkungen ein, § 21 Abs. 2 Satz 2 iVm Abs. 3 Satz 2 PatG; für Beschränkungen im Beschränkungsverfahren gilt § 64 Abs. 1 und Abs. 3 Satz 3 PatG.

195 Die die Abweisung der weitergehenden Nichtigkeitsklage behandelnden Gründe stehen der Beschreibung nicht gleich. Sie erläutern, warum das Patent Bestand und die Nichtigkeitsklage keinen Erfolg hat. Deshalb besteht grundsätzlich kein Bedürfnis dafür, sie an die Stelle der Beschreibung treten zu lassen (BGH GRUR 2007, 778, 780 [20] – *Ziehmaschinenzugeinheit*). Den an die Stelle der Beschreibung tretenden bzw. diese ergänzenden Entscheidungsgründe des Nichtigkeitsurteils könnte ferner keine weiterreichende Bedeutung zukommen, als der Beschreibung selbst; sie können deshalb insbesondere keine den Sinngehalt eines Patentanspruchs einschränkende Auslegung rechtfertigen (BGH GRUR 2007, 778, 780 [20] – *Ziehmaschinenzugeinheit*).

196 Im Übrigen binden die Entscheidungsgründe den Verletzungsrichter im Patentverletzungsrechtsstreit nicht, sondern dienen ihm lediglich als – allerdings wertvolle – Auslegungshilfe (BGH GRUR 1998, 895, 896 – *Regenbecken*).

197 Überträgt man diese patentrechtlichen Grundsätze auf **Gebrauchsmuster,** so muss man den bereits unterschiedlichen Ausgangspunkt bei einem Gebrauchsmuster berücksichtigen, wonach Gebrauchsmusterschutz trotz der Eintragung nicht eintritt, soweit gegen den als Inhaber Eingetragenen für jedermann ein Anspruch auf Löschung des Gebrauchsmusters besteht, § 13 Abs. 1 iVm. § 15 Abs. 1 und 3 GebrMG. Wird nun im erstinstanzlichen Löschungsverfahren das Gebrauchsmuster teilweise aufrechterhalten, tritt – im Rahmen des § 19 GebrMG – Bindungswirkung ein, soweit die tenorierte Entscheidung reicht. Dieser Entscheidung kommt im Rahmen des Tenors damit eine Tatbestandswirkung vergleichbar derjenigen des Erteilungsakts eines geprüften Patents zu. Gleichermaßen wie bei einer technischen Begründung, die zusammen mit dem Erteilungsbeschluss für die Begründung seines Erlasses gegeben wird, kommen den Entscheidungsgründen des Teillöschungsbeschlusses des DPMA keine bindende Wirkung für das Verletzungsgericht zu. Sie sind nur als gewichtige sachkundige Äußerung zu würdigen.

198 Da die Entscheidungsgründe einer Beschwerdeentscheidung – anders als bei einem Patent – nicht Eingang in ein B 5-Dokument finden, binden diese zweitinstanzlichen Entscheidungsgründe den Verletzungsrichter im Gebrauchsmusterverletzungsrechtsstreit nicht, sondern dienen ihm lediglich als – allerdings wertvolle – Auslegungshilfe.

1.4 Durchsetzung eines Anspruchs mit eingeschränktem Inhalt. Der Schutzrechtsinhaber kann einen Schutzanspruch nach Maßgabe der folgenden Erläuterungen gerichtlich oder außergerichtlich in eingeschränkter Weise gegenüber Dritten durchsetzen. **199**

Hierzu kann er sich gezwungen sehen, weil sein Gebrauchsmuster einen Angriff eines Dritten in einem Löschungsverfahren nur in beschränkter Form überstanden hat, siehe → Rn. 186ff. Hier kommen zwei Maßnahmen in Betracht, die einzeln oder zusammen getroffen werden können. **200**

Als eine Maßnahme kann die **Einreichung neuer Schutzansprüche** zu den Akten des Gebrauchsmusters erwogen werden. Zwar wird durch einen solchen Schritt keine unmittelbare Änderung des Gegenstands des Gebrauchsmusters bewirkt, da dieser nur durch Hoheitsakt und nicht durch Vorlage neuer, geänderter Schutzansprüche durch den Gebrauchsmusterinhaber inhaltlich verändert werden kann (BGH Mitt. 1998, 98, 101 – *Scherbeneis*). Folglich ändert sich hierdurch nicht der Gegenstand der Prüfung im Löschungsverfahren; Gegenstand der Überprüfung ist auch dann das Gebrauchsmuster in der eingetragenen Fassung; selbst wenn der Gebrauchsmusterinhaber nachträglich formulierte Schutzansprüche zur Gebrauchsmusterakte eingereicht und hierzu bekundet hat, er wolle für Vergangenheit und Zukunft keine über diese Schutzansprüche hinausgehenden Rechte aus dem Gebrauchsmuster geltend machen (BGH Mitt. 1998, 98, 101 – *Scherbeneis*). Aber mit einer solchen Erklärung geht eine Art Selbstbindung einher, die den Gebrauchsmusterinhaber quasi schuldrechtlich gegenüber der Allgemeinheit verpflichtet, in einem Verletzungsprozess nur nach Maßgabe der neu gefassten Ansprüche Dritten gegenüber Rechte geltend zu machen (BGH Mitt. 1998, 98, 100 – *Scherbeneis*). Sowohl für das Gebrauchsmusterlöschungsverfahren wie auch für die Bestimmung des Schutzbereichs wirken diese Erklärungen als ein vorweggenommener Verzicht auf Widerspruch i. S. von § 17 Abs. 1 gegen einen Löschungsantrag, soweit sich dieser auf einen Gebrauchsmustergegenstand bezieht, der über die eingeschränkten neuen Schutzansprüche hinausgeht (BGH Mitt. 1998, 98, 101 – *Scherbeneis*) bzw. auf die zivilrechtliche Geltendmachung darüber hinaus gehender Ansprüche. Sollten die neuen Schutzansprüche – zumindest teilweise – eine unzulässige Erweiterung zum Inhalt haben, können hieraus keine Rechte hergeleitet werden. Dies folgt unmittelbar aus § 12a GebrMG, vgl. → § 13 Rn. 18f.; → § 17 Rn. 18–20. **201**

Als weitere, unabhängige Option ist eine **Geltendmachung** eines **eingeschränkten Schutzes im Gebrauchsmusterverletzungsrechtsstreit** denkbar. Der Gebrauchsmusterinhaber kann als Kläger also auch in diesem Verfahren den Streitgegenstand auf eine eingeschränkte Fassung der Gebrauchsmusteransprüche beschränken. Dies geschieht durch entsprechende Formulierung der Klageanträge und des Klagegrundes. Er kann die Klageansprüche bereits mit Klageerhebung oder auch erst im Laufe des Verfahrens im Wege einer Klageänderung beschränken. Diese Möglichkeit steht ihm unabhängig von einer rechtskräftigen Löschungsentscheidung offen. Bei einer solchen Beschränkung muss der Verletzungsrichter lediglich prüfen, ob die angegriffene Ausführungsform sämtliche Merkmale des Gebrauchsmusteranspruchs in der eingeschränkten Fassung verwirklicht (BGH GRUR 2010, 904, 908 [48] – *Maschinensatz*). **202**

Der Gebrauchsmusterinhaber wird die Möglichkeit eines solchen Vorgehens immer dann erwägen, wenn Zweifel bestehen, ob die Gebrauchsmusteransprüche in ihrer eingetragenen Fassung schutzfähig sind, und er eine Aussetzung in einem Verletzungsrechtsstreit vermeiden möchte. Ist die Klage auf einen eingeschränkten Gebrauchsmusteranspruch gestützt, dann wird eine Aussetzung entbehrlich, wenn sich im Verletzungsprozess der beschränkte Gebrauchsmusteranspruch nach vorläufiger Beurteilung als **203**

– gebrauchsmusterfähig darstellt und **204**
– die entsprechende Beschränkung des Gebrauchsmusters in einem Löschungsverfahren zulässigerweise erfolgen könnte (BGH GRUR 2010, 904, 908 [49] – *Maschinensatz*). **205**

206 Voraussetzung ist jedoch, dass sich die Beschränkung auf der Grundlage des erteilten Gebrauchsmusters herleiten lässt. Eine etwaige Aussetzung ist im Falle der freiwilligen Beschränkung nicht zwingend (Leider existiert hierzu bislang keine einheitliche Praxis der Instanzgerichte; vgl. lediglich OLG München GRUR 1990, 352, 353 – *Regalordnungssysteme*).

207 Mit der Option zur Geltendmachung eines eingeschränkten Schutzes im Gebrauchsmusterverletzungsrechtsstreit wird eine **flexible Handhabungsmöglichkeit** eröffnet, die dem Inhaber eines Gebrauchsmusters schon früher als einem Pateninhaber eingeräumt worden ist, nämlich, im Verletzungsstreit einen eingeschränkten Schutz geltend zu machen, selbst wenn er entsprechend beschränkte Schutzansprüche nicht zu den Akten des Gebrauchsmusters eingereicht hat. Die Beschränkung der Verletzungsklage hat zur Folge, dass sich die Prüfung der Rechtsbeständigkeit des Gebrauchsmusters im Verletzungsrechtsstreit auf das Schutzrecht in seiner geltend gemachten Fassung beschränkt (BGH GRUR 2003, 867 – *Momentanpol I*).

1.5 Zum Sachgebrauchsmusterschutz

208 **1.5.1 Allgemeines.** Bei der Beurteilung von Erzeugnis- bzw. Sachansprüchen können – von den sog. product-by-process-Ansprüchen abgesehen, zu denen unter → Rn. 250ff. Stellung genommen wird – wenigstens zwei typische Grundformen der Anspruchsformulierung unterschieden werden, nämlich

209 – die Formulierung des betreffenden Anspruchs mit rein körperlich-geometrischen oder konstruktiven Merkmalen sowie

210 – die Formulierung des betreffenden Anspruchs darüber hinaus unter Verwendung von Zweck-, Wirkungs- und Funktionsangaben.

211 Die unabhängig von der Anspruchsformulierung in § 11 Abs. 1 GebrMG zum Ausdruck kommende Regelung wird analog zur Rechtspraxis zu § 9 PatG – jedenfalls in Zusammenschau mit dem Grundsatz der prinzipiellen Gleichbehandlung der Auslegung von Patenten und Gebrauchsmustern – zu der Begründung dafür herangezogen, dass der Schutz eines Erzeugnisgebrauchsmusters umfassend, absolut sei. Diese Aussage ist in dieser Allgemeinheit so zutreffend wie unbehelflich.

212 Ausgangspunkt der auch im Rahmen des § 12a GebrMG anzustellenden Überlegungen ist zunächst, dass § 11 Abs. 1 GebrMG ganz allgemein formulierend gebrauchsmustergeschützte Erzeugnisse vor einem seitens des Gebrauchsmusterinhabers nicht gebilligten Herstellen, Anbieten, Inverkehrbringen, Gebrauchen sowie gegen Einfuhr und Besitz zu den vorgenannten Zwecken schützt. Einschränkungen etwa auf die Herstellungsart oder den Einsatzzweck werden nicht erwähnt, woraus der Schluss gezogen wird, Erzeugnisansprüche würden von einem absoluten Schutz profitieren, der grundsätzlich alle Funktionen, Wirkungen, Zwecke, Brauchbarkeiten und Vorteile erfasse, und zwar auch dann, wenn diese in der Gebrauchsmusterschrift nicht genannt seien, der Erfinder sich vielmehr mit der Angabe einer bestimmten Verwendung, die die Gebrauchsmusterschutzfähigkeit begründet, begnüge (vgl. lediglich *Kühnen/Rincken* in Schulte, § 14 PatG, Rdn. 80; *Mes,* § 14 PatG, Rn. 7a).

213 Diese Auffassung mag im Grundsatz gerechtfertigt sein und in der weit überwiegenden Zahl der Erzeugnisgebrauchsmuster zu zutreffenden Ergebnissen führen. Es muss aber in jedem Einzelfall sorgfältig geprüft werden, ob der jeweils zu überprüfende Erzeugnisanspruch so formuliert ist, dass es gerechtfertigt ist, ihm diesen Maximal-Rahmen des Schutzes gemäß § 11 Abs. 1 GebrMG zur Verfügung zu stellen. Denn so klar es sein sollte, dass eine Auslegung eines Gebrauchsmusteranspruchs nie über den durch die Vorschriften der §§ 11, 12 GebrMG gesteckten Rahmen hinausgehen darf (zB Erstreckung auf bloße Vorbereitungshandlungen bei der Herstellung eines Produkts, dessen Gegenstand keinen Bezug zu Vorbereitungshandlungen aufweist), so unzweifelhaft ist es natürlich auch möglich, dass umgekehrt ein Erzeugnisanspruch im Einzelfall den ihm zur Verfügung stehenden Schutzrahmen nicht ausschöpft.

Genauso wie ein Gebrauchsmusterinhaber nicht gehindert ist, seinen Gebrauchsmusteranspruch lediglich mit eingeschränktem Inhalt durchzusetzen versuchen (→Rn. 199ff.), kann die Auslegung eines (Erzeugnis-) Anspruchs – um die es im Rahmen des § 12a GebrMG allein geht – zu dem Ergebnis führen, dass die Zubilligung des Maximal-Rahmens des Schutzes im speziellen Fall eines Erzeugnisanspruchs nicht gerechtfertigt ist. **214**

Wie zB unter →Rn. 144, →Rn. 125, →Rn. 140 dargelegt, kann sich etwa aus der Beschreibung oder einer Beschränkung ergeben, dass nicht alle Funktionen, Wirkungen, Zwecke, Brauchbarkeiten und Vorteile erfasst sind. **215**

Das Ergebnis der Auslegung muss also Vorrang vor der ungeprüften Übernahme des letztlich aus § 11 GebrMG sowie aus § 9 Satz 2 Nr. 1 und 3 PatG hergeleiteten Grundsatzes eines absoluten Schutzes eines Erzeugnisgebrauchsmusters haben. **216**

Die nachfolgenden Ausführungen sollten also nicht losgelöst von dem Vorstehenden gelesen werden. **217**

Erzeugnisse im Sinn dieser Erläuterungen sind beispielsweise **218**
- körperliche Sachen, **219**
- Vorrichtungen, **220**
- (chemische) Stoffe, Stoffgemische, **221**
- Anordnungen (zB elektrische), Schaltungen, **222**
- Mittel, **223**
- Systeme (jedoch ist dies streitig) **224**
- biologisches Material, Mikroorganismen, Pflanzen, ggfs. ein Tier **225**
- Informationsträger (nicht jedoch die Informationen selbst oder ihre Wiedergabe), **226**
- Strukturen der Nanotechnologie. **227**

Der Begriff Erzeugnisanspruch steht mithin stellvertretend für die weiteren Begriffe Stoffanspruch, Sachanspruch, Vorrichtungsanspruch. **228**

1.5.2 Anspruch mit rein körperlich-geometrischen oder konstruktiven Merkmalen. Bei einem Erzeugnisgebrauchsmuster erstreckt sich vorbehaltlich der vorstehenden Ausführungen der Schutzumfang **grundsätzlich** auf jeden Gegenstand, der die gleichen Eigenschaften besitzt. Insbesondere umfasst der Schutz **alle Funktionen, Wirkungen, Zwecke, Brauchbarkeiten und Vorteile** ohne Rücksicht darauf, ob der die Gebrauchsmusterfähigkeit gegebenenfalls allein begründende neue Verwendungszweck im Einzelfall auch tatsächlich genutzt wird (BGH GRUR 2006, 399, 401 [21] – *Rangierkatze;* BGH GRUR 2006, 131, 134 [30] – *Seitenspiegel;* BGH GRUR 1991, 436, 441/442 – *Befestigungsvorrichtung II;* OLG Düsseldorf BeckRS 2015,11431 [38] – *Stent*). Unerheblich ist es folglich, ob diese Eigenschaften und Wirkungen regelmäßig, nur in Ausnahmefällen oder nur zufällig erreicht werden. Nach dem eingangs erwähnten Grundsatz eines umfassenden Schutzes eines Erzeugnisanspruchs steht der Erstreckung des Schutzbereichs auf ein bestimmtes Erzeugnis nicht entgegen, dass der Erfinder etwa dessen einzelne (neue) Verwendungsmöglichkeit in der Gebrauchsmusterschrift nicht angesprochen oder diese sogar gar nicht erkannt hat (BGH GRUR 1996, 190, 193 – *Polyferon*). **229**

Der Schutzbereich erstreckt sich danach auch auf eine neue und erfinderische Verwendung des Erzeugnisses, für die der Dritte ein **abhängiges** Gebrauchsmuster erhalten hat (BGH GRUR 1996, 190, 193 – *Polyferon*). **230**

Gleichermaßen kann der objektiv zu bestimmende Schutzbereich eines Erzeugnisanspruchs nicht davon beeinflusst werden, dass die angegriffene Vorrichtung, zB Maschine, regelmäßig anders bedient wird oder gar der Hersteller oder Lieferant seinen Abnehmern ausdrücklich eine andere Verwendung seiner Vorrichtung empfiehlt, solange die Nutzung der gebrauchsmustergemäßen Lehre möglich bleibt (BGH GRUR 2006, 399, 401 [21] – *Rangierkatze*). **231**

Wenn die Auslegung ergibt, dass das sprachliche Sachmerkmal im Ergebnis eine Wirkungsangabe sein sollte, ist der Schutzbereich des Erzeugnisgebrauchsmusters **232** nicht auf die angegebene Zweckangabe beschränkt, sondern umfasst grundsätzlich alle denkbaren Verwendungsmöglichkeiten.

233 **1.5.3 Anspruch mit rein körperlich-geometrischen oder konstruktiven Merkmalen und darüber hinaus unter Verwendung von Zweck-, Wirkungs- und Funktionsangaben.** Bei der Frage der Bedeutung von Zweck-, Wirkungs- und Funktionsangaben in einem Gebrauchsmusteranspruch sind zwei Aspekte auseinander zu halten, die jedoch in der Praxis leider immer wieder vermengt werden, nämlich

234 – welche Bedeutung und Wirkung kommt ihnen innerhalb des Anspruchs zu

235 – welche Konsequenzen hat das aufgefundene Ergebnis mit Blick auf eine angegriffene Ausführungsform, die diese Wirkung, Funktion, diesen Zweck gegebenenfalls nicht erfüllt?

236 Wie bereits unter → Rn. 144, → Rn. 163, → Rn. 178 ff. zusammenfassend ausgeführt und vorstehend angedeutet, **beschränken Zweck-, Wirkungs- und Funktionsangaben,** die in einem Anspruch eines Erzeugnisgebrauchsmusters enthalten sind, den absoluten Schutzbereich eines Erzeugnisgebrauchsmusters grundsätzlich **nicht** (BGH GRUR 1979, 149, 151 – *Schießbolzen;* BGH GRUR 1981, 259, 260 – *Heuwerbungsmaschine II;* BGH GRUR 2006, 923, 925 [15] – *Luftabscheider für Milchsammelanlage;* BGH GRUR 2009, 837, 838 [15] – *Bauschalungsstütze;* BGH BeckRS 2010, 00634 – *Hundefutterbeutel*). Sie nehmen nach der höchstrichterlichen Rechtsprechung meistens nicht als Teil des Gebrauchsmusteranspruchs an dessen Aufgabe teil, den geschützten Gegenstand zu bestimmen und damit zugleich zu begrenzen, etwa im Hinblick auf dessen vorausgesetzte Eignung (BGH GRUR 2010, 1081, 1082/1083 [11] – *Bildunterstützung bei Katheternavigation*), jedenfalls dann, wenn der Gegenstand des Erzeugnisses durch räumlich-körperliche Merkmale (hinreichend) umgrenzt wird.

237 Die jüngere höchstrichterliche Rechtsprechung weist aber – iSd zu dieser Ziffer gemachten einleitenden Anmerkungen – zu Recht darauf hin, dass auch bei solchen Zweck-, Wirkungs- und Funktionsangaben eine Auslegung nach den allgemeinen, in dieser Kommentierung zusammengefassten Grundsätzen zu erfolgen hat (BGH GRUR 2010, 1081, 1082/1083 [12] – *Bildunterstützung bei Katheternavigation*).

238 **Kriterien** dafür, ob Zweck-, Wirkungs- und Funktionsangaben als Merkmale den Anspruch mit definieren oder nicht, können u. a. sein:

239 – ihre Erwähnung als (bloße) Orientierungshilfe bei der technisch-gegenständlichen Erfassung und Einordnung des Gegenstands der Lehre (BGH GRUR 2010, 1081, 1082/1083 [11] – *Bildunterstützung bei Katheternavigation*); dann nehmen sie an dem Schutzgegenstand nicht teil;

240 – ihre Erwähnung als eine mittelbare Umschreibung der räumlich-körperlichen Merkmale des beanspruchten Gegenstands, zB einer Vorrichtung; in diesem Fall nehmen sie an dem Schutzgegenstand teil, so dass diese nicht nur die räumlich-körperlichen Merkmale erfüllen muss, die der Gebrauchsmusteranspruch explizit formuliert, sondern dass die Sache darüber hinaus so ausgebildet sein muss, dass sie die im Gebrauchsmusteranspruch erwähnte Wirkung oder Funktion oder den Zweck herbeiführen kann (BGH GRUR 1981, 259, 260 – *Heuwerbungsmaschine;* BGH GRUR 2006, 923, 925 [15] – *Luftabscheider für Milchsammelanlage;* BGH GRUR 2009, 837, 839 [15] – *Bauschalungsstütze;* BGH GRUR 2008, 896, 897 – *Tintenpatrone I;* BGH GRUR 2012, 475, 476 [17] – *Elektronenstrahltherapiesystem*);

241 – ihre Erwähnung im Zusammenhang mit der Vorrichtung als solcher oder im Zusammenhang nur mit einem Vorrichtungsteil; dann müssen sowohl die Vorrichtung als Ganzes wie auch das Vorrichtungsteil geeignet sein, den Zweck zu verwirklichen (BGH GRUR 2009, 837, 838 [15] – *Bauschalungsstütze;* BGH GRUR 2006, 923, 925 [15] – *Luftabscheider für Milchsammelanlage*).

242 – ihre Erwähnung betrifft chemische Stoffe; dann stellt die Zweckverwirklichung regelmäßig ein Element der Erfindung selbst dar, das folglich an dem Schutzge-

genstand teilnimmt, so dass eine Benutzung ausscheidet, wenn ein anderer als der im Anspruch genannte Zweck verwirklicht wird (BGH GRUR 1987, 794, 797 – *Antivirusmittel*).

Mit der Beurteilung, dass Zweck-, Wirkungs- und Funktionsangaben regelmäßig die Aufgabe haben, den durch das Gebrauchsmuster geschützten Gegenstand dahin zu definieren, dass er nicht nur die räumlich-körperlichen Merkmale erfüllen, sondern auch so ausgebildet sein muss, dass er für den im Gebrauchsmusteranspruch angegebenen Zweck verwendbar ist, wird aber an sich nichts dazu gesagt, **wie weit** der Schutzbereich eines solchen Anspruchs reicht. 243

Soll also etwa ein Gebrauchsmusteranspruch, der einen Motor mit bestimmten elektrischen Schaltungen für eine Bewegungsfolge einer Bahnschranke unter Schutz stellt, einen Motor mit gleichen elektrischen Schaltungen für eine Küchenmaschine erfassen? 244

Analysiert man die Rechtsprechung hierzu, so ergibt sich **kein eindeutiges Bild.** Eine unreflektierte Anwendung des dargestellten Grundsatzes, wonach bei einem Erzeugnisgebrauchsmuster sich der Schutzumfang grundsätzlich auf jeden Gegenstand erstreckt, der die gleichen Eigenschaften besitzt ohne Rücksicht darauf, ob der die Gebrauchsmusterfähigkeit gegebenenfalls allein begründende neue Verwendungszweck im Einzelfall auch tatsächlich genutzt wird, ist zu vermeiden. Vielmehr muss sehr sorgfältig danach differenziert werden, ob und inwieweit die betreffende Zweck-, Wirkungs- und Funktionsangabe wirklich den Schutzumfang mit definiert. 245

Die Abgrenzung wird man also im Ergebnis nicht zwischen den jeweiligen Arten der Zweck-, Wirkungs- und Funktionsangabe suchen dürfen, weil dies letztlich von Zufälligkeiten in der Formulierungskunst abhängen würde. Vielmehr muss man sich die **Konsequenzen der beiden möglichen Auslegungsmöglichkeiten** vor Auge halten. Diese Konsequenzen legen **den Abstand** der angegriffenen Vorrichtung zu der gebrauchsmustergemäßen Vorrichtung offen. Wenn beide Vorrichtungen objektiv geeignet sind, den im Gebrauchsmusteranspruch angegebenen Zweck zu erfüllen, so wird man einen Gebrauchsmustereingriff annehmen können. Wenn sich dagegen die angegriffene Vorrichtung von der gebrauchsmustergemäßen Vorrichtung der Art nach unterscheidet, ist die im Gebrauchsmusteranspruch mitgeteilte Zweckbestimmung nicht bedeutungslos. Denn für den Fachmann folgt die Verwirklichung von Merkmalen des Gebrauchsmusteranspruchs nicht aus einem Vergleich aller in der Technik bekannter Ausgestaltungen, sondern nur dann, wenn diese geeignet sind, den konkret angegebenen Zweck zu erfüllen. 246

1.5.4 Art der Herstellung. Der Gebrauchsmusterschutz erfasst das Erzeugnis als solches, unabhängig von Art oder Weg seiner Herstellung, also auch dann, wenn es auf einem anderen Wege hergestellt worden ist (BGH GRUR 1986, 803, 805 – *Formstein*). 247

Bezieht sich der Gebrauchsmusteranspruch auf einen chemischen Stoff, so erstreckt sich der Schutzbereich auf alle im Rahmen der gesetzlichen Tatbestände vorgesehenen Handlungen, die sich auf den definierten Stoff oder auf Zusammensetzungen unter Verwendung dieses Stoffs beziehen. Mithin ist dies unabhängig von der Art seiner Herstellung, sofern der Herstellungsvorgang zum geschützten Stoff führt (BGH GRUR 1970, 361, 363 – *Schädlingsbekämpfungsmittel*). 248

Zu product-by-process-Ansprüchen siehe → Rn. 250ff. 249

1.6 Besonderheiten bei „product-by-process"-Ansprüchen. Zur Formulierung des Anspruchs verwendet der Gebrauchsmusteranmelder üblicherweise die durch äußerliche oder innerliche Analyse mittels fachüblicher Methoden erkennbaren physikalischen, chemischen Merkmale, strukturelle Merkmale oder sonstige Darstellungen wie Formeln. In manchen Fällen können jedoch Schwierigkeiten bestehen, den Gebrauchsmustergegenstand durch Sachmerkmale ausreichend zu definieren, beispielsweise weil das Herstellungsverfahren dem Produkt Eigenschaften ver- 250 leiht, die sich nicht ohne weiteres eindeutig in Form von Merkmalen beschreiben lassen.

251 Gerade in bestimmten Technologiefeldern ist es in manchen Fällen – insbesondere bei Stoffgemischen – nicht ohne weiteres möglich, Erzeugnisse mittels erkennbarer physikalisch-chemischer Merkmale, struktureller Merkmale oder sonstiger Darstellungen wie Formeln präzise zu charakterisieren. In diesen Fällen ermöglicht oft allein die Angabe der exakten Herstellungsbedingungen einschließlich der Angabe der Rohstoffe eine Kennzeichnung des Erzeugnisses. Ähnliches gilt zB auch für bestimmte Katalysatoren und Polymere, die sich beide in vielen Fällen nur durch ihr jeweiliges Herstellungsverfahren eindeutig kennzeichnen lassen.

252 In diesen Fällen, in denen es nicht möglich oder gänzlich unpraktikabel ist, im Gebrauchsmusteranspruch Angaben über die unmittelbar wahrnehmbare äußere oder innere Beschaffenheit der Sache zu machen, auf die sich die Erfindung bezieht, gestattet die Rechtsprechung, die Sache (oder die Sachen) durch

253 – zuverlässig feststellbare (messbare) Charakteristiken (Parameter) oder
254 – das Verfahren oder
255 – die Vorrichtung, mit denen sie hergestellt sind,

zu umschreiben (BGH GRUR 1985, 31, 32 – *Acrylfasern*).

256 Notwendig, aber auch für ausreichend ist, dass der durch die Beschreibung erläuterte Gebrauchsmusteranspruch soviel Angaben zur Kennzeichnung der Sache unbekannter körperlicher Erscheinungen enthält, wie erforderlich sind, um seine erfinderische Eigenart

257 – durch zuverlässig festzustellende (zu messende) Charakteristiken (Parameter)
258 – von zuverlässig festzustellenden Charakteristiken anderer (nicht beanspruchter) Sachen zu unterscheiden und
259 – die Voraussetzungen der Gebrauchsmusterfähigkeit zuverlässig beurteilen zu können (BGH GRUR 1985, 31, 32 – *Acrylfasern;* → § 4 Rn. 34).

260 Unzulässig ist es hingegen, eine Erfindung durch die ihr zugrunde liegenden Aufgabe oder das technische Problem im Gebrauchsmusteranspruch zu umschreiben, weil es zu einer nicht zu rechtfertigenden Bevorzugung des Anmelders führen würde. Dies ist nämlich demjenigen Erfinder, der einen Sachanspruch mit körperlichen Merkmalen ihrer Beschaffenheit umschreiben kann, nicht gestattet (BGH GRUR 1985, 31, 32 – *Acrylfasern*).

261 Dieses Ergebnis erscheint auch nicht unbillig, weil die Sache, auf die sich die Erfindung bezieht, mit dem Verfahren oder der Vorrichtung zu ihrer Herstellung umschrieben werden könnte.

262 Ob diese strengen Voraussetzungen im Erteilungsverfahren zu einem Patent zutreffend angewandt wurden, kann dabei vom Verletzungsgericht nicht rechtswirksam überprüft und entschieden werden, da es an den Verwaltungsakt der Patenterteilung gebunden ist. Etwas anderes muss aber bei einem Gebrauchsmuster gelten, das ein reines Registerrecht ist.

263 Eine faktisch wichtige Fallgestaltung aus diesem vorgeschilderten Komplex sind diejenigen Ansprüche, bei denen das Produkt durch ein Verfahren zu seiner Herstellung umschrieben wird – so genannte „product-by-process"-Ansprüche (BGH GRUR 1993, 651, 655 – *Tetraploide Kamille;* EPA T 150/82, ABl 1984, 309; EPA, T 148/87, T 129/88, ABl 1993, 598). Häufige Formulierungen sind hierbei:

264 – „Produkt A, erhältlich (hergestellt) durch ein Verfahren …" oder
265 – „Produkt A, erhalten (hergestellt) durch ein Verfahren …" (nach BGH GRUR 2015, 361 – *Kochgefäß*) oder
266 – „device A comprising B obtainable according to the methode of claim … (nach BGH BeckRS 2015, 12105 –*Polymerschaum II*)"
267 – „device A obtained by providing …"

268 Derartige Ansprüche können als **reine** „product-by-process"-Ansprüche formuliert sein, das heißt, das Erzeugnis ist allein durch sein Herstellverfahren definiert. Sie können aber auch als **gemischte** „product-by-process"-Ansprüche ausgestaltet sein, das heißt, das beanspruchte Erzeugnis ist einerseits durch sein Herstellungsverfahren oder einen Teil seines Herstellungsverfahrens und weitere Merkmale oder Parameter gekennzeichnet (BGH GRUR 2005, 749 – *Aufzeichnungsträger*).

Ein „product-by-process"-Anspruch ist jedoch analog zu den eingangs erläuterten Voraussetzungen allein dann zulässig, wenn die Kennzeichnung des Erzeugnisses durch seine Merkmale oder Parameter unmöglich oder gänzlich impraktikabel ist (BGH GRUR 1993, 651, 655 – *Tetraploide Kamille;* BGH GRUR 2001, 1129, 1133 – *Zipfelfreies Stahlband;* EPA, T 150/82, ABl 1984, 309 – *Subsidiarität gegenüber anderen Kennzeichnungsmöglichkeiten von Erzeugnissen*). **269**

Zu den wesentlichen Voraussetzungen für die Gebrauchsmusterschutzfähigkeit von „product-by-process"-Ansprüchen zählt, dass sie ein neues und erfinderisches Erzeugnis betreffen. **270**

Dabei werden Formulierungen wie **„erhältlich ist"**, „**erhalten wird**" oder „Produkt mit einer gemäß dem Verfahren nach einem der Ansprüche **erzeugten** ...-Struktur" mittlerweile (BGH GRUR 1993, 651, 655 – *Tetraploide Kamille*) weitgehend einheitlich dahingehend ausgelegt, dass das in den Anspruch aufgenommene Herstellungsverfahren lediglich beispielhaften Charakter hat und unter den Schutz des Gebrauchsmusters folglich auch solche Erzeugnisse fallen, die aus einem anderen Verfahren hervorgegangen sind, sofern sie nur diejenigen Produkteigenschaften besitzen, die das anspruchsgemäße Herstellungsverfahren dem Erzeugnis verleiht (BGH GRUR 2001, 1129, 1133/1134 – *Zipfelfreies Stahlband;* BGH GRUR 2005, 749, 751 – *Aufzeichnungsträger*). Diese Rechtsprechung ist kritisch zu würdigen. Sie steht nämlich in einem inhaltlichen Wertungswiderspruch zur anerkannten Auslegung anderer üblicher Termini in Gebrauchsmusteransprüchen, wie zB **„bestehend aus"**, die eine inhaltliche Beschränkung auf die umschriebenen Merkmale zum Ausdruck bringen. **271**

Sowohl bei einem **„alleinigen"** wie auch bei einem **„gemischten"** product-by-proces-Anspruch ist ungeachtet der vorstehenden Kritik durch Auslegung festzustellen, ob und inwieweit **272**

- ein Verfahren angegeben ist, **273**
- das zu einem Produkt mit bestimmten Merkmalen führt, **274**
- und das mit diesen Merkmalen aus dem angewendeten Verfahren erhaltene Produkt ein solches ist, das auch anspruchsgemäß erhalten werden soll (vgl. BGH GRUR 2005, 749, 751 – *Aufzeichnungsträger*), **275**
- sich aus der Beschreibung des Gebrauchsmusters keine Hinweise auf eine Beschränkung des geschützten Gegenstands durch den zu seiner Kennzeichnung herangezogenen Verfahrensweg ergeben (BGH GRUR 2015, 361, 362 [9] – *Kochgefäß*). **276**

Das durch den „product-by-process"-Anspruch geschützte Erzeugnis genießt trotz der Bezugnahme auf Verfahrensvorgänge unabhängig von der Art seiner Herstellung **absoluten Schutz** (BGH GRUR 1993, 651, 655 – *Tetraploide Kamille,* → Rn. 271). Es ist ein **Sachanspruch.** Das Verfahren dient nach vorstehendem grundsätzlich allein der Definition des Erzeugnisses und ist grundsätzlich nicht selbst Gegenstand des Schutzes oder schränkt Letzteren nicht ein (BGH GRUR 2015, 361, 362 [9] – *Kochgefäß*). **277**

Ein „product-by-process"-Anspruch wird demgemäß durch ein Erzeugnis mit den gleichen Merkmalen **verletzt,** ohne Rücksicht auf dessen Herstellungsverfahren. Aber es muss ein Produkt sein, dessen Eigenschaften gerade mit den Sachmerkmalen des Produkts gleich sind, die sich aus der Anwendung des Verfahrens bei seiner Herstellung ergeben (BGH GRUR 2005, 749, 751 – *Aufzeichnungsträger*). **278**

Der Kläger im Verletzungsverfahren kann zum einen den **Nachweis** führen, dass der mutmaßliche Verletzer das im Anspruch beschriebene Verfahren realisiert hat. Er kann den Verletzungstatbestand aber zum anderen auch substantiieren, indem er zumindest darlegt und beweist, dass die angegriffene Ausführungsform die körperlichen oder funktionalen Eigenschaften aufweist, welche auch dem gebrauchsmustergemä- **279** ßen Erzeugnis zukommen. Es kommt für die Anspruchsauslegung darauf an, wie das Gericht die im Anspruch enthaltenen Angaben zum Herstellungsweg versteht und welche Beschaffenheitsmerkmale es hieraus für den hergestellten Gegenstand ableitet. Der potenzielle Gebrauchsmusterverletzer wird mit dem Einwand, dass er zur Herstellung des streitgegenständlichen Erzeugnisses ein abweichendes Verfahren gewählt habe, nicht gehört.

280 Kann der Gebrauchsmusterinhaber die Anwendung des charakterisierenden Herstellungsverfahrens bei der angegriffenen Ausführungsform nicht nachweisen, wird er eine gegebenenfalls experimentell vergleichende Analyse der als Gebrauchsmuster registrierten und der angegriffenen Ausführungsform durchzuführen haben, wenn nur so die anspruchsgemäßen körperlichen oder funktionellen Eigenschaften festgestellt werden können. Danach bedarf es zur Beurteilung des Erzeugnisses der Nacharbeitung des im „product-by-process"-Anspruch genannten Verfahrens. Erst anhand der aus diesem Verfahren resultierenden Erzeugniseigenschaften ist ein Vergleich mit dem per Verfahrensparametern umschriebenen gebrauchsmustergemäßen Erzeugnis möglich. Das unter Anwendung des Verfahrens im Gebrauchsmuster beschriebene Erzeugnis ist dann mit der angegriffenen Ausführungsform zu vergleichen, wobei das Herstellungsverfahren, das zur Herstellung der angegriffenen Ausführungsform verwendet wurde, außer Betracht bleiben muss. Das bei der Herstellung der angegriffenen Ausführungsform angewandte Verfahren kann folglich nur bedeutsam werden, wenn sich aus der Nacharbeitung Erzeugniseigenschaften ergeben, die von denen des im „product-by-process"-Anspruch geltend gemachten Erzeugnisses abweichen.

1.7 Weitere Anspruchsmischformen

281 **1.7.1 Zu Verfahrensmerkmalen im Vorrichtungsanspruch.** Nicht alle Ansprüche, in denen für eine Vorrichtung auf Verfahrensmerkmale Bezug genommen wird, sind jedoch sog. product-by-process Ansprüche.

282 Häufig werden etwa in maschinenbezogenen Ansprüchen Verfahrensparameter aufgenommen, etwa Verfahrensweisen des Förderns, Wendens, Ordnens, Zählens, Reinigens, Messens usw.

283 Auch wenn insoweit für die Umschreibung der Vorrichtung geeignete, typische Formulierungen, wie etwa

284 – so ausgestaltet, dass

285 – is configured to

286 nicht verwendet sein sollten vgl. → Rn. 309, wird man im allgemeinen den Anspruch so auslegen können, dass die betreffende Maschine über diejenigen konstruktiven Merkmale verfügen muss, die für die Ausführung der betreffenden Verfahrensparameter notwendig sind.

287 Wichtig ist, welchen Schutz der Anmelder erstrebt und wie er dementsprechend die Erfindung in den Anmeldungsunterlagen offenbart. Deshalb kann ein Anmelder die Eintragung eines Gebrauchsmusters in der Ausgestaltung verlangen, die der gegebenen technischen Lehre entspricht. Er darf sich mithin für eine Anspruchsfassung entscheiden, die teils auf gegenständliche, teils verfahrensrelevante Merkmale enthält (BPatG Mitt. 2004, 546, 548 – *Systemansprüche*), wobei sich der Anspruch aufgrund des Ausschlusses von Verfahrenserfindungen im Ergebnis noch als Erzeugnisanspruch qualifizieren können lassen muss.

288 Diese Form derartiger Ansprüche, die Vorrichtungen betreffen, aber auch auf Verfahrensschritte Bezug nehmen, schafft immer wieder Auslegungsschwierigkeiten. Man wird insoweit keine allgemeingültigen Regeln zur Bestimmung des Schutzbereichs aufstellen können, sondern diesen von Einzelfall zu Einzelfall sorgfältig bestimmen müssen. Anhaltspunkte können aber die unter → Rn. 144, → Rn. 163, → Rn. 178 ff., → Rn. 208 ff. dargelegten Grundsätze zu Zweck-, Wirkungs- und Funktionsangaben liefern. Den Merkmalen eines Sachanspruchs kommt die Funktion zu, die geschützte Sache als solche zu beschreiben. Der auf diese Weise räumlich-körperlich definierte Gegenstand ist danach grundsätzlich unabhängig davon geschützt, auf welche Weise er hergestellt worden ist und zu welchem Zweck er verwendet wird. Das legt es nahe, die in dem Verfahrensmerkmal enthaltene Anweisung an den Fachmann dahin zu verstehen, das Produkt so auszubilden, dass es nach Form und Material geeignet sei, bei der Herstellung des Produktes in der vorgesehenen Weise verwendet zu werden. Hingegen kommt es nach dem so verstandenen Wortsinn des Hauptanspruchs nicht darauf an, ob von der Eignung dieses Teils, so verwendet zu werden, tatsächlich Gebrauch gemacht wird (BGH GRUR 2006, 570, 573 [23] – *Extracoronales Geschiebe*).

1.7.2 Zweckgebundene Sachansprüche

1.7.2.1 Kategorien derartiger Ansprüche. Diese Art von Ansprüchen ist mit zahlreichen Abgrenzungsproblemen behaftet, weil häufig mit Verwendungsansprüchen oder Mittelansprüchen gleichgerichtete oder ähnliche Ziele erstrebt werden bzw. möglich sind. **289**

Mittelansprüche sind dabei eher noch rechtshistorisch von Bedeutung, so dass auf sie nicht näher eingegangen wird. **290**

Weiter existieren beispielsweise zweckgebundene Sachansprüche, das heißt Ansprüche, welche **291**
- Merkmale eines Sachanspruchs und eines Verwendungsanspruchs verbinden oder, **292**
- welche auf Anwendungsverfahren gerichtet sind, das heißt Merkmale eines Verfahrensanspruchs und Verwendungsanspruchs miteinander vereinen. **293**

Diese **Mischformen** führen zu Problemen bei der Bestimmung des Schutzbereiches, da die für die jeweiligen Anspruchskategorien entwickelten Grundsätze häufig nicht ohne weiteres auf diese Mischformen projizierbar sind. Dies gilt im Gebrauchsmusterrecht umso mehr, als **Verwendungsansprüche** teilweise der Kategorie der Verfahrensansprüche zugeordnet werden →Rn. 233ff., →Rn. 312ff. und diese als Schutzform bei Gebrauchsmustern ausgeschlossen sind. **Zweckgebundene Stoffansprüche** können bei der Bestimmung des Schutzbereichs häufig zu Schwierigkeiten im Zusammenhang mit strukturellen Abweichungen und/oder Abweichungen im Zweck führen. Schematisierende Beurteilungen verbieten sich bei dieser Art von Ansprüchen in ganz besonderem Maße. Der Schutzbereich derartiger Ansprüche kann ohne ein Zurückgreifen auf die allgemeinen Auslegungsgrundsätze im Lichte ihrer Besonderheiten nicht sinnvoll bestimmt werden. **294**

Ausgangspunkt der damit verbundenen Überlegungen ist, dass entsprechend den unter →Rn. 233ff. zum Erzeugnisanspruch erläuterten Grundsätzen auch der sog. **Stoffschutz** absolut ist. Denn der Gebrauchsmusterschutz wird allein für die Zur-Verfügung-Stellung eines neuen Stoffes gewährt (BGH GRUR 1996, 190, 193 – *Polyferon;* BGH GRUR 1987, 231 – *Tollwutvirus*). Eine Beschränkung auf die offenbarte Verwendung des neuen Stoffs findet nicht statt. Jeder gewerbsmäßige Gebrauch ist geschützt, und zwar auch dann, wenn der Gebrauchsmusterinhaber eine derartige Verwendung noch nicht erkannt hatte. **295**

Auch eine neue **Dosierungsanleitung** im Zusammenhang mit einem Sachanspruch (Verwendungsanspruch) für ein Arzneimittel kann Gegenstand des Schutzes sein (BGH GRUR 2011, 999, 1001 [31,33] – *Memantin;* BGH GRUR 2014, 54, 56 [34] – *Fettsäuren;* BGH GRUR 2014, 461, 462 [16] – *Kollagenase I*). Danach ist ein Gebrauchsmusteranspruch zulässig, bei dem das Medikament zur Verwendung in der in Rede stehenden Dosierung hergerichtet ist (BGH GRUR 2014, 54, 56 [34] – *Fettsäuren*). **296**

Gegenstand eines solchen Gebrauchsmusteranspruchs ist die Eignung eines bekannten Stoffs für einen bestimmten medizinischen Einsatzzweck und damit letztlich eine **dem Stoff innewohnende Eigenschaft** (BGH GRUR 2006, 135 – *Arzneimittelgebrauchsmuster*). Praktisch handelt es sich um einen zweckgebundenen Sachanspruch, unabhängig davon, ob der Gebrauchsmusteranspruch seinem Wortlaut nach **297**

298 – auf die Verwendung des Medikaments,
299 – auf dessen Herrichtung zu einem bestimmten Verwendungszweck
300 – auf zweckgebundenen Stoffschutz gerichtet ist (BGH GRUR 2014, 461, 462 [17] – *Kollagenese I;* BGH GRUR 2014, 464, 465 [17] – *Kollagenese II*).

301 Diese Grundsätze gelten auch für auf **Zwischenprodukte** oder -Stoffe gerichtete Ansprüche (BGH GRUR 1984, 644, 645 – *Schichtträger*).

302 **1.7.2.2 Schutzwirkungen.** Aus den vorstehenden Erläuterungen wird zunächst deutlich, dass **diese Art von Zweckangaben oder Verwendungsvorgaben nicht** mit den unter → Rn. 144, → Rn. 163, → Rn. 178ff., → Rn. 208ff. erörterten **allgemeinen Zweck-, Wirkungs- und Funktionsangaben bei Erzeugnis- oder Verfahrensansprüchen gleichgesetzt** werden darf, da sie das Schutzrecht inhaltlich beschränken. Dies ist bei den allgemeinen Zweck-, Wirkungs- und Funktionsangaben bei Erzeugnis- oder Verfahrensansprüchen nach herkömmlicher Auffassung in der Regel nicht der Fall.

303 Von dem **Gegenstand** eines zweckgebundenen Sachanspruchs wird nur dann **Gebrauch gemacht,** wenn die entsprechende Zweckbestimmung im Vordergrund steht. Enthält der Stoffanspruch folglich eine ausdrückliche Zweckbindung und stellt diese einen wesentlichen Bestandteil der durch einen Anspruch unter Schutz gestellten Erfindung dar, so erstreckt sich der Schutzbereich eines solchen Anspruchs nicht mehr auf einen Stoff, bei dem ein anderer als der im Gebrauchsmusteranspruch genannte Zweck verwirklicht wird (BGH GRUR 1987, 794, 796 – *Antivirusmittel*). Dessen Schutzbereich erfasst das Erzeugnis allein in Bezug auf die konkret die Gebrauchsmusterschutzfähigkeit generierende spezifische erste oder zweite Indikation.

304 Der **Schutzbereich** eines eine Zweckbindung aufweisenden Erzeugnisanspruchs erstreckt sich mithin an sich auf **jede der in § 11 Satz 2 GebrMG genannten Handlungen,** sofern diese eine Verwirklichung der Zweckbestimmung erkennen lässt; hierdurch unterscheidet sich diese Erfindungskategorie von den weiter unten erörterten **Verwendungsansprüchen** → Rn. 312ff. Die Erfassung der in § 11 Satz 2 GebrMG genannten Benutzungshandlungen dokumentiert zunächst den stofflichen Charakter des zweckgebundenen Erzeugnisschutzes. Der Schutzbereich ist aber nur dann tangiert, wenn die Benutzungshandlungen in objektiver Hinsicht erkennen lassen, dass

305 – das betreffende Erzeugnis **objektiv** für die Zweckverwirklichung **geeignet** ist,
306 – der Handelnde **zielgerichtet** den im Gebrauchsmusteranspruch angegebenen Zweck verwirklichen will.

307 Eine unerwünschte oder zufällige, zumindest nicht beabsichtigte Zweckverwirklichung ist außerhalb des Schutzbereichs, da sie lediglich die objektive Eignung des verwendeten Erzeugnisses, nicht aber die gebrauchsmusterbegründende Zweckbestimmung nutzt (BGH GRUR 1987, 794 – *Antivirusmittel*).

308 In **praktischer Hinsicht** wird es sich anbieten, die von der Rechtsprechung zur Erfüllung der subjektiven Voraussetzungen im Rahmen des § 10 PatG bzw. § 11 Abs. 2 GebrMG entwickelten Grundsätze in analoger Weise heranzuziehen.

309 **1.7.3 Parameter zur Erzielung eines Erzeugnisses mit definierten Eigenschaften.** Da dem Anmelder die grundsätzliche Freiheit eingeräumt ist, im Rahmen der gesetzlich zulässigen Anspruchsarten sein erfindungsgemäßes Begehren nach seinem Gutdünken zu formulieren, kann er auch einen Erzeugnisanspruch so ausgestalten, dass die Erfüllung des betreffenden Parameters zu einem Erzeugnis mit bestimmten Eigenschaften führt. Die Verknüpfung von Parameter und Erzeugnis wird häufig durch die Wendung **„so dass"** zum Ausdruck gebracht. Gleichlautende Formulierungen können etwa sein: **„mit der Folge, dass", „um zu", „damit", „wodurch".**

310 Durch diese Art von **Subjunktion** wird der begründende, kausale Zusammenhang zwischen Parameter und definiertem Erzeugnis zum Ausdruck gebracht, und zwar ungleich unmittelbar verknüpfender, als dies etwa bei (bloßen) Zweck-, Funk-

tions- und Wirkungsangaben etwa in Erzeugnisansprüchen der Fall ist (vgl. BGH GRUR 2004, 268 – *blasenfreie Gummibahn II* zu einem patentrechtlichen Verfahrensanspruch).

Mit der Formulierung **„so dass“** (natürlich zu beurteilen im Zusammenhang mit der Beschreibung des durch das gebrauchsmustergemäße Verfahren zu erhaltenden Erzeugnisses) wird zum Ausdruck gebracht, dass das Erzeugnis maßgeblich zumindest auch auf diesen Parameterbedingungen beruhen muss, das heißt, dass die weiteren Maßnahmen jedenfalls im Sinne nicht hinwegzudenkender Bedingungen für das so definierte Erzeugnis mitursächlich sein müssen (BGH GRUR 2004, 268, 269 – blasenfreie *Gummibahn II*). **311**

1.8 Verwendungsansprüche. Verwendungsansprüche sind häufig darauf gerichtet, eine **312**

- „Verwendung von … bei/zur …“ oder **313**
- „Verwendung von … zur Herstellung von …“ **314**

zu beanspruchen.

In ihrer speziellen Form von zweckgebundenen Sachansprüchen sind sie insbesondere im Pharmaziebereich häufig anzutreffen; insoweit wird auf die Ausführungen unter → Rn. 289ff. verwiesen. Die inhaltliche **Abgrenzung zu zweckgebundenen Sachansprüchen** ist im Einzelfall schwierig, weil auch bei Verwendungsansprüchen letztlich die dem Erzeugnis immanente Eigenschaft die Grundlage für seine Verwendung oder Anwendung ist (ebenso *Benkard/Goebel/Engel,* § 2 GebrMG Rdn 15). Vereinfachend lässt sich sagen, dass die Verwendungsansprüche formal durch die Formulierung „Verwendung von …“ als solche beschrieben werden, während bei einem zweckgebundenen Sachanspruch zunächst das Erzeugnis charakterisiert wird, in dessen Rahmen dann die Zweckangabe aufgenommen wird. Von dieser im allgemeinen brauchbaren Regelbetrachtung abgesehen, kommt es – wie allgemein bei der Auslegung und Bestimmung des Schutzbereichs eines Anspruchs – immer auf den Gesamtinhalt des Gebrauchsmusters an, der im Einzelfall zu einem anderen Auslegungsergebnis führen kann. **315**

Von der rechtsverwandten Ausgestaltung als **zweckgebundene Sachansprüche** abgesehen, werden sie nach überwiegender Meinung der Kategorie der **Verfahrensansprüche** zugeordnet (BGH GRUR 2004, 495 – *Signalfolge*), mit der Folge, dass insoweit kein Gebrauchsmusterschutz in Betracht kommt und sich damit auch nicht die Frage nach dem Schutzbereich stellt. Dies gilt insbesondere für reine Arbeitsverfahren, die nicht auf die Schaffung eines Erzeugnisses oder auf dessen Veränderung gerichtet sind, aber auch für Verfahren zur Herstellung eines Erzeugnisses. **316**

Erfasst ein „Verwendungsanspruch“ jedoch mit seiner Formulierung im Ergebnis einen Stoff oder eine einem **Erzeugnis innewohnende Eigenschaft,** so bezieht sich der Anspruch faktisch auch auf den Stoff oder das Erzeugnis selbst. Wesentlich ist dabei jedoch, dass die Verwendung einen Handlungserfolg anstrebt und sich hierauf auch beschränkt. Die Verwendung bildet also den Gegenstand der Erfindung. Ein solcher Verwendungsanspruch wird nach der hier vertretenen Auffassung als zulässig angesehen (vgl. → § 2 Rn. 75ff.; ebenso: bereits Vorauflage, § 2 Rn. 30; *Benkard/Scharen* § 2 GebrMG Rn. 15; *Busse/Keukenschrijver,* § 1 GebrMG Rn. 7; *Bühring/Baitmayer,* § 2 Rn. 47). Damit kommt einem solchen Verwendungsanspruch ein Schutzbereich nach § 12a GebrMG zu und es sind keine Gründe ersichtlich, weshalb insoweit von dem Grundsatz abgewichen werden sollte, wonach gebrauchsmusterrechtlich und patentrechtlich dieselben Kriterien für die Bestimmung des Schutzbereichs anzuwenden sind. **317**

Ihr Erfindungsgegenstand bezieht sich mithin auf eine bestimmte **318**

- Anwendung, Brauchbarkeit oder Verwendung **319**
- eines Stoffes oder Produkts, **320**
- der/das bereits bekannt sein kann (BGH GRUR 1987, 794 – *Antivirusmittel*). **321**

322 Während zum **Schutzbereich** eines Erzeugnisanspruchs grundsätzlich davon ausgegangen wird, er sei nicht auf bestimmte Zwecke eingeschränkt (vgl. dazu und zu Ausnahmen hiervon unter →Rn. 144, →Rn. 163, →Rn. 178ff., →Rn. 208ff.) ist dieser bei einem Verwendungsgebrauchsmuster **auf** die bestimmte **Verwendung/Anwendung** einer Sache/Vorrichtung, eines Stoffes **beschränkt** (BGH GRUR 1987, 794 – *Antivirusmittel;* BGH GRUR 2005, 845, 847 – *Abgasreinigungsvorrichtung;* BGH GRUR 2006, 135 [10] – *Arzneimittelgebrauchsmuster*), auch wenn der Verwendungsanspruch Elemente von Erzeugnisansprüchen beinhaltet (BGH GRUR 2006, 135 [10] – *Arzneimittelgebrauchsmuster*).

323 Damit bedeutet die Verwendungsangabe – wie beim zweckgebundenen Sachanspruch – eine schutzbeschränkende Wirkung (BGH GRUR 1987, 794 – **Antivirusmittel**), dh es greifen an sich nur Handlungen in einen derartigen Schutzbereich ein, die unmittelbar die geschützte Anwendung betreffen. Es werden also nicht die Handlungen des Herstellens, Anbietens, Inverkehrbringens, Einführens oder Besitzens des Erzeugnisses, das Gegenstand der gebrauchsmustergeschützten Verwendung ist, erfasst, selbst wenn die Herstellung in der Absicht erfolgt, das hergestellte Erzeugnis später für die geschützte Verwendung benutzen zu wollen; zu den insoweit differierenden zweckgebundenen Sachansprüchen →Rn. 144, →Rn. 289ff. Aus dieser unterschiedlichen Rechtsfolge ergibt sich auch das Rechtsschutzbedürfnis dafür, ggfs. einen Gebrauchsmusteranspruch als zweckgebundenen Sachanspruch und den anderen Anspruch als Verwendungsanspruch zu formulieren.

324 Der Schutzbereich ist somit nur dann tangiert, wenn die Benutzungshandlungen in objektiver Hinsicht erkennen lassen, dass

325 – das betreffende Erzeugnis **objektiv** für die gebrauchsmustergemäße Verwendung **geeignet** ist,

326 – der Handelnde **zielgerichtet** den im Gebrauchsmusteranspruch angegebenen Zweck verwirklichen will.

327 Eine unerwünschte oder zufällige, zumindest nicht beabsichtigte Eignung zur Verwendung ist außerhalb des Schutzbereichs, da sie lediglich die objektive Eignung des verwendeten Erzeugnisses, nicht aber die gebrauchsmusterbegründende Verwendung nutzt. Wird die geschützte Verwendung angestrebt, so wird der Schutzbereich eines solchen Anspruchs natürlich nicht allein deswegen verlassen, weil daneben noch andere Anwendungszwecke realisiert werden sollten.

328 In praktischer Hinsicht wird es sich anbieten, die von der Rechtsprechung zur Erfüllung der subjektiven Voraussetzungen (Beweisanzeichen) im Rahmen des § 10 PatG entwickelten Grundsätze in analoger Weise heranzuziehen.

329 In dem Bestreben, Inhaber eines technischen Schutzrechts wirksam dagegen zu schützen, dass ein Dritter die zur Verwendung gelangende Substanz im Inland gewerbsmäßig zu dieser Verwendung herrichtet, feilhält oder in den Verkehr bringt oder dass ein Dritter gewerbsmäßig eine im Ausland für die Verwendung hergerichtete Substanz im Inland feilhält oder in den Verkehr bringt, **verlagert** die Rechtsprechung den Schutzbereich in zeitlicher Hinsicht **vor.** Denn der Schutzbereich erfasst in Bezug auf die Verwendung zu einem bestimmten Zweck bereits solche Handlungen, bei denen die Sache zu der betreffenden Verwendung sinnfällig hergerichtet wird (BGH GRUR 2012, 373, 374 [10] – *Glasfasern;* OLG Karlsruhe GRUR 2014, 764, 766 – *Verwendungspatent*). In der **sinnfälligen Herrichtung** der Sache ist nicht etwa nur eine der späteren Verwendung gleich zu behandelnde Handlung, sondern der Beginn der im Gebrauchsmusteranspruch ausdrücklich als Schutzgegenstand genannten zu sehen.

330 Der Schutz eines Verwendungsgebrauchsmusters umfasst die sinnfällige Herrichtung eines Gegenstands zu der geschützten Verwendung, in der bereits der **Beginn der Verwendung selbst** gesehen wird (BGH GRUR 1990, 505, 506/507 – *Geschlitzte Abdeckfolie;* BGH GRUR 2005, 845, 847 – *Abgasreinigungsvorrichtung*). Der Schutz eines Verwendungsgebrauchsmusters erstreckt sich auf die sinnfällige Herrichtung eines Gegenstands zu der geschützten Verwendung, in der bereits der Beginn der

Verwendung selbst gesehen wird. Das gilt für alle Arten von Erzeugnissen, chemische Stoffe, Arzneimittel, Substanzen oder sonstige Sachen.

Freilich darf diese zeitliche Vorverlagerung des Schutzes nicht dazu führen, dass die Voraussetzung der Einhaltung des Verwendungszwecks nivelliert wird. Das Erzeugnis (als solches) muss so auf die anspruchsgemäße Verwendung gerichtet sein, dass 331

- sein Einsatz zur erfindungsgemäßen Anwendung für den Abnehmer **ersichtlich** ist, und 332
- ohne begründete Zweifel die gebrauchsmustergemäße Anwendung nach Beendigung der Herrichtung **zu erwarten** ist. 333

Die sinnfällige Herrichtung kann sich ergeben aus (BGH GRUR 2007, 404, 405 [16] – *Carvedilol II;* BGH GRUR 2012, 373, 374 [10] – *Glasfasern;* OLG Karlsruhe GRUR 2014, 764, 767 – *Verwendungspatent*) 334

- der besonderen Gestaltung der Sache selbst, zB aus der gebrauchsfertigen Herrichtung 335
- einer ihr beim Vertrieb beigegebenen Gebrauchsanleitung, etwa in Form eines Beipackzettels, eines Verwendungshinweises auf dem Produkt, oder 336
- auch einer sonstigen Maßnahme, zB spezifische Werbung, Bezeichnung des Produkts in Lieferscheinen und Rechnungen. 337

Dabei ist immer genau festzustellen, wer genau der angesprochene **Abnehmer** ist, an den sich die gebrauchsmustergemäße Anwendung richtet. Je nachdem, ob dies etwa ein Endkunde, ein Händler, ein Patient, ein Arzt etc. ist, kann es erforderlich sein, etwa zwischen den verschiedenen Verwendungsanleitungen zu unterscheiden (OLG Düsseldorf BeckRS 2013, 03824). Bei einem Patienten wird also zB ein Beipackzettel in Bezug auf die sinnfällige Herrichtung einen anderen Bedeutungsgehalt haben als eine arzneimittelrechtliche Zulassungsdokumentation, die lediglich allgemein alle zugelassenen Verwendungen auflistet. 338

Werbung muss **spezifisch** das betreffende Erzeugnis zu der gebrauchsmustergemäßen Anwendung in Beziehung setzen. Daran fehlt es bei allgemeinen Werbeankündigungen, denen der notwendige unmittelbare Zusammenhang mit dem Produkt selbst fehlt, und die allenfalls die Grundlage für eine mittelbare Verletzung des Verwendungsgebrauchsmusters sein können. 339

Nicht selten wird in einem patentbezogenen Einspruchs- oder Nichtigkeitsverfahren ein **Erzeugnisanspruch auf einen Verwendungsanspruch** reduziert. Dies wird trotz der anderen Anspruchskategorie für statthaft angesehen, da damit eine Reduzierung des Schutzbereichs verbunden ist (BGH GRUR 1998, 1003, 1006 – Leuchtstoff). Dies muss unter Beachtung der unter → Rn. 312ff. genannten Grundsätze auch im Rahmen eines **Löschungsverfahrens** gegen ein eingetragenes Gebrauchsmuster zulässig sein. Der Gebrauchsmusterinhaber, der im Eintragungsverfahren zu weit gehenden Sachschutz erhalten hat, dessen erfinderische Leistung aber darin begründet ist, eine neue und nicht naheliegende Verwendung der an sich bekannten Sache aufgezeigt zu haben, soll den ihm gebührenden Schutz zukommen. Sofern und soweit dabei, etwa bei der Einbeziehung des sinnfälligen Herrichtens oder bei der mittelbaren Gebrauchsmusterverletzung, die Gefahr einer Ausweitung des Schutzumfangs in Betracht kommen sollte, kann und muss dem bei der Bestimmung des Schutzumfangs insbesondere im Verletzungsstreit Rechnung getragen werden (BGH BeckRS 2011, 28627 [14] – *Notablaufvorrichtung für eine mit Wasserabläufen entwässerte Fläche*). 340

2. Vergleich mit der angegriffenen oder zu überprüfenden Ausführungsform – Arten der Gebrauchsmusternutzung. Während die zu → Rn. 1–340 erfolgten Ausführungen sich mit der Ermittlung des Schutzbereichs eines Gebrauchsmusters befassten, ist die angegriffene oder zu überprüfende Ausführungsform (sog. Verletzungsform) in einem **zweiten Schritt** mit dem Gebrauchsmusteranspruch zu **vergleichen,** und zwar auf der Grundlage der Ermittlung des Schutzumfangs und in 341

Form der Bestimmung der Art des Gebrauchsmustereingriffs. Dabei wird die angegriffene oder zu überprüfende Ausführungsform (sog. Verletzungsform) mit der Merkmalsanalyse – Merkmal für Merkmal – des Gebrauchsmusteranspruchs verglichen (vgl. → Rn. 22).

342 Ebenso wie bei der Bestimmung des Schutzbereichs ist auch die angegriffene Ausführung in ihrem Vergleich zum Gebrauchsmusteranspruch als Gesamtheit zu erfassen; hiervon ausgehend ist zu entscheiden, ob diese Gesamtheit **wortsinngemäß** benutzt bzw. verletzt **oder** als solche trotz der vorhandenen Abwandlung eines oder mehrerer gebrauchsmustergemäßer Lösungsmittel eine inhaltsgleiche bzw. gleichwertige, mithin **äquivalente** Benutzung ist (BGH GRUR 2007, 959, 961 [21] – *Pumpeneinrichtung*).

343 Dabei verlangt die Benutzung bzw. Verletzung grundsätzlich eine wortsinngemäße oder äquivalente Verwirklichung aller Merkmale, gleichgültig, ob sie sich im sogenannten Oberbegriff oder im sogenannten Kennzeichenteil des Anspruchs befinden.

344 Es kommt dabei allein auf eine objektive Verwirklichung der in dem Gebrauchsmusteranspruch enthaltenen technischen Lehre durch die angegriffene oder zu überprüfende Ausführungsform an.

345 Auch kommt es nicht auf eine quantitativ erhebliche Anzahl der Eingriffe an.

346 Ein Gebrauchsmuster wird schon dann verletzt bzw. benutzt, wenn die Merkmale der angegriffenen oder zu überprüfenden Ausführungsform

347 – objektiv geeignet sind, die gebrauchsmustergemäßen Eigenschaften und Wirkungen zu erreichen.

348 Unerheblich ist, ob die gebrauchsmustergemäßen Eigenschaften und Wirkungen
349 – regelmäßig,
350 – nur in Ausnahmefällen oder
351 – nur zufällig
352 erreicht werden (BGH GRUR 2006, 399, 401 [21] – *Rangierkatze*).

353 **Subjektive** Momente spielen – von den Besonderheiten zweckgebundener Sachansprüche oder Verwendungsansprüchen abgesehen – keine Rolle. Folglich ist es unerheblich, ob es der Verletzer darauf absieht, diese Wirkungen zu erzielen. Deshalb liegt eine Gebrauchsmusterverletzung selbst dann vor, wenn eine Vorrichtung regelmäßig so bedient wird, dass die gebrauchsmustergemäßen Eigenschaften und Wirkungen nicht erzielt werden. Die Gebrauchsmusterverletzung entfällt in diesem Fall selbst dann nicht, wenn der Hersteller oder Lieferant seinen Abnehmern ausdrücklich eine andere Verwendung seiner Vorrichtung empfiehlt, solange die Nutzung der gebrauchsmustergemäßen Lehre möglich bleibt (BGH GRUR 2006, 399, 401 [21] – *Rangierkatze*).

354 Bei der zu untersuchenden Frage einer (unberechtigten) Gebrauchsmusternutzung durch einen Dritten wird zwischen einer wortsinngemäßen Verletzung und einer äquivalenten Verletzung unterschieden. Prozessual ist damit derselbe **Streitgegenstand** tangiert (BGH GRUR 2012, 485, 487 [19] – *Rohrreinigungsdüse II*). Der Streitgegenstand der Gebrauchsmusterverletzungsklage wird demgemäß regelmäßig im Wesentlichen durch die üblicherweise als angegriffene Ausführungsform bezeichnete tatsächliche Ausgestaltung eines bestimmten Produkts im Hinblick auf die Merkmale des geltend gemachten Gebrauchsmusteranspruchs bestimmt.

355 **2.1 Wortsinngemäße Benutzung bzw. Verletzung.** Von ihr wird gesprochen, wenn die angegriffene Ausführungsform den Erfindungsgegenstand, mithin die Merkmale des Hauptanspruches gemäß deren technischen Sinngehalt – wie er nach den vorerwähnten Kriterien ermittelt wurde – verwirklicht, und zwar alle Merkmale. Synonyme Begriffe zu einem wortsinngemäßen Eingriff sind die der identischen oder der gegenständlichen Benutzung.

356 Bei einer wortsinngemäßen Verletzung ist eine Verteidigung nach dem sog. Formstein-Einwand (dazu → Rn. 479 ff.) ausgeschlossen, dh der Beklagte kann sich nicht

damit verteidigen, dass sich sein Produkt oder Verfahren entweder identisch oder naheliegend aus dem Stand der Technik ergebe.

Der Begriff **„wortsinngemäße"** Benutzung lässt erkennen, dass es nicht darauf ankommt, ob die Merkmale in einem rein philologischen Sinne, also wortlautgemäß, erfüllt sind (BGH GRUR 2010, 904, 908/909 [54 – 72] – *Maschinensatz*). 357

Der Begriff **„Wortsinn"** hat natürlich auch allgemeinsprachliche Aspekte im Auge, ist aber vorrangig nach seinem technischen Sinngehalt, der sich unter Berücksichtigung von technischem Problem und seiner Lösung ergibt, zu beurteilen. 358

Zur Beurteilung, ob unter Zugrundelegung dieses Hauptansatzes eine zu überprüfende Ausführungsform noch in den Schutzbereich eines Gebrauchsmusteranspruchs fällt, wird man in aller Regel nicht auf in der Gebrauchsmusterschrift nicht genannte begriffliche Synonyme zurückgreifen dürfen, weil hierdurch jedenfalls häufig die Grenze zu einer äquivalenten Benutzung überschritten sein könnte. 359

Deshalb ist der höchstrichterlichen Rechtsprechung zuzustimmen, wonach eine „wortsinngemäße" Gebrauchsmusterverletzung, nicht schon dann vorliegt, falls das bei der zu überprüfenden Ausführungsform verwendete, weder im Gebrauchsmusteranspruch noch in der Beschreibung des Gebrauchsmusters ausdrücklich genannte technische Lösungsmittel, dem Fachmann aufgrund seines allgemeinen Fachwissens und seines handwerklichen Könnens, mithin ohne nähere (oder gar erfinderische) Überlegungen zur Verwirklichung der erfindungsgemäßen Lehre zur Verfügung steht. Denn hierunter sind gerade auch Ausführungsformen erfassbar, die dem Bereich der Äquivalenz zuzuordnen sind (BGH GRUR 1999, 546, 549 – *Sammelförderer*). 360

Ob also auch sog. **fachnotorisch austauschbare Mittel,** die in der früheren Praxis bei der Neuheitsprüfung berücksichtigt wurden, als noch unter den Wortsinn eines Begriffs fallend angesehen werden können, erscheint zumindest fraglich. Denn auch mit der Umschreibung der notorischen Austauschbarkeit eines Mittels gelangt man bereits in die klassische Äquivalenzprüfung. Zudem wird sich eine Abgrenzung zwischen „Austauschmitteln" (im Allgemeinen) und „fachnotorischen Austauschmitteln" in der Praxis kaum rechtssicher durchführen lassen, womit das gleichermaßen für die Gesamtbeurteilung heranzuziehende Gebot der Rechtssicherheit mindestens tangiert ist. 361

Insoweit greifen dieselben Überlegungen, wie sie zu **funktionalen** Merkmalen angestellt werden. Auch hier dürfen räumlich-geometrische Ausgestaltungen, die mit einem auch funktionell umschriebenen Gegenstand verbunden sind, nicht einfach außer Acht gelassen werden, weil dann die Gefahr besteht, dass alle gleichwirkenden Austauschmittel iSd Äquivalenzlehre in dem Wortsinn inkludiert wären und es der Grundsätze der Äquivalenz nicht mehr bedürfte (OLG Düsseldorf BeckRS 2010, 21550). 362

Macht eine Ausführungsform hingegen von den Merkmalen eines Gebrauchsmusteranspruchs in deren Ausgestaltung identisch Gebrauch, bedarf es vorbehaltlich der obigen Erläuterungen zur Bestimmung des Schutzbereichs **keiner weiteren Prüfung,** 363

- ob die identisch vorhandenen Merkmale demselben Zweck dienen, 364
- dieselbe Wirkung und Funktion haben wie diejenigen des Klagegebrauchsmusters (BGH GRUR 2006, 131, 134 [30] – *Seitenspiegel*) und 365
- welche Form die eine als gebrauchsmusterverletzend beanstandete Ausführung bei Berücksichtigung aller ihrer Gestaltungsmerkmale in ihrer konkreten Form hat (BGH GRUR 2007, 959, 962 [34] – *Pumpeneinrichtung*). 366

In diesem Fall liegt eine wortsinngemäße Verletzung vor. 367

Maßgeblich ist die **objektive Eignung** zur Nutzung der gebrauchsmustergemäßen Anspruchsmerkmale. Bei einer Vorrichtung lässt sich die Eignung daraus ablesen, wie sie benutzt werden kann; unerheblich ist deshalb, wie die Vorrichtung im Einzelfall oder üblicherweise benutzt wird (BGH GRUR 2007, 959, 962 [34] – *Pumpeneinrichtung;* BGH GRUR 2006, 399, 401 [21] – *Rangierkatze*). Selbst wenn der Hersteller 368 ausdrücklich eine andere Verwendung seiner Vorrichtung empfiehlt, wird eine Gebrauchsmusterverletzung nicht ausgeschlossen. Maßgeblich ist immer nur, ob die Nutzung der gebrauchsmustergemäßen Lehre möglich bleibt (BGH GRUR 2006, 399, 401 [21] – *Rangierkatze;* BGH GRUR 2007, 959, 962 [34] – *Pumpeneinrichtung*).

369 Dasselbe gilt grundsätzlich auch, wenn es nicht um die Verwirklichung einer räumlich-körperlichen Ausgestaltung sondern etwa um ein Stoffgebrauchsmuster, ein Kombinationsgebrauchsmuster oder dergleichen geht.

370 Es ist auch unerheblich, ob die zu überprüfende Ausführungsform noch **zusätzliche Merkmale** verfügt, die nach dem zu vergleichenden Gebrauchsmusteranspruch nicht gefordert sind. Entscheidend ist nur, dass die angegriffene Ausführungsform jedenfalls **alle** Merkmale des zugrunde gelegten Anspruchs in vollständiger technischer Übereinstimmung verwirklicht.

371 Wie bei → Rn. 208ff., → Rn. 233ff. erläutert, gilt dies überwiegend auch für Vorrichtungsansprüche und dort wiedergegebene **Zweckangaben,** es sei denn die angegriffene Ausführungsform kann den gebrauchsmustergemäßen Zweck, die gebrauchsmustergemäße Wirkung und/oder Funktion nicht erfüllen (BGH GRUR 2009, 837, 839 [15] – *Bauschalungsstütze;* BGH GRUR 2006, 923 – *Luftabscheider für Milchsammelanlage*).

372 Um gebrauchsmusterbenutzend zu sein, muss die zu überprüfende Ausführungsform grundsätzlich im Augenblick der Herstellung, der Angebots- oder Vertriebshandlung **alle** Anspruchsmerkmale verwirklichen, dh insbesondere auch eine vom Gebrauchsmusteranspruch vorausgesetzte Eignung für die Hervorbringung einer bestimmten Wirkung besitzen. Es genügt jedoch, wenn sich die Verhältnisse in Zukunft verlässlich und vorhersehbar ändern und sich infolge dessen demnächst eine Situation einstellt, bei der es sicher zur Merkmalsverwirklichung kommt (OLG Düsseldorf InstGE 12, 213 – Traktionshilfe; OLG Düsseldorf BeckRS 2011, 26946).

373 **2.2 Äquivalente Benutzung bzw. Verletzung.** Wenn eine angegriffene Ausführungsform nur einzelne Merkmale des zu beurteilenden Gebrauchsmusteranspruchs wortsinngemäß (identisch), andere nur wiederum mit abgewandelten Mitteln verwirklicht, kann die Prüfung nur mit Hilfe der Grundsätze der Lehre der Äquivalenz zu einem richtigen Ergebnis führen.

374 Da der Schutzbereich nicht notwendigerweise identisch mit dem Inhalt der Ansprüche ist, die Ansprüche vielmehr nach § 12a GebrMG den Schutzbereich **bestimmen,** eröffnet dies die Möglichkeit, den Schutzbereich über die reine wortlautgemäße Verwirklichung hinaus zu erstrecken auf sog. Äquivalente.

375 Die Lehre der Äquivalenz **erweitert** nämlich den **Schutzbereich** eines Gebrauchsmusters auf solche Benutzungshandlungen aus, die zwar im Anspruch nicht genannt sind, die aber von dem Sinn und Zweck der Erfindung durch Verwendung gleichwirkender Austauschmittel (auch: Ersatzmittel) Gebrauch macht. Dem Gebrauchsmusterinhaber soll der **gebührende Schutz** gegen Versuche seiner Mitbewerber, die Erfindung durch zu gering abweichende Mittel nachzuahmen, gewährt werden. Diese rechtliche Möglichkeit ergibt sich nach der Rechtslage daraus, dass der Schutzbereich eines Gebrauchsmusters nach Art. 69 EPÜ/§§ 14 PatG, 12a GebrMG durch den Gebrauchsmusteranspruch (unter Heranziehung von Beschreibung und Zeichnungen) „bestimmt" wird.

376 Hier ist freilich besonders das zum Schutz Dritter verstärkt von der Rechtsprechung herangezogene **Gebot der Rechtssicherheit** (BGH GRUR 2007, 959, 961 [22] – *Pumpeneinrichtung,* → Rn. 8; → Rn. 53ff.), mit zu berücksichtigen. Beide Prinzipien stehen gleichberechtigt nebeneinander (BGH GRUR 1989, 803, 805 – *Batteriekastenschnur*).

377 Ein Gebrauchsmuster ist danach dann verletzt, wenn die im Gebrauchsmusteranspruch genannten Lösungsmittel (alle oder einzelne von ihnen) durch **Lösungsmittel** ersetzt sind, die in ihrer technischen Funktion (Aufgabenstellung) mit jenen übereinstimmen, und die – wenn auch nur im Wesentlichen – gleiche Wirkung haben und für den Durchschnittsfachmann auf Grund seines (durchschnittlichen) Fachwissens, also ohne überdurchschnittliche, erfinderische Leistung, aus der Gebrauchsmusterschrift zur Lösung der Aufgabe als **gleichwirkend** im Prioritätszeitpunkt **auffindbar** waren (sog. äquivalente Mittel) (st. Rspr.; BGH GRUR 2011, 701, 704 [28ff.] – *Okklusionsvorrichtung;* BGH GRUR 2006, 313, 315 – *Stapeltrockner;* BGH GRUR 2002, 511, 512 – *Kunststoffrohrteil;* BGH GRUR 2002, 515, 517 – *Schneidmesser I;* BGH GRUR 2002, 519, 521 – *Schneidmesser II;* BGH GRUR 2002, 523, 524 – *Custodiol I;* BGH GRUR 2002, 527, 529 – *Custodiol II;* BGH GRUR 2000, 1005, 1006 – *Bratgeschirr*). „Aufgabe" ist – wie dargelegt – der in der Gebrauchsmusterschrift angegebene oder hier sonst vom Durchschnittsfachmann im Prioritätszeitpunkt zu entnehmende technische Erfolg der Erfindung.

Aus der oben dargestellten Unterscheidung zwischen Rechts- und Tatsachenfragen bei der Schutzbereichsbestimmung ergeben sich auch Konsequenzen für die Prüfung, ob eine als äquivalent angegriffene Ausführungsform von dem Schutzbereich des Klageschutzrechts erfasst wird: **378**

Die Prüfung, ob eine angegriffene Ausführungsform das der Erfindung zugrunde liegende Problem mit gleichwirkenden Mitteln löst, erfordert zunächst die Ermittlung des Sinngehalts des Gebrauchsmusteranspruchs und der Wirkungen, die mit den anspruchsgemäßen Merkmalen – je für sich und in ihrer Gesamtheit – erzielt werden (BGH GRUR 2007, 1059, 1063 [42] – *Zerfallszeitmessgerät*). Insoweit gilt nichts anderes, als zur Anspruchsauslegung bereits ausgeführt. Sodann bedarf es der Feststellung, ob und gegebenenfalls mit welchen konkreten (→Rn. 1–246, vom Wortsinn des Gebrauchsmusteranspruchs abweichenden Mitteln diese Wirkungen von der zu überprüfenden Ausführungsform erreicht werden (BGH GRUR 2007, 1059, 1063 [42] – *Zerfallszeitmessgerät*). Dies ist eine reine **Tatfrage** nach objektiven physikalisch-technischen bzw. chemischen Gegebenheiten, die demgemäß tatrichterlicher Beurteilung unterliegt. Es ist dann wiederum eine **Rechtsfrage,** ob die Überlegungen, die der Fachmann anstellen muss, um die abweichende Ausführungsform als gleichwirkend aufzufinden, derart **am Sinngehalt des Gebrauchsmusteranspruchs orientiert** sind, dass der Fachmann die abweichende Ausführungsform als gleichwertige Lösung in Betracht zog (BGH GRUR 2006, 313, 315 – Stapeltrockner; BGH GRUR 2013, 313, 317 [36] – *Crimpwerkzeug IV;* →Rn. 384). Auch hier ist wieder eine umfassende Erörterung durch das Verletzungsgericht erforderlich, da sein Urteil nur dann auf einer ausreichenden Grundlage beruht (BGH GRUR 2007, 959, 961 [22] – *Pumpeneinrichtung*). **379**

Eine Aussage, ein (bestimmtes, streitiges) Merkmal liege näher beim Stand der Technik als bei dem betreffenden Gebrauchsmuster, ist in aller Regel unbehelflich, da sie keinen der nachfolgenden drei Gesichtspunkte betrifft, der darüber entscheidet, ob die mit der Klage beanstandete Ausführung in den Schutzbereich des Gebrauchsmusteranspruchs des Klagegebrauchsmusters fällt. Die allgemeine Behauptung der angeblichen Nähe zum Stand der Technik lässt in der Regel bereits nicht erkennen, auf welchen der drei Prüfungspunkte sie sich bezieht. Eine solche allgemeine und letztlich nur eine Behauptung darstellende Aussage ist damit überhaupt nicht geeignet, das Fehlen einer der drei nachfolgenden Voraussetzungen zu begründen (BGH GRUR 2007, 959, 961 [25] – *Pumpeneinrichtung*). **380**

Für die Äquivalenz ist also mindestens **dreierlei** erforderlich (BGH GRUR 2002, 515, 516/517 – *Schneidmesser I;* BGH GRUR 2002, 519, 521 – *Schneidmesser II;* BGH GRUR 2007, 959, 961 [24] – *Pumpeneinrichtung;* BGH GRUR 2007, 1059, 1063 [34] – *Zerfallszeitmessgerät;* BGH GRUR 2014, 852, 853 [12] – *Begrenzungsanschlag*), und zwar auch bei Gebrauchsmustern (BGH GRUR 2007, 1059, 1063 [34] – *Zerfallszeitmessgerät*): **technische Gleichwirkung, Auffindbarkeit und Gleichwertigkeit.** **381**

So eindeutig sich diese von der Rechtsprechung herauskristallisierten Anforderungen an das Vorliegen einer Äquivalenz in der Theorie voneinander abgrenzen lassen, **382** so häufig sind Überschneidungen in der Praxis nicht ausgeschlossen, da es um die Beurteilung eines einheitlichen, oft komplexen Lebenssachverhalts geht.

383 **2.2.1 Gleichwirkung.** Die **technische Gleichwirkung** des an Stelle des im Gebrauchsmusteranspruch genannten Merkmals verwendeten Lösungsmittels ist die erste Grundvoraussetzung. Mit dem (den) ausgetauschten Lösungsmittel(n) muss das technische Problem des Gebrauchsmusters jedenfalls in praktisch erheblichem, nachfolgend näher diskutiertem Maß gelöst werden.

384 Deren Vorliegen muss anhand einer Orientierung am Gebrauchsmusteranspruch festgestellt werden (BGH GRUR 2000, 1005, 1006 – *Bratgeschirr;* BGH GRUR 2007, 410, 415 [34] – *Kettenradanordnung I*). Diese Prüfung ist Gegenstand der tatrichterlichen Feststellung und Würdigung (BGH GRUR 2007, 959, 962 [28] – *Pumpeneinrichtung*). Auf dieser Grundlage ist aber eine Rechtsfrage zu beantworten. (BGH GRUR 2012, 45, 48 [52] – *Diglycidverbindung*).

385 Gleichwirkend ist die angegriffene Ausführungsform, wenn sie alle Wirkungen erzielt, die nach dem Verständnis des Fachmanns für sich und in ihrem Zusammenwirken nach dem Gebrauchsmusteranspruch erzielt werden sollen. Es geht also nicht um eine „abstrakte", vom Gebrauchsmusteranspruch losgelöste technische Gleichwirkung.

386 Hieraus ergibt sich zunächst die Anforderung, die Gesamtheit der Merkmale des Gebrauchsmusteranspruchs daraufhin zu untersuchen, welche einzelne Wirkungen von ihnen hervorgerufen werden. Deshalb muss festgestellt werden,

387 – welche der gebrauchsmustergemäßen Merkmale
388 – welche einzelnen Wirkungen
389 – für sich und
390 – insgesamt
391 – zur Lösung des dem Gebrauchsmusteranspruch zugrunde liegenden Problems beitragen.

392 Für die Feststellung des Vorliegens einer technischen Gleichwirkung wird man in der Praxis häufig mit einem Einzelvergleich der geschützten Merkmale mit der angegriffenen Ausführungsform beginnen können. Es wird aber ohne weiteres klar, dass ein solch isolierter Vergleich der einzelnen Merkmale insbesondere mit dem jeweiligen Austauschmittel nicht ausreichend sein kann. Denn es leicht vorstellbar, dass man in einem solchen Fall schnell zu einer Bejahung der objektiven Gleichwirkung kommen können wird, zumal zunächst zu berücksichtigen ist, dass in der Konstruktionsausbildung von Ingenieuren an deutschen Hochschulen das Fach **Konstruktionsmethodik** seit etwa 1970 fester Bestandteil ist. Bei der dort dem Gestaltungsprozess vorangehenden Lösungsfindung werden routinemäßig Varianten erzeugt, indem zum Beispiel Wirkflächen und Wirkkörper, also Maschinenteile oder Baugruppen, deren Anordnung, deren Größe etc. variiert werden, und zwar insbesondere nach

393 – Lage
394 – Form
395 – Größe
396 – Zahl.

397 Diese vorbezeichneten Umgehungsmöglichkeiten lassen sich vielfach unter die Begriffe der **kinematischen Umkehrung** (vgl. bereits BGH GRUR 1964, 669, 672 – *Abtastnadel*) oder **Inversion** subsumieren, die gerne als Beispiel einer „klassischen" Äquivalenz herangezogen werden. Dies kann aber a priori nur angenommen werden, wenn sich auch insoweit aus der Gesamtbetrachtung des Gebrauchsmusteranspruchs nichts anderes ergibt.

398 Deshalb ist es ohne weiteres einleuchtend, dass der Blick des Ganzen nicht verloren gehen darf. Denn nur so lässt sich feststellen, ob etwa ein technischer Aspekt nichts zum Gegenstand des Gebrauchsmusteranspruchs beiträgt, weil er dort nicht so deutlich einbezogen ist, dass er vom Fachmann nicht als zur Erfindung gehörend angese-

hen wird (vgl. BGH GRUR 2007, 959, 962 [30] – *Pumpeneinrichtung*). Während man also in einem solchen Fall bei einem isolierten Vergleich der gebrauchsmustergemäßen Merkmale möglicherweise eine objektive technische Gleichwirkung bejahen könnte, führt die Gesamtbetrachtung zu dem richtigeren Ergebnis, dass eine objektive Gleichwirkung **„im Sinne des Gebrauchsmusteranspruchs"** zu verneinen wäre.

Folglich muss untersucht werden, welche der einzelnen Wirkungen, die mit den Merkmalen des Gebrauchsmusteranspruchs erzielt werden können, zur Lösung des dem Gebrauchsmusteranspruch zugrunde liegenden Problems nach der geschützten technischen Lehre zusammen erfüllt sein müssen. Nur diese Gesamtlösung stellt die geschützte technische Lehre dar und kann somit zur Vergleichsgrundlage mit der angegriffenen Ausführungsform dienen. Dies darf aber nicht dahin missverstanden werden, dass das betreffende Merkmal auch zum eigentlichen Kern der Erfindung gehört oder dort explizit angesprochen ist; dies ist nicht erforderlich. **399**

Deshalb lässt sich der folgende **Grundsatz** aufstellen: **400**

Eine Lösung erfüllt die Voraussetzung der technischen Gleichwirkung nach der jüngeren höchstrichterlichen Rechtsprechung nur, wenn sie nicht nur im Wesentlichen die Gesamtwirkung der Erfindung erreicht, sondern gerade auch **diejenige Wirkung erzielt, die das nicht wortsinngemäß verwirklichte Merkmal erzielen soll** (BGH GRUR 2012, 1122, 1124 [26] – *Palettenbehälter III;* BGH GRUR 2015, 361, 363 [19] – *Kochgefäß*). Wenn also die Auslegung des Gebrauchsmusteranspruchs ergibt, dass ein einzelnes Merkmal besondere Wirkungen entfalten soll, müssen diese auch durch das Austauschmittel gegeben sein. **401**

Freilich gilt dieser Grundsatz im Interesse einer angemessenen Belohnung des Erfinders **nicht ausnahmslos:** **402**

Danach kann Gleichwirkung auch dann angenommen, wenn das verwendete Lösungsmittel den mit dem Gebrauchsmuster erstrebten Vorteil **weniger wirkungsvoll** erreicht, wenn also eine Übereinstimmung im erfindungsgemäßen Leistungsergebnis aber noch in erheblichen Maße vorliegt (BGH GRUR 2012, 1122, 1124 [27] – *Palettenbehälter III;* BGH GRUR 2015, 361, 363 [25] – *Kochgefäß*). Eine im Wesentlichen die gebrauchsmustergemäßen Wirkungen erzielende Gestaltung ist nach dieser Praxis ausreichend (BGH GRUR 2007, 410, 416 [35] – *Kettenradanordnung I*). Wenn dies der Fall ist, sollen die abgewandelten Mittel, die zur Erzielung dieser Wirkung eingesetzt werden, als gleichwirkend angesehen werden können. **403**

Damit ist eine letztlich im Interesse der Gerechtigkeit erfolgende juristische Feinabstimmung des zuvor herausgearbeiteten technischen Ergebnisses vorzunehmen, und zwar (wiederum) unter Berücksichtigung **404**

– der gebrauchsmustergemäßen Wirkung und **405**
– einer sich hieran orientierenden Gewichtung der bei der angegriffenen Ausführungsform festgestellten Defizite (BGH GRUR 2012, 1122, 1124 [27] – *Palettenbehälter III;* BGH GRUR 2015, 361, 363 [25] – *Kochgefäß*). **406**

Gleichwirkung entfällt also erst, wenn der mit dem betreffenden Merkmal erstrebte erfindungswesentliche Vorteil **überhaupt nicht oder nur in praktisch bedeutungslosem Umfang** erreicht wird. Zur sog. **verschlechterten Ausführungsform,** siehe unter → Rn. 456. **407**

Der Austausch eines gebrauchsmustergemäßen Merkmals durch ein oder mehrere Austauschmittel setzt auch voraus, dass an sich alle gebrauchsmustergemäßen Merkmale durch die zu untersuchende Ausführungsform verwirklicht werden, wenn auch mit eben äquivalenten Mitteln. Wird auch nur ein einziges gebrauchsmustergemäßes Merkmal **(überhaupt) nicht,** also auch nicht mittels eines äquivalenten Austauschmittels, verwirklicht, so scheidet eine Gebrauchsmusternutzung aus. Dies wird nachfolgend unter dem Stichwort der Unterkombination erörtert → Rn. 466 ff. **408**

Umgekehrt schließt eine durch das angegriffene Mittel erzielte **Verbesserung** die Äquivalenz nicht aus, vgl. → Rn. 459. **409**

410 Ein **einziges** Merkmal kann durch das Zusammenwirken mehrerer Merkmale der angegriffenen Ausführungsform gleichwirkend benutzt sein (BGH GRUR 2000, 1005, 1006 – *Bratgeschirr;* BGH GRUR 2002, 515 – *Schneidmesser I*).

411 Für **chemische Stoffgebrauchsmuster** gelten keine Besonderheiten (vgl. BGH GRUR 2012, 45 – *Diglycidverbindung*). Bei chemischen Zusammensetzungen wird dadurch, dass auch verwandte Stoffe und Verbindungen oftmals unterschiedliche Eigenschaften hervorrufen, Zurückhaltung herrschen, eine bestimmte Komponente durch eine andere zu ersetzen. Das schließt Äquivalenzüberlegungen aber nicht von vornherein aus. Vielmehr kann auch bei derartigen Gebrauchsmustern aus dem Bereich der Chemie oder Pharmazie eine äquivalente Benutzung zu bejahen sein (OLG Düsseldorf BeckRS 2015, 05649 [65]).

412 **2.2.2 Auffindbarkeit.** Ist die objektiv technische Gleichwirkung nicht gegeben, so ist damit die Äquivalenzprüfung beendet und eine Gebrauchsmusternutzung durch die zu beurteilende Ausführungsform zu verneinen. Wenn jedoch die objektiv technische Gleichwirkung bejaht wird, ist damit die Äquivalenzprüfung noch nicht abgeschlossen und es muss die nachfolgend erläuterte Überprüfung durchlaufen werden.

413 Die Voraussetzung der Auffindbarkeit hat ihren inneren Rechtfertigungsgrund darin, dass eine Übereinstimmung in dem Leistungsergebnis, also in der (bloßen) technischen Wirkung nicht ausreichend sein kann. Denn es geht nicht um einen abstrakten Vergleich zweier technischer Ausgestaltungen sondern um eine Überprüfung dessen, ob gerade eine hinreichende Übereinstimmung der zu überprüfenden Ausführungsform mit der durch bestimmte Merkmale in einem Gebrauchsmusteranspruch gekennzeichneten Lösung eines technischen Problems besteht.

414 Somit muss

415 – das gleichwirkende Lösungsmittel

416 – vom Durchschnittsfachmann

417 – aufgrund seiner Fachkenntnisse

418 – im Prioritätszeitpunkt

419 – **ohne erfinderische Überlegung,** also aufgrund nur solcher Überlegungen, die im Bereich des durchschnittlichen Fachwissens liegen,

420 – zur Lösung des der Erfindung zugrunde liegenden Problems

421 – der Gebrauchsmusterschrift, genauer: dem Sinngehalt des (gesamten) Gebrauchsmusteranspruchs

422 – als gleichwirkend

423 entnommen werden können (st. Rspr., BGH GRUR 1994, 597, 600 – *Zerlegvorrichtung für Baumstämme;* BGH GRUR 2000, 1005, 1006 – *Bratgeschirr;* BGH GRUR 2002, 515 – *Schneidmesser I;* BGH GRUR 2002, 511 – *Kunststoffrohrteil*).

424 Aus der vorstehenden Gliederung wird deutlich, dass es bei diesem Unterpunkt primär um die Frage des Vorliegens einer erfinderischen Leistung und des Zeitpunktes geht. Denn die übrigen Gliederungspunkte sind bereits im Rahmen des ersten Unterpunktes der technischen Gleichwirkung Prüfungsgegenstand gewesen.

425 Auszunehmen sind also diejenigen Konstruktionen, die erst aufgrund erfinderischer Tätigkeit als objektiv gleichwirkende Mittel aufgefunden wurden. Solche liegen außerhalb des Schutzbereichs, da dies eine unbillige Ausdehnung des Belohnungsgedankens zugunsten des Schutzrechtsinhabers wäre. Bei Vorliegen einer erfinderischen Tätigkeit ist die nachfolgende dritte Prüfung nicht mehr vorzunehmen. Vom Schutzumfang werden aber nur solche Lösungsmittel erfasst, die sich an der im Gebrauchsmusteranspruch umschriebenen Erfindung orientieren. Zum Problem der so genannten **abhängigen Erfindung** und ihrer Einbeziehung unter den Schutzumfang eines Gebrauchsmusteranspruchs (→ Rn. 460).

426 Das **Fachwissen** umfasst bei der Beurteilung der Äquivalenz im Gegensatz zur Ermittlung des Inhalts der Gebrauchsmusteransprüche den gesamten Stand der Technik iSd § 3 Abs. 1 GebrMG **am Prioritätstag;** dieser Stand er Technik ist also nicht auf

denjenigen beschränkt, der in der Gebrauchsmusterschrift genannt ist (BGH GRUR 1987, 280, 283 – *Befestigungsvorrichtung I*).

427 Auch **späterer,** nach dem Prioritäts- bzw. Anmeldetag entstandener **Stand der Technik** soll berücksichtigt werden können, da andernfalls abhängige Erfindungen nicht denkbar seien (OLG Düsseldorf, InstGE 10, 198 – *zeitversetztes Fernsehen*); dies führt im Ergebnis zu einer Privilegierung des Gebrauchsmusterinhabers, weil durch Mitberücksichtigung prioritätsjüngeren Standes der Technik eher das Vorliegen einer Abweichung des Austauschmittels aufgrund erfinderischer Überlegungen verneint werden kann. Gerechtfertigt erscheint dieses Ergebnis, wenn das **Ersatzmittel** als solches zwar erst durch den weiteren Fortgang der technischen Entwicklung bereitgestellt worden ist, aber doch als naheliegend in diesem Sinne anzusehen ist, weil es in Kenntnis des Gebrauchsmusters keiner über die Routine des Fachmanns hinausgehender Erwägungen bedurfte, um zu erkennen, dass die gebrauchsmustergemäße Erfindung objektiv gleichwirkend auch mit dem erstmals nachträglich zur Verfügung stehenden Mittel ausgeführt werden kann. Zu unterstellen ist bei der Prüfung, dass dem Fachmann das (tatsächlich erst später verfügbar gewordene) Ersatzmittel bereits im Prioritätszeitpunkt bekannt gewesen ist; in diesem Fall ist das Vorliegen dieser Voraussetzung zu bejahen, wenn dann keine erfinderische Überlegung zum Auffinden des Austauschmittels notwendig war (OLG Düsseldorf InstGE 10, 198, 202 – *zeitversetztes Fernsehen*).

428 Ohne erfinderische Überlegungen auffindbar ist das Ersatzmittel, wenn der Fachmann mittels derselben, im Zusammenhang mit der Auslegung erörterten, Kenntnisse und Fähigkeiten im Bewusstsein der geschützten technischen Lehre **ohne weiteres,** dh ohne dass es Schwierigkeiten bereitet, ohne tiefgreifend zu überlegen, bedenkenlos, selbstverständlich, zu der Auffassung gelangt, ein oder mehrere Merkmale des Gebrauchsmusteranspruchs weglassen und durch ein oder mehrere andere Merkmale (Konstruktionsteile, Stoffe, etc.) ersetzen zu können. Die Notwendigkeit einiger Überlegungen steht dem nicht entgegen. Auch insoweit geht es nicht um abstrakte Überlegungen, sondern um einen Vergleich mit dem konkret ausgewählten Ersatzmittel.

429 Welche tatsächlich mit der Umsetzung und Verwirklichung des Ersatzmittels verbundenen Schwierigkeiten einhergehen oder zu erwarten sein können, ist demgegenüber unerheblich. Denn die **praktische Umsetzung** ist lediglich eine mittelbare Folge einer Implementierung des Ersatzmittels in die technische Situation; solche faktischen Umsetzungsschwierigkeiten können dementsprechend auch bei der erfindungsgemäßen technischen Lehre ergeben.

430 Die Notwendigkeit der Durchführung von **Versuchen** steht der Annahme einer nicht erfinderischen Auffindbarkeit jedenfalls dann nicht entgegen, wenn sie einfacherer Art sind oder ihrerseits keiner erfinderischer Überlegungen bedürfen.

431 Hingegen wird man eine nicht erfinderische Auffindbarkeit ausschließen müssen, wenn der Fachmann bei der abgewandelten Ausführungsform **wesentliche Unterschiede** zu der gebrauchsmustergemäßen Ausführungsform erkennt. Wann ein solcher Fall vorliegt, wird sich kaum verallgemeinernd darlegen lassen, mit Ausnahme der von der Rechtsprechung zur Abweichung von Zahlen und Maßangaben in Gebrauchsmusteransprüchen erörterten Fallgruppe; siehe hierzu nachfolgend.

432 **2.2.3 Gleichwertigkeit der Lösung.** Nach einer jüngeren Rechtsprechung des BGH (GRUR 2002, 511 – *Kunststoffrohrteil;* BGH GRUR 2015, 361, 363 [18] – *Kochgefäß*), die sich in gewisser Weise an der britischen sog. Catnic-Rechtsprechung (GRUR Int. 1982, 136) des House of Lords orientiert, ist ferner erforderlich, dass der Fachmann die abweichende Ausführungsform als eine der im Gebrauchsmuster aufgeführten gegenständlichen **gleichwertige** Lösung in Betracht zieht.

433 Die Frage ist also, ob die hierzu notwendigen Überlegungen des Fachmanns derart am Gebrauchsmusteranspruch **orientiert** sind, dass er die abgewandelte Ausführungsform als gleichwertige Lösung in Betracht zieht, was eine Rechtsfrage ist (BGH GRUR 2007, 410, 415 [36] – *Kettenradanordnung I;* BGH GRUR 2015, 361, 363 [18] – *Kochgefäß*).

434 Die Frage ist durchaus mit dem **„could-would-approach"** des EPA vergleichbar: zu prüfen ist nicht lediglich, was der Fachmann in Kenntnis der technischen Lehre des Gebrauchsmuster tun **konnte,** sondern was er aufgrund des Gebrauchsmusters bzw. des Gebrauchsmusteranspruchs tun **konnte und** getan **hätte.**

435 Wiederum steht auch hinter dieser Forderung der Gedanke, dass sich die Frage der Äquivalenz an demjenigen zu orientieren hat, was der Erfinder der Öffentlichkeit an Innovation zugänglich macht. Es reicht nicht aus, dass der Fachmann aufgrund seines Fachwissens eine Lehre als technisch sinnvoll und gleichwirkend zu der in den Gebrauchsmusteransprüchen formulierten Lehre erkennt (OLG Düsseldorf BeckRS 2015, 16357 [172] – *Delta-Sigma Analog-/Digital-Wandler*). Die Überlegungen müssen also so nahe am technischen Sinngehalt des Gebrauchsmusteranspruchs angesiedelt sein, dass der Fachmann die abweichende Lösung als gleichwertige Alternative zur Lehre des Gebrauchsmusteranspruchs begreift (BGH GRUR 2007, 1059, 1062 [26] – *Zerfallszeitmessgerät;* BGH GRUR 2011, 701, 705 [35] – *Okklusionsvorrichtung;* OLG Düsseldorf GRUR-RR 2014, 185, 193 – *WC-Sitzgelenk*).

436 Wie auch bei der Prüfung der beiden ersten Voraussetzungen einer Äquivalenz, nämlich der technischen Gleichwirkung und der Auffindbarkeit, darf auch bei der dritten Voraussetzung die Gleichwertigkeit nicht nur isoliert für das abgewandelte Mittel festgestellt werden; vielmehr muss die angegriffene Ausführungsform in ihrer für die Merkmalsverwirklichung relevanten **Gesamtheit** eine auffindbar gleichwertige Lösung darstellen.

437 **Abweichungen,** die auf Grund ihrer **Geringfügigkeit** und **räumlichen Lage** (noch) als objektiv gleichwirkend anzusehen sind, stehen mit diesem Gedanken grundsätzlich in Einklang, wenn sich aus dem Wortlaut des Gebrauchsmusteranspruchs nichts anderes ergibt. Gerade wenn das betreffende Merkmal eine verbale Umschreibung des geschützten Gegenstands darstellt, die insgesamt auslegungsbedürftig ist, und der von vornherein nicht das Maß an Eindeutigkeit und Exaktheit zukommt, welches der Fachmann mit technisch eindeutig definierten Zahlen- oder Maßangaben (zB Winkel-, Mengen- oder Gewichtsangaben) verbindet, und das auch sonst in der Gebrauchsmusterbeschreibung nicht als ein **„Grenzwert"** aufgeführt ist, den es im Zweifel exakt einzuhalten gilt und der Abweichungen generell nicht mehr als gleichwertig gegenüber dem geschützten Gegenstand erscheinen lässt, wird man von der Erfüllung dieser Voraussetzung ausgehen können (BGH GRUR 2007, 410, 415 [36] – *Kettenradanordnung I*).

438 Weist die zu überprüfende Ausführungsform einen **Leistungsüberschuss** auf, schließt dies deren Einbeziehung in den Schutzbereich eines Gebrauchsmusteranspruchs nicht aus. Dies kann insbesondere dann in Betracht kommen, wenn die potenziell äquivalente Ausführung insgesamt zusätzliche Merkmale aufweist, weil dann deren Existenz für eine weitere Leistungssteigerung verantwortlich sein kann. Folglich muss dies im Streitfall aufgeklärt werden (BGH GRUR 2007, 959, 962 [27] – *Pumpeneinrichtung*). Hier dürfte in aller Regel die Frage der Gleichwirkung angesprochen sein.

439 Sind in der **Beschreibung** eines Gebrauchsmusters **mehrere Möglichkeiten** zur Erreichung einer technischen Wirkung aufgeführt, ist jedoch **nur eine** dieser Möglichkeiten in den **Gebrauchsmusteranspruch** aufgenommen worden, so kann eine Verletzung des Gebrauchsmusters mit äquivalenten Mitteln dann angenommen werden, wenn sich die abgewandelte Lösung in ihren spezifischen Wirkungen mit der unter Schutz gestellten Lösung deckt und sich in ähnlicher Weise wie diese Lösung von der nur in der Beschreibung, nicht aber im Anspruch aufgezeigten Lösungsvariante unterscheidet (BGH GRUR 2012, 45 – *Diglycidverbindung*).

440 An der Gleichwertigkeit soll es jedoch fehlen, wenn eine Ausführungsform in der Beschreibung des Gebrauchsmusters als mögliche Lösung der Aufgabe angeführt ist,

jedoch im Wortlaut des Gebrauchsmusteranspruchs keinen Niederschlag gefunden hat (BGH GRUR 2012, 45, 47 [44] – *Diglycidverbindung;* BGH GRUR 2011, 701 – *Okklusionsvorrichtung*). Dies ist jedoch nicht zu verallgemeinern. Denn es muss vorher eindeutig festgestellt werden, ob die als nicht in den Anspruch aufgenommen angesehene Variante dort wirklich nicht (ggfs. stillschweigend) angesprochen ist. Denn es bedarf sicherer Erkenntnisse dazu, dass eine von mehreren Ausführungsformen, die immerhin in ein und demselben Gebrauchsmuster aufgeführt ist, tatsächlich „außen vor" gelassen werden soll.

Insoweit können Formulierungen wie etwa „Alternative zu", „weitere Ausführungsform" oder dgl. in der Beschreibung zusätzliche Hinweise geben. **441**

2.2.4 Zusammenfassende Typisierung. Keine Äquivalenz liegt also vor bei **442**

- **eindeutigem Widerspruch** des Ersatzmittels zur beanspruchten technischen Lehre (BGH GRUR 1999, 977, 981 – *Räumschild;* BGH GRUR 1991, 444 – *Autowachsvorrichtung*); **443**
- **wesentlicher Veränderung** des Lösungsgedankens der Erfindung (BGH GRUR 1999, 977, 981 – *Räumschild*); **444**
- Mitteln, die den im Anspruch als erfindungswesentlich herausgestellten Mitteln **schroff entgegengesetzt** sind (BGH GRUR 1999, 977, 981 – *Räumschild*); **445**
- dem **(ersatzlosen) Fehlen** eines Merkmals bei der angegriffenen Ausführungsform (zum Schutz über die sog. Unterkombination siehe → Rn. 466); allerdings liegt kein Fall des vollständigen Fehlens eines Merkmals vor, wenn bei der angegriffenen Ausführungsform ein Austauschmittel mehreren Merkmalen des geschützten Anspruchs entspricht oder mehrere andere Merkmale in bestimmter Form zusammenwirken (BGH GRUR 1998, 133, 135 – *Kunststoffaufbereitung*); **446**
- der Wahl eines Austauschmittels, das bewusst auf die Vorteile der gebrauchsmustergemäßen Lösung vollständig verzichtet oder gerade die von dieser zu vermeidenden **Nachteile in Kauf nimmt** (BGH GRUR 1991, 444, 447 – *Autowaschvorrichtung*); bei einer solchen Ausgangslage kommt auch eine Verletzung des Gebrauchsmusters unter dem Blickwinkel der sogenannten verschlechterten Ausführungsform nicht in Betracht (BGH GRUR 1991, 444, 447 – *Autowaschvorrichtung*); **447**
- der Beanspruchung **nur einer** Ausgestaltung, obwohl in der Beschreibung zwei verschiedene Ausgestaltungen erwähnt sind, wenn die angegriffene Ausführungsform gerade das lediglich beschriebene, aber nicht beanspruchte Mittel aufgreift (BGH GRUR 2011, 701, 705 [35] – *Okklusionsvorrichtung;* BGH GRUR 2012, 45, 47 [44] – *Diglycidverbindung*) (Gesichtspunkt der fehlenden Gleichwertigkeit); hierdurch findet eine gewisse Fortschreibung des Verzichtsgedankens statt: wer eine bestimmte Ausführungsform in der Beschreibung erwähnt, hat sie erkannt; wenn er sie nun nicht in den Anspruch aufnimmt, „verzichtet" auf deren Schutz; **448**
- der Beschränkung auf eine **einzelne Form eines einzigen Wirkstoffs einer Klasse** im Anspruch, auch wenn in der Beschreibung eine ganze Wirkstoffklasse zur Herbeiführung der erfindungsgemäßen Vorteile offenbart ist (jedenfalls Gesichtspunkt der fehlenden Gleichwertigkeit und Gebot der Rechtssicherheit) (OLG Düsseldorf BeckRS 2015, 05649 [76]); **449**
- Benutzung des **Gegenteils** von dem, was der Anspruch lehrt (OLG Düsseldorf BeckRS 2013, 18740); **450**
- der **„Auswahl"** einer von zwei im gattungsbildenden Stand der Technik geschützten konstruktiven Ausgestaltungen zur Grundlage der gebrauchsmustergeschützten Weiterentwicklung, während die angegriffene Ausführungsform sich gerade das Prinzip der anderen konstruktiven Ausgestaltung des Standes der Technik zunutze macht (OLG Düsseldorf BeckRS 2013, 11783); **451**
- der ausschließlich die vormalige Fassung des Gebrauchsmusters, nicht aber das nach einem **Löschungsverfahren** geänderte Gebrauchsmuster einen Hinweis **452**

auf ein alternatives Lösungsmittel enthält, welches in den Schutzbereich des Gebrauchsmusters fallen soll, wenn die angegriffene Ausführungsform dieses alternative Lösungsmittel wählt (jedenfalls Gesichtspunkt der fehlenden Gleichwertigkeit und Gebot der Rechtssicherheit) (OLG Düsseldorf BeckRS 2014, 21715 [68 – 75]);

453 – nennenswerter Unter- oder Überschreitung von **Zahlen- oder Maßangaben** des Gebrauchsmusteranspruchs (selbst wenn diese Abweichung auf die Verwirklichung der erfindungsgemäßen Vorteile für den Fachmann in erkennbarer Weise keinen Einfluss hat) (BGH GRUR 2007, 1059, 1062 [26] – *Zerfallszeitmessgerät*); Zahlen- und Maßangaben begrenzen den geschützten Gegenstand grundsätzlich abschließend (BGH GRUR 2002, 515, 516/517 – *Schneidmesser I;* BGH GRUR 2002, 519, 521 – *Schneidmesser II;* BGH GRUR 2007, 1059, 1062 [26] – *Zerfallszeitmessgerät*). Zahlen- und Maßangaben sind grundsätzlich präzise und werden deshalb von dem Erfinder auch in dieser präzisen Eigenschaft gewählt. Eine Abstrahierung verbietet sich daher (BGH GRUR 2007, 1059, 1063 [26] – *Zerfallszeitmessgerät*). Äquivalent gleichwirkend ist nur eine solche Ausführungsform, die nicht nur überhaupt die Wirkung eines – im Anspruch zahlenmäßig eingegrenzten – Merkmals der Erfindung erzielt, sondern die gerade der zahlenmäßigen Eingrenzung dieses Merkmals entspricht. Fehlt es daran, ist auch eine objektiv und für den Fachmann erkennbar technisch ansonsten gleichwirkende Ausführungsform vom Schutzbereich des Gebrauchsmusters grundsätzlich nicht umfasst (BGH GRUR 2007, 1059, 1063 [26] – *Zerfallszeitmessgerät*). Ob die erfindungsgemäße Wirkung auch ohne Einhaltung dieses Bereichs eintritt, ist unerheblich, da dies andernfalls einer Außerachtlassung eines Merkmals gleichkäme (BGH GRUR 2007, 1059, 1063 [27] – *Zerfallszeitmessgerät*). Für den Fachmann besteht deshalb in aller Regel kein Anlass, abweichende Austauschmittel in Betracht zu ziehen, die jedenfalls weit außerhalb des durch diese Angaben bestimmten Bereiches liegen und solche Austauschmittel führen geeignet anzusehen (BGH GRUR 2005, 41, 42 – *Staubsaugersaugrohr*). Letztlich ist diese Rechtsprechung durch das Gebot der Rechtssicherheit geprägt. Dieselben Grundsätze gelten auch, wenn diese Angaben nicht mit mathematischen Formulierungen sondern mit Worten umschrieben sind. Zahlen- und Maßangaben werden auch dann häufig in dieser begrenzenden Weise auszulegen sein, wenn sie etwa mit dem Wort **„umfasst"** verbunden sind, was an sich eine Umschreibung für eine nicht abschließende Aufzählung ist. Auf andere Begriffe in Gebrauchsmusteransprüchen lässt sich dieser Rechtsprechung jedoch nicht ohne weiteres übertragen; dies gilt insbesondere für die Aufnahme von chemischen Fachbegriffen.

454 – **Kombinationserfindungen,** wenn lediglich die Einzelmerkmale eine äquivalente Entsprechung in der angegriffenen Ausführungsform haben, diese aber durch die Anwendung der Ersatzmittel nicht insgesamt die durch die gebrauchsmustergeschützte Lehre angestrebte Kombinationswirkung erzielt (BGH GRUR 1983, 497, 499 – *Absetzvorrichtung*).

455 – im Ergebnis bei Vorliegen des sog. **Formsteineinwands,** siehe hierzu unter → Rn. 479ff.

2.3 Verschlechterte und verbesserte Ausführungsform

456 **2.3.1 Verschlechterte Ausführungsform.** Sie liegt vor, wenn die Vorteile des Gebrauchsmusters bei der zu untersuchenden Ausführungsform in einer nur unvollkommenen Weise verwirklicht werden.

457 Macht die zu untersuchende Ausführungsform von sämtlichen Merkmalen **wortsinngemäß** Gebrauch, so ist es unerheblich, ob mit ihm die erfindungsgemäßen Wirkungen überhaupt oder vollständig eintreten oder ob der Nutzer die Benutzung überhaupt realisiert hat (BGH GRUR 1991, 436, 441/442 – *Befestigungsvorrichtung II*).

Steht eine **äquivalente Benutzung** im Raum, so müssen die gebrauchsmustergemäß angestrebten Vorteile zwar möglicherweise nicht vollkommen, aber doch in einem praktisch noch erheblichen Umfang realisiert werden, siehe auch unter → Rn. 383 ff. Eine graduelle, nuancierte Verschlechterung wird regelmäßig eine Gebrauchsmusternutzung einschließen. Ist die Verschlechterung jedoch gravierend, wird das Gebrauchsmuster nicht verletzt. Besonderheiten können sich ergeben, wenn der Anspruch bestimmte Mindestanforderungen an ein betreffendes Mittel stellt. Es können abgewandelte Mittel, die diesen Anforderungen nicht gerecht werden, auch dann nicht im Rahmen einer „großzügigen" Bewertung als gleichwirkend angesehen werden, wenn alle übrigen Wirkungen der gebrauchsmustergemäßen Lösung im Wesentlichen erreicht werden (BGH GRUR 2012, 1122, 1123 [27] – *Palettenbehälter III*). Bei gänzlichem Nichteintritt eines zwingenden Vorteils liegt keine Verletzung vor. **458**

2.3.2 Verbesserte Ausführungsform. Wenn die zu untersuchende Ausführungsform die erfindungsgemäßen Vorteile in besonders hohem Maße verwirklicht oder mit ihr ein zusätzlicher, außerhalb der Erfindung liegender Nutzen erzielt wird, schließt das eine Zugehörigkeit zum Schutzbereich nicht aus. Bessere Leistungsergebnisse, zusätzliche Funktionen etc. fallen in den Schutzbereich, wenn im übrigen eine **wortsinngemäße** Gebrauchsmusternutzung anzunehmen ist. Aber auch ein Leistungsüberschuss einer vom Wortsinn abweichenden, **äquivalenten** Ausführung schließt aber deren Einbeziehung in den Schutzbereich eines Gebrauchsmusteranspruchs nicht aus. Dies gilt insbesondere, wenn die als gebrauchsmusterverletzend beanstandete Ausführung über die Gesamtheit der Merkmale hinaus, die im Hinblick auf die Einbeziehung dieser Ausführung in den Schutzbereich von Bedeutung sind, zusätzliche Gestaltungsmittel aufweist, weil dann gerade deren Existenz für eine weitere Leistungssteigerung verantwortlich sein kann (BGH GRUR 2007, 959, 962 [27] – *Pumpeneinrichtung*). **459**

2.4 Abhängige Erfindung. Eine spätere Erfindung kann von einer früheren abhängig sein, zB auf dieser „aufbauen". Auf eine solche abhängige Erfindung kann dementsprechend ein eigenes Schutzrecht erteilt oder eingetragen sein. Eine Erfindung, die auf einer anderen aufbaut und durch diese erst ermöglicht wird, kann die grundlegende Lehre auch dann nutzen, wenn sie ihrerseits gebrauchsmusterfähig ist → § 11 Rn. 12 → § 14 Rn. 17. In dem Umfang, in dem sie durch eine ältere Lehre erst ermöglicht wurde, gebührt deren Inhaber ein Anteil an dem mit ihrer Verwertung verbundenen wirtschaftlichen Erfolg (BGH GRUR 1999, 977, 981 – *Räumschild*). Dieser Schutz gegenüber Abwandlungen einer gebrauchsmustergemäßen Lehre besteht jedoch, was an sich selbstverständlich ist, nur in den durch den Schutzbereich des Gebrauchsmusters gezogenen Grenzen. Die abhängige Erfindung ist keine eigenständige Form der Gebrauchsmusterbenutzung, sondern lediglich die Beschreibung eines Sachverhalts, bei dem zugleich ein älteres Gebrauchsmuster und ein speziell auf die angegriffene Ausführungsform erteiltes weiteres Gebrauchsmuster benutzt wird (BGH GRUR 1999, 977, 981 – *Räumschild*). **460**

Genießt die angegriffene Ausführungsform ihrerseits Gebrauchsmusterschutz, steht dies der Annahme einer **wortsinngemäßen** Benutzung bei Vorliegen der hierfür notwendigen Voraussetzungen im übrigen nicht entgegen. Denn die Feststellung einer Gebrauchsmustereintragung auf die angegriffene Ausführungsform besagt nichts über die – davon zu unterscheidende und im Rahmen des § 12a GebrMG maßgebliche – Frage nach dem Schutzbereich des geltend gemachten Gebrauchsmusteranspruchs, ob nämlich Ausbildungen nach der angegriffenen Ausführungsform in diesen Schutzbereich fallen. Dies wäre nur dann zu verneinen, wenn der geltend gemachte Gebrauchsmusteranspruch nach seinem technischen Sinngehalt gerade solche gebrauchsmustergeschützten Weiterentwicklungen oder Verbesserungen aus dem Schutzumfang der Erfindung ausschließen würde, wenn der Fachmann also dem Of- **461** fenbarungsgehalt der Gebrauchsmusterschrift entnähme, dass derartige Ausbildungen mit dem Gegenstand der Erfindung nicht vereinbar sind (OLG München InstGE 8, 214 [34] – *Raffvorhänge*).

462 Bei einer nur **äquivalenten** Benutzung besteht hingegen regelmäßig Anlass, das Naheliegen oder Nichtnaheliegen der Abwandlung besonders sorgfältig zu prüfen, und zwar um so mehr, wenn das vorgeblich benutzte Gebrauchsmuster in dem auf die angegriffene Ausführungsform erteilten Gebrauchsmuster als Stand der Technik berücksichtigt worden ist.

463 Die Gebrauchsmustereintragung auf die angegriffene Ausführungsform kann deshalb gerechtfertigt erscheinen, weil auf der Grundlage des vorgeblich benutzten Gebrauchsmusters erfinderisches Bemühen nicht erforderlich war, etwa weil sie

464 – sich durch zusätzliche erfinderische Merkmale auszeichnet, mit denen ein zusätzliches, auf anderem Gebiet des vorgeblich benutzten Gebrauchsmusters liegendes Problem gelöst wird; diese zusätzlichen erfinderischen Merkmale spielen im Rahmen der Äquivalenzprüfung keine Rolle; deshalb kann die angegriffene Ausführungsform
  - o einerseits naheliegend sein, soweit die Merkmale des vorgeblich benutzten Gebrauchsmusters und ihre Abwandlung tangiert sind, und
  - o andererseits gesamthaft, also einschließlich ihrer zusätzlichen Merkmale zugleich erfinderisch sein (BGH GRUR 1999, 977, 981 – *Räumschild*);

465 – ein Durchschnittsfachmann aufgrund seines allgemeinen Könnens dem Klagegebrauchsmuster als gleichwirkend entnehmen kann, wofür es genügen kann, dass diese Voraussetzung für eine die angegriffene Ausführungsform erfassende allgemeine Lehre zutrifft; es ist dann nicht mehr erheblich, ob bei der angegriffenen Ausführung zugleich zusätzliche, konkretisierende oder ergänzende Merkmale verwirklicht sind, die möglicherweise erfinderischen Charakter haben (BGH GRUR 1992, 436 – *Befestigungsvorrichtung II;* BGH GRUR 1999, 977, 981 – *Räumschild*).

466 **2.5 Teilschutz – Unterkombination.** Lange Zeit nicht geklärt war die Frage, ob Unterkombinationen Schutz genießen können. Hierunter versteht man die Fallgestaltung, dass bei der zu untersuchenden Ausführungsform einzelne Merkmale des Gebrauchsmusters vollständig fehlen.

467 In einem Fall, in dem ein Merkmal überhaupt nicht verwirklicht ist, also **ersatzlos fehlt,** kann lediglich ein Eingriff in das Schutzrecht unter dem Gesichtspunkt der **Unterkombination** in Betracht kommen. Die Rechtsprechung betonte zwar in verschiedenen Urteilen immer wieder, dass der Schutz einer sog. Unterkombination (oder auch: **Elementenschutz**) denkbar sei. Sie betonte aber weiterhin, dass eine Einbeziehung in den Schutzbereich eines Patent- bzw. Gebrauchsmusters nur dann in Betracht komme, wenn das fehlende Merkmal – für den Fachmann erkennbar – für die Verwirklichung der erfindungsgemäßen Lehre überflüssig ist. Davon konnte jedoch nach der Rechtsprechung nur dann die Rede sein, wenn sich sämtliche Vorteile der Erfindung auch bei einem Verzicht auf das betreffende Merkmal erreichen lassen. Der Schutz für eine Unterkombination kam deshalb dann nicht in Betracht, wenn auf ein bestimmendes Merkmal besonderer Bedeutung verzichtet ist (BGH GRUR 1992, 594, 596 – *mechanische Betätigungsvorrichtung;* BGH GRUR 1992, 40, 41/42 – *beheizbarer Atemluftschlauch*). Es wurde sogar gesagt, dass ein solcher Schutz nicht in Betracht komme, wenn mit dem Merkmal bestimmte Vorzüge verbunden sind, wenn sie auch lediglich von untergeordneter Bedeutung seien und außerhalb des eigentlichen Anliegens der Erfindung liegen (OLG Düsseldorf, Mitt. 2001, 28, 32/33 – *Abflussrohre*).

468 Mittlerweile ist durch die höchstrichterliche Rechtsprechung geklärt: Eine Einbeziehung in den Schutzbereich kommt aus Gründen der Rechtssicherheit nicht in Betracht, und zwar auch dann nicht, wenn das fehlende Merkmal für den Fachmann für

die Verwirklichung der erfindungsgemäßen Lehre erkennbar überflüssig ist (BGH GRUR 2007, 1059 – *Zerfallszeitmessgerät*).

2.6 Rechtliche Einordnung der Schutzrechtseingriffsarten zueinander – Prozessuale Konsequenzen. Die **wortsinngemäße** Benutzung sowie die **äquivalente** Benutzung werden gleichermaßen von der Vorschrift des § 12a GebrMG (analog zum Patent nach § 14 PatG bzw. des Art. 69 EPÜ) erfasst. Damit stellt sich die Frage nach ihrem rechtlichen Verhältnis zueinander und dies um so mehr, als die Frage, welche der Eingriffsart denn vorliegt, wegen der unterschiedlichen Berücksichtigung des Stand-der-Technik-Einwandes nicht offen bleiben kann. **469**

Zunächst ist es ohne weiteres einleuchtend, dass es sich um eine andere rechtliche Begründung für dasselbe Ergebnis handelt, nämlich einer unmittelbaren Verletzung desselben Schutzrechts durch dieselbe angegriffene oder zu untersuchende Ausführungsform. Nur die Ausführungsform ist das Zielobjekt der rechtlichen Bewertung. Nur diese spezifische Ausführungsform wird im Falle einer Klageerhebung angegriffen. Die Frage, ob eine wortsinngemäße oder eine äquivalente Benutzung vorliegt, tangiert nur die rechtliche Begründung und die Rechtsfolge. Prozessual liegt ein **einheitlicher Streitgegenstand** vor (BGH GRUR 2012, 485, 487 – *Rohrreinigungsdüse II*). Dies ermöglicht es dem Gebrauchsmusterinhaber, in Bezug auf denselben Anspruch und dieselbe Ausführungsform zugleich eine wortsinngemäße und **hilfsweise** eine äquivalente Gebrauchsmusterverletzung geltend zu machen. **470**

Freilich kann ein Kläger es nicht der selbständigen Entscheidung eines Gerichts überlassen, welche Art der (unberechtigten) Gebrauchsmusternutzung vorliegt. Er muss dem Gericht darlegen, welche Art der Gebrauchsmusternutzung er denn beanstandet. **471**

Sofern der Kläger die Verurteilung (zumindest) wegen Verletzung des Klagegebrauchsmusters in vom Wortsinn abweichender Form begehrt, muss er das **472**
- prozessual substantiiert darlegen und begründen sowie **473**
- durch die Formulierung zum Ausdruck bringen, in welcher tatsächlichen Gestaltung sich die Abweichung von den Vorgaben des Gebrauchsmusteranspruchs verkörpern soll (BGH GRUR 2010, 314, 317 [31] – *Kettenradanordnung II;* BGH GRUR 2011, 313, 317 – *Crimpwerkzeug IV*). **474**

Aus dem **Klageantrag** muss sich ergeben, welche Ausführung der Kläger als Verletzungsform angreift. Gegebenenfalls muss das Gericht auf die Stellung sachdienlicher Anträge hinwirken, wenn sich aus dem klägerischen Sachvortrag ergibt, dass (auch) eine Verletzung des Klagegebrauchsmusters in vom Wortsinn abweichender Form geltend gemacht werden soll, ohne dass dies in den Anträgen einen Niederschlag gefunden hat (BGH GRUR 2010, 314, 318 [32] – *Kettenradanordnung II*). **475**

Auch bei der Geltendmachung einer wortsinngemäßen Verletzung sind in einem Verletzungsrechtsstreit abweichend vom Wortlaut des Gebrauchsmusteranspruchs konkret diejenigen konstruktiven oder räumlich-körperlichen Mittel zu bezeichnen, mit denen bei der angegriffenen Ausführungsform das bzw. die streitige(n) Anspruchsmerkmal(e) verwirklicht werden. Jedenfalls ist dies dann geboten, wenn zwischen den Parteien einzelne Merkmale und deren Verwirklichung bei einer wortsinngemäßen Verletzung umstritten sind (BGH GRUR 2005, 569, 570 – *Blasfolienherstellung;* BGH GRUR 2012, 485, 488 – *Rohrreinigungsdüse II;* BGH GRUR 2014, 852, 853 – *Begrenzungsanschlag*). **476**

Sind diese Anforderungen erfüllt, gewinnt ein Kläger in vollem Umfang, wenn er eine wortsinngemäße, jedenfalls aber eine äquivalente Gebrauchsmusterbenutzung geltend macht und das Gericht der Klage lediglich wegen einer äquivalenten Verletzung stattgibt – damit ist **keine teilweise Klageabweisung** verbunden. Der Kläger ist **nicht beschwert,** wenn er lediglich wegen einer äquivalenten Verletzung gewinnt, obwohl er primär eine Verurteilung wegen wortsinngemäßer Verletzung anstrebte. **477**

478 Andererseits ist die **mündliche Verhandlung** gegebenenfalls zu **vertagen,** wenn der Kläger erst im Laufe des Rechtsstreits (hilfsweise) eine äquivalente Verletzung geltend macht, da dem Beklagten ansonsten die Möglichkeit genommen wird, relevanten Stand der Technik zu ermitteln. Das Berufungsgericht muss darauf hinweisen, wenn es anders als die Vorinstanz nicht von wortsinngemäßer, sondern von äquivalenter Benutzung ausgeht (BGH GRUR 2011, 313, 317 – *Crimpwerkzeug IV*).

479 **2.7 Einwand des freien Standes der Technik.** Wird an sich eine **wortsinngemäße Benutzung** anzunehmen sein, so ist fraglich, ob sich der Benutzer bei einem Gebrauchsmusterschutz darauf berufen kann, dass die von ihm verwendete Ausführungsform ihrerseits gegenüber dem Stand der Technik nicht neu oder nicht erfinderisch sei, also mit Rücksicht auf den Stand der Technik keine gebrauchsmusterfähige Erfindung darstelle. Bei wortsinngemäßer Benutzung durch die angegriffene Ausführungsform kommt nach den Grundsätzen der **patentrechtlichen** Praxis die Verteidigung, die angegriffene Ausführungsform stelle mit Rücksicht auf den Stand der Technik keine patentfähige Erfindung dar, nicht in Betracht. Eine solche Verteidigung liefe auf eine inzidente Feststellung der Nichtigkeit des Klagepatents im Rahmen des Patentverletzungsverfahrens hinaus, was mit der Kompetenzverteilung zwischen Nichtigkeits- und Patentverletzungsverfahren nicht vereinbar sei; die Patenterteilung könne nur mit der Nichtigkeitsklage angefochten werden (vgl. BGH GRUR 1999, 914, 916 – *Kontaktfederblock*). Mit dieser Begründung jedenfalls kann der Einwand des freien Standes der Technik im Gebrauchsmusterverletzungsverfahren nicht zurückgewiesen werden, weil die Schutzvoraussetzungen im Verletzungsrechtstreit ohnehin nachgeprüft werden können bzw. müssen. Mangels Bindungswirkung des Verletzungsgerichts an die Eintragung des Gebrauchsmusters ist die Zulässigkeit dieses Einwands auch bei wortsinngemäßer Verletzung grundsätzlich zu bejahen; sie darf sich jedoch nicht mit der Bindungswirkung der Entscheidung in einem GebrM-Löschungsverfahren nach § 19 S. 3 in Widerspruch setzten. Wird gleichzeitig aus einem parallelen Patent geklagt, können ggf. unterschiedliche Ergebnisse eintreten. Allerdings hat der BGH einem Beklagten, dessen angegriffenen Ausführungsform sämtliche Merkmale des GebrM verwirklicht, den Einwand auf den freien Stand der Technik abgeschnitten (BGH GRUR 1997, 454, 456 – *Kabeldurchführung*). Soweit sich der BGH zum Beleg seiner Ansicht auf sein Urteil *„Schienenschalter II"* (BGH GRUR 1972, 597, 599 – *Schienenschalter II*) beruft, erscheint dies zumindest fragwürdig, weil jene Entscheidung die Bindung des ordentlichen Gerichts an die teilweise Aufrechterhaltung des GebrM im Löschungsverfahren zwischen den selben Parteien des Verletzungsrechtstreits betraf, so dass damit ein nicht verallgemeinerungsfähiger Sachverhalt betroffen war. Jedenfalls wenn also zwischen den Parteien des Rechtsstreits ein Löschungsverfahren anhängig war, das zugunsten des Gebrauchsmusterinhabers ausgegangen ist, greift der Einwand mangelnder Schutzfähigkeit nicht (mehr). Weitere Einzelheiten bei → Rn. 170ff.; → § 19 Rn. 19.

480 Dem insoweit darlegungs- und beweisbelasteten Verletzer, der wegen einer **äquivalenten Ausführungsform** angegriffen wird, stehen folgende Einwände in Bezug auf den Stand der Technik zur Verfügung:

481 – das Streitgebrauchsmuster ist neuheitsschädlich vorweggenommen und deshalb auf seinen Wortlaut beschränkt (BGH GRUR 1972, 597, 599 – *Schienenschalter II*);

482 – durch den Stand der Technik ist die äquivalente Ausführungsform neuheitsschädlich vorweggenommen (BGH GRUR 1972, 597, 599 – *Schienenschalter II*);

483 – gegenüber dem Stand der Technik stellt die äquivalente Ausführungsform keine Erfindung dar (BGH GRUR 1986, 803, 806 – *Formstein;* BGH GRUR 1997, 454, 457 – *Kabeldurchführung;* BGH GRUR 1999, 914, 918 – *Kontaktfederblock*).

484 Der letztgenannte „Einwand", der sich in der Sache auch auf die zweite Fallkonstellation bezieht, wird nach dem Stichwort der BGH-Entscheidung auch **Form-**

stein-Einwand bezeichnet; er ist inhaltlich mit der (viel früher anerkannten) sog. **Gillette-Defence** des angelsächsischen Rechtskreises vergleichbar. Wie dieser „Einwand" rechtlich einzuordnen ist, wurde bislang nicht geklärt, zB als Tatbestandausschließungsgrund oder als Einwendung. Da er jedoch nicht bei einer wortsinngemäßen Benutzung eingreift, ist diese vorrangig zu prüfen.

Mit dem Formstein-Einwand soll verhindert werden, dass sich der Schutz des Gebrauchsmusters auf den freien Stand der Technik unter Einschluss derjenigen Weiterentwicklung erstreckt, die nicht auf erfinderischer Tätigkeit beruht und somit für die Allgemeinheit frei zugänglich sein soll. **485**

Steht fest, dass die angegriffene Ausführungsform äquivalent von dem betreffenden Gebrauchsmusteranspruch Gebrauch macht, wird – in vereinfachender Betrachtungsweise – wie bei einer Überprüfung der Rechtsbeständigkeit untersucht, ob sie ihrerseits hypothetisch „neuheitsschädlich" durch den Stand der Technik vorweggenommen oder durch diesen „nahegelegt" ist. **486**

Genauer ist es dabei, wenn gefragt würde, ob die äquivalente Benutzungsform des Anspruchs der geschützten Lehre, die von der angegriffenen Ausführungsform verwirklicht wird, im Stand der Technik nach obiger Maßgabe bekannt war. Denn die Frage, wie weit der Schutzbereich eines Gebrauchsmusteranspruchs reicht, kann nur – auch was gegen ihn gerichtete Einwendungen betrifft – auf ihn selbst bezogen sein und nicht von Vorgängen und Sachverhalten, etwa der angegriffenen Ausführungsform, abhängen, die außerhalb seiner selbst liegen. Deshalb findet bei diesem Einwand keine abstrakte, von der geschützten Erfindung abgekoppelte Beurteilung der „Rechtsbeständigkeit" der angegriffenen Ausführungsform statt. **487**

Muss diese Frage, die als äquivalent angegriffene Ausführungsform stelle mit Rücksicht auf den vorbekannten Stand der Technik keine gebrauchsmusterfähige Erfindung dar, bejaht werden, so liegt seitens der zu untersuchenden Ausführungsform keine (unberechtigte) Gebrauchsmusternutzung vor. **488**

Dagegen ist ihre lediglich „größere Nähe" zum Stand der Technik im Vergleich zu der gebrauchsmustergeschützten Ausführungsform nicht ausreichend, da es – wie immer – nur auf den Vergleich ihrer Gesamtmerkmale zu ihm ankommen kann (BGH GRUR 2007, 959, 961 [26] – *Pumpeneinrichtung;* BGH GRUR 1997, 454, 457 – *Kabeldurchführung*). **489**

Die Berufung auf den Stand der Technik nach den Grundsätzen der „Formstein"-Entscheidung ist auch dann prinzipiell statthaft, wenn in einem zwischen den Parteien durchgeführten Gebrauchsmusterlöschungsverfahren dieser Gegenangriff ganz oder teilweise bereits rechtskräftig abgewiesen worden ist (BGH GRUR 1997, 454, 457 – *Kabeldurchführung*). Denn der sog. Formstein-Einwand beinhaltet dagegen die Prüfung, ob der Fachmann die das Schutzrecht (lediglich) mit Abwandlungen verwirklichende angegriffene Ausführungsform ohne erfinderische Tätigkeit dem Stand der Technik entnehmen konnte oder ob dies nicht festgestellt werden kann. Grundlage dieser Prüfung ist nicht der Gegenstand des Schutzrechts, sondern eine davon abweichende äquivalente Ausführungsform und ihre Vorwegnahme durch den Stand der Technik. Die zu beurteilende Frage ist damit grundsätzlich verschieden von der Prüfung des Bestandes eines Schutzrechts. Deshalb kann dieser Prüfung ein vorbekanntes Dokument zugrunde gelegt werden, das – aus welchen Gründen auch – in dem Löschungsverfahren zu einem Gebrauchsmuster nicht zum Zuge kam. Die zwischen den Parteien etwa aufgrund § 19 GebrMG eingetretene Bindung erstreckt sich nur auf den Bestand des Schutzrechts, nicht auf seinen Schutzbereich (BGH GRUR 1997, 454, 457 – *Kabeldurchführung*). Richtet sich der Einwand also nur gegen die Rechtsbeständigkeit des Schutzrechts, ist ihm der Erfolg zu versagen. **490**

Solange das Schutzrecht in Kraft ist, muss ihm grundsätzlich ein angemessener Schutzbereich zugebilligt werden. Das Verletzungsgericht kann aufgrund der Kompetenzverteilung zu der Eintragungsbehörde nicht in eine verkappte Rechtsbeständigkeitsprüfung eintreten. Ein Dritter darf folglich nicht schon mit denkbar geringen, **491** ohne weiteres naheliegenden, im Ergebnis jedoch völlig belanglosen Abwandlungen aus dem Schutzbereich herauskommen.

492 Das bedeutet dann aber auch, dass die als äquivalent angegriffene Ausführungsform nicht allein mit solchen Überlegungen als nicht mehr unter Schutzbereich fallend angesehen werden darf, die – spiegelbildlich auf den Gegenstand des Schutzrechts angewendet – zu der Annahme führen müssten, das Schutzrecht sei nicht rechtsbeständig, weil nicht schutzfähig. Der Formstein-Einwand kann deshalb nur dann Erfolg haben, wenn der entgegengehaltene Stand der Technik gerade mit Blick auf die äquivalente(n) Abweichung(en) eine Gestaltung aufweist, die dem Fachmann den Gegenstand der angegriffenen Ausführungsform nahelegte. Können solche Merkmale im Stand der Technik nicht dargelegt oder bewiesen werden, wird der Einwand in der Regel zurückzuweisen sein. Würde nämlich der Formstein-Einwand nur die wortsinngemäß verwirklichten Merkmale ansprechen, würde das Verletzungsgericht sich gerade in Widerspruch zu der Kompetenzverteilung zwischen ihm und der Eintragungsbehörde begeben (BGH GRUR 1997, 454, 457 – *Kabeldurchführung*).

§ 13 [Nichteintritt des Schutzes; Entnahme; Verweisungen]

(1) **Der Gebrauchsmusterschutz wird durch die Eintragung nicht begründet, soweit gegen den als Inhaber Eingetragenen für jedermann ein Anspruch auf Löschung besteht (§ 15 Abs. 1 und 3).**

(2) **Wenn der wesentliche Inhalt der Eintragung den Beschreibungen, Zeichnungen, Modellen, Gerätschaften oder Einrichtungen eines anderen ohne dessen Einwilligung entnommen ist, tritt dem Verletzten gegenüber der Schutz des Gesetzes nicht ein.**

(3) **Die Vorschriften des Patentgesetzes über das Recht auf den Schutz (§ 6), über den Anspruch auf Erteilung des Schutzrechts (§ 7 Abs. 1), über den Anspruch auf Übertragung (§ 8), über das Vorbenutzungsrecht (§ 12) und über die staatliche Benutzungsanordnung (§ 13) sind entsprechend anzuwenden.**

Literatur (Auswahl): *Schade,* Der Erfinder, GRUR 1977, 390; *Sefzig,* Das Verwertungsrecht des einzelnen Miterfinders, GRUR 1995, 302; *Ullrich,* Auslegung und Ergänzung der Schutzrechtsregeln gemeinsamer Forschung und Entwicklung, GRUR 1993, 338; *Villinger,* Rechte des Erfinders/Patentinhabers und daraus ableitbare Rechte von Mitinhabern von Patenten, CR 1996, 331, 393; *Kraßer,* „Vindikation" im Patentrecht und „rei vindicatio", Festschrift von Gamm, 1990, 405; *Lichti,* Die Vindikationsklage nach § 8 des neuen Patentgesetzes, Mitt. 1982, 107; *Ohl,* Die Patentvindikation im deutschen und europäischen Recht, 1987; *Zimmermann,* Das Erfinderrecht in der Zwangsvollstreckung, GRUR 1999, 121; *Busche,* Das Vorbenutzungsrecht im Rahmen des deutschen und europäischen Patentrechts, GRUR 1999, 645; Stjerna: Die Einrede des älteren Rechts im Patent- und Gebrauchsmusterverletzungsstreit, GRUR 2010, 202; Mes, Der Anspruch auf das Patent – ein Rechtsschutzanspruch?, GRUR 2001, 584; Ohly, Zur Wirkung prioritätsgleicher Patente, Mitt. 2006, 241; Peifer, Eigenheit oder Eigentum – Was schützt das Persönlichkeitsrecht?, GRUR 2002, 495; Ohly, Zur Wirkung prioritätsgleicher Patente, Mitt. 2006, 241; Haedicke, Nutzungsbefugnisse und Ausgleichspflichten in der Bruchteilsgemeinschaft an Marken, GRUR 2007, 23; Henke, Interessengemäße Erfindungsverwertung durch mehrere Patentinhaber – „Gummielastische Masse II" und seine Auswirkungen, GRUR 2007, 89; Hellebrand, Definition und Bewertung des miterfinderischen Beitrags, Mitt. 2013, 432; von der Groeben, Ausgleich unter Teilhabern nach frei gewordener Diensterfindung, GRUR 2014, 113; Hüttermann/Storz, Zur „Identität" nach § 15 Abs. 1 Nr. 2 GebrMG, Mitt. 2006, 343.

Inhaltsübersicht

1. Allgemeines/Zweck der Vorschrift. Die Vorschrift ist durch das GebrMG-ÄndG vom 15.8.1986 neu gefasst (vgl. Begr. BlPMZ 1986, 310, 316, 327). 1

Da das Gebrauchsmuster ein ungeprüftes Schutzrecht ist, verknüpft § 13 Abs. 1 2 dessen Existenz an den Rechtsbestand gem. § 15 Abs. 1 und 3. Besteht danach für jedermann ein Anspruch auf Löschung, so wird der Gebrauchsmusterschutz entgegen § 11 durch die Eintragung nicht begründet. § 13 Abs. 1 hat mithin zur Folge, dass nur ein Scheinrecht bestanden hat, soweit ein Löschungsanspruch nach § 15 Abs. 1 und 3 besteht. § 13 Abs. 2 betrifft ein relatives Schutzhindernis in Form der widerrechtlichen Entnahme. § 13 Abs. 3 bestimmt, dass eine Reihe von Regelungen des PatG entsprechend anwendbar sind und enthält damit weitere Einschränkungen der Schutzwirkungen.

2. Löschungsanspruch gemäß § 15 Abs. 1 und 3 als Schutzhindernis

2.1 Allgemeines. § 13 Abs. 1 besagt, dass kein Gebrauchsmusterschutz eintritt, 3 soweit ein Löschungsanspruch für jedermann gem. § 15 Abs. 1 und 3 besteht. Das Gebrauchsmuster ist ein ungeprüftes Schutzrecht; in rechtlich notwendiger Weise knüpft § 13 Abs. 1 dessen Rechtsbestand an § 15 Abs. 1 und 3.

Während ein erteiltes Patent, das materiell-rechtlich nicht hätte erteilt werden 4 dürfen, wirksam ist und erst in einem gesonderten Einspruchs- und Nichtigkeitsverfahren mit rückwirkender Kraft beseitigt werden kann, wird nach dem Normenkomplex der §§ 13 Abs. 1, 15 Abs. 1, 3 ein GebrM-Schutz von vornherein nicht begründet, soweit jedermann gegen den als Inhaber Eingetragenen einen Anspruch auf Löschung hat. Das GebrM wird dementsprechend nicht durch rechtsgestaltenden Akt erteilt, sondern es entsteht aufgrund der Eintragung als Registerrecht, wenn die formellen und materiellen Schutzvoraussetzungen vorliegen. Die Eintragung kann deshalb nur als Aussage dazu verstanden werden, dass der Anmelder in wirksamer Weise einen Anspruch auf das Schutzrecht geltend gemacht hat, nicht aber, dass ein Schutz tatsächlich auch besteht (allerdings kann ohne Eintragung ein Schutz ebenfalls nicht eintreten).

5 Soweit gegen den als Inhaber des GebrM Eingetragenen für jedermann ein Anspruch auf Löschung besteht, wird der GebrM-Schutz **entgegen § 11 nicht begründet, trotz Eintragung.** Die fehlende Gebrauchsmusterschutzfähigkeit gemäß §§ 1 bis 3 (§ 15 Abs. 1 Nr. 1) stellt ein absolutes Schutzhindernis dar.

6 Die Regelungen der **§§ 13 Abs. 1, 15 Abs. 1, 3** sowie **§ 19** stehen in einer **Wechselbeziehung** zueinander. § 15 ist in dem Verfahren über den Antrag auf Löschung als Gegenmaßnahme zur Eintragung anzuwenden; hingegen greift § 13 Abs. 1 im Fall der Geltendmachung der Rechte aus dem eingetragenen GebrM dergestalt ein, dass die in Bezug genommenen Löschungsgründe des § 15 Abs. 1, 3 einem GebrM-Schutz gemäß § 13 Abs. 1 entgegenstehen, auch wenn **kein Löschungsverfahren** eingeleitet ist.

7 Die **Aussetzungsregelung des § 19** stellt bei gleichzeitiger Anhängigkeit eines Verletzungsrechtsstreits und eines Löschungsverfahrens insoweit ein Bindeglied zwischen § 13 Abs. 1 und § 15 Abs. 1, 3 dar, als divergierende Entscheidungen über das Bestehen oder Nichtbestehen eines Gebrauchsmusterschutzes weitgehend vermieden werden sollen:

8 – Die Entscheidung im Löschungsverfahren über die Löschung des betreffenden GebrM wirkt inter omnes.

9 – Ein den Antrag auf Löschung zurückweisender Beschluss hat nur insoweit bindende Wirkung, als er zwischen den Parteien des Verletzungsrechtsstreits oder deren Rechtsvorgängern ergangen ist.

10 – Der Beklagte des Gebrauchsmusterverletzungsprozesses kann deshalb die Schutzfähigkeit des Gegenstands des Klagegebrauchsmusters nicht mehr mit einer Entgegenhaltung bestreiten, die im Löschungsverfahren nicht zum Erfolg geführt hat; dabei ist unerheblich, aus welchen Gründen auch immer die Entgegenhaltung im Löschungsverfahren nicht berücksichtigt worden ist (BGH GRUR 1997, 454, 457 – *Kabeldurchführung*).

11 – Weitere Fallgestaltungen bei → § 19 Rn. 1 ff.

12 – Die Feststellungen des Zivilgerichts im **Verletzungsrechtsstreit** – ohne paralleles Löschungsverfahren – zur Bestandskraft des Klagegebrauchsmusters zeitigen nur zwischen den Parteien des Rechtsstreits Wirkung. Ein in einem Verfahren unterliegender GebrM-Inhaber kann deshalb durchaus einen neuen Verletzungsrechtsstreit gegen einen Dritten erheben, ebenso wie dieser seinerseits Einwendungen zur Schutzfähigkeit mit demselben und/oder neuen Material erheben kann. Aus diesem Grunde sind divergierende Entscheidungen desselben Verletzungsgerichts, erst recht verschiedener Verletzungsgerichte, denkbar.

13 Das Verletzungsgericht ist an die eingetragenen Schutzansprüche gebunden, dh es kann nicht selbst Schutzansprüche formulieren, die nach seiner Auffassung schutzfähig sind (vgl. ferner→ § 11 Rn. 77; → Rn. 14; → § 12a Rn. 87, → § 12a Rn. 171). § 13 Abs. 1 iVm § 15 Abs. 1, 3 regelt mithin **absolute Schutzhindernisse,** die dem Rechtsbestand des GebrM entgegenstehen.

14 **2.2 Mangelnde Schutzfähigkeit/Schutzwürdigkeit.** Bei (vollständig) fehlender Gebrauchsmusterschutzfähigkeit gemäß §§ 1–3 treten die Schutzwirkungen des

Gebrauchsmusters gemäß § 15 (in vollem Umfang) nicht ein. Die Verletzungsgerichte können im Verletzungsprozess auch die sog absoluten materiellen Schutzvoraussetzungen eines GebrM nachprüfen, die im Eintragungsverfahren geprüft werden; sie sind also nicht auf die Nachprüfung derjenigen (relativen) Schutzvoraussetzungen eines GebrM beschränkt, die im Eintragungsverfahren nicht geprüft werden (BGH GRUR 1969, 184, 185 – *Lotterielos*). Die Prüfung der Schutzfähigkeit hat der Ermittlung des Schutzumfangs vorauszugehen (BGH GRUR 1957, 270, 271 – *Unfall-Verhütungsschuh*). Betreffen die Löschungsgründe des § 15 nur einen **Teil des Schutzrechts,** bleibt der GebrM-Schutz für den verbleibenden Rest bestehen, §§ 13 Abs. 1, 15 Abs. 3. Einzelheiten bei → Rn. 28ff. sowie bei → § 15 Rn. 1ff.

2.3 Unzulässige Erweiterung. Eine unzulässige Erweiterung liegt vor, wenn das GebrM gegenüber dem Inhalt der Ursprungsanmeldung oder in seinem Schutzbereich breiter bzw. umfassender ist. Das Gesetz enthält zu diesem Thema zwei Regelungen mit unterschiedlicher Formulierung. Diese Regelungen beziehen sich auf die unterschiedlichen Verfahrensstadien eines angemeldeten und eines eingetragenen GebrM. Einer Erweiterung gleichkommt ein **Aliud,** das an die Stelle der angemeldeten Erfindung tritt (BGH GRUR 2008, 887 [12] – *Momentanpol II;* vgl. ferner → § 15 Rn. 60ff.). **15**

Aus einer unzulässigen Erweiterung, die im Zusammenhang mit einer **Anmeldung** eingetreten ist, können keine Rechte hergeleitet werden. § 4 Abs. 5 S. 1 besagt nämlich, dass bis zur Verfügung über die Eintragung des Gebrauchsmusters Änderungen der Anmeldung zulässig sind, soweit sie den Gegenstand der Anmeldung nicht erweitern. § 4 Abs. 5 bezieht sich für diese Beurteilung auf Angaben in den ursprünglichen Unterlagen, mit denen der Gegenstand der Anmeldung offenbart werden soll, also auf Ansprüche, Beschreibung und Zeichnungen. Der Gegenstand der Anmeldung ist **nicht** gleichzusetzen mit dem **Schutzbereich** des GebrM, abgesehen davon, dass eine Anmeldung eines GebrM an sich nicht über einen Schutzbereich verfügen kann. Grundlage des Vergleichs ist der Inhalt der ursprünglichen Offenbarung zum Anmeldetag. Der Fachmann – ein fiktives Konstrukt, für das die allgemeinen gebrauchsmusterrechtlichen Voraussetzungen auch in diesem Zusammenhang gelten – erarbeitet die nacharbeitbare Lehre zum technischen Handeln aus der Gesamtheit der Anmeldeunterlagen und prüft diese auf das Vorhandensein von als zur Erfindung gehörend beschriebene Merkmale (BGH GRUR 1992, 157, 158, 159 – *Frachtcontainer*). Offenbart ist alles, was sich dem fachkundigen Leser ohne weiteres aus der Gesamtheit der Unterlagen erschließt (BGH GRUR 2008, 887, 888 [12] – *Momentanpol II*). Hierfür sind dieselben Grundsätze maßgebend, die auch für die Auslegung der in einem Anspruch verwendeten Begriffe und dessen Lehre zum technischen Handeln (BGH GRUR 2010, 509, 511 [25] – *Hubgliedertor I;* BGH GRUR 2008, 887, 888 [12] – *Momentanpol II*). Einzelheiten → § 4 Rn. 59ff.). **16**

§ 4 Abs. 5 S. 2 ergänzt die Regelung in § 4 Abs. 5 S. 1 dahingehend, dass aus Änderungen, die den **Gegenstand der Anmeldung** (gleichwohl) erweitern, Rechte nicht hergeleitet werden können. Dies bedeutet etwa, dass eine unzulässige Erweiterung nicht an der Priorität der ursprünglichen Anmeldung teilnimmt, so dass eine Nachanmeldung auf der Grundlage dieser ursprünglichen GebrM-Anmeldung nicht von deren Priorität profitieren kann, soweit die unzulässige Erweiterung eben inhaltlich reicht. Wird dennoch ein GebrM mit einer unzulässigen Erweiterung eingetragen, so unterliegt es dem/der nachfolgend erörterten Löschungsanspruch/Einrede gegenüber aus dem eingetragenen Schutzrecht geltend gemachten Ansprüchen. **17**

In Ergänzung zu der Regelung des § 4 Abs. 5 S. 2 stipuliert § 15 Abs. 1 Nr. 3 mit Blickrichtung auf ein **eingetragenes GebrM,** dass eine (gleichwohl) erfolgte unzulässige Erweiterung Grundlage eines Löschungsantrags sein kann, wenn also der **Gegenstand des Gebrauchsmusters** über den Inhalt der Anmeldung in der Fassung hinausgeht, in der sie ursprünglich eingereicht worden ist. Wird ein Gebrauchsmuster **18** (vollständig oder teilweise) rechtsbeständig gelöscht, kann es im Umfang der Löschungsentscheidung nicht mehr Grundlage eines GebrM-Schutzes sein. Unabhängig von der **Löschung** besteht weiterhin eine entsprechende **Einrede.** § 13 Abs. 1 verlagert dieses Ergebnis einer sog. Löschungsreife vor, indem er regelt, dass ein Gebrauchsmusterschutz durch die Eintragung nicht begründet wird, soweit gegen den als Inhaber Eingetragenen für jedermann ein Anspruch auf Löschung **„besteht".** Ein solcher Anspruch auf Löschung muss also nicht unbedingt durch ein patentamtliches oder patentgerichtliches Verfahren festgestellt worden sein, sondern er besteht unabhängig von einem eingeleiteten Löschungsverfahren, wodurch sich das Gebrauchsmustersystem ein weiteres Mal vom Patentsytem abhebt.

19 Während sich ein Beklagter in einem Patentverletzungsrechtsstreit nach der herrschenden Meinung nicht mit dem Einwand der unzulässigen Erweiterung verteidigen kann – trotz der Vorschrift des § 38 Satz 2 PatG, kraft derer aus Änderungen, die den Gegenstand der Anmeldung erweitern, keine Rechte hergeleitet werden können –, sondern vielmehr entweder einen Einspruch einlegen oder eine Nichtigkeitsklage erheben muss, ist ein solcher Einwand, zB in einem GebrM-Verletzungsverfahren, gegenüber einem unzulässig erweiterten Gebrauchsmuster nach folgenden Grundsätzen möglich:

20 Das Verletzungsgericht hat den Gegenstand des GebrM zu bestimmen und in diesem Rahmen von Amts wegen die Frage einer unzulässigen Erweiterung zu berücksichtigen; vgl. → § 12a Rn. 87, → § 12a Rn. 171. Bei der **Bestimmung** des **Gegenstands** des **eingetragenen** Gebrauchsmusters sind unzulässige Erweiterungen zu streichen. Aus unzulässigen Erweiterungen (→ § 4 Rn. 59ff.; → § 12a Rn. 87, → § 12a Rn. 171, → § 12a Rn. 201; → § 15 Rn. 37, → § 15 Rn. 63; → § 17 Rn. 18, → § 17 Rn. 20, → § 17 Rn. 47) vermögen Rechte nicht hergeleitet zu werden; sie nehmen an der Schutzwirkung der Eintragung nicht teil, → § 12a Rn. 87, → § 12a Rn. 171, → § 12a Rn. 201. Wird eine **Verletzungsklage** auf einen von der Eintragung abweichenden Anspruch gestützt, muss der Gebrauchsmusterinhaber überlegen, ob er sich auf eine um die Schutzerweiterung reduzierte Fassung des Schutzbegehrens berufen kann, die durch die maßgebliche ursprüngliche Offenbarung gestützt wird und ob er sich im Rahmen der der Gebrauchsmustereintragung zugrunde liegenden Schutzansprüche hält (BGH GRUR 2003, 867 – *Momentanpol I*). Das Verletzungsgericht jedenfalls muss eine unzulässige Erweiterung von Amts wegen sowohl gem. § 4 Abs. 5 Satz 2 als auch gem. § 13 Abs. 1 iVm. § 15 Abs. 1 Nr. 3 als für den Schutzbereich des Gebrauchsmusters bedeutungslos werten. Da insoweit für die Frage des Vorliegens einer unzulässigen Erweiterung dieselben Grundsätze anzuwenden sind, wie sie sich für eine unzulässige Erweiterung einer Anmeldung oder im Löschungsverfahren für ein eingetragenes GebrM stellen, wird auf die dortigen Erläuterungen verwiesen (→ § 4 Rn. 59ff.; → § 12a Rn. 87, → § 12a Rn. 171, → § 12a Rn. 201; → § 15 Rn. 37, → § 15 Rn. 63; → § 17 Rn. 18, → § 17 Rn. 20, → § 17 Rn. 47).

21 Eine Erweiterung des **Schutzbereichs,** wie er beim Patent vorkommen kann, kann es beim GebrM streng genommen nicht geben, da das Gebrauchsmusterrecht eine „erteilte" Fassung nicht vorsieht; sie ist deshalb kein Löschungsgrund. Der Schutzbereich kann deshalb an sich bei einem eingetragenen Gebrauchsmuster noch ausgeweitet werden. § 15 Abs. 1 Nr. 3 besagt deshalb lediglich allgemein, dass ein Anspruch auf Löschung des Gebrauchsmusters besteht, wenn der Gegenstand des Gebrauchsmusters über den Inhalt der Anmeldung in der Fassung hinausgeht, in der sie ursprünglich eingereicht worden ist. Aus unzulässigen Änderungen können keine Rechte hergeleitet werden. Zugleich können sie Grundlage eines **Löschungsantrags** gem. § 15 Abs. 1 Nr. 3 sein. Zur unzulässigen Erweiterung im **Löschungsverfahren** siehe → § 15 Rn. 1ff.

22 **2.4 Älteres Recht.** Die Schutzwirkungen des § 11 treten ferner nicht ein, wenn der Gegenstand des GebrM schon durch ein **früher angemeldetes Patent** oder ein **älteres Gebrauchsmuster** geschützt ist, § 15 Abs. 1 Nr. 2. Gemäß § 15 Abs. 1 Nr. 2 iVm § 13 Abs. 1 wird die Entstehung eines **doppelten** Gebrauchsmusterschutzes für

dieselbe Erfindung ausgeschlossen. Die §§ 15 Abs. 1 Nr. 2, 13 Abs. 1 regeln mithin das Verhältnis des jüngeren Gebrauchsmusters zum älteren Gebrauchsmuster oder Patent. Sie betreffen vor allem die Fallgestaltung, dass eine ältere Schutzrechtsanmeldung zum Zeitpunkt der Anmeldung eines jüngeren Schutzrechts noch nicht veröffentlicht war. Die ältere, nachveröffentlichte Schutzrechtsanmeldung ist damit der Öffentlichkeit noch nicht zugänglich gemacht und bildet mithin keinen Stand der Technik. Daraus ergibt sich die Gefahr, dass in der jüngeren Anmeldung derselbe Gegenstand noch einmal beansprucht wird. Hiervor sollen der ältere Anmelder sowie die Allgemeinheit geschützt werden. § 15 Abs. 1 Nr. 2 erfasst folglich hauptsächlich das Verhältnis einer jüngeren Patent- bzw. Gebrauchsmusteranmeldung zu einer älteren, jedoch **nachveröffentlichten** Patent-oder Gebrauchsmusteranmeldung. In innerem Zusammenhang mit §§ 15 Abs. 1 Nr. 2, 13 Abs. 1 steht § 14, kraft dessen die die Ausübung des Schutzes eines jüngeren Patents durch ein älteres Gebrauchsmuster beschränkt ist. Ist die ältere Anmeldung **vorveröffentlicht,** ist sie ohnehin gebrauchsmusterschädlicher Stand der Technik gem. § 3 GebrMG.

Gem. §§ 15 Abs. 1 Nr. 2, 13 Abs. 1 kann es sich auch um ein europäisches Patent mit Wirkung für die Bundesrepublik, Art. 140, 139 Abs. 1 EPÜ handeln. Eine frühere, nicht vorveröffentlichte Anmeldung wirkt nur dann schutzhindernd, wenn sie zu einem Schutzrecht, sei es als Patent oder als Gebrauchsmuster, geführt hat (BGH GRUR 1967, 477, 479 – *UHF-Empfänger II*). Vorveröffentlichte Anmeldungen bzw. Eintragungen bilden Stand der Technik, so dass der dennoch rechtlich fortbestehende Prioritätsschutz des „älteren Rechts“ des § 15 Abs. 1 Nr. 2 insoweit praktisch an Bedeutung verloren hat (BGH GRUR 1967, 477, 480 – *UHF-Empfänger II*). **23**

Derartige doppelte Eintragungen lassen sich gerade bei einem reinen Registrierverfahren nicht vermeiden. Die jüngere Eintragung eines wesensgleichen Anmeldungsgegenstandes gewährt infolgedessen nur ein Scheinrecht (BGH GRUR 1967, 477, 479 – *UHF-Empfänger II*). Dieses „ältere Recht“ steht auch dann noch schutzhindernd dem „jüngeren Recht“ entgegen, wenn es bereits durch Ablauf der Schutzdauer erloschen ist (BGH GRUR 1967, 477, 480 – *UHF-Empfänger II*) oder auf dieses verzichtet wurde – ex nunc-Wirkung. Mit der Vorschrift des § 15 Abs. 1 Nr. 2 wird bezweckt, den Inhaber des älteren Schutzrechts auch nach dessen Ablauf gegen Behinderungen in der Ausübung des erloschenen Rechts durch ein jüngeres, noch eingetragenes GebrM zu schützen (→ § 15 Rn. 55f.). Dieser Zweck kann auch als Einrede im Verletzungsprozess erhoben werden. Das Interesse der Öffentlichkeit ist auf die Verhinderung einer Verlängerung des Schutzes mittels eines jüngeren Gebrauchsmusters (durch den ursprünglichen Anmelder oder auch durch einen Dritten) gerichtet (vgl. hierzu insgesamt BGH GRUR 1967, 477, 480 – *UHF-Empfänger II*). Der Löschungsgrund setzt ungeachtet des Vorstehenden die Entstehung und den Bestand des älteren Rechts voraus, dh bei einem Patent die Veröffentlichung der Eintragung im Patentblatt, § 58 Abs. 1 S. 3 PatG (es genügt auch ein europäisches Patent mit der Bundesrepublik Deutschland als Bestimmungsland, Art. 140, 139 EPÜ). Ein Gebrauchsmuster entsteht mit der Eintragung, § 11. **24**

Ein älteres Recht iSd § 15 Abs. 1 Nr. 2 liegt nur dann vor, wenn der **Gegenstand** aufgrund des früheren Rechts **geschützt** worden ist. Das ältere Recht steht mit seinem Schutzbereich schutzhindernd entgegen. Der „Gegenstand“ des jüngeren Rechts ist nach denselben Grundsätzen zu bestimmen, wie sie auch für die Auslegung von § 12a und § 15 Abs. 1 Nr. 1 heranzogen werden. Deshalb ist der im **Schutzanspruch** umschriebene Gegenstand (vgl. zum „Gegenstand“ → § 4 Rn. 59ff. → Rn. 18; → § 12a Rn. 13, → § 12a Rn. 72ff.) zu Grunde zu legen (vgl. BGH GRUR 1997, 360, 361, 362 – *Profilkrümmer*). Ein Abstellen auf den Schutzanspruch gewährleistet nicht nur die Homogenität von Gebrauchsmusterlöschungs- und Verletzungsverfahren (→ § 12a Rn. 23) und damit die Rechtssicherheit auch im Gebrauchsmustereintragungsverfahren, sondern berücksichtigt auch die im Laufe der Gesetzesentwicklung vorgenommenen Annäherungen des GebrM an die Regelun- **25** gen des Patentgesetzes, wie sie gerade in Bezug auf die Schutzansprüche und deren Vorrang vor Beschreibung und Zeichnungen zum Ausdruck kommen (vgl. hierzu BPatG Mitt. 1999, 271, 273 – *Bindungswirkung der Schutzansprüche im Löschungsverfahren*). Ob dieser Gegenstand des jüngeren GebrM bereits auf Grund eines erteilten bzw. eingetragenen Patents oder Gebrauchsmusters „geschützt" worden ist, ist wiederum anhand des betreffenden **Schutzanspruchs** zu prüfen. Das ältere Recht steht also mit seinem Schutzbereich schutzhindernd entgegen, sog **prior claims approach,** wobei Beschreibung und Zeichnungen natürlich an dem Gegenstand des GebrM-Anspruchs teilnehmen. Maßgebend ist also nicht der Inhalt einer Patent- oder GebrM-Anmeldung mit ihrem sog **whole contents approach,** wie dies bei § 3 Abs. 2 PatG der Fall ist (ebenso: BPatG GRUR 1981, 126 – *Längsnuten*). Auf eine unterschiedliche Wort- und Begriffswahl kommt es dabei nicht an (BPatG GRUR 1981, 908, 909 – *Brustprothese;* OLG Düsseldorf GRUR 1952, 192, 193; BPatG Beschluss vom 22.9.2010, Az. 35 W (pat) 417/08 – *Formkörper mit Durchtrittsöffnungen*). Ein lediglich ähnliches älteres Schutzrecht steht dem Rechtsbestand des jüngeren Gebrauchsmusters nicht entgegen; es ist eine Identität aufgrund des Vergleichs mit den Schutzansprüchen des älteren Rechts notwendig. Diese besteht nur dann, wenn das jüngere Gebrauchsmuster von dem älteren vollinhaltlich vorweggenommen wird (OLG Düsseldorf GRUR 1952, 192, 193). Aber es reicht aus, wenn die beanspruchten Merkmale **äquivalent** dem älteren Schutzrecht zu entnehmen sind. Wo eine völlige Vorwegnahme fehlt, nur eine teilweise Übereinstimmung besteht, kommt eine Einschränkung des jüngeren Rechts in Betracht, § 13 Abs. 1, 15 Abs. 3.

26 Aufgrund des **gelöschten** oder für **nichtig** erklärten älteren Rechts kann für dessen Inhaber kein Benutzungsrecht gegenüber dem jüngeren Gebrauchsmusterrecht entstanden sein; deshalb folgt aus der rückwirkenden Kraft der Gebrauchsmusterlöschung gemäß §§ 15ff. oder Nichtigerklärung gem §§ 81ff. PatG – ex tunc-Wirkung, dass durch die Löschung – wie bei Nichtigerklärung – eines älteren identischen Rechts das Schutzhindernis nach § 15 Abs. 1 Nr. 2 für das jüngere Recht rückwirkend wegfällt (BGH GRUR 1963, 519, 521 – Klebemax). Ein **Vorbenutzungsrecht** gemäß §§ 13 Abs. 3 GebrMG, § 12 PatG ist hingegen nicht ausgeschlossen.

27 Weitere Einzelheiten → § 15 Rn. 51ff.

28 **2.5 Vollständiger oder teilweiser Nichteintritt der Schutzwirkungen.** § 13 Abs. 1 verweist auf § 15 Abs. 3. Betreffen die Löschungsgründe also nur einen Teil des Gebrauchsmusters, so ist die Löschung nur in diesem Umfang angezeigt, § 15 Abs. 3 Satz 1. Für den verbleibenden Teil ist Gebrauchsmusterschutz möglich. Einzelheiten hierzu bei → § 15 Rn. 51ff.; → § 17 Rn. 10, → § 17 Rn. 13ff. Freilich ist der Gebrauchsmusterinhaber nicht davon abhängig, dass in einem Löschungsverfahren eine teilweise Löschungsreife seines GebrM festgestellt wird. Hat er etwa durch eine Recherche nach § 7 oder durch eine Recherche/Prüfung zu einer parallelen Patentanmeldung oder durch eigene Überprüfungen des Standes der Technik festgestellt, dass sein GebrM nicht vollständig in dem Umfang der eingetragenem Ansprüche Bestand haben wird, kann er im Rahmen und außerhalb eines patentamtlichen Verfahrens Konsequenzen daraus ziehen und dabei dennoch sein GebrM gegenüber Dritten durchsetzen, wenn diese von dessen (auch) eingeschränkter technischer Lehre ohne seine Zustimmung Gebrauch machen.

29 Der Schutzrechtsinhaber kann einen **Schutzanspruch** nach Maßgabe der folgenden Erläuterungen gerichtlich oder außergerichtlich **in eingeschränkter Weise** gegenüber Dritten durchsetzen. Hierzu kann er sich gezwungen sehen, weil sein Gebrauchsmuster einen Angriff eines Dritten in einem Löschungsverfahren nur in beschränkter Form überstanden hat. Hier kommen zwei Maßnahmen in Betracht, die einzeln oder zusammen getroffen werden können.

30 – Als eine Maßnahme kann die **Einreichung neuer (eingeschränkter) Schutzansprüche** zu den Akten des Gebrauchsmusters erwogen werden. Zwar wird durch einen solchen Schritt keine unmittelbare Änderung des Gegenstands des Gebrauchsmusters bewirkt, da dieser nur durch Hoheitsakt und nicht durch Vorlage neuer, geänderter Schutzansprüche durch den Gebrauchsmusterinhaber inhaltlich verändert werden kann (BGH Mitt. 1998, 98, 101 – *Scherbeneis*). Folglich ändert sich hierdurch nicht der Gegenstand der Prüfung im Löschungsverfahren; **Gegenstand der Überprüfung** ist auch dann das Gebrauchsmuster in der eingetragenen Fassung; selbst wenn der Gebrauchsmusterinhaber nachträglich formulierte Schutzansprüche zur Gebrauchsmusterakte eingereicht und hierzu bekundet hat, er wolle für Vergangenheit und Zukunft keine über diese Schutzansprüche hinausgehenden Rechte aus dem Gebrauchsmuster geltend machen (BGH Mitt. 1998, 98, 101 – *Scherbeneis;* vgl. ferner → § 15 Rn. 63; Einzelheiten → § 17 Rn. 13ff., → § 17 Rn. 24ff.). Aber mit einer solchen Erklärung geht eine Art Selbstbindung einher, die den Gebrauchsmusterinhaber quasi schuldrechtlich gegenüber der Allgemeinheit verpflichtet, in einem Verletzungsprozess nur nach Maßgabe der neu gefassten Ansprüche Dritten gegenüber Rechte geltend zu machen (BGH Mitt. 1998, 98, 100 – *Scherbeneis*). Sowohl für das Gebrauchsmusterlöschungsverfahren wie auch für die Bestimmung des Schutzbereichs wirken diese Erklärungen als ein vorweggenommener **Verzicht auf Widerspruch** i. S. von § 17 Abs. 1 gegen einen Löschungsantrag, soweit sich dieser auf einen Gebrauchsmustergegenstand bezieht, der über die eingeschränkten neuen Schutzansprüche hinausgeht (BGH Mitt. 1998, 98, 101 – *Scherbeneis;* vgl. ferner → § 15 Rn. 63; → § 17 Rn. 13ff., → § 17 Rn. 24ff.) bzw. auf die zivilrechtliche Geltendmachung darüber hinaus gehender Ansprüche. Sollten die neuen Schutzansprüche – zumindest teilweise – eine unzulässige Erweiterung zum Inhalt haben, können hieraus keine Rechte hergeleitet werden. Dies folgt unmittelbar aus § 12a GebrMG.

– Als weitere, unabhängige Option ist eine **Geltendmachung** eines **eingeschränkten Schutzes im Gebrauchsmusterverletzungsrechtsstreit** denkbar. Der Gebrauchsmusterinhaber kann als Kläger also auch in diesem Verfahren den Streitgegenstand auf eine eingeschränkte Fassung der Gebrauchsmusteransprüche beschränken. Dies geschieht durch entsprechende Formulierung der Klageanträge und des Klagegrundes. Er kann die Klageansprüche bereits mit Klageerhebung oder auch erst im Laufe des Verfahrens im Wege einer Klageänderung beschränken. Diese Möglichkeit steht ihm unabhängig von einer rechtskräftigen Löschungsentscheidung offen. Bei einer solchen Beschränkung muss der Verletzungsrichter lediglich prüfen, ob die angegriffene Ausführungsform sämtliche Merkmale des Gebrauchsmusteranspruchs in der eingeschränkten Fassung verwirklicht (BGH GRUR 2010, 904, 908 [48] – *Maschinensatz*). **31**

Der Gebrauchsmusterinhaber wird die Möglichkeit eines solchen Vorgehens immer dann erwägen, wenn Zweifel bestehen, ob die Gebrauchsmusteransprüche in ihrer eingetragenen Fassung schutzfähig sind, und er eine Aussetzung in einem Verletzungsrechtsstreit vermeiden möchte. Ist die Klage auf einen eingeschränkten Gebrauchsmusteranspruch gestützt, dann wird eine Aussetzung entbehrlich, wenn sich im Verletzungsprozess der beschränkte Gebrauchsmusteranspruch nach vorläufiger Beurteilung als **32**

– gebrauchsmusterfähig darstellt und **33**
– die entsprechende Beschränkung des Gebrauchsmusters in einem Löschungsverfahren zulässigerweise erfolgen könnte (BGH GRUR 2010, 904, 908 [49] – *Maschinensatz*). **34**

Voraussetzung ist jedoch, dass sich die Beschränkung auf der Grundlage des erteilten Gebrauchsmusters herleiten lässt. Eine etwaige Aussetzung ist im Falle der freiwilligen Beschränkung nicht zwingend (Leider existiert hierzu bislang keine einheitliche Praxis der Instanzgerichte; vgl. lediglich OLG München GRUR 1990, 352, 353 – *Regalordnungssysteme*). **35**

Mit der Option zur Geltendmachung eines eingeschränkten Schutzes außerge- **36** richtlich oder aber im Gebrauchsmusterverletzungsrechtsstreit wird eine flexible Handhabungsmöglichkeit eröffnet, die dem Inhaber eines Gebrauchsmusters schon früher als einem Pateninhaber eingeräumt worden ist, nämlich, im Verletzungsstreit einen eingeschränkten Schutz geltend zu machen, selbst wenn er entsprechend beschränkte Schutzansprüche nicht zu den Akten des Gebrauchsmusters eingereicht hat. Die Beschränkung der Verletzungsklage hat zur Folge, dass sich die Prüfung der Rechtsbeständigkeit des Gebrauchsmusters im Verletzungsrechtsstreit auf das Schutzrecht in seiner geltend gemachten Fassung beschränkt (BGH GRUR 2003, 867 – *Momentanpol I*).

3. Widerrechtliche Entnahme

37 **3.1 Relatives Schutzhindernis.** Widerrechtliche Entnahme liegt vor, wenn der wesentliche Inhalt der GebrM-Eintragung den Beschreibungen, Zeichnungen, Modellen, Gerätschaften oder Einrichtungen eines anderen ohne dessen Einwilligung entnommen ist. Damit entspricht **§ 13 Abs. 2** der Legaldefinition des § 21 Abs. 1 Nr. 3 PatG. Hierdurch wird ein **relatives Schutzhindernis** begründet, das lediglich gegenüber dem Verletzten wirkt; hingegen ist das dem Anmelder objektiv zu Unrecht erteilte Schutzrecht gegenüber Dritten wirksam. Der Einwand der widerrechtlichen Entnahme ist zulässig. Der aus einem Gebrauchsmuster in Anspruch Genommene kann diesem also entgegenhalten, der GebrM-Inhaber habe ihm die im Gebrauchsmuster geschützte Erfindung widerrechtlich entnommen, § 13 Abs. 2 GebrMG sowie § 13 Abs. 3 GebrMG iVm § 8 PatG. Ein Streit um die Berechtigung an einem GebrM ist nicht nur im Wege der Vindikationsklage, § 8 PatG, möglich. Sie und das Löschungsverfahren gem. § 15 Abs. 2 sind verschiedene Rechtsinstitute. Ein Löschungsantragsteller braucht sich nicht darauf verweisen zu lassen, dass eine Auseinandersetzung unter Miterfindern nur im Wege der **Vindikationsklage** stattfinde →Rn. 151ff.; → § 15 Rn. 68ff.).

38 Dieser Einwand scheitert wegen seiner unterschiedlichen Zielrichtung also nicht daran, dass dem durch die widerrechtliche Entnahme Verletzten parallel auch ein Löschungsverfahren gem. § 15 Abs. 2 GebrMG und weitere Rechtsbehelfe zur Verfügung stehen (BGH GRUR 1962, 140, 141/142 – *Stangenführungsrohre*). Ggfs. ist der in Anspruch Genommene auf seine Rechte etwa durch Geltendmachung von Schadensersatzansprüchen zu verweisen, die auch bei widerrechtlicher Entnahme gegeben sein können (BGH GRUR 2008, 692 [4] – *Angussvorrichtung für Spritzgießwerkzeuge II*). Dies schränkt die Rechtsschutzmöglichkeiten des durch eine widerrechtliche Entnahme Betroffenen nicht in einem unzumutbaren Maß ein; ihm wird also kein etwa auf Art. 14 GG gestütztes Recht zugebilligt, ein entsprechendes Gebrauchsmuster abzweigen zu können, was wegen fehlender Personenidentität iSd § 5 GebrMG scheitert (BGH GRUR 2008, 692 [3, 4] – *Angussvorrichtung für Spritzgießwerkzeuge II*).

39 Für die Beurteilung der tatbestandlichen Voraussetzungen des § 13 Abs. 2 kann auf die zur widerrechtlichen Entnahme entstandene patentrechtliche Praxis zurückgegriffen werden. Das **materielle Recht** auf das GebrM steht dem **Erfinder** bzw. dessen Rechtsnachfolger zu, § 13 Abs. 3 iVm § 6 PatG. Ein Dritter kann Inhaber dieser Rechtspositionen nur durch einen abgeleiteten Rechtserwerb werden. Auf der anderen Seite gilt aus Gründen der Vereinfachung des Anmeldewesens der Grundsatz der Anmelderfiktion, § 13 Abs. 3 iVm § 7 Abs. 1 PatG. Um auszuschließen, dass das patentamtliche Verfahren durch Ermittlungen über die Urheberschaft an der Erfindung irgendwie erschwert oder verzögert wird, bestimmen §§ 13 Abs. 3 GebrMG, 7 Abs. 1 PatG, dass der Anmelder im Verfahren vor dem Patentamt stets als Berechtigter gilt, und dass ihm demgemäß aus der Anmeldung als Verfahrenshandlung ein Anspruch auf die Gebrauchsmustereintragung entsteht. Die Berechtigung des Anmelders wird für das Eintragungsverfahren unwiderlegbar vermutet. Im patentamtlichen Eintragungsverfahren gilt also der Anmelder als berechtigt, die Eintragung zu verlangen; seine Berechtigung wird im Eintragungsverfahren folglich nicht überprüft, § 13

Abs. 3 iVm § 7 Abs. 1 PatG. Hierdurch können materielles Recht auf das GebrM und die GebrM-Inhaberschaft auseinander fallen. Dem Berechtigten bleibt es dann nach der Gebrauchsmustereintragung allerdings selbst überlassen, seine Rechte wegen widerrechtlicher Entnahme mit den gesetzlich vorgesehenen Rechtsbehelfen durchzusetzen; zu diesen Rechtsfolge-Möglichkeiten, siehe → Rn. 51 ff.

Zweck der §§ 13 Abs. 2, 3, 15 Abs. 2 GebrMG, 7 Abs. 1, 8 PatG ist es, das **Auseinanderfallen** von sachlichem und formellem Recht zu vermeiden und diesen Zwiespalt zu Gunsten des sachlich Berechtigten zu beseitigen (vgl. BGH GRUR 1996, 42 – *Lichtfleck;* BGH GRUR 1979, 540 – *Biedermeiermanschetten;* BGH GRUR 2005, 567 – *Schweißbrennerreinigung*). Hierzu stellt das Gesetz dem wahren Inhaber nicht nur das Instrumentarium einer Gebrauchsmusterübertragungsklage zur Verfügung, siehe hierzu → Rn. 151 ff., sondern gibt ihm auch das Recht zur Erhebung eines entsprechenden **Einwandes** im Gebrauchsmusterverletzungsverfahren, in dem er Beklagter ist. Der Einwand kann auch dem ausschließlichen Lizenznehmer oder dem im Wege der Prozessstandschaft klagenden einfachen Lizenznehmer entgegengesetzt werden; weitere Einzelheiten → Rn. 44, → Rn. 52. **40**

3.2 Tatbestandliche Voraussetzungen. Widerrechtliche Entnahme liegt vor, wenn der wesentliche Inhalt des Gebrauchsmusters den Beschreibungen, Zeichnungen, Modellen, Geräten oder Einrichtungen eines anderen oder einem von diesem angewendeten Verfahren ohne dessen Einwilligung entnommen worden ist, § 13 Abs. 2 GebrMG. Die Beseitigung des durch eine widerrechtliche Entnahme eingetretenen Zustands dient auch nicht mittelbar einem öffentlichen Interesse. Eine Rücknahme des Löschungsantrags nach § 15 Abs. 2 GebrMG seitens des Verletzten beendet deshalb das Verfahren, soweit dieses ausschließlich auf widerrechtliche Entnahme gestützt war (vgl. BPatGE 36, 213; BPatGE 47, 141; BPatG BlPMZ 2004, 279). **41**

Berechtigter iSd § 13 Abs. 2 kann entweder der **Erfinder** (oder sein Rechtsnachfolger) oder auch der bloße **Erfindungsbesitzer** („anderer") sein (abweichend bei der Übertragungsklage gemäß § 13 Abs. 3 iVm § 8 PatG, siehe → Rn. 151 ff.). Der Verletzer kann infolgedessen nicht mit dem Gegeneinwand gehört werden, dass der Erfindungsbesitzer seinerseits nicht materiell berechtigt sei, es sei denn, dass der Einwand dahin geht, dass der angegriffene GebrM-Inhaber seinerseits der besser Berechtigte, zB der Erfinder, ist. Der **Erfindungsbesitz** muss in irgendeiner Weise **kundgetan** sein; die Aufzählung der Verlautbarungsarten in § 13 Abs. 2 ist beispielhaft. **42**

An sich liegt ein Erfindungsbesitz nicht vor, wenn die „entnommene" technische Lehre bereits zum **Stand der Technik** gehört. Fehlende Neuheit (zB infolge eigener Vorverlautbarung) zum Zeitpunkt der Anmeldung schließt eine **widerrechtliche Entnahme** jedoch nicht aus. Der Einwand, widerrechtliche Entnahme setze begrifflich Entnehmbarkeit und damit Schutzfähigkeit des Entnommenen voraus, kann aber in Löschungsverfahren oder Klagen auf Feststellung einer widerrechtlichen Entnahme nicht erhoben werden (vgl. BGH GRUR 2011, 509, 512 [34] – *Schweißheizung*). Dies ist nunmehr auch für die Fallgestaltung der widerrechtlichen Entnahme zutreffender Weise gesichert. Denn dem Erfinder einer Lehre zum technischen Handeln, die zum GebrM angemeldet und/oder für die ein GebrM eingetragen worden ist, erwächst mit deren Verlautbarung, die unter Wahrung einer die Öffentlichkeit hiervon ausschließenden Vertraulichkeit erfolgt ist, ein Recht an der Erfindung unabhängig davon, ob die Lehre schutzfähig ist (BGH GRUR 2010, 817 – *Steuervorrichtung;* BGH GRUR 2011, 509, 512 [34] – *Schweißheizung*). Die Schutzfähigkeit des Entnommenen wird mithin nicht geprüft. Denn es geht allein um die materielle Zuordnung der Anmeldung. Ein Recht an der Erfindung entsteht unabhängig davon, ob die Lehre schutzfähig ist. Vgl. ferner → § 15 Rn. 70). **43**

Es gilt daher auch im (Löschungs-)Verfahren zu einer widerrechtlichen Entnahme, was im Vindikationsprozess schon lange anerkannt war. Denn der Einwand, diese Art Anspruchskategorie setze begrifflich die Schutzfähigkeit des Entnommenen voraus, **44** konnte nach ständiger Rechtsprechung aufgrund anderer Zielsetzung in Verfahren der **erfinderrechtlichen Vindikation** (so bereits: BGH GRUR 1962, 140, 141, 142 – *Stangenführungsrohre;* ferner BGH GRUR 2001, 823, 825 – *Schleppfahrzeug;* BGH GRUR 2011, 509, 512 [34] – *Schweißheizung*) ohnehin nicht erfolgreich geltend gemacht werden. Nichts anderes kann prinzipiell für die **Einrede im Verletzungsprozess** gemäß § 13 Abs. 2 gelten (vgl. → § 19 Rn. 2ff.; *Benkard/Scharen* GebrMG § 13 Rn. 9). Im Übrigen ist streitig, ob der Einwand der Schutzunfähigkeit auch noch ausgeschlossen ist, wenn ein Übertragungsanspruch gemäß § 13 Abs. 3 iVm § 8 PatG nicht mehr geltend gemacht werden kann. Dies ist zu verneinen, da nach dem System der Anspruchsvoraussetzungen der Übertragungsanspruch nach § 8 PatG unabhängig von dem Anspruch auf Löschung ist.

45 Im Verhältnis zwischen **Miterfindern** oder sonstigen mitberechtigten Erfindungsbesitzern kann der Einwand der widerrechtlichen Entnahme nicht geltend gemacht werden. Insoweit kommt ein Anspruch auf anteilige Abtretung des Schutzrechts in Betracht, § 13 Abs. 3 iVm §§ 6 S. 2, 8 PatG. Mehrere Erfindungsbesitzer müssen ihr Recht auf Löschung des entnommenen Gebrauchsmusters als **Streitgenossen** gemeinschaftlich ausüben (BPatG BlPMZ 2004, 61).

46 Wird eine freie oder frei gewordene oder freigegebene Erfindung des Arbeitnehmers durch den **Arbeitgeber** angemeldet, begeht dieser eine widerrechtliche Entnahme. Spiegelbildlich sind Diensterfindungen, die ein **Arbeitnehmer** nach der Inanspruchnahme durch den Arbeitgeber bzw. nach Übergang der Rechte auf den Arbeitgeber anmeldet, diesem widerrechtlich entnommen. Auch eine Diensterfindung, die bereits vor der Inanspruchnahme durch den Arbeitgeber vom Arbeitnehmer angemeldet wurde, hat als widerrechtlich entnommen zu gelten. Hierzu muss der Arbeitgeber nachweisen, dass eine Diensterfindung vorliegt.

47 Der Gegenstand der Eintragung muss mit der in den Unterlagen enthaltenen Erfindung in seinem **wesentlichen Inhalt** übereinstimmen. Ist ein Teil des Inhalts zB durch eine Ausscheidung weggefallen, ist dies nicht mehr zu berücksichtigen. Für die Bejahung der **Wesensgleichheit** müssen der entnommene Gegenstand und der Gegenstand der Eintragung nach Aufgabe und Lösung objektiv übereinstimmen (BGH GRUR 1981, 186 – *Spinnturbine II*). Alle die Schutzfähigkeit begründenden Merkmale müssen im Wesentlichen identisch sein; lediglich im Rahmen des fachmännischen Könnens liegende Abänderungen sind unschädlich (BGH GRUR 1981, 186 – *Spinnturbine II;* BGH GRUR 1977, 594 – *Geneigte Nadeln*). Die Prüfung setzt voraus, dass die widerrechtliche Entnahme schlüssig und substantiiert dargelegt wird, wozu insbesondere die Darlegung des Erfindungsbesitzes gehört (zum Patentrecht BPatG GRUR 2004, 231, 232 – *Leiterplattenbeschichtung*).

48 Auch wenn eine bloße Abhängigkeit nicht genügt, reicht die Übernahme des wesentlichen Inhalts der erfinderischen Lehre eines anderen durch den Entnehmer aus. Dies ist danach zu überprüfen, ob dasjenige, was das Erfinderische der Anmeldung ausmacht, mit der entnommenen technischen Lehre übereinstimmt (vgl. BGH GRUR 1977, 594, 595 – *Geneigte Nadeln*). Unwesentliche Änderungen und Ergänzungen können bei Vorliegen der übrigen Voraussetzungen nicht zur Verneinung der widerrechtlichen Entnahme führen. Begründet nur die **Kombination** die Schutzfähigkeit des GebrM, so stellt die Entnahme eines Elements keine widerrechtliche Entnahme der Kombination dar. Bei **Hinzufügung** erfinderischer Gedanken kommt der Einwand des § 13 Abs. 2 nur für den entnommenen Teil in Betracht, vorausgesetzt, dass der Gegenstand der Eintragung teilbar ist (vgl. BGH GRUR 1979, 692 – *Spinnturbine II*).

49 **3.3 Subjektiver Tatbestand; Widerrechtlichkeit.** Der Entnehmer muss **Kenntnis** vom Gegenstand der Eintragung vor der Anmeldung aus den Unterlagen des Verletzten erlangt haben; auf die Berechtigung oder Nichtberechtigung der Kenntniserlangung kommt es nicht an. Mittelbare, kausale Kenntniserlangung reicht aus. Keine widerrechtliche Entnahme liegt bei einer (unabhängigen) **Doppelerfindung** vor. Auch der wahre Erfinder kann eine widerrechtliche Entnahme begehen, zB wenn er seine diesbezüglichen Rechte auf einen Dritten übertragen hat oder zB ein Arbeitgeber die Erfindung wirksam iSd ArbEG in Anspruch genommen hat.

Die **Widerrechtlichkeit** der Entnahme ist gegeben, wenn der Entnehmer kein Recht zur Anmeldung hat und auch **keine Einwilligung** des Berechtigten vorliegt. Eine **stillschweigende** Einwilligung ist zwar möglich; jedoch dürfen nicht zu geringe Anforderungen an die Eindeutigkeit gestellt werden. In der bloßen Mitteilung der Erfindung kann eine Einwilligung zur Anmeldung nicht erblickt werden (vgl. OLG Düsseldorf BB 1970, 1110). Die Einwilligung muss im Übrigen wirksam sein. Eine (rückwirkende, § 184 BGB) **Genehmigung** ist möglich, vgl. aber § 184 Abs. 2 BGB. 50

3.4 Rechtsfolgen. Für den durch die widerrechtliche Entnahme Verletzten bestehen folgende **nebeneinander** bestehende Rechtsbehelfe: 51

– Im Verletzungsrechtsstreit kann der **Berechtigte** (sowie der nach § 743 Abs. 2 BGB Mitberechtigte) und der **durch widerrechtliche Entnahme Verletzte** die **Einrede** der **widerrechtlichen Entnahme** gemäß § 13 Abs. 2 erheben. Dadurch entfaltet das eingetragene GebrM ihm gegenüber nicht die Wirkungen des § 11 sowie insbesondere der §§ 24ff. Der Einwand kann nicht ohne das entnommene Recht abgetreten werden. Die Erhebung der Einrede setzt nicht voraus, dass zuvor oder gleichzeitig auch Übertragungsklage nach § 8 erhoben worden ist oder die Voraussetzung für ein privates Vorbenutzungsrecht nach § 12 vorliegt. 52
– Der **Berechtigte** kann gemäß § 13 Abs. 3 iVm § 8 PatG von dem Entnehmer verlangen, dass ihm der Anspruch auf bzw. aus der Eintragung des GebrM abgetreten wird. Dieser Anspruch kann im Wege einer selbständigen **Vindikationsklage** oder einer **Entnahme-Widerklage** geltend gemacht werden. Der Anspruch auf Übertragung ist verschuldensunabhängig. Die Fristen des § 8 S. 3–5 PatG sind zu beachten. Ist das GebrM in einem Löschungsverfahren rechtskräftig gelöscht worden, so erledigt sich hierdurch die Übertragungsklage, weil der Kläger sein Rechtsschutzziel, die Übertragung des GebrM nicht mehr erreichen kann (vgl. BGH GRUR 1996, 42, 43 – *Lichtfleck*). Die Vindikationsklage nach § 8 kann grundsätzlich parallel zu dem Löschungsverfahren wegen widerrechtlicher Entnahme nach § 15 Abs. 2 iVm § 13 Abs. 2 erhoben werden. Zu Besonderheiten der Vindikationsklage siehe → Rn. 151ff. 53
– Weiter kann der Verletzte gemäß § 15 Abs. 2 iVm § 13 Abs. 2 die **Löschung** des GebrM beantragen. Im Löschungsverfahren ist der Einwand der Schutzunfähigkeit statthaft. Ob der Erfolg einer parallel erhobenen Vindikationsklage nach § 13 Abs. 3 iVm § 8 PatG das auf widerrechtliche Entnahme gestützte Löschungsverfahren erledigt, ist zweifelhaft (offen gelassen bei BGH GRUR 1996, 42, 43 – *Lichtfleck* zum patentrechtlichen Einspruchsverfahren, der bei bloßer Übertragung des Patents das Einspruchsverfahren als nicht erledigt ansieht, unter anderem hierbei abstellend auf die Möglichkeit des Berechtigten zur Nachanmeldung unter Inanspruchnahme der Priorität der Entnahme-Anmeldung, § 7 Abs. 2 PatG; diese Möglichkeit besteht für das GebrM gerade nicht). Die unterschiedliche Zielrichtung der beiden Rechtsbehelfe hat jedenfalls zur Folge, dass ein Vorrang des zivilprozessualen Verfahrens nicht grundsätzlich angenommen werden kann, sondern nur insoweit, als in einem Verfahren rechtskräftig Tatsachen festgestellt werden, von denen im anderen nicht abgewichen werden darf (BGH GRUR 2011, 509, [9] – *Schweißheizung*) Weitere Einzelheiten bei → § 15 Rn. 1ff. 54
– Der Verletzte kann ferner – da das Recht an der Erfindung vermögenswerten Charakter hat und insbesondere als sonstiges Recht iSd § 823 Abs. 1 BGB anzusehen ist – weitere Ansprüche, zB aus **§§ 823ff. BGB** auf Unterlassung und Schadener- 55

satz, aus **§§ 812ff. BGB** auf Bereicherungsausgleich, aus **§ 1004 BGB** auf Störungsbeseitigung, aus **§§ 17ff. UWG** auf Unterlassung und Schadenersatz wegen Geheimnisverrats, geltend machen. Diesen Ansprüchen liegen jedoch andere Schutzziele zugrunde; die Fristen des § 8 S. 3–5 PatG gelten für diese Ansprüche nicht (so bereits die Vorauflage; BGH GRUR 2010, 817, 820 [31] – *Steuervorrichtung*). Diese Ansprüche können insbesondere nach Ablauf der in § 8 PatG genannten Fristen relevant werden. Die Ausschlussfristen nach § 8 PatG bezwecken, insbesondere im Falle der Gutgläubigkeit des Anmelders/Inhabers nach Fristablauf eine Auseinandersetzung über die materielle Zuordnung des Schutzrechts zu vermeiden (vgl. BGH GRUR 1979, 540, 542 – *Biedermeiermanschetten*). Dennoch bleibt der gutgläubige Anmelder/Inhaber im Verhältnis zu dem Erfinder oder seinem Rechtsnachfolger Nichtberechtigter; dieser Zuordnungsgehalt gebietet es insbesondere, den (auch gutgläubigen) GebrM-Inhaber zur Herausgabe der aus dem Schutzrecht gezogenen Nutzungen **analog § 988 BGB** nach den Regeln über die Herausgabe ungerechtfertigter Bereicherung zu verpflichten.

56 – Für den Berechtigten kommt gegen den Nichtberechtigten zur Durchsetzung einer Verfügungsbeschränkung gegebenenfalls eine **Sequestration** in Betracht, die bei Vorliegen der übrigen Voraussetzungen, insbesondere bei Einhaltung der Dringlichkeit, auch im Wege einer **einstweiligen Verfügung** durchgesetzt werden kann. Um nämlich zu vermeiden, dass in jenem Verfahren Verfügungen über das GebrM getroffen werden, die nicht mehr rückgängig gemacht werden können, ist es möglich, das GebrM im Wege des einstweiligen Rechtsschutzes während der Auseinandersetzung der Vindikationsklage im Wege der einstweiligen Verfügung zu sichern. Auf diese Weise wird durch ein Verfügungsverbot oder über Einsetzung eines Sequesters unterbunden, dass der Gebrm-Inhaber wirksame Erklärungen gegenüber dem Patentamt bzw. dem Patentgericht abgeben kann, etwa dergestalt, dass er einer Übertragung und Umschreibung des Schutzrechts auf einen Dritten zustimmt (BGH GRUR 1996, 42 – *Lichtfleck;* OLG Karlsruhe GRUR 1954, 259; LG München I GRUR 1956, 415; OLG München GRUR 1951, 157; OLG Karlsruhe GRUR 1978, 116).

57 Voraussetzung für den Erlass einer einstweiligen Verfügung ist neben der Glaubhaftmachung eines Verfügungsanspruchs, dh die Darstellung der Voraussetzungen für den Übertragungsanspruch, auch das Vorliegen eines Verfügungsgrundes, dh eine Glaubhaftmachung der Umstände, die die Befürchtung begründen, dass dieser Übertragungsanspruch gefährdet oder vereitelt werden könnte. Hierzu reicht aber im Allgemeinen eine lediglich abstrakte Gefahr als nicht aus, vielmehr muss das Vorliegen einer konkreten Gefahr glaubhaft gemacht werden.

4. Vorbenutzungsrecht

58 **4.1 Allgemeines.** Eine weitere Einschränkung der Schutzwirkung kann sich durch Vorbenutzungs- und Zwischenbenutzungsrechte ergeben.

59 Hat nämlich ein Dritter redlich (BGH GRUR 1964, 673, 675 – *Kasten für Fußabtrittsroste*) die Erfindung, die Gegenstand des Gebrauchsmusters ist, zur Zeit ihrer Anmeldung bereits im Inland in Benutzung genommen oder die dazu erforderlichen Maßnahmen getroffen, kann er sich gemäß §§ 13 Abs. 3 GebrMG, 12 Abs. 1 PatG auf ein privates Vorbenutzungsrecht berufen. Der Vorbenutzer ist befugt, die Erfindung für die Bedürfnisse seines eigenen Betriebs in eigenen oder fremden Werkstätten auszunutzen. Das Vorbenutzungsrecht ist ein Unrechtsausschließungsgrund (LG Düsseldorf InstGE 10, 12, 14 – *Desmopressin I*).

60 Der Grundgedanke dieser Vorschrift ist, aus Billigkeitsgründen einen vorhandenen oder bereits angelegten gewerblichen Besitzstand des Vorbenutzers zu schützen und damit die unbillige Zerstörung in zulässiger, insbesondere rechtlich unbedenklicher Weise geschaffener Werte zu verhindern (BGH GRUR 2010, 47, 48 [16] – *Füllstoff;* OLG Düsseldorf InstGE 11, 193, 196 – *Desmopressin-Tablette*). Ein solcher Besitzstand soll nicht durch die Gebrauchsmusteranmeldung eines anderen entwertet werden. Der Zweck der §§ 13 Abs. 3 GebrMG, 12 PatG ist bei der Auslegung der einzelnen Tatbestandsmerkmale zu berücksichtigen, ist aber – selbstverständlich – für sich genommen kein tatbestandsbegründendes Merkmal (BGH GRUR 2010, 47, 48 [16] – *Füllstoff*).

Das Vorbenutzungsrecht, das **inhaltlich** ein **Weiterbenutzungsrecht** ist, knüpft dabei nicht an den bloßen **Vorbesitz** der Erfindung an, sondern verlangt, dass der Begünstigte die Erfindung vor ihrer Anmeldung durch einen Dritten bereits in Benutzung genommen oder jedenfalls Veranstaltungen dazu getroffen hat. Hauptzweck des Vorbenutzungsrechts ist auch noch heute, im Fall von **Doppelerfindungen** den Erfinder zu schützen, dem ein anderer mit der Anmeldung der Erfindung zuvor kam. Der Konflikt wird in der Weise gelöst, dass der Erstanmeldende Erfinder das Recht auf das Schutzrecht erhält und dem anderen Erfinder, der seine Erfindung nicht oder zu spät anmeldet, ein Recht auf Weiterbenutzung zugestanden wird, falls er die Erfindung vor dem Prioritätstag in seinem Betrieb benutzt oder Veranstaltungen dazu getroffen hat. Das ausschließliche Recht des GebrM-Inhabers ist insoweit durch das persönliche Weiterbenutzungsrecht des Vorbenutzers eingeschränkt. Die gesetzliche Regelung ist jedoch nicht auf diesen Hauptfall der Doppelerfindungen beschränkt. Das Gesetz verlangt nicht unbedingt eine eigene erfinderische Aktivität des Vorbenutzers, sondern lässt es genügen, wenn dieser rechtmäßig in den **Erfindungsbesitz** gelangt ist, auch wenn dieser vom späteren Schutzrechtsinhaber abgeleitet ist. 61

Wesentlich für die Entstehung des Vorbenutzungsrechts ist die **Benutzung der Erfindung** oder jedenfalls die **ernsthafte Vorbereitung** dazu. Diese Investitionen des Vorbenutzers sind es, die nach Auffassung von Rechtsprechung und Lehre aus Billigkeitsgründen geschützt werden. Daneben hat dieses Erfordernis auch **beweisrechtliche** Aspekte. Denn es ist nicht selten so, dass nach der Offenbarung brauchbarer Erfindungen von Dritten behauptet wird, schon ähnliches vor der Anmeldung der Erfindung gemacht zu haben (vgl. BGH GRUR 1963, 311, 312 – *Stapelpresse*). 62

Hinsichtlich des Vorbenutzungsrechts gelten dieselben Grundsätze wie zu § 12 PatG, der in § 13 Abs. 3 für entsprechend anwendbar erklärt wird. Die zu § 12 PatG ergangene Rechtspraxis kann deshalb auch für das GebrM-Recht herangezogen werden. 63

4.2 Tatbestandliche Voraussetzungen. Voraussetzung ist das Bestehen eines **Erfindungsbesitzes** am Prioritätstag. Auch wenn das Tatbestandsmerkmal des Erfindungsbesitzes nicht expressis verbis aufgeführt ist, wird seit jeher ein Vorbenutzungsrecht nur anerkannt, wenn der Vorbenutzer bei der Vorbenutzung den den Erfindungsgedanken, dh die sich aus Aufgabe und Lösung ergebende objektiv fertige technische Lehre, soweit erkannt hatte, dass er den patentgemäßen Erfolg planmäßig im Sinne einer wiederholbaren technischen Lehre herbeiführen konnte (BGH GRUR 1960, 546, 548 – *Bierhahn;* BGH GRUR 1964, 496, 497 – *Formsand II;* BGH GRUR 1969, 35, 36 – *Europareise;* BGH GRUR 2010, 47, 48 [17] – *Füllstoff*). Erfindungsbesitz ist gegeben, wenn der Erfindungsgedanke, dh die Lösung des Problems subjektiv erkannt und die Erfindung damit **objektiv fertig** ist. Der Vorbenutzer muss den äußeren Kausalzusammenhang erkannt haben; die Ausführung der Erfindung muss möglich gewesen sein (vgl. BGH GRUR 1960, 546, 548 – *Bierhahn;* BGH GRUR 1964, 673, 674 – *Kasten für Fußabtrittsroste;* BGH GRUR 1969, 35, 36 – *Europareise*). Der für die Anerkennung eines privaten Vorbenutzungsrechts erforderliche Erfindungsbesitz verlangt mithin nur, dass der Vorbenutzer die geschützte Lehre reproduzierbar ausführen kann. Die Erfassung der wissenschaftlichen, physikalischen oder chemischen Grundlagen oder Abläufe der technischen Lehre ist nicht erforderlich. Ebenso wenig ist es notwendig, dass der Vorbenutzer um diejenigen Vorzüge und Eigenschaften weiss, die mit der von ihm vorbenutzten technischen Lehre objektiv verbunden sind (OLG Düsseldorf InstGE 11, 193, 196/197 – *Desmopressin-Tablette*). 64

65 Bei **Versuchen,** die das Ausprobieren der bereits gefundenen Lösung bezwecken, mit denen also lediglich noch die für den praktischen Gebrauch beste konstruktive Ausgestaltung der bereits gefundenen Lösung ermittelt werden soll, kann der Erfindungsbesitz vorhanden sein (vgl. BGH GRUR 1960, 546, 549 – *Bierhahn*).

66 Die Möglichkeit eines Vorbenutzungsrechts wird auch für den nur **mittelbaren Benutzer** einer geschützten Erfindung anerkannt. Auch insoweit besteht jedoch die Voraussetzung, dass der mittelbare Benutzer im Erfindungsbesitz war (vgl. BGH GRUR 1964, 496, 497 – *Formsand II*).

67 Erforderlich ist weiter der durch **Benutzung** oder **Veranstaltung** hierzu betätigte Erfindungsbesitz. Das Vorbenutzungsrecht entsteht zugunsten desjenigen, der diese Handlungen selbständig und im eigenen Interesse ausführt. Die im Auftrag und im Interesse eines anderen ausgeführten Handlungen begründen nur für diesen ein Vorbenutzungsrecht. Die **Benutzung** kann jede der nach erfolgter Schutzerteilung dem GebrM-Inhaber vorbehaltenen Handlungen sein (vgl. BGH GRUR 2010, 47, 48 [16] – *Füllstoff*). Auch wenn nach dem GebrM-Recht Verfahrenserfindungen ausgeschlossen sind, muss die Anwendung eines Verfahrens, das zu einem geschützten Erzeugnis führt, für die Begründung eines Vorbenutzungsrechts ausreichend sein. Auch das Anbieten oder Inverkehrbringen schutzrechtsgemäß hergestellter Erzeugnisse kann ein Vorbenutzungsrecht begründen. Die Benutzungshandlungen sind untereinander **gleichwertig** (vgl. BGH GRUR 1964, 491, 493 – *Chloramphenicol;* BGH GRUR 1969, 35, 36 – *Europareise*). Erfolgt die Vorbenutzung durch Anbieten oder Inverkehrbringen einer Vorrichtung, ist es für die Entstehung des Vorbenutzungsrechts unschädlich, wenn die Vorbenutzungshandlung einem Dritten die Erfindung nicht offenbart (vgl. BGH GRUR 1969, 35, 36 – *Europareise*). Der Umstand, dass die Benutzung öffentlich zugänglich erfolgt ist oder die Erfindung sonst neuheitsschädlich vorweggenommen ist, schließt die Berufung auf ein Vorbenutzungsrecht nicht aus (vgl. BGH GRUR 1965, 411, 415 – *Lacktränkeinrichtung*). Nach diesen Grundsätzen ist beispielsweise die Benutzung im Rahmen von Laborversuchen, die lediglich der Prüfung der Ausführbarkeit der Erfindung dienten, nicht als ausreichend angesehen worden.

68 Damit die Bekräftigung des Erfindungsbesitzes durch **Veranstaltungen** zur alsbaldigen Aufnahme der Benutzung ausreichend ist, müssen Handlungen vorliegen, die objektiv auf die Erfindung bezogen, also geeignet sind, deren Benutzung zu ermöglichen. Weitere Voraussetzung ist jedoch das Vorliegen eines ernstlichen Willens des Handelnden zur alsbaldigen Aufnahme der Benutzung (vgl. BGH GRUR 1964, 20, 23 – *Taxilan;* BGH GRUR 1960, 546, 549 – *Bierhahn;* BGH GRUR 1969, 34, 36 – *Europareise*).

69 Gerade bei dem Merkmal der „Veranstaltungen" kommt es entscheidend auf die Umstände des Einzelfalls an, ob sie die Absicht erkennen lassen, die Erfindung alsbald zu benutzen. Unter Umständen können die Anschaffung oder der Bau der benötigten Maschinen oder Anlagen, die Anfertigung von fertigungsreifen Werkstattzeichnungen für das Vorliegen des Merkmals sprechen. Die bloße Anfertigung eines Modells hingegen wurde ebenso nicht als ausreichend angesehen, um den Tatbestand der Veranstaltung zu erfüllen, wie die Anmeldung eines Schutzrechts, da daraus nicht zwingend auf die Absicht der alsbaldigen Benutzung geschlossen werden kann. Nicht genügend sind ferner Erkundungen über Marktverhältnisse und voraussichtlichen Bedarf sowie die Herstellung verschiedener Muster, mit denen erst die Rechtslage geklärt werden soll. Versuche, die sich auf die Erfindung beziehen, können gegebenenfalls als Veranstaltung anerkannt werden, wenn sie nur noch dazu dienen, für die gefundene Lösung die praktisch zweckmäßigste Ausführungsform zu ermitteln. Der Antrag auf arzneimittelrechtliche Zulassung hingegen stellt für sich allein in der Regel eine hinreichende Veranstaltung zur alsbaldigen Aufnahme der Benutzung im Sinne von §§ 13 Abs. 3 GebrMG, 12 PatG dar (LG Düsseldorf InstGE 10, 12, 15/16 – *Desmopressin I*).

- Werden solche Handlungen ausschließlich im Interesse eines Dritten vorgenommen, erwirbt der Handelnde selbst kein Vorbenutzungsrecht (BGH GRUR 2010, 47, 48 [15] – *Füllstoff*). **70**
- Möglich ist auch die Ausübung sowohl im eigenen Interesse als auch im Interesse eines Dritten. Dann erwerben grundsätzlich beide Beteiligte ein Vorbenutzungsrecht (BGH GRUR 2010, 47, 48 [15] – *Füllstoff*). Ein Händler oder Importeur erwirbt nicht nur ein vom Hersteller abgeleitetes, sondern ein eigenes Vorbenutzungsrecht, wenn er vor dem Prioritätstag die Erfindung selbst benutzt oder Veranstaltungen zur alsbaldigen Aufnahme der Benutzung getroffen hat; für letztere reicht es bei zulassungspflichtigen Arzneimitteln aus, wenn der Händler/Importeur vom Hersteller Dossiers, Verpackungsmittel, Beipackzettel und Arzneimittelmuster erhalten hat, zwischen beiden ein Vertriebsvertrag geschlossen und die Arzneimittelzulassung beantragt ist. **71**
- Arbeiter und Angestellte handeln grundsätzlich nicht im eigenen, sondern im Interesse des Betriebsinhabers (BGH GRUR 2010, 47, 48 [15] – *Füllstoff*). **72**
- Handlungen leitender Betriebsangehöriger, die dazu berufen sind, Anordnungen zu treffen, sowie Handlungen von Gesellschaftsorganen im ihnen gesetzlich zugewiesenem Vertretungsbereich erfolgen grundsätzlich im Interesse der Gesellschaft (BGH GRUR 2010, 47, 48 [15] – *Füllstoff*). **73**

Die Zurechnung solcher Benutzungshandlungen erfolgt weder auf der Grundlage von § 166 BGB noch nach den Regeln des Deliktsrechts. Maßgeblich ist vielmehr, ob tatsächliche Vorgänge einer bestimmten Person oder einem bestimmten Unternehmensträger zugeordnet werden können (BGH GRUR 2010, 47, 48 [15] – *Füllstoff*). **74**

Die Frage, ob ein Vorbenutzungsrecht nur dann entstehen kann, wenn die Benutzungshandlungen im **gewerblichen Bereich** erfolgt sind, ist von der Rechtsprechung bislang nicht entschieden worden und in der Literatur umstritten. Die Frage ist insofern von eher eingeschränkter Relevanz, als der private, nicht gewerbliche Gebrauch a priori durch die Ausnahmevorschrift des § 12 Nr. 1 der Wirkung des GebrM entzogen ist. Wer sich auf private, nicht gewerbliche Handlungen beschränkt, bedarf keines Vorbenutzungsrechts. Die Frage wird jedoch dann relevant, wenn von Handlungen im privaten Bereich zu nicht gewerblichen Zwecken ohne Erlaubnis des GebrM-Inhabers zu Handlungen mit einem gewerblichen Zweck übergegangen wird. Eine Beantwortung dieser Frage kann nur unter Berücksichtigung des Zwecks des § 13 beantwortet werden. Dies spricht für das Erfordernis der Vornahme von Handlungen zu gewerblichen Zwecken (*Benkard/Scharen* § 12 Rn. 10). **75**

Es muss sich um **redlichen** Erfindungsbesitz handeln; die Vorbenutzung muss redliche Besitzausübung sein (BGH GRUR 1964, 673, 675 – *Kasten für Fußabtrittsroste;* OLG Düsseldorf GRUR 1980, 170, 171 – *LAX*). Die geforderte Redlichkeit des Erwerbs des Erfindungsbesitzes setzt voraus, dass der Benutzer sich für befugt halten durfte, die erfindungsgemäße Lehre für eigene Zwecke anzuwenden. **76**

Unredlich handelt der Benutzer aber jedenfalls dann, wenn er die geschützte Lehre dem späteren GebrM-Inhaber oder dessen Rechtsvorgänger **widerrechtlich** entnommen hat. Eine widerrechtliche, unredliche Entlehnung des benutzten Erfindungsgedankens vom Anmelder oder dessen Rechtsvorgänger ist insbesondere anzunehmen, wenn der Vorbenutzer bei Erlangung der von ihm verwerteten Kenntnisse erkannt oder grob fahrlässig nicht erkannt hat, dass diese von einem anderen stammen, der mit der Weitergabe an den Vorbenutzer oder mit dessen Verwertung durch diesen nicht einverstanden ist. **77**

Redlichkeit kann auch dann vorliegen, wenn der **Erfindungsbesitz vom Inhaber** des Schutzrechts oder dessen Rechtsvorgängern abgeleitet ist (BGH GRUR 2010, 47, 48 [17] – *Füllstoff*). Dies hat folgende Konsequenzen: **78**

- Redlichkeit bei einer auf den Erfinder zurückgehenden Offenbarung kann in der Regel nur angenommen werden, falls der Benutzer sich **auf Grund der Umstände für befugt halten** durfte, von der von ihm erkannten Lehre Gebrauch zu **79** machen. Hierzu genügt ein bloßer rechtmäßig erworbener Erfindungsbesitz nicht. Erforderlich ist auch, dass sich der Benutzer redlicher Weise für befugt halten darf, den Erfindungsbesitz unabhängig von einem der Überlassung zugrunde liegenden Rechtsverhältnis auf Dauer ausüben zu dürfen. Sind die **Rechtsbeziehungen** zwischen dem Erfinder und dem Benutzer **vertraglich** geregelt, fehlt es von vornherein an einer berechtigten Grundlage für eine solche Annahme, wenn sich aus dem Vertrag derartiges nicht ergibt. Die Befugnisse des anderen Teils richten sich dann allein nach den vertraglichen Vereinbarungen, nicht nach §§ 13 Abs. 3 GebrMG, 12 PatG (vgl. BGH GRUR 2010, 47, 49 [19] – *Füllstoff*).

80 – Bei Diensterfindungen eines **Arbeitnehmers** erwirbt der **Arbeitgeber,** der von der Möglichkeit, die Erfindung in Anspruch zu nehmen, keinen Gebrauch macht, kein Vorbenutzungsrecht (BGH GRUR 2010, 47, 49 [20] – *Füllstoff*). Gleiches gilt für Erfindungen, die einem anderen auf Grund anderer vertraglicher Beziehungen offenbart worden sind, beispielsweise auf Grund eines Dienstverhältnisses als **gesetzlicher Vertreter** oder **freier Mitarbeiter.** Auch diese stehen dem Erfinder zu, nicht dem Unternehmensinhaber, sofern sich aus den vertraglichen Vereinbarungen nicht ausdrücklich oder konkludent etwas Abweichendes ergibt (BGH GRUR 2010, 47, 49 [20] – *Füllstoff;* OLG München InstGE 10, 87 [35]). Selbiges gilt folglich, wenn auf Grund der vertraglichen Zusammenarbeit nicht nur der Erfinder, sondern auch andere Beschäftigte Erfindungsbesitz erlangt haben. Mangels redlichen Erwerbs des Erfindungsbesitzes kann es – ungeachtet des § 12 Abs. 1 Satz 4 PatG – nicht zu Benutzungshandlungen oder sonstigen Veranstaltungen i. S. von § 12 Absatz 1 S. 1 PatG kommen (BGH GRUR 2010, 47, 49 [21] – *Füllstoff*).

81 In beiden vorerwähnten Fallgruppen können und müssen sich alle am Vertrag Beteiligten von vornherein Klarheit darüber verschaffen, welche Rechte ihnen in Bezug auf Erfindungen zustehen, die im Rahmen der vertraglichen Tätigkeit entstehen oder dem Vertragspartner zugänglich gemacht werden. Ein redlicher Erwerb von nicht im Vertrag vorgesehenen Rechten ist allenfalls auf der Grundlage einer stillschweigenden Vertragsänderung denkbar, nicht aber nach §§ 13 Abs. 3 GebrMG, 12 PatG (BGH GRUR 2010, 47, 49 [20] – *Füllstoff*). Das bedeutet, dass auch dann, wenn der Erfinder als „faktischer" Geschäftsführer verpflichtet sein sollte, der Gesellschaft die Erfindung zur Nutzung kostenlos zur Verfügung zu stellen, dies zunächst aus den vorerwähnten Gründen kein Fall des Vorbenutzungsrechts sondern vertraglicher Rechte ist (BGH GRUR 2010, 47, 49 [23] – *Füllstoff*). Sollte die Vertragsauslegung zu dem Ergebnis führen, dass die Gesellschaft Rechte in Bezug auf die Erfindung erworben hat, ist natürlich weiter zu prüfen sein, ob es sich nur um schuldrechtliche Ansprüche auf Übertragung der Rechte an der Erfindung oder auf Einräumung einer Lizenz handelt – solche können selbstverständlich nur dem Vertragspartner entgegengehalten werden.

82 Ergänzend zu der angesprochenen Regelung des § 12 Abs. 1 S. 4 PatG ist Folgendes festzuhalten: § 12 Abs. 1 S. 4 PatG enthält insoweit eine Spezialregelung, die das Gegenstück zu § 3 Abs. 4 PatG bildet, der die eingeschränkte Regelung über die sog Neuheitsschonfrist enthält (der uneingeschränkte Verweis in § 13 Abs. 3 auf § 12 PatG ist deshalb insoweit nicht passend, weil das GebrMG eine weitergehende Neuheitsschonfrist zur Verfügung stellt). § 12 Abs. 1 S. 4 PatG ergänzt die Vorschrift über die Neuheitsunschädlichkeit gewisser Vorverlautbarungen gemäß § 3 Abs. 4 PatG durch einen Schutz gegen nachteilige Folgen von Mitteilungen, durch die Erfindung vor dem Prioritätstag Dritten, aber nicht der Öffentlichkeit zugänglich gemacht worden ist. Der unter dem Vorbehalt Mitteilende kann vor der Entstehung eines Vorbenutzungsrechts sicher sein, wenn er innerhalb von sechs Monaten nach der Mitteilung die Anmeldung vornimmt. Eine spätere Anmeldung lässt das Vorbenutzungsrecht nur insoweit entstehen, als sie nach der 6-Monatsfrist erfolgt ist.

83 Die gesetzliche Regelung setzt weiterhin eine Benutzung **im Inland** voraus. Die Benutzung der Erfindung im Ausland führt nicht zur Entstehung eines Vorbenutzungsrechts.

Ferner müssen die Handlungen entweder vor dem **Anmeldetag** bzw. im Fall gültiger Inanspruchnahme einer Priorität vor dem **Prioritätstag** vorgenommen worden sein. 84

Gemäß § 12 Abs. 2 S. 2 PatG kann sich ein **Ausländer** auf die von ihm in Anspruch genommene Priorität einer ausländischen Anmeldung gegenüber einem Vorbenutzungsrecht nur dann berufen, wenn sein Heimatstaat hierin Gegenseitigkeit verbürgt (vgl. für Angehörige von Verbandländern der PVÜ: Art. 4 B S. 1 Hs. 2 PVÜ). Durch Handlungen nach der prioritätsbegründenden Anmeldung kann kein Weiterbenutzungsrecht erworben werden. 85

Die **Beweislast** für die das Vorbenutzungsrecht begründenden Tatsachen und dessen Umfang treffen denjenigen, der sich auf ein Vorbenutzungsrecht beruft (*Benkard/Scharen* § 12 PatG Rn. 27). Die Beweislast schwenkt jedoch auf den GebrM-Inhaber über, sofern dieser sich auf Umstände beruft, die das Vorbenutzungsrecht ausschließen, zB auf das unredliche Erlangen des Erfindungsbesitzes (OLG Düsseldorf Mitt. 1987, 239,240). 86

4.3 Umfang des Vorbenutzungsrechts. Der **sachliche Umfang** des Vorbenutzungsrechts muss sich einerseits nach dem Besitzstand bemessen, an den es anknüpft. Da das Vorbenutzungsrecht verhindern soll, dass die Geltendmachung des GebrM vor seiner Anmeldung geschaffene wirtschaftliche Werte zerstört, muss dem Vorbenutzer die Befugnis eingeräumt werden, die Erfindung für die Bedürfnisse seines eigenen Betriebes auszunutzen. 87

Daraus folgt, dass ein derart begründetes Vorbenutzungsrecht nur diejenige Ausführungsform, die **tatsächlich** am Prioritätstag benutzt wurde oder deren alsbaldige Benutzung vorbereitet wurde, erfasst. Das Vorbenutzungsrecht erstreckt sich also grundsätzlich nur auf die technische Lehre, auf die sich der Erfindungsbesitz und die betätigte Benutzung bezogen haben. 88

Naheliegende Ausführungsformen können aber von dem Vorbenutzungsrecht erfasst werden (enger jedoch: BGH GRUR 2002, 231 – *Biegevorrichtung*): Was der Vorbenutzer jedoch nicht als Erfindungsgedanken erkannt hat, kann er nicht nachträglich im Wege des Vorbenutzungsrechts für sich beanspruchen. Ihm wird ferner nicht das Recht eingeräumt, diejenige Ausführungsform zu benutzen, die gerade der GebrM-Inhaber gezeigt hat, wobei es nicht darauf ankommt, ob diese Ausführungsform gegenüber dem vorbenutzten Erfindungsgedanken erfinderisch ist oder nicht. 89

Weiterentwicklungen über den Umfang der bisherigen Benutzung hinaus sind jedenfalls dann nicht vom Vorbenutzungsrecht gedeckt, wenn (erst) sie den Gegenstand der im Patent unter Schutz gestellten Erfindung erfassen (BGH GRUR 2002, 231 – *Biegevorrichtung*). Dasselbe gilt für Abwandlungen, die über rein handwerkliche Fähigkeiten hinausgehen (BGH GRUR 2002, 231, 234 – *Biegevorrichtung*), zB Gegenstand eines Unteranspruchs sind. Denn das Vorbenutzungsrecht will den Besitzstand nur in dem Umfang schützen, den der Vorbenutzer bis zum Zeitpunkt der Patentanmeldung hatte. An den Nachweis der tatsächlichen Voraussetzungen werden folglich strenge Anforderungen gestellt (BGH GRUR 1963, 311, 312 – *Stapelpresse*). 90

Gem. § 12 Abs. 1 S. 2 PatG ist der Vorbenutzer darauf beschränkt, die Erfindung nur für die Bedürfnisse seines eigenen Betriebs in eigenen oder fremden Werkstätten auszunutzen. Das Vorbenutzungsrecht ist also andererseits auch betriebsgebunden. Das Recht, die Erfindung für den **eigenen Betrieb** des Benutzers zu verwenden, muss dem Betrieb auch in seiner Weiterentwicklung zugutekommen; eine Betriebsentwicklung, die zu einer völligen Umgestaltung seiner Eigenart führt, kann freilich hierunter nicht fallen. Unter Betrieb ist die rechtliche Einheit, der die Betriebsstätte angehört, zu verstehen, was namentlich bei Benutzungshandlungen innerhalb eines Konzerns zu Abgrenzungsschwierigkeiten führen kann. 91

Der Umfang des erworbenen Besitzstandes, der in Billigkeitserwägungen seine Rechtfertigung findet, ist auch maßgebend für die Frage des **Wechsels der Benutzungsarten.** 92

93 Dem **Hersteller** wird dabei das alle Benutzungsarten umfassende Vorbenutzungsrecht eingeräumt, auch wenn er nur eine von ihnen vor der Anmeldung ausgeübt hat. Hersteller erfindungsgemäßer Gegenstände gestattet, diese auch zu vertreiben und sich ein Vertriebsnetz aufzubauen (LG Düsseldorf InstGE 10, 12, 15 – *Desmopressin I*). Das gilt auch für ein Unternehmen, das erst später anstelle des ursprünglichen Vertriebsunternehmens mit der Vermarktung beauftragt wird (LG Düsseldorf InstGE 10, 12, 16/17 – *Desmopressin I*). Ein dem Hersteller oder Lieferanten zustehendes Vorbenutzungsrecht kommt folglich auch den nachfolgenden Handelsstufen zu Gute kommt, so dass die vom Vorbenutzungsberechtigten bezogenen (wegen § 12 PatG rechtmäßig in den Verkehr gelangten) Gegenstände anschließend gewerblich frei weiter angeboten, vertrieben und gebraucht werden dürfen. Tauscht der Vorbenutzungsberechtigte nach dem Prioritätstag das Vertriebsunternehmen aus, sind beide für die betreffende Zeit durch § 12 PatG geschützt (OLG Düsseldorf InstGE 11, 202/203 – *Desmopressin-Tablette*).

94 Dagegen darf ein **Händler** nicht zur Herstellung übergehen; ebenso wenig jemand, der den Gegenstand lediglich gebraucht hat, ohne ihn selbst hergestellt zu haben. Hierin wird eine unzulässige Ausdehnung des Vorbenutzungsrechts über den erworbenen Besitzstand hinaus gesehen. Umstritten ist aber beispielsweise, ob derjenige, der vor der Anmeldung lediglich für die eigene Benutzung hergestellt hat, zur Herstellung für andere, zum Anbieten und Inverkehrbringen übergehen darf. Für die Bedürfnisse seines eigenen Betriebs darf der Vorbenutzer die Erfindungsbenutzung auch in fremden Werkstätten durchführen lassen, vorausgesetzt, dass er einen bestimmenden Einfluss auf Art und Umfang von Herstellung und Vertrieb behält. Eine unzulässige Erweiterung des Besitzstandes wäre anzunehmen, wenn der Betreiber einer solchen Werkstätte die Erfindung auf eigene Rechnung und Gefahr benutzt (RGZ 153, 321, 327/328 – *Gleichrichterröhren*). Der berechtigte Vorbenutzer kann einem Dritten grundsätzlich keine von dem Betrieb losgelösten Rechte auf eine Benutzung der Erfindung einräumen (vgl. BGH GRUR 1979, 48, 50 – *Straßendecke I*).

95 **4.4 Übertragung; Zwangsvollstreckung; Insolvenz.** Die **Übertragung des Vorbenutzungsrechts** im Wege des Erbfalls oder der Veräußerung an Dritte ist nur zusammen mit dem Betrieb zulässig, § 12 Abs. 1 S. 3 PatG. Das am Betrieb haftende Vorbenutzungsrecht kann bei einer Änderung der rechtlichen Zugehörigkeit des Betriebs nicht vervielfältigt, und zwar weder verdoppelt noch gespalten werden (BGH GRUR 1966, 370, 373 – *Dauerwellen II*). Wird der Betrieb übertragen, so ist damit im Zweifel auch eine Übertragung des Vorbenutzungsrechts verbunden. Es ist nicht erforderlich, dass stets das gesamte Unternehmen, dem der Betrieb dient, mit dem Vorbenutzungsrecht veräußert werden muss. Die Veräußerung des Rechts mit einem abgesonderten Teil des Betriebs ist zulässig, wenn das Recht gerade für diesen Teilbetrieb entstanden ist (RGZ 153, 321, 327, 328 – *Gleichrichterröhren*).

96 Die Übertragung eines Vorbenutzungsrechts zusammen mit einem **Teilbetrieb** ist zulässig (vgl. auch Loth, GRUR Int. 1989, 204, 208; BGH GRUR 2012, 1010 – *Nabenschaltung III*). Das Vorbenutzungsrecht kann also auch an einen abgrenzbaren Betriebsteil gebunden sein. Die Übertragung eines abgrenzbaren Betriebsteils steht der Übertragung eines (gesamten) Betriebs im Sinne von §§ 13 Abs. 3 GebrMG, 12 Abs. 1 S. 3 PatG gleich. Aufgrund der Betriebsgebundenheit des Vorbenutzungsrechts ist jedoch in jedem Einzelfall insb. anhand des Übertragungsvertrags zu prüfen, bei welchem Betrieb das Recht nach den vertraglichen Regelungen verblieben ist (vgl. BGH GRUR 1966, 370, 373 – *Dauerwellen II*). Der Übergang eines Vorbenutzungsrechts zusammen mit einem Betriebsteil ist in diesem Zusammenhang nicht schon deshalb ausgeschlossen, weil der Übernehmer einen Teil der für den Schutzgegenstand erforderlichen Arbeiten **in fremden Werkstätten,** zu denen auch diejenigen seines Vertragspartners zählen können, vornehmen lässt; dies gilt jedenfalls, solange der Vorbenutzungsberechtigte einen bestimmenden wirtschaftlich wirksamen Ein-

fluss auf Art und Umfang der Herstellung und ggf. des Vertriebs behält; der Verbleib des Vorbenutzungsrechts beim Auftraggeber dieser Fertigung kann erst dann infrage gestellt werden, wenn in der fremden Werksstätte nach eigenen willentlichen Entschließungen ihrer Inhaber gearbeitet werden würde, etwa, wenn Komponenten nach Gutdünken umgestaltet oder weiterentwickelt und auf diese Weise Herrschaft über die Gestaltung des gesamten Produkts gewonnen werden würde (vgl. BGH GRUR 2012, 1010 – *Nabenschaltung III*).

Diese grundsätzliche rechtliche Beschränkung der Verkehrsfähigkeit kann jedoch nicht durch eine willkürliche Aufteilung des Unternehmens in einzelne mit Vorbenutzungsrechten ausgestattete Abteilungen umgangen werden. Ferner kann der Erwerb der Geschäftsanteile einer Gesellschaft und ein wirtschaftlich beherrschender Einfluss des beherrschenden Unternehmens **nicht** dazu berechtigen, ein Vorbenutzungsrecht der **übernehmenden Gesellschaft** für den eigenen Betrieb in Anspruch zu nehmen (BGH GRUR 2005, 567, 568 – *Schweißbrennerreinigung*). **97**

Hat der **Vorbenutzer** – etwa wie der Arbeitnehmer einer freien oder freigegebenen Arbeitnehmererfindung – **keinen eigenen Betrieb,** muss er das Vorbenutzungsrecht auch ohne diesen Betrieb veräußern können. **98**

Eine Weitergabe an **Lizenznehmer** ist ausgeschlossen (vgl. BGH GRUR 1992, 432 – *Steuereinrichtung I;* BGH GRUR 1992, 599 – *Teleskopzylinder*). **99**

Rechtssystematisch mit der Zession des Vorbenutzungsrechts hängen auch die Befugnisse des **mittelbaren Vorbenutzers** zusammen. Da der mittelbare Vorbenutzer Abnehmern kein eigenes Benutzungsrecht an der geschützten Erfindung einräumen kann, ist es ihm auch versagt, die zur Benutzung der Erfindung geeigneten und bestimmten erfindungswesentlichen Mittel anderen Personen anzubieten, als denjenigen, denen er diese Mittel vor dem Prioritätszeitpunkt zur Benutzung der Erfindung angeboten hatte. Die Rechtsmöglichkeiten des mittelbaren Vorbenutzers sind damit auf Lizenznehmer oder unmittelbare Vorbenutzer beschränkt, die ihrerseits ein Vorbenutzungsrecht haben. **100**

Da das Vorbenutzungsrecht nicht selbständig verkehrsfähig ist, nämlich gem. § 12 Absatz 1 Satz 3 PatG kann nur zusammen mit dem Betrieb vererbt oder veräußert werden kann, unterliegt es nicht der **Zwangsvollstreckung.** Es ist deshalb gem. § 857 Absatz 3 ZPO nicht separat pfändbar. **101**

Ein Vorbenutzungsrecht kann gem. § 35 InsO zur **Insolvenzmasse** gehören und folglich von dem Insolvenzverwalter ausgeübt werden. § 36 InsO steht dem nicht entgegen. Danach gehören zwar Gegenstände, die nicht der Zwangsvollstreckung unterliegen, nicht zur Insolvenzmasse. Und das Vorbenutzungsrecht gem. § 12 Absatz 1 Satz 3 PatG kann nur zusammen mit dem Betrieb vererbt oder veräußert werden. Es ist deshalb gem. § 857 Absatz 3 ZPO nicht separat pfändbar. Gleichwohl gehört es zur Insolvenzmasse, wenn zusammen mit dem Vorbenutzungsrecht auch der Betrieb zur Masse gelangt. § 12 Absatz 1 Satz 3 PatG soll verhindern, dass der Umfang des Vorbenutzungsrechts verändert wird, indem es von dem Betrieb, in dem es entstanden ist, abgelöst wird. Diese Gefahr droht nicht, wenn das Recht zusammen mit dem Betrieb der Verwaltungsbefugnis eines Insolvenzverwalters unterstellt wird – unabhängig davon, ob der Insolvenzverwalter den Betrieb sofort veräußert oder zunächst selbst weiterführt. Wäre ein Übergang in dieser Situation ausgeschlossen, hätte dies das Erlöschen des Vorbenutzungsrechts zur Folge. Dies würde die Zugriffsmöglichkeiten der Insolvenzgläubiger, deren Schutz § 35 InsO dient, beeinträchtigen, ohne dass der Insolvenzschuldner einen Vorteil hätte. Dies kann nicht Sinn des § 36 Absatz 1 InsO sein (so insg. BGH GRUR 2010, 47, 48 [12, 13] – *Füllstoff*). Fällt das Vorbenutzungsrecht im Falle der **Insolvenz** in die Masse, kann es grundsätzlich mit dem Betrieb aus dieser veräußert werden (vgl. BGH GRUR 1966, 270 – *Dauerwellen II*). **102**

Das Vorbenutzungsrecht **erlischt** noch nicht schlechthin dadurch, dass der Vorbenutzer nach der Anmeldung seinen Erfindungsbesitz nicht mehr ausübt oder die Benutzung der Erfindung einstellt (BGH GRUR 1965, 411, 413 – *Lacktränkeinrichtung*). **103**

Im Hinblick auf die Betriebsgebundenheit erlischt es jedoch mit der endgültigen Einstellung des Betriebes, zu dem es gehört; ebenso durch erkennbaren Verzicht. Ein Vorbenutzungsrecht kann infolge Benutzung auch dann entstehen, wenn die Benutzung nicht bis zur Anmeldung des GebrM oder bis zum Prioritätszeitpunkt fortgesetzt wird, es sei denn in diesem Verhalten sei die freiwillige endgültige Einstellung der Benutzung aus technischen oder sonstigen Gründen zu erblicken (vgl. BGH GRUR 1965, 411, 413 – *Lacktränkeinrichtung;* BGH GRUR 1969, 35, 36 – *Europareise*). Veranstaltungen müssen hingegen bis zur Anmeldung des GebrM fortdauern, und zwar ohne Unterbrechung, da es andernfalls an der Absicht der alsbaldigen Benutzung der Erfindung fehlt. Der Wille zur alsbaldigen Aufnahme der Benutzung muss aufrecht erhalten und fortgesetzt betätigt sein (vgl. BGH GRUR 1969, 35, 37 – *Europareise*).

104 **4.5 Weiterbenutzungsrecht. Zwischenbenutzungsrechte** können im Fall der Wiedereinsetzung in den vorigen Stand nach Erlöschen und Wieder-Inkrafttreten des GebrM entstehen, **§ 21 Abs. 1** iVm **§ 123 Abs. 5, 6 PatG.** § 123 Abs. 5 PatG räumt dem gutgläubigen Zwischenbenutzer, dh dem, der den Gegenstand des GebrM in der Zeit von dem Erlöschen desselben bis zum Wieder-Inkrafttreten in Benutzung genommen hat oder die dazu erforderlichen Veranstaltungen traf, ein **Weiterbenutzungsrecht** ein. Ein Weiterbenutzungsrecht kann nur entstehen, wenn es **nach** dem Erlöschen des Schutzrechts beginnt. Eine Benutzung **vor** dem Zeitpunkt des Erlöschens oder nachfolgende Weiterbenutzung begründet kein Weiterbenutzungsrecht (vgl. BGH GRUR 1993, 460, 462 – *Wandabstreifer*). Benutzungshandlungen sind wie bei § 12 PatG alle die in § 11 beschriebenen Formen. Die Benutzung bzw. die erforderlichen Veranstaltungen dazu müssen im eigenen Interesse getätigt bzw. in Angriff genommen worden sein; Handlungen leitender Betriebsangehöriger sind dem Geschäftsbetrieb zuzurechnen (BGH GRUR 1993, 460, 462 – *Wandabstreifer*). Es muss sich um Handlungen im Inland handeln. Sie müssen ferner in gutem Glauben vorgenommen worden sein. Die Vorschrift über das Weiterbenutzungsrecht des Zwischenbenutzers ist eine der Vorschrift über das Vorbenutzungsrecht nachgebildete Billigkeitsvorschrift (BGH GRUR 1993, 460, 463 – *Wandabstreifer*). Der Inhalt des Weiterbenutzungsrechts entspricht dem des Vorbenutzungsrechts gemäß § 12 Abs. 1 S. 2 und S. 3 PatG. Hat der wegen Gebrauchsmusterverletzung in Anspruch Genommene den Gegenstand des Klagegebrauchsmusters bereits vor dessen Abzweigung aus dem Stammpatent in Benutzung genommen und konnte er zum Zeitpunkt der Benutzungsaufnahme nicht damit rechnen, ein Schutzrecht der Klägerin zu verletzen, handelte er gutgläubig, so dass ihm in analoger Anwendung von § 123 Abs. 5 PatG ein Weiterbenutzungsrecht zustehe (LG München Mitt. 1998, 33; zweifelhaft, weil damit die Rechtswirkungen des Abzweigungsrechts ausgehöhlt werden). Weitere Einzelheiten bei → § 21 Rn. 19; → § 23 Rn. 20.

105 Zum Weiterbenutzungsrecht aus § 28 ErstrG vgl. Vorauflage.

106 **5. Staatliche Benutzungsanordnung.** Das Schutzhindernis der Staatlichen Benutzungsanordnung gemäß § 13 Abs. 3 iVm § 13 PatG hat bislang keine praktische Relevanz erfahren. Das Ausschließlichkeitsrecht des § 11 gilt gegenüber jedem Dritten und mithin gegenüber der öffentlichen Gewalt, sei sie hoheitlich oder im Bereich der Daseinsvorsorge tätig. § 13 PatG stellt die Ermächtigungsgrundlage für eine Enteignung iSd Art. 14 Abs. 3 GG dar, die die Ausschließungsbefugnis des Schutzrechtsinhabers beschränkt. Auf die Einzelheiten der Kommentierung bei *Mes* § 13 PatG sowie bei *Benkard/Scharen* § 13 PatG wird verwiesen.

107 Das Gebrauchsmuster begründet gemäß § 11 GebrMG ein Ausschlussrecht gegenüber jedem Dritten. Dieses Recht wirkt auch gegenüber den Trägern staatlicher Gewalt in allen Bereichen (BGH GRUR 1979, 48 – *Straßendecke I*). Das eingetragene Gebrauchsmuster ist grundgesetzlich geschütztes Eigentum im Sinne des Art. 14 GG (BVerfG GRUR 2001, 43 – *Klinische Versuche*). §§ 13 Abs. 3 GebrMG, 13 PatG

schränken diese Rechte des Schutzrechtsinhabers im Interesse des Gemeinwohls mit dem Ziel eines gerechten Ausgleichs ein. § 13 PatG enthält weiter die Ermächtigungsgrundlage für eine Enteignung im Sinne des Art. 14 Abs. 3 GG, die die Ausschließungsbefugnis des Patentinhabers beschränkt und der Sache nach einen Unrechtsausschließungsgrund bildet. Zugleich enthält § 13 Abs. 3 die in Art. 14 Abs. 3 GG vorgesehene Entschädigungsregelung.

Zwei **Fälle von Benutzungsanordnungen** sind zu unterscheiden, nämlich gem. **108**

- § 13 Abs. 1 Satz 1 PatG die Benutzungsanordnung der Bundesregierung, bei der **109** die Erfindung im Interesse der öffentlichen Wohlfahrt benutzt werden soll. Hierunter sollen Fallgestaltungen des Notstandes, zB bei Naturkatastrophen, Seuchengefahr oder auch eines Angriffs mit biologischen Waffen wie etwa das Auftreten von Milzbrandfällen in größerem Umfang fallen. Die Anordnung der Bundesregierung muss dem im Register als Patentinhaber Eingetragenen, § 30 Abs. 1 PatG, vor Benutzung der Erfindung mitzuteilen, § 13 Abs. 3 S. 3 PatG.
- § 13 Abs. 1 Satz 2 PatG die Anordnung der Benutzung der Erfindung, die von der **110** zuständigen obersten Bundesbehörde oder in deren Auftrag von einer nachgeordneten Stelle angeordnet wird. Dazu muss die Benutzung im Interesse der Sicherheit des Bundes liegen. Gemeint sind vor allem militärische und/oder polizeiliche Belange. Die oberste Bundesbehörde muss nach Kenntniserlangung von der Entstehung eines Vergütungsanspruches entsprechend § 13 Abs. 3 S. 1 PatG dem als eingetragenen Schutzrechtsinhaber darüber informieren, § 13 Abs. 1 S. 2 PatG.

Als belastender Verwaltungsakt kann die Benutzungsanordnung **angefochten** **111** werden. Gem. § 13 Abs. 2 PatG ist hierfür der Verwaltungsrechtsweg eröffnet. Zuständigkeit ist das Bundesverwaltungsgericht, bei einer Anordnung durch die Bundesregierung oder die oberste Bundesbehörde, § 78 Abs. 1 Nr. 1 VwGO. Bei einer Anordnung einer nachgeordneten Stelle, folgt die Anfechtbarkeit aus §§ 40, 42 VwGO mit Durchführung eines Vorverfahrens, §§ 68 Abs. 1 S. 1, Abs. 2, 70 VwGO.

Der Schutzrechtsinhaber hat gegen die Bundesrepublik Deutschland Anspruch auf **112** angemessene **Vergütung** § 13 Abs. 3 S. 1 PatG. Über deren Höhe entscheiden die ordentlichen Gerichte, § 13 Abs. 3 S. 2 PatG. Dieser Rechtsstreit stellt sich als Patentstreitigkeit gem. § 143 Abs. 1 PatG dar.

6. Weitere Beschränkungen der Schutzwirkung (Verweis). Zu den weiteren **113** Beschränkungen der Schutzwirkungen sowie zu diesbezüglichen Einwendungen wird auf die Erläuterungen zu § 11 verwiesen.

§ 13 Abs. 3 verweist auf §§ 6, 7 Abs. 1 und 8 PatG, in denen die erfinderrechtlichen **114** Grundsätze geregelt sind. Die Rechtsprechungspraxis und Literatur zu diesen patentrechtlichen Bestimmungen können deshalb auch für das GebrM-Recht herangezogen werden, soweit sich aus den Unterschieden der Eintragungsverfahren, der Wirkung der Eintragung und dem Fehlen von Vorschriften über die Erfindernennung keine Änderungen ergeben.

7. Recht auf das Gebrauchsmuster. § 13 Abs. 3 iVm § 6 PatG regelt die ma- **115** terielle Berechtigung an der Erfindung zugunsten des wahren Erfinders oder seines Rechtsnachfolgers. Weder der Begriff des Erfinders noch der Begriff der Erfindung werden im PatG gesetzlich geregelt. Beide Begriffe sind jedoch durch die Rechtsprechung weitgehend konkretisiert worden. Der Wortlaut des § 6 PatG lässt eine Differenzierung in Bezug auf das Vorliegen einer objektiv technischen Entwicklung, die als Erfindung bezeichnet wird, und der subjektiven Komponente, die durch die Bezugnahme auf das Recht auf ein Schutzrecht zum Ausdruck gebracht wird, erkennen.

7.1 Materielle Berechtigung

7.1.1 Erfindung – Erfindungsbesitz. Erfindungsbezogene Rechte können **116** zum einen Auswirkungen auf die Beziehung des Erfinders gegenüber der Allgemeinheit haben, was sich etwa in dem Ausschluss der Nutzbarkeit der technischen Lehre aufgrund eines Monopolrechts des Erfinders niederschlägt. Solche Rechte können sich aber a priori nur aus und im Zusammenhang mit fertigen Erfindungen ergeben. Erfindungsbezogene Rechte sind ferner im Kontext mit einer Berechtigung an ihnen von Bedeutung. Dies hat Konsequenzen für den Erfindungsbegriff.

117 Unter einer **Erfindung** wird deshalb eine Lehre zu technischem Handeln verstanden, die eine Anweisung zum planmäßigen Handeln unter Einsatz beherrschbarer Naturkräfte zur Erreichung eines kausal übersehbaren Erfolges ist (BGH GRUR 2000, 1007, 1009 – *Sprachanalyseeinrichtung*). Einer Erfindung liegt immer ein technisches Problem, die sog. Aufgabe, sowie die Lösung des technischen Problems zugrunde (BGH GRUR 1991, 522 – *Feuerschutzabschluss*).

118 Das Vorliegen einer Erfindung setzt voraus, dass diese **fertig** ist, dh eine bloße Aufgabe, die sich ein Erfinder stellt, stellt solange keine Erfindung dar, solange er mit ihr nicht auch eine technische Lösung anbietet (BGH GRUR 1992, 430, 432 – *Tauchcomputer*). Die Erfindung ist „fertig", sobald eine technische Lösung für das zu lösende technische Problem vorhanden ist, und diese technische Lösung auch technisch ausgeführt werden kann; hier kommt es auf die objektiven Gegebenheiten und nicht auf subjektive Vorstellungen an (BGH GRUR 1971, 210 – *Wildverbissverhinderung*). Das Bestehen einer Serien-oder Marktreife ist hierfür freilich nicht erforderlich (BGH GRUR 1999, 920 – *Flächenschleifmaschine;* BGH GRUR 2004, 407, 409 – *Fahrzeugleitsystem*). Andererseits wird man von einer ausreichenden Offenbarung ausgehen können, wenn die technische Lehre bereits umgesetzt und verkaufsreif ist (OLG Thüringen GRUR-RR 2012, 323 – *Allwettertrittschicht*).

119 Sind **Versuche** erforderlich, die erst dem Auffinden einer Lösung der gestellten Aufgabe dienen, so liegt noch keine fertige Erfindung vor. Versuche, die nur einem Ausprobieren der technischen Lehre dienen, sind unschädlich (BGH GRUR 1971, 210, 213 – *Wildverbissverhinderung*).

120 Damit die umgesetzte erfinderische Idee über das Stadium einer rein persönlichkeitsrechtlichen Beziehung zu ihrem Schöpfer hinausgeht, bedarf es ihrer **Verlautbarung** gegenüber der Außenwelt in irgendeiner Weise, sei es mündlich oder schriftlich (BGH GRUR 1971, 210, 213 – *Wildverbissverhinderung;* OLG Thüringen GRUR-RR 2012, 323 – *Allwettertrittschicht*).

121 Eine fertige Erfindung setzt nach dem Vorstehenden also einen **Erfindungsbesitz** voraus. Dieser dokumentiert sich darin, dass der Erfinder die fertige Erfindung kennt oder über Unterlagen verfügen kann, aus denen er die Kenntnis für die fertige Erfindung ziehen kann (BGH GRUR 1991, 127, 128 – *Objektträger*).

122 Ob eine (fertige) Erfindung vorliegt bemisst sich nicht danach, ob der Erfindungsbesitz rechtmäßig oder unrechtmäßig erlangt ist; insbesondere kann der Erfindungsbesitz aufgrund einer widerrechtlichen Entnahme entstanden sein. Dies folgt bereits daraus, dass das Entstehen eines Erfindungsbesitzes auf einer tatsächlichen Handlung basiert, mit der weiteren Folge, hierfür auch das Bestehen einer Geschäftsfähigkeit nicht Voraussetzung ist.

123 **7.1.2 Rechte im Zusammenhang mit der Erfindung.** Das mit der Erfindung entstehende Recht auf das GebrM ist ein unvollkommen absolutes Immaterialgüterrecht. Die absolute Wirkung zeigt sich darin, dass es sich gegen jeden richtet, ausgenommen einen zweiten Erfinder. Unvollkommen ist das Recht, weil es kein ausschließliches Benutzungsrecht und kein Verbietungsrecht gegenüber dritten Benutzern gewährt; diese Rechte entstehen erst mit der Eintragung der Erfindung als GebrM.

124 § 6 PatG regelt das Recht „auf das Patent" bzw. über die Verweisnorm des § 13 Abs. 3 GebrMG das Recht „auf das Gebrauchsmuster". Die Rechtspositionen, die sich „aus" bzw. „im Zusammenhang mit" dem Schutzrecht ergeben, sind in dieser Vorschrift nicht geregelt. Diese Rechtspositionen ergeben sich aus anderen Vorschriften, insbesondere Verweisungsvorschriften zum PatG, und betreffen etwa die Rechte zur Lizenzierung, zur Übertragung, zur Vererbung, zur Geltendmachung von Unterlassungsansprüchen, Schadensersatzansprüchen etc. Diese (weiteren) Rechtspositionen werden im Zusammenhang mit den sie regelnden Vorschriften erörtert. Das Recht „auf das Patent bzw. Gebrauchsmuster" betrifft mithin die subjektive Komponente der sich aus der Schöpfung der technischen Lehre ergebenden Rechtsbeziehung des Erfinders zur Allgemeinheit aufgrund seiner technischen Leistung.

Das Recht auf das GebrM steht dem **Erfinder** oder seinem **Rechtsnachfolger** zu, §§ 13 Abs. 3 GebrMG, 6 S. 1 PatG. Aus der Natur der Sache folgt, dass ein Erfinder nur eine natürliche Person sein kann. Als Erfinder kann nur bezeichnet werden, wer einen **relevanten eigenständigen Beitrag** zu dieser technischen Lösung geschaffen hat; derjenige, der an der Erarbeitung der technischen Lösung nur kraft Weisung des Erfinders oder eines Dritten mitgewirkt hat, erfüllt die Voraussetzungen für die Annahme eines Erfinders nicht (BGH GRUR 2001, 823, 824 – *Schleppfahrzeug;* BGH Mitt. 2013, 551 – *Flexibles Verpackungsbehältnis*). Bloße hypothetische Geschehensabläufe oder Möglichkeiten haben bei der Beurteilung auszuscheiden (BGH Mitt. 2013, 551 – *Flexibles Verpackungsbehältnis*). 125

Die Beurteilung des Vorliegens einer Erfindung bemisst sich dabei nach der **Gesamtoffenbarung** des Gebrauchsmusters und nicht nur nach der Formulierung seiner Ansprüche (BGH Mitt. 2013, 551 – *Flexibles Verpackungsbehältnis*). Aus dem Anspruchswortlaut kann aber durch Auslegung entnommen werden, ob ein Teil der Beschreibung in dem angemeldeten Gebrauchsmuster zu seinem Gegenstand gehört, für den Schutz beansprucht werden soll (BGH GRUR 2011, 903 – *Atemgasdrucksteuerung*). 126

Haben **mehrere Miterfinder** gemeinsam eine Erfindung getätigt, so steht ihnen das Recht auf das GebrM gemeinschaftlich zu, § 6 S. 2 PatG. Wann eine gemeinschaftliche Entwicklung vorliegt, welches Rechtsverhältnis die gemeinsamen Entwickler untereinander verbindet und welche Rechtsposition sich aus einer gemeinsamen Erfindung bzw. einem eingetragenen Gebrauchsmuster gegenüber Dritten ergibt, regelt das Gesetz nicht. Zu diesen Punkten wird unter → Rn. 136ff. Stellung genommen. 127

Bei einer **(unabhängigen) Doppelerfindung** steht das Recht auf das GebrM demjenigen zu, der die Erfindung zuerst beim Patentamt anmeldet, § 13 Abs. 3 GebrMG, § 6 S. 3 PatG (→ Rn. 49, → Rn. 61, → Rn. 148f.). 128

Die Erfindung begründet kein unentziehbares Anwartschaftsrecht auf Eintragung des GebrM. Damit ist das Recht auf das GebrM materiell-rechtliche Berechtigung des Erfinders bzw. seines Rechtsnachfolgers an der Erfindung und hat damit den Charakter eines **Vermögensrechtes,** das Gegenstand des Rechtsverkehrs sein kann, zB im Wege der Lizenzvergabe (vgl. BPatG GRUR 1987, 234). In dieser Ausgestaltung unterliegt es dem Schutz des Art. 14 GG und ist sonstiges Recht im Sinne des § 823 Abs. 1 BGB (OLG Frankfurt a. M. GRUR 1987, 886 – *Gasanalysator*); die Verletzung des Rechts auf das Gebrauchsmuster durch Dritte kann mithin Unterlassungs-, Störungsbeseitigungs- und Schadensersatzansprüche auslösen. Dem tatsächlichen Erfinder und nicht demjenigen, der die Erfindung zuerst anmeldet, gebührt das Gebrauchsmuster (Durchbrechung dieses Grundsatzes in § 6 S. 3 PatG). Neben der Lizenzvergabe können auch sonstige Verfügungen im Voraus oder nachträglich getroffen werden. Es kann beispielsweise vereinbart werden, zukünftig entstehende Erfindungen in das Vermögen einer Gesellschaft einzubringen, um etwa Kapitalgebern, die ihrerseits keinen schöpferischen Beitrag geleistet haben, eine hinreichende Amortisation der mit dem Kapital ermöglichten Erfindung zu gewähren. Auch Miterfinder können untereinander über ihre Anteilsrechte verfügen. Gleichermaßen sind **Belastungen** in Form der Einräumung dinglicher Rechte, zum Beispiel Pfandrecht oder Nießbrauch oder aber auch einer Lizenz möglich. Die bloße Mitteilung des Erfindungsgedankens bedeutet aber regelmäßig keine Übertragung des Rechts an der Erfindung. 129

Das Recht auf das GebrM hat jedoch eine **Doppelnatur.** Es beinhaltet auch das **Erfinderpersönlichkeitsrecht,** das höchstpersönlich, nicht übertragbar, unpfänd- 130 bar und unverzichtbar ist (vgl. BGH GRUR 1978, 583, 585 – *Motorkettensäge*). Es entsteht mit der Erfindung und ist Teil des allgemeinen Persönlichkeitsrechts, das als „sonstiges Recht" nach § 823 Abs. 1 BGB geschützt ist. Verletzungen begründen Ansprüche auf Unterlassung, Beseitigung, Feststellung und Schadenersatz (ggf. auch Ersatz des immateriellen Schadens bei schwerer Beeinträchtigung) (vgl. OLG Frankfurt a. M. GRUR 1987, 886, 887 – *Gasanalysator;* BGH GRUR 1979, 145, 148 – *Aufwärmvorrichtung*).

131 Das Erfinderpersönlichkeitsrecht verbleibt bei dem Erfinder, auch nach der Übertragung der Erfindung und nach Ablauf der Schutzdauer. Der Erfinder kann Dritte nicht zur Geltendmachung des Erfinderpersönlichkeitsrechts ermächtigen (BGH GRUR 1978, 583, 585 – *Motorkettensäge*). Nach überkommener Auffassung soll das Erfinderpersönlichkeitsrecht (also) **unverzichtbar, unübertragbar und unpfändbar** sein (vgl. BGH GRUR 1994, 602, 603/604 – *Rotationsbürstenwerkzeug*). Da jedoch das Erfinderpersönlichkeitsrecht in anderen Rechtsbereichen auch der Durchsetzung wirtschaftlicher bzw. pekuniärer Interessen dient, etwa im Zusammenhang mit der Geltendmachung von Schadensersatzansprüchen bei Persönlichkeitsrechtsverletzungen (vgl. BGH GRUR 2000, 709 – *Marlene Dietrich*), könnte die herkömmliche Praxis einer zumindest behutsamen Weiterentwicklung unterliegen.

132 Ein Recht zur Benennung und **Nennung** des Erfinders kennt das GebrMG nicht. Die diesbezüglichen Regelungen des PatG sind nicht analog anwendbar; dies betrifft jedoch nur die Frage der Auflistung des Namens auf dem Gebrauchsmusterdokument und lässt den Anspruch auf Benennung und Nennung des Namens als Ausdruck des allgemeinen Persönlichkeitsrechts im Sinne des § 823 Abs. 1 BGB unberührt.

133 Zu dem Erfinderrecht gehört auch der **Anspruch auf Eintragung des GebrM.** Nach Anmeldung des Gebrauchsmusters gewährt das Recht auf das Gebrauchsmuster einen öffentlich-rechtlichen Anspruch auf Eintragung des Gebrauchsmusters in derjenigen Ausgestaltung, die der gegebenen neuen technischen Lehre und dem Willen des Anmelders entspricht, und soweit dies rechtlich zulässig ist (vgl. BGH GRUR 1982, 95, 96 – *Pneumatische Einrichtung;* BGH GRUR 1991, 127, 128 – *Objektträger;* BVerfG GRUR 2003, 723 – *Rechtsprechungstätigkeit;* BGH GRUR 2010, 253 [20] – *Fischdosendeckel;* BGH Mitt. 2006, 314 – *Mikroprozessor*). Dieser Anspruch umfasst auch die Auswahl unter den gebrauchsmusterrechtlich zur Verfügung stehenden Erfindungskategorien, also etwa zwischen einem Erzeugnis-Gebrauchsmuster und einem (soweit zulässig) Verwendungs-Gebrauchsmuster.

134 Der Anspruch auf Eintragung des GebrM ist – im Gegensatz zu dem oben erläuterten Erfinderpersönlichkeitsrecht – **übertragba**r (BGH GRUR 1994, 602, 603/604 – *Rotationsbürstenwerkzeug*). Die Übertragung kann entweder durch Gesamtrechtsnachfolge, also Erbgang oder gesellschaftsrechtliche Verschmelzung, oder durch Einzelrechtsnachfolge, also rechtsgeschäftliche Übertragung oder Zwangsvollstreckung, erfolgen. Da Erfinder nur natürliche Personen, also nicht juristische Personen, Handelsgesellschaften, Körperschaften etc. sein können, können diese Rechte an der Erfindung nur in abgeleiteter Weise erwerben; dazu gehört auch die Möglichkeit, die entsprechende Rechtsposition im Wege der Inanspruchnahme einer Arbeitnehmererfindung nach dem ArbEG zu erhalten. Natürliche Personen können ebenfalls abgeleitete Rechte erwerben. Vorausverfügungen über künftige Erfindungen sind möglich; die allgemeinen zivilrechtlichen Anforderungen, insbesondere an die Bestimmtheit und Bestimmbarkeit dieser künftigen Rechte, sind zu beachten.

135 Der Anspruch auf Eintragung des GebrM entsteht dabei nicht notwendigerweise für den Erfinder, sondern für den Anmelder. **§ 7 Abs. 1 PatG,** auf den § 13 Abs. 3 GebrMG verweist, regelt dies im Sinne einer Fiktion dahingehend, dass im Verfahren vor dem Patentamt der Anmelder als berechtigt **gilt,** die Eintragung des Schutzrechts zu verlangen, und zwar auch dann, wenn er materiell-rechtlich nicht berechtigt ist **(Anmeldergrundsatz),** → Rn. 150. Das **Recht aus dem Gebrauchsmuster** ist die sich aus dem eingetragenen Gebrauchsmuster ergebende Rechtsposition, §§ 11,

12; hierzu gehören auch die Rechte zur Lizenzierung sowie die Verbietungsrechte gegenüber Dritten, einschließlich der Verletzungsansprüche.

7.1.3 Miterfinder. § 13 Abs. 3 iVm § 6 S. 2 PatG regelt die Folgen einer gemeinsamen Erfindung nur in unvollkommener Weise. **136**

Das **Entstehen** einer gemeinsamen Rechtsposition als **Miterfinder** setzt von jedem Beteiligten voraus, dass er durch selbständige, geistige Mitarbeit selbst einen schöpferischen Anteil zu der Erfindung geleistet hat (vgl. BGH GRUR 1969, 133, 135 – *Luftfilter*). Analog zu der Bestimmung des (Einzel-) Erfinders haben mehrere Miterfinder eine erfinderische technische Lösung erarbeitet, wenn jeder von ihnen hierzu einen **eigenen schöpferischen Beitrag** geleistet hat. Das Vorliegen eines schöpferischen Beitrags ist dabei abzugrenzen von einer bloßen Mithilfe bei der Erarbeitung der Erfindung, die für die Annahme einer Miterfinderschaft nicht ausreicht (BGH GRUR 2001, 226, 227 – *Rollenantriebseinheit;* BGH GRUR 2004, 50, 51 – *Verkranzungsverfahren*). Ein Beitrag zu der technischen Lösung, der auf der Weisung eines Dritten beruht, oder ein Beitrag, der keinen relevanten Einfluss auf die technische Lehre leisten kann, kann deshalb nicht zur Annahme einer Miterfindereigenschaft führen. Rein konstruktive Maßnahmen reichen folglich regelmäßig nicht. Miterfinder ist auch nicht derjenige, der lediglich die finanziellen oder sonstigen sachlichen Voraussetzungen hierfür geschaffen hat (zB Arbeitgeber oder Auftraggeber). Der jeweilige schöpferischer Beitrag muss freilich – dies folgt aus der Natur der gemeinsamen Entwicklung – nicht für sich genommen die gesamte technische Lösung für sich erfassen oder auch nur den wesentlichen Teil der Erfindung zum Gegenstand haben (BGH Mitt. 2013, 551 – *Flexibles Verpackungsbehältnis*). **137**

Aus den Ansprüchen kann abgeleitet werden, ob ein Beitrag zu der gesamten Erfindung die Voraussetzung der eigenen schöpferischen Leistung erfüllt; jedoch darf nicht umgekehrt aus der Nicht-Erwähnung dieses Beitrags insbesondere im Hauptanspruch geschlossen werden, dass der Teil-Beitrag diese Voraussetzung nicht erfülle. Die Rechtsprechung formuliert diese im Einzelfall schwierige Abgrenzung vielfach so, dass es darauf ankommt, ob der Einzelbeitrag die erfinderische Gesamtleistung mit beeinflusst hat, mithin nicht unwesentlich in Bezug auf die erfindungsgemäße Leistung ist (BGH GRUR 1978, 583, 585 – *Motorkettensäge;* BGH GRUR 2001, 226, 227 – *Rollenantriebseinheit*). Dazu ist der Gesamtinhalt (BGH Mitt. 2013, 551 – *Flexibles Verpackungsbehältnis;* BGH Mitt. 2013, 274 – *Bohrwerkzeug*) der zu untersuchenden technischen Lehre zu ermitteln. Danach werden die Einzelbeiträge der möglichen Miterfinder festgestellt und im Vergleich zueinander gewichtet (BGH GRUR 2001, 226, 227 – *Rollenantriebseinheit*). Deshalb kann einerseits aus der möglicherweise eher zufälligen und formalen Aufnahme einer besonderen Ausbildung der technischen Lehre in einen Unteranspruch nicht unbedingt auf das Vorliegen des geforderten selbstständigen technischen Beitrags geschlossen werden (BGH GRUR 2001, 226, 227 – *Rollenantriebseinheit;* BGH GRUR 2004, 50, 52 – *Verkranzungsverfahren*), wie umgekehrt ein relevanter technischer Beitrag vorhanden sein kann, obwohl er lediglich in die Beschreibung des Gebrauchsmusterdokuments aufgenommen wurde und keinen Eingang in einen Gebrauchsmusteranspruch gefunden hat (BGH Mitt. 2013, 274 – *Bohrwerkzeug;* BGH Mitt. 2013, 551 – *Flexibles Verpackungsbehältnis*). **138**

Ergibt sich nach diesen Kriterien das Bestehen einer Erfindergemeinschaft, so steht den Miterfindern als **Rechtsfolge** das Recht auf das Gebrauchsmuster gemeinschaftlich zu, §§ 13 Abs. 3 GebrMG, 6 Satz 2 PatG. **139**

In welchem Verhältnis jeder der Miterfinder an dem GebrM zu beteiligen ist, hängt davon ab, welche Leistung der einzelne Miterfinder zu der Erfindung beigesteuert hat. **140**

Die vermögensrechtlichen Beziehungen der Miterfinder untereinander richten sich nach ihren (häufig stillschweigenden) Vereinbarungen, ergänzend nach dem Recht der **Bruchteilsgemeinschaft** gemäß §§ 741 ff. BGB (BGH GRUR 2006, **141**

401 [9] – *Zylinderrohr;* BGH GRUR 2005, 663, 664 – *Gummielastische Masse II;* BGH GRUR 2001, 226, 227 – *Rollenantriebseinheit*).

142 Verfolgen die Miterfinder einen gemeinsamen Zweck, zB die gemeinsame wirtschaftliche Verwertung der Erfindung, so sind die Regelungen der **Gesellschaft** gemäß §§ 705 ff. BGB anzuwenden. Hinsichtlich der Verwaltung und Benutzung der Erfindung können sich in Ermangelung getroffener Vereinbarung folgende Unterschiede ergeben:

143 – **Bruchteilsgemeinschaft:** Die **Verwaltung** steht den Teilhabern nach § 744 Abs. 1 BGB gemeinschaftlich zu, also gemeinschaftliche Schutzrechtsanmeldung und -aufrechterhaltung (→ § 17 Rn. 8), Vergabe von Lizenzen, Rechtsverfolgung von Verletzern. Jeder Teilhaber ist gemäß § 744 Abs. 2 BGB berechtigt, die zur Erhaltung des Gegenstands notwendigen Maßregeln ohne Zustimmung der anderen Teilhaber zu treffen, zB Gebührenzahlungen. Hierunter fällt auch die Möglichkeit jedes Teilhabers, im eigenen Namen auf Unterlassung zu klagen; Rechnungslegung und Schadenersatzleistung können aber nur für alle Teilhaber gefordert werden. Regelmäßig wird auch die Vornahme der Anmeldung durch den einzelnen Teilhaber als notwendige Maßnahme im Sinne des § 744 Abs. 2 anzusehen sein, da andernfalls die Gefahr durch Drittanmeldungen droht.

144 Ob die **Benutzung** der gemeinschaftlichen Erfindung durch einen **einzelnen Teilhaber** im Hinblick auf § 743 Abs. 2 BGB erlaubt und damit keine GebrM-Verletzung darstellt, ist streitig, aber zu bejahen, weil das Mitbenutzungsrecht durch die übrigen Teilhaber nicht beeinträchtigt wird; ein in der Praxis häufig zu beobachtender Streit zwischen den Miterfindern würde darüber hinaus die Nutzung der Erfindung blockieren können, was mit dem Grundgedanken des Patent- und Gebrauchsmusterrechts nicht vereinbar wäre (aA insgesamt *Sefzig* GRUR 1995, 302, 304). Aus diesem Grunde wendet die höchstrichterliche Rechtsprechung zu Recht die Vorschrift des § 743 Abs. 2 BGB an und leitet aus dieser die Einräumung der Befugnis an jeden Teilhaber ab, das gemeinschaftliche Recht zu eigenem Gebrauch zu nutzen. In Abweichung des Grundsatzes gemäß § 743 Abs. 1 BGB steht dem jeweiligen Teilhaber die Nutzungsmöglichkeit unabhängig von dem jeweiligen Anteil der anderen Teilhaber zu (BGH GRUR 2005, 663, 664 – *Gummielastische Masse II*). Bei Fehlen einer Beschlussfassung nach § 745 Abs. 1 BGB oder einer Ermessensentscheidung nach § 745 Abs. 2 BGB ist jeder Teilhaber gleichermaßen zum Gebrauch des Gegenstands der Erfindung, dh des eingetragenen Gebrauchsmusters, berechtigt (BGH GRUR 2005, 663, 664 – *Gummielastische Masse II*). Den verbliebenen jeweiligen Teilhabern steht für diese Nutzung des Gegenstands der Erfindung durch einen Teilhaber grundsätzlich kein Ausgleichsanspruch zu (BGH GRUR 2005, 663, 664 – *Gummielastische Masse II*). Den Miterfindern steht natürlich frei, Abweichendes zu vereinbaren, § 745 Abs. 1 BGB. Ebenso kann ein Ausgleichsanspruch aufgrund der Ermessensvorschrift des § 745 Abs. 2 BGB gerechtfertigt sein, der zu einer angemessenen Lizenz führt (OLG Düsseldorf GRUR Prax 2014, 415). Die vorstehenden Grundsätze gelten prinzipiell auch bei einer gemeinschaftlichen Anmeldung, die nicht zu einem eingetragenen Schutzrecht geführt hat (so zum PatG: BGH GRUR 2006, 401 – Zylinderrohr). Der einzelne Miterfinder kann sich dabei auch Dritter, insbesondere Zulieferer, bedienen; diese dürfen jedoch nur den Miterfinder, nicht aber beliebige Dritte beliefern (OLG Düsseldorf GRUR-RR 2012, 319, 320 – *Einstieghilfe für Kanalöffnungen*).

145 Die Benutzungsbefugnis würde hingegen bei einer **Übertragung** oder **Lizenzeinräumung** des Rechtes überschritten werden (OLG Düsseldorf GRUR-RR 2012, 319, 320 – *Einstieghilfe für Kanalöffnungen*), dies ist mithin nur gemeinschaftlich möglich; jeder Teilhaber kann aber nach § 747 S. 1 BGB über seinen Anteil an der Erfindung verfügen (BGH GRUR 1979, 540, 541 – *Biedermeiermanschetten;* BGH GRUR 2001, 226, 227 – *Rollenantriebseinheit*), jedoch nicht über seinen Beitrag zum Ganzen. Jeder Teilhaber kann die gemeinsame Erfindung gegen widerrechtliche Entnahme durch einen Dritten verteidigen und das gemeinsame GebrM im Löschungsverfahren allein verteidigen, § 744 Abs. 2 BGB. Im Einzelnen ist hier vieles streitig.

Ist eine Bruchteilsgemeinschaft anzunehmen, kann der jeweilige Miterfinder jederzeit die Aufhebung der Gemeinschaft und den Verkauf der gemeinschaftlichen Erfindung verlangen, §§ 749, 753 BGB. Dieses Recht steht dem Miterfinder auch dann zu, wenn er selbst, etwa aufgrund eines vereinbarten Wettbewerbsverbotes – an der Nutzung des Gegenstands der Erfindung gehindert sein sollte (BGH GRUR 2005, 663, 664 – *Gummielastische Masse II*). **146**

– Das Recht an der Erfindung und das Recht an dem GebrM steht den **Gesellschaftern zur gesamten Hand** zu. Sie können infolge dessen über das Recht nur gemeinsam verfügen. Auch eine Verfügung über den Anteil des Einzelnen an der Gesellschaft ist nur mit Zustimmung aller Beteiligten möglich, §§ 717, 719 BGB. **147**

7.1.4 Doppelerfindungen. Bei einer **(unabhängigen) Doppelerfindung** steht das Recht auf das GebrM demjenigen zu, der die Erfindung zuerst beim Patentamt anmeldet, §§ 13 Abs. 3 GebrMG, 6 S. 3 PatG. Das Recht auf das GebrM entsteht mit der Schöpfung der Erfindung, die Realakt ist, so dass es auf die Geschäftsfähigkeit nicht ankommt. Das Recht an der Erfindung entsteht, wenn die Erfindung so fertig und verlautbart ist, dass sie für Dritte ausreichend konkret erkennbar ist; mithin muss der Fachmann die ihr zugrunde liegende technische Lehre nach den Angaben des Erfinders ausführen können (vgl. BGH GRUR 1971, 210 – *Wildverbissverhinderung*). **148**

Weitere Anmelder haben folglich zunächst unabhängig vom ersten Anmelder ein Recht auf das Patent. Die weitere Anmeldung ist allein im Verhältnis zur früheren Anmeldung an den allgemeinen Grundsätzen zur Notwendigkeit einer neuen und erfinderischen technischen Lehre zu messen. Ist die frühere Anmeldung vorveröffentlicht, gehört sie gegenüber der späteren Anmeldung zum Stand der Technik. Im Übrigen bestimmt sich das Verhältnis untereinander nach dem Altersrang. **149**

7.2 Recht des Anmelders. Gemäß **§ 13 Abs. 3 GebrMG** iVm **§ 7 Abs. 1 PatG** wird das Erfinderprinzip durch das sog **Anmelderprinzip** durchbrochen. Der Anspruch auf Eintragung des GebrM steht dem Anmelder zu. Dabei wird nicht geprüft, ob der Anmelder tatsächlich zur Anmeldung berechtigt ist. Seine Berechtigung wird **fingiert** (aA BPatGE 24, 54, 56: Unwiderlegliche Vermutung). Diese Fiktion betrifft nur den formalen Anspruch auf Eintragung des GebrM. An der materiellen Rechtsinhaberschaft ändert sie nichts. Mit dieser Regelung soll das patentamtliche Verfahren von ansonsten notwendigen Ermittlungen über die materielle Rechtsinhaberschaft entlastet werden (BGH GRUR 1997, 890, 891 – *Drahtbiegemaschine*). Hat der Anmelder zu Unrecht die Rechtsposition erlangt, steht dem materiell Berechtigten der Rechtsbehelf des § 13 Abs. 3 GebrMG iVm § 8 PatG auf Übertragung der GebrM-Anmeldung oder des eingetragenen Gebrauchsmusters zu. Des Weiteren kann er Löschung gemäß § 15 Abs. 2 wegen widerrechtlicher Entnahme beantragen. Weitere Einzelheiten bei → § 15 Rn. 1 ff. Eine Nachanmeldung mit Priorität des entnommenen GebrM entsprechend § 7 Abs. 2 PatG ist angesichts des eindeutigen Wortlauts in § 13 Abs. 3 nicht möglich. Eine Analogie des § 7 Abs. 2 PatG kommt angesichts des mit dieser Vorschrift eher eingeschränkten Grundgedankens (vgl. hierzu BGH GRUR 1997, 890 – *Drahtbiegemaschine*) ebenfalls nicht in Betracht. **150**

7.3 Vindikation

7.3.1 Allgemeines. Der wahre Erfinder, dessen Erfindung von einem Nichtberechtigten angemeldet ist, oder der durch widerrechtliche Entnahme Verletzte hat einen Anspruch auf **Übertragung** des GebrM oder auf **Abtretung** der Anmeldung gegen den nichtberechtigten Inhaber oder Anmelder, **§ 13 Abs. 3 GebrMG** iVm **§ 8 S. 1 PatG.** **151**

152 Durch diese Vorschriften werden die Folgen des Anmelderprinzips gemildert. Der Anspruch ähnelt demjenigen des Eigentümers gegen den unrechtmäßigen Besitzer der §§ 985 ff. BGB und wird deshalb als erfinderrechtliche Vindikation bezeichnet (BGH GRUR 1982, 95, 96 – *Pneumatische Einrichtung*). Zu den weiter und unabhängig hiervon bestehenden Möglichkeiten im Falle der widerrechtlichen Entnahme vgl. → Rn. 37 ff. Die Übertragungsklage wegen widerrechtlicher Entnahme soll den **Zwiespalt** zugunsten des sachlich Berechtigten beseitigen, der sich aus der formalen Rechtsinhaberschaft eines sachlich nichtberechtigten Schutzrechtsinhabers gegenüber dem sachlich berechtigten Inhaber ergibt (vgl. BGH GRUR 1996, 42, 43 – *Lichtfleck*). Das Auseinanderfallen von sachlichem und formellem Recht soll vermieden werden.

153 Mit gegebenenfalls anderer Zielrichtung kann der Verletzte beispielsweise den Einwand der allgemeinen Arglist im Fall seiner Inanspruchnahme aus dem Schutzrecht sowie weitere Ansprüche geltend machen. Zu diesen weiteren Ansprüchen gehören diejenigen der §§ 823 ff. BGB, mithilfe derer bei Vorliegen der entsprechenden Voraussetzungen verschuldensunabhängig ein Unterlassungsbegehren und verschuldensabhängig ein Schadenersatzbegehren durchgesetzt werden können (BGH GRUR 2009, 692 – *Angussvorrichtung für Spritzgießwerkzeuge II*). Weiterhin können Bereicherungsansprüche gemäß §§ 812 ff. BGB bestehen, ebenso Ansprüche auf Störungsbeseitigung gemäß § 1004 BGB oder Ansprüche wegen Geheimnisverrats nach §§ 17 ff. UWG (BGH GRUR 1979, 890, 891/892 – *Drahtbiegemaschine*). Diese Ansprüche unterliegen jeweils einem eigenen Fristenregime.

154 **7.3.2 Anspruchsberechtigung.** §§ 13 Abs. 3 GebrMG, 8 Satz 1 PatG gewähren Ansprüche sowohl für den Berechtigten, dessen Erfindung von einem Nicht-Berechtigten angemeldet worden ist, wie für den durch eine widerrechtliche Entnahme Verletzten.

155 Ob dem erstgenannten **Berechtigten** ein Recht nach diesen Vorschriften zusteht, bemisst sich danach, ob er nach §§ 13 Abs. 3 GebrMG, 6 PatG Erfinder oder dessen Rechtsnachfolger ist. Berechtigt in diesem Sinne kann auch ein Miterfinder sein, dem jedoch entsprechend seiner rechtlichen Position nur ein Anspruch auf Einräumung einer Mitberechtigung zusteht.

156 Das Vorliegen einer Berechtigung bemisst sich nach den bei → Rn. 116 ff. dargelegten Voraussetzungen für das Entstehen einer Erfindung, also nach dem Umfang des schöpferischen Beitrags zum Gegenstand der beanspruchten technischen Lehre (BGH GRUR 2011, 903, 904 [12 ff.] – *Atemgasdrucksteuerung*). Ist einem Arbeitgeber das Recht an den Gegenstand der Erfindung rechtswirksam nach den Grundsätzen des ArbEG übertragen worden, so steht ihnen das Recht zur Geltendmachung der Vindikation Ansprüche zu. Ein Erfindungsbesitzer nach § 13 GebrMG iVm § 8 PatG soll aber nur dann einen Anspruch auf Übertragung des Rechts geltend machen können, wenn er sachlich berechtigt ist. § 8 PatG gewährt bei nichtberechtigter Anmeldung und bei widerrechtlicher Entnahme sowohl dem sachlich Berechtigten, dh dem Erfinder oder dessen Rechtsnachfolger, als auch dem Erfindungsbesitzer, der sein Recht zum Erfindungsbesitz befugt vom sachlich Berechtigten herleitet, den Abtretungs- bzw. Übertragungsanspruch. Dem auf Übertragung klagenden Erfindungsbesitzer kann jedoch entgegengehalten werden, er habe kein sachliches Recht an der Erfindung und deshalb auch kein Recht auf das Schutzrecht (BGH GRUR 1991, 127, 128 – *Objektträger*). Ist der Erfindungsbesitzer mithin nicht zugleich auch sachlich Berechtigter, so ist er nicht aktivlegitimiert und ihm kann die fehlende Berechtigung von dem Inanspruchgenommenen entgegengehalten werden. Das Gesetz billigt dem Erfindungsbesitzer einen Anspruch lediglich aus Gründen der Beweiserleichterung zu, schließt aber den Einwand fehlender Rechtsinhaberschaft nicht aus. Ein nichtberechtigter Erfindungsbesitzer wird durch eine unberechtigte Anmeldung des Schutzrechts seitens eines Dritten nicht in seinen Rechten verletzt. Die Nichtberechtigung

der Anmeldung muss im Zeitpunkt der letzten mündlichen Verhandlung noch vorliegen (vgl. BGH GRUR 1982, 95 – *Pneumatische Einrichtung*).

Der durch **widerrechtliche Entnahme** Verletzte ist ebenfalls aktivlegitimiert. Das ist beispielsweise der Arbeitgeber, solange er eine Diensterfindung noch nicht in Anspruch genommen hat, diese aber noch möglich ist (im Falle der Inanspruchnahme ist der Arbeitgeber Berechtigter, so dass er nach der in → Rn. 134 genannten Alternative berechtigt ist). **157**

Widerrechtliche Entnahme liegt vor, wenn der wesentliche Inhalt des GebrM (bzw. der GebrM-Anmeldung) den Beschreibungen, Zeichnungen, Modellen, Gerätschaften oder Einrichtungen eines anderen ohne dessen Einwilligung entnommen worden. Widerrechtliche Entnahme erfolgt mithin insbesondere gegenüber dem **Erfindungsbesitzer.** Das Gesetz unterstellt hier, dass der Erfindungsbesitzer regelmäßig auch der materiell Berechtigte ist. Dieser soll davon entbunden werden, in jedem Vindikationsprozess seine materielle Berechtigung an der Erfindung darlegen und aufwändig beweisen zu müssen. Vielmehr genügt es grundsätzlich, dass der Vindikationskläger seinen Erfindungsbesitz darlegt und beweist, und dass ihm dieser widerrechtlich entnommen worden ist. Bei mitberechtigten Erfindungsbesitzern ist untereinander der Tatbestand der widerrechtlichen Entnahme aufgrund deren Berechtigung nicht gegeben. Zur widerrechtlichen Entnahme vgl. → Rn. 37 ff. **158**

7.3.3 Anspruchsverpflichteter. Nichtberechtigter iSd § 8 ist, wer nicht Erfinder oder dessen Rechtsnachfolger ist, selbst wenn er die Erfindung mit Einwilligung des Berechtigten auf seinen Namen zum Patent angemeldet hat (BGH GRUR 1982, 95, 96/97 – *Pneumatische Einrichtung*). Auch der Erfinder kann selbst Nichtberechtigter sein, wenn er beispielsweise seine Erfindung zuvor auf einen Dritten übertragen hat oder etwa eine unbeschränkt in Anspruch genommene Arbeitnehmererfindung selbst anmeldet (OLG Karlsruhe GRUR 1983, 67). Anspruchsverpflichteter, d. h. passivlegitimiert ist gemäß §§ 13 Abs. 3 GebrMG iVm § 8 S. 1, 2 PatG entweder der GebrM-Anmelder oder GebrM-Inhaber. **159**

Gutgläubiger Rechtserwerb ist nicht möglich, §§ 413, 404 BGB. Es kommt deshalb nicht darauf an, ob gerade derjenige, gegen den der Anspruch geltend gemacht wird, die nicht-berechtigte Anmeldung oder Eintragung bewirkt hat, dies gutgläubig getan oder diese gutgläubig erworben hat, wenn bereits im Vorfeld eine Nichtberechtigung in Bezug auf die Erfindung oder die Anmeldung vorliegt. Die während eines Vindikationsrechtsstreits erfolgte Umschreibung des Streitgebrauchsmusters vom Beklagten auf einen Dritten ist auf das Prozessrechtsverhältnis ohne Einfluss, das Urteil erstreckt sich auch auf den Rechtsnachfolger des im Register Eingetragenen (OLG Karlsruhe Mitt. 1998, 101). **160**

Gegenstand des Vindikationsanspruchs ist die in → Rn. 37 ff., → Rn. 116 ff. erläuterte Erfindung. Gegenstand des Anspruchs ist also die angemeldete oder eingetragene Erfindung des Berechtigten bzw. des durch widerrechtliche Entnahmeverletzten. Zu den Anspruchsvoraussetzungen vgl. → Rn. 37 ff. **161**

Bei der Vindikationsklage werden Neuheit sowie erfinderischer Schritt des vindizierten GebrM/GebrM-Anmeldung vermutet. Der Einwand der Schutzunfähigkeit ist nicht zulässig (vgl. BGH GRUR 1962, 140 – *Stangenführungsrohre*) Einzelheiten hierzu bei → Rn. 38 f., → Rn. 44. Dies soll jedenfalls bei Identität zwischen dem Gegenstand der Anmeldung oder des Schutzrechts und dem der widerrechtlichen Entnahme gelten (vgl. BGH Mitt. 1996, 16 – *Gummielastische Masse*). Die Schutzfähigkeit ist aber als Vorfrage im Rahmen einer Schadenersatzklage dann zu prüfen, wenn die Patentbehörden und -gerichte mit dieser Frage nicht mehr befasst werden können (BGH Mitt. 1996, 16 – *Gummielastische Masse*). **162**

Für das Bestehen eines Anspruchs ist weiter eine **Wesensgleichheit** zwischen der Erfindung des Berechtigten und dem Gegenstand des übertragenen/abzutretenden **163**

Anmeldungen bzw. Eintragung (BGH GRUR 1971, 210, 212 – *Wildverbissverhinderung*). Fehlt es an einer vollständigen Wesensgleichheit, hat also der Anspruchsverpflichtete die technische Lösung teilweise abgewandelt oder dieser etwas hinzugefügt, kommt nur ein Anspruch auf Einräumung eines Miteigentumsanteils in Betracht, der gegenüber dem Übertragungsanspruch des Alleinerfinders ein Minus darstellt und in dem Antrag auf vollständige Übertragung enthalten ist (BGH GRUR 2006, 747 – *Schneidbrennerstromdüse;* BGH GRUR 2009, 657 – *Blendschutzbehang*).

164 **7.3.4 Rechtsfolgen.** Die Rechtsfolgen ergeben sich aus §§ 13 Abs. 3 GebrMG, 8 Satz 1 PatG, nämlich in der Ausgestaltung auf Abtretung des Anspruchs auf Eintragung des Gebrauchsmusters sowie auf Übertragung des bereits eingetragenen Gebrauchsmusters. Da die Eintragung von Gebrauchsmustern sehr schnell erfolgt, wird in der Praxis regelmäßig der letztgenannte Anspruch von Bedeutung sein.

165 **7.3.5 Fristen.** Die **Ausschlussfristen** gemäß § 8 S. 3–5 PatG sind zu beachten. Zwei Jahre nach Veröffentlichung der Eintragung (§ 8 S. 3 PatG). Gemäß § 8 S. 4 PatG kann die Geltendmachung des Anspruchs noch innerhalb eines Jahres nach rechtskräftigem Abschluss des Löschungsverfahrens erhoben werden. Nach § 8 S. 5 PatG gelten die Ausschlussfristen der Sätze 3 und 4 nicht, wenn der GebrM-Inhaber beim Erwerb des GebrM nicht in gutem Glauben war (Kenntnis bzw. grob fahrlässige Unkenntnis, § 932 Abs. 2 BGB).), In diesem Fall kann der wegen GebrM-Verletzung in Anspruch Genommene nach Ablauf der Frist des § 8 Sätze 3 und 4 den Einwand der widerrechtlichen Entnahme geltend machen (BGH GRUR 2005, 567 – *Schweißbrennerreinigung*)

166 Da die Fristen der Sätze 3 und 4 Ausschlussfristen sind, sind sie nicht wiedereinsetzungsfähig, § 21 iVm § 123 PatG. Macht der gutgläubige Patentinhaber im Verletzungsprozess von seiner ihm durch § 8 Sätze 2 und 4 zugewiesenen Rechtsposition der Gebrauchsmusterinhaberschaft Gebrauch, kann ihm Arglist nicht vorgeworfen werden (BGH GRUR 2005, 567 – *Schweißbrennerreinigung*). Allerdings steht es dem Verletzten frei, nach Ablauf dieser Fristen einen Löschungsantrag wegen widerrechtlicher Entnahme zu erheben und das Gebrauchsmuster widerrufen zu lassen. Für den Löschungsantrag gilt eine Ausschlussfrist gem. § 8 Satz 3, 4 PatG nicht.

167 Die **Darlegungs- und Beweislast** obliegt im Fall der **Vindikationsklage** dem Vindikationskläger für die für ihn günstigen tatbestandlichen Voraussetzungen. Er muss seine Erfinderschaft darlegen bzw. beweisen. Der Anscheinsbeweis wird hierfür als nicht ausreichend angesehen (*Benkard/Melullis,* § 8 PatG Rn. 47), weil die Grundsätze des Anscheinsbeweises nur bei typischen Geschehensabläufen anwendbar und deshalb keine Anwendung finden, da die widerrechtliche Entlehnung eines gewerblichen Schutzrechts nicht zu den typischen Geschehensabläufen zähle, siehe aber → Rn. 168.

168 Macht der Beklagte eine **Doppelerfindung** geltend, muss der Kläger diese Möglichkeit ausscheiden, auch wenn eine derartige „Verteidigung" nicht selten prozesstaktisch bedingt sein dürfte. Deshalb reicht die mehr oder weniger theoretische Möglichkeit einer Doppelerfindung nicht aus (BGH GRUR 1979, 145, 147 – *Aufwärmvorrichtung*). Dazu reicht es in der Regel aus, wenn der Kläger vorträgt und beweist, dass er dem Anmelder den Erfindungsbesitz verschafft hat bzw. ihm Kenntnis von der Erfindung vor dem Anmeldetag verschafft hat. Der Beklagte hat dann darzustellen und zu beweisen, dass dennoch die Voraussetzungen einer Doppelerfindung vorliegen. Folglich ist von dem Beklagten substantiierter Sachvortrag und gegebenenfalls Beweis dazu zu verlangen, auf welche konkreten Tatsachen und Umstände er seine Erfindereigenschaft im Einzelnen fundiert (BGH GRUR 1979, 145, 147 – *Aufwärmvorrichtung*). Letzteres gilt insbesondere in dem nicht seltenen Fall, dass zwischen den Parteien Gespräche über die Vermarktung des Erfindungsgedankens stattgefunden haben und der Beklagte im Anschluss daran die Erfindung zum Gebrauchsmuster angemeldet hat; es ist dann Aufgabe des Beklagten die Umstände zu substantiieren, aus

denen er das Vorliegen einer Doppelerfindung hergeleitet; allgemeine hypothetischen Überlegungen dazu, dass er ebenfalls in der Lage gewesen wäre, eine derartige Erfindung zu tätigen, reichen nicht (BGH GRUR 2001, 823, 825 – *Schleppfahrzeug*).

Die vorstehenden Grundsätze gelten auch für die als Einrede geltend gemachte widerrechtliche Entnahme durch den Beklagten (BGH GRUR 2005, 567 – *Schweißbrennerreinigung*). **169**

Eine Aussetzung des Vindikationsrechtsstreits wegen parallelen Löschungsverfahrens gemäß § 15 Abs. 2 kommt nicht in Betracht (ebenso *Mes* PatG § 8 Rn. 24). **170**

§ 14 [Später angemeldetes Patent]

Soweit ein später angemeldetes Patent in ein nach § 11 begründetes Recht eingreift, darf das Recht aus diesem Patent ohne Erlaubnis des Inhabers des Gebrauchsmusters nicht ausgeübt werden.

Literatur: *Bossung,* Innere Priorität und Gebrauchsmuster, GRUR 1979, 661; *Schnabel,* Gebrauchsmuster und abhängiges Patent nach § 6 GebrMG, GRUR 1940, 73; *Zeller,* Älteres Gebrauchsmuster, jüngeres Patent und Weiterbenutzung, GRUR 1953, 235; *Ohly,* Zur Wirkung prioritätsgleicher Patente, Mitt. 2006, 241; *Stjerna,* Die Reichweite des älteren Rechts – Zum Umfang des Benutzungsrechts aus Patenten und Gebrauchsmustern, GRUR 2010, 795.

Inhaltsübersicht

1 **1. Allgemeines/Zweck der Vorschrift.** § 14 enthält abschließend, jedoch unvollständig, eine Kollisionsregelung für das Zusammentreffen eines älteren GebrM mit einem jüngeren, hinsichtlich der geschützten Erfindung identischen oder abhängigen Patent. Diese Regelung ist im Zusammenhang mit § 3 Abs. 2 PatG zu sehen. Dort sind GebrM-Anmeldungen mit älterem Zeitrang als fiktiver Stand der Technik nicht erwähnt. Trotz früherer, nicht vorveröffentlichter GebrM-Anmeldung kann mithin auf eine spätere Anmeldung hin ein inhaltsgleiches Patent erteilt werden.

2 Eine hiervon zu unterscheidende Fragestellung betrifft die Kollision zwischen einem **GebrM** und einem im Schutzumfang zumindest teilweise übereinstimmenden **europäischen Patent.** Art. II § 8 IntPatÜG macht von der dem nationalen Gesetzgeber durch Art. 139 Abs. 3 EPÜ eingeräumten Möglichkeit, **Doppelschutz** auszuschließen, nur insoweit Gebrauch, als das nationale Recht ein **Patent** ist. Obwohl Art. 140 EPÜ die Einbeziehung eines GebrM in das Doppelschutzverbot ermöglicht hätte, hat der nationale Gesetzgeber das GebrM **nicht** in die Regelung des Art. II § 8 IntPatÜG aufgenommen, so dass ein ursprungsgleiches **GebrM** und **europäisches Patent nebeneinander** bestehen können (so auch Nieder, Mitt. 1987, 205, 209; insoweit auch von BGH GRUR 1993, 69, 71 – *Magazinbildwerfer* nicht in Zweifel gezogen). Damit entspricht die „europäische Ebene" dem nationalen Recht, wonach ein Doppelschutz durch ein nationales Patent und ein Gebrauchsmuster möglich ist.

3 **2. Positives Benutzungsrecht und Kollision von Schutzrechten – Grundsätze der patentrechtlichen Praxis.** Die insbesondere patentrechtliche Rechtspraxis hatte sich bereits frühzeitig mit der **Kollision von Schutzrechten** und sich daraus ergebenden Fragen des **positiven Benutzungsrechts** sowie des **negativen Verbietungsrechts** zu befassen. Die Rangordnung zwischen kollidierenden Schutzrechten folgt dabei dem **Prioritätsprinzip.** Gemäß § 9 Satz 1 PatG bzw. § 11 Abs. 1 GebrMG hat allein der Schutzrechtsinhaber die Befugnis, die in seinem Patent/GebrM geschützte Erfindung zu benutzen und zu verwerten. Hieraus ergibt sich ein positives Benutzungsrecht (allgemeine Meinung und st. Rspr (Seit RG GRUR 1942, 548 – *Muffentonrohre;* BGH GRUR 2009, 655, 657 [26] -Trägerplatte). Dieses steht neben dem Schutzrechtsinhaber auch dem (ausschließlichen oder einfachen) Lizenznehmer zu (BGH GRUR 2009, 655, 657 [26] –*Trägerplatte,* → § 11 Rn. 2, → § 11 Rn. 4). Darüber hinaus kann sich auch der **Abnehmer** einer vom Patentinhaber/GebrM-Inhaber bzw. vom Lizenznehmer bezogenen Vorrichtung auf das positive Benutzungsrecht berufen. Hierbei kann es nicht darauf ankommen, ob der Bezug unmittelbar oder nur mittelbar vom Schutzrechtsinhaber bzw. Lizenznehmer erfolgt. Ausschlaggebend ist nur, ob die Vorrichtung aufgrund des prioritätsälteren Schutzrechtes erlaubt in den Verkehr gebracht wurde.

4 Zugleich steht dem Berechtigten aus dem **älteren** Patent ein **Abwehrrecht** gegen die Rechte aus einem **jüngeren** Patent zu, da er mit dem älteren Patent nach dem Prioritätsprinzip die besseren Rechte innehat (BGH GRUR 2009, 655, 657 [26] – *Trägerplatte*). Gleiches gilt auch für ein jüngeres GebrM. Das Abwehrrecht bezieht sich dabei auf einen Vergleich des älteren Rechts mit einer tatsächlichen Ausführungsform, die von der technischen Lehre eines jüngeren Patents Gebrauch macht. Insoweit gelten also die allgemeinen Regelungen zum Schutzbereich eines Patents bzw. Gebrauchsmusters.

5 Freilich ist mit der Feststellung des Bestehens eines **positiven Benutzungsrechts** (vgl. → § 11 Rn. 2) noch nichts über dessen **Reichweite** ausgesagt. Bei der Frage der Reichweite des positiven Benutzungsrechts stellt sich bei der Abgrenzung der Rechte des älteren Patentinhabers gegenüber dem jüngeren Patent jedenfalls theoretisch im Hinblick auf § 3 Abs. 2, § 4 Satz 2 PatG (Art. 54 Abs. 3, Art. 56 Satz 2 EPÜ) nicht die Problematik der identischen **Doppelpatentierung,** denn im Hinblick auf die anzustellende Neuheitsprüfung kann ein identisches jüngeres Patent nicht erteilt werden. Bei der Abgrenzung der Rechte des älteren GebrM-Inhabers im Vergleich zum jüngeren Patentinhaber stellt sich die Problematik des Doppelschutzes aber durchaus (vgl. → Rn. 11 ff.).

6 Werden dennoch für die gleiche Lehre zum technischen Handeln zwei Patente mit verschiedenem Zeitrang erteilt, so kann nach herrschender Meinung der Inhaber des älteren demjenigen des jüngeren die Erfindungsbenutzung verbieten, ohne dass der Inhaber des älteren Patents darauf angewiesen wäre, zunächst die Nichtigerklärung des jüngeren Patents herbeizuführen, um die Erfindung benutzen zu dürfen. Wird der Begriff der neuheitsschädlichen Offenbarung im Rahmen des § 3 Abs. 2 PatG so verstanden, dass er keine naheliegenden Abwandlungen erfasst, kann auf die jüngere Anmeldung ein Patent erteilt werden, dessen Gegenstand vom Schutzbereich des auf die Erstanmeldung erteilten Patents erfasst wird. Es bestehen sich überschneidende Schutzbereiche.

7 Die damit verbundenen Auswirkungen haben zu immer wiederkehrenden Diskussionen geführt, in welchem Maße sich umgekehrt der Inhaber der Inhaber des älteren Schutzrechts auf dieses berufen kann, wenn er seinerseits bei einer tatsächlichen Benutzung über die identische technische Lehre, also die wortsinngemäße Lehre, hinausgeht und er den Schutzbereich des jüngeren Schutzrechts tangiert oder in diesen glatt eingreift. Die Entwicklungslinie lässt sich wie folgt skizzieren: Stellt sich das jüngere Patent als (gegebenenfalls auch abhängige) erfinderische Weiterentwicklung gegenüber dem prioritätsälteren Patent dar, so ist der Inhaber des prioritätsälteren Rechts nicht befugt, den Gegenstand des jüngeren Patents zu benutzen, auch wenn er im Falle des abhängigen jüngeren Patents Verbietungsansprüche geltend machen kann (RG GRUR 1940, 23, 25). Verbietungsrecht und positives Benutzungsrecht fal-

len hier auseinander. Das RG hat 1940 (RG GRUR 1940, 23, 25, unter Bezugnahme auf die vorangegangene Entscheidung in GRUR 1939, 178 – *Dauerwellenflachwicklung*) ausgeführt, ein zum Stand der Technik gehörendes älteres Patent müsse unter der dem Beklagten hieran erteilten Lizenz unter dem Gesichtspunkt des Benutzungsrechts berücksichtigt werden. Es hat sodann dieses Benutzungsrecht vom Verbietungsrecht abgegrenzt und das Benutzungsrecht auf diejenige technische Lehre beschränkt, die in der älteren Patentschrift dem Fachmann offenbart ist. Eine Lehre, die in ihr nicht enthalten sei, werde von dem Benutzungsrecht nicht erfasst, auch dann nicht, wenn ihre Verwirklichung von dem Inhaber aus dem Grund verboten werden könne, weil sie ohne Benutzung seines eigenen Erfindungsgedankens nicht stattfinden könnte (ebenso RG GRUR 1942, 548, 549 – *Muffentonrohre*).

Der BGH (GRUR 1963, 563, 565 – *Aufhängevorrichtung*) hat auf diese Rechtsprechung des RG Bezug genommen, wonach das dem Lizenznehmer zustehende Benutzungsrecht durch das jüngere Patent der Klägerin nicht „verkümmert" werden dürfe. In einer weiteren Entscheidung (BGH GRUR 1964, 606, 610 – Förderband) hat der BGH die Einrede des Benutzungsrechts aus tatsächlichen Gründen nicht für durchgreifend erachtet, da sich die angegriffene Ausführungsform nicht im Rahmen der Lehre des älteren Patents hielt, sondern von dem besonderen Erfindungsgedanken des Klagepatents Gebrauch machte, der gegenüber der Lehre des älteren Patents sowohl neu als auch erfinderisch war. **8**

Nach der letztgenannten Entscheidung wird ein etwaiges positives Benutzungsrecht durch die in dem älteren Schutzrecht **offenbarte** Lehre bestimmt. Offenbart dieses ältere Schutzrecht eine bestimmte (zB vorteilhafte) Ausgestaltung des jüngeren Schutzrechts nicht, erstreckt sich das positive Benutzungsrecht auf diese Weiterentwicklung nicht, so dass dem Inhaber/Lizenznehmer des älteren Schutzrechts hieran kein positives Benutzungsrecht zusteht und umgekehrt das Verbietungsrecht des jüngeren Schutzrechtsinhabers eingreift, wenn der Inhaber des älteren Schutzrechts hiervon Gebrauch macht. Auch nach dieser älteren BGH-Rechtsprechung kommt es nicht entscheidend darauf an, ob das jüngere Schutzrecht sich als vom älteren Schutzrecht abhängige Erfindung oder im Verhältnis zu diesem als nicht erfinderische Weiterentwicklung darstellt. Dieser älteren Rechtsprechung schließt sich die neuere an, auch wenn der BGH ausdrücklich die Frage unbeantwortet ließ, ob sich auf das ältere Recht nur berufen kann, wer von dessen Gegenstand Gebrauch macht oder auch derjenige, der eine Benutzungsform im Schutzbereich des älteren Patents benutzt (BGH GRUR 2009, 655, 657 [26] –*Trägerplatte*). Denn der BGH verneinte die Möglichkeit einer Berufung auf den Grundsatz eines positiven Benutzungsrechts im konkreten Fall gerade damit, dass die dort streitgegenständliche technische Funktion, wie sie in dem jüngeren Schutzrecht beschrieben ist, in dem älteren Schutzrecht nicht offenbart war. Würde man eine Berufung auf das Benutzungsrecht zulassen, könnte der an einem älteren Recht Berechtigte – jedenfalls solange er sich im Rahmen des Wortsinns des Patentanspruchs hielte – von sämtlichen abhängigen Erfindungen Gebrauch machen, was deutlich über das mit dem älteren Patent verliehene Ausschließlichkeitsrecht hinausginge; eine solche Rechtsfolge sei – so klingt es jedenfalls in der Entscheidung an – ungerechtfertigt (BGH GRUR 2009, 655, 657 [27] –*Trägerplatte;* zum Meinungsstand: *Mes,* § 9 PatG Rn. 8). **9**

Bei der Beurteilung des Offenbarungsgehaltes des älteren Schutzrechtes sind gegebenenfalls vorhandene Äußerungen der Einspruchsabteilungen, Beschwerdekammern oder Nichtigkeitsgerichte zu beachten. Auch wenn deren Beurteilung nicht verbindlich ist (vgl. BGH GRUR 1998, 895 – *Regenbecken* und BGH GRUR 1996, 757 – *Zahnkranzfräser,* betreffend das Verhältnis von Einspruchs- zum Nichtigkeits- und Verletzungsverfahren), ist die Würdigung dieser Behörden/Gerichte als gewichtige sachverständige Stellungnahme zu berücksichtigen. **10**

11 **3. Verhältnis des Gebrauchsmusters zu jüngerem Recht.** Diese Fallkonstellation wird durch § 14 abschließend geregelt: Das ältere GebrM geht dem später angemeldeten Patent insoweit vor, als das später angemeldete Patent in ein nach § 11 begründetes Recht eingreift. Die Vorschrift umfasst neben dem **identischen** auch das **abhängige** jüngere Patent. Ebenso findet § 14 auch gegenüber einem jüngeren **europäischen** Patent, das in der Bundesrepublik Deutschland Geltung beansprucht, Anwendung, Art. 140, 139 Abs. 2 EPÜ.

12 Auch wenn § 14 seinem Wortlaut nach nur auf den Anmeldetag abstellt, sind sowohl bei der Beurteilung des Zeitrangs des GebrM als auch des Patents frühere Prioritäten zu berücksichtigen. Dies gilt auch, soweit ein europäisches Patent betroffen ist (BGH GRUR 1992, 692, 694 – *Magazinbildwerfer*). § 14 kommt auch dann zur Anwendung, wenn das GebrM und das später angemeldete Patent denselben Anmelder haben. In diesem Fall wird § 14 dann praktisch, wenn das GebrM, nicht aber das Patent auf einen anderen übergegangen ist.

13 **3.1 Rechtsfolgen.** Soweit ein jüngeres Patent in ein **rechtsbeständiges** GebrM eingreift, darf es ohne Erlaubnis des GebrM-Inhabers nicht ausgeübt werden. Die Rechte des GebrM-Inhabers bei Nichtbeachtung des Erlaubnisvorbehalts des § 14 durch den Patentberechtigten ergeben sich aus §§ 24ff. Anders als im Verhältnis zweier prioritätsunterschiedlicher Patente (hierzu § 3 Abs. 2 PatG) berührt der Schutz des älteren GebrM nicht den Bestand des jüngeren Patents, sondern schränkt für seine Schutzdauer **nur** dessen **Ausübung** ein. GebrM und jüngeres Patent bestehen während der Laufzeit des GebrM auch bei inhaltlicher Übereinstimmung nebeneinander (*Busse/Keukenschrijver,* § 14 GebrMG, Rn. 7). Die Rechtslage ist vergleichbar mit derjenigen von abhängigen Patenten. Dieses Nebeneinanderbestehen kommt freilich nur dann in Betracht, solange die technische Lehre des GebrM nicht (gebrauchsmusterschädlich) vorverlautbart wurde. Während des Bestands des älteren GebrM ruht das identische oder abhängige jüngere Patent. Es kann nur **mit Erlaubnis** (zB infolge einer Lizenz) ausgeübt werden. Die zu Lasten des Patentinhabers geregelte Beschränkung des § 14 gilt nur im Verhältnis zu dem GebrM-Inhaber, nicht jedoch zu Dritten (so auch – mit überzeugender Begründung – *Mes,* § 14 GebrMG, Rn. 3; aA; *Busse/Keukenschrijver,* § 14 GebrMG Rn. 8).

14 **Inhaltlich** reicht das **Verbietungsrecht** nur **soweit** in das nach § 11 begründete Recht eingegriffen wird (ebenso: *Mes,* § 14 GebrMG, Rn. 3). Weist das jüngere Patent einen **Überschuss** im Vergleich zu dem prioritätsälteren GebrM auf, so kann der Patentinhaber seinerseits dessen Inhaber untersagen, ein Erzeugnis mit diesen überschießenden Merkmalen in einer der § 11 entsprechenden Benutzungsarten zu verwenden. Ob der GebrM-Inhaber oder dessen Lizenznehmer oder Abnehmer seinerseits diesem patentrechtlichen Untersagungsanspruch sein **positives Benutzungsrecht** einredeweise entgegensetzen kann (vgl. BGH GRUR 1963, 563, 565 – *Aufhängevorrichtung;* BGH GRUR 1964, 606, 610 – *Förderband;* RG GRUR 1939, 178 – *Dauerwellenflachwicklung;* RG GRUR 1942, 548, 549 – *Muffentonrohre*), hängt entsprechend den Ausführungen zu → Rn. 5 davon ab, wie weit die in dem GebrM offenbarte Lehre reicht. Das bedeutet, dass negatives Verbietungsrecht und positives Benutzungsrecht (des GebrM-Inhabers) inhaltlich auseinanderfallen können. Ein Rechtssatz dahingehend, dass sich Verbietungsrecht und Benutzungsrecht decken müssen, existiert nicht.

15 Ebenso wie das Verbietungsrecht endet das durch § 14 verliehene positive Benutzungsrecht mit dem Erlöschen dieses Schutzrechtes (BGH GRUR 1992, 692, 694 – *Magazinbildwerfer*). Ein Recht kann nur für den Zeitraum Wirkungen entfalten, in dem es in Kraft ist. Danach kann das GebrM frei ausgeübt werden. Dem GebrM-Inhaber kann nach dem Erlöschen seinerseits ein **Vorbenutzungsrecht** gegenüber dem prioritätsjüngeren Patent eingeräumt sein (BGH GRUR 1967, 477, 482 – *UHF-Empfänger II*). Voraussetzung ist jedoch, dass während des Bestehens des GebrM

eine Nutzung im Inland erfolgte oder wenigstens Veranstaltungen hierzu getroffen wurden (RG GRUR 1942, 548, 549 – *Muffentonrohre*). Dies soll auch der Fall sein, wenn der GebrM-Inhaber erst nach Anmeldung des jüngeren Patents während der Laufzeit des GebrM mit der Benutzung oder mit Veranstaltungen zur Benutzung begonnen hat (BGH GRUR 1967, 477, 482 – *UHF-Empfänger II*). Werden derartige Aktivitäten erst nach Ablauf des GebrM begonnen, so steht ihm weder ein Vorbenutzungs- noch ein Weiterbenutzungsrecht zu.

4. Verhältnis des Gebrauchsmusters zu älterem Recht. Ein jüngeres Gebrauchsmuster kann im Vergleich zu einem älteren Patent oder Gebrauchsmuster keinen Schutz entfalten, § 13 Abs. 1 iVm § 15 Abs. 1 Nr. 2 GebrMG, soweit es mit diesen älteren Schutzrechten übereinstimmt. Es ist auf Antrag zu löschen. Sind das ältere Gebrauchsmuster oder Patent bei Eingang der jüngeren Anmeldung bereits eingetragen und damit veröffentlicht, stehen deren Unterlagen der jüngeren (übereinstimmenden) Anmeldung nach § 3 Abs. 1 PatG neuheitsschädlich entgegen, §§ 13 Abs. 1, 15 Abs. 1 Nr. 1 GebrMG. 16

Ein jüngeres GebrM kann von einem **älteren** GebrM **abhängig** sein (OLG Düsseldorf GRUR 1952, 192, 193). Dies gilt auch im Verhältnis zu einem älteren Patent. Hierzu gelten die allgemeinen Grundsätze (→ § 12a Rn. 460ff.). Dies bedeutet, dass der Schutz des abhängigen Rechts gegenüber Dritten unbeschränkt wird. Im Verhältnis der Schutzrechtsinhaber kann der Inhaber des älteren Schutzrechts gegenüber dem jüngeren Schutzrechtsinhaber Verbots- und Ausschließungsrechte geltend machen, soweit der Schutzbereich des älteren Rechts reicht. Der Inhaber des jüngeren Schutzrechts kann dem des älteren die Ausübung insoweit untersagen, als gerade die erfindungsgemäße Weiterentwicklung betroffen ist. 17

Ein prioritätsjüngeres GebrM kann auch dann nicht gegenüber einem prioritätsälteren Patent ein Benutzungsrecht begründen, wenn eine hierauf gestützte Löschungsklage gegen das GebrM keinen Erfolg zeitigte. 18

Wird ein älteres Recht (ex tunc) gelöscht oder für nichtig erklärt, vermag dieses ein Benutzungsrecht gegenüber dem jüngeren GebrM nicht zu begründen. Ein **Vorbenutzungsrecht/Weiterbenutzungsrecht** kann nur bei Vorliegen der hierfür geltenden allgemeinen Voraussetzungen angenommen werden. 19

5. Verhältnis des Gebrauchsmusters zu prioritätsgleichem Recht. Prioritätsgleiche Patente und Gebrauchsmuster stehen **nebeneinander,** unabhängig davon, ob sie von demselben Erfinder oder Rechtsnachfolger oder einem Dritten angemeldet wurden (vgl. → Rn. 1ff.). Die Schutzrechte stehen sich nicht schutzhindernd entgegen. Sobald sie demselben Rechtsinhaber gehören, kann er in einem Verletzungsstreit entweder aus beiden oder nur aus einem gegen einen Verletzer vorgehen, § 145 PatG greift nicht ein. Das Nebeneinanderbestehen eines Patents und GebrM kommt insbesondere im Fall der sog. **Abzweigung** gemäß § 5 Abs. 1 GebrMG vor, wodurch zwei Schutzrechte mit gleichem Zeitrang entstehen. Fällt diese Rechtsposition zum Beispiel durch Abtretung eines der Schutzrechte an einen Dritten auseinander, so kann der wegen Patentverletzung in Anspruch genommene GebrM-Inhaber sein Benutzungsrecht (nur) so lange einredeweise entgegenhalten, als das GebrM in Kraft ist (BGH GRUR 1992, 692, 694 – *Magazinbildwerfer*). Gegebenenfalls kommt nach den allgemeinen Grundsätzen ein Vorbenutzungsrecht oder Weiterbenutzungsrecht in Betracht. 20

Einleitung vor § 15

Literatur (Auswahl): *Werner,* Unzulässige Anspruchsänderung bei eingetragenem Gebrauchsmuster als Löschungsgrund, GRUR 1980, 1045; *Schlitzberger,* Gegenstand des Antrags und Sachprüfungsgegenstand im Gebrauchsmusterlöschungsverfahren, FS 25 Jahre BPatG 1986, S. 249; *Bender,* Eingeschränkte Schutzansprüche und die entsprechende Anwendung von zivilprozessualen Grundsätzen im Gebrauchsmusterlöschungsverfahren, GRUR 1997, 785; *Bender,* Die Überbesetzung des Gebrauchsmuster-Beschwerdesenats des Bundespatentgerichts mit technischen Richtern, GRUR 1998, 969; *Osenberg,* Das Gebrauchsmuster-Löschungsverfahren in der Amtspraxis, GRUR 1999, 838; *Goebel,* Gebrauchsmuster – beschränkte Schutzansprüche und Kostenrisiko im Löschungsverfahren, GRUR 1999, 833; *Goebel,* Schutzansprüche und Ursprungsoffenbarung – Der Gegenstand des Gebrauchsmusters im Löschungsverfahren, GRUR 2000, 477; *Beyerlein,* Das Verfahren wird ausgesetzt – Überlegungen zur Reichweite des § 148 ZPO im gewerblichen Rechtsschutz vor europäischem Hintergrund, WRP 2006, 731; *Hüttermann/Storz,* Zur „Identität" nach 15 Abs. 1 Nr. 2 GebrMG, Mitt. 2006, 343; *Stjerna,* Die Einrede des älteren Rechts im Patent- und Gebrauchsmusterrecht, GRUR 2010, 202; *Stjerna,* Die Reichweite der Einrede des älteren Rechts – Zum Umfang des Benutzungsrechts aus Patenten und Gebrauchsmustern, GRUR 2010, 795; EuGH GRUR Int. 2013, 86 – *Befugnisse des nationalen Gerichts bei Ungültigerklärung eines Gebrauchsmusters:* zu den Anforderungen nach TRIPS-Übereinkommen; *Ochs,* Aussetzung im Gebrauchsmusterverletzungsverfahren, Mitt. 2014, 534.

1 **1. Allgemeines.** Die Schutzrechtsart des Gebrauchsmusters ist von Anfang an durch das praktische Bedürfnis bestimmt gewesen, ein gewerbliches Schutzrecht für die „kleinen Erfindungen" zu erhalten, für die sich ein Patent nicht lohnte oder eignete. Es ist dementsprechend auch häufig als „kleines Patent" bezeichnet worden. Das Gebrauchsmuster sollte kostengünstig, einfach und schnell durch Registrierung ohne Überprüfung der relativen Schutzvoraussetzungen eingetragen werden. Diese Prüfung sollte in einem Löschungsverfahren nachgeholt werden können (das ursprünglich den Verletzungsgerichten vorbehalten war) und seit 1936 in einem gesonderten patentamtlichen Verfahren durchgeführt wird. Von diesem gesetzgeberischen Leitbild hat sich jedoch in den letzten Jahren die tatsächliche Praxis abgekoppelt, so dass die mit Löschungsanträgen angegriffenen Gebrauchsmuster häufig komplizierte technische Lehren auf den Gebieten des Maschinenbaus, der Elektronik, der Chemie etc betreffen (*Osenberg* GRUR 1999, 838). Dies hängt sicherlich auch mit der Tatsache zusammen, dass Gebrauchsmuster häufig als flankierender Schutz zu ihrem „großen Bruder", dem Patent, registriert werden. Mit der zunehmenden Zahl der Gebrauchsmuster-Registrierungen steigen auch die Gebrauchsmusterlöschungsverfahren; die statistischen Fakten werden regelmäßig in BlPMZ veröffentlicht (153 Löschungsanträge im Jahr 2013, 130 Löschungsanträge im Jahr 2014, 109 Löschungsanträge im Jahr 2015; BlPMZ 2016, 88). Nach den publizierten Erfahrungen wird in den Löschungsverfahren am häufigsten eine Teillöschung des Gebrauchsmusters ausgesprochen; die vollständige Löschung oder die Zurückweisung des gesamten Löschungsantrages sind hingegen seltener (vgl. *Osenberg* GRUR 1999, 838, 841).

2 Die Beseitigung eines zu Unrecht eingetragenen Gebrauchsmusters im Wege des Gebrauchsmusterlöschungsverfahrens besteht im Interesse der Allgemeinheit (BGH GRUR 1995, 342 – *tafelförmige Elemente*). Trotz der mit der Eintragung verbundenen Vermutung der Rechtsbeständigkeit (vgl. das Ausnahme-/Regel-Verhältnis gemäß §§ 11, 13; und eingehend→ § 11 Rn. 77) bedeutet die Eintragung lediglich eine Registerposition, der mangels Vorliegens der absoluten oder relativen materiellen Schutzvoraussetzungen lediglich ein Scheinrecht zu Grunde liegen kann. Die Beseitigung eines solchen Scheinrechts ist Zweck des GebrM-Löschungsverfahrens (BGH GRUR 1962, 140, 141 – *Stangenführungsrohre;* BGH GRUR 1997, 213, 214 – *Trenn-*

wand). Lagen bereits die Voraussetzungen für das Entstehen des Schutzes nicht vor, hat das BPatG eine Feststellungsklage für möglich gehalten, mit welcher festgestellt wird, dass kein der Löschung zugängliches Gebrauchsmuster vorliegt (vgl. lediglich BPatG Mitt. 2006, 271 – *Rechtsschein eines nicht entstandenen Gebrauchsmusters*). Dies wurde durch den BGH jedenfalls im Ergebnis bestätigt (BGH GRUR 2000, 1018, 1019 – *Sintervorrichtung*). Siehe auch → § 15 Rn. 76.

Die Löschungsgründe für ein GebrM sind in § 15 Abs. 1 aufgeführt. Es sind dies 3
die fehlende Schutzfähigkeit gemäß §§ 1–3 (§ 15 Abs. 1 Nr. 1), die Wesensgleichheit mit einem früheren Patent oder GebrM (§ 15 Abs. 1 Nr. 2) die unzulässige Erweiterung (§ 15 Abs. 1 Nr. 3) und die widerrechtliche Entnahme (§ 15 Abs. 2 iVm § 13 Abs. 2). § 16 regelt den Löschungsantrag und § 17, der an die §§ 82–84 PatG angelehnt ist, das Verfahren. Gegen die Entscheidung des DPMA über den Löschungsantrag ist die Beschwerde an das BPatG statthaft, § 18. § 19 regelt das Verhältnis des Löschungsverfahrens zu einem Gebrauchsmusterverletzungsrechtsstreit.

2. Begriff und Wesen des Gebrauchsmusterlöschungsverfahrens. Gegen- 4
stand des Löschungs**verfahrens** ist die Frage des Bestandes des Schutzrechtes; Grundlage der Beurteilung sind die in § 15 genannten Löschungsgründe (vgl. BGH GRUR 1997, 454, 457 – *Kabeldurchführung*). Verfahrensgegenstand ist dabei der (verfahrensrechtliche) Anspruch auf Löschung, der gegen den im Register eingetragenen Inhaber geltend zu machen ist. Es ist ein **verwaltungsbehördliches** Verfahren mit nachgeschaltetem gerichtlichen (Beschwerde-)Verfahren (vgl. hierzu BGH GRUR 1968, 447, 449 – *Flaschenkasten*). Hiervon erwartete sich der Gesetzgeber Vorteile im Vergleich zu einem gerichtlichen Verfahren, weil nunmehr alle Löschungsanträge nur an einer Stelle, dem Patentamt, behandelt werden. Überdies sind – von der Rechtsbeschwerde abgesehen – nur zwei Instanzen gegeben, so dass sich ein solches Löschungsverfahren auch nicht über drei Instanzen des Zivilrechtswegs erstrecken muss. Über die Löschungsanträge entscheidet die GebrM-Abteilung des DPMA, die mit einem Juristen, der traditionell den Vorsitz führt, und technischen Mitgliedern besetzt ist. Die technischen Mitglieder sind häufig erfahrene Patentprüfer, denen der Gegenstand des zu löschenden GebrM auf Grund paralleler Patenterteilungsverfahren bekannt ist (vgl. → § 10 Rn. 6; *Osenberg* GRUR 1999, 838); diese Handhabung mag zwar rechtlich zulässig sein, lässt jedoch einen unangenehmen Beigeschmack in Bezug auf die auch in einem Amtsverfahren zu Recht zu erwartende Unvoreingenommenheit aufkeimen. Ungeachtet dessen handelt es sich nicht um ein „reines" verwaltungsbehördliches Verfahren, sondern um ein **kontradiktorisches** Verfahren zwischen dem Antragsteller, der durch einen Löschungsantrag den Löschungsanspruch geltend macht, und dem eingetragenen Inhaber des GebrM (BGH GRUR 1997, 625, 626 – *Einkaufswagen I*). Das Löschungsverfahren weist daher Grundzüge des Zivilprozesses zwischen zwei Parteien auf. Zu beachten ist jedoch: Das Gebrauchsmusterlöschungsverfahren vor dem DPMA unterliegt dem **Amtsermittlungsgrundsatz,** § 17 Abs. 2 Satz 2 (BGH Mitt. 1999, 372, 374 – *Flächenschleifmaschine*), ebenso wie das sich anschließende Beschwerdeverfahren (BGH GRUR 1997, 360, 362 – *Profilkrümmer*). Bei ihm tritt infolgedessen keine Beweisführungslast, sondern eine **materielle Beweislast** ein, so dass nicht ohne weiteres eine Entscheidung auf Grund der Verteilung der materiellen Beweislast getroffen werden kann. Die Frage nach der Beweislast stellt sich erst, wenn der entscheidenden Stelle entscheidungserhebliche tatsächliche Gesichtspunkte bekannt werden, die sich als nicht eindeutig feststellbar erweisen (BGH Mitt. 1999, 372, 374 – *Flächenschleifmaschine*).

Der Amtsermittlungsgrundsatz gilt nicht uneingeschränkt; er wird durch den Um- 5
fang der Prüfung des Löschungsverfahrens begrenzt, der seinerseits durch den Antrag der Beteiligten bestimmt wird, sog **Verfügungsgrundsatz.** Solange sich der Antragsteller also nicht auf einen bestimmten Löschungsgrund beruft, sind sowohl das DPMA als auch das BPatG gehindert, ihm nachzugehen; im Übrigen würde dies

auch an der Verfügungsbefugnis des Antragstellers nichts ändern, so dass das Beschwerdegericht nicht befugt wäre, seine Prüfung auf einen Löschungsgrund oder auf Schutzansprüche zu erweitern, welche vom Antragsteller nicht geltend gemacht bzw. nicht zum Gegenstand seines Antrags gemacht, vom DPMA jedoch fälschlicherweise zum Gegenstand seiner Entscheidung erhoben wurden (BPatG Mitt. 1996, 395, 396 – *Helikoptermodell*).

6 Auf Grund der kontradiktorischen Ausgestaltung des Verfahrens ergibt sich auch eine weitgehende **ergänzende Anwendung** der Vorschriften der **ZPO.** Anerkannt ist etwa die Anwendbarkeit der für die Erledigung der Hauptsache im zivilprozessualen Verfahren entwickelten Grundsätze, auch soweit das Verfahren vor dem DPMA betroffen ist (BGH GRUR 1997, 625 – *Einkaufswagen I*). Die Regelungen über die Kostenentscheidung (vgl. § 17 Abs. 4 S. 2 GebrMG iVm § 84 Abs. 2 S. 2 PatG) verweisen sogar ausdrücklich auf die Anwendbarkeit der Vorschriften der ZPO. Die Anwendbarkeit der ZPO-Vorschriften über die Prozesskosten setzt ihrerseits die entsprechende Anwendbarkeit der die Prozesskosten mitbestimmenden Regelungen über die Antragsänderung (zB §§ 263, 264, 269 ZPO) voraus (BGH GRUR 1997, 625, 626 – *Einkaufswagen I*). Dasselbe gilt auch zB für die mit einem Parteiwechsel verbundenen Fragestellungen (vgl. BGH GRUR 1979, 145, 147 – *Aufwärmvorrichtung;* BGH GRUR 1992, 430, 431 – *Tauchcomputer*). Dies wird man auch für die Anwendbarkeit des § 296 ZPO bejahen müssen (kritisch *Benkard/Goebel/Engel* GebrMG § 15 Rn. 24), da auch insoweit das Verfahren nicht allein durch den Amtsermittlungsgrundsatz bestimmt wird, sondern in besonderem Maße kontradiktorische Verfahrenshandlungen beinhaltet (zB bei der Frage einer gebrauchsmusterschädlichen Vorverlautbarung).

7 **Gegenstand** des Löschungs**anspruchs** ist das GebrM in seiner eingetragenen Form (genauer: in den der Eintragung zu Grunde liegenden, für die **Eintragungsverfügung maßgebenden Unterlagen** – Schutzansprüche, Beschreibung, Zeichnung) bzw. in seiner aktuell neu gefassten oder noch eingetragenen Fassung, sofern es in einem früheren Löschungsverfahren teilweise gelöscht wurde. Die Eintragung selbst stellt lediglich einen Hinweis auf diese Unterlagen dar. Nur auf Grund dieser Unterlagen ist eine Prüfung möglich, ob der geltend gemachte Löschungsgrund gegeben ist. Verweist das Register auf andere Unterlagen als die in der Eintragungsverfügung genannten, sind für den Inhalt des GebrM allein die Unterlagen maßgeblich, die der Eintragungsverfügung zu Grunde liegen (BGH GRUR 1998, 913, 914 – *Induktionsofen*). **Gegenstand** (→ § 12a Rn. 13) des Schutzrechts ist grundsätzlich diejenige technische Lehre, die der Durchschnittsfachmann mit seinem Fachwissen am Prioritätstag den **Schutzansprüchen,** die unter Heranziehung der Beschreibung und der Zeichnungen auszulegen ist, entnimmt, wonach den Schutzansprüchen der Vorrang bei der Bestimmung des Schutzbereichs gebührt (BGH GRUR 1997, 454, 456 – *Kabeldurchführung;* eingehend hierzu → § 12a Rn. 72ff.). Hiervon geht das BPatG nunmehr auch bei der Beurteilung des Löschungsgrunds der **unzulässigen Erweiterung** gemäß § 15 Abs. 1 Nr. 3 aus (BPatG Mitt. 1999, 271, 272 – *Bindungswirkung der Schutzansprüche im Löschungsverfahren*); ohne Hinterfragung der damit verbundenen Problematik (vgl. → § 4 Rn. 58ff. sowie → § 15 Rn. 63).

8 **3. Abgrenzung zum Einspruchsverfahren.** Da das GebrM nur das Ergebnis einer Prüfung auf die formellen und absoluten materiellen Eintragungsvoraussetzungen ist, während sich das Patent als Ergebnis einer materiell-rechtlichen Prüfung darstellt, verfolgen das patentrechtliche Einspruchsverfahren und das gebrauchsmusterrechtliche Löschungsverfahren unterschiedliche Intentionen. Das Einspruchsverfahren dient insbesondere dazu, dem DPMA bei der Prüfung auf Schutzfähigkeit nicht bekannte Entgegenhaltungen oder eine offenkundige Vorbenutzung zur Kenntnis zu bringen; das DPMA **widerruft** gegebenenfalls das zunächst wirksame **Patent.** Das Löschungsverfahren richtet sich gegen den im Register eingetragenen

Inhaber; das DPMA **löscht** das gegebenenfalls von Anfang an nur als Scheinrecht vorhandene **Gebrauchsmuster** auf Grund eines kontradiktorischen Verfahrens.

Demgemäß haben die Widerrufsgründe im Unterschied zu den Löschungsgründen nicht die Bedeutung von selbständigen Teilstreitgegenständen, dh dem DPMA wird im Einspruchsverfahren gegen ein Patent die Befugnis zugesprochen, unabhängig von den Gründen des Einsprechenden alle sonstigen Widerrufsgründe zu prüfen (diese Befugnis hat die Beschwerdeinstanz jedoch nicht, vgl. BGH GRUR 1995, 333 – *Aluminium-Trihydroxid;* BPatG GRUR 1998, 40, 41 – *Pressformmaschine*). Dies ist im Löschungsverfahren nicht der Fall (BPatG Mitt. 1996, 395, 396 – *Helikoptermodell*). Des Weiteren kann das Löschungsverfahren durch eine Verfahrenserklärung (Zurücknahme) beendet werden; das Einspruchsverfahren wird hingegen trotz Zurücknahme des Einspruchs ohne den Einsprechenden von Amts wegen fortgesetzt (§ 61 Abs. 1 S. 2 PatG). 9

4. Abgrenzung zum Nichtigkeitsverfahren. Ziel des Patentnichtigkeitsverfahrens ist es, ein wirksam erteiltes Patent, das materiell-rechtlich nicht hätte erteilt werden dürfen, mit rückwirkender Kraft (uU teilweise) wieder zu beseitigen. Demgegenüber ist es Ziel des Löschungsverfahrens, mit an sich (lediglich) „deklaratorischer" Wirkung „festzustellen", dass das GebrM von Anfang an nicht bestanden hat und ein Gebrauchsmusterschutz nicht begründet worden ist, soweit jedermann gegen den als Inhaber eingetragenen einen Anspruch auf Löschung hat, §§ 13 Abs. 1, 15 Abs. 1, Abs. 3. Das Gebrauchsmuster wird auf Grund einer Eintragungsverfügung im Register registriert, wenn die formellen und die absoluten materiellen Schutzvoraussetzungen dafür erfüllt sind. Die Eintragung beweist also eigentlich nur, dass der Anmelder (wirksam) ein Schutzrecht beansprucht hat, nicht aber, dass ein Schutz tatsächlich auch besteht. 10

Unterschiede zwischen beiden Verfahren ergeben sich daraus, dass der GebrM-Inhaber im Löschungsverfahren „Einfluss" auf den Ausgang dergestalt nehmen kann, dass er dem Löschungsantrag nicht widerspricht. Die Löschung kann zum Beispiel im Wege des Säumnisverfahrens herbeigeführt worden sein, in dem eine Prüfung der Rechtsbeständigkeit des GebrM nicht stattfindet (so BGH GRUR 1963, 519, 521 – *Klebemax*). Demgegenüber eröffnet im Nichtigkeitsverfahren die Säumnis des Nichtigkeitsbeklagten nicht eine Entscheidung im Wege des Versäumnisurteils, da dies mit dem das Patentnichtigkeitsverfahren beherrschenden Untersuchungsgrundsatz nur schwer zu vereinbaren wäre; bei Ausbleiben einer Partei kann vielmehr durch streitiges Endurteil entschieden werden (BGH GRUR 1996, 757 – *Tracheotomiegerät*). Das Löschungsverfahren kennt auch kein Beschränkungsverfahren gemäß § 64 PatG, mit dem der Patentinhaber mittelbar seinen Rechtsstand freiwillig rückwirkend einschränken kann, um zB einem Nichtigkeitsverfahren zuvor zu kommen. Das Löschungsverfahren räumt darüber hinaus im Unterschied zum Nichtigkeitsverfahren die Möglichkeit eines Anerkenntnisses mit der Wirkung von § 307 ZPO ein (BGH GRUR 1995, 577 – *Drahtelektrode*). Im Nichtigkeitsrechtsstreit muss das Gericht auch in einem solchen Fall eine Sachprüfung des Klagebegehrens auf Schlüssigkeit hin vornehmen (vgl. § 82 Abs. 2 PatG). Das Berufungsgericht kann die Entscheidung des BPatG in der Sache überprüfen. Im GebrM-Löschungsverfahren stellt hingegen der Nichtwiderspruch ein Anerkenntnis des Löschungsanspruchs im geltend gemachten Umfang entsprechend § 307 ZPO dar, so dass das GebrM kraft Gesetzes erlischt, § 17 Abs. 1 S. 2; das DPMA ist in diesem Fall nicht berechtigt, eine Überprüfung in der Sache vorzunehmen. Im Nichtigkeitsrechtsstreit wird die Klage durch Einreichung beim Gericht rechtshängig, § 81 Abs. 1 PatG, ohne dass es hierzu einer Zustellung des Schriftsatzes bedürfte. Im Löschungsverfahren bedeutet die Einreichung des Löschungsantrages entsprechend § 253 Abs. 1 ZPO lediglich die **Anhängigmachung; „rechtshängig"** wird das Verfahren erst mit der Zustellung der Antragsschrift an den im Register als Inhaber Eingetragenen gemäß § 17 Abs. 1 S. 1. 11

12 **5. Abgrenzung zum Verletzungsverfahren.** Das Verletzungsgericht hat bei Einrede des Verletzungsbeklagten die Frage der Schutzfähigkeit des Klagegebrauchsmusters als Vorfrage selbständig zu prüfen (falls es an sich von einer Verletzung des GebrM ausgeht). Hierdurch ergibt sich ein Unterschied zum Patentverletzungsverfahren. Das GebrM entsteht durch Eintragung nur, wenn sowohl die formellen als auch die relativen und absoluten materiellen Schutzvoraussetzungen gegeben sind. Das Verletzungsgericht hat die Kompetenz, die relativen und absoluten materiellen Schutzvoraussetzungen zu überprüfen (BGH GRUR 1969, 184 – *Lotterielos*); die formellen Schutzvoraussetzungen, wie sie in der GebrMV statuiert sind, prüft das Verletzungsgericht jedoch nicht, weil diese keinen Einfluss auf das (materiell-rechtliche) Entstehen des GebrM haben.

13 Da die Entscheidung im Verletzungsverfahren nur zwischen den Parteien wirkt, kann der GebrM-Inhaber auch bei einer (zB wegen angenommener Schutzunfähigkeit) abgewiesenen Verletzungsklage weiterhin gegen Dritte, zB Abnehmer des obsiegenden Beklagten vorgehen. Eine inter omnes-Wirkung einer Entscheidung über die Schutzfähigkeit des GebrM kann der Verletzungsbeklagte deshalb nur bei Einleitung eines Löschungsverfahrens erwirken. Ist ein Löschungsverfahren während eines Verletzungsrechtsstreits anhängig, kann das Verletzungsgericht gemäß § 19 die Aussetzung des Rechtsstreits beschließen, wenn es die GebrM-Eintragung auf Grund des Beklagtenvortrags für unwirksam hält. Andernfalls steht die Aussetzung der Verhandlung bis zur Erledigung des Löschungsverfahrens im Ermessen des Verletzungsgerichts. § 19 stellt die Verknüpfung zwischen beiden Verfahrensarten dar (Einzelheiten bei → § 19 Rn. 18 ff.). Die Löschung und Feststellung der Unwirksamkeit „beseitigen" das GebrM mit rückwirkender Kraft (BGH GRUR 1963, 519, 521 – *Klebemax*). Eine gleichzeitig rechtshängige Verletzungsklage ist deshalb als unbegründet abzuweisen (BGH GRUR 1963, 494 – *Rückstrahlerdreieck;* kein Fall der Erledigung der Hauptsache). War der Verletzungsklage stattgegeben worden, bevor die Löschung erfolgte, kann auf der Grundlage der Löschungsentscheidung nach hM Restitutionsklage nach § 580 Nr. 6 ZPO erhoben werden (BPatG GRUR 1980, 852 – *Rotationssymmetrische Behälter;* BPatG GRUR 1993, 732 – *Radaufhängung;* LG Düsseldorf GRUR 1987, 628, 629; BGH GRUR 2012, 753 – *Tintenpatrone III*); nach aM wird die Vollstreckungsgegenklage nach § 767 ZPO begründet (RG GRUR 1938, 43, 45 – *Maßbecher*). Auf Grund des Verletzungsurteils geleistete Zahlungen können wegen Wegfalls des Rechtsgrunds der Zahlung gemäß § 812 BGB zurückgefordert werden (*Benkard/Goebel/Engel* GebrMG § 15 Rn. 32). Daneben bestehen die prozessualen Schadenersatzansprüche nach §§ 717, 945 ZPO. Ein Erstattungsanspruch hinsichtlich bezahlter Verfahrenskosten besteht nicht. Zum Einfluss auf geleistete Lizenzzahlungen: vgl. → § 22 Rn. 47 ff.

§ 15 [Löschungsgründe; Antragsberechtigung; Teillöschung]

(1) **Jedermann hat gegen den als Inhaber Eingetragenen Anspruch auf Löschung des Gebrauchsmusters, wenn**

1. **der Gegenstand des Gebrauchsmusters nach den §§ 1 bis 3 nicht schutzfähig ist,**
2. **der Gegenstand des Gebrauchsmusters bereits auf Grund einer früheren Patent- oder Gebrauchsmusteranmeldung geschützt worden ist oder**
3. **der Gegenstand des Gebrauchsmusters über den Inhalt der Anmeldung in der Fassung hinausgeht, in der sie ursprünglich eingereicht worden ist.**

(2) **Im Falle des § 13 Abs. 2 steht nur dem Verletzten ein Anspruch auf Löschung zu.**

(3) **Betreffen die Löschungsgründe nur einen Teil des Gebrauchsmusters, so erfolgt die Löschung nur in diesem Umfang. Die Beschränkung kann in Form einer Änderung der Schutzansprüche vorgenommen werden.**

Inhaltsübersicht

1. Allgemeines/Zweck der Vorschrift. § 15 ist durch das GebrMGÄndG vom 15.8.1986 (BlPMZ 1986, 310, 320, 327) neu gefasst. Die Regelung ist an § 21 PatG angelehnt, entspricht diesem aber nicht vollständig. Im Gegensatz zu den §§ 21, 22 PatG fehlt eine Regelung über die Erweiterung des Schutzbereichs. Durch das PrPG hat die Regelung mittelbar infolge der damit verbundenen Neuregelung der Voraussetzungen der Schutzfähigkeit eine Änderung des Löschungsgrunds des Abs. 1 Nr. 1 erfahren. Die Vorschrift ist insbesondere im Zusammenhang mit § 13 zu sehen (vgl. → § 13 Rn. 2.) 1

2. Verfahrensbeteiligte und Antragsbefugnis. Bei Fehlen der Schutzvoraussetzungen der §§ 1–3 sowie bei vorhandenen Wesensgleichheit mit einem älteren Recht ist das Löschungsverfahren als **Popularverfahren** ausgestaltet, so dass **jedermann** gegen den als Inhaber Eingetragenen Anspruch auf Löschung des GebrM hat. Dies ist durch das Interesse der Allgemeinheit an der Beseitigung eines zu Unrecht eingetragenen, nicht schutzfähigen GebrM gerechtfertigt (BGH GRUR 1995, 342 – *tafelförmige Elemente*). Für die Feststellung der Rechtsunwirksamkeit eines bereits gelöschten oder erloschenen GebrM ist ein gesondertes Interesse notwendig. Der Löschungsgrund des § 15 Abs. 2 begründet nur zu Gunsten des Verletzten einen Anspruch auf Löschung des GebrM. 2

2.1 Antragsteller. Der Löschungsantrag kann grundsätzlich von **jeder rechtsfähigen Person** („jedermann") gestellt werden, § 15 Abs. 1. Der Antragsteller nimmt dabei das **öffentliche Interesse** an der Löschung eines zu Unrecht eingetragenen GebrM wahr. Ein besonderes rechtliches eigenes oder öffentliches Interesse ist nicht erforderlich (BGH GRUR 1963, 253 – *Bürovorsteher*). Die förmliche Löschung eines GebrM, dem keine Schutzwürdigkeit zukommt, liegt für sich schon im öffentlichen Interesse und macht damit das Löschungsverfahren statthaft (vgl. BGH GRUR 1998, 904 – *Bürstenstromabnehmer*). Zu damit verbundenen Fragen der Antragsbefugnis vgl. → Rn. 15ff. 3

Im Fall der **widerrechtlichen Entnahme** ist nur der Verletzte oder sein Rechtsnachfolger antragsberechtigt, § 13 Abs. 2 iVm § 15 Abs. 2 (vgl. auch zum Patentrecht BGH GRUR 1992, 157 – *Frachtcontainer;* BPatG Beschluss vom 12.12.2013, Az. 11 W (pat) 5/13). Der Anspruch aus § 13 Abs. 3 iVm § 8 PatG besteht gleichermaßen neben dem Löschungsantragsverfahren (BGH GRUR 1962, 140 – *Stangenführungsrohre;* → § 13 Rn. 37). Der Verletzte kann seine Antragsbefugnis an einen anderen **ab-** 4

treten, wenn gleichzeitig die Rechte an der Erfindung mit übertragen werden; die persönlichkeitsrechtlichen Positionen sind jedoch nach herkömmlicher Meinung nicht übertragbar. Der Löschungsanspruch nach § 15 Abs. 2 kann nur durch eigenen Antrag, nicht durch Nebenintervention verfolgt werden (*Benkard/Goebel/Engel* GebrMG § 15 Rn. 15a). Zur Nebenintervention im Übrigen vgl. → Rn. 13.

5 Bei einer Mehrheit von Klägern sind diese einfache Streitgenossen gemäß §§ 59ff. ZPO. Wurden die Verfahren zum Zwecke der gleichzeitigen Verhandlung und Entscheidung verbunden, sind die Kläger notwendige Streitgenossen gemäß § 62 ZPO (BGH GRUR 2016, 361 – *Fugenband*). Ein gemeinsamer Antrag ist jedenfalls dann möglich, wenn jeweils derselbe Löschungsgrund geltend gemacht wird (BPatGE 20, 94). Ein weiterer Antragsteller kann dem Verfahren unter den Voraussetzungen der §§ 59, 60 ZPO beitreten, wenn die bisherigen Antragsteller zustimmen (vgl. BPatGE 32, 204, 205). Andernfalls kann er einen eigenen Antrag auf Löschung stellen, wobei die Verfahren dann gemäß § 147 ZPO analog durch Beschluss verbunden werden können (*Bühring/Schmid* § 16 Rn. 23) → § 16 Rn. 5. Im Fall einer gemeinsamen Antragstellung unterliegt jeder Antragsteller der Gebührenpflicht → § 16 Rn. 23.

6 Ein **gewillkürter Parteiwechsel** auf Seiten des Antragstellers ist in entsprechender Anwendung des § 263 ZPO zulässig. Für eine gewillkürte Parteiänderung auf Seiten des Antragstellers sind Parteiwechselerklärungen des alten und des neuen Antragstellers erforderlich. Auch die Zustimmung des Antragsgegners ist nötig. Letztere kann entfallen, wenn das DPMA den Parteiwechsel für sachdienlich erachtet (vgl. BGH GRUR 1996, 865, 866 – *Parteiwechsel,* zum Nichtigkeitsverfahren; zum Einspruchsverfahren BGH Mitt. 2007, 408, 410 – *Optisches System*). **Sachdienlichkeit** ist anzunehmen, wenn die Erledigung des Löschungsverfahrens nicht verzögert wird und in dem Verfahren mit dem Antragsteller unter Verwertung des bisherigen Streitstoffs geklärt werden kann, ob der geltend gemachte Löschungsgrund gegeben ist. Eine Einwilligung in den Beteiligtenwechsel ist entsprechend § 267 ZPO anzunehmen, wenn sich der Antragsgegner in einem Löschungsverfahren auf einen Wechsel in der Person des Antragstellers in der Weise **einlässt,** dass er in der mündlichen Verhandlung Sachanträge stellt, ohne dem Beteiligtenwechsel zu widersprechen. In einem Feststellungsverfahren kann der Rechtsnachfolger nur in die Parteistellung eintreten, wenn er ein eigenes Interesse hat (*Bühring/Schmid* § 16 Rn. 57).

7 **Parteiwechsel kraft Gesetzes:** Bei Tod des Antragstellers gehen seine Verfahrensrechte auf die Erben über. Das Verfahren wird bis zur Aufnahme durch die **Erben** unterbrochen, § 239 ZPO (überwiegende Auffassung). Die Erben werden vom DPMA von Amts wegen ermittelt. Eine Unterbrechung tritt nur auf Antrag ein, wenn eine Verfahrensbevollmächtigung entsprechend § 246 ZPO gegeben ist. Auch andere Fälle der **Gesamtrechtsnachfolge** bewirken, dass der Rechtsnachfolger in das Verfahren eintritt (BPatGE 19, 53, 54). Bei einer **Insolvenz** tritt der Insolvenzverwalter als Partei kraft Amtes an die Stelle des Antragstellers (vgl. zum Patentrecht BGH GRUR 2013, 862 – *Aufnahme des Patentnichtigkeitsverfahrens*); zur Unterbrechung vgl. § 240 ZPO analog; → § 17 Rn. 35. Nach Mitteilung PräsDPMA Nr. 20/2008 geht das DPMA davon aus, dass § 240 ZPO generell für Schutzrechtsverfahren vor dem DPMA nicht anzuwenden ist und damit keine Unterbrechung der Verfahren und Fristen eintritt.

8 Der **GebrM-Inhaber** selbst kann keinen Löschungsantrag stellen; er kann nur auf das GebrM und damit in Zusammenhang stehende Ansprüche gegen Dritte **verzichten** (*Benkard/Goebel/Engel* GebrMG § 15 Rn. 15a). Nichts anderes kann auch im Falle einer Antragstellung durch einen **Strohmann** (vgl. hierzu weiter → Rn. 18) gelten, selbst wenn diese dazu dienen soll, das GebrM als älteres Recht gegenüber einem eigenen jüngeren Gebrauchsmuster zu beseitigen (offen gelassen in BGH GRUR 1963, 519, 522 – *Klebemax*). Ein in Verkennung der Strohmann-Eigenschaft gelöschtes GebrM ist jedoch nicht existent; für eine Arglisteinrede ist damit kein Raum mehr (aA wohl *Busse/Keukenschrijver* GebrMG § 15 Rn. 20).

Keine Antragsteller können **Mitinhaber** eines GebrM untereinander sein (RGZ 117, 47, 51; *Benkard/Goebel/Engel* GebrMG § 15 Rn. 15a). 9

2.2 Antragsgegner. Grundsätzlich ist nur der im Register als Inhaber Eingetragene passivlegitimiert, § 15 Abs. 1 (vgl. zum Patentrecht BGH GRUR 1966, 107 – *Patentrolleneintrag*). An ihn ist der Löschungsantrag zuzustellen. Sind **mehrere Inhaber** eingetragen, bilden sie eine notwendige Streitgenossenschaft gemäß § 62 ZPO. Die Vertretungsfiktion des § 62 Abs. 1 ZPO umfasst nach der Rechtsprechung des BPatG zum Nichtigkeitsverfahren auch die beschränkte Verteidigung (BPatG GRUR 2012, 99 – *Lysimeterstation*). Durch eine Zustellung des Löschungsantrages an einen an sich nicht beteiligten Dritten wird dieser nicht Löschungsantragsgegner; denn der Löschungsantrag, nicht aber seine Zustellung, bestimmt den Antragsgegner und damit die Verfahrensbeteiligung (BPatG GRUR 1997, 525, 526 – *Zahlendreher*). In einem solchen Fall ist es jedoch gerechtfertigt, den Zustellungsempfänger zur Geltendmachung seiner Nichtbeteiligung zum Verfahren zuzulassen. Insoweit handelt es sich um einen selbständigen Streit des Antragstellers mit einem „Dritten", der „außerhalb" des eigentlichen Löschungsrechtsverhältnisses bleibt. Die Entlassung des Dritten aus dem Verfahren ist gegebenenfalls durch Beschluss auszusprechen (BPatG GRUR 1997, 525, 526 – *Zahlendreher*). 10

Im Falle einer **vor** Anhängigkeit erfolgten **Gesamtrechtsnachfolge** (zB Erbschaft gemäß § 22 Abs. 1) ist der Antrag unmittelbar gegen den Gesamtrechtsnachfolger zu richten. Ergeht dennoch ein Beschluss gegen den noch als Inhaber Eingetragenen, führt dies nicht nach § 727 ZPO zur Erteilung einer vollstreckbaren Ausfertigung für oder gegen den Rechtsnachfolger; das DPMA (bzw. das BPatG als Beschwerdeinstanz) kann einen Berichtigungsbeschluss entsprechend § 319 ZPO erlassen. Im Falle eines durch gesellschaftsrechtliche Gesamtrechtsnachfolge bedingten Wechsels des Inhabers des GebrM bedarf es keiner Eintragung in das Register zur Erlangung der Legitimation des Rechtsnachfolgers; der Löschungsantrag ist folglich gegen den Rechtsnachfolger zu richten (BPatGE 32, 153; vgl. zum Patentrecht BGH GRUR 2008, 87, 90 – *Patentinhaberwechsel im Einspruchsverfahren;* BPatG Beschluss vom 23.10.2014, Az. 21 W (pat) 8/10). Bei Tod des Antragsgegners nach Rechtshängigkeit gehen die Rechte auf die Erben über. Das Verfahren wird nach § 239 ZPO unterbrochen (überwiegende Auffassung) (vgl. *Bühring/Schmid* § 16 Rn. 57). Die Erbfolge ist nachzuweisen. Eine Unterbrechung tritt nur auf Antrag ein, wenn ein Verfahrensbevollmächtigter bestellt ist, § 246 ZPO. 11

Ein **nach** Rechtshängigkeit (Zeitpunkt des Zustellung des Löschungsantrages ist maßgebend) erfolgter Rechtsübergang des GebrM hat entsprechend den zum patentrechtlichen Nichtigkeitsverfahren ergangenen Grundsätzen (hierzu: BGH GRUR 1992, 430, 431 – *Tauchcomputer;* BGH GRUR 2009, 43, 43 – *Multiplexsystem*) folgende Auswirkungen: Zweck des entsprechend anzuwendenden § 265 Abs. 2 ZPO ist es, dass der Antragsteller aus einem öffentlichen Register ersehen kann, gegen wen er seinen Antrag zu richten hat und ihm der Antragsgegner als Verfahrensgegner erhalten bleibt, wenn das GebrM im Laufe des Verfahrens veräußert wird, weil allgemein die Durchführung eines Rechtsstreits nicht auf Grund der Veräußerung des Schutzrechts durch einen Parteiwechsel belastet werden soll. Mit Zustimmung des Antragstellers kann der neue Schutzrechtsinhaber deshalb das Verfahren an Stelle des bisherigen übernehmen, § 265 Abs. 2 S. 2 ZPO. Ohne Zustimmung des Antragstellers bleibt der Löschungsantrag entsprechend § 265 Abs. 2 gegen den bisherigen GebrM-Inhaber gerichtet (vgl. zum Patentrecht BGH GRUR 1979, 145 – *Aufwärmvorrichtung;* BPatG Beschluss vom 28.6.2010, Az. 9 W (pat) 327/05). Gemäß § 325 Abs. 1 ZPO wirkt die gegen ihn ergangene Entscheidung für und gegen den nach der Zustellung des Löschungsantrags im Register Eingetragenen. Der obsiegende Antragsteller kann entsprechend § 727 Abs. 1 ZPO einen Anspruch auf eine vollstreckbare Ausfertigung gegen den Rechtsnachfolger erheben. Der Widerspruch des nach Rechtshängigkeit, aber vor Ablauf der Widerspruchsfrist in das Register eingetrage- 12 nen Rechtsnachfolgers des ursprünglichen GebrM-Inhabers ist unwirksam; hat der ursprünglich Eingetragene nicht seinerseits widersprochen, ist das GebrM antragsgemäß zu löschen. Vgl. auch OLG Karlsruhe Mitt. 1998, 101, 102: Die während eines Vindikationsrechtsstreits erfolgte Umschreibung des Streitgebrauchsmusters vom Beklagten auf einen Dritten ist auf das Prozessrechtsverhältnis ohne Einfluss. Die (analoge) Anwendbarkeit der §§ 265, 325 ZPO ist auch im Löschungsverfahren vor dem DPMA zu bejahen.

13 **2.3 Dritte. Nebenintervention** ist entsprechend den §§ 66ff. ZPO bei Vorliegen der entsprechenden Voraussetzungen möglich (vgl. BGH GRUR 1968, 86 – *Ladegerät I*). Dritte können infolgedessen im Löschungsverfahren Beteiligte sein, wenn sie ein **rechtliches Interesse** daran haben, dass in einem zwischen dem Antragsteller und dem Antragsgegner anhängigen Löschungsverfahren der eine Teil obsiege und wenn sie erklären, welchem Beteiligten sie zum Zwecke seiner Unterstützung als Streithelfer beitreten. Ein bloß tatsächliches oder wirtschaftliches Interesse ist nicht ausreichend. Ein rechtliches Interesse des Nebenintervenienten ist zB zu bejahen, wenn zwischen ihm und entweder dem Löschungsantragsteller oder dem GebrM-Inhaber eine Rechtsbeziehung hinsichtlich des Streitgebrauchsmusters besteht; unabhängig davon, ob der Nebenintervenient dieses verletzt oder nicht. Hat der GebrM-Inhaber den Nebenintervenienten aus dem GebrM abgemahnt oder Verletzungsklage erhoben, ist das rechtliche Interesse zu bejahen. Wer im Löschungsverfahren dem Verfahren auf Seiten des Antragstellers beitritt, weil er vom GebrM-Inhaber als GebrM-Verletzer in Anspruch genommen wird, ist nach der neueren Rechtsprechung des BGH streitgenössischer Nebenintervenient (zum Patentrecht BGH GRUR 2008, 60 – *Sammelhefter II*). Der Streitgenosse darf ein Beschwerdeverfahren fortführen, wenn er selbst neben dem Antragsteller Beschwerde eingelegt hat (zum Patentrecht BGH GRUR 2011, 369 – *Magnetowiderstandssensor*). Der Beitritt erfolgt durch Beitrittserklärung gegenüber dem Patentamt, § 70 ZPO analog. Bei einem auf § 15 Abs. 2 gestützten Löschungsantrag soll eine Nebenintervention nicht möglich sein (vgl. *Mes* GebrMG § 16 Rn. 8).

14 Ist das **GebrM** vor oder während des rechtshängigen Löschungsverfahrens **veräußert** worden, der Erwerber aber erst nach Rechtshängigkeit in das Register als GebrM-Inhaber eingetragen worden, so kommt eine Nebenintervention des durch den Registereintrag als GebrM-Inhaber neu Legitimierten in Betracht, falls der Antragsteller seine Zustimmung zu einem Parteiwechsel verweigert. Gleiches gilt im Fall der Gesamtrechtsnachfolge (vgl. zum Patentrecht BGH Mitt. 2007, 408, 410 – *Patentinhaberwechsel im Einspruchsverfahren*). Dies ist ebenfalls kein Fall der streitgenössischen Nebenintervention (vgl. BGH Mitt. 2007, 408, 410 – *Patentinhaberwechsel im Einspruchsverfahren*). Der Nebenintervenient muss entsprechend § 67 ZPO das Verfahren in der Lage annehmen, in der es sich zur Zeit seines Beitritts befindet. Ungeachtet dessen kann er alle Angriffs- und Verteidigungsmittel geltend machen und alle Verfahrenshandlungen wirksam vornehmen; seine Erklärungen und Handlungen dürfen sich jedoch nicht zu denjenigen des GebrM-Inhabers in Widerspruch setzen. Deshalb kann der Nebenintervenient auch ein Rechtsmittel einlegen, obwohl der GebrM-Inhaber hiervon abgesehen hat. Lediglich im Falle des Rechtsmittelverzichts seitens des GebrM-Inhabers wäre eine Einlegung eines Rechtsmittels durch den Nebenintervenienten nicht mehr möglich, § 67 ZPO analog. Da es sich beim Widerspruch um die Ausübung eines Gestaltungsrechts handelt, kann der Nebenintervenient dem nicht widersprechenden GebrM-Inhaber zum Zwecke des Widerspruchs nicht beitreten (offen gelassen in BPatGE 22, 285, 288; wie hier *Busse/Keukenschrijver* GebrMG § 16 Rn. 3). Bei Streit über die Zulässigkeit der Nebenintervention ist seitens der GebrM-Abteilung des DPMA durch Beschluss zu entscheiden (vgl. zum Patentrecht BGH GRUR 1965, 297 – *Nebenintervention*).

2.4 Antragsbefugnis. Das Löschungsverfahren gemäß §§ 15ff. dient der Beseitigung von Scheinrechten und liegt damit im öffentlichen Interesse. Infolge dessen bedarf es in der Regel keiner gesonderten Darlegung des **Rechtsschutzbedürfnisses** (vgl. lediglich BGH GRUR 1995, 342, 343 – *tafelförmige Elemente*). **15**

Das bedeutet, dass grundsätzlich auch ein **Lizenznehmer** antragsbefugt ist; maßgeblich sind jedoch insoweit die Umstände des Einzelfalls (vgl. zum Patentrecht BGH GRUR 1957, 482, 483 – *Chenillefäden;* BGH GRUR 1961, 572, 574 – *Metallfenster*). **16**

Bei **rechtskräftiger Zurückweisung** des Löschungsantrages aus sachlichen Gründen kann der Antragsteller nicht erneut unter Geltendmachung desselben Löschungsgrunds Antrag auf Löschung stellen, selbst wenn neues Material genannt wird; RG GRUR 1937, 1082 – *Umdruckpapier;* vgl. zum Patentrecht BGH GRUR 1964, 18 – *Konditioniereinrichtung*). **17**

Die Zulässigkeit zur Antragstellung hat ferner ihre Grenzen, wo besondere Umstände vorliegen, welche die Durchführung des Löschungsverfahrens gerade zwischen den beteiligten Parteien als anstößig oder jedenfalls dem auch im Verfahrensrecht zu beachtenden Grundsatz von **Treu und Glauben (§ 242 BGB)** widersprechend erscheinen lassen (vgl. zum Patentrecht BGH GRUR-RR 2010, 136, 137 – *sealing lamina;* BPatG Mitt. 2009, 469 – *Montageanlage* zur Frage, inwieweit auf das Rechtsverhältnis zum materiell berechtigten Inhaber abzustellen ist). Dies ist der Fall bei rechtskräftiger Zurückweisung des Löschungsantrages, wenn der unterlegene Antragsteller das GebrM gleichwohl weiter bekämpfen will und deshalb in Anbetracht der nach allgemeinen prozessualen Regeln zu beachtenden Wirkungen der Rechtskraft der ersten Entscheidung einen Dritten als **Strohmann** für einen neuen Löschungsantrag vorschiebt. Von einem solchen Sachverhalt kann ausgegangen werden, wenn der Dritte ausschließlich im Auftrag und Interesse des früheren Antragstellers sowie auf dessen Weisung und Kosten ohne jedes eigene ins Gewicht fallende gewerbliche Interesse an der Löschung des GebrM mit dem Löschungsverfahren gegen dieses vorgeht (vgl. BGH GRUR 1998, 904, 905 – *Bürstenstromabnehmer*). Der Strohmann muss in einem solchen Fall alle Einwendungen gegen sich gelten lassen, die gegenüber dem Hintermann bestehen (vgl. zum Patentrecht BGH GRUR 1998, 904, 905 – *Bürstenstromabnehmer;* BGH GRUR 2012, 540, 541 – *Rohrreinigungsdüse I*). Von der Zulässigkeit des Antrags des Strohmanns ist jedoch auszugehen, wenn auf Grund der gewerblichen Tätigkeit des (neuen) Löschungsantragstellers die Möglichkeit einer Beeinträchtigung seiner Betätigung für den Fall zu besorgen ist, dass das GebrM bestehen bleibt (BGH GRUR 1998, 904, 905 – *Bürstenstromabnehmer*). Es genügt auch, wenn der Antragsteller als mithaftender Gesellschafter, Geschäftsführer oder Vorstandsmitglied nach rechtskräftiger Abweisung des Löschungsantrags der Gesellschaft mit persönlicher Inanspruchnahme rechnen muss (vgl. jedoch BGH GRUR 1976, 30, 31 – *Lampenschirm*). Dem alleinigen Gebrauchsmusterinhaber kann der Einwand der Treuwidrigkeit gegen einen (Mit-)Erfinder zustehen. Einem Dritten, der ein Nutzungsrecht an der geschützten Erfindung aus einem mit dem (Mit-)Erfinder geschlossenen „Vertrag zugunsten Dritter" ableitet, kann der Einwand der Treuwidrigkeit abgeschnitten sein (zum Patentrecht BGH GRUR 2011, 409 – *Deformationsfelder*). Regelmäßig lebt die Antragsbefugnis mit Wegfall des Treueverhältnisses wieder auf (zum Patentrecht BGH GRUR 1971, 243, 245 – *Gewindeschneidvorrichtungen*). Es verstößt nicht gegen Treu und Glauben, wenn ein Antragsteller gemeinsam mit anderen potentiellen Antragstellern Löschungsantrag stellt oder einem anhängigen Verfahren als weiterer Antragsteller beitritt (zum Nichtigkeitsverfahren BGH Urt. v. 26.2.2015, Az. X ZR 54/110 = GRUR-RS 2015, 06139; BGH GRUR 2014, 758, 759 – *Proteintrennung*). **18**

Zum Antrag auf **Feststellung der Unwirksamkeit** und zu dem damit verbundenen Erfordernis eines **besonderen Rechtsschutzinteresses** vgl. → Rn. 75 und → § 16 Rn. 34ff. **19**

Verfahrenshindernde Einreden auf Grund der Beziehungen der Parteien können ebenfalls der Antragsbefugnis entgegenstehen. Von besonderer Bedeutung ist hierbei **20** die ausdrückliche oder konkludente **Nichtangriffsverpflichtung/-abrede.** Derartige Abreden können zB in Kaufverträgen, Gesellschaftsverträgen, Lizenzverträgen, gesellschaftsähnlichen Verträgen oder Kooperationsverträgen enthalten sein. Die Antragstellung kann durch eine Nichtangriffsabrede-Verpflichtung, das GebrM überhaupt (zum Patentrecht BGH GRUR 1965, 135 – *Vanal-Patent;* BGH GRUR 1988, 900 – *Entwässerungsanlage*) oder nicht mit einer bestimmten Begründung (BPatGE 6, 191) anzugreifen – ausgeschlossen sein. Eine derartige Bindung setzt die **Wirksamkeit** der Abrede voraus, die insbesondere unter kartellrechtlichen Aspekten (nationalrechtlich und europarechtlich) problematisch sein kann (vgl. zum Patentrecht lediglich BGH GRUR 1971, 243 – *Gewindeschneidvorrichtungen;* BGH GRUR 1956, 264 – *Wendemanschette I;* BGH GRUR 1989, 39, 41 – *Flächenentlüftung;* EuGH GRUR Int. 1989, 56, 57 – *Nichtangriffsklausel;* BGH GRUR 2011, 409 – *Deformationsfelder*). In deutscher und europarechtlicher Hinsicht können Nichtangriffsabreden in einem Lizenzvertrag oder Kaufvertrag den Wettbewerb im Sinne von Art. 101, 102 AEUV, § 1 GWB beschränken, weil sie dem Lizenznehmer oder Käufer Beschränkungen auferlegen, welche über den Inhalt des jeweiligen Schutzrechts hinausgehen. Der EuGH hat eine wettbewerbsbeschränkende Wirkung einer Nichtangriffsabrede, die im Zusammenhang mit einer **kostenlosen Lizenz** in einem Prozessvergleich getroffen war, mit der Begründung verneint, hier habe der Lizenzgeber nicht die mit einer Lizenzgebührenzahlung zusammenhängenden Wettbewerbsnachteile zu tragen (zum Patentrecht EuGH GRUR Int. 1989, 56, 57 – *Nichtangriffsklausel;* vgl. auch BGH GRUR 1991, 558 – *Kaschierte Hartschaumplatten;* BGH GRUR 2007, 963, 964 [21] – *Polymer-Lithium-Batterien*). Art. 6 lit. a) der Gruppenfreistellungsverordnung für Vereinbarungen über Forschung und Entwicklung (VO EU Nr. 1217/2000) stuft Nichtangriffsklauseln als „graue" Klauseln ein. Demnach sind Nichtangriffsvereinbarung grundsätzlich unzulässig. Auch Art. 5 Abs. 1 lit. b) der Gruppenfreistellungsverordnung für Technologie-Transfer-Vereinbarungen (VO EU Nr. 316/2004) unterstellt Nichtangriffsklauseln als sog „graue Klauseln" einer Einzelfallprüfung. Einzelheiten bei *Immenga/Mestmäcker/Fuchs,* EU-Wettbewerbsrecht, IV. Abschnitt Rn. 2ff.; *Immenga/Mestmäcker/Fuchs,* Wettbewerbsrecht, VII. Rn. 266ff.; vgl. → § 22 Rn. 54, → § 22 Rn. 67ff. Unter bestimmten Voraussetzungen kann es zulässig sein, das **Recht zur Kündigung** eines ausschließlichen Lizenzvertrages für den Fall des Angriffs gegen Schutzrechte zu vereinbaren. Unzulässig ist eine Nichtangriffsabrede wegen Verstoß gegen § 138 BGB bei einem Schutzrecht, bei dem zweifelsfrei ein Löschungsgrund vorliegt (vgl. zum Patentrecht BGH GRUR 1969, 409, 411 – *Metallrahmen*) und der auch von der Vertragspartei geltend gemacht werden kann (vgl. *Busse/Keukenschrijver* PatG § 81 Rn. 91).

21 Die Berufung auf die Unwirksamkeit einer Nichtangriffsabrede ist **nicht treuwidrig** (*Benkard/Rogge/Kober-Dehm* PatG § 22 Rn. 44). Ein Löschungsantrag kann nicht wegen eines zwischen den Beteiligten abgeschlossenen Lizenzvertrages als unzulässig zurückgewiesen werden, wenn der Antragsgegner seinerseits den Antragsteller wegen Verletzung des StreitGebrM in Anspruch nimmt (vgl. BGH KzR 2/66 vom 8.6.1967, unvollständig abgedruckt in GRUR 1967, 676, 680 – *Gymnastiksandale;* zum Patenrecht BPatG GRUR 1996, 480 – *Nichtangriffsabrede;*).

22 Dem Löschungsantrag kann ferner der Einwand der **Arglist** entgegnet werden, auch außerhalb einer vertraglichen Bindung (BPatG Mitt. 2007, 467 – *Gasflammenbehandlungsvorrichtung*). Ein Verstoß gegen **Treu und Glauben (§ 242 BGB)** kommt unter anderem in Betracht, wenn ein Löschungsantrag einer vertraglichen Vereinbarung widerspricht oder lediglich den Zweck hat, einen rechtswidrig erlangten Besitzstand zu sichern, des Weiteren zur Umgehung einer zulässigen Nichtangriffsabrede (beispielsweise bei wirtschaftlicher Identität zwischen Antragsteller und Partei der Nichtangriffsabrede); in diesem Fall ist der Antrag als unzulässig zurückzuweisen (BPatG Mitt. 2007, 467 – *Gasflammenbehandlungsvorrichtung;* zum Patentrecht BGH GRUR-RR 2010, 136 – *sealing lamina; Bühring/Schmid* § 16 Rn. 54).

23 Ein abweisender Beschluss erwächst zwischen den Parteien in Rechtskraft. Ein

Dritter ist – vorbehaltlich der vorerwähnten Sonderfälle – nicht gehindert, einen inhaltlich gleichen Löschungsantrag von neuem zu stellen.

3. Abschließende Regelung – keine Löschungsgründe. Die Löschungsgründe sind in § 15 Abs. 1 und 2 abschließend aufgeführt. **Keine** Löschungsgründe sind also insbesondere: **24**

- formelle Mängel der Anmeldung, zB das Fehlen einer Zeichnung; es besteht aber die Gefahr, dass die Erfindung ohne Zeichnung oder bei inhaltlich mangelhafter Zeichnung nicht ausreichend offenbart ist (vgl. BGH GRUR 1968, 86, 89 – *Ladegerät I*); **25**
- mangelnde Einheitlichkeit des Erfindungsgedankens (vgl. RG GRUR 1932, 72 – *Befestigungslappen;* BPatG GRUR 1981, 350, 351 – *Bohrstange*); die mangelnde Einheitlichkeit ist lediglich im Anmeldeverfahren zu berücksichtigen, → § 4 Rn. 37 ff.; **26**
- Verfahrensmängel (OLG Zweibrücken GRUR 1937, 140); **27**
- Mängel der Anmeldung (RG GRUR 1938, 47 – *Strumpf*); **28**
- Abhängigkeit des eingetragenen GebrM von einem anderen Schutzrecht, RG JW 1912, 308; **29**
- Unzulässigkeit der Ausscheidung/Teilung (*Bühring/Schmid* § 15 Rn. 29, BGH GRUR 1965, 473, 478 – *Dauerwellen I*); **30**
- unrichtiges Anmelde- oder Prioritätsdatum (RG GRUR 1940, 543, 545; zum Patentrecht BPatG Urt. v. 1. 2. 2006, Az. 4 Ni 49/04); **31**
- fehlende oder unvollständige Angaben zum Stand der Technik (RG M. u. W. 1930, 187); **32**
- Wettbewerbsverstöße (RG GRUR 1930, 805, 806 – *Schuhspanner*). **33**
- unrechtmäßige Wiedereinsetzung (zum Patentrecht BGH GRUR Ausl 1960, 506 – *Schiffslukenverschluss*). **34**
- mangelndes Rechtsschutzinteresse für bestimmte Schutzansprüche (zum Patentrecht BGH GRUR 2007, 878, 583 – *rückspülbare Filterkerze*). **35**

Die **mangelnde Ausführbarkeit** stellt – im Gegensatz zum PatG – im GebrM-Recht **keinen eigenständigen Löschungsgrund** dar. Die Prüfung, ob die Erfindung **so deutlich und vollständig offenbart** ist, dass ein Fachmann sie ausführen kann, hat jedoch bei entsprechendem Anlass zu erfolgen, wenn der Löschungsgrund der **mangelnden Schutzfähigkeit** geltend gemacht ist, **§ 15 Abs. 1 Nr. 1.** Die Ausführbarkeit ist deshalb ein Teilaspekt der Schutzfähigkeit (BGH Mitt. 1999, 372, 373 – *Flächenschleifmaschine*). Die mangelnde Ausführbarkeit ist auch dann Streitgegenstand des Löschungsverfahrens, wenn der Antragsteller den Antragsgrund nach § 15 Abs. 1 Nr. 1 auf Grundlage einer anderen Begründung geltend macht, bspw fehlender Neuheit (BPatGE 24, 36, 38). Für die Prüfung ist auf die Verhältnisse am Anmelde- oder Prioritätstag abzustellen (BGH Mitt. 1999, 372, 373 – *Flächenschleifmaschine*). Hierbei kommt es auf die Möglichkeiten und Kenntnisse von außenstehenden Dritten an, so dass interne Entwicklungen bei dem GebrM-Inhaber für die Beurteilung der Ausführbarkeit keine Rolle spielen. Die Ausführbarkeit der Erfindung ist dabei anzunehmen, wenn die Lehre von einem Fachmann überhaupt ausgeführt werden kann; dass es gelegentlich zu „Ausreissern“ kommt oder die Lehre in einzelnen Fällen versagt, ist unerheblich; ebenso ist die Frage der Marktreife nicht ausschlaggebend. Ausführbarkeit ist gegeben, wenn sie im Bereich des durchschnittlichen fachlichen Könnens liegt, möge auch das Festlegen einer verkaufsreifen Konstruktion noch ein Probieren von mehr oder minder langer Dauer erforderlich machen (insgesamt BGH Mitt. 1999, 372, 374 – *Flächenschleifmaschine*). Weitere Einzelheiten → § 4 Rn. 55 ff. **36**

Anders als nach § 22 Abs. 1 PatG gibt es auch **nicht** den Löschungsgrund der **Erweiterung des Schutzbereichs.** Mangels einer Erteilung stellt sich die Problematik einer Erweiterung des Schutzbereichs ohnehin nicht dergestalt, wie dies bei einem **37**

Patent der Fall sein kann. Nach der Eintragungsverfügung eingereichte Schutzansprüche können den Gegenstand des GebrM ohnehin nicht mehr verändern (vgl. → § 4 Rn. 58ff.; → § 13 Rn. 15ff.). Durch nachträglich eingereichte Schutzansprüche kann der GebrM-Inhaber daran gehindert sein, das GebrM in der eingetragenen Form zu verteidigen. **Gegenstand der Überprüfung** ist die Fassung der Unterlagen, die der Eintragung zu Grunde gelegt worden sind; dies gilt auch dann, wenn im Eintragungsverfahren mehrere voneinander abweichende Unterlagen nacheinander eingereicht worden sind (BGH GRUR 1968, 86, 88 – *Ladegerät I;* → Rn. 61). Deshalb kommt auch eine selbständige Löschung der nach der Eintragung des GebrM nachgereichten Schutzansprüche nicht in Betracht (BPatGE 11, 96, 101). Im Löschungsverfahren ist darauf zu achten, dass nicht durch Aufnahme offenbarter, aber nicht zum Gegenstand des GebrM gewordener Merkmale eine Erweiterung des Schutzbereichs eintreten würde (*Bühring/Schmid* § 15 Rn. 21). Aus § 4 Abs. 5 S. 2 iVm. § 13 Abs. 1 iVm § 15 Abs. 1 Nr. 3 folgt der allgemeine Grundsatz, dass aus einer Erweiterung keine Rechte hergeleitet werden können (→ § 12a Rn. 201; → § 13 Rn. 20) dies gilt auch für „Erweiterungen", die im Löschungsverfahren Eingang in das GebrM gefunden haben. Dies gilt selbstredend auch für Verletzungsverfahren. Auch in einem nachfolgenden Löschungsverfahren kann sich der GebrM-Inhaber nicht auf eine derartige „Erweiterung" berufen.

38 **4. Bindung an den Löschungsgrund.** Die Prüfung im Löschungsverfahren erfolgt auf entsprechenden **Antrag** des Antragstellers. Sie entspricht weitgehend derjenigen Prüfung im Patentnichtigkeitsverfahren. Dem Antragsteller steht es frei, sich auf **einen oder mehrere der in § 15 genannten Löschungsgründe** zu stützen. Er legt durch Antrag und Begründung Richtung und Umfang der Prüfung des GebrM fest, so dass es dem DPMA wie dem Beschwerdegericht verwehrt ist, bei der Entscheidung einen anderen als den vom Antragsteller geltend gemachten Löschungsgrund zu berücksichtigen; über die Sachanträge der Beteiligten darf grundsätzlich nicht hinausgegangen werden (BPatG GRUR 1981, 908, 909 – *Brustprothese;* BPatG GRUR 1991, 313, 315 – *Verpackungsbehälter mit Diebstahlsicherung;* BPatG Mitt. 1996, 395, 396 – *Helikoptermodell*). Entscheidung und Verteidigung haben sich im Rahmen des Löschungsantrags zu halten. (Einzelheiten unter → § 16 Rn. 10ff.). Dabei reicht eine bloße Erörterung eines Löschungsgrundes nicht aus, da sie nicht notwendigerweise bedeutet, dass der Antragsteller sich auch auf diesen Löschungsgrund gestützt hat; DPMA und Beschwerdegericht ist es in diesem Fall versagt, diesen Löschungsgrund aufzugreifen (BPatG Mitt. 1996, 395, 396 – *Helikoptermodell*). Das DPMA darf zur Vermeidung des Anscheins der Parteilichkeit nicht von sich auf einen nicht geltend gemachten Löschungsgrund hinweisen und eine entsprechende Antragsänderung anregen (BPatG GRUR 1981, 908, 909 – *Brustprothese*).

39 Die in § 15 Abs. 1 und 2 genannten Löschungsgründe stellen je einen **selbständigen Antragsgrund** (Klagegrund im Sinne des § 263 ZPO) dar. **Änderungen** und **Erweiterungen** des Löschungsantrages sind deshalb analog § 263 ZPO zulässig, wenn der Antragsgegner zustimmt oder die Änderung für sachdienlich gehalten wird, § 267 ZPO, sowie in den Fällen des § 264 ZPO (BPatG GRUR 1981, 908, 909 – *Brustprothese*). Der die Antragsänderung beinhaltende Schriftsatz ist dem GebrM-Inhaber grundsätzlich unter Fristsetzung nach § 17 Abs. 1 S. 1 mit der Aufforderung zuzustellen, sich innerhalb der Monatsfrist dazu zu erklären (BPatGE 25, 85, 87). Die nachträgliche Geltendmachung eines weiteren Löschungsgrundes wird in der Regel als **sachdienlich** anzusehen sein, da durch die Einbeziehung dieses Streitpunktes ein weiteres Löschungsverfahren vermieden wird (BPatG Mitt. 1996, 211, 212 – *Plattenaufnahmeteil;* zum Patentrecht BGH GRUR 2007, 309 – *Schussfädentransport*). Dies wird auch dann anzunehmen sein, wenn dieser weitere Antragsgrund erst im **Beschwerdeverfahren** erstmals eingeführt wird (auch wenn dem Antragsgegner dadurch eine „Instanz" genommen wird, vorausgesetzt, dass dies nicht erstmals in der mündlichen Ver-

handlung vor dem BPatG erfolgt). Der Antragsgrund **(Streitgegenstand)** wird von den Tatsachen gebildet, die der Antragsteller zur Rechtfertigung seines Antrages vorträgt. Innerhalb eines geltend gemachten Antragsgrundes können verschiedene Begründungen zur Stützung des Antrages herangezogen werden (zB fehlende Neuheit oder fehlender erfinderischer Schritt). Das DPMA bzw. das Beschwerdegericht sind auch innerhalb eines solchen selbständigen Löschungsgrundes frei, eine Entscheidung unabhängig davon zu treffen, welche der Voraussetzungen fehlt, die für die Schutzfähigkeit des GebrM notwendig sind. Die Entscheidung kann auch unabhängig davon ergehen, welche dieser Voraussetzungen zur Rechtfertigung des Antrags zunächst herangezogen worden sind. Die Antragstellung kann Löschungsgründe **kumulativ** oder **alternativ** heranziehen.

5. Löschungsgründe. § 15 nennt vier selbständige Kategorien von Löschungs- **40**
gründen:

5.1 Fehlende Gebrauchsmusterschutzfähigkeit gemäß §§ 1–3 (§ 15 Abs. 1 **41
Nr. 1).** Dieser Löschungsgrund entspricht im Wesentlichen § 21 Abs. 1 Nr. 1 PatG iVm § 22 PatG. Gebrauchsmusterschutzfähigkeit fehlt, wenn

- keine Lehre zum technischen Handeln gegeben ist; hierunter fällt auch die feh- **42**
lende Ausführbarkeit (→ Rn. 36), Wiederholbarkeit oder das Vorliegen einer ausgeschlossenen Erfindung, § 1 Abs. 2, Abs. 3 und → § 1 Rn. 44 ff.;
- ein Gebrauchsmusterverbot gemäß § 2 Nr. 1 besteht: Gesetz- oder Sittenwidrig- **43**
keit, vgl. → § 2 Rn. 23;
- eine Pflanzensorte oder Tierart betroffen ist, § 2 Nr. 2 → § 2 Rn. 28 ff.; **44**
- ein Verfahren zu Grunde liegt, § 2 Nr. 3 → § 2 Rn. 66 ff.; **45**
- die Neuheit fehlt, § 3 → § 3 Rn. 140 ff.; **46**
- der erfinderische Schritt fehlt, § 1 → § 1 Rn. 162 ff.; **47**
- es der gewerblichen Anwendbarkeit ermangelt, § 3 Abs. 2 → § 3 Rn. 236 ff. **48**

Für die Prüfung ist das zum Zeitpunkt der Anmeldung geltende Recht anzuwen- **49**
den. Der **Prüfung auf Schutzfähigkeit** ist der im **Schutzanspruch** umschriebene **Gegenstand** zu Grunde zu legen (vgl. zum „Gegenstand" → § 4 Rn. 49 ff.; → § 13 Rn. 15 ff.); dass (lediglich) die Beschreibung eine bestimmte Anwendung dieses Gegenstands offenbart, hat außer Betracht zu bleiben (BGH GRUR 1997, 360, 361 – *Profilkrümmer*). Ein von dem Antragsteller bislang allein angegriffener (unmittelbar auf den Hauptanspruch zurückbezogener) Unteranspruch wird zum Haupt- oder Nebenanspruch und ist als solcher auf Schutzfähigkeit zu prüfen, wenn auf den bisherigen Hauptanspruch (auch im Löschungsverfahren) verzichtet wird (BGH GRUR 1997, 213, 214 – *Trennwand*).

Die **Darlegung** des Löschungsgrunds fehlender Schutzfähigkeit setzt substantiier- **50**
ten Sachvortrag dazu voraus, dass die in dem GebrM geschützte Lehre von Kenntnissen Gebrauch macht, die ihn vor dem für den Zeitrang der Anmeldung maßgeblichen Tag der Öffentlichkeit zugänglich machen. Im Fall einer Benutzung setzt dies also grundsätzlich die Angabe des Zeitpunktes, des Ortes, der Beschaffenheit und der allgemeinen Zugänglichkeit des Gegenstands der offenkundigen Vorbenutzung für den Durchschnittsfachmann voraus (BPatG Mitt. 1999, 374, 376; zum Patentrecht BPatG Beschluss vom 26.10.2009, Az. 20 W (pat) 23/05). Dies ist allerdings keine Frage der Zulässigkeit des Löschungsantrages sondern seiner Begründetheit (BPatG Mitt. 1999, 374, 376).

5.2 Älteres Recht (§ 15 Abs. 1 Nr. 2). Die Bestimmung dient der Vermeidung **51**
der Entstehung eines **Doppelschutzes** für dieselbe Erfindung (BGH GRUR 1967, 477, 479 – *UHF-Empfänger II;* vgl. eingehend → § 13 Rn. 22 ff.).

§ 15 Abs. 1 Nr. 2 erfasst folglich hauptsächlich das Verhältnis einer jüngeren Pa- **52**
tent- bzw. Gebrauchsmusteranmeldung zu einer älteren, jedoch **nachveröffentlichten** Patent- oder Gebrauchsmusteranmeldung. In innerem Zusammenhang mit §§ 15

Abs. 1 Nr. 2, 13 Abs. 1 steht § 14, kraft dessen die Ausübung des Schutzes eines jüngeren Patents durch ein älteres Gebrauchsmuster beschränkt ist. Ist die ältere Anmeldung **vorveröffentlicht,** ist sie ohnehin gebrauchsmusterschädlicher Stand der Technik gem. § 3 GebrMG; → § 13 Rn. 22f.

53 Soweit die Übereinstimmung mit dem älteren Recht reicht, ist das jüngere GebrM nicht rechtsbeständig. Dies kann auch im **Verletzungsrechtsstreit einredeweise** geltend gemacht werden. Der Löschungsgrund setzt die Entstehung und den **Bestand** (vgl. aber → § 13 Rn. 25) des älteren Rechts voraus, dh bei einem Patent die Veröffentlichung der Eintragung im Patentblatt, § 58 Abs. 1 S. 3 PatG (es genügt auch ein europäisches Patent mit der Bundesrepublik Deutschland als Bestimmungsland, Art. 140, 139 EPÜ sowie ein erstrecktes Patent gemäß § 4 ErstrG; weiter → § 13 Rn. 22ff.). Ein Gebrauchsmuster entsteht mit der Eintragung, § 11. Vorläufiger Schutz reicht nicht aus. Eine noch ausstehende Eintragung führt nicht zur Aussetzung des GebrM-Löschungsverfahrens. Maßgeblich ist der **Anmelde- bzw der Prioritätstag der Voranmeldung,** nicht, wann das Recht zur Entstehung gelangt ist (BGH GRUR 1967, 477 – *UHF-Empfänger II*). Nicht zu berücksichtigen sind ausländische Schutzrechte (*Busse/Keukenschrijver,* GebrMG § 15 Rn. 14).

54 Handelt es sich bei dem älteren Recht seinerseits um ein GebrM, ist fraglich, ob der Rechtsbestand dieses älteren GebrM (inzident) im Löschungsverfahren gemäß § 15 Abs. 1 Nr. 2 zu prüfen ist. Der Wortlaut „bereits auf Grund einer früheren Patent- oder Gebrauchsmusteranmeldung geschützt worden ist“ ist nicht ohne weiteres als Hinweis auf die sachliche Schutzfähigkeit des älteren Rechts zu verstehen. Eine inzidente Prüfung der Schutzfähigkeit des älteren GebrM ist daher weder auf Einrede noch von Amts wegen geboten, denn Zweck des § 15 Abs. 1 Nr. 2, ist es, „formalen“ Doppelschutz zu verhindern (aA *Fitzner/Lutz/Bodewig/Eisenrauch* GebrMG § 15 Rn. 17). Eine inzidente Prüfung der Schutzfähigkeit des älteren Gebrauchsmusters beseitigt nicht dessen Bestand mit ex tunc Wirkung. Eine inzidente Prüfung ist auch nicht auf Grund der Möglichkeit geboten, im Verletzungsverfahren die Schutzunfähigkeit eines GebrM geltend zu machen. Eine inzidente Prüfung im Verletzungsverfahren entfaltet Wirkung nur zwischen den Parteien des Verletzungsrechtsstreits und hat auf den Bestand des GebrM keinen Einfluss. Ggf. kann das Löschungsverfahren bis zur Entscheidung über den Bestand des älteren Rechs ausgesetzt werden (vgl. für den Fall eines älteren Patents BGH GRUR 2011, 1055 – *Formkörper mit Durchtrittsöffnungen*).

55 Fällt das ältere Recht rückwirkend **(ex tunc)** weg, zB weil es gelöscht wurde, entfällt auch der Löschungsgrund. Bei Wegfall des älteren Schutzrechts lediglich mit **ex nunc**-Wirkung (also bei Verzicht oder Ablauf der Schutzdauer), steht das ältere Recht weiterhin schutzhindernd entgegen (→ § 13 Rn. 25 mwN). Steht dem Inhaber eines jüngeren GebrM sein eigenes älteres GebrM schutzhindernd entgegen, ist es nicht allgemein und in jedem Fall als arglistig anzusehen, wenn er von der Möglichkeit Gebrauch macht, mit Hilfe eines Dritten im Löschungsverfahren eine rückwirkende Beseitigung des älteren Schutzrechts zu erreichen und sich so auf die erzielte Rechtslage zu berufen (BGH GRUR 1963, 519, 521 – *Klebemax*). Dies gilt auch für eine Löschung des GebrM auf Nichtwiderspruch ohne Sachprüfung (BGH GRUR 1963, 519, 521 – *Klebemax*).

56 Der Gegenstand eines GebrM war nach der bis 1.1.2002 geltenden Rechtslage auch dann auf Grund einer früheren GebrM-Anmeldung im Sinne des § 15 Abs. 1 Nr. 2 bzw. § 11 geschützt, wenn das GebrM **nach Ablauf** der ersten oder einer weiteren **Schutzdauer eingetragen** worden war (BGH GRUR 1967, 477 – *UHF-Empfänger II*). Nach der bis 1.1.2002 geltenden Rechtslage erlosch ein GebrM, das erst nach Ablauf der ersten Schutzdauer in das Register eingetragen und für das die Verlängerungsgebühr noch nicht gezahlt ist, mit Ablauf der Schutzdauer; hieran änderte auch nichts, dass die Verlängerungsgebühr nebst Zuschlag noch bezahlt hätte werden können; damit bewirkte die Eintragung des GebrM lediglich das Entstehen

eines Prioritätsschutzes (keines Verbietungsrechts). Nach derzeitigem Recht erlischt das GebrM erst, wenn die Aufrechterhaltungsgebühren nicht mehr gezahlt werden können (§ 23 Abs. 3 Nr. 2). Der Prioritätsschutz richtete sich gegen solche Personen, die später als dessen Anmelderein jüngeres GebrM angemeldet haben und versetzte jedermann in die Lage, gegen den Inhaber des jüngeren GebrM den Löschungsgrund des älteren Rechts geltend zu machen. Dies war jedoch nicht mit einem in die Zukunft gerichteten Löschungsantrag sondern nur mit einem **Antrag auf Feststellung der Unwirksamkeit** des GebrM mit dem Ergebnis der rückwirkenden Beseitigung des durch dessen Eintragung entstandenen Prioritätsschutzes möglich; dies bedingte ein ausreichendes Feststellungsinteresse (BPatG GRUR 1993, 113, 114, 115 – *Thermostat*). Der Zulässigkeit eines Löschungsantrags stand entgegen, dass die Allgemeinheit an der Beseitigung eines GebrM, dessen Eintragung lediglich Prioritätsschutz hat entstehen lassen, kein Interesse habe (BGH GRUR 1967, 477, 481 – *UHF-Empfänger II;* BPatG GRUR 1993, 113, 114, 115 – *Thermostat* und → Rn. 75).

Ein älteres Recht im Sinne der § 15 Abs. 1 Nr. 2 liegt nur dann vor, wenn der **Gegenstand** auf Grund des früheren Rechts **geschützt** worden ist. Dazu sind die technischen Lehren beider Schutzrechte zu vergleichen. Nach früherer Praxis wurden hierzu auf das Kriterium der Wesensgleichheit abgestellt und für den Vergleich die zu § 4 Abs. 2 PatG 1968 aufgestellten Regeln angewendet. Dieser Auslegungshilfen bedarf es jedoch nicht. Die Formulierung der Ziff. 2 legt nahe, den „Gegenstand" des jüngeren Rechts nach denselben Grundsätzen zu bestimmen, wie sie auch für die Auslegung von § 15 Abs. 1 Nr. 1 sowie § 12a heranzogen werden. Deshalb ist der im **Schutzanspruch** umschriebene Gegenstand (vgl. zum „Gegenstand" → § 4 Rn. 49ff. → § 13 Rn. 15ff.) zu Grunde zu legen (vgl. BGH GRUR 1997, 360, 361, 362 – *Profilkrümmer*). Ein Abstellen auf den Schutzanspruch gewährleistet nicht nur die Homogenität von Gebrauchsmusterlöschungs- und Gebrauchsmuster-Verletzungsverfahren (→ § 12a Rn. 23) und damit die Rechtssicherheit auch im Gebrauchsmustereintragungsverfahren, sondern berücksichtigt auch die im Laufe der Gesetzesentwicklung vorgenommenen Annäherungen des GebrM an die Regelungen des Patentgesetzes, wie sie gerade in Bezug auf die Schutzansprüche und deren Vorrang vor Beschreibung und Zeichnungen zum Ausdruck kommen (vgl. hierzu BPatG Mitt. 1999, 271, 273 – *Bindungswirkung der Schutzansprüche im Löschungsverfahren*). Ob dieser Gegenstand des jüngeren GebrM bereits auf Grund eines erteilten bzw. eingetragenen Patents oder Gebrauchsmusters „geschützt" worden ist, ist wiederum anhand des betreffenden **Schutzanspruchs** zu prüfen. Das ältere Recht steht also mit seinem Schutzbereich schutzhindernd entgegen, sog **prior claims approach,** wobei Beschreibung und Zeichnungen natürlich an dem Gegenstand des GebrM-Anspruchs teilnehmen. Maßgebend ist also nicht der Inhalt einer Patent- oder GebrM-Anmeldung mit ihrem sog **whole contents approach**, wie dies bei § 3 Abs. 2 PatG der Fall ist (ebenso: BPatG GRUR 1981, 126 – *Längsnuten*). Auf eine unterschiedliche Wort- und Begriffswahl kommt es dabei nicht an (BPatG GRUR 1981, 908, 909 – *Brustprothese;* OLG Düsseldorf GRUR 1952, 192, 193; BPatG Beschluss vom 22.9.2010, Az. 35 W (pat) 417/08 – *Formkörper mit Durchtrittsöffnungen*). Ferner reicht es aus, wenn die beanspruchten Merkmale **äquivalent** dem älteren Schutzrecht zu entnehmen sind. 57

Die Behandlung eines im Verhältnis zum älteren Recht verbleibenden **Überschusses** des jüngeren Rechts ist ungeklärt. Nach einem Teil der Literatur soll im Hinblick auf § 15 Abs. 3 von vornherein kein wirksames (jüngeres) GebrM-Recht entstehen, soweit eine Übereinstimmung mit dem älteren Recht bestehe, mit der Folge, dass für jeden Dritten das Recht bestehe, die Löschung des zu Unrecht eingetragenen und nur scheinbar wirksamen GebrM zu begehren und durchzusetzen (so *Benkard/Scharen* GebrMG § 13 Rn. 8; *Bühring/Braitmayer* § 13 Rn. 13, 15, § 15 Rn. 13: Abhängigkeit zwischen jüngerem GebrM und älterem identischen Recht bilde im Umfang der Teilidentität ein Schutzhindernis und begründe einen Löschungsanspruch, unter Hinweis auf BPatG GRUR 1981, 126 – *Längsnuten*). Dieser 58

Auffassung kann in ihrer Allgemeinheit nicht zugestimmt werden. Maßgebend ist ein Vergleich der jeweiligen Schutzansprüche; erfasst ein Schutzanspruch des älteren Rechts nicht mehr den Gegenstand des jüngeren Rechts, so liegt eine Übereinstimmung nicht vor, so dass der Löschungsgrund des älteren Rechts nicht gegeben ist. Dies ist kein Fall des § 15 Abs. 3. Deshalb schließt auch ein gebrauchsmusterfähiger Überschuss über das ältere Recht eine Übereinstimmung iSd § 15 Abs. 1 Nr. 2 aus. Die jüngere Anmeldung nimmt also im Verhältnis zum älteren Recht bei der Identitätsprüfung die gleiche Stellung ein wie im Verletzungsstreit die angegriffene Verletzungsform zum Klageschutzrecht (kritisch, im Sinne einer Neuheitsprüfung *Hüttermann/Storz,* Mitt. 2006, 343, 345). Macht der Löschungsantragsteller darüber hinaus den Löschungsgrund des § 15 Abs. 1 Nr. 1 geltend, so ist der verbleibende „Überschuss" des jüngeren GebrM im Vergleich zum übrigen Stand der Technik auf Neuheit und erfinderischen Schritt zu prüfen. Auf die **Schutzfähigkeit des älteren Rechts** kommt es nicht an; ebenso ist kein Raum für die Heranziehung eines allgemeinen Erfindungsgedankens bei der Beurteilung des älteren Rechts (aA *Bühring/Braitmayer* § 13 Rn. 13).

59 Der Antragsteller kann anstelle der fehlenden Schutzfähigkeit iSd § 15 Abs. 1 Nr. 1 den Löschungsgrund des älteren Rechts geltend machen, wenn der Gegenstand des älteren Rechts bereits zum Stand der Technik gehört, weil das Schutzrecht bereits vor der jüngeren GebrM-Anmeldung veröffentlicht worden ist. Er kann beide Löschungsgründe auch kumulativ geltend machen. Beide Löschungsgründe stehen nebeneinander (BGH GRUR 1967, 477, 480 – *UHF-Empfänger II*).

60 **5.3 Unzulässige Erweiterung (§ 15 Abs. 1 Nr. 3).** Der Löschungsgrund entspricht § 21 Abs. 1 Nr. 4 PatG und ist eine Folgeregelung zu § 4 Abs. 5 (BPatG Mitt. 1996, 211, 212 – *Plattenaufnahmeteil;* → § 4 Rn. 58ff.). Die Regelung beinhaltet keinen Löschungsgrund wegen **Erweiterung des Schutzbereichs** entsprechend § 22 Abs. 1 PatG. Der Löschungsantrag nach § 15 Abs. 1 Nr. 3 (keine Berücksichtigung von Amts wegen, str aA wohl *Busse/Keukenschrijver,* GebrMG § 15 Rn. 16: Berücksichtigung von Amts wegen, auch wenn andere Löschungsgründe geltend gemacht werden) dient der Beseitigung einer (unzulässigen) Erweiterung. Prüfungsgrundlage ist die den Anmeldetag begründende Anmeldung, §§ 4, 4a. Es kann sich hierbei um die ursprüngliche GebrM-Anmeldung oder um eine Patentanmeldung im Falle einer Abzweigung handeln. Beurteilungsgrundlage kann auch die Anmeldung einer europäischen Patentanmeldung im Falle der Abzweigung hieraus sein oder die beim DPMA vorgenommene Abzweigung aus einer PCT-Anmeldung. Prüfungsgrundlage kann ferner die Stammanmeldung sein, aus der eine Teilungsanmeldung abgetrennt worden ist. Wegen der Unanwendbarkeit des § 7 Abs. 2 PatG (§ 13 Abs. 3 GebrMG) kann die entnommene Anmeldung nicht als Prüfungsgrundlage für die Frage der unzulässigen Erweiterung herangezogen werden. Bei der Prüfung des Löschungsgrundes der unzulässigen Erweiterung ist die Schutzfähigkeit des GebrM nicht von Bedeutung (zum Patentrecht BPatG GRUR 2000, 302 – *Fernsehgerätbetriebsparameteranzeige*). Erweist sich der Gegenstand des GebrM als schutzunfähig, kann der Löschungsgrund gemäß § 15 Abs. 1 Nr. 3 dahingestellt bleiben (BPatG Beschluss vom 28.4.2015, Az. 35 W (pat) 404/13; BPatG Beschluss vom 17.12.2008, Az. 35 W (pat) 450/07, zum Löschungsgrund nach § 15 Abs. 2).

61 **Vergleichsmaßstab** für die Prüfung des Erweiterungstatbestandes sind die ursprünglich eingereichten Unterlagen. Sie sind mit dem Gegenstand des GebrM zu vergleichen, den dieses durch die Eintragungsverfügung erhalten hat (vgl. *Busse/Keukenschrijver* GebrMG § 15 Rn. 17).

62 Maßgeblich sind die gesamten **ursprünglich eingereichten Unterlagen** und was diesen unmittelbar und eindeutig zu entnehmen ist (zum Patentrecht BGH GRUR 2010, 509, 511 – *Hubgliedertor I;* BGH GRUR 2010, 910 – *Fälschungssicheres Dokument*). Hat der Anmelder auf Teile der Anmeldung wirksam verzichtet, kann auf diese nicht mehr als Vergleichsmaßstab zurückgegriffen werden (*Bühring/Schmid* § 15

Rn. 22). Bei einer **abgezweigten Anmeldung** (§ 5) mit gleichzeitiger Einreichung der Patentanmeldung und von davon abweichenden „Unterlagen, die der Eintragung des Gebrauchsmusters zu Grunde zu legen sind", sind erstere Unterlagen als Anmeldeunterlagen anzusehen (BPatG Beschluss vom 11.7.2001, Az. 5 W (pat) 440/00; auch *Bühring/Schmid* § 15 Rn. 23, vgl. BGH GRUR 2003, 867 – *Momentanpol I*). Entscheidend ist bei Vorlage von Unterlagen für die Eintragung, die zusätzlich zu den mit dem Eintragungsantrag der Anmeldung vorgelegten Unterlagen überreicht werden, dass kein Zweifel besteht, welche Unterlagen die für den Anmeldetag geltende erfindungswesentliche Offenbarung enthalten und welche Unterlagen auf dieser Offenbarungsgrundlage letztlich der Eintragung zu Grunde gelegt werden (BPatG Beschluss vom 11.7.2001, Az. 5 W (pat) 440/00). Kann wegen einer unzulässigen Erweiterung eines abgezweigten GebrM gegenüber der ursprünglichen Patentanmeldung nicht der Anmeldetag in Anspruch genommen werden und fällt dieser Anmeldetag weg, hat dies entsprechende Auswirkungen auf den Anmeldetag des abgezweigten Gebrauchsmusters. In diesem Fall ist die frühere Anmeldung Stand der Technik; es liegt keine unzulässige Erweiterung vor (vgl. BPatG Beschluss vom 18.3.2009, Az. 35 W (pat) 405/08). Bei einer **Teilanmeldung** sind die ursprünglichen Unterlagen der ursprünglichen Anmeldung alleiniger Maßstab (*Busse/Keukenschrijver* GebrMG § 15 Rn. 17; aA BPatGE 43, 266, 269: § 15 Abs. 1 Nr. 3 sei gegeben, wenn ein Teilungsgebrauchsmuster den Inhalt der geteilten GebrM-Anmeldung überschreitet, aber nicht, wenn der Inhalt eines abgezweigten GebrM über den Offenbarungsgehalt der Patentanmeldung hinausgeht).

Der **inhaltliche** Vergleichsmaßstab des § 15 Abs. 1 Nr. 3 ist in Rspr und Lit noch abschließend zu klären. Dies hängt mit der ungenauen Formulierung im Gesetz zusammen. Nach § 15 Abs. 1 Nr. 3 ist der „**Gegenstand** des GebrM" mit dem „**Inhalt** der Anmeldung" in der Fassung der ursprünglichen Einreichung zu vergleichen. Die Änderungen im Anmeldeverfahren regelnde Vorschrift des § 4 Abs. 5 spricht jedoch nicht vom „Inhalt" der Anmeldung, sondern vom „Gegenstand der Anmeldung" (vgl. eingehend → § 4 Rn. 49ff.). „Gegenstand" und „Inhalt" der Anmeldung iSd §§ 4 Abs. 5, 15 Abs. 1 Nr. 3 sollten nach dem Regelungsgehalt nur dasselbe meinen. Dies ist jedoch nicht eindeutig, solange nicht geklärt ist, in welchem Rahmen Änderungen nach § 4 Abs. 5 zulässig sind, insbesondere inwieweit dort das Postulat des „Vorrangs der Schutzansprüche" gilt (vgl. → § 4 Rn. 59ff.). In § 4 Abs. 5 S. 2 heißt es lediglich, dass aus Änderungen, die Erweiterungen des Gegenstands der Anmeldung bewirken, keine Rechte hergeleitet werden können; nach bisheriger Praxis ist es gleichgültig, ob diese Änderungen den durch die Schutzansprüche umschriebenen Gegenstand des (einzutragenden) GebrM betreffen oder nicht von den Schutzansprüchen erfasst sind. Die Regelung des § 4 Abs. 5 S. 2 ist deshalb nicht notwendigerweise deckungsgleich mit § 15 Abs. 1 Nr. 3, der (nur) Änderungen erfasst, soweit sie sich im Gegenstand des eingetragenen GebrM (→ § 13 Rn. 16ff.) niedergeschlagen haben. Der Kontext mit den Regelungen in § 15 Abs. 1 Nr. 1, Nr. 2 erfordert es demgegenüber, den Gegenstand des GebrM nach dem Inhalt seiner Schutzansprüche – in der ursprünglich eingereichten Fassung bzw. in der Fassung eines vorangegangenen Löschungsbeschlusses – zu bemessen (→ § 12a Rn. 23; ebenso BPatG Mitt. 1999, 271, 272 – *Bindungswirkung der Schutzansprüche im Löschungsverfahren:* ein Erfindungsbereich, der nur in der GebrM-Schrift dargestellt, aber nicht hinreichend deutlich in die Schutzansprüche einbezogen ist, ist in dem GebrM nicht unter Schutz gestellt und kann auch nicht nachträglich durch eine einschränkende Verteidigung im Löschungsverfahren unter Schutz gestellt werden, dh die Einbeziehung eines sich lediglich aus der Beschreibung ergebenden Merkmals in den Schutzanspruch im Löschungsverfahren kann in Wahrheit eine unzulässige Erweiterung des Gebrauchsmustergegenstandes sein und nicht lediglich eine Einschränkung darstellen; zum Patentrecht BGH GRUR 2002, 49 – *Drehmomentübertragungseinrichtung;* BGH GRUR 2005, 1023 – *Einkaufswagen II;* BGH GRUR 2015, 875, 876 – *Rotorelemente*). 63

64 Keine Regelung enthält § 15 Abs. 1 Nr. 3 dazu, inwieweit im Löschungsverfahren zu prüfen ist, ob der Gegenstand des GebrM in den ursprünglichen Anmeldeunterlagen **als zur beanspruchten Lehre gehörend offenbart** entnommen werden kann. Lediglich § 4 Abs. 5 S. 2 bestimmt, dass aus Änderungen, die den Gegenstand der Anmeldung erweitern, Rechte nicht hergeleitet werden können. Hieraus folgt jedenfalls eine **Prüfungskompetenz** der **Verletzungsgerichte** (→ § 13 Rn. 18; freilich ist das Verletzungsgericht an die eingetragenen Schutzansprüche gebunden, dh es kann nicht selbst Schutzansprüche formulieren, die nach seiner Auffassung schutzfähig sind, vgl. → Rn. 38; → § 13 Rn. 13; → § 16 Rn. 10ff.). Aus der abschließenden Regelung der Löschungsgründe in § 15 folgt, dass dieser Komplex im Löschungsverfahren nur insoweit Berücksichtigung finden kann, als einer der in § 15 genannten Löschungsgründe tangiert ist. Das BPatG geht davon aus, dass die Schutzansprüche des GebrM nicht auf einen Gegenstand gerichtet werden dürfen, den die ursprüngliche Offenbarung aus Sicht des Fachmanns nicht als zur Erfindung gehörend erkennen ließ (BPatG Beschluss vom 25.3.2014, Az. 35 W (pat) 428/12 unter Hinweis auf BGH GRUR 2010, 509 – *Hubgliedertor I;* vgl. auch zum Patentrecht BGH GRUR 2015, 875, 876 – *Rotorelemente*).

65 Wann eine **Erweiterung** vorliegt, ist eine Frage des Einzelfalls. Entscheidend ist nach der Rspr des BGH, ob mit der Hinzufügung des Merkmals lediglich eine Anweisung zum technischen Handeln konkretisiert wird, die in den ursprünglich eingereichten Unterlagen als zur Erfindung gehörend offenbart ist, oder ob damit ein technischer Aspekt angesprochen wird, der aus den ursprünglich eingereichten Unterlagen weder in seiner konkreten Ausgestaltung noch auch nur in abstrakter Form als zur Erfindung gehörend zu entnehmen ist (vgl. zum Patentrecht BGH GRUR 2011, 40, 42, 43 – *Winkelmesseinrichtung*). Kann der Fachmann eine Veränderung des GebrM im Vergleich zu den ursprünglichen Angaben der Anmeldung nicht mehr mit seinem allgemeinen Fachwissen entnehmen, liegt eine Erweiterung vor, wenn der Gegenstand des GebrM nicht geringer als die ursprüngliche Offenbarung ist oder sich mit dieser deckt (vgl. zum Patentrecht BGH GRUR 2008, 887, 888 – *Momentanpol II;* GRUR 2010, 910, 914 – *Fälschungssicheres Dokument;* BGH GRUR 2012, 1124, 1128 – *Polymerschaum*). Innerhalb dieses Rahmens ist es bspw zulässig, den beanspruchten Schutz nicht auf konkret geschilderte Ausführungsbeispiele zu beschränken, sondern gewisse Abstrahierungen vorzunehmen (vgl. BGH GRUR 2013, 1135 – *Tintenstrahldrucker*).

66 § 15 Abs. 1 Nr. 3 dient der Beseitigung der Erweiterung. Eine bloße **Streichung** eines Merkmals ist nur dann unproblematisch, wenn ausgeschlossen werden kann, dass mit ihr keine Erweiterung verbunden ist (vgl. BGH GRUR 1977, 598, 601 – *Autoskooter-Halle;* BPatG Beschluss vom 27.2.2014, Az. 35 W (pat) 417/10).

67 Trotz des Wortlauts in Abs. 1 („Anspruch auf Löschung des Gebrauchsmusters") kommt im Falle der unzulässigen Erweiterung regelmäßig nur eine **Teillöschung** in Betracht, § 15 Abs. 3. Dies hat auch kostenrelevante Folgen (→ § 17 Rn. 76ff.). Das GebrM kann eingeschränkt aufrechterhalten werden, soweit die Beseitigung des erweiterten Teils des GebrM einen zulässigen und sinnvollen bereinigten Restgegenstand übrig lässt (BPatG Beschluss vom 11.7.2001, Az. 5 W (pat) 440/00, unter Hinweis auf § 4 Abs. 5 S. 2). Dies gilt auch im Fall der unzulässigen Erweiterung im Fall eines **abgezweigten GebrM** (BGH GRUR 2003, 867, 686 – *Momentanpol I*). Weist der Gegenstand eines eingetragenen Gebrauchsmusters ein bei dessen Anmeldung nicht offenbartes, an sich beschränkendes Merkmal auf, kann das Merkmal im Löschungsverfahren jedoch nicht entfallen, wenn dadurch der Gegenstand des GebrM erweitert wird. Das GebrM kann in einem solchen Fall mit der in seinem Schutzanspruch (vgl. § 15 Abs. 3 S. 2) aufzunehmenden Erklärung, dass das Merkmal eine unzulässige Änderung darstellt, aus der Rechte nicht hergeleitet werden können, die der Inhaber des GebrM aber gegen sich gelten lassen muss, Bestand haben – „Vermerk nach Art eines **Disclaimers**" (BPatG GRUR 1991, 834, 836,

837 – *Gestellmagazin;* zum Patentrecht BGH GRUR 2006, 478, 488 – *Semantischer Disclaimer;* BPatG Beschluss vom 13.7.2011, Az. 19 W (pat) 4/08 vgl. andererseits aber BPatG GRUR 1998, 810, 811 – *Zerkleinerungsanlage:* Beseitigung des unzulässig eingefügten Merkmals, gleichgültig ob es sich um eine Erweiterung oder um ein **„aliud"** handelt, zum PatG; ebenso zum Patentrecht BPatG GRUR 1998, 667, 669 – *Steuerbare Filterschaltung*). Ein solcher Disclaimer ist nach Auffassung des BGH nicht notwendig, wenn die Einfügung eines in den ursprünglich eingereichten Unterlagen nicht als zur Erfindung gehörend offenbarten Merkmals zu einer bloßen Einschränkung des geschützten Gegenstands geführt hat. In diesem Fall kann die unzulässige Erweiterung **ohne Aufnahme eines Disclaimers** durch Beschränkung des GebrM dadurch rückgängig gemacht werden, dass das betreffende Merkmal im Anspruch verbleibt, bei der Prüfung der Schutzfähigkeit aber jedenfalls insoweit außer Betracht zu lassen ist, als es nicht zur Stützung derselben herangezogen werden darf; das GebrM ist hingegen zu löschen, wenn die Hinzufügung des Merkmals ein „aliud" darstellt (BGH GRUR 2013, 1135, 1136 – *Tintenstrahldrucker;* vgl. zum Patentrecht auch BPatG GRUR 2016, 583 – *Kosmetische Zubereitung*).

5.4 Widerrechtliche Entnahme (§ 15 Abs. 2). Der Löschungsgrund der widerrechtlichen Entnahme steht selbständig neben dem Übertragungsanspruch gemäß § 13 Abs. 3 GebrMG iVm § 8 PatG und kann kumulativ zu diesem geltend gemacht werden (vgl. BGH GRUR 1962, 140, 141 – *Stangenführungsrohre;* sowie → § 13 Rn. 25; → § 13 Rn. 151 ff.). Rechtskräftige Verurteilung im Vindikationsrechtsstreit zur Übertragung beendet das Löschungsverfahren, da der nunmehrige GebrM-Inhaber selbst keinen Löschungsantrag stellen kann. Dies ist verfahrensrechtlich kein Fall der Erledigung der Hauptsache; insoweit kommt eine Antragsrücknahme durch den Antragsteller in Betracht. **68**

Die widerrechtliche Entnahme begründet kein absolutes Schutzhindernis; im Falle des Vorliegens der Voraussetzungen tritt die Wirkung nur gegenüber dem Verletzten ein. Das GebrM ist Dritten gegenüber wirksam. Der dem Verletzten zustehende Löschungsgrund kann von Dritten (zB in Verletzungsrechtsstreitigkeiten) nicht geltend gemacht werden. **69**

Im Löschungsverfahren setzt die Geltendmachung des Löschungsgrundes der widerrechtlichen Entnahme nach neuerer Rechtsprechung **nicht** voraus, dass das streitgegenständliche GebrM **schutzfähig** ist (vgl. zum Patentrecht BGH GRUR 2011, 509 – *Schweißheizung*); zur Geltendmachung gemäß § 13 Abs. 2, siehe → § 13 Rn. 43. Eine Antragsänderung wäre im Übrigen sachdienlich (*Bühring/Schmid* § 15 Rn. 17). Die Prüfung setzt voraus, dass die widerrechtliche Entnahme schlüssig und substantiiert dargelegt wird, wozu insbesondere die Darlegung des Erfindungsbesitzes gehört (zum Patentrecht BPatG GRUR 2004, 231, 232 – *Leiterplattenbeschichtung*). Das BPatG prüft bei der Geltendmachung einer widerrechtlichen Entnahme in Patentsachen das Aufgreifen des Widerrufsgrunds der fehlenden Patentfähigkeit von Amts wegen (vgl. BPatG Beschluss vom 14.11.2012, Az. 35 W (pat) 406/11; BPatG Mitt. 2006, 76 – *Doppelrohrsystem*). **70**

Die Prüfung, ob eine widerrechtliche Entnahme vorliegt, erfordert einen Vergleich der angemeldeten Lehre mit derjenigen, deren widerrechtliche Entnahme geltend gemacht wird. Dies lässt sich in der vorzunehmenden Gesamtschau zuverlässig nur auf der Grundlage festgestellter Übereinstimmungen zwischen der als entnommen geltend gemachten und der angemeldeten Lehre beurteilen. Denn dem Vindikationsanspruch ist auch ausgesetzt, wer keine vollständige und eventuell für sich allein schutzfähige Erfindung, aber einen wesentlichen Beitrag zu dem angemeldeten oder geschützten Gegenstand entnommen hat, sofern das Entnommene einen erfinderischen Beitrag, einen schöpferischen Anteil oder eine qualifizierte Mitwirkung an dem Gegenstand der Anmeldung oder des Schutzrechts darstellt (vgl. zum Patentrecht BGH GRUR 2016, 265, 266 – *Kfz-Stahlbauteil*). Im Übrigen kann zu diesem **71**

Löschungsgrund auf die Grundsätze zu § 13 Abs. 2 verwiesen werden (vgl. → § 13 Rn. 37 ff.).

72 **6. Entscheidung.** Die Entscheidung kann auf Löschung oder Feststellung der Unwirksamkeit, Zurückweisung des Löschungsantrages oder auf teilweise Löschung oder Feststellung der Unwirksamkeit, gegebenenfalls verbunden mit der Zurückweisung des Antrags im Übrigen, lauten. In der Praxis erfolgen auch immer wieder Klarstellungen. Einzelheiten: → § 17 Rn. 74 ff.

73 **§ 15 Abs. 3** sieht die Möglichkeit einer **Teillöschung** vor. Sind die Löschungsgründe nur auf einen Teil des GebrM gerichtet, so erfolgt die Löschung nur in diesem Umfang, § 15 Abs. 3 S. 1. Die Beschränkung kann dabei (nur) in Form einer Änderung der Schutzansprüche vorgenommen werden, § 15 Abs. 3 S. 2: Einzelheiten → § 13 Rn. 28 ff.; → § 17 Rn. 60. Eine Teillöschung kommt auch in Betracht, wenn das GebrM nur beschränkt angegriffen ist (BPatG GRUR 1986, 609 – *Raclette-Gerät*). Einzelheiten zu dem beschränkten Angriff: → § 16 Rn. 13.

74 Zum Gegenstand der Sachprüfung und zur Verteidigung des GebrM-Inhabers vgl. → § 17 Rn. 11 ff.; → § 17 Rn. 43 ff.

75 **7. Feststellung der Unwirksamkeit.** Der Löschungsantrag ist zulässig bis zur Eintragung des Löschungsvermerks im Register des DPMA (zum Patentnichtigkeitsverfahren BGH Mitt. 2004, 213 – *Gleitvorrichtung*). Bei Erlöschen des GebrM treten keine Ausschließlichkeitswirkungen gemäß § 11 für die Zukunft ein. Für die Vergangenheit können jedoch Wirkungen bestehen bleiben, die insbesondere Grundlage für Schadenersatzansprüche sein können. An der Beseitigung dieses Rechts kann kein allgemeines, jedoch ein Individualinteresse bestehen. Bei ausreichendem Feststellungsinteresse kann deshalb beantragt werden, die Unwirksamkeit eines GebrM festzustellen (BGH GRUR 1995, 342 – *tafelförmige Elemente*). Einzelheiten → § 16 Rn. 34 ff.

76 **8. Registerberichtigung.** Eine unwirksame Eintragung liegt beispielsweise vor bei einer wirkungslosen Abzweigung (BGH GRUR 2000, 1018, 1019 – *Sintervorrichtung*). Eine unwirksame Eintragung wird durch **Berichtigung des Registers** beseitigt (*Bühring/Schmid* § 15 Rn. 31, Rn. 40). Die Löschung oder Feststellung der Unwirksamkeit des GebrM kommt nicht in Betracht, weil zu keinem Zeitpunkt ein GebrM vorlag. Es wird lediglich der Schein eines GebrM durch deklaratorische Feststellung der Unwirksamkeit beseitigt (BPatG Mitt. 2006, 271 – *Rechtsschein eines nicht entstandenen Gebrauchsmusters; Busse/Keukenschrijver* GebrMG § 15 Rn. 11). Zur Wirkung → § 17 Rn. 71.

§ 16 [Löschungsantrag]

Die Löschung des Gebrauchsmusters nach § 15 ist beim Patentamt schriftlich zu beantragen. Der Antrag muß die Tatsachen angeben, auf die er gestützt wird. Die Vorschriften des § 81 Abs. 6 und des § 125 des Patentgesetzes gelten entsprechend.

Inhaltsübersicht

1. Allgemeines/Zweck der Vorschrift. § 16 stellt die verfahrensmäßige Ergänzung des die materiell-rechtlichen Löschungsgründe regelnden § 15 dar. § 16 regelt die Zuständigkeiten für das Löschungsverfahren sowie die Notwendigkeit und Voraussetzungen eines Löschungsantrages. Die geltende Fassung des § 16 beruht auf dem KostRegBerG vom 13.12.2001. Die Regelung des Löschungsverfahrens selbst erfolgte durch § 17. Zuständig ist in I. Instanz das Patentamt. Die zweite Tatsacheninstanz wird durch das BPatG gebildet; schließlich ist der BGH für Rechtsbeschwerden zuständig. Parallel zu diesem besonderen Verfahren kann die mangelnde Rechtsbeständigkeit des GebrM auch im Verletzungsrechtsstreit vor den ordentlichen Gerichten als Einrede erhoben werden. § 19 regelt das Verfahren des Verletzungsgerichts, wenn ein Löschungsverfahren anhängig ist. 1

Das Löschungsverfahren der §§ 16, 17 folgt im Wesentlichen den Vorschriften des Nichtigkeitsverfahrens gemäß §§ 81 ff. PatG, die entsprechend herangezogen werden können, soweit nicht Besonderheiten des GebrM-Schutzes in Frage stehen. 2

2. Außeramtliche Löschungsaufforderung. Für die Einleitung eines Löschungsverfahrens bedarf es keiner vorherigen außeramtlichen Löschungsaufforderung. Die Vorschaltung einer solchen Löschungsaufforderung kann sich jedoch aus verschiedenen Gründen empfehlen. Der Löschungs-Antragsteller kann hierdurch eine **Kostentragungspflicht** analog § 93 ZPO vermeiden, wenn er ohne vorherige Aufforderung einen Löschungsantrag beim DPMA einreicht und der GebrM-Inhaber das Löschungsbegehren sofort „anerkennt" (BPatG GRUR 1989, 587 – *Ausklinkvorrichtung;* Einzelheiten zur Verteidigung des GebrM-Inhabers unter → § 17 Rn. 11 ff.). Hat der GebrM-Inhaber keine Veranlassung zum Löschungsantrag gegeben und erkennt er sofort an, treffen die Kosten den Antragsteller (BGH GRUR 1982, 364 – *Gebrauchsmusterlöschungsverfahren;* BPatG GRUR 1981, 819; stRspr; Einzelheiten → § 17 Rn. 81). Dieses vorgeschaltete Aufforderungsschreiben dient damit auch der Entlastung des DPMA vor unnötigen Löschungsanträgen. Ein weiterer Vorteil besteht darin, dass der potentielle Antragsteller auf diese Weise auch die **Verteidigung** des GebrM-Inhabers frühzeitig **in Erfahrung bringen** kann. 3

3. Zuständigkeit. Der Löschungsantrag ist beim DPMA (am Hauptsitz in München, der Dienststelle in Jena oder dem Technischen Informationszentrum in Berlin, nicht jedoch bei den Patentinformationszentren) einzureichen, das für die Entscheidung des Löschungsantrags zuständig ist, § 16 S. 1. Innerhalb des DPMA ist eine der Gebrauchsmusterabteilungen hierfür zuständig, § 10 Abs. 3 S. 1 (Einzelheiten → § 10 Rn. 5 ff.). 4

4. Antragserfordernis. Gegenstand des Löschungsantrages ist der gegen den eingetragenen Inhaber gerichtete Anspruch des Antragstellers auf vollständige oder teilweise Löschung des GebrM. Die Einleitung des Löschungsverfahrens setzt mithin einen **Antrag** voraus; die Löschung kann nicht von Amts wegen erfolgen (*Benkard/Goebel/Engel* GebrMG § 15 Rn. 9). Bei Fehlen einer wirksamen Anmeldung, zB 5 weil ein wirksamer Eintragungsantrag fehlt (BPatGE 8, 188, 189), ist das GebrM jedoch von Amts wegen zu löschen; hierbei handelt es sich jedoch nicht um ein Löschungsverfahren nach § 15ff. Der Antrag, das GebrM vollständig zu löschen, beinhaltet in der Regel einen Antrag, das GebrM auch nicht mit hilfsweise verteidigten Fassungen bestehen zu lassen (*Bühring/Schmid* § 16 Rn. 7). Bei einer Mehrheit von Antragstellern oder einer Mehrzahl von ein GebrMG betreffende Löschungsverfahren können gleichlautende, aber auch unterschiedliche Anträge gestellt werden. Eine Verbindung mehrerer Verfahren bei mehreren Antragstellern entsprechend § 147 ZPO wird wegen der damit verbundenen Komplexität eher die Ausnahme sein. Werden mehrere Löschungsverfahren für eine gemeinsame Beweisaufnahme oder Verhandlung zusammengeführt, so liegt keine Verbindung iSv § 147 ZPO vor (*Benkard/Goebel/Engel* GebrMG § 16 Rn. 7). Greift ein Antragsteller mehrere Schutzrechte eines Inhabers an, so wird regelmäßig eine Trennung der Verfahren analog § 145 ZPO in Betracht kommen.

6 **4.1 Schriftform.** Der Löschungsantrag ist beim DPMA **schriftlich** zu stellen, § 16 S. 1. Dies bedeutet Unterschriftsform, dh eine eigenhändige Unterschrift ist erforderlich (vgl. BPatG GRUR 1982, 364, 365 – *Kofferraumstrebe*). Ein elektronischer Antrag ist gemäß §§ 21 Abs. 1 S. 1, 125a PatG, § 12 DPMAV, § 1 Nr. 2 ERVDPMAV nicht vorgesehen. Die Schriftform soll durch Fotokopie, Telekopie, Telefax nicht eingehalten sein (vgl. BPatG Beschluss vom 5.6.1991, Az. 4 W (pat) 56/89 – *Dämpferelement*), weil es sich nicht um eine fristgebundene Verfahrenserklärung handelt, zwh. (vgl. BFH NJW 1996, 1432). Nach der Rspr. soll bei fehlender eigenhändiger Unterschrift (zB auch bei einer Paraffe) der Antrag unwirksam sein (vgl. zum Patentrecht BPatG Beschluss vom 5.6.1991, Az. 4 W (pat) 56/89 – *Dämpferelement*). Der Mangel kann jedoch durch Nachholung der Unterschrift geheilt werden. Dies hat jedoch nur Wirkung für die Zukunft (BPatG Beschluss vom 5.6.1991, Az. 4 W (pat) 56/89 – *Dämpferelement*). In der Zwischenzeit erfolgte Erklärungen des GebrM-Inhabers sind zu beachten (zB Verzicht vor Anhängigkeit).

7 Der Antrag wird mit seinem Eingang anhängig und mit der Zustellung der Antragsschrift an den GebrM-Inhaber „rechtshängig".

8 Fehlender Vollmachtsnachweis macht den Antrag nicht unwirksam. Einstweilige Zulassung gemäß § 89 ZPO analog ist möglich. Infolge § 15 Abs. 4 DPMAV ist der Mangel der Vollmacht nicht mehr von Amts wegen zu berücksichtigen, wenn als Bevollmächtigter ein Rechts- oder Patentanwalt auftritt. Ist ein Antrag mit offensichtlich nicht bestehender Vertretungsmacht gestellt, so ist er unwirksam (BPatG Mitt. 2002, 150 – *Nutmutter* zu einem mit „i. A." unterzeichneten Antrag).

9 Das DPMA kann gemäß § 16 S. 3 iVm § 125 Abs. 1 PatG verlangen, dass die im Löschungsantrag erwähnten Druckschriften in ausreichender Stückzahl eingereicht werden. Dies gilt auch für den Löschungsantrag und die weiteren Schriftsätze, § 17 Abs. 2 DPMAV. Ferner kann gemäß § 16 S. 3 iVm § 125 Abs. 2 PatG die Vorlage von Übersetzungen von nicht deutschsprachigen Unterlagen verlangt werden.

10 **4.2 Antragsbindung und Antragsumfang.** Der Antragsteller hat anzugeben, in **welchem Umfang** er das GebrM angreift und ob sich der Angriff ausschließlich gegen das GebrM in der eingetragenen Fassung richtet. Prüfung und Entscheidung erfolgen (nur) im Rahmen der **Sachanträge des Antragstellers.** Über den Antrag des Antragstellers hinaus kann das GebrM weder verteidigt noch gelöscht bzw. seine Unwirksamkeit festgestellt werden, **§ 308 Abs. 1 ZPO analog** (stRspr, zB BPatG GRUR 1991, 313, 315 – *Verpackungsbehälter mit Diebstahlsicherung*). Über die Sachanträge des Antragstellers darf grundsätzlich nicht hinausgegangen werden. Jedoch darf hinter dem Antrag inhaltlich zurückgeblieben werden, zB eine teilweise Zurückweisung eines Löschungs- oder Feststellungsantrages (auch ohne einen hierauf gerichteten Antrag des GebrM-Inhabers) erfolgen. Voraussetzung ist, dass sich die **Einschränkung** des GebrM immer im Rahmen des Löschungs- oder Feststellungsantrags hält, also gegenüber seinem unbe-

schränkten Antrag ein Weniger darstellt (BPatG GRUR 1991, 313, 315 – *Verpackungsbehälter mit Diebstahlsicherung*). Eine Erklärung des Antragstellers, an einer solchen Entscheidung kein Interesse zu haben, ist unbeachtlich; das Interesse des GebrM-Inhabers an einer (eingeschränkten) Aufrechterhaltung des GebrM überwiegt das Interesse des Antragstellers (vgl. *Bühring/Schmid* § 15 Rn. 68, 77).

Dem DPMA bzw. BPatG (in der Beschwerdeinstanz) ist es **verwehrt,** bei seiner Entscheidung einen **anderen** als den geltend gemachten **Löschungsgrund** aufzugreifen (BPatG GRUR 1981, 908, 909 – *Brustprothese*). Hieran ändert sich auch nichts durch den im Löschungsverfahren herrschenden Amtsermittlungs-(/Untersuchungs-)Grundsatz, der nur soweit reicht, wie er vom Antragsteller geltend gemacht wird (BPatG Mitt. 1996, 395 – *Helikoptermodell*). Geht die Löschungsbehörde trotzdem einem bestimmten Löschungsgrund nach, obwohl sich der Antragsteller hierauf nicht beruft, wird hierdurch die Verfügungsbefugnis des Antragstellers nicht aufgehoben. Insbesondere kann in der Beschwerdeinstanz nicht von einer bloßen Erörterung des von der GebrM-Abteilung aufgegriffenen Löschungsgrundes auf seine Geltendmachung durch den Antragsteller geschlossen werden (BPatG Mitt. 1996, 395, 396 – *Helikoptermodell*). Auch das **öffentliche Interesse** an der Beseitigung von Scheinrechten erweitert nicht die Prüfungskompetenz der Löschungsbehörde, da es in der Rechtsmacht des Antragstellers steht, mit welchem Löschungsgrund er das GebrM angreifen will. **11**

Richtet sich der Löschungsantrag ausschließlich gegen das GebrM in der eingetragenen Fassung bzw. gegen Anspruchsfassungen, welche ausschließlich aus den eingetragenen Ansprüchen abgeleitet werden (→ vgl. § 13 Rn. 30), kann dies im Fall einer beschränkten Verteidigung durch den GebrM-Inhaber Kostenfolgen haben (*Bühring/Schmid* § 15 Rn. 67). Denn nach der Rspr des GebrM-Beschwerdesenats trägt der Antragsteller auch dann einen Teil der Kosten des Löschungsverfahrens (§ 92 ZPO), wenn er eine vom GebrM-Inhaber in das Löschungsverfahren eingebrachte Anspruchsfassung von seinem Löschungsbegehren ausnimmt (BPatG Beschluss vom 17.12.2009, Az. 35 W (pat) 24/08; BPatG Mitt. 2013, 200 – *Kosten bei Teilnichtigkeit* (LS); aA zum Patentrecht zutreffend BPatG GRUR 2009, 1195 – *Kostenverteilung aus Billigkeitsgründen,* da der Verfahrensgegenstand durch den Antrag bestimmt wird). **12**

Bei **Teillöschungsanträgen** ist deren Inhalt genau zu erfassen. Die Möglichkeit des Antrags auf Teillöschung ergibt sich unmittelbar aus § 15 Abs. 3. Der Antrag auf Teillöschung eines GebrM kann sich sowohl auf einzelne (vollständige) Schutzansprüche (Haupt-, Unter- bzw. Nebenansprüche) beziehen als auch auf eine Beschränkung von Schutzansprüchen, insbesondere durch Zusammenziehung der Merkmale mehrerer Ansprüche zu einem neuen Anspruch gerichtet sein; im letztgenannten Fall muss der Löschungsantrag erkennen lassen, auf welche Schutzbegehren der jeweilige Anspruch beschränkt werden soll (BPatG GRUR 1980, 43 – *Joghurtsteige;* BPatG GRUR 1980, 225, 227 – *Hammerbohrereinrichtung;* → § 13 Rn. 15). Da es möglich ist, dass das Teillöschungsbegehren so abgefasst ist, dass es nicht nur auf eine Beschränkung, sondern versehentlich (auch) auf eine unzulässige gegenständliche **Erweiterung** oder unzulässige **inhaltliche Änderung** (**Aliud**) gerichtet ist, bedarf es einer vorausgehenden Prüfung, ob die begehrte Neufassung des Anspruchs eine unzulässige Änderung enthält, auch wenn der GebrM-Inhaber einem derartigen Teillöschungsantrag nicht widerspricht (BPatG GRUR 1980, 225, 227 – *Hammerbohrereinrichtung*). Da der Umfang des Löschungsanspruchs das Verfahren begrenzt (Verfügungsmaxime), bleiben nicht angegriffene Ansprüche bestehen, auch wenn der Inhalt der Ansprüche schutzunfähig ist (BPatG GRUR 1991, 313, 315 – *Verpackungsbehälter mit Diebstahlsicherung*). Rückbeziehungen in nicht angegriffenen Ansprüchen auf gelöschte Ansprüche behalten ihre Bedeutung. Es unterliegt keinen Bedenken, dass ein GebrM im Umfang von einzelnen, nicht angegriffenen Schutzansprüchen bestehen bleibt, obwohl diese jeweils auf einen oder – kumulativ oder alternativ – auf mehrere durch Löschung in Fortfall gekommene Schutzansprü- **13** che zurückbezogen sind. Die Bezugnahme bleibt erhalten; trotz des Fortfalls des oder der in Bezug genommenen Ansprüche behalten diese ihre Bedeutung für den Oberbegriff des bestehen bleibenden Anspruchs (BPatG GRUR 1986, 609, 610 – *Raclette-Gerät*). Es bedeutet mithin einen Verstoß gegen den Grundsatz der entsprechend anwendbaren Vorschrift des § 308 ZPO, wenn bei einem auf einzelne vollständige Schutzansprüche gerichteten Teillöschungsantrag das GebrM weitergehend im Umfang nicht angegriffener Schutzansprüche gelöscht wird, nämlich soweit diese auf die angegriffenen Schutzansprüche rückbezogen sind. Denn hierbei kann es zu geänderten Rückbeziehungen nicht angegriffener Unteransprüche kommen, so dass eine Einschränkung ihres Schutzumfangs eintreten kann. Hierdurch ist der GebrM-Inhaber beschwert; er kann mit Erfolg hiergegen vorgehen (vgl. BPatGE 26, 191).

14 Hat der GebrM-Inhaber auf den Hauptanspruch **verzichtet** (→ § 13 Rn. 30), ist ein gegenüber einem bestehen gebliebenen ehemaligen **Unteranspruch** geltend gemachter Löschungsgrund unabhängig davon zu prüfen, ob zugleich auch die Löschung des ursprünglichen Hauptanspruchs Streitgegenstand des Verfahrens ist. Infolge des Wegfalls des Hauptanspruchs kann ein vom Verzicht nicht umfasster Schutzanspruch nicht mehr Unteranspruch des bisherigen Hauptanspruchs sein, sondern nur entweder als selbständiger Schutzanspruch (ggf. auch als Nebenanspruch) oder als Unteranspruch eines anderen, vom Verzicht nicht umfassten selbständigen Schutzanspruchs bestehen bleiben; die bisherigen Unteransprüche teilen nicht mehr das Schicksal des bisherigen Hauptanspruchs. Es erlangt deshalb die Frage Bedeutung, ob die bisherigen Unteransprüche selbst schutzfähigen Gehalt haben (BGH GRUR 1997, 213, 215 – *Trennwand*).

15 Die Verfügungsmaxime des Antragstellers kommt weiterhin darin zum Ausdruck, dass er jederzeit seinen **Antrag** ganz oder teilweise **zurücknehmen** kann, und zwar auch nach Beginn der mündlichen Verhandlung (auch ohne Zustimmung des GebrM-Inhabers, sogar bis zur Rechtskraft der Entscheidung). Analog § 269 Abs. 3 ZPO bewirkt die Rücknahme des Löschungsantrags, dass das Löschungsverfahren als nicht anhängig geworden anzusehen ist, eine bereits ergangene, noch nicht rechtskräftig gewordene Löschungsentscheidung wirkungslos wird, der Nichtwiderspruch als nicht erfolgt anzusehen ist und der Antragsteller die Kosten des Verfahrens zu tragen hat. Greift ein Antragsteller eine beschränkte Verteidigung des GebrM nicht an, bindet dies das DPMA bzw. das BPatG. Dies gilt auch für eine hilfsweise Verteidigung des GebrM (zum Patentnichtigkeitsverfahren BPatG Mitt. 2008, 516 – *Ionenaustauschverfahren*). Zu den Kosten: → § 17 Rn. 89.

16 Geht der Antragsteller ohne Rechtsnachfolger unter, tritt der Fortfall des Löschungsantrags ein. In diesem Fall soll eine bereits ergangene Löschungsentscheidung wirkungslos werden, was auf Antrag festgestellt werden kann (*Bühring/Schmid* § 16 Rn. 37 unter Hinweis auf BPatGE 48, 74, 75; zwh wegen der inter omnes-Wirkung der Löschungsentscheidung).

17 Auf **Hilfsanträge** des GebrM-Inhabers ist nur im Rahmen der Begründungspflicht einzugehen. Diese sind nicht Gegenstand des Löschungsantrages.

18 **4.3 Inhalt des Antrags.** § 16 S. 2 regelt den notwendigen Inhalt des Antrags nur unvollständig. In **formeller** Hinsicht hat der Antrag Angaben zum Antragsteller sowie zum Antragsgegner (des eingetragenen Gebrauchsmusterinhabers) zu enthalten. Gegebenenfalls bedarf es Angaben zu den gesetzlichen Vertretern der Parteien oder zu dem Inlandsvertreter gemäß § 28. Ferner ist das angegriffene GebrM zu bezeichnen.

19 **Inhaltlich** ist der Umfang des Angriffs (Gesamtlöschung oder Teillöschung) sowie insbesondere der geltend gemachte Löschungsgrund gemäß § 15 Abs. 1 und 2 anzugeben. Der Löschungsantrag ist gegen das Gebrauchsmuster in der eingetragenen Fassung zu richten, da nur diese den „Gegenstand des GebrM" wiedergibt (BGH Mitt. 1998, 98, 101 – *Scherbeneis*). Werden nur einzelne Ansprüche im Löschungsantrag genannt, so bedeutet dies lediglich – wenn sich aus der Antragsschrift nichts anderes ergibt – dass das GebrM im Umfang jedes dieser Ansprüche gelöscht werden soll. Nicht genannte Ansprüche werden also nicht erfasst (BPatG GRUR 1986, 609, 610 – *Raclette-Gerät*). Trotz Löschung behalten die Rückbeziehungen auf sie in den nicht angegriffenen Ansprüchen Bedeutung. Werden keine Angaben zum Umfang des Antrags gemacht, ist idR davon auszugehen, dass das GebrM insgesamt angegriffen wird (*Bühring/Schmid* § 16 Rn. 7). Die in § 15 GebrMG genannten Löschungsgründe stellen je einen selbständigen Antragsgrund dar (vgl. auch § 264 ZPO; BPatG GRUR 1981, 908 – *Brustprothese*). Die Antragsbegründung hat des Weiteren die Angabe der zur Begründung dienenden Tatsachen und Beweismittel zu enthalten, § 16 S. 2. Der Antrag hat also insbesondere das Material anzugeben, auf Grund dessen das GebrM angegriffen wird (vgl. zum Patentnichtigkeitsverfahren beispielhaft BGH GRUR 2015, 365, 370 – *Zwangsmischer*). Gegebenenfalls sind Hinweise des DPMA oder des BPatG in der Beschwerdeinstanz gemäß § 139 ZPO analog zu geben. Fehlende Angaben führen zwar nicht zur Unzulässigkeit des Antrags (der dem GebrM-Inhaber gemäß § 17 Abs. 1 S. 1 zuzustellen ist); da der Antragsteller durch den Antrag und seine Begründung jedoch Sichtung und Umfang der Prüfung des GebrM festlegt (analog § 264 ZPO), ist es dem DPMA bzw. dem BPatG in der Beschwerdeinstanz verwehrt, bei seiner Entscheidung einen anderen als den geltend gemachten Löschungsgrund zu berücksichtigen (BPatG GRUR 1981, 908, 909 – *Brustprothese*).

Der im Rahmen des jeweils geltend gemachten Löschungsgrundes bestehende Amtsermittlungsgrundsatz verbietet es zwar, einen zB erst in der mündlichen Verhandlung für die Beurteilung des geltend gemachten Löschungsgrundes relevanten Sachvortrag als **verspätet** zurückzuweisen. Insoweit kommt jedoch die Anberaumung eines neuen Termins zur mündlichen Verhandlung in Betracht mit entsprechender **Kostenfolge** nach § 95 ZPO analog. Bei nachträglicher Berufung auf einen weiteren Löschungsgrund erstmals in der II. Instanz ist die Obliegenheit des Antragstellers zu berücksichtigen, das gesamte in Betracht kommende Löschungsbegehren so zeitig vorzubringen, wie es nach der Verfahrenslage einer sorgfältigen und auf Förderung des Verfahrens bedachten Verfahrensführung entspricht; bei Verstoß hiergegen ist eine negative Kostenfolge auszusprechen, §§ 18 Abs. 2 S. 2 iVm §§ 84 Abs. 2 PatG, 97 Abs. 2 ZPO analog (BPatG Mitt. 1996, 395, 396 – *Helikoptermodell*). 20

Infolge des Amtsermittlungsgrundsatzes besteht im Gebrauchsmusterlöschungsverfahren keine Beweisführungslast, sondern **nur** eine **materielle Beweislast** für das Vorliegen des geltend gemachten Löschungsgrundes (BGH Mitt. 1999, 372, 374 – *Flächenschleifmaschine*). 21

Ist die **Darlegung** des geltend gemachten Löschungsgrundes nicht **substantiiert** genug, so mangelt es dem Löschungsantrag nicht an der Zulässigkeit; dies ist eine Frage seiner Begründetheit (BPatG Mitt. 1999, 374, 376 – *Widerspruchsrücknahme als sofortiges Anerkenntnis;* aA *Bühring/Schmid* § 16 Rn. 8). Ein solcher Antrag löst daher die Erklärungsfrist gemäß § 17 Abs. 1 aus. Als unzulässig ist jedoch ein Antrag anzusehen, mit dem kein nach § 15 zulässiger oder gar kein Löschungsgrund geltend gemacht wird oder der Antrag sich nicht gegen das GebrM in der eingetragenen Form richtet (BGH Mitt. 1998, 98, 101 – *Scherbeneis;* vgl. BeckOK PatR *Eisenrauch* GebrMG § 16 Rn. 13ff.). 22

4.4 Gebühr. Die Pflicht zur Zahlung von **Gebühren** für das Löschungsverfahren (und das Feststellungsverfahren) folgt aus §§ 1 Abs. 1, 2 Abs. 1, 8 Abs. 1 Nr. 1 lit. b PatKostG iVm Nr. 323 100 Gebührenverzeichnis (GV) PatKostG. Die Gebühr beträgt derzeit € 300. Die Gebühr ist für **jeden** Antrag und für **jedes** zu löschende GebrM zu zahlen. Reichen **mehrere Streitgenossen** einen einheitlichen Antrag ein, so ist die Gebühr für jeden Antragsteller zu zahlen, § 4 Abs. 1 Nr. 1 PatKostG iVm Vorbemerkung A Satz 2 GV PatKostG (BGH GRUR 2011, 509, 510 – *Schweißheizung;* anders noch BPatGE 20, 94, 95 zur alten Rechtslage). Für **verbundene Anträge** gegen mehrere GebrM müssen mehrfache Gebühren bezahlt werden. Ist bei 23 mehreren fälligen Gebühren nur eine Gebühr nicht rechtzeitig oder nicht vollständig entrichtet worden und bleibt offen, welches Verfahren oder welchen Beteiligten diese Gebühr betrifft, so sieht das BPatG alle Löschungsanträge als nicht erhoben an (vgl. zum Patentrecht BPatG Beschluss vom 26.8.2009, Az. 20 W (pat) 356/04; BGH GRUR 2015, 1255, 1256 – *Mauersteineinsatz*).

24 Die Gebühr wird mit Einreichung des Löschungsantrags fällig, § 3 Abs. 1 PatKostG. Die Zahlung mit dem Antrag ist weder Wirksamkeitsvoraussetzung, noch Zulässigkeitsvoraussetzung des Antrags. Die Gebühr ist jedoch innerhalb von drei Monaten ab **Fälligkeit** zu entrichten, § 6 Abs. 1 S. 2 PatKostG. Als Antragsgebühr verfällt sie mit der Stellung eines wirksamen Antrags (*Bühring/Schmid* § 16 Rn. 11). Solange die Gebühr nicht oder nicht vollständig bezahlt ist, soll das Verfahren nicht bearbeitet werden, § 5 Abs. 1 PatKostG. Das DPMA kann dem Antragsgegner trotz fehlender Zahlung der Gebühr den Löschungsantrag mitteilen; dies setzt die Frist gemäß § 17 Abs. 1 S. 1 jedoch nicht wirksam in Lauf (vgl. BPatG Mitt. 2002, 150 – *Löschungsantragsgebühr* (LS)). Wird die Gebühr nicht, nicht rechtzeitig oder nicht vollständig gezahlt, gilt der **Antrag als zurückgenommen,** § 6 Abs. 2 PatKostG. Die alsbaldige Zahlung der Gebühr ist daher nicht nur unter dem Gesichtspunkt der Verfahrensbeschleunigung erforderlich. Gemäß § 10 Abs. 2 PatKostG entfällt eine **Gebühr** und ist **zurückzuzahlen,** wenn eine Anmeldung oder ein Antrag nach § 6 Abs. 2 PatKostG oder auf Grund anderer gesetzlicher Bestimmungen als zurückgenommen gilt oder erlischt und die beantragte Amtshandlung nicht vorgenommen wurde. Stellt man auf die Einleitung des Löschungsverfahrens als „beantragte Amtshandlung" ab, so ist die Gebühr auch im Fall der Rücknahmefiktion verfallen. Stellt man auf die Weiterleitung des Löschungsantrags gemäß § 17 Abs. 1 ab, ist die Tätigkeit des DPMA für den Verfall der Gebühr maßgeblich (vgl. *Bühring/Schmid* § 16 Rn. 13). Eine unvollständig gezahlte Gebühr wird gemäß § 10 Abs. 2 S. 2 PatKostG nicht zurückgezahlt. Die verspätete Zahlung lässt den Antrag nicht wiederaufleben; dies gilt auch für eine Zahlung im Beschwerdeverfahren. Ist das GebrM bei Eingang des Antrags bereits erloschen und wird der Antrag daraufhin zurückgezogen, bevor er dem GebrM-Inhaber zugestellt wird, ist die Gebühr zurückzuerstatten. Wird ein wirksam gestellter Löschungsantrag zurückgenommen, wird die Gebühr nicht erstattet (BPatG Mitt. 2002, 150 – *Löschungsantragsgebühr* (LS)).

5. Verfahrensbeteiligte

25 **5.1 Aktiv- und Passivlegitimation (Verweis).** Die Aktivlegitimation ergibt sich aus den Löschungsgründen des § 15 (→ § 15 Rn. 3ff.). Passivlegitimiert ist der im Register als GebrM-Inhaber Eingetragene (Einzelheiten unter → § 15 Rn. 10ff.).

26 **5.2 Parteifähigkeit, Prozessfähigkeit, Postulationsfähigkeit.** Die Parteien des Löschungsverfahrens müssen partei- und prozessfähig sein. Diese Voraussetzungen sind vom DPMA von Amts wegen zu prüfen. Sowohl vor dem Patentamt als auch dem BPatG ist jede Partei, die partei- und prozessfähig ist, zugleich auch postulationsfähig. Eines anwaltlichen Vertreters bedarf es nicht. Zu Einzelheiten vgl. → Vor § 4 Rn. 24ff.

27 **5.3 Rechtsschutzbedürfnis.** Das Löschungsverfahren dient der Beseitigung von Scheinrechten und liegt mithin im **öffentlichen Interesse.** Deshalb bedarf es keiner gesonderten Darlegung eines Rechtsschutzbedürfnisses (BGH GRUR 1995, 342, 343 – *tafelförmige Elemente*). Ist das **GebrM erloschen,** ist jedoch ein besonderes, in der Person des Antragstellers liegendes Rechtsschutzinteresse notwendig (→ Rn. 37). Zur Antragsbefugnis im Rahmen der einzelnen Löschungsgründe, vgl. → § 15 Rn. 15ff.

28 **6. Verfahrenshindernde Einreden (Verweis).** Derartige Einreden können sich insbesondere aus einer Nichtangriffsabrede, dem Grundsatz der unzulässigen Rechtsausübung oder der Arglist ergeben, vgl. → § 15 Rn. 18ff.

7. Antragsänderung, Erweiterung. Die **Zulässigkeit** von Antragsänderungen und Erweiterungen ergibt sich analog §§ 263, 264 ZPO. Eine Änderung des Antrags liegt auch vor, wenn zunächst nur Unteransprüche angegriffen und später Haupt- und/oder Nebenanspruch mit einbezogen werden, BPatGE 25, 85. Ein Wechsel in der Person des Antragstellers beurteilt sich nicht nach § 265 ZPO analog, da der Löschungsgrund kein Anspruch im Sinne dieser Vorschrift ist (BPatGE 19, 53, 54, 55). Vgl. ferner zur Änderung des Löschungsantrags: → § 17 Rn. 5. 29

Eine **Änderung** des Antragsgrundes (Löschungsgrundes) oder die nachträgliche Einbeziehung eines weiteren Löschungsgrundes ist deshalb nur zulässig, wenn der GebrM-Inhaber entweder **zustimmt** oder das DPMA die Änderungen für **sachdienlich** erachtet (BPatG GRUR 1981, 908, 909 – *Brustprothese;* BPatG Beschluss vom 29.11.1995, Az. 5 W (pat) 402/95). Von einer Sachdienlichkeit ist regelmäßig auszugehen, zumal die Beseitigung von Scheinrechten im öffentlichen Interesse liegt. 30

Von der Zulässigkeit einer **Antragserweiterung** ist im Regelfall auszugehen, § 264 ZPO analog. Diese liegt nicht nur vor, wenn ein ergänzender Löschungsgrund herangezogen wird, sondern bei seiner Erstreckung auf bisher nicht angegriffene Ansprüche oder bei Umstellung von einem Löschungsantrag auf einen Feststellungsantrag (BPatG Beschluss vom 23.2.2006, Az. 5 W (pat) 429/05). Das patentamtliche Verfahren ist **kontradiktorisch** ausgebildet. 31

Das Recht auf Antragstellung nach § 16 umfasst wegen der Dispositionsmaxime der Parteien auch das Recht auf dessen Änderung, insbesondere **Beschränkung** (BGH GRUR 1997, 625, 626 – *Einkaufswagen I*). 32

Ein Änderungen enthaltender Schriftsatz ist zuzustellen, § 261 Abs. 2 ZPO analog. Auch Geltendmachung in der mündlichen Verhandlung mit Aufforderung an den Antragsgegner zur Erklärung gemäß § 17 Abs. 1 S. 1 kommt in Betracht (BPatG Beschluss vom 23.2.2006, Az. 5 W (pat) 429/05). Dem Antragsgegner steht es frei, die Monatsfrist nach § 17 Abs. 1 auszuschöpfen; dies kann allerdings mit Kostenfolgen verbunden sein, bspw nach § 95 ZPO (vgl. *Bühring/Schmid* § 16 Rn. 21). 33

8. Löschungsantrag und Feststellungsantrag

8.1 Allgemeines. Löschung setzt voraus, dass das **GebrM eingetragen** und **nicht** schon aus anderem Grund, zB mit ex nunc-Wirkung wegen Verzichts oder Ablaufs der Schutzdauer (§ 23 Abs. 3), **erloschen** ist. Die Registrierung des GebrM muss jedenfalls (als verbliebenes Teilschutzrecht) fortbestehen. Ein gelöschtes GebrM kann nicht nochmals gelöscht werden (BGH GRUR 1976, 30, 31 – *Lampenschirm;* BPatGE 22, 140, 141). Ebenso BPatG GRUR 1993, 113, 115 zur bis 1.1.2002 geltenden Rechtslage für ein GebrM, das erst nach Ablauf der Schutzdauer eingetragen und für das eine Verlängerungsgebühr noch nicht gezahlt worden war. Ein vorsorglicher Löschungsantrag für den Fall der Verlängerung kann nicht gestellt werden (BGH GRUR 1997, 213 – *Trennwand;* aA *Bühring/Schmid* § 16 Rn. 34 unter Hinweis auf § 23 Abs. 3 Nr. 2). Auf die Eintragung des Löschungsvermerks im Register kommt es dabei nicht an. Da das **Erlöschen** aus den genannten Gründen **nur für die Zukunft** wirkt, kann unter der Voraussetzung eines entsprechenden Rechtsschutzbedürfnisses (→ § 15 Rn. 15 ff.; → Rn. 37 ff.) die **Feststellung** beantragt werden, dass die Eintragung des GebrM **von Anfang an unwirksam** war (BGH GRUR 1963, 519, 521 – *Klebemax;* BGH GRUR 1967, 351, 352 – *Korrosionsschutzbinde;* BGH GRUR 1976, 30, 31 – *Lampenschirm;* BGH GRUR 1995, 342, 343 – *tafelförmige Elemente;* BGH GRUR 2000, 1018, 1019 – *Sintervorrichtung*). Ist das GebrM teilweise erloschen (zB durch Verzicht auf den Hauptanspruch) und wird der verbleibende Teil des GebrM (zB bei aufrechterhaltenen Unteransprüchen) angegriffen, können Antrag und Entscheidung über Löschung und Feststellung bei gegebenem Feststellungsinteresse verbunden werden. 34

8.2 Verfahrensrechtliche Aspekte. Die Regelungen über das Löschungsverfahren sind auch auf das Feststellungsverfahren anzuwenden (BGH GRUR 1967, 351, 352 – *Korrosionsschutzbinde*). Dies gilt zunächst in **sachlichrechtlicher** Hinsicht für 35 die Schutzfähigkeit des GebrM, aber auch in **verfahrensrechtlicher** Weise, nämlich bezüglich der Vorschriften über die Stellung eines Antrags, über die Ermittlungen und Beschlussfassung des DPMA, über die Besetzung des Spruchkörpers, über die Rechtsmitteleinlegung, über das Verhältnis dieses Verfahrens zum Verletzungsrechtsstreit sowie über die Folgen eines nicht rechtzeitigen Widerspruchs (BGH GRUR 1967, 351, 352 – *Korrosionsschutzbinde*). Ebenso ist die **Wirkung** der eine **Sachentscheidung** darstellenden Feststellung die gleiche wie bei der Löschung (BGH GRUR 1967, 351, 352 – *Korrosionsschutzbinde;* BGH GRUR 1997, 213, 214 – *Trennwand*), dh die Feststellung der Unwirksamkeit wirkt ebenso auf den Zeitpunkt der Anmeldung des GebrM zurück; ferner wirkt sie für und gegen alle.

36 Verfahrensrechtlich ist ein **Übergang** vom Löschungsantrag auf den **Feststellungsantrag** und umgekehrt möglich, sofern das Verfahren nicht für erledigt erklärt wird. Löschung oder Erlöschen des GebrM während der Anhängigkeit des Löschungsverfahrens steht der Weiterverfolgung des Löschungsantrags als solchem entgegen, jedoch kann auf einen Feststellungsantrag umgestellt werden gemäß § 264 Nr. 2 ZPO (vgl. *Mes* GebrMG § 15 Rn. 19). Hat der GebrM-Inhaber während des Löschungsverfahrens zum Beispiel auf die Rechte aus dem GebrM für die Zukunft **verzichtet** (→ § 13 Rn. 25, → § 13 Rn. 30), wird der Antragsteller ferner seinen ursprünglichen Löschungsantrag – was den Zeitraum zwischen Verzicht und Ende der Schutzdauer anbelangt – gegebenenfalls (teilweise) für **in der Hauptsache erledigt** erklären müssen. Das Erlöschen des GebrM entzieht dem Löschungsantrag das Rechtsschutzbedürfnis (BGH GRUR 1983, 725 – *Ziegelsteinformling I;* BPatG GRUR 1993, 113, 114 – *Thermostat*). Die Anträge sollten schriftsätzlich eindeutig dargelegt werden. Spätestens in der mündlichen Verhandlung über den Löschungsantrag ist der Antrag umzustellen. Im Falle des Wechsels zu einem Feststellungsantrag müssen die strengeren Voraussetzungen hierfür erfüllt werden (BGH GRUR 1967, 351, 352 – *Korrosionsschutzbinde;* BPatG GRUR 1981, 124, 125 – *Feststellungsinteresse*). Der Löschungsantrag gegen ein erloschenes GebrM wird in der Regel in einen Feststellungsantrag umgedeutet werden können (BPatGE 26, 135), jedenfalls wenn der Antragsteller ihn „umwandelt" (*Benkard/Goebel/Engel* GebrMG § 15 Rn. 7). Wurde das Erlöschen des GebrM übersehen, kann der Löschungsantrag auch noch im (Rechts-)Beschwerdeverfahren in einen Feststellungsantrag umgestellt werden (BGH GRUR 2006, 842, 843 – *Demonstrationsschrank*). Das Rechtsbeschwerdegericht kann das Vorliegen des erforderlichen Feststellungsinteresses selbst feststellen (BGH GRUR 2007, 997, 999 – *Wellnessgerät*). Wird die Antragsgebühr erst nach Erlöschen gezahlt, liegt von Anfang an ein Feststellungsantrag vor (BPatGE 29, 237, 238). Ein Feststellungsantrag kommt auch in Betracht, wenn das GebrM zwar wegen Ablaufs seiner Schutzdauer erloschen ist, aber wieder aufleben kann (zB im Falle einer Wiedereinsetzung). In einem solchen Fall kann ohne weiteres vom Feststellungsverfahren in das Löschungsverfahren übergegangen werden; eines besonderen Rechtsschutzbedürfnisses bedarf es nicht (BGH GRUR 1976, 30, 31 – *Lampenschirm*). Verteidigt der GebrM-Inhaber das (bereits erloschene) GebrM nur in beschränktem Umfang, so ist in einem Feststellungsverfahren die Feststellung der Unwirksamkeit des GebrM in dem nicht (mehr) verteidigten Umfang ohne weiteres auszusprechen, ohne dass der Antragsteller ein besonderes eigenes Rechtsschutzinteresse an der Feststellung der Unwirksamkeit insoweit nachweisen muss (BPatG GRUR 1980, 1070, 1071 – *Beschränkte Schutzrechtsverteidigung*).

37 **8.3 Rechtsschutzbedürfnis.** Der **Feststellungsantrag** setzt ein besonderes **eigenes** (BGH GRUR 1995, 342, 343 – *tafelförmige Elemente*) **Rechtsschutzbedürfnis** des Antragstellers für die nachträgliche Feststellung der Rechtsunwirksamkeit des GebrM voraus, weil in diesem Fall kein öffentliches Interesse an der Beseitigung des GebrM besteht (BGH GRUR 1967, 351, 352 – *Korrosionsschutzbinde;* BGH GRUR 1976, 30, 31 – *Lampenschirm;* BGH GRUR 1981, 515 – *Anzeigegerät;* BPatG GRUR

1980, 1070 – *Beschränkte Schutzrechtsverteidigung;* BPatG GRUR 1993, 961, 962 – *Armaturengruppe;* BGH GRUR 2000, 1018, 1019 – *Sintervorrichtung*). Das Feststellungsinteresse entspricht nicht dem rechtlichen Interesse iSd § 256 ZPO (*Bühring/Schmid* § 15 Rn. 47). Fehlt das Rechtsschutzbedürfnis, so ist der Antrag **unzulässig** (vgl. auch BPatG GRUR 1993, 961, 962 – Armaturengruppe). Es liegt kein Fall der Erledigung der Hauptsache vor (aA offenbar *Bühring/Schmid* § 15 Rn. 57; zum Patentrecht der 7. Senat des BPatG GRUR 2011, 657).

Der Antragsteller ist für das Bestehen dieser Voraussetzungen **darlegungs-** und **beweispflichtig** (BGH GRUR 1995, 342, 343 – *tafelförmige Elemente;* BGH GRUR 1997, 213, 215 – *Trennwand*). Für **nebengeordnete Schutzansprüche** ist das Rechtsschutzbedürfnis jeweils gesondert darzulegen und zu beweisen (vgl. zum Patentrecht BGH Mitt. 2005, 357, 358 – *Aufzeichnungsträger*). Das Vorliegen eines Rechtsschutzbedürfnisses ist in allen Instanzen **von Amts wegen** zu prüfen. An die Zulässigkeit des Feststellungsantrags sind keine anderen Anforderungen zu stellen als bei der Nichtigkeitsklage gegen ein erloschenes Patent (BGH GRUR 1985, 871 – *Ziegelsteinformling II*). Das Erlöschen des GebrM während eines anhängigen Löschungsverfahrens setzt die Anforderungen zwar nicht herab (vgl. BPatGE 19, 58, 61); gleichwohl ist von einer großzügigen Gewährung von Rechtsschutz auszugehen (BGH GRUR 1985, 871, 872 – *Ziegelsteinformling II;* vgl. auch BPatG Beschluss vom 2.12.2013, Az. 15 W (pat) 22/12). Das Rechtsschutzbedürfnis kann grundsätzlich nur bei einer offensichtlich nicht schutzwürdigen Rechtsverfolgung abgesprochen werden, nicht jedoch schon dann, wenn diese mutwillig oder aussichtslos erscheint (BGH GRUR 1995, 342, 343 – *tafelförmige Elemente*). **38**

Ob ein Rechtsschutzbedürfnis vorliegt, hängt von den Umständen des Einzelfalles ab. Grundsätzlich ist ein Rechtsschutzbedürfnis zu bejahen, wenn die Feststellung der Unwirksamkeit des Gebrauchsmusters die Rechtsstellung des Antragstellers verbessert (*Bühring/Schmid* § 15 Rn. 51 unter Hinweis auf BPatG GRUR 1993, 961, 962 – *Armaturengruppe*). Das **Rechtsschutzbedürfnis** ist zu **bejahen:** **39**

- bei einer vorbeugenden Abwehr von Ansprüchen; dabei ist nicht entscheidend, ob diese bereits geltend gemacht oder auch nur angekündigt sind; vielmehr reicht aus, wenn der Antragsteller Grund zur Besorgnis hat, er könne derartigen Ansprüchen ausgesetzt sein (BGH GRUR 1995, 342, 343 – *tafelförmige Elemente*); **40**
- bei einer Verletzungsklage des GebrM-Inhabers gegen den Antragsteller (BGH GRUR 1976, 30, 31 – *Lampenschirm*) oder bei außergerichtlicher Geltendmachung von Unterlassungs-, Schadenersatz- oder Entschädigungsansprüchen (BPatG Mitt. 1999, 271, 272; *Benkard/Goebel/Engel* GebrMG § 15 Rn. 5); **41**
- bei einer Besorgnis der Inanspruchnahme; sie ist grundsätzlich bereits dann gegeben, wenn der Antragsteller während der Laufzeit des GebrM von dessen Gegenstand Gebrauch gemacht hat und keine Anhaltspunkte gegen die Inanspruchnahme sprechen (BGH GRUR 1981, 515, 516 – *Anzeigegerät*); **42**
- wenn zwar nicht der Antragsteller, aber sein Abnehmer wegen GebrM-Verletzung in Anspruch genommen wird und jedenfalls ein besonderes Interesse des Antragstellers besteht, seinen Abnehmer zu schützen (vgl. BGH GRUR 1966, 141 – *Stahlveredelung*); **43**
- bei Berühmung des GebrM-Inhabers und erfolgloser Verzichtsaufforderung durch den Antragsteller; nach BGH soll dies sogar dann gelten, wenn der GebrM-Inhaber zwar Ansprüche aus dem GebrM nicht geltend gemacht und sich solcher auch nicht berühmt hat, er es jedoch auf entsprechende Aufforderung abgelehnt hat, auf Ansprüche aus dem GebrM zu verzichten (BGH GRUR 1985, 871, 872 – *Ziegelsteinformling II*); zweifelhaft erscheint dies jedoch, wenn der GebrM-Inhaber schlichtweg nicht auf derartige Anfragen reagiert, da andernfalls der Betrieb des Schutzrechtsinhabers durch eine Vielzahl derartiger Anfragen von Konkurrenten (kostenintensiv) behindert würde, so dass folglich aus einem bloßen Nichtreagieren keine Schlussfolgerung gezogen werden kann (aA BGH GRUR 1985, 871, **44**

872: Eine solche Nichtreaktion begründe die ernsthafte Besorgnis, der GebrM-Inhaber behalte sich rechtliche Schritte vor);

45 – bei Absicht des Antragstellers, Schadenersatzansprüche nach § 717 ZPO oder § 945 ZPO geltend zu machen, Restitutions- oder Vollstreckungsgegenklage zu erheben (*Benkard/Goebel/Engel* GebrMG § 15 Rn. 5a; BPatG GRUR 1981, 124, 125 – *Feststellungsinteresse* zu § 945 ZPO; BPatG GRUR 1980, 852 – *rotationssymmetrische Behälter,* zur Restitutionsklage; BPatG Mitt. 1984, 34, 35; BGH GRUR 2006, 316 – *Koksofentür*); auf die Erfolgsaussichten derartiger Ansprüche kommt es nicht an;

46 – bei Absicht, Schadenersatzansprüche wegen unberechtigter Verwarnung geltend zu machen (*Benkard/Goebel/Engel* GebrMG § 15 Rn. 5a);

47 – bei Ankündigung oder Geltendmachung des Löschungsgrundes des älteren Rechts gegenüber dem Inhaber eines jüngeren GebrM (BPatG GRUR 1993, 113, 115 – *Thermostat*).

48 Das **Rechtsschutzbedürfnis** ist zu **verneinen:**

49 – bei Anerkenntnis der fehlenden Rechtsbeständigkeit von Anfang an (BPatG GRUR 1981, 124, 125 – *Feststellungsinteresse*);

50 – bei schriftlicher Erklärung, keine Ansprüche erheben zu wollen bzw. im Fall des Verzichts (BGH GRUR 2004, 849 – *Duschabtrennung*);

51 – wenn eine Inanspruchnahme des Antragstellers durch den GebrM-Inhaber ernstlich nicht in Betracht kommt (BGH GRUR 1995, 342, 343 – *tafelförmige Elemente*);

52 – wenn der Antragsteller einen anderen Einwand als den mangelnder Schutzfähigkeit im Verletzungsprozess ohne Zweifel erfolgreich geltend machen kann, zB Verzicht oder Verjährung (vgl. *Benkard/Goebel/Engel* GebrMG § 15 Rn. 5a);

53 – bei Einwendungen, die dem Antragsteller im Verletzungsstreitt abgeschnitten sind (BGH GRUR 1976, 30, 31 – *Lampenschirm*), zB bei einem Feststellungsantrag eines Gesellschafters einer oHG, der schon bei dem von der oHG betriebenen, rechtskräftig abgewiesenen Löschungsbegehren Gelegenheit hatte, seine Bedenken gegen die Schutzfähigkeit vorzubringen;

54 – wenn gegen den Gesellschafter keine über die Haftung aus § 128 HGB hinausreichenden Schadenersatzansprüche geltend gemacht werden (BGH GRUR 1976, 30, 31 – *Lampenschirm*);

55 – wenn lediglich ein Sachverhalt zur Entscheidung steht, wonach der Antragsteller Mehrheitsgesellschafter einer GmbH ist, die wegen Verletzung des Schutzrechts in Anspruch genommen wird, und darüber hinaus keine weiteren Gründe für die Annahme eines Rechtsschutzbedürfnisses vorliegen (BGH GRUR 1995, 342, 343, 344 – *tafelförmige Elemente*);

56 – bei bloßem Kosteninteresse bei Erlöschen des GebrM während des Löschungsverfahrens, weil nach Erledigung der Hauptsache analog § 91a ZPO noch über die Kosten entschieden werden kann (*Benkard/Goebel/Engel* GebrMG § 15 Rn. 7);

57 – bei befürchteten Einkommenseinbußen wegen Liquiditätsmangels eines Unternehmens bei Erfüllung noch unbestimmter Schadenersatzansprüche des GebrM-Inhabers (BPatG GRUR 1993, 961, 962 – *Armaturengruppe*);

58 – bei Gründen, die außerhalb des Interesses des Antragstellers an der Verteidigung gegen eine Inanspruchnahme aus dem GebrM liegen, insbesondere bei Anhängigkeit einer parallelen Patentanmeldung (BPatG Mitt. 1980, 97, 99; DPA Mitt. 1957, 36: Interesse des GebrM-Inhabers an der Klärung der Rechtsbeständigkeit; *Benkard/Goebel/Engel* GebrMG § 15 Rn. 7);

59 – bei jedenfalls nicht ausreichendem Sachvortrag hinsichtlich einer Beunruhigung des Marktes und Schädigung des Rufes (BPatG GRUR 1993, 961, 962 – *Armaturengruppe*); ebenso bei Schutzberühmung gegenüber unbeteiligten Dritten (BPatG GRUR 1993, 961, 963 – *Armaturengruppe*).

60 Der GebrM-Inhaber kann bei Bestehen eines Feststellungsinteresses nach § 256 ZPO auch eine (nur inter partes wirkende) positive **Feststellungsklage** auf Feststellung der Rechtswirksamkeit des GebrM zu den **ordentlichen Gerichten** erheben; dasselbe gilt reziprok für eine negative Feststellungsklage auf Feststellung der Unwirksamkeit durch einen Dritten.

9. Auslandssicherheitsleistung. Auf Antrag des Antragsgegners ist vom Antragsteller eine Sicherheitsleistung zu erbringen, § 16 S. 3 iVm § 81 Abs. 6 PatG (zum Patentnichtigkeitsverfahren BGH GRUR 2005, 359 – *Ausländersicherheit*). Der GebrM-Inhaber kann eine entsprechende **Einrede** der fehlenden Sicherheitsleistung erheben. Entscheidend ist, dass der Antragsteller seinen gewöhnlichen Aufenthalt bzw. seinen Sitz im EU-Ausland hat; seine Staatsangehörigkeit ist unerheblich. Art. 3 Abs. 1 S. 1, Art. 4 TRIPS begründen keine Befreiung von der Sicherheitsleistung (vgl. zum Patentrecht BPatG GRUR 2005, 973 – *Ausländersicherheit für WTO-Mitglieder*). Die Verpflichtung des Antragstellers zur Sicherheitsleistung erfasst die Kosten des GebrM-Inhabers (Rechtsanwalts- und Patentanwaltskosten einschließlich notwendiger Auslagen, und zwar unter Einbeziehung der etwaigen Kosten in der Beschwerdeinstanz). Die Sicherheit kann nachträglich erhöht werden (BGH Mitt. 2003, 90 – *Erhöhung der Prozesskostensicherheit*). Die Einrede kann in jeder Lage des Verfahrens erhoben werden. Die Höhe der Sicherheit wird durch das DPMA bzw. in der Beschwerdeinstanz durch das BPatG nach billigem Ermessen festgesetzt. Dabei wird eine Frist bestimmt, innerhalb derer die Sicherheit zu leisten ist. Diese kann auf rechtzeitigen Antrag hin verlängert werden. Wird die Zahlung versäumt, ist der Antrag nicht als unzulässig abzuweisen, sondern gilt als zurückgenommen (§ 81 Abs. 6 S. 3 PatG). Die Rechtsfolgen entsprechen denjenigen der gewillkürten Klagerücknahme. Die Sicherheitsleistung kann durch eine selbstschuldnerische, unwiderrufliche, unbedingte und unbefristete Bürgschaft einer als Zoll- und Steuerbürgin anerkannten Bank oder Sparkasse erbracht werden. Die Sicherheitsleistung erfolgt im Übrigen durch Hinterlegung beim Amtsgericht. Zur Befreiung von der Verpflichtung zur Sicherheitsleistung vgl. Art. 17 Haager ZPÜ (dazu Tabu DPA Nr. 600). §§ 110 Abs. 2 Nr. 1–3 ZPO gelten entsprechend. Wiedereinsetzung ist möglich. 61

§ 17 [Löschungsverfahren]

(1) **Das Patentamt teilt dem Inhaber des Gebrauchsmusters den Antrag mit und fordert ihn auf, sich dazu innerhalb eines Monats zu erklären. Widerspricht er nicht rechtzeitig, so erfolgt die Löschung.**

(2) **Andernfalls teilt das Patentamt den Widerspruch dem Antragsteller mit und trifft die zur Aufklärung der Sache erforderlichen Verfügungen. Es kann die Vernehmung von Zeugen und Sachverständigen anordnen. Für sie gelten die Vorschriften der Zivilprozeßordnung (§§ 373 bis 401 sowie 402 bis 414) entsprechend. Die Beweisverhandlungen sind unter Zuziehung eines beeidigten Protokollführers aufzunehmen.**

(3) **Über den Antrag wird auf Grund mündlicher Verhandlung beschlossen. Der Beschluß ist in dem Termin, in dem die mündliche Verhandlung geschlossen wird, oder in einem sofort anzuberaumenden Termin zu verkünden.** ***Der Beschluß ist zu begründen, schriftlich auszufertigen und den Beteiligten von Amts wegen zuzustellen.*** **§ 47 Abs. 2 des Patentgesetzes ist entsprechend anzuwenden. Statt der Verkündung ist die Zustellung des Beschlusses zulässig.**

(4) **Das Patentamt hat zu bestimmen, zu welchem Anteil die Kosten des Verfahrens den Beteiligten zur Last fallen. § 62 Abs. 2 und § 84 Abs. 2 Satz 2 und 3 des Patentgesetzes sind entsprechend anzuwenden.**

§ 17 Abs. 3 Satz 3 wird mWv 1. 10. 2016 durch Gesetz vom 4. 4. 2016 (BGBl. I, S. 558) durch die folgenden Sätze ersetzt:

„[3]Der Beschluss ist zu begründen und den Beteiligten von Amts wegen in Abschrift zuzustellen; eine Beglaubigung der Abschrift ist nicht erforderlich. [4]Ausfertigungen werden nur auf Antrag eines Beteiligten und nur in Papierform erteilt. “

Inhaltsübersicht

1. Allgemeines/Zweck der Vorschrift. § 17 regelt das Löschungsverfahren, insbesondere nach Widerspruch, die Notwendigkeit der mündlichen Verhandlung sowie die Kostenentscheidung. Das patentamtliche Verfahren ist **kontradiktorisch** ausgebildet (BGH GRUR 1997, 625 – *Einkaufswagen I*). Es wird mit Eingang der Antragsschrift beim DPMA anhängig und mit Zustellung der Antragsschrift an den Gegner „rechtshängig", § 253 Abs. 1 ZPO analog. Der Antragsgegner (Gebrauchsmusterinhaber) hat im Löschungsverfahren verfahrensrechtlich entweder nur die Möglichkeit, den Löschungsantrag vollständig oder teilweise anzuerkennen, oder er muss – falls und soweit er das GebrM verteidigen will – fristgemäß dem Löschungsantrag widersprechen, andernfalls wird das GebrM ohne Sachprüfung (BGH GRUR 1963, 519, 521 – *Klebemax*) gelöscht. In dieser Säumnisfolge zeigt sich ein wesentlicher Unterschied zum patentgesetzlichen Nichtigkeitsverfahren. Im Übrigen ist § 17 ähnlich wie die §§ 82–84 PatG. 1

Die mit Wirkung zum 1.10.2016 in Kraft tretende Änderung des § 17 Abs. 3 dient der Erleichterung des **elektronischen Rechtsverkehrs** beim DPMA (vgl. Begründung des Gesetzes zur Änderung des Designgesetzes und weiterer Vorschriften des gewerblichen Rechtsschutzes, BT Drucksache 18/7195, Seiten 22, 32, 33, 28). Um den elektronischen Rechtsverkehr beim DPMA zu erleichtern und eine elektronische Zustellung in Schutzrechtsverfahren in naher Zukunft realisieren zu können, soll nach dem Willen des Gesetzgebers die virtuelle Poststelle (VPS) des DPMA als ein sicherer Übermittlungsweg für eine elektronische Zustellung etabliert werden. Das Bundesministerium der Justiz und für Verbraucherschutz wird durch den mit Wirkung zum 1.10.2016 eingefügten § 127 Abs. 1 Nr. 5 PatG (vgl. → § 21 Rn. 31ff.) ermächtigt, entsprechende Vorschriften zu erlassen. Des Weiteren soll der elektronische Rechtsverkehr beim DPMA durch eine Neuregelung der Vorschriften über die **Zustellung** von Beschlüssen des DPMA erleichtert werden (vgl. Gesetzesbegründung, BT Drucksache 18/7195, Seiten 22, 31, 32, 28). Dementsprechend werden mit Wirkung zum 1.10.2016 Beschlüsse des DPMA den Beteiligten grundsätzlich in einfacher und nicht in beglaubigter Abschrift zugestellt, § 17 Abs. 3 S. 3 nF. Ausfertigungen von Beschlüssen werden nicht mehr von Amts wegen, sondern nur noch auf Antrag erteilt, § 17 Abs. 3 S. 4 nF. Die Beteiligten können somit künftig selbst entscheiden, ob sie eine Ausfertigung wünschen. Diese Änderung wird mit einem hierdurch entstehenden Effizienzgewinn beim DPMA begründet sowie mit der Erwägung, dass Ausfertigungen nur im Zusammenhang mit Zwangsvollstreckungsmaßnahmen benötigt würden und nicht aus jedem Titel die Zwangsvollstreckung betrieben werde. Gemäß § 17 Abs. 3 S. 4 nF sollen Ausfertigungen auch zukünftig ausschließlich in Papierform erteilt werden, da das Insitut der Ausfertigung nicht auf den elektronischen Rechtsverkehr übertragbar sei. Mit dieser Regelung soll ein Gleichklang mit § 137 Abs. 1 S. 1 und Abs. 2 S. 1 ZPO erreicht werden (zum Vorstehenden: Gesetzesbegründung, BT Drucksache 18/7195, Seiten 22, 32, 33, 28). Ergänzend werden in §§ 20, 21 ERVDPMAV und § 6 EAPatV mit Wirkung zum 1.10.2016 Formvorschriften für Ausfertigungen und Abschriften im elektronischen Rechtsverkehr eingefügt (vgl. Gesetzesbegründung, BT Drucksache 18/7195, Seite 37). 2

2. Mitteilung des Löschungsantrages. Nach wirksamem Löschungsantrag bzw. wirksamem Antrag auf Feststellung der Unwirksamkeit (→ § 16 Rn. 18ff.) des GebrM (und Zahlung der erforderlichen Gebühr, § 5 Abs. 1 S. 1 PatKostG; → § 16 Rn. 23) teilt das DPMA den Antrag dem GebrM-Inhaber mit und fordert ihn auf, sich dazu zu erklären. Für diese Maßnahme ist es unerheblich, ob die Begründung den gesetzlichen Anforderungen des § 16 Abs. 2 entspricht; dies folgt aus der ergänzend heranzuziehenden Vorschrift des § 81 PatG (vgl. BPatG GRUR 1982, 364, 365 – *Kofferraumstrebe*). Das DPMA hat den Antragsteller auf Wirksamkeitsmängel hinzuweisen, bevor die Zustellung der Antragsschrift veranlasst wird (BPatG Beschluss vom 17.10.2005, Az. 5 W (pat) 11/03 – *Rückzahlung der Beschwerdegebühr*). Eine „Schlüs- 3 sigkeitsprüfung" ist vom DPMA nicht durchzuführen (auch *Bühring/Schmid* § 17 Rn. 4). Jedoch setzt ein den Anforderungen des § 16 nicht entsprechender Antrag die Erklärungsfrist nicht in Lauf. Der Mangel kann jedoch geheilt werden, auch im Wege einer erneuten Vornahme einer wirksamen Verfahrenshandlung. Die Heilung des Mangels wirkt ex nunc (BPatG GRUR 1982, 364, 365 – *Kofferraumstrebe*).

4 **Adressat** der Mitteilung des Antrags und der Aufforderung zur Erklärung ist der **eingetragene** GebrM-Inhaber, § 17 Abs. 1 S. 1. **Unerheblich** ist, ob dieser zugleich **materiell-rechtlich Berechtigter** ist. Ist in dem Antrag ein anderer als der eingetragene Inhaber benannt, so hat – wenn nicht ein Fall der Gesamtrechtsnachfolge vorliegt – das DPMA den Antragsteller hierauf hinzuweisen. Ist die Gesamtrechtsnachfolge amtsbekannt, kann der Antrag dem Gesamtrechtsnachfolger zugestellt werden (*Bühring/Schmid* § 17 Rn. 6; BPatGE 32, 153, 157). Bei **fehlerhafter** oder **unklarer** Bezeichnung des Antragsgegners ist diejenige Person Beteiligte, die objektiv erkennbar betroffen sein soll (BGH GRUR 2009, 42, 43 – *Multiplexsystem*). Lehnt der Antragsteller eine Änderung ab, so ist der Beschluss dem in der Antragsschrift Genannten zuzustellen; jedoch ist der Antrag in diesem Fall abweisungsreif. Eine Löschung kann in diesem Fall trotz Nichtwiderspruchs nicht angeordnet werden, da die Widerspruchsfrist nicht wirksam in Lauf gesetzt wurde; eine gleichwohl ergangene Löschungsanordnung des DPMA ist materiell-rechtlich wirkungslos (*Bühring/Schmid* § 17 Rn. 7). Wird im Löschungsantrag das angegriffene Gebrauchsmuster wegen eines Schreibversehens mit der falschen Nummer genannt, ist aber aus dem Löschungsantrag im Übrigen das richtige Gebrauchsmuster zweifelsfrei zu identifizieren, wird der Inhaber des GebrM mit der falschen Nummer, dem der Löschungsantrag zugestellt wird, nicht Verfahrensbeteiligter des Löschungsverfahrens; denn der Löschungsantrag, nicht aber seine Zustellung bestimmt den Löschungsantragsgegner und damit den Löschungsverfahrensbeteiligten; in diesem Fall ist es jedoch gerechtfertigt, den Zustellungsempfänger zur Geltendmachung seiner Nichtbeteiligung zum Verfahren zuzulassen. Hierbei handelt es sich um einen selbständigen Streit des Löschungsantragstellers mit einem Dritten, der jedoch außerhalb des Löschungsrechtsverhältnisses ausgetragen wird. Der Dritte ist bei weiterer Anhängigkeit des Löschungsantrags durch Beschluss aus dem Verfahren zu entlassen; innerhalb dieses selbständigen Streites ist auch über die durch die Klarstellung der Nichtbeteiligung entstandenen Kosten auf Antrag zu entscheiden (vgl. zum Ganzen BPatG GRUR 1997, 525, 526 – *Zahlendreher;* → § 15 Rn. 10).

5 **2.1 Änderungen in Bezug auf den Löschungsantrag.** Änderungen und Erweiterungen des Löschungsantrags sind unter den zu § 16 genannten Voraussetzungen möglich (→ § 16 Rn. 29), vgl. lediglich BPatG GRUR 1981, 908, 909 – *Brustprothese;* BPatGE 25, 85; BPatG Mitt. 1996, 211, 212 – *Plattenaufnahmeteil;* BPatG GRUR 1997, 622, 623 – *Bildverarbeitungssystem*). Die spätere Änderung ist dem GebrM-Inhaber ebenfalls unter Fristsetzung nach Abs. 1 Satz 1 mit der Aufforderung zuzustellen, sich innerhalb der Monatsfrist dazu zu erklären (BPatGE 25, 85, 87, 88).

6 Ein **Wechsel** des **Antragstellers** wird nach den Grundsätzen zur Klageänderung behandelt (BPatGE 19, 53, 56). **Sachdienlichkeit** ist insbesondere anzunehmen, wenn die Erledigung des Verfahrens nicht verzögert wird und das Verfahren unter Verwertung des bisherigen Verfahrensstoffs fortgeführt werden kann, insbesondere also ein neues Verfahren vermieden werden kann (vgl. zum Patentrecht BGH GRUR 1996, 865, 866 – *Parteiwechsel*). Für eine großzügige Betrachtung spricht der **Grundsatz der Verfahrensökonomie.** Sachdienlichkeit fehlt, wenn das Verfahren der neuen Partei unzulässig wäre, zB weil ihr das besondere Rechtsschutzinteresse für das Feststellungsverfahren fehlt (BPatGE 19, 53, 56).

3. Erklärung des Gebrauchsmusterinhabers

7 **3.1 Erklärungsfrist, Schriftform.** Die **Erklärungsfrist** (Widerspruchsfrist) beträgt einen Monat nach Zustellung der Aufforderung (BPatG GRUR 1982, 364,

365 – *Kofferraumstrebe; Benkard/Goebel/Engel* GebrMG § 17 Rn. 3; Ausnahmen: → Rn. 3). Sie ist als gesetzliche Frist **nicht verlängerbar.** Eine Verlängerung entfaltet keine Rechtswirkungen; entsprechend § 231 ZPO treten die gesetzlichen Folgen einer Fristversäumnis von selbst ein, ohne dass es einer Androhung bedarf (BGH GRUR 1967, 351, 354 – *Korrosionsschutzbinde*). Fehlt es jedoch (mit der Zustellung) an der Aufforderung, sich (fristgemäß) zu dem Antrag zu erklären, so beginnt die Widerspruchsfrist erst mit der Nachholung der Aufforderung zu laufen; eine Löschung vor Ablauf dieser Frist ist ausgeschlossen (BPatG GRUR 1982, 364, 366 – *Kofferraumstrebe*). Eine auf Grund Nichtwiderspruchs eingetragene Löschung bzw. Feststellung der Unwirksamkeit gemäß § 17 Abs. 1 S. 2 kann nicht in einem anderen Verfahren auf ihre materielle Richtigkeit überprüft werden; eine Beschwerde ist nicht statthaft, denn diese Rechtsfolge tritt kraft ausdrücklicher Regelung und nicht erst auf Grund einer Entscheidung des DPMA ein, welches den GebrM-Inhaber über diese Rechtsfolge lediglich unterrichtet (vgl. BPatGE 47, 23, 25, 26). Bestreitet der GebrM-Inhaber jedoch, dass die Voraussetzungen für eine Löschung nach § 17 Abs. 1 S. 2 vorlagen, so hat die GebrM-Abteilung dies zu prüfen und eine Entscheidung auf Eintritt bzw. Nichteintritt der Löschung zu treffen. Gegen diesen Beschluss ist die Beschwerde statthaft (BPatGE 47, 23, 26). **Wiedereinsetzung** ist möglich (§ 21 iVm § 123 Abs. 1 PatG; vgl. *Benkard/Goebel/Engel* GebrMG § 17 Rn. 3). Wird der Fristlauf nicht in Gang gesetzt (siehe → Rn. 3), ist Löschung bzw. Feststellung der Unwirksamkeit des GebrM ausgeschlossen; ein dennoch eingetragener Löschungsvermerk im Register ist zu berichtigen (*Bühring/Schmid* § 17 Rn. 11).

Die Erklärung des GebrM-Inhabers ist beachtlich, wenn sie **schriftlich,** dh mit 8
Unterschrift versehen, abgegeben wird (*Benkard/Goebel/Engel* GebrMG § 17 Rn. 5b). Eine Telekopie ist fristwahrend. Eine Online-Übermittlung reicht nicht aus. Fehlt die Unterschrift, so liegt ein rechtswirksamer Widerspruch erst mit ordnungsgemäßer Nachholung vor. Eine elektronische Erklärung ist gemäß §§ 21 Abs. 1 S. 1, 125a PatG, § 12 DPMAV, § 1 Nr. 2 ERVDPMAV nicht ausreichend. Sind **mehrere Personen** GebrM-Inhaber, wirkt ein fristwahrender Widerspruch durch einen von ihnen auch zugunsten der übrigen, § 62 ZPO analog. Jeder Teilhaber kann das gemeinsame GebrM im Löschungsverfahren alleine verteidigen; jedoch kann er nicht alleine mit Wirkung zu Lasten der anderen Mitinhaber einen Widerspruch zurücknehmen, da bei einer Gesellschaft oder Gemeinschaft iSd §§ 705 ff., 741 ff. BGB über das GebrM nur gemeinschaftlich verfügt werden kann (vgl. → § 13 Rn. 140 ff.). Eine **Begründung** des Widerspruchs ist **nicht** notwendig; jedoch die Regel. Für die Begründung des Widerspruchs kann eine Frist eingeräumt werden (*Benkard/Goebel/Engel* GebrMG § 17 Rn. 3). Die mit Beginn der Frist entstehende Erklärungsobliegenheit des GebrM-Inhabers entfällt, wenn der Löschungs-/Feststellungsantrag vor Ablauf der Monatsfrist zurückgenommen wird oder bspw wegen Nichtzahlung der Gebühr als zurückgenommen gilt (*Bühring/Schmid* § 17 Rn. 12). In diesem Fall tritt die Löschung bzw. Erklärung der Unwirksamkeit des GebrM auch bei fehlender Erklärung des GebrM-Inhabers nicht ein.

3.2 Inhalt und Auslegung der Erklärung des GebrM-Inhabers. Das Gesetz 9
verlangt eine **„Erklärung"** des eingetragenen GebrM-Inhabers. Die Erklärung ist als **Verfahrenshandlung auslegungsfähig** (BGH GRUR 1995, 210, 211 – *Lüfterkappe*). Auf die **Wortwahl** kommt es nicht an. Trotz Verzichts auf das GebrM mit ex nunc-Wirkung kann ein Widerspruch anzunehmen sein, wenn sich aus dem Gesamtverhalten ergibt, dass eine Verteidigung des Schutzrechts für die Vergangenheit erfolgt (→ Rn. 11). Andererseits kann zum Beispiel in dem ohnehin sinnlosen Antrag der Verlängerung der Erklärungsfrist kein implizierter Widerspruch erkannt werden (BGH GRUR 1967, 351, 354 – *Korrosionsschutzbinde*).

Der GebrM-Inhaber kann dem Löschungsantrag **in vollem Umfang** oder **teil-** 10
weise widersprechen. Ferner kann er erklären, gänzlich oder teilweise nicht wider-

sprechen zu wollen. Der BGH spricht bei einem beschränkten Widerspruch von einem unwiderruflichen Anerkenntnis hinsichtlich des weitergehenden Inhalts des Schutzrechts (BGH GRUR 1995, 210, 212 – *Lüfterkappe;* ebenso *Benkard/Goebel/Engel* GebrMG § 17 Rn. 4; *Mes* GebrMG § 16 Rn. 2: Anerkenntnis iSd § 307 ZPO analog). Dabei kann allein aus der **Einreichung neuer** (eingeschränkter) **Ansprüche,** die zum Beispiel unverbindliche Formulierungsvorschläge darstellen können, weder ein (Teil-)Verzicht auf das GebrM noch eine verfahrensrechtliche Beschränkung des Gegenstands der Prüfung hergeleitet werden (BGH GRUR 1995, 210, 211 – *Lüfterkappe;* vgl. ferner → § 13 Rn. 29, → § 13 Rn. 30; → Rn. 13 ff.). Hiervon zu unterscheiden ist die dem GebrM-Inhaber mögliche Rücknahme oder Beschränkung des Widerspruchs, im Gegensatz zum unumkehrbaren Fakt eines Nichtwiderspruchs (innerhalb der Erklärungsfrist). Zu den Abgrenzungsproblemen zwischen beschränkter Verteidigung und Nichtwiderspruch vgl. → Rn. 13 ff. **Inhaltlich** stehen dem GebrM-Inhaber grundsätzlich dieselben Möglichkeiten wie dem Patentinhaber im Beschränkungsverfahren gemäß § 64 PatG und bei beschränkter Verteidigung im Nichtigkeitsverfahren, § 83 PatG, zu.

3.3 Inhaltliche Reaktion des GebrM-Inhabers

11 **3.3.1 Widerspruch.** Ein bestimmter Wortlaut ist nicht vorgeschrieben, auch wenn sich die Wahl des Begriffs „Widerspruch“ empfiehlt. Es muss deutlich gemacht werden, dass das GebrM verteidigt werden soll (*Bühring/Schmid* § 17 Rn. 14). Das Gesetz verlangt eine **„Erklärung“,** so dass sich eine Interpretation lediglich aus dem „Gesamtzusammenhang“ eines zwischen den Parteien anhängigen Verfahrens in der Regel verbietet. Ein **Verzicht** auf das GebrM für die Zukunft kann als Nichtwiderspruch auszulegen sein, es sei denn, dass der GebrM-Inhaber eindeutig zum Ausdruck bringt, das Schutzrecht für die Vergangenheit verteidigen zu wollen (BPatGE 11, 106, 108; BPatGE 14, 58, 61). Eine Erweiterung des Widerspruchs ist nach Ablauf der Widerspruchsfrist nicht zulässig.

12 **Wirkung:** Ein wirksamer Widerspruch wird dem Antragsteller mitgeteilt. Das Löschungsverfahren geht mit dem Widerspruch in die streitige Phase über und wird inhaltlich im Wesentlichen vom Umfang des Widerspruchs bestimmt. Der Gebrauchsmusterinhaber kann sich gegen den Löschungsantrag sowohl mit Einwendungen gegen die Zulässigkeit als auch gegen die Begründetheit verteidigen. Zu einzelnen Einwendungen: *Mes* GebrMG § 17 Rn. 31, 32.

13 **3.3.2 Rücknahme des Widerspruchs und Einschränkung des Widerspruchsrechts.** Als Verfahrenshandlung ist der Widerspruch der Disposition des GebrM-Inhabers unterworfen, dh dieser kann seinen zunächst **erhobenen** Widerspruch **zurücknehmen** oder nachträglich **einschränken** (BGH GRUR 1995, 210, 211 – *Lüfterkappe*). Im Umfang dieser Rücknahme oder Einschränkung ist das GebrM **ohne Sachprüfung zu löschen** (BGH GRUR 1995, 210, 211 – *Lüfterkappe;* BPatG GRUR 1980, 1070, 1071 – *Beschränkte Schutzrechtsverteidigung*). Diese Rechtsfolge wird dogmatisch unterschiedlich aus einer „rechtsähnlichen“ Anwendung von § 17 Abs. 1 S. 2 (so BPatG GRUR 1994, 278, 279 – *Gargerät*) oder aus einem Anerkenntnis analog § 307 ZPO hergeleitet (BGH GRUR 1995, 210, 212 – *Lüfterkappe*). Dasselbe Ergebnis gilt auch im Verfahren auf Feststellung der Unwirksamkeit nach Ablauf des Schutzrechts (BPatGE 23, 41). Eine „Rücknahme“ der Rücknahme kommt nicht mehr in Betracht, dh eine Beseitigung der Wirkung eines zurückgenommenen Widerspruchs ist also auch nicht mehr mit Hilfe eines Rechtsmittels möglich (BGH GRUR 1995, 210, 211, 212 – *Lüfterkappe*). An die **Rücknahmeerklärung** sind hinsichtlich ihrer **Klarheit** und **Bestimmtheit** strenge Anforderungen zu stellen (BGH GRUR 1997, 625, 626 – *Einkaufswagen I*), denn eine (teilweise) Widerspruchsrücknahme ist **unwiderruflich** sowie **unanfechtbar** und führt damit zum rückwirkenden (teilweisen) Verlust des Schutzrechts (BGH GRUR 1995, 210, 211 – *Lüfterkappe;* BGH GRUR 1997, 625, 626 – *Einkaufswagen I;* BPatG GRUR 1994, 278, 279 –

Gargerät; zur Rückgängigmachung einer bloßen beschränkten Verteidigung vgl. → Rn. 21ff.). Reicht der GebrM-Inhaber im Löschungsverfahren **neue Ansprüche** zur GebrM-Akte und erklärt er hierzu ausdrücklich, keine darüber hinausgehenden Rechte geltend zu machen, so liegt darin in der Regel ein **Verzicht auf einen weitergehenden Widerspruch** bzw. eine teilweise Rücknahme des Widerspruchs (BGH Mitt. 1998, 98, 101 – *Scherbeneis*). Ein Teilverzicht auf das Widerspruchsrecht entbindet den GebrM-Inhaber nicht davon, den Widerspruch gegen einen Löschungsantrag auf die veränderte Anspruchsfassung zu beschränken (*Bühring/Schmid* § 17 Rn. 17).

14 In folgenden Fallgestaltungen kann deshalb zweifelhaft sein, ob eine Rücknahme des Widerspruchs angenommen werden kann:

15 Die **Einreichung neu gefasster Schutzansprüche** kann verschiedenen Zwecken dienen (zB **Hilfsantrag** oder **Diskussionsgrundlage** sein, vgl. → Rn. 10). Durch sie kommt ein bestimmter Wille noch nicht zum Ausdruck, so dass sie allein keine Einschränkung des Widerspruchs darstellt (BGH GRUR 1995, 210, 211 – *Lüfterkappe;* BGH GRUR 1997, 625, 626 – *Einkaufswagen I;* BPatG GRUR 1987, 359, 360 – *Abfallbehälter; Bender* GRUR 1997, 785, 789; BPatG Mitt. 2009, 325 – *Beschränkte Verteidigung;* vgl. aber BPatG GRUR 1994, 278 – *Gargerät*). Dies gilt erst recht, wenn der GebrM-Inhaber den – zu empfehlenden – Hinweis gibt, dass die neu eingereichten Ansprüche als Diskussionsgrundlage bzw. Formulierungsvorschlag anzusehen sind, oder wenn er gleichzeitig beantragt, den Löschungsantrag zurückzuweisen. Hieran fehlt es auch, wenn die eingeschränkten Ansprüche gleichzeitig eine **Erweiterung** beinhalten (BGH Mitt. 1998, 98, 101 – *Scherbeneis*). Hingegen wird die Vorlage eingeschränkter Ansprüche zusammen mit der (ggf. auszulegenden) Erklärung, der Widerspruch solle beschränkt werden, die Annahme einer teilweisen Rücknahme des Widerspruchs begründen. Dies wird insbesondere angenommen werden können, wenn der **Antrag** (in der mündlichen Verhandlung) gestellt wird, den Löschungsantrag (nur noch) im Umfang der einschränkten Ansprüche zurückzuweisen, „beschränkte Aufrechterhaltung" (vgl. hierzu BGH GRUR 1995, 210, 211 – *Lüfterkappe;* BGH GRUR 1997, 625, 626 – *Einkaufswagen I*). Wegen der justizförmigen Ausgestaltung des Verfahrens werden Anträge in Schriftsätzen als bloße Ankündigungen von Anträgen ohne definitive Bindung anzusehen sein. Nur am Ende der mündlichen Verhandlung gestellte und damit der Entscheidung zu Grunde liegende Anträge des GebrM-Inhabers, das GebrM in eingeschränktem Umfang aufrechtzuerhalten, sind in der Regel als Einschränkung des zunächst unbeschränkt eingelegten Widerspruchs zu sehen (BPatG Mitt. 2009, 325 – *Beschränkte Verteidigung*). Sind die Voraussetzungen erfüllt, ist die Zulässigkeit der verteidigten Schutzansprüche zu prüfen (BPatG GRUR 1988, 530, 532 – *Schalung für Betonbehälterwände;* vgl. BPatG Beschluss vom 28.4.2015, Az. 35 W (pat) 404/13; zum Patentnichtigkeitsverfahren BGH GRUR 2016, 361, 363 – *Fugenband*).

16 Die Einreichung von **Haupt- und Hilfsantrag,** mit denen das GebrM aufrechterhalten werden soll, und in denen die Schutzansprüche jeweils in andersartiger, alternativer, einander ausschließender Weise formuliert sind, sprechen gegen die erforderliche Eindeutigkeit (BGH GRUR 1997, 625, 626 – *Einkaufswagen I*).

17 Ein **Ausschluss des Widerspruchsrechts** kann sich vornehmlich aus zwei Gründen ergeben: Das Widerspruchsrecht ist insoweit ausgeschlossen, als ein wirksamer **Verzicht** auf das Schutzrecht (oder Teile hiervon) vorliegt. Die Möglichkeit eines Verzichts ergibt sich aus § 23 Abs. 3 Nr. 1. Ein solcher Verzicht kann nur gegenüber dem DPMA wirksam erklärt werden, nicht gegenüber dem BPatG in einem Beschwerdeverfahren (BPatG GRUR 1988, 761 – *Rollengelagertes Krankenbett*). Dieser liegt bei einer einseitigen Erklärung des GebrM-Inhabers an das DPMA vor, auf das Schutzrecht verzichten zu wollen. Zu beachten ist jedoch, dass sich ein Verzicht nur auf das Schutzrecht insgesamt oder volle Ansprüche beziehen kann. Er erfasst also nicht Anspruchsteile oder eine Änderung oder Ersetzung der bestehenden Ansprüche

(BGH Mitt. 1998, 98, 101 – *Scherbeneis*). Beim Verzicht handelt es sich um eine dinglich wirkende Selbstbeschränkung. Gegenstand des Löschungsverfahrens ist danach nur das GebrM mit dem Umfang, mit dem es noch besteht.

18 Ein **Beschränkungsverfahren** analog § 64 PatG, mit dem ein Patentinhaber sein Schutzrecht rückwirkend einschränken kann, um zB einer drohenden Nichtigkeitsklage zuvor zu kommen, kennt das GebrMG nicht. Seit langer Zeit ist jedoch weit überwiegend anerkannt, dass der GebrM-Inhaber unabhängig von einem Löschungsverfahren **eingeschränkte Schutzansprüche zur Akte** des eingetragenen GebrM nachreichen kann. Jedenfalls in Verbindung mit der Erklärung des GebrM-Inhabers, für die Vergangenheit und Zukunft keine über diese nachgereichten Schutzansprüche hinausgehenden Rechte aus dem GebrM geltend machen zu wollen, liegt hierin eine **schuldrechtlich bindende Erklärung an die Allgemeinheit,** Ansprüche nur noch im Umfang der Neufassung zu haben (deshalb bedarf es der Einreichung zur GebrM-Akte, eine bloße Abgabe dieser Erklärung im Löschungsverfahren soll diese Wirkung nicht entfalten, BPatG GRUR 1988, 761 – *Rollengelagertes Krankenbett*). Sie kann regelmäßig als vorweggenommener Verzicht (vgl. → § 13 Rn. 30) auf einen Widerspruch gegen Löschung des Gebrauchsmusters in seinem weitergehenden Umfang gewertet werden. Sie bindet den GebrM-Inhaber im Verletzungsprozess. Dieser in Rspr. und Lit. vorherrschenden Auffassung hat sich der BGH angeschlossen (BGH Mitt. 1998, 98, 101 – *Scherbeneis* mwN). Diese Rspr. wird als gewohnheitsrechtlich verfestigt bezeichnet (BGH Mitt. 1998, 98, 101 – *Scherbeneis*). Das BPatG hat sich diese Auffassung bereits frühzeitig zu Eigen gemacht, wobei hierbei teilweise unterschiedliche Formulierungen gewählt wurden (BPatGE 11, 88, 90, 91, 93: Möglichkeit der Selbstbeschränkung; BPatGE 11, 96, 100, 101: Schuldrechtliche Verpflichtung gegenüber jedermann; BPatGE 19, 161, 162, 163: Auch im Falle einer ohne weiteres zu beseitigenden unzulässigen Erweiterung; vgl. ferner BPatGE 25, 85, 86; BPatGE 26, 191, 192; BPatG GRUR 1987, 810: Nach Erlöschen des GebrM eingereichte Schutzansprüche; BPatG GRUR 1989, 587; *Benkard/Goebel/Engel* GebrMG § 17 Rn. 5a, § 15 Rn. 19; *Bühring/Schmid* § 15 Rn. 83). Für das **Löschungsverfahren** (vgl. hierzu BPatG GRUR 1988, 761 – *Rollengelagertes Krankenbett*) bedeutet die Einreichung neuer Schutzansprüche jedenfalls in Verbindung mit der Erklärung, keine über diese nachgereichten Schutzansprüche hinausgehende Rechte aus dem GebrM geltend zu machen (andernfalls vgl. → Rn. 14) einen **bindenden vorweggenommenen Verzicht** auf den **Widerspruch.** Auf Antrag ist das GebrM infolge dessen ohne weitere Sachprüfung zu löschen, soweit die eingetragenen Schutzansprüche über die zur GebrM-Akte nachgereichten hinausgehen (BGH Mitt. 1998, 98, 101 – *Scherbeneis*). Dies gilt jedoch nicht, wenn Schutzansprüche eingereicht werden, die eine **unzulässige Erweiterung** enthalten und deshalb nicht Gegenstand des GebrM werden können (BGH Mitt. 1998, 98, 101 – *Scherbeneis;* vgl. auch BPatGE 20, 133, 134; vgl. → § 13 Rn. 20). Die Anpassung der Schutzansprüche ist also insgesamt unwirksam; ein vorweggenommener Verzicht auf Widerspruch kommt infolge Fehlens der für einen Rechtsmittelverzicht zu fordernden Eindeutigkeit und Unbedingtheit nicht in Betracht. Das BPatG ist der Meinung, dass eine Erklärung zu den Akten den Widerspruch grundsätzlich nicht unbeachtlich macht, soweit nicht ein Prozessvertrag mit dem Antragsteller, in dem sich der GebrM-Inhaber verpflichtet, dem Antrag nicht zu widersprechen, gegenüber dem Widerspruch die Arglist-Einrede begründet (BPatGE 34, 58, 63). **Gegenstand der Prüfung** bleibt also das **GebrM in der eingetragenen Fassung.** Denn als „Gegenstand des Löschungsverfahrens" wird gemäß § 15 nur das eingetragene GebrM, nicht aber der Gegenstand nachgereichter Schutzansprüche bezeichnet (BPatGE 25, 85, 86). Infolge dessen hat sich das Löschungsbegehren (weiterhin) nur gegen die der Eintragung zu Grunde liegende Fassung zu richten (BPatGE 19, 161, 162; vgl. auch BGH Mitt. 1998, 98, 101 – *Scherbeneis*); ein Löschungsantrag (nur) gegen das GebrM im Umfang der neuen Schutzansprüche ist unzulässig; zur Kostenfolge vgl. → Rn. 76ff.).

Die **Schlussfolgerungen,** die sich aus dieser Rechtspraxis ergeben, sind noch nicht vollständig in der wünschenswerten Einheitlichkeit gezogen worden. Zwar dürfte einerseits klar sein, dass der GebrM-Inhaber bei zulässiger Einschränkungserklärung die hierin liegende Verpflichtungserklärung gegenüber der Allgemeinheit grundsätzlich nicht mehr rückgängig machen kann, da diese mit Einreichung der neuen Ansprüche hiervon Kenntnis nehmen kann. Im Falle der Nachreichung von Schutzansprüchen mit unzulässiger Erweiterung bleibt nach der Entscheidung des BGH (Mitt. 1998, 98, 101 – *Scherbeneis*) offen, ob insbesondere im Rahmen eines Löschungsverfahrens auf die ursprünglichen Schutzansprüche zurückgegriffen werden darf. Das BPatG hat die Beseitigung der unzulässigen Erweiterung jedenfalls dann zugelassen, wenn dies ohne weiteres, dh ohne sprachliche Schwierigkeiten und ohne Gefahr erneuter inhaltlicher Änderungen möglich ist (BPatGE 19, 161, 162, 163; BPatGE 23, 41; BPatGE 24, 132. Allerdings stellt nicht jede Eliminierung eines Merkmals lediglich eine bloße Rückgängigmachung einer Erweiterung dar (so kann zum Beispiel ein ursprünglich nicht offenbartes Merkmal nicht wieder weggelassen werden, weil dies wiederum eine Erweiterung bedeutet). In allen anderen Fällen einer nicht wieder rückgängig zu machenden Erweiterung kann mithin auf das ursprüngliche Schutzbegehren nicht mehr zurückgegriffen werden. Vgl. auch → § 15 Rn. 60ff. 19

Ebenso wenig sind die Auswirkungen auf das **Verletzungsverfahren** geklärt: Insoweit lässt sich der BGH-Entscheidung (Mitt. 1998, 98, 101 – *Scherbeneis*) lediglich entnehmen, dass der GebrM-Inhaber an seine in der Nachreichung liegende schuldrechtliche Erklärung gebunden ist, dh er kann dann nicht mehr auf die ursprünglichen Ansprüche zurückgreifen. Die Frage bleibt – da aus einer unzulässigen Erweiterung keine Rechte hergeleitet werden können –, ob im Verletzungsrechtsstreit die unzulässige Erweiterung beseitigt werden kann, so dass der GebrM-Inhaber Ansprüche aus der um die Erweiterung bereinigten (und an sich beschränkten) Neufassung geltend machen kann. Dies wird man jedenfalls dann bejahen können, wenn die bereinigte Fassung der Ansprüche auch zu den GebrM-Akten gereicht wird und damit die Allgemeinheit hinreichend informiert ist; aus dem Grundgedanken des § 4 Abs. 5 S. 2 folgt, dass geänderte Unterlagen (nur) dann nicht an die Stelle der bisherigen treten können, soweit sie eine Erweiterung enthalten; vgl. → § 13 Rn. 18f.; → § 12a Rn. 201; → § 15 Rn. 67. 20

3.3.3 Teilwiderspruch. Ein **ursprünglich** nur beschränkt erklärter Widerspruch, dh ein **Teilwiderspruch** (uU aus Kostengründen) kommt in Betracht, wenn der Löschungsantrag teilweise berechtigt ist und der GebrM-Inhaber den Löschungsantrag teilweise „anerkennen“, darüber hinaus aber verteidigen möchte. Der Teilwiderspruch kann sich auf einzelne Ansprüche beziehen oder eine Verteidigung aus neuen, beschränkten bzw. zusammengefassten Ansprüchen stützen. Schutzansprüche, die nicht Gegenstand eines (Teil-)Widerspruchs sind, können jedoch insbesondere keine Grundlage für die nachträgliche Verteidigung von daraus abgeleiteten speziellen Ausführungsformen bilden (*Bühring/Schmid* § 17 Rn. 18). Der Teilwiderspruch führt zur Teillöschung – soweit die Verteidigung nicht reicht – ohne Sachprüfung, § 17 Abs. 1 S. 2 (BGH GRUR 1995, 210, 211 – *Lüfterkappe*). Bei der Verteidigung kann der GebrM-Inhaber des Weiteren gegenüber einem Teillöschungsantrag nicht sein GebrM insgesamt, sondern nur im angegriffenen Umfang zu Grunde legen (BPatG GRUR 1986, 609, 610 – *Raclette-Gerät*). Werden nur einzelne Schutzansprüche angegriffen, so bedeutet dies nicht, das GebrM solle auch für die nicht genannten Schutzansprüche eine Änderung dahingehend erfahren, dass in ihnen die unmittelbaren oder mittelbaren Beziehungen auf die angegriffenen Schutzansprüche fortfallen; andernfalls muss dies klar beantragt werden (vgl. BPatG GRUR 1986, 609, 610 – *Raclette-Gerät*). Der GebrM-Inhaber muss also zu jedem angegriffenen Anspruch zu erkennen geben, ob er ihn vollständig, teilweise oder nicht verteidigen will. 21

22 Abzugrenzen von derartigen rechtsverbindlichen Erklärungen (sowie den oben dargestellten → Rn. 13ff.) ist insbesondere die **Einreichung beschränkter Ansprüche,** die seitens des GebrM-Inhabers lediglich als **„Diskussionsgrundlage"** verstanden werden soll (→ Rn. 14), und die zusammen mit anderen Fallgestaltungen in der Lit. ebenfalls unter dem Stichwort **„beschränkte Verteidigung"** erörtert wird (vgl. *Busse/Keukenschrijver* GebrMG § 17 Rn. 16). Hierzu gehört zB, dass gegenüber einem auf einen Hauptanspruch beschränkten Löschungsantrag dieser mit dem Gegenstand eines (nicht angegriffenen) Unteranspruchs zu ihm verteidigt wird; dies ist jedoch unzulässig. Der Schutz eines nicht angegriffenen Unteranspruchs bleibt nämlich bestehen, so dass eine derartige Verteidigung das Entstehen zweier identischer Schutzansprüche zur Folge hätte (BPatG GRUR 1991, 313, 315 – *Verpackungsbehälter mit Diebstahlsicherung*). Die **Prüfung** ist auf den verteidigten Bereich zu beschränken (BGH GRUR 1995, 210, 211 – *Lüfterkappe*). Beschränkte Verteidigung durch Vorlage einer geänderten Beschreibung ist nicht möglich, weil § 15 Abs. 3 S. 2 eine derartige Beschränkung nicht zulässt; dasselbe Ergebnis folgt aus der Unzulässigkeit der Nachreichung einer geänderten Beschreibung (BPatGE 11, 88; BPatGE 29, 252). Der GebrM-Inhaber muss neue Ansprüche vorlegen, wenn dem Löschungsantrag nur teilweise widersprochen werden soll. Die Verteidigung mit einem Gegenstand, der von den Schutzansprüchen nicht umfasst war, ist auch dann unzulässig, wenn dieser in der Beschreibung offenbart ist (BPatG GRUR 1988, 530 – *Schalung für Betonbehälterwände*). Geänderte Schutzansprüche sind häufig nur „Diskussionsgrundlage"; es bedarf also regelmäßig eines klaren Antrags, aus dem sich ergibt, in welchem Umfang das Schutzrecht verteidigt werden soll (BGH GRUR 1997, 625, 626 – *Einkaufswagen I*). Solange die Vorlage geänderter Schutzansprüche lediglich als „Diskussionsgrundlage" anzusehen ist, kann sie im Gegensatz zu einem teilweisen Nichtwiderspruch oder zur Einschränkung des Widerspruchs wieder **rückgängig** gemacht werden.

23 Verteidigt sich der GebrM-Inhaber im **Umfang neu gefasster Ansprüche,** bedarf es vor einer entsprechenden Löschung der **Prüfung** durch das DPMA, ob die Neufassung eine **unzulässige Änderung** beinhaltet (BPatG GRUR 1988, 530, 533 – *Schalung für Betonbehälterwände;* BGH GRUR 2005, 316, 318 – *Fußbodenbelag;* zum Patentrecht BGH GRUR 2009, 145, 149 – *Fentanylpflaster*). Soweit der Gegenstand der verteidigten Schutzansprüche **auch** über den der Schutzansprüche nach dem GebrM hinausgeht und ihn damit **erweitert,** können derartige unzulässige Erweiterungen im Löschungsverfahren nicht berücksichtigt werden (BPatG GRUR 1988, 530, 533 – *Schalung für Betonbehälterwände*). Soweit dies möglich ist, sind demgemäß die neu gefassten Ansprüche von der Erweiterung zu befreien. Der GebrM-Inhaber kann sein Schutzrecht nur im Umfang der neuen Ansprüche unter Ausschluss der Erweiterung verteidigen (BPatGE 19, 161, 163). Sollten diese neuen Schutzansprüche ein **aliud** darstellen, wird der Widerspruch als (im Ergebnis) zurückgenommen zu gelten haben (BPatGE 20, 133: geänderte Aufgabe). Insoweit hat der Widerspruch keine Bedeutung (vgl. zur Problematik ferner → Rn. 13ff., → Rn. 60ff., → Rn. 76ff.).

24 **3.3.4 Kein Widerspruch.** Der GebrM-Inhaber kann dem Löschungsantrag ausdrücklich oder durch Nichtwiderspruch vollständig oder teilweise zustimmen bzw. diesen anerkennen. Die beschränkte Verteidigung bringt in der Regel **keine Kostenvorteile,** wenn zuvor ein umfänglicher Widerspruch erhoben wurde. Sie sollte gut überlegt und nicht vorschnell ins Auge gefasst werden, da nach ihrer wirksamen Vornahme eine spätere Erweiterung ausgeschlossen ist (*Bühring/Schmid* § 17 Rn. 22). Hat der GebrM-Inhaber zuvor bereits eingeschränkte Ansprüche zu den GebrM-Akten gereicht, so darf er das GebrM nur noch in beschränktem Umfang verteidigen (vgl. auch → Rn. 13); andernfalls trifft ihn bei vollem Widerspruch eine Kostenlast entsprechend dem Anteil der Einschränkung, auch wenn er an sich keine Veranlassung für den Lö-

schungsantrag gegeben hat. **Nichtwiderspruch** innerhalb der Frist führt ohne weiteres zur Löschung ohne Sachprüfung, § 17 Abs. 1 S. 2 (*Benkard/Goebel/Engel* GebrMG § 17 Rn. 6). Das Verfahren wird beendet (*Bühring/Schmid* § 17 Rn. 25). Auch die Rücknahme des Löschungsantrags nach Ablauf der Widerspruchsfrist ändert hieran nichts. Der Nichtwiderspruch geht in seinen Wirkungen (ex tunc-Löschung) einem während der Widerspruchsfrist erklärten Verzicht (ex nunc-Löschung) vor (BPatGE 11, 106, 108; stRspr). Zuständig für die Löschung ist in diesem Fall der Beamte des gehobenen Dienstes; die Löschung wird im Register vermerkt. Ein beschränkter Widerspruch führt zur Teillöschung grundsätzlich ohne weitere Sachprüfung, § 17 Abs. 1 S. 2 (BGH GRUR 1995, 210, 211 – *Lüfterkappe*). Bei nicht eindeutigen Erklärungen ist die Reichweite des Nichtwiderspruchs zu prüfen. Nicht abschließend geklärt ist, ob eine Zustimmung zur Löschung oder ein „Anerkenntnis" mit Eingang beim DPMA verbindlich wird oder innerhalb der Widerspruchsfrist widerrufen werden kann (*Bühring/Schmid* § 17 Rn. 19). Nachdem es sich bei Erklärungen gegenüber dem DPMA um verfahrensgestaltende Prozesserklärungen handelt, ist davon ausgehen, dass die Zustimmung zur Löschung nach Eingang beim DPMA nicht widerrufen werden kann (vgl. BGH GRUR 1995, 210, 212 – *Lüfterkappe;* → Rn. 9 ff.).

Die Regelung ist im **Feststellungsverfahren** mit der Maßgabe anzuwenden, dass bei Nichtwiderspruch die beantragte Feststellung erfolgt (BGH GRUR 1967, 351 – *Korrosionsschutzbinde*), ohne dass es in diesem Fall noch einer weiteren Prüfung des rechtlichen Interesses am Feststellungsantrag bedürfte (BPatG GRUR 1980, 1070 – *Beschränkte Schutzrechtsverteidigung*). 25

Ein gegenüber dem Beschwerdegericht erklärter „Verzicht" ist wegen § 23 Abs. 3 Nr. 1 unwirksam, kann jedoch als Rücknahme des Widerspruchs zu interpretieren sein (BPatG GRUR 1988, 761 – *Rollengelagertes Krankenbett*), was zu einer entsprechenden (ggf. teilweisen) Löschung führt. 26

3.4 Bindung an Anträge des GebrM-Inhabers. Der **Verfügungsgrundsatz** gilt auch in Bezug auf die Verteidigung des GebrM (*Bühring/Schmid* § 15 Rn. 75). Diese Antragsbindung folgt aus der Verfügungsbefugnis über das GebrM. Nach der Rspr des BGH steht die beschränkte Verteidigung dem durch die Registerlage legitimierten Inhaber zu (vgl. → Rn. 4; zum Patentrecht BGH GRUR 2009, 42 – *Mulitplexsystem;* BPatG Beschluss vom 17.12.2009, Az. 35 W (pat) 24/08; aA wohl *Benkard/Goebel/Engel* GebrMG § 17 Rn. 1, wonach der sachlich Berechtigte verfügungsbefugt ist). Der Verzicht auf das GebrM soll nach der Rspr des BGH nur dem sachlich Berechtigten zustehen (BGH GRUR 2009, 42, 43 – *Mulitplexsystem*). 27

Das GebrM kann nach den gleichen Grundsätzen wie das Patent im Nichtigkeitsverfahren ggf. **hilfsweise** beschränkt verteidigt werden (vgl. *Bühring/Schmid* § 15 Rn. 76). Verteidigt der GebrM-Inhaber das GebrM nicht (mehr), sind DPMA und BPatG hieran gebunden; das GebrM ist zu löschen (*Bühring/Schmid* § 15 Rn. 76). Dies hat nach der Rspr des BPatG auch für den Fall zu gelten, in dem das GebrM in unzulässigem Umfang eingeschränkt und im Übrigen nicht verteidigt wird (zum Patentnichtigkeitsverfahren BPatG GRUR 2009, 145, 147 – *Fentanylpflaster*). 28

Die beschränkte Verteidigung ist jedoch nur im Rahmen des Löschungsangriffs möglich. Die Verteidigung des GebrM darf somit bei Teilangriffen wegen der Bindung an die Anträge des Antragstellers nicht über den Angriff gegen das GebrM hinausgehen (vgl. zum Patentnichtigkeitsverfahren BPatG Urt. v. 31.1.2013, Az. 10 Ni 11/11 (EP)). Dies gilt nicht, wenn der Antragsteller sich auf eine solche Verteidigung einlässt und hierin eine Erweiterung des Löschungsantrags liegt (vgl. *Bühring/Schmid* § 15 Rn. 80). 29

Der Verfügungsgrundsatz bedingt, dass das GebrM nur in einer Fassung (eingeschränkt) aufrechterhalten werden kann, mit welcher der GebrM-Inhaber nicht wenigstens hilfsweise einverstanden ist (BGH GRUR 2007, 862, 863 – *Informationsübermittlungsverfahren II; Bühring/Schmid* § 15 Rn. 77). Das Einverständnis muss nicht 30 ausdrücklich erklärt werden. Die Vorlage eines neuen Anspruchssatzes in Form eines oder mehrerer Hilfsanträge ist nicht erforderlich, aber zweckdienlich. In welchem Umfang ein Anspruchssatz verteidigt wird, ist ggf. durch Auslegung zu ermitteln: beispielsweise ob bestimmte Unter- oder Nebenansprüche eines Anspruchssatzes oder ein Anspruchssatz insgesamt verteidigt wird (vgl. BPatG Mitt. 2008, 516 – *Ionenaustauschverfahren; BGH GRUR 2007, 862, 864 – Informationsübermittlungsverfahren II; Bühring/Schmid* § 15 Rn. 77). Eine durch Haupt- und Hilfsanträge gestufte Verteidigung bindet die GebrM-Abteilung hinsichtlich der Reihenfolge der Anspruchsfassungen bzw. Anspruchssätze. Bei Zweifeln hat die GebrM-Abteilung auf eine Klarstellung der Anträge hinzuwirken (zum Patentrecht BGH GRUR 2010, 87, 88 – *Schwingungsdämpfer*). Der GebrM-Abteilung ist jedoch verwehrt, auf eine von ihr als schutzfähig beurteilte, konkrete Antragstellung hinzuwirken (zum Patentrecht BGH GRUR 2007, 309, 313 – *Schussfädentransport; Bühring/Schmid* § 15 Rn. 78).

31 **4. Verfahren nach Widerspruch.** Der rechtzeitige Widerspruch führt zu einem **prozessähnlichen, kontradiktorischen** Verfahren, das an das patentrechtliche Nichtigkeitsverfahren angelehnt ist und auf das grundsätzlich die Regeln der ZPO entsprechend anwendbar sind. Dennoch bleibt es ein behördliches Verfahren.

32 **4.1 Mitteilung des Widerspruchs.** Durch die nach § 17 Abs. 2 S. 1 (zwingend) vorgesehene **Mitteilung des Widerspruchs** wird dem Antragsteller ermöglicht, zu diesem Stellung zu nehmen.

33 **4.2 Aussetzung.** Eine **Aussetzung** des Verfahrens kommt analog §§ 148, 149 ZPO in Betracht (*Bühring/Schmid* § 16 Rn. 31; BPatG Beschluss vom 10.1.2012, Az. 35 W (pat) 450/09). Sie ist in der Regel nicht gerechtfertigt bei einer gegen ein paralleles Patent gerichteten Nichtigkeitsklage, da das Bestehen eines GebrM unabhängig von dem eines Patents ist (*Benkard/Goebel/Engel* GebrMG § 17 Rn. 9). Gleiches gilt, wenn ein weiterer Löschungsantrag gegen das GebrM anhängig ist (*Bühring/Schmid* § 16 Rn. 31). Ebenso kommt eine Aussetzung regelmäßig nicht bis zum Abschluss des Erteilungsverfahrens für eine frühere, aber nicht vorveröffentlichte, inhaltsgleiche Patentanmeldung in Betracht, um dadurch die Einführung des weiteren Löschungsgrundes der älteren geschützten Patentanmeldung in das anhängige Verfahren zu ermöglichen (vgl. BGH GRUR 1954, 317, 322); auch nicht bei Klage auf Abtretung des Eintragungsanspruchs (BPatGE 24, 54). Hingegen ist eine Aussetzung gerechtfertigt, wenn das entgegengehaltene ältere Recht seinerseits angegriffen ist (*Bühring/Schmid* § 16 Rn. 31). Eine Verbindung dieser Verfahren ist in der Regel wenig praktikabel. Der Aussetzungsbeschluss, der durch die GebrM-Abteilung oder deren Vorsitzenden ergeht, ist mit Gründen zu versehen (BPatG Beschluss vom 26.2.1996, Az. 5 W (pat) 24/95).

34 Ein **Ruhen des Verfahrens** kommt jedenfalls bei einem angegriffenen GebrM, das noch nicht durch Zeitablauf erloschen ist, wegen des Allgemeininteresses an der Löschung nicht rechtsbeständiger Gebrauchsmusterrechte nicht in Betracht (aA offenbar *Busse/Keukenschrijver* GebrMG § 17 Rn. 20).

35 Die Regeln über die **Unterbrechung** des Verfahrens gemäß §§ 239ff. ZPO, insbesondere § 249 ZPO, finden grundsätzlich entsprechende Anwendung. Das Insolvenzverfahren über das Vermögen des Antragstellers unterbricht das Verfahren nach § 240 ZPO analog (enger zum Patentrecht BPatG Beschluss vom 8.10.2013, Az. 6 W (pat) 39/08). Nach Mitteilung PräsDPMA Nr. 20/2008 geht das DPMA jedoch davon aus, die Regelungen des § 240 ZPO in Verfahren vor dem DPMA keine Anwendung finden soll.

36 **4.3 Vorbereitende Anordnungen.** Das Verfahren ist analog §§ 273 ZPO, 87 Abs. 2 PatG so vorzubereiten, dass es in möglichst einem Verhandlungstermin erledigt werden kann (*Benkard/Goebel/Engel* GebrMG § 17 Rn. 10).

37 Dabei kann das DPMA schon die **Vernehmung** von **Zeugen** und **Sachverständigen** anordnen, §§ 17 Abs. 2 S. 2 GebrMG, 284, 355ff., 402ff. ZPO analog – insbesondere, wenn die Beweisaufnahme in dem einen Termin zur mündlichen Verhandlung durchgeführt werden soll. Die Anordnung ergeht durch einen (nicht anfechtbaren) Beweisbeschluss. Die vorbereitenden Anordnungen umfassen in der Regel auch den Erlass eines (nicht bindenden) **Zwischenbescheids** zum Löschungsantrag, der jedenfalls dann von allen Mitgliedern des Spruchkörpers unterschrieben sein soll (jedoch nicht zwingend), wenn er eine sachliche Stellungnahme enthält (vgl. BGH Mitt. 2002, 150 – *Teleskopausleger*). In ihm sind diejenigen Aspekte angesprochen, auf die es nach Auffassung der GebrM-Abteilung bei der Entscheidung über den Löschungsantrag ankommt, insbesondere kann auf Fragen der Zulässigkeit, die Fassung der Anträge, Lücken oder Widersprüche im Vortrag der Parteien sowie Bedenken gegen ggf. neu eingereichte Schutzansprüche hingewiesen werden, § 139 ZPO analog; eventuell neu aufgefundenes Material wird hierbei ebenfalls genannt. Ferner ergeht – häufig in Verbindung mit dem Zwischenbescheid – eine **Ladung** zur mündlichen Verhandlung, §§ 216 ZPO, 89 PatG analog. Ladungsfrist: zwei Wochen; Anberaumung durch den Vorsitzenden. Terminsänderungen nur analog § 227 ZPO.

38 Weiterer Schriftwechsel zwischen den Parteien kann veranlasst werden. Die Äußerungsfristen richten sich nach § 18 DPMAV.

39 **4.4 Mündliche Verhandlung.** Über den Löschungsantrag (und den Feststellungsantrag) ist auf Grund mündlicher Verhandlung zu entscheiden, § 17 Abs. 3 S. 1. Dies gilt auch bei Streit über die Erledigung der Hauptsache (einseitige Erledigungserklärung). Entsprechend § 83 Abs. 2 PatG soll aber bei Zustimmung aller Beteiligten die mündliche Verhandlung entbehrlich sein (*Mes* GebrMG § 17 Rn. 13). Auch ein späterer Übergang in das schriftliche Verfahren ist möglich (vgl. BPatGE 24, 190, 191). Einer mündlichen Verhandlung bedarf es weder bei einer isolierten Kostenentscheidung nach Zurücknahme des Löschungsantrages noch nach übereinstimmender Erledigungserklärung (*Benkard/Goebel/Engel* GebrMG § 17 Rn. 12). Nach überwiegender Meinung soll die mündliche Verhandlung nicht öffentlich sein, was aus der Stellung des DPMA als Verwaltungsbehörde abgeleitet wird (*Benkard/Goebel/Engel* GebrMG § 17 Rn. 12; *Mes* GebrMG § 17 Rn. 13). Dieser Auffassung ist nicht zu folgen: Wegen des justizähnlich ausgebildeten Verfahrens ist eine analoge Anwendung des § 169 GVG geboten (ebenso *Busse/Keukenschrijver* GebrMG § 17 Rn. 23). Wenn die Löschung eines nicht schutzfähigen GebrM im öffentlichen Interesse liegen soll, muss die Allgemeinheit Zugang zur Verhandlung haben dürfen. Der Grundsatz der Öffentlichkeit gehört zu den Prinzipien eines demokratischen Rechtswesens.

40 Der **Verfahrensgang** richtet sich nach den allgemeinen Vorschriften. Der Vorsitzende eröffnet und leitet die Verhandlung (§§ 136 Abs. 1 ZPO analog, 90 PatG). Die Sache wird aufgerufen. Die Präsenz der Beteiligten wird festgestellt. Die Parteien haben die Anträge zu stellen. Sie erhalten Gelegenheit zum Vortrag und die Sache wird mit ihnen erörtert, §§ 136, 137 ZPO analog, 90 Abs. 3, 91 PatG. Die mündliche Verhandlung wird durch den Vorsitzenden geschlossen, §§ 136 Abs. 4 ZPO analog, 91 Abs. 3 PatG. Zur (kostenfreien) Sitzungsniederschrift, vgl. § 92 PatG iVm §§ 160–165 ZPO analog (vgl. hierzu *Mes* PatG § 92 Rn. 1–3). Der Untersuchungsgrundsatz (vgl. → Rn. 44) steht einer Nichtberücksichtigung von **verspätetem Vorbringen** entgegen (vgl. BPatG GRUR 1981, 651; BPatG Beschluss vom 28.4.2015, Az. 35 W (pat) 404/13). § 296 ZPO ist anwendbar, soweit dies nicht in Widerspruch zum Untersuchungsgrundsatz steht. Verfahrensbestimmende Anträge können nicht als verspätet zurückgewiesen werden, weil sie nicht unter § 296 ZPO fallen (BGH GRUR 2007, 578, 580 – *rückspülbare Filterkerze; Bühring/Schmid* § 16 Rn. 9). Ein verspätetes Vorbringen kann in der Regel (vgl. aber → § 16 Rn. 20) auch nicht mit einem Kostennachteil verbunden werden. Die Vorlage neuer Druckschriften in der

mündlichen Verhandlung gibt insbesondere keinen Anspruch auf Vertagung (vgl. *Bühring/Schmid* § 16 Rn. 21; → Rn. 24).

41 **4.5 Beweisaufnahme.** Eine **Beweisaufnahme** ist in dem durch die ZPO-Vorschriften vorgegebenen Rahmen möglich; die in § 17 Abs. 2 S. 2 genannten Beweismittel sind nur exemplarisch. Die GebrM-Abteilung ist an das Vorbringen und die Beweisanträge der Beteiligten nicht gebunden. Die Beweisaufnahme wird in der Regel mit der mündlichen Verhandlung verbunden werden, kann aber auch schon vorab oder in einem besonderen Termin erfolgen. Bei präsenten Beweismitteln, insbesondere Zeugen, können diese im Termin zur mündlichen Verhandlung aufgenommen werden; auch in diesem Fall ist ein (zu protokollierender) Beweisbeschluss zu formulieren (dies gebieten schon kostenrechtliche Erwägungen, zB Abgrenzung einer Inaugenscheinnahme von einer bloßen „Betrachtung"). Die Beweisaufnahme ist unter Zuziehung eines Protokollführers im Protokoll festzuhalten, § 17 Abs. 2 S. 4. Ob von der Hinzuziehung eines Protokollführers ausnahmsweise abgesehen wird und die Niederschrift durch ein Mitglied der GebrM-Abteilung erfolgen kann, ist streitig (bejahend: *Busse/Keukenschrijver* GebrMG § 17 Rn. 21; aA *Benkard/Goebel/Engel* GebrMG § 17 Rn. 11; *Bühring/Schmid* § 17 Rn. 41). Eine Beeidigung von Zeugen und Sachverständigen ist entsprechend den zivilprozessualen Vorschriften möglich, vgl. auch § 46 Abs. 1 PatG; *Benkard/Goebel/Engel* GebrMG § 17 Rn. 11). Das Protokoll über die Vernehmung ist dem Zeugen nach seiner Aussage vorzulesen (oder zur Durchsicht vorzulegen) und von diesem zu genehmigen, was ebenfalls im Protokoll zu vermerken ist. Die Beweisaufnahme folgt insgesamt den §§ 355ff. ZPO analog. Die Ablehnung eines Sachverständigen wegen Befangenheit kann nicht allein auf Lücken oder Unzulänglichkeiten im schriftlichen Gutachten gestützt werden (vgl. zum Patentrecht BGH GRUR 2012, 92 – *Sachverständigenablehnung IV*).

42 **4.6 Beteiligte.** Dies sind der Antragsteller sowie der GebrM-Inhaber. Dritte können entweder dem Antragsteller oder GebrM-Inhaber als Streitgehilfen beitreten, wenn sie ein rechtliches Interesse an dem Ausgang des Verfahrens bei einer Partei haben. Dies kann beispielsweise vorliegen, wenn der Dritte (ggf. aus einem parallelen Schutzrecht) abgemahnt wurde (BGH GRUR 2006, 438, 439 – *Carvedilol I*). Einzelheiten: → § 15 Rn. 13ff.

5. Sachprüfung

43 **5.1 Verfahrensrechtliche Aspekte.** Eine Sachprüfung erfolgt nur, soweit das GebrM nicht schon wegen Nichtwiderspruchs zu löschen ist. Die GebrM-Abteilung ist an den geltend gemachten Löschungsgrund gebunden (Einzelheiten: → § 15 Rn. 38ff.; → § 16 Rn. 10ff.; → § 16 Rn. 16ff.). Der sachliche Umfang der Überprüfung wird durch den geltend gemachten Löschungsgrund und die Reichweite des Löschungsantrags bestimmt. Im Verhältnis der Parteien darf der Gegenstand nicht schon bindend entschieden sein.

44 Es gilt der **Amtsermittlungs- bzw. Untersuchungsgrundsatz** (*Benkard/Goebel/Engel* GebrMG § 15 Rn. 24; *Mes* GebrMG § 16 Rn. 26). Dies allerdings nur im Rahmen der Anträge der Beteiligten; insoweit gilt der **Verfügungsgrundsatz** (BPatG Mitt. 1996, 395, 396 – *Helikoptermodell*). Der Untersuchungsgrundsatz ermöglicht es innerhalb des geltend gemachten Antrags und Löschungsgrunds auch, auf Sachverhalte zu rekurrieren, die zwar vom Antragsteller nicht geltend gemacht sind, aber unter den jeweiligen Löschungsgrund fallen; dies ist jedoch in der Praxis die Ausnahme auch im Hinblick auf § 16 S. 2. Ungeachtet dessen erlaubt der Grundsatz nicht, Vortrag der Parteien unberücksichtigt zu lassen, auch wenn dieser möglicherweise gewisse Widersprüche enthält, erforderlichenfalls ist der Sachverhalt aufzuklären (BGH GRUR 1997, 360, 362 – *Profilkrümmer,* zum Beschwerdeverfahren). Da der Antrag den Umfang der Prüfung und Sachentscheidung bestimmt, ist die GebrM-Abteilung nicht befugt, ihre Untersuchungen auf andere als den geltend ge-

machten Löschungsgrund auszudehnen. Die Parteien, insbesondere den Antragsteller, trifft eine Mitwirkungspflicht. Das DPMA ist zwar nicht an das Vorbringen der Parteien gebunden, unstreitige Tatsachen bedürfen jedoch keiner Beweiserhebung. Tatsachen, die nicht ausdrücklich oder konkludent bestritten werden, können als zugestanden angesehen werden, § 138 Abs. 3 ZPO analog (aA *Bühring/Schmid* GebrMG § 16 Rn. 9). Bei Löschungsgrund der **widerrechtlichen Entnahme** (§ 15 Abs. 1 Nr. 2) werden keine Ermittlungen durch das DPMA bzw. das BPatG angestellt (zum Patentecht BPatG GRUR 2010, 521, 523 – *Prüfungskompetenz bei widerrechtlicher Entnahme*). Zur Frage des verspäteten Vorbringens: vgl. → Rn. 40).

Eine **formelle Beweislast** (Beweisführungslast) besteht wegen des Untersuchungsgrundsatzes nicht (*Bühring/Schmid* GebrMG § 15 Rn. 89). Die **materielle Beweislast** für das Fehlen der Schutzvoraussetzungen sowie für eine widerrechtliche Entnahme bleibt hiervon unberührt und trifft den Antragsteller (*Benkard/Goebel/Engel* GebrMG § 15 Rn. 25; *Mes* GebrMG § 16 Rn. 40). Ungeachtet dessen stellt sich diese Frage, wenn dem DPMA/BPatG entscheidungserhebliche Umstände im Tatsachenbereich bekannt werden, die nicht eindeutig feststellbar sind; spekulative Momente lassen sich damit nicht klären (BGH Mitt. 1999, 372, 374 – *Flächenschleifmaschine*). Auch für das GebrM gilt, dass auf Grund seiner Eintragung und auf Grund des in §§ 11, 13 GebrMG zum Ausdruck kommenden Regel-Ausnahme-Verhältnisses dessen Schutzfähigkeit zu vermuten ist (eingehend → § 11 Rn. 77). **45**

Das **Eintragungsverfahren** wird im Löschungsverfahren nicht nachgeprüft. Das Vorliegen einer wirksamen Eintragung ist jedoch inzident zu prüfen. **46**

5.2 Gegenstand der Prüfung. Gegenstand des Löschungsverfahrens ist die Frage des Bestandes des GebrM; Beurteilungsgrundlage ist sein Gegenstand, § 15 Abs. 1 (BGH GRUR 1997, 454, 457 – *Kabeldurchführung*). Hieraus ergibt sich eine Interdependenz zum **Gegenstand der Sachprüfung.** Dieser ist grundsätzlich das Gebrauchsmuster mit den Unterlagen, die der Eintragungsverfügung zu Grunde liegen (BGH Mitt. 1998, 98, 101 – *Scherbeneis;* BPatGE 11, 96, 100; BPatGE 19, 161, 162; BPatGE 25, 85, 86; BPatG Mitt 1996, 211, 212 – *Plattenaufnahmeteil*), und zwar in ihrer Gesamtheit; er braucht mit dem Gegenstand des Antrags nicht identisch zu sein. Hieran ändert sich nichts, wenn der GebrM-Inhaber nachträglich neu formulierte Schutzansprüche zur GebrM-Akte mit der Erklärung einreicht, weder für die Vergangenheit noch für die Zukunft über diese neuen Ansprüche hinausgehende Rechte aus dem GebrM geltend machen zu wollen (BGH Mitt. 1998, 98, 101 – *Scherbeneis*), was als bindender vorweggenommener Verzicht auf Widerspruch mit der Folge der Löschung des GebrM ohne weitere Sachprüfung anzusehen ist, soweit die eingetragenen über die nachgereichten Schutzansprüche hinausgehen. Einzelheiten → Rn. 13ff. Mithin wird der Gegenstand der Sachprüfung auch nicht geändert, wenn für den Gegenstand der Anmeldung erweiternde Unterlagen eingereicht wurden (vgl. BGH GRUR 1968, 86, 88 – *Ladegerät I;* BGH GRUR 1968, 360, 363 – *Umluftsichter;* BPatGE 20, 133, 134, 135) oder nachgereicht (BPatGE 19, 161, 163; vgl. BPatG GRUR 1982, 364, 367 – *Kofferraumstrebe;* diese ältere Praxis mit teilweise anderer Begründung) worden sind. Bei der Sachprüfung haben derartige unzulässige Änderungen außer Betracht zu bleiben (BPatG Beschluss vom 10.12.2003, Az. 5 W (pat) 431/03; vgl. → § 13 Rn. 20 mwN). **47**

Die Nichtberücksichtigung nachgereichter Unterlagen folgt insgesamt daraus, dass die der Eintragung zu Grunde liegenden Unterlagen den Gegenstand der Sachprüfung festlegen (BGH Mitt. 1998, 98, 101 – *Scherbeneis*), soweit nicht bereits eine Teillöschung oder Teilverzicht erfolgt ist. Beim Löschungsgrund der unzulässigen Erweiterung ist ungeachtet des Vorstehenden der Gegenstand des GebrM nach den der Eintragungsverfügung zu Grunde liegenden Unterlagen mit denen der ursprünglichen Anmeldung zu vergleichen (*Benkard/Goebel/Engel* GebrMG § 15 Rn. 19). **48**

49 Unterlagen, die nicht Bestandteil der Eintragung geworden sind, haben deshalb bei der Sachprüfung außer Betracht zu bleiben. Infolgedessen können insbesondere **nach** Eintragung des GebrM **eingereichte Unterlagen** den Gegenstand des GebrM und damit der Sachprüfung nicht mehr verändern (BGH Mitt. 1998, 98, 101 – *Scherbeneis; Benkard/Goebel/Engel* GebrMG § 15 Rn. 19). Eine selbständige Löschung dieser nachgereichten Schutzansprüche scheidet aus (BPatGE 11, 96, 101; BPatGE 19, 161, 162; BPatGE 22, 126, 127; BPatGE 25, 85, 86; BPatGE 26, 196, 197; ebenso für solche Unterlagen, die zwar eingereicht waren, der GebrM-Stelle bei Erlass der Eintragungsverfügung aber noch nicht vorgelegen haben: BPatG GRUR 1966, 208). Zur damit verbundenen Bedeutung der „eingeschränkten Verteidigung" vgl. → Rn. 13ff. Nach der Rechtsprechung des BPatG kann ein Feststellungs- oder Löschungsantrag, der gegen nachgereichte Schutzansprüche gerichtet wurde, ggf. in einen gegen die eingetragene Fassung des GebrM gerichteten Löschungsanspruch umgedeutet werden (BPatG Beschluss vom 2.10.2007, Az. 5 W (pat) 434/06).

50 Ist das GebrM in einem früheren Löschungsverfahren zwischen anderen Beteiligten geändert, insbesondere teilweise gelöscht worden, ist die geänderte Fassung des GebrM zu Grunde zu legen. Die neuen Schutzansprüche treten an die Stelle der alten, § 15 Abs. 3 S. 2. Dies gilt auch im Fall eines vorangegangenen Feststellungsverfahrens.

51 Ist damit der Gegenstand der Sachprüfung als Prüfungsstoff insgesamt umrissen, so findet die Prüfung des **Gegenstands des GebrM** „innerhalb" dieses festgelegten Rahmens statt. Gegenstand ist die in den **Schutzansprüchen** umschriebene technische Lehre (BGH GRUR 1997, 360, 362 – *Profilkrümmer;* BGH GRUR 1997, 454, 457 – *Kabeldurchführung;* BGH Mitt. 1998, 98, 101 – *Scherbeneis;* BPatG Mitt. 1999, 271, 272, 273 – *Bindungswirkung der Schutzansprüche im Löschungsverfahren;* vgl. Einzelheiten → § 12a Rn. 72ff.). Geprüft werden GebrM-Fähigkeit sowie Schutzfähigkeit, nicht jedoch der Schutzumfang (BGH GRUR 1997, 454, 457 – *Kabeldurchführung;* BPatG GRUR 1988, 530, 532, 533 – *Schalung für Betonbehälterwände*).

6. Sachentscheidung

52 **6.1 Allgemeines.** Nach **Schluss der mündlichen Verhandlung** berät die GebrM-Abteilung über die Sache. Die Entscheidung erfolgt durch zu verkündenden **Beschluss**, § 17 Abs. 3 S. 2, und zwar entweder im Termin, in dem die mündliche Verhandlung geschlossen wurde, oder in einem sofort anzuberaumenden Termin. Die Verkündung des (schriftlich abgefassten) Beschlusses erfolgt durch Verlesung. Der Beschluss ist den Beteiligten von Amts wegen **zuzustellen,** § 17 Abs. 3 S. 3 (→ § 21 Rn. 31ff.). Die **Verkündung** kann bei **amtswegiger Zustellung** unterbleiben, § 17 Abs. 3 S. 5 aF/§ 17 Abs. 3 S. 6 nF; der „an Verkündungs Statt" zuzustellende Beschluss kann nur von den Mitgliedern der GebrM-Abteilung erlassen werden, die an der mündlichen Verhandlung mitgewirkt haben (BPatGE 24, 190); bei Verhinderung eines Mitglieds am Erlass der Entscheidung ist mit Zustimmung der Beteiligten ins schriftliche Verfahren überzugehen oder die Verhandlung wieder zu eröffnen (BPatGE 24, 190). Die Entscheidung wird mit der letzten Zustellung wirksam (BGH GRUR 1962, 384, 385 – *Wiedereinsetzung*). Schlussformel und Verkündung sind zu protokollieren, § 160 Abs. 2 ZPO analog. Ist der Beschluss einmal verkündet, darf er selbst bei Vorliegen der Zustimmung der Beteiligten und bei Wiedereintritt in die mündliche Verhandlung nicht mehr geändert werden (BPatG Mitt. 1994, 39). Änderungen der Entscheidung sind bis zur Ende der Verkündung möglich (in diesem Fall Unterbrechung der Verkündung und anschließende Neuverkündung). Nach Verkündung der Entscheidung eintretende Umstände berühren die Wirksamkeit des Beschlusses nicht. Dies gilt nicht, wenn der Löschungsantrag vor Bestandskraft der Entscheidung zurückgenommen wird (*Bühring/Schmid* § 17 Rn. 43).

53 Die in **Beschlussform** ergehende Entscheidung ist zu **begründen,** § 17 Abs. 3 S. 3.

54 Nach der **bis 1.10.2016 geltenden Rechtslage** ist der Beschluss auszufertigen, § 17 Abs. 3 S. 3 aF; dies bedingt eine **Unterschrift** der an der Beschlussfassung mitwirkenden Mitglieder der GebrM-Abteilung (BPatGE 24, 125, 126). Zu den bis 1.10.2016 geltenden Anforderungen an die „Unterschrift" bei elektronischen Dokumenten vgl. lediglich beispielhaft BPatG Beschluss vom 25.8.2014, Az. 35 W (pat) 418/12. Zu den Anforderungen an Beschlüsse bei elektronischer Aktenführung vgl. BPatG Beschluss vom 25.8.2014, Az. 35 W (pat) 413/12) Bei Verhinderung der Unterschrift gilt § 315 Abs. 1 S. 2 ZPO analog. Hiernach ist auch zu verfahren, wenn der Beschluss ohne mündliche Verhandlung gefasst wurde (vgl. BGH GRUR 1994, 274 – *Spinnmaschine*). Bis zur Unterschriftsleistung liegt nur ein Beschlussentwurf vor.

55 Nach der **mit Wirkung zum 1.10.2016 geltenden Rechtslage** stellt das DPMA den Beteiligten Beschlüsse grundsätzlich (nur) in (einfacher) **Abschrift** zu. § 17 Abs. 3 S. 3 nF. Zudem wird in § 17 Abs. 3 S. 3 klargestellt, dass eine **Beglaubigung** der durch das DPMA zuzustellenden Abschriften nicht erforderlich ist. Dies wird mit der Erwägung begründet, dass das Beglaubigungserfordernis im Unterscheid zur zivilprozessualen Praxis nicht zur Praxis beim DPMA passe und zusätzlichen Verwaltungsaufwand nach sich ziehen würde (Gesetzesbegründung, BT Drucksache 18/7195, Seiten 22, 32, 33, 28). § 17 Abs. 3 S. 4 nF bestimmt, dass **Ausfertigungen** der Beschlüsse nicht mehr von Amts wegen, sondern nur noch auf Antrag erteilt werden. Ausfertigungen werden daher nicht mehr generell an die Beteiligten übersandt. Die Beteiligten können/müssen selbst entscheiden, ob sie eine Ausfertigung des Beschlusses wünschen (vgl. → Rn. 2; Begründung des Gesetzes zur Änderung des Designgesetzes und weiterer Vorschriften des gewerblichen Rechtsschutzes, BT Drucksache 18/7195, Seiten 22, 32, 33, 28). Ob diese Regelung die beabsichtigten Effizienzgewinne und vermeintlichen Vorteile für die Beteiligten tatsächlich erreicht, bleibt abzuwarten. Ausfertigungen werden gemäß § 17 Abs. 3 S. 4 nF ausschließlich in Papierform erteilt.

56 Die Entscheidung der GebrM-Abteilung ist zu **begründen.** An den Anfang des Beschlusses gehört die von der Begründung äußerlich getrennte **Beschlussformel (Tenor).** Die Begründung selbst soll sich auf alle für die Entscheidung maßgeblichen Streitpunkte erstrecken und alle tatsächlichen und rechtlichen Überlegungen, die zu der getroffenen Entscheidung geführt haben, näher darlegen. Keine Begründung ist eine bloße lapidare Feststellung oder eine nicht nachprüfbare Behauptung; die in der Begründung enthaltenen Behauptungen müssen nachprüfbar sein (vgl. BPatG GRUR 1990, 111 – *Transportsicherung*). Ein Beschluss ist auch dann nicht ausreichend begründet, wenn er wesentliches Vorbringen, das bis zur Herausgabe der Ausfertigung des Beschlusses an die Poststelle eingeht, nicht berücksichtigt (BGH GRUR 1982, 406 – *Treibladung*). Der Beschluss hat ferner eine Entscheidung über die Kosten, § 17 Abs. 4, und eine Rechtsmittelbelehrung zu enthalten, § 17 Abs. 3 S. 4 aF/§ 17 Abs. 3 S. 5 nF, § 47 Abs. 2 PatG. Form und Inhalt des Beschlusses richten sich im Übrigen nach § 47 PatG. Berichtigungen und Ergänzungen von Beschlüssen können trotz Bindungswirkung entsprechend §§ 95, 96 sowie §§ 319–321 ZPO erfolgen. Fristen: zwei Wochen analog § 96 PatG, § 321 ZPO.

57 Aus dem Zweck des Löschungsverfahrens folgt, dass ein **Prozessvergleich** über Bestand und Umfang des GebrM nicht zulässig ist (ebenso *Bühring/Schmid* § 17 Rn. 46). Unbenommen bleibt den Parteien, sich über die Ausübung bestimmter Prozessbefugnisse oder bestimmter Prozesserklärungen zu einigen, zB das Verfahren zu beenden. Diese Erklärungen sind ins Protokoll aufzunehmen. Vor dem BPatG abgeschlossene und protokollierte Vergleiche sind gerichtliche Vergleiche im Sinne von § 794 Abs. 1 Nr. 1 ZPO und damit grundsätzlich für die Zwangsvollstreckung geeignete Titel. Dies gilt auch für solche im Gesamtvergleich geregelte Gegenstände, die normalerweise nicht in die Zuständigkeit des BPatG fallen (BPatG GRUR 1996, 402 – *Vergleich*). Soll ein Vergleich schriftlich abgeschlossen werden, so ist er nicht geschlossen, solange er nicht schriftlich bestätigt wurde (BGH Mitt. 2010, 81 – *Sektionaltor*).

58 **Inhaltlich** kann der Beschluss auf Löschung oder Feststellung der Unwirksamkeit, Zurückweisung des Löschungsantrags oder teilweise Löschung oder Feststellung der Unwirksamkeit mit Zurückweisung des Antrags im Übrigen lauten. Die Veröffentlichung einer neuen GebrM-Schrift erfolgt nicht.

59 **6.2 Löschung, Feststellung der Unwirksamkeit. Löschung** erfolgt bei zulässigem, begründetem sowie auf vollständige Löschung gerichteten **Löschungsantrag.** Dies setzt voraus, dass mindestens ein vom Antragsteller herangezogener Löschungsgrund (insgesamt) bei noch laufender Schutzdauer des GebrM gegeben ist. Entsprechendes gilt für den **Feststellungsantrag** bei erloschenem GebrM. Eine Entscheidung ergeht immer nur über den Antrag des Antragstellers, nicht über denjenigen des GebrM-Inhabers. Dasselbe gilt für Hilfsanträge des GebrM-Inhabers. Diese führen lediglich dazu, im Falle einer antragsgemäßen Löschung darüber zu befinden, ob das GebrM auf der Grundlage der hilfsweisen Verteidigung aufrechterhalten werden kann. Hierüber ist ohnehin von Amts wegen zu befinden; häufig finden sich hierzu eher pauschale Hinweise in den Entscheidungsgründen. Bei Hilfsanträgèn ist das DPMA/BPatG zu einer Auseinandersetzung mit dem Gegenstand des GebrM in dieser Fassung gezwungen, da andernfalls ein Verstoß gegen die Begründungspflicht gegeben ist. Der Antragsteller braucht auf Hilfsanträge nicht mit Gegenanträgen zu reagieren, da sein Löschungsantrag jede zulässig eingeschränkte Fassung umfasst.

60 Eine **Teil-Löschung** ist auszusprechen, wenn das GebrM nur beschränkt angegriffen ist (BPatG GRUR 1986, 609, 610 – *Raclette-Gerät; Mes* GebrMG § 15 Rn. 17) und wenn der Angriff nur teilweise begründet ist. Dies kann nur in Form einer Änderung der Schutzansprüche vorgenommen werden (→ Rn. 69). Eine Änderung der Beschreibung ist nicht zulässig (*Benkard/Goebel/Engel* § 17 Rn. 5h). Entsprechendes gilt für die Feststellung der Unwirksamkeit. Der weitergehende Löschungs-/Feststellungsantrag wird zurückgewiesen. Die Änderung der Ansprüche erfolgt von Amts wegen; die Zustimmung des GebrM-Inhabers ist nicht erforderlich; seine erklärte Nichtzustimmung zu einem beschränkten Löschungsantrag berechtigt nicht zur vollständigen Löschung. Bei **unzulässigen Erweiterungen** wird regelmäßig eine Teillöschung in Betracht kommen. Formen einer Teillöschung können zum Beispiel sein:

61 – die Aufnahme eines **Disclaimers:** Dieser kommt insbesondere dann in Betracht, wenn der Gegenstand des GebrM ein bei dessen Anmeldung nicht offenbartes, an sich beschränkendes Merkmal aufweist, dessen nachträgliche Streichung zu einer Erweiterung führen würde, folglich kann das GebrM mit der in den Anspruch aufzunehmenden Erklärung, dass das Merkmal eine unzulässige Änderung darstelle, aus der keine Rechte hergeleitet werden können, Bestand haben (BPatG GRUR 1991, 834, 836, 837 – *Gestellmagazin;* vgl. *Benkard/Goebel/Engel* GebrMG § 15 Rn. 28; gegen die Aufnahme eines Disclaimers: BGH GRUR 2013, 1135, 1136 – *Tintenstrahldrucker;* zum Patentrecht BGH GRUR 2011, 40, 42 – *Winkelmesseinrichtung;* BPatG GRUR 2016, 583 – *Kosmetische Zubereitung:* ein solcher Disclaimer ist nicht erforderlich, wenn Sorge dafür getragen wird, dass aus der Änderungen keine Rechte hergeleitet werden, → § 15 Rn. 67);

62 – die **Aufnahme weiterer** ursprünglich offenbarter **Merkmale** aus Schutzansprüchen oder Beschreibung in den Hauptanspruch unter der Voraussetzung, dass keine unzulässige Erweiterung vorliegt (BPatGE 22, 114; BPatG Mitt. 2001, 361, 362 – *Innerer Hohlraum;* BGH GRUR 2005, 316, 318 – *Fußbodenbelag*);

63 – die **Aufnahme** von einzelnen oder sämtlichen Merkmalen eines **Ausführungsbeispiels,** wenn dies den Anmeldeunterlagen als mögliche Gestaltung der Erfindung zu entnehmen ist (zum Patentrecht BGH GRUR 2002, 49 – *Drehmomentübertragungseinrichtung;* BPatG Beschluss vom 21.4.2015, Az. 10 W (pat) 88/14 = BeckRS 2015, 13902);

64 – die **Zusammenfassung** von **Schutzansprüchen** bzw. Streichung von Unteransprüchen (RPA MuW. 38, 138);

– die Zusammenfassung von Merkmalen zu einer **Kombination** (RPA MuW. 39, 205; BPatGE 4, 111, 115; zum Patentrecht BGH GRUR 2015, 249 – *Offenbarungsgehalt einer Patentanmeldung – Schleifprodukt*); 65
– die **Streichung** alternativer Ausführungsformen (RG GRUR 1932, 72 – *Befestigungslappen*); 66
– die **Streichung** von Angaben wie „insbesondere", „vorzugsweise" oder dergleichen, unter der Voraussetzung, dass keine unzulässige Erweiterung vorliegt. 67
– die **Wechsel von Vorrichtungs- zu Verwendungsanspruch** (bejaht zum Patentrecht durch BGH Mitt. 2012, 119, 120 – *Notablaufvorrichtung;* BGH GRUR 2016, 361, 363 – *Fugenband;* geht man davon aus, dass auch Verwendungsgebrauchsmuster schutzfähig sind (→ § 2 Rn. 75ff.), findet die vorgenannte Rspr auch auf GebrM Anwendung). 68

Eine **Teillöschung** durch Änderung der Beschreibung oder der Zeichnungen ist nicht möglich (vgl. Begr. GebrMGÄndG 1986, BlPMZ 1986, 320, 327; kritisch *Benkard/Goebel/Engel* GebrMG § 15 Rn. 29). Auch im Übrigen erfolgt eine Änderung der Beschreibung bei der Teillöschung nicht (*Bühring/Schmid* § 15 Rn. 91). Für den Schutzbereich des GebrM ist die Neufassung der Ansprüche maßgebend (→ § 12a Rn. 187; zum Patentrecht BGH GRUR 2007, 778, 779 – *Ziehmaschinenzugeinheit*). Bei der Teillöschung treten die Entscheidungsgründe ggf. neben die Beschreibung oder an deren Stelle. Eingehend hierzu: → § 12a Rn. 188ff. 69

Die **Wirksamkeit** der Löschung/Teillöschung mit rückwirkender Kraft tritt mit Bestandskraft des Löschungsbeschlusses (vgl. BGH GRUR 1997, 625, 626, 627 – *Einkaufswagen I*) bzw. mit Rechtskraft der Beschwerdeentscheidung des BPatG ein (*Bühring/Schmid* § 15 Rn. 93; aA BPatGE 43, 1, 5: Wirkung gegenüber der Allgemeinheit erst mit Eintragung ins Register). Die Löschung/Teillöschung wird im Register vermerkt. 70

6.2.1 Wirkung. Die Löschung/Teillöschung hat absolute, allgemein verbindliche **Wirkung** und beseitigt das GebrM vollständig oder teilweise **gegenüber jedermann.** Dasselbe gilt für die Feststellung der Unwirksamkeit sowie für das **Verletzungsverfahren** (BGH GRUR 1967, 351, 352 – *Korrosionsschutzbinde;* BGH GRUR 1968, 86, 91 – *Ladegerät I;* BGH GRUR 1997, 454; 457 – *Kabeldurchführung*). Die Löschung oder Teillöschung **wirkt** auf den Zeitpunkt der Eintragung **zurück** und beseitigt damit das Schutzrecht vollständig oder teilweise von Anfang an (ex tunc), als ob es nie bestanden hätte (BGH GRUR 1963, 519, 521 – *Klebemax;* BGH GRUR 1997, 213, 214 – *Trennwand*). Hieran ändert sich nichts, wenn die Löschung wegen Nichtwiderspruchs und damit möglicherweise entgegen der materiellen Rechtslage erfolgt; eine Überprüfung in einem (anderen) Verfahren ist deshalb nicht möglich (vgl. BGH GRUR 1963, 519, 521 – *Klebemax;* BGH GRUR 1967, 351, 352 – *Korrosionsschutzbinde;* BPatGE 11, 106, 108; → Rn. 7). Ein rückwirkend gelöschtes GebrM kann damit von Anfang an kein identisches älteres Schutzrecht darstellen (BGH GRUR 1963, 519, 520 – *Klebemax*). Bei fehlenden Schutzvoraussetzungen kommt der Löschung nur **deklaratorische** Bedeutung zu. **Konstitutive** Wirkung hat sie, soweit die Schutzvoraussetzungen bestanden oder nur dem Verletzten gegenüber nicht (vgl. → § 13 Rn. 37 und → § 23 Rn. 19ff.) bestanden; dann hat die Löschung rechtsvernichtende Wirkung. Sie entzieht Ansprüchen aus dem GebrM die Grundlage; die Verletzungsklage ist unbegründet. Es liegt kein Fall der Erledigung der Hauptsache vor (BGH GRUR 1963, 494 – *Rückstrahlerdreieck*). Bei einer Teillöschung sind im Verletzungsstreit die neu gefassten Schutzansprüche zu Grunde zu legen (BGH GRUR 1962, 299, 305 – *formstrip;* BGH GRUR 1977, 250, 251 – *Kunststoffhohlprofil I;* → Rn. 69). Die Löschung ist vom Revisionsgericht zu beachten. 71

6.2.2 Auswirkung auf Verurteilung im Verletzungsverfahren. Bei einer Verurteilung auf Grund des Gebrauchsmusters eröffnet die Löschung unter Umständen die **Vollstreckungsgegenklage** nach § 767 ZPO analog (RG GRUR 1938, 43, 72

45 – *Maßbecher*) bzw. die **Restitutionsklage** nach § 580 ZPO analog (BPatG GRUR 1980, 852; 1993, 732; zum Sortenschutz BGH GRUR 2010, 996 – *Bordako;* zum Patenterecht BGH GRUR 2012, 753 – *Tintenpatrone III*). Bei Leistungen, die auf Grund eines Urteils erbracht wurden, kommen **Bereicherungsansprüche** nach §§ 812ff. BGB in Betracht (*Benkard/Goebel/Engel* § 15 Rn. 32); ebenso die prozessualen **Schadenersatzansprüche** nach §§ 717, 945 ZPO (vgl. BGH GRUR 1979, 869 – *Oberarmschwimmringe;* BPatG GRUR 1981, 124, 125 – *Feststellungsinteresse*). Weitere Schadenersatzansprüche bestehen nicht, insbesondere nicht auf Ersatz der Kosten des Verletzungsurteils oder des auf Grund der Beachtung des Urteils entstandenen Schadens (*Bühring/Schmid* § 15 Rn. 104, 106 unter Hinweis auf BGH GRUR Mitt. 2006, 71, 73 – *Vergleichsempfehlung II* (zum Patentrecht). **Lizenzverträge** werden bei Löschung kündbar. Bereits gezahlte Lizenzgebühren sind jedoch nicht rückforderbar. Es gelten dieselben Grundsätze wie zum Patentrecht. Bei **Teillöschung** gelten diese Grundsätze entsprechend eingeschränkt; verallgemeinerungsfähige Rechtsfolgen lassen sich insoweit nicht ziehen. Maßgebend sind die Einzelfallumstände. **Gerichtliche Vergleiche** bleiben in der Regel verbindlich, da bei ihrem Abschluss kaum von einer Schutzfähigkeit des zu Grunde gelegten GebrM ausgegangen werden kann (ebenso *Bühring/Schmid* § 15 Rn. 107). Weitergehende Wirkungen kommen der Löschung und dem Löschungsverfahren nicht zu.

73 **6.3 Zurückweisung des Antrags.** Der Antrag ist zurückzuweisen, wenn er **unzulässig** oder **unbegründet** ist. Auch bei der Zurückweisung des Antrags als unzulässig handelt es sich um eine **Sachentscheidung** (BGH BlPMZ 1985, 339 – *Besetzungsrüge*); insoweit verbraucht sie den geltend gemachten Löschungsgrund anders als die Zurückweisung wegen Unbegründetheit für den Antragsteller nicht (BGH GRUR 1962, 299, 304 – *formstrip*). Die Zurückweisung als unzulässig oder unbegründet **wirkt nur** zwischen den Verfahrensbeteiligten, **nicht gegenüber Dritten** (OLG Düsseldorf GRUR 1995, 487, 488 – *Gummifüße*). Die **Rechtskraft** der Zurückweisung wegen Unbegründetheit des Antrags erfasst den gesamten Löschungsgrund, dh eine neue Klage kann nur auf einen neuen gestützt werden, selbst wenn hinsichtlich des bisherigen Löschungsantrages neues Material aufgefunden worden sein sollte. Auch eine erneute (ergänzende) Geltendmachung neben einem neuen Löschungsgrund ist unzulässig. Soweit der Löschungsgrund reicht, stellt der Zurückweisungsbeschluss die Schutzfähigkeit des GebrM im Verhältnis zwischen den Verfahrensbeteiligten fest. Sind die Schutzansprüche zu weit, ist das GebrM aber in eingeschränktem Umfang schutzfähig, kommt nur eine **teilweise Löschung** in Betracht; soweit Schutzfähigkeit vorliegt, muss der Löschungsantrag grundsätzlich abgewiesen werden (BGH GRUR 1968, 86, 89 – *Ladegerät I*). Die Rechtsbeständigkeit des GebrM wird im Umfang des aufrecht erhaltenen Teils zwischen den Beteiligten festgestellt. Im Umfang der Abweisung des Antrags tritt zwischen den Parteien des Löschungsverfahrens die Bindungswirkung nach § 19 S. 3 ein.

74 **6.4 Klarstellungen.** Klarstellungen wurden nach früherer Praxis als zulässig angesehen (vgl. BPatG BlPMZ 1973, 259, 260 – *Lenkradbezug*). Nach neuerer Praxis begegnen ihnen dieselben **Bedenken** wie im Patentrecht (vgl. hierzu BGH GRUR 1988, 757, 760 – *Düngerstreuer;* BPatG GRUR 1986, 808: Grundsätzlich keine den Schutzbereich betreffende Klarstellung). „Klarstellungen" in den Beschlussgründen sind Auslegungshilfen für die Verletzungsgerichte. Sollten Klarstellungen ausnahmsweise als zulässig angesehen werden, können sie keine vollständige Klageabweisung bedeuten (*Benkard/Goebel/Engel* GebrMG § 15 Rn. 29).

75 **7. Rechtsmittel.** Der **Beschluss** im Löschungsverfahren ist für denjenigen Verfahrensbeteiligten, der durch ihn **beschwert** ist, mit der Beschwerde nach § 18 anfechtbar. Dasselbe gilt für die **isolierte Kostenentscheidung** (BPatGE 12, 193, 195; keine analoge Anwendung von § 99 Abs. 1 ZPO) und für den nach §§ 91a, 269 Abs. 3 ZPO analog ergangenen Kostenbeschluss (aA offenbar *Busse/Keukenschrijver*

GebrMG § 17 Rn. 54). Die **Löschung auf Grund Nichtwiderspruchs** kann nicht in einem anderen Verfahren auf ihre materielle Richtigkeit überprüft werden (BGH GRUR 1963, 519, 521 – *Klebemax;* BPatG Mitt. 2004, 76 – *Papierauflage*); Einzelheiten bei → § 18 Rn. 13.

8. Kostenentscheidung

8.1 Allgemeines. Über die Kostenlast ist vom DPMA **von Amts wegen** zu entscheiden, § 17 Abs. 4 S. 1. Bei Antragsrücknahme bedarf es entsprechend § 269 Abs. 3 ZPO eines Antrags. Nach § 17 Abs. 4 S. 2 sind die Regelungen in § 84 Abs. 2 S. 2, 3 PatG und § 62 Abs. 2 PatG analog heranzuziehen. Über § 84 Abs. 2 PatG finden die Vorschriften über die Prozesskosten, §§ 91 ff. ZPO, entsprechende Anwendung, soweit nicht die **Billigkeit** eine andere Entscheidung erfordert. Die für entsprechend anwendbar erklärte Vorschrift des § 62 Abs. 2 PatG betrifft nicht die Kostengrundentscheidung, sondern das Betragsverfahren. Die Kostenentscheidung umfasst nicht nur die Kosten des DPMA (Gebühren und Auslagen) sondern auch die den Beteiligten erwachsenden Kosten (BGH GRUR 1965, 621 – *Patentanwaltskosten*). Wird im Löschungsantrag das angegriffene GebrM aus Versehen mit einer falschen Nummer genannt, ist über die Erstattung der dem falschen Antragsgegner entstandenen Verfahrenskosten nach dem Veranlassungsprinzip und Billigkeit zu entscheiden, dh sie sind vom Antragsteller zu erstatten, soweit der falsche Antragsgegner sie nicht durch ein Hineindrängen in das Verfahren mit verursacht hat (BPatG GRUR 1997, 525, 526 – *Zahlendreher*); ein etwaiges Mitverschulden der GebrM-Abteilung ist nicht zu berücksichtigen; der Verweis des Antragstellers wegen eines Rückgriffs an die GebrM-Abteilung (so BPatG GRUR 1997, 525, 527 – *Zahlendreher*) dürfte im Ergebnis freilich fruchtlos sein. 76

Für die Kostentragung gilt grundsätzlich das **Unterliegensprinzip,** § 17 Abs. 4 iVm § 84 Abs. 2 PatG, §§ 91 ff. ZPO (stRspr zB BPatGE 18, 185, 186; BPatGE 20, 64, 65; BPatGE 21, 38, 39; BPatGE 22, 126, 127). Dessen Ausmaß bestimmt sich im Verhältnis des Sachantrags (nicht: Sachprüfung) zum Umfang des Löschungsanspruchs. Bei teilweisem Obsiegen/Unterliegen werden die Kosten im Verhältnis des Obsiegens/Unterliegens geteilt, **§ 92 ZPO.** Eine beschränkte Verteidigung bedeutet für sich kein volles Unterliegen (vgl. BPatGE 22, 114). Bei Verzicht hat der GebrM-Inhaber die Kosten zu tragen (BPatGE 24, 190). Dasselbe gilt auch für den Nichtwiderspruch und die Rücknahme des Widerspruchs, weil sich der GebrM-Inhaber in die Rolle des Unterliegenden begibt, **§ 91 Abs. 1 ZPO** (BPatG GRUR 1989, 587, 588 – *Ausklinkvorrichtung*). **§ 91a ZPO** ist insoweit **nicht** anwendbar, jedoch **§ 93 ZPO** (BPatGE 11, 106, 109; BPatGE 14, 55; BPatGE 15, 68, 72; BPatGE 21, 38, 39; BPatG GRUR 1980, 43, 44 – *Joghurtsteige;* BPatGE 22, 131, 132; BPatG GRUR 1984, 654, 655 – *Abdeckleiste*). Denn § 91 a ZPO betrifft die Kostenentscheidung bei übereinstimmender Erledigungserklärung der Beteiligten in einem in der Hauptsache anhängigen Verfahren, während hier die Verfahrensbeendigung durch Rücknahme des Widerspruchs im Raum steht (BPatG Mitt. 1999, 374, 375). 77

Ausnahmetatbestände von dem vorerwähnten Grundsatz sind von demjenigen darzulegen und zu beweisen, der sich hierauf beruft. 78

Mehrere Inhaber eines GebrM haften für die ihnen auferlegten Kosten in der Regel nach Kopfteilen, § 17 Abs. 4 S. 2 iVm § 84 Abs. 2 PatG; eine gesamtschuldnerische Haftung kommt grundsätzlich nur in Betracht, wenn die Streitgenossen in der Sache als Gesamtschuldner verurteilt werden, § 100 Abs. 4 ZPO (vgl. BGH GRUR 1998, 138, 139 – *Staubfiltereinrichtung*). 79

Kosten wegen Säumnis und Verschulden müssen von derjenigen Partei trotz Obsiegens getragen werden, die sie verursacht, **§ 95 ZPO** (vgl. DPA BlPMZ 1956, 44; *Benkard/Goebel/Engel* GebrMG § 17 Rn. 25). Kosten infolge erfolgloser Angriffs- und Verteidigungsmittel können demjenigen auferlegt werden, der diese geltend gemacht hat, **§ 96 ZPO** (vgl. RPA MuW 38, 267; *Benkard/Goebel/Enge* GebrMG § 17 Rn. 26), 80 auch wenn er obsiegt. Gemäß § 18 Abs. 2 S. 2 iVm §§ 84 Abs. 2 PatG, **97 Abs. 2 ZPO** können dem Obsiegenden ausnahmsweise die Kosten ganz oder teilweise auferlegt werden, wenn er auf Grund neuen Vorbringens obsiegt, das vorzubringen er in der ersten „Instanz" im Stande war; Löschungsgründe iSd § 15 gehören zu dem Vorbringen iSd § 97 Abs. 2 ZPO (BPatG Mitt. 1996, 395, 396 – *Helikoptermodell*). Ebenso ist **§ 98 ZPO** betreffend die Kosten eines Vergleichs (auch vor einem Verletzungsgericht) entsprechend anwendbar (BPatG GRUR 1982, 483, 485 – *Vollstreckungsgegenklage*).

81 **8.2 Sofortiges Anerkenntnis.** Besonderheiten ergeben sich für das „sofortige Anerkenntnis" analog **§ 93 ZPO** (*Bühring/Schmid* § 17 Rn. 76; *Mes* GebrMG § 16 Rn. 2, Rn. 30: auch zur Notwendigkeit einer vorangehenden Löschungsaufforderung). Im Falle des Nichtwiderspruchs ist das GebrM ohne Sachprüfung zu löschen. Deshalb ergeht über die Kosten eine isolierte Kostenentscheidung. § 93 ZPO trägt in besonderem Maße Billigkeitserwägungen Rechnung und sein Zweck, überflüssige Verfahren zu vermeiden, gilt auch im GebrM-Löschungsverfahren (BGH GRUR 1982, 364 – *Figur 3*). Auch die Tatsache des Löschungsverfahrens als Popularverfahren steht dem nicht entgegen (BGH GRUR 1982, 364 – *Figur 3*). Deshalb fallen dem Antragsteller die Verfahrenskosten zur Last, wenn der GebrM-Inhaber nicht durch sein Verhalten Anlass für das Löschungsverfahren gegeben hat und er den Anspruch sofort anerkennt, also vor allem auf einen Widerspruch verzichtet.

82 **Veranlassung** gibt der GebrM-Inhaber durch ein Verhalten, das vernünftigerweise den Schluss auf die Notwendigkeit eines Löschungsverfahrens rechtfertigt (BPatGE 21, 38, 39; BPatGE 22, 285, 289; BPatG Mitt. 1999, 374, 375). Die bloße Inhaberschaft eines GebrM als ungeprüftem Schutzrecht kann nicht ausreichen (BPatGE 24, 11). Ein nur gegenüber einzelnen Personen erklärter Verzicht begründet eine Veranlassung für das Löschungsverfahren (vgl. zum Patentnichtigkeitsverfahren BGH GRUR 2013, 1282, 1285 – *Druckdatenübertragungsverfahren*).

83 Veranlassung zur Einreichung des Löschungsantrags ist anzunehmen, wenn der GebrM-Inhaber einer angemessenen, befristeten und mit Gründen versehenen **Aufforderung zum Verzicht** auf das GebrM, ggf. auch auf Ansprüche aus dem GebrM für die Vergangenheit (→ Rn. 87), oder zu einem wesensgleichen Tun nicht entspricht (BPatGE 21, 38, 39). Die **Aufforderung zur Löschung** ist dem gleichzusetzen; dasselbe gilt für die Aufforderung zur Einräumung eines kostenlosen Mitbenutzungsrechts (BPatG GRUR 1989, 587, 588 – *Ausklinkvorrichtung*). Ein dem Verzicht entsprechendes Begehren ist auch die Aufforderung an den GebrM-Inhaber, auf Ansprüche aus dem GebrM für die Vergangenheit und/oder die Zukunft zu verzichten (BPatGE 29, 237, 239). Wird Verzicht gefordert, muss nicht gleichzeitig die Löschung angedroht werden oder umgekehrt. Auch Formulierungen, bei Unterlassungen müsse dem Mandanten Löschungsantrag empfohlen werden, stellen ein ernsthaftes Begehren dar. Ungeachtet dessen muss die **Aufforderung** aber bestimmten Kriterien der **Deutlichkeit, Nachprüfbarkeit** und **Ernsthaftigkeit** genügen. Dazu gehören die Schriftlichkeit, die Angaben des Löschungsgrundes sowie der Fakten, auf die sich das Begehren stützt. Ernsthaftigkeit und Nachprüfbarkeit erfordern nicht einen schlüssigen Vortrag; Nachprüfbarkeit setzt keine Beweisführung voraus. Deshalb kann ein Verweis auf einen in einem parallelen Patenteinspruchsverfahren genannten Stand der Technik genügen. Der GebrM-Inhaber muss lediglich aus den Angaben entnehmen können, weshalb der Antragsteller das GebrM für löschungsreif hält; eine abschließende und extensive Mitteilung des entgegenstehenden Standes der Technik ist nicht notwendig, da sich der GebrM-Inhaber **selbst** wegen des Amtsermittlungsgrundsatzes mit dem Löschungsgrund in seinem gesamten Ausmaß auseinandersetzen muss (BPatG Beschluss vom 11.12.2006, Az. 5 W (pat) 431/04; BPatG GRUR 1989, 587, 588 – *Ausklinkvorrichtung,* auch zur Beschaffung von Übersetzungen fremdsprachiger Druckschriften). Eine „offenkundige Vorbenutzung" muss jedoch hinreichend spezifiziert sein, da andernfalls eine Überprüfbarkeit nicht möglich ist (eine nicht fristge-

rechte Reaktion auf eine Löschungsandrohung/Verzichtsaufforderung rechtfertigt deshalb nicht die Annahme eines notwendigen Löschungsverfahrens, vgl. BPatG Mitt. 1999, 374, 376 – *Widerspruchsrücknahme als sofortiges Anerkenntnis*). Die dem GebrM-Inhaber zur Verfügung stehende **Frist** muss angemessen sein (in der Regel 3 bis 4 Wochen). Dabei kommt es auf die Zeit bis zur Einreichung des Löschungsantrags an (BPatGE 8, 47, 53; vgl. auch BPatG GRUR 1989, 587, 588 – *Ausklinkvorrichtung*).

Eine **Löschungsandrohung** bzw. eine Aufforderung zum Verzicht sind **entbehrlich,** wenn der GebrM-Inhaber gegen den Dritten eine (noch rechtshängige) Verletzungsklage erhoben hat (BPatGE 22, 285, 289) oder eine einstweilige Verfügung erwirkt, beantragt oder angedroht hat (BPatGE 22, 285, 289). Die Notwendigkeit entfällt jedoch nicht bei bloßer Verwarnung (BPatGE 21, 17, 18) oder Androhung einer Verletzungsklage, weil insoweit keine unmittelbare Gefahr einer für den GebrM-Inhaber negativen Entscheidung droht. Entbehrlichkeit ist ferner (ausnahmsweise) gegeben, wenn sich aus dem Gesamtverhalten des GebrM-Inhabers ergibt, dass eine Löschungsandrohung von vornherein zwecklos erscheint (vgl. BPatG Beschluss vom 5.5.2010, Az. 35 W (pat) 37/09; hier können ergebnisorientiert die Grundsätze der (insbesondere wettbewerbsrechtlichen) Rechtsprechung zur Entbehrlichkeit einer Abmahnung herangezogen werden. Die einem Dritten durch das Aufforderungsschreiben entstandenen Kosten sind nicht erstattungsfähig, da das (bloße) Innehaben des GebrM kein rechtswidriges Verhalten darstellt (BPatG GRUR 1993, 113, 115 – *Thermostat*). Löschungsaufforderungen wirken auch für und gegen den Rechtsnachfolger (*Bühring/Schmid* § 17 Rn. 100). 84

Ein Löschungsantrag kann trotz ordnungsgemäßer Aufforderung zur Löschung einen **Verstoß gegen Treu und Glauben** (§ 242 BGB) darstellen, bspw wenn sie nur zu dem Zweck erfolgt, den GebrM-Inhaber mit Kosten zu belasten (*Bühring/Schmid* § 17 Rn. 104). 85

Im Nichtwiderspruch liegt in jedem Fall ein **sofortiges Anerkenntnis** im Sinne des § 93 ZPO (BPatGE 8, 47), so dass eine isolierte Kostenentscheidung ergeht (*Bühring/Schmid* § 17 Rn. 48). Die Einreichung eingeschränkter Schutzansprüche stellt kein sofortiges Anerkenntnis dar, da sie eben keinen Verzicht oder die Einräumung eines Mitbenutzungsrechts darstellt und im Übrigen ohnehin nur schuldrechtlichen Charakter aufweist (aA wohl *Benkard/Goebel/Engel* GebrMG § 17 Rn. 24; wie hier: BPatG GRUR 1989, 587, 588, 589 – *Ausklinkvorrichtung;* nach BPatG GRUR 1980, 43 – *Joghurtsteige* und BPatG GRUR 1980, 225, 227 – *Hammerbohrereinrichtung:* Teilanerkenntnis für den über die neu gefassten Schutzansprüche hinausgehenden Teil, so dass § 93 ZPO analog anwendbar sei). Hinsichtlich der Einreichung neuer Schutzansprüche liegt des Weiteren ein Teilwiderspruch vor, deshalb kommt ggf. insoweit eine Anwendbarkeit des **§ 92 ZPO analog** in Betracht (ähnlich *Goebel* GRUR 1999, 833, 837). Widerspruch vor Verzicht schließt die Anwendung des § 93 ZPO regelmäßig aus (BGH GRUR 1997, 625, 627 – *Einkaufswagen I;* BPatGE 11, 235). Etwas anderes kann gelten bei „nachgeschobenen" Löschungsgründen, die im Wege der Antragserweiterung geltend gemacht werden (BPatGE 24, 36, 40). Zum Veranlassung geben bei Ablehnung der Verzichtsaufforderung und gleichzeitigem Vorschlag, einen Lizenzvertrag abzuschließen, BPatGE 14, 55. 86

Ebenso ist für den **Feststellungsantrag** eine eigene Aufforderung (Verzicht auf Ansprüche für die Vergangenheit) erforderlich (BPatGE 29, 237, 239). Keinen Anlass (mit der Folge der Kostenregelung gemäß § 93 ZPO analog) hat der Inhaber des nach Ablauf der Schutzdauer gelöschten Gebrauchsmusters gegeben, wenn er gegenüber dem Inhaber eines jüngeren Gebrauchsmusters weder den Löschungsgrund des älteren Rechts geltend gemacht noch zu erkennen gegeben hat, dass er ihn geltend machen werde (BPatG GRUR 1993, 116). 87

8.3 Rücknahme des Löschungs- oder Feststellungsantrags. Hier ist **§ 269 Abs. 3 S. 2 ZPO** analog anzuwenden, das heißt eine Kostenentscheidung zu Lasten 88 des Antragstellers erfolgt hier auf entsprechenden Antrag (§ 269 Abs. 4 ZPO analog), sofern dies der **Billigkeit** entspricht, § 84 Abs. 2 S. 2 PatG (vgl. BPatGE 20, 64, 65; BPatG Beschluss vom 17.2.2009, Az. 35 W (pat) 24/08; zum Patentrecht BPatG GRUR 2009, 46, 50 – *Ionenaustauschverfahren;* BPatG GRUR 2009, 1195 – *Kostenverteilung aus Billigkeitsgründen*). Dies gilt für alle Instanzen. Ein teilweises Unterliegen mit entsprechender Kostenlast ist anzunehmen, wenn der Antragsteller einen ursprünglichen Antrag auf vollumfängliches Löschen auf einen Antrag auf teilweises Löschen umstellt, selbst wenn er mit seinem zuletzt gestellten Antrag vollen Erfolg hat. Dies gilt auch, wenn eine unzulässige Erweiterung Anlass für den Antrag war (BPatGE 12, 193). Die Kosten sind vom GebrM-Inhaber zu tragen, wenn der GebrM-Inhaber dem Löschungsantrag in vollem Umfang widerspricht, neue Schutzansprüche einreicht und der Antragsteller daraufhin den Löschungsantrag zurücknimmt, weil der Antrag von Anfang an gezielt auf Schutzanspruch 1 gerichtet war (BPatG Beschluss vom 27.2.2015, Az. 35 W (pat) 16/13 = BeckRS 2015, 09647). Ist der Anlass zur Löschung vor Zustellung des Löschungsantrags an den Antragsgegner weggefallen und wird der Antrag daraufhin unverzüglich zurückgenommen, bestimmt sich die Kostentragungspflicht nach § 269 Abs. 3 S. 3 ZPO.

89 Der Antrag kann **bis zum Ablauf der Rechtsbeschwerdefrist** ohne Zustimmung des GebrM-Inhabers zurückgenommen werden (→ § 16 Rn. 15; *Bühring/Schmid* § 16 Rn. 35 unter Hinweis auf die stRspr seit BGH GRUR 1964, 18; BPatG Mitt. 2009, 325 – *Biologische Substanz*). Die Rücknahmeerklärung ist als Prozesserklärung nicht anfechtbar, bedingungsfeindlich und von Amts wegen zu berücksichtigen. Sie führt zur Beendigung des Verfahrens (BPatG Mitt. 2009, 325 – *Biologische Substanz*).

90 **8.4 Erledigung der Hauptsache.** Bei ihr gelten nach **übereinstimmender** Erledigungserklärung die Grundsätze des **§ 91a ZPO** analog (BGH GRUR 1997, 625 – *Einkaufswagen I*). Derjenige hat die Kosten zu tragen, der ohne das erledigende Ereignis voraussichtlich unterlegen wäre, sofern dies nicht der Billigkeit widerspricht (vgl. zum Patentrecht BGH Mitt. 2005, 281, 282 – *Staubsaugerrohr* und BGH GRUR 2004, 623, 624 – *Stretchfolienumhüllung*). Der Rechtsgedanke des § 93 ZPO kann bei der Kostenentscheidung nach § 91a ZPO berücksichtigt werden (*Benkard/Goebel/Enge*/GebrMG § 17 Rn. 27b). Es ergeht eine Kostenentscheidung. Analog § 269 Abs. 3 Satz 1 ZPO werden nicht bestandskräftige Entscheidungen wirkungslos (BPatG Beschluss vom 10.10.2005, Az. 5 W (pat) 452/03; zum Patentrecht BGH GRUR 2001, 140). Dies ist analog § 269 Abs. 4 ZPO auf Antrag durch das DPMA/BPatG festzustellen.

91 Eine **übereinstimmende** Erledigungserklärung kann auch konkludent erfolgen, zB wenn beide Parteien nur noch eine Kostenentscheidung erbitten (BPatGE 24, 11, 12). Das DPMA/BPatG hat im Fall übereinstimmender Erledigungserklärung nicht zu prüfen, ob tatsächlich ein erledigendes Ereignis eingetreten ist. Kein erledigendes Ereignis ist anzunehmen, wenn die Hauptsache bereits beendet war, zB durch Nichtwiderspruch. Erledigung tritt durch **Verzicht** auf das GebrM nach Widerspruch ein, wenn nicht der Antragsteller auf einen Antrag auf **Feststellung der Unwirksamkeit** des GebrM übergeht (BPatGE 14, 64). Sie bedeutet regelmäßig eine Kostenlast des GebrM-Inhabers (BPatGE 14, 58; BPatGE 14, 64). Dies gilt auch, soweit durch den Verzicht das Löschungsverfahren nicht beendet worden ist, nämlich im Hinblick auf die geltend gemachte Unwirksamkeit für die Vergangenheit. Will sich der GebrM-Inhaber insoweit nicht in die Position des Unterliegenden begeben, muss er seinen Antrag auf Zurückweisung des Löschungsantrags aufrechterhalten; es bedarf dann einer Sachentscheidung über den Löschungsantrag, soweit die Vergangenheit betroffen ist (BPatGE 24, 190, 193). Bei Verzicht auf das GebrM nach Einreichung des Löschungsantrags entfällt nicht die Widerspruchsfrist; der GebrM-Inhaber kann eine Entscheidung darüber, ob der Löschungsantrag ursprünglich zulässig und begründet war, nur durch Widerspruch und Entgegentreten gegen die Erledigungserklärung erreichen; andernfalls hat er (wegen Nichtwiderspruchs und vorbehaltlich § 93 ZPO analog) die Kosten zu tragen (BGH GRUR 1997, 625, 626 – *Einkaufswagen I*). Fehlt das besondere rechtliche Interesse an der Feststellung der Unwirksamkeit des GebrM, treffen die Kosten den Antragsteller (BPatGE 22, 17), sofern er den Rechtsstreit nicht für erledigt erklärt (vgl. zum Einspruchsverfahren BGH GRUR 2012, 1071, 1072 – *Sondensystem*); dies galt nach der bis 1.1.2002 geltenden Rechtslage auch bei Löschungsantrag gegen ein abgelaufenes, aber noch verlängerungsfähiges Gebrauchsmuster, wenn es nicht zur Verlängerung kam (BPatGE 22, 140); ebenso bei Rücknahme des Widerspruchs (BPatGE 12, 131, 132). In diesen Fällen bedarf es keiner besonderen Prüfung der eigentlichen Erfolgsaussichten des Antrags. Das bloße Verfallen lassen des Schutzrechts mit Ablauf seiner Schutzdauer während des Löschungsverfahrens begründet nicht allein die Kostentragungspflicht; das gleiche gilt, wenn der Antragsteller die Hauptsache für erledigt erklärt, nachdem das GebrM nach Teillöschung erloschen ist (BPatGE 10, 256, 259; BPatG GRUR 1981, 908 – *Brustprothese*). Bei übereinstimmender Erledigungserklärung nach Einreichung eingeschränkter Schutzansprüche kennzeichnen diese den mutmaßlichen Verfahrensausgang, dh die Kosten sind so zu teilen, als ob in diesem Umfang eine Teillöschung erfolgt wäre. Wird das Löschungsverfahren im Beschwerdeverfahren übereinstimmend für erledigt erklärt und haben sowohl Antragsteller als auch GebrM-Inhaber Beschwerde bzw. Anschlussbeschwerde eingelegt, ist über die Kosten des gesamten Verfahrens auch unter Berücksichtigung der (Anschluss-)Beschwerde des GebrM-Inhabers zu entscheiden (BPatG Beschluss vom 12.2.2015, Az. 35 W (pat) 427/12 = BeckRS 2015, 09648). Im Rahmen des § 91 a ZPO ist ebenfalls der Rechtsgedanke des § 93 ZPO heranzuziehen (vgl. → Rn. 81; *Benkard/Goebel/Engel* GebrMG § 17 Rn. 27b).

Tritt ein das Löschungsverfahren erledigendes Ereignis ein, kann der Antragsteller das Löschungsverfahren für einseitig erledigt erklären, um die Abweisung des Antrags als unzulässig oder unbegründet und die Kostenfolge nach § 91 ZPO zu vermeiden. Die **einseitige Erledigungserklärung** stellt eine zulässige Antragsänderung gemäß § 264 Nr. 2 ZPO dar (BPatG Beschluss vom 6.2.2007, Az. 5 W (pat) 419/04). Gegenstand des weiteren Verfahrens ist die Frage der Erledigung der Hauptsache. 92

Die Erledigungserklärung widerrufen werden, solange sich die Gegenseite noch nicht angeschlossen hat und nicht über den einseitigen Antrag entschieden ist (zum Wettbewerbsrecht BGH GRUR 2002, 287 – *Widerruf der Erledigungserklärung*). Wird bei Vorliegen von Haupt- und Hilfsanträgen nur der Hauptantrag für erledigt erklärt, ist über den Hilfsantrag/die Hilfsanträge streitig zu entscheiden (vgl. zum Wettbewerbsrecht BGH GRUR 2003, 903, 904 – *ABC der Naturheilkunde; Bühring/Schmid* § 16 Rn. 43). Die Kostenentscheidung richtet sich nach dem Unterliegensprinzip → Rn. 77. 93

8.5 Umfang der zu erstattenden Kosten (Gegenstandswert, Kostenfestsetzung). Ist nach Maßgabe der vorstehenden Ausführungen die **Kostengrundentscheidung** ergangen, so stellt sich die Frage der **Höhe der Kosten,** insbesondere hinsichtlich der Erstattung der Gebühren und Auslagen. Gemäß §§ 17 Abs. 4 S. 2, §§ 62 Abs. 2 PatG sind die Vorschriften der ZPO (§§ 103ff. ZPO) über das Kostenfestsetzungsverfahren entsprechend anzuwenden. Kostenvereinbarungen zwischen den Beteiligten sind im Kostenfestsetzungsverfahren nur insoweit zu berücksichtigen als sie unstreitig sind (*Busse/Keukenschrijver* GebrMG § 17 Rn. 60). Die hierzu entwickelte Praxis des für GebrM-Angelegenheiten zuständigen 5. bzw. 35. Senats des BPatG hat sich der Praxis der Senate des BPatG in Patentnichtigkeitssachen angenähert; sie ist jedoch weiterhin nicht praxisgerecht. Die Besonderheiten der Praxis des 5. bzw. 35. Senats des BPatG lassen sich wie folgt zusammenfassen: 94

Zu den nach § 17 Abs. 4 S. 2 iVm § 62 PatG als erstattungsfähig bezeichneten Kosten gehören außer den Gebühren etc des Patentamts die den Beteiligten erwachsenen Kosten, soweit sie zur zweckentsprechenden Wahrung der Ansprüche und Rechte 95 notwendig waren. § 62 Abs. 2 PatG hat durch das 2. PatGÄndG 1998 eine Änderung erfahren (vgl. zur Gesetzesbegründung BlPMZ 1998, 393, 405). Des Weiteren wird die Regelung des § 84 Abs. 2 PatG für anwendbar erklärt. Der 5. Senat des BPatG geht dabei hinsichtlich der Anwaltskosten im Löschungsverfahren vor dem Patentamt von dem Vorrang der Regelung in § 62 Abs. 2 S. 1 PatG aus (Beschluss vom 24. 11. 1998, Az. 5 W (pat) 18/98). Ungeachtet dieser Regelung sind danach – anders als in § 62 PatG – nach der insoweit analog angewendeten Vorschrift des § 91 Abs. 2 S. 1 ZPO die gesetzlichen Gebühren und Auslagen eines Anwalts stets zu erstatten, also ohne die Glaubhaftmachung, dass die Zuziehung eines Anwalts zur Wahrung der Ansprüche und Rechte notwendig war (BPatG GRUR 1992, 503 – *Mehrwertsteuer;* BPatG GRUR 1993, 385, 386 – *Umsatzsteuer*).

96 **8.5.1 Kosten des Patentanwalts.** Die **Kosten eines Vertreters** (Rechtsanwalt, Patentanwalt) sind grundsätzlich erstattungsfähig (vgl. BGH GRUR 1965, 621 – *Patentanwaltskosten*). **Maßgeblich** für die erstattungsfähigen Kosten des Patentanwalts ist das RVG (BPatGE 49, 26, 27). Zu erstatten ist danach eine von einem Patentanwalt geltend gemachte Geschäftsgebühr, § 2 RVG iVm Nr. 3500 Vergütungsverzeichnis (VV) RVG für das Verwaltungsverfahren von 0,5 bis 2,5. Eine Geschäftsgebühr von mehr als 1,3 kann nach der Auffassung des BPatG nur festgesetzt werden, wenn die Tätigkeit umfangreich oder schwierig war (BPatG Beschluss vom 10. 12. 2012, Az. 35 W (pat) 2/12; BPatG Beschluss vom 28. 9. 2015, Az. 35 W (pat) 10/14). Die Terminswahrnehmung ist bei der Bemessung der Geschäftsgebühr zu berücksichtigen (vgl. *Mes* GebrMG § 17 Rn. 21). Die Geschäftsgebühr fällt im Löschungsverfahren insgesamt nur einmal an, auch bei Zurückverweisung des Löschungsverfahrens an das DPMA nach Beschwerde gegen die Entscheidung des DPMA. Die Geschäftsgebühr entsteht, sobald der Patentanwalt irgendeine verfahrensbezogene Tätigkeit vorgenommen hat (*Bühring/Schmid* § 17 Rn. 152). Hinzukommen können die Erhöhungsgebühr nach Nr. 1008 VV und die Erledigungsgebühr gemäß Nr. 1002 VV.

97 Im **Löschungs-Beschwerdeverfahren** sind die Verfahrensgebühr gemäß § 2 RVG iVm Nr. 3510 VV und die Terminsgebühr gemäß § 2 RVG iVm Nr. 3516 VV erstattungsfähig, soweit diese angefallen sind. Die Terminsgebühr fällt bei Wahrnehmung eines Verhandlungstermins an, ggf. auch für außergerichtliche Verhandlungen (BGH Mitt. 2009, 91 – *außergerichtliche Terminsgebühr*). Hinzukommen können die Erhöhungsgebühr nach Nr. 1008 VV und die Erledigungsgebühr gemäß Nr. 1002 VV. Eine Geschäftsgebühr für ein vorangegangenes Löschungsverfahren ist unter den Voraussetzungen des § 15a Abs. 2 RVG anzurechnen (BPatG Beschluss vom 15. 7. 2010, Az. 5 W (pat) 452/07).

98 Für **andere Beschwerdeverfahren** sind §§ 13, 23 RVG iVm Nr. 3500 VV anwendbar.

99 Eine Festsetzung der Gebühren gegen den eigenen Mandanten gemäß **§ 11 RVG** kommt nicht in Betracht (zum Patentverletzungsverfahren BGH GRUR 2015, 1253, 1254 – *Festsetzung der Patentanwaltsvergütung*).

100 **8.5.2 Kosten des Rechtsanwalts.** Auch für die Vertretung des Antragstellers oder GebrM-Inhabers durch einen **Rechtsanwalt** im GebrM-Löschungsverfahren entstehen Gebühren nach RVG. Es gelten die Ausführungen zu den Kosten des Patentanwalts entsprechend (→ Rn. 96 ff.).

101 **8.5.3 Doppelvertretungskosten.** § 27 Abs. 3 ist nicht anwendbar (→ § 27 Rn. 3). Bei **Doppelvertretungskosten** ist zu unterscheiden: Doppelvertretungskosten, die durch eine gleichzeitige Einschaltung von Patentanwalt und Rechtsanwalt entstehen, sollten nach denselben Grundsätzen erstattungsfähig sein, die auch für das Nichtigkeitsverfahren gelten. Da GebrM häufig dieselben Anmeldungen wie Patente betreffen, ist eine nach Gebrauchsmusterrecht und Patentrecht unterschiedliche Handhabung nicht gerechtfertigt. Nach der früheren Rechtsprechung (BGH GRUR

1965, 621 – *Patentanwaltskosten*) waren in der Regel nur die Kosten eines Vertreters (regelmäßig des Patentanwalts) als erstattungsfähig anerkannt worden, es sei denn, dass erhebliche rechtliche Schwierigkeiten zu lösen waren. Für das Nichtigkeitsverfahren ist nunmehr anerkannt, dass bei einer Doppelvertretung zusätzlich für den mitwirkenden Anwalt (sei es ein Patent- oder Rechtsanwalt) dessen Gebühren in gleicher Höhe zu erstatten sind, jedenfalls nach typisierender Betrachtungsweise, wenn zeitgleich mit dem Nichtigkeitsverfahren ein das Streitpatent betreffender Verletzungsrechtsstreit anhängig ist, an dem die betreffende Partei oder ein mit ihr wirtschaftlich verbundener Dritter beteiligt ist (BPatG GRUR 1990, 351 – *Doppelvertretung;* BGH GRUR 2013, 427, 429 – *Doppelvertretung im Nichtigkeitsverfahren*). Nichts anderes kann im GebrM-Löschungsverfahren vor dem DPMA gelten, da auch hier gleichermaßen die Materie in aller Regel sowohl von technisch-naturwissenschaftlichen als auch von den juristischen Problemstellungen durchdrungen ist. Der Gebrauchsmusterbeschwerdesenat wollte demgegenüber Doppelvertretungskosten in GebrM-Löschungsverfahren nur in Fällen anerkennen, in denen über den Bereich des gewerblichen Rechtsschutzes hinaus schwierige rechtliche Fragen zu lösen waren, die über das bei einem Patentanwalt vorauszusetzende Wissen hinausgehen (BPatG GRUR 2010, 556 – *Medizinisches Instrument*). An dieser Rechtsprechung hält der 35. Senat für das Gebrauchsmusterbeschwerdeverfahren jedoch für den Fall nicht mehr fest, dass ein paralleler Verletzungsprozess anhängig ist (BPatG Mitt. 2014, 235 – *Desmopressin II*). Nicht anzuerkennen ist die Erstattungsfähigkeit einer weiteren Gebühr im Sinne einer Doppelvertretung jedoch dann nicht, wenn auf Seiten des Antragstellers oder GebrM-Inhabers ein Vertreter mitwirkt, der sowohl die Funktion eines Patentanwalts als auch eines Rechtsanwalts inne hat, da insoweit eine gedankliche „Spaltung der Person" zur Beantwortung der verschiedenen technischen und/oder rechtlichen Schwierigkeiten eher theoretisch ist (str.).

8.5.4 Kosten des ausländischen Anwalts. Ist beispielsweise im Löschungsverfahren ein Rechtsanwalt der Vertreter, so gelten für die Erstattungsfähigkeit eines mitwirkendenden **ausländischen Patentanwalts** jedenfalls dann keine Besonderheiten, wenn dieser seinen Sitz im EU-Ausland hat (andernfalls Verstoß gegen EU-Recht). Ob bei Vertretung einer – insbesondere ausländischen – Partei durch einen inländischen Patentanwalt die Kosten eines **ausländischen Rechtsanwalts** erstattungsfähig sind, wird sich nach den allgemeinen Grundsätzen über die Erstattungsfähigkeit der Kosten eines **Verkehrsanwalts** bemessen. Hierbei ist zwar zu berücksichtigen, dass es sich beim GebrM-Recht um ein nationales Schutzrecht handelt; andererseits sind die hier angesprochenen Fragen häufig gleichartig mit denjenigen ausländischer Patentrechtssysteme, so dass insbesondere im Bereich der EU eine großzügige Handhabung angezeigt erscheint. Von besonderen Fallgestaltungen abgesehen, werden grundsätzlich nur die durch die Zuziehung **eines** ausländischen Rechts- oder Patentanwalts entstandenen Kosten erstattungsfähig sein. Die Ausländereigenschaft eines der Beteiligten rechtfertigt in höherem Maße die Einschaltung eines (ausländischen) Verkehrsanwalts (Patent- oder Rechtsanwalts). Für einen im Ausland ansässigen Beteiligten wird es in aller Regel notwendig sein, zur Aufnahme und Weiterleitung der für die Verfahrensführung notwendigen Informationen sowie zum Verständnis und zur Förderung der ihm durch den inländischen Verfahrensbevollmächtigten übermittelten tatsächlichen und rechtlichen Fragestellungen einen ausländischen Anwalt einzuschalten, der nicht nur sprachliche Barrieren überwinden, sondern der auch auf Grund der Vergleichbarkeit der jeweiligen nationalen Rechtsgebiete verfahrensfördernde Funktionen übernehmen kann. Zur **Geltendmachung** der Kosten für einen Verkehrsanwalt bedarf es auf jeden Fall einer umfassenden Darstellung der für die Erstattungsfähigkeit maßgeblichen tatsächlichen Umstände. 102

8.5.5 Gegenstandswert. Der Gegenstandswert ist Maßstab für die Gebühren des in Löschungs- oder Löschungsbeschwerdeverfahren tätigen Rechtsanwalts und 103

Patentanwalts. Die erstattungsfähigen Gebühren der Rechts- und Patentanwälte richten sich (da für die Leistungen der Patentanwälte keine Gebührenordnung existiert) nach den Vorschriften des RVG, so dass auch hier die Festsetzung eines Gegenstandswertes entsprechend § 33 RVG notwendig ist (BPatGE 49, 26, 27; BPatGE 49, 29, 32). Im erstinstanzlichen Löschungsverfahren vor dem **DPMA** wird **kein Gegenstandswert** festgesetzt. Lediglich als reiner Berechnungsmaßstab wird von dem Kostenbeamten (§ 7 Abs. 2 Nr. 1 WahrNV) im Kostenfestsetzungsverfahren ein Gegenstandswert nach den Grundsätzen des RVG (fiktiv) zu Grunde gelegt (BPatG GRUR 2009, 703, 705 – *Gegenstandswertfestsetzung durch das DPMA*). Die Festsetzung des Gegenstandswerts kann nicht isoliert angegriffen werden (BPatG GRUR 2009, 703, 705 – *Gegenstandswertfestsetzung durch das DPMA*). Im **GebrM-Löschungsbeschwerdeverfahren** setzt hingegen das BPatG auf Antrag einen **Gegenstandswert** für beide Instanzen fest, und zwar nach Maßgabe der nachfolgenden allgemeinen Grundsätze, welche die Rechtsprechung hier aufgestellt hat (BPatG GRUR 1966, 222; BPatGE 15, 165; BPatG Beschluss vom 18.3.2009, Az. 35 W (pat) 405/08). Die Festsetzung im **Beschwerdeverfahren** erfolgt nach § 33 RVG und im **Rechtsbeschwerdeverfahren** nach § 3 ZPO (aA BGH BlPMZ 1991, 190: Anwendung des § 3 ZPO auch im Beschwerdeverfahren). Ob bei der Wertfestsetzung im Rechtsbeschwerdeverfahren auch der Wert für die Vorinstanz von Amts wegen geändert werden kann (so BGH BlPMZ 1991, 190), ist streitig (aA *Busse/Keukenschrijver* GebrMG § 17 Rn. 58).

104 Soweit eine **Bestimmung** des Gegenstandswerts erfolgt, gelten dieselben Grundsätze wie für das Patentnichtigkeitsverfahren. Der Gegenstandswert ist nach dem Interesse der Allgemeinheit an der Löschung des angegriffenen GebrM zu bestimmen. Grundlage für die Berechnung ist der gemeine **Wert des GebrM** bei Einleitung des Löschungsverfahrens bzw. bei Beginn des (Beschwerde-)Verfahrens zuzüglich der bis dahin entstandenen Schadenersatzansprüche (vgl. BGH GRUR 1985, 511 – *Stückgutverladeanlage;* BPatG Mitt. 1982, 77; BPatG Beschluss vom 25.4.2007, Az. 5 W (pat) 6/06). Für die Bestimmung des Werts gelten folgende grundsätzlichen Überlegungen: Mit der Löschung besteht für die Mitbewerber die Möglichkeit, den geschützten Gegenstand frei zu benutzen. Während des Bestandes eines Schutzrechts müssten hierfür Lizenzen gezahlt werden. Demnach kann das Allgemeininteresse in etwa den von der Anzahl aller Konkurrenten während der Laufzeit des Gebrauchsmusters fiktiv aufzubringenden bzw. durch die Löschung ersparten Lizenzzahlungen, multipliziert mit den in etwa zu erwartenden Gesamtumsätzen, gleich gesetzt werden (vgl. BPatG Beschluss vom 25.4.2007, Az. 5 W (pat) 6/06). Nach BPatG (GRUR 1986, 240, 241 – *GbM-Streitwert*) soll der Streitwert im Verletzungsstreit regelmäßig keinen zuverlässigen Aufschluss über den Wert des Gegenstands und damit die wirtschaftliche Bedeutung eines zwischen denselben Parteien anhängig gewesenen Verfahrens zur Löschung dieses GebrM geben; jedoch kann ein solcher Streitwert für die untere Grenze von Bedeutung sein (*Benkard/Goebel/Engel* GebrMG § 17 Rn. 33; zum Patentnichtigkeitsverfahren: BGH GRUR 2009, 1100 – *Druckmaschinen-Temperierungssystem II*). Gewinne und Umsätze des GebrM-Inhabers stellen einen bedeutenden Anhaltspunkt für die Wertbemessung dar. Der Gewinn eines Lizenznehmers hat bei der Ermittlung des gemeinen Werts eines lizenzierten Gebrauchsmusters und damit des Gegenstandswerts außer Betracht zu bleiben (BPatG GRUR 1985, 524, 526, 527 – *UV-Bestrahlungsgerät*); die Erträge des Lizenzgebers aus derartigen Lizenzeinnahmen sind freilich zu berücksichtigen. Im Verfahren zur nachträglichen Feststellung der Unwirksamkeit eines (infolge Verzichts) gelöschten oder (durch Ablauf der Schutzdauer) erloschenen Gebrauchsmusters bestimmt sich der Gegenstandswert nur nach dem Interesse des Antragstellers an der Abwehr von Ansprüchen aus dem GebrM (BGH NJW-RR 1991, 957 – *Unterteilungsfahne;* aA BPatG GRUR 1985, 524, 526 – *UV-Bestrahlungsgerät:* der Gegenstandswert richtet sich nach dem Interesse der Allgemeinheit; dieses kann sich durch die Summe der entstandenen Schadenersatzforderungen aus Verletzungshandlungen (nicht nur gegen den Antragsteller) ergeben. Entsprechendes gilt auch bezüglich eines GebrM-Löschungsverfahrens wegen **widerrechtlicher Entnahme** (BPatG GRUR 1985, 524, 526 – *UV-Bestrahlungsgerät*). Der Gegenstandswert einer durchgeführten **Nebenintervention** ist nach dem wirtschaftlichen Interesse der Allgemeinheit an der Löschung des angegriffenen GebrM zu bestimmen; dieses wird wiederum von zwei Faktoren bestimmt, nämlich von dem gemeinen Wert des als rechtsbeständig zu unterstellenden Gebrauchsmusters zu Beginn des Beitritts zu den Löschungsverfahren und zum anderen von den in der Vergangenheit aus Verletzungshandlungen entstanden Schadenersatzforderungen (BPatG GRUR 1985, 524, 526 – *UV-Bestrahlungsgerät*). In der **Praxis** werden idR Gegenstandswerte von € 100.000 bis € 125.000 festgesetzt; es sind jedoch teils erhebliche Abweichungen möglich (*Bühring/Schmid* § 17 Rn. 119). Fehlt es an einem substantiierten Vortrag zur Höhe des Gegenstandswertes, kann der Streitwert nach Rechtsprechung des BPatG wegen § 23 Abs. 3 S. 2, 2. HS RVG maximal € 500.000 betragen (BPatG Beschluss vom 17.12.2009, Az. 35 W (pat) 26/09).

8.5.6 Sonstige Gebühren und Auslagen. Sonstige Gebühren und Auslagen werden erstattet, soweit sie (nach billigem Ermessen) zur zweckentsprechenden Rechtswahrung notwendig waren, § 17 Abs. 4, §§ 62 Abs. 2 S. 1, 84 Abs. 2 PatG, 91 Abs. 1 S. 1 ZPO (*Bühring/Schmid* § 17 Rn. 167). Sonstige Gebühren und Auslagen (alphabetische Reihenfolge): 105

- **Ablichtungen, Abschriften:** Die Erstattungsfähigkeit richtet sich nach § 2 Abs. RVG iVm Nr. 7000 VV. Bei Anwaltswechsel sind Kopien aus Amts- oder Gerichtsakten nur einfach erstattungsfähig (BGH Mitt. 2005, 237). 106
- **Abwesenheitsgeld (Tagegeld):** Die Erstattungsfähigkeit richtet sich nach § 2 Abs. 2 RVG iVm Nr. 7005 VV. 107
- **Akteneinsichtsgebühren**: Diese sind nicht erstattungsfähig, wenn sie lediglich als Entscheidungshilfe dazu dienen, ob ein Löschungsverfahren aufgenommen werden soll; es fehlt dann an der Verfahrensbezogenheit; erstattungsfähig sind sie, wenn sie im Rahmen des Verfahrens selbst entstehen (vgl. BPatGE 11, 109). 108
- **Allgemeine Geschäftskosten:** Es gilt das Gebot kostensparender Verfahrensführung; diese sind in der Regel nicht erstattungsfähig. 109
- **Aufforderungsschreiben zum Verzicht bzw. zur Löschung des angegriffenen GebrM:** Dies sind keine Kosten des Löschungsverfahrens; sie können nur in zivilgerichtlichen Verfahren nach allgemeinen Rechtsgrundsätzen (§§ 683, 823 BGB) geltend gemacht werden. 110
- **Ausländischer Anwalt:** Zur Erstattungsfähigkeit siehe → Rn. 102. 111
- **Datenbankkosten:** Diese sind im Löschungsverfahren erstattungsfähig, wenn sie für die Recherche notwendig war. 112
- **Detektivkosten:** Diese müssen auch im Löschungsverfahren als erstattungsfähig angesehen werden können, jedenfalls soweit sie erfolgreich sind und für das Verfahrensergebnis ursächlich waren oder die Tatsache durch Zeugen nicht beweisbar ist (zu denken zB an Fälle des Nachweises offenkundiger Vorbenutzungen). Ferner müssen sie, auch im Umfang, geboten gewesen und angemessen sein in Bezug auf die Bedeutung des Verfahrens. Auch soweit sie vorprozessual entstanden sind, müssen sie als erstattungsfähig angesehen werden, wenn sie im unmittelbaren Zusammenhang mit dem bestimmten Verfahren stehen. 113
- **Druckschriften:** Die Kosten der Druckschriften sind erstattungsfähig; jedoch jeweils nur ein Exemplar pro Beteiligter. Für die Frage der Erstattungsfähigkeit ist es in der Regel gleichgültig, von wo die Druckschriften besorgt werden (zB vom DPMA, Patentinformationszentren etc). Die Druckschriften müssen ferner in einem inneren Zusammenhang mit dem Verfahren gestanden haben (Glaubhaftmachung gemäß § 104 Abs. 2 S. 1 ZPO). 114
- **Fotokosten:** Fotos, die der Vermittlung des Streitstoffs und des Nachweises einer Behauptung dienen, können erstattungsfähig sein. 115

116 – **Honorarvereinbarung:** Kosten gemäß einer Honorarvereinbarung (vgl. § 3a RVG) des Anwalts sind nur erstattungsfähig, wenn der Gegner sie vertraglich übernommen hat. Bei einem ausländischen Patentanwalt/Korrespondenzanwalt, für den keine gesetzlichen Gebühren gelten, sind sie im Rahmen der Erstattungsfähigkeit zu übernehmen, wenn dem mit ausländischen Patentanwalt/Korrespondenzanwalt vereinbarten Stundensätze ortsüblich sind.

117 – **Mehrwertsteuer:** Der Rechtsanwalt/Patentanwalt kann grundsätzlich die auf seine Gebühren entfallende Mehrwertsteuer gegenüber seinem (inländischen) Mandanten erstattet verlangen, § 2 Abs. 2 RVG iVm Nr. 7008 VV. Soweit eine Vorsteuerabzugsberechtigung besteht, ist keine Erstattungsfähigkeit gegeben, § 104 Abs. 2 ZPO (nach BPatG GRUR 1992, 503 soll diese materiell-rechtliche Einwendung vom Kostenfestsetzungsbeamten nur dann zu berücksichtigen sein, wenn sie unstreitig ist; dazu genüge nicht fehlendes Bestreiten seitens des Kostengläubigers, weil § 138 Abs. 3 nur im Erkenntnisverfahren, nicht dagegen im Verfahren der Kostenfestsetzung gelte; um als unstreitig angesehen werden zu können, bedürfe es daher grundsätzlich eines prozessualen Geständnisses im Sinne von § 288 Abs. 1 ZPO; diese Auffassung ist nicht praxisorientiert). Bei einer Kostenausgleichung infolge einer Quotelung der Kosten ist die auf die Vergütung des Anwalts entfallende Umsatzsteuer von der Verrechnung auszunehmen und gemäß der Kostenquote gesondert festzusetzen, wenn und soweit der insoweit Erstattungspflichtige die Vorsteuerabzugsberechtigung einwendet und wenn die Verrechnung zu seinen Lasten zu einem geringeren Ausgleichsbetrag führen würde (BPatG BlPMZ 1993, 346). Zur Mehrwertsteuer auf Fotokopien: BPatGE 23, 108.

118 – **Privatgutachten:** Als Parteikosten sind sie nur ausnahmsweise erstattbar; das Gutachten muss mindestens in das Verfahren eingeführt worden sein; es muss nicht notwendig gefördert oder die Entscheidung erkennbar beeinflusst haben. Die Entscheidungspraxis des BPatG (zu Patentnichtigkeitsverfahren) ist uneinheitlich (vgl. BPatGE 30, 263; BPatG GRUR 1993, 548; 1981, 815; 1976, 608). Die Vergütung richtet sich nach JVEG.

119 – **Recherchekosten:** Die Erstattungsfähigkeit dem Grunde nach von Kosten für Nachforschungen nach gebrauchsmusterhinderndem Material hängt regelmäßig davon ab, ob die Nachforschung in der seinerzeitigen Lage bei sorgfältiger Abwägung aller Umstände für notwendig gehalten werden durfte (vgl. BPatG Mitt. 1994, 54; BPatG Beschluss vom 29.6.2010 Az. 35 W (pat) 20/09). Ein Recherchieren auf bloßen Verdacht hin führt nicht zur Erstattungsfähigkeit. Für die Frage der Notwendigkeit der Erstattung ist auf den Zeitpunkt der Einleitung der Recherchen abzustellen. Ob die ermittelten Entgegenhaltungen vom DPMA bzw. Beschwerdegericht verwertet worden sind oder die Recherche Erfolg gehabt hat, ist nicht entscheidend; in diesen Fällen ist aber regelmäßig von einer Erstattungsfähigkeit auszugehen. Eine Recherche zum Stand der Technik ist gerade unter dem Gesichtspunkt des Gebots der kostenschonenden Verfahrensführung grundsätzlich eine unverzichtbare Maßnahme zur Vorbereitung eines Löschungsantrags, weil in der Regel nur über sie zuverlässig Aufschluss darüber gewonnen werden kann, ob ein auf den Löschungsgrund des § 15 Abs. 1 Nr. 1 gestützter Löschungsantrag hinreichende Aussicht auf Erfolg hat. Der Antragsteller muss sich nicht darauf verweisen lassen, sich vorab zu erkundigen, ob gegen den Inhaber des GebrM bereits ein Löschungsverfahren anhängig ist oder war und welcher Stand der Technik gegebenenfalls ermittelt wurde. Die Erstattungsfähigkeit der Recherchekosten eines **Nebenintervenienten** kann eingeschränkt sein, wenn bereits zahlreiche vom Hauptbeteiligten entgegengehaltene Literaturstellen keinen hinreichenden Anlass für die Durchführung einer eigenen Recherche ergeben (BPatG Mitt. 1972, 37). Nach der Rechtsprechung des BPatG zum Nichtigkeitsverfahren stellen Recherchen zu Stand der Technik (neben Literatur-

und Rechtsprechungsrecherchen und dem Sammeln und Auswerten von Tatsachen- und Beweismaterial), welche eine **Partei** selbst vorgenommen hat, nicht um erstattungsfähige Kosten, sondern um eigene persönliche Mühewaltung bei der Prozessführung. Diese ist als allgemeiner Prozessaufwand der eigenen Pflichtensphäre der Partei zuzuordnen und grundsätzlich nicht erstattungsfähig. Ein solcher allgemeiner Prozessaufwand kann jedoch ausnahmsweise dann erstattungsfähig sein, wenn der Partei die Eigenleistung im konkreten Fall nicht zuzumuten ist, etwa weil der Aufwand das gewöhnliche Maß weit übersteigt oder weil ihr oder ihren Mitarbeitern die zur sachgerechten Prozessführung erforderlichen besonderen Kenntnisse und Fähigkeiten fehlen (BPatG Beschluss vom 20.5.2015, Az. 3 ZA (pat) 2/15 zu 3 Ni 3/12 (EP) KoF 44/14 = BeckRS 2015, 13820). Bei **Mehrfachrecherchen** bedarf es zur Begründung der Erstattungsfähigkeit einer eingehenden Begründung zur Notwendigkeit aus Sicht des Antragstellers. Dies gilt auch für Recherchen im Ausland. Die Recherche nach Geschmacksmustern kann unter Umständen notwendig sein, da zum Stand der Technik auch technische Gegenstände gehören können, die wegen ihrer ästhetischen Wirkung als Geschmacksmuster hinterlegt werden (vgl. BPatG Mitt. 1994, 54). Wird eine Recherche zugleich für ein weiteres Verfahren, zB **Verletzungsstreit oder Patenteinspruchsverfahren** verwandt, sind die Kosten entsprechend zu teilen. Recherchekosten, die in einem GebrM-Verletzungsstreit nicht geltend gemacht werden konnten, können vom DPMA oder BPatG nicht mehr festgesetzt werden (BPatGE 25, 59). Recherchekosten durch einen **Anwalt** werden nach Stundensatz nach JVEG erstattet (vgl. BPatG Beschluss vom 25.3.2004, Az. 10 W (pat) 38/03). **Allgemeine Voraussetzung** ist, dass die Recherchekosten durch das Verfahren ausgelöst worden sein müssen, in dem sie geltend gemacht werden. Dient die Recherche der Vorbereitung einer Beschwerde gegen einen Beschluss des DPMA im Löschungsverfahren, sind dies Kosten des Beschwerdeverfahrens (BPatGE 33, 98). Die **Festsetzung** kann auch beim Verletzungsgericht erfolgen (*Benkard/Goebel/Engel* GebrMG § 17 Rn. 47). Ist die Recherche von einem Anwalt durchgeführt worden, richtet sich die Angemessenheit seines Vergütungsanspruchs nach dem Stundensatz entsprechend den Bestimmungen des Zeugen- und Sachverständigengesetzes (BPatGE 16, 24). Zeitaufwand und Aspekte eines besonderen Schwierigkeitsgrades sind glaubhaft zu machen. Jedoch können das Sichten und Prüfen von Rechercheergebnissen seitens des Anwalts nicht gesondert in Rechnung gestellt werden, da diese Tätigkeiten durch die Verfahrensgebühr abgegolten sind (BPatGE 34, 122).

– **Reisekosten:** Zu unterscheiden ist zwischen Reisekosten des (patent-)anwaltlichen Vertreters und denjenigen der Partei. Reisekosten eines **Anwalts** im Löschungs(Beschwerde)verfahren sind gesetzliche Auslagen iSd §§ 17 Abs. 4 iVm § 62 Abs. 2 PatG bzw. § 91 Abs. 2 S. 1 ZPO iVm § 84 Abs. 2 PatG und unterliegen mithin nicht der Notwendigkeitskontrolle durch den Rechtspfleger (vgl. § 18 Abs. 2 S. 2; BPatG GRUR 1992, 503; BPatG Beschluss vom 10.12.2012, Az. 35 W (pat) 2/12). Der Anwalt ist in der Wahl des Verkehrsmittels grundsätzlich frei (BGH Mitt. 2007, 292), soweit die Kosten angemessen sind, § 2 Abs. 2 RVG iVm Nr. 7004 RVG. Taxikosten eines Patentanwalts vom Flughafen zum Hotel in die Innenstadt Münchens und zurück werden nunmehr im Löschungsverfahren als erstattungsfähig angesehen. Dagegen verstößt der Anwalt gegen Treu und Glauben, wenn er Kosten in einer Höhe aufwendet, deren Anerkennung zu einem schlechthin untragbaren Ergebnis führen würden. Die Übernachtung in einem Luxushotel zum Zwecke der Wahrnehmung der mündlichen Verhandlung in einer durchschnittlichen Löschungssache ist deshalb nicht gerechtfertigt. Grenzen für die Übernachtung (Stand: 2010) bei ca. € 180,00 (zum Vorstehenden: *Bühring/Schmid* § 17 Rn. 211). Zur Geltendmachung von Kraftfahrzeugkosten: § 2 Abs. 2 RVG iVm Nr. 7004 VV. Die Erstattungsfähigkeit der Reisekosten der **Partei** richtet 120 sich analog § 91 Abs. 1 S. 2 ZPO. Erstattungsfähig sind Fahrtkosten, Reiseaufwand und Zeitversäumnis. Maßgebend sind die Bestimmungen des JVEG. Pkw-Kosten sind erstattungsfähig, wenn die Benutzung der Bundesbahn (2. Klasse) nicht viel billiger gewesen wäre. Der Begriff der Reise setzt voraus, dass die Partei die Grenzen der politischen Gemeinde überschreitet, in der sie wohnt. Reisekosten zur Teilnahme am Verhandlungstermin auch bei anwaltlicher Vertretung sind grundsätzlich erstattungsfähig; hier ist keine kleinliche Handhabung angesagt. Die Anwesenheit der Partei im Verhandlungstermin fördert erfahrungsgemäß die rasche Erledigung des Verfahrens und entspricht damit der Gesetzestendenz zur Verfahrensbeschleunigung. Ebenso müssen die Reisekosten der Partei zur einmaligen ersten **Information** ihres nicht an ihrem Wohnort befindlichen Anwalts als erstattungsfähig angesehen werden.

121 – **Telekommunikationskosten:** Kosten für Post und Telefon werden nach § 2 Abs. 2 RVG iVm Nr. 7002 RVG erstattet.

122 – **Übersetzungskosten:** Werden wesentliche, insbesondere umfangreiche Schriftstücke oder solche, auf deren genauen Wortlaut es ankommen kann, zur Unterrichtung einer die deutsche Sprache nicht ausreichend beherrschenden ausländischen Partei übersetzt, so sind die Kosten hierfür grundsätzlich erstattungsfähig, auch wenn ein Verkehrsanwalt eingeschaltet war (BPatGE 25, 4, 5). Nach dem 5. Senat des BPatG sollen jedoch Übersetzungskosten von Verfahrensunterlagen nicht erstattungsfähig sein, wenn die Rechtfertigung eines Verkehrsanwalts gerade mit Sprachhindernissen begründet wird. Die Übersetzung von Dokumenten in die deutsche Sprache zur Erleichterung des Verfahrensablaufs sollte großzügig behandelt werden; auch hier ist jedoch das Gebot kostensparender Maßnahmen zu beachten, so dass insbesondere bei umfangreichen Dokumenten häufig die Teilübersetzung von Ausschnitten von Dokumenten genügt. Ungeachtet dessen zeigt der Gesetzgeber (zB in § 184 GKG oder Art. II § 3 IntPatÜG) die Anerkennung der Notwendigkeit von Übersetzungen. Entschädigt wird nach § 11 JVEG. Übersetzungen von Dokumenten sind jedenfalls dann erstattungsfähig, wenn sie nach Aufforderung durch das DPMA/Gericht erstellt wurden (zum Nichtigkeitsverfahren BPatG Beschluss vom 16.11.2012, Az. 3 ZA (pat) 50/12).

123 – **Vergleich:** Die Kosten eines außergerichtlichen Vergleichs gehören nur dann zu den zu erstattenden Kosten des Rechtsstreits, wenn die Parteien dies vereinbart haben (BGH Mitt. 2009, 91 – *Kosten des außergerichtlichen Vergleichs*).

124 – **Zeugengebühren und -auslagen:** Diese sind erstattungsfähig. Die Höhe richtet sich nach JVEG.

125 – **Zeitversäumnis der Partei:** Siehe unter Reisekosten.

126 – **Zinsen:** §§ 104 Abs. 1 S. 2, 103 ZPO

127 **8.5.7 Kostenfestsetzungsantrag.** Die Festsetzung setzt einen Antrag voraus. Die für die Ermittlung der Kostenfestsetzung notwendigen Angaben hat der Antragsteller gemäß § 17 Abs. 4 S. 2 iVm §§ 62 Abs. 2 S. 3, 84 Abs. 2 S. 2 PatG, 103, 104 ZPO analog darzulegen und glaubhaft zu machen. Eine Amtsermittlung erfolgt nicht, weil dieser Grundsatz nur im Erkenntnisverfahren, nicht jedoch im Kostenfestsetzungsverfahren gilt (*Bühring/Schmid* § 17 Rn. 149).

128 **9. Kostenerstattung und Zwangsvollstreckung.** Das DPMA erlässt einen Kostenfestsetzungsbeschluss durch den dem „Urkundsbeamten der Geschäftsstelle" entsprechenden Beamten des gehobenen Dienstes bei der Gebrauchsmusterabteilung, nicht den Rechtspfleger (BPatGE 1, 173). Ein Beteiligtenwechsel im Kostenfestsetzungsverfahren durch Umschreibung des Gebrauchsmusters findet nicht statt (BPatGE 20, 130). Aus einer vollstreckbaren Ausfertigung dieses Kostenfestsetzungsbeschlusses ist die Zwangsvollstreckung möglich, §§ 724, 795 a ZPO. Diese ist vom Rechtspfleger beim BPatG zu erteilen, §§ 17 Abs. 4, 62 Abs. 2 S. 4 PatG. Gegen den

Kostenfestsetzungsbeschluss ist gemäß § 17 Abs. 4 S. 2 iVm §§ 62 Abs. 2 S. 3, S. 4, 73 PatG die Beschwerde statthaft. Beschwerdefrist: 2 Wochen. Die **Vollstreckungsgegenklage** gegen einen Kostenfestsetzungsbeschluss des DPMA ist möglich, § 17 Abs. 4 GebrMG iVm § 62 Abs. 2 S. 3 PatG. Für eine solche Klage ist das BPatG als Prozessgericht des ersten Rechtszuges ausschließlich zuständig. Ein Rechtsmittel gegen das Urteil des BPatG ist jedoch nicht statthaft (BGH Mitt. 2001, 360 – *Vollstreckungsabwehrklage*).

§ 18 [Beschwerde; Rechtsbeschwerde]

(1) **Gegen die Beschlüsse der Gebrauchsmusterstelle und der Gebrauchsmusterabteilungen findet die Beschwerde an das Patentgericht statt.**

(2) **Im übrigen sind die Vorschriften des Patentgesetzes über das Beschwerdeverfahren entsprechend anzuwenden. Betrifft die Beschwerde einen Beschluß der in einem Löschungsverfahren ergangen ist, so ist für die Entscheidung über die Kosten des Verfahrens § 84 Abs. 2 des Patentgesetzes entsprechend anzuwenden.**

(3) **Über Beschwerden gegen Beschlüsse der Gebrauchsmusterstelle sowie gegen Beschlüsse der Gebrauchsmusterabteilungen entscheidet ein Beschwerdesenat des Patentgerichts. Über Beschwerden gegen die Zurückweisung der Anmeldung eines Gebrauchsmusters entscheidet der Senat in der Besetzung mit zwei rechtskundigen Mitgliedern und einem technischen Mitglied, über Beschwerden gegen Beschlüsse der Gebrauchsmusterabteilungen über Löschungsanträge in der Besetzung mit einem rechtskundigen Mitglied und zwei technischen Mitgliedern. Für Beschwerden gegen Entscheidungen über Anträge auf Bewilligung von Verfahrenskostenhilfe ist Satz 2 entsprechend anzuwenden. Der Vorsitzende muß ein rechtskundiges Mitglied sein. Auf die Verteilung der Geschäfte innerhalb des Beschwerdesenats ist § 21 g Abs. 1 und 2 des Gerichtsverfassungsgesetzes anzuwenden. Für die Verhandlung über Beschwerden gegen die Beschlüsse der Gebrauchsmusterstelle gilt § 69 Abs. 1 des Patentgesetzes, für die Verhandlung über Beschwerden gegen die Beschlüsse der Gebrauchsmusterabteilungen § 69 Abs. 2 des Patentgesetzes entsprechend.**

(4) **Gegen den Beschluß des Beschwerdesenats des Patentgerichts, durch den über eine Beschwerde nach Absatz 1 entschieden wird, findet die Rechtsbeschwerde an den Bundesgerichtshof statt, wenn der Beschwerdesenat in dem Beschluß die Rechtsbeschwerde zugelassen hat. § 100 Abs. 2 und 3 sowie die §§ 101 bis 109 des Patentgesetzes sind anzuwenden.**

Literatur (Auswahl): *Bender,* Die Überbesetzung des Gebrauchsmusterbeschwerdesenats des Bundespatentgerichts mit technischen Richtern, GRUR 1998, 969.

Inhaltsübersicht

1 **1. Allgemeines/Zweck der Vorschrift.** Entscheidungen der GebrM-Stelle bzw. der GebrM-Abteilungen des DPMA können mit der Beschwerde angefochten werden. § 18 erfüllt das grundgesetzliche Gebot der Rechtsweggarantie, Art. 19 Abs. 4 GG, gegen Entscheidungen des DPMA, durch die jemand in seinen Rechten verletzt ist. Die Regelung ist verschiedentlich gesetzlichen Änderungen unterworfen gewesen (vgl. hierzu *Benkard/Goebel/Engel* § 18 Rn. 1, 2). Dennoch regelt sie die Beschwerde und das Beschwerdeverfahren nur unvollständig. Sie ist §§ 73ff. PatG ähnlich und verweist auf diese in Abs. 2 ausdrücklich. § 18 Abs. 1 entspricht § 73 Abs. 1 PatG. § 18 Abs. 2 erklärt die Vorschriften der §§ 73–80 PatG für anwendbar; für die Kostenentscheidung im Löschungsbeschwerdeverfahren verweist er auf § 84 Abs. 2 PatG. Abs. 3 regelt Aspekte der Gerichtsverfassung und bestimmt den „gesetzlichen Richter" iSd Art. 100 Abs. 1 GG durch zwingende Regelung der Besetzung des Beschwerdesenats. Abs. 3 Satz 5 enthält eine Verweisung auf § 21g Abs. 1 und 2 GVG, Satz 6 verweist auf § 69 PatG. Abs. 4 bedeutet eine Anpassung an § 100 Abs. 1 PatG, wonach nur zweitinstanzliche Beschlüsse des Patentgerichts mit der Rechtsbeschwerde angefochten werden können. Nicht geregelt ist der Rechtsbehelf der Erinnerung, der gegen Kostenfestsetzungsbeschlüsse im Löschungsbeschwerdeverfahren in Betracht kommt.

2 **2. Zulässigkeit der Beschwerde.** Der Sache nach führt von der „ersten Instanz" des DPMA ein „Instanzenzug" zum Beschwerdesenat des BPatG. Das Verfahren vor dem Beschwerdesenat ist als ein **echtes Rechtsmittelverfahren** ausgestaltet (BGH GRUR 1969, 562, 563 – *Appreturmittel;* BGH GRUR 1995, 333, 337 – *Aluminium-Trihydroxid*), an dem das DPMA als die Behörde, die den mit der Beschwerde angefochtenen Beschluss erlassen hat, grundsätzlich nicht beteiligt ist. Alle Verfahrenshandlungen, die im Verfahren vor dem DPMA möglich waren, können auch noch im Beschwerdeverfahren gegenüber dem BPatG vorgenommen werden. Die Beschwerde setzt nicht ein erstinstanzliches Verfahren in Gang, sondern eröffnet vielmehr eine zweite (gerichtliche) Tatsacheninstanz (BGH GRUR 1969, 562, 563 – *Appreturmittel*). Auf das Beschwerdeverfahren sind ergänzend die Vorschriften der ZPO über das Beschwerdeverfahren anzuwenden. Das Beschwerdegericht kann in der Sache jede denkbare Entscheidung treffen, die vom DPMA getroffen werden kann

(BGH GRUR 1969, 562, 563 – *Appreturmittel*), also zB Anordnung der Eintragung oder Löschung des GebrM. Mit Ausnahme des Verzichts (§ 23 Abs. 3 Nr. 1) können auch alle vor dem DPMA abzugebenden Erklärungen oder Handlungen vor dem BPatG erfolgen. Verfahrensanträge sind in derjenigen Instanz zu stellen, bei der das Verfahren anhängig ist; derartige Erklärungen werden erst wirksam, wenn sie in der betreffenden Instanz eingehen.

2.1 Statthaftigkeit. Die Beschwerde ist nur gegen Beschlüsse der GebrM-Stelle und der GebrM-Abteilung statthaft, nicht gegen bloße Untätigkeit oder Äußerungen, die keinen Beschlusscharakter haben. **Beschlüsse** im Sinne dieser Vorschrift sind unabhängig von der äußeren Form und der Bezeichnung als Beschluss alle Entscheidungen des DPMA mit **Entscheidungscharakter,** durch die eine abschließende Regelung ergeht, die die Rechte der Beteiligten berührt (BPatG GRUR 1982, 367 – *Hilfsantrag*). Ist die Entscheidung nicht unterschrieben, liegt kein Beschluss vor; eine Beschwerde ist in diesem Fall zwar zulässig aber gegenstandslos (zum Patentrecht BPatG Mitt. 2009, 92 – *Unterschriftsmangel*). Keine Beschwerde findet statt, wenn dies ausdrücklich geregelt ist (zB bei der Bewilligung der Wiedereinsetzung, § 21 iVm § 123 Abs. 4 PatG). Der Begriff „Beschluss" ist materiell-rechtlich zu verstehen (vgl. BPatG GRUR 1996, 873, 874 – *Rechtsschutzbedürfnis*). Auch Entscheidungen, die an sich keinen Beschlusscharakter aufweisen, aber in Beschlussform ergangen sind, sind mit der Beschwerde angreifbar. Bei Fehlen einer Entscheidung ist das Rechtsmittel der Beschwerde unstatthaft, zB formlose, bloße Mitteilung (zum Patentrecht BPatG Beschluss vom 27.2.2003, Az. 10 W (pat) 19/02) oder versehentliche Nichtentscheidung über einen Teil der Kosten. Wird jedoch der äußere Schein eines Beschlusses hervorgerufen, zB durch Ausfertigungsstempel, formelle Zustellung etc, ist dieser Akt mit der Beschwerde angreifbar. Auch Zwischenentscheidungen können angefochten werden. Die Kostenentscheidung der GebrM-Abteilung ist isoliert anfechtbar (BPatGE 22, 114, 115). Für die Statthaftigkeit ist es auch nicht entscheidend, ob die gesetzlichen Zuständigkeiten der GebrM-Stelle bzw. der GebrM-Abteilung eingehalten sind. Mit der Beschwerde angegriffen werden können zB **3**

- die Zurückweisung der Eintragung; zur Frage, ob die Eintragungsverfügung materiell-rechtlich als Beschluss charakterisiert werden kann, vgl. BPatG GRUR 1982, 367, 368 – *Hilfsantrag;* **4**
- die Eintragungsverfügung unter zu Grundelegung des hilfsweise geltend gemachten Schutzbegehrens, weil dadurch zugleich das vom Anmelder in erster Linie geltend gemachte Schutzbegehren abgelehnt wird (BPatG GRUR 1982, 367, 368 – *Hilfsantrag*); **5**
- Zurückweisung des Löschungs- oder Feststellungsantrags; **6**
- Ablehnung einer beanspruchten Priorität oder Feststellung der Verwirkung einer Priorität; **7**
- Anordnung oder Ablehnung der Umschreibung (zum Markenrecht BGH GRUR 1969, 43 – *Marpin;* zum Patentrecht BPatG Beschluss vom 10.12.2007, Az. 10 W (pat) 34/06); **8**
- Anordnung, Ablehnung, Aufhebung einer Geheimhaltungsanordnung (vgl. BGH GRUR 1972, 535 – *Geheimhaltungsanordnung*); **9**
- Entscheidung über Eintritt oder Nichteintritt bestimmter Rechtsfolgen, zB zur Inanspruchnahme und Verwirkung einer Priorität, Wirksamkeit der Abzweigung oder Teilung, Nichtzahlung einer Gebühr, etc; **10**
- Anordnung oder Ablehnung der Aussetzung (BPatGE 10, 131, 135) oder der Fortsetzung des Verfahrens; **11**
- Ablehnung eines Berichtigungsantrags etc. **12**
- Die Unterrichtung des Gebrauchsmusterinhabers über die Feststellung der Löschung eines GebrM wegen Nichtwiderspruchs nach § 17 Abs. 1 S. 2 ist als kraft **13**

Gesetzes eingetretene Wirkung nicht mit der Beschwerde anfechtbar (→ § 17 Rn. 7). Behauptet der Gebrauchsmusterinhaber, dass die Voraussetzungen des § 17 Abs. 1 S. 2 GebrMG nicht vorgelegen hätten, und erlässt die Gebrauchsmusterabteilung auf entsprechenden Antrag einen Beschluss, der den Eintritt der gesetzlichen Wirkung feststellt, ist dieser Beschluss mit der Beschwerde anfechtbar (BPatG Mitt. 2004, 76 – *Papierauflage*).

14 Die **Beschwerde** ist auf Grund gesetzlicher Regelung **ausgeschlossen** in den Fällen des § 46 Abs. 1 S. 5 PatG (Zurückweisung eines Antrags auf Anordnung einer mündlichen Verhandlung, Beweisaufnahme, Zeugeneinvernahme), § 123 Abs. 4 PatG (Bewilligung der Wiedereinsetzung), § 135 Abs. 1 S. 1 PatG (Gewährung von Verfahrenskostenhilfe). Ferner ist eine Beschwerde nicht gegen gesetzlich vorgeschriebene **Benachrichtigungen** möglich, zB Gebührenbenachrichtigungen oder Aufforderung zur Nennung des Aktenzeichens (BPatGE 24, 218). Des Weiteren nicht angreifbar sind verfahrensleitende Verfügungen oder die Ablehnung verfahrensleitender Maßnahmen, auf die kein Anspruch besteht, wie die Verbindung mehrerer Verfahren (BPatGE 27, 82), Zwischen- oder Prüfungsbescheide (BPatGE 3, 8), Beweisbeschlüsse, etc. Entscheidungen gegen den Kostenansatz können nach § 11 Abs. 3 PatKostG nicht mit der Beschwerde oder der Rechtsbeschwerde angegriffenen werden (BGH GRUR 2015, 1144 – *Überraschungsei;* anders, wenn in Frage gestellt wird, ob überhaupt eine Grundlage für die Erhebung der in Rede stehenden Gebühr besteht und nicht der Ansatz von Kosten angegriffen wird, deren Grundlage sich aus dem Gesetz ergibt (BGH GRUR 2011, 1053 – *Ethylengerüst*).

15 **2.2 Beschwerdeberechtigung.** Weitere Voraussetzung ist, dass der Beschwerdeführer durch die angefochtene Entscheidung beschwert ist (BGH GRUR 1972, 535, 536 – *Geheimhaltungsanordnung;* BPatGE 11, 227, 228). Die **Beschwer** ist Rechtsmittelvoraussetzung. Sie kann formeller Art (Abweichen gegenüber dem Antrag, vgl. BPatG GRUR 1983, 369 – *Beschwer*) oder materieller Art sein (inhaltlich nachteiliges Abweichen der Entscheidung, vgl. BGH GRUR 1982, 291 – *Polyesterimide*). Eine schlüssige Behauptung der Beschwer reicht aus (BPatGE 11, 227). Die Beschwer muss grundsätzlich noch zum Zeitpunkt der Einlegung der Beschwerde gegeben sein. Ob ihr Wegfall während des Beschwerdeverfahrens die Beschwerde unzulässig oder lediglich unbegründet macht (so BPatGE 9, 263, aA BGH Mitt. 2004, 471 – *Wegfall der Beschwer*), ist streitig. Beschwer ist gegeben, wenn einem Begehren eines Beteiligten nicht in vollem Umfange stattgegeben wird. Dies lässt sich durch einen Vergleich von Beantragtem und durch die Beschlussformel Gewährtem entnehmen; ausnahmsweise soll sich eine Beschwer auch aus den Gründen der Entscheidung selbst ergeben können (BPatGE 11, 227, 229). Dies wird jedoch eine weitgehende Ausnahme sein, da die Begründung der Entscheidung allein nicht in Bestandskraft erwächst. Im Regelfall wird infolgedessen zB keine Beschwer des Antragstellers anzunehmen sein, wenn das GebrM wegen druckschriftlichen Standes der Technik, nicht aber wegen gleichzeitig geltend gemachter offenkundiger Vorbenutzung gelöscht wird. In diesem Fall entspricht der Beschluss in vollem Umfang dem Antrag des Antragstellers. **Beispiele** für Beschwer: Änderung des angegriffenen Anspruchs im Wege der Teillöschung bei uneingeschränktem Löschungsantrag (BPatG GRUR 1992, 694, 695 – *Betätigungswerkzeug*); jede Änderung des GebrM im Löschungsverfahren ohne Einwilligung des GebrM-Inhabers beschwert diesen (vgl. BGH GRUR 1997, 120, 122 – *Elektrisches Speicherheizgerät*); Einschränkung des Schutzbereichs in den Gründen der Löschungsentscheidung (vgl. BPatG GRUR 1987, 113 – *Digitalrechner*). Der Löschungsantragsteller ist durch jede die Aufrechterhaltung (auch nur teilweise bei vollständigem Antrag auf Löschung) des GebrM aussprechende Entscheidung beschwert.

16 **Beschwerdeberechtigter** kann jeder sein, der am Verfahren vor dem Patentamt beteiligt war, § 18 Abs. 2 GebrMG iVm § 74 Abs. 1 PatG, zB der Anmelder, der GebrM-Inhaber oder der Antragsteller im Löschungsverfahren. Mehrere Anmelder

sind notwendige Streitgenossen, § 62 ZPO; jeder kann daher einzeln fristwahrend die Beschwerde einlegen (BPatG Beschluss vom 23.11.2000, Az.6 W (pat) 15/00). Der Beschwerdeberechtigte muss sich aus den innerhalb der Beschwerdefrist eingereichten Unterlagen (nicht notwendig allein aus der Beschwerdeschrift) eindeutig entnehmen lassen (BPatG GRUR 1993, 549, 550 – *Beschwerderecht*). Erfolgt während des Löschungsverfahrens ein Inhaberwechsel einschließlich Umschreibung im Register, so stehen sowohl dem neuen Inhaber als auch dem früheren Inhaber das Beschwerderecht zu, wenn das DPMA den früheren Inhaber weiterhin als Verfahrensbeteiligten behandelt (vgl. BPatG GRUR 1993, 549, 550 – *Beschwerderecht*). Wird im Löschungsantrag das angegriffene GebrM wegen eines Schreibversehens mit der falschen Nummer genannt, ist aber aus dem Löschungsantrag im Übrigen das richtige GebrM zweifelsfrei zu identifizieren, so wird der Inhaber des GebrM mit der Falschnummer, dem der Löschungsantrag zugestellt wird, nicht Verfahrensbeteiligter des vom Antragsteller eingeleiteten Löschungsverfahrens (BPatG GRUR 1997, 525 – *Zahlendreher*); er wird damit für dieses Verfahren auch nicht Beschwerdeberechtigter, dies ist nur soweit möglich, als seine Beteiligung in dem Verfahren auf seine förmliche Entlassung hieraus betroffen ist (vgl. aber BPatGE 22, 108; BPatGE 37, 135). Beschwerdeberechtigter kann auch ein Nebenintervenient sein. Nach der Rechtsprechung des BGH zum PatG 1968 war der Löschungsantragsteller ebenfalls möglicher Beschwerdeführer in einem Verfahren des GebrM-Inhabers auf **Wiedereinsetzung** wegen Versäumung der Widerspruchsfrist oder der Zahlungsfrist für die Verlängerungsgebühr (BGH GRUR 1971, 246 – *Hopfenextrakt*). Dies ist nach der neueren Rechtsprechung des BGH (BGH GRUR 2015, 927 – *Verdickerpolymer II*) nicht mehr der Fall. Beschwerdeberechtigt ist auch der **Rechtsnachfolger** eines Beteiligten unter den Voraussetzungen des § 265 ZPO (Schulte, Patentgesetz, PatG § 74 Rn. 7; aA zum Patentrecht BPatG Beschluss vom 19.5.2014, Az. 19 W (pat) 62/12: der alte Inhaber bleibt bis zur Umschreibung im Register berechtigt).

2.3 Einlegung, Form, Frist. Die Verweisung in Abs. 3 auf die Vorschriften des PatG über die Einlegung der Beschwerde ist umfassend. Die Beschwerde ist **beim DPMA** einzulegen, § 18 Abs. 2 S. 1 GebrMG iVm § 73 Abs. 2 S. 1 PatG, was seinen Grund in der Abhilfemöglichkeit gemäß § 73 Abs. 3 PatG hat. Die Einreichung der Beschwerde beim BPatG zur Fristwahrung reicht nicht aus. Zuständig ist die Stelle, deren Beschluss angefochten wird, § 73 Abs. 3 S. 1 PatG. Wird gegen einen Beschluss des DPMA eine (unzulässige) Klage vor einem Zivilgericht oder Verwaltungsgericht erhoben, kann die „Klage" als Beschwerde ausgelegt werden, wenn die „Klage" an das BPatG verwiesen werden und noch innerhalb der Beschwerdefrist beim DPMA eingeht (vgl. *Bühring/Bühring* § 18 Rn. 3). 17

Die Einhaltung der **Schriftform** ist notwendig. Dies bedeutet Unterschriftsform. Sie ist in deutscher Sprache zu hinterlegen. Schriftform ist auch bei Fernschreiben und Telekopie gewahrt, jedoch nicht bei E-Mail (vgl. zu § 130 ZPO: BGH Mitt. 2009, 92 – *E-Mail und Schriftform*). Zur fehlenden Unterschrift bei Beschwerdeschriften per Fernschreiben (vgl. BPatG GRUR 1989, 908 – *Beschwerde per Fernschreiben*). Ist die Person des Beschwerdeführers nicht zweifelsfrei erkennbar, ist die Beschwerde unzulässig (BPatG GRUR 1993, 549, 550 – *Beschwerderecht*). Eine Beschwerde in elektronischer Form ist gemäß §§ 21 Abs. 1 S. 1, 125a PatG, § 1 BGH/BPatGERVV vorgesehen. Der Beschwerde und allen Schriftsätzen sollen Abschriften für die übrigen Beteiligten beigefügt werden, § 74 Abs. 2 S. 2 PatG. 18

Die **Beschwerdefrist** beträgt **einen Monat** nach Zustellung der angefochtenen Entscheidung, § 18 Abs. 2 GebrMG iVm § 73 Abs. 2 S. 1 PatG. Der Zulässigkeit steht nicht entgegen, wenn die Beschwerde vor Fristbeginn, aber nach Erlass der angefochtenen Entscheidung eingelegt wird, da die Frist nur den spätestmöglichen Zeitpunkt der Beschwerdeeinlegung festlegt (BPatGE 20, 27, 28); zB wenn die Zustellung nicht ordnungsgemäß ist, der Empfänger den Beschluss aber erhalten hat. 19

20 Die Monatsfrist läuft ab **Zustellung** der Entscheidung (Ausnahme: Kostenfestsetzungsbeschlüsse des DPMA, §§ 17 Abs. 4 S. 2, 62 Abs. 2 S. 4 PatG: zwei Wochen, dh keine Erinnerung). Die Frist beginnt nur zu laufen, wenn die angefochtene Entscheidung ordnungsgemäß zugestellt ist, § 127 PatG; danach keine Heilung von Zustellungsmängeln. Weist die zugestellte Entscheidung **Mängel** auf (zB fehlende Unterschrift des Vorsitzenden), so wird die Frist gehemmt (BPatGE 24, 125).

21 Für den Fristbeginn ist ferner eine ordnungsgemäße **Rechtsmittelbelehrung** erforderlich (vgl. § 17 Abs. 3, § 47 Abs. 2 PatG). Ist diese fehlerhaft oder fehlt sie, so beträgt die Beschwerdefrist ein Jahr seit Zustellung des Beschlusses (§ 47 Abs. 2 S. 3 PatG). Eine Fristverlängerung kommt nicht in Betracht. Wiedereinsetzung ist möglich. Für die Fristberechnung gelten die allgemeinen Regeln, §§ 187 ff. BGB.

22 Bei **mehreren Beteiligten** beginnt für jeden die Beschwerdefrist mit der an ihn bzw. seinen Zustellungsbevollmächtigten erfolgten Zustellung (BPatG GRUR 1996, 872 – *Beschwerdefrist*).

23 **2.4 Inhaltliche Anforderungen.** Anforderungen an die Beschwerde werden nur insofern gestellt, als die Person des Beschwerdeführers **eindeutig** und **zweifelsfrei** erkennbar sein muss (BPatG GRUR 1993, 549 – *Beschwerderecht*). Hierzu gehört auch die ladungsfähige Anschrift des Beschwerdeführers. Bleiben Zweifel an der Person des Beschwerdeführers bestehen, so ist die Beschwerde unzulässig. Ferner muss in ihr deutlich zum Ausdruck kommen, dass eine bestimmte Entscheidung des DPMA angefochten werden soll. Die Wahl des Wortes „Beschwerde" ist hierfür nicht unbedingt erforderlich, aber zu empfehlen. Falsche Bezeichnungen wie zum Beispiel „Einspruch" oder dergleichen schaden nicht. Nicht ausreichend ist hingegen lediglich die (fristgerechte) Zahlung der Beschwerdegebühr, selbst wenn dies unter Angabe des Verwendungszwecks erfolgt (BGH GRUR 1966, 50 – *Hinterachse*). Hierbei ist allgemein zu berücksichtigen, dass Formvorschriften im Rahmen gesetzlicher Regelungen zu Rechtsmitteln aus Gründen der Rechtssicherheit eng auszulegen sind. Die Beschwerde ist **bedingungsfeindlich.** Die Beschwerdeschrift bedarf keines bestimmten Antrages.

24 Wird kein bestimmter Antrag gestellt, wird der angefochtene Beschluss in toto angegriffen. Antrag und Begründung sind gleichwohl zu empfehlen, um negative Kostenfolgen zu vermeiden (§ 80 PatG). Hiervon abgesehen bedarf es keiner Beschwerdebegründung. Werden Anträge gestellt, so ist die Nachprüfungsbefugnis des BPatG auf deren Umfang beschränkt. Nach der Rechtsprechung des BGH genügt es zur Wahrung des rechtlichen Gehörs im schriftlichen Verfahren grundsätzlich, wenn das Gericht von einer – wenngleich zweckmäßigen – Fristsetzung absieht und lediglich eine angemessene Zeit auf eine mögliche Stellungnahme einer Partei wartet (zum Patentrecht BGH GRUR 2000, 597 – *Kupfer-Nickel-Legierung*). Bittet der Beschwerdeführer darum, Gelegenheit zur Beschwerdebegründung zu erhalten, ist dem durch Aufforderung zur Stellungnahme unter Fristsetzung zu entsprechen (vgl. zum Patentrecht BGH GRUR-RR 2008, 457 – *Tramadol*).

25 Ein **Verzicht** auf das Beschwerderecht (zB durch die Mitteilung, keine Beschwerde einlegen zu wollen) ist analog § 515 ZPO möglich und führt zur Unzulässigkeit einer gleichwohl eingelegten Beschwerde.

26 Im **Kostenfestsetzungsbeschwerdeverfahren** ist die Überprüfung auf einzelne Positionen zu beschränken, wenn dies im Antrag eindeutig zum Ausdruck kommt. Andernfalls erfolgt eine vollumfängliche Überprüfung mit eventuellen Kostennachteilen (vgl. BPatGE 30, 69).

27 **2.5 Anschlussbeschwerde.** Die (gesetzlich nicht geregelte) Anschlussbeschwerde liegt vor, wenn der Beschwerdegegner seinerseits Beschwerde einlegt. Dies kann vor und nach Ablauf der Frist geschehen. Je nachdem liegt eine **selbständige** oder **unselbständige** Anschlussbeschwerde vor. Gegner kann – je nach Fallgestaltung – der GebrM-Inhaber, der Antragsteller oder der Beitretende sein. Die Statthaf-

tigkeit beider Ausgestaltungen der Anschlussbeschwerde ist gemäß § 99 Abs. 1 PatG iVm § 567 Abs. 3 ZPO zu bejahen. Die unselbständige Anschlussbeschwerde kann noch nach Verzicht auf das Beschwerderecht, Rücknahme der eigenen früheren Beschwerde oder nach Fristablauf erhoben werden und erfordert keine Beschwer. Sie ist jedoch auf den Gegenstand der angefochtenen Entscheidung zu beschränken und verliert ihre Wirkung, wenn die frühere Beschwerde zurückgenommen, als unzulässig verworfen wird oder sich erledigt, § 567 Abs. 3 ZPO.

2.6 Abhilfe. In **einseitigen Verfahren** kann diejenige Stelle des DPMA, deren Beschluss angefochten wird, der Beschwerde abhelfen, § 73 Abs. 3 PatG. In **zweiseitigen Verfahren** ist eine Abhilfemöglichkeit nicht gegeben. 28

Das DPMA muss der Beschwerde abhelfen, wenn sie diese für zulässig und begründet hält (BPatG GRUR 1991, 828 – *Synchroton*). Das Abhilfeverfahren ist damit in der Regel nur im Eintragungsverfahren vor der GebrM-Stelle zulässig. Die Abhilfe kann die Sache selbst entscheiden oder auch nur die Aufhebung der angefochtenen Entscheidung bei gleichzeitigem Wiedereintritt in die Sachprüfung bedeuten **(„kassatorische Abhilfe“).** Im Einzelnen streitig (vgl. BPatG GRUR 1989, 105 – *Überwachung von Taktsignalen,* einerseits und BPatGE 27, 157, andererseits, wohl anerkannt durch BPatGE 30, 32, 34). Eine solche kassatorische Abhilfe ist wirksam, aber anfechtbar. Sie erfolgt in Beschlussform; eine Begründung ist grundsätzlich nicht erforderlich. **Teilweise Abhilfe** ist bei einem teilbaren Beschwerdegegenstand möglich (zB Haupt- und Hilfsantrag bzw. Teilung der Anmeldung). Bei einer Abhilfeentscheidung kann gemäß § 73 Abs. 3 S. 2 PatG die Zurückzahlung der Beschwerdegebühr angeordnet werden. Ein Ausspruch hierüber ist in der Abhilfeentscheidung nur erforderlich, wenn diese angeordnet oder ein entsprechender Antrag zurückgewiesen wird. Im letztgenannten Fall muss die Entscheidung (ausnahmsweise) begründet werden. Dem DPMA ist im Beschwerdeverfahren nach § 73 PatG nur die Möglichkeit gegeben, die Beschwerde sachlich zu bescheiden, wenn es der Beschwerde ganz oder zum Teil abhilft. Für andere Entscheidungen als die Abhilfe ist nicht mehr das DPMA, sondern das BPatG zuständig (BGH GRUR 2009, 521 – *Gehäusestruktur*). Zur Wiedereinsetzung im Zusammenhang mit Abhilfeverfahren: vgl. BPatGE 9, 25, 29; BPatGE 16, 222; BPatGE 29, 112). Die Abhilfe beendet das Beschwerdeverfahren. 29

In allen mehrseitigen Verfahren sowie dann, wenn das DPMA die Beschwerde für unzulässig oder unbegründet erachtet, muss es die Beschwerde ohne sachliche Stellungnahme innerhalb eines Zeitraums von einem Monat dem **BPatG vorlegen,** § 73 Abs. 3 S. 3 PatG. Dieser Zeitrahmen hat allenfalls dienstaufsichtsrechtlichen Charakter (vgl. BPatG GRUR 1985, 373 – *Abhilfe VI*). 30

3. Beschwerdegebühr. Die **Beschwerdegebühr** ist seit in Kraft treten des PatKostG am 1.1.2002 für alle Beschwerden zu zahlen. **Gebührenfrei** sind lediglich gemäß § 2 Abs. 1 PatKostG iVm Nr. 401 300 GV Beschwerden in Verfahrenskostenhilfesachen, Beschwerden nach § 11 Abs. 2 PatKostG und nach § 11 Abs. 2 DPMA-VwKostV sowie unselbstständige Anschlussbeschwerden (vgl. BPatG Beschluss vom 18.6.2014, Az. 35 W (pat) 6/12). Die Beschwerdegebühr ist an das DPMA zu zahlen, § 8 Abs. 1 Nr. 1 lit. e PatKostG. Die Zahlung darf, da es sich um eine Verfahrenshandlung handelt, nicht bedingt sein (zum Patentrecht BGH Mitt. 2004, 70, 71 – *Deformationsmessung*). 31

Die Höhe der Beschwerdegebühr richtet sich nach § 2 Abs. 1 PatKostG iVm Gebührenverzeichnis zum PatKostG. Derzeit beträgt die Beschwerdegebühr für eine Beschwerde nach § 18 Abs. 1 GebrMG € 500,00 (GV Nr. 401 100), für Beschwerden gegen einen Kostenfestsetzungsbeschluss € 50,00 (GV Nr. 401 200), für Beschwerden in anderen Fällen € 200,00 (GV Nr. 401 300), für Gehörsrügen € 50,00 (GV Nr. 403 100). Bei Nichtzahlung gilt die Beschwerde als nicht erhoben, § 6 Abs. 2 PatKostG (vgl. zum Patentrecht BGH GRUR 2005, 184 – *Verspätete Zahlung der Einspruchsgebühr*). 32

33 Bei **mehreren** selbständigen **Beschwerden** ist für **jede** eine gesonderte Gebühr zu entrichten (vgl. BGH GRUR 1982, 414 – *Einsteckschloss*). Dasselbe gilt, wenn mehrere Beschwerdeführer in einem gemeinsamen Schriftsatz Beschwerde einlegen (BGH GRUR 1984, 36, 37 – *Transportfahrzeug;* zum Patentrecht BGH Mitt. 2004, 70, 71 – *Deformationsmessung;* BGH GRUR 2015, 1255, 1256 – *Mauersteineinsatz*). Bei einmaliger Zahlung und nicht eindeutiger Zuordnung zu einem der Beschwerdeführer, gilt die Beschwerde als nicht erhoben (BGH GRUR 1984, 36, 37 – *Transportfahrzeug;* zum Patentrecht BGH Mitt. 2004, 70, 71 – *Deformationsmessung;* BGH GRUR 2015, 1255, 1256 – *Mauersteineinsatz*). Bei Beitritt eines Dritten zum Beschwerdeverfahren ist für diesen keine Beschwerdegebühr zu bezahlen (zum Patentrecht BPatG GRUR 1988, 903 – *thermostatisch gesteuertes Regulierventil*).

34 Die **Zahlungsfrist** entspricht der Beschwerdefrist (innerhalb eines Monats nach Zustellung der Entscheidung), § 6 Abs. 1 PatKostG. Rechtzeitige Verrechnungserklärung mit Guthaben ist möglich (BPatG GRUR 1994, 362 – *Gebührenverrechnung*). Neben der Rechtzeitigkeit der Zahlung ist auch die Identifizierbarkeit der Angelegenheit erforderlich (vgl. BPatGE 2, 196; 12, 163). Zur Frage der Rechtzeitigkeit des Zahlungseingangs vgl. ferner § 2 PatKostZV. Wird bei der Zahlung der Betrag nicht oder nur unzureichend angegeben, so kann dies vom DPMA oder BPatG nicht ergänzt oder berichtigt werden (vgl. *Bühring/Bühring* § 18 Rn. 66). **Wiedereinsetzung** in die Versäumung der Zahlungsfrist ist möglich.

35 Wird die Beschwerdegebühr nicht, nicht rechtzeitig oder nicht vollständig gezahlt, gilt die Beschwerde als nicht erhoben, selbst wenn die Beschwerdeerklärung selbst rechtzeitig war, § 6 Abs. 2 PatKostG (vgl. zur Rechtslage vor dem 1.1.2002: BPatGE 1, 102, 107 – auch zur Frage verspätet oder unvollständig gezahlter Gebühren). Die mit der Beschwerdeeinlegung verbundenen Wirkungen, insbesondere die aufschiebende Wirkung gemäß § 75 Abs. 1 PatG entfallen. Bei rechtzeitiger Zahlung der Beschwerdegebühr, aber verspäteter oder unzulässiger Beschwerde, verfällt die Gebühr; eine Erstattung kommt nur aus Billigkeitserwägungen in Betracht (BPatGE 2, 61, 67; aA wohl *Bühring/Bühring* § 18 Rn. 68). Der Ausspruch, dass die Beschwerde als nicht erhoben gilt, erfolgt durch den Rechtspfleger, § 23 Abs. 1 Nr. 4 RPflG. Gegen diese Entscheidung ist die Erinnerung statthaft, § 23 Abs. 2 RPflG (*Bühring/Bühring* § 18 Rn. 68).

36 **4. Wirkung der Beschwerde.** Durch die Beschwerde wird die formelle Bestandskraft des angefochtenen Beschlusses gehemmt **(Suspensiveffekt).** Dies gilt für den Löschungsbeschluss in seiner Gesamtheit, auch wenn eine teilweise Rücknahme des Widerspruchs durch den GebrM-Inhaber erklärt wird. Damit verbunden ist eine **aufschiebende Wirkung,** so dass die Rechtswirkungen der angefochtenen Entscheidung vorläufig nicht eintreten. Eine offensichtlich unzulässige Beschwerde oder eine solche, die als nicht erhoben gilt, hat keine aufschiebende Wirkung (vgl. BPatGE 3, 119; 6, 186, 188). Die Beschwerde gegen den Löschungsbeschluss bewirkt, dass das GebrM bis zur Entscheidung im Beschwerdeverfahren als existent gilt. Bei Nichteintragung des GebrM bzw. Nichtgewährung einer in Anspruch genommenen Priorität bedeutet dies, dass die Entscheidung der Rechtskraft abgewartet werden muss. Ein Zwischenbeschluss gemäß § 318 ZPO über die Zulässigkeit der Beschwerde ist möglich. Der **Devolutiveffekt** besagt, dass die Beschwerde die (funktionelle) Zuständigkeit der höheren Instanz begründet, wenn die Instanz, bei der die Beschwerde eingelegt wird, dieser nicht abhilft.

5. Beschwerdeverfahren

37 **5.1 Anwendbare Vorschriften.** Für das Beschwerdeverfahren gelten die Vorschriften der §§ 73–80, 86–99 PatG entsprechend. Die gerichtsverfassungsrechtlichen Vorschriften (§§ 65ff. PatG) sind unmittelbar anzuwenden, soweit sich aus § 18 Abs. 3 nichts anderes ergibt (BGH GRUR 1964, 310, 311 – *Kondenswasserableiter*). Das Beschwerdeverfahren in Gebrauchsmustersachen entspricht damit dem des Patentgesetzes.

Für die Befugnisse des **Präsidenten des DPMA zur Beteiligung am Beschwerdeverfahren** gelten die §§ 76, 77 PatG. 38

5.2 Beschwerdesenate, Besetzung. Der **Beschwerdesenat** (früher 5. Senat jetzt 35. Senat) des BPatG ist funktional zuständig über die Beschwerden gegen Beschlüsse der GebrM-Stelle sowie gegen Beschlüsse der GebrM-Abteilungen (soweit nicht funktional der Rechtspfleger oder der Urkundsbeamte zuständig ist). Über die Erteilung einer GebrM-Zwangslizenz entscheiden die Nichtigkeitssenate. Zu weiteren Zuständigkeiten des Beschwerdesenats nach dem Halbleiterschutzgesetz und nach dem PatG: *Busse/Keukenschrijver* GebrMG § 18 Rn. 19, 20, 21. 39

Die **Besetzung** des GebrM-Beschwerdesenats besteht aus drei Richtern. Der **Vorsitzende** ist immer ein rechtskundiges Mitglied, § 18 Abs. 3 S. 4. Die Zusammensetzung im Übrigen richtet sich nach dem Gegenstand des angefochtenen Beschlusses und der Stelle, die ihn erlassen hat. Die Besetzung mit zwei technischen Mitgliedern bzw. einem rechtskundigen und einem technischen Mitglied ist in § 18 Abs. 3 S. 2 geregelt; die Besetzung mit zwei rechtskundigen Mitgliedern folgt aus § 67 Abs. 1 PatG (BGH GRUR 1964, 310, 311 – *Kondenswasserableiter;* BGH GRUR 1998, 373, 374 – *Fersensporn*). Bei Beschwerden gegen Beschlüsse der GebrM-Abteilungen über Löschungsanträge entscheidet der Beschwerdesenat in der Zusammensetzung mit einem rechtskundigen Mitglied und **zwei technischen Mitgliedern,** § 18 Abs. 3 S. 2 aE. Dies gilt auch, wenn das DPMA einen Löschungsantrag als unzulässig verworfen hat (BGH BlPMZ 1985, 339, 340). Haben Antragsteller und GebrM-Inhaber selbständige Beschwerden eingelegt, von denen eine die Hauptsache und die andere die Kostenentscheidung betrifft, findet ein einheitliches Beschwerdeverfahren statt (BPatGE 13, 216). In diesem Beschwerdeverfahren hat die Besetzungsvorschrift des § 18 Abs. 3 S. 2 für die die Hauptsache betreffende Beschwerde Vorrang (BPatGE 13, 216, 218). Bei dieser Besetzung bleibt es auch, wenn die Sachbeschwerde von den Beteiligten für erledigt erklärt wird (BPatGE 10, 256). Wird hingegen die Sachbeschwerde zurückgenommen, so ist über die Kostenbeschwerde in der Besetzung mit drei rechtskundigen Mitgliedern zu entscheiden (BPatGE 22, 114). Für alle übrigen Fälle verbleibt es bei der Regelung des § 67 Abs. 1 PatG. Das heißt, der Beschwerdesenat entscheidet in der Besetzung mit drei rechtskundigen Mitgliedern, § 67 Abs. 1 Nr. 4 PatG. Über gebührenfreie Beschwerden entscheidet der Senat mit drei rechtskundigen Mitgliedern. Beschwerden gegen die Zurückweisung einer GebrM-Anmeldung werden von dem Beschwerdesenat in seiner Besetzung mit einem rechtskundigen Mitglied, einem weiteren rechtskundigen Mitglied und einem technischen Mitglied entscheiden, § 18 Abs. 3 S. 2 aE. In **Verfahrenskostenhilfesachen** ist § 18 Abs. 3 S. 2 entsprechend anzuwenden, § 18 Abs. 3 S. 3. 40

Der **Geschäftsverteilungsplan** ist entsprechend § 21g Abs. 1 und 2 GVG iVm § 18 Abs. 3 S. 5 GebrMG geregelt. Der Antrag auf Rückzahlung der Beschwerdegebühr wird in der Besetzung für die Hauptsacheentscheidung entschieden (BPatGE 35, 102). Die sich aus der Praxis ergebende Überbesetzung des GebrM-Beschwerdesenats beim BPatG, die sich aus der Heranziehung aller technischen Beisitzer der Technischen Beschwerdesenate dieses Gerichts ergibt, begegnet wegen der Besonderheiten des Verfahrens vor dem BPatG keinen durchgreifenden rechtlichen Bedenken (BGH GRUR 1998, 373, 375, 376 – *Fersensporn;* vgl. hierzu *Bender* GRUR 1998, 969). Seit 1998 nimmt das Präsidium die Zuweisung technischer Mitglieder nach bestimmten technischen Fachgebieten vor. Zu weiteren senatsinternen Mitwirkungsgrundsätzen vgl. *Busse/Keukenschrijver* GebrMG § 18 Rn. 32. 41

5.3 Verfahren nach Einlegung der Beschwerde. Der Beschwerde und allen Schriftsätzen sollen Abschriften für die übrigen Beteiligten beigefügt werden, § 74 Abs. 2 S. 2 PatG. Die Beschwerde und alle Schriftsätze, die Sachanträge oder die Erklärung der Zurücknahme der Beschwerde oder eines Antrags enthalten, sind den übrigen Beteiligten von Amts wegen zuzustellen; andere Schriftsätze sind ihnen 42 formlos mitzuteilen, sofern nicht die Zustellung angeordnet ist, § 73 Abs. 2 S. 2, 3 PatG. Dies geschieht zunächst durch das DPMA, anschließend durch das BPatG. Zur weiteren Verfahrensweise und Entscheidung des DPMA → Rn. 28.

43 Auch im Beschwerdeverfahren gilt der **Amtsermittlungsgrundsatz,** § 18 Abs. 2 S. 1 iVm § 87 Abs. 1 S. 1 PatG. Vortrag darf nicht deshalb übergangen werden, weil er möglicherweise gewisse Widersprüche enthält. Späterer Vortrag darf auch nicht deshalb übergangen werden, weil er mit früherem nicht übereinstimmt (BGH GRUR 1997, 360, 362 – *Profilkrümmer*). Ebenso wie im Löschungsverfahren vor dem DPMA wird der Umfang der Prüfung durch den (jeweiligen) Antrag der Beteiligten bestimmt; nur in diesem Rahmen erfolgt die Amtsermittlung. Das BPatG ist dabei nicht an das Vorbringen und an Beweisanträge der Beteiligten gebunden, so dass keine Begrenzung der Sachaufklärung anzunehmen ist. Jedoch sind die Beteiligten nicht von der notwendigen Mitwirkung am Verfahren durch Sachvortrag und Anträge entbunden. Hierzu gehört auch die Verpflichtung der Beteiligten zu vollständigem Vorbringen. Hieran ist das BPatG jedoch nicht gebunden, dh es hat die Rechtsmacht zu weiterer Aufklärung und zur Erhebung von Beweisen. Beweiserhebungen „ins Blaue hinein" sind jedoch nicht erforderlich. Die Zurückweisung eines Beweisantrages mit der Begründung, bei Erhebung des Beweises ließe sich keine ausreichende Aufklärung erzielen, ist nicht statthaft (BGH GRUR 1981, 185, 186 – *Pökelvorrichtung*). Wegen des Untersuchungsgrundsatzes ist **verspätetes Vorbringen** nicht zurückzuweisen (vgl. auch → Rn. 40, aA wohl *Benkard/Schäfers* PatG § 99 Rn. 6c).

44 Gemäß § 18 Abs. 2 GebrMG iVm § 87 Abs. 2 PatG kann der Vorsitzende des Beschwerdesenats oder ein von ihm zu bestimmendes Mitglied schon vor der mündlichen Verhandlung (oder wenn eine solche nicht stattfindet, vor Entscheidung des Senats) alle Anordnungen treffen, die notwendig sind, um die Sache möglichst in einer mündlichen Verhandlung oder in einer Beratungssitzung zu erledigen. Dies ist Ausdruck der **Konzentrationsmaxime.** § 87 Abs. 2 S. 2 PatG verweist insoweit beispielhaft auf §§ 139 Abs. 1, 273 Abs. 2, 3 S. 1 und Abs. 4 S. 1 ZPO.

45 Eine **mündliche Verhandlung** findet im Beschwerdeverfahren nur statt, wenn einer der Beteiligten sie beantragt, vor dem Patentgericht Beweis erhoben wird oder das BPatG sie für sachdienlich erachtet (§ 18 Abs. 2 S. 1 GebrMG iVm § 78 PatG; BGH Mitt. 1996, 118, 119 – *Flammenüberwachung*). Es muss sich um einen Antrag eines Verfahrensbeteiligten handeln. Der Antrag kann auch hilfsweise gestellt sein, zB für den Fall, dass der Beschwerde nicht schon auf Grund des schriftsätzlichen Vorbringens stattgegeben wird. Seine Rücknahme ist jederzeit möglich. Ist ein Antrag gestellt worden, so muss die Verhandlung stattfinden. Ausnahme: § 79 Abs. 2 PatG. Im Löschungsbeschwerdeverfahren ist stets eine mündliche Verhandlung erforderlich (*Busse/Keukenschrijver* GebrMG § 18 Rn. 12). Im Kostenfestsetzungsbeschwerdeverfahren ist die mündliche Verhandlung trotz Antrags fakultativ. Eine weitere mündliche Verhandlung ist nicht erforderlich (BPatGE 10, 296).

46 Die Verhandlung ist nicht öffentlich, wenn die Beschwerde Angelegenheiten nicht eingetragener GebrM-Anmeldungen betrifft, § 69 Abs. 1 PatG. In Angelegenheiten eingetragener GebrM ist die Sitzung öffentlich, § 69 Abs. 2 PatG. Zum Ausschluss der **Öffentlichkeit** in öffentlichen Verhandlungen, vgl. § 69 Abs. 1 PatG, §§ 172ff. GVG; insoweit auch zu den sitzungspolizeilichen Befugnissen. Zur zulassungsfreien Rechtsbeschwerde, vgl. § 100 Abs. 3 Nr. 4 PatG.

47 Eine **Beweisaufnahme** gemäß §§ 18 Abs. 2 S. 1 GebrMG iVm 88 Abs. 1 PatG führt zur mündlichen Verhandlung, § 78 Nr. 2 PatG. **Ausnahme:** Beweisaufnahme gemäß § 88 Abs. 2 PatG. § 88 Abs. 1 PatG bekundet den Grundsatz der Unmittelbarkeit der Beweisaufnahme, so dass es nicht vereinbar ist, wenn dem Vorsitzenden und dem Berichterstatter die Beweisaufnahme gemeinsam übertragen wird. Die Beweisaufnahme im Rahmen der mündlichen Verhandlung bedeutet, dass diese öffentlich ist, § 69 PatG. Die der Beweiserhebung zu Grunde liegende Beweisanordnung kann durch formellen Beweisbeschluss oder durch formlosen Beschluss erfolgen. Ein formeller Beweisbeschluss (vgl. § 99 Abs. 1 PatG iVm § 359 ZPO) ist zu erlassen, wenn ein Beteiligter einvernommen werden soll (§ 99 Abs. 1 PatG iVm § 450 Abs. 1 ZPO); ferner wenn die Beweise nicht sofort erhoben werden können und die mündliche Verhandlung vertagt werden muss und schließlich in den Fällen des § 88 Abs. 2 PatG (iVm § 99 Abs. 1 PatG, § 358a ZPO). Ein formloser Beschluss genügt in den übrigen Fällen; hier kommt vor allen Dingen die sofortige Beweiserhebung in der mündlichen Verhandlung in Betracht. Die **Beweismittel** sind in § 88 Abs. 1 S. 2 PatG nicht abschließend aufgezählt. Beweismittel sind die Inaugenscheinnahme (§§ 371 ff. ZPO), die Zeugeneinvernahme (§§ 373 ff., 414 ZPO), der Sachverständigenbeweis (§§ 402 ff. ZPO), Urkunden (§§ 415 ff. ZPO), Einvernahme von Beteiligten (§§ 445, 450 ZPO), sonstige Beweismittel, zB amtliche Auskünfte.

Die **Ladung** mit einer Ladungsfrist von mindestens zwei Wochen (in dringenden Fällen kann die Frist abgekürzt werden) erfolgt, sobald der Termin zur mündlichen Verhandlung durch den Vorsitzenden bestimmt ist (§§ 99 Abs. 1, 89 Abs. 1 PatG iVm §§ 214 ff. ZPO). Änderung eines anberaumten Termins nur nach § 227 ZPO. Die Ladung ist den Beteiligten zuzustellen, §§ 166 ff. ZPO. Auch bei Ausbleiben eines oder aller Beteiligter kann verhandelt und entschieden werden (zum Patentrecht BGH Mitt. 2004, 171 – *Kerzenleuchter*); hierauf ist in der Ladung hinzuweisen, § 89 Abs. 2 PatG. Eine – auch analoge – Anwendbarkeit der Vorschriften über den Erlass eines Versäumnisurteils, §§ 330 ff. ZPO, kommt nicht in Betracht. 48

Der **Gang der Verhandlung** richtet sich nach § 18 Abs. 2 S. 1 GebrMG iVm § 90 PatG. Die Aufgabe der Erörterung der Sache in tatsächlicher und rechtlicher Hinsicht ergibt sich aus § 91 PatG, der § 90 PatG ergänzt. Zu den Fragepflichten und Fragerechten des Gerichts vgl. § 91 PatG. Nach Erörterung der Sache erklärt der Vorsitzende die mündliche Verhandlung für geschlossen. Sind nach Auffassung des Gerichts nicht alle Fragen geklärt, darf die Verhandlung nicht geschlossen werden, ggf. ist sie zu vertagen (§ 99 PatG iVm § 136 ZPO) oder zu unterbrechen. Der **Schluss der mündlichen Verhandlung** bewirkt, dass weiteres, nicht ausdrücklich schriftsätzlich nachgelassenes Vorbringen der Beteiligten (§ 283 ZPO) nicht mehr zu berücksichtigen ist. Gegebenenfalls muss das Gericht im Falle neuen Sachvortrags prüfen, ob die mündliche Verhandlung wieder eröffnet werden muss (vgl. §§ 99 Abs. 1 PatG, 156 ZPO). Sie muss wieder eröffnet werden, wenn ein entscheidungserheblicher Verfahrensfehler nachträglich festgestellt wird oder die Sache bei Schluss der Verhandlung noch nicht vollständig erörtert war oder ein notwendiger Hinweis unterlassen worden war (vgl. zum Markenrecht BGH GRUR 2003, 530 – *Waldschlösschen*). Zur Wiedereröffnung der mündlichen Verhandlung wegen Verhinderung oder Wegfallens eines Richters nach Schluss der mündlichen Verhandlung, vgl. §§ 192 ff. GVG. Die mündliche Verhandlung kann wieder eröffnet werden, wenn nach ihrem Schluss ein erledigendes Ereignis eingetreten ist, zB Vergleich der Beteiligten. Die Entscheidung über die Ablehnung oder Anordnung der mündlichen Verhandlung ist unanfechtbar, § 99 Abs. 2 PatG. 49

Aus § 18 Abs. 2 S. 1 GebrMG iVm § 92 PatG ergibt sich, dass ein **Protokoll** über die mündliche Verhandlung und jede Beweisaufnahme zu fertigen ist. Zu den personellen Voraussetzungen: § 92 Abs. 1 PatG. Zu Form, Inhalt, Berichtigung und Beweiskraft des Protokolls: § 92 Abs. 2 S. 2 PatG iVm §§ 160–165 ZPO. § 160 ZPO: Protokollierung der wesentlichen Vorgänge der Verhandlung (insbesondere Anträge, Aussagen von Zeugen, Sachverständigen, Entscheidungen und deren Verkündung, Anträge der Beteiligten etc) § 162 ZPO: Erforderlichkeit der Genehmigung des Protokolls bei Anerkenntnis, Anspruchsverzicht, Vergleich, Geständnis, Feststellen des Ergebnisses der Inaugenscheinnahme, Zurücknahme des Löschungsantrags oder eines Rechtsmittels sowie Verzicht auf ein Rechtsmittel; § 164 ZPO: Berichtigung der Unrichtigkeiten des Protokolls; § 165 ZPO: Beweiskraft des Protokolls. Erfahrungsgemäß wird von den Beteiligten der Bedeutung des Protokolls häufig zu wenig Beachtung beigemessen. § 165 ZPO betrifft den Beweis für die Förmlichkeiten der Verhandlung, 50 dh für ihren äußeren Hergang im Gegensatz zum Inhalt. Hierunter fallen insbesondere Angaben nach § 160 Abs. 1, Abs. 2, Abs. 3 Nr. 2, Nr. 7 ZPO. Nicht darunter fallen der Inhalt von Parteierklärungen (§ 160 Abs. 3 Nr. 1, Nr. 3, Nr. 8, Nr. 9 ZPO), Erledigungserklärung und Zustimmung dazu, Inhalt von Partei-, Zeugen- und Sachverständigenaussagen, Feststellungen zum Augenschein. Ist eine derartige „Förmlichkeit" im Protokoll festgehalten, so gilt die Beweiskraft dahingehend, dass die „Förmlichkeit" auch eingetreten ist (zB ein Antrag gestellt wurde). Ist beispielsweise ein Antrag nicht festgehalten worden, so ist er nach § 165 ZPO auch nicht gestellt worden. Für den Inhalt von Parteierklärungen, die im Tatbestand des Urteils festgestellt sind, gilt § 314 ZPO. Für sonstige Vorgänge gelten die §§ 415, 417ff. ZPO.

51 **5.4 Zurücknahme der Beschwerde.** Sie ist bis zum Eintritt **der formellen Rechtskraft** der Beschwerdeentscheidung des BPatG zulässig (BPatG Mitt. 2010, 483 – *Beschwerderücknahme nach Verkündung*). Dagegen spricht, dass die Zurücknahme einer Beschwerde nach den Grundsätzen der ZPO und des FamFG nur so lange zulässig ist, wie die Entscheidung über die Beschwerde noch nicht „ergangen" ist (vgl. BGH GRUR 1988, 364, 365 – *Epoxidations-Verfahren*). Eine Rücknahme nach Verkündung lässt die Beschwerdeentscheidung mithin bestehen. Bei wirksamer Rücknahme wird der angefochtene Beschluss des DPMA bestandskräftig. Den Zurücknehmenden trifft die Kostenlast, §§ 18 Abs. 2 S. 1 GebrMG, 80 Abs. 1, 4 PatG, 516 Abs. 3, 565 ZPO; dies bezieht sich auch auf die Kosten einer unselbständigen Anschlussbeschwerde. Die Rücknahme kann nicht wegen Irrtums angefochten oder widerrufen werden. Die Rücknahme ist **bedingungsfeindlich** (BGH Mitt. 2008, 44 – *bedingte Rechtsmittelrücknahme*). Die Zustimmung der weiteren Verfahrensbeteiligten ist nicht erforderlich. Der Beschwerdeführer hat die Kosten zu tragen, §§ 18 Abs. 2, Abs. 3, 80 Abs. 1 S. 1, Abs. 4 PatG. Bei Rücknahme der Beschwerde – auch vor Ablauf der Beschwerdefrist – ist die Beschwerdegebühr verfallen; sie wird nicht zurückgezahlt (vgl. zum Markenrecht BPatG Beschluss vom 27.9.2006, Az. 28 W (pat) 55/06).

52 **5.5 Erledigung der Hauptsache.** Die Beschwerde bzw. das gesamte Verfahren können von den Verfahrensbeteiligten **übereinstimmend** für erledigt erklärt werden (BPatG Mitt. 2002, 317 – *Beschränkte Erledigungserklärung;* zum Einspruchsbeschwerdeverfahren BPatG GRUR-RR 2012, 128 – *Unterseeboot*). Ggf. ist im Wege der Auslegung festzustellen, ob das gesamte Verfahren oder nur die Beschwerde für erledigt erklärt wird. Wird nur das Beschwerdeverfahren für erledigt erklärt, hat das BPatG nur über die Kosten des Beschwerdeverfahrens zu entscheiden (BPatG Mitt. 2002, 317 – *Beschränkte Erledigungserklärung*). Wird das Verfahren für erledigt erklärt, wird mit der übereinstimmenden Erledigung die vorangegangene Entscheidung des DPMA wirkungslos (zum Einspruchsbeschwerdeverfahren BPatG GRUR-RR 2012, 128 – *Unterseeboot*). Das BPatG hat in diesem Fall gemäß §§ 18 Abs. 2 S. 2, 84 Abs. 2 PatG, 91a ZPO über die Kosten des gesamten Verfahrens zu entscheiden. Auch eine **einseitige** Erledigungserklärung ist möglich. Zu den Einzelheiten der Erledigung: → § 17 Rn. 90ff.

53 **5.6 Entscheidung.** Die Entscheidung über die Beschwerde ergeht nach § 18 Abs. 2 S. 1 GebrMG iVm § 79 Abs. 1 PatG durch **Beschluss.** Wie im Löschungsverfahren vor dem DPMA ist das BPatG im Beschwerdeverfahren an den Antrag des Beschwerdeführers gebunden, mit dem dieser den Beschwerdegegenstand bestimmt. Das Gericht darf auf nichts anderes und nicht mehr erkennen, als beantragt (BGH GRUR 1993, 655, 656, 657 – *Rohrausformer*). Bei einer **Anschlussbeschwerde** ist der Beschwerdegegenstand entsprechend erweitert. Aus dem Verbot der **reformatio in peius** folgt, dass eine Abänderung durch das Beschwerdegericht inhaltlich nur soweit gehen kann, wie eine Beschwerde eingelegt und Abänderung beantragt wurde. Ist das GebrM im Löschungsverfahren mit einem Hilfsantrag aufrechterhalten worden und wendet sich die Beschwerde gegen die Nichtgewährung gemäß Hauptantrag, so

kann das Beschwerdegericht nicht die Aufhebung gemäß Hilfsantrag beschließen. Das Fehlen der von Amts wegen zu prüfenden Verfahrensvoraussetzungen kann hingegen zur Verschlechterung der angefochtenen Entscheidung führen. Auch hinsichtlich der Verfahrenskosten ist eine Schlechterstellung möglich, da es hier nicht auf die Anträge der Beteiligten ankommt (BGH GRUR 1984, 870 – *Schweißpistolenstromdüse*).

Der **Inhalt** der Beschwerdeentscheidung folgt aus § 79 Abs. 2 und 3 PatG. Ist die **54**
Beschwerde nicht statthaft oder nicht in der gesetzlichen Form und Frist eingelegt, so wird die Beschwerde als **unzulässig** verworfen (§ 79 Abs. 2 S. 1 PatG), wobei der Beschluss auch ohne mündliche Verhandlung ergehen kann. Rechtliches Gehör ist jedoch zu gewähren (vgl. BGH Mitt. 2010, 320 – *Äußerung zur Fristversäumnis*). Eine Überprüfung der Frage, ob die Beschwerde in der Sache begründet wäre, erfolgt nicht; diese Frage kann jedoch bei der Rückzahlung der Beschwerdegebühr eine Rolle spielen.

Bei zulässiger Beschwerde kann die Beschwerde **verworfen** oder eine **Aufhebung der Entscheidung** des DPMA und eine **eigene Sachentscheidung** des **55**
BPatG getroffen oder die Sache zu Entscheidung an das DPMA zurückverwiesen werden, vgl. §§ 18 Abs. 2, 79, 99 Abs. 1 PatG iVm §§ 528, 538, 563 ZPO. Voraussetzung ist, dass die Beschwerde ganz oder teilweise begründet ist. Das BPatG wird in der Regel in der Sache selbst entscheiden, wenn keine der in § 79 Abs. 3 Nr. 1–3 PatG genannten Voraussetzungen gegeben sind. Mithin erfolgt eine eigene Sachentscheidung, wenn das Patentamt selbst in der Sache (wenngleich unzutreffend) entschieden hat, das Verfahren vor dem DPMA nicht an einem wesentlichen Mangel leidet und schließlich die Sache zur Entscheidung reif ist, weil keine neuen Tatsachen und Beweismittel bekannt geworden sind, die für die Entscheidung relevant sind.

Der **Zurückverweisungstatbestand** des § 18 Abs. 2 S. 1 GebrMG iVm § 79 **56**
Abs. 3 PatG stellt faktisch die Ausnahme dar (vgl. BGH Mitt. 2010, 320 – *Zurückverweisung II*). Es wird als zulässig angesehen, dass das BPatG dem DPMA die erforderlichen Anordnungen überträgt, dh über die kassatorische Entscheidung hinaus das weitere Verfahren festlegt, § 563 Abs. 2 ZPO analog. Im Übrigen ist der Katalog in § 79 Abs. 3 PatG abschließend. Die Zurückverweisung steht im Ermessen des BPatG (zum Patentrecht BPatG Beschluss vom 15.4.2008, Az. 23 W (pat) 307/08). Nach Abs. 3 Nr. 1 kommt die Zurückverweisung in Betracht, wenn das DPMA in der Sache **selbst noch nicht entschieden** hat (zB weil es irrtümlich davon ausgegangen ist, dass die Anmeldung oder ein Antrag als zurückgenommen gilt). Kein Fall der fehlenden Sachentscheidung, wenn das DPMA auf Grund abweichender materieller Beurteilung entscheidungserhebliche Fragen nicht geprüft hat; insoweit liegt nur eine unzutreffende Sachentscheidung vor; ggf. Zurückverweisung nach Abs. 3 Nr. 3. Eine Zurückverweisung nach Abs. 3 Nr. 2 wegen eines **wesentlichen Verfahrensmangels** setzt das Bestehen eines solchen Mangels voraus, der das Verfahren als nicht mehr ordnungsgemäße Entscheidungsgrundlage erscheinen lässt, zB fehlende Begründung, Verletzung des Rechts auf Äußerung, Entscheidung der unzuständigen Stelle. Sachliche Fehler stellen für sich genommen keinen Verfahrensmangel dar. Der Zurückverweisungsgrund gemäß Abs. 3 Nr. 3 der **neuen Tatsachen oder Beweismittel** setzt voraus, dass diese für die Entscheidung wesentlich sind. In Betracht kommt zum Beispiel eine erhebliche Änderung der Gebrauchsmusteransprüche; ebenso neuer Stand der Technik. Das BPatG ist jedoch in diesen Fällen nicht zur Zurückweisung verpflichtet; es kann erforderliche Recherchen, etc selbst vornehmen und hat bei Entscheidungsreife durchzuentscheiden. Das BPatG ist im Beschwerdeverfahren gegenüber dem DPMA **Tatsachen-** und **Rechtsinstanz.** An die Rechtsauffassung des BPatG ist das DPMA gebunden, § 79 Abs. 3 S. 2 PatG. Die Bindung des DPMA tritt jedoch nur für die „tragenden" Erwägungen der Entscheidung ein (BGH BlPMZ 1969, 311 – *Waschmittel;* vgl. zum Einspruchsverfahren BGH Mitt. 2007, 414, 416 – *Optisches System*). Dies sind also diejenigen Erwägungen, die zur Ab-

änderung oder Aufhebung geführt haben. Im Übrigen ist das DPMA bei der von ihm neu zu formulierenden Entscheidung frei.

57 Die Bestandteile der Entscheidung des BPatG bestehen aus Rubrum (Bezeichnung der Beteiligten, ihrer gesetzlichen Vertreter und der Prozessbevollmächtigten, Bezeichnung des Gerichts und der mitwirkenden Richter), Beschlussformel (§ 313 Abs. 1 Nr. 4 ZPO; die Formel besteht aus der Sachentscheidung und erforderlichenfalls den Nebenentscheidungen wie der Zulassung der Rechtsbeschwerde, Kostenausspruch, Rückzahlung der Beschwerdegebühr), sowie den Gründen (die Begründungspflicht folgt für die Beschwerdeentscheidungen aus § 94 Abs. 2 PatG) und den Unterschriften der mitwirkenden Richter (§ 99 PatG iVm § 315 ZPO).

58 **5.7 Kosten, Kostenfestsetzung.** § 18 Abs. 2 enthält in Satz 2 hinsichtlich der Kosten nur insoweit eine Regelung, als eine Beschwerde in einem Gebrauchsmusterlöschungsverfahren in Rede steht. Ansonsten enthält § 18 keine Kostenregelung. Hieraus folgt, dass über die Kosten im Übrigen gemäß § 18 Abs. 2 S. 1 GebrMG iVm § 80 PatG zu entscheiden ist. Die Kostenentscheidung kann gemäß § 321 ZPO ergänzt werden, sofern die Kostenentscheidung in der Beschwerdeentscheidung insgesamt unterblieben ist (BPatG Beschluss vom 27.2.2012 Az. 35 W (pat) 472/08).

59 **5.7.1 Einseitige, mehrseitige Beschwerdeverfahren.** Bei **einseitigen** und **mehrseitigen** Verfahren (mit Ausnahme des Löschungsbeschwerdeverfahrens) gilt der Grundsatz, dass jeder Verfahrensbeteiligte entgegen §§ 91 ff. ZPO die ihm entstandenen Kosten grundsätzlich selbst zu tragen hat. Nach § 80 Abs. 1 S. 1 PatG kann das BPatG aber in einem Beschwerdeverfahren mit mehreren Beteiligten die Kosten des Verfahrens einem von ihnen ganz oder teilweise auferlegen, wenn dies der **Billigkeit** entspricht. Maßgeblich dafür, ob eine Kostenentscheidung zu treffen und wie über die Kosten zu entscheiden ist, ist – anders als im Nichtigkeitsverfahren gemäß § 84 Abs. 2 PatG oder im zivilprozessualen Verfahren gemäß §§ 91 ff. ZPO – nicht der Verfahrensausgang, sondern der Gesichtspunkt der Billigkeit (BGH GRUR 1996, 399, 401 – *Schutzverkleidung;* BPatG Beschluss vom 22.3.2012, Az. 35 W (pat) 408/11). Anknüpfungspunkt für diese Billigkeitserwägungen sind solche Umstände, die sich aus dem Verhalten oder den Verhältnissen der Beteiligten ergeben. Eine Kostenentscheidung ist danach vor allem dann zu treffen, wenn die Kosten ganz oder teilweise durch das Verhalten eines Beteiligten veranlasst sind, das mit der bei der Wahrnehmung von Rechten zu fordernden Sorgfalt nicht in Einklang steht. Ein Verstoß gegen die jedem Beteiligten obliegende allgemeine prozessuale Sorgfaltspflicht lässt es als unbillig erscheinen, die anderen Beteiligten die vermeidbar gewesenen Kosten tragen zu lassen (BGH GRUR 1996, 399, 401 – *Schutzverkleidung*). Hierzu kann zum Beispiel der Antrag eines Beteiligten auf Anberaumung einer weiteren mündlichen Verhandlung gehören, dem zu entsprechen ist, wenn sich die Verfahrenslage wesentlich geändert hat und wenn dies aus der Sicht einer vernünftigen, rechtskundigen Partei nach der Verfahrenslage nicht einer sorgfältigen und auf Verfahrensförderung bedachten Vorgehensweise beruht (BGH GRUR 1996, 399, 401 – *Schutzverkleidung*). Das bloße Unterliegen eines Beteiligten ist in der Regel kein ausreichender Grund, ihm aus Billigkeitsgründen die Kosten aufzuerlegen. Dies muss prinzipiell auch für das erneute Unterliegen des Beschwerdeführers im Beschwerdeverfahren gelten; im Einzelnen ist aber keine einheitliche Praxis diesbezüglich festzustellen. In echten Streitverfahren soll die Anwendung der Grundsätze der §§ 91 ff. ZPO billig sein (vgl. BPatG Beschluss vom 7.10.2010, Az. 35 W (pat) 8/08); dies soll insbesondere isolierte Kostenentscheidungen des DPMA, Kostenfestsetzungsverfahren und auch Akteneinsichtsverfahren betreffen. Die Billigkeit kann die Auferlegung von Kosten im Falle des Verschweigens relevanter Tatsachen oder gar der Arglist rechtfertigen; ebenfalls bei Obliegenheitsverletzungen, wenn diese vermeidbare Kosten verursacht haben, insbesondere bei einem Verstoß gegen die jedem Beteiligten obliegenden allgemeine prozessuale Sorgfaltspflicht (BGH GRUR 1996, 399, 401 – *Schutzverkleidung;* vgl. BPatG Beschluss vom

28.1.1999, Az. 5 W (pat) 23/97), bei Mutwilligkeit (vgl. zur Nichtigkeitsklage BPatG Urteil vom 10.2.2003, Az. 1 Ni 20/01 (EU)). Hierzu können auch die Einlegung aussichtsloser Beschwerden, schuldhaft verspätete Vorlage von Beweismitteln, Aufrechterhaltung aussichtsloser Anträge gehören (vgl. BPatG Beschluss vom 23.2.2006, Az. 5 W (pat) 429/05). Ferner wurde hierunter auch die ungerechtfertigte Aufrechterhaltung eines Antrags auf mündliche Verhandlung gesehen, ebenso etwa die so kurzfristige Rücknahme der Beschwerde vor der mündlichen Verhandlung, dass der andere Beteiligte in Unkenntnis (nutzlos) zur mündlichen Verhandlung angereist ist. Der Grundsatz der Billigkeit kann auch dazu führen, dass die Kosten bzw. die Kostenentscheidung auf einen **Teil** der Kosten beschränkt werden kann (zB die durch die sinnlose Wahrnehmung des Termins der mündlichen Verhandlung entstanden sind).

Gemäß § 80 Abs. 1 S. 2 PatG kann die Kostenerstattung angeordnet werden. Ein Erstattungsanspruch besteht jedoch nur insoweit, als die aufzuerlegenden Kosten nach billigem Ermessen zur zweckentsprechenden Wahrung der Ansprüche und Rechte **notwendig** waren; im Ergebnis kann hier als Anhaltspunkt die umfassende Judikatur zum Ersatz notwendiger Kosten gemäß § 91 ZPO herangezogen werden. Notwendig sind in der Regel deshalb die Kosten einer anwaltlichen/patentanwaltlichen Vertretung. Dies muss auch für das Beschwerdeverfahren gelten. 60

Die **Rückzahlung der Beschwerdegebühr** gemäß §§ 80 Abs. 3, 73 Abs. 4 S. 2 PatG kann zB von Amts wegen angeordnet werden, wenn das DPMA fehlerhaft gehandelt hat und ohne den Fehler die Beschwerde nicht eingelegt worden wäre. Hierbei kann es sich um Verfahrensfehler wie auch Fehler in der Anwendung materiellen Rechts handeln. Die Rückzahlung erfolgt nur ausnahmsweise, wenn es unbillig wäre, die Gebühr einzubehalten (BPatG Beschluss vom 17.6.2014, Az. 35 W (pat) 25/13). Die Rückzahlung der Beschwerdegebühr ist in das „billige" Ermessen des BPatG gestellt. Eine teilweise Rückerstattung ist nicht vorgesehen. Zu berücksichtigen sind dabei alle Umstände des Einzelfalls, insbesondere das Verhalten der Beteiligten und die Ordnungsgemäßheit und Angemessenheit der Sachbehandlung durch das DPMA. Der sachliche Erfolg der Beschwerde rechtfertigt die Rückzahlung nicht ohne weiteres (BPatG GRUR 1965, 62). In allen Fällen muss der betreffende Fehler für die Beschwerdeeinlegung **kausal** gewesen sein. Eine Rückzahlung ist infolgedessen nicht gerechtfertigt, wenn die Gebühr auch bei ordnungsgemäßer Sachbehandlung angefallen wäre (vgl. BPatGE 23, 110, 112; BPatG Beschluss vom 26.1.2010, Az. 17 W (pat) 127/05). Relevante und zur Rückzahlung führende Verfahrensfehler können sein: Nichtberücksichtigung erheblichen Vorbringens (vgl. BPatG 13, 65, 69; BPatG Beschluss vom 23.2.2006, Az. 23 W (pat) 50/03), fehlende Begründung der Entscheidung (BPatGE 1, 76), Verletzung des Rechts auf Äußerung (BPatGE 29, 84, 89; BPatG Beschluss vom 6.8.5.2012, Az.19 W (pat) 74/09), Nichtbewilligung einer Nachfrist, wenn die Bewilligung aus sachlichen Gründen geboten wäre (BPatGE 9, 208, 210), Entscheidung einer unzuständigen Stelle (BPatGE 19, 39, 44), unangemessene Sachbehandlung, insbesondere Verstöße gegen die Verfahrensökonomie (vgl. BPatGE 24, 210, 211; BPatGE 28, 24; 30, BPatGE 32, 34; BPatG Beschluss vom 18.6.2002, Az. 33 W (pat) 270/01), materielle Fehler, wenn sie von einigem „Gewicht" sind, zB wenn die Gründe unklar, widersprüchlich oder gar falsch wiedergegeben sind (vgl. BPatG Beschluss vom 8.5.2012, Az. 19 W (pat) 74/09). Keine Rückzahlung der Beschwerdegebühr bei Unzulässigkeit der Beschwerde. 61

Die Rückzahlung erfolgt in den Fällen der §§ 6 Abs. 2, 10 Abs. 2 PatKostG, jedoch nicht, wenn die Gebühr nicht in voller Höhe einzahlt wurde, § 10 Abs. 2 S. 2 PatKostG (*Benkard/Geobel/Engel* GebrMG § 18 Rn. 6) Die Rücknahme der Beschwerde vor Ablauf der Beschwerdefrist führt nicht ohne weiteres zur Rückzahlung der Gebühr (zum Markenrecht BPatG Mitt. 2007, 89 – *Rückzahlung der Beschwerdegebühr*). 62

5.7.2 Löschungsbeschwerdeverfahren. Für das **Löschungsbeschwerdeverfahren** ist auf **§ 84 Abs. 2 PatG** verwiesen. Hier gilt – wie im Patentnichtigkeitsver- 63 fahren – grundsätzlich das **Unterliegensprinzip.** Insoweit besteht die Notwendigkeit einer Kostenentscheidung in analoger Anwendung der Vorschriften der ZPO (vgl. → § 17 Rn. 76ff.). Kosten sind die Gerichtskosten (Auslagen und Gebühren, Auslagen für Zeugen, Sachverständige und dergleichen) und die außergerichtlichen Kosten, insbesondere die Anwaltskosten, dh Gebühren und Auslagen nach der RVG, soweit die Tätigkeit von **Rechtsanwälten** betroffen ist. § 84 Abs. 2 PatG bestimmt die analoge Anwendung der Vorschriften der ZPO hinsichtlich der Kostentragungspflicht, des Kostenfestsetzungsverfahrens und der Zwangsvollstreckung aus Kostenfestsetzungsbeschlüssen. Die Entscheidung über die Kostentragungspflicht ergeht demnach nach Maßgabe der §§ 91ff. ZPO (vgl. hierzu die Fallbeispiele → § 17 Rn. 76ff.). Die Kostenentscheidung ist nicht isoliert angreifbar. Für die Festlegung des **Gegenstandswerts** sind die Grundsätze für das Patentnichtigkeitsverfahren heranzuziehen. Maßgebend ist insbesondere das Interesse der Allgemeinheit an der Löschung des angegriffenen GebrM. Es entspricht dem gemeinen Wert des GebrM bei Antragsstellung auf Löschung oder – in der Beschwerdeinstanz – bei Einlegung der Beschwerde zuzüglich des Betrags der bis dahin entstandenen Schadenersatzansprüche (vgl. BGH GRUR 1985, 511 – *Stückgutverladeanlage;* BPatGE 8, 176, 177; BPatG Mitt. 1982, 77). Auf die Ausführungen in → § 17 Rn. 103ff. wird verwiesen.

64 **5.7.3 Kostenfestsetzung.** In § 80 Abs. 5 PatG ist das **Kostenfestsetzungsverfahren** geregelt. Die Kostenentscheidung im Beschluss des BPatG betrifft nur die Verpflichtung des Kostenschuldners dem Grunde nach. Die Höhe der Kosten wird im Kostenfestsetzungsverfahren analog §§ 103ff. ZPO auf **Antrag** des Kostengläubigers festgesetzt, §§ 18 Abs. 2, 80 Abs. 5, 84 Abs. 2 PatG. Es sind nur diejenigen Kosten zu berücksichtigen, die im Verfahren entstanden und notwendig sind. Bei Kosten mehrerer Beteiligter findet Kostenausgleichung gemäß § 106 ZPO statt. Der Kostenfestsetzungsbeschluss erfolgt durch den Rechtspfleger, § 23 Abs. 1 Nr. 12 RPflG. Der Kostenfestsetzungsbeschluss stellt einen **vollstreckbaren Titel** gemäß §§ 704ff., 794 Abs. 1 Nr. 2, 795a ZPO dar. Die vollstreckbare Ausfertigung wird durch den Rechtspfleger erteilt, § 23 Abs. 1 Nr. 9 RPflG. Vollstreckungsgegenklage gemäß § 767 ZPO zur Geltendmachung von Einwendungen, die nachträglich entstanden sind, ist möglich. Die vorläufige Einstellung der Zwangsvollstreckung richtet sich nach § 769 ZPO. Hinsichtlich der Höhe der Kosten gelten die zu → § 17 Rn. 94ff. erfolgten Ausführungen.

65 Gegen die Entscheidung des Rechtspflegers ist die Erinnerung innerhalb von zwei Wochen gegeben, § 23 Abs. 2 RPflG. Keine Rechtsbeschwerde. Zuständig ist der Senat, dessen Rechtspfleger den Kostenfestsetzungsbeschluss erlassen hat.

66 **5.8 Rechtsmittel.** Aus § 18 Abs. 4 ergeben sich lediglich eingeschränkte Rechtsmittelinstrumentarien. Gegen einen Beschluss des Beschwerdesenats, durch den über eine Beschwerde nach § 18 Abs. 1 entschieden wird, findet nur die Rechtsbeschwerde an den Bundesgerichtshof statt, § 18 Abs. 4 S. 1. Die Rechtsbeschwerde ist an zwei Voraussetzungen geknüpft: Entweder muss der Beschwerdesenat die Rechtsbeschwerde in dem Beschluss **zugelassen** haben, § 18 Abs. 4 S. 1, oder es muss ein Fall der **zulassungsfreien Rechtsbeschwerde** gegeben sein, § 18 Abs. 4 S. 2 GebrMG iVm § 100 Abs. 3 PatG.

67 Eine isolierte Anfechtung der Kostenentscheidung ist nicht möglich (BGH GRUR 1995, 577 – *Drahtelektrode;* zum erstinstanzlichen Verfahren → § 17 Rn. 75); statthaft ist aber eine Beschwerde gegen die Ablehnung einer vom Rechtsbeschwerdeführer beantragten Kosten(grund)entscheidung (BGH GRUR 2001, 139, 140 – *Rechtsbeschwerde gegen Ablehnung einer Kostenentscheidung im Gebrauchsmusterlöschungsverfahren*). Dies gilt auch für einen Kostenbeschluss. Gegen den Kostenfestsetzungsbeschluss bzw. den die Festsetzung ablehnenden Beschluss des Rechtspflegers ist die sofortige Erinnerung innerhalb von zwei Wochen gemäß § 23 Abs. 1 Nr. 12 und Abs. 2 RPflegerG zugelassen. Nach einer jüngeren Entscheidung des BGH zum Patentnich-

tigkeitsverfahren ist die Rechtsbeschwerde auch im Kostenfestsetzungsverfahren statthaft, sofern die Ausgangsentscheidung gem. § 567 Abs. 2 ZPO der Anfechtung unterliegt und die Vorinstanz das Rechtsmittel zugelassen hat (BGH GRUR 2013, 427, 428 – *Doppelvertretung im Nichtigkeitsverfahren*). Dies soll auch für das GebrM-Löschungsverfahren gelten (BGH GRUR 2013, 427, 428 – *Doppelvertretung im Nichtigkeitsverfahren*).

6. Rechtsbeschwerde. Für die Rechtsbeschwerde gegen Beschlüsse des BPatG über Beschwerden gegen Entscheidungen des DPMA gelten die §§ 100 Abs. 2, 3 sowie 101–109 PatG, § 18 Abs. 4 S. 2 GebrMG. **68**

6.1 Statthaftigkeit. Die Rechtsbeschwerde ist **zuzulassen,** wenn entweder eine Rechtsfrage von grundsätzlicher Bedeutung (vgl. BGH Mitt. 2010, 398 – *grundsätzliche Bedeutung*) zu entscheiden ist oder die Fortbildung des Rechts (vgl. BGH Mitt. 2010, 494 – *Rechtsfortbildung*) oder die Sicherung einer einheitlichen Rechtsprechung eine Entscheidung des BGH erfordert. Die Zulassungsgründe sind in § 100 Abs. 2 PatG abschließend geregelt. Maßgebend ist, ob die im Zusammenhang mit der Entscheidung stehende verfahrensmäßige oder materiell-rechtliche Rechtsfrage von grundsätzlicher Bedeutung ist. Sie muss also zum einen klärungsbedürftig sein und zum anderen allgemeine Bedeutung aufweisen. Nicht hierunter fallen Tatfragen. Die Rechtsfrage muss ferner entscheidungserheblich sein. Die weitere Voraussetzung der Sicherung einer einheitlichen Rechtsprechung setzt eine Rechtsprechungsdivergenz voraus. Die Fortbildung des Rechts kann eine Entscheidung erforderlich machen, wenn sehr grundsätzliche Rechtsfragen betroffen sind. Die Entscheidung über die Zulassung erfolgt von Amts wegen. Liegen die Voraussetzungen vor, so muss die Rechtsbeschwerde zugelassen werden. Die Rechtsbeschwerde ist nicht zuzulassen, wenn der Verstoß in Vorinstanzen hätte gerügt werden können (BGH Mitt. 2010, 494 – *Verletzung des rechtlichen Gehörs*). Die Entscheidung des BPatG, die Rechtsbeschwerde nicht zuzulassen, ist für den BGH bindend. Dasselbe gilt grundsätzlich für die Zulassung der Rechtsbeschwerde. Eine unselbständige **Anschlussrechtsbeschwerde** ist statthaft. Ist die Rechtsbeschwerde kraft Zulassung statthaft, eröffnet sie die Überprüfung der angefochtenen Entscheidung nach **Art** einer **Revision** (BGH GRUR 1997, 360, 361 – *Profilkrümmer*). Die Beschränkung der Zulassung auf eine bestimmte Rechtsfrage ist dabei ohne Wirkung (BGH GRUR 1997, 360, 361 – *Profilkrümmer*). Hiervon ist der Sonderfall zulässiger Beschränkung auf einen bestimmten abgrenzbaren Teil des Verfahrensgegenstandes zu unterscheiden (BGH GRUR 2012, 1243 – *Feuchtigkeitsabsorptionsbehälter;* zum Patentrecht BGH GRUR 2008, 279 – *Kornfeinung*). **69**

§ 100 Abs. 3 PatG regelt die **zulassungsfreie Rechtsbeschwerde** im Sinne einer abschließenden Aufzählung. Nr. 1 betrifft die nicht vorschriftsmäßige Besetzung, Nr. 2 den ausgeschlossenen oder abgelehnten Richter, Nr. 3 die Versagung rechtlichen Gehörs durch das BPatG (BGH GRUR 2001, 139 – *Parkkarte*), Nr. 4 die nicht vorschriftsmäßige Vertretung, Nr. 5 die Verletzung der Vorschriften über die Öffentlichkeit und Nr. 6 den Begründungsmangel. Die Verfahrensmängel, welche die zulassungsfreie Rechtsbeschwerde nach § 100 Abs. 3 PatG begründen, sind abschließend (BGH Mitt. 2011, 475 – *Formkörper mit Durchtrittsöffnungen*) **70**

6.2 Beschwerdeberechtigung, Einlegung, Form, Frist, Verfahren. § 101 PatG regelt die **Beschwerdeberechtigung** dahingehend, dass die Rechtsbeschwerde den am Beschwerdeverfahren Beteiligten zusteht. Die Rechtsbeschwerde kann ferner nur darauf gestützt werden, dass der Beschluss auf einer Verletzung des Gesetzes beruht. Die §§ 546, 547 ZPO gelten entsprechend. § 102 PatG regelt die Voraussetzungen hinsichtlich **Frist** (1 Monat nach Zustellung des Beschlusses), **Form** und **Begründung.** Die **Gebühren** richten sich nach §§ 1 Abs. 1 Nr. 14, 63, 39, 47, 51, 61 ff. iVm Nr. 1255 Gebührenverzeichnis GKG. Die Rechtsbeschwerde ist beim BGH durch einen dort zugelassenen **Anwalt** einzulegen, § 102 Abs. 5 PatG. **71**

Die Einreichung durch den Beteiligten selbst oder einen anderen Vertreter oder beim BPatG reicht nicht (BGH Beschluss vom 5.5.2009, Az. IX ZB 73/09). Die Rechtsbeschwerde kann gemäß §§ 21 Abs. 1 S. 1, 125a PatG, § 1 BGH/BPatGERVV in elektronischer Form eingereicht werden. Die **aufschiebende Wirkung** der Rechtsbeschwerde ist in § 103 PatG geregelt. Der Bundesgerichtshof hat zunächst von Amts wegen zu prüfen, ob die Rechtsbeschwerde an sich statthaft und ob sie in der gesetzlichen Form und Frist eingelegt und begründet ist. Fehlt es an einer dieser Voraussetzungen, ist die Rechtsbeschwerde als unzulässig zu verwerfen, § 104 PatG. § 105 PatG enthält Regelungen über mehrere am Verfahren über die Rechtsbeschwerde beteiligte Personen, die Zustellung von Schriftsätzen und Gegenerklärungen. Gemäß § 106 PatG werden bestimmte Vorschriften der ZPO für entsprechend anwendbar erklärt; ebenfalls erfolgt eine Regelung über Wiedereinsetzung und die Frage der Öffentlichkeit. Die **Entscheidung** über die Rechtsbeschwerde ergeht gemäß § 107 PatG durch Beschluss; dies kann auch ohne mündliche Verhandlung geschehen. Die Vorschrift regelt auch die Bindungen des Bundesgerichtshofs und den Umfang der Prüfung sowie die Begründung der Entscheidung und Zustellung. Aus § 108 PatG ergibt sich die Möglichkeit der Zurückverweisung an das BPatG sowie die Bindung der zurückverweisenden Entscheidung gegenüber dem BPatG. § 109 PatG betrifft die Kostenentscheidung.

72 Eine **Erledigung der Hauptsache** gemäß § 91a ZPO kann auch im Rechtsbeschwerdeverfahren eintreten (BGH GRUR 1994, 104 – *Akteneinsicht XIII*). Die Entscheidung nach § 91a ZPO umfasst in diesem Fall auch die Kosten der Vorinstanzen (BGH GRUR 2005, 41 – *Staubsaugerrohr*). Erlischt das GebrM während des Rechtsbeschwerdeverfahrens, so entfällt damit das Rechtsschutzbedürfnis für die Weiterverfolgung des Löschungsantrags, nicht des Rechtsmittels (BGH GRUR 1983, 725 – *Ziegelsteinformling I*). Hat sich ein für den Gegner zugelassener Anwalt beim BGH noch nicht bestellt und wird die Rechtsbeschwerde zurückgenommen, so kann der Kostenantrag auch durch einen beim BGH nicht postulationsfähigen Anwalt gestellt werden; dies kann auch ein Patentanwalt sein (BGH GRUR 1995, 338 – *Rechtsmittelrücknahme*).

73 **6.3 Umfang der Überprüfung.** Zum Prüfungsumfang ist zahlreiche Judikatur, insbesondere in patentrechtlichen Streitigkeiten ergangen. Insoweit wird auf die umfassende Kommentierung bei *Benkard/Rogge/Fricke* §§ 100ff. PatG sowie *Busse/Keukenschrijver* §§ 100ff. PatG verwiesen. In gebrauchsmusterrechtlichen Streitigkeiten haben sich folgende Entscheidungen aus jüngerer Zeit mit dem Umfang der Überprüfung befasst:

74 – Nach der früheren Rechtsprechung des BGH lag die Überprüfung des Vorliegens eines **erfinderischen Schritts** im Wesentlichen auf tatsächlichem Gebiet und war infolgedessen einer Nachprüfung in der Rechtsbeschwerdeinstanz verschlossen, § 107 Abs. 2 PatG. Die Entscheidung des Beschwerdegerichts konnte daher lediglich daraufhin überprüft werden, ob sie auf einem Verkennen des Rechtsbegriffs des „erfinderischen Schritts" und damit auf einer Verletzung materiellen Rechts beruht oder – bei einer entsprechenden Verfahrensrüge (§ 102 Abs. 4 Nr. 3 PatG) – ob gegen prozessuale Vorschriften, die Lebenserfahrung oder die Denkgesetze verstoßen worden ist oder bei der Entscheidungsfindung wesentliche Umstände außer Acht gelassen worden sind (BGH GRUR 1998, 913, 915 – *Induktionsofen;* BGH Mitt. 1999, 372, 373 – *Flächenschleifmaschine*). Die Rechtsbeschwerde war deshalb erfolglos, wenn sie vom BPatG berücksichtigten Prüfungsstoff lediglich anders gewichtet und bewertet wissen wollte (BGH Mitt. 1999, 372, 373 – *Flächenschleifmaschine*). Nach der jüngeren Rechtsprechung des BGH handelt es sich bei der Beurteilung der erfinderischen Tätigkeit um eine **Rechtsfrage,** die mittels wertender Würdigung der tatsächlichen Umstände zu ermitteln ist, welche unmittelbar oder mittelbar geeignet sind, etwas über die Voraussetzungen des Auffindens der technischen Lösung auszusagen (BGH GRUR 2006, 842,843 – *Demonstrationsschrank;* BGH GRUR 2012, 378, 379 – *Installiereinrichtung II*). Die Überprüfung des Vorliegens eines erfinderischen Schritts ist somit der Nachprüfung in der Rechtsbeschwerdeinstanz zugänglich. Die Rechtsbeschwerde kann aber beispielsweise nicht darauf gestützt werden, dass das BPatG vom Schutzrechtsinhaber angeführte Hilfskriterien („Beweisanzeichen“) für erfinderische Tätigkeit oder einen erfinderischen Schritt in den Gründen seiner Entscheidung nicht abgehandelt habe. Denn dies erlaubt regelmäßig nicht den Schluss, dass das Gericht die angeführten Umstände nicht auf ihre Bedeutung für die Entscheidung geprüft hat (BGH GRUR 2007, 997, 998 – *Wellnessgerät*).

– Zur Rüge einer Verletzung der **Aufklärungspflicht/Mitwirkungspflicht:** **75** BGH Mitt. 1999, 372, 373, 374 – *Flächenschleifmaschine.*

– Die Rüge **nicht ordnungsgemäßer Besetzung** gemäß § 100 Abs. 3 Nr. 1 PatG **76** erfordert die Angabe der Einzeltatsachen, aus denen sich der Fehler ergibt; die Angabe einer bloßen Vermutung genügt nicht. Soweit es sich um gerichtsinterne Vorgänge handelt, muss die Rechtsbeschwerde zumindest darlegen, dass eine zweckentsprechende Aufklärung versucht worden ist (BGH GRUR 2005, 572 – *Vertikallibelle*). Die Rüge darf nicht auf bloßen Verdacht erhoben werden. Diese Grundsätze gelten auch im Rahmen der nicht zugelassenen Rechtsbeschwerde, §§ 18 Abs. 4 GebrMG, 101 Abs. 2 PatG, 547, 551 Abs. 3 Nr. 3b ZPO (vgl. BGH Mitt. 1996, 118 – *Flammenüberwachung*).

– Zur Rüge der nicht ordnungsgemäßen Besetzung des Beschwerdegerichts im **77** Hinblick auf die **Überbesetzung** des Gebrauchsmusterbeschwerdesenats mit **technischen Beisitzern** der Technischen Beschwerdesenate des BPatG: BGH GRUR 1998, 373ff. – *Fersensporn.*

– Zur Rüge, dass der angegriffene Beschluss **nicht mit Gründen versehen** ist, **78** §§ 18 Abs. 4 GebrMG, 100 Abs. 3 Nr. 6 PatG: Diese Rüge greift durch, wenn aus der angegriffenen Entscheidung nicht zu erkennen ist, welche tatsächlichen Feststellungen und welche rechtlichen Erwägungen für die getroffene Entscheidung maßgebend waren; dies ist bereits dann der Fall, wenn einzelne „selbständige Angriffs- und Verteidigungsmittel“ iSd §§ 146, 303 ZPO in den Gründen völlig übergangen sind (BGH GRUR 2010, 950, 951 – *Walzenformgebungsmaschine;* BGH GRUR 2015, 199, 200 – *Sitzplatznummerneinrichtung*); dagegen liegt kein Begründungsfehler vor, wenn ein Argument, das zur Begründung eines „selbständigen Angriffs- oder Verteidigungsmittels“ vorgetragen wurde oder vorgetragen werden konnte, nicht erörtert wird (BGH GRUR 2004, 79 – *Paroxetin;* BGH GRUR 2007, 997, 998 – *Wellnessgerät*). Selbständige Angriffsmittel im Sinne dieser Vorschriften ist jedes sachliche oder prozessuale Vorbringen, das für sich allein rechtsvernichtend wirkt (also zB Vortrag, die innere Priorität sei nicht wirksam in Anspruch genommen, nicht hingegen die Begründung dieses Vortrags; vgl. BGH Mitt. 1996, 118, 119, 120 – *Flammenüberwachung*). Betreffen hingegen die Rügen lediglich Inhalt und Ergebnis einer Auslegung, genügt dies zur Darlegung eines Verstoßes gegen den Begründungszwang nicht. Ferner stelle es keinen Begründungmangel dar, wenn sich das Patentgericht nicht mit der theoretischen Möglichkeit der zukünftigen Nichtigerklärung des Patents, auf welches der Löschungsgrund des § 15 Abs. 1 Nr. 2 gestützt wird, auseinandersetzt (BGH Mitt. 2011, 475, 476 – *Formkörper mit Durchtrittsöffnungen*). Ein solcher Mangel ist jedoch nicht schon dann gegeben, wenn sich die gegebene Begründung mit einem beanspruchten Gegenstand nicht befasst, weil dieser nach Auffassung des GebrM-Anmelders verkannt sein soll. Dieser Gesichtspunkt betrifft allein die Frage, ob die angefochtene Entscheidung sachlich richtig ist. Dies ist jedoch im Verfahren der nicht zugelassenen Rechtsbeschwerde nicht zu prüfen (BGH GRUR 1998, 373, 376 – *Fersensporn;* BGH Mitt. 2011, 475, 476 – *Formkörper mit Durchtrittsöffnungen*).

79 – Rüge der **Versagung des rechtlichen Gehörs,** § 100 Abs. 3 Nr. 3 greift ein, wenn das Recht der Beteiligten eingeschränkt wird, sich zum Sachverhalt oder zur Rechtsauffassung des BPatG (BGH GRUR 2001, 139 – *Parkkarte*) zu äußern oder ihre Auffassung darzulegen. Das BPatG muss sich in seiner Entscheidung aber nicht ausdrücklich oder in bestimmter Weise mit dem Vorbringen der Parteien auseinandersetzen (BGH GRUR 2007, 997, 998 – *Wellnessgerät;* zum Markenrecht BGH Mitt. 2008, 282 – *Melissengeist*) es muss auch nicht vor der Entscheidung erläutern, wie es den Sachverhalt würdigen wird (BGH GRUR 2009, 91, 92 – *Antennenhalter*). Geht das Gericht auf den Kern des Vortrags oder auf Vortrag nicht ein, den es für erheblich hält, so lässt dies auf Versagung des rechtlichen Gehörs schließen (BGH Mitt. 2010, 494 – *übergangener Vortrag;* BGH Mitt. 2010, 307 – *Walzenformgebungsmaschine*). Eine Verletzung des rechtlichen Gehörs wurde bejaht, wenn das Gericht entgegen mündlicher Ankündigung entscheidet (BGH GRUR 2011 851 – *Werkstück;* zum Markenrecht BGH GRUR 2003, 901 – *MAZ*), bei Nichtdurchführung einer gebotenen mündlichen Verhandlung oder Anhörung (zum Patentrecht BGH Mitt. 2010, 192 – *Dichtungsanordnung II*) oder im Fall der Verneinung der Schutzfähigkeit unter Berufung auf eine Entgegenhaltung, welche ein Beteiligter im Zusammenhang mit einem zusätzlich geltend gemachten Widerrufsgrund erwähnt hat (vgl. zum Patentrecht BGH GRUR 2009, 1192, 1194 – *Polyolefinfolie*). Eine Verletzung des rechtlichen Gehörs wurde verneint, soweit die gerügte Verletzung jedenfalls keine die Begründung der angefochtenen Entscheidung tragende Erwägung betraf (BGH Beschluss vom 8.7.2008, Az. X ZB 32/06). Zur Begründung der Rüge der Versagung rechtlichen Gehörs ist darzulegen, aus welchem Grund eine Verletzung des Rechts eines Beteiligten vorliegt, sich zum Sachverhalt zu äußern oder seine Auffassung zu den erheblichen Rechtsfragen vorzutragen (*Benkard/Goebel/Engel* GebrMG § 18 Rn. 30). Wird die Verletzung einer Hinweispflicht durch das Gericht gerügt, so ist zu begründen, dass die Entscheidung auf diesem Verstoß beruht (zum Markenrecht BGH GRUR 2008, 1126 – *Weisse Flotte*).

7. Sonstige Rechtsbehelfe

80 **7.1 Anhörungsrügen.** Die Vorschrift des **§ 321 a ZPO** gilt gemäß §§ 18 Abs. 2 S. 1, 99 PatG für das Verfahren vor dem DPMA und dem BPatG. Es handelt sich um einen subsidiären Rechtsbehelf eigener Art, dem die Rechtskraft der beanstandeten Entscheidung nicht entgegensteht (*Bühring/Bühring* § 18 Rn. 172). Er ermöglicht auf Antrag die Selbstkorrektur einer unanfechtbaren Entscheidung (vgl. BGH Mitt. 2005, 393 – *Entscheidung über Gehörsrüge*). Die Voraussetzungen der Zulässigkeit sind in § 321 a Abs. 1, Abs. 2 ZPO festgelegt. Der Gegner ist anzuhören, § 321 a Abs. 3 ZPO. Ist die Anhörungsrüge unstatthaft oder nicht form- oder fristgerecht erhoben, ist sie als unzulässig zu verwerfen. Eine unbegründete Anhörungsrüge wird zurückgewiesen. Die Entscheidung ergeht durch unanfechtbaren Beschluss, der kurz begründet werden soll, § 321 a Abs. 4 ZPO. Ist die Rüge begründet, so wird ihr abgeholfen, indem das Verfahren fortgeführt wird, soweit dies auf Grund der Rüge geboten ist, § 321 a Abs. 5 ZPO.

81 Durch das Gesetz zur Änderung des patentrechtlichen Einspruchsverfahrens und des Patentkostengesetzes vom 21.6.2006 wurde zudem die Möglichkeit eine Anhörungsrüge in **§ 122 a PatG** eingeführt und § 21 GebrMG entsprechend ergänzt. Diese Anhörungsrüge betrifft Endentscheidungen des BGH, durch welche das rechtliche Gehör einer Partei verletzt wird. Einzelheiten bei *Benkard/Hall/Nobbe* PatG § 122a.

82 **7.2 Gegenvorstellung.** Das BPatG vertritt die Auffassung, Gegenvorstellungen gegenüber die Instanz abschließenden Beschlüssen des BPatG im GebrM-Löschungsverfahren seien in Ansehung von §§ 318, 322 ZPO nicht statthaft. Ferner hält das BPatG eine „isolierte" Kosten-Gegenvorstellung in Ansehung des Ausschlusses der isolierten Kostenrechtsbeschwerde zum Bundesgerichtshof im GebrM-Löschungs-

verfahren für nicht statthaft (BPatG Beschluss vom 11.1.2016, Az. 35 W (pat) 437/12; anders wohl BGH GRUR 2013, 427, 428 – *Doppelvertretung im Nichtigkeitsverfahren*).

8. Ausschluss und Ablehnung von Richtern. Der Ausschluss und die Ablehnung von Richtern oder Rechtspflegern folgt aus §§ 20, 86 PatG iVm §§ 41–49ff. ZPO, § 10 RPflG (vgl. BPatG Mitt. 2007, 504 – *Ablehnung des technischen Mitglieds des Gebrauchsmusterbeschwerdesenats*). **83**

§ 19 [Aussetzung des Verletzungsstreits]

Ist während des Löschungsverfahrens ein Rechtsstreit anhängig, dessen Entscheidung von dem Bestehen des Gebrauchsmusterschutzes abhängt, so kann das Gericht anordnen, daß die Verhandlung bis zur Erledigung des Löschungsverfahrens auszusetzen ist. Es hat die Aussetzung anzuordnen, wenn es die Gebrauchsmustereintragung für unwirksam hält. Ist der Löschungsantrag zurückgewiesen worden, so ist das Gericht an diese Entscheidung nur dann gebunden, wenn sie zwischen denselben Parteien ergangen ist.

Literatur (Auswahl): *Loth/Kopf,* Die Aufhebung einstweiliger Verfügungen gemäß §§ 936, 927 ZPO nach Wegfall des Verfügungspatents oder Verfügungsgebrauchsmusters, Mitt. 2012, 307; *Ochs,* Aussetzung im Gebrauchsmusterverletzungsverfahren, Mitt. 2014, 534.

Inhaltsübersicht

1. Allgemeines/Zweck der Vorschrift. Im Patentverletzungsprozess ist dem Verletzungsgericht die Nachprüfung des Klagepatents versagt. Das **Patent** ist erst nach der Prüfung der Schutzvoraussetzungen durch das DPMA erteilt worden. Der Grundsatz der Kompetenzverteilung zwischen Patentamt und Gericht verbietet deshalb eine Überprüfung durch das Verletzungsgericht; mangelnde Patentfähigkeit kann nur im Wege der Nichtigkeitsklage geltend gemacht werden (BGH GRUR 1999, 914, 916 – *Kontaktfederblock*). Eine insoweit abweichende Regelung ist für das europäische Patent mit einheitlicher Wirkung vorgesehen. Dort kann der Verletzungsbeklagte nach dem derzeitigen Stand die fehlende Schutzfähigkeit des Klagepatents mit einer Nichtigkeitsklage oder (nur) mit einer Widerklage geltend machen, Art. 32 Abs. 1 lit. e EPGÜ. Das **GebrM** ist jedoch ein Schutzrecht, das ohne Prüfung auf Schutzwürdigkeit gegenüber dem Stand der Technik registriert wurde. Konsequenterweise ist deshalb die Nachprüfung durch die Verletzungsgerichte nicht nur zulässig, sondern auch notwendig. **1**

Der Verletzungsbeklagte kann sich deshalb auch im Zivilprozess jederzeit auf die mangelnde Schutzfähigkeit des GebrM berufen. Das **Verletzungsgericht** kann dabei auch die sogenannten absoluten Schutzvoraussetzungen des GebrM **prüfen,** ist also nicht auf eine Nachprüfung der relativen Schutzvoraussetzungen beschränkt, die **2** im Eintragungsverfahren nicht geprüft werden (BGH GRUR 1969, 184, 185 – *Lotterielos;* vgl. ferner → § 24 Rn. 30). Jedoch kann der Verletzungsrichter nur **inter partes** den Schutz verneinen oder diesen bejahen. Er kann aber nicht das GebrM mit Wirkung für die Allgemeinheit ganz oder teilweise löschen. Das GebrM als ungeprüftes Schutzrecht entbindet deshalb das Verletzungsgericht auch nicht der Nachprüfung der Schutzwürdigkeit des betreffenden GebrM, wenn parallel durch den Verletzungsbeklagten oder einen Dritten ein Löschungsverfahren gegen dieses Schutzrecht eingeleitet wurde.

3 Die Aussetzungsvorschrift des § 19 verfolgt deshalb den Zweck, **widersprechende Entscheidungen** des Patentamts und des ordentlichen Gerichts zu **vermeiden,** wenn die Frage der Schutzwürdigkeit des betreffenden GebrM sowohl im Verletzungsrechtsstreit als auch in einem Löschungsverfahren untersucht wird (OLG Düsseldorf GRUR 1952, 192, 193). § 19 gibt deshalb dem Verletzungsrichter die Möglichkeit, den Verletzungsstreit bis zur Erledigung des **Löschungsverfahrens auszusetzen** und macht ihm diese Aussetzung sogar zur Pflicht, wenn er das GebrM für unwirksam hält. Solche widersprechenden Entscheidungen können aber auch dann ergehen, wenn das Löschungsverfahren nicht zwischen den Parteien des Verletzungsrechtsstreits schwebt. Gibt das Patentamt dem Antrag auf Löschung des GebrM statt, so wirkt diese Entscheidung **inter omnes** mit ex tunc-Wirkung. Hat in einem solchen Fall das ordentliche Gericht den Verletzungsrechtsstreit nicht ausgesetzt, sondern das GebrM für bestandskräftig gehalten und der Verletzungsklage stattgegeben, so ergeben sich nicht unerhebliche Schwierigkeiten, wenn das GebrM auf den während des Rechtsstreits schwebenden Löschungsantrag gelöscht wird. Auch derartig widersprechende Entscheidungen zwischen Patentamt und Verletzungsgericht sollen nach § 19 vermieden werden (OLG Braunschweig GRUR 1961, 84 – *Markierungszaun*). Darüber hinaus soll die Regelung des § 19 S. 3 dem **Rechtsfrieden** der Parteien dienen (OLG Düsseldorf GRUR 1995, 487, 488 – *Gummifüße*).

4 Ob der Beklagte im Verletzungsstreit den Weg eines Aussetzungsantrags in Kombination mit einem (eigenen) Löschungsantrag und den Einwand der fehlenden Schutzfähigkeit des Klagegebrauchsmusters oder welche von diesen beiden Möglichkeiten er wählt, hängt von verschiedenen Faktoren ab. Ein Kriterium kann zB sein, ob es sich um eine Angelegenheit aus einem relativ einfachen technischen Gebiet handelt, das auch für das Verletzungsgericht griffig darzustellen ist, so dass dieses in die Lage versetzt wird, auf Grund der eigenen Erfahrungen über den Einwand der Löschungsreife zu entscheiden. Bei komplexeren technischen Gebieten kann sich für den Beklagten empfehlen, einen entsprechenden Löschungsantrag beim DPMA einzureichen bzw. auf den Löschungsantrag eines Dritten Bezug zu nehmen. Hier mag das Verletzungsgericht eher geneigt sein, auf Grund dieses Löschungsangriffs den Verletzungsrechtsstreit auszusetzen. Weiter kann sich die Situation unterschiedlich danach darstellen, ob auf Seiten des GebrM-Inhabers ein paralleles Patent existiert, das bereits zum Gegenstand einer Klage gemacht ist, gemacht werden soll oder ob sich das Patent noch im Anmeldestadium befindet.

5 **2. Aussetzung des Verletzungsrechtsstreits.** § 19 regelt lediglich die Aussetzung des zivilrechtlichen Rechtsstreits. Die **Aussetzung** des **Löschungsverfahrens** folgt nicht den Regelungen des § 19, sondern bemisst sich nach den allgemeinen Grundsätzen, nämlich § 148 ZPO, → § 17 Rn. 33. Das Löschungsverfahren kann nicht auf Grund des parallelen Verletzungsrechtsstreits ausgesetzt werden, da dieser nicht vorgreiflich ist. Dem Regelungszweck entsprechend ist der Begriff „Rechtsstreit" in Satz 1 nur auf GebrM-Streitsachen iSd § 27 zu beziehen, so dass bei allen übrigen Rechtsstreitigkeiten die allgemeinen Regelungen gelten (ebenso *Busse/Keukenschrijver* GebrMG § 19 Rn. 2).

6 Der **Einwand** mangelnder Schutzfähigkeit des Klageschutzrechts im Verletzungsrechtsstreit kann nicht nur zur Begründung einer Aussetzung des Verletzungsverfah-

rens mit Rücksicht auf ein selbständiges Verfahren zur **Prüfung** der **Schutzfähigkeit** erhoben werden, so dass die Wirksamkeit des Klagegebrauchsmusters auch im **Verletzungsrechtsstreit** (selbständig) zu prüfen ist. Dies entspricht ständiger Rechtsprechung und wird durch die Regelung in § 19 S. 3 bestätigt, die nur dann verständlich ist, wenn das Verletzungsgericht im Übrigen selbständig über die Schutzfähigkeit urteilen kann (BGH GRUR 1997, 892, 893 – *Leiterplattennutzen;* vgl. auch LG Düsseldorf Urt. v. 17.4.2007, Az. 4b O 287/06). Dies gilt auch für die eingeschränkte Geltendmachung des GebrM, wenn das GebrM in einer Fassung geltend gemacht wird, für die keine eingeschränkten Schutzansprüche beim Patentamt eingereicht worden sind. Im Verletzungsrechtsstreit genügt es zu prüfen, ob sich der GebrM-Inhaber auf eine durch die maßgebliche ursprüngliche Offenbarung gestützte und im Rahmen der der GebrM-Eintragung zu Grunde liegenden Schutzansprüche liegende Fassung des Schutzbegehrens zurückgezogen hat, welche die angegriffene Handlung erfasst. Dagegen besteht im Verletzungsstreits keine Notwendigkeit, den GebrM-Inhaber darauf festzulegen, wieweit er das GebrM im Löschungsverfahren verteidigen will (vgl. BGH GRUR 2003, 867, 868 – *Momentanpol I*).

2.1 Voraussetzungen. Die Aussetzung nach § 19 S. 1, 2 setzt die **Rechtshängigkeit** einer **Gebrauchmusterstreitsache** bei einem Zivilgericht voraus (nach *Busse/Keukenschrijver* GebrMG § 19 Rn. 3 reicht die Anhängigkeit eines Rechtsstreits in der Hauptsache). Dies kann nur eine **Hauptsacheklage** sein; in einem **einstweiligen Verfügungsverfahren** ist eine Aussetzung aus doppeltem Grund nicht möglich: Zum einen ermangelte es dann an der Dringlichkeit und zum anderen an dem Verfügungsanspruch, wenn in einer Hauptsacheklage der Rechtsstreit auszusetzen wäre (OLG Düsseldorf Mitt. 1996, 87, 88; OLG Düsseldorf GRUR-Prax 2012, 222). Es muss sich des Weiteren (lediglich) um eine Gebrauchsmusterstreitsache handeln (§ 27 Abs. 1); um welchen Streitgegenstand es sich hierbei im Einzelnen handelt, ist gleichgültig, vorausgesetzt, dass die Entscheidung von dem Bestehen des Gebrauchsmusterschutzes abhängt. Hierunter fallen also insbesondere Unterlassungsklagen, Vertragsstrafeklagen, Ansprüche aus ungerechtfertigter Bereicherung, Auskunfts-, Rechnungslegungs- sowie Schadenersatzklagen, etc. Für die Frage der Aussetzung ist es gleichgültig, in welcher Instanz das Verfahren rechtshängig ist. Die Aussetzung kann auch durch das Revisionsgericht erfolgen (RGZ 155, 321, 322). 7

Das **Löschungsverfahren** muss spätestens am Ende der mündlichen Verhandlung des zivilrechtlichen Rechtsstreits **anhängig** sein (großzügiger LG Mannheim, Mitt. 2014, 563, 564 – *mechanisches Arretiersystem:* § 296a ZPO stehe der Berücksichtigung eines auch nach dem Schluss der mündlichen Verhandlung anhängig gemachten Löschungsantrag nicht entgegen). Die Ankündigung in der mündlichen Verhandlung des Zivilrechtsstreits, ein Löschungsverfahren anzustrengen, reicht selbst unter Vorlage eines vorbereiteten Löschungsantragsentwurfes nicht aus. Das Zivilgericht hat über die Wirksamkeit des Streitgebrauchsmusters selbst zu entscheiden; die Eintragung des GebrM bleibt von dem Ausgang dieser Entscheidung unberührt. Für die Aussetzung nach § 19 gelten die allgemeinen verfahrensrechtlichen Grundsätze, insbesondere § 148 ZPO. Deshalb ist es unerheblich, wer das Löschungsverfahren betreibt (OLG Braunschweig GRUR 1961, 84, 85 – *Markierungszaun;* OLG Karlsruhe GRUR 2014, 352, 353 – *Stanzwerkzeug*). Eine Aussetzung des Zivilrechtsstreits kommt nicht in Betracht, wenn das Löschungsverfahren nicht betrieben wird, etwa weil es unterbrochen ist oder ruht (OLG Braunschweig, GRUR 1961, 84, 85 – *Markierungszaun*). Wird das Löschungsverfahren durch Rücknahme des Löschungsantrags erledigt, muss das Verletzungsgericht selbst über die Wirksamkeit des GebrM entscheiden (*Benkard/Goebel/Engel* GebrMG § 19 Rn. 7). 8

Weitere Voraussetzung ist die **Vorgreiflichkeit,** dh der Ausgang des Zivilrechtsstreits muss vom Bestehen des GebrM-Schutzes **abhängig** sein. Diese Voraussetzung hat insbesondere im **Verletzungsprozess** Bedeutung. Vorgreiflichkeit ist ferner gegeben bei 9

Streitigkeiten wegen Vergütung für Arbeitnehmererfindungen. Inhaltlich liegt sie vor, wenn alle anderen Klagevoraussetzungen vorliegen, so dass die Entscheidung (nur) noch von der Rechtswirksamkeit des streitgegenständlichen GebrM abhängt. An der Vorgreiflichkeit fehlt es folglich, wenn es auf die Schutzfähigkeit des GebrM nicht ankommt, zB weil die zivilrechtliche Klage unzulässig ist oder weil ohnehin kein Verletzungstatbestand gegeben wäre. An einer Abhängigkeit iSd § 19 mangelt es im Falle der Vindikationsklage, die lediglich die Klärung der Rechtsinhaberschaft zum Ziel hat, und bei der es nicht um die dem Streitstoff fremde Auseinandersetzung geht, ob das von beiden Parteien in Anspruch Genommene ein schutzfähiges Recht darstellt oder nicht; hierdurch würde auch der Prozess um die Berechtigung des Abtretungsverlangens durch Belastung mit einem ihm wesensfremden zusätzlichen Streitstoff einige Verzögerung erfahren, die schon mit dem Wesen und Zweck der erfinderrechtlichen Vindikation unvereinbar ist (BGH GRUR 1962, 140, 141, 142 – *Stangenführungsrohre;* zum Patentrecht BGH GRUR 2011, 903, 904 – *Atemgasdrucksteuerung;* ferner im Einzelnen: → § 13 Rn. 38 ff.). Bei **Lizenzstreitigkeiten** wird in der Regel ebenfalls keine Vorgreiflichkeit bestehen, da das GebrM jedenfalls bis zu seiner Löschung ein faktisches Ausschließlichkeitsrecht und damit eine Vorzugsstellung des Inhabers bewirkt hat. Vorgreiflichkeit ist ferner dann zu verneinen, wenn sich das Löschungsverfahren nicht auf dasjenige GebrM bezieht, das Gegenstand in dem Zivilrechtsstreit ist (zB dessen Verletzung in dem Verletzungsstreit geltend gemacht wird). Denn die Entscheidung des Verletzungsstreits ist lediglich von dem Bestehen dieses GebrM abhängig. Dasselbe GebrM liegt auch dann vor, wenn das GebrM im Verletzungsprozess nur in eingeschränktem Umfang geltend gemacht wird; maßgeblich für die Bewertung der Aussetzung ist in diesem Fall das GebrM in der eingetragenen Fassung (*Fitzner/Lutz/Bodewig/Kircher* GebrMG § 19 Rn. 5 unter Hinweis auf LG München I InstGE 4, 59, 60 – *Ackerwalze I;* vgl. jedoch zum Patentrecht BGH GRUR 2010, 904, 908 – *Maschinensatz;* vgl. ferner → § 12a Rn. 183 ff.). Wird in dem Löschungsverfahren ein anderes GebrM angegriffen, dessen Wirksamkeit für das Zivilrechtsverfahren unerheblich ist, so sind einander widersprechende Entscheidungen des DPMA und des Zivilgerichts nicht zu befürchten, so dass für die Anwendung des § 19 kein Raum ist (OLG Düsseldorf GRUR 1952, 192, 193). Dabei kommt es auch nicht darauf an, ob dieses andere GebrM mit dem im Verletzungsrechtsstreit geltend gemachten Klagegebrauchsmuster identisch ist und deswegen gelöscht werden muss oder ob eine Abhängigkeit zwischen beiden Gebrauchsmustern besteht, da das DPMA keine Prüfungskompetenz zB über die Abhängigkeit hat. Hierüber muss vielmehr ausschließlich im Verletzungsrechtsstreit befunden werden, der insoweit nicht von dem Ausgang des Löschungsverfahrens abhängig ist (OLG Düsseldorf GRUR 1952, 192, 193).

10 **2.2 Fakultative Aussetzung, § 19 S. 1.** Bei Vorliegen der Voraussetzungen ist die Aussetzung **grundsätzlich fakultativ** und dem pflichtgemäßen Ermessen des Gerichts überlassen (RGZ 155, 321, 322); ein Antrag ist nicht erforderlich. Dabei darf sich das Gericht aber nicht allein von Zweckmäßigkeitsgesichtspunkten leiten lassen, ebenso nicht von der Besonderheit, dass das GebrM ohne Prüfung der Schutzvoraussetzungen eingetragen ist, da sich aus dem Regel-/Ausnahmeverhältnis der §§ 11, 13 eine **Vermutung der Wirksamkeit** ergibt (vgl. → § 11 Rn. 77).

11 Zutreffend wird deshalb in einem Teil der Literatur (*Mes* GebrMG § 19 Rn. 5) Zurückhaltung bei der Aussetzung angemahnt, weil der GebrM-Inhaber (angesichts der ohnehin nur verkürzten Laufzeit eines GebrM) für einen wesentlichen Zeitraum sein Ausschließungsrecht nicht durchsetzen kann (vgl. auch LG München I Mitt. 2012, 184 – *gekühlte Backware;* nach der zusammenfassenden Darstellung des OLG Karlsruhe lässt das LG Mannheim dagegen im Grundsatz bereits Zweifel am Rechtsbestand des GebrM für eine Aussetzung genügen (vgl. OLG Karlsruhe GRUR 2014, 352, 354 – *Stanzwerkzeug;* ebenso OLG Düsseldorf Beschluss vom 16.5.2013, Az. I-2 U 56/11). Zu berücksichtigen ist auch, in welchem Verfahrensstadium der Löschungsantrag er-

hoben wird. Allgemein kann auf die Grundsätze zur Aussetzung des Patentverletzungsrechtsstreits bei Einspruch bzw. Nichtigkeitsklage zurückgegriffen werden (ebenso *Busse/Keukenschrijver* GebrMG § 19 Rn. 7). Danach kommt eine Aussetzung auf Grund eines Einspruchs oder anhängigen Nichtigkeitsverfahrens in aller Regel nur in Betracht, wenn das Klagepatent mit (sehr) hoher Wahrscheinlichkeit nicht rechtsbeständig ist. Dies kommt im Wesentlichen (nur) bei neuheitsschädlicher Vorwegnahme in Betracht oder wenn die Erfindungshöhe angesichts des vorliegenden Standes der Technik so fragwürdig geworden ist, dass sich ein vernünftiges Argument für die Zuerkennung der erfinderischen Tätigkeit nicht finden lässt (BGH GRUR 1987, 284 – *Transportfahrzeug;* OLG Düsseldorf Mitt. 1997, 257, 258 – *Steinknacker*). Insbesondere sollten im Regelfall Zweifel an dem Vorliegen eines erfinderischen Schritts nicht zur Aussetzung führen (so auch LG München Mitt. 2012, 184 – *gekühlte Backware*). Denn ob ein erfinderischer Schritt zu bejahen oder zu verneinen ist, ist letzten Endes allein in Folge einer wertenden Entscheidung zu bestimmen. Insoweit lassen sich aber regelmäßig gute Gründe dafür anführen, dass ein Löschungsverfahren keinen Erfolg haben wird. Nach OLG München GRUR 1957, 272, sollen demgegenüber Zweifel an der Schutzfähigkeit bereits eine Aussetzung rechtfertigen (dort allerdings zu der speziellen Sachverhaltskonstellation, dass neben dem Löschungsverfahren eine Patentnichtigkeitsklage gegen das übereinstimmende Patent anhängig war und dort eine Beweisaufnahme angeordnet wurde. Vgl. auch BGH GRUR 1997, 454, 458 – *Kabeldurchführung:* „Die Möglichkeit, dass das ... Gebrauchsmuster aus diesem Grund teilweise gelöscht wird, liegt jedoch fern, so dass auch eine Aussetzung seinetwegen nicht in Betracht kommt". Das OLG Karlsruhe will bereits begründete Zweifel an der Schutzfähigkeit des GebrM und nicht erst die erhebliche Wahrscheinlichkeit für die Löschung des GebrM für eine Aussetzung genügen lassen, solange keine positive Entscheidung über den Rechtsbestand des GebrM vorliege, weil das GebrM ein ungeprüftes Schutzrecht sei und die Beschränkung der zeitlich befristeten Monopolstellung hinter das Interesse an einer materiell richtigen Entscheidung zurücktrete (OLG Karlsruhe GRUR 2014, 352, 354 – *Stanzwerkzeug;* OLG Karlsruhe, Beschluss vom 9.9.2015, Az. 6 U 78/14). Dies soll sogar im Fall der Existenz eines parallelen (wenngleich mit abgewandelten Ansprüchen) erteilten Patents gelten. Ähnlich auch LG München I, Beschluss vom 17.7.2013, Az. 21 O 22131/12. Auch nach der Rechtsprechung des OLG Karlsruhe kommt eine Aussetzung des Verletzungsprozesses, wenn eine Gebrauchsmusterabteilung des DPMA über den Rechtsbestand des Klagegebrauchsmusters bereits positiv entschieden hat, nicht bereits bei bloßen Zweifeln des Verletzungsgerichts hinsichtlich des Rechtsbestands in Betracht, sondern erst dann, wenn eine erhebliche Wahrscheinlichkeit der Vernichtung des GebrM besteht (OLG Karlsruhe GRUR 2014, 352, 354 – *Stanzwerkzeug*). Im Rahmen seiner Ermessensentscheidung kommt dem Zivilgericht dabei auch Flexibilität zu, wenn es zum Beispiel dem Anspruch 1 die Schutzfähigkeit versagen möchte, jedoch in der Kombination der Merkmale der Ansprüche 1 und 2 eine schutzfähige Erfindung sieht und zum Beispiel die angegriffene Verletzungsform auch unter diese Kombination fiele.

2.3 Zwingende Aussetzung, § 19 S. 2. Das Zivilgericht muss den Zivilrechtsstreit aussetzen, wenn es das GebrM für **unwirksam** hält und die übrigen Voraussetzungen vorliegen, § 19 S. 2 (abweichend LG Mannheim Mitt. 2014, 563, 565 – *mechanisches Arretiersystem:* es soll nicht notwendig sein, dass die Entscheidung nur noch vom Rechtsbestand des GebrM abhängt). Voraussetzung ist, dass ein gesetzlich vorgesehener und geltend gemachter Löschungsgrund in Betracht kommt (vgl. OLG Karlsruhe GRUR 2014, 352, 354 – *Stanzwerkzeug*). Sonstige, im Löschungsverfahren nicht überprüfbare Verfahrensmängel haben außer Betracht zu bleiben. Keine Aussetzung kommt in Betracht, wenn eine Bindungswirkung in Folge abgewiesenen Löschungsantrages zwischen den Parteien besteht (Einzelheiten → Rn. 19). Werden im Löschungsverfahren lediglich Vorfragen mit überprüft, so kommt derentwegen eine 12

Aussetzung ebenfalls nicht in Betracht. Auch in der **Revisionsinstanz** besteht kein Zwang zur Aussetzung (*Busse/Keukenschrijver* GebrMG § 19 Rn. 8).

13 **2.4 Verfahren, Rechtsbehelf.** Die Frage der Aussetzung ist summarisch zu beurteilen; eine förmliche Beweisaufnahme hierüber kommt nicht in Betracht. Nach dem Wortlaut des § 19 kommt eine Aussetzung bis zur Erledigung des Löschungsverfahrens in Betracht; vielfach erscheint eine Aussetzung lediglich bis zur erstinstanzlichen Entscheidung des DPMA angebrachter. Dies kann auch zwischen den Parteien vereinbart werden.

14 Ein **Aussetzungsbeschluss** durch das erstinstanzliche Gericht ist nach §§ 252, 567 ff. ZPO mit der einfachen (unbefristeten) **Beschwerde** angreifbar. Er bedarf infolgedessen der Begründung. Das Beschwerdegericht darf dabei die zur Begründung der Vorgreiflichkeit vorgenommene Würdigung der Verletzungsfrage durch das Landgericht nicht im Einzelnen überprüfen; die Aussetzung kann vielmehr nur auf Ermessensfehler überprüft werden (OLG Düsseldorf GRUR 1994, 507, 508; zum Patentrecht OLG Düsseldorf GRUR 2004, 88; OLG Karlsruhe GRUR 2014, 352, 354 – *Stanzwerkzeug*). Denn ebenso wie in Patentstreitsachen hängt auch in Gebrauchsmusterstreitsachen die Entscheidung, ob Vorgreiflichkeit gegeben ist oder fehlt, regelmäßig eng mit der Beantwortung der Verletzungsfrage zusammen. Eine Befassung des Beschwerdegerichts mit dem eigentlichen Streitgegenstand würde aber eine Vorwegnahme der eigentlichen Streitfrage bedeuten (OLG Düsseldorf GRUR 1994, 507, 508; zum Patentrecht OLG Düsseldorf GRUR 2004, 88). Entscheidet das erstinstanzliche Gericht ausnahmsweise über die Frage der Aussetzung durch verneinenden Beschluss, so ist hiergegen die sofortige Beschwerde gemäß §§ 252, 567 ZPO gegeben. Im Rahmen der Beschwerde ist nur eine Prüfung der erstinstanzlichen Ermessensausübung möglich; das Beschwerdegericht darf die tatrichterliche Überzeugung des Landgerichts nicht durch seine eigene ersetzen (vgl. OLG Karlsruhe GRUR 2014, 352, 354 – *Stanzwerkzeug*).

15 Lehnt das erstinstanzliche Gericht die Aussetzung ab, so geschieht dies in der Regel in den Gründen des über die Klage entscheidenden **Urteils,** gegen das **Berufung** möglich ist.

16 Wird die Aussetzung in 2. Instanz beschlossen, so findet hiergegen eine Anfechtung nicht statt (vgl. *von Maltzahn* GRUR 1985, 163, 173). Eine Aussetzung kann auch im Revisionsverfahren erfolgen.

17 Hat das erstinstanzliche Gericht eine Aussetzung bis zur rechtskräftigen Erledigung des Löschungsverfahrens beschlossen, kann es nach Erlass der Entscheidung im Verfahren vor dem DPMA die Frage der Aussetzung neu prüfen und ggf. das zivilgerichtliche Verfahren fortsetzen.

3. Bindungswirkung der Entscheidung im Löschungsverfahren

18 **3.1 Löschung.** Wurde das GebrM in einem Gebrauchsmusterlöschungsverfahren vor dem DPMA bzw vor dem BPatG überprüft, so ist das ordentliche Gericht an diese Entscheidung nur gebunden, soweit das GebrM ganz oder teilweise (vgl. → Rn. 19 ff.) gelöscht wurde. Die Bindungswirkung tritt auch ein, wenn die Entscheidung im Löschungsverfahren nicht zwischen den Parteien des Zivilrechtsstreits erging (BGH GRUR 1967, 351, 352 – *Korrosionsschutzbinde*). Entsprechendes gilt auch für die Feststellung der (vollständigen oder teilweisen) Unwirksamkeit (BGH GRUR 1967, 351, 352 – *Korrionsschutzbinde*). Ansprüche aus dem GebrM können in diesen Fällen nicht mehr geltend gemacht werden (Einzelheiten: → § 17 Rn. 71). Ergeht die Löschungsentscheidung nach der letzten mündlichen Verhandlung in der Berufungsinstanz, ist sie auch noch in der Revisionsinstanz zu berücksichtigen; die auf ein solches „Scheinrecht" gestützten Ansprüche haben von Anfang an nicht bestanden und sind daher als unbegründet abzuweisen (kein Fall der „Erledigung der Hauptsache", BGH GRUR 1963, 494 – *Rückstrahlerdreieck*). Ist die Entscheidung der Gebrauchsmusterabteilung über die Löschung des GebrM nicht rechtskräftig, bindet sie das Verletzungsgericht nicht. Sie ist im Verletzungsverfahren lediglich als gewichtige sachkundige Äußerung

auch in einem Aufhebungsverfahren gemäß § 927 ZPO zu würdigen (vgl. OLG Düsseldorf GRUR-RR 2012, 66, 68 – *Tintenpatronen-Verfügung;* kritisch *Loth/Kopf,* Die Aufhebung einstweiliger Verfügungen gemäß §§ 936, 927 ZPO nach Wegfall des Verfügungspatents oder Verfügungsgebrauchsmusters, Mitt. 2012, 307).

3.2 Abweisung des Löschungsantrags. Soweit der Löschungsantrag/Antrag auf Feststellung der Unwirksamkeit abgewiesen wurde, wirkt die Entscheidung **nur zwischen den Beteiligten** gemäß § 19 S. 3 GebrMG (BGH GRUR 1997, 454, 457, 458 – *Kabeldurchführung;* OLG Düsseldorf GRUR 1995, 487, 488 – *Gummifüße*). Das Zivilgericht ist folglich an die Löschungsentscheidung des DPMA/BPatG gebunden, wenn die Parteien/Beteiligten dieselben sind (BGH GRUR 1997, 454, 457, 458 – *Kabeldurchführung,* BGH GRUR 1962, 299, 304 – *formstrip*). Durch § 19 S. 3 ist der Verletzungsrichter der ansonsten nötigen Prüfung enthoben, ob das Schutzrecht die geprüften Schutzvoraussetzungen erfüllt. Das Löschungsverfahren beurteilt nur den Bestand des Schutzrechts und damit seinen Gegenstand, § 15 Abs. 1; dementsprechend kann sich § 19 S. 3 auch nur hierauf beziehen (BGH GRUR 1997, 454, 457 – *Kabeldurchführung*). Im Löschungsverfahren erfolgt keine Überprüfung des Schutzumfangs. Der Verletzungsbeklagte kann im Hinblick auf die in § 19 S. 3 ausgesprochene Bindung an die abweisende Entscheidung im Löschungsverfahren im Verletzungsrechtsstreit die Schutzfähigkeit des Gegenstands des Klagegebrauchsmusters nicht mehr mit einer Entgegenhaltung bestreiten, die im Löschungsverfahren – gleich aus welchen Gründen – nicht zum Erfolg geführt hat bzw. nicht berücksichtigt worden ist (BGH GRUR 1962, 299, 304 – *formstrip*). Hieraus folgt, dass dem Verletzungsbeklagten einer als äquivalent angegriffenen Ausführungsform nicht der **Einwand des freien Standes der Technik** (sog Formsteineinwand) abgeschnitten ist, da Grundlage dieser Prüfung nicht der Gegenstand des Schutzrechts gemäß § 15 Abs. 1 sondern eine davon abweichende angegriffene Ausführungsform und ihre Vorwegnahme durch den Stand der Technik ist (BGH GRUR 1962, 299, 304 – *formstrip;* Einzelheiten → § 11 Rn. 113ff. und → § 12a Rn. 170ff., → § 12a Rn. 479ff.). Soweit eine **Bindungswirkung** gemäß § 19 S. 3 eintritt, gilt diese im Hinblick auf die Kompetenzverteilung im Verletzungsrechtsstreit der Parteien des Löschungsverfahrens **einschränkungslos** (BGH GRUR 1962, 299, 304 – *formstrip*). 19

Diese führt sogar zu einer gewissen Drittwirkung dahingehend, dass es dem Verletzungsgericht auch untersagt ist, die Schutzvoraussetzungen des Klagegebrauchsmusters (wiederum) zu prüfen, um die Möglichkeit bzw. Notwendigkeit einer Aussetzung nach § 19 S. 1 und 2 zu ermitteln, wenn ein **erneutes Löschungsverfahren** von **dritter Seite** in die Wege geleitet wird. Dieses von dritter Seite erneut in die Wege geleitete Löschungsverfahren hat für die Parteien des Verletzungsrechtsstreits und das Gericht erst dann Bedeutung, wenn und soweit in dem neuen Verfahren das GebrM mit rückwirkender Kraft **vollständig oder teilweise gelöscht** wird (BGH GRUR 1997, 454, 458 – *Kabeldurchführung*). In diesem Fall wird man dem Verletzungsgericht eine Aussetzungsbefugnis bereits dann zusprechen können, wenn in dem neuen Löschungsverfahren des Dritten eine erstinstanzliche (noch nicht rechtskräftige) Löschungsentscheidung ergangen ist (offen gelassen in BGH GRUR 1997, 454, 458 – *Kabeldurchführung*). Die Bindungswirkung kann dabei nur im Rahmen der **Rechtskraftwirkung** der Entscheidung im Löschungsverfahren, insbesondere im Rahmen der geltend gemachten Löschungsgründe entstehen. Wird in dem neuen **Löschungsverfahren des Dritten** ein neuer Löschungsgrund geltend gemacht, so erstreckt sich die Bindungswirkung des § 19 S. 3 hierauf (selbstverständlich) nicht, so dass das Verletzungsgericht in Bezug auf den nunmehr neuen anhängigen Löschungsgrund in eine Prüfung der Schutzvoraussetzungen des Klagegebrauchsmusters eintreten muss (BGH GRUR 1997, 454, 458 – *Kabeldurchführung*). 20

Ist im Verfahren der Parteien/Beteiligten die Schutzfähigkeit des GebrM rechtskräftig entschieden, so bleibt es bei der **Bindungswirkung,** wenn nach der Rechtskraft der Entscheidung im Löschungsverfahren eine **weitere Entgegenhaltung** be- 21 kannt wird (so BGH GRUR 1972, 597, 599 – *Schienenschalter II* im Falle der Teillöschung), da der Gesetzgeber mit der Erstreckung der Rechtskraftbindung einer im Löschungsverfahren ergangenen Entscheidung auf den Verletzungsprozess dem dadurch zwischen den Parteien herbeigeführten Rechtsfrieden den Vorrang vor Billigkeitserwägungen eingeräumt hat (BGH GRUR 1972, 597, 599 – *Schienenschalter II*). Dieses gesetzgeberische Ziel ist in gleicher Weise tangiert, wenn der Löschungsantrag im Löschungsverfahren zwischen den Parteien/Beteiligten als **unzulässig** verworfen wurde, so dass auch dann die Bindungswirkung des § 19 S. 3 eintritt (OLG Düsseldorf GRUR 1995, 487, 488 – *Gummifüße*).

22 Für die **Identität** der Parteien/Beteiligten („denselben Parteien") ist im Hinblick auf den Zweck der Vermeidung einander widersprechender Entscheidungen wesentlich die Identität des Antragstellers im Löschungsverfahren mit dem Verletzungsbeklagten. Eine Bindung tritt deshalb auch ein, wenn der **Rechtsnachfolger** des im Löschungsverfahren beteiligten GebrM-Inhabers Verletzungsklage gegen den abgewiesenen Löschungsantragsteller erhebt (BGH GRUR 1969, 681 – *Hopfenpflückvorrichtung*). Da sich § 19 S. 3 auch als eine Schutzvorschrift zu Gunsten des Gebrauchsmusterinhabers darstellt, kommt es nach dem Sinn der Regelung entscheidend auf die Identität des Löschungsantragstellers und Verletzungsbeklagten an. Es würde nur eine unvollkommene Ausgestaltung dieses Schutzgedankens bedeuten, wenn dem **ausschließlichen Lizenznehmer** des GebrM-Inhabers die Bindungswirkung nicht zu Gute käme, so dass der Gesetzeszweck es rechtfertigt, die Bindungswirkung auch zu Gunsten des ausschließlichen Lizenznehmers eintreten zu lassen (BGH GRUR 1969, 681 – *Hopfenpflückvorrichtung;* OLG Düsseldorf Mitt. 2016, 224 – *Vorrichtung zum Abstützen von Solarmodulen*). Die Bindungswirkung tritt auch im Rahmen des § 129 HGB zu Lasten eines Gesellschafters nach Abweisung des von der oHG angestrengten Löschungsverfahrens ein (BGH GRUR 1976, 30 – *Lampenschirm*).

23 **3.3 Teillöschung.** Unabhängig von der Regelung des § 19 S. 3 wirken Teillöschung wie auch die Feststellung der teilweisen Unwirksamkeit für und gegen jedermann (BGH GRUR 1967, 351, 352 – *Korrosionsschutzbinde;* BGH GRUR 1968, 86, 91 – *Ladegerät I*). Soweit der Bestand des GebrM durch die Teillöschungsentscheidung bestätigt wurde, tritt die Bindungswirkung des § 19 S. 3 ein, wenn das Gebrauchsmusterlöschungsverfahren zwischen den Parteien des Verletzungsrechtsstreits stattgefunden hat. Sind bei Identität der Beteiligten/Parteien in der Teillöschungsentscheidung die Schutzansprüche neu gefasst, so hat der Verletzungsrichter für die Beurteilung des Gegenstands des GebrM und der Tragweite seiner Beschränkung in erster Linie von den neu gefassten Schutzansprüchen auszugehen (BGH GRUR 1977, 250, 251 – *Kunststoffhohlprofil I*). Ebenso sind die die Beschreibung ergänzenden bzw. ersetzenden Gründe der Entscheidung zwischen denselben Beteiligten auch im Verletzungsstreit für den Schutzumfang maßgebend (BGH GRUR 1972, 597, 599 – *Schienenschalter II;* vgl. allgemein → § 12a Rn. 1, → § 12a Rn. 74ff.). Das Verletzungsgericht hat den Schutzumfang des Klagegebrauchsmusters auf der Grundlage dieser Entscheidung selbständig zu bestimmen. Im Verletzungsverfahren ist zudem gesondert zu prüfen, ob der Verletzer im Zeitpunkt der Verletzungshandlung bei Anwendung der gebotenen Sorgfalt erkennen konnte und musste, dass ein rechtsbeständiges GebrM verletzt wird (OLG Düsseldorf GRUR-RR 2012, 62). Im Verfahren zwischen denselben Beteiligten/Parteien tritt die Bindungswirkung des § 19 S. 3 auch dann ein, wenn nach der Rechtskraft der Entscheidung im Löschungsverfahren eine weitere Entgegenhaltung bekannt wird (BGH GRUR 1972, 597, 599 – *Schienenschalter II;* zur Begründung → Rn. 19ff.). Dritte, die am Löschungsverfahren nicht beteiligt waren, können den Rechtsbestand des teilweise aufrecht erhaltenen GebrM erneut in Frage stellen; sie werden von der Bindungswirkung nicht erfasst (dies gilt nicht für den ausschließlichen Lizenznehmer des GebrM-Inhabers; die Bindungswirkung besteht auch für diesen, OLG Düsseldorf Mitt. 2016, 224 – *Vorrichtung zum Abstützen von Solarmodulen*).

4. Löschung nach rechtskräftigem Verletzungsurteil. War der Verletzungsklage stattgegeben worden, bevor die Löschung erfolgte, kann auf der Grundlage der Löschungsentscheidung **Restitutionsklage** nach § 580 Nr. 6 oder § 580 Nr. 7b ZPO erhoben werden (BPatG GRUR 1980, 852, 853 – *rotationssymmetrische Behälter;* zum Sortenschutzrecht BGH GRUR 2010, 996 – *Bordako;* zum Patentrecht BGH GRUR 2012, 753 – *Tintenpatrone III;* auch *Busse/Keukenschrijver* PatG vor § 143 Rn. 334; *Benkard/Grabinski/Zülch* PatG § 139 Rn. 149; zum Patentrecht LG Düsseldorf GRUR 1987, 628, 629 – *Restitutionsklage*). Nach anderer Auffassung (*Benkard/Goebel/Engel* GebrMG § 15 Rn. 32) soll – wohl primär – eine **Vollstreckungsabwehrklage** gemäß § 767 ZPO erhoben werden können. Auf Grund eines Verletzungsurteils geleistete Zahlungen können wegen Wegfalls des Rechtsgrunds der Zahlung gemäß § 812 BGB zurückgefordert werden (*Benkard/Goebel/Engel* GebrMG § 15 Rn. 32). Ein Erstattungsanspruch hinsichtlich bezahlter Verfahrenskosten kommt nicht in Betracht; ebenso wenig ist ein dem Verurteilten entstandener Vollstreckungsschaden iSd § 717 Abs. 2 ZPO auszugleichen. 24

§ 20 [Zwangslizenz]

Die Vorschriften des Patentgesetzes über die Erteilung oder Zurücknahme einer Zwangslizenz oder wegen der Anpassung der durch Urteil festgesetzten Vergütung für eine Zwangslizenz (§ 24) und über das Verfahren wegen Erteilung einer Zwangslizenz (§§ 81 bis 99, 110 bis 122a) gelten für eingetragene Gebrauchsmuster entsprechend.

Literatur (Auswahl): *Beier,* Ausschließlichkeit, gesetzliche Lizenzen und Zwangslizenzen im Patent- und Musterrecht, GRUR 1998, 185; *Bodewig,* Einige Überlegungen zur Erschöpfung bei Zwangslizenzen an standardessentiellen Patenten, GRUR Int. 2015, 626; *Böttger,* Zwangslizenzen im Patentrecht – Eine systematische Bewertung der neueren Praxis insbesondere im Bereich der öffentlichen Gesundheit, GRUR Int. 2008, 881; *Buhrow/Nordemann,* Grenzen ausschließlicher Rechte geistigen Eigentums durch Kartellrecht (Q 187), GRUR Int. 2005, 407; *Deichfuß,* Die Rechtsprechung der Instanzgerichte zum kartellrechtlichen Zwangslizenzeinwand nach „Orange-Book-Standard", WuW 2012, 1156; *Hauck,* „Erzwungene" Lizenzverträge – Kartellrechtliche Grenzen der Durchsetzung standardessentieller Patente, NJW 2015, 2767; *Hauck/Kamlah,* Was ist „FRAND"? Inhaltliche Fragen zu kartellrechtlichen Zwangslizenzen nach Huawei/ZTE, GRUR Int. 2016, 420; *Heusch,* Missbrauch marktbeherrschender Stellungen (Art. 102 AEUV) durch Patentinhaber, GRUR 2014, 745; *Hilty/Slowinski,* Standardessentielle Patente – Perspektiven außerhalb des Kartellrechts, GRUR Int. 2015, 781; *Holzapfel,* Das öffentliche Interesse bei Zwangslizenzen gem. § 24 Abs. 2 PatG, Mitt. 2004, 391; *Leitzen/Kleinevoss,* Renaissance der patentrechtlichen Zwangslizenz? – Die Neuregelung des § 24 Abs. 2 PatG, Mitt. 2005, 198; *Nägele/Jakobs,* Zwangslizenzen im Patentrecht – unter besonderer Berücksichtigung des kartellrechtlichen Zwangslizenzeinwands im Patentverletzungsprozess, WRP 2009, 1062; *Nieder,* Zwangslizenzklage – Neues Verteidigungsmittel im Patentverletzungsprozeß?, Mitt. 2001, 400; *Ohly,* „Patenttrolle" oder: Der patentrechtliche Unterlassungsanspruch unter Verhältnismäßigkeitsvorbehalt? – Aktuelle Entwicklungen im US-Patentrecht und ihre Bedeutung für das deutsche und europäische Patentsystem, GRUR Int. 2008, 787; *Scheffler,* Die (ungenutzten) Möglichkeiten des Rechtsinstituts der Zwangslizenz, GRUR 2003, 97; *Straus,* Bedeutung des TRIPS für das Patentrecht, GRUR Int. 1996, 179; *Wilhelmi,* Lizenzverweigerung als Missbrauch einer marktbeherrschenden Stellung in der Gemeinschaftsrechtsprechung: Von Volvo über Magill zu IMS Health – und Microsoft?, WRP 2009, 1431.

Inhaltsübersicht

1 **1. Allgemeines/Zweck der Vorschrift.** Über die Verweisung in § 20 GebrMG findet § 24 PatG Anwendung bei der Erteilung einer Zwangslizenz an einer gebrauchsmustergeschützten Erfindung. Unter einer Zwangslizenz in diesem Sinne ist die **Erteilung einer nicht ausschließlichen Befugnis** zur Benutzung einer patentierten Erfindung zu angemessenen geschäftsüblichen Bedingungen an einen benutzungswilligen und -fähigen Lizenzsucher zu verstehen, obwohl der Schutzrechtsinhaber die Lizenzierung verweigert hat (BeckOK PatR/*Wilhelmi,* PatG, § 24 Rn. 4). Voraussetzung ist – grundsätzlich –, dass das **öffentliche Interesse** die Erteilung gebietet. § 20 ist durch das 2. PatGÄndG aufgrund der Neuregelung des § 24 PatG neu gefasst worden (vgl. Gesetzesbegründung BlPMZ 1998, 393, 408). Die Zwangslizenzregelung in § 24 PatG aF hat in der Vergangenheit keine praktische Relevanz erfahren (Gesetzesbegründung, BlPMZ 1998, 393, 399). Dies ist insoweit zutreffend, als die einzige Entscheidung des BPatG zur Erteilung einer Zwangslizenz seinerzeit vom BGH wieder aufgehoben worden war (vgl. BGH GRUR 1996, 190 – *Interferon-gamma/Polyferon*). Ursachen dafür könnten die hohen Anforderungen an das öffentliche Interesse und das damit verbundene Verfahrensrisiko sein (*Scheffler* GRUR 2003, 97, 99). Auch die fehlende Möglichkeit der Zwangslizenzierung von begleitendem Know-how wird als Begründung angeführt (*Buhrow/Nordemann* GRUR Int. 2005, 409; *Nägele/Jacobs* WRP 2009, 1062). *Kraßer* ist jedoch der Ansicht, dass die praktische Bedeutung von § 24 PatG größer sei, weil allein durch die Existenz der Regelung Lizenzverweigerungen weitgehend verhindert würden (Patentrecht [Voraufl.] § 34 IV b) 3). Eine Zunahme der praktischen Bedeutung war zum Teil durch die Änderung von § 24 Abs. 2 PatG in Umsetzung der Biopatentrichtlinie erwartet worden (*Nieder* Mitt. 2001, 400; *Böttger* GRUR Int. 2008, 881, 891; zurückhaltend aber etwa *Leitzen/Kleinevoss* Mitt. 2005, 198), was sich jedoch nicht bewahrheitet hat.

2 Von **erheblicher praktischer Bedeutung** ist indes die **kartellrechtliche Zwangslizenz,** die in diesem Kapitel ebenfalls dargestellt wird. Dagegen erfasst die VO Nr. 816/2006 (EG) zur Ausfuhr pharmazeutischer Erzeugnisse die Gebrauchsmuster-Zwangslizenz nicht. Daher ist auch § 85a PatG nicht anwendbar.

3 Die Vorschriften über die Zwangslizenz sind **Komplementärregelungen** zu den Vorschriften über die **Lizenzbereitschaftserklärung** (§ 23 PatG). Bei letzterer bietet der Schutzrechtsinhaber jedermann die Benutzung der Erfindung an, während bei der Zwangslizenz der Schutzrechtsinhaber trotz Angebots einer angemessenen Vergütung nicht zur Lizenzerteilung bereit ist. Die Regelungen über die Zwangslizenz hat ihre Bedeutung deshalb eher **mittelbar** in der Förderung der Lizenzbereitschaft. Das im Ergebnis ausgleichende Rechtsinstitut ist Produkt des in der zweiten Hälfte des 19. Jahrhunderts in Deutschland ausgefochtenen Kampfes zwischen Befürwortern und Gegnern eines wirksamen Patentsystems (*Scheffler* GRUR 2003, 97).

4 **Materiell-rechtlich** wird die GebrM-Zwangslizenz durch Verweisung auf § 24 PatG geregelt. In **verfahrensrechtlicher** Hinsicht erfolgt die Regelung durch Übernahme der Bestimmungen in §§ 81–99 PatG für das **Verfahren 1. Instanz** vor dem BPatG (zuständig sind die Nichtigkeitssenate) und in §§ 110–122a PatG für die **Berufungsverfahren** vor dem BGH. Die Neuregelung der § 20 GebrMG und § 24 PatG erfolgte vor dem Hintergrund, dass das Übereinkommen über handelsbezogene Aspekte der Rechte des Geistigen Eigentums (TRIPS-Übereinkommen) in Art. 27 Abs. 1 S. 2 und Art. 31 bei der Erteilung von Zwangslizenzen an Patenten zu beachtende, auf sehr hohem Niveau angesiedelte **Mindestverpflichtungen zum Schutz**

der Inhaber enthält (Gesetzesbegründung, BlPMZ 1998, 393, 398). Die § 20 GebrMG und § 24 PatG stellen daher auch eine textliche Annäherung an Art. 27 Abs. 1 S. 2 und Art. 31 des TRIPS-Übereinkommens dar (vgl. zu diesem *Straus* GRUR Int. 1996, 179, 199f.).

2. Voraussetzungen für die Erteilung der Zwangslizenz. Gemäß § 20 GebrMG iVm § 24 Abs. 1 PatG darf die Zwangslizenz nur an einen **lizenzwilligen Lizenzsucher** erteilt werden. Es handelt sich hierbei um eine **Zulässigkeitsvoraussetzung** der vor dem BPatG nach § 81 PatG zu erhebenden Klage. Lizenzsucher kann jedermann sein, der die Erfindung selbst gewerbsmäßig benutzen kann und will (RGZ 130, 310, 361f.). Dazu muss er wirtschaftlich, technisch und rechtlich in der Lage sein (BeckOK PatR/*Wilhelmi* PatG § 24 Rn. 14). Unschädlich ist, wenn der Lizenzsucher Wettbewerber des GebrM-Inhabers ist (*Mes* PatG § 24 Rn. 8). Weiter ist erforderlich, dass das **öffentliche Interesse** im Einzelfall die Erteilung der Zwangslizenz **gebietet.** 5

Ausgehend von § 24 Abs. 1 Nr. 1 PatG hat der Lizenzsucher **nachzuweisen,** dass er sich erfolglos innerhalb eines angemessenen Zeitraums um eine Benutzungserlaubnis zu geschäftsüblichen Bedingungen bemüht hat. Dies meint insbesondere eine **angemessene Vergütung/Lizenzgebühr** (Benkard/*Rogge/Kober-Dehm* PatG § 24 Rn. 13). Der Lizenzsucher muss zudem zur Leistung einer **angemessenen Sicherheit** bereit sein (BGH GRUR 1996, 190, 191 – *Interferon-gamma/Polyferon*). Zu sichern ist die innerhalb eines Jahres geschuldete Vergütung (RGZ 113, 115, 116f.). Hierbei kann nicht verlangt werden, dass der Lizenzsucher gerade oder annähernd die Summe nennt, die später vom BPatG für angemessen gehalten wird. Die Angabe bestimmter Summen ist regelmäßig nur als Vorschlag anzusehen (BGH GRUR 1996, 190 – *Interferon-gamma/Polyferon*). Auch die erforderliche Weigerung des GebrM-Inhabers zur Erteilung einer Lizenz ist eine **prozessuale** Voraussetzung für den Erlass des Gestaltungsurteils (BGH GRUR 1996, 190, 191f. – *Interferon-gamma/Polyferon*). Eine gütliche Einigung kann daher auch noch während des Prozesses erreicht werden. Ist dies der Fall, erledigt sich das Verfahren in der Hauptsache (BeckOK PatR/*Wilhelmi* PatG § 24 Rn. 18). 6

Das zusätzlich als zentrales Tatbestandsmerkmal (*Holzapfel* Mitt. 2004, 391, 392) erforderliche **„öffentliche Interesse"** nach § 24 Abs. 1 Nr. 2 PatG ist ein von der Rechtsprechung auszufüllender **unbestimmter Rechtsbegriff,** der sich nicht in allgemein gültiger Weise umschreiben lässt. Dieser Begriff ist wie jede Generalklausel dem Wandel unterworfen und die Bewertung der jeweils gegeneinander abzuwägenden Belange des GebrM-Inhabers und der Allgemeinheit unterliegt wechselnden Anschauungen. Ein öffentliches Interesse kann nicht allein durch die Ausschließlichkeitsstellung des Rechtsinhabers begründet werden, selbst wenn dieser auf dem Markt eine tatsächliche Alleinstellung einnimmt. Vielmehr müssen **besondere Umstände** hinzukommen, welche in der **Abwägungsentscheidung** die uneingeschränkte Anerkennung des Ausschließlichkeitsrechts und die (sonstigen) Interessen des Schutzrechtsinhabers zurücktreten lassen, weil die Belange der Allgemeinheit die Ausübung des Schutzrechts durch den Lizenzsucher **gebieten.** Nur dann kann ein schwerwiegender Eingriff in das **verfassungsrechtlich geschützte Recht** des Schutzrechtsinhabers gegen dessen Willen in Form der Zwangslizenz gerechtfertigt sein (Benkard/*Rogge/Kober-Dehm* PatG § 24 Rn. 16). 7

Von der **missbräuchlichen Ausübung** des Schutzrechts abgesehen, kommen vor allem technische, wirtschaftliche, sozialpolitische oder medizinische Gesichtspunkte in Betracht (BGH GRUR 1996, 190, 192 – *Interferon-gamma/Polyferon;* vgl. zudem Schulte/*Rinken/Kühnen* PatG § 24 Rn. 13; BeckOK PatR/*Wilhelmi* PatG § 24 Rn. 27ff.). Die **Beweislast** für das Vorliegen von Gründen für das öffentliche Interesse trägt der sich darauf berufende Lizenzsucher (BGH GRUR 1996, 190, 194f. – *Interferon-gamma/Polyferon*). Zu beachten ist, dass ein zur Zwangslizenz führender Miss- 8 brauchsvorwurf nicht mit einem Anspruch auf Lizenzierung nach Art. 102 AEUV/ § 19 GWB gleichgesetzt werden darf (dazu → Rn. 18). Denn die Voraussetzungen des § 24 Abs. 1 PatG sollen erst erfüllt sein, wenn der Inhaber durch die Vorenthaltung der Erfindung ganze Industriezweige gefährdet (*Scheffler* GRUR 2003, 97, 99).

9 § 20 GebrMG iVm § 24 Abs. 2 PatG regelt die Zwangslizenz bei **abhängigen Erfindungen.** § 24 Abs. 2 PatG wurde im Zuge der Umsetzung der Biopatentrichtlinie mit Wirkung zum 28.2.2005 neu gefasst. Das bislang wie für § 24 Abs. 1 PatG bestehende Erfordernis eines „öffentlichen Interesses" für die Erteilung einer Zwangslizenz wurde für abhängige Erfindungen **gestrichen.** Seitdem können **Abhängigkeits-Zwangslizenzen** unter **erleichterten Bedingungen** gewährt werden, wenn ein Abhängigkeitsverhältnis zwischen zwei GebrM oder – in entsprechender Anwendung – einem jüngeren Patent und einem GebrM besteht (Busse/*Keukenschrijver,* GebrMG, § 20 Rn. 4; Bühring/*Bühring* GebrMG § 20 Rn. 5; aA *Holzapfel* Mitt. 2004, 391, 393 ff.: Beibehaltung der strengen Erfordernisse schon aus verfassungsrechtlicher Sicht). Notwendig ist indes, dass in der jüngeren Erfindung ein **wichtiger technischer Fortschritt** liegt, dem **erhebliche wirtschaftliche Bedeutung** zukommt. Dies ist objektiv zu verstehen (*Leitzen/Kleinevoss* Mitt. 2005, 198, 203; BeckOK PatR/*Wilhelmi* PatG § 24 Rn. 37; aA *Nieder* Mitt. 2001, 400, 401). Der Inhaber des älteren GebrM hat einen Anspruch auf Einräumung einer **Gegenlizenz** an der Erfindung, die dem jüngeren Recht zugrundeliegt. Der Anspruch richtet sich gegen den eingetragenen Inhaber des abhängigen GebrM. Die Gegenlizenz ist zu angemessenen Bedingungen zu gewähren, § 24 Abs. 6 S. 4, 5 PatG ist insoweit anwendbar. Stellt sich nachträglich heraus, dass keine Abhängigkeit vorliegt, wird die Zwangslizenz **gegenstandslos** (RGZ 143, 223, 228).

10 Gemäß § 24 Abs. 3 PatG gelten die Vorgaben zur Abhängigkeits-Zwangslizenz entsprechend für **abhängige SortenschutzR.** Den umgekehrten Fall regelt der inhaltlich weitgehend mit § 24 Abs. 2, 3 PatG übereinstimmende § 12a SortenschG (Schulte/*Rinken/Kühnen* PatG § 24 Rn. 24).

11 § 20 GebrMG iVm § 24 Abs. 4 PatG ist eine **Sonderregelung** für Erfindungen auf dem Gebiet der **Halbleitertechnologie.** Eine Zwangslizenz an einer derartigen Erfindung kann nur dann erteilt werden, wenn sie – wie bei § 24 Abs. 1 PatG – im öffentlichen Interesse geboten ist. Zudem muss die Erteilung der Zwangslizenz der Behebung einer in einem Verwaltungs- oder Gerichtsverfahren **festgestellten kartellrechtswidrigen Praxis** dienen. Einschlägig sind vor allem § 19 GWB und Art. 102 AEUV (BeckOK PatR/*Wilhelmi* PatG § 24 Rn. 40). Insoweit tritt eine **Verschärfung** der Voraussetzungen ein, unter denen eine Zwangslizenz an einer Erfindung auf diesem Gebiet erteilt werden darf.

12 Nach § 20 GebrMG iVm § 24 Abs. 5 PatG dürfen Zwangslizenzen im öffentlichen Interesse erteilt werden, wenn der GebrM-Inhaber die Erfindung **im Inland nicht** oder nicht genügend **ausübt,** um eine ausreichende Versorgung des inländischen Marktes sicherzustellen. Ausübung meint die Herstellung und Verfahrensausübung (Busse/*Hacker* PatG § 24 Rn. 62). Zudem wird jeder **Import** der Ausübung gleichgestellt und kann daher der Erteilung einer Zwangslizenz entgegenstehen (§ 24 Abs. 5 S. 2 PatG).

13 Über § 20 GebrMG regelt § 24 Abs. 6 PatG die **Bedingungen** und **Auflagen** (Satz 2), unter denen eine Zwangslizenz erteilt werden darf. Diese setzt eine **Eintragung** des GebrM voraus (Satz 1). Die Zwangslizenz kann eingeschränkt werden hinsichtlich Zeitraum oder räumlichem Geltungsbereich, maßgeblich ist der Zweck der Lizenzerteilung (Satz 3). Sie kann zudem zum Beispiel auf einzelne Ansprüche beschränkt sein. Der Lizenzsucher erhält durch die Zwangslizenz die Stellung eines einfachen, nicht ausschließlichen Lizenznehmers. Die Zwangslizenz kann ferner nur unter der Bedingung erteilt werden, dass der Lizenznehmer dem Inhaber des Schutzrechts künftig eine Vergütung zu entrichten hat, deren Höhe durch das Gericht festgesetzt wird. Auch die Erbringung einer **Sicherheitsleistung** kann eine „Bedin-

gung" in diesem Sinne sein (BeckOK PatR/*Wilhelmi* PatG § 24 Rn. 54). Ausgehend von Satz 4 richtet sich die vom Gericht zu bestimmende **angemessene Vergütung** insbesondere nach dem wirtschaftlichen Wert der Zwangslizenz. Jeder Beteiligte kann hinsichtlich der Vergütungshöhe ggf. **Anpassung** verlangen (Satz 5). Der Patentinhaber kann **Rücknahme** der Zwangslizenz verlangen, wenn die Tatbestandsvoraussetzungen dafür nicht mehr vorliegen (Satz 6).

14 Zuletzt regelt § 20 GebrMG iVm § 24 Abs. 7 PatG die Voraussetzungen, unter denen die rechtsgeschäftliche Übertragung der Zwangslizenz oder die Übertragung der Zwangslizenz im Wege der **Gesamtrechtsnachfolge** zulässig ist. Nach Satz 1 ist jede Zwangslizenz eine **Betriebslizenz,** wodurch ihre Übertragbarkeit eingeschränkt wird.

15 **3. Zwangslizenzverfahren; Wirkungen der Entscheidung.** Erste Instanz ist (anders als beim Löschungsverfahren) das BPatG aufgrund der Anwendbarkeit der §§ 81 ff. PatG. Das Verfahren beginnt mit der Erhebung einer Klage, diese richtet sich gegen den im Register eingetragenen GebrM-Inhaber, § 81 Abs. 1 S. 2 PatG. Es gilt der **Amtsermittlungsgrundsatz** (§ 87 Abs. 1 PatG). Eine Klage gegen den ausschließlichen Lizenznehmer ist unzulässig (BGH GRUR 1996, 190, 195 – *Interferon-gamma/Polyferon*). Die Klage muss einen **bestimmten Antrag** enthalten, der auf die **Erteilung einer einfachen Lizenz** an dem zu bezeichnenden GebrM unter Benennung der vom Kläger als angemessen erachteten Lizenzgebühr einschließlich der Angabe der Gewährung der Sicherheitsleistung gerichtet und begründet ist. Daneben kann auch bei Vorliegen der dort genannten Voraussetzungen ein Antrag auf Benutzung der Erfindung durch **einstweilige Verfügung** gerichtet werden, § 85 PatG. Die allgemeinen zivilprozessualen Anforderungen an die **Dringlichkeit** gelten auch für dieses Verfahren (*Mes* PatG § 24 Rn. 33). Hinsichtlich der verfahrensrechtlichen Einzelheiten wird auf die einschlägigen Kommentierungen zu den §§ 85 ff. PatG verwiesen (etwa in BeckOK PatR; Benkard, PatG). **Rechtsbehelf** gegen Urteile in einstweiligen Verfügungssachen ist die **Beschwerde** gem. § 122 PatG zum BGH. Sowohl im Urteilsverfahren als auch im Verfahren der einstweiligen Verfügung führt die spätere Aufhebung oder Änderung der vorläufigen Gestattung zu **Schadensersatzansprüchen,** § 85 Abs. 5, Abs. 6 S. 2. Für die **Gebühren** gilt die Regelung zur patentrechtlichen Zwangslizenz entsprechend (§ 2 Abs. 1 PatKostG iVm GV 422100, 422110, 422200, 422210 und 422220 PatKostG).

16 Die erteilte Zwangslizenz **entsteht** mit der Anordnung durch den Staat, d. h. durch das Urteil des BPatG. Dabei stellt das Urteil nicht bloß eine Verpflichtung des Rechtsinhabers zur Erteilung einer Lizenz fest, sondern die verweigerte Lizenz wird durch **Gestaltungsurteil** gemäß § 84 PatG ersetzt (RGZ 8, 436, 438; BGH GRUR 1996, 190, 195 – *Interferon-gamma/Polyferon; Bodewig* GRUR Int. 2015, 626, 629; Benkard/*Rogge/Kober-Dehm* PatG § 24 Rn. 28; aA BeckOK PatR/*Wilhelmi* PatG § 24 Rn. 48). Wirkung erlangt die Anordnung jedoch erst mit **Rechtskraft des Urteils,** erst dann entstehen auch die Rechte des Lizenznehmers (BeckOK PatR/*Wilhelmi* PatG § 24 Rn. 48, 77; *Bodewig* GRUR Int. 2015, 626, 629). Nach der Erteilung bleibt der GebrM-Inhaber sowohl zur eigenen Nutzung der Erfindung als auch zur Erteilung weiterer einfacher Lizenzen befugt. Das GebrM bleibt **übertragbar,** freilich wirkt die Zwangslizenz gem. § 99 iVm § 325 ZPO auch gegen den Erwerber (Benkard/*Rogge/Kober-Dehm* PatG § 24 Rn. 38). Der Lizenznehmer darf **keine Unterlizenzen** erteilen.

17 Die Anordnung der **vorläufigen Vollstreckbarkeit** unter den Voraussetzungen von § 85 Abs. 6 S. 1 PatG ist möglich. Bis zur wirksamen Erteilung der Zwangslizenz gilt ihr späterer Inhaber als Verletzer und ist deshalb zum Schadensersatz verpflichtet. Im Verletzungsverfahren ist von den Gerichten gegen das Unterlassungsbegehren aber die Zulässigkeit des Zwangslizenzeinwands anerkannt, gestützt auf den dolo agit-Einwand gem. § 242 BGB (vgl. BeckOK PatR/*Wilhelmi* PatG § 24 Rn. 85).

18 **4. Kartellrechtliche Zwangslizenz.** Verweigert der Inhaber eines GebrM die Lizenzierung, kann neben einem Anspruch aus § 20 GebrMG iVm § 24 PatG auch ein **kartellrechtlicher Anspruch** des Lizenzsuchers gestützt auf Art. 102 AEUV respektive § 19 Abs. 1 GWB in Betracht kommen. Denn die immaterialgüterrechtlichen Vorschriften zur Zwangslizenz stehen der parallelen Anwendbarkeit der kartellrechtlichen Missbrauchskontrolle mit gleicher Rechtsfolge nicht entgegen (Dualismustheorie; vgl. auch BGH GRUR 2004, 966 – *Standard-Spundfass*). Immaterialgüter- und Kartellrecht sind komplementäre Rechtsgebiete (*Ohly* GRUR Int. 2008, 793). Voraussetzung der kartellrechtlichen Zwangslizenz ist, dass die Lizenzverweigerung – als einseitige (unilaterale) Verhaltensweise – einen **Missbrauch einer marktbeherrschenden Stellung** iSv Art. 102 AEUV/§ 19 GWB darstellt. Eine besondere Bedeutung kommt dabei der **unbilligen Behinderung** nach § 19 Abs. 2 Nr. 1 GWB zu, bei Art. 102 AEUV stehen Behinderungssachverhalte ebenfalls im Fokus. Der kartellrechtliche Zwangslizenzanspruch kann im Verletzungsprozess **einredeweise** geltend gemacht werden (BGH GRUR 2004, 966, 967 – *Standard-Spundfass*). Soweit ersichtlich, sind die einschlägigen Entscheidungen allein zu Patenten und Patentanmeldungen ergangen. Die nachfolgend dargestellten Grundsätze sind jedoch auch auf GebrM anzuwenden, wenn die Voraussetzungen im Einzelfall vorliegen.

19 Ob ein Missbrauch einer marktbeherrschenden Stellung vorliegt, ist **zweistufig** zu prüfen. Zunächst muss festgestellt werden, ob der Schutzrechtsinhaber **marktbeherrschend** ist. Dabei ist Art. 102 AEUV anwendbar, wenn der beherrschte Markt einen wesentlichen Teil des Binnenmarktes darstellt und der Missbrauch zur spürbaren Beeinträchtigung des zwischenstaatlichen Handels führen kann. Ansonsten bleibt es bei der Anwendung von § 19 GWB. Notwendig ist die **Bestimmung des relevanten Marktes** in sachlicher, räumlicher und zeitlicher Hinsicht. Für die Marktabgrenzung ist im Kontext der Lizenzverweigerung der (vorgelagerte) Markt für die Lizenzierung des Schutzrechts maßgeblich (Lizenzierungsmarkt) und nicht der nachgelagerte Produktmarkt (BGH GRUR 2004, 966 – *Standard-Spundfass*). In einem nächsten Schritt ist der Beherrschungsgrad des betreffenden Unternehmens festzustellen. Bei Immaterialgüterrechten gilt der Grundsatz, dass allein die Tatsache der Innehabung solcher Rechte nicht zu einer marktbeherrschenden Stellung führt. Etwas anderes kann sich aber ergeben, wenn das Schutzrecht **nicht substituierbar** und wenn es insbesondere **standardessentiell** ist. Außerhalb standardessentieller Schutzrechte kann die Fallgruppe der „wesentlichen Einrichtung" in Frage kommen. Zudem muss die Verweigerung der Lizenzierung **missbräuchlich** sein. **Beispieltatbestände** für einen Missbrauch finden sich in § 19 Abs. 2 GWB und in Art. 102 Abs. 2 AEUV. Im Zusammenhang mit standardessentiellen Schutzrechten kann insbesondere die **Erhebung einer Verletzungsklage missbräuchlich** in diesem Sinne sein. Denn wenn der Inhaber kartellrechtlich zur Lizenzierung verpflichtet ist, handelt derjenige, der die entsprechende technische Lehre ausführt, nicht rechtsverletzend.

20 Über die **Voraussetzungen,** unter denen ein kartellrechtlicher Zwangslizenzanspruch im Hinblick auf standardessentielle Schutzrechte tatsächliche erfolgreich geltend gemacht werden kann, wurde ausgehend von der Entscheidung des BGH in der Sache *Orange-Book-Standard* (GRUR 2009, 694) lange Zeit gestritten (vgl. *Deichfuß* WuW 2012, 1156; *Heusch* GRUR 2014, 745). Nunmehr hat der EuGH ausgehend von einer Vorlage des LG Düsseldorf (GRUR-RR 2013, 196 – *LTE-Standard*) jedoch durch seine Entscheidung in der Sache ***Huawei/ZTE*** (GRUR 2015, 764) Grundsätze aufgestellt, nach denen eine Lizenzverweigerung seitens des Inhabers eines standardessentielle Schutzrechts **nicht missbräuchlich** iSv Art. 102 AEUV ist, wenn er einen Anspruch auf Unterlassung- und Rückruf gegen den (angeblichen) Verletzer geltend macht (ausf. dazu *Hauck* NJW 2015, 2767). So hat er diesen vor Klageerhebung auf das betreffende Schutzrecht sowie die konkrete Verletzung hinzuweisen (Rn. 61 d. Entsch.). Ferner hat er ein konkretes schriftliches Angebot zum Abschluss eines Lizenzvertrags zu **FRAND-Bedingungen** vorzulegen und dabei insbe-

sondere die Höhe der Lizenzgebühr sowie die Art und Weise ihrer Berechnung anzugeben (Rn. 63 d. Entsch.). Die Obliegenheit des Verletzers besteht darin, auf dieses Angebot mit der gebotenen Sorgfalt zu reagieren und es letztendlich auch anzunehmen. Er darf vor allem keine „Verzögerungstaktik" verfolgen (Rn. 65 d. Entsch.). Tut er dies nicht, kann er sich auf den missbräuchlichen Charakter der Unterlassungsklage nur berufen, wenn er „innerhalb einer kurzen Frist" schriftlich ein konkretes Gegenangebot unterbereitet, welches FRAND-Anforderungen genügt (Rn. 66 d. Entsch.).

Wann ein Angebot und ggf. Gegenangebot tatsächlich **FRAND** ist (fair, reasonable 21
and non-discriminatory), lässt sich nicht allgemein beantworten. Kartellrechtlich kann das Fordern inhaltlich unangemessener Vertragsbedingungen ein **unzulässiger Ausbeutungsmissbrauch** iSv Art. 102 Abs. 2 Buchst. a AEUV sein. Anhaltspunkte für (un-)angemessene Vertragsbedingungen können bereits abgeschlossene Lizenzverträge über das betreffende Schutzrecht sowie in Bezug auf vergleichbare Schutzrechte bieten. Die **Beweislast** dafür, dass das Lizenzierungsangebot FRAND-Grundsätzen entspricht, trägt der Schutzrechtsinhaber (vgl. EuGH GRUR 2015, 764 Rn. 63 – *Huawei/ZTE*). Die Behauptung, es handele sich um „Standardbedingungen", reicht insoweit nicht aus. Vielmehr kann es notwendig sein, dass der Schutzrechtsinhaber bereits abgeschlossene Verträge offenlegt, wobei die Geheimhaltung von Geschäftsgeheimnissen sicherzustellen ist (*Hauck/Kamlah* GRUR Int. 2016, 420, 422 f.). Umstritten ist, ob sich der Inhaber darauf berufen kann allein (weltweite) **Portfoliolizenzen** zu erteilen, obwohl nur ein einzelnes Schutzrecht verletzt wird. Ein solches Angebot kann nur dann FRAND-Grundsätzen entsprechen und stellt keine kartellrechtlich unzulässige Produktbündelung dar, wenn die Lizenzierung als Paket **unerlässlich** ist, was der Inhaber nachzuweisen hat. Voraussetzung dafür ist, dass sämtliche Schutzrechte im Portfolio standardessentiell sind und ein Zugang zu diesen daher insgesamt notwendig ist. Ein pauschaler Hinweis auf die Marktüblichkeit von Portfoliolizenzen reicht dagegen nicht aus (*Hauck/Kamlah* GRUR Int. 2016, 420, 423 f.).

Auch außerhalb technischer Standards können Schutzrechte **nicht substituierbar** 22
sein und ein **kartellrechtlicher** Zwangslizenzanspruch kann als **Zugangsanspruch** in Frage kommen. Nach den insoweit maßgeblichen Vorgaben des EuGH kann ein kartellrechtlicher Zwangslizenzanspruch aber nur dann gewährt werden, wenn zusätzlich **außergewöhnliche Umstände** vorliegen. Notwendig ist freilich auch hier, dass der Inhaber des Schutzrechts über eine marktbeherrschende Stellung verfügt, was positiv festzustellen ist. Auch insoweit gilt, dass allein die Inhaberschaft des Rechts noch keine marktbeherrschende Stellung begründet. Eine Lizenzverweigerung kann ein Verstoß gegen Art. 102 AEUV/§ 19 Abs. 1, 2 Nr. 4 GWB sein, wenn diese eine **marktverschließende und innovationshemmende Wirkung** hat und kein Rechtfertigungsgrund dafür ersichtlich ist. Eine wichtige Fallgruppe ist, dass die Lizenz für den Lizenzsucher **unerlässlich** ist, um auf einem dem Lizenzierungsmarkt **nachgelagerten Markt** eine Leistung erstmals anbieten zu können (vgl. EuGH GRUR Int. 1995, 490 – *Magill TV Guide* zu einer urheberrechtlichen Zwangslizenz). Insgesamt müssen **folgende Voraussetzungen** vorliegen, um – ausnahmsweise – einen kartellrechtlichen Lizenzierungsanspruch bejahen zu können: Der Lizenzsucher beabsichtigt, auf dem nachgelagerten Markt neue Erzeugnisse oder Dienstleistungen anzubieten, für die eine (potentielle) Nachfrage besteht, die der Inhaber des Immaterialgüterrechts aber nicht anbietet. Die Weigerung muss ferner geeignet sein, jeglichen wirksamen Wettbewerb auf dem betreffenden nachgelagerten Markt auszuschalten. Zuletzt darf die Lizenzverweigerung nicht aus (sonstigen) sachlichen Gründen gerechtfertigt sein (vgl. EuGH GRUR 2004, 524 – *IMS Health/NDC Health;* EuG WuW 2007, 1169 – *Microsoft/Kommission;* BeckOK PatR/*Wilhelmi* PatG § 24 Rn. 99 ff.; *ders.,* WRP 2009, 1431, 1432 ff.).

§ 21 [Verweisungen auf das Patentgesetz]

(1) **Die Vorschriften des Patentgesetzes über die Erstattung von Gutachten (§ 29 Abs. 1 und 2), über die Wiedereinsetzung in den vorigen Stand (§ 123), über die Weiterbehandlung der Anmeldung (§ 123 a), über die Wahrheitspflicht im Verfahren (§ 124), über die elektronische Verfahrensführung (§ 125 a), über die Amtssprache (§ 126), über Zustellungen (§ 127), über die Rechtshilfe der Gerichte (§ 128) und über die Entschädigung von Zeugen und die Vergütung von Sachverständigen (§ 128 a) sind auch für Gebrauchsmustersachen anzuwenden.**

(2) **Die Vorschriften des Patentgesetzes über die Bewilligung von Verfahrenskostenhilfe (§§ 129 bis 138) sind in Gebrauchsmustersachen entsprechend anzuwenden, § 135 Abs. 3 mit der Maßgabe, daß dem nach § 133 beigeordneten Vertreter ein Beschwerderecht zusteht.**

Literatur (Auswahl): *Hövelmann,* Die Weiterbehandlung (§ 123 a) – Eine erste Entscheidung, offene Fragen und zwei Exkurse, Mitt. 2009, 1; *Ewer,* Das Öffentlichkeitsprinzip – ein Hindernis für die Zulassung von Englisch als konsensual-optionaler Gerichtssprache?, NJW 2010, 1323; *Triebel,* Hermann Hoffmann, Kammern für internationale Handelssachen, ZHR 2014, 273; *Braitmayer/Van Hees,* Verfahrensrecht in Patentsachen, 5. Auflage 2016.

Inhaltsübersicht

1 **1. Allgemeines/Zweck der Vorschrift.** § 21 ist eine von mehreren Vorschriften des GebrMG, in der die Regelungen des PatG für (entsprechend) anwendbar erklärt werden. Bereits aus dieser wenig strukturierten Verweisungssystematik (weitere Einzelverweisungen sind enthalten in §§ 6 Abs. 1 S. 2, Abs. 2; 7 Abs. 2 S. 5; 9 Abs. 1 und 2; 10 Abs. 3 S. 2, Abs. 4; 12 Nr. 3; 13 Abs. 3; 16 S. 4; 17 Abs. 3 S. 4, Abs. 4 S. 2; 18 Abs. 3 S. 2, Abs. 4 S. 5, Abs. 5 S. 2; 20) wird (allerdings lediglich im Ergebnis zutreffend) allgemein abgeleitet, dass die Verweisung in § 21 keine abschließende Regelung darstellt. Vielmehr geht die Praxis von einem als allgemein anerkannt bezeichneten **Grundsatz** aus, dass **Lücken im GebrMG** aus dem **Patentrecht** zu **ergänzen** sind, weil das GebrMG den Stoff nur unvollständig regelt und das GebrM-Recht inhaltlich und gegenständlich dem Patentrecht ähnlich ist, dessen allgemeine Grundsätze auch zum GebrM gehen, soweit nicht dessen Besonderheiten entgegenstehen

(BPatGE 15, 200, 203; BPatG GRUR 1978, 638 – *Gebrauchsmuster-Verlängerungsgebühr;* BGH GRUR 2002, 52 – *Vollstreckungsabwehrklage;* ebenso *Bühring/Braitmayer* § 21 Rn. 1; implizit auch BGH GRUR 1998, 650, 651 – *Krankenhausmüllentsorgungsanlage*). Dass diese Annahme eines „allgemein anerkannten Grundsatzes" sehr zweifelhaft ist, belegen hingegen andere Entscheidungen, in denen ein Rechtssatz des Inhalts, dass, von den Besonderheiten abgesehen, für Gebrauchsmuster das gleiche wie für Patente als zur Auslegung oder Anwendung der Gesetze maßgeblich anzusehen sei, nicht bestehe (BGH GRUR 1983, 243 – *Drucksensor*). Angesichts dieser tragenden Bewertungsunterschiede erscheint eine gesetzgeberische Klarstellung de lege ferenda erforderlich.

Neben den Regelungen des PatG sind die Vorschriften der **ZPO** entsprechend anzuwenden, sofern nicht Besonderheiten des GebrMG oder des PatG entgegenstehen; für das Verfahren vor dem BPatG ist dies durch § 99 Abs. 1 PatG klargestellt. Entsprechendes gilt durch die mittelbare Verweisung gemäß § 18 Abs. 2 Satz 1 auch für das GebrMG. Im Übrigen sind auch insoweit wiederum Einzelverweisungen im GebrMG enthalten, zB § 17 Abs. 4 S. 2. 2

Ebenso **lückenhaft** sind im GebrMG die Vorschriften über das **Verfahren** in GebrM-Angelegenheiten. Soweit nicht Besonderheiten des GebrM-Rechts zu beachten sind, ist eine entsprechende Anwendung der Vorschriften des PatG geboten. Beispielhaft sind hier zu nennen die Vorschriften über die Aufforderung zur Beseitigung von Mängeln der Anmeldung innerhalb angemessener Frist (§ 45 Abs. 1 PatG), den Zwischenbescheid, dass eine Anmeldung nicht eintragungsfähig ist (§ 45 Abs. 2 PatG), die Gelegenheit zur Stellungnahme (§§ 42 Abs. 2 S. 1, 48 S. 2 PatG), die Zurückweisung der Anmeldung (§ 48 S. 1 PatG), die Anhörung (§ 46 PatG). § 8 Abs. 1 Satz 3 schließt außerdem die Aussetzung der Eintragung gemäß § 49 Abs. 2 PatG ausdrücklich ein. 3

2. Verweisung nach § 21 Abs. 1

2.1 Erstattung von Gutachten. § 21 enthält lediglich einen Verweis auf die Absätze 1 und 2 des § 29 PatG. Das DPMA ist danach verpflichtet, auf Ersuchen der Gerichte oder der Staatsanwaltschaften über Fragen, die Gebrauchsmuster betreffen, Gutachten abzugeben, wenn in dem Verfahren voneinander abweichende Gutachten mehrerer Sachverständiger vorliegen. Die Regelung hat in der Vergangenheit keine praktische Relevanz erreicht (*Busse/Brandt* PatG § 29 Rn. 2). Nutznießer dieser Regelung können vor allen Dingen Gerichte in Verletzungsprozessen und Staatsanwaltschaften in Ermittlungsverfahren sein. Die Fragen können technische oder gebrauchsmusterrechtliche Aspekte betreffen, zB Abgrenzung zum Stand der Technik, Neuheit, erfinderische Tätigkeit, Auslegung der Schutzrechte, hingegen keine Stellungnahme zum Schutzumfang, da dies nach den immanenten Prinzipien des Gewaltenteilungsprinzips nur dem Gericht im Falle von Verletzungsstreitigkeiten vorbehalten ist. Das Patentamt erteilt nur ein schriftliches Gutachten; es nimmt nicht die Stellung eines Sachverständigen iSd §§ 402ff. ZPO ein. 4

Außerhalb seiner ihm durch das PatG/GebrMG zugewiesenen Aufgaben darf das DPMA ohne Genehmigung des Bundesministers der Justiz nicht tätig werden (§ 29 Abs. 2 PatG). 5

§ 21 GebrMG enthält keinen Verweis auf § 29 Abs. 3 PatG (Neufassung durch Art. 7 Nr. 12 PatKostBerG, BGBl I 2001, 3656, 3670), der Auskünfte zum Stand der Technik regelt. Eines Verweises bedurfte es infolge der „VO über die Erteilung von Auskünften zum Stand der Technik" vom 25.2.1982 (BGBl. I 313 = BlPMZ 1982, 117), geändert durch VO vom 16.11.1992 (BGBl. I 1930 = BlPMZ 1992, 51) nicht. Damit erhält jedermann, der dies beantragt, ohne Gewähr für die Vollständigkeit, Auskünfte zum Stand der Technik. 6

2.2 Wiedereinsetzung. Gemäß § 21 GebrMG iVm § 123 PatG kann auf Antrag Wiedereinsetzung in den vorigen Stand gewährt werden, wenn ein Verfahrensbetei- 7 ligter schuldlos verhindert war, eine gegenüber dem DPMA oder dem BPatG zu wahrende Frist einzuhalten, deren Versäumung einen Rechtsnachteil mit sich bringt, vorausgesetzt, dass der Wiedereinsetzungsantrag innerhalb einer Frist von zwei Monaten nach Wegfall des Hindernisses gestellt oder mindestens die versäumte Handlung nachgeholt ist und seit Fristablauf nicht mehr als ein Jahr vergangen ist. Die Wiedereinsetzung bei der Versäumung von Fristen im Zivilrechtsstreit (und damit auch in GebrM-Streitsachen) richtet sich nicht nach § 123 PatG sondern nach den §§ 223ff. ZPO. Die Wiedereinsetzung bei Fristversäumnis in Verfahren vor der Schiedsstelle nach dem ArbEG ist in § 34 Abs. 4, 5 ArbEG geregelt. Insbesondere zum Patentrecht existiert hierzu eine weit verästelte Rechtsprechung (vgl. hierzu allgemein *Benkard/Schäfers* sowie *Busse/Keukenschrijver,* jeweils zu § 123 PatG). Folgende Grundsätze lassen sich zusammenfassen:

8 § 123 PatG entspricht weitgehend den Regelungen der §§ 233ff. ZPO (mit Ausnahme einer längeren Frist) und stellt einen außerordentlichen Rechtsbehelf zur Verfügung, der im Erfolgsfall Rechtsnachteile beseitigt, die durch die Fristversäumnis eingetreten sind: Die versäumte und nachgeholte Handlung wird als rechtszeitig vorgenommen fingiert (BGH GRUR 1995, 333, 334 – *Aluminium-Trihydroxid*). § 123 Abs. 1–3 PatG enthält die tatbestandlichen Voraussetzungen für die Wiedereinsetzung; Abs. 4 erklärt die Wiedereinsetzung als unanfechtbar. Im Interesse der Rechtssicherheit räumen die Abs. 5–7 Dritten unter bestimmten Voraussetzungen ein Weiterbenutzungsrecht ein. Zur teilweisen Neuregelung des § 123 durch das 2. PatGÄndG vgl. Gesetzesbegründung BlPMZ 1998, 393, 407).

9 **Tatbestandliche Voraussetzungen:** Wiedereinsetzungsfähige **Fristen** iSd § 123 Abs. 1 PatG sind nur solche, deren Versäumung nach gesetzlicher Vorschrift einen Rechtsnachteil zur Folge hat. Fristen sind abgegrenzte, mithin bestimmt bezeichnete oder jedenfalls bestimmbare Zeiträume. Nicht wiedereinsetzungsfähig sind hiervon zu unterscheidende **Termine.** In Betracht kommen deshalb gesetzliche Fristen. Behördliche oder richterliche Fristen im Verfahren vor dem DPMA oder BPatG werden zwar prinzipiell erfasst, allerdings werden sie in der Regel nicht zu unmittelbaren Rechtsnachteilen führen. Vereinbarte Fristen sind nach hM nicht wiedereinsetzungsfähig. Beispiele: Hat ein GebrM-Anmelder nicht gleichzeitig mit der Anmeldung die Erklärung abgegeben, dass der für ein früher nachgesuchtes Patent maßgebende Anmeldetag in Anspruch genommen wird **(Abzweigung),** kommt insoweit Wiedereinsetzung in den vorigen Stand mangels Versäumung einer Frist nicht in Betracht (BPatG GRUR 1991, 833, 834 – *Betonpflasterstein mit Splitteinlage*). Wiedereinsetzungsfähig sind **Rechtsmittel- und Rechtsbehelfsfristen** sowie die entsprechenden Begründungsfristen, Gebührenzahlungsfristen (soweit von ihnen die Zulässigkeit eines Rechtsmittels/Rechtsbehelfs abhängt), **Zahlungsfristen,** insbesondere Jahresgebühren, die Wiedereinsetzungsfrist selbst. Vom Anwendungsbereich des § 123 Abs. 1 S. 1 PatG sind die in Satz 2 genannten Fristen (einschließlich der Fristen zur Zahlung der entsprechenden Gebühren) ausgeschlossen. **Keine** wiedereinsetzungsfähigen Fristen sind darüber hinaus anzunehmen bei der Neuheitsschonfrist, der Entnahmepriorität oder der Versäumung eines Anmeldetags.

10 Als **Rechtsnachteil** ist jeder Nachteil der Rechtslage anzusehen, der ohne die Fristversäumung nicht eingetreten wäre. Dies ist allein danach zu bestimmen, ob die unmittelbare Folge der Säumnis, gemessen an dem von der Norm zugrunde gelegten regelmäßigen Verlauf der Dinge, im allgemeinen nachteilig ist; es kommt nicht darauf an, ob sich die Rechtsfolge aufgrund besonderer (rechtlicher oder wirtschaftlicher) Umstände oder Verfahrenslagen im konkreten Einzelfall als nachteilig oder vorteilhaft erweist (BGH GRUR 1999, 574, 575/576 – *Mehrfachsteuersystem*). Kostennachteile können genügen (BPatGE 1, 15, 20). Die **Verhinderung** iSd § 123 Abs. 1 S. 1 PatG setzt ein objektives Hindernis voraus, die Frist einzuhalten. Subjektive Momente sind unerheblich (zB Nichtveranlassung wegen erhoffter Einigung mit dem Gegner).

Die Frist muss **ohne Verschulden** versäumt worden sein, andernfalls ist die Wiedereinsetzung ausgeschlossen. Verschulden ist Vorsatz und Fahrlässigkeit, § 276 BGB. Nicht schuldhaft handelt, wer die übliche Sorgfalt anwendet. Maßgebend ist eine Obliegenheitsverletzung. Hierbei ist auf diejenigen Personen abzustellen, denen die Einhaltung der Frist zur Vermeidung von Rechtsnachteilen gegenüber dem DPMA oder dem BPatG obliegt. Einzubeziehen sind gesetzliche oder gewillkürte Vertreter (vgl. §§ 51 Abs. 2, 85 Abs. 2 ZPO). Das Verschulden Dritter, insbesondere von **Büro- oder Hilfspersonen** steht der Wiedereinsetzung nicht entgegen, sofern nicht ein Eigenverschulden anzunehmen ist. Dieses **Einstehen für Dritte** kann insbesondere bei **Organisationsmängeln** vorliegen. Dabei werden an die Sorgfaltspflichten eines Rechts- oder Patentanwalts hohe Anforderungen gestellt, zumal im Patent- und GebrM-Wesen der Einhaltung von Fristen besondere Bedeutung zukommt (Berechnung, Notierung, Überwachung, Verlängerung, Änderung etc). Insbesondere kann **eigenes** Verschulden bei der Auswahl, Anleitung und Überwachung von Beauftragten, Vertretern, Hilfspersonen etc gegeben sein. Organisationsverschulden ist eigenes Verschulden des Beteiligten oder Verfahrensbevollmächtigten. Dabei ist ein **individueller Sorgfaltsmaßstab** anzuwenden. Im Anwaltsbereich ist auf die objektiv erforderliche Sorgfalt abzustellen, die ein ordentlicher Anwalt/Patentanwalt aufzuwenden hat. Diesbezüglich besteht kein Unterschied zwischen Patent- oder Rechtsanwälten. Andere Personen unterliegen bei der Beurteilung des Sorgfaltsmaßstabes den bei ihnen vorauszusetzenden Fähigkeiten. Insbesondere dürfen Patent- oder Rechtsanwälte nur in eingeschränktem Maße Aufgaben auf Angestellte delegieren (zB keine Delegation von GebrM-Anmeldungen). Eine Erkrankung wird in der Regel nur bei unvorhergesehenem und plötzlichem Eintreten als unabwendbarer Zufall angesehen werden können. Von einem Anwalt wird nach Zustellung einer negativen Entscheidung regelmäßig gefordert sein, die Erfolgsaussichten eines Rechtsmittels zu prüfen, dem Mandanten die notwendigen Schritte für ein Rechtsmittel mitzuteilen, die Erörterung der Erfolgsaussichten und der Einlegung des Rechtsmittels sicherzustellen, so dass die bloße Weiterleitung der Entscheidung nebst amtlicher Rechtsmittelbelehrung lediglich zur Kenntnisnahme nicht ausreicht (BPatG Mitt. 1998, 34). Ein Patentanwalt, der mit der selbständigen Entrichtung von **Jahresgebühren** beauftragt ist, wird für die fristgerechte Zahlung der Gebühren (ggf. nebst Zuschlag) Sorge tragen müssen, so dass die bloße Weiterleitung von Gebührennachrichten eine Sorgfaltspflichtverpflichtung darstellt. Etwas anderes gilt nur, wenn er nicht mit der Gebührenzahlung beauftragt ist. Schriftstücke sind dabei ferner so rechtzeitig zur Post zu geben, dass mit ihrem Zugang innerhalb der Frist zu rechnen ist. Gegebenenfalls müssen diese per Telekopie vorab übermittelt werden. Zwar kann ein Irrtum über tatsächliche Umstände wie auch ein Rechtsirrtum den Schuldvorwurf ausschließen; ist der Irrtum jedoch vermeidbar, begründet dies einen Fahrlässigkeitsvorwurf, so dass die Wiedereinsetzung ausgeschlossen ist. Zugunsten der Verfahrensbeteiligten kann ein **Vertrauensschutz** dahingehend entstehen, dass Handlungen des DPMA eine Vermutung inhaltlicher Richtigkeit zukommt, es sei denn, dass die Unrichtigkeit ohne weiteres erkennbar ist (zB ist die Wiedereinsetzung bei einer falschen Eintragung des Anmeldetags durch das DPMA gerechtfertigt, vgl. BPatG Mitt. 1966, 220). **11**

Eine Wiedereinsetzung kommt bei **fehlender Kausalität** nicht in Betracht, zB wenn mehrere Umstände zu der Fristversäumung beigetragen haben und auch nur ein verschuldeter Umstand nicht hinweggedacht werden kann, ohne dass die Fristversäumnis entfiele. **12**

Bei der Wiedereinsetzung in den vorigen Stand ist ein besonderes **Verfahren** zu beachten. **Verfahrensbeteiligter** im Wiedereinsetzungsverfahren ist derjenige, der die Frist gegenüber dem DPMA oder dem BPatG einzuhalten hatte (regelmäßig der in der Rolle eingetragene Anmelder oder GebrM-Inhaber). Die **Antragsberechtigung** ist infolgedessen mit dem (verletzten) Recht verknüpft. Zu den Antragsberech- **13** tigten gehört auch der Gesamtrechtsnachfolger (vgl. BPatG GRUR 1988, 906 zu einer Fallgestaltung des § 30 Abs. 3 PatG; kritisch: *Bühring/Braitmayer* § 21 Rn. 71). Der durch widerrechtliche Entnahme Verletzte muss zunächst seinen Abtretungsanspruch durchsetzen, bevor er Anträge auf Wiedereinsetzung stellen kann (BPatGE 9, 196, 198).

14 An einem einseitigen patentamtlichen Verfahren über einen Wiedereinsetzungsantrag des Schutzrechtsinhabers ist ein wegen Verletzungen dieses Schutzrechts in Anspruch genommener **Dritter** nicht beteiligt (BGH GRUR 2015 927, 928 [17, 18] – *Verdickerpolymer II*). Wiedereinsetzung setzt ferner grundsätzlich einen **Antrag** voraus (§ 123 Abs. 2 S. 1 PatG). Dieser ist entbehrlich mit der Folge, dass eine Wiedereinsetzung ohne Antrag von Amts wegen möglich ist, wenn die versäumte Handlung innerhalb der Wiedereinsetzungsfrist nachgeholt worden ist und sämtliche die Wiedereinsetzung rechtfertigenden Tatsachen aktenkundig sind (§ 123 Abs. 2 S. 2, 3 PatG). Die **Frist** für den Antrag und die Nachholung der versäumten Handlung beläuft sich auf zwei Monate (§ 123 Abs. 2 PatG). Sie beginnt mit dem Wegfall des Hindernisses, insbesondere wenn der Verfahrensbeteiligte oder sein Vertreter erkannt hat, dass die fristgebundene Verfahrenshandlung versäumt ist oder er dies bei gebotener Sorgfalt hätte erkennen müssen. Diejenigen **Tatsachen** sind anzugeben, die die Wiedereinsetzung begründen. Die zwischen Beginn und Ende der versäumten Frist liegenden, insbesondere für die Frage des Nichtverschuldens der Fristversäumung relevanten Fakten sind innerhalb der 2-Monatsfrist umfassend darzulegen. Innerhalb der 2-Monatsfrist kann dabei der Vortrag ergänzt werden. Nach Ablauf der Frist muss neuer Sachvortrag unberücksichtigt bleiben, jedoch können unvollständige Angaben auch nach dieser Frist erläutert, ergänzt oder klargestellt werden. Die darzulegenden Tatsachen sind **glaubhaft zu machen,** so dass überwiegende Wahrscheinlichkeit genügt und kein Vollbeweis erbracht werden muss. Als Glaubhaftmachungsmittel kommen neben Unterlagen insbesondere eidesstattliche bzw. anwaltliche Versicherungen, Atteste, Gutachten etc in Betracht. Insbesondere bedarf es der Darlegung, welche organisatorischen Maßnahmen getroffen worden sind, um Fristversäumnisse der eingetretenen Art zu vermeiden. Die Glaubhaftmachung kann innerhalb Des Weiteren Verfahrens, sogar noch in der Beschwerde, nicht jedoch mehr in der Rechtsbeschwerde erfolgen.

15 Innerhalb der Antragsfrist für die Wiedereinsetzung muss die versäumte Handlung **nachgeholt** werden. § 123 Abs. 3 S. 4 PatG: **absolute Ausschlussfrist.** Ein Jahr nach Ablauf der versäumten Frist können die Wiedereinsetzung nicht mehr beantragt und die versäumte Handlung nicht mehr nachgeholt werden.

16 **Zuständig** ist diejenige Stelle, die über die nachgeholte Handlung zu beschließen hat (zB GebrM-Stelle, GebrM-Abteilung). Beim BPatG ist grundsätzlich der Senat in seiner vorgesehenen Besetzung zuständig. Zur Zuständigkeitsabgrenzung DPMA/BPatG lässt sich eine allgemein gültige Aussage nicht treffen. In der Regel ist diejenige Instanz zuständig, in der sich die Angelegenheit/das Verfahren zum Zeitpunkt der versäumten Handlung gerade befindet (vgl. BGH GRUR 1999, 574, 576: Zuständigkeit des BPatG für die Beurteilung der Rechtzeitigkeit der Gebührenzahlung nach § 39 Abs. 2, 3 PatG, wenn eine Anmeldung im Beschwerdeverfahren geteilt wird). Das BPatG und nicht das DPMA ist zB dann zuständig, wenn einer Beschwerde nicht abgeholfen wird, da die Beschwerde dann ohne sachliche Stellungnahme dem BPatG vorzulegen ist (BGH GRUR 2009, 521 [6] – *Gehäusestruktur*). Das DPMA würde erst nach Abhilfe durch das BPatG erneut wieder zuständig sein.

17 In der Regel ergeht die **Entscheidung** zusammen mit der Sachentscheidung. Vorabentscheidung über den WE-Antrag aber ist zulässig. Ein dem Wiedereinsetzungsantrag stattgebender Beschluss muss nicht begründet werden. Bei Nichtvorliegen der Voraussetzungen der Wiedereinsetzung darf diese nicht gewährt werden. Der Antrag ist als unzulässig zurückzuweisen, wenn er nicht statthaft bzw. nicht zulässig ist. Liegen materiell-rechtlich die Voraussetzungen für die Wiedereinsetzung nicht vor, bedarf es der Zurückweisung als unbegründet. Die Gewährung der Wiedereinsetzung ist unanfechtbar, § 123 Abs. 5 PatG. Bei Versagung der Wiedereinsetzung durch das DPMA ist die **Beschwerde**, § 73 PatG, eröffnet. Wird ein Wiedereinsetzungsantrag im Beschwerdeverfahren durch das BPatG abgelehnt, so besteht keine Möglichkeit der Anfechtbarkeit mittels Rechtsbeschwerde.

Mit der Wiedereinsetzung **entfallen** die durch die Fristversäumung eingetretenen 18 **Rechtsnachteile,** da die versäumte und nachgeholte Handlung als rechtzeitig vorgenommen fingiert wird (BGH GRUR 1995, 333, 334 – *Aluminium-Trihydroxid*). Mit der Wiedereinsetzung ist eine **Bindungswirkung** dahingehend verbunden, dass in einem späteren Verfahren das Vorliegen der Voraussetzungen nicht mehr überprüft werden kann. Die Folgen der Säumnis werden rückwirkend beseitigt (vgl. BGH GRUR 1993, 460, 464 – *Wandabstreifer*), jedoch ist eine zwischenzeitliche Benutzung nicht rechtswidrig (BGH GRUR 1956, 265 – *Rheinmetall Borsig I*).

Gemäß § 21 Abs. 1 GebrMG iVm § 123 Abs. 5, 6 PatG werden aus Billigkeitsge- 19 sichtspunkten **Weiterbenutzungsrechte** zugunsten gutgläubiger Dritter begründet, die zB auf das Erlöschen des Schutzrechts oder den Verfall der Anmeldung vertraut und daraufhin eigene Investitionen vorgenommen haben und deren redlich erworbener Besitzstand erhalten werden soll (BGH GRUR 1993, 460, 464 – *Wandabstreifer*). § 123 Abs. 7 PatG erweitert den Schutz auf den Fall des Wiederinkrafttretens des Prioritätsrechts. Wegen § 23 GebrMG dürfte sich die Problematik des Entstehens eines Weiterbenutzungsrechts gegenüber einem GebrM nur eingeschränkt stellen. Voraussetzung für das **Entstehen** des Weiterbenutzungsrechts ist das materielle Erlöschen des Schutzrechts oder der Anmeldung, wobei die bloße Löschung nicht ausreichend ist (BGH GRUR, 1993, 460, 464 – *Wandabstreifer*). Das Schutzrecht oder die Anmeldung müssen infolge der Wiedereinsetzung wieder in Kraft getreten sein. In der **Zwischenzeit** muss das Schutzrecht von einem Dritten in Benutzung genommen oder es müssen dazu die erforderlichen Veranstaltungen getroffen worden sein (hierzu kann auf die Erläuterungen des Entstehens eines Vorbenutzungsrechts zurückgegriffen werden). Eine Benutzung **vor** dem Zeitpunkt des Erlöschens und nachfolgende Weiterbenutzung begründen hingegen kein Weiterbenutzungsrecht (BGH GRUR 1993, 460, 462 – *Wandabstreifer*). Die Benutzung bzw. die erforderlichen Veranstaltungen dazu müssen im eigenen Interesse erfolgt sein. Handlungen leitender Betriebsangehöriger sind dem Geschäftsbetrieb zuzurechnen (BGH GRUR 1993, 460, 462 – *Wandabstreifer*). Sie müssen ferner im Inland erfolgt sein. Ferner müssen die Handlungen **im guten Glauben** vorgenommen worden sein. Guter Glaube fehlt, wenn der Benutzer mit dem Wiederaufleben des Schutzrechts rechnet oder rechnen musste (BGH BlPMZ 1952, 409 – *Wäschepresse*). Das Weiterbenutzungsrecht ist nur zusammen mit dem Betrieb übertragbar (BGH GRUR 1966, 307 – *Dauerwellen II*). Weitere Einzelheiten → § 13 Rn. 104.

2.3 Weiterbehandlung der Anmeldung. Die Vorschrift des § 21 verweist auf 20 die Vorschrift des § 123a PatG. Die Verweisung auf § 123a PatG über die Weiterbehandlung findet gemäß Art. 21 Abs. 3 iVm. Art. 30 Abs. 3 KostRegBerG seit dem 1. Januar 2005 Anwendung. Die Vorschrift des § 123a PatG regelt die (gebührenpflichtige) Weiterbehandlung einer Patentanmeldung im Falle der Säumnis einer vom Patentamt bestimmten (und nicht gesetzlichen) Frist. Die Vorschrift des § 123a PatG ist neben § 123 PatG, der (gebührenfreien) Wiedereinsetzung, anwendbar. Im Gegensatz zur Wiedereinsetzung nach § 123 PatG ist die Weiterbehandlung gemäß § 123a PatG **verschuldensunabhängig** und behandelt damit die schuldhafte wie auch die schuldlose Fristversäumnis. Sinn und Zweck der Vorschrift ist, die Zahl der (aufwendigeren) WE-Verfahren zu verringern (BlPMZ 2002, 36, 54 Nr. 35).

Weiterbehandlung der Anmeldung kommt nur auf **Antrag** (keine Begründung 21 erforderlich) und nur in den Fällen in Betracht, in denen eine **vom Patentamt bestimmte Frist** und keine gesetzliche Frist versäumt wurde, wenn eine GebrM-Anmeldung durch Beschluss zurückgewiesen wurde (vgl. zum PatR *Hövelmann* Mitt. 2009, 1). Die Fristversäumung muss nach einhelliger Meinung kausal sein (kritisch hierzu *Bühring/Braitmayer* § 21 Rn. 79). **Antragsberechtigt** ist der im Register Eingetragene. Ein Weiterbehandlungs-Antrag kann nur innerhalb eines Monats ab Zustellung des Beschlusses unter Einzahlung der Weiterbehandlungs**gebühr** (GebVerz Nr. 323 000) gestellt werden, § 123a Abs. 2 PatG. Fristversäumung dieser Frist ist endgültig, eine Wiedereinsetzung ist ausgeschlossen, § 123a Abs. 3 PatG. Innerhalb der Monatsfrist muss die versäumte Handlung nachgeholt werden. Der Umfang der Nachholung ist in der Rechtsprechung bislang nur rudimentär behandelt worden (BPatG GRUR 2009, 95 – *Weiterbehandlung*).

22 **Entscheidung** über die Weiterbehandlung ergeht durch die Gebrauchsmusterstelle. Eine analoge Anwendung des § 123 Abs. 5 PatG kann dahinstehen, da in Ermangelung eines weiteren Beteiligten bei Gewährung der Weiterbehandlung diese nicht angefochten werden wird (*Bühring/Braitmayer,* § 21 Rn. 85a.E). Der Antrag wird zurückgewiesen, wenn es am Vorliegen einer der Voraussetzungen für die Weiterbehandlung fehlt. Dagegen kann Beschwerde eingelegt werden. **Rechtsfolge** der Weiterbehandlung ist, dass der Zurückweisungsbeschluss wirkungslos wird. Hierfür ist das Vorliegen der Voraussetzung und die Wirkungslosigkeit vom DPMA festzustellen.

23 **2.4 Wahrheitspflicht.** Gemäß § 21 Abs. 1 GebrMG iVm § 124 PatG haben die Beteiligten im Verfahren vor dem DPMA, dem BPatG und dem BGH ihre Erklärungen über tatsächliche Umstände vollständig und der Wahrheit gemäß abzugeben. § 124 PatG entspricht damit § 138 Abs. 1 ZPO. Die ungeachtet des Untersuchungsgrundsatzes geltende Wahrheitspflicht gilt dabei in allen Verfahren vor den genannten Instanzen. Im Verfahren vor dem BGH überlappt sich damit § 124 PatG mit § 138 ZPO, der im Übrigen für alle gerichtlichen Verfahren gilt.

24 Verpflichtet sind die **Beteiligten,** also alle an den im GebrMG geregelten Verfahren Teilnehmenden, zB Antragsteller, Antragsgegner, Anmelder, GebrM-Inhaber, Nebenintervenient etc. Auch die jeweiligen Vertreter werden von dieser Vorschrift erfasst (§§ 39, 39a Abs. 3 PAO; §§ 43, 43a Abs. 3 BRAO. Tatsächliche Umstände sind all diejenigen inneren und äußeren Vorgänge, die auf ihre Richtigkeit hin überprüft werden können; hierzu gehören auch Erfahrungssätze, Versuchsergebnisse, nicht aber Rechtsausführungen. Das Gebot zu wahrheitsgemäßem Vortrag erfordert, dass die Angaben dem subjektiven Wissen entsprechen, dh bewusst unwahre Behauptungen sind unzulässig. Dasselbe gilt für „ins Blaue hinein" aufgestellte Angaben. Diese Verpflichtungen treffen auch die Verfahrensbevollmächtigten. Hingegen ist es zulässig, Behauptungen aufzustellen, von denen der Vortragende nicht sicher ist, dass sie zutreffend sind. Zur Erfüllung der Wahrheitspflicht gehört auch, dass die Behauptungen **vollständig** sein müssen; dies bedingt, dass der gesamte (entscheidungserhebliche) Sachverhalt vorgetragen werden muss.

25 § 124 PatG enthält **keine Rechtsfolgen** im Falle eines Verstoßes. Die Vorschrift stellt sich damit als insgesamt wenig effektiv dar. Den Vertretern hingegen können berufsrechtliche Sanktionen (Geldbuße, Ausschließung aus der Anwaltschaft) treffen, § 96 Abs. 1 Nr. 3 und 4 PAO bzw. § 114 Abs. 1 Nr. 3 und Nr. 5 BRAO. Eine als unwahr erkannte Aussage ist bei der Entscheidung nicht zu berücksichtigen. Andererseits ist ein Beteiligter nicht gehindert, sein Vorbringen im Laufe des Verfahrens zu ändern, insbesondere zu präzisieren, zu ergänzen oder zu berichtigen. Eine Bindung in der Beschwerdeinstanz an erstinstanzliches Vorbringen tritt nicht ein (vgl. § 525 ZPO). Lediglich ein gerichtliches Geständnis nach § 288 ZPO entfaltet eine, durch § 290 ZPO beschränkte Bindungswirkung. Späterer Vortrag kann auch nicht wegen Verstoßes gegen die Wahrheitspflicht unbeachtet lassen, wenn ein solcher Verstoß ohne Erhebung und Würdigung der (angetretenen bzw. anzutretenden) Beweise nicht festgestellt werden kann. In derartigen Fällen ist eine Modifizierung des Sach-

vortrags im Rahmen möglicher Beweiswürdigung zu berücksichtigen. Gegebenenfalls kommen auch Kostennachteile in Betracht (BPatG GRUR 1984, 803, 804 – *Dosiereinrichtung*). Eine solche Kostenlast soll aber zB nicht eintreten, wenn der Anmelder durch sein Bestreiten einer offenkundigen Vorbenutzung eine Beweisaufnahme notwendig gemacht hat, da es das grundsätzlich legitime Recht eines Anmelders sei, eine behauptete offenkundige Vorbenutzung bis zum Beweis des Gegenteils zu bestreiten (BPatG GRUR 1984, 803, 804 – *Dosiereinrichtung* unter Hinweis auf § 138 Abs. 4 ZPO).

2.5 Elektronische Verfahrensführung. Der durch das Transparenz- und Publizitätsgesetz vom 19.7.2002 eingefügte Verweis des § 21 Abs. 1 GebrMG auf § 125a PatG sieht aufgrund der Änderung durch Art. 1 Nr. 13 PatRModG vom 31 Juli 2009 (BlPMZ 2009, 301) vor, dass in Verfahren vor dem Patentamt, BPatG und BGH eine Aufzeichnung als elektronisches Dokument die Schriftform, soweit vorgesehen, ersetzen kann, sobald eine Rechtsverordnung des BMJV den Zeitpunkt dafür bestimmt, § 125a Abs. 3 PatG. 26

Die Verordnung über den elektronischen Rechtsverkehr beim DPMA (BlPMZ 2006, 305) (ERVDPMAV) findet gemäß § 1 Nr. 2 ERVDPMAV in Gebrauchsmustersachen beim DPMA **nur für Anmeldungen** Anwendung. Die Nutzung der DPMAdirekt-Software erfolgt über eine Signaturkarte. 27

Die Verordnung über den elektronischen Rechtsverkehr beim BGH und BPatG (BGBl. I 2007, 2130) (BGH/BPatGERVV) findet in Gebrauchsmuster-Verfahren vor dem BPatG bzw. dem BGH Anwendung. Sie regelt die Einreichung von Dokumenten durch Übertragung in die elektronische Poststelle des BPatG über eine qualifizierte elektronische Signatur (zB Online Services Smart Card des EPA, vgl. BGH NJW 2010, 2134 [15] – *Wirksamkeitsvoraussetzungen bestimmender Schriftsätze – Qualifizierte-elektronische Signatur*) bzw. durch Übertragung in das Elektronische Gerichts- und Verwaltungspostfachs des BGH. 28

2.6 Amts- und Gerichtssprache. § 21 Abs. 1 GebrMG iVm § 126 S. 1 PatG sieht aufgrund der Änderung durch das 2. PatGÄndG vor, dass die Verfahrenssprache vor dem DPMA nur insoweit Deutsch ist, als nicht in anderen Rechtsvorschriften andere Regelungen getroffen werden. Eine solche andere gesetzliche Regelung ist diejenige über die Einreichung fremdsprachiger Anmeldungsunterlagen. Das DPMA soll künftig auch nicht länger gehindert sein, fremdsprachige Dokumente und Unterlagen im Anwendungsbereich des GebrMG zu berücksichtigen; deshalb ist § 126 S. 2 PatG aF ersatzlos gestrichen worden. Die Frage, unter welchen Voraussetzungen Eingaben und Schriftstücke in fremden Sprachen berücksichtigt werden, ist in § 4b GebrMG iVm § 9 GebrMV geregelt. Im Vergleich zur früheren Rechtslage ist damit eine großzügigere Anwendung, die zur Berücksichtigung fremdsprachiger Eingaben führen würde, angebracht. Die rein verfahrensrechtliche Bestimmung des § 126 PatG ließ auch in ihrer Auslegung durch die frühere Praxis fremdsprachige Schriftstücke, die Beweiszwecken dienen können, zu. Diese können ohne Übersetzung verwertet werden (vgl. BGH GRUR 1998, 901, 902 – *Polymermasse*). Der Gesetzesentwurf des Bundesrates zur Einführung von (englischsprachigen) Kammern für internationale Handelssachen (KfiH; BR-Drs 93/14 vom 14.3.2014) würde hingegen eine englische Verfahrenssprache ermöglichen, sofern alle Parteien zustimmen (kritisch hierzu: *Ewer* NJW 2010, 1323; Triebel ZHR 2014, 673). Eine besondere Regelung gilt für **PCT-Anmeldungen,** deren unmittelbares Bestimmungsamt das DPMA ist. Diese haben auch in fremdsprachiger Form die Wirkung einer nationalen Anmeldung, Art. 11 Abs. 1 und 3 PCT. Allerdings ist auch hier eine deutsche Übersetzung der gesamten Anmeldung nachzureichen Art. 22 Abs. 1, 39 Abs. 1 PCT iVm Art. III §§ 4, 6 IntPatÜG. 29

§ 126 S. 2 PatG verweist auf die Anwendung der §§ 184–191 GVG. § 185 GVG bezieht sich auf die mündliche Verhandlung. 30

31 **2.7 Zustellungen.** Zustellung ist die in gesetzlicher Form ausgeführte und beurkundete Übergabe von Schriftstücken. Sie sichert den Nachweis von Zeit und Art der Übergabe. Der Zustellungszeitpunkt löst darüber hinaus verschiedene Rechtsfolgen aus, zB den Lauf von Fristen, die Fälligkeit von Gebühren etc. Sie ist abzugrenzen von der **formlosen Übermittlung** von Schriftstücken, für die keine Vermutung des Zugangs besteht. § 127 Abs. 1 PatG wurde durch das ZustellungsreformG (BlPMZ 2001, 253) zum 1.7.2002 maßgeblich geändert. Seitdem sind **Zustellungen durch das Patentamt** von **Zustellungen durch das BPatG** zu unterscheiden. Durch Gesetz zur Änderung des Designgesetzes und weiterer Vorschriften des gewerblichen Rechtsschutzes vom 4. April 2016 (BGBl. I S. 558) wurde § 127 Abs. 1 PatG mit Wirkung zum 1.10.2016 geändert, um den elektronischen Rechtsverkehr beim DPMA zu erleichtern. Das Bundesministerium der Justiz und für Verbraucher wird durch § 127 Abs. 1 Nr. 5 PatG nF ermächtigt, Bestimmungen für den elektronischen Rechtsverkehr beim DPMA zu erlassen. Von dieser Ermächtigung wird in § 5 ERVDPMA nF mit Wirkung zum 1.10.2016 Gebrauch gemacht.

32 **Zustellungen durch das Patentamt** werden in § 21 Abs. 1 GebrMG iVm § 127 Abs. 1 PatG geregelt. Danach gilt für Zustellungen durch das Patentamt der Grundsatz, dass Zustellungen im Verfahren vor dem DPMA nach dem Verwaltungszustellungsgesetz (VwZG) vom 12.8.2005 (BlPMZ 2005, 4) erfolgen. Ergänzend sind die Allgemeinen Verwaltungsvorschriften zum VwZG, die Regelung der DPMAV, die Hausverfügung Nr. 10 des PräsPA v. 12.8.2002, der EAPatV, der ERVDPMAV sowie des PatG/GebrMG heranzuziehen. In zivilrechtlichen Streitigkeiten, mithin in GebrM-Streitsachen, gelten die Vorschriften der ZPO, ebenso für das Rechtsbeschwerdeverfahren gemäß § 106 PatG. Die Notwendigkeit der Zustellung richtet sich gemäß § 1 Abs. 2 VwZG danach, ob ein Gesetz, eine Verordnung oder eine behördliche Anweisung die Zustellung anordnet. Behördliche Anweisung ist beispielsweise die genannte Hausverfügung Nr. 10 des PräsPA v. 12.8.2002. Ferner müssen eine Frist in Lauf setzende Bescheide, Handlungen des DPMA oder eines Dritten immer förmlich zugestellt werden; dies gilt also insbesondere bei anfechtbaren Entscheidungen des DPMA (vgl. BGH GRUR 1993, 476, 477 – *Zustellungswesen*). Auch ein Schriftsatz, der eine Änderung des Löschungsantrags enthält, ist zuzustellen (BPatGE 25, 85). Ist die (förmliche) Zustellung nicht zwingend vorgeschrieben, werden die Dokumente vom Patentamt durch Brief oder Fax oder elektronisch versandt. Zur Erleichterung der elektronischen Kommunikation werden mit Wirkung zum 1.10.2016 § 6 EAPatV, §§ 20, 21 DPMAV sowie die ERVDPMAV geändert. § 6 Abs. 1 EAPatV regelt, wie Abschriften von Dokumenten zu erstellen sind, die mit einem Herkunftsnachweis nach § 5 Abs. 1, Abs. 2 EAPatV versehen sind. § 6 Abs. 2 EAPatV enthält Regelungen für die Erstellung von Abschriften von elektronischen Dokumenten, die mit einem Herkunftsnachweis nach § 5 Abs. 3 EAPatV versehen sind. § 6 Abs. 3 EAPatV bestimmt Formvorschriften für die Ausfertigung von solchen elektronischen Dokumenten. An einen bevollmächtigten Anwalt ist auch ohne Vorlegen der Vollmachtsurkunde iSd § 172 Abs. 1 ZPO zuzustellen, wenn er sich bestellt hat (BGH BlPMZ 1991, 420 – *Zustelladressat*).

Verfahren: § 2 VwZG enthält die Grundregelung, dass die Zustellung in der Übergabe eines Schriftstücks in Urschrift, Ausfertigung oder beglaubigter Abschrift, ausnahmsweise durch Vorlage der Urschrift erfolgt. Ausfertigung und beglaubigte Abschrift müssen mit der Urschrift übereinstimmen. Die Art und Weise der Zustellung wird in den §§ 2ff. VwZG, modifiziert durch § 127 PatG, geregelt. Danach gibt es folgende **Zustellungsarten:**

33 – Zustellung mit Zustellungsurkunde, § 3 VwZG: Hierfür gelten die §§ 180–186, 195 Abs. 2 ZPO. Bei unrichtigem Datum des Vermerks gemäß § 195 Abs. 2 S. 2 ZPO ist die Zustellung zwar nicht unwirksam, setzt aber die Beschwerdefrist nicht in Lauf (BPatG GRUR 1978, 533 – Zwischenstreit). Die Zustellungsurkunde besagt ferner nichts über den Inhalt des zuzustellenden Schriftstücks. Die ordnungs-

gemäße Zustellung einer bestimmten Sendung wird jedoch in der Regel als nachgewiesen gelten können (zwf BPatG v. 3.2.2009 – 24 W (pat) 43/06). Gegenbeweis ist zulässig (BPatGE 21, 27).

– Zustellung mittels eingeschriebenem Brief, § 4 VwZG (Regelfall): Erfolgt keine Übergabe, wird die Zustellung erst mit der Abholung bewirkt. Keine Möglichkeit der Ersatzzustellung. Gemäß § 127 Abs. 1 Nr. 1 PatG gilt die Zustellung als bewirkt, wenn die Annahme der Zustellung durch eingeschriebenen Brief ohne gesetzlichen Grund durch den Zustellungsempfänger verweigert wird. Verweigerung durch Dritte reicht nicht aus. Als Zeitpunkt der Zustellung gilt der 3. Tag nach der tatsächlichen Aufgabe zur Post. Die 3-Tage-Frist wird nicht abgekürzt, wenn der Brief früher zugegangen ist. Nach hM handelt es sich um eine beschränkt widerlegbare Vermutung, die bei fehlendem Zugang oder später erfolgtem Zugang nicht gilt. **34**

– Zustellung gegen Empfangsbekenntnis, § 5 VwZG: Es handelt sich hierbei um eine vereinfachte Zustellungsart, die nur anwendbar ist, wenn der Zustellungsempfänger eine bestimmte Qualifikation aufweist. Diese richtet sich insbesondere an Rechtsanwälte, Patentanwälte, nicht an Rechts- und Patentassessoren (OLG Stuttgart NJW 2010, 2532 [9] – *Unwirksame Zustellung bei Unterzeichnung des Empfangsbekenntnisses durch Assessor* (Strafsache)). Eine ausreichende Identifizierung des zugestellten Schriftstücks muss aufgrund des Empfangsbekenntnisses möglich sein (vgl. BGH GRUR 1972, 196, 197 – *Dosiervorrichtung*). Das Schriftstück wird übermittelt, als Nachweis der Zustellung genügt, dass das mit Datum und Unterschrift versehene Empfangsbekenntnis an das DPMA/BPatG zurückgesandt wird. Hierdurch wird ein Empfangswille bekundet. Wird das Empfangsbekenntnis nicht abgegeben, so liegt keine wirksame Zustellung vor. Gegebenenfalls ist auch gegenüber einem Anwalt die Zustellung mit Zustellungsurkunde nachzuholen. Nach BGH (GRUR 1972, 196 – *Dosiervorrichtung*) ist bei entgegenstehender ausdrücklicher Erklärung selbst dann nicht von einem Empfangsbekenntnis iSd § 5 Abs. 2 VwZG auszugehen, wenn ein späteres schriftliches tatsächliches Zugeständnis über den Empfang des Dokuments erfolgt. Gegen die Richtigkeit des Empfangsbekenntnisses kann der Empfänger den Gegenbeweis antreten (BPatGE 23, 248, 249). Das Empfangsbekenntnis ist eine öffentliche Urkunde. **35**

– Niederlegung im Abholfach, § 127 Abs. 1 Nr. 4 PatG: Dies spielt in der Praxis kaum noch eine Rolle. **36**

– Zustellung ins Ausland nur, wenn kein Inlandsvertreter bestellt ist und kein Zustellbevollmächtigter vorhanden ist. Es ist dann Zustellung durch eine ausl Behörde oder deutsche Vertretung bei der jeweiligen Institution zu ersuchen, § 9 Abs. 1 Nr. 2, 3 VwZG; Erleichterung der Auslandszustellung gemäß § 127 Abs. 1 Nr. 2 PatG mit Zustellung durch Aufgabe zur Post (vgl. §§ 175, 213 ZPO). Dies setzt jedoch eine Obliegenheitsverletzung (zB Nichtbestellung eines Inlandsvertreters) voraus, so dass die Zustellung verfahrenseinleitender Schriftstücke nach den allgemeinen Vorschriften zu erfolgen hat (BGH GRUR 1993, 476 – *Zustellungswesen*). Weitere Möglichkeiten der Auslandszustellung sind geregelt im „Europäischen Übereinkommen über die Zustellung von Schriftstücken in Verwaltungssachen im Ausland" vom 24.11.1977 (BGBl. 1981 I 535 = BlPMZ 1982, 256). **37**

– Öffentliche Zustellung bei unbekanntem Aufenthaltsort, § 10 VwZG (BGH NJW 2002, 827; BPatGE 15, 158), wenn also im Inland der Aufenthalt des Empfängers nicht zu ermitteln ist. **38**

– Zustellung an Behörden, öffentlich-rechtliche Körperschaften und Anstalten, § 5 VwZG. **39**

– Ersatzzustellung: § 3 Abs. 2 VwZG. Die **Ersatzzustellung** ist die Aushändigung des Schriftstücks an eine andere Person als den Zustellungsadressaten. Sie ist nur in den Fällen des § 3 VwZG iVm §§ 178, 181–185 ZPO zulässig: Zustellung an **40** einen zur Familie gehörenden erwachsenen Hausgenossen oder an eine in der Familie dienende erwachsene Person, an den im selben Hause wohnenden Hauswirt oder Vermieter (§ 181 Abs. 1, 2 ZPO), durch Niederlegen (§ 182 ZPO), Zustellung an den/die Gewerbegehilfen/-gehilfin im Falle der Zustellung an einen Gewerbetreibenden, Rechtsanwalt (§ 183 Abs. 1, 2) und die in § 184 ZPO genannten Behörden, Gemeinden, Korporationen oder Vereinen mit einem sogenannten Geschäftslokal.

41 – Zustellung zur Nachtzeit sowie an Sonn- und Feiertagen: § 5 Abs. 3 Satz 1 VwZG.

42 – Verweigerung der Annahme: § 5 Abs. 3 Satz 2 VwZG.

43 – Durch Gesetz zur Änderung des Designgesetzes und weiterer Vorschriften des gewerblichen Rechtsschutzes vom 4. April 2016 (BGBl. I S. 558) wird mit Wirkung zum 1.10.2016 § 127 Abs. 1 Nr. 5 PatG eingefügt, welcher das Bundesministerium der Justiz und für Verbraucherschutz ermächtigt, durch Rechtsverordnung Bestimmungen für die **Zustellung von elektronischen Dokumenten** zu erlassen. Demnach ist ein Übermittlungsweg zu verwenden, bei dem die Authentizität und Integrität der Daten gewährleistet ist und der bei Nutzung allgemein zugänglicher Netze die Vertraulichkeit der zu übermittelnden Daten durch ein Verschlüsselungsverfahren sicherstellt. Der Gesetzgever sieht eine Sonderregelung für die Zustellung elektronischer Dokumente gegenüber § 5 Abs. 5 S. 3 VwZG als notwendig an, weil das DPMA – anders als in § 5 Abs. 5 S. 3 VwZG vorgesehen – im Rahmen einer Zustellung auch qualifiziert signierte Dokumente (zB Beschlüsse und Niederschriften) gemeinsam mit nicht signierten Dokumenten (zB Anlagen zu Beschlüssen) übermittelt (vgl. Begründung des Gesetzes zur Änderung des Designgesetzes und weiterer Vorschriften des gewerblichen Rechtsschutzes, BT Drucksache 18/7195, Seiten 22, 31). Aufgrund der Ermächtigung gemäß § 127 Abs. 1 Nr. 5 PatG nF wird, ebenfalls mit Wirkung zum 1.10.2015, ein neuer § 5 in die ERVDPMAV eingefügt, welcher nähere Bestimmungen zu geeigneten Übermittlungswegen sowie zu Form und Nachweis der elektronischen Zustellung enthält. Nach der Begründung Gesetz zur Änderung des Designgesetzes und weiterer Vorschriften des gewerblichen Rechtsschutzes (vgl. Gesetzesbegründung, BT Drucksache 18/7195, Seiten 22, 31, 37) soll die virtuelle Poststelle (VPS) des DPMA als ein sicherer Übermittlungsweg für eine elektronische Zustellung etabliert werden. Die VPS kann auch für formlose elektronische Übermittlungen genutzt werden, § 21 Abs. 2 S. 2 DPMAV nF.

§ 5 ERVDPMAV nF bestimmt, dass die Übermittlung von Dokumenten im Rahmen einer elektronischen Zustellung mit einer fortgeschrittenen Signatur als Transportsignatur gesichert werden kann. Diese Transportsignatur ist nach Auffassung des Gesetzgebers geeignet, die Authentizität und Integrität des Versands zu sichern (vgl. Gesetzesbegründung, BT Drucksache 18/7195, Seiten 22, 31, 28). § 5 Abs. 1 S. 1 ERVDPMAV nF regelt die Form der elektronischen Zustellung durch das DPMA. Für die Übermittlung elektronischer Dokumente im Rahmen einer elektronischen Zustellung ist neben einer qualifizierten elektronischen Signatur auch eine fortgeschrittene elektronische Signatur als Transportsicherung zulässig. Die Gesetzesbegründung (BT Drucksache 18/7195, Seiten 22, 37, 38) begründet dies mit der Erwägung, dass die fortgeschrittene elektronische Signatur von der virtuellen Poststelle (VPS) des DPMA einfacher als eine qualifizierte elektronische Signatur automatisiert für eine Transportsignatur verwendet werden kann. § 5 Abs. 1 S. 2 ERVDPMAV nF stellt klar, dass die Signatur nicht an jeder einzelnen Datei angebracht werden muss, sondern auch die gesamte elektronische Nachricht umfassen kann. Eine solche „Container-Signatur" stellt nach Auffassung des Gesetzgebers die Authentizität und Integrität der übermittelten Dokumente hinreichend sicher (vgl. Gesetzesbegründung, BT Drucksache 18/7195, Seiten 22, 37 unter Hinweis BGH Beschluss vom 14. Mai 2013, Az. VI ZB 7/13). § 5 Abs. 2 ERVDPMAV nF bestimmt als geeigneten Übermittlungsweg eine Nachricht mittels der vom

DPMA zur Verfügung gestellten Zugangs- und Übertragungssoftware (VPS) gemäß § 3 Abs. 1 S. 2 ERVDPMAV nF. Nach § 5 Abs. 2 S. 2 ERVDPMAV nF kann die Zustellung auch gegen Abholbestätigung über De-Mail-Dienste nach § 5a VwZG erfolgen. § 5 Abs. 3 ERVDPMAV stellt als Sonderregelung gegenüber § 5 Abs. 6 VwZG Formvorschriften für elektronische Zustellungen auf. § 5 Abs. 4 ERVDPMAV nF stellt gegenüber § 5 Abs. 7 VwZG eine Sonderregelung für Formvorschriften für den Nachweis der Zustellung mittels qualifizierter elektronischer Signatur nach dem Signaturgesetz oder mit einer fortgeschrittenen elektronischen Signatur, die von einer internationalen, auf dem Gebiet des gewerblichen Rechtsschutzes tätigen Organisation herausgegeben wird und sich zur Bearbeitung durch das DPMA eignet, dar. Die vom Europäischen Patentamt herausgegebenen Smartcards erfüllen die Anforderungen des § 5 Abs. 4 ERVDPMAV an den Nachweis der fortgeschrittenen elektronischen Signatur (vgl. Gesetzesbegründung, BT Drucksache 18/7195, Seiten 22, 38). § 5 Abs. 5 ERVDPMAV nF regelt, dass § 7 Abs. 2 VwZG keine Anwendung findet, wonach einem Zustellungsbevollmächtigten mehrerer Beteiligter so viele Ausfertigungen oder Abschriften zuzustellen sind, wie Beteiligte vorhanden sind. Dies wird mit der Erwägung begründet, dass alle an DPMAdirektPro übergebenen Dokumente als PDF-Dateien vorliegen und in diesem Dateiformat weitergeleitet und vervielfacht werden können, so dass es einer Übermittlung mehrerer Abschriften des Dokuments in elektronischer Form an einen Zustellungsbevollmächtigten nicht bedürfe (vgl. Gesetzesbegründung, BT Drucksache 18/7195, Seiten 22, 38).

Zustellung durch das BPatG werden seit der Novellierung des § 127 PatG 44 durch den neu eingefügten § 127 Abs. 2 PatG geregelt. Danach finden seit dem 1.7.2002 für Zustellungen des BPatG ausschließlich die Vorschriften der ZPO über das Verfahren bei Zustellungen Anwendung. Demgemäß wird dorthin zugestellt, wo der Zustellungsadressat anzutreffen ist, § 177 ZPO. Für die Ersatzzustellung gelten die Vorschriften der §§ 178 ff. ZPO. Für den bevollmächtigten sich bestellenden Anwalt gilt ebenfalls, dass auch ohne Vorlegen der Vollmachtsurkunde an ihn zuzustellen ist. Zustellung erfolgt auch im Falle der Anordnung durch das Gericht gemäß § 166 Abs. 2 ZPO. Gemäß § 18 Abs. 3 GebrMG iVm § 73 Abs. 2 S. 3 PatG sind im Verfahren vor dem **BPatG** die Beschwerde und alle Schriftsätze, die Sachanträge, die Erklärung der Zurücknahme der Beschwerde oder eines Antrags enthalten, den übrigen Beteiligten von Amts wegen zuzustellen; die übrigen Schriftsätze sind lediglich formlos mitzuteilen.

Verfahren: Die Zustellung durch das BPatG erfolgt von Amts wegen. Zustellung 45 auf Betreiben der Parteien ist grds nicht vorgesehen, die §§ 191–195 ZPO finden daher vor dem BPatG keine Anwendung. Es gibt folgende **Zustellungsarten:**

- Einschreiben mit Rückschein, § 175 ZPO; Rückschein belegt die Zustellung, 46 § 175 Satz 2 ZPO.
- Zustellung gegen Empfangsbekenntnis (EB), § 174 ZPO; Einzelheiten → Rn. 35. 47
- Zustellungsurkunde; § 182 ZPO. Die ZU hat die in § 182 Abs. 2 ZPO aufgeführ- 48 ten Angaben zu enthalten. Ersatzzustellung iSd §§ 178–181 ZPO ist möglich.
- Zustellung im Ausland, §§ 183, 184 ZPO, durch Einschreiben mit Rückschein. 49
- Zustellung durch persönliche Übergabe, § 173 ZPO. 50
- Öffentliche Zustellung, §§ 186, 187 ZPO, in den Ausnahmefällen des § 185 ZPO. 51

Zustellungsadressat: Dieser ist von der Person, der tatsächlich zugestellt wird, zu 52 unterscheiden (vgl. 191 Nr. 3, 4 ZPO). Wer richtiger Zustellungsadressat ist, bestimmt sich nach der jeweiligen Verfahrenssituation (zB Beteiligter, Zeuge, Sachverständiger etc). Liegt eine **Bevollmächtigung** vor, so ist an diesen zuzustellen; aufgrund der Änderung des § 127 PatG infolge des 2. PatGÄndG kommt es nicht mehr darauf an, ob die Vollmacht „zu den Akten", dh zu den konkreten Akten, gereicht worden ist. Die beim DPMA hinterlegte „allgemeine Vollmacht" genügt damit. Eine Zustellung an den Vertretenen ist unwirksam. Auch im Falle des Todes des Vollmachtgebers ist an den Vertreter zuzustellen. Dies gilt auch für den Fall der (angezeigten) Niederlegung des Mandats, solange ein Antrag auf Rolleneintragung eines neuen Inlandsvertreters noch nicht eingereicht ist, vgl. auch § 87 ZPO für gerichtliche Verfahren (BPatG v. 19.8.1976 – 5 W (pat) 40/76). Im Falle **fehlender Vertretung** ist Zustellungsadressat die Person, für die das Schriftstück bestimmt ist. Bei Geschäftsunfähigkeit oder beschränkter Geschäftsfähigkeit ist dies der gesetzliche Vertreter. Bei juristischen Personen des Privatrechts ist Zustellungsadressat der Vorstand bzw. Geschäftsführer; bei Behörden, Körperschaften oder Stiftungen des öffentlichen Rechts ist der jeweilige Vorsteher Zustellungsadressat.

53 **Zustellungsmängel und Heilung:** Die Zustellung ist bei Fehlen einer gesetzlichen Voraussetzung unwirksam. Eine Heilung unter bestimmten Voraussetzungen ergibt sich aus § 8 VwZG, § 189 ZPO. Nach hM soll bei Zustellung an den falschen Adressaten eine Heilung in Betracht kommen (BPatG GRUR 1987, 812, 813/814 – *Unterbevollmächtigter*). Heilung kann auch bei Zustellungen möglich sein, die Rechtsmittelfristen in Lauf setzen, sofern Zugang erfolgt ist (*Busse/Braitmayer,* § 21 Rn. 144). Ist Heilung möglich, ist das fehlerhaft zugestellte Schriftstück dem Empfänger an dem Tag zugegangen, an dem er Kenntnis nehmen konnte und musste, die Beweislast für die Zustellung trägt im Zweifel die Behörde (BPatGE 17, 8). Eine Heilung kommt nicht in Betracht, wenn die Zustellung gänzlich fehlt (vgl. BPatGE 3, 54).

54 **2.8 Rechtshilfe.** Gemäß § 21 Abs. 1 GebrMG iVm § 128 PatG leisten sich die Behörden des Bundes und der Länder gegenseitig Rechts- und Amtshilfe (vgl. auch Art. 35 GG). Gemäß § 128 Abs. 2 PatG hat das BPatG im Verfahren vor dem DPMA Ordnungs- oder Zwangsmittel gegen Zeugen oder Sachverständige festzusetzen, die nicht erscheinen oder ihre Aussage oder deren Beeidigung verweigern; diese Mittel kann das DPMA ohne judikative Rechtsmacht nicht selbst festsetzen. Dasselbe gilt für die Anordnung der Vorführung. Notwendig ist ein Ersuchen des DPMA.

55 **2.9 Entschädigung von Zeugen und Vergütung von Sachverständigen.** Gemäß § 21 Abs. 1 GebrMG iVm § 128a PatG regeln unter Verweis auf das Justizvergütungs- und Entschädigungsgesetz (BGBl 2004, 776) die Entschädigung von Zeugen sowie die Vergütung von Sachverständigen, Übersetzern und Dolmetschern. Die Entschädigung betrifft insbesondere Verdienstausfall, Tagegeld, Fahrtkosten, Honorar, Auslagen und ggf. Übernachtungskosten. § 128a PatG wurde ebenfalls wie die Verweisung in § 21 GebrMG durch das KostenrechtsmodernisierungsG vom 5.5.2004 mit Wirkung zum 1.7.2004 eingefügt.

56 **3. Verfahrenskostenhilfe.** Aus Art. 3, 20 Abs. 3, 19 Abs. 4 GG wird das an den Staat gerichtete Gebot hergeleitet, die Situation von Bemittelten und Unbemittelten bei der Verwirklichung des Rechtsschutzes weitgehend anzugleichen; eine vollständige Gleichstellung ist jedoch verfassungsrechtlich nicht geboten. Dem tragen die §§ 129–138 PatG Rechnung, die über die Verweisung in § 21 Abs. 2 GebrMG anwendbar sind. Verfahrenskostenhilfe wird dabei nicht für sämtliche Verfahren vor dem DPMA oder BPatG gewährt; die Regelungen der §§ 129–138 PatG sind abschließend. In Gebrauchsmusterstreitsachen (§ 27) gelten die Bestimmungen über die Prozesskostenhilfe unmittelbar. § 129 S. 2 PatG ist durch das 2. PatGÄndG geändert worden. Satz 2 aF regelte, dass Angehörige ausländischer Staaten (außerhalb der EU) Verfahrenskostenhilfe nur erhalten können, soweit Gegenseitigkeit verbürgt ist. Auf die Gegenseitigkeit kam es im Prozesskostenhilfeverfahren nach der ZPO schon bisher nicht an. Deshalb wurde § 129 S. 2 PatG aF durch das 2. PatGÄndG in Anpassung an die ZPO gestrichen. Verfahrenskostenhilfe kann im Zusammenhang mit Gebrauchsmustern nur für das Eintragungs-, Löschungs- und Zwangslizenzverfahren in allen Instanzen gewährt werden, nicht hingegen für die anderen Verfahren, also zum Beispiel keine Verfahrenskostenhilfe für das Verfahrenskostenhilfeverfahren (BPatGE 28, 119) sowie das Beschwerdeverfahren gemäß § 135 Abs. 3 PatG (BPatG Mitt.

1979, 179). Hinsichtlich der Einzelheiten der Verfahrenskostenhilfe wird auf die Kommentierungen bei *Benkard/Schäfers, Busse/Baumgärtner,* jeweils §§ 129–138 PatG verwiesen. Die Grundsätze lassen sich wie folgt zusammenfassen:

3.1 Eintragungsverfahren, § 21 Abs. 2 GebrMG iVm § 130 PatG. Voraussetzungen der Bewilligung von Verfahrenskostenhilfe (VKH) sind ein schriftlicher Antrag, die Erklärung über persönliche und wirtschaftliche Verhältnisse nach § 136 PatG iVm § 117 Abs. 2 ZPO. Der Anmelder muss der Antragsteller sein. Es dürfen nach neuerer Rechtsprechung nicht mehr die absoluten Schutzvoraussetzungen, sondern nur noch die formalen Voraussetzungen gemäß § 8 Abs. 1 Satz 1 iVm §§ 4 GebrMV im Eintragungsverfahren geprüft werden (BPatG CR 2010, 569 – *Gebrauchsmusterschutz für Vorrichtung zur Abrechnung von Online-Diensten*). Eine gewisse Wahrscheinlichkeit für die Eintragung eines offenbarten Gegenstands besteht (vgl. BPatG v. 31.1.1989 – 5 W (pat) 19/88). Bei mehreren Anmeldern müssen bei jedem von ihnen in sachlicher und persönlicher Hinsicht die Voraussetzungen des Abs. 1 erfüllt sein. Der Erfinder ist anzugeben. Aufgrund § 130 Abs. 4 PatG bedarf es in diesem Fall einer Darlegung, dass auch der Erfinder die Verfahrenskosten nicht, nur zum Teil oder nur in Raten aufbringen kann. Die persönlichen und wirtschaftlichen Verhältnisse des Anmelders müssen nach § 114 ZPO ein Aufbringen der Verfahrenskosten nicht, nur zum Teil oder nur in Raten zulassen. Dabei geht das Gesetz von der Regel aus, dass ein Anmelder, dessen monatliches Nettoeinkommen einen bestimmten Betrag übersteigt, auf die Verfahrenskosten Ratenzahlungen zu leisten hat (vgl. Tabelle zu § 114 ZPO). Bei der Ermittlung des Nettoeinkommens sind alle Einkünfte in Geld oder Geldeswert festzustellen. § 115 Abs. 2 ZPO verlangt den Einsatz des Vermögens, soweit dies dem Antragsteller zumutbar ist. § 115 Abs. 3 ZPO wird durch § 130 Abs. 5 PatG abgeändert. Die beabsichtigte GebrM-Anmeldung darf nach § 130 Abs. 1 S. 1 PatG iVm § 114 S. 1 ZPO nicht mutwillig erscheinen, dh eine verständige und vermögende Person, die keine VKH erhält, würde in gleicher Weise die Kosten einer Anmeldung, eines Antrags oder einer Beschwerde nicht scheuen. Die Wirkung der Bewilligung der Verfahrenskostenhilfe folgt aus § 130 Abs. 2 PatG. Für das Eintragungsverfahren befreit sie nur von der Zahlung der Gebühren in diesem Verfahrensabschnitt, nicht dagegen auch für ein nachfolgendes Beschwerdeverfahren. Insoweit muss vor dem BPatG ein neuer VKH-Antrag gestellt werden. Rechtsfolgen, die das PatG/GebrMG bei Nichtzahlung vorsieht, treten für die Gebühren des betreffenden Verfahrensabschnitts nicht ein. Waren die nachteiligen Rechtsfolgen bereits eingetreten, ist ein Antrag auf VKH ohne Aussicht auf Erfolg. Es dürfen keine überzogenen Anforderungen an die Erfolgsaussicht gestellte werden (BVerfG NJW 2010, 1129 [14] – *Überspannte Anforderungen an Erfolgsaussicht im PKH-Verfahren – Missbräuchliche EC-Kartennutzung*). Gegen den Anmelder werden gemäß § 130 Abs. 2 S. 2 PatG iVm § 122 Abs. 1 ZPO keine Verfahrenskosten geltend gemacht. Auch keine Geltendmachung von Anwaltsvergütungen nach § 130 Abs. 2 S. 2 PatG iVm § 122 Abs. 1 Nr. 1–3 ZPO. Zur Änderung der bewilligten VKH: § 120 Abs. 4 ZPO. 57

3.2 Aufrechterhaltung, § 21 Abs. 2 GebrMG iVm § 130 V PatG. Gemäß § 23 Abs. 3 und Abs. 4 aF traten im Rahmen der Zahlung der Aufrechterhaltungsgebühren bei entsprechendem Antrag durch Hinausschieben der Benachrichtigung über die Zuschlagsfrist sowie durch nachträgliche Stundung Zahlungsaufschub bzw. Zahlungsvergünstigung ein. Durch die Neufassung des § 23 mit Inkrafttreten des Art. 8 Nr. 8 KostRegBerG wurden diese Zahlungvergünstigungen abgeschafft. 58

An ihre Stelle kann Verfahrenskostenhilfe gemäß § 21 GebrMG iVm § 130 Abs. 5 PatG treten, wenn die Voraussetzungen des § 130 Abs. 5 PatG erfüllt sind.

3.3 Verfahrenskostenhilfe im Löschungs- und Zwangslizenzverfahren, § 21 Abs. 2 GebrMG iVm § 132 PatG. Hier müssen Antragsteller und Nebenintervenient neben den allgemeinen Voraussetzungen ein eigenes schutzwürdiges Interesse 59 glaubhaft machen, § 132 Abs. 2 PatG. Hinzu kommen muss ferner, dass das Löschungsverfahren ausreichende Aussicht auf Erfolg bietet und nicht mutwillig erscheint. Diese Voraussetzungen gelten auch für den im Löschungsverfahren beitretenden Dritten. Die Verfahrenskostenhilfe für den GebrM-Inhaber im Löschungsverfahren bemisst sich nach § 132 Abs. 1 S. 2 PatG. Für die Rechtsverteidigung des GebrM-Inhabers ist nicht zu prüfen, ob sie hinreichende Aussicht auf Erfolg hat. Die Verfahrenskostenhilfe gilt nur für die Instanz, für die sie bewilligt worden ist (§ 136 S. 1 PatG iVm § 119 S. 1 ZPO).

3.4 Andere Verfahren

60 – **Beiordnung eines Anwalts, § 21 Abs. 2 GebrMG iVm § 133 PatG:** Voraussetzungen sind der Antrag eines Beteiligten, Bewilligung der Verfahrenskostenhilfe nach §§ 130, 132 PatG sowie die Erforderlichkeit der Vertretung zur sachdienlichen Erledigung des Verfahrens. Konkludente Antragstellung genügt nicht (BPatG Mitt. 2007, 149 – *Beiordnung im Gebrauchsmusteranmeldeverfahren,* Leitsatz). Der Antragsteller muss persönlich in sachlicher oder rechtlicher Hinsicht überfordert sein (BGH NJW 2010, 3029, 3030 – *Beiordnung eines Rechtsanwalts im Rahmen der Verfahrenskostenhilfe für Umgangsstreitigkeiten*). Ob die VKH erforderlich ist, beurteilt sich insbesondere nach den individuellen Fähigkeiten des Antragsstellers, sich mündlich und im Schriftverkehr zu äußern (BGH NJW 2010, 3029, 3030 – *Beiordnung eines Rechtsanwalts im Rahmen der Verfahrenskostenhilfe für Umgangsstreitigkeiten*). Ist das Eintragungsverfahren bereits soweit fortgeschritten, dass das noch Erforderliche vom Anmelder selbst vorgenommen werden kann, ist eine Beiordnung eines Anwalts nicht mehr erforderlich (*Bühring/Braitmayer,* § 21 Rn. 68). Im Falle der Erforderlichkeit kann die Beiordnung rückwirkend auf den Zeitpunkt eines formgerechten Antrags bewilligt werden. In einem zweiseitigen Verfahren, in dem der Gegner vertreten ist, kommt es auf die Erforderlichkeit der Vertretung nicht mehr an, § 132 S. 1 Hs. 2 PatG (Grundsatz der Waffengleichheit). Es besteht freie Anwaltswahl. Die Bereitschaft zur Übernahme der Vertretung ist Voraussetzung für eine zulässige Wahl. Ist der ausgesuchte Vertreter nicht zur Übernahme des Mandats bereit und findet der Antragsteller keinen zur Vertretung bereiten Anwalt, so ist gemäß § 133 S. 2 PatG iVm § 121 Abs. 4 ZPO ein Vertreter beizuordnen. Es besteht die Verpflichtung zur Mandatsübernahme (§§ 48 Abs. 1 BRAO, 43 Abs. 1 PAO). Zur Aufhebung aus wichtigem Grund: §§ 48 Abs. 2 BRAO, 43 Abs. 2 PAO. Wichtige Gründe können die Störung des Vertrauensverhältnisses, Interessenkollision sein. Der beigeordnete Anwalt erhält im Verfahren vor DPMA/BPatG Gebühren und Auslagen nach dem Gesetz über die Erstattung von Gebühren des beigeordneten Vertreters in Patent-, GebrM- und Sortenschutzsachen (Tabu Nr. 486). Im Verletzungsverfahren erhält ein Rechtsanwalt Kosten nach § 123 BRAGO, ein Patentanwalt nach dem Gesetz über die Beiordnung von Patentanwälten bei Prozesskostenhilfe (Tabu Nr. 485).

61 – **Hemmung von Fristen, § 21 Abs. 2 GebrMG iVm § 134 PatG:** Wie soll der Antragsteller, über dessen Gesuch erst nach Ablauf einer Gebührenfrist entschieden wird, gegen den Rechtsnachteil der mit der nicht fristgerechten Zahlung der Gebühr verbunden ist (zB § 73 Abs. 3 PatG) geschützt werden? Dies setzt die Einreichung eines Gesuchs und Bewilligung der VKH gemäß §§ 130–132 bei der zuständigen Stelle voraus. Der Eingang des Gesuchs muss vor Fristablauf erfolgen. Der Lauf der bezogenen Frist wird gehemmt. Die Fristhemmung erstreckt sich bis zum Ablauf von einem Monat nach Zustellung des auf das Gesuch ergehenden Beschlusses.

62 – **Bewilligungsverfahren, § 21 Abs. 2 GebrMG iVm § 135 PatG:** Diese Vorschrift regelt das Verfahren für die Bewilligung der VKH. Erforderlich ist die Einreichung des Gesuchs beim DPMA oder BPatG, je nach Anhängigkeit des Verfahrens in der Hauptsache, zum BGH im Rahmen des Rechtsbeschwerdeverfahrens. Für die Entscheidung ist grundsätzlich diejenige Stelle zuständig, die für das Ver-

fahren selbst zuständig ist. Entscheidungen im Verfahren über die VKH können ohne mündliche Verhandlung ergehen (§ 136 PatG iVm § 127 ZPO). Im zweiseitigen Verfahren muss dem Gegner rechtliches Gehör zur beabsichtigten Rechtsverfolgung gewährt werden (nicht zu den Angaben über die persönlichen und wirtschaftlichen Verhältnisse). Bei Bewilligung der VKH bedarf es keiner Begründung, da die Entscheidung unanfechtbar ist (§ 135 Abs. 3 PatG). Alle anderen Entscheidungen iSd § 135 Abs. 3 PatG, die den Antragsteller oder Antragsgegner beschweren können, sind zu begründen. Rechtsmittel gegen DPMA-Beschlüsse nach §§ 130ff. PatG sind generell ausgeschlossen, § 135 Abs. 3 S. 1 PatG. Mit einem Rechtsmittel angreifbar sind Beschlüsse des DPMA, mit denen die VKH oder die Beiordnung eines Vertreters verweigert wird. Hiergegen ist Beschwerde zulässig. Rechtsmittel gegen andere DPMA-Beschlüsse als denen nach §§ 130–133 S. 1 PatG werden durch § 135 Abs. 3 S. 1 PatG nicht ausgeschlossen. Rechtsmittel gegen BPatG-Beschlüsse sind nicht möglich, § 135 Abs. 3 S. 1 Hs. 2 PatG.

– **Anwendungen von Bestimmungen der ZPO, § 21 Abs. 2 GebrMG iVm** 63
§ 136 PatG: Vgl. hierzu *Busse/Baumgärtner* PatG § 136 Rn. 1ff.

– **Aufhebung der VKH, § 21 Abs. 2 GebrMG iVm § 137 PatG:** Die Aufhebung 64
kann gemäß § 136 PatG, § 124 ZPO nach pflichtgemäßem Ermessen bei Vortäuschung der Bewilligungsvoraussetzungen, unrichtigen Angaben über persönliche oder wirtschaftliche Verhältnisse, Fehlen der persönlichen und wirtschaftlichen Verhältnisse, Zahlungsrückstand erfolgen (zu den einzelnen Voraussetzungen vgl. § 124 ZPO). Gemäß § 137 S. 1 PatG kann die VKH aufgehoben werden, wenn sich die wirtschaftliche Situation des betroffenen Beteiligten in der dort geregelten Weise verändert hat. Die Einkünfte müssen im Zusammenhang mit der angemeldeten oder durch das GebrM geschützten Erfindung, hinsichtlich deren VKH gewährt worden ist, stehen, und zwar in Form von Veräußerung, Benutzung, Lizenzvergabe oder auch einer sonstigen wirtschaftlichen Verwertung. Diese Einkünfte müssen die maßgeblichen Verhältnisse entscheidend verändert haben. Zum Zwecke der Überprüfungsmöglichkeit muss der Beteiligte, dem VKH gewährt worden ist, jede wirtschaftliche Verwertung dieser Erfindung der betreffenden Stelle anzeigen.

– **Verfahrenkostenhilfe in Rechtsbeschwerdeverfahren, § 21 Abs. 2 GebrMG** 65
iVm § 138 PatG: Jedem Beteiligten kann entsprechend §§ 114–116 ZPO VKH gewährt werden. Bei Zulassung der Rechtsbeschwerde ergibt sich eine ausreichende Erfolgsaussicht. Handelt es sich um eine nicht zugelassene Rechtsbeschwerde, ist deren Erfolgsaussicht durch den BGH schon im Verfahren über die Bewilligung der VKH zu prüfen. Einer Prüfung der Erfolgsaussicht bedarf es nach § 119 S. 2 ZPO nicht, wenn der Gegner das Rechtsmittel eingelegt hat.

§ 22 [Übertragung und Lizenz]

(1) **Das Recht auf das Gebrauchsmuster, der Anspruch auf seine Eintragung und das durch die Eintragung begründete Recht gehen auf die Erben über. Sie können beschränkt oder unbeschränkt auf andere übertragen werden.**

(2) **Die Rechte nach Absatz 1 können ganz oder teilweise Gegenstand von ausschließlichen oder nicht ausschließlichen Lizenzen für den Geltungsbereich dieses Gesetzes oder einen Teil desselben sein. Soweit ein Lizenznehmer gegen eine Beschränkung seiner Lizenz nach Satz 1 verstößt, kann das durch die Eintragung begründete Recht gegen ihn geltend gemacht werden.**

(3) **Ein Rechtsübergang oder die Erteilung einer Lizenz berührt nicht Lizenzen, die Dritten vorher erteilt worden sind.**

Literatur (Auswahl): *Ann,* Know-how – Stiefkind des Geistigen Eigentums?, GRUR 2007, 39; *Bartenbach,* Patentlizenz- und Know-how-Vertrag, 7. Aufl. 2013; *Besen/Slobodenjuk,* Die neue TT-GVO – Überblick über wesentliche praxisrelevante Änderungen, GRUR 2014, 740; *Beyerlein,* Caveat emptor – Leistungsstörungs- und Gewährleistungsrechte beim Verkauf von Patenten, Mitt. 2004, 193; *Groß,* Der Lizenzvertrag, 11. Aufl. 2015; *Hauck,* Die kartellrechtliche Bewertung von Nichtangriffsverpflichtungen und Sonderkündigungsrechten in Lizenzverträgen, WRP 2012, 673; *Koehler/Ludwig,* Die Behandlung von Lizenzen in der Insolvenz, NZI 2007, 79; *Kraßer,* Wirkungen der Nichtigkeit von Patenten oder Marken auf Lizenzverträge, GRUR Int. 1990, 611; *Kühnen,* Patentregister und Inhaberwechsel, GRUR 2014, 137; *Kurz,* Rechtswahl, Wahl des Gerichtsstands und Schiedsgerichtsvereinbarungen in internationalen Technologie-Lizenzverträgen, Mitt. 1997, 345; *McGuire/Kunzmann,* Sukzessionsschutz und Fortbestand der Unterlizenz nach „M2Trade" und „Take Five" – ein Lösungsvorschlag, GRUR 2014, 28; *Nieder,* Vergabe einer ausschließlichen Patentlizenz – ein Fall der §§ 265, 325 ZPO?, GRUR 2013, 1195; *Pagenberg/Beier,* Lizenzverträge License Agreements, 6. Aufl. 2008; *Pfaff/Osterrieth,* Lizenzverträge, 3. Aufl. 2010; *Rogge,* Die Legitimation des scheinbaren Patentinhabers nach § 30 Abs. 3 Satz 3 PatG, GRUR 1985, 734; *Ullmann,* Lizenz in der Insolvenz – zum Bedarf einer Neuregelung, Mitt. 2008, 49; *Wündisch,* Leerverkäufe – nicht nur ein Thema für Finanzmärkte, GRUR 2012, 1003.

Inhaltsübersicht

1. Allgemeines/Zweck der Vorschrift. § 22 ist mit § 15 PatG fast wortgleich; anstelle der Formulierung „das Recht aus dem Patent“ heißt es in § 22 Abs. 1 S. 1 bzw. Abs. 2 S. 2: „das durch die Eintragung begründete Recht“. Beide Vorschriften stimmen inhaltlich überein, so dass die weitestgehend zum Patentrecht ergangene Rechtsprechung auch auf die gebrauchsmusterrechtliche Regelung mit der Maßgabe übertragen werden kann, dass die Besonderheiten des GebrM-Schutzes zu berücksichtigen sind. § 22 regelt sowohl die **Vollübertragung** eines GebrM einschließlich seiner übertragbaren Vorstufen (Abs. 1), als auch die GebrM-**Lizenzierung** als Überlassung des Rechts zur Nutzung auf Zeit (Abs. 2). Die Vorschrift wird durch die Regelung zum **Sukzessionsschutz** vervollständigt (Abs. 3). 1

2. Vollübertragung, § 22 Abs. 1

2.1 Die Rechte nach § 22 Abs. 1. § 22 Abs. 1 erwähnt als **übertragbare** und damit **verkehrsfähige Rechte** das „Recht auf das Gebrauchsmuster“ (→ § 13 Rn. 115 ff.), das schon vor der Anmeldung besteht, den „Anspruch auf seine Eintragung“ (vgl. → § 4 Rn. 1 ff., → § 8 Rn. 1 ff.) und „das durch die Eintragung begründete Recht“. Letzteres ist das mit der Eintragung in das Register beim DPMA entstehende **Recht aus dem GebrM** (vgl. zu diesen Rechten → § 11 Rn. 2 ff.). Die Übertragbarkeit der schon vor der Anmeldung an, aus und im Zusammenhang mit der Erfindung entstandenen Rechte wird zB nach § 6 Abs. 2 ArbnErfG vorausgesetzt. So kann es in Bezug auf das mit der Erfindung entstehende **Recht auf das GebrM** zur Fiktion der Inanspruchnahme und somit zum Rechtsübergang vom Arbeitnehmererfinder zum Arbeitgeber kommen. Insgesamt ist § 22 Abs. 1 Ausdruck der aus der **Vertragsfreiheit** fließenden Rechtsmacht, über Rechte an Erfindungen Verträge unabhängig davon zu schließen, ob hierfür ein Schutzrecht bereits besteht, angemeldet oder eine Anmeldung überhaupt geplant ist. Wie auch bei § 15 PatG ist es im Hinblick auf die ausdrückliche Regelung in § 22 Abs. 1 gleichgültig, ob der **Anspruch auf Eintragung des GebrM** als subjektiv öffentliches Recht (so BGH GRUR 2010, 253 Rn. 20 – *Fischdosendeckel*) oder als Recht mit privatrechtlichem Charakter einzustufen ist (vgl. *Mes* PatG § 15 Rn. 2). Kein Recht iSv § 22 Abs. 1 ist das **Erfinderpersönlichkeitsrecht,** denn dieses kann nicht auf Dritte übertragen werden. Auch die Erfindung selbst ist kein Recht iSv von § 22 Abs. 1, sondern ein rein tatsächliches Phänomen. 2

2.2 Know-how. Gegenstand eines Veräußerungsvertrags im Zusammenhang mit der Übertragung der Rechte aus § 22 Abs. 1 können auch **nicht geschützte technische Kenntnisse** (Know-how) etwa über Fabrikationsverfahren sein. Ein „isolierter“ Know-how-Veräußerungsvertrag ist in der Praxis dagegen die Ausnahme. Die als **Know-how** oder auch als **Betriebsgeheimnisse** bezeichneten Kenntnisse (vgl. § 17 UWG) bestehen so lange, wie sie nicht offenkundig sind, wenn insbesondere Mitbewerber also keinen Zugang dazu haben (BGH GRUR 1980, 750 – *Pankreaplex II*). Mit **Offenkundigwerden** (zB durch Veröffentlichung einer entsprechenden GebrM- oder Patentanmeldung, vgl. BGH GRUR 1967, 670, 675 – *Fleischbearbeitungsmaschine;* BGH GRUR 1976, 140 – *Polyurethan*) entfällt der Geheimnischarakter. Dabei ist der Geheimnisbegriff nicht nur auf absolute Geheimnisse zu beziehen, sondern er erstreckt sich auch auf solche Kenntnisse, die zwar nicht absolut geheim, einem Dritten aber nicht ohne weiteres zugänglich sind. Das entspricht auch dem Merkmal „not generally known or readily ascertainable“ in Art. 39 Abs. 2 lit. c TRIPS (vgl. dazu *Ann* GRUR 2007, 39, 41 f.). Eine dem Geheimnisschutz entgegenstehende Offenkundigkeit liegt daher erst dann vor, wenn der Fachmann im Einzelnen die genaue Beschaffenheit von Stoffen, Vorrichtungen etc. kennt (vgl. BGH GRUR 1980, 750 – *Pankreaplex II*). Für das Bestehen geheimen Know-hows soll ferner erforderlich sein, dass der Know-how-Inhaber ein berechtigtes wirtschaftliches Interesse an der Geheimhaltung hat **(Geheimhaltungsinteresse)** sowie den Willen, dass das Wissen geheim bleibt (**Geheimhaltungswille;** vgl. BGH GRUR 2003, 356, 358 – *Präzisionsmessgeräte;* BGH GRUR 2006, 1044 Rn. 19 – *Kundendatenprogramm*). 3

Dagegen verzichtet Art. 39 Abs. 2 TRIPS auf das Erfordernis des – ohnehin kaum nachweisbaren – Geheimhaltungswillens.

4 **2.3 Rechte an zukünftigen Erfindungen; Vorvertrag.** Rechte an zukünftigen Erfindungen sind ebenfalls veräußerbar, sofern sie hinreichend **bestimmbar** sind. Ist dies der Fall, kann der Erfinder über eine künftige Erfindung bereits eine (dinglich wirkende) **Vorausverfügung** treffen, so dass der Rechtserwerb zugunsten des Erwerbers sogleich nach Vollendung der Erfindung ohne weiteren Übertragungsakt eintritt; derartige Abreden sollen ausdrücklich oder auch stillschweigend getroffen werden können. Statt einer Vorausverfügung kann ausdrücklich oder stillschweigend auch die **Verpflichtung** zur Übertragung künftiger Erfindungen **(Vorvertrag)** begründet werden mit der Folge, dass nach Vollendung der Erfindung der Erwerber einen schuldrechtlichen Anspruch auf Übertragung hat (vgl. BGH GRUR 1955, 286, 289 – *Schnellkopiergerät*). Als Übertragung künftiger Erfindungen kann ggf. auch eine Regelung in einem Lizenzvertrag angesehen werden, wonach die Lizenzvertragsparteien verpflichtet sind, alle Verbesserungen einer bestehenden Erfindung auszutauschen, da hierunter auch gebrauchsmusterfähige Erfindungen zu verstehen sind (vgl. BGH GRUR 1957, 485, 487 – *Chenillemaschine;* vgl. zur kartellrechtlichen Problematik → Rn. 67 ff.).

2.4 Rechtsübergang im Wege der Gesamtrechtsnachfolge

5 **2.4.1 Vererbung.** Der Erbe tritt im Wege (gesetzlicher oder gewillkürter) **Universalsukzession** gem. § 1922 Abs. 1 BGB die unmittelbare Rechtsnachfolge des Erblassers an. Das GebrMG knüpft an diesen Übergang keine weiteren Voraussetzungen. Der Erbe ist auch ohne Registereintragung legitimiert. Das Erfinderpersönlichkeitsrecht geht im Wege der Erbfolge nur insoweit auf den Erben über, als dieser das ideelle Recht für den verstorbenen Erfinder (zB seine Nennung) geltend machen kann. International privatrechtlich stellt Art. 25 Abs. 1 EGBGB in Bezug auf die Rechtsnachfolge von Todes wegen auf das Recht desjenigen Staates ab, dem der Erblasser im Zeitpunkt seines Todes angehörte.

6 **2.4.2 Gesamtrechtsnachfolge bei juristischen Personen.** § 22 Abs. 1 knüpft lediglich daran an, dass die mit der Erfindung zusammenhängenden Rechte beschränkt oder unbeschränkt auf andere übertragen werden können. Über die Art und Weise der Übertragung und den Rechtsgrund gibt das GebrMG, ebenso wie das PatG, keine Auskunft. Eine Gesamtrechtsnachfolge (Universalsukzession) bei inländischen juristischen Personen tritt zB im Wege der **Umwandlungstatbestände** nach dem UmwG ein (insb. Verschmelzung, Vermögensübertragung, Einbringung).

2.5 Rechtsgeschäftliche Vollübertragung

7 **2.5.1 Verpflichtungs- und Verfügungsgeschäft.** Die Einzelrechtsnachfolge **(Singularsukzession)** tritt durch das dingliche **Verfügungsgeschäft** auf der Grundlage des **Verpflichtungsgeschäfts** (Kausalgeschäft) ein. Beide Rechtsgeschäfte sind voneinander zu trennen **(Trennungsprinzip).** Das Verpflichtungsgeschäft kann insbesondere ein Kaufvertrag (Rechtskauf, § 453 iVm § 433 BGB) oder ein Gesellschaftsvertrag (§ 705 BGB) sein. Mängel des Verpflichtungsgeschäfts berühren in der Regel nicht die Wirksamkeit des Verfügungsgeschäfts. Es gilt das **Abstraktionsprinzip.** Denkbar ist jedoch, dass die Unwirksamkeit sowohl das Verfügungs- als auch das Verpflichtungsgeschäft betrifft (Fall der Doppelnichtigkeit; vgl. auch OLG Düsseldorf GRUR 1966, 521, 523 – *Druckformzylinder* zum Fall eines Kartellverstoßes). Das nichtige Verpflichtungsgeschäft kann zu Ansprüchen auf Rückübertragung des GebrM auf Grundlage der Vorschriften zur ungerechtfertigten Bereicherung führen (§ 812 Abs. 1 BGB).

8 Ist ein **Kaufvertrag** das Grundgeschäft der GebrM-Veräußerung, bestimmt § 453 Abs. 1 BGB, dass insoweit die Regelungen „über den Kauf von Sachen […] entsprechende Anwendung [finden]" (§§ 433 ff. BGB). Ein GebrM ist ein Recht im Sinne

dieser Vorschrift. Der Kauf eines GebrM wird also grundsätzlich wie ein **Sachkauf** behandelt. Keine Anwendung finden – wie insgesamt beim Rechtskauf – die Vorschriften zum Verbrauchsgüterkauf (§§ 474 bis 479 BGB), da diese allein für den Kauf beweglicher Sachen gelten.

Der dingliche Rechtsübergang erfolgt durch **Abtretung** nach §§ 413, 398 BGB in der Form der **Einigung** der Parteien iSv § 929 S. 1 BGB. Die Eintragung im Register (vgl. § 28 Abs. 4) ist für die Legitimation als Rechtsinhaber notwendig, nicht hingegen für den Rechtsübergang selbst. Der **Umschreibung** kommt somit für eine Rechtsübertragung zwar keine konstitutive Wirkung zu, sie besitzt aber eine nicht unerhebliche **Bekanntmachungs-** und **Legitimationsfunktion.** Außerdem kommt ihr seit der „Fräsverfahren"-Entscheidung des BGH (GRUR 2013, 713) eine vor allem für den Verletzungsprozess maßgebliche **Indizwirkung** für die Frage der materiellen Berechtigung des Klägers zu. Danach bestehe „eine hohe Wahrscheinlichkeit" dafür, dass die Eintragung die materielle Rechtslage zuverlässig wiedergibt (BGH GRUR 2013, 713 Rn. 59 – *Fräsverfahren*). Diese Problematik und vor allem die Reichweite dieser Indizwirkung ist zudem für die **Frage der Darlegungslast** im Prozess relevant, wenn der Beklagte die Inhaberschaft des Klägers bestreitet (dazu *Kühnen* GRUR 2014, 137, 140ff.). 9

2.5.2 Form, kein gutgläubiger Erwerb. Verpflichtungs- und Verfügungsgeschäft bedürfen keiner besonderen Form (vgl. auch BGH GRUR 1992, 692 – *Magazinbildwerfer*). Ein **schriftlicher** Vertrag ist aber zu **Beweiszwecken** sinnvoll. Zudem hat der BGH für einen Markenlizenzvertrag festgestellt, dass der Nachweis des Vertragsschlusses im kaufmännischen Geschäftsverkehr „in der Regel nur durch **Vorlage einer schriftlichen Dokumentation** des Vertragsschlusses erbracht werden [kann]" (GRUR 2016, 201 Rn. 33ff. – *Ecosoil*). Diese Ansicht lässt sich auf den GebrM-Veräußerungsvertrag übertragen und bedeutet im Ergebnis, dass auf die Schriftform nicht verzichtet werden sollte. **Stellvertretung** ist auf beiden Seiten möglich (*Kühnen* GRUR 2014, 137, 142). 10

Ein **gutgläubiger Erwerb** vom Nichtberechtigten ist nicht möglich, ebenso wenig ein **lastenfreier** Erwerb eines belasteten GebrM (zu möglichen Belastungen unten → Rn. 27). Gutgläubiger Erwerb wird auch nicht dadurch möglich, dass der Nichtberechtigte im Register eingetragen ist (aA *Rogge* GRUR 1985, 734, 739; wie hier *Mes* PatG § 15 Rn. 32). 11

2.5.3 Umfang der Übertragung, Abgrenzung zur Lizenzierung. Der Umfang des Rechtsübergangs hängt vom Willen der Vertragsschließenden ab. Der Wille zu einer Vollrechtsübertragung muss sich aus der **Gesamtwürdigung** des Vertragsinhalts und der Umstände des Einzelfalls eindeutig ergeben. Hierbei sind insbesondere wirtschaftliche Gesichtspunkte zu berücksichtigen. Maßgeblich ist die im Urheberrecht entwickelte aber auch auf gewerbliche Schutzrechte anwendbare sog. **Zweckübertragungslehre** (vgl. BGH GRUR 2000, 788, 789 – *Gleichstromsteuerschaltung*). Im Zweifelsfall will der Übertragende als Inhaber eines Ausschließlichkeitsrechts nicht mehr Befugnisse auf den Erwerber übertragen, als für den mit dem Vertrag verfolgten Zweck notwendig ist (so schon RG GRUR 1937, 1001, 1002f.). Bestehen mithin Zweifel, ob zB ein Kaufvertrag oder ein Lizenzvertrag abgeschlossen sein sollte, ist bei dem darauf bezogenen Verfügungsgeschäft nur von der Einräumung eines Benutzungsrechts und nicht von einer Vollrechtsübertragung auszugehen. Ferner ist ggf. im Zweifel eher von einer **Einräumung von ideellen Bruchteilen** (Bruchteilsgemeinschaft, §§ 741ff. BGB) statt einer Vollrechtsübertragung auszugehen; andererseits steht der Annahme eines Kaufs nicht entgegen, wenn der Vertrag gesellschaftsähnliche Züge aufweist (vgl. BGH GRUR 1959, 125, 127 – *Pansana*). Werden zB lediglich die Rechte aus einer GebrM-Anmeldung übertragen, bedeutet dies im Zweifel nicht die Einräumung des Rechts zu entsprechenden Auslandsanmeldungen. Die Übertragung eines eingetragenen GebrM erfasst ohne ausdrückliche Vereinbarung im Zweifel nicht 12 die bis zur Übertragung entstandenen Ansprüche auf Schadensersatz und Rechnungslegung; mangels abweichender Vereinbarung gehen entsprechend auch Nutzungen und Lasten (zB rückständige Lizenzansprüche) erst mit dem Zeitpunkt der Übertragung des Rechts über (vgl. BGH GRUR 1958, 288, 289 – *Dia-Rähmchen I*).

13 **2.5.4 Rechtsverschaffungspflicht.** Der Inhalt der Rechtsverschaffungspflicht des Veräußerers ergibt sich aus der vertraglichen Vereinbarung (vgl. zB § 433 Abs. 1 S. 2 BGB für einen Kaufvertrag). Da es dem Erwerber in der Regel nicht um die bloße Verschaffung einer formalen Rechtsposition geht, wird im Zweifel mit vereinbart sein, dass der GebrM-Inhaber auch das entsprechende technische Wissen zur Ausübung des jeweiligen Schutzrechts vollständig verschafft (*Groß* Lizenzvertrag, Rn. 243). Eine Verpflichtung zu einem weitergehenden Know-how-Transfer ist ohne ausdrückliche Vereinbarung jedoch nicht anzunehmen. Ferner muss das Recht im Falle seiner Übertragung territorial für das gesamte Gebiet der Bundesrepublik Deutschland verschafft werden, da eine territorial beschränkte Rechtseinräumung nicht zulässig ist (insoweit allenfalls: Gebietslizenz, § 22 Abs. 2; vgl. → Rn. 40). Die Rechtsverschaffungspflicht kann ferner unter **aufschiebenden** oder **auflösenden Bedingungen** gem. § 158 BGB stehen, etwa der Zahlung des (Rest-)Kaufpreises. Wird das **Recht an einer Erfindung** veräußert, hat der Inhaber des Rechts dieses dem Käufer zu übertragen und **Erfindungsbesitz** zu verschaffen. Erfindungsbesitz ist der tatsächliche Zustand, der dem Inhaber die Möglichkeit gewährt, die Erfindung zu benutzen.

14 **2.5.5 Leistungsstörungen.** Der Kauf eines GebrM/einer GebrM-Anmeldung unterliegt der Besonderheit, dass es sich um ein in Bezug auf seine relativen Schutzvoraussetzungen **ungeprüftes Immaterialgüterrecht** handelt. Der Kauf ist deshalb – noch viel mehr als bei einem erteilten Patent – ein **gewagtes Geschäft.** Der Verkäufer des GebrM haftet deshalb mangels besonderer Vereinbarung nur für dessen rechtlichen Bestand bei Vertragsabschluss (vgl. BGH GRUR 1960, 44, 46 – *Uhrgehäuse;* BGH GRUR 1982, 481 – *Hartmetallkopfbohrer*). Für die **Schutzfähigkeit** haftet der Verkäufer mangels anderweitiger Vereinbarung nicht; insoweit kann prinzipiell auch nichts anderes gelten, wenn zB das GebrM eine Verfahrenserfindung betrifft, die unter Verstoß gegen § 2 Nr. 3 dennoch zur Eintragung geführt hat. Wird das GebrM **nachträglich gelöscht,** haftet der Verkäufer mangels abweichender Abreden daher nicht. Dies ist kein Fall des § 311 a BGB (LG Düsseldorf InstGE 10, 6, 10 – *Münzpfandschloss*). Die Grundsätze des Wegfalls der Geschäftsgrundlage mit einer nachträglichen Anpassung des Vertrages (§ 313 BGB) greifen ebenso wenig wie Bereicherungsgrundsätze ein (vgl. BGH GRUR 1960, 44, 46 – *Uhrgehäuse; Beyerlein* Mitt. 2004, 193, 194). Einer **Anfechtung** nach § 123 BGB steht der Wagnischarakter einer GebrM-Veräußerung indes nicht entgegen (BGH GRUR 1975, 598, 600 – *Stapelvorrichtung*).

15 Der Erwerber eines GebrM weiß, dass das von ihm erworbene Schutzrecht der Gefahr von Angriffen auf seinen Rechtsbestand ausgesetzt ist. Ihm ist ferner in der Regel geläufig, dass er unter Umständen sein Schutzrecht nicht in einem Verletzungsrechtsstreit durchsetzen kann. Die Anwendung des bürgerlichrechtlichen Leistungsstörungsrechts auf das Rechtsverhältnis zwischen den Parteien des Kaufvertrags würde dem Verkäufer das Wagnis für die Rechtsbeständigkeit des verkauften GebrM auferlegen und ihm den Anspruch auf die Gegenleistung absprechen, obwohl er im Regelfall bei wirtschaftlicher Betrachtungsweise seine Leistung erbracht hat. Diese besteht aber vor allen Dingen in der Verschaffung einer von den Mitbewerbern respektierten **tatsächlichen Vorzugsstellung,** die das eingetragene GebrM nach außen dokumentiert und absichert (vgl. BGH GRUR 1977, 107, 109 – *Werbespiegel,* zu einem lizenzierten GebrM). Etwas anderes soll gelten, wenn der Verkäufer es **schuldhaft unterlässt,** den Käufer auf Umstände hinzuweisen, von denen er sich nach Treu und Glauben sagen muss, dass sie zur Vereitelung des Vertragszwecks geeignet und für die Entschließung des Käufers wesentlich sind (LG Düsseldorf E 1997, 98

(Ls.) – *Nähfaden:* Zur Frage, inwieweit der Verkäufer eines Patents im Einzelfall über den Stand eines dem Käufer unbekannten Einspruchsverfahrens unterrichten muss). Existiert die veräußerte Erfindung überhaupt nicht und besteht also auch kein GebrM-Recht daran, ist dies ein Fall der **anfänglich objektiven Unmöglichkeit der Leistungserbringung** gem. § 275 Abs. 1 BGB. War dem Veräußerer dieses Leistungshindernis bei Vertragsschluss bekannt oder hätte er es kennen müssen, kann der Käufer einen Anspruch auf **Aufwendungs-** oder **Schadensersatz** (vgl. §§ 280, 284, 311 a Abs. 2 BGB) geltend machen. Dies gilt ebenso, wenn der Verkäufer nicht Inhaber des GebrM ist und die dingliche Übertragung deswegen fehlschlägt (*Beyerlein* Mitt. 2004, 193, 194; *Wündisch* GRUR 2012, 1003, 1004, auch mit Nachw. zur aA). Nach § 311 a Abs. 1 BGB wird die Wirksamkeit des Vertrags selbst in diesen Fällen nicht berührt.

Eine Haftung des Veräußerers nach den auch auf den Rechtskauf anwendbaren kaufrechtlichen Gewährleistungsansprüchen der §§ 453, 437 BGB für **Sach- und Rechtsmängel** wird etwa in den folgenden Fällen angenommen: 16

- für die **Ausführbarkeit** der in dem Vertragsschutzrecht geschützten technischen Lehre (vgl. BGH GRUR 1960, 44, 45 f. – *Uhrgehäuse;* BGH GRUR 1965, 298, 301 – *Reaktions-Messgerät*); 17
- für die Freiheit von Ansprüchen aufgrund **widerrechtlicher Entnahme** (Busse-*Hacker* PatG § 15 Rn. 22); 18
- für das Fehlen vorher **erteilter Lizenzen** (vgl. § 22 Abs. 3); ebenso für das Fehlen einer Benutzungsanordnung, Zwangslizenz und Lizenzbereitschaft (*Mes* PatG § 15 Rn. 25); 19
- für das Fehlen eines **Vorbenutzungsrechts** (BGH GRUR 1958, 231 – *Rundstuhlwirkware; Mes* PatG § 15 Rn. 22); 20
- für die Freiheit des Rechtes von **Rechten Dritter** – kein abhängiges Schutzrecht (Fall des § 435 S. 1 BGB); wenn dessen Erlaubnis nicht vorliegt (Benkard/*Ullmann/Deichfuß* PatG § 15 Rn. 35). 21

Unabhängig von Mängelansprüchen kann eine Haftung des Verkäufers bei Übernahme einer **Beschaffenheitsgarantie** gem. § 443 Abs. 1 BGB in Betracht kommen. Keine Haftung für **wirtschaftlichen Erfolg oder gewerbliche Verwertbarkeit** (BGH GRUR 1978, 166 – *Banddüngerstreuer* für Lizenzvertrag). 22

Der Verkäufer haftet (zunächst) auf **Nacherfüllung,** §§ 437 Nr. 1, 439 BGB, nach Wahl des Käufers (Nachbesserung oder Nachlieferung). Kommt Nacherfüllung nicht (mehr) in Betracht, stehen dem Käufer die in § 437 Nr. 2, 3 BGB genannten Rechte zu. Voraussetzung für diese Ansprüche ist jeweils, dass der Verkäufer **die Pflichtverletzung zu vertreten** hat, was gem. § 280 Abs. 1 S. 2 BGB vermutet wird. 23

Die Haftung für Sach- und Rechtsmängel ist bei Kenntnis des Käufers gem. § 442 BGB bzw. bei entsprechender Vereinbarung gem. § 444 BGB **ausgeschlossen.** Die Ansprüche des Käufers aus § 437 Nr. 1, 3 BGB verjähren gem. § 438 Abs. 1 Nr. 3 BGB in zwei Jahren. Der Beginn der **Verjährung** richtet sich nach § 438 Abs. 2 BGB. Beim Rechtskauf kommt es insoweit auf die Abtretung gem. §§ 398, 413 BGB an. Dies ist bei den von § 22 Abs. 1 erfassten Rechten anzunehmen, sobald der Käufer in die Lage versetzt wird, das erworbene Recht tatsächlich nutzen zu können. 24

2.5.6 Nichtangriffsverpflichtung. Der Erhebung eines Löschungsverfahrens steht ohne **vertragliche Nichtangriffsabrede** der Grundsatz der unzulässigen Rechtsausübung nur dann entgegen, wenn zwischen den Parteien vertragliche Bindungen zB aus Kauf-, Lizenz- oder Gesellschaftsvertrag bestehen, die wegen ihrer individuellen Ausgestaltung, insbesondere wegen des Bestehens eines besonderen Vertrauensverhältnisses oder wegen gesellschaftsähnlicher Züge nach Inhalt, Sinn und Zweck der vertraglichen Beziehungen die Erhebung eines Löschungsverfahrens als Verstoß gegen Treu und Glauben erscheinen lassen. Dem Verkäufer eines Schutzrechts und dem Gesellschafter, der ein Schutzrecht in die Gesellschaft eingebracht 25 hat, soll dies schlechthin verwehrt sein (BGH GRUR 1989, 39, 40 – *Flächenentlüftung,* zu einer Nichtigkeitsklage). Nichtangriffsabreden sind ggf. am Maßstab der wettbewerbsrechtlichen Vorschriften auf ihre Wirksamkeit hin zu überprüfen, es gelten die für Lizenzverträge entwickelten Kriterien (→ Rn. 73).

2.6 Beschränkte rechtsgeschäftliche Übertragung

26 **2.6.1 Teilübertragung, Treuhand.** Die Übertragung eines territorial beschränkten GebrM ist **unzulässig.** Das GebrM kann in Bruchteilen veräußert werden (Bruchteilsgemeinschaft, §§ 741 ff. BGB). Eine treuhänderische Übertragung in Form einer **Sicherheitsabtretung** kommt ebenfalls in Betracht, zB auf ein finanzierendes Kreditinstitut.

27 **2.6.2 Nießbrauch, Pfandrecht.** Als Fälle der beschränkten rechtsgeschäftlichen Übertragung kommen die Einräumung eines **Nießbrauchs** (§§ 1068, 1069 BGB) oder eines **Pfandrechts** (§§ 1273, 1274 BGB) in Betracht. Der Nießbrauch gewährt ein **nicht übertragbares dingliches Recht** auf die Nutzungen aus dem übertragenen Recht (§§ 1030, 1059, 1061 BGB). Der Nießbraucher kann gem. §§ 1068 Abs. 2, 1065 BGB die Rechte nach § 24 GebrMG geltend machen (jeweils für PatentR: RG GRUR 1937, 670, 672 – *Rauchfangeinrichtung;* Benkard/*Grabinski/Zülch* PatG § 139 Rn. 17. Der Pfandgläubiger hat das Recht, das verpfändete Recht im Fall der Pfandreife zu verwerten. Zur Eigenverwertung ist er jedoch nicht berechtigt. Vielmehr muss er zur Verwertung ein staatliches (gerichtliches) Verfahren betreiben (§ 1277 BGB). Insoweit besteht eine Parallele zu den Grundpfandrechten (vgl. § 1147 BGB). Zudem gewährt ein vertragliches Pfandrecht schon vor der Pfandreife eine **dingliche Vorzugsstellung** gegenüber anderen Gläubigern. So kann er in der Zwangsvollstreckung **ein Recht auf vorzugsweise Befriedigung** (§ 805 ZPO) und in der Insolvenz ein **Recht auf Absonderung** (§ 50 InsO) geltend machen. Der Pfandgläubiger kann Eingriffe Dritter in das belastete Recht abwehren, § 1227 BGB iVm § 24 GebrMG.

28 **2.7 Zwangsvollstreckung, Insolvenz.** Die GebrM-Anmeldung/das eingetragene GebrM unterliegen der Zwangsvollstreckung; die Rechte können **gepfändet** werden, §§ 857 Abs. 1, 2; 828 ff. ZPO (vgl. BGH GRUR 1994, 602 – *Rotationsbürstenwerkzeug*). Eine Pfändung soll auch vor ihrer Anmeldung möglich sein (als Pfändung von Know-how, vgl. BGH GRUR 1955, 388 – *Dücko;* BGH GRUR 1971, 210, 213 – *Wildverbissverhinderung*). Der **Pfändungsbeschluss** muss gem. § 857 Abs. 2 ZPO dem Schuldner zugestellt werden; nicht jedoch dem DPMA. Der Pfändungsgläubiger hat einen **Auskunftsanspruch** nach § 836 Abs. 3 ZPO. Das gepfändete Recht verbleibt beim Inhaber, ist jedoch mit einem **Pfändungspfandrecht** belastet, das dem Gläubiger kein Benutzungsrecht gewährt. Dieser tritt auch nicht in die Verfahrensstellung des Anmelders oder GebrM-Inhabers ein (vgl. BPatG GRUR 1966, 222). Das Pfändungspfandrecht an der GebrM-Anmeldung setzt sich an dem erteilten GebrM fort. Die Verwertung der gepfändeten Anmeldung oder des GebrM erfolgt nach §§ 857 Abs. 5, 844 ZPO.

29 Gemäß § 888 Abs. 1 ZPO ist ein **Zwangsgeld- oder Zwangshaftverfahren** zu betreiben, wenn die Zwangsvollstreckung der Übertragung des Rechts dient. Im Wege der **einstweiligen Verfügung** kann bezüglich des betroffenen GebrM oder der GebrM-Anmeldung die Sequestration und Verwaltung durch einen Sequester gerichtlich angeordnet werden (vgl. OLG Frankfurt a. M. GRUR 1992, 565).

30 Die in § 22 Abs. 1 genannten Rechte fallen in die Insolvenzmasse; §§ 35, 36 InsO (vgl. hierzu → Vor § 4 Rn. 41 f.).

3. Lizenz, § 22 Abs. 2

31 **3.1 Allgemeines, Lizenz und Lizenzvertrag, Abgrenzung.** § 22 Abs. 2 und 3 regelt – wie § 15 Abs. 2, 3 PatG – die Lizenz im Zusammenhang mit einem GebrM nur unvollständig. Es gelten – unter Berücksichtigung der Besonderheiten des

GebrM-Schutzes – dieselben Regeln wie beim Patent, die ihrerseits weitgehend aufgrund richterrechtlicher Fortschreibung entwickelt worden sind. Da das GebrM ein nicht geprüftes Schutzrecht ist, empfiehlt sich, der Frage des Risikos für eine eventuelle spätere Rechtsunbeständigkeit besondere Aufmerksamkeit und Regelung in einem GebrM-Lizenzvertrag zu widmen. Häufig betrifft ein Lizenzvertrag eine Benutzungsbefugnis aufgrund eines GebrM und eines korrespondierenden Patentschutzes, so dass den Besonderheiten beider Schutzrechte Rechnung zu tragen ist. Entsprechendes gilt, wenn es sich um gemischte Vertragstypen handelt, die auch eine Know-how-Lizenzierung mit umfassen. Ebenso gelten die kartellrechtlichen Vorgaben zum Patentlizenzvertrag prinzipiell auch für die Lizenzierung von GebrM (→ Rn. 67 ff.).

Eine **Definition** der **Lizenz** enthält § 22 Abs. 2 nicht. Eine Lizenz ist die entgelt- **32** liche oder unentgeltliche, durch den Schutzrechtsinhaber (Lizenzgeber) einem Dritten (Lizenznehmer) auf Grundlage eines Vertrags (Lizenzvertrag) eingeräumte Benutzungsbefugnis im Hinblick auf das betreffende Recht. Der Umfang der Rechtseinräumung hängt von der vertraglichen Ausgestaltung ab. Als möglicher Gegenstand einer Lizenzvereinbarung kommt das noch nicht angemeldete, geheime Wissen über die Erfindung (vgl. BGH GRUR 1980, 750, 751 – *Pankreaplex II*), die angemeldete Erfindung als Recht auf Erteilung des GebrM und das eingetragene GebrM in Betracht (zu diesen Rechten → Rn. 2). Innerhalb dieses Rahmens sind zahlreiche Variationen möglich (vgl. → Rn. 35 ff.).

Die **Abgrenzung** der GebrM-Lizenzierung zur von § 22 Abs. 1 geregelten Voll- **33** übertragung erfolgt unter Beachtung der **Übertragungszweckregel** (→ Rn. 12). Kann der Vertragszweck daher auch ohne Vollübertragung des GebrM erreicht werden, ist **im Zweifel** von der **Einräumung einer** (ausschließlichen) **Lizenz** auszugehen (→ Rn. 42 f.).

3.2 Rechtsnatur und Form des Lizenzvertrags. Die **Rechtsnatur** des **Li- 34** **zenzvertrags** kann den bürgerlichrechtlichen Vertragstypen nicht eindeutig zugeordnet werden. Er enthält in der Regel Momente der Wagnis, stellt ein **Dauerschuldverhältnis** dar, weist häufig pachtähnliche oder auch gesellschaftsähnliche Züge auf und regelt weitere Sachverhalte wie zB die Einräumung von Know-how, Verteidigungs- und Informationspflichten etc. Deshalb ist der Lizenzvertrag als **Vertrag sui generis** einzustufen, der der **Rechtspacht** (§ 581 BGB) jdf. **angenähert** ist; nach dem jeweils konkreten Inhalt richtet sich, welche BGB-Vorschriften (ggf. analog) heranzuziehen sind. Eine besondere **Form** für Lizenzverträge ist grundsätzlich nicht erforderlich. Allein aus Beweisgründen empfiehlt sich jedoch dringend die **schriftliche Abfassung.** Dies gilt gerade auch angesichts der erwähnten Ansicht des BGH (→ Rn. 10) zum Nachweis des Vertragsschlusses im kaufmännischen Geschäftsverkehr allein durch schriftliche Dokumentation (GRUR 2016, 201 Rn. 33 ff. – *Ecosoil,* für einen Markenlizenzvertrag).

3.3 Umfang des eingeräumten Nutzungsrechts; Beschränkungen der Li- 35 **zenz.** Aus § 22 Abs. 2 S. 1 ergibt sich, dass die Lizenz zahlreichen **Modifikationen** und **Beschränkungen** unterworfen sein kann. Die in § 22 Abs. 1 genannten Rechte können „ganz oder teilweise" Gegenstand von Lizenzen sein, zB kann sich die Lizenz nur auf einen bestimmten Anspruch erstrecken. Als Beschränkungen des Lizenznehmers erwähnt § 22 Abs. 2 S. 1 beispielhaft die territoriale Begrenzung. Die nachfolgende, beispielhafte Einteilung der Lizenzverträge ist deshalb nur grundsätzlicher Art; zahlreiche Kombinationen untereinander sind denkbar:

– ausschließliche und nicht ausschließliche (einfache) Lizenzen, die in § 22 Abs. 2 **36** ausdrücklich genannt werden, betreffen die Art der Nutzungsrechtseinräumung (vgl. → Rn. 43 ff.);
– Herstellungs- (BGH GRUR 1959, 528, 531 – *Autodachzelt;* BGH GRUR 1966, **37** 576, 578 ff. – *Zimcofot*), Vertriebs- (BGH 1967, 676, 679 ff. – *Gymnastiksandale*), Gebrauchs-, Import- und Exportlizenzen (Vgl. BGH GRUR 1971, 243, 246 –

Gewindeschneidvorrichtungen) betreffen Einschränkungen bei den Benutzungshandlungen;

38 – Betriebslizenzen betreffen Einschränkungen bezüglich des Lizenznehmers bzw. der Produktionsstätte (RGZ 134, 91; LG Düsseldorf InstGE 5, 168 – *Flaschenkasten*);

39 – Quotenlizenzen betreffen mengenmäßige Beschränkungen (BGH GRUR 1969, 560 – *Frischhaltegefäß*);

40 – territorial beschränkte Lizenzen können zB nach Bundesländern oder sonstigen Beschränkungen eingeräumt werden;

41 – Mindestlizenzen, Stücklizenzen, Pauschallizenzen beziehen sich auf Regelungen nach der Art der Lizenzabrechnung.

42 Art, Inhalt und Umfang der Lizenz bestimmen sich primär nach dem Lizenzvertrag und seiner Auslegung. Bei allen Lizenzverträgen ist der Grundsatz der **Übertragungszwecklehre** zu beachten, der besagt, dass der Lizenzgeber im Zweifel nur so viele Befugnisse zu übertragen gedenkt, als der Lizenznehmer zur Ausübung des vertragsbedingten Zwecks benötigt, vgl. auch →Rn. 12. Verstößt der Lizenznehmer gegen Beschränkungen der Lizenz, so ist dies sowohl eine Pflichtverletzung iSv § 280 Abs. 1 BGB als auch eine GebrM-Verletzung, vgl. § 22 Abs. 2 S. 2.

43 **3.4 Ausschließliche Lizenz.** Eine ausschließliche Lizenz gewährt dem Lizenznehmer je nach Vertragsinhalt ein gegen jedermann – auch gegen den GebrM-Inhaber (BGH GRUR 2008, 896 Rn. 35 – *Tintenpatrone I*) – wirkendes **alleiniges Benutzungs-** und **Verbietungsrecht.** Infolgedessen kommt der ausschließlichen Lizenz ein **(quasi) dinglicher Charakter** zu (RGZ 83, 93, 94f.; RGZ 57, 38, 40), sie ist dem Nießbrauch angenähert. Eine ausschließliche Lizenz kann denknotwendigerweise nur einer Person/einem Unternehmen zustehen; mehrere ausschließliche Lizenzen sind nur bei inhaltlicher, sachlicher oder örtlicher Abgrenzbarkeit denkbar. Die ausschließliche Lizenz wird nicht im GebrM-Register vermerkt. Der GebrM-Inhaber hat – ohne entsprechende Vereinbarung – nur noch eine formale Rechtsstellung ohne positives Benutzungsrecht. Das negative Verbietungsrecht in der Form eines Unterlassungsanspruchs kann er noch geltend machen; Schadensersatz- und Rechnungslegungsansprüche dagegen nur bei eigenem berechtigten Interesse. Soweit vertraglich nichts Abweichendes geregelt ist, hat der Lizenznehmer eine **eigenständige Aktivlegitimation** zur Geltendmachung sämtlicher Verbietungsrechte, soweit seine Rechte berührt werden (BGH GRUR 1995, 338, 340 – *Kleiderbügel*). Dasselbe gilt für die Folgeansprüche betreffend Schadensersatz, Auskunft, Rechnungslegung und Vernichtung (vgl. BGH GRUR 2004, 758 – *Flügelradzähler*). Wird die ausschließliche Lizenz **während des Verletzungsprozesses** erteilt, ist der Inhaber an einer eigenen Klage gegen denselben Verletzer wegen derselben Handlungen gehindert und an das Ergebnis der rechtskräftigen Entscheidung über die Klage des GebrM-Inhabers gebunden (vgl. BGH GRUR 2013, 1269 – *Wundverband* (für PatentR); krit. dazu *Nieder* GRUR 2013, 1195).

44 Der Lizenznehmer ist ohne gegenteilige Vereinbarung befugt, einfache Lizenzen **(Unterlizenzen)** zu vergeben (BGH GRUR 1953, 114, 118 – *Reinigungsverfahren*). Überträgt man die Rechtsprechung des BGH zum Fortbestehen abgeleiteter urheberrechtlicher Nutzungsrechte auf gewerbliche Schutzrechte, so führt das Erlöschen der Hauptlizenz unter Abwägung der verschiedenen Interessen der Beteiligten in aller Regel jedenfalls dann **nicht** zum Erlöschen der Unterlizenz, wenn der Hauptlizenznehmer dem Unterlizenznehmer ein Nutzungsrecht gegen Beteiligung an den Lizenzerlösen eingeräumt hat und die Hauptlizenz zB wegen der einvernehmlichen Aufhebung des Hauptlizenzvertrags oder wegen der Kündigung des Hauptlizenzvertrags wegen Zahlungsverzugs erlischt (BGH GRUR 2012, 914 Rn. 15f., 18f. – *Take Five;* BGH GRUR 2012, 916 Rn. 22ff. – *M2Trade*).

45 **3.5 Einfache Lizenz.** Die einfache Lizenz ist im Gegensatz zur ausschließlichen Lizenz lediglich ein **schuldrechtlicher Anspruch** des Lizenznehmers gegen den Li-

zenzgeber auf Benutzung der geschützten technischen Lehre **ohne Verbietungsbefugnis** gegenüber Dritten. Da die Lizenz in der Regel **personen-** oder **betriebsgebunden** ist, kann der Lizenznehmer Dritten **keine Unterlizenzen** erteilen (BGH GRUR 1974, 463, 464 – *Anlagengeschäft*). Etwas Abweichendes kann vereinbart werden, etwa für Konzernlizenzen. Bei einer einfachen Lizenz ist der Lizenzgeber weder gehindert, das lizenzierte Recht selbst zu nutzen, noch weitere Lizenzen daran zu erteilen; die Rechte aus dem GebrM stehen weiterhin dem GebrM-Inhaber zu, auch die Verbietungsrechte. Lizenzgeber kann der GebrM-Inhaber, ein ausschließlicher Lizenznehmer, Treuhänder/Insolvenzverwalter sein. Der GebrM-Inhaber/Lizenzgeber kann den Schaden des Lizenznehmers beim Dritten ersetzt verlangen (**Drittschadensliquidation,** vgl. BGH GRUR 1974, 335 – *Abstandhalterstopfen*). Aufgrund ihrer schuldrechtlichen Natur (umf. dazu BeckOK PatR/*Loth/Hauck* PatG § 15 Rn. 47) sowie ihrer engen Bindung an das schuldrechtliche Grundgeschäft zwischen Lizenzgeber und Lizenznehmer (Lizenzvertrag), ist die einfache Lizenz gem. §§ 399 1. Alt., 415 BGB (analog) nicht übertragbar (RG GRUR 1934, 657). Etwas anderes kann aber bei abweichender Vereinbarung der Parteien gelten (BGH NJW-RR 1990, 1251, 1253 – *Kabelaufroller*).

Bei der sog **„Negativlizenz"** liegt lediglich ein Verzicht des GebrM-Inhabers vor, **46**
Verbietungs- und Ersatzansprüche geltend zu machen (BGH GRUR 1982, 411, 412 – *Verankerungsteil*). Da diese kein positives Benutzungsrecht begründet, soll es sich nicht um eine eigentliche Lizenz iSd § 22 Abs. 2 handeln; der Sukzessionsschutz nach § 22 Abs. 3 ist nicht anwendbar. Weitgehend deckungsgleich wird dies für sog. **Stillhalteabkommen** (covenant not to sue) angenommen (vgl. LG Mannheim GRUR-RR 2011, 49 – *convenant not to sue*).

3.6 Pflichten/Haftung des Lizenzgebers. Zu den **Pflichten** des Lizenzgebers **47**
gehört es, das lizenzierte Nutzungsrecht tatsächlich zu verschaffen, ggf. zugehöriges Know-how zu vermitteln (RGZ 155, 306, 314). Er hat alles zu tun, damit der Lizenznehmer die Erfindung benutzen kann, und alles zu unterlassen, was das lizenzierte Recht beeinträchtigen könnte. Bei Lizenzierung einer noch nicht angemeldeten Erfindung muss der Lizenzgeber die Erfindung anmelden. Ist ein einzutragendes GebrM lizenziert, muss der Lizenzgeber das Eintragungsverfahren betreiben; er muss ein eingetragenes GebrM aufrecht erhalten, dh insbesondere die Jahresgebühren zahlen und das GebrM gegen Löschungsanträge verteidigen (vgl. RGZ 155, 306, 314f.). Eine Verpflichtung des Lizenzgebers zur **Verteidigung des lizenzierten Rechts** gegen jeden Verletzer besteht ohne dahingehende Vereinbarung nicht. Im Falle der ausschließlichen Lizenz folgt dies bereits daraus, dass der Lizenznehmer selbst aktivlegitimiert ist. Etwas anderes kann sich aber ggf. aus den Umständen des Einzelfalls ergeben (BGH GRUR 1965, 591, 595f. – *Wellplatten;* Busse/*Hacker* PatG § 15 Rn. 114). Dabei kann der Patentinhaber neben dem ausschließlichen Lizenznehmer materiell-rechtlich **aktivlegitimiert** sein (bzw. bleiben) und eigene Ansprüche haben, wenn ihm aus der Lizenzvergabe materielle Vorteile fortdauernd erwachsen, zB bei fortlaufender Lizenzzahlung, oder wenn der Lizenznehmer als Gegenleistung für die Einräumung des Nutzungsrechts eine Verpflichtung zum Bezug von Waren übernommen hat (BGH GRUR 2012, 430 Rn. 15 – *Tintenpatrone II;* BGH GRUR 2013, 1269 Rn. 12 – *Wundverband*). Der Lizenzgeber darf bei einer einfachen Lizenz nicht ohne Zustimmung des Lizenznehmers auf das GebrM verzichten (andernfalls Schadensersatzpflicht).

Für die **Haftung** des Lizenzgebers nach den allgemeinen Vorschriften des BGB **48**
sowie wegen Sach- und Rechtsmängel gelten grundsätzlich die Anmerkungen zur Übertragung des GebrM (→ Rn. 14ff.). Die unterschiedlichen Gewährleistungs- bzw. Haftungsprinzipien sollte für eine klare Regelung in Lizenzverträgen Anlass sein. Es ist hinreichend zu beachten, dass Lizenzverträge **gewagte Geschäfte** sind, die **für beide Seiten** Risiken beinhalten. Die Rspr. hat für Lizenzverträge gewisse, nachfolgend wiedergegebene Grundsätze entwickelt:

49 Anders als nach § 306 BGB aF ist ein Lizenzvertrag gem. § 311 a Abs. 1 BGB **nicht nichtig,** wenn eine technische Lehre mit den der Technik zur Verfügung stehenden Mitteln (naturgesetzlich) nicht ausführbar ist, so dass ein GebrM-Schutz objektiv nicht entstehen kann (vgl. zu § 306 BGB aF *Kraßer* GRUR Int. 1990, 611). Für die **fehlende Schutzfähigkeit** des lizenzierten Rechts kann der Lizenzgeber nach § 311 a Abs. 2 BGB haften. Er haftet ferner für den Bestand des Rechts bei Vertragsabschluss (BGH GRUR 1957, 595, 596 – *Verwandlungstisch;* OLG Karlsruhe GRUR-RR 2009, 121, 122 – *Bodybass*), nicht jedoch für den zukünftigen Bestand des GebrM. Der Lizenzgeber haftet für die technische Ausführbarkeit und technische Brauchbarkeit der Erfindung zu dem vertraglich vorausgesetzten Zweck (BGH GRUR 1961, 466, 467 – *Gewinderollkopf II;* BGH GRUR 1961, 494, 495 – *Hubroller;* BGH GRUR 1965, 298, 301 – *Reaktions-Messgerät*) und beim Vorliegen einer Beschaffenheitsgarantie gem. § 443 Abs. 1 BGB (vgl. BGH GRUR 1970, 547, 548f. – *Kleinfilter*). Keine Haftung jedoch für den wirtschaftlichen Erfolg (BGH GRUR 1978, 166, 167 – *Banddüngerstreuer*); ebenso nicht für die Fabrikationsreife der Erfindung (RG GRUR 1932, 865, 867). Bei nicht wirtschaftlich sinnvoller Verwertbarkeit besteht daher kein Ersatzanspruch gegen den Lizenzgeber, während der Lizenznehmer bei Unzumutbarkeit von einer Ausführungspflicht frei wird.

50 Insgesamt kommt bei **Leistungsstörungen** aufgrund der Besonderheiten des Lizenzvertrags nur eine modifizierte Anwendung der §§ 320ff. BGB und der Vorschriften über die Rechts- und Sachmängelhaftung nach Kaufrecht bzw. Miete oder Pacht in Betracht. Anstelle des **Rücktrittsrechts** wird regelmäßig ein nur ex nunc wirkendes **Kündigungsrecht** angemessen sein (vgl. BGH GRUR 1959, 616 – *Metallabsatz*), ggf. verbunden mit einem Recht auf Minderung der Lizenzgebühr bei Zumutbarkeit der Vertragsfortsetzung (vgl. BGH GRUR 1969, 677 – *Rüben-Verladeeinrichtung*). Die (rückwirkende) Löschung des lizenzierten GebrM lässt den Lizenzvertrag weiterhin bis zur Rechtskraft der Löschungsentscheidung bestehen (BGH GRUR 2002, 787, 789 – *Abstreiferliste;* BGH GRUR 2005, 935 – *Vergleichsempfehlung II*). Aufgrund dessen bleibt auch die Zahlungspflicht des Lizenznehmers für Verwertungshandlungen in der Vergangenheit unberührt (BGH GRUR 1977, 107, 109 – *Werbespiegel;* LG Düsseldorf InstGE 10, 6 – *Münzpfandschloss*), ggf. kommt jedoch ein Recht der vorzeitigen Kündigung durch den Lizenznehmer bzw. ein Recht des Lizenznehmers, **Minderung** der Lizenzzahlungen zu verlangen, in Betracht, wenn Wettbewerber ein offenkundig unwirksames GebrM nicht respektieren (vgl. BGH GRUR 1969, 677 – *Rüben-Verladeeinrichtung*). Bei **Teillöschung** kommt Minderung der Lizenzgebühr nur in Betracht, wenn der Vertragszweck dadurch eine Einbuße erfährt. Ein Erstattungsanspruch hinsichtlich gezahlter Lizenzgebühren besteht nicht (BGH GRUR 1977, 107, 109 – *Werbespiegel;* BGH GRUR 1983, 237 – *Brückenlegepanzer I*).

51 **3.7 Pflichten/Haftung des Lizenznehmers.** Die **Hauptpflicht** des Lizenznehmers ist die **Zahlung der vereinbarten Lizenzgebühren** (BGH GRUR 2009, 694 Rn. 29, 33 – *Orange-Book-Standard*). Es gibt mehrere Möglichkeiten einer angemessenen Vergütung. In Betracht kommt zum Beispiel eine **Pauschalgebühr,** die nicht vom tatsächlichen Nutzungsumfang des Lizenznehmers abhängt (insbesondere in gesicherter Form einer **Mindestlizenz**). Bei einer **Stücklizenz** (bzw. Umsatzlizenz) hat die Zahlung nur für Benutzungshandlungen zu erfolgen, die sich ohne den Lizenzvertrag als GebrM-Verletzungen darstellen. Ob bei einer Umsatzlizenz die nach dem Wortlaut des Lizenzvertrags mit Abschluss eines lizenzpflichtigen Vertrags entstandene Zahlungspflicht des Lizenznehmers wieder entfällt, wenn die Abnahme der Ware verweigert, das Geschäft rückgängig oder der Kaufpreis nicht gezahlt wird, ist eine Frage der Vertragsauslegung; bei fehlender Vereinbarung kann grundsätzlich nicht angenommen werden, dass der Lizenzgeber das Bonitätsrisiko in Bezug auf Dritte mittragen soll (vgl. BGH GRUR 1998, 561, 562f. – *Umsatzlizenz*).

52 Eine Lizenzzahlungspflicht besteht nur für Benutzungshandlungen im **Inland** und nur für unter das GebrM fallende Erzeugnisse (BGH GRUR 2005, 845, 848 – *Abgasreinigungsvorrichtung*). Insbesondere bei **mehrteiligen Vorrichtungen,** von denen nur ein Teil unter das lizenzierte Schutzrecht fällt, bedarf die Festlegung der Bezugsgröße und der Lizenzhöhe besonderer Beachtung. Denn ein Einbeziehen nicht geschützter Bestandteile in die Lizenzgebühren-Basis ist kartellrechtlich problematisch, wenn sie nicht nur der Vereinfachung der Abrechnungsmodalitäten dient, sondern den Lizenznehmer hinsichtlich der Nutzung schutzrechtsfreier Gegenstände einer Zahlungspflicht unterwerfen soll; in diesem Fall könnte die betreffende Berechnungsvereinbarung (vgl. BGH GRUR 2006, 223, 224 – *Laufzeit eines Lizenzvertrags*) gem. § 134 BGB nichtig sein, weil die Lizenzzahlungspflicht über den Inhalt des lizenzierten Schutzrechts hinausgeht (BGH GRUR 1975, 206 – *Kunststoffschaumbahnen;* BKartA GRUR 1981, 919, 921 – *Rigg für ein Segelbrett*). In Betracht kommt ferner eine **Abstaffelung** der Lizenzgebühren, zB bei einem gemischten GebrM-/Know-how-Vertrag, bei Wegfall einzelner der lizenzierten Schutzrechte. Eine Verbesserung der Erfindung durch den Lizenznehmer befreit in der Regel nicht von der Zahlungspflicht (vgl. BGH GRUR 1967, 655, 659 – *Altix*). Die Lizenzzahlungspflicht besteht so lange, wie das Schutzrecht formell in Kraft ist (BGH GRUR 1977, 107, 109 – *Werbespiegel;* LG Düsseldorf InstGE 10, 6, 9 – *Münzpfandschloss;* OLG Karlsruhe GRUR-RR 2009, 121, 122 – *Bodybass*). Ab Vernichtung des GebrM ist der Lizenznehmer gem. § 326 Abs. 1 BGB von der Zahlungspflicht befreit (LG Düsseldorf InstGE 10, 6, 11 – *Münzpfandschloss*). Der Lizenznehmer kann auch dann zur Zahlung der Lizenzgebühren verpflichtet bleiben, wenn das Know-how offenkundig wird und dies nicht dem Lizenzgeber anzulasten ist.

53 Eine **Ausübungspflicht** kann gesondert vereinbart werden, kartellrechtlich ist dies in der Regel zulässig (→ Rn. 74). Andernfalls kann sie bei ausschließlicher Lizenz angenommen werden, sofern eine Stücklizenzabrede getroffen ist oder die Lizenzgebühr in sonstiger Weise vom Umsatz abhängt (vgl. BGH GRUR 1969, 560 – *Frischhaltegefäß*). Inhalt, Umfang und Fortbestand der Pflicht stehen jedoch unter dem Vorbehalt der Zumutbarkeit und sind vom Tatrichter unter Abwägung der Umstände des Einzelfalles zu bestimmen (BGH GRUR 2000, 138 – *Knopflochnähmaschinen*). Die Ausübungspflicht entfällt nur in Ausnahmefällen, wenn sich zB der Lizenzgegenstand als technisch (naturgesetzlich) nicht verwertbar erweist oder wenn sich herausstellt, dass wirtschaftliche Gründe die Herstellung und/oder den Vertrieb des Lizenzgegenstandes hindern. In diesem Fall macht sich der Lizenznehmer nicht schadensersatzpflichtig (vgl. BGH GRUR 1978, 166, 167 – *Banddüngerstreuer*). Ohne Vereinbarung keine Ausübungspflicht des Lizenznehmers bei Mindestlizenzgebühren oder bei einfacher Lizenz.

54 Eine **Nichtangriffsverpflichtung** kann vereinbart werden, auch konkludent (BGH GRUR 1957, 482 – *Chenillefäden;* BGH GRUR 1989, 39 – *Flächenentlüftung;* BGH GRUR 1990, 667 – *Einbettungsmasse*). Andernfalls schließt ein Lizenzvertrag einen Löschungsangriff nicht notwendig aus. Hat der Lizenzvertrag gesellschaftsähnlichen Charakter, ist ein Löschungsangriff regelmäßig unzulässig (vgl. BGH GRUR 1957, 482 – *Chenillefäden;* BGH GRUR 1989, 39 – *Flächenentlüftung*). Unzulässig ist ein Angriff in der Regel auch bei einer ausschließlichen Lizenz (vgl. BGH GRUR 1971, 243, 244f. – *Gewindeschneidvorrichtungen*). Die restriktiven Vorgaben des europäischen Wettbewerbsrechts (Art. 101 AEUV; vgl. → Rn. 73) sind zu beachten. Bei GebrM können jedoch wegen ihres in der Regel territorial und marktmäßig begrenzten Wirkungskreises im Vergleich zu Patenten die Voraussetzungen für eine kartellrechtliche Zulässigkeit der Vereinbarung eher vorliegen. Denn Voraussetzung für die Unzulässigkeit sind die Spürbarkeit der Wettbewerbsbeschränkung sowie der Beschränkung des zwischenstaatlichen Handels in der EU, die bei nur geringer Marktmacht der Beteiligten, bei nur geringem Umsatz (vgl. jeweils BGH GRUR 1974, 40,

42 – *Bremsrolle*) und bei einem sich im Falle einer kostenpflichtigen Lizenz auf ein technisch überholtes Verfahren beziehenden lizenzierten Schutzrecht (vgl. EuGH GRUR Int. 1989, 56 – *Nichtangriffsklausel*) fehlt. Nach deutscher Rechtsauffassung ist eine Nichtangriffsverpflichtung auch zulässig, wenn mit dem Vertrag eine kostenlose Lizenz erteilt wird und der Lizenznehmer daher nicht die mit der Gebührenzahlung verbundenen Wettbewerbsnachteile zu tragen hat (BGH GRUR 2007, 963 Rn. 16 – *Polymer-Lithium-Batterien*).

55 Die Pflicht zur **Rechnungslegung** durch den Lizenznehmer hat den Sinn, die Grundlage für eine ordnungsgemäße Abrechnung zu schaffen (BGH GRUR 1997, 610, 611 – *Tinnitus-Masker*). Der Lizenznehmer unterliegt dieser Verpflichtung auch ohne ausdrückliche Vereinbarung, wenn die Höhe der Lizenzgebühren vereinbarungsgemäß vom Umfang der Ausübung abhängt. Auch im Falle der Unwirksamkeit des Lizenzvertrags kann der Lizenzgeber zur Berechnung des ihm zustehenden Anspruchs auf Zahlung einer angemessenen Lizenzgebühr nach § 242 BGB **Auskunft** über die erfolgte Nutzung verlangen und beanspruchen, dass der Lizenznehmer im Einzelnen über die Verwertungshandlungen Rechnung legt. Denn die aufgrund eines unwirksamen Vertrags erbrachten Leistungen sind nach Bereicherungsrecht zurückzugewähren, dh der Lizenzgeber kann grundsätzlich nach §§ 812 Abs. 1, 818 Abs. 2 BGB Wertersatz für die aufgrund des unwirksamen Vertrags erbrachten Leistungen beanspruchen (vgl. BGH GRUR 1997, 781, 783 – *sprengwirkungshemmende Bauteile*). Hingegen hat der Lizenzgeber keinen Anspruch auf Einsicht in die Bücher, sondern kann lediglich die Abgabe einer eidesstattlichen Versicherung gemäß § 259 Abs. 2 BGB verlangen, falls begründete Zweifel an der Richtigkeit der gelegten Rechnung bestehen (vgl. BGH GRUR 1961, 466, 469 – *Gewinderollkopf*). Die **Missachtung von Abrechnungspflichten** durch den Lizenznehmer kann eine **außerordentliche Kündigung** des Lizenzvertrags seitens des Lizenzgebers rechtfertigen. Bei der notwendigen Interessensabwägung sind auch frühere Verstöße des Gekündigten zu berücksichtigen, auch wenn diese seinerzeit nicht zum Anlass einer eigenen Kündigung genommen worden waren (BGH GRUR 2002, 703, 705 – *VOSSIUS;* OLG München InstGE 12, 27, 30 – *Abrechnungsverweigerung*).

56 **Weitere Pflichten des Lizenznehmers** bedürfen einer ausdrücklichen Vereinbarung. Hierzu gehören zB die Verpflichtung zur Einräumung von Lizenzen an Verbesserungs- oder Anwendungserfindungen, zum Erfahrungsaustausch, zu Aufzeichnungen (Regelung von Mindeststandards, die der Lizenznehmer einzuhalten hat, damit sich der Lizenzgeber einen Überblick über lizenzierte Benutzungshandlungen verschaffen kann), die Einhaltung von Qualitätsvorgaben (Mindestqualitätsstandards), Informationspflichten über mögliche GebrM-Verletzer etc. Beispiele weiterer denkbarer Verpflichtungen ergeben sich insbesondere aus der Verordnung (EU) Nr. 316/2014 (sog. Gruppenfreistellungsverordnung-Technologietransfer) nebst den begleitenden Leitlinien (vgl. → Rn. 70 ff.).

57 **3.8 Beendigung des Lizenzvertrags.** Die Beendigung des Lizenzvertrags tritt mit **Ablauf** der vereinbarten **Zeit** oder mit Ablauf der **Schutzdauer** des GebrM ein. Über die Schutzfrist hinaus kann der Lizenzvertrag wegen Kartellrechtswidrigkeit nicht verlängert werden (BGH GRUR 1975, 206 – *Kunststoffschaumbahnen*). Die Zahlungsmodalität, zB durch Ratenzahlungen, kann jedoch so getroffen werden, dass sie auch noch zur Zahlungsverpflichtung des Lizenznehmers führt, wenn das GebrM abgelaufen ist (vgl. → Rn. 74); eine Verpflichtung des Lizenznehmers zur Zahlung von Lizenzgebühren kann deshalb über die Geltungsdauer des lizenzierten Schutzrechts hinaus anzunehmen sein, wenn dies allein zur Zahlungserleichterung geschieht. Sind nach Vertragsende noch Erzeugnisse vorhanden, dürfen diese im Rahmen der Lizenz, also gegen Zahlung der Lizenzgebühr, veräußert werden (**Abverkaufsrecht;** vgl. BGH GRUR 1959, 528 – *Autodachzelt*). Da der Lizenzvertrag bis zur rechtskräftigen

Löschung des GebrM wirksam bleibt, sind auch Lizenzgebühren weiter zu zahlen (→ Rn. 51). Mit (rechtskräftiger) Löschung des GebrM ist Leistungsfreiheit insb. des Lizenznehmers unter verschiedenen Gesichtspunkten denkbar. In Betracht kommt ein außerordentliche Kündigung (§ 314 BGB, mit Wirkung für die Zukunft, vgl. RGZ 86, 46, 53) oder die Annahme der Regelungen über die nachträgliche Unmöglichkeit (§§ 275, 326 Abs. 1 BGB) oder Anwendung der Regeln über den Wegfall der Geschäftsgrundlage (§ 313 BGB, vgl. hierzu BGH GRUR 1961, 466, 468 – *Gewinderollkopf II*).

Als **Dauerschuldverhältnis** kann ein Lizenzvertrag (ohne vertragl. Regelung der ordentlichen Kündigung) grundsätzlich nur **außerordentlich** aus wichtigem Grund **gekündigt** werden. § 314 BGB ist anwendbar. Diese Möglichkeit ist eröffnet, wenn Tatsachen vorliegen, aufgrund derer dem kündigenden Teil unter Berücksichtigung aller Umstände des Einzelfalls und unter Abwägung der Interessen beider Vertragsteile die Fortsetzung des Vertrags bis zu dessen vereinbarter Beendigung nach Treu und Glauben nicht zugemutet werden kann (BGH GRUR 1997, 610, 611 – *Tinnitus-Masker;* BGH GRUR-RR 2009, 284 – *Nassreiniger*). Bei gesellschaftsähnlichen Lizenzvertragsverhältnissen kann eine derartige Kündigungsmöglichkeit bei Unzumutbarkeit der Fortsetzung der Zusammenarbeit gegeben sein, § 723 Abs. 1 S. 2 BGB analog (BGH GRUR 1959, 616, 618 – *Metallabsatz; Mes* PatG § 15 Rn. 89). Gerade die Tatsache des Dauerschuldverhältnisses setzt jedoch voraus, dass es sich um wirklich **schwerwiegende Vertragsverletzungen** handelt, die in der Regel vor Ausspruch der Kündigung einer vorherigen Abmahnung bedürfen. Es bedarf in jedem Fall einer Interessenabwägung. Auch wenn für die **Angemessenheit der Frist** (vgl. § 314 Abs. 3 BGB) nicht auf den Rechtsgedanken des § 626 Abs. 2 BGB als bindende, zweiwöchige Ausschlussfrist abgestellt werden kann (BGH GRUR 2011, 455 Rn. 27 f. – *Flexitanks*), erscheint es im Einzelfall fraglich, ob bei einem deutlich längeren Zuwarten die für die fristlose Kündigung notwendige Unzumutbarkeit anzunehmen ist. Aus Gründen der Rechtssicherheit sollte ein Zeitrahmen von maximal sechs Wochen ins Auge gefasst werden (ggf. nach Ablauf einer fruchtlosen Abmahnung). **58**

Eine **Teilkündigung** eines Vertrags über die Einräumung einer ausschließlichen GebrM-Lizenz kommt in der Regel selbst dann nicht in Betracht, wenn sich der Vertrag in mehrere, voneinander unabhängige Sachverhaltskomplexe „teilen" lässt, da die Vertragsregelungen regelmäßig für sämtliche Anwendungsbereiche Geltung beanspruchen. **59**

Der Lizenznehmer kann zur **Anfechtung** eines Lizenzvertrags wegen arglistiger Täuschung gem. § 123 BGB durch unrichtige Angaben des Lizenzgebers zur Schutzrechtslage berechtigt sein (vgl. BGH GRUR 1998, 650, 651 – *Krankenhausmüllentsorgungsanlage*). **60**

Bei mehreren zu lizenzierenden Schutzrechten kann eine **Längstlaufklausel** vereinbart werden. Der Lizenzvertrag und die in ihm enthaltene Lizenzzahlungsverpflichtung endet dann erst nach Ende des längstlaufenden Schutzrechts (zur kartellr. Zulässigkeit → Rn. 74). **61**

Nach **Beendigung** eines GebrM-/Know-how-Lizenzvertrags darf das (nicht offenkundig gewordene) **Know-how** ohne vertragliche Abrede nicht weiter benutzt werden, da es der Know-how-Nehmer andernfalls in der Hand hätte, etwa durch Nichtzahlung der Lizenzgebühren eine außerordentliche Kündigung durch den Lizenzgeber „herbeizuführen", um dann das Know-how kostenlos weiter nutzen zu können. Dem steht nicht entgegen, dass der Lizenzgeber bei Wegfall des Lizenzvertrags hinsichtlich des Know-hows keinen gesetzlichen Unterlassungsanspruch (wie beim GebrM selbst) zur Verfügung hat. Dies muss jedenfalls dann gelten, wenn der Lizenzgeber für die Überlassung des Know-hows nicht durch eine eindeutig abgrenzbare, auf das Know-how bezogene Einstandszahlung bzw. Mindestgebühr entschädigt ist. **62**

63 Trotz nach Beendigung anzunehmender Leistungsfreiheit der Parteien können sich **nachwirkende Treuepflichten** ergeben (vgl. BGH GRUR 1965, 135, 137 – *Vanal*), zB die Verpflichtung zur weiteren Geheimhaltung von Know-how und zur Herausgabe überlassener Unterlagen und Werkzeuge.

64 **3.9 Verjährung von Ansprüchen.** Zahlungsansprüche auf Lizenzgebühren unterliegen der Regelverjährung gem. § 195 BGB (drei Jahre). Beginn der Verjährungsfrist: Ende des Jahres der Fälligkeit der Lizenzgebühren, §§ 195, 199 Abs. 1 BGB. Die Erfüllungsansprüche aus dem Lizenzvertragsverhältnis verjähren in 30 Jahren ungeachtet der zeitlichen Obergrenze der Laufzeit des GebrM, da es einem Lizenznehmer sonst erleichtert würde, die Lizenzzahlungspflicht zu umgehen.

65 **3.10. Lizenzvertrag und Lizenz in der Insolvenz.** Um die Befriedigung der Insolvenzgläubiger aus der Masse gem. § 38 InsO zu ermöglichen, müssen alle **massezugehörigen Rechte** gegen Verfügungen des Schuldners und gegen Einzelzugriffe von Gläubigern gesichert werden. Erreicht wird dies mit Eröffnung des Insolvenzverfahrens gem. § 80 Abs. 1 InsO, der die Verfahrens- und Verfügungsbefugnis vom Schuldner auf den Insolvenzverwalter übergehen lässt. Bei Insolvenz des **Lizenzgebers** können **ausschließliche** Lizenzen als (quasi-)dingliche Rechte (→ Rn. 42) gem. § 47 InsO aus der Insolvenzmasse **ausgesondert** werden (*Ullmann* Mitt. 2008, 49, 51; *Koehler/Ludwig* NZI 2007, 79, 82). Der Lizenznehmer verfügt dann weiterhin über die insoweit erteilten Nutzungsbefugnisse. Für die nach überwiegender Ansicht bloß schuldrechtlich wirkende **einfache** Lizenz gilt dies nicht (dazu und zum Streitstand Benkard/*Ullmann/Deichfuß* PatG § 15 Rn. 237ff.; BeckOK PatR/*Loth/Hauck* PatG § 15 Rn. 97f.). Bei diesen kommt es darauf an, wie der Insolvenzverwalter sein **Wahlrecht gem. § 103 InsO** ausübt. Aufgrund des Charakters des Lizenzvertrags als der Rechtspacht angenähertes Dauerschuldverhältnis sind die §§ 103ff. InsO – jedenfalls analog – anwendbar (BGH GRUR 2006, 435 Rn. 21 – *Softwarenutzungsrecht; Groß* Lizenzvertrag, Rn. 494ff.; *Pfaff/Osterrieth* Lizenzverträge, B.I Rn. 251). Wählt er **Nichterfüllung,** steht dem Lizenznehmer das lizenzierte Recht wegen der eintretenden **Hemmung der gegenseitigen Ansprüche** nicht länger zu. Bei **Insolvenz des Lizenznehmers** hängt das Schicksal der ihm erteilten Lizenzen ebenfalls von der Ausübung des Verwalterwahlrechts gem. § 103 InsO ab. Bei Erfüllungswahl ist der Insolvenzverwalter (wieder) zur Nutzung berechtigt. Der Anspruch des Lizenzgebers auf Zahlung der Lizenzgebühren wird zur Masseverbindlichkeit iSv § 55 Abs. 1 Nr. 2 InsO. Lehnt der Insolvenzverwalter die Erfüllung ab, bleibt es bei der oben beschriebenen Hemmung der Ansprüche aus dem Lizenzvertrag.

66 **3.11 Sukzessionsschutz, § 22 Abs. 3.** Durch das GebrMGÄndG 1986 erfolgte eine Anpassung des § 22 Abs. 3 an § 15 Abs. 3 PatG. Der Rechtsübergang (zB durch Veräußerung) oder die Erteilung einer Lizenz lässt eine vom Veräußerer/Lizenzgeber zuvor einem Dritten eingeräumte Lizenz unberührt. Erfasst wird zudem die Einräumung einer ausschließlichen Lizenz durch den GebrM-Inhaber bei vorher bewilligten einfachen Lizenzen (Benkard/*Ullmann/Deichfuß* PatG § 15 Rn. 108ff.). Die Bestimmung wurde als Reaktion auf die damalige abweichende Rechtsprechung (BGH GRUR 1982, 411 – *Verankerungsteil*) eingeführt, um auch für **einfache Lizenzen** einen Sukzessionsschutz zu begründen. Denn anders als die ausschließliche Lizenz, die nach allgemeiner Auffassung von jeher gegenüber dem Rechtsnachfolger/späteren Lizenznehmer des GebrM-Inhabers/Lizenzgebers wirkte, ist dies bei einfachen Lizenzen nicht der Fall. Somit garantiert § 22 Abs. 3 den Fortbestand des Benutzungsrechts des Lizenznehmers, wie es vom Lizenzgeber bewilligt wurde. Dessen ungeachtet kann eine Abrede gemäß § 399 BGB getroffen werden, die die Übertragung ausschließt; die gegen § 399 BGB verstoßende Abtretung ist unwirksam. Ein Eintritt des GebrM-Erwerbers in den Lizenzvertrag erfolgt nicht (aA *McGuire/Kunzmann* GRUR

2014, 28: Sukzessionsschutz als gesetzliche Anordnung einer Vertragsübernahme). Der Sukzessionsschutz kann für die einfache Lizenz **abbedungen** werden; im Fall der ausschließlichen Lizenz wäre eine solche Abrede ohne Wirkung (BGH GRUR 1982, 411 – *Verankerungsteil*). Ein Verzicht auf das GebrM ist ohne Wirkung, wenn er die ausschließliche Lizenz beeinträchtigt; hingegen geht die einfache Lizenz im Falle des Verzichts auf das GebrM mit unter (ggf. Schadensersatzansprüche des Lizenznehmers).

3.12 Kartellrechtliche Aspekte. Ungeachtet der GebrM-rechtlichen Zulässigkeit eines Lizenzvertrags bedarf es der weiteren Abstimmung mit den **Vorschriften der nationalen und europäischen Kartellrechtsordnung.** Das Gesetz gegen Wettbewerbsbeschränkungen (GWB) in der Fassung der 8. GWB-Novelle mit Inkrafttreten zum 30.6.2013 gilt für Wettbewerbsbeschränkungen, die sich (allein) auf die Bundesrepublik Deutschland auswirken. Die Anwendung des europäischen Wettbewerbsrechts (Art. 101 AEUV; vgl. zu Art. 102 AEUV die Kommentierung zu § 24) setzt dagegen eine spürbare Beeinträchtigung des innergemeinschaftlichen Handels voraus. Durch die Reformierung des europäischen Wettbewerbsrechts mit dem Inkrafttreten der **Kartellverfahrens-Verordnung 1/2003** (VO 1/2003, ABl. 2003 L 1/1) zum 1.5.2004 ist eine Kollision der Rechtsordnungen nicht zu befürchten, die Widerspruchsfreiheit der hier einschlägigen Regelungen ist gewährleistet. Nationales und europäisches Wettbewerbsrecht sind **nebeneinander** anwendbar (Art. 3 VO 1/2003), strengere nationale Regelungen sind grundsätzlich möglich. Zweck der Art. 101, 102 AEUV ist die Verwirklichung der **Wirtschaftsordnung der Europäischen Union** (Art. 3 Abs. 1 lit. b AEUV: Festlegung der für das Funktionieren des Binnenmarkts erforderlichen Wettbewerbsregeln). Die Regelungen dienen der Verwirklichung der „vier Grundfreiheiten", von denen für den gewerblichen Rechtsschutz insbesondere der freie Warenverkehr und freie Dienstleistungsverkehr von Bedeutung sind. Nachfolgend wird allein auf einzelne Problempunkte eingegangen. Hinsichtlich der Einzelheiten wird auf die Kommentierung im BeckOK PatR/*Loth/Hauck* PatG § 15 Rn. 103ff. verwiesen. 67

Art. 101 Abs. 1 AEUV (Kartellverbot) setzt Vereinbarungen/abgestimmte Verhaltensweisen (horizontal oder vertikal) zwischen Unternehmen voraus. Der **Handel zwischen den Mitgliedstaaten** muss **spürbar beeinträchtigen** werden. Zu den diesbezüglichen Anforderungen wurden Leitlinien der Kommission veröffentlicht (ABl. 2004 C 101/82). Hinsichtlich der **Spürbarkeit der Wettbewerbsbeschränkung** ist die sog. de minimis- oder **Bagatellbekanntmachung** der Kommission (ABl. 2001 C 368/13) zu beachten. Anhaltspunkte sind die Marktanteile der beteiligten Unternehmen: So darf bei einer Vereinbarung zwischen Wettbewerbern auf keinem von der Vereinbarung betroffenen relevanten Markt die Schwelle von 10% gemeinsamer Marktanteil überschritten werden. Bei Nicht-Wettbewerbern darf auf keinem der relevanten Märkte die Marktanteilsschwelle von 15% überschritten werden, wobei es auf den Marktanteil der einzelnen Unternehmen ankommt. Ausnahmen sind denkbar, etwa auf konzentrierten Märkten. In der Regel werden zudem wettbewerbsbeschränkende Vereinbarungen zwischen kleinen und mittleren Unternehmen (KMU), dh Unternehmen mit weniger als 250 Beschäftigten, bis zu 50 Mio. Euro Umsatz oder bis zu 43 Mio. Euro Jahresbilanz (wobei max. 25% der Anteile von Nicht-KMU gehalten werden dürfen), die Spürbarkeitsschwelle nicht erreichen. Spürbarkeit der Wettbewerbsbeschränkung wird jedoch ferner und unabhängig von Marktanteilen angenommen, wenn es sich um sog. **Kernbeschränkungen** handelt (vgl. dazu auch Art. 4 Abs. 1 TT-GVO). 68

Eine kartellrechtswidrige Vereinbarung (die Vertragsklausel) ist **nichtig,** Art. 101 Abs. 2 AEUV. Gemäß § 139 BGB ist die Gesamtvereinbarung (der Lizenzvertrag) nichtig, wenn es sich bei der betreffenden Vereinbarung – die Teilbarkeit vorausgesetzt – um einen wesentlichen Vertragsbestandteil handelt. **Salvatorische Klauseln** 69 ändern daran nichts, durch sie wird lediglich die Darlegungs- und Beweislast abweichend verteilt (BGH NJW 2003, 347f. – *Tennishallenpacht*).

70 Wettbewerbsbeschränkende Vereinbarungen in Lizenzverträgen sind **freistellungsfähig;** vgl. Art. 101 Abs. 3 AEUV. Anders als bis zum Inkrafttreten der VO 1/2003 zum 1.5.2004 ist aber eine **formelle Freistellung** einer Vereinbarung vom Kartellverbot nicht möglich. Unternehmensvereinbarungen unterliegen nunmehr dem **System der Selbsteinschätzung.** Die „Einschätzungslast" liegt bei den Vertragsparteien. Im System der Selbsteinschätzung kommt daher der von der Kommission erlassenen **Gruppenfreistellungsverordnung** (GVO) **für Technologietransfer-Vereinbarungen** (VO 316/2014, TT-GVO) eine wichtige Bedeutung zu, auch im Zusammenspiel mit den parallel erlassenen **Leitlinien** zur TT-GVO (ABl. C 89/3).

71 Der **sachliche Anwendungsbereich** der TT-GVO wird durch Art. 1 vorgegeben. GebrM-Rechte sind **Technologierechte** iSv Art 1 Abs. 1 lit. b ii. Bei der Vereinbarung muss es sich um einen **Technologietransfer** handeln, die Nutzung des lizenzierten Rechts muss zur Produktion von Waren oder Dienstleistungen erfolgen (sog. Vertragsprodukte). GebrM-Lizenzverträge erfüllen diese Voraussetzung. Die Anwendung der TT-GVO steht ferner unter dem Vorbehalt, dass von den beteiligten Unternehmen bestimmte **Marktanteilsschwellen** nicht überschritten werden, Art. 3 TT-GVO (sog. safe harbour). Sind die Beteiligten Wettbewerber, ist der safe harbour nur eröffnet, wenn der gemeinsame Marktanteil auf dem relevanten Technologie- und Produktmarkt 20% nicht übersteigt. Bei Nicht-Wettbewerbern kommt es auf den individuellen Marktanteil der Beteiligten an. Dieser darf auf dem relevanten Technologie- und Produktmarkt nicht höher als 30% sein. Zur Abgrenzung der relevanten Märkte vgl. Art. 8 TT-GVO.

72 Für die notwendige **Klauselkontrolle** wird in den Art. 4 und 5 – negativ – definiert, welche Vereinbarungen in Lizenzverträgen (grundsätzlich) nicht vom Kartellverbot freigestellt werden können. In Art. 4, in dem die sog. **Kernbeschränkungen** („schwarze Klauseln") aufgeführt sind, unterscheidet zunächst danach, ob es sich bei den Beteiligten um Wettbewerber oder Nicht-Wettbewerber und um eine wechselseitige oder nicht-wechselseitige Vereinbarung handelt. Bei Vereinbarungen zwischen **Wettbewerbern** sind die Festsetzung von Wiederverkaufspreisen (**Preisbindung** der zweiten Hand), **Outputbeschränkungen** (mengenmäßige Produktions- und Absatz-/Vertriebsbeschränkungen), die Aufteilung **von Absatzgebieten und Kunden** bzw. Kundengruppen, **Beschränkungen des Lizenznehmers bei der Verwertung eigener Technologien** sowie Forschungs- und Entwicklungsverbote zwischen den Vertragsparteien grundsätzlich von der Freistellung ausgenommen. Dies gilt auch für **Pay for delay-Vereinbarungen,** die unter Art. 4 Abs. 1 lit. c TT-GVO subsumiert werden können (*Besen/Slobodenjuk* GRUR 2014, 740, 743). **Ausnahmetatbestände** finden sich in Art. 4 Abs. 2 TT-GVO.

73 Bei Vorliegen einer Beschränkung nach Art. 5 **(„graue Klauseln")** bleibt die Freistellung der Rest-Vereinbarung (des Rest-Lizenzvertrags) durch Anwendung der TT-GVO möglich, auch wenn die wettbewerbsbeschränkende Klausel selbst nicht freigestellt werden kann. Auch Art. 5 unterscheidet nach Vereinbarungen zwischen Wettbewerbern (Abs. 1) und Nicht-Wettbewerbern (Abs. 2). Nicht freistellungsfähig sind Verpflichtungen des Lizenznehmers zur **exklusiven Rücklizenzierung** von Verbesserungen an der lizenzierten Technologie oder eigenen neuen Anwendungen (grant back-Klausel) sowie zur **exklusiven Rückübertragung** solcher Verbesserungen bzw. Anwendungen. Ferner sind **Nichtangriffsverpflichtungen** des Lizenznehmers im Hinblick auf die lizenzierte Technologie (vgl. → Rn. 54) nicht freistellungsfähig, vorbehaltlich eines grundsätzlich zulässigen (Sonder-)Kündigungsrechts des Lizenzgebers bei erfolgtem Angriff (s. dazu *Hauck* WRP 2012, 673, 674f.). Bei Vereinbarungen zwischen Nicht-Wettbewerbern sind Beschränkungen des Lizenznehmers bei der Verwertung eigener Technologien sowie **Forschungs- und**

Entwicklungsverbote von der Freistellung ausgenommen. Für letztere gilt dies nicht, wenn sie für die Geheimhaltung von lizenziertem Know-how unerlässlich sind.

In Tz. 183 TT-Leitlinien sind Vereinbarungen genannt, die nach Ansicht der Kommission grundsätzlich nicht wettbewerbsbeschränkend, bei Einhaltung der Marktanteilsschwellen aber jdf. freistellungsfähig sind („weiße Klauseln"). Dies sind das Verbot zur **Vergabe von Unterlizenzen, Vertraulichkeitsvereinbarungen,** Vereinbarungen über **Mindestlizenzgebühren** und **Nutzungsverbote** nach Ablauf der Vereinbarung (sofern die lizenzierte Technologie noch gültig und rechtswirksam ist). Ebenfalls unbedenklich sind eine **Ausübungspflicht** des Lizenznehmers bezüglich des lizenzierten (Schutz-)Rechts, gegenseitige **Informationspflichten** etwa über Schutzrechtsverletzungen sowie **Längstlaufklauseln** (vgl. → Rn. 61). Bei Einhaltung der Marktanteilsschwellen sind auch **Kopplungs- und Paketvereinbarungen** freistellungsfähig. **74**

§ 23 [Schutzdauer, Aufrechterhaltung, Erlöschen]

(1) **Die Schutzdauer eines eingetragenen Gebrauchsmusters beginnt mit dem Anmeldetag und endet zehn Jahre nach Ablauf des Monats, in den der Anmeldetag fällt.**

(2) **Die Aufrechterhaltung der Schutzdauer wird durch Zahlung einer Aufrechterhaltungsgebühr für das vierte bis sechste, siebte und achte sowie für das neunte und zehnte Jahr, gerechnet vom Anmeldetag an, bewirkt. Die Aufrechterhaltung wird im Register vermerkt.**

(3) **Das Gebrauchsmuster erlischt, wenn**
1. **der als Inhaber Eingetragene durch schriftliche Erklärung an das Patentamt auf das Gebrauchsmuster verzichtet oder**
2. **die Aufrechterhaltungsgebühr nicht rechtzeitig (§ 7 Abs. 1, § 13 Abs. 3 oder § 14 Abs. 2 und 5 des Patentkostengesetzes) gezahlt wird.**

Inhaltsübersicht

1. Allgemeines/Zweck der Vorschrift. Mit der Vorschrift des § 23 in der Fassung aus dem Jahr 2001 (BlPMZ 2002, 14) werden die Schutzdauer (Abs. 1), die Aufrechterhaltung (Abs. 2) und das Erlöschen des GebrM (Abs. 3) geregelt. Des Weiteren regelt § 23 die Verlängerung des GebrM und den Vermerk der Verlängerung im Register. Durch das PrPG ist das durch das GebrMGÄndG 1986 auf acht Jahre verlän- **1**

gerte Schutzrechtssystem noch einmal auf maximal zehn Jahre verlängert worden (Art. 5 Nr. 7 PrPG; BlPMZ 1990, 161, 168). Die Regelung über die Zahlung der Verlängerungsgebühr in Abs. 2 lehnt sich an die Vorschrift über die Zahlung der Patentjahresgebühren gemäß § 17 PatG an mit dem Unterschied, dass in § 23 GebrMG eine mehrjährige und keine jährliche Verlängerungsperiode geregelt wird, die den Verwaltungsaufwand und damit die Kosten unter dem Ziel der Förderung des GebrM-Schutzes geringer hält. Die in den früheren Fassungen (1986 und 1990) enthaltenen Bestimmungen, wie beispielsweise die Gebührennachricht (bei säumiger Zahlung der Gebühr), die Stundung der Gebühren, der Teilverzicht oder die Pflicht der Bekanntmachung bei Löschung aus sonstigen Gründen wurden ersatzlos gestrichen. Trotz dieser Streichung weiterhin möglich ist der Teilverzicht sowie die Bekanntmachung der Löschung aus sonstigen Gründen. Die Anwendung der Vorschriften im PatG zur Verfahrenskostenhilfe (§ 130 Abs. 1 PatG) über § 21 GebrMG ist an die Stelle der früheren Stundungsmöglichkeit getreten, → § 21 Rn. 56ff.

2. Schutzdauer

2 **2.1 Laufzeit und Laufzeitabschnitte.** Die Schutzfrist (Laufzeit) des GebrM beträgt maximal zehn Jahre und ist nicht verlängerbar (BGH GRUR 2000, 1018 – *Sintervorrichtung;* BPatGE 40, 185). Die in Abs. 1 aF gewählte Formulierung „der Gebrauchsmusterschutz dauert" wurde zutreffend geändert und nimmt nun auf den Eintritt des Schutzes mit der Eintragung des GebrM Bezug und stellt damit unmissverständlich klar, dass hiermit keine Rückwirkung des Schutzes auf den Anmeldetag verbunden ist. Die normale Laufzeit beginnt mithin mit dem Tag nach dem Anmeldetag, vgl. auch § 11 Abs. 1. Hieraus folgt, dass infolge des unterschiedlichen Anmelde- und Eintragungstags die tatsächliche Dauer des Schutzes, also die „eigentliche" Schutzfrist, kürzer als zehn Jahre ist. Nach dem eindeutigen Wortlaut kommt es für die Berechnung der Laufzeit nur auf den Anmeldetag, nicht hingegen auf den Prioritätstag an. Anmeldetag ist auch der Anmeldetag einer früheren Patentanmeldung iSd § 5 Abs. 1 S. 1, so dass sich bei der **Abzweigung** die Laufzeit vom Tag nach der Patentanmeldung an bestimmt (BPatG GRUR 1990, 435, 438 – *Zuführvorrichtung für Extruder;* BPatG GRUR 1991, 42, 43/44 – *Anschlussvorrichtung I*). Die maximale Laufzeit gliedert sich in vier Teilabschnitte von zweimal drei (1.–3. Jahr und 4.–6. Jahr) und zweimal zwei Jahren (7.+8. Jahr und 9.+10. Jahr). Der erste Laufzeitabschnitt, der ab dem Anmeldetag bis zur ersten Verlängerung durch Zahlung der Aufrechterhaltungsgebühr andauert, wird durch Zahlung der Anmeldegebühr erwirkt. Die weiteren Laufzeitabschnitte werden durch Zahlung von Aufrechterhaltungsgebühren in Gang gesetzt. Die Zahlungsfristen gibt das PatGKostG in §§ 7, 3 Abs. 2 und § 2 Abs. 1 iVm GebVerz A II Nr. 322 100, 322 200, 322 300 vor. Die Berechnung der Laufzeit bemisst sich nach §§ 186ff. BGB; § 193 BGB ist nach hM nicht anwendbar, so dass die Laufzeit auch an Wochenenden bzw. Feiertagen ablaufen kann (*Busse/Keukenschrijver/Schuster* § 23 Rn. 7).

3 **2.2 Eintragung.** Dem Gesetzeswortlaut entsprechend erfolgt die Eintragung vor Ablauf des ersten Laufzeitabschnittes. Die Eintragung des GebrM ist aber auch noch nach Beendigung des ersten Laufzeitabschnittes möglich (vgl. BGH GRUR 1967, 477 – *UHF-Empfänger II*), wobei dann jedoch kein Schutz für die Vergangenheit eintritt. Das Schutzrecht kann seine Wirkung ab der Eintragung immer nur für die Zukunft entfalten (vgl. auch *Bühring/Bühring* § 23 Rn. 11 a. E.). Überhaupt kein Schutz kann dann eintreten, wenn die Eintragung nach Ablauf der Maximallaufzeit oder nach Ablauf eines oder mehrerer Laufzeitabschnitte, wenn die nächste Aufrechterhaltungsgebühr nicht gezahlt wurde. Sofern die Verlängerungsgebühr nicht bezahlt wird, entsteht kein Verbietungsrecht gegenüber Dritten, sondern nur noch eine prioritätssichernde Wirkung (BPatG GRUR 1993, 113, 114 – *Thermostat*). Dieser Prioritätsschutz kann nicht „verlängert" werden (BPatGE 19, 136, 137). Eintragung nach Ablauf der Höchstlaufzeit hat zur Folge, dass kein Schutz mehr eintritt (BPatGE 19, 136).

3. Aufrechterhaltung

3.1 Dauer. Die Schutzfrist (Laufzeit) von insgesamt **zehn Jahren** kann durch Verlängerung nach Ablauf des dritten, sechsten und achten Jahres für jeweils drei bzw. zwei Jahre erreicht werden, § 23 Abs. 1 und 2. Die Verlängerungsmöglichkeit steht im Belieben des GebrM-Inhabers. Die Verlängerungsperioden schließen sich jeweils unmittelbar an die vorangegangene an. Die Berechnung erfolgt mithin auch hinsichtlich der Verlängerungen dem auf die Anmeldung folgenden Tag. Eine Beitreibung der Verlängerungsgebühren erfolgt aufgrund der freien Entscheidung des GebrM-Inhabers über die Verlängerung nicht. Wird die Aufrechterhaltungsgebühr nicht oder nicht rechtzeitig gezahlt, erlischt das Gebrauchsmuster gemäß § 23 Abs. 3 Nr. 2; dies gilt auch bei bloßer Teilzahlung, → Rn. 16. 4

3.2 Gebühren- und Zahlungspflicht. Sobald das Gebrauchsmuster eingetragen ist, tritt Gebührenpflicht ein, es sei denn die Eintragung erfolgt nach Ablauf der Höchstlaufzeit. Die Gebührenpflicht kann hingegen nicht mehr eintreten, wenn das Gebrauchsmuster vor Fälligkeit **erloschen** ist. Entfällt das GebrM rückwirkend, so entsteht kein Erstattungsanspruch; dies gilt auch für übrige Ereignisse, die nach Zahlung der fälligen Gebühr eintreten. Bei Vorliegen eines nach § 119 BGB beachtlichen Irrtums soll die Gebührenzahlung anfechtbar sein (vgl. *Bühring/Bühring* § 23 Rn. 28 m. w. N.). 5

Gebührenschuldner ist der im Fälligkeitszeitpunkt eingetragene **GebrM-Inhaber** (*Busse/Keukenschrijver/Schuster* GebrMG § 23 Rn. 16). **Mehrere Inhaber** gelten als Gesamtschuldner, wobei bei Zahlungsverweigerung eines Schuldners durch Zahlung der anderen Schuldner übertragungswirksam für den Verzichtenden geleistet werden kann (vgl. *Bühring/Bühring* § 23 Rn. 31). Nicht zahlungspflichtig, aber mit befreiender Wirkung zahlungsfähig ist zum einen der **Rechtsnachfolger**, der noch nicht ins Register eingetragen ist, zum anderen kann jeder Dritte die Aufrechterhaltungsgebühr leisten. Dies kann zB dann der Fall sein, wenn er im Innenverhältnis dazu verpflichtet ist. Für das Patentamt ist eine im Innenverhältnis bestehende Vereinbarung unerheblich. Gebührenschuldner ist für ihn allein der im Register Eingetragene. Die Verlängerungsperioden mit den sich daraus ergebenden Verlängerungsgebühren geben dem GebrM-Inhaber hinreichend Anlass darüber nachzudenken, ob sich die weitere Aufrechterhaltung des GebrM für ihn lohnt. Ist das GebrM erst nach Ablauf der jeweils längst möglichen Schutzfrist eingetragen worden, so wird eine Verlängerungsgebühr nicht fällig, so dass eine gezahlte Gebühr nicht verfallen kann, mithin zurückzuzahlen ist (BPatGE 20, 119).

3.3 Verlängerungsgebühr. Die Gebührentatbestände des PatGebG wurden von denen des PatKostG mit Inkrafttreten des Gesetzes am 1.1.2002 abgelöst. Die **Höhe** der Aufrechterhaltungsgebühr für die erste (dreijährige) Verlängerung der Schutzdauer beträgt gemäß dem GebVerz des PatKostG EUR 210,00 (GebVerz. Nr. 322 100), die Aufrechterhaltungegebühr für die zweite (zweijährige) Verlängerung der Schutzdauer beträgt EUR 350,00 (GebVerz. 322 200), die Gebühr für die dritte (zweijährige) Verlängerung der Schutzdauer beträgt EUR 530,00 (GebVerz. 322 300). Die Verlängerung, die nur für eingetragene GebrM in Betracht kommt, wird durch Zahlung der Gebühr bewirkt, § 23 Abs. 2 S. 1. Eines formellen Antrags auf Aufrechterhaltung bedarf es nicht, die vollständige und fristgerechte Zahlung der jeweiligen Aufrechterhaltungsgebühr ist allein maßgeblich, vgl. § 23 Abs. 2 S. 1. Für Anmeldungen bedarf es keiner Verlängerung, vgl. § 3 Abs. 2 S. 2 PatKostG. 6

Die Aufrechterhaltungsgebühren sind spätestens zwei Monate nach **Fälligkeit** zu zahlen, § 7 Abs. 1 PatKostG. Fällig sind die Gebühren für den bevorstehenden Laufzeitabschnitt am letzten Tag des Monats, in dem die vorangegangene Schutzfrist endet, § 3 Abs. 2 Satz 1, Satz 2 PatKostG. Die nicht rechtzeitige Zahlung der Aufrechterhaltungsgebühr innerhalb der 2-Monats-Frist bewirkt einen kostenmäßigen Nachteil, der sich in der notwendigen Zahlung eines einheitlichen Verspätungszu- 7 schlags in Höhe von EUR 50,00 niederschlägt, GebVerz. zu § 2 Abs. 1 PatKostG Nr. 322.101, 322.201, 322.301. Die Zahlung innerhalb der 2-Monatsfrist begründet folglich keine Verpflichtung zur Zahlung eines Zuschlags. § 23 Abs. 2 Satz 5 aF sah noch eine Löschungsbenachrichtigung bei nicht fristgerechter Zahlung durch das Patentamt vor, die seit der Neufassung des § 23 in 2001 entfällt.

8 Die **Zahlungsnachfrist** für die Zahlung der Aufrechterhaltungsgebühr nebst Zuschlag endet 6 Monate nach Fälligkeit, § 7 Abs. 1 PatKostG. Bis zum Ablauf der Zahlungsnachfristen (dh maximal 6 Monate nach Fälligkeit) bleibt das eingetragene Gebrauchsmuster aufrechterhalten und genießt während der gesamten Laufzeitdauer fortwährend Schutz (anders bei GebrM die vor dem 1.1.2002 angemeldet wurden, vgl. hierzu BPatGE 22, 140). Die Verlängerung tritt erst durch Zahlung der Verlängerungsgebühr und des tariflichen Verspätungszuschlags ein. Bei nicht vollständiger Zahlung der Verlängerungsgebühr sowie des tarifmäßigen Zuschlags und bei endgültiger Nichtzahlung tritt eine Verlängerung der Schutzdauer nicht ein. Die Aufrechterhaltung wird in der Rolle eingetragen, § 23 Abs. 3 Nr. 2. Ferner wird die Aufrechterhaltung auf der Urkunde, § 25 Abs. 1 DPMAV, vermerkt und im Patentblatt bekannt gegeben.

9 Im Falle der Eröffnung eines **Insolvenzverfahrens** über das Vermögen des eingetragenen Patentinhabers hat dies keinerlei Auswirkungen auf die laufenden Zahlungsfristen, weil hierdurch keine Veränderung der materiellen Rechtslage erfolgt, sondern lediglich das Verwaltungs- und Verfügungsrecht auf den Insolvenzverwalter übergeht (BGH GRUR 2008, 551, 552 – *Sägeblatt*).

10 Entfällt das GebrM rückwirkend, so entsteht **kein Erstattungsanspruch;** dies gilt auch für übrige Ereignisse, die nach Zahlung der fälligen Gebühr eintreten. Gebührenschuldner ist der im Fälligkeitszeitpunkt eingetragene GebrM-Inhaber (*Busse/Keukenschrijver/Schuster* GebrMG § 23 Rn. 16). Die Verlängerungsperioden mit den sich daraus ergebenden Verlängerungsgebühren geben dem GebrM-Inhaber hinreichend Anlass darüber nachzudenken, ob sich die weitere Aufrechterhaltung des GebrM für ihn lohnt. Ist das GebrM erst nach Ablauf der jeweils längst möglichen Schutzfrist eingetragen worden, so wird eine Verlängerungsgebühr nicht fällig, so dass eine gezahlte Gebühr nicht verfallen kann, mithin zurückzuzahlen ist (BPatGE 20, 119). Bei Vorliegen eines nach § 119 BGB beachtlichen Irrtums soll die Gebührenzahlung anfechtbar sein (vgl. *Bühring/Bühring* § 23 Rn. 28 m.w.N.).

11 Zu den Folgen der Nichtzahlung vgl. → Rn. 16.

12 **3.4 Vorauszahlung.** Es besteht die Möglichkeit, die Aufrechterhaltungsgebühren bereits **vor** Fälligkeit, allerdings nicht mehr als ein Jahr vor Fälligkeit zu zahlen, § 5 Abs. 2 PatKostG. Die Wirkung der Vorauszahlung ist, dass das eingetragene Gebrauchsmuster mit der Zahlung für die Dauer der nächsten Laufzeit weiter aufrechterhalten wird.

13 Wird die Gebühr **mehr als ein Jahr** vor Fälligkeit geleistet, so erfolgt dies ohne Rechtsgrund und führt zur **Rückerstattung** durch das Patentamt mit der Folge, dass die Aufrechterhaltung nicht bewirkt wird, vgl § 5 Abs. 2 PatKostG. Es bedarf für die Aufrechterhaltung einer neuen Vorauszahlung innerhalb des Jahres vor Fälligkeit oder der Zahlung (max. 6 Monate) nach Fälligkeit, es sei denn der Beginn des Jahres vor Fälligkeit steht unmittelbar bevor. Ordnungsgemäß geleistete Vorauszahlungen **innerhalb der Jahresfrist** vor Fälligkeit werden grundsätzlich **nicht zurückerstattet** (BPatGE 19, 168; BPatGE 20, 119). Als einzige Ausnahme mit der Folge der Rückerstattung ist der Verzicht vor Fälligkeit, da das Entstehen der Aufrechterhaltungsgebühr nach Fälligkeit nicht mehr möglich ist (vgl. *Bühring/Bühring* § 23 Rn. 33), siehe auch → Rn. 18.

14 Die **Höhe der Gebühren** richtet sich nach dem Zeitpunkt in dem die Aufrechterhaltungsgebühr wirksam entrichtet wurde. Wird folglich die Gebühr innerhalb der Jahresfrist vor Fälligkeit geleistet und erhöht sich die Gebühr vor Fälligkeit, aber nach

Zahlung, so wird der Aufschlag nicht mehr eingefordert, vgl. § 13 Abs. 1 Nr. 3 PatKostG. Die Aufrechterhaltung für den nächsten Laufzeitabschnitt gilt als ordnungegemäß bewirkt. Sofern die Gebühr innerhalb von drei Monaten nach der Gebührenerhöhung fristgerecht nach den alten Gebührensätzen gezahlt wurde, wird vom Patentamt eine Frist gesetzt, binnen derer der nach der neuen Gebührenordnung entstehende Aufschlag ohne Zuschlag nachzuzahlen ist, § 13 Abs. 3 PatKostG. Wurde die Gebühr hingegen später als drei Monate nach der Gebührenerhöhung gezahlt oder überhaupt unvollständig bzw. nicht fristgerecht gezahlt, findet § 13 Abs. 3 PatKostG keine Anwendung. Das Patentamt weist nicht auf die Gebührenerhöhung hin, dem GebrM-Inhaber wird insofern eine Informationspflicht auferlegt (BPatG Mitt. 2008, 26 (LS)).

Eine als Vorauszahlung geleistete Gebühr bewirkt die Aufrechterhaltung des **15** GebrM erst mit Ablauf der im Zeitpunkt der Zahlung noch laufenden Schutzdauer.

3.5 Rechtsfolgen bei Nichtzahlung. Die **nicht** oder **nicht fristgerecht** oder **16** **unvollständig** geleistete Aufrechterhaltungsgebühr führt zum **Erlöschen** des GebrM (§ 23 Abs. 3 Nr. 2 GebrMG iVm § 7 Abs. 1, 3 Abs. 2 PatKostG), sobald die Zahlungsnachfrist von 6 Monaten abgelaufen ist (BlPMZ 2002, 55). Sobald das GebrM erlöscht, wird dies entsprechend im Register vermerkt. Der Vermerk ist anfechtbar (PA BlPMZ 1955, 298). Der Vermerk hat nicht-konstitutive Wirkung und führt deshalb bei einem zu Unrecht eingetragenen Vermerk nicht zum Erlöschen des GebrM. Der Inhaber wird über verspätete oder unvollständig entrichtete Gebühren unterrichtet. Bindungswirkung kann indes eintreten, wenn das Patentamt die Zahlung der Gebühren trotz Säumnis für rechtzeitig erachtet (BPatGE 23, 248, 252).

3.6 Wiedereinsetzung. In die vorstehenden Fristen kann Wiedereinsetzung ge- **17** mäß § 21 Abs. 1 iVm § 123 PatG gewährt werden. Bei der Beurteilung der im Wiedereinsetzungsantrag angegebenen Gründe ist ausschließlich auf den eingetragenen Inhaber abzustellen, nicht aber auf den noch nicht eingetragenen Rechtsnachfolger (vgl. BPatG BlPMZ 2006, 244).

3.7 Rückzahlung. Gebühren, die vor Wegfall des GebrM entrichtet worden **18** sind, deren Fälligkeit aber nachher erst eingetreten wäre, müssen erstattet werden (BGH BlPMZ 1971, 317 – *Dipolantenne II;* BPatG Mitt 1972, 236). Hierzu gehören Vorauszahlungen auf die Verlängerungsgebühr, die – mit der Anmeldung – möglich sind (vgl. BPatGE 21, 58); ansonsten kommt eine Erstattung grundsätzlich nicht in Betracht (BPatGE 19, 168). Fällig gewordene Gebühren sind nicht zu erstatten, da sie mit der Zahlung in der Regel verfallen (BPatGE 19, 51; BGH GRUR 2008, 549 – *Schwingungsdämpfung*). Es ist deshalb gleichgültig, ob das GebrM oder die Anmeldung rückwirkend entfallen. Hingegen sind die Gebühren, die nach Wegfall des GebrM bzw. der Anmeldung gezahlt werden oder gezahlt werden, ohne dass ein Schutz entsteht, rückzuerstatten, § 812 BGB (BPatGE 13, 12; BPatGE 20, 86); ferner, wenn die Fälligkeit vor Wegfall des Rechts eingetreten war (vgl. BGH GRUR 1971, 563 – *Dipolantenne II*). Eine Gebührenrückzahlung kommt nicht in Betracht bei Zahlung und Fälligkeit vor Wegfall der Anmeldung oder des GebrM (BGH GRUR 1971, 563 – *Dipolantenne II*); bei Vorauszahlungen, wenn die Fälligkeit zwar möglich, jedoch ungewiss war (BPatGE 15, 22) bzw. aus Billigkeitsgründen (BPatGE 11, 200, 203; BGH GRUR 2008, 549 [17] – *Schwingungsdämpfung*). Siehe auch → Rn. 12.

4. Erlöschen des GebrM. Das GebrM-Recht unterscheidet zwischen dem Erlö- **19** schen mit rückwirkender Kraft von Anfang an (**ex tunc:** Löschung, Nichtwiderspruch, Rücknahme des Widerspruchs) und Erlöschen nur für die Zukunft (**ex nunc:** Verzicht, Nichtzahlung der Aufrechterhaltungsgebühren). Da das GebrM ein sog ungeprüftes Schutzrecht ist, entfällt das Schutzrecht (Gebrauchsmuster) nicht, falls in einem Löschungsverfahren die Löschung nach Sachprüfung beschlossen wird, da das „Schutzrecht" gerade nicht bestanden hat (vgl. zur Rückwirkung der Löschung

BGH GRUR 1963, 519, 521 – *Klebemax*). Dementsprechend kann von der Löschung des Schutzrechts „GebrM" lediglich dann gesprochen werden, wenn die Löschung mangels Widerspruchs des GebrM-Inhaber auf den Löschungsantrag ohne Sachprüfung hin durch Beschluss erfolgt (vgl. lediglich BGH GRUR 1967, 351, 353 – *Korrosionsschutzbinde*) und ein Löschungsgrund nicht besteht (BGH GRUR 1963, 519, 521 – *Klebemax*), was aber gerade mangels Sachprüfung nicht mehr entschieden wird; vgl. auch → § 17 Rn. 59ff.

20 Das GebrM erlischt **mit Ablauf** der ursprünglichen oder der weiteren Schutzdauer, wenn die Voraussetzungen der Verlängerung bis dahin nicht erfüllt sind, dh nicht erst mit Ablauf der Nachfrist (BPatG GRUR 1993, 112, 113 – *Thermostat;* BPatGE 22, 140, 141). Das bedeutet, dass das GebrM (bereits) mit Ablauf der vorangegangenen Schutzfrist erloschen ist. Zwar wirkt die Verlängerung auf das Ende der früheren Schutzdauer zurück, jedoch können Rechte aus dem GebrM für die Zeit nach deren Ablauf bei nachträglicher Verlängerung erst nach Eintritt der Verlängerung hergeleitet werden (BPatGE 22, 140, 141). Das bedeutet, dass in diesem Zeitraum **Weiterbenutzungsrechte** Dritter entstehen können (vgl. → § 13 Rn. 104; § 12 Rn. 13). Mit Ablauf der Nachholungsfrist ist eine Verlängerung der Schutzfrist nicht mehr möglich.

21 Werden **Schadensersatzansprüche** geltend gemacht, hängt deren Bestand davon ab, ob das GebrM ex tunc oder ex nunc entfällt. Entfällt das GebrM ex tunc, ist der Schadensersatzanspruch unbegründet, entfällt das GebrM ex nunc, bestehen Schadensersatzansprüche nur für die Vergangenheit (RGZ 148, 400).

22 **4.1 Verzicht, § 23 Abs. 3 Nr. 1.** Das GebrM erlischt mit **ex nunc**-Wirkung, also für die Zukunft, wenn der als Inhaber Eingetragene hierauf verzichtet, § 23 Abs. 3 Nr. 1 (BGH GRUR 1997, 213, 214 – *Trennwand*). Beim Verzicht handelt es sich um eine einseitige, empfangsbedürftige Willenserklärung, die auch als Gestaltungserklärung mit Verfügungscharakter angesehen wird (BPatGE 13, 15). Die Verzichtserklärung bedarf der **Schriftform**, § 126 BGB. Es besteht keine Rechtssicherheit darüber, ob eine elektronische Verzichtserklärung oder die Telekopieübermittlung ausreicht (verneinend *Mes* GebrMG § 23 Rn. 10; *Bühring/Büjhring* § 23 Rn. 57). Aus diesem Grunde sollte jedenfalls eine Confirmation Copy nachfolgen. Aus seiner Natur folgt, dass der Verzicht weder bedingt noch befristet erklärt werden kann. Auch wenn § 23 Abs. 6 (mit seiner Formulierung„soweit") mit Inkrafttreten des KostRegBerG ersatzlos gestrichen wurde, kann weiterhin auch **Teilverzicht** erklärt werden (*Benkhard/Grabinski* § 23 Rn. 20; *Busse/Keukenschrijver/Schuster* § 23 Rn. 31). Ein teilweiser Verzicht ist jedoch nur auf volle Ansprüche zulässig und damit nicht auf andere Teile der Unterlagen und eine möglicherweise ganz oder weitgehend nur dort zum Ausdruck kommende Lehre. Derartige Erklärungen sind auslegungsfähig und häufig auch auslegungsbedürftig (vgl. → Vor § 4 Rn. 25; dort auch zur Abgrenzung zur „Rücknahme)

23 Die Verzichtserklärung ist gegenüber dem DPMA abzugeben; eine Erklärung gegenüber dem BPatG (im Beschwerdeverfahren, vgl. BPatG GRUR 1988, 761) sowie gegenüber dem BGH (vgl. BGH GRUR 1962, 294, 295 – *Hafendrehkran*) genügt nicht.

24 Stellvertretung ist möglich; dies bedingt die Vorlage einer Vollmachtsurkunde gemäß § 174 BGB und erfordert, dass die Vollmacht auch zum Verzicht ermächtigt (BPatG Mitt. 1988, 29). Bei Nichtvorlage der Vollmachtsurkunde hat das DPMA die Verzichtserklärung des Vertreters unverzüglich zurückzuweisen (BPatGE 30, 130, 133). Die Verzichtserklärung verlangt zwar nicht die Wahl des Begriffs „Verzicht", muss jedoch den Willen des Erklärenden klar erkennbar machen, dass die Rechtswirkungen des GebrM also endgültig erlöschen sollen. Die Formulierung des „Verzichts" auf Ansprüche zusammen mit der Erklärung, dass Rechte insoweit nicht geltend gemacht werden, ist deshalb als Rücknahme eines Widerspruchs im Rahmen eines Löschungsverfahrens gewertet worden (BPatG GRUR 1988, 761). Liegt ein Verzicht auf einen Hauptanspruch vor, ist der gegen einen stehen gebliebenen vormaligen Unter-

anspruch geltend gemachte Löschungsgrund gemäß § 15 Abs. 1 Nr. 1 unabhängig davon zu prüfen, ob zugleich auch die Löschung des weggefallenen Hauptanspruchs beantragt worden war (BGH GRUR 1997, 213, 214 – *Trennwand*). Die **Wirkung** des Verzichts ist auf die Zukunft gerichtet (BGH GRUR 1997, 213, 214 – *Trennwand*). Die Verzichtserklärung wird mit Ihrem Zugang beim DPMA wirksam. Eine Anfechtung der Verzichtserklärung gemäß §§ 119 Abs. 1, 120 BGB ist möglich (BPatG Mitt. 1983, 173); Widerruf hingegen nicht (vgl. *Bühring/Bühring* § 23 Rn. 58).

4.2 Rechtzeitigkeit. Gemäß § 20 Abs. 2 PatG entscheidet ausschließlich das Patentamt, ob die Gebührenzahlung zur Aufrechterhaltung rechtzeitig war. Mitteilung über die Rechtzeitigkeit muss nicht explizit erfolgen, sondern kann sich auch in dem Ausbleiben eines Löschungsvermerks im Register und der Fortsetzung des Verfahrens niederschlagen. 25

Auch wenn das Patentamt feststellt, dass die Gebührenzahlung nicht rechtzeitig war, ergeht nicht zwingend formeller Beschluss, sondern schlägt sich in einem (beschwerdefähigen)Löschungsvermerk im Register nieder. 26

4.3 Bekanntmachung von Löschungen. Gemäß dem ersatzlos gestrichenen § 23 Abs. 7 aF waren Löschungen, die aus einem anderen Grund als wegen Ablaufs der Schutzdauer erfolgen, im Patentblatt in regelmäßig erscheinenden Übersichten bekannt zu machen. Auch wenn seit Streichung des Abs. 7 aF keine Verpflichtung mehr dazu besteht, wird seitens des DPMA nach wie vor das Erlöschen (wg. Ablauf einer Schutzfrist, Verzicht, Löschung oder Feststellung der Unwirksamkeit) im PatBl veröffentlicht und im Register eingetragen (vgl. *Mes* § 23 Rn. 16; *Busse/Keukenschrijver/Schuster* § 23 Rn. 37f. 27

§ 24 [Unterlassungsanspruch; Schadenersatzanspruch]

(1) **Wer entgegen den §§ 11 bis 14 ein Gebrauchsmuster benutzt, kann von dem Verletzten bei Wiederholungsgefahr auf Unterlassung in Anspruch genommen werden. Der Anspruch besteht auch dann, wenn eine Zuwiderhandlung erstmalig droht.**

(2) **Wer die Handlung vorsätzlich oder fahrlässig vornimmt, ist dem Verletzten zum Ersatz des daraus entstandenen Schadens verpflichtet. Bei der Bemessung des Schadensersatzes kann auch der Gewinn, den der Verletzer durch die Verletzung des Rechts erzielt hat, berücksichtigt werden. Der Schadensersatzanspruch kann auch auf der Grundlage des Betrages berechnet werden, den der Verletzer als angemessene Vergütung hätte einrichten müssen, wenn er die Erlaubnis zur Nutzung der Erfindung eingeholt hätte.**

Literatur (Auswahl): *Winkler,* Die Gebrauchsmusterverletzung im Vergleich zur Patentverletzung, GRUR 1958, 205; *Zeller,* Die Einrede der Schutzunfähigkeit im Gebrauchsmusterverletzungsstreit, GRUR 1966, 421; *Marshall,* Die einstweilige Verfügung in Patentstreitsachen, Festschrift R. Klaka, 1987, 99; *Meier-Beck,* Die einstweilige Verfügung wegen Verletzung von Patent- und Gebrauchsmusterrechten, GRUR 1988, 861; *Schultz-Süchting,* Einstweilige Verfügungen in Patent- und Gebrauchsmustersachen, GRUR 1988, 571; *Ullmann,* Die Verletzung von Patent und Gebrauchsmuster nach neuem Recht, GRUR 1988, 333; *Rogge,* Einstweilige Verfügungen in Patent- und Gebrauchsmustersachen, Festschrift für Otto-Friedrich Frhr. von Gamm, 1990, 461ff.; *Nieder,* Anspruchsbegrenzung im Gebrauchsmusterverletzungsprozess, GRUR 1999, 222; *Schramm,* Der Patentverletzungsprozess, 4. Aufl. 1999; *Falck,* Zur Rechtsprechung bei Patentverletzungen, Mitt. 2005, 481; *Kühnen,* Die Besichtigung im Patentrecht – Eine Bestandsaufnahme zwei Jahre nach „Faxkarte", GRUR 2005, 185; *Ahrens,* 21 Thesen zur Störerhaftung im UWG und im Recht des Geistigen Eigentums, WRP 2007, 1281; *Kühnen,* Die Tenorierung des Warnhinweises in Fällen mittelbarer Patentverletzung, GRUR 2008, 218; *Müller-Stoy/Wahl,* Düsseldorfer Praxis zur einstweiligen Unterlassungsverfügung wegen Patentverletzung, Mitt. 2008, 311; *Hauck,* Das Phänomen „Patent Privateering", WRP 2013, 1446; *Kaess,* Die Schutzfähigkeit technischer Schutzrechte im Verletzungsverfahren, GRUR 2009, 276; *Kühnen,* Update zum Düsseldorfer Besichtigungsverfahren, Mitt. 2009, 211; *Müller-Stoy,* Der Besichtigungsanspruch gemäß § 140c PatG in der Praxis, Mitt. 2009, 361ff.

Inhaltsübersicht

1. Allgemeines/Zweck der Vorschrift. Die Vorschrift des § 24 GebrMG wurde durch das DurchsetzungsG (BlPMZ 2008, 274) neu gefasst. In Abs. 1 wurde die Wiederholungsgefahr explizit in den Tatbestand des Unterlassungsanspruchs mitaufgenommen. In Abs. 2 wird nun die Berechnungsmethode des Verletzergewinns und der Lizenzanalogie für die Berechnung des Schadensersatzes die Berechnungsmethode explizit genannt. Die Vorschrift regelt die Ansprüche des GebrM-Inhabers bei widerrechtlicher Verletzung der ihm nach § 11 zustehenden Rechte. § 24 Abs. 1, 2 entspricht wortgleich dem § 139 Abs. 1, 2 PatG (zur Unanwendbarkeit von § 139 Abs. 3 PatG vgl. → Rn. 27). Die sich aus der Tatsache der Nichtprüfung der sog relativen Schutzvoraussetzungen ergebenden Besonderheiten des GebrM sind zu berücksichtigen; ansonsten können die zu § 139 PatG entwickelten Grundsätze herangezogen werden (zur Vergleichbarkeit des GebrM-Schutzes mit dem Patentschutz auch im Verletzungsverfahren, vgl. implizit BGH GRUR 1998, 650, 651 – *Krankenhausmüllentsorgungsanlage*). § 24 Abs. 1 regelt den aus der rechtswidrigen Benutzung des GebrM zugunsten des Verletzten gegen den Verletzer entstehenden Unterlassungsanspruch. Der Unterlassungsanspruch dient der Abwehr künftiger Eingriffe in das GebrM. § 24 Abs. 2 spricht dem Verletzten einen Schadenersatzanspruch bei schuldhafter Rechtsverletzung zu; insoweit sind die Besonderheiten des GebrM als bloßes Registerrecht zu berücksichtigen (vgl. → Rn. 91). Im Falle leichter Fahrlässigkeit entsteht ein Anspruch auf Entschädigung. Ebenso wie § 139 PatG wird § 24 GebrMG durch Folgeregelungen ergänzt, nämlich durch § 24a (Anspruch auf Vernichtung), § 24b (Anspruch auf Auskunft über Herkunft und Vertriebsweg), § 24c (Vorlage- und Besichtigungsanspruch). 1

Unterlassungsansprüche können sich aber auch aus § 823 Abs. 2 BGB in Verbindung mit einem Verstoß gegen ein Schutzgesetz ergeben. Derjenige, der gegen ein 2 den Schutz eines anderen bezweckendes Gesetz i. S. des § 823 Abs. 2 S. 1 BGB verstößt, ist diesem gegenüber gem. § 1004 Abs. 1 BGB (analog) zur Unterlassung verpflichtet. Setzt die betreffende Vorschrift ein Verschulden bei dem Verstoß nicht voraus, so gilt gleiches für die Unterlassungspflicht – anders als die Ersatzpflicht, § 823 Abs. 2 S. 2 BGB (BGH GRUR 2008, 996, 997 [14] – *Clone-CD,* zum Urheberrecht). Weitere, außerhalb des GebrMG sowie des PatG erwachsende Ansprüche betreffen die Störungsbeseitigung (§§ 823 Abs. 1, 1004 BGB), den Anspruch auf Rechnungslegung (vgl. §§ 242, 677, 681 S. 2, 666 BGB) sowie auf Bereicherungsausgleich (§§ 812ff. BGB). Vgl. ferner → § 24g Rn. 2ff.

2. Gebrauchsmusterverletzung

3 **2.1 Grundlagen.** Gebrauchsmusterverletzung iSd § 24 ist die Benutzung einer gebrauchsmusterrechtlich geschützten Erfindung entgegen § 11 Abs. 1 S. 2 und Abs. 2, die nicht durch die Regelungen der §§ 12, 13 oder durch die Zustimmung des Berechtigten gerechtfertigt ist.

4 **2.2 Die sachliche und räumliche Wirkung des Gebrauchsmusters.** § 11 Abs. 1 und Abs. 2 unterscheidet zwischen **unmittelbaren** und **mittelbaren** Benutzungshandlungen. Das GebrM entfaltet seine Wirkungen im **Inland.** Dies beruht auf dem Grundsatz der **Territorialität** des GebrM-Rechts. Der **Inlandsbegriff** wird im Übrigen teilweise **weit ausgelegt** (vgl. im Einzelnen → § 11 Rn. 38). Da das GebrM bei Eintragung nur auf Vorliegen der sog absoluten materiellen Schutzvoraussetzungen und nicht auf das Vorliegen der sog materiellen relativen Schutzvoraussetzungen (Neuheit, erfinderischer Schritt) geprüft ist, setzt die GebrM-Verletzung nicht nur die Eintragung des GebrM, sondern auch die **Schutzfähigkeit** seines Gegenstands voraus (zur Darlegungs- und Beweislast vgl. → Rn. 20f.). Das Verletzungsgericht muss deshalb auf entsprechenden „Einwand" (vgl. BGH GRUR 1997, 892, 893 – *Leiterplattennutzen*) die Frage der Neuheit, des erfinderischen Schritts sowie der materiellen Schutzvoraussetzungen nachprüfen (vgl. auch → § 19 Rn. 1). Ist Personenidentität zwischen dem als Verletzer in Anspruch Genommenen und dem Antragsteller eines Löschungsverfahrens in Bezug auf das Klagegebrauchsmuster gegeben, ist das Ergebnis des Löschungsverfahrens vor dem DPMA/BPatG für den Verletzungsprozess zwischen den Parteien bindend, § 19 (Einzelheiten bei → § 19 Rn. 1ff.).

5 **2.2.1 Die unmittelbaren Benutzungshandlungen.** Das dem Verbietungsrecht unterliegende **Herstellen** umfasst die gesamte Tätigkeit der Schaffung einer Sache von Beginn bis zur Vollendung ohne Beschränkung auf den letzten Tätigkeitsakt. Einbau, Reparatur und Ausbesserung von geschützten Gegenständen können sich als „Herstellen" darstellen, wenn die Maßnahmen über übliche Pflege- und Reparaturarbeiten hinausgehen. Das **Anbieten** umfasst jegliche Offerten zum Erzielen der tatsächlichen Verfügungsgewalt. Das Tatbestandsmerkmal des **Inverkehrbringens** ist bei Einräumung jeglicher willentlichen Verfügungsmacht erfüllt. Der Export von im Inland hergestellten geschützten Erzeugnissen ist ein inländisches Inverkehrbringen. Das Merkmal des **Gebrauchens** ist jegliche Benutzung einer Sache oder eines Stoffs. Die dem Verbietungsrecht unterliegenden Merkmale des **Einführens** und **Besitzens** müssen zweckbestimmt sein und der Herstellung, dem Anbieten, Inverkehrbringen oder Gebrauchen dienen. Da das GebrM keinen Verfahrensschutz zulässt, erstrecken sich die unmittelbaren Benutzungshandlungen auch nicht auf Maßnahmen des Verfahrens oder auf die Verwendung eines bekannten Stoffs für einen anderen Stoff (vgl. Einzelheiten bei → § 11 Rn. 16ff. sowie zum ausgeschlossenen Verfahrens- und Verwendungsschutz → § 2 Rn. 28ff.

6 **2.2.2 Die mittelbaren Benutzungshandlungen.** Die mittelbare GebrM-Verletzung ist eine selbständige Benutzungsart. Der Tatbestand richtet sich gegen den Dritten, der andere, nicht zur Benutzung der Erfindung berechtigten Personen, durch Anbieten oder Liefern von Mitteln ermöglicht, die geschützte Erfindung auszuführen.

Erfasst werden dabei insbesondere das nicht berechtigte Angebot bzw. die Lieferung von Mitteln, die sich auf ein **wesentliches Element** der Erfindung beziehen und damit nicht nur von untergeordneter Bedeutung sind. Der mittelbare Verletzer muss diese Umstände kennen bzw. es muss aufgrund der Umstände offensichtlich sein, dass die Mittel dazu geeignet und dazu bestimmt sind, für die Benutzung der Erfindung Verwendung zu finden. Von dem Verbotstatbestand werden nicht sog neutrale Mittel, also allgemein im Handel erhältliche Erzeugnisse erfasst, selbst wenn sie sich auf ein wesentliches Element der Erfindung beziehen. Einzelheiten bei → § 11 Rn. 48ff.

2.3 Die Gebrauchsmusterkategorien und Wirkungen des Gebrauchsmusters. Bei einem **Erzeugnisgebrauchsmuster** (Sach- oder Vorrichtungsgebrauchsmuster) erstreckt sich die Schutzwirkung auf jedes Erzeugnis mit den gleichen räumlich körperlichen Merkmalen, ohne Rücksicht auf Art oder Weg der Herstellung. Sie umfasst damit alle Funktionen, Wirkungen, Zwecke, Brauchbarkeiten und Vorteile der Vorrichtung. Zweckbestimmungen eines Konstruktionselements schränken den Schutz des GebrM deshalb ebenso wenig ein wie Funktionsangaben (vgl. lediglich BGH GRUR 1991, 436, 441/442 – *Befestigungsvorrichtung II;* Einzelheiten bei → § 12a Rn. 208ff.). 7

2.4 Der Schutzumfang von Gebrauchsmustern. Aufgrund des GebrM ist ausschließlich der GebrM-Inhaber befugt, die geschützte technische Lehre zu benutzen. Der Schutzbereich der geschützten Erfindung ergibt sich aus § 12a. Er wird wesentlich durch den Inhalt der **Gebrauchsmusteransprüche** bestimmt. Beschreibung und Zeichnung sind zur Auslegung heranzuziehen. Das Gesetz sieht damit eine mittlere Lösung vor zwischen dem genauen Wortlaut und dem GebrM-Anspruch als bloße Richtlinie für das, was sich nach dem Gesamtinhalt als erfinderische Idee, als sinnvolles Schutzbegehren ergibt. Die mittlere Lösung soll **angemessenen Schutz** mit **Rechtssicherheit** für Dritte verbinden; Einzelheiten bei → § 12a Rn. 6, → § 12a Rn. 38, → § 12a Rn. 53ff. 8

2.4.1 Maßgeblichkeit des Gebrauchsmusteranspruchs. Für den Schutzbereich kommt den Gebrauchsmusteransprüchen die maßgebliche und bestimmende Bedeutung zu; sie sind nicht nur Ausgangspunkt der Überlegungen. Dabei verlangt die Verletzung grundsätzlich eine identische oder gleichwirkende Verwirklichung aller Merkmale, gleichgültig, ob sie sich im sog Oberbegriff oder im sog kennzeichnenden Teil des Anspruchs befinden (vgl. BGH GRUR 1997, 454 – *Kabeldurchführung* und → § 12a Rn. 72ff., → § 12a Rn. 94ff., → § 12a Rn. 132ff. 9

2.4.2 Identische Verletzung. Für die Beurteilung des Schutzbereichs maßgebend ist der sog **Durchschnittsfachmann.** Dabei handelt es sich um einen mit durchschnittlichen Kenntnissen und Fähigkeiten ausgestatteten Fachmann, der sein Fachgebiet praktisch und theoretisch übersieht. Dieser ist maßgebend für die Ermittlung des Gegenstands eines GebrM, unter Zugrundelegung des im GebrM mitgeteilten Standes der Technik und des allgemeinen Fachwissens. Er ist ferner zuständig für die Ermittlung des Schutzbereichs, den er mit seinem Fachwissen und unter Berücksichtigung des gesamten Standes der Technik bestimmt (vgl. BGH GRUR 1999, 909 – *Spannschraube;* Einzelheiten bei → § 12a Rn. 20, → § 12a Rn. 26ff., → § 12a Rn. 36ff., → § 12a Rn. 59, → § 12a Rn. 63). Die Auslegung der in den Ansprüchen umschriebenen Erfindung dient 10

– der Behebung etwaiger Unklarheiten; 11
– der Klarstellung verwendeter technischer Begriffe; 12
– der Klärung der Bedeutung und Tragweite der Erfindung; 13
– der Einbeziehung etwaiger Abwandlungen der Erfindung; 14
– der Erstreckung auf äquivalente Ausführungsformen. 15

Die **Beschreibung** und **Zeichnungen** sind zwar bei der Auslegung heranzuziehen; aus ihnen kann sich aber kein Schutzumfang ergeben, der von dem abweichen 16 würde, der sich aus dem Inhalt der GebrM-Ansprüche unter Berücksichtigung von Beschreibung und Zeichnungen ergibt (zur Auslegung „unterhalb" des Wortlauts des Anspruchs vgl. BGH GRUR 1999, 909 – *Spannschraube;* Einzelheiten bei → § 12a Rn. 132ff.). Dieser Grundsatz kann insbesondere bei dem aus dem Bereich des EPÜ abgeleiteten, dort häufig angewandten „perepheral drafting" problematisch werden, bei dem die Schutzansprüche als Grundlage des Schutzbereichs also sehr weit formuliert werden. Ggf. wird hier eine nachträgliche Korrektur notwendig sein müssen; dies gilt insbesondere, wenn die technische Lehre aus einer europäischen Patentanmeldung auf ein nationales Gebrauchsmuster „transformiert" worden ist.

17 Den **Eintragungsakten** kommt im Hinblick auf die sog relativen Schutzvoraussetzungen, die nicht geprüft werden, grundsätzlich keinerlei Bedeutung zu (Einzelheiten bei → § 12a Rn. 176). **Beschränkungen** und **Verzichte,** (Einzelheiten bei → § 12a Rn. 178ff., → § 12a Rn. 183ff.) die sich aus der Gebrauchsmusterschrift ergeben, sind zu berücksichtigen. Der **Stand der Technik** ist eine weitere wichtige Auslegungshilfe, aber nur der **im Gebrauchsmuster genannte Stand der Technik,** soweit auf ihn in der Beschreibung Bezug genommen wird (deren Bestandteil er damit ist) (BGH GRUR 2007, 410, 414 [25] – *Kettenradanordnung I*). Nicht erwähnter Stand der Technik ist nur zu berücksichtigen, wenn er als zum allgemeinen Fachwissen auf dem betreffenden Gebiet gehörend anzusehen ist (Einzelheiten bei → § 12a Rn. 170ff.) Die **Entscheidungsgründe** einer Löschungsentscheidung ersetzen und ergänzen die Beschreibung, wenn der Wortlaut des Anspruchs durch eine teilweise Löschung geändert worden ist und die Beschreibung nicht dementsprechend angepasst wurde. Im Übrigen binden die Entscheidungsgründe den Verletzungsrichter nicht, sondern dienen ihm lediglich als Auslegungshilfe (Einzelheiten bei → § 12a Rn. 186ff.).

18 **2.4.3 Äquivalente Verletzungshandlungen.** Die Lehre der Äquivalenz dehnt den Schutzbereich eines GebrM auf solche Benutzungshandlungen aus, die zwar im Anspruch nicht genannt sind, die aber von dem Sinn und Zweck der Erfindung durch Verwendung **gleichwirkender** Mittel Gebrauch machen. Dem GebrM-Inhaber soll der **gebührende Schutz** gegen Versuche seiner Mitbewerber, die Erfindung durch zu gering abweichende Mittel nachzuahmen, gewährt werden. Hier ist freilich das zum Schutz Dritter verstärkt von der Rechtsprechung herangezogene Gebot der **Rechtssicherheit** mit zu berücksichtigen. Beide Prinzipien stehen gleichberechtigt nebeneinander (vgl. im Einzelnen – auch zur Frage der abhängigen Erfindung – → § 12a Rn. 373ff., → § 12a Rn. 460ff.).

19 **2.4.4 Unterkombination.** Lange Zeit nicht geklärt ist die Frage, ob Unterkombinationen Schutz genießen können. Hierunter versteht man die Fallgestaltung, dass bei der angegriffenen Verletzungsform einzelne Merkmale des Patents/GebrM vollständig fehlen. Die Rspr. hatte früher lediglich klargestellt, dass ein Schutz einer Unterkombination jedenfalls dann nicht in Betracht kommt, wenn ein wesentliches und bestimmendes Merkmal nicht verwirklicht ist (vgl. BGH GRUR 1992, 40, 41/42 – *Beheizbarer Atemluftschlauch*), die neuere Rechtsprechung lehnt einen Schutz von Unterkombinationen jedoch idR ab (BGH GRUR 2007, 1059 – *Zerfallszeitmessgerät;* BGH GRUR 2009, 653 [13] – *Straßenbaumaschine;* Einzelheiten bei → § 12a Rn. 466ff.).

2.5 Beweisregeln

20 **2.5.1 Darlegungslast für Schutzfähigkeit.** Das GebrM ist – nach seiner gesetzlichen Grundidee – nur auf das ungeschriebene Prüfungskriterium der Technizität und das Vorliegen der formalen Voraussetzungen des § 4 geprüft. Infolge dessen ist der „Einwand" zulässig, dass das Klagegebrauchsmuster nicht schutzfähig sei (vgl. BGH GRUR 1997, 892,893 – *Leiterplattennutzen*). Ob es sich hierbei um eine „Einrede" oder „Einwendung" im rechtstechnischen Sinn handeln soll, ist offen. Nach einer in der Literatur vertretenen Meinung (*Busse/Keukenschrijver* GebrMG § 24 Rn. 3f.) handelt es sich hierbei um zivilprozessuales Bestreiten, da in der Geltendmachung der Rechte aus dem GebrM regelmäßig **konkludent** die Behauptung der Schutzfähigkeit liegen wird, die der Verletzer zu bestreiten hat. Da im Eintragungsverfahren keine Prüfung auf Neuheit und erfinderischen Schritt erfolgt, ist diese – bei entsprechendem Disput der Parteien – „deshalb ohnehin im Verletzungsprozess nachzuholen" (BGH GRUR 1969, 184, 185 – *Lotterielos*). Weil es als nicht vertretbar angesehen wird, die Prüfungsbefugnis der ordentlichen Gerichte im Verletzungsprozess auf diejenigen Schutzvoraussetzungen einzuschränken, die Eintragungsverfahren nicht geprüft werden (also die sog relativen materiellen Schutzvoraussetzungen), wird die **Prüfungsbefugnis des Verletzungsrichters** als **umfassend** angesehen (BGH GRUR 1969, 184, 185 – *Lotterielos*). Mit der Notwendigkeit und Möglichkeit zur Überprüfung der materiellen Schutzrechtsvoraussetzungen durch das Verletzungsgericht ist aber nicht notwendigerweise eine Aussage darüber getroffen, wen die **Darlegungslast** hierzu trifft. Diese trifft den Verletzer. Denn die Schutzfähigkeit eines Gebrauchsmusters ist aufgrund seiner Eintragung zunächst zu vermuten, was sich aus dem Regel-Ausnahme-Verhältnis der §§ 11, 13 ergibt (→ § 11 Rn. 77 m. w. Einzelheiten; → § 19 Rn. 1 ff.; ebenso, *Rogge* FS von Gamm, 1990, 461, 464; *Meier-Beck* GRUR 1988, 861, 864; *Kaess* GRUR 2009, 276, 280, für das einstweilige Verfügungsverfahren; zum Hauptsacheverfahren ergeben sich aber insoweit keine Unterschiede).

21 **2.5.2 Beweislast.** Darlegungs- und Beweislast stimmen idR überein. Entsprechend den allgemeinen Regeln hat die sich auf eine ihr günstige Regel berufende Partei die anspruchsbegründende Tatsache darzulegen und gegebenenfalls zu beweisen. Beweisbedürftig sind die tatsächlichen Behauptungen der Parteien; die nicht unstreitig, anerkannt (§ 307 ZPO), offenkundig (§ 291 ZPO), gesetzlich zu vermuten (§ 292 ZPO) oder zu unterstellen sind (§ 138 Abs. 3 u. Abs. 4 ZPO).

22 Die **Beweislast** für die Verletzung seines GebrM durch den Beklagten trifft mithin den **Kläger,** ebenso – jedenfalls im Grundsatz – die Beweislast für die sonstigen anspruchsbegründenden Tatsachen, wie zB die Wiederholungsgefahr beim Unterlassungsanspruch, das Verschulden beim Schadenersatzanspruch. Legt der Kläger substantiiert den Verletzungstatbestand dar, kann sich der Beklagte nicht mehr mit einfachem Bestreiten begnügen (vgl. § 138 Abs. 4 ZPO). Vielmehr ist er zu substantiierter Entgegenhaltung verpflichtet. Im Regelfall wird sich der Beklagte auch nicht mit dem Hinweis dieser Substantiierungspflicht entziehen können, dass es sich um ein Betriebsgeheimnis handle. Denn lässt der Verletzungsgegenstand zB die Art seiner Herstellung oder aber seinen Aufbau (eventuell auch unter teilweiser Beschädigung des Gegenstands) erkennen, liegt kein Betriebsgeheimnis vor.

23 Trotz des Grundsatzes, dass insbesondere der Kläger die für ihn günstigen Tatsachen zu beweisen hat, sprechen **gewisse Vermutungen** für ihn bzw. treten gewisse Beweiserleichterungen ein. Wenn eine GebrM-Verletzungshandlung stattgefunden hat, so besteht die Vermutung des Vorliegens der für den Unterlassungsanspruch vorausgesetzten sogenannten Wiederholungsgefahr. Diese kann von dem Beklagten grundsätzlich vorprozessual nur durch Abgabe einer strafbewehrten Unterlassungserklärung ausgeräumt werden. Was den Eintritt und die Höhe des Schadens anbelangt, so bestehen Beweiserleichterungen gemäß § 287 ZPO, wonach das Gericht den Eintritt und die Höhe eines Schadens nach pflichtgemäßem Ermessen schätzen kann. Um den Schaden jedoch schätzen zu können, muss der Kläger aber dem Gericht konkrete und ausreichende Fakten für die Ermittlung des Schadens an die Hand geben. Geschieht dies nicht, ist der geltend gemachte Schadenersatzanspruch abzuweisen.

24 Der **Beklagte** hat zu beweisen: Ausschluss der Rechtswidrigkeit, zB durch Lizenzvertrag, Weiter- oder Vorbenutzungsrecht, eigenes Benutzungsrecht, freier Stand der Technik (vgl. zB BGH GRUR 1997, 454, 456 – *Kabeldurchführung*), Verzicht, Verwirkung, Verjährung, Erschöpfung des GebrM-Rechts, Beseitigung der Wiederholungsgefahr. Nach hM trifft den Verletzer auch die (materielle) Beweislast für die man-

gelnde Schutzfähigkeit; dieser Auffassung ist zuzustimmen, insbesondere wenn berücksichtigt wird, dass zB ein entsprechender Einwand des Beklagten dahin geht, dass eine, die Schutzfähigkeit ausschließende offenkundige Vorbenutzung (bei ihm oder einem Dritten) stattgefunden habe. Nach anderer Auffassung, die faktisch nahezu immer zu gleichen Ergebnissen kommen dürfte, treffe den Verletzer zwar nicht die materielle Beweislast, jedoch die Folgen der Nichtfeststellung schutzhindernden Materials (*Busse/Keukenschrijver* GebrMG § 24 Rn. 4; vgl. auch OLG München 27.10.2006 – 6 U 2345/01)). Schon die Erteilung eines parallelen (europäischen oder deutschen) Patents, erst recht aber eine bestätigende Entscheidung im Einspruchs- oder Nichtigkeitsverfahren, ist dabei als gewichtige sachverständige Stellungnahme für das Bestehen der Schutzfähigkeit zu werten (vgl. BGH GRUR 1998, 895, 896 – *Regenbecken*).

25 Die Zuziehung eines **Sachverständigen** auf Antrag oder von Amts wegen steht im pflichtgemäßen Ermessen des Gerichts. Es darf sich in Fällen, die keine besonderen technischen Schwierigkeiten bieten, selbst die nötige Sachkunde zutrauen, da die spezialisierten Gerichte an die Beurteilung technischer Sachverhalte gewöhnt sind; aus dem Urteil muss sich jedoch entnehmen lassen, weshalb das Verletzungsgericht sich in der Lage sah, den Verletzungstatbestand selbst, dh ohne Hinzuziehung eines Sachverständigen, beurteilen zu können (vgl. BGH GRUR 2001, 770 – *Kabeldurchführung II*). Bei sich widersprechenden Gutachten kann gegebenenfalls ein Obergutachten eingeholt werden. Genauso kann ein Gutachten eingeholt werden (wenn von Amts wegen, keine Vorschusspflicht, BGH GRUR 2010, 365 – *Quersubventionierung*), wenn die Beweisumstände unstreitig sind, aber keine verlässliche Bewertung der Umstände möglich machen (BGH Mitt. 2010, 194 – *Kettenradanordnung II* (LS)). Verhältnismäßigkeit muss gegeben sein (BGH GRUR 2010, 560 – *erforderlicher Bearbeitungsaufwand* (LS); BGH GRUR Mitt. 2010, 194 – *Insassenschutzsystemsicherheit* (LS)). Das Gericht ist an das Gutachten des Sachverständigen nicht gebunden. Auch in technischen Fragen kann es von Gutachten abweichen und nach dem Grundsatz der freien Beweiswürdigung verfahren (BGH GRUR 2001, 770 – *Kabeldurchführung II*).

26 Die **Einnahme eines Augenscheins,** wozu auch die Anstellung von Versuchen gehört, kann auf Antrag einer Partei oder von Amts wegen angeordnet werden.

27 **2.5.3 Keine Beweiserleichterung entsprechend § 139 Abs. 3 PatG.** Diese Vorschrift enthält eine Beweislastumkehr, wenn ein Herstellungsverfahren, das zu einem neuen Erzeugnis führt, Gegenstand des Patents ist. Da das GebrMG dem Schutz von Verfahren nicht zugänglich ist, scheidet die Beweiserleichterung für das GebrM-Verletzungsverfahren aus.

28 **2.5.4 Besichtigungsanspruch nach § 809 BGB, vgl. § 24c GebrMG.** Dem GebrM-Inhaber steht unter Umständen ein besonderer Anspruch dahin zu, dass der Besitzer ihm die Sache zur Besichtigung vorlegt und die Besichtigung gestattet, wenn er sich vergewissern möchte, ob eine Person eine GebrM-Verletzung begangen hat (vgl. hierzu *Kühnen,* GRUR 2005, 185; *Müller-Stoy,* Mitt. 2009, 361; *Kühnen,* Mitt. 2009, 211). Er muss jedoch dazu einen erheblichen Grad an Wahrscheinlichkeit für die Anwendung der geschützten Lehre durch den Verletzer dargetan haben. Macht der potenzielle Verletzter ein Geheimhaltungsinteresse glaubhaft, so ist der Anspruch darauf beschränkt, dass ein Sachkundiger die Feststellungen zu treffen hat. Der Besichtigungsanspruch ist in einem gesonderten Verfahren geltend zu machen und hat sich in der Praxis nicht durchsetzen können (vgl. BGH GRUR 1985, 512 – *Druckbalken*). Der Besichtigungsanspruch wird von § 24e GebrMG nicht berührt (vgl. *Bühring/Bühring* § 24 Rn. 58).

29 **2.5.5 Art. 43 Abs. 1 TRIPS.** Eine Beweiserleichterung zugunsten des Klägers kann sich aus Art. 43 Abs. 1 TRIPS ergeben (zur Streitfrage der unmittelbaren Anwendbarkeit des TRIPS: *Schäfers* GRUR Int. 1996, 763, 768, 774/775). Bei Aus-

schöpfung der einer Partei zur Verfügung stehenden Beweismittel kann das Verletzungsgericht im Falle der Beweisnot anordnen, dass von der Partei bezeichnete rechtserhebliche Beweismittel, die sich in der Verfügungsgewalt der gegnerischen Partei befinden, von dieser vorgelegt werden, Art. 43 Abs. 1 TRIPS. Dies sind nicht nur Urkunden iSd §§ 415ff. ZPO, sondern alle rechtserheblichen Zustände, wie zB Erzeugnisse, Vorrichtungen oder Vorrichtungsteile. Gegebenenfalls kommt eine Inaugenscheinnahme, Besichtigung in Betracht, wenn ein „Vorlegen" der Sache nicht möglich ist. Entsprechend Art. 43 Abs. 2 besteht nach dem deutschen Zivilprozessrecht im Falle der Beweisvereitelung die Möglichkeit der freien Beweiswürdigung bzw. der Beweislastumkehr. Der Beklagte kann nicht mit der Behauptung eines Betriebsgeheimnisses den Vorlageanspruch zu Fall bringen; in diesem Fall sind vielmehr Bedingungen zu schaffen, die den Schutz vertraulicher Information gewährleisten (zB Besichtigung durch einen gerichtlichen Sachverständigen). Das TRIPS-Übereinkommen ist auch auf gebrauchsmusterrechtliche Sachverhalte anwendbar, da der dort verwendete Begriff „Patente" damit das Regelungssystem technischer Schutzrechte zusammenfassen wollte; andernfalls würden auch im Ergebnis nicht gerechtfertigte unterschiedliche Auswirkungen entstehen.

3. Einwendungen des Beklagten

30 **3.1 Zur Einrede der Löschung/Löschungsreife.** Der Benutzer eines GebrM kann im Verletzungsstreit im Gegensatz zum Patentverletzer jederzeit geltend machen, dass das GebrM nicht schutzfähig sei. Das GebrM ist nur auf Technizität und die formalen Voraussetzungen des § 4 GebrMG geprüft. Das Verletzungsgericht muss mithin Neuheit, erfinderischen Schritt sowie die übrigen materiellen Schutzvoraussetzungen überprüfen (BGH GRUR 1969, 184, 185 – *Lotterielos;* vgl. im Einzelnen → Rn. 20ff.). Daneben oder stattdessen kann der potenzielle Verletzter auch ein Löschungsverfahren gemäß §§ 15ff. in die Wege leiten. Ist der Löschungsantrag definitiv zurückgewiesen, so kann sich der Löschungsantragsteller/Beklagte im Verletzungsrechtsstreit nicht mehr auf die mangelnde Schutzfähigkeit berufen, § 19 S. 3 (vgl. → § 19 Rn. 1ff.). Ist das GebrM rückwirkend durch Löschung, Feststellung der Unwirksamkeit oder Nichtwiderspruch auf einen Löschungsantrag aufgrund eines gegenüber jedermann wirkenden Löschungsgrunds weggefallen, haben Ansprüche gegen den „Verletzer" von Anfang nicht bestanden (vgl. BGH GRUR 1963, 494 – *Rückstrahlerdreieck;* dies ist kein Fall der Erledigung der Hauptsache).

31 **3.2 Eigenes Benutzungsrecht.** Der Benutzer eines fremden Rechts kann geltend machen, er handle nicht rechtswidrig, vielmehr aufgrund seines **Benutzungsrechts** am eigenen älteren Recht (§ 14), eines Vorbenutzungsrechts (§ 13 Abs. 3 GebrMG iVm § 12 PatG) oder eines Weiterbenutzungsrechts nach § 21 GebrMG iVm § 123 Abs. 5 PatG bzw. nach §§ 9, 26, 27, 28 ErstrG. Der Benutzer kann sich ferner auf eine Einwilligung des GebrM-Inhabers zB in einem Lizenzvertrag berufen.

32 **3.3 Einwand des freien Standes der Technik.** Dieser Einwand beruht darauf, dass nicht in den Schutzumfang eines GebrM fallen kann, was vorbekannt ist. Jedoch wird dieser Einwand nicht zugelassen, wenn die angegriffene Ausführungsform sämtliche Merkmale des zugrunde gelegten Anspruchs des Klagegebrauchsmusters identisch verwirklicht (BGH GRUR 1997, 454, 456 – *Kabeldurchführung;* vgl. jedoch → § 12a Rn. 479ff.). Der Einwand, die Verletzungsform ergebe sich ohne erfinderische Leistung aus dem Stand der Technik bzw. stehe dem Stand der Technik näher als dem Klagepatent, ist jedoch gegenüber einer im Verletzungsprozess beanspruchten äquivalenten, angegriffenen Ausführungsform (einschließlich der Unterkombination) zugelassen. Die als äquivalente Benutzung angegriffene Ausführungsform stelle mit Rücksicht auf den Stand der Technik keine Erfindung und deshalb auch keine GebrM-Verletzung dar (sog *Formsteineinwand:* vgl. BGH GRUR 1997, 454, 457 – *Kabeldurchführung;* vgl. ferner → § 12a Rn. 484ff.; → § 11 Rn. 114; → § 19 Rn. 19ff.).

33 **3.4 Einwand der widerrechtlichen Entnahme.** Auch der Einwand der widerrechtlichen Entnahme ist zulässig. Der aus einem GebrM in Anspruch Genommene kann also der Klage entgegenhalten, der GebrM-Inhaber habe ihm die im GebrM geschützte Erfindung widerrechtlich entnommen (*Busse/Keukenschrijver* GebrMG § 8 Rn. 22). Dieser Einwand scheitert auch nicht daran, dass dem durch die widerrechtliche Entnahme Verletzten parallel auch ein Löschungsverfahren und weitere Rechtsbehelfe zur Verfügung stehen. Einzelheiten: → § 13 Rn. 24ff.

34 **3.5 Einwand der unzulässigen Erweiterung.** Der Einwand, der Gegenstand des GebrM sei unzulässig erweitert, weise also insbesondere eine weitere Anspruchsfassung auf, als sie vom Offenbarungsgehalt der Anmeldung gedeckt wäre, ist im GebrM-Verletzungsprozess zulässig. Einzelheiten: → § 11 Rn. 116; → § 13 Rn. 10ff.

35 **3.6 Einwand der Verwirkung.** Die **verspätete** Geltendmachung der Rechte aus dem GebrM gegen einen GebrM-Verletzer kann im Einzelfall zu einer Verwirkung der Ansprüche des Berechtigten führen. Neben dem im Einzelfall zu bestimmenden Zeitablauf (2 bis 3 Jahre reichen regelmäßig nicht) muss noch das weitere Merkmal hinzu kommen, dass die verspätete Geltendmachung von Ansprüche infolge besonderer Umstände gegen **Treu und Glauben** verstößt. Der GebrM-Verletzer muss aus dem Verhalten des GebrM-Inhabers entnehmen können, dass dieser keine Ansprüche mehr geltend macht und er muss sich auch **gutgläubig** darauf eingerichtet haben, dass er nicht mehr mit Ansprüchen des Berechtigten zu rechnen brauchte. Bösgläubigkeit des Verletzers kann deshalb keine Verwirkung eintreten lassen. Des Weiteren muss regelmäßig ein **wertvoller Besitzstand** bei dem gutgläubigen Verletzer eingetreten sein. Angesichts der ohnehin nur kurzen Schutzdauer des GebrM im Vergleich zum Patent ist bei der Zulassung dieses Einwandes allgemein Zurückhaltung geboten. Einzelheiten: → § 11 Rn. 117.

36 **3.7 Die Ausnahmen des § 12 GebrMG.** Die Vorschrift des § 12 GebrMG regelt bestimmte, von der Wirkung des GebrM ausgenommene Benutzungshandlungen. Hierzu zählen Handlungen im privaten Bereich zu nicht gewerblichen Zwecken, wobei beide Voraussetzungen erfüllt sein müssen. Auch die Herstellung zu **Versuchszwecken** wird von diesem Ausnahmetatbestand erfasst. Die Herstellung darf sich dabei aber nur auf den **Gegenstand des GebrM** beziehen (zB Überprüfung der Ausführbarkeit, Verwendbarkeit, Weiterentwicklung der Erfindung), nicht aber auf Versuche mit der Erfindung selbst (zB Erzielung einer bestimmten Wirkung einer Vorrichtung). Einzelheiten: → § 12 Rn. 5ff.

37 **3.8 Einwand der Erschöpfung.** Der Grundsatz der Erschöpfung des GebrM-Rechts besagt, dass der Rechtsinhaber durch eigene Benutzungshandlungen (oder Handlungen Dritter mit seiner Zustimmung) das ihm vom Gesetz eingeräumte ausschließliche Verwertungsrecht ausgenutzt und damit verbraucht hat, so dass bestimmte weitere Verwertungshandlungen nicht mehr vom Schutzrecht erfasst werden. Dieser Einwand ist auch im Verletzungsprozess zulässig. Einzelheiten: → § 11 Rn. 99ff.

38 **3.9 Weitere Einwendungen.** Weitere Einwendungen sind zB eine staatliche Benutzungsanordnung, die Einräumung einer Zwangslizenz, die Einwendungen der Beschränkung des Klagegebrauchsmusters, der unmittelbaren Einzelzubereitung von Arzneimitteln in Apotheken aufgrund ärztlicher Handlungen, des Gebrauchs an Bord von Schiffen, bei Luft- und Landfahrzeugen und der Verwendung der Erfindung in der internationalen Zivilluftfahrt, des Verzichts des GebrM-Inhabers, der Löschung. Einzelheiten: → § 11 Rn. 14ff.

4. Parteien des Verletzungsrechtsstreits

39 **4.1 Kläger.** Die Regelung des § 24 spricht die dort genannten Ansprüche dem **Verletzten** zu. Das ist in der Regel der GebrM-Inhaber. Der **GebrM-Inhaber** bedarf für seine Legitimation einer Eintragung in das GebrM-Register, Einzelheiten:

→ § 8 Rn. 20. Andererseits legitimiert die Rolle den tatsächlich Eingetragenen (widerlegbare Vermutung der Rechtsinhaberschaft).

Bei **mehreren Inhabern** kann jeder auf Unterlassung klagen, vorausgesetzt es handelt sich bei der Mehrzahl der GebrM-Inhaber um eine sog. Bruchteilsgemeinschaft i. S. d. §§ 741 ff. BGB. Die Rechnungslegungs- und Schadenersatzansprüche sind auf die Gemeinschaft gerichtet, d. h. die Klage auf Auskunft, Rechnungslegung und Schadenersatz kann nur für alle GebrM-Inhaber erfolgen. 40

Bilden die GebrM-Inhaber eine **Gesellschaft bürgerlichen Rechts,** so gilt folgendes: 41

Außengesellschaften des bürgerlichen Rechts können als solche GebrM-Inhaber und damit auch Verletzungskläger sein. Ob und in welchem Umfang eine BGB-Gesellschaft vertreten wird, bestimmt sich nach den §§ 705 ff. BGB und dem Gesellschaftsvertrag. Soweit eine ausdrückliche Regelung nicht getroffen wurde, wird die Gesellschaft von allen Gesellschaftern gemeinsam vertreten. Hiervon können die Gesellschafter aber jederzeit abweichen, also insbesondere nach den allgemeinen Vertretungsregelungen der §§ 164 ff. BGB einem Gesellschafter oder auch einem Dritten alleine Einzel- oder zusammen mit anderen unter Ausschluss eines Teils der übrigen Gesellschafter auch Gesamtvertretungsmacht erteilen. Ob und inwieweit einem Gesellschafter die Geschäftsführungsbefugnis zusteht, ist bei der Feststellung der Art und des Umfangs der Vertretungsmacht dabei nur im Zweifel maßgeblich; vgl. § 714 BGB (vgl. BPatG GRUR 2008, 449, 450 – *Pit Bull,* zur Widerspruchseinlegung durch Gesellschafter einer GbR). 42

Der eingetragene **GebrM-Inhaber** hat auch Aktivlegitimation für einen **Unterlassungsanspruch,** für einen **Auskunfts- und Vernichtungsanspruch** sowie für einen Anspruch auf **Rückruf** und **Entfernung aus den Vertriebswegen** gegen den Verletzer, wenn er an dem Schutzrecht eine **ausschließliche Lizenz** vergeben hat (BGH GRUR 2008, 896 – *Tintenpatrone I;* OLG Düsseldorf InstGE 12, 88, 89, 90, 91- 93 – *Cinch-Stecker*). Für die Aktivlegitimation des GebrM-Inhabers neben der des ausschließlichen Lizenznehmers setzt dies aber voraus, dass er selbst durch die streitgegenständlichen Verletzungshandlungen **„betroffen"** oder hierdurch **„verletzt"** ist, wobei hieran freilich nur geringe Anforderungen zu stellen sind. 43

- Diese Voraussetzung liegt auch bei Erteilung einer umfassenden **Exklusivlizenz,** die dem Schutzrechtsinhaber jedes eigene (per se anspruchsbegründende) Nutzungsrecht nimmt, vor, wenn mit dem ausschließlichen Lizenznehmer eine **Stück- oder Umsatzlizenz** vereinbart ist, weil durch die Verletzungshandlungen mittelbar auch die Lizenzeinnahmen des GebrM-Inhabers beeinträchtigt werden (BGH GRUR 2008, 896, 898 ff. – *Tintenpatrone I;* OLG Düsseldorf InstGE 12, 88, 90 – *Cinch-Stecker*). 44
- Ferner wird dies bejaht, wenn dem Lizenznehmer eine **vertragliche Bezugspflicht** für die Lizenzgegenstände, für Rohstoffe oder Einzelteile auferlegt ist, weil durch die Verletzungshandlungen der Umsatz (und Gewinn) des Schutzrechtsinhabers mit seinem Lizenznehmer in Mitleidenschaft gezogen werden (BGH GRUR 2008, 896, 898 ff. – *Tintenpatrone I;* OLG Düsseldorf InstGE 12, 88, 90 – *Cinch-Stecker*). 45
- Ebenso bei einer **vertraglichen Verpflichtung** des GebrM-Inhabers, gegen Verletzer vorzugehen, wird seine Klagebefugnis bejaht (OLG Düsseldorf InstGE 12, 88, 90 – *Cinch-Stecker*). 46
- Schließlich kann es bei einer **Freilizenz** genügen, wenn der GebrM-Inhaber als Gesellschafter des ausschließlichen Lizenznehmers an dessen Erträgnissen aus der GebrM-Benutzung beteiligt ist, da er ohne die Verletzungshandlungen eine höhere Gewinnausschüttung erhalten hätte (OLG Düsseldorf InstGE 12, 88, 90 – *Cinch-Stecker*). 47

Schadenersatz kann der GebrM-Inhaber bei Erteilung einer **ausschließlichen Lizenz** allerdings nur verlangen (und entsprechende Rechnungslegung beanspru- 48 chen), wenn er geltend machen kann, selbst geschädigt zu sein. Die Begründetheit der auf Feststellung der Schadensersatzpflicht gerichteten Klage setzt hierbei voraus, dass eine gewisse Wahrscheinlichkeit für den Eintritt eines Schadens besteht (BGH GRUR 2008, 896, 898 – *Tintenpatrone I*).

49 – Zu bejahen ist die Aktivlegitimation deshalb, wenn der **Schutzrechtsinhaber** an der Ausübung der Lizenz durch den Lizenznehmer **wirtschaftlich partizipiert** (BGH GRUR 2008, 896, 898 – *Tintenpatrone I;* OLG Düsseldorf InstGE 12, 88, 92 – *Cinch-Stecker*), etwa bei einer Umsatz- oder Stücklizenz, weil er vom Lizenznehmer höhere Lizenzeinnahmen erhalten hätte, wenn dieser dem Verletzer eine Unterlizenz erteilt oder wegen des Fehlens der schutzrechtsverletzenden Konkurrenztätigkeit höhere Umsätze gehabt hätte. Ein hierauf beruhender Rückgang der Lizenzeinnahmen stellt einen ersatzfähigen Schaden dar (BGH GRUR 2008, 896, 898 – *Tintenpatrone I;* OLG Düsseldorf InstGE 12, 88, 92 – *Cinch-Stecker*).

50 – Gleiches gilt, wenn als **Gegenleistung für die Lizenzvergabe** zB eine **Warenbezugsverpflichtung** vereinbart wurde. Hier ergibt sich ein in zurechenbarer Weise durch die Verletzungshandlungen verursachter Schaden aus dem Rückgang des Umsatzes mit dem Lizenznehmer, so dass die Entstehung eines Schadens – in Form eines entgangenen Gewinns durch verletzungsbedingt geringere Warenbezüge des Lizenznehmers auch in einem solchen Fall regelmäßig nicht fernliegend ist (BGH GRUR 2008, 896, 898 – *Tintenpatrone I;* OLG Düsseldorf InstGE 12, 88, 92 – *Cinch-Stecker*).

51 – Die Wahrscheinlichkeit eines eigenen Schadens des Klägers ergibt sich auch daraus, dass der GebrM-Inhaber als **Alleingesellschafter** des Lizenznehmers über die Gewinnausschüttung an der Ausübung der Lizenz durch diese wirtschaftlich partizipiert (OLG Düsseldorf InstGE 12, 88, 92 – *Cinch-Stecker*).

52 Klagebefugt ist auch der **ausschließliche Lizenznehmer,** der aufgrund seines Benutzungsrechts sämtliche Ansprüche geltend machen kann, soweit seine Ansprüche betroffen sind.

53 Der ausschließliche Lizenznehmer macht aus **eigenem** Recht Ansprüche auf Unterlassung, Auskunft und Rechnungslegung geltend, mithin von dem Schutzrechtsinhaber unabhängige dingliche Rechtspositionen (OLG Düsseldorf InstGE 12, 88, 89 – *Cinch-Stecker,* gegen OLG München (GRUR 2005, 1038 – *Hundertwasserhaus II,* zum Urheberrecht) wonach dem Urheber, der eine ausschließliche Lizenz an seinen Werken vergeben habe, Schadenersatzansprüche nur zustünden, wenn er dafür Lizenzgebühren erhalte, und er nicht berechtigt sei, Schadensersatzansprüche geltend zu machen, wenn er lediglich kapitalmäßig (zB als Alleinaktionär) am Lizenznehmer beteiligt sei). Als ausschließlicher Lizenznehmer ist er – anders als ein einfacher Lizenznehmer – nicht auf eine Abtretung der Ansprüche des Schutzrechtsinhabers angewiesen, er kann auch Ersatz seines eigenen, durch (die behaupteten) Verletzungshandlungen entstandenen Schadens geltend machen (LG Düsseldorf InstGE 11, 99, 106 – *Computernetzwerk,* mwN).

54 Der **einfache Lizenznehmer** kann aus eigenem Recht keine Ansprüche geltend machen; er bedarf insoweit einer besonderen **Ermächtigung** durch den Lizenzgeber für den Unterlassungsanspruch. Das hierzu erforderliche eigene schutzwürdige Interesse des einfachen Lizenznehmers an der Rechtsverfol-gung beruht auf seiner Eigenschaft als Lizenznehmer. Als solcher hat er ein wirtschaftliches, eigenes schutzwürdiges Interesse, dass die GebrM-Verletzung unterbleibt. Rechnungslegungs-, Entschädigungs- sowie Schadensersatzansprüche können nur bei deren Abtretung als eigenes Recht geltend gemacht werden; bei nicht erfolgter **Abtretung** muss er auf Leistung an den Patentinhaber klagen. Dieser Antrag erfasst aber nur den dem GebrM-Inhaber entstandenen Schaden.

55 Eine **Erstreckung der Rechtskraft** eines gegen den Schutzrechtsinhaber erwirkten Urteils gegenüber dem ausschließlichen Lizenznehmer findet nicht statt (LG Düsseldorf InstGE 11, 99, 106 – *Computernetzwerk*).

Strategische Besonderheit – sog. **Patent-Trolle,** eingehend und besonders instruktiv insgesamt zum Nachfolgenden: *Hauck,* WRP 2013, 1446, 1447/1448. **56**

„Patent-Trolle" sind Unternehmen, deren (alleiniger) Geschäftszweck im Erwerb von Patenten, Patentfamilien oder ganzen Patentportfolios besteht, die dann (vermeintlichen) Verletzern entgegengehalten werden (*Hauck* WRP 2013, 1446, 1447). Da Patentverletzungsklagen häufig mit GebrM-Verletzungsklagen kombiniert werden oder letztere sogar häufig die Startklagen zu umfassenderen Schutzrechtsauseinandersetzungen zwischen den Parteien sind, sollen die neuzeitlichen Phänomene auch im Rahmen dieses Kommentars angesprochen werden. **57**

Eine Spielart davon ist das sog. **„Patent Privateering"** („Freibeuterei", vgl. *Hauck* WRP 2013, 1446, 1447). Dies ist die strategische Übertragung von Patenten auf nicht-produzierende Dritte. Dabei kann der Erwerber gegen Wettbewerber oder Kunden des Veräußerers wegen (behaupteter) GebrM-Verletzungen vorgehen, ohne dass der Veräußerer dabei selbst in Erscheinung tritt. Handelt es sich bei diesen Schutzrechten um standard-essentielle Schutzrechte, könnte ein weiterer Effekt einer solchen Übertragung sein, dass der Erwerber nicht an eine vom Veräußerer abgegebene Verpflichtungserklärung gegenüber einer Normungsorganisation gebunden ist (*Hauck* WRP 2013, 1446, 1447). **58**

Die Patent-Trolle wenden sich anschließend mit Berechtigungsanfragen oder Schutzrechtsklagen an Wettbewerber des Veräußerers, was für Letzteren eine Minimierung der Risiken eines „Gegenschlags" zur Folge hat. Die Patent-Trolle greifen dabei auch auf dem Markt neue Unternehmen, insbesondere kleinere und mittlere Unternehmen an, bei denen damit gerechnet wird, dass Ihnen der finanzielle Atem fehlt, langwierige Verletzungsstreitigkeiten zu führen (vgl. *Hauck* WRP 2013, 1446, 1447). **59**

Die Durchsetzung von Schutzrechten auf diesem Wege kann daher für den Abtretenden strategisch von Interesse sein. **60**

Langwierige Auseinandersetzungen vor allem zwischen Wettbewerbern mit großen Schutzrechtsportfolios zu konkurrierenden Technologien werden dadurch vermieden, weil Gegenangriffe des Angegriffenen häufig kein richtiges Ziel mehr haben (*Hauck* WRP 2013, 1446, 1448). Vor diesem Hintergrund gibt es für die Patent-Trolle auch keine Notwendigkeit, Kreuzlizenvereinbarungen einzugehen (*Hauck* WRP 2013, 1446, 1448). **61**

4.2 Beklagter

4.2.1 Täter, Teilnehmer. Beklagter kann zunächst derjenige sein, der die GebrM-Verletzung begeht oder zumindest an der Verletzungshandlung teilgenommen hat, also der **Täter** als Alleintäter, der Mittäter, aber auch der **Gehilfe,** der **mittelbare GebrM-Verletzer,** der die fremde unmittelbare Benutzung ermöglicht oder fördert (BGH GRUR 2009, 1142 – *MP3-Player-Import*). Demgemäß wird nicht zwischen eigener und ermöglichter fremder Benutzung (BGH GRUR 2004, 845 – *Drehzahlermittlung;* BGH GRUR 2009, 1142 [36, 37] – *MP3-Player-Import*) oder unterlassener Vorsorge (BGH GRUR 2007, 313 – *Funkuhr II*) unterschieden. Die **Gehilfenhaftung** setzt neben einer objektiven Beihilfehandlung zumindest einen bedingten Vorsatz in Bezug auf die konkrete oder konkret drohende Haupttat voraus, der das Bewusstsein der Rechtswidrigkeit einschließen muss (BGH GRUR 2007, 708, 710 [31, 32] – *Internet-Versteigerung II* zum Markenrecht; BGH GRUR 2008, 810 [44/45] – *Kommunalversicherer* zum Wettbewerbsrecht). Mehrere Verletzer haften – in Bezug auf Schadenersatzansprüche – gesamtschuldnerisch füreinander. **62**

Das **Bewusstsein der Rechtswidrigkeit** setzt grundsätzlich voraus, dass der Teilnehmer im Zeitpunkt der Teilnahmehandlung mit der Möglichkeit rechnete und dies billigend in Kauf nahm, dass der Haupttäter rechtswidrig handelte. Für die Annahme einer Billigung in diesem Sinne genügt, dass sich der Teilnehmer um seiner eigenen Ziele willen mit einem Verstoß abfand, auch wenn ihm ein solcher an sich gleichgül- **63** tig oder unerwünscht war. Es reicht aus, dass sich der Teilnehmer einer Kenntnisnahme von der Rechtswidrigkeit des von ihm veranlassten oder geforderten Verhaltens entzieht. Das Bewusstsein der Rechtswidrigkeit kann auch durch eine – plausibel begründete – Abmahnung herbeigeführt werden.

64 **Allein** der Umstand, dass der Bekl. durch die **Lieferung nicht unwesentlicher Teile** eine notwendige und wesentliche Bedingung für die Herstellung der patentgeschützten Vorrichtungen gesetzt hat, genügt nicht, macht ihn noch nicht zum Täter des Herstellungsvorgangs. Zwar kann ein solches Verhalten grundsätzlich die Haftung für die hierdurch (mit-)verursachte Benutzung des GebrM begründen. So hat jeder Beteiligte – gegebenenfalls neben anderen als Nebentäter i. S. des § 840 Abs. 1 BGB – bereits für eine fahrlässige GebrM-Verletzung einzustehen, so dass grundsätzlich jede vorwerfbare Verursachung der Rechtsverletzung einschließlich der ungenügenden Vorsorge gegen solche Verstöße ausreicht (BGH GRUR 2002, 599 – *Funkuhr*). Das darf jedoch nicht dazu führen, den Tatbestand der unmittelbaren GebrM-Verletzung auf Fälle notwendiger Teilnahme zu erstrecken, die der Tatbestand nach seinem Sinn und Zweck nicht erfassen soll. Derjenige, der an den Hersteller einer erfindungsgemäßen Vorrichtung Teile liefert, die gegebenenfalls i. S. des § 11 Abs. 2 als Mittel in Betracht kommen, die sich auf ein wesentliches Element der Erfindung beziehen, setzt zwar eine notwendige Bedingung für die – von ihm gegebenenfalls auch gewollte – Herstellung des geschützten Gegenstands. Seine gebrm-rechtliche Verantwortung richtet sich jedoch – jedenfalls solange nur eine fahrlässige Gebrm-Verletzung in Betracht kommt – ausschließlich nach § 11 Abs. 2, da anderenfalls die von dieser Vorschrift seiner Verantwortung gezogenen Grenzen unterlaufen würden (BGH GRUR 2007, 313, 314/315 [17] – *Funkuhr II*).

65 Auch soweit im Einzelfall für eine Qualifikation als Verletzungshandlung ausreichend sein kann, dass die Verwirklichung des Benutzungstatbestandes durch einen Dritten unvorsätzlich ermöglicht oder gefördert wird, obwohl der Verletzer sich mit zumutbarem Aufwand die Kenntnis verschaffen kann, dass die von ihm unterstützte Handlung das absolute Recht des GebrM-Inhabers verletzt (BGH GRUR 2009, 1142, 1144 [29] – *MP3-Player-Import*), so reicht ein **Mitverursachungsbeitrag** allein jedoch nicht aus, um eine Verantwortlichkeit zu begründen. Vielmehr muss eine **Verletzung einer Rechtspflicht,** die jedenfalls auch dem Schutz des absoluten Rechts dient und bei deren Beachtung der Mitverursachungsbeitrag entfallen oder jedenfalls als verbotener und zu unterlassender Beitrag des Handelnden zu der rechtswidrigen Handlung eines Dritten erkennbar gewesen wäre, hinzutreten. Andernfalls würde der Verletzungstatbestand uferlos (BGH GRUR 2009, 1142, 1145 [36] – *MP3-Player-Import*). Bei der Bestimmung des notwendigen Zurechnungszusammenhangs sind wiederum die Wertungen des Gesetzgebers in den Blick zu nehmen, wozu gerade die vorerwähnte Vorschrift des § 11 Abs. 2 gehört (vgl. BGH GRUR 2007, 313ff., 314f. – *Funkuhr II;* LG Mannheim InstGE 12, 70, 73 – *Handover*).

66 Der **im Ausland ansässige Lieferant,** der auf Grund der Lieferung an einen ausländischen Abnehmer wegen einer Gebrauchsmusterverletzung in Anspruch genommen wird, haftet nur dann, wenn er positive Kenntnis davon hat, dass der Abnehmer die gebrauchsmustergemäßen Gegenstände seinerseits bestimmungsgemä0 (direkt oder indirekt zumindest auch ins Inland liefert (vgl. OLG Karlsruhe GRUR 2016, 482 (2. LS).

67 **4.2.2 Juristische Personen, Organe. Juristische Personen** (zB Aktiengesellschaft, GmbH) haften für ihre gesetzlichen Vertreter und leitenden Angestellten; der **Vorstand,** der **Geschäftsführer** haften selbst, soweit sie persönlich an der Verletzung der von Ihnen vertretenen juristischen Personen beteiligt waren oder sie wenigstens kannten und nichts zu ihrer Verhinderung taten. Die Haftung des Geschäftsführers/Vorstands für gebrm-verletzende Handlungen der von ihm vertretenen Gesellschaft knüpft dabei nicht ohne weiteres an die formale Geschäftsführerstellung an, sondern

an den von dem Geschäftsführer/Vorstand wahrzunehmenden Verantwortungsbereich, in dem der gesetzliche Vertreter für die Beachtung absoluter Rechte Dritter Sorge tragen muss.

Mit der wirksamen **Beendigung des Geschäftsführeramts** entfällt hingegen der rechtliche Anknüpfungspunkt für eine Verantwortlichkeit in Bezug auf den Vertrieb des schutzrechtsverletzenden Produkts mit Wirkung ex nunc, ohne dass es auf die der Eintragung des Ausscheidens im Handelsregister ankäme (OLG Düsseldorf InstGE 10, 129, 135 – *Druckerpatrone II*). **68**

Keine Passivlegitimation des Geschäftsführers im Hinblick auf den **Vernichtungsanspruch,** wenn nicht ersichtlich, dass sich das Verletzungsprodukt ausnahmsweise in seinem Eigentum oder Besitz befinden sollte (OLG Düsseldorf InstGE 10, 129, 137 – *Druckerpatrone II*). **69**

Konzernunternehmen werden nur dann in die Haftung genommen, wenn sie auch tatsächlich an der Verletzung beteiligt waren (BGH GRUR 2009, 597 – *Halzband*). **70**

Darüber hinaus können zumindest in **leitender Stellung** befindliche Angestellte passivlegitimiert sein. **71**

4.2.3 Störer. Ferner kann der **Störer** jedenfalls auf Unterlassung in Anspruch genommen werden. Störer ist, wer – ohne Täter oder Teilnehmer zu sein – **in irgendeiner Weise willentlich und adäquat kausal** zur Verletzung eines geschützten Gutes beiträgt (BGH GRUR 2002, 618, 619 – *Meißner Dekor;* BGH GRUR 2008, 702, 706 [50] – *Internet-Versteigerung III* zum Markenrecht). Um die Haftung nicht über Gebühr auf Dritte auszudehnen, die nicht selbst die rechtswidrige Beeinträchtigung vorgenommen haben, wird die Verletzung von Prüfungspflichten gefordert. Deren Umfang bestimmt sich danach, ob und inwieweit dem als Störer in Anspruch Genommenen nach den Umständen eine Prüfung zuzumuten ist (BGH GRUR 2007, 708, 711 [40] – *Internet-Versteigerung II;* BGH GRUR 2008, 702, 706 [50] – *Internet-Versteigerung III,* BGH GRUR 2011, 152 – *Kinderhochstühle im Internet* zum Markenrecht). Der Störer kann auch vorbeugend auf Unterlassung in Anspruch genommen werden, wenn er eine Erstbegehungsgefahr begründet; dies folgt bereits aus dem Wesen des vorbeugenden Unterlassungsanspruchs (BGH GRUR 2007, 708, 711 [41] – *Internet-Versteigerung II;* BGH GRUR 2007, 890 – *Jugendgefährdende Medien bei eBay* zum Markenrecht). **72**

Unter dem Eindruck der Kritik aus dem Schrifttum – ob ein sachliches Bedürfnis neben der täterschaftlichen Verantwortung für Verkehrspflichtverletzungen auch noch die „Störerhaftung" überhaupt besteht – stellte die Rechtsprechung in jüngerer Zeit sogar das ganze Rechtsinstitut der „Störerhaftung", wenigstens hinsichtlich des Wettbewerbsrechts in Frage (vgl. BGH GRUR 2003, 807 – *Buchpreisbindung;* BGH GRUR 2003, 969 (970) – *Ausschreibung von Vermessungsleistungen;* BGH GRUR 2006, 957 – *Stadt Geldern;* BGH GRUR 2007, 708 – *Internet-Versteigerung II;* dazu bereits *Ahrens* WRP 2007, 1281, 1286). **73**

Wenn jemand in einem Online-Artikel auf die Homepage des GebrM-Verletzers einen **Hyperlink** setzt und dadurch willentlich und adäquat kausal sowie ihm objektiv zurechenbar den in dieser Homepage liegenden Rechtsverstoß unterstützt, haftet er nach den vorliegend anwendbaren Grundsätzen der Störerhaftung iVm. § 823 Abs. 2 BGB, § 139 PatG auf Unterlassung. Der Unterlassungsanspruch wird nicht durch spezialgesetzliche Vorschriften wie zB das Haftungsprivileg in § 10 TMG ausgeschlossen, da diese Vorschriften auf Hyperlinks nicht anwendbar sind (vgl. BGH GRUR 2004, 693, 694f. – *Schöner Wetten;* LG München I InstGE 9, 89, 94/95 – *Kopierschutzknacker III* zum Urheberrecht) und im Übrigen auf Unterlassungsansprüche keine Anwendung finden (vgl. BGH GRUR 2007, 890, 891f. – *Jugendgefährdende Medien bei eBay;* LG München I InstGE 9, 89, 94/95 – *Kopierschutzknacker III* zum Urheberrecht). Durch den Hyperlink wird das Auffinden der Rechtsverletzung zu- **74** mindest erleichtert; dass dies auch durch Suche bei Suchmaschinen erreicht werden kann, ist damit unbehelflich. Durch eine dergestalt begründete Störerhaftung wird auch nicht in verfassungswidriger Weise in die Pressefreiheit iSv Art. 5 Abs. 1 Satz 2 GG, Art. 10 EMRK eingegriffen (LG München I InstGE 9, 89, 101 – *Kopierschutzknacker III* zum Urheberrecht).

75 Zahlreiche Abgrenzungsfragen ergeben sich bei der Haftung von **Internetauktionshäusern** bei Fremdversteigerungen (vgl. BGH GRUR 2007, 708 – *Internet-Versteigerung II;* BGH GRUR 2007, 890 – *Jugendgefährdende Medien bei eBay;* BGH GRUR 2011, 152 – *Kinderhochstühle im Internet;* BGH GRUR 2013, 1229 – *Kinderhochstühle im Internet II;* BGH GRUR 2015, 485 – *Kinderhochstühle im Internet III* zum Markentrecht). **Internet-Plattformen,** wie eBay haben nicht nur Probleme mit Marken-Piraterie sondern vermehrt auch mit dem Einstellen GebrM-verletzender Produkte durch gewerbliche Anbieter (vgl. zB BGH MMR 2014, 405 – *Einkaufskühltasche*).

76 Die Haftungsprivilegien des Telemediengesetzes finden **keine (uneingeschränkte) Anwendung auf Unterlassungsansprüche.** Dies gilt auch für den vorbeugenden Unterlassungsanspruch (BGH GRUR 2007, 708, 710 [17,18] – *Internet-Versteigerung II;* BGH GRUR 2008, 702, 705 [38] – *Internet-Versteigerung III;* BGH GRUR 2010, 616 – *marions-kochbuch.de,* zum Markenrecht). Allerdings scheidet ihre Haftung als **Täter** oder **Teilnehmer** durch Anbieten ihrer Plattform für Fremdversteigerungen aus. Sie begehen dadurch nicht selbst eine (drohende) GebrM-Verletzung und nehmen an ihr auch nicht teil, s. die o. a. Gründe (BGH GRUR 2007, 708, 710 [27, 28, 31, 32] – *Internet-Versteigerung II*). Nach den oben genannten Voraussetzungen zur Störerhaftung setzt diese bei Internet-Auktionshäusern voraus, ob und inwieweit diesen als **Störer** in Anspruch Genommenen nach den Umständen eine Prüfung zuzumuten ist. Sie müssen nach einem Hinweis auf eine klare Rechtsverletzung nicht nur das konkrete Angebot unverzüglich sperren, vielmehr auch Vorsorge treffen, dass es möglichst nicht zu weiteren derartigen Rechtsverletzungen kommt (vgl. BGH GRUR 2007, 708 – *Internet-Versteigerung II;* BGH GRUR 2011 152- *Kinderhochstühle im Internet*). Eine Haftung als Störer setzt weiter voraus, dass sie keine zumutbaren Kontrollmaßnahmen ergreifen, während ein Verstoß gegen das Unterlassungsgebot nicht gegeben ist, wenn schon keine GebrM-Verletzungen vorliegen oder die GebrM-Verletzungen nicht mit zumutbaren Filterverfahren und eventueller anschließender manueller Kontrolle der dadurch ermittelten Treffer erkennbar sind (BGH GRUR 2007, 708 – *Internet-Versteigerung II;* BGH GRUR 2007, 890 – *Jugendgefährdende Medien bei eBay;* BGH GRUR 2008, 702, 706 [51, 52] – *Internet-Versteigerung III,* zum Markenrecht).

77 Einem **Internetauktionshaus** muss es weiter technisch möglich und zumutbar sein, weitere Verletzungen seitens der Nutzer zu verhindern (BGH GRUR 2007, 890 – *Jugendgefährdende Medien bei eBay*). Die **Darlegungs- und Beweislast** hierfür liegt grundsätzlich beim Kläger. Sie wird allerdings dadurch gemildert, dass das Auktionshaus insoweit eine **sekundäre Darlegungslast** trifft, die dann anzunehmen ist, wenn der Kläger keinen Einblick in die technischen Möglichkeiten zur Verhinderung der weiteren Rechtsverletzungen hat (BGH GRUR 2008, 1097, 1099 [19, 20] – *Namensklau im Internet,* zum Kennzeichenrecht). Das Internet-Auktionshaus muss folglich im Einzelnen vortragen, welche Schutzmaßnahmen möglich sind und weshalb – falls diese Maßnahmen keinen lückenlosen Schutz gewährleisten – weitergehende Maßnahmen nicht zumutbar sind. Erst dann kann der Kläger seinerseits substantiiert vortragen, ob dies aus seiner Sicht unzutreffend ist und seinen Klageantrag ggfs. anpassen. Kommt das Auktionshaus seiner sekundären Darlegungslast nicht nach, kann es uneingeschränkt zur Unterlassung verurteilt werden (BGH GRUR 2008, 1097, 1099 [20] – *Namensklau im Internet* zum Kennzeichenrecht). Die Haftung eines Internet-Auktionshauses setzt weiter voraus, dass die Anbieter der gebrauchsmusterverletzenden Produkte **nicht im privaten Bereich zu nichtgewerblichen Zwecken** gehandelt haben, vgl. § 12 Nr. 1. Zur Abgrenzung ist das Gewinnstreben für sich genommen nicht entscheidend. Im Interesse des GebrM-Schutzes sind an dieses Merkmal keine hohen Anforderungen zu stellen. Ein Handeln nicht im privaten Bereich zu gewerblichen Zwecken kann regelmäßig angenommen werden, wenn ein Anbieter wiederholt mit gleichartigen, insbesondere auch neuen Gegenständen handelt. Selbiges gilt wenn ein Anbieter zum Kauf angebotene Produkte erst kurz zuvor erworben hat oder wenn er ansonsten gewerblich tätig ist (BGH GRUR 2008, 702, 705 [41, 43] – *Internet-Versteigerung III* zum Markenrecht). Der GebrM-Inhaber ist dafür darlegungs- und beweispflichtig, dass der Anbieter gewerblich tätig war. Ihm kommt jedoch die dem Internet-Auktionshaus obliegende sekundäre Darlegungslast (vgl. hierzu BGH GRUR 2007, 247 [33] – *Regenwaldprojekt I*) zugute, falls er zahlreiche „Feedbacks" zugunsten des Anbieters nachweisen kann; dann muss das Internet-Auktionshaus substantiiert zum Handeln des Anbieters im privaten Bereich zu nichtgewerblichen Zwecken vortragen (BGH GRUR 2008, 702, 705 [46, 47] – *Internet-Versteigerung III* zum Markenrecht).

5. Unterlassungsanspruch, § 24 Abs. 1. Der Unterlassungsanspruch dient der 78
Abwehr künftiger Eingriffe in das GebrM. Eine GebrM-Verletzung braucht dabei noch nicht wirklich begangen zu sein; es genügt, dass Tatsachen vorliegen, die die Besorgnis künftiger Verletzungshandlungen rechtfertigen (**Begehungsgefahr**). Jedoch darf diese Verletzungshandlung nicht nur abstrakt drohen, sondern muss sich bereits konkret abzeichnen. Zum Beispiel durch eine Vorbereitungshandlung oder eine sog Berühmung einer Berechtigung. Die Berühmung kann auch im Rahmen eines Rechtsstreits erfolgen, zB aufgrund der Verteidigung, dass die angegriffene Ausführungsform nicht das Klagegebrauchsmuster verletze; um insoweit auf der sicheren Seite zu sein, bedarf es einer Klarstellung, dass die Argumentation allein der Rechtsverteidigung dient. Hat bereits eine Verletzungshandlung stattgefunden, so droht die Besorgnis, dass sie wiederholt werden kann **(Wiederholungsgefahr).** Die einmalige Verletzung genügt. Hinsichtlich der Wiederholungsgefahr ist gegebenenfalls nach den einzelnen Verletzungshandlungen zu differenzieren: So kann ein in der Vergangenheit bereits erfolgtes, unerlaubtes Inverkehrbringen die Gefahr begründen, dass diese Gegenstände auch gebraucht oder zu diesen Zwecken eingeführt werden. Allein durch in der Vergangenheit erfolgte gebrm-verletzende Vertriebshandlungen wird jedoch nicht notwendigerweise die Gefahr begründet, dass zukünftig auch verletzende Herstellungshandlungen getroffen werden. Die bloße Aufgabe der Verletzung allein beseitigt die Wiederholungsgefahr nicht; dies kann regelmäßig nur durch eine bedingungslose **Unterlassungsverpflichtung mit Vertragsstrafeversprechen** ausgeräumt werden. Die bloße Aufgabe der Verletzung allein beseitigt die Wiederholungsgefahr nicht; dies kann regelmäßig nur durch eine bedingungslose Unterlassungsverpflichtung mit Vertragsstrafeversprechen ausgeräumt werden. Im Prozess kann die Wiederholungsgefahr darüber hinaus durch **Anerkenntnis** des Unterlassungsantrages ausgeräumt werden. Wird die Wiederholungsgefahr während des Prozesses beseitigt, so wird der Kläger den Rechtsstreit insoweit für in der Hauptsache erledigt erklären müssen, da andernfalls der Unterlassungsantrag unabhängig davon, ob bei Klageerhebung eine Wiederholungsgefahr gegeben war oder nicht, abzuweisen ist.

Wurde vor Erhebung der Klage eine ausreichende Unterlassungsverpflichtung mit 79
Vertragsstrafeversprechen abgegeben, so fehlt einer dennoch erhobenen Unterlassungsklage das **Rechtsschutzbedürfnis** hierfür. Andererseits besteht dieses

- trotz Möglichkeit eines berufsgerichtlichen oder Strafverfahrens (BGH GRUR 1981, 596, 597 – *Apotheken-Steuerberatungsgesellschaft;* BGH GRUR 1957, 558 – *BY-Express*);
- idR trotz Möglichkeit, Anhängigkeit oder Durchführung einer Vertragsstrafenklage, weil sie einem anderen Zweck dient (BGH GRUR 1980, 241, 242 – *Rechtsschutzbedürfnis*);

– trotz (Antrags auf) Erlass einer einstweiligen Verfügung (BGH GRUR 1973, 384 – *Goldene Armbänder;* OLG Dresden WRP 1996, 432, 433; OLG Köln NJWE-WettbR 1999, 92), weil diese nur vorläufigen Rechtsschutz gewährt; dies gilt auch dann, wenn der Antragsgegner auf das Recht, die Hauptsacheklage zu erzwingen, § 926 ZPO, verzichtet hat, weil er noch andere Einwendungen gegen die einstweilige Verfügung, § 927 ZPO, vorbringen kann (BGH GRUR 1989, 115 – *Mietwagen-Mitfahrt*);
– idR trotz Klage oder Titel eines anderen (Mehrfachklage), weil es sich um einen anderen Streitgegenstand handelt und der Gläubiger keinen Einfluss auf die Prozessführung und Vollstreckung des anderen hat Gläubigers (BGH GRUR 1960, 379, 381 – *Zentrale;* KG WRP 1993, 22, 23);
– bei Vorgehen gegen einen „untergeordneten" Störer, selbst wenn ein Vorgehen gegen den „Hauptstörer" möglich oder bereits erfolgt ist (BGH GRUR 1976, 256, 257 – *Rechenscheibe;* vgl. auch BGH GRUR 1977, 114, 115 – *VUS*);
– trotz eigenen wettbewerbswidrigen Verhaltens des Gläubigers, da dieses allenfalls eine materiell-rechtliche Einwendung begründen kann;
– trotz Verzichts des Schuldners auf die Verjährungseinrede (OLG Hamm WRP 1992, 655). Das gilt jedenfalls für die Unterlassungsklage, weil und solange der Gläubiger keinen Unterlassungstitel hat;
– trotz vorher erhobener gegnerischer (negativer) Feststellungsklage (BGH WRP 1994, 816, 817 – *Preisrätselgewinnauslobung II*).

80 Der Unterlassungsanspruch ist **verschuldensunabhängig.** Die Rechtswidrigkeit der Benutzungshandlung muss für den Unterlassungsanspruch gegeben sein. Die Tatbestandsmäßigkeit der GebrM-Benutzung indiziert die Rechtswidrigkeit, es sei denn, es liegt einer der unter → Rn. 30-36 erwähnten Rechtfertigungsgründe vor. Das Vorliegen von Wiederholungs- oder Erstbegehungsgefahr ist Tatfrage. Die tatbestandlichen Voraussetzungen müssen in der letzten mündlichen Tatsachenverhandlung gegeben sein. Eine Überprüfung des Vorliegens von Erstbegehungs- bzw. Wiederholungsgefahr in der Revisionsinstanz ist nur dahingehend möglich, ob das Tatsachengericht die richtigen rechtlichen Gesichtspunkte angewandt und keine wesentlichen Tatumstände außer Acht gelassen hat.

81 Hinsichtlich der **Antragstellung** sind die in Betracht kommenden Verletzungshandlungen genau zu untersuchen. Bei einem Hersteller ist anzunehmen, dass dieser auch auf den nachfolgenden Vertriebsstufen tätig wird, so dass sich die Antragstellung auf sämtliche Tatbestandshandlungen des § 11 Abs. 1 GebrMG erstrecken kann. Ein reines Handelsunternehmen wird normalerweise nicht zur Herstellung übergehen, so dass sich der Antrag nicht auf die Tatbestandshandlung des Herstellens beziehen darf; hier kommt ein Teilunterliegen mit entsprechender Kostenlast in Betracht (10 bis 20% der Kosten).

82 Der **Klageantrag** muss die **Verletzungsform** genau bezeichnen. Dabei ist auch das Bestimmtheitserfordernis gemäß § 253 ZPO zu beachten. Eine Bezugnahme auf den Hauptanspruch reicht auch bei identischer Verletzung wohl nicht mehr aus; bei nicht identischer Benutzung muss der Antrag an die konkrete Verletzungsform angepasst werden (BGH GRUR 2005, 569, 570/572 – *Blasfolienherstellung;* BGH GRUR 2006, 131 134 – *Seitenspiegel;* insoweit allerdings früher unterschiedliche Handhabung durch die Gerichte, vgl. zB LG München Mitt. 1999, 466 [469f.]). Ganz allgemein muss ein Unterlassungsantrag nach § 253 II Nr. 2 ZPO so bestimmt sein muss, dass der Streitgegenstand und der Umfang der Prüfungs- und Entscheidungsbefugnis des Gerichts klar umrissen sind und der Unterlassungsbeklagte erkennen kann, wogegen er sich verteidigen soll und welche Unterlassungspflichten sich aus einer dem Unterlassungsantrag folgenden Verurteilung ergeben; die Entscheidung darüber, was ihm verboten ist, darf nicht im Ergebnis dem Vollstreckungsgericht. überlassen werden (BGH GRUR 2008, 357, 358 [20] – *Planfreigabesystem* zum Urheberrecht; BGH GRUR 2008, 702, 704 [25] – *Internet-Versteigerung III* zum Markenrecht). Folglich reicht es nicht aus, dass es der Bekl. bewusst ist, was mit einem gewählten Begriff umschrieben ist. Auslegungsbedürftige Begriffe oder Bezeichnungen sind aber akzeptabel oder im Interesse einer sachgerechten Verurteilung zweckmäßig oder sogar geboten sein, wenn über den Sinngehalt der verwendeten Begriffe oder Bezeichnungen kein Zweifel besteht, so dass die Reichweite von Antrag und Urteil feststeht (BGH GRUR 2008, 357, 358 [22] – *Planfreigabesystem* zum Urheberrecht). Dem Kl. muss wegen § 139 ZPO Gelegenheit gegeben werden, einen Antrag, der nicht von vorneherein unbegründet ist, zu präzisieren (BGH GRUR 2007, 871, 872 [22] – *Wagenfeld-Leuchte* zum Urheberrecht; BGH GRUR 2008, 357, 359 [28] – *Planfreigabesystem* zum Urheberrecht). Im Zusammenhang mit dem der Verletzungshandlung des Anbietens wurde die Verwendung des Begriffs „beispielhaft" als zulässig angesehen, weil das beantragte Verbot nicht auf ähnliche Verletzungsformen erstreckt wird (dies ist unzulässig: BGH GRUR 1999, 235, 238 – *Wheels Magazin* zum Patentrecht), sondern der allgemein gefasste Unterlassungsantrag verweist auf konkret beanstandete Verletzungsformen, in denen das Charakteristische des Verbots beispielhaft zum Ausdruck kommt (BGH GRUR 2008, 702, 704 [32, 33] – *Internet-Versteigerung III* zum Markenrecht). Damit verbunden ist allerdings nicht die Notwendigkeit, bereits im Antrag zum Ausdruck zu bringen, dass das Verbot auf einer Verletzung von Prüfungspflichten beruht (BGH GRUR 2013, 1229 – *Kinderhochstühle im Internet II*).

Bestehen auf Seiten des Klägers in Bezug auf die Bestimmtheit des Klageantrags **83** Zweifel, bietet sich ggfs. an, einen (eingeschränkten) **Hilfsantrag** zu stellen. Ein zu weit gefasster Unterlassungsantrag kann aber auf die konkrete Verletzungsform als Minus im Hilfsantrag beschränkt werden. Selbst ein im **Revisionsverfahren** erstmals gestellter Hilfsantrag kann aber zulässig sein, wenn es sich lediglich um eine modifizierte Einschränkung des Hauptantrags handelt und der zu Grunde liegende Sachverhalt vom Tatrichter bereits gewürdigt worden ist; ungeachtet dessen ist es grundsätzlich nicht zulässig, die Klage im Revisionsrechtszug zu ändern (BGH GRUR 2008, 702, 704 [25] – *Internet-Versteigerung III* zum Markenrecht).

Bei einer **mittelbaren Verletzung** gemäß § 11 Abs. 2 GebrMG kommt ein gene- **84** relles und umfassendes Vertriebsverbot nur in Betracht, wenn das angebotene oder gelieferte Mittel nach seiner objektiven Beschaffenheit ausschließlich dazu geeignet ist, im Rahmen einer nach § 11 Abs. 1 GebrMG dem Gebrauchsmusterinhaber vorbehaltenen Handlung verwendet zu werden. Ein generelles und umfassendes Vertriebsverbot kommt mithin nicht in Betracht, wenn das gelieferte Mittel auch gebrauchsmusterfrei eingesetzt werden kann; die Antragsstellung hat dies zu berücksichtigen; in diesem Fall ist der Unterlassungsantrag darauf zu richten, dass es dem Beklagten untersagt wird, das – streitgegenständliche – wesentliche Mittel zu vertreiben, ohne beim Angebot einen **Warnhinweis** auf das Klagegebrauchsmuster zu geben, so dass der Abnehmer daran gehindert ist, dieses Mittel gebrauchsmusterverletzend einzusetzen. Die Ausgestaltung des Warnhinweises richtet sich nach Abwägung aller Umstände im Einzelfall. Dabei ist zu berücksichtigen, dass die Maßnahmen einerseits geeignet und ausreichend sein müssen, um Schutzrechtsverletzungen mit hinreichender Sicherheit zu verhindern, andererseits den Vertrieb des Mittels zum gebrauchsmusterfreien Gebrauch nicht in unzumutbarer Weise behindern dürfen (BGH GRUR 2006, 839 – *Deckenheizung;* BGH GRUR 2007, 679, 685 [50, 51] – *Haubenstretchautomat,* jeweils zum Patentrecht). Der Warnhinweis muss bereits beim Angebot und Vertrieb des Mittels gegeben werden. Ein Hinweis auf das Klagegebrauchsmuster in der Betriebsanleitung, stellt nämlich nicht sicher, dass dieser überhaupt vom dem- oder denjenigen wahrgenommen wird, die bei dem jeweiligen Abnehmer dafür Sorge zu tragen haben, dass in dem Betrieb technische Schutzrechte beachtet werden (BGH GRUR 2007, 679, 685 [50] – *Haubenstretchautomat* zum Patentrecht). Die Ausgestaltung wird gegebenenfalls auch davon abhängen, wie groß die Wahrscheinlichkeit ist, mit der eine erfindungsgemäße Benutzung der Vorrichtung zu erwarten ist.

85 Der Antrag, **„ausdrückliche und unübersehbare"** Hinweise aufzunehmen, genügt dem Bestimmtheitsgebot nicht (BGH GRUR 2007, 679, 685 [51] – *Haubenstretchautomat* zum Patentrecht; kritisch hierzu *Kühnen* GRUR 2008, 218), obwohl es an sich leicht nachvollziehbar ist, dass ein zB durch seine untergeordnete Platzierung im Angebot, auf dem Lieferschein oder der Verpackung, durch seine Schriftgröße oder sonst wie „versteckter" Gebrauchsmusterhinweis letztlich wirkungslos bleibt, weil er leicht übersehen wird, und mithin nicht gewährleistet, dass sich der Abnehmer der mit einer bestimmten Verwendungsmöglichkeit verbundenen Gebrauchsmusterverletzung bewusst wird. Die Alternative, in den Klageantrag ganz konkrete Vorgaben zu Schriftgröße, drucktechnischer Aufmachung, oder dazu aufzunehmen, an welcher Stelle des Angebots, Lieferscheins, der Verpackung etc. der Warnhinweis anzubringen ist, wird der Kläger häufig nicht leisten können, weil die geforderte „Unübersehbarkeit" des Warnhinweises in Abhängigkeit von der betreffenden Angebots- oder Lieferunterlage ganz verschiedene gestalterische Anforderungen begründen kann. Ein möglicher Ausweg kann die Formulierung sein: „(…) sofern die Angebots- und/oder Lieferempfänger (…) nicht zugleich unmissverständlich und unübersehbar (…) darauf hingewiesen werden, dass (…)" (analog zu BGH GRUR 1999, 1017 – *Kontrollnummernbeseitigung;* BGH GRUR 2005, 692 – *„statt"-Preis;* dazu *Kühnen* GRUR 2008, 218, 220, zum Patentrecht).

86 Ein Antrag, von den **Abnehmern** der fraglichen Mittel generell eine **strafbewehrte Unterlassungserklärung** zu verlangen, kommt einem uneingeschränkten Verbot des Vertriebs der umstrittenen Haubenstretchautomaten gleich und kann deshalb nur verlangt werden, wenn ein Warnhinweis nach den konkreten Umständen des Einzelfalls unzureichend ist (BGH GRUR 2007, 679, 685 [52] – *Haubenstretchautomat* zum Patentrecht). Denn die – gewerblichen – Abnehmer werden im eigenen Interesse regelmäßig bemüht sein, GebrM-Verletzungen zu vermeiden. Ein solcher Antrag setzt deshalb die Feststellung besonderer Umstände voraus. Die hierfür erforderliche Abwägung aller Umstände des Einzelfalls unterliegt der tatrichterlichen Würdigung, die im Revisionsverfahren nicht erfolgen kann (BGH GRUR 2007, 679, 685 [52] – *Haubenstretchautomat* zum Patentrecht).

87 Der Unterlassungsantrag richtet sich im Übrigen auf das Verbot des Anbietens und Vertriebs derjenigen Mittel, die sich auf ein wesentliches Element der Erfindung beziehen, und die zur Benutzung der Erfindung in der Bundesrepublik Deutschland geeignet und bestimmt sind, § 11 Abs. 2. Das Herstellen und der Besitz können ebenso wenig wie das Anbieten und Liefern von Mitteln zur Benutzung im Ausland angegriffen werden (BGH GRUR 2006, 570 – *Extracoronales Geschiebe* zum Patentrecht).

88 Ein dem Klageantrag stattgebendes Urteil enthält regelmäßig auch eine **Ordnungsmittelandrohung** nach § 890 Abs. 2 ZPO. Dies bedeutet: Falls gegen das Urteil verstoßen wird, droht die Verpflichtung zur Zahlung eines Ordnungsgeldes bis zu € 250.000,00, ersatzweise Ordnungshaft bis zu sechs Monaten für jeden Einzelfall der Zuwiderhandlung. Dieses Ordnungsgeld wird bei einem Verstoß gegen das Urteil auf besonderen Antrag des Klägers in einem besonderen Verfahren vor demselben Gericht festgesetzt.

89 Der **Tenor** des Urteils ist nicht nur auf seinen unmittelbaren Wortlaut beschränkt; für seine **Auslegung** sind auch die Entscheidungsgründe des Urteils heranzuziehen. Der Urteilstenor erfasst auch **Abweichungen,** die den Kern der im Urteil genannten Verletzungsform unberührt lassen. Wie weit der Verbotsumfang eines Urteils genau geht, ist immer eine Frage des Einzelfalls. Abweichungen, die im Äquivalenzbereich liegen, dürften im Zweifel aber wohl nicht mehr von dem Verbotsumfang umfasst werden, so dass dann eine neue Klage gegen diese neue Ausführungsform erforderlich wäre; andernfalls könnte eine nicht zu überbrückende Kollision mit dem von der Rechtsprechung zugelassenen sog Formsteineinwand auftreten.

6. Der Schadenersatzanspruch, § 24 Abs. 2. Der Schadenersatzanspruch setzt eine in der Vergangenheit tatsächlich vorgekommene Verletzung sowie ein Verschulden voraus, § 24 Abs. 2 GebrMG. Verschulden kann Vorsatz oder Fahrlässigkeit bedeuten. In zeitlicher Hinsicht erfasst der Anspruch Handlungen, die nach Ablauf einer einmonatigen Überlegungsfrist seit Veröffentlichung des Hinweises auf die Patenterteilung erfolgt sind. **90**

6.1 Verschulden: Besonderheiten im Gebrauchsmusterrecht. Im GebrM-Recht ergeben sich aus der Tatsache des GebrM als ungeprüftem Recht Besonderheiten im Vergleich zur Rechtslage beim Patent, was das dem Schadenersatzanspruch zugrunde liegende Verschulden anbelangt (jedoch werden viele dieser Fragen durch den anerkannten, verschuldensunabhängigen Bereicherungsausgleich im Ergebnis nicht mehr relevant, vgl. hierzu → Rn. 204). Der Schadenersatzanspruch setzt eine in der Vergangenheit tatsächlich vorgekommene Verletzung sowie ein **Verschulden** voraus, § 24 Abs. 2. Verschulden kann Vorsatz oder Fahrlässigkeit bedeuten. **Vorsätzliches** Handeln umfasst die wissentliche und willentliche GebrM-Verletzung. **Fahrlässigkeit** liegt vor, wer im Verkehr die erforderliche Sorgfalt aus außer Acht lässt, § 276 Abs. 1 S. 2 BGB. Bei einem auf seine Schutzfähigkeit nicht geprüften eingetragenen GebrM kann ein Verschulden im Sinne einer Fahrlässigkeit nur angenommen werden, wenn der Benutzer mit dessen Schutzfähigkeit gerechnet hat oder rechnen musste (BGH GRUR 1977, 250, 252 – *Kunststoffhohlprofil I;* OLG Düsseldorf GRUR-RR 2012, 62, 66 – *Türlagerwinkel*), auf Seiten des Benutzers ist ein Verschulden zu verneinen, wenn er begründete Bedenken gegen die Schutzfähigkeit des GebrM in seiner eingetragenen Fassung erheben konnte. Die Bedenken gegen die Schutzfähigkeit des GebrM können sich dabei aus dem Stand der Technik ergeben (BGH GRUR 1977, 250, 252 – *Kunststoffhohlprofil I;* OLG Düsseldorf GRUR-RR 2012, 62, 66 – *Türlagerwinkel*). Der Ausschluss der Fahrlässigkeit setzt aber in der Regel voraus, dass der Benutzer sachkundigen Rat von auf dem Gebiet des gewerblichen Rechtsschutzes erfahrenen Rechtsanwälten oder Patentanwälten eingeholt hat; ferner muss der Benutzer seine Zweifel über die Rechtsbeständigkeit des Klagegebrauchsmusters in verfahrensrechtlich geeigneter Form (Löschungsverfahren oder im Verletzungsprozess) vorgetragen haben (BGH GRUR 1977, 250, 252/253 – *Kunststoffhohlprofil I;* OLG Düsseldorf, BeckRS 2010, 21554; OLG Düsseldorf GRUR-RR 2012, 62, 66 – *Türlagerwinkel*). Gegebenenfalls kann auch eine Entscheidung in einem Löschungsverfahren, an dem der Benutzer nicht beteiligt war, das Verschulden ausschließen (*Benkard/Rogge/Grabinski* GebrMG § 24 Rn. 8; OLG Düsseldorf Mitt. 1962, 178). **Irrtümer** über den Schutzbereich eines Patents schließen die Fahrlässigkeit regelmäßig nicht aus. Ist die **Rechtslage zweifelhaft,** trägt der Verletzer das **Fahrlässigkeitsrisiko.** Nach ständiger Rechtsprechung handelt fahrlässig, wer sich erkennbar in einem **Grenzbereich** des rechtlich Zulässigen bewegt, in dem er eine von der eigenen Einschätzung abweichende Beurteilung der rechtlichen Zulässigkeit des fraglichen Verhaltens in Betracht ziehen muss (BGH GRUR 2010, 57, 61 [42] – *Scannertarif* zum Urheberrecht). Selbst die Inanspruchnahme anwaltlicher Beratung befreit daher nicht ohne weiteres vom Vorwurf der Fahrlässigkeit. Und sogar derjenige, der bspw. einen Rechtsstreit in erster Instanz gewonnen hat, etwa weil das Gericht eine Patenverletzung verneint hat, muss damit rechnen, in höherer Instanz, sofern das Obergericht eine Verletzungshandlung bejaht, auch zum Schadensersatz verurteilt zu werden. **91**

Die Feststellung des Verschuldens sowie des Verschuldensgrades ist im wesentlichen **Tatfrage** und in der Revisionsinstanz nur daraufhin nachprüfbar, ob das Berufungsgericht den Rechtsbegriff des Verschuldens erkannt hat oder ob es bei der Feststellung des Verschuldens oder des Verschuldensgrades gegen Rechtsvorschriften oder Denkgesetze verstoßen oder allgemeine Grundsätze der Lebenserfahrung unberücksichtigt gelassen hat. Sind die maßgeblichen Fakten geklärt, kann der BGH die Ver- **92** schuldensfrage selbst entscheiden (BGH GRUR 1977, 250, 252/253 – *Kunststoffhohlprofil I*). Es sind alle Umstände des Einzelfalls zu berücksichtigen. Sofern ein Verschulden fehlt, bedeutet dies nicht, dass überhaupt kein finanzieller Ausgleich zu leisten ist. Vielmehr kommt dann immer noch ein Anspruch auf Herausgabe einer durch die Verletzungshandlung erlangten ungerechtfertigten Bereicherung in Betracht (§ 812 BGB). Dieser Ausgleich beschränkt sich aber auf die Zahlung einer angemessenen Lizenzgebühr.

93 Ferner ist Voraussetzung die gewisse **Wahrscheinlichkeit eines Schadenseintritts** (BGH GRUR 2007, 221, 222 [12] – *Simvastatin* BGH GRUR 2008, 896, 898 – *Tintenpatrone I,* zum Patentrecht), die allerdings nicht hoch zu sein braucht (BGH GRUR 2008, 896, 898 – *Tintenpatrone I* zum Patentrecht). Ob und was für ein Schaden entstanden ist, bedarf keiner Klärung, wenn nach der Erfahrung des täglichen Lebens der Eintritt eines Schadens mit einiger Sicherheit zu erwarten ist (BGH GRUR 2008, 896, 898 – *Tintenpatrone I* zum Patentrecht). Hierfür genügt es in der Regel, wenn zumindest eine rechtswidrig und schuldhaft begangene Verletzungshandlung vorliegt (BGH GRUR 2008, 896, 898 – *Tintenpatrone I;* OLG Düsseldorf InstGE 12, 88, 91 – *Cinch-Stecker* zum Patentrecht).

94 Dabei sind die Anforderungen an die Sorgfalt für einen **Hersteller oder einen Importeur** strenger als für einen Benutzer, zum Beispiel ein Warenhaus. Bei **reinen Handelsunternehmen, Sortimentern** etc. wird zwar ebenfalls die Prüfung der Schutzrechtslage gefordert, selbst wenn dies mit nicht unerheblichem Aufwand verbunden ist (LG Mannheim InstGE 7, 14, 16/17 – *Halbleiterbaugruppe* zum Patentrecht). Bei der Frage, inwieweit von den beteiligten Wirtschaftskreisen die Schutzrechtslage nachzuprüfen ist, geht es letztlich um Zuweisung von Verantwortungsbereichen zwischen Schutzrechtsinhaber, Hersteller oder Importeur und den auf den verschiedenen Vertriebsstufen tätigen Unternehmen. Deren Interessen müssen berücksichtigt und gegeneinander aufgehoben werden. Während einerseits eine völlige Nachlässigkeit gegenüber dem Schutzrechtsinhaber inakzeptabel ist, dürfen die Anforderungen nicht zu hoch angesetzt werden, wenn sie ansonsten unpraktikabel werden und nicht nur unter wirtschaftlich vernünftigen Bedingungen erfüllt werden können. Letzteres würde zum Aufbau eines Patentbüros zwingen und die Waren unnötig verteuern. Einem Handelsunternehmen ist deshalb auch nicht in jedem Fall die Nachforschung nach entgegenstehenden Schutzrechten zuzumuten, weil der Maßstab, der an die Prüfungspflicht des Herstellers angelegt wird, besonders streng ist. Ein Handelsunternehmen darf jedoch ein Erzeugnis solange nicht in den Verkehr bringen, wie es nicht berechtigterweise annehmen darf, dass die notwendige Prüfung auf die Verletzung von Schutzrechten zumindest einmal durchgeführt worden ist. Erforderlich ist allerdings, dass das Handelsunternehmen das ihm Zumutbare getan hat, um hinreichend eine Schutzrechtsverletzung auszuschließen (LG Mannheim InstGE 7, 14, 17 – *Halbleiterbaugruppe* zum Patentrecht). Fahrlässigkeit des Händlers ist jedenfalls dann anzunehmen, wenn er sich nicht dahingehend vergewissert hat, ob in der vorangegangenen Lieferkette die Schutzrechtslage geprüft wurde (BGH GRUR 2006, 575 – *Melanie* zum Patentrecht). Im Einzelnen ist hier freilich noch einiges im Fluss (OLG Düsseldorf InstGE 6, 152 – *Permanentmagnet;* LG Düsseldorf InstGE 5, 241 – *Frachtführer*).

95 Da das **Anbieten** eine selbstständige Verletzungsform darstellt, ist damit grundsätzlich auch ein Schadensersatzanspruch zu Gunsten des Schutzrechtsinhabers verbunden, auch wenn durch das unberechtigte Anbieten als solches noch kein Schaden entsteht (BGH GRUR 2007, 221, 222 [12] – *Simvastatin* zum Patentrecht). Allerdings wird ein Schaden bei dem Schutzrechtsinhabers jedenfalls dann eintreten, wenn es infolge des Anbietens tatsächlich zu Geschäftsabschlüssen oder Lieferungen kommt, die den geschützten Gegenstand betreffen (BGH GRUR 2006, 927, 928 – *Kunststoffbügel* zum Patentrecht). Für das Bejahen der erforderlichen Wahrscheinlichkeit kann die Möglichkeit der Marktverwirrung ausreichen (BGH GRUR 2007, 221, 222 [12] – *Simvastatin* zum Patentrecht).

Prozessual erweist es sich als vorteilhaft, die Verpflichtung des GebrM-Verletzers zu Schadenersatz (ggf. zur Entschädigung) lediglich dem Grunde nach feststellen zu lassen. Bei der Feststellungsklage nach § 256 ZPO muss der Antrag das Rechtsverhältnis, dessen Bestehen oder Nichtbestehen festgestellt werden soll (also in der Regel die dem Gebrauchsmusterinhaber gegenüber bestehende Schadensersatzpflicht des Bekl.), so genau bezeichnen, dass über dessen Identität und somit über den Umfang der Rechtskraft der Feststellung keinerlei Ungewissheit bestehen kann (BGH GRUR 2008, 357, 358 [21] – *Planfreigabesystem,* zum Urheberrecht). Die an sich denkbare Stufenklage gemäß § 254 ZPO (1. Stufe: Rechnungslegung; 2. Stufe: Schadenersatz/Entschädigung nach Maßgabe der Rechnungslegung) ist weniger geeignet, weil der Rechtsstreit zunächst auf der 1. Stufe durch die Instanzen geführt werden muss, bevor eine Entscheidung auf der 2. Stufe ergehen kann. Voraussetzung der Begründetheit der Feststellungsklage ist, dass ein Schadeneintritt wahrscheinlich ist, vgl. hierzu → Rn. 93 ff. Der Nachweis, dass der Beklagte zumindest eine rechtswidrige Verletzungshandlung schuldhaft begangen ist, reicht deshalb grundsätzlich aus. Es kommt auch eine **gesamtschuldnerische** Haftung gemäß § 840 Abs. 1 BGB in Betracht, zB zwischen der Gesellschaft und dem von ihr vertretenen, für die Beachtung absoluter Rechte zuständigen Geschäftsführer. Der Eintritt eines Schadens bedarf insbesondere bei reinen **Konzern-, Patentverwaltungs- oder Holdinggesellschaften,** die ihrerseits das betreffende Schutzrecht nicht verwerten, besonderer Prüfung. Ggf. ist an das Rechtsinstitut der Drittschadensliquidation zu denken. 96

Der Verletzer hat dem Rechtsinhaber den durch Verletzungshandlung entstandenen Schaden zu erstatten. Hierbei kommen **drei Berechnungsarten** in Betracht, die dem Berechtigten zur Wahl stehen. Er kann bis zur endgültigen Feststellung des Schadens auf einem der drei Wege von der einen zur anderen Berechnungsart übergehen. 97

6.2 Schaden. Schaden ist die Differenz zweier Vermögenslagen, die sich aus dem Vergleich der Vermögenslage mit und ohne Gebrauchsmusterverletzung ergibt. Ein Abschlag aufgrund des ungeprüften Charakters des Gebrauchsmusters findet nicht statt (vgl. OLG Düsseldorf GRUR 1981, 45 f.). 98

6.2.1 Schaden bei mittelbarer Verletzung. Besondere Probleme wirft die Frage des Schadensersatzanspruches bei einer **mittelbaren Gebrauchsmusterverletzung** auf. Denn das Anbieten oder Liefern von Mitteln zur Erfindungsbenutzung ist an sich kein zusätzlicher Verletzungstatbestand, sondern stellt lediglich einen der eigentlichen Gebrauchsmusterverletzung vorgelagerten Gefährdungstatbestand dar. Hat diese eine unmittelbare Gebrauchsmusterverletzung zur Folge, so ist (nur) der Schaden zu ersetzen, der durch die unmittelbare Gebrauchsmusterverletzung seitens des Abnehmers entsteht (BGH GRUR 2005, 848, 854 – *Antriebsscheibenaufzug;* BGH GRUR 2007, 679, 684 [45] – *Haubenstretchautomat;* BGH GRUR 2007, 773, 777 [33] – *Rohrschweißverfahren;* OLG Karlsruhe InstGE 11, 61, 64 – *Multifeed II* zum Patentrecht). 99

Der Schadensersatzanspruch kann in diesem Rahmen gegebenenfalls auch auf Abschöpfung des Gewinns des mittelbaren Gebrauchsmusterverletzers gerichtet werden (BGH GRUR 2007, 679, 684 [45] – *Haubenstretchautomat;* BGH GRUR 2007, 773, 777 [33] – *Rohrschweißverfahren* zum Patentrecht). Zwar gewährt § 11 Abs. 2 GebrMG dem Rechtsinhaber kein ausschließliches Recht zum Anbieten und Liefern von Mitteln, die zur Erfindungsbenutzung geeignet sind, sondern schützt den Rechtsinhaber im Vorfeld einer unmittelbaren Gebrauchsmusterverletzung durch die Angebotsempfänger und Belieferten. Indem der Schadensersatzanspruch aber auf den durch die unmittelbar rechtsverletzenden Handlungen der Angebotsempfänger und Belieferten verursachten Schaden abstellt, stehen dem Rechtsinhaber zur Ausfüllung dieses Schadensersatzanspruchs die für die unmittelbare Gebrauchsmusterverletzung entwickel- 100 ten Grundsätze zur Verfügung (BGH GRUR 2007, 679, 684 [45] – *Haubenstretchautomat* zum Patentrecht).

101 Hinzukommen weitere Schadenspositionen wie etwa Rechtsverfolgungskosten (BGH GRUR 2007, 679, 684 [45] – *Haubenstretchautomat;* BGH GRUR 2007, 773, 776 [33] – *Rohrschweißverfahren* zum Patentrecht). Hat die mittelbare Gebrauchsmusterverletzung keine unmittelbare zur Folge, so können nur die allgemeinen Schadenersatzposten geltend gemacht werden. Zur Begründung eines effektiven Schadensersatzanspruches bei einer mittelbaren Gebrauchsmusterverletzung muss der Kl. also mindestens eine unmittelbare Gebrauchsmusterverletzung darlegen und gegebenenfalls beweisen. Für den Schadenersatzfeststellungsanspruch hat dies aber keine Konsequenzen. Denn es besteht Einigkeit, dass im Rahmen der Begründetheit einer positiven Schadensersatzfeststellungsklage allenfalls eine gewisse Wahrscheinlichkeit des Schadenseintritts zu verlangen ist (BGH GRUR 2006, 839 – *Deckenheizung* zum Patentrecht).

102 **6.2.2 Schaden bei GebrM-Inhaber – Lizenznehmer.** Zum Verhältnis der Gewinnanteile des **GebrM-Inhabers** und des **Lizenznehmers:** Insoweit ist zunächst darauf hinzuweisen, dass der Lizenznehmer (auch der ausschließliche) an sich keinen eigenen vollumfänglichen Schadenersatzanspruch gegenüber dem Verletzer hat (BGH GRUR 2007, 877, 880 – *Windsor Estate* zum Markenrecht). Aufgrund seines exklusiven Benutzungsrechts ist er aber aus eigenem dinglichen Recht und unabhängig vom Rechtsinhaberinhaber klagebefugt. Er kann sämtliche Ansprüche aus dem lizenzierten Recht geltend machen, soweit sein eigenes Nutzungsrecht berührt ist, also auch Ersatz seines eigenen Schadens verlangen. Demzufolge können sämtliche durch die Verletzung entstandenen Schäden (also auch solche des/der Lizenznehmer/s) grundsätzlich durch den Rechtsinhaber geltend gemacht werden. Erhebt der Inhaber Klage wegen Schutzrechtsverletzung, so kann der Lizenznehmer der Verletzungsklage aber beitreten (vgl. auch § 30 Abs. 4 MarkenG), um seinen Schaden geltend zu machen, jedoch nur in der Form, dass er Leistung an den Markeninhaber verlangt (BGH GRUR 2007, 877, 880 – *Windsor Estate* zum Markenrecht).

103 Wie dargelegt, ist es möglich, dass der Lizenznehmer mit Zustimmung des Rechtsinhabers auch selbständig Klage erheben kann, wobei er in diesem Fall Leistung an sich verlangen kann. Soweit es sich um eine ausschließliche Lizenz handelt, wird häufig angenommen, dass die erforderliche Zustimmung zur Rechtsverfolgung bereits mit dem Lizenzvertrag konkludent erteilt wurde, bei einer einfachen Lizenz dagegen ausdrücklich erteilt werden muss (Prozessstandschaftserklärung). Die Rechtfertigung für diese Unterscheidung soll darin liegen, dass der ausschließliche Lizenznehmer durch eine Schutzrechtsverletzung typischer Weise betroffen ist, während der einfache Lizenznehmer keinen Anspruch auf alleinige Benutzung hat und ihm daher idR kein (nachweisbarer) Schaden entsteht. Soweit dies aber – zB wegen Rufschädigung – der Fall ist, kann grundsätzlich auch der einfache Lizenznehmer diesen Schaden geltend machen.

104 Unabhängig davon, ob der Lizenznehmer einen eigenen Anspruch oder den des Rechtsinhabers als Prozessstandschafter geltend macht, ist aber unstreitig, dass auch hinsichtlich des vom Lizenznehmer geltend gemachten Ersatzanspruchs grundsätzlich die dreifache Berechnungsmethode zur Verfügung steht. Sofern der Lizenznehmer die Lizenzanalogie als Berechnungsart wählt, ist zu berücksichtigen dass der Lizenznehmer seinerseits einen Teil der Lizenzeinnahmen an den Lizenzgeber abzuführen hat. Dieser Anteil entspricht dann dem Schaden des Lizenzgebers und ist von diesem geltend zu machen. Auch bei der Schadensberechnung auf der Basis des konkret dem Lizenznehmer entgangenen Gewinns sind die vertraglich geschuldeten Leistungen an den Lizenzgeber abzuziehen.

105 Beteiligen sich Pateninhaber und Lizenznehmer als Streitgenossen am Prozess, so ist die interne Aufteilung des erstrittenen Ersatzes auch von der Berechnungsmethode

abhängig. Unproblematisch erscheint dies, soweit der konkrete Schaden geltend gemacht wird. Denn Voraussetzung für den Anspruch des Lizenznehmers ist, dass er einen konkreten Schaden erlitten hat, den der Lizenzgeber im Wege der Drittschadensliquidation geltend machen und daher seinem selbst erlittenen Schaden hinzufügen kann. Die Schadenspositionen von Rechtsinhaber und Lizenznehmer müssen also bereits im Prozess gesondert bewiesen werden, so dass eine entsprechende Aufteilung des erstrittenen Ersatzes nahe liegt. Wird statt dessen die Abschöpfung des s gewählt, wird man für die Aufteilung zwischen Inhaber und Lizenznehmer auf den Umfang der Lizenz abstellen müssen und danach, wer die betreffenden Marktanteile – zB bei räumlich begrenzter Lizenz – wahrscheinlich abgedeckt hätte. Wählt der Rechtsinhaber die Lizenzanalogie als Berechnungsmethode so wird sich die Aufteilung nach dem Vertragsverhältnis richten müssen: Sieht der Lizenzvertrag eine Rechtsverfolgungspflicht des Rechtsinhabers vor, wird er bei der Auswahl der Berechnungsmethode hinreichend die Interessen des Lizenznehmers berücksichtigen müssen (häufig wohl als Anteil dasjenige, was er als Ersatz für seinen konkret erlittenen Schaden erhalten würde). Die konkrete Aufteilung ist jedoch üblicherweise Gegenstand der vertraglichen Regelung.

6.2.3 Schaden bei Gesamtvorrichtungen. Schwierigkeiten bereitet immer die Feststellung des angemessenen Schadenersatzes bei **zusammengesetzten Anlagen und Vorrichtungen,** besonders Maschinen, von denen nur ein Teil gebrauchsmusterrechtlich geschützt ist. Maßgeblich ist hier in erster Linie die Verkehrsüblichkeit und Zweckmäßigkeit. Ebenso wichtig ist die Bedeutung des Einzelteils im Verhältnis zur. Danach kann sich die Lizenzgebühr durchaus auch nach der Gesamtvorrichtung berechnen. Der Lizenzsatz ist niedriger, wenn der Wert der Gesamtvorrichtung, und höher, wenn das Einzelteil zugrunde gelegt wird. Für die Errechnung der sachgerechten Bezugsgröße ist bedeutsam, ob die Gesamtvorrichtung üblicherweise als Ganzes geliefert wird und ob sie durch den geschützten Teil insgesamt eine Wertsteigerung erfährt. Generelle Regeln lassen sich nicht aufstellen (vgl. im Einzelnen BGH GRUR 1995, 578 – *Steuereinrichtung II;* → Rn. 121). 106

Gleichermaßen schwierig gestaltet sich die Berechnung des Schadenersatzes, wenn zusammen mit dem gebrauchsmusterverletzenden Gegenstand so genannte **„Peripheriegeräte“** veräußert werden, die selbst nicht schutzrechtsverletzend sind. Hier besteht eine Schadenersatzpflicht, wenn sich feststellen lässt, dass diese „Peripheriegeräte“ seitens des Verletzers nur deshalb abgesetzt werden konnten, weil der mitverkaufte, gebrauchsmusterverletzende Gegenstand entsprechend dem GebrM konstruiert ist. Dies alles ist in beweismäßiger Hinsicht häufig schwierig zu beurteilen; ist eine solche Möglichkeit jedenfalls nicht von der Hand zu weisen, so erstreckt sich hierauf jedenfalls die **Auskunfts- und Rechnungslegungsverpflichtung** (OLG Düsseldorf InstGE 6, 136, 140 – *Magnetspule*). 107

Ebenso problematisch kann die Berechnung des Schadens sein, wenn lediglich Umsätze mit nicht gebrauchsmustergeschützten **Verbrauchsgütern** erzielt werden, die gebrauchsmustergeschützte Vorrichtung dem Händler aber kostenfrei zur Verfügung gestellt wird und der Lieferant lediglich erhofft, der Händler werde dann (lediglich) seine, d. h. des Lieferanten nicht gebrauchsmustergeschützte Verbrauchsgüter beziehen. In diesem Fall sind diejenigen Umsätze entscheidend, die mit diesem Verbrauchsgütern erzielt werden (LG Düsseldorf InstGE 2, 108, 110 – *Verpackungsmaterial*). 108

6.2.4 Berechnungsarten. Der Verletzer hat dem Rechtsinhaber den durch Verletzungshandlung entstandenen Schaden zu erstatten. Hierbei kommen **drei Berechnungsarten** in Betracht (BGH GRUR 2008, 93, 94 [7] – *Zerkleinerungsvorrichtung* zum Patentrecht): 109

– die konkrete, den entgangenen Gewinn einschließende Schadensberechnung sowie 110

111 – die Geltendmachung einer angemessenen Lizenzgebühr und

112 – die Herausgabe des Verletzergewinns.

113 Diese drei Berechnungsarten stehen dem Berechtigten zur **Wahl,** wenngleich nicht im Sinne eines Wahlschuldverhältnisses. Er kann bis zur endgültigen Feststellung des Schadens auf einem der drei Wege von der einen zur anderen Berechnungsart übergehen. Dem Gläubiger soll damit ermöglicht werden, gegebenenfalls auf Änderungen der Sach- und Beweislage zu reagieren, die sich oft überhaupt erst im Laufe eines Verfahrens, dort besonders aus dem Prozessvorbringen des Schuldners, ergeben

114 Diese Berechnungsarten sind Variationen bei der Ermittlung des gleichen einheitlichen Schadens und nicht verschiedene Ansprüche mit unterschiedlichen Rechtsgrundlagen. Der Verletzte berechnet den gleichen Schaden jeweils in einer unterschiedlichen, der Sache nach aber gleichwertigen Weise. Verlangt wird in jedem Fall die volle Kompensation des identischen Schadens, der in der Schutzrechtsverletzung besteht (BGH GRUR 2008, 93, 94/95 [7, 16] – *Zerkleinerungsvorrichtung* zum Patentrecht).

115 Die volle Geltendmachung des auf Lizenzanalogiebasis berechneten Gesamtschadens ist mithin keine Teilklage, auch wenn der sog Verletzergewinn betragsmäßig höher läge (BGH GRUR 2008, 93, 95 [16] – *Zerkleinerungsvorrichtung* zum Patentrecht). Der Übergang zu einer anderen Berechnungsart ist dementsprechend wegen der Einheitlichkeit des Schadensersatzanspruchs keine Änderung des Klagegrundes. Die verschiedenen Berechnungsgrundlagen innerhalb des identischen Schadens sind also lediglich unselbständige Faktoren eines einheitlichen Schadens und Ersatzanspruchs, die im Rahmen des geltend gemachten Gesamtbetrags austauschbar sind (BGH GRUR 2008, 93, 95 [16] – *Zerkleinerungsvorrichtung* zum Patentrecht). Dies hat Auswirkungen auf die Rechtkraft. Der Verletzte kann zwar bis zur Erfüllung nach einer Berechnungsmethode oder bis zur entsprechenden rechtskräftigen Entscheidung (BGH GRUR 1993, 55, 57 – *Tchibo/Rolex* zum Wettbewerbsrecht; BGH GRUR 2000, 226, 227 – *Planungsmappe* zum Patentrecht) von der einen zu einer anderen Berechnungsart übergehen. Er verliert aber dieses Recht, wenn die gerichtliche Entscheidung jedenfalls für ihn rechtskräftig wird, so zB in dem vom BGH entschiedenen Fall der gerichtlichen Geltendmachung der Lizenzanalogie, des Teilerfolgs, der Berufungseinlegung durch den Verletzer, der Anschlussberufung durch den Verletzten, der Berufungsrücknahme durch den Verletzter, und zwar selbst dann, wenn der Verletzte im Berufungsverfahren auf den Anspruch zur Herausgabe des Verletzergewinns übergeht (BGH GRUR 2008, 93, 95 [11,16] – *Zerkleinerungsvorrichtung* zum Patentrecht). Kontrollüberlegung: Hätte nicht der Verletzer. Berufung gegen das Urteil des LG eingelegt, wäre dieses mit Ablauf der Berufungsfrist rechtskräftig geworden und der Verletzte hätte von seinem – tatsächlich erst geraume Zeit später ausgeübten – Wahlrecht keinen Gebrauch mehr machen können. Der Kläger kann zunächst die eine Berechnungsmethode und hilfsweise jeweils eine andere Berechnungsmethode der Schadensberechnung zu wählen (BGH GRUR 1993, 57, 58 – *Tchibo/Rolex* zum Wettbewerbsrecht). Das Wahlrecht erlischt, wenn der nach einer der Berechnungsmethoden geltend gemachte Anspruch entweder erfüllt oder rechtskräftig zuerkannt ist; jedoch ist es nicht zulässig, die Berechnungsmethoden miteinander zu verbinden (BGH GRUR 1962, 580 – *Laux–Kupplung II* zum Patentrecht) bzw. zu vermengen (BGH GRUR 2010, 237, 238 [12] – *ZOLADEX* zum Markenrecht).

116 Eine derartige Verquickung liegt freilich noch nicht vor, wenn bei der Lizenzanalogie auch die Umsatzrendite berücksichtigt wird, obwohl es hier an sich keine Rolle spielt, ob und gegebenenfalls welchen Gewinn der Verletzer bei der rechtswidrigen Benutzung gemacht hat, weil der **Verletzer nicht schlechter, aber auch nicht besser stehen** soll als ein Lizenznehmer, bei dem im Falle der Vereinbarung einer Umsatzlizenz der später tatsächlich erzielte Gewinn keine Rolle spielt; zu berücksichtigen ist jedoch, welchen Gewinn vernünftige Vertragsparteien bei Abschluss des Lizenzvertrags prognostiziert hätten, sofern es dafür Anhaltspunkte gibt (BGH GRUR 2010,

239, 242 [50] – *BTK*, zum Markenrecht). Es kann daher hilfreich sein, wenn der Kläger zunächst die eine Berechnungsmethode und – bereits in der 1. Instanz (!) – hilfsweise jeweils eine andere Berechnungsmethode der Schadensberechnung wählt (BGH GRUR 1993, 57, 58 – *Tchibo/Rolex* zum Wettbewerbsrecht; BGH GRUR 2008, 93, 94 [9, 10] – *Zerkleinerungsvorrichtung* zum Patentrecht).

Der BGH darf nur überprüfen, ob die Schadensschätzung auf grundsätzlich falschen oder offenbar unsachlichen Überlegungen beruht oder ob wesentliche Tatsachen außer acht gelassen worden sind, insbesondere, ob schätzungsbegründende Tatsachen, die von den Parteien vorgebracht worden sind oder sich aus der Natur der Sache ergeben, nicht gewürdigt worden sind (BGH GRUR 2007, 431, 434 [38] – *Steckverbindergehäuse;* BGH GRUR 2010, 239, 240 [21] – *BTK* zum Markenrecht). **117**

6.2.4.1 Unmittelbarer Schaden und entgangener Gewinn. Es ist der Zustand herzustellen, der bestünde, wenn das GebrM nicht verletzt worden wäre. Dazu gehört auch der **entgangene Gewinn.** Der Unterschied in der Vermögenslage vor und nach der GebrM-Verletzung ist auszugleichen. Die Klage muss die berechtigte Erwartung des Gewinns so substanziieren, dass eine freie Schadensschätzung nach §§ 252 BGB, 287 ZPO möglich ist. Der Rechtsinhaber muss eine auf das konkrete Produkt bezogene Gewinnkalkulation vorlegen. Die Kausalität zwischen Rechtsverletzung und entgangenem Gewinn muss nachgewiesen werden (vgl. BGH GRUR 1980, 841, 842/843 – *Tolbutamid*). Häufig scheitert diese Berechnungsart an der mangelnden Bereitschaft zur Vorlage der eigenen Preiskalkulation des Verletzten und/oder an dem mangelnden Nachweis eines konkreten Ursachenzusammenhangs zwischen Umsatzeinbuße und GebrM-Verletzung. Die Beweislast für die Feststellung der Ursächlichkeit zwischen Schutzrechtsverletzung und Absatzverlust des Verletzten trägt dieser (LG Mannheim InstGE 9, 5, 7 [10, 11] – *Drehverschlussanordnung* zum Patentrecht). Dieser Nachweis kann jedenfalls in dem Fall als geführt angesehen werden, in dem der spätere Verletzer zunächst rechtmäßig handelnd Abnehmer des später Verletzten war, sich dann aber entschloss – um nicht den vom Rechtsinhaber geforderten Preis weiterhin entrichten zu müssen –, die gebrauchsmustergemäße Vorrichtung, allerdings wesentlich billiger, rechtsverletzend zu beziehen (LG Mannheim InstGE 9, 5, 8 [12] – *Drehverschlussanordnung* zum Patentrecht). **118**

An die Darlegung werden keine zu strengen Anforderungen gestellt (BGH GRUR 2007, 532, 533 [15] – *Meistbegünstigungsvereinbarung* zum Patentrecht). Bei der Beweisführung kommen dem Gläubiger für eine Schadensschätzung die **Erleichterungen** des § 287 ZPO **auf der Grundlage des für wahrscheinlich zu erachtenden Sachverhalts** zugute, wenn feststeht, dass ein Schaden entstanden ist, sich der Vollbeweis für die Höhe des Schadens jedoch nicht führen lässt. Insbesondere darf das Gericht die Schätzung eines Mindestschadens nur dann ablehnen, wenn es hierfür keinerlei greifbare Tatsachen gibt (BGH GRUR 2007, 532, 533 [15] – *Meistbegünstigungsvereinbarung* zum Patentrecht). Dem entgangenen Gewinn steht die entgangene Verlustminderung durch fehlende Deckungsbeiträge gleich (BGH GRUR 2007, 532, 533 [15] – *Meistbegünstigungsvereinbarung* zum Patentrecht). Von dieser Fallgestaltung abgesehen, ist der Nachweis, dass zwischen der aufgetretenen GebrM-Verletzung und dem Gewinnausfall des Rechtsinhabers ein **Kausalzusammenhang** besteht oder dass der Verlust an Marktanteilen auf eine Marktverwirrung zurückzuführen ist und nicht auf sonstige Umstände, trotz der erwähnten Erleichterung der Sachvortragsvoraussetzungen nur schwer zu führen. Zwar reicht es für den Schadensnachweis aus, dass der Rechtsinhaber darlegt, er oder berechtigte Dritte hätten von der geschützten Technologie in dem selben Umfang Gebrauch gemacht, wie der Schutzrechtsverletzer dies tatsächlich getan hat. Es ist dann Sache des Verletzers nachzuweisen, dass zwischen Rechtsverletzung und Umsatzeinbuße kein Zusammenhang besteht, bspw. weil es dem Rechtsinhaber nicht möglich gewesen wäre, dieselben Absatzkreise anzusprechen oder er ein anderes Warensortiment abgesetzt hat. In der **119**

Praxis hat dies jedoch zu keiner signifikanten Erleichterung für den Rechtsinhaber geführt. Nachteilig für den Rechtsinhaber ist schließlich, dass er bei Berechnung nach der Differenzmethode wirtschaftlich sensible Daten offenbaren müsste. Der Rechtsinhaber muss eine auf das konkrete Produkt bezogene Gewinnkalkulation vorlegen. Entsprechend selten wird von dieser Schadensberechnungsmethode Gebrauch gemacht.

120 Bei der Berechnung des entgangenen Gewinns sind allfällige Verluste des Verletzers nicht zu berücksichtigen. Dies würde zu einer Vermischung der drei Berechnungsmethoden zur Geltendmachung eines Schadensersatzes führen (LG Mannheim InstGE 9, 5, 8 [14] – *Drehverschlussanordnung* zum Patentrecht).

121 **6.2.4.2 Lizenzanalogie.** Gewohnheitsrechtlich (BGH GRUR 1980, 841 – *Tolbutamid;* 1008, 1009 – *Lizenzanalogie;* 1992, 599, 600 – *Teleskopzylinder;* 1993, 897, 889 – *Mogul-Anlage* zum Patenrecht) wird dem Verletzten ein Anspruch auf eine **angemessene Lizenzgebühr** zugesprochen. Der Grund hierfür liegt in der Erwägung, dass der Verletzer sich so behandeln lassen müsse, als habe er rechtmäßig gehandelt, also als ob er einen Lizenzvertrag abgeschlossen hätte **(Lizenzanalogie).** Der Verletzer hat das zu bezahlen, was vernünftige Parteien vereinbart hätten, wenn sie die künftige Entwicklung und den Umfang der Verletzungshandlung vorausgesehen hätten (BGH GRUR 1990, 1008, 1009 – *Lizenzanalogie;* BGH GRUR 1995, 578 – *Steuereinrichtung II;* BGH GRUR 2010, 239, 240 [20] – *BTK* zum Markenrecht). Ein Verletzerzuschlag zu der angemessenen Lizenz wird nicht gewährt.

122 Der Schadensberechnung nach der Lizenzanalogie liegt die Erkenntnis zugrunde, dass bei Schutzrechtsverletzungen eine konkrete Vermögenseinbuße meist nicht hinreichend dargelegt werden kann. Dies gilt nicht zuletzt für einen Verletzten, der sein Schutzrecht nicht selbst auswertet (OLG Düsseldorf Mitt. 1998, 358, 360 – *Durastep* zum Patentrecht). Ein konkret entstandener Schaden muss deshalb nicht nachgewiesen werden (BGH GRUR 2010, 239, 241 [23] – *BTK* zum Markenrecht). Erforderlich ist nur, dass bei Patenten und Gebrauchsmustern die Erteilung von Lizenzen verkehrsüblich ist. Auf die Verhältnisse in der konkreten Branche kommt es nicht an (BGH GRUR 2010, 239, 241, 242 [23, 49] – *BTK* zum Markenrecht); weitere Feststellungen zum Schadenseintritt sind nicht erforderlich (BGH GRUR 2010, 239, 241 [23] – *BTK* zum Markenrecht). Die Höhe des geldwerten Vermögensvorteils kann am zuverlässigsten daran gemessen werden, wie die Vermögenslage wäre, wenn der Verletzer das Schutzrecht erlaubter Weise benutzt hätte. Dann hätte er die Gestattung des Schutzrechtsinhabers einholen müssen, die dieser, wie üblich, nur gegen Zahlung eines Entgelts – Lizenzgebühr – erteilt hätte (OLG Düsseldorf Mitt. 1998, 358, 360 – *Durastep* zum Patentrecht). Andererseits soll der Verletzer im Rahmen dieser Berechnungsmethode nicht schlechter als ein Lizenznehmer gestellt werden (BGH GRUR 1993, 55, 58 – *Tchibo/Rolex II* zum Wettbewerbsrecht; BGH GRUR 1982, 286, 289 – *Fersenabstützvorrichtung;* BGH GRUR 1982, 509, 513 – *Dia-Rähmchen II* zum Patentrecht).

123 Ein **Vermögensnachteil,** d. h. Schaden tritt unabhängig davon ein, dass die Parteien unmittelbar austauschbare Leistungen anbieten (zB die eine Partei ist im Wesentlichen nur im Export tätig, während sich die andere auf das Inland beschränkt). Der Schaden folgt bereits daraus, dass der Schutzrechtsinhaber den Eingriff in sein Schutzrecht als vermögenswertes Recht nicht hinnehmen muss und jedenfalls Schadensersatz in Höhe einer angemessenen Lizenzgebühr beanspruchen kann (BGH GRUR 2010, 239, 240 [23] – *BTK* zum Markenrecht). Entscheidend ist, dass der Verletzte die Nutzung nicht ohne Gegenleistung gestattet hätte (BGH GRUR 2010, 239, 240 [23] – *BTK* zum Markenrecht).

124 Die Aufteilung von Umsätzen unter irgendwelchen Kausalitätsüberlegungen ist bei der Bemessung des Lizenzentgelts wenig praktikabel und trägt bereits den Grund für Streitigkeiten zwischen den Parteien über die Höhe der Lizenzvergütung in sich. Diese Art der Lizenz ist eine Vergütung für die Benutzung des Schutzrechts und nicht für deren wirtschaftlichen Erfolg. Wer ein fremdes Schutzrecht benutzt, zeigt damit, dass er dem Schutzrecht einen Wert beimisst. Zwar ist ein Verletzergewinn nur insoweit herauszugeben, als er auf der Rechtsverletzung beruht; diese Erwägungen sind auf die Berechnungsmethode nach der Lizenzanalogie nicht übertragbar (so insg. BGH GRUR 2010, 239, 242 [38] – *BTK* zum Markenrecht).Die Lizenzgebühr ist so festzusetzen, wie sie sich aufgrund des tatsächlichen Sachverhalts am Schluss des zur Beurteilung stehenden Benutzungszeitraums als angemessen darstellt (RG GRUR 1942, 149, 151/152 – *Bekämpfung von Grubenexplosionen*).

Der Berechnung der Vergütung die Methode der Lizenzanalogie zugrunde zu legen, empfiehlt sich insbesondere dann, wenn die Erfindung von ihrem Gegenstand her von nicht lediglich innerbetrieblichem Nutzen ist, sondern sich auf zu veräußernde Erzeugnisse bezieht (BGH GRUR 2010, 223, 224 [13] – *Türinnenverstärkung* zum ArbEG/Patentrecht). Generelle Regeln lassen sich jedoch nicht aufstellen. **125**

6.2.4.2.1 Methoden der (konkreten) Lizenzanalogie. Der Ausgangspunkt der Lizenzanalogie ist – nicht nur bei zusammengesetzten Vorrichtungen – ein hypothetischer, so dass sich die Höhe der im Einzelfall angemessenen Lizenz in der Regel nicht genau errechnen lässt. Das Gericht muss vielmehr nach einer wertenden Entscheidung unter Berücksichtigung aller Umstände des Einzelfalls gemäß § 287 Abs. 1 ZPO nach freier Überzeugung die Höhe bestimmen (RGZ 144, 187, 192 – *Beregnungsanlage,* BGH GRUR 1962, 401, 404 – *Kreuzbodenventilsäcke III;* BGH GRUR 1993, 897, 889 – *Mogul-Anlage;* BGH GRUR 1995, 578, 579 – *Steuereinrichtung II,* jeweils zum Patentrecht; BGH GRUR 2010, 239, 240 [20, 23] – *BTK* zum Markenrecht). **126**

Die Höhe ist unter Zugrundelegung einer abstrakten Betrachtungsweise zu errechnen (BGH GRUR 2010, 239, 240 [20, 23] – *BTK* zum Markenrecht). Hierzu wird der **objektive Wert der Benutzungsberechtigung** ermittelt, wie er sich aufgrund des tatsächlichen Sachverhalts am Schluss des Verletzungszeitraums als angemessen darstellt; maßgebend ist die Gesamtheit aller Umstände des einzelnen Falles (BGH GRUR 1992, 432, 433 – *Steuereinrichtung I;* BGH GRUR 1992, 599, 600 – *Teleskopzylinder,* jeweils zum Patentrecht; BGH GRUR 2008, 693, 697 [55] – *TV-Total* (zum Urheberrecht). Dabei hat sich die zuzusprechende Lizenzgebühr am objektiven Wert der angemaßten Benutzungsberechtigung auszurichten (BGH GRUR 1980, 841, 844 – *Tolbutamid* zum Patentrecht). Es kommt deshalb nicht darauf an, was eine der beiden Parteien tatsächlich hätte durchsetzen können, wenn es zu Verhandlungen gekommen wäre. **Nicht maßgeblich** ist, ob die Parteien auf Grund ihrer persönlichen Verhältnisse **überhaupt** einen **Lizenzvertrag** abgeschlossen hätten oder ob der Verletzer bereit gewesen wäre, für seine Nutzungshandlungen eine Vergütung **in dieser Höhe** zu zahlen (BGH GRUR 2010, 239, 242 [36] – *BTK* zum Markenrecht). **127**

Der Beurteilung kann die Bandbreite marktüblicher Lizenzsätze für die in Rede stehende Schutzrechtsart herangezogen werden; nach den Umständen des Einzelfalls sind Abweichungen möglich (BGH GRUR 2010, 239, 241 [25, 27] – *BTK* zum Markenrecht). Die Lizenzgebühr wird regelmäßig vom **Gesamtumsatz** (BGH GRUR 2010, 239, 242 [41] – *BTK* zum Markenrecht) berechnet, den der Verletzer mit dem Produkt erzielt hat; bei rein **konzerninternem Vertrieb** uU Berechnung nach einer fiktiven Stücklizenzgebühr. Für die Bemessung des Lizenzentgelts sind die zum Zeitpunkt des Lizenzvertragsschlusses zu prognostizierenden Gewinnaussichten maßgebend (BGH GRUR 2010, 239, 242 [39] – *BTK* zum Markenrecht). **128**

Insgesamt wertbestimmende Faktoren sind:

- die wirtschaftliche Bedeutung des Klagegebrauchsmusters, insbesondere eine etwaige Monopolstellung des Schutzrechtinhabers (vgl. BGH GRUR 1967, 655, 659 – *Altix;* BGH GRUR 1962, 401, 303 – *Kreuzbodenventilsäcke III*); **129**
- der Schutzumfang des Klagegebrauchsmusters, insbesondere die Möglichkeit technisch und/oder wirtschaftlich vernünftige Alternativen (BGH GRUR 1993, **130**

897, 898/899 – *Mogul-Anlage* – lizenzerhöhend wie auch –mindernd), die Mitbenutzung weiterer Schutzrechte (vgl. BGH GRUR 1995, 578 – *Steuereinrichtung II*);

131 – Lizenzsätze, die für das GebrM erzielt worden sind;

132 – branchenübliche Lizenzsätze.

133 Im Vergleich zu Patenten ist bei Gebrauchsmustern keine Herabstufung vorzunehmen (zur Vergleichbarkeit des GebrM-Schutzes mit Patentschutz vgl. BGH GRUR 1998, 650, 651 – *Krankenhausmüllentsorgungsanlage*). Beispiele aus der Rechtsprechung:

134 – 2% Lizenzanalogie bei einer Pizza-Schachtel (LG Düsseldorf E 1996, 41, 42;

135 – 5% für ein Winkelprofil zum Abschließen eines Belages aus keramischen Platten, LG Düsseldorf E 1996, 69 (Ls.);

136 – 4% bis 10% für sog Sondervorrichtungsbau (zB Craft-Spulkopf): LG Düsseldorf E 1997, 75, 79;

137 – 5% bis 10% bei Spezialvorrichtungen (Sonderkonstruktionen): OLG Düsseldorf Mitt. 1998, 27, 29;

138 – 27,5% für Steine aus Feuerfestmaterial: LG Düsseldorf E 1997, 104, 106/107.

139 Bei der Schadensberechnung im Wege der Lizenzanalogie kann zu Lasten des fiktiven Lizenzgebers **nicht schadensmindernd** berücksichtigt werden, dass sich nach dem Zeitpunkt des Abschlusses des fiktiven Lizenzvertrages entgegen der auf diesen Zeitpunkt zu beziehenden **Prognose** der Vertragsparteien das Vertragsrisiko zum Nachteil des fiktiven Lizenznehmers entwickelt hat (BGH GRUR 1990, 1008, 1009 – *Lizenzanalogie* zum Patentrecht). Ist die Sachlage zum Beurteilungszeitpunkt durch erheblich widersprüchliche Parteieinschätzungen geprägt, so scheint es sachgerecht, die widerstreitenden Interessen der Parteien mittels Kriterien zu beurteilen, die sich vernünftigen Vertragsparteien bei streitiger Sachlage und gegebenem Vereinbarungszwang als objektive Anhaltspunkte angeboten hätten (BGH GRUR 1993, 55, 58 – *Tchibo/Rolex II* zum Wettbewerbsrecht).

140 Kein Verstoß gegen Treu und Glauben durch den Beklagten, wenn dieser in der Auskunftserteilung differenziert zwischen Inlands- und Auslandsgeschäften (bei denen lediglich der Absende- oder Empfangsort im Inland liegt) und wenn er zum Zeitpunkt der Auskunftserteilung nicht zweifelsfrei beurteilen konnte, ob diese Geschäfte Handlungen darstellten, die das Schutzrecht der Kl. verletzten, und wenn er sich nunmehr im Höheprozess auf den Standpunkt stellt, die Umsätze seien mangels Inlandsbezug für die Lizenzbemessung nicht maßgeblich (BGH GRUR 2010, 239, 242 [43, 44] – *BTK* zum Markenrecht). Im Ergebnis sind solche Handlungen aber auch Rechtsverletzungen im Inland und damit lizenzpflichtig (BGH GRUR 2010, 239, 242 [44] – *BTK* zum Markenrecht).

141 Der Verletzer hat darüber hinaus aufgelaufene **Zinsen** zu bezahlen (wenn der vertragliche Lizenznehmer bei verzögerlicher Lizenzzahlung Zinsen oder eine erhöhte Lizenzgebühr zu zahlen gehabt hätte). Hinzu kommen in der Regel Verzugszinsen. Weitere lizenzerhöhende oder lizenzmindernde Faktoren sind zu berücksichtigen (vgl. zu diesen etwa: OLG Düsseldorf Mitt. 1998, 358, 360 – *Durastep* zum Patentrecht).

142 Entsprechendes gilt, wenn die gebrauchsmustergeschützte Vorrichtung selbst nicht Gegenstand des Handelsverkehrs ist, weil sie Teil einer **Gesamtvorrichtung** ist, die allein am Markt gehandelt wird, → Rn. 106). In diesem Fall ist auf den Umsatz/Gewinn abzustellen, der mit der Gesamtvorrichtung erzielt wird. Jedoch ist der Umstand zu berücksichtigen, dass der Wert der unter Schutz gestellten Erfindung häufig erheblich hinter demjenigen der verkauften Gesamteinheit zurückbleibt, und der mit dem Vertrieb eines gebrauchsmustergeschützten Erzeugnisses erzielte wirtschaftliche Erfolg regelmäßig mehrere Ursachen hat, zu denen zwar auch die erfindungsgemäßen Vorteile, aber auch andere Umstände gehören. Weisen die gebrauchsmustergeschützten Gegenstände neben den erfindungsgemäß ausgebildeten auch schutzrechtsfreie Funktionsteile auf, kann dem bei der Berechnung des Schadenersatzes in zweifacher Weise Rechnung getragen werden:

– Zum einen ist es möglich, zwar von der Gesamtlieferung auszugehen, als Schadenersatz, jedoch von vornherein nur diejenige Quote in Ansatz zu bringen, die dem Anteil des Wertes der in dem verletzten Gebrauchsmusters unter Schutz gestellten Erfindung an dem Wert der gesamten Lieferung entspricht, § 287 ZPO. **143**

– Die andere Möglichkeit ist, vor der Ermittlung der maßgeblichen Gewinnquoten diejenigen Gegenstände der Lieferung auszuklammern, die die in dem jeweiligen Gebrauchsmusteranspruch beschriebene Funktionseinheit nicht aufweisen und nur die Gewinne/den Umsatz aus dem Vertrieb derjenigen Einheiten zur Ermittlung der maßgeblichen Gewinnquote/des Umsatzes heranzuziehen, die die unter Schutz gestellte Vorrichtung bilden oder aufweisen (OLG Düsseldorf InstGE 7, 194, 196 – *Schwerlastregal II* zum Patentrecht) **144**

6.2.4.2.2 Technisch-wirtschaftliche Bezugsgröße. Der Schadenersatz nach der Lizenzanalogie ist ausgehend von einer zuvor sachgerecht bezifferten Bezugsgröße zu berechnen (BGH GRUR 1992, 599, 600 – *Teleskopzylinder* zum Patentrecht).Für die Bezugsgröße ist auf den rechtskräftig gewordenen Tenor der Grundentscheidung des Gerichts abzustellen. Die Bezugsgröße bezieht sich auf die dort genannten Vorrichtungen, Erzeugnisse etc. in der näher beschriebenen Ausbildung. **145**

6.2.4.2.3 Grundsätze zur Ermittlung des Lizenzsatzes. Bei der Ermittlung des Lizenzsatzes sind alle wertbestimmenden Faktoren einzubeziehen, die den objektiven Wert des Schutzrechtsanspruchs beeinflussen (BGH GRUR 1982, 286 – Fersenabstützvorrichtung; LG Düsseldorf Entscheidungen 1996, 17, 22, jeweils zum Patentrecht). Dazu gehören **146**

– ein etwa festzustellender verkehrsmäßig üblicher Wert der Benutzungsberechtigung in Anlehnung an für die gleiche oder vergleichbare Erfindungen tatsächlich vereinbarten Lizenzen (BGH GRUR 1980, 841, 844 – *Tolbutamid;* OLG Düsseldorf GRUR 1981, 45 – *Absatzhaltehebel*); **147**

– die technischen und wirtschaftlichen **Vorteile,** die die erfindungsgemäße Lösung gegenüber dem Stand der Technik bietet (OLG Düsseldorf Mitt. 1998, 27ff. – *Schadensersatz nach der Lizenzanalogie*); **148**

– insbesondere (entscheidend) die **wirtschaftliche** Bedeutung des geschützten Rechts, die sich in Gewinnaussichten ausdrückt und durch die auf dem Markt zu erzielende Vergütung bestimmt wird (RGZ 156, 65, 69; BGH GRUR 1967, 655, 659 – *Alltex;* BGH GRUR 1993, 897, 898 – *Mogul-Anlage*), wobei auch die technischen Vorzüge der Erfindung gegenüber gleichen oder ähnlichen Gegenständen zu berücksichtigen sind; **149**

– Art und Umfang der Nutzung: handelt es sich um einen sog. **Massenartikel,** wird eine Senkung des angemessenen Lizenzsatzes anzunehmen sein. Denn bei den dort relativ hohen Vertriebskosten besteht wenig Raum für eine zusätzliche Lizenz. Inwiefern dies der Fall ist, hängt nicht vom Preis, sondern von der Anzahl der Einzel-Produkte ab. **150**

Wesentlich ist auch, ob auf dem betreffenden Gebiet ein **scharfer Wettbewerb** im Verletzungszeitraum bestand. Ein hart umkämpfter Markt rechtfertigt aber regelmäßig nur eine geringe Gewinnspanne und nur geringe Lizenzsätze (diese Aspekte werden, vorbehaltlich der Besonderheiten des Einzelfalls, zu einer Minderung des Lizenzsatzes in Höhe von mindestens 0,5% führen). **151**

Zwar kommt es für die Frage der **Verkehrsüblichkeit** einer Lizenzierung nur auf eine abstrakte Betrachtungsweise an und nicht darauf, ob Zeichenlizenzierungen in der jeweiligen Branchen üblich sind (s. o.), bei der Bestimmung der Höhe des Lizenzsatzes sind hingegen alle Umstände zu berücksichtigen, die auch bei freien Lizenzverhandlungen Einfluss auf die Höhe der Vergütung gehabt hätten (Vgl. BGH GRUR 2006, 143 – *Catwalk;* BGH GRUR 2010, 239, 242 [49] – *BTK* zum Markenrecht). Hierzu gehören auch die in der Branche üblichen Umsatzerlöse. Es wird regelmäßig kein Lizenzentgelt vereinbart, das über dem zu erwarten- **152** den Gewinn liegt, auch wenn die Lizenznahme an sich die Chance eröffnen mag, höheren Preise im Markt durchsetzen zu können. Bei geringen branchenüblichen Umsatzrenditen und umkämpftem Markt wird sich diese theoretische Möglichkeit in der Praxis kaum realisieren. Die branchenübliche Umsatzrendite hat deshalb Einfluss auf den objektiven Wert der Nutzungsberechtigung. Die wirtschaftliche Bedeutung des geschützten Lizenzrechts wirkt sich auch in den Gewinnaussichten aus, die sich unter Verwendung des Schutzrechts erzielen lassen (BGH GRUR 2010, 239, 242 [49] – *BTK* zum Markenrecht).

153 Betrifft die Verletzungshandlung den **territorialen** Geltungsbereich des Schutzrechts nur insoweit, als der Absende- oder Empfangsort in Deutschland liegt oder das Angebot oder die Rechnungsstellung vom Inland aus erfolgt sind, hätten vernünftige Lizenzvertragsparteien bei freien Lizenzverhandlungen diesem Umstand bei der Bemessung der Lizenzvergütung Rechnung getragen: die Verletzung wiegt weniger schwer, wenn der territoriale Geltungsbereich durch die Dienstleistungen nur zum Teil betroffen ist (BGH GRUR 2010, 239, 242 [54] – *BTK* zum Markenrecht);

154 – ferner sein **rechtlicher Schutzumfang** (RG Mitt. 1939, 194, 196 – *Bekämpfung von Grubenexplosionen I*):

155 **Lizenzerhöhend** wirkt sich hierbei zunächst der Umstand aus, wenn der Nutzer die Lehre des Anspruchs 1 des Gebrauchsmusters und sowie die von diesem Anspruch abhängigen Unteransprüche benutzt.

156 Ist zwischen den Parteien streitig, ob durch die angegriffene Verletzungsform ausschließlich **wortsinngemäß** oder im Hinblick auf einzelne Merkmale nur ein **Äquivalent** verwirklicht wird, so ist ggfls. zu unterscheiden: Jedenfalls dann, wenn alle Merkmale bis auf eines unzweifelhaft wortlautgemäß erfüllt sind, und ein Merkmal „mindestens in äquivalenter Weise" erfüllt ist, also nicht die Äquivalenz, sondern allenfalls die wortlautgemäße Verwirklichung fraglich sein kann, tritt hierdurch eine Minderung des Lizenzsatzes nicht ein (OLG Düsseldorf Mitt. 1998, 358, 361 – *Durastep* zum Patentrecht).

157 – eine etwaige Monopolstellung des Schutzrechtsinhabers (vgl. RG GRUR 1938, 836, 840 – *Rußbläser*)

158 Parteien eines Lizenzvertrags werden weiter bei der Bemessung der Lizenzgebühr berücksichtigen, ob das in Rede stehende Schutzrecht **von Drittunternehmen** in nennenswertem Umfang **benutzt** wird. Durch Benutzungshandlungen, zu denen Dritte auf Grund vertraglicher Vereinbarungen mit dem Schutzrechtsinhaber befugt sind, oder durch tolerierte Verletzungshandlungen wird der Verkehrswert des Rechts beeinflusst (BGH GRUR 2010, 239, 241 [31] – *BTK*, zum Markenrecht). Freilich muss hier ein gewisser Umfang der Benutzungshandlungen erreicht werden (BGH GRUR 2010, 239, 241 [31] – *BTK*, zum Markenrecht, so dass jedenfalls die Kennzeichnungskraft des Zeichens geschmälert wird).

159 **Darlegungs- und beweispflichtig** für eine aus dem rechtlichen Monopol umgesetzte Ausschlusswirkung ist der Schutzrechtsinhaber, d. h. er muss im einzelnen substanziiert hierzu vortragen, zB ob und wie weit er sein Schutzrecht durchgesetzt hat, ob andere Wettbewerber sein Schutzrecht verletzen – gerade **technische Alternativlösungen** außerhalb des Schutzbereichs des Klagegebrauchsmusters **mindern** die Höhe des Lizenzsatzes – und schließlich ob und ggf. in welchem Umfang gegenüber der Verwendung der geschützten Lehre gangbare und aus Sicht des Lizenznehmers wirtschaftlich vernünftige Alternativen vorhanden sind (BGH GRUR 1993, 897, 898/899 – *Mogul-Anlage*). Von wesentlicher Bedeutung für die Höhe des Lizenzsatzes ist die Frage, ob im Verletzungszeitraum Alternativlösungen zur Verfügung standen oder nicht;

160 – **Rechtsbeständigkeit** des Streitgebrauchsmusters

Von Einfluss auf die Höhe des Lizenzsatzes ist die Rechtsbeständigkeit des Gebrauchsmusters. Wenn das Gebrauchsmuster etwa das Löschungsverfahren und das anschließende Beschwerdeverfahren überstanden hat, ohne dass ein wesentlicher Kern beeinträchtigt worden wäre, wird man eher den oberen Bereich des Lizenzrahmens heranziehen müssen. Ebenso, wenn das Klagegebrauchsmuster gegenüber Konkurrenten (erfolgreich) durchsetzt wird; auch dies könnte grundsätzlich lizenzerhöhend wirken;

– **Bedeutung des erfindungsspezifischen Gewinns** **161**
Die Bedeutung hat an Gewicht gewonnen. Zu den konkreten, zur Ermittlung des Gewinns heranzuziehenden **Kosten** zählen solche Kosten, die nach Fertigstellung der Erfindung anfallen, besondere weitere Entwicklungskosten sowie Kosten zur Herbeiführung der Betriebsreife und Kosten im Zusammenhang mit der Erzielung der Produktionsreife. Ferner zählen hierzu die Gestehungs-/Herstellungskosten. In Ansatz zu bringen sind auch die konkret den erfindungsgemäßen Produkten zuzuordnenden Vertriebskosten einschließlich entsprechend konkret zuordbarer Marketingkosten (vgl. hierzu insg. BGH GRUR 1998, 689, 692 – *Copolyester II*). Erfindungsgemäße Gemeinkosten können nur dann berücksichtigt werden, soweit sie ausnahmsweise den schutzrechtsverletzenden Gegenständen unmittelbar zugerechnet werden können (BGH GRUR 2001, 329ff. – *Gemeinkosten*).
Auch in **Verletzungsfällen** gilt der Grundsatz des Vorrang der konkreten (in Abgrenzung zur abstrakten) Lizenzanalogie, d. h., es ist stets zu prüfen, ob in Bezug auf das konkret verletzte Schutzrecht Lizenzverträge abgeschlossen sind (OLG Düsseldorf, Mitt. 1998, 27, 30 – *Schadensersatz nach der Lizenzanalogie:* „vor allem"; OLG Düsseldorf Mitt. 1998, 358, 360 – *Durastep*). **162**
Ein **vereinbarter Lizenzsatz** kann wesentliche Anhaltspunkte für die Bestimmung der angemessenen Lizenzgebühr geben, da daraus regelmäßig ersichtlich wird, was die Erfindung wert ist. Freilich ist eine unveränderte Übertragung der für frei ausgehandelte Lizenzverträge angemessenen Sätze auf eine Schadensersatzlizenz in aller Regel nur insoweit gerechtfertigt, wie auch die Risikoverteilung zwischen den Parteien gleich ist (OLG Düsseldorf GRUR 1981, 45, 49 – *Absatzhaltehebel*). Dabei sind die im Zeitpunkt des Vertragsabschlusses vorhandenen wirtschaftlichen und sonstigen Gegebenheiten, Beweggründe und Möglichkeiten zu berücksichtigen. Gravierende, nicht erklärbare oder nicht erklärte Differenzen zwischen einer konkret vereinbarten Lizenzgebühr und dem für das betroffene Gebrauchsmuster üblichen Lizenzrahmen, lassen den allgemeinen Aussagegehalt einer Lizenzvereinbarung sinken. **163**
Deshalb wird häufig versucht, zunächst den einschlägigen Lizenzrahmen zu bestimmen und die vereinbarte Lizenzgebühr mit diesem zu vergleichen, wobei hierauf bezogene Zu- und Abschläge sich als sinnvoll erweisen können. **164**
Vorrangig für die Beurteilung des Lizenzsatzes ist die gesamte für die Vermarktung des Produkts maßgebliche Situation am Markt, weil das Produkt in seiner Preiskalkulation mit den Lizenzsätzen belastet und seine Belastbarkeit durch Markt und Wettbewerb bestimmt wird (Lizenzsätze sind letztlich das Ergebnis von Angebot und Nachfrage und drücken auch einen Anteil am Gewinn des Unternehmens aus; vgl. BGH GRUR 1998, 689, 692 – *Copolyester II*). Deshalb dürfen allfällige Rahmenlizenzsätze nicht schematisch nach der technischen Beschaffenheit des Produkts (Verfahrens) und seinem technischen „Wert" herangezogen werden. Im Bereich des Vertriebs oder der Anwendung können deshalb häufig differenziertere Kriterien eine Rolle spielen als bei einem Hersteller, der ein bestimmtes Produkt zu gleichen Bedingungen herstellt, das aber mit ganz unterschiedlicher Bedeutung auf den nachfolgen Marktstufen eingesetzt werden kann (auch hier zeigt sich wieder die Marktbezogenheit); **165**
„Rating" des/der Lizenznehmer(s), zB internationale Weltkonzerne, von denen im übrigen angenommen werden kann, dass sie mit ihren Lizenz- und Patentabteilungen ausreichende Manpower zur Verfügung haben, einen hinreichenden Stand der Technik aufzufinden, der eine Lizenznahme überflüssig machen würde; **166**

167 **Anzahl der Lizenzverträge:** die Vorlage nur eines Lizenzvertrages reicht idR nicht aus, um gesicherte Rückschlüsse zuzulassen (BGH GRUR 1998, 689ff., 692/693 – *Copolyester II*);

168 die Lizenzgebühr ist zu zahlen für die **Gesamtheit der** im (Anhang zum) Vertrag erwähnten **Schutzrechtspositionen:** Auslegung der Zahlung einer einheitlichen Lizenzgebühr für ein Schutzrechtsbündel als **Beweislastregelung** bzw. **verdeckte Form einer Mindestlizenz,** oder: Auslegung, dass der **Gesamt-Lizenzsatz aufzuteilen** ist auf die einzelnen Schutzrechte/Schutzrechtsfamilien nach rechtlichen, gebrauchsmusterrechtlichen und wirtschaftlichen Aspekten, weil ein Produkt nicht beliebig durch Lizenzgebühren „verteuert" werden kann, so dass in Bezug auf das einzelne Schutzrecht/die einzelne Schutzrechtsfamilie ggf. ein – evtl. deutlich – niedrigerer Lizenzsatz anzusetzen ist (bei Einräumung einer einfachen Lizenz wird häufig eine Aufteilung des Lizenzsatzes auf die einzelnen Schutzrechte/Schutzrechtsfamilien angemessen sein); ungeachtet des Vorstehenden kommt bei Benutzung mehrerer Schutzrechte ein und desselben Lizenzgebers allenfalls eine **geringfügige Lizenzerhöhung** in Betracht (OLG Düsseldorf Mitt. 1998, 27 – *Schadensersatz nach der Lizenzanalogie*), was bei der Bewertung nur eines Schutzrechtes umgekehrt einen allenfalls geringfügigen Abschlag vom vereinbarten Lizenzsatz rechtfertigt;

169 die Lizenzgebühr ist unabhängig von der Anzahl der Gebrauchsmuster und Ansprüche, die benutzt werden, zu zahlen;

170 der Vertrag sieht die **Möglichkeit einer Reduzierung** der Lizenzgebühren vor für den Fall des Ablaufs von Gebrauchsmusterrechten oder einer früheren Löschungserklärung; der Maßstab der Reduzierung soll angemessen sein;

171 **einfache Lizenz:** Wird das Klagegebrauchsmuster im Verletzungszeitraum selbst in erheblichem Umfang von dem Kläger genutzt, ist der sonst als üblich oder angemessen anzusehende Lizenzsatz somit für die Einräumung einer nicht-ausschließlichen Lizenz zu ermitteln (da im Regelfall für einfache Lizenzen niedrigere Lizenzsätze gezahlt werden als für ausschließliche Lizenzen, wird vorbehaltlich der Einzelfallumstände ein Abschlag von 0,5% vom Lizenzsatz angemessen sein);

172 **Abschlag/Abstaffelung** wegen hoher Umsätze. Wie in Arbeitnehmererfinder-Streitigkeiten wird man davon ausgehen müssen, dass die Abstaffelung einen durch den Kläger zu führenden Üblichkeitsnachweis voraussetzt (vgl. BGH GRUR 1990, 271, 273 – Vinylchlorid; BGH GRUR 1998, 689, 695, li. Sp. – *Copolyester II*). Beträchtliche, von einem Beklagten erzielte Umsätze werden bei der Bemessung der Lizenzgebühr berücksichtigt. Vernünftige Lizenzvertragsparteien hätten der sich hieraus ergebenden Chance des – fiktiven – Lizenzgebers, im Verletzungszeitraum an einem erheblichen Umsatz partizipieren zu können, durch einen Abschlag von dem ohne Berücksichtigung dieser Marktstellung angemessenen Lizenzsatz Rechnung getragen (dieser kann unter Abwägung aller Umstände regelmäßig 0,5% betragen);

173 **Natural- und Barrabatte** sowie **Retouren** – Berücksichtigung beim Verletzerumsatz: häufig wird ein Teil der gebrauchsmusterverletzenden Produkte ohne Berechnung (sog. Naturalrabatte) geliefert, zB bei Arzneimitten, Diagnostika, etc. Für „vernünftige Vertragspartner" wird es fern liegend sein, dass sich ein Lizenzgeber mit Gratislieferungen in einem großen Umfang einverstanden erklärt (vgl. hierzu LG Düsseldorf Entscheidungen 2000, 63ff. – *Kondensableiter* im Hinblick auf 20% Gratislieferungen). Bei „Retournierungen", etwa wegen Sachmängeln oder wegen Ablaufs des Verfallsdatums, werden „vernünftige Vertragsparteien" das Risiko, ausgelieferte Lizenzgegenstände mit dieser Begründung zurücknehmen zu müssen, in der Regel dem Lizenznehmer auferlegen. Ein entsprechender Abzug vom Verletzerumsatz ist mithin nicht gerechtfertigt;

174 **Verletzerzuschlag:** obgleich dieser in der gebrauchsmusterrechtlichen teilweise Literatur als rechtspolitisch wohl erwünscht bezeichnet wird, wird ein solcher Zu-

schlag von der Rechtsprechung nicht gewährt, weil der Verletzer im Rahmen der Lizenzanalogie nicht besser und nicht schlechter gestellt werden soll als ein vertraglicher Lizenznehmer (BGH GRUR 1982, 286 – *Fersenabstützvorrichtung;* BGH GRUR 1987, 37, 39 – *Videolizenzvertrag*);

Zinspflicht: Nach ständiger Rechtsprechung kann der Verletzte unter dem Gesichtspunkt des Schadensersatzes eine angemessene Verzinsung der geschuldeten Lizenzgebühren beanspruchen (BGH GRUR 1982, 286, 288f. – *Fersenabstützvorrichtung;* LG Düsseldorf InstGE 9,1/2 – *Kappaggregat*). Denn (vernünftige) Lizenzvertragsparteien hätten eine jährliche Abrechnung der Lizenzgebühren innerhalb eines Monats nach Schluss eines jeden Kalenderjahres vereinbart und eine Fälligkeitsabrede zum letzten Tag des ersten Monats des nachfolgenden Jahres getroffen hätten (OLG München 6 U 6950/92: 4% über dem jeweiligen Bundesbank-Diskontsatz; OLG Düsseldorf Mitt. 1998, 27, 33: 3,5% über dem jeweiligen Bundesbank-Diskontsatz). Für den Fall, dass die Lizenzgebühren nicht bis zum 1. Februar des auf den Abrechnungszeitraum folgenden Jahres gezahlt werden, hätten kaufmännisch denkende Vertragsparteien eine Verzinsung der im zurückliegenden Jahr angefallenen Lizenzgebühren vereinbart. Zwar mag die Verzinsung in Lizenzverträgen häufig nicht geregelt sein, da die Lizenzgebühren üblicherweise kurzfristig abgerechnet werden; aber die Schadensersatzlizenz wird regelmäßig- erst Jahre nach der Erzielung der vergütungspflichtigen Umsätze bezahlt. Der Verletzer zahlt ferner nicht – wie regelmäßig ein vertraglicher Lizenznehmer – in kurzen zeitlichen Abständen, sondern erheblich später. Vernünftige Vertragsparteien, die dies im Voraus bedacht hätten, hätten dem sich hieraus ergebenden Vorteil für den Lizenznehmer durch die Vereinbarung einer angemessenen Verzinsung der geschuldeten Lizenzgebühren Rechnung getragen. Im Ergebnis dient die Verzinsung ab fiktiven Fälligkeitszeitpunkten damit dem Grundsatz, dass der Schutzrechtsverletzer nicht schlechter, aber auch nicht besser gestellt werden soll als ein redlicher Lizenznehmer (BGH GRUR 1982, 286, 288f. – *Fersenabstützvorrichtung;* LG Düsseldorf InstGE 9,1, 2 – *Kappaggregat;* BGH GRUR 2010, 239, 242 [55] – *BTK* zum Markenrecht). Der zutreffende Zinssatz ist folglich hinzuzusetzen (OLG Düsseldorf GRUR 1981, 50, 52; OLG Düsseldorf, Mitt. 1998, 358, 362 – *Durastep;* OLG München vom 06.03.97 — 6 U 6950/92; BGH GRUR 2010, 239, 242 [55] – *BTK* zum Markenrecht). In Anlehnung an die gesetzlichen Verzugszinssätze können im Rahmen der Schadensberechnung nach den Regeln der Lizenzanalogie 175

- o für vor dem 1.5.2000 fällig gewordene Lizenzgebühren Zinsen in Höhe von 3,5 Prozentpunkten über dem Bundesbankdiskontsatz
- o für zwischen dem 1.5.2000 und dem 31.12.2001 fällig gewordene Lizenzgebühren Zinsen in Höhe von 5 Prozentpunkten über dem Basiszinssatz und
- o für seit dem 1.1.2002 fällig gewordene Lizenzgebühren Zinsen in Höhe von 8 Prozentpunkten über dem Basiszinssatz verlangt werden (LG Düsseldorf InstGE 9,1, 2 [4, 5, 6] – *Kappaggregat*)

Hinzu kommen ab Klageerhebung Rechtshängigkeitszinsen, §§ 291; 288 Abs. 1 Satz 1 und Abs. 2; 247 BGB. Diese berechnen sich jedoch nicht auf der Grundlage der zum Zeitpunkt der Rechtshängigkeit bestehenden Gesamtforderung (die sich zusammensetzt aus der Schadensersatzlizenzgebühr und den bis zu diesem Zeitpunkt aufgelaufenen „fiktiven Verzugszinsen"), sondern ausschließlich auf die Hauptforderung Das Zinseszinsverbot aus § 289 Satz 1 BGB gilt allgemein bei einer Verzinsung der aufgelaufenen Zinsen sowohl nach § 288 BGB (Verzugszinsen) als auch nach § 291 BGB (Prozess-bzw. Rechtshängigkeitszinsen) (LG Düsseldorf InstGE 9, 1, 3/4 [9, 10, 11] – *Kappaggregat*).

Vorteilsausgleich: Die jeweils sich lizenzerhöhend (Minderrisiko des Verletzers, nicht für eine nicht schutzfähige Erfindung Lizenz zahlen zu müssen; keine Einflussnahme auf die Preisgestaltung) und lizenzmindernd (rechtlich ungesicherte 176 und unterbindbare Benutzerstellung der Klägerin; Risiko einer über die Lizenzzahlung hinausgehenden Schadensersatzpflicht) auswirkenden Aspekte heben sich gegenseitig auf. Ein Vorteilsausgleich scheidet daher aus (BGH GRUR 1982, 286ff. – Fersenabstützvorrichtung; BGH GRUR 1982, 301 – *Kunststoffhohlprofil II*).

177 Neben der Lizenzanalogie kommt der Ersatz eines **Marktverwirrungsschadens** nicht in Betracht (LG Düsseldorf E 1997, 104, 105/106 – *Feuerfestmaterial*). Nehmen GebrM-Inhaber und ausschließlicher Lizenznehmer den Verletzer auf nach den Grundsätzen der Lizenzanalogie ermittelnden Schadenersatz in Anspruch, können sie die angemessene und übliche Lizenzgebühr nur einmal beanspruchen (Mitgläubigerschaft, § 432 BGB; LG Düsseldorf E 1997, 104, 105/106 – *Feuerfestmaterial*).

178 **6.2.4.3 Herausgabe des Verletzergewinns.** Des Weiteren erkennt die Rechtsprechung einen Anspruch auf Herausgabe des Verletzergewinns an. Es sei billig, dass der Verletzer den durch die Verletzung erlangten Gewinn nicht behalten darf. Der Gewinn muss dabei gerade **durch** die Verletzung (kausal) erzielt sein. Gewinn ist der Überschuss des Erlöses über die Kosten. Unerheblich ist, ob auch der Verletzte in der Lage gewesen wäre, diesen Gewinn zu erzielen. Diese Schadenersatzberechnungsmethode wird für Schutzrechtsinhaber seit einer höchstrichterlichen Entscheidung zum Designrecht (BGH GRUR 2001, 329 – *Gemeinkostenanteil*) besonders interessant; diese ist auf patent- und gebrauchsmusterrechtliche Sachverhalte anzuwenden. (Nach der früheren Rechtsprechung hatte der Verkehr vielfache Möglichkeiten, den Gewinn so gering wie möglich darzustellen). Die Abschöpfung des Verletzergewinns folgt ua der Sanktionierung des schädigenden Verhaltens und damit dem Präventionsgedanken zum Schutz des Patents/Gebrauchsmusters. Die insgesamt mit dieser Berechnungsmethode verbundenen Fragestellungen bedürfen noch der Weiterentwicklung durch die Rechtsprechung.

179 Dieser Anspruch auf den Verletzergewinn ist kein Anspruch auf Ersatz des konkret entstandenen Schadens, also kein eigentlicher Schadenersatzanspruch; er zielt vielmehr in anderer Weise auf einen billigen **Ausgleich des Vermögensnachteils,** den der Verletzte erlitten hat. Wegen der besonderen Schutzbedürftigkeit soll der Verletzte auch schon bei fahrlässigem Verhalten wie der Geschäftsherr bei der angemaßten Geschäftsführung nach § 687 II BGB gestellt werden (BGH GRUR 2007, 431, 434 [21] – *Steckverbindergehäuse*). Um dem Ausgleichsgedanken Rechnung zu tragen, wird dabei fingiert, dass der Verletzte ohne die Rechtsverletzung unter Ausnutzung der ihm ausschließlich zugewiesenen Rechtsposition in gleicher Weise Gewinn erzielt hätte wie der Verletzer (BGH GRUR 2009, 856 [74] – *Tripp-Trapp-Stuhl,* zum Urheberrecht; BGH GRUR 2010, 237, 238 [18] – *ZOLADEX* zum Markenrecht). Somit spielt es hier – anders als bei der Berechnung des Schadens nach dem entgangenen Gewinn oder nach der Lizenzanalogie – keine Rolle, ob der Pateninhaber sich den Gewinn ohne das Eingreifen des Verletzers mit berechtigt handelnden Personen (etwa: Parallelimporteuren) hätte teilen müssen (BGH GRUR 2010, 237, 238 [18] – *ZOLADEX* zum Markenrecht).

180 Dem Rechtsinhaber ist es unabhängig von dem Umstand, er im Rahmen von vergleichsweisen Regelungen mit der Lieferantin der Beklagten, sowie mit der durch die Beklagte Belieferten, Zahlungen auf Basis der Lizenzanalogie oder aber als Verletzergewinn erhielt, nicht verwehrt, gegenüber der Beklagten die Herausgabe des Verletzergewinn zu verlangen. Nach den Grundsätzen der BGH-Entscheidung „Gemeinkostenanteil" – in welcher der Ausgleichsanspruch „Gewinnherausgabe" von der Position und den realisierbaren Möglichkeiten des Verletzten, wie sie in der Anwendung der Regeln der Geschäftsführung ohne Auftrag bzw. der angemaßten Geschäftsführung gem. § 687 Abs. 2 BGB zum Ausdruck kommt, abgekoppelt wird – muss nämlich der Verletzergewinn **auf allen Stufen der Verletzerkette** herausgegeben werden, da jede Stufe der Verletzerkette rechtswidrig in das Schutzrecht eingreift

und daher ihren jeweiligen Gewinn herausgeben muss (LG München I InstGE 10, 37, 43 – *Carrybag* zum Designrecht).

Schadensersatzzahlungen an Dritte in der **Lieferkette** sind nicht abzugsfähig, was **181** der BGH auch mit dem Hinweis darauf bestätigt hat, dass die Leistung von Schadensersatz den Verletzer nicht so stellen soll, als habe er rechtmäßig gehandelt, und auch seine Abnehmer dadurch nicht in eine Lage versetzt werden, als hätten sie ihre Vereinbarungen mit einem Berechtigten getroffen. Auch bei der Problematik der Schadensersatzzahlungen rekurriert der BGH außerdem auf seine „Gemeinkostenanteil"-Entscheidung und den Gedanken, dass der Verletzer letztlich so zu behandeln ist, als habe er in angemaßter Geschäftsführung nach § 687 Abs. 2 BGB gehandelt mit der Folge, dass er Ersatz seiner Aufwendungen gem. §§ 687 Abs. 2 Satz 2, 684 Satz 1 BGB nur nach den Vorschriften über die Herausgabe einer ungerechtfertigten Bereicherung verlangen kann; für Schadensersatzzahlungen an seine Abnehmer dafür, dass diese gehindert sind, die erworbenen Gegenstände weiter zu veräußern, hätte der Verletzer aber nicht Aufwendungsersatz verlangen können, weil der Verletzte durch solche Zahlungen nicht bereichert worden ist (BGH GRUR 2002, 532, 535 – *Unikatrahmen,* zum Urheberrecht; LG München I InstGE 10, 37, 43 – *Carrybag* zum Designrecht).

Der herauszugebende Gewinn muss **kausal durch** die Gebrauchsmusterverlet- **182** zung entstanden sein. Danach kann sich der Verletzer nicht darauf berufen, dass jedenfalls ein Teil des Gewinns auf seine besonderen Leistungen (zB besondere Werbemaßnahmen, seinen persönlichen Einsatz etc.) zurückgehe (BGH GRUR 2001, 329 – *Gemeinkostenanteil*). Vielmehr ist der Verletzergewinn nach der gesetzlichen Regelung herauszugeben, ohne dass der Verletzer sich darauf berufen könnte, der Verletzte hätte den Gewinn – aus welchen Gründen auch immer – selbst nicht erreichen können (BGH GRUR 2007, 431, 434 [40] – *Steckverbindergehäuse*). Allerdings kann zu berücksichtigen sein, dass das rechtsverletzende Erzeugnis keine identische Nachahmung des geschützten Gegenstandes darstellt oder sonst besondere Eigenschaften aufweist, die für den erzielten Erlös von Bedeutung sind (vgl. BGH GRUR 2007, 431, 434 [40] – *Steckverbindergehäuse*).Weist also die Vorrichtung besondere Eigenschaften auf, die nicht in dem verletzten Schutzrecht begründet liegen (zB eigenständige Schutzrechte), so können diese Umstände schadenersatzmindernd sein. Der durch die Gebrauchsmusterverletzung erzielte Erlös besteht bei einem Umsatzgeschäft in der Regel in dem erhaltenen Kaufpreis. Bei einem **„subventionierten"** Verletzungsgegenstand werden die für den Einsatz der Vorrichtung benötigten Verbrauchsmaterialien mit zu berücksichtigen sein (zB kostenlose Eistruhe, die durch den Verkauf von Eiscreme-Produkten amortisiert wird, oder: kostengünstiger Drucker und hochpreisige Druckerpatronen). Der Erlös umfasst in diesem Fall wohl auch den Gewinn, der mit der Veräußerung der **Verbrauchsmaterialien** erwirtschaftet wird (BGH GRUR 1962, 509, 512 – *Dia-Rähmchen II*); hier sind allerdings noch viele Fragen ungeklärt.

Bei der **Ermittlung des Verletzergewinns** können von den erzielten Erlösen **183** grundsätzlich nur die so genannten **variablen Kosten** (spezifische, produktbezogene Kosten) abgezogen werden (BGH GRUR 1962, 509, 512 – *Dia-Rähmchen II*). Dies sind Kosten, die die Herstellung und der Vertrieb des rechtsverletzenden Gegenstandes erfordern, und zwar die Materialkosten und die Fertigungskosten ohne einen Material-, Fertigungs-, Verwaltungs- und Vertriebsgemeinkostenanteil.

Die so genannten **fixen Kosten** (Generalkosten), also diejenigen Kosten, die mit **184** der Aufrechterhaltung des Betriebes, mit der Unterhaltung der Betriebs- und Vertriebsanlagen sowie mit der Betriebsführung und der Verwaltung zusammenhängen, sind nicht abzugsfähig. Auch ein anteiliger, pauschaler Abzug der fixen Kosten kommt nicht in Betracht, da sich diese in aller Regel nicht durch die Herstellung und den Vertrieb der rechtsverletzenden Gegenstände erhöhen, weil hierfür die vorhandenen Kapazitäten ausreichen. Nur wenn sich die fixen Kosten durch die Herstellung und den Vertrieb der rechtsverletzenden Gegenstände erhöhen, somit den schutzrechtsverletzenden Gegenständen unmittelbar zugerechnet werden können, sind sie bei der Ermittlung des Verletzergewinns von den Erlösen abzuziehen (BGH GRUR 1962, 509, 512 – *Dia-Rähmchen II;* BGH GRUR 2007, 431, 434 [24] – *Steckverbindergehäuse*). Die Darlegungs- und Beweislast trägt insoweit der Verletzer (BGH GRUR 2007, 431, 434 [24] – *Steckverbindergehäuse*).

185 **Grundlage für die Berechnung** des **Gewinns** ist der Umsatz, der mit der angegriffenen Ausführungsform erzielt worden ist. Hierbei sind die oben erwähnten Besonderheiten bei zusammengesetzten Vorrichtungen, Peripheriegeräten etc. zu berücksichtigen. Der Kläger wird hierzu auf die Informationen in der Rechnungslegung zurückgreifen. Dabei sind folgende Kosten abzugs- bzw. nicht abzugsfähig:

186 Abzugsfähig sind prinzipiell die Kosten, die gerade **spezifisch** mit dem Gegenstand der angegriffenen Ausführungsform zusammenhängen, also die eigentlichen Fertigungskosten, Montagekosten, Vertriebskosten etc. Umgekehrt sind diejenigen Kosten **nicht abziehbar,** die mit der **allgemeinen Produktion,** dem Unternehmen im Allgemeinen, dem Unterhalt zusammenhängen, die also nicht spezifisch unmittelbar und konkret bezogen mit der angegriffenen Ausführungsform zusammenhängen. Im Einzelnen sind hier viele Fragen noch ungeklärt; die Rechtsprechung tastet sich von Fall zu Fall an die Vervollständigung des Mosaiks heran. Die Nichtabsetzbarkeit der Gemeinkosten wird unter anderem damit begründet, dass der aus der Rechtsverletzung stammende Gewinn nicht vollständig abgeschöpft würde, wenn auch die Gemeinkosten uneingeschränkt von den Erlösen abgesetzt werden könnten. Dem Verletzer verbliebe dann ein Deckungsbeitrag zu seinen Fixkosten. Dies stünde im Widerspruch zu Sinn und Zweck des Schadensausgleichs in der Form der Herausgabe des so genannten Verletzergewinns und zu dem Gedanken, dass der Verletzte bei dem Einsatz des eigenen Unternehmens für die Herstellung und den Vertrieb einen Deckungsbeitrag zu seinen eigenen Gemeinkosten hätte erwirtschaften können Folgende Grundsätze haben sich dabei herausgebildet:

187 Ausgangspunkt für die Unterscheidung der anzurechnenden und der nicht anzurechnenden Kosten ist der Rechtsgedanke, dass für die Ermittlung des Schadensersatzes nach dem Verletzergewinn zu unterstellen ist, dass der Verletzte einen **entsprechenden Betrieb unterhält,** der dieselben Produktions- und Vertriebsleistungen wie der Betrieb des Verletzers hätte erbringen können (vgl. BGH GRUR 2001, 329 – *Gemeinkostenanteil;* BGH GRUR 2007, 431, 434 [31] – *Steckverbindergehäuse*). Bei der Einordnung der Kosten nimmt die Rspr bewusst eine gewisse **Typisierung** vor unter Berücksichtigung der Gebote der Praktikabilität, der Wertungen des Schadensersatzrechts und des billigen Ausgleichs der Vermögensnachteile des Verletzten (BGH GRUR 2007, 431, 434 [31] – *Steckverbindergehäuse*).

188 **Abzugsfähig** sind danach folgende Kosten (BGH GRUR 2007, 431, 434 [31] – *Steckverbindergehäuse*):

- des Materials;
- der Energie für die Produktion;
- der Sachmittel für Verpackung und Vertrieb;
- der Fertigung;
- der auf die fragliche Produktion entfallenden Lohnkosten, die vollständig abgezogen werden können;
- für Maschinen und Räumlichkeiten im Bereich des Anlagevermögens (anteilig bezogen auf ihre Lebensdauer), die nur für die Produktion und den Vertrieb der Nachahmungsprodukte verwendet worden sind;
- eines etwaigen Ausschusses und Materialschwundes, es sei denn, es handelt sich um Anlaufkosten, die dem Verletzten im unterstellten laufenden Betrieb nicht ebenfalls entstanden wären (LG Frankfurt InstGE 6, 141 – *Borstenverrundung*);
- für im Rahmen der Fertigung verbrauchte Energie die ggf. durch Schätzung zu ermitteln sind;

- gewährte Skonti;
- umsatzabhängige Versicherungskosten;
- umsatzabhängige Vertreterprovisionen (OLG Düsseldorf InstGE 7, 194 – *Schwerlastregal II*).

Nicht abzugsfähig sind dafür folgende Kosten (BGH GRUR 2007, 431, 434 **189**
[32–35] – *Steckverbindergehäuse*):

- Mitarbeiter, die auch für andere Aufgaben eingesetzt werden, Verwaltungsangestellte oder Geschäftsführer;
- allg. für Maschinen, Miete, Pacht;
- allgemeines Marketing;
- Schutzrechtskosten für gebrauchsmusterverletzende Produktion;
- Entwicklung des gebrauchsmusterverletzenden Gegenstands;
- Rechtsverfolgung (LG München I InstGE 10, 37, 44 – *Carrybag* zum Designrecht);
- Materialkosten bezüglich der nicht verkauften Teile und des Ausschusses;
- für besondere eigene Vertriebsleistungen (LG München I InstGE 10, 37 – *Carrybag* zum Designrecht);
- Schadensersatzzahlungen an weitere Verletzer in der Rechtekette sowie Einbußen wegen verspäteter Lieferung durch den Hersteller (LG München I InstGE 10, 37, 44 – *Carrybag* zum Designrrecht);
- Speditionskosten für die Rückholung und Überstellung der zu vernichtenden, nicht verkauften Verletzungsgegenstände (LG München I InstGE 10, 37, 46 – *Carrybag* zum Designrecht);
- Schadensersatzzahlungen an Dritte in der Lieferkette (LG München I InstGE 10, 37, 46 – *Carrybag* zum Geschmacksmusterrecht);
- Einbußen wegen verspäteter Auslieferung der Verletzungsgegenstände(LG München I InstGE 10, 37, 47 – *Carrybag* zum Designrrecht);
- die Werbungsänderung (LG München I InstGE 10, 37, 47 – *Carrybag* zum Designrrecht);
- die Speditionskosten zum Zwecke der Vernichtung (LG München I InstGE 10, 37, 47 – *Carrybag* zum Desingrecht);
- die Rückholung (LG München I InstGE 10, 37, 47 – *Carrybag* zum Designrecht).

Die Anschaffung der Maschine und Inbetriebnahme ist ebenfalls nicht abzugsfä- **190**
hig, wenn der Verletzer den Geschäftsbetrieb, zu dem die Maschine gehört, erst nach deren Anschaffung im Wege des „Asset Deal" erworben hat, es sei denn, es ließe sich konkret feststellen, welcher Teil des Kaufpreises für den Geschäftsbetrieb auf die betreffende Maschine und deren Inbetriebnahme entfällt (LG Mannheim InstGE 6, 260 – *Abschirmdichtung*).

Hinzu kommt eine – freilich **wertende – Kausalität**sbetrachtung, die die Frage **191**
beantworten soll, in welchem Umfang der Verletzergewinn tatsächlich auf der Gebrauchsmusterverletzung beruht. Maßgeblich ist dabei, inwieweit beim Vertrieb der nachgeahmten Produkte die Gestaltung als Imitat für die Kaufentschlüsse ursächlich gewesen ist oder ob andere Umstände eine wesentliche Rolle gespielt haben (BGH GRUR 2007, 431, 434 [37] – *Steckverbindergehäuse*). Denn bei der Verletzung technischer Schutzrechte durch den Verkauf von Maschinen, Geräten und dergleichen besteht – selbst bei einer identischen Verletzung – in der Regel kein Anhalt dafür, dass der Verletzergewinn ausschließlich auf der Rechtsverletzung beruht. Besonders deutlich wird dies, wenn es um Gesamtvorrichtungen, sog. Peripheriegeräte, etc. geht.

Die – wertende – Kausalitätsbetrachtung erfolgt deshalb im Wege einer **Schät-** **192**
zung gemäß § 287 ZPO: wie hoch ist der Anteil des Gewinns, der aus der Tatsache der Rechtsverletzung folgt? Die Schätzung hat alle Umstände des Falles zu erfassen. Häufig wird eine quotenmäßige Aufteilung herauskommen. Bei der Bemessung der Quote kann zu berücksichtigen sein, dass der Hauptkunde des Klägers sich mehrere Bezugsquellen eröffnen wollte, und dieser Umstand zumindest einen ebenso hohen

Kaufanreiz ausgeübt hat wie die Produktgleichheit (BGH GRUR 2007, 431, 435 [41] – *Steckverbindergehäuse*).

193 Die tatrichterliche Schätzung kann vom **BGH** nur äußerst eingeschränkt, nämlich nur insoweit überprüft werden, ob sie auf grundsätzlich falschen oder offenbar unsachlichen Erwägungen beruht oder ob wesentliche, die Entscheidung bedingende Tatsachen außer Acht gelassen worden sind, insbesondere ob schätzungsbegründende Tatsachen, die von den Parteien vorgebracht worden sind oder sich aus der Natur der Sache ergeben, nicht gewürdigt wurden (BGH GRUR 2007, 431, 434 [38] – *Steckverbindergehäuse;* BGH GRUR 2010, 239, 240 [21] – *BTK* zum Markenrecht).

194 Der Kläger ist für die die Kausalität begründenden Tatsachen **darlegungs- und beweispflichtig.**

195 Dem Verletzer ist es verwehrt, geltend zu machen, der erzielte Verletzergewinn beruhe zum Teil auf seinen besonderen eigenen Vertriebsleistungen, zB aufgrund seiner Geschäftsbeziehungen, des Einsatzes seiner Vertriebskenntnisse, der Unterbietung der Verkaufspreise des Verletzten etc. (BGH GRUR 2001, 329 – *Gemeinkostenanteil*).

196 Denn nach der gesetzlichen Regelung ist der gesamte vom Verletzer erzielte Gewinn **herauszugeben,** ohne Rücksicht darauf, ob der Verletzte diesen Gewinn in gleicher Höhe hätte erreichen können, und dass – mit der Einschränkung, welche sich daraus ergibt, dass der Gewinn nur insoweit herausverlangt werden kann, wie er auf der Rechtsverletzung beruht, – nicht die Vertriebsleistungen des Verletzers honoriert werden sollen, sondern lediglich dem Umstand Rechnung getragen werden soll, dass das verletzende Erzeugnis keine identische Nachbildung des geschützten Gegenstandes darstellt, sondern besondere Eigenschaften aufweist, die für den erzielten Erlös bedeutsam sind.

197 Da diese Grundsätze der zum Desingrecht ergangenen Entscheidung nun auch für das Marken-, Urheber- und Wettbewerbsrecht höchstrichterlich übernommen wurden, wird man davon auszugehen haben, dass sie auch für das Gebrauchsmusterrecht zu gelten haben, auch soweit sich dort Erfindungen lediglich in „kleinen" Verbesserungen niederschlagen.

198 Kein **Zinsanspruch** auf der Grundlage des zugestandenen Schadenersatzanspruchs: bei der Herausgabe des Verletzergewinns handelt es sich um eine nur deliktsrechtlich, nicht bereicherungsrechtlich zu begründende Rechtsfolge; § 819 BGB ist daher nicht anwendbar. Die unberechtigte Inanspruchnahme eines Immaterialgüterrechts durch einen Dritten stellt zwar einen Eingriff in den Zuweisungsgehalt dieses Rechts dar. Der unberechtigte Gebrauch als solcher kann vom Dritten aber nicht herausgegeben werden. Für die Bestimmung des daher gem. § 818 Absatz 2 BGB zu leistenden Wertersatzes ist der objektive Wert des Erlangten maßgeblich; dieser Wert besteht nicht in dem vom Dritten erzielten Gewinn, sondern in der für den Gebrauch des Rechts angemessenen und üblichen Lizenz (BGH GRUR 2010, 237, 239 [22] – *ZOLADEX* zum Markenrecht).

199 **6.2.5 Marktverwirrungsschaden.** Unabhängig von den vorerwähnten Berechnungsarten (mit Ausnahme der Lizenzanalogie) ist ein weiterer Schaden zu ersetzen, der durch eine nicht verkehrsübliche, marktverwirrende und den Ruf des GebrM beeinträchtigende Benutzung entstanden ist. Auch hier zeigt sich in der Praxis, dass diese Schadensposition nur sehr schwer durchzusetzen ist.

200 Ein bezifferter Marktverwirrungsschaden kann zusätzlich zur fiktiven Lizenzgebühr beansprucht werden (BGH GRUR 2010, 239, 241 [29] – *BTK* zum Markenrecht). Wenn der Eintritt eines Marktverwirrungsschadens naheliegend ist wird er aber regelmäßig in die Bemessung der Lizenzgebühr einbezogen sein, denn vernünftige Lizenzvertragsparteien werden in ihren Überlegungen zur angemessenen Lizenzgebühr berücksichtigen, ob durch die Benutzungshandlungen des Lizenznehmers ein Marktverwirrungsschaden eintritt (BGH GRUR 2010, 239, 241 [29] – *BTK* zum Markenrecht).

7. Anspruch auf Auskunft und Rechnungslegung, § 24b. Da der Schadenersatzanspruch regelmäßig bei Erhebung der Klage nicht berechnet werden kann, wird zunächst regelmäßig die **Feststellung der Schadenersatzverpflichtung** des Verletzers begehrt, verbunden mit einem Anspruch auf Auskunft und Rechnungslegung. **201**

Ein auf **Auskunft**serteilung gerichteter Klageantrag genügt den Anforderungen an die **Bestimmtheit** nur, wenn er unter Bezugnahme auf die konkrete Verletzungshandlung Gegenstand, Zeitraum sowie Art und Umfang der Auskunft bezeichnet (BGH GRUR 2007, 871, 872 [21] – *Wagenfeld-Leuchte* zum Urheberrecht). Er muss nach § 253 Abs. Nr. 2 ZPO so deutlich gefasst sein, dass bei einer entsprechenden Verurteilung die Reichweite des Urteilsausspruchs feststeht. Ein auf Auskunftserteilung gerichteter Klageantrag muss unter Bezugnahme auf die konkrete Verletzungshandlung so bestimmt gefasst sein, dass er auch für das Vollstreckungsgericht hinreichend klar erkennen lässt, worüber der Bekl. Auskunft zu erteilen und Rechnung zu legen hat (BGH GRUR 2008, 357, 358 [21] – *Planfreigabesystem* zum Urheberrecht). Dem Kl. muss jedoch wegen § 139 ZPO Gelegenheit gegeben werden, einen Antrag, der nicht von vornherein unbegründet ist, zu präzisieren (BGH GRUR 2007, 871, 872 [21] – *Wagenfeld-Leuchte* zum Urheberrecht). Im Übrigen wird auf die Ausführungen in → § 24b Rn. 1 ff. verwiesen. **202**

Die Rechtsprechung gewährt den **Rechnungslegung**sanspruch unter dem Gesichtspunkt einer Verpflichtung des Verletzers aus Treu und Glauben regelmäßig, damit dieser einem ihm etwa zustehenden Schadenersatzanspruch überhaupt durchsetzen kann. Der Rechnungslegungsanspruch setzt eine schuldhafte GebrM-Verletzung voraus. Er umfasst die Gestehungskosten, die für die Ermittlung des erzielten Gewinns maßgebend sind. Des Weiteren sind Angaben über die Namen und Anschriften der gewerblichen Abnehmer, Zeitpunkt, Menge und Preise der einzelnen Lieferungen, die Namen der Lieferanten, die Vertriebskosten, über die Herkunft und den Vertriebsweg des benutzten Erzeugnisses, der Vorbesitzer des Erzeugnisses sowie über die Menge der hergestellten, ausgelieferten, erhaltenen oder bestellten Erzeugnisse zu machen (vgl. auch → § 24b Rn. 1 ff.). Ggf. kommt ein sog Wirtschaftsprüfervorbehalt in Betracht (Einzelheiten: → § 24b Rn. 1 ff.). **203**

8. Bereicherungsanspruch, §§ 812 ff. BGB. Die Rechtsprechung gewährt des Weiteren in Ergänzung des Schadenersatzanspruchs einen selbständigen Bereicherungsanspruch, der insbesondere deshalb von Relevanz ist, weil er erst in 30 Jahren verjährt, wohingegen die Schadenersatzansprüche in drei Jahren ab Kenntnis der ersten Verletzungshandlung verjähren; dieser Bereicherungsanspruch führt ebenfalls zur Zahlung einer angemessenen Lizenzgebühr. Die Bemessung des Wertersatzes (§ 818 Abs. 2 BGB) erfolgt dabei nach den vorerwähnten Grundsätzen zur Schadensliquidation nach der Methode der **Lizenzanalogie** (BGH GRUR 1992, 599, 600 – *Teleskopzylinder* zum Patentrecht). Zu beachten ist, dass dieser Bereicherungsanspruch im Gegensatz zum Schadenersatzanspruch **kein Verschulden** voraussetzt (vgl. insgesamt zum Bereicherungsanspruch BGH GRUR 1977, 249, 253 ff. – *Kunststoffhohlprofil I;* BGH GRUR 1982, 301 – *Kunststoffhohlprofil II;* BGH GRUR 1990, 997, 1002 – *Ethofumesat;* BGH GRUR 1992, 599, 600 – *Teleskopzylinder*). Sofern mangels Verschuldens nur ein Bereicherungsanspruch in Betracht kommt, wird dieser vom Schadenersatzfeststellungsantrag als Minus mit umfasst. Geschuldet sind ferner die „aufgelaufenen Zinsen" (vgl. BGH GRUR 1982, 301 – *Kunststoffhohlprofil II*). Der Bereicherungsanspruch wird von Amts wegen berücksichtigt. Passivlegitimiert ist der zu Unrecht Bereicherte, in aller Regel also der Verletzer. Dessen Holdinggesellschaft ist auch bei einem Gewinnabführungs-Vertrag nicht passivlegitimiert (OLG Düsseldorf InstGE 6, 152, 154/155 – *Permanentmagnet*). **204**

9. Beseitigungs-/Vernichtungsanspruch, § 24c. Die Vorschrift des § 24c gibt dem Verletzten einen eigenständigen zivilrechtlichen Anspruch, der über den allgemeinen Beseitigungsanspruch aus § 1004 BGB hinausgeht und ergänzend neben die **205**

zoll- und **strafrechtlichen** Möglichkeiten der **Beschlagnahme** und **Einziehung** tritt. Der Verletzte kann bei Vorliegen eines Unterlassungsanspruchs, der kein Verschulden voraussetzt, das im Besitz oder Eigentum des Verletzers befindliche Erzeugnis vernichten lassen, es sei denn, dass der durch die Rechtsverletzung verursachte Zustand des Erzeugnisses auf andere Weise beseitigt werden kann und die Vernichtung für den Verletzer oder Eigentümer im Einzelfall unverhältnismäßig ist (→ § 24c Rn. 1ff.).

206 Der vor Einführung von § 24c bzw. § 24a aF anerkannte allgemeine Beseitigungsanspruch (§ 1004 BGB) wurde restriktiv ausgelegt. So wurde gesagt, dass dem Kläger für die Erhebung eines Beseitigungsanspruchs **neben** der Erhebung des Unterlassungsanspruchs meistens das Rechtsschutzbedürfnis fehlen dürfte.

207 **10. Sicherung des Schadensersatzanspruchs, § 24d.** Die Vorschrift des § 24d wurde mit Inkrafttreten des DurchsetzungsG (BGBl I 2008, 1191) neu eingefügt und entspricht § 140d PatG. Sinn und Zweck des § 24d ist, die **Erfüllung** des Schadensersatzanspruches (auch) bei Verletzung des Gebrauchsmusters zu sichern. § 24d ist ein **Annexanspruch** zum Schadensersatzanspruch nach § 24 Abs. 2. Er entsteht folglich nur dann, wenn ein rechtskräftig festgestellter Schaden entstanden ist, und greift bei Gefährdung der Zwangsvollstreckung durch Verweigerung der Auskunftserteilung. Einzelheiten: → § 24d Rn. 1ff.

11. Weitere prozessuale Fragen

208 **11.1 Örtliche Zuständigkeit. Örtlich** zuständig für Klagen wegen GebrM-Verletzung ist nach Wahl des Klägers das Gericht, bei dem der Beklagte seinen Wohnsitz oder das gewerbliche Unternehmen seinen Sitz hat. Für Klagen gegen Personen, die im Inland keinen Wohnsitz haben, gilt der besondere Gerichtsstand des Vermögens, zu dem der Ort des Büros des Inlandsvertreters gehört. Von besonderer Bedeutung in der Praxis ist dabei der Gerichtsstand der unerlaubten Handlung (GebrM-Verletzung), der nicht zuletzt durch Testanfragen begründet werden kann (im Zeitalter des Internets erscheint auch dieses „Forum-Shopping" nicht mehr notwendig). Wird beispielsweise eine GebrM-Verletzung durch Zusendung von Prospekten begangen, so ist der Gerichtsstand sowohl am Absendeort als auch am Bestimmungsort begründet. Wird eine GebrM-Verletzungshandlung durch Inserate in Zeitschriften begangen, so ist der Gerichtsstand der unerlaubten Handlung überall dort gegangen, wo diese Druckschriften im regelmäßigen Geschäftsbetrieb durch den Zeitungsverlag verbreitet werden. Damit hat es der Kläger häufig weitgehend in der Hand, einen Gerichtsstand zu begründen.

209 **Sachlich zuständig** sind gemäß § 27 für alle GebrM-Streitsachen die Zivilkammern der Landgerichte, ohne Rücksicht auf den Streitwert. Einzelheiten: → § 27 Rn. 1ff.

210 **11.2 Urteil.** Das Urteil hat im Falle einer stattgebenden Klage die Handlungen zu untersagen, die stattgefunden haben, oder die drohen. Die Verletzungsform ist deshalb nach ihren technischen Merkmalen zu kennzeichnen. Die Begründung des Urteils muss die für die richterliche Überzeugung maßgebenden Gründe ausreichend darlegen, so dass das Urteil der Überprüfung in einem Rechtsmittelverfahren zugänglich ist. Regelmäßig folgen dabei die Entscheidungsgründe einem „klassischen Aufbau", bei dem zunächst der Schutzbereich/Schutzumfang des Klagegebrauchsmusters anhand von Aufgabe (technischem Problem) und Lösung des unter Schutz gestellten Gegenstands gegenüber dem Stand der Technik ermittelt wird. Dann wird der geschützte Gegenstand der Erfindung mit der angegriffenen Ausführungsform nach Aufgabe und Lösung in einer Art Checkliste verglichen. Das Ergebnis kann sein, dass eine identische oder inhaltsgleiche Verwirklichung der geschützten Erfindung oder keine Benutzung vorliegt. Das Gericht ist dabei gemäß § 286 ZPO zu einer umfassenden Abwägung des gesamten Streitstoffs verpflichtet (BGH GRUR 1997, 454 – *Kabeldurchführung*). Mithin darf es auch ein Sachverständigengutachten nicht ohne

weiteres übernehmen, sondern muss dieses sorgfältig und kritisch würdigen. Hierzu gehört auch, ob der Sachverständige die zur Beantwortung der Beweisfragen notwendige Sachkunde besitzt. Gemäß § 286 Abs. 1 S. 2 ZPO muss das Gericht ferner die für seine Überzeugungsbildung tragenden Gesichtspunkte in der Begründung des Urteils nachvollziehbar darlegen und sich mit solchen Umständen und Beweismitteln auseinandersetzen, die zu einer anderen als der getroffenen Beurteilung führen können; liegen einander widersprechende Gutachten oder Privatgutachten vor, muss sich das Gericht deshalb auch mit ihnen befassen und im Urteil zumindest die leitenden Erwägungen darlegen, warum es ihnen nicht folgt (BGH GRUR 1998, 366, 368 – *Ladewagen*). Das Urteil gilt für die Lebensdauer des Gebrauchsmusters (vgl. BGH GRUR 2004, 755 – *Taxameter*) und richtet sich nur auf die konkrete Verletzungsform. Eine nicht nur unwesentliche abweichende Verletzungsform verlangt daher nach einer neuen Klage (OLG Düsseldorf GRUR 1967, 135 – *Bleileiphosphit*).

11.3 Rechtsmittel. Gegen das erstinstanzliche Urteil findet die **Berufung** zum Oberlandesgericht statt. Die nicht verlängerbare Berufungsfrist beträgt einen Monat ab Zustellung der Entscheidungsgründe des Ersturteils. Hieran schließt sich eine weitere einmonatige Frist für die Begründung der Berufung an, die häufig jedoch vom Gericht mindestens einmal verlängert werden kann. Das Oberlandesgericht überprüft die erstinstanzliche Entscheidung sowohl auf Sach- als auch Rechtsfragen hin. Es kann insbesondere weitere Sachaufklärung betreiben. 211

Die **Revision** zum BGH gegen ein Berufungsurteil ist zulässig, wenn der notwendige Beschwerdewert erreicht ist oder das OLG die Revision bei einem darunter liegenden Beschwerdewert zugelassen hat und wenn der Bundesgerichtshof die Annahme der Revision nicht ablehnt (wegen fehlender grundsätzlicher Bedeutung und fehlender Aussicht auf Erfolg). Die Revisionsannahme darf nicht abgelehnt werden, wenn die Sache grundsätzliche Bedeutung hat. Bei fehlender grundsätzlicher Bedeutung wird deshalb eine Ablehnung regelmäßig nur mit der Begründung erfolgen können, dass nach pflichtgemäßer Prüfung keine Aussicht auf Erfolg besteht. Die Überprüfung durch den Bundesgerichtshof in 3. Instanz ist grundsätzlich auf Rechtsfragen beschränkt. Das Gericht kann also nicht bei Zweifelsfragen den technischen Sachverhalt selbst aufklären; insoweit wird es regelmäßig die Angelegenheit an die 2. Instanz zurückverweisen. 212

11.4 Rechtsanwälte/Patentanwälte. In GebrM-Verletzungsstreitigkeiten sind ebenso wie in Löschungsangelegenheiten regelmäßig auf dem Patentrecht/Gebrauchsmusterrecht spezialisierte Rechtsanwälte sowie Patentanwälte tätig. Patentanwälte dürfen allein keine Verletzungsstreitigkeiten führen, da sie bei den Zivilgerichten nicht zugelassen und auch keine volljuristische Ausbildung haben. Sie unterstützen aber in Verletzungsstreitigkeiten den zugelassenen spezialisierten Rechtsanwalt, insbesondere bei technischen Fragen. Ein Wechsel der Rechtsanwälte findet spätestens in der III. Instanz statt, da dort eine spezielle Zulassung geregelt ist. 213

Bei einem parallelen Löschungsverfahren ist es häufig üblich geworden, dass jeder Patentanwalt durch den im Verletzungsverfahren tätigen Rechtsanwalt unterstützt wird, weil auch im Löschungsverfahren häufig rein rechtliche, insbesondere verfahrensrechtliche Aspekte (Haftungsrisiko) zu berücksichtigen sind. Gerade die verfahrensrechtlichen Aspekte dürfen in ihrer Bedeutung nicht unterschätzt werden. Das hat dazu geführt, dass auch in unabhängig von Verletzungsklagen erhobenen Löschungsverfahren immer häufiger Rechtsanwälte auf Seiten eines Patentanwalts mitwirken. Im Löschungsverfahren gibt es nur zwei Tatsacheninstanzen und darüber hinaus die Rechtsbeschwerdeinstanz zum BGH. 214

11.5 Kosten (Anwaltsgebühren, Gerichtsgebühren, Auslagen). Jedes gerichtliche Urteil enthält als Nebenentscheidung auch einen Ausspruch über die Kostentragungspflicht. Es gilt danach der Grundsatz, dass die unterliegende Partei, also 215 entweder Kläger oder Beklagter, alle erstattungsfähigen Kosten zu tragen hat. Hat keine der Parteien voll obsiegt, so nimmt das Gericht eine Kostenteilung entsprechend dem Anteil des Gewinnens und Verlierens vor.

216 Zu den **erstattungsfähigen Kosten** gehören insbesondere die Gerichtsgebühren (es fallen vor dem angerufenen Verletzungsgericht 3,0 Gerichtsgebühren in 1. Instanz und 4,0 Gerichtsgebühren in 2. Instanz an). Des Weiteren gehören dazu im Verletzungsverfahren die Rechtsanwaltskosten der gewinnenden Partei. Pro Instanz fallen dabei im Grundsatz folgende Gebühren an:

217 Der Rechtsanwalt bekommt eine erste Gebühr für die Bearbeitung der Prozessangelegenheit, eine weitere Gebühr erhält er für die Teilnahme an der mündlichen Verhandlung. Für den Fall, dass eine Beweisaufnahme stattfindet (zB Zeugeneinvernahme, Einholung eines Gutachtens, Inaugenscheinnahme) fällt eine weitere Gebühr an. Eine vierte Gebühr kann schließlich anfallen, wenn etwa nach einer erfolgten Beweisaufnahme ein Vergleich zwischen den Parteien geschlossen wird. Im Falle der Mitwirkung eines Patentanwalts hat die unterliegende Partei die Gebühren nur bis zur Höhe einer vollen Gebühr und außerdem die notwendigen Auslagen des Patentanwalts zu erstatten (vgl. § 27 Abs. 3). Im Verhältnis zum Mandanten entstehen auch auf Seiten des Patentanwalts die Gebühren nach Maßgabe der vorstehenden Auflistung.

218 Sowohl im Falle eines ausländischen wie auch eines inländischen Mandanten gehören zu den erstattungsfähigen Gebühren nicht die Mehrwertsteuer. Zu den erstattungsfähigen Kosten gehören regelmäßig auch Reisekosten, Übersetzungskosten. Problematisch sind die Erstattungsfähigkeit der Kosten eines Privatgutachtens oder Recherchekosten (zu letzteren vgl. § 27 Abs. 3). Dies hängt von den Umständen des Einzelfalls ab. Darüber hinaus gibt es weitere Verästelungen des Kostensystems.

219 Die **Höhe** der Gebühren wird nach dem sog **Gegenstandswert (Streitwert)** errechnet auf der Grundlage dem RVG. Der Streitwert wird nach pflichtgemäßem Ermessen vom Gericht festgesetzt. Dies geschieht durch Schätzung, wobei das Gericht an Parteiangaben nicht gebunden ist, diesen jedoch häufig folgt. Zu bewerten ist das – fiktive – Interesse des Klägers an der Unterlassung durch den Beklagten, die Rechnungslegung und die Höhe des Schadenersatzes (die beiden letzten Positionen machen ca. ein Drittel dieses Gesamtinteresses aus). Dabei sind zu berücksichtigen: Umsatz des Verletzten mit gebrm-verletzenden Gegenständen, Umfang der Verletzungshandlungen, Schädigung des Klägers durch die Art und Weise der Verletzung sowie Restlaufzeit des Klagegebrauchsmusters. Der Zeitpunkt der Wertberechnung ist der Beginn der jeweiligen Instanz, also Klageeinreichung oder Einlegung von Berufung oder Revision.

220 Die Kostenauferlegung erfolgt insgesamt nach §§ 91ff. ZPO. Die Kostenfestsetzung nach §§ 103ff. ZPO. Insoweit gelten die allgemeinen Grundregeln. Mehrere Unterlassungsschuldner haften für die Kosten gesamtschuldnerisch.

221 Intern kann zwischen den Rechtsanwälten und den Patentanwälten und dem Mandanten auch von den Regelungen des RVG abgewichen und ein besonderes Honorar, insbesondere ein Zeithonorar, vereinbart werden. Dies wird häufig vereinbart, wenn der betreffende Rechtsstreit technisch und/oder rechtlich schwierig ist. Auch in diesem Fall richtet sich aber die Erstattungsfähigkeit gegenüber dem Gegner nur nach den festzusetzenden Gebühren entsprechend der Bundesrechtsanwaltsgebührenordnung.

222 **11.6 Zwangsvollstreckung/Vorläufige Vollstreckbarkeit.** Die Zwangsvollstreckung findet aus **Endurteilen,** die formal rechtskräftig oder für **vorläufig vollstreckbar** erklärt sind, ferner aus **einstweiligen Verfügungen** statt. Ohne Sicherheitsleistung sind Versäumnis- und Anerkenntnisurteile vollstreckbar.

223 Die **allgemeinen Zwangsvollstreckungsvoraussetzungen** müssen vorliegen, nämlich ein vollstreckbarer Titel versehen mit Klausel sowie Zustellung des Titels an den Beklagten. Zu diesen Voraussetzungen gehört, dass das Urteil unbedingt – wenn

auch gegebenenfalls nur vorläufig – vollstreckbar ist. Die vorläufige Vollstreckbarkeit aus einem Urteil 1. Instanz, §§ 709 Abs. 1, 108 ZPO kann eine **Sicherheitsleistung** des Gläubigers (der gewinnenden Partei) erforderlich machen, und zwar auch dann, wenn der Schuldner (verlierende Partei) seinerseits Sicherheit leistet. Die Höhe der Sicherheitsleistung bemisst sich nach einem etwaigen Schadenersatzanspruch des Schuldners, der diesem nach Wegfall der vorläufigen Vollstreckbarkeit durch die Vollstreckung des Urteils entstanden sein könnte.

Beabsichtigt der Gläubiger aus einem vorläufig gegen Sicherheitsleistung vollstreckbaren Urteil zu vollstrecken, muss er die im Urteil ausgesprochene Sicherheitsleistung erbringen, in der Regel eine **Bankbürgschaft** nach § 108 ZPO. Es empfiehlt sich, die Bürgschaftserklärung dem Gegner durch einen Gerichtsvollzieher zuzustellen. Sie muss im Original zugestellt werden, ein beglaubigte Fotokopie genügt nicht (LG Düsseldorf InstGE 11, 154, 156 – *Original der Bürgschaftsurkunde*).Die gesamte Sicherheitsleistung ist zu erbringen, auch wenn der Gläubiger nur einen Teil des Urteils vorläufig vollstreckbar machen möchte, es sei denn das Gericht nimmt eine entsprechende Aufteilung im Urteilstenor auf. Bei mehreren Beklagten muss die Sicherheitsleistung entsprechend deren Anzahl erbracht werden; diese stellen insoweit keine „Gesamtgläubiger“ dar (LG Düsseldorf InstGE 3, 150 – *Tintenpatrone*). Mit **Zustellung** der Bürgschaftsurkunde ist das erstinstanzliche Urteil vollstreckbar, dh der Schuldner hat ab sofort die gebrauchsmusterverletzenden Handlungen zu unterlassen und Auskunft zu erteilen bzw. Rechnung zu legen. **224**

Zwar muss der vollstreckende Gläubiger nach § 717 Abs. 2 ZPO **Schadenersatz** an den Beklagten leisten, wenn das Urteil in der nächsten Instanz aufgehoben oder abgeändert wird. Allerdings ist die Berechnung des Schadens für den Beklagten äußerst schwierig. Um das Risiko einer Schadenersatzleistung zu minimieren, kann der Gläubiger insbesondere zunächst lediglich den Rechnungslegungsanspruch durchsetzen; denn einen Schadenseintritt allein deswegen, weil der Gläubiger infolge der Rechnungslegung Betriebsinterna, Kundenlisten, Gewinnkalkulationen etc. erfährt, wird der Schuldner kaum beweisen können; insoweit sind in der Regel nur die Kosten berechenbar, die durch die Zusammenstellung der Rechnungslegung erfolgen (Arbeitskosten etc). Aber auch bei der vorläufigen Vollstreckung des Unterlassungsgebotes stößt der Beklagte bei dem Beweis und der Berechnung des entgangenen Gewinns regelmäßig auf kaum überwindbare Schwierigkeiten. Im Ergebnis ist festzustellen, dass eine zunehmende Tendenz besteht, erstinstanzliche Urteile vorläufig vollstreckbar zu machen. **225**

Aufwendungen des Beklagten, die dieser im Hinblick auf eine erstinstanzlich erfolgte Unterlassungsverurteilung macht, sind nur dann gemäß § 717 Abs. 2 2. Alt. ZPO ersatzfähig, wenn dem Beklagten eine Unterlassungsvollstreckung konkret und ernsthaft drohte. Notwendige, aber nicht hinreichende Bedingung dafür ist, dass der obsiegende Kläger die Vollstreckungssicherheit geleistet und dem Beklagten nachgewiesen hat. **226**

Eine **Haftungsgrundlage** wird noch **nicht dadurch begründet,** dass der Kläger **227**
- bei einer Verurteilung zur Unterlassung und zur Rechnungslegung davon absieht, Teilsicherheiten festsetzen zu lassen, die Gesamtsicherheit leistet und dem Beklagten nachweist,
- außergerichtlich – unter Androhung eines Zwangsmittelverfahrens – als Basis für Vergleichsverhandlungen zur Rechnungslegung auffordert und
- sich eine Vollstreckung des Unterlassungsausspruchs für den Fall vorbehält, dass es entweder nicht zu einer Einigung kommt oder die Rechnungslegungsangaben nicht fristgerecht vorgelegt werden, wobei vor der Unterlassungsvollstreckung eine nochmalige Ankündigung erfolgen soll (LG Düsseldorf InstGE 3, 150 – *Tintenpatrone*).

Scheidet eine Schadenersatzhaftung für bestimmte Aufwendungen nach § 717 Abs. 2 2. Alt. ZPO aus, weil es an einem drohenden Vollstreckungseingriff fehlt, kann als Anspruchsgrundlage nicht auf § 823 Abs. 1 BGB (Eingriff in den eingerichteten und ausgeübten Gewerbebetrieb) zurückgegriffen werden. **228**

229 Zum Verhältnis des **Ordnungsmittelantrags** zur (negativen) Feststellungsklage: Der Schuldner, der klären lassen möchte, ob ein beabsichtigtes abgewandeltes Verhalten von dem titulierten Unterlassungsgebot erfasst wird, hat gegenüber dem Gläubiger keinen Anspruch auf Mitteilung, ob dieser wegen eines entsprechenden Verhaltens einen Ordnungsmittelantrag zu stellen beabsichtigt. Das zwischen den Parteien insoweit bestehende **gesetzliche Schuldverhältnis** ist zwar gegeben. Eine daraus folgende Aufklärungspflicht des Unterlassungsgläubigers gegenüber dem Schuldner setzt aber voraus, dass er die begehrte Auskunft zur sachgerechten Wahrnehmung seiner Rechte benötigt. Daran fehlt es jedenfalls, wenn der Schuldner wegen seines Interesses an der Klärung der Zulässigkeit zukünftiger Handlungen eine negative Feststellungsklage erhoben hat. Wegen seines Interesses an der Klärung der Zulässigkeit einer bereits erfolgten Benutzung einer abgewandelten Ausführungsform besteht kein Auskunftsanspruch. Denn der Unterlassungsschuldner hat keinen Anspruch darauf, den Aufwand einer solchen negativen Feststellungsklage dadurch zu vermeiden, dass der Unterlassungsgläubiger einen Ordnungsmittelantrag stellt. Es steht in dessen freien Belieben, ob er ein Ordnungsmittel beantragt oder nicht. Zur sachgerechten Wahrnehmung der Rechte des Unterlassungsschuldners gehört es daher nicht, Kosten und Mühen einsparen zu können, weil der Unterlassungsgläubiger seine Entscheidungsfreiheit in bestimmter Weise ausübt (insg. BGH GRUR 2008, 360, 361/362 [19, 25, 26, 27] – *EURO und Schwarzgeld* zum Wettbewerbsrecht).

230 **11.6.1 Vorläufige Einstellung der Zwangsvollstreckung.** Der Beklagte kann seinerseits versuchen, die vorläufige Vollstreckung dadurch zum Stillstand zu bringen, dass er gemäß §§ 719, 707 ZPO einen **Antrag auf vorläufige Einstellung** der Zwangsvollstreckung stellt. Allerdings sind die Erfolgsaussichten eines derartigen Antrags jedenfalls dann gering, wenn der Gläubiger seinerseits die vorerwähnte Sicherheitsleistung erbringt, da der Beklagte/Schuldner hierdurch als hinreichend gesichert angesehen und dem Interesse des Gebrauchsmusterinhabers/Gläubigers Vorrang eingeräumt wird. Hinzu kommt, dass ein gebrauchsmusterrechtliches Unterlassungsgebot zeitlich begrenzt ist, weshalb jedenfalls bei einem zeitnahen Ablauf des Schutzrechts jedes Hinausschieben der Zwangsvollstreckung zu einem vollständigen Leerlaufen des Unterlassungsanspruchs führen kann (OLG Karlsruhe InstGE 11, 124, 125 – *UMTS-Standard*). Nach der Rechtsprechung der Berufungsgerichte kommt eine Einstellung der Zwangsvollstreckung deshalb nur in Betracht, wenn zum Zeitpunkt der Entscheidung über den Einstellungsantrag aufgrund einer summarischen Prüfung ausgegangen werden muss, dass

231 – das vollstreckte Urteil **keinen Bestand** haben wird, oder

232 – der Schuldner die Möglichkeit des Eintritts eines Schadens glaubhaftmachen kann, der deutlich über die allgemeinen Auswirkungen einer Vollstreckung hinausgeht (hierzu wird der Schuldner idR Betriebsinterna, wie zB die Buchungsunterlagen etc, bekanntgeben müssen) und die Vollstreckung dem Schuldner einen nicht zu ersetzenden Nachteil bringen würde (zB Betriebseinstellung, Existenzverlust, Gefährdung von Arbeitsplätzen).

233 Beispiele **für Einstellung:**

– Die erste Alternative ist regelmäßig gegeben, bei erstinstanzlicher Vernichtung des Klagegebrauchsmusters. Gegen eine solche Entscheidung des Bundespatentgerichts steht dem Kläger als Nichtigkeitsbeklagtem zwar der Rechtsweg zum Bundesgerichtshof offen. Der Bewertung durch das Bundespatentgericht kommt jedoch aufgrund seiner besonderen Sachkunde insoweit Bedeutung zu, als dass eine die Vernichtung des Gebrauchsmusters aussprechende Entscheidung des Bundespatentgerichts regelmäßig die Annahme rechtfertigt, das Gebrauchsmuster und damit auch die auf ihm beruhende Verurteilung werde voraussichtlich keinen Bestand haben. Dies rechtfertigt es regelmäßig, die Zwangsvollstreckung aus einem der Klage stattgebenden landgerichtlichen Urteil gegen Sicherheitsleistung einzustellen (OLG Düsseldorf InstGE 9, 173, 174 – *Herzklappenringprothese*). Eine Einstellung ohne Sicherheitsleistung ist in § 707 Satz 2 ZPO nur vorgesehen, wenn der Schuldner zur Sicherheitsleistung nicht in der Lage ist und ihm die Vollstreckung außerdem einen nicht zu ersetzenden Nachteil bringen würde.

– Das gilt auch dann, wenn die Einspruchs- oder Nichtigkeitsverhandlung vertagt wird, weil der Gebrauchsmusterinhaber im Termin eingeschränkte Hilfsanträge vorgelegt hat und der Einsprechende bzw. Nichtigkeitskläger Gelegenheit erhalten soll, mit Blick auf den Hilfsantrag weiteren Stand der Technik zu recherchieren, sofern die im Erkenntnisverfahren angegriffene Ausführungsform von der hilfsweise eingeschränkten Anspruchsfassung keinen Gebrauch macht. Dies lässt nur den Schluss zu, dass das Bundespatentgericht die Vernichtung des Gebrauchsmusters in seiner jetzigen Form beabsichtigt und eine Aufrechterhaltung allenfalls in Form des Hilfsantrages erwägt. Es ist nicht veranlasst, der Gegenseite eine Recherche zu einem Hilfsantrag zu ermöglichen, der ohnehin nicht zu bescheiden wäre (OLG Düsseldorf InstGE 9, 173, 174 – *Herzklappenringprothese*).
– Die Zwangsvollstreckung aus einem Unterlassungsurteil wegen Verletzung eines mutmaßlich standardessentiellen Gebrauchsmusters ist einstweilen einzustellen, wenn die Berufung des verurteilten Beklagten bei summarischer Prüfung nicht ohne Erfolgsaussicht ist und eine Abwägung der Interessen beider Parteien den Beklagten schutzwürdiger erscheinen lässt. Im Rahmen der Interessenabwägung ist von Bedeutung, wenn die Klägerin eine bloße Schutzrechtsverwertungsgesellschaft ohne eigene VertriebsaktivItäten ist und die Vollstreckung des Unterlassungsgebotes auf Seiten des Beklagten wegen dessen beträchtlicher inländischer Marktpräsenz) erhebliche Schäden verursachen würde (OLG Karlsruhe InstGE 11, 124, 126 – *UMTS-Standard*).
– Für eine Einstellung aus dem erstinstanzlichen Titel kann sprechen, wenn der Unterlassungstenor sich allein am Anspruchswortlaut orientiert und nicht die angegriffene Ausführungform jedenfalls bei denjenigen Merkmalen in ihrer konkreten Ausgestaltung beschreibt, deren wortsinngemäße Verwirklichung problematisch ist. Das gilt unbeschadet des Umstands, dass diese Tenorierung im Berufsverfahren möglicherweise ohne Änderung des Streitgegenstandes korrigiert werden kann (OLG Karlsruhe InstGE 11, 124, 126 – *UMTS-Standard*).
– Im Ergebnis unter die erste Fallgruppe ist der Sachverhalt zu subsumieren, dass sich erst im Laufe des Berufungsverfahrens herausstellt, dass das Landgericht einen wesentlichen Teilaspekt nicht berücksichtigen konnte und sich auch im Berufungsverfahren hierdurch komplexe rechtliche Fragestellungen ergeben können, etwa wenn sich erst dann herausstellt, mehrere Verfahrensschritte von den Beklagten nicht im Inland, sondern im Ausland vorgenommen werden (OLG Düsseldorf InstGE 11, 164, 165 – *Prepaid-Verfahren*).

Beispiele **gegen Einstellung:** 234

In der Regel keine einstweilige Einstellung der Zwangsvollstreckung auf Rechnungslegung:

– Eine (einstweilige) Einstellung der Zwangsvollstreckung auf Rechnungslegung kommt regelmäßig schon deshalb nicht in Betracht, weil mit ihr anders als mit einer nicht bestimmungsgemäßen und/oder wettbewerbswidrigen Verwendung der durch die Rechnungslegung erlangten Daten im Allgemeinen die Entstehung eines unersetzlichen Nachteils nicht verbunden ist (OLG Düsseldorf InstGE 9, 117, 118 – *Sicherheitsschaltgerät*).
– Die Rechnungslegung ist ferner auf begangene, zeitlich zurückliegende Schutzrechtsverletzungen bezogen, mögen sich diese auch erst nach Schluss der letzten mündlichen Verhandlung vor dem Landgericht zugetragen haben. Mit dem Vollstreckungsantrag wird nur das verlangt, was nach der gewohnheitsrechtlich anerkannten bzw. ausdrücklich gesetzlich, vgl. § 140b PatG, geregelten Rechtslage

von einem Gebrauchsmusterverletzer begehrt werden kann (OLG Düsseldorf InstGE 9, 117, 119 – *Sicherheitsschaltgerät*).

– Dasselbe gilt, selbst wenn deren Folgen selbst dann nicht zu beseitigen sind, falls die Berufung Erfolg haben sollte. Die bloße Vorwegnahme des Ergebnisses der Berufung ist kein unersetzlicher Nachteil (BGH GRUR 1991, 159 – *Zwangsvollstreckungseinstellung;* OLG Düsseldorf InstGE 9, 117, 118 – *Sicherheitsschaltgerät*).
– Keine vorläufige Einstellung auch unter dem Gesichtspunkt, dass die Rechnungslegung der Vorbereitung des Schadenersatzes dient und die Schadenersatzfeststellung gerade noch nicht rechtskräftig ist. Denn die Rechtskraft des Gebrauchsmusterverletzungsurteils ist keine prozessuale Voraussetzung für die nachfolgende Schadensersatzhöheklage. Lediglich bei einer regelmäßig nicht erhobenen Stufenklage wird die Auffassung vertreten, dass die Rechtskraft des auf der vorangegangenen Stufe ergangenen Urteils prozessuale Voraussetzung für den Übergang zur nächsten Stufe ist. Es besteht ebensowenig ein Grundsatz des Inhalts, dass der nachfolgende Schadensersatzhöheprozess bis zur Rechtskraft des klagestattgebenden Gebrauchsmusterverletzungsurteils ausgesetzt werden muss. Die Anordnung der Aussetzung nach § 148 ZPO steht im Ermessen des Gerichts. Maßgebend sind insoweit stets die Umstände des Einzelfalls – zB eindeutiger Sachverhalt. Ferner kann der Schuldner die geschuldeten Angaben ggfs. im aktuellen Zeitpunkt noch unschwer erteilen. Ein weiterer Grund zu schnellem Handeln kann sich daraus ergeben, dass in Bezug auf den Schuldner Liquiditätsbedenken bestehen, denen der Gläubiger mit einer zügigen gerichtlichen Verfolgung seines bezifferten Schadenersatzanspruchs begegnen können muss (OLG Düsseldorf InstGE 9, 117, 120/121 – *Sicherheitsschaltgerät*).
– Ebenso kein Erfolg des Antrags auf einstweilige Einstellung der Zwangsvollstreckung gegen die vorläufige Vollstreckung eines Auskunfts- oder Rechnungslegungsanspruchs nur weil Auskunft über Betriebsgeheimnisse erteilt werden muss. Dass es sich bei den zu erteilenden Informationen um Geschäftsinterna handelt, die mit Rücksicht auf die Wettbewerbslage zwischen den Parteien an sich vor dem Kläger geheimzuhalten sind, rechtfertigt für sich allein noch nicht die Annahme, dass eine Vollstreckung der Verurteilung zur Auskunftserteilung für den Schuldner nicht zu ersetzende Nachteile zur Folge hätte (OLG Düsseldorf InstGE 9, 117, 119 – *Sicherheitsschaltgerät*).
– Soweit ein Wirtschaftsprüfervorbehalt reicht, d. h. in Bezug auf Namen und Anschriften der Angebotsempfänger und der nichtgewerblichen Abnehmer, ist ein nicht zu ersetzender Nachteil des Schuldners regelmäßig zu verneinen, weil ein Bekanntwerden von besonderen Geschäftsgeheimnissen gerade nicht droht (OLG Düsseldorf, InstGE 8, 117, 120 – *Fahrbare Betonpumpe;* OLG Düsseldorf InstGE 9, 117, 119 – *Sicherheitsschaltgerät*).
– Eine Einstellungsanordnung rechtfertigt sich auch nicht hinsichtlich der Preise, Kosten und Gewinne, die mit Rücksicht auf das nachhaltige Wettbewerbsverhältnis der Parteien sowie Besonderheiten des betroffenen Marktes höchst sensible Daten sind. Dass Abnehmern unterschiedliche Rabatte eingeräumt und mit Vorlieferanten besondere Einkaufskonditionen ausgehandelt werden, die dem Wettbewerber nicht bekannt sind, ist in Gebrauchsmusterverletzungsstreitigkeiten nichts Außergewöhnliches. Ihre zwangsweise Offenlegung durch eine Vollstreckung des Urteilsausspruchs zur Rechnungslegung stellt deswegen eine übliche Folge dar, in der dementsprechend kein außergewöhnlicher Nachteil für die Schuldnerin gesehen werden kann. Gleiches gilt für die Kosten- und Gewinnsituation eines Unternehmens, die gemeinhin ein Betriebsgeheimnis darstellt und dem Wettbewerber vorenthalten wird. Jede Vollstreckung eines darauf gerichteten Rechnungslegungsanspruchs bewirkt deswegen – notwendigerweise – einen ungewollten Transfer betriebsinterner Geschäftsdaten. Es ist eine notwendige Konsequenz, dass die erlangten Geschäftsdaten im Wettbewerb um künftige Aufträge

dem Gläubiger dadurch bekannt werden (Insg. dazu OLG Düsseldorf InstGE 9, 117, 119 – *Sicherheitsschaltgerät*).

– Ferner keine vorläufige Einstellung im Falle des § 10 PatG. Zwar ist – soweit nicht sonstige Schadenspositionen wie etwa Kosten der Rechtsverfolgung und dergleichen im Streit stehen – im Falle mittelbarer Gebrauchsmusterverletzung der nach § 139 Abs. 2 PatG zu ersetzende Schaden derjenige ist, der durch die unmittelbare Gebrauchsmusterverletzung des Abnehmers des Mittels entsteht. Der Schadensersatzanspruch kann aber gegebenenfalls auch auf Abschöpfung des Gewinns des mittelbaren Gebrauchsmusterverletzers gerichtet werden. Indem der Schadensersatzanspruch auf den durch die unmittelbar gebrauchsmusterverletzenden Handlungen der Angebotsempfänger und Belieferten verursachten Schaden abstellt, steht dem Gebrauchsmusterinhaber zur Berechnung dieses Schadensersatzanspruchs der Anspruch auf Rechnungslegung zu. Es gelten insoweit keine Besonderheiten (OLG Düsseldorf InstGE 9, 117, 121 – *Sicherheitsschaltgerät*).

Der Antrag muss **vor Schluss der mündlichen Verhandlung** gestellt werden; 235
die tatsächlichen Voraussetzungen müssen **glaubhaft gemacht** werden. Dem Antrag ist nicht zu entsprechen, wenn ein überwiegendes Interesse des Gläubigers entgegensteht. Das bejaht die Rechtsprechung regelmäßig wegen des zeitlich begrenzten Anspruchs aus dem Gebrauchsmuster – insb. bei einem zeitnahen Ablauf des Klagegebrauchsmusters (BGH GRUR 2000, 862, 863 – *Spannvorrichtung;* OLG Düsseldorf InstGE 9, 173, 174 – *Herzklappenringprothese* zum Patentrecht).

11.6.2 Ordnungsmittelverfahren nach § 890 ZPO. Ein auf Unterlassung ge- 236
richtetes Urteil wird durchgesetzt, indem gegen den Schuldner unter den Voraussetzungen des § 890 Abs. 1 und 2 ZPO die vorgesehenen **Ordnungsmittel** verhängt werden. Voraussetzung für die Anordnung eines **Ordnungsgeldes** ist das Vorliegen der oben dargelegten allgemeinen Zwangsvollstreckungsvoraussetzungen und das Bestehen einer **schuldhaften Zuwiderhandlung.**

Im Rahmen der Vollstreckung eines Titels kommt es nicht auf den dem Vollstre- 237
ckungsgläubiger möglicherweise zustehenden, sondern auf den tatsächlich titulierten Anspruch an.

Die Verhängung eines Ordnungsmittels ist eine **Maßnahme der Zwangsvoll-** 238
streckung, die das Vorliegen eines gültigen Titels fordert, und im Beschwerdeverfahren oder über die §§ 775, 776 ZPO die Aufhebung eines Ordnungsmittelbeschlusses erlaubt, wenn der zugrundeliegende Titel entfallen ist.

Das **Ordnungsgeld** nach **§ 890 ZPO** ist – im Gegensatz zum Zwangsgeld nach 239
§ 888 ZPO – nicht nur ein Beugemittel, sondern hat auch strafcharakterliche Momente wegen Missachtung des gerichtlichen Tenors der Entscheidung. Diese Einstufung gibt dem Gericht die Möglichkeit, auch in folgender Situation ein Ordnungsgeld zu verhängen: der Gläubiger leitet ein Ordnungsgeldverfahren wegen Verstoßes gegen die Unterlassungsverpflichtung aufgrund einer einstweiligen Verfügung ein. Der Schuldner gibt daraufhin im Rahmen eines von ihm erhobenen Widerspruchs eine strafbewehrte Unterlassungserklärung ab. Beide Parteien haben daraufhin den Rechtsstreit in der Hauptsache für erledigt zu erklären mit der Folge, dass der gerichtliche Titel dann entfällt. Demzufolge ist es auch entscheidungsunerheblich, ob der Schuldner zwischenzeitlich einsichtig geworden ist (OLG Düsseldorf InstGE 9, 53, 54/55 – *Montagehilfe für Dachflächenfenster*).

Ein **Prozessvergleich** beendet den Rechtsstreit unmittelbar. Er ist zugleich **Voll-** 240
streckungstitel, § 794 Abs. 1 Nr 1 ZPO. Die Vollstreckung einer im Vergleich übernommenen Unterlassungspflicht erfolgt nach § 890 I ZPO. Voraussetzung dafür ist eine Ordnungsmittelandrohung des Prozessgerichts 1. Instanz (§ 890 II ZPO). Daher kann nur bei einem in erster Instanz geschlossenen Vergleich ein solcher Beschluss mit der Protokollierung des Vergleichs verbunden werden. Hat der Schuldner, wie praktisch immer, sich strafbewehrt unterworfen, so hat der Gläubiger bei einem späteren

Verstoß die Wahl, ob er die Zwangsvollstreckung betreibt oder die Vertragsstrafe geltend macht. Er kann nach h. M. auch beide Wege zugleich beschreiten (BGH WRP 1998, 507, 508 – *Behinderung der Jagdausübung*). Doch hat dann eine wechselseitige Anrechnung von Ordnungsgeld und Vertragsstrafe zu erfolgen (wobei allerdings bei der Bemessung der Vertragsstrafe das Interesse des Gläubigers an einem Mindestschadensersatz zu berücksichtigen ist). Für den Gläubiger empfiehlt es sich daher, mit dem Bestrafungsantrag zuzuwarten, bis die Vertragsstrafe tituliert ist, um seinen Vertragsstrafeanspruch nicht zu schmälern. Der Schuldner kann der Doppelsanktion entgehen, indem er entweder keine Vertragsstrafe verspricht oder auf einem Verzicht des Gläubigers auf das Antragsrecht aus § 890 Abs. 2 ZPO besteht.

241 Ist das Urteil nur nach **Sicherheitsleistung** vorläufig vollstreckbar, darf ein Ordnungsmittel nach § 890 ZPO nur verhängt werden, wenn die Sicherheit in dem Zeitpunkt bereits erbracht war, in dem der Schuldner den Verstoß gegen das ihm auferlegte Verbot begangen hat (BGH GRUR 2008, 1029 [9] – *Nachweis der Sicherheitsleistung*).

242 Der Schuldner muss dabei ferner im Zeitpunkt der Zuwiderhandlung über die Erbringung der Sicherheitsleistung **unterrichtet** gewesen sein, § 751 Abs. 2 ZPO (BGH GRUR 2008, 1029 [9] – *Nachweis der Sicherheitsleistung*). Diese Voraussetzung ist bei einer Zustellung der Originalbürgschaftsurkunde per Gerichtsvollzieher an den Gläubiger erfüllt; § 751 Abs. 2 ZPO verpflichtet den Gläubiger nicht, die Originalbürgschaftsurkunde oder eine beglaubigte Abschrift davon auch an die Prozessbevollmächtigten des Schuldners zustellen zu lassen – was als reiner zweckloser Formalismus betrachtet wird (BGH GRUR 2008, 1029 [9] – *Nachweis der Sicherheitsleistung*). Auch aus § 172 ZPO – Zustellungen haben in einem anhängigen Verfahren an den für den Rechtszug bestellten Prozessbevollmächtigten zu erfolgen hat, wobei das Verfahren vor dem VollstreckungsG zum ersten Rechtszug gehört – ergibt sich nichts anderes: § 172 Abs. 1 ZPO regelt nur, wie eine erforderliche Zustellung zu erfolgen hat; ob die Zustellung eines Nachweises der Übergabe der Bürgschaftsurkunde notwendig ist, ist nicht in § 172 I ZPO, sondern in § 751 Abs. 2 ZPO geregelt, der eine solche Übergabe an die Prozessbevollmächtigten aber gerade nicht fordert (BGH GRUR 2008, 1029 [9] – *Nachweis der Sicherheitsleistung*). Aufgrund der entsprechenden Aufklärungspflicht des Anwalts ist der Schuldner ohnehin gewarnt (BGH GRUR 2008, 1029 [9] – *Nachweis der Sicherheitsleistung*).

243 Erfahrungsgemäß liegt ein **Verschulden** häufig in der Versäumung derjenigen Vorkehrungen und Überwachungsmaßnahmen, die sicherstellen sollen, dass das Unterlassungsgebot eingehalten wird (Organisationsverschulden, Überwachungsverschulden). Hier bestehen strengste Anforderungen durch die Rechtsprechung. Bloße mündliche oder schriftliche Anweisungen allgemeiner Art reichen nicht aus. Der Gläubiger ist darlegungs- und beweispflichtig (OLG Frankfurt GRUR 1999, 371 – *Beweislastumkehr*). Ein Ordnungsgeldverfahren und Einforderung einer verwirkten Vertragsstrafe können nebeneinander geltend gemacht werden; dem Gläubiger sollen beide Möglichkeiten offen bleiben; gegebenenfalls kommt beim Ausspruch des Ordnungsgeldes eine gewisse Minderung in Betracht, wenn zuvor die Vertragsstrafe eingefordert wird bzw. umgekehrt (LG Düsseldorf InstGE 7, 185, 187 – *Beleuchtungssystem*). Materielle Einwendungen gegen den Titel können nicht erfolgreich vorgebracht werden (OLG Karlsruhe MD 2008, 98, 101).

244 Ist für ein **Internetauktionshaus** das Vorliegen einer Gebrauchsmusterverletzung nicht erkennbar, obwohl es die ihm zumutbaren Maßnahmen ergriffen hat, liegt ein mit Ordnungsmitteln zu ahndender Verstoß gegen das Unterlassungsgebot mangels Verschuldens nicht vor (BGH GRUR 2008, 702, 706 [53] – *Internet-Versteigerung III* zum Markenrecht).

245 Bei einem **Mehrfachverstoß**stellt sich häufig die Frage, ob hier ein so genannter Fortsetzungszusammenhang angenommen werden kann oder ob es sich um einzelne, voneinander unabhängige Verstöße gegen die gerichtliche Verpflichtung handelt.

Eine formalistische Betrachtungsweise ist nicht angezeigt. Werden einzelne Gegenstände im zeitlichen Abstand gegenüber mehreren Abnehmern vertrieben, so spricht dies für das Vorliegen mehrerer selbständiger Handlungen.

Die Frage, inwieweit **abgewandelte Ausführungsformen** mittels eines neuen Erkenntnisverfahrens angegriffen oder von einem Ordnungsmittelverfahren erfasst werden, kann nur im Einzelfall beantwortet werden. Abweichungen, die im Äquivalenzbereich liegen, werden in aller Regel wohl nicht mehr von dem Verbotsumfang umfasst sein, so dass diese mit einer neuen Klage angegriffen werden müssten. Die instanzgerichtliche Rechtsprechung ist hier nicht einheitlich. Ein Teil der Gerichte nimmt einen Verstoß gegen das Urteil schon bei relativ geringfügigen Änderungen nicht mehr an, weil diese geänderten Ausführungsformen nicht Gegenstand des Erkenntnisverfahrens waren. Dies bedeutet, dass der Kläger in einem solchen Fall gegebenenfalls gezwungen ist, eine neue Klage zu erheben. Die Frage des Vorgehens kann schwierige Abgrenzungsfragen hervorrufen. Damit sind auch erhebliche prozessuale Probleme verbunden. Könnte nämlich der Kläger und Gläubiger im Wege eines Ordnungsgeldverfahrens gegen eine abgewandelte Ausführungsform vorgehen, so wird ihm das Rechtsschutzbedürfnis fehlen, wenn er gleichwohl eine Klage erhebt. Umgekehrt ist ein Ordnungsgeldverfahren unbegründet, wenn die abgewandelte Ausführungsform außerhalb des „Schutzbereichs" des Urteils liegt, so dass der Kläger stattdessen eine Klage hätte erheben müssen. Bei der Entscheidung der Art des Vorgehens wird der Kläger/Gläubiger jedenfalls zwei Aspekte berücksichtigen müssen: die Dauer eines neuen Hauptsacheverfahrens einerseits und dessen Kosten andererseits. Vieles spricht dafür, in einem Zweifelsfall mit einem kostengünstigeren Ordnungsgeldverfahren zu beginnen. 246

Prinzipiell dieselben Fragen stellen sich auch wenn es darum geht, die Konsequenzen nicht nur eines streitigen Urteils zu beurteilen, sondern wenn es sich bei diesem um ein **Versäumnis- oder Anerkenntnisurteil** handelt. Da beim Versäumnisurteil eine Schlüssigkeitsprüfung stattfindet, gelten insoweit dieselben Grundsätze wie bei einem streitigen Urteil. Bei einem Anerkenntnisurteil findet eine solche Prüfung jedoch nicht statt, so dass jegliche Änderung eines der streitgegenständlichen Anspruchs- bzw. Urteilsmerkmale ein Vorgehen im Rahmen eines Ordnungsgeldverfahrens ausschließt. 247

Bei einer abgewandelten Ausführungsform ist der Kläger/Gläubiger freilich nicht notwendigerweise auf die Erhebung einer neuen Hauptsacheklage angewiesen. Liegt die abgewandelte Ausführungsform außerhalb dessen, was für ein Ordnungsgeldverfahren noch akzeptabel wäre, so bietet sich in besonderem Maße der **Antrag auf Erlass einer einstweiligen Verfügung** an, wenn deren allgemeinen Voraussetzungen vorliegen, wie zB Eilbedürftigkeit, Glaubhaftmachung der Verletzung etc. 248

In eine missliche Situation kommt derjenige Beklagte, der etwa während des Verletzungsrechtsstreits die angegriffene Ausführungsform **ändert,** wobei diese Änderung von dem Kläger in dessen Kenntnis im Laufe des Verfahrens nicht aufgegriffen wird (weil er sich zB auf die ursprünglich angegriffene Ausführungsform konzentrieren möchte). Auch wenn soeben dargelegt wurde, dass bereits geringfügige Änderungen aus dem „Schutzbereich" des Urteilstenors führen, so kann sich der Beklagte hierauf – leider – nicht verlassen. Der Beklagte kann sich insb. nicht auf „Gutgläubigkeit" berufen. Die Rechtsprechung ist nämlich nicht einheitlich: 249

Das zur Unterlassung verpflichtende Urteil gilt zwar für die in der Urteilsformel erfasste konkrete Verletzungsform, allerdings in der aus der Fassung der Urteilsformel sich ergebenden Verallgemeinerung. Maßgebend ist der **Sinn der Urteilsformel,** zu deren Verständnis auch die Urteilsgründe – nicht allerdings die Klagebegründung – heranzuziehen sind. Das Urteil stellt zwar keine Grundlage zur Zwangsvollstreckung für einen anderen Verletzungstatbestand dar. Jedoch kann sich der Verletzer nicht durch jede Änderung der Verletzungsform der Vollstreckungswirkung des Unterlassungsurteils entziehen; vielmehr sind Abänderungen der Verletzungsform von der

Urteilswirkung dann erfasst, wenn die Abänderung den Kern der Verletzungsform unberührt lässt und sich innerhalb der durch Auslegung zu ermittelnden Grenzen des Urteils hält (OLG München GRUR 1959, 597; OLG Düsseldorf GRUR 1967, 135, 136; OLG Karlsruhe GRUR 1984, 197, 198; OLG Düsseldorf InstGE 7,43, 44 – *Münzschloss II*).

250 **Verjährung** der Rechte aus einer Zuwiderhandlung mit deren Beendigung erfolgt nach zwei Jahren (Art. 9 Abs. 1 EGStGB), unabhängig von der Kenntnis von der Zuwiderhandlung durch den Gläubiger. Es erfolgt keine Hemmung oder Unterbrechung durch Einleitung eines Ordnungsgeldverfahrens.

251 Ein Ordnungs- oder Zwangsmittelantrag kann nur solange wirksam **zurückgenommen** werden wie der Ordnungs- oder Zwangsmittelbeschluss noch nicht in Rechtskraft erwachsen ist (OLG Düsseldorf InstGE 9, 56/57).

252 Bei **wirksamer Antragsrücknahme** gilt § 269 Abs. 3, 4 ZPO entsprechend. der Antragsrücknahme die Gläubigerin die Kostenlast und ist durch Beschluss die Wirkungslosigkeit des Ordnungsmittelbeschlusses festzustellen (OLG Düsseldorf InstGE 9, 56/57).

253 Scheidet eine Antragsrücknahme aus Gründen der Rechtskraft aus, kommt, sofern der zugrundeliegende Titel rückwirkend weggefallen ist, nur eine **Aufhebung** des Ordnungs- oder Zwangsmittelbeschlusses und eine Zurückweisung des Gläubigerantrages in entsprechender Anwendung der §§ 775 Nr. 1,776 ZPO in Betracht (OLG Düsseldorf InstGE 9, 56/57).

254 Die Zwangsvollstreckung aus einem landgerichtlichen Titel wird nicht dadurch unzulässig, dass die **Laufzeit des Klagegebrauchsmusters zwischenzeitlich abgelaufen** ist, wenn es im Zeitpunkt des Verstoßes noch in Kraft stand. Die allgemeine Zwangsvollstreckungsvoraussetzung, das Vorliegen eines Titels, aus dem die Zwangsvollstreckung betrieben werden kann, § 704 ZPO, bleibt vielmehr bestehen. Der Vollstreckungstitel hat erst danach wegen des Ablaufs der Gebrauchsmusterlaufzeit mit Wirkung ex nunc seine Gültigkeit verloren. Zwar kann bei nachträglicher Aufhebung eines Titels oder seinem rückwirkenden Wegfall (etwa bei Klagerücknahme, Vergleich, Aufhebung des Titels im Rechtsmittelverfahren etc.) aus ihm nicht mehr vollstreckt werden kann, da Voraussetzung für die Verhängung von Ordnungsmitteln das Vorhandensein eines gültigen Vollstreckungstitels ist (OLG Düsseldorf InstGE 9, 53, 54/55 – *Montagehilfe für Dachflächenfenster*). In diesem Beispielsfall hatte der Titel zum Zeitpunkt der Zuwiderhandlung noch Gültigkeit, so dass die Zulässigkeit der Verhängung von Ordnungsmitteln wegen eines Verstoßes gegen das titulierte Unterlassungs- oder Duldungsgebot nicht mehr fraglich ist (OLG Düsseldorf InstGE 9, 53, 55/56 – *Montagehilfe für Dachflächenfenster*).

255 **11.6.3 Zwangsmittelverfahren nach § 888 ZPO.** Vollstreckt der Gebrauchsmusterinhaber seinen Anspruch auf Rechnungslegung, setzt er dem Gebrauchsmusterverletzer eine angemessene **Frist.** Nimmt der Gebrauchsmusterverletzer innerhalb dieser Frist keine Rechnungslegung vor, riskiert er ein **Zwangsmittelverfahren.** Legt der Gebrauchsmusterverletzer jedoch Rechnung, kann der Gebrauchsmusterinhaber diese Angaben zur Ermittlung der Schadenshöhe nach den verschiedenen Berechnungsarten auf Vollständigkeit und Richtigkeit überprüfen.

256 Ist die Rechnungslegung für ihn **ausreichend,** kann er daraus den ihm zustehenden Schadensersatz errechnen und Verletzer zur Zahlung auffordern. Verweigert der Gebrauchsmusterverletzer diese und können die Parteien sich auch nicht vergleichsweise einigen, erhebt der Gebrauchsmusterinhaber Klage im Höheverfahren.

257 Ist der Gebrauchsmusterinhaber der Auffassung, die Rechnungslegung sei **nicht ausreichend,** falsch etc., wird er den Gebrauchsmusterverletzer unter Nachfristsetzung zur Nachbesserung auffordern. Der Gebrauchsmusterinhaber muss sich nicht mit geschätzten Angaben begnügen und die Bekanntgabe weiterer tatsächlicher An-

gaben dem nachgeschalteten Verfahren der Abgabe der Versicherung an Eides Statt überlassen (BGH GRUR 1982, 723, 726 – *Dampffrisierstab I*).

Der Gebrauchsmusterverletzer hat nun Gelegenheit, ggfs. eine **korrigierte** Fassung der Rechnungslegung abzugeben. Je nach Umfang der Rechnungslegung können mehrere Runden angebracht sein. Erst wenn keine Ergänzung mehr ansteht, kann von einer Rechnungslegung im Sinne von § 259 II BGB gesprochen werden. Der Gebrauchsmusterinhaber entscheidet, ob die Rechnungslegung nunmehr abgeschlossen ist und das Höheverfahren eingeleitet wird, ob weiter nachgebessert werden soll oder ob ein Antrag auf Zwangsmittel bzw. Abgabe der eidesstattlichen Versicherung gestellt wird. **258**

Ist der Beklagte wegen **mittelbarer Gebrauchsmusterverletzung** zur Rechnungslegung über Angebots- und Vertriebshandlungen in Bezug auf solche Gegenstände verurteilt worden, die nicht nur geeignet sind, sondern beim Abnehmer tatsächlich in gebrauchsmustergemäßer Weise verwendet werden, und entzieht sich die konkrete Verwendung des Gegenstandes bei den Abnehmern der Kenntnis des Beklagten, so kommt er seiner Rechnungslegungsverpflichtung bereits durch eine Negativauskunft (Nullauskunft) nach (OLG Karlsruhe InstGE 11, 61, 64 – *Multifeed II*). **259**

Ist das Urteil nur **nach Sicherheitsleistung vorläufig vollstreckbar,** darf ein Ordnungsmittel nach § 890 ZPO nur verhängt werden, wenn die Sicherheit in dem Zeitpunkt bereits erbracht war, in dem der Schuldner den Verstoß gegen das ihm auferlegte Verbot begangen hat (BGH GRUR 2008, 1029 [9] – *Nachweis der Sicherheitsleistung*). **260**

Die Sicherheitsleistung für den **Auskunftsanspruch** gegenüber mehreren Schuldnern **kann einheitlich** festgesetzt und muss nur einmal geleistet werden, da die Auskunft im Ergebnis wie eine gesamtschuldnerische Verurteilung vollstreckt wird. Dies gilt jedenfalls dann, wenn keine unterschiedlichen Auskünfte gegeben sein können, etwa wegen nur teilweiser Verantwortlichkeit eines mit verurteilten Geschäftsführers. Der Anspruch erlischt, wenn ein Schuldner die Auskunft erteilt hat. Selbst wenn die Schuldner nicht rechtlich als Gesamtschuldner anzusehen sein sollten, sind sie es jedoch faktisch: hat einer der Schuldner vollständig Auskunft erteilt, ist das Auskunftsbegehren auch hinsichtlich der übrigen Schuldner erfüllt. Der die Auskunft erteilende Schuldner muss sich intern wie unter Gesamtschuldnern gem. § 426 BGB auseinandersetzen, ob und gegebenenfalls welcher Anteil an den ihm entstandenen Kosten von den anderen zu erstatten ist (Vgl. hierzu OLG München InstGE 10, 254, 255). **261**

Mit einem **Antrag auf Festsetzung eines Zwangsmittels** nach § 888 ZPO richtet sich der Gläubiger an das Gericht, wenn der Schuldner seiner Verpflichtung zur Rechnungslegung nicht nachkommt. Kein Tätigwerden des Gerichts von Amts wegen. Die Zahlung des Zwangsgeldes entbindet diesen nicht von der Rechnungslegung, so dass mehrere Zwangsgeldverfahren möglich sind. Ein weiterer Zwangsmittelantrag ist aber nur zulässig, wenn das bereits festgesetzte Zwangsmittel gegen den Schuldner ergebnislos vollstreckt worden ist, ohne dass dieser vollständig Rechnung gelegt hat. **262**

Lässt der Gebrauchsmusterverletzer **unangemessen lange** mit der Rechnungslegung auf sich warten, kann der Gebrauchsmusterinhaber ein Zwangsmittelverfahren gem. § 888 ZPO anstrengen, weil der Anspruch auf Auskunft und Rechnungslegung noch nicht erfüllt ist. Räumt der Gebrauchsmusterinhaber dem Gebrauchsmusterverletzer keine angemessene Zeit zur Auskunft und Rechnungslegung ein, sondern strengt schon vorher ein Zwangsmittelverfahren an, darf das Gericht im Festsetzungsbeschluss eine Frist zur Vornahme der Handlung setzen, um den Verhältnismäßigkeitsgrundsatz zu wahren (*Baumbach/Lauterbach/Albers/Hartmann,* ZPO, § 888 Rn. 13, 15). **263**

Ein Zwangsgeldverfahren ist auch möglich, sollten die Angaben **objektiv (grob) unvollständig** oder **unverständlich** sein (BGH GRUR 1994, 630, 632, – *Cartier-* **264**

Armreif zum ergänzenden wettbewerbsrechtlichen Leistungsschutz; BGH GRUR 2001, 841 – *Entfernung der Herstellungsnummer II*). Dies gilt ferner, wenn die Angaben nicht ernst gemeint oder von vornherein unglaubhaft sind (BGH GRUR 1994, 630, 632, – *Cartier-Armreif* – zum ergänzenden wettbewerbsrechtlichen Leistungsschutz). Die Überprüfung der Richtigkeit ist aber nicht Aufgabe des Gerichts (OLG Frankfurt a. M. GRUR-RR 2002, 120 – *Sonnenblende*). Der Verletzer hat nicht nur vorgerichtlich sondern auch im Zwangsgeldverfahren von sich aus die Möglichkeit, eine inzwischen als unrichtig erkannte Rechnung durch eine berichtigte Rechnung zu ersetzen und letztere für maßgeblich zu erklären. Eine Bindung des zur Rechnungslegung Verpflichteten an eine frühere Rechnungslegung, die durch eine spätere überholt ist, tritt nicht ein (BGH GRUR 1982, 723, 724 – *Dampffrisierstab I*).

265 Die Auskunft eines wegen Schutzrechtsverletzungen im Rahmen der Tätigkeit für eine **juristische Person** verurteilten Schuldners, er könne wegen fehlender Unterlagen keinerlei Angaben über den Umfang der von ihm getätigten Vertriebshandlungen machen, stellt keine ernstliche Auskunft dar (LG München I InstGE 11, 294, 296 – *Nullauskunft I*).

266 Dem Gebrauchsmusterinhaber wird **kein gesetzlicher Anspruch** auf Überprüfung einer gelegten Rechnung durch einen **Wirtschaftsprüfer** zugebilligt (BGH GRUR 1984, 728 ff. – *Dampffrisierstab II*).

267 **Keine Wissenszurechnung** im Zwangsmittelverfahren aufgrund arbeitsteiliger Organisation. Die Verhängung eines Zwangsgeldes ist nur zulässig, wenn die Handlung (ausschließlich) vom Willen des Schuldners abhängt. Der Schuldner muss folglich zur Handlung tatsächlich in der Lage sein. Ist er dies – gleich aus welchem Grund – nicht, scheidet die Verhängung eines Zwangsmittels aus. Selbst ein Schuldner, der seine Unterlagen in der Absicht vernichtet hat, eine drohende Auskunftsverpflichtung ins Leere laufen zu lassen, kann nicht (mehr) zur Auskunftserteilung angehalten werden, weshalb die Verhängung eines Zwangsgeldes nicht in Betracht kommt. Alles andere liefe auf eine Bestrafung für bisheriges Verhalten hinaus, was mit der Intention des Zwangsgeldes als eines Mittels zur Beugung des Schuldnerwillens nicht zu vereinbaren wäre. Relevant kann ein solches Verhalten freilich im nachfolgenden Schadensersatzprozess sein, in dem zugunsten des Gläubigers eine Umkehr der Beweis- und gegebenenfalls auch der Darlegungslast nach dem Grundsatz der Beweisvereitelung stattfindet (OLG Düsseldorf InstGE 9, 179, 182/183 – *Druckerpatrone*).

268 Aber: Kann der Schuldner die von ihm geforderte Handlung nicht ohne die Mitwirkung eines Dritten bewirken, so ist er verpflichtet, **alles Zumutbare** zu tun, um sich von dem mitwirkungspflichtigen Dritten die erforderlichen Kenntnisse zu verschaffen. Die bestehende Erkundigungspflicht kann mit den Mitteln des § 888 Abs. 1 ZPO zwangsweise durchgesetzt werden (OLG Köln GRUR-RR 2006, 31-*Mitwirkung eines Dritten;* OLG Düsseldorf InstGE 9, 179, 183/184 – *Druckerpatrone*). Andernfalls träte eine ungerechtfertigte Lücke in der Vollstreckbarkeit höchstpersönlicher Handlungspflichten ein. Dies kann zur Notwendigkeit der gerichtlichen Durchsetzung der Mitwirkungspflicht des Dritten führen (OLG Düsseldorf InstGE 9, 179, 183/184 – *Druckerpatrone*). Das Vollstreckungsgericht hat dabei nicht abschließend über den mutmaßlichen Erfolg oder Misserfolg einer solchen Auskunftsklage zu befinden; dies kann nur das erkennende Gericht beurteilen. Die Durchsetzung gerichtlicher Titel fordert hingegen grundsätzlich eine Inanspruchnahme Dritter als, wenn sie jedenfalls mit einiger Wahrscheinlichkeit zum Ziel führen kann (OLG Düsseldorf InstGE 9, 179, 185 – *Druckerpatrone*).

269 Bei einer unrichtigen Rechnungslegung kann der Gläubiger kein Zwangsmittelverfahren einleiten; er hat hier die Möglichkeit auf **Abgabe einer eidesstattlichen Versicherung** zu klagen, mit der der Schuldner die Richtigkeit der erteilten Auskunft bekräftigt, § 259 Abs. 2 BGB – sofern der Gebrauchsmusterverletzer nicht freiwillig zur Abgabe der eidesstattlichen Versicherung bereit ist (§ 261 BGB, §§ 410 Nr. 1, 361 FamFG). Ist die Rechnungslegung auf Grund Unvollständigkeit falsch, so ist der Antrag auf Verhängung eines Zwangsmittels zulässig, wenn der Schuldner über den Umfang und die Reichweite seiner Rechnungslegungspflicht im Irrtum ist. Negiert der Schuldner hingegen die Vornahme einer bestimmten Verletzungshandlung, so steht das Verfahren auf Abgabe einer eidesstattlichen Versicherung offen. Hierfür muss er jedoch ein neues (zeitraubendes) Erkenntnisverfahren einleiten (OLG Frankfurt a. M. GRUR-RR 2002, 120 – *Sonnenblende*).

Wird der Gebrauchsmusterverletzer verurteilt, kann der Gebrauchsmusterinhaber aus diesem Urteil **vollstrecken,** indem er das **Verfahren zur Abgabe der eidesstattlichen Versicherung nach** § 889 ZPO betreibt. Der Schuldner hat vor der Abgabe noch die Möglichkeit, seine Angaben nachzubessern, da er ggfs. für die Richtigkeit der Versicherung strafrechtlich einstehen muss (Vgl. BGH GRUR 1982, 723, 724, 726 – *Dampffrisierstab I;* BGH GRUR 1962, 398, 400 – *Kreuzbodenventilsäcke II*); die eidesstattliche Versicherung erstreckt sich nur auf die dann insgesamt vorliegende Rechnungslegung (BGH GRUR 1962, 398, 400 – *Kreuzbodenventilsäcke II*). 270

Beide Verfahrensarten sind **zeitaufwendig.** Der Gläubiger kann sie einseitig beenden, selbst nach Erlass eines Titels. 271

Materiell-rechtlich ergeben sich ebenfalls Probleme: 272

Problematisch ist der **Umfang der Rechnungslegungspflicht,** wenn der vom Schuldner erzielte Verletzungsgewinn nur zu einem vergleichsweise geringen Teil auf die Schutzrechtsverletzung zurückgeht. Hierbei ist zunächst von dem Grundsatz auszugehen, dass es dem Verletzten freisteht, zur Berechnung des zu fordernden Schadensersatzes zwischen dem konkreten Schaden (vor allem dem entgangenen Gewinn) und einem abstrakten Schaden (Lizenzanalogie oder Verletzergewinn) zu wählen. Hat sich der Gläubiger noch nicht für eine bestimmte Schadensberechnungsart entschieden, so muss die Rechnungslegung jedenfalls auch für die Schadenersatzart der Herausgabe des Verletzergewinns ausreichen. Dies wirkt sich auf den Umfang des Auskunftsanspruchs aus, weil für die Berechnung des Schadens auf der Grundlage des Verletzergewinns zusätzliche Informationen benötigt werden. Art und Umfang der Auskunftspflicht sind jedoch im Einzelfall nach den durch Treu und Glauben gebotenen Maßstäben abzugrenzen, insbesondere auch danach, ob die geforderte Auskunft in einem sinnvollen Verhältnis zu dem Wert steht, die sie für die Schätzung des geltend gemachten Schadens hat. 273

Berechnet der Verletzte seinen Schaden anhand des erzielten **Verletzergewinns,** ist bei allen Schutzrechten zu beachten, dass sich der Anspruch auf Herausgabe des Verletzergewinns stets nur auf den Anteil des Gewinns bezieht, der gerade auf der Benutzung des fremden Schutzrechts beruht (BGH GRUR 2002, 532 – *Unikatrahmen* zum Urheberrecht; BGH GRUR 2001, 329 – *Gemeinkostenanteil* zum Geschmacksmusterrecht; BGH GRUR 2006, 419, 420 – *Noblesse* zum Markenrecht). Bei Gebrauchsmusterrechtsverletzungen kommt daher häufig eine Herausgabe des gesamten mit dem gebrauchsmusterrechtsverletzenden Gegenstand erzielten Gewinns nicht in Betracht, weil der geschäftliche Erfolg in vielen Fällen nicht ausschließlich oder noch nicht einmal überwiegend auf der Gebrauchmusterrechtsverletzung beruht. 274

Beruht der vom Verletzer erzielte Gewinn nur zu einem kleinen Teil auf der Schutzrechtsverletzung, kann der Schaden in Form einer **Quote des Gewinns** nach § 287 ZPO geschätzt werden, wenn nicht ausnahmsweise jeglicher Anhaltspunkt für eine Schätzung fehlt (Vgl. BGH GRUR 1993, 55 – *Tchibo/Rolex II* zum Wettbewerbsrecht; BGH GRUR 2002, 532 – *Unikatrahmen* zum Urheberrecht; BGH GRUR 2006, 419, 420 – *Noblesse* zum Markenrecht). 275

Der Umstand, dass nicht der gesamte mit dem Absatz der gebrauchsmusterrechtsverletzenden Ware erzielte Gewinn herausverlangt werden kann, hat Auswirkungen auch auf den **Umfang des Auskunftsanspruchs.** Dabei ist zu berücksichtigen, dass der Verletzer regelmäßig ein Interesse hat, seine Kalkulation und seine Gewinnspanne gegenüber dem Mitbewerber geheim zu halten. Zwar muss dieses Interesse grundsätzlich zurückstehen, wenn der Verletzte auf die Angaben angewiesen ist, um seinen 276

Schaden zu berechnen. Kommt aber ohnehin nur eine grobe Schätzung in Betracht, ist dem Verletzer eine Offenbarung von Geschäftsinterna meist nicht zuzumuten, da diese Schätzung auch auf der Grundlage der Umsätze und gegebenenfalls grob ermittelter Gewinne erfolgen kann (Vgl. BGH GRUR 1973, 375, 378 – *Miss Petite;* BGH GRUR 1991, 153, 155 – *Pizza & Pasta;* BGH GRUR 2006, 419, 420 – *Noblesse* zum Markenrecht).

277 Zur Rechnungslegung bei **abgewandelten Ausführungsformen:**

- Es gelten auch insoweit dieselben Grundsätze wie zum Ordnungsgeldverfahren nach § 890 ZPO;
- Mithin erfasst ein wegen **wortsinngemäßer Gebrauchsmusterverletzung** ergangenes Unterlassungsurteil nicht alle denkbaren Ausführungsformen, mit denen die im Gebrauchsmusteranspruch unter Schutz gestellte Lehre zum technischen Handeln verwirklicht wird, sondern nur diejenige Ausführungsform, auf die der Gläubiger zur Klagebegründung abgestellt hat und hinsichtlich derer das Gericht im Erkenntnisverfahren zu dem Ergebnis gekommen ist, sie mache wortsinngemäß von der geschützten Lehre zum technischen Handeln Gebrauch. Ebenso erfasst auch die in einem solchen Urteil ausgesprochene Verpflichtung zur Erteilung von Auskünften und zur Rechnungslegung nur solche Ausführungsformen, über die im Rahmen des Erkenntnisverfahrens bereits mit entschieden wurde, weil die zur Begründung des Verletzungsvorwurfs angestellten gerichtlichen Erwägungen für diese weiteren Ausführungsformen in gleicher Weise zutreffen wie für die seinerzeit streitgegenständliche. Für gegenüber der ursprünglichen Verletzungsform abweichende Ausführungen gilt das im Erkenntnisverfahren ergangene Urteil nur, wenn die Änderungen nicht die unter Schutz gestellte Ausgestaltung betreffen oder von dem im Erkenntnisverfahren als verletzend beurteilten Gegenstand nur so geringfügig abweichen, dass nicht ernsthaft darüber gestritten werden kann, dass er im Wesentlichen noch der im Erkenntnisverfahren streitgegenständlichen Ausführungsform entspricht (OLG Düsseldorf InstGE 6, 123 – *elektronische Anzeigevorrichtung*).

278 Das **Prozessgericht** entscheidet nach freigestellter mündlicher Verhandlung und Anhörung des Schuldners gemäß § 891 Abs. 1 und 2 ZPO durch **Beschluss,** ggf. mit dem Vorbehalt, dass das Zwangsgeld nicht vor Ablauf einer bestimmten Frist nach Zustellung des Beschlusses an den Schuldner vollstreckt werden darf. Dies eröffnet dem Schuldner die Möglichkeit zur Rechnungslegung. Das Zwangsgeld erhält die Staatskasse.

279 Für die erneute Einreichung eines Zwangsgeldantrages vor Vollstreckung des vorher ergangenen wegen Nichtvornahme derselben Auskunft besteht **kein Rechtsschutzbedürfnis** (OLG München InstGE 9, 58 – *kumulierte Zwangsgeldanträge*).

280 Gemäß § 570 Abs. 1 ZPO hat eine Beschwerde dann **aufschiebende Wirkung,** wenn sie die Festsetzung eines Ordnungs- oder Zwangsmittels zum Gegenstand hat. Bei einem Beschluss über die Festsetzung eines Zwangsgeldes nach § 888 ZPO hat gemäß § 570 Abs. 1 ZPO die vorliegende Beschwerde daher aufschiebende Wirkung. Dies schließt eine Zwangsvollstreckung aus dem angegriffenen Beschluss während des noch anhängigen Beschwerdeverfahrens aus (OLG Frankfurt InstGE 9, 301, 302 – *aufschiebende Wirkung*).

281 Hat die Beschwerde somit aufschiebende Wirkung, so bedarf es einer **Einstellung** der Zwangsvollstreckung nach § 570 Abs. 3 ZPO grundsätzlich nicht.

282 **11.6.4 Ersatzvornahme.** Die **Ersatzvornahme** gem. § 887 ZPO ist bei Durchsetzung des **Vernichtungsanspruchs** entsprechend § 140a PatG denkbar.

283 Sie kommt jedoch **nicht** in Betracht, wenn der Schuldner verurteilt wurde, die in seinem unmittelbaren oder mittelbaren Besitz befindlichen, im Urteilstenor näher bezeichneten Erzeugnisse zu vernichten oder nach seiner Wahl an einen von dem Gläubiger zu benennenden Treuhänder zum Zwecke der Vernichtung auf Kosten

des Schuldners herauszugeben, und er **im Vollstreckungsverfahren zu erkennen gibt,** dass er die gebrauchsmusterverletzenden Erzeugnisse selbst vernichten (lassen) wolle. Hat der Gläubiger jedoch die zu vernichtenden Erzeugnisse von einem Gerichtsvollzieher zum Zwecke der Aufbewahrung wegnehmen lassen, kann der Schuldner seiner Verpflichtung zur Vernichtung nur nachkommen, wenn der Gläubiger die sequestrierten Erzeugnisse freigibt. Solange ein Gläubiger durch sein Verhalten verhindert, dass der Schuldner seiner ausgeurteilten – eine vertretbare Handlung betreffende – Verpflichtung nachkommen kann, kann er im Wege der Zwangsvollstreckung eine Ersatzvornahme nach § 887 Abs. 1 ZPO nicht verlangen. Hiermit setzt er sich in treuwidriger Weise zu seinem eigenen Verhalten in Widerspruch. Dem Gläubiger steht der Vernichtungsanspruch nur im tenorierten Umfang zu. Darf der Schuldner danach nach seiner freien Wahl die gebrauchsmusterverletzenden Erzeugnisse auch selbst vernichten (lassen), wird durch die Ausübung dieses Wahlrechts von vornherein kein schutzwürdiges Vollstreckungsinteresse des Gläubigers betroffen. Er hat das freie Wahlrecht der Schuldner grundsätzlich hinzunehmen und darf es durch das Mittel der Ersatzvornahme nicht umgehen (OLG Düsseldorf InstGE 10, 301, 302 – *Metazachlor*).

11.6.5 Vorläufige Vollstreckbarkeit. Die **vorläufige Vollstreckbarkeit** kann eine Sicherheitsleistung des Gläubigers (der gewinnenden Partei) erforderlich machen; dies ist regelmäßig bei Urteilen I. Instanz der Fall, § 709 S. 1 ZPO. Die Höhe der Sicherheitsleistung bemisst sich nach einem etwaigen Schadenersatzanspruch des Schuldners, der diesem nach Wegfall der vorläufigen Vollstreckbarkeit durch die Vollstreckung des Urteils entstanden sein könnte. Auf Antrag des Schuldners hat das Gericht diesem zu gestatten, die Vollstreckung durch Sicherheitsleistung oder Hinterlegung einer selbstschuldnerischen Bankbürgschaft abzuwenden, wenn die Vollstreckung dem Schuldner einen nicht zu ersetzenden Nachteil bringen würde (zB Betriebseinstellung, Existenzverlust, Gefährdung von Arbeitsplätzen). Der Antrag muss vor Schluss der mündlichen Verhandlung gestellt werden. Die tatsächlichen Voraussetzungen müssen glaubhaft (vgl. § 294 ZPO) gemacht werden. Gemäß § 719 Abs. 2 ZPO erfolgt eine Einstellung der Zwangsvollstreckung regelmäßig dann nicht, wenn der Schuldner versäumt hat, im Berufungsrechtszug einen Vollstreckungsschutzantrag gemäß § 712 ZPO zu stellen. Ohnehin ist dem Antrag nicht zu entsprechen, wenn ein überwiegendes Interesse des Gläubigers entgegensteht. Das bejaht die Rechtsprechung regelmäßig zutreffend wegen des zeitlich begrenzten Anspruchs aus dem Patent/Gebrauchsmuster. In diesem Fall wird das Gericht dann seinerseits dem Gläubiger die Leistung einer Sicherheit auferlegen. 284

Die in § 708 ZPO genannten Urteile, insbesondere diejenigen der Oberlandesgerichte, sind ohne Sicherheitsleistung für vorläufig vollstreckbar zu erklären, vgl. aber § 711 ZPO. 285

Die Vollstreckung eines Unterlassungsgebots erfolgt dadurch, dass auf Antrag des Gläubigers das Prozessgericht I. Instanz gegen den Schuldner wegen begangener Zuwiderhandlungen Ordnungsgeld oder Ordnungshaft verhängt, § 890 ZPO. Die Vollstreckung des Anspruchs auf Rechnungslegung erfolgt durch Zwangsgeld oder Zwangshaft nach den Regeln des § 888 ZPO. Sie wird durchgeführt, wenn der Schuldner überhaupt nicht oder formell nicht ordnungsgemäß Rechnung legt. Es empfiehlt sich bei Unvollständigkeit der Rechnungslegung, zunächst einen Anspruch auf Ergänzung geltend zu machen. Wegen inhaltlicher Unrichtigkeit oder Unvollständigkeit der Rechnungslegung ist der Gläubiger auf das Druckmittel der eidesstattlichen Versicherung angewiesen, § 261 BGB. 286

12. Besonderheiten des einstweiligen Verfügungsverfahrens

12.1 Voraussetzungen. Einstweilige Verfügungen sind zum Zwecke der Regelung eines einstweiligen Zustandes in Bezug auf ein streitiges Rechtsverhältnis zulässig, sofern diese Regelung, insbesondere bei dauernden Rechtsverhältnissen, zur Ab- 287 wendung wesentlicher Nachteile oder aus anderen Gründen nötig erscheint, § 940 ZPO. Auf den Erlass einstweiliger Verfügungen sind die Vorschriften über die Anordnung von Arresten anzuwenden, §§ 935, 936 ZPO. Für einstweilige Verfügungen in GebrM-Angelegenheiten gelten deshalb die §§ 916ff. ZPO. Der Erlass einer einstweiligen Verfügung wegen GebrM-Verletzung setzt mithin voraus, dass die begehrte Regelung zur Abwendung wesentlicher Nachteile für den Antragsteller nötig erscheint, § 940 ZPO. Da es sich bei dem GebrM um ein ungeprüftes Schutzrecht handelt, ist grundsätzlich Zurückhaltung mit dem Erlass einstweiliger Verfügungen geboten (*Müller-Stoy/Wahl* Mitt. 2008, 311). Aufgrund eines GebrM-Schutzes sind deshalb nur ausnahmsweise **Beschlussverfügungen** zu erlassen; aber auch in Verfahren mit mündlicher Verhandlung werden **Urteilsverfügungen** eher die Ausnahme sein (vgl. jedoch LG München I 7 0 4930/00: Beschlussverfügung bei identischer Verletzung eines Gebrauchsmusters, dessen Schutzfähigkeit durch eine Recherche gemäß § 7 und einen bevorstehenden Erteilungsbeschluss eines europäischen Patents zur selben technischen Lehre glaubhaft gemacht werden konnte, rechtskräftig). Bei glaubhaft gemachtem Verletzungstatbestand und keinen durchgreifenden Zweifeln an der **vermuteten Rechtsbeständigkeit des Schutzrechts,** §§ 11, 13 GebrMG, müssen die Interessen des Verletzten Vorrang haben, da es für ihn bereits einen erheblichen Nachteil darstellt, wenn er bis zum Ablauf eines rechtskräftigen Hauptsacherechtsstreits sein zeitlich befristetes (und im Vergleich zum Patent ohnehin kürzeres) Ausschließlichkeitsrecht nicht durchsetzen kann. Die mit der einstweiligen Verfügung verbundenen Folgen für den Verletzer sind hingegen nichts anderes als die ohnehin gesetzlich geregelten Rechtsfolgen eines verbotswidrigen Tuns. Ungeachtet, ob das TRIPS-Übereinkommen unmittelbar anwendbares Verfahrensrecht ist oder in nationales Recht zu transformieren ist, ergibt sich aus Art. 50 TRIPS, der die Befugnis zu einstweiligen Maßnahmen vorsieht, eine inhaltliche Stärkung des Schutzrechtsinhabers. Art. 41 Abs. 1 TRIPS stellt auf das „Eilverfahren zur Verhinderung von Verletzungshandlungen" ab. Die Bundesrepublik Deutschland hat am 30.8.1994 dem TRIPS-Übereinkommen mit dem „Gesetz zu dem Übereinkommen vom 15. April 1994 zur Errichtung der Welthandelsorganisation und zur Änderung anderer Gesetze" zugestimmt (BGBl. 1438; II 1730). Diese Grundentscheidung ist bei der Anwendung der §§ 935, 940 ZPO auch bei der Geltendmachung gebrauchsmusterrechtlicher Unterlassungsansprüche im Wege des einstweiligen Verfügungsverfahrens zu berücksichtigen. Hieraus ergeben sich folgende Grundsätze: Gemäß §§ 936, 920 ZPO setzt der Erlass einer einstweiligen Verfügung – auch in Gebrauchsmusterangelegenheiten – nicht nur voraus, dass der Antragsteller einen **Verfügungsanspruch** und einen **Verfügungsgrund** darlegt, sondern auch, dass er beides **glaubhaft** macht, § 920 Abs. 2 ZPO (zum Begriff „glaubhaft": BPatG GRUR 1978, 359; OLG Frankfurt a. M. GRUR 1980, 180). An diesen allgemeinen zivilprozessualen Vorschriften ist durch das GebrMG – ebenso wie durch das PatG – nichts geändert worden.

288 **12.1.1 Vorliegen eines Anspruchs.** In Betracht kommt nur der Erlass einer einstweiligen Verfügung auf **Unterlassung;** einstweilige Verfügungen auf Leistung von Schadenersatz oder Entschädigung, Bereicherungsausgleich oder auf Rechnungslegung (vgl. aber § 24a Abs. 2) kommen nicht in Betracht.

289 Dabei sind die allgemeinen Grundsätze für den Erlass einer einstweiligen Verfügung zu beachten, bei der es sich immer um eine vorläufige, auf einer nur summarischen Prüfung des Gerichts beruhenden Entscheidung handelt, die grundsätzlich **lediglich** der **Sicherung, nicht** aber der **Erfüllung** des von dem Gläubiger geltend gemachten Anspruchs dient. Dieser sich bereits aus dem vorläufigen Charakter der Entscheidung ergebende Grundsatz kann insbesondere für die sog. Leistungsverfügung und dann Geltung beanspruchen, wenn die zur Erfüllung des mit der Verfügung gewährten Anspruchs von dem Schuldner erbrachte Leistung, sollte später in der Berufung das Vorliegen der Voraussetzungen der einstweiligen Verfügung oder in dem Hauptsachever-

fahren das Bestehen des geltend gemachten Anspruchs verneint werden, nicht mehr zurückgewährt oder ungeschehen gemacht bzw. durch einen Schadenersatzanspruch nach § 945 ZPO in angemessener Weise kompensiert werden kann.

Nach § 24b besteht insoweit zwar eine gesetzliche Ausnahme, was den **Auskunftsanspruch** anbelangt, der auch im vorläufigen Rechtsschutz durchgesetzt werden kann. Hier ist allerdings – quasi als Kompensation – erforderlich, dass das Vorliegen einer **„offensichtlichen Rechtsverletzung"** glaubhaft gemacht wird. 290

Hingegen sind **reine Sicherungsmaßnahmen,** insbesondere in Form einer **Sequestration** (etwa zur Sicherung eines Vernichtungsanspruchs) denkbar. Diese vorläufigen Sicherungsmaßnahmen spielen insbesondere zunehmend in Messeangelegenheiten eine Rolle. Sie sind möglicherweise dann in Betracht zu ziehen, wenn es sich um eine nur alle drei oder vier Jahre wiederholende Hauptmesse handelt und der Antragsgegner etwa ein fernöstliches Unternehmen ist. 291

Ein Antragsteller hat in einem einstweiligen Verfügungsverfahren **kein Rechtsschutzinteresse,** einem Gericht den Antrag sanktionslos wieder entziehen zu können, nur weil zweifelhaft ist, ob das angerufene Gericht seiner Rechtsauffassung uneingeschränkt folgt. Vielmehr hat der Antragsteller nur Anspruch auf ein Eilverfahren, nicht jedoch auf **mehrfache Versuche** der Anspruchsdurchsetzung. Für das erneut vor einem anderen Gericht anhängig gemachte Verfügungsverfahren hat der Antragsteller das als allgemeine Prozessvoraussetzung auch im Rahmen der §§ 935, 940 ZPO zu berücksichtigende Rechtsschutzbedürfnis für den zweiten Versuch einer Antragsverfolgung vor einem anderen Gericht verloren. Denn ein derartiges Verhalten zeigt selbst dann, wenn die üblichen zeitlichen Grenzen der Dringlichkeit noch gewahrt sind, unmissverständlich, dass es dem Antragsteller nicht in erster Linie um eine dringliche Rechtsdurchsetzung, sondern um eine Minimierung des Prozessrisikos geht (OLG Hamburg GRUR 2007, 614/615 – *forum-shopping* zum Wettbewerbsrecht). Diese Rechtsfolge gilt gleichermaßen, ob die **Rücknahme** des ursprünglichen **Antrags** durch die Ladung zur mündlichen Verhandlung oder durch die (idR telefonische) Mitteilung des Erstgerichts, den Antrag im Beschlusswege zurückweisen zu wollen, veranlasst ist. Jedenfalls mangelt es in Fällen des **Gerichtswechsels** an der Eilbedürftigkeit, wenn der Antragsteller den für den Gerichtswechsel maßgeblichen Sachverhalt nicht alsbald zum Anlass nimmt, seinen Verfügungsantrag zurückzunehmen und bei einem anderen Gericht neu einzureichen, sondern den Gerichtswechsel ungebührlich lange hinauszögert (OLG Düsseldorf InstGE 10, 60, 64 – *Olanzapin II*). Unter derartigen Umständen kommt eine einstweilige Unterlassungsverfügung auch dann nicht in Betracht, wenn die Schutzrechtsverletzung eindeutig und der Rechtsbestand des Antragsschutzrechts an sich hinreichend gesichert ist (OLG Düsseldorf InstGE 10, 60, 64 – *Olanzapin II,* hier: 29 Tage). 292

Die gleichen Grundsätze gelten auch bei mehreren **gleichzeitig bei verschiedenen Gerichten eingereichten Anträgen** auf Erlass einer einstweiligen Verfügung: Denn bei Verfügungsverfahren tritt die Rechtshängigkeit bereits mit Einreichung des Antrags ein, so dass in einem solchen Fall mehrere Verfügungsverfahren mit demselben Streitgegenstand rechtshängig gemacht werden. Nach § 261 Abs. 3 Nr. 1 ZPO darf während der Dauer der Rechtshängigkeit die Streitsache von keiner Partei anderweitig anhängig gemacht werden kann. Damit werden die Verfügungsanträge sämtlich auch nicht dadurch zulässig, wenn die anderen Anträge nach Erlass einer einstweiligen Verfügung durch eines der angerufenen Gerichte zurückgenommen werden (LG München I InstGE 11, 112, 114/115). 293

Da einstweilige Verfügungen in Gebrauchsmusterangelegenheiten einschneidende Konsequenzen für den Antragsgegner aufweisen können, auf der anderen Seite die Zeit für eine evaluierende Betrachtung durch das Gericht nur begrenzt ist, setzt der Erlass einer einstweiligen Verfügung 294

– den Bestand des Verfügungs-GebrM und 295
– die eindeutige Glaubhaftmachung der GebrM-Verletzung voraus, 296

297 so dass letztlich hinsichtlich beider Punkte keine vernünftigen Zweifel bestehen können (OLG Karlsruhe InstGE 11, 143, 146 – *VA-LCD-Fernseher*).

298 Mit der Glaubhaftmachung ist allerdings nicht das Erbringen eines vollen Beweises gleichzusetzen, wie dies in einem Hauptsacheverfahren erfolgen müsste.

299 Bestandskraft des Verfügungs-GebrM:

300 Der Anspruch setzt das Bestehen eines GebrM voraus, dessen Rechtsbeständigkeit – soweit möglich – glaubhaft gemacht werden muss. Zweifel an der grundsätzlich zu respektierenden Schutzfähigkeit des Verfügungs-GebrM können das Vorliegen eines Verfügungsgrundes ausschließen (OLG Düsseldorf GRUR-RR 2008, 329, 331 – *Olanzapin*). Da aber einstweilige Verfügungen eher selten ohne mündliche Verhandlung erlassen werden, hat der Antragsgegner Zeit, das GebrM mittels Löschungsantrages anzugreifen oder entsprechende Einwendungen im Verletzungsverfahren zu erheben. Insoweit gelten hier grundsätzlich keine anderen Voraussetzungen als im Hauptsacheverfahren. Etwas anderes soll möglicherweise nur dann gelten, wenn die Zeit bis zur mündlichen Verhandlung so knapp bemessen ist, dass der Antragsgegner faktisch die Möglichkeit eines Löschungsantrags nicht hat; dann soll u. U. die „ernsthafte Ankündigung" ausreichen, demnächst den Bestand des Schutzrechts anzugreifen (OLG Düsseldorf, InstGE 7, 147, 150 – *Kleinleistungsschalter* zum Patentrecht, zweifelhaft).

301 GebrM, die bereits erfolgreich ein Löschungsverfahren überstanden haben, können diese Voraussetzungen natürlich eher erfüllen als GebrM, die eine derartige weitere Überprüfung nicht erfahren haben. Gegebenenfalls muss der Antragsteller weiteren als in der GebrM-Schrift selbst angegebenen Stand der Technik dem Gericht vorlegen und die Schutzfähigkeit glaubhaft machen.

302 Hier kann sich durchaus eine Parallelwertung zum Patentrecht anbieten: Dort dient das Einspruchsverfahren wesentlich dem Ausfüllen systembedingter unvermeidlicher Lücken im Prüfungsverfahren so dass damit verbundene Er-kenntnisse bei der Prüfung der Rechtsbeständigkeit im Verletzungsprozess eine gewichtige Rolle spielen können, so dass häufig von einer gesicherten Bestandskräftigkeit des Verfügungspatents nicht ausgegangen werden kann, wenn dieses gerade eben erst erteilt worden ist und die Einspruchsfrist noch nicht abgelaufen ist (LG Mannheim InstGE 11, 159, 162 – *VA-LCD-Fernseher II*).

303 In aller Regel sind die für den Erlass einer einstweiligen Verfügung erforderlichen Voraussetzungen zu verneinen, wenn das Verletzungsgericht bei einer korrespondierenden Hauptsacheklage den Rechtsstreit wegen eines anhängigen Löschungsverfahrens gem. § 148 ZPO aussetzen würde oder wenn ein solches Verfahren bereits erstinstanzlich zur Löschung geführt haben sollte.

304 Der Antragstellerwird sich dabei ferner überlegen müssen, ob es nicht im Hinblick auf ein potentielles Löschungsverfahren sinnvoll ist, die GebrM-Verletzung durch Kombination des Hauptanspruches mit einem oder mehrerer Unteransprüche geltend zu machen, und zwar – vorzugsweise – nicht nur im Wege eines Hilfsantrages, sondern als Hauptantrag.

305 Der Antragsteller muss hinsichtlich des Verfügungsanspruchs glaubhaft machen, dass er **Inhaber** oder **ausschließlicher Lizenznehmer** des GebrM ist, aus dem die Rechte geltend gemacht werden.

306 Des Weiteren bedarf es einer Glaubhaftmachung des **Verletzungstatbestandes,** die eine Beurteilung des Schutzbereichs, des Standes der Technik, der Verletzungsform im summarischen Verfahren ermöglicht. Die Verletzung muss folglich ausreichend wahrscheinlich sein. Mit Schwierigkeiten ist die Beurteilung der Verletzungsfrage bereits verbunden, wenn sie im Hauptsacheverfahren nicht ohne Heranziehung eines Sachverständigen beantwortet werden könnte. Die Einholung eines – gerichtlichen – Sachverständigengutachtens kommt nicht in Betracht. Bei nicht identischen Verletzungen kann dieser Nachweis je nach technischem Gebiet unter Umständen schwierig werden. Bei **äquivalenten** Verletzungsformen muss sich die Äquivalenz

auch für das Gericht deutlich ergeben. Bei schwierigen technischen Fragen empfiehlt es sich daher mindestens, ein Privatgutachten vorzulegen.

Die angegriffene Ausführungsform sowie die Verwirklichung sämtlicher Merkmale sind akribisch darzulegen, zB durch Vorlage von diese Merkmale offenbarenden Mustern, Prospekten, Internetauftritten oder sonstigen Unterlagen. Insbesondere in Fallgestaltungen, in denen die Erfindung im Inneren einer Maschine „versteckt" ist, wird dies nicht einfach sein. 307

12.1.2 Dringlichkeit. Eilmaßnahmen auf Unterlassung einer GebrM-Verletzung dürfen nur bei besonderer Dringlichkeit erlassen werden. Die „Dringlichkeit" umschreibt dabei aber nicht nur die zeitliche Dimension sondern auch die Notwendigkeit, dass gerade in einem Eilverfahren die Rechte des Inhabers bei einer **Gesamtabwägung** durchzusetzen sind. Das Erfordernis des Verfügungsgrundes ergibt sich aus § 940 ZPO. Sein Vorliegen ist Zulässigkeitsvoraussetzung für den Erlass einer einstweiligen Verfügung und deshalb in jeder Phase des Verfahrens von Amts wegen zu prüfen. Im GebrMG besteht keine dem § 25 UWG entsprechende Vorschrift, die den Verletzten im Verfahren auf Erlass einer einstweiligen Verfügung von der Darlegung und Glaubhaftmachung eines Verfügungsgrundes, also von der Darlegung und Glaubhaftmachung der Erfordernisse der §§ 935, 940 ZPO entbindet. Nach überwiegender Auffassung sind GebrM-Sachen (ebenso wie Patentsachen) keinen Wettbewerbssachen vergleichbar, auf die die Vorschrift des § 25 UWG anwendbar wäre, selbst wenn Verletzter und Verletzer Wettbewerber sind (vgl. OLG Düsseldorf Mitt. 1980, 117; *Benkard/Rogge* § 139 Rn. 153c; aA OLG Karlsruhe GRUR 1979, 700; LG Düsseldorf GRUR 1980, 989). Nach hM hat also der Antragsteller auch in GebrM-Verletzungssachen stets das Vorliegen der Voraussetzungen der §§ 935, 940 ZPO im Einzelnen darzutun und **glaubhaft zu machen.** 308

Ein Vorgehen im Eilverfahren scheidet deshalb von vornherein aus, wenn der Antragsteller durch **Zuwarten** mit der Rechtsverfolgung zu erkennen gegeben hat, dass die Sache ihm selbst nicht dringlich ist. Er muss in zeitlicher Hinsicht die die Dringlichkeit ergebenden Tatsachen darlegen und glaubhaft machen. Ein Vorgehen im Eilverfahren scheidet deshalb von vornherein aus, wenn der Antragsteller durch Zuwarten mit der Rechtsverfolgung zu erkennen gegeben hat, dass die Sache ihm selbst nicht dringlich ist. Insoweit ist die obergerichtliche Rechtspraxis zur Eilbedürftigkeit bei einstweiligen Verfügungsmaßnahmen zu beachten, die (leider) nicht einheitlich ist (vgl. zB die Praxis der Münchner Gerichte, die aus einem Zuwarten von mehr als einem Monat seit Kenntnis aller relevanten Tatsachen bis zur Einreichung des Antrags auf Erlass einer einstweiligen Verfügung mangelnde Dringlichkeit ableitet; andere Oberlandesgerichte lassen insoweit geringfügig längere Fristen zu). In jedem Fall ist dem Antragsteller aber genügend Zeit zur Prüfung der Sach- und Rechtslage und zur Beschaffung der notwendigen Glaubhaftmachungsmittel zu lassen; Diese Frage der Dringlichkeit hat insbesondere bei einstweiligen Verfügungsverfahren aus Gebrauchsmustern Bedeutung.

Keine gesicherte Rechtspraxis existiert zu der Frage, ob die Dringlichkeit noch gewahrt ist, wenn der GebrM-Inhaber/Antragsteller vor Einreichung des Antrags auf Erlass einer einstweiligen Verfügung das Ergebnis einer **Gebrauchsmusterrecherche** gemäß § 7 abwartet, obwohl an sich die übrigen Voraussetzungen für die Antragstellung vorliegen. Da sich der GebrM-Inhaber/Antragsteller damit unter anderem vor möglichen Schadenersatzansprüchen gemäß § 945 ZPO bzw. § 1 UWG, § 823 BGB absichern können muss, sollte die Durchführung einer GebrM-Recherche dem Erfüllen der Voraussetzungen der Dringlichkeit nicht entgegenstehen; jedoch wird der Antragsteller gehalten sein, alle Schritte in die Wege zu leiten, damit die Recherche beschleunigt durchgeführt wird. Der Verfügungsgrund ergibt sich noch nicht ohne weiteres daraus, dass Schutzrechtsverletzungen gegenwärtig vorgenommen werden oder in naher Zukunft drohen und eine schutzrechtsverletzende Tätigkeit bis zum Erlass eines Urteils in der Hauptsache nicht anders wirksam unterbunden werden kann (*Benkard/Rogge,* § 139 Rn. 153). Vielmehr ist der Begriff der **„Dring-**

lichkeit" nicht nur unter rein zeitlichen Aspekten zu verstehen; er stellt **gleichzeitig die materielle Rechtfertigung** des vorläufigen Unterlassungsgebots aus den dem Rechtsinhaber ohne das gerichtliche Eingreifen drohenden Nachteilen dar (OLG Düsseldorf GRUR 1983, 79, 80 – *AHF-Konzentrat*). Die Prüfung dieser Nachteile hat die Interessen des Antragsgegners zu berücksichtigen, die gegen diejenigen des Antragstellers abgewogen werden müssen (OLG Düsseldorf Mitt. 1980, 117).

309 Das Erfordernis der Dringlichkeit gilt auch im Lichte der Richtlinie 2004/48/EG des Europäischen Parlaments und des Rates vom 29.4.2004 zur Durchsetzung der Rechte des geistigen Eigentums – Enforcement-Richtlinie (ABI. EU L 157 vom 30.4.2004). Zwar wird die Anordnung derartiger Maßnahmen nach dem Wortlaut von Art. 9 Abs. 1 der **Enforcement-Richtlinie** nicht von einem Dringlichkeitserfordernis abhängig gemacht Die Enforcement-Richtlinie differenziert aber zwischen einer vorläufigen Untersagungsverfügung, Art. 9, und einer endgültigen Unterlassungsanordnung, die aufgrund einer regulären Sachentscheidung über die Verletzungsfrage im Hauptsacheverfahren ergeht, Art. 11. Obwohl auf dieselbe Rechtsfolge gerichtet, gelten für beide Verfahrensarten unterschiedliche Beweisanforderungen, nämlich der sog. Strengbeweis bei einer Sachentscheidung gemäß Art. 11 Satz 1 Enforcement-Richtlinie, während für eine einstweilige Untersagungsanordnung nach Art. 9 Abs. 3 Enforcement-Richtlinie alle vernünftigerweise verfügbaren Beweise ausreichen, die es dem Gericht erlauben, sich mit ausreichender Sicherheit davon zu überzeugen, dass das Antragsschutzrecht verletzt wird. Im Zusammenhang mit dem Erwägungsgrund 22 – einstweilige Untersagung als verhältnismäßige Reaktion des Anspruchsinhabers, wenn jegliche Verzögerung ihn unwiderruflich schädigen würde – gewinnt der Gesichtspunkt der Dringlichkeit seine Bedeutung dafür, dass im Einzelfall eine einstweilige Unterlassungsanordnung unter Wahrung des Gebotes der Verhältnismäßigkeit ergehen kann (OLG Düsseldorf InstGE 10, 60, 62/63 – *Olanzapin II*).

310 Leider ist die **obergerichtliche Rechtspraxis** zur Dringlichkeit bei einstweiligen Verfügungsverfahren (nach wie vor) **nicht einheitlich.** So setzen die Münchner Gerichte – nach wie vor – ein Vorgehen innerhalb eines Monats nach Kenntnis von der Verletzung voraus. Innerhalb dieses Monats sollten also die Glaubhaftmachungsmittel zusammengestellt und der Antrag auf Erlass der einstweiligen Verfügung eingereicht sein. Insoweit soll nur eine Ausnahme möglich sein, wenn der Antragsteller glaubhaft macht, dass es ihm trotz größtmöglicher Anstrengungen nicht möglich war, binnen dieser Frist die Glaubhaftmachungsmittel beizuschaffen (OLG München, Mitt. 2001, 85, 89; LG München I InstGE 3, 297, 300 – *Fälschungsverdacht I*). Andere Oberlandesgerichte lassen insoweit großzügigere Fristen zu und gehen eher von einer umfassenden Abwägung aller maßgeblichen Umstände des Einzelfalls aus, bei der die Ausnutzung bestimmter Fristen ein wesentlicher Gesichtspunkt sein kann, aber nicht stets sein muss (OLG Hamburg GRUR 2007, 614 – *forum-shopping,* zum Wettbewerbsrecht). Es sollte aber die vorerwähnte „Monatsfrist" als Zielvorgabe vor dem Antragsteller beachtet werden. Teilweise wird die Auffassung vertreten, die Untersagung einer eingestellten Rechtsverletzung sei nicht dringlich, wenn keine Anhaltspunkte vorliegen, dass sie wieder aufgenommen wird (OLG München InstGE 10, 25- *Stadtplanverfügung II,* zum Urheberrecht) – fragwürdig.

311 Bei der Frage, **auf wessen Kenntnis** abzustellen ist, ist auf jeden Fall zunächst einmal auf die Kenntnis der Geschäftsleitung bzw. des Vorstands. Gleiches gilt für die Kenntnis von leitenden Angestellten oder sonst mit dem Unternehmen verbundenen Personen, die mit dem Geschäftsbereich, den der Rechtsverstoß betrifft, befasst sind (OLG Frankfurt WRP 1984, 692, zum Wettbewerbsrecht). Die Frage der Wissenszurechnung lässt sich aber nicht logisch begrifflich, sondern nur in wertender Beurteilung entscheiden (BGH NJW 1996, 1339; BGH NJW 1997, 1917 – *Kontounterlagen-Informationszurechnung*).

312 Es muss deshalb weiter gelten: Wenn die **Vertriebsabteilung** den Ast. nach außen rechtsgeschäftlich vertreten darf, weil sie etwa befugt ist, bei Vertragsverhandlungen rechtsverbindliche Erklärungen abzugeben, kommt es für die rechtsgeschäftliche Kenntnis bestimmter Umstände auf die der Mitarbeiter der Vertriebsabteilung an (§ 166 I BGB). Der Ast. muss sich damit das Wissen seiner Vertriebsabteilung zurechnen lassen, das deren Mitarbeiter aufgrund seiner Tätigkeit erlangt hat (§ 166 Abs. 1 BGB analog = Ausdruck eines allgemeinen Rechtsgedankens, wonach sich – auch unabhängig von einem Vertretungsverhältnis – derjenige, der einen anderen mit der Erledigung bestimmter Angelegenheiten in eigener Verantwortung betraut, sich das in diesem Rahmen erlangte Wissen des anderen zurechnen lassen muss). Die (spätere) Kenntnis von Personen, die in der Organisation des Unternehmens Rechtsverstöße von Wettbewerbern zu verfolgen haben – etwa die Rechtsabteilung –, hilft dem Ast. nicht, weil diese keinen Einfluss auf den allgemeinen Rechtsgedanken der Wissenszurechnung hätte. Es reicht die **Kenntnis** desjenigen **Sachbearbeiters** aus, der nach seiner Funktion eine gewisse Relevanz des Verhaltens der Konkurrenz erkennen und seine Kenntnis auch an diejenigen Personen seines Unternehmens weitergeben kann, die zu Entscheidungen über das Einleiten entsprechender Reaktionen befugt sind (OLG Frankfurt a. M. NJW 2000, 1961, zum Wettbewerbsrecht; vgl. auch OLG Köln, NJW-RR 1999, 694).

Zwar besteht **keine allgemeine Marktbeobachtungspflicht.** Aber ein Unterneh- 313
men muss so organisiert sein, dass Informationen, deren Relevanz für andere Personen innerhalb dieser Organisation den konkret Wissenden erkennbar ist, tatsächlich an jene Personen weitergegeben werden (Informationsweiterleitungspflicht) (BGH NJW 1996, 1339; BGH NJW 1997, 1917 – *Kontounterlagen-Informationszurechnung*); umgekehrt muss sichergestellt sein, dass nach erkennbar anderswo innerhalb der Organisation vorhandenen und für den eigenen Bereich wesentlichen Informationen nachgefragt werde **(Informationsabfragepflicht)** (BGH NJW 1996, 1339; BGH NJW 1997, 1917 – *Kontounterlagen-Informationszurechnung*). Mithin ist das Wissen als vorhanden anzusehen, das bei sachgerechter Organisation dokumentiert und verfügbar ist und zu dessen Nutzung Anlass bestand, wobei es nicht auf die konkret getroffenen – unzulänglichen – Organisationsmaßnahmen der juristischen Person ankommt, sondern auf die, die objektiv sachgerecht sind (BGH NJW 1997, 1917 – *Kontounterlagen-Informationszurechnung*; OLG Frankfurt a. M. NJW 2000, 1961, zum Wettbewerbsrecht; vgl. auch OLG Köln, NJW-RR 1999, 694).

Es gilt das **Gebot,** das Verfahren nicht nur alsbald nach zuverlässiger und beweis- 314
kräftiger Kenntnis vom Verletzungstatbestand einzuleiten, sondern während der **gesamten Dauer zügig** weiter zu betreiben. So entspricht es gefestigter Rechtsprechung, dass die Dringlichkeit zB dann verloren gehen kann, wenn sich der Verfahrensbevollmächtigte des in erster Instanz unterlegenen Antragstellers die Berufungsbegründungsfrist wesentlich (etwa um einen Monat) verlängern lässt und die verlängerte Frist auch ausschöpft oder wenn er eine nicht nur kurzfristige Vertagung beantragt oder ihr zustimmt (OLG Düsseldorf InstGE 10, 60, 64 – *Olanzapin II*).

An der erforderlichen Dringlichkeit fehlt es jedoch nicht, wenn der Verfügungsantrag 315
einen Monat nach der die Löschung gegen das Verfügungs-GebrM zurückweisenden Entscheidung des Patentamts gestellt wird. Denn mit der Entscheidung hat sich die für die Beurteilung des Verfügungsgrundes maßgebliche Tatsachengrundlage geändert. Das GebrM hat sich mit der Entscheidung erstmals in einem kontradiktorischen Verfahren als bestandskräftig erwiesen, was für die Möglichkeit der Durchsetzung der Rechte aus dem GebrM im Wege des einstweiligen Rechtsschutzes von entscheidender Bedeutung ist. Dadurch lebt eine vor der Änderung möglicherweise bereits entfallene Dringlichkeit wieder auf; selbst ein zweites Gesuch auf Erlass einer einstweiligen Verfügung ist möglich, wenn ein erstes Gesuch erfolglos war. Der Antrag muss also nicht sogleich mit der Erteilung des Verfügungs-GebrM anhängig gemacht worden sein. Es ist deswegen unschädlich, wenn der GebrM-Inhaber vor der Einspruchsentscheidung) bereits eine Hauptsacheklage erhebt und erst während des laufenden Prozesses nach Vorliegen der ihm günstigen Löschungs-Entscheidung einen Verfügungsantrag anbringt und über beide Anliegen in demselben Termin verhandelt wird (OLG Düsseldorf InstGE 10, 124, 125 – *Inhalator*).

316 Sowohl der Anspruch als auch die Dringlichkeit sind nur glaubhaft zu machen; sie bedürfen nicht des vollen Beweises.

317 **12.1.3 Abwägung.** Im Rahmen der Prüfung der beiden vorerwähnten Voraussetzungen nimmt das Gericht auch eine **Abwägung** dahingehend vor, ob der Erlass einer einstweiligen Verfügung **unter Abwendung wesentlicher Nachteile nötig** erscheint. Unter Berücksichtigung der in → Rn. 210f. genannten Grundsätze sind das Interesse an der Realisierung des zeitlich begrenzten Unterlassungsanspruchs (zB Eintritt eines sonst der Höhe nach schwer nachweisbaren Schadens) und die **Schwere des Eingriffs** für den Verletzten (Existenzbedrohung, Produktionseinstellung, Gefährdung von Arbeitsplätzen) gegeneinander abzuwägen. Ob es eine Rolle spielt, dass der Antragsteller selbst nur Lizenzen an dem Schutzrecht vergibt und dieser Umstand eher dafür spricht, keine einstweilige Verfügung zu erlassen, erscheint zweifelhaft, da auch die einstweilige Verfügung nur der Durchsetzung eines gesetzlichen Unterlassungsanspruchs dient, der auch in einem Hauptsacheverfahren nicht unterschiedlich danach beurteilt werden kann, ob der GebrM-Inhaber nach seinem Schutzrecht zB selbst produziert oder nur Lizenzen hieran erteilt. Schwierige tatsächliche (nicht jedoch rechtliche) Fragen, die sich gerade in GebrM-Verletzungsstreitigkeiten stellen können, werden sich teilweise in der Kürze des Eilverfahrens nicht mit der gebotenen Sorgfalt beantworten lassen. Gelingt es dem Antragsgegner, einen Sachverhalt darzulegen und glaubhaft zu machen, der durchgreifende Zweifel am Bestand des GebrM begründet, so wird das Gericht im Zweifel dazu neigen, den Antrag zurückzuweisen. Solche Zweifel sind beispielsweise gegeben, wenn ein ordentliches Klageverfahren im Hinblick auf ein anhängiges Löschungsverfahren ausgesetzt würde (vgl. OLG Düsseldorf Mitt. 1996, 87 – zu einer einstweiligen Verfügung in einer Patentstreitsache unter Hinweis auf § 148 ZPO). Eine Aussetzung selbst kommt im einstweiligen Verfügungsverfahren nicht in Betracht.

318 Die Komplexität, die häufig in GebrM-Verletzungsstreitigkeiten anzutreffen ist, führt auch regelmäßig dazu, dass die Gerichte eine einstweilige Verfügung nicht ohne vorherige mündliche Verhandlung erlassen; letzteres kommt praktisch nur bei einfach gelagerten und klaren Fallgestaltungen in Betracht.

319 **12.2 Vollstreckung.** Die Vollziehung (Vollstreckung) einer erlassenen einstweiligen Verfügung hat innerhalb eines Monats seit Verkündung oder Zustellung zu erfolgen. Danach ist eine Vollziehung unzulässig. Aufbrauchsfristen für den Gegner kommen im Eilverfahren nicht in Betracht. Die Vollziehung erfolgt durch Zustellung der einstweiligen Verfügung an den Antragsgegner bzw. dessen Rechtsanwalt.

320 **12.3 Schadenersatz gemäß § 945 ZPO.** Der Antragsteller hat – ohne dass es auf sein Verschulden ankäme – Schadenersatz zu leisten, wenn die einstweilige Verfügung im Widerspruchsverfahren oder wegen fehlender Vollziehung aufgehoben wurde. Die ungerechtfertigte Anordnung muss von Anfang an, also zur Zeit des Erlasses der einstweiligen Verfügung vorgelegen haben. Diese Voraussetzung liegt beispielsweise dann vor, wenn das GebrM rückwirkend gelöscht wird. Der Antragsteller hat dem Antragsgegner auch solche Aufwendungen zu ersetzen, die erforderlich waren, um die Schadensfolgen der zu Unrecht erlassenen einstweiligen Verfügung abzuwenden oder zu mindern. Hierunter können auch Kosten für Werbemaßnahmen fallen.

13. Vorprozessuale Abmahnung

321 **13.1 Abgrenzung Berechtigungsanfrage/Verwarnung.** Bei einer auf ein GebrM als ungeprüftes Schutzrecht gestützten **Verwarnung** muss von dem Verwarner ein höheres Maß an Nachprüfung bezüglich dessen Rechtsbeständigkeit verlangt werden, als bei einem Vorgehen aus geprüften Schutzrechten (BGH GRUR 1997, 741, 742 – *Chinaherde*). Um das damit verbundene Risiko für einen unberechtigt Verwarnenden vor Inanspruchnahme unter dem rechtlichen Gesichtspunkt des § 823

Abs. 1 BGB wegen eines rechtswidrigen Eingriffs in den eingerichteten und ausgeübten Gewerbebetrieb zu reduzieren (vgl. hierzu → Rn. 321–329), kann der potenzielle Verletzer zunächst mittels einer sog **Berechtigungsanfrage** auf das Bestehen eines GebrM hingewiesen und aufgefordert werden, sich zu erklären, welche Rechtfertigungsgründe er für sich in Anspruch nimmt, das betreffende GebrM des Schutzrechtsinhabers nicht beachten zu müssen. Mit einer derartigen Berechtigungsanfrage wird kein relevanter Druck auf die Entschließungsfreiheit des Benutzers der technischen Lehre ausgeübt, so dass diese nicht als Eingriff in den eingerichteten und ausgeübten Gewerbebetrieb angesehen werden kann. Eine Berechtigungsanfrage kann irreführend sein, wenn ein Angriff verschwiegen wird (OLG Karlsruhe Mitt. 2009, 141 (LS)). Stehen dem in Anspruch Genommenen keine hinreichenden Rechtfertigungsgründe zu, kann sich an diese Berechtigungsanfrage eine „klassische" Abmahnung anschließen (selbstverständlich können beide Maßnahmen auch in einem einzigen Schreiben miteinander verbunden werden). Bei all diesen Maßnahmen ist jedoch grundsätzlich im Hinblick auf die Möglichkeit eines Eingriffs in den eingerichteten und ausgeübten Gewerbebetrieb iSd § 823 Abs. 1 BGB Vorsicht geboten.

Die Abmahnung ist die Aufforderung des GebrM-Inhabers gegenüber dem Be- 322
nutzer, eine angebliche GebrM-Verletzung zu unterlassen. Mit ihr wird ein ernsthaftes und endgültiges Unterlassungsbegehren zum Ausdruck gebracht. Inhaltlich stellt die Abmahnung (Verwarnung) in Verbindung mit der darin geltend gemachten Unterlassungsverpflichtung regelmäßig ein Angebot zum Abschluss eines Unterlassungsvertrages dar. Enthält die Abmahnung das Angebot eines Unterlassungsvertrags, findet § 174 BGB keine Anwendung (OLG Hamburg Mitt. 2008, 572). Sie ist Prozessvorbereitungsmaßnahme, indem der Abgemahnte gehalten ist, auf die Abmahnung zu antworten (vgl. BGH GRUR 1990, 542 – *Aufklärungspflicht des Unterwerfungsschuldners;* BGH GRUR 1990, 381 – *Antwortpflicht des Abgemahnten,* jeweils zum UWG). Darüber hinaus hat der Aktivlegitimierte ohne vorherige Verwarnung im Falle eines sofortigen Anerkenntnisses (gleichgestellt ist die Abgabe einer Unterlassungsverpflichtungserklärung) durch den Beklagten gemäß § 93 ZPO die Kosten des Rechtsstreits zu tragen. Ferner trägt die Verwarnung auch ein Moment der Fremdgeschäftsführung, indem sie im mutmaßlichen Interesse des GebrM-Verletzers liegt (vgl. BGH GRUR 1995, 424, 425 – *Abnehmerverwarnung*). § 93 ZPO ist auch dann anwendbar, wenn nach einer Berechtigungsanfrage eine gegenteilige Rechtsauffassung vertreten wird (OLG Hamburg GRUR 2006, 610).

13.2 Realakt, Vollmachtsurkunde. Abmahnung und Schutzrechtshinweis 323
werden als Realakte angesehen, so dass § 174 BGB nicht anwendbar ist und eine Vollmachtsurkunde nicht beigefügt sein muss (vgl. KG GRUR 1988, 79; aA OLG Nürnberg GRUR 1991, 387).

13.3 Zugang. Der Schuldner trägt das Zugangsrisiko der Abmahnung. Wird die 324
Abmahnung per Einschreiben/Rückschein abgesandt, besteht keine Abwartepflicht im Hinblick auf den Eingang des Rückscheins (vgl. OLG Köln WRP 1984, 230). Die Übersendung per Telefax genügt regelmäßig, um den Zugang beim Empfänger zu belegen (OLG Düsseldorf GRUR 1990, 310).

13.4 Inhaltliche Anforderungen. Die Abmahnung muss im Hinblick auf Sach- 325
verhaltsdarstellung und rechtliche Bewertung so ausführlich gestaltet werden, dass diese auch dem nicht juristisch Ausgebildeten verständlich ist. Sie muss ferner ein eindeutiges Unterlassungsbegehren gegen den potenziellen Verletzer enthalten. Weiterhin muss sie die Androhung gerichtlicher Schritte für den Fall enthalten, dass der Verletzer der Aufforderung zur Abgabe der Unterlassungserklärung nicht nachkommt. Ist die tatsächliche Grundlage falsch angegeben, muss die Verwarnung grundsätzlich auch dann als rechtswidrig angesehen werden, wenn sie berechtigterweise auf eine andere Grundlage hätte gestellt werden können. Wird die Beifügung von Belegen

angekündigt, kann der Verletzer die Vervollständigung abwarten, muss den GebrM-Inhaber jedoch auf die Unvollständigkeit unverzüglich hinweisen.

326 **13.5 Kosten der Verwarnung.** Bei nicht vorliegendem Auftrag zur Klageerhebung bemisst sich die Höhe der zu erstattenden Anwaltskosten nach Nr. 2300 VV RVG. Regelmäßig angemessen wird eine mittlere Gebühr von 7,5/10 sein. Liegt Klageauftrag vor, so ist gemäß RVG eine Gebühr von 5/10 in Ansatz zu bringen. Schließt sich an die Abmahnung ein gerichtlicher Rechtsstreit an, so ist die Gebühr für die Abmahnung auf die Prozessgebühr anzurechnen, Vorbem. 3 Abs. 4 VV RVG.

327 **13.6 Folgen einer unberechtigten Schutzrechtsverwarnung.** Eine Verwarnung aufgrund eines GebrM beinhaltet immanente Risiken. Eine ungerechtfertigte Verwarnung verstößt gegen §§ 1, 3 UWG und/oder stellt einen Eingriff in den eingerichteten und ausgeübten Gewerbebetrieb dar und verpflichtet gemäß § 823 Abs. 1 BGB, sofern Verschulden gegeben ist, zu Schadenersatz (vgl. BGH GRUR 1995, 424, 425 – *Abnehmerverwarnung*). Die ungerechtfertigte Schutzrechtsverwarnung stellt dabei nicht nur einen rechtswidrigen Eingriff in den eingerichteten und ausgeübten Gewerbebetrieb des Verwarnten (nicht des Zulieferers, vgl. BGH GRUR 2006, 168 – *unberechtigte Abmahnung*). Die Abmahnung gegen Abnehmer des Lieferanten wegen einer Schutzrechtsverletzung stellt einen unmittelbaren Eingriff in den Kundenstamm eines Herstellerunternehmens dar, weil sie die Gefahr beinhaltet, dass diese die Geschäftsbeziehungen mit dem Hersteller bezüglich der beanstandeten Gegenstände aufgeben (OLG Nürnberg GRUR 1996, 48; vgl. BGH GRUR 2006, 219 – *Detektionseinrichtung II*).

328 Eine Verwarnung kann unberechtigt sein, wenn sie zu pauschal und unsubstantiiert, irreführend oder sonst sachlich unrichtig ist (OLG Düsseldorf Mitt. 1996, 60 [61]). Die Übersendung eines nicht rechtskräftigen Verletzungsurteils führt zur Nichtberechtigung der Verwarnung, wenn bei dieser der Eindruck entsteht, das Urteil sei rechtskräftig (BGH GRUR 1995, 424 – *Abnehmerverwarnung*). Ferner ist eine unzulässige Verwarnung anzunehmen, wenn sie sachlich unbegründet ist, weil also das geltend gemachte GebrM nicht rechtsbeständig und/oder der Verletzungstatbestand nicht gegeben ist.

329 Bei einem GebrM als ungeprüftem Schutzrecht wird zusätzlich ein höheres Maß an Nachprüfung verlangt als bei einem Vorgehen aus einem geprüften Schutzrecht (BGH GRUR 1997, 741, 742 – *Chinaherde*). Dem liegt die Überlegung zugrunde, dass der Inhaber eines Gewerbebetriebs wegen der einschneidenden Wirkungen, die eine Verwarnung für ihn regelmäßig zur Folge hat, erheblichen wirtschaftlichen Risiken für den Bestand seines Unternehmens ausgesetzt sein kann (vgl. weiter BGH GRUR 1997, 741, 742 – *Chinaherde*). Ein bei der Feststellung des Schadenersatzanspruchs zu berücksichtigendes Mitverschulden ist anzunehmen, wenn der in Anspruch Genommene sich der Verwarnung nicht nur voreilig beugt, sondern auch, wenn er den Vertrieb nicht unverzüglich wieder aufnimmt, sobald die Widerrechtlichkeit der Verwarnung erkennbar ist. Bezüglich der Höhe des Schadenersatzanspruches ist der Schaden gemäß § 287 ZPO zu schätzen. Zwar sind an die Darlegung der Mindestvoraussetzungen für eine Schätzung keine hohen Anforderungen zu stellen; dies entbindet ein Gericht jedoch nicht, über bestrittene Ausgangs- bzw. Anknüpfungstatsachen ggf. nach § 287 ZPO, § 252 BGB Beweis zu erheben (vgl. hierzu im Einzelnen BGH GRUR 1997, 741, 742–744 – *Chinaherde*). Ferner kommen Unterlassungs- und Bereicherungsansprüche in Betracht (Verschulden nicht notwendig). Zur Verpflichtung des Schutzrechtsinhabers, eine unberechtigt ausgesprochene Verwarnung zu widerrufen: BGH GRUR 1995, 424, 426 – *Abnehmerverwarnung*. 3-jährige Verjährung gemäß § 852 Abs. 1 BGB: vgl. BGH GRUR 1978, 492 – *Fahrradgepäckträger II*) zwh. wg. § 21 UWG (6 Monate); vgl. hierzu → § 24 Rn. 1 ff., → § 25 Rn. 1 f.

330 Ist das GebrM gelöscht worden und macht der Abgemahnte Schadenersatzansprüche wegen unberechtigter Verwarnung (Eingriff in den eingerichteten und ausgeüb-

ten Gewerbebetrieb) geltend, muss er darlegen und beweisen, dass der GebrM-Inhaber in Kenntnis oder jedenfalls in verschuldeter Unkenntnis der im Löschungsverfahren entgegengehaltenen Druckschriften abgemahnt hat. Kann er den Beweis hinsichtlich der Entgegenhaltungen, auf die die Löschung gestützt war, nicht führen, wohl aber wegen weiterer Entgegenhaltungen, die dem GebrM entgegengestanden hätten, hat das ordentliche Gericht zu prüfen, ob diese Entgegenhaltungen des GebrM ebenfalls zu Fall gebracht hätten (BGH GRUR 1965, 231, 234 – *Zierfalten*).

Zu den Schadensersatzpositionen gehören auch der Ersatz von Rechtsanwalts- **331**
und Patentanwaltsgebühren, die durch die unberechtigte Schutzrechtsverwarnung verursacht worden sind, denn die Einschaltung eines Rechtsanwalts und aufgrund des betroffenen Rechts auch eines Patentanwalts stellt regelmäßig eine angemessene Reaktion des Verwarnten dar, der sich rechtlich informieren muss, um sich sachgerecht verhalten zu können. Die Einschaltung eines Rechtsanwalts und eines Patentanwalts ist aus der Sicht des Verwarnten regelmäßig erforderlich und zweckmäßig, da sie auch der Abwehr größerer Schäden dient, so dass es auch nicht an der sachlichen Berechtigung fehlt, dem Schädiger diese Schadensfolge zuzurechnen. Zur eigenständigen Geltendmachung dieser Kosten und zur Möglichkeit, diese Kosten stattdessen im Kostenfestsetzungsverfahren (mit) geltend zu machen: OLG Braunschweig Mitt. 1999, 314.

§ 24a [Zivilrechtlicher Vernichtungsanspruch]

(1) **Wer entgegen den §§ 11 bis 14 ein Gebrauchsmuster benutzt, kann von dem Verletzten auf Vernichtung der im Besitz oder Eigentum des Verletzers befindlichen Erzeugnisse, die Gegenstand des Gebrauchsmusters sind, in Anspruch genommen werden. Satz 1 ist entsprechend auf die im Eigentum des Verletzers stehenden Materialien und Geräte anzuwenden, die vorwiegend zur Herstellung dieser Erzeugnisse gedient haben.**

(2) **Wer entgegen den §§ 11 bis 14 ein Gebrauchsmuster benutzt, kann von dem Verletzten auf Rückruf der Erzeugnisse, die Gegenstand des Gebrauchsmusters sind, oder auf deren endgültigen Entfernen aus den Vertriebswegen in Anspruch genommen werden.**

(3) **Die Ansprüche nach den Absätzen 1 und 2 sind ausgeschlossen, wenn die Inanspruchnahme im Einzelfall unverhältnismäßig ist. Bei der Prüfung der Verhältnismäßigkeit sind auch die berechtigten Interessen Dritter zu berücksichtigen.**

Literatur (Auswahl): *Cremer,* Die Bekämpfung der Produktpiraterie in der Praxis, Mitt. 1992, 153; *Ensthaler,* Produktpirateriegesetz, GRUR 1992, 273, *Retzer,* Einige Überlegungen zum Vernichtungsanspruch bei Nachahmung von Waren oder Leistungen, FS H. Piper, 1996, 421; *Dörre/Maaßen,* Das Gesetz zur Verbesserung der Durchsetzung von Rechten des geistigen Eigentums Teil I: Änderungen im Patent-, Gebrauchsmuster-, Marken- und Geschmacksmusterrecht, GRUR-RR 2008, 217; *Wrage-Molkenthin,* Verbesserter Schutz gegen Produkt- und Markenpiraterie, MPR 2008, 141; *Haertel,* Kostenrecht im gewerblichen Rechtschutz: Ausgewählte Probleme, GRUR-Prax 2013, 327.

Inhaltsübersicht

1 **1. Allgemeines/Zweck der Vorschrift.** § 24a wurde durch das PrPG (BlPMZ 1990, 161 ff.) neu eingeführt und entsprach § 140a PatG aF, der den Vernichtungsanspruch neu in das GebrMG integrierte. Bereits vor dem PrPG billigte der BGH für den Fall von Patentverletzungen einen Beseitigungsanspruch zur Abwehr fortdauernder Verletzungs- oder Störungszustände nach §§ 249 bzw. 1004 BGB zu (BGH GRUR 1990, 997, 1001 – *Ethofumesat*). In Umsetzung der Durchsetzungs-RL 2004/48/EG (ABl. EU 2004 Nr L 195 S. 16), deren Sinn und Zweck die Rückgängigmachung der Rechtsverletzung ist (vgl. *Wrage-Molkenthin* MPR 2008, 141, 143), wurde § 24a mit Wirkung für den 1.9.2008 (DurchsetzungsG, BGBl. I 2008, 1191) um den Rückruf- und Entfernungsanspruch ergänzt. § 24a entspricht damit § 140a PatG mit dem Unterschied, dass er die Anwendung der Ansprüche auf geschützte Verfahren (§ 140a Abs. 1 Satz 2, Abs. 3 Satz 2) von seinem Schutzbereich exkludiert. Für das GebrM-Recht können damit prinzipiell die zu § 140a PatG geltenden Grundsätze herangezogen werden, soweit sie sich nicht auf einen Verfahrensschutz beziehen. § 24a regelt den **zivilrechtlichen Vernichtungsanspruch (§ 24a Abs. 1) sowie den Rückruf- und Entfernungsanspruch (§ 24a Abs. 2)** des Inhabers eines GebrM. Art. 9 Abs. 1. b) RL spricht die Möglichkeit der Anordnung der Beschlagnahme oder Herausgabe von Waren an, bei denen der Verdacht auf Verletzung eines Rechts des geistigen Eigentums besteht, um deren Inverkehrbringen und Umlauf in den Vertriebswegen zu verhindern. Nach Erwägungsgrund 22 sollen solche Maßnahmen dann durchsetzbar sein, wenn jegliche Verzögerung nachweislich einen nicht wieder gutzumachenden Schaden für den Inhaber eines Rechts des geistigen Eigentums mit sich bringen würde. Die Vorschrift des § 24a GebrMG gibt dem Verletzten einen eigenständigen zivilrechtlichen Anspruch an die Hand, der über den **allgemeinen Beseitigungsanspruch** aus § 1004 BGB hinausgeht und ergänzend neben die zoll- und strafrechtlichen Möglichkeiten der Beschlagnahme und Einziehung tritt. Der vor Einführung von § 24a GebrMG anerkannte allgemeine Beseitigungsanspruch wurde restriktiv ausgelegt. So wurde gesagt, dass dem Kläger für die Erhebung eines Beseitigungsanspruchs neben der Erhebung des Unterlassungsanspruchs meistens das Rechtsschutzbedürfnis fehlen dürfte. Wichtig ist, dass sich die Störung auch noch auf die Zeit nach Gebrauchsmusterablauf auswirken kann, zum Beispiel bei einem durch gbrm-verletzende Handlungen erzielten Zeitvorsprung für den Wettbewerb nach Gebrauchsmusterablauf (zB Durchführung von Feldversuchen für die Erlangung einer behördlichen Erlaubnis). Im Ergebnis kann dann Beseitigung des Zeitvorsprungs verlangt werden.

2 Nach **§ 24a Abs. 1** kann der Kläger die **Vernichtung** des im Besitz oder Eigentum des Beklagten befindlichen Erzeugnisses, das Gegenstand des GebrM ist, verlangen. Der Vernichtungsanspruch erfasst die im Eigentum oder Besitz des Verletzers stehenden rechtsverletzenden Erzeugnisse, hier soll auch auf die rechtsverletzenden Erzeugnisse zugegriffen werden, die der Verletzer bereits in den Verkehr gebracht hat. Diese Vorschrift, die vornehmlich gegen Raubkopien unter Verletzung von Urheber- und Markenrechten geschaffen wurde (*Busse/Kaess* § 140a Rn. 1), erlaubt mithin Maßnahmen zur Beseitigung andauernder Störungen, wobei sich die Maßnahmen im Rahmen dessen halten müssen, was nach Treu und Glauben erforderlich und zumutbar ist. Auch das TRIPS bestimmt in seinem Art. 46 S. 1, dass als Maßnahme zur Bekämpfung von Verletzungen von Rechten an geistigem Eigentum die Vernichtung oder Zerstörung angeordnet können werden muss, sofern dies nicht den verfassungsrechtlichen Erfordernissen zuwider läuft. In Art. 46 S. 2 wird weiter bestimmt, dass über Material und Werkzeuge, die vorwiegend zur Herstellung rechtsverletzender Waren verwendet werden, ohne Entschädigung außerhalb der Handelswege verfügt wird. In Anpassung der Vorschrift an die DurchsetzungsRL richtet sich der Vernichtungsanspruch gemäß § 24a Abs. 1 Satz 2 nunmehr nicht mehr nur auf die rechtsverletzenden Erzeugnisse, die sich im Besitz bzw Eigentum des Verletzers befinden, sondern auch auf im Eigentum stehende Materialien und Geräte, die vorwiegend zur Herstellung der Erzeugnisse gedient haben; hier besteht die Gefahr, dass zur Umgehung des Vernichtungsanspruches das Eigentum kurzfristig auf einen Dritten übertragen wird (vgl. *Wrage-Molkenthin* MPR 2008, 141, 143).

3 Aus dem Begründungsentwurf zum PrPG (BlPMZ 1990, 173, 182) folgt, dass der Vernichtungsanspruch sicherstellen soll, dass nicht nur die schutzrechtsverletzende Maßnahme durch eine Veränderung der Ware beseitigt und die Ware bei Gefahr der Wiederherstellung des ursprünglichen, schutzrechtsverletzenden Zustands auf anderem Wege erneut in den Verkehr gebracht wird, sondern dass die schutzrechtsverletzenden Waren endgültig aus dem Marktkreislauf genommen werden. Aufgrund des Bestehens des Vernichtungsanspruchs zum Zeitpunkt des Inkrafttretens der DurchsetzungsRL hat der deutsche Gesetzgeber beim Vernichtungsanspruch hat der deutsche Gesetzgeber im Hinblick auf die bestehenden deutschen Regelungen keinen besonderen Umsetzungsbedarf gesehen, ausgenommen § 24a Abs. 1 Satz 2. Die **Vernichtung** der gebrm-verletzenden Produkte ist damit der **Regelfall** (vgl. auch BGH GRUR 1997, 899, 900 – *Vernichtungsanspruch* zum entsprechenden § 18 Abs. 1 MarkenG). Deshalb kommt dem Vernichtungsanspruch in erster Linie eine **Sicherungsfunktion** zugunsten des Schutzrechtsinhabers zu, um das Inverkehrbringen der rechtsverletzenden Produkte endgültig zu verhindern. Daneben kommt dem Anspruch **Präventivfunktion** zu, allgemein vor einer GebrM-Verletzung abzuschrecken. Der Gesetzgeber hat sich bewusst mit der Vernichtung als Regelmaßnahme für eine einschneidende Maßnahme entschieden, die in vielen Fällen mehr als das lediglich zur unmittelbaren Folgenbeseitigung Nötige zulässt. Daneben erkennt er eine gewisse **Sanktionsfunktion** an, da die Vernichtung gleichzeitig eine Sanktion für das in der GebrM-Verletzung liegende Unrecht darstellt (vgl. auch BGH GRUR 1997, 899, 900/901 – *Vernichtungsanspruch*). In der Literatur wird die **Rechtsnatur** des Vernichtungsanspruchs unterschiedlich eingeordnet; teilweise wird im Hinblick auf seine Nähe zum allgemeinen Beseitigungsanspruch gemäß § 249 BGB bzw. 1004 BGB angenommen, es handle sich um einen **Störungsbeseitigungsanspruch,** teilweise wird ihm der Charakter eines Anspruchs **sui generis** beigemessen. Bei der Regelung des § 24a handelt es sich um eine zulässige Inhaltsbestimmung des Eigentums, die dem ebenfalls durch Art. 14 GG geschützten geistigen Eigentum des Verletzten Rechnung trägt (BGH GRUR 1995, 338, 341 – *Kleiderbügel;* BGH GRUR 1997, 899, 900/901 – *Vernichtungsanspruch*).

4 Angesichts der ausdrücklichen Erwähnung des Rückrufs- und Entfernungsanspruchs in Art. 10 der DurchsetzungsRL sah sich der Gesetzgeber zu einer ausdrück-

lichen gesetzlichen Regelung des Anspruchs auf Rückruf und endgültiges Entfernen aus den Vertriebswegen veranlasst. Nach **§ 24a Abs. 2** kann der Kläger nunmehr auch **Rückruf und Entfernung** der Erzeugnisse, die Gegenstand des Gebrauchsmusters sind, aus den Vertriebswegen. Mit dieser Regelung wird bezweckt, die rechtsverletzenden Erzeugnisse aus dem Handel nehmen zu können, solange ihr Weg noch verfolgt werden kann und ein Zugriff noch möglich ist. Damit ergänzt die Vorschrift den Vernichtungsanspruch. Der Anspruch auf Rückruf und Entfernung aus den Vertriebswegen dient zur Sicherung des Vernichtungsanspruchs gemäß § 24a Abs. 1 GebrMG und bezweckt ebenso wie dieser die Verhinderung künftiger Verletzungshandlungen, die anhand (noch) im Verkehr befindlicher gebrm-verletzender Gegenstände begangen werden könnten. Die tatsächlich zurückgerufenen Produkte unterliegen folglich dem Vernichtungsanspruch. Ein Rückruf- und Entfernungsanspruch besteht nicht bei mittelbarer Verletzung, da der Anspruch wie der Vernichtungsanspruch auch ein Erzeugnis voraussetzt, das Gegenstand eines Gebrauchsmusters ist, während ein Mittel zur Verwirklichung einer Gebrauchsmusterverletzung gemäß § 11 Abs. 2 GebrMG nicht genügt (vgl. LG Düsseldorf InstGE 11, 257, 258 – *Bajonett-Anschlussvorrichtung*).

2. Anspruchsvoraussetzungen des Vernichtungsanspruchs (Abs. 1)

5 **2.1 Aktiv- und Passivlegitimation.** Aktivlegitimiert ist der **Verletzte** (idR GebrM-Inhaber, ausschließlicher Lizenznehmer, ermächtigter einfacher Lizenznehmer, Nießbraucher, Pfandgläubiger) oder sein Rechtsnachfolger. Postulationsfähig ist darüber hinaus der Insolvenzverwalter, der Testamentsvollstrecker, der Nachlass- und Zwangsverwalter (*Bühring/Braitmayer* § 24a Rn. 3).

6 Passivlegitimiert ist der **Verletzer** als Besitzer oder Eigentümer der widerrechtlich hergestellten Gegenstände oder der Verletzer als Eigentümer (bloßer Besitz genügt hier nicht) der Vorrichtungen („Materialien und Geräte", § 24a Abs. 1 Satz 2 GebrMG) zur gebrauchsmusterverletzenden Herstellung gemäß § 24a Abs. 2. Verletzer ist derjenige, der eine Gebrauchsmusterverletzungshandlung begeht. Nicht passivlegitimiert ist der Geschäftsführer, wenn nicht ersichtlich ist, dass sich das Verletzungsprodukt ausnahmsweise in seinem Eigentum oder Besitz befinden sollte (OLG Düsseldorf InstGE 10, 129, 137 – *Druckerpatrone II*).

Die mittelbare Gebrauchsmusterverletzung, § 11 Abs. 2, führt nicht zu einem Vernichtungsanspruch. Denn der Tatbestand der mittelbaren Verletzung, § 11 Abs. 2 GebrMG, verbietet dem mittelbaren Benutzer des Gebrauchsmusters das Anbieten und die Lieferung mittelbar gbrm-verletzender Gegenstände im Geltungsbereich des Gebrauchsmustergesetzes, wenn diese zur Benutzung der Erfindung objektiv geeignet und bestimmt sind, nicht dagegen den Besitz und das Anbieten und Liefern mittelbar gebrm-verletzender Gegenstände in Bereiche außerhalb des Geltungsbereichs des Gebrauchsmustergesetzes und zu anderen Zwecken als zur Benutzung der Erfindung. Deshalb kann der Rechtsinhaber nach § 24a GebrMG nicht verlangen, dass im Eigentum oder Besitz des mittelbaren Verletzers stehende Gegenstände vernichtet werden (BGH GRUR 2006, 570, 574 – *Extracoronales Geschiebe* zum Patentrecht).

Gegen den privaten Endabnehmer kommt der Vernichtungsanspruch nicht in Betracht, wohl aber ggfs. gegenüber dem Frachtführer (vgl. hierzu LG Düsseldorf InstGE 6, 132 – *Frachtführer II;* LG Düsseldorf InstGE 7, 172 – *iPod* zum Patentrecht).

7 **2.2 Gebrauchsmusterverletzung.** Grundlegende Voraussetzung für den gebrauchsmusterrechtlichen Vernichtungsanspruch nach § 24a Abs. 1 ist das **Vorliegen einer Gebrauchsmusterverletzung** iSd §§ 24, 11. Ausreichend ist die **objektive Rechtswidrigkeit** der GebrM-Verletzung; der Verletzer aber muss die Voraussetzungen eines Störers erfüllen und als solcher (spätestens mit Erhalt einer Abmahnung oder Kenntnis über das Vorliegen einer Gebrauchsmusterverletzung) haften (vgl. LG Düsseldorf InstGE 5, 241 – *Frachtführer*).

Im Übrigen wird der Verschuldensgrad zu berücksichtigen sein; wer vorsätzlich oder grob fahrlässig verletzt, wird auch empfindliche Eingriffe hinnehmen müssen (aA *Bühring/Bühring* § 24a Rn. 5). Weiter werden die Schwere des Eingriffs in das Schutzrecht und der Umfang des bei Vernichtung für den Verletzer entstehenden Schadens im Vergleich zu den durch die Verletzung eingetretenen wirtschaftlichen Schaden des Rechtsinhabers zu berücksichtigen sein. Die Berücksichtigung berechtigter Interessen von Dritten dürfte bei verletzenden Erzeugnissen in der Praxis nur eine untergeordnete Rolle spielen. Sind die Dritten gewerblich in der Handelskette tätig, sind sie im Regelfall selbst Verletzer. Denkbar: der unter Eigentumsvorbehalt erwerbende gutgläubige Verbraucher, vgl. Erwägungsgrund 24 der Durchsetzungsrichtlinie. 8

Die **körperliche Verbringung** gebrauchsmustergemäßer Gegenstände in das Bundesgebiet stellt zwar keine Verletzungshandlung iSv § 11 Abs. 1 GebrMG dar, wenn eine Durchfuhr beabsichtigt ist. In Fällen dieser Art scheidet deshalb ein Vernichtungsanspruch nach § 24a GebrMG aus. Er kommt jedoch in analoger Anwendung der §§ 1004, 823 BGB infrage, wenn sich mit Blick auf das Bestimmungsland die Gefahr einer rechtswidrigen Verletzung des dortigen parallelen Auslandsschutzrechts feststellen lässt. Der Ablauf des Schutzrechts lässt einen einmal entstandenen Vernichtungsanspruch nicht nachträglich entfallen 9

2.3 Erzeugnisse. Im Hinblick auf den durch das GebrMG nicht gewährleisteten Schutz von Verfahrenserfindungen setzt der Anspruch voraus, dass der Verletzer Eigentümer oder Besitzer eines gebrauchsmusterverletzenden **Erzeugnisses** ist. Erzeugnis iSd § 24a ist nur ein solches, das Gegenstand des GebrM selbst ist. Der Wortlaut des § 24a Abs. 1 unterscheidet nicht danach, ob der Gegenstand des Gebrauchsmusters Bestandteil einer zusammengesetzten Vorrichtung ist, ob und inwieweit dieser Bestandteil separierbar ist etc. Wenn der Gegenstand des GebrM mit weiteren Bestandteilen körperlich verbunden ist, dann bezieht sich der Vernichtungsanspruch eben auf die gesamte Vorrichtung; Unbilligkeiten können insoweit über die Schranken des Vernichtungsanspruchs ausreichend geregelt werden (vgl. → Rn. 17 ff.). 10

2.4 Vorrichtungen zur gebrauchsmusterverletzenden Herstellung. Von § 24a Abs. 1 auch erfasst sind die ausschließlich oder nahezu ausschließlich zur (widerrechtlichen) Herstellung des verletzenden Erzeugnisses benutzten oder bestimmten **Vorrichtungen,** soweit sie sich im Eigentum des Verletzers befinden (zB Werkzeugmaschinen). In der Erstreckung des Vernichtungsanspruchs auf derartige Produktionsmittel kommt gerade der sichernde sowie der generalpräventive Aspekt der Gesamtregelung zum Ausdruck. Die Herstellung wesentlicher Einzelteile, die dem Endprodukt dienen, reicht aus, da die Herstellung eines gebrauchsmusterrechtlich geschützten Erzeugnisses bereits mit der Herstellung wesentlicher oder dazu dienender Teile beginnt (vgl. BGH GRUR 1995, 338, 341 – *Kleiderbügel:* betreffend Spritzformen zur Herstellung von Tragteilen und Tragstangen angegriffener Mehrfach-Kleiderbügel). Die Zweckbestimmung zur rechtswidrigen Benutzung des Gebrauchsmusters kann sich aufgrund der tatsächlichen Benutzungslage in der Vergangenheit sowie aus der Zweckbestimmung für die Zukunft ergeben. Wenn sich die Zweckbestimmung des Produktionsmittels in der Vergangenheit ausschließlich oder nahezu ausschließlich auf die gebrauchsmusterrechtliche Herstellung ausrichtete, kommt es für das Bestehen des Vernichtungsanspruchs auf eine mögliche geänderte Zweckbestimmung für die Zukunft nicht an. Auch „neutrale" Produktionsmittel können aufgrund ihrer objektiven Zweckbestimmung dem Vernichtungsanspruch unterliegen, wenn sich aus den konkreten Umständen des Einzelfalls ergibt, dass sie der ausschließlichen oder nahezu ausschließlichen Herstellung eines gebrauchsmusterverletzenden Erzeugnisses dienen bzw. dienten. Handelt es sich etwa um speziell nach Kundenvorgaben gefertigte Produktionsmittel, denen insbesondere Konstruk- 11 tionsvorgaben zur Herstellung der betreffenden Erzeugnisse zugrunde lagen, wird sich der Verletzer in der Regel nicht darauf berufen können, dass diese Produktionsmittel auch für andere Zwecke nutzbar seien. Ein Vernichtungsanspruch besteht auch dann, wenn sich die verletzenden Erzeugnisse im Besitz eines Spediteurs befinden (BGH GRUR 2009, 1142, 1143/1144 [23]). Insgesamt erstreckt sich der Vernichtungsanspruch damit auf ein Mehr als die Beseitigung der Folgen der Gebrauchsmusterverletzung.

12 Die Vorrichtungen („Materialien und Geräte", § 24a Abs. 2 GebrMG) müssen jedenfalls potentiell zur Herstellung der schutzrechtsverletzenden Erzeugnisse geeignet sein. Es können Maschinen, Spezialwerkzeuge, Platten, Steine, Druckstöcke, Negative, Matrizen, CD-Brenner, Kopiergeräte, Disketten und Videorekorder sein, also auch handelsübliche Geräte, die auch rechtmäßig genutzt werden können. Maßgeblich ist die vorwiegende tatsächliche Benutzung oder die subjektive Bestimmung zur Herstellung der schutzrechtsverletzenden Erzeugnisse. Die Vorrichtungen müssen nicht mehr – wie nach bisherigem Recht – der „nahezu ausschließlichen Herstellung" schutzrechtsverletzenden Erzeugnisse dienen. Das kann in Zweifelsfällen den Ausschlag für eine Vernichtung von Vorrichtungen geben.

13 **2.5 Besitz oder Eigentum an den zu vernichtenden Gegenständen.** Besitz im Sinne dieser Vorschrift ist sowohl der **unmittelbare Besitz** (tatsächliche Gewalt über die Sache, § 854 Abs. 1 BGB) als auch der **mittelbare Besitz** (vermittelte Sachherrschaft über die Sache, § 868 BGB). Da sich das Erzeugnis im Besitz **oder** Eigentum des Verletzers befinden muss, kommt es auf das Eigentum nicht an, wenn der Verletzer im Besitz des Erzeugnisses ist bzw. umgekehrt. Die Ausübung der tatsächlichen Verfügungsgewalt des **Besitzdieners** (für den Besitzer, die keinen Besitz iSd § 854 Abs. 1 BGB begründet, § 855) ist ausreichend. Besitzer im Sinne dieser Vorschrift ist oft derjenige, dessen Ware zwar sichergestellt, sequestriert, verwahrt oder beschlagnahmt ist (zB im Rahmen einer Maßnahme nach § 25a GebrMG). In diesem Fall vermittelt der Dritte (zB die Zollbehörde) Besitz für den von der Beschlagnahme Betroffenen (vgl. BegrE PrPG BlPMZ 1990, 173, 187).

14 Unter **Eigentum** sind alle Arten dieses Rechtsverhältnisses im Sine des § 903 BGB zu verstehen (zB Alleineigentum, Miteigentum, Gesamthandeigentum, Vorbehaltseigentum, Sicherungseigentum, Treuhandeigentum).

15 Erzeugnisse, die sich also im Besitz oder Eigentum zB eines Endverbrauchers befinden, werden infolge dessen von dem Vernichtungsanspruch nicht mehr erfasst. Dagegen erstreckt sich der Vernichtungsanspruch auf alle **Handelsstufen.**

16 Das Gesetz gibt keine Auskunft darüber, wann die tatbestandlichen Voraussetzungen vorliegen müssen, ob also im Zeitpunkt der letzten mündlichen Verhandlung oder während des Vollstreckungsverfahrens. Im Hinblick auf den angestrebten effektiven Rechtsschutz wird letzteres zu befürworten sein (Heranziehung des Rechtsgedankens der §§ 275, 283 BGB: Ist die Unmöglichkeit streitig, kann der Schuldner ohne Beweiserhebung über die Unmöglichkeit zur Leistung verurteilt werden, sofern feststeht, dass er die etwaige Unmöglichkeit zu vertreten hat. Der Gläubiger kann sich dann aufgrund des Urteils und eines Vollstreckungsversuches davon überzeugen, ob die Erfüllung nicht doch möglich ist. Liegt Unmöglichkeit vor, kann er gemäß § 283 vorgehen).

2.6 Anspruchsinhalt

17 **2.6.1 Recht auf Vernichtung.** Der Anspruch geht auf Vernichtung der widerrechtlich hergestellten Erzeugnisse, § 24a Abs. 1, sowie auf Vernichtung der zur widerrechtlichen Herstellung eines Erzeugnisses benutzten oder bestimmten Vorrichtung, § 24a Abs. 1 Satz 2. Die Vernichtung ist die Regel, dh nur ausnahmsweise sollen andere Maßnahmen in Betracht kommen (BGH GRUR 1997, 899, 900 – *Vernichtungsanspruch* zu § 18 MarkenG). Bei Piraterieprodukten muss die Vernichtung die Regel sein; diese müssen durch Vernichtung endgültig aus Markt genommen wer-

den. Anders ggfs. wenn es um Anbieten im Wege der Bewerbung geht; hier kann die Schwärzung des Angebots der Vernichtung eines teuren Katalogs vorzuziehen sein. Der Vernichtungsanspruch wird ergänzt durch die erweiterten strafrechtlichen Einziehungsmöglichkeiten nach § 25 Abs. 5 (*Bühring/Braitmayer* § 24a Rn. 12).

Über die Art und Weise der Vernichtung sowie den Nachweis der Durchführung der Vernichtung enthält § 24a GebrM (ebenso wie § 140a PatG) keine Regelung. Hierbei ist der Normzweck der Vorschrift, nämlich die endgültige Vernichtung der widerrechtlich hergestellten Erzeugnisse und damit die Gewährleistung, dass diese Ware nicht erneut in den Marktkreislauf gerät, zu berücksichtigen. Der Verletzer (Produktpirat) übernimmt unerlaubt technisches Wissen, das sich ein Unternehmen in langjähriger und mühevoller Arbeit und unter Einsatz erheblicher finanzieller Mittel erworben hat, um es für seine Produkte zu nutzen. Der Gewährung eines effektiven Rechtsschutzes dient unter anderem § 24a. Dem Verletzten muss deshalb ein Wahlrecht über die Art und Weise der Vernichtung eingeräumt werden. Damit steht dem Verletzten mindestens ein Anspruch auf Vornahme der Vernichtung zu, so dass der Verletzer zur Durchführung der Vernichtung verpflichtet ist (bei Klage: Leistungsklage, und zwar auf Vernichtung, nicht lediglich auf Duldung der Vernichtung; Vollstreckung nach § 887 ZPO, da die Vernichtung in der Regel eine vertretbare Handlung ist). Das Vollstreckungsgericht hat im Fall eines Disputs zwischen den Parteien über die Ausführung der Vernichtung zu entscheiden. 18

Umstritten ist, ob dem Verletzten auch ein **Anspruch auf Herausgabe** gewährt werden kann (verneinend *Busse/Kaess* PatG § 140a Rn. 20). Auch wenn es nach der Terminologie des BGH nicht unbedenklich sein mag, eine solche Herausgabe generell als dem Vernichtungsanspruch immanent anzusehen (BGH GRUR 1997, 899, 902 – *Vernichtungsanspruch*), wird man dies im Regelfall bejahen müssen; insoweit findet eine Verlagerung hinsichtlich der Durchführung der Vernichtung auf das Vollstreckungsverfahren statt: Vollstreckungsherausgabeurteil nach § 883 ZPO. Der Klageantrag muss in diesem Fall auch auf die Erteilung der Einwilligung in die Vernichtung der sichergestellten oder beschlagnahmten Gegenstände gerichtet sein. Ob die Herausgabe an den Verletzten selbst zu erfolgen hat, ist ebenfalls umstritten. Der BGH hat jedenfalls die Herausgabe an den Verletzten in einem Fall für zulässig erachtet, bei der die Ware durch den Gerichtsvollzieher beschlagnahmt und bei einem Dritten eingelagert war; es sei für den Kläger unzumutbar, die Ware wiederum an die Beklagte herauszugeben und damit das Risiko einzugehen, dass die Ware erneut in den Marktkreislauf gerate (BGH GRUR 1997, 899, 902 – *Vernichtungsanspruch* zu § 18 MarkenG). Dieser Auffassung wird man auch für § 24a GebrMG zustimmen können. Am zweckmäßigsten wird es in der Regel sein, die Herausgabe an den Gerichtsvollzieher zum Zwecke der Vernichtung durch diesen zu beantragen, da der Gerichtsvollzieher insoweit die „neutralste" Person ist, ein Wiedereinfließenlassen in den Marktkreislauf ausgeschlossen ist, ebenso die Verwertung durch den Verletzten. 19

2.6.2 Begriff der Vernichtung. Hierunter ist die **Zerstörung** der Sache in ihrer Substanz zu verstehen, im Unterschied zur Unbrauchbarmachung (zB in Form der Unschädlichmachung, bei der der Materialwert erhalten bleibt). Die Art und Weise der Vernichtung hängt von dem betreffenden Erzeugnis ab. 20

2.7 Antrag, Urteilstenor, Kosten der Vernichtung, Sicherung des Vernichtungsanspruchs, einstweilige Verfügung. Der Urteilstenor hängt von den verschiedenen **Antrag**svarianten ab. Wegen des allgemein geltenden Bestimmtheitsgebots des § 253 Abs. 2 Nr. 2 ZPO ist die weitestmögliche Konkretisierung des betreffenden Gegenstands zu empfehlen, insb unter Berücksichtigung der sog *Blasfolienherstellung*-Rspr. (die die konkrete Bezeichnung der Mittel, aus denen sich die Benutzung des Anspruchs ergeben soll, im Klageantrag voraussetzt, BGH GRUR 2005, 569 – *Blasfolienherstellung*). Hingegen hat die Rspr in Bezug auf so unbestimmte Rechtsbegriffe wie „im Eigentum oder im Besitz" keine diesbezüglichen Bedenken, 21 weil das schutzwürdige Interesse des Kl. an einem wirksamen Rechtsschutz im Einzelfall auch Unsicherheiten im Antrag als „unvermeidlich und im Interesse eines wirksamen Rechtsschutzes hinzunehmen" verlange (BGH GRUR 1995, 338 – *Kleiderbügel* – zu § 140a II PatG; BGH GRUR 1997, 899 – *Vernichtungsanspruch* zu einem Anspruch aus § 18 I MarkenG; BGH NJW 2003, 668, 670 – *P-Vermerk* zum Urheberrecht). Der Anspruch auf Herausgabe zum Zweck der Vernichtung wird auch ohne Beweisaufnahme über die Fortdauer des Eigentums des Verletzers an den einzelnen Vervielfältigungsstücken gewährt. Die Rspr. überlässt die Frage des Eigentums an bestimmten Vervielfältigungsstücken erst nach Feststellung des weiteren Vorhandenseins solcher Gegenstände dem Vollstreckungsverfahren.

22 Die **Kosten** der Vernichtung sind vom Verletzer zu tragen (BGH GRUR 1997, 899, 902 – *Vernichtungsanspruch*); dies gilt auch, soweit man dem Verletzten selbst ein Recht zur Vornahme der Vernichtung einräumt. Nur die zur Vernichtung erforderlichen Kosten werden erfasst. Die Kosten der Vernichtung sind Vollstreckungskosten, §§ 788, 91 ZPO bzw. 887, 788 ZPO (vgl. auch OLG Hamm GRUR 1989, 502, 503). Das Gebot der Rücksichtnahme ist zu beachten. Im Wege der einstweiligen Verfügung kann bei Vorliegen der übrigen Voraussetzungen eine **Sequestration** oder eine Verwahrung zur Sicherung der Durchsetzung des Vernichtungsanspruchs erlassen werden. Die Durchführung der Vernichtung selbst kann in der Regel nicht im Wege der einstweiligen Verfügung angeordnet werden, da dies die Hauptsache definitiv vorwegnähme (vgl. OLG Hamburg WRP 1997, 106 – *Gucci* zum Markenrecht).

23 Die Durchsetzung des Vernichtungsanspruchs im Wege der **einstweiligen Verfügung** ist grds möglich. Bei flüchtiger Ware wird der Verletzer vorgewarnt, das Verfahren dauert und die Gefahr der Anspruchsvereitelung durch Beiseiteschaffen ist groß. Deshalb ist die Frage der Durchsetzbarkeit dieses Anspruches im Wege der einstweiligen Verfügung besonders relevant. Die Durchsetzungsrichtlinie fordert in Art. 9 Abs. 1 b die Möglichkeit einstweiliger Maßnahmen zur Anordnung der Beschlagnahme oder Herausgabe der Waren, bei denen der Verdacht auf Verletzung eines Rechts des geistigen Eigentums besteht, um deren Inverkehrbringen und Umlauf auf den Vertriebswegen zu verhindern. Der deutsche Gesetzgeber hat insoweit keinen gesonderten Umsetzungsbedarf gesehen, weil das geltende Verfahrensrecht mit den §§ 935 ff. ZPO solche Möglichkeiten hinreichend eröffnet und die zur Sicherung der Abhilfemaßnahmen erforderlichen Beschlagnahmen im Wege der Sequestration nach § 938 Abs. 2 ZPO angeordnet werden können. Dadurch kann ein Wertungswiderspruch auftreten, weil §§ 935 ff. ZPO keine „offensichtliche Rechtsverletzung" voraussetzen, wie dies bei einem im Eilweg durchzusetzenden Auskunftsanspruch notwendig ist, und die Vernichtung nicht weniger gravierend wie eine Auskunft sein dürfte.

24 Da bei einer vorherigen **Warnung** des Schuldners die Gefahr besteht, dass der durchzusetzende Anspruch vereitelt wird, etwa in den Fällen der Sicherstellung von flüchtigen Waren, gibt es gute Gründe, auf das Erfordernis der Abmahnung und Anhörung des in Anspruch genommenen Verletzers wohl regelmäßig zu verzichten. Das entspricht jedenfalls der überwiegenden Rspr. zum Wettbewerbsrecht, Markenrecht, Geschmacksmuster- und Urheberrecht (OLG Frankfurt GRUR 2006, 264; OLG Stuttgart NJW-RR 2001, 257 [2]; OLG Düsseldorf NJWE-WettbR 1998, 234, 235 zum Patentrecht): Eine solche Abmahnung kann jedoch, falls unzumutbar, entbehrlich sein. Unzumutbar ist die Abmahnung, wenn die damit verbundene Warnung des Verletzten den Rechtsschutzzweck vereiteln oder unverhältnismäßig erschweren würde, etwa wenn die auf Sequestrierung gefälschter Markenware gerichtete einstweilige Verfügung dem Verletzer die Beiseiteschaffung der Ware ermöglichen würde. Dabei hat sich die absolut herrschende Meinung herausgebildet, dass es in derartigen Fällen im Allgemeinen nahe liegt, dass der Schuldner den Beweis für sein rechtswidriges Verhalten beiseiteschaffen würde, wenn er von der bevorstehenden Verfügung durch Abmahnung Kenntnis erhielte. Anders als in den anderen Fallgruppen sei hier

eine großzügige Sicht geboten. Der Gläubiger müsse in diesen Fällen die Gefahr einer Vereitelung des Rechtsschutzes nicht durch besondere Verdachtsmomente belegen. In derartigen Fällen bestehe von vornherein die ernste Besorgnis, der Schuldner werde versuchen, die fragliche Ware beiseite zu schaffen. Nur wenn diese Gefahr ausnahmsweise ausgeschlossen erscheine, sei dem Gläubiger eine Abmahnung zuzumuten (OLG Hamburg GRUR-RR 2007, 29 [II 3c]; OLG Frankfurt GRUR 2006, 264 „regelmäßig entbehrlich"; OLG Düsseldorf NJW-RR 1997, 1065; OLG Stuttgart NJW-RR 2001, 257 [2] zum Patentrecht), so auch, selbst wenn zuvor wegen des nämlichen Vorwurfs eine staatsanwaltschaftliche Durchsuchung stattgefunden hat (OLG Hamburg GRUR-RR 2007, 29 [II 3d] zum Patentrecht; a. A.: auch bei Sequestrationsanspruch grundsätzlich Abmahnerfordernis: OLG Braunschweig GRUR-RR 2005, 101 [umgekehrter Beweisansatz]). Denn es geht gerade darum, dem Verletzer jede Möglichkeit zu nehmen, durch eine Weiterverbreitung betroffener Gegenstände eine weitere Vertiefung des rechtswidrigen Zustandes herbeizuführen (OLG Hamburg WRP 1997, 106; OLG Düsseldorf NJWE-WettbR 1998, 234; OLG München NJWE-WettbR 1999, 239; OLG Nürnberg WRP 1995, 427, zum Patentrecht). Ob eine derartige Gefahrenlage gegeben ist, bestimmt sich aus der maßgeblichen Sicht des potentiell Verletzten (OLG Köln NJWE-WettbR 2000, 303, 304 zum Markenrecht).

Eine **Ausnahme** wird vereinzelt angenommen, wenn die Strukturen des Unter- 25
lassungsschuldners ein Beiseiteschaffen schon aus logistischen Gründen weitgehend ausschließen. Dies komme namentlich bei renommierten Warenhäusern sowie überregional oder bundesweit agierenden Warenhaus-, Einzelhandels- oder Großmarktketten in Betracht. Ferner scheide die Gefahr der Warenbeseitigung regelmäßig im Fall der Verletzung durch die öffentliche Hand aus; ebenso fehle es an der Gefahr eines Beiseiteschaffens, wenn die Art der betroffenen Ware ein Beiseiteschaffen nicht ohne weiteres ermögliche, wie zB eine im Betrieb fest verankerte Maschine, anders dagegen bei sog. flüchtiger, d. h. leicht transportierbarer Ware (OLG Braunschweig GRUR-RR 2005, 101, 103 – *Hauptsacheklage-Fristsetzung* zum Patentrecht). Insbesondere können erfahrungsgemäß durchaus auch grundsätzlich seriöse, zunächst gutgläubig ankaufende Unternehmen ohne weiteres dem Anreiz erliegen, die Ware während der Abmahnfrist beschleunigt an Endverbraucher abzustoßen oder an dem Verletzten noch unbekannte Unternehmen weiterzuschieben, um der Vernichtung zu entgehen. Eine Abmahnung bleibt daher immer nur dann erforderlich, wenn im Einzelfall besondere Umstände hinzutreten, die eindeutig erkennen lassen, dass der Verletzer bereits einer außergerichtlichen Unterlassungsaufforderung nachkommen werde (LG Hamburg GRUR-RR 2004, 191, 192 – *Flüchtige Ware* zum Patentrecht).

3. Anspruchsvoraussetzungen des Rückruf- und Entfernungsanspruchs (Abs. 2)

3.1 Aktiv- und Passivlegitimation. Aktivlegitimiert ist wie beim Vernich- 26
tungsanspruch der **Verletzte** (idR GebrM-Inhaber, ausschließlicher Lizenznehmer, ermächtigter einfacher Lizenznehmer, Nießbraucher, Pfandgläubiger) oder sein Rechtsnachfolger.

Passivlegitimiert ist der **Verletzer,** dh demjenigen, dem es als Täter, Teilnehmer 27
oder Störer zuzurechnen ist, dass die rechtsverletzenden Erzeugnisse in den Vertriebsweg gelangt sind.

3.2 Gebrauchsmusterverletzung. Grundlegende Voraussetzung für den ge- 28
brauchsmusterrechtlichen Rückruf- und Entfernungsanspruch nach § 24a Abs. 2 ist das **Vorliegen einer Gebrauchsmusterverletzung** iSd §§ 24, 11. Ausreichend ist die **objektive Rechtswidrigkeit** der GebrM-Verletzung.

3.3 Anspruchsinhalt. Mit dem Begriff **„Rückruf"** dürfte das Zurückholen der 29
rechtsverletzenden Gegenstände gemeint sein, die der Verletzer in den Verkehr bzw.

in den Vertriebsweg gebracht hat, zurückzuholen, um den weiteren Warenumsatz an die Kunden zu verhindern. **„Endgültiges Entfernen“** hat sicherlich dasselbe Ziel, eröffnet aber mehr Möglichkeiten, indem alle rechtlich zulässigen Methoden erfasst werden, um die Vertriebswege zu bereinigen. Der Rückrufanspruch stellt wohl einen speziellen Fall des Entfernungsanspruchs dar, wobei der Entfernungsanspruch vor allem dann in Betracht, wenn die Warenrückgabe an den Verletzer unverhältnismäßig erscheint, weil sie zB mit hohen Kosten oder einem erheblichen organisatorischen Aufwand verbunden ist.

30 Rückrufempfänger sind nur die gewerblichen Abnehmer, also Wiederverkäufer, von denen noch ein weiterer „Vertrieb“ zu erwarten ist. Endverbraucher sind nicht (mehr) Teil des Vertriebswegs.

31 Streitig ist, ob der Verletzer nur den Rückruf oder die Entfernung der rechtsverletzenden Erzeugnisse, auf deren Rückgewähr er einen durchsetzbaren Anspruch hat, bewerkstelligen muss oder ob er – richtigerweise – auch die Verpflichtung hat, Dritte unter Darlegung des Verletzungssachverhalts und des Angebots zur Rückabwicklung des Liefergeschäfts und Kostenübernahme zur Rückgewähr oder gegebenenfalls zur beweisbaren endgültigen Entfernung aus den Vertriebswegen aufzufordern. Andernfalls wäre die Regelung nur ein „stumpfes Schwert“. Der Inhaber der Verfügungsgewalt wird diesem Anspruch in aller Regel aus eigenem Interesse nachkommen, um die eigene Inanspruchnahme zu vermeiden, zumal der zurückrufende Verletzer ihn – nach der Grundkonzeption des Gesetzes – schadlos halten muss. Hat der Verletzer einen durchsetzbaren Rückgewähranspruch gegen Rückrufempfänger, ist er bei Weigerung der Rückgabe verpflichtet, geboten zügig gerichtliche Hilfe in Anspruch zu nehmen.

32 **3.4 Anspruchsdurchsetzung, Kosten des Rückrufs/Entfernens, einstweilige Verfügung. Vollstreckung** des Rückruftitels erfolgt nach § 888 ZPO im Erkenntnisverfahren. Sollte der Rückruf keinen Erfolg gehabt haben, wird der Schuldner darzulegen und zu beweisen haben, geboten zügig alles seinerseits Erforderliche zur Erfüllung der oben dargestellten Pflichten in die Wege geleitet zu haben. Allerdings gilt grundsätzlich die Mindesteinlassungsfrist des § 274 Abs. 3 ZPO von 2 Wochen. Diese kann allerdings auf Antrag gemäß § 226 ZPO abgekürzt werden, wovon bei der Vollstreckung aus Rückrufstiteln in Form einer einstweiligen Verfügungen im Regelfall Gebrauch gemacht werden wird.

33 Häufig wird nur die Durchsetzung per **einstweiliger Verfügung** helfen; die Durchsetzung des Anspruchs im Rahmen einer Hauptsacheklage dürfte meistens zu spät kommen. Insoweit ist auf die diesbezüglichen Ausführungen zum Vernichtungsanspruch zu verweisen.

34 Die **Kosten** für den Rückruf oder die anderweitige Entfernung hat grundsätzlich der Verletzer zu tragen (vgl. Art. 10 Abs. 1 und Abs. 2 DurchsetzungsRL).

4. Schranken des Vernichtungs-, Rückruf- und Entfernungsanspruchs

35 **4.1 Ausnahmeregelung des § 24a Abs. 3.** Dieser Ausnahmetatbestand ist an das Vorliegen der **Unverhältnismäßigkeit** der Vernichtung geknüpft. Die Frage der Unverhältnismäßigkeit ist unter Berücksichtigung aller Umstände des Einzelfalls zu beantworten; der Gesetzgeber hat im Hinblick auf die Vielzahl der denkbaren Fallgestaltungen auf eine Nennung von Beispielen verzichtet. Sinn und Zweck der Regelung erfordern unter Einbeziehung der generalpräventiven Erwägungen eine umfassende Abwägung des Interesses des Verletzten und des Erhaltungsinteresses des Verletzten. Kriterien sind unter anderem Schuldlosigkeit oder Grad der Schuld des Verletzers, die Schwere des Eingriffs, der Umfang des bei der Vernichtung für den Verletzter entstehenden Schadens im Vergleich zu dem durch die Verletzung eingetretenen wirtschaftlichen Schaden des Rechtsinhabers (BGH GRUR 1997, 899, 901 – *Vernichtungsanspruch*). Als Ausnahmevorschrift ist diese eng auszulegen; für den beweisbelasteten Beklagten gelten insofern **strenge Anforderungen** (vgl. OLG Düsseldorf InstGE 7,

139 – *Thermocycler*). Gleichwohl erhalten die Gerichte die erforderliche Flexibilität für den Einzelfall. Sie können zB berücksichtigen, ob der Beklagte Hersteller der Piraterieware ist oder lediglich ein Vertriebsunternehmen.

Grundsätzlich stellt die **Vernichtung** die Regelmaßnahme dar (generalpräventiver Charakter) und eine Unverhältnismäßigkeit ist die Ausnahme, wobei es auch durchaus hinzunehmen ist, dass über das zur Folgenbeseitigung Nötige hinausgegangen wird (BGH GRUR 1997, 899, 900 – *Vernichtungsanspruch*). Das Schutzrechtsinteresse des Verletzten muss ausnahmsweise nur dann zurücktreten, wenn eine Verhältnismäßigkeitsprüfung im Einzelfall ein überwiegendes Erhaltungsinteresse des Verletzers und/oder eines Dritten ergibt. Selbst bei der Vernichtung von Vorrichtungen zur Herstellung (zB durchaus teure Maschinen) muss von diesem Regel- Ausnahmeverhältnis ausgegangen werden. Der Gesetzgeber hat entsprechende Bedenken von Fachkreisen bei den Gesetzesberatungen nicht berücksichtigt (vgl. GRUR-Ausschuss, GRUR 2006, 393). Der **Rückruf** ist die Regel, das Absehen davon die Ausnahme. Was aus Gründen der Verhältnismäßigkeit nicht der Vernichtung unterliegt, wird im Regelfall auch keinen Rückruf begründen. 36

Unter keinen Umständen ist die Verbringung ins Ausland ausreichend (*Busse/Kaess* PatG § 140a Rn. 21), da damit gerade die Gefahr des Wiedereintretens in den Marktkreislauf gegeben ist. 37

4.2 Abwendungsbefugnis, Aufbrauchsfrist, Umstellungsfrist. Das Gesetz sieht keine Abwendungsbefugnis insbesondere des schuldlosen Verletzers vor (Abwendung der Durchsetzung eines Vernichtungsanspruchs durch Zahlung einer Entschädigung in Geld). Ob man insoweit an eine analoge Anwendung des § 242 BGB denken kann, ist offen. Eine Abwendungsbefugnis ohne Zustimmung des Schutzrechtsinhabers erscheint aber mit dem Grundgedanken des durch das PrPG eingeführten § 24a nicht in Einklang zu stehen. In markenrechtlichen und wettbewerbsrechtlichen Streitigkeiten wird eine solche zur Milderung der wettbewerbsrechtlichen oder zeichenrechtlichen Unterlassungsansprüche unter bestimmten Umständen eingeräumt. Die Gewährung einer Aufbrauchsfrist im Rahmen eines Unterlassungsanspruchs würde zugleich den Vernichtungsanspruch für den Zeitraum dieser Frist inhaltlich begrenzen. Regelmäßig kommt eine Aufbrauchsfrist nicht in Betracht, da sie eine Perpetuierung des rechtswidrigen Zustandes bedeutet. 38

§ 24b [Auskunft über Herkunft und Vertriebsweg]

(1) **Wer entgegen den §§ 11 bis 14 ein Gebrauchsmuster benutzt, kann vom Verletzten auf unverzügliche Auskunft über die Herkunft und den Vertriebsweg des benutzten Erzeugnisses in Anspruch genommen werden.**

(2) **In Fällen offensichtlicher Rechtsverletzung oder in Fällen, in denen der Verletzte gegen den Verletzer Klage erhoben hat, besteht der Anspruch unbeschadet von Absatz 1 auch gegen eine Person, die im gewerblichen Ausmaß**

1. **rechtsverletzende Erzeugnisse im Besitz hatte,**
2. **rechtsverletzende Dienstleistungen in Anspruch nahm,**
3. **für rechtsverletzende Tätigkeiten genutzte Dienstleistungen erbrachte oder**
4. **nach den Angaben einer in Nummer 1, 2 oder Nummer 3 genannten Person an der Herstellung, Erzeugung oder am Vertrieb solcher Erzeugnisse oder an der Erbringung solcher Dienstleistungen beteiligt war,**

es sei denn, die Person wäre nach den §§ 383 bis 385 der Zivilprozessordnung im Prozess gegen den Verletzer zur Zeugnisverweigerung berechtigt. Im Fall der gerichtlichen Geltendmachung des Anspruchs nach Satz 1 kann

das Gericht den gegen den Verletzer anhängigen Rechtsstreit auf Antrag bis zur Erledigung des wegen des Auskunftsanspruchs geführten Rechtsstreits aussetzen. Der zur Auskunft Verpflichtete kann von dem Verletzten den Ersatz der für die Auskunftserteilung erforderlichen Aufwendungen verlangen.

(3) **Der zur Auskunft Verpflichtete hat Angaben zu machen über**
1. **Namen und Anschrift der Hersteller, Lieferanten und anderer Vorbesitzer der Erzeugnisse oder der Nutzer der Dienstleistungen sowie der gewerblichen Abnehmer und Verkaufsstellen, für die sie bestimmt waren, und**
2. **die Menge der hergestellten, ausgelieferten, erhaltenen oder bestellten Erzeugnisse sowie über die Preise, die für die betreffenden Erzeugnisse oder Dienstleistungen bezahlt wurden.**

(4) **Die Ansprüche nach den Absätzen 1 und 2 sind ausgeschlossen, wenn die Inanspruchnahme im Einzelfall unverhältnismäßig ist.**

(5) **Erteilt der zur Auskunft Verpflichtete die Auskunft vorsätzlich oder grob fahrlässig falsch oder unvollständig, so ist er dem Verletzten zum Ersatz des daraus entstehenden Schadens verpflichtet.**

(6) **Wer eine wahre Auskunft erteilt hat, ohne dazu nach Absatz 1 oder Absatz 2 verpflichtet gewesen zu sein, haftet Dritten gegenüber nur, wenn er wusste, dass er zur Auskunftserteilung nicht verpflichtet war.**

(7) **In Fällen offensichtlicher Rechtsverletzung kann die Verpflichtung zur Erteilung der Auskunft im Wege der einstweiligen Verfügung nach den §§ 935 bis 945 der Zivilprozessordnung angeordnet werden.**

(8) **Die Erkenntnisse dürfen in einem Strafverfahren oder in einem Verfahren nach dem Gesetz über Ordnungswidrigkeiten wegen einer vor der Erteilung der Auskunft begangenen Tat gegen den Verpflichteten oder gegen einen in § 52 Abs. 1 der Strafprozessordnung bezeichneten Angehörigen nur mit Zustimmung des Verpflichteten verwertet werden.**

(9) **Kann die Auskunft nur unter Verwendung von Verkehrsdaten (§ 3 Nr. 30 des Telekommunikationsgesetzes) erteilte werden, ist für ihre Erteilung eine vorherige richterliche Anordnung über die Zulässigkeit der Verwendung von Verkehrsdaten erforderliche, die von dem Verletzten zu beantragen ist. Für den Erlass dieser Anordnung ist das Landgericht, in dessen Bezirk der zur Auskunft Verpflichtete seinen Wohnsitz, seinen Sitz oder eine Niederlassung hat, ohne Rücksicht auf den Streitwert ausschließlich zuständig. Die Entscheidung trifft die Zivilkammer. Für das Verfahren gelten die Vorschriften des Gesetzes über das Verfahren in Familiensachen und in den Angelegenheiten der freiwilligen Gerichtsbarkeit entsprechend. Die Kosten der richterlichen Anordnung trägt der Verletzte. Gegen die Entscheidung des Landgerichts ist die Beschwerdekammer statthaft. Die Beschwerde ist binnen einer Frist von zwei Wochen einzulegen. Die Vorschriften zum Schutz personenbezogener Daten bleiben im Übrigen unberührt.**

(10) **Durch Absatz 2 in Verbindung mit Absatz 9 wird das Grundrecht des Fernmeldegeheimnisses (Artikel 10 des Grundgesetzes) eingeschränkt.**

Literatur (Auswahl): *Götting,* Die Entwicklung neuer Methoden der Beweisbeschaffung von Schutzrechtsverletzungen – Die Anton-Piller-Order – Ein Modell für das deutsche Recht?, GRUR Int. 1988, 729; *Banzhaf,* Der Auskunftsanspruch im gewerblichen Rechtsschutz und Urheberrecht, Dissertation 1989; *Eichmann,* Die Durchsetzung des Anspruchs auf Drittauskunft, GRUR 1990, 575; *U. Krieger,* Durchsetzung gewerblicher Schutzrechte in Deutschland und die TRIPS-Standards, GRUR Int. 1997, 421; *Dörre/Maaßen,* Das Gesetz zur Verbesserung der Durchsetzung von Rechten des geistigen Eigentums Teil I: Änderungen im Patent-, Gebrauchsmuster-, Marken- und Geschmacksmusterrecht, GRUR-RR 2008, 217; *Wrage-Molkenthin,* Verbesserter Schutz gegen Produkt- und Markenpiraterie, MPR 2008, 141; *Haertel*, Kostenrecht im gewerblichen Rechtschutz: Ausgewählte Probleme, GRUR-Prax 2013, 327.

Inhaltsübersicht

1. Allgemeines/Zweck der Vorschrift. § 24b ist durch das PrPG neu eingeführt worden und mit Inkrafttreten des auf der DurchsetzungsRL (ABl EU 2004 Nr. L 195 S. 16) beruhenden DurchsetzungsG (BGBl I 2008, 1191) grundlegend geändert worden (vgl. *Dörre/Maaßen* GRUR-RR 2008, 217, 219/220). Er entspricht § 140b PatG, so dass die patentrechtlichen Grundsätze uneingeschränkt auch hierauf anzuwenden sind. 1

Da der Schadensersatzanspruch regelmäßig bei Erhebung der Klage nicht berechnet werden kann, wird zunächst regelmäßig die Feststellung der Schadenersatzverpflichtung des Verletzers begehrt, verbunden mit einem Anspruch auf Auskunftserteilung sowie Rechnungslegung. Die Rechtsprechung gewährt diesen Rechnungslegungsanspruch unter dem Gesichtspunkt einer Verpflichtung des Verletzers aus Treu und Glauben regelmäßig, damit dieser einen ihm etwa zustehenden Schadenersatzanspruch überhaupt durchsetzen kann. Der Rechnungslegungsanspruch setzt ebenfalls eine schuldhafte Gebrauchsmusterverletzung voraus; er besteht nur bis zum Zeitpunkt der letzten mündlichen Verhandlung im Verletzungsprozess. Er umfasst die Gestehungskosten, die für die Ermittlung des erzielten Gewinns maßgebend sind. Des Weiteren sind Angaben über die Namen und Anschriften der Abnehmer, Zeitpunkt, Menge und Preise der einzelnen Lieferungen, die Namen der Lieferanten, die Vertriebskosten zu machen. Die Rechnungslegung muss sich folglich auf alle Einzelheiten erstrecken, die der Verletzte benötigt, um sich für eine der Schadensberechnungsarten zu entscheiden, die Schadenshöhe konkret berechnen und darüber hinaus die Richtigkeit der Rechnungslegung nachzuprüfen zu können. 2

3 Mit § 24b GebrMG bzw. § 140b PatG wurde ein **selbständiger** und **verschuldensunabhängiger Auskunftsanspruch** geschaffen. Anspruchsgegenstand ist die unverzügliche Auskunft über die Herkunft und den Vertriebsweg der gebrauchsmusterrechtsverletzenden Erzeugnisse. Der Anspruch dient damit insbesondere dazu, auch die Hintermänner zu ermitteln. In der Gesetzesbegründung (BlPMZ 1990, 183ff.) heißt es dementsprechend, dass gerade der eigenständige, verschuldensunabhängige Auskunftsanspruch zur Aufklärung der Quellen und Vertriebswege der schutzrechtsverletzenden Waren notwendig sei, da sich der konkret belangte Verletzer häufig erfolgreich auf guten Glauben berufen werde und es dann nicht möglich sei, Hersteller und Großhändler in Erfahrung zu bringen; weiter sei der allgemeine Auskunftsanspruch regelmäßig nicht durch einstweilige Verfügung und damit nicht schnell und wirkungsvoll durchsetzbar.

4 Der gebrauchsmusterrechtliche Anspruch auf Drittauskunft nach § 24b Abs. 2 ist ausgeschlossen, wenn die Verpflichtung zur Auskunftserteilung im Einzelfall unverhältnismäßig ist. Der Umfang des Auskunftsanspruchs ist in § 24b Abs. 3 festgeschrieben. Abs. 5 gewährt dem Verletzten einen Schadensersatzanspruch, sofern die Auskunft schuldhaft falsch oder unvollständig ist. Ist die Rechtsverletzung offensichtlich, kann der Auskunftsanspruch im Wege der einstweiligen Verfügung durchgesetzt werden, § 24b Abs. 7. Abs. 8 regelt die Verwertbarkeit einer zivilrechtlichen Auskunft in einem Strafverfahren.

2. Allgemeiner Rechnungslegungsanspruch, §§ 242, 259 BGB

5 **2.1 Anwendungsbereich.** Die Grundlage dieses Anspruchs wird letztlich in §§ 242, 259 BGB erblickt. Er erstreckt sich auf den in § 24b genannten Anwendungsbereich. Darüber hinaus wird er auch bei Verletzung des sog ergänzenden wettbewerbsrechtlichen Leistungsschutzes zugesprochen (vgl. BGH GRUR 1994, 630, 632 – *Cartier-Armreif*). Die Rechnungslegung ist nur eine umfassende qualifizierte Auskunft (OLG Karlsruhe InstGE 11, 61, 64 – *Multifeed II*).

6 Ungeachtet dessen kann sich ein Auskunftsanspruch für eine Schadensschätzung gem. §§ 242, 252 BGB, 287 ZPO auch aus Vertrag ergeben (sog. Primäranspruch), nämlich wenn die zwischen den Parteien bestehenden Rechtsbeziehungen es mit sich bringen, dass der Anspruchsberechtigte in entschuldbarer Weise über das Bestehen oder den Umfang seines Rechts im Ungewissen ist, und wenn der Verpflichtete in der Lage ist, unschwer die zur Beseitigung dieser Ungewissheit erforderliche Auskunft zu erteilen (BGH GRUR 2007, 532, 533 [15] – *Meistbegünstigungsvereinbarung* zum Patentrecht). Bei Geltendmachung des entgangenen Gewinns braucht der Kläger wegen § 252 S.2 BGB nur die Umstände darzulegen, aus denen sich die Wahrscheinlichkeit eines entgangenen Gewinns ergibt, wobei an die Darlegung keine zu strengen Anforderungen gestellt werden dürfen. Der Auskunftsanspruch soll den Kläger gerade in die Lage versetzen, tatsächliche Umstände darzutun, mit denen er einerseits seiner auch unter Berücksichtigung des § 252 S. 2 BGB bestehenden Darlegungslast nachkommen kann und mit denen er es andererseits dem Gericht ermöglicht, auf der Grundlage des für wahrscheinlich zu erachtenden Sachverhalts – gegebenenfalls mit sachverständiger Hilfe – die Höhe des dem Kläger entgangenen Gewinns zu schätzen. Dem Kläger darf nicht der Auskunftsanspruch mit der Begründung versagt werden, er werde auch nach Auskunftserteilung einen ersatzfähigen Schaden nicht darlegen können. Dies könnte allenfalls dann in Betracht kommen, wenn von vornherein feststünde, dass die Schätzung selbst eines Mindestschadens keinesfalls möglich sein wird (BGH GRUR 2007, 532, 533 [15] – *Meistbegünstigungsvereinbarung* zum Patentrecht).

7 Der Auskunftsanspruch wird nicht dadurch ausgeschlossen, dass die Erteilung der Auskunft dem Beklagten Mühe bereitet und ihn Zeit und Geld kostet. „Unschwer", d. h. „ohne unbillig belastet zu sein", kann die Auskunft vielmehr immer dann erteilt werden, wenn die mit der Vorbereitung und Erteilung der Auskunft verbundenen Belastungen entweder nicht ins Gewicht fallen oder aber, obwohl sie beträchtlich

sind, dem Beklagten in Anbetracht der Darlegungs- und Beweisnot des Klägers und der Bedeutung zumutbar sind, die die verlangte Auskunft für die Darlegung derjenigen Umstände hat, die für die Beurteilung des Grundes oder der Höhe des in Frage stehenden Hauptanspruchs wesentlich sind. Die „unbillige Belastung" ist jeweils auf Grund einer Abwägung aller Umstände des Einzelfalls zu beurteilen, bei der auch Bedeutung gewinnen kann, ob der Beklagte ein schützenswertes Geheimhaltungsinteresse an Angaben geltend machen kann, die er machen soll, oder ob er zu deren Offenbarung gegenüber dem Kläger ohnehin (zB vertraglich) verpflichtet war. Im letztgenannten Fall ist das Interesse des Beklagten daran, sich den (beträchtlichen) Aufwand einer nachträglichen Zusammenstellung der geschuldeten Angaben zu ersparen, nicht schutzwürdig (BGH GRUR 2007, 532, 533/534 [18, 20] – *Meistbegünstigungsvereinbarung* zum Patentrecht).

Verlangt ein Schutzrechtsinhaber vom Verletzer Schadensersatz nach der Berech- 8
nungsmethode der Lizenzanalogie, benötigt er keine Angaben zum erzielten Gewinn (BGH GRUR 2008, 896 [33] – *Tintenpatrone I;* BGH GRUR 2010, 223, 224/225 [15] – *Türinnenverstärkung* zum ArbEG). Das Gleiche gilt grundsätzlich für den Gebrauchsmusteranmelder, der gem. § 33 PatG im Rahmen der Lizenzanalogie eine angemessene Entschädigung von dem Nutzer verlangt (BGH GRUR 2010, 223, 224/225 [15] – *Türinnenverstärkung* zum ArbEG). Auch der freie Erfinder, der seine Erfindung durch Lizenzvergabe verwerten will, hat keinen Anspruch auf gewinnbezogene Informationen ist; ebenso nicht der Arbeitnehmererfinder, der seine Erfindung zugleich in der Rolle des freien Erfinders verwerten kann, etwa weil der Arbeitgeber sie für bestimmte Länder freigegeben und sich insoweit nur ein nicht ausschließliches Nutzungsrecht gegen angemessene Vergütung vorbehalten hat (BGH GRUR 2010, 223, 225 [15] – *Türinnenverstärkung* zum ArbEG).

2.2 Rechnungslegung und mittelbare Gebrauchsmusterverletzung. Im 9
Falle der mittelbaren Gebrauchsmusterverletzung ist der zu ersetzende Schaden derjenige, der durch die unmittelbare Gebrauchsmusterverletzung des Abnehmers des Mittels entsteht. Der Schadensersatzanspruch kann in diesem Rahmen gegebenenfalls auch auf Abschöpfung des Gewinns des mittelbaren Gebrauchsmusterverletzers gerichtet werden. Nur zur Durchsetzung dieser Schadensersatzansprüche besteht der Anspruch auf Rechnungslegung (BGH GRUR 2007, 773, 777 [33] – *Rohrschweißverfahren* zum Patentrecht). Das bedeutet allerdings nicht, dass ein Auskunftsanspruch nur in Betracht kommt, soweit die Abnehmer der Bekl. mit der gelieferten Vorrichtung tatsächlich das erfindungsgemäße Verfahren angewendet haben. Für den Auskunftsanspruch genügt es vielmehr, wenn der mittelbare Verletzer Mittel i. S. des § 10 PatG geliefert hat, obwohl nach den gegebenen Umständen auch deren Bestimmung zur Benutzung der Erfindung zu erwarten war. Dies ermöglicht es dem Berechtigten, sich darüber Gewissheit zu verschaffen, ob die einzelnen Abnehmer tatsächlich die Erfindung benutzt haben und demgemäß die mittelbare Verletzung zu einem ersatzpflichtigen Schaden geführt hat (BGH GRUR 2007, 679, 684/685 [46] – *Haubenstretchautomat* zum Patentrecht). Soweit die Abnehmer gelieferte Mittel entsprechend zB der Bedienungsanleitung nicht schutzrechtsverletzend einsetzen – und dies auch nicht zu erwarten ist –, scheiden Auskunfts- und Rechnungslegungsansprüche aus (BGH GRUR 2007, 679, 684 [44] – *Haubenstretchautomat*). Eine weitergehende Ermittlungspflicht (Nachforschungen bei den Abnehmern über die Verwendung des streitgegenständlichen Produkts) ist mit der Rechtsnatur der Auskunft als Wissenserklärung nicht zu vereinbaren. Dies entspricht auch dem allgemein anerkannten Grundsatz, dass es im Falle einer mittelbaren Gebrauchsmusterverletzung Aufgabe des Berechtigten ist, sich darüber Gewissheit zu verschaffen, ob die einzelnen Abnehmer tatsächlich die Erfindung benutzt haben und demgemäß die mittelbare Verletzung zu einem ersatzpflichtigen Schaden geführt hat.Die Verpflichtung zur Rechnungslegung kann bereits erfüllt sein, wenn der Vollstreckungsschuldner nur mitteilen kann, dass sich der konkrete Ein-

satz des streitgegenständlichen Produkts bei den Abnehmern seiner Kenntnis entzieht. Hierin liegt eine so genannte negative Erklärung, durch die der Auskunfts- und Rechnungslegungsanspruch erfüllt werden kann (OLG Karlsruhe InstGE 11, 61, 64 – *Multifeed II* zum Patentrecht).

10 Als akzessorischer, die Schadenersatzleistung vorbereitender Anspruch verjährt der Rechnungslegungsanspruch mit der Verjährung des Zahlungsanspruchs; denn die Rechnungslegung könnte wegen des dem Schuldner zustehenden Leistungsverweigerungsrechts ihren Zweck nicht mehr erreichen (OLG Düsseldorf InstGE 7, 210, 214 – *Türbeschläge;* OLG Karlsruhe InstGE 11, 61, 64 – *Multifeed II,* jeweils zum Patentrecht).

11 Sämtliche im Urteilstenor aufgeführten Einzeldaten sind zu beantworten. Insbesondere die Angaben zu den Gestehungskosten und zum erzielten Gewinn sind absolut detailliert und übersichtlich darzustellen, so dass der Gläubiger sie auf ihre Schlüssigkeit hin verifizieren kann. Die Rechtsprechung stellt hier sehr hohe Anforderungen. Auf Teilleistungen braucht sich der Gläubiger nicht einzulassen. Faktisch sind die Anforderungen häufig kaum zu erfüllen. Dies erhöht den Einigungsdruck mit dem Gläubiger.

12 Der nachfolgend wiedergegebene, an sich unveröffentlichte Beschluss des OLG Düsseldorf vom 20.4.1998 (2 W 12/98) fasst die Anforderungen an den Umfang der Rechnungslegung (für das Patentrecht, das jedoch genauso im Gebrauchsmusterrecht Anwendung finden muss) zusammen und wird auch in Verfahren anderer Gerichte vielfach herangezogen: „*Ihrem gesetzlichen Zweck entsprechend muss die Rechnungslegung alle Angaben enthalten, die der Verletzte benötigt, um sich für eine der ihm offen stehenden Schadensberechnungen (nach der Methode der Lizenzanalogie, des entgangenen Gewinns oder des Verletzergewinns) entscheiden, die Schadenshöhe, insbesondere den Umfang des mit den patentverletzenden Erzeugnissen erzielten und im Wege des Schadenersatzes herauszugebenden Verletzergewinns konkret berechnen und die Richtigkeit der Rechnungslegung nachprüfen zu können. Der Berechtigte braucht sich insoweit nicht auf lediglich pauschale Angaben verweisen zu lassen. Erfüllt ist der Anspruch auf Rechnungslegung über den bei einer Schutzrechtsverletzung erzielten Gewinn vielmehr erst dann, wenn der Schuldner in der gelegten Rechnung seine Gestehungs- und Vertriebskosten sowie den mit den patentverletzenden Gegenständen erwirtschafteten Umsatz so vollständig offen gelegt hat, wie er dazu in der Lage ist (BGH GRUR 1982, 723, 725 – Dampffrisierstab I). Fehlen zu einzelnen Kosten exakte Unterlagen, kann der Berechtigte eine Schätzung unter Angabe derjenigen feststellbaren Tatsachen verlangen, die der Schätzung zugrunde gelegt sind (BGHZ 92, 62, 68ff. – Dampffrisierstab II). (...) Welche Angaben hierzu im Einzelnen erforderlich sind, hängt wesentlich davon ab, ob es sich beim Schuldner des Rechnungslegungsanspruchs ... um einen Herstellerbetrieb oder ... um ein reines Vertriebsunternehmen handelt. Im erstgenannten Fall sind zumindest nähere (aufgeschlüsselte) Angaben über die Art, die Menge und den Einstandspreis des bei der Herstellung (einschließlich Verpackung) der patentverletzenden Gegenstände verwendeten Materials, über die Kosten der bei der Herstellung, der Montage und dem Vertrieb eingesetzten Maschinen, Werkzeuge und Vorrichtungen sowie über die dabei angefallenen Lohnkosten zu machen (BGH – Dampffrisierstab I, a. a. O. Seite 725). Der Gläubiger kann in diesem Zusammenhang Aufschluss über die Betriebsstunden der im Einsatz befindlichen Maschinen sowie die Zahl und Zeitdauer der bei den verschiedenen Arbeitsvorgängen eingesetzten Arbeitnehmer verlangen. Sofern dies notwendig ist, um die Angaben zu den Kosten des Materials, der Maschinen und der aufgewendeten Löhne abschätzen und überprüfen zu können, ist darüber hinaus der Fertigungsvorgang detailliert zu beschreiben (BGH – Dampffrisierstab I, aaO S. 726). Beschränkt sich der Geschäftsbetrieb des Schuldners auf den Vertrieb der patentverletzenden Gegenstände, sind in ähnlicher Weise die Vertriebskosten offen zu legen. Neben den jeweiligen Einstandspreisen sind die auf den patentverletzenden Vertrieb entfallenden Maschinen- und Lohnkosten sowie die anteiligen Gemeinkosten in einer für den Gläubiger nachvollziehbaren Art und Weise aufzuschlüsseln.*“

13 Bezugsgröße für die Auskunfts- und Rechnungslegungsansprüche ist bei einem Gebrauchsmuster, das sich nur auf einen Teil einer Gesamtvorrichtung bezieht, die kleinste technisch-wirtschaftliche (funktionelle) Einheit, welche noch von der Erfindung wesentlich geprägt bzw. in ihrer Funktion beeinflusst wird (BGH GRUR 2010, 227 [36] – *Türinnenverstärkung,* zum ArbEG – hier: Rohbautür).

Die Liefermengen spiegeln den Umfang wider, in dem von dem Schutzrecht Gebrauch gemacht wird, und sind deshalb, von ganz erheblicher Bedeutung für die Einschätzung des Schadenersatzanspruchs und deshalb vom Auskunfts- und Rechnungslegungsanspruch umfasst (BGH GRUR 2010, 227 [38] – *Türinnenverstärkung* zum ArbEG). **14**

Die Auskunftspflicht umfasst auch die Lieferungen zwischen anderen konzernzugehörigen Unternehmen und von diesen an Dritte. Stellt das Unternehmen den Verletzungsgegenstand im Konzernverbund anderen Konzernunternehmen zur Verwertung zur Verfügung, so kann einerseits diese letztlich nur der arbeitsteiligen, optimalen Verwertung der Erfindung dienende Maßnahme nach Treu und Glauben (§ BGB § 242 BGB) nicht dazu führen, dass die berechtigten Interessen des Rechtsinhabers an Auskunft über den Umfang der Nutzung konzerninternen Zuständigkeitsverlagerungen zum Opfer fallen. Der Inhalt der Auskunftspflicht ist vielmehr den Gegebenheiten angepasst und besteht darin, dass die Bekl. sich konzernintern in zumutbarer Weise um Aufklärung bemühen muss (BGH GRUR 2010, 227 [39] – *Türinnenverstärkung* zum ArbEG). **15**

Bei den Lieferpreisen ist ggfs. zu unterscheiden zwischen Preisen für die im Ersatzteilgeschäft isoliert gehandelten Gegenstände und der Vergütung der zur Herstellung eines Endprodukts gelieferten Gegenstände. Für letztere lassen sich bei konzerninternen Querlieferungen keine echten Lieferpreise im Sinne von Verkaufspreisen feststellen. Soweit die Bekl. über als „Transferpreise" bezeichnete Vergütungseinheiten Auskunft erteilt, ist dies grundsätzlich ausreichend (BGH GRUR 2010, 227 [41] – *Türinnenverstärkung* zum ArbEG). **16**

Streitig ist, ob zur Rechnungslegung die Vorlage von Belegen zwingend ist. **17**

Die Überlassung von Belegen ist geboten, um die Plausibilität und Vollständigkeit der erteilten Informationen zu überprüfen, und führt nicht zu einer unzumutbaren Belastung des Beklagten (OLG Karlsruhe InstGE 11, 15, 24 – *SMD-Widerstand*).

Soll die Rechnungslegung den verschuldensabhängigen Schadensersatzanspruch vorbereiten, so beginnt der in ihr anzugebende Zeitraum mit Ablauf der einmonatigen Karenzzeit nach Gebrauchsmusteranmeldung. Diese 1-Monatsfrist dient dazu, dem Bekl. ausreichend Zeit für die Prüfung der Gebrauchsmusterverletzung etc. zu geben. Zielt sie hingegen auf die Vorbereitung des verschuldensunabhängigen Bereicherungsanspruchs, so ist diese Karenzzeit nicht einzuhalten (vgl. auch nachfolgend zur Auskunftserteilung gem. § 24b GebrMG). **18**

Die Rechnungslegung hat auch diejenigen Handlungen zu erfassen, die nach der mündlichen Verhandlung vorgenommen wurden; der übliche Rechnungslegungsanspruch wird so ausgelegt, dass er auch diese nachfolgenden Gebrauchsmusterverletzungshandlungen erfassen möchte (BGH GRUR 2004, 755 – *Taxameter* zum Patentrecht). **19**

2.3 Umfang des Rechnungslegungsanspruchs. Zusätzlich zu den in § 24b Abs. 1, 3 geschuldeten Auskünften kann der GebrM-Inhaber vom GebrM-Verletzer alle weiteren Angaben einfordern, die es jenem ermöglichen, seinen dem Grunde nach bestehenden Schadenersatzanspruch ziffernmäßig nach Maßgabe einer der ihm zur Verfügung stehenden Berechnungsarten der Höhe nach zu bestimmen. Die Rechnungslegung geht dabei inhaltlich über die Erteilung einer Auskunft hinaus und enthält neben der auch mit der Auskunft verbundenen Unterrichtung die weitergehende, genauere Information durch die Vorlage einer geordneten Aufstellung der Einnahmen und Ausgaben; wenn Rechnung gelegt ist, kann daher insoweit keine Auskunft mehr verlangt werden (BGH GRUR 1985, 472 – *Thermotransformator*). Der Verletzte muss dabei sämtliche Angaben nachprüfen können. Er kann alle zur **20**

Schadensberechnung und nach jeder der Berechnungsarten und zur Nachprüfung der Richtigkeit der Rechnung erforderlichen Angaben einfordern.

21 **2.4 Versicherung an Eides Statt.** Ist die Rechnungslegung falsch oder hat sich der Beklagte schon vorher widersprüchlich verhalten, kann der auf § 259 BGB gestützte Antrag gestellt werden, den Beklagten zur Abgabe der Versicherung an Eides Statt zu verurteilen, dass die vorgenommene Rechnungslegung nach besten Wissen und Gewissen so vollständig erteilt wurde, als er dazu imstande war (vgl. *Busse/Kaess* PatG § 140b Rn. 86). Eine erneute Auskunftserteilung kann nicht verlangt werden. Der Kläger muss den Nachweis erbringen, dass Grund zu der Annahme besteht, dass die in der Rechnungslegung enthaltenen Angaben nicht mit der erforderlichen Sorgfalt getätigt wurden, wobei eine hohe Wahrscheinlichkeit falscher Angaben genügt (vgl. BGH GRUR 1963, 79 – *Metallspritzverfahren II;* vgl. auch LG Düsseldorf Entscheidungen 1997, 75, 83).

3. Auskunftsanspruch gemäß § 24b GebrMG

22 **3.1 Anwendungsbereich.** Neben den allgemeinen Rechnungslegungsanspruch tritt der durch Art. 8 der DurchsetzungsRL inhaltlich erweiterte verschuldensunabhängige – und damit vom Tag Gebrauchsmustererteilung eingreifende – Auskunftsanspruch gem. § 24b GebrMG auf Auskunft über die Vertriebswege. Die Rechnungslegung ist nur eine umfassende qualifizierte Auskunft. Neu im Vergleich zur bisherigen Gesetzeslage sind der in Absatz 2 geregelte Anspruch gegen Dritte, die nicht Verletzer sind, sowie die Eröffnung der Möglichkeit einer Auskunft über Verkehrsdaten mit einem besonderen Verfahren in Absatz 9.

23 Auskunft war nach § 24b Abs. 2 a. F. ohne Wirtschaftsprüfervorbehalt über die Namen und Anschriften der gewerblichen Abnehmer zu erteilen (BGH GRUR 1995, 338 – *Kleiderbügel* zum Patentrecht). Weiter konnte die Auskunftsverpflichtung mit Wirtschaftsprüfervorbehalt über Angebote und nicht-gewerbliche Abnehmer ausgesprochen werden. Hieran hat sich durch die Neuregelung nichts geändert. Der durch den **Wirtschaftprüfervorbehalt** vermittelte Schutz hat besonders für bloße Angebote Bedeutung, weil der Verletzer ein elementares Interesse daran hat, dass die Empfänger seiner Angebote – als erst potentiell zu gewinnende Kunden – dem in einem unmittelbaren Wettbewerbsverhältnis mit ihm stehenden Gläubiger nicht namhaft gemacht werden (OLG Düsseldorf InstGE 9, 117, 119 – *Sicherheitsschaltgerät* zum Patentrecht).

24 Die Auskunftsanspruch nach Abs. 1 trifft nicht zuletzt auch den Zwischenhandel. Informationen über die Herkunft und den Vertriebsweg des benutzten Erzeugnisses, der Vorbesitzer des Erzeugnisses sowie über die Menge der hergestellten, ausgelieferten, erhaltenen oder bestellten Erzeugnisse sowie über Preise. Dieser Anspruch verfolgt ein anderes Ziel als der vorerwähnte Rechnungslegungsanspruch, nämlich einerseits die Bezugsquelle und andererseits die Abnehmer der schutzrechtsverletzenden Ware aufzudecken, um dem Rechtsinhaber auf diese Weise zu ermöglichen, effektiv gegen eventuell weitere Verletzer vorzugehen. Diese Regelung lässt andere Auskunftsansprüche unberührt.

25 **3.2 Aktiv- und Passivlegitimation.** Aktivlegitimiert ist der **Verletzte** (idR GebrM-Inhaber, ausschließlicher Lizenznehmer, soweit dessen Nutzungsrecht berührt ist (vgl. BGH GRUR 1995, 338 – *Kleiderbügel;* BGH GRUR 1996, 109, 111 – *Klinische Versuche I*), Nießbraucher, Pfandgläubiger) oder sein Rechtsnachfolger. Postulationsfähig ist darüber hinaus der Insolvenzverwalter, der Testamentsvollstrecker, der Nachlass- und Zwangsverwalter (*Bühring/Braitmayer* § 24a Rn. 3). Ferner der Prozessstandschafter, wenn das Auskunftsverlangen von der Ermächtigung gedeckt ist und ein eigenes Interesse besteht.

26 Passivlegitimiert ist der **Verletzer.** Verletzer ist derjenige, der eine Gebrauchsmusterverletzungshandlung begeht. Der Anspruch gegen ihn besteht bei allen Verlet-

zungstatbeständen (vgl. OLG Köln Mitt. 2004, 375 (LS)). Teilweise wird die Auffassung vertreten, dass die Auskunftsschuld an den Rechtsnachfolger des Verletzers übergeht (vgl. *Stöbele/Hacker* § 19 Rn. 16; *Bühring/Braitmayer* § 24b Rn. 4).

Durch die Neufassung des § 24b in Umsetzung der DurchsetzungsRL wurde Abs. 2 neu eingefügt. Abs. 2 erweitert den Kreis der Verpflichteten auf selbst nicht wegen der Rechtsverletzung haftende **Dritte.** Zu diesen Dritten zählen der frühere Besitzer rechstverletzender Erzeugnisse (Abs. 2 Satz 1 Nr. 1), der Nutznießer (Abs. 2 Satz 1 Nr. 2), der Leistungserbringer (Abs. 2 Satz 1 Nr. 3) und solche, die von einem früheren Besitzer, Nutznießer oder Leistungserbringer als an der Verletzungshandlung beteiligt, genannt wurden (Abs. 2 Satz 1 Nr. 4). Ist die Auskunftsperson hingegen nach den §§ 383 bis 385 ZPO im Prozess gegen den Verletzer zur Zeugnisverweigerung berechtigt, ist der Anspruch ausgeschlossen. Dem auskunftspflichtigen Dritten steht ein Anspruch gegenüber dem Verletzten auf Kostenerstattung der für die Auskunftserteilung erforderlichen Aufwendungen zu, § 24b Abs. 2 Satz 3. 27

3.3 Voraussetzungen. Fehlt es an dem Nachweis einer **rechtswidrigen Verletzungshandlung** (§§ 11–14), ist der in Anspruch Genommene nicht verpflichtet, dem GebrM-Inhaber Auskunft darüber zu geben, ob die tatsächlichen Voraussetzungen für eine Verletzung vorliegen. Die Entstehung eines Schadens muss ferner **wahrscheinlich** sein. Der **Inhalt** der Auskunft muss sich auf den Namen und die Anschrift des Herstellers, des Lieferanten und anderer Vorbesitzer der Ware oder – neu eingefügt – der Nutzer der Dienstleistungen, des gewerblichen Abnehmers oder Auftraggebers erstrecken, ebenso auf Angaben über die Menge der hergestellten, ausgelieferten, erhaltenen oder bestellten Erzeugnisse oder – neu eingefügt – Dienstleistungen, vgl. Abs. 3. Es bedarf für den Auskunftsanspruch wie beim Unterlassungsanspruch **keines Verschuldens** (BGH GRUR 2006, 504 [32] – *Parfümtestkäufe*). 28

3.4 Umfang des Auskunftsanspruchs. Der Anspruch ist nicht auf unmittelbare Vorbesitzer beschränkt, er umfasst die gesamte Lieferkette. Die Bezugsquelle muss genannt werden, auch wenn die Bezugsquelle selbst nicht verletzend gehandelt hat, sich zB im schutzrechtsfreien Ausland befindet. Der Auskunftsschuldner muss die Fakten mitteilen, die ihm bekannt sind. Dabei muss er Geschäftsunterlagen heranziehen und ggf. Unklarheiten durch Nachfrage klären. Es besteht aber keine Nachforschungspflicht hinsichtlich unbekannter Vorlieferanten oder Hersteller. 29

Der Begriff der konkreten Verletzungshandlung erstreckt sich beim Auskunftsanspruch auch auf solche Handlungen, in denen das Charakteristische der Verletzungshandlung zum Ausdruck kommt (BGH GRUR 2006, 504 [32] – *Parfümtestkäufe*). Der Auskunftsanspruch ist mithin nicht auf die im Urteil festgestellten Verletzungshandlungen beschränkt. Denn andernfalls wäre der Gesetzeszweck, dem Verletzten die Aufdeckung der Quellen und Vertriebswege von schutzrechtsverletzender Ware zu ermöglichen, gefährdet (BGH GRUR 2008, 796, 797 [15] – *Hollister* zu § 19 MarkenG). 30

Der Auskunftsanspruch besteht auch bei einer mittelbaren Gebrauchsmusterverletzung, selbst wenn dieser keine unmittelbare nachfolgt (BGH GRUR 2005, 848 – *Antriebsscheibenaufzug* zum Patentrecht). Er kommt dabei nicht nur in Betracht, soweit die Abnehmer der Bekl. mit der gelieferten Vorrichtung tatsächlich das erfindungsgemäße Verfahren angewendet haben. Für den Auskunftsanspruch genügt es vielmehr, wenn der mittelbare Verletzer Mittel iSd § 10 PatG – hier eine zur Ausübung des erfindungsgemäßen Verfahrens geeignete Vorrichtung – geliefert hat, obwohl nach den gegebenen Umständen deren Bestimmung zur Benutzung der Erfindung zu erwarten war. Dies ermöglicht es dem Berechtigten, sich darüber Gewissheit zu verschaffen, ob die einzelnen Abnehmer tatsächlich die Erfindung benutzt haben und demgemäß die mittelbare Verletzung zu einem ersatzpflichtigen Schaden geführt hat (BGH GRUR 2007, 679 – *Haubenstretchautomat;* BGH GRUR 2007, 773, 777 [34] – *Rohrschweißverfahren* zum Patentrecht). 31

32 Ist der Verletzer Hersteller des betreffenden Gegenstandes, so muss er gleichwohl Angaben dazu machen, ob und inwieweit dieser Gegenstand auch von Dritten hergestellt und beispielsweise von ihm bezogen wurde. Nur auf diese Weise wird der Zweck des § 140b PatG, gegebenenfalls weiterer Verletzer habhaft zu werden, erfüllt.

33 Der Auskunftserteilung sind alle relevanten Belege (Rechnungen, Lieferscheine etc.) beizufügen (BGH GRUR 2002, 709 – *Entfernung der Herstellungsnummern III;* BGH GRUR 2003, 433 – *Cartier Ring;* BGH GRUR 2006, 504 *Parfumtestkäufe* – jeweils zu § 19 MarkenG; OLG Düsseldorf InstGE 5, 249 – *Faltenbalg* zum Patentrecht). Das sonst einer Vorlage von Belegen entgegenstehende Geheimhaltungsinteresse hat hinter einer wirksamen Bekämpfung von Schutzrechtsverletzungen zurückzustehen; darüber hinaus erhält der Gläubiger erst durch die Vorlage der Belege die Möglichkeit, die Verlässlichkeit der Auskunft zu überprüfen und sich Klarheit darüber zu verschaffen, ob ein Anspruch auf Abgabe der eidesstattlichen Versicherung besteht (BGH GRUR 2003, 433 – *Cartier-Ring,* zum Markenrecht; OLG Düsseldorf InstGE 5, 249/250 – *Faltenbalg* zum Patentrecht).

34 § 24b Abs. 3 GebrMG enthält nunmehr auch die Preise, die bisher nur als Teil der Schadensersatzauskunft anzugeben waren.

35 Ist es dem Verletzer ausnahmsweise nicht zuzumuten, seine Abnehmer und Angebotsempfänger zu nennen, so kann ihm gestattet werden, diese Angaben einem gegenüber dem Verletzten zur Verschwiegenheit verpflichteten Wirtschaftsprüfer zu machen, wenn dieser dem Verletzten auf konkretes Befragen Auskunft geben darf, ob bestimmte Lieferungen oder Abnehmer in der Rechnung enthalten sind. Einem berechtigten Geheimhaltungsinteresse kann durch Vorlage von Kopien Rechnung getragen werden, in denen die geheimhaltungsbedürftigen Angaben geschwärzt sind.

36 Der Auskunftsanspruch ist auch dann gegeben, wenn die Gebrauchsmusterverletzung im Vertrieb nicht erschöpfter Originalware zu sehen ist (BGH GRUR 2008, 796, 797 14 – *Hollister,* zu § 19 MarkenG).

37 **3.5 Gerichtliche Durchsetzung, Vollstreckung.** Die Geltendmachung des Auskunfts- und Rechnungslegungsanspruchs kann entweder im Wege der Hauptsacheklage erfolgen; nachteilig ist hieran die lange Verfahrensdauer. Abs. 2 Satz 2 eröffnet die Möglichkeit der Aussetzung des Verletzungsprozesses nach Erhebung der Klage gegen den Verletzer. Der Auskunfts- und Rechnungslegungsanspruch kann aber auch im Wege der einstweiligen Verfügung bei offensichtlicher Rechtsverletzung geltend gemacht werden. Abs. 7 fingiert die erforderliche Dringlichkeit und lässt eine Vorwegnahme der Hauptsache zu. Alle übrigen Voraussetzungen für den Erlass einer einstweiligen Verfügung müssen dargelegt und glaubhaft gemacht werden.

38 Die Vollstreckung erfolgt nach § 888 ZPO durch Zwangsgeld und Zwangshaft.

4. Auskunft über Herkunft und Vertriebsweg (Drittauskunft) (Abs. 2)

39 **4.1 Voraussetzungen.** In Fällen **offensichtlicher Rechtsverletzung** oder in Fällen der **Klageerhebung** gegen den Verletzer sind die in Abs. 2 Satz 1 Nr. 1–4 aufgeführten Dritten ebenfalls zur Auskunftserteilung verpflichtet. Die sog Drittauskunft erstreckt sich auf Benutzungshandlungen des § 11 Abs. 1, 2. Lediglich die objektive, verschuldensunabhängige Rechtswidrigkeit der Handlungen ist gefordert.

40 **Offensichtlichkeit** der Rechtsverletzung liegt vor, wenn sowohl die tatsächlichen Umstände als auch die rechtliche Beurteilung so eindeutig ist, dass eine Fehlentscheidung über die Feststellung der Rechtsverletzung und damit eine ungerechtfertigte Belastung des Anspruchsgegners ausgeschlossen erscheint (OLG Hamburg InstGE 8, 11, 13 [12] – *Transglutaminase*). Eine bloße Glaubhaftmachung einer überwiegenden Wahrscheinlichkeit der Rechtsverletzung reicht nicht aus; sie muss offensichtlich/evident gegeben sein. Nur durch dieses Korrektiv lässt sich rechtfertigen, dass mit der Auskunftserteilung eine – faktische – Erfüllung des Anspruchs eintritt (OLG Hamburg InstGE 8, 11, 13/14 [12] – *Transglutaminase* zum Patentrecht), was insb. eine Ausnahme nach den Grundsätzen zur Leistungsverfügung ist. Die Um-

stände hierfür sind von dem Kläger zu beweisen bzw. glaubhaft zu machen; und zwar im Wege einer lückenlosen Darstellung des Gesamtablauf, etwa von der Testbestellung bis hin zur Untersuchung (OLG Hamburg InstGE 8, 11, 13/14 [12] – *Transglutaminase* zum Patentrecht).

Wurde **Klage** erhoben, so muss die Klage rechtshängig sein und den auskunftspflichtigen Gegenstand sowie mindestens einen Anspruch wegen der Rechtsverletzung Gegenstand haben. Antrag auf Erlass einer einstweiligen Verfügung reicht nicht, es sei denn, es liegt eine Abschlusserklärung des Verletzers liegt vor. Der Auskunftsanspruch gegen den Dritten kann in einem separaten Verfahren oder – trotz des Wortlauts – im Wege der Klagenhäufung sogleich mit der Verletzungsklage geltend gemacht werden. 41

Grundsätzlich können Auskunftspersonen nur solche sein, die **„in gewerblichem Ausmaß"** gehandelt haben. Zur Abgrenzung zu Handlungen im privaten, nicht gewerblichen Bereich:, § 12 Nr. 1 GebrMG; vgl. auch die Legaldefinition in § 101 Abs. 1 Satz 2 UrhG. Danach kann das gewerbliche Ausmaß sich sowohl aus der Anzahl der Rechtsverletzungen als auch aus der Schwere der Rechtverletzung ergeben. Ungeachtet dessen sind keine hohen Anforderungen an den Begriff des gewerblichen Ausmaßes zu stellen. Als typisches Beispiel kann der Verkauf eines Postens von Plagiaten durch einen „Privatmann" über Ebay gelten. 42

Auskunftspflichtige Personen sind: 43

- frühere Besitzer des rechtsverletzenden Erzeugnisses, Abs. 2 Satz 1 Nr. 1. Jede Art von Besitz genügt mit Ausnahme des Besitzdieners.
- wer rechtsverletzende Dienstleistungen in Anspruch genommen hat, Abs. 2 Satz 1 Nr. 2. Diese Vorschrift hat Leistungsempfänger im Blickwinkel. Die Leistungserbringung muss nicht entgeltlich sein. Beispiele: Know-how-Transfer, Überlassung von Arbeitskräften, im Rahmen eines gemeinsamen FuE-Vertrages. Eine Rechtsverletzung der Dienstleistung liegt vor, wenn sie adäquat kausal – auch in relativ geringem Ausmaß – für die Verletzung ist. Bzgl „Inanspruchnahme" ist die rein tatsächliche Verwertung der Dienstleistung ausreichend.
- Personen, die Dienstleistungen erbracht haben, die für rechtsverletzende Tätigkeiten genutzt wurden, Abs. 2 Satz 1 Nr. 3. In Nr. 3 ist der Leistungserbringer das Regelungssubjekt. Es reicht, dass die Verletzung durch die Dienstleistung in irgendeiner Hinsicht gefördert worden ist. Dazu gehören bei Rechtsverletzungen im Internet die Provider, die den Zugang vermitteln.
- derjenige, der von einem Auskunftspflichtigen nach Nr. 1–3 als Beteiligter benannt worden ist (a) an der Herstellung, Erzeugung oder am Vertrieb eines die Auskunftspflicht nach Nr. 1 begründenden Erzeugnisses oder (b) an der Erbringung einer die Auskunftspflicht nach Nr. 3 begründenden Dienstleistung, Abs. 2 Nr. 4.

Die Tatbestandsvoraussetzungen der Nr. 1 bzw. 3 sind inzident zu prüfen, weil nur die Angaben eines selbst Auskunftspflichtigen (aufgrund seiner Nähe zum unterstützten Verhalten) anspruchsbegründend wirken. Es kommt allein auf das Vorliegen irgendeines unterstützenden Tatbeitrages an.

Die Auskunft ist **unverzüglich** zu erteilen, dh ohne schuldhaftes Zögern, § 121 Abs. 1 BGB. Auch hierdurch kommt zum Ausdruck, dass die Stellung des Verletzten gestärkt und die Geltendmachung von Ersatzansprüchen erleichtert werden soll. 44

Der **Grundsatz der Verhältnismäßigkeit** stellt eine Schranke des Anspruchs auf Drittauskunft dar. Die Auskunftsverpflichtung entfällt jedoch nur insoweit, als sie unverhältnismäßig ist. Die Darlegungs- und Beweislast für die Unverhältnismäßigkeit des Auskunftsverlangens obliegt dem Verletzer. Es ist eine umfassende Interessenabwägung vorzunehmen, bei der das Informationsinteresse des Verletzten einerseits und das Geheimhaltungsinteresse des Verletzers andererseits gegeneinander abzuwägen sind. Der GebrM-Inhaber hat ein Interesse an der Ermittlung weiterer Verletzer und der Verfolgung weiterer GebrM-Verletzungen. Dem steht das Interesse des Ver- 45 letzers an der Geheimhaltung seiner Bezugs- und Absatzwege und seiner internen Unternehmensdaten gegenüber. Bei dieser Interessenabwägung ist von dem grundsätzlichen Vorrang auszugehen, den der Gesetzgeber dem Interesse an einer Aufdeckung und Verfolgung der rechtsverletzenden Handlungen eingeräumt hat. Dementsprechend wurde das Interesse des Verletzten geringer bewertet, wenn das Verhalten des Verletzers deutlich macht, dass der Verletzte andernfalls vor weiteren Schutzrechtsverletzungen nicht sicher ist und es sich nicht um eine einzelne Schutzrechtsverletzung handelt (OLG Düsseldorf GRUR 1993, 818, 820). Im Einzelfall könnte eine Unverhältnismäßigkeit zu bejahen sein, wenn das berechtigte Interesse des Verletzten gering ist, weil weitere Verletzungen nicht mehr zu besorgen und Ersatzansprüche bereits ausgeglichen sind (BGH GRUR 1995, 338, 342 – *Kleiderbügel*). Im Vergleich zur Beurteilung der Unverhältnismäßigkeit bei dem Vernichtungsanspruch gemäß § 24a wird man angesichts der unterschiedlichen Rechtsfolgen davon ausgehen müssen, dass strengere Anforderungen an die Unverhältnismäßigkeit der Auskunft zu stellen sind.

46 **4.2 Umfang der Auskunft.** Gemäß Abs. 1 sind Angaben über die Herkunft und den Vertriebsweg und gemäß Abs. 3 Angaben über Namen und Anschrift der Vorbesitzer und Absatz in schriftlicher Form vorzunehmen. Ein Anspruch auf Einsicht in die Bücher besteht nicht. Ein Wirtschaftsprüfervorbehalt kommt bei § 24b grundsätzlich nicht in Betracht (BGH GRUR 1995, 338, 341 – *Kleiderbügel*).

47 **4.2.1 Herkunft.** Insoweit sind Informationen über Namen und Anschriften des Herstellers, des Lieferanten und anderer Vorbesitzer der Erzeugnisse und Nutzers von Dienstleistungen vollständig anzugeben. Eingeschlossen sind auch Angaben zu den Personen und Unternehmen, die wesentliche Elemente zur Herstellung des gebrm-verletzenden Produkts iSd § 11 Abs. 2 beigesteuert haben (BGH GRUR 1995, 338, 340 – *Kleiderbügel*). Hersteller ist der Erzeuger, auch in Lohnfertigung. Lieferant ist in der Regel der Veräußerer, unabhängig von der rechtlichen Einordnung des Veräußerungsgeschäfts. Als Vorbesitzer sind auch Spediteure, Frachtführer, Lagerhalter oder mittelbare Besitzer anzusehen.

48 **4.2.2 Vertriebsweg.** Um den Vertriebsweg nachzuvollziehen, sind Namen und Anschriften der gewerblichen Abnehmer oder Auftraggeber, jedoch nicht privater Personen anzugeben. Letztverbraucher scheiden aus, gleichgültig, ob sie Gewerbetreibende oder Freiberufler sind. Angebotsempfänger sind ebenfalls nicht mitzuteilen.

49 **4.2.3 Menge.** Die Angaben über die Menge umfassen die hergestellten, ausgelieferten, erhaltenen oder bestellen Erzeugnisse. Diese Angaben sind den einzelnen Herstellern, Lieferanten, Vorbesitzern, Abnehmern oder Auftraggebern zuzuordnen.

50 Die Auskunft erstreckt sich nicht auf Preise, Kosten und sonstige Herstellungs- und Lieferdaten. Diese Angaben können nur im Rahmen des allgemeinen Auskunfts- und Rechnungslegungsanspruchs verlangt werden.

51 **4.2.4 Zeit.** § 24b regelt nicht, über welchen Zeitraum die Auskunft zu erteilen ist. Eine zeitliche Begrenzung des Anspruchs auf Drittauskunft nach § 24b dahingehend, dass diese erst von der ersten Verletzungshandlung an besteht (so *Busse/Kaess* PatG § 140b Rn. 20), ist abzulehnen, da diese Einschränkung nicht mit der eigenständigen Rechtsnatur des Auskunftsanspruchs nach § 24b in Einklang steht; darüber hinaus würde der Anspruch auf Drittauskunft zudem bei einer derartigen zeitlichen Restriktion entwertet (wie hier: *Mes* PatG § 140b Rn. 38), so dass keine zeitliche Grenze hinsichtlich seines Beginns anzunehmen ist, mithin die Verpflichtung bis zur Veröffentlichung der Eintragung des GebrM unter Beachtung einer einmonatigen Überlegungsfrist zurückreicht.

52 **4.3 Versicherung an Eides Statt.** Ob auch die auf § 24b GebrM basierenden Auskünfte uU an Eides Statt zu versichern sind, ist offen, da § 259 BGB letzten Endes

eine akzessorische Rechnungslegung zum Inhalt hat, die an Zahlungsansprüche anknüpft. Da die Übergänge zwischen § 24b GebrMG und dem allgemeinen Rechnungslegungsanspruch jedoch fließend sind und jeweils als Grundlage für geltend gemachte Zahlungsansprüche dienen, ist der Auffassung zu folgen, die eine eidesstattliche Versicherung für zulässig erachtet (zum Meinungsstand: *Busse/Kaess* § 140b Rn. 86).

4.4 Gerichtliche Durchsetzung, Vollstreckung. Die gerichtliche Durchsetzung erfolgt grundsätzlich im Klageweg, wobei sie in der Regel mit der Klage auf Unterlassung, Schadenersatz und allgemeine Auskunft bzw. Rechnungslegung verbunden wird. Die Verpflichtung zur Erteilung der Drittauskunft kann im Wege der **einstweiligen Verfügung** nach Abs. 7 gemäß den Vorschriften der §§ 935 ff. ZPO angeordnet werden. Dies setzt voraus, dass die Rechtsverletzung offensichtlich, dh so eindeutig ist, dass eine Fehlentscheidung oder eine andere Beurteilung im Rahmen des richterlichen Ermessens kaum möglich ist (vgl. OLG Düsseldorf GRUR 1993, 818, 820). Im Hinblick darauf, dass das GebrM ein ungeprüftes Schutzrecht ist, sind hier zwar strenge, aber keine überspannten Anforderungen geboten. Gerade bei Erzeugnissen, die vom Markt schnell und umfangreich, ggf. nur für eine relativ kurze Zeit, aufgenommen werden, kann – bei Vorliegen der übrigen Voraussetzungen – eine Handhabung geboten sein, die dem generellen Interesse der durch das PrPG eingefügten Vorschriften Rechnung trägt. 53

Regelmäßig handelt es sich bei der Auskunftserteilung um eine **unvertretbare Handlung,** weil nur der Auskunftsverpflichtete selbst die erforderliche Kenntnis hat, so dass die Zwangsvollstreckung nach § 888 ZPO erfolgt, dh durch Anordnung von Zwangsgeld oder Zwangshaft. Nach der Gesetzesbegründung zum PrPG soll eine Ersatzvornahme gemäß § 887 ZPO (betreffend eine vertretbare Handlung) möglich sein, wenn die Auskunft in Form eines Auszugs aus Karteien oder sonstigen Buchführungsunterlagen auch durch einen Dritten erteilt werden kann, zB durch einen Sachverständigen (BlPMZ 1990, 173, 185/186). Die Abgrenzung zwischen vertretbarer und unvertretbarer Handlung kann zu erheblichen Schwierigkeiten führen. 54

4.5 § 24b Abs. 8. Diese Regelung enthält ein strafrechtliches oder ordnungswidrigkeitsrechtliches **Verwertungsverbot** der erteilten Auskunft. Diese darf weder in einem Strafverfahren noch in einem Ordnungswidrigkeitsverfahren wegen einer vor der Auskunftserteilung begangenen Tat oder gegen den Auskunftsverpflichteten noch gegen einen in § 52 Abs. 1 StPO bezeichneten Angehörigen verwertet werden, es sei denn, dass der Auskunftsverpflichtete der Verwertung zustimmt. Das Verwertungsverbot ist aus verfassungsrechtlichen Gründen postuliert worden. 55

5. Schadensersatzanspruch bei falscher/unvollständiger Auskunft (Abs. 5/Abs. 6), Auskunftskosten. Eine schuldhaft falsche oder unvollständige Auskunft verpflichtet den Schuldner gemäß Abs. 5 zum Schadenersatz gegenüber dem **Auskunftsgläubiger.** 56

Abs. 6 enthält eine **Haftungserleichterung** auf Vorsatz für denjenigen, der unberechtigt auf Drittauskunft in Anspruch genommen wurde und eine wahre Auskunft erteilt hat, und der sich wegen dieser Auskunftserteilung einem Dritten gegenüber regresspflichtig gemacht hat, etwa weil er durch seine Auskunft eine zugunsten des Dritten bestehende gesetzliche oder schuldrechtlich vereinbarte Geheimhaltungspflicht verletzt hat. 57

Nach Abs. 2 Satz 3 hat der unbeteiligte Dritte einen verzinsbaren (§ 256 BGB) **Aufwendungsersatzanspruch** gegen den Auskunftsgläubiger. Mangels gesetzlicher Grundlage besteht keine Vorschusspflicht des Verletzten und demzufolge kein Zurückbehaltungsrecht an der Auskunft. 58

6. Auskunft unter Verwendung von Verkehrsdaten (Abs. 9). Eine Vielzahl von geschützten geistigen Leistungen können **digital** dargestellt werden. Alles was digitalisiert ist, kann auch über das Internet verbreitet werden. Dabei kommt es zu 59 umfangreichen Rechtsverletzungen, bei denen solche an Musikaufnahmen, Filmen, Spielen und Software, also Urheberrechtsverletzungen, im Vordergrund stehen. Bekannt geworden sind solche Rechtsverletzungen im Internet unter dem Schlagwort „Musiktauschbörse". Im Wege des Filesharing werden dabei Dateien zwischen Benutzern des Internets unter Verwendung eines Peer-to-Peer (P2P) Netzwerks direkt weitergegeben. Sucht ein Benutzer ein Musikstück, stehen ihm alle Online gestellten Dateien der anderen Teilnehmer zum Download zur Verfügung, gleichzeitig stehen alle Online gestellten Dateien des eigenen Rechners ebenso allen anderen Teilnehmern zur Verfügung. Um auf solche Netzwerke zugreifen zu können, braucht man spezielle Computerprogramme, die kostenlos im Internet angeboten werden

60 Nach Abs. 2 Satz 3 hat der unbeteiligte Dritte einen verzinsbaren (§ 256 BGB) Aufwendungsersatzanspruch gegen den Auskunftsgläubiger. Mangels gesetzlicher Grundlage besteht keine Vorschusspflicht des Verletzten und demzufolge kein Zurückbehaltungsrecht an der Auskunft. Das wird heute nicht mehr nur mit Musik, sondern mit allem praktiziert, was gefragt ist. Insbesondere geht es um Spiele und Software. Rechtsverletzungen werden auch dadurch begangen, dass Plagiate auf Servern abgelegt werden und die Adressen in Foren veröffentlicht werden. Dann kann sie jedermann von dort Downloaden. Das Problem des Verletzten war und ist: Er kann zwar die Verletzung im Internet nachvollziehen, etwa wenn er selbst am Filesharing teilnimmt; Name und Anschrift des Verletzers finden sich aber nicht.

61 Kann die Auskunft nur unter Verwendung von Verkehrsdaten im Sinne von § 3 Nr. 30 TKG erteilt werden, ist eine **besondere richterliche Anordnung** notwendig. Die § 24b Abs. 9 und 10 regelt die Details.

62 **Verkehrsdaten** sind „Daten, die bei der Erbringung eines Telekommunikationsdienstes erhoben, verarbeitet oder genutzt werden" (zB Telefonie, SMS, e-mail-Verkehr, Internetauktionen). Verkehrsdaten sind die technischen Informationen, die bei der Nutzung eines Dienstes anfallen und von dem Dienstleister gespeichert werden (zB Kennung der beteiligten Anschlüsse, personenbezogene Berechtigungskennungen, Beginn und Ende der Verbindung). Mit Hilfe von Verkehrsdaten ist es möglich, anonyme Äußerungen im Internet oder anonyme Teilnehmer an Internetauktionen einem Anschluss zuzuordnen und damit einen möglichen Verletzer zu ermitteln. Für eine solche Auskunft ist eine richterliche Anordnung erforderlich.

63 Absatz 10 stellt fest, dass durch die Absätze 2 und 9 des § 24b GebrMG das Grundrecht des **Fernmeldegeheimnisses** eingeschränkt wird. Er trägt somit dem Zitiergebot des Art. 19 Abs. 1 Satz 2 GG Rechnung.

§ 24c [Vorlage- und Beseitigungsanspruch]

(1) **Wer mit hinreichender Wahrscheinlichkeit entgegen den §§ 11 bis 14 ein Gebrauchsmuster benutzt, kann von dem Rechtsinhaber oder einem anderen Berechtigten auf Vorlage einer Urkunde oder Besichtigung einer Sache, die sich in seiner Verfügungsgewalt befindet, in Anspruch genommen werden, wenn dies zur Begründung von dessen Ansprüchen erforderlich ist. Besteht die hinreichende Wahrscheinlichkeit einer in gewerblichem Ausmaß begangenen Rechtsverletzung, erstreckt sich der Anspruch auch auf die Vorlage von Bank-, Finanz- oder Handelsunterlagen. Soweit der vermeintliche Verletzer geltend macht, dass es sich um vertrauliche Informationen handelt, trifft das Gericht die erforderlichen Maßnahmen, um den im Einzelfall gebotenen Schutz zu gewährleisten.**

(2) **Der Anspruch nach Absatz 1 ist ausgeschlossen, wenn die Inanspruchnahme im Einzelfall unverhältnismäßig ist.**

(3) **Die Verpflichtung zur Vorlage einer Urkunde oder zur Duldung der Besichtigung einer Sache kann im Wege der einstweiligen Verfügung nach**

den §§ 935 bis 945 der Zivilprozessordnung angeordnet werden. Das Gericht trifft die erforderlichen Maßnahmen, um den Schutz vertraulicher Informationen zu gewährleisten. Dies gilt insbesondere in den Fällen, in denen die einstweilige Verfügung ohne vorherige Anhörung des Gegners erlassen wird.

(4) **§ 811 des Bürgerlichen Gesetzbuches sowie § 24b Abs. 8 gelten entsprechend.**

(5) **Wenn keine Verletzung vorlag oder drohte, kann der vermeintliche Verletzer von demjenigen, der die Vorlage oder Besichtigung nach Absatz 1 begehrt hat, den Ersatz der ihm durch das Begehren entstandenen Schadens verlangen.**

Literatur (Auswahl): *Melullis,* in Festschrift Tilmann, 2003, 843; *Kühnen,* Die Besichtigung im Patentrecht Eine Bestandsaufnahme zwei Jahre nach „Faxkarte", GRUR 2005, 185; *Dörre/Maaßen,* Das Gesetz zur Verbesserung der Durchsetzung von Rechten des geistigen Eigentums Teil I: Änderungen im Patent-, Gebrauchsmuster-, Marken- und Geschmacksmusterrecht, GRUR-RR 2008, 217; *Wrage-Molkenthin,* Verbesserter Schutz gegen Produkt- und Markenpiraterie, MPR 2008, 141.

Inhaltsübersicht

1. Allgemeines/Zweck der Vorschrift. § 24c entspricht § 141c PatG und wurde mit Inkrafttreten des die DurchsetzungsRL (ABl EU 2004 Nr L 195 S. 16) umsetzenden DurchsetzungsG (BGBl I 2008, 1191) neu in das GebrMG eingefügt. Dem Gebrauchsmusterinhaber stehen damit ein gesetzlicher Besichtigungsanspruch und ein Anspruch auf Vorlage von Urkunden sowie Bank-, Finanz- und Handelsunterlagen zur Verfügung, um seine Ansprüche zu begründen. Die Vorschrift findet nur dann Anwendung, wenn die Gewinnung von Erkenntnissen im Wege der Besichtigung oder Vorlage der Durchsetzung seiner Ansprüche dient, dh **erforderlich** ist. 1

Der Anspruch auf Beweissicherung kann während eines anhängigen Verfahrens, aber insbesondere auch vor **Klageerhebung** im Wege einer **einstweiligen Verfügung** geltend gemacht werden. Hierzu hat sich das sog „Düsseldorfer Verfahren" entwickelt. Die einstweilige Verfügung wird regelmäßig ohne Anhörung des Gegners erlassen, sofern die Wahrung von Geschäftsgeheimnissen gesichert ist. In der Rechtsprechung sind im Hinblick auf das Verfassungsgebot des rechtlichen Gehörs Zweifel an der Zulässigkeit der entsprechenden langjährigen Entscheidungspraxis geäußert worden (vgl. OLG Düsseldorf GRUR-RR 2016, 224 – *Besichtigungsanordnung*). 2

Mit dem **Besichtigungsanspruch** kann eine Sache begutachtet und analysiert werden um festzustellen, ob eine Verletzungshandlung begangen worden ist oder droht. Beispiele: Besichtigung auf Messestand, in Fabrikhalle. 3

4 Mit dem Anspruch auf Urkunden**vorlage** (zB von Konstruktionszeichnungen, Bedienungsanleitungen und Angebotsschreiben etc.) kann der Rechtsinhaber ebenfalls Informationen zu einer möglichen Rechtsverletzung erlangen, zB in Bezug auf die Frage, ob das Erzeugnis einem Dritten bereits angeboten und ob vorsätzlich gehandelt wurde. Die Urkunden können eingesehen, kopiert und, wenn sie einen großen Umfang haben, auch vorübergehend zum Zwecke des Kopierens sequestriert werden. Die Urkunde muss sich in der Verfügungsgewalt des Verletzers befinden. Vorlage bedeutet **Vorzeigen** in dem Sinne, dass der Rechtsinhaber von dem Inhalt der Urkunden Kenntnis nehmen kann (*Bühring/Braitmayer* § 24c Rn. 7).

5 Der ebenfalls neue Anspruch auf **Vorlage von Bank-, Finanz- und Handelsunterlagen** (Kontoauszüge, Buchführungsunterlagen, Buchungsbelege, Bilanzen, Kosten- und Gewinnkalkulationen) kann wichtige Informationen zum Umfang von Schadensersatzansprüchen liefern, zB über Vertriebshandlungen und Gestehungskosten.

2. Voraussetzungen

6 **2.1 Grad der Wahrscheinlichkeit.** Als Voraussetzung für den Besichtigungs- und Urkundsvorlageanspruch muss der Rechtsinhaber darlegen, dass aufgrund konkreter Anhaltspunkte eine **„hinreichende Wahrscheinlichkeit“** einer Rechtsverletzung besteht. Es genügt ein Anfangsverdacht, der durch Tatsachen gestützt wird, nicht jedoch eine Behauptung „ins Blaue hinein“. In Art. 43 TRIPS ist von „hinreichender Wahrscheinlichkeit“ die Rede. In Art. 6 der DurchsetzungsRL heißt es, dass „alle vernünftigerweise verfügbaren Beweismittel zur hinreichenden Begründung“ der Ansprüche vorgelegt sein müssen. In Art. 7 ist dann nur noch von „alle vernünftigerweise verfügbaren Beweismittel zur Begründung“ der Ansprüche die Rede.

7 Der Gesetzgeber hat in § 24c GebrMG bzw. § 140c PatG die Formulierung „hinreichende Wahrscheinlichkeit“ übernommen; bloße Zweifel an der Gebrauchsmusterverletzung reichen deshalb nicht, unabhängig davon ob tatsächliche Fragestellungen oder Auslegungsfragen (wortsinngemäße bzw. äquivalente Benutzung) betroffen sind (OLG Düsseldorf InstGE 11, 298 – *Weißmacher* zum Patentrecht).

8 Bedarf es zur endgültigen Klärung dieser Rechtsfrage der Einholung eines **Sachverständigengutachtens,** zB hinsichtlich der Gleichwirkung, so ist die Wahrscheinlichkeit einer Schutzrechtsverletzung regelmäßig gegeben. Zu erwägen ist allenfalls, ob über das Übliche hinausgehende besondere Schutzmaßnahmen (zB Besichtigung ausnahmsweise nur durch den Sachverständigen allein) geboten sind (OLG Düsseldorf InstGE 11, 298 – *Weißmacher* zum Patentrecht). Lediglich dann, aber auch schon immer dann, wenn bereits ohne weitere sachverständige Aufklärung feststeht, dass die mit dem Besichtigungsantrag verfolgten Ansprüche nicht bestehen, weil der Besichtigungsgegenstand in seiner vom Antragsteller vermuteten (und durch die beantragte Besichtigung zu klärenden) Ausgestaltung zweifelsfrei keinen Eingriff in den Schutzbereich des Antragsschutzrechts begründet, scheidet der Besichtigungsanspruch aus (OLG Düsseldorf InstGE 11, 298 – *Weißmacher* zum Patentrecht).

9 Der Rechtsinhaber muss folglich zur Begründung der einstweiligen Verfügung **darlegen,** weshalb die äußere Gestaltung bzw. andere Indizien eine Gebrauchsmusterverletzung hinreichend wahrscheinlich machen. Weiter muss der Rechtsinhaber dem Gericht darlegen, dass er alle ihm zumutbaren Aufklärungsmöglichkeiten bereits ausgeschöpft hat. Die zu begutachtende Sache oder die vorzulegende Urkunde muss zumindest so genau bezeichnet werden, dass sie von anderen, beim Antragsgegner vorhandenen Sachen oder Urkunden zu unterscheiden ist. Der Besichtigungs- und Vorlageanspruch gewährt jedoch keinen Anspruch auf Durchsuchung (BGH GRUR 2004, 420 – *Kontrollbesuch*).

10 **2.2 Umfang der Besichtigung.** Der Umfang der Besichtigung ist nicht begrenzt. Er umfasst alle Maßnahmen und Schritte, die notwendig sind, um die Verwirklichung von Merkmalen des Gebrauchsmusteranspruchs zu ermitteln. Im Ge-

gensatz zur alten Rechtsprechung umfasst der Umfang auch Substanzeingriffe wie den Ein- oder Ausbau von Teilen sowie die Inbetriebnahme.

Bisher nicht abschließend geklärt und damit potentiell problematisch bleibt, inwieweit der Antragsgegner zu kooperieren hat. Das bedeutet, dass der Rechtsinhaber in seinem Antrag alle **Kooperations-Handlungen,** die notwendig sind, zu identifizieren und zu nennen hat, damit diese Handlungen dann auch in der gerichtlichen Anordnung der Besichtigung sich wieder finden und damit die Vorgabe für den Antragsgegner sind. Der Antragsgegner kann sich verfahrensrechtlich auf den Standpunkt stellen, dass er genau das tut, was ihm gerichtlich aufgegeben ist, aber nicht einen Schritt mehr. 11

Teilnehmer an dem Termin zur Beweissicherung sind der Gerichtsvollzieher und der gerichtliche Sachverständige. Das Gericht entscheidet nach Ermessen, ob die Anwesenheit eines ebenso zur Verschwiegenheit verpflichteten Rechtsanwalts oder Patentanwalts des Antragsstellers zugelassen wird. 12

Verweigert der Antragsgegner den Zutritt zu seinen Räumlichkeiten, kann bei dem Amtsgericht am Ort des Antragsgegners eine (bereits vorbereitete) richterliche Durchsuchungsanordnung mit Ordnungsmittelandrohung erwirkt werden. Die Durchsuchungsanordnung kann mit Hilfe der Polizei durchgesetzt werden. 13

Der Antragsgegner hat das Recht, (innerhalb von zwei Stunden) einen Rechtsbeistand hinzuzuziehen und braucht grundsätzlich nur die Maßnahmen zu dulden, die in dem Antrag aufgeführt sind. Der Antragsgegner kann **Widerspruch** gegen die einstweilige Verfügung einlegen, der sich allerdings regelmäßig nur auf die Kostentragungslast beziehen wird, denn zB gegen die Besichtigung ist der Widerspruch wegen erfolgten Vollzugs nicht mehr sinnvoll. 14

2.3 Unverhältnismäßigkeit. Voraussetzung für den Vorlage- und Besichtigungsanspruch ist wie auch bei dem Vernichtungsanspruch nach § 24a, dass die Vorlage bzw. Besichtigung nicht unverhältnismäßig ist. Vgl. hierzu → § 24a Rn. 35-37. 15

3. Geheimnisschutz für den Verletzer. Sowohl die DurchsetzungsRL als auch § 24c GebrMG bzw. § 140c PatG schreiben den Geheimnisschutz für vertrauliche Informationen des vermeintlichen Verletzers vor. Das „Wie" ist bislang nicht abschließend geklärt. 16

Die Möglichkeiten zur Gewährleistung des Geheimnisschutzes sind: 17
- vorherige **Anhörung** des Antragsgegners
- **Ausschluss** des Antragstellers sowie seiner Rechtsanwälte und Patentanwälte von der Besichtigung
- **Verschwiegenheitsverpflichtung** für den Sachverständigen gegenüber dem Antragsteller und seinen Rechts- und Patentanwälten
- Teilnahme der Rechtsanwälte und fanwälte des Antragstellers bei gleichzeitiger **Schweigepflicht** gegenüber dem Antragsteller.

In der Praxis der Instanzgerichte scheint die letzte Variante vorzuherrschen. (Nur) Der Rechtsanwalt und der Patentanwalt des Antragsstellers dürfen an der Besichtigung teilnehmen und Kenntnis von dem Sachverständigengutachten, das das Ergebnis der Besichtigung darstellt, erlangen. Sie sind durch den Gerichtsbeschluss zur **Verschwiegenheit** verpflichtet und dürfen das Gutachten nicht an ihren Mandanten weitergeben. Über die **Freigabe** des Gutachtens und die Entbindung des Rechtsanwalts und des Patentanwalts von der Schweigepflicht erlässt das Gericht einen gesonderten Beschluss, nachdem der Sachverständige sein Gutachten diesem übermittelt hat. Der Entscheidung über die Freigabe oder Nicht-Freigabe des Gutachtens liegt eine Interessenabwägung zugrunde: Regelmäßig wird Freigabe gewährt, wenn die Besichtigung dazu führt, dass eine Gebrauchsmusterverletzung zu bejahen ist; regelmäßig wird Freigabe verwehrt, wenn das Ergebnis der Besichtigung ist, dass eine Gebrauchsmusterverletzung (wohl) zu verneinen ist. Es bedarf mithin einer Entscheidung über Wahrscheinlichkeit der Gebrauchsmusterverletzung. Die Freigabe des 18

Gutachtens erfolgt erst, wenn der **Beschluss** über die Freigabe **rechtskräftig** geworden ist.

19 Probleme ergeben sich teilweise dadurch, dass die Entscheidung über Freigabe Monate dauern kann, je nachdem, wie sich die verschiedenen Beschwerdemöglichkeiten hinziehen. Problematisch ist ferner, dass das Gericht sich häufig an rechtliche Bewertung des Sachverständigen halten wird entgegen den o. a. rechtlichen Grundsätzen; das Gericht wird im Zweifel den Sachverständigen anhören müssen (OLG Düsseldorf InstGE 10, 198, 200 – *zeitversetztes Fernsehen*). In den Beschwerdeschriftsätzen wird zu technischen Einzelheiten Stellung genommen werden müssen und diese Schriftsätze können den Mandanten nicht vorenthalten werden, was die Geheimhaltungsverpflichtung unterlaufen kann: zB kann der Gutachter bei Besichtigung von dem fachkundigen Antragsgegner möglicherweise „beeinflusst" werden, ohne dass ein ebenso sachkundiger Antragsteller ein Gegengewicht hierzu bieten kann; deshalb wird in der Literatur (*Melullis,* in FS Tilmann, 2003, 843) ein zweistufiges Vorgehen vorgeschlagen: wird nach der ersten Besichtigung die Verletzung wahrscheinlich, so soll sie unter Teilnahme auch des Schutzrechtsinhabers wiederholt werden, wobei in jeder Stufe im Einzelfall die geltend gemachten Geheimhaltungsgründe berücksichtigt werden sollen (wohl unpraktisch).

20 Aufgrund der noch ungeklärten Rechtslage wird in der Instanzenrechtsprechung zum Teil dem Geheimnisschutz Vorrang eingeräumt. Das Recht am eingerichteten und ausgeübten Gewerbebetrieb hindert danach daran, im Beweissicherungsverfahren bei Verdacht einer Gebrauchsmusterverletzung eine Besichtigung anzuordnen und ein Gutachten einzuholen, in dem geheimes Know-how des Gegners offengelegt wird. Eine Verschwiegenheitsverpflichtung eines Rechts- oder Patentanwalts gegenüber der eigenen Partei ist nicht möglich, da der Anspruch auf rechtliches Gehör ein Recht der Partei selbst ist, nicht des Anwalts. Es sei fraglich, ob eine Partei hierauf verzichten kann und es gebe auch keine Gewähr dafür, dass die Partei bleibe (OLG München InstGE 10, 187, 191 – *Laser-Schweissverfahren*). Auch dann würde ein schützenswertes Geheimhaltungsinteresse der Gegenpartei ausgehebelt, da bei der notwendigen Information der Partei diese Schlüsse auf den Inhalt des Gutachtens ziehen kann.

21 Beispiele:

– Im Betrieb eines vermeintlichen Gebrauchsmusterverletzers praktiziertes geheimes Know how falle unter den Schutz von Art. 14 GG, ein erstelltes Gutachten dürfe daher nicht herausgegeben werden. Dem stehe auch eine Abwägung mit dem Anspruch auf rechtliches Gehör des Antragstellers nach Art. 103 GG nicht entgegen. Die gegenseitigen Interessen seien vor Erlass eines Beweisbeschlusses, ggf. unter Einbeziehung eines Sachverständigen, sei es in einer mündlichen Verhandlung, sei es schriftsätzlich, zu klären (OLG München InstGE 10, 187, 191 – *Laser-Schweissverfahren*).
– Die zu besichtigende Sache dürfe an den Antragsteller zwar im Regelfall erst nach Erlangung eines Titels in der Hauptsache über den Besichtigungsanspruch herausgegeben werden, bei einer zu Tage getretenen Verletzungswahrscheinlichkeit aber schon am Ende des Verfügungsverfahrens (OLG Frankfurt/Main GRUR-RR 2006, 295 – *Quellcode-Besichtigung*).

22 Ob der Freigabe eines Besichtigungsgutachtens Betriebsgeheimnisse entgegenstehen, beurteilt sich nach dem **Zeitpunkt,** in dem über die Freigabe des Gutachtens zu entscheiden ist. Ursprünglich bestehende Betriebsgeheimnisse, die später in Fortfall geraten (zB weil der besichtigte Gegenstand zwischenzeitlich frei erhältlich ist), sind unbeachtlich. Eines Geheimnisschutzes bedarf es nicht mehr, wenn die erfindungsrelevanten Details durch eine – ggf. auch substanzzerstörende – Untersuchung des auf dem Markt verfügbaren Besichtigungsgegenstandes zu erschließen sind. Dann ist das auf Kosten des Antragstellers in Auftrag gegebene Gutachten selbst dann an diese herauszugeben, wenn der Gutachter zur Annahme der Nicht-Verwirklichung der

Merkmale des Anspruchs gelangt sein sollte (OLG Düsseldorf InstGE 11, 296, 297 – *Kaffemaschine;* kritisch: OLG Düsseldorf GRUR-RR 2016, 224 – *Besichtigungsanordnung*).

Generell steht es im **Ermessen** der Gerichte, welche Maßnahmen sie zur Wahrung von Geschäftsgeheimnissen treffen. Das Gutachten des Sachverständigen ist zunächst nur dem Gericht vorzulegen. Sollte in dem Gutachten eine Rechtsverletzung festgestellt worden sein und beschließt das Gericht, das Gutachten an den Rechtsinhaber auszuhändigen, kann der Verletzer Beschwerde mit der Begründung einlegen, dass das Gutachten Geschäftsgeheimnisse offenbart. Das Gericht kann dann zB Schwärzungen anordnen, soweit diese den Nachweis der Verletzungshandlung nicht berühren (LG Düsseldorf, InstGE 6, 189 – *Walzen-Formgebungsmaschine*). Kommt das Gericht zu dem Ergebnis, dass keine Verletzung vorliegt und sind Geschäftsgeheimnisse geltend gemacht worden, kann das Gericht entscheiden, das Gutachten nicht auszuhändigen. 23

4. Antragsschriftsatz und Antragsfassung. Der Antragsschriftsatz wird wie ein (normaler) Antrag auf Erlass einer einstweiligen Verfügung formuliert. Abweichungen ergeben sich lediglich bei der Verletzungsdiskussion. Der Antragsteller wird zweckmäßigerweise bei dem Merkmal, für das er den Beweis der Verwirklichung mit Hilfe des Besichtigungsverfahrens erlangen möchte, genau erläutern, warum die Verwirklichung hinreichend wahrscheinlich ist. Er muss Hinweise geben, warum der Verdacht der Verwirklichung besteht. Beispiele: offen gelegte Patentanmeldung des Antragsgegners, Bedienungsanleitung, eidesstattliche Versicherung, etc. 24

Die Antragsfassung orientiert sich an dem inzwischen etablierten Beschluss. Besonders wichtig ist die Vorgabe der Handlungen, die der Sachverständige vornehmen dürfen soll und die der Antragsgegner dulden soll. 25

5. Beteiligte

5.1 Sachverständiger. Empfehlenswert ist, einen Patentanwalt als Sachverständigen vorzuschlagen, der sich im Gegensatz zu Hochschulprofessoren – jedenfalls im Allgemeinen – auch mit patent- und gebrauchsmusterrechtlichen Fragestellungen auskennt. Dieser darf zur Abklärung seiner Bereitschaft kurz vorab durch den Rechtsanwalt des Antragsstellers kontaktiert werden. Der Sachverständige ist mit seiner Bestellung ein unabhängiger gerichtlicher Sachverständiger. Dadurch erhält der Antragsteller ein vollwertiges Sachverständigengutachten, das er in einem etwaigen nachfolgenden Verletzungsstreit als zulässiges Beweismittel vorlegen kann. 26

5.2 Gerichtsvollzieher/Polizei. Der Gerichtsvollzieher ist (nur) für die Zustellung des Beschlusses im selbständigen Beweisverfahren und insbesondere für die Zustellung der einstweiligen Verfügung auf Duldung und damit deren Vollziehung hinzuzuziehen. 27

Polizeiliche Hilfe kann (jedoch selten) notwendig sein, wenn der Antragsgegner den Zutritt zu der zu besichtigenden Vorrichtung des Antragsgegners auch nach Vorlage eines Durchsuchungsbeschlusses nach § 758a ZPO verweigert. Sollte dies der Fall sein, kann der Gerichtsvollzieher mit Hilfe der Polizei zwangsweise durchsetzen, dass der Antragsgegner Zugang zu der Vorrichtung gewährt. Nicht zwangsweise mit Hilfe der Polizei ist durchsetzbar, dass der Antragsgegner die ihm in dem Beschluss aufgegebenen Kooperations-Handlungen vornimmt. 28

6. Sicherheitsleistung. Der Antragsteller muss gem. § 24c GebrMG keine Sicherheitsleistung leisten, um den Beschluss zur Einleitung des selbständigen Beweisverfahrens sowie über die flankierende Duldungsanordnung vollstrecken zu können. § 24c Abs. 5 GebrMG sieht lediglich vor, den rmeintlichen Verletzer für den Fall, dass keine Verletzung vorlag oder drohte, durch einen Schadensersatzanspruch in Höhe des ihm durch das Begehren entstandenen Anspruchs abzusichern. §§ 936, 921 Satz 2 ZPO ermöglichen, zusätzlich die Leistung einer Sicherheit – zur Absicherung 29 eben dieses Schadensersatzanspruchs – zu beschliessen, vgl. die gleiche Regelung in Art. 7 Abs. 2 der DurchsetzungsRL.

30 **7. Ende des Besichtigungsverfahrens.** Das zum Zwecke der Besichtigung durchgeführte selbständige Beweisverfahren endet grundsätzlich mit der **Übersendung** des Sachverständigengutachtens an die Parteien und einer sich auf Antrag einer der Beteiligten ggf. hieran anschließenden **mündlichen Anhörung** des Sachverständigen. Bezüglich des Besichtigungsschuldners und der zur Verschwiegenheit verpflichteten Anwälte des Besichtigungsgläubigers ergeben sich im Zusammenhang mit der Überlassung des Gutachtens keine Probleme, wenn sie persönlich bei der sachverständigen Besichtigung zugegen waren.

31 Sind beachtenswerte Geheimhaltungsinteressen betroffen, muss das Gericht förmlich entscheiden, ob und ggf. in welcher Form auch dem Besichtigungsgläubiger persönlich das Gutachten zur Kenntnis gebracht und seine Anwälte von der ihnen auferlegten Verschwiegenheitspflicht entbunden werden. Hier sind im wesentliche zwei Fälle zu unterscheiden (zum Nachfolgenden: OLG Düsseldorf InstGE 10, 198, 200 – *zeitversetztes Fernsehen*): Fehlen von Geheimhaltungsinteressen und geheimhaltungsbedürftige Sachverhalte.

32 Bestehen hinsichtlich des Gutachteninhalts selbst **keine Geheimhaltungsinteressen,** sind jedoch schützenswerte Betriebsinterna anlässlich der Besichtigung bekannt geworden, so ist das Sachverständigengutachten dem Besichtigungsgläubiger zuzustellen und ggf. in einem Anhörungstermin zu erörtern. Im Umfang des dokumentierten Besichtigungsergebnisses kann gleichfalls die Pflicht zur Verschwiegenheit entfallen; für die über das Gutachten hinausgehenden (geheimhaltungsbedürftigen) Tatsachen hat die angeordnete Verschwiegenheitsverpflichtung demgegenüber fortzubestehen.

33 Beinhaltet das Gutachten (einschließlich Anlagen) selbst geheimhaltungsbedürftige Sachverhalte, so ist zu unterscheiden: Lässt sich der Sachverhalt ohne Sinnentstellung dadurch eliminieren, dass die betreffende Passage des Gutachtens **geschwärzt** wird, ist dem Schutzrechtsinhaber ein entsprechend redigiertes Exemplar zu übersenden, womit das selbständige Beweisverfahren beendet ist. Kommt ein solches Vorgehen nicht in Betracht, zB weil der besichtigte Gegenstand eine abhängige Erfindung darstellt, so hängt die Aushändigung des Gutachtens an den Besichtigungsgläubiger davon ab, ob bei vorläufiger Beurteilung eine Gebrauchsmusterverletzung zu bejahen ist oder nicht. Ergibt die Besichtigung eine (ggf. abhängig erfinderische) Gebrauchsmusterverletzung, so hat der Geheimnisschutz des Verletzers hinter den Belangen des Schutzrechtsinhabers, seine gesetzlich verbrieften Ausschließlichkeitsrechte auch gegenüber einer zwar erfinderisch abgewandelten, aber dennoch wortsinngemäß oder äquivalent gebrauchsmusterverletzenden Benutzungsform zur Geltung zu bringen, zurückzutreten. Umgekehrt stellt der mit Hilfe des Sachverständigen ermittelte Besichtigungsgegenstand keine Gebrauchsmusterverletzung dar, gebieten es die nunmehr vorrangigen Geheimhaltungsbelange des Schuldners, dass dem Patentinhaber weder das Gutachten ausgehändigt noch seine Anwälte von ihrer Schweigepflicht entbunden werden (zum Vorstehenden insgesamt: OLG Düsseldorf InstGE 10, 198, 200 – *zeitversetztes Fernsehen*).

34 **8. Schadensersatzanspruch (Abs. 5).** § 24c Abs. 5 GebrMG regelt den Schadensersatzanspruch des Besichtigungsschuldners für den Fall, dass keine Gebrauchsmusterverletzung vorlag oder drohte und dem Besichtigungsschuldner durch das Begehren ein Schaden entstanden ist. Die Nachweisbarkeit eines solchen Schadens wird meistens nicht möglich sein.

35 Denkbar wäre ein nachweisbarer Schaden, wenn aufgrund der Besichtigung einer Produktionsmaschine die Produktion vorübergehend eingestellt werden musste und keine weitere Produktionsmaschine in dem betroffenen Betrieb vorhanden war, die mit höherer Kapazität hätte gefahren werden können. Denkbar wäre weiter, dass

Mitarbeiter für die Zeit der Besichtigung anwesend sein mussten, um den Kooperations-Pflichten aus der Besichtigungsanordnung zu genügen. Diese Mitarbeiter können in der Zeit der Besichtigung der eigentlichen Arbeit nicht nachgehen, wodurch ebenfalls ein nachweisbarer Schaden entstehen kann.

§ 24d [Anspruch auf Vorlage von Bank-, Finanz- und Handelsunterlagen]

(1) **Der Verletzte kann den Verletzer bei einer in gewerblichem Ausmaß begangenen Rechtsverletzung in den Fällen des § 24 Abs. 2 auch auf Vorlage von Bank-, Finanz- oder Handelsunterlagen oder einen geeigneten Zugang zu den entsprechenden Unterlagen in Anspruch nehmen, die sich in der Verfügungsgewalt des Verletzers befinden und die für die Durchsetzung des Schadensersatzanspruchs erforderlich sind, wenn ohne die Vorlage die Erfüllung des Schadensersatzanspruchs fraglich ist. Soweit der Verletzer geltend macht, dass es sich um vertrauliche Informationen handelt, trifft das Gericht die erforderlichen Maßnahmen, um den im Einzelfall gebotenen Schutz zu gewährleisten.**

(2) **Der Anspruch nach Absatz 1 ist ausgeschlossen, wenn die Inanspruchnahme im Einzelfall unverhältnismäßig ist.**

(3) **Die Verpflichtung zur Vorlage der in Absatz 1 bezeichneten Urkunden kann im Wege der einstweiligen Verfügung nach den §§ 935 bis 945 der Zivilprozessordnung angeordnet werden, wenn der Schadensersatzanspruch offensichtlich besteht. Das Gericht trifft die erforderlichen Maßnahmen, um den Schutz vertraulicher Informationen zu gewährleisten. Dies gilt insbesondere in den Fällen, in denen die einstweilige Verfügung ohne vorherige Anhörung des Gegners erlassen wird.**

(4) **§ 811 des Bürgerlichen Gesetzbuchs sowie § 24b Abs. 8 gelten entsprechend.**

Literatur (Auswahl): *Ahrens,* Gesetzgebungsvorschlag zur Beweisermittlung bei Verletzung von Rechten des geistigen Eigentums, GRUR 2005, 837; *Berlit,* Auswirkungen des Gesetzes zur Verbesserung der Durchsetzung von Rechten des geistigen Eigentums im Patentrecht, WRP 2007, 732; *Eck/Dombrowski,* Rechtsschutz gegen Besichtigungsverfügungen im Patentrecht – De lege lata und de lege ferenda, GRUR 2008, 387; *Dörre/Maaßen,* Das Gesetz zur Verbesserung der Durchsetzung von Rechten des Geistigen Eigentums (Teil 1), GRUR-RR 2008, 217; *Stjerna,* Pflicht des Schuldners zur Vorlage von Belegen im Rahmen der Auskunft und Rechnungslegung, GRUR 2011, 789; *Zöllner,* Der Vorlage- und Besichtigungsanspruch im gewerblichen Rechtsschutz, GRUR-Prax 2010, 74.

Inhaltsübersicht

1. Allgemeines/Zweck der Vorschrift. Die Vorschrift gilt seit dem 1. September 2008. Sie ist durch das Gesetz zur Verbesserung der Durchsetzung von Rechten des geistigen Eigentums vom 7. Juli 2008 (BGBl. I, S 1191 = BlPMZ 2008, 274, 302, 303) eingeführt worden und entspricht § 140d PatG. Sowohl § 140d PatG wie auch § 24d GebrMG haben bislang nur eine geringe praktische Bedeutung erlangt. Beide Vorschriften dienen der Umsetzung des Art. 9 Abs. 2 Satz 2 der Richtlinie 2004/48/ 1

EG des Europäischen Parlaments und des Rates vom 29. April 2004 zur Durchsetzung der Rechte des geistigen Eigentums (BlPMZ 2004, 408; vgl. im Einzelnen amtl. Begr. zum Gesetz vom 7. Juli 2008).

2 Im Gegensatz zu § 24c dient § 24d nicht der Gewinnung von Beweismitteln, sondern der Sicherung von Beweismitteln, die der Erfüllung des Schadensersatzanspruchs dienen.

3 **2. Tatbestandsvoraussetzungen.** Die Vorschrift setzt eine Gebrauchsmusterverletzung **„gewerblichen Ausmaßes“** voraus, was als Abgrenzung zu Benutzungshandlungen im privaten Bereich zu verstehen ist, die gemäß § 12 Abs. 1 ohnehin nicht den Wirkungen des Gebrauchsmusterschutzes unterliegen. Einzelheiten zur Abgrenzung gewerblicher und privater Handlungen bei Kommentierung zu § 12.

4 § 24d bezweckt die **Durchsetzung bestehender Schadensersatzansprüche.** Hierzu verweist die Vorschrift ausdrücklich auf § 24 Abs. 2. Schadensersatzansprüche, die dem Gebrauchsmusterinhaber aufgrund anderer Vorschriften zustehen, werden von dieser Vorschrift mithin nicht erfasst. Da § 24d keine Regelung der Zwangsvollstreckung ist, setzt sie nicht voraus, dass der Schadensersatzanspruch nach § 24 Abs. 2 bereits gerichtlich (zumindest vorläufig vollstreckbar) in seinem Bestehen festgestellt wurde. Die Vorschrift greift mithin auch dann bei Vorliegen der übrigen Voraussetzungen ein, wenn eine solche **gerichtliche Durchsetzung (noch) nicht** erfolgt ist. In diesem Fall muss das Bestehen eines Schadensersatzanspruches nach § 24 Abs. 2 inzident geprüft werden.

5 Die in Bezug genommenen Unterlagen (Bank-, Finanz- oder Handelsunterlagen) müssen sich in der **Verfügungsgewalt** des Verletzers befinden. Diese Voraussetzung ist erfüllt, wenn der Verletzer über die tatsächliche Sachherrschaft verfügt, § 854 BGB. Jedoch reicht auch das Vorhandensein eines mittelbaren Besitzes iSd § 868 BGB aus; eine solche Fallgestaltung kann etwa vorliegen, wenn die betreffenden Unterlagen aufgrund eines vorangegangenen Strafermittlungsverfahrens durch die Staatsanwaltschaft beschlagnahmt worden sind und sich bei dieser befinden (vgl. LG Nürnberg/Fürth InstGE 5, 153 – *Betriebsspionage,* zu § 17 UWG).

6 Die Vorschrift setzt weiter voraus, dass einerseits die etwaig vorzulegenden Bank-, Finanz- oder Handelsunterlagen „für die Durchsetzung des Schadensersatzanspruchs **erforderlich** sind“, und andererseits dass „ohne die Vorlage die Erfüllung des Schadensersatzanspruchs **fraglich** ist“. Diese beiden Voraussetzungen begründen ein stufenförmiges Anforderungsprofil.

7 **Erforderlichkeit** im Sinne dieser Regelung setzt voraus, dass die Durchsetzung des bestehenden Schadensersatzanspruches auf diese Weise geeignet und notwendig ist. Damit soll eine **rechtsmissbräuchliche Ausforschung** zu der Situation eines Wettbewerbers vermieden werden. Die vorzulegenden Unterlagen müssen also einen hinreichenden Bezug zu Vermögenswerten des Verletzers erkennen lassen. Die Erforderlichkeitsprüfung muss infolgedessen für jede **einzelne Unterlage** durchgeführt werden, deren Vorlage begehrt wird. Die Notwendigkeit der Vorlage besteht deshalb nicht, wenn der Anspruchsteller auch **auf andere Weise** als durch Vorlage der Unterlagen Kenntnis von den entsprechenden Vermögenswerten erlangen kann, insbesondere wenn dies auf einfachere Weise möglich sein sollte. Zu denken sind beispielsweise an öffentlich zugängliche Geschäftsberichte, Informationen aus dem Internet.

8 Darüber hinaus muss die Durchsetzung des Anspruchs gemäß § 24 Abs. 2 **objektiv gefährdet** sein. Da dies keine gerichtlich festgestellte Bestätigung des Bestehens eines solchen Schadensersatzanspruchs voraussetzt, dürfen insoweit keine unterschiedlich hohen Anforderungen an die Überprüfung des Vorliegens der Voraussetzungen einer objektiven Gefährdung der Durchsetzung des Schadensersatzanspruches gestellt werden, je nachdem, ob dieser Anspruch gerichtlich mindestens erstinstanzlich festgestellt oder außergerichtlich durchgesetzt werden soll. Eine Grundvoraussetzung für das Bestehen dieses Anspruchs wird also zunächst sein, dass der Verletzer den Schadensersatz-

anspruch nicht zu erfüllen gedenkt, was seinerseits voraussetzt, dass dieser Schadensersatzanspruch in vernünftiger und nachvollziehbarer Weise der Höhe nach beziffert worden ist. Aus dem **Gesamtverhalten** des Verletzers muss abgeleitet werden können, ob eine solche Gefährdung der Durchsetzung angenommen werden kann. Hierbei wird man freilich nicht so weit fordern können, dass es zu einer Beiseiteschaffung von Vermögenswerten gekommen ist oder zu kommen droht. Andere Indizien können hierbei ebenso eine gewichtige Rolle spielen, etwa öffentlich zugängliche Informationen über Zahlungsschwierigkeiten oder Zahlungsverzügen. Mithin ist auf die Gesamtsituation abzustellen, zu der auch gehören kann, wie hoch die mögliche Schadensersatzforderung ist. Je höher der Betrag ist, desto eher kann unter Berücksichtigung aller Gesamtumstände angenommen werden, dass die Durchsetzung des Schadensersatzanspruches jedenfalls teilweise objektiv gefährdet ist.

Gegenstand des Vorlageanspruchs sind **Bank-, Finanz- oder Handelsunterlagen.** Sie müssen ungeachtet ihrer körperlichen Ausgestaltung geeignet sein, **Beweis** über die Vermögenssituation zu erbringen. Insbesondere können diese Unterlagen in schriftlicher, elektronischer oder in Textform abgefasst sein, §§ 126 Abs. 1, 126a, 126b BGB. Typischerweise kann es sich bei diesen Unterlagen handeln um: Kontoauszüge, Depotauszüge, Finanzabrechnungen, Kredit- und Darlehensverträge, Bilanzen, Jahresabschlüsse, Buchführungsunterlagen, Steuererklärungen. Hypotheken- und Grundschuldbrief-Unterlagen, also Unterlagen, die etwaiges Immobilienvermögen betreffen, sollen angesichts des Wortlauts der Vorschrift, der diese nicht erfasst, nicht darunter fallen (vgl. OLG Frankfurt GRUR-RR 2012, 197 – *Vorlage von Bankunterlagen*). 9

Aktivlegitimiert ist der Gläubiger des Schadensersatzanspruches. Der Verletzer, nicht ein Dritter ist **passivlegitimier**t; der Anspruch richtet sich auch gegen den Verletzer im Falle eines mittelbaren Besitzverhältnisses nach § 868 BGB oder eines Besitzmittlungsverhältnisses. 10

In inhaltlich teilweiser Überschneidung mit der Tatbestandsvoraussetzung der Erforderlichkeit ist die Durchsetzung des Anspruchs nach Abs. 2 ausgeschlossen, wenn die Inanspruchnahme im Einzelfall **unverhältnismäßig** ist. Aus der gesetzlichen Regelung ergibt sich ein **Regel-Ausnahme-Verhältnis,** kraft dessen dem Interesse des Rechtsinhabers an der Vorlage der Unterlagen der Vorrang gebührt. Die Verpflichtung zur Vorlage der Unterlagen und damit verbundene Mühen sowie die damit verbundene Offenbarung von wirtschaftlich relevanten Daten können als solche folglich die Annahme einer Unverhältnismäßigkeit nicht begründen. Gegebenenfalls können geeignete Maßnahmen getroffen werden, um damit verbundene wirtschaftlich sensible Daten, die für die Durchsetzung des Anspruchs nicht notwendig sind, unkenntlich zu machen. 11

Die **Darlegungs- und Beweislast** für die anspruchsbegründenden Tatsachen, also für das Bestehen des Schadensersatzanspruchs, die Aktivlegitimation, die Passivlegitimation, die Existenz der Bank-, Finanz-und Handelsunterlagen, die Erforderlichkeit der Vorlage dieser Unterlagen zur Sicherung des Schadensersatzanspruches liegt bei dem Verletzten. Hingegen trägt der Verletzer die Darlegungs- und Beweislast für das Bestehen schutzwürdiger Geheimhaltungsinteressen bzw. für die Begründung der Unverhältnismäßigkeit (vgl. *Benkard/Grabinski/Zülch,* § 140d PatG, Rn. 5). 12

3. Rechtsfolgen. Zur Sicherung des Schadensersatzanspruches sind dem Verletzten die betreffenden Unterlagen entweder vorzulegen oder in geeigneter Weise zugänglich zu machen. Trotz des insoweit unterschiedlichen Wortlauts ist beiden Alternativen gemeinsam, dass der Verletzte den Inhalt der betreffenden Unterlage zur Kenntnis nehmen können soll. Der Verletzte hat die Wahl, ob er die erforderlichen Informationen mittels Vorlage oder mittels Zugangs zu den Unterlagen begehrt; gegebenenfalls kommt je nach Unterlage sowohl die eine wie die andere Alternative in Betracht. 13

14 Geschuldet wird mithin die **Vorlage** der Unterlagen in einer Weise, dass der Verletzte deren Inhalt sinnlich wahrnehmen kann. Dies wird typischerweise häufig nicht im Wege einer bloßen Einsichtsnahme möglich sein, so dass im Rahmen der Rechtsfolge der Vorschrift eine vorübergehende Überlassung zur Anfertigung von im Besitz des Verletzten verbleibenden Kopien verlangt werden kann.

15 Sind die Bank-, Finanz-oder Handelsunterlagen nicht in einer Weise vorhanden, die eine Vorlage ermöglichen, was etwa bei umfangreichen elektronischen Datensätzen der Fall sein kann, muss der **Zugang** zu dem Inhalt dieser Unterlagen ermöglicht werden. Was unter einem Zugang zu verstehen ist, muss ergebnisorientiert beurteilt werden, und setzt voraus, dass der Verletzte auch insoweit den Inhalt der Unterlagen zur Kenntnis nehmen kann. Unter einem Zugang kann im Einzelfall das Ermöglichen der Einsicht in betriebsinterne Datensätze zu verstehen sein.

16 Die Vorlage hat gemäß § 24d Abs. 4 iVm § 811 Abs. 1 S. 1 BGB an dem **Ort** zu erfolgen, an welchem sich die Unterlage zum Zeitpunkt der Vorlage bzw. der Zugangsermöglichung befindet. Ist der Schuldner des Anspruchs ein Unternehmen, so wird in der Regel darunter dessen Geschäftsräumlichkeit zu verstehen sein. Die Gefahr und die Kosten der Vorlage hat nach § 24d Absatz 4 iVm § 811 Abs. 2 S. 1 BGB derjenige zu tragen, der die Vorlage verlangt, mithin in der Regel der Verletzte.

17 Wird die **Vertraulichkeit der Informationen** vom Verletzer geltend gemacht, so muss das Gericht die erforderlichen Maßnahmen treffen, um den im Einzelfall gebotenen Schutz zu gewährleisten. Es gilt Vergleichbares wie zu § 24c Abs. 1 Satz 3. Vgl. die Anm. dort. Mit den vertraulichen Informationen sind **Betriebs- und Geschäftsgeheimnisse** gemeint, mithin alle auf ein Unternehmen bezogenen Tatsachen, Umstände und Vorgänge, die nicht offenkundig sind, vielmehr auf einen begrenzten Personenkreis beschränkt sind. Es muss sich dabei im Sinne einer teleologischen Reduktion um Informationen handeln, die eine über die übliche Vertraulichkeit von Bank-, Finanz- oder Handelsunterlagen hinausgehende Vertraulichkeit beinhalten. Andernfalls würde der Anspruch des Verletzten, der gerade keinen Zugang oder Kenntnisse über bislang nicht bekannte Vermögenswerte des Verletzers hat, und dem die gesetzliche Regelung gerade diese Möglichkeit eröffnen möchte, ins Leere laufen. Folglich müssen für die Annahme einer vertraulichen Information darüber hinausgehende, **besondere Umstände** hinzutreten, die zudem einen **zusätzlichen Informationsgehalt** beinhalten müssen, der über denjenigen der Bank-, Finanz- oder Handelsunterlagen hinausgeht. Da es insoweit nach der gesetzlichen Regelung auf die Einzelfallumstände ankommt, wird dem zuständigen Gericht die Aufgabe zuteil, die möglichen und zulässigen konkreten Maßnahmen, die dem Schutz vertraulicher Informationen dienen, zu bestimmen.

18 Aus § 24d Abs. 4 und dessen Verweis auf § 24b Abs. 8 ergibt sich ein **Verwertungsverbot** in Strafverfahren oder Verfahren wegen einer Ordnungswidrigkeit, wenn sich ein solches gegen den zur Vorlage Verpflichteten oder gegen einen Angehörigen iSd § 52 StPO richtet und eine Tat betrifft, die vor Vorlage der Unterlagen begangen wurde. Auf die Erläuterungen zu § 24b Abs. 8 wird verwiesen.

19 **4. Gerichtliche Durchsetzung.** Der in § 24d normierte Anspruch auf Vorlage bzw. auf Zugang der erörterten Unterlagen kann zum einen in einem gesonderten **Hauptsacheverfahren** geltend gemacht werden. Regelmäßig dürfte jedoch ein Gebrauchsmusterverletzungsstreit vorausgegangen sein, der die Schadensersatzpflicht des Verletzers bereits feststellt. Im Einzelfall wird auch eine Verbindung des Vorlageanspruchs mit den sonstigen Ansprüchen wegen Gebrauchsmusterverletzung in einem Verfahren in Betracht kommen, falls die für die Durchsetzung dieses Anspruchs notwendigen Voraussetzungen bereits im Zeitpunkt der Erhebung der vorgreiflichen Klage gegeben sein sollten; gegebenenfalls kommt während dieses Rechtsstreits auch eine entsprechende Klageerweiterung in Betracht.

20 Aus § 24d Abs. 3 S. 1 ergibt sich auch die Möglichkeit der Durchsetzung dieses

Anspruchs in einem **einstweiligen Verfügungsverfahren.** Voraussetzung hierfür ist jedoch, dass die Schadensersatzhaftung des Verletzers **offensichtlich** ist. Insoweit wird auf die Kommentierung zum Erlass von einstweiligen Verfügungen bei Gebrauchsmusterverletzungen verwiesen. Die bisherige Praxis der Instanzgerichte ist, soweit sie sich überhaupt mit diesen Fallgestaltungen befassen konnten, an sich restriktiv. Ein erstinstanzliches, nicht rechtskräftiges Urteil, das die Schadensersatzpflicht feststellt, soll hierfür noch nicht ausreichend sein (vgl. OLG Frankfurt GRUR-RR 2012, 197 – *Vorlage von Bankunterlagen;* OLG Hamburg InstGE 8, 11 – *Transglutaminase*). So verständlich diese Zurückhaltung ist, so geringer wird die praktische Bedeutung dieser Vorschrift sein. Deshalb sollte in Erwägung gezogen werden, ob nicht für den Verletzten die Erhebung einer Hauptsacheklage in Verbindung mit einem im Wege der einstweiligen Verfügung durchzusetzenden Antrag auf **Sequestration** erfolgversprechender ist; eine solche Kombination wird häufig bei Vindikationsklagen verfolgt, wobei dem dortigen Schutzrechtsinhabern im Wege der Sequestration die Verfügungsbefugnis über das Schutzrecht für die Dauer des parallelen Hauptsacheverfahrens entzogen wird. Bei Durchsetzung der Ansprüche zur vorliegenden Regelung würde die Sequestration dahingehend ausgestaltet sein, dass ein Sequester die vorerwähnten Maßnahmen umsetzt und der Verletzte diese Informationen bei positivem Ausgang des Hauptsacheverfahrens erhält. Sollte eine offensichtliche Schadenersatzhaftung dennoch im Einzelfall angenommen werden können, fingiert § 24d Abs. 3 S. 2 die erforderliche Dringlichkeit und lässt die Vorwegnahme der Hauptsache zu. Dies gilt sowohl für die Vorlage der Unterlagen wie auch für den Anspruch auf Zugang zu diesen Unterlagen.

Da der Verletzte häufig die betreffenden Unterlagen nicht wird bezeichnen können, weil ihm insoweit die hierzu notwendigen Kenntnisse fehlen, kann er den Vorlageanspruch zunächst im Wege eines **Auskunftsanspruchs** geltend machen. **21**

Sowohl für das Klageverfahren als auch für das Verfahren der einstweiligen Verfügung gelten die **allgemeinen Zuständigkeitsregelungen.** Es handelt sich um eine gebrauchsmusterrechtliche Streitigkeit. § 811 BGB kann eine gesonderte Zuständigkeit der belegenen Sache (§ 23 ZPO), bzw. der unerlaubten Handlung (§ 32 ZPO) begründen. **22**

Die **Vollstreckung** des Vorlageanspruchs erfolgt nach den Regeln der Herausgabevollstreckung gemäß § 883 ZPO, was die Möglichkeit inkludiert, von dem Verletzter die **eidesstattliche Versicherung** abzuverlangen, dass er diese Unterlagen nicht besitze und auch ihren Aufenthaltsort nicht kenne, § 883 Abs. 2 ZPO, falls der Verletzte die ihm zugesprochene Vorlage der Unterlagen zum Beispiel mangels Auffindbarkeit nicht durchsetzen können sollte. **23**

Aus den vorstehenden Erläuterungen dürfte deutlich werden, dass der gesetzliche Vorlageanspruch nicht nur im Falle des Bestehens von Schadensersatzforderungen aufgrund von Patentverletzungen sondern auch aufgrund von Gebrauchsmusterverletzungen in der Praxis eine eher geringe Rolle spielen dürfte. **24**

§ 24e [Anspruch auf Urteilsbekanntmachung]

Ist eine Klage auf Grund dieses Gesetzes erhoben worden, kann der obsiegenden Partei im Urteil die Befugnis zugesprochen werden, das Urteil auf Kosten der unterliegenden Partei öffentlich bekannt zu machen, wenn sie ein berechtigtes Interesse darlegt. Art und Umfang der Bekanntmachung werden im Urteil bestimmt. Die Befugnis erlischt, wenn von ihr nicht innerhalb von drei Monaten nach Eintritt der Rechtskraft des Urteils Gebrauch gemacht wird. Der Ausspruch nach Satz 1 ist nicht vorläufig vollstreckbar.

Literatur(Auswahl): *Kolb,* Der Anspruch auf Urteilsbekanntmachung im Markenrecht, GRUR 2014, 513; *Maaßen,* Urteilsveröffentlichungen in Kennzeichensachen, MarkenR 2008, 417; *Steigüber,* Der „neue" Anspruch auf Urteilsbekanntmachung im Immaterialgüterrecht?, GRUR 2011, 295.

1 **1. Allgemeines/Zweck der Vorschrift.** Die Vorschrift ist mit Wirkung seit dem 1.9.2008 durch das Gesetz zur Verbesserung der Durchsetzung von Rechten des geistigen Eigentums vom 7. Juli 2008 (BGBl. I S. 1191 = BlPMZ 2008, 274) eingefügt worden. Sie entspricht § 140e PatG. Die Vorschrift regelt den Anspruch der obsiegenden Partei, das Urteil auf Kosten der unterliegenden Partei öffentlich bekannt zu machen.

2 **2. Voraussetzungen.** Die Vorschrift regelt den Anspruch der obsiegenden Partei, das Urteil auf Kosten der unterliegenden Partei öffentlich bekannt zu machen. Die Verpflichtung hierzu setzt einen entsprechenden Antrag der obsiegenden Partei voraus. Weiterhin muss es sich um eine **„Klage aufgrund dieses Gesetzes"** handeln. Damit sind sicherlich im Wesentlichen die „klassischen" Klagen auf der Grundlage einer **unmittelbaren** oder **mittelbaren Gebrauchsmusterverletzung** gemeint. Dies ergibt sich auch aus der dieser Vorschrift zugrunde liegenden Richtlinie 2004/48/EG (Art. 15). Jedoch lässt der Wortlaut auch andere Klagen, die ihre Grundlage im GebrMG haben, als Grundlage für die Bekanntmachung des Urteils zu. In Betracht kommt deshalb zum Beispiel auch die **Vindikationsklage.** Nach dem Wortlaut („Klage")ausgenommen sind hingegen Entscheidungen, die im **einstweiligen Verfügungsverfahren** ergehen. Dies folgt aus der Natur eines einstweiligen Verfügungsverfahrens, die lediglich die vorläufige Sicherung eines Anspruch bezweckt; weiterhin würde damit die Hauptsache vorweggenommen, was im Ergebnis das Vorliegen einer gesetzlich gerade nicht vorgesehenen Leistungsverfügung bedeuten würde; die Frage ist jedoch im Hinblick auf das Erfordernis einer richtlinienkonformen Auslegung der Vorschrift streitig, da Art. 15 Enforcement-RL (Richtlinie 2004/48/EG), deren Umsetzung § 24e ebenso wie § 140e PatG dient, nur allgemein von „Verfahren wegen Verletzung von Rechten des geistigen Eigentums" spricht. Freilich können diese Entscheidungen ihrerseits Grundlage für die Bekanntmachung sein, wenn letztere Bestandteil einer entsprechenden Abschlusserklärung zu dieser einstweiligen Verfügung ist.

3 Weiter vorausgesetzt ist das Vorliegen eines **Urteils,** dh Beschlüsse, zum Beispiel im Rahmen eines einstweiligen Verfügungsverfahrens, Kostenfestsetzungsbeschlüsse, bilden keine hinreichende Basis für diesen Anspruch. Aus § 24e S. 4 folgt, dass das Urteil **formell rechtskräftig** sein muss, damit es vollstreckbar ist.

4 § 24e spricht die Befugnis zur Bekanntmachung lediglich einer **Partei** des Verfahrens zu. Sonstige Beteiligte des Verfahrens, etwa ein **Nebenintervenient,** können nicht in den Genuss dieses Anspruchs kommen. Für das Bestehen des Anspruchs ist dabei das **Obsiegen** entscheidend, was bereits anzunehmen ist, wenn die Klage nur in einem wesentlichen Punkt erfolgreich war, zum Beispiel in Bezug auf den Unterlassungsantrag. Hat der Kläger eine **Teil-Klageabweisung** hinzunehmen, zum Beispiel in Bezug auf einen geltend gemachten Schadensersatzanspruch, kann dies mannigfache Gründe haben, wie etwa eine zwischenzeitlich eingetretene Verjährung. Hierdurch ändert sich aber an dem Obsiegen als solchem in einem wesentlichen Antrag nichts. Der Anspruch auf Veröffentlichung geht **nur so weit,** wie gerade das Obsiegen reicht. Auch dem Beklagten kann im Obsiegensfall ein entsprechender Anspruch auf Veröffentlichung zustehen. Bei teilweisem Obsiegen können beide Parteien in Bezug auf den jeweiligen obsiegenden Teil Gläubiger des Anspruchs sein.

5 Eine weitere Voraussetzung ist, dass an der Urteilsveröffentlichung ein **berechtigtes Interesse** bestehen muss. Hierbei spielen lediglich **objektive Interessen** eine Rolle, die vornehmlich auf die Beseitigung eines fortdauernden Störungszustands durch Information gerichtet sein müssen. Deshalb ist mit einem obsiegenden Urteil

nicht zwangsläufig auch eine Veröffentlichungsbefugnis verbunden. Denn mit der Veröffentlichung eines solchen Urteils sind für die betroffene Partei erhebliche Nachteile verbunden, die zum Beispiel bei einer eher unbeabsichtigt erfolgenden Gebrauchsmusterverletzung nicht hinzunehmen sind. Deshalb müssen für die Verurteilung zur Veröffentlichung besondere Umstände hinzutreten, die eine umfassende Interessenabwägung erfordern.

Bei der **Interessenabwägung** ist zunächst eine wesentliche Voraussetzung, dass die Veröffentlichung objektiv geeignet und erforderlich ist. Neben der Art, der Dauer und dem Ausmaß der Beeinträchtigung ist auch die Schwere der Rechtsverletzung von Bedeutung. Ebenso kann der zwischenzeitlich eingetretene Zeitablauf Einfluss auf die beiderseitigen Interessen der Parteien haben. Ferner kommt das Informationsinteresse der Öffentlichkeit hinzu. Die Dauer der Rechtsverletzung kann ebenso Einfluss auf die Entscheidung haben wie etwa die Bedeutung der Parteien. Selbiges gilt auch für bereits erfolgte Veröffentlichungen über die streitige Auseinandersetzung zwischen den Parteien in der Fachpresse. Entscheidend sind dabei die Umstände im Zeitpunkt der letzten mündlichen Verhandlung. **6**

3. Antrag. Die obsiegende Partei muss einen entsprechenden **Antrag** gestellt haben, § 308 Abs. 1 ZPO. Da das Gesetz dem Gericht in Bezug auf den Ausspruch der Veröffentlichung ein Ermessen einräumt, liegt insoweit eher eine Anregung vor, wenn die betreffende Partei lediglich im Rahmen der Klagebegründung die nähere Ausgestaltung der begehrten Urteilsveröffentlichung darlegt. Der Antrag und der ihm zugrunde liegende Lebenssachverhalt stellen einen **eigenen Streitgegenstand** dar. **7**

Die **Darlegungs- und Beweislast** für das Vorliegen der Voraussetzungen des § 24e liegt bei dem jeweiligen Antragsteller. Dem Gericht sind substantiiert Tatsachen vorzutragen, die es ihm ermöglichen, eine Entscheidung über diesen Antrag zu treffen. Entsprechend den allgemeinen Grundsätzen zur allgemeinen Darlegungs- und Beweislast muss diejenige Partei vortragen und gegebenenfalls beweisen, die sich auf besondere Umstände gegen eine Veröffentlichung beruft. **8**

4. Rechtsfolgen. Das Gericht hat nach **pflichtgemäßem Ermessen** über Art und Umfang der Veröffentlichung zu entscheiden. Die Einzelheiten zu dem Veröffentlichungsmedium, zur Aufmachung der Bekanntmachung (Größe, Dauer, Ort, Zeit), zu einer eventuellen Wiederholung betreffen die **Art** der Bekanntmachung. Der **Umfang** der Bekanntmachung hat die Fragestellung im Blick, ob das Urteil als Ganzes, lediglich Teile hiervon zu veröffentlichen sind. Auch insoweit wird das Gericht im Auge behalten, inwieweit eine Veröffentlichungsbefugnis zur Beseitigung des fortdauernden Störungszustands im konkreten Fall geeignet und erforderlich ist. Auch insoweit kann der Umfang des Obsiegens ein Beurteilungskriterium sein. Häufig wird es genügen, lediglich die Parteien zu benennen, den Tenor der gerichtlichen Entscheidung, das Aktenzeichen des Gebrauchsmusters und die angegriffene Ausführungsform aufzuführen. Insbesondere die Wiederholung eventuell komplexer Entscheidungsgründe, die sich nicht nur mit der Frage der Verletzung sondern gegebenenfalls auch mit umfänglichem Stand der Technik auseinandersetzen, wird in aller Regel nicht notwendig sein, um das gesetzgeberische Ziel mit der Veröffentlichung zu erreichen. **9**

Der Ausspruch der **Bekanntmachungsbefugnis** ist **nicht vorläufig vollstreckbar,** § 24e S. 4. Für die Einleitung dieser lediglich eine Befugnis einräumenden Maßnahme bedarf es also der Vollstreckbarkeit des Urteils. Denn eine erfolgte Veröffentlichung kann nicht mehr ungeschehen gemacht werden. **10**

Die **Kosten** der Bekanntmachung hat die jeweils unterliegende Partei zu tragen. Die Kostenpflicht wird im Urteil vermerkt. Haben beide Parteien teilweise obsiegt, entsteht eine entsprechende wechselseitige Kostentragungspflicht. Es handelt sich hierbei um Kosten der Zwangsvollstreckung; diese können nach §§ 788, 91 Abs. 1 **11**

ZPO festgesetzt werden. Eine Vorschusspflicht der unterliegenden Partei kann nicht angenommen werden.

12 Da der Antrag auf Urteilsveröffentlichung ein eigener Streitgegenstand ist, entfällt auf ihn eine entsprechende Kostenquotelung in Gesamtschau mit den übrigen Klageanträgen. Mit dem Antrag ist also ein **eigener Streitwert** verbunden; insoweit gelten die allgemeinen Grundsätze für die Bemessung und Festsetzung von Streitwerten. Wird dem Antrag entsprochen, urteilt das Gericht aber eine andere Art und/oder einen anderen Umfang der Veröffentlichung aus, so kann dies ein Teilunterliegen gemäß § 92 Abs. 1 ZPO darstellen.

13 Die gerichtlich festgestellte Veröffentlichungsbefugnis **erlischt,** wenn von ihr nicht innerhalb von **3 Monaten** nach Eintritt der Rechtskraft des Urteils Gebrauch gemacht wird. Es handelt sich um eine gesetzliche Ausschlussfrist, die sich nach §§ 186ff. BGB berechnet. Diese Frist besagt nicht, dass innerhalb ihrer die Veröffentlichung stattgefunden haben muss; der Gläubiger des Anspruchs muss aber innerhalb ihrer **alle erforderlichen Maßnahmen** getroffen haben, die eine alsbaldige Bekanntmachung ermöglichen.

14 § 24e stellt **keine abschließende Regelung** dar. Das Recht zur Veröffentlichung kann sich auch aus allgemeinen Vorschriften ergeben, zum Beispiel unter dem Gesichtspunkt des allgemeinen Störungsbeseitigungsanspruchs gemäß §§ 823, 1004 BGB. Freilich sind insoweit Gegenrechte des Betroffenen im Auge zu behalten, die sich aus wettbewerbsrechtlichen oder allgemein zivilrechtlichen Grundsätzen ergeben können, zum Beispiel dem Verbot der Anschwärzung.

§ 24f [Verjährung]

Auf die Verjährung der Ansprüche wegen Verletzung des Schutzrechts finden die Vorschriften des Abschnitts 5 des Buches 1 des Bürgerlichen Gesetzbuchs entsprechende Anwendung. Hat der Verpflichtete durch die Verletzung auf Kosten des Berechtigten etwas erlangt, findet § 852 des Bürgerlichen Gesetzbuchs entsprechende Anwendung.

Literatur: *Hülsewig,* Der Restschadensersatzanspruch im Patentrecht – Beschränkt auf die angemessene Lizenzgebühr?, GRUR 2011, 673; *Maurer,* Verjährungshemmung durch vorläufigen Rechtsschutz, GRUR 2003, 208; *Meier-Beck,* Ersatzansprüche gegen den mittelbaren Patentverletzer, GRUR 1993, 1; *Nieder,* Restschadensersatz-, Restentschädigungs- und Bereicherungsansprüche im Patentrecht, Mitt. 2009, 540; *Pietzcker,* Feststellungsprozess und Anspruchsverjährung, GRUR 1998, 293; *Traub,* Unterbrechung der Verjährung durch Antrag auf Erlass einer einstweiligen Verfügung, WRP 1997, 903.

Inhaltsübersicht

1 **1. Zweck der Vorschrift.** § 24f entspricht dem bisherigen § 24c und wurde mit Wirkung zum 1. September 2008 durch Art. 3 des Gesetzes vom 7. Juli 2008 neu bezeichnet (BGBl. I S. 1181 = PMZ 2008, 274). Die Bestimmung entspricht § 141

PatG und ist inhaltlich durch das Schuldrechtsmodernisierungsgesetz mit Wirkung zum 1. Januar 2002 ebenso wie dieser neu gefasst. § 24f hat die Regelung des bisherigen § 24c übernommen und gilt seit 1.9.2008 (BGBl. I S. 1181 = BlPMZ 2008, 274). Die Regelung entspricht § 141 PatG.

§ 194 BGB definiert den **Begriff des Anspruches.** Ansprüche unterliegen grundsätzlich der Verjährung, die zu entsprechenden, geltend zu machenden **Einreden** des Anspruchsgegners führen kann, mit der Folge des Entstehens eines Leistungsverweigerungsrechts. Die Grundsätze der Verjährung dienen der **Rechtssicherheit** und der **Befriedung.** Über §§ 141 PatG, 24f GebrMG finden diese Grundsätze auch Eingang in patentrechtliche bzw. gebrauchsmusterrechtliche Auseinandersetzungen. Die materiellen Verjährungsvorschriften haben eine grundlegende Änderung durch das sogenannte Schuldrechtsmodernisierungsgesetz erfahren, das mit Wirkung zum 1. Januar 2002 die Verjährungsvorschriften des BGB neuen Regelungen unterwarf. Hinsichtlich weiterer Einzelheiten wird auf die Kommentierung in → § 11 Rn. 117ff. zu verwiesen. 2

2. Anwendungsbereich. § 24f regelt die Verjährung von Ansprüchen wegen **Verletzung des Schutzrechts,** also eines eingetragenen Gebrauchsmusters. Aufgrund einer unberechtigten, dh ohne Zustimmung des Rechtsinhabers erfolgenden Nutzung des Gebrauchsmusters entstehen gemäß §§ 24ff. Ansprüche auf Unterlassung, Rechnungslegung, Auskunft, Schadenersatz, Vorlage einer Urkunde, Besichtigung einer Sache sowie auf Vorlage von bestimmten Handelsunterlagen. § 24f regelt mithin die Verjährung dieser Ansprüche. 3

Folglich regelt die Vorschrift die Verjährung **nicht** zu Ansprüchen auf **Vindikation** (insoweit gelten eigene Verjährungsvorschriften gemäß § 13 Abs. 3 GebrMG, § 8 PatG), für Ansprüche aus und im Zusammenhang **Lizenzverträgen** oder **Arbeitnehmererfindungen.** Diese Ansprüche verjähren nach den allgemeinen Regelungen. Hierzu gehören: 4

- Ansprüche aus Lizenzverträgen: 3 Jahre, § 195 BGB; 5
- Ursprüngliche Bereicherungsansprüche gemäß § 812 BGB: 3 Jahre, § 195 BGB; 6
- Ansprüche wegen unberechtigter Verwarnung: 3 Jahre, § 195 BGB; 7
- Übertragungs- und Abtretungsansprüche nach § 13 GebrMG, § 8 PatG: 30 Jahre, § 197 Abs. 1 Nr. 1 BGB. 8

3. Verjährungsfristen. Die **regelmäßige Verjährungsfrist** von **3 Jahren,** § 195 BGB, gilt prinzipiell für alle Gebrauchsmusterverletzungsansprüche. 9

Die Verjährungsfrist beträgt **30 Jahre,** § 197 Abs. 1 BGB, wenn 10

- die Ansprüche rechtskräftig festgestellt, § 197 Abs. 1 Nr. 3 BGB, oder 11
- es sich um Ansprüche aus vollstreckbaren Vergleichen oder vollstreckbaren Urkunden, § 197 Abs. 1 Nr. 4 BGB, handelt oder 12
- es sich um solche Ansprüche handelt, die durch die im Insolvenzverfahren erfolgte Feststellung vollstreckbar geworden sind, § 197 Abs. 1 Nr. 5 BGB. 13

Die verschiedenen Verjährungsfristen für die in → Rn. 3 genannten Ansprüche betragen also im einzelnen für den: 14

- **Schadensersatzanspruch** gemäß § 24 Abs. 2: 3 Jahre; der rechtskräftig festgestellte Schadenersatzanspruch unterliegt der 30-jährigen Verjährung nach § 197 Nr. 3 BGB. **Jede** Verletzungshandlung führt zu einem eigenständigen Schadensersatzanspruch, somit muss für jede Verletzungshandlung und für jeden damit verbundenen Zeitpunkt die Einrede der Verjährung erhoben, dargelegt und geprüft werden. Anders als beim Unterlassungsanspruch greift hier nicht die Bewertung als Dauerhandlung. 15
- **Unterlassungsanspruch** gem. § 24 Abs. 1 PatG: 3 Jahre; jede neue Zuwiderhandlung setzt eine neue Verjährungsfrist in Lauf, vgl. § 199 Abs. 5 S. 2 BGB; Verjährung ist auch bei Fortbestehen der Wiederholungsgefahr möglich, sog. Dauerhandlung; 16

17 – Ansprüche aus einer **vertraglichen Unterlassungsverpflichtung** in Erfüllung eines gebrauchsmusterrechtlichen Unterlassungsanspruchs wegen ihrer Parallelität zum gesetzlichen Unterlassungsanspruch analog § 24 Abs. 1: 3 Jahre; die Verpflichtung tritt an die Stelle des Unterlassungsanspruchs – **Novation;**

18 – **Vertragsstrafeanspruch,** §§ 195, 199 Abs. 1, 5 BGB: 3 Jahre;

19 – **Auskunftsanspruch/Rechnungslegungsanspuch:** 3 Jahre = Hilfsanspruch zum Schadensersatzanspruch

20 – **Beseitigungsanspruch:** 3 Jahre;

21 – **Vernichtungsanspruch** aus § 24a: 3 Jahre;

22 – Anspruch auf **Drittauskunft,** § 24b: 3 Jahre.

23 **4. Beginn der Verjährung.** Jeder Anspruch unterliegt einer **kenntnisabhängigen** Verjährungsfrist von 3 Jahren, die mit dem Schluss des Jahres beginnt, in dem der Anspruch entstanden ist, § 199 Abs. 1 Nr. 1, Abs. 5 BGB. Der Anspruch entsteht mit der Verletzungshandlung. Weiter setzt dies voraus, dass der Gläubiger von den anspruchsbegründenden Tatsachen und der Person des Schuldners Kenntnis erlangt hat, § 199 Absatz 1 Nr. 2 BGB. Auf grober Fahrlässigkeit beruhende Unkenntnis steht der positiven Kenntnis gleich, §§ 195, 199 Abs. 1 BGB.

24 **Verjährungseintritt** mit dem Ablauf derjenigen Frist, die im konkreten Einzelfall als erste endet, § 199 Abs. 3 S. 2 BGB.

25 Diese Grundsätze gelten gleichermaßen für **Unterlassungsansprüche** wie auch für **Schadensersatzansprüche.** Bei letzteren kommt hinzu, dass der Verletzte auch Kenntnis hinreichende von dem **Eintritt eines Schadens** nehmen konnte. Jedoch ist die Kenntnis des Umfangs des Schadens ist nicht erforderlich. Die Kenntnis bezieht sich dabei auf die **jeweilige Verletzungshandlung,** hat also keinen Einfluss auf den Beginn der Verjährung in Bezug auf weitere Verletzungshandlungen. In Bezug auf den Schadensersatzanspruch muss auch hinreichende Kenntnis mit Blickrichtung auf das Verschulden gegeben sein.

26 Kenntnis oder grob fahrlässige Unkenntnis von den **anspruchsbegründenden Umständen** und dem **Schuldner** ist erforderlich. Gegebenenfalls kann hieraus ein unterschiedliches Verjährungsregime entstehen, wenn eine Verletzungshandlung durch **mehrere Personen** infrage steht. Dann kommt es auf die Kenntniserlangung von Handlung und Person bezüglich jedes Verpflichteten an; es sei denn, dass eine Unkenntnis aller Umstände in einem solchen Fall auf grober Fahrlässigkeit beruht. Grundsätzlich muss ein Kenntnisstand in dem Umfang gegeben sein, dass rechtliche Schritte, zB in Form einer Abmahnung oder Erhebung einer Klage, möglich sind. Der konkrete, relevante Sachverhalt muss bekannt sein. Verdachtsmomente sind nicht ausreichend.

27 Es kommt auf die **Kenntnis** des verletzten **Rechtsinhabers** an. Das Wissen seines **Lizenznehmers** oder rechtsgeschäftlichen **Vertreters** genügt (nur), wenn er ist mit der Geltendmachung von Rechten aus dem Patent beauftragt, so dass sich der Rechtsinhaber dessen Kenntnis als eigene Kenntnis zurechnen lassen muss – sog. **Wissensvertreter** (BGH GRUR 1998, 133, 137 – *Kunststoffaufbereitung*). Erfährt ein Mitarbeiter von einer Gebrauchsmusterverletzung, muss geprüft werden, ob es zu seinem Aufgabenkreis gehört, eine solche Information an die entscheidungsbefugte Person weiterzuleiten oder nicht. Die Kenntnis **sonstiger Dritter** braucht sich der Verletzte hingegen nicht zurechnen zu lassen.

28 **Entstehung** des Anspruchs setzt grundsätzlich dessen **Fälligkeit** voraus. Bei wiederholten oder **fortgesetzten Handlungen** beginnt für jede einzelne schadenverursachende Handlung eine neue, gesonderte Verjährungsfrist sowohl für den Unterlassungsanspruch wie auch für den aus ihm fließenden Schadensersatzanspruch (BGH GRUR 1984, 820, 822 – *Intermarkt II;* BGH GRUR 1978, 492, 495 – *Fahrradgepäckträger II;* BGH GRUR 1999, 751, 754 – *Güllepumpen*). Bei Dauerhandlungen beginnt die Verjährung nicht, solange der Eingriff noch andauert (BGH GRUR 1974, 99, 100 – *Brünova*).

5. Absolute Verjährung. Weiterhin ist die **absolute Verjährungsfrist** zu beachten, die unterschiedlich lang ist und 10 oder 30 Jahre beträgt, § 199 Abs. 3, 4 BGB: 29

– Für Schadenersatzansprüche, einschließlich vorbereitender Auskunfts- und Rechnungslegungsansprüche: 10 Jahre von der Entstehung des Anspruchs an, sowie – unabhängig von der Anspruchsentstehung – 30 Jahre von der Verletzungshandlung, Pflichtverletzung etc. an, § 199 Abs. 3 BGB. 30
– Ansprüche auf Unterlassung, Vernichtung, Auskunft nach § 24b, originären Bereicherungsausgleich: 10 Jahre seit ihrer Entstehung, § 199 Abs. 4 BGB. 31

6. Hemmung der Verjährung. Die **Hemmung** der Verjährung bemisst sich nach §§ 203–211 BGB und besagt, dass der Zeitraum nicht in die Verjährungsfrist eingerechnet wird, soweit die Hemmung reicht. Die **Wirkung** ist also, dass die Verjährungsfrist um die Zeit der Hemmung verlängert wird, § 209 BGB. Insoweit kommen verschiedene Tatbestandsgruppen in Betracht: 32

Bei **schwebenden Vergleichsverhandlungen:** Mindestverjährungsrestfrist von 3 Monaten nach dem Ende der Hemmung, § 203 S. 2 BGB. Schwebende Verhandlungen über den Anspruch oder die anspruchsbegründenden Umstände: Hemmung der Verjährung, bis eine Partei die Fortsetzung der Verhandlungen verweigert, § 203 BGB. Insoweit muss eine gewisse Unmissverständlichkeit vorliegen. Ein gleicher Effekt tritt ein, wenn die Verhandlungen über einen längeren Zeitraum nicht weiter betrieben werden und die Parteien hierdurch im Ergebnis zum Ausdruck bringen, kein Interesse an der weiteren Fortführung der Verhandlungen zu haben; bei einer solchen Fallgestaltung treten naturgemäß schwierige Abgrenzungsfragen auf. Der Begriff der Verhandlung ist weit auszulegen. 33

Maßnahmen der Rechtsverfolgung führen gemäß § 204 BGB ebenfalls zur Verjährungshemmung. Hemmung tritt ein bei **Erhebung einer Leistungs- oder Feststellungsklage,** § 204 BGB; ebenso bei einer Stufenklage; eine isolierte **Auskunftsklage** hemmt nicht die Verjährung des zugrunde liegenden Hauptanspruchs auf Entschädigung oder Schadenersatz. Die Erhebung einer negativen Feststellungsklage genügt hingegen nicht. Für die Beurteilung der Hemmung kommt es auf den geltend gemachten Anspruch im Rahmen der Klage an. Dieser ist gegebenenfalls durch Auslegung zu ermitteln, wozu auf den Klageantrag in Verbindung mit dem ihn stützenden Lebenssachverhalt abzustellen ist. Bei einer **Teilklage** tritt Hemmung nur im Umfang des eingeklagten Teils ein. 34

Ebenfalls tritt Hemmung bei Zustellung des Antrags auf Durchführung eines **selbständigen Beweisverfahrens** ein, soweit der zugrunde liegende Anspruch betroffen ist 35

Gleichermaßen ist Hemmung bei Zustellung eines Antrages auf Erlass einer **einstweiligen Verfügung,** § 204 Abs. 1 Nr. 9 BGB für den Anspruch anzunehmen, der gesichert oder – bei Unterlassungsverfügungen – erfüllt werden soll. Die Wirkung der Hemmung in Bezug auf den Unterlassungsanspruch hat entsprechend den dargestellten Grundsätzen keine Auswirkungen auf die Hemmung der Verjährung der weiteren Ansprüche auf Auskunft und Schadenersatz. 36

Zu beachten ist, dass sich die Frage der Hemmung der Verjährung immer nur auf den **jeweiligen Anspruch** beziehen kann. Folglich tritt eine Hemmung des Schadensersatzanspruchs nicht allein deswegen ein, weil (lediglich) der ihnen vorbereitende Rechnungslegungsanspruch geltend gemacht wird. 37

Gemäß § 204 Abs. 2 BGB **beginnt** die Hemmung von Maßnahmen nach § 204 Abs. 1 BGB sechs Monate nach der rechtskräftigen Entscheidung oder anderweitiger Beendigung des eingeleiteten Verfahrens. An die Stelle der Beendigung des Verfahrens tritt die letzte Verfahrenshandlung der Parteien oder des Gerichts wenn diese das Verfahren nicht weiter betreiben. Die Hemmung beginnt erneut, wenn eine der Parteien das Verfahren weiter betreibt, § 204 Abs. 2 S. 3 BGB. 38

39 **7. Neubeginn der Verjährung.** Im Gegensatz zur Hemmung bewirkt der Neubeginn der Verjährung nach § 212 BGB, dass die bis zum Neubeginn verstrichene Zeit außer Betracht bleibt, dh mit dem Neubeginn der Verjährung beginnt die Verjährungsfrist neu zu laufen. Der **Neubeginn** der Verjährung, § 212 BGB (= Unterbrechung der Verjährung) tritt ein:

40 – durch **Anerkenntnis** des Schuldners, auch in Form einer **Unterlassungserklärung** mit oder ohne Vertragsstrafe; ein bloßes Nicht-Zuwiderhandeln gegen einen Unterlassungsanspruch genügt nicht

41 – durch Antrag auf oder die Vornahme von **Vollstreckungshandlungen.**

42 **8. Restschadenersatzanspruch, § 24f S. 2.** Selbst nach Eintritt der Verjährung des Schadenersatzanspruchs gemäß § 24 Abs. 2 ist der Schuldner verpflichtet, dem Berechtigten dasjenige nach den Vorschriften des **Bereicherungsrechts** herauszugeben, was er durch die gebrauchsmusterverletzenden Handlungen auf dessen Kosten erlangt hat. Es handelt sich hierbei nicht um einen originären Bereicherungsanspruch sondern um eine normierte Rechtsfolgenverweisung auf die Vorschriften der §§ 818ff. BGB. Der Restschadensersatzanspruch ist ein Schadensersatzanspruch nach § 24 Abs. 2. Lediglich auf der Rechtsfolgenebene wird er als Bereicherungsanspruch behandelt. Der Verletzte soll eine Kompensation daraus ziehen können, dass der Verletzer aufgrund der unberechtigten Benutzung der technischen Lehre des Gebrauchsmusters Vorteile gezogen hat, die dem Gebrauchsmusterinhaber wertungsmäßig zustehen. Der Restschadensersatzanspruch kann – anders als der originäre Bereicherungsanspruch – auch gegenüber dem mittelbaren Gebrauchsmusterverletzer geltend gemacht werden.

43 Geschuldet ist **Wertersatz** nach den Grundsätzen der **Lizenzanalogie** (BGH GRUR 2015, 780, 783 [32] – *Motorradteile*). Denn die Rechtsvorteile sind ohne rechtlichen Grund bei dem Verletzer eingetreten. Die Herausgabe des Erlangten ist wegen seiner Beschaffenheit nicht möglich, weil der Gebrauch eines Rechts seiner Natur nach nicht herausgegeben werden kann. Deshalb ist gemäß § 818 Abs. 2 BGB der Wert zu ersetzen. Der objektive Wert für den Gebrauch eines Rechts des geistigen Eigentums besteht in der angemessenen Lizenzgebühr.

44 Str. ist, ob ein Anspruch auf **Herausgabe des Verletzergewinns** besteht, weil der Restschadenersatzanspruch an sich nicht weiter gehen kann als der originäre Bereicherungsanspruch, auf dessen Rechtsfolgen verwiesen wird (diesen trotzdem bejahend LG Mannheim InstGE 4, 107, 111/112 – *Mitnehmerorgan;* LG Düsseldorf Mitt. 2000, 458, 462 – *Dämmstoffbahn*). Diese Auffassung folgt auch – soweit ersichtlich – die überwiegende Literaturmeinung (vgl. BeckOK PatR/*Rinken* PatG § 141 Rn. 51 mwN)

45 Der Restschadenersatzanspruch **verjährt** gemäß § 852 S 2 BGB binnen 10 Jahren seit der Entstehung des Anspruchs, dh der Verletzungshandlung und dem Schadenseintritt, unabhängig von der Anspruchsentstehung binnen 30 Jahren seit der Verletzungshandlung.

46 **9. Rechtsfolgen der Verjährung.** Gemäß § 24f S. 1, § 214 BGB kann sich der Verletzer auf die **rechtshemmende Einrede** berufen, die nach Ablauf an sich weiter bestehende geschuldete Leistung verweigern zu dürfen. Hat der Verletzer trotz der eingetretenen Verjährung in deren Unkenntnis eine Unterlassungserklärung abgegeben, kann er dieser gegenüber den Kondiktionsanspruch nach § 214 Abs. 2 S. 2 BGB erheben.

47 Da dem Gebrauchsmusterinhaber die Rechte aus § 11 weiter zustehen, gibt die Einrede der Verjährung dem Verletzer nicht das Recht zur Vornahme weiterer Verletzungshandlungen. Die Vornahme einer weiteren Verletzungshandlung führt zu einem neuen Unterlassungsanspruch mit einer neuen Verjährungsfrist. Ein gerichtlich durchgesetzt Unterlassungsanspruch ist nur dann gesamthaft abzuweisen, wenn auch die zeitlich letzte Verletzungshandlung verjährt ist. Ist eine Verjährung insoweit

eingetreten, kann das damit verbundene Recht der Leistungsverweigerung nicht mit dem Argument, aus der einmal erfolgten Verletzungshandlung ergebe sich eine neue Begehungsgefahr, ausgehebelt werden. Der Verletzer kann prinzipiell alle ihm zur Verfügung stehenden Verteidigungsmöglichkeiten nutzen, ohne dass ihm insoweit der Einwand der rechtsmissbräuchlichen Rechtsausübung entgegengehalten werden könnte. Auf die Einrede der Verjährung kann formlos und einseitig verzichtet werden. In diesem Fall beginnt eine neue Verjährungsfrist zu laufen, § 212 Abs. 1 Nr. 1 BGB analog.

§ 24g [Andere Ansprüche]

Ansprüche aus anderen gesetzlichen Vorschriften bleiben unberührt.

Die Vorschrift gilt seit dem 1. September 2008. Sie ist durch das Gesetz zur Verbes- 1 serung der Durchsetzung von Rechten des geistigen Eigentums vom 7. Juli 2008 (BGBl. I, S 1191 =BlPMZ 2008, 274, 302, 303) eingeführt worden und entspricht § 141a PatG. Die Vorschrift bringt Selbstverständliches zum Ausdruck.

Die Rechtsfolgen der GebrM-Verletzung bestimmen sich in erster Linie nach den 2 Vorschriften des GebrMG. Erfassen andere anspruchsbegründende gesetzliche Vorschriften ebenfalls die GebrM-Verletzung, insbes. § 242 BGB, § 249ff. BGB, § 812ff. BGB, § 823 BGB, § 826 BGB, § 1004 BGB, bleiben diese anwendbar, es sei denn, dass das GebrMG als **lex specialis** vorgeht.

Zu denken ist insbesondere an Ansprüche, die aufgrund der Verletzung des **Erfin-** 3 **derpersönlichkeitsrechts** entstehen können. Selbiges gilt für Ansprüche zur **Beseitigung** der Folgen der Rechtsverletzung gemäß § 1004 BGB, soweit nicht § 24a eingreift. Stellt die Verletzungshandlung gleichzeitig einen Eingriff in die Rechte aus einem erteilten **Patent** dar, so wird mit dieser Vorschrift klargestellt, dass dann auch gleichzeitig Ansprüche aus dem PatG geltend gemacht werden können; selbiges gilt für allfällig entstehende Ansprüche wegen Verletzung eines **Markenrechts, Urheberrechts, Designrechts.**

In Anspruchskonkurrenz können auch die Regelungen zum sogenannten **ergän-** 4 **zenden wettbewerbsrechtlichen Leistungsschutz** gemäß § 4 Nr. 3 UWG treten, die einen von einer damit verbundenen Gebrauchsmusterverletzung gesonderten Streitgegenstand betreffen. Vergleiche hierzu→ Vor § 1 Rn. 27ff.

§ 25 [Strafbestimmung; strafrechtliche Einziehung; Veröffentlichungsbefugnis]

(1) **Mit Freiheitsstrafe bis zu drei Jahren oder mit Geldstrafe wird bestraft, wer ohne die erforderliche Zustimmung des Inhabers des Gebrauchsmusters**
1. **ein Erzeugnis, das Gegenstand des Gebrauchsmusters ist (§ 11 Abs. 1 Satz 2), herstellt, anbietet, in Verkehr bringt, gebraucht oder zu einem der genannten Zwecke entweder einführt oder besitzt oder**
2. **das Recht aus einem Patent entgegen § 14 ausübt.**

(2) **Handelt der Täter gewerbsmäßig, so ist die Strafe Freiheitsstrafe bis zu fünf Jahren oder Geldstrafe.**

(3) **Der Versuch ist strafbar.**

(4) **In den Fällen des Absatzes 1 wird die Tat nur auf Antrag verfolgt, es sei denn, daß die Strafverfolgungsbehörde wegen des besonderen öffentlichen Interesses an der Strafverfolgung ein Einschreiten von Amts wegen für geboten hält.**

(5) **Gegenstände, auf die sich die Straftat bezieht, können eingezogen werden. § 74a des Strafgesetzbuches ist anzuwenden. Soweit den in § 24a bezeichneten Ansprüchen im Verfahren nach den Vorschriften der Strafprozeßordnung über die Entschädigung des Verletzten (§§ 403 bis 406c) stattgegeben wird, sind die Vorschriften über die Einziehung nicht anzuwenden.**

(6) **Wird auf Strafe erkannt, so ist, wenn der Verletzte es beantragt und ein berechtigtes Interesse daran dartut, anzuordnen, daß die Verurteilung öffentlich bekannt gemacht wird. Die Art der Bekanntmachung ist im Urteil zu bestimmen.**

Literatur (Auswahl): *von Gravenreuth,* Strafverfahren wegen Verletzung von Patenten, Gebrauchsmustern, Warenzeichen oder Urheberrechten, GRUR 1983, 349; *Lührs,* Verfolgungsmöglichkeiten im Fall der „Produktpiraterie" unter besonderer Beachtung der Einziehungs- und Gewinnabschöpfungsmöglichkeiten (bei Ton-, Bild- und Computerprogrammträgern), GRUR 1994, 264; *Braun,* Produktpiraterie, CR 1994, 726; *Sieber,* Computerkriminalität und Informationsstrafrecht, CR 1995, 100; *U. Krieger,* Durchsetzung gewerblicher Schutzrechte in Deutschland und die TRIPS-Standards, GRUR Int. 1997, 421; *Kröger/Bausch,* Produktpiraterie im Patentwesen, GRUR 1997, 321; *Deumeland,* Einziehungsmöglichkeit bei strafbarer Urheberrechtsverletzung wie im Markenrecht und im Patentrecht, Mitt. 2009, 24; *Hansen/Wolff-Rojczyk,* Schadenswiedergutmachung für geschädigte Unternehmen der Marken- und Produktpiraterie – Das Adhäsionsverfahren; GRUR 2009, 644; *Köklü/Kuhn,* Die strafprozessuale Beschlagnahme in Patentsachen; WRP 2011, 1411; *Hoppe-Jänisch,* Die straflose Vermeidung des patentrechtlichen Vernichtungsanspruchs, GRUR 2014, 1163.

1 **1. Allgemeines/Zweck der Vorschrift.** Mit dem PrPG vom 7.3.1990 (BGBl. I 422) wurde der Strafrahmen einer Schutzrechtsverletzung einheitlich für alle gewerblichen Schutzrechte und das Urheberrecht erweitert und verschärft. Durch das PrPG wurde insbesondere eine bis zu diesem Zeitpunkt nicht bestehende Strafbarkeit des Versuchs eingeführt, der Strafrahmen erhöht und der Straftatbestand des qualifizierten Falls des gewerbsmäßigen Handelns aufgenommen. Die Straftatbestände werden weitgehend durch Bezugnahme auf die entsprechenden zivilrechtlichen Verbotstatbestände des § 11 Abs. 1 S. 2 und § 14 geregelt, was die Vereinfachung der Anwendung der Straftatbestände durch die Strafverfolgungsbehörde und Strafgerichte und Übersichtlichkeit bewirkt. Regelungsgegenstand des § 25 ist die strafbare GebrM-Verletzung. § 25 Abs. 1 enthält den strafrechtlichen Grundtatbestand einer einfachen Gebrauchsmusterverletzung; Abs. 2 einen Qualifikationstatbestand der gewerbsmäßigen GebrM-Verletzung. Nach Abs. 3 ist der Versuch einer GebrM-Verletzung strafbar. Abs. 4 regelt das Strafantragserfordernis bei einfachen GebrM-Verletzungen. Abs. 5 enthält die Bestimmungen über die strafrechtliche Einziehung von Gegenständen. Die Voraussetzungen einer strafprozessualen Urteilsveröffentlichung regelt Abs. 6.

2 **2. Grundtatbestände.** Strafbestand ist analog der patentrechtlichen Vorschrift in § 142 PatG die Benutzung des schutzfähigen und noch eingetragenen GebrM nach § 11 Abs. 1 S. 2 ohne Zustimmung des GebrM-Inhabers. Zu den Benutzungshandlungen zählen das Herstellen, Anbieten, Inverkehrbringen, Gebrauchen eines Gegenstands, der von dem Schutzbereich des Gebrauchsmusters erfasst wird. Ebenso fällt hierunter das Einführen und Anbieten zu einem der vorgenannten Zwecke. Ebenso ist ein Straftatbestand – insoweit im Unterschied zu der patentrechtlichen Gesetzeslage – das Ausüben des Rechts aus einem jüngeren Patent ohne Erlaubnis des GebrM-Inhabers entgegen § 14, solange des GebrM in Kraft ist und soweit der Gegenstand in den Schutzbereich des GebrM fällt. Die Tatbestandsvorraussetzungen werden nachfolgend im Einzelnen dargestellt.

3 **2.1 Besonderheiten im Vergleich zu § 142 PatG.** § 25 stimmt sachlich mit der Regelung in § 142 PatG weitgehend überein. Besonderheiten ergeben sich jedoch

unter anderem daraus, dass es sich bei dem GebrM um ein sog ungeprüftes Schutzrecht handelt. Für das Vorliegen des Vorsatzes ist dementsprechend zu fordern, dass sich die Kenntnis bzw. die billigende Inkaufnahme bei bedingtem Vorsatz darauf erstrecken muss, dass das Gebrauchsmuster rechtsbeständig ist (vgl. BGH GRUR 1977, 250, 252 – *Kunststoffhohlprofil I,* zum zivilrechtlichen Schadenersatzanspruch). Der Rechtsbestand des GebrM ist deshalb auch bei Nichtbestreiten durch den Angeklagten von Amts wegen durch das Strafgericht zu überprüfen.

§ 25 Abs. 1 Nr. 2 regelt den besonderen Straftatbestand der an sich erlaubten Ausübung eines Rechts aus einem Patent entgegen § 14. 4

2.2 Strafbarkeit nach § 25 Abs. 1 Nr. 1. Der **objektive Tatbestand** setzt die Verletzung des Gegenstands des Gebrauchsmusters durch Herstellung, Anbieten, Inverkehrbringen, Gebrauchen oder Einführen oder Besitzen zu einem der genannten Zwecke voraus. Insoweit kann auf die Anmerkungen zu § 11 verwiesen werden. Auch wenn § 25 nicht auf § 12a verweist, ist – ebenso wie bei § 142 PatG – gesichert, dass hierunter alle Handlungen fallen, die den Schutzbereich des GebrM verletzen, tatbestandsmäßig iSd § 25 sind. Der Tatbestand der **mittelbaren** GebrM-Verletzung ist in § 25 nicht einbezogen, da die Vorschriften über Anstiftung, Beihilfe und Mittäterschaft des StGB iVm den strafrechtlich relevanten, unmittelbaren Verletzungstatbeständen ausreichen. Das ex nunc wirkende **Erlöschen** des GebrM hebt die Strafbarkeit nicht auf; dies ist jedoch bei der ex tunc wirkenden Löschung anzunehmen. Ob das Vorliegen der Voraussetzungen der §§ 12, 13 einen Rechtfertigungsgrund darstellt oder bereits tatbestandausschließend wirkt, ist offen. Die Beantwortung dieser Frage hat Auswirkungen auf die strafrechtliche Beurteilung des Irrtums. 5

2.3 Strafbarkeit nach § 25 Abs. 1 Nr. 2. Danach ist **Tathandlung** die Ausübung der Rechte aus einem später angemeldeten Patent ohne Erlaubnis des GebrM-Inhabers. Der Täter muss infolge dessen wissen, dass ein älteres GebrM der Ausübung des jüngeren Rechts entgegensteht. Des Weiteren muss er wissen bzw. billigend in Kauf nehmen, dass das GebrM rechtsbeständig ist. 6

2.4 Handeln im geschäftlichen Verkehr. Auch die Straftatbestände des § 25 setzen ein widerrechtliches Handeln im geschäftlichen Verkehr voraus. Eine Benutzung der technischen Lehre des GebrM zum privaten Gebrauch genügt nicht. 7

2.5 Widerrechtlichkeit. Die Widerrechtlichkeit ist **Tatbestandsmerkmal.** Erfolgt die Benutzungshandlung mit Zustimmung des GebrM-Inhabers, entfällt sie. Dies ergibt sich bereits aus dem Wortlaut des § 25 Abs. 1: „ohne die erforderliche Zustimmung". Widerrechtlichkeit entfällt, wenn dem zivilrechtlichen Anspruch des GebrM-Inhabers eine der gesetzlichen Schutzschranken (zB Verjährung) entgegensteht, oder wenn die Widerrechtlichkeit aus anderen Gründen nicht gegeben ist, insbesondere die Benutzung wegen Erschöpfung erlaubt ist. 8

Greift der Beschuldigte/Angeklagte das GebrM im Wege der Löschung an, so ist bereits die Tatbestandsmäßigkeit zu prüfen. Das Verfahren ist ggf. nach den strafprozessualen Vorschriften bis zur Klärung der Schutzbeständigkeit auszusetzen. 9

2.6 Vorsatz. Die Verletzungshandlung muss mit **Vorsatz** begangen werden. Eine besondere Absicht ist grundsätzlich nicht erforderlich. Bedingter Vorsatz genügt. Der Vorsatz muss sich auf alle objektiven Tatumstände der GebrM-Verletzung beziehen. Eine Schädigungsabsicht oder das Bewusstsein der Schadenszufügung ist mangels tatbestandlicher Erfassung nicht erforderlich. Es reicht aus, wenn der Täter den als möglich erkannten rechtswidrigen Erfolg billigend in Kauf nimmt. 10

Ein **Rechtsirrtum** schließt den Vorsatz nicht immer aus, so dass die falsche Beurteilung des Schutzumfangs den Täter nicht entlastet. Unerheblich ist auch die Unkenntnis des gebrauchsmusterrechtlichen Straftatbestandes. Ein beachtlicher **Tatbestandsirrtum** mit der Folge des Strafbarkeitsausschlusses nach § 16 StGB kann 11 dagegen vorliegen, wenn der Irrtum sich auf bestimmte Tatumstände bezieht. Die Abgrenzung zwischen Tatbestandsirrtum und Verbotsirrtum kann im Einzelfall Schwierigkeiten bereiten.

12 **3. Strafverschärfung bei Gewerbsmäßigkeit, § 25 Abs. 2.** § 25 Abs. 2 enthält den **Qualifikationstatbestand** einer gewerbsmäßigen GebrM-Verletzung. Dieses Merkmal wurde durch das PrPG zur Stärkung des Schutzes des geistigen Eigentums und zur Bekämpfung der Produktpiraterie eingeführt. Gewerbsmäßig handelt derjenige, der sich durch wiederholte Begehung einer Straftat aus deren Vorteilen eine fortlaufende Einnahmequelle von einigem Umfang und einiger Dauer verschafft. Dieses Tatbestandsmerkmal soll vor allem den Wiederholungstäter erfassen, wobei jedoch die erste in Wiederholungsabsicht begangene Tat zur Erfüllung des Tatbestandes ausreicht. Das Tatbestandsmerkmal der Gewerbsmäßigkeit ist von dem Begriff des gewerblichen Handelns bzw. des Handels im geschäftlichen Verkehr zu unterscheiden. Wegen der regelmäßig eintretenden großen Schäden für die Volkswirtschaft erfolgt die Strafverfolgung bei gewerbsmäßiger Kennzeichenverletzung stets von Amts wegen (Offizialdelikt), also in Abweichung von dem sonst nötigen Strafantrag, § 25 Abs. 4.

13 **4. Strafbarkeit des Versuchs, § 25 Abs. 3.** § 25 Abs. 3 enthält eine gesetzliche Bestimmung der Versuchsstrafbarkeit. Die Regelung wurde durch das PrPG eingeführt. Sie dient dem Zweck einer effektiven Bekämpfung von Schutzrechtsverletzungen. Erfasst werden soll insbesondere der Fall, dass **Einzelteile** eines Erzeugnisses, die als solche nicht durch das GebrM geschützt sind, bis zuletzt getrennt gehalten und erst kurz vor dem Verkauf oder Vertrieb zu einer schutzrechtsverletzenden Vorrichtung zusammengesetzt werden. Von der Regelung werden sowohl der Grundtatbestand wie auch die Strafverschärfung erfasst.

14 **5. Strafantragserfordernis, § 25 Abs. 4.** Der Grundtatbestand der einfachen GebrM-Verletzung iSd § 25 Abs. 1 hat einen Strafantrag zur Prozessvoraussetzung; die Grundtatbestände sind damit **Antragsdelikte,** § 77 ff. StGB, soweit nicht ausnahmsweise das **besondere öffentliche Interesse** an der Strafverfolgung bejaht wird. Dann erfolgt die Strafverfolgung auch von Amts wegen. Vorsorglich sollte immer ein Strafantrag innerhalb der **3-Monatsfrist** ab Kenntniserlangung gestellt werden, § 77b StGB. Einfache GebrM-Verletzungen nach Abs. 1 sind Privatklagedelikte, § 374 Abs. 1 Nr. 8 StPO; die Staatsanwaltschaft erhebt die öffentliche Klage nur bei öffentlichem Interesse, § 376 StPO.

15 **6. Einziehung, § 25 Abs. 5.** Die strafrechtliche Einziehung von rechtswidrig hergestellten Waren zur Vernichtung ist möglich. § 74a StGB wird für anwendbar erklärt, der die Einziehung von nicht im Eigentum des Täters stehenden Gegenständen erleichtert. Der Verletzte hat die Möglichkeit, den zivilrechtlichen Vernichtungsanspruch nach § 24a im sog. Adhäsionsverfahren, §§ 403–406 StPO, im Rahmen des Strafprozesses geltend zu machen.

16 **7. Urteilsbekanntmachung, § 25 Abs. 6.** Diese Vorschrift regelt die Befugnis zur strafprozessualen Urteilsveröffentlichung. Das Gericht muss bei einer Verurteilung wegen einer GebrM-Verletzung die öffentliche Bekanntmachung des Urteils anordnen, wenn der Verletzte dies beantragt und ein berechtigtes Interesse an der Urteilsveröffentlichung darlegt. Die Urteilsbekanntmachung ist sowohl Nebenstrafe als auch private Genugtuung. Das berechtigte Interesse erfordert eine Abwägung der Interessen des Geschädigten und des Verurteilten. Das Interesse des Verletzten kann insbesondere an einer Beseitigung der eingetretenen Marktverwirrung und der sonstigen Fortwirkungen der GebrM-Verletzung liegen. Eine unnötige Herabsetzung des Verurteilten in der Öffentlichkeit muss vermieden werden. Aus diesem Grunde wird die Veröffentlichung des Urteilstenors (nicht der Gründe) regelmäßig ausreichend

sein. Das Gericht bestimmt im Urteil Umfang und Art der Bekanntmachung. Die Anordnung der Urteilsveröffentlichung wird durch die Vollstreckungsbehörden vollstreckt. Eine Vollziehung nach § 463c Abs. 2 StPO erfolgt nur, wenn der Antragsteller oder ein an seiner Stelle Antragsberechtigter innerhalb eines Monats nach Zustellung der rechtskräftigen Entscheidung dies verlangt. Die Kosten der Veröffentlichung sind Vollstreckungskosten.

§ 25a [Beschlagnahme durch die Zollbehörde]

(1) **Ein Erzeugnis, das ein nach diesem Gesetz geschütztes Gebrauchsmuster verletzt, unterliegt auf Antrag und gegen Sicherheitsleistung des Rechtsinhabers bei seiner Einfuhr oder der Ausfuhr der Beschlagnahme durch die Zollbehörde, sofern die Rechtsverletzung offensichtlich ist und soweit nicht die Verordnung (EU) Nr. 608/2013 des Europäischen Parlaments und des Rates vom 12. Juni 2013 zur Durchsetzung der Rechte geistigen Eigentums durch die Zollbehörden und zur Aufhebung der Verordnung (EG) Nr. 1383/2003 des Rates (ABl. L 181 vom 29.6.2013, S. 15) in ihrer jeweils geltenden Fassung anzuwenden ist. Dies gilt für den Verkehr mit anderen Mitgliedstaaten der Europäischen Union sowie mit den anderen Vertragsstaaten des Abkommens über den Europäischen Wirtschaftsraum nur, soweit Kontrollen durch die Zollbehörden stattfinden.**

(2) **Ordnet die Zollbehörde die Beschlagnahme an, so unterrichtet sie unverzüglich den Verfügungsberechtigten sowie den Antragsteller. Dem Antragsteller sind Herkunft, Menge und Lagerort des Erzeugnisses sowie Name und Anschrift des Verfügungsberechtigten mitzuteilen; das Brief- und Postgeheimnis (Artikel 10 des Grundgesetzes) wird insoweit eingeschränkt. Dem Antragsteller wird Gelegenheit gegeben, das Erzeugnis zu besichtigen, soweit hierdurch nicht in Geschäfts- oder Betriebsgeheimnisse eingegriffen wird.**

(3) **Wird der Beschlagnahme nicht spätestens nach Ablauf von zwei Wochen nach Zustellung der Mitteilung nach Absatz 2 Satz 1 widersprochen, so ordnet die Zollbehörde die Einziehung des beschlagnahmten Erzeugnisses an.**

(4) **Widerspricht der Verfügungsberechtigte der Beschlagnahme, so unterrichtet die Zollbehörde hiervon unverzüglich den Antragsteller. Dieser hat gegenüber der Zollbehörde unverzüglich zu erklären, ob er den Antrag nach Absatz 1 in bezug auf das beschlagnahmte Erzeugnis aufrechterhält.**
1. **Nimmt der Antragsteller den Antrag zurück, hebt die Zollbehörde die Beschlagnahme unverzüglich auf.**
2. **Hält der Antragsteller den Antrag aufrecht und legt er eine vollziehbare gerichtliche Entscheidung vor, die die Verwahrung des beschlagnahmten Erzeugnisses oder eine Verfügungsbeschränkung anordnet, trifft die Zollbehörde die erforderlichen Maßnahmen.**

Liegen die Fälle der Nummern 1 oder 2 nicht vor, hebt die Zollbehörde die Beschlagnahme nach Ablauf von zwei Wochen nach Zustellung der Mitteilung an den Antragsteller nach Satz 1 auf; weist der Antragsteller nach, daß die gerichtliche Entscheidung nach Nummer 2 beantragt, ihm aber noch nicht zugegangen ist, wird die Beschlagnahme für längstens zwei weitere Wochen aufrechterhalten.

(5) **Erweist sich die Beschlagnahme als von Anfang an ungerechtfertigt und hat der Antragsteller den Antrag nach Absatz 1 in bezug auf das beschlagnahmte Erzeugnis aufrechterhalten oder sich nicht unverzüglich er-**

klärt (Absatz 4 Satz 2), so ist er verpflichtet, den dem Verfügungsberechtigten durch die Beschlagnahme entstandenen Schaden zu ersetzen.

(6) **Der Antrag nach Absatz 1 ist bei der Generalzolldirektion zu stellen und hat Wirkung für ein Jahr, sofern keine kürzere Geltungsdauer beantragt wird; er kann wiederholt werden. Für die mit dem Antrag verbundenen Amtshandlungen werden vom Antragsteller Kosten nach Maßgabe des § 178 der Abgabenordnung erhoben.**

(7) **Die Beschlagnahme und die Einziehung können mit den Rechtsmitteln angefochten werden, die im Bußgeldverfahren nach dem Gesetz über Ordnungswidrigkeiten gegen die Beschlagnahme und Einziehung zulässig sind. Im Rechtsmittelverfahren ist der Antragsteller zu hören. Gegen die Entscheidung des Amtsgerichts ist die sofortige Beschwerde zulässig; über sie entscheidet das Oberlandesgericht.**

Literatur (Auswahl): *Schöner,* Die Bekämpfung der Produktpiraterie durch die Zollbehörden, Mitt. 1992, 180; *Scheja,* Bekämpfung der grenzüberschreitenden Produktpiraterie durch die Zollbehörden, CR 1995, 719; *Ahrens,* Die europarechtlichen Möglichkeiten der Beschlagnahme von Produktpirateriewaren an der Grenze und unter Berücksichtigung des TRIPS-Abkommens, RIW 1996, 727; *Ahrens,* Die gesetzlichen Grundlagen der Grenzbeschlagnahme von Produktpirateriewaren nach dem deutschen nationalen Recht, BB 1997, 902; *Worm/Gärtner,* Möglichkeiten zur Bekämpfung von Produktpiraterie (Teil II), Mitt. 2007, 497; *Cordes,* Die Grenzbeschlagnahem in Patentsachen, GRUR 2007, 483; *Kühnen,* Die Haftung wegen unberechtigter oder zu Unrecht unterbliebener Grenzbeschlagnahme nach der VO (EU) Nr. 608/2013 (Teil 1), GRUR 2014, 811; *Kühnen,* Die Haftung wegen unberechtigter oder zu Unrecht unterbliebener Grenzbeschlagnahme nach der VO (EU) Nr. 608/2013 (Teil 2), GRUR 2014, 921; *Rinnert,* Die neue Customs-IP-Enforcement-Verordnung, GRUR 2014, 241.

Inhaltsübersicht

1 **1. Allgemeines/Zweck der Vorschrift.** Art. 9, 10 PVÜ und Art. 51 TRIPS ermöglichen ihren Mitgliedern die Einführung von Grenzbeschlagnahmeverfahren. Art. 51 S. 2 TRIPS stellt es Mitgliedern der WTO frei, Grenzbeschlagnahmeverfahren für andere Schutzrechte als Marken und Urheberrechte, für die enstsprechende Verfahren vorgeschrieben sind, vorzusehen. Werden Grenzbeschlagnahmeverfahren vorgesehen, sind die Vorgaben der Art. 52–60 TRIPS zu beachten (vgl. *Bühring/Braitmayer* § 25a Rn. 1). § 25a macht von dieser Möglichkeit Gebrauch. § 25a ist

ebenso wie die inhaltsgleiche Bestimmung des § 142a PatG durch das PrPG vom 7.3.1990 eingefügt worden. Die Vorschrift wurde durch das Durchsetzungsgesetz vom 7.7.2008 mit Wirkung zum 1.9.2008 dahingehend geändert, dass die Laufzeit des Grenzbeschlagnahmeantrags an die europarechtlichen Grenzbeschlagnahmevorschriften angepasst wurde. Die Vorschrift wurde zuletzt geändert durch Gesetz vom 3.12.2015 (BGBl. I, S. 2178) und Gesetz vom 4.4.2016 (BGBl. I, S. 558), durch das in § 25a Abs. 1 S. 1 der Vorrang der Grenzbeschlagnahme nach **Verordnung (EU) 608/2013** vom 12.6.2013, Amtsblatt Nr. L 181, 15 (welche die Vorgängervorschriften Verordnung (EG) Nr. 3295/94 vom 22.12.1994 und Verordnung (EG) 1383/2003 ersetzt) festgelegt wurde.

Die Grenzbeschlagnahme hat in letzter Zeit zunehmend Bedeutung gewonnen. 2
Auch wenn sie ursprünglich eher auf die Bekämpfung der Markenpiraterie zugeschnitten ist, gewinnt sie mehr und mehr auch Bedeutung für die technischen Schutzrechte, einschließlich der Gebrauchsmuster (Informationsheft Zoll „Gewerblicher Rechtsschutz" der „Zentralstelle gewerblicher Rechtsschutz der Oberfinanzdirektion Nürnberg, Zoll- und Verbrauchssteuerabteilung, Außenstelle München, 1999, S. 22). Im Jahre 2012 wurden insgesamt 1.137 Anträge auf Grenzbeschlagnahme gestellt, im Jahr 2013 1.116 Anträge und im Jahr 2014 1.049 Anträge. Diesen Anträgen standen im Jahr 2012 23.883, im Jahr 2013 26.172 und im Jahr 2014 45.738 Fälle von Grenzbeschlagnahmen gegenüber (vgl. Jahresstatistik 2014 der Zollverwaltung, herausgegeben vom Bundesministerium für Finanzen). § 25a enthält Vorschriften zur sog **Grenzbeschlagnahme,** wobei die Abs. 1–4, 6 und 7 das Verfahren in Bezug auf die Beschlagnahme widerrechtlich hergestellter Waren durch die Zollbehörden regeln, während Abs. 5 einen Schadenersatzanspruch bei ungerechtfertigter Grenzbeschlagnahme normiert.

Von den Regelungen in § 25a GebrMG, § 142a PatG zu unterscheiden ist die 3
Verordnung (EU) 608/2013. Sie ermöglicht die Grenzbeschlagnahme bei Patent- und Gebrauchsmusterverletzungen (vgl. Art. 2 Nr. 1 lit. e, lit. k VO Nr. 608/2013). Die mit Wirkung zum 1.7.2016 eingefügte Ergänzung in § 25a Abs. 1 S. 1 stellt den **Vorrang der Grenzbeschlagnahme nach Verordnung (EU) 608/2013** gegenüber der Grenzbeschlagnahme nach § 25a klar. § 25a ist somit nur anwendbar, wenn der Anwendungsbereich der VO (EU) 608/2013 nicht eröffnet ist. Die Beschlagnahme nach dieser Verordnung bezieht sich ausschließlich auf Waren, die aus Drittländern in den zollrechtlich freien Verkehr der EU eingeführt oder ausgeführt werden. Sie findet nach Erwägungsgrund 11, 21 und Art. 1 Abs. 1 lit. c auch auf Waren Anwendung, die sich auf dem **Transit/Durchfuhr** durch das Gebiet der Union befinden. Eine Grenzbeschlagnahme nach § 25a GebrMG, § 142a PatG betrifft hingegen Einfuhren an den Binnengrenzen aus anderen Mitgliedsstaaten der EU (nach Auffassung von *Bühring/Braitmayer* § 25a Rn. 2 zu Verordnung (EG) 1383/2003 findet § 25a auch Anwendung auf Einfuhren aus Drittstaaten). Die VO (EU) 608/2013 gilt nach Erwägungsgrund 6 und Art. 1 Abs. 5 unter anderem auch nicht für Waren, die mit Zustimmung des Rechtsinhabers hergestellt wurden, sowie für Waren, die von einer vom Rechtsinhaber zur Herstellung einer bestimmten Menge von Waren ordnungsgemäß ermächtigten Person unter Überschreitung der zwischen dieser Person und dem Rechtsinhaber vereinbarten Mengen hergestellt wurden. Es ist zwh, ob die Regelungen der VO Nr. 608/2013 einer Grenzbeschlagnahme nach § 25a in diesen Ausnahmefällen entgegenstehen oder ob eine Grenzbeschlagnahme in diesen Fällen grds. ausgeschlossen sein soll (vgl. *Benkard/Grabinski/Zülch* PatG § 142a Rn. 2). Ferner findet die VO (EU) 608/2013 keine Anwendung auf Waren, die im Rahmen der Verwendung zu besonderen Zwecken in den zollrechtlich freien Verkehr überführt wurden, sowie für Waren, die ohne gewerblichen Charakter im persönlichen Gepäck von Reisenden mitgeführt werden, Art. 1 Abs. 3, Abs. 4 VO (EU) 608/2013.

Im Rahmen des Art. 5 VO EG Nr. 608/2013 und für Anträge nach § 25a ist für 4
das Gebiet der Bundesrepublik Deutschland die Generalzolldirektion, Direktion VI, Zentralstelle Gewerblicher Rechtsschutz, Sophienstraße 6, 80333 München, Tel.:

089 5995–2315, Fax: 089 5995–2317, E-Mail: dvia24.gzd@zoll.bund.de, zur Entgegennahme des Antrags befugt.

2. Voraussetzungen der Grenzbeschlagnahme, § 25a Abs. 1

5 **2.1 Antrag.** Das Grenzbeschlagnahmeverfahren wird durch einen (formlosen) Antrag eingeleitet. Der Antrag gilt für ein Jahr, sofern keine kürzere Laufzeit beantragt wurde, Abs. 6. Er kann wiederholt werden, Abs. 6 S. 1. Antragsberechtigt ist der Rechtsinhaber, Abs. 1 S. 1. Dies ist der durch die GebrM-Verletzung unmittelbar Betroffene, also der GebrM-Inhaber oder der ausschließliche Lizenznehmer. Der Antrag auf Beschlagnahme wird im Internet über das **Z**entrale Datenbanksystem zum Schutz **G**eistiger Eigentums**R**echte online (ZGR-online) des Zolls (www.zoll.de) gestellt. Diese Antragstellung setzt eine einmalige Benutzerregistrierung voraus. Die Rechtsinhaberschaft ist glaubhaft zu machen. Der Antrag kann von Vertretern gestellt werden. In diesem Fall ist eine Vollmacht vorzulegen. Es empfiehlt sich, die Zollbehörde möglichst umfassend und detailliert zu informieren, insbesondere durch eine Beschreibung der (technischen) Erkennungsmerkmale von „echten" und GebrM-verletzenden Erzeugnissen sowie Beförderungsmittel, Exportland, Transportwege, Importeure, Exporteure, Beförderer etc, um die Feststellung einer „offensichtlichen Rechtsverletzung" (→ Rn. 7) durch die Zollbehörden zu ermöglichen.

6 Der Antrag ist kostenpflichtig, Abs. 6 S. 2. Die Kosten werden nach § 178 AO iVm § 3 ZollKostV und § 10 VwKostG für die Beschlagnahme erhoben. Die Kosten sind nicht Prozesskosten eines ggf. nachfolgenden Verletzungsprozesses und können daher nicht im Kostenfestsetzungsverfahren geltend gemacht werden. Sie können jedoch als materieller Schaden in einem ggf. nachfolgenden Verletzungsverfahren geltend gemacht werden. Zwh ist, ob dies auch für Lagerkosten gilt (verneinend OLG Köln GRUR-RR 2005, 342 – *Lagerkosten nach Grenzbeschlagnahme;* aA *Hermsen,* Das neue europäische Grenzbeschlagnahmeverfahren, Mitt. 2006, 261, 265).

7 **2.2 Offensichtliche Rechtsverletzung.** Eine offensichtliche Rechtsverletzung liegt vor, wenn die GebrM-Verletzung bereits begangen wurde oder bevorsteht. Die Beantwortung der GebrM-Verletzung richtet sich nach materiellem Recht (vgl. → § 11 Rn. 13ff., → § 12a Rn. 50ff.). Der Begriff der **Offensichtlichkeit** dient dazu sicherzustellen, dass die einen erheblichen Eingriff in den Warenverkehr bedeutende Beschlagnahme von Waren bei unklarer Rechtslage unterbleibt. Eine offensichtliche Rechtsverletzung liegt vor, wenn eine Fehlentscheidung oder eine andere Beurteilung mit der Folge einer ungerechtfertigten Belastung des durch die Beschlagnahme Betroffenen kaum möglich ist. Dies setzt einen klaren Verletzungstatbestand und einen hohen Grad der Wahrscheinlichkeit der Bestandskraft des GebrM voraus. Aus diesem Grund wird bei äquivalenten Verletzungen selten eine offensichtliche Rechtsverletzung vorliegen. Einen Nachweis durch Glaubhaftmachungsmittel verlangt § 25a seinem Wortlaut nach nicht. Nach den allgemeinen Kriterien der Darlegungs- und Beweislast könnte ein GebrM-Inhaber auch faktisch zum Beispiel den Bestand des zugrunde liegenden GebrM nicht glaubhaft machen, da er einen negativen Sachverhalt, dh das Nichtvorliegen eines relevanten entgegenstehenden Standes der Technik (zB durch eine offenkundige Vorbenutzung) kaum jemals nachweisen könnte. Die Tatbestandsvoraussetzung der offensichtlichen Rechtsverletzung stellt ferner klar, dass die Vorschriften über die Grenzbeschlagnahme nicht dazu verwendet werden können, etwaige vertragswidrige Absatzwege von rechtmäßig hergestellten und in den Verkehr gebrachten Waren, dh Originalwaren, zu unterbinden. Die Vorschriften geben deshalb **keine Handhabe,** die Einfuhr, Ausfuhr oder den Reimport von Waren zu verhindern, die vom deutschen Schutzrechtsinhaber selbst oder mit seinem Einverständnis (zB durch ein zu seinem Konzernbereich gehörendes Unternehmen im Ausland oder durch einen Lizenznehmer) hergestellt und in den Verkehr gebracht worden sind. Das gilt auch dann, wenn Originalwaren vom Hersteller nicht an die vom GebrM-Inhaber bestimmten Abnehmer, sondern auch an andere Abneh-

mer geliefert und unter Umgehung festgelegter Vertriebswege eingeführt oder ausgeführt werden.

8 **2.3 Import/Export.** Nach Abs. 1 werden widerrechtlich hergestellte Waren bei ihrer **Einfuhr** oder **Ausfuhr** von der Grenzbeschlagnahme erfasst. Abs. 1 erfasst danach **nicht** die **Durchfuhr** von Waren, da der Gesetzgeber und die Rechtsprechung bei Vorliegen eines reinen Transits von einer fehlenden Rechtsverletzung im Inland ausgehen (zwh; zum Markenrecht BGH GRUR 2014, 1189 – *Transitwaren;* BGH GRUR 2012, 1263 – *Clinique Happy;* kritisch *Worm/Maucher,* Der Transit – eine patentverletzende Handlung?, Mitt. 2009, 445). Abs. 1 soll verhindern, dass schutzrechtsverletzende Waren gewerblich in den Verkehr gebracht werden und erfasst auch Waren, die im Wege des Versandhandels von Privatpersonen aus dem Ausland bezogen werden. Nicht erfasst wird der sog „kleine" Reiseverkehr oder eine Geschenksendung für den privaten Gebrauch, sofern nicht im Hinblick auf Art und Menge der Waren, der Person der Beteiligten oder aufgrund sonstiger Umstände Anlass für die Annahme besteht, dass die Waren in den gewerblichen Verkehr gebracht werden („Ameisenverkehr").

9 **2.4 Sicherheitsleistung.** Die Maßnahme des Grenzbeschlags erfolgt nur gegen Sicherheitsleistung, Abs. 1. Diese dient der Absicherung für voraussichtlich entstehende Auslagen sowie für einen durch den Antrag etwa entstehenden Schaden. Die Sicherheitsleistung kann auch zur Kostendeckung (zB Lagerkosten, Beförderungskosten der Ware bis zum Ort der Einlagerung, Vernichtungskosten) herangezogen werden, wenn der Rechtsinhaber seiner Zahlungspflicht nicht nachkommt. Die Sicherheit ist in Form einer selbstschuldnerischen Bankbürgschaft zu erbringen idR in einer Höhe von € 10.000 bis € 25.000 (http://www.zoll.de/DE/Fachthemen/Verbote-Beschraenkungen/Gewerblicher-Rechtsschutz/gewerblicher-rechtsschutz_node.html). Die Vorschriften über die Leistung von Sicherheiten im Besteuerungsverfahren, §§ 241, 242 AO, gelten entsprechend.

3. Beschlagnahme, § 25a Abs. 2

10 **3.1 Verwaltungsakt der Zollbehörde.** Die Zollstellen achten bei der Zollbehandlung von in Betracht kommenden Sendungen darauf, ob diese schutzrechtsverletzende Waren enthalten. Die Kontrollen erfolgen im Rahmen der üblichen Warenabfertigung; der Antrag verpflichtet die Behörde nicht, alle Ein- oder Ausfuhren auf Verletzungen zu prüfen (vgl. EuGH Mitt. 2004, 175 – *Transit nachgeahmter Ware; Bühring/Braitmayer* § 25a Rn. 6). Die Zollbehörden gehen jedoch Hinweisen des Antragstellers auf bestimmte Einfuhren oder Ausfuhren nach und nehmen erforderlichenfalls eine gezielte Beschau der betreffenden Sendungen vor. Stellt die Zollstelle fest, dass ein- oder ausgehende Waren einem vorliegenden Antrag auf Grenzbeschlagnahme unterfallen, so ordnet sie deren Beschlagnahme an. Die Beschlagnahme wird dabei durch einen mit Rechtsmittelbelehrung versehenen Verwaltungsakt der Zollbehörde ausgesprochen, Abs. 2 S. 1. Die Zollbehörde nimmt die Waren auf Kosten des Antragstellers in Verwahrung; ferner kann sie die Waren auch einem anderen (zB Lagerunternehmen) in Verwahrung geben oder sie dem Verfügungsberechtigten (zB Importeur, Exporteur, Spediteur) unter Auferlegung eines Verfügungsverbots überlassen.

11 **3.2 Gegenstand der Grenzbeschlagnahme.** Nach dem Wortlaut des Abs. 1 unterliegt der Grenzbeschlagnahme ein „Erzeugnis, das ein nach diesem Gesetz geschütztes Gebrauchsmuster verletzt". Die Grenzbeschlagnahme dient dem Zweck, einem Eingriff in das Ausschließlichkeitsrecht des GebrM-Inhabers wirksam zu begegnen. Probleme können auftreten, wenn sich das gebrauchsmusterverletzende Erzeugnis in einer **Gesamtvorrichtung,** die ein- oder ausgeführt wird, befindet. In diesen Fällen wird unter Berücksichtigung aller Umstände des Einzelfalls eine Beurteilung nach Verkehrsüblichkeit und Zweckmäßigkeit vorzunehmen sein. Ist das geschützte Teil zB nicht ohne weiteres separierbar, oder erfährt das Ganze durch den geschützten Teil insgesamt eine Wertsteigerung, wird sich die Grenzbeschlagnahme auf

die Gesamtvorrichtung erstrecken können (müssen). Spiegelbildlich wird dasselbe bei wesentlichen Bestandteilen gelten, die im Rahmen des § 11 Abs. 2 eine GebrM-Verletzung darstellen.

12 **3.3 Benachrichtigung von der Beschlagnahme.** Der Verfügungsberechtigte ist von der Beschlagnahme unverzüglich zu unterrichten, Abs. 2. Mit der Benachrichtigung ist dieser darauf hinzuweisen, dass die beschlagnahmten Waren eingezogen werden, wenn der Beschlagnahme nicht innerhalb der 2-wöchigen Widerspruchsfrist widersprochen wird, Abs. 3. Ebenso wird der Antragsteller von der Beschlagnahme unterrichtet, Abs. 2 S. 1. Die Benachrichtigung des Antragstellers versetzt diesen in die Lage zu prüfen, ob die Erlangung einer gerichtlichen Entscheidung erfolgversprechend ist. Kommt er zu dem Ergebnis, dass die Beschlagnahme nicht gerechtfertigt ist, muss er unverzüglich auf eine Freigabe der Waren hinwirken, um sich nicht einem Schadenersatzanspruch auszusetzen, §§ 823, 826 BGB, 4 Nr. 4 UWG (vgl. LG Düsseldorf Urt. v. 19.6.2008, Az. 4b O 130/08).

13 **3.4 Auskunftsrecht.** Der Antragsteller ist gemäß Abs. 2 S. 2 über Name und Anschrift des Verfügungsberechtigten (Importeur, Exporteur) sowie über die Herkunft, Menge und Lagerort zu unterrichten; diese Angaben ermöglichen dem Antragsteller, gegen den Verfügungsberechtigten gerichtlich vorzugehen. Die Einschränkung des Brief- und Postgeheimnisses im Sinne des Art. 10 GG ist ausdrücklich gesetzlich geregelt.

14 **3.5 Besichtigungsrecht.** Der Antragsteller erhält Gelegenheit, die Ware zu besichtigen, soweit hierdurch nicht in Geschäfts- oder Betriebsgeheimnisse eingegriffen wird, Abs. 2 S. 3. Zum Zwecke der Vereinfachung kann die Zollbehörde dem Antragsteller auch ein Muster übersenden.

15 **4. Verfahren nach erfolgter Beschlagnahme, § 25a Abs. 3, 4.**
4.1 Einziehung. Widerspricht der Verfügungsberechtigte **nicht innerhalb von zwei Wochen** nach Zustellung der Benachrichtigung über die Beschlagnahme, so ordnet die Zollbehörde ohne Weiteres die **Einziehung** der beschlagnahmten Waren an, Abs. 3. Die **Einziehungsverfügung** ist mit einer Rechtsmittelbelehrung versehen und wird dem Verfügungsberechtigten zugestellt. Von der Einziehungsverfügung wird abgesehen, wenn sich der Antragsteller mit einer Freigabe der Waren einverstanden erklärt. Mit Einziehung der beschlagnahmten Waren durch die Zollbehörden ist das zollrechtliche Beschlagnahmeverfahren abgeschlossen. In der Regel werden die Waren von der Zollbehörde vernichtet, um sicherzustellen, dass diese nicht mehr in den Verkehrskreislauf gelangen. Rechtsmittel: vgl. → Rn. 20.

16 **4.2 Widerspruch. Widerspricht** der Verfügungsberechtigte der Beschlagnahme innerhalb der 2-wöchigen Frist, teilt die Zollbehörde dies dem Antragsteller unverzüglich mit, Abs. 4.

17 Dieser hat ihr gegenüber unverzüglich zu erklären, ob er seinen Antrag aufrechterhält. Nimmt er den Antrag zurück, wird die Beschlagnahme unverzüglich aufgehoben.

18 Hält er seinen Antrag aufrecht, so hat er **innerhalb von zwei Wochen** nach Zustellung der Mitteilung nach Abs. 4 S. 1 entweder eine vollziehbare gerichtliche Entscheidung vorzulegen, die die Verwahrung der beschlagnahmten Waren oder eine Verfügungsbeschränkung anordnet oder nachzuweisen, dass eine solche Entscheidung beantragt, aber ihm noch nicht zugegangen ist. In diesem Fall ist die vollziehbare gerichtliche Entscheidung spätestens nach weiteren zwei Wochen der Zollstelle vorzulegen. Sobald eine entsprechende gerichtliche Entscheidung vorliegt, veranlasst die Zollstelle die danach erforderlichen Maßnahmen. Eine vollziehbare gerichtliche Entscheidung kann eine einstweilige Verfügung sein, in der die Sequestration oder Verwahrung durch den Gerichtsvollzieher oder ein Verfügungsverbot angeordnet wird, § 938 Abs. 2 ZPO (vgl. *Busse/Hacker* PatG § 142a Rn. 38, 39). Die Vorausset-

zungen für den Erlass einer gerichtlichen Entscheidung richten sich nach den allgemeinen Vorschriften (zum Patentrecht OLG Karlsruhe GRUR-RR 2002, 278 – *DVD-Player*). Jedoch kommt auch die Einleitung eines strafrechtlichen Ermittlungsverfahrens in Betracht, bei dem die widerrechtlich hergestellte Ware nach den §§ 94ff. StPO als Beweismittel und zum Zwecke späterer Einziehung sichergestellt werden kann (BeckOK PatR/*Voß* PatG § 142a Rn. 27).

Wird innerhalb der Frist keine gerichtliche Entscheidung vorgelegt, wird die Grenzbeschlagnahme aufgehoben. Zur Verwertung: vgl. → Rn. 15. 19

5. Rechtsmittel, § 25a Abs. 7. § 25a Abs. 7 regelt die **Rechtsmittel** des von der Beschlagnahmeanordnung und/oder der Einziehungsverfügung Betroffenen. In der Praxis findet jedoch zwischen den Parteien die eigentliche Auseinandersetzung in einem zivilgerichtlichen Verletzungsprozess statt. Gegen die **Beschlagnahmeverfügung** kann der durch die Beschlagnahme Betroffene nach Abs. 7 GebrMG iVm § 62 OWiG gerichtliche Entscheidung beim nach § 68 OWiG zuständigen Amtsgericht (unbefristet) beantragen. Gegen die Einziehungsverfügung kann nach Abs. 7 GebrMG iVm §§ 87, 67 Abs. 1 S. 2 OWiG Einspruch innerhalb von zwei Wochen eingelegt werden. Gegen ablehnende Entscheidungen ist die sofortige Beschwerde nach Abs. 7 GebrMG iVm §§ 46 OWiG, 311 Abs. 2 StPO innerhalb einer Woche zum OLG möglich. Der Antragsteller ist zwar in dem Verfahren anzuhören, Abs. 7 S. 2, jedoch nicht am Verfahren direkt zu beteiligen. 20

Der Antragsteller kann gegen die **Ablehnung** der Grenzbeschlagnahme durch die Zollbehörde Einspruch nach §§ 347, 348, 355 Abs. 1 AO einlegen. Wird dem Einspruch nicht stattgegeben, steht der Weg zu den Finanzgerichten offen, § 40 FGO, § 114 FGO (vgl. *Fitzner/Lutz/Bodewig/Voß* PatG § 142a Rn. 26 unter Hinweis auf BFH GRUR Int. 2000, 780 – *Jockey* (zum Markenrecht)). 21

6. Schadenersatz bei ungerechtfertigter Beschlagnahme, § 25a Abs. 5. Es handelt sich um eine Regelung in Anlehnung an § 945 ZPO. Den Antragsteller trifft die Verpflichtung zum Schadenersatz bei von Anfang an **ungerechtfertigter Beschlagnahme,** wenn der Antragsteller den Beschlagnahmeantrag nach Erhalt der Benachrichtigung über den Widerspruch des Verfügungsberechtigten gegen die Beschlagnahme aufrecht erhalten hat oder wenn er sich gegenüber der Zollbehörde nicht unverzüglich (vgl. § 121 BGB) darüber erklärt hat, ob er den Beschlagnahmeantrag in Bezug auf die beschlagnahmten Waren aufrecht erhält und dadurch die Freigabe der Waren hinausgezögert worden ist. Die Schadenersatzverpflichtung des Antragstellers tritt nicht ein, wenn er unverzüglich nach der Unterrichtung über die erfolgte Beschlagnahme oder den Widerspruch den Beschlagnahmeantrag zurückgenommen hat und damit die sofortige Aufhebung der Beschlagnahme bewirkt wird (vgl. Gesetzesbegr. BlPMZ 1990, 173, 187). Die Schadenersatzregelung nach § 25a Abs. 5 lässt andere Schadenersatzanspruchsnormen, zB §§ 823, 826 BGB unberührt (vgl. LG Düsseldorf Urt. v. 19.6.2008, Az. 4b O 130/08). 22

§ 25b [Verfahren nach der Verordnung (EU) Nr. 608/2013]

Für das Verfahren nach der Verordnung (EU) Nr. 608/2013 gilt § 25a Absatz 5 und 6 entsprechend, soweit die Verordnung keine Bestimmungen enthält, die dem entgegenstehen.

Literatur (Auswahl): *Kühnen,* Die Haftung wegen unberechtigter oder zu Unrecht unterbliebener Grenzbeschlagnahme nach der VO (EU) Nr. 608/2013 (Teil 1), GRUR 2014, 811; *Kühnen,* Die Haftung wegen unberechtigter oder zu Unrecht unterbliebener Grenzbeschlagnahme nach der VO (EU) Nr. 608/2013 (Teil 2), GRUR 2014, 921; *Rinnert,* Die neue Customs-IP-Enforcement-Verordnung, GRUR 2014, 241; *Bittner,* Produktpiraterie auf inländischen Fachmessen:

Vorgehen gegen patentverletzende Ware, GRUR-Prax 2015, 142; *Acquah,* Trends on the implementation of the EU Customs Regulation – for better or for worse?, GRUR Int. 2015, 990.

1 **1. Allgemeines/Zweck der Vorschrift.** Die Vorschrift wurde eingefügt durch Gesetz vom 4.4.2016 (BGBl. I, S. 558). Sie dient der Anpassung des Gebrauchsmusterrechts an die Verordnung (EU) 608/2013 des Europäischen Parlaments und des Rates vom 12. Juni 2013 zur Durchsetzung der Rechte geistigen Eigentums durch die Zollbehörden und zur Aufhebung der Verordnung (EG) Nr. 1383/2003 des Rates. Eine Anpassung der Vorschriften des GebrMG war erforderlich, weil die VO (EU) 608/2013 im Gegenstatz zur Vorgängerregelung der VO (EG) Nr. 1383/2003 auch auf GebrM Anwendung findet (vgl. Begründung des Gesetzes zur Änderung des Designgesetzes und weiterer Vorschriften des gewerblichen Rechtsschutzes, BT Drucksache 18/7195, Seiten 32, 29). Einzelheiten bei *Benkard/Grabinski/Zülch* PatG § 142a Rn. 16ff.

2 **2. Verfahren nach der Verordnung (EU) Nr. 608/2013.** Die Grenzbeschlagnahme nach **VO (EU) 608/2013** geht der Grenzbeschlagnahme nach § 25a vor.

3 Die Verordnung (EU) Nr. 608/2013 implementiert eigene Verfahrensregeln als unmittelbar geltendes Recht. Aus diesem Grund ist eine nationalrechtliche Ausgestaltung des Verfahrens für die Grenzbeschlagnahme auf Grund der VO (EU) Nr. 608/ 2013 nicht vorgesehen. § 25b verweist daher auf die Verfahrensregeln der VO (EU) Nr. 608/2013 und nur ergänzend auf nationales Recht (vgl. Begründung des Gesetzes zur Änderung des Designgesetzes und weiterer Vorschriften des gewerblichen Rechtsschutzes, BT-Drs. 18/7195 S. 32, 29).

4 Entsprechend Art. 5, 28, 30 VO (EU) Nr. 608/2013 sieht § 25b ergänzende nationale Regelungen für Sanktionen gegen den Antragsteller sowie hinsichtlich Zuständigkeit für die Antragstellung und Kosten vor. § 25b verweist auf die insoweit entsprechend anzuwendenden Vorschriften in § 25a Abs. 5, Abs. 6, soweit die Bestimmungen der VO (EU) Nr. 608/2013 der Anwendung der nationalen Vorschriften nicht entgegenstehen.

3. Beschlagnahme nach VO (EU) 608/2013

5 **3.1 Rechtsverletzung.** Eine Grenzbeschlagnahme setzt den hinreichenden Verdacht einer Schutzrechtsverletzung im Anwendungsbereich der VO (EU) 608/2013. VO (EU) voraus. Nach Art. 1 Abs. 1 VO (EU) 608/2013 werden die Zollbehörden auf Antrag oder von Amts wegen tätig, wenn **Waren,** die im Verdacht stehen, ein Recht geistigen Eigentums zu verletzen, im Zollgebiet der Union der zollamtlichen Überwachung oder Zollkontrollen unterliegen oder hätten unterliegen sollen. Dies gilt insbesondere für Waren in folgenden Situationen:
- wenn sie zur Überführung in den zollrechtlich freien Verkehr, zur Ausfuhr oder zur Wiederausfuhr angemeldet werden;
- wenn sie in das Zollgebiet oder aus dem Zollgebiet der Union verbracht werden
- wenn sie in ein Nichterhebungsverfahren überführt oder in eine Freizone oder ein Freilager verbracht werden

Art. 1 Abs. 3–5 bestimmen Ausnahmen vom **Anwendungsbereich** der VO (EU) 608/2013. VO (EU) 608/2013 findet grundsätzlich auch auf Transitware Anwendung; es ist jedoch jeweils zu prüfen, ob in Fällen des Transits auch eine Rechtsverletzung vorliegt (→ § 25a Rn. 3) (vgl. *Benkard/Grabinski/Zülch* PatG § 142a Rn. 17).

6 **Rechte des geistigen Eigentums,** auf deren Verletzung ein Grenzbeschlagnahmeantrag gestützt werden kann, sind unter anderem Gebrauchsmuster (Art. 2 Nr. lit. k), Patente (Art. 2 Nr. 1 lit. e) und ergänzende Schutzzertifikate für Arzenimittel iSd VO (EG) Nr. 469/2009 (Art. 2 Nr. 1 lit. f), vgl. Art. 2 Nr. 1 VO (EU) 608/2013. **Waren, die im Verdacht stehen, ein Recht geistigen Eigentums zu verletzen,** sind solche, bei denen hinreichende Anhaltspunkte für eine Rechsverletzung bestehen, Art. 2 Nr. 7 VO (EU) 608/2013.

7 **3.2 Verfahren.** Das Verfahren ist in Art. 3-16 VO (EU) 608/2013 geregelt. **Zuständig** sind die nach Art. 5 Abs. 1 von den Mitgliedstaaten benannten Zolldienst-

stellen, § 25a Abs. 6; für Deutschland die Generalzolldirektion, Direktion VI, Zentralstelle Gewerblicher Rechtsschutz (→ § 25a Rn. 4). Die Zollbehörden werden auf Antrag oder – anders als im Fall der Grenzbeschlagnahme nach § 25a – nach eigenem Ermessen auch **von Amts wegen** tätig, Art. 5, 3, 18 VO (EU) 608/2013. Die VO (EU) 608/2013 ermöglicht es, **nationale Anträge** (Art. 2 Nr. 10) zu stellen, bei denen die Zollbehörden nur in dem Mitgliedstaat tätig werden, in dem der Antrag gestellt wird, und/oder **Unionsanträge** (Art. 2 Nr. 11) zu stellen, bei denen das Tätigwerden der Zollbehören des Mitgliedstaats, in welchem der Antrag gestellt wird, und das Tätigwerden der Zollbehören eines oder mehrerer anderer Mitgliedstaaten in ihren jeweiligen Staaten, beantragt wird, Art. 3 VO (EU) 608/2013). **Antragsbefugt** ist insbesondere der jeweilige Rechtsinhaber (Art. 2 Nr. 8), vgl. Art. 3 VO (EU) 608/2013. Für **GebrM, Patente** und **europäische Patente mit einheitlicher Wirkung** (soweit in Kraft) sind nur nationale Anträge möglich, weil diese Rechte keine unionsweite Rechtswirkung entfalten, vgl. Art. 4 VO (EU) 608/2013. Art. 8 VO (EU) 608/2013 sieht abweichend von der Regelung in § 25a Abs. 6 vor, dass dem Antragsteller keine Gebühr zur Deckung der aus der Bearbeitung des Antrags entstehenden Verwaltungskosten in Rechnung gestellt wird.

Das **Verfahren** bis zur Beschlagnahme richtet sich nach Art. 3-16 VO (EU) 608/ 8
2013. Art. 17–26 VO (EU) 608/2013 regeln die **Beschlagnahme** und ein einheitliches **Vernichtungsverfahren** (Art. 23 Abs. 1 UA 1, Art. 25, 26 VO (EU) 608/2013). Fehlt es an einer Zustimmung des Besitzers der Waren (Art. 2 Nr. 14) oder des Anmelders (Art. 2 Nr. 15) zur Vernichtung der beschlagnahmten Waren nach Art. 23 Abs. 1 UA 2, Art. 23 Abs. 3, hat der Antragsteller ein Verfahren zur Feststellung einzuleiten, ob ein Recht geistigen Eigentums verletzt wurde (Art. 23 Abs. 3 VO (EU) 608/2013). Das „Feststellungsverfahren" richtet sich nach Vorschriften des nationalen Rechts (Art. 23 Abs. 1 UA 1 UA 2 VO (EU) 608/2013). Unter „Feststellungsverfahren" idS fallen Verletzungsklagen, wohl auch negative Feststellungsklagen (vgl *Benkard/Grabinski/Zülch* PatG § 142a Rn. 23).

Bei fehlender Mitwirkung des Antragstellers kann die Zollbehörde die Grenz- 9
bschlagnahme ggf. aussetzen, Art. 16 Abs. 2 lit. d VO (EU) 608/2013.

Der Anmelder oder Besitzer der Waren kann gemäß Art. 24 VO (EU) 608/2013 10
die Überlassung der beschlagnahmten Waren bzw. die Aufhebung der Zurückhaltung unter bestimmten Voraussetzungen beantragen.

Art. 27 VO (EU) 608/2013 begrenzt die **Haftung der Zollbehörden** für den 11
Fall, dass Waren, die im Verdacht stehen, ein Recht geistigen Eigentums zu verletzen, von einer Zollstelle nicht erkannt und überlassen oder nicht zurückgehalten werden.

Als **Rechtsmittel** gegen Entscheidungen der Zollbehörde kommt der Einspruch 12
nach Art. 243ff. VO (EWG) Nr. 2913/92 iVm §§ 347ff. AO in Betracht (*Benkard/Grabinski/Zülch* PatG § 142a Rn. 26).

3.3 Schadenersatzanspruch. Art. 28 VO (EU) 608/2013 sieht einen **Schaden-** 13
ersatzanspruch des Verfügungsberechtigten gegen den Antragsteller nach den Vorschriften des nationalen Rechts vor, wenn sich die Beschlagnahme nachträglich als unbegründet herausstellt, weil keine Rechte des geistigen Eigentums verletzt werden. Nach § 25b finden insoweit die die Regelung in § 25a Abs. 5 entsprechende Anwendund. Zu den Einzelheiten des Schadenersatzanspruchs nach § 25a Abs. 5: → § 25a Rn. 22.

§ 26 [Teilstreitwert]

(1) **Macht in bürgerlichen Rechtsstreitigkeiten, in denen durch Klage ein Anspruch aus einem der in diesem Gesetz geregelten Rechtsverhältnisse geltend gemacht wird, eine Partei glaubhaft, daß die Belastung mit den Prozeßkosten nach dem vollen Streitwert ihre wirtschaftliche Lage erheblich gefährden würde, so kann das Gericht auf ihren Antrag anordnen, daß die Verpflichtung dieser Partei zur Zahlung von Gerichtskosten sich nach einem ihrer Wirtschaftslage angepaßten Teil des Streitwerts bemißt. Die Anordnung hat zur Folge, daß die begünstigte Partei die Gebühren ihres Rechtsanwalts ebenfalls nur nach diesem Teil des Streitwerts zu entrichten hat. Soweit ihr Kosten des Rechtsstreits auferlegt werden oder soweit sie diese übernimmt, hat sie die von dem Gegner entrichteten Gerichtsgebühren und die Gebühren seines Rechtsanwalts nur nach dem Teil des Streitwerts zu erstatten. Soweit die außergerichtlichen Kosten dem Gegner auferlegt oder von ihm übernommen werden, kann der Rechtsanwalt der begünstigten Partei seine Gebühren von dem Gegner nach dem für diesen geltenden Streitwert beitreiben.**

(2) **Der Antrag nach Absatz 1 kann vor der Geschäftsstelle des Gerichts zur Niederschrift erklärt werden. Er ist vor der Verhandlung zur Hauptsache anzubringen. Danach ist er nur zulässig, wenn der angenommene oder festgesetzte Streitwert später durch das Gericht heraufgesetzt wird. Vor der Entscheidung über den Antrag ist der Gegner zu hören.**

1 **1. Allgemeines/Zweck der Vorschrift.** § 26 entspricht § 144 PatG. Ebenso wie Patentstreitigkeiten sind auch Gebrauchsmusterstreitigkeiten häufig mit hohen Kosten verbunden. Die Vorschrift bezweckt damit den Schutz des wirtschaftlich Schwächeren vor dem Kostenrisiko eines GebrM-Streites mit hohem Streitwert. Der wirtschaftlich Schwächere muss nicht „arm" iSd Prozesskostenhilfeverfahrens sein. Er soll mit Hilfe dieser Regelung in die Lage versetzt werden, sein Recht gegenüber einem wirtschaftlich Stärkeren in ausreichender Weise geltend machen zu können. Die Regelung ist verfassungsmäßig (OLG Düsseldorf Mitt. 1985, 213, 214; BVerfG NJW-RR 1991, 1134 zu § 23b UWG a. F.). Die Festsetzung eines Teilstreitwerts gemäß § 26, die Bewilligung von Prozesskostenhilfe (§ 144 ff. ZPO) und Verfahrenskostenhilfe (§ 21 Abs. 1 iVm § 130 PatG) haben unterschiedliche Voraussetzungen und unterschiedliche Wirkungen. Sie schließen sich nicht aus (vgl. BGH GRUR 1953, 123 – *Streitwertherabsetzung;* aA wohl OLG Düsseldorf GRUR-RR 2012, 184 – *Streitwertermäßigung für Arbeitnehmererfindervergütung* (LS).

2 Die Anordnung der Streitwertbegünstigung setzt voraus, dass es sich um eine Klage handelt, durch die ein Anspruch aus einem im GebrMG geregelten Rechtsverhältnis geltend gemacht wird. Es muss sich demnach um eine **GebrM-Streitsache** iSd § 27 handeln (vgl. hierzu → § 27 Rn. 3). Der Begriff der GebrM-Streitsache ist weit auszulegen. Eine solche liegt vor, wenn ein im GebrMG geregeltes Rechtsverhältnis betroffen ist, auch wenn der Klageanspruch auf Vorschriften außerhalb des GebrMG gestützt ist. Die GebrM-Streitsache muss durch eine Klage geltend gemacht werden, wozu auch eine Widerklage gehört. Diese bestimmt im Wesentlichen den **Streitgegenstand;** auf die Einwendungen des Beklagten oder Widerbeklagten kommt es nicht an (*Benkard/Grabinski/Zülch* PatG 143 Rn. 2). Nach dem Sinn und Zweck ist § 26 Abs. 1 auf **einstweilige Verfügungsverfahren** entsprechend anzuwenden, bei denen der Anspruch nicht „durch Klage" geltend gemacht wird. Da es sich beim **GebrM-Löschungsverfahren** nicht um eine **„bürgerliche Rechtsstreitigkeit"** noch um eine „Klage" handelt, ist § 26 Abs. 1 S. 2 hierauf nicht anwendbar. § 26 Abs. 1 findet jedoch auf Rechtsbeschwerdeverfahren, auch soweit sie GebrM-Lö-

schungsangelegenheiten betreffen, Anwendung (Analogie über § 18 Abs. 4 S. 2 GebrMG iVm § 102 Abs. 2 S. 3 PatG). In Beschwerde-Löschungsverfahren können Fälle dieser Art über die dort mögliche Billigkeitsentscheidung gelöst werden. Auch auf Zwangslizenzverfahren findet § 26 keine Anwendung. Dies wird als unbillig kritisiert (*Bühring/Braitmayer* § 26 Rn. 3).

2. Formelle Voraussetzungen. In formeller Hinsicht setzt die Vorschrift einen auf Herabsetzung des Streitwerts gerichteten Antrag voraus, der auch vor der Geschäftsstelle des Gerichts zur Niederschrift erklärt werden kann, § 26 Abs. 2 S. 1. Der Antrag kann gemäß § 130a ZPO, § 21 Abs. 1, 125a Abs. 2 PatG auch in Form eines elektronischen Dokuments eingereicht werden. Auch im Anwaltsprozess unterliegt er nicht dem Anwaltszwang, § 78 Abs. 3 ZPO. Da die Anordnung der Streitwertbegünstigung nur für die jeweilige Instanz ergeht, ist in **jeder Instanz** ein gesonderter Antrag zu stellen (vgl. *Benkard/Grabinski/Zülch* PatG § 144 Rn. 9). Der Antrag ist vor der Verhandlung zur Hauptsache zu stellen, dh vor den eigentlichen Sachanträgen in der mündlichen Verhandlung, § 26 Abs. 2 S. 2, § 137 ZPO. Wird der Streitwert erstmalig nach Erledigung der Hauptsache festgesetzt, so ist der Antrag dann in angemessener Frist zu stellen und war nicht schon vor der Stellung der Sachanträge einzureichen (vgl. BGH GRUR 1965, 562). § 26 Abs. 2 S. 2 gilt für ein einstweiliges Verfügungsverfahren entsprechend; es ist ausreichend, wenn der Antrag bis zur Verhandlung über den Widerspruch gestellt wird, da zuvor keine Veranlassung einer Streitwertbegünstigung anzunehmen ist. Auch bei Nichteinlegung eines Widerspruchs nach einer Beschlussverfügung kann der Antragsgegner einen Antrag auf Streitwertbegünstigung stellen (vgl. OLG Hamburg WRP 1985, 281 zu § 23a UWG a. F.). 3

Ansonsten sind für die Zulässigkeit des Antrags nach Stellung der Sachanträge die Voraussetzungen des § 26 Abs. 2 S. 3 zu beachten. „Angenommener" Streitwert iSv § 26 Abs. 2 S. 3 ist auch der nach GKG zunächst vorläufig festgesetzte Streitwert. Tritt nach der mündlichen Verhandlung eine relevante Verschlechterung der wirtschaftlichen Lage des Antragstellers ein, wird eine analoge Anwendung des § 26 Abs. 2 S. 3 angenommen (OLG Düsseldorf GRUR 1985, 219 – *Nachträgliche Streitwertvergünstigung*). Das OLG München wendet die Möglichkeit der Streitwertbegünstigung nach § 144 Abs. 2 S. 3 PatG auch auf die Fälle an, bei denen sowohl eine wesentliche Verschlechterung als auch eine zusätzliche Kostenbelastung der zu begünstigenden Partei nach der mündlichen Verhandlung eingetreten ist (OLG München GRUR 1991, 561 (LS)). Diese Wertung kann auf § 26 Abs. 2 S. 3 übertragen werden. 4

Antragsberechtigt ist jede in den Rechtsstreit involvierte Person, zB auch ein Nebenintervenient, auch juristische Personen, Parteien kraft Amtes. 5

Nach § 26 Abs. 2 S. 4 ist vor der Entscheidung über den Antrag eine Anhörung des Gegners erforderlich; darüber hinaus sind auch sonstige betroffene Verfahrensbeteiligte zu hören, zu denen zB auch der Anwalt gehört (*Benkard/Grabinski/Zülch* PatG § 144 Rn. 10). 6

3. Sachliche Voraussetzungen. Das Gericht muss als sachliche Voraussetzung prüfen, ob die von einer Partei aus dem vollen Streitwert zu tragenden Kosten ihre wirtschaftliche Lage **erheblich gefährden.** Die beantragende Partei hat diese erhebliche Gefährdung ihrer wirtschaftlichen Lage **glaubhaft** zu machen, § 26 Abs. 1 S. 2, 294 ZPO. Die schlechte finanzielle Lage der beantragenden Partei im Allgemeinen rechtfertigt noch keine Streitwertbegünstigung (KG WRP 1984, 20 zum UWG BGH GRUR 2013, 1288 – *Kostenbegünstigung III,* zu § 144 PatG), da diese Situation auch durch Aufnahme eines wirtschaftlich tragbaren Kredits überwunden werden kann. Ob eine Gefährdung der wirtschaftlichen Lage der Partei vorliegt, bemisst sich auf der Grundlage des normalen Streitwerts und der sich daraus ergebenden gerichtlichen und außergerichtlichen Kosten, Gebühren und Auslagen. Die Voraussetzungen der Prozesskostenhilfe, also die persönlichen und wirtschaftlichen Verhältnisse bzw. die Erfolgsaussicht des Rechtsstreits sind nicht zu prüfen, da § 26 gerade dann 7 eingreifen soll, wenn die Voraussetzungen für die Gewährung einer Prozesskostenhilfe nicht vorliegen (vgl. zum Patentrecht BGH GRUR 2009, 1100 – *Druckmaschinen-Temperierungssystem III*). Um die Verhinderung der Erschleichung einer Kostenbegünstigung sicherzustellen, muss sich die Glaubhaftmachung (wozu regelmäßig die Vorlage nachprüfbarer schriftlicher Unterlagen erforderlich sein dürfte) nach Anordnung des Gerichts auch darauf erstrecken, dass die von der Partei zu tragenden Kosten des Rechtsstreits weder unmittelbar noch mittelbar von einem Dritten übernommen werden. Wenn eine Partei in einer Vereinbarung über die Finanzierung von Prozesskosten eine Vertragsgestaltung wählt, die das Kostenrisiko des Nichtigkeitsverfahrens wirtschaftlich der Gegenseite auferlegt, ist es idR nicht angemessen, ihn von diesem Kostenrisiko durch eine Kostenbegünstigung noch weitergehend zu entlasten (BGH GRUR 2013, 1288 – *Kostenbegünstigung III,* zu § 144 PatG).

8 **4. Entscheidung.** Die Entscheidung des Gerichts über die Festsetzung eines Teilstreitwerts ergeht nach **pflichtgemäßem Ermessen** durch **Beschluss.** Sie kann ohne mündliche Verhandlung ergehen. Das Gericht hat dabei einen strengen Maßstab anzulegen und kann bei einer missbräuchlichen Prozessführung eine Herabsetzung des Streitwerts ablehnen. Von einem **Rechtsmissbrauch** kann in der Regel ausgegangen werden, wenn bereits ein Antrag auf Prozesskostenhilfe wegen Aussichtslosigkeit der Rechtsverfolgung abgelehnt worden ist (*Benkard/Grabinski/Zülch* PatG § 144 Rn. 7) oder wenn sonst Tatsachen vorliegen, aus denen sich ergibt, dass der Antragsteller den Rechtsstreit zB wegen Aussichtslosigkeit der Rechtsverfolgung, aber auch zur Wahrnehmung von Vergleichschancen faktisch nicht fortzuführen beabsichtigt. Eine solche Situation kann auch anzunehmen sein, wenn der Antragsteller bei eindeutiger Rechtslage auf eine Abmahnung nicht reagiert und dadurch gerade die Kostensituation verursacht hat (vgl. OLG Hamburg WRP 1985, 281). Ein klassischer Fall eines Missbrauchs wäre etwa anzunehmen, wenn eine wirtschaftlich schwache Partei als Strohmann vorgeschoben wird, um auf Grund der Streitwertbegünstigung einen zweifelhaften Anspruch gerichtlich durchzusetzen. Diese Fragen können sich insgesamt nur nach Lage des Einzelfalls beurteilen lassen.

9 Der durch Entscheidung des Gerichts herabgesetzte Teilstreitwert muss in einem **angemessenen Verhältnis** zu dem vollen Streitwert stehen, da auch die Bedeutung der Gebrauchsmusterstreitigkeit im Auge behalten werden und den Parteien nach wie vor das Kostenbewusstsein vor Augen gehalten werden muss. Beispiele: OLG Koblenz GRUR 1984, 746, 747 – *Streitwertbegünstigung; Teplitzky* GRUR 1989, 461, 470.

10 Der Beschluss auf Anordnung einer Streitwertbegünstigung muss Angaben dazu enthalten, dass entweder der Kläger oder der Beklagte zur Zahlung der Gerichtskosten nach einem bestimmten Teilstreitwert verpflichtet ist.

11 **5. Wirkung der Streitwertbegünstigung.** Zu unterscheiden ist zwischen den Wirkungen für den Begünstigten und für den Gegner.

12 Der **Begünstigte** hat die Gerichtsgebühren, die Gebühren seines Rechtsanwalts/Patentanwalts und im Falle des Unterliegens die Gebühren des gegnerischen Rechtsanwalts/Patentanwalts nur nach dem Teilstreitwert zu zahlen. Keine Ermäßigung für Zeugen- und Sachverständigengebühren, da diese streitwertunabhängig sind. Gewinnt der Begünstigte den Rechtsstreit, kann sein Anwalt seine Gebühren nach dem vollen Streitwert vom Gegner ersetzt verlangen.

13 Unterliegt der **Gegner,** hat er sämtliche Kosten nach dem vollen Streitwert zu tragen (BPatG GRUR-RR 2012, 132 – *Erfüllungsanspruch des Anwalts bei Streitwertbegünstigung*). Im Falle des Gewinnens hat er als Kläger die Gerichtsgebühren aus der Differenz von vollem und Teilstreitwert zu zahlen (OLG Düsseldorf Mitt. 1985, 213). Der Erstattungsanspruch des Gegners gegen den Begünstigten bemisst sich aber nur nach dem Teilstreitwert, während er den überschießenden Differenzbetrag für seinen Anwalt selbst zu tragen hat.

Im Ergebnis hat infolgedessen der Begünstigte im Falle des Obsiegens keine Kosten zu tragen, während der Gegner als Kläger auch bei einem Gewinnen des Rechtsstreits einen Teil der Kosten selbst zu tragen hat. 14

Das Gericht kann bis zum Abschluss der Instanz seine, die Anordnung der Streitwertvergünstigung beschließende Entscheidung ändern, wenn sich die wirtschaftlichen Verhältnisse des Antragstellers entscheidend bessern (OLG Düsseldorf Mitt. 1973, 178). Spiegelbildlich wird bei nachhaltiger Verschlechterung der wirtschaftlichen Lage einer Partei während einer Instanz eine ggf. nochmalige Antragstellung zulässig sein. 15

6. Rechtsbehelf. Gegen den Beschluss des Gerichts ist die **einfache Beschwerde** gemäß § 25 Abs. 3 GKG statthaft. **Frist:** sechs Monate nach Eintritt der Rechtskraft in der Hauptsache oder anderweitiger Erledigung des Verfahrens (keine Anwendbarkeit von § 569 ZPO; aA aber OLG Düsseldorf Mitt. 1973, 177: zwei Wochen). Beschwerdebefugt ist der durch den Beschluss Beschwerte, dh der beschwerte Antragsteller, dessen Gegner, Rechtsanwalt und Patentanwalt der begünstigten Partei (§ 32 Abs. 2 RVG) sowie die Staatskasse. 16

§ 27 [Gebrauchsmusterstreitsachen]

(1) Für alle Klagen, durch die ein Anspruch aus einem der in diesem Gesetz geregelten Rechtsverhältnisse geltend gemacht wird (Gebrauchsmusterstreitsachen), sind die Zivilkammern der Landgerichte ohne Rücksicht auf den Streitwert ausschließlich zuständig.

(2) Die Landesregierungen werden ermächtigt, durch Rechtsverordnung die Gebrauchsmusterstreitsachen für die Bezirke mehrerer Landgerichte einem von ihnen zuzuweisen, sofern dies der sachlichen Förderung der Verfahren dient. Die Landesregierungen können diese Ermächtigungen auf die Landesjustizverwaltungen übertragen. Die Länder können außerdem durch Vereinbarung den Gerichten eines Landes obliegende Aufgaben insgesamt oder teilweise dem zuständigen Gericht eines anderen Landes übertragen.

(3) Von den Kosten, die durch die Mitwirkung eines Patentanwalts in einer Gebrauchsmusterstreitsache entstehen, sind die Gebühren nach § 13 des Rechtsanwaltsvergütungsgesetzes und außerdem die notwendigen Auslagen des Patentanwalts zu erstatten.

Literatur (Auswahl): *Klaka,* Probleme bei Unterlassungsklagen in Patent- und Warenzeichenprozessen, Mitt. 1969, 41; *Neuhaus,* Der Sachverständige im deutschen Patentverletzungsprozess, GRUR Int. 1987, 483, *Asendorf,* Wettbewerbs- und Patentstreitsachen vor Arbeitsgerichten, GRUR 1990, 229; *Maxeiner,* Der Sachverständige in Patentrechtsstreitigkeiten in den USA und in Deutschland, GRUR Int. 1991, 85; *Melullis,* Zur Unterlassungsvollstreckung aus erledigten Titeln, GRUR 1993, 241; *Neuhaus,* Das Übereinkommen über die gerichtliche Zuständigkeit und die Vollstreckung gerichtlicher Entscheidungen in Zivil- und Handelssachen vom 27.9.1968 (EuGVÜ) und das Luganer Abkommen vom 16.9.1988 (LugÜ), soweit hiervon Streitigkeiten des gewerblichen Rechtsschutzes betroffen sind, Mitt. 1996, 257; *Ahrens,* Unterlassungsschuldnerschaft beim Wechsel des Unternehmensinhabers – zur materiell-rechtlichen und prozessrechtlichen Kontinuität des Unterlassungsanspruchs, GRUR 1996, 518; *Meier-Beck,* Probleme des Sachantrags im Patentverletzungsprozess, GRUR 1998, 276; *Ann,* Verletzungsgerichtsbarkeit – zentral für jedes Patentsystem und doch häufig unterschätzt, GRUR 2009, 205; *Schramm,* Der Patentverletzungsprozess, 6. Auflage 2010.

Inhaltsübersicht

1 **1. Allgemeines/Zweck der Vorschrift.** § 27 entspricht § 143 PatG. In der Gesetzesbegründung zum GebrMGÄndG 1986 wird zu der neu aufgenommenen Regelung des § 27 darauf hingewiesen, dass die Bearbeitung von GebrM-Streitsachen in aller Regel dieselben technischen und rechtlichen Kenntnisse erfordert, wie dies bei Patentverletzungsprozessen der Fall ist. Die Entscheidung sei häufig von der Vorfrage der Schutzfähigkeit und Rechtsbeständigkeit des GebrM abhängig, dabei könne nicht, wie in Patentstreitsachen, auf die Vorgänge eines Erteilungsverfahrens zurückgegriffen werden, so dass sich die Probleme des Schutzumfangs und der Abgrenzung gegenüber dem Stand der Technik schwierig gestalten können. Daher erforderten die Verfahren in GebrM-Streitsachen mindestens ebenso wie die in Patentstreitsachen einen mit speziellem technischen und rechtlichen Wissen ausgestatteten Richter. Zudem sei eine Vereinheitlichung von Patent- und GebrM-Recht geboten. Mit derselben Begründung sei auch eine Konzentration dieser Angelegenheiten auf einige wenige Gerichte zu erstreben (BlPMZ 1986, 320, 329).

2 Die Regelung zur Erstattungsfähigkeit der Kosten der Patentanwälte wurde durch das Geistiges Eigentum-Kostenregelungs-Bereinigungsgesetz vom 13.12.2001 geändert. Durch das OLG-Vertretungsänderungsgesetz vom 28.7.2002 wurden die Vertretungsregelungen in § 27 Abs. 3, Abs. 4 a. F. gestrichen. § 27 wurde zuletzt durch das Geschmacksmusterreformgesetz vom 12.3.2004 und das Kostenrechtsmodernisierungsgesetz vom 5.5.2004 neu gefasst.

3 **2. Sachliche Zuständigkeit (Gebrauchsmusterstreitsache).** GebrM-Streitsachen sind alle Klagen, durch die ein Anspruch aus einem im **GebrMG** geregelten Rechtsverhältnis geltend gemacht wird. Der Begriff GebrM-Streitsache ist – wie der Begriff Patentstreitsache – weit auszulegen (vgl. zum Patentrecht BGH GRUR 1953, 114 – *Heizflächenreinigung; Benkard/Grabinski/Zülch* PatG § 143 Rn. 1). Insoweit können sowohl für den Begriff der Patentstreitsache als auch der Gebrauchsmusterstreitsache dieselben Grundsätze herangezogen werden. Gebrauchsmusterstreitsache ist danach jede Klage, mit der ein Anspruch auf oder aus einer Erfindung geltend gemacht wird, unabhängig davon, ob ein Schutzrecht vorliegt oder nicht (zurückhaltend *Busse/Keukenschrijver* PatG § 143 Rn. 52) oder eine durch GebrM geschützte Erfindung betreffen. Für die Charakterisierung als „GebrM-Streitsache" kommt es auf den **Sachvortrag des Klägers** oder Widerklägers, nicht auf die Einwendungen des Beklagten oder die Begründetheit der Klage an (vgl. *Benkard/Grabinski/Zülch* PatG § 143 Rn. 3). Es ist ausreichend, wenn die gebrm-rechtliche Vorschrift zu den klagebegründenden Tatsachen in keiner sinnfernen Beziehung steht (vgl. OLG Düsseldorf Mitt. 1987, 36 (zum WZG)). Für die Annahme einer GebrM-Streitigkeit ist es unerheblich, ob das in der Sache ergehende Urteil sich auf einen Anspruch aus dem GebrMG stützt. Lässt der Vortrag der Klage oder Widerklage die Qualifikation als GebrM-Streitsache zu, ist es unerheblich, ob in der Klage ausdrücklich auf Vorschriften des GebrMG rekurriert wird, ebenso wie umgekehrt eine rein formale Bezugnahme auf Vorschriften des Gesetzes nicht ausreicht, wenn der der Klage zu Grunde liegende Lebenssachverhalt keinen diesbezüglichen Anknüpfungspunkt erkennen

lässt. Die Qualifikation einer GebrM-Streitsache bestimmen die Prozessparteien, nicht das Gericht. Für die Einordnung einer GebrM-Streitsache ist es ferner unerheblich, ob die geltend gemachten Ansprüche vertragsrechtlicher oder gesetzlicher Natur sind. Es genügt, dass eine Bestimmung des GebrMG **mitverletzt** ist.

Eine **Gebrauchsmusterstreitsache** ist in folgenden Fällen zu **bejahen:** **4**

- Klage auf Unterlassung, Auskunftserteilung, Rechnungslegung, Schadenersatz, Schadenersatzfeststellung, Vernichtung, Rückruf, Vorlage von Unterlagen, Besichtigung, §§ 24, 24a, 24b, 24c, 24d, 24e; **5**
- Klage auf Besichtigung/Vorlegung, § 809 BGB; **6**
- Klage wegen ungerechtfertigter Bereicherung durch GebrM-Verletzung, § 812 BGB; **7**
- Verfahren über den Erlass einer einstweiligen Verfügung sowie über den Erlass von Arresten zur Sicherung eines Anspruchs; **8**
- Vollstreckungsverfahren, sofern die Maßnahme dem Prozessgericht des ersten Rechtszugs obliegt (nicht im Fall der Zuständigkeit des Vollstreckungsgerichts: ausschließliche Zuständigkeit des Amtsgerichts, §§ 802, 828 Abs. 2 ZPO); **9**
- Zwangsvollstreckung einer Auskunft und Rechnungslegung; **10**
- Vollstreckungsgegenklage gegen Verurteilungen wegen GebrM-Verletzung (vgl. OLG Düsseldorf GRUR 1985, 220); **11**
- Schadenersatzprozess nach § 945 ZPO; **12**
- Schadenersatzprozess nach § 30; **13**
- Auskunftsklage nach § 30; **14**
- Klage wegen Gebrauchsmusterberühmung; **15**
- Klage auf Grund unberechtigter Verwarnung; **16**
- Klagen im Zusammenhang mit der Feststellung des Schutzumfangs eines GebrM; **17**
- Klagen im Zusammenhang mit der Abhängigkeit eines GebrM; **18**
- Klagen im Zusammenhang mit Vorbenutzungs- und Weiterbenutzungsrechten; **19**
- Klagen im Zusammenhang mit der Übertragung, Umschreibung des GebrM (abwägend zum Patentrecht BGH GRUR 2011, 662, 664 – *Patentstreitsache I*); **20**
- Klagen im Zusammenhang mit GebrM-Lizenzverträgen, zB zum Bestand, Umfang oder Erfüllung eines Lizenzvertrages; **21**
- Klagen im Zusammenhang mit der Rückgewähr eines GebrM auf Grund § 7 AnfechtungsG; **22**
- Klagen auf Rückzahlung des Schadenersatzes nach Löschung des GebrM; **23**
- Restitutions- bzw. Vollstreckungsgegenklage nach Löschung des GebrM; **24**
- Klagen aus und im Zusammenhang mit einem Betriebsgeheimnis gemäß § 17 UWG, wenn damit gleichzeitig Ansprüche aus dem GebrMG einbezogen sind; sind im Fall des Streits über ein Betriebsgeheimnis Arbeitnehmer involviert, so kann sich hieraus die Zuständigkeit des Zivilgerichts gemäß §§ 24, 39 Abs. 1 ArbEG (also keine Zuständigkeit des Arbeitsgerichts) ergeben; Auswirkungen können zum Beispiel wegen des Auseinanderfallens der GebrM-Streitkammer und der Patentstreitkammer in Rheinland-Pfalz gegeben sein; **25**
- Klagen auf Feststellung der (Mit-)Erfindereigenschaft; **26**
- Entschädigungsklagen bei staatlicher Benutzungsanordnung, Geheimhaltungsanordnung; **27**
- Klagen auf Grund nicht vermögensrechtlicher Streitigkeiten, zB Verletzung des Erfindungspersönlichkeitsrechts (LG Nürnberg-Fürth GRUR 1968, 252); **28**
- Erstattung der Gebühren eines Rechtsanwalts/Patentanwalts außerhalb des Kostenfestsetzungsverfahrens (OLG Karlsruhe GRUR 1997, 359; aA OLG Frankfurt a. M. Mitt. 1978, 98, 100; abwägend BGH GRUR 2013, 756 – *Patentstreitsache II:* eine Gebrauchsmustersache ist zu bejahen, wenn nicht ausgeschlossen werden kann, dass es auf das Verständnis der Erfindung ankommt und es besonderen Sachverstands bedarf, um die für die maßgeblichen Umstände zu erfassen und beurteilen zu können); **29**

30 – Ansprüche aus der Nichterfüllung eines Vertragsstrafeversprechens, geleistet zur Beseitigung der Wiederholungsgefahr für einen geltend gemachten GebrM-rechtlichen Unterlassungsanspruch (LG Mannheim, Beschluss vom 2.8.2010, Az. 2 O 88/10, zum Patentrecht);

31 Eine **GebrM-Streitigkeit** ist in folgenden Fällen zu **verneinen:**

32 – Klagen, die (lediglich) einen sklavischen Nachbau oder ähnliche Komplexe betreffen (*Benkard/Grabinski/Zülch* PatG § 143 Rn. 5);

33 – Klagen im Zusammenhang mit reinen Know-how-Lizenzverträgen (dh ohne gebrauchsmusterrechtliche Aspekte oder Aspekte gemäß §§ 24, 39 Abs. 1 ArbEG);

34 – Klagen auf Leistung von Arbeitnehmererfindervergütung, § 39 Abs. 2 ArbEG;

35 – Kostenfestsetzungsverfahren im Anschluss an eine gebrauchsmusterrechtliche Streitigkeit:

36 – Zwangsvollstreckungsverfahren, jedenfalls wenn Verfahrensgegenstand keine Vollstreckungsgegenklage, Vollstreckung von Auskunft und Rechnungslegung oder Unterlassungsvollstreckung ist (*Benkard/Grabinski/Zülch* PatG § 143 Rn. 6).

37 **3. Konzentrationsermächtigung.** Nach § 27 Abs. 1 besteht eine **ausschließliche** sachliche Zuständigkeit der Landgerichte für GebrM-Streitigkeiten, ohne Rücksicht auf den Streitwert. Die Zuständigkeit eines **Schiedsgerichts** wird von § 27 Abs. 1 nicht berührt. Die ausschließliche Zuständigkeit nach § 27 kann in **Konkurrenz** mit anderen ausschließlichen sachlichen Zuständigkeiten bspw nach dem PatG, UrhG, MarkenG, GWB stehen. Beim Zusammentreffen von Patent- und GebrM-Streitigkeiten soll die Zuständigkeit der Patentstreitkammer vorgehen (*Bühring/Bühring,* § 27 Rn. 12; *Benkard/Grabinski/Zülch* GebrMG § 27 Rn. 3). Dasselbe soll für Rechtsstreitigkeiten über ein GebrM gelten, dessen Inhalt eine Arbeitnehmererfindung ist, § 39 Abs. 1 1 ArbEG, der auf § 143 PatG verweist (*Bühring/Bühring* § 27 Rn. 13). Auswirkungen hat diese Differenzierung zur Zeit lediglich in Rheinland-Pfalz (zuständig für GebrM-Streitigkeiten ist dort das LG Frankenthal, für Patentstreitigkeiten auf Grund Staatsvertrages das LG Frankfurt a. M.). Man wird in dieser Zuständigkeitsfrage auf den Sachzusammenhang abstellen müssen, der die Zuständigkeit des einen oder des anderen Gerichts begründen kann (ebenso *Busse/Keukenschrijver* GebrMG § 27 Rn. 4). Tritt die Zuständigkeit in Konkurrenz zur Zuständigkeit auf Grund des GWB, so geht letztere vor (BGH GRUR 1968, 218, 219 – *Kugelschreiber*).

38 § 27 Abs. 1 enthält keine Regelung der funktionellen Zuständigkeit (so auch *Benkard/Grabinski/Zülch* PatG § 143 Rn. 7). Die Rüge der fehlenden sachlichen Zuständigkeit kann nicht darauf gestützt werden, dass keine GebrM- bzw. Patentstreitkammer mit dem Rechtsstreit befasst ist. Zuständig für Patentstreitsachen sind die Zivilkammern, nicht Kammern für Handelssachen.

39 Auf Grund der Ausübung der Konzentrationsermächtigung durch die Landesregierungen besteht eine Sonderzuständigkeit **bestimmter Landgerichte.** Es handelt sich hierbei um eine ausschließliche, sachliche Zuständigkeit. Andere Landgerichte sind daneben nicht zuständig. Verfahrensrechtliche Folgerungen: Verweisung nach § 281 ZPO an das zuständige Gericht; Hinweispflicht gemäß § 139 Abs. 2 ZPO des angerufenen, unzuständigen Gerichts. Bei Nichtverweisungsantrag des Klägers: Zurückweisung der Klage als unzulässig. Die Zuständigkeit des angerufenen, unzuständigen Gerichts kann weder durch rügelose Einlassung zur Hauptsache noch durch eine Gerichtsstandsvereinbarung begründet werden, § 40 Abs. 2 ZPO. Zur Rüge der Unzuständigkeit in der Berufungs- bzw. Revisionsinstanz: §§ 513 Abs. 2, 545 Abs. 2 ZPO. Wird eine Gebrauchsmusterstreitsache nicht bei einem ordentlichen Gericht anhängig gemacht, ist der Rechtsstreit an das ordentliche Gericht zu verweisen. Dieses Gericht entscheidet, ob der falsche Rechtsweg missbräuchlich begangen wurde, um einen inländischen Gerichtsstand zu begründen, Art. 21 EuGVÜ bzw. Art. 27 EuGVVO (vgl. BVerwG Mitt. 2001, 136, 137 – *unzulässige Verletzungsklage*). Wird

ein Gericht in einer Sache angerufen, für die das DPMA oder das BPatG zuständig ist, ist der Rechtsstreit an das BPatG zu verweisen (*Bühring/Bühring,* § 27 Rn. 4).

Bei folgenden Zivilgerichten wurde auf Grund der Konzentrationsermächtigung nach § 27 Abs. 2 eine ausschließliche Zuständigkeit begründet (vgl. auch die Hinweise zu den Ermächtigungsverordnungen in BlPMZ 2007, 92): **40**

- Baden-Württemberg: LG Mannheim (VO vom 20.11.1998, GBl. BW 98, 680) **41**
- Bayern: LG München I für den OLG-Bezirk München, LG Nürnberg-Fürth für die OLG-Bezirke Bamberg und Nürnberg (VO vom 16.11.2004, GVBl. BY 04, 471); **42**
- Berlin: LG Berlin (als einziges Landgericht; Gesetz vom 20.11.1995, GVBl. BLN 1996, 106; 2006, 270); **43**
- Brandenburg: LG Berlin (Gesetz vom 15.12.1995, GVBl. BR 1995, 288, Gesetz vom 20.4.2006, GVBl. BR 2006, 54, Staatsvertrag vom 20.11.1995 mit Berlin in der Fassung des Staatsvertrages vom 13.12.2005, GVBl. BR 1995, 288; 2006, 56). **44**
- Bremen: LG Hamburg (Gesetz vom 18.5.1993 sowie Staatsvertrag vom 17.11.1992 mit Hamburg, Mecklenburg-Vorpommern und Schleswig-Holstein, GBl. BRE 1993, 154); **45**
- Hamburg: LG Hamburg (Gesetz vom 2.2.1993, Staatsvertrag vom 17.11.1992 mit Bremen, Mecklenburg-Vorpommern und Schleswig-Holstein, jeweils GVBl. HH 1993, 33); **46**
- Hessen: LG Frankfurt a. M (VO vom 8.4.2005, GVBl. HE I 2005, 267); **47**
- Mecklenburg-Vorpommern: LG Hamburg (Staatsvertrag vom 17.11.1992 mit Bremen, Hamburg, Schleswig-Holstein und Gesetz vom 6.11.1993, jeweils GVOBl. M-V 1993, 919); **48**
- Niedersachsen: LG Braunschweig (VO vom 18.12.2009, GVBl. NDS 2009, 506); **49**
- Nordrhein-Westfalen: LG Düsseldorf (VO vom 13.1.1998, GV NW 1998, 106 geändert durch VO vom 29.4.2005, GV NW 2005, 332); **50**
- Rheinland-Pfalz: LG Frankenthal (VO vom 22.11.1985, GVBl. RPF GVBl. 1985, 267); **51**
- Saarland: LG Saarbrücken (als einziges LG); **52**
- Sachsen: LG Leipzig (VO vom14.12.2007, SGVBl. 2007, 600); **53**
- Sachsen-Anhalt: LG Magdeburg (VO vom 1.9.1992, GVBl. LSA 1992, 664 zuletzt geändert durch VO vom 9.1.2014, GVBl. LSA 2014, 22); **54**
- Schleswig-Holstein: LG Hamburg (Gesetz vom 27.9.1993 sowie Staatsvertrag vom 17.11.1992 mit Bremen, Hamburg und Mecklenburg-Vorpommern, jeweils GVBl. SchlH 1993, 497); **55**
- Thüringen: LG Erfurt (VO vom17.11.2014, GVBl. TH 2011, 511). **56**

Für die **Berufungsinstanz** ist das **Oberlandesgericht** zuständig, in dessen Bezirk das jeweils zuständige Landgericht liegt. **57**

4. Örtliche Zuständigkeit und internationale Zuständigkeit. Die **örtliche Zuständigkeit** richtet sich nach den §§ 12ff. ZPO. In der Regel ist Gerichtsstand der Wohnsitz oder Sitz des Beklagten und bei Klagen gegen Personen ohne inländischen Wohnsitz der Gerichtsstand des Vermögens, § 23 ZPO, der nach § 28 S. 3 durch den Ort des Büros des Inlandsvertreters und letztlich durch den Sitz des DPMA bestimmt wird. Daneben kommt – in der Praxis weitgehend – der Gerichtsstand der unerlaubten Handlung, § 32 ZPO, in Betracht. Es kann dieser Gerichtsstand vor jeder Gebrauchsmusterstreitkammer begründet werden, in deren Bezirk eine unerlaubte Handlung im Zusammenhang mit dem Schutzrecht begangen wurde. Die Begründung dieses Gerichtsstands durch Teilhandlungen, Testkäufe, Testanfragen etc genügt. Sie ist verschuldensunabhängig. Da alle rechtlichen Gesichtspunkte eines einheitlichen Lebenssachverhalts zu berücksichtigen sind, ist das auf Grund § 32 ZPO angerufene Gericht auch zuständig für die Überprüfung vertraglicher Ansprüche. Richtet sich die Klage gegen eine Mehrheit von Tätern, so ist das gemäß § 32 ZPO angerufene Gericht auch im Hinblick auf § 36 ZPO zuständig. **58**

59 Für die **internationale Zuständigkeit** enthält § 27 – ebenso wie § 143 PatG – keine Regelung. Die Frage, ob ein deutsches oder ein ausländisches Gericht zuständig ist, muss in jeder Lage des Verfahrens von Amts wegen geprüft werden (BGH Mitt. 2002, 559, 560 – *notwendige Konnexität*). Die internationale Zuständigkeit deutscher Gerichte folgt dabei prinzipiell den Regeln der ZPO über die örtliche Zuständigkeit (vgl. BGH NJW 1991, 3092, 3093). Bei europäischen Bezügen ist das EuGVVO (EuGVÜ gilt weiterhin für Dänemark) bzw. LugÜ zu beachten (vgl. hierzu lediglich *Busse/Keukenschrijver* PatG § 143 Rn. 9ff.). Bei GebrM-Streitigkeiten, die ein rein nationales Schutzrecht betreffen, stellt sich die Problematik der internationalen Zuständigkeit in geringerem Umfang, als dies bei Patenten, die häufig Auslandsbezug aufweisen, der Fall ist.

60 **5. Postulationsfähigkeit.** Postulationsfähig vor den Gebrauchsmusterkammern sind gemäß § 78 Abs. 1 ZPO Rechtsanwälte, die bei einem (deutschen) ordentlichen Gericht zugelassen sind (Anwaltszwang). § 27 Abs. 3 ist zugeschnitten auf Patentanwälte, die vor den ordentlichen Gerichten nicht selbst auftreten, sondern nur mitwirken dürfen.

6. Kosten, § 27 Abs. 3

61 **6.1 Mehrkosten.** Mehrkosten eines auswärtigen Anwalts sind nach den allgemeinen Regeln erstattungsfähig (§§ 91ff. ZPO). Mehrkosten können insoweit erstattungsfähig sein, als sie die Gebühr eines notwendigerweise hinzuzuziehenden Verkehrsanwalts oder die Kosten notwendiger Informationsfahrten einer Partei zu dem beim Prozessgericht zugelassenen Anwalt nicht überstiegen. Die Reisekosten eines am dritten Ort ansässigen Rechtsanwalts sind bis zur Höhe der fiktiven Reisekosten eines am Wohn- oder Geschäftsort der Partei ansässigen Rechtsanwalts (BGH GRUR 2004, 448 – *Auswärtiger Rechtsanwalt IV,* großzügiger BGH GRUR 2005, 1072 – *Auswärtiger Rechtsanwalt V,* BGH GRUR 2007, 726 – *Auswärtiger Rechtsanwalt V;* BGH Mitt. 2012, 140 – *Rechtsanwalt an einem dritten Ort* (LS)); die Kosten eines ausländischen Verkehrsanwalts sind nur bis zur Höhe der Gebühren eines deutschen Rechtsanwalts erstattungsfähig (BPatG Mitt. 2001, 395, 396 – *Kosten des ausländischen Verkehrsanwalts;* BGH Mitt. 2005, 395 – *Kosten des ausländischen Verkehrsanwalts;* OLG Düsseldorf, InstGE 12, 63, 66, 69 – *zusätzlicher ausländischer Patentanwalt;* BGH Mitt. 2012, 140 – *Ausländischer Verkehrsanwalt*).

62 **6.2 Kosten eines mitwirkenden Patentanwalts.** § 27 Abs. 3 regelt die Erstattungsfähigkeit der durch die Mitwirkung eines Patentanwalts in einer GebrM-Sache entstehenden Kosten (vgl. auch §§ 3, 4 PatAnwO). Für die Mitwirkung in einer GebrM-Sache sind jeweils die Kosten bis zur Höhe der Gebühren eines Rechtsanwalts (§ 13 RVG) samt notwendigen Auslagen erstattungsfähig. Eine Nachprüfung der **Notwendigkeit** der Mitwirkung des Patentanwalts erfolgt nicht. Die Kostenregelung gilt für jede GebrM-Streitsache und betrifft sowohl das Erkenntnis- als auch das Vollstreckungsverfahren (vgl. OLG Düsseldorf GRUR 1983, 512). Die Mitwirkung eines Patentanwalts in einer GebrM-Streitsache bedarf der Glaubhaftmachung. Dazu reicht es in der Regel aus, dass (zu Beginn des Streits) die Mitwirkung des Patentanwalts angezeigt und im Kostenfestsetzungsverfahren dessen Rechnung vorgelegt wird (OLG München Mitt. 1997, 167, 168; zum Patentrecht BPatG Beschluss vom 20.11.2000, Az. 10 ZA (pat) 5/99; OLG Düsseldorf GRUR-RR 2012, 308 – *Mitwirkung eines Patentanwalts im Nichtzulassungsbeschwerdeverfahren*). Im Fall sog **Doppelqualifizierung** (gleichzeitige Zulassung als Rechtsanwalt und als Patentanwalt) entsteht angesichts des Wortlauts des § 27 Abs. 3, der die Mitwirkung einer anderen Person voraussetzt, keine zusätzliche erstattungsfähige Gebühr (vgl. zum Patentrecht BPatG GRUR 1991, 205 – *Anwaltliche Doppelqualifikation* aA für eine Kennzeichenstreitsache BGH GRUR 2003, 639 – *Kosten des Patentanwalts*). Gehört der mitwirkende Patentanwalt derselben Sozietät wie der Rechtsanwalt an, so bleibt es bei der zusätz-

lichen Erstattungsfähigkeit, wenn die Mitwirkung des Patentanwalts hinreichend glaubhaft gemacht ist; andernfalls kann ggf. der Tatbestand des § 263 StGB greifen.

Wird der Rechtsstreit im Wesentlichen auf eine **andere Rechtsgrundlage** ge- 63
stützt (zB UWG), so tritt der Anspruch auf Kostenerstattung auch dann ein, wenn die Angelegenheit auch unter gebrm-rechtlichen Gesichtspunkten zu prüfen ist (vgl. OLG Köln Mitt. 1980, 138; OLG Frankfurt a. M. Mitt. 1992, 188, jeweils zum Patentrecht). Betrifft der Rechtsstreit keine gebrm-rechtliche Angelegenheit, kommt eine Kostenerstattung dennoch in Betracht, wenn die Entscheidung des Rechtsstreits nicht zuletzt von der Beurteilung solcher Fragen abhängt, deren Bearbeitung zu den besonderen Aufgaben eines Patentanwalts gehört, §§ 3, 4 PatAnwO (OLG Frankfurt a. M. Mitt. 1975, 140; KG GRUR 1968, 454, jeweils zum Patentrecht; OLG Düsseldorf Mitt. 1992, 43; OLG Frankfurt a. M. Mitt. 1991, 173, jeweils zum Wettbewerbsrecht). Auch insoweit ist die Begrenzung der Kostenerstattung nach § 27 Abs. 3 zu beachten (vgl. OLG Frankfurt a. M. Mitt. 1988, 37).

Mitwirkung eines Patentanwalts iSd § 27 Abs. 3 ist jede im Rahmen eines Pro- 64
zessauftrags liegende Tätigkeit, die für die Förderung der Gebrauchsmusterstreitsache ursächlich ist (vgl. OLG Düsseldorf Mitt. 1984, 99). In welchem Verfahrensabschnitt diese Mitwirkung und deren Art ist, ist unerheblich (OLG Düsseldorf GRUR 1956, 193). Auch die beratende Tätigkeit in einer vorprozessualen Besprechung dieser Gebrauchsmusterstreitsache kann ausreichend sein (*Bühring/Bühring* § 27 Rn. 23). Die Mitwirkung muss nicht nach Außen in Erscheinung getreten sein (LG Düsseldorf Mitt. 2004, 574). Ob eine Mitwirkung stattgefunden hat, ist jedoch zu prüfen (OLG München Mitt. 2000, 77, 78).

Bei der Kostenerstattung ist Folgendes zu beachten: 65

- **Gebühren:** Diese sind bis zur Höhe der Gebühren eines Rechtsanwalts nach § 13 66
RVG zu erstatten; die Erstattungsfähigkeit der Gebühr tritt unabhängig von der Notwendigkeit der Mitwirkung ein. Zu erstatten sind diejenigen Gebühren, die der Rechtsanwalt verdient, wenn der Patentanwalt an den entsprechenden Handlungen mitgewirkt hat. Dies gilt insbesondere für die Verfahrens-, die Termins- und die Einigungsgebühr. Der Patentanwalt kann ferner die Erhöhungsgebühr nach Nr. 1008 VV RVG bei Vertretung mehrerer Parteien beanspruchen. § 27 Abs. 3 gilt für alle Instanzen. § 27 Abs. 3 ist auch auf die Mitwirkung eines ausländischen Patentanwalts anzuwenden, jedenfalls soweit er aus einem Mitgliedsstaat der EU oder des EWR kommt (vgl. OLG Düsseldorf GRUR 1988, 761, 762 – *Irischer Patentanwalt*). Die Kosten eines ausländischen Patentanwalts sind nur bis zur Höhe der Gebühren eines deutschen Patentanwalts erstattungsfähig (vgl. BGH Mitt. 2005, 395 – *Kosten des ausländischen Verkehrsanwalts;* OLG Düsseldorf, InstGE 12, 63, 66, 69 – *zusätzlicher ausländischer Patentanwalt*). Kosten für die Mitwirkung des Patentanwalts an einer vorgerichtlichen Abmahnung sind idR notwendig iSv § 91 ZPO und damit erstattungsfähig.
- Über die erstattungsfähigen Gebühren hinaus kann der Patentanwalt intern zu sei- 67
nem Mandanten alle ihm gesetzlich oder kraft wirksamer Honorarvereinbarung zustehenden Gebühren verlangen. Die Vergütung des Patentanwalts gegen den eigenen Mandanten ist nicht nach § 11 RVG festsetzbar, weil § 27 Abs. 3 nur das Prozessverhältnis der Parteien und nicht Vergütungsansprüche regelt (so auch *Bühring/Bühring,* § 27 Rn. 25 unter Hinweis auf OLG Düsseldorf Mitt. 2009, 518, 519; BGH GRUR 2015, 1253 – *Festsetzung der Patentanwaltsvergütung;* aA BPatG Mitt. 2002, 333).
- **Auslagen:** Die Auslagen des mitwirkenden Patentanwalts sind in dem Umfang zu 68
erstatten, in dem sie notwendig waren. Keine gesonderten Gebühren über die erstattungsfähige Mindest-/Höchstgebühr hinaus können für die Durchführung eines **Akteneinsichtsverfahrens** verlangt werden (OLG Frankfurt a. M. GRUR 1979, 76). Bei **Recherchekosten** ist von der Erstattungsfähigkeit auszugehen, soweit sie in unmittelbarem Zusammenhang mit dem späteren Verfahren entstanden

sind (zB durch eine vorangegangene Schutzrechtsverwarnung); im Hinblick auf die erhebliche wirtschaftliche Bedeutung einer drohenden GebrM-Verletzungsklage kann es einem Verwarnten kostenrechtlich grundsätzlich nicht verwehrt werden, seine Verteidigungsmöglichkeiten frühzeitig umfassend zu prüfen, so dass insoweit ein großzügiger Maßstab anzulegen ist; die Höhe der entstandenen Kosten muss sich freilich im Rahmen dessen halten, was die Partei aus ihrer Sicht bei verständiger Würdigung der Umstände für erforderlich halten durfte; zur Geringhaltung der Kosten kann es sogar erforderlich sein, Recherchen Schritt für Schritt jeweils aufbauend aus den zuvor erlangten Erkenntnissen durchzuführen (vgl. OLG Frankfurt a. M. GRUR 1996, 967, 968 – *Recherchekosten*). Entsprechendes muss auch für Recherchekosten gelten, die der Grundlage der Beurteilung der Erfolgsaussichten einer GebrM-Verletzungsklage dienen (vgl. LG Düsseldorf Beschluss vom 11.3.2016, Az. 4b O 58/15). Auch der mit der Recherchetätigkeit verbundene **Zeitaufwand** ist erstattungsfähig. Diese Kosten sind nicht durch § 27 Abs. 3 abgegolten, die nur die mit der Verfahrensgebühr verbundenen typischen Leistungen des Patentanwalts erfassen (zB Sichtung, Ordnung und Auswertung von Material zum Stand der Technik), nicht aber darüber hinausgehende Leistungen (nämlich Beschaffung dieses Materials); die Kosten einer vom Patentanwalt in Auftrag gegebenen Fremdrecherche wären als notwendige Auslagen ohnehin erstattungsfähig; die Höhe der zu erstattenden Gebühren für die Eigenrecherchen wird idR in Anlehnung an die Sätze des JVEG bestimmt. Die Kosten für **Druckschriften** und **Registerauszüge** sind als notwendige Auslagen erstattungsfähig (OLG Frankfurt a. M. OLG Frankfurt a. M. GRUR 1996, 967, 968 – *Recherchekosten*). **Reisekosten** zum Verhandlungstermin sind erstattungsfähig (Zugfahrt: 1. Klasse, unabhängig von der Vorsteuerabzugsberechtigung einschließlich der darin enthaltenen Umsatzsteuer (OLG Frankfurt a. M. GRUR 1996, 967, 968 – *Recherchekosten,* sowie OLG Frankfurt a. M. GRUR 1998, 1034 – *Reisekosten des Patentanwalts*). Keine Einschränkung danach, ob auch ein Patentanwalt am Sitz des Prozessgerichts hätte ausgewählt werden können (OLG Frankfurt Mitt. 1998, 185, 186). Auch Reisekosten zu einem vorprozessualen Gesprächstermin können erstattungsfähig sein (OLG München NJW 1964, 1730, 1731). Die Kostenerstattung ist unabhängig davon, ob der Patentanwalt im **Erkenntnisverfahren** oder im **Vollstreckungsverfahren** mitwirkt (OLG Düsseldorf GRUR 1983, 512 zum WZG).

69 **6.3 Kosten im Übrigen.** Die Erstattungsfähigkeit der übrigen Kosten, soweit sie nicht unter § 27 Abs. 3 fallen, beurteilt sich nach den allgemeinen Grundsätzen der §§ 91 ff. ZPO.

§ 28 [Inlandsvertreter]

(1) **Wer im Inland weder Wohnsitz, Sitz noch Niederlassung hat, kann an einem in diesem Gesetz geregelten Verfahren vor dem Patentamt oder dem Patentgericht nur teilnehmen und die Rechte aus einem Gebrauchsmuster nur geltend machen, wenn er im Inland einen Rechtsanwalt oder Patentanwalt als Vertreter bestellt hat, der zur Vertretung im Verfahren vor dem Patentamt, dem Patentgericht und in bürgerlichen Rechtsstreitigkeiten, die das Gebrauchsmuster betreffen, sowie zur Stellung von Strafanträgen bevollmächtigt ist.**

(2) **Staatsangehörige eines Mitgliedstaates der Europäischen Union oder eines anderen Vertragsstaates des Abkommens über den Europäischen Wirtschaftsraum können zur Erbringung einer Dienstleistung im Sinne des Vertrages zur Gründung der Europäischen Gemeinschaft als Vertreter im Sinne**

des Absatzes 1 bestellt werden, wenn sie berechtigt sind, ihre berufliche Tätigkeit unter einer der in der Anlage zu § 1 des Gesetzes über die Tätigkeit europäischer Rechtsanwälte in Deutschland vom 9. März 2000 (BGBl. I S. 182) oder zu § 1 des Gesetzes über die Eignungsprüfung für die Zulassung zur Patentanwaltschaft vom 6. Juli 1990 (BGBl. I S. 1349, 1351) in der jeweils geltenden Fassung genannten Berufsbezeichnungen auszuüben.

(3) **Der Ort, an dem ein nach Absatz 1 bestellter Vertreter seinen Geschäftsraum hat, gilt im Sinne des § 23 der Zivilprozessordnung als der Ort, an dem sich der Vermögensgegenstand befindet; fehlt ein solcher Geschäftsraum, so ist der Ort maßgebend, an dem der Vertreter im Inland seinen Wohnsitz, und in Ermangelung eines solchen der Ort, an dem das Patentamt seinen Sitz hat.**

(4) **Die rechtsgeschäftliche Beendigung der Bestellung eines Vertreters nach Absatz 1 wird erst wirksam, wenn sowohl diese Beendigung als auch die Bestellung eines anderen Vertreters gegenüber dem Patentamt oder dem Patentgericht angezeigt wird.**

1. Allgemeines/Zweck der Vorschrift. § 28 wurde durch Art. 8 Nr. 10 des Geistiges Eigentum-Kostenregelungs-Bereinigungsgesetz vom 13. 12. 2001 (BGBl. I, 3656) neu gefasst. § 28 entspricht § 25 PatG. Beide Vorschriften dienen der Erleichterung des Rechtsverkehrs inländischer Behörden und Verfahrensbeteiligter mit dem im Ausland wohnenden Schutzrechtsinhaber. Ferner dient die Vorschrift der Schaffung eines inländischen Gerichtsstandes (vgl. BGH GRUR 1972, 536, 537 – *akustische Wand*). Aus der Vorschrift ergibt sich mittelbar die Notwendigkeit einer Vertretungspflicht für Auswärtige (nicht Ausländer). Die Vorschrift hält sich im Rahmen von Art. 2 Abs. 3 PVÜ, Art. 3 Abs. 2 TRIPS. Zu weiteren Einzelheiten: → Vor § 4 Rn. 31. § 28 Abs. 4 dient der Sicherstellung einer ununterbrochenen Vertretung (*Bühring/Bühring* § 28 Rn. 2). Inländische Beteiligte können einen Vertreter bestellen, sofern kein Vertretungszwang besteht, §§ 13, 15 DPMAV, § 97 PatG; § 3 RDG ist zu beachten. 1

2. Notwendigkeit der Bestellung eines Inlandsvertreters. Voraussetzung ist, dass der Betreffende im Inland weder einen Wohnsitz (bei natürlichen Personen) noch eine Niederlassung (bei juristischen Personen und Handelsgesellschaften) hat. Der Vertreterzwang besteht unabhängig von der Staatsangehörigkeit. Zum Fehlen eines Wohnsitzes: §§ 7 ff. BGB, bei juristischen Personen, oHG und KG, § 24 BGB; zum Begriff der Niederlassung: § 21 ZPO. Eine Zweigniederlassung genügt. Nicht ausreichend ist eine bloße Betriebsstelle (BPatG Mitt. 1982, 77) oder ein unselbständiges Verkaufsbüro. Eine rechtlich selbständige Handelsgesellschaft mit Sitz in der Bundesrepublik Deutschland kann auch dann nicht als Niederlassung einer ausländischen Gesellschaft angesehen werden, wenn beide Gesellschaften demselben ausländischen Konzern angehören. 2

Der Vertreterzwang besteht für alle **patentamtlichen** und **patentgerichtlichen Verfahren;** dabei ist es unerheblich, ob der auswärtige Verfahrensbeteiligte Antragsteller oder Antragsgegner ist. In Verfahren vor den ordentlichen Gerichten folgt der Vertreterzwang bereits aus § 78 ZPO. Im Hinblick auf den Zweck des § 28 ist eine weite Auslegung geboten, dh es werden alle Verfahren erfasst, für die das DPMA bzw. das BPatG zuständig sind (zB Anmeldung, Löschungsantrag, Akteneinsicht, Umschreibung, Wiedereinsetzung, Stundung, Beschwerde etc). Es muss sich um ein **Verfahren** handeln, dh reine Tathandlungen wie die bloße Entrichtung von Gebühren, die Nennung von Stand der Technik erfordert keine Vertreterbestellung. Für rein materiell-rechtliche Rechtshandlungen, zB Veräußerung, Verpfändung, Lizenzerteilung etc bedarf es keines Inlandsvertreters. Dasselbe gilt auch für die (außergerichtliche) Geltendmachung von Rechten aus und im Zusammenhang mit dem GebrM. 3

4 Ob die Vorlage einer schriftlichen Vollmacht eine zwingende Verfahrensvoraussetzung für den Fortgang eines anhängigen Verfahrens ist, wenn als Bevollmächtigter ein Rechtsanwalt oder ein Patentanwalt auftritt und weder Anhaltspunkte für einen Mangel der Vollmacht erkennbar sind, ist zwischen dem 20. Senat, 21. Senat und dem 23. Senat des BPatG in Patentsachen strittig (siehe zu § 25 PatG: BPatG GRUR-RR 2016, 135 und BPatG Beschluss vom 20.3.2014, Az. 23 W (pat) 9/10).

5 **3. Zur Vertretung zugelassene Personen.** Zugelassene Personen sind Rechtsanwälte und Patentanwälte (beschränkt auch Patentassessoren nach § 155 Abs. 2 PatAnwO). Die Rechtsanwälte und Patentanwälte müssen in der Bundesrepublik Deutschland zugelassen sein und dort ihre Kanzlei haben. Nicht zugelassen sind Rechtsanwälte und Patentanwälte, die sich gemäß § 206 BRAO bzw. 154a PatAnwO lediglich in der Bundesrepublik Deutschland niedergelassen haben, da sich ihre Befugnis zur Rechtsbesorgung nur auf das ausländische und internationale Recht erstreckt.

6 Rechtsanwälte und Patentanwälte, die Staatsangehörige eines Mitgliedsstaates der Europäischen Union oder des EWR sind, sind unter den Voraussetzungen des § 28 Abs. 2 ebenfalls vertretungsbefugt. In Verfahren mit Anwaltszwang sind sie allerdings nur im Einvernehmen mit einem in Deutschland zugelassenen Rechtsanwalt vertretungsbefugt (*Bühring/Bühring* § 28 Rn. 9).

7 Die Postulationsfähigkeit des Vertretenen bleibt neben dem Inlandsvertreter bestehen (vgl. BGH GRUR 1969, 437, 438 – *Inlandsvertreter;* BGH GRUR 1972, 536, 537 – *akustische Wand*). Er kann neben dem bestellten Vertreter alle Verfahrenshandlungen vornehmen, und zwar selbst oder durch einen anderen Bevollmächtigten (BGH GRUR 1969, 437, 438 – *Inlandsvertreter*), selbst wenn dieser nicht zu den nach § 28 zugelassenen Personen gehört. Jedoch muss der Vertretene die Erklärungen seines Inlandsvertreters gegen sich gelten lassen (BPatGE 4, 160, 161); diese können nur aus den in der Person des Inlandsvertreters liegenden Gründen angefochten werden (BPatGE 12, 128). Keine Unterbrechung des Verfahrens durch den Tod des Vertretenen (→ Rn. 9).

8 **4. Bestellung, Fehlen oder Wegfall des Inlandsvertreters.** Die Bestellung erfolgt durch ausdrückliche oder konkludente Mitteilung des Vertreters an das DPMA oder das BPatG, idR durch Vorlage einer Vollmachtsurkunde, §§ 15 DPMAV, 97 Abs. 5 PatG. Die Bestellung wird mit Eingang beim DPMA bzw. BPatG wirksam. Eine Eintragung in das Register ist nicht erforderlich (*Bühring/Bühring* § 28 Rn. 45).

9 Die Bestellung des Inlandsvertreters ist eine **Verfahrensvoraussetzung** für den sachlichen Fortgang des Verfahrens. Die ohne Vertreterbestellung vorgenommenen Handlungen sind zwar nicht unwirksam, jedoch mit einem verfahrensrechtlichen Mangel behaftet. Die Bestellung kann bis zum Erlass einer Sachentscheidung nachgeholt werden. Kommt der Auswärtige der Aufforderung, einen Inlandsvertreter zu bestellen, nicht nach, ist die entsprechende Verfahrenshandlung als unzulässig zurückzuweisen (vgl. BPatGE 17, 11, 13; BGH GRUR 1969, 437, 438 – *Inlandsvertreter*). Richtet sich hingegen die Beschwerde dagegen, dass das DPMA wegen des Fehlens eines Inlandsvertreters eine Anmeldung zurückgewiesen hat, dann ist die Beschwerde zwar zulässig, aber unbegründet, wenn der Beschwerdeführer eines Inlandsvertreters bedarf und diesen Mangel auch im Beschwerdeverfahren nicht beseitigt (BPatGE 15, 204, 206). Der Wegfall des Inlandsvertreters, zB durch Tod, führt nicht zu einer Unterbrechung des Verfahrens gemäß § 244 ZPO; jedoch muss der Auswärtige einen neuen Inlandsvertreter bestellen, damit ein sachlicher Fortgang des Verfahrens möglich ist (BGH GRUR 1969, 437, 438 – *Inlandsvertreter*).

10 Sind mehrere Vertreter bestellt, kann jeder für sich den Beteiligten vertreten und an jeden können nach Maßgabe des § 14 DPMAV Zustellungen erfolgen.

11 **5. Vertretungsmacht.** Der Inlandsvertreter ist kein gesetzlicher Vertreter, sondern **Bevollmächtigter** mit in § 28 Abs. 1 umschriebenem Umfang der **Vertretungsmacht:** Der eingetragene Vertreter ist in Rechtsstreitigkeiten, die das GebrM betreffen, zur Vertretung befugt; er kann auch Strafanträge stellen. Eine Beschränkung der Vollmacht unter diesen gesetzlichen Mindestumfang macht sie wirkungslos, so dass keine ordnungsgemäße Bestellung eines Inlandsvertreters vorliegt. In diesem Fall gelten dieselben Grundsätze wie zum Fehlen des Inlandsvertreters. Hingegen kann die Vollmacht im Innenverhältnis beschränkt werden. Es reicht aus, eine „Vollmacht gemäß § 28 GebrMG" zu erteilen. Die Bestellung des Inlandsvertreters ist dem DPMA durch Vorlage einer Vollmachtsurkunde nur noch nachzuweisen, wenn dazu ein besonderer Anlass besteht, insbesondere wenn ein anderer Verfahrensbeteiligter das Fehlen der Urkunde rügt, § 15 Abs. 4 DPMAV (vgl. zu § 25 PatG BPatG Beschluss vom 20. März 2014, Az. 23 W (pat) 9/10 aA BPatG GRUR-RR 2016, 135, 136 – *Antennenanordnung* zu § 25 PatG: die Vollmacht ist im Original vorzulegen). Eine fehlende Vollmachtsurkunde ist ggf. Zurückweisungsgrund, § 15 Abs. 1, Abs. 4 DPMAV. Im Verfahren vor dem BPatG ist stets Einzelvollmacht erforderlich, § 97 Abs. 2 PatG. Eine Erteilung von Untervollmachten ist zulässig.

12 **6. Erlöschen der Vollmacht.** Die Vollmacht erlischt im Innenverhältnis zwischen Beteiligtem und Vertreter nach den allgemeinen Grundsätzen, § 168 BGB. Ferner durch Tod des Inlandsvertreters; damit auch die Untervollmacht zB eines Patentanwalts-Sozius (sie gilt nur insoweit als fortbestehend, als Geschäfte zu besorgen sind, mit deren Aufschub Gefahr im Verzug verbunden ist).

13 Gemäß § 28 Abs. 4 wird das Erlöschen der Vollmacht bei einem auswärtigen Beteiligten gegenüber dem DPMA und dem BPatG erst wirksam, wenn sowohl das Erlöschen der Vollmacht als auch die Bestellung eines anderen Vertreters gegenüber dem Patentamt oder dem Patentgericht angezeigt wird. Ist eine Vertretung nicht mehr notwendig iSd § 28 Abs. 1 (bspw durch rechtskräftige Erledigung der Anmeldung oder Erlöschen des GebrM), endet die Vertretung mit der Anzeige der Beendigung der Vertretung und ggf. Löschung des Vertreters im Register. In einem solchen Fall ist die Bestellung eines neuen Vertreters nicht erforderlich (zum Patentrecht BGH GRUR 2009, 701, 703 – *Niederlegung des Inlandsvertreters*). Bis zur Eintragung der angezeigten Niederlegung im Register bleibt der Inlandsvertreter jedoch (berechtigt und) verpflichtet, dh nur ihm und nicht dem Vertretenen ist zuzustellen (vgl. BPatGE 28, 219). Liegt keine notwendige Inlandsvertretung vor, sind Schriftstücke nach den allgemeinen Vorschriften im Ausland zuzustellen, § 21. Ein früherer Inlandsvertreter hat Anspruch auf Berichtigung des Registers, wenn er nicht mehr Vertreter ist (BPatGE 17, 11, 13; BGH GRUR 2009, 701, 703 – *Niederlegung des Inlandsvertreters* zu § 25 PatG).

14 **7. Gerichtsstand, § 28 Abs. 3.** Gemäß § 23 ZPO ist für Klagen wegen vermögensrechtlicher Ansprüche gegen Auswärtige der Gerichtsstand des Vermögens oder Streitgegenstands gegeben; als dieser Ort gilt nach § 28 Abs. 3 der Ort des Büros des Inlandsvertreters oder in Ermangelung eines solchen der Wohnsitz des Inlandsvertreters und in weiterer Ermangelung eines solchen der Sitz des DPMA.

§ 29 [Verordnungsermächtigung]

Das Bundesministerium der Justiz und für Verbraucherschutz regelt durch Rechtsverordnung, die nicht der Zustimmung des Bundesrates bedarf, die Einrichtung und den Geschäftsgang des Patentamts sowie die Form des Verfahrens in Gebrauchsmusterangelegenheiten, soweit nicht durch Gesetz Bestimmungen darüber getroffen sind.

1 § 29 wurde durch das Geschmacksmusterreformgesetz vom 12.3.2004 (BGBl. I, S. 390) neu gefasst. Die Regelung entspricht der Regelung in § 28 PatG.

2 **1. Ermächtigung nach § 29.** Diese Regelung ist Ermächtigungsgrundlage für die Verordnung über das Deutsche Patent- und Markenamt vom 1.4.2004 (BGBl. I, S. 514), zuletzt geändert durch Artikel 2 der Verordnung vom 1.11.2013 (BGBl. I, S. 3906), soweit diese GebrM betrifft.

3 Die Gebrauchsmuster-Eintragungs-Richtlinie, die Klassifizierungs-Richtline und die Gebrauchsmusterrecherche-Richtlinien sind Verwaltungsanordnungen, die auf der Organisationsgewalt des PräsDPMA beruhen und für die Bediensteten des DPMA verbindlich sind.

2. Weitere Verordnungsermächtigungen

4 – § 4 Abs. 4: Ermächtigungsgrundlage für die Verordnung zur Ausführung des Gebrauchsmustergesetzes (Gebrauchsmusterverordnung – GebrMV) (vgl. → § 4 Rn. 5ff.);

5 – §§ 4 Abs. 4, 21 Abs. 1, 29: Ermächtigungsgrundlage für die Verordnung über den elektronischen Rechtsverkehr beim Deutschen Patent- und Markenamt (ERVDPMAV) (vgl. → § 4 Rn. 4f., → Vor § 4 Rn. 35f.);

6 – § 4 Abs. 7: Ermächtigungsgrundlage für die Verordnung über die Hinterlegung von biologischem Material in Patent- und Gebrauchsmusterverfahren (Biomaterial-Hinterlegungsverordnung - BioMatHintV) (vgl. → § 4 Rn. 88ff.);

7 – § 1 Abs. 2 S. 2 PatKostG ist Ermächtigungsgrundlage für die Verordnung über die Zahlung der Kosten des Deutschen Patent- und Markenamts und des Bundespatentgerichts (PatKostZV) und für die Verordnung über Verwaltungskosten beim Deutschen Patent- und Markenamt (DPMAVwKostV);

8 – § 10 Abs. 2 ist Ermächtigungsgrundlage für die Verordnung über die Wahrnehmung einzelner den Prüfungsstellen, der Gebrauchsmusterstelle, den Markenstellen und den Abteilungen des Patentamts obliegender Geschäfte (WahrnV).

§ 30 [Auskunftsanspruch]

Wer Gegenstände oder ihre Verpackung mit einer Bezeichnung versieht, die geeignet ist, den Eindruck zu erwecken, daß die Gegenstände als Gebrauchsmuster nach diesem Gesetz geschützt seien, oder wer in öffentlichen Anzeigen, auf Aushängeschildern, auf Empfehlungskarten oder in ähnlichen Kundgebungen eine Bezeichnung solcher Art verwendet, ist verpflichtet, jedem, der ein berechtigtes Interesse an der Kenntnis der Rechtslage hat, auf Verlangen Auskunft darüber zu geben, auf welches Gebrauchsmuster sich die Verwendung der Bezeichnung stützt.

Literatur (Auswahl): *Graf Lambsdorff/Skora,* Die Werbung mit Schutzrechtshinweisen, 1977; *Graf Lambsdorff/Hamm,* Zur wettbewerbsrechtlichen Zulässigkeit von Patent-Hinweisen, GRUR 1985, 244;*von Grafenreuth,* Geschichtliche Entwicklung und aktuelle Probleme zum Auskunftsanspruch nach einer Schutzrechtsberühmung, Mitt. 1985, 207; *Bogler,* Werbung mit Hinweisen auf zukünftigen oder bestehenden Patentschutz, DB 1992, 413; *Ebert-Weidenfeller/Schmüser,* Werbung mit Rechten des geistigen Eigentums – „ges. gesch.", „Pat.", ®, TM, © & Co., GRUR-Prax 2011, 74.

Inhaltsübersicht

1. Allgemeines/Zweck der Vorschrift. § 30 entspricht § 146 PatG mit dem Unterschied, dass die Tathandlung keine Patent-, sondern eine GebrM-Berühmung ist. Die Werbung mit einem technischen Schutzrecht hat doppelte Wirkung: Gegenüber den Werbeadressaten tritt die anpreisende, werbende Wirkung hervor (vgl. BGH GRUR 1966, 92 – *Bleistiftabsätze*); Mitbewerbern gegenüber bedeutet sie einen Warnhinweis (BGH GRUR 1985, 520, 521 – *Konterhauben-Schrumpfsystem*). § 30 GebrMG bezweckt – ebenso wie § 146 PatG –, möglichem Missbrauch entgegenzutreten. Berechtigten Interessenten wird deshalb ein inhaltlich beschränkter Auskunftsanspruch darüber zugebilligt, auf welches GebrM sich die Ankündigung des Berühmenden erstreckt. Damit dient die Vorschrift der Vorbereitung einer wettbewerblichen Auseinandersetzung (vgl. BGH GRUR 1954, 391 – *Prallmühle;* LG Düsseldorf Mitt. 2005, 24). Ob die in der Ankündigung liegende GebrM-Berühmung rechtmäßig ist, beantwortet sich nicht nach § 30 GebrMG, sondern insbesondere nach den §§ 1, 3, 5 Abs. 1 Nr. 1, Nr. 3 UWG, §§ 823 Abs. 1, 826 BGB (vgl. → Rn. 27). § 30 wird auf öffentliche Geschmacksmusterberühmungen analog angewendet (OLG Düsseldorf GRUR 1976, 34 – *Becherhalter*). 1

2. Tatbestandliche Voraussetzungen für den Auskunftsanspruch

2.1 Gebrauchsmusterberühmung. Voraussetzung ist eine GebrM-Berühmung, dh eine Kundgabe, die auf den Schutz eines GebrM „nach diesem Gesetz" hinweist. Damit fallen Hinweise auf das Bestehen ausländischer Gebrauchsmuster aus dem Anwendungsbereich dieser Vorschrift, vorausgesetzt, dass dies deutlich gemacht wird, so dass ein Irrtum über den Rechtscharakter des in Bezug genommenen Schutzrechts ausgeschlossen ist. Besteht kein Schutz im Inland, darf keine Angabe gemacht werden, die als Hinweis auf Inlandsschutz verstanden werden kann (OLG Hamburg GRUR 1999, 373). Der Hinweis auf das Bestehen eines „Schutzes" macht ferner deutlich, dass keine Berühmung iSd § 30 vorliegt, wenn lediglich ein Hinweis auf eine GebrM-Anmeldung erfolgt (und damit keine weitergehenden Fehlvorstellungen in Bezug auf den Schutz gegeben sind; ein Hinweis auf eine bloße GebrM-Anmeldung ist jedoch für sich genommen bereits wettbewerbswidrig, → Rn. 25). Die Vorschrift setzt mithin das Hervorrufen des Eindrucks eines bestehenden GebrM-Schutzes voraus; bei Kundgaben, die zwar nicht einen existierenden GebrM-Schutz suggerieren, aber eine damit vergleichbare Wirkung hervorrufen, kommt nur eine analoge Anwendung von § 30 in Betracht (zu denken ist zB an einen Hinweis auf die kurzfristig bevorstehende Eintragung der zum GebrM-Schutz angemeldeten Erfindung). 2

Die GebrM-Berühmung kann in verschiedenen Formen zum Ausdruck kommen, wie zB in den Bezeichnungen sowie Abkürzungen: „Gebrauchsmuster", „Musterschutz", „DBGM", „DGM", „GM", „durch Gebrauchsmuster geschützt", „Ges. Gesch. DEGM"… bzw. „nach DEGM … geschützt" etc. Weitere Ausdrucksformen und zu deren Zulässigkeit: → Rn. 11 ff. 3

2.2 Art der Verwendung. § 30 stellt auf zwei Arten der GebrM-Berühmung ab, nämlich das Versehen von Gegenständen oder ihre Verpackung mit einer Bezeichnung, die geeignet ist, den Eindruck zu erwecken, dass die Gegenstände als Gebrauchsmuster geschützt sind, und zum anderen die Verwendung einer solchen Bezeichnung in öffentlichen Anzeigen, auf Aushängeschildern, auf Empfehlungskarten oder in ähnlichen Kundgebungen. Auf die Art der „Bezeichnung" kommt es dabei nicht an. Es kann sich hierbei um Worte, Abkürzungen aber auch um Symbole wie 4 zB die Verwendung mit Rundstempeln oder dergleichen und deren Kombinationen miteinander handeln. Die öffentlichen Kundgebungen sind nur beispielhaft aufgezählt. Die Art der Verwendung kann schriftlich oder mündlich sein. Die Kundgabe muss sich von vornherein an einen größeren, nicht von vornherein bestimmten Personenkreis richten müssen (vgl. BGH GRUR 1951, 314 – *Motorblock:* Schreiben an vier vermutliche Verletzer nicht ausreichend; BGH GRUR 2001, 1174 – *Interferenon-Beta-1a:* Berühmung durch Prozessausführung zum UWG). Deshalb wurde die Kundgabe im Zusammenhang mit der Lieferung einer Zusatzeinrichtung zu einer Maschine ausschließlich an Kunden des Herstellers als nicht darunter fallend angesehen (OLG Karlsruhe GRUR 1984, 106, 107). Bei einer nur mündlichen Bekanntgabe an einen einzelnen Kunden/Interessenten fehlt es an dieser Voraussetzung (BGH GRUR 1954, 391 – *Prallmühle;* OLG Karlsruhe GRUR 1984, 106, 107). Aus diesem Grunde wird man auch das Versehen der Ware mit dem Vermerk als noch nicht ausreichend ansehen müssen, solange die Ware noch nicht vertrieben wird.

5 **2.3 Auskunftsberechtigter und -verpflichteter.** Aktivlegitimation besteht zugunsten jeder Person, die ein **berechtigtes Interesse** an der Kenntnis der Rechtslage hat. Dies sind unmittelbare oder mittelbare (dh insbesondere auf verschiedenen Vertriebsstufen) tätige Wettbewerber. Aktivlegitimiert sind auch Verbände iSd § 8 UWG (*Busse/Keukenschrijver* PatG § 146 Rn. 19). Ein privates oder wissenschaftliches Interesse reicht hingegen nicht.

6 Passivlegitimiert ist derjenige, der sich des GebrM-Schutzes berühmt, also wer den Hinweis anbringt oder in den öffentlichen Ankündigungen verwendet. Der Händler, der lediglich die mit dem Vermerk versehene Ware weitervertreibt, ist nicht auskunftsverpflichtet, es sei denn, dass er die Handlungen selbst vorgenommen hat oder an ihnen mitgewirkt hat. Ein Lizenznehmer ist auskunftspflichtig. Keine Auskunftspflicht besteht, wenn das in Bezug genommene Gebrauchsmuster in eindeutig zuzuordnender Weise erwähnt ist, da dann bereits Erfüllung des Auskunftsanspruches anzunehmen ist.

7 **2.4 Umfang der Auskunftspflicht.** Der Auskunftsanspruch ist inhaltlich beschränkt. Zu nennen ist (sind) lediglich das (die) GebrM, auf das (die) sich die Berühmung bezieht. Es ist Aufgabe des Berühmenden, dieses (diese) zu bestimmen (BGH GRUR 1954, 391 – *Prallmühle;* OLG Karlsruhe GRUR 1984, 106, 107). Der Inhalt des Anspruchs geht nicht auch auf diejenigen Schutzrechte, auf die sich der Berühmende mit seiner Berühmung stützen könnte. Der Anspruch ist ferner nicht auf Überlassung eines Druckexemplars des entsprechenden GebrM gerichtet; ebenso nicht auf vollständige Angabe aller Schutzrechte, die für den Gegenstand der Berühmung relevant sind. Ggf. ist eine Ergänzung vorzunehmen, was insbesondere im anschließenden Wettbewerbsprozess mit Kostennachteilen verbunden ist. Eine falsche oder unvollständige Auskunft kann Schadenersatzansprüche des Auskunftsberechtigten auslösen (LG Düsseldorf GRUR-RR 2002, 185 – *Schadensersatz wegen falscher Auskunft*). Eine Verpflichtung zur Einsicht in die Akten besteht ebenfalls nicht. Ferner besteht keine Verpflichtung auf Auskunft über den Schutzbereich des GebrM sowie auf Mitteilung von GebrM-Anmeldungen. Ergibt sich das in Bezug genommene Schutzrecht bereits aus der Gebrauchsmusterberühmung, ist das Auskunftsanspruch gegenstandslos bzw. erfüllt (vgl. *Benkard/Ullmann/Deichfuß* PatG § 146 Rn. 11).

8 **2.5 Auskunftsklage.** Die gerichtliche Geltendmachung des Auskunftsanspruchs ist in der Regel eine GebrM-Streitigkeit, obwohl die Grundlage von Ansprüchen auf Grund unberechtigter GebrM-Berühmung meist nur wettbewerbsrechtliche oder allgemein zivilrechtliche Bestimmungen sind (vgl. *Schramm,* 9. Kapitel Rn. 265 sowie → § 27 Rn. 3).

3. Zur Zulässigkeit der Gebrauchsmusterberühmung

9 **3.1 Grundsätze.** Genauso wie die Werbung mit Patentschutz ist auch die Wer-

bung bzw. Hinweise auf bestehenden Gebrauchsmusterschutz grundsätzlich zulässig, sofern die Ankündigung nicht auf Grund sonstiger Umstände gegen insbesondere wettbewerbsrechtliche Vorschriften verstößt. Die Zulässigkeit der Werbung kann dabei insbesondere von der Art der bezeichneten Ware oder den angesprochenen Verkehrskreisen abhängen. Dabei ist auch bei einer Werbung gegenüber dem allgemeinen Verkehr nicht (mehr) auf den Eindruck des flüchtigen Betrachters, sondern auf den verständigen, durchschnittlich informierten sowie aufmerksamen Durchschnittsverbraucher abzustellen. Auch insoweit darf aber nicht außer Acht gelassen werden, dass diesem die tatsächlichen und rechtlichen Umstände des GebrM-Schutzes, des Unterschiedes zum Patentschutz, etc im Einzelnen nicht bekannt sein werden. Nach OLG Düsseldorf (GRUR 1984, 883 – *Irreführende Gebrauchsmusterberühmung*) soll dem allgemeinen Verkehr bekannt sein, dass das GebrM eine leichter zu erlangende, weniger weit reichende Art von Schutzrecht ist als ein Patent, auch wenn ihm die Einzelheiten der Erlangung beider Schutzrechtsarten nicht bekannt seien; das Vertrauen des Verkehrs in den Bestand eines Gebrauchsmusters sei deshalb geringer; er werde folglich in der Behauptung, dass ein von ihm erworbenes Produkt als Gebrauchsmuster „gesetzlich geschützt" sei, nicht den Hinweis auf eine unzweifelhaft technische Vorzugsstellung sehen wie bei einem Hinweis auf einen Patentschutz (zwh.). Ungeachtet dessen ist auch nach dieser (weiten) Auffassung eine Verpflichtung des Werbenden anzunehmen, sich sorgfältig zB durch eine Recherche oder durch Beratung eines Patentanwalts zu vergewissern, dass ein GebrM-Schutz wahrscheinlich ist, da der Verkehr jedenfalls auf eine gewisse Verlässlichkeit der behaupteten technischen Vorzugsstellung auch bei einem GebrM vertraut (OLG Düsseldorf GRUR 1984, 883 – *Irreführende Gebrauchsmusterberühmung*). An sich zulässige Werbung wird mit Schutzablauf bzw. mit Rechtskraft der (Teil-)Löschung im GebrM-Löschungsverfahren unzulässig.

3.2 Umfang des Gebrauchsmusterschutzes. Bezieht sich die GebrM-Berühmung auf eine Gesamtvorrichtung, besteht hingegen jedoch GebrM-Schutz nur für einen Teil dieser Vorrichtung, so ist diese Werbung zulässig, wenn der gebrm-rechtlich geschützte Teil dem Ganzen das eigentliche Gepräge und den eigentlichen Verkehrswert verleiht (OLG Karlsruhe GRUR 1980, 118). Die Werbeaussage ist jedoch unrichtig und irreführend, wenn der Gegenstand als Ganzer als gebrauchsmusterrechtlich geschützt bezeichnet wird, während in Wirklichkeit nur ein untergeordneter Teil geschützt ist (OLG Düsseldorf GRUR 1984, 883, 884 – *Irreführende Gebrauchsmusterberühmung*). Die Werbung darf jedoch auf den tatsächlich bestehenden Schutzbereich des GebrM hinweisen, der vom Wortlaut der GebrM-Ansprüche abweichen kann (vgl. BGH GRUR 1985, 520 – *Konterhauben-Schrumpfsystem*). Mit einem rein formal bestehenden Schutz darf nicht geworben werden, wenn für das in Bezug genommene GebrM offenkundig kein Schutz besteht, zB infolge des vorbekannten Standes der Technik (OLG Düsseldorf GRUR 1984, 883 – *Irreführende Gebrauchsmusterberühmung*). **10**

3.3 Einzelfälle. Da immer auf die Umstände des Einzelfalls abzustellen ist, die durchaus dazu führen können, dass eine an sich zulässige und zutreffende Aussage in ihrem Gesamtkontext irreführend wird, können die nachfolgenden Beispielsfälle nur Anhaltspunkte für die definitive rechtliche Wertung im Einzelfall sein; auf jeden Fall sind sie mit den zuvor dargestellten Grundsätzen in Einklang zu bringen, was mindestens ein eingetragenes GebrM voraussetzt. **11**

Zulässige Angaben

- „Gebrauchsmuster"; **12**
- gebräuchliche Abkürzungen wie zum Beispiel „DBGM" (Deutsches Bundesgebrauchsmuster) oder „DGBM" (Deutsches Gebrauchsmuster); **13**
- „gesetzlich geschützt" **mit** eindeutigem Hinweis, dass es sich um ein Gebrauchsmuster handelt, dessen materielle Schutzvoraussetzungen vorliegen, da andernfalls **14**

der unzutreffende Eindruck eines (geprüften) Patentschutzes hervorgerufen wird (aA *Benkard/Ullmann/Deichfuß* PatG § 146 Rn. 21, 31, der zwar anscheinend eine nach wie vor bestehende Irreführung annimmt, jedoch die Relevanz der Irreführung verneint);

15 – „alleiniges Herstellungsrecht" (*Benkard/Ullmann/Deichfuß* PatG § 146 Rn. 32 zwh. jedenfalls dann unzulässig, wenn das Schutzrecht offenkundig schutzunfähig ist);

16 – „Nachahmung verboten"; jedenfalls aber dann unzulässig, wenn das in Bezug genommene GebrM offenkundig nicht schutzbeständig ist).

Unzulässige Angaben

17 – „Ges. gesch. DEGM ..." oder „nach DEGM ... geschützt", wenn für das in Bezug genommene GebrM offenkundig kein Schutz besteht (OLG Düsseldorf GRUR 1984, 883);

18 – Hinweis auf eine GebrM-Anmeldung (LG Düsseldorf E 1998, 97, 98 – *Chiphalter*), insbesondere unter Verwendung von Abkürzungen wie zB „DGBM a" oder „DBGM angem.", da in diesen Fällen auch noch der die Anmeldungseigenschaft andeutende Zusatz in der Regel übersehen wird und dann der zusätzliche irreführende Eindruck auf ein bestehendes Gebrauchsmuster entsteht (*Bühring/Bühring* § 30 Rn. 13);

19 – „patentrechtlich geschützt", da Patentrecht und GebrM-Recht zwar in vielfacher Hinsicht verwandt, dennoch erhebliche Unterschiede aufweisen und die Angabe dahin verstanden wird, dass der beworbene Gegenstand unter Patentschutz stehe (OLG München Mitt. 1998, 479, 480);

20 – „patentamtlich geschützt", da erhebliche Teile der angesprochenen Verkehrskreise den Hinweis auf einen „patentamtlichen" Schutz als die Behauptung des Schutzes durch ein Patent verstehen werden (OLG München Mitt. 1998, 479, 480);

21 – „GM", da in Verkehrskreisen diese Abkürzung (die auch für ein Geschmacksmuster stehen könnte) unbekannt ist und damit von vornherein Fehlvorstellungen über die Art des Schutzes eintreten;

22 – „im Inland geschützt", da der Eindruck eines Patentschutzes entstehen kann (*Benkard/Ullmann/Deichfuß* PatG § 146 Rn. 31);

23 – „patentiert" (*Benkard/Ullmann/Deichfuß* PatG § 146 Rn. 31);

24 – „gesetzlich geschützt" (ohne erläuternde Hinweise), da der Verkehr diesen Hinweis nur auf Patente, nicht auf GebrM beziehen wird (OLG Düsseldorf GRUR 1978, 437);

25 – Hinweis auf – mangels Eintragung noch nicht bestehendes – GebrM, selbst wenn die Eintragung wenige Tage später erfolgt (LG Düsseldorf E 1998, 97, 98 – *Chiphalter; Köhler/Bornkamm/Bornkamm* UWG § 5 Rn. 5.121)

26 – Hinweis auf abgelaufenes oder gelöschtes GebrM (zum Patentrecht BGH GRUR 1984, 741, 742 – *PATENTED*).

27 **3.4 Rechtsfolgen unrechtmäßiger Berühmung.** Eine nach den oa Kriterien unzulässige GebrM-Berühmung löst Ansprüche nach den §§ 1, 3, 5 Abs. 1 S. 2 Nr. 1, Nr. 3, 8, 9 UWG, 242, 823, 826, 1004 BGB aus.

28 Unterlassungsansprüche können dabei vor allen Dingen aus § 5 UWG entstehen, wenn die Werbung ernsthaft geeignet ist, eine Irreführung nicht unbeachtlicher Verkehrskreise über Art und Inhalt des gesetzlichen Schutzes zu täuschen. Nach Lage des Einzelfalls ist ggf. eine Aufbrauchfrist zu gewähren.

29 Bei Eintritt eines Schadens besteht darüber hinaus eine Schadenersatzpflicht. Hier ist dabei davon auszugehen, dass ein Schutzrechtshinweis geeignet ist, den beworbenen Gegenstand, für den der Werbende ein Monopolrecht in Anspruch nimmt, aufzuwerten und besonderes Interesse des potenziellen Abnehmers an diesem Produkt zu wecken, was notwendigerweise zu Lasten der Konkurrenten geht (LG Düsseldorf E 1998, 97, 98 – *Chiphalter*). Damit kann mit einem Unterlassungsantrag in der Regel auch die Feststellung der Schadenersatzpflicht gemäß § 256 ZPO begehrt werden.

Außerdem ist der Werbende zur Auskunft gemäß § 242 BGB verpflichtet, damit der Kläger in die Lage versetzt wird, den ihm zustehenden Schadenersatzanspruch beziffern zu können. Zu dem Schadenersatzanspruch gehört auch der Ersatz der Rechtsanwaltskosten (und bei Mitwirkung eines Patentanwalts auch der Patentanwaltskosten gemäß § 27 Abs. 3), der dem Kläger dadurch entstanden ist, dass er durch die unzulässige Werbung einen Anwaltsvertreter mit einer Anfrage nach § 30 beauftragen musste (vgl. LG Düsseldorf Urt. v. 14.8.2007, Az. 4a O 382/06).

Zudem kommt Strafbarkeit gemäß § 16 UWG in Betracht, wenn irreführend in öffentlichen Bekanntmachungen oder in Mitteilungen, die für einen größeren Kreis von Personen bestimmt sind, in der Absicht geworben wird, den Anschein eines besonders günstigen Angebots hervorzurufen (vgl. *Benkard/Ullmann/Deichfuß* PatG § 146 Rn. 39). 30

§ 31 [Übergangsvorschrift]

Artikel 229 § 6 des Einführungsgesetzes zum Bürgerlichen Gesetzbuche findet mit der Maßgabe entsprechende Anwendung, dass § 24c in der bis zum 1. 1. 2002 geltenden Fassung den Vorschriften des Bürgerlichen Gesetzbuchs über die Verjährung in der bis zum 1. Januar 2002 geltenden Fassung gleichgestellt ist.

Die Vorschrift wurde durch Art. 5 Abs. 21 Nr. 2 des SchuldrechtsmodernisierungsG vom 26. 11. 2001 angefügt. Sie entspricht inhaltlich § 147 Abs. 1 PatG. Sie ist seit 1. 1. 2002 in Kraft. 1

Nach § 31 findet neues Verjährungsrecht (§§ 195 ff. BGB n. F.) für alle am 1. 1. 2002 bestehenden und noch nicht verjährten Ansprüche Anwendung, § 31, Art. 229 § 6 Abs. 1 EGBGB. Für Ansprüche, die am 1. 1. 2002 bereits verjährt waren, findet altes Recht weiterhin Anwendung. Der Beginn, die Hemmung, die Ablaufhemmung und der Neubeginn der Verjährung richten sich für die Zeit vor dem 1. 1. 2002 nach altem Verjährungsrecht, Art. 229 § 6 Abs. 1 EGBGB. Für die Unterbrechung der Verjährung gilt dies nur, soweit sie mit Ablauf des 31. 12. 2001 nicht beendet ist, Art. 229 § 6 Abs. 2 EGBGB. Für die Verjährungsfrist ist nach Art. 229 § 6 Abs. 3, Abs. 4 EGBGB dasjenige Recht maßgeblich, das eine kürzere Verjährungsfrist vorsieht. Ist die Verjährungsfrist nach neuem Recht kürzer als nach altem Recht, wird die kürzere Frist vom 1. 1. 2002 an berechnet. Wenn die Frist nach altem Recht früher abläuft als die vom 1. 1. 2002 Frist nach neuem Recht berechnete Frist, ist altes Recht maßgeblich. Auf Grund Zeitablaufs hat die Vorschrift kaum Bedeutung. 2

1. Gebrauchsmustergesetz (GebrMG)[1]

In der Fassung der Bekanntmachung vom 28. August 1986[2]
(BGBl. I S. 1455)

Zuletzt geändert durch Art. 3 G zur Änd. des DesignG und weiterer Vorschriften des gewerblichen Rechtsschutzes vom 4.4.2016 (BGBl. I S. 558)

§ 1[3] [Voraussetzungen des Schutzes]

(1) Als Gebrauchsmuster werden Erfindungen geschützt, die neu sind, auf einem erfinderischen Schritt beruhen und gewerblich anwendbar sind.

(2) Als Gegenstand eines Gebrauchsmusters im Sinne des Absatzes 1 werden insbesondere nicht angesehen:
1. Entdeckungen sowie wissenschaftliche Theorien und mathematische Methoden;
2. ästhetische Fomschöpfungen;
3. Pläne, Regeln und Verfahren für gedankliche Tätigkeiten, für Spiele oder für geschäftliche Tätigkeiten sowie Programme für Datenverarbeitungsanlagen;
4. die Wiedergabe von Informationen,
5. biotechnologische Erfindungen (§ 1 Abs. 2 des Patentgesetzes).

(3) Absatz 2 steht dem Schutz als Gebrauchsmuster nur insoweit entgegen, als für die genannten Gegenstände oder Tätigkeiten als solche Schutz begehrt wird.

§ 2[4] [Kein Schutz]

Als Gebrauchsmuster werden nicht geschützt:
1. Erfindungen, deren Verwertung gegen die öffentliche Ordnung oder die guten Sitten verstoßen würde; ein solcher Verstoß kann nicht allein aus der Tatsache hergeleitet werden, daß die Verwertung der Erfindung durch Gesetz oder Verwaltungsvorschrift verboten ist.
2. Pflanzensorten oder Tierarten;
3. Verfahren.

§ 3 [Begriff der Neuheit]

(1) [1]Der Gegenstand eines Gebrauchsmusters gilt als neu, wenn er nicht zum Stand der Technik gehört. [2]Der Stand der Technik umfaßt alle Kenntnisse, die vor dem für den Zeitrang der Anmeldung maßgeblichen Tag durch schriftliche Beschreibung oder durch eine im Geltungsbereich dieses Gesetzes erfolgte Benutzung der Öffentlichkeit zugänglich gemacht worden sind. [3]Eine innerhalb von sechs Monaten vor dem für den Zeitrang der Anmeldung maßgeblichen Tag erfolgte Beschreibung

---

[1] Titel geänd. durch G v. 16.7.1998 (BGBl. I S. 1827).

[2] Neubekanntmachung des GebrauchsmusterG idF v. 2.1.1968 (BGBl. I S. 24). – Diese Neufassung gilt gem. Art. 7 des Gesetzes zur Änderung des Gebrauchsmustergesetzes vom 15.8.1986 (BGBl. I S. 1446) mit Wirkung ab 1.1.1987.

[3] § 1 Abs. 1 neu gef. durch G v. 7.3.1990 (BGBl. I S. 422); Abs. 2 Nr. 5 angef. mWv 28.2.2005 durch G v. 21.1.2005 (BGBl. I S. 146).

[4] § 2 neu gef. durch G v. 7.3.1990 (BGBl. I S. 422); Nr. 1 geänd. mWv 28.2.2005 durch G v. 21.1.2005 (BGBl. I S. 146).

oder Benutzung bleibt außer Betracht, wenn sie auf der Ausarbeitung des Anmelders oder seines Rechtsvorgängers beruht.

(2) Der Gegenstand eines Gebrauchsmusters gilt als gewerblich anwendbar, wenn er auf irgendeinem gewerblichen Gebiet einschließlich der Landwirtschaft hergestellt oder benutzt werden kann.

§ 4[5] [Erfordernisse der Anmeldung]

(1) [1]Erfindungen, für die der Schutz als Gebrauchsmuster verlangt wird, sind beim Patentamt anzumelden. [2]Für jede Erfindung ist eine besondere Anmeldung erforderlich.

(2) [1]Die Anmeldung kann auch über ein Patentinformationszentrum[6] eingereicht werden, wenn diese Stelle durch Bekanntmachung des Bundesministeriums der Justiz und für Verbraucherschutz im Bundesgesetzblatt dazu bestimmt ist, Gebrauchsmusteranmeldungen entgegenzunehmen. [2]Eine Anmeldung, die ein Staatsgeheimnis (§ 93 Strafgesetzbuch) enthalten kann, darf bei einem Patentinformationszentrum nicht eingereicht werden.

(3) Die Anmeldung muß enthalten:
1. den Namen des Anmelders;
2. einen Antrag auf Eintragung des Gebrauchsmusters, in dem der Gegenstand des Gebrauchsmusters kurz und genau bezeichnet ist;
3. einen oder mehrere Schutzansprüche, in denen angegeben ist, was als schutzfähig unter Schutz gestellt werden soll;
4. eine Beschreibung des Gegenstandes des Gebrauchsmusters;
5. die Zeichnungen, auf die sich die Schutzansprüche oder die Beschreibung beziehen.

(4) [1]Das Bundesministerium der Justiz und für Verbraucherschutz wird ermächtigt, durch Rechtsverordnung Bestimmungen über die Form und die sonstigen Erfordernisse der Anmeldung zu erlassen.[7] [2]Es kann diese Ermächtigung durch Rechtsverordnung auf das Deutsche Patent- und Markenamt übertragen.

(5) [1]Bis zur Verfügung über die Eintragung des Gebrauchsmusters sind Änderungen der Anmeldung zulässig, soweit sie den Gegenstand der Anmeldung nicht erweitern. [2]Aus Änderungen, die den Gegenstand der Anmeldung erweitern, können Rechte nicht hergeleitet werden.

(6) [1]Der Anmelder kann die Anmeldung jederzeit teilen. [2]Die Teilung ist schriftlich zu erklären. [3]Für jede Teilanmeldung bleiben der Zeitpunkt der ursprünglichen Anmeldung und eine dafür in Anspruch genommene Priorität erhalten. [4]Für die abgetrennte Anmeldung sind für die Zeit bis zur Teilung die gleichen Gebühren zu entrichten, die für die ursprüngliche Anmeldung zu entrichten waren.

(7) [1]Das Bundesministerium der Justiz und für Verbraucherschutz wird ermächtigt, durch Rechtsverordnung Bestimmungen über die Hinterlegung, den Zugang

---

[5] § 4 Abs. 1 und Abs. 2 Nr. 4 neu gef. durch G v. 7.3.1990 (BGBl. I S. 422); Abs. 1 Satz 1 geänd., Abs. 2 eingef., bish. Abs. 2 bis 6 werden Abs. 3 bis 7, neuer Abs. 3 und 4 neu gef., Abs. 8 angef. durch G v. 16.7.1998 (BGBl. I S. 1827); Abs. 4 Satz 2, neuer Abs. 7 Satz 2 geänd., Abs. 5 aufgeh., bish. Abs. 6 bis 8 werden Abs. 5 bis 7 mWv 1.1.2002 durch G v. 13.12.2001 (BGBl. I S. 3656); Abs. 2 Satz 1, Abs. 4 Satz 1 und Abs. 7 Satz 1 geänd. mWv 8.9.2015 durch VO v. 31.8.2015 (BGBl. I S. 1474).

[6] Siehe hierzu ua: Bek. der Änd. der zur Entgegennahme von Patent-, Gebrauchsmuster-, Marken- und Designanmeldungen befugten Patentinformationszentren.

[7] Verordnung über das Deutsche Patent- und Markenamt (DPMAV); Verordnung zur Ausführung des Gebrauchsmustergesetzes (Gebrauchsmusterverordnung – GebrMV).

einschließlich des zum Zugang berechtigten Personenkreises und die erneute Hinterlegung von biologischem Material zu erlassen, sofern die Erfindung die Verwendung biologischen Materials beinhaltet oder sie solches Material betrifft, das der Öffentlichkeit nicht zugänglich ist und das in der Anmeldung nicht so beschrieben werden kann, daß ein Fachmann die Erfindung danach ausführen kann (Absatz 3). [2]Es kann diese Ermächtigung durch Rechtsverordnung auf das Deutsche Patent- und Markenamt übertragen.

§ 4a[8] [Weitere Erfordernisse der Anmeldung]

(1) Der Anmeldetag der Gebrauchsmusteranmeldung ist der Tag, an dem die Unterlagen nach § 4 Abs. 3 Nr. 1 und 2 und, soweit sie jedenfalls Angaben enthalten, die dem Anschein nach als Beschreibung anzusehen sind, nach § 4 Abs. 3 Nr. 4

1. beim Patentamt
2. oder, wenn diese Stelle durch Bekanntmachung des Bundesministeriums der Justiz und für Verbraucherschutz im Bundesgesetzblatt dazu bestimmt ist, bei einem Patentinformationszentrum[9]

eingegangen sind.

(2) [1]Wenn die Anmeldung eine Bezugnahme auf Zeichnungen enthält und der Anmeldung keine Zeichnungen beigefügt sind oder wenn mindestens ein Teil einer Zeichnung fehlt, so fordert das Patentamt den Anmelder auf, innerhalb einer Frist von einem Monat nach Zustellung der Aufforderung entweder die Zeichnungen nachzureichen oder zu erklären, dass die Bezugnahme als nicht erfolgt gelten soll. [2]Reicht der Anmelder auf diese Aufforderung die fehlenden Zeichnungen oder die fehlenden Teile nach, so wird der Tag des Eingangs der Zeichnungen oder der fehlenden Teile beim Patentamt Anmeldetag; anderenfalls gilt die Bezugnahme auf die Zeichnungen als nicht erfolgt.

(3) Absatz 2 gilt entsprechend für fehlende Teile der Beschreibung.

§ 4b[10] [Frist der Übersetzung]

[1]Ist die Anmeldung nicht oder teilweise nicht in deutscher Sprache abgefasst, so hat der Anmelder eine deutsche Übersetzung innerhalb einer Frist von drei Monaten nach Einreichung der Anmeldung nachzureichen. [2]Wird die deutsche Übersetzung nicht innerhalb der Frist eingereicht, so gilt die Anmeldung als zurückgenommen.

§ 5[11] [Für frühere Patentanmeldung beanspruchtes Prioritätsrecht]

(1) [1]Hat der Anmelder mit Wirkung für die Bundesrepublik Deutschland für dieselbe Erfindung bereits früher ein Patent nachgesucht, so kann er mit der Gebrauchsmusteranmeldung die Erklärung abgeben, daß der für die Patentanmeldung maßgebende Anmeldetag in Anspruch genommen wird. [2]Ein für die Patentanmeldung beanspruchtes Prioritätsrecht bleibt für die Gebrauchsmusteranmeldung erhalten. [3]Das Recht nach Satz 1 kann bis zum Ablauf von zwei Monaten nach dem Ende des Monats, in dem die Patentanmeldung erledigt oder ein etwaiges Einspruchsverfahren

---

[8] § 4a eingef. durch G v. 16.7.1998 (BGBl. I S. 1827); Abs. 1 aufgeh., bish. Abs. 2 wird Abs. 1, Sätze 2 und 3 aufgeh., Abs. 2 und 3 angef. mWv 1.4.2014 durch G v. 19.10.2013 (BGBl. I S. 3830); Abs. 1 Nr. 2 geänd. mWv 8.9.2015 durch VO v. 31.8.2015 (BGBl. I S. 1474).

[9] Siehe hierzu ua: Bek. der Änd. der zur Entgegennahme von Patent-, Gebrauchsmuster-, Marken- und Designanmeldungen befugten Patentinformationszentren.

[10] § 4b eingef. mWv 1.4.2014 durch G v. 19.10.2013 (BGBl. I S. 3830).

[11] § 5 Abs. 1 Sätze 1 und 3 geänd. durch G v. 7.3.1990 (BGBl. I S. 422).

abgeschlossen ist, jedoch längstens bis zum Ablauf des zehnten Jahres nach dem Anmeldetag der Patentanmeldung, ausgeübt werden.

(2) [1]Hat der Anmelder eine Erklärung nach Absatz 1 Satz 1 abgegeben, so fordert ihn das Patentamt auf, innerhalb von zwei Monaten nach Zustellung der Aufforderung das Aktenzeichen und den Anmeldetag anzugeben und eine Abschrift der Patentanmeldung einzureichen. [2]Werden diese Angaben nicht rechtzeitig gemacht, so wird das Recht nach Absatz 1 Satz 1 verwirkt.

§ 6[12] [Prioritätsrecht des Anmelders]

(1) [1]Dem Anmelder steht innerhalb einer Frist von zwölf Monaten nach dem Anmeldetag einer beim Patentamt eingereichten früheren Patent- oder Gebrauchsmusteranmeldung für die Anmeldung derselben Erfindung zum Gebrauchsmuster ein Prioritätsrecht zu, es sei denn, daß für die frühere Anmeldung schon eine inländische oder ausländische Priorität in Anspruch genommen worden ist. [2]§ 40 Abs. 2 bis 4, Abs. 5 Satz 1, Abs. 6 des Patentgesetzes ist entsprechend anzuwenden, § 40 Abs. 5 Satz 1 mit der Maßgabe, daß eine frühere Patentanmeldung nicht als zurückgenommen gilt.

(2) Die Vorschriften des Patentgesetzes über die ausländische Priorität (§ 41) sind entsprechend anzuwenden.

§ 6a[13] [Inanspruchnahme des Prioritätsrechts]

(1) Hat der Anmelder eine Erfindung

1. auf einer amtlichen oder amtlich anerkannten internationalen Ausstellung im Sinne des am 22. November 1928 in Paris unterzeichneten Abkommens über internationale Ausstellungen oder
2. auf einer sonstigen inländischen oder ausländischen Ausstellung

zur Schau gestellt, kann er, wenn er die Erfindung innerhalb einer Frist von sechs Monaten seit der erstmaligen Zurschaustellung zum Gebrauchsmuster anmeldet, von diesem Tag an ein Prioritätsrecht in Anspruch nehmen.

(2) Die in Absatz 1 Nummer 1 bezeichneten Ausstellungen werden vom Bundesministerium der Justiz und für Verbraucherschutz im Bundesanzeiger bekanntgemacht.

(3) Die Ausstellungen nach Absatz 1 Nummer 2 werden im Einzelfall vom Bundesministerium der Justiz und für Verbraucherschutz bestimmt und im Bundesanzeiger bekanntgemacht.

(4) Wer eine Priorität nach Absatz 1 in Anspruch nimmt, hat vor Ablauf des 16. Monats nach dem Tag der erstmaligen Zurschaustellung der Erfindung diesen Tag und die Ausstellung anzugeben sowie einen Nachweis für die Zurschaustellung einzureichen.

(5) Die Ausstellungspriorität nach Absatz 1 verlängert die Prioritätsfristen nach § 6 Abs. 1 nicht.

---

[12] § 6 Abs. 1 Satz 1 geänd. durch G v. 7.3.1990 (BGBl. I S. 422); Abs. 1 Satz 2 geänd. durch G v. 20.12.1991 (BGBl. II S. 1354); Abs. 1 Satz 2 geänd. durch G v. 16.7.1998 (BGBl. I S. 1827).

[13] § 6a eingef. mWv 1.6.2004 durch G v. 12.3.2004 (BGBl. I S. 390); Abs. 1 und 2 neu gef., Abs. 3 eingef., bish. Abs. 3 und 4 werden Abs. 4 und 5 mWv 1.1.2014 durch G v. 10.10.2013 (BGBl. I S. 3799); Abs. 2 und 3 geänd. mWv 8.9.2015 durch VO v. 31.8.2015 (BGBl. I S. 1474).

§ 7[14] [Stand der Technik]

(1) Das Patentamt ermittelt auf Antrag den Stand der Technik, der für die Beurteilung der Schutzfähigkeit des Gegenstandes der Gebrauchsmusteranmeldung oder des Gebrauchsmusters in Betracht zu ziehen ist (Recherche).

(2) [1]Der Antrag kann von dem Anmelder oder dem als Inhaber Eingetragenen und jedem Dritten gestellt werden. [2]Er ist schriftlich einzureichen. [3]§ 28 ist entsprechend anzuwenden.

(3) [1]Der Eingang des Antrags wird im Patentblatt veröffentlicht, jedoch nicht vor der Eintragung des Gebrauchsmusters. [2]Hat ein Dritter den Antrag gestellt, so wird der Eingang des Antrags außerdem dem Anmelder oder dem als Inhaber Eingetragenen mitgeteilt. [3]Jedermann ist berechtigt, dem Patentamt Hinweise zum Stand der Technik zu geben, der für die Beurteilung der Schutzfähigkeit des Gegenstandes der Gebrauchsmusteranmeldung oder des Gebrauchsmusters in Betracht zu ziehen ist.

(4) [1]Ist ein Antrag nach Absatz 1 eingegangen, so gelten spätere Anträge als nicht gestellt. [2]§ 43 Absatz 4 Satz 2 und 3 des Patentgesetzes ist entsprechend anzuwenden.

(5) Erweist sich ein von einem Dritten gestellter Antrag nach der Mitteilung an den Anmelder oder den als Inhaber Eingetragenen als unwirksam, so teilt das Patentamt dies außer dem Dritten auch dem Anmelder oder dem als Inhaber Eingetragenen mit.

(6) Das Patentamt teilt den nach Absatz 1 ermittelten Stand der Technik dem Anmelder oder dem als Inhaber Eingetragenen und, wenn der Antrag von einem Dritten gestellt worden ist, diesem und dem Anmelder oder dem als Inhaber Eingetragenen ohne Gewähr für die Vollständigkeit mit und veröffentlicht im Patentblatt, dass diese Mitteilung ergangen ist.

§ 8[15] [Rolle für Gebrauchsmuster]

(1) [1]Entspricht die Anmeldung den Anforderungen des §§ 4, 4a, 4b, so verfügt das Patentamt die Eintragung in das Register für Gebrauchsmuster. [2]Eine Prüfung des Gegenstandes der Anmeldung auf Neuheit, erfinderischen Schritt und gewerbliche Anwendbarkeit findet nicht statt. [3]§ 49 Abs. 2 des Patentgesetzes ist entsprechend anzuwenden.

(2) Die Eintragung muss Namen und Wohnsitz des Anmelders sowie seines etwa nach § 28 bestellten Vertreters und Zustellungsbevollmächtigten sowie die Zeit der Anmeldung angeben.

(3) [1]Die Eintragungen sind im Patentblatt in regelmäßig erscheinenden Übersichten bekanntzumachen. [2]Die Veröffentlichung kann in elektronischer Form erfolgen. [3]Zur weiteren Verarbeitung oder Nutzung zu Zwecken der Gebrauchsmusterinformation kann das Patentamt Angaben aus dem Patentblatt an Dritte in elektronischer Form übermitteln. [4]Die Übermittlung erfolgt nicht, soweit eine Einsicht nach Absatz 7 ausgeschlossen ist.

(4) [1]Das Patentamt vermerkt im Register eine Änderung in der Person des Inhabers des Gebrauchsmusters, seines Vertreters oder seines Zustellungsbevollmächtigten, wenn sie ihm nachgewiesen wird. [2]Solange die Änderung nicht eingetragen ist,

---

[14] § 7 neu gef. mWv 1.4.2014 durch G v. 19.10.2013 (BGBl. I S. 3830).

[15] § 8 Abs. 1 Satz 1 geänd. durch G v. 16.7.1998 (BGBl. I S. 1827); Abs. 1 Satz 1, Abs. 5 geänd., Abs. 2 und 4 neu gef., Abs. 3 Satz 2 angef., Abs. 3 bish. Wortlaut wird Satz 1 mWv 1.1.2002 durch G v. 13.12.2001 (BGBl. I S. 3656); Abs. 3 Sätze 3 und 4, Abs. 6 und 7 angef. mWv 25.10.2013, Abs. 1 Satz 1 geänd. mWv 1.4.2014 durch G v. 19.10.2013 (BGBl. I S. 3830).

bleiben der frühere Rechtsinhaber und sein früherer Vertreter oder Zustellungsbevollmächtigter nach Maßgabe dieses Gesetzes berechtigt und verpflichtet.

(5) [1]Die Einsicht in das Register sowie in die Akten eingetragener Gebrauchsmuster einschließlich der Akten von Löschungsverfahren steht jedermann frei. [2]Im übrigen gewährt das Patentamt jedermann auf Antrag Einsicht in die Akten, wenn und soweit ein berechtigtes Interesse glaubhaft gemacht wird.

(6) Soweit die Einsicht in das Register und die Akten nach Absatz 5 Satz 1 jedermann freisteht, kann die Einsichtnahme bei elektronischer Führung des Registers und der Akten auch über das Internet gewährt werden.

(7) Die Einsicht nach den Absätzen 5 und 6 ist ausgeschlossen, soweit eine Rechtsvorschrift entgegensteht oder soweit das schutzwürdige Interesse des Betroffenen im Sinne des § 3 Absatz 1 des Bundesdatenschutzgesetzes offensichtlich überwiegt.

§ 9[16] [Geheime Gebrauchsmuster]

(1) [1]Wird ein Gebrauchsmuster angemeldet, dessen Gegenstand ein Staatsgeheimnis (§ 93 des Strafgesetzbuches) ist, so ordnet die für die Anordnung gemäß § 50 des Patentgesetzes zuständige Prüfungsstelle von Amts wegen an, daß die Offenlegung (§ 8 Abs. 5) und die Bekanntmachung im Patentblatt (§ 8 Abs. 3) unterbleiben. [2]Die zuständige oberste Bundesbehörde[17] [18] ist vor der Anordnung zu hören. [3]Sie kann den Erlaß einer Anordnung beantragen. [4]Das Gebrauchsmuster ist in ein besonderes Register einzutragen.

(2) [1]Im übrigen sind die Vorschriften des § 31 Abs. 5, des § 50 Abs. 2 bis 4 und der §§ 51 bis 56 des Patentgesetzes entsprechend anzuwenden. [2]Die nach Absatz 1 zuständige Prüfungsstelle ist auch für die in entsprechender Anwendung von § 50 Abs. 2 des Patentgesetzes zu treffenden Entscheidungen und für die in entsprechender Anwendung von § 50 Abs. 3 und § 53 Abs. 2 des Patentgesetzes vorzunehmenden Handlungen zuständig.

§ 10[19] [Gebrauchsmusterstelle]

(1) Für Anträge in Gebrauchsmustersachen mit Ausnahme der Löschungsanträge (§§ 15 bis 17) wird im Patentamt eine Gebrauchsmusterstelle errichtet, die von einem vom Präsidenten des Patentamts bestimmten rechtskundigen Mitglied geleitet wird.

(2) [1]Das Bundesministerium der Justiz und für Verbraucherschutz wird ermächtigt, durch Rechtsverordnung Beamte des gehobenen und des mittleren Dienstes oder vergleichbare Angestellte mit der Wahrnehmung von Geschäften zu betrauen, die den Gebrauchsmusterstellen oder Gebrauchsmusterabteilungen obliegen und die ihrer Art nach keine besonderen technischen oder rechtlichen Schwierigkeiten bieten;[20] ausgeschlossen davon sind jedoch Zurückweisungen von Anmeldungen aus Gründen, denen der Anmelder widersprochen hat. [2]Das Bundesministerium der

---

[16] § 9 Abs. 1 Satz 4 geänd. mWv 1.1.2002 durch G v. 13.12.2001 (BGBl. I S. 3656).

[17] Vgl. Anm. zu § 56 PatG.

[18] Siehe VO v. 24.5.1961 (BGBl. I S. 595), geänd. durch G v. 16.7.1998 (BGBl. I S. 1827).

[19] § 10 Abs. 2 Satz 1, Abs. 4 Satz 2 geänd. durch G v. 23.3.1993 (BGBl. I S. 366); Abs. 2 neu gef. durch G v. 16.7.1998 (BGBl. I S. 1827); Abs. 2 Satz 2 geänd. mWv 1.1.2002 durch G v. 13.12.2001 (BGBl. I S. 3656); Abs. 2 Sätze 1 und 2 geänd. mWv 8.9.2015 durch VO v. 31.8.2015 (BGBl. I S. 1474).

[20] DPMA-Verordnung; Verordnung über die Wahrnehmung einzelner den Prüfungsstellen, der Gebrauchsmusterstelle, den Markenstellen und den Abteilungen des Patentamts obliegender Geschäfte (Wahrnehmungsverordnung – WahrnV).

Justiz und für Verbraucherschutz kann diese Ermächtigung durch Rechtsverordnung auf das Deutsche Patent- und Markenamt übertragen.

(3) [1]Über Löschungsanträge (§§ 15 bis 17) beschließt eine der im Patentamt zu bildenden Gebrauchsmusterabteilungen, die mit zwei technischen Mitgliedern und einem rechtskundigen Mitglied zu besetzen ist. [2]Die Bestimmungen des § 27 Abs. 7 des Patentgesetzes gelten entsprechend. [3]Innerhalb ihres Geschäftskreises obliegt jeder Gebrauchsmusterabteilung auch die Abgabe von Gutachten.

(4) [1]Für die Ausschließung und Ablehnung der Mitglieder der Gebrauchsmusterstelle und der Gebrauchsmusterabteilungen gelten die §§ 41 bis 44, 45 Abs. 2 Satz 2, §§ 47 bis 49 der Zivilprozeßordnung über Ausschließung und Ablehnung der Gerichtspersonen sinngemäß. [2]Das gleiche gilt für die Beamten des gehobenen und des mittleren Dienstes und Angestellten, soweit sie nach Absatz 2 mit der Wahrnehmung einzelner der Gebrauchsmusterstelle oder den Gebrauchsmusterabteilungen obliegender Geschäfte betraut worden sind. [3]§ 27 Abs. 6 Satz 3 des Patentgesetzes gilt entsprechend.

§ 11 [Wirkung der Eintragung]

(1) [1]Die Eintragung eines Gebrauchsmusters hat die Wirkung, daß allein der Inhaber befugt ist, den Gegenstand des Gebrauchsmusters zu benutzen. [2]Jedem Dritten ist es verboten, ohne seine Zustimmung ein Erzeugnis, das Gegenstand des Gebrauchsmusters ist, herzustellen, anzubieten, in Verkehr zu bringen oder zu gebrauchen oder zu den genannten Zwecken entweder einzuführen oder zu besitzen.

(2) [1]Die Eintragung hat ferner die Wirkung, daß es jedem Dritten verboten ist, ohne Zustimmung des Inhabers im Geltungsbereich dieses Gesetzes anderen als zur Benutzung des Gegenstandes des Gebrauchsmusters berechtigten Personen Mittel, die sich auf ein wesentliches Element des Gegenstandes des Gebrauchsmusters beziehen, zu dessen Benutzung im Geltungsbereich dieses Gesetzes anzubieten oder zu liefern, wenn der Dritte weiß oder es auf Grund der Umstände offensichtlich ist, daß diese Mittel dazu geeignet und bestimmt sind, für die Benutzung des Gegenstandes des Gebrauchsmusters verwendet zu werden. [2]Satz 1 ist nicht anzuwenden, wenn es sich bei den Mitteln um allgemein im Handel erhältliche Erzeugnisse handelt, es sei denn, daß der Dritte den Belieferten bewußt veranlaßt, in einer nach Absatz 1 Satz 2 verbotenen Weise zu handeln. [3]Personen, die die in § 12 Nr. 1 und 2 genannten Handlungen vornehmen, gelten im Sinne des Satzes 1 nicht als Personen, die zur Benutzung des Gegenstandes des Gebrauchsmusters berechtigt sind.

§ 12 [Erlaubte Handlungen]

Die Wirkung des Gebrauchsmusters erstreckt sich nicht auf

1. Handlungen, die im privaten Bereich zu nichtgewerblichen Zwecken vorgenommen werden;
2. Handlungen zu Versuchszwecken, die sich auf den Gegenstand des Gebrauchsmusters beziehen;
3. Handlungen der in § 11 Nr. 4 bis 6 des Patentgesetzes bezeichneten Art.

§ 12a[21] [Schutzbereich]

[1]Der Schutzbereich des Gebrauchsmusters wird durch den Inhalt der Schutzansprüche bestimmt. [2]Die Beschreibung und die Zeichnungen sind jedoch zur Auslegung der Schutzansprüche heranzuziehen.

---

[21] § 12a eingef. durch G v. 7.3.1990 (BGBl. I S. 422).

§ 13 [Kein Gebrauchsmusterschutz]

(1) Der Gebrauchsmusterschutz wird durch die Eintragung nicht begründet, soweit gegen den als Inhaber Eingetragenen für jedermann ein Anspruch auf Löschung besteht (§ 15 Abs. 1 und 3).

(2) Wenn der wesentliche Inhalt der Eintragung den Beschreibungen, Zeichnungen, Modellen, Gerätschaften oder Einrichtungen eines anderen ohne dessen Einwilligung entnommen ist, tritt dem Verletzten gegenüber der Schutz des Gesetzes nicht ein.

(3) Die Vorschriften des Patentgesetzes über das Recht auf den Schutz (§ 6), über den Anspruch auf Erteilung des Schutzrechts (§ 7 Abs. 1), über den Anspruch auf Übertragung (§ 8), über das Vorbenutzungsrecht (§ 12) und über die staatliche Benutzungsanordnung (§ 13) sind entsprechend anzuwenden.

§ 14 [Später angemeldetes Patent]

Soweit ein später angemeldetes Patent in ein nach § 11 begründetes Recht eingreift, darf das Recht aus diesem Patent ohne Erlaubnis des Inhabers des Gebrauchsmusters nicht ausgeübt werden.

§ 15 [Löschungsanspruch]

(1) Jedermann hat gegen den als Inhaber Eingetragenen Anspruch auf Löschung des Gebrauchsmusters, wenn
1. der Gegenstand des Gebrauchsmusters nach den §§ 1 bis 3 nicht schutzfähig ist,
2. der Gegenstand des Gebrauchsmusters bereits auf Grund einer früheren Patent- oder Gebrauchsmusteranmeldung geschützt worden ist oder
3. der Gegenstand des Gebrauchsmusters über den Inhalt der Anmeldung in der Fassung hinausgeht, in der sie ursprünglich eingereicht worden ist.

(2) Im Falle des § 13 Abs. 2 steht nur dem Verletzten ein Anspruch auf Löschung zu.

(3) [1]Betreffen die Löschungsgründe nur einen Teil des Gebrauchsmusters, so erfolgt die Löschung nur in diesem Umfang. [2]Die Beschränkung kann in Form einer Änderung der Schutzansprüche vorgenommen werden.

§ 16[22] [Löschungsantrag]

[1]Die Löschung des Gebrauchsmusters nach § 15 ist beim Patentamt schriftlich zu beantragen. [2]Der Antrag muß die Tatsachen angeben, auf die er gestützt wird. [3]Die Vorschriften des § 81 Abs. 6 und des § 125 des Patentgesetzes gelten entsprechend.

§ 17[23] [Löschungsverfahren]

(1) [1]Das Patentamt teilt dem Inhaber des Gebrauchsmusters den Antrag mit und fordert ihn auf, sich dazu innerhalb eines Monats zu erklären. [2]Widerspricht er nicht rechtzeitig, so erfolgt die Löschung.

---

[22] § 16 Satz 3 aufgeh., bish. Satz 4 wird Satz 3 und geänd. mWv 1.1.2002 durch G v. 13.12.2001 (BGBl. I S. 3656).

[23] § 17 Abs. 2 Satz 3 geänd. mWv 1.7.2006 durch G v. 21.6.2006 (BGBl. I S. 1318); § 17 Abs. 3 Satz 3 wird mWv 1.10.2016 durch G v. 4.4.2016 (BGBl. I S. 558) durch die folgenden Sätze ersetzt:

„[3]Der Beschluss ist zu begründen und den Beteiligten von Amts wegen in Abschrift zuzustellen; eine Beglaubigung der Abschrift ist nicht erforderlich. [4]Ausfertigungen werden nur auf Antrag eines Beteiligten und nur in Papierform erteilt."

(2) [1]Andernfalls teilt das Patentamt den Widerspruch dem Antragsteller mit und trifft die zur Aufklärung der Sache erforderlichen Verfügungen. [2]Es kann die Vernehmung von Zeugen und Sachverständigen anordnen. [3]Für sie gelten die Vorschriften der Zivilprozeßordnung (§§ 373 bis 401 sowie 402 bis 414) entsprechend. [4]Die Beweisverhandlungen sind unter Zuziehung eines beeidigten Protokollführers aufzunehmen.

(3) [1]Über den Antrag wird auf Grund mündlicher Verhandlung beschlossen. [2]Der Beschluß ist in dem Termin, in dem die mündliche Verhandlung geschlossen wird, oder in einem sofort anzuberaumenden Termin zu verkünden. [3]Der Beschluß ist zu begründen, schriftlich auszufertigen und den Beteiligten von Amts wegen zuzustellen. [4]§ 47 Abs. 2 des Patentgesetzes ist entsprechend anzuwenden. [5]Statt der Verkündung ist die Zustellung des Beschlusses zulässig.

(4) [1]Das Patentamt hat zu bestimmen, zu welchem Anteil die Kosten des Verfahrens den Beteiligten zur Last fallen. [2]§ 62 Abs. 2 und § 84 Abs. 2 Satz 2 und 3 des Patentgesetzes sind entsprechend anzuwenden.

§ 18[24] [Beschwerde]

(1) Gegen die Beschlüsse der Gebrauchsmusterstelle und der Gebrauchsmusterabteilungen findet die Beschwerde an das Patentgericht statt.

(2) [1]Im übrigen sind die Vorschriften des Patentgesetzes über das Beschwerdeverfahren entsprechend anzuwenden. [2]Betrifft die Beschwerde einen Beschluß, der in einem Löschungsverfahren ergangen ist, so ist für die Entscheidung über die Kosten des Verfahrens § 84 Abs. 2 des Patentgesetzes entsprechend anzuwenden.

(3) [1]Über Beschwerden gegen Beschlüsse der Gebrauchsmusterstelle sowie gegen Beschlüsse der Gebrauchsmusterabteilungen entscheidet ein Beschwerdesenat des Patentgerichts. [2]Über Beschwerden gegen die Zurückweisung der Anmeldung eines Gebrauchsmusters entscheidet der Senat in der Besetzung mit zwei rechtskundigen Mitgliedern und einem technischen Mitglied, über Beschwerden gegen Beschlüsse der Gebrauchsmusterabteilungen über Löschungsanträge in der Besetzung mit einem rechtskundigen Mitglied und zwei technischen Mitgliedern. [3]Für Beschwerden gegen Entscheidungen über Anträge auf Bewilligung von Verfahrenskostenhilfe ist Satz 2 entsprechend anzuwenden. [4]Der Vorsitzende muß ein rechtskundiges Mitglied sein. [5]Auf die Verteilung der Geschäfte innerhalb des Beschwerdesenats ist § 21g Abs. 1 und 2 des Gerichtsverfassungsgesetzes anzuwenden. [6]Für die Verhandlung über Beschwerden gegen die Beschlüsse der Gebrauchsmusterstelle gilt § 69 Abs. 1 des Patentgesetzes, für die Verhandlung über Beschwerden gegen die Beschlüsse der Gebrauchsmusterabteilungen § 69 Abs. 2 des Patentgesetzes entsprechend.

(4) [1]Gegen den Beschluß des Beschwerdesenats des Patentgerichts, durch den über eine Beschwerde nach Absatz 1 entschieden wird, findet die Rechtsbeschwerde an den Bundesgerichtshof statt, wenn der Beschwerdesenat in dem Beschluß die Rechtsbeschwerde zugelassen hat. [2]§ 100 Abs. 2 und 3 sowie die §§ 101 bis 109 des Patentgesetzes sind anzuwenden.

§ 19 [Wirkung auf einen Rechtsstreit]

[1]Ist während des Löschungsverfahrens ein Rechtsstreit anhängig, dessen Entscheidung von dem Bestehen des Gebrauchsmusterschutzes abhängt, so kann das Gericht anordnen, daß die Verhandlung bis zur Erledigung des Löschungsverfahrens auszusetzen ist. [2]Es hat die Aussetzung anzuordnen, wenn es die Gebrauchsmustereintragung

---

[24] § 18 Abs. 2 aufgeh., bish. Abs. 3 bis 5 werden Abs. 2 bis 4, neuer Abs. 3 Satz 3 eingef., bish. Sätze 3 bis 5 werden Sätze 4 bis 6 mWv 1.1.2002 durch G v. 13.12.2001 (BGBl. I S. 3656).

für unwirksam hält. [3]Ist der Löschungsantrag zurückgewiesen worden, so ist das Gericht an diese Entscheidung nur dann gebunden, wenn sie zwischen denselben Parteien ergangen ist.

§ 20[25] [Zwangslizenz]

Die Vorschriften des Patentgesetzes über die Erteilung oder Zurücknahme einer Zwangslizenz oder wegen der Anpassung der durch Urteil festgesetzten Vergütung für eine Zwangslizenz (§ 24) und über das Verfahren (§§ 81 bis 99, 110 bis 122a) gelten für eingetragene Gebrauchsmuster entsprechend.

§ 21[26] [Anwendung von Vorschriften des Patentgesetzes]

(1) Die Vorschriften des Patentgesetzes über die Erstattung von Gutachten (§ 29 Abs. 1 und 2, über die Wiedereinsetzung in den vorigen Stand (§ 123), über die Weiterbehandlung der Anmeldung (§ 123a), über die Wahrheitspflicht im Verfahren (§ 124), über die elektronische Verfahrensführung (§ 125a), über die Amtssprache (§ 126), über Zustellungen (§ 127), über die Rechtshilfe der Gerichte (§ 128), über die Entschädigung von Zeugen und die Vergütung von Sachverständigen (§ 128a) und über den Rechtsschutz bei überlangen Gerichtsverfahren (§ 128b) sind auch für Gebrauchsmustersachen anzuwenden.

(2) Die Vorschriften des Patentgesetzes über die Bewilligung von Verfahrenskostenhilfe (§§ 129 bis 138) sind in Gebrauchsmustersachen entsprechend anzuwenden, § 135 Abs. 3 mit der Maßgabe, daß dem nach § 133 beigeordneten Vertreter ein Beschwerderecht zusteht.

§ 22 [Übertragbarkeit des Rechts]

(1) [1]Das Recht auf das Gebrauchsmuster, der Anspruch auf seine Eintragung und das durch die Eintragung begründete Recht gehen auf die Erben über. [2]Sie können beschränkt oder unbeschränkt auf andere übertragen werden.

(2) [1]Die Rechte nach Absatz 1 können ganz oder teilweise Gegenstand von ausschließlichen oder nicht ausschließlichen Lizenzen für den Geltungsbereich dieses Gesetzes oder einen Teil desselben sein. [2]Soweit ein Lizenznehmer gegen eine Beschränkung seiner Lizenz nach Satz 1 verstößt, kann das durch die Eintragung begründete Recht gegen ihn geltend gemacht werden.

(3) Ein Rechtsübergang oder die Erteilung einer Lizenz berührt nicht Lizenzen, die Dritten vorher erteilt worden sind.

§ 23[27] [Schutzdauer]

(1) Die Schutzdauer eines eingetragenen Gebrauchsmusters beginnt mit dem Anmeldetag und endet zehn Jahre nach Ablauf des Monats, in den der Anmeldetag fällt.

(2) [1]Die Aufrechterhaltung des Schutzes wird durch Zahlung einer Aufrechterhaltungsgebühr für das vierte bis sechste, siebte und achte sowie für das neunte und

---

[25] § 20 neu gef. durch G v. 16.7.1998 (BGBl. I S. 1827); geänd. mWv 1.7.2006 durch G v. 21.6.2006 (BGBl. I S. 1318).

[26] § 21 Abs. 1 geänd. mWv 1.1.2005 durch G v. 13.12.2001 (BGBl. I S. 3656); Abs. 1 geänd. mWv 26.7.2002 durch G v. 19.7.2002 (BGBl. I S. 2681); Abs. 1 geänd. mWv 1.7.2004 durch G v. 5.5.2004 (BGBl. I S. 718); Abs. 1 geänd. mWv 1.10.2009 durch G v. 31.7.2009 (BGBl. I S. 2521); Abs. 1 geänd. mWv 3.12.2011 durch G v. 24.11.2011 (BGBl. I S. 2302).

[27] § 23 neu gef. mWv 1.1.2002 durch G v. 13.12.2001 (BGBl. I S. 3656).

zehnte Jahr, gerechnet vom Anmeldetag an, bewirkt. [2]Die Aufrechterhaltung wird im Register vermerkt.

(3) Das Gebrauchsmuster erlischt, wenn
1. der als Inhaber Eingetragene durch schriftliche Erklärung an das Patentamt auf das Gebrauchsmuster verzichtet oder
2. die Aufrechterhaltungsgebühr nicht rechtzeitig (§ 7 Abs. 1, § 13 Abs. 3 oder § 14 Abs. 2 und 5 des Patentkostengesetzes) gezahlt wird.

§ 24[28] [Unterlassungs- und Schadenersatzanspruch]

(1) [1]Wer entgegen den §§ 11 bis 14 ein Gebrauchsmuster benutzt, kann von dem Verletzten bei Wiederholungsgefahr auf Unterlassung in Anspruch genommen werden. [2]Der Anspruch besteht auch dann, wenn eine Zuwiderhandlung erstmalig droht.

(2) [1]Wer die Handlung vorsätzlich oder fahrlässig vornimmt, ist dem Verletzten zum Ersatz des daraus entstehenden Schadens verpflichtet. [2]Bei der Bemessung des Schadensersatzes kann auch der Gewinn, den der Verletzer durch die Verletzung des Rechts erzielt hat, berücksichtigt werden. [3]Der Schadensersatzanspruch kann auch auf der Grundlage des Betrages berechnet werden, den der Verletzer als angemessene Vergütung hätte entrichten müssen, wenn er die Erlaubnis zur Nutzung der Erfindung eingeholt hätte.

§ 24a[29] [Vernichtung]

(1) [1]Wer entgegen den §§ 11 bis 14 ein Gebrauchsmuster benutzt, kann von dem Verletzten auf Vernichtung der im Besitz oder Eigentum des Verletzers befindlichen Erzeugnisse, die Gegenstand des Gebrauchsmusters sind, in Anspruch genommen werden. [2]Satz 1 ist entsprechend auf die im Eigentum des Verletzers stehenden Materialien und Geräte anzuwenden, die vorwiegend zur Herstellung dieser Erzeugnisse gedient haben.

(2) Wer entgegen den §§ 11 bis 14 ein Gebrauchsmuster benutzt, kann von dem Verletzten auf Rückruf der Erzeugnisse, die Gegenstand des Gebrauchsmusters sind, oder auf deren endgültiges Entfernen aus den Vertriebswegen in Anspruch genommen werden.

(3) [1]Die Ansprüche nach den Absätzen 1 und 2 sind ausgeschlossen, wenn die Inanspruchnahme im Einzelfall unverhältnismäßig ist. [2]Bei der Prüfung der Verhältnismäßigkeit sind auch die berechtigten Interessen Dritter zu berücksichtigen.

§ 24b[30] [Auskunftsanspruch]

(1) Wer entgegen den §§ 11 bis 14 ein Gebrauchsmuster benutzt, kann von dem Verletzten auf unverzügliche Auskunft über die Herkunft und den Vertriebsweg der benutzten Erzeugnisse in Anspruch genommen werden.

(2) [1]In Fällen offensichtlicher Rechtsverletzung oder in Fällen, in denen der Verletzte gegen den Verletzer Klage erhoben hat, besteht der Anspruch unbeschadet von Absatz 1 auch gegen eine Person, die in gewerblichem Ausmaß
1. rechtsverletzende Erzeugnisse in ihrem Besitz hatte,
2. rechtsverletzende Dienstleistungen in Anspruch nahm,
3. für rechtsverletzende Tätigkeiten genutzte Dienstleistungen erbrachte oder

---

[28] § 24 neu gef. mWv 1.9.2008 durch G v. 7.7.2008 (BGBl. I S. 1191).

[29] § 24a neu gef. mWv 1.9.2008 durch G v. 7.7.2008 (BGBl. I S. 1191).

[30] § 24b neu gef. mWv 1.9.2008 durch G v. 7.7.2008 (BGBl. I S. 1191); Abs. 9 Sätze 4 und 6 geänd., Satz 7 neu gef., Satz 8 aufgeh., bish. Satz 9 wird Satz 8 mWv 1.9.2009 durch G v. 17.12.2008 (BGBl. I S. 2586).

4. nach den Angaben einer in Nummer 1, 2 oder Nummer 3 genannten Person an der Herstellung, Erzeugung oder am Vertrieb solcher Erzeugnisse oder an der Erbringung solcher Dienstleistungen beteiligt war,

es sei denn, die Person wäre nach den §§ 383 bis 385 der Zivilprozessordnung im Prozess gegen den Verletzer zur Zeugnisverweigerung berechtigt. [2]Im Fall der gerichtlichen Geltendmachung des Anspruchs nach Satz 1 kann das Gericht den gegen den Verletzer anhängigen Rechtsstreit auf Antrag bis zur Erledigung des wegen des Auskunftsanspruchs geführten Rechtsstreits aussetzen. [3]Der zur Auskunft Verpflichtete kann von dem Verletzten den Ersatz der für die Auskunftserteilung erforderlichen Aufwendungen verlangen.

(3) Der zur Auskunft Verpflichtete hat Angaben zu machen über

1. Namen und Anschrift der Hersteller, Lieferanten und anderer Vorbesitzer der Erzeugnisse oder der Nutzer der Dienstleistungen sowie der gewerblichen Abnehmer und Verkaufsstellen, für die sie bestimmt waren, und
2. die Menge der hergestellten, ausgelieferten, erhaltenen oder bestellten Erzeugnisse sowie über die Preise, die für die betreffenden Erzeugnisse oder Dienstleistungen bezahlt wurden.

(4) Die Ansprüche nach den Absätzen 1 und 2 sind ausgeschlossen, wenn die Inanspruchnahme im Einzelfall unverhältnismäßig ist.

(5) Erteilt der zur Auskunft Verpflichtete die Auskunft vorsätzlich oder grob fahrlässig falsch oder unvollständig, so ist er dem Verletzten zum Ersatz des daraus entstehenden Schadens verpflichtet.

(6) Wer eine wahre Auskunft erteilt hat, ohne dazu nach Absatz 1 oder Absatz 2 verpflichtet gewesen zu sein, haftet Dritten gegenüber nur, wenn er wusste, dass er zur Auskunftserteilung nicht verpflichtet war.

(7) In Fällen offensichtlicher Rechtsverletzung kann die Verpflichtung zur Erteilung der Auskunft im Wege der einstweiligen Verfügung nach den §§ 935 bis 945 der Zivilprozessordnung angeordnet werden.

(8) Die Erkenntnisse dürfen in einem Strafverfahren oder in einem Verfahren nach dem Gesetz über Ordnungswidrigkeiten wegen einer vor der Erteilung der Auskunft begangenen Tat gegen den Verpflichteten oder gegen einen in § 52 Abs. 1 der Strafprozessordnung bezeichneten Angehörigen nur mit Zustimmung des Verpflichteten verwertet werden.

(9) [1]Kann die Auskunft nur unter Verwendung von Verkehrsdaten (§ 3 Nr. 30 des Telekommunikationsgesetzes) erteilt werden, ist für ihre Erteilung eine vorherige richterliche Anordnung über die Zulässigkeit der Verwendung der Verkehrsdaten erforderlich, die von dem Verletzten zu beantragen ist. [2]Für den Erlass dieser Anordnung ist das Landgericht, in dessen Bezirk der zur Auskunft Verpflichtete seinen Wohnsitz, seinen Sitz oder eine Niederlassung hat, ohne Rücksicht auf den Streitwert ausschließlich zuständig. [3]Die Entscheidung trifft die Zivilkammer. [4]Für das Verfahren gelten die Vorschriften des Gesetzes über das Verfahren in Familiensachen und in den Angelegenheiten der freiwilligen Gerichtsbarkeit entsprechend. [5]Die Kosten der richterlichen Anordnung trägt der Verletzte. [6]Gegen die Entscheidung des Landgerichts ist die Beschwerde statthaft. [7]Die Beschwerde ist binnen einer Frist von zwei Wochen einzulegen. [8]Die Vorschriften zum Schutz personenbezogener Daten bleiben im Übrigen unberührt.

(10) Durch Absatz 2 in Verbindung mit Absatz 9 wird das Grundrecht des Fernmeldegeheimnisses (Artikel 10 des Grundgesetzes) eingeschränkt.

§ 24c[31] [Rechtsverletzung]

(1) [1]Wer mit hinreichender Wahrscheinlichkeit entgegen den §§ 11 bis 14 ein Gebrauchsmuster benutzt, kann von dem Rechtsinhaber oder einem anderen Berechtigten auf Vorlage einer Urkunde oder Besichtigung einer Sache, die sich in seiner Verfügungsgewalt befindet, in Anspruch genommen werden, wenn dies zur Begründung von dessen Ansprüchen erforderlich ist. [2]Besteht die hinreichende Wahrscheinlichkeit einer in gewerblichem Ausmaß begangenen Rechtsverletzung, erstreckt sich der Anspruch auch auf die Vorlage von Bank-, Finanz- oder Handelsunterlagen. [3]Soweit der vermeintliche Verletzer geltend macht, dass es sich um vertrauliche Informationen handelt, trifft das Gericht die erforderlichen Maßnahmen, um den im Einzelfall gebotenen Schutz zu gewährleisten.

(2) Der Anspruch nach Absatz 1 ist ausgeschlossen, wenn die Inanspruchnahme im Einzelfall unverhältnismäßig ist.

(3) [1]Die Verpflichtung zur Vorlage einer Urkunde oder zur Duldung der Besichtigung einer Sache kann im Wege der einstweiligen Verfügung nach den §§ 935 bis 945 der Zivilprozessordnung angeordnet werden. [2]Das Gericht trifft die erforderlichen Maßnahmen, um den Schutz vertraulicher Informationen zu gewährleisten. [3]Dies gilt insbesondere in den Fällen, in denen die einstweilige Verfügung ohne vorherige Anhörung des Gegners erlassen wird.

(4) § 811 des Bürgerlichen Gesetzbuchs sowie § 24b Abs. 8 gelten entsprechend.

(5) Wenn keine Verletzung vorlag oder drohte, kann der vermeintliche Verletzer von demjenigen, der die Vorlage oder Besichtigung nach Absatz 1 begehrt hat, den Ersatz des ihm durch das Begehren entstandenen Schadens verlangen.

§ 24d[32] [Anspruch auf Vorlage von Bank-, Finanz- und Handelsunterlagen]

(1) [1]Der Verletzte kann den Verletzer bei einer in gewerblichem Ausmaß begangenen Rechtsverletzung in den Fällen des § 24 Abs. 2 auch auf Vorlage von Bank-, Finanz- oder Handelsunterlagen oder einen geeigneten Zugang zu den entsprechenden Unterlagen in Anspruch nehmen, die sich in der Verfügungsgewalt des Verletzers befinden und die für die Durchsetzung des Schadensersatzanspruchs erforderlich sind, wenn ohne die Vorlage die Erfüllung des Schadensersatzanspruchs fraglich ist. [2]Soweit der Verletzer geltend macht, dass es sich um vertrauliche Informationen handelt, trifft das Gericht die erforderlichen Maßnahmen, um den im Einzelfall gebotenen Schutz zu gewährleisten.

(2) Der Anspruch nach Absatz 1 ist ausgeschlossen, wenn die Inanspruchnahme im Einzelfall unverhältnismäßig ist.

(3) [1]Die Verpflichtung zur Vorlage der in Absatz 1 bezeichneten Urkunden kann im Wege der einstweiligen Verfügung nach den §§ 935 bis 945 der Zivilprozessordnung angeordnet werden, wenn der Schadensersatzanspruch offensichtlich besteht. [2]Das Gericht trifft die erforderlichen Maßnahmen, um den Schutz vertraulicher Informationen zu gewährleisten. [3]Dies gilt insbesondere in den Fällen, in denen die einstweilige Verfügung ohne vorherige Anhörung des Gegners erlassen wird.

(4) § 811 des Bürgerlichen Gesetzbuchs sowie § 24b Abs. 8 gelten entsprechend.

---

[31] § 24c eingef. mWv 1.9.2008 durch G v. 7.7.2008 (BGBl. I S. 1191).

[32] § 24d eingef. mWv 1.9.2008 durch G v. 7.7.2008 (BGBl. I S. 1191).

§ 24e[33] [Urteilsbekanntmachung]

[1]Ist eine Klage auf Grund dieses Gesetzes erhoben worden, kann der obsiegenden Partei im Urteil die Befugnis zugesprochen werden, das Urteil auf Kosten der unterliegenden Partei öffentlich bekannt zu machen, wenn sie ein berechtigtes Interesse darlegt. [2]Art und Umfang der Bekanntmachung werden im Urteil bestimmt. [3]Die Befugnis erlischt, wenn von ihr nicht innerhalb von drei Monaten nach Eintritt der Rechtskraft des Urteils Gebrauch gemacht wird. [4]Der Ausspruch nach Satz 1 ist nicht vorläufig vollstreckbar.

§ 24f[34] [Verjährung]

[1]Auf die Verjährung der Ansprüche wegen Verletzung des Schutzrechts finden die Vorschriften des Abschnitts 5 des Buches 1 des Bürgerlichen Gesetzbuchs entsprechende Anwendung. [2]Hat der Verpflichtete durch die Verletzung auf Kosten des Berechtigten etwas erlangt, findet § 852 Abs. 2 des Bürgerlichen Gesetzbuchs entsprechende Anwendung.

§ 24g[35] [Ansprüche]

Ansprüche aus anderen gesetzlichen Vorschriften bleiben unberührt.

§ 25[36] [Strafvorschriften]

(1) Mit Freiheitsstrafe bis zu drei Jahren oder mit Geldstrafe wird bestraft, wer ohne die erforderliche Zustimmung des Inhabers des Gebrauchsmusters
1. ein Erzeugnis, das Gegenstand des Gebrauchsmusters ist (§ 11 Abs. 1 Satz 2), herstellt, anbietet, in Verkehr bringt, gebraucht oder zu einem der genannten Zwecke entweder einführt oder besitzt oder
2. das Recht aus einem Patent entgegen § 14 ausübt.

(2) Handelt der Täter gewerbsmäßig, so ist die Strafe Freiheitsstrafe bis zu fünf Jahren oder Geldstrafe.

(3) Der Versuch ist strafbar.

(4) In den Fällen des Absatzes 1 wird die Tat nur auf Antrag verfolgt, es sei denn, daß die Strafverfolgungsbehörde wegen des besonderen öffentlichen Interesses an der Strafverfolgung ein Einschreiten von Amts wegen für geboten hält.

(5) [1]Gegenstände, auf die sich die Straftat bezieht, können eingezogen werden. [2]§ 74a des Strafgesetzbuches ist anzuwenden. [3]Soweit den in § 24a bezeichneten Ansprüchen im Verfahren nach den Vorschriften der Strafprozeßordnung über die Entschädigung des Verletzten (§§ 403 bis 406c) stattgegeben wird, sind die Vorschriften über die Einziehung nicht anzuwenden.

(6) [1]Wird auf Strafe erkannt, so ist, wenn der Verletzte es beantragt und ein berechtigtes Interesse daran dartut, anzuordnen, daß die Verurteilung auf Verlangen öffentlich bekanntgemacht wird. [2]Die Art der Bekanntmachung ist im Urteil zu bestimmen.

---

[33] § 24e eingef. mWv 1.9.2008 durch G v. 7.7.2008 (BGBl. I S. 1191).

[34] Bish. § 24c wird § 24f mWv 1.9.2008 durch G v. 7.7.2008 (BGBl. I S. 1191).

[35] § 24g eingef. mWv 1.9.2008 durch G v. 7.7.2008 (BGBl. I S. 1191).

[36] § 25 Abs. 1 geänd., Abs. 2 und 3 neu gef. sowie Abs. 4 bis 6 angef. durch G v. 7.3.1990 (BGBl. I S. 422). War bei Inkrafttreten des Gesetzes vom 7.3.1990 (BGBl. I S. 422) das Recht, bei einer Straftat nach § 25 des Gebrauchsmustergesetzes einen Strafantrag zu stellen, bereits erloschen, so bleibt die Strafverfolgung gemäß Art. 12 Nr. 2 dieses Gesetzes ausgeschlossen.

§ 25a[37] [Beschlagnahme]

(1) [1]Ein Erzeugnis, das ein nach diesem Gesetz geschütztes Gebrauchsmuster verletzt, unterliegt auf Antrag und gegen Sicherheitsleistung des Rechtsinhabers bei seiner Einfuhr oder Ausfuhr der Beschlagnahme durch die Zollbehörde, sofern die Rechtsverletzung offensichtlich ist und soweit nicht die Verordnung (EU) Nr. 608/2013 des Europäischen Parlaments und des Rates vom 12. Juni 2013 zur Durchsetzung der Rechte geistigen Eigentums durch die Zollbehörden und zur Aufhebung der Verordnung (EG) Nr. 1383/2003 des Rates (ABl. L 181 vom 29.6.2013, S. 15) in ihrer jeweils geltenden Fassung anzuwenden ist. [2]Dies gilt für den Verkehr mit anderen Mitgliedstaaten der Europäischen Union sowie mit den anderen Vertragsstaaten des Abkommens über den Europäischen Wirtschaftsraum nur, soweit Kontrollen durch die Zollbehörden stattfinden.

(2) [1]Ordnet die Zollbehörde die Beschlagnahme an, so unterrichtet sie unverzüglich den Verfügungsberechtigten sowie den Antragsteller. [2]Dem Antragsteller sind Herkunft, Menge und Lagerort des Erzeugnisses sowie Name und Anschrift des Verfügungsberechtigten mitzuteilen; das Brief- und Postgeheimnis (Artikel 10 des Grundgesetzes) wird insoweit eingeschränkt. [3]Dem Antragsteller wird Gelegenheit gegeben, das Erzeugnis zu besichtigen, soweit hierdurch nicht in Geschäfts- oder Betriebsgeheimnisse eingegriffen wird.

(3) Wird der Beschlagnahme nicht spätestens nach Ablauf von zwei Wochen nach Zustellung der Mitteilung nach Absatz 2 Satz 1 widersprochen, so ordnet die Zollbehörde die Einziehung des beschlagnahmten Erzeugnisses an.

(4) [1]Widerspricht der Verfügungsberechtigte der Beschlagnahme, so unterrichtet die Zollbehörde hiervon unverzüglich den Antragsteller. [2]Dieser hat gegenüber der Zollbehörde unverzüglich zu erklären, ob er den Antrag nach Absatz 1 in bezug auf das beschlagnahmte Erzeugnis aufrechterhält.
1. [3]Nimmt der Antragsteller den Antrag zurück, hebt die Zollbehörde die Beschlagnahme unverzüglich auf.
2. [4]Hält der Antragsteller den Antrag aufrecht und legt er eine vollziehbare gerichtliche Entscheidung vor, die die Verwahrung des beschlagnahmten Erzeugnisses oder eine Verfügungsbeschränkung anordnet, trifft die Zollbehörde die erforderlichen Maßnahmen.

[5]Liegen die Fälle der Nummern 1 oder 2 nicht vor, hebt die Zollbehörde die Beschlagnahme nach Ablauf von zwei Wochen nach Zustellung der Mitteilung an den Antragsteller nach Satz 1 auf; weist der Antragsteller nach, daß die gerichtliche Entscheidung nach Nummer 2 beantragt, ihm aber noch nicht zugegangen ist, wird die Beschlagnahme für längstens zwei weitere Wochen aufrechterhalten.

(5) Erweist sich die Beschlagnahme als von Anfang an ungerechtfertigt und hat der Antragsteller den Antrag nach Absatz 1 in bezug auf das beschlagnahmte Erzeugnis aufrechterhalten oder sich nicht unverzüglich erklärt (Absatz 4 Satz 2), so ist er verpflichtet, den dem Verfügungsberechtigten durch die Beschlagnahme entstandenen Schaden zu ersetzen.

(6) [1]Der Antrag nach Absatz 1 ist bei der Generalzolldirektion zu stellen und hat Wirkung für ein Jahr, sofern keine kürzere Geltungsdauer beantragt wird; er kann

[37] § 25a eingef. durch G v 7.3.1990 (BGBl. I S. 422); Abs. 1 Satz 2 neu gef. durch G v. 16.7.1998 (BGBl. I S. 1827); Abs. 6 geänd. mWv 1.1.2008 durch G v. 13.12.2007 (BGBl. I S. 2897); Abs. 6 Satz 1 geänd. mWv 1.9.2008 durch G v. 7.7.2008 (BGBl. I S. 1191); Abs. 6 Satz 1 geänd. mWv 1.1.2016 durch G v. 3.12.2015 (BGBl. I S. 2178); Abs. 1 Satz 1 geänd. mWv 1.7.2016 durch G v. 4.4.2016 (BGBl. I S. 558).

wiederholt werden. [2]Für die mit dem Antrag verbundenen Amtshandlungen werden vom Antragsteller Kosten nach Maßgabe des § 178 der Abgabenordnung erhoben.

(7) [1]Die Beschlagnahme und die Einziehung können mit den Rechtsmitteln angefochten werden, die im Bußgeldverfahren nach dem Gesetz über Ordnungswidrigkeiten gegen die Beschlagnahme und Einziehung zulässig sind. [2]Im Rechtsmittelverfahren ist der Antragsteller zu hören. [3]Gegen die Entscheidung des Amtsgerichts ist die sofortige Beschwerde zulässig; über sie entscheidet das Oberlandesgericht.

§ 25b[38] [Verfahren nach der Verordnung (EU) Nr. 608/2013]

Für das Verfahren nach der Verordnung (EU) Nr. 608/2013 gilt § 25a Absatz 5 und 6 entsprechend, soweit die Verordnung keine Bestimmungen enthält, die dem entgegenstehen.

§ 26 [Herabsetzung des Streitwerts]

(1) [1]Macht in bürgerlichen Rechtsstreitigkeiten, in denen durch Klage ein Anspruch aus einem der in diesem Gesetz geregelten Rechtsverhältnisse geltend gemacht wird, eine Partei glaubhaft, daß die Belastung mit den Prozeßkosten nach dem vollen Streitwert ihre wirtschaftliche Lage erheblich gefährden würde, so kann das Gericht auf ihren Antrag anordnen, daß die Verpflichtung dieser Partei zur Zahlung von Gerichtskosten sich nach einem ihrer Wirtschaftslage angepaßten Teil des Streitwerts bemißt. [2]Die Anordnung hat zur Folge, daß die begünstigte Partei die Gebühren ihres Rechtsanwalts ebenfalls nur nach diesem Teil des Streitwerts zu entrichten hat. [3]Soweit ihr Kosten des Rechtsstreits auferlegt werden oder soweit sie diese übernimmt, hat sie die von dem Gegner entrichteten Gerichtsgebühren und die Gebühren seines Rechtsanwalts nur nach dem Teil des Streitwerts zu erstatten. [4]Soweit die außergerichtlichen Kosten dem Gegner auferlegt oder von ihm übernommen werden, kann der Rechtsanwalt der begünstigten Partei seine Gebühren von dem Gegner nach dem für diesen geltenden Streitwert beitreiben.

(2) [1]Der Antrag nach Absatz 1 kann vor der Geschäftsstelle des Gerichts zur Niederschrift erklärt werden. [2]Er ist vor der Verhandlung zur Hauptsache anzubringen. [3]Danach ist er nur zulässig, wenn der angenommene oder festgesetzte Streitwert später durch das Gericht heraufgesetzt wird. [4]Vor der Entscheidung über den Antrag ist der Gegner zu hören.

§ 27[39] [Gerichte für Gebrauchsmusterstreitsachen]

(1) Für alle Klagen, durch die ein Anspruch aus einem der in diesem Gesetz geregelten Rechtsverhältnisse geltend gemacht wird (Gebrauchsmusterstreitsachen), sind die Zivilkammern der Landgerichte ohne Rücksicht auf den Streitwert ausschließlich zuständig.

(2) [1]Die Landesregierungen werden ermächtigt, durch Rechtsverordnung die Gebrauchsmusterstreitsachen für die Bezirke mehrerer Landgerichte einem von ihnen zuzuweisen, sofern dies der sachlichen Förderung der Verfahren dient.[40] [2]Die Landes-

---

[38] § 25b eingef. mWv 1.7.2016 durch G v. 4.4.2016 (BGBl. I S. 558).

[39] § 27 Abs. 3 neu gef. mWv 1.1.2000 durch G v. 2.9.1994 (BGBl. I S. 2278) und Inkrafttreten geänd. durch G v. 17.12.1999 (BGBl. I S. 2448); Abs. 5 geänd. mWv 1.1.2002 durch G v. 13.12.2001 (BGBl. I S. 3656); Abs. 3 und 4 aufgeh., bish. Abs. 5 wird Abs. 3 mWv 1.8.2002 durch G v. 23.7.2002 (BGBl. I S. 2850); Abs. 2 Satz 3 angef. mWv 1.6.2004 durch G v. 12.3.2004 (BGBl. I S. 390); Abs. 3 geänd. mWv 1.7.2004 durch G v. 5.5.2004 (BGBl. I S. 718).

[40] Die Länder haben hierzu folgende Vorschriften erlassen: Baden-Württemberg: Zuständig für die Gebrauchsmusterstreitsachen ist das LG Mannheim (VO v. 18.1.1988, GBl. S. 67). Bayern:

regierungen können diese Ermächtigungen auf die Landesjustizverwaltungen übertragen. [3]Die Länder können außerdem durch Vereinbarung den Gerichten eines Landes obliegende Aufgaben insgesamt oder teilweise dem zuständigen Gericht eines anderen Landes übertragen.

(3) Von den Kosten, die durch die Mitwirkung eines Patentanwalts in einer Gebrauchsmusterstreitsache entstehen, sind die Gebühren nach § 13 des Rechtsanwaltsvergütungsgesetzes und außerdem die notwendigen Auslagen des Patentanwalts[41] zu erstatten.

§ 28[42] [Inlandsvertreter]

(1) Wer im Inland weder Wohnsitz, Sitz noch Niederlassung hat, kann an einem in diesem Gesetz geregelten Verfahren vor dem Patentamt oder dem Patentgericht nur teilnehmen und die Rechte aus einem Gebrauchsmuster nur geltend machen, wenn er im Inland einen Rechtsanwalt oder Patentanwalt als Vertreter bestellt hat, der zur Vertretung im Verfahren vor dem Patentamt, dem Patentgericht und in bürgerlichen Rechtsstreitigkeiten, die das Gebrauchsmuster betreffen, sowie zur Stellung von Strafanträgen bevollmächtigt ist.

(2) Staatsangehörige eines Mitgliedstaates der Europäischen Union oder eines anderen Vertragsstaates des Abkommens über den Europäischen Wirtschaftsraum können zur Erbringung einer Dienstleistung im Sinne des Vertrages zur Gründung der Europäischen Gemeinschaft als Vertreter im Sinne des Absatzes 1 bestellt werden, wenn sie berechtigt sind, ihre berufliche Tätigkeit unter einer der in der Anlage zu § 1 des Gesetzes über die Tätigkeit europäischer Rechtsanwälte in Deutschland vom 9. März 2000 (BGBl. I S. 182) oder zu § 1 des Gesetzes über die Eignungsprüfung für die Zulassung zur Patentanwaltschaft vom 6. Juli 1990 (BGBl. I S. 1349, 1351) in der jeweils geltenden Fassung genannten Berufsbezeichnungen auszuüben.

(3) Der Ort, an dem ein nach Absatz 1 bestellter Vertreter seinen Geschäftsraum hat, gilt im Sinne des § 23 der Zivilprozessordnung als der Ort, an dem sich der Vermögensgegenstand befindet; fehlt ein solcher Geschäftsraum, so ist der Ort maßgebend, an dem der Vertreter im Inland seinen Wohnsitz, und in Ermangelung eines solchen der Ort, an dem das Patentamt seinen Sitz hat.

(4) Die rechtsgeschäftliche Beendigung der Bestellung eines Vertreters nach Absatz 1 wird erst wirksam, wenn sowohl diese Beendigung als auch die Bestellung eines anderen Vertreters gegenüber dem Patentamt oder dem Patentgericht angezeigt wird.

Zuständig für die Gebrauchsmusterstreitsachen des OLG-Bezirks München ist das LG München I, für die OLG-Bezirke Nürnberg und Bamberg das LG Nürnberg-Fürth (VO v. 11.6.2012, GVBl. S. 295). Mecklenburg-Vorpommern: Zuständig für die Gebrauchsmusterstreitsachen des OLG-Bezirks ist das LG Rostock (VO v. 10.6.1992, GVOBl. M-V S. 335). Niedersachsen: Zuständig für die Gebrauchsmusterstreitsachen ist das LG Braunschweig (VO v. 22.1.1998, GVBl. S. 66 mit Änderungen). Nordrhein-Westfalen: Zuständig für die Gebrauchsmusterstreitsachen ist das LG Düsseldorf (VO v. 30.8.2011, GV NW S. 468). Rheinland-Pfalz: Zuständig für die Gebrauchsmusterstreitsachen ist das LG Frankenthal (Pfalz) (VO v. 22.11.1985, GVBl. S. 267).

[41] Vgl. Anm. zu § 143 Abs. 3 PatG.

[42] § 28 neu gef. mWv 1.1.2002 durch G v. 13.12.2001 (BGBl. I S. 3656); Abs. 2 Satz 2 aufgeh. mWv 1.10.2009 durch G v. 31.7.2009 (BGBl. I S. 2521).

§ 29[43] [Durchführungsverordnungen]

Das Bundesministerium der Justiz und für Verbraucherschutz regelt durch Rechtsverordnung, die nicht der Zustimmung des Bundesrates bedarf, die Einrichtung und den Geschäftsgang des Patentamts[44] sowie die Form des Verfahrens in Gebrauchsmusterangelegenheiten, soweit nicht durch Gesetz Bestimmungen darüber getroffen sind.

§ 30 [Gebrauchsmusterberühmung]

Wer Gegenstände oder ihre Verpackung mit einer Bezeichnung versieht, die geeignet ist, den Eindruck zu erwecken, daß die Gegenstände als Gebrauchsmuster nach diesem Gesetz geschützt seien, oder wer in öffentlichen Anzeigen, auf Aushängeschildern, auf Empfehlungskarten oder in ähnlichen Kundgebungen eine Bezeichnung solcher Art verwendet, ist verpflichtet, jedem, der ein berechtigtes Interesse an der Kenntnis der Rechtslage hat, auf Verlangen Auskunft darüber zu geben, auf welches Gebrauchsmuster sich die Verwendung der Bezeichnung stützt.

§ 31[45] [Übergangsvorschriften]

Artikel 229 § 6 des Einführungsgesetzes zum Bürgerlichen Gesetzbuche findet mit der Maßgabe entsprechende Anwendung, dass § 24c in der bis zum 1. Januar 2002 geltenden Fassung den Vorschriften des Bürgerlichen Gesetzbuchs über die Verjährung in der bis zum 1. Januar 2002 geltenden Fassung gleichgestellt ist.

---

[43] § 29 neu gef. mWv 19.3.2004 durch G v. 12.3.2004 (BGBl. I S. 390); geänd. mWv 8.9.2015 durch VO v. 31.8.2015 (BGBl. I S. 1474).

[44] Siehe die DPMA-Verordnung.

[45] § 31 angef. mWv 1.1.2002 durch G v. 26.11.2001 (BGBl. I S. 3138).

2. Patentgesetz

In der Fassung der Bekanntmachung vom 16. Dezember 1980[1]
(BGBl. 1981 I S. 1)

Zuletzt geändert durch Art. 2 G zur Änd. des DesignG und weiterer Vorschriften des gewerblichen Rechtsschutzes vom 4.4.2016 (BGBl. I S. 558)

Inhaltsübersicht[2]

Erster Abschnitt Das Patent

§ 1[3] [Voraussetzungen der Erteilung]

(1) Patente werden für Erfindungen auf allen Gebieten der Technik erteilt, sofern sie neu sind, auf einer erfinderischen Tätigkeit beruhen und gewerblich anwendbar sind.

(2) [1]Patente werden für Erfindungen im Sinne von Absatz 1 auch dann erteilt, wenn sie ein Erzeugnis, das aus biologischem Material besteht oder dieses enthält, oder wenn sie ein Verfahren, mit dem biologisches Material hergestellt oder bearbeitet wird oder bei dem es verwendet wird, zum Gegenstand haben. [2]Biologisches Material, das mit Hilfe eines technischen Verfahrens aus seiner natürlichen Umgebung

---

[1] Neubekanntmachung des PatentG v. 26.7.1979 (BGBl. I S. 1269) in der ab 1.1.1981 geltenden Fassung.

[2] Inhaltsübersicht neu gef. mWv 25.10.2013 durch G v. 19.10.2013 (BGBl. I S. 3830).

[3] § 1 Abs. 2 eingef., bish. Abs. 2 und 3 werden Abs. 3 und 4, neuer Abs. 4 geänd. mWv 28.2.2005 durch G v. 21.1.2005 (BGBl. I S. 146); Abs. 1 geänd. mWv 13.12.2007 durch G v. 24.8.2007 (BGBl. I S. 2166).

isoliert oder hergestellt wird, kann auch dann Gegenstand einer Erfindung sein, wenn es in der Natur schon vorhanden war.

(3) Als Erfindungen im Sinne des Absatzes 1 werden insbesondere nicht angesehen:
1. Entdeckungen sowie wissenschaftliche Theorien und mathematische Methoden;
2. ästhetische Formschöpfungen;
3. Pläne, Regeln und Verfahren für gedankliche Tätigkeiten, für Spiele oder für geschäftliche Tätigkeiten sowie Programme für Datenverarbeitungsanlagen;
4. die Wiedergabe von Informationen.

(4) Absatz 3 steht der Patentfähigkeit nur insoweit entgegen, als für die genannten Gegenstände oder Tätigkeiten als solche Schutz begehrt wird.

§ 1a[4] [Menschliche Gene]

(1) Der menschliche Körper in den einzelnen Phasen seiner Entstehung und Entwicklung, einschließlich der Keimzellen, sowie die bloße Entdeckung eines seiner Bestandteile, einschließlich der Sequenz oder Teilsequenz eines Gens, können keine patentierbaren Erfindungen sein.

(2) Ein isolierter Bestandteil des menschlichen Körpers oder ein auf andere Weise durch ein technisches Verfahren gewonnener Bestandteil, einschließlich der Sequenz oder Teilsequenz eines Gens, kann eine patentierbare Erfindung sein, selbst wenn der Aufbau dieses Bestandteils mit dem Aufbau eines natürlichen Bestandteils identisch ist.

(3) Die gewerbliche Anwendbarkeit einer Sequenz oder Teilsequenz eines Gens muss in der Anmeldung konkret unter Angabe der von der Sequenz oder Teilsequenz erfüllten Funktion beschrieben werden.

(4) Ist Gegenstand der Erfindung eine Sequenz oder Teilsequenz eines Gens, deren Aufbau mit dem Aufbau einer natürlichen Sequenz oder Teilsequenz eines menschlichen Gens übereinstimmt, so ist deren Verwendung, für die die gewerbliche Anwendbarkeit nach Absatz 3 konkret beschrieben ist, in den Patentanspruch aufzunehmen.

§ 2[5] [Keine Erteilung]

(1) Für Erfindungen, deren gewerbliche Verwertung gegen die öffentliche Ordnung oder die guten Sitten verstoßen würde, werden keine Patente erteilt; ein solcher Verstoß kann nicht allein aus der Tatsache hergeleitet werden, dass die Verwertung durch Gesetz oder Verwaltungsvorschrift verboten ist.

(2) [1]Insbesondere werden Patente nicht erteilt für
1. Verfahren zum Klonen von menschlichen Lebewesen;
2. Verfahren zur Veränderung der genetischen Identität der Keimbahn des menschlichen Lebewesens;
3. die Verwendung von menschlichen Embryonen zu industriellen oder kommerziellen Zwecken;
4. Verfahren zur Veränderung der genetischen Identität von Tieren, die geeignet sind, Leiden dieser Tiere ohne wesentlichen medizinischen Nutzen für den Menschen oder das Tier zu verursachen, sowie die mit Hilfe solcher Verfahren erzeugten Tiere.

---

[4] § 1a eingef. mWv 28.2.2005 durch G v. 21.1.2005 (BGBl. I S. 146).

[5] § 2 neu gef. mWv 28.2.2005 durch G v. 21.1.2005 (BGBl. I S. 146); Abs. 1 geänd. mWv 13.12.2007 durch G v. 24.8.2007 (BGBl. I S. 2166).

[2]Bei der Anwendung der Nummern 1 bis 3 sind die entsprechenden Vorschriften des Embryonenschutzgesetzes maßgeblich.

§ 2a[6] [Pflanzen und Tiere]

(1) Patente werden nicht erteilt für
1. Pflanzensorten und Tierrassen sowie im Wesentlichen biologische Verfahren zur Züchtung von Pflanzen und Tieren und die ausschließlich durch solche Verfahren gewonnenen Pflanzen und Tiere;
2. Verfahren zur chirurgischen oder therapeutischen Behandlung des menschlichen oder tierischen Körpers und Diagnostizierverfahren, die am menschlichen oder tierischen Körper vorgenommen werden. Dies gilt nicht für Erzeugnisse, insbesondere Stoffe oder Stoffgemische, zur Anwendung in einem der vorstehend genannten Verfahren.

(2) [1]Patente können erteilt werden für Erfindungen,
1. deren Gegenstand Pflanzen oder Tiere sind, wenn die Ausführung der Erfindung technisch nicht auf eine bestimmte Pflanzensorte oder Tierrasse beschränkt ist;
2. die ein mikrobiologisches oder ein sonstiges technisches Verfahren oder ein durch ein solches Verfahren gewonnenes Erzeugnis zum Gegenstand haben, sofern es sich dabei nicht um eine Pflanzensorte oder Tierrasse handelt.

[2]§ 1a Abs. 3 gilt entsprechend.

(3) Im Sinne dieses Gesetzes bedeuten:
1. „biologisches Material" ein Material, das genetische Informationen enthält und sich selbst reproduzieren oder in einem biologischen System reproduziert werden kann;
2. „mikrobiologisches Verfahren" ein Verfahren, bei dem mikrobiologisches Material verwendet, ein Eingriff in mikrobiologisches Material durchgeführt oder mikrobiologisches Material hervorgebracht wird;
3. „im Wesentlichen biologisches Verfahren" ein Verfahren zur Züchtung von Pflanzen oder Tieren, das vollständig auf natürlichen Phänomenen wie Kreuzung oder Selektion beruht;
4. „Pflanzensorte" eine Sorte im Sinne der Definition der Verordnung (EG) Nr. 2100/94 des Rates vom 27. Juli 1994 über den gemeinschaftlichen Sortenschutz (ABl. EG Nr. L 227 S. 1) in der jeweils geltenden Fassung.

§ 3[7] [Begriff der Neuheit]

(1) [1]Eine Erfindung gilt als neu, wenn sie nicht zum Stand der Technik gehört. [2]Der Stand der Technik umfaßt alle Kenntnisse, die vor dem für den Zeitrang der Anmeldung maßgeblichen Tag durch schriftliche oder mündliche Beschreibung, durch Benutzung oder in sonstiger Weise der Öffentlichkeit zugänglich gemacht worden sind.

---

[6] § 2a eingef. mWv 28.2.2005 durch G v. 21.1.2005 (BGBl. I S. 146); Abs. 1 neu gef. mWv 13.12.2007 durch G v. 24.8.2007 (BGBl. I S. 2166); Abs. 1 Nr. 1 geänd. mWv 25.10.2013 durch G v. 19.10.2013 (BGBl. I S. 3830).

[7] § 3 Abs 3 angef. durch G v. 15.8.1986 (BGBl. I S. 1146); Abs. 2 Satz 1 Nr. 2 neu gef. durch G v. 16.7.1998 (BGBl. I S. 1827); Abs. 2 Satz 1 Nr. 2 neu gef., Abs. 2 Satz 3 und Abs. 3 geänd. sowie Abs. 4 eingef., bish. Abs. 4 wird Abs. 5 mWv 13.12.2007 durch G v. 24.8.2007 (BGBl. I S. 2166); Abs. 5 Satz 3 geänd. mWv 1.1.2014 durch G v. 10.10.2013 (BGBl. I S. 3799); Abs. 5 Satz 3 geänd. mWv 8.9.2015 durch VO v. 31.8.2015 (BGBl. I S. 1474).

(2) [1]Als Stand der Technik gilt auch der Inhalt folgender Patentanmeldungen mit älterem Zeitrang, die erst an oder nach dem für den Zeitrang der jüngeren Anmeldung maßgeblichen Tag der Öffentlichkeit zugänglich gemacht worden sind:

1. der nationalen Anmeldungen in der beim Deutschen Patentamt ursprünglich eingereichten Fassung;
2. der europäischen Anmeldungen in der bei der zuständigen Behörde ursprünglich eingereichten Fassung, wenn mit der Anmeldung für die Bundesrepublik Deutschland Schutz begehrt wird und die Benennungsgebühr für die Bundesrepublik Deutschland nach Artikel 79 Abs. 2 des Europäischen Patentübereinkommens gezahlt ist und, wenn es sich um eine Euro-PCT-Anmeldung (Artikel 153 Abs. 2 des Europäischen Patentübereinkommens) handelt, die in Artikel 153 Abs. 5 des Europäischen Patentübereinkommens genannten Voraussetzungen erfüllt sind;
3. der internationalen Anmeldungen nach dem Patentzusammenarbeitsvertrag in der beim Anmeldeamt ursprünglich eingereichten Fassung, wenn für die Anmeldung das Deutsche Patentamt Bestimmungsamt ist.

[2]Beruht der ältere Zeitrang einer Anmeldung auf der Inanspruchnahme der Priorität einer Voranmeldung, so ist Satz 1 nur insoweit anzuwenden, als die danach maßgebliche Fassung nicht über die Fassung der Voranmeldung hinausgeht. [3]Patentanmeldungen nach Satz 1 Nr. 1, für die eine Anordnung nach § 50 Abs. 1 oder Abs. 4 erlassen worden ist, gelten vom Ablauf des achtzehnten Monats nach ihrer Einreichung an als der Öffentlichkeit zugänglich gemacht.

(3) Gehören Stoffe oder Stoffgemische zum Stand der Technik, so wird ihre Patentfähigkeit durch die Absätze 1 und 2 nicht ausgeschlossen, sofern sie zur Anwendung in einem der in § 2a Abs. 1 Nr. 2 genannten Verfahren bestimmt sind und ihre Anwendung zu einem dieser Verfahren nicht zum Stand der Technik gehört.

(4) Ebenso wenig wird die Patentfähigkeit der in Absatz 3 genannten Stoffe oder Stoffgemische zur spezifischen Anwendung in einem der in § 2a Abs. 1 Nr. 2 genannten Verfahren durch die Absätze 1 und 2 ausgeschlossen, wenn diese Anwendung nicht zum Stand der Technik gehört.

(5) [1]Für die Anwendung der Absätze 1 und 2 bleibt eine Offenbarung der Erfindung außer Betracht, wenn sie nicht früher als sechs Monate vor Einreichung der Anmeldung erfolgt ist und unmittelbar oder mittelbar zurückgeht

1. auf einen offensichtlichen Mißbrauch zum Nachteil des Anmelders oder seines Rechtsvorgängers oder
2. auf die Tatsache, daß der Anmelder oder sein Rechtsvorgänger die Erfindung auf amtlichen oder amtlich anerkannten Ausstellungen im Sinne des am 22. November 1928 in Paris unterzeichneten Abkommens über internationale Ausstellungen zur Schau gestellt hat.

[2]Satz 1 Nr. 2 ist nur anzuwenden, wenn der Anmelder bei Einreichung der Anmeldung angibt, daß die Erfindung tatsächlich zur Schau gestellt worden ist und er innerhalb von vier Monaten nach der Einreichung hierüber eine Bescheinigung einreicht. [3]Die in Satz 1 Nr. 2 bezeichneten Ausstellungen werden vom Bundesminister der Justiz und für Verbraucherschutz im Bundesanzeiger bekanntgemacht.

§ 4 [Erfindung auf Grund erfinderischer Tätigkeit]

[1]Eine Erfindung gilt als auf einer erfinderischen Tätigkeit beruhend, wenn sie sich für den Fachmann nicht in naheliegender Weise aus dem Stand der Technik ergibt. [2]Gehören zum Stand der Technik auch Unterlagen im Sinne des § 3 Abs. 2, so werden diese bei der Beurteilung der erfinderischen Tätigkeit nicht in Betracht gezogen.

§ 5[8] [Gewerblich anwendbare Erfindung]

Eine Erfindung gilt als gewerblich anwendbar, wenn ihr Gegenstand auf irgendeinem gewerblichen Gebiet einschließlich der Landwirtschaft hergestellt oder benutzt werden kann.

§ 6 [Recht des Erfinders]

[1]Das Recht auf das Patent hat der Erfinder[9] oder sein Rechtsnachfolger. [2]Haben mehrere gemeinsam eine Erfindung gemacht, so steht ihnen das Recht auf das Patent gemeinschaftlich zu. [3]Haben mehrere die Erfindung unabhängig voneinander gemacht, so steht das Recht dem zu, der die Erfindung zuerst beim Patentamt angemeldet hat.

§ 7 [Recht des Anmelders; älteres Recht]

(1) Damit die sachliche Prüfung der Patentanmeldung durch die Feststellung des Erfinders nicht verzögert wird, gilt im Verfahren vor dem Patentamt der Anmelder als berechtigt, die Erteilung des Patents zu verlangen.

(2) Wird ein Patent auf Grund eines auf widerrechtliche Entnahme (§ 21 Abs. 1 Nr. 3) gestützten Einspruchs widerrufen oder führt der Einspruch zum Verzicht auf das Patent, so kann der Einsprechende innerhalb eines Monats nach der amtlichen Mitteilung hierüber die Erfindung selbst anmelden und die Priorität des früheren Patents in Anspruch nehmen.

§ 8 [Patentvindikation]

[1]Der Berechtigte, dessen Erfindung von einem Nichtberechtigten angemeldet ist, oder der durch widerrechtliche Entnahme Verletzte kann vom Patentsucher verlangen, daß ihm der Anspruch auf Erteilung des Patents abgetreten wird. [2]Hat die Anmeldung bereits zum Patent geführt, so kann er vom Patentinhaber die Übertragung des Patents verlangen. [3]Der Anspruch kann vorbehaltlich der Sätze 4 und 5 nur innerhalb einer Frist von zwei Jahren nach der Veröffentlichung der Erteilung des Patents (§ 58 Abs. 1) durch Klage geltend gemacht werden. [4]Hat der Verletzte Einspruch wegen widerrechtlicher Entnahme (§ 21 Abs. 1 Nr. 3) erhoben, so kann er die Klage noch innerhalb eines Jahres nach rechtskräftigem Abschluß des Einspruchsverfahrens erheben. [5]Die Sätze 3 und 4 sind nicht anzuwenden, wenn der Patentinhaber beim Erwerb des Patents nicht in gutem Glauben war.

§ 9[10] [Wirkung des Patents]

[1]Das Patent hat die Wirkung, dass allein der Patentinhaber befugt ist, die patentierte Erfindung im Rahmen des geltenden Rechts zu benutzen. [2]Jedem Dritten ist es verboten, ohne seine Zustimmung

1. ein Erzeugnis, das Gegenstand des Patents ist, herzustellen, anzubieten, in Verkehr zu bringen oder zu gebrauchen oder zu den genannten Zwecken entweder einzuführen oder zu besitzen;
2. ein Verfahren, das Gegenstand des Patents ist, anzuwenden oder, wenn der Dritte weiß oder es auf Grund der Umstände offensichtlich ist, daß die Anwendung des Verfahrens ohne Zustimmung des Patentinhabers verboten ist, zur Anwendung im Geltungsbereich dieses Gesetzes anzubieten;

---

[8] § 5 Abs. 2 aufgeh., bish. Abs. 1 wird alleiniger Wortlaut mWv 13.12.2007 durch G v. 24.8.2007 (BGBl. I S. 2166).

[9] Siehe dazu Gesetz über Arbeitnehmererfindungen.

[10] § 9 Abs. 1 Satz 1 neu gef. mWv 28.2.2005 durch G v. 21.1.2005 (BGBl. I S. 146).

3. das durch ein Verfahren, das Gegenstand des Patents ist, unmittelbar hergestellte Erzeugnis anzubieten, in Verkehr zu bringen oder zu gebrauchen oder zu den genannten Zwecken entweder einzuführen oder zu besitzen.

§ 9a[11] [Biologisches Material]

(1) Betrifft das Patent biologisches Material, das auf Grund einer Erfindung mit bestimmten Eigenschaften ausgestattet ist, so erstrecken sich die Wirkungen von § 9 auf jedes biologische Material, das aus diesem biologischen Material durch generative oder vegetative Vermehrung in gleicher oder abweichender Form gewonnen wird und mit denselben Eigenschaften ausgestattet ist.

(2) Betrifft das Patent ein Verfahren, das es ermöglicht, biologisches Material zu gewinnen, das auf Grund einer Erfindung mit bestimmten Eigenschaften ausgestattet ist, so erstrecken sich die Wirkungen von § 9 auf das mit diesem Verfahren unmittelbar gewonnene biologische Material und jedes andere mit denselben Eigenschaften ausgestattete biologische Material, das durch generative oder vegetative Vermehrung in gleicher oder abweichender Form aus dem unmittelbar gewonnenen Material gewonnen wird.

(3) [1]Betrifft das Patent ein Erzeugnis, das auf Grund einer Erfindung aus einer genetischen Information besteht oder sie enthält, so erstrecken sich die Wirkungen von § 9 auf jedes Material, in das dieses Erzeugnis Eingang findet und in dem die genetische Information enthalten ist und ihre Funktion erfüllt. [2]§ 1a Abs. 1 bleibt unberührt.

§ 9b[12] [Vermehrung des biologischen Materials]

[1]Bringt der Patentinhaber oder mit seiner Zustimmung ein Dritter biologisches Material, das auf Grund der Erfindung mit bestimmten Eigenschaften ausgestattet ist, im Hoheitsgebiet eines Mitgliedstaates der Europäischen Union oder in einem Vertragsstaat des Abkommens über den Europäischen Wirtschaftsraum in Verkehr und wird aus diesem biologischen Material durch generative oder vegetative Vermehrung weiteres biologisches Material gewonnen, so treten die Wirkungen von § 9 nicht ein, wenn die Vermehrung des biologischen Materials der Zweck war, zu dem es in den Verkehr gebracht wurde. [2]Dies gilt nicht, wenn das auf diese Weise gewonnene Material anschließend für eine weitere generative oder vegetative Vermehrung verwendet wird.

§ 9c[13] [Verwendung zu landwirtschaftlichen Zwecken]

(1) [1]Wird pflanzliches Vermehrungsmaterial durch den Patentinhaber oder mit dessen Zustimmung durch einen Dritten an einen Landwirt zum Zweck des landwirtschaftlichen Anbaus in Verkehr gebracht, so darf dieser entgegen den §§ 9, 9a und 9b Satz 2 sein Erntegut für die generative oder vegetative Vermehrung durch ihn selbst im eigenen Betrieb verwenden. [2]Für Bedingungen und Ausmaß dieser Befugnis gelten Artikel 14 der Verordnung (EG) Nr. 2100/94 in seiner jeweils geltenden Fassung sowie die auf dessen Grundlage erlassenen Durchführungsbestimmungen entsprechend. [3]Soweit sich daraus Ansprüche des Patentinhabers ergeben, sind diese entsprechend den auf Grund Artikel 14 Abs. 3 der Verordnung (EG) Nr. 2100/94 erlassenen Durchführungsbestimmungen geltend zu machen.

---

[11] § 9a eingef. mWv 28.2.2005 durch G v. 21.1.2005 (BGBl. I S. 146).
[12] § 9b eingef. mWv 28.2.2005 durch G v. 21.1.2005 (BGBl. I S. 146).
[13] § 9c eingef. mWv 28.2.2005 durch G v. 21.1.2005 (BGBl. I S. 146).

(2) [1]Werden landwirtschaftliche Nutztiere oder tierisches Vermehrungsmaterial durch den Patentinhaber oder mit dessen Zustimmung durch einen Dritten an einen Landwirt in Verkehr gebracht, so darf der Landwirt die landwirtschaftlichen Nutztiere oder das tierische Vermehrungsmaterial entgegen den §§ 9, 9a und 9b Satz 2 zu landwirtschaftlichen Zwecken verwenden. [2]Diese Befugnis erstreckt sich auch auf die Überlassung der landwirtschaftlichen Nutztiere oder anderen tierischen Vermehrungsmaterials zur Fortführung seiner landwirtschaftlichen Tätigkeit, jedoch nicht auf den Verkauf mit dem Ziel oder im Rahmen einer Vermehrung zu Erwerbszwecken.

(3) [1]§ 9a Abs. 1 bis 3 gilt nicht für biologisches Material, das im Bereich der Landwirtschaft zufällig oder technisch nicht vermeidbar gewonnen wurde. [2]Daher kann ein Landwirt im Regelfall nicht in Anspruch genommen werden, wenn er nicht diesem Patentschutz unterliegendes Saat- oder Pflanzgut angebaut hat.

§ 10 [Verbotene Verwendung von Mitteln zur Benutzung der Erfindung]

(1) Das Patent hat ferner die Wirkung, daß es jedem Dritten verboten ist, ohne Zustimmung des Patentinhabers im Geltungsbereich dieses Gesetzes anderen als zur Benutzung der patentierten Erfindung berechtigten Personen Mittel, die sich auf ein wesentliches Element der Erfindung beziehen, zur Benutzung der Erfindung im Geltungsbereich dieses Gesetzes anzubieten oder zu liefern, wenn der Dritte weiß oder es auf Grund der Umstände offensichtlich ist, daß diese Mittel dazu geeignet und bestimmt sind, für die Benutzung der Erfindung verwendet zu werden.

(2) Absatz 1 ist nicht anzuwenden, wenn es sich bei den Mitteln um allgemein im Handel erhältliche Erzeugnisse handelt, es sei denn, daß der Dritte den Belieferten bewußt veranlaßt, in einer nach § 9 Satz 2 verbotenen Weise zu handeln.

(3) Personen, die die in § 11 Nr. 1 bis 3 genannten Handlungen vornehmen, gelten im Sinne des Absatzes 1 nicht als Personen, die zur Benutzung der Erfindung berechtigt sind.

§ 11[14] [Erlaubte Handlungen]

Die Wirkung des Patents erstreckt sich nicht auf

1. Handlungen, die im privaten Bereich zu nicht gewerblichen Zwecken vorgenommen werden;
2. Handlungen zu Versuchszwecken, die sich auf den Gegenstand der patentierten Erfindung beziehen;

2a. die Nutzung biologischen Materials zum Zweck der Züchtung, Entdeckung und Entwicklung einer neuen Pflanzensorte;

2b. Studien und Versuche und die sich daraus ergebenden praktischen Anforderungen, die für die Erlangung einer arzneimittelrechtlichen Genehmigung für das Inverkehrbringen in der Europäischen Union oder einer arzneimittelrechtlichen Zulassung in den Mitgliedstaaten der Europäischen Union oder in Drittstaaten erforderlich sind;

3. die unmittelbare Einzelzubereitung von Arzneimitteln in Apotheken auf Grund ärztlicher Verordnung sowie auf Handlungen, welche die auf diese Weise zubereiteten Arzneimittel betreffen;
4. den an Bord von Schiffen eines anderen Mitgliedstaates der Pariser Verbandsübereinkunft zum Schutz des gewerblichen Eigentums stattfindenden Gebrauch des Gegenstands der patentierten Erfindung im Schiffskörper, in den Maschinen, im Takelwerk, an den Geräten und sonstigem Zubehör, wenn die Schiffe vorü-

---

[14] § 11 Nr. 2a eingef. mWv 28.2.2005 durch G v. 21.1.2005 (BGBl. I S. 146); Nr. 2b eingef. mWv 6.9.2005 durch G v. 29.8.2005 (BGBl. I S. 2570).

bergehend oder zufällig in die Gewässer gelangen, auf die sich der Geltungsbereich dieses Gesetzes erstreckt, vorausgesetzt, daß dieser Gegenstand dort ausschließlich für die Bedürfnisse des Schiffes verwendet wird;

5. den Gebrauch des Gegenstandes der patentierten Erfindung in der Bauausführung oder für den Betrieb der Luft- oder Landfahrzeuge eines anderen Mitgliedstaates der Pariser Verbandsübereinkunft zum Schutz des gewerblichen Eigentums oder des Zubehörs solcher Fahrzeuge, wenn diese vorübergehend oder zufällig in den Geltungsbereich dieses Gesetzes gelangen;
6. die in Artikel 27 des Abkommens vom 7. Dezember 1944 über die internationale Zivilluftfahrt (BGBl. 1956 II S. 411) vorgesehenen Handlungen, wenn diese Handlungen ein Luftfahrzeug eines anderen Staates betreffen, auf den dieser Artikel anzuwenden ist.

§ 12 [Beschränkung der Wirkung gegenüber Benutzer]

(1) [1]Die Wirkung des Patents tritt gegen den nicht ein, der zur Zeit der Anmeldung bereits im Inland die Erfindung in Benutzung genommen oder die dazu erforderlichen Veranstaltungen getroffen hatte. [2]Dieser ist befugt, die Erfindung für die Bedürfnisse seines eigenen Betriebs in eigenen oder fremden Werkstätten auszunutzen. [3]Die Befugnis kann nur zusammen mit dem Betrieb vererbt oder veräußert werden. [4]Hat der Anmelder oder sein Rechtsvorgänger die Erfindung vor der Anmeldung anderen mitgeteilt und sich dabei seine Rechte für den Fall der Patenterteilung vorbehalten, so kann sich der, welcher die Erfindung infolge der Mitteilung erfahren hat, nicht auf Maßnahmen nach Satz 1 berufen, die er innerhalb von sechs Monaten nach der Mitteilung getroffen hat.

(2) [1]Steht dem Patentinhaber ein Prioritätsrecht zu, so ist an Stelle der in Absatz 1 bezeichneten Anmeldung die frühere Anmeldung maßgebend. [2]Dies gilt jedoch nicht für Angehörige eines ausländischen Staates, der hierin keine Gegenseitigkeit verbürgt, soweit sie die Priorität einer ausländischen Anmeldung in Anspruch nehmen.

§ 13[15] [Beschränkung der Wirkung für öffentliche Wohlfahrt und Staatssicherheit]

(1) [1]Die Wirkung des Patents tritt insoweit nicht ein, als die Bundesregierung anordnet, daß die Erfindung im Interesse der öffentlichen Wohlfahrt benutzt werden soll. [2]Sie erstreckt sich ferner nicht auf eine Benutzung der Erfindung, die im Interesse der Sicherheit des Bundes von der zuständigen obersten Bundesbehörde oder in deren Auftrag von einer nachgeordneten Stelle angeordnet wird.

(2) Für die Anfechtung einer Anordnung nach Absatz 1 ist das Bundesverwaltungsgericht zuständig, wenn sie von der Bundesregierung oder der zuständigen obersten Bundesbehörde getroffen ist.

(3) [1]Der Patentinhaber hat in den Fällen des Absatzes 1 gegen den Bund Anspruch auf angemessene Vergütung. [2]Wegen deren Höhe steht im Streitfall der Rechtsweg vor den ordentlichen Gerichten offen. [3]Eine Anordnung der Bundesregierung nach Absatz 1 Satz 1 ist dem im Register (§ 30 Abs. 1) als Patentinhaber Eingetragenen vor Benutzung der Erfindung mitzuteilen. [4]Erlangt die oberste Bundesbehörde, von der eine Anordnung oder ein Auftrag nach Absatz 1 Satz 2 ausgeht, Kenntnis von der Entstehung eines Vergütungsanspruchs nach Satz 1, so hat sie dem als Patentinhaber Eingetragenen davon Mitteilung zu machen.

[15] § 13 Abs. 3 Satz 3 geänd. mWv 1. 1. 2002 durch G v. 13. 12. 2001 (BGBl. I S. 3656).

§ 14[16] [Schutzbereich]

[1]Der Schutzbereich des Patents und der Patentanmeldung wird durch die Patentansprüche bestimmt. [2]Die Beschreibung und die Zeichnungen sind jedoch zur Auslegung[17] der Patentansprüche heranzuziehen.

§ 15 [Übertragbarkeit des Rechts; Lizenzen]

(1) [1]Das Recht auf das Patent, der Anspruch auf Erteilung des Patents und das Recht aus dem Patent gehen auf die Erben über. [2]Sie können beschränkt oder unbeschränkt auf andere übertragen werden.

(2) [1]Die Rechte nach Absatz 1 können ganz oder teilweise Gegenstand von ausschließlichen oder nicht ausschließlichen Lizenzen für den Geltungsbereich dieses Gesetzes oder einen Teil desselben sein. [2]Soweit ein Lizenznehmer gegen eine Beschränkung seiner Lizenz nach Satz 1 verstößt, kann das Recht aus dem Patent gegen ihn geltend gemacht werden.

(3) Ein Rechtsübergang oder die Erteilung einer Lizenz berührt nicht Lizenzen, die Dritten vorher erteilt worden sind.

§ 16[18] [Schutzdauer]

Das Patent dauert zwanzig Jahre, die mit dem Tag beginnen, der auf die Anmeldung der Erfindung folgt.

§ 16a[19, 20] [Ergänzende Schutzzertifikate]

(1) [1]Für das Patent kann nach Maßgabe von Verordnungen der Europäischen Gemeinschaften über die Schaffung von ergänzenden Schutzzertifikaten, auf die im Bundesgesetzblatt hinzuweisen ist, ein ergänzender Schutz beantragt werden, der sich an den Ablauf des Patents nach § 16 unmittelbar anschließt. [2]Für den ergänzenden Schutz sind Jahresgebühren zu zahlen.

(2) Soweit das Recht der Europäischen Gemeinschaften nichts anderes bestimmt, gelten die Vorschriften dieses Gesetzes über die Berechtigung des Anmelders (§§ 6 bis 8), über die Wirkungen des Patents und die Ausnahmen davon (§§ 9 bis 12), über die Benutzungsanordnung und die Zwangslizenz (§§ 13, 24), über den Schutzbereich

---

[16] § 14 Satz 1 geänd. mWv 13.12.2007 durch G v. 24.8.2007 (BGBl. I S. 2166).

[17] Siehe Protokoll über die Auslegung des Artikels 69 des Europäischen Patentübereinkommens.

[18] § 16 Abs. 2 Satz 1 geänd. durch G v. 16.7.1998 (BGBl. I S. 1827); Satz 2 und Abs. 2 aufgeh. mWv 1.4.2014 durch G v. 19.10.2013 (BGBl. I S. 3830).

[19] § 16a eingef. durch G v. 23.3.1993 (BGBl. I S. 366); Abs. 2 geänd. durch G v. 16.7.1998 (BGBl. I S. 1827); s. dazu die VO 1768/92 des Rates über die Schaffung eines ergänzenden Schutzzertifikats für Arzneimittel (ABl. 1992 L 182 S. 1); VO(EG) 1610/96 über die Schaffung eines ergänzenden Schutzzertifikats für Pflanzenschutzmittel (ABl. 1996 L 198/30); s. auch Bek. v. 11.9.1996 (BGBl. I S. 1495); Abs. 1 Satz 2, Abs. 2 geänd. mWv 1.1.2002 durch G v. 13.12.2001 (BGBl. I S. 3656); Abs. 2 geänd. mWv 26.7.2002 durch G v. 19.7.2002 (BGBl I S. 2681); Abs. 2 geänd. mWv 28.2.2005 durch G v. 21.1.2005 (BGBl. I S. 146); Abs. 2 geänd. mWv 1.7.2006 durch G v. 21.6.2006 (BGBl. I S. 1318); Abs. 2 und 3 geänd. mWv 13.12.2007 durch G v. 24.8.2007 (BGBl. I S. 2166); Abs. 2 geänd. mWv 1.9.2008 durch G v. 7.7.2008 (BGBl. I S. 1191); Abs. 1 Satz 1 und Abs. 2 geänd. mWv 1.10.2009 durch G v. 31.7.2009 (BGBl. I S. 2521); Abs. 1 Satz 1 geänd. mWv 1.4.2014 durch G v. 19.10.2013 (BGBl. I S. 3830).

[20] VO 1768/92 des Rates vom 18. Juni 1992 über die Schaffung eines ergänzenden Schutzzertifikats für Arzneimittel; VO (EG) 1610/96 vom 23. Juli 1996 über die Schaffung eines ergänzenden Schutzzertifikats für Pflanzenschutzmittel.

(§ 14), über Lizenzen und deren Eintragung (§§ 15, 30), über das Erlöschen des Patents (§ 20), über die Nichtigkeit (§ 22), über die Lizenzbereitschaft (§ 23), über den Inlandsvertreter (§ 25), über das Patentgericht und das Verfahren vor dem Patentgericht (§§ 65 bis 99), über das Verfahren vor dem Bundesgerichtshof (§§ 100 bis 122a), über die Wiedereinsetzung (§ 123), über die Wahrheitspflicht (§ 124), über das elektronische Dokument (§ 125a), über die Amtssprache, die Zustellungen und die Rechtshilfe (§§ 126 bis 128), über die Rechtsverletzungen (§§ 139 bis 141a, 142a und 142b), über die Klagenkonzentration und über die Patentberühmung (§§ 145 und 146) für den ergänzenden Schutz entsprechend.

(3) Lizenzen und Erklärungen nach § 23, die für ein Patent wirksam sind, gelten auch für den ergänzenden Schutz.

§ 17[21] [Gebühren]

Für jede Anmeldung und jedes Patent ist für das dritte und jedes folgende Jahr, gerechnet vom Anmeldetag an, eine Jahresgebühr zu entrichten.

§§ 18, 19[22] *[aufgehoben]*

§ 18[23] *[aufgehoben]*

§ 19[24] *[aufgehoben]*

§ 20[25] [Erlöschen des Patents]

(1) Das Patent erlischt, wenn
1. der Patentinhaber darauf durch schriftliche Erklärung an das Patentamt verzichtet oder
2. die Jahresgebühr oder der Unterschiedsbetrag nicht rechtzeitig (§ 7 Abs. 1, § 13 Abs. 3 oder § 14 Abs. 2 und 5 des Patentkostengesetzes, § 23 Abs. 7 Satz 4 dieses Gesetzes) gezahlt wird.

(2) Über die Rechtzeitigkeit der Zahlung entscheidet nur das Patentamt; die §§ 73 und 100 bleiben unberührt.

§ 21[26] [Widerruf des Patents]

(1) Das Patent wird widerrufen (§ 61), wenn sich ergibt, daß
1. der Gegenstand des Patents nach den §§ 1 bis 5 nicht patentfähig ist,
2. das Patent die Erfindung nicht so deutlich und vollständig offenbart, daß ein Fachmann sie ausführen kann,
3. der wesentliche Inhalt des Patents den Beschreibungen, Zeichnungen, Modellen, Gerätschaften oder Einrichtungen eines anderen oder einem von diesem ange-

---

[21] § 17 Abs. 3 Satz 2 neu gef. durch G v. 16.7.1998 (BGBl. I S. 1827), s. das Gesetz über die Gebühren des Patentamts und des Patentgerichts (Patentgebührengesetz – PatGebG); Abs. 1 geänd., Abs. 3–6 aufgeh. mWv 1.1.2002 durch G v. 13.12.2001 (BGBl. I S. 3656); Abs. 2 aufgeh. mWv 1.4.2014 durch G v. 19.10.2013 (BGBl. I S. 3830).

[22] §§ 18 und 19 aufgeh. mWv 1.1.2002 durch G v. 13.12.2001 (BGBl. I S. 3656).

[23] § 18 aufgeh. mWv 1.1.2002 durch G v. 13.12.2001 (BGBl. I S. 3656).

[24] § 19 aufgeh. mWv 1.1.2002 durch G v. 13.12.2001 (BGBl. I S. 3656).

[25] § 20 Abs. 1 Nr. 3 neu gef. mWv 1.1.2002 durch G v. 13.12.2001 (BGBl. I S. 3656); Abs. 1 Nr. 1 geänd., Nr. 2 aufgeh., bish. Nr. 3 wird Nr. 2, Abs. 2 geänd. mWv 1.4.2014 durch G v. 19.10.2013 (BGBl. I S. 3830).

[26] § 21 Abs. 3 Satz 2 geänd. mWv 1.7.2006 durch G v. 21.6.2006 (BGBl. I S. 1318).

wendeten Verfahren ohne dessen Einwilligung entnommen worden ist (widerrechtliche Entnahme),

4. der Gegenstand des Patents über den Inhalt der Anmeldung in der Fassung hinausgeht, in der sie bei der für die Einreichung der Anmeldung zuständigen Behörde ursprünglich eingereicht worden ist; das gleiche gilt, wenn das Patent auf einer Teilanmeldung oder einer nach § 7 Abs. 2 eingereichten neuen Anmeldung beruht und der Gegenstand des Patents über den Inhalt der früheren Anmeldung in der Fassung hinausgeht, in der sie bei der für die Einreichung der früheren Anmeldung zuständigen Behörde ursprünglich eingereicht worden ist.

(2) [1]Betreffen die Widerrufsgründe nur einen Teil des Patents, so wird es mit einer entsprechenden Beschränkung aufrechterhalten. [2]Die Beschränkung kann in Form einer Änderung der Patentansprüche, der Beschreibung oder der Zeichnungen vorgenommen werden.

(3) [1]Mit dem Widerruf gelten die Wirkungen des Patents und der Anmeldung als von Anfang an nicht eingetreten. [2]Bei beschränkter Aufrechterhaltung ist diese Bestimmung entsprechend anzuwenden.

§ 22[27] [Nichtigerklärung]

(1) Das Patent wird auf Antrag (§ 81) für nichtig erklärt, wenn sich ergibt, daß einer der in § 21 Abs. 1 aufgezählten Gründe vorliegt oder der Schutzbereich des Patents erweitert worden ist.

(2) § 21 Abs. 2 und 3 ist entsprechend anzuwenden.

§ 23[28] [Lizenzbereitschaft]

(1) [1]Erklärt sich der Patentanmelder oder der im Register (§ 30 Abs. 1) als Patentinhaber Eingetragene dem Patentamt gegenüber schriftlich bereit, jedermann die Benutzung der Erfindung gegen angemessene Vergütung zu gestatten, so ermäßigen sich die für das Patent nach Eingang der Erklärung fällig werdenden Jahresgebühren auf die Hälfte. [2]Die Erklärung ist im Register einzutragen und im Patentblatt zu veröffentlichen.

(2) Die Erklärung ist unzulässig, solange im Register ein Vermerk über die Einräumung einer ausschließlichen Lizenz (§ 30 Abs. 4) eingetragen ist oder ein Antrag auf Eintragung eines solchen Vermerks dem Patentamt vorliegt.

(3) [1]Wer nach Eintragung der Erklärung die Erfindung benutzen will, hat seine Absicht dem Patentinhaber anzuzeigen. [2]Die Anzeige gilt als bewirkt, wenn sie durch Aufgabe eines eingeschriebenen Briefes an den im Register als Patentinhaber Eingetragenen oder seinen eingetragenen Vertreter oder Zustellungsbevollmächtigten (§ 25) abgesandt worden ist. [3]In der Anzeige ist anzugeben, wie die Erfindung benutzt werden soll. [4]Nach der Anzeige ist der Anzeigende zur Benutzung in der von ihm angegebenen Weise berechtigt. [5]Er ist verpflichtet, dem Patentinhaber nach Ablauf jedes Kalendervierteljahres Auskunft über die erfolgte Benutzung zu geben und die Vergütung dafür zu entrichten. [6]Kommt er dieser Verpflichtung nicht in gehöriger Zeit nach, so kann der als Patentinhaber Eingetragene ihm hierzu eine angemessene

---

[27] § 22 Abs. 2 geänd. mWv 30.11.2007 durch G v. 23.11.2007 (BGBl. I S. 2614).

[28] § 23 Abs. 1 geänd., Abs. 7 eingef. durch G v. 20.12.1991 (BGBl. I S. 1354); Abs. 2 geänd. durch G v. 16.7.1998 (BGBl. I S. 1827); Abs. 1, Abs. 3 Sat 2, Abs. 4, Abs. 7 Satz 4 neu gef., Abs. 2, Abs. 5 neuer Satz 2 geänd., Abs. 5 bish. Satz 2 aufgeh., bish. Satz 3 wird Satz 2 mWv 1.1.2002 durch G v. 13.12.2001 (BGBl. I S. 3656); Abs. 1 Satz 2 aufgeh., bish. Satz 3 wird Satz 2 mWv 1.4.2014 durch G v. 19.10.2013 (BGBl. I S. 3830).

Nachfrist setzen und nach fruchtlosem Ablauf die Weiterbenutzung der Erfindung untersagen.

(4) [1]Die Vergütung wird auf schriftlichen Antrag eines Beteiligten durch die Patentabteilung festgesetzt. [2]Für das Verfahren sind die §§ 46, 47 und 62 entsprechend anzuwenden. [3]Der Antrag kann gegen mehrere Beteiligte gerichtet werden. [4]Das Patentamt kann bei der Festsetzung der Vergütung anordnen, dass die Kosten des Festsetzungsverfahrens ganz oder teilweise vom Antragsgegner zu erstatten sind.

(5) [1]Nach Ablauf eines Jahres seit der letzten Festsetzung kann jeder davon Betroffene ihre Änderung beantragen, wenn inzwischen Umstände eingetreten oder bekanntgeworden sind, welche die festgesetzte Vergütung offenbar unangemessen erscheinen lassen. [2]Im übrigen gilt Absatz 4 entsprechend.

(6) Wird die Erklärung für eine Anmeldung abgegeben, so sind die Bestimmungen der Absätze 1 bis 5 entsprechend anzuwenden.

(7) [1]Die Erklärung kann jederzeit gegenüber dem Patentamt schriftlich zurückgenommen werden, solange dem Patentinhaber noch nicht die Absicht angezeigt worden ist, die Erfindung zu benutzen. [2]Die Zurücknahme wird mit ihrer Einreichung wirksam. [3]Der Betrag, um den sich die Jahresgebühren ermäßigt haben, ist innerhalb eines Monats nach der Zurücknahme der Erklärung zu entrichten. [4]Wird der Unterschiedsbetrag nicht innerhalb der Frist des Satzes 3 gezahlt, so kann er mit dem Verspätungszuschlag noch bis zum Ablauf einer Frist von weiteren vier Monaten gezahlt werden.

§ 24[29] [Zwangslizenz; Patentrücknahme]

(1) Die nicht ausschließliche Befugnis zur gewerblichen Benutzung einer Erfindung wird durch das Patentgericht im Einzelfall nach Maßgabe der nachfolgenden Vorschriften erteilt (Zwangslizenz), sofern
1. der Lizenzsucher sich innerhalb eines angemessenen Zeitraumes erfolglos bemüht hat, vom Patentinhaber die Zustimmung zu erhalten, die Erfindung zu angemessenen geschäftsüblichen Bedingungen zu benutzen, und
2. das öffentliche Interesse die Erteilung einer Zwangslizenz gebietet.

(2) [1]Kann der Lizenzsucher eine ihm durch Patent mit jüngerem Zeitrang geschützte Erfindung nicht verwerten, ohne das Patent mit älterem Zeitrang zu verletzen, so hat er gegenüber dem Inhaber des Patents mit dem älteren Zeitrang Anspruch auf Einräumung einer Zwangslizenz, sofern
1. die Voraussetzung des Absatzes 1 Nr. 1 erfüllt ist und
2. seine eigene Erfindung im Vergleich mit derjenigen des Patents mit dem älteren Zeitrang einen wichtigen technischen Fortschritt von erheblicher wirtschaftlicher Bedeutung aufweist.

[2]Der Patentinhaber kann verlangen, dass ihm der Lizenzsucher eine Gegenlizenz zu angemessenen Bedingungen für die Benutzung der patentierten Erfindung mit dem jüngeren Zeitrang einräumt.

(3) Absatz 2 gilt entsprechend, wenn ein Pflanzenzüchter ein Sortenschutzrecht nicht erhalten oder verwerten kann, ohne ein früheres Patent zu verletzen.

(4) Für eine patentierte Erfindung auf dem Gebiet der Halbleitertechnologie darf eine Zwangslizenz im Rahmen des Absatzes 1 nur erteilt werden, wenn dies zur Behebung einer in einem Gerichts- oder Verwaltungsverfahren festgestellten wettbewerbswidrigen Praxis des Patentinhabers erforderlich ist.

[29] § 24 neu gef. durch G v. 16.7.1998 (BGBl. I S. 1827); Abs. 2 neu gef., Abs. 3 eingef., bish. Abs. 3–6 werden Abs. 4–7 mWv 28.2.2005 durch G v. 21.1.2005 (BGBl. I S. 146).

(5) [1]Übt der Patentinhaber die patentierte Erfindung nicht oder nicht überwiegend im Inland aus, so können Zwangslizenzen im Rahmen des Absatzes 1 erteilt werden, um eine ausreichende Versorgung des Inlandsmarktes mit dem patentierten Erzeugnis sicherzustellen. [2]Die Einfuhr steht insoweit der Ausübung des Patents im Inland gleich.

(6) [1]Die Erteilung einer Zwangslizenz an einem Patent ist erst nach dessen Erteilung zulässig. [2]Sie kann eingeschränkt erteilt und von Bedingungen abhängig gemacht werden. [3]Umfang und Dauer der Benutzung sind auf den Zweck zu begrenzen, für den sie gestattet worden ist. [4]Der Patentinhaber hat gegen den Inhaber der Zwangslizenz Anspruch auf eine Vergütung, die nach den Umständen des Falles angemessen ist und den wirtschaftlichen Wert der Zwangslizenz in Betracht zieht. [5]Tritt bei den künftig fällig werdenden wiederkehrenden Vergütungsleistungen eine wesentliche Veränderung derjenigen Verhältnisse ein, die für die Bestimmung der Höhe der Vergütung maßgebend waren, so ist jeder Beteiligte berechtigt, eine entsprechende Anpassung zu verlangen. [6]Sind die Umstände, die der Erteilung der Zwangslizenz zugrunde lagen, entfallen und ist ihr Wiedereintritt unwahrscheinlich, so kann der Patentinhaber die Rücknahme der Zwangslizenz verlangen.

(7) [1]Die Zwangslizenz an einem Patent kann nur zusammen mit dem Betrieb übertragen werden, der mit der Auswertung der Erfindung befaßt ist. [2]Die Zwangslizenz an einer Erfindung, die Gegenstand eines Patents mit älterem Zeitrang ist, kann nur zusammen mit dem Patent mit jüngerem Zeitrang übertragen werden.

§ 25[30] [Inlandsvertreter]

(1) Wer im Inland weder Wohnsitz, Sitz noch Niederlassung hat, kann an einem in diesem Gesetz geregelten Verfahren vor dem Patentamt oder dem Patentgericht nur teilnehmen und die Rechte aus einem Patent nur geltend machen, wenn er im Inland einen Rechtsanwalt oder Patentanwalt als Vertreter bestellt hat, der zur Vertretung im Verfahren vor dem Patentamt, dem Patentgericht und in bürgerlichen Rechtsstreitigkeiten, die das Patent betreffen, sowie zur Stellung von Strafanträgen bevollmächtigt ist.

(2) Staatsangehörige eines Mitgliedstaates der Europäischen Union oder eines anderen Vertragsstaates des Abkommens über den Europäischen Wirtschaftsraum können zur Erbringung einer Dienstleistung im Sinne des Vertrages zur Gründung der Europäischen Gemeinschaft als Vertreter im Sinne des Absatzes 1 bestellt werden, wenn sie berechtigt sind, ihre berufliche Tätigkeit unter einer der in der Anlage zu § 1 des Gesetzes über die Tätigkeit europäischer Rechtsanwälte in Deutschland vom 9. März 2000 (BGBl. I S. 182) oder zu § 1 des Gesetzes über die Eignungsprüfung für die Zulassung zur Patentanwaltschaft vom 6. Juli 1990 (BGBl. I S. 1349, 1351) in der jeweils geltenden Fassung genannten Berufsbezeichnungen auszuüben.

(3) Der Ort, an dem ein nach Absatz 1 bestellter Vertreter seinen Geschäftsraum hat, gilt im Sinne des § 23 der Zivilprozessordnung als der Ort, an dem sich der Vermögensgegenstand befindet; fehlt ein solcher Geschäftsraum, so ist der Ort maßgebend, an dem der Vertreter im Inland seinen Wohnsitz, und in Ermangelung eines solchen der Ort, an dem das Patentamt seinen Sitz hat.

(4) Die rechtsgeschäftliche Beendigung der Bestellung eines Vertreters nach Absatz 1 wird erst wirksam, wenn sowohl diese Beendigung als auch die Bestellung eines anderen Vertreters gegenüber dem Patentamt oder dem Patentgericht angezeigt wird.

---

[30] § 25 neu gef. mWv 1.1.2002 durch G v. 13.12.2001 (BGBl. I S. 3656); Abs. 2 Satz 2 aufgeh. mWv 1.10.2009 durch G v. 31.7.2009 (BGBl. I S. 2521).

Zweiter Abschnitt Patentamt

§ 26[31] [Besetzung]

(1) [1]Das Deutsche Patent- und Markenamt ist eine selbständige Bundesoberbehörde im Geschäftsbereich des Bundesministeriums der Justiz und für Verbraucherschutz. [2]Es hat seinen Sitz in München.

(2) [1]Das Patentamt besteht aus einem Präsidenten und weiteren Mitgliedern. [2]Sie müssen die Befähigung zum Richteramt nach dem Deutschen Richtergesetz besitzen (rechtskundige Mitglieder) oder in einem Zweig der Technik sachverständig sein (technische Mitglieder). [3]Die Mitglieder werden auf Lebenszeit berufen.

(3) [1]Als technisches Mitglied soll in der Regel nur angestellt werden, wer im Inland an einer Universität, einer technischen oder landwirtschaftlichen Hochschule oder einer Bergakademie in einem technischen oder naturwissenschaftlichen Fach eine staatliche oder akademische Abschlußprüfung bestanden hat, danach mindestens fünf Jahre im Bereich der Naturwissenschaften oder Technik beruflich tätig war und im Besitz der erforderlichen Rechtskenntnisse ist. [2]Abschlußprüfungen in einem anderen Mitgliedstaat der Europäischen Union oder in einem anderen Vertragsstaat des Abkommens über den Europäischen Wirtschaftsraum stehen der inländischen Abschlußprüfung nach Maßgabe des Rechts der Europäischen Gemeinschaften gleich.

(4) [1]Wenn ein voraussichtlich zeitlich begrenztes Bedürfnis besteht, kann der Präsident des Patentamts Personen, welche die für die Mitglieder geforderte Vorbildung haben (Absatz 2 und 3), mit den Verrichtungen eines Mitglieds des Patentamts beauftragen (Hilfsmitglieder). [2]Der Auftrag kann auf eine bestimmte Zeit oder für die Dauer des Bedürfnisses erteilt werden und ist so lange nicht widerruflich. [3]Im übrigen gelten die Vorschriften über Mitglieder auch für die Hilfsmitglieder.

§ 27[32] [Prüfungsstellen; Patentabteilungen]

(1) Im Patentamt werden gebildet

1. Prüfungsstellen für die Bearbeitung der Patentanmeldungen und für die Erteilung von Auskünften zum Stand der Technik (§ 29 Abs. 3);
2. Patentabteilungen für alle Angelegenheiten, die die erteilten Patente betreffen, für die Festsetzung der Vergütung (§ 23 Abs. 4 und 6) und für die Bewilligung der Verfahrenskostenhilfe im Verfahren vor dem Patentamt. Innerhalb ihres Geschäftskreises obliegt jeder Patentabteilung auch die Abgabe von Gutachten (§ 29 Abs. 1 und 2).

(2) Die Obliegenheiten der Prüfungsstelle nimmt ein technisches Mitglied der Patentabteilung (Prüfer) wahr.

(3) [1]Die Patentabteilung ist bei Mitwirkung von mindestens drei Mitgliedern beschlußfähig, unter denen sich, soweit die Abteilung im Einspruchsverfahren tätig wird, zwei technische Mitglieder befinden müssen. [2]Bietet die Sache besondere

---

[31] § 26 Abs. 2 neu gef. durch G v. 16.7.1998 (BGBl. I S. 1827); neuer Abs. 1 eingef., bish. Abs. 1 bis 3 werden Abs. 2 bis 4 und neuer Abs. 4 Satz 1 geänd. mWv 30.11.2007 durch G v. 23.11.2007 (BGBl. I S. 2614); Abs. 1 Satz 1 geänd. mWv 8.9.2015 durch VO v. 31.8.2015 (BGBl. I S. 1474).

[32] § 27 Abs. 5 Satz 1 und Abs. 6 Satz 2 geänd. durch G v. 23.3.1993 (BGBl. I S. 366); Abs. 5 neu gef. durch G v. 16.7.1998 (BGBl. I S. 1827); Abs. 5 Satz 2 geänd. mWv 1.1.2002 durch G v. 13.12.2001 (BGBl I S. 3656); Abs. 4 geänd. mWv 15.12.2004 durch G v. 9.12.2004 (BGBl. I S. 3232); Abs. 5 Sätze 1 und 2 geänd. mWv 8.9.2015 durch VO v. 31.8.2015 (BGBl. I S. 1474).

rechtliche Schwierigkeiten und gehört keiner der Mitwirkenden zu den rechtskundigen Mitgliedern, so soll bei der Beschlußfassung ein der Patentabteilung angehörendes rechtskundiges Mitglied hinzutreten. [3]Ein Beschluß, durch den ein Antrag auf Zuziehung eines rechtskundigen Mitglieds abgelehnt wird, ist selbständig nicht anfechtbar.

(4) Der Vorsitzende der Patentabteilung kann alle Angelegenheiten der Patentabteilung mit Ausnahme der Beschlußfassung über die Aufrechterhaltung, den Widerruf oder die Beschränkung des Patents sowie über die Festsetzung der Vergütung (§ 23 Abs. 4) allein bearbeiten oder diese Aufgaben einem technischen Mitglied der Abteilung übertragen; dies gilt nicht für eine Anhörung.

(5) [1]Das Bundesministerium der Justiz und für Verbraucherschutz wird ermächtigt, durch Rechtsverordnung Beamte des gehobenen und des mittleren Dienstes sowie vergleichbare Angestellte mit der Wahrnehmung von Geschäften zu betrauen, die den Prüfungsstellen oder Patentabteilungen obliegen und die ihrer Art nach keine besonderen technischen oder rechtlichen Schwierigkeiten bieten; ausgeschlossen davon sind jedoch die Erteilung des Patents und die Zurückweisung der Anmeldung aus Gründen, denen der Anmelder widersprochen hat. [2]Das Bundesministerium der Justiz und für Verbraucherschutz kann diese Ermächtigung durch Rechtsverordnung auf das Deutsche Patent- und Markenamt übertragen.

(6) [1]Für die Ausschließung und Ablehnung der Prüfer und der übrigen Mitglieder der Patentabteilungen gelten die §§ 41 bis 44, 45 Abs. 2 Satz 2, §§ 47 bis 49 der Zivilprozeßordnung über Ausschließung und Ablehnung der Gerichtspersonen sinngemäß. [2]Das gleiche gilt für die Beamten des gehobenen und des mittleren Dienstes und Angestellten, soweit sie nach Absatz 5 mit der Wahrnehmung einzelner den Prüfungsstellen oder Patentabteilungen obliegender Geschäfte betraut worden sind. [3]Über das Ablehnungsgesuch entscheidet, soweit es einer Entscheidung bedarf, die Patentabteilung.

(7) Zu den Beratungen in den Patentabteilungen können Sachverständige, die nicht Mitglieder sind, zugezogen werden; sie dürfen an den Abstimmungen nicht teilnehmen.

§ 28[33] [Rechtsverordnungen]

Das Bundesministerium der Justiz und für Verbraucherschutz regelt durch Rechtsverordnung[34], die nicht der Zustimmung des Bundesrates bedarf, die Einrichtung und den Geschäftsgang des Patentamts sowie die Form des Verfahrens in Patentangelegenheiten, soweit nicht durch Gesetz Bestimmungen darüber getroffen sind.

§ 29[35] [Gutachten; Auskünfte zum Stand der Technik]

(1) Das Patentamt ist verpflichtet, auf Ersuchen der Gerichte oder der Staatsanwaltschaften über Fragen, die Patente betreffen, Gutachten abzugeben, wenn in dem Verfahren voneinander abweichende Gutachten mehrerer Sachverständiger vorliegen.

(2) Im übrigen ist das Patentamt nicht befugt, ohne Genehmigung des Bundesministers der Justiz und für Verbraucherschutz außerhalb seines gesetzlichen Geschäftskreises Beschlüsse zu fassen oder Gutachten abzugeben.

---

[33] § 28 neu gef. mWv 19.3.2004 durch G v. 12.3.2004 (BGBl. I S. 390); geänd. mWv 8.9.2015 durch VO v. 31.8.2015 (BGBl. I S. 1474).

[34] Siehe die VO über das Deutsche Patent- und Markenamt.

[35] § 29 Abs. 3 neu gef. mWv 1.1.2002 durch G v. 13.12.2001 (BGBl. I S. 3656); Abs. 2, Abs. 3 Sätze 1 und 3 geänd. mWv 8.9.2015 durch VO v. 31.8.2015 (BGBl. I S. 1474).

(3) [1]Das Bundesministerium der Justiz und für Verbraucherschutz wird ermächtigt, zur Nutzbarmachung der Dokumentation des Patentamts für die Öffentlichkeit durch Rechtsverordnung ohne Zustimmung des Bundesrates zu bestimmen, dass das Patentamt ohne Gewähr für Vollständigkeit Auskünfte zum Stand der Technik erteilt. [2]Dabei kann es insbesondere die Voraussetzungen, die Art und den Umfang der Auskunftserteilung sowie die Gebiete der Technik bestimmen, für die eine Auskunft erteilt werden kann. [3]Das Bundesministerium der Justiz und für Verbraucherschutz kann diese Ermächtigung durch Rechtsverordnung ohne Zustimmung des Bundesrates auf das Deutsche Patent- und Markenamt übertragen.

§ 30[36] [Patentrolle]

(1) [1]Das Patentamt führt ein Register, das die Bezeichnung der Patentanmeldungen, in deren Akten jedermann Einsicht gewährt wird, und der erteilten Patente und ergänzender Schutzzertifikate (§ 16a) sowie Namen und Wohnort der Anmelder oder Patentinhaber und ihrer etwa nach § 25 bestellten Vertreter oder Zustellungsbevollmächtigten angibt, wobei die Eintragung eines Vertreters oder Zustellungsbevollmächtigten genügt. [2]Auch sind darin Anfang, Ablauf, Erlöschen, Anordnung der Beschränkung, Widerruf, Erklärung der Nichtigkeit der Patente und ergänzender Schutzzertifikate (§ 16a) sowie die Erhebung eines Einspruchs und einer Nichtigkeitsklage zu vermerken.

(2) Der Präsident des Patentamts kann bestimmen, daß weitere Angaben in das Register eingetragen werden.

(3) [1]Das Patentamt vermerkt im Register eine Änderung in der Person, im Namen oder im Wohnort des Anmelders oder Patentinhabers und seines Vertreters sowie Zustellungsbevollmächtigten, wenn sie ihm nachgewiesen wird. [2]Solange die Änderung nicht eingetragen ist, bleibt der frühere Anmelder, Patentinhaber, Vertreter oder Zustellungsbevollmächtigte nach Maßgabe dieses Gesetzes berechtigt und verpflichtet.

(4) [1]Das Patentamt trägt auf Antrag des Patentinhabers oder des Lizenznehmers die Erteilung einer ausschließlichen Lizenz in das Register ein, wenn ihm die Zustimmung des anderen Teils nachgewiesen wird. [2]Der Antrag nach Satz 1 ist unzulässig, solange eine Lizenzbereitschaft (§ 23 Abs. 1) erklärt ist. [3]Die Eintragung wird auf Antrag des Patentinhabers oder des Lizenznehmers gelöscht. [4]Der Löschungsantrag des Patentinhabers bedarf des Nachweises der Zustimmung des bei der Eintragung benannten Lizenznehmers oder seines Rechtsnachfolgers.

§ 31[37] [Akteneinsicht]

(1) [1]Das Patentamt gewährt jedermann auf Antrag Einsicht in die Akten sowie in die zu den Akten gehörenden Modelle und Probestücke, wenn und soweit ein berechtigtes Interesse glaubhaft gemacht wird. [2]Jedoch steht die Einsicht in das Register

---

[36] § 30 Abs. 1 geänd. durch G v. 23.3.1993 (BGBl. I S. 366); Abs. 1 und 2 neu gef., Abs. 3 Satz 1 geänd., Abs. 4 und 5 angef. durch G v. 16.7.1998 (BGBl. I S. 1827); Abs. 1 Satz 1, Abs. 3 neu gef., Abs. 2, Abs. 4 Satz 1 geänd., Abs. 5 aufgeh. mWv 1.1.2002 durch G v. 13.12.2001 (BGBl. I S. 3656); Abs. 1 Satz 2 geänd. mWv 1.10.2009 durch G v. 31.7.2009 (BGBl. I S. 2521).

[37] § 31 Abs. 2 Nr. 2 geänd. durch G v. 16.7.1998 (BGBl. I S. 1827); Abs. 1 Satz 2 geänd. mWv 1.1.2002 durch G v. 13.12.2001 (BGBl. I S. 3656); Abs. 1 Satz 2 geänd. mWv 1.7.2006 durch G v. 21.6.2006 (BGBl. I S. 1318); Abs. 1 Satz 2 geänd. mWv 13.12.2007 durch G v. 24.8.2007 (BGBl. I S. 2166); Abs. 3a und 3b eingef. mWv 25.10.2013, Abs. 2 Nr. 2 geänd. mWv 1.4.2014 durch G v. 19.10.2013 (BGBl. I S. 3830); Abs. 2 Satz 2 angef. mWv 1.7.2016 durch G v. 4.4.2016 (BGBl. I S. 558).

und die Akten von Patenten einschließlich der Akten von Beschränkungs- oder Widerrufsverfahren (§ 64) jedermann frei.

(2) In die Akten von Patentanmeldungen steht die Einsicht jedermann frei,
1. wenn der Anmelder sich gegenüber dem Patentamt mit der Akteneinsicht einverstanden erklärt und den Erfinder benannt hat oder
2. wenn seit dem Anmeldetag (§ 35) oder, sofern für die Anmeldung ein früherer Zeitpunkt als maßgebend in Anspruch genommen wird, seit diesem Zeitpunkt achtzehn Monate verstrichen sind

und ein Hinweis nach § 32 Abs. 5 veröffentlicht worden ist. Bei Anmeldungen, die nicht oder teilweise nicht in deutscher Sprache abgefasst sind, gilt § 35a Absatz 4.

(3) Soweit die Einsicht in die Akten jedermann freisteht, steht die Einsicht auch in die zu den Akten gehörenden Modelle und Probestücke jedermann frei.

(3a) Soweit die Einsicht in die Akten jedermann freisteht, kann die Einsichtnahme bei elektronischer Führung der Akten auch über das Internet gewährt werden.

(3b) Die Akteneinsicht nach den Absätzen 1 bis 3a ist ausgeschlossen, soweit eine Rechtsvorschrift entgegensteht oder soweit das schutzwürdige Interesse des Betroffenen im Sinne des § 3 Absatz 1 des Bundesdatenschutzgesetzes offensichtlich überwiegt.

(4) In die Benennung des Erfinders (§ 37 Abs. 1) wird, wenn der vom Anmelder angegebene Erfinder es beantragt, Einsicht nur nach Absatz 1 Satz 1 gewährt; § 63 Abs. 1 Satz 4 und 5 ist entsprechend anzuwenden.

(5) [1]In die Akten von Patentanmeldungen und Patenten, für die gemäß § 50 jede Veröffentlichung unterbleibt, kann das Patentamt nur nach Anhörung der zuständigen obersten Bundesbehörde Einsicht gewähren, wenn und soweit ein besonderes schutzwürdiges Interesse des Antragstellers die Gewährung der Einsicht geboten erscheinen läßt und hierdurch die Gefahr eines schweren Nachteils für die äußere Sicherheit der Bundesrepublik Deutschland nicht zu erwarten ist. [2]Wird in einem Verfahren eine Patentanmeldung oder ein Patent nach § 3 Abs. 2 Satz 3 als Stand der Technik entgegengehalten, so ist auf den diese Entgegenhaltung betreffenden Teil der Akten Satz 1 entsprechend anzuwenden.

§ 32[38] [Offenlegungsschrift; Patentschrift; Patentblatt]

(1) [1]Das Patentamt veröffentlicht
1. die Offenlegungsschriften,
2. die Patentschriften und
3. das Patentblatt.

[2]Die Veröffentlichung kann in elektronischer Form erfolgen. [3]Zur weiteren Verarbeitung oder Nutzung zu Zwecken der Patentinformation kann das Patentamt Angaben aus den in Satz 1 genannten Dokumenten an Dritte in elektronischer Form übermitteln. [4]Die Übermittlung erfolgt nicht, soweit die Einsicht ausgeschlossen ist (§ 31 Absatz 3b).

(2) [1]Die Offenlegungsschrift enthält die nach § 31 Abs. 2 jedermann zur Einsicht freistehenden Unterlagen der Anmeldung und die Zusammenfassung (§ 36) in der ursprünglich eingereichten oder vom Patentamt zur Veröffentlichung zugelassenen

---

[38] § 32 Abs. 2 Satz 1 und Abs. 5 geänd., Abs. 2 Satz 2 aufgeh. durch G v. 16.7.1998 (BGBl. I S. 1827); Abs. 1 Satz 2 angef., Abs 5 geänd. mWv 1.1.2002 durch G v. 13.12.2001 (BGBl. I S. 3656); Abs. 5 geänd. mWv 1.7.2006 durch G v. 21.6.2006 (BGBl. I S. 1318); Abs. 1 Sätze 3 und 4 angef. mWv 25.10.2013, Abs. 3 Satz 2 neu gef. mWv 1.4.2014 durch G v. 19.10.2013 (BGBl. I S. 3830).

geänderten Form. [2]Die Offenlegungsschrift wird nicht veröffentlicht, wenn die Patentschrift bereits veröffentlicht worden ist.

(3) [1]Die Patentschrift enthält die Patentansprüche, die Beschreibung und die Zeichnungen, auf Grund deren das Patent erteilt worden ist. [2]Außerdem ist in der Patentschrift der Stand der Technik anzugeben, den das Patentamt für die Beurteilung der Patentfähigkeit der angemeldeten Erfindung in Betracht gezogen hat (§ 43 Absatz 1). [3]Ist die Zusammenfassung (§ 36) noch nicht veröffentlicht worden, so ist sie in die Patentschrift aufzunehmen.

(4) Die Offenlegungs- oder Patentschrift wird unter den Voraussetzungen des § 31 Abs. 2 auch dann veröffentlicht, wenn die Anmeldung zurückgenommen oder zurückgewiesen wird oder als zurückgenommen gilt oder das Patent erlischt, nachdem die technischen Vorbereitungen für die Veröffentlichung abgeschlossen waren.

(5) Das Patentblatt enthält regelmäßig erscheinende Übersichten über die Eintragungen im Register, soweit sie nicht nur den regelmäßigen Ablauf der Patente oder die Eintragung und Löschung ausschließlicher Lizenzen betreffen, und Hinweise auf die Möglichkeit der Einsicht in die Akten von Patentanmeldungen.

§ 33[39] [Entschädigung für angemeldete Erfindungen]

(1) Von der Veröffentlichung des Hinweises gemäß § 32 Abs. 5 an kann der Anmelder von demjenigen, der den Gegenstand der Anmeldung benutzt hat, obwohl er wußte oder wissen mußte, daß die von ihm benutzte Erfindung Gegenstand der Anmeldung war, eine nach den Umständen angemessene Entschädigung verlangen; weitergehende Ansprüche sind ausgeschlossen.

(2) Der Anspruch besteht nicht, wenn der Gegenstand der Anmeldung offensichtlich nicht patentfähig ist.

(3) [1]Auf die Verjährung finden die Vorschriften des Abschnitts 5 des Buches 1 des Bürgerlichen Gesetzbuchs entsprechende Anwendung mit der Maßgabe, dass die Verjährung frühestens ein Jahr nach Erteilung des Patents eintritt. [2]Hat der Verpflichtete durch die Verletzung auf Kosten des Berechtigten etwas erlangt, findet § 852 des Bürgerlichen Gesetzbuchs entsprechende Anwendung.

Dritter Abschnitt Verfahren vor dem Patentamt

§ 34[40] [Patentanmeldung]

(1) Eine Erfindung ist zur Erteilung eines Patents beim Patentamt anzumelden.

(2) [1]Die Anmeldung kann auch über ein Patentinformationszentrum[41] eingereicht werden, wenn diese Stelle durch Bekanntmachung des Bundesministeriums der Justiz und für Verbraucherschutz im Bundesgesetzblatt dazu bestimmt ist, Patentanmeldungen entgegenzunehmen. [2]Eine Anmeldung, die ein Staatsgeheimnis (§ 93 Strafgesetz-

---

[39] § 33 Abs. 3 neu gef. mWv 1. 1. 2002 durch G v. 26. 11. 2001 (BGBl. I S. 3138).

[40] § 34 neu gef. durch G v. 16. 7. 1998 (BGBl. I S. 1827); Abs. 6 aufgeh., bish. Abs. 7–9 werden Abs. 6 bi 8, neuer Abs. 6 Satz 2, neuer Abs. 8 Satz 2 geänd. mWv 1. 1. 2002 durch G v. 13. 12. 2001 (BGBl. I S. 3656); Abs. 2 Satz 1, Abs. 6 Satz 1 und Abs. 8 Satz 1 geänd. mWv 8. 9. 2015 durch VO v. 31. 8. 2015 (BGBl. I S. 1474).

[41] Siehe hierzu:Bekanntmachung v. 6. 4. 1999 (BGBl. I S. 648);Bek. der Änd. der zur Entgegennahme von Patent-, Gebrauchsmuster-, Marken- und Designanmeldungen befugten Patentinformationszentren.

buch) enthalten kann, darf bei einem Patentinformationszentrum nicht eingereicht werden.

(3) Die Anmeldung muß enthalten:
1. den Namen des Anmelders;
2. einen Antrag auf Erteilung des Patents, in dem die Erfindung kurz und genau bezeichnet ist;
3. einen oder mehrere Patentansprüche, in denen angegeben ist, was als patentfähig unter Schutz gestellt werden soll;
4. eine Beschreibung der Erfindung;
5. die Zeichnungen, auf die sich die Patentansprüche oder die Beschreibung beziehen.

(4) Die Erfindung ist in der Anmeldung so deutlich und vollständig zu offenbaren, daß ein Fachmann sie ausführen kann.

(5) Die Anmeldung darf nur eine einzige Erfindung enthalten oder eine Gruppe von Erfindungen, die untereinander in der Weise verbunden sind, daß sie eine einzige allgemeine erfinderische Idee verwirklichen.

(6) [1]Das Bundesministerium der Justiz und für Verbraucherschutz wird ermächtigt, durch Rechtsverordnung Bestimmungen über die Form und die sonstigen Erfordernisse der Anmeldung zu erlassen. [2]Es kann diese Ermächtigung durch Rechtsverordnung auf das Deutsche Patent- und Markenamt übertragen.

(7) Auf Verlangen des Patentamts hat der Anmelder den Stand der Technik nach seinem besten Wissen vollständig und wahrheitsgemäß anzugeben und in die Beschreibung (Absatz 3) aufzunehmen.

(8) [1]Das Bundesministerium der Justiz und für Verbraucherschutz wird ermächtigt, durch Rechtsverordnung Bestimmungen über die Hinterlegung von biologischem Material, den Zugang hierzu einschließlich des zum Zugang berechtigten Personenkreises und die erneute Hinterlegung von biologischem Material zu erlassen, sofern die Erfindung die Verwendung biologischen Materials beinhaltet oder sie solches Material betrifft, das der Öffentlichkeit nicht zugänglich ist und das in der Anmeldung nicht so beschrieben werden kann, daß ein Fachmann die Erfindung danach ausführen kann (Absatz 4). [2]Es kann diese Ermächtigung durch Rechtsverordnung auf das Deutsche Patent- und Markenamt übertragen.

§ 34a[42] [Angaben bei biologischem Material]

[1]Hat eine Erfindung biologisches Material pflanzlichen oder tierischen Ursprungs zum Gegenstand oder wird dabei derartiges Material verwendet, so soll die Anmeldung Angaben zum geographischen Herkunftsort dieses Materials umfassen, soweit dieser bekannt ist. [2]Die Prüfung der Anmeldungen und die Gültigkeit der Rechte auf Grund der erteilten Patente bleiben hiervon unberührt.

§ 35[43] [Übersetzungen; Zeichnungen]

(1) Der Anmeldetag der Patentanmeldung ist der Tag, an dem die Unterlagen nach § 34 Abs. 3 Nr. 1 und 2 und, soweit sie jedenfalls Angaben enthalten, die dem Anschein nach als Beschreibung anzusehen sind, nach § 34 Abs. 3 Nr. 4
1. beim Patentamt

---

[42] § 34a eingef. mWv 28.2.2005 durch G v. 21.1.2005 (BGBl. I S. 146).

[43] § 35 neu gef. durch G v. 16.7.1998 (BGBl I S. 1827); Abs. 1 aufgeh., bish. Abs. 2 wird Abs. 1, Sätze 2 und 3 aufgeh., Abs. 2 und 3 angef. mWv 1.4.2014 durch G v. 19.10.2013 (BGBl. I S. 3830); Abs. 1 Nr. 2 geänd. mWv 8.9.2015 durch VO v. 31.8.2015 (BGBl. I S. 1474).

2. oder, wenn diese Stelle durch Bekanntmachung des Bundesministeriums der Justiz und für Verbraucherschutz im Bundesgesetzblatt dazu bestimmt ist, bei einem Patentinformationszentrum

eingegangen sind.

(2) [1]Wenn die Anmeldung eine Bezugnahme auf Zeichnungen enthält und der Anmeldung keine Zeichnungen beigefügt sind oder wenn mindestens ein Teil einer Zeichnung fehlt, so fordert das Patentamt den Anmelder auf, innerhalb einer Frist von einem Monat nach Zustellung der Aufforderung entweder die Zeichnungen nachzureichen oder zu erklären, dass die Bezugnahme als nicht erfolgt gelten soll. [2]Reicht der Anmelder auf diese Aufforderung die fehlenden Zeichnungen oder die fehlenden Teile nach, so wird der Tag des Eingangs der Zeichnungen oder der fehlenden Teile beim Patentamt Anmeldetag; anderenfalls gilt die Bezugnahme auf die Zeichnungen als nicht erfolgt.

(3) Absatz 2 gilt entsprechend für fehlende Teile der Beschreibung.

§ 35a[44] [Übersetzung der Anmeldung; Frist]

(1) [1]Ist die Anmeldung nicht oder teilweise nicht in deutscher Sprache abgefasst, so hat der Anmelder eine deutsche Übersetzung innerhalb einer Frist von drei Monaten nach Einreichung der Anmeldung nachzureichen. [2]Wird die deutsche Übersetzung nicht innerhalb der Frist eingereicht, so gilt die Anmeldung als zurückgenommen.

(2) [1]Ist die Anmeldung ganz oder teilweise in englischer oder französischer Sprache abgefasst, verlängert sich die Frist nach Absatz 1 Satz 1 auf zwölf Monate. [2]Wird anstelle des Anmeldetages für die Anmeldung ein früherer Zeitpunkt als maßgebend in Anspruch genommen, endet die Frist nach Satz 1 jedoch spätestens mit Ablauf von 15 Monaten nach diesem Zeitpunkt.

(3) Ist für die Anmeldung ein Antrag nach § 43 Absatz 1 oder § 44 Absatz 1 gestellt worden, so kann die Prüfungsstelle den Anmelder auffordern, eine deutsche Übersetzung der Anmeldungsunterlagen vor Ablauf der in Absatz 2 genannten Frist einzureichen.

(4) [1]Erklärt sich der Anmelder vor Ablauf der Frist nach den Absätzen 1 und 2 gegenüber dem Patentamt mit der Akteneinsicht in seine Anmeldung nach § 31 Absatz 2 Satz 1 Nummer 1 einverstanden, hat er eine deutsche Übersetzung der Anmeldungsunterlagen einzureichen. [2]Das Einverständnis gilt erst mit Eingang der Übersetzung beim Patentamt als erteilt.

§ 36[45] [Anmeldungsunterlagen]

(1) Der Anmeldung ist eine Zusammenfassung beizufügen, die noch bis zum Ablauf von fünfzehn Monaten nach dem Anmeldetag oder, sofern für die Anmeldung ein früherer Zeitpunkt als maßgebend in Anspruch genommen wird, bis zum Ablauf von fünfzehn Monaten nach diesem Zeitpunkt nachgereicht werden kann.

(2) [1]Die Zusammenfassung dient ausschließlich der technischen Unterrichtung. [2]Sie muß enthalten:

1. die Bezeichnung der Erfindung;
2. eine Kurzfassung der in der Anmeldung enthaltenen Offenbarung, die das technische Gebiet der Erfindung angeben und so gefaßt sein soll, daß sie ein klares Ver-

---

[44] § 35a eingef. mWv 1.4.2014 durch G v. 19.10.2013 (BGBl. I S. 3830); Abs. 4 angef. mWv 1.7.2016 durch G v. 4.4.2016 (BGBl. I S. 558).

[45] § 36 Abs 1 geänd. durch G v. 16.7.1998 (BGBl. I S. 1827).

ständnis des technischen Problems, seiner Lösung und der hauptsächlichen Verwendungsmöglichkeit der Erfindung erlaubt;
3. eine in der Kurzfassung erwähnte Zeichnung; sind mehrere Zeichnungen erwähnt, so ist die Zeichnung beizufügen, die die Erfindung nach Auffassung des Anmelders am deutlichsten kennzeichnet.

§ 37[46] [Benennung des Erfinders]

(1) [1]Der Anmelder hat innerhalb von fünfzehn Monaten nach dem Anmeldetag oder, sofern für die Anmeldung ein früherer Zeitpunkt als maßgebend in Anspruch genommen wird, innerhalb von fünfzehn Monaten nach diesem Zeitpunkt den oder die Erfinder zu benennen und zu versichern, daß weitere Personen seines Wissens an der Erfindung nicht beteiligt sind. [2]Ist der Anmelder nicht oder nicht allein der Erfinder, so hat er auch anzugeben, wie das Recht auf das Patent an ihn gelangt ist. [3]Die Richtigkeit der Angaben wird vom Patentamt nicht geprüft.

(2) [1]Macht der Anmelder glaubhaft, daß er durch außergewöhnliche Umstände verhindert ist, die in Absatz 1 vorgeschriebenen Erklärungen rechtzeitig abzugeben, so hat ihm das Patentamt eine angemessene Fristverlängerung zu gewähren. [2]Die Frist kann nicht über den Erlaß des Beschlusses über die Erteilung des Patents hinaus verlängert werden.

§ 38 [Änderung der Anmeldung]

[1]Bis zum Beschluß über die Erteilung des Patents sind Änderungen der in der Anmeldung enthaltenen Angaben, die den Gegenstand der Anmeldung nicht erweitern, zulässig, bis zum Eingang des Prüfungsantrags (§ 44) jedoch nur, soweit es sich um die Berichtigung offensichtlicher Unrichtigkeiten, um die Beseitigung der von der Prüfungsstelle bezeichneten Mängel oder um Änderungen des Patentanspruchs handelt. [2]Aus Änderungen, die den Gegenstand der Anmeldung erweitern, können Rechte nicht hergeleitet werden.

§ 39[47] [Teilung der Anmeldung]

(1) [1]Der Anmelder kann die Anmeldung jederzeit teilen. [2]Die Teilung ist schriftlich zu erklären. [3]Wird die Teilung nach Stellung des Prüfungsantrags (§ 44) erklärt, so gilt der abgetrennte Teil als Anmeldung, für die ein Prüfungsantrag gestellt worden ist. [4]Für jede Teilanmeldung bleiben der Zeitpunkt der ursprünglichen Anmeldung und eine dafür in Anspruch genommene Priorität erhalten.

(2) [1]Für die abgetrennte Anmeldung sind für die Zeit bis zur Teilung die gleichen Gebühren zu entrichten, die für die ursprüngliche Anmeldung zu entrichten waren. [2]Dies gilt nicht für die Gebühr nach dem Patentkostengesetz für die Recherche nach § 43, wenn die Teilung vor der Stellung des Prüfungsantrags (§ 44) erklärt worden ist, es sei denn, daß auch für die abgetrennte Anmeldung ein Antrag nach § 43 gestellt wird.

(3) Werden für die abgetrennte Anmeldung die nach den §§ 34, 35, 35a und 36 erforderlichen Anmeldungsunterlagen nicht innerhalb von drei Monaten nach Eingang der Teilungserklärung eingereicht oder werden die Gebühren für die abge-

---

[46] § 37 Abs. 1 Satz 1 geänd. durch G v. 16.7.1998 (BGBl. I S. 1827); Abs. 2 Satz 2 geänd., Sätze 3 und 4 aufgeh. mWv 1.4.2014 durch G v. 19.10.2013 (BGBl. I S. 3830).

[47] § 39 Abs. 3 geänd. durch G v. 16.7.1998 (BGBl I S. 1827); Abs. 2 Satz 2 geänd. mWv 1.1.2002 durch G v. 13.12.2001 (BGBl. I S. 3656); Abs. 3 geänd. mWv 28.2.2005 durch G v. 21.1.2005 (BGBl. I S. 146); Abs. 3 geänd. mWv 1.4.2014 durch G v. 19.10.2013 (BGBl. I S. 3830).

trennte Anmeldung nicht innerhalb dieser Frist entrichtet, so gilt die Teilungserklärung als nicht abgegeben.

§ 40[48] [Prioritätsrecht des Anmelders]

(1) Dem Anmelder steht innerhalb einer Frist von zwölf Monaten nach dem Anmeldetag einer beim Patentamt eingereichten früheren Patent- oder Gebrauchsmusteranmeldung für die Anmeldung derselben Erfindung zum Patent ein Prioritätsrecht zu, es sei denn, daß für die frühere Anmeldung schon eine inländische oder ausländische Priorität in Anspruch genommen worden ist.

(2) Für die Anmeldung kann die Priorität mehrerer beim Patentamt eingereichter Patent- oder Gebrauchsmusteranmeldungen in Anspruch genommen werden.

(3) Die Priorität kann nur für solche Merkmale der Anmeldung in Anspruch genommen werden, die in der Gesamtheit der Anmeldungsunterlagen der früheren Anmeldung deutlich offenbart sind.

(4) Die Priorität kann nur innerhalb von zwei Monaten nach dem Anmeldetag der späteren Anmeldung in Anspruch genommen werden; die Prioritätserklärung gilt erst als abgegeben, wenn das Aktenzeichen der früheren Anmeldung angegeben worden ist.

(5) [1]Ist die frühere Anmeldung noch beim Patentamt anhängig, so gilt sie mit der Abgabe der Prioritätserklärung nach Absatz 4 als zurückgenommen. [2]Dies gilt nicht, wenn die frühere Anmeldung ein Gebrauchsmuster betrifft.

(6) Wird die Einsicht in die Akte einer späteren Anmeldung beantragt (§ 31), die die Priorität einer früheren Patent- und Gebrauchsmusteranmeldung in Anspruch nimmt, so nimmt das Patentamt eine Abschrift der früheren Patent- oder Gebrauchsmusteranmeldung zu den Akten der späteren Anmeldung.

§ 41[49] [Prioritätserklärung]

(1) [1]Wer nach einem Staatsvertrag die Priorität einer früheren ausländischen Anmeldung derselben Erfindung in Anspruch nimmt, hat vor Ablauf des 16. Monats nach dem Prioritätstag Zeit, Land und Aktenzeichen der früheren Anmeldung anzugeben und eine Abschrift der früheren Anmeldung einzureichen, soweit dies nicht bereits geschehen ist. [2]Innerhalb der Frist können die Angaben geändert werden. [3]Werden die Angaben nicht rechtzeitig gemacht, so wird der Prioritätsanspruch für die Anmeldung verwirkt.

(2) Ist die frühere ausländische Anmeldung in einem Staat eingereicht worden, mit dem kein Staatsvertrag über die Anerkennung der Priorität besteht, so kann der Anmelder ein dem Prioritätsrecht nach der Pariser Verbandsübereinkunft entsprechendes Prioritätsrecht in Anspruch nehmen, soweit nach einer Bekanntmachung des Bundesministeriums der Justiz und für Verbraucherschutz im Bundesgesetzblatt der andere Staat aufgrund einer ersten Anmeldung beim Patentamt ein Prioritätsrecht gewährt, das nach Voraussetzungen und Inhalt dem Prioritätsrecht nach der Pariser Verbandsübereinkunft vergleichbar ist; Absatz 1 ist anzuwenden.

---

[48] § 40 Abs. 4 Halbsatz 2 geänd., Abs. 6 angef. durch G v. 16.7.1998 (BGBl. I S. 1827).

[49] § 41 geänd. durch G. v. 25.10.1994 (BGBl. I S. 3082); Abs. 1 neu gef. durch G v. 16.7.1998 (BGBl. I S. 1827); Abs. 2 geänd. mWv 8.9.2015 durch VO v. 31.8.2015 (BGBl. I S. 1474).

§ 42[50] [Mängel der Anmeldung]

(1) [1]Genügt die Anmeldung den Anforderungen der §§ 34, 36, 37 und 38 offensichtlich nicht, so fordert die Prüfungsstelle den Anmelder auf, die Mängel innerhalb einer bestimmten Frist zu beseitigen. [2]Entspricht die Anmeldung nicht den Bestimmungen über die Form und über die sonstigen Erfordernisse der Anmeldung (§ 34 Abs. 6), so kann die Prüfungsstelle bis zum Beginn des Prüfungsverfahrens (§ 44) von der Beanstandung dieser Mängel absehen.

(2) Ist offensichtlich, daß der Gegenstand der Anmeldung
1. seinem Wesen nach keine Erfindung ist,
2. nicht gewerblich anwendbar ist oder
3. nach § 2 von der Patenterteilung ausgeschlossen ist,

so benachrichtigt die Prüfungsstelle den Anmelder hiervon unter Angabe der Gründe und fordert ihn auf, sich innerhalb einer bestimmten Frist zu äußern.

(3) [1]Die Prüfungsstelle weist die Anmeldung zurück, wenn die nach Absatz 1 gerügten Mängel nicht beseitigt werden oder wenn die Anmeldung aufrechterhalten wird, obgleich eine patentfähige Erfindung offensichtlich nicht vorliegt (Absatz 2 Nr. 1 bis 3). [2]Soll die Zurückweisung auf Umstände gegründet werden, die dem Patentsucher noch nicht mitgeteilt waren, so ist ihm vorher Gelegenheit zu geben, sich dazu innerhalb einer bestimmten Frist zu äußern.

§ 43[51] [Antrag auf Recherche]

(1) [1]Das Patentamt ermittelt auf Antrag den Stand der Technik, der für die Beurteilung der Patentfähigkeit der angemeldeten Erfindung in Betracht zu ziehen ist, und beurteilt vorläufig die Schutzfähigkeit der angemeldeten Erfindung nach den §§ 1 bis 5 und ob die Anmeldung den Anforderungen des § 34 Absatz 3 bis 5 genügt (Recherche). [2]Soweit die Ermittlung des Standes der Technik einer zwischenstaatlichen Einrichtung vollständig oder für bestimmte Sachgebiete der Technik ganz oder teilweise übertragen worden ist (Absatz 8 Nummer 1), kann beantragt werden, die Ermittlungen in der Weise durchführen zu lassen, dass der Anmelder das Ermittlungsergebnis auch für eine europäische Anmeldung verwenden kann.

(2) [1]Der Antrag kann nur von dem Patentanmelder gestellt werden. [2]Er ist schriftlich einzureichen. [3]§ 25 ist entsprechend anzuwenden.

(3) [1]Der Eingang des Antrags wird im Patentblatt veröffentlicht, jedoch nicht vor der Veröffentlichung des Hinweises gemäß § 32 Absatz 5. [2]Jedermann ist berechtigt, dem Patentamt Hinweise zum Stand der Technik zu geben, die der Erteilung eines Patents entgegenstehen könnten.

(4) [1]Der Antrag gilt als nicht gestellt, wenn bereits ein Antrag nach § 44 gestellt worden ist. [2]In diesem Fall teilt das Patentamt dem Patentanmelder mit, zu welchem Zeitpunkt der Antrag nach § 44 eingegangen ist. [3]Die für die Recherche nach § 43 gezahlte Gebühr nach dem Patentkostengesetz wird zurückgezahlt.

(5) [1]Ist ein Antrag nach Absatz 1 eingegangen, so gelten spätere Anträge als nicht gestellt. [2]Absatz 4 Satz 2 und 3 ist entsprechend anzuwenden.

(6) Stellt das Patentamt nach einem Antrag auf Recherche fest, dass die Anmeldung die Anforderung des § 34 Absatz 5 nicht erfüllt, so führt es die Recherche für

---

[50] § 42 Abs. 1 neu gef. durch G v. 16.7.1998 (BGBl. I S. 1827); Abs. 1 Satz 2 geänd. mWv 1.1.2002 durch G v. 13.12.2001 (BGBl. I S. 3656); Abs. 2 Satz 1 Nr. 2 und 3 geänd., Nr. 4 und Satz 2 aufgeh., Abs. 3 Satz 1 geänd. mWv 1.4.2014 durch G v. 19.10.2013 (BGBl. I S. 3830).

[51] § 43 neu gef. mWv 1.4.2014 durch G v. 19.10.2013 (BGBl. I S. 3830); Abs. 8 einl. Satzteil geänd. mWv 8.9.2015 durch VO v. 31.8.2015 (BGBl. I S. 1474).

den Teil der Anmeldung durch, der sich auf die in den Patentansprüchen als erste beschriebene Erfindung oder Gruppe von Erfindungen bezieht, die untereinander in der Weise verbunden sind, dass sie eine einzige allgemeine erfinderische Idee verwirklichen.

(7) [1]Das Patentamt teilt dem Anmelder das Ergebnis der Recherche nach Absatz 1 unter Berücksichtigung des Absatzes 6 ohne Gewähr für Vollständigkeit mit (Recherchebericht). [2]Es veröffentlicht im Patentblatt, dass diese Mitteilung ergangen ist. [3]Gegen den Recherchebericht ist ein Rechtsbehelf nicht gegeben. [4]Ist der Stand der Technik von einer zwischenstaatlichen Einrichtung ermittelt worden und hat der Anmelder einen Antrag im Sinne von Absatz 1 Satz 2 gestellt, so wird dies in der Mitteilung angegeben.

(8) Das Bundesministerium der Justiz und für Verbraucherschutz wird ermächtigt, zur beschleunigten Erledigung der Patenterteilungsverfahren durch Rechtsverordnung zu bestimmen, dass
1. die Ermittlung des in Absatz 1 bezeichneten Standes der Technik einer anderen Stelle des Patentamts als der Prüfungsstelle (§ 27 Absatz 1), einer anderen staatlichen oder einer zwischenstaatlichen Einrichtung vollständig oder für bestimmte Sachgebiete der Technik oder für bestimmte Sprachen übertragen wird, soweit diese Einrichtung für die Ermittlung des in Betracht zu ziehenden Standes der Technik geeignet erscheint;
2. das Patentamt ausländischen oder zwischenstaatlichen Behörden Auskünfte aus Akten von Patentanmeldungen zur gegenseitigen Unterrichtung über das Ergebnis von Prüfungsverfahren und von Ermittlungen zum Stand der Technik erteilt, soweit es sich um Anmeldungen von Erfindungen handelt, für die auch bei diesen ausländischen oder zwischenstaatlichen Behörden die Erteilung eines Patents beantragt worden ist;
3. die Prüfung der Patentanmeldungen nach § 42 sowie die Kontrolle der Gebühren und Fristen ganz oder teilweise anderen Stellen des Patentamts als den Prüfungsstellen oder Patentabteilungen (§ 27 Absatz 1) übertragen werden.

§ 44[52] [Prüfungsantrag]

(1) Das Patentamt prüft auf Antrag, ob die Anmeldung den Anforderungen der §§ 34, 37 und 38 genügt und ob der Gegenstand der Anmeldung nach den §§ 1 bis 5 patentfähig ist.

(2) [1]Der Antrag kann von dem Anmelder und jedem Dritten, der jedoch hierdurch nicht an dem Prüfungsverfahren beteiligt wird, bis zum Ablauf von sieben Jahren nach Einreichung der Anmeldung gestellt werden. [2]Die Zahlungsfrist für die Prüfungsgebühr nach dem Patentkostengesetz beträgt drei Monate ab Fälligkeit (§ 3 Absatz 1 des Patentkostengesetzes). [3]Diese Frist endet spätestens mit Ablauf von sieben Jahren nach Einreichung der Anmeldung.

(3) [1]Ist bereits ein Antrag nach § 43 gestellt worden, so beginnt das Prüfungsverfahren erst nach Erledigung des Antrags nach § 43. [2]Hat ein Dritter den Antrag nach Absatz 1 gestellt, so wird der Eingang des Antrags dem Anmelder mitgeteilt. [3]Im Übrigen ist § 43 Absatz 2 Satz 2 und 3, Absatz 3 und 5 entsprechend anzuwenden.

(4) [1]Erweist sich ein von einem Dritten gestellter Antrag nach der Mitteilung an den Anmelder (Absatz 3 Satz 2) als unwirksam, so teilt das Patentamt dies außer dem Dritten auch dem Anmelder mit. [2]Im Fall der Unwirksamkeit des von einem Dritten gestellten Antrags kann der Anmelder noch bis zum Ablauf von drei Monaten nach der Zustellung der Mitteilung, sofern diese Frist später als die in Absatz 2 bezeichnete Frist abläuft, selbst einen Antrag stellen. [3]Stellt er den Antrag nicht, wird im Patent-

---

[52] § 44 neu gef. mWv 1.4.2014 durch G v. 19.10.2013 (BGBl. I S. 3830).

blatt unter Hinweis auf die Veröffentlichung des von dem Dritten gestellten Antrags veröffentlicht, dass dieser Antrag unwirksam ist.

(5) [1]Das Prüfungsverfahren wird auch dann fortgesetzt, wenn der Antrag auf Prüfung zurückgenommen wird. [2]Im Fall des Absatzes 4 Satz 2 wird das Verfahren in dem Zustand fortgesetzt, in dem es sich im Zeitpunkt des vom Anmelder gestellten Antrags auf Prüfung befindet.

§ 45[53] [Beseitigung von Mängeln]

(1) [1]Genügt die Anmeldung den Anforderungen der §§ 34, 37 und 38 nicht oder sind die Anforderungen des § 36 offensichtlich nicht erfüllt, so fordert die Prüfungsstelle den Anmelder auf, die Mängel innerhalb einer bestimmten Frist zu beseitigen. [2]Satz 1 gilt nicht für Mängel, die sich auf die Zusammenfassung beziehen, wenn die Zusammenfassung bereits veröffentlicht worden ist.

(2) Kommt die Prüfungsstelle zu dem Ergebnis, daß eine nach den §§ 1 bis 5 patentfähige Erfindung nicht vorliegt, so benachrichtigt sie den Patentsucher hiervon unter Angabe der Gründe und fordert ihn auf, sich innerhalb einer bestimmten Frist zu äußern.

§ 46[54] [Anhörungen und Vernehmungen]

(1) [1]Die Prüfungsstelle kann jederzeit die Beteiligten laden und anhören, Zeugen, Sachverständige und Beteiligte eidlich oder uneidlich vernehmen sowie andere zur Aufklärung der Sache erforderliche Ermittlungen anstellen. [2]Bis zum Beschluß über die Erteilung ist der Anmelder auf Antrag zu hören. [3]Der Antrag ist schriftlich einzureichen. [4]Wird der Antrag nicht in der vorgeschriebenen Form eingereicht, so weist sie den Antrag zurück. [5]Der Beschluß, durch den der Antrag zurückgewiesen wird, ist selbständig nicht anfechtbar.

(2) [1]Über die Anhörungen und Vernehmungen ist eine Niederschrift zu fertigen, die den wesentlichen Gang der Verhandlung wiedergeben und die rechtserheblichen Erklärungen der Beteiligten enthalten soll. [2]Die §§ 160a, 162 und 163 der Zivilprozeßordnung sind entsprechend anzuwenden. [3]Die Beteiligten erhalten eine Abschrift der Niederschrift.

§ 47[55] [Form der Beschlüsse der Prüfungsstelle]

(1) [1]Die Beschlüsse der Prüfungsstelle sind zu begründen, schriftlich auszufertigen und den Beteiligten von Amts wegen zuzustellen. [2]Am Ende einer Anhörung können

---

[53] § 45 Abs. 1 Satz 1 geänd., Satz 2 aufgeh. durch G v. 16.7.1998 (BGBl. I S. 1827).

[54] § 46 Abs. 1 Sätze 2 und 4 geänd. mWv 1.4.2014 durch G v. 19.10.2013 (BGBl. I S. 3830).

[55] § 47 Abs. 2 Satz 1 geänd. mWv 1.1.2002 durch G v. 13.12.2001 (BGBl. I S. 3656); § 47 Abs. 1 und Abs. 2 neu gef. mWv 1.10.2016 durch G v. 4.4.2016 (BGBl. I S. 558):

(1) [1]Die Beschlüsse der Prüfungsstelle sind zu begründen und den Beteiligten von Amts wegen in Abschrift zuzustellen; eine Beglaubigung der Abschrift ist nicht erforderlich. [2]Ausfertigungen werden nur auf Antrag eines Beteiligten und nur in Papierform erteilt. [3]Am Ende einer Anhörung können die Beschlüsse auch verkündet werden; die Sätze 1 und 2 bleiben unberührt. [4]Einer Begründung bedarf es nicht, wenn am Verfahren nur der Anmelder beteiligt ist und seinem Antrag stattgegeben wird.

(2) [1]Mit Zustellung des Beschlusses sind die Beteiligten über die Beschwerde, die gegen den Beschluss gegeben ist, über die Stelle, bei der die Beschwerde einzulegen ist, über die Beschwerdefrist und über die Beschwerdegebühr zu belehren. [2]Die Frist für die Beschwerde (§ 73 Abs. 2) beginnt nur zu laufen, wenn die Beteiligten nach Satz 1 belehrt worden sind. [3]Ist die Belehrung unterblieben oder unrichtig erteilt, so ist die Einlegung der Beschwerde nur innerhalb eines Jahres

sie auch verkündet werden; Satz 1 bleibt unberührt. [3]Einer Begründung bedarf es nicht, wenn am Verfahren nur der Anmelder beteiligt ist und seinem Antrag stattgegeben wird.

(2) [1]Der schriftlichen Ausfertigung ist eine Erklärung beizufügen, durch welche die Beteiligten über die Beschwerde, die gegen den Beschluß gegeben ist, über die Stelle, bei der die Beschwerde einzulegen ist, über die Beschwerdefrist und über die Beschwerdegebühr belehrt werden. [2]Die Frist für die Beschwerde (§ 73 Abs. 2) beginnt nur zu laufen, wenn die Beteiligten schriftlich belehrt worden sind. [3]Ist die Belehrung unterblieben oder unrichtig erteilt, so ist die Einlegung der Beschwerde nur innerhalb eines Jahres seit Zustellung des Beschlusses zulässig, außer wenn eine schriftliche Belehrung dahin erfolgt ist, daß eine Beschwerde nicht gegeben sei; § 123 ist entsprechend anzuwenden.

§ 48[56] [Zurückweisung der Anmeldung]

[1]Die Prüfungsstelle weist die Anmeldung zurück, wenn die nach § 45 Abs. 1 gerügten Mängel nicht beseitigt werden oder wenn die Prüfung ergibt, daß eine nach den §§ 1 bis 5 patentfähige Erfindung nicht vorliegt. [2]§ 42 Abs. 3 Satz 2 ist anzuwenden.

§ 49[57] [Beschluß der Erteilung des Patents]

(1) Genügt die Anmeldung den Anforderungen der §§ 34, 37 und 38, sind nach § 45 Abs. 1 gerügte Mängel der Zusammenfassung beseitigt und ist der Gegenstand der Anmeldung nach den §§ 1 bis 5 patentfähig, so beschließt die Prüfungsstelle die Erteilung des Patents.

(2) Der Erteilungsbeschluß wird auf Antrag des Anmelders bis zum Ablauf einer Frist von fünfzehn Monaten ausgesetzt, die mit dem Tag der Einreichung der Anmeldung beim Patentamt oder, falls für die Anmeldung ein früherer Zeitpunkt als maßgebend in Anspruch genommen wird, mit diesem Zeitpunkt beginnt.

§ 49a[58] [Erteilung des ergänzenden Schutzzertifikats, Anmeldungszurückweisung, Gebühr]

(1) Beantragt der als Patentinhaber Eingetragene einen ergänzenden Schutz, so prüft die Patentabteilung, ob die Anmeldung der entsprechenden Verordnung der Europäischen Gemeinschaften sowie dem Absatz 5 und dem § 16a entspricht.

(2) [1]Genügt die Anmeldung diesen Voraussetzungen, so erteilt die Patentabteilung das ergänzende Schutzzertifikat für die Dauer seiner Laufzeit. [2]Andernfalls fordert sie den Anmelder auf, etwaige Mängel innerhalb einer von ihr festzusetzenden, mindestens zwei Monate betragenden Frist zu beheben. [3]Werden die Mängel nicht behoben, so weist sie die Anmeldung durch Beschluß zurück.

---

seit Zustellung des Beschlusses zulässig, außer wenn eine schriftliche Belehrung dahin erfolgt ist, daß eine Beschwerde nicht gegeben sei; § 123 ist entsprechend anzuwenden.

[56] § 48 Satz 1 geänd. durch G v. 16.7.1998 (BGBl. I S. 1827).

[57] § 49 Abs. 1 geänd. durch G v. 16.7.1998 (BGBl. I S. 1827).

[58] § 49a eingef. durch G v. 23.3.1993 (BGBl. I S. 366); Abs. 3 Satz 1 geänd. durch G v. 16.7.1998 (BGBl I S. 1827); Abs. 3 Satz 1 neu gef., Abs. 4 aufgeh. mWv 1.1.2002 durch G v. 13.12.2001 (BGBl. I S. 3656); Abs. 1 geänd. mWv 30.11.2007 durch G v. 23.11.2007 (BGBl. I S. 2614); Abs. 1 geänd., Abs. 3 und 4 eingef., bish. Abs. 3 wird Abs. 5 mWv 1.10.2009 durch G v. 31.7.2009 (BGBl. I S. 2521).

(3) Soweit eine Verordnung der Europäischen Gemeinschaften die Verlängerung der Laufzeit eines ergänzenden Schutzzertifikats vorsieht, gelten die Absätze 1 und 2 entsprechend.

(4) Die Patentabteilung entscheidet durch Beschluss über die in Verordnungen der Europäischen Gemeinschaften vorgesehenen Anträge,
1. die Laufzeit eines ergänzenden Schutzzertifikats zu berichtigen, wenn der in der Zertifikatsanmeldung enthaltene Zeitpunkt der ersten Genehmigung für das Inverkehrbringen unrichtig ist;
2. die Verlängerung der Laufzeit eines ergänzenden Schutzzertifikats zu widerrufen.

(5) [1]§ 34 Abs. 6 ist anwendbar. [2]Die §§ 46 und 47 sind auf das Verfahren vor der Patentabteilung anzuwenden.

§ 50[59] [Geheimpatente]

(1) [1]Wird ein Patent für eine Erfindung nachgesucht, die ein Staatsgeheimnis (§ 93 des Strafgesetzbuches) ist, so ordnet die Prüfungsstelle von Amts wegen an, daß jede Veröffentlichung unterbleibt. [2]Die zuständige oberste Bundesbehörde ist vor der Anordnung zu hören. [3]Sie kann den Erlaß einer Anordnung beantragen.

(2) [1]Die Prüfungsstelle hebt von Amts wegen oder auf Antrag der zuständigen obersten Bundesbehörde, des Anmelders oder des Patentinhabers eine Anordnung nach Absatz 1 auf, wenn deren Voraussetzungen entfallen sind. [2]Die Prüfungsstelle prüft in jährlichen Abständen, ob die Voraussetzungen der Anordnung nach Absatz 1 fortbestehen. [3]Vor der Aufhebung einer Anordnung nach Absatz 1 ist die zuständige oberste Bundesbehörde zu hören.

(3) Die Prüfungsstelle gibt den Beteiligten Nachricht, wenn gegen einen Beschluß der Prüfungsstelle, durch den ein Antrag auf Erlaß einer Anordnung nach Absatz 1 zurückgewiesen oder eine Anordnung nach Absatz 1 aufgehoben worden ist, innerhalb der Beschwerdefrist (§ 73 Abs. 2) keine Beschwerde eingegangen ist.

(4) Die Absätze 1 bis 3 sind auf eine Erfindung entsprechend anzuwenden, die von einem fremden Staat aus Verteidigungsgründen geheimgehalten und der Bundesregierung mit deren Zustimmung unter der Auflage anvertraut wird, die Geheimhaltung zu wahren.

§ 51 [Akteneinsicht]

Das Patentamt hat der zuständigen obersten Bundesbehörde zur Prüfung der Frage, ob jede Veröffentlichung gemäß § 50 Abs. 1 zu unterbleiben hat oder ob eine gemäß § 50 Abs. 1 ergangene Anordnung aufzuheben ist, Einsicht in die Akten zu gewähren.

§ 52 [Anmeldung außerhalb der Bundesrepublik]

(1) [1]Eine Patentanmeldung, die ein Staatsgeheimnis (§ 93 des Strafgesetzbuches) enthält, darf außerhalb des Geltungsbereichs dieses Gesetzes nur eingereicht werden, wenn die zuständige oberste Bundesbehörde hierzu die schriftliche Genehmigung erteilt. [2]Die Genehmigung kann unter Auflagen erteilt werden.

(2) Mit Freiheitsstrafe bis zu fünf Jahren oder mit Geldstrafe wird bestraft, wer
1. entgegen Absatz 1 Satz 1 eine Patentanmeldung einreicht oder
2. einer Auflage nach Absatz 1 Satz 2 zuwiderhandelt.

---

[59] Siehe Übereinkommen über die wechselseitige Geheimbehandlung.

§ 53 [Keine Anordnung über Geheimhaltung]

(1) Wird dem Anmelder innerhalb von vier Monaten seit der Anmeldung der Erfindung beim Patentamt keine Anordnung nach § 50 Abs. 1 zugestellt, so können der Anmelder und jeder andere, der von der Erfindung Kenntnis hat, sofern sie im Zweifel darüber sind, ob die Geheimhaltung der Erfindung erforderlich ist (§ 93 des Strafgesetzbuches), davon ausgehen, daß die Erfindung nicht der Geheimhaltung bedarf.

(2) Kann die Prüfung, ob jede Veröffentlichung gemäß § 50 Abs. 1 zu unterbleiben hat, nicht innerhalb der in Absatz 1 genannten Frist abgeschlossen werden, so kann das Patentamt diese Frist durch eine Mitteilung, die dem Anmelder innerhalb der in Absatz 1 genannten Frist zuzustellen ist, um höchstens zwei Monate verlängern.

§ 54[60] [Erteilung eines Geheimpatents]

[1]Ist auf eine Anmeldung, für die eine Anordnung nach § 50 Abs. 1 ergangen ist, ein Patent erteilt worden, so ist das Patent in ein besonderes Register einzutragen. [2]Auf die Einsicht in das besondere Register ist § 31 Abs. 5 Satz 1 entsprechend anzuwenden.

§ 55 [Entschädigung für Unterlassung der Verwertung]

(1) [1]Ein Anmelder, Patentinhaber oder sein Rechtsnachfolger, der die Verwertung einer nach den §§ 1 bis 5 patentfähigen Erfindung für friedliche Zwecke mit Rücksicht auf eine Anordnung nach § 50 Abs. 1 unterläßt, hat wegen des ihm hierdurch entstehenden Vermögensschadens einen Anspruch auf Entschädigung gegen den Bund, wenn und soweit ihm nicht zugemutet werden kann, den Schaden selbst zu tragen. [2]Bei Beurteilung der Zumutbarkeit sind insbesondere die wirtschaftliche Lage des Geschädigten, die Höhe seiner für die Erfindung oder für den Erwerb der Rechte an der Erfindung gemachten Aufwendungen, der bei Entstehung der Aufwendungen für ihn erkennbare Grad der Wahrscheinlichkeit einer Geheimhaltungsbedürftigkeit der Erfindung sowie der Nutzen zu berücksichtigen, der dem Geschädigten aus einer sonstigen Verwertung der Erfindung zufließt. [3]Der Anspruch kann erst nach der Erteilung des Patents geltend gemacht werden. [4]Die Entschädigung kann nur jeweils nachträglich und für Zeitabschnitte, die nicht kürzer als ein Jahr sind, verlangt werden.

(2) [1]Der Anspruch ist bei der zuständigen obersten Bundesbehörde geltend zu machen. [2]Der Rechtsweg vor den ordentlichen Gerichten steht offen.

(3) Eine Entschädigung gemäß Absatz 1 wird nur gewährt, wenn die erste Anmeldung der Erfindung beim Patentamt eingereicht und die Erfindung nicht schon vor dem Erlaß einer Anordnung nach § 50 Abs. 1 von einem fremden Staat aus Verteidigungsgründen geheimgehalten worden ist.

§ 56 [Bestimmung der zuständigen obersten Bundesbehörde]

Die Bundesregierung wird ermächtigt, die zuständige oberste Bundesbehörde im Sinne des § 31 Abs. 5 und der §§ 50 bis 55 und 74 Abs. 2 durch Rechtsverordnung[61] zu bestimmen.

§ 57[62] *[aufgehoben]*

---

[60] § 54 Satz 1 und 2 geänd. mWv 1.1.2002 durch G v. 13.12.2001 (BGBl. I S. 3656).

[61] Siehe Verordnung zur Ausführung des § 56 des Patentgesetzes und des § 9 des Gebrauchsmustergesetzes PatG/GebrMGAV v. 24.5.1961 (BGBl. I S. 595).

[62] § 57 aufgeh. mWv 1.1.2002 durch G v. 13.12.2001 (BGBl. I S. 3656).

§ 58[63] [Veröffentlichung der Patenterteilung]

(1) [1]Die Erteilung des Patents wird im Patentblatt veröffentlicht. [2]Gleichzeitig wird die Patentschrift veröffentlicht. [3]Mit der Veröffentlichung im Patentblatt treten die gesetzlichen Wirkungen des Patents ein.

(2) Wird die Anmeldung nach der Veröffentlichung des Hinweises auf die Möglichkeit der Einsicht in die Akten (§ 32 Abs. 5) zurückgenommen oder zurückgewiesen oder gilt sie als zurückgenommen, so gilt die Wirkung nach § 33 Abs. 1 als nicht eingetreten.

(3) Wird bis zum Ablauf der in § 44 Abs. 2 bezeichneten Frist ein Antrag auf Prüfung nicht gestellt oder wird eine für die Anmeldung zu entrichtende Jahresgebühr nicht rechtzeitig entrichtet (§ 7 Abs. 1 des Patentkostengesetzes), so gilt die Anmeldung als zurückgenommen.

§ 59[64] [Einspruch]

(1) [1]Innerhalb von neun Monaten nach der Veröffentlichung der Erteilung kann jeder, im Falle der widerrechtlichen Entnahme nur der Verletzte, gegen das Patent Einspruch erheben. [2]Der Einspruch ist schriftlich zu erklären und zu begründen. [3]Er kann nur auf die Behauptung gestützt werden, daß einer der in § 21 genannten Widerrufsgründe vorliege. [4]Die Tatsachen, die den Einspruch rechtfertigen, sind im einzelnen anzugeben. [5]Die Angaben müssen, soweit sie nicht schon in der Einspruchsschrift enthalten sind, bis zum Ablauf der Einspruchsfrist schriftlich nachgereicht werden.

(2) [1]Ist gegen ein Patent Einspruch erhoben worden, so kann jeder Dritte, der nachweist, daß gegen ihn Klage wegen Verletzung des Patents erhoben worden ist, nach Ablauf der Einspruchsfrist dem Einspruchsverfahren als Einsprechender beitreten, wenn er den Beitritt innerhalb von drei Monaten nach dem Tag erklärt, an dem die Verletzungsklage erhoben worden ist. [2]Das gleiche gilt für jeden Dritten, der nachweist, daß er nach einer Aufforderung des Patentinhabers, eine angebliche Patentverletzung zu unterlassen, gegen diesen Klage auf Feststellung erhoben hat, daß er das Patent nicht verletze. [3]Der Beitritt ist schriftlich zu erklären und bis zum Ablauf der in Satz 1 genannten Frist zu begründen. [4]Absatz 1 Satz 3 bis 5 ist entsprechend anzuwenden.

(3) [1]Eine Anhörung findet im Einspruchsverfahren statt, wenn ein Beteiligter dies beantragt oder die Patentabteilung dies für sachdienlich erachtet. [2]Mit der Ladung soll die Patentabteilung auf die Punkte hinweisen, die sie für die zu treffende Entscheidung als erörterungsbedürftig ansieht. [3]Die Anhörung einschließlich der Verkündung der Entscheidung ist öffentlich. [4]§ 169 Satz 2 sowie die §§ 171b bis 175 des Gerichtsverfassungsgesetzes sind entsprechend anzuwenden mit der Maßgabe, dass die Öffentlichkeit von der Anhörung auf Antrag eines Beteiligten auch dann ausgeschlossen werden kann, wenn sie eine Gefährdung schutzwürdiger Interessen des Antragstellers besorgen lässt.

(4) Der Vorsitzende der Patentabteilung sorgt für die Aufrechterhaltung der Ordnung in der Anhörung und übt insoweit das Hausrecht aus.

(5) Im Übrigen sind § 43 Absatz 3 Satz 2 und die §§ 46 und 47 im Einspruchsverfahren entsprechend anzuwenden.

---

[63] § 58 Abs. 3 geänd. mWv 1.1.2002 durch G v. 13.12.2001 (BGBl. I S. 3656).

[64] § 59 Abs. 3 neu gef., Abs. 4 angef. mWv 1.7.2006 durch G v. 21.6.2006 (BGBl. I S. 1318); Abs. 1 Satz 1 geänd., Abs. 3 Sätze 3 und 4 angef., Abs. 4 eingef., bish. Abs. 4 wird Abs. 5 und geänd. mWv 1.4.2014 durch G v. 19.10.2013 (BGBl. I S. 3830).

§ 60[65] *[aufgehoben]*

§ 61[66] [Aufrechterhaltung oder Widerruf des Patents]

(1) [1]Die Patentabteilung entscheidet durch Beschluß, ob und in welchem Umfang das Patent aufrechterhalten oder widerrufen wird. [2]Das Verfahren wird von Amts wegen ohne den Einsprechenden fortgesetzt, wenn der Einspruch zurückgenommen wird.

(2) [1]Abweichend von Absatz 1 entscheidet der Beschwerdesenat des Bundespatentgerichts,

1. wenn ein Beteiligter dies beantragt und kein anderer Beteiligter innerhalb von zwei Monaten nach Zustellung des Antrags widerspricht, oder
2. auf Antrag nur eines Beteiligten, wenn mindestens 15 Monate seit Ablauf der Einspruchsfrist, im Fall des Antrags eines Beigetretenen seit Erklärung des Beitritts, vergangen sind.

[2]Dies gilt nicht, wenn die Patentabteilung eine Ladung zur Anhörung oder die Entscheidung über den Einspruch innerhalb von drei Monaten nach Zugang des Antrags auf patentgerichtliche Entscheidung zugestellt hat. [3]Im Übrigen sind die §§ 59 bis 62, 69 bis 71 und 86 bis 99 entsprechend anzuwenden.

(3) Wird das Patent widerrufen oder nur beschränkt aufrechterhalten, so wird dies im Patentblatt veröffentlicht.

(4) [1]Wird das Patent beschränkt aufrechterhalten, so ist die Patentschrift entsprechend zu ändern. [2]Die Änderung der Patentschrift ist zu veröffentlichen.

§ 62[67] [Kosten des Einspruchsverfahrens]

(1) [1]In dem Beschluß nach § 61 Abs. 1 kann die Patentabteilung nach billigem Ermessen bestimmen, inwieweit einem Beteiligten die durch eine Anhörung oder eine Beweisaufnahme verursachten Kosten zur Last fallen. [2]Die Bestimmung kann auch getroffen werden, wenn ganz oder teilweise der Einspruch zurückgenommen oder auf das Patent verzichtet wird. [3]Die Patentabteilung kann anordnen, dass die Einspruchsgebühr nach dem Patentkostengesetz ganz oder teilweise zurückgezahlt wird, wenn es der Billigkeit entspricht.

(2) [1]Zu den Kosten gehören außer den Auslagen des Patentamts auch die den Beteiligten erwachsenen Kosten, soweit sie zur zweckentsprechenden Wahrung der Ansprüche und Rechte notwendig waren. [2]Der Betrag der zu erstattenden Kosten wird auf Antrag durch das Patentamt festgesetzt. [3]Die Vorschriften der Zivilprozessordnung über das Kostenfestsetzungsverfahren (§§ 103 bis 107) und die Zwangsvollstreckung aus Kostenfestsetzungsbeschlüssen (§§ 724 bis 802) sind entsprechend anzuwenden. [4]An die Stelle der Erinnerung tritt die Beschwerde gegen den Kostenfestsetzungsbeschluß; § 73 ist mit der Maßgabe anzuwenden, daß die Beschwerde innerhalb von zwei Wochen einzulegen ist. [5]Die vollstreckbare Ausfertigung wird vom Urkundsbeamten der Geschäftsstelle des Patentgerichts erteilt.

---

[65] § 60 aufgeh. mWv 1.7.2006 durch G v. 21.6.2006 (BGBl. I S. 1318).

[66] § 61 Abs. 2 eingef., bish. Abs. 2 und 3 werden Abs. 3 und 4 mWv 1.7.2006 durch G v. 21.6.2006 (BGBl. I S. 1318).

[67] 62 Abs. 2 Satz 1 geänd. durch G v. 16.7.1998 (BGBl I S. 1827); Abs. 1 Satz 3 angef. mWv 1.1.2002 durch G v. 13.12.2001 (BGBl I S. 3656); Abs. 1 Satz 1 geänd., Abs. 2 Satz 3 neu gef. mWv 1.7.2006 durch G v. 21.6.2006 (BGBl. I S. 1318).

§ 63[68] [Nennung des Erfinders]

(1) [1]Auf der Offenlegungsschrift (§ 32 Abs. 2), auf der Patentschrift (§ 32 Abs. 3) sowie in der Veröffentlichung der Erteilung des Patents (§ 58 Abs. 1) ist der Erfinder zu nennen, sofern er bereits benannt worden ist. [2]Die Nennung ist im Register (§ 30 Abs. 1) zu vermerken. [3]Sie unterbleibt, wenn der vom Anmelder angegebene Erfinder es beantragt. [4]Der Antrag kann jederzeit widerrufen werden; im Falle des Widerrufs wird die Nennung nachträglich vorgenommen. [5]Ein Verzicht des Erfinders auf Nennung ist ohne rechtliche Wirksamkeit.

(2) [1]Ist die Person des Erfinders unrichtig oder im Falle des Absatzes 1 Satz 3 überhaupt nicht angegeben, so sind der Patentsucher oder Patentinhaber sowie der zu Unrecht Benannte dem Erfinder verpflichtet, dem Patentamt gegenüber die Zustimmung dazu zu erklären, daß die in Absatz 1 Satz 1 und 2 vorgesehene Nennung berichtigt oder nachgeholt wird. [2]Die Zustimmung ist unwiderruflich. [3]Durch die Erhebung einer Klage auf Erklärung der Zustimmung wird das Verfahren zur Erteilung des Patents nicht aufgehalten.

(3) Auf amtlichen Druckschriften, die bereits veröffentlicht sind, wird die nachträgliche Nennung des Erfinders (Absatz 1 Satz 4, Absatz 2) oder die Berichtigung (Absatz 2) nicht vorgenommen.

(4) [1]Das Bundesministerium der Justiz und für Verbraucherschutz wird ermächtigt, durch Rechtsverordnung[69] Bestimmungen zur Ausführung der vorstehenden Vorschriften zu erlassen. [2]Es kann diese Ermächtigung durch Rechtsverordnung auf das Deutsche Patent- und Markenamt übertragen.

§ 64[70] [Beschränkung des Patents]

(1) Das Patent kann auf Antrag des Patentinhabers widerrufen oder durch Änderung der Patentansprüche mit rückwirkender Kraft beschränkt werden.

(2) Der Antrag ist schriftlich einzureichen und zu begründen.

(3) [1]Über den Antrag entscheidet die Patentabteilung. [2]§ 44 Abs. 1 und die §§ 45 bis 48 sind entsprechend anzuwenden. [3]Wird das Patent widerrufen, so wird dies im Patentblatt veröffentlicht. [4]Wird das Patent beschränkt, ist in dem Beschluss, durch den dem Antrag stattgegeben wird, die Patentschrift der Beschränkung anzupassen; die Änderung der Patentschrift ist zu veröffentlichen.

Vierter Abschnitt Patentgericht

§ 65[71] [Errichtung; Zuständigkeit; Besetzung]

(1) [1]Für die Entscheidungen über Beschwerden gegen Beschlüsse der Prüfungsstellen oder Patentabteilungen des Patentamts sowie über Klagen auf Erklärung der Nichtigkeit von Patenten und in Zwangslizenzverfahren (§§ 81, 85 und 85a) wird

---

[68] § 63 Abs. 1 Satz 2, Abs. 4 Sätze 1 und 2 geänd. mWv 1.1.2002 durch G v. 13.12.2001 (BGBl I S. 3656); Abs. 4 Satz 1 geänd. mWv 8.9.2015 durch VO v. 31.8.2015 (BGBl. I S. 1474).

[69] Siehe die VO über das Deutsche Patent- und Markenamt.

[70] § 64 Abs. 2 Satz 2 aufgeh. mWv 1.1.2002 durch G v. 13.12.2001 (BGBl. I S. 3656); Abs. 1 geänd., Abs. 3 Sätze 3 und 4 neu gef. mWv 13.12.2007 durch G v. 24.8.2007 (BGBl. I S. 2166).

[71] § 65 Abs. 1 Sat 1 neu gef. durch G v. 16.7. 1998 (BGBl. I S. 1827); Abs. 2 Satz 3 geänd. mWv 30.11.2007 durch G v. 23.11.2007 (BGBl. I S. 2614); Abs. 1 Satz 1 geänd. mWv 1.10.2009 durch G v. 31.7.2009 (BGBl. I S. 2521).

das Patentgericht als selbständiges und unabhängiges Bundesgericht errichtet. [2]Es hat seinen Sitz am Sitz des Patentamts. [3]Es führt die Bezeichnung „Bundespatentgericht".

(2) [1]Das Patentgericht besteht aus einem Präsidenten, den Vorsitzenden Richtern und weiteren Richtern. [2]Sie müssen die Befähigung zum Richteramt nach dem Deutschen Richtergesetz besitzen (rechtskundige Mitglieder) oder in einem Zweig der Technik sachverständig sein (technische Mitglieder). [3]Für die technischen Mitglieder gilt § 26 Abs. 3 entsprechend mit der Maßgabe, daß sie eine staatliche oder akademische Abschlußprüfung bestanden haben müssen.

(3) Die Richter werden vom Bundespräsidenten auf Lebenszeit ernannt, soweit nicht in § 71 Abweichendes bestimmt ist.

(4) Der Präsident des Patentgerichts übt die Dienstaufsicht über die Richter, Beamte, Angestellten und Arbeiter aus.

§ 66[72] [Beschwerdesenate; Nichtigkeitssenate]

(1) Im Patentgericht werden gebildet
1. Senate für die Entscheidung über Beschwerden (Beschwerdesenate);
2. Senate für die Entscheidung über Klagen auf Erklärung der Nichtigkeit von Patenten und in Zwangslizenzverfahren (Nichtigkeitssenate).

(2) Die Zahl der Senate bestimmt der Bundesminister der Justiz und für Verbraucherschutz.

§ 67[73] [Besetzung der Senate]

(1) Der Beschwerdesenat entscheidet in der Besetzung mit
1. einem rechtskundigen Mitglied als Vorsitzendem und zwei technischen Mitgliedern in den Fällen des § 23 Abs. 4 und des § 50 Abs. 1 und 2;
2. einem technischen Mitglied als Vorsitzendem, zwei weiteren technischen Mitgliedern sowie einem rechtskundigen Mitglied in den Fällen,
   a) in denen die Anmeldung zurückgewiesen wurde,
   b) in denen der Einspruch als unzulässig verworfen wurde,
   c) des § 61 Abs. 1 Satz 1 und des § 64 Abs. 1,
   d) des § 61 Abs. 2 sowie
   e) der §§ 130, 131 und 133;
3. einem rechtskundigen Mitglied als Vorsitzendem, einem weiteren rechtskundigen Mitglied und einem technischen Mitglied in den Fällen des § 31 Abs. 5;
4. drei rechtskundigen Mitgliedern in allen übrigen Fällen.

(2) Der Nichtigkeitssenat entscheidet in den Fällen der §§ 84 und 85 Abs. 3 in der Besetzung mit einem rechtskundigen Mitglied als Vorsitzendem, einem weiteren rechtskundigen Mitglied und drei technischen Mitgliedern, im übrigen in der Besetzung mit drei Richtern, unter denen sich ein rechtskundiges Mitglied befinden muß.

§ 68[74] [Geschäftsverteilung; Präsidium; Vertreter des Präsidenten]

Für das Patentgericht gelten die Vorschriften des Zweiten Titels des Gerichtsverfassungsgesetzes[75] nach folgender Maßgabe entsprechend:

---

[72] § 66 Abs. 1 Nr. 2 neu gef. durch G v. 16.7.1998 (BGBl. I S. 1827); Abs. 2 geänd. mWv 8.9.2015 durch VO v. 31.8.2015 (BGBl. I S. 1474).

[73] § 67 Abs. 1 neu gef. mWv 1.7.2006 durch G v. 21.6.2006 (BGBl. I S. 1318, ber. S. 2737).

[74] § 68 Nr. 1 geänd. durch G v. 22.12.1999 (BGBl. I S. 2598); Nr. 3 geänd. mWv 8.9.2015 durch VO v. 31.8.2015 (BGBl. I S. 1474).

[75] Siehe §§ 21a bis 21i GVG v. 9.5.1975 (BGBl. I S. 1077).

1. In den Fällen, in denen auf Grund des Wahlergebnisses ein rechtskundiger Richter dem Präsidium nicht angehören würde, gilt der rechtskundige Richter als gewählt, der von den rechtskundigen Mitgliedern die höchste Stimmenzahl erreicht hat.
2. Über die Wahlanfechtung (§ 21 b Abs. 6 des Gerichtsverfassungsgesetzes) entscheidet ein Senat des Patentgerichts in der Besetzung mit drei rechtskundigen Richtern.
3. Den ständigen Vertreter des Präsidenten ernennt der Bundesminister der Justiz und für Verbraucherschutz.

§ 69[76] [Öffentlichkeit der Verhandlungen; Sitzungspolizei]

(1) [1]Die Verhandlung vor den Beschwerdesenaten ist öffentlich, sofern ein Hinweis auf die Möglichkeit der Akteneinsicht nach § 32 Abs. 5 oder die Patentschrift nach § 58 Abs. 1 veröffentlicht worden ist. [2]Die §§ 171 b bis 175 des Gerichtsverfassungsgesetzes sind entsprechend anzuwenden mit der Maßgabe, daß
1. die Öffentlichkeit für die Verhandlung auf Antrag eines Beteiligten auch dann ausgeschlossen werden kann, wenn sie eine Gefährdung schutzwürdiger Interessen des Antragstellers besorgen läßt,
2. die Öffentlichkeit für die Verkündung der Beschlüsse bis zur Veröffentlichung eines Hinweises auf die Möglichkeit der Akteneinsicht nach § 32 Abs. 5 oder bis zur Veröffentlichung der Patentschrift nach § 58 Abs. 1 ausgeschlossen ist.

(2) [1]Die Verhandlung vor den Nichtigkeitssenaten einschließlich der Verkündung der Entscheidungen ist öffentlich. [2]Absatz 1 Satz 2 Nr. 1 gilt entsprechend.

(3) [1]Die Aufrechterhaltung der Ordnung in den Sitzungen der Senate obliegt dem Vorsitzenden. [2]Die §§ 177 bis 180, 182 und 183 des Gerichtsverfassungsgesetzes über die Sitzungspolizei gelten entsprechend.

§ 70 [Beratung und Abstimmung]

(1) [1]Für die Beschlußfassung in den Senaten bedarf es der Beratung und Abstimmung. [2]Hierbei darf nur die gesetzlich bestimmte Anzahl der Mitglieder der Senate mitwirken. [3]Bei der Beratung und Abstimmung dürfen außer den zur Entscheidung berufenen Mitgliedern der Senate nur die beim Patentgericht zur Ausbildung beschäftigten Personen zugegen sein, soweit der Vorsitzende deren Anwesenheit gestattet.

(2) Die Senate entscheiden nach Stimmenmehrheit; bei Stimmengleichheit gibt die Stimme des Vorsitzenden den Ausschlag.

(3) [1]Die Mitglieder der Senate stimmen nach dem Dienstalter, bei gleichem Dienstalter nach dem Lebensalter; der Jüngere stimmt vor dem Älteren. [2]Wenn ein Berichterstatter ernannt ist, so stimmt er zuerst. [3]Zuletzt stimmt der Vorsitzende.

§ 71 [Richter kraft Auftrags]

(1) [1]Beim Patentgericht können Richter kraft Auftrags verwendet werden. [2]§ 65 Abs. 2 Satz 3 ist anzuwenden.

(2) Richter kraft Auftrags und abgeordnete Richter können nicht den Vorsitz führen.

---

[76] § 69 Abs. 1 Satz 2 geänd. mWv 25.10.2013 durch G v. 19.10.2013 (BGBl. I S. 3830).

§ 72[77] [Geschäftsstelle]

[1]Beim Patentgericht wird eine Geschäftsstelle eingerichtet, die mit der erforderlichen Anzahl von Urkundsbeamten besetzt wird. [2]Die Einrichtung der Geschäftsstelle bestimmt der Bundesminister der Justiz und für Verbraucherschutz.[78]

Fünfter Abschnitt Verfahren vor dem Patentgericht

1. Beschwerdeverfahren

§ 73[79] [Zulässigkeit; Form; Frist; Gebühren]

(1) Gegen die Beschlüsse der Prüfungsstellen und Patentabteilungen findet die Beschwerde statt.

(2) [1]Die Beschwerde ist innerhalb eines Monats nach Zustellung schriftlich beim Patentamt einzulegen. [2]Der Beschwerde und allen Schriftsätzen sollen Abschriften für die übrigen Beteiligten beigefügt werden. [3]Die Beschwerde und alle Schriftsätze, die Sachanträge oder die Erklärung der Zurücknahme der Beschwerde oder eines Antrags enthalten, sind den übrigen Beteiligten von Amts wegen zuzustellen; andere Schriftsätze sind ihnen formlos mitzuteilen, sofern nicht die Zustellung angeordnet wird.

(3) [1]Erachtet die Stelle, deren Beschluß angefochten wird, die Beschwerde für begründet, so hat sie ihr abzuhelfen. [2]Sie kann anordnen, daß die Beschwerdegebühr nach dem Patentkostengesetz zurückgezahlt wird. [3]Wird der Beschwerde nicht abgeholfen, so ist sie vor Ablauf von einem Monat ohne sachliche Stellungnahme dem Patentgericht vorzulegen.

(4) Steht dem Beschwerdeführer ein anderer an dem Verfahren Beteiligter gegenüber, so gilt die Vorschrift des Absatzes 3 Satz 1 nicht.

§ 74 [Beschwerdeberechtigte]

(1) Die Beschwerde steht den am Verfahren vor dem Patentamt Beteiligten zu.

(2) In den Fällen des § 31 Abs. 5 und des § 50 Abs. 1 und 2 steht die Beschwerde auch der zuständigen obersten Bundesbehörde zu.

§ 75 [Aufschiebende Wirkung]

(1) Die Beschwerde hat aufschiebende Wirkung.

(2) Die Beschwerde hat jedoch keine aufschiebende Wirkung, wenn sie sich gegen einen Beschluß der Prüfungsstelle richtet, durch den eine Anordnung nach § 50 Abs. 1 erlassen worden ist.

§ 76 [Befugnisse des Präsidenten des Patentamts]

[1]Der Präsident des Patentamts kann, wenn er dies zur Wahrung des öffentlichen Interesses als angemessen erachtet, im Beschwerdeverfahren dem Patentgericht ge-

---

[77] § 72 Satz 2 geänd. mWv 8.9.2015 durch VO v. 31.8.2015 (BGBl. I S. 1474).

[78] Siehe Anordnung über die Einrichtung der Geschäftsstelle bei dem Bundespatentgericht.

[79] § 73 Abs. 4 Satz 3 geänd. durch G v. 16.7.1998 (BGBl. I S. 1827); Abs. 3 aufgeh., bish. Abs. 4 und 5 werden Abs. 3 und 4, neuer Abs. 3 Satz 2, neuer Abs. 4 geänd. mWv 1.1.2002 durch G v. 13.12.2001 (BGBl. I S. 3656).

genüber schriftliche Erklärungen abgeben, den Terminen beiwohnen und in ihnen Ausführungen machen. [2]Schriftliche Erklärungen des Präsidenten des Patentamts sind den Beteiligten von dem Patentgericht mitzuteilen.

§ 77 [Beitritt des Präsidenten des Patentamts]

[1]Das Patentgericht kann, wenn es dies wegen einer Rechtsfrage von grundsätzlicher Bedeutung als angemessen erachtet, dem Präsidenten des Patentamts anheimgeben, dem Beschwerdeverfahren beizutreten. [2]Mit dem Eingang der Beitrittserklärung erlangt der Präsident des Patentamts die Stellung eines Beteiligten.

§ 78 [Mündliche Verhandlung]

Eine mündliche Verhandlung findet statt, wenn
1. einer der Beteiligten sie beantragt,
2. vor dem Patentgericht Beweis erhoben wird (§ 88 Abs. 1) oder
3. das Patentgericht sie für sachdienlich erachtet.

§ 79 [Beschwerdeentscheidung]

(1) Über die Beschwerde wird durch Beschluß entschieden.

(2) [1]Ist die Beschwerde nicht statthaft oder nicht in der gesetzlichen Form und Frist eingelegt, so wird sie als unzulässig verworfen. [2]Der Beschluß kann ohne mündliche Verhandlung ergehen.

(3) Das Patentgericht kann die angefochtene Entscheidung aufheben, ohne in der Sache selbst zu entscheiden, wenn
1. das Patentamt noch nicht in der Sache selbst entschieden hat,
2. das Verfahren vor dem Patentamt an einem wesentlichen Mangel leidet,
3. neue Tatsachen oder Beweismittel bekannt werden, die für die Entscheidung wesentlich sind.

Das Patentamt hat die rechtliche Beurteilung, die der Aufhebung zugrunde liegt, auch seiner Entscheidung zugrunde zu legen.

§ 80[80] [Kostenentscheidung]

(1) [1]Sind an dem Verfahren mehrere Personen beteiligt, so kann das Patentgericht bestimmen, daß die Kosten des Verfahrens einem Beteiligten ganz oder teilweise zur Last fallen, wenn dies der Billigkeit entspricht. [2]Es kann insbesondere auch bestimmen, daß die den Beteiligten erwachsenen Kosten, soweit sie zur zweckentsprechenden Wahrung der Ansprüche und Rechte notwendig waren, von einem Beteiligten ganz oder teilweise zu erstatten sind.

(2) Dem Präsidenten des Patentamts können Kosten nur auferlegt werden, wenn er nach seinem Beitritt in dem Verfahren Anträge gestellt hat.

(3) Das Patentgericht kann anordnen, daß die Beschwerdegebühr nach dem Patentkostengesetz zurückgezahlt wird.

(4) Die Absätze 1 bis 3 sind auch anzuwenden, wenn ganz oder teilweise die Beschwerde, die Anmeldung oder der Einspruch zurückgenommen oder auf das Patent verzichtet wird.

---

[80] § 80 Abs. 1 Satz 2 geänd. durch G v. 16.7.1998 (BGBl. I S. 1827); Abs. 3 geänd. mWv 1.1.2002 durch G v. 13.12.2001 (BGBl. I S. 3656); Abs. 5 neu gef. mWv 1.7.2006 durch G v. 21.6.2006 (BGBl. I S. 1318).

(5) Im Übrigen sind die Vorschriften der Zivilprozessordnung über das Kostenfestsetzungsverfahren (§§ 103 bis 107) und die Zwangsvollstreckung aus Kostenfestsetzungsbeschlüssen (§§ 724 bis 802) entsprechend anzuwenden.

2. Nichtigkeits- und Zwangslizenzverfahren[81]

§ 81[82] [Klage]

(1) [1]Das Verfahren wegen Erklärung der Nichtigkeit des Patents oder des ergänzenden Schutzzertifikats oder wegen Erteilung oder Rücknahme der Zwangslizenz oder wegen der Anpassung der durch Urteil festgesetzten Vergütung für eine Zwangslizenz wird durch Klage eingeleitet. [2]Die Klage ist gegen den im Register als Patentinhaber Eingetragenen oder gegen den Inhaber der Zwangslizenz zu richten. [3]Die Klage gegen das ergänzende Schutzzertifikat kann mit der Klage gegen das zugrundeliegende Patent verbunden werden und auch darauf gestützt werden, daß ein Nichtigkeitsgrund (§ 22) gegen das zugrundeliegende Patent vorliegt.

(2) [1]Klage auf Erklärung der Nichtigkeit des Patents kann nicht erhoben werden, solange ein Einspruch noch erhoben werden kann oder ein Einspruchsverfahren anhängig ist. [2]Klage auf Erklärung der Nichtigkeit des ergänzenden Schutzzertifikats kann nicht erhoben werden, soweit Anträge nach § 49a Abs. 4 gestellt werden können oder Verfahren zur Entscheidung über diese Anträge anhängig sind.

(3) Im Falle der widerrechtlichen Entnahme ist nur der Verletzte zur Erhebung der Klage berechtigt.

(4) [1]Die Klage ist beim Patentgericht schriftlich zu erheben. [2]Der Klage und allen Schriftsätzen sollen Abschriften für die Gegenpartei beigefügt werden. [3]Die Klage und alle Schriftsätze sind der Gegenpartei von Amts wegen zuzustellen.

(5) [1]Die Klage muß den Kläger, den Beklagten und den Streitgegenstand bezeichnen und soll einen bestimmten Antrag enthalten. [2]Die zur Begründung dienenden Tatsachen und Beweismittel sind anzugeben. [3]Entspricht die Klage diesen Anforderungen nicht in vollem Umfang, so hat der Vorsitzende den Kläger zu der erforderlichen Ergänzung innerhalb einer bestimmten Frist aufzufordern.

(6) [1]Kläger, die ihren gewöhnlichen Aufenthalt nicht in einem Mitgliedstaat der Europäischen Union oder einem Vertragsstaat des Abkommens über den Europäischen Wirtschaftsraum haben, leisten auf Verlangen des Beklagten wegen der Kosten des Verfahrens Sicherheit; § 110 Abs. 2 Nr. 1 bis 3 der Zivilprozeßordnung gilt entsprechend. [2]Das Patentgericht setzt die Höhe der Sicherheit nach billigem Ermessen fest und bestimmt eine Frist, innerhalb welcher sie zu leisten ist. [3]Wird die Frist versäumt, so gilt die Klage als zurückgenommen.

§ 82[83] [Zustellung der Klage; Erklärungsfrist]

(1) Das Patentgericht stellt dem Beklagten die Klage zu und fordert ihn auf, sich darüber innerhalb eines Monats zu erklären.

---

[81] Überschrift vor § 81 geänd. durch G v. 16.7.1998 (BGBl. I S. 1827).

[82] § 81 Abs. 1 Satz 1 geänd., Satz 3 angef. durch G v. 23.3.1993 (BGBl. I S. 366); Abs. 1 Sätze 1 und 2 neu gef. durch G v. 16.7.1998 (BGBl. I S. 1827); Abs. 7 Satz 1 neu gef. durch G v. 6.8.1998 (BGBl. I S. 2030); Abs. 1 Satz 2 geänd., Abs. 6 aufgeh., bish. Abs. 7 wird Abs. 6 mWv 1.1.2002 durch G v. 13.12.2001 (BGBl. I S. 3656); Abs. 2 Satz 2 angef. mWv 1.10.2009 durch G v. 31.7.2009 (BGBl. I S. 2521).

[83] § 82 Abs. 3 angef. mWv 1.10.2009 durch G v. 31.7.2009 (BGBl. I S. 2521).

(2) Erklärt sich der Beklagte nicht rechtzeitig, so kann ohne mündliche Verhandlung sofort nach der Klage entschieden und dabei jede vom Kläger behauptete Tatsache für erwiesen angenommen werden.

(3) [1]Widerspricht der Beklagte rechtzeitig, so teilt das Patentgericht den Widerspruch dem Kläger mit und bestimmt Termin zur mündlichen Verhandlung. [2]Mit Zustimmung der Parteien kann von einer mündlichen Verhandlung abgesehen werden. [3]Absatz 2 bleibt unberührt.

§ 83[84] [Widerspruch]

(1) [1]In dem Verfahren wegen Erklärung der Nichtigkeit des Patents oder des ergänzenden Schutzzertifikats weist das Patentgericht die Parteien so früh wie möglich auf Gesichtspunkte hin, die für die Entscheidung voraussichtlich von besonderer Bedeutung sein werden oder der Konzentration der Verhandlung auf die für die Entscheidung wesentlichen Fragen dienlich sind. [2]Eines solchen Hinweises bedarf es nicht, wenn die zu erörternden Gesichtspunkte nach dem Vorbringen der Parteien offensichtlich erscheinen. [3]§ 139 der Zivilprozessordnung ist ergänzend anzuwenden.

(2) [1]Das Patentgericht kann den Parteien eine Frist setzen, binnen welcher sie zu dem Hinweis nach Absatz 1 durch sachdienliche Anträge oder Ergänzungen ihres Vorbringens und auch im Übrigen abschließend Stellung nehmen können. [2]Die Frist kann verlängert werden, wenn die betroffene Partei hierfür erhebliche Gründe darlegt. [3]Diese sind glaubhaft zu machen.

(3) Die Befugnisse nach den Absätzen 1 und 2 können auch von dem Vorsitzenden oder einem von ihm zu bestimmenden Mitglied des Senats wahrgenommen werden.

(4) [1]Das Patentgericht kann Angriffs- und Verteidigungsmittel einer Partei oder eine Klageänderung oder eine Verteidigung des Beklagten mit einer geänderten Fassung des Patents, die erst nach Ablauf einer hierfür nach Absatz 2 gesetzten Frist vorgebracht werden, zurückweisen und ohne weitere Ermittlungen entscheiden, wenn
1. die Berücksichtigung des neuen Vortrags eine Vertagung des bereits anberaumten Termins zur mündlichen Verhandlung erforderlich machen würde und
2. die betroffene Partei die Verspätung nicht genügend entschuldigt und
3. die betroffene Partei über die Folgen einer Fristversäumung belehrt worden ist.

[2]Der Entschuldigungsgrund ist glaubhaft zu machen.

§ 84 [Urteil; Kostenentscheidung]

(1) [1]Über die Klage wird durch Urteil entschieden. [2]Über die Zulässigkeit der Klage kann durch Zwischenurteil vorab entschieden werden.

(2) [1]In dem Urteil ist auch über die Kosten des Verfahrens zu entscheiden. [2]Die Vorschriften der Zivilprozeßordnung über die Prozeßkosten sind entsprechend anzuwenden, soweit nicht die Billigkeit eine andere Entscheidung erfordert; die Vorschriften der Zivilprozeßordnung über das Kostenfestsetzungsverfahren und die Zwangsvollstreckung aus Kostenfestsetzungsbeschlüssen sind entsprechend anzuwenden. [3]§ 99 Abs. 2 bleibt unberührt.

---

[84] § 83 neu gef. mWv 1.10.2009 durch G v. 31.7.2009 (BGBl. I S. 2521).

§ 85[85] [Verfahren wegen Erteilung der Zwangslizenz]

(1) In dem Verfahren wegen Erteilung der Zwangslizenz kann dem Kläger auf seinen Antrag die Benutzung der Erfindung durch einstweilige Verfügung gestattet werden, wenn er glaubhaft macht, daß die Voraussetzungen des § 24 Abs. 1 bis 6 vorliegen und daß die alsbaldige Erteilung der Erlaubnis im öffentlichen Interesse dringend geboten ist.

(2) Der Erlaß der einstweiligen Verfügung kann davon abhängig gemacht werden, daß der Antragsteller wegen der dem Antragsgegner drohenden Nachteile Sicherheit leistet.

(3) [1]Das Patentgericht entscheidet auf Grund mündlicher Verhandlung. [2]Die Bestimmungen des § 82 Abs. 3 Satz 2 und des § 84 gelten entsprechend.

(4) Mit der Zurücknahme oder der Zurückweisung der Klage auf Erteilung der Zwangslizenz (§§ 81 und 85a) endet die Wirkung der einstweiligen Verfügung; ihre Kostenentscheidung kann geändert werden, wenn eine Partei innerhalb eines Monats nach der Zurücknahme oder nach Eintritt der Rechtskraft der Zurückweisung die Änderung beantragt.

(5) Erweist sich die Anordnung der einstweiligen Verfügung als von Anfang an ungerechtfertigt, so ist der Antragsteller verpflichtet, dem Antragsgegner den Schaden zu ersetzen, der ihm aus der Durchführung der einstweiligen Verfügung entstanden ist.

(6) [1]Das Urteil, durch das die Zwangslizenz zugesprochen wird, kann auf Antrag gegen oder ohne Sicherheitsleistung für vorläufig vollstreckbar erklärt werden, wenn dies im öffentlichen Interesse liegt. [2]Wird das Urteil aufgehoben oder geändert, so ist der Antragsteller zum Ersatz des Schadens verpflichtet, der dem Antragsgegner durch die Vollstreckung entstanden ist.

§ 85a[86] [Verfahren nach Verordnung (EG) Nr. 816/2006]

(1) Die Verfahren nach Artikel 5 Buchstabe c, Artikel 6, 10 Abs. 8 und Artikel 16 Abs. 1 und 4 der Verordnung (EG) Nr. 816/2006 des Europäischen Parlaments und des Rates vom 17. Mai 2006 über Zwangslizenzen für Patente an der Herstellung von pharmazeutischen Erzeugnissen für die Ausfuhr in Länder mit Problemen im Bereich der öffentlichen Gesundheit (ABl. EU Nr. L 157 S. 1) werden durch Klage nach § 81 Abs. 1 Satz 1 eingeleitet.

(2) Die §§ 81 bis 85 sind entsprechend anzuwenden, soweit die Verfahren nicht durch die Verordnung (EG) Nr. 816/2006 bestimmt sind.

3. Gemeinsame Verfahrensvorschriften

§ 86 [Ausschließung und Ablehnung von Gerichtspersonen]

(1) Für die Ausschließung und Ablehnung der Gerichtspersonen gelten die §§ 41 bis 44, 47 bis 49 der Zivilprozeßordnung entsprechend.

(2) Von der Ausübung des Amtes als Richter ist auch ausgeschlossen

---

[85] § 85 Abs. 1 geänd. durch G v. 16.7.1998 (BGBl. I S. 1827); Abs. 2 Satz 1 aufgeh. mWv 1.1.2002 durch G v. 13.12.2001 (BGBl. I S. 3656); Abs. 1 geänd. mWv 28.2.2005 durch G v. 21.1.2005 (BGBl. I S. 146); Abs. 3 Satz 2 und Abs. 4 geänd. mWv 1.10.2009 durch G v. 31.7.2009 (BGBl. I S. 2521).

[86] § 85a eingef. mWv 1.10.2009 durch G v. 31.7.2009 (BGBl. I S. 2521).

1. im Beschwerdeverfahren, wer bei dem vorausgegangenen Verfahren vor dem Patentamt mitgewirkt hat;
2. im Verfahren über die Erklärung der Nichtigkeit des Patents, wer bei dem Verfahren vor dem Patentamt oder dem Patentgericht über die Erteilung des Patents oder den Einspruch mitgewirkt hat.

(3) [1]Über die Ablehnung eines Richters entscheidet der Senat, dem der Abgelehnte angehört. [2]Wird der Senat durch das Ausscheiden des abgelehnten Mitglieds beschlußunfähig, so entscheidet ein Beschwerdesenat des Patentgerichts in der Besetzung mit drei rechtskundigen Mitgliedern.

(4) Über die Ablehnung eines Urkundsbeamten entscheidet der Senat, in dessen Geschäftsbereich die Sache fällt.

§ 87 [Untersuchungsgrundsatz; Vorbereitung der Verhandlung]

(1) [1]Das Patentgericht erforscht den Sachverhalt von Amts wegen. [2]Es ist an das Vorbringen und die Beweisanträge der Beteiligten nicht gebunden.

(2) [1]Der Vorsitzende oder ein von ihm zu bestimmendes Mitglied hat schon vor der mündlichen Verhandlung oder, wenn eine solche nicht stattfindet, vor der Entscheidung des Patentgerichts alle Anordnungen zu treffen, die notwendig sind, um die Sache möglichst in einer mündlichen Verhandlung oder in einer Sitzung zu erledigen. [2]Im übrigen gilt § 273 Abs. 2, 3 Satz 1 und Abs. 4 Satz 1 der Zivilprozeßordnung entsprechend.

§ 88 [Beweiserhebung]

(1) [1]Das Patentgericht erhebt Beweis in der mündlichen Verhandlung. [2]Es kann insbesondere Augenschein einnehmen, Zeugen, Sachverständige und Beteiligte vernehmen und Urkunden heranziehen.

(2) Das Patentgericht kann in geeigneten Fällen schon vor der mündlichen Verhandlung durch eines seiner Mitglieder als beauftragten Richter Beweis erheben lassen oder unter Bezeichnung der einzelnen Beweisfragen ein anderes Gericht um die Beweisaufnahme ersuchen.

(3) [1]Die Beteiligten werden von allen Beweisterminen benachrichtigt und können der Beweisaufnahme beiwohnen. [2]Sie können an Zeugen und Sachverständige sachdienliche Fragen richten. [3]Wird eine Frage beanstandet, so entscheidet das Patentgericht.

§ 89 [Ladungen]

(1) [1]Sobald der Termin zur mündlichen Verhandlung bestimmt ist, sind die Beteiligten mit einer Ladungsfrist von mindestens zwei Wochen zu laden. [2]In dringenden Fällen kann der Vorsitzende die Frist abkürzen.

(2) Bei der Ladung ist darauf hinzuweisen, daß beim Ausbleiben eines Beteiligten auch ohne ihn verhandelt und entschieden werden kann.

§ 90 [Gang der Verhandlung]

(1) Der Vorsitzende eröffnet und leitet die mündliche Verhandlung.

(2) Nach Aufruf der Sache trägt der Vorsitzende oder der Berichterstatter den wesentlichen Inhalt der Akten vor.

(3) Hierauf erhalten die Beteiligten das Wort, um ihre Anträge zu stellen und zu begründen.

§ 91 [Richterliche Fragepflicht]

(1) Der Vorsitzende hat die Sache mit den Beteiligten tatsächlich und rechtlich zu erörtern.

(2) [1]Der Vorsitzende hat jedem Mitglied des Senats auf Verlangen zu gestatten, Fragen zu stellen. [2]Wird eine Frage beanstandet, so entscheidet der Senat.

(3) [1]Nach Erörterung der Sache erklärt der Vorsitzende die mündliche Verhandlung für geschlossen. [2]Der Senat kann die Wiedereröffnung beschließen.

§ 92 [Verhandlungsniederschrift]

(1) [1]Zur mündlichen Verhandlung und zu jeder Beweisaufnahme wird ein Urkundsbeamter der Geschäftsstelle als Schriftführer zugezogen. [2]Wird auf Anordnung des Vorsitzenden von der Zuziehung des Schriftführers abgesehen, dann besorgt ein Richter die Niederschrift.

(2) [1]Über die mündliche Verhandlung und jede Beweisaufnahme ist eine Niederschrift aufzunehmen. [2]Die §§ 160 bis 165 der Zivilprozeßordnung sind entsprechend anzuwenden.

§ 93 [Freie Beweiswürdigung; erkennende Richter]

(1) [1]Das Patentgericht entscheidet nach seiner freien, aus dem Gesamtergebnis des Verfahrens gewonnenen Überzeugung. [2]In der Entscheidung sind die Gründe anzugeben, die für die richterliche Überzeugung leitend gewesen sind.

(2) Die Entscheidung darf nur auf Tatsachen und Beweisergebnisse gestützt werden, zu denen die Beteiligten sich äußern konnten.

(3) Ist eine mündliche Verhandlung vorhergegangen, so kann ein Richter, der bei der letzten mündlichen Verhandlung nicht zugegen war, bei der Beschlußfassung nur mitwirken, wenn die Beteiligten zustimmen.

§ 94 [Verkündung; Zustellung; Begründung]

(1) [1]Die Endentscheidungen des Patentgerichts werden, wenn eine mündliche Verhandlung stattgefunden hat, in dem Termin, in dem die mündliche Verhandlung geschlossen wird, oder in einem sofort anzuberaumenden Termin verkündet. [2]Dieser soll nur dann über drei Wochen hinaus angesetzt werden, wenn wichtige Gründe, insbesondere der Umfang oder die Schwierigkeit der Sache, dies erfordern. [3]Die Endentscheidungen sind den Beteiligten von Amts wegen zuzustellen. [4]Statt der Verkündung ist die Zustellung der Endentscheidung zulässig. [5]Entscheidet das Patentgericht ohne mündliche Verhandlung, so wird die Verkündung durch Zustellung an die Beteiligten ersetzt.

(2) Die Entscheidungen des Patentgerichts, durch die ein Antrag zurückgewiesen oder über ein Rechtsmittel entschieden wird, sind zu begründen.

§ 95 [Berichtigung der Entscheidung]

(1) Schreibfehler, Rechenfehler und ähnliche offenbare Unrichtigkeiten in der Entscheidung sind jederzeit vom Patentgericht zu berichtigen.

(2) [1]Über die Berichtigung kann ohne vorgängige mündliche Verhandlung entschieden werden. [2]Der Berichtigungsbeschluß wird auf der Entscheidung und den Ausfertigungen vermerkt.

§ 96 [Antrag auf Berichtigung]

(1) Enthält der Tatbestand der Entscheidung andere Unrichtigkeiten oder Unklarheiten, so kann die Berichtigung innerhalb von zwei Wochen nach Zustellung der Entscheidung beantragt werden.

(2) [1]Das Patentgericht entscheidet ohne Beweisaufnahme durch Beschluß. [2]Hierbei wirken nur die Richter mit, die bei der Entscheidung, deren Berichtigung beantragt ist, mitgewirkt haben. [3]Der Berichtigungsbeschluß wird auf der Entscheidung und den Ausfertigungen vermerkt.

§ 97[87] [Vertretung]

(1) [1]Die Beteiligten können vor dem Patentgericht den Rechtsstreit selbst führen. [2]§ 25 bleibt unberührt.

(2) [1]Die Beteiligten können sich durch einen Rechtsanwalt oder Patentanwalt als Bevollmächtigten vertreten lassen. [2]Darüber hinaus sind als Bevollmächtigte vor dem Patentgericht vertretungsbefugt nur

1. Beschäftigte des Beteiligten oder eines mit ihm verbundenen Unternehmens (§ 15 des Aktiengesetzes); Behörden und juristische Personen des öffentlichen Rechts einschließlich der von ihnen zur Erfüllung ihrer öffentlichen Aufgaben gebildeten Zusammenschlüsse können sich auch durch Beschäftigte anderer Behörden oder juristischer Personen des öffentlichen Rechts einschließlich der von ihnen zur Erfüllung ihrer öffentlichen Aufgaben gebildeten Zusammenschlüsse vertreten lassen,
2. volljährige Familienangehörige (§ 15 der Abgabenordnung, § 11 des Lebenspartnerschaftsgesetzes), Personen mit Befähigung zum Richteramt und Streitgenossen, wenn die Vertretung nicht im Zusammenhang mit einer entgeltlichen Tätigkeit steht.

[3]Bevollmächtigte, die keine natürlichen Personen sind, handeln durch ihre Organe und mit der Prozessvertretung beauftragten Vertreter.

(3) [1]Das Gericht weist Bevollmächtigte, die nicht nach Maßgabe des Absatzes 2 vertretungsbefugt sind, durch unanfechtbaren Beschluss zurück. [2]Prozesshandlungen eines nicht vertretungsbefugten Bevollmächtigten und Zustellungen oder Mitteilungen an diesen Bevollmächtigten sind bis zu seiner Zurückweisung wirksam. [3]Das Gericht kann den in Absatz 2 Satz 2 bezeichneten Bevollmächtigten durch unanfechtbaren Beschluss die weitere Vertretung untersagen, wenn sie nicht in der Lage sind, das Sach- und Streitverhältnis sachgerecht darzustellen.

(4) Richter dürfen nicht als Bevollmächtigte vor dem Gericht auftreten, dem sie angehören.

(5) [1]Die Vollmacht ist schriftlich zu den Gerichtsakten einzureichen. [2]Sie kann nachgereicht werden; hierfür kann das Patentgericht eine Frist bestimmen.

(6) [1]Der Mangel der Vollmacht kann in jeder Lage des Verfahrens geltend gemacht werden. [2]Das Patentgericht hat den Mangel der Vollmacht von Amts wegen zu berücksichtigen, wenn nicht als Bevollmächtigter ein Rechtsanwalt oder ein Patentanwalt auftritt.

§ 98[88] *[aufgehoben]*

---

[87] § 97 Abs. 1 neu gef., Abs. 2–4 eingef., bish. Abs. 2 und 3 werden Abs. 5 und 6 mWv 1.7.2008 durch G v. 12.12.2007 (BGBl. I S. 2840).

[88] § 98 aufgeh. mWv 1.1.2002 durch G v. 13.12.2001 (BGBl. I S. 3656).

§ 99[89] [Entsprechende Anwendung des GVG und der ZPO]

(1) Soweit dieses Gesetz keine Bestimmungen über das Verfahren vor dem Patentgericht enthält, sind das Gerichtsverfassungsgesetz und die Zivilprozeßordnung entsprechend anzuwenden, wenn die Besonderheiten des Verfahrens vor dem Patentgericht dies nicht ausschließen.

(2) Eine Anfechtung der Entscheidungen des Patentgerichts findet nur statt, soweit dieses Gesetz sie zuläßt.

(3) [1]Für die Gewährung der Akteneinsicht an dritte Personen ist § 31 entsprechend anzuwenden. [2]Über den Antrag entscheidet das Patentgericht. [3]Die Einsicht in die Akten von Verfahren wegen Erklärung der Nichtigkeit des Patents wird nicht gewährt, wenn und soweit der Patentinhaber ein entgegenstehendes schutzwürdiges Interesse dartut.

(4) § 227 Abs. 3 Satz 1 der Zivilprozeßordnung ist nicht anzuwenden.

Sechster Abschnitt Verfahren vor dem Bundesgerichtshof

1. Rechtsbeschwerdeverfahren

§ 100[90] [Zulassung der Rechtsbeschwerde]

(1) Gegen die Beschlüsse der Beschwerdesenate des Patentgerichts, durch die über eine Beschwerde nach § 73 oder über die Aufrechterhaltung oder den Widerruf eines Patents nach § 61 Abs. 2 entschieden wird, findet die Rechtsbeschwerde an den Bundesgerichtshof statt, wenn der Beschwerdesenat die Rechtsbeschwerde in dem Beschluß zugelassen hat.

(2) Die Rechtsbeschwerde ist zuzulassen, wenn
1. eine Rechtsfrage von grundsätzlicher Bedeutung zu entscheiden ist oder
2. die Fortbildung des Rechts oder die Sicherung einer einheitlichen Rechtsprechung eine Entscheidung des Bundesgerichtshofs erfordert.

(3) Einer Zulassung zur Einlegung der Rechtsbeschwerde gegen Beschlüsse der Beschwerdesenate des Patentgerichts bedarf es nicht, wenn einer der folgenden Mängel des Verfahrens vorliegt und gerügt wird:
1. wenn das beschließende Gericht nicht vorschriftsmäßig besetzt war,
2. wenn bei dem Beschluß ein Richter mitgewirkt hat, der von der Ausübung des Richteramtes kraft Gesetzes ausgeschlossen oder wegen Besorgnis der Befangenheit mit Erfolg abgelehnt war,
3. wenn einem Beteiligten das rechtliche Gehör versagt war,
4. wenn ein Beteiligter im Verfahren nicht nach Vorschrift des Gesetzes vertreten war, sofern er nicht der Führung des Verfahrens ausdrücklich oder stillschweigend zugestimmt hat,
5. wenn der Beschluß auf Grund einer mündlichen Verhandlung ergangen ist, bei der die Vorschriften über die Öffentlichkeit des Verfahrens verletzt worden sind, oder
6. wenn der Beschluß nicht mit Gründen versehen ist.

---

[89] § 99 Abs. 4 neu gef. durch G v. 28.10.1996 (BGBl. I S. 1546).

[90] § 100 Abs. 3 Nr. 3 eingef., bish. Nr. 3–5 werden Nr. 4–6 durch G v. 16.7.1998 (BGBl. I S. 1827); Abs. 1 geänd. mWv 1.7.2006 durch G v. 21.6.2006 (BGBl. I S. 1318).

§ 101[91] [Beschwerdeberechtigt; Beschwerdegründe]

(1) Die Rechtsbeschwerde steht den am Beschwerdeverfahren Beteiligten zu.

(2) [1]Die Rechtsbeschwerde kann nur darauf gestützt werden, dass der Beschluss auf einer Verletzung des Rechts beruht. [2]Die §§ 546 und 547 der Zivilprozessordnung gelten entsprechend.

§ 102[92] [Frist; Form; Gebühren; Begründung]

(1) Die Rechtsbeschwerde ist innerhalb eines Monats nach Zustellung des Beschlusses beim Bundesgerichtshof schriftlich einzulegen.

(2) In dem Rechtsbeschwerdeverfahren vor dem Bundesgerichtshof gelten die Bestimmungen des § 144 über die Streitwertfestsetzung entsprechend.

(3) [1]Die Rechtsbeschwerde ist zu begründen. [2]Die Frist für die Begründung beträgt einen Monat; sie beginnt mit der Einlegung der Rechtsbeschwerde und kann auf Antrag von dem Vorsitzenden verlängert werden.

(4) Die Begründung der Rechtsbeschwerde muß enthalten
1. die Erklärung, inwieweit der Beschluß angefochten und seine Abänderung oder Aufhebung beantragt wird;
2. die Bezeichnung der verletzten Rechtsnorm;
3. insoweit die Rechtsbeschwerde darauf gestützt wird, daß das Gesetz in bezug auf das Verfahren verletzt sei, die Bezeichnung der Tatsachen, die den Mangel ergeben.

(5) [1]Vor dem Bundesgerichtshof müssen sich die Beteiligten durch einen beim Bundesgerichtshof zugelassenen Rechtsanwalt als Bevollmächtigten vertreten lassen. [2]Auf Antrag eines Beteiligten ist seinem Patentanwalt das Wort zu gestatten. [3]§ 143 Abs. 3 gilt entsprechend.

§ 103 [Aufschiebende Wirkung]

[1]Die Rechtsbeschwerde hat aufschiebende Wirkung. [2]§ 75 Abs. 2 gilt entsprechend.

§ 104 [Prüfung der Zulässigkeit]

[1]Der Bundesgerichtshof hat von Amts wegen zu prüfen, ob die Rechtsbeschwerde an sich statthaft und ob sie in der gesetzlichen Form und Frist eingelegt und begründet ist. [2]Mangelt es an einem dieser Erfordernisse, so ist die Rechtsbeschwerde als unzulässig zu verwerfen.

§ 105 [Mehrere Beteiligte]

(1) [1]Sind an dem Verfahren über die Rechtsbeschwerde mehrere Personen beteiligt, so sind die Beschwerdeschrift und die Beschwerdebegründung den anderen Beteiligten mit der Aufforderung zuzustellen, etwaige Erklärungen innerhalb einer bestimmten Frist nach Zustellung beim Bundesgerichtshof schriftlich einzureichen. [2]Mit der Zustellung der Beschwerdeschrift ist der Zeitpunkt mitzuteilen, in dem die Rechtsbeschwerde eingelegt ist. [3]Die erforderliche Zahl von beglaubigten Abschriften soll der Beschwerdeführer mit der Beschwerdeschrift oder der Beschwerdebegründung einreichen.

---

[91] § 101 Abs. 2 neu gef. mWv 1.1.2002 durch G v. 27.7.2001 (BGBl. I S. 1887).

[92] § 102 Abs. 2 neu gef. durch G v. 16.7.1998 (BGBl. I S. 1827); Abs. 5 Satz 4 geänd. mWv 19.3.2004 durch G v. 12.3.2004 (BGBl. I S. 390); Abs. 5 Satz 3 aufgeh., bish. Satz 4 wird Satz 3 mWv 1.7.2008 durch G v. 12.12.2007 (BGBl. I S. 2840).

(2) Ist der Präsident des Patentamts nicht am Verfahren über die Rechtsbeschwerde beteiligt, so ist § 76 entsprechend anzuwenden.

§ 106[93] [Anzuwendende Vorschriften]

(1) [1]Im Verfahren über die Rechtsbeschwerde gelten die Vorschriften der Zivilprozeßordnung über Ausschließung und Ablehnung der Gerichtspersonen, über Prozeßbevollmächtigte und Beistände, über Zustellungen von Amts wegen, über Ladungen, Termine und Fristen und über Wiedereinsetzung in den vorigen Stand entsprechend. [2]Im Falle der Wiedereinsetzung in den vorigen Stand gilt § 123 Abs. 5 bis 7 entsprechend.

(2) Für die Öffentlichkeit des Verfahrens gilt § 69 Abs. 1 entsprechend.

§ 107 [Entscheidung durch Beschluß]

(1) Die Entscheidung über die Rechtsbeschwerde ergeht durch Beschluß; sie kann ohne mündliche Verhandlung getroffen werden.

(2) Der Bundesgerichtshof ist bei seiner Entscheidung an die in dem angefochtenen Beschluß getroffenen tatsächlichen Feststellungen gebunden, außer wenn in bezug auf diese Feststellungen zulässige und begründete Rechtsbeschwerdegründe vorgebracht sind.

(3) Die Entscheidung ist zu begründen und den Beteiligten von Amts wegen zuzustellen.

§ 108 [Zurückverweisung an das Patentgericht]

(1) Im Falle der Aufhebung des angefochtenen Beschlusses ist die Sache zur anderweiten Verhandlung und Entscheidung an das Patentgericht zurückzuverweisen.

(2) Das Patentgericht hat die rechtliche Beurteilung, die der Aufhebung zugrunde gelegt ist, auch seiner Entscheidung zugrunde zu legen.

§ 109 [Kostenentscheidung]

(1) [1]Sind an dem Verfahren über die Rechtsbeschwerde mehrere Personen beteiligt, so kann der Bundesgerichtshof bestimmen, daß die Kosten, die zur zweckentsprechenden Erledigung der Angelegenheit notwendig waren, von einem Beteiligten ganz oder teilweise zu erstatten sind, wenn dies der Billigkeit entspricht. [2]Wird die Rechtsbeschwerde zurückgewiesen oder als unzulässig verworfen, so sind die durch die Rechtsbeschwerde veranlaßten Kosten dem Beschwerdeführer aufzuerlegen. [3]Hat ein Beteiligter durch grobes Verschulden Kosten veranlaßt, so sind ihm diese aufzuerlegen.

(2) Dem Präsidenten des Patentamts können Kosten nur auferlegt werden, wenn er die Rechtsbeschwerde eingelegt oder in dem Verfahren Anträge gestellt hat.

(3) Im übrigen gelten die Vorschriften der Zivilprozeßordnung über das Kostenfestsetzungsverfahren und die Zwangsvollstreckung aus Kostenfestsetzungsbeschlüssen entsprechend.

---

[93] § 106 Abs. 1 Satz 2 geänd. durch G v. 16.7.1998 (BGBl. I S. 1827).

2. Berufungsverfahren

§ 110[94] [Statthaftigkeit der Berufung]

(1) Gegen die Urteile der Nichtigkeitssenate des Patentgerichts (§ 84) findet die Berufung an den Bundesgerichtshof statt.

(2) Die Berufung wird durch Einreichung der Berufungsschrift beim Bundesgerichtshof eingelegt.

(3) [1]Die Berufungsfrist beträgt einen Monat. [2]Sie beginnt mit der Zustellung des in vollständiger Form abgefaßten Urteils, spätestens aber mit dem Ablauf von fünf Monaten nach der Verkündung.

(4) Die Berufungsschrift muß enthalten:
1. die Bezeichnung des Urteils, gegen das die Berufung gerichtet wird;
2. die Erklärung, daß gegen dieses Urteil Berufung eingelegt werde.

(5) Die allgemeinen Vorschriften der Zivilprozessordnung über die vorbereitenden Schriftsätze sind auch auf die Berufungsschrift anzuwenden.

(6) Mit der Berufungsschrift soll eine Ausfertigung oder beglaubigte Abschrift des angefochtenen Urteils vorgelegt werden.

(7) Beschlüsse der Nichtigkeitssenate sind nur zusammen mit ihren Urteilen (§ 84) anfechtbar; § 71 Abs. 3 der Zivilprozeßordnung ist nicht anzuwenden.

(8) Die §§ 515, 516 und 521 Abs. 1 und 2 Satz 1 der Zivilprozessordnung gelten entsprechend.

§ 111[95] [Verletzung des Bundesrechts]

(1) Die Berufung kann nur darauf gestützt werden, dass die Entscheidung des Patentgerichts auf der Verletzung des Bundesrechts beruht oder nach § 117 zugrunde zu legende Tatsachen eine andere Entscheidung rechtfertigen.

(2) Das Recht ist verletzt, wenn eine Rechtsnorm nicht oder nicht richtig angewendet worden ist.

(3) Eine Entscheidung ist stets als auf einer Verletzung des Rechts beruhend anzusehen,
1. wenn das Patentgericht nicht vorschriftsmäßig besetzt war;
2. wenn bei der Entscheidung ein Richter mitgewirkt hat, der von der Ausübung des Richteramts kraft Gesetzes ausgeschlossen war, sofern nicht dieses Hindernis mittels eines Ablehnungsgesuchs ohne Erfolg geltend gemacht ist;
3. wenn bei der Entscheidung ein Richter mitgewirkt hat, obgleich er wegen Besorgnis der Befangenheit abgelehnt und das Ablehnungsgesuch für begründet erklärt war;
4. wenn eine Partei in dem Verfahren nicht nach Vorschrift der Gesetze vertreten war, sofern sie nicht die Prozessführung ausdrücklich oder stillschweigend genehmigt hat;
5. wenn die Entscheidung auf Grund einer mündlichen Verhandlung ergangen ist, bei der die Vorschriften über die Öffentlichkeit des Verfahrens verletzt sind;
6. wenn die Entscheidung entgegen den Bestimmungen des Gesetzes nicht mit Gründen versehen ist.

---

[94] § 110 neu gef. durch G v. 16.7.1998 (BGBl I S. 1827); Abs. 5 eingef., bish. Abs. 5 und 6 werden Abs. 6 und 7, Abs. 8 angef. mWv 1.10.2009 durch G v. 31.7.2009 (BGBl. I S. 2521).

[95] § 111 neu gef. mWv 1.10.2009 durch G v. 31.7.2009 (BGBl. I S. 2521).

§ 112[96] [Berufungsbegründung]

(1) Der Berufungskläger muss die Berufung begründen.

(2) [1]Die Berufungsbegründung ist, sofern sie nicht bereits in der Berufungsschrift enthalten ist, in einem Schriftsatz beim Bundesgerichtshof einzureichen. [2]Die Frist für die Berufungsbegründung beträgt drei Monate. [3]Sie beginnt mit der Zustellung des in vollständiger Form abgefassten Urteils, spätestens aber mit Ablauf von fünf Monaten nach der Verkündung. [4]Die Frist kann auf Antrag von dem Vorsitzenden verlängert werden, wenn der Gegner einwilligt. [5]Ohne Einwilligung kann die Frist um bis zu einen Monat verlängert werden, wenn nach freier Überzeugung des Vorsitzenden der Rechtsstreit durch die Verlängerung nicht verzögert wird oder wenn der Berufungskläger erhebliche Gründe darlegt. [6]Kann dem Berufungskläger innerhalb dieser Frist Einsicht in die Prozessakten nicht für einen angemessenen Zeitraum gewährt werden, kann der Vorsitzende auf Antrag die Frist um bis zu zwei Monate nach Übersendung der Prozessakten verlängern.

(3) Die Berufungsbegründung muss enthalten:
1. die Erklärung, inwieweit das Urteil angefochten und dessen Aufhebung beantragt wird (Berufungsanträge);
2. die Angabe der Berufungsgründe, und zwar:
   a) die Bezeichnung der Umstände, aus denen sich die Rechtsverletzung ergibt;
   b) soweit die Berufung darauf gestützt wird, dass das Gesetz in Bezug auf das Verfahren verletzt sei, die Bezeichnung der Tatsachen, die den Mangel ergeben;
   c) die Bezeichnung neuer Angriffs- und Verteidigungsmittel sowie der Tatsachen, aufgrund deren die neuen Angriffs- und Verteidigungsmittel nach § 117 zuzulassen sind.

(4) § 110 Abs. 5 ist auf die Berufungsbegründung entsprechend anzuwenden.

§ 113[97] [Vertretung]

[1]Vor dem Bundesgerichtshof müssen sich die Parteien durch einen Rechtsanwalt oder einen Patentanwalt als Bevollmächtigten vertreten lassen. [2]Dem Bevollmächtigten ist es gestattet, mit einem technischen Beistand zu erscheinen.

§ 114[98] [Zulässigkeitsprüfung; Zurückweisungsbeschluss]

[1]Der Bundesgerichtshof prüft von Amts wegen, ob die Berufung an sich statthaft und ob sie in der gesetzlichen Form und Frist eingelegt und begründet ist. [2]Mangelt es an einem dieser Erfordernisse, so ist die Berufung als unzulässig zu verwerfen.

(2) Die Entscheidung kann durch Beschluss ergehen.

(3) Wird die Berufung nicht durch Beschluss als unzulässig verworfen, so ist Termin zur mündlichen Verhandlung zu bestimmen und den Parteien bekannt zu machen.

(4) [1]§ 525 der Zivilprozessordnung gilt entsprechend. [2]Die §§ 348 bis 350 der Zivilprozessordnung sind nicht anzuwenden.

---

[96] § 112 neu gef. mWv 1.10.2009 durch G v. 31.7.2009 (BGBl. I S. 2521).

[97] § 113 neu gef. mWv 1.10.2009 durch G v. 31.7.2009 (BGBl. I S. 2521).

[98] § 114 neu gef. mWv 1.10.2009 durch G v. 31.7.2009 (BGBl. I S. 2521).

§ 115[99] [Anschließung des Berufungsbeklagten]

¹Der Berufungsbeklagte kann sich der Berufung anschließen. ²Die Anschließung ist auch statthaft, wenn der Berufungsbeklagte auf die Berufung verzichtet hat oder die Berufungsfrist verstrichen ist.

(2) ¹Die Anschließung erfolgt durch Einreichung der Berufungsanschlussschrift bei dem Bundesgerichtshof und ist bis zum Ablauf von zwei Monaten nach der Zustellung der Berufungsbegründung zu erklären. ²Ist dem Berufungsbeklagten eine Frist zur Berufungserwiderung gesetzt, ist die Anschließung bis zum Ablauf dieser Frist zulässig.

(3) ¹Die Anschlussberufung muss in der Anschlussschrift begründet werden. ²§ 110 Abs. 4, 5 und 8 sowie § 112 Abs. 3 gelten entsprechend.

(4) Die Anschließung verliert ihre Wirkung, wenn die Berufung zurückgenommen oder verworfen wird.

§ 116[100] [Prüfungsumfang]

(1) Der Prüfung des Bundesgerichtshofs unterliegen nur die von den Parteien gestellten Anträge.

(2) Eine Klageänderung und in dem Verfahren wegen Erklärung der Nichtigkeit des Patents oder des ergänzenden Schutzzertifikats eine Verteidigung mit einer geänderten Fassung des Patents sind nur zulässig, wenn
1. der Gegner einwilligt oder der Bundesgerichtshof die Antragsänderung für sachdienlich hält und
2. die geänderten Anträge auf Tatsachen gestützt werden können, die der Bundesgerichtshof seiner Verhandlung und Entscheidung über die Berufung nach § 117 zugrunde zu legen hat.

§ 117[101] [Anwendung der ZPO]

¹Auf den Prüfungsumfang des Berufungsgerichts, die verspätet vorgebrachten, die zurückgewiesenen und die neuen Angriffs- und Verteidigungsmittel sind die §§ 529, 530 und 531 der Zivilprozessordnung entsprechend anzuwenden. ²Dabei tritt an die Stelle des § 520 der Zivilprozessordnung der § 112.

§ 118[102] [Mündliche Verhandlung; Ladungsfrist]

(1) ¹Das Urteil des Bundesgerichtshofs ergeht auf Grund mündlicher Verhandlung. ²§ 69 Abs. 2 gilt entsprechend.

(2) Die Ladungsfrist beträgt mindestens zwei Wochen.

(3) Von der mündlichen Verhandlung kann abgesehen werden, wenn
1. die Parteien zustimmen oder
2. nur über die Kosten entschieden werden soll.

(4) ¹Erscheint eine Partei im Termin nicht, so kann ohne sie verhandelt und durch streitiges Urteil entschieden werden. ²Erscheint keine der Parteien, ergeht das Urteil auf Grund der Akten.

---

[99] § 115 neu gef. mWv 1. 10. 2009 durch G v. 31. 7. 2009 (BGBl. I S. 2521).
[100] § 116 neu gef. mWv 1. 10. 2009 durch G v. 31. 7. 2009 (BGBl. I S. 2521).
[101] § 117 neu gef. mWv 1. 10. 2009 durch G v. 31. 7. 2009 (BGBl. I S. 2521).
[102] § 118 neu gef. mWv 1. 10. 2009 durch G v. 31. 7. 2009 (BGBl. I S. 2521).

§ 119[103] [Zurückweisung der Berufung]

(1) Ergibt die Begründung des angefochtenen Urteils zwar eine Rechtsverletzung, stellt die Entscheidung selbst aber aus anderen Gründen sich als richtig dar, so ist die Berufung zurückzuweisen.

(2) [1]Insoweit die Berufung für begründet erachtet wird, ist das angefochtene Urteil aufzuheben. [2]Wird das Urteil wegen eines Mangels des Verfahrens aufgehoben, so ist zugleich das Verfahren insoweit aufzuheben, als es durch den Mangel betroffen wird.

(3) [1]Im Falle der Aufhebung des Urteils ist die Sache zur neuen Verhandlung und Entscheidung an das Patentgericht zurückzuverweisen. [2]Die Zurückverweisung kann an einen anderen Nichtigkeitssenat erfolgen.

(4) Das Patentgericht hat die rechtliche Beurteilung, die der Aufhebung zugrunde gelegt ist, auch seiner Entscheidung zugrunde zu legen.

(5) [1]Der Bundesgerichtshof kann in der Sache selbst entscheiden, wenn dies sachdienlich ist. [2]Er hat selbst zu entscheiden, wenn die Sache zur Endentscheidung reif ist.

§ 120[104] [Begründung der Entscheidung]

[1]Die Entscheidung braucht nicht begründet zu werden, soweit der Bundesgerichtshof Rügen von Verfahrensmängeln nicht für durchgreifend erachtet. [2]Dies gilt nicht für Rügen nach § 111 Abs. 3.

§ 121[105] [Streitwert; Kosten des Verfahrens]

(1) In dem Verfahren vor dem Bundesgerichtshof gelten die Bestimmungen des § 144 über die Streitwertfestsetzung entsprechend.

(2) [1]In dem Urteil ist auch über die Kosten des Verfahrens zu entscheiden. [2]Die Vorschriften der Zivilprozeßordnung über die Prozeßkosten (§§ 91 bis 101) sind entsprechend anzuwenden, soweit nicht die Billigkeit eine andere Entscheidung erfordert; die Vorschriften der Zivilprozeßordnung über das Kostenfestsetzungsverfahren (§§ 103 bis 107) und die Zwangsvollstreckung aus Kostenfestsetzungsbeschlüssen (§§ 724 bis 802) sind entsprechend anzuwenden.

3. Beschwerdeverfahren

§ 122[106] [Beschwerdeverfahren]

(1) [1]Gegen die Urteile der Nichtigkeitssenate des Patentgerichts über den Erlaß einstweiliger Verfügungen im Verfahren wegen Erteilung einer Zwangslizenz (§§ 85 und 85a) findet die Beschwerde an den Bundesgerichtshof statt. [2]§ 110 Abs. 7 gilt entsprechend.

(2) Die Beschwerde ist innerhalb eines Monats schriftlich beim Bundesgerichtshof einzulegen.

---

[103] § 119 neu gef. mWv 1.10.2009 durch G v. 31.7.2009 (BGBl. I S. 2521).

[104] § 120 neu gef. mWv 1.10.2009 durch G v. 31.7.2009 (BGBl. I S. 2521).

[105] § 121 neu gef. durch G v. 16.7.1998 (BGBl. I S. 1827).

[106] § 122 Abs. 1 Satz 2 geänd., Abs. 2–4 neu gef. durch G v. 16.7.1998 (BGBl. I S. 1827); Abs. 1 Satz 1 und Satz 2 geänd. mWv 1.10.2009 durch G v. 31.7.2009 (BGBl. I S. 2521).

(3) Die Beschwerdefrist beginnt mit der Zustellung des in vollständiger Form abgefaßten Urteils, spätestens aber mit dem Ablauf von fünf Monaten nach der Verkündung.

(4) Für das Verfahren vor dem Bundesgerichtshof gelten § 74 Abs. 1, §§ 84, 110 bis 121 entsprechend.

4.[107] Gemeinsame Verfahrensvorschriften

§ 122a[108] [Verletzung des Anspruchs auf rechtliches Gehör]

[1]Auf die Rüge der durch die Entscheidung beschwerten Partei ist das Verfahren fortzuführen, wenn das Gericht den Anspruch dieser Partei auf rechtliches Gehör in entscheidungserheblicher Weise verletzt hat. [2]Gegen eine der Endentscheidung vorausgehende Entscheidung findet die Rüge nicht statt. [3]§ 321 a Abs. 2 bis 5 der Zivilprozessordnung ist entsprechend anzuwenden.

Siebenter Abschnitt Gemeinsame Vorschriften

§ 123[109] [Wiedereinsetzung in den vorigen Stand]

(1) [1]Wer ohne Verschulden verhindert war, dem Patentamt oder dem Patentgericht gegenüber eine Frist einzuhalten, deren Versäumung nach gesetzlicher Vorschrift einen Rechtsnachteil zur Folge hat, ist auf Antrag wieder in den vorigen Stand einzusetzen. [2]Dies gilt nicht für die Frist
1. zur Erhebung des Einspruchs (§ 59 Abs. 1) und zur Zahlung der Einspruchsgebühr (§ 6 Abs. 1 Satz 1 des Patentkostengesetzes),
2. für den Einsprechenden zur Einlegung der Beschwerde gegen die Aufrechterhaltung des Patents (§ 73 Abs. 2) und zur Zahlung der Beschwerdegebühr (§ 6 Abs. 1 Satz 1 des Patentkostengesetzes) und
3. zur Einreichung von Anmeldungen, für die eine Priorität nach § 7 Abs. 2 und § 40 in Anspruch genommen werden kann.

(2) [1]Die Wiedereinsetzung muß innerhalb von zwei Monaten nach Wegfall des Hindernisses schriftlich beantragt werden. [2]Der Antrag muß die Angabe der die Wiedereinsetzung begründenden Tatsachen enthalten; diese sind bei der Antragstellung oder im Verfahren über den Antrag glaubhaft zu machen. [3]Innerhalb der Antragsfrist ist die versäumte Handlung nachzuholen; ist dies geschehen, so kann Wiedereinsetzung auch ohne Antrag gewährt werden. [4]Ein Jahr nach Ablauf der versäumten Frist kann die Wiedereinsetzung nicht mehr beantragt und die versäumte Handlung nicht mehr nachgeholt werden.

(3) Über den Antrag beschließt die Stelle, die über die nachgeholte Handlung zu beschließen hat.

(4) Die Wiedereinsetzung ist unanfechtbar.

---

[107] 6. Abschn. 4. Unterabschn. (§ 122a) eingef. mWv 1.7.2006 durch G v. 21.6.2006 (BGBl. I S. 1318).

[108] § 122a eingef. mWv 1.7.2006 durch G v. 21.6.2006 (BGBl. I S. 1318).

[109] § 123 Abs. 7 angef. durch G v. 16.7.1998 (BGBl. I S. 1827); Abs. 1 Satz 2 neu gef. mWv 1.7.2006 durch G v. 21.6.2006 (BGBl. I S. 1318).

(5) [1]Wer im Inland in gutem Glauben den Gegenstand eines Patents, das infolge der Wiedereinsetzung wieder in Kraft tritt, in der Zeit zwischen dem Erlöschen und dem Wiederinkrafttreten des Patents in Benutzung genommen oder in dieser Zeit die dazu erforderlichen Veranstaltungen getroffen hat, ist befugt, den Gegenstand des Patents für die Bedürfnisse seines eigenen Betriebs in eigenen oder fremden Werkstätten weiterzubenutzen. [2]Diese Befugnis kann nur zusammen mit dem Betrieb vererbt oder veräußert werden.

(6) Absatz 5 ist entsprechend anzuwenden, wenn die Wirkung nach § 33 Abs. 1 infolge der Wiedereinsetzung wieder in Kraft tritt.

(7) Ein Recht nach Absatz 5 steht auch demjenigen zu, der im Inland in gutem Glauben den Gegenstand einer Anmeldung, die infolge der Wiedereinsetzung die Priorität einer früheren ausländischen Anmeldung in Anspruch nimmt (§ 41), in der Zeit zwischen dem Ablauf der Frist von zwölf Monaten und dem Wiederinkrafttreten des Prioritätsrechts in Benutzung genommen oder in dieser Zeit die dazu erforderlichen Veranstaltungen getroffen hat.

§ 123a[110] [Weiterbehandlung der Anmeldung]

(1) Ist nach Versäumung einer vom Patentamt bestimmten Frist die Patentanmeldung zurückgewiesen worden, so wird der Beschluss wirkungslos, ohne dass es seiner ausdrücklichen Aufhebung bedarf, wenn der Anmelder die Weiterbehandlung der Anmeldung beantragt und die versäumte Handlung nachholt.

(2) [1]Der Antrag ist innerhalb einer Frist von einem Monat nach Zustellung der Entscheidung über die Zurückweisung der Patentanmeldung einzureichen. [2]Die versäumte Handlung ist innerhalb dieser Frist nachzuholen.

(3) Gegen die Versäumung der Frist nach Absatz 2 und der Frist zur Zahlung der Weiterbehandlungsgebühr nach § 6 Abs. 1 Satz 1 des Patentkostengesetzes ist eine Wiedereinsetzung nicht gegeben.

(4) Über den Antrag beschließt die Stelle, die über die nachgeholte Handlung zu beschließen hat.

§ 124 [Wahrheitspflicht]

Im Verfahren vor dem Patentamt, dem Patentgericht und dem Bundesgerichtshof haben die Beteiligten ihre Erklärungen über tatsächliche Umstände vollständig und der Wahrheit gemäß abzugeben.

§ 125 [Anforderung von Unterlagen]

(1) Wird der Einspruch oder die Klage auf Erklärung der Nichtigkeit des Patents auf die Behauptung gestützt, daß der Gegenstand des Patents nach § 3 nicht patentfähig sei, so kann das Patentamt oder das Patentgericht verlangen, daß Urschriften, Ablichtungen oder beglaubigte Abschriften der im Einspruch oder in der Klage erwähnten Druckschriften, die im Patentamt und im Patentgericht nicht vorhanden sind, in je einem Stück für das Patentamt oder das Patentgericht und für die am Verfahren Beteiligten eingereicht werden.

(2) Von Druckschriften in fremder Sprache sind auf Verlangen des Patentamts oder des Patentgerichts einfache oder beglaubigte Übersetzungen beizubringen.

---

[110] § 123a eingef. mWv 1.1.2005 durch G v. 13.12.2001 (BGBl. I S. 3656); Abs. 3 neu gef. mWv 1.7.2006 durch G v. 21.6.2006 (BGBl. I S. 1318).

§ 125a[111] [Elektronische Signatur]

(1) Soweit in Verfahren vor dem Patentamt für Anmeldungen, Anträge oder sonstige Handlungen die Schriftform vorgesehen ist, gelten die Regelungen des § 130a Abs. 1 Satz 1 und 3 sowie Abs. 3 der Zivilprozessordnung entsprechend.

(2) [1]Die Prozessakten des Patentgerichts und des Bundesgerichtshofs können elektronisch geführt werden. [2]Die Vorschriften der Zivilprozessordnung über elektronische Dokumente, die elektronische Akte und die elektronische Verfahrensführung im Übrigen gelten entsprechend, soweit sich aus diesem Gesetz nichts anderes ergibt.

(3) Das Bundesministerium der Justiz und für Verbraucherschutz bestimmt durch Rechtsverordnung ohne Zustimmung des Bundesrates

1. den Zeitpunkt, von dem an elektronische Dokumente bei dem Patentamt und den Gerichten eingereicht werden können, die für die Bearbeitung der Dokumente geeignete Form, ob eine elektronische Signatur zu verwenden ist und wie diese Signatur beschaffen ist;
2. den Zeitpunkt, von dem an die Prozessakten nach Absatz 2 elektronisch geführt werden können, sowie die hierfür geltenden organisatorisch-technischen Rahmenbedingungen für die Bildung, Führung und Aufbewahrung der elektronischen Prozessakten.

§ 126[112] [Amtssprache]

[1]Die Sprache vor dem Patentamt und dem Patentgericht ist deutsch, sofern nichts anderes bestimmt ist.

§ 127[113] [Anwendung des Verwaltungszustellungsgesetzes]

(1) Für Zustellungen im Verfahren vor dem Patentamt gelten die Vorschriften des Verwaltungszustellungsgesetzes mit folgenden Maßgaben:

---

[111] § 125a neu gef. mWv 1.10.2009 durch G v. 31.7.2009 (BGBl. I S. 2521); Abs. 3 Nr. 1 neu gef. mWv 25.10.2013 durch G v. 19.10.2013 (BGBl. I S. 3830); Abs. 3 einl. Satzteil geänd. mWv 8.9.2015 durch VO v. 31.8.2015 (BGBl. I S. 1474).

[112] § 126 Satz 1 neu gef., Satz 2 aufgeh. durch G v. 16.7.1998 (BGBl. I S. 1827).

[113] § 127 Abs. 1 Nr. 5 aufgeh., Abs. 2 geänd. durch G v. 16 7. 1998 (BGBl. I S. 1827); Abs. 1, Abs. 1 Nr. 4 geänd., Abs. 1 Nr. 2 und Abs. 2 neu gef. mWv 1.7.2002 durch G v. 25.6.2001 (BGBl. I S. 1206); Abs. 1 Nr. 3 geänd. mWv 1.7.2006 durch G v. 21.6.2006 (BGBl. I S. 1318); Abs. 1 Nr. 2 neu gef. mWv 1.10.2009 durch G v. 31.7.2009 (BGBl. I S. 2521); § 127 Abs. 1 neu gef. mWv 1.10.2016 durch G v. 4.4.2016 (BGBl. I S. 558):

(1) Für Zustellungen im Verfahren vor dem Patentamt gelten die Vorschriften des Verwaltungszustellungsgesetzes mit folgenden Maßgaben:

1. Wird die Annahme der Zustellung durch eingeschriebenen Brief ohne gesetzlichen Grund verweigert, so gilt die Zustellung gleichwohl als bewirkt.
2. An Empfänger, die sich im Ausland aufhalten und die entgegen dem Erfordernis des § 25 keinen Inlandsvertreter bestellt haben, kann mit eingeschriebenem Brief durch Aufgabe zur Post zugestellt werden. Gleiches gilt für Empfänger, die selbst Inlandsvertreter im Sinne des § 25 Abs. 2 sind. § 184 Abs. 2 Satz 1 und 4 der Zivilprozessordnung gilt entsprechend.
3. Für Zustellungen an Erlaubnisscheininhaber (§ 177 der Patentanwaltsordnung) ist § 5 Abs. 4 des Verwaltungszustellungsgesetzes entsprechend anzuwenden.
4. An Empfänger, denen beim Patentamt ein Abholfach eingerichtet worden ist, kann auch dadurch zugestellt werden, daß das Schriftstück im Abholfach des Empfängers niedergelegt wird. Über die Niederlegung ist eine Mitteilung zu den Akten zu geben. Auf dem Schriftstück ist zu vermerken, wann es niedergelegt worden ist. Die Zustellung gilt als am dritten Tag nach der Niederlegung im Abholfach bewirkt.

1. Wird die Annahme der Zustellung durch eingeschriebenen Brief ohne gesetzlichen Grund verweigert, so gilt die Zustellung gleichwohl als bewirkt.
2. An Empfänger, die sich im Ausland aufhalten und die entgegen dem Erfordernis des § 25 keinen Inlandsvertreter bestellt haben, kann mit eingeschriebenem Brief durch Aufgabe zur Post zugestellt werden. Gleiches gilt für Empfänger, die selbst Inlandsvertreter im Sinne des § 25 Abs. 2 sind. § 184 Abs. 2 Satz 1 und 4 der Zivilprozessordnung gilt entsprechend.
3. Für Zustellungen an Erlaubnisscheininhaber (§ 177 der Patentanwaltsordnung) ist § 5 Abs. 4 des Verwaltungszustellungsgesetzes entsprechend anzuwenden.
4. An Empfänger, denen beim Patentamt ein Abholfach eingerichtet worden ist, kann auch dadurch zugestellt werden, daß das Schriftstück im Abholfach des Empfängers niedergelegt wird. Über die Niederlegung ist eine schriftliche Mitteilung zu den Akten zu geben. Auf dem Schriftstück ist zu vermerken, wann es niedergelegt worden ist. Die Zustellung gilt als am dritten Tag nach der Niederlegung im Abholfach bewirkt.

(2) Für Zustellungen im Verfahren vor dem Bundespatentgericht gelten die Vorschriften der Zivilprozessordnung.

§ 128 [Rechtshilfe]

(1) Die Gerichte sind verpflichtet, dem Patentamt und dem Patentgericht Rechtshilfe zu leisten.

(2) [1]Im Verfahren vor dem Patentamt setzt das Patentgericht Ordnungs- oder Zwangsmittel gegen Zeugen oder Sachverständige, die nicht erscheinen oder ihre Aussage oder deren Beeidigung verweigern, auf Ersuchen des Patentamts fest. [2]Ebenso ist die Vorführung eines nicht erschienenen Zeugen anzuordnen.

(3) [1]Über das Ersuchen nach Absatz 2 entscheidet ein Beschwerdesenat des Patentgerichts in der Besetzung mit drei rechtskundigen Mitgliedern. [2]Die Entscheidung ergeht durch Beschluß.

§ 128a[114] [Anwendung des Justizvergütungs- und entschädigungsgesetzes]

Zeugen erhalten eine Entschädigung und Sachverständige eine Vergütung nach dem Justizvergütungs- und -entschädigungsgesetz.

§ 128b[115] [Anwendung des Gerichtsverfassungsgesetzes]

Die Vorschriften des Siebzehnten Titels des Gerichtsverfassungsgesetzes sind auf Verfahren vor dem Patentgericht und dem Bundesgerichtshof entsprechend anzuwenden.

---

5. Für die Zustellung von elektronischen Dokumenten ist ein Übermittlungsweg zu verwenden, bei dem die Authentizität und Integrität der Daten gewährleistet ist und der bei Nutzung allgemein zugänglicher Netze die Vertraulichkeit der zu übermittelnden Daten durch ein Verschlüsselungsverfahren sicherstellt. Das Bundesministerium der Justiz und für Verbraucherschutz erlässt durch Rechtsverordnung, die nicht der Zustimmung des Bundesrates bedarf, nähere Bestimmungen über die nach Satz 1 geeigneten Übermittlungswege sowie die Form und den Nachweis der elektronischen Zustellung.

[114] § 128a eingef. mWv 1.7.2004 durch G v. 5.5.2004 (BGBl. I S. 718).

[115] § 128b eingef. mWv 3.12.2011 durch G v. 24.11.2011 (BGBl. I S. 2302).

Achter Abschnitt Verfahrenskostenhilfe

§ 129[116] [Verfahrenskostenhilfe]

Im Verfahren vor dem Patentamt, dem Patentgericht und dem Bundesgerichtshof erhält ein Beteiligter Verfahrenskostenhilfe nach Maßgabe der Vorschriften der §§ 130 bis 138.

§ 130[117] [Patenterteilungsverfahren]

(1) [1]Im Verfahren zur Erteilung des Patents erhält der Anmelder auf Antrag unter entsprechender Anwendung der §§ 114 bis 116 der Zivilprozeßordnung Verfahrenskostenhilfe, wenn hinreichende Aussicht auf Erteilung des Patents besteht. [2]Auf Antrag des Anmelders oder des Patentinhabers kann Verfahrenskostenhilfe auch für die Jahresgebühren gemäß § 17 gewährt werden. [3]Die Zahlungen sind an die Bundeskasse zu leisten.

(2) [1]Die Bewilligung der Verfahrenskostenhilfe bewirkt, daß bei den Gebühren, die Gegenstand der Verfahrenskostenhilfe sind, die für den Fall der Nichtzahlung vorgesehenen Rechtsfolgen nicht eintreten. [2]Im übrigen ist § 122 Abs. 1 der Zivilprozeßordnung entsprechend anzuwenden.

(3) Beantragen mehrere gemeinsam das Patent, so erhalten sie die Verfahrenskostenhilfe nur, wenn alle Anmelder die Voraussetzungen des Absatzes 1 erfüllen.

(4) Ist der Anmelder oder Patentinhaber nicht der Erfinder oder dessen Gesamtrechtsnachfolger, so erhält er die Verfahrenskostenhilfe nur, wenn auch der Erfinder die Voraussetzungen des Absatzes 1 erfüllt.

(5) [1]Auf Antrag können so viele Jahresgebühren in die Verfahrenskostenhilfe einbezogen werden, wie erforderlich ist, um die einer Bewilligung der Verfahrenskostenhilfe nach § 115 Abs. 3 der Zivilprozessordnung entgegenstehende Beschränkung auszuschließen. [2]Die gezahlten Raten sind erst dann auf die Jahresgebühren zu verrechnen, wenn die Kosten des Patenterteilungsverfahrens einschließlich etwa entstandener Kosten für einen beigeordneten Vertreter durch die Ratenzahlungen gedeckt sind. [3]Soweit die Jahresgebühren durch die gezahlten Raten als entrichtet angesehen werden können, ist § 5 Abs. 2 des Patentkostengesetzes entsprechend anzuwenden.

(6) Die Absätze 1 bis 3 sind im Fall des § 44 auf den antragstellenden Dritten entsprechend anzuwenden, wenn dieser ein eigenes schutzwürdiges Interesse glaubhaft macht.

§ 131[118] [Patentbeschränkungsverfahren]

Im Verfahren zur Beschränkung oder zum Widerruf des Patents (§ 64) sind die Bestimmungen des § 130 Abs. 1, 2 und 5 entsprechend anzuwenden.

---

[116] § 129 Satz 2 aufgeh. durch G v. 16.7.1998 (BGBl I S. 1827).

[117] § 130 Abs. 1 Satz 2 angef., Abs. 1 bish. Satz 2 wird Satz 3, Abs. 4 geänd., Abs. 5 neu gef. mWv 1.1.2002 durch G v. 13.12.2001 (BGBl. I S. 3656); Abs. 1 Satz 2 und Abs. 6 geänd. mWv 1.4.2014 durch G v. 19.10.2013 (BGBl. I S. 3830).

[118] § 131 geänd. mWv 13.12.2007 durch G v. 24.8.2007 (BGBl. I S. 2166).

§ 132[119] [Einspruchsverfahren]

(1) [1]Im Einspruchsverfahren (§§ 59 bis 62) erhält der Patentinhaber auf Antrag unter entsprechender Anwendung der §§ 114 bis 116 der Zivilprozeßordnung und des § 130 Abs. 1 Satz 2 und Abs. 2, 4 und 5 Verfahrenskostenhilfe. [2]Hierbei ist nicht zu prüfen, ob die Rechtsverteidigung hinreichende Aussicht auf Erfolg bietet.

(2) Absatz 1 Satz 1 ist auf den Einsprechenden und den gemäß § 59 Abs. 2 beitretenden Dritten sowie auf die Beteiligten im Verfahren wegen Erklärung der Nichtigkeit des Patents oder in Zwangslizenzverfahren (§§ 81, 85 und 85 a) entsprechend anzuwenden, wenn der Antragsteller ein eigenes schutzwürdiges Interesse glaubhaft macht.

§ 133[120] [Beiordnung eines Patentanwalts oder Rechtsanwalts]

[1]Einem Beteiligten, dem die Verfahrenskostenhilfe nach den Vorschriften der §§ 130 bis 132 bewilligt worden ist, wird auf Antrag ein zur Übernahme der Vertretung bereiter Patentanwalt oder Rechtsanwalt seiner Wahl oder auf ausdrückliches Verlangen ein Erlaubnisscheininhaber beigeordnet, wenn die Vertretung zur sachdienlichen Erledigung des Verfahrens erforderlich erscheint oder ein Beteiligter mit entgegengesetzten Interessen durch einen Patentanwalt, einen Rechtsanwalt oder einen Erlaubnisscheininhaber vertreten ist. [2]§ 121 Abs. 4 und 5 der Zivilprozessordnung ist entsprechend anzuwenden.

§ 134 [Hemmung von Gebührenfristen]

Wird das Gesuch um Bewilligung der Verfahrenskostenhilfe nach den §§ 130 bis 132 vor Ablauf einer für die Zahlung einer Gebühr vorgeschriebenen Frist eingereicht, so wird der Lauf dieser Frist bis zum Ablauf von einem Monat nach Zustellung des auf das Gesuch ergehenden Beschlusses gehemmt.

§ 135[121] [Gesuch um Bewilligung der Verfahrenskostenhilfe]

(1) [1]Das Gesuch um Bewilligung der Verfahrenskostenhilfe ist schriftlich beim Patentamt, beim Patentgericht oder beim Bundesgerichtshof einzureichen. [2]§ 125 a gilt entsprechend. [3]In Verfahren nach den §§ 110 und 122 kann das Gesuch auch vor der Geschäftsstelle des Bundesgerichtshofs zu Protokoll erklärt werden.

(2) Über das Gesuch beschließt die Stelle, die für das Verfahren zuständig ist, für welches die Verfahrenskostenhilfe nachgesucht wird.

(3) [1]Die nach den §§ 130 bis 133 ergehenden Beschlüsse sind unanfechtbar, soweit es sich nicht um einen Beschluß der Patentabteilung handelt, durch den die Patentabteilung die Verfahrenskostenhilfe oder die Beiordnung eines Vertreters nach § 133 verweigert; die Rechtsbeschwerde ist ausgeschlossen. [2]§ 127 Abs. 3 der Zivilprozeßordnung ist auf das Verfahren vor dem Patentgericht entsprechend anzuwenden.

---

[119] § 132 Abs. 2 neu gef. durch G v. 16.7.1998 (BGBl. I S. 1827); Abs. 2 geänd. mWv 1.10.2009 durch G v. 31.7.2009 (BGBl. I S. 2521).

[120] § 133 Satz 2 neu gef. mWv 1.7.2006 durch G v. 21.6.2006 (BGBl. I S. 1318).

[121] § 135 Abs. 3 Satz 2 angef. durch G v. 9.12.1986 (BGBl. I S. 2326); Abs. 1 neu gef., Abs. 2 Sat 2 aufgeh. durch G v. 16.7.1998 (BGBl I S. 1827); Abs. 1 Satz 2 eingef., bish. Satz 2 wird Satz 3 mWv 26.. 2002 durch G v. 19.7.2002 (BGBl. I S. 2681).

§ 136[122] [Anwendung von Vorschriften der ZPO]

[1]Die Vorschriften des § 117 Abs. 2 bis 4, des § 118 Abs. 2 und 3, der §§ 119 und 120 Absatz 1 und 3, des § 120a Absatz 1, 2 und 4 sowie der §§ 124 und 127 Abs. 1 und 2 der Zivilprozeßordnung sind entsprechend anzuwenden, § 127 Abs. 2 der Zivilprozessordnung mit der Maßgabe, dass die Beschwerde unabhängig von dem Verfahrenswert stattfindet. [2]Im Einspruchsverfahren sowie in den Verfahren wegen Erklärung der Nichtigkeit des Patents oder in Zwangslizenzverfahren (§§ 81, 85 und 85a) gilt dies auch für § 117 Abs. 1 Satz 2, § 118 Abs. 1, § 122 Abs. 2 sowie die §§ 123, 125 und 126 der Zivilprozeßordnung.

§ 137[123] [Aufhebung der Verfahrenskostenhilfe]

[1]Die Verfahrenskostenhilfe kann aufgehoben werden, wenn die angemeldete oder durch ein Patent geschützte Erfindung, hinsichtlich deren Verfahrenskostenhilfe gewährt worden ist, durch Veräußerung, Benutzung, Lizenzvergabe oder auf sonstige Weise wirtschaftlich verwertet wird und die hieraus fließenden Einkünfte die für die Bewilligung der Verfahrenskostenhilfe maßgeblichen Verhältnisse so verändern, daß dem betroffenen Beteiligten die Zahlung der Verfahrenskosten zugemutet werden kann; dies gilt auch nach Ablauf der Frist des § 124 Absatz 1 Nr. 3 der Zivilprozeßordnung. [2]Der Beteiligte, dem Verfahrenskostenhilfe gewährt worden ist, hat jede wirtschaftliche Verwertung dieser Erfindung derjenigen Stelle anzuzeigen, die über die Bewilligung entschieden hat.

§ 138 [Rechtsbeschwerdeverfahren]

(1) Im Verfahren über die Rechtsbeschwerde (§ 100) ist einem Beteiligten auf Antrag unter entsprechender Anwendung der §§ 114 bis 116 der Zivilprozeßordnung Verfahrenskostenhilfe zu bewilligen.

(2) [1]Das Gesuch um die Bewilligung von Verfahrenskostenhilfe ist schriftlich beim Bundesgerichtshof einzureichen; es kann auch vor der Geschäftsstelle zu Protokoll erklärt werden. [2]Über das Gesuch beschließt der Bundesgerichtshof.

(3) Im übrigen sind die Bestimmungen des § 130 Abs. 2, 3, 5 und 6 sowie der §§ 133, 134, 136 und 137 entsprechend anzuwenden mit der Maßgabe, daß einem Beteiligten, dem Verfahrenskostenhilfe bewilligt worden ist, nur ein beim Bundesgerichtshof zugelassener Rechtsanwalt beigeordnet werden kann.

Neunter Abschnitt Rechtsverletzungen

§ 139[124] [Unterlassungs- und Schadensersatzanspruch]

(1) [1]Wer entgegen den §§ 9 bis 13 eine patentierte Erfindung benutzt, kann von dem Verletzten bei Wiederholungsgefahr auf Unterlassung in Anspruch genommen werden. [2]Der Anspruch besteht auch dann, wenn eine Zuwiderhandlung erstmalig droht.

---

[122] § 136 Satz 1 geänd. durch G v. 9.12.1986 (BGBl. I S. 2326); Satz 2 neu gef. durch G v. 16.7.1998 (BGBl. I S. 1827); Satz 1 geänd. mWv 1.1.2002 durch G v. 27.7.2001 (BGBl. I S. 1887); Satz 2 geänd. mWv 1.10.2009 durch G v. 31.7.2009 (BGBl. I S. 2521); Satz 1 geänd. mWv 1.1.2014 durch G v. 31.8.2013 (BGBl. I S. 3533).

[123] § 137 Satz 1 geänd. mWv 1.1.2014 durch G v. 31.8.2013 (BGBl. I S. 3533).

[124] § 139 Abs. 1 und 2 neu gef. mWv 1.9.2008 durch G v. 7.7.2008 (BGBl. I S. 1191).

(2) [1]Wer die Handlung vorsätzlich oder fahrlässig vornimmt, ist dem Verletzten zum Ersatz des daraus entstehenden Schadens verpflichtet. [2]Bei der Bemessung des Schadensersatzes kann auch der Gewinn, den der Verletzer durch die Verletzung des Rechts erzielt hat, berücksichtigt werden. [3]Der Schadensersatzanspruch kann auch auf der Grundlage des Betrages berechnet werden, den der Verletzer als angemessene Vergütung hätte entrichten müssen, wenn er die Erlaubnis zur Benutzung der Erfindung eingeholt hätte.

(3) [1]Ist Gegenstand des Patents ein Verfahren zur Herstellung eines neuen Erzeugnisses, so gilt bis zum Beweis des Gegenteils das gleiche Erzeugnis, das von einem anderen hergestellt worden ist, als nach dem patentierten Verfahren hergestellt. [2]Bei der Erhebung des Beweises des Gegenteils sind die berechtigten Interessen des Beklagten an der Wahrung seiner Herstellungs- und Betriebsgeheimnisse zu berücksichtigen.

§ 140 [Verletzung des einstweiligen Schutzes]

[1]Werden vor der Erteilung des Patents Rechte aus einer Anmeldung, in deren Akten die Einsicht jedermann freisteht (§ 31 Abs. 1 Satz 2 Halbsatz 2 und Abs. 2), gerichtlich geltend gemacht und kommt es für die Entscheidung des Rechtsstreits darauf an, daß ein Anspruch nach § 33 Abs. 1 besteht, so kann das Gericht anordnen, daß die Verhandlung bis zur Entscheidung über die Erteilung des Patents auszusetzen ist. [2]Ist ein Antrag auf Prüfung gemäß § 44 nicht gestellt worden, so hat das Gericht der Partei, die Rechte aus der Anmeldung geltend macht, auf Antrag des Gegners eine Frist zur Stellung des Antrags auf Prüfung zu setzen. [3]Wird der Antrag auf Prüfung nicht innerhalb der Frist gestellt, so können in dem Rechtsstreit Rechte aus der Anmeldung nicht geltend gemacht werden.

§ 140a[125] [Vernichtungs- und Rückrufansprüche]

(1) [1]Wer entgegen den §§ 9 bis 13 eine patentierte Erfindung benutzt, kann von dem Verletzten auf Vernichtung der im Besitz oder Eigentum des Verletzers befindlichen Erzeugnisse, die Gegenstand des Patents sind, in Anspruch genommen werden. [2]Satz 1 ist auch anzuwenden, wenn es sich um Erzeugnisse handelt, die durch ein Verfahren, das Gegenstand des Patents ist, unmittelbar hergestellt worden sind.

(2) Absatz 1 ist entsprechend auf die im Eigentum des Verletzers stehenden Materialien und Geräte anzuwenden, die vorwiegend zur Herstellung dieser Erzeugnisse gedient haben.

(3) [1]Wer entgegen den §§ 9 bis 13 eine patentierte Erfindung benutzt, kann von dem Verletzten auf Rückruf der Erzeugnisse, die Gegenstand des Patents sind, oder auf deren endgültiges Entfernen aus den Vertriebswegen in Anspruch genommen werden. [2]Satz 1 ist auch anzuwenden, wenn es sich um Erzeugnisse handelt, die durch ein Verfahren, das Gegenstand des Patents ist, unmittelbar hergestellt worden sind.

(4) [1]Die Ansprüche nach den Absätzen 1 bis 3 sind ausgeschlossen, wenn die Inanspruchnahme im Einzelfall unverhältnismäßig ist. [2]Bei der Prüfung der Verhältnismäßigkeit sind auch die berechtigten Interessen Dritter zu berücksichtigen.

---

[125] § 140a neu gef. mWv 1.9.2008 durch G v. 7.7.2008 (BGBl. I S. 1191).

§ 140b[126] [Auskunftsanspruch]

(1) Wer entgegen den §§ 9 bis 13 eine patentierte Erfindung benutzt, kann von dem Verletzten auf unverzügliche Auskunft über die Herkunft und den Vertriebsweg der benutzten Erzeugnisse in Anspruch genommen werden.

(2) [1]In Fällen offensichtlicher Rechtsverletzung oder in Fällen, in denen der Verletzte gegen den Verletzer Klage erhoben hat, besteht der Anspruch unbeschadet von Absatz 1 auch gegen eine Person, die in gewerblichem Ausmaß
1. rechtsverletzende Erzeugnisse in ihrem Besitz hatte,
2. rechtsverletzende Dienstleistungen in Anspruch nahm,
3. für rechtsverletzende Tätigkeiten genutzte Dienstleistungen erbrachte oder
4. nach den Angaben einer in Nummer 1, 2 oder Nummer 3 genannten Person an der Herstellung, Erzeugung oder am Vertrieb solcher Erzeugnisse oder an der Erbringung solcher Dienstleistungen beteiligt war,

es sei denn, die Person wäre nach den §§ 383 bis 385 der Zivilprozessordnung im Prozess gegen den Verletzer zur Zeugnisverweigerung berechtigt. [2]Im Fall der gerichtlichen Geltendmachung des Anspruchs nach Satz 1 kann das Gericht den gegen den Verletzer anhängigen Rechtsstreit auf Antrag bis zur Erledigung des wegen des Auskunftsanspruchs geführten Rechtsstreits aussetzen. [3]Der zur Auskunft Verpflichtete kann von dem Verletzten den Ersatz der für die Auskunftserteilung erforderlichen Aufwendungen verlangen.

(3) Der zur Auskunft Verpflichtete hat Angaben zu machen über
1. Namen und Anschrift der Hersteller, Lieferanten und anderer Vorbesitzer der Erzeugnisse oder der Nutzer der Dienstleistungen sowie der gewerblichen Abnehmer und Verkaufsstellen, für die sie bestimmt waren, und
2. die Menge der hergestellten, ausgelieferten, erhaltenen oder bestellten Erzeugnisse sowie über die Preise, die für die betreffenden Erzeugnisse oder Dienstleistungen bezahlt wurden.

(4) Die Ansprüche nach den Absätzen 1 und 2 sind ausgeschlossen, wenn die Inanspruchnahme im Einzelfall unverhältnismäßig ist.

(5) Erteilt der zur Auskunft Verpflichtete die Auskunft vorsätzlich oder grob fahrlässig falsch oder unvollständig, so ist er dem Verletzten zum Ersatz des daraus entstehenden Schadens verpflichtet.

(6) Wer eine wahre Auskunft erteilt hat, ohne dazu nach Absatz 1 oder Absatz 2 verpflichtet gewesen zu sein, haftet Dritten gegenüber nur, wenn er wusste, dass er zur Auskunftserteilung nicht verpflichtet war.

(7) In Fällen offensichtlicher Rechtsverletzung kann die Verpflichtung zur Erteilung der Auskunft im Wege der einstweiligen Verfügung nach den §§ 935 bis 945 der Zivilprozessordnung angeordnet werden.

(8) Die Erkenntnisse dürfen in einem Strafverfahren oder in einem Verfahren nach dem Gesetz über Ordnungswidrigkeiten wegen einer vor der Erteilung der Auskunft begangenen Tat gegen den Verpflichteten oder gegen einen in § 52 Abs. 1 der Strafprozessordnung bezeichneten Angehörigen nur mit Zustimmung des Verpflichteten verwertet werden.

(9) [1]Kann die Auskunft nur unter Verwendung von Verkehrsdaten (§ 3 Nr. 30 des Telekommunikationsgesetzes) erteilt werden, ist für ihre Erteilung eine vorherige richterliche Anordnung über die Zulässigkeit der Verwendung der Verkehrsdaten erforderlich, die von dem Verletzten zu beantragen ist. [2]Für den Erlass dieser Anord-

---

[126] § 140b eingef. mWv 1.9.2008 durch G v. 7.7.2008 (BGBl. I S. 1191); Abs. 9 Sätze 4 und 6 geänd., Satz 7 neu gef., Satz 8 aufgeh., bish. Satz 9 wird Satz 8 mWv 1.9.2009 durch G v. 17.12.2008 (BGBl. I S. 2586).

nung ist das Landgericht, in dessen Bezirk der zur Auskunft Verpflichtete seinen Wohnsitz, seinen Sitz oder eine Niederlassung hat, ohne Rücksicht auf den Streitwert ausschließlich zuständig. [3]Die Entscheidung trifft die Zivilkammer. [4]Für das Verfahren gelten die Vorschriften des Gesetzes über das Verfahren in Familiensachen und in den Angelegenheiten der freiwilligen Gerichtsbarkeit entsprechend. [5]Die Kosten der richterlichen Anordnung trägt der Verletzte. [6]Gegen die Entscheidung des Landgerichts ist die Beschwerde statthaft. [7]Die Beschwerde ist binnen einer Frist von zwei Wochen einzulegen. [8]Die Vorschriften zum Schutz personenbezogener Daten bleiben im Übrigen unberührt.

(10) Durch Absatz 2 in Verbindung mit Absatz 9 wird das Grundrecht des Fernmeldegeheimnisses (Artikel 10 des Grundgesetzes) eingeschränkt.

§ 140c[127] [Vorlage und Besichtigungsansprüche]

(1) [1]Wer mit hinreichender Wahrscheinlichkeit entgegen den §§ 9 bis 13 eine patentierte Erfindung benutzt, kann von dem Rechtsinhaber oder einem anderen Berechtigten auf Vorlage einer Urkunde oder Besichtigung einer Sache, die sich in seiner Verfügungsgewalt befindet, oder eines Verfahrens, das Gegenstand des Patents ist, in Anspruch genommen werden, wenn dies zur Begründung von dessen Ansprüchen erforderlich ist. [2]Besteht die hinreichende Wahrscheinlichkeit einer in gewerblichem Ausmaß begangenen Rechtsverletzung, erstreckt sich der Anspruch auch auf die Vorlage von Bank-, Finanz- oder Handelsunterlagen. [3]Soweit der vermeintliche Verletzer geltend macht, dass es sich um vertrauliche Informationen handelt, trifft das Gericht die erforderlichen Maßnahmen, um den im Einzelfall gebotenen Schutz zu gewährleisten.

(2) Der Anspruch nach Absatz 1 ist ausgeschlossen, wenn die Inanspruchnahme im Einzelfall unverhältnismäßig ist.

(3) [1]Die Verpflichtung zur Vorlage einer Urkunde oder zur Duldung der Besichtigung einer Sache kann im Wege der einstweiligen Verfügung nach den §§ 935 bis 945 der Zivilprozessordnung angeordnet werden. [2]Das Gericht trifft die erforderlichen Maßnahmen, um den Schutz vertraulicher Informationen zu gewährleisten. [3]Dies gilt insbesondere in den Fällen, in denen die einstweilige Verfügung ohne vorherige Anhörung des Gegners erlassen wird.

(4) § 811 des Bürgerlichen Gesetzbuchs sowie § 140b Abs. 8 gelten entsprechend.

(5) Wenn keine Verletzung vorlag oder drohte, kann der vermeintliche Verletzer von demjenigen, der die Vorlage oder Besichtigung nach Absatz 1 begehrt hat, den Ersatz des ihm durch das Begehren entstandenen Schadens verlangen.

§ 140d[128] [Sicherung von Schadenersatzansprüchen]

(1) [1]Der Verletzte kann den Verletzer bei einer in gewerblichem Ausmaß begangenen Rechtsverletzung in den Fällen des § 139 Abs. 2 auch auf Vorlage von Bank-, Finanz- oder Handelsunterlagen oder einen geeigneten Zugang zu den entsprechenden Unterlagen in Anspruch nehmen, die sich in der Verfügungsgewalt des Verletzers befinden und die für die Durchsetzung des Schadensersatzanspruchs erforderlich sind, wenn ohne die Vorlage die Erfüllung des Schadensersatzanspruchs fraglich ist. [2]Soweit der Verletzer geltend macht, dass es sich um vertrauliche Informationen handelt, trifft das Gericht die erforderlichen Maßnahmen, um den im Einzelfall gebotenen Schutz zu gewährleisten.

---

[127] § 140c eingef. mWv 1.9.2008 durch G v. 7.7.2008 (BGBl. I S. 1191).

[128] § 140d eingef. mWv 1.9.2008 durch G v. 7.7.2008 (BGBl. I S. 1191).

(2) Der Anspruch nach Absatz 1 ist ausgeschlossen, wenn die Inanspruchnahme im Einzelfall unverhältnismäßig ist.

(3) [1]Die Verpflichtung zur Vorlage der in Absatz 1 bezeichneten Urkunden kann im Wege der einstweiligen Verfügung nach den §§ 935 bis 945 der Zivilprozessordnung angeordnet werden, wenn der Schadensersatzanspruch offensichtlich besteht. [2]Das Gericht trifft die erforderlichen Maßnahmen, um den Schutz vertraulicher Informationen zu gewährleisten. [3]Dies gilt insbesondere in den Fällen, in denen die einstweilige Verfügung ohne vorherige Anhörung des Gegners erlassen wird.

(4) § 811 des Bürgerlichen Gesetzbuchs sowie § 140b Abs. 8 gelten entsprechend.

§ 140e[129] [Urteilsbekanntmachung]

[1]Ist eine Klage auf Grund dieses Gesetzes erhoben worden, so kann der obsiegenden Partei im Urteil die Befugnis zugesprochen werden, das Urteil auf Kosten der unterliegenden Partei öffentlich bekannt zu machen, wenn sie ein berechtigtes Interesse darlegt. [2]Art und Umfang der Bekanntmachung werden im Urteil bestimmt. [3]Die Befugnis erlischt, wenn von ihr nicht innerhalb von drei Monaten nach Eintritt der Rechtskraft des Urteils Gebrauch gemacht wird. [4]Der Ausspruch nach Satz 1 ist nicht vorläufig vollstreckbar.

§ 141[130] [Verjährung]

[1]Auf die Verjährung der Ansprüche wegen Verletzung des Patentrechts finden die Vorschriften des Abschnitts 5 des Buches 1 des Bürgerlichen Gesetzbuchs entsprechende Anwendung. [2]Hat der Verpflichtete durch die Verletzung auf Kosten des Berechtigten etwas erlangt, findet § 852 des Bürgerlichen Gesetzbuchs entsprechende Anwendung.

§ 141a[131] [Ansprüche aus anderen gesetzlichen Vorschriften]

Ansprüche aus anderen gesetzlichen Vorschriften bleiben unberührt.

§ 142[132] [Strafvorschriften]

(1) [1]Mit Freiheitsstrafe bis zu drei Jahren oder mit Geldstrafe wird bestraft, wer ohne die erforderliche Zustimmung des Patentinhabers oder des Inhabers eines ergänzenden Schutzzertifikats (§§ 16a, 49a)

1. ein Erzeugnis, das Gegenstand des Patents oder des ergänzenden Schutzzertifikats ist (§ 9 Satz 2 Nr. 1), herstellt oder anbietet, in Verkehr bringt, gebraucht oder zu einem der genannten Zwecke entweder einführt oder besitzt oder
2. ein Verfahren, das Gegenstand des Patents oder des ergänzenden Schutzzertifikats ist (§ 9 Satz 2 Nr. 2), anwendet oder zur Anwendung im Geltungsbereich dieses Gesetzes anbietet.

[2]Satz 1 Nr. 1 ist auch anzuwenden, wenn es sich um ein Erzeugnis handelt, das durch ein Verfahren, das Gegenstand des Patents oder des ergänzenden Schutzzertifikats ist, unmittelbar hergestellt worden ist (§ 9 Satz 2 Nr. 3).

(2) Handelt der Täter gewerbsmäßig, so ist die Strafe Freiheitsstrafe bis zu fünf Jahren oder Geldstrafe.

---

[129] § 140e eingef. mWv 1.9.2008 durch G v. 7.7.2008 (BGBl. I S. 1191).

[130] § 141 neu gef. mWv 1.1.2002 durch G v. 26.11.2001 (BGBl. I S. 3138).

[131] § 141a eingef. mWv 1.9.2008 durch G v. 7.7.2008 (BGBl. I S. 1191).

[132] § 142 Abs. 1 geänd., Abs. 2 uud 3 neu gef., Abs. 4–6 eingef. durch G v. 7.3.1990 (BGBl. I S. 422); Abs. 1 geänd. durch G v. 23.3.1993 (BGBl I S. 366)

(3) Der Versuch ist strafbar.

(4) In den Fällen des Absatzes 1 wird die Tat nur auf Antrag verfolgt, es sei denn, daß die Strafverfolgungsbehörde wegen des besonderen öffentlichen Interesses an der Strafverfolgung ein Einschreiten von Amts wegen für geboten hält.

(5) [1]Gegenstände, auf die sich die Straftat bezieht, können eingezogen werden. [2]§ 74a des Strafgesetzbuches ist anzuwenden. [3]Soweit den in § 140a bezeichneten Ansprüchen im Verfahren nach den Vorschriften der Strafprozeßordnung über die Entschädigung des Verletzten (§§ 403 bis 406c) stattgegeben wird, sind die Vorschriften über die Einziehung nicht anzuwenden.

(6) [1]Wird auf Strafe erkannt, so ist, wenn der Verletzte es beantragt und ein berechtigtes Interesse daran dartut, anzuordnen, daß die Verurteilung auf Verlangen öffentlich bekanntgemacht wird. [2]Die Art der Bekanntmachung ist im Urteil zu bestimmen.

§ 142a[133] [Beschlagnahme]

(1) [1]Ein Erzeugnis, das ein nach diesem Gesetz geschütztes Patent verletzt, unterliegt auf Antrag und gegen Sicherheitsleistung des Rechtsinhabers bei seiner Einfuhr oder Ausfuhr der Beschlagnahme durch die Zollbehörde, soweit die Rechtsverletzung offensichtlich ist und soweit nicht die Verordnung (EU) Nr. 608/2013 des Europäischen Parlaments und des Rates vom 12. Juni 2013 zur Durchsetzung der Rechte geistigen Eigentums durch die Zollbehörden und zur Aufhebung der Verordnung (EG) Nr. 1383/2003 des Rates (ABl. L 181 vom 29.6.2013, S. 15), in ihrer jeweils geltenden Fassung anzuwenden ist. [2]Dies gilt für den Verkehr mit anderen Mitgliedstaaten der Europäischen Union sowie mit den anderen Vertragsstaaten des Abkommens über den Europäischen Wirtschaftsraum nur, soweit Kontrollen durch die Zollbehörden stattfinden.

(2) [1]Ordnet die Zollbehörde die Beschlagnahme an, so unterrichtet sie unverzüglich den Verfügungsberechtigten sowie den Antragsteller. [2]Dem Antragsteller sind Herkunft, Menge und Lagerort des Erzeugnisses sowie Name und Anschrift des Verfügungsberechtigten mitzuteilen; das Brief- und Postgeheimnis (Artikel 10 des Grundgesetzes) wird insoweit eingeschränkt. [3]Dem Antragsteller wird Gelegenheit gegeben, das Erzeugnis zu besichtigen, soweit hierdurch nicht in Geschäfts- oder Betriebsgeheimnisse eingegriffen wird.

(3) Wird der Beschlagnahme nicht spätestens nach Ablauf von zwei Wochen nach Zustellung der Mitteilung nach Absatz 2 Satz 1 widersprochen, so ordnet die Zollbehörde die Einziehung des beschlagnahmten Erzeugnisses an.

(4) [1]Widerspricht der Verfügungsberechtigte der Beschlagnahme, so unterrichtet die Zollbehörde hiervon unverzüglich den Antragsteller. [2]Dieser hat gegenüber der Zollbehörde unverzüglich zu erklären, ob er den Antrag nach Absatz 1 in bezug auf das beschlagnahmte Erzeugnis aufrechterhält.

1. Nimmt der Antragsteller den Antrag zurück, hebt die Zollbehörde die Beschlagnahme unverzüglich auf.
2. Hält der Antragsteller den Antrag aufrecht und legt er eine vollziehbare gerichtliche Entscheidung vor, die die Verwahrung des beschlagnahmten Erzeugnisses

[133] § 142a eingef. durch G v. 7.3.1990 (BGBl. I S. 422); Abs. 1 Satz 2 neu gef. durch G v. 16.7.1998 (BGBl. I S. 1827); Abs. 6 Satz 1 geänd. mWv 1.1.2008 durch G v. 13.12.2007 (BGBl. I S. 2897); Abs. 1 neu gef., Abs. 6 Satz 1 geänd. mWv 1.9.2008 durch G v. 7.7.2008 (BGBl. I S. 1191); Abs. 6 Satz 1 geänd. mWv 1.1.2016 durch G v. 3.12.2015 (BGBl. I S. 2178); § 142a Abs. 1 geänd. mWv 1.7.2016 durch G v. 4.4.2016 (BGBl. I S. 558).

oder eine Verfügungsbeschränkung anordnet, trifft die Zollbehörde die erforderlichen Maßnahmen.

[3]Liegen die Fälle der Nummern 1 oder 2 nicht vor, hebt die Zollbehörde die Beschlagnahme nach Ablauf von zwei Wochen nach Zustellung der Mitteilung an den Antragsteller nach Satz 1 auf; weist der Antragsteller nach, daß die gerichtliche Entscheidung nach Nummer 2 beantragt, ihm aber noch nicht zugegangen ist, wird die Beschlagnahme für längstens zwei weitere Wochen aufrechterhalten.

(5) Erweist sich die Beschlagnahme als von Anfang an ungerechtfertigt und hat der Antragsteller den Antrag nach Absatz 1 in bezug auf das beschlagnahmte Erzeugnis aufrechterhalten oder sich nicht unverzüglich erklärt (Absatz 4 Satz 2), so ist er verpflichtet, den dem Verfügungsberechtigten durch die Beschlagnahme entstandenen Schaden zu ersetzen.

(6) [1]Der Antrag nach Absatz 1 ist bei der Generalzolldirektion zu stellen und hat Wirkung für ein Jahr, sofern keine kürzere Geltungsdauer beantragt wird; er kann wiederholt werden. [2]Für die mit dem Antrag verbundenen Amtshandlungen werden vom Antragsteller Kosten nach Maßgabe des § 178 der Abgabenordnung erhoben.

(7) [1]Die Beschlagnahme und die Einziehung können mit den Rechtsmitteln angefochten werden, die im Bußgeldverfahren nach dem Gesetz über Ordnungswidrigkeiten gegen die Beschlagnahme und Einziehung zulässig sind. [2]Im Rechtsmittelverfahren ist der Antragsteller zu hören. [3]Gegen die Entscheidung des Amtsgerichts ist die sofortige Beschwerde zulässig; über sie entscheidet das Oberlandesgericht.

§ 142b[134] [Verfahren nach der Verordnung (EG) Nr. 1383/2003]

Für das Verfahren nach der Verordnung (EU) Nr. 608/2013 gilt § 142a Absatz 5 und 6 entsprechend, soweit die Verordnung keine Bestimmungen enthält, die dem entgegenstehen.

Zehnter Abschnitt Verfahren in Patentstreitsachen

§ 143[135] [Gerichte für Patentstreitsachen]

(1) Für alle Klagen, durch die ein Anspruch aus einem der in diesem Gesetz geregelten Rechtsverhältnisse geltend gemacht wird (Patentstreitsachen), sind die Zivilkammern der Landgerichte ohne Rücksicht auf den Streitwert ausschließlich zuständig.

(2) [1]Die Landesregierungen werden ermächtigt, durch Rechtsverordnung die Patentstreitsachen für die Bezirke mehrerer Landgerichte einem von ihnen zuzuweisen.[136] [2]Die Landesregierungen können diese Ermächtigungen auf die Landesjustiz-

---

[134] § 142b eingef. mWv 1.9.2008 durch G v. 7.7.2008 (BGBl. I S. 1191); neu gef. mWv 1.7.2016 durch G v. 4.4.2016 (BGBl. I S. 558).

[135] § 143 Abs. 3 neu gef. mWv 1.1.2000 durch G v. 2.9.1994 (BGBl. I S. 2278) und Inkrafttreten geänd. durch G v. 17.12.1999 (BGBl. I S. 2448); Abs. 5 geänd. mWv 1.1.2002 durch G v. 13.12.2001 (BGBl. I S. 3656); Abs. 3 und 4 aufgeh., bish. Abs. 5 wird Abs. 3 mWv 1.8.2002 durch G v. 23.7.2002 (BGBl. I S. 2850); Abs. 2 Satz 3 angef. mWv 1.6.2004 durch G v. 12.3.2004 (BGBl. I S. 390); Abs. 3 geänd. mWv 1.7.2004 durch G v. 5.5.2004 (BGBl. I S. 718).

[136] Die Länder haben hierzu ua folgende Vorschriften erlassen: Baden-Württemberg: Zuständig für Patentstreitsachen dieses Landes ist das LG Mannheim (Staatsvertrag zwischen den früheren Ländern Baden, Württemberg-Baden und Württemberg-Hohenzollern v. 9.3.1951 – GVBl. Baden 1951 S. 56, RegBl. WüBa. 1951 S. 19, RegBl. WüHo. 1951 S. 31). Bayern: Zuständig für

verwaltungen übertragen. [3]Die Länder können außerdem durch Vereinbarung den Gerichten eines Landes obliegende Aufgaben insgesamt oder teilweise dem zuständigen Gericht eines anderen Landes übertragen.

(3) Von den Kosten, die durch die Mitwirkung eines Patentanwalts in dem Rechtsstreit entstehen, sind die Gebühren nach § 13 des Rechtsanwaltsvergütungsgesetzes und außerdem die notwendigen Auslagen des Patentanwalts[137] zu erstatten.

§ 144 [Herabsetzung des Streitwerts]

(1) [1]Macht in einer Patentstreitsache eine Partei glaubhaft, daß die Belastung mit den Prozeßkosten nach dem vollen Streitwert ihre wirtschaftliche Lage erheblich gefährden würde, so kann das Gericht auf ihren Antrag anordnen, daß die Verpflichtung

---

Patentstreitsachen des OLG-Bezirks München ist das LG München I, für die OLG-Bezirke Nürnberg und Bamberg das LG Nürnberg-Fürth (VO v. 2.2.1988, GVBl. S. 6). Bremen, Hamburg und Schleswig-Holstein: Zuständig für Patentstreitsachen dieser Länder ist das LG Hamburg (Staatsvertrag v. 1.10.1949 – BremGBl. 1950 S. 17, HambAmtlAnz. 1950 S. 73, SchlHGVOBl. 1949 S. 221). Hessen: Zuständig für Patentstreitsachen dieses Landes ist das LG Frankfurt (Main) (VO v. 26.8.1960, GVBl. S. 175). Mecklenburg-Vorpommern: Zuständig für Patentstreitsachen des OLG-Bezirks ist das LG Rostock (VO v. 10.6.1992, GVOBl. M-V S. 335). Niedersachsen: Zuständig für Patentstreitsachen dieses Landes ist das LG Braunschweig (VO v. 18.3.1988, GVBl. S 39, geänd. durch VO v. 21.6.1991, GVBl. S. 217). Nordrhein-Westfalen: Zuständig für Patentstreitsachen, Gebrauchsmuster- und Sortenschutzstreitsachen dieses Landes ist das Landgericht Düsseldorf (VO v. 28.6.1988, GV NW S. 321). Rheinland-Pfalz: Zuständig für Patentstreitsachen, für welche die Landgerichte des Landes Rheinland-Pfalz zuständig sind, ist das LG Frankfurt (Main) (Staatsvertrag zwischen den Ländern Rheinland-Pfalz und Hessen v. 4.8.1950 – RhPfGVBl. S. 316, HessGVBl. S. 250).

[137] Vgl. hierzu die Patentanwaltsordnung.Beachte auch das Gesetz über die Erstattung von Gebühren des beigeordneten Vertreters in Patent-, Gebrauchsmuster-, Design-, Topographieschutz- und Sortenschutzsachen (Vertretergebühren-Erstattungsgesetz – VertrGebErstG).Beachte außerdem das Gesetz über die Beiordnung von Patentanwälten bei Prozeßkostenhilfe v. 5.2.1938 (RGBl. I S. 116): „§ 1 (1) Wird in einem Rechtsstreit, in dem ein Anspruch aus einem der im Patentgesetz, im Gebrauchsmustergesetz, im Halbleiterschutzgesetz, im Markengesetz, im Gesetz über Arbeitnehmererfindungen, im Designgesetz oder im Sortenschutzgesetz geregelten Rechtsverhältnisse geltend gemacht wird, einer Partei Prozeßkostenhilfe bewilligt, so kann ihr auf Antrag zu ihrer Beratung und zur Unterstützung des Rechtsanwalts ein Patentanwalt beigeordnet werden, wenn und soweit es zur sachgemäßen Rechtsverfolgung oder Rechtsverteidigung erforderlich erscheint. (2) Das gleiche gilt für sonstige Rechtsstreitigkeiten, soweit für die Entscheidung eine Frage von Bedeutung ist, die ein Patent, ein Gebrauchsmuster, den Schutz einer Topographie, eine Marke oder ein sonstiges nach dem Markengesetz geschütztes Kennzeichen, ein eingetragenes Design, eine nicht geschützte Erfindung oder eine sonstige die Technik bereichernde Leistung, einen Sortenschutz oder eine nicht geschützte, den Pflanzenbau bereichernde Leistung auf dem Gebiet der Pflanzenzüchtung betrifft, oder soweit für die Entscheidung eine mit einer solchen Frage unmittelbar zusammenhängende Rechtsfrage von Bedeutung ist. (3) Die Vorschriften des § 117 Abs. 1, des § 119 Abs. 1 Satz 1, des § 121 Abs. 2 und 3, des § 122 Abs. 1 Nr. 1 Buchstabe b und Nr. 3 und der §§ 124, 126 und 127 der Zivilprozeßordnung gelten entsprechend.§ 2Auf die Erstattung der Gebühren und Auslagen des beigeordneten Patentanwalts sind die Vorschriften des Rechtsanwaltsvergütungsgesetzes, die für die Vergütung bei Prozesskostenhilfe gelten, sinngemäß mit folgenden Maßgaben anzuwenden: 1. Der Patentanwalt erhält eine Gebühr mit einem Gebührensatz von 1,0 und, wenn er eine mündliche Verhandlung oder einen Beweistermin wahrgenommen hat, eine Gebühr mit einem Gebührensatz von 2,0 nach § 49 des Rechtsanwaltsvergütungsgesetzes. 2. Reisekosten für die Wahrnehmung einer mündlichen Verhandlung oder eines Beweistermins werden nur ersetzt, wenn das Prozessgericht vor dem Termin die Teilnahme des Patentanwalts für geboten erklärt hat."

dieser Partei zur Zahlung von Gerichtskosten sich nach einem ihrer Wirtschaftslage angepaßten Teil des Streitwerts bemißt. [2]Die Anordnung hat zur Folge, daß die begünstigte Partei die Gebühren ihres Rechtsanwalts ebenfalls nur nach diesem Teil des Streitwerts zu entrichten hat. [3]Soweit ihr Kosten des Rechtsstreits auferlegt werden oder soweit sie diese übernimmt, hat sie die von dem Gegner entrichteten Gerichtsgebühren und die Gebühren seines Rechtsanwalts nur nach dem Teil des Streitwerts zu erstatten. [4]Soweit die außergerichtlichen Kosten dem Gegner auferlegt oder von ihm übernommen werden, kann der Rechtsanwalt der begünstigten Partei seine Gebühren von dem Gegner nach dem für diesen geltenden Streitwert beitreiben.

(2) [1]Der Antrag nach Absatz 1 kann vor der Geschäftsstelle des Gerichts zur Niederschrift erklärt werden. [2]Er ist vor der Verhandlung zur Hauptsache anzubringen. [3]Danach ist er nur zulässig, wenn der angenommene oder festgesetzte Streitwert später durch das Gericht heraufgesetzt wird. [4]Vor der Entscheidung über den Antrag ist der Gegner zu hören.

§ 145 [Weitere Klage wegen eines anderen Patents]

Wer eine Klage nach § 139 erhoben hat, kann gegen den Beklagten wegen derselben oder einer gleichartigen Handlung auf Grund eines anderen Patents nur dann eine weitere Klage erheben, wenn er ohne sein Verschulden nicht in der Lage war, auch dieses Patent in dem früheren Rechtsstreit geltend zu machen.

Elfter Abschnitt Patentberühmung

§ 146 [Patentberühmung]

Wer Gegenstände oder ihre Verpackung mit einer Bezeichnung versieht, die geeignet ist, den Eindruck zu erwecken, daß die Gegenstände durch ein Patent oder eine Patentanmeldung nach diesem Gesetz geschützt seien, oder wer in öffentlichen Anzeigen, auf Aushängeschildern, auf Empfehlungskarten oder in ähnlichen Kundgebungen eine Bezeichnung solcher Art verwendet, ist verpflichtet, jedem, der ein berechtigtes Interesse an der Kenntnis der Rechtslage hat, auf Verlangen Auskunft darüber zu geben, auf welches Patent oder auf welche Patentanmeldung sich die Verwendung der Bezeichnung stützt.

Zwölfter Abschnitt[138] Übergangsvorschriften

§ 147[139] [Übergangsvorschriften]

(1) Artikel 229 § 6 des Einführungsgesetzes zum Bürgerlichen Gesetzbuche findet mit der Maßgabe entsprechende Anwendung, dass § 33 Abs. 3 und § 141 in der bis zum 1. Januar 2002 geltenden Fassung den Vorschriften des Bürgerlichen Gesetz-

---

[138] Zwölfter Abschnitt (§ 147) angef. mWv 1.1.2002 durch G v. 26.11.2001 (BGBl. I S. 3138).

[139] § 147 bish. Wortlaut wird Abs. 1, Abs. 2 und 3 angef. mWv 1.1.2002 durch G v. 13.12.2001 (BGBl. I S. 3656); Abs. 2 und 3 aufgeh. mWv 1.7.2006 durch G v. 21.6.2006 (BGBl. I S. 1318); Abs. 2 angef. mWv 1.10.2009 durch G v. 31.7.2009 (BGBl. I S. 2521); Abs. 3–5 angef. mWv 25.10.2013 durch G v. 19.10.2013 (BGBl. I S. 3830).

buchs über die Verjährung in der bis zum 1. Januar 2002 geltenden Fassung gleichgestellt ist.

(2) Für Verfahren wegen Erklärung der Nichtigkeit des Patents oder des ergänzenden Schutzzertifikats oder wegen Erteilung oder Rücknahme der Zwangslizenz oder wegen der Anpassung der durch Urteil festgesetzten Vergütung für eine Zwangslizenz, die vor dem 1. Oktober 2009 durch Klage beim Bundespatentgericht eingeleitet wurden, sind die Vorschriften dieses Gesetzes in der bis zum 30. September 2009 geltenden Fassung weiter anzuwenden.

(3) Für Verfahren, in denen ein Antrag auf ein Zusatzpatent gestellt worden ist oder nach § 16 Absatz 1 Satz 2 dieses Gesetzes in der vor dem 1. April 2014 geltenden Fassung noch gestellt werden kann oder ein Zusatzpatent in Kraft ist, sind § 16 Absatz 1 Satz 2, Absatz 2, § 17 Absatz 2, § 23 Absatz 1, § 42 Absatz 2 Satz 1 Nummer 4, Satz 2 und Absatz 3 Satz 1 sowie § 43 Absatz 2 Satz 4 dieses Gesetzes in ihrer bis zum 1. April 2014 geltenden Fassung weiter anzuwenden.

(4) Für Anträge auf Verlängerung der Frist zur Benennung des Erfinders sind § 37 Absatz 2 Satz 2 bis 4 und § 20 Absatz 1 Nummer 2 dieses Gesetzes in der vor dem 1. April 2014 geltenden Fassung weiter anzuwenden, wenn die Anträge vor dem 1. April 2014 beim Deutschen Patent- und Markenamt eingegangen sind und das Patent bereits erteilt worden ist.

(5) Für Anträge auf Anhörung nach § 46 Absatz 1, die vor dem 1. April 2014 beim Deutschen Patent- und Markenamt eingegangen sind, ist § 46 dieses Gesetzes in der bis dahin geltenden Fassung weiter anzuwenden.

3. Gesetz über die Kosten des Deutschen Patent- und Markenamts und des Bundespatentgerichts (Patentkostengesetz – PatKostG)[1, 2, 3, 4]

vom 13. Dezember 2001
(BGBl. I S. 3656)

Zuletzt geändert durch Art. 13 G zur Änd. des DesignG und weiterer Vorschriften des gewerblichen Rechtsschutzes vom 4.4.2016 (BGBl. I S. 558)

§ 1[5] Geltungsbereich, Verordnungsermächtigungen

(1) [1]Die Gebühren des Deutschen Patent- und Markenamts und des Bundespatentgerichts werden, soweit gesetzlich nichts anderes bestimmt ist, nach diesem Gesetz erhoben. [2]Für Auslagen in Verfahren vor dem Bundespatentgericht ist das Gerichtskostengesetz anzuwenden.

(2) [1]Das Bundesministerium der Justiz und für Verbraucherschutz wird ermächtigt, durch Rechtsverordnung, die nicht der Zustimmung des Bundesrates bedarf, zu bestimmen,

1. dass in Verfahren vor dem Deutschen Patent- und Markenamt neben den nach diesem Gesetz erhobenen Gebühren auch Auslagen sowie Verwaltungskosten (Gebühren und Auslagen für Bescheinigungen, Beglaubigungen, Akteneinsicht und Auskünfte und sonstige Amtshandlungen) erhoben werden und
2. welche Zahlungswege für die an das Deutsche Patent- und Markenamt und das Bundespatentgericht zu zahlenden Kosten (Gebühren und Auslagen) gelten und Bestimmungen über den Zahlungstag zu treffen.[6]

§ 2[7] Höhe der Gebühren

(1) Gebühren werden nach dem Gebührenverzeichnis der Anlage zu diesem Gesetz erhoben.

(2) [1]Für Klagen und einstweilige Verfügungen vor dem Bundespatentgericht richten sich die Gebühren nach dem Streitwert. [2]Die Höhe der Gebühr bestimmt sich nach § 34 des Gerichtskostengesetzes. [3]Der Mindestbetrag einer Gebühr beträgt 121 Euro. [4]Für die Festsetzung des Streitwerts gelten die Vorschriften des Gerichts-

---

[1] Verkündet als Art. 1 G v. 13.12.2001 (BGBl. I S. 3656); Inkrafttreten gem. Art. 30 Abs. 1 dieses G am 1.1.2002; Vorschriften, die zum Erlass von Rechtsverordnungen ermächtigen, traten gem. Art. 30 Abs. 2 Nr. 5 dieses G bereits am 20.12.2001 in Kraft.

[2] Die Änderungen durch G v. 24.8.2007 (BGBl. I S. 2166) sind gem. Bek. v. 19.2.2008 (BGBl. I S. 254) am 13.12.2007 in Kraft getreten.

[3] Die Änderungen durch das G v. 29.7.2009 (BGBl. I S. 2446) treten gem. Bek. v. 1.3.2010 (BGBl. II S. 190) am 13.2.2010 in Kraft; an dem Tag tritt die Genfer Akte für die Bundesrepublik Deutschland in Kraft.

[4] **[Amtl. Anm.:]** Dieses Gesetz dient der Umsetzung der Richtlinie 2004/48/EG des Europäischen Parlaments und des Rates vom 29. April 2004 zur Durchsetzung der Rechte des geistigen Eigentums (ABl. EU Nr. L 195 S. 16).

[5] § 1 Abs. 2 geänd. mWv 8.9.2015 durch VO v. 31.8.2015 (BGBl. I S. 1474).

[6] Siehe die PatKostZVVO über die Zahlung der Kosten des Deutschen Patent- und Markenamtes und des Bundespatentgerichts (Patentkostenzahlungsverordnung – PatKostZV).

[7] § 2 Abs. 2 Satz 2 geänd. mWv 1.7.2004 durch G v. 5.5.2004 (BGBl. I S. 718).

kostengesetzes entsprechend. [5]Die Regelungen über die Streitwertherabsetzung (§ 144 des Patentgesetzes und § 26 des Gebrauchsmustergesetzes) sind entsprechend anzuwenden.

§ 3[8] Fälligkeit der Gebühren

(1) [1]Die Gebühren werden mit der Einreichung einer Anmeldung, eines Antrags oder durch die Vornahme einer sonstigen Handlung oder mit der Abgabe der entsprechenden Erklärung zu Protokoll fällig, soweit gesetzlich nichts anderes bestimmt ist. [2]Eine sonstige Handlung im Sinn dieses Gesetzes ist insbesondere

1. die Einlegung von Rechtsbehelfen und Rechtsmitteln;
2. der Antrag auf gerichtliche Entscheidung nach § 61 Abs. 2 des Patentgesetzes;
3. die Erklärung eines Beitritts zum Einspruchsverfahren;
4. die Einreichung einer Klage;
5. die Änderung einer Anmeldung oder eines Antrags, wenn sich dadurch eine höhere Gebühr für das Verfahren oder die Entscheidung ergibt.

[3]Die Gebühr für die erfolglose Rüge wegen Verletzung des Anspruchs auf rechtliches Gehör wird mit der Bekanntgabe der Entscheidung fällig. [4]Ein hilfsweise gestellter Antrag wird zur Bemessung der Gebührenhöhe dem Hauptantrag hinzugerechnet, soweit eine Entscheidung über ihn ergeht; soweit Haupt- und Hilfsantrag denselben Gegenstand betreffen, wird die Höhe der Gebühr nur nach dem Antrag bemessen, der zur höheren Gebühr führt. [5]Legt der Erinnerungsführer gemäß § 64 Abs. 6 Satz 2 des Markengesetzes Beschwerde ein, hat er eine Beschwerdegebühr nicht zu entrichten.

(2) [1]Die Jahresgebühren für Patente, Schutzzertifikate und Patentanmeldungen und die Verlängerungsgebühren für Marken sowie die Aufrechterhaltungsgebühren für Gebrauchsmuster und eingetragene Designs sind jeweils für die folgende Schutzfrist am letzten Tag des Monats fällig, der durch seine Benennung dem Monat entspricht, in den der Anmeldetag fällt. [2]Wird ein Gebrauchsmuster, ein Design oder eine Marke erst nach Beendigung der ersten oder einer folgenden Schutzfrist eingetragen, so ist die Aufrechterhaltungsgebühr oder die Verlängerungsgebühr am letzten Tag des Monats fällig, in dem die Eintragung in das Register erfolgt ist.

§ 4 Kostenschuldner

(1) [1]Zur Zahlung der Kosten ist verpflichtet,

1. wer die Amtshandlung veranlasst oder zu wessen Gunsten sie vorgenommen wird;
2. wem durch Entscheidung des Deutschen Patent- und Markenamts oder des Bundespatentgerichts die Kosten auferlegt sind;
3. wer die Kosten durch eine gegenüber dem Deutschen Patent- und Markenamt oder dem Bundespatentgericht abgegebene oder dem Deutschen Patent- und Markenamt oder dem Bundespatentgericht mitgeteilte Erklärung übernommen hat;
4. wer für die Kostenschuld eines anderen kraft Gesetzes haftet.

(2) Mehrere Kostenschuldner haften als Gesamtschuldner.

---

[8] § 3 Abs. 1 geänd. mWv 26.7.2002 durch G v. 19.7.2002 (BGBl. I S. 2681); Abs. 2 Satz 1 geänd. mWv 1.6.2004 durch G v. 12.3.2004 (BGBl. I S. 390); Abs. 1 neu gef. mWv 1.7.2006 durch G v. 21.6.2006 (BGBl. I S. 1318); Abs. 1 Satz 2 Nr. 4 geänd., Nr. 5 und Sätze 4 und 5 angef. mWv 1.10.2009 durch G v. 31.7.2009 (BGBl. I S. 2521); Abs. 2 Satz 1 geänd. mWv 1.1.2014 durch G v. 10.10.2013 (BGBl. I S. 3799); Abs. 2 Satz 2 geänd. mWv 1.7.2016 durch G v. 4.4.2016 (BGBl. I S. 558).

(3) [1]Soweit ein Kostenschuldner auf Grund von Absatz 1 Nr. 2 und 3 haftet, soll die Haftung eines anderen Kostenschuldners nur geltend gemacht werden, wenn eine Zwangsvollstreckung in das bewegliche Vermögen des ersteren erfolglos geblieben ist oder aussichtslos erscheint. [2]Soweit einem Kostenschuldner, der auf Grund von Absatz 1 Nr. 2 haftet, Verfahrenskostenhilfe bewilligt ist, soll die Haftung eines anderen Kostenschuldners nicht geltend gemacht werden. [3]Bereits gezahlte Beträge sind zu erstatten.

§ 5[9] Vorauszahlung, Vorschuss

(1) [1]In Verfahren vor dem Deutschen Patent- und Markenamt soll die Bearbeitung erst nach Zahlung der Gebühr für das Verfahren erfolgen; das gilt auch, wenn Anträge geändert werden. [2]Satz 1 gilt nicht für die Anträge auf Weiterleitung einer Anmeldung an das Harmonisierungsamt für den Binnenmarkt (Marken, Muster und Modelle) nach § 125a des Markengesetzes, § 62 des Designgesetzes und die Anträge auf Weiterleitung internationaler Anmeldungen an das Internationale Büro der Weltorganisation für geistiges Eigentum nach § 68 des Designgesetzes. [3]In Verfahren vor dem Bundespatentgericht soll die Klage erst nach Zahlung der Gebühr für das Verfahren zugestellt werden; im Fall eines Beitritts zum Einspruch im Beschwerdeverfahren oder eines Beitritts zum Einspruch im Fall der gerichtlichen Entscheidung nach § 61 Abs. 2 des Patentgesetzes soll vor Zahlung der Gebühr keine gerichtliche Handlung vorgenommen werden.

(2) Die Jahresgebühren für Patente, Schutzzertifikate und Patentanmeldungen, die Verlängerungsgebühren für Marken und die Aufrechterhaltungsgebühren für Gebrauchsmuster und eingetragene Designs dürfen frühestens ein Jahr vor Eintritt der Fälligkeit vorausgezahlt werden, soweit nichts anderes bestimmt ist.

§ 6[10] Zahlungsfristen, Folgen der Nichtzahlung

(1) [1]Ist für die Stellung eines Antrags oder die Vornahme einer sonstigen Handlung durch Gesetz eine Frist bestimmt, so ist innerhalb dieser Frist auch die Gebühr zu zahlen. [2]Alle übrigen Gebühren sind innerhalb von drei Monaten ab Fälligkeit (§ 3 Abs. 1) zu zahlen, soweit gesetzlich nichts anderes bestimmt ist.

(2) Wird eine Gebühr nach Absatz 1 nicht, nicht vollständig oder nicht rechtzeitig gezahlt, so gilt die Anmeldung oder der Antrag als zurückgenommen, oder die Handlung als nicht vorgenommen, soweit gesetzlich nichts anderes bestimmt ist.

(3) Absatz 2 ist auf Weiterleitungsgebühren (Nummern 335100, 344100 und 345100) nicht anwendbar.

(4) Zahlt der Erinnerungsführer die Gebühr für das Erinnerungsverfahren nicht, nicht rechtzeitig oder nicht vollständig, so gilt auch die von ihm nach § 64 Abs. 6 Satz 2 des Markengesetzes eingelegte Beschwerde als zurückgenommen.

---

[9] § 5 Abs. 1 Satz 2 neu gef., Abs. 2 geänd. mWv 1.6.2004 durch G v. 12.3.2004 (BGBl. I S. 390); Abs. 1 Satz 1 neu gef., Satz 3 geänd. mWv 1.7.2006 durch G v. 21.6.2006 (BGBl. I S. 1318); Abs. 1 Satz 2 neu gef. mWv 13.2.2010 durch G v. 29.7.2009 (BGBl. I S. 2446), vgl. Bek. v. 1.3.2010 (BGBl. II S. 190); Abs. 1 Satz 1 neu gef. mWv 1.10.2009 durch G v. 31.7.2009 (BGBl. I S. 2521); Abs. 1 Satz 2 und Abs. 2 geänd. mWv 1.1.2014 durch G v. 10.10.2013 (BGBl. I S. 3799); Abs. 1 geänd. mWv 1.7.2016 durch G v. 4.4.2016 (BGBl. I S. 558).

[10] § 6 Abs. 3 angef. mWv 1.6.2004 durch G v. 12.3.2004 (BGBl. I S. 390); Abs. 3 geänd. mWv 13.2.2010 durch G v. 29.7.2009 (BGBl. I S. 2446), vgl. Bek. v. 1.3.2010 (BGBl. II S. 190); Abs. 4 angef. mWv 1.10.2009 durch G v. 31.7.2009 (BGBl. I S. 2521).

§ 7[11] Zahlungsfristen für Jahres-, Aufrechterhaltungs- und Schutzrechtsverlängerungsgebühren, Verspätungszuschlag

(1) [1]Die Jahresgebühren für Patente, Schutzzertifikate und Patentanmeldungen, die Verlängerungsgebühren für Marken und Aufrechterhaltungsgebühren für Gebrauchsmuster und eingetragene Designs sind bis zum Ablauf des zweiten Monats nach Fälligkeit zu zahlen. [2]Wird die Gebühr nicht innerhalb der Frist des Satzes 1 gezahlt, so kann die Gebühr mit dem Verspätungszuschlag noch bis zum Ablauf des sechsten Monats nach Fälligkeit gezahlt werden.

(2) Für eingetragene Designs ist bei Aufschiebung der Bildbekanntmachung die Erstreckungsgebühr innerhalb der Aufschiebungsfrist (§ 21 Abs. 1 Satz 1 des Designgesetzes) zu zahlen.

(3) [1]Wird die Klassifizierung einer eingetragenen Marke bei der Verlängerung auf Grund einer Änderung der Klasseneinteilung geändert, und führt dies zu einer Erhöhung der zu zahlenden Klassengebühren, so können die zusätzlichen Klassengebühren auch nach Ablauf der Frist des Absatzes 1 nachgezahlt werden, wenn die Verlängerungsgebühr fristgemäß gezahlt wurde. [2]Die Nachzahlungsfrist endet nach Ablauf des 18. Monats nach Fälligkeit der Verlängerungsgebühr. [3]Ein Verspätungszuschlag ist nicht zu zahlen.

§ 8[12] Kostenansatz

(1) Die Kosten werden angesetzt:

1. beim Deutschen Patent- und Markenamt
   a) bei Einreichung einer Anmeldung,
   b) bei Einreichung eines Antrags,
   c) im Fall eines Beitritts zum Einspruchsverfahren,
   d) bei Einreichung eines Antrags auf gerichtliche Entscheidung nach § 61 Abs. 2 des Patentgesetzes sowie
   e) bei Einlegung eines Rechtsbehelfs oder Rechtsmittels,
2. beim Bundespatentgericht
   a) bei Einreichung einer Klage,
   b) bei Einreichung eines Antrags auf Erlass einer einstweiligen Verfügung,
   c) im Fall eines Beitritts zum Einspruch im Beschwerdeverfahren oder im Verfahren nach § 61 Abs. 2 des Patentgesetzes sowie
   d) bei einer erfolglosen Rüge wegen Verletzung des Anspruchs auf rechtliches Gehör,

auch wenn sie bei einem ersuchten Gericht oder einer ersuchten Behörde entstanden sind.

(2) Die Stelle, die die Kosten angesetzt hat, trifft auch die Entscheidungen nach den §§ 9 und 10.

§ 9 Unrichtige Sachbehandlung

Kosten, die bei richtiger Behandlung der Sache nicht entstanden wären, werden nicht erhoben.

---

[11] § 7 Abs. 1 Satz 2 geänd. mWv 26.7.2002 durch G v. 19.7.2002 (BGBl. I S. 2681); Abs. 1 Satz 1 geänd., Abs. 2 neu gef. mWv 1.6.2004 durch G v. 12.3.2004 (BGBl. I S. 390); Abs. 1 Satz 1 und Abs. 2 geänd. mWv 1.1.2014 durch G v. 10.10.2013 (BGBl. I S. 3799).

[12] § 8 Abs. 1 Nr. 1 geänd. mWv 26.7.2002 durch G v. 19.7.2002 (BGBl. I S. 2681); Abs. 1 neu gef. mWv 1.7.2006 durch G v. 21.6.2006 (BGBl. I S. 1318).

§ 10[13] Rückzahlung von Kosten, Wegfall der Gebühr

(1) [1]Vorausgezahlte Gebühren, die nicht mehr fällig werden können, und nicht verbrauchte Auslagenvorschüsse werden erstattet. [2]Die Rückerstattung von Teilbeträgen der Jahresgebühr Nummer 312205 bis 312207 des Gebührenverzeichnisses ist ausgeschlossen.

(2) Gilt eine Anmeldung oder ein Antrag als zurückgenommen (§ 6 Abs. 2) oder auf Grund anderer gesetzlicher Bestimmungen als zurückgenommen oder erlischt ein Schutzrecht, weil die Gebühr nicht oder nicht vollständig gezahlt wurde, so entfällt die Gebühr, wenn die beantragte Amtshandlung nicht vorgenommen wurde.

§ 11[14] Erinnerung, Beschwerde

(1) [1]Über Erinnerungen des Kostenschuldners gegen den Kostenansatz oder gegen Maßnahmen nach § 5 Abs. 1 entscheidet die Stelle, die die Kosten angesetzt hat. [2]Sie kann ihre Entscheidung von Amts wegen ändern. [3]Die Erinnerung ist schriftlich oder zu Protokoll der Geschäftsstelle bei der Stelle einzulegen, die die Kosten angesetzt hat.

(2) [1]Gegen die Entscheidung des Deutschen Patent- und Markenamts über die Erinnerung kann der Kostenschuldner Beschwerde einlegen. [2]Die Beschwerde ist nicht an eine Frist gebunden und ist schriftlich oder zu Protokoll der Geschäftsstelle beim Deutschen Patent- und Markenamt einzulegen. [3]Erachtet das Deutsche Patent- und Markenamt die Beschwerde für begründet, so hat es ihr abzuhelfen. [4]Wird der Beschwerde nicht abgeholfen, so ist sie dem Bundespatentgericht vorzulegen.

(3) Eine Beschwerde gegen die Entscheidungen des Bundespatentgerichts über den Kostenansatz findet nicht statt.

§ 12[15] Verjährung, Verzinsung

Für die Verjährung und Verzinsung der Kostenforderungen und der Ansprüche auf Erstattung von Kosten gilt § 5 des Gerichtskostengesetzes entsprechend.

§ 13[16] Anwendung der bisherigen Gebührensätze

(1) Auch nach dem Inkrafttreten eines geänderten Gebührensatzes sind die vor diesem Zeitpunkt geltenden Gebührensätze weiter anzuwenden,

1. wenn die Fälligkeit der Gebühr vor dem Inkrafttreten des geänderten Gebührensatzes liegt oder
2. wenn für die Zahlung einer Gebühr durch Gesetz eine Zahlungsfrist festgelegt ist und das für den Beginn der Frist maßgebliche Ereignis vor dem Inkrafttreten des geänderten Gebührensatzes liegt oder
3. wenn die Zahlung einer nach dem Inkrafttreten des geänderten Gebührensatzes fälligen Gebühr auf Grund bestehender Vorauszahlungsregelungen vor Inkrafttreten des geänderten Gebührensatzes erfolgt ist.

(2) Bei Prüfungsanträgen nach § 44 des Patentgesetzes und Rechercheanträgen nach § 43 des Patentgesetzes, § 11 des Erstreckungsgesetzes und § 7 des Gebrauchsmustergesetzes sind die bisherigen Gebührensätze nur weiter anzuwenden, wenn der

---

[13] § 10 Abs. 2 Satz 2 aufgeh. mWv 19.3.2004 durch G v. 12.3.2004 (BGBl. I S. 390); Abs. 2 geänd. mWv 1.7.2006 durch G v. 21.6.2006 (BGBl. I S. 1318).

[14] § 11 Abs. 2 Satz 1 geänd. mWv 1.7.2006 durch G v. 21.6.2006 (BGBl. I S. 1318).

[15] § 12 geänd. mWv 1.7.2004 durch G v. 5.5.2004 (BGBl. I S. 718).

[16] § 13 Abs. 4 angef. mWv 1.10.2009 durch G v. 31.7.2009 (BGBl. I S. 2521).

Antrag und die Gebührenzahlung vor Inkrafttreten eines geänderten Gebührensatzes eingegangen sind.

(3) [1]Wird eine innerhalb von drei Monaten nach dem Inkrafttreten eines geänderten Gebührensatzes fällig werdende Gebühr nach den bisherigen Gebührensätzen rechtzeitig gezahlt, so kann der Unterschiedsbetrag bis zum Ablauf einer vom Deutschen Patent- und Markenamt oder Bundespatentgericht zu setzenden Frist nachgezahlt werden. [2]Wird der Unterschiedsbetrag innerhalb der gesetzten Frist nachgezahlt, so gilt die Gebühr als rechtzeitig gezahlt. [3]Ein Verspätungszuschlag wird in diesen Fällen nicht erhoben.

(4) Verfahrenshandlungen, die eine Anmeldung oder einen Antrag ändern, wirken sich nicht auf die Höhe der Gebühr aus, wenn die Gebühr zur Zeit des verfahrenseinleitenden Antrages nicht nach dessen Umfang bemessen wurde.

§ 14[17] Übergangsvorschrift aus Anlass des Inkrafttretens dieses Gesetzes

(1) [1]Die bisherigen Gebührensätze der Anlage zu § 1 (Gebührenverzeichnis) des Patentgebührengesetzes vom 18. August 1976 in der durch Artikel 10 des Gesetzes vom 22. Dezember 1999 (BGBl. I S. 2534) geänderten Fassung, sind auch nach dem 1. Januar 2002 weiter anzuwenden,

1. wenn die Fälligkeit der Gebühr vor dem 1. Januar 2002 liegt oder
2. wenn für die Zahlung einer Gebühr durch Gesetz eine Zahlungsfrist festgelegt ist und das für den Beginn der Frist maßgebliche Ereignis vor dem 1. Januar 2002 liegt oder
3. wenn die Zahlung einer nach dem 1. Januar 2002 fälligen Gebühr auf Grund bestehender Vorauszahlungsregelungen vor dem 1. Januar 2002 erfolgt ist.

[2]Ist in den Fällen des Satzes 1 Nr. 1 nach den bisher geltenden Vorschriften für den Beginn der Zahlungsfrist die Zustellung einer Gebührenbenachrichtigung erforderlich und ist diese vor dem 1. Januar 2002 nicht erfolgt, so kann die Gebühr noch bis zum 31. März 2002 gezahlt werden.

(2) In den Fällen, in denen am 1. Januar 2002 nach den bisher geltenden Vorschriften lediglich die Jahres-, Aufrechterhaltungs- und Schutzrechtsverlängerungsgebühren, aber noch nicht die Verspätungszuschläge fällig sind, richtet sich die Höhe und die Fälligkeit des Verspätungszuschlages nach § 7 Abs. 1 mit der Maßgabe, dass die Gebühren mit dem Verspätungszuschlag noch bis zum 30. Juni 2002 gezahlt werden können.

(3) Die bisher geltenden Gebührensätze sind für eingetragene Designs und typographische Schriftzeichen, die vor dem 1. Januar 2002 angemeldet worden sind, nur dann weiter anzuwenden, wenn zwar die jeweilige Schutzdauer oder Frist nach § 8b Abs. 2 Satz 1 des Geschmacksmustergesetzes vor dem 1. Januar 2002 abgelaufen ist, jedoch noch nicht die Frist zur Zahlung der Verlängerungs- oder Erstreckungsgebühr mit Verspätungszuschlag, mit der Maßgabe, dass die Gebühren mit dem Verspätungszuschlag noch bis zum 30. Juni 2002 gezahlt werden können.

(4) Bei Prüfungsanträgen nach § 44 des Patentgesetzes und Rechercheanträgen nach § 43 des Patentgesetzes, § 11 des Erstreckungsgesetzes und § 7 des Gebrauchsmustergesetzes sind die bisherigen Gebührensätze nur weiter anzuwenden, wenn der Antrag und die Gebührenzahlung vor dem 1. Januar 2002 eingegangen sind.

(5) [1]Wird eine innerhalb von drei Monaten nach dem 1. Januar 2002 fällig werdende Gebühr nach den bisherigen Gebührensätzen rechtzeitig gezahlt, so kann der Unterschiedsbetrag bis zum Ablauf einer vom Deutschen Patent- und Markenamt oder Bundespatentgericht zu setzenden Frist nachgezahlt werden. [2]Wird der Unter-

[17] § 14 Abs. 3 geänd. mWv 1. 1. 2014 durch G v. 10. 10. 2013 (BGBl. I S. 3799).

schiedsbetrag innerhalb der gesetzten Frist nachgezahlt, so gilt die Gebühr als rechtzeitig gezahlt. [3]Ein Verspätungszuschlag wird in diesen Fällen nicht erhoben.

§ 15[18] *[aufgehoben]*

Anlage[19]
(zu § 2 Abs. 1)

Gebührenverzeichnis

Nr.	Gebührentatbestand	Gebühr in Euro
A. Gebühren des Deutschen Patent- und Markenamts		
(1) Sind für eine elektronische Anmeldung geringere Gebühren bestimmt als für eine Anmeldung in Papierform, werden die geringeren Gebühren nur erhoben, wenn die elektronische Anmeldung nach der jeweiligen Verordnung des deutschen Patent- und Markenamts zulässig ist. (2) Die Gebühren Nummer 313600, 323100, 331600, 333000, 333300, 346100 und 362100 werden für jeden Antragsteller gesondert erhoben.		
I. Patentsachen		
1. Erteilungsverfahren		
	Anmeldeverfahren Nationale Anmeldung (§ 34 PatG)	
	– bei elektronischer Anmeldung	
311000	– die bis zu zehn Patentansprüche enthält	40
311050	– die mehr als zehn Patentansprüche enthält: Die Gebühr 311 000 erhöht sich für jeden weiteren Anspruch um jeweils	20
311100	bei Anmeldung in Papierform: Die Gebühren 311 000 und 311 050 erhöhen sich jeweils auf das 1,5fache.	
	Internationale Anmeldung (Artikel III § 4 Abs. 2 Satz 1 IntPatÜbkG)	
311150	– die bis zu zehn Patentansprüche enthält	60
311160	– die mehr als zehn Patentansprüche enthält: Die Gebühr 311 150 erhöht sich für jeden weiteren Anspruch um jeweils	30

[18] § 15 aufgeh. mWv 1.1.2014 durch G v. 10.10.2013 (BGBl. I S. 3799).

[19] Anl. geänd. mWv 1.1.2005 durch G v. 13.12.2001 (BGBl. I S. 3656, insoweit geänd. durch G v. 12.3.2004, BGBl. I. S. 390); geänd. mWv 26.7.2002 durch G v. 19.7.2002 (BGBl. I S. 2681); geänd. mWv 1.6.2004 durch G v. 12.3.2004 (BGBl. I S. 390); geänd. mWv 15.12.2004 durch G v. 9.12.2004 (BGBl. I S. 3232); geänd. mWv 15.12.2004 und mWv 1.1.2005 durch G v. 9.12.2004 (BGBl. I S. 3232); geänd. mWv 1.7.2006 durch G v. 21.6.2006 (BGBl. I S. 1318); geänd. mWv 13.12.2007 durch G v. 24.8.2007 (BGBl. I S. 2166); geänd. mWv 1.5.2008 durch G v. 7.7.2008 (BGBl. I S. 1191); geänd. mWv 13.2.2010 durch G v. 29.7.2009 (BGBl. I S. 2446), vgl. Bek. v. 1.3.2010 (BGBl. II S. 190); geänd. mWv 1.10.2009 durch G v. 31.7.2009 (BGBl. I S. 2521); geänd. mWv 1.1.2014 durch G v. 10.10.2013 (BGBl. I S. 3799); geänd. mWv 25.10.2013 und mWv 1.4.2014 durch G v. 19.10.2013 (BGBl. I S. 3830); geänd. mWv 1.7.2016 durch G v. 4.4.2016 (BGBl. I S. 558).

Nr.	Gebührentatbestand	Gebühr in Euro
311200	Recherche (§ 43 PatG)	300
	Prüfungsverfahren (§ 44 PatG)	
311300	– wenn ein Antrag nach § 43 PatG bereits gestellt worden ist	150
311400	– wenn ein Antrag nach § 43 PatG nicht gestellt worden ist	350
311500	Anmeldeverfahren für ein ergänzendes Schutzzertifikat (§ 49a PatG)	300
	Verlängerung der Laufzeit eines ergänzenden Schutzzertifikats (§ 49a Abs. 3 PatG)	
311600	– wenn der Antrag zusammen mit dem Antrag auf Erteilung des ergänzenden Schutzzertifikats gestellt wird	100
311610	– wenn der Antrag nach dem Antrag auf Erteilung des ergänzenden Schutzzertifikats gestellt wird.	200
2. Aufrechterhaltung eines Patents oder einer Anmeldung		
	Jahresgebühren gemäß § 17 Abs. 1 PatG	
312030	für das 3. Patentjahr	70
312031	– bei Lizenzbereitschaftserklärung (§ 23 Abs. 1 PatG)	35
312032	– Verspätungszuschlag (§ 7 Abs. 1 Satz 2)	50
312040	für das 4. Patentjahr	70
312041	– bei Lizenzbereitschaftserklärung (§ 23 Abs. 1 PatG)	35
312042	– Verspätungszuschlag (§ 7 Abs. 1 Satz 2)	50
312050	für das 5. Patentjahr	90
312051	– bei Lizenzbereitschaftserklärung (§ 23 Abs. 1 PatG)	45
312052	– Verspätungszuschlag (§ 7 Abs. 1 Satz 2)	50
312060	für das 6. Patentjahr	130
312061	– bei Lizenzbereitschaftserklärung (§ 23 Abs. 1 PatG)	65
312062	– Verspätungszuschlag (§ 7 Abs. 1 Satz 2)	50
312070	für das 7. Patentjahr	180
312071	– bei Lizenzbereitschaftserklärung (§ 23 Abs. 1 PatG)	90
312072	– Verspätungszuschlag (§ 7 Abs. 1 Satz 2)	50
312080	für das 8. Patentjahr	240
312081	– bei Lizenzbereitschaftserklärung (§ 23 Abs. 1 PatG)	120
312082	– Verspätungszuschlag (§ 7 Abs. 1 Satz 2)	50
312090	für das 9. Patentjahr	290
312091	– bei Lizenzbereitschaftserklärung (§ 23 Abs. 1 PatG)	145
312092	– Verspätungszuschlag (§ 7 Abs. 1 Satz 2)	50
312100	für das 10. Patentjahr	350
312101	– bei Lizenzbereitschaftserklärung (§ 23 Abs. 1 PatG)	175
312102	– Verspätungszuschlag (§ 7 Abs. 1 Satz 2)	50

Nr.	Gebührentatbestand	Gebühr in Euro
312110	für das 11. Patentjahr	470
312111	– bei Lizenzbereitschaftserklärung (§ 23 Abs. 1 PatG)	235
312112	– Verspätungszuschlag (§ 7 Abs. 1 Satz 2).	50
312120	für das 12. Patentjahr	620
312121	– bei Lizenzbereitschaftserklärung (§ 23 Abs. 1 PatG)	310
312122	– Verspätungszuschlag (§ 7 Abs. 1 Satz 2).	50
312130	für das 13. Patentjahr	760
312131	– bei Lizenzbereitschaftserklärung (§ 23 Abs. 1 PatG)	380
312132	– Verspätungszuschlag (§ 7 Abs. 1 Satz 2).	50
312140	für das 14. Patentjahr	910
312141	– bei Lizenzbereitschaftserklärung (§ 23 Abs. 1 PatG)	455
312142	– Verspätungszuschlag (§ 7 Abs. 1 Satz 2).	50
312150	für das 15. Patentjahr	1060
312151	– bei Lizenzbereitschaftserklärung (§ 23 Abs. 1 PatG)	530
312152	– Verspätungszuschlag (§ 7 Abs. 1 Satz 2).	50
312160	für das 16. Patentjahr	1230
312161	– bei Lizenzbereitschaftserklärung (§ 23 Abs. 1 PatG)	615
312162	– Verspätungszuschlag (§ 7 Abs. 1 Satz 2).	50
312170	für das 17. Patentjahr	1410
312171	– bei Lizenzbereitschaftserklärung (§ 23 Abs. 1 PatG)	705
312172	– Verspätungszuschlag (§ 7 Abs. 1 Satz 2).	50
312180	für das 18. Patentjahr	1590
312181	– bei Lizenzbereitschaftserklärung (§ 23 Abs. 1 PatG)	795
312182	– Verspätungszuschlag (§ 7 Abs. 1 Satz 2).	50
312190	für das 19. Patentjahr	1760
312191	– bei Lizenzbereitschaftserklärung (§ 23 Abs. 1 PatG)	880
312192	– Verspätungszuschlag (§ 7 Abs. 1 Satz 2).	50
312200	für das 20. Patentjahr	1940
312201	– bei Lizenzbereitschaftserklärung (§ 23 Abs. 1 PatG)	970
312202	– Verspätungszuschlag (§ 7 Abs. 1 Satz 2).	50
	Zahlung der 3. bis 5. Jahresgebühr bei Fälligkeit der 3. Jahresgebühr:	
312205	Die Gebühren 312030 bis 312050 ermäßigen sich auf	200
312206	– bei Lizenzbereitschaftserklärung (§ 23 Abs. 1 PatG)	100
312207	– Verspätungszuschlag (§ 7 Abs. 1 Satz 2).	50
	Jahresgebühren gemäß § 16a PatG	
312210	für das 1. Jahr des ergänzenden Schutzes	2650
312211	– bei Lizenzbereitschaftserklärung (§ 23 Abs. 1 PatG)	1325
312212	– Verspätungszuschlag (§ 7 Abs. 1 Satz 2).	50

Nr.	Gebührentatbestand	Gebühr in Euro
312220	für das 2. Jahr des ergänzenden Schutzes	2940
312221	– bei Lizenzbereitschaftserklärung (§ 23 Abs. 1 PatG)	1470
312222	– Verspätungszuschlag (§ 7 Abs. 1 Satz 2)	50
312230	für das 3. Jahr des ergänzenden Schutzes	3290
312231	– bei Lizenzbereitschaftserklärung (§ 23 Abs. 1 PatG)	1645
312232	– Verspätungszuschlag (§ 7 Abs. 1 Satz 2)	50
312240	für das 4. Jahr des ergänzenden Schutzes	3650
312241	– bei Lizenzbereitschaftserklärung (§ 23 Abs. 1 PatG)	1825
312242	– Verspätungszuschlag (§ 7 Abs. 1 Satz 2)	50
312250	für das 5. Jahr des ergänzenden Schutzes	4120
312251	– bei Lizenzbereitschaftserklärung (§ 23 Abs. 1 PatG)	2060
312252	– Verspätungszuschlag (§ 7 Abs. 1 Satz 2)	50
312260	für das 6. Jahr des ergänzenden Schutzes	4520
312261	– bei Lizenzbereitschaftserklärung (§ 23 Abs. 1 PatG)	2260
312262	– Verspätungszuschlag (§ 7 Abs. 1 Satz 2)	50
3. Sonstige Anträge		
	Erfindervergütung	
313000	Weiterbehandlungsgebühr (§ 123a PatG)	100
313200	– Festsetzungsverfahren (§ 23 Abs. 4 PatG)	60
313300	– Verfahren bei Änderung der Festsetzung (§ 23 Abs. 5 PatG)	120
	Recht zur ausschließlichen Benutzung der Erfindung	
313400	– Eintragung der Einräumung (§ 30 Abs. 4 Satz 1 PatG)	25
313500	– Löschung dieser Eintragung (§ 30 Abs. 4 Satz 3 PatG)	25
313600	Einspruchsverfahren (§ 59 Abs. 1 und Abs. 2 PatG)	200
313700	Beschränkungs- oder Widerrufsverfahren (§ 64 PatG)	120
	Veröffentlichung von Übersetzungen oder berichtigten Übersetzungen	
313800	– der Patentansprüche europäischer Patentanmeldungen (Artikel II § 2 Abs. 1 IntPatÜbkG)	60
313810	– der Patentansprüche europäischer Patentanmeldungen, in denen die Vertragsstaaten der Vereinbarung über Gemeinschaftspatente benannt sind (Artikel 4 Abs. 2 Satz 2 des Zweiten Gesetzes über das Gemeinschaftspatent)	60
313900	Übermittlung der internationalen Anmeldung (Artikel III § 1 Abs. 2 IntPatÜbkG)	90

Nr.	Gebührentatbestand	Gebühr in Euro
4. Anträge im Zusammenhang mit der Erstreckung gewerblicher Schutzrechte		
314100	Veröffentlichung von Übersetzungen oder berichtigten Übersetzungen von erstreckten Patenten (§ 8 Abs. 1 und 3 ErstrG)	150
314200	Recherche für ein erstrecktes Patent (§ 11 ErstrG)	250
5. Anträge im Zusammenhang mit ergänzenden Schutzzertifikaten		
315100	Antrag auf Berichtigung der Laufzeit	150
315200	Antrag auf Widerruf der Verlängerung der Laufzeit	200
II. Gebrauchsmustersachen		
1. Eintragungsverfahren		
	Anmeldeverfahren Nationale Anmeldung (§ 4 GebrMG)	
321000	– bei elektronischer Anmeldung	30
321100	– bei Anmeldung in Papierform	40
321150	Internationale Anmeldung (Artikel III § 4 Abs. 2 Satz 1 IntPatÜbkG)	40
321200	Recherche (§ 7 GebrMG)	250
2. Aufrechterhaltung eines Gebrauchsmusters		
	Aufrechterhaltungsgebühren gemäß § 23 Abs. 2 GebrMG	
322100	für das 4. bis 6. Schutzjahr	210
322101	– Verspätungszuschlag (§ 7 Abs. 1 Satz 2)	50
322200	für das 7. und 8. Schutzjahr	350
322201	– Verspätungszuschlag (§ 7 Abs. 1 Satz 2)	50
322300	für das 9. und 10. Schutzjahr	530
322301	– Verspätungszuschlag (§ 7 Abs. 1 Satz 2)	50
3. Sonstige Anträge		
323000	Weiterbehandlungsgebühr (§ 21 Abs. 1 GebrMG i. V. m. § 123a PatG)	100
323100	Löschungsverfahren (§ 16 GebrMG)	300
III. Marken; geographische Angaben und Ursprungsbezeichnungen		
1. Eintragungsverfahren		
	Anmeldeverfahren einschließlich der Klassengebühr bis zu drei Klassen	
	– für eine Marke (§ 32 MarkenG)	
331000	– bei elektronischer Anmeldung	290
331100	– bei Anmeldung in Papierform	300
331200	– für eine Kollektivmarke (§ 97 MarkenG)	900
	Klassengebühr bei Anmeldung für jede Klasse ab der vierten Klasse	
331300	– für eine Marke (§ 32 MarkenG)	100

Nr.	Gebührentatbestand	Gebühr in Euro
331400	– für eine Kollektivmarke (§ 97 MarkenG)	150
331500	Beschleunigte Prüfung der Anmeldung (§ 38 MarkenG)	200
331600	Widerspruchsverfahren (§ 42 MarkenG).	120
331700	Verfahren bei Teilung einer Anmeldung (§ 40 MarkenG)	300
331800	Verfahren bei Teilübertragung einer Anmeldung (§ 27 Abs. 4, § 31 MarkenG)	300
2. Verlängerung der Schutzdauer		
	Verlängerungsgebühr einschließlich der Klassengebühr bis zu drei Klassen	
332100	– für eine Marke (§ 47 Abs. 3 MarkenG)	750
332101	– Verspätungszuschlag (§ 7 Abs. 1 Satz 2).	50
332200	– für eine Kollektivmarke (§ 97 MarkenG)	1800
332201	– Verspätungszuschlag (§ 7 Abs. 1 Satz 2).	50
	Klassengebühr bei Verlängerung für jede Klasse ab der vierten Klasse	
332300	– für eine Marke oder Kollektivmarke (§ 47 Abs. 3, § 97 MarkenG)	260
332301	– Verspätungszuschlag (§ 7 Abs. 1 Satz 2).	50
3. Sonstige Anträge		
333000	Erinnerungsverfahren (§ 64 MarkenG).	150
333050	Weiterbehandlungsgebühr (§ 91 a MarkenG).	100
333100	Verfahren bei Teilung einer Eintragung (§ 46 MarkenG)	300
333200	Verfahren bei Teilübertragung einer Eintragung (§§ 46, 27 Abs. 4 MarkenG)	300
	Löschungsverfahren	
333300	– wegen Nichtigkeit (§ 54 MarkenG).	300
333400	– wegen Verfalls (§ 49 MarkenG).	100
4. International registrierte Marken		
	Nationale Gebühr für die internationale Registrierung	
334100	Nationale Gebühr für die internationale Registrierung nach Artikel 3 des Madrider Markenabkommens (§ 108 MarkenG) oder nach dem Protokoll zum Madrider Markenabkommen (§ 120 MarkenG) sowie nach dem Madrider Markenabkommen und dem Protokoll zum Madrider Markenabkommen (§§ 108, 120 MarkenG)	180
	Nationale Gebühr für die nachträgliche Schutzerstreckung	

Nr.	Gebührentatbestand	Gebühr in Euro
334300	Nationale Gebühr für die nachträgliche Schutzerstreckung nach Artikel 3ter Abs. 2 des Madrider Markenabkommens (§ 111 MarkenG) oder nach Artikel 3ter Abs. 2 des Protokolls zum Madrider Markenabkommen (§ 123 Abs. 1 MarkenG) sowie nach dem Madrider Markenabkommen und dem Protokoll zum Madrider Markenabkommen (§ 123 Abs. 2 MarkenG) . .	120
	Umwandlungsverfahren einschließlich der Klassengebühr bis zu drei Klassen (§ 125 Abs. 1 MarkenG)	
334500	– für eine Marke (§ 32 MarkenG)	300
334600	– für eine Kollektivmarke (§ 97 MarkenG)	900
	Klassengebühr bei Umwandlung für jede Klasse ab der vierten Klasse	
334700	– für eine Marke (§ 32 MarkenG)	100
334800	– für eine Kollektivmarke (§ 97 MarkenG)	150
5. Gemeinschaftsmarken		
335100	Weiterleitung einer Gemeinschaftsmarkenanmeldung (§ 125a MarkenG)	25
	Umwandlungsverfahren einschließlich der Klassengebühr bis zu drei Klassen (§ 125d Abs. 1 MarkenG)	
335200	– für eine Marke (§ 32 MarkenG)	300
335300	– für eine Kollektivmarke (§ 97 MarkenG)	900
	Klassengebühr bei Umwandlung für jede Klasse ab der vierten Klasse	
335400	– für eine Marke (§ 32 MarkenG)	100
335500	– für eine Kollektivmarke (§ 97 MarkenG)	150
6. Geographische Angaben und Ursprungsbezeichnungen		
336100	Eintragungsverfahren (§ 130 MarkenG)	900
336150	Nationales Einspruchsverfahren (§ 130 Abs. 4 MarkenG)	120
336200	Einspruchsverfahren (§ 131 MarkenG).	120
336250	Antrag auf Änderung der Spezifikation (§ 132 Abs. 1 MarkenG)	200
336300	Löschungsverfahren (§ 132 Abs. 1 MarkenG).	120
IV. Designsachen		
1. Anmeldeverfahren		
Ein Satz typografischer Schriftzeichen gilt als ein Design.		
	Anmeldeverfahren	
	– für ein Design (§ 11 DesignG)	
341000	– bei elektronischer Anmeldung	60
341100	– bei Anmeldung in Papierform	70
	– für jedes Design einer Sammelanmeldung (§ 12 Absatz 1 DesignG)	

Nr.	Gebührentatbestand	Gebühr in Euro
341200	– bei elektronischer Anmeldung	
	für 2 bis 10 Designs	60
	für jedes weitere Design	6
341300	– bei Anmeldung in Papierform	
	für 2 bis 10 Designs	70
	für jedes weitere Design	7
341400	– für ein Design bei Aufschiebung der Bildbekanntmachung (§ 21 DesignG).	30
341500	– für jedes Design einer Sammelanmeldung bei Aufschiebung der Bildbekanntmachung (§§ 12, 21 DesignG)	
	– für 2 bis 10 Designs	30
	– für jedes weitere Design	3
Erstreckung des Schutzes auf die Schutzdauer des § 27 Absatz 2 DesignG bei Aufschiebung der Bildbekanntmachung gemäß § 21 Absatz 2 DesignG		
	Erstreckungsgebühr	
341600	– für ein Design	40
341700	– für jedes einzutragende Design einer Sammelanmeldung	
	– für 2 bis 10 Designs	40
	– für jedes weitere Design	4
2. Aufrechterhaltung der Schutzdauer		
	Aufrechterhaltungsgebühren gemäß § 28 Absatz 1 DesignG	
	für das 6. bis 10. Schutzjahr	
342100	– für jedes eingetragene Design, auch in einer Sammelanmeldung	90
342101	– Verspätungszuschlag für jedes eingetragene Design, auch in einer Sammelanmeldung (§ 7 Absatz 1 Satz 2 DesignG).	50
	für das 11. bis 15. Schutzjahr	
342200	– für jedes eingetragene Design, auch in einer Sammelanmeldung	120
342201	– Verspätungszuschlag für jedes eingetragene Design, auch in einer Sammelanmeldung (§ 7 Absatz 1 Satz 2 DesignG).	50
	für das 16. bis 20. Schutzjahr	
342300	– für jedes eingetragene Design, auch in einer Sammelanmeldung	150
342301	– Verspätungszuschlag für jedes eingetragene Design, auch in einer Sammelanmeldung (§ 7 Absatz 1 Satz 2 DesignG).	50

Nr.	Gebührentatbestand	Gebühr in Euro
	für das 21. bis 25. Schutzjahr	
342400	– für jedes eingetragene Design, auch in einer Sammelanmeldung	180
342401	– Verspätungszuschlag für jedes eingetragene Design, auch in einer Sammelanmeldung (§ 7 Absatz 1 Satz 2 DesignG)	50
3. Aufrechterhaltung von eingetragenen Designs, die gemäß § 7 Absatz 6 GeschmMG in der bis zum Ablauf des 31. Mai 2004 geltenden Fassung im Original hinterlegt worden sind		
343100	Aufrechterhaltungsgebühren für das 6. bis 10. Schutzjahr	330
343101	– Verspätungszuschlag für jedes eingetragene Design, auch in einer Sammelanmeldung (§ 7 Absatz 1 Satz 2 DesignG)	50
343200	Aufrechterhaltungsgebühren für das 11. bis 15. Schutzjahr	360
343201	– Verspätungszuschlag für jedes eingetragene Design, auch in einer Sammelanmeldung (§ 7 Absatz 1 Satz 2 DesignG)	50
343300	Aufrechterhaltungsgebühren für das 16. bis 20. Schutzjahr	390
343301	– Verspätungszuschlag für jedes eingetragene Design, auch in einer Sammelanmeldung (§ 7 Absatz 1 Satz 2 DesignG)	50
343400	Aufrechterhaltungsgebühren für das 21. bis 25. Schutzjahr	420
343401	– Verspätungszuschlag für jedes eingetragene Design, auch in einer Sammelanmeldung (§ 7 Absatz 1 Satz 2 DesignG)	50
4. Gemeinschaftsgeschmacksmuster		
	Weiterleitung einer Gemeinschaftsgeschmacksmusteranmeldung (§ 62 DesignG)	
344100	für jede Anmeldung	25
	Eine Sammelanmeldung gilt als eine Anmeldung.	
5. Designs nach dem Haager Abkommen		
	Weiterleitung einer Designanmeldung nach dem Haager Abkommen (§ 68 DesignG)	
345100	für jede Anmeldung	25
	Eine Sammelanmeldung gilt als eine Anmeldung.	
6. Sonstige Anträge		
346000	Weiterbehandlungsgebühr (§ 17 DesignG)	100
346100	Nichtigkeitsverfahren (§ 34a DesignG) für jedes eingetragene Design	300

Nr.	Gebührentatbestand	Gebühr in Euro
V. Topografieschutzsachen[20]		
1. Anmeldeverfahren		
	Anmeldeverfahren (§ 3 HalblSchG)	
361000	– bei elektronischer Anmeldung	290
361100	– bei Anmeldung in Papierform	300
2. Sonstige Anträge		
362000	Weiterbehandlungsgebühr (§ 11 Abs. 1 HalblSchG i. V. m. § 123a PatG)	100
362100	Löschungsverfahren (§ 8 HalblSchG)	300

Nr.	Gebührentatbestand	Gebührenbetrag/Gebührensatz nach § 2 Abs. 2 i. V. m. § 2 Abs. 1
B. Gebühren des Bundespatentgerichts		
(1) Die Gebühren Nummer 400000 bis 401300 werden für jeden Antragsteller gesondert erhoben. (2) Die Gebühr Nummer 400000 ist zusätzlich zur Gebühr für das Einspruchsverfahren vor dem Deutschen Patent- und Markenamt (Nummer 313600) zu zahlen.		
400000	Antrag auf gerichtliche Entscheidung nach § 61 Abs. 2 PatG	300 EUR
I. Beschwerdeverfahren		
	Beschwerdeverfahren	
401100	1. gemäß § 73 Abs. 1 PatG gegen die Entscheidung der Patentabteilung über den Einspruch, 2. gemäß § 18 Abs. 1 GebrMG gegen die Entscheidung der Gebrauchsmusterabteilung über den Löschungsantrag, 3. gemäß § 66 MarkenG in Löschungsverfahren, 4. gemäß § 4 Abs. 4 Satz 3 HalblSchG i. V. m. § 18 Abs. 2 GebrMG gegen die Entscheidung der Topografieabteilung, 5. gemäß § 34 Absatz 1 SortSchG gegen die Entscheidung des Widerspruchsausschusses in den Fällen des § 18 Absatz 2 Nummer 1, 2, 5 und 6 SortSchG 6. gemäß § 23 Absatz 4 Satz 1 DesignG gegen die Entscheidung der Designabteilung über den Antrag auf Feststellung oder Erklärung der Nichtigkeit . .	500 EUR
401200	gegen einem Kostenfestsetzungsbeschluss	50 EUR
401300	in anderen Fällen	200 EUR
	Beschwerden in Verfahrenskostenhilfesachen, Beschwerden nach § 11 Abs. 2 PatKostG und nach § 11 Abs. 2 DPMAVwKostV sind gebührenfrei.	

[20] Bei der Neufassung von Abschnitt IV durch G v. 10. 10. 2013 (BGBl. I S. 3799, 3809) wurde der ursprüngliche Abschnitt VI als Abschnitt V angefügt.

Nr.	Gebührentatbestand	Gebühr in Euro
II. Klageverfahren		
1. Klageverfahren gemäß § 81 PatG, § 85a in Verbindung mit § 81 PatG und § 20 GebrMG in Verbindung mit § 81 PatG		
402100	Verfahren im Allgemeinen.	4,5
402110	Beendigung des gesamten Verfahrens durch a) Zurücknahme der Klage – vor dem Schluss der mündlichen Verhandlung, – im Falle des § 83 Abs. 2 Satz 2 PatG i. V. m. § 81 PatG, in dem eine mündliche Verhandlung nicht stattfindet, vor Ablauf des Tages, an dem die Ladung zum Termin zur Verkündung des Urteils zugestellt oder das schriftliche Urteil der Geschäftsstelle übergeben wird, – im Falle des § 82 Abs. 2 PatG i. V. m. § 81 PatG vor Ablauf des Tages, an dem das Urteil der Geschäftsstelle übergeben wird, b) Anerkenntnis- und Verzichtsurteil, c) Abschluss eines Vergleichs vor Gericht, wenn nicht bereits ein Urteil vorausgegangen ist: Die Gebühr 402100 ermäßigt sich auf:. . . . . Erledigungserklärungen stehen der Zurücknahme nicht gleich. Die Ermäßigung tritt auch ein, wenn mehrere Ermäßigungstatbestände erfüllt sind.	1,5
2. Sonstige Klageverfahren		
402200	Verfahren im Allgemeinen.	4,5
402210	Beendigung des gesamten Verfahrens durch a) Zurücknahme der Klage vor dem Schluss der mündlichen Verhandlung, b) Anerkenntnis- und Verzichtsurteil, c) Abschluss eines Vergleichs vor Gericht, wenn nicht bereits ein Urteil vorausgegangen ist: Die Gebühr 402200 ermäßigt sich auf:. . . . . Erledigungserklärungen stehen der Zurücknahme nicht gleich. Die Ermäßigung tritt auch ein, wenn mehrere Ermäßigungstatbestände erfüllt sind.	1,5
3. Erlass einer einstweiligen Verfügung wegen Erteilung einer Zwangslizenz (§ 85 PatG, § 85a in Verbindung mit § 85 PatG und § 20 GebrMG in Verbindung mit § 81 PatG)		
402300	Verfahren über den Antrag.	1,5
402310	In dem Verfahren findet eine mündliche Verhandlung statt: die Gebühr 402300 erhöht sich auf	4,5
402320	Beendigung des gesamten Verfahrens durch a) Zurücknahme des Antrags vor dem Schluss der mündlichen Verhandlung, b) Anerkenntnis- und Verzichtsurteil, c) Abschluss eines Vergleichs vor Gericht,	

Nr.	Gebührentatbestand	Gebühr in Euro
	wenn nicht bereits ein Urteil vorausgegangen ist: Die Gebühr 402310 ermäßigt sich auf:. . . . . Erledigungserklärungen stehen der Zurücknahme nicht gleich. Die Ermäßigung tritt auch ein, wenn mehrere Ermäßigungstatbestände erfüllt sind.	 1,5
III. Rüge wegen Verletzung des Anspruchs auf rechtliches Gehör		
403100	Verfahren über die Rüge wegen Verletzung des Anspruchs auf rechtliches Gehör nach § 321 a ZPO i. V. m. § 99 Abs. 1 PatG, § 82 Abs. 1 MarkenG Die Rüge wird in vollem Umfang verworfen oder zurückgewiesen	50 EUR

4. Verordnung über die Zahlung der Kosten des Deutschen Patent- und Markenamts und des Bundespatentgerichts (Patentkostenzahlungsverordnung – PatKostZV)

vom 15. Oktober 2003
(BGBl. I S. 2083)

Zuletzt geändert durch Art. 4 VO über den elektronischen Rechtsverkehr beim Deutschen Patent- und Markenamt und zur Änd. weiterer VO für das Deutsche Patent- und Markenamt vom 1.11.2013 (BGBl. I S. 3906)

Auf Grund des § 1 Abs. 2 Nr. 2 des Patentkostengesetzes vom 13. Dezember 2001 (BGBl. I S. 3656) verordnet das Bundesministerium der Justiz:

§ 1[1] Zahlungswege

(1) Kosten des Deutschen Patent- und Markenamts und des Bundespatentgerichts können gezahlt werden
1. durch Bareinzahlung bei den Geldstellen des Deutschen Patent- und Markenamts;
2. durch Überweisung auf ein Konto der zuständigen Bundeskasse für das Deutsche Patent- und Markenamt;
3. durch Bareinzahlung bei einem inländischen oder ausländischen Geldinstitut auf ein Konto der zuständigen Bundeskasse für das Deutsche Patent- und Markenamt;
4. durch Erteilung eines gültigen SEPA-Basislastschriftmandats mit Angaben zum Verwendungszweck.

(2) Bei Zahlungen an das Deutsche Patent- und Markenamt sollen für eine Erklärung nach Absatz 1 Nummer 4 die über die Internetseite www.dpma.de bereitgestellten Formulare verwendet werden.

(3) Das Deutsche Patent- und Markenamt macht im Blatt für Patent-, Muster- und Zeichenwesen bekannt, unter welchen Bedingungen Sammelzahlungen auf ein Konto bei der zuständigen Bundeskasse für das Deutsche Patent- und Markenamt zulässig und welche Angaben bei der Zahlung erforderlich sind.

§ 2[2] Zahlungstag

Als Zahlungstag gilt
1. bei Bareinzahlung der Tag der Einzahlung;
2. bei Überweisungen der Tag, an dem der Betrag dem Konto der zuständigen Bundeskasse für das Deutsche Patent- und Markenamt gutgeschrieben wird;
3. bei Bareinzahlung auf das Konto der zuständigen Bundeskasse für das Deutsche Patent- und Markenamt der Tag der Einzahlung;
4. bei Erteilung eines SEPA-Basislastschriftmandats mit Angaben zum Verwendungszweck, der die Kosten umfasst, der Tag des Eingangs beim Deutschen Patent- und Markenamt oder beim Bundespatentgericht, bei zukünftig fällig werdenden Kosten der Tag der Fälligkeit, sofern die Einziehung zu Gunsten der zuständigen Bundeskasse für das Deutsche Patent- und Markenamt erfolgt. Wird das SEPA-Basislastschriftmandat durch Telefax übermittelt, ist dessen Original innerhalb einer

---

[1] § 1 Abs. 1 Nr. 4 geänd., Abs. 2 eingef., bish. Abs. 2 wird Abs. 3 mWv 1.12.2013 durch VO v. 1.11.2013 (BGBl. I S. 3906).

[2] § 2 Nr. 4 neu gef. mWv 1.12.2013 durch VO v. 1.11.2013 (BGBl. I S. 3906).

Frist von einem Monat nach Eingang des Telefax nachzureichen. Andernfalls gilt als Zahlungstag der Tag des Eingangs des Originals.

§ 3 Übergangsregelung

[1]Abbuchungsaufträge, die nach § 1 Nr. 4 der Patentkostenzahlungsverordnung vom 20. Dezember 2001 (BGBl. I S. 3853) für künftig fällig werdende Gebühren erteilt worden sind, werden am 1. Januar 2004 gegenstandslos. [2]Für Einziehungsaufträge, die nach § 1 Nr. 5 der in Satz 1 genannten Verordnung für künftig fällig werdende Gebühren erteilt worden sind, gilt § 2 Nr. 4 entsprechend.

§ 4 Inkrafttreten, Außerkrafttreten

[1]Diese Verordnung tritt am 1. Januar 2004 in Kraft. [2]Gleichzeitig tritt die Patentkostenzahlungsverordnung vom 20. Dezember 2001 (BGBl. I S. 3853) außer Kraft.

5. Verordnung über das Deutsche Patent- und Markenamt (DPMA-Verordnung – DPMAV)

vom 1. April 2004
(BGBl. I S. 514)

Zuletzt geändert durch Art. 10 G zur Änd. des DesignG und weiterer Vorschriften des gewerblichen Rechtsschutzes vom 4.4.2016 (BGBl. I S. 558)

Inhaltsübersicht[1]

---

[1] Inhaltsübersicht geänd. mWv 1.1.2014 durch G v. 10.10.2013 (BGBl. I S. 3799); geänd. mWv 12.11.2013 durch VO v. 1.11.2013 (BGBl. I S. 3906).

Abschnitt 1 Organisation, Befugnisse

§ 1[2] Leitung, Aufsicht, Übertragung von Verordnungsermächtigungen

(1) Der Präsident oder die Präsidentin leitet und beaufsichtigt den gesamten Geschäftsbetrieb des Deutschen Patent- und Markenamts und wirkt auf die gleichmäßige Behandlung der Geschäfte und auf die Beachtung gleicher Grundsätze hin.

(2) Die Ermächtigungen in § 27 Abs. 5, § 29 Abs. 3, § 34 Abs. 6 und 8 sowie in § 63 Abs. 4 des Patentgesetzes, in § 4 Abs. 4 und 7 sowie § 10 Abs. 2 des Gebrauchsmustergesetzes, in § 3 Abs. 3 sowie in § 4 Abs. 4 des Halbleiterschutzgesetzes in Verbindung mit § 10 Abs. 2 des Gebrauchsmustergesetzes, in § 65 Abs. 1 Nr. 2 bis 13 sowie § 138 Abs. 1 des Markengesetzes, in § 26 Absatz 1 Nummer 2 bis 9 und Absatz 2 des Designgesetzes werden auf das Deutsche Patent- und Markenamt übertragen.

§ 2 Prüfungsstellen und Patentabteilungen

(1) Der Präsident oder die Präsidentin bestimmt den Geschäftskreis der Prüfungsstellen und Patentabteilungen sowie die Vorsitzenden und stellvertretenden Vorsitzenden der Patentabteilungen und regelt das Verfahren zur Klassifizierung der Anmeldungen.

(2) [1]Die Vorsitzenden der Patentabteilungen leiten die Geschäfte in den Verfahren vor ihren Patentabteilungen. In den Verfahren vor den Patentabteilungen übernimmt, soweit die jeweiligen Vorsitzenden nichts anderes bestimmt haben, ein Prüfer oder eine Prüferin die Berichterstattung. [2]Die Berichterstattung umfasst den Vortrag in der Sitzung und die Vorbereitung der Beschlüsse und Gutachten. Die Vorsitzenden prüfen die Entwürfe der Beschlüsse und Gutachten für ihre Patentabteilung und stellen sie fest. [3]Über sachliche Meinungsverschiedenheiten beschließt die jeweilige Patentabteilung.

(3) [1]In Verfahren vor der Patentabteilung bedarf es der Beratung und Abstimmung in einer Sitzung für

1. Beschlüsse, durch die über die Aufrechterhaltung, den Widerruf oder die Beschränkung des Patents entschieden wird,
2. Beschlüsse über die Erteilung eines ergänzenden Schutzzertifikats oder die Zurückweisung der Zertifikatsanmeldung,
3. die Festsetzung der Vergütung nach § 23 Abs. 4 und 6 des Patentgesetzes,
4. Beschlüsse über die Gewährung von Verfahrenskostenhilfe für Verfahrensgebühren in Beschränkungs- und Einspruchsverfahren sowie über die Beiordnung eines Vertreters nach § 133 des Patentgesetzes,
5. Gutachten und Beschlüsse, durch welche die Abgabe eines Gutachtens abgelehnt wird.

[2]Von einer Sitzung kann ausnahmsweise abgesehen werden, sofern die jeweils zuständigen Vorsitzenden sie nicht für erforderlich halten.

(4) Die Patentabteilungen entscheiden nach Stimmenmehrheit; bei Stimmengleichheit gibt die Stimme ihrer Vorsitzenden den Ausschlag.

---

[2] § 1 Abs. 2 geänd. mWv 2.4.2010 durch VO v. 24.3.2010 (BGBl. I S. 330); Abs. 2 geänd. mWv 1.1.2014 durch G v. 10.10.2013 (BGBl. I S. 3799); Abs. 2 geänd mWv 1.7.2016 durch G v. 4.4.2016 (BGBl. I S. 558).

§ 3 Gebrauchsmusterstelle und Gebrauchsmusterabteilungen

(1) Der Präsident oder die Präsidentin bestimmt den Geschäftskreis der Gebrauchsmusterstelle und der Gebrauchsmusterabteilungen sowie die Vorsitzenden und stellvertretenden Vorsitzenden der Gebrauchsmusterabteilungen und regelt das Verfahren zur Klassifizierung der Anmeldungen.

(2) [1]Die Vorsitzenden der Gebrauchsmusterabteilungen leiten die Geschäfte in den Verfahren vor ihren Gebrauchsmusterabteilungen. [2]In den Verfahren vor den Gebrauchsmusterabteilungen übernimmt, soweit die jeweiligen Vorsitzenden nichts anderes bestimmt haben, ein Prüfer oder eine Prüferin die Berichterstattung. [3]Die Berichterstattung umfasst den Vortrag in der Sitzung und die Vorbereitung der Beschlüsse und Gutachten. [4]Die Vorsitzenden prüfen die Entwürfe der Beschlüsse und Gutachten für ihre Gebrauchsmusterabteilung und stellen sie fest. [5]Über sachliche Meinungsverschiedenheiten beschließt die jeweilige Gebrauchsmusterabteilung.

(3) [1]In Verfahren vor der Gebrauchsmusterabteilung bedarf es der Beratung und Abstimmung in einer Sitzung für
1. Beschlüsse, durch die über den Löschungsantrag entschieden wird,
2. Gutachten und Beschlüsse, durch welche die Abgabe eines Gutachtens abgelehnt wird.

[2]Von einer Sitzung kann ausnahmsweise abgesehen werden, sofern die jeweils zuständigen Vorsitzenden sie nicht für erforderlich halten.

(4) Die Gebrauchsmusterabteilungen entscheiden nach Stimmenmehrheit; bei Stimmengleichheit gibt die Stimme ihrer Vorsitzenden den Ausschlag.

§ 4 Topografiestelle und Topografieabteilung

(1) Der Präsident oder die Präsidentin bestimmt den Geschäftskreis der Topografiestelle und der Topografieabteilung sowie den oder die Vorsitzende und den oder die stellvertretende Vorsitzende der Topografieabteilung.

(2) [1]Der oder die Vorsitzende der Topografieabteilung leitet die Geschäfte in den Verfahren vor der Topografieabteilung. [2]In den Verfahren vor der Topografieabteilung übernimmt, soweit der oder die Vorsitzende nichts anderes bestimmt hat, ein technisches Mitglied die Berichterstattung. [3]Die Berichterstattung umfasst den Vortrag in der Sitzung und die Vorbereitung der Beschlüsse und Gutachten. [4]Der oder die Vorsitzende prüft die Entwürfe der Beschlüsse und Gutachten für die Topografieabteilung und stellt sie fest. [5]Über sachliche Meinungsverschiedenheiten beschließt die Topografieabteilung.

(3) [1]In Verfahren vor der Topografieabteilung bedarf es der Beratung und Abstimmung in einer Sitzung für
1. Beschlüsse, durch die über den Löschungsantrag entschieden wird, und
2. Gutachten und Beschlüsse, durch welche die Abgabe eines Gutachtens abgelehnt wird.

[2]Von einer Sitzung kann ausnahmsweise abgesehen werden, sofern der oder die Vorsitzende sie nicht für erforderlich hält.

(4) Die Topografieabteilung entscheidet nach Stimmenmehrheit; bei Stimmengleichheit gibt die Stimme des oder der Vorsitzenden den Ausschlag.

§ 5 Markenstellen und Markenabteilungen

(1) Der Präsident oder die Präsidentin bestimmt den Geschäftskreis der Markenstellen und Markenabteilungen sowie die Vorsitzenden und stellvertretenden Vorsitzenden der Markenabteilungen und regelt das Verfahren zur Klassifizierung der Anmeldungen.

(2) Die Vorsitzenden der Markenabteilungen leiten die Geschäfte in den Verfahren vor ihren Markenabteilungen; sie bestimmen die weiteren Mitglieder und die Berichterstatter.

(3) [1]In Verfahren vor der Markenabteilung bedarf es der Beratung und Abstimmung in einer Sitzung für
1. Beschlüsse nach den §§ 54 und 57 des Markengesetzes und
2. Aufgaben der Markenabteilungen, die nicht von den Vorsitzenden allein bearbeitet werden oder von ihnen an Angehörige der Markenabteilung nach § 56 Abs. 3 Satz 3 des Markengesetzes übertragen worden sind.

[2]Von der Beratung kann abgesehen werden, wenn die jeweils zuständigen Vorsitzenden sie nicht für erforderlich halten.

(4) Die Markenabteilungen entscheiden nach Stimmenmehrheit; bei Stimmengleichheit gibt die Stimme ihrer Vorsitzenden den Ausschlag.

§ 6[3] Designstellen und Designabteilungen

(1) Der Präsident oder die Präsidentin bestimmt den Geschäftskreis der Designstellen und der Designabteilungen sowie die Vorsitzenden und stellvertretenden Vorsitzenden der Designabteilungen und regelt das Verfahren zur Klassifizierung der Anmeldung.

(2) [1]Der Vorsitzende der jeweiligen Designabteilung leitet die Geschäfte in den Verfahren vor seiner Designabteilung. [2]Er bestimmt die weiteren Mitglieder und die Berichterstatter.

(3) [1]In Verfahren vor den Designabteilungen bedarf es der Beratung und Abstimmung der jeweiligen Mitglieder in einer Sitzung für
1. Beschlüsse, durch die über den Antrag auf Feststellung oder Erklärung der Nichtigkeit entschieden wird,
2. Beschlüsse, in denen dem Vorsitzenden oder einem Angehörigen der Designabteilung Angelegenheiten der Designabteilung zur alleinigen Entscheidung übertragen werden.

[2]Die Entscheidung über den Antrag auf Feststellung oder Erklärung der Nichtigkeit kann nicht übertragen werden.

(4) Die Designabteilungen entscheiden nach Stimmenmehrheit; bei Stimmengleichheit gibt die Stimme ihres jeweiligen Vorsitzenden den Ausschlag.

Abschnitt 2 Verfahrensvorschriften

§ 7 DIN-Normen

DIN-Normen, auf die in dieser Verordnung verwiesen wird, sind im Beuth-Verlag GmbH, Berlin und Köln, erschienen und beim Deutschen Patent- und Markenamt in München archivmäßig gesichert niedergelegt.

---

[3] § 6 neu gef. mWv 1.1.2014 durch G v. 10.10.2013 (BGBl. I S. 3799); Abs. 1 geänd mWv 1.7.2016 durch G v. 4.4.2016 (BGBl. I S. 558).

§ 8[4] Behandlung von Eingängen, Empfangsbestätigung

(1) In den Akten wird der Tag des Eingangs vermerkt.

(2) Bei Schutzrechtsanmeldungen übermittelt das Deutsche Patent- und Markenamt dem Anmelder unverzüglich eine Empfangsbestätigung, die das angemeldete Schutzrecht bezeichnet und das Aktenzeichen der Anmeldung sowie den Tag des Eingangs der Anmeldung angibt.

§ 9[5] Formblätter

(1) [1]Das Deutsche Patent- und Markenamt gibt für Schutzrechtsanmeldungen und andere Anträge Formblätter heraus, die in Papier oder elektronischer Form zur Verfügung gestellt werden. [2]Die Formblätter sollen verwendet werden, soweit dies nicht ohnehin zwingend vorgeschrieben ist.

(2) Formblätter sollen so ausgefüllt sein, dass sie die maschinelle Erfassung und Bearbeitung gestatten.

(3) Die in Verordnungen des Deutschen Patent- und Markenamts zwingend vorgeschriebenen Formblätter werden über die Internetseite des Deutschen Patent- und Markenamts www.dpma.de bekannt gemacht.

§ 10 Originale

(1) Originale von Anträgen und Eingaben sind unterschrieben einzureichen.

(2) [1]Für die Schriftstücke ist dauerhaftes, nicht durchscheinendes Papier im Format DIN A4 zu verwenden. [2]Die Schrift muss leicht lesbar und dokumentenecht sein. [3]Vom oberen und vom linken Seitenrand jedes Blattes ist ein Randabstand von mindestens 2,5 Zentimeter einzuhalten. [4]Die Blätter eines Schriftstücks sollen fortlaufend nummeriert sein.

§ 11 Übermittlung durch Telefax

(1) Das unterschriebene Original kann auch durch Telefax übermittelt werden.

(2) Das Deutsche Patent- und Markenamt kann die Wiederholung der Übermittlung durch Telefax oder das Einreichen des Originals verlangen, wenn es begründete Zweifel an der Vollständigkeit der Übermittlung oder der Übereinstimmung des Originals mit dem übermittelten Telefax hat oder wenn die Qualität der Wiedergabe den Anforderungen des Deutschen Patent- und Markenamts nicht entspricht.

§ 12[6] Einreichung elektronischer Dokumente

[1]Elektronische Dokumente sind nach Maßgabe der Verordnung über den elektronischen Rechtsverkehr beim Deutschen Patent- und Markenamt vom 1. November 2013 (BGBl. I S. 3906) in ihrer jeweils geltenden Fassung einzureichen. [2]Deren Bestimmungen gehen insoweit den Bestimmungen dieser Verordnung vor.

§ 13 Vertretung

(1) Beteiligte können sich in jeder Lage des Verfahrens durch Bevollmächtigte vertreten lassen.

---

[4] § 8 Abs. 1 und 2 geänd. mWv 12.11.2013 durch VO v. 1.11.2013 (BGBl. I S. 3906); Überschrift geänd mWv 1.7.2016 durch G v. 4.4.2016 (BGBl. I S. 558).

[5] § 9 Abs. 1 Satz 3 aufgeh., Abs. 3 geänd. mWv 12.11.2013 durch VO v. 1.11.2013 (BGBl. I S. 3906).

[6] § 12 neu gef. mWv 12.11.2013 durch VO v. 1.11.2013 (BGBl. I S. 3906).

(2) Die Bevollmächtigung eines Zusammenschlusses von Vertretern gilt, wenn nicht einzelne Personen, die in dem Zusammenschluss tätig sind, ausdrücklich als Vertreter bezeichnet sind, als Bevollmächtigung aller in dem Zusammenschluss tätigen Vertreter.

§ 14 Mehrere Beteiligte, mehrere Vertreter

(1) [1]Falls mehrere Personen ohne gemeinsamen Vertreter gemeinschaftlich an einem Verfahren beteiligt oder mehrere Vertreter mit unterschiedlicher Anschrift bestellt sind, ist anzugeben, wer für alle Beteiligten als zustellungs- und empfangsbevollmächtigt bestimmt ist; diese Erklärung ist von allen Anmeldern oder Vertretern zu unterzeichnen. [2]Fehlt eine solche Angabe, so gilt die Person als zustellungs- und empfangsbevollmächtigt, die zuerst genannt ist.

(2) [1]Falls von einem Beteiligten mehrere Vertreter bestellt sind, ist anzugeben, welcher dieser Vertreter als zustellungs- und empfangsbevollmächtigt bestimmt ist. [2]Fehlt eine solche Bestimmung, so ist derjenige Vertreter zustellungs- und empfangsbevollmächtigt, der zuerst genannt ist.

(3) Absatz 2 gilt entsprechend, wenn mehrere gemeinschaftlich an einem Verfahren beteiligte Personen mehrere Vertreter als gemeinsame Vertreter bestimmt haben.

(4) [1]Die Absätze 2 und 3 gelten nicht, wenn ein Zusammenschluss von Vertretern mit der Vertretung beauftragt worden ist. [2]In diesem Fall reicht die Angabe des Namens des Zusammenschlusses aus. [3]Hat ein solcher Zusammenschluss mehrere Anschriften, so ist anzugeben, welche Anschrift maßgebend ist. [4]Fehlt eine solche Angabe, so ist diejenige Anschrift maßgebend, die zuerst genannt ist.

§ 15[7] Vollmachten

(1) [1]Bevollmächtigte, soweit sie nicht nur zum Empfang von Zustellungen oder Mitteilungen ermächtigt sind, haben beim Deutschen Patent- und Markenamt eine vom Vollmachtgeber unterschriebene Vollmachtsurkunde einzureichen. [2]Eine Beglaubigung der Unterschrift ist nicht erforderlich.

(2) [1]Die Vollmacht kann sich auf die Bevollmächtigung zur Vertretung in allen das jeweilige Schutzrecht betreffenden Angelegenheiten erstrecken. [2]Sie kann sich auch auf mehrere Anmeldungen, Schutzrechte oder Verfahren erstrecken. [3]In diesen Fällen muss nur ein Exemplar der Vollmachtsurkunde eingereicht werden.

(3) [1]Vollmachtsurkunden müssen auf prozessfähige, mit ihrem bürgerlichen Namen bezeichnete Personen lauten. [2]Die Bevollmächtigung eines Zusammenschlusses von Vertretern unter Angabe des Namens dieses Zusammenschlusses ist zulässig.

(4) Das Deutsche Patent- und Markenamt hat das Fehlen einer Vollmacht oder Mängel der Vollmacht von Amts wegen zu berücksichtigen, wenn nicht Rechtsanwälte, Patentanwälte, Erlaubnisscheininhaber oder in den Fällen des § 155 der Patentanwaltsordnung Patentassessoren als Bevollmächtigte auftreten.

§ 16 Kennnummern für Anmelder, Vertreter und Angestelltenvollmachten

Zur Erleichterung der Bearbeitung von Anmeldungen teilt das Deutsche Patent- und Markenamt den Anmeldern, den Vertretern und den eingereichten Angestelltenvollmachten Kennnummern zu, die in den vom Deutschen Patent- und Markenamt herausgegebenen Formularen angegeben werden sollen.

---

[7] § 15 Abs. 1 Sätze 1 und 2 geänd., Abs. 2 neu gef. mWv 12.11.2013 durch VO v. 1.11.2013 (BGBl. I S. 3906).

§ 17[8] Sonstige Erfordernisse für Anträge und Eingaben

(1) [1]Nach Mitteilung des Aktenzeichens ist dieses auf allen Anträgen und Eingaben anzugeben. [2]Auf allen Bestandteilen einer an das Deutsche Patent- und Markenamt gerichteten Sendung ist anzugeben, zu welchem Antrag oder zu welcher Eingabe sie gehören.

(2) [1]In mehrseitigen Verfahren vor dem Deutschen Patent- und Markenamt sind allen Schriftstücken Abschriften für die übrigen Beteiligten beizufügen. [2]Kommt ein Beteiligter dieser Verpflichtung nicht nach, steht es im Ermessen des Deutschen Patent- und Markenamts, ob es die erforderliche Zahl von Abschriften auf Kosten dieses Beteiligten anfertigt oder dazu auffordert, Abschriften nachzureichen. [3]Die Sätze 1 und 2 sind nicht anzuwenden auf Patent-, Gebrauchsmuster- und Topografieverfahren; das Deutsche Patent- und Markenamt kann in diesen Fällen die Beteiligten jedoch auffordern, Abschriften nachzureichen.

§ 18 Fristen

(1) Die vom Deutschen Patent- und Markenamt bestimmten oder auf Antrag gewährten Fristen sollen mindestens einen Monat, bei Beteiligten, die im Inland weder Sitz, Niederlassung oder Wohnsitz haben, mindestens zwei Monate betragen.

(2) Eine Fristverlängerung kann bei Angabe von ausreichenden Gründen gewährt werden.

(3) [1]Weitere Fristverlängerungen werden nur gewährt, wenn ein berechtigtes Interesse glaubhaft gemacht wird. [2]In Verfahren mit mehreren Beteiligten soll außerdem das Einverständnis der anderen Beteiligten glaubhaft gemacht werden.

§ 19 Entscheidung nach Lage der Akten

(1) Über Anträge oder Erinnerungen ohne Begründung kann im einseitigen Verfahren nach Ablauf von einem Monat nach Eingang nach Lage der Akten entschieden werden, wenn in dem Antrag oder der Erinnerung keine spätere Begründung oder eine spätere Begründung ohne Antrag auf Gewährung einer Frist nach § 18 angekündigt worden ist.

(2) [1]Über Anträge, Widersprüche oder Erinnerungen ohne Begründung kann im mehrseitigen Verfahren nach Lage der Akten entschieden werden, wenn in dem Antrag, dem Widerspruch oder der Erinnerung keine spätere Begründung oder eine spätere Begründung ohne Antrag auf Gewährung einer Frist nach § 18 angekündigt worden ist und wenn der andere Beteiligte innerhalb der Fristen des § 18 Abs. 1 keine Stellungnahme abgibt oder eine spätere Stellungnahme ohne Antrag auf Gewährung einer Frist nach § 18 ankündigt. [2]Wird der Antrag, der Widerspruch oder die Erinnerung zurückgewiesen, muss eine Stellungnahme der anderen Beteiligten nicht abgewartet werden.

---

[8] § 17 Abs. 2 neu gef. mWv 12.11.2013 durch VO v. 1.11.2013 (BGBl. I S. 3906).

§ 20[9] Form der Ausfertigungen

(1) Ausfertigungen von Beschlüssen, Bescheiden und sonstigen Mitteilungen enthalten in der Kopfzeile die Angabe „Deutsches Patent- und Markenamt" und am Schluss die Bezeichnung der zuständigen Stelle oder Abteilung.

(2) [1]Ausfertigungen von Beschlüssen, Bescheiden und sonstigen Mitteilungen enthalten den Namen und gegebenenfalls die Dienstbezeichnung der Person, die den Beschluss, Bescheid oder die Mitteilung unterzeichnet hat und werden von der Person unterschrieben, die die Ausfertigung hergestellt hat. [2]Der Unterschrift steht ein Namensabdruck zusammen mit einem Abdruck des Dienstsiegels des Deutschen Patent- und Markenamts gleich. [3]Für die Ausfertigung elektronischer Dokumente gilt insofern die Verordnung über die elektronische Aktenführung bei dem Patentamt, dem Patentgericht und dem Bundesgerichtshof vom 10. Februar 2010 (BGBl. I S. 83) in ihrer jeweils geltenden Fassung.

(3) Formlose EDV-Mitteilungen enthalten in der Kopfzeile die Angabe „Deutsches Patent- und Markenamt", den Hinweis, dass die Mitteilung maschinell erstellt wurde und nicht unterschrieben wird, und die Angabe der zuständigen Stelle.

§ 21[10] Zustellung und formlose Übersendung

(1) Soweit durch Gesetz oder Rechtsverordnung eine Zustellung nicht vorgesehen ist, werden Bescheide und sonstige Mitteilungen des Deutschen Patent- und Markenamts formlos übersandt.

(2) [1]Als formlose Übermittlung gilt auch die Übersendung durch Telefax. [2]Die Übermittlung kann auch elektronisch erfolgen, soweit der Empfänger hierfür einen Zugang eröffnet.

---

[9] § 20 Abs. 2 Satz 3 angef. mWv 12.11.2013 durch VO v. 1.11.2013 (BGBl. I S. 3906); § 20 neu gef. mWv 1.10.2016 durch G v. 4.4.2016 (BGBl. I S. 558):

§ 20 Form der Ausfertigungen und Abschriften; formlose Mitteilungen

(1) [1]Ausfertigungen von Dokumenten enthalten in der Kopfzeile die Angabe „Deutsches Patent- und Markenamt", am Schluss die Bezeichnung der zuständigen Stelle oder Abteilung, den Namen und gegebenenfalls die Amtsbezeichnung der Person, die das Dokument unterzeichnet hat. [2]Sie werden von der Person unterschrieben, die die Ausfertigung hergestellt hat. [3]Der Unterschrift steht ein Namensabdruck zusammen mit einem Abdruck des Dienstsiegels des Deutschen Patent- und Markenamts gleich.4Für die Ausfertigung elektronischer Dokumente gilt die Verordnung über die elektronische Aktenführung bei dem Patentamt, dem Patentgericht und dem Bundesgerichtshof vom 10. Februar 2010 (BGBl. I S. 83) in ihrer jeweils geltenden Fassung.

(2) Absatz 1 Satz 1 und 4 ist auf Abschriften entsprechend anzuwenden.

(3) Formlose Mitteilungen, die mit Hilfe elektronischer Einrichtungen erstellt werden, enthalten die Angabe „Deutsches Patent- und Markenamt" in der Kopfzeile, den Hinweis, dass die Mitteilung elektronisch erstellt wurde und daher nicht unterschrieben ist, und die Angabe der zuständigen Stelle.

[10] § 21 Abs. 2 Satz 2 angef. mWv 12.11.2013 durch VO v. 1.11.2013 (BGBl. I S. 3906); § 21 Abs. 2 Satz 2 angef. mWv 1.10.2016 durch G v. 4.4.2016 (BGBl. I S. 558):

§ 5 Absatz 1 und 2 der Verordnung über den elektronischen Rechtsverkehr beim Deutschen Patent- und Markenamt bleibt unberührt.

§ 22[11] Akteneinsicht

(1) Über den Antrag auf Einsicht in die Akten sowie in die zu den Akten gehörenden Muster, Modelle und Probestücke nach § 31 Abs. 1 Satz 1 des Patentgesetzes, § 8 Abs. 5 Satz 2 des Gebrauchsmustergesetzes, § 4 Abs. 3 des Halbleiterschutzgesetzes in Verbindung mit § 8 Abs. 5 Satz 2 des Gebrauchsmustergesetzes, § 62 Abs. 1 und 2 des Markengesetzes sowie § 22 Absatz 1 Satz 2 des Designgesetzes entscheidet die Stelle des Deutschen Patent- und Markenamts, die für die Bearbeitung der Sache, über welche die Akten geführt werden, zuständig ist oder, sofern die Bearbeitung abgeschlossen ist, zuletzt zuständig war, sofern nicht durch Gesetz oder Rechtsverordnung etwas anderes bestimmt ist.

(2) [1]Die Einsicht in das Original der Akten von Anmeldungen und von erteilten oder eingetragenen Schutzrechten, die nicht elektronisch geführt werden, wird nur in den Dienstgebäuden des Deutschen Patent- und Markenamts gewährt. [2]Auf Antrag wird die Akteneinsicht durch die Erteilung von Ablichtungen oder Ausdrucken der gesamten Akte oder von Teilen der Akte gewährt. [3]Die Ablichtungen oder Ausdrucke werden auf Verlangen beglaubigt.

(3) Soweit der Inhalt von Akten des Deutschen Patent- und Markenamts auf Mikrofilm aufgenommen ist, wird Einsicht in die Akten dadurch gewährt, dass der Mikrofilm zur Verfügung gestellt wird.

(4) [1]Flächenmäßige Musterabschnitte können abweichend von Absatz 2 nur bei der mit der Führung des Designregisters beauftragten Stelle des Deutschen Patent- und Markenamts eingesehen werden. [2]Satz 1 gilt auch für Modelle, die nach § 7 Abs. 6 des Designgesetzes in seiner bis zum 1. Juni 2004 geltenden Fassung eingereicht worden sind.

§ 23[12] *[aufgehoben]*

§ 24[13] Verfahrenskostenhilfe

(1) Über den Antrag auf Gewährung von Verfahrenskostenhilfe nach § 135 des Patentgesetzes entscheidet nach dessen § 27 Abs. 1 Nr. 2 und Abs. 4 die Patentabteilung.

(2) Über den Antrag auf Gewährung von Verfahrenskostenhilfe nach § 21 Abs. 2 des Gebrauchsmustergesetzes in Verbindung mit § 135 des Patentgesetzes, nach § 11 Abs. 2 des Halbleiterschutzgesetzes in Verbindung mit § 21 Abs. 2 des Gebrauchsmustergesetzes und § 135 des Patentgesetzes sowie nach § 24 des Designgesetzes entscheidet die Stelle des Deutschen Patent- und Markenamts, die für die Bearbeitung der Sache zuständig ist oder, sofern das Schutzrecht bereits eingetragen ist, zuletzt zuständig war, sofern nicht durch Rechtsverordnung etwas anderes bestimmt ist.

§ 25[14] Urkunden, Schmuckurkunden

(1) Das Deutsche Patent- und Markenamt fertigt für die Schutzrechtsinhaber gedruckte Urkunden über die Erteilung des Patents, die Eintragung des Gebrauchsmusters, der Marke, des Designs sowie des Schutzes der Topografie in das jeweilige Register.

---

[11] § 22 Abs. 3 Satz 2 aufgeh. mWv 1.3.2010 durch VO v. 10.2.2010 (BGBl. I S. 83); Abs. 1, Abs. 4 Sätze 1 und 2 geänd. mWv 1.1.2014 durch G v. 10.10.2013 (BGBl. I S. 3799); Abs. 2 neu gef. mWv 12.11.2013 durch VO v. 1.11.2013 (BGBl. I S. 3906).

[12] § 23 aufgeh. mWv 12.11.2013 durch VO v. 1.11.2013 (BGBl. I S. 3906).

[13] § 24 Abs. 2 geänd. mWv 1.1.2014 durch G v. 10.10.2013 (BGBl. I S. 3799).

[14] § 25 Abs. 1 geänd. mWv 1.1.2014 durch G v. 10.10.2013 (BGBl. I S. 3799).

(2) Den Patentinhabern wird auf Antrag eine kostenpflichtige Schmuckurkunde ausgefertigt.

§ 26 Berichtigung der Register und Veröffentlichungen

(1) In dem Berichtigungsantrag sind anzugeben:
1. das Aktenzeichen des Schutzrechts,
2. der Name und die Anschrift des Inhabers des Schutzrechts,
3. falls der Inhaber des Schutzrechts einen Vertreter bestellt hat, der Name und die Anschrift des Vertreters,
4. die Bezeichnung des Fehlers, der berichtigt werden soll,
5. die einzutragende Berichtigung.

(2) Enthalten mehrere Eintragungen von Schutzrechten desselben Inhabers denselben Fehler, so kann der Antrag auf Berichtigung dieses Fehlers für alle Eintragungen gemeinsam gestellt werden.

(3) Die Absätze 1 und 2 sind entsprechend auf die Berichtigung von Veröffentlichungen anzuwenden.

§ 27[15] Änderungen von Namen oder Anschriften

(1) In dem Antrag auf Eintragung von Änderungen des Namens oder der Anschrift des Inhabers eines eingetragenen Schutzrechts sind anzugeben:
1. das Aktenzeichen des Schutzrechts,
2. der Name, der Sitz und die Anschrift des Inhabers des Schutzrechts in der im Register eingetragenen Form,
3. falls der Inhaber des Schutzrechts einen Vertreter bestellt hat, der Name, der Sitz und die Anschrift des Vertreters,
4. der Name, der Sitz und die Anschrift in der neu in das Register einzutragenden Form.

(2) Betrifft die Änderung mehrere eingetragene Schutzrechte desselben Inhabers, so kann der Antrag auf Eintragung der Änderung für alle Schutzrechte gemeinsam gestellt werden.

(3) Die Absätze 1 und 2 sowie § 13 sind entsprechend auf Anträge zur Eintragung von Änderungen des Namens oder der Anschrift eines Vertreters oder eines Zustellungsbevollmächtigten anzuwenden.

§ 28[16] Eintragung eines Rechtsübergangs

(1) Der Antrag auf Eintragung eines Rechtsübergangs nach § 30 Abs. 3 des Patentgesetzes, § 8 Abs. 4 des Gebrauchsmustergesetzes, § 4 Abs. 2 des Halbleiterschutzgesetzes in Verbindung mit § 8 Abs. 4 des Gebrauchsmustergesetzes, § 27 Abs. 3 des Markengesetzes und § 29 Abs. 3 des Designgesetzes soll unter Verwendung des vom Deutschen Patent- und Markenamt herausgegebenen Formblatts gestellt werden.

(2) In dem Antrag sind anzugeben:
1. das Aktenzeichen des Schutzrechts,
2. der Name, der Sitz und die Anschrift des Inhabers des Schutzrechts in der im Register eingetragenen Form,
3. Angaben über die Rechtsnachfolger entsprechend § 4 Abs. 2 Nr. 1, Abs. 3 der Patentverordnung, § 3 Abs. 2 Nr. 1, Abs. 3 der Gebrauchsmusterverordnung, § 5

---

[15] § 27 Abs. 1 Nr. 2–4 geänd. mWv 12.11.2013 durch VO v. 1.11.2013 (BGBl. I S. 3906).

[16] § 28 Abs. 1 und Abs. 2 Nr. 3 geänd. mWv 1.1.2014 durch G v. 10.10.2013 (BGBl. I S. 3799); Abs. 2 Nr. 2 geänd. mWv 12.11.2013 durch VO v. 1.11.2013 (BGBl. I S. 3906).

Abs. 1 bis 4 der Markenverordnung, § 5 Abs. 1 bis 4 der Designverordnung und § 3 Abs. 1 Nr. 5, Abs. 2, 5 Nr. 1 und 2 der Halbleiterschutzverordnung,
4. falls die Rechtsnachfolger einen Vertreter bestellt haben, der Name und die Anschrift des Vertreters nach Maßgabe des § 13.

(3) Für den Nachweis des Rechtsübergangs reicht es aus,
1. dass der Antrag von den eingetragenen Inhabern oder ihren Vertretern und von den Rechtsnachfolgern oder ihren Vertretern unterschrieben ist oder
2. dass dem Antrag, wenn er von den Rechtsnachfolgern gestellt wird,
   a) eine von den eingetragenen Inhabern oder ihren Vertretern unterschriebene Erklärung beigefügt ist, dass sie der Eintragung der Rechtsnachfolge zustimmen, oder
   b) Unterlagen beigefügt sind, aus denen sich die Rechtsnachfolge ergibt, wie zum Beispiel ein Übertragungsvertrag oder eine Erklärung über die Übertragung, wenn die entsprechenden Unterlagen von den eingetragenen Inhabern oder ihren Vertretern und von den Rechtsnachfolgern oder ihren Vertretern unterschrieben sind.

(4) Für die in Absatz 3 Nr. 2 genannten Erklärungen sollen die vom Deutschen Patent- und Markenamt herausgegebenen Formblätter verwendet werden. Für den in Absatz 3 Nr. 2 Buchstabe b genannten Übertragungsvertrag kann ebenfalls das vom Deutschen Patent- und Markenamt herausgegebene Formblatt verwendet werden.

(5) In den Fällen des Absatzes 3 ist eine Beglaubigung der Erklärung oder der Unterschriften nicht erforderlich.

(6) Das Deutsche Patent- und Markenamt kann in den Fällen des Absatzes 3 weitere Nachweise verlangen, wenn sich begründete Zweifel an dem Rechtsübergang ergeben.

(7) Der Nachweis des Rechtsübergangs auf andere Weise als nach Absatz 3 bleibt unberührt.

(8) Der Antrag auf Eintragung des Rechtsübergangs kann für mehrere Schutzrechte gemeinsam gestellt werden.

§ 29 Eintragung von dinglichen Rechten

(1) Dem Antrag auf Eintragung einer Verpfändung oder eines sonstigen dinglichen Rechts an dem durch die Eintragung eines gewerblichen Schutzrechts begründeten Rechts sind die erforderlichen Nachweise beizufügen.

(2) Beim Übergang von dinglichen Rechten ist § 28 Abs. 2 bis 8 entsprechend anzuwenden.

§ 30 Maßnahmen der Zwangsvollstreckung, Insolvenzverfahren

(1) [1]Der Antrag auf Eintragung einer Maßnahme der Zwangsvollstreckung in das Register kann vom Inhaber des eingetragenen Schutzrechts oder von demjenigen, der die Zwangsvollstreckung betreibt, gestellt werden. [2]Dem Antrag sind die erforderlichen Nachweise beizufügen.

(2) Dem Antrag auf Eintragung eines Insolvenzverfahrens in das Register sind die erforderlichen Nachweise beizufügen.

§ 31[17] Aufbewahrung von eingereichten Gegenständen oder Unterlagen

Über Muster, Modelle, Probestücke und ähnliche Unterlagen, deren Rückgabe nicht beantragt worden ist, verfügt das Deutsche Patent- und Markenamt,

1. wenn die Anmeldung des Patents, der Topografie, der Marke oder des eingetragenen Designs zurückgewiesen oder zurückgenommen worden ist, nach Ablauf eines Jahres nach unanfechtbarer Zurückweisung oder Zurücknahme;
2. wenn das Patent erteilt oder widerrufen worden ist, nach Ablauf eines Jahres nach Eintritt der Unanfechtbarkeit des Beschlusses über die Erteilung oder den Widerruf;
3. wenn die Topografie eingetragen worden ist, nach Ablauf von drei Jahren nach Beendigung der Schutzfrist;
4. wenn die Marke eingetragen worden ist, nach Ablauf eines Jahres nach Eintragung oder, wenn Widerspruch eingelegt worden ist, nach Ablauf eines Jahres nach dem Eintritt der Unanfechtbarkeit der Entscheidung über den Widerspruch;
5. wenn das Design eingetragen worden ist, nach Ablauf von drei Jahren nach Beendigung der Schutzfrist.

Abschnitt 3 Schlussvorschriften

§ 32 Übergangsregelung aus Anlass des Inkrafttretens dieser Verordnung

Für Anträge, die vor Inkrafttreten dieser Verordnung eingereicht worden sind, finden die Vorschriften der Verordnung über das Deutsche Patent- und Markenamt vom 5. September 1968 (BGBl. I S. 997), zuletzt geändert durch Artikel 24 des Gesetzes vom 13. Dezember 2001 (BGBl. I S. 3656), weiter Anwendung.

§ 33 Übergangsregelung für künftige Änderungen

Für Anträge, die vor Inkrafttreten von Änderungen dieser Verordnung eingereicht worden sind, gelten die Vorschriften dieser Verordnung jeweils in ihrer bis dahin geltenden Fassung.

§ 34 Inkrafttreten, Außerkrafttreten

(1) [1]Diese Verordnung tritt vorbehaltlich des Absatzes 2 am 1. Juni 2004 in Kraft. [2]Gleichzeitig treten

1. die Verordnung über das Deutsche Patent- und Markenamt vom 5. September 1968 (BGBl. I S. 997), zuletzt geändert durch Artikel 24 des Gesetzes vom 13. Dezember 2001 (BGBl. I S. 3656),
2. die Verordnung zu § 28a des Patentgesetzes vom 31. Mai 1978 (BGBl. I S. 660), zuletzt geändert durch Artikel 1 der Verordnung vom 25. November 1980 (BGBl. I S. 2193) und
3. die Verordnung über die Übertragung der Ermächtigung nach § 29 Abs. 3 des Patentgesetzes vom 25. Januar 1979 (BGBl. I S. 114), geändert durch Artikel 21 des Gesetzes vom 16. Juli 1998 (BGBl. I S. 1827),

außer Kraft.

(2) § 1 Abs. 2 tritt am Tage nach der Verkündung[18] in Kraft.

---

[17] § 31 Nr. 1 und Nr. 5 geänd. mWv 1.1.2014 durch G v. 10.10.2013 (BGBl. I S. 3799); einl. Satzteil geänd. mWv 12.11.2013 durch VO v. 1.11.2013 (BGBl. I S. 3906).

[18] Verkündet am 8.4.2004.

6. Verordnung über Verwaltungskosten beim Deutschen Patent- und Markenamt (DPMA-Verwaltungskostenverordnung – DPMAVwKostV)[1]

vom 14. Juli 2006
(BGBl. I S. 1586)

Zuletzt geändert durch Art. 211 Zehnte ZuständigkeitsanpassungsVO vom 31.8.2015
(BGBl. I S. 1474)

Auf Grund des § 1 Abs. 2 Nr. 1 des Patentkostengesetzes vom 13. Dezember 2001 (BGBl. I S. 3656) und des § 138 Abs. 5 Nr. 2 des Urheberrechtsgesetzes vom 9. September 1965 (BGBl. I S. 1273), der zuletzt durch Artikel 16 Nr. 3 Buchstabe d Doppelbuchstabe bb des Gesetzes vom 13. Dezember 2001 (BGBl. I S. 3656) geändert worden ist, verordnet das Bundesministerium der Justiz:

§ 1[2] Geltungsbereich

Für Amtshandlungen des Deutschen Patent- und Markenamts in Patent-, Gebrauchsmuster-, Topographieschutz-, Marken-, Design- und Urheberrechtssachen werden Kosten (Gebühren und Auslagen), über die nicht anderweitig durch Gesetz oder aufgrund gesetzlicher Ermächtigungen Bestimmungen getroffen sind, nur nach den Vorschriften dieser Verordnung erhoben.

§ 2 Kosten

(1) Die Kosten bestimmen sich nach dem anliegenden Kostenverzeichnis.

(2) [1]Soweit sich aus Teil A des Kostenverzeichnisses nichts anderes ergibt, werden neben den Gebühren keine Auslagen nach Teil B des Kostenverzeichnisses erhoben. [2]Wenn eine Gebühr für die Amtshandlung nicht vorgesehen ist, sind jedoch Auslagen zu erheben.

§ 3 Mindestgebühr

[1]Der Mindestbetrag einer Gebühr ist 10 Euro. [2]Centbeträge sind auf volle Eurobeträge aufzurunden.

§ 4[3] Kostenbefreiung

(1) Von der Zahlung der Kosten sind befreit

1. die Bundesrepublik Deutschland und die bundesunmittelbaren juristischen Personen des öffentlichen Rechts, deren Ausgaben ganz oder teilweise aufgrund gesetzlicher Verpflichtung aus dem Haushalt des Bundes getragen werden;
2. die Länder und die juristischen Personen des öffentlichen Rechts, die nach den Haushaltsplänen eines Landes für Rechnung eines Landes verwaltet werden;

---

[1] **[Amtl. Anm.:]** Artikel 1 Nummer 36 dient der Umsetzung der Richtlinie 98/71/EG des Europäischen Parlaments und des Rates vom 13. Oktober 1998 über den rechtlichen Schutz von Mustern und Modellen (ABl. L 289 vom 28.10.1998, S. 28).

[2] § 1 geänd. mWv 1.1.2014 durch G v. 10.10.2013 (BGBl. I S. 3799).

[3] § 4 Abs. 1 Nr. 4 geänd. mWv 8.9.2015 durch VO v. 31.8.2015 (BGBl. I S. 1474).

3. die Gemeinden und Gemeindeverbände, soweit die Amtshandlungen nicht ihre wirtschaftlichen Unternehmen betreffen;
4. die Weltorganisation für geistiges Eigentum nach Maßgabe von Verwaltungsvereinbarungen des Bundesministeriums der Justiz und für Verbraucherschutz im Rahmen der internationalen Zusammenarbeit auf dem Gebiet des gewerblichen Rechtsschutzes.

(2) Die Befreiung tritt nicht ein, soweit die in Absatz 1 Nr. 1 bis 3 Genannten berechtigt sind, die Kosten Dritten aufzuerlegen oder sonst auf Dritte umzulegen.

(3) Kostenfreiheit nach Absatz 1 besteht nicht für Sondervermögen und Bundesbetriebe im Sinn des Artikels 110 Abs. 1 des Grundgesetzes, für gleichartige Einrichtungen der Länder sowie für öffentlich-rechtliche Unternehmen, an denen der Bund oder ein Land beteiligt ist.

(4) [1]Für die Leistung von Amtshilfe wird keine Gebühr erhoben. [2]Auslagen sind von der ersuchenden Behörde auf Anforderung zu erstatten, wenn sie im Einzelfall 35 Euro übersteigen. [3]Die Absätze 2 und 3 sind entsprechend anzuwenden.

§ 5 Kostenschuldner

(1) Zur Zahlung der Kosten ist verpflichtet,
1. wer die Amtshandlung veranlasst oder zu wessen Gunsten sie vorgenommen wird;
2. wem durch Entscheidung des Deutschen Patent- und Markenamts oder des Bundespatentgerichts die Kosten auferlegt sind;
3. wer die Kosten durch eine gegenüber dem Deutschen Patent- und Markenamt abgegebene oder dem Deutschen Patent- und Markenamt mitgeteilte Erklärung übernommen hat;
4. wer für die Kostenschuld eines anderen kraft Gesetzes haftet.

(2) Mehrere Kostenschuldner haften als Gesamtschuldner.

§ 6 Fälligkeit

(1) Gebühren werden mit dem Eingang des Antrags auf Vornahme der gebührenpflichtigen Amtshandlung fällig, Auslagen sofort nach ihrer Entstehung.

(2) Die Erstattungsgebühr (Nummer 301500 des Kostenverzeichnisses) wird fällig, wenn das Deutsche Patent- und Markenamt feststellt, dass ein Rechtsgrund zur Zahlung nicht vorliegt.

§ 7[4] Vorauszahlung, Zahlungsfristen, Zurückbehaltungsrecht

(1) [1]Das Deutsche Patent- und Markenamt kann die Zahlung eines Kostenvorschusses verlangen und die Vornahme der Amtshandlung von der Zahlung oder Sicherstellung des Vorschusses abhängig machen. [2]Bei Verrichtungen von Amts wegen kann ein Vorschuss nur zur Deckung der Auslagen erhoben werden.

(2) Für die Bestimmung der Zahlungsfristen gilt § 18 der DPMA-Verordnung entsprechend.

(3) [1]Bescheinigungen, Ausfertigungen, Ablichtungen und Ausdrucke sowie vom Antragsteller anlässlich der Amtshandlung eingereichte Unterlagen können zurückbehalten werden, bis die in der Angelegenheit erwachsenen Kosten bezahlt sind. [2]Von der Zurückbehaltung ist abzusehen,
1. wenn der Eingang der Kosten mit Sicherheit zu erwarten ist,
2. wenn glaubhaft gemacht wird, dass die Verzögerung der Herausgabe einem Beteiligten einen nicht oder nur schwer zu ersetzenden Schaden bringen würde, und

---

[4] § 7 Abs. 3 Satz 1 geänd. mWv 12.11.2013 durch VO v. 1.11.2013 (BGBl. I S. 3906).

nicht anzunehmen ist, dass sich der Schuldner seiner Pflicht zur Zahlung der Kosten entziehen wird, oder
3. wenn es sich um Unterlagen eines Dritten handelt, demgegenüber die Zurückbehaltung eine unbillige Härte wäre.

§ 8 Folgen der Nichtzahlung, Antragsrücknahme

(1) Wird der nach § 7 Abs. 1 Satz 1 angeforderte Kostenvorschuss nicht innerhalb der vom Deutschen Patent- und Markenamt gesetzten Frist gezahlt, gilt der Antrag als zurückgenommen.

(2) Gilt ein Antrag nach Absatz 1 als zurückgenommen oder wird ein Antrag auf Vornahme einer gebührenpflichtigen Amtshandlung zurückgenommen, bevor die beantragte Amtshandlung vorgenommen wurde, entfällt die Gebühr.

§ 9 Unrichtige Sachbehandlung, Erlass von Kosten

(1) [1]Kosten, die bei richtiger Behandlung der Sache nicht entstanden wären, werden nicht erhoben. [2]Das Gleiche gilt für Auslagen, die durch eine von Amts wegen veranlasste Verlegung eines Termins oder Vertagung einer Verhandlung entstanden sind.

(2) Das Deutsche Patent- und Markenamt kann vom Ansatz der Dokumenten- und Datenträgerpauschale ganz oder teilweise absehen, wenn Daten, Ablichtungen oder Ausdrucke für Zwecke verlangt werden, deren Verfolgung überwiegend im öffentlichen Interesse liegt, oder wenn amtliche Bekanntmachungen anderen Bericht erstattenden Medien als den amtlichen Bekanntmachungsblättern auf Antrag zum unentgeltlichen Abdruck überlassen werden.

(3) Kosten werden nicht erhoben, wenn Daten im Internet zur nicht gewerblichen Nutzung bereitgestellt werden.

(4) Im Übrigen gelten für die Niederschlagung und den Erlass von Kosten die Vorschriften der Bundeshaushaltsordnung.

§ 10 Erstattung

(1) Überzahlte oder zu Unrecht erhobene Kosten sind unverzüglich zu erstatten.

(2) Bei der Erstattung von Beträgen, die ohne Rechtsgrund eingezahlt wurden (§ 6 Abs. 2), wird die Erstattungsgebühr einbehalten.

§ 11[5] Kostenansatz

(1) Die Kosten werden beim Deutschen Patent- und Markenamt angesetzt, auch wenn sie bei einem ersuchten Gericht oder einer ersuchten Behörde entstanden sind.

(2) [1]Die Stelle des Deutschen Patent- und Markenamts, die die Kosten angesetzt hat, trifft auch die Entscheidungen nach den §§ 9 und 10. [2]Die Anordnung nach § 9 Abs. 1, dass Kosten nicht erhoben werden, kann in Patent-, Gebrauchsmuster-, Topographieschutz-, Marken- und Designsachen auch im Aufsichtsweg erlassen werden, solange nicht das Bundespatentgericht entschieden hat.

§ 12[6] Erinnerung, Beschwerde, gerichtliche Entscheidung

(1) [1]Gegen den Kostenansatz kann der Kostenschuldner Erinnerung einlegen. [2]Sie ist nicht an eine Frist gebunden. [3]Über die Erinnerung oder eine Maßnahme nach

---

[5] § 11 Abs. 2 Satz 2 geänd. mWv 1.1.2014 durch G v. 10.10.2013 (BGBl. I S. 3799).

[6] § 12 Abs. 2 Satz 1 geänd. mWv 1.1.2014 durch G v. 10.10.2013 (BGBl. I S. 3799).

den §§ 7 und 9 entscheidet die Stelle des Deutschen Patent- und Markenamts, die die Kosten angesetzt hat. [4]Das Deutsche Patent- und Markenamt kann seine Entscheidung von Amts wegen ändern.

(2) [1]Gegen die Entscheidung des Deutschen Patent- und Markenamts über die Erinnerung in Patent-, Gebrauchsmuster-, Topographieschutz-, Marken- und Designsachen kann der Kostenschuldner Beschwerde einlegen. [2]Eine Beschwerde gegen die Entscheidung des Bundespatentgerichts über den Kostenansatz findet nicht statt.

(3) [1]Erinnerung und Beschwerde sind schriftlich oder zu Protokoll der Geschäftsstelle beim Deutschen Patent- und Markenamt einzulegen. [2]Die Beschwerde ist nicht an eine Frist gebunden. [3]Erachtet das Deutsche Patent- und Markenamt die Beschwerde für begründet, hat es ihr abzuhelfen. [4]Wird der Beschwerde nicht abgeholfen, ist sie dem Bundespatentgericht vorzulegen.

(4) [1]In Urheberrechtssachen kann der Kostenschuldner gegen eine Entscheidung des Deutschen Patent- und Markenamts nach Absatz 1 innerhalb einer Frist von zwei Wochen nach der Zustellung gerichtliche Entscheidung beantragen. [2]Der Antrag ist schriftlich oder Protokoll der Geschäftsstelle beim Deutschen Patent- und Markenamt zu stellen. [3]Erachtet das Deutsche Patent- und Markenamt den Antrag für begründet, hat es ihm abzuhelfen. [4]Wird dem Antrag nicht abgeholfen, ist er dem nach § 138 Abs. 2 Satz 2 des Urheberrechtsgesetzes zuständigen Gericht vorzulegen.

§ 13 Verjährung, Verzinsung

Für die Verjährung und Verzinsung der Kostenforderungen und der Ansprüche auf Erstattung von Kosten gilt § 5 des Gerichtskostengesetzes entsprechend.

§ 14 Übergangsregelung

In den Fällen, in denen vor Inkrafttreten dieser Verordnung die gebührenpflichtige Amtshandlung beantragt, aber noch nicht beendet ist, werden die bis zum Inkrafttreten dieser Verordnung geltenden Gebühren erst mit Beendigung der Amtshandlung fällig.

§ 15 Inkrafttreten, Außerkrafttreten

[1]Diese Verordnung tritt am 1. Oktober 2006 in Kraft. [2]Gleichzeitig tritt die DPMA-Verwaltungskostenverordnung vom 15. Oktober 1991 (BGBl. I S. 2013), zuletzt geändert durch die Verordnung vom 5. Dezember 2005 (BGBl. I S. 3386), außer Kraft.

Anlage[7]
(zu § 2 Abs. 1)

Kostenverzeichnis

Nr.	Gebührentatbestand	Gebührenbetrag in Euro
Teil A. Gebühren		
I. Registerauszüge und Eintragungsscheine		
	Erteilung von	
301100	– beglaubigten Registerauszügen	20
301110	– unbeglaubigten Registerauszügen sowie Eintragungsscheinen nach § 4 der WerkeRegV	15
	Die Datenträgerpauschale wird gesondert erhoben.	
II. Beglaubigungen		
301200	Beglaubigung von Ablichtungen und Ausdrucken für jede angefangene Seite	0,50 – mindestens 5
	(1) Die Beglaubigung von Ablichtungen und Ausdrucken der vom Deutschen Patent- und Markenamt erlassenen Entscheidungen und Bescheide ist gebührenfrei. (2) Auslagen werden zusätzlich erhoben.	
III. Bescheinigungen, schriftliche Auskünfte		
301300	Erteilung eines Prioritätsbelegs	20
	Auslagen werden zusätzlich erhoben.	
301310	Erteilung einer Bescheinigung oder schriftlichen Auskunft	10
	Auslagen werden zusätzlich erhoben.	
301320	Erteilung einer Schmuckurkunde (§ 25 Abs. 2 DPMAV)	15
	(1) Gebührenfrei ist – die Erteilung von Patent-, Gebrauchsmuster-, Topographie-, Marken- und Designurkunden (§ 25 Abs. 1 DPMAV) und – das Anheften von Unterlagen an die Schmuckurkunde. (2) Auslagen werden zusätzlich erhoben.	
301330	Erteilung einer Heimatbescheinigung	15
	Auslagen werden zusätzlich erhoben.	

[7] Anl. geänd. mWv 1.1.2010 durch VO v. 17.6.2010 (BGBl. I S. 809); mWv 1.1.2014 durch G v. 10.10.2013 (BGBl. I S. 3799); geänd. mWv 12.11.2013 durch VO v. 1.11.2013 (BGBl. I S. 3906).

Nr.	Gebührentatbestand	Gebührenbetrag in Euro
IV. Akteneinsicht, Erteilung von Ablichtungen und Ausdrucken		
301400	Verfahren über Anträge auf Einsicht in Akten	90
	Die Akteneinsicht in solche Akten, deren Einsicht jedermann freisteht, in die Akten der eigenen Anmeldung oder des eigenen Schutzrechts ist gebührenfrei.	
301410	Verfahren über Anträge auf Erteilung von Ablichtungen und Ausdrucken aus Akten	90
	(1) Gebührenfrei ist – die Erteilung von Ablichtungen und Ausdrucken aus solchen Akten, deren Einsicht jedermann freisteht, aus Akten der eigenen Anmeldung oder des eigenen Schutzrechts, oder wenn – der Antrag im Anschluss an ein Akteneinsichtsverfahren gestellt wird, für das die Gebühr nach Nummer 301v400 gezahlt worden ist. (2) Auslagen werden zusätzlich erhoben.	
V. Erstattung		
301500	Erstattung von Beträgen, die ohne Rechtsgrund eingezahlt wurden	10

Nr.	Auslagen	Höhe
Teil B. Auslagen		
I. Dokumenten- und Datenträgerpauschale		
302100	Pauschale für die Herstellung und Überlassung von Dokumenten:	
	1. Ausfertigungen, Ablichtungen und Ausdrucke, die auf Antrag angefertigt, per Telefax übermittelt oder die angefertigt worden sind, weil die Beteiligten es unterlassen haben, die erforderliche Zahl von Mehrfertigungen beizufügen (Dokumentenpauschale):	
	für die ersten 50 Seiten je Seite	0,50 EUR
	für jede weitere Seite	0,15 EUR
	2. Überlassung von elektronisch gespeicherten Dateien anstelle der in Nummer 1 genannten Ausfertigungen, Ablichtungen und Ausdrucke:	
	je Datei	2,50 EUR
	3. Pauschale für die Überlassung von elektronisch gespeicherten Daten auf CD oder DVD (Datenträgerpauschale):	
	je CD	7 EUR
	je DVD	12 EUR

Nr.	Auslagen	Höhe
	(1) Frei von der Dokumentenpauschale sind für jeden Beteiligten und dessen bevollmächtigte Vertreter jeweils –eine vollständige Ausfertigung oder Ablichtung oder ein vollständiger Ausdruck der Entscheidungen und Bescheide des Deutschen Patent- und Markenamts, –eine Ablichtung oder ein Ausdruck jeder Niederschrift über eine Sitzung. (2) Die Datenträgerpauschale wird in jedem Fall erhoben. (3) Für die Abgabe von Schutzrechtsdaten über die Dienste DPMAdatenabgabe und DEPATISconnect wird eine Dokumenten- oder Datenträgerpauschale nicht erhoben.	
II. Auslagen für Fotos, graphische Darstellungen		
302200	Die Auslagen für die Herstellung von Fotos oder Duplikaten von Fotos oder Farbkopien betragen	
	für den ersten Abzug oder die erste Seite	2 EUR
	für jeden weiteren Abzug oder jede weitere Seite . . .	0,50 EUR
302210	Anfertigung von Fotos oder graphischen Darstellungen durch Dritte im Auftrag des Deutschen Patent- und Markenamts	in voller Höhe
III. Öffentliche Bekanntmachungen, Kosten eines Neudrucks		
	Bekanntmachungen ohne Abbildungen sind auslagenfrei.	
302340	Bekanntmachungskosten in Urheberrechtsverfahren	in voller Höhe
302360	Kosten für den Neudruck oder die Änderung einer Offenlegungsschrift oder Patentschrift, soweit sie durch den Anmelder veranlasst sind	80 EUR
IV. Sonstige Auslagen		
	Als Auslagen werden ferner erhoben:	
302400	– Auslagen für Zustellungen mit Zustellungsurkunde oder Einschreiben gegen Rückschein	in voller Höhe
302410	– Auslagen für Telegramme	in voller Höhe
302420	– die nach dem Justizvergütungs- und -entschädigungsgesetz (JVEG) zu zahlenden Beträge; erhält ein Sachverständiger aufgrund des § 1 Abs. 2 Satz 2 JVEG keine Vergütung, ist der Betrag zu erheben, der ohne diese Vorschrift nach dem JVEG zu zahlen wäre; sind die Auslagen durch verschiedene Verfahren veranlasst, werden sie auf die mehreren Verfahren angemessen verteilt	in voller Höhe

Nr.	Auslagen	Höhe
302430	– die bei Geschäften außerhalb des Deutschen Patent- und Markenamts den Bediensteten aufgrund gesetzlicher Vorschriften gewährte Vergütung (Reisekosten, Auslagenersatz) und die Kosten für die Bereitstellung von Räumen; sind die Auslagen durch verschiedene Verfahren veranlasst, werden sie auf die mehreren Verfahren angemessen verteilt	in voller Höhe
302440	– die Kosten der Beförderung von Personen	in voller Höhe
	– die Kosten für Zahlungen an mittellose Personen für die Reise zum Ort einer Verhandlung, Vernehmung oder Untersuchung und für die Rückreise	bis zur Höhe der nach dem JVEG an Zeugen zu zahlenden Beträge
302450	– die Kosten für die Beförderung von Tieren und Sachen mit Ausnahme der für Postdienstleistungen zu zahlenden Entgelte, die Verwahrung von Tieren und Sachen sowie die Fütterung von Tieren . . .	in voller Höhe
302460	– Beträge, die anderen inländischen Behörden, öffentlichen Einrichtungen oder Bediensteten als Ersatz für Auslagen der in den Nummern 302420 bis 302450 bezeichneten Art zustehen; die Beträge werden auch erhoben, wenn aus Gründen der Gegenseitigkeit, der Verwaltungsvereinfachung oder aus vergleichbaren Gründen keine Zahlungen zu leisten sind	begrenzt durch die Höchstsätze für die Auslagen 302420 bis 302450
302470	– Beträge, die ausländischen Behörden, Einrichtungen oder Personen im Ausland zustehen, sowie Kosten des Rechtshilfeverkehrs mit dem Ausland; die Beträge werden auch dann erhoben, wenn aus Gründen der Gegenseitigkeit, der Verwaltungsvereinfachung oder aus vergleichbaren Gründen keine Zahlungen zu leisten sind	in voller Höhe

7. Verordnung zur Ausführung des Gebrauchsmustergesetzes (Gebrauchsmusterverordnung – GebrMV)

vom 11. Mai 2004
(BGBl. I S. 890)

Zuletzt geändert durch Art. 4 Dritte VO zur Änd. der MarkenVO und anderer VO vom 10.12.2012 (BGBl. I S. 2630)

Auf Grund des § 4 Abs. 4 des Gebrauchsmustergesetzes in der Fassung der Bekanntmachung vom 28. August 1986 (BGBl. I S. 1455), der zuletzt durch Artikel 8 Nr. 1 Buchstabe a des Gesetzes vom 13. Dezember 2001 (BGBl. I S. 3656) geändert worden ist, in Verbindung mit Artikel 29 des Gesetzes vom 13. Dezember 2001 (BGBl. I S. 3656) sowie in Verbindung mit § 1 Abs. 2 der DPMA-Verordnung vom 1. April 2004 (BGBl. I S. 514) verordnet das Deutsche Patent- und Markenamt:

Inhaltsübersicht

Abschnitt 1 Allgemeines

§ 1 Anwendungsbereich

(1) Für die im Gebrauchsmustergesetz geregelten Verfahren vor dem Deutschen Patent- und Markenamt (Gebrauchsmusterangelegenheiten) gelten ergänzend zu den Bestimmungen des Gebrauchsmustergesetzes und der DPMA-Verordnung die Bestimmungen dieser Verordnung.

(2) DIN-Normen, auf die in dieser Verordnung verwiesen wird, sind im Beuth-Verlag GmbH, Berlin und Köln, erschienen und beim Deutschen Patent- und Markenamt archivmäßig gesichert niedergelegt.

Abschnitt 2 Gebrauchsmusteranmeldungen

§ 2[1] Form der Einreichung

[1]Erfindungen, für die der Schutz als Gebrauchsmuster verlangt wird (§ 1 Abs. 1 des Gebrauchsmustergesetzes), sind beim Deutschen Patent- und Markenamt schriftlich anzumelden. [2]Für die elektronische Einreichung ist § 12 der DPMA-Verordnung maßgebend.

§ 3[2] Eintragungsantrag

(1) Der Antrag auf Eintragung des Gebrauchsmusters (§ 4 Abs. 3 Nr. 2 des Gebrauchsmustergesetzes) muss auf dem vom Deutschen Patent- und Markenamt vorgeschriebenen Formblatt eingereicht werden.

(2) Der Antrag muss enthalten:

1. folgende Angaben zum Anmelder:
   a) ist der Anmelder eine natürliche Person, den Vornamen und Familiennamen oder, falls die Eintragung unter der Firma des Anmelders erfolgen soll, die Firma, wie sie im Handelsregister eingetragen ist;
   b) ist der Anmelder eine juristische Person oder eine Personengesellschaft, den Namen dieser Person oder Gesellschaft; die Bezeichnung der Rechtsform kann auf übliche Weise abgekürzt werden. Sofern die juristische Person oder Personengesellschaft in einem Register eingetragen ist, muss der Name entsprechend dem Registereintrag angegeben werden;
   dabei muss klar ersichtlich sein, ob das Gebrauchsmuster für eine oder mehrere Personen oder Gesellschaften, für den Anmelder unter der Firma oder unter dem bürgerlichen Namen angemeldet wird. Bei einer Gesellschaft bürgerlichen Rechts sind auch der Name und die Anschrift mindestens eines vertretungsberechtigten Gesellschafters anzugeben;
   c) Wohnsitz oder Sitz und die Anschrift (Straße und Hausnummer, Postleitzahl, Ort);
2. eine kurze und genaue technische Bezeichnung des Gegenstands des Gebrauchsmusters (keine Marken- oder sonstige Fantasiebezeichnung);
3. die Erklärung, dass für die Erfindung die Eintragung eines Gebrauchsmusters beantragt wird;
4. falls ein Vertreter bestellt worden ist, seinen Namen und seine Anschrift;
5. die Unterschrift aller Anmelder oder deren Vertreter;
6. falls die Anmeldung eine Teilung (§ 4 Abs. 6 des Gebrauchsmustergesetzes) oder eine Ausscheidung aus einer Gebrauchsmusteranmeldung betrifft, die Angabe des Aktenzeichens und des Anmeldetags der Stammanmeldung;
7. falls der Anmelder für dieselbe Erfindung mit Wirkung für die Bundesrepublik Deutschland bereits früher ein Patent beantragt hat und dessen Anmeldetag in Anspruch nehmen will, eine entsprechende Erklärung, die mit der Gebrauchsmusteranmeldung abgegeben werden muss (§ 5 Abs. 1 des Gebrauchsmustergesetzes – Abzweigung).

(3) [1]Hat der Anmelder seinen Wohnsitz oder Sitz im Ausland, so ist bei der Angabe der Anschrift nach Absatz 2 Nr. 1 Buchstabe c außer dem Ort auch der Staat anzugeben. [2]Außerdem können gegebenenfalls Angaben zum Bezirk, zur Provinz oder

---

[1] § 2 Satz 2 angef. mWv 4.10.2006 durch VO v. 26.9.2006 (BGBl. I S. 2159).

[2] § 3 Abs. 2 Nr. 1 Buchst. b Satz angef. mWv 1.1.2005 durch VO v. 17.12.2004 (BGBl. I S. 3532); Abs. 6 neu gef. mWv 1.1.2013 durch VO v. 10.12.2012 (BGBl. I S. 2630).

zum Bundesstaat gemacht werden, in dem der Anmelder seinen Wohnsitz oder Sitz hat oder dessen Rechtsordnung er unterliegt.

(4) Hat das Deutsche Patent- und Markenamt dem Anmelder eine Anmeldernummer zugeteilt, so soll diese in der Anmeldung genannt werden.

(5) Hat das Deutsche Patent- und Markenamt dem Vertreter eine Vertreternummer oder die Nummer einer allgemeinen Vollmacht zugeteilt, so soll diese angegeben werden.

(6) [1]Unterzeichnen Angestellte für ihren anmeldenden Arbeitgeber, so ist auf Anforderung der Nachweis der Zeichnungsbefugnis vorzulegen. [2]Auf beim Deutschen Patent- und Markenamt für die Unterzeichner hinterlegte Angestelltenvollmachten ist unter Angabe der hierfür mitgeteilten Kennnummer hinzuweisen.

§ 4[3] Anmeldungsunterlagen

(1) Die Schutzansprüche, die Beschreibung und die Zeichnungen sind auf gesonderten Blättern einzureichen.

(2) [1]Die Anmeldungsunterlagen müssen deutlich erkennen lassen, zu welcher Anmeldung sie gehören. [2]Ist das amtliche Aktenzeichen mitgeteilt worden, so ist es auf allen später eingereichten Eingaben anzugeben.

(3) Die Anmeldungsunterlagen dürfen keine Mitteilungen enthalten, die andere Anmeldungen betreffen.

(4) Die Unterlagen müssen folgende Voraussetzungen erfüllen:

1. Als Blattgröße ist nur das Format DIN A4 zu verwenden. Die Blätter sind im Hochformat und nur einseitig und mit 1 1/2-Zeilenabstand zu beschriften. Für die Zeichnungen können die Blätter auch im Querformat verwendet werden, wenn es sachdienlich ist.
2. Als Mindestränder sind auf den Blättern des Antrags, der Schutzansprüche und der Beschreibung folgende Flächen unbeschriftet zu lassen:

Oberer Rand	2 Zentimeter,
linker Seitenrand	2,5 Zentimeter,
rechter Seitenrand	2 Zentimeter,
unterer Rand	2 Zentimeter.

   Die Mindestränder können den Namen, die Firma oder die sonstige Bezeichnung des Anmelders und das Aktenzeichen der Anmeldung enthalten.
3. Es sind ausschließlich Schreibmaschinenschrift, Druckverfahren oder andere technische Verfahren zu verwenden. Symbole, die auf der Tastatur der Maschine nicht vorhanden sind, können handschriftlich eingefügt werden.
4. Das feste, nicht durchscheinende Schreibpapier darf nicht gefaltet oder gefalzt werden und muss frei von Knicken, Rissen, Änderungen, Radierungen und dergleichen sein.
5. Gleichmäßig für die gesamten Unterlagen sind schwarze, saubere, scharf konturierte Schriftzeichen und Zeichnungsstriche mit ausreichendem Kontrast zu verwenden. Die Buchstaben der verwendeten Schrift müssen deutlich voneinander getrennt sein und dürfen sich nicht berühren.

§ 5 Schutzansprüche[4]

(1) [1]In den Schutzansprüchen kann das, was als gebrauchsmusterfähig unter Schutz gestellt werden soll (§ 4 Abs. 3 Nr. 3 des Gebrauchsmustergesetzes), einteilig

---

[3] § 4 Abs. 4 Nr. 2 Satz 1 geänd. mWv 1.1.2005 durch VO v. 17.12.2004 (BGBl. I S. 3532); Abs. 1 geänd. mWv 31.5.2011 durch VO v. 26.5.2011 (BGBl. I S. 996).

[4] § 5 Abs. 9 geänd. mWv 31.5.2011 durch VO v. 26.5.2011 (BGBl. I S. 996).

oder nach Oberbegriff und kennzeichnendem Teil geteilt (zweiteilig) gefasst sein. [2]In beiden Fällen kann die Fassung nach Merkmalen gegliedert sein.

(2) [1]Wird die zweiteilige Anspruchsfassung gewählt, sind in den Oberbegriff die Merkmale der Erfindung aufzunehmen, von denen die Erfindung als Stand der Technik ausgeht; in den kennzeichnenden Teil sind die Merkmale der Erfindung aufzunehmen, für die in Verbindung mit den Merkmalen des Oberbegriffs Schutz begehrt wird. [2]Der kennzeichnende Teil ist mit den Worten „dadurch gekennzeichnet, dass“ oder „gekennzeichnet durch“ oder einer sinngemäßen Wendung einzuleiten.

(3) [1]Werden Schutzansprüche nach Merkmalen oder Merkmalsgruppen gegliedert, so ist die Gliederung dadurch äußerlich hervorzuheben, dass jedes Merkmal oder jede Merkmalsgruppe mit einer neuen Zeile beginnt. [2]Den Merkmalen oder Merkmalsgruppen sind deutlich vom Text abgesetzte Gliederungszeichen voranzustellen.

(4) Im ersten Schutzanspruch (Hauptanspruch) sind die wesentlichen Merkmale der Erfindung anzugeben.

(5) [1]Eine Anmeldung kann mehrere unabhängige Schutzansprüche (Nebenansprüche) enthalten, soweit der Grundsatz der Einheitlichkeit gewahrt ist (§ 4 Abs. 1 Satz 2 des Gebrauchsmustergesetzes). [2]Absatz 4 ist entsprechend anzuwenden.

(6) [1]Zu jedem Haupt- bzw. Nebenanspruch können ein oder mehrere Schutzansprüche (Unteransprüche) aufgestellt werden, die sich auf besondere Ausführungsarten der Erfindung beziehen. [2]Unteransprüche müssen eine Bezugnahme auf mindestens einen der vorangehenden Schutzansprüche enthalten. [3]Sie sind so weit wie möglich und auf die zweckmäßigste Weise zusammenzufassen.

(7) Werden mehrere Schutzansprüche aufgestellt, so sind sie fortlaufend mit arabischen Ziffern zu nummerieren.

(8) Die Schutzansprüche dürfen, wenn dies nicht unbedingt erforderlich ist, im Hinblick auf die technischen Merkmale der Erfindung keine Bezugnahmen auf die Beschreibung oder die Zeichnungen enthalten, z. B. „wie beschrieben in Teil … der Beschreibung“ oder „wie in Abbildung … der Zeichnung dargestellt“.

(9) Enthält die Anmeldung Zeichnungen, so sollen die in den Schutzansprüchen angegebenen Merkmale mit ihren Bezugszeichen versehen sein.

§ 6 Beschreibung

(1) Am Anfang der Beschreibung (§ 4 Abs. 3 Nr. 4 des Gebrauchsmustergesetzes) ist als Titel die im Antrag angegebene Bezeichnung des Gegenstands des Gebrauchsmusters (§ 3 Abs. 2 Nr. 2) anzugeben.

(2) In der Beschreibung sind ferner anzugeben:
1. das technische Gebiet, zu dem die Erfindung gehört, soweit es sich nicht aus den Schutzansprüchen oder den Angaben zum Stand der Technik ergibt;
2. der dem Anmelder bekannte Stand der Technik, der für das Verständnis der Erfindung und deren Schutzfähigkeit in Betracht kommen kann, unter Angabe der dem Anmelder bekannten Fundstellen;
3. das der Erfindung zugrunde liegende Problem, sofern es sich nicht aus der angegebenen Lösung oder den zu Nummer 6 gemachten Angaben ergibt, insbesondere dann, wenn es zum Verständnis der Erfindung oder für ihre nähere inhaltliche Bestimmung unentbehrlich ist;
4. die Erfindung, für die in den Schutzansprüchen Schutz begehrt wird;
5. in welcher Weise die Erfindung gewerblich anwendbar ist, wenn es sich aus der Beschreibung oder der Art der Erfindung nicht offensichtlich ergibt;
6. gegebenenfalls vorteilhafte Wirkungen der Erfindung unter Bezugnahme auf den in der Anmeldung genannten Stand der Technik;

7. wenigstens ein Weg zum Ausführen der beanspruchten Erfindung im Einzelnen, gegebenenfalls erläutert durch Beispiele und anhand der Zeichnungen unter Verwendung der entsprechenden Bezugszeichen.

(3) [1]In die Beschreibung sind keine Markennamen, Fantasiebezeichnungen oder solche Angaben aufzunehmen, die zum Erläutern der Erfindung offensichtlich nicht notwendig sind. [2]Wiederholungen von Schutzansprüchen oder Anspruchsteilen können durch Bezugnahme auf diese ersetzt werden.

§ 7 Zeichnungen

(1) [1]Die Zeichnungen sind auf Blättern mit folgenden Mindesträndern auszuführen:

Oberer Rand	2,5 Zentimeter,
linker Seitenrand	2,5 Zentimeter,
rechter Seitenrand	1,5 Zentimeter,
unterer Rand	1 Zentimeter.

[2]Die für die Abbildungen benutzte Fläche darf 26,2 Zentimeter × 17 Zentimeter nicht überschreiten.

(2) [1]Ein Zeichnungsblatt kann mehrere Zeichnungen (Figuren) enthalten. [2]Sie sollen ohne Platzverschwendung, aber eindeutig voneinander getrennt und möglichst in Hochformat angeordnet und mit arabischen Ziffern fortlaufend nummeriert werden. [3]Den Stand der Technik betreffende Zeichnungen, die dem Verständnis der Erfindung dienen, sind zulässig; sie müssen jedoch deutlich mit dem Vermerk „Stand der Technik" gekennzeichnet sein.

(3) [1]Zur Darstellung der Erfindung können neben Ansichten und Schnittzeichnungen auch perspektivische Ansichten oder Explosionsdarstellungen verwendet werden. [2]Querschnitte sind durch Schraffierungen kenntlich zu machen, die die Erkennbarkeit der Bezugszeichen und Führungslinien nicht beeinträchtigen dürfen.

(4) [1]Die Linien der Zeichnungen sollen nicht freihändig, sondern mit Zeichengeräten gezogen werden. [2]Die für die Zeichnungen verwendeten Ziffern und Buchstaben müssen mindestens 0,32 Zentimeter hoch sein. [3]Für die Beschriftung der Zeichnungen sind lateinische und, soweit in der Technik üblich, andere Buchstaben zu verwenden.

(5) [1]Die Zeichnungen sollen mit Bezugszeichen versehen werden, die in der Beschreibung und/oder in den Schutzansprüchen erläutert worden sind. [2]Gleiche Teile müssen in allen Abbildungen gleiche Bezugszeichen erhalten, die mit den Bezugszeichen in der Beschreibung und den Schutzansprüchen übereinstimmen müssen.

(6) Die Zeichnungen dürfen keine Erläuterungen enthalten; ausgenommen sind kurze unentbehrliche Angaben wie „Wasser", „Dampf", „offen", „zu", „Schnitt nach A-B" sowie in elektrischen Schaltplänen und Blockschaltbildern kurze Stichworte, die für das Verständnis notwendig sind.

§ 8[5] Abzweigung

(1) [1]Hat der Anmelder mit Wirkung für die Bundesrepublik Deutschland für dieselbe Erfindung bereits früher ein Patent angemeldet, so kann er mit der Gebrauchsmusteranmeldung die Erklärung abgeben, dass der für die Patentanmeldung maßgebende Anmeldetag in Anspruch genommen wird. [2]Ein für die Patentanmeldung beanspruchtes Prioritätsrecht bleibt für die Gebrauchsmusteranmeldung erhalten. [3]Das Recht nach Satz 1 kann bis zum Ablauf von zwei Monaten nach dem Ende des Monats, in dem die Patentanmeldung erledigt oder ein etwaiges Einspruchsverfahren

[5] § 8 Abs. 1 Satz 4 aufgeh. mWv 25.4.2006 durch G v. 19.4.2006 (BGBl. I S. 866).

abgeschlossen ist, jedoch längstens bis zum Ablauf des zehnten Jahres nach dem Anmeldetag der Patentanmeldung ausgeübt werden (§ 5 Abs. 1 des Gebrauchsmustergesetzes).

(2) Der Abschrift der fremdsprachigen Patentanmeldung (§ 5 Abs. 2 des Gebrauchsmustergesetzes) ist eine deutsche Übersetzung beizufügen, es sei denn, die Anmeldungsunterlagen stellen bereits die Übersetzung der fremdsprachigen Patentanmeldung dar.

§ 9 Deutsche Übersetzungen

(1) [1]Deutsche Übersetzungen von Schriftstücken, die zu den Unterlagen der Anmeldung zählen, müssen von einem Rechtsanwalt oder Patentanwalt beglaubigt oder von einem öffentlich bestellten Übersetzer angefertigt sein. [2]Die Unterschrift des Übersetzers ist öffentlich beglaubigen zu lassen (§ 129 des Bürgerlichen Gesetzbuchs), ebenso die Tatsache, dass der Übersetzer für derartige Zwecke öffentlich bestellt ist.

(2) Deutsche Übersetzungen von

1. Prioritätsbelegen, die gemäß der revidierten Pariser Verbandsübereinkunft zum Schutz des gewerblichen Eigentums (BGBl. 1970 II S. 391) vorgelegt werden, oder
2. Abschriften früherer Anmeldungen (§ 6 Abs. 2 des Gebrauchsmustergesetzes in Verbindung mit § 41 Abs. 1 Satz 1 des Patentgesetzes)

sind nur auf Anforderung des Deutschen Patent- und Markenamts einzureichen.

(3) Deutsche Übersetzungen von Schriftstücken,

1. nicht zu den Unterlagen der Anmeldung zählen und
2. in englischer, französischer, italienischer oder spanischer Sprache eingereicht wurden,

sind nur auf Anforderung des Deutschen Patent- und Markenamts nachzureichen.

(4) Werden fremdsprachige Schriftstücke, die nicht zu den Unterlagen der Anmeldung zählen, in anderen Sprachen als in Absatz 3 Nr. 2 aufgeführt eingereicht, so sind Übersetzungen in die deutsche Sprache innerhalb eines Monats nach Eingang der Schriftstücke nachzureichen.

(5) [1]Die Übersetzung nach Absatz 3 oder Absatz 4 muss von einem Rechtsanwalt oder Patentanwalt beglaubigt oder von einem öffentlich bestellten Übersetzer angefertigt sein. [2]Wird die Übersetzung nicht fristgerecht eingereicht, so gilt das fremdsprachige Schriftstück als zum Zeitpunkt des Eingangs der Übersetzung zugegangen.

Abschnitt 3 Schlussvorschriften

§ 10 Übergangsregelung aus Anlass des Inkrafttretens dieser Verordnung

Für Gebrauchsmusteranmeldungen, die vor Inkrafttreten dieser Verordnung eingereicht worden sind, gelten die Vorschriften der Gebrauchsmusteranmeldeverordnung vom 12. November 1986 (BGBl. I S. 1739), zuletzt geändert durch Artikel 22 des Gesetzes vom 13. Dezember 2001 (BGBl. I S. 3656).

§ 11 Übergangsregelung für künftige Änderungen

Für Gebrauchsmusteranmeldungen, die vor Inkrafttreten von Änderungen dieser Verordnung eingereicht worden sind, gelten die Vorschriften dieser Verordnung in ihrer bis dahin geltenden Fassung.

§ 12 Inkrafttreten, Außerkrafttreten

[1]Diese Verordnung tritt am 1. Juni 2004 in Kraft. [2]Gleichzeitig treten

1. die Gebrauchsmusteranmeldeverordnung vom 12. November 1986 (BGBl. I S. 1739), zuletzt geändert durch Artikel 22 des Gesetzes vom 13. Dezember 2001 (BGBl. I S. 3656), und
2. die Vierte Verordnung zur Änderung der Gebrauchsmusteranmeldeverordnung vom 10. Juni 1996 (BGBl. I S. 846)

außer Kraft.

8. Verordnung über den elektronischen Rechtsverkehr beim Deutschen Patent- und Markenamt (ERVDPMAV)[1]

vom 1. November 2013
(BGBl. I S. 3906)

Zuletzt geändert durch Art. 12 G zur Änd. des DesignG und weiterer Vorschriften des gewerblichen Rechtsschutzes vom 4.4.2016 (BGBl. I S. 558)

§ 1[2] Signaturgebundene elektronische Kommunikation

(1) Beim Deutschen Patent- und Markenamt können elektronische Dokumente in folgenden Verfahren signaturgebunden eingereicht werden:

---

[1] Verkündet als Art. 1 VO über den elektronischen Rechtsverkehr beim Deutschen Patent- und Markenamt und zur Änderung weiterer Verordnungen für das Deutsche Patent- und Markenamt v. 1.11.2013 (BGBl. I S. 3906); Inkrafttreten gem. Art. 6 Abs. 1 dieser VO am 12.11.2013. Diese VO wurde erlassen auf Grund

- der §§ 28, 34 Absatz 6, des § 43 Absatz 8 Nummer 2 und des § 125a Absatz 3 des Patentgesetzes, von denen § 28 durch Artikel 2 Absatz 7 Nummer 1 des Gesetzes vom 12. März 2004 (BGBl. I S. 390) neu gefasst, § 34 Absatz 6 zuletzt durch Artikel 7 Nummer 16 Buchstabe b und c des Gesetzes vom 13. Dezember 2001 (BGBl. I S. 3656) geändert, § 43 Absatz 8 durch Artikel 1 Nummer 15 des Gesetzes vom 19. Oktober 2013 (BGBl. I S. 3830) neu gefasst und § 125a Absatz 3 durch Artikel 1 Nummer 20 des Gesetzes vom 19. Oktober 2013 (BGBl. I S. 3830) geändert worden ist,
- des § 4 Absatz 4 Satz 1, des § 21 Absatz 1 und des § 29 des Gebrauchsmustergesetzes, von denen § 4 Absatz 4 Satz 1 durch Artikel 3 Nummer 2 Buchstabe d des Gesetzes vom 16. Juli 1998 (BGBl. I S. 1827), § 21 Absatz 1 zuletzt durch Artikel 14 des Gesetzes vom 24. November 2011 (BGBl. I S. 2302) und § 29 durch Artikel 2 Absatz 8 Nummer 3 des Gesetzes vom 12. März 2004 (BGBl. I S. 390) geändert worden ist,
- des § 65 Absatz 1 Nummer 1, 2, 7, 8, 9 und des § 95a Absatz 3 des Markengesetzes, von denen § 65 Absatz 1 Nummer 1 durch Artikel 2 Absatz 9 Nummer 7 des Gesetzes vom 12. März 2004 (BGBl. I S. 390) neu gefasst, § 65 Absatz 1 Nummer 7 durch Artikel 1 Nummer 3 des Gesetzes vom 19. Juli 1996 (BGBl. I S. 1014) und § 95a Absatz 3 zuletzt durch Artikel 3 Nummer 3 des Gesetzes vom 19. Oktober 2013 (BGBl. I S. 3830) geändert worden ist,
- des § 25 Absatz 3 und des § 26 des Geschmacksmustergesetzes, von denen § 25 Absatz 3 zuletzt durch Artikel 6 Nummer 4 des Gesetzes vom 19. Oktober 2013 (BGBl. I S. 3830) und § 26 zuletzt durch Artikel 6 Nummer 5 des Gesetzes vom 19. Oktober 2013 (BGBl. I S. 3830) geändert worden ist,
- des § 3 Absatz 3 und des § 11 des Halbleiterschutzgesetzes, von denen § 3 Absatz 3 zuletzt durch Artikel 2 Absatz 15 des Gesetzes vom 12. März 2004 (BGBl. I S. 390) und § 11 zuletzt durch Artikel 17 des Gesetzes vom 24. November 2011 (BGBl. I S. 3202) geändert worden ist,
- des § 1 Absatz 2 des Patentkostengesetzes vom 13. Dezember 2001 (BGBl. I S. 3656) und
- des § 138 Absatz 5 Nummer 2 des Urheberrechtsgesetzes vom 9. September 1965 (BGBl. I S. 1273), der zuletzt durch Artikel 16 Nummer 3 Buchstabe d Doppelbuchstabe bb des Gesetzes vom 13. Dezember 2001 (BGBl. I S. 3656) geändert worden ist.

[2] § 1 Abs. 1 Nr. 4 neu gef. mWv 1.7.2014 durch VO v. 2.1.2014 (BGBl. I S. 18); Abs. 2 geänd. mWv 8.9.2015 durch VO v. 31.8.2015 (BGBl. I S. 1474).

1. in Patentverfahren für
   a) Anmeldungen nach dem Patentgesetz und dem Gesetz über internationale Patentübereinkommen,
   b) Einsprüche,
   c) Beschwerden,
   d) Rechercheanträge,
   e) Prüfungsanträge,
2. in Gebrauchsmusterverfahren für
   a) Anmeldungen,
   b) Rechercheanträge,
3. in Markenverfahren für
   a) Anmeldungen,
   b) Beschwerden und
4. in Designverfahren für
   a) Anmeldungen,
   b) Anträge auf Feststellung oder Erklärung der Nichtigkeit.

(2) Das Bundesministerium der Justiz und für Verbraucherschutz bestimmt entsprechend dem technischen Fortschritt weitere Verfahrenshandlungen, bei denen Dokumente elektronisch eingereicht werden können, und macht diese im Bundesanzeiger bekannt.

§ 2[3] Signaturfreie elektronische Kommunikation

(1) In den folgenden Verfahren können elektronische Dokumente beim Deutschen Patent- und Markenamt auch signaturfrei eingereicht werden:
1. in Markenverfahren für Anmeldungen,
2. in Designverfahren für
   a) Anmeldungen,
   b) Anträge auf Feststellung oder Erklärung der Nichtigkeit.

(2) § 1 Absatz 2 gilt entsprechend.

§ 3 Form der Einreichung

(1) [1]Zur Einreichung elektronisch übermittelter Dokumente ist ausschließlich die elektronische Annahmestelle des Deutschen Patent- und Markenamts bestimmt. [2]Für die signaturgebundene Einreichung ist die elektronische Annahmestelle über die vom Deutschen Patent- und Markenamt zur Verfügung gestellte Zugangs- und Übertragungssoftware erreichbar. [3]Die Software kann über die Internetseite www.dpma.de unentgeltlich heruntergeladen werden. [4]Für die signaturfreie Einreichung sind Onlineformulare zu verwenden, die auf der in Satz 3 genannten Internetseite bereitgestellt werden.

(2) Ein elektronisches Dokument kann auch auf einem Datenträger eingereicht werden; die zulässigen Datenträgertypen und Formatierungen werden über die Internetseite www.dpma.de bekannt gemacht.

(3) [1]Für die signaturgebundene Einreichung sind die Dokumente mit einer qualifizierten elektronischen Signatur nach dem Signaturgesetz oder mit einer fortgeschrittenen elektronischen Signatur zu versehen, die von einer internationalen, auf dem Gebiet des gewerblichen Rechtsschutzes tätigen Organisation herausgegeben wird und sich zur Bearbeitung durch das Deutsche Patent- und Markenamt eignet. [2]Das Zertifikat, das der verwendeten elektronischen Signatur zugrunde liegt, muss

[3] § 2 Abs. 1 Nr. 2 neu gef. mWv 1.7.2014 durch VO v. 2.1.2014 (BGBl. I S. 18).

durch das Deutsche Patent- und Markenamt oder durch eine von ihm beauftragte Stelle überprüfbar sein.

(4) [1]Abweichend von den Absätzen 1 bis 3 können Anmeldungen von Patenten beim Deutschen Patent- und Markenamt auch unter Verwendung des für deutsche Patentanmeldungen entwickelten Anmeldesystems (DE-Modul) der vom Europäischen Patentamt herausgegebenen Software epoline eingereicht werden. [2]Die jeweils im Amtsblatt des Europäischen Patentamts bekannt gemachten technischen Bedingungen sind anzuwenden.

§ 4[4] Bekanntgabe der Bearbeitungsvoraussetzungen

Das Deutsche Patent- und Markenamt gibt über die Internetseite www.dpma.de bekannt:

1. die Einzelheiten des Verfahrens der Anmeldung zur Teilnahme am elektronischen Rechtsverkehr sowie der Authentifizierung bei der jeweiligen Nutzung der elektronischen Annahmestelle einschließlich der für die datenschutzgerechte Verwaltung der elektronischen Annahmestelle zu verarbeitenden personenbezogenen Daten,
2. die Einzelheiten des Verfahrens der signaturfreien Einreichung nach § 2,
3. die Zertifikate, Anbieter und Versionen elektronischer Signaturen, die dem in § 3 Absatz 3 festgelegten Standard entsprechen und für die Bearbeitung durch das Deutsche Patent- und Markenamt geeignet sind,
4. die zulässigen Dateiformate für und weitere technische Anforderungen an die nach den §§ 1 und 2 eingereichten Dokumente einschließlich der Anlagen,
5. weitere Angaben, die für die Übermittlung oder Einreichung erforderlich sind, um die Zuordnung und Weiterverarbeitung der Dokumente einschließlich der Anlagen zu gewährleisten.

§ 5[5] Zustellung elektronischer Dokumente

(1) [1]Im Rahmen einer elektronischen Zustellung sind elektronische Dokumente für die Übermittlung mit einer fortgeschrittenen oder qualifizierten elektronischen Signatur nach dem Signaturgesetz zu versehen. [2]Dabei kann die gesamte elektronische Nachricht mit einer Signatur versehen werden.

(2) [1]Die elektronische Zustellung kann durch Übermittlung der elektronischen Dokumente mittels der Zugangs- und Übertragungssoftware nach § 3 Absatz 1 Satz 2 erfolgen. [2]Ebenso kann sie durch Übermittlung der elektronischen Dokumente mittels De-Mail-Nachricht nach § 5 Absatz 5 des De-Mail-Gesetzes, bei der die Signatur des Dienstanbieters das Deutsche Patent- und Markenamt als Nutzer des De-Mail-Kontos erkennen lässt, erfolgen.

(3) [1]Elektronische Zustellungen, die mittels der Zugangs- und Übertragungssoftware nach § 3 Absatz 1 Satz 2 erfolgen, sind mit dem Hinweis „Zustellung gegen Empfangsbekenntnis" zu kennzeichnen. [2]Die Nachricht muss das Deutsche Patent- und Markenamt als absendende Behörde sowie den Namen und die Anschrift des Zustellungsadressaten erkennen lassen.

(4) [1]Für den Nachweis der Zustellung nach Absatz 2 gilt § 5 Absatz 7 des Verwaltungszustellungsgesetzes mit der Maßgabe, dass das Empfangsbekenntnis bei einer

---

[4] § 4 Nr. 3 geänd. mWv 1.10.2016 durch G v. 4.4.2016 (BGBl. I S. 558):

3. die Zertifikate, Anbieter und Versionen elektronischer Signaturen, die dem in § 3 Absatz 3 und § 5 Absatz 4 festgelegten Standard entsprechen und für die Bearbeitung durch das Deutsche Patent- und Markenamt geeignet sind.

[5] § 5 angef. mWv 1.10.2016 durch G v. 4.4.2016 (BGBl. I S. 558).

elektronischen Rücksendung mit einer qualifizierten elektronischen Signatur nach dem Signaturgesetz oder mit einer fortgeschrittenen elektronischen Signatur, die von einer internationalen, auf dem Gebiet des gewerblichen Rechtsschutzes tätigen Organisation herausgegeben wird und sich zur Bearbeitung durch das Deutsche Patent- und Markenamt eignet, zu versehen ist. [2]§ 3 Absatz 3 Satz 2 gilt entsprechend.

(5) Für die Zustellung elektronischer Dokumente findet § 7 Absatz 2 des Verwaltungszustellungsgesetzes keine Anwendung.

9. Verordnung über den elektronischen Rechtsverkehr beim Bundesgerichtshof und Bundespatentgericht (BGH/BPatGERVV)[1]

vom 24. August 2007
(BGBl. I S. 2130)

Zuletzt geändert durch Art. 5 Abs. 3 G zur Modernisierung des GeschmacksmusterG sowie zur Änderung der Regelungen über die Bekanntmachungen zum Ausstellungsschutz vom 10. 10. 2013 (BGBl. I S. 3799)

Es verordnen

- auf Grund des § 130a Abs. 2 Satz 1 der Zivilprozessordnung in der Fassung der Bekanntmachung vom 5. Dezember 2005 (BGBl. I S. 3202, 2006 I S. 431), des § 21 Abs. 3 Satz 1 des Gesetzes über die Angelegenheiten der freiwilligen Gerichtsbarkeit, der durch Artikel 5 Nr. 2 des Gesetzes vom 13. Juli 2001 (BGBl. I S. 1542) eingefügt worden ist, des § 81 Abs. 4 Satz 1 der Grundbuchordnung, der durch Artikel 5a Nr. 2 des Gesetzes vom 13. Juli 2001 (BGBl. I S. 1542) eingefügt und durch Artikel 5 Nr. 2 des Gesetzes vom 9. Dezember 2004 (BGBl. I S. 3220) geändert worden ist, des § 89 Abs. 4 Satz 1 der Schiffsregisterordnung, der durch Artikel 5b Nr. 2 des Gesetzes vom 13. Juli 2001 (BGBl. I S. 1542) eingefügt und durch Artikel 6 Nr. 2 des Gesetzes vom 9. Dezember 2004 (BGBl. I S. 3220) geändert worden ist, und des § 41a Abs. 2 Satz 1 der Strafprozessordnung, der durch Artikel 6 Nr. 3 des Gesetzes vom 22. März 2005 (BGBl. I S. 837) eingefügt worden ist, die Bundesregierung und
- auf Grund des § 125a Abs. 2 Satz 1 des Patentgesetzes, der durch Artikel 4 Abs. 1 Nr. 2 des Gesetzes vom 19. Juli 2002 (BGBl. I S. 2681) eingefügt worden ist, des § 21 Abs. 1 des Gebrauchsmustergesetzes, der zuletzt durch Artikel 4 Abs. 42 Nr. 1 des Gesetzes vom 5. Mai 2004 (BGBl. I S. 718) geändert worden ist, in Verbindung mit § 125a Abs. 2 Satz 1 des Patentgesetzes, der durch Artikel 4 Abs. 1 Nr. 2 des Gesetzes vom 19. Juli 2002 (BGBl. I S. 2681) eingefügt worden ist, und des § 95a Abs. 2 Satz 1 des Markengesetzes, der durch Artikel 4 Abs. 3 Nr. 2 des Gesetzes vom 19. Juli 2002 (BGBl. I S. 2681) eingefügt worden ist, das Bundesministerium der Justiz:

§ 1 Zulassung der elektronischen Kommunikation

Bei den in der Anlage bezeichneten Gerichten können elektronische Dokumente in den dort jeweils für sie näher bezeichneten Verfahrensarten und ab dem dort für sie angegebenen Datum eingereicht werden.

---

[1] **[Amtl. Anm.:]** Die Verpflichtungen aus der Richtlinie 98/34/EG des Europäischen Parlaments und des Rates vom 22. Juni 1998 über ein Informationsverfahren auf dem Gebiet der Normen und technischen Vorschriften und der Vorschriften für die Dienste der Informationsgesellschaft (ABl. EG Nr. L 204 S. 37), geändert durch die Richtlinie 98/48/EG des Europäischen Parlaments und des Rates vom 20. Juli 1998 (ABl. EG Nr. L 217 S. 18), sind beachtet worden.

§ 2[2] Form der Einreichung

(1) [1]Zur Entgegennahme elektronischer Dokumente sind elektronische Poststellen der Gerichte bestimmt. [2]Die elektronischen Poststellen sind über die auf den Internetseiten

1. www.bundesgerichtshof.de/erv.html und
2. www.bundespatentgericht.de/bpatg/erv.html

bezeichneten Kommunikationswege erreichbar.

(2) Die Einreichung erfolgt durch die Übertragung des elektronischen Dokuments in die elektronische Poststelle.

(2a) In den Verfahren nach den Nummern 6 bis 13 der Anlage sind elektronische Dokumente mit einer qualifizierten elektronischen Signatur nach dem Signaturgesetz oder mit einer fortgeschrittenen elektronischen Signatur zu versehen, die von einer internationalen Organisation auf dem Gebiet des gewerblichen Rechtsschutzes herausgegeben wird und sich zur Bearbeitung durch das jeweilige Gericht eignet.

(3) [1]Eine elektronische Signatur und das ihr zugrunde liegende Zertifikat müssen durch das adressierte Gericht oder eine andere von diesem mit der automatisierten Überprüfung beauftragte Stelle prüfbar sein. [2]Die Eignungsvoraussetzungen für eine Prüfung werden gemäß § 3 Nr. 2 bekannt gegeben.

(4) [1]Das elektronische Dokument muss eines der folgenden Formate in einer für das adressierte Gericht bearbeitbaren Version aufweisen:

1. ASCII (American Standard Code for Information Interchange) als reiner Text ohne Formatierungscodes und ohne Sonderzeichen,
2. Unicode,
3. Microsoft RTF (Rich Text Format),
4. Adobe PDF (Portable Document Format),
5. XML (Extensible Markup Language),
6. TIFF (Tag Image File Format),
7. Microsoft Word, soweit keine aktiven Komponenten (zum Beispiel Makros) verwendet werden,
8. ODT (OpenDocument Text), soweit keine aktiven Komponenten verwendet werden.

[2]Nähere Informationen zu den bearbeitbaren Versionen der zulässigen Dateiformate werden gemäß § 3 Nr. 3 bekannt gegeben.

(5) [1]Elektronische Dokumente, die einem der in Absatz 4 genannten Dateiformate in der nach § 3 Nr. 3 bekannt gegebenen Version entsprechen, können auch in komprimierter Form als ZIP-Datei eingereicht werden. [2]Die ZIP-Datei darf keine anderen ZIP-Dateien und keine Verzeichnisstrukturen enthalten. [3]Beim Einsatz von Dokumentensignaturen muss sich die Signatur auf das Dokument und nicht auf die ZIP-Datei beziehen.

(6) Sofern strukturierte Daten übermittelt werden, sollen sie im Unicode-Zeichensatz UTF 8 (Unicode Transformation Format) codiert sein.

§ 3 Bekanntgabe der Betriebsvoraussetzungen

Die Gerichte geben auf den in § 2 Abs. 1 Satz 2 genannten Internetseiten bekannt:

1. die Einzelheiten des Verfahrens, das bei einer vorherigen Anmeldung zur Teilnahme am elektronischen Rechtsverkehr sowie für die Authentifizierung bei der jeweiligen Nutzung der elektronischen Poststelle einzuhalten ist, einschließlich

---

[2] § 2 Abs. 2a eingef., Abs. 3 Satz 1 geänd. mWv 1.3.2010 durch VO v. 10.2.2010 (BGBl. I S. 83).

der für die datenschutzgerechte Administration elektronischer Postfächer zu speichernden personenbezogenen Daten;
2. die Zertifikate, Anbieter und Versionen elektronischer Signaturen, die nach ihrer Prüfung für die Bearbeitung durch das jeweilige Gericht geeignet sind; dabei ist mindestens die Prüfbarkeit qualifizierter elektronischer Signaturen sicherzustellen, die dem Profil ISIS-MTT (Industrial-Signature-Interoperability-Standard – MailTrusT) entsprechen;
3. die nach ihrer Prüfung den in § 2 Abs. 3 und 4 festgelegten Formatstandards entsprechenden und für die Bearbeitung durch das jeweilige Gericht geeigneten Versionen der genannten Formate sowie die bei dem in § 2 Abs. 4 Nr. 5 bezeichneten XML-Format zugrunde zu legenden Definitions- oder Schemadateien;
4. die zusätzlichen Angaben, die bei der Übermittlung oder bei der Bezeichnung des einzureichenden elektronischen Dokuments gemacht werden sollen, um die Zuordnung innerhalb des adressierten Gerichts und die Weiterverarbeitung zu gewährleisten.

§ 4 Inkrafttreten, Außerkrafttreten

[1]Diese Verordnung tritt am 1. September 2007 in Kraft. [2]Gleichzeitig treten die Elektronische Rechtsverkehrsverordnung vom 26. November 2001 (BGBl. I S. 3225), die Verordnung über den elektronischen Rechtsverkehr beim Bundespatentgericht und beim Bundesgerichtshof vom 5. August 2003 (BGBl. I S. 1558, 2004 I S. 331), geändert durch die Verordnung vom 26. September 2006 (BGBl. I S. 2161), und die Verordnung über den elektronischen Rechtsverkehr in Revisionsstrafsachen zwischen dem Generalbundesanwalt beim Bundesgerichtshof und den Strafsenaten des Bundesgerichtshofs vom 18. November 2005 (BGBl. I S. 3191) außer Kraft.

Anlage[3]
(zu § 1)

[Gerichte und Verfahrensarten]

Nr.	Gericht	Verfahrensart	Datum
1.	Bundesgerichtshof	Verfahren nach der Zivilprozessordnung	1.9.2007
2.	Bundesgerichtshof	Verfahren nach dem Gesetz über die Angelegenheiten der freiwilligen Gerichtsbarkeit und nach dem Gesetz über das Verfahren in Familiensachen und in den Angelegenheiten der freiwilligen Gerichtsbarkeit	1.9.2007
3.	Bundesgerichtshof	Verfahren nach der Grundbuchordnung	1.9.2007
4.	Bundesgerichtshof	Verfahren nach der Schiffsregisterordnung	1.9.2007
5.	Bundesgerichtshof	Revisionsstrafsachen; dies gilt nur für die Einreichung elektronischer Dokumente durch den Generalbundesanwalt beim Bundesgerichtshof	1.9.2007
6.	Bundesgerichtshof	Verfahren nach dem Patentgesetz	1.9.2007

[3] Anlage geänd. mWv 1.9.2009 durch G v. 17.12.2008 (BGBl. I S. 2586), geänd. mWv 1.3.2010 durch VO v. 10.2.2010 (BGBl. I S. 83); geänd. mWv 1.1.2014 durch G v. 10.10.2013 (BGBl. I S. 3799).

7.	Bundesgerichtshof	Verfahren nach dem Gebrauchsmustergesetz	1.9.2007
8.	Bundesgerichtshof	Verfahren nach dem Markengesetz	1.9.2007
8a.	Bundesgerichtshof	Verfahren nach dem Halbleiterschutzgesetz	1.3.2010
8b.	Bundesgerichtshof	Verfahren nach dem Designgesetz	1.3.2010
9.	Bundespatentgericht	Verfahren nach dem Patentgesetz	1.9.2007
10.	Bundespatentgericht	Verfahren nach dem Gebrauchsmustergesetz	1.9.2007
11.	Bundespatentgericht	Verfahren nach dem Markengesetz	1.9.2007
12.	Bundespatentgericht	Verfahren nach dem Halbleiterschutzgesetz	1.3.2010
13.	Bundespatentgericht	Verfahren nach dem Designgesetz	1.3.2010

10. Verordnung über die elektronische Aktenführung bei dem Patentamt, dem Patentgericht und dem Bundesgerichtshof (EAPatV)[1, 2]

vom 10. Februar 2010
(BGBl. I S. 83)

Zuletzt geändert durch Art. 11 G zur Änd. des DesignG und weiterer Vorschriften des gewerblichen Rechtsschutzes vom 4.4.2016 (BGBl. I S. 558)

§ 1 Elektronische Aktenführung

Das Patentamt, das Patentgericht und der Bundesgerichtshof, soweit er für die Verhandlung und Entscheidung über Rechtsmittel gegen Entscheidungen des Patentgerichts zuständig ist, können Verfahrensakten ganz oder teilweise auch elektronisch führen.

---

[1] **[Amtl. Anm.:]** Die Verpflichtungen aus der Richtlinie 98/34/EG des Europäischen Parlaments und des Rates vom 22. Juni 1998 über ein Informationsverfahren auf dem Gebiet der Normen und technischen Vorschriften und der Vorschriften für die Dienste der Informationsgesellschaft (ABl. L 204 vom 21.7.1998, S. 37), die zuletzt durch die Richtlinie 2006/96/EG vom 20. November 2006 (ABl. L 363 vom 20.12.2006, S. 81) geändert worden ist, sind beachtet worden.

[2] Verkündet als Art. 1 VO zur Einführung der elektronischen Aktenführung und zur Erweiterung des elektronischen Rechtsverkehrs bei dem Patentamt, dem Patentgericht und dem Bundesgerichtshof v. 10.2.2010 (BGBl. I S. 83); Inkrafttreten gem. Art. 3 am 1.3.2010. Die VO wurde erlassen auf Grund

- der §§ 28, 34 Absatz 6 Satz 1 und des § 125a Absatz 3 des Patentgesetzes, von denen § 28 zuletzt durch Artikel 2 des Gesetzes vom 12. März 2004 (BGBl. I S. 390), § 34 Absatz 6 zuletzt durch Artikel 7 Nummer 16 des Gesetzes vom 13. Dezember 2001 (BGBl. I S. 3656) geändert und § 125a Absatz 3 durch das Gesetz vom 31. Juli 2009 (BGBl. I S. 2521) neu gefasst worden sind,
- des § 4 Absatz 4 Satz 1, des § 21 Absatz 1 und des § 29 des Gebrauchsmustergesetzes, von denen § 4 Absatz 4 Satz 1 zuletzt durch Artikel 3 Nummer 2 des Gesetzes vom 16. Juli 1998 (BGBl. I S. 1827), § 21 Absatz 1 zuletzt durch Artikel 2 Nummer 1 des Gesetzes vom 31. Juli 2009 (BGBl. I S. 2521) und § 29 zuletzt durch Artikel 2 Absatz 8 Nummer 3 des Gesetzes vom 12. März 2004 (BGBl. I S. 390) geändert worden sind,
- des § 65 Absatz 1 Nummer 1, 2, 7, 8, 9 und des § 95a Absatz 3 des Markengesetzes, von denen § 65 Absatz 1 Nummer 1 zuletzt durch Artikel 2 Absatz 9 Nummer 7 des Gesetzes vom 12. März 2004 (BGBl. I S. 390), § 65 Absatz 1 Nummer 7 zuletzt durch Artikel 1 Nummer 3 des Gesetzes vom 19. Juli 1996 (BGBl. I S. 1014) geändert und § 95a Absatz 3 durch Artikel 3 Nummer 6 des Gesetzes vom 31. Juli 2009 (BGBl. I S. 2521) neu gefasst worden sind,
- des § 11 Absatz 1 und 2 des Halbleiterschutzgesetzes, von denen Absatz 1 zuletzt durch Artikel 5 des Gesetzes vom 31. Juli 2009 (BGBl. I S. 2521) geändert worden ist, und
- des § 25 Absatz 3 und des § 26 Absatz 1 Nummer 1 und 2 des Geschmacksmustergesetzes, von denen § 25 Absatz 3 durch Artikel 6 Nummer 2 des Gesetzes vom 31. Juli 2009 (BGBl. I S. 2521) neu gefasst worden ist.

§ 2 Verfahrensrecht für das Patentamt

Für das Verfahren vor dem Patentamt gelten die Regelungen der Zivilprozessordnung über die elektronische Aktenführung entsprechend.

§ 3 Vernichtung von Schriftstücken

Werden Schriftstücke oder sonstige Unterlagen in ein elektronisches Dokument übertragen, so dürfen sie nicht vernichtet werden, wenn in Betracht kommt, über ihr Vorhandensein oder ihre Beschaffenheit Beweis zu erheben.

§ 4 Überblick über Aktenbestandteile

(1) Enthält eine Akte sowohl elektronische als auch papiergebundene Bestandteile, so muss beim Zugriff auf jeden der Teile ein Hinweis auf den jeweils anderen Teil sichtbar sein.

(2) Vor jedem Zugriff auf einen elektronischen Aktenbestandteil muss ein vollständiger Überblick über alle anderen elektronischen Aktenbestandteile sichtbar sein.

§ 5[3] Herkunftsnachweis

(1) Ist eine handschriftliche Unterzeichnung nicht erforderlich, so kann in elektronischen Bestandteilen der Akte statt der elektronischen Signatur ein anderer eindeutiger Herkunftsnachweis verwendet werden, der nicht unbemerkt verändert werden kann.

(2) [1]Ein elektronisches Dokument wird unterzeichnet, indem der Name der unterzeichnenden Person eingefügt wird. [2]Die Dokumente werden durch einen qualifizierten Zeitstempel gesichert.

(3) Eine Niederschrift oder ein Beschluss des Deutschen Patent- und Markenamts wird unterzeichnet, indem der Name der unterzeichnenden Person oder der unterzeichnenden Personen eingefügt und das Dokument mit einer fortgeschrittenen oder qualifizierten Signatur nach dem Signaturgesetz versehen wird.

§ 6[4] Ausfertigung

Wird ein elektronisches Dokument durch das Patentamt ausgefertigt, genügt es, in den Ausdruck folgende Angaben aufzunehmen:

---

[3] § 5 Abs. 2 neu gef. mWv 12.11.2013 durch VO v. 1.11.2013 (BGBl. I S. 3906); Abs. 2 neu gef., Abs. 3 angef. mWv 10.1.2014 durch VO v. 2.1.2014 (BGBl. I S. 18).

[4] § 6 Nr. 1 und 2 geänd. mWv 12.11.2013 durch VO v. 1.11.2013 (BGBl. I S. 3906); § 6 neu gef. mWv 1.10.2016 durch G v. 4.4.2016 (BGBl. I S. 558):

§ 6 Form der Ausfertigungen und Abschriften

(1) Wird die Abschrift eines elektronischen Dokuments gefertigt, das mit einem Herkunftsnachweis nach § 5 Absatz 1 oder Absatz 2 versehen ist, müssen in den Ausdruck keine weiteren Informationen aufgenommen werden.

(2) Wird die Abschrift eines elektronischen Dokuments gefertigt, das mit einem Herkunftsnachweis nach § 5 Absatz 3 versehen ist, genügt es, in den Ausdruck folgende Informationen aufzunehmen:

1. den Namen der Person, die das Dokument unterzeichnet hat, und
2. den Tag, an dem das Dokument mit einer elektronischen Signatur versehen wurde.

(3) Wird eine Ausfertigung eines elektronischen Dokuments gefertigt, ist in den Ausdruck zusätzlich zu den Angaben nach Absatz 2 der Hinweis aufzunehmen, dass die Ausfertigung elektronisch erstellt worden ist und daher nicht unterschrieben ist.

1. den Namen der Person, die das Dokument mit einer elektronischen Signatur versehen hat,
2. den Tag, an dem das Dokument mit einer elektronischen Signatur oder einem anderen Herkunftsnachweis versehen wurde, sowie
3. den Hinweis, dass die Ausfertigung nicht unterschrieben wird.

§ 7[5]

[aufgehoben]

§ 8 Vorlegen von Akten

(1) [1]Sind Akten einem Gericht oder einer Behörde vorzulegen, werden alle elektronischen Aktenbestandteile übersandt oder der unbeschränkte Zugriff darauf ermöglicht. [2]Die Aktenbestandteile dürfen keinen Kopierschutz tragen.

(2) Werden Akten in einem Rechtsmittelverfahren vorgelegt, so muss erkennbar sein, auf welchem Stand sich die Akten befanden, als das Rechtsmittel eingelegt wurde.

(3) Kann das Gericht oder die Behörde den Inhalt der Dateien nicht in eine lesbare Form bringen, sind die betreffenden Aktenteile in einer anderen, geeigneten Form zu übersenden.

§ 9 Aufbewahrung

Aktenbestandteile in elektronischer Form sind ebenso lange aufzubewahren wie Aktenbestandteile in Papierform.

---

[5] § 7 aufgeh. mWv 12.11.2013 durch VO v. 1.11.2013 (BGBl. I S. 3906).

11. Gesetz über die Erstreckung von gewerblichen Schutzrechten (Erstreckungsgesetz – ErstrG)[1]

vom 23. April 1992
(BGBl. I S. 938)

Zuletzt geändert durch Art. 14 Abs. 2 G zur Änd. des DesignG und weiterer Vorschriften des gewerblichen Rechtsschutzes vom 4.4.2016 (BGBl. I S. 558)

Inhaltsübersicht[2]

[1] Änderungen vor dem 1.1.1999 sind nicht in Fußnoten nachgewiesen.

[2] Inhaltsübersicht geänd. mWv 1.6.2004 durch G v. 12.3.2004 (BGBl. I S. 390); im Übrigen wurde sie nichtamtlich an die nachträglichen Änderungen angepasst.

Teil 1 Erstreckung

Abschnitt 1 Erstreckung auf das in Artikel 3 des Einigungsvertrages genannte Gebiet

§ 1[3] Erstreckung von gewerblichen Schutzrechten und Schutzrechtsanmeldungen

(1) Die am 1. Mai 1992 in der Bundesrepublik Deutschland mit Ausnahme des in Artikel 3 des Einigungsvertrages genannten Gebiets bestehenden gewerblichen Schutzrechte (Patente, Gebrauchsmuster, Halbleiterschutzrechte, Warenzeichen und Dienstleistungsmarken) und Anmeldungen von solchen Schutzrechten werden unter

[3] § 1 Abs. 1 geänd. mWv 1.6.2004 durch G v. 12.3.2004 (BGBl. I S. 390).

Beibehaltung ihres Zeitrangs auf das in Artikel 3 des Einigungsvertrages genannte Gebiet erstreckt.

(2) Das gleiche gilt für die auf Grund internationaler Abkommen mit Wirkung für die Bundesrepublik Deutschland mit Ausnahme des in Artikel 3 des Einigungsvertrages genannten Gebiets eingereichten Anmeldungen und eingetragenen oder erteilten Schutzrechte.

§ 2 Löschung von eingetragenen Warenzeichen

(1) [1]Die Löschung eines nach § 1 erstreckten Warenzeichens, das auf Grund einer in der Zeit vom 1. Juli bis zum Ablauf des 2. Oktober 1990 eingereichten Anmeldung eingetragen worden ist, kann ein Dritter nach § 11 Abs. 1 Nr. 1 des Warenzeichengesetzes[4] auch dann beantragen, wenn das Zeichen für ihn auf Grund einer beim ehemaligen Patentamt der Deutschen Demokratischen Republik eingereichten Anmeldung mit älterem Zeitrang für gleiche oder gleichartige Waren oder Dienstleistungen eingetragen und nach § 4 erstreckt worden ist. [2]Einer solchen Eintragung steht eine nach § 4 erstreckte international registrierte Marke nach dem Madrider Abkommen über die internationale Registrierung von Marken gleich.

(2) Absatz 1 ist auf Anträge auf Entziehung des Schutzes einer nach § 1 erstreckten international registrierten Marke gemäß § 10 der Verordnung über die internationale Registrierung von Fabrik- oder Handelsmarken entsprechend anzuwenden.

§ 3 Widerspruch gegen angemeldete Warenzeichen

(1) [1]Gegen die Eintragung eines in der Zeit vom 1. Juli bis zum Ablauf des 2. Oktober 1990 beim Deutschen Patentamt angemeldeten Zeichens, das nach § 1 erstreckt worden ist, kann Widerspruch nach § 5 Abs. 4 oder § 6a Abs. 3 des Warenzeichengesetzes auch erheben, wer für gleiche oder gleichartige Waren oder Dienstleistungen ein mit dem angemeldeten Zeichen übereinstimmendes Zeichen (§ 31 des Warenzeichengesetzes) mit älterem Zeitrang, das nach § 4 erstreckt worden ist, beim ehemaligen Patentamt der Deutschen Demokratischen Republik angemeldet hat. [2]Einer solchen Anmeldung steht eine nach § 4 erstreckte international registrierte Marke nach dem Madrider Abkommen über die internationale Registrierung von Marken gleich.

(2) Hat das Deutsche Patentamt ein in Absatz 1 genanntes Zeichen nach § 5 Abs. 2 des Warenzeichengesetzes bekanntgemacht und ist die Widerspruchsfrist nach § 5 Abs. 4 oder § 6a Abs. 3 des Warenzeichengesetzes am 1. Mai 1992 noch nicht abgelaufen, so kann Widerspruch auf Grund eines in Absatz 1 genannten früheren Zeichens noch bis zum Ablauf von drei Monaten nach diesem Zeitpunkt erhoben werden.

(3) Die Absätze 1 und 2 sind auf Widersprüche nach § 2 der Verordnung über die internationale Registrierung von Fabrik- oder Handelsmarken, die gegen eine nach § 1 erstreckte international registrierte Marke erhoben werden, entsprechend anzuwenden.

[4] Aufgehoben mWv 1. 1. 1995 durch G v. 25. 10. 1994 (BGBl. I S. 3082).

Abschnitt 2 Erstreckung der in dem in Artikel 3 des Einigungsvertrages genannten Gebiet bestehenden gewerblichen Schutzrechte auf das übrige Bundesgebiet

Unterabschnitt 1 Allgemeine Vorschriften

§ 4[5] Erstreckung von gewerblichen Schutzrechten und Schutzrechtsanmeldungen

(1) Die am 1. Mai 1992 in dem in Artikel 3 des Einigungsvertrages genannten Gebiet bestehenden gewerblichen Schutzrechte (Ausschließungspatente und Wirtschaftspatente, Marken) und Anmeldungen von solchen Schutzrechten werden unter Beibehaltung ihres Zeitrangs auf das übrige Bundesgebiet erstreckt.

(2) Das gleiche gilt für die auf Grund internationaler Abkommen mit Wirkung für das in Artikel 3 des Einigungsvertrages genannte Gebiet eingereichten Anmeldungen und eingetragenen oder erteilten Schutzrechte.

(3) Für Herkunftsangaben, die mit Wirkung für das in Artikel 3 des Einigungsvertrages genannte Gebiet eingetragen oder angemeldet sind, gelten die §§ 33 bis 38.

§ 5 Anzuwendendes Recht

[1]Unbeschadet der nachfolgenden Bestimmungen sind auf die nach § 4 erstreckten gewerblichen Schutzrechte und Schutzrechtsanmeldungen die bisher für sie geltenden Rechtsvorschriften (Anlage I Kapitel III Sachgebiet E Abschnitt II Nr. 1 § 3 Abs. 1 des Einigungsvertrages vom 31. August 1990, BGBl. 1990 II S. 885, 961) nur noch anzuwenden, soweit es sich um die Voraussetzungen der Schutzfähigkeit und die Schutzdauer handelt. [2]Im übrigen unterliegen sie den mit dem Einigungsvertrag übergeleiteten Vorschriften des Bundesrechts.

Unterabschnitt 2 Besondere Vorschriften für Patente

§ 6 Wirkung erteilter Patente

Die Erteilung eines Patents nach den Rechtsvorschriften der Deutschen Demokratischen Republik steht der Veröffentlichung der Erteilung des Patents nach § 58 Abs. 1 des Patentgesetzes gleich.

§ 6a Patentdauer

Die Dauer der nach § 4 erstreckten Patente, die am 31. Dezember 1995 noch nicht abgelaufen sind, beträgt 20 Jahre, die mit dem auf die Anmeldung folgenden Tag beginnen.

§ 7[6] Wirtschaftspatente

(1) [1]Nach § 4 erstreckte Wirtschaftspatente gelten als Patente, für die eine Lizenzbereitschaftserklärung nach § 23 Abs. 1 Satz 1 des Patentgesetzes abgegeben worden ist. [2]Dies gilt auch für Wirtschaftspatente, die auf Grund des Abkommens vom

---

[5] § 4 Abs. 1 geänd. mWv 1.6.2004 durch G v. 12.3.2004 (BGBl. I S. 390).

[6] § 7 Abs. 2 Satz 1 geänd., Abs. 3 neu gef. mWv 1.1.2002 durch G v. 13.12.2001 (BGBl. I S. 3656).

18. Dezember 1976 über die gegenseitige Anerkennung von Urheberscheinen und anderen Schutzdokumenten für Erfindungen (GBl. II Nr. 15 S. 327) mit Wirkung für das in Artikel 3 des Einigungsvertrages genannte Gebiet anerkannt worden sind.

(2) [1]Der Inhaber eines auf das Vorliegen aller Schutzvoraussetzungen geprüften Patents kann zu jedem Zeitpunkt schriftlich gegenüber dem Deutschen Patent- und Markenamt erklären, daß die Lizenzbereitschaftserklärung nach Absatz 1 als widerrufen gelten soll. [2]Ein Hinweis auf diese Erklärung wird im Patentblatt veröffentlicht. [3]Wird der Unterschiedsbetrag nicht innerhalb der Frist des Satzes 2 gezahlt, so kann er mit dem Verspätungszuschlag noch bis zum Ablauf einer Frist von weiteren vier Monaten gezahlt werden. [4]§ 17 Abs. 3 Satz 2 und 3 des Patentgesetzes ist entsprechend anzuwenden mit der Maßgabe, daß an die Stelle der Fälligkeit der Ablauf der Monatsfrist des Satzes 3 tritt.

(3) Wer vor der Veröffentlichung des Hinweises auf die Erklärung nach Absatz 2 Satz 2 dem Patentinhaber die Absicht mitgeteilt hat, die Erfindung zu benutzen, und diese in Benutzung genommen oder die zur Benutzung erforderlichen Veranstaltungen getroffen hat, bleibt auch weiterhin zur Benutzung in der von ihm in der Anzeige angegebenen Weise berechtigt.

§ 8[7] Nicht in deutscher Sprache vorliegende Patente

(1) Ist ein nach § 4 erstrecktes Patent nicht in deutscher Sprache veröffentlicht worden, so kann der Patentinhaber die Rechte aus dem Patent erst von dem Tag an geltend machen, an dem eine von ihm eingereichte deutsche Übersetzung der Patentschrift auf seinen Antrag vom Deutschen Patentamt veröffentlicht worden ist.

(2) Ein Hinweis auf die Veröffentlichung der Übersetzung ist im Patentblatt zu veröffentlichen und im Patentregister zu vermerken.

(3) [1]Ist die Übersetzung der Patentschrift fehlerhaft, so kann der Patentinhaber die Veröffentlichung einer von ihm eingereichten berichtigten Übersetzung beantragen. [2]Absatz 2 ist entsprechend anzuwenden.

(4) [1]Der Wortlaut der Patentschrift stellt die verbindliche Fassung dar. [2]Ist die Übersetzung der Patentschrift fehlerhaft, so darf derjenige, der in gutem Glauben die Erfindung in Benutzung genommen oder wirkliche und ernsthafte Veranstaltungen zur Benutzung der Erfindung getroffen hat, auch nach Veröffentlichung der berichtigten Übersetzung die Benutzung für die Bedürfnisse seines eigenen Betriebs in eigenen oder fremden Werkstätten im gesamten Bundesgebiet unentgeltlich fortsetzen, wenn die Benutzung keine Verletzung des Patents in der fehlerhaften Übersetzung der Patenschrift darstellen würde.

§ 9 Benutzungsrechte an Ausschließungspatenten

[1]Das in Artikel 3 Abs. 4 Satz 1 des Gesetzes zur Änderung des Patentgesetzes und des Gesetzes über Warenkennzeichen der Deutschen Demokratischen Republik vom 29. Juni 1990 (GBl. I Nr. 40 S. 571) vorgesehene Recht, eine durch ein in ein Ausschließungspatent umgewandeltes Wirtschaftspatent geschützte Erfindung weiterzubenutzen, bleibt bestehen und wird auf das übrige Bundesgebiet erstreckt. [2]Der Patentinhaber hat Anspruch auf eine angemessene Vergütung.

[7] § 8 Abs. 1 Sätze 2 und 3 aufgeh., Abs. 2 geänd., Abs. 3 Satz 2 neu gef. mWv 1. 1. 2002 durch G v. 13. 12. 2001 (BGBl. I S. 3656).

§ 10[8] Patentanmeldungen

(1) Ist für eine nach § 4 erstreckte Patentanmeldung eine der Offensichtlichkeitsprüfung nach § 42 des Patentgesetzes entsprechende Prüfung noch nicht erfolgt, so ist die Offensichtlichkeitsprüfung nachzuholen.

(2) [1]Liegt die Anmeldung nicht in deutscher Sprache vor, so fordert das Deutsche Patent- und Markenamt den Anmelder auf, eine deutsche Fassung der Anmeldung innerhalb von drei Monaten nachzureichen. [2]Wird die deutsche Fassung nicht innerhalb der Frist vorgelegt, so gilt die Anmeldung als zurückgenommen.

(3) Bei einer nach § 4 erstreckten Patentanmeldung wird, sofern die Erteilung des Patents noch nicht beschlossen worden ist, die freie Einsicht in die Akten nach § 31 Abs. 2 Satz 1 Nummer 2 des Patentgesetzes gewährt und die Anmeldung als Offenlegungsschrift veröffentlicht.

(4) [1]Ist für eine nach § 4 erstreckte Patentanmeldung ein Prüfungsantrag wirksam gestellt worden, so wird er weiterbehandelt. [2]Ist die Prüfung von Amts wegen begonnen worden, so wird die Prüfung nur fortgesetzt, wenn der Anmelder den Prüfungsantrag nach § 44 Abs. 1 und 2 des Patentgesetzes stellt.

§ 11[9] Recherche

[1]Auf Antrag des Patentinhabers oder eines Dritten ermittelt das Deutsche Patentamt zu einem nach § 4 erstreckten Patent die öffentlichen Druckschriften, die für die Beurteilung der Patentfähigkeit der Erfindung in Betracht zu ziehen sind (Recherche). [2]§ 43 Abs. 3 bis 6 und 7 Satz 1 des Patentgesetzes ist entsprechend anzuwenden.

§ 12[10] Prüfung erteilter Patente

(1) [1]Ein nach § 4 erstrecktes Patent, das nicht auf das Vorliegen aller Schutzvoraussetzungen geprüft ist, wird auf Antrag von der Prüfungsstelle des Deutschen Patent- und Markenamts geprüft. [2]Der Antrag kann vom Patentinhaber und jedem Dritten gestellt werden. [3]§ 44 Abs. 1, 2 und 4 Satz 1 und § 45 des Patentgesetzes sind entsprechend anzuwenden; § 44 Abs. 3 Satz 1 und 2 des Patentgesetzes ist entsprechend anzuwenden, wenn ein Antrag nach § 11 gestellt worden ist.

(2) [1]Ein für ein nach § 4 erstrecktes Patent bereits wirksam gestellter Prüfungsantrag wird von der Prüfungsstelle weiterbehandelt. [2]Eine von Amts wegen bereits begonnene Prüfung eines Patents wird fortgesetzt.

(3) [1]Die Prüfung nach den Absätzen 1 und 2 führt zur Aufrechterhaltung oder zum Widerruf des Patents. [2]§ 58 Abs. 1 Satz 1 und 2 des Patentgesetzes ist entsprechend anzuwenden. [3]Gegen die Aufrechterhaltung kann Einspruch nach § 59 des Patentgesetzes erhoben werden.

(4) Auf Patente im Sinne des Absatzes 1 ist § 81 Abs. 2 des Patentgesetzes nicht anzuwenden.

(5) § 130 des Patentgesetzes ist auf Prüfungsverfahren nach den Absätzen 1 und 2 entsprechend anzuwenden.

---

[8] § 10 Abs. 2 Satz 1, Abs. 4 Satz 2 geänd. mWv 1.1.2002 durch G v. 13.12.2001 (BGBl. I S. 3656); Abs. 3 geänd. mWv 1.7.2016 durch G v. 4.4.2016 (BGBl. I S. 558).

[9] § 11 Satz 1 geänd., Sätze 2 und 3 aufgeh. mWv 1.1.2002 durch G v. 13.12.2001 (BGBl. I S. 3656).

[10] § 12 Abs. 1 Satz 1 geänd., Satz 3 neu gef. mWv 1.1.2002 durch G v. 13.12.2001 (BGBl. I S. 3656).

§ 13 Einspruchsverfahren in besonderen Fällen

[1]Ist vom Deutschen Patentamt ein nach § 4 erstrecktes Patent nach § 18 Abs. 1 oder 2 des Patentgesetzes der Deutschen Demokratischen Republik bestätigt oder erteilt worden, so kann bis zum Ablauf des 31. Juli 1992 noch Einspruch beim Deutschen Patentamt erhoben werden. [2]Die §§ 59 bis 62 des Patentgesetzes sind anzuwenden.

§ 14 Überleitung von Berichtigungsverfahren

Berichtigungsverfahren nach § 19 des Patentgesetzes der Deutschen Demokratischen Republik, die am 1. Mai 1992 beim Deutschen Patentamt noch anhängig sind, werden in der Lage, in der sie sich befinden, als Beschränkungsverfahren nach § 64 des Patentgesetzes weitergeführt.

§ 15 Abzweigung

(1) [1]Die Erklärung nach § 5 Abs. 1 Satz 1 des Gebrauchsmustergesetzes kann auch in bezug auf nach § 4 erstreckte Patente oder Patentanmeldungen abgegeben werden. [2]Dies gilt nicht für Patente, die vom ehemaligen Patentamt der Deutschen Demokratischen Republik nach Prüfung auf das Vorliegen aller Schutzvoraussetzungen erteilt oder bestätigt worden sind.

(2) Bei den in Absatz 1 genannten Patenten kann die Erklärung bis zum Ablauf von zwei Monaten nach dem Ende des Monats, in dem ein etwaiges Prüfungsverfahren oder ein etwaiges Einspruchsverfahren abgeschlossen ist, jedoch längstens bis zum Ablauf des zehnten Jahres nach dem Anmeldetag des Patents abgegeben werden.

(3) Rechte nach § 9 oder auf Grund von § 7 Abs. 1 und 3, die Erfindung gegen Zahlung einer angemessenen Vergütung zu benutzen, und Weiterbenutzungsrechte nach § 28 gelten auch gegenüber einem nach Absatz 1 abgezweigten Gebrauchsmuster.

Unterabschnitt 3[11]

§§ 16 bis 19[12]

[aufgehoben]

Unterabschnitt 4 Besondere Vorschriften für Marken

§ 20 Löschung eingetragener Marken nach § 10 Abs. 2 des Warenzeichengesetzes

[hier nicht wiedergegeben]

§ 21 Löschung eingetragener Marken nach § 11 des Warenzeichengesetzes

[hier nicht wiedergegeben]

§ 22 Prüfung angemeldeter Marken

[hier nicht wiedergegeben]

---

[11] Überschrift aufgeh. mWv 1.6.2004 durch G v. 12.3.2004 (BGBl. I S. 390).

[12] §§ 16 bis 19 aufgeh. mWv 1.6.2004 durch G v. 12.3.2004 (BGBl. I S. 390).

§ 23 Bekanntmachung angemeldeter Marken; Widerspruch

[hier nicht wiedergegeben]

§ 24 Schutzdauer

[hier nicht wiedergegeben]

§ 25 Übertragung einer Marke; Warenzeichenverbände

[hier nicht wiedergegeben]

Abschnitt 3 Übereinstimmende Rechte; Vorbenutzungs- und Weiterbenutzungsrechte

Unterabschnitt 1[13] Erfindungen

§ 26[14] Zusammentreffen von Rechten

(1) Soweit Patente, Patentanmeldungen oder Gebrauchsmuster, die nach diesem Gesetz auf das in Artikel 3 des Einigungsvertrages genannte Gebiet oder das übrige Bundesgebiet erstreckt werden, in ihrem Schutzbereich übereinstimmen und infolge der Erstreckung zusammentreffen, können die Inhaber dieser Schutzrechte oder Schutzrechtsanmeldungen ohne Rücksicht auf deren Zeitrang Rechte aus den Schutzrechten oder Schutzrechtsanmeldungen weder gegeneinander noch gegen die Personen, denen der Inhaber des anderen Schutzrechts oder der anderen Schutzrechtsanmeldung die Benutzung gestattet hat, geltend machen.

(2) Der Gegenstand des Schutzrechts oder der Schutzrechtsanmeldung darf jedoch in dem Gebiet, auf das das Schutzrecht oder die Schutzrechtsanmeldung erstreckt worden ist, nicht oder nur unter Einschränkungen benutzt werden, soweit die uneingeschränkte Benutzung zu einer wesentlichen Beeinträchtigung des Inhabers des anderen Schutzrechts oder der anderen Schutzrechtsanmeldung oder der Personen, denen er die Benutzung des Gegenstands seines Schutzrechts oder seiner Schutzrechtsanmeldung gestattet hat, führen würde, die unter Berücksichtigung aller Umstände des Falles und bei Abwägung der berechtigten Interessen der Beteiligten unbillig wäre.

§ 27 Vorbenutzungsrechte

(1) Ist die Wirkung eines nach § 1 oder § 4 erstreckten Patents oder Gebrauchsmusters durch ein Vorbenutzungsrecht eingeschränkt (§ 12 des Patentgesetzes, § 13 Abs. 3 des Gebrauchsmustergesetzes, § 13 Abs. 1 des Patentgesetzes der Deutschen Demokratischen Republik), so gilt dieses Vorbenutzungsrecht mit den sich aus § 12 des Patentgesetzes ergebenden Schranken im gesamten Bundesgebiet.

(2) Absatz 1 ist entsprechend anzuwenden, wenn die Voraussetzungen für die Anerkennung eines Vorbenutzungsrechts in dem Gebiet vorliegen, in dem das Schutzrecht bisher nicht galt.

---

[13] Überschrift geänd. mWv 1.6.2004 durch G v. 12.3.2004 (BGBl. I S. 390).

[14] § 26 Abs. 3 aufgeh. mWv 1.6.2004 durch G v. 12.3.2004 (BGBl. I S. 390).

§ 28[15] Weiterbenutzungsrechte

(1) [1]Die Wirkung eines nach § 1 oder § 4 erstreckten Patents oder Gebrauchsmusters tritt gegen denjenigen nicht ein, der die Erfindung in dem Gebiet, in dem das Schutzrecht bisher nicht galt, nach dem für den Zeitrang der Anmeldung maßgeblichen Tag und vor dem 1. Juli 1990 rechtmäßig in Benutzung genommen hat. [2]Dieser ist befugt, die Erfindung im gesamten Bundesgebiet für die Bedürfnisse seines eigenen Betriebs in eigenen oder fremden Werkstätten mit den sich aus § 12 des Patentgesetzes ergebenden Schranken auszunutzen, soweit die Benutzung nicht zu einer wesentlichen Beeinträchtigung des Inhabers des Schutzrechts oder der Personen, denen er die Benutzung des Gegenstands seines Schutzrechts gestattet hat, führt, die unter Berücksichtigung aller Umstände des Falles und bei Abwägung der berechtigten Interessen der Beteiligten unbillig wäre.

(2) Bei einem im Ausland hergestellten Erzeugnis steht dem Benutzer ein Weiterbenutzungsrecht nach Absatz 1 nur zu, wenn durch die Benutzung im Inland ein schutzwürdiger Besitzstand begründet worden ist, dessen Nichtanerkennung unter Berücksichtigung aller Umstände des Falles für den Benutzer eine unbillige Härte darstellen würde.

§ 29 Zusammentreffen mit Benutzungsrechten nach § 23 des Patentgesetzes

[1]Soweit Patente oder Patentanmeldungen, für die eine Lizenzbereitschaftserklärung nach § 23 des Patentgesetzes abgegeben worden ist oder nach § 7 als abgegeben gilt, mit Patenten, Patentanmeldungen oder Gebrauchsmustern in ihrem Schutzbereich übereinstimmen und infolge der Erstreckung nach diesem Gesetz zusammentreffen, können die Inhaber der zuletzt genannten Patente, Patentanmeldungen oder Gebrauchsmuster die Rechte aus diesen Schutzrechten oder Schutzrechtsanmeldungen ohne Rücksicht auf deren Zeitrang gegen denjenigen geltend machen, der nach § 23 Abs. 3 Satz 4 des Patentgesetzes berechtigt ist, die Erfindung zu benutzen. [2]§ 28 bleibt unberührt.

Unterabschnitt 2 Warenzeichen, Marken und sonstige Kennzeichen

§ 30 Warenzeichen und Marken

[hier nicht wiedergegeben]

§ 31 Sonstige Kennzeichenrechte

[hier nicht wiedergegeben]

§ 32 Weiterbenutzungsrecht

[hier nicht wiedergegeben]

[15] § 28 Abs. 3 aufgeh. mWv 1.6.2004 durch G v. 12.3.2004 (BGBl. I S. 390).

Teil 2 Umwandlung von Herkunftsangaben in Verbandszeichen

§ 33 Umwandlung

[hier nicht wiedergegeben]

§ 34 Antrag auf Umwandlung

[hier nicht wiedergegeben]

§ 35 Anwendung des Warenzeichengesetzes

[hier nicht wiedergegeben]

§ 36 Zusammentreffen von umgewandelten Herkunftsangaben und Warenzeichen

[hier nicht wiedergegeben]

§ 37 Schutzfähigkeit umgewandelter Herkunftsangaben

[hier nicht wiedergegeben]

§ 38 Weiterbenutzungsrecht

[hier nicht wiedergegeben]

Teil 3[16] [aufgehoben]

Teil 4 Änderung von Gesetzen

§ 47 Änderung des Warenzeichengesetzes

[hier nicht wiedergegeben]

§ 48 Änderung des Gesetzes über die Gebühren des Patentamts und des Patentgerichts

[hier nicht wiedergegeben]

Teil 5 Übergangs- und Schlußvorschriften

§ 49 Arbeitnehmererfindungen

[1]Auf Erfindungen, die vor dem 3. Oktober 1990 in dem in Artikel 3 des Einigungsvertrages genannten Gebiet gemacht worden sind, sind die Vorschriften des Gesetzes über Arbeitnehmererfindungen über das Entstehen und die Fälligkeit des Ver-

[16] Teil 3 aufgeh. mWv 1.1.2000 durch G v. 16.7.1998 (BGBl. I S. 1827).

gütungsanspruchs bei unbeschränkter Inanspruchnahme einer Diensterfindung, soweit bis zum 1. Mai 1992 der Vergütungsanspruch noch nicht entstanden ist, sowie die Vorschriften über das Schiedsverfahren und das gerichtliche Verfahren anzuwenden. ^{2}Im übrigen verbleibt es bei den bisher für sie geltenden Vorschriften (Anlage I Kapitel III Sachgebiet E Abschnitt II Nr. 1 § 11 des Einigungsvertrages vom 31. August 1990, BGBl. 1990 II S. 885, 962).

§ 50 Überleitung von Schlichtungsverfahren

Verfahren, die am 1. Mai 1992 bei der Schlichtungsstelle für Vergütungsstreitigkeiten des Deutschen Patentamts noch anhängig sind, gehen in der Lage, in der sie sich befinden, auf die beim Deutschen Patentamt nach dem Gesetz über Arbeitnehmererfindungen errichtete Schiedsstelle über.

§ 51 Überleitung von Beschwerde- und Nichtigkeitsverfahren

(1) Verfahren, die am 1. Mai 1992 bei einer Beschwerdespruchstelle oder eine Spruchstelle für Nichtigerklärung des Deutschen Patentamts noch anhängig sind, gehen in der Lage, in der sie sich befinden, auf das Bundespatentgericht über.

(2) Verfahren, die am 1. Mai 1992 bei einer Spruchstelle für die Löschung von Warenkennzeichen des Deutschen Patentamts noch anhängig sind, werden von der Warenzeichenabteilung des Deutschen Patentamts fortgeführt.

§ 52 Fristen

Ist Gegenstand des Verfahrens ein nach § 4 erstrecktes Schutzrecht oder eine nach § 4 erstreckte Schutzrechtsanmeldung, so richtet sich der Lauf einer verfahrensrechtlichen Frist, der vor dem 1. Mai 1992 begonnen hat, nach den bisher anzuwendenden Rechtsvorschriften.

§ 53 Gebühren

(1) Gebühren für nach § 4 erstreckte Schutzrechte und Schutzrechtsanmeldungen, die vor dem 1. Mai 1992 fällig geworden sind, sind nach den bisher anzuwendenden Rechtsvorschriften zu entrichten.

(2) Ist eine Gebühr, die ab dem 1. Mai 1992 fällig wird, bereits vor diesem Zeitpunkt nach den bisherigen Gebührensätzen wirksam entrichtet worden, so gilt die Gebührenschuld als getilgt.

§ 54 Anwendung des Gesetzes gegen den unlauteren Wettbewerb und sonstiger Rechtsvorschriften.

Die Anwendung des Gesetzes gegen den unlauteren Wettbewerb und der allgemeinen Vorschriften über den Erwerb oder die Ausübung von Rechten, wie insbesondere über den Rechtsmißbrauch, wird durch die Bestimmungen dieses Gesetzes nicht berührt.

§ 55 Inkrafttreten

Dieses Gesetz tritt am ersten Tage des auf die Verkündung[17] folgenden Kalendermonats in Kraft.

---

[17] Verkündet am 30. 4. 1992.

12. Gesetz zu dem Übereinkommen vom 27. November 1963 zur Vereinheitlichung gewisser Begriffe des materiellen Rechts der Erfindungspatente, dem Vertrag vom 19. Juni 1970 über die internationale Zusammenarbeit auf dem Gebiet des Patentwesens und dem Übereinkommen vom 5. Oktober 1973 über die Erteilung europäischer Patente (Gesetz über internationale Patentübereinkommen – IntPatÜG)[1,2]

vom 21. Juni 1976
(BGBl. II S. 649)

Zuletzt geändert durch Art. 19 Zehnte ZuständigkeitsanpassungsVO vom 31.8.2015
(BGBl. I S. 1474)

Der Bundestag hat mit Zustimmung des Bundesrates das folgende Gesetz beschlossen:

Artikel I Zustimmung zu den Übereinkommen

[1]Den folgenden Übereinkommen wird zugestimmt:
1. dem in Straßburg am 27. November 1963 von der Bundesrepublik Deutschland unterzeichneten Übereinkommen zur Vereinheitlichung gewisser Begriffe des materiellen Rechts der Erfindungspatente (Straßburger Patentübereinkommen);
2. dem in Washington am 19. Juni 1970 von der Bundesrepublik Deutschland unterzeichneten Vertrag über die internationale Zusammenarbeit auf dem Gebiet des Patentwesens (Patentzusammenarbeitsvertrag);
3. dem in München am 5. Oktober 1973 von der Bundesrepublik Deutschland unterzeichneten Übereinkommen über die Erteilung europäischer Patente (Europäisches Patentübereinkommen).

[2]Die Übereinkommen werden nachstehend veröffentlicht.

Artikel II Europäisches Patentrecht

§ 1[3] Entschädigungsanspruch aus europäischen Patentanmeldungen

(1) [1]Der Anmelder einer veröffentlichten europäischen Patentanmeldung, mit der für die Bundesrepublik Deutschland Schutz begehrt wird, kann von demjenigen, der den Gegenstand der Anmeldung benutzt hat, obwohl er wußte oder wissen mußte,

---

[1] Änderungen vor dem 1.1.1999 sind nicht in Fußnoten nachgewiesen.

[2] Die Änderungen durch G v. 24.8.2007 (BGBl I S. 2166) sind gem. Bek. v. 19.2.2008 (BGBl I S. 254) am 13.12.2007 in Kraft getreten.

[3] Art. II § 1a Abs. 2 geänd. mWv 1.1.2002 durch G v. 13.12.2001 (BGBl. I S. 3656); § 1a (im BGBl. I als § 1) Abs. 1 Satz 2 und Abs. 3 Satz 2 geänd. mWv 13.12.2007 durch G v. 24.8.2007

daß die von ihm benutzte Erfindung Gegenstand der europäischen Patentanmeldung war, eine den Umständen nach angemessene Entschädigung verlangen. [2]§ 141 des Patentgesetzes ist entsprechend anzuwenden. [3]Weitergehende Ansprüche nach Artikel 67 Abs. 1 des Europäischen Patentübereinkommens sind ausgeschlossen.

(2) Ist die europäische Patentanmeldung nicht in deutscher Sprache veröffentlicht worden, so steht dem Anmelder eine Entschädigung nach Absatz 1 Satz 1 erst von dem Tag an zu, an dem eine von ihm eingereichte deutsche Übersetzung der Patentansprüche vom Deutschen Patent- und Markenamt veröffentlicht worden ist oder der Anmelder eine solche Übersetzung dem Benutzer der Erfindung übermittelt hat.

(3) [1]Die vorstehenden Absätze gelten entsprechend im Falle einer nach Artikel 21 des Patentzusammenarbeitsvertrags veröffentlichten internationalen Patentanmeldung, für die das Europäische Patentamt als Bestimmungsamt tätig geworden ist. [2]Artikel 153 Abs. 4 des Europäischen Patentübereinkommens bleibt unberührt.

§ 2[4] Veröffentlichung von Übersetzungen der Patentansprüche europäischer Patentanmeldungen

(1) Das Deutsche Patent- und Markenamt veröffentlicht auf Antrag des Anmelders die nach § 1 Abs. 2 eingereichte Übersetzung.

(2) [1]Das Bundesministerium der Justiz und für Verbraucherschutz wird ermächtigt, durch Rechtsverordnung ohne Zustimmung des Bundesrates Bestimmungen über die sonstigen Erfordernisse für die Veröffentlichung zu erlassen.[5] [2]Es kannEr kann diese Ermächtigung durch Rechtsverordnung ohne Zustimmung des Bundesrates auf das Deutsche Patent- und Markenamt übertragen.

§ 3[6] Übermittlung von Informationen

[1]Das Deutsche Patent- und Markenamt kann aus den bei ihm geführten Verfahren dem Europäischen Patentamt die für die Erfüllung von dessen Aufgaben in Verfahren nach dem Vierten und dem Zehnten Teil des Europäischen Patentübereinkommens erforderlichen Informationen einschließlich personenbezogener Daten elektronisch oder in anderer Form übermitteln. [2]Die Übermittlung ist ausgeschlossen, soweit eine Rechtsvorschrift entgegensteht oder soweit das schutzwürdige Interesse des Betroffenen im Sinne des § 3 Absatz 1 des Bundesdatenschutzgesetzes offensichtlich überwiegt.

§ 4[7] Einreichung europäischer Patentanmeldungen beim Deutschen Patent- und Markenamt

(1) [1]Europäische Patentanmeldungen können auch beim Deutschen Patent- und Markenamt oder gemäß § 34 Abs. 2 des Patentgesetzes über ein Patentinformationszentrum eingereicht werden.[8] [2]Die nach dem Europäischen Patentübereinkommen

---

(BGBl. I S. 2166); bish. § 1a wird § 1 mWv 13.12.2007 durch Art. 4 G v. 24.8.2007 (BGBl. I S. 2166).

[4] Art. II § 2 Abs. 1 neu gef., Abs. 2 Satz 2 geänd. mWv 1.1.2002 durch G v. 13.12.2001 (BGBl. I S. 3656); Abs. 2 Sätze 1 und 2 geänd. mWv 8.9.2015 durch VO v. 31.8.2015 (BGBl. I S. 1474).

[5] Siehe Verordnung vom 18. Dezember 1978 (BGBl. II S. 1469).

[6] Art. II § 3 neu gef. mWv 1.4.2014 durch G v. 19.10.2013 (BGBl. I S. 3830).

[7] Art. II § 4 Abs. 2 Nr. 4 Satz 3 aufgeh. mWv 1.1.2002 durch G v. 13.12.2001 (BGBl. I S. 3656).

[8] Siehe hierzu ua die Bek. der Änd. der zur Entgegennahme von Patent-, Gebrauchsmuster-, Marken- und Designanmeldungen befugten Patentinformationszentren.

zu zahlenden Gebühren sind unmittelbar an das Europäische Patentamt zu entrichten.

(2) Europäische Anmeldungen, die ein Staatsgeheimnis (§ 93 des Strafgesetzbuches) enthalten können, sind beim Deutschen Patent- und Markenamt nach Maßgabe folgender Vorschriften einzureichen:

1. In einer Anlage zur Anmeldung ist darauf hinzuweisen, daß die angemeldete Erfindung nach Auffassung des Anmelders ein Staatsgeheimnis enthalten kann.
2. Genügt die Anmeldung den Anforderungen der Nummer 1 nicht, so wird die Entgegennahme durch Beschluß abgelehnt. Auf das Verfahren sind die Vorschriften des Patentgesetzes entsprechend anzuwenden. Die Entgegennahme der Anmeldung kann nicht mit der Begründung abgelehnt werden, daß die Anmeldung kein Staatsgeheimnis enthalte.
3. Das Deutsche Patent- und Markenamt prüft die nach Maßgabe der Nummer 1 eingereichten Anmeldungen unverzüglich darauf, ob mit ihnen Patentschutz für eine Erfindung nachgesucht wird, die ein Staatsgeheimnis (§ 93 des Strafgesetzbuches) ist. Für das Verfahren gelten die Vorschriften des Patentgesetzes entsprechend; § 53 des Patentgesetzes ist anzuwenden.
4. Ergibt die Prüfung nach Nummer 3, daß die Erfindung ein Staatsgeheimnis ist, so ordnet das Deutsche Patent- und Markenamt von Amts wegen an, daß die Anmeldung nicht weitergeleitet wird und jede Bekanntmachung unterbleibt. Mit der Rechtskraft der Anordnung gilt die europäische Patentanmeldung auch als eine von Anfang an beim Deutschen Patent- und Markenamt eingereichte nationale Patentanmeldung, für die eine Anordnung nach § 50 Abs. 1 des Patentgesetzes ergangen ist. § 9 Abs. 2 ist entsprechend anzuwenden.

(3) Enthält die Anmeldung kein Staatsgeheimnis, so leitet das Deutsche Patent- und Markenamt die Patentanmeldung an das Europäische Patentamt weiter und unterrichtet den Anmelder hiervon.

§ 5 Anspruch gegen den nichtberechtigten Patentanmelder

(1) [1]Der nach Artikel 60 Abs. 1 des Europäischen Patentübereinkommens Berechtigte, dessen Erfindung von einem Nichtberechtigten angemeldet ist, kann vom Patentsucher verlangen, daß ihm der Anspruch auf Erteilung des europäischen Patents abgetreten wird. [2]Hat die Patentanmeldung bereits zum europäischen Patent geführt, so kann er vom Patentinhaber die Übertragung des Patents verlangen.

(2) Der Anspruch nach Absatz 1 Satz 2 kann innerhalb einer Ausschlußfrist von zwei Jahren nach dem Tag gerichtlich geltend gemacht werden, an dem im Europäischen Patentblatt auf die Erteilung des europäischen Patents hingewiesen worden ist, später nur dann, wenn der Patentinhaber bei der Erteilung oder dem Erwerb des Patents Kenntnis davon hatte, daß er kein Recht auf das europäische Patent hatte.

§ 6[9] Nichtigkeit

(1) [1]Das mit Wirkung für die Bundesrepublik Deutschland erteilte europäische Patent wird auf Antrag für nichtig erklärt, wenn sich ergibt, daß

1. der Gegenstand des europäischen Patents nach den Artikeln 52 bis 57 des Europäischen Patentübereinkommens nicht patentfähig ist,
2. das europäische Patent die Erfindung nicht so deutlich und vollständig offenbart, daß ein Fachmann sie ausführen kann,
3. der Gegenstand des europäischen Patents über den Inhalt der europäischen Patentanmeldung in ihrer bei der für die Einreichung der Anmeldung zuständigen Be-

---

[9] Art. II § 6 Abs. 1 Satz 2 angef., Abs. 2 neu gef., Abs. 3 eingef., bish. Abs. 3 wird Abs. 4 und geänd. mWv 13.12.2007 durch G v. 24.8.2007 (BGBl. I S. 2166).

hörde ursprünglich eingereichten Fassung oder, wenn das Patent auf einer europäischen Teilanmeldung oder einer nach Artikel 61 des Europäischen Patentübereinkommens eingereichten neuen europäischen Patentanmeldung beruht, über den Inhalt der früheren Anmeldung in ihrer bei der für die Einreichung der Anmeldung zuständigen Behörde ursprünglich eingereichten Fassung hinausgeht,
4. der Schutzbereich des europäischen Patents erweitert worden ist,
5. der Inhaber des europäischen Patents nicht nach Artikel 60 Abs. 1 des Europäischen Patentübereinkommens berechtigt ist.

[2]Soweit das europäische Patent für nichtig erklärt worden ist, gelten die Wirkungen des europäischen Patents und der Anmeldung als von Anfang an nicht eingetreten.

(2) Betreffen die Nichtigkeitsgründe nur einen Teil des europäischen Patents, wird das Patent durch entsprechende Änderung der Patentansprüche beschränkt und für teilweise nichtig erklärt.

(3) [1]Der Patentinhaber ist befugt, das europäische Patent in dem Verfahren wegen Erklärung der Nichtigkeit des Patents durch Änderung der Patentansprüche in beschränktem Umfang zu verteidigen. [2]Die so beschränkte Fassung ist dem Verfahren zugrunde zu legen.

(4) Im Falle des Absatzes 1 Satz 1 Nr. 5 ist nur der nach Artikel 60 Abs. 1 des Europäischen Patentübereinkommens Berechtigte befugt, den Antrag zu stellen.

§ 6a[10] Ergänzende Schutzzertifikate

Das Deutsche Patent- und Markenamt erteilt ergänzende Schutzzertifikate nach § 49a des Patentgesetzes auch für das mit Wirkung für die Bundesrepublik Deutschland erteilte europäische Patent.

§ 7[11] Jahresgebühren

(1) [1]Für das mit Wirkung für die Bundesrepublik Deutschland erteilte europäische Patent sind Jahresgebühren nach § 17 des Patentgesetzes zu entrichten. [2]Sie werden jedoch erst für die Jahre geschuldet, die dem Jahr folgen, in dem der Hinweis auf die Erteilung des europäischen Patents im Europäischen Patentblatt bekanntgemacht worden ist.

(2) Hebt die Große Beschwerdekammer des Europäischen Patentamts nach Artikel 112a des Europäischen Patentübereinkommens die Entscheidung einer Beschwerdekammer auf, mit der ein europäisches Patent widerrufen wurde, werden Jahresgebühren für den Zeitraum zwischen Widerruf des Patents und Aufhebung dieser Entscheidung erst mit dem Tag der Zustellung der Entscheidung der Großen Beschwerdekammer fällig.

§ 8[12] Verbot des Doppelschutzes

(1) Soweit der Gegenstand eines im Verfahren nach dem Patentgesetz erteilten Patents eine Erfindung ist, für die demselben Erfinder oder seinem Rechtsnachfolger mit Wirkung für die Bundesrepublik Deutschland ein europäisches Patent mit derselben Priorität erteilt worden ist, hat das Patent in dem Umfang, in dem es dieselbe Erfindung wie das europäische Patent schützt, von dem Zeitpunkt an keine Wirkung mehr, zu dem

---

[10] Art. II § 6a geänd. mWv 1.1.2002 durch G v. 13.12.2001 (BGBl. I S. 3656).

[11] Art. II § 7 Abs. 2 angef. mWv 1.4.2014 durch G v. 19.10.2013 (BGBl. I S. 3830).

[12] Art. II § 8 Abs. 2 neu gef. mWv 13.12.2007 durch G v. 24.8.2007 (BGBl. I S. 2166).

1. die Frist zur Einlegung des Einspruchs gegen das europäische Patent abgelaufen ist, ohne daß Einspruch eingelegt worden ist,
2. das Einspruchsverfahren unter Aufrechterhaltung des europäischen Patents rechtskräftig abgeschlossen ist oder
3. das Patent erteilt wird, wenn dieser Zeitpunkt nach dem in den Nummern 1 oder 2 genannten Zeitpunkt liegt.

(2) Das Erlöschen, die Erklärung der Nichtigkeit, der Widerruf und die Beschränkung des europäischen Patents lassen die nach Absatz 1 eingetretene Rechtsfolge unberührt.

(3) [aufgehoben]

§ 9[13] Umwandlung

(1) Hat der Anmelder einer europäischen Patentanmeldung, mit der für die Bundesrepublik Deutschland Schutz begehrt wird, einen Umwandlungsantrag nach Artikel 135 Abs. 1 Buchstabe a des Europäischen Patentübereinkommens gestellt und hierbei angegeben, daß er für die Bundesrepublik Deutschland die Einleitung des Verfahrens zur Erteilung eines nationalen Patents wünscht, so gilt die europäische Patentanmeldung als eine mit der Stellung des Umwandlungsantrags beim Deutschen Patent- und Markenamt eingereichte nationale Patentanmeldung; Artikel 66 des Europäischen Patentübereinkommens bleibt unberührt.

(2) [1]Der Anmelder hat innerhalb einer Frist von drei Monaten nach Zustellung der Aufforderung des Deutschen Patent- und Markenamts eine deutsche Übersetzung der europäischen Patentanmeldung in der ursprünglichen Fassung dieser Anmeldung einzureichen. [2]Wird die Übersetzung nicht rechtzeitig eingereicht, so wird die Patentanmeldung zurückgewiesen.

§ 10 Zuständigkeit von Gerichten

(1) [1]Ist nach dem Protokoll über die gerichtliche Zuständigkeit und die Anerkennung von Entscheidungen über den Anspruch auf Erteilung eines europäischen Patents die Zuständigkeit der Gerichte im Geltungsbereich dieses Gesetzes begründet, so richtet sich die örtliche Zuständigkeit nach den allgemeinen Vorschriften. [2]Ist danach ein Gerichtsstand nicht gegeben, so ist das Gericht zuständig, in dessen Bezirk das Europäische Patentamt seinen Sitz hat.

(2) § 143 des Patentgesetzes gilt entsprechend.

§ 11[14] Zentrale Behörde für Rechtshilfeersuchen

Das Bundesministerium der Justiz und für Verbraucherschutz wird ermächtigt, durch Rechtsverordnung ohne Zustimmung des Bundesrates eine Bundesbehörde als zentrale Behörde für die Entgegennahme und Weiterleitung der vom Europäischen Patentamt ausgehenden Rechtshilfeersuchen zu bestimmen.

§ 12[15] Entzug des Geschäftssitzes eines zugelassenen Vertreters

[1]Zuständige Behörde für den Entzug der Berechtigung, einen Geschäftssitz nach Artikel 134 Abs. 6 Satz 1 und Abs. 8 des Europäischen Patentübereinkommens zu be-

---

[13] Art. II § 9 Abs. 1 Satz 2 aufgeh., Abs. 1 Sätze 1 und 3, Abs. 2 Satz 1 und Abs. 3 Satz 1 geänd. mWv 1.1.2002 durch G v. 13.12.2001 (BGBl. I S. 3656); Abs. 1 Satz 2 und Abs. 3 aufgeh., Abs. 2 Satz 1 geänd. mWv 13.12.2007 durch G v. 24.8.2007 (BGBl. I S. 2166).

[14] § 11 geänd. mWv 8.9.2015 durch VO v. 31.8.2015 (BGBl. I S. 1474).

[15] Art. II § 12 Satz 1 geänd. mWv 13.12.2007 durch G v. 24.8.2007 (BGBl. I S. 2166).

gründen, ist die Landesjustizverwaltung des Landes, in dem der Geschäftssitz begründet worden ist. [2]Die Landesregierungen werden ermächtigt, die Zuständigkeit der Landesjustizverwaltung durch Rechtsverordnung auf den Präsidenten des Oberlandesgerichts, den Präsidenten des Landgerichts oder den Präsidenten des Amtsgerichts des Bezirks zu übertragen, in dem der Geschäftssitz begründet worden ist. [3]Die Landesregierungen können diese Ermächtigung durch Rechtsverordnung auf die Landesjustizverwaltung übertragen.

§ 13 Ersuchen um Erstattung technischer Gutachten

Ersuchen der Gerichte um Erstattung technischer Gutachten nach Artikel 25 des Europäischen Patentübereinkommens werden in unmittelbaren Verkehr an das Europäische Patentamt übersandt.

§ 14 Unzulässige Anmeldung beim Europäischen Patentamt

Wer eine Patentanmeldung, die ein Staatsgeheimnis (§ 93 des Strafgesetzbuches) enthält, unmittelbar beim Europäischen Patentamt einreicht, wird mit Freiheitsstrafe bis zu fünf Jahren oder mit Geldstrafe bestraft.

Artikel III Verfahren nach dem Patentzusammenarbeitsvertrag

§ 1[16] Das Deutsche Patent- und Markenamt als Anmeldeamt

(1) [1]Das Deutsche Patentam- und Markenamt ist Anmeldeamt im Sinne des Artikels 10 des Patentzusammenarbeitsvertrags. [2]Es nimmt internationale Patentanmeldungen von Personen entgegen, die die deutsche Staatsangehörigkeit besitzen oder im Geltungsbereich dieses Gesetzes ihren Sitz oder Wohnsitz haben. [3]Es nimmt auch internationale Anmeldungen von Personen entgegen, die die Staatsangehörigkeit eines anderen Staates besitzen oder in einem anderen Staat ihren Sitz oder Wohnsitz haben, wenn die Bundesrepublik Deutschland die Entgegennahme solcher Anmeldungen mit einem anderen Staat vereinbart hat und dies durch den Präsidenten des Deutschen Patent- und Markenamts bekanntgemacht worden ist oder wenn das Deutsche Patent- und Markenamt mit Zustimmung seines Präsidenten durch die Versammlung des Verbands für die Internationale Zusammenarbeit auf dem Gebiet des Patentwesens als Anmeldeamt bestimmt worden ist.

(2) [1]Internationale Anmeldungen können in deutscher Sprache beim Deutschen Patent- und Markenamt oder gemäß § 34 Abs. 2 des Patentgesetzes über ein Patentinformationszentrum eingereicht werden. [2]Die internationale Anmeldung wird dem Internationalen Büro gemäß Artikel 12 Abs. 1 des Patentzusammenarbeitsvertrages übermittelt.

(3) Auf das Verfahren vor dem Deutschen Patent- und Markenamt als Anmeldeamt sind ergänzend zu den Bestimmungen des Patentzusammenarbeitsvertrags die Vorschriften des Patentgesetzes für das Verfahren vor dem Deutschen Patent- und Markenamt anzuwenden.

---

[16] Art. III § 1 Abs. 3 aufgeh., bish. Abs. 4 wird Abs. 3 mWv 1.1.2002 durch G v. 13.12.2001 (BGBl. I S. 3656); Abs. 2 Satz 2 angef. mWv 1.6.2004 durch G v. 12.3.2004 (BGBl. I S. 390).

§ 2[17] Geheimhaltungsbedürftige internationale Anmeldungen

(1) [1]Das Deutsche Patent- und Markenamt prüft alle bei ihm als Anmeldeamt eingereichten internationalen Anmeldungen darauf, ob mit ihnen Patentschutz für eine Erfindung nachgesucht wird, die ein Staatsgeheimnis (§ 93 des Strafgesetzbuches) ist. [2]Für das Verfahren gelten die Vorschriften des Patentgesetzes entsprechend; § 53 des Patentgesetzes ist anzuwenden.

(2) [1]Ergibt die Prüfung nach Absatz 1, daß die Erfindung ein Staatsgeheimnis ist, so ordnet das Deutsche Patent- und Markenamt von Amts wegen an, daß die Anmeldung nicht weitergeleitet wird und jede Bekanntmachung unterbleibt. [2]Mit der Rechtskraft der Anordnung gilt die internationale Anmeldung als eine von Anfang an beim Deutschen Patent- und Markenamt eingereichte nationale Patentanmeldung, für die eine Anordnung nach § 50 Abs. 1 des Patentgesetzes ergangen ist. [3]Die für die internationale Anmeldung gezahlte Übermittlungsgebühr wird auf die für das Anmeldeverfahren nach § 34 des Patentgesetzes zu zahlende Gebühr nach dem Patentkostengesetz verrechnet; ein Überschuß wird zurückgezahlt.

§ 3[18] Internationale Recherchebehörde

Das Deutsche Patent- und Markenamt gibt bekannt, welche Behörde für die Bearbeitung der bei ihm eingereichten internationalen Anmeldungen als Internationale Recherchebehörde[19] bestimmt ist.

§ 4[20] Das Deutsche Patent- und Markenamt als Bestimmungsamt

(1) [1]Das Deutsche Patent- und Markenamt ist Bestimmungsamt, wenn in einer internationalen Anmeldung die Bundesrepublik Deutschland für ein Patent oder ein Gebrauchsmuster oder beide Schutzrechtsarten bestimmt worden ist. [2]Dies gilt nicht, wenn der Anmelder in der internationalen Anmeldung die Erteilung eines europäischen Patents beantragt hat.

(2) [1]Ist das Deutsche Patent- und Markenamt Bestimmungsamt, so hat der Anmelder innerhalb der in Artikel 22 Abs. 1 des Patentzusammenarbeitsvertrags vorgesehenen Frist die Gebühr nach dem Patentkostengesetz für das Anmeldeverfahren zu entrichten sowie, sofern die internationale Anmeldung nicht in deutscher Sprache eingereicht worden ist, eine Übersetzung der Anmeldung in deutscher Sprache einzureichen. [2]Ist das Deutsche Patent- und Markenamt auch Anmeldeamt, so gilt die Anmeldegebühr mit der Zahlung der Übermittlungsgebühr als entrichtet.

(3) [1]Zur Wahrung der in Artikel 22 Absatz 1 des Patentzusammenarbeitsvertrags vorgesehenen Frist hat der Anmelder eines Patents die Gebühr zu entrichten, die sich nach dem Patentkostengesetz für die ursprünglich eingereichte Fassung der internationalen Anmeldung ergibt. [2]Sind die Ansprüche der internationalen Anmeldung im Verfahren vor dem Internationalen Büro geändert worden und ergibt sich dadurch

---

[17] Art. III § 2 Abs. 1 Satz 1, Abs. 2 Sätze 1 und 2, Abs. 2 Satz 3 geänd. mWv 1.1.2002 durch G v. 13.12.2001 (BGBl. I S. 3656); Abs. 2 Satz 1 und 2 geänd. mWv 8.9.2015 durch VO v. 31.8.2015 (BGBl. I S. 1474).

[18] Art. III § 3 neu gef. mWv 1.1.2002 durch G v. 13.12.2001 (BGBl. I S. 3656).

[19] Siehe Bek. v. 24.4.1978 (BAnz. Nr. 103), wonach für die Bearbeitung der beim Deutschen Patentamt eingereichten internationalen Anmeldungen das Europäische Patentamt als die zuständige Recherchenbehörde bestimmt wurde.

[20] Art. III § 4 Abs. 2 Satz 1 geänd. mWv 1.1.2002 durch G v. 13.12.2001 (BGBl. I S. 3656); Abs. 3 Satz 2 angef. mWv 13.12.2007 durch G v. 24.8.2007 (BGBl. I S. 2166); Abs. 2 Satz 1 geänd., Abs. 3 eingef., bish. Abs. 3 wird Abs. 4 mWv 1.4.2014 durch G v. 19.10.2013 (BGBl. I S. 3830).

eine höhere Gebühr nach dem Patentkostengesetz, so wird der Unterschiedsbetrag fällig

1. mit Ablauf der in Artikel 22 Absatz 1 des Patentzusammenarbeitsvertrags bestimmten Frist oder
2. mit Einreichung eines Antrags auf vorzeitige Bearbeitung nach Artikel 23 Absatz 2 des Patentzusammenarbeitsvertrags.

[3]Wird der Unterschiedsbetrag nicht innerhalb von drei Monaten ab Fälligkeit gezahlt, so wird die Änderung der Ansprüche nicht berücksichtigt.

(4) [1]Wird für die internationale Anmeldung die Priorität einer beim Deutschen Patent- und Markenamt eingereichten früheren Patent- oder Gebrauchsmusteranmeldung beansprucht, so gilt diese abweichend von § 40 Abs. 5 des Patentgesetzes oder § 6 Abs. 1 des Gebrauchsmustergesetzes zu dem Zeitpunkt als zurückgenommen, zu dem die Voraussetzungen des Absatzes 2 erfüllt und die in Artikel 22 oder 39 Abs. 1 des Patentzusammenarbeitsvertrags vorgesehenen Fristen abgelaufen sind. [2]Wird für die internationale Anmeldung nach Satz 1 ein Antrag auf vorzeitige Bearbeitung oder Prüfung nach Artikel 23 Abs. 2 oder Artikel 40 Abs. 2 des Patentzusammenarbeitsvertrags gestellt, gilt die frühere Patent- oder Gebrauchsmusteranmeldung zu dem Zeitpunkt als zurückgenommen, zu dem die Voraussetzungen des Absatzes 2 erfüllt sind und der Antrag auf vorzeitige Prüfung oder Bearbeitung beim Deutschen Patent- und Markenamt eingegangen ist.

§ 5[21] Weiterbehandlung als nationale Anmeldung

(1) [1]Übersendet das Internationale Büro dem Deutschen Patent- und Markenamt als Bestimmungsamt eine internationale Anmeldung, der das zuständige Anmeldeamt die Zuerkennung eines internationalen Anmeldedatums abgelehnt hat oder die dieses Amt für zurückgenommen erklärt hat, so prüft das Deutsche Patent- und Markenamt, ob die Beanstandungen des Anmeldeamts zutreffend sind, sobald der Anmelder die Gebühr nach dem Patentkostengesetz für das Anmeldeverfahren nach § 34 des Patentgesetzes gezahlt und, sofern die internationale Anmeldung nicht in deutscher Sprache eingereicht worden ist, eine Übersetzung der internationalen Anmeldung in deutscher Sprache eingereicht hat. [2]Das Deutsche Patent- und Markenamt entscheidet durch Beschluß, ob die Beanstandungen des Anmeldeamts gerechtfertigt sind. [3]Für das Verfahren gelten die Vorschriften des Patentgesetzes entsprechend.

(2) Absatz 1 ist entsprechend auf die Fälle anzuwenden, in denen das Anmeldeamt die Bestimmung der Bundesrepublik Deutschland für zurückgenommen erklärt oder in denen das Internationale Büro die Anmeldung als zurückgenommen behandelt hat.

§ 6[22] Das Deutsche Patent- und Markenamt als ausgewähltes Amt

(1) Hat der Anmelder zu einer internationalen Anmeldung, für die das Deutsche Patent- und Markenamt Bestimmungsamt ist, beauftragt, daß eine internationale vorläufige Prüfung der Anmeldung nach Kapitel II des Patentzusammenarbeitsvertrags durchgeführt wird, und hat er die Bundesrepublik Deutschland als Vertragsstaat angegeben, in dem er die Ergebnisse der internationalen vorläufigen Prüfung verwenden will („ausgewählter Staat"), so ist das Deutsche Patent- und Markenamt ausgewähltes Amt.

---

[21] Art. III § 5 Abs. 1 Satz 1 geänd. mWv 1.1.2002 durch G v. 13.12.2001 (BGBl. I S. 3656).

[22] Art. III § 6 Überschrift und Abs. 1 geänd. mWv 1.1.2002 durch G v. 13.12.2001 (BGBl. I S. 3656).

(2) Ist die Auswahl der Bundesrepublik Deutschland vor Ablauf des 19. Monats seit dem Prioritätsdatum erfolgt, so ist § 4 Abs. 2 mit der Maßgabe anzuwenden, daß an die Stelle der dort genannten Frist die in Artikel 39 Abs. 1 des Patentzusammenarbeitsvertrags vorgesehene Frist tritt.

§ 7[23] Internationaler Recherchenbericht

[1]Liegt für die internationale Anmeldung ein internationaler Recherchenbericht vor, so ermäßigt sich die nach § 44 Abs. 3 des Patentgesetzes zu zahlende Gebühr für die Prüfung der Anmeldung in gleicher Weise, wie wenn beim Deutschen Patent- und Markenamt ein Antrag nach § 43 Abs. 1 des Patentgesetzes gestellt worden wäre. [2]Eine Ermäßigung nach Satz 1 tritt nicht ein, wenn der internationale Recherchenbericht für Teile der Anmeldung nicht erstellt worden ist.

§ 8[24] Veröffentlichung der internationalen Anmeldung

(1) [1]Die Veröffentlichung einer internationalen Anmeldung nach Artikel 21 des Patentzusammenarbeitsvertrags, für die das Deutsche Patent- und Markenamt Bestimmungsamt ist, hat die gleiche Wirkung wie die Veröffentlichung eines Hinweises nach § 32 Abs. 5 des Patentgesetzes für eine beim Deutschen Patent- und Markenamt eingereichte Patentanmeldung (§ 33 des Patentgesetzes). [2]Ein Hinweis auf die Veröffentlichung wird im Patentblatt bekanntgemacht.

(2) [1]Ist die internationale Anmeldung vom Internationalen Büro nicht in deutscher Sprache veröffentlicht worden, so veröffentlicht das Deutsche Patent- und Markenamt die ihm zugeleitete Übersetzung der internationalen Anmeldung von Amts wegen. [2]In diesem Falle treten die Wirkungen nach Absatz 1 erst vom Zeitpunkt der Veröffentlichung der deutschen Übersetzung an ein.

(3) Die nach Artikel 21 des Patentzusammenarbeitsvertrags veröffentlichte internationale Anmeldung gilt erst dann als Stand der Technik nach § 3 Abs. 2 des Patentgesetzes, wenn die in § 4 Abs. 2 genannten Voraussetzungen erfüllt sind.

Artikel IV Anpassung des Patentgesetzes an das Europäische Patentrecht

[hier nicht wiedergegeben]

Artikel V Verfahrensrechtliche Änderungen des Patentgesetzes

[hier nicht wiedergegeben]

[23] Art. III § 7 geänd. mWv 1.1.2002 durch G v. 13.12.2001 (BGBl. I S. 3656).

[24] Art. III § 8 Abs. 1 und 2 geänd. mWv 1.1.2002 durch G v. 13.12.2001 (BGBl. I S. 3656).

Artikel VI Änderung des Gesetzes betreffend den Schutz von Erfindungen, Mustern und Warenzeichen auf Ausstellungen

[hier nicht wiedergegeben]

Artikel VII[25] Einschränkung von Vorschriften der Patentanwaltsordnung und der Bundesrechtsanwaltsordnung

Auf die Begründung eines Geschäftssitzes nach Artikel 134 Abs. 6 und 8 des Europäischen Patentübereinkommens außerhalb des Geltungsbereichs dieses Gesetzes sind § 28 der Patentanwaltsordnung und § 28 der Bundesrechtsanwaltsordnung nicht anzuwenden.

Artikel VIII Änderung der Patentanwaltsordnung

[hier nicht wiedergegeben]

Artikel IX Änderung des Gesetzes über die Gebühren des Patentamts und des Patentgerichts

[hier nicht wiedergegeben]

Artikel X Bekanntmachung von Änderungen

Im Bundesgesetzblatt sind bekanntzumachen:

1. Änderungen des Europäischen Patentübereinkommens, die der Verwaltungsrat der Europäischen Patentorganisation nach Artikel 33 Abs. 1 des Europäischen Patentübereinkommens beschließt, und die Gebührenordnung, die nach Artikel 33 Abs. 2 Buchstabe d erlassen wird, sowie deren Änderung;
2. Änderungen des Patentzusammenarbeitsvertrags und der Ausführungsordnung zu diesem Vertrag, die die Versammlung des Verbands für die Internationale Zusammenarbeit auf dem Gebiet des Patentwesens nach Artikel 47 Abs. 2, Artikel 58 Abs. 2 und Artikel 61 Abs. 2 des Vertrags beschließt. Das gleiche gilt für Änderungen im schriftlichen Verfahren nach Artikel 47 Abs. 2 des Vertrags.

---

[25] Art. VII geänd. mWv 13.12.2007 durch G v. 24.8.2007 (BGBl. I S. 2166).

Artikel XI Übergangs- und Schlußbestimmungen

§ 1[26] [Anwendung]

(1) Artikel IV ist nur auf die nach seinem Inkrafttreten beim Deutschen Patent- und Markenamt eingereichten Patentanmeldungen und die darauf erteilten Patente anzuwenden.

(2) [1]Eine innerhalb von sechs Monaten nach dem Inkrafttreten von Artikel IV Nr. 3 eingereichte Patentanmeldung kann nicht deshalb zurückgewiesen und ein darauf erteiltes Patent nicht deshalb für nichtig erklärt werden, weil die Erfindung innerhalb von sechs Monaten vor der Anmeldung beschrieben oder benutzt worden ist, wenn die Beschreibung oder Benutzung auf der Erfindung des Anmelders oder seines Rechtsvorgängers beruht. [2]Satz 1 ist nicht anzuwenden, wenn die Beschreibung oder Benutzung der Erfindung durch den Anmelder oder seinen Rechtsnachfolger selbst erfolgt ist und erst nach dem Inkrafttreten von Artikel IV Nr. 3 vorgenommen worden ist.

(3) Die vor dem Inkrafttreten von Artikel IV Nr. 7 und Artikel VI entstandenen Wirkungen des zeitweiligen Schutzes bleiben von dem Inkrafttreten der genannten Bestimmungen unberührt.

§ 2 *[gegenstandslos]*

§ 3 [Inkrafttreten, Außerkrafttreten]

(1) Artikel I, Artikel V, Artikel VIII sowie die §§ 2 und 3 dieses Artikels treten am 1. Oktober 1976 in Kraft.

(2) Der Tag, an dem
1. das Straßburger Patentübereinkommen nach seinem Artikel 9,
2. der Patentzusammenarbeitsvertrag nach seinem Artikel 63,
3. das Europäische Patentübereinkommen nach seinem Artikel 169

für die Bundesrepublik Deutschland in Kraft treten, ist im Bundesgesetzblatt bekanntzugeben.

(3) Artikel II, Artikel VII sowie Artikel IX, soweit er die Einfügung von Nummer 10 in Artikel 1 § 1 Buchstabe A des Gesetzes über die Gebühren des Patentamts und des Patentgerichts betrifft, und Artikel X Nr. 1 treten am dem Tag in Kraft, an dem nach der Bestimmung des Verwaltungsrats der Europäischen Patentorganisation europäische Patentanmeldungen beim Europäischen Patentamt eingereicht werden können (Artikel 162 Abs. 1 des Europäischen Patentübereinkommens); der Tag des Inkrafttretens ist im Bundesgesetzblatt bekanntzugeben.

(4) Artikel III sowie Artikel IX, soweit er die Einfügung von Nummer 11 in Artikel 1 § 1 Buchstabe A des Gesetzes über die Gebühren des Patentamts und des Patentgerichts betrifft, und Artikel X Nr. 2 treten an dem Tag in Kraft, an dem der Patentzusammenarbeitsvertrag für die Bundesrepublik Deutschland in Kraft tritt.

(5) Artikel IV sowie Artikel IX, soweit er die Einfügung der Buchstaben r und s in Artikel 1 § 1 Buchstabe A Nr. 3 des Gesetzes über die Gebühren des Patentamts und des Patentgerichts betrifft, und § 1 dieses Artikels treten am ersten Tag des auf die Bekanntmachung des Inkrafttretens des Europäischen Patentübereinkommens im Bun-

---

[26] Art. XI § 1 geänd. mWv 1.1.2002 durch G v. 13.12.2001 (BGBl. I S. 3656).

desgesetzblatt folgenden vierten Kalendermonats in Kraft, Artikel IV jedoch unbeschadet der Bestimmung des Absatzes 6.

(6) [1]Artikel IV Nr. 3, soweit er § 2 Abs. 4 des Patentgesetzes betrifft, und Nr. 7 sowie Artikel VI treten am ersten Tag des auf die Bekanntmachung des Inkrafttretens des Straßburger Patentübereinkommens im Bundesgesetzblatt folgenden vierten Kalendermonats in Kraft. [2]Bis zu diesem Zeitpunkt bleibt für die Anwendung von Artikel IV Nr. 3, soweit er § 2 Abs. 1 und 2 des Patentgesetzes betrifft, eine innerhalb von sechs Monaten vor der Anmeldung erfolgte Beschreibung oder Benutzung außer Betracht, wenn sie auf der Erfindung des Anmelders oder seines Rechtsvorgängers beruht.

§ 4[27]

Für europäische Patente, für die der Hinweis auf die Erteilung vor dem 1. Mai 2008 im Europäischen Patentblatt veröffentlicht worden ist, bleiben Artikel II § 3 dieses Gesetzes, § 2 Abs. 1 des Patentkostengesetzes vom 13. Dezember 2001 (BGBl. I S. 3656), die Verordnung über die Übertragung der Ermächtigung nach Artikel II § 3 Abs. 6 des Gesetzes über internationale Patentübereinkommen vom 1. Juni 1992 (BGBl. 1992 II S. 375) und die Verordnung über die Übersetzungen europäischer Patentschriften vom 2. Juni 1992 (BGBl. 1992 II S. 395) jeweils in den Fassungen anwendbar, die im Zeitpunkt der Veröffentlichung des Hinweises gegolten haben.

---

[27] Art. XI § 4 angef. mWv 1.5.2008 durch G v. 7.7.2008 (BGBl. I S. 1191).

13. Richtlinien zur Durchführung der Klassifizierung von Patent- und Gebrauchsmusteranmeldungen (Klassifizierungsrichtlinien)

vom 2. Dezember 2014

Inhaltsverzeichnis

1. Klassifizierungsgrundsätze

1.1. Zuständigkeit

Die internationale Patentklassifikation (IPC) ist ein Ordnungssystem, das in über 120 Ländern zur Ablage und zum Wiederauffinden von Patentdokumenten benutzt wird und so einen Datentransfer aus unterschiedlichen Datenbeständen ohne aufwändiges „Reklassifizieren" gewährleistet.

Für die erstmalige und vollständige Klassifizierung aller Patent- und Gebrauchsmusteranmeldungen sind bezüglich der Vergabe der IPC (der Hauptklasse und der Nebenklassen) in der Programmstruktur „DPMApatente/gebrauchsmuster" die Prüfer/innen[1] der Patentabteilungen mit den Rollen „Grobauszeichner" und „Eingangsprüfer" zuständig. Diese Rollen können je nach Modell einem Prüfer, einer Gruppe von Prüfern oder allen Fachprüfern einer Abteilung zugeordnet sein.

Für die Änderung der Hauptklasse ist eine je nach Verfahrensstand im Einzelnen geregelte Zuständigkeit zu beachten (vgl. [vergleiche] Abschnitte 2.1 bis 3.3).

Die Eingangsprüfer werden für die Patentabteilungen von den zuständigen Abteilungsleitern im Zusammenwirken mit den Beauftragten für Klassifikation und Dokumentation (nachfolgend: BfKD) bestimmt.

---

[1] Anmerkung: So wie im Patentgesetz wird im Folgenden die Bezeichnung „Prüfer" etc. als generisches Maskulinum verwendet (vergleiche zu diesem Begriff das BBB-Merkblatt M 19 „Sprachliche Gleichbehandlung von Frauen und Männern", Bundesverwaltungsamt, 2. Auflage, 2002, Seite 6, Absatz 3).

Eine Vertretungsregelung für den/die Eingangsprüfer ist erforderlich und vom BfKD in Absprache mit dem Abteilungsleiter festzulegen.

1.2. Regeln

Maßgebend für die Klassifizierung der in den Anmeldungen offenbarten technischen Sachverhalte ist die jeweils geltende Ausgabe der IPC; als Arbeitsexemplar wird die deutsche Fassung verwendet. In Streit- oder Zweifelsfällen ist stets die von der WIPO (World Intellectual Property Organization) herausgegebene Originalfassung der IPC in englischer Sprache ausschlaggebend. Im Handbuch zur IPC (Guide to the IPC) sind in den Kapiteln V bis XIII die Regeln zum Klassifizieren enthalten.

In Kapitel VIII, Regel 75 bis 91 des Handbuchs wird die der Klassifizierung zu Grunde zu liegende Erfindungsinformation definiert. Der in Kapitel XII, Regel 156 genannten Erfindungsinformation, die die Erfindung am zutreffendsten wiedergibt und die an erster Stelle zu nennen ist, entspricht im DPMA (Deutsches Patent- und Markenamt) die so genannte Hauptklasse. Diese dient als Grundlage der Geschäftsverteilung und legt die Zuständigkeit der Prüfungsstelle fest. Sie stellt den Schwerpunkt des zu klassifizierenden Sachverhalts dar und findet sich im Allgemeinen, aber nicht zwingend, im Anspruch 1 der Anmeldung. Insgesamt gilt, dass sämtliche Ansprüche sowie die Aufgabenstellung, Beschreibung und Zeichnung angemessen zu berücksichtigen sind.

Weitere relevante technische Sachverhalte sind als so genannte Nebenklassen aufzuführen.

1.3. Fristen

Die Richtigkeit der Klassifikation muss unverzüglich nach Eingang bei der Prüfungsstelle überprüft und gegebenenfalls geklärt werden (Klassenfrage).

Die abschließende Entscheidung soll umgehend, spätestens aber bis zum Ablauf des zweiten Monats nach Eingang der Anmeldung, bei der Prüfungsstelle getroffen werden.

2. Klassifizierungsverfahren

2.1. Erstmalige Klassifizierung

2.1.1. Grobauszeichnung („Börse"). Nach Eingang der Patent- bzw. [beziehungsweise] Gebrauchsmusteranmeldungen im DPMA wird durch das Programm „Elektronischer Klassifikator" auf der Grundlage eines Vergleichs mit eingelesenen klassifizierten Patentdokumenten und einer Wahrscheinlichkeitsanalyse ein Vorschlag von maximal drei IPC-Einheiten (je nach Anzahl der zu vergleichenden Dokumente bis auf Untergruppen-Niveau) erstellt und den Grobauszeichnern der zugehörigen Patentabteilung/en zugeleitet. Der Grobauszeichner entscheidet über die vorläufige Zuständigkeit für seine eigene Ab-teilung oder über die Weitergabe an eine andere Abteilung. Nach einer bestimmten Anzahl von Weitergaben (Vorlagen)[2] kann die Anmeldung dem Koordinator der Grobauszeichnung zugeleitet werden, der die vorläufig zuständige Abteilung festlegt.

Anmeldungen, die mit einem Antrag auf Inanspruchnahme einer inneren Priorität beim DPMA eingehen, werden mit der Klassifikation der früheren Anmeldung als Vorschlag direkt in die Feinklassifizierung und zum zuständigen Eingangsprüfer wei-

[2] Die genaue Zahl wird separat durch H1-Verfügung geregelt.

tergeleitet; bezüglich des weiteren Vorgehens werden sie wie jede eigenständige Neuanmeldung behandelt.

PCT-Anmeldungen in der nationalen Phase und Anmeldungen mit ausländischer Priorität durchlaufen den normalen, vollständigen Klassifikationsprozess.

Bei PCT-A-Anmeldungen, bei denen das DPMA nur Anmeldeamt, aber nicht Recherche- und Prüfungsbehörde (Bestimmungsamt) ist, muss in der zuständigen Abteilung die Vorlagepflicht überprüft und ggf. [gegebenenfalls] freigezeichnet sowie die Offensichtlichkeitsprüfung durchgeführt werden; eine Klassifizierung ist nicht erforderlich.

Die Grobauszeichnung findet arbeitstäglich durch je mindestens einen Grobauszeichner aus jeder Abteilung am Arbeitsplatzrechner statt.

2.1.2. Festlegung von Hauptklasse und Neben-klassen. Nach der Grobauszeichnung analysiert der Eingangsprüfer die Anmeldung und stellt deren Schwerpunkt fest. Er vergibt die Hauptklasse und ihm zugängliche Nebenklassen innerhalb seiner Abteilung und veranlasst gegebenenfalls weitere erforderliche Nebenklassenvorlagen. Persönlicher oder telefonischer Kontakt kann dabei zweckdienlich sein.

Indexgruppen werden wie Nebenklassen behandelt.

Der für die Feinklassifizierung zuständige Eingangsprüfer ist auch für die Offensichtlichkeitsprüfung der Anmeldung gemäß § 42 PatG (Patentgesetz) und die Bestimmung der Zahl der Ansprüche für die Berech-nung der Höhe der Anmeldegebühr zuständig. Nähere Informationen hierzu sind amtsintern in den „FAQ (Frequently Asked Questions) zur Eingangsprüfung" sowie im „Leitfaden für Börse und Eingangsprüfung mit DPMApatente/gebrauchsmuster" zu finden. Im Rahmen der Eingangsprüfung gefasste Beschlüsse, Beschwerden gegen solche Beschlüsse sowie dazu ergehende Beschlüsse des Bundespatentgerichts (BPatG) sind dem BfKD der Abteilung vorzulegen.

Ist der durch die Grobauszeichnung festgelegte Eingangsprüfer für den technischen Schwerpunkt der Erfindung und damit für die Hauptklasse nicht zuständig, so ist er befugt, ggf. nach Rücksprache mit den betroffenen Fachprüfern, die Klassenfrage (s. 3.1.2) zu stellen.

2.1.3. Zwangsklassifizierung. 2.1.3.1. Zwangsklassifizierung durch die BfKD mehrerer Abteilungen. Kommen die betroffenen Eingangsprüfer bzw. die zugezogenen Prüfungsstellen der Patentabteilungen bei Stellung der Klassenfrage nicht zu einer einheitlichen Beurteilung des zu klassifizierenden Sachverhalts und damit nicht zur Festlegung der Hauptklasse, so wird durch die BfKD der Patentabteilungen, zu deren Zuständigkeitsbereich die betroffenen Prüfungsstellen gehören, eine Klassifikation festgelegt.

2.1.3.2. Zwangsklassifizierung durch das BfKD-Gremium. Ist auch seitens der BfKD der Patentabteilungen eine einvernehmliche Festlegung in Bezug auf die Klassifizierung und Einordnung des technischen Sachverhalts einer Anmeldung in der IPC nicht zu erzielen, entscheiden die sachlich betroffenen BfKD. Falls eine solche Entscheidung nicht zustande kommt, entscheidet der sachlich zuständige Schlichter-BfKD. Der Schlichter kann von einem der beteiligten BfKD angerufen werden, nachdem Stellungnahmen aller beteiligten BfKD vorliegen.

Die Schlichter-Entscheidung ist bindend und erfolgt

- im schriftlichen Verfahren unter Berücksichtigung der Stellungnahmen aller beteiligten BfKD oder
- in einer Sitzung mit den sachlich betroffenen BfKD, soweit der Schlichter-BfKD dies für sachdienlich hält. Der Schlichter legt den Termin fest und benachrichtigt die beteiligten BfKD.

Die Schlichter-BfKD und ihre Stellvertreter werden nach Wahl durch die BfKD-Versammlung vom zuständigen Leiter der Hauptabteilung 1 bestimmt.

2.1.4. Bindende Regelungen. Ist absehbar, dass bestimmte Grenzfälle öfter auftreten, ist unter Einbeziehung der betroffenen Prüfungsstellen eine Festlegung auf eine zukünftig bindende Regelung möglich. Diese Regelung ist durch die beteiligten BfKD zu dokumentieren und künftig bei der Vergabe der Hauptklasse zu berücksichtigen.

Getroffene Regelungen werden amtsintern von den Schlichter-BfKD im Intranet auf der Mitteilungsseite der BfKD im public_share-Laufwerk veröffentlicht.

2.2. Sonderfälle

2.2.1. Klassifizierung von Trennanmeldungen (Ausscheidung/Teilung). Bei Trennung eines oder mehrerer Sachverhalte aus einer Patentanmeldung oder Teilung der Anmeldung veranlasst die die Ausscheidung/Teilung verfügende Prüfungsstelle eine Feinklassifizierung, falls die Klassifikation der Stammakte für die Trennanmeldung nicht zutreffend ist.

2.2.2. Nicht klassifizierbare Anmeldungen. Ist eine Anmeldung nicht klassifizierbar (z. B. mangels Unterlagen), kann sie der Koordinator einer fachlich geeigneten Abteilung zuordnen, deren Grobauszeichner oder Eingangsprüfer den entsprechenden Mängelbescheid und ggf. Beschluss erstellt.

Gebrauchsmusteranmeldungen sind an die Gebrauchsmusterstelle zu übersenden und werden ggf. nach Behebung der Mängel nachklassifiziert.

2.2.3. Fremdsprachige Anmeldungen. Ist die Patent- oder Gebrauchsmusteranmeldung ganz oder teilweise nicht in deutscher Sprache abgefasst, so hat der Anmelder eine deutsche Übersetzung nachzureichen.

Für Patentanmeldungen, die ganz oder teilweise in englischer oder französischer Sprache abgefasst sind, gilt eine Frist zur Einreichung der deutschen Übersetzung von 12 Monaten nach Einreichung der Anmeldung, die jedoch spätestens 15 Monate nach einem beanspruchten Prioritätsdatum endet. Diese Anmeldungen werden anhand der englisch- oder französischsprachigen Unterlagen klassifiziert.

Für Patentanmeldungen in anderen Fremdsprachen sowie für Gebrauchsmusteranmeldungen in allen Fremdsprachen gilt eine Frist zur Einreichung der deutschen Übersetzung von drei Monaten nach Einreichung der Anmeldung. Diese Anmeldungen werden anhand der deutschen Übersetzung klassifiziert. Stellt der Eingangsprüfer bei einer solchen Anmeldung nach Eingang der (auch vor Fristablauf eingereichten) Übersetzung noch weitere übersetzungsbedürftige Inhalte fest, so fordert er den Anmelder unverzüglich zum Einreichen einer entsprechenden Übersetzung auf.

3. Änderung der Klassifikation (Klassenfrage, Patentabteilungen)

3.1. Recherche- und Prüfungsverfahren

3.1.1. Hält eine Prüfungsstelle die angegebene Hauptklasse für unzutreffend und verbleibt die Akte nach der beabsichtigten Änderung im Zuständigkeitsbereich dieser Prüfungsstelle, dann nimmt sie die für notwendig erachtete Änderung der Klassifikation umgehend eigenverantwortlich vor.

3.1.2. Hält eine Prüfungsstelle die angegebene Hauptklasse für unzutreffend und ist mit der beabsichtigten Änderung ein Wechsel in der Zuständigkeit der Prüfungsstellen verbunden, leitet sie die Akte möglichst unter persönlicher Kontaktaufnahme an die als zuständig erachtete Prüfungsstelle weiter.

Mit Stellung der Klassenfrage ist von der anfragenden Prüfungsstelle – soweit erforderlich – im eigenen Bereich eine Recherche durchzuführen und deren Ergebnis zu dokumentieren.

Bei Übereinstimmung in der Beurteilung des technischen Sachverhalts und der Klassifikation zwischen anfragender und angefragter Prüfungsstelle erfolgt die Übernahme und Klassifikationsänderung seitens der übernehmenden Prüfungsstelle.

Bei unterschiedlicher Beurteilung durch die Prüfungsstellen innerhalb einer Patentabteilung entscheidet der BfKD der Patentabteilung ohne schriftliche Begründung über die Festlegung der Hauptklasse.

Sind von dem in Frage stehenden technischen Sachverhalt zwei oder mehrere Patentabteilungen betroffen und kommen die Prüfungsstellen nicht zu einer übereinstimmenden Beurteilung, so ist die Anmeldung/Recherche von der derzeit federführenden Prüfungsstelle ihrem BfKD zur Klärung der Klassenfrage auf BfKD-Ebene zuzuleiten. Dieser übernimmt sodann die Federführung in der Klassenfrage.

Bei Übereinstimmung in der Beurteilung seitens der betroffenen BfKD erfolgt die Klassifikationsänderung entsprechend der Verfügung des nach der getroffenen Entscheidung zuständigen BfKD.

3.1.3. Kann auch seitens der BfKD die zutreffende Hauptklasse nicht einvernehmlich bestimmt werden, so entscheidet abschließend und verbindlich das Gremium der sachlich betroffenen BfKD. Die Vorschriften des Abschnitts 2.1.3. sind entsprechend anzuwenden.

3.1.4. Nebenklassen werden von der zuständigen Prüfungsstelle nach pflichtgemäßem Ermessen bei Bedarf geändert.

3.2. Einspruchsverfahren

Über eine eventuell erforderliche Änderung der Hauptklasse eines Patents im Einspruchsverfahren entscheidet innerhalb einer Patentabteilung der BfKD der betroffenen Patentabteilung; die Änderung wird auch durch den BfKD verfügt.

Die Klärung der Klassenfrage im Einspruchsverfahren zwischen Patentabteilungen erfolgt durch die BfKD der betroffenen Patentabteilungen unter Federführung des zunächst zuständigen BfKD.

Bei einer Einigung wird die Klassifikationsänderung von dem BfKD der nach der Entscheidung zuständigen Patentabteilung verfügt.

Wird zwischen den betroffenen BfKD der Patentabteilungen keine Einigung über die Klassifikation eines Patents im Einspruchsverfahren erzielt, sind die Vorschriften des Abschnitts 3.1.3. entsprechend anzuwenden.

3.3. Gebrauchsmuster

3.3.1. Eingetragene Gebrauchsmuster, bei denen sich die Hauptklasse als strittig erweist (z. B. aufgrund von Hinweisen seitens der Öffentlichkeit oder einer Prüfungsstelle), sind zur Richtigstellung der Klassifikation mit kurzer Stellungnahme des Fachprüfers dem für die geltende Hauptklasse zuständigen BfKD zuzuleiten.

Innerhalb der Patentabteilung entscheidet der BfKD; bei abteilungsübergreifenden Differenzen sind die Vorschriften des Abschnitts 2.1.3. entsprechend anzuwenden.

3.3.2. Eingetragene Gebrauchsmuster, zu denen ein Löschungsverfahren anhängig ist, werden von den Gebrauchsmusterabteilungen dem durch die Hauptklasse ausgewiesenen Berichterstatter in den Patentabteilungen vorgelegt. Bei nicht zutreffender Hauptklasse geht der betroffene Berichterstatter zur Klärung der Klassenfrage entsprechend Abschnitt 3.3.1. vor.

3.4. Geheimanmeldungen

Die Überprüfung der Klassifikation von Patent- und Gebrauchsmusteranmeldungen mit vorlagepflichtigen technischen Sachverhalten, in denen eine Anordnung nach § 50 PatG bzw. § 9 GebrMG (Gebrauchsmustergesetz) vorliegt, wird in den Patentabteilungen durch die hierzu ermächtigten Prüfungsstellen vorgenommen (die administrative Zuständigkeit für solche Anmeldungen liegt im Referat 1.1.2 („Büro 99“)).

Eine gegebenenfalls notwendige Änderung der Klassifikation ist in analoger Anwendung der Bestimmungen gemäß vorstehender Abschnitte 3.1.1. bis 3.1.3. vorzunehmen.

3.5. Offengelegte Patentanmeldungen ohne Prüfungsantrag

Bei bereits offengelegten Patentanmeldungen, die sich nicht im Recherche- oder Prüfungsverfahren (§§ 43, 44 PatG) befinden, sind für beabsichtigte Änderungen der Hauptklasse zunächst der bzw. die Eingangsprüfer zuständig. Die Anmeldungen werden dann dem zuständigen BfKD vorgelegt, der über das weitere Vorgehen entscheidet. Bei abteilungsübergreifenden Fragestellungen sind die Vorschriften des Abschnitts 2.1.3. entsprechend anzuwenden.

4. Klassifizierung bei technischen Sachverhalten, die in der IPC nicht angemessen abgedeckt sind

Im Regelfall wird die Erfindungsinformation, die in Patentdokumenten offenbart ist, durch eine oder mehrere „normale“ Klassifikationsstellen angemessen abgedeckt.

In Ausnahmefällen (vgl. Handbuch zur IPC, Kapitel XIII), beispielsweise bedingt durch Weiterentwicklung der Technologie, kann es vorkommen, dass keine der normalen Klassifikationsstellen geeignet ist, den offenbarten technischen Sachverhalt zutreffend abzubilden. Für diesen Fall weist die IPC spezielle Klassifikationsstellen auf, deren Titel keine technischen Abgrenzungen umfassen und die für derartige Sachverhalte verwendet werden können.

Solche speziellen Klassifikationsstellen, bestehend aus Unterklasse und Hauptgruppe, finden sich am Ende jeder Sektion A bis H der IPC, z. B. **A99Z 99/00** Sachverhalte, soweit nicht anderweitig in dieser Sektion vorgesehen

Anmerkung: Diese Klassifikationsstelle umfasst Sachverhalte, die

(a) inhaltlich in diese Sektion gehören, aber von den Unterklassen dieser Sektion nicht umfasst sind, und

(b) nicht ausdrücklich von einer der Unterklassen einer anderen Sektion umfasst sind.

Außerdem gibt es auch am Ende einiger Unterklassen derartige spezielle Klassifikationsstellen, z. B. **B65H 99/00** Sachverhalte, soweit sie nicht in anderen Gruppen dieser Unterklasse vorgesehen sind.

Diese speziellen Klassifikationsstellen dürfen bei der Klassifikation im DPMA nicht verwendet werden. Ausgenommen sind Fälle, in denen frühere IPC-Gruppen mit zugehörigen DEKLA-Gruppen in 99er-Gruppen überführt wurden. Solche Fälle sind vorher mit dem zuständigen Schlichter-BfKD zu diskutieren; die Ablage ist von ihm zu billigen und im Intranet auf der Mitteilungsseite der BfKD im public_share-Laufwerk amtsintern zu dokumentieren.

5. Auswirkungen der Klassifikation

Die Hauptklasse und die Nebenklassen bestimmen die Zuleitung der Offenlegungs-, Patent- und Gebrauchsmusterschriften zum Prüfstoff.

6. Inkrafttreten

Diese Richtlinien treten mit Wirkung vom 1. Januar 2015 in Kraft und ersetzen die bisherige Fassung vom 15. April 2011.

14. Richtlinien für die Durchführung der Recherche nach § 7 GebrMG (Gebrauchsmuster-Rechercherichtlinien)

vom 31. März 2015

Inhaltsverzeichnis

1. Vorbemerkung

Die Rechercherichtlinien dienen dazu, eine gleichmäßige Behandlung der Rechercheanträge nach § 7 Gebrauchsmustergesetz (GebrMG) beim Deutschen Patent- und Markenamt (DPMA) unter Beachtung gleicher Grundsätze sicherzustellen.

2. Rechercheantrag

Das DPMA ermittelt auf Antrag den Stand der Technik, der für die Beurteilung der Schutzfähigkeit des Gegenstands der Gebrauchsmusteranmeldung oder des Gebrauchsmusters in Betracht zu ziehen ist (§ 7 Absatz 1GebrMG).

Der Antrag kann von dem Anmelder oder dem als Inhaber Eingetragenen oder jedem Dritten gestellt werden (§ 7 Absatz 2 Satz 1 GebrMG). Der Antrag ist schriftlich einzureichen (§ 7 Absatz 2 Satz 2 GebrMG).

Antragsteller ohne Wohnsitz, Sitz oder Niederlassung in Deutschland müssen einen im Inland als Rechts- oder Patentanwalt zugelassenen Vertreter bestellen (§ 7 Absatz 2 Satz 3 i. V. m. [in Verbindung mit] § 28 Absatz 1 GebrMG). Inlandsvertreter kann auch ein Patentassessor nach § 155 Patentanwaltsordnung (PAO) oder ein Erlaubnisscheininhaber nach § 160 PAO i. V. m. § 178 PAO (in der bis zum 31. August 2009 geltenden Fassung) sein.

Als Vertreter kann auch ein Staatsangehöriger eines Mitgliedstaates der Europäischen Union oder eines anderen Vertragsstaates des Abkommens über den Europäischen Wirtschaftsraum bestellt werden, wenn er seine berufliche Tätigkeit unter einer bestimmten, mit deutschen Rechts- oder Patentanwälten vergleichbaren Berufsbezeichnung ausüben darf (§ 28 Absatz 2 GebrMG).

Mit dem Antrag ist eine Gebühr nach dem Patentkostengesetz (PatKostG) zu zahlen; wird sie nicht, nicht vollständig oder nicht rechtzeitig gezahlt, so gilt der Antrag nach § 6 Absatz 2 PatKostG als zurückgenommen.

Ist bereits ein Rechercheantrag eingegangen, so gelten spätere Rechercheanträge als nicht gestellt (§ 7 Absatz 4 Satz 1 GebrMG). In diesem Fall wird dem Antragsteller des späteren Antrags mitgeteilt, zu welchem Zeitpunkt der frühere Antrag eingegangen ist; die für die Recherche gezahlte Gebühr nach dem PatKostG wird zurückgezahlt (§ 7 Absatz 4 Satz 2 GebrMG i. V. m. § 43 Absatz 4 Satz 2 und 3 PatG [Patentgesetz]).

Der Eingang des Rechercheantrags wird im Patentblattveröffentlicht, jedoch nicht vor der Eintragung des Gebrauchsmusters (§ 7 Absatz 3 Satz 1 GebrMG). Hat ein Dritter den Antrag gestellt, wird der Eingang des Antragsaußerdem dem Anmelder oder dem als Inhaber Eingetragenen mitgeteilt (§ 7 Absatz 3 Satz 2 GebrMG); ebenso ist eine sich nach der Mitteilung an den Anmelder oder den als Inhaber Eingetragenen erweisende Unwirksamkeit des von einem Dritten gestellten Antrags dem Anmelder bzw. [beziehungsweise] dem als Inhaber Eingetragenen und dem Dritten mitzuteilen (§ 7 Absatz 5 GebrMG).

Der Rechercheantrag setzt eine anhängige Gebrauchsmusteranmeldung oder ein eingetragenes Gebrauchsmuster voraus. Er kann bereits mit der Anmeldung gestellt werden. Gilt eine Gebrauchsmusteranmeldung, zu der ein Rechercheantrag gestellt worden ist, nach § 6 Absatz 1 Satz 1 und 2 GebrMG i. V. m. § 40 Absatz 5 Satz 1 PatG vor Beginn oder während der Recherche als zurückgenommen, ist Folgendes zu beachten: Die Recherche auf einen wirksam gestellten Antrag ist auf Verlangen des Anmelders dennoch durchzuführen bzw. fertigzustellen, sofern der Anmelder ein schutzwürdiges Interesse an der Erstellung des Rechercheberichts darlegt.

3. Formelle Behandlung des Rechercheantrags

Der eingereichte Rechercheantrag wird auf seine Wirksamkeit geprüft. Die hierfür zuständige Stelle veranlasst auch die Mitteilung an den Anmelder bzw. den als Inhaber Eingetragenen sowie die Veröffentlichung im Patentblatt, letztere jedoch nicht vor der Eintragung des Gebrauchsmusters (§ 7 Absatz 3 Satz 1 GebrMG). Nach Feststellung der Wirksamkeit des Rechercheantrags wird die Akte der für die Hauptklasse zuständigen Prüfungsstelle zur Durchführung der Recherche zugeleitet.

Die Prüfungsstelle prüft alsbald nach Eingang der Akte ihre Zuständigkeit. Hält sie sich für nicht zuständig, so leitet sie unverzüglich Maßnahmen zur Feststellung der für die Hauptklasse zuständigen Prüfungsstelle ein.

Die zuständige Prüfungsstelle ist für die Durchführung der Recherche verantwortlich; sie ergänzt erforderlichenfalls auch die fehlenden Nebenklassen im notwendigen Umfang.

Recherchen nach § 7 GebrMG werden von den zuständigen Prüfungsstellen des DPMA in der Reihenfolge des zeitlichen Eingangs unverzüglich durchgeführt. Die Prüfungsstellen sind dabei angehalten, die Recherchen möglichst so durchzuführen, dass dem Antragsteller das Rechercheergebnis rechtzeitig vor Ablauf des Prioritätsjahres vorliegt. Auf einen begründeten Beschleunigungsantrag hin ist eine Änderung der Reihenfolge der Bearbeitung der Anträge möglich. Begründet ist ein Beschleunigungsantrag in der Regel dann, wenn andernfalls erhebliche Nachteile für den Antragsteller als wahrscheinlich erscheinen.

Gemäß § 7 Absatz 3 Satz 3 GebrMG ist jedermann berechtigt, dem DPMA Hinweise zum Stand der Technik zu geben, der für die Beurteilung der Schutzfähigkeit des Gegenstandes der Gebrauchsmusteranmeldung oder des Gebrauchsmusters in Betracht zu ziehen ist. Eingaben dieser Art sind dem Anmelder bzw. dem als Inhaber Eingetragenen und während eines anhängigen Rechercheverfahrens auch der zuständigen Prüfungsstelle umgehend zuzuleiten. Dieser Stand der Technik wird in den Recherchebericht aufgenommen, wenn die zuständige Prüfungsstelle ihn als relevant ansieht.

4. Gegenstand der Recherche

Gegenstand der Recherche ist das, was nach den Schutzansprüchen unter Schutz gestellt werden soll. Die Beschreibung und die Zeichnungen sind zur Auslegung der Schutzansprüche heranzuziehen.

Liegen mehrere Anspruchsfassungen vor, so ist der Recherche die zuletzt eingereichte, von der zuständigen Prüfungsstelle als zulässig im Sinne von § 4 Absatz 5 GebrMG erachtete Fassung zugrunde zu legen.

5. Umfang der Recherche

Mit der Recherche ist der Stand der Technik so zu ermitteln, dass damit die Schutzfähigkeit der angemeldeten Erfindung vorläufig beurteilt werden kann. Jede Anmeldung wird im Rahmen des Verfahrens nach § 7 GebrMG nur einmal recherchiert. Die Prüfungsstelle hat sich hierbei der vorhandenen, technischen Hilfsmittel sowie der durch diese verfügbaren Informationsquellen zu bedienen, sofern dies erfolgversprechend und im Hinblick auf den Aufwand vertretbar erscheint; dazu gehört immer auch das Heranziehen des vom Anmelder selbst genannten Standes der Technik. Es wird soweit wie möglich bei jeder Recherche geprüft, ob in anderen Staaten bereits Rechercheergebnisse vorliegen.

Für jeden Schutzanspruch – soweit er nicht nur Selbstverständlichkeiten enthält – ist der ermittelte Stand der Technik anzugeben. Die für die Hauptklasse zuständige Prüfungsstelle hat dabei die vom Anmelder bzw. als Inhaber Eingetragenen genannten Dokumente – ggf. [gegebenenfalls] nach Anforderung beim Anmelder bzw. als Inhaber Eingetragenen – zu berücksichtigen. Wird infolge einer zu weiten Fassung des Hauptanspruchs der Umfang des anzugebenden Standes der Technik zu groß, so ist derjenige Stand der Technik zu nennen, welcher dem Erfindungsgegenstand unter Berücksichtigung einschränkender Merkmale der Unteransprüche besonders nahe kommt. Zur Bestimmung des Wortsinns der Ansprüche sind die Beschreibung und die Zeichnungen heranzuziehen.

Bei der Nennung von Patentdokumenten (Druckschriften) genügt es, wenn jeweils nur ein Mitglied einer Patentfamilie berücksichtigt wird, es sei denn, es besteht Grund zur Annahme, dass bei dem Inhalt einzelner Mitglieder der gleichen Patentfamilie wesentliche, sachliche Unterschiede bestehen.

Es gilt der Grundsatz der gründlichen, aber nicht übertriebenen Recherche. Wird bei der Durchführung der Recherche erkennbar, dass für eine nur noch geringe Verbesserung des bisher erzielten Rechercheergebnisses ein unverhältnismäßig großer Arbeitsaufwand erforderlich wäre, ist die Recherche zu beenden. Als Bezugszeitpunkt für die Recherche ist der Anmeldetag und nicht der ggf. in Anspruch genommene Prioritätstag zu wählen. Bei einer Abzweigung nach § 5 Absatz 1 GebrMG ist der Anmeldetag der zugrunde liegenden Patentanmeldung maßgebend.

Auch nachveröffentlichte Patentanmeldungen und Gebrauchsmuster mit älterem Zeitrang (§ 15 Absatz 1 Nummer 2 GebrMG) sind zu nennen, sofern sie zum Zeitpunkt der Recherche bereits als Stand der Technik vorliegen. Hierbei sind auch internationale Anmeldungen nach dem Patentzusammenarbeitsvertrag anzugeben, wenn das DPMA Bestimmungsamt ist, und europäische Patentanmeldungen, in denen die Bundesrepublik Deutschland bestimmt oder benannt ist. Eine Neuheits-schonfrist nach § 3 Absatz 1 Satz 3 GebrMG ist ggf. zu berücksichtigen.

Bei Datenbank-Recherchen ist ein Protokoll über den vollständigen Ablauf der Recherche zu erstellen, das die angewählten Datenbanken sowie die verwendeten Suchbegriffe enthält. Das Protokoll ist der Akte als elektronisches Dokument zuzuführen.

Ist der Anmeldungsgegenstand oder sind Teile des Anmeldungsgegenstandes wegen Mängeln in den Unterlagen nicht recherchierbar, so ist im Recherchebericht anzugeben, zu welchen Ansprüchen nicht recherchiert wurde und aus welchem Grunde dies nicht geschehen ist.

6. Recherchebericht

Der Recherchebericht hat folgende Angaben zu enthalten:

A. Klassifizierung des Anmeldungsgegenstandesnach der Internationalen Patentklassifikation (IPC)

B. Recherchierte Gebiete und Recherchemittel (zum Beispiel Datenbanken)

Es sind alle bei der Recherche herangezogenen Klassifikationseinheiten und Recherchemittel anzugeben, und zwar auch dann, wenn in der recherchierten Klasse kein Stand der Technik ermittelt werden konnte.

C. Ergebnis der Ermittlung des Standes der Technik

Der ermittelte Stand der Technik ist unter Bezug auf die Nummern der Schutzansprüche, ggf. mit Erläuterungen und Hinweisen auf relevante Textstellen und Abbildungen, falls dies zum Verständnis notwendig ist, tabellarisch aufzuführen. Bei einem Stand der Technik, der keinem der Schutzansprüche zugeordnet werden kann, entfällt die Bezugnahme auf die Schutzansprüche.

Patentdokumente sind nach dem Zwei-Buchstaben-Ländercode gemäß WIPO Standard ST. 3 zu zitieren (vergleiche Mitteilung des Präsidenten des Deutschen Patent- und Markenamts Nummer 2/98, BlPMZ 1998, 157–159). Es sind außerdem die Druckschriftennummer und -art zu zitieren. Nicht-Patentliteratur, wie beispielsweise Textstellen in Büchern und Zeitschriften, ist gemäß Hausverfügung Nummer 15 so zu zitieren, dass sowohl das Buch oder die Zeitschrift als auch die in Frage kommenden Textstellen eindeutig ermittelbar sind. Anzugeben sind außerdem die Kategorien (Relevanzindikatoren) des ermittelten Standes der Technik in Großbuchstaben gemäß WIPO Standard ST. 14. Dabei bedeutet:

X Entgegenhaltung, die die Neuheit einer beantragten Erfindung oder das Vorliegen eines erfinderischen Schrittes einer beanspruchten Erfindung **allein** in Frage stellt

Y Entgegenhaltung, die das Vorliegen eines erfinderischen Schrittes einer beanspruchten Erfindung **in Kombination mit** einer oder mehreren solcher Entgegenhaltungen in Frage stellt, wobei die Kombi-nation für einen Fachmann nahe liegen muss

A Dokument, das den technologischen Hintergrund definiert

O Dokument, das Bezug nimmt auf eine mündliche Offenbarung, eine Benutzung, eine Ausstellung oder eine andere Art der Offenbarung (nur hinsichtlich **inländischer** Vorbenutzung relevant)

P im Prioritätsintervall veröffentlichter Stand der Technik

T nachveröffentlichter, nicht kollidierender Stand der Technik, der die Theorie der angemeldeten Erfindung betrifft und für ein besseres Verständnis der angemeldeten Erfindung nützlich sein kann oder zeigt, dass die der angemeldeten Erfindung zugrunde liegenden Gedankengänge oder Sachverhalte falsch sein können

E frühere Patent- oder Gebrauchsmusteranmeldung gemäß § 15 GebrMG

D Stand der Technik, der bereits in der Anmeldung oder dem Gebrauchsmuster genannt ist (sogenanntes Eigenzitat) und auch von der Prüfungsstelle als relevant betrachtet wird zum Beispiel zum Nachweis des Veröffentlichungstags einer in Betracht gezogenen Entgegenhaltung oder bei Zweifeln an der Priorität.

Handelt es sich beim ermittelten Stand der Technik um Nicht-Patentliteratur mit möglicherweise eingeschränkten Druck- und Kopierrechten, so dürfen diese Dokumente aus Gründen des Urheberrechts nicht in die elektronische Schutzrechtsakte eingebunden werden. Es ist daher darauf zu achten, dass derartige Dokumente im Nicht-Patentliteratur-Archiv des DPMA abgelegt werden und der elektronischen Schutzrechtsakte die Zitierung mit den vollständigen bibliographischen Angaben sowie die Archiv-Identifikationsnummer der Dokumente hinzugefügt werden.

D. Vollständigkeit des Rechercheergebnisses

Im Recherchebericht ist außerdem darauf hinzuweisen, dass eine Gewähr für die Vollständigkeit der Ermittlung des Standes der Technik (§ 7 Absatz 6 GebrMG) und für die Richtigkeit der angegebenen Kategorien nicht übernommen wird.

E. Nicht recherchierte Sachverhalte

Im Falle, dass Gegenstände von Schutzansprüchen nach § 2 GebrMG nicht schutzfähig oder aus sonstigen Gründen nicht recherchierbar sind, ist dies im Recherchebericht festzustellen und kurz zu begründen.

Weitere Hinweise, die auf eine prüfungsähnliche Bewertung des Gegenstandes der Anmeldung oder des Gebrauchsmusters hindeuten, sind zu unterlassen.

Der Anmelder bzw. der als Inhaber Eingetragene und der Antragsteller erhalten den ermittelten Stand der Technik zusammen mit dem Recherchebericht. Lediglich Nicht-Patentliteratur – mit möglicherweise eingeschränkten Druck- und Kopierrechten – wird mit gesonderter Post versandt.

Zitierte Nicht-Patentliteratur ist in der Online-Akteneinsicht für die Öffentlichkeit nur als Fundstelle verfügbar.

Wird nach der Veröffentlichung des Hinweises auf den Recherchebericht im Patentblatt auf der Gebrauchsmusterschrift ein schwerwiegender Fehler in Bezug auf den angegebenen Stand der Technik (zum Beispiel falsches Druckschriftenzitat) festgestellt, so wird im Patentblatt eine entsprechende Berichtigung veröffentlicht. Die Betroffenen sind zu unterrichten. Ist auf Grund des Rechercheberichts ein falsches Dokument übersandt worden, so ist das richtige Dokument nachzusenden.

7. Inkrafttreten

Diese Richtlinien treten mit Wirkung vom 1. Mai 2015 in Kraft und ersetzen die bisherige Fassung vom 2. September 2009 (BlPMZ 2009, 363 ff.).

15. Verordnung über die Hinterlegung von biologischem Material in Patent- und Gebrauchsmusterverfahren (Biomaterial-Hinterlegungsverordnung – BioMatHintV)

vom 24. Januar 2005
(BGBl. I S. 151)

Zuletzt geändert durch Art. 14 Abs. 1 G zur Änd. des DesignG und weiterer Vorschriften des gewerblichen Rechtsschutzes vom 4. 4. 2016 (BGBl. I S. 558)

Auf Grund des § 34 Abs. 8 des Patentgesetzes in der Fassung der Bekanntmachung vom 16. Dezember 1980 (BGBl. 1981 I S. 1), der zuletzt durch Artikel 7 Nr. 16 Buchstabe b und c des Gesetzes vom 13. Dezember 2001 (BGBl. I S. 3656) geändert worden ist, und des § 4 Abs. 7 des Gebrauchsmustergesetzes in der Fassung der Bekanntmachung vom 28. August 1986 (BGBl. I S. 1455), der zuletzt durch Artikel 8 Nr. 1 Buchstabe a, c und d des Gesetzes vom 13. Dezember 2001 (BGBl. I S. 3656) geändert worden ist, jeweils in Verbindung mit § 1 Abs. 2 der DPMA-Verordnung vom 1. April 2004 (BGBl. I S. 514), verordnet das Deutsche Patent- und Markenamt:

§ 1 Notwendigkeit der Hinterlegung; biologisches Material

(1) Betrifft eine Erfindung biologisches Material, das der Öffentlichkeit nicht zugänglich ist und in der Patent- oder Gebrauchsmusteranmeldung nicht so beschrieben werden kann, dass ein Fachmann diese Erfindung danach ausführen kann, oder beinhaltet die Erfindung die Verwendung eines solchen Materials, so gilt die Beschreibung für die Anwendung des Patent- oder Gebrauchsmusterrechts nur dann als ausreichend, wenn

1. das biologische Material spätestens am Tag der Anmeldung oder, wenn eine Priorität in Anspruch genommen worden ist, am Prioritätstag bei einer anerkannten Hinterlegungsstelle hinterlegt worden ist,
2. die Anmeldung die einschlägigen Informationen enthält, die dem Anmelder bezüglich der Merkmale des hinterlegten biologischen Materials bekannt sind, und
3. in der Anmeldung die Hinterlegungsstelle und das Aktenzeichen der Hinterlegung angegeben sind.

(2) Biologisches Material im Sinne dieser Verordnung ist ein Material, das genetische Informationen enthält und sich selbst reproduzieren oder in einem biologischen System reproduziert werden kann.

(3) Ist das biologische Material bereits von einem Dritten hinterlegt worden, so bedarf es keiner weiteren Hinterlegung, sofern durch die erste Hinterlegung die Ausführbarkeit der weiteren Erfindung für den in § 7 festgelegten Zeitraum sichergestellt ist.

§ 2 Anerkannte Hinterlegungsstellen

Anerkannt sind die internationalen Hinterlegungsstellen, die diesen Status nach Artikel 7 des Budapester Vertrags vom 28. April 1977 über die internationale Anerkennung der Hinterlegung von Mikroorganismen für die Zwecke von Patentverfahren (BGBl. 1980 II S. 1104) in seiner jeweils geltenden Fassung erworben haben, und solche wissenschaftlich anerkannten Einrichtungen, welche die Gewähr für eine ordnungsgemäße Aufbewahrung und Herausgabe von Proben nach Maßgabe dieser Verordnung bieten und rechtlich, wirtschaftlich und organisatorisch vom Anmelder und vom Hinterleger unabhängig sind.

§ 3 Nachreichen des Aktenzeichens der Hinterlegung

(1) Ist bereits aufgrund der Anmeldeunterlagen eine eindeutige Zuordnung der Anmeldung zu dem hinterlegten biologischen Material möglich, so kann das Aktenzeichen der Hinterlegung nachgereicht werden

1. bei Gebrauchsmusteranmeldungen innerhalb eines Monats nach dem Tag der Einreichung;
2. bei Patentanmeldungen innerhalb einer Frist von 16 Monaten nach dem Tag der Anmeldung oder, wenn eine Priorität in Anspruch genommen worden ist, nach dem Prioritätstag. Die Frist gilt als eingehalten, wenn das Aktenzeichen bis zum Abschluss der technischen Vorbereitungen für die Veröffentlichung des Offenlegungshinweises nach § 32 Abs. 5 des Patentgesetzes mitgeteilt worden ist.

(2) Die Frist zur Nachreichung endet jedoch spätestens einen Monat nach der Mitteilung an den Anmelder, dass ein Recht auf Akteneinsicht nach § 31 Abs. 1 Satz 1 des Patentgesetzes besteht, oder im Fall der vorzeitigen Offenlegung spätestens mit der Abgabe der Erklärung des Anmelders nach § 31 Abs. 2 Satz 1 Nummer 1 des Patentgesetzes.

§ 4 Freigabeerklärung

(1) [1]Der Anmelder hat das hinterlegte biologische Material der Hinterlegungsstelle ab dem Tag der Anmeldung zur Herausgabe von Proben nach § 5 für die in § 7 festgelegte Aufbewahrungsdauer durch Abgabe einer unwiderruflichen Erklärung vorbehaltlos zur Verfügung zu stellen. [2]Im Fall einer Dritthinterlegung muss der Anmelder durch Vorlage von Urkunden nachweisen, dass das hinterlegte biologische Material vom Hinterleger nach Satz 1 zur Verfügung gestellt worden ist.

(2) Der Anmelder hat sich gegenüber der Hinterlegungsstelle unwiderruflich zu verpflichten, eine nach § 9 erforderlich werdende erneute Hinterlegung vorzunehmen oder durch einen Dritten vornehmen zu lassen.

§ 5 Zugang zu biologischem Material

(1) Das hinterlegte biologische Material wird durch Herausgabe einer Probe auf Antrag zugänglich gemacht

1. bis zur Veröffentlichung des Offenlegungshinweises nach § 32 Abs. 5 des Patentgesetzes oder bis zur Eintragung des Gebrauchsmusters nur
   a) für den Hinterleger,
   b) für das Deutsche Patent- und Markenamt auf Anforderung oder
   c) für den Anmelder oder einen sonstigen Dritten, wenn dieser aufgrund einer Entscheidung des Deutschen Patent- und Markenamts nach § 31 Abs. 1 Satz 1 des Patentgesetzes oder § 8 Abs. 5 Satz 2 des Gebrauchsmustergesetzes oder aufgrund der Entscheidung eines Gerichts zum Erhalt einer Probe berechtigt ist oder der Hinterleger in die Abgabe der Probe schriftlich eingewilligt hat;
2. von der Veröffentlichung des Offenlegungshinweises nach § 32 Abs. 5 des Patentgesetzes bis zur Erteilung des Patents für jedermann; auf Antrag des Hinterlegers wird der Zugang zu dem hinterlegten biologischen Material nur durch Herausgabe einer Probe an einen vom Antragsteller benannten unabhängigen Sachverständigen hergestellt;
3. nach der Erteilung des Patents oder eines ergänzenden Schutzzertifikats oder nach Eintragung des Gebrauchsmusters ungeachtet eines späteren Widerrufs oder einer Nichtigerklärung des Patents oder des ergänzenden Schutzzertifikats oder einer späteren Löschung des Gebrauchsmusters für jedermann.

(2) Bei Zurückweisung oder Zurücknahme der Anmeldung wird der in Absatz 1 Nr. 1 Buchstabe c und Nr. 2 geregelte Zugang zu dem hinterlegten biologischen Ma-

terial auf Antrag des Hinterlegers für die Dauer von 20 Jahren ab dem Tag der Anmeldung nur durch Herausgabe einer Probe an einen vom Antragsteller benannten unabhängigen Sachverständigen hergestellt.

(3) Als Sachverständiger nach Absatz 1 Nr. 2 und Absatz 2 kann benannt werden
1. jede natürliche Person, auf die sich der Antragsteller und der Hinterleger geeinigt haben;
2. jede natürliche Person, die vom Präsidenten des Deutschen Patent- und Markenamts als Sachverständiger anerkannt ist.

(4) Die Anträge des Hinterlegers nach Absatz 1 Nr. 2 und Absatz 2 sind beim Deutschen Patent- und Markenamt zu stellen und können nur bis zu dem Zeitpunkt eingereicht werden, zu dem die technischen Vorbereitungen für die Veröffentlichung des Offenlegungshinweises nach § 32 Abs. 5 des Patentgesetzes oder für die Eintragung des Gebrauchsmusters als abgeschlossen gelten.

(5) [1]Der Antrag auf Zugang zu biologischem Material ist unter Verwendung des hierfür herausgegebenen Formblatts beim Deutschen Patent- und Markenamt zu stellen. [2]Das Deutsche Patent- und Markenamt bestätigt auf dem Formblatt, dass eine Patentanmeldung oder eine Gebrauchsmusteranmeldung eingereicht worden ist, die auf die Hinterlegung des biologischen Materials Bezug nimmt, und dass der Antragsteller oder der von ihm benannte Sachverständige Anspruch auf Herausgabe einer Probe dieses Materials hat. [3]Der Antrag ist auch nach Erteilung des Patents oder des ergänzenden Schutzzertifikats oder nach Eintragung des Gebrauchsmusters beim Deutschen Patent- und Markenamt einzureichen.

(6) Das Deutsche Patent- und Markenamt übermittelt der Hinterlegungsstelle und dem Anmelder oder Schutzrechtsinhaber und im Fall der Dritthinterlegung auch dem Hinterleger eine Kopie des Antrags mit der in Absatz 5 Satz 2 vorgesehenen Bestätigung.

§ 6 Verpflichtungserklärung

(1) Eine Probe wird nur dann herausgegeben, wenn der Antragsteller sich gegenüber dem Anmelder und im Fall der Dritthinterlegung auch gegenüber dem Hinterleger verpflichtet, für die Dauer der Wirkung sämtlicher Schutzrechte, die auf das hinterlegte biologische Material Bezug nehmen,
1. Dritten keine Probe des hinterlegten biologischen Materials oder eines daraus abgeleiteten Materials zugänglich zu machen und
2. keine Probe des hinterlegten biologischen Materials oder eines daraus abgeleiteten Materials zu anderen als zu Versuchszwecken zu verwenden, es sei denn, der Anmelder oder Inhaber des Schutzrechts, im Fall der Dritthinterlegung zusätzlich der Hinterleger, verzichten ausdrücklich auf eine derartige Verpflichtung. Die Verpflichtung, das biologische Material nur zu Versuchszwecken zu verwenden, ist hinfällig, soweit der Antragsteller dieses Material aufgrund einer Zwangslizenz oder einer staatlichen Benutzungsanordnung verwendet.

(2) [1]Wird die Probe an einen unabhängigen Sachverständigen herausgegeben, so hat dieser die Verpflichtungserklärung nach Absatz 1 abzugeben. [2]Gegenüber dem Sachverständigen ist der Antragsteller als Dritter im Sinne des Absatzes 1 Nr. 1 anzusehen.

§ 7 Aufbewahrungsdauer

Das hinterlegte biologische Material ist fünf Jahre ab dem Eingang des letzten Antrags auf Abgabe einer Probe aufzubewahren, mindestens jedoch fünf Jahre über die gesetzlich bestimmte maximale Schutzdauer aller Schutzrechte, die auf das hinterlegte biologische Material Bezug nehmen, hinaus.

§ 8 Hinterlegung nach Maßgabe des Budapester Vertrags

Im Fall einer Hinterlegung nach dem Budapester Vertrag richten sich die Freigabeerklärung, die Herausgabe von Proben, die Verpflichtungserklärung und die Aufbewahrungsdauer ausschließlich nach den Regeln des Budapester Vertrags und der zu diesem ergangenen Ausführungsordnung (BGBl. 1980 II S. 1104, 1122) in ihrer jeweils geltenden Fassung.

§ 9 Erneute Hinterlegung

(1) Ist das nach dieser Verordnung hinterlegte biologische Material bei der anerkannten Hinterlegungsstelle nicht mehr zugänglich, so ist eine erneute Hinterlegung unter denselben Bedingungen wie denen des Budapester Vertrags zulässig und auf Anforderung der Hinterlegungsstelle vorzunehmen.

(2) Das biologische Material ist innerhalb einer Frist von drei Monaten nach der Anforderung der Hinterlegungsstelle nach Absatz 1 erneut zu hinterlegen.

(3) Jeder erneuten Hinterlegung ist eine vom Hinterleger unterzeichnete Erklärung beizufügen, in der bestätigt wird, dass das erneut hinterlegte biologische Material das Gleiche wie das ursprünglich hinterlegte Material ist.

§ 10 Zusammenarbeit mit dem Deutschen Patent- und Markenamt

Das Deutsche Patent- und Markenamt gibt den Hinterlegungsstellen alle Informationen, die zur Erfüllung ihrer Aufgaben erforderlich sind.

§ 11 Übergangsregelung

Diese Verordnung findet keine Anwendung auf Patent- oder Gebrauchsmusteranmeldungen, die vor ihrem Inkrafttreten eingereicht worden sind.

§ 12 Inkrafttreten

Diese Verordnung tritt am 28. Februar 2005 in Kraft.

16. Verordnung über die Wahrnehmung einzelner den Prüfungsstellen, der Gebrauchsmusterstelle, den Markenstellen und den Abteilungen des Patentamts obliegender Geschäfte (Wahrnehmungsverordnung – WahrnV)

vom 14. Dezember 1994
(BGBl. I S. 3812)

zuletzt geändert durch Artikel 208 der Verordnung vom 31. August 2015 (BGBl. I S. 1474).

Eingangsformel

Auf Grund des § 27 Abs. 5 des Patentgesetzes in der Fassung der Bekanntmachung vom 16. Dezember 1980 (BGBl. 1981 I S. 1), der zuletzt durch Artikel 1 des Gesetzes vom 23. März 1993 (BGBl. I S. 366) geändert worden ist, des § 10 Abs. 2 des Gebrauchsmustergesetzes in der Fassung der Bekanntmachung vom 28. August 1986 (BGBl. I S. 1455), der zuletzt durch Artikel 3 des Gesetzes vom 23. März 1993 (BGBl. I S. 366) geändert worden ist, des § 4 Abs. 4 des Halbleiterschutzgesetzes vom 22. Oktober 1987 (BGBl. I S. 2294), des § 12a Abs. 1 des Geschmacksmustergesetzes in der im Bundesgesetzblatt Teil III, Gliederungsnummer 442-1, veröffentlichten bereinigten Fassung, der durch das Gesetz vom 18. Dezember 1986 (BGBl. I S. 2501) eingefügt und durch Artikel 4 des Gesetzes vom 23. März 1993 (BGBl. I S. 366) geändert worden ist, des Artikels 2 Abs. 2 Satz 1 des Schriftzeichengesetzes vom 6. Juli 1981 (BGBl. 1981 II S. 382) sowie des § 65 Abs. 1 Nr. 11 und 12 des Markengesetzes vom 25. Oktober 1994 (BGBl. I S. 3082), jeweils in Verbindung mit § 20 der Verordnung über das Deutsche Patentamt vom 5. September 1968 (BGBl. I S. 997), der zuletzt durch Verordnung vom 15. November 1994 (BGBl. I S. 3462) geändert worden ist, verordnet der Präsident des Deutschen Patentamts:

§ 1 Prüfungsstellen für Patente und Patentabteilungen

(1) Mit der Wahrnehmung folgender Geschäfte der Prüfungsstellen und Patentabteilungen werden auch Beamte des gehobenen Dienstes und vergleichbare Tarifbeschäftigte betraut:

1. formelle Bearbeitung von Patentanmeldungen, insbesondere
   a) Aufforderung zur Beseitigung formeller Mängel und zur Einreichung der Erfinderbenennung,
   b) Zurückweisung der Anmeldung, wenn der Anmelder auf eine Aufforderung nach Buchstabe a die Mängel nicht beseitigt hat, es sei denn aus Gründen, denen der Anmelder widersprochen hat,
   c) Aufforderung, die für die Inanspruchnahme einer Priorität erforderlichen Angaben zu machen und entsprechende Unterlagen einzureichen,
   d) Feststellung, dass die Prioritätserklärung als nicht abgegeben gilt (§ 40 Abs. 4 des Patentgesetzes) oder der Prioritätsanspruch verwirkt ist (§ 41 Abs. 1 Satz 3 des Patentgesetzes) oder die Priorität nicht fristgerecht beansprucht wurde oder die Prioritätserklärung aus sonstigen Gründen formell unwirksam ist,
   e) Mitteilung, dass die frühere Anmeldung wegen Inanspruchnahme einer inländischen Priorität gemäß § 40 Abs. 5 Satz 1 des Patentgesetzes als zurückgenommen gilt,
   f) Feststellung, dass die Anmeldung wegen Nichtzahlung der Gebühr für das Anmeldeverfahren oder einer Jahresgebühr mit Verspätungszuschlag oder

wegen nicht fristgerechter Stellung des Prüfungsantrags als zurückgenommen gilt,

g) Feststellung, dass die Teilungserklärung als nicht abgegeben gilt;

2. Prüfung der Anmelderidentität oder einer wirksamen Rechtsnachfolge bei Inanspruchnahme einer Priorität;
3. formelle Bearbeitung von Recherche- und Prüfungsanträgen einschließlich der Feststellung, dass der Antrag wegen Nichtzahlung der Gebühr als zurückgenommen oder wegen eines früher eingegangenen Antrags als nicht gestellt gilt;
4. Entscheidung über Anträge auf Rückzahlung von nicht fällig gewordenen Gebühren nach § 10 Abs. 1 des Patentkostengesetzes sowie Entscheidung über Anträge auf Rückzahlung von fällig gewordenen und verfallenen Gebühren mit Ausnahme der Beschwerdegebühr und der Einspruchsgebühr;
5. Feststellung, dass das Patent wegen Verzichts des Patentinhabers oder wegen nicht rechtzeitig erfolgter Abgabe der Erfinderbenennung oder wegen nicht rechtzeitiger Zahlung der Jahresgebühr mit dem Verspätungszuschlag erloschen ist;
6. Bearbeitung von Lizenzbereitschaftserklärungen und ihrer Rücknahme mit Ausnahme der Festsetzung oder Änderung der angemessenen Vergütung;
7. Entscheidung über Anträge auf
   a) Änderung einer Registereintragung, die die Person, den Namen oder den Sitz des Anmelders oder Inhabers eines Patents betrifft,
   b) Eintragung oder Löschung eines Registervermerks über die Einräumung eines Rechts zur ausschließlichen Benutzung der Erfindung,
   c) Eintragung eines Registervermerks über die Eröffnung oder die Beendigung eines Insolvenzverfahrens, über eine Maßnahme der Zwangsvollstreckung, über eine Verpfändung oder über ein sonstiges dingliches Recht;
8. Bearbeitung von Verfahren der Akteneinsicht;
9. formelle Bearbeitung des Einspruchsverfahrens;
10. formelle Bearbeitung des Beschränkungs- oder Widerrufsverfahrens einschließlich der Feststellung, dass der Antrag auf Beschränkung oder Widerruf des Patents wegen Nichtzahlung der Gebühr als zurückgenommen gilt;
11. formelle Weiterbearbeitung eines rechtskräftigen Beschlusses des Bundespatentgerichts, insbesondere Weitergabe der vom Bundespatentgericht festgelegten Publikationsunterlagen;
12. Bearbeitung internationaler Anmeldungen, soweit das Deutsche Patent- und Markenamt als Anmeldeamt nach dem Patentzusammenarbeitsvertrag tätig wird, einschließlich der Feststellung, dass die internationale Anmeldung als zurückgenommen gilt;
13. formelle Bearbeitung internationaler Anmeldungen, soweit das Deutsche Patent- und Markenamt als Bestimmungsamt oder als Bestimmungsamt und ausgewähltes Amt nach dem Patentzusammenarbeitsvertrag tätig wird, einschließlich der Feststellung, dass die Wirkung der internationalen Anmeldung als vorschriftsmäßige nationale Anmeldung für Deutschland gemäß Artikel 24 Absatz 1 Ziffer iii oder gemäß Artikel 39 Absatz 2 des Patentzusammenarbeitsvertrags beendet ist, sowie der Mitteilung, dass die frühere Anmeldung wegen Inanspruchnahme einer inländischen Priorität gemäß Artikel III § 4 Absatz 3 des Gesetzes über internationale Patentübereinkommen als zurückgenommen gilt;
14. Entscheidung über den Antrag auf Gewährung von Verfahrenskostenhilfe für Jahresgebühren bei Patentanmeldungen und Patenten, soweit eine Prüfung auf hinreichende Aussicht auf Erteilung des Patents und auf fehlende Mutwilligkeit (§ 130 Abs. 1 Satz 1 des Patentgesetzes) bereits stattgefunden hat.

(2) Mit der Wahrnehmung folgender Geschäfte der Prüfungsstellen und Patentabteilungen werden auch Beamte des mittleren Dienstes und vergleichbare Tarifbeschäftigte betraut:

1. Gewährung der Akteneinsicht, einschließlich der Erteilung von Auskünften über den Akteninhalt und von Abschriften und Auszügen aus den Akten, soweit die Einsicht in die Akten jedermann freisteht oder der Anmelder dem Antrag zugestimmt hat;
2. Aufforderung, Mängel der Patentanmeldung zu beseitigen, soweit die Mängel nur formeller Art und ohne weitere technische oder rechtliche Beurteilung feststellbar sind, sowie Aufforderung, die Zusammenfassung, die Erfinderbenennung und die für geteilte oder ausgeschiedene Anmeldungen erforderlichen Anmeldungsunterlagen einzureichen;
3. Aufforderung, die für die Inanspruchnahme einer inländischen oder ausländischen Priorität erforderlichen Angaben zu machen und entsprechende Unterlagen einzureichen;
4. Aufforderung, einen Recherchen- oder Prüfungsantrag auch für die Anmeldung eines Hauptpatents zu stellen;
5. Bearbeitung von Anträgen auf Aussetzung des Erteilungsbeschlusses;
6. formelle Bearbeitung der Akten im Rahmen der Patenterteilung, insbesondere
   a) formelle Bearbeitung der Erteilungsverfügung,
   b) Vorbereitung der Publikation der Patentschrift;
7. formelle Bearbeitung der Akten im Einspruchsverfahren, einschließlich der Aufforderung, formelle Mängel bei der Einreichung von Schriftsätzen zu beseitigen, soweit diese ohne weitere technische oder rechtliche Beurteilung feststellbar sind;
8. Bearbeitung von Anträgen auf Änderung einer Registereintragung, die den Wohnort des Anmelders oder Inhabers eines Patents, die Änderung von Vertreterangaben oder die Änderung von Angaben zum Zustellungsbevollmächtigten betrifft.

(3) Absatz 1 Nr. 1 und 4 bis 8 sowie Absatz 2 Nr. 1 und 2 sind in Verfahren über ergänzende Schutzzertifikate und Anmeldungen von ergänzenden Schutzzertifikaten entsprechend anzuwenden.

§ 2 Gebrauchsmusterstelle und Gebrauchsmusterabteilungen

(1) Mit der Wahrnehmung folgender Geschäfte der Gebrauchsmusterstelle und der Gebrauchsmusterabteilungen werden auch Beamte des gehobenen Dienstes und vergleichbare Tarifbeschäftigte betraut:

1. Bearbeitung von Gebrauchsmusteranmeldungen, insbesondere
   a) Aufforderung zur Beseitigung sachlicher und formeller Mängel,
   b) Aufforderung, die für die Inanspruchnahme einer Priorität oder des Anmeldetages einer Patentanmeldung erforderlichen Angaben zu machen und entsprechende Unterlagen einzureichen,
   c) Feststellung, daß die Erklärung der Inanspruchnahme des Anmeldetages einer Patentanmeldung oder die Prioritätserklärung als nicht abgegeben gilt oder daß der Prioritätsanspruch verwirkt ist,
   d) Feststellung, daß die Anmeldung wegen Nichtzahlung der Anmeldegebühr oder wegen Inanspruchnahme einer inländischen Priorität als zurückgenommen gilt,
   e) Gewährung von Anhörungen,
   f) Zurückweisung der Anmeldung aus formellen Gründen, denen der Anmelder nicht widersprochen hat,
   g) Zurückweisung der Anmeldung aus sachlichen Gründen, denen der Anmelder nicht widersprochen hat, sofern der Leiter der Gebrauchsmusterstelle der Zurückweisung zugestimmt hat,
   h) Feststellung nach § 4a Abs. 2 des Gebrauchsmustergesetzes, dass eine Eingabe keine rechtswirksame Anmeldung ist, sofern der Leiter der Gebrauchsmusterstelle der Feststellung zugestimmt hat,

i) Verfügung der Eintragung des Gebrauchsmusters;
2. formelle Bearbeitung von Recherchenanträgen einschließlich der Feststellung, daß der Antrag wegen Nichtzahlung der Gebühr als zurückgenommen gilt;
3. Entscheidung über Anträge auf Änderung einer Registereintragung, die die Person, den Namen oder den Sitz des Anmelders oder Inhabers eines Gebrauchsmusters betrifft;
4. Bearbeitung von Verfahren der Akteneinsicht;
5. formelle Bearbeitung des Löschungsverfahrens, insbesondere
   a) Aufforderung, formelle Mängel des Löschungsantrags oder des Antrags auf Feststellung der Unwirksamkeit des Gebrauchsmusters zu beseitigen sowie im Feststellungsverfahren das besondere Rechtsschutzinteresse nachzuweisen,
   b) Feststellung, daß der Löschungsantrag wegen Nichtzahlung der Gebühr als zurückgenommen gilt,
   c) Festsetzung der Höhe der Sicherheitsleistung,
   d) Löschung, wenn der Inhaber des Gebrauchsmusters dem Löschungsantrag nicht widersprochen, den Widerspruch zurückgenommen oder in die Löschung eingewilligt hat;
6. Entscheidung über Anträge auf Gewährung von Verfahrenskostenhilfe im Anmeldeverfahren, einschließlich der Anträge auf Beiordnung eines Vertreters, es sei denn, der Antrag ist aufgrund Fehlens hinreichender Aussicht auf Eintragung des Gebrauchsmusters zurückzuweisen;
7. Entscheidung über den Antrag auf Gewährung von Verfahrenskostenhilfe für Aufrechterhaltungsgebühren bei Gebrauchsmustern.

(2) Mit der Wahrnehmung folgender Geschäfte der Gebrauchsmusterstelle und der Gebrauchsmusterabteilungen werden auch Beamte des mittleren Dienstes und vergleichbare Tarifbeschäftigte betraut:
1. Aufforderung, Mängel der Gebrauchsmusteranmeldung zu beseitigen, soweit die Mängel nur formeller Art und ohne weitere technische oder rechtliche Beurteilung feststellbar sind;
2. Aufforderung, im Falle der Inanspruchnahme einer Priorität oder des Anmeldetages einer Patentanmeldung die erforderlichen Angaben zu machen und entsprechende Unterlagen einzureichen;
3. formelle Bearbeitung von Recherchenanträgen einschließlich der Feststellung, daß der Antrag wegen Nichtzahlung der Gebühr als zurückgenommen gilt;
4. Bearbeitung von Anträgen auf Aussetzung der Eintragung des Gebrauchsmusters;
5. Gewährung von Akteneinsicht, einschließlich der Erteilung von Auskünften über den Akteninhalt und von Abschriften und Auszügen aus den Akten, soweit die Einsicht jedermann freisteht oder der Anmelder dem Antrag zugestimmt hat;
6. formelle Bearbeitung der Akten im Löschungsverfahren, einschließlich der Aufforderung, formelle Mängel bei der Einreichung von Schriftsätzen zu beseitigen, soweit diese ohne weitere technische oder rechtliche Beurteilung feststellbar sind;
7. Bearbeitung von Anträgen auf Änderung einer Registereintragung, die den Wohnort oder die Zustellanschrift des Anmelders oder Inhabers eines Gebrauchsmusters oder die Änderung von Vertreterangaben betrifft.

§ 3 Topographiestelle und Topographieabteilung

Auf die Wahrnehmung der Geschäfte der Topographiestelle und der Topographieabteilung durch Beamte des gehobenen und mittleren Dienstes sowie vergleichbare Tarifbeschäftigte ist § 2 entsprechend anzuwenden.

§ 4 Designstellen und Designabteilungen

[hier nicht wiedergegeben]

§ 5 Markenstellen und Markenabteilungen

[hier nicht wiedergegeben]

§ 6 *(weggefallen)*

§ 7 Gemeinsame Vorschriften

(1) Zusätzlich zu den in den §§ 1 bis 4 aufgeführten Geschäften werden auch Beamte des gehobenen Dienstes und vergleichbare Tarifbeschäftigte mit der Wahrnehmung folgender Geschäfte betraut:

1. formelle Bearbeitung von Anträgen auf Wiedereinsetzung in den vorigen Stand und von Anträgen auf Weiterbehandlung und, sofern sie über die nachgeholte Handlung zu entscheiden haben, Prüfung der materiellen Antragsvoraussetzungen und Entscheidung über solche Anträge;
2. Zurückweisung von Anträgen auf Verfahrenskostenhilfe, einschließlich der Anträge auf Beiordnung eines Vertreters, wenn aufgrund der persönlichen und wirtschaftlichen Verhältnisse des Antragstellers oder eines sonstigen Beteiligten keine Verfahrenskostenhilfe gewährt werden kann;
3. formelle Bearbeitung von Anträgen auf Verfahrenskostenhilfe, insbesondere
   a) Zurückweisung des Antrags auf Verfahrenskostenhilfe, einschließlich des Antrags auf Beiordnung eines Vertreters, wenn der Antragsteller einem Auflagenbescheid nicht nachgekommen ist,
   b) Bestimmung des Zeitpunktes für die Einstellung und die Wiederaufnahme der Zahlungen bei bewilligter Verfahrenskostenhilfe,
   c) Festsetzung der Kosten des beigeordneten Vertreters.

(2) Zusätzlich zu den in den §§ 1 bis 5 aufgeführten Geschäften werden Beamte des gehobenen Dienstes und vergleichbare Tarifbeschäftigte mit der Wahrnehmung folgender Geschäfte betraut:

1. Erlass von Kostenfestsetzungsbeschlüssen;
2. Entscheidung über Einwendungen gegen den Kostenansatz oder gegen Maßnahmen nach § 7 der DPMAVerwaltungskostenverordnung;
3. Entscheidungen nach § 9 der DPMA-Verwaltungskostenverordnung;
4. Bewilligung von Vorschüssen und Berechnung der Entschädigung für Zeugen und Sachverständige sowie Bewilligung von Reisekostenentschädigung für mittellose Beteiligte.

§ 8

–

§ 9 Inkrafttreten

Diese Verordnung tritt am 1. Januar 1995 in Kraft.

17. Richtlinie 98/44/EG des Europäischen Parlaments und des Rates über den rechtlichen Schutz biotechnologischer Erfindungen

Vom 6. Juli 1998
(ABl. EG Nr. L 213/13)

DAS EUROPÄISCHE PARLAMENT UND DER RAT DER EUROPÄISCHEN UNION –

gestützt auf den Vertrag zur Gründung der Europäischen Gemeinschaft, insbesondere auf Artikel 100a,

auf Vorschlag der Kommission,

nach Stellungnahme des Wirtschafts- und Sozialausschusses,

gemäß dem Verfahren des Artikels 189b des Vertrags,

in Erwägung nachstehender Gründe:

(1) Biotechnologie und Gentechnik spielen in den verschiedenen Industriezweigen eine immer wichtigere Rolle, und dem Schutz biotechnologischer Erfindungen kommt grundlegende Bedeutung für die industrielle Entwicklung der Gemeinschaft zu.

(2) Die erforderlichen Investitionen zur Forschung und Entwicklung sind insbesondere im Bereich der Gentechnik hoch und risikoreich und können nur bei angemessenem Rechtsschutz rentabel sein.

(3) Ein wirksamer und harmonisierter Schutz in allen Mitgliedstaaten ist wesentliche Voraussetzung dafür, daß Investitionen auf dem Gebiet der Biotechnologie fortgeführt und gefördert werden.

(4) Nach der Ablehnung des vom Vermittlungsausschuß gebilligten gemeinsamen Entwurfs einer Richtlinie des Europäischen Parlaments und des Rates über den rechtlichen Schutz biotechnologischer Erfindungen durch das Europäische Parlament haben das Europäische Parlament und der Rat festgestellt, daß die Lage auf dem Gebiet des Rechtsschutzes biotechnologischer Erfindungen der Klärung bedarf.

(5) In den Rechtsvorschriften und Praktiken der verschiedenen Mitgliedstaaten auf dem Gebiet des Schutzes biotechnologischer Erfindungen bestehen Unterschiede, die zu Handelsschranken führen und so das Funktionieren des Binnenmarkts behindern können.

(6) Diese Unterschiede könnten sich dadurch noch vergrößern, daß die Mitgliedstaaten neue und unterschiedliche Rechtsvorschriften und Verwaltungspraktiken einführen oder daß die Rechtsprechung der einzelnen Mitgliedstaaten sich unterschiedlich entwickelt.

(7) Eine uneinheitliche Entwicklung der Rechtsvorschriften zum Schutz biotechnologischer Erfindungen in der Gemeinschaft könnte zusätzliche ungünstige Auswirkungen auf den Handel haben und damit zu Nachteilen bei der industriellen Entwicklung der betreffenden Erfindungen sowie zur Beeinträchtigung des reibungslosen Funktionierens des Binnenmarkts führen.

(8) Der rechtliche Schutz biotechnologischer Erfindungen erfordert nicht die Einführung eines besonderen Rechts, das an die Stelle des nationalen Patentrechts tritt. Das nationale Patentrecht ist auch weiterhin die wesentliche Grundlage für den Rechtsschutz biotechnologischer Erfindungen; es muß jedoch in bestimmten Punk-

ten angepaßt oder ergänzt werden, um der Entwicklung der Technologie, die biologisches Material benutzt, aber gleichwohl die Voraussetzungen für die Patentierbarkeit erfüllt, angemessen Rechnung zu tragen.

(9) In bestimmten Fällen, wie beim Ausschluß von Pflanzensorten, Tierrassen und von im wesentlichen biologischen Verfahren für die Züchtung von Pflanzen und Tieren von der Patentierbarkeit, haben bestimmte Formulierungen in den einzelstaatlichen Rechtsvorschriften, die sich auf internationale Übereinkommen zum Patent- und Sortenschutz stützen, in bezug auf den Schutz biotechnologischer und bestimmter mikrobiologischer Erfindungen für Unsicherheit gesorgt. Hier ist eine Harmonisierung notwendig, um diese Unsicherheit zu beseitigen.

(10) Das Entwicklungspotential der Biotechnologie für die Umwelt und insbesondere ihr Nutzen für die Entwicklung weniger verunreinigender und den Boden weniger beanspruchender Ackerbaumethoden sind zu berücksichtigen. Die Erforschung solcher Verfahren und deren Anwendung sollte mittels des Patentsystems gefördert werden.

(11) Die Entwicklung der Biotechnologie ist für die Entwicklungsländer sowohl im Gesundheitswesen und bei der Bekämpfung großer Epidemien und Endemien als auch bei der Bekämpfung des Hungers in der Welt von Bedeutung. Die Forschung in diesen Bereichen sollte ebenfalls mittels des Patentsystems gefördert werden. Außerdem sollten internationale Mechanismen zur Verbreitung der entsprechenden Technologien in der Dritten Welt zum Nutzen der betroffenen Bevölkerung in Gang gesetzt werden.

(12) Das Übereinkommen über handelsbezogene Aspekte der Rechte des geistigen Eigentums (TRIPS-Übereinkommen), das die Europäische Gemeinschaft und ihre Mitgliedstaaten unterzeichnet haben, ist inzwischen in Kraft getreten; es sieht vor, daß der Patentschutz für Produkte und Verfahren in allen Bereichen der Technologie zu gewährleisten ist.

(13) Der Rechtsrahmen der Gemeinschaft zum Schutz biotechnologischer Erfindungen kann sich auf die Festlegung bestimmter Grundsätze für die Patentierbarkeit biologischen Materials an sich beschränken; diese Grundsätze bezwecken im wesentlichen, den Unterschied zwischen Erfindungen und Entdeckungen hinsichtlich der Patentierbarkeit bestimmter Bestandteile menschlichen Ursprungs herauszuarbeiten. Der Rechtsrahmen kann sich ferner beschränken auf den Umfang des Patentschutzes biotechnologischer Erfindungen, auf die Möglichkeit, zusätzlich zur schriftlichen Beschreibung einen Hinterlegungsmechanismus vorzusehen, sowie auf die Möglichkeit der Erteilung einer nicht ausschließlichen Zwangslizenz bei Abhängigkeit zwischen Pflanzensorten und Erfindungen (und umgekehrt).

(14) Ein Patent berechtigt seinen Inhaber nicht, die Erfindung anzuwenden, sondern verleiht ihm lediglich das Recht, Dritten deren Verwertung zu industriellen und gewerblichen Zwecken zu untersagen. Infolgedessen kann das Patentrecht die nationalen, europäischen oder internationalen Rechtsvorschriften zur Festlegung von Beschränkungen oder Verboten oder zur Kontrolle der Forschung und der Anwendung oder Vermarktung ihrer Ergebnisse weder ersetzen noch überfluessig machen, insbesondere was die Erfordernisse der Volksgesundheit, der Sicherheit, des Umweltschutzes, des Tierschutzes, der Erhaltung der genetischen Vielfalt und die Beachtung bestimmter ethischer Normen betrifft.

(15) Es gibt im einzelstaatlichen oder europäischen Patentrecht (Münchener Übereinkommen) keine Verbote oder Ausnahmen, die eine Patentierbarkeit von lebendem Material grundsätzlich ausschließen.

(16) Das Patentrecht muß unter Wahrung der Grundprinzipien ausgeübt werden, die die Würde und die Unversehrtheit des Menschen gewährleisten. Es ist wichtig, den Grundsatz zu bekräftigen, wonach der menschliche Körper in allen Phasen seiner Entstehung und Entwicklung, einschließlich der Keimzellen, sowie die bloße Entde-

ckung eines seiner Bestandteile oder seiner Produkte, einschließlich der Sequenz oder Teilsequenz eines menschlichen Gens, nicht patentierbar sind. Diese Prinzipien stehen im Einklang mit den im Patentrecht vorgesehenen Patentierbarkeitskriterien, wonach eine bloße Entdeckung nicht Gegenstand eines Patents sein kann.

(17) Mit Arzneimitteln, die aus isolierten Bestandteilen des menschlichen Körpers gewonnen und/oder auf andere Weise hergestellt werden, konnten bereits entscheidende Fortschritte bei der Behandlung von Krankheiten erzielt werden. Diese Arzneimittel sind das Ergebnis technischer Verfahren zur Herstellung von Bestandteilen mit einem ähnlichen Aufbau wie die im menschlichen Körper vorhandenen natürlichen Bestandteile; es empfiehlt sich deshalb, mit Hilfe des Patentsystems die Forschung mit dem Ziel der Gewinnung und Isolierung solcher für die Arzneimittelherstellung wertvoller Bestandteile zu fördern.

(18) Soweit sich das Patentsystem als unzureichend erweist, um die Forschung und die Herstellung von biotechnologischen Arzneimitteln, die zur Bekämpfung seltener Krankheiten („Orphan-"Krankheiten) benötigt werden, zu fördern, sind die Gemeinschaft und die Mitgliedstaaten verpflichtet, einen angemessenen Beitrag zur Lösung dieses Problems zu leisten.

(19) Die Stellungnahme Nr. 8 der Sachverständigengruppe der Europäischen Kommission für Ethik in der Biotechnologie ist berücksichtigt worden.

(20) Infolgedessen ist darauf hinzuweisen, daß eine Erfindung, die einen isolierten Bestandteil des menschlichen Körpers oder einen auf eine andere Weise durch ein technisches Verfahren erzeugten Bestandteil betrifft und gewerblich anwendbar ist, nicht von der Patentierbarkeit ausgeschlossen ist, selbst wenn der Aufbau dieses Bestandteils mit dem eines natürlichen Bestandteils identisch ist, wobei sich die Rechte aus dem Patent nicht auf den menschlichen Körper und dessen Bestandteile in seiner natürlichen Umgebung erstrecken können.

(21) Ein solcher isolierter oder auf andere Weise erzeugter Bestandteil des menschlichen Körpers ist von der Patentierbarkeit nicht ausgeschlossen, da er – zum Beispiel – das Ergebnis technischer Verfahren zu seiner Identifizierung, Reinigung, Bestimmung und Vermehrung außerhalb des menschlichen Körpers ist, zu deren Anwendung nur der Mensch fähig ist und die die Natur selbst nicht vollbringen kann.

(22) Die Diskussion über die Patentierbarkeit von Sequenzen oder Teilsequenzen von Genen wird kontrovers geführt. Die Erteilung eines Patents für Erfindungen, die solche Sequenzen oder Teilsequenzen zum Gegenstand haben, unterliegt nach dieser Richtlinie denselben Patentierbarkeitskriterien der Neuheit, erfinderischen Tätigkeit und gewerblichen Anwendbarkeit wie alle anderen Bereiche der Technologie. Die gewerbliche Anwendbarkeit einer Sequenz oder Teilsequenz muß in der eingereichten Patentanmeldung konkret beschrieben sein.

(23) Ein einfacher DNA-Abschnitt ohne Angabe einer Funktion enthält keine Lehre zum technischen Handeln und stellt deshalb keine patentierbare Erfindung dar.

(24) Das Kriterium der gewerblichen Anwendbarkeit setzt voraus, daß im Fall der Verwendung einer Sequenz oder Teilsequenz eines Gens zur Herstellung eines Proteins oder Teilproteins angegeben wird, welches Protein oder Teilprotein hergestellt wird und welche Funktion es hat.

(25) Zur Auslegung der durch ein Patent erteilten Rechte wird in dem Fall, daß sich Sequenzen lediglich in für die Erfindung nicht wesentlichen Abschnitten überlagern, patentrechtlich jede Sequenz als selbständige Sequenz angesehen.

(26) Hat eine Erfindung biologisches Material menschlichen Ursprungs zum Gegenstand oder wird dabei derartiges Material verwendet, so muß bei einer Patentanmeldung die Person, bei der Entnahmen vorgenommen werden, die Gelegenheit er-

halten haben, gemäß den innerstaatlichen Rechtsvorschriften nach Inkenntnissetzung und freiwillig der Entnahme zuzustimmen.

(27) Hat eine Erfindung biologisches Material pflanzlichen oder tierischen Ursprungs zum Gegenstand oder wird dabei derartiges Material verwendet, so sollte die Patentanmeldung gegebenenfalls Angaben zum geographischen Herkunftsort dieses Materials umfassen, falls dieser bekannt ist. Die Prüfung der Patentanmeldungen und die Gültigkeit der Rechte aufgrund der erteilten Patente bleiben hiervon unberührt.

(28) Diese Richtlinie berührt in keiner Weise die Grundlagen des geltenden Patentrechts, wonach ein Patent für jede neue Anwendung eines bereits patentierten Erzeugnisses erteilt werden kann.

(29) Diese Richtlinie berührt nicht den Ausschluß von Pflanzensorten und Tierrassen von der Patentierbarkeit. Erfindungen, deren Gegenstand Pflanzen oder Tiere sind, sind jedoch patentierbar, wenn die Anwendung der Erfindung technisch nicht auf eine Pflanzensorte oder Tierrasse beschränkt ist.

(30) Der Begriff der Pflanzensorte wird durch das Sortenschutzrecht definiert. Danach wird eine Sorte durch ihr gesamtes Genom geprägt und besitzt deshalb Individualität. Sie ist von anderen Sorten deutlich unterscheidbar.

(31) Eine Pflanzengesamtheit, die durch ein bestimmtes Gen (und nicht durch ihr gesamtes Genom) gekennzeichnet ist, unterliegt nicht dem Sortenschutz. Sie ist deshalb von der Patentierbarkeit nicht ausgeschlossen, auch wenn sie Pflanzensorten umfaßt.

(32) Besteht eine Erfindung lediglich darin, daß eine bestimmte Pflanzensorte genetisch verändert wird, und wird dabei eine neue Pflanzensorte gewonnen, so bleibt diese Erfindung selbst dann von der Patentierbarkeit ausgeschlossen, wenn die genetische Veränderung nicht das Ergebnis eines im wesentlichen biologischen, sondern eines biotechnologischen Verfahrens ist.

(33) Für die Zwecke dieser Richtlinie ist festzulegen, wann ein Verfahren zur Züchtung von Pflanzen und Tieren im wesentlichen biologisch ist.

(34) Die Begriffe „Erfindung" und „Entdeckung", wie sie durch das einzelstaatliche, europäische oder internationale Patentrecht definiert sind, bleiben von dieser Richtlinie unberührt.

(35) Diese Richtlinie berührt nicht die Vorschriften des nationalen Patentrechts, wonach Verfahren zur chirurgischen oder therapeutischen Behandlung des menschlichen oder tierischen Körpers und Diagnostizierverfahren, die am menschlichen oder tierischen Körper vorgenommen werden, von der Patentierbarkeit ausgeschlossen sind.

(36) Das TRIPS-Übereinkommen räumt den Mitgliedern der Welthandelsorganisation die Möglichkeit ein, Erfindungen von der Patentierbarkeit auszuschließen, wenn die Verhinderung ihrer gewerblichen Verwertung in ihrem Hoheitsgebiet zum Schutz der öffentlichen Ordnung oder der guten Sitten einschließlich des Schutzes des Lebens und der Gesundheit von Menschen, Tieren oder Pflanzen oder zur Vermeidung einer ernsten Schädigung der Umwelt notwendig ist, vorausgesetzt, daß ein solcher Ausschluß nicht nur deshalb vorgenommen wird, weil die Verwertung durch innerstaatliches Recht verboten ist.

(37) Der Grundsatz, wonach Erfindungen, deren gewerbliche Verwertung gegen die öffentliche Ordnung oder die guten Sitten verstoßen würde, von der Patentierbarkeit auszuschließen sind, ist auch in dieser Richtlinie hervorzuheben.

(38) Ferner ist es wichtig, in die Vorschriften der vorliegenden Richtlinie eine informatorische Aufzählung der von der Patentierbarkeit ausgenommenen Erfindungen aufzunehmen, um so den nationalen Gerichten und Patentämtern allgemeine Leitlinien für die Auslegung der Bezugnahme auf die öffentliche Ordnung oder die

guten Sitten zu geben. Diese Aufzählung ist selbstverständlich nicht erschöpfend. Verfahren, deren Anwendung gegen die Menschenwürde verstößt, wie etwa Verfahren zur Herstellung von hybriden Lebewesen, die aus Keimzellen oder totipotenten Zellen von Mensch und Tier entstehen, sind natürlich ebenfalls von der Patentierbarkeit auszunehmen.

(39) Die öffentliche Ordnung und die guten Sitten entsprechen insbesondere den in den Mitgliedstaaten anerkannten ethischen oder moralischen Grundsätzen, deren Beachtung ganz besonders auf dem Gebiet der Biotechnologie wegen der potentiellen Tragweite der Erfindungen in diesem Bereich und deren inhärenter Beziehung zur lebenden Materie geboten ist. Diese ethischen oder moralischen Grundsätze ergänzen die übliche patentrechtliche Prüfung, unabhängig vom technischen Gebiet der Erfindung.

(40) Innerhalb der Gemeinschaft besteht Übereinstimmung darüber, daß die Keimbahnintervention am menschlichen Lebewesen und das Klonen von menschlichen Lebewesen gegen die öffentliche Ordnung und die guten Sitten verstoßen. Daher ist es wichtig, Verfahren zur Veränderung der genetischen Identität der Keimbahn des menschlichen Lebewesens und Verfahren zum Klonen von menschlichen Lebewesen unmißverständlich von der Patentierbarkeit auszuschließen.

(41) Als Verfahren zum Klonen von menschlichen Lebewesen ist jedes Verfahren, einschließlich der Verfahren zur Embryonenspaltung, anzusehen, das darauf abzielt, ein menschliches Lebewesen zu schaffen, das im Zellkern die gleiche Erbinformation wie ein anderes lebendes oder verstorbenes menschliches Lebewesen besitzt.

(42) Ferner ist auch die Verwendung von menschlichen Embryonen zu industriellen oder kommerziellen Zwecken von der Patentierbarkeit auszuschließen. Dies gilt jedoch auf keinen Fall für Erfindungen, die therapeutische oder diagnostische Zwecke verfolgen und auf den menschlichen Embryo zu dessen Nutzen angewandt werden.

(43) Nach Artikel F Absatz 2 des Vertrags über die Europäische Union achtet die Union die Grundrechte, wie sie in der am 4. November 1950 in Rom unterzeichneten Europäischen Konvention zum Schutze der Menschenrechte und Grundfreiheiten gewährleistet sind und wie sie sich aus den gemeinsamen Verfassungsüberlieferungen der Mitgliedstaaten als allgemeine Grundsätze des Gemeinschaftsrechts ergeben.

(44) Die Europäische Gruppe für Ethik der Naturwissenschaften und der Neuen Technologien der Kommission bewertet alle ethischen Aspekte im Zusammenhang mit der Biotechnologie. In diesem Zusammenhang ist darauf hinzuweisen, daß die Befassung dieser Gruppe auch im Bereich des Patentrechts nur die Bewertung der Biotechnologie anhand grundlegender ethischer Prinzipien zum Gegenstand haben kann.

(45) Verfahren zur Veränderung der genetischen Identität von Tieren, die geeignet sind, für die Tiere Leiden ohne wesentlichen medizinischen Nutzen im Bereich der Forschung, der Vorbeugung, der Diagnose oder der Therapie für den Menschen oder das Tier zu verursachen, sowie mit Hilfe dieser Verfahren erzeugte Tiere sind von der Patentierbarkeit auszunehmen.

(46) Die Funktion eines Patents besteht darin, den Erfinder mit einem ausschließlichen, aber zeitlich begrenzten Nutzungsrecht für seine innovative Leistung zu belohnen und damit einen Anreiz für erfinderische Tätigkeit zu schaffen; der Patentinhaber muß demnach berechtigt sein, die Verwendung patentierten selbstreplizierenden Materials unter solchen Umständen zu verbieten, die den Umständen gleichstehen, unter denen die Verwendung nicht selbstreplizierenden Materials verboten werden könnte, d. h. die Herstellung des patentierten Erzeugnisses selbst.

(47) Es ist notwendig, eine erste Ausnahme von den Rechten des Patentinhabers vorzusehen, wenn Vermehrungsmaterial, in das die geschützte Erfindung Eingang gefunden hat, vom Patentinhaber oder mit seiner Zustimmung zum landwirtschaftlichen Anbau an einen Landwirt verkauft wird. Mit dieser Ausnahmeregelung soll dem Landwirt gestattet werden, sein Erntegut für spätere generative oder vegetative Vermehrung in seinem eigenen Betrieb zu verwenden. Das Ausmaß und die Modalitäten dieser Ausnahmeregelung sind auf das Ausmaß und die Bedingungen zu beschränken, die in der Verordnung (EG) Nr. 2100/94 des Rates vom 27. Juli 1994 über den gemeinschaftlichen Sortenschutz vorgesehen sind.

(48) Von dem Landwirt kann nur die Vergütung verlangt werden, die im gemeinschaftlichen Sortenschutzrecht im Rahmen einer Durchführungsbestimmung zu der Ausnahme vom gemeinschaftlichen Sortenschutzrecht festgelegt ist.

(49) Der Patentinhaber kann jedoch seine Rechte gegenüber dem Landwirt geltend machen, der die Ausnahme mißbräuchlich nutzt, oder gegenüber dem Züchter, der die Pflanzensorte, in welche die geschützte Erfindung Eingang gefunden hat, entwickelt hat, falls dieser seinen Verpflichtungen nicht nachkommt.

(50) Eine zweite Ausnahme von den Rechten des Patentinhabers ist vorzusehen, um es Landwirten zu ermöglichen, geschütztes Vieh zu landwirtschaftlichen Zwecken zu benutzen.

(51) Mangels gemeinschaftsrechtlicher Bestimmungen für die Züchtung von Tierrassen müssen der Umfang und die Modalitäten dieser zweiten Ausnahmeregelung durch die nationalen Gesetze, Rechts- und Verwaltungsvorschriften und Verfahrensweisen geregelt werden.

(52) Für den Bereich der Nutzung der auf gentechnischem Wege erzielten neuen Merkmale von Pflanzensorten muß in Form einer Zwangslizenz gegen eine Vergütung ein garantierter Zugang vorgesehen werden, wenn die Pflanzensorte in bezug auf die betreffende Gattung oder Art einen bedeutenden technischen Fortschritt von erheblichem wirtschaftlichem Interesse gegenüber der patentgeschützten Erfindung darstellt.

(53) Für den Bereich der gentechnischen Nutzung neuer, aus neuen Pflanzensorten hervorgegangener pflanzlicher Merkmale muß in Form einer Zwangslizenz gegen eine Vergütung ein garantierter Zugang vorgesehen werden, wenn die Erfindung einen bedeutenden technischen Fortschritt von erheblichem wirtschaftlichem Interesse darstellt.

(54) Artikel 34 des TRIPS-Übereinkommens enthält eine detaillierte Regelung der Beweislast, die für alle Mitgliedstaaten verbindlich ist. Deshalb ist eine diesbezügliche Bestimmung in dieser Richtlinie nicht erforderlich.

(55) Die Gemeinschaft ist gemäß dem Beschluß 93/626/EWG Vertragspartei des Übereinkommens über die biologische Vielfalt vom 5. Juni 1992. Im Hinblick darauf tragen die Mitgliedstaaten bei Erlaß der Rechts- und Verwaltungsvorschriften zur Umsetzung dieser Richtlinie insbesondere Artikel 3, Artikel 8 Buchstabe j), Artikel 16 Absatz 2 Satz 2 und Absatz 5 des genannten Übereinkommens Rechnung.

(56) Die dritte Konferenz der Vertragsstaaten des Übereinkommens über die biologische Vielfalt, die im November 1996 stattfand, stellte im Beschluß III/17 fest, daß weitere Arbeiten notwendig sind, um zu einer gemeinsamen Bewertung des Zusammenhangs zwischen den geistigen Eigentumsrechten und den einschlägigen Bestimmungen des Übereinkommens über handelsbezogene Aspekte des geistigen Eigentums und des Übereinkommens über die biologische Vielfalt zu gelangen, insbesondere in Fragen des Technologietransfers, der Erhaltung und nachhaltigen Nutzung der biologischen Vielfalt sowie der gerechten und fairen Teilhabe an den Vorteilen, die sich aus der Nutzung der genetischen Ressourcen ergeben, einschließ-

lich des Schutzes von Wissen, Innovationen und Praktiken indigener und lokaler Gemeinschaften, die traditionelle Lebensformen verkörpern, die für die Erhaltung und nachhaltige Nutzung der biologischen Vielfalt von Bedeutung sind –

HABEN FOLGENDE RICHTLINIE ERLASSEN:

Kapitel I. Patentierbarkeit

Art. 1

(1) Die Mitgliedstaaten schützen biotechnologische Erfindungen durch das nationale Patentrecht. Sie passen ihr nationales Patentrecht erforderlichenfalls an, um den Bestimmungen dieser Richtlinie Rechnung zu tragen.

(2) Die Verpflichtungen der Mitgliedstaaten aus internationalen Übereinkommen, insbesondere aus dem TRIPS-Übereinkommen und dem Übereinkommen über die biologische Vielfalt, werden von dieser Richtlinie nicht berührt.

Art. 2

(1) Im Sinne dieser Richtlinie ist

a) „biologisches Material" ein Material, das genetische Informationen enthält und sich selbst reproduzieren oder in einem biologischen System reproduziert werden kann;

b) „mikrobiologisches Verfahren" jedes Verfahren, bei dem mikrobiologisches Material verwendet, ein Eingriff in mikrobiologisches Material durchgeführt oder mikrobiologisches Material hervorgebracht wird.

(2) Ein Verfahren zur Züchtung von Pflanzen oder Tieren ist im wesentlichen biologisch, wenn es vollständig auf natürlichen Phänomenen wie Kreuzung oder Selektion beruht.

(3) Der Begriff der Pflanzensorte wird durch Artikel 5 der Verordnung (EG) Nr. 2100/94 definiert.

Art. 3

(1) Im Sinne dieser Richtlinie können Erfindungen, die neu sind, auf einer erfinderischen Tätigkeit beruhen und gewerblich anwendbar sind, auch dann patentiert werden, wenn sie ein Erzeugnis, das aus biologischem Material besteht oder dieses enthält, oder ein Verfahren, mit dem biologisches Material hergestellt, bearbeitet oder verwendet wird, zum Gegenstand haben.

(2) Biologisches Material, das mit Hilfe eines technischen Verfahrens aus seiner natürlichen Umgebung isoliert oder hergestellt wird, kann auch dann Gegenstand einer Erfindung sein, wenn es in der Natur schon vorhanden war.

Art. 4

(1) Nicht patentierbar sind

a) Pflanzensorten und Tierrassen,

b) im wesentlichen biologische Verfahren zur Züchtung von Pflanzen oder Tieren.

(2) Erfindungen, deren Gegenstand Pflanzen oder Tiere sind, können patentiert werden, wenn die Ausführungen der Erfindung technisch nicht auf eine bestimmte Pflanzensorte oder Tierrasse beschränkt ist.

(3) Absatz 1 Buchstabe b) berührt nicht die Patentierbarkeit von Erfindungen, die ein mikrobiologisches oder sonstiges technisches Verfahren oder ein durch diese Verfahren gewonnenes Erzeugnis zum Gegenstand haben.

Art. 5

(1) Der menschliche Körper in den einzelnen Phasen seiner Entstehung und Entwicklung sowie die bloße Entdeckung eines seiner Bestandteile, einschließlich der Sequenz oder Teilsequenz eines Gens, können keine patentierbaren Erfindungen darstellen.

(2) Ein isolierter Bestandteil des menschlichen Körpers oder ein auf andere Weise durch ein technisches Verfahren gewonnener Bestandteil, einschließlich der Sequenz oder Teilsequenz eines Gens, kann eine patentierbare Erfindung sein, selbst wenn der Aufbau dieses Bestandteils mit dem Aufbau eines natürlichen Bestandteils identisch ist.

(3) Die gewerbliche Anwendbarkeit einer Sequenz oder Teilsequenz eines Gens muß in der Patentanmeldung konkret beschrieben werden.

Art. 6

(1) Erfindungen, deren gewerbliche Verwertung gegen die öffentliche Ordnung oder die guten Sitten verstoßen würde, sind von der Patentierbarkeit ausgenommen, dieser Verstoß kann nicht allein daraus hergeleitet werden, daß die Verwertung durch Rechts- oder Verwaltungsvorschriften verboten ist.

(2) Im Sinne von Absatz 1 gelten unter anderem als nicht patentierbar:
a) Verfahren zum Klonen von menschlichen Lebewesen;
b) Verfahren zur Veränderung der genetischen Identität der Keimbahn des menschlichen Lebewesens;
c) die Verwendung von menschlichen Embryonen zu industriellen oder kommerziellen Zwecken;
d) Verfahren zur Veränderung der genetischen Identität von Tieren, die geeignet sind, Leiden dieser Tiere ohne wesentlichen medizinischen Nutzen für den Menschen oder das Tier zu verursachen, sowie die mit Hilfe solcher Verfahren erzeugten Tiere.

Art. 7

Die Europäische Gruppe für Ethik der Naturwissenschaften und der Neuen Technologien der Kommission bewertet alle ethischen Aspekte im Zusammenhang mit der Biotechnologie.

Kapitel II. Umfang des Schutzes

Art. 8

(1) Der Schutz eines Patents für biologisches Material, das aufgrund der Erfindung mit bestimmten Eigenschaften ausgestattet ist, umfaßt jedes biologische Material, das aus diesem biologischen Material durch generative oder vegetative Vermehrung in gleicher oder abweichender Form gewonnen wird und mit denselben Eigenschaften ausgestattet ist.

(2) Der Schutz eines Patents für ein Verfahren, das die Gewinnung eines aufgrund der Erfindung mit bestimmten Eigenschaften ausgestatteten biologischen Materials ermöglicht, umfaßt das mit diesem Verfahren unmittelbar gewonnene biologische Material und jedes andere mit denselben Eigenschaften ausgestattete biologische Material, das durch generative oder vegetative Vermehrung in gleicher oder abweichender Form aus dem unmittelbar gewonnenen biologischen Material gewonnen wird.

Art. 9

Der Schutz, der durch ein Patent für ein Erzeugnis erteilt wird, das aus einer genetischen Information besteht oder sie enthält, erstreckt sich vorbehaltlich des Artikels 5 Absatz 1 auf jedes Material, in das dieses Erzeugnis Eingang findet und in dem die genetische Information enthalten ist und ihre Funktion erfüllt.

Art. 10

Der in den Artikeln 8 und 9 vorgesehene Schutz erstreckt sich nicht auf das biologische Material, das durch generative oder vegetative Vermehrung von biologischem Material gewonnen wird, das im Hoheitsgebiet eines Mitgliedstaats vom Patentinhaber oder mit dessen Zustimmung in Verkehr gebracht wurde, wenn die generative oder vegetative Vermehrung notwendigerweise das Ergebnis der Verwendung ist, für die das biologische Material in Verkehr gebracht wurde, vorausgesetzt, daß das so gewonnene Material anschließend nicht für andere generative oder vegetative Vermehrung verwendet wird.

Art. 11

(1) Abweichend von den Artikeln 8 und 9 beinhaltet der Verkauf oder das sonstige Inverkehrbringen von pflanzlichem Vermehrungsmaterial durch den Patentinhaber oder mit dessen Zustimmung an einen Landwirt zum landwirtschaftlichen Anbau dessen Befugnis, sein Erntegut für die generative oder vegetative Vermehrung durch ihn selbst im eigenen Betrieb zu verwenden, wobei Ausmaß und Modalitäten dieser Ausnahmeregelung denjenigen des Artikels 14 der Verordnung (EG) Nr. 2100/94 entsprechen.

(2) Abweichend von den Artikeln 8 und 9 beinhaltet der Verkauf oder das sonstige Inverkehrbringen von Zuchtvieh oder von tierischem Vermehrungsmaterial durch den Patentinhaber oder mit dessen Zustimmung an einen Landwirt dessen Befugnis, das geschützte Vieh zu landwirtschaftlichen Zwecken zu verwenden. Diese Befugnis erstreckt sich auch auf die Überlassung des Viehs oder anderen tierischen Vermehrungsmaterials zur Fortführung seiner landwirtschaftlichen Tätigkeit, jedoch nicht auf den Verkauf mit dem Ziel oder im Rahmen einer gewerblichen Viehzucht.

(3) Das Ausmaß und die Modalitäten der in Absatz 2 vorgesehenen Ausnahmeregelung werden durch die nationalen Gesetze, Rechts- und Verwaltungsvorschriften und Verfahrensweisen geregelt.

Kapitel III. Zwangslizenzen wegen Abhängigkeit

Art. 12

(1) Kann ein Pflanzenzüchter ein Sortenschutzrecht nicht erhalten oder verwerten, ohne ein früher erteiltes Patent zu verletzen, so kann er beantragen, daß ihm gegen Zahlung einer angemessenen Vergütung eine nicht ausschließliche Zwangslizenz für die patentgeschützte Erfindung erteilt wird, soweit diese Lizenz zur Verwertung der zu schützenden Pflanzensorte erforderlich ist. Die Mitgliedstaaten sehen vor, daß der Patentinhaber, wenn eine solche Lizenz erteilt wird, zur Verwertung der geschützten Sorte Anspruch auf eine gegenseitige Lizenz zu angemessenen Bedingungen hat.

(2) Kann der Inhaber des Patents für eine biotechnologische Erfindung diese nicht verwerten, ohne ein früher erteiltes Sortenschutzrecht zu verletzen, so kann er beantragen, daß ihm gegen Zahlung einer angemessenen Vergütung eine nicht ausschließliche Zwangslizenz für die durch dieses Sortenschutzrecht geschützte Pflanzensorte erteilt wird. Die Mitgliedstaaten sehen vor, daß der Inhaber des Sortenschutzrechts,

wenn eine solche Lizenz erteilt wird, zur Verwertung der geschützten Erfindung Anspruch auf eine gegenseitige Lizenz zu angemessenen Bedingungen hat.

(3) Die Antragsteller nach den Absätzen 1 und 2 müssen nachweisen, daß
a) sie sich vergebens an den Inhaber des Patents oder des Sortenschutzrechts gewandt haben, um eine vertragliche Lizenz zu erhalten;
b) die Pflanzensorte oder Erfindung einen bedeutenden technischen Fortschritt von erheblichem wirtschaftlichen Interesse gegenüber der patentgeschützten Erfindung oder der geschützten Pflanzensorte darstellt.

(4) Jeder Mitgliedstaat benennt die für die Erteilung der Lizenz zuständige(n) Stelle (n). Kann eine Lizenz für eine Pflanzensorte nur vom Gemeinschaftlichen Sortenamt erteilt werden, findet Artikel 29 der Verordnung (EG) Nr. 2100/94 Anwendung.

Kapitel IV. Hinterlegung von, Zugang zu und erneute Hinterlegung von biologischem Material

Art. 13

(1) Betrifft eine Erfindung biologisches Material, das der Öffentlichkeit nicht zugänglich ist und in der Patentanmeldung nicht so beschrieben werden kann, daß ein Fachmann diese Erfindung danach ausführen kann, oder beinhaltet die Erfindung die Verwendung eines solchen Materials, so gilt die Beschreibung für die Anwendung des Patentrechts nur dann als ausreichend, wenn
a) das biologische Material spätestens am Tag der Patentanmeldung bei einer anerkannten Hinterlegungsstelle hinterlegt wurde. Anerkannt sind zumindest die internationalen Hinterlegungsstellen, die diesen Status nach Artikel 7 des Budapester Vertrags vom 28. April 1977 über die internationale Anerkennung der Hinterlegung von Mikroorganismen für Zwecke von Patentverfahren (im folgenden „Budapester Vertrag" genannt) erworben haben;
b) die Anmeldung die einschlägigen Informationen enthält, die dem Anmelder bezüglich der Merkmale des hinterlegten biologischen Materials bekannt sind;
c) in der Patentanmeldung die Hinterlegungsstelle und das Aktenzeichen der Hinterlegung angegeben sind.

(2) Das hinterlegte biologische Material wird durch Herausgabe einer Probe zugänglich gemacht:
a) bis zur ersten Veröffentlichung der Patentanmeldung nur für Personen, die nach dem innerstaatlichen Patentrecht hierzu ermächtigt sind;
b) von der ersten Veröffentlichung der Anmeldung bis zur Erteilung des Patents für jede Person, die dies beantragt, oder, wenn der Anmelder dies verlangt, nur für einen unabhängigen Sachverständigen;
c) nach der Erteilung des Patents ungeachtet eines späteren Widerrufs oder einer Nichtigerklärung des Patents für jede Person, die einen entsprechenden Antrag stellt.

(3) Die Herausgabe erfolgt nur dann, wenn der Antragsteller sich verpflichtet, für die Dauer der Wirkung des Patents
a) Dritten keine Probe des hinterlegten biologischen Materials oder eines daraus abgeleiteten Materials zugänglich zu machen und
b) keine Probe des hinterlegten Materials oder eines daraus abgeleiteten Materials zu anderen als zu Versuchszwecken zu verwenden, es sei denn, der Anmelder oder der Inhaber des Patents verzichtet ausdrücklich auf eine derartige Verpflichtung.

(4) Bei Zurückweisung oder Zurücknahme der Anmeldung wird der Zugang zu dem hinterlegten Material auf Antrag des Hinterlegers für die Dauer von 20 Jahren

ab dem Tag der Patentanmeldung nur einem unabhängigen Sachverständigen erteilt. In diesem Fall findet Absatz 3 Anwendung.

(5) Die Anträge des Hinterlegers gemäß Absatz 2 Buchstabe b) und Absatz 4 können nur bis zu dem Zeitpunkt eingereicht werden, zu dem die technischen Vorarbeiten für die Veröffentlichung der Patentanmeldung als abgeschlossen gelten.

Art. 14

(1) Ist das nach Artikel 13 hinterlegte biologische Material bei der anerkannten Hinterlegungsstelle nicht mehr zugänglich, so wird unter denselben Bedingungen wie denen des Budapester Vertrags eine erneute Hinterlegung des Materials zugelassen.

(2) Jeder erneuten Hinterlegung ist eine vom Hinterleger unterzeichnete Erklärung beizufügen, in der bestätigt wird, daß das erneut hinterlegte biologische Material das gleiche wie das ursprünglich hinterlegte Material ist.

Kapitel V. Schlußbestimmungen

Art. 15

(1) Die Mitgliedstaaten erlassen die erforderlichen Rechts- und Verwaltungsvorschriften, um dieser Richtlinie bis zum 30. Juli 2000 nachzukommen. Sie setzen die Kommission unmittelbar davon in Kenntnis.

Wenn die Mitgliedstaaten diese Vorschriften erlassen, nehmen sie in den Vorschriften selbst oder durch einen Hinweis bei der amtlichen Veröffentlichung auf diese Richtlinie Bezug. Die Mitgliedstaaten regeln die Einzelheiten der Bezugnahme.

(2) Die Mitgliedstaaten teilen der Kommission die innerstaatlichen Rechtsvorschriften mit, die sie auf dem unter diese Richtlinie fallenden Gebiet erlassen.

Art. 16

Die Kommission übermittelt dem Europäischen Parlament und dem Rat folgendes:

a) alle fünf Jahre nach dem in Artikel 15 Absatz 1 vorgesehenen Zeitpunkt einen Bericht zu der Frage, ob durch diese Richtlinie im Hinblick auf internationale Übereinkommen zum Schutz der Menschenrechte, denen die Mitgliedstaaten beigetreten sind, Probleme entstanden sind;

b) innerhalb von zwei Jahren nach dem Inkrafttreten dieser Richtlinie einen Bericht, in dem die Auswirkungen des Unterbleibens oder der Verzögerung von Veröffentlichungen, deren Gegenstand patentierfähig sein könnte, auf die gentechnologische Grundlagenforschung evaluiert werden;

c) jährlich ab dem in Artikel 15 Absatz 1 vorgesehenen Zeitpunkt einen Bericht über die Entwicklung und die Auswirkungen des Patentrechts im Bereich der Bio- und Gentechnologie.

Art. 17

Diese Richtlinie tritt am Tag ihrer Veröffentlichung im Amtsblatt der Europäischen Gemeinschaften in Kraft.

Art. 18

Diese Richtlinie ist an die Mitgliedstaaten gerichtet.

18. Richtlinie 2004/48/EG des Europäischen Parlaments und des Rates vom 29. April 2004 zur Durchsetzung der Rechte des geistigen Eigentums (Enforcement-RL)

(Text von Bedeutung für den EWR)
(ABl. Nr. L 157 S. 45, gesamte Vorschrift ber. ABl. Nr. L 195 S. 16)

Celex-Nr. 3 2004 L 0048

DAS EUROPÄISCHE PARLAMENT UND DER RAT DER EUROPÄISCHEN UNION –

gestützt auf den Vertrag zur Gründung der Europäischen Gemeinschaft, insbesondere auf Artikel 95,

auf Vorschlag der Kommission,

nach Stellungnahme des Europäischen Wirtschafts- und Sozialausschusses[1],

nach Anhörung des Ausschusses der Regionen,

gemäß dem Verfahren des Artikels 251 des Vertrags[2],

in Erwägung nachstehender Gründe:

(1) Damit der Binnenmarkt verwirklicht wird, müssen Beschränkungen des freien Warenverkehrs und Wettbewerbsverzerrungen beseitigt werden, und es muss ein Umfeld geschaffen werden, das Innovationen und Investitionen begünstigt. Vor diesem Hintergrund ist der Schutz geistigen Eigentums ein wesentliches Kriterium für den Erfolg des Binnenmarkts. Der Schutz geistigen Eigentums ist nicht nur für die Förderung von Innovation und kreativem Schaffen wichtig, sondern auch für die Entwicklung des Arbeitsmarkts und die Verbesserung der Wettbewerbsfähigkeit.

(2) Der Schutz geistigen Eigentums soll Erfinder oder Schöpfer in die Lage versetzen, einen rechtmäßigen Gewinn aus ihren Erfindungen oder Werkschöpfungen zu ziehen. Er soll auch die weitestgehende Verbreitung der Werke, Ideen und neuen Erkenntnisse ermöglichen. Andererseits soll er weder die freie Meinungsäußerung noch den freien Informationsverkehr, noch den Schutz personenbezogener Daten behindern; dies gilt auch für das Internet.

(3) Ohne wirksame Instrumente zur Durchsetzung der Rechte des geistigen Eigentums werden jedoch Innovation und kreatives Schaffen gebremst und Investitionen verhindert. Daher ist darauf zu achten, dass das materielle Recht auf dem Gebiet des geistigen Eigentums, das heute weitgehend Teil des gemeinschaftlichen Besitzstands ist, in der Gemeinschaft wirksam angewandt wird. Daher sind die Instrumente zur Durchsetzung der Rechte des geistigen Eigentums von zentraler Bedeutung für den Erfolg des Binnenmarkts.

(4) Auf internationaler Ebene sind alle Mitgliedstaaten – wie auch die Gemeinschaft selbst in Fragen, die in ihre Zuständigkeit fallen,– an das durch den Beschluss

---

[1] **[Amtl. Anm.:]** ABl. C 32 vom 5.2.2004, S. 15.

[2] **[Amtl. Anm.:]** Stellungnahme des Europäischen Parlaments vom 9. März 2004 (noch nicht im Amtsblatt erschienen) und Beschluss des Rates vom 26. April 2004.

94/800/EG des Rates[3] gebilligte Übereinkommen über handelsbezogene Aspekte der Rechte des geistigen Eigentums (TRIPS-Übereinkommen), das im Rahmen der multilateralen Verhandlungen der Uruguay-Runde geschlossen wurde, gebunden.

(5) Das TRIPS-Übereinkommen enthält vornehmlich Bestimmungen über die Instrumente zur Durchsetzung der Rechte des geistigen Eigentums, die gemeinsame, international gültige Normen sind und in allen Mitgliedstaaten umgesetzt wurden. Diese Richtlinie sollte die völkerrechtlichen Verpflichtungen der Mitgliedstaaten einschließlich derjenigen aufgrund des TRIPS-Übereinkommens unberührt lassen.

(6) Es bestehen weitere internationale Übereinkünfte, denen alle Mitgliedstaaten beigetreten sind und die ebenfalls Vorschriften über Instrumente zur Durchsetzung der Rechte des geistigen Eigentums enthalten. Dazu zählen in erster Linie die Pariser Verbandsübereinkunft zum Schutz des gewerblichen Eigentums, die Berner Übereinkunft zum Schutz von Werken der Literatur und Kunst und das Rom-Abkommen über den Schutz der ausübenden Künstler, der Hersteller von Tonträgern und der Sendeunternehmen.

(7) Aus den Sondierungen der Kommission zu dieser Frage hat sich ergeben, dass ungeachtet des TRIPS-Übereinkommens weiterhin zwischen den Mitgliedstaaten große Unterschiede bei den Instrumenten zur Durchsetzung der Rechte des geistigen Eigentums bestehen. So gibt es z. B. beträchtliche Diskrepanzen bei den Durchführungsbestimmungen für einstweilige Maßnahmen, die insbesondere zur Sicherung von Beweismitteln verhängt werden, bei der Berechnung von Schadensersatz oder bei den Durchführungsbestimmungen für Verfahren zur Beendigung von Verstößen gegen Rechte des geistigen Eigentums. In einigen Mitgliedstaaten stehen Maßnahmen, Verfahren und Rechtsbehelfe wie das Auskunftsrecht und der Rückruf rechtsverletzender Ware vom Markt auf Kosten des Verletzers nicht zur Verfügung.

(8) Die Unterschiede zwischen den Regelungen der Mitgliedstaaten hinsichtlich der Instrumente zur Durchsetzung der Rechte des geistigen Eigentums beeinträchtigen das reibungslose Funktionieren des Binnenmarktes und verhindern, dass die bestehenden Rechte des geistigen Eigentums überall in der Gemeinschaft in demselben Grad geschützt sind. Diese Situation wirkt sich nachteilig auf die Freizügigkeit im Binnenmarkt aus und behindert die Entstehung eines Umfelds, das einen gesunden Wettbewerb begünstigt.

(9) Die derzeitigen Unterschiede schwächen außerdem das materielle Recht auf dem Gebiet des geistigen Eigentums und führen zu einer Fragmentierung des Binnenmarktes in diesem Bereich. Dies untergräbt das Vertrauen der Wirtschaft in den Binnenmarkt und bremst somit Investitionen in Innovation und geistige Schöpfungen. Verletzungen von Rechten des geistigen Eigentums stehen immer häufiger in Verbindung mit dem organisierten Verbrechen. Die verstärkte Nutzung des Internet ermöglicht einen sofortigen globalen Vertrieb von Raubkopien. Die wirksame Durchsetzung des materiellen Rechts auf dem Gebiet des geistigen Eigentums bedarf eines gezielten Vorgehens auf Gemeinschaftsebene. Die Angleichung der diesbezüglichen Rechtsvorschriften der Mitgliedstaaten ist somit eine notwendige Voraussetzung für das reibungslose Funktionieren des Binnenmarktes.

(10) Mit dieser Richtlinie sollen diese Rechtsvorschriften einander angenähert werden, um ein hohes, gleichwertiges und homogenes Schutzniveau für geistiges Eigentum im Binnenmarkt zu gewährleisten.

(11) Diese Richtlinie verfolgt weder das Ziel, die Vorschriften im Bereich der justiziellen Zusammenarbeit, der gerichtlichen Zuständigkeit oder der Anerkennung und Vollstreckung von Entscheidungen in Zivil- und Handelssachen zu harmonisieren, noch das Ziel, Fragen des anwendbaren Rechts zu behandeln. Es gibt bereits ge-

[3] **[Amtl. Anm.:]** ABl. L 336 vom 23.12.1994, S. 1.

meinschaftliche Instrumente, die diese Angelegenheiten auf allgemeiner Ebene regeln; sie gelten prinzipiell auch für das geistige Eigentum.

(12) Diese Richtlinie darf die Anwendung der Wettbewerbsvorschriften, insbesondere der Artikel 81 und 82 des Vertrags, nicht berühren. Die in dieser Richtlinie vorgesehenen Maßnahmen dürfen nicht dazu verwendet werden, den Wettbewerb entgegen den Vorschriften des Vertrags unzulässig einzuschränken.

(13) Der Anwendungsbereich dieser Richtlinie muss so breit wie möglich gewählt werden, damit er alle Rechte des geistigen Eigentums erfasst, die den diesbezüglichen Gemeinschaftsvorschriften und/oder den Rechtsvorschriften der jeweiligen Mitgliedstaaten unterliegen. Dieses Erfordernis hindert die Mitgliedstaaten jedoch nicht daran, die Bestimmungen dieser Richtlinie bei Bedarf zu innerstaatlichen Zwecken auf Handlungen auszuweiten, die den unlauteren Wettbewerb einschließlich der Produktpiraterie oder vergleichbare Tätigkeiten betreffen.

(14) Nur bei in gewerblichem Ausmaß vorgenommenen Rechtsverletzungen müssen die Maßnahmen nach Artikel 6 Absatz 2, Artikel 8 Absatz 1 und Artikel 9 Absatz 2 angewandt werden. Unbeschadet davon können die Mitgliedstaaten diese Maßnahmen auch bei anderen Rechtsverletzungen anwenden. In gewerblichem Ausmaß vorgenommene Rechtsverletzungen zeichnen sich dadurch aus, dass sie zwecks Erlangung eines unmittelbaren oder mittelbaren wirtschaftlichen oder kommerziellen Vorteils vorgenommen werden; dies schließt in der Regel Handlungen aus, die in gutem Glauben von Endverbrauchern vorgenommen werden.

(15) Diese Richtlinie sollte das materielle Recht auf dem Gebiet des geistigen Eigentums, nämlich die Richtlinie 95/46/EG des Europäischen Parlaments und des Rates vom 24. Oktober 1995 zum Schutz natürlicher Personen bei der Verarbeitung personenbezogener Daten und zum freien Datenverkehr[4], die Richtlinie 1999/93/EG des Europäischen Parlaments und des Rates vom 13. Dezember 1999 über gemeinschaftliche Rahmenbedingungen für elektronische Signaturen[5] und die Richtlinie 2000/31/EG des Europäischen Parlaments und des Rates vom 8. Juni 2000 über bestimmte rechtliche Aspekte der Dienste der Informationsgesellschaft, insbesondere des elektronischen Geschäftsverkehrs, im Binnenmarkt[6] nicht berühren.

(16) Diese Richtlinie sollte die gemeinschaftlichen Sonderbestimmungen zur Durchsetzung der Rechte und Ausnahmeregelungen auf dem Gebiet des Urheberrechts und der verwandten Schutzrechte, insbesondere die Bestimmungen der Richtlinie 91/250/EWG des Rates vom 14. Mai 1991 über den Rechtsschutz von Computerprogrammen[7] und der Richtlinie 2001/29/EG des Europäischen Parlaments und des Rates vom 22. Mai 2001 zur Harmonisierung bestimmter Aspekte des Urheberrechts und der verwandten Schutzrechte in der Informationsgesellschaft[8], unberührt lassen.

(17) Die in dieser Richtlinie vorgesehenen Maßnahmen, Verfahren und Rechtsbehelfe sollten in jedem Einzelfall so bestimmt werden, dass den spezifischen Merkmalen dieses Falles, einschließlich der Sonderaspekte jedes Rechts an geistigem Eigentum und gegebenenfalls des vorsätzlichen oder nicht vorsätzlichen Charakters der Rechtsverletzung gebührend Rechnung getragen wird.

---

[4] **[Amtl. Anm.:]** ABl. L 281 vom 23.11.1995, S. 31. Richtlinie geändert durch die Verordnung (EG) Nr. 1882/2003 (ABl. L 284 vom 31.10.2003, S. 1).

[5] **[Amtl. Anm.:]** ABl. L 13 vom 19.1.2000, S. 12.

[6] **[Amtl. Anm.:]** ABl. L 178 vom 17.7.2000, S. 1.

[7] **[Amtl. Anm.:]** ABl. L 122 vom 17.5.1991, S. 42. Richtlinie geändert durch die Richtlinie 93/98/EWG (ABl. L 290 vom 24.11.1993, S. 9).

[8] **[Amtl. Anm.:]** ABl. L 167 vom 22.6.2001, S. 10.

(18) Die Befugnis, die Anwendung dieser Maßnahmen, Verfahren und Rechtsbehelfe zu beantragen, sollte nicht nur den eigentlichen Rechtsinhabern eingeräumt werden, sondern auch Personen, die ein unmittelbares Interesse haben und klagebefugt sind, soweit dies nach den Bestimmungen des anwendbaren Rechts zulässig ist und mit ihnen im Einklang steht; hierzu können auch Berufsorganisationen gehören, die mit der Verwertung der Rechte oder mit der Wahrnehmung kollektiver und individueller Interessen betraut sind.

(19) Da das Urheberrecht ab dem Zeitpunkt der Werkschöpfung besteht und nicht förmlich eingetragen werden muss, ist es angezeigt, die in Artikel 15 der Berner Übereinkunft enthaltene Bestimmung zu übernehmen, wonach eine Rechtsvermutung dahin gehend besteht, dass der Urheber eines Werkes der Literatur und Kunst die Person ist, deren Name auf dem Werkstück angegeben ist. Eine entsprechende Rechtsvermutung sollte auf die Inhaber verwandter Rechte Anwendung finden, da die Bemühung, Rechte durchzusetzen und Produktpiraterie zu bekämpfen, häufig von Inhabern verwandter Rechte, etwa den Herstellern von Tonträgern, unternommen wird.

(20) Da Beweismittel für die Feststellung einer Verletzung der Rechte des geistigen Eigentums von zentraler Bedeutung sind, muss sichergestellt werden, dass wirksame Mittel zur Vorlage, zur Erlangung und zur Sicherung von Beweismitteln zur Verfügung stehen. Die Verfahren sollten den Rechten der Verteidigung Rechnung tragen und die erforderlichen Sicherheiten einschließlich des Schutzes vertraulicher Informationen bieten. Bei in gewerblichem Ausmaß vorgenommenen Rechtsverletzungen ist es ferner wichtig, dass die Gerichte gegebenenfalls die Übergabe von Bank-, Finanz- und Handelsunterlagen anordnen können, die sich in der Verfügungsgewalt des angeblichen Verletzers befinden.

(21) In einigen Mitgliedstaaten gibt es andere Maßnahmen zur Sicherstellung eines hohen Schutzniveaus; diese sollten in allen Mitgliedstaaten verfügbar sein. Dies gilt für das Recht auf Auskunft über die Herkunft rechtsverletzender Waren und Dienstleistungen, über die Vertriebswege sowie über die Identität Dritter, die an der Rechtsverletzung beteiligt sind.

(22) Ferner sind einstweilige Maßnahmen unabdingbar, die unter Wahrung des Anspruchs auf rechtliches Gehör und der Verhältnismäßigkeit der einstweiligen Maßnahme mit Blick auf die besonderen Umstände des Einzelfalles, sowie vorbehaltlich der Sicherheiten, die erforderlich sind, um dem Antragsgegner im Falle eines ungerechtfertigten Antrags den entstandenen Schaden und etwaige Unkosten zu ersetzen, die unverzügliche Beendigung der Verletzung ermöglichen, ohne dass eine Entscheidung in der Sache abgewartet werden muss. Diese Maßnahmen sind vor allem dann gerechtfertigt, wenn jegliche Verzögerung nachweislich einen nicht wieder gutzumachenden Schaden für den Inhaber eines Rechts des geistigen Eigentums mit sich bringen würde.

(23) Unbeschadet anderer verfügbarer Maßnahmen, Verfahren und Rechtsbehelfe sollten Rechtsinhaber die Möglichkeit haben, eine gerichtliche Anordnung gegen eine Mittelsperson zu beantragen, deren Dienste von einem Dritten dazu genutzt werden, das gewerbliche Schutzrecht des Rechtsinhabers zu verletzen. Die Voraussetzungen und Verfahren für derartige Anordnungen sollten Gegenstand der einzelstaatlichen Rechtsvorschriften der Mitgliedstaaten bleiben. Was Verletzungen des Urheberrechts oder verwandter Schutzrechte betrifft, so gewährt die Richtlinie 2001/29/EG bereits ein umfassendes Maß an Harmonisierung. Artikel 8 Absatz 3 der Richtlinie 2001/29/EG sollte daher von dieser Richtlinie unberührt bleiben.

(24) Je nach Sachlage und sofern es die Umstände rechtfertigen, sollten die zu ergreifenden Maßnahmen, Verfahren und Rechtsbehelfe Verbotsmaßnahmen beinhalten, die eine erneute Verletzung von Rechten des geistigen Eigentums verhindern.

Darüber hinaus sollten Abhilfemaßnahmen vorgesehen werden, deren Kosten gegebenenfalls dem Verletzer angelastet werden und die beinhalten können, dass Waren, durch die ein Recht verletzt wird, und gegebenenfalls auch die Materialien und Geräte, die vorwiegend zur Schaffung oder Herstellung dieser Waren gedient haben, zurückgerufen, endgültig aus den Vertriebswegen entfernt oder vernichtet werden. Diese Abhilfemaßnahmen sollten den Interessen Dritter, insbesondere der in gutem Glauben handelnden Verbraucher und privaten Parteien, Rechnung tragen.

(25) In Fällen, in denen eine Rechtsverletzung weder vorsätzlich noch fahrlässig erfolgt ist und die in dieser Richtlinie vorgesehenen Abhilfemaßnahmen oder gerichtlichen Anordnungen unangemessen wären, sollten die Mitgliedstaaten die Möglichkeit vorsehen können, dass in geeigneten Fällen als Ersatzmaßnahme die Zahlung einer Abfindung an den Geschädigten angeordnet wird. Wenn jedoch die kommerzielle Nutzung der nachgeahmten Waren oder die Erbringung von Dienstleistungen andere Rechtsvorschriften als die Vorschriften auf dem Gebiet des geistigen Eigentums verletzt oder ein möglicher Nachteil für den Verbraucher entsteht, sollte die Nutzung der Ware bzw. die Erbringung der Dienstleistung untersagt bleiben.

(26) Um den Schaden auszugleichen, den ein Verletzer von Rechten des geistigen Eigentums verursacht hat, der wusste oder vernünftigerweise hätte wissen müssen, dass er eine Verletzungshandlung vornahm, sollten bei der Festsetzung der Höhe des an den Rechtsinhaber zu zahlenden Schadensersatzes alle einschlägigen Aspekte berücksichtigt werden, wie z. B. Gewinneinbußen des Rechtsinhabers oder zu Unrecht erzielte Gewinne des Verletzers sowie gegebenenfalls der immaterielle Schaden, der dem Rechtsinhaber entstanden ist. Ersatzweise, etwa wenn die Höhe des tatsächlich verursachten Schadens schwierig zu beziffern wäre, kann die Höhe des Schadens aus Kriterien wie z. B. der Vergütung oder den Gebühren, die der Verletzer hätte entrichten müssen, wenn er die Erlaubnis zur Nutzung des besagten Rechts eingeholt hätte, abgeleitet werden. Bezweckt wird dabei nicht die Einführung einer Verpflichtung zu einem als Strafe angelegten Schadensersatz, sondern eine Ausgleichsentschädigung für den Rechtsinhaber auf objektiver Grundlage unter Berücksichtigung der ihm entstandenen Kosten, z. B. im Zusammenhang mit der Feststellung der Rechtsverletzung und ihrer Verursacher.

(27) Die Entscheidungen in Verfahren wegen Verletzungen von Rechten des geistigen Eigentums sollten veröffentlicht werden, um künftige Verletzer abzuschrecken und zur Sensibilisierung der breiten Öffentlichkeit beizutragen.

(28) Zusätzlich zu den zivil- und verwaltungsrechtlichen Maßnahmen, Verfahren und Rechtsbehelfen, die in dieser Richtlinie vorgesehen sind, stellen in geeigneten Fällen auch strafrechtliche Sanktionen ein Mittel zur Durchsetzung der Rechte des geistigen Eigentums dar.

(29) Die Industrie sollte sich aktiv am Kampf gegen Produktpiraterie und Nachahmung beteiligen. Die Entwicklung von Verhaltenskodizes in den direkt betroffenen Kreisen ist ein weiteres Mittel zur Ergänzung des Rechtsrahmens. Die Mitgliedstaaten sollten in Zusammenarbeit mit der Kommission die Ausarbeitung von Verhaltenskodizes im Allgemeinen fördern. Die Kontrolle der Herstellung optischer Speicherplatten, vornehmlich mittels eines Identifikationscodes auf Platten, die in der Gemeinschaft gefertigt werden, trägt zur Eindämmung der Verletzung der Rechte geistigen Eigentums in diesem Wirtschaftszweig bei, der in hohem Maß von Produktpiraterie betroffen ist. Diese technischen Schutzmaßnahmen dürfen jedoch nicht zu dem Zweck missbraucht werden, die Märkte gegeneinander abzuschotten und Parallelimporte zu kontrollieren.

(30) Um die einheitliche Anwendung der Bestimmungen dieser Richtlinie zu erleichtern, empfiehlt es sich, Mechanismen für die Zusammenarbeit und den Informationsaustausch vorzusehen, die einerseits die Zusammenarbeit zwischen den Mit-

gliedstaaten untereinander, andererseits zwischen ihnen und der Kommission fördern, insbesondere durch die Schaffung eines Netzes von Korrespondenzstellen, die von den Mitgliedstaaten benannt werden, und durch die regelmäßige Erstellung von Berichten, in denen die Umsetzung dieser Richtlinie und die Wirksamkeit der von den verschiedenen einzelstaatlichen Stellen ergriffenen Maßnahmen bewertet wird.

(31) Da aus den genannten Gründen das Ziel der vorliegenden Richtlinie auf Ebene der Mitgliedstaaten nicht ausreichend erreicht werden kann und daher besser auf Gemeinschaftsebene zu erreichen ist, kann die Gemeinschaft im Einklang mit dem in Artikel 5 des Vertrags niedergelegten Subsidiaritätsprinzip tätig werden. Entsprechend dem in demselben Artikel genannten Verhältnismäßigkeitsprinzip geht diese Richtlinie nicht über das für die Erreichung dieses Ziels erforderliche Maß hinaus.

(32) Diese Richtlinie steht im Einklang mit den Grundrechten und Grundsätzen, die insbesondere mit der Charta der Grundrechte der Europäischen Union anerkannt wurden. In besonderer Weise soll diese Richtlinie im Einklang mit Artikel 17 Absatz 2 der Charta die uneingeschränkte Achtung geistigen Eigentums sicherstellen –

HABEN FOLGENDE RICHTLINIE ERLASSEN:

Inhaltsübersicht

Kapitel I Ziel und Anwendungsbereich

Art. 1 Gegenstand

[1]Diese Richtlinie betrifft die Maßnahmen, Verfahren und Rechtsbehelfe, die erforderlich sind, um die Durchsetzung der Rechte des geistigen Eigentums sicherzustellen. [2]Im Sinne dieser Richtlinie umfasst der Begriff „Rechte des geistigen Eigentums" auch die gewerblichen Schutzrechte.

Art. 2 Anwendungsbereich

(1) Unbeschadet etwaiger Instrumente in den Rechtsvorschriften der Gemeinschaft oder der Mitgliedstaaten, die für die Rechtsinhaber günstiger sind, finden die in dieser Richtlinie vorgesehenen Maßnahmen, Verfahren und Rechtsbehelfe gemäß Artikel 3 auf jede Verletzung von Rechten des geistigen Eigentums, die im Gemeinschaftsrecht und/oder im innerstaatlichen Recht des betreffenden Mitgliedstaats vorgesehen sind, Anwendung.

(2) Diese Richtlinie gilt unbeschadet der besonderen Bestimmungen zur Gewährleistung der Rechte und Ausnahmen, die in der Gemeinschaftsgesetzgebung auf dem Gebiet des Urheberrechts und der verwandten Schutzrechte vorgesehen sind, namentlich in der Richtlinie 91/250/EWG, insbesondere in Artikel 7, und der Richtlinie 2001/29/EG, insbesondere in den Artikeln 2 bis 6 und Artikel 8.

(3) Diese Richtlinie berührt nicht:

a) die gemeinschaftlichen Bestimmungen zum materiellen Recht auf dem Gebiet des geistigen Eigentums, die Richtlinie 95/46/EG, die Richtlinie 1999/93/EG und die Richtlinie 2000/31/EG im Allgemeinen und insbesondere deren Artikel 12 bis 15;
b) die sich aus internationalen Übereinkünften für die Mitgliedstaaten ergebenden Verpflichtungen, insbesondere solche aus dem TRIPS-Übereinkommen, einschließlich solcher betreffend strafrechtliche Verfahren und Strafen;
c) innerstaatliche Vorschriften der Mitgliedstaaten betreffend strafrechtliche Verfahren und Strafen bei Verletzung von Rechten des geistigen Eigentums.

Kapitel II Maßnahmen, Verfahren und Rechtsbehelfe

Abschnitt 1 Allgemeine Bestimmungen

Art. 3 Allgemeine Verpflichtung

(1) 1Die Mitgliedstaaten sehen die Maßnahmen, Verfahren und Rechtsbehelfe vor, die zur Durchsetzung der Rechte des geistigen Eigentums, auf die diese Richtlinie abstellt, erforderlich sind. 2Diese Maßnahmen, Verfahren und Rechtsbehelfe müssen fair und gerecht sein, außerdem dürfen sie nicht unnötig kompliziert oder kostspielig sein und keine unangemessenen Fristen oder ungerechtfertigten Verzögerungen mit sich bringen.

(2) Diese Maßnahmen, Verfahren und Rechtsbehelfe müssen darüber hinaus wirksam, verhältnismäßig und abschreckend sein und so angewendet werden, dass die Einrichtung von Schranken für den rechtmäßigen Handel vermieden wird und die Gewähr gegen ihren Missbrauch gegeben ist.

Art. 4 Zur Beantragung der Maßnahmen, Verfahren und Rechtsbehelfe befugte Personen

Die Mitgliedstaaten räumen den folgenden Personen das Recht ein, die in diesem Kapitel vorgesehenen Maßnahmen, Verfahren und Rechtsbehelfe zu beantragen:
a) den Inhabern der Rechte des geistigen Eigentums im Einklang mit den Bestimmungen des anwendbaren Rechts,
b) allen anderen Personen, die zur Nutzung solcher Rechte befugt sind, insbesondere Lizenznehmern, soweit dies nach den Bestimmungen des anwendbaren Rechts zulässig ist und mit ihnen im Einklang steht,
c) Verwertungsgesellschaften mit ordnungsgemäß anerkannter Befugnis zur Vertretung von Inhabern von Rechten des geistigen Eigentums, soweit dies nach den Bestimmungen des anwendbaren Rechts zulässig ist und mit ihnen im Einklang steht,
d) Berufsorganisationen mit ordnungsgemäß anerkannter Befugnis zur Vertretung von Inhabern von Rechten des geistigen Eigentums, soweit dies nach den Bestimmungen des anwendbaren Rechts zulässig ist und mit ihnen im Einklang steht.

Art. 5 Urheber- oder Inhabervermutung

Zum Zwecke der Anwendung der in dieser Richtlinie vorgesehenen Maßnahmen, Verfahren und Rechtsbehelfe gilt Folgendes:
a) Damit der Urheber eines Werkes der Literatur und Kunst mangels Gegenbeweises als solcher gilt und infolgedessen Verletzungsverfahren anstrengen kann, genügt es, dass sein Name in der üblichen Weise auf dem Werkstück angegeben ist.
b) Die Bestimmung des Buchstabens a) gilt entsprechend für Inhaber von dem Urheberrecht verwandten Schutzrechten in Bezug auf ihre Schutzgegenstände.

Abschnitt 2 Beweise

Art. 6 Beweise

(1) [1]Die Mitgliedstaaten stellen sicher, dass die zuständigen Gerichte auf Antrag einer Partei, die alle vernünftigerweise verfügbaren Beweismittel zur hinreichenden Begründung ihrer Ansprüche vorgelegt und die in der Verfügungsgewalt der gegnerischen Partei befindlichen Beweismittel zur Begründung ihrer Ansprüche bezeichnet hat, die Vorlage dieser Beweismittel durch die gegnerische Partei anordnen können, sofern der Schutz vertraulicher Informationen gewährleistet wird. [2]Für die Zwecke dieses Absatzes können die Mitgliedstaaten vorsehen, dass eine angemessen große Auswahl aus einer erheblichen Anzahl von Kopien eines Werks oder eines anderen geschützten Gegenstands von den zuständigen Gerichten als glaubhafter Nachweis angesehen wird.

(2) Im Falle einer in gewerblichem Ausmaß begangenen Rechtsverletzung räumen die Mitgliedstaaten den zuständigen Gerichten unter den gleichen Voraussetzungen die Möglichkeit ein, in geeigneten Fällen auf Antrag einer Partei die Übermittlung von in der Verfügungsgewalt der gegnerischen Partei befindlichen Bank-, Finanz- oder Handelsunterlagen anzuordnen, sofern der Schutz vertraulicher Informationen gewährleistet wird.

Art. 7 Maßnahmen zur Beweissicherung

(1) [1]Die Mitgliedstaaten stellen sicher, dass die zuständigen Gerichte selbst vor Einleitung eines Verfahrens in der Sache auf Antrag einer Partei, die alle vernünftigerweise verfügbaren Beweismittel zur Begründung ihrer Ansprüche, dass ihre Rechte

an geistigem Eigentum verletzt worden sind oder verletzt zu werden drohen, vorgelegt hat, schnelle und wirksame einstweilige Maßnahmen zur Sicherung der rechtserheblichen Beweismittel hinsichtlich der behaupteten Verletzung anordnen können, sofern der Schutz vertraulicher Informationen gewährleistet wird. [2]Derartige Maßnahmen können die ausführliche Beschreibung mit oder ohne Einbehaltung von Mustern oder die dingliche Beschlagnahme der rechtsverletzenden Ware sowie gegebenenfalls der für die Herstellung und/oder den Vertrieb dieser Waren notwendigen Werkstoffe und Geräte und der zugehörigen Unterlagen umfassen. [3]Diese Maßnahmen werden gegebenenfalls ohne Anhörung der anderen Partei getroffen, insbesondere dann, wenn durch eine Verzögerung dem Rechtsinhaber wahrscheinlich ein nicht wieder gutzumachender Schaden entstünde, oder wenn nachweislich die Gefahr besteht, dass Beweise vernichtet werden.

[1]Wenn Maßnahmen zur Beweissicherung ohne Anhörung der anderen Partei getroffen wurden, sind die betroffenen Parteien spätestens unverzüglich nach der Vollziehung der Maßnahmen davon in Kenntnis zu setzen. [2]Auf Antrag der betroffenen Parteien findet eine Prüfung, die das Recht zur Stellungnahme einschließt, mit dem Ziel statt, innerhalb einer angemessenen Frist nach der Mitteilung der Maßnahmen zu entscheiden, ob diese abgeändert, aufgehoben oder bestätigt werden sollen.

(2) Die Mitgliedstaaten stellen sicher, dass die Maßnahmen zur Beweissicherung an die Stellung einer angemessenen Kaution oder entsprechenden Sicherheit durch den Antragsteller geknüpft werden können, um eine Entschädigung des Antragsgegners wie in Absatz 4 vorgesehen sicherzustellen.

(3) Die Mitgliedstaaten stellen sicher, dass die Maßnahmen zur Beweissicherung auf Antrag des Antragsgegners unbeschadet etwaiger Schadensersatzforderungen aufgehoben oder auf andere Weise außer Kraft gesetzt werden, wenn der Antragsteller nicht innerhalb einer angemessenen Frist – die entweder von dem die Maßnahmen anordnenden Gericht festgelegt wird, sofern dies nach dem Recht des Mitgliedstaats zulässig ist, oder, wenn es nicht zu einer solchen Festlegung kommt, 20 Arbeitstage oder 31 Kalendertage, wobei der längere der beiden Zeiträume gilt, nicht überschreitet – bei dem zuständigen Gericht das Verfahren einleitet, das zu einer Sachentscheidung führt.

(4) Werden Maßnahmen zur Beweissicherung aufgehoben oder werden sie auf Grund einer Handlung oder Unterlassung des Antragstellers hinfällig, oder wird in der Folge festgestellt, dass keine Verletzung oder drohende Verletzung eines Rechts des geistigen Eigentums vorlag, so sind die Gerichte befugt, auf Antrag des Antragsgegners anzuordnen, dass der Antragsteller dem Antragsgegner angemessenen Ersatz für durch diese Maßnahmen entstandenen Schaden zu leisten hat.

(5) Die Mitgliedstaaten können Maßnahmen zum Schutz der Identität von Zeugen ergreifen.

Abschnitt 3 Recht auf Auskunft

Art. 8 Recht auf Auskunft

(1) Die Mitgliedstaaten stellen sicher, dass die zuständigen Gerichte im Zusammenhang mit einem Verfahren wegen Verletzung eines Rechts des geistigen Eigentums auf einen begründeten und die Verhältnismäßigkeit wahrenden Antrag des Klägers hin anordnen können, dass Auskünfte über den Ursprung und die Vertriebswege von Waren oder Dienstleistungen, die ein Recht des geistigen Eigentums verletzen, von dem Verletzer und/oder jeder anderen Person erteilt werden, die

a) nachweislich rechtsverletzende Ware in gewerblichem Ausmaß in ihrem Besitz hatte,

b) nachweislich rechtsverletzende Dienstleistungen in gewerblichem Ausmaß in Anspruch nahm,
c) nachweislich für rechtsverletzende Tätigkeiten genutzte Dienstleistungen in gewerblichem Ausmaß erbrachte,
oder
d) nach den Angaben einer in Buchstabe a), b) oder c) genannten Person an der Herstellung, Erzeugung oder am Vertrieb solcher Waren bzw. an der Erbringung solcher Dienstleistungen beteiligt war.

(2) Die Auskünfte nach Absatz 1 erstrecken sich, soweit angebracht, auf
a) die Namen und Adressen der Hersteller, Erzeuger, Vertreiber, Lieferer und anderer Vorbesitzer der Waren oder Dienstleistungen sowie der gewerblichen Abnehmer und Verkaufsstellen, für die sie bestimmt waren;
b) Angaben über die Mengen der hergestellten, erzeugten, ausgelieferten, erhaltenen oder bestellten Waren und über die Preise, die für die betreffenden Waren oder Dienstleistungen gezahlt wurden.

(3) Die Absätze 1 und 2 gelten unbeschadet anderer gesetzlicher Bestimmungen, die
a) dem Rechtsinhaber weiter gehende Auskunftsrechte einräumen,
b) die Verwendung der gemäß diesem Artikel erteilten Auskünfte in straf- oder zivilrechtlichen Verfahren regeln,
c) die Haftung wegen Missbrauchs des Auskunftsrechts regeln,
d) die Verweigerung von Auskünften zulassen, mit denen die in Absatz 1 genannte Person gezwungen würde, ihre Beteiligung oder die Beteiligung enger Verwandter an einer Verletzung eines Rechts des geistigen Eigentums zuzugeben,
oder
e) den Schutz der Vertraulichkeit von Informationsquellen oder die Verarbeitung personenbezogener Daten regeln.

Abschnitt 4 Einstweilige Maßnahmen und Sicherungsmaßnahmen

Art. 9 Einstweilige Maßnahmen und Sicherungsmaßnahmen

(1) Die Mitgliedstaaten stellen sicher, dass die zuständigen Gerichte die Möglichkeit haben, auf Antrag des Antragstellers
a) gegen den angeblichen Verletzer eine einstweilige Maßnahme anzuordnen, um eine drohende Verletzung eines Rechts des geistigen Eigentums zu verhindern oder einstweilig und, sofern die einzelstaatlichen Rechtsvorschriften dies vorsehen, in geeigneten Fällen unter Verhängung von Zwangsgeldern die Fortsetzung angeblicher Verletzungen dieses Rechts zu untersagen oder die Fortsetzung an die Stellung von Sicherheiten zu knüpfen, die die Entschädigung des Rechtsinhabers sicherstellen sollen; eine einstweilige Maßnahme kann unter den gleichen Voraussetzungen auch gegen eine Mittelsperson angeordnet werden, deren Dienste von einem Dritten zwecks Verletzung eines Rechts des geistigen Eigentums in Anspruch genommen werden; Anordnungen gegen Mittelspersonen, deren Dienste von einem Dritten zwecks Verletzung eines Urheberrechts oder eines verwandten Schutzrechts in Anspruch genommen werden, fallen unter die Richtlinie 2001/29/EG;
b) die Beschlagnahme oder Herausgabe der Waren, bei denen der Verdacht auf Verletzung eines Rechts des geistigen Eigentums besteht, anzuordnen, um deren Inverkehrbringen und Umlauf auf den Vertriebswegen zu verhindern.

(2) [1]Im Falle von Rechtsverletzungen in gewerblichem Ausmaß stellen die Mitgliedstaaten sicher, dass die zuständigen Gerichte die Möglichkeit haben, die vorsorgliche Beschlagnahme beweglichen und unbeweglichen Vermögens des angeblichen Verletzers einschließlich der Sperrung seiner Bankkonten und der Beschlagnahme sonstiger Vermögenswerte anzuordnen, wenn die geschädigte Partei glaubhaft macht, dass die Erfüllung ihrer Schadensersatzforderung fraglich ist. [2]Zu diesem Zweck können die zuständigen Behörden die Übermittlung von Bank-, Finanz- oder Handelsunterlagen oder einen geeigneten Zugang zu den entsprechenden Unterlagen anordnen.

(3) Im Falle der Maßnahmen nach den Absätzen 1 und 2 müssen die Gerichte befugt sein, dem Antragsteller aufzuerlegen, alle vernünftigerweise verfügbaren Beweise vorzulegen, um sich mit ausreichender Sicherheit davon überzeugen zu können, dass der Antragsteller der Rechtsinhaber ist und dass das Recht des Antragstellers verletzt wird oder dass eine solche Verletzung droht.

(4) [1]Die Mitgliedstaaten stellen sicher, dass die einstweiligen Maßnahmen nach den Absätzen 1 und 2 in geeigneten Fällen ohne Anhörung der anderen Partei angeordnet werden können, insbesondere dann, wenn durch eine Verzögerung dem Rechtsinhaber ein nicht wieder gutzumachender Schaden entstehen würde. [2]In diesem Fall sind die Parteien spätestens unverzüglich nach der Vollziehung der Maßnahmen davon in Kenntnis zu setzen.

Auf Antrag des Antragsgegners findet eine Prüfung, die das Recht zur Stellungnahme einschließt, mit dem Ziel statt, innerhalb einer angemessenen Frist nach der Mitteilung der Maßnahmen zu entscheiden, ob diese abgeändert, aufgehoben oder bestätigt werden sollen.

(5) Die Mitgliedstaaten stellen sicher, dass die einstweiligen Maßnahmen nach den Absätzen 1 und 2 auf Antrag des Antragsgegners aufgehoben oder auf andere Weise außer Kraft gesetzt werden, wenn der Antragsteller nicht innerhalb einer angemessenen Frist – die entweder von dem die Maßnahmen anordnenden Gericht festgelegt wird, sofern dies nach dem Recht des Mitgliedstaats zulässig ist, oder, wenn es nicht zu einer solchen Festlegung kommt, 20 Arbeitstage oder 31 Kalendertage, wobei der längere der beiden Zeiträume gilt, nicht überschreitet – bei dem zuständigen Gericht das Verfahren einleitet, das zu einer Sachentscheidung führt.

(6) Die zuständigen Gerichte können die einstweiligen Maßnahmen nach den Absätzen 1 und 2 an die Stellung einer angemessenen Kaution oder die Leistung einer entsprechenden Sicherheit durch den Antragsteller knüpfen, um eine etwaige Entschädigung des Antragsgegners gemäß Absatz 7 sicherzustellen.

(7) Werden einstweilige Maßnahmen aufgehoben oder werden sie auf Grund einer Handlung oder Unterlassung des Antragstellers hinfällig, oder wird in der Folge festgestellt, dass keine Verletzung oder drohende Verletzung eines Rechts des geistigen Eigentums vorlag, so sind die Gerichte befugt, auf Antrag des Antragsgegners anzuordnen, dass der Antragsteller dem Antragsgegner angemessenen Ersatz für durch diese Maßnahmen entstandenen Schaden zu leisten hat.

Abschnitt 5 Maßnahmen aufgrund einer Sachentscheidung

Art. 10 Abhilfemaßnahmen

(1) [1]Die Mitgliedstaaten stellen sicher, dass die zuständigen Gerichte auf Antrag des Antragstellers anordnen können, dass in Bezug auf Waren, die nach ihren Feststellungen ein Recht des geistigen Eigentums verletzen, und gegebenenfalls in Bezug auf

Materialien und Geräte, die vorwiegend zur Schaffung oder Herstellung dieser Waren gedient haben, unbeschadet etwaiger Schadensersatzansprüche des Rechtsinhabers aus der Verletzung sowie ohne Entschädigung irgendwelcher Art geeignete Maßnahmen getroffen werden. [2]Zu diesen Maßnahmen gehören

a) der Rückruf aus den Vertriebswegen,
b) das endgültige Entfernen aus den Vertriebswegen
   oder
c) die Vernichtung.

(2) Die Gerichte ordnen an, dass die betreffenden Maßnahmen auf Kosten des Verletzers durchgeführt werden, es sei denn, es werden besondere Gründe geltend gemacht, die dagegen sprechen.

(3) Bei der Prüfung eines Antrags auf Anordnung von Abhilfemaßnahmen sind die Notwendigkeit eines angemessenen Verhältnisses zwischen der Schwere der Verletzung und den angeordneten Abhilfemaßnahmen sowie die Interessen Dritter zu berücksichtigen

Art. 11 Gerichtliche Anordnungen

[1]Die Mitgliedstaaten stellen sicher, dass die zuständigen Gerichte bei Feststellung einer Verletzung eines Rechts des geistigen Eigentums eine Anordnung gegen den Verletzer erlassen können, die ihm die weitere Verletzung des betreffenden Rechts untersagt. [2]Sofern dies nach dem Recht eines Mitgliedstaats vorgesehen ist, werden im Falle einer Missachtung dieser Anordnung in geeigneten Fällen Zwangsgelder verhängt, um die Einhaltung der Anordnung zu gewährleisten. [3]Unbeschadet des Artikels 8 Absatz 3 der Richtlinie 2001/29/EG stellen die Mitgliedstaaten ferner sicher, dass die Rechtsinhaber eine Anordnung gegen Mittelspersonen beantragen können, deren Dienste von einem Dritten zwecks Verletzung eines Rechts des geistigen Eigentums in Anspruch genommen werden.

Art. 12 Ersatzmaßnahmen

Die Mitgliedstaaten können vorsehen, dass die zuständigen Gerichte in entsprechenden Fällen und auf Antrag der Person, der die in diesem Abschnitt vorgesehenen Maßnahmen auferlegt werden könnten, anordnen können, dass anstelle der Anwendung der genannten Maßnahmen eine Abfindung an die geschädigte Partei zu zahlen ist, sofern die betreffende Person weder vorsätzlich noch fahrlässig gehandelt hat, ihr aus der Durchführung der betreffenden Maßnahmen ein unverhältnismäßig großer Schaden entstehen würde und die Zahlung einer Abfindung an die geschädigte Partei als angemessene Entschädigung erscheint.

Abschnitt 6 Schadensersatz und Rechtskosten

Art. 13 Schadensersatz

(1) Die Mitgliedstaaten stellen sicher, dass die zuständigen Gerichte auf Antrag der geschädigten Partei anordnen, dass der Verletzer, der wusste oder vernünftigerweise hätte wissen müssen, dass er eine Verletzungshandlung vornahm, dem Rechtsinhaber zum Ausgleich des von diesem wegen der Rechtsverletzung erlittenen tatsächlichen Schadens angemessenen Schadensersatz zu leisten hat.

Bei der Festsetzung des Schadensersatzes verfahren die Gerichte wie folgt:

a) Sie berücksichtigen alle in Frage kommenden Aspekte, wie die negativen wirtschaftlichen Auswirkungen, einschließlich der Gewinneinbußen für die geschädigte Partei und der zu Unrecht erzielten Gewinne des Verletzers, sowie in geeig-

neten Fällen auch andere als die rein wirtschaftlichen Faktoren, wie den immateriellen Schaden für den Rechtsinhaber,
oder

b) sie können stattdessen in geeigneten Fällen den Schadensersatz als Pauschalbetrag festsetzen, und zwar auf der Grundlage von Faktoren wie mindestens dem Betrag der Vergütung oder Gebühr, die der Verletzer hätte entrichten müssen, wenn er die Erlaubnis zur Nutzung des betreffenden Rechts des geistigen Eigentums eingeholt hätte.

(2) Für Fälle, in denen der Verletzer eine Verletzungshandlung vorgenommen hat, ohne dass er dies wusste oder vernünftigerweise hätte wissen müssen, können die Mitgliedstaaten die Möglichkeit vorsehen, dass die Gerichte die Herausgabe der Gewinne oder die Zahlung von Schadensersatz anordnen, dessen Höhe im Voraus festgesetzt werden kann.

Art. 14 Prozesskosten

Die Mitgliedstaaten stellen sicher, dass die Prozesskosten und sonstigen Kosten der obsiegenden Partei in der Regel, soweit sie zumutbar und angemessen sind, von der unterlegenen Partei getragen werden, sofern Billigkeitsgründe dem nicht entgegenstehen.

Abschnitt 7 Veröffentlichung

Art. 15 Veröffentlichung von Gerichtsentscheidungen

[1]Die Mitgliedstaaten stellen sicher, dass die Gerichte bei Verfahren wegen Verletzung von Rechten des geistigen Eigentums auf Antrag des Antragstellers und auf Kosten des Verletzers geeignete Maßnahmen zur Verbreitung von Informationen über die betreffende Entscheidung, einschließlich der Bekanntmachung und der vollständigen oder teilweisen Veröffentlichung, anordnen können. [2]Die Mitgliedstaaten können andere, den besonderen Umständen angemessene Zusatzmaßnahmen, einschließlich öffentlichkeitswirksamer Anzeigen, vorsehen.

Kapitel III Sanktionen der Mitgliedstaaten

Art. 16 Sanktionen der Mitgliedstaaten

Unbeschadet der in dieser Richtlinie vorgesehenen zivil- und verwaltungsrechtlichen Maßnahmen, Verfahren und Rechtsbehelfe können die Mitgliedstaaten in Fällen von Verletzungen von Rechten des geistigen Eigentums andere angemessene Sanktionen vorsehen.

Kapitel IV Verhaltenskodizes und Verwaltungszusammenarbeit

Art. 17 Verhaltenskodizes

Die Mitgliedstaaten wirken darauf hin, dass

a) die Unternehmens- und Berufsverbände oder -organisationen auf Gemeinschaftsebene Verhaltenskodizes ausarbeiten, die zum Schutz der Rechte des geistigen Eigentums beitragen, insbesondere indem die Anbringung eines Codes auf optischen Speicherplatten empfohlen wird, der den Ort ihrer Herstellung erkennen lässt;
b) der Kommission die Entwürfe innerstaatlicher oder gemeinschaftsweiter Verhaltenskodizes und etwaige Gutachten über deren Anwendung übermittelt werden.

Art. 18 Bewertung

(1) Jeder Mitgliedstaat legt der Kommission drei Jahre nach Ablauf der in Artikel 20 Absatz 1 genannten Frist einen Bericht über die Umsetzung dieser Richtlinie vor.

[1]Anhand dieser Berichte erstellt die Kommission einen Bericht über die Anwendung dieser Richtlinie, einschließlich einer Bewertung der Wirksamkeit der ergriffenen Maßnahmen sowie einer Bewertung der Auswirkungen der Richtlinie auf die Innovation und die Entwicklung der Informationsgesellschaft. [2]Dieser Bericht wird dem Europäischen Parlament, dem Rat und dem Europäischen Wirtschafts- und Sozialausschuss vorgelegt. [3]Soweit erforderlich, legt die Kommission unter Berücksichtigung der Entwicklung des Gemeinschaftsrechts zusammen mit dem Bericht Vorschläge zur Änderung dieser Richtlinie vor.

(2) Die Mitgliedstaaten lassen der Kommission bei der Erstellung des in Absatz 1 Unterabsatz 2 genannten Berichts jede benötigte Hilfe und Unterstützung zukommen.

Art. 19 Informationsaustausch und Korrespondenzstellen

[1]Zur Förderung der Zusammenarbeit, einschließlich des Informationsaustauschs, der Mitgliedstaaten untereinander sowie zwischen den Mitgliedstaaten und der Kommission benennt jeder Mitgliedstaat mindestens eine nationale Korrespondenzstelle für alle die Durchführung der in dieser Richtlinie vorgesehenen Maßnahmen betreffenden Fragen. [2]Jeder Mitgliedstaat teilt die Kontaktadressen seiner Korrespondenzstelle(n) den anderen Mitgliedstaaten und der Kommission mit.

Kapitel V Schlussbestimmungen

Art. 20 Umsetzung

(1) [1]Die Mitgliedstaaten setzen die Rechts- und Verwaltungsvorschriften in Kraft, die erforderlich sind, um dieser Richtlinie spätestens ab dem 29. April 2006 nachzukommen. [2]Sie setzen die Kommission unverzüglich davon in Kenntnis.

[1]Wenn die Mitgliedstaaten diese Vorschriften erlassen, nehmen sie in den Vorschriften selbst oder durch einen Hinweis bei der amtlichen Veröffentlichung auf diese Richtlinie Bezug. [2]Die Mitgliedstaaten regeln die Einzelheiten der Bezugnahme.

(2) Die Mitgliedstaaten teilen der Kommission den Wortlaut der innerstaatlichen Rechtsvorschriften mit, die sie auf dem unter diese Richtlinie fallenden Gebiet erlassen.

Art. 21 Inkrafttreten

Diese Richtlinie tritt am zwanzigsten Tag nach ihrer Veröffentlichung[9] im *Amtsblatt der Europäischen Union* in Kraft.

Art. 22 Adressaten

Diese Richtlinie ist an die Mitgliedstaaten gerichtet.

---

[9] Veröffentlicht am 30. 4. 2004.

19. Übereinkommen über handelsbezogene Aspekte der Rechte des geistigen Eigentums[1, 2] (TRIPS-Übereinkommen)

vom 15. April 1994
(BGBl. II S. 1730)

Zuletzt geändert durch Änd vom 6.12.2005 (ABl. 2007 Nr. L 311 S. 37)

Die Mitglieder –

von dem Wunsch geleitet, Verzerrungen und Behinderungen des internationalen Handels zu verringern, und unter Berücksichtigung der Notwendigkeit, einen wirksamen und angemessenen Schutz der Rechte des geistigen Eigentums zu fördern sowie sicherzustellen, daß die Maßnahmen und Verfahren zur Durchsetzung der Rechte des geistigen Eigentums nicht selbst zu Schranken für den rechtmäßigen Handel werden,

in der Erkenntnis, daß es zu diesem Zweck neuer Regeln und Disziplinen bedarf im Hinblick auf

a) die Anwendbarkeit der Grundprinzipien des GATT 1994 und der einschlägigen internationalen Übereinkünfte über geistiges Eigentum,
b) die Aufstellung angemessener Normen und Grundsätze betreffend die Verfügbarkeit, den Umfang und die Ausübung handelsbezogener Rechte des geistigen Eigentums,
c) die Bereitstellung wirksamer und angemessener Mittel für die Durchsetzung handelsbezogener Rechte des geistigen Eigentums unter Berücksichtigung der Unterschiede in den Rechtssystemen der einzelnen Länder,
d) die Bereitstellung wirksamer und zügiger Verfahren für die multilaterale Vermeidung und Beilegung von Streitigkeiten zwischen Regierungen und
e) Übergangsregelungen, die auf eine möglichst umfassende Beteiligung an den Ergebnissen der Verhandlungen abzielen,

in Erkenntnis der Notwendigkeit eines multilateralen Rahmens von Grundsätzen, Regeln und Disziplinen betreffend den internationalen Handel mit gefälschten Waren,

in der Erkenntnis, daß Rechte an geistigem Eigentum private Rechte sind,

in Erkenntnis der dem öffentlichen Interesse dienenden grundsätzlichen Ziele der Systeme der einzelnen Länder für den Schutz des geistigen Eigentums, einschließlich der entwicklungs- und technologiepolitischen Ziele,

sowie in Erkenntnis der besonderen Bedürfnisse der am wenigsten entwickelten Länder, die Mitglieder sind, in bezug auf größtmögliche Flexibilität bei der Umsetzung von Gesetzen und sonstigen Vorschriften im Inland, um es ihnen zu ermöglichen, eine gesunde und tragfähige technologische Grundlage zu schaffen,

unter Betonung der Bedeutung des Abbaus von Spannungen durch die verstärkte Verpflichtung, Streitigkeiten betreffend handelsbezogene Fragen des geistigen Eigentums durch multilaterale Verfahren zu lösen,

---

[1] Verkündet als Anhang C des Übereinkommens vom 15. April 1994 zur Errichtung der Welthandelsorganisation (WTO) v. 30.8.1994 (BGBl. II S. 1438).

[2] Die Frist zur Annahme der Änderungen v. 6.12.2005 (ABl. 2007 Nr. L 311, S. 37) wurde bis zum 31.12.2009 verlängert.

in dem Wunsch, eine der gegenseitigen Unterstützung dienende Beziehung zwischen der Welthandelsorganisation und der Weltorganisation für geistiges Eigentum (in diesem Übereinkommen als „WIPO" bezeichnet) sowie anderen einschlägigen internationalen Organisationen aufzubauen –

kommen hiermit wie folgt überein:

Teil I Allgemeine Bestimmungen und Grundprinzipien

Artikel 1 Wesen und Umfang der Pflichten

(1) [1]Die Mitglieder wenden die Bestimmungen dieses Übereinkommens an. [2]Die Mitglieder dürfen in ihr Recht einen umfassenderen Schutz als den durch dieses Übereinkommen geforderten aufnehmen, vorausgesetzt, dieser Schutz läuft diesem Übereinkommen nicht zuwider, sie sind dazu aber nicht verpflichtet. [3]Es steht den Mitgliedern frei, die für die Umsetzung dieses Übereinkommens in ihrem eigenen Rechtssystem und in ihrer Rechtspraxis geeignete Methode festzulegen.

(2) Der Begriff „geistiges Eigentum" im Sinne dieses Übereinkommens umfaßt alle Arten des geistigen Eigentums, die Gegenstand der Abschnitte 1 bis 7 des Teils II sind.

(3) [1]Die Mitglieder gewähren die in diesem Übereinkommen festgelegte Behandlung den Angehörigen der anderen Mitglieder.[3] [2]In bezug auf das einschlägige Recht des geistigen Eigentums sind unter den Angehörigen anderer Mitglieder diejenigen natürlichen oder juristischen Personen zu verstehen, die den Kriterien für den Zugang zum Schutz nach der Pariser Verbandsübereinkunft (1967), der Berner Überein-

---

[3] **[Amtl. Anm.:]** Soweit in diesem Übereinkommen der Begriff „Angehörige" verwendet wird, bedeutet dieser Begriff im Falle eines gesonderten Zollgebiets, das Mitglied der WTO ist, natürliche oder juristische Personen mit Wohnsitz oder einer wirklichen und tatsächlichen gewerblichen oder Handelsniederlassung in diesem Zollgebiet.

kunft (1971), dem Rom-Abkommen und dem Vertrag über den Schutz des geistigen Eigentums im Hinblick auf integrierte Schaltkreise entsprächen, wenn alle Mitglieder der Welthandelsorganisation Vertragsparteien dieser Übereinkünfte wären.[4] [3]Ein Mitglied, das von den in Artikel 5 Absatz 3 oder Artikel 6 Absatz 2 des Rom-Abkommens vorgesehenen Möglichkeiten Gebrauch macht, hat eine Notifikation gemäß den genannten Bestimmungen an den Rat für handelsbezogene Aspekte der Rechte des geistigen Eigentums (den „Rat für TRIPS") vorzunehmen.

Artikel 2 Übereinkünfte über geistiges Eigentum

(1) In bezug auf die Teile II, III und IV dieses Übereinkommens befolgen die Mitglieder die Artikel 1 bis 12 sowie Artikel 19 der Pariser Verbandsübereinkunft (1967).

(2) Die in den Teilen I bis IV dieses Übereinkommens enthaltenen Bestimmungen setzen die nach der Pariser Verbandsübereinkunft, der Berner Übereinkunft, dem Rom-Abkommen und dem Vertrag über den Schutz des geistigen Eigentums im Hinblick auf integrierte Schaltkreise bestehenden Verpflichtungen der Mitglieder untereinander nicht außer Kraft.

Artikel 3 Inländerbehandlung

(1) [1]Die Mitglieder gewähren den Angehörigen der anderen Mitglieder eine Behandlung, die nicht weniger günstig ist als die, die sie ihren eigenen Angehörigen in bezug auf den Schutz[5] des geistigen Eigentums gewähren, vorbehaltlich der jeweils bereits in der Pariser Verbandsübereinkunft (1967), der Berner Übereinkunft (1971), dem Rom-Abkommen oder dem Vertrag über den Schutz des geistigen Eigentums im Hinblick auf integrierte Schaltkreise vorgesehenen Ausnahmen. [2]In bezug auf ausübende Künstler, Hersteller von Tonträgern und Sendeunternehmen gilt diese Verpflichtung nur in bezug auf die durch dieses Übereinkommen vorgesehenen Rechte. [3]Ein Mitglied, das von den in Artikel 6 der Berner Übereinkunft (1971) oder in Artikel 16 Absatz 1 Buchstabe b des Rom-Abkommens vorgesehenen Möglichkeiten Gebrauch macht, hat eine Notifikation gemäß den genannten Bestimmungen an den Rat für TRIPS vorzunehmen.

(2) Die Mitglieder dürfen in bezug auf Gerichts- und Verwaltungsverfahren, einschließlich der Bestimmung einer Anschrift für die Zustellung oder der Ernennung eines Vertreters innerhalb des Hoheitsgebiets eines Mitglieds, von den in Absatz 1 vorgesehenen Ausnahmen nur Gebrauch machen, wenn diese Ausnahmen notwendig sind, um die Einhaltung von Gesetzen und sonstigen Vorschriften sicherzustellen,

---

[4] **[Amtl. Anm.:]** In diesem Übereinkommen bedeutet „Pariser Verbandsübereinkunft" die Pariser Verbandsübereinkunft zum Schutz des gewerblichen Eigentums, „Pariser Verbandsübereinkunft (1967)" die Stockholmer Fassung dieser Übereinkunft vom 14. Juli 1967, „Berner Übereinkunft" die Berner Übereinkunft zum Schutz von Werken der Literatur und Kunst, „Berner Übereinkunft (1971)" die Pariser Fassung dieser Übereinkunft vom 24. Juli 1971, „Rom-Abkommen" das Internationale Abkommen über den Schutz der ausübenden Künstler, der Hersteller von Tonträgern und der Sendeunternehmen, angenommen in Rom am 26. Oktober 1961, „Vertrag über den Schutz des geistigen Eigentums im Hinblick auf integrierte Schaltkreise" (IPIC-Vertrag) den am 26. Mai 1989 in Washington angenommenen Vertrag über den Schutz des geistigen Eigentums im Hinblick auf integrierte Schaltkreise, „WTO-Übereinkommen" das Übereinkommen zur Errichtung der Welthandelsorganisation.

[5] **[Amtl. Anm.:]** Im Sinne der Artikel 3 und 4 schließt „Schutz" Angelegenheiten ein, welche die Verfügbarkeit, den Erwerb, den Umfang, die Aufrechterhaltung und die Durchsetzung von Rechten des geistigen Eigentums betreffen, sowie diejenigen Angelegenheiten, welche die Ausübung von Rechten des geistigen Eigentums betreffen, die in diesem Übereinkommen ausdrücklich behandelt werden.

die mit den Bestimmungen dieses Übereinkommens nicht unvereinbar sind, und wenn diese Praktiken nicht in einer Weise angewendet werden, die eine verschleierte Handelsbeschränkung bilden würde.

Artikel 4 Meistbegünstigung

[1]In bezug auf den Schutz des geistigen Eigentums werden Vorteile, Vergünstigungen, Sonderrechte und Befreiungen, die von einem Mitglied den Angehörigen eines anderen Landes gewährt werden, sofort und bedingungslos den Angehörigen aller anderen Mitglieder gewährt. [2]Von dieser Verpflichtung ausgenommen sind von einem Mitglied gewährte Vorteile, Vergünstigungen, Sonderrechte und Befreiungen,
a) die sich aus internationalen Übereinkünften über Rechtshilfe oder Vollstreckung ableiten, die allgemeiner Art sind und sich nicht speziell auf den Schutz des geistigen Eigentums beschränken;
b) die gemäß den Bestimmungen der Berner Übereinkunft (1971) oder des Rom-Abkommens gewährt werden, in denen gestattet wird, daß die gewährte Behandlung nicht von der Inländerbehandlung, sondern von der in einem anderen Land gewährten Behandlung abhängig gemacht wird;
c) die sich auf die in diesem Übereinkommen nicht geregelten Rechte von ausübenden Künstlern, Herstellern von Tonträgern und Sendeunternehmen beziehen;
d) die sich aus internationalen Übereinkünften betreffend den Schutz des geistigen Eigentums ableiten, die vor dem Inkrafttreten des WTO-Übereinkommens in Kraft getreten sind, vorausgesetzt, daß diese Übereinkünfte dem Rat für TRIPS notifiziert werden und keine willkürliche oder ungerechtfertigte Diskriminierung von Angehörigen anderer Mitglieder darstellen.

Artikel 5 Mehrseitige Übereinkünfte über den Erwerb oder die Aufrechterhaltung des Schutzes

Die in den Artikeln 3 und 4 aufgeführten Verpflichtungen finden keine Anwendung auf Verfahren, die in im Rahmen der Weltorganisation für geistiges Eigentum geschlossenen mehrseitigen Übereinkünften betreffend den Erwerb oder die Aufrechterhaltung von Rechten des geistigen Eigentums enthalten sind.

Artikel 6 Erschöpfung

Für die Zwecke der Streitbeilegung im Rahmen dieses Übereinkommens darf vorbehaltlich der Artikel 3 und 4 dieses Übereinkommen nicht dazu verwendet werden, die Frage der Erschöpfung von Rechten des geistigen Eigentums zu behandeln.

Artikel 7 Ziele

Der Schutz und die Durchsetzung von Rechten des geistigen Eigentums sollen zur Förderung der technischen Innovation sowie zur Weitergabe und Verbreitung von Technologie beitragen, dem beiderseitigen Vorteil der Erzeuger und Nutzer technischen Wissens dienen, in einer dem gesellschaftlichen und wirtschaftlichen Wohl zuträglichen Weise erfolgen und einen Ausgleich zwischen Rechten und Pflichten herstellen.

Artikel 8 Grundsätze

(1) Die Mitglieder dürfen bei der Abfassung oder Änderung ihrer Gesetze und sonstigen Vorschriften die Maßnahmen ergreifen, die zum Schutz der öffentlichen Gesundheit und Ernährung sowie zur Förderung des öffentlichen Interesses in den für ihre sozio-ökonomische und technische Entwicklung lebenswichtigen Sektoren notwendig sind; jedoch müssen diese Maßnahmen mit diesem Übereinkommen vereinbar sein.

(2) Geeignete Maßnahmen, die jedoch mit diesem Übereinkommen vereinbar sein müssen, können erforderlich sein, um den Mißbrauch von Rechten des geistigen Eigentums durch die Rechtsinhaber oder den Rückgriff auf Praktiken, die den Handel unangemessen beschränken oder den internationalen Technologietransfer nachteilig beeinflussen, zu verhindern.

Teil II Normen betreffend die Verfügbarkeit, den Umfang und die Ausübung von Rechten des geistigen Eigentums

Abschnitt 1: Urheberrecht und verwandte Schutzrechte

Artikel 9 **Verhältnis zur Berner Übereinkunft**

[hier nicht wiedergegeben]

Artikel 10 **Computerprogramme und Zusammenstellungen von Daten**

[hier nicht wiedergegeben]

Artikel 11 **Vermietrechte**

[hier nicht wiedergegeben]

Artikel 12 **Schutzdauer**

[hier nicht wiedergegeben]

Artikel 13 **Beschränkungen und Ausnahmen**

[hier nicht wiedergegeben]

Artikel 14 **Schutz von ausübenden Künstlern, Herstellern von Tonträgern (Tonaufnahmen) und Sendeunternehmen**

[hier nicht wiedergegeben]

Abschnitt 2: Marken

Artikel 15 **Gegenstand des Schutzes**

[hier nicht wiedergegeben]

Artikel 16 **Rechte aus der Marke**

[hier nicht wiedergegeben]

Artikel 17 **Ausnahmen**

[hier nicht wiedergegeben]

Artikel 18 **Schutzdauer**

[hier nicht wiedergegeben]

Artikel 19 Erfordernis der Benutzung

[hier nicht wiedergegeben]

Artikel 20 Sonstige Erfordernisse

[hier nicht wiedergegeben]

Artikel 21 Lizenzen und Übertragungen

[hier nicht wiedergegeben]

Abschnitt 3: Geographische Angaben

Artikel 22 Schutz geographischer Angaben

[hier nicht wiedergegeben]

Artikel 23 Zusätzlicher Schutz für geographische Angaben für Weine und Spirituosen

[hier nicht wiedergegeben]

Artikel 24 Internationale Verhandlungen; Ausnahmen

[hier nicht wiedergegeben]

Abschnitt 4: Gewerbliche Muster und Modelle

Artikel 25 Schutzvoraussetzungen

[hier nicht wiedergegeben]

Artikel 26 Schutz

[hier nicht wiedergegeben]

Abschnitt 5: Patente

Artikel 27 Patentfähige Gegenstände

(1) [1]Vorbehaltlich der Absätze 2 und 3 ist vorzusehen, daß Patente für Erfindungen auf allen Gebieten der Technik erhältlich sind, sowohl für Erzeugnisse als auch für Verfahren, vorausgesetzt, daß sie neu sind, auf einer erfinderischen Tätigkeit beruhen und gewerblich anwendbar sind.[6] [2]Vorbehaltlich des Artikels 65 Absatz 4, des Artikels 70 Absatz 8 und des Absatzes 3 dieses Artikels sind Patente erhältlich und können Patentrechte ausgeübt werden, ohne daß hinsichtlich des Ortes der Erfindung, des Gebiets der Technik oder danach, ob die Erzeugnisse eingeführt oder im Land hergestellt werden, diskriminiert werden darf.

---

[6] **[Amtl. Anm.:]** Im Sinne dieses Artikels kann ein Mitglied die Begriffe „erfinderische Tätigkeit" und „gewerblich anwendbar" als Synonyme der Begriffe „nicht naheliegend" beziehungsweise „nützlich" auffassen.

(2) Die Mitglieder können Erfindungen von der Patentierbarkeit ausschließen, wenn die Verhinderung ihrer gewerblichen Verwertung innerhalb ihres Hoheitsgebiets zum Schutz der öffentlichen Ordnung oder der guten Sitten einschließlich des Schutzes des Lebens oder der Gesundheit von Menschen, Tieren oder Pflanzen oder zur Vermeidung einer ernsten Schädigung der Umwelt notwendig ist, vorausgesetzt, daß ein solcher Ausschluß nicht nur deshalb vorgenommen wird, weil die Verwertung durch ihr Recht verboten ist.

(3) Die Mitglieder können von der Patentierbarkeit auch ausschließen

a) diagnostische, therapeutische und chirurgische Verfahren für die Behandlung von Menschen oder Tieren;
b) Pflanzen und Tiere, mit Ausnahme von Mikroorganismen, und im wesentlichen biologische Verfahren für die Züchtung von Pflanzen oder Tieren mit Ausnahme von nicht-biologischen und mikrobiologischen Verfahren. Die Mitglieder sehen jedoch den Schutz von Pflanzensorten entweder durch Patente oder durch ein wirksames System sui generis oder durch eine Kombination beider vor. Die Bestimmungen dieses Buchstabens werden vier Jahre nach dem Inkrafttreten des WTO-Übereinkommens überprüft.

Artikel 28 Rechte aus dem Patent

(1) Ein Patent gewährt seinem Inhaber die folgenden ausschließlichen Rechte:

a) wenn der Gegenstand des Patents ein Erzeugnis ist, es Dritten zu verbieten, ohne die Zustimmung des Inhabers folgende Handlungen vorzunehmen: Herstellung, Gebrauch, Anbieten zum Verkauf, Verkauf oder diesen Zwecken dienende Einfuhr[7] dieses Erzeugnisses;
b) wenn der Gegenstand des Patents ein Verfahren ist, es Dritten zu verbieten, ohne die Zustimmung des Inhabers das Verfahren anzuwenden und folgende Handlungen vorzunehmen: Gebrauch, Anbieten zum Verkauf, Verkauf oder Einfuhr zu diesen Zwecken zumindest in bezug auf das unmittelbar durch dieses Verfahren gewonnene Erzeugnis.

(2) Der Patentinhaber hat auch das Recht, das Patent rechtsgeschäftlich oder im Weg der Rechtsnachfolge zu übertragen und Lizenzverträge abzuschließen.

Artikel 29 Bedingungen für Patentanmelder

(1) Die Mitglieder sehen vor, daß der Anmelder eines Patents die Erfindung so deutlich und vollständig zu offenbaren hat, daß ein Fachmann sie ausführen kann, und können vom Anmelder verlangen, die dem Erfinder am Anmeldetag oder, wenn eine Priorität in Anspruch genommen wird, am Prioritätstag bekannte beste Art der Ausführung der Erfindung anzugeben.

(2) Die Mitglieder können vom Anmelder eines Patents verlangen, Angaben über seine entsprechenden ausländischen Anmeldungen und Erteilungen vorzulegen.

Artikel 30 Ausnahmen von den Rechten aus dem Patent

Die Mitglieder können begrenzte Ausnahmen von den ausschließlichen Rechten aus einem Patent vorsehen, sofern solche Ausnahmen nicht unangemessen im Widerspruch zur normalen Verwertung des Patents stehen und die berechtigten Interessen des Inhabers des Patents nicht unangemessen beeinträchtigen, wobei auch die berechtigten Interessen Dritter zu berücksichtigen sind.

---

[7] **[Amtl. Anm.:]** Dieses Recht unterliegt ebenso wie alle sonstigen nach diesem Übereinkommen gewährten Rechte in bezug auf Gebrauch, Verkauf, Einfuhr oder sonstigen Vertrieb von Waren Artikel 6.

Artikel 31 Sonstige Benutzung ohne Zustimmung des Rechtsinhabers

Läßt das Recht eines Mitglieds die sonstige Benutzung[8] des Gegenstands eines Patents ohne die Zustimmung des Rechtsinhabers zu, einschließlich der Benutzung durch die Regierung oder von der Regierung ermächtigte Dritte, so sind folgende Bestimmungen zu beachten:

a) die Erlaubnis zu einer solchen Benutzung wird aufgrund der Umstände des Einzelfalls geprüft;

b) eine solche Benutzung darf nur gestattet werden, wenn vor der Benutzung derjenige, der die Benutzung plant, sich bemüht hat, die Zustimmung des Rechtsinhabers zu angemessenen geschäftsüblichen Bedingungen zu erhalten, und wenn diese Bemühungen innerhalb einer angemessenen Frist erfolglos geblieben sind. Auf dieses Erfordernis kann ein Mitglied verzichten, wenn ein nationaler Notstand oder sonstige Umstände von äußerster Dringlichkeit vorliegen oder wenn es sich um eine öffentliche, nicht gewerbliche Benutzung handelt. Bei Vorliegen eines nationalen Notstands oder sonstiger Umstände von äußerster Dringlichkeit ist der Rechtsinhaber gleichwohl so bald wie zumutbar und durchführbar zu verständigen. Wenn im Fall öffentlicher, nicht gewerblicher Benutzung die Regierung oder der Unternehmer, ohne eine Patentrecherche vorzunehmen, weiß oder nachweisbaren Grund hat zu wissen, daß ein gültiges Patent von der oder für die Regierung benutzt wird oder werden wird, ist der Rechtsinhaber umgehend zu unterrichten;

c) Umfang und Dauer einer solchen Benutzung sind auf den Zweck zu begrenzen, für den sie gestattet wurde, und im Fall der Halbleitertechnik kann sie nur für den öffentlichen, nicht gewerblichen Gebrauch oder zur Beseitigung einer in einem Gerichts- oder Verwaltungsverfahren festgestellten wettbewerbswidrigen Praktik vorgenommen werden;

d) eine solche Benutzung muß nicht ausschließlich sein;

e) eine solche Benutzung kann nur zusammen mit dem Teil des Unternehmens oder des Goodwill, dem diese Benutzung zusteht, übertragen werden;

f) eine solche Benutzung ist vorwiegend für die Versorgung des Binnenmarkts des Mitglieds zu gestatten, das diese Benutzung gestattet;

g) die Gestattung einer solchen Benutzung ist vorbehaltlich eines angemessenen Schutzes der berechtigten Interessen der zu ihr ermächtigten Personen zu beenden, sofern und sobald die Umstände, die zu ihr geführt haben, nicht mehr vorliegen und wahrscheinlich nicht wieder eintreten werden. Die zuständige Stelle muß die Befugnis haben, auf begründeten Antrag hin die Fortdauer dieser Umstände zu überprüfen;

h) dem Rechtsinhaber ist eine nach den Umständen des Falles angemessene Vergütung zu leisten, wobei der wirtschaftliche Wert der Erlaubnis in Betracht zu ziehen ist;

i) die Rechtsgültigkeit einer Entscheidung im Zusammenhang mit der Erlaubnis zu einer solchen Benutzung unterliegt der Nachprüfung durch ein Gericht oder einer sonstigen unabhängigen Nachprüfung durch eine gesonderte übergeordnete Behörde in dem betreffenden Mitglied;

j) jede Entscheidung betreffend die in bezug auf eine solche Benutzung vorgesehene Vergütung unterliegt der Nachprüfung durch ein Gericht oder einer sonstigen unabhängigen Nachprüfung durch eine gesonderte übergeordnete Behörde in dem betreffenden Mitglied;

k) die Mitglieder sind nicht verpflichtet, die unter den Buchstaben b und f festgelegten Bedingungen anzuwenden, wenn eine solche Benutzung gestattet ist, um eine

---

[8] **[Amtl. Anm.:]** Mit „sonstiger Benutzung" ist eine andere als die nach Artikel 30 erlaubte Benutzung gemeint.

in einem Gerichts- oder Verwaltungsverfahren festgestellte wettbewerbswidrige Praktik abzustellen. Die Notwendigkeit, eine wettbewerbswidrige Praktik abzustellen, kann in solchen Fällen bei der Festsetzung des Betrags der Vergütung berücksichtigt werden. Die zuständigen Stellen sind befugt, eine Beendigung der Erlaubnis abzulehnen, sofern und sobald die Umstände, die zur Gewährung der Erlaubnis geführt haben, wahrscheinlich wieder eintreten werden;

l) wenn eine solche Benutzung gestattet ist, um die Verwertung eines Patents („zweites Patent") zu ermöglichen, das nicht verwertet werden kann, ohne ein anderes Patent („erstes Patent") zu verletzen, kommen die folgenden zusätzlichen Bedingungen zur Anwendung:
   i) die im zweiten Patent beanspruchte Erfindung muß gegenüber der im ersten Patent beanspruchten Erfindung einen wichtigen technischen Fortschritt von erheblicher wirtschaftlicher Bedeutung aufweisen;
   ii) der Inhaber des ersten Patents muß das Recht auf eine Gegenlizenz zu angemessenen Bedingungen für die Benutzung der im zweiten Patent beanspruchten Erfindung haben, und
   iii) die Benutzungserlaubnis in bezug auf das erste Patent kann nur zusammen mit dem zweiten Patent übertragen werden.

Artikel 31 bis[9]

(1) Die sich aus Artikel 31 Buchstabe f ergebenden Verpflichtungen eines Ausfuhrstaats erstrecken sich nicht auf die Erteilung von Zwangslizenzen, soweit sie für die Herstellung von Arzneimitteln und deren Ausfuhr in einen anspruchsberechtigten Einfuhrstaat nach Maßgabe der Bestimmungen in Absatz 2 des Anhangs zu diesem Übereinkommen notwendig sind.

(2) [1]Erteilt ein Ausfuhrstaat im Rahmen des in diesem Artikel und dem Anhang zu diesem Übereinkommen vorgesehenen Systems eine Zwangslizenz, so ist in dem Ausfuhrstaat eine angemessene Vergütung gemäß Artikel 31 Buchstabe h zu zahlen, die den wirtschaftlichen Wert der dem Einfuhrstaat zugestandenen Nutzung berücksichtigt. [2]Wird in einem anspruchsberechtigten Einfuhrstaat eine Zwangslizenz für dieselben Produkte erteilt, so erstreckt sich die aus Artikel 31 Buchstabe h ergebende Verpflichtung dieses Mitglieds nicht auf Produkte, für die in dem Ausfuhrstaat eine Vergütung gemäß Satz 1 dieses Absatzes gezahlt wurde.

(3) [1]Im Hinblick auf die Nutzung von Größenvorteilen zur Stärkung der Kaufkraft für Arzneimittel sowie zur Förderung ihrer lokalen Herstellung gilt Folgendes: Gehört ein Entwicklungsland oder eines der am wenigsten entwickelten Länder unter den WTO-Mitgliedern einem regionalem Handelsabkommen gemäß Artikel XXIV des GATT 1994 und dem Beschlussvom 28. November 1979 zur differenzierten und günstigeren Behandlung, Gegenseitigkeit und verstärkten Teilnahme der Entwicklungsländer (L/4903) an, was derzeit auf mehr als die Hälfte der am wenigsten entwickelten Länder laut aktueller Liste der Vereinten Nationen zutrifft, so erstreckt sich seine aus Artikel 31 Buchstabe f ergebende Verpflichtung nicht auf die Ausfuhr eines in sein Hoheitsgebiet eingeführten oder dort hergestellten Arzneimittels in andere Entwicklungsländer oder am wenigsten entwickelte Länder, wenn diese auch dem betreffenden regionalen Handelsabkommen angehören und von demselben Problem im Bereich der öffentlichen Gesundheit betroffen sind. [2]Dabei wird davon ausgegangen, dass dies die Territorialitätsbezogenheit der betreffenden Patentrechte nicht beeinträchtigt.

(4) Die Mitglieder legen gegen Maßnahmen, die mit diesem Artikel und dem Anhang zu diesem Übereinkommen im Einklang stehen, keine Beschwerde gemäß Artikel XXIII Absatz 1 Buchstaben b und c des GATT 1994 ein.

(5) [1]Dieser Artikel und der Anhang zu diesem Übereinkommen lassen die Rechte, Pflichten und Flexibilitäten der Mitglieder im Rahmen dieses Übereinkommens, mit Ausnahme von Ar-

[9] Die Frist zur Annahme der Änderung v. Art. 31bis, angef. durch Protokoll v. 6.12.2005 (ABl. Nr. L 311 S. 37) wurde bis zum 31.12.2009 verlängert.

tikel 31 Buchstaben f und h, einschließlich derer, die in der Erklärung über das TRIPS-Übereinkommen und die öffentliche Gesundheit (WT/MIN(01)/DEC/2) bekräftigt wurden, sowie deren Auslegung unberührt. [2]Sie finden auch insoweit keine Anwendung, als eine Ausfuhr unter Zwangslizenz hergestellter Arzneimittel im Einklang mit Artikel 31 Buchstabe f möglich ist.

Artikel 32 Widerruf/Verfall

Es ist eine Möglichkeit zur gerichtlichen Überprüfung von Entscheidungen, mit denen Patente widerrufen oder für verfallen erklärt werden, vorzusehen.

Artikel 33 Schutzdauer

Die erhältliche Schutzdauer endet nicht vor dem Ablauf einer Frist von 20 Jahren, gerechnet ab dem Anmeldetag.[10]

Artikel 34 Verfahrenspatente: Beweislast

(1) [1]Ist Gegenstand des Patentes ein Verfahren zur Herstellung eines Erzeugnisses, so sind in zivilrechtlichen Verfahren wegen einer Verletzung der in Artikel 28 Absatz 1 Buchstabe b genannten Rechte des Inhabers die Gerichte befugt, dem Beklagten den Nachweis aufzuerlegen, daß sich das Verfahren zur Herstellung eines identischen Erzeugnisses von dem patentierten Verfahren unterscheidet. [2]Daher sehen die Mitglieder, wenn zumindest einer der nachstehend aufgeführten Umstände gegeben ist, vor, daß ein identisches Erzeugnis, das ohne die Zustimmung des Patentinhabers hergestellt wurde, mangels Beweises des Gegenteils als nach dem patentierten Verfahren hergestellt gilt,

a) wenn das nach dem patentierten Verfahren hergestellte Erzeugnis neu ist;
b) wenn mit erheblicher Wahrscheinlichkeit das identische Erzeugnis nach dem Verfahren hergestellt wurde und es dem Inhaber des Patents bei Aufwendung angemessener Bemühungen nicht gelungen ist, das tatsächlich angewendete Verfahren festzustellen.

(2) Den Mitgliedern steht es frei, vorzusehen, daß die in Absatz 1 angegebene Beweislast dem angeblichen Verletzer auferlegt wird, wenn nur die unter Buchstabe a genannte Bedingung oder wenn nur die unter Buchstabe b genannte Bedingung erfüllt ist.

(3) Bei der Führung des Beweises des Gegenteils sind die berechtigten Interessen des Beklagten am Schutz seiner Herstellungs- und Geschäftsgeheimnisse zu berücksichtigen.

Abschnitt 6: Layout-Designs (Topographien) integrierter Schaltkreise

Artikel 35 Verhältnis zum IPIC-Vertrag

Die Mitglieder vereinbaren, nach den Artikeln 2 bis 7 (mit Ausnahme des Artikels 6 Absatz 3), Artikel 12 und Artikel 16 Absatz 3 des Vertrags über den Schutz des geistigen Eigentums im Hinblick auf integrierte Schaltkreise den Layout-Designs (Topographien) integrierter Schaltkreise (in diesem Übereinkommen als „Layout-Designs"

[10] **[Amtl. Anm.:]** Es besteht Einigkeit darüber, daß Mitglieder, die kein System der eigenständigen Erteilung kennen, festlegen können, daß die Schutzdauer ab dem Anmeldetag im System der ursprünglichen Erteilung gerechnet wird.

bezeichnet) Schutz zu gewähren und darüber hinaus die nachstehenden Bestimmungen zu befolgen.

Artikel 36 Schutzumfang

Vorbehaltlich des Artikels 37 Absatz 1 erachten die Mitglieder folgende Handlungen, wenn sie ohne Erlaubnis des Rechtsinhabers[11] vorgenommen werden, für rechtswidrig: Einfuhr, Verkauf oder sonstiger Vertrieb zu kommerziellen Zwecken in bezug auf ein geschütztes Layout-Design oder einen integrierten Schaltkreis, in den ein geschütztes Layout-Design aufgenommen ist, oder einen Gegenstand, in den ein derartiger integrierter Schaltkreis aufgenommen ist, nur insoweit, als er weiterhin ein rechtswidrig nachgebildetes Layout-Design enthält.

Artikel 37 Handlungen, die keiner Erlaubnis durch den Rechtsinhaber bedürfen

(1) [1]Ungeachtet des Artikels 36 betrachtet kein Mitglied die Vornahme einer der in jenem Artikel genannten Handlungen in bezug auf einen integrierten Schaltkreis, in den ein rechtswidrig nachgebildetes Layout-Design aufgenommen ist, oder einen Gegenstand, in den ein derartiger integrierter Schaltkreis aufgenommen ist, als rechtswidrig, wenn die Person, die diese Handlungen vorgenommen oder veranlaßt hat, beim Erwerb des integrierten Schaltkreises oder des Gegenstands, in den ein derartiger integrierter Schaltkreis aufgenommen ist, nicht wußte und keinen hinreichenden Grund zu der Annahme hatte, daß darin ein rechtswidrig nachgebildetes Layout-Design aufgenommen war. [2]Die Mitglieder sehen vor, daß diese Person nach dem Zeitpunkt, zu dem sie ausreichende Kenntnis davon erlangt hat, daß das Layout-Design rechtswidrig nachgebildet wurde, zwar alle genannten Handlungen in bezug auf die vorhandenen oder vor diesem Zeitpunkt bestellten Bestände vornehmen darf, aber an den Rechtsinhaber einen Betrag zu entrichten hat, der einer angemessenen Lizenzgebühr, wie sie aufgrund eines frei ausgehandelten Lizenzvertrags über ein solches Layout-Design zu zahlen wäre, entspricht.

(2) Die in Artikel 31 Buchstaben a bis k aufgeführten Bedingungen sind auf Zwangslizenzen an einem Layout-Design oder seiner Benutzung durch oder für die Regierung ohne Erlaubnis des Rechtsinhabers sinngemäß anzuwenden.

Artikel 38 Schutzdauer

(1) In Mitgliedern, welche die Eintragung als Voraussetzung des Schutzes verlangen, endet die Schutzdauer für Layout-Designs nicht vor Ablauf eines Zeitraums von zehn Jahren, gerechnet ab dem Anmeldetag oder ab der ersten geschäftlichen Verwertung, gleichviel, an welchem Ort der Welt sie stattfindet.

(2) In Mitgliedern, welche die Eintragung als Voraussetzung des Schutzes nicht verlangen, werden Layout-Designs während eines Zeitraums von nicht weniger als zehn Jahren geschützt, gerechnet ab dem Tag der ersten geschäftlichen Verwertung, gleichviel, an welchem Ort der Welt sie stattfindet.

(3) Ungeachtet der Absätze 1 und 2 können die Mitglieder vorsehen, daß der Schutz fünfzehn Jahre nach der Schaffung des Layout-Designs erlischt.

---

[11] **[Amtl. Anm.:]** Der Begriff „Rechtsinhaber" ist als bedeutungsgleich mit dem im IPIC-Vertrag verwendeten Begriff „Inhaber des Rechts" zu verstehen.

Abschnitt 7: Schutz nicht offenbarter Informationen

Artikel 39 [Schutz nicht offenbarter Informationen]

(1) Bei der Sicherung eines wirksamen Schutzes gegen unlauteren Wettbewerb, wie er in Artikel 10bis der Pariser Verbandsübereinkunft (1967) vorgesehen ist, schützen die Mitglieder nicht offenbarte Informationen nach Maßgabe des Absatzes 2 und Regierungen oder Regierungsstellen vorgelegte Daten nach Maßgabe des Absatzes 3.

(2) Natürliche und juristische Personen haben die Möglichkeit, zu verhindern, daß Informationen, die rechtmäßig unter ihrer Kontrolle stehen, ohne ihre Zustimmung auf eine Weise, die den anständigen Gepflogenheiten in Gewerbe und Handel zuwiderläuft,[12] Dritten offenbart, von diesen erworben oder benutzt werden, solange diese Informationen

a) in dem Sinne geheim sind, daß sie entweder in ihrer Gesamtheit oder in der genauen Anordnung und Zusammenstellung ihrer Bestandteile Personen in den Kreisen, die üblicherweise mit den fraglichen Informationen zu tun haben, nicht allgemein bekannt oder leicht zugänglich sind,
b) wirtschaftlichen Wert haben, weil sie geheim sind, und
c) Gegenstand von den Umständen nach angemessenen Geheimhaltungsmaßnahmen seitens der Person waren, unter deren Kontrolle sie rechtmäßig stehen.

(3) [1]Mitglieder, in denen die Vorlage nicht offenbarter Test- oder sonstiger Daten, deren Erstellung beträchtlichen Aufwand verursacht, Voraussetzung für die Marktzulassung pharmazeutischer oder agrochemischer Erzeugnisse ist, in denen neue chemische Stoffe verwendet werden, schützen diese Daten vor unlauterem gewerblichen Gebrauch. [2]Darüber hinaus schützen die Mitglieder solche Daten vor Offenbarung, es sei denn, daß diese zum Schutz der Öffentlichkeit notwendig ist oder daß Maßnahmen ergriffen werden, um sicherzustellen, daß die Daten vor unlauterem gewerblichen Gebrauch geschützt werden.

Abschnitt 8: Kontrolle wettbewerbswidriger Praktiken in vertraglichen Lizenzen

Artikel 40 [Kontrolle wettbewerbswidriger Praktiken in vertraglichen Lizenzen]

(1) Die Mitglieder sind sich darin einig, daß gewisse Praktiken oder Bestimmungen bei der Vergabe von Lizenzen an Rechten des geistigen Eigentums, die den Wettbewerb beschränken, nachteilige Auswirkungen auf den Handel haben können und die Weitergabe und Verbreitung von Technologie behindern können.

(2) [1]Dieses Übereinkommen hindert die Mitglieder nicht daran, in ihren Rechtsvorschriften Lizenzierungspraktiken und Lizenzbedingungen aufzuführen, die in bestimmten Fällen einen Mißbrauch von Rechten des geistigen Eigentums mit nachteiligen Auswirkungen auf den Wettbewerb auf dem entsprechenden Markt bilden können. [2]Wie vorstehend vorgesehen, kann ein Mitglied im Einklang mit den sonsti-

---

[12] **[Amtl. Anm.:]** Im Sinne dieser Bestimmung bedeutet „eine Weise, die den anständigen Gepflogenheiten in Gewerbe und Handel zuwiderläuft" zumindest Handlungen wie Vertragsbruch, Vertrauensbruch und Verleitung dazu und schließt den Erwerb nicht offenbarter Informationen durch Dritte ein, die wußten oder grob fahrlässig nicht wußten, daß solche Handlungen beim Erwerb eine Rolle spielten.

gen Bestimmungen dieses Übereinkommens geeignete Maßnahmen ergreifen, um solche Praktiken, zu denen zum Beispiel Bestimmungen über exklusive Rücklizenzen, über die Verhinderung von Angriffen auf die Gültigkeit sowie erzwungene Paketlizenzen gehören können, unter Berücksichtigung seiner einschlägigen Gesetze und sonstigen Vorschriften zu verhindern oder zu kontrollieren.

(3) [1]Auf Ersuchen tritt ein Mitglied mit einem anderen Mitglied, das Grund zur Annahme hat, daß der Inhaber eines Rechts des geistigen Eigentums, der Angehöriger des Mitgliedes ist, an welches das Ersuchen um Konsultationen gerichtet wurde, oder der dort seinen Wohnsitz hat, Praktiken betreibt, mit denen die den Gegenstand dieses Abschnitts betreffenden Gesetze und sonstigen Vorschriften des ersuchenden Mitglieds verletzt werden, und das die Einhaltung dieser Rechtsvorschriften wünscht, in Konsultationen ein unbeschadet jeder Maßnahme nach dem Recht des jeweiligen Mitglieds und der völligen Freiheit einer abschließenden Entscheidung des jeweiligen Mitglieds. [2]Das Mitglied, an welches das Ersuchen gerichtet wurde, prüft die Frage von Konsultationen mit dem ersuchenden Mitglied umfassend und wohlwollend, bietet angemessene Gelegenheit für solche Konsultationen und wirkt dadurch mit, daß es öffentlich verfügbare nicht vertrauliche Informationen, die für die fragliche Angelegenheit von Bedeutung sind, sowie andere ihm zugängliche Informationen zur Verfügung stellt, vorbehaltlich innerstaatlicher Rechtsvorschriften und des Abschlusses beide Seiten zufriedenstellender Vereinbarungen über die Wahrung ihrer Vertraulichkeit durch das ersuchende Mitglied.

(4) Einem Mitglied, dessen Angehörige oder Gebietsansässige in Verfahren in einem anderen Mitglied wegen einer angeblichen Verletzung der Gesetze und sonstigen Vorschriften dieses anderen Mitglieds in bezug auf den Gegenstand dieses Abschnitts verwickelt sind, ist auf Ersuchen durch das andere Mitglied Gelegenheit zu Konsultationen unter den in Absatz 3 aufgeführten Bedingungen zu geben.

Teil III Durchsetzung der Rechte des geistigen Eigentums

Abschnitt 1: Allgemeine Pflichten

Artikel 41 [Allgemeine Pflichten]

(1) [1]Die Mitglieder stellen sicher, daß die in diesem Teil aufgeführten Durchsetzungsverfahren in ihrem Recht vorgesehen werden, um ein wirksames Vorgehen gegen jede Verletzung von unter dieses Übereinkommen fallenden Rechten des geistigen Eigentums einschließlich Eilverfahren zur Verhinderung von Verletzungshandlungen und Rechtsbehelfe zur Abschreckung von weiteren Verletzungshandlungen zu ermöglichen. [2]Diese Verfahren sind so anzuwenden, daß die Errichtung von Schranken für den rechtmäßigen Handel vermieden wird und die Gewähr gegen ihren Mißbrauch gegeben ist.

(2) [1]Die Verfahren zur Durchsetzung von Rechten des geistigen Eigentums müssen fair und gerecht sein. [2]Sie dürfen nicht unnötig kompliziert oder kostspielig sein und keine unangemessenen Fristen oder ungerechtfertigten Verzögerungen mit sich bringen.

(3) [1]Sachentscheidungen sind vorzugsweise schriftlich abzufassen und mit Gründen zu versehen. [2]Sie müssen zumindest den Verfahrensparteien ohne ungebührliche Verzögerung zur Verfügung gestellt werden. [3]Sachentscheidungen dürfen sich nur auf Beweise stützen, zu denen die Parteien Gelegenheit zur Stellungnahme hatten.

(4) [1]Die Parteien eines Verfahrens erhalten Gelegenheit zur Nachprüfung von Endentscheidungen der Verwaltungsbehörden durch ein Gericht und, vorbehaltlich

der Bestimmungen über die gerichtliche Zuständigkeit im innerstaatlichen Recht des Mitglieds in bezug auf die Bedeutung einer Rechtssache, zumindest auch der Rechtsfragen erstinstanzlicher Sachentscheidungen der Gerichte. [2]Es besteht jedoch keine Verpflichtung, eine Gelegenheit zur Nachprüfung von Freisprüchen in Strafverfahren vorzusehen.

(5) [1]Es besteht Einvernehmen darüber, daß dieser Teil weder eine Verpflichtung begründet, ein gerichtliches System für die Durchsetzung von Rechten des geistigen Eigentums getrennt von dem für die Durchsetzung des Rechts im allgemeinen zu errichten, noch die Fähigkeit der Mitglieder berührt, ihr Recht allgemein durchzusetzen. [2]Dieser Teil schafft keine Verpflichtung hinsichtlich der Aufteilung von Mitteln für Zwecke der Durchsetzung von Rechten des geistigen Eigentums und für Zwecke der Durchsetzung des Rechts im allgemeinen.

Abschnitt 2: Zivil- und Verwaltungsverfahren und Rechtsbehelfe

Artikel 42 Faire und gerechte Verfahren

[1]Die Mitglieder stellen den Rechtsinhabern[13] zivilprozessuale Verfahren für die Durchsetzung aller unter dieses Übereinkommen fallenden Rechte des geistigen Eigentums zur Verfügung. [2]Die beklagte Partei hat Anspruch auf rechtzeitige schriftliche Benachrichtigung, die genügend Einzelheiten einschließlich der Grundlage für den Anspruch enthält. [3]Den Parteien ist zu gestatten, sich durch einen unabhängigen Rechtsanwalt vertreten zu lassen, und im Verfahren dürfen keine übermäßig erschwerten Anforderungen hinsichtlich der Notwendigkeit des persönlichen Erscheinens gestellt werden. [4]Alle Parteien solcher Verfahren sind berechtigt, ihre Ansprüche zu begründen und alle sachdienlichen Beweismittel vorzulegen. [5]Das Verfahren muß Möglichkeiten vorsehen, vertrauliche Informationen festzustellen und zu schützen, sofern dies nicht bestehenden verfassungsrechtlichen Erfordernissen zuwiderlaufen würde.

Artikel 43 Beweise

(1) Hat eine Partei alle vernünftigerweise verfügbaren Beweismittel zur hinreichenden Begründung ihrer Ansprüche vorgelegt und rechtserhebliche Beweismittel zur Begründung ihrer Ansprüche, die sich in der Verfügungsgewalt der gegnerischen Partei befinden, bezeichnet, so sind die Gerichte befugt anzuordnen, daß diese Beweismittel von der gegnerischen Partei vorgelegt werden, gegebenenfalls unter Bedingungen, die den Schutz vertraulicher Informationen gewährleisten.

(2) In Fällen, in denen eine Prozeßpartei aus eigenem Willen und ohne stichhaltigen Grund den Zugang zu notwendigen Informationen verweigert oder diese nicht innerhalb einer angemessenen Frist vorlegt oder ein Verfahren zur Durchsetzung eines Rechts wesentlich behindert, kann ein Mitglied die Gerichte ermächtigen, auf der Grundlage der ihnen vorgelegten Informationen, einschließlich der Klageschrift oder des Vorbringens der durch die Verweigerung des Zugangs zu den Informationen beschwerten Partei, bestätigende oder abweisende Entscheidungen vorläufiger und endgültiger Art zu treffen, sofern die Parteien die Gelegenheit hatten, zu dem Vorbringen und den Beweisen Stellung zu nehmen.

---

[13] **[Amtl. Anm.:]** Im Sinne dieses Teils schließt der Begriff „Rechtsinhaber" auch Verbände und Vereinigungen ein, die gesetzlich zur Geltendmachung solcher Rechte befugt sind.

Artikel 44 Unterlassungsanordnungen

(1) [1]Die Gerichte sind befugt, gegenüber einer Partei anzuordnen, daß eine Rechtsverletzung zu unterlassen ist, unter anderem um zu verhindern, daß eingeführte Waren, die eine Verletzung eines Rechts des geistigen Eigentums mit sich bringen, unmittelbar nach der Zollfreigabe in die in ihrem Zuständigkeitsbereich liegenden Vertriebswege gelangen. [2]Die Mitglieder sind nicht verpflichtet, diese Befugnisse auch in bezug auf einen geschützten Gegenstand zu gewähren, der von einer Person erworben oder bestellt wurde, bevor sie wußte oder vernünftigerweise hätte wissen müssen, daß der Handel mit diesem Gegenstand die Verletzung eines Rechts des geistigen Eigentums nach sich ziehen würde.

(2) [1]Ungeachtet der anderen Bestimmungen dieses Teils und unter der Voraussetzung, daß die Bestimmungen des Teils II, in denen es speziell um die Benutzung durch Regierungen oder durch von einer Regierung ermächtigte Dritte ohne Zustimmung des Rechtsinhabers geht, eingehalten werden, können die Mitglieder die gegen eine solche Benutzung zur Verfügung stehenden Ansprüche auf die Zahlung einer Vergütung nach Artikel 31 Buchstabe h beschränken. [2]In anderen Fällen finden die in diesem Teil festgelegten Rechtsbehelfe Anwendung oder sind, wenn diese Rechtsbehelfe nicht im Einklang mit dem Recht eines Mitglieds stehen, Feststellungsurteile und angemessene Entschädigung vorzusehen.

Artikel 45 Schadensersatz

(1) Die Gerichte sind befugt anzuordnen, daß der Verletzer dem Rechtsinhaber zum Ausgleich des von diesem wegen einer Verletzung seines Rechts des geistigen Eigentums durch einen Verletzer, der wußte oder vernünftigerweise hätte wissen müssen, daß er eine Verletzungshandlung vornahm, erlittenen Schadens angemessenen Schadensersatz zu leisten hat.

(2) [1]Die Gerichte sind ferner befugt anzuordnen, daß der Verletzer dem Rechtsinhaber die Kosten zu erstatten hat, zu denen auch angemessene Anwaltshonorare gehören können. [2]In geeigneten Fällen können die Mitglieder die Gerichte ermächtigen, die Herausgabe der Gewinne und/oder die Zahlung eines festgelegten Schadensersatzbetrags selbst dann anzuordnen, wenn der Verletzer nicht wußte oder nicht vernünftigerweise hätte wissen müssen, daß er eine Verletzungshandlung vornahm.

Artikel 46 Sonstige Rechtsbehelfe

[1]Um wirksam von Verletzungen abzuschrecken, sind die Gerichte befugt anzuordnen, daß über Waren, die nach ihren Feststellungen ein Recht verletzen, ohne Entschädigung irgendwelcher Art außerhalb der Vertriebswege so verfügt wird, daß dem Rechtsinhaber kein Schaden entstehen kann, oder daß sie vernichtet werden, sofern dies nicht bestehenden verfassungsrechtlichen Erfordernissen zuwiderlaufen würde. [2]Die Gerichte sind ferner befugt anzuordnen, daß über Material und Werkzeuge, die vorwiegend zur Herstellung der rechtsverletzenden Waren verwendet wurden, ohne Entschädigung irgendwelcher Art außerhalb der Vertriebswege so verfügt wird, daß die Gefahr weiterer Rechtsverletzungen möglichst gering gehalten wird. [3]Bei der Prüfung derartiger Anträge sind die Notwendigkeit eines angemessenen Verhältnisses zwischen der Schwere der Rechtsverletzung und den angeordneten Maßnahmen sowie die Interessen Dritter zu berücksichtigen. [4]Bei nachgeahmten Markenwaren reicht das einfache Entfernen der rechtswidrig angebrachten Marke außer in Ausnahmefällen nicht aus, um eine Freigabe der Waren in die Vertriebswege zu gestatten.

Artikel 47 Recht auf Auskunft

Die Mitglieder können vorsehen, daß die Gerichte befugt sind anzuordnen, daß der Verletzer dem Rechtsinhaber Auskunft über die Identität Dritter, die an der Herstellung und am Vertrieb der rechtsverletzenden Waren oder Dienstleistungen beteiligt waren, und über ihre Vertriebswege erteilen muß, sofern dies nicht außer Verhältnis zur Schwere der Verletzung steht.

Artikel 48 Entschädigung des Beklagten

(1) [1]Die Gerichte sind befugt anzuordnen, daß eine Partei, auf deren Antrag hin Maßnahmen ergriffen wurden und die Durchsetzungsverfahren mißbräuchlich benutzt hat, einer zu Unrecht mit einem Verbot oder einer Beschränkung belegten Partei angemessene Entschädigung für den durch einen solchen Mißbrauch erlittenen Schaden zu leisten hat. [2]Die Gerichte sind ferner befugt anzuordnen, daß der Antragsteller dem Antragsgegner die Kosten zu erstatten hat, zu denen auch angemessene Anwaltshonorare gehören können.

(2) In bezug auf die Anwendung von Rechtsvorschriften über den Schutz oder die Durchsetzung von Rechten des geistigen Eigentums dürfen die Mitglieder sowohl Behörden als auch Beamte von der Haftung auf angemessene Wiedergutmachung nur freistellen, wenn ihre Handlungen in gutem Glauben bei der Anwendung dieser Rechtsvorschriften vorgenommen oder unternommen werden.

Artikel 49 Verwaltungsverfahren

Soweit zivilrechtliche Ansprüche als Ergebnis von Sachentscheidungen im Verwaltungsverfahren zuerkannt werden können, müssen diese Verfahren Grundsätzen entsprechen, die im wesentlichen den in diesem Abschnitt dargelegten gleichwertig sind.

Abschnitt 3: Einstweilige Maßnahmen

Artikel 50 [Einstweilige Maßnahmen]

(1) Die Gerichte sind befugt, schnelle und wirksame einstweilige Maßnahmen anzuordnen,

a) um die Verletzung eines Rechts des geistigen Eigentums zu verhindern, und insbesondere, um zu verhindern, daß Waren, einschließlich eingeführter Waren unmittelbar nach der Zollfreigabe, in die innerhalb ihres Zuständigkeitsbereichs liegenden Vertriebswege gelangen;
b) um einschlägige Beweise hinsichtlich der behaupteten Rechtsverletzung zu sichern.

(2) Die Gerichte sind befugt, gegebenenfalls einstweilige Maßnahmen ohne Anhörung der anderen Partei zu treffen, insbesondere dann, wenn durch eine Verzögerung dem Rechtsinhaber wahrscheinlich ein nicht wiedergutzumachender Schaden entstünde oder wenn nachweislich die Gefahr besteht, daß Beweise vernichtet werden.

(3) Die Gerichte sind befugt, dem Antragsteller aufzuerlegen, alle vernünftigerweise verfügbaren Beweise vorzulegen, um sich mit ausreichender Sicherheit davon überzeugen zu können, daß der Antragsteller der Rechtsinhaber ist und daß das Recht des Antragstellers verletzt wird oder daß eine solche Verletzung droht, und anzuordnen, daß der Antragsteller eine Kaution zu stellen oder eine entsprechende Sicherheit zu leisten hat, die ausreicht, um den Antragsgegner zu schützen und einem Mißbrauch vorzubeugen.

(4) [1]Wenn einstweilige Maßnahmen ohne Anhörung der anderen Partei getroffen wurden, sind die betroffenen Parteien spätestens unverzüglich nach der Vollziehung der Maßnahmen davon in Kenntnis zu setzen. [2]Auf Antrag des Antragsgegners findet eine Prüfung, die das Recht zur Stellungnahme einschließt, mit dem Ziel statt, innerhalb einer angemessenen Frist nach der Mitteilung der Maßnahmen zu entscheiden, ob diese abgeändert, aufgehoben oder bestätigt werden sollen.

(5) Der Antragsteller kann aufgefordert werden, weitere Informationen vorzulegen, die für die Identifizierung der betreffenden Waren durch die Behörde, welche die einstweiligen Maßnahmen vollzieht, notwendig sind.

(6) Unbeschadet des Absatzes 4 werden aufgrund der Absätze 1 und 2 ergriffene einstweilige Maßnahmen auf Antrag des Antragsgegners aufgehoben oder auf andere Weise außer Kraft gesetzt, wenn das Verfahren, das zu einer Sachentscheidung führt, nicht innerhalb einer angemessenen Frist eingeleitet wird, die entweder von dem die Maßnahmen anordnenden Gericht festgelegt wird, sofern dies nach dem Recht des Mitglieds zulässig ist, oder, wenn es nicht zu einer solchen Festlegung kommt, 20 Arbeitstage oder 31 Kalendertage, wobei der längere der beiden Zeiträume gilt, nicht überschreitet.

(7) Werden einstweilige Maßnahmen aufgehoben oder werden sie aufgrund einer Handlung oder Unterlassung des Antragstellers hinfällig oder wird in der Folge festgestellt, daß keine Verletzung oder drohende Verletzung eines Rechts des geistigen Eigentums vorlag, so sind die Gerichte befugt, auf Antrag des Antragsgegners anzuordnen, daß der Antragsteller dem Antragsgegner angemessenen Ersatz für durch diese Maßnahmen entstandenen Schaden zu leisten hat.

(8) Soweit einstweilige Maßnahmen aufgrund von Verwaltungsverfahren angeordnet werden können, müssen diese Verfahren Grundsätzen entsprechen, die im wesentlichen den in diesem Abschnitt dargelegten gleichwertig sind.

Abschnitt 4: Besondere Erfordernisse bei Grenzmaßnahmen[14]

Artikel 51 Aussetzung der Freigabe durch die Zollbehörden

[1]Die Mitglieder sehen gemäß den nachstehenden Bestimmungen Verfahren[15] vor, die es dem Rechtsinhaber, der den begründeten Verdacht hat, daß es zur Einfuhr von nachgeahmten Markenwaren oder unerlaubt hergestellten urheberrechtlich geschützten Waren[16] kommen kann, ermöglichen, bei den zuständigen Gerichten oder

---

[14] **[Amtl. Anm.:]** Hat ein Mitglied im wesentlichen alle Kontrollen über den Verkehr von Waren über seine Grenze mit einem anderen Mitglied, mit dem es Teil einer Zollunion bildet, abgebaut, so braucht es die Bestimmungen dieses Abschnitts an der betreffenden Grenze nicht anzuwenden.

[15] **[Amtl. Anm.:]** Es besteht Einvernehmen, daß keine Verpflichtung besteht, solche Verfahren auf die Einfuhr von Waren, die in einem anderen Land vom Rechtsinhaber oder mit seiner Zustimmung in den Verkehr gebracht wurden, oder auf Waren im Transit anzuwenden.

[16] **[Amtl. Anm.:]** Im Sinne dieses Übereinkommens sind

a) „nachgeahmte Markenwaren" Waren einschließlich Verpackungen, auf denen unbefugt eine Marke angebracht ist, die mit einer rechtsgültig für solche Waren eingetragenen Marke identisch ist oder die sich in ihren wesentlichen Merkmalen nicht von einer solchen Marke unterscheiden läßt und die dadurch nach Maßgabe des Rechts des Einfuhrlands die Rechte des Inhabers der betreffenden Marke verletzt;

b) „unerlaubt hergestellte urheberrechtlich geschützte Waren" Waren, die ohne Zustimmung des Rechtsinhabers oder der vom Rechtsinhaber im Land der Herstellung ordnungsgemäß er-

Verwaltungsbehörden schriftlich zu beantragen, daß die Zollbehörden die Freigabe dieser Waren in den freien Verkehr aussetzen. [2]Die Mitglieder können vorsehen, daß ein solcher Antrag auch in bezug auf Waren gestellt werden kann, bei denen es um andere Verletzungen von Rechten des geistigen Eigentums geht, sofern die Erfordernisse dieses Abschnitts beachtet werden. [3]Die Mitglieder können ferner entsprechende Verfahren betreffend die Aussetzung der Freigabe rechtsverletzender Waren, die für die Ausfuhr aus ihren Hoheitsgebieten bestimmt sind, vorsehen.

Artikel 52 Antrag

[1]Ein Rechtsinhaber, der die in Artikel 51 aufgeführten Verfahren in Gang bringt, muß ausreichende Beweise vorlegen, um die zuständigen Behörden davon zu überzeugen, daß nach Maßgabe des Rechts des Einfuhrlands prima facie eine Verletzung des Rechts des geistigen Eigentums des Rechtsinhabers vorliegt, sowie eine hinreichend genaue Beschreibung der Waren, um sie für die Zollbehörden leicht erkennbar zu machen. [2]Die zuständigen Stellen setzen innerhalb einer angemessenen Frist den Antragsteller davon in Kenntnis, ob sie den Antrag angenommen haben, und davon, innerhalb welchen Zeitraums die Zollbehörden Maßnahmen ergreifen werden, sofern ein solcher von den zuständigen Stellen festgelegt worden ist.

Artikel 53 Kaution oder gleichwertige Sicherheitsleistung.

(1) [1]Die zuständigen Stellen sind befugt, vom Antragsteller eine Kaution oder eine gleichwertige Sicherheitsleistung zu verlangen, die ausreicht, um den Antragsgegner und die zuständigen Stellen zu schützen und einem Mißbrauch vorzubeugen. [2]Eine solche Kaution oder gleichwertige Sicherheitsleistung darf nicht unangemessen von der Inanspruchnahme dieser Verfahren abschrecken.

(2) [1]Wenn aufgrund eines Antrags nach diesem Abschnitt von den Zollbehörden auf der Grundlage einer nicht von einem Gericht oder einer sonstigen unabhängigen Stelle getroffenen Entscheidung die Freigabe von Waren, welche die Rechte an gewerblichen Mustern und Modellen, Patenten, Layout-Designs oder nicht offenbarten Informationen betreffen, in den freien Verkehr ausgesetzt wurde und wenn die in Artikel 55 festgelegte Frist verstrichen ist, ohne daß die hierzu befugte Stelle eine einstweilige Maßnahme getroffen hat, und sofern alle anderen Einfuhrvoraussetzungen erfüllt sind, hat der Eigentümer, der Einführer oder der Empfänger solcher Waren das Recht auf deren Freigabe nach Leistung einer Sicherheit in Höhe eines Betrags, der zum Schutz des Rechtsinhabers vor einer Verletzung ausreicht. [2]Die Leistung einer solchen Sicherheit darf nicht den Rückgriff des Rechtsinhabers auf andere Rechtsbehelfe beeinträchtigen, wobei davon ausgegangen wird, daß die Sicherheit freigegeben wird, wenn der Rechtsinhaber nicht innerhalb einer angemessenen Frist seinen Anspruch geltend macht.

Artikel 54 Mitteilung der Aussetzung

Der Einführer und der Antragsteller werden umgehend von der Aussetzung der Freigabe von Waren nach Artikel 51 in Kenntnis gesetzt.

---

mächtigten Person hergestellte Vervielfältigungsstücke sind und die unmittelbar oder mittelbar von einem Gegenstand gemacht wurden, dessen Vervielfältigung die Verletzung eines Urheberrechts oder eines verwandten Schutzrechts nach Maßgabe des Rechts des Einfuhrlands dargestellt hätte.

Artikel 55 Dauer der Aussetzung

[1]Sind die Zollbehörden nicht innerhalb einer Frist von zehn Arbeitstagen nach der Mitteilung der Aussetzung an den Antragsteller davon in Kenntnis gesetzt worden, daß ein zu einer Sachentscheidung führendes Verfahren von einer anderen Partei als dem Antragsgegner in Gang gesetzt worden ist oder daß die hierzu befugte Stelle einstweilige Maßnahmen getroffen hat, um die Aussetzung der Freigabe der Waren zu verlängern, so sind die Waren freizugeben, sofern alle anderen Voraussetzungen für die Einfuhr oder Ausfuhr erfüllt sind; in geeigneten Fällen kann diese Frist um weitere zehn Arbeitstage verlängert werden. [2]Ist ein zu einer Sachentscheidung führendes Verfahren eingeleitet worden, so findet auf Antrag des Antragsgegners eine Prüfung, die das Recht zur Stellungnahme einschließt, mit dem Ziel statt, innerhalb einer angemessenen Frist zu entscheiden, ob diese Maßnahmen abgeändert, aufgehoben oder bestätigt werden sollen. [3]Ungeachtet der vorstehenden Bestimmungen findet Artikel 50 Absatz 6 Anwendung, wenn die Aussetzung der Freigabe von Waren nach Maßgabe einer einstweiligen gerichtlichen Maßnahme durchgeführt oder fortgeführt wird.

Artikel 56 Entschädigung des Einführers und des Eigentümers der Waren

Die zuständigen Stellen sind befugt anzuordnen, daß der Antragsteller dem Einführer, dem Empfänger und dem Eigentümer der Waren angemessenen Ersatz für alle Schäden zu leisten hat, die sie aufgrund der unrechtmäßigen Zurückhaltung von Waren oder aufgrund der Zurückhaltung von nach Artikel 55 freigegebenen Waren erlitten haben.

Artikel 57 Recht auf Untersuchung und Auskunft

[1]Unbeschadet des Schutzes vertraulicher Informationen ermächtigen die Mitglieder die zuständigen Stellen, dem Rechtsinhaber ausreichend Gelegenheit zu geben, die von den Zollbehörden zurückgehaltenen Waren untersuchen zu lassen, um seine Ansprüche begründen zu können. [2]Die zuständigen Stellen haben ferner die Befugnis, dem Einführer eine gleichwertige Gelegenheit zu bieten, solche Waren untersuchen zu lassen. [3]Ist eine Sachentscheidung zugunsten des Rechtsinhabers ergangen, so können die Mitglieder die zuständigen Stellen ermächtigen, dem Rechtsinhaber die Namen und Anschriften des Absenders, des Einführers und des Empfängers und die Menge der fraglichen Waren mitzuteilen.

Artikel 58 Vorgehen von Amts wegen

Sofern Mitglieder verlangen, daß die zuständigen Stellen von sich aus tätig werden und die Freigabe der Waren aussetzen, hinsichtlich deren ihnen ein Prima-facie-Beweis für eine Verletzung eines Rechts des geistigen Eigentums vorliegt,

a) können die zuständigen Stellen jederzeit vom Rechtsinhaber Auskünfte einholen, die ihnen bei der Ausübung dieser Befugnisse helfen können,
b) werden Einführer und Rechtsinhaber umgehend von der Aussetzung in Kenntnis gesetzt. Hat der Einführer bei den zuständigen Stellen ein Rechtsmittel gegen die Aussetzung eingelegt, so unterliegt die Aussetzung sinngemäß den in Artikel 55 festgelegten Bedingungen,
c) stellen die Mitglieder sowohl Behörden als auch Beamte von der Haftung auf angemessene Wiedergutmachung nur frei, wenn Handlungen in gutem Glauben vorgenommen oder unternommen werden.

Artikel 59 Rechtsbehelfe

[1]Unbeschadet anderer Rechte des Rechtsinhabers und vorbehaltlich des Rechts des Antragsgegners, die Überprüfung durch ein Gericht zu beantragen, sind die zuständigen Stellen befugt, die Vernichtung oder Beseitigung der rechtsverletzenden Waren im Einklang mit den in Artikel 46 aufgeführten Grundsätzen anzuordnen. [2]In bezug auf nachgeahmte Markenwaren gestatten die zuständigen Stellen nur ausnahmsweise die Wiederausfuhr der rechtsverletzenden Waren in unverändertem Zustand und unterwerfen sie nur in Ausnahmefällen einem anderen Zollverfahren.

Artikel 60 Einfuhren in Kleinstmengen

Die Mitglieder können kleine Mengen von Waren ohne gewerblichen Charakter, die sich im persönlichen Gepäck von Reisenden oder in kleinen Sendungen befinden, von der Anwendung der vorstehenden Bestimmungen ausnehmen.

Abschnitt 5: Strafverfahren

Artikel 61 [Strafverfahren]

[1]Die Mitglieder sehen Strafverfahren und Strafen vor, die zumindest bei vorsätzlicher Nachahmung von Markenwaren oder vorsätzlicher unerlaubter Herstellung urheberrechtlich geschützter Waren in gewerbsmäßigem Umfang Anwendung finden. [2]Die vorgesehenen Sanktionen umfassen zur Abschreckung ausreichende Haft- und/ oder Geldstrafen entsprechend dem Strafmaß, das auf entsprechend schwere Straftaten anwendbar ist. [3]In geeigneten Fällen umfassen die vorzusehenden Sanktionen auch die Beschlagnahme, die Einziehung und die Vernichtung der rechtsverletzenden Waren und allen Materials und aller Werkzeuge, die überwiegend dazu verwendet wurden, die Straftat zu begehen. [4]Die Mitglieder können Strafverfahren und Strafen für andere Fälle der Verletzung von Rechten des geistigen Eigentums vorsehen, insbesondere wenn die Handlungen vorsätzlich und in gewerbsmäßigem Umfang begangen werden.

Teil IV Erwerb und Aufrechterhaltung von Rechten des geistigen Eigentums und damit im Zusammenhang stehende Inter-partes-Verfahren

Artikel 62 [Erwerb und Aufrechterhaltung von Rechten des geistigen Eigentums]

(1) [1]Die Mitglieder sind befugt, als Voraussetzung für den Erwerb oder die Aufrechterhaltung der in den Abschnitten 2 bis 6 des Teils II vorgesehenen Rechte des geistigen Eigentums die Beachtung angemessener Verfahren und Förmlichkeiten vorzuschreiben. [2]Solche Verfahren und Förmlichkeiten müssen mit den Bestimmungen dieses Übereinkommens im Einklang stehen.

(2) Wenn der Erwerb eines Rechts des geistigen Eigentums die Erteilung oder Eintragung des Rechts voraussetzt, stellen die Mitglieder sicher, daß die Verfahren für die Erteilung oder Eintragung, vorbehaltlich der Erfüllung der materiellrechtlichen Bedingungen für den Erwerb des Rechts, die Erteilung oder Eintragung innerhalb einer angemessenen Frist möglich machen, um eine ungerechtfertigte Verkürzung der Schutzdauer zu vermeiden.

(3) Artikel 4 der Pariser Verbandsübereinkunft (1967) findet sinngemäß auf Dienstleistungsmarken Anwendung.

(4) Die Verfahren betreffend den Erwerb oder die Aufrechterhaltung von Rechten des geistigen Eigentums und, sofern das Recht eines Mitglieds solche Verfahren vorsieht, der Widerruf im Verwaltungsweg und Inter-partes-Verfahren wie zum Beispiel Einspruch, Widerruf und Löschung, unterliegen den in Artikel 41 Absätze 2 und 3 dargelegten allgemeinen Grundsätzen.

(5) [1]Verwaltungsrechtliche Endentscheidungen in einem der in Absatz 4 genannten Verfahren unterliegen der Nachprüfung durch ein Gericht oder eine gerichtsähnliche Einrichtung. [2]Es besteht jedoch keine Verpflichtung, die Gelegenheit zu einer solchen Überprüfung von Entscheidungen in Fällen eines erfolglosen Einspruchs oder Widerrufs im Verwaltungsweg vorzusehen, sofern die Gründe für solche Verfahren Gegenstand von Nichtigkeitsverfahren sein können.

Teil V Streitvermeidung und -beilegung

Artikel 63 Transparenz

(1) [1]Gesetze und sonstige Vorschriften sowie allgemein anwendbare rechtskräftige gerichtliche Entscheidungen und Verwaltungsverfügungen in bezug auf den Gegenstand dieses Übereinkommens (die Verfügbarkeit, den Umfang, den Erwerb und die Durchsetzung von Rechten des geistigen Eigentums sowie die Verhütung ihres Mißbrauchs), die in einem Mitglied rechtswirksam geworden sind, sind in einer Amtssprache zu veröffentlichen oder, wenn eine solche Veröffentlichung nicht durchführbar ist, in einer Weise öffentlich zugänglich zu machen, die es Regierungen und Rechtsinhabern ermöglicht, sich damit vertraut zu machen. [2]Zwischen der Regierung oder einer Regierungsbehörde eines Mitglieds und der Regierung oder einer Regierungsbehörde eines anderen Mitglieds in Kraft befindliche Übereinkünfte über den Gegenstand dieses Übereinkommens sind gleichfalls zu veröffentlichen.

(2) [1]Die Mitglieder notifizieren dem Rat für TRIPS die in Absatz 1 genannten Gesetze und sonstigen Vorschriften, um den Rat bei der Überprüfung der Wirkungsweise dieses Übereinkommens zu unterstützen. [2]Der Rat versucht, die im Zusammenhang mit der Erfüllung dieser Pflicht entstehende Belastung der Mitglieder möglichst gering zu halten, und kann beschließen, auf die Pflicht zur Notifikation dieser Gesetze und sonstigen Vorschriften unmittelbar an den Rat zu verzichten, wenn Konsultationen mit der WIPO über die Einrichtung eines gemeinsamen Registers dieser Gesetze und sonstigen Vorschriften erfolgreich sind. [3]In diesem Zusammenhang berücksichtigt der Rat auch die im Hinblick auf die Notifikation erforderlichen Maßnahmen, die sich in Erfüllung der aus diesem Übereinkommen erwachsenden Verpflichtungen aus Artikel 6ter der Pariser Verbandsübereinkunft (1967) ergeben.

(3) [1]Die Mitglieder sind bereit, in Beantwortung eines schriftlichen Ersuchens eines anderen Mitglieds Informationen der in Absatz 1 angeführten Art zur Verfügung zu stellen. [2]Ein Mitglied, das Grund zu der Annahme hat, daß eine bestimmte gerichtliche Entscheidung oder Verwaltungsverfügung oder zweiseitige Übereinkunft auf dem Gebiet der Rechte des geistigen Eigentums seine Rechte nach diesem Übereinkommen berührt, kann auch schriftlich darum ersuchen, Zugang zu solchen bestimmten Entscheidungen oder Verwaltungsverfügungen oder zweiseitigen Übereinkünften zu erhalten oder davon ausreichend genau in Kenntnis gesetzt zu werden.

(4) Die Absätze 1, 2 und 3 verpflichten die Mitglieder nicht, vertrauliche Informationen zu offenbaren, wenn dies die Durchsetzung der Gesetze behindern oder sonst

dem öffentlichen Interesse zuwiderlaufen oder den berechtigten kommerziellen Interessen bestimmter öffentlicher oder privater Unternehmen schaden würde.

Artikel 64 Streitbeilegung

(1) Die Artikel XXII und XXIII des GATT 1994, wie sie durch die Vereinbarung über Streitbeilegung im einzelnen ausgeführt und angewendet werden, finden auf Konsultationen und die Streitbeilegung nach diesem Übereinkommen Anwendung, sofern hierin nicht ausdrücklich etwas anderes vorgesehen ist.

(2) Artikel XXIII Absatz 1 Buchstaben b und c des GATT 1994 findet während eines Zeitraums von fünf Jahren, gerechnet ab dem Zeitpunkt des Inkrafttretens des WTO-Übereinkommens, keine Anwendung auf die Streitbeilegung im Rahmen dieses Übereinkommens.

(3) [1]Während des in Absatz 2 genannten Zeitraums untersucht der Rat für TRIPS den Anwendungsbereich und die Modalitäten für Beschwerden der in Artikel XXIIII Absatz 1 Buchstaben b und c des GATT 1994 vorgesehenen Art, die nach diesem Übereinkommen erhoben werden, und legt seine Empfehlungen der Ministerkonferenz zur Billigung vor. [2]Entscheidungen der Ministerkonferenz, diese Empfehlungen zu billigen oder den in Absatz 2 genannten Zeitraum zu verlängern, können nur durch Konsens getroffen werden, und die gebilligten Empfehlungen werden für alle Mitglieder ohne einen weiteren förmlichen Annahmevorgang rechtswirksam.

Teil VI Übergangsregelungen

Artikel 65 Übergangsregelungen

(1) Vorbehaltlich der Absätze 2, 3 und 4 ist kein Mitglied verpflichtet, dieses Übereinkommen vor Ablauf einer allgemeinen Frist von einem Jahr nach dem Zeitpunkt des Inkrafttretens des WTO-Übereinkommens anzuwenden.

(2) Ein Entwicklungsland, das Mitglied ist, ist berechtigt, den in Absatz 1 festgelegten Zeitpunkt der Anwendung der Bestimmungen dieses Übereinkommens mit Ausnahme der Artikel 3, 4 und 5 um eine weitere Frist von vier Jahren zu verschieben.

(3) Andere Mitglieder, die sich im Prozeß des Übergangs von der Planwirtschaft zur freien Marktwirtschaft befinden und die eine Strukturreform ihres Systems des geistigen Eigentums unternehmen und bei der Erarbeitung und Umsetzung von Gesetzen und sonstigen Vorschriften über das geistige Eigentum auf besondere Probleme stoßen, können ebenfalls die in Absatz 2 vorgesehene Aufschubfrist in Anspruch nehmen.

(4) Soweit ein Entwicklungsland, das Mitglied ist, durch dieses Übereinkommen verpflichtet wird, den Schutz von Stoffpatenten auf Gebiete der Technik auszudehnen, die in seinem Hoheitsgebiet zum Zeitpunkt der allgemeinen Anwendung dieses Übereinkommens auf dieses Mitglied nach Absatz 2 nicht schutzfähig waren, kann es die Anwendung der Bestimmungen über Stoffpatente im Teil II Abschnitt 5 auf solche Gebiete der Technik um eine weitere Frist von fünf Jahren verschieben.

(5) Ein Mitglied, das eine Übergangsfrist nach Absatz 1, 2, 3 oder 4 in Anspruch nimmt, stellt sicher, daß während dieser Frist vorgenommene Änderungen seiner Gesetze, seiner sonstigen Vorschriften und seiner Praxis nicht zu einem geringeren Grad der Vereinbarkeit mit diesem Übereinkommen führen.

Artikel 66 Am wenigsten entwickelte Länder, die Mitglieder sind

(1) [1]In Anbetracht der besonderen Bedürfnisse und Erfordernisse der am wenigsten entwickelten Länder, die Mitglieder sind, ihrer wirtschaftlichen, finanziellen und administrativen Engpässe und ihres Bedarfs an Flexibilität bei der Schaffung einer tragfähigen technologischen Grundlage sind solche Mitglieder während einer Frist von zehn Jahren ab dem Zeitpunkt der Anwendung nach Artikel 65 Absatz 1 nicht verpflichtet, die Bestimmungen dieses Übereinkommens mit Ausnahme der Artikel 3, 4 und 5 anzuwenden. [2]Der Rat für TRIPS gewährt auf ordnungsgemäß begründeten Antrag eines der am wenigsten entwickelten Länder, das Mitglied ist, Verlängerungen dieser Frist.

(2) Entwickelte Länder, die Mitglieder sind, sehen für Unternehmen und Institutionen in ihrem Hoheitsgebiet Anreize vor, um den Technologietransfer in die am wenigsten entwickelten Länder, die Mitglieder sind, zu fördern und zu unterstützen, damit diese in die Lage versetzt werden, eine gesunde und tragfähige technologische Grundlage zu schaffen.

Artikel 67 Technische Zusammenarbeit

[1]Um die Umsetzung dieses Übereinkommens zu erleichtern, sehen die entwickelten Länder, die Mitglieder sind, auf Antrag und zu gegenseitig vereinbarten Bedingungen technische und finanzielle Zusammenarbeit zugunsten der Entwicklungsländer und der am wenigsten entwickelten Länder vor, die Mitglieder sind. [2]Diese Zusammenarbeit schließt die Unterstützung bei der Erarbeitung von Gesetzen und sonstigen Vorschriften zum Schutz und zur Durchsetzung von Rechten des geistigen Eigentums sowie zur Verhütung ihres Mißbrauchs ein und umfaßt auch die Unterstützung bei der Errichtung und Stärkung der für diese Angelegenheiten zuständigen nationalen Ämter und Dienststellen, einschließlich der Ausbildung der Mitarbeiter.

Teil VII Institutionelle Regelungen; Schlußbemerkungen

Artikel 68 Rat für handelsbezogene Aspekte der Rechte des geistigen Eigentums

[1]Der Rat für TRIPS überwacht die Wirkungsweise dieses Übereinkommens und insbesondere die Erfüllung der hieraus erwachsenden Verpflichtungen durch die Mitglieder und bietet den Mitgliedern Gelegenheit zu Konsultationen über Angelegenheiten im Zusammenhang mit den handelsbezogenen Aspekten der Rechte des geistigen Eigentums. [2]Er nimmt die sonstigen Obliegenheiten wahr, die ihm von den Mitgliedern übertragen werden, und bietet insbesondere jede von ihnen angeforderte Unterstützung im Rahmen der Streitbeilegung. [3]Der Rat für TRIPS ist befugt, bei der Ausübung seiner Aufgaben jede Stelle, die er für geeignet hält, zu konsultieren und von dort Informationen einzuholen. [4]In Konsultationen mit der WIPO ist der Rat bestrebt, innerhalb eines Jahres nach seinem ersten Zusammentreffen geeignete Vereinbarungen für eine Zusammenarbeit mit Gremien der genannten Organisation zu treffen.

Artikel 69 Internationale Zusammenarbeit

[1]Die Mitglieder sind sich darin einig, mit dem Ziel zusammenzuarbeiten, den internationalen Handel mit Waren, die Rechte des geistigen Eigentums verletzen, zu beseitigen. [2]Zu diesem Zweck errichten sie Kontaktstellen in ihren Verwaltungen, die sie einander notifizieren, und sind zum Austausch von Informationen über den Han-

del mit rechtsverletzenden Waren bereit. [3]Insbesondere fördern sie den Informationsaustausch und die Zusammenarbeit zwischen den Zollbehörden in bezug auf den Handel mit nachgeahmten Markenwaren und unerlaubt hergestellten urheberrechtlich geschützten Waren.

Artikel 70 Schutz bestehender Gegenstände des Schutzes

(1) Aus diesem Übereinkommen ergeben sich keine Verpflichtungen in bezug auf Handlungen, die vor dem Zeitpunkt der Anwendung dieses Übereinkommens auf das betreffende Mitglied stattfanden.

(2) [1]Sofern in diesem Übereinkommen nichts anderes vorgesehen ist, ergeben sich daraus Verpflichtungen in bezug auf sämtliche Gegenstände des Schutzes, die zum Zeitpunkt der Anwendung dieses Übereinkommens auf das betreffende Mitglied vorhanden und zu diesem Zeitpunkt in diesem Mitglied geschützt sind oder die Schutzvoraussetzungen nach Maßgabe dieses Übereinkommens erfüllen oder in der Folge erfüllen werden. [2]Hinsichtlich dieses Absatzes und der Absätze 3 und 4 bestimmen sich urheberrechtliche Verpflichtungen in bezug auf vorhandene Werke ausschließlich nach Artikel 18 der Berner Übereinkunft (1971) und Verpflichtungen in bezug auf die Rechte der Hersteller von Tonträgern und der ausübenden Künstler an vorhandenen Tonträgern ausschließlich nach Artikel 18 der Berner Übereinkunft (1971), wie er durch Artikel 14 Absatz 6 dieses Übereinkommens für anwendbar erklärt wurde.

(3) Es besteht keine Verpflichtung, den Schutz eines Gegenstands wiederherzustellen, der zum Zeitpunkt der Anwendung dieses Übereinkommens auf das betreffende Mitglied Gemeingut geworden ist.

(4) [1]In bezug auf Handlungen betreffend bestimmte, einen geschützten Gegenstand enthaltende Gegenstände, die nach Maßgabe der diesem Übereinkommen entsprechenden Rechtsvorschriften rechtsverletzend werden und die vor dem Zeitpunkt der Annahme des WTO-Übereinkommens durch dieses Mitglied begonnen waren oder in bezug auf die eine bedeutende Investition vorgenommen worden war, kann jedes Mitglied eine Begrenzung der dem Rechtsinhaber zustehenden Rechtsbehelfe hinsichtlich der weiteren Vornahme solcher Handlungen nach dem Zeitpunkt der Anwendung dieses Übereinkommens auf das betreffende Mitglied vorsehen. [2]In solchen Fällen sehen die Mitglieder jedoch zumindest die Zahlung einer angemessenen Vergütung vor.

(5) Ein Mitglied ist nicht verpflichtet, Artikel 11 und Artikel 14 Absatz 4 in bezug auf Originale oder Kopien anzuwenden, die vor dem Zeitpunkt der Anwendung dieses Übereinkommens auf das betreffende Mitglied gekauft wurden.

(6) Die Mitglieder sind nicht verpflichtet, Artikel 31 oder das Erfordernis in Artikel 27 Absatz 1, wonach Patentrechte ohne Diskriminierung aufgrund des Gebiets der Technik ausgeübt werden können, auf eine Benutzung ohne die Zustimmung des Rechtsinhabers anzuwenden, wenn die Ermächtigung zu einer solchen Benutzung von der Regierung vor dem Zeitpunkt, zu dem dieses Übereinkommen bekannt wurde, erteilt wurde.

(7) [1]Bei Rechten des geistigen Eigentums, deren Schutz von der Eintragung abhängig ist, dürfen Anträge auf Schutz, die zum Zeitpunkt der Anwendung dieses Übereinkommens auf das betreffende Mitglied anhängig sind, so geändert werden, daß ein nach Maßgabe dieses Übereinkommens vorgesehener erweiterter Schutz beansprucht wird. [2]Solche Änderungen dürfen keine neuen Gegenstände einschließen.

(8) Sieht ein Mitglied zum Zeitpunkt des Inkrafttretens des WTO-Übereinkommens keinen seinen Verpflichtungen nach Artikel 27 entsprechenden Patentschutz für pharmazeutische und agrochemische Erzeugnisse vor, so muß dieses Mitglied

a) ungeachtet des Teils VI ab dem Zeitpunkt des Inkrafttretens des WTO-Übereinkommens eine Möglichkeit für das Einreichen von Anmeldungen von Patenten für solche Erfindungen vorsehen,
b) auf diese Anmeldungen vom Zeitpunkt der Anwendung dieses Übereinkommens an die in diesem festgelegten Voraussetzungen für die Patentfähigkeit so anwenden, als würden sie am Tag der Anmeldung in diesem Mitglied oder, sofern Priorität zur Verfügung steht und in Anspruch genommen wird, am Prioritätstag der Anmeldung angewendet, und
c) Patentschutz nach Maßgabe dieses Übereinkommens ab der Erteilung des Patents und für die verbleibende Schutzdauer des Patents, gerechnet ab dem Anmeldetag im Sinne des Artikels 33, für diejenigen Anmeldungen vorsehen, die den unter Buchstabe b genannten Schutzvoraussetzungen entsprechen.

(9) Ist ein Erzeugnis Gegenstand einer Patentanmeldung in einem Mitglied nach Absatz 8 Buchstabe a, so werden ungeachtet des Teils VI ausschließliche Vermarktungsrechte für eine Frist von fünf Jahren nach der Erlangung der Marktzulassung in diesem Mitglied oder bis zur Erteilung oder Zurückweisung eines Stoffpatents in diesem Mitglied gewährt, wobei die jeweils kürzere Frist gilt, vorausgesetzt, daß nach dem Inkrafttreten des WTO-Übereinkommens in einem anderen Mitglied für das betreffende Erzeugnis eine Patentanmeldung eingereicht und ein Patent erteilt und die Marktzulassung in diesem anderen Mitglied erlangt wurde.

Artikel 71 Überprüfung und Änderung

(1) [1]Der Rat für TRIPS überprüft die Umsetzung dieses Übereinkommens nach Ablauf der in Artikel 65 Absatz 2 genannten Übergangsfrist. [2]Der Rat überprüft es unter Berücksichtigung der bei seiner Umsetzung gesammelten Erfahrungen zwei Jahre nach diesem Zeitpunkt und danach in gleichen zeitlichen Abständen. [3]Der Rat kann Überprüfungen auch in Anbetracht einschlägiger neuer Entwicklungen vornehmen, die eine Ergänzung oder Änderung dieses Übereinkommens rechtfertigen könnten.

(2) Änderungen, die lediglich einer Anpassung an ein höheres Niveau des Schutzes von Rechten des geistigen Eigentums dienen, das in anderen mehrseitigen Übereinkünften erreicht wurde und in Kraft ist und das nach Maßgabe jener Übereinkünfte von allen Mitgliedern der WTO angenommen wurde, können auf der Grundlage eines im Weg des Konsenses vom Rat für TRIPS vorgelegten Vorschlags an die Ministerkonferenz für ein Tätigwerden nach Artikel X Absatz 6 des WTO-Übereinkommens überwiesen werden.

Artikel 72 Vorbehalte

Vorbehalte zu irgendeiner Bestimmung dieses Übereinkommens können nicht ohne die Zustimmung der anderen Mitglieder angebracht werden.

Artikel 73 Ausnahmen zur Wahrung der Sicherheit

Dieses Übereinkommen ist nicht dahingehend auszulegen,
a) daß ein Mitglied Informationen zur Verfügung stellen muß, deren Offenbarung nach seiner Auffassung seinen wesentlichen Sicherheitsinteressen zuwiderläuft, oder
b) daß ein Mitglied daran gehindert wird, Maßnahmen zu treffen, die es zum Schutz seiner wesentlichen Sicherheitsinteressen für notwendig hält
   i) in bezug auf spaltbares Material oder das Material, aus dem dieses gewonnen wird,
   ii) in bezug auf den Handel mit Waffen, Munition und Kriegsgerät und auf den Handel mit anderen Waren oder anderem Material, der unmittelbar oder mittelbar der Versorgung einer militärischen Einrichtung dient,

iii) in Kriegszeiten oder bei sonstigen Krisen in internationalen Beziehungen, oder

c) daß ein Mitglied daran gehindert wird, Maßnahmen in Erfüllung seiner Pflichten im Rahmen der Charta der Vereinten Nationen zur Wahrung des Weltfriedens und der internationalen Sicherheit zu treffen.

ANHANG[17] zum TRIPS-ÜBEREINKOMMEN

1. Im Sinne des Artikels 31 a und dieses Anhangs bezeichnet der Ausdruck
   a) „Arzneimittel" ein patentiertes oder durch ein patentiertes Verfahren hergestelltes Produkt, das der Arzneimittelsektor benötigt, um die Probleme im Bereich der öffentlichen Gesundheit gemäß Ziffer 1 der Erklärung über das TRIPS-Übereinkommen und die öffentliche Gesundheit (WT/MIN(01)/DEC/2) zu bekämpfen. Dazu gehören auch aktive Inhaltsstoffe, die bei seiner Herstellung verwendet werden, sowie Diagnosekits für seine Anwendung[18];
   b) „anspruchsberechtigter Einfuhrstaat" jedes zu den am wenigsten entwickelten Ländern zählende Mitglied oder jedes andere Mitglied, das dem Rat für TRIPS gemeldet hat[19], dass es das in Artikel 31 a und in diesem Anhang vorgesehene System als Einführer zu nutzen beabsichtigt; dabei gilt, dass die Mitglieder jederzeit melden können, dass sie das System uneingeschränkt oder eingeschränkt, zum Beispiel nur im Falle eines nationalen Notstandes, bei äußerster Dringlichkeit oder zur öffentlichen nichtkommerziellen Nutzung, nutzen werden. Einige Mitglieder werden das System nicht als Einfuhrstaat[20] nutzen, andere Mitglieder haben angekündigt, dass sie das System nur im Falle eines nationalen Notstandes oder unter Umständen von äußerster Dringlichkeit in Anspruch nehmen werden;
   c) „Ausfuhrstaat" ein Mitglied, das das System für die Herstellung von Arzneimitteln für und deren Ausfuhr in einen anspruchsberechtigten Einfuhrstaat nutzt.
2. Die Bestimmungen, auf die in Artikel 31 a Absatz 1 Bezug genommen wird, lauten:
   a) In der Meldung[21] anspruchsberechtigter Einfuhrstaaten[22] an den Rat für TRIPS
      i) werden die Bezeichnungen und voraussichtlichen Mengen der benötigten Produkte genannt[23];
      ii) wird bestätigt, dass der betreffende anspruchsberechtigte Einfuhrstaat, sofern er nicht zu den am wenigsten entwickelten Ländern zählt, auf eine der

---

[17] Die Frist zur Annahme der Änderung des Anhangs, angef. durch Protokoll v. 6.12.2005 (ABl. Nr. L 311 S. 37) wurde bis zum 31.12.2009 verlängert.

[18] **[Amtl. Anm.:]** Dieser Unterabsatz gilt unbeschadet Unterabsatz 1 Buchstabe b.

[19] **[Amtl. Anm.:]** Diese Meldung bedarf keiner Zustimmung durch ein WTO-Gremium, damit das System in Anspruch genommen werden kann.

[20] **[Amtl. Anm.:]** Australien, Kanada, die Europäischen Gemeinschaften mit ihren Mitgliedstaaten (für die Zwecke des Artikels 31 a und dieses Anhangs) sowie Island, Japan, Neuseeland, Norwegen, die Schweiz und die Vereinigten Staaten.

[21] **[Amtl. Anm.:]** Die regionalen Organisationen gemäß Artikel 31 a Absatz 3 können die nach dem vorliegenden Unterabsatz geforderten Angaben im Namen anspruchsberechtigter Einfuhrstaaten, die das System nutzen und diesen Organisationen angehören, mit deren Zustimmung in einer gemeinsamen Meldung übermitteln.

[22] **[Amtl. Anm.:]** Die Meldung wird vom WTO-Sekretariat auf einer für das System vorgesehenen Website der WTO veröffentlicht.

[23] **[Amtl. Anm.:]** Die Meldung wird vom WTO-Sekretariat auf einer für das System vorgesehenen Website der WTO veröffentlicht.

in der Anlage zu diesem Anhang genannten Arten festgestellt hat, dass er für die betreffenden Produkte über keine oder nur unzureichende Produktionskapazitäten im Arzneimittelsektor verfügt;

iii) wird bestätigt, dass, sofern es sich um ein in ihrem Hoheitsgebiet patentiertes Arzneimittel handelt, die Erteilung einer Zwangslizenz gemäß den Artikeln 31 und 31 a dieses Übereinkommens sowie den Bestimmungen dieses Anhangs[24] erfolgt oder beabsichtigt ist.

b) Die vom Ausfuhrstaat im Rahmen des Systems erteilte Zwangslizenz ist an folgende Bedingungen geknüpft:

i) Unter der Lizenz darf lediglich die Menge hergestellt werden, die zur Deckung des Bedarfs der anspruchsberechtigten Einfuhrstaaten notwendig ist, und die gesamte Produktionsmenge wird in die Staaten ausgeführt, die dem Rat für TRIPS ihren Bedarf gemeldet haben;

ii) Produkte, die unter der Lizenz hergestellt werden, sind durch besondere Etikettierung oder Kennzeichnung eindeutig als solche zu identifizieren. Die Hersteller sollten für solche Produkte eine besondere Verpackung verwenden und/oder die Produkte selbst durch eine besondere Farb-/Formgebung kenntlich machen, sofern dies durchführbar ist und sich nicht wesentlich auf den Preis niederschlägt; und

iii) vor dem Versand veröffentlicht der Lizenznehmer die folgenden Angaben auf einer Website[25]:
- die an die einzelnen Bestimmungsorte zu liefernden Mengen gemäß Ziffer i und
- die Unterscheidungsmerkmale der betreffenden Produkte gemäß Ziffer ii.

c) Der Ausfuhrstaat setzt den Rat für TRIPS von der Erteilung der Lizenz[26] und den damit verknüpften Bedingungen in Kenntnis[27]. Anzugeben sind Name und Anschrift des Lizenznehmers, die Produkte und ihre Mengen, für die die Lizenz erteilt wurde, die Länder, in die die Produkte ausgeführt werden sollen, sowie die Dauer der Lizenz. Ferner enthält die Meldung die Adresse der unter Buchstabe b Ziffer iii genannten Website.

3. Damit die im Rahmen dieses Systems eingeführten Produkte zu den mit ihrer Einfuhr verbundenen Zwecken der öffentlichen Gesundheit verwendet werden, ergreifen die anspruchsberechtigten Einfuhrstaaten im Rahmen ihrer Möglichkeiten angemessene, ihren Verwaltungskapazitäten und dem Risiko von Handelsumlenkungen entsprechende Maßnahmen, um die Wiederausfuhr solcher Produkte zu verhindern. Hat ein anspruchsberechtigter Einfuhrstaat, der zu den Entwicklungsländern oder den am wenigsten entwickelten Ländern zählt, Schwierigkeiten bei der Anwendung dieser Bestimmung, so leisten die entwickelten Mitgliedsländer nach Aufforderung und zu einvernehmlich festgelegten Bedingungen technische und finanzielle Unterstützung, um die Anwendung der Bestimmung zu erleichtern.

4. Die Mitglieder sorgen für die Verfügbarkeit wirksamer Rechtsmittel, um zu verhindern, dass im Rahmen des Systems hergestellte und entgegen den Bestimmun-

---

[24] **[Amtl. Anm.:]** Dieser Unterabsatz lässt Artikel 66 Absatz 1 dieses Übereinkommens unberührt.

[25] **[Amtl. Anm.:]** Der Lizenznehmer kann hierfür seine eigene Website benutzen oder, mit Unterstützung des WTO-Sekretariats, die für das System vorgesehene Website der WTO.

[26] **[Amtl. Anm.:]** Die Meldung bedarf keiner Zustimmung durch ein WTO-Gremium, damit das System in Anspruch genommen werden kann.

[27] **[Amtl. Anm.:]** Die Meldung wird vom WTO-Sekretariat auf einer für das System vorgesehenen Website der WTO veröffentlicht.

gen in ihre Märkte umgelenkte Produkte in ihre Hoheitsgebiete eingeführt und dort verkauft werden; sie greifen dabei auf die in diesem Übereinkommen bereits vorgeschriebenen Mittel zurück. Hält ein Mitglied solche Maßnahmen für diesen Zweck nicht für ausreichend, so kann auf Antrag des Mitglieds der Rat für TRIPS mit der Frage befasst werden.

5. Im Hinblick auf die Nutzung von Größenvorteilen zur Stärkung der Kaufkraft für Arzneimittel sowie zur Förderung ihrer lokalen Herstellung sollte in den in Artikel 31a Absatz 3 genannten Staaten die Schaffung von Systemen für die Erteilung regionaler Patente gefördert werden. Zu diesem Zweck verpflichten sich die entwickelten Mitgliedsländer, technische Unterstützung gemäß Artikel 67 dieses Übereinkommens zu leisten, auch gemeinsam mit anderen relevanten internationalen Organisationen.
6. Die Mitglieder halten es für wünschenswert, den Technologietransfer und den Aufbau von Produktionskapazitäten im Arzneimittelsektor zu fördern, um die Probleme von Mitgliedern, die über keine oder nur unzureichende Produktionskapazitäten im Arzneimittelsektor verfügen, zu überwinden. Zu diesem Zweck werden anspruchsberechtigte Einfuhrstaaten und Ausfuhrstaaten ermutigt, das System in einer diesem Ziel dienlichen Weise zu nutzen. Die Mitglieder verpflichten sich, im Rahmen der Arbeiten gemäß Artikel 66 Absatz 2 dieses Übereinkommens sowie Ziffer 7 der Erklärung über das TRIPS-Übereinkommen und die öffentliche Gesundheit und aller sonstigen diesbezüglichen Arbeiten des Rates für TRIPS gemeinsam dem Technologietransfer und dem Aufbau von Produktionskapazitäten im Arzneimittelsektor besondere Aufmerksamkeit zu schenken.
7. Der Rat für TRIPS überprüft jedes Jahr das Funktionieren des Systems, um dessen Wirksamkeit zu gewährleisten, und erstattet dem Allgemeinen Rat darüber jährlich Bericht.

Entscheidungsregister

Paragraphen sind halbfett gedruckt, die nachfolgenden mageren Zahlen verweisen auf die entsprechenden Randnummern.

Entscheidungsregister

Stichwortverzeichnis

Paragraphen sind halbfett gedruckt, die nachfolgenden mageren Zahlen verweisen auf die entsprechenden Randnummern.

Stichwortverzeichnis

Stichwortverzeichnis